Wörterbuch
Deutsch – Albanisch

W0252739

ZEF SIMONI

Wörterbuch Deutsch – Albanisch

BUSKE

Redaktionelle Bearbeitung:
Michael Schmidt-Neke

Bibliografische Information der
Deutschen Nationalbibliothek

Die Deutsche Nationalbibliothek verzeichnet diese
Publikation in der Deutschen Nationalbibliografie;
detaillierte bibliografische Daten sind im Internet
über ‹http://portal.dnb.de› abrufbar.
ISBN 978-3-87548-115-0

3., unveränderte Auflage 2015

© 1997 Helmut Buske Verlag GmbH, Hamburg. Alle Rechte vorbehalten. Dies gilt auch für Vervielfältigungen, Übertragungen, Mikroverfilmungen und die Einspeicherung und Verarbeitung in elektronischen Systemen, soweit es nicht §§ 53 und 54 URG ausdrücklich gestatten. Druck und Bindung: Multiprint, Kostinbrod. Printed in Bulgaria.

VORWORT

Dieses deutsch-albanische Wörterbuch enthält mit rund 35.000 Stichwörtern den wichtigsten allgemeinsprachlichen und fachsprachlichen Wortschatz der gegenwärtigen deutschen Schrift- und Umgangssprache. Älteres Wortgut wird zurückhaltend im Rahmen seiner heutigen Verwendung aufgeführt. Darüber hinaus erweitern technische und wissenschaftliche Termini sowie Redewendungen die Möglichkeiten der Benutzung.

Der möglichst präzisen Wiedergabe der verschiedenen Begriffe und Bedeutungen aus dem Deutschen ins Albanische ist große Aufmerksamkeit gewidmet worden. Dabei wurden auch die Schwierigkeiten beachtet, die Albaner bei mehrdeutigen deutschen Verben zu überwinden haben (siehe **gehen, sein, haben, legen, setzen** usw.). Bei allen mehrsilbigen Wörtern kennzeichnet ein Apostroph die richtige Betonung (siehe **d'urchdringen** und **durchdr'ingen** usw.).

Für die albanischen Entsprechungen sind die in den letzten Jahren veröffentlichten normativen (Fach-)Wörterbücher berücksichtigt worden (siehe dazu die Bibliographie auf Seite VIII). Darüber hinaus konnte ich mich bei der Erarbeitung auf das von mir 1978 in Tirana vorgelegte »Fjalor Gjermanisht-Shqip« stützen.

Der Verfasser hofft, daß sein Werk nützlich sein wird und die Erwartungen des interessierten albanischen und deutschen Publikums erfüllen kann.

Madrid, im Februar 1997 Zef Simoni

PARATHËNIE

Me afërsisht 35.000 fjalë, ky fjalor gjermanisht-shqip është ndërtuar në bazë të thesarit leksikor më të përdorshëm të gjuhës së sotme letrare e bisede gjermane. Fjalë të vjetra janë përfshirë me kursim, brenda caqeve të vazhdimit të përdorimit të tyre. Terma teknike e shkencore, si edhe shprehje të ndryshme zgjerojnë mundësitë e shfrytëzimit të fjalorit.

Vëmendje e madhe i është kushtuar pasqyrimit sa më të saktë të koncepteve dhe të kuptimeve të ndryshme nga gjermanishtja në shqip. Këtu janë marrë parasysh edhe pengesat që hasin shqipfolësit kur kanë të bëjnë me folje shumëkuptimëshe të gjermanishtes (sh. **gehen, sein, haben, legen, setzen** etj.). Në foljet e përbëra është dhënë gjithmonë theksi (sh. **d'urchdringen** dhe **durchdr'ingen** etj.).

Për barasvlerësit shqip është shfrytëzuar thesari leksikor i fjalorëve normativë dhe terminologjikë, si edhe fjalorët dygjuhësh të botuar gjatë viteve të fundit (sh. bibliografinë në faqen VIII). Në përpunimin e fjalorit jemi mbështetur edhe në »Fjalor Gjermanisht-Shqip« të botuar në Tiranë në 1978.

Hartuesi i fjalorit shpreson se vepra e tij do të jetë e dobishme dhe do të plotësojë kërkesat e publikut shqiptar dhe gjerman që është i interesuar në këtë fushë.

Madrid, shkurt 1997 — Zef Simoni

INHALTSVERZEICHNIS – PASQYRË E LËNDËS

BIBLIOGRAPHIE – BIBLIOGRAFIA KRYESORE

Fjalor i Gjuhës së Sotme Shqipe, Tiranë 1990.
Fjalor Drejtshkrimor i Gjuhës Shqipe, Tiranë 1976.
Fjalorët e termave tekniko-shkencore të Sektorit të Terminologjisë pranë Institutit të Gjuhësisë dhe të Letërsisë.
Fjalor i Bujqësisë Shqip-Latinisht-Italisht-Rusisht, Niko Qafëzezi, Tiranë 1978.
Fjalor Anglisht-Shqip i Mjekësisë, R. Gjika, Tiranë 1978.
Fjalor Italisht-Shqip, F. Leka – Z. Simoni, Tiranë 1986.
Fjalor Frëngjisht-Shqip, Vedat Kokona, Tiranë 1989.
Fjalor Rusisht-Shqip, Instituti i Shkencave, Tiranë 1954.

Deutsches Wörterbuch, G. Wahrig, München 1986.
Duden, Bedeutungswörterbuch, P. Grebe, R. Köster, W. Müller etj., Mannheim/Wien/Zürich 1970.
Langenscheidts Taschenwörterbuch Italienisch-Deutsch und Deutsch-Italienisch, Gustavo Sacerdote, Berlin 1979.

HINWEISE FÜR DIE BENUTZUNG

Anordnung der Stichwörter

Die deutschen Stichwörter sind halbfett gedruckt und alphabetisch geordnet. Dabei sind auch die Umlaute *ä, ö* und *ü* wie die nicht umgelauteten Vokale *a, o* und *u* eingeordnet:

L'ängsschnitt ...
L'angspielplatte ...
L'ängsseite ...
längst ...
l'ängstens ...
l'angstielig ...

Betonung und Aussprache

Die Betonung ist im Wörterverzeichnis bei allen mehrsilbigen Stichwörtern mit einem Apostroph vor dem zu betonenden Vokal gekennzeichnet. Jedoch sind Stichwörter, die mit *a (ä), e, i, o (ö)* oder *u (ü)* beginnen, nur dann mit einem Betonungszeichen versehen, wenn sie nicht auf dem ersten Vokal betont werden:

Schirm ...
sch'irmen ...
absitzen ...
absol'ut ...

Bei deutschen Zusammensetzungen ist nur die Betonung des ersten Bestandteils angegeben:

W'affenstillstand ...

Weicht die Aussprache eines deutschen Wortes (meist ein Lehn- oder Fremdwort) von den allgemeinen

SHËNIME MBI PËRDORIMIN E FJALORIT

Renditja e lëndës

Zërat gjermanisht janë dhënë me shkronja të zeza dhe janë radhitur sipas rendit alfabetik. Në renditjen alfabetike të zanoreve *ä, ö, ü* nuk bëhet dallim nga zanoret *a, o, u* :

L'ängsschnitt ...
L'angspielplatte ...
L'ängsseite ...
l'ängst ...
l'ängstens ...
l'angstielig ...

Theksi dhe shqiptimi

Me përjashtim të fjalëve njërrokëshe, për të gjitha fjalët gjermanisht theksi shënohet përpara çdo zanoreje të theksuar. Megjithatë, zërat që fillojnë me *a (ä), e, o (ö)* ose *u (ü)* kanë shenjën e theksit vetëm kur ky nuk bie mbi zanoren e parë:

Schirm ...
sch'irmen ...
absitzen ...
absol'ut ...

Në fjalët e përbëra gjermanisht shënohet vetëm theksi i përbërësit të parë:

W'affenstillstand ...

Pranë fjalëve, shqiptimi i të cilave nuk u nënshtrohet rregullave të përgjithshme (kryesisht fjalë me prej-

Ausspracheregeln ab, folgt in eckigen Klammern eine am Albanischen orientierte phonetische Umschrift des ganzen Wortes oder eines Teils:

Regime [-*zh'im*] ...
Variati'on [*va*-] ...

Die durch einen Schrägstrich getrennten Buchstaben werden als getrennte Laute gesprochen:

V'aku/um ...
L'ini/e ...

ardhje të huaj), është shënuar edhe transkriptimi fonetik i gjithë fjalës ose i asaj pjese të saj që mund të paraqesë vështirësi:

Regime [-*zh'im*] ...
Variati'on [*va*-] ...

Shkronjat e ndara me një vijë tërthore shqiptohen si tinguj të veçantë:

Vaku/um ...
L'ini/e ...

Grammatische Angaben

Die verschiedenen Wortarten sowie die transitiven und intransitiven Verben sind demselben Stichwort untergeordnet und durch arabische Ziffern (1., 2. usw.) voneinander getrennt:

statt 1. *präp* **(G)** në vend ...; 2. *conj* në vend që ...
f'ürchten 1. *vt* 1) kam frikë nga ...; 2. *vi* **(h) (für A)** kam frikë ...

Verben mit **sich** werden halbfett am Ende des Stichworteintrages aufgeführt. Wird das Verb ausschließlich mit **sich** verwendet, ist es als eigenes Stichwort aufgeführt:

erdr'eisten, sich *vrefl* ...

Jedes Stichwort ist mit grammatischen Angaben versehen (siehe das Abkürzungsverzeichnis auf Seite XVI).

Die grammatischen Angaben zeigen die Wortart an, zu der das betreffende Wort gehört. Bei Substantiven sind Geschlecht und Endung des Genitiv Singular und des Nominativ Plural angegeben. Falls das Substantiv im Genetiv Singular oder

Shënime gramatikore

Kategoritë e ndryshme gramatikore, si edhe foljet kalimtare dhe jokalimtare janë dhënë në një zë të përbashkët dhe dallohen me shifra arabe (1., 2. etj.) me pikë:

statt 1. *präp* **(G)** në vend ...; 2. *conj* në vend që ...
f'ürchten 1. *vt* 1) kam frikë nga ...; 2. *vi* **(h) (für A)** kam frikë ...

Foljet me **sich** janë dhënë me shkronja të zeza dhe janë vënë në fund të barasvlerësit të zërit. Kur përdoret vetëm me **sich,** folja qëndron si zë i veçantë:

erdr'eisten, sich *vrefl* ...

Për çdo zë jepet karakteristika gramatikore (sh. listën e shkurtimeve në faqen XVI).

Shënimet gramatikore të çdo fjale tregojnë pjesën e ligjëratës së cilës i përket fjala e dhënë. Për emrat është shënuar gjinia, mbaresa e rasës gjinore njëjës dhe trajta e shumësit. Kur emri nuk pëson ndonjë ndryshim në gjinoren njëjës

Nominativ Plural unverändert bleibt, steht ein Gleichheitszeichen (=).

Zu Adjektiven sind die Steigerungsstufen mit dem umgelauteten Stammvokal und den Suppletivformen angegeben. Beim Superlativ wurde die Endung weggelassen.

Transitive oder intransitive Verben sind mit *vt* bzw. *vi* gekennzeichnet. Bei unpersönlichen Verben steht die Abkürzung *vimp*. Das Sternchen (*) beim Verb bedeutet, daß sich der Stammvokal in der Konjugation verändert, und daß die dazugehörigen Formen im Verzeichnis der Verben der starken Konjugation im Grammatikteil (siehe Seite 888 ff.) aufgeführt sind. Die Verben sind dort in der Tabelle ohne Präfixe angegeben. Falls ein Verb stark und schwach konjugiert wird, folgt ein entsprechender Hinweis in Klammern.

Der Buchstabe **(s)** zeigt an, daß das Verb mit dem Hilfsverb **sein** konjugiert wird. Fehlt diese Angabe, ist das Verb mit dem Hilfsverb **haben** zu konjugieren. In Einzelfällen stehen bei den Verben die Angaben **(h)** oder **(h, s)**, wenn diese mit beiden Hilfsverben konjugiert werden.

Zusammengesetzte deutsche Verben sind mit den Bezeichnungen *ndash* (trennbar) und *pandash* (untrennbar) versehen:

g'utschreiben* *ndash vt* ...
g'utmachen *ndash vt* ...
v'ierteilen *pandash vt* ...

Wenn der erste Teil des Verbs ein Adverbialpräfix vom Typ **auf, durch** (ein sogenanntes Halbpräfix) ist, oder wenn das Verb eine Vorsilbe, z. B. **be-**, trägt, fehlt diese An-

ose në emëroren shumës, janë vënë dy viza (=).

Pranë mbiemrave janë dhënë shkallët e krahasimit me metafoninë (*Umlaut*) e zanores së rrënjës. Te superlativi nuk jepet mbaresa.

Për foljet shënohet nëse janë kalimtare apo jokalimtare *vt, vi*. Foljet pavetore kanë shënimin *vimp*. Shënja (*) pranë foljes tregon se kjo pëson ndryshim të zanores në rrënjë gjatë zgjedhimit dhe se trajtat e saj gjenden të shënuara në tabelën e foljeve me zgjedhim të fortë në fund të fjalorit (sh. fq. 888). Foljet e tabelës janë dhënë pa parashtesa. Në qoftë se folja ka zgjedhim të fortë dhe të dobët, shënja përkatëse është vënë ndër kllapa.

Shkronja **(s)** tregon se folja zgjedhohet me foljen ndihmëse **sein**. Mungesa e shkronjës **(s)** do të thotë se folja zgjedhohet me foljen ndihmëse **haben**. Në raste të veçanta është vënë shënimi **(h)** ose **(h, s)**, kur folja zgjedhohet me të dy foljet ndihmëse.

Foljet e përbëra gjermanisht kanë shënimet *ndash* ose *pandash* që tregojnë për ndarjen ose mosndarjen e përbërësit të parë:

g'utschreiben* *ndash vt* ...
g'utmachen *ndash* vt ...
v'ierteilen *pandash vt* ...

Kur përbërësi i parë i fjalës është një parashtesë-ndajfolje e tipit **auf, durch** (e ashtuquajtura gjysmëparashtesë) ose kur folja merr parashtesë, p. sh. **be-**, shënimi mungon, dhe

gabe; der Benutzer des Wörterbuches muß dann vom Akzent ausgehen, um trennbare von untrennbaren zusammengesetzten Verben zu unterscheiden. Die Betonung des Stammes zeigt an, daß das Präfix nicht vom Verb abgetrennt wird:

d'urchdringen* I *ndash vi* **(h)** 1) çaj, depërtoj ...
durchdr'ingen* II *vt* 1) hyj në (*një pyll etj.*) ...

Die Rektion der deutschen Verben sowie der Substantive und Adjektive wird zumeist in Klammern angegeben:

fl'iehen* 1. *vi* (s) **(vor D, zu D)** iki (*nga dikush, te dikush*) ...

Sind das deutsche und das albanische Verb transitiv, ist die Rektion nicht vermerkt:

ernten *vt* 1) korr ...

Um die Benutzung des Wörterbuches zu erleichtern, sind auch die folgenden grammatischen Formen als eigenständige Einträge aufgeführt:

1) die abweichenden Deklinationsformen der Personalpronomen:

mir (D *i* **ich)**

2) die abweichenden Steigerungsstufen:

b'esser 1. *a* (*comp i* **gut**) ...

Anderenfalls sind die Formen der Steigerungsstufen nur dann als eigenes Stichwort verzeichnet, wenn sie auch eigene Bedeutungen tragen:

jüngst (*superl i* **jung**) 1. *a* 1) më i ri; ... 2) i fundit; ... 2. *adv* para pak kohe.

3) die dritte Person Singular Präsens

atëherë përdoruesi i fjalorit duhet të niset nga theksi për të dalluar foljet e përbëra të ndashme nga ato të pandashmet. Rrënja e theksuar tregon se parashtesa nuk ndahet nga folja:

d'urchdringen* I *ndash vi* **(h)** çaj, depërtoj ...
durchdr'ingen* II *vt* 1) hyj në (*një pyll etj.*) ...

Në shumë raste, drejtimi i foljeve, si edhe i emrave dhe i mbiemrave gjermanisht është shënuar në kllapa:

fl'iehen* 1. *vi* (s) **(vor D, zu D)** iki (*nga dikush, te dikush*) ...

Kur folja gjermanisht dhe folja shqip janë të dyja kalimtare, drejtimi nuk shënohet:

ernten *vt* 1) korr ...

Për të lehtësuar përdorimin e fjalorit, janë dhënë sipas rendit alfabetik edhe trajtat gramatikore që vijojnë:

1) trajtat supletive të përemrave vetorë:

mir (D *i* **ich)**

2) trajtat supletive të shkallëve të krahasimit:

b'esser 1. *a* (*comp i* **gut**) ...

Ndryshe, trajtat e shkallëve të krahasimit jepen te zëri sipas rendit alfabetik vetëm kur dalin me kuptime të veçanta:

jüngst (*superl i* **jung**) 1. *a* 1) më i ri; ... 2) i fundit; ... 2. *adv* para pak kohe.

3) veta e tretë e njëjësit të kohës së

der Verben (ohne Präfix), bei denen sich der Stammvokal ändert:

läßt *sh* **lassen***.

4) die dritte Person Singular Imperfekt Aktiv der Verben (ohne Präfix), bei denen sich in dieser Zeitstufe der Stammvokal ändert:

lief *sh* **laufen***.

5) das Partizip Perfekt der Verben (ohne Präfix), bei denen sich der Stammvokal ändert:

gefl'ogen *sh* **fliegen***.

6) Partizipien, die in bestimmten Redewendungen wie Adjektive gebraucht werden, sind in alphabetischer Ordnung mit der Abkürzung *a* (Adjektiv) aufgeführt:

gef'aßt *a* 1) i qetë, gjakftohtë; ...

7) substantivierte Adjektive und Partizipien werden als eigenständige Stichwörter mit der Endung **-e** aufgeführt:

Gef'angene *m, f* ...
V'orsitzende *m, f* ...

8) Adverbien, die in ihrer Bedeutung Adjektiven entsprechen und nicht in besonderen Redewendungen vorkommen, wurden nicht in das Wörterbuch aufgenommen; statt dessen wird nur das Adjektiv angegeben:

gef'ügig *a* 1) i përkulshëm, i epshëm; 2) i bindur, ...

tashme të foljeve (pa parashtesë) që ndërrojnë zanoren e rrënjës:

läßt *sh* **lassen***.

4) veta e tretë e numrit njëjës të kohës së pakryer të diatezës veprore të foljeve (pa parashtesë), kur këto pësojnë ndryshim në zanoren e rrënjës gjatë zgjedhimit:

lief *sh* **laufen***.

5) pjesorja e dytë e foljeve (pa parashtesë) kur ndryshon zanorja e rrënjës:

gefl'ogen *sh* **fliegen***.

6) pjesoret që, në kuptime të caktuara, kanë marrë vlerë mbiemri jepen sipas rendit alfabetik me shënimin *a* (Adjektiv):

gef'aßt *a* 1) i qetë, gjakftohtë; ...

7) mbiemrat dhe pjesoret e substantivuara jepen si fjalë më vete me mbaresën e butë **-e**:

Gef'angene *m, f* ...
V'orsitzende *m, f* ...

8) ndajfoljet që, nga kuptimi, u përgjigjen mbiemrave dhe nuk dalin në kombinime frazeologjike të veçanta, nuk janë përfshirë në fjalor, ku është dhënë vetëm mbiemri:

gef'ügig *a* 1) i përkulshëm, i epshëm; 2) i bindur, ...

Bedeutungsunterscheidung der deutschen Wörter und ihrer Entsprechungen

Deutsche Homonyme werden durch römische Ziffern (I, II usw.) unterschieden und als eigenständige Stichwörter eingeordnet:

Schloß I *n* **-sses, Schlösser** 1) kështjellë; 2) ...
Schloß II *n* **-sses, Schlösser** 1) dry; bravë; ...

Albanische Wörter, die unterschiedliche Bedeutungen des deutschen Wortes wiedergeben, sind durch arabische Ziffern (1), 2) usw.) voneinander getrennt. Albanische Wörter, die für ein deutsches Wort ähnliche, aber deutlich voneinander unterschiedene Bedeutungen angeben, sind durch ein Semikolon getrennt und albanische Synonyme durch ein Komma:

Stock I *m* **-(e)s, Stöcke** 1) shkop; bastun; ... 2) rrënjë (*hardhie etj.*); 3) zgjua (*bletësh*) ...
umarbeiten *vt* 1) përpunoj, ripunoj ...

Die albanischen Entsprechungen werden nach der Häufigkeit der Verwendung der deutschen Bedeutung aufgeführt.

In Klammern gesetzte Hinweise erklären Bedeutung und Verwendung des deutschen Wortes:

verj'agen *vt* dëboj (*mizat, armikun etj.*).

Im allgemeinen sind Redewendungen nur unter dem Wort zu finden, das das semantische Hauptgewicht trägt. Dieses Wort ist meist ein Substantiv, seltener ein Adjektiv oder eine andere Wortart.

Ndarja e kuptimeve të fjalëve gjermanisht dhe barasvlerësit e tyre

Homonimet gjermanisht janë dalluar me shifra romake (I, II etj.) dhe janë renditur në zëra të veçantë:

Schloß I *n* **-sses, Schlösser** 1) kështjellë; 2) ...
Schloß II *n* **-sses, Schlösser** 1) dry; bravë; ...

Fjalët shqip që pasqyrojnë kuptime të ndryshme të fjalës gjermanisht janë ndarë me shifra arabe (1), 2) etj.) me kllapë. Fjalët shqip që, për fjalën gjermanisht, japin kuptime të afërta, po të dalluara qartë në mes tyre, janë dhënë me pikëpresje. Sinonimet shqip të fjalës gjermanisht janë ndarë me presje:

Stock I *m* **-(e)s, Stöcke** 1) shkop; bastun; ... 2) rrënjë (*hardhie etj.*); 3) zgjua (*bletësh*) ...
umarbeiten *vt* 1) përpunoj, ripunoj ...

Barasvlerësit shqip të kuptimeve të ndryshme të fjalës gjermanisht janë radhitur sipas dendurisë së përdorimit të kësaj të fundit.

Shpjegimet në kllapa pranë fjalës shqip sqarojnë përmbajtjen kuptimore të fjalës gjermanisht:

verj'agen *vt* dëboj (*mizat, armikun etj.).*

Në përgjithësi, shprehjet frazeologjike jepen vetëm një herë te fjala që mban ngarkesën semantike kryesore. Më shpesh kjo fjalë është emër, më rrallë mbiemër ose pjesë tjetër e ligjëratës.

Deutsche Wortgruppen aus Adjektiv + Substantiv, die einen einzigen Begriff ausdrücken, werden dem betreffenden Substantiv untergeordnet:

Kalk *m* **-(e)s, -e** gëlqere; **gelöschter Kalk** gëlqere e shuar; ...

In folgenden Fällen wird nach dem deutschen Stichwort keine direkte albanische Entsprechung angegeben, statt dessen folgt einem Doppelpunkt ein zusammengesetzter Ausdruck:

1) wenn es für das deutsche Wort keine albanische Entsprechung gibt:

G'egenliebe *f* = : **er fand bei ihr keine Gegenliebe** ajo nuk i përgjigjej dashurisë së tij.

2) wenn das deutsche Wort nur in bestimmten Verbindungen verwendet wird:

H'ungertuch *n* : *fig bis* **am Hungertuch nagen** vuaj për bukë.

Togfjalët gjermanisht mbiemër + emër, që shprehin një nocion të vetëm, janë vënë tek emri përkatës:

Kalk *m* **-(e)s, -e** gëlqere; **gelöschter Kalk** gëlqere e shuar; ...

Në rastet që vijojnë, pas zërit gjermanisht nuk jepet drejtpërdrejt barasvlerësi shqip, por vihen dy pika, pas të cilave vjen një togfjalë:

1) kur fjala gjermanisht nuk ka barasvlerës shqip:

Gegenliebe *f* = : **er fand bei ihr keine Gegenliebe** ajo nuk i përgjigjej dashurisë së tij.

2) kur fjala gjermanisht ndeshet vetëm në togfjalë të caktuara:

H'ungertuch *n* : *fig* bis **am Hungertuch nagen** vuaj për bukë.

Fachterminologie und Sondersprache

Wörter, die der wissenschaftlichen, kulturellen oder einer anderen Fachterminologie, Dialekten, Redewendungen, der Umgangssprache oder der vulgären Sprache angehören, werden durch ein kursives Kürzel bezeichnet:

Aal *m* **-(e)s, -e** *zool* ngjalë.

Terminologji dhe gjuhë të posaçme

Fjalë që i përkasin terminologjisë shkencore, kulturore etj., të folmeve, shprehjeve idiomatike, gjuhës bisede ose vulgare, shënohen me shkurtim kursiv:

Aal *m* **-(e)s, -e** *zool* ngjalë.

ABKÜRZUNGEN – SHKURTIME

Latein und Deutsch – Latinisht e gjermanisht

a — *Adjektiv* mbiemër
A — **Akkusativ** rasë kallëzore
adv — *Adverb* ndajfolje
comp — *Komparativ* shkallë krahasore
conj — *Konjunktion* lidhëz
D — **Dativ** rasë dhanore
f — *Femininum* emër i gjinisë femërore
G — **Genitiv** rasë gjinore
(h) — me foljen **haben**
impf — *Imperfekt* kohë e pakryer
indekl — *indeklinabel* i palakueshëm
inf — *Infinitiv* paskajore
int — *Interjektion* pasthirrmë
inv — *invariabel* fjalë e pandryshueshme
m — *Maskulinum* emër i gjinisë mashkullore
n — *Neutrum* emër i gjinisë asnjanëse
N — **Nominativ** rasë emërore
num — *Numerale* numëror
pl — *Plural* shumës
part — *Partizip* pjesore
präp — *Präposition* parafjalë
präs — *Präsens* kohë e tashme
pron — *Pronomen* përemër
pron dem — *Demonstrativpronomen* përemër dëftor
pron indef — *Indefinitivpronomen* përemër i pakufishëm
pron inter — *Interrogativpronomen* përemër pyetës
pron pers — *Personalpronomen* përemër vetor
pron poss — *Possessivpronomen* përemër pronor
pron refl — *Reflexivpronomen* përemër vetvetor
pron rel — *Relativpronomen* përemër lidhor
(s) — me foljen **sein**
(s, h) — me foljen **sein** dhe me foljen **haben**
sing — *Singular* njëjës
superl — *Superlativ* shkallë sipërore
vi — *intransitives Verb* folje jokalimtare
vimp — *impersonales Verb* folje pavetore
vrefl — *reflexives Verb* folje vetvetore
vt — *transitives Verb* folje kalimtare

Albanisch – Shqip

anat — *anatomi* Anatomie
ark — *arkitekturë* Architektur
art — *art* Kunst
astr — *astronomi* Astronomie
aust — *fjalë austriake* Austriazismus
av — *aviacion* Luftfahrt
bav — *fjalë bavareze* Bavarismus
biol — *biologji* Biologie
bis — *gjuhë bisede* umgangssprachlich
bot — *botanikë* Botanik

bujq	*bujqësi* Landwirtschaft
det	*detari* Seefahrt
drejt	*drejtësi* Justiz
ek	*ekonomi* Wirtschaft
el	*elektricitet* Elektrizität
ent	*entomologji* Entomologie
eufem	*eufemizëm* Euphemismus
fet	*shprehje fetare* religiöser Ausdruck
fig	*kuptim i figurshëm* übertragene Bedeutung
filoz	*filozofi* Philosophie
fin	*financë* Finanzwesen
fiz	*fizikë* Physik
fiziol	*fiziologji* Physiologie
fot	*fotografi* Fotografie
futb	*futboll* Fußball
gram	*gramatikë* Grammatik
gjeogr	*gjeografi* Geographie
gjeol	*gjeologji* Geologie
gjeom	*gjeometri* Geometrie
gjimn	*gjimnastikë* Gymnastik
gjuh	*gjuhësi* Sprachwissenschaft
hek	*hekurudhë* Eisenbahnwesen
hist	*histori* Geschichte
iron	*shprehje ironike* ironischer Ausdruck
kim	*kimi* Chemie
kin	*kinematografi* Filmwesen
krahin	*fjalë krahinore* regionaler Ausdruck
lat	*latinisht* lateinisch
let	*letërsi* Literatur
mat	*matematikë* Mathematik
min	*mineralogji* Mineralogie
mit	*mitologji* Mythologie
mjek	*mjekësi* Medizin
muz	*muzikë* Musik
ndash	*e ndashme (folje)* trennbares Verb
ndër	*ndërtim* Bauwesen
pandash	*e pandashme (folje)* nicht trennbares Verb
përb	*shprehje përbuzëse* verächtlicher Ausdruck
pikt	*pikturë* Malerei
poet	*shprehje poetike* dichterischer Ausdruck
pol	*politikë* Politik
poligr	*poligrafi* Druckwesen
prov	*proverb* Sprichwort
psik	*psikologji* Psychologie
radio	*radioteknikë* Radiotechnik
rrallë	*rrallë* selten
sport	*sport* Sport
sh	*shih* siehe
shak	*shaka* scherzhaft
shpesh	*shpesh* häufig
shpr	*shprehje* feststehender Ausdruck
teat	*teatër* Theater
tek	*teknikë* Technik
treg	*tregti* Handel
usht	*shprehje ushtarake* militärischer Ausdruck
vet	*veterinari* Tierheilkunde
vjet	*fjalë e vjetruar* veraltetes Wort
vulg	*shprehje vulgare* vulgärer Ausdruck
zool	*zoologji* Zoologie

DAS DEUTSCHE ALPHABET – ALFABETI GJERMAN

Buchstabe – Shkronja	Aussprache in deutscher Transkription – Shqiptimi në transkriptimin shqip
A a	a
B b	be
C c	ce
D d	de
E e	e
F f	ef
G g	ge
H h	ha
I i	i
J j	jot
K k	ka
L l	el
M m	em
N n	en
O o	o
P p	pe
Q q	ku
R r	er
S s	es
T t	te
U u	u
V v	fau
W w	ve
X x	iks
Y y	ipsilon
Z z	cet

A

A, a *n* = shkronja e parë e alfabetit të gjermanishtes; *fig* **von A bis Z** që nga fillimi gjer në fund; *fig* **das A und O einer Sache** thelbi i një çështjeje; **wer A sagt, muß auch B sagen** kush hyn në valle, duhet të kërcejë.

A, a *n* = *muz* la; **A-Dur** la major; **a-Moll** la minor

a, à *präp* nga; **3 m à 25 Pf** 3 metra nga 25 pfenigë; **2 Stück à 3,- DM** 2 copë nga 3 marka gjermane.

a. = **am, an; a. Rh. (am Rhein)** mbi Rin; **a. d. O. (an der Oder)** mbi Oder.

Aal *m* **-(e)s, -e** *zool* ngjalë.

aalen, sich *vrefl bis* shtrohem rehat.

aalglatt *a* që shket si ngjalë; dredharak.

a.a.O. = **am angeführten Ort(e), am angegebenen Ort(e)** në vendin e dhënë, e cituar, e treguar.

Aas *n* **-es, -e** *dhe* **Äser** 1) kërmë; **wo Aas ist, sammeln sich die Raben** ku ka kërmë, mblidhen korbat; 2) *fig* qelbësirë, qelbanik(e); 3) : *shpr bis* **kein Aas** (*s'ka*) këmbë njeriu.

aasen *vi* **(h)** *bis* shkapërderdh, prish; **mit dem Geld aasen** prish paret.

Aasgeier *m* **-s,** = *zool* larash (*zog*).

ab 1. *adv* 1) (*vend*) poshtë; **auf und ab** poshtë e lart; 2) (*vend*) nga; larg; tutje; **rechts ab von der Station** djathtas nga stacioni; **keine drei Schritte ab** as tre metra larg; *bis* **ab nach Hause!** ik tutje në shtëpi!; *bis* **Hut ab!** hiqe(ni) kapelen!; 3) (*kohë*): **von heute ab** që sot; **ab und zu** herë pas here; 2. *präp* **(D)** që nga; **ab 2 Uhr** (që) nga ora dy; **ab heute** që nga kjo ditë; **ab Tirana** që nga Tirana.

ab = *parashtesë e ndashme foljore që tregon:* 1) *lëvizje ose drejtim nga lart poshtë:* **abspringen, abfallen;** 2) *shkëputje, mënjanim:* **abschaffen, abschaben;** 3) *zvogëlim, pakësim:* **abnehmen, abziehen;** 4) *konsumim:* **abtragen;** 5) *mohim, prapësim:* **absagen, ablehnen;** 6) *fillim veprimi:* **abreisen, abfahren;** 7) *përfundim veprimi:* **abblühen;** 8) *përforcim:* **abbetteln;** 9) *imitim:* **abschreiben, abmalen.**

abänderlich *a* i ndryshueshëm.

Abänderlichkeit *f* = ndryshueshmëri.

abändern *vt ndash* 1) ndryshoj; ndërroj; 2) përmirësoj.

Abänderung *f* =, **-en** 1) ndryshim; ndërrim; 2) përmirësim.

abarbeiten 1. *vt ndash* shlyej me punë (*një detyrim etj.*); 2. *vrefl* **sich abarbeiten** rraskapitem, robtohem në punë.

Abart *f* =, **-en** varietet (*i një lloji*); **unechte Abart** lloj bastard.

abartig *a* anormal; i kundërnatyrshëm.

abbalgen *vt ndash* rrjep (*një kafshë*).

Abbau *m* **-(e)s, -e** 1) ulje (*e çmimeve etj.*); heqje (*e taksave etj.*); 2) shkurtim (*i kuadrit etj.*); 3) pakësim (*i prodhimit etj.*); 4) çmontim (*i makinerisë etj.*); 5) shkrehje (*e fushimit etj.*).

abbauen *vt ndash* 1) shemb (*një ndërtesë etj.*); 2) ul (*çmimet etj.*); 3) shkurtoj (*kuadrin etj.*); 4) heq; pushoj (*nga puna*); 5) shfrytëzoj (*një minierë*); nxjerr (*minerale etj.*); 6) shkreh (*fushimin etj.*).

abbeißen* *vt ndash* 1) shkëpus me dhëmbë (*një kafshatë etj.*); 2) kafshoj; *fig* **sich lieber die Zunge abbeißen, als etwas zu verraten** më parë pres gjuhën se sa tregoj diçka.

abbekommen* *vt ndash* 1) marr; **seinen Teil abbekommen** marr pjesën time; 2) shkëpus; shqis; heq (*një pullë nga zarfi etj.*); 3) *: shpr bis* **er hat was (eins) abbekommen** ai ka ngrënë një dru të mirë.

abbeizen *vt ndash* gërryej; kruaj (*shtresën e bojës etj.*).

abberufen* *vt ndash* tërheq (*ambasadorin etj.*); shkarkoj (*nga një post etj.*); *fig* **abberufen werden** vdes.

Abberufung *f* =, **-en** tërheqje (*e ambasadorit etj.*); shkarkim (*i ministrit etj.*).

abbestellen *vt ndash* shfuqizoj, anuloj (*një porosi etj.*).

Abbestellung *f* =, **-en** anulim, shfuqizim (*i një porosie etj.*).

abbetteln *vt ndash* marr, nxjerr me të lutura.

abbezahlen *vt ndash* paguaj me këste.

Abbezahlung *f* =, **-en** pagim me këste.

abbiegen* *ndash* 1. *vt* 1) shtrembëroj; përkul (*telin etj.*); lakoj; 2) shmang (*një rrezik*); 2. *vi* (s) kthehem (*majtas, djathtas*); dredhoj rrugë.

Abbild *n* **-(e)s, -er** 1) figurë; 2) portret; 3) kopje.

abbilden *vt ndash* 1) vizatoj; pikturoj; 2) portretizoj; 3) kopjoj.

Abbildung *f* =, **-en,** 1) ilustrim; 2) kopje.

abbinden* *vt ndash* 1) lidh (*një damar etj.*); 2) zgjidh; liroj (*fashën etj.*).

Abbitte *: shpr* **Abbitte leisten (tun)** kërkoj ndjesë (*falje*).

abbitten* *vt ndash* **(D)** i kërkoj falje (*dikujt*); **jemandem etwas abbitten** i kërkoj ndjesë dikujt për diçka.

abblasen* *vt ndash* 1) i bie borisë (*për tërheqje*); 2) *fig bis* prapësoj; shfuqizoj; anuloj (*një veprimtari etj.*).

abblättern *vi ndash* **(s)** 1) i bien gjethet (*drurit*); 2) leskërohet (*suvaja etj.*).

abblenden *vt ndash* ul (*dritat e automobilit etj.*).

abblitzen *vi ndash* **(s)** *bis* kthehem pa mbaruar punë; **jemanden abblitzen lassen** përcjell, nis duarthatë dikë.

abblühen *vi ndash* **(s)** fishket.

abbrausen 1. *vt ndash* i bëj dush (*dikujt*); 2. *vi* **(s)** *bis* çaj, kaloj, iki me potere.

abbrechen* *ndash* 1. *vt* 1) këpus (*një lule etj.*); 2) shemb (*një ndërtesë etj.*); 3) pres (*marrëdhëniet etj.*); 4) shkreh; **ein Lager abbrechen** shkreh një fushim; 5) ndërpres (*fjalimin etj.*); 2. *vi* **(s)** 1) këputem; 2) ndalem, qëndroj; **wir wollen hier abbrechen** do të ndalemi këtu; **das bricht nicht ab** kjo vazhdon; **in der Rede abbrechen** pushoj së foluri.

abbremsen *vt, vi ndash* **(h)** frenoj (*makinën*).

abbrennen* *ndash* 1. *vt* 1) djeg krejt; 2) *mjek* djeg (*plagën*); 2. **(s)** 1) digjem krejt; 2) *: shpr bis* **abgebrannt sein** kam mbetur në diell.

Abbreviati'on [*-via-*] *f* =, **-en** shkurtim (*i një fjale*).

abbringen *vt ndash* **(von D)** 1) largoj; 2) heq; 3) shmang; **jemanden vom rechten Wege abbringen** largoj nga rruga e drejtë dikë; **jemanden von seiner Meinung abbringen** ia kthej mendjen dikujt.

abbröckeln *ndash* 1. *vt* thërrmoj (*bukën etj.*) 2. *vi* **(s)** thërrmohet.

Abbruch *m* **-(e)s, -brüche** 1) shembje (*e një ndërtese etj.*); 2) ndërprerje (*e një pune etj.*); 3) prerje (*e marrëdhënieve etj.*); 4) ngritje, heqje (*e* *një fushimi*); 5) dëm; **jemandem Abbruch tun** i bëj dëm dikujt.

abbrühen *vt ndash* përvëloj (*pulën etj.*).

abbrummen *vt ndash : bis* **er hat seine zwei Jahre abgebrummt** i ka bërë dy vjet të mirë në burg.

abbuchen *vt ndash fin* heq nga llogaria (*një shumë*).

abbürsten *vt ndash* 1) fshij, pastroj me fuçë; 2): *fig bis* **jemanden abbürsten** ia them copë ç'mendoj dikujt.

abbüßen *vt ndash* laj (*fajin*); **eine Strafe abbüßen** vuaj një dënim.

Abc [*abec'e*] *n* = abëcë.

Abc-Buch [*abec'e-*] *n* **-(e)s, -bücher** abetare.

Abc-Schütze [*abec'e-*] *m* **-n, -n** *vjet* 1) nxënës i klasës së parë fillore; 2) *fig* fillestar.

abdämmen *vt ndash* 1) i vë pritë (*lumit etj.*); 2) *fig* ndaloj (*një veprim etj.*).

abdampfen *vi ndash* **(s)** 1) *kim* avullohet (*një lëng*); 2) *bis* iki, ua mbath, avullohem.

abdämpfen *vt ndash* ul (*zhurmën etj.*); zbus (*ngjyrat etj.*).

abdanken *vi ndash* **(h)** 1) jap dorëheqjen; 2) abdikoj.

Abdankung *f* =, **-en** 1) dorëheqje; 2) abdikim.

abdecken *ndash* 1. *vt* 1) i heq (*çatinë, kapakun etj.*); 2) ngre (*tryezën*); 3) mbuloj (*gropën etj.*); 4) mbuloj, mbroj; *shah* **mit dem Turm die Dame abdecken** mbroj mbretëreshën me kala; 2. *vrefl* **sich abdecken** zbulohem; **das Kind deckt sich im Schlafe ab** fëmija zbulohet në gjumë.

Abdeckung *f* =, **-en** mbulesë.

abdichten *vt ndash* 1) bëj të papërshkueshëm (*nga ajri, zhurma etj.*); 2) *det* kallafatoj (*anijen etj.*).

Abdichtung *f* =, **-en** 1) izolim; 2) *det* kallafatim.

abdienen *vt ndash* 1) kryej shërbimin; **seine Zeit abdienen** kryej shërbimin ushtarak; 2) : **eine Schuld abdienen** shlyej me punë një faj.

abdrängen *vt ndash* shtyj; largoj (*turmën etj.*).

abdrehen *ndash* 1. *vt* 1) këpus duke rrotulluar (*kopsën etj.*); 2) liroj (*vidhën etj.*); 3) mbyll (*rubinetin etj.*); 4) shuaj (*dritën elektrike etj.*); 5) mbaroj së xhiruari (*filmin*); 2. *vi* **(h)** ndërron kursin (*anija, aeroplani etj.*)

abdrosseln *vt ndash* 1) i mbyll gazin (*motorit*) 2) *tek* bllokoj.

Abdruck *m* 1) **-(e)s** shtypje; **der Abdruck in Wachs dauert nicht lange** shtypja në dyll nuk rri gjatë; 2) **-(e)s, -drücke** gjurmë; **Abdrücke von Sohlen** gjurmë këmbësh; 3) **-s, -e** shtypje, shumëfishim (*i librit etj.*); 4) **-s, -e** kopje; riprodhim; bocë shtypi; **mehrere Abdrucke herstellen** bëj shumë kopje.

abdrucken *vt ndash* shtyp; shumëfishoj; riprodhoj; **einen Roman abdrucken** shtyp një roman.

abdrücken *ndash* 1. *vt* 1) shtyp (*sustën etj.*); 2) heq (*këmbëzën e pushkës*); 3) shtrëngoj (*në kraharor etj.*); 4) *fig* (*më*) ndrydh (*një hall etj.*); 2. *vrefl* **sich abdrücken** lë gjurmë.

abebben *vi ndash* **(s)** 1) bie (*uji*); 2) *fig* bie, qetësohet (*zhurma etj.*).

Abend *m* **-s, -e** 1) mbrëmje; **(des) Abends, am Abend** në mbrëmje; **gegen Abend** nga mbrëmja; **gestern abend** mbrëmë; **heute abend** sonte; **morgen abend** nesër mbrëma; **zu Abend essen** ha darkën; *fig* **noch ist nicht aller Tage Abend** ende s'i dihet fundit; 2)

mbrëmje (*letrare etj.*); **ein literarischer Abend** një mbrëmje letrare.
Abendanzug *m* **-(e)s, -züge** kostum mbrëmjeje.
Abendausgabe *f* **=, -n** botim i mbrëmjes (*i një gazete*).
Abendblatt *n* **-(e)s, -blätter** gazetë e mbrëmjes.
Abendbrot *n* **-(e)s** darkë.
Abenddämmerung *f* **=, -en** muzg.
Abendessen *n* **-s, =** darkë.
Abendkleid *n* **-(e)s, -er** fustan mbrëmjeje.
Abendland *n* **-(e)s** Perëndimi (*Evropa*).
abendländisch *a* perëndimor, evropian.
abendlich *a* i mbrëmjes.
Abendmahl *n* **-(e)s** darkë.
Abendröte *f* **=** perëndim.
abends *adv* në mbrëmje.
Abendschicht *f* **=, -en** ndërresë e dytë.
Abendschule *f* **=, -n** shkollë nate.
Abenteuer *n* **-s, =** aventurë; **auf Abenteuer ausgehen** dal për aventura; **sich in ein Abenteuer stürzen** futem në aventura.
abenteuerlich *a* aventuresk.
Abenteurer *m* **-s, =** aventurier.
Abenteurerpolitik *f* **=** politikë aventureske.
aber 1. *conj* por, mirëpo, veç; **oder aber** ose; 2. *adv* përsëri, prapë; **tausend und aber tausend** mijëra e mijëra; 3. *int* (*përforcon emrin ose mbiemrin*): **das ist aber schrecklich!** kjo qenka e tmerrshme!; **aber ja!** natyrisht!; **aber nein!** kurrsesi!; **aber, aber!** posi, posi!
Aberglaube *m* **-ns** bestytni, supersticion.
abergläubisch *a* bestyt, supersticioz.
aberkennen* *vt ndash* 1) nuk ia njoh, ia mohoj (*një meritë etj. dikujt*); 2) ia heq (*një të drejtë dikujt*).
Aberkennung *f* **=, -en** mosnjohje, mohim (*i një merite etj.*); heqje (*e një të drejte etj.*).
abermalig *a* i dytë; tjetër; i përsëritur.
abermals *adv* prapë; përsëri; së dyti.
abernten *vt ndash* mbledh (*të korrat*).
Aberwitz *m* **-es** absurditet; marrëzi.
abfahren* *ndash* 1. *vt* 1) çoj, nis, transportoj (*një mall me makinë etj.*); 2) (*më*) pret (*treni këmbën etj.*); 3) përshkoj (*një rrugë me makinë etj.*); 2. *vi* (s) 1) nisem (*me tren etj.*); **jemanden abfahren lassen** përzë, përcjell dikë; **fahr ab!** mbushu!; 2) zbres me ski (*nga mali etj.*); 3. *vrefl* **sich abfahren** hahet (*goma e makinës etj.*).
Abfahrt *f* **=, -en** 1) nisje; 2) *sport* zbritje (*me ski etj.*).
Abfahrt(s)gleis *n* **-es, -e** *hek* shina të nisjes.
Abfahrt(s)zeichen *n* **-s, =** *hek* sinjal i nisjes.
Abfahrt(s)zeit *f* **=, -en** *hek* orë e nisjes.
Abfall *m* **-(e)s, -fälle** 1) rënie; 2) mbeturina, hedhurina; 3) shkëputje, ndarje; 4) *fet* feleshim; 5) *pol* dezertim.
abfallen* *vi ndash* (s) 1) bie, shkëputet (*gjethja etj.*); 2) bie, ulet (*shpati i malit, niveli i ujit etj.*); 3) bie më poshtë (*se dikush*); 4) bie në peshë; 5) *pol* lë, lëshoj (*parimet etj.*); mohoj; *fet* **vom Glauben abfallen** lëshoj fenë; 6) (*më*) bie, (*më*) takon.
abfallend *a* i pjerrët (*rrugë etj.*).
abfällig *a* 1) i keq (*mendim etj.*); **abfällige Antwort** përgjigje negative; 2) përbuzës (*gjykim etj.*).
Abfallprodukt *n* **-(e)s, -e** mbeturinë nga prodhimi.
abfangen* *vt ndash* 1) kap (*një letër që i drejtohet një tjetri etj.*); 2) zë, ndaloj (*në rrugë dikë etj.*); 3) pres

(*një goditje etj.*); largoj (*një rrezik etj.*); 4) mbështes (*një mur në rrezik shembjeje etj.*).

abfärben *vi ndash* (h) 1) i del boja; **dieser Stoff färbt ab** këtij stofi i del boja; 2) lëshon bojë; 3) *fig* **(auf A)** ndikoj (*mbi dikë*).

abfassen *vt ndash* 1) hartoj, përpiloj; 2) zë, kap; **einen Dieb abfassen** kap një hajdut.

Abfassung *f* =, **-en** 1) redaktim; tekst i redaktuar; 2) hartim; përpilim.

abfaulen *vi ndash* **(s)** kalbet (*rrënja e bimës etj.*).

abfedern 1. *vt ndash* 1) rrjep (*një shpend*); 2) pajis me susta (*një karrocë etj.*); 3) amortizoj (*lëkundjet etj.*); 2. (*vi*) **(s)** i bien pendët (*zogut*).

abfegen *vt ndash* fshij me fshesë.

abfeiern *vt ndash* marr pushim (*për orët e punës jashtë orarit*).

abfeilen *vt ndash* limoj, ha me limë.

abfertigen *vt ndash* 1) bëj gati për nisje (*anijen, postën etj.*); 2) nis, dërgoj; 3) i shërbej sipas radhës (*klientit etj.*); 4) *bis* përcjell, heq qafe (*dikë*).

Abfertigung *f* =, **-en** nisje; dërgim.

Abfertigungshalle *f* =, **-n** zyrë spedicioni.

abfeuern *vt ndash* 1) shkreh (*pushkën etj.*); 2) : **einen Schuß abfeuern** shtie një herë.

abfinden* *ndash* 1. *vt* 1) paguaj (*kreditorët*); 2) dëmshpërblej, zhdëmtoj (*dikë*); 2. *vrefl* **sich abfinden (mit D)** kënaqem (*me diçka*).

Abfindung *f* =, **-en** dëmshpërblim, zhdëmtim.

Abfindungssumme *f* =, **-n** shumë e zhdëmtimit.

abflachen *vt ndash* rrafshoj.

abflauen *vi ndash* **(s)** 1) bie (*era*); 2) *fig* bien, ulen (*çmimet*).

abfliegen* *ndash* 1. *vi* **(s)** 1) fluturon (*zogu etj.*); 2) niset (*aeroplani etj.*); 2. *vt* fluturoj mbi (*një vend*).

abfließen* *vi* **(s)** 1) rrjedh, kullon (*uji etj.*); 2) derdhet (*vaska e banjës etj.*).

Abflug *m* **-(e)s, -flüge** nisje, ngritje nga toka (*e aeroplanit*).

Abfluß *m* **-(e)s** 1) rrjedhje; kullim; 2) *tek pl* **-flüsse** dalje (*e gazit*); 3) *fin pl* **-flüsse** dalje (*e valutës etj.*).

Abflußhahn *m* **-(e)s, -hähne** rubinet shkarkimi.

Abfolge *f* =, **-n** varg, njëpasnjëshmëri.

abfordern *vt ndash* kërkoj me këmbëngulje.

Abforderung *f* =, **-en** kërkesë këmbëngulëse.

abfragen *vt ndash* pyes (*mësimin etj.*).

abfressen* *ndash* 1) ha krejt (*lopa barin etj.*); 2) *fig* ha (*shpirtin etj.*).

abfrieren* *vi ndash* **(s)** (*më*) ngrin (*këmba etj.*).

Abfuhr *f* =, **-en** 1) nisje, dërgim, transportim (*mallrash etj.*); 2) *fig* refuzim, hedhje poshtë (*e një lutjeje etj.*).

abführen *ndash* 1. *vt* 1) largoj; 2) heq; 3) çoj; **ins Gefängnis abführen** shpie në burg. 2. *vi* **(h)** ndihmon për të dalë jashtë (*një bar etj.*).

Abführmittel *n* **-s,** = *mjek* purgativ.

Abführung *f* =, **-en** mbyllje e thonjëzave.

abfüllen *vt ndash* toçis (*verën etj.*).

Abg. = **Abgeordnete.**

Abgabe *f* = 1) dhënie, dorëzim; 2) shitje; 3) *pl* **-en** taksë, tatim; qira.

abgabenfrei *a* pa taksa, i përjashtuar nga taksat.

Abgabenfreiheit *f* = përjashtim nga taksat.

abgabenpflichtig *a* i tatueshëm.

Abgang *m* **-(e)s** 1) nisje (*e trenit, e anijes etj.*); 2) dalje (*nga skena, puna, spitali etj.*); 3) *fig* ndarje nga jeta, vdekje; 4) *treg* shitje; 5) *pl* **-gänge** humbje.

abgängig *a* 1) që shitet (*mall etj.*); 2) që mungon, që nuk gjendet.

Abgangsprüfung *f* =, **-en** provim lirimi, pjekurie.

Abgangsschein *m* **-(e)s, -e, Abgangszeugnis** *n* **-ses, -se** dëshmi lirimi.

Abgangsstation *f* =, **-en** stacion i nisjes.

Abgase *pl* gaze të djegies; **die Abgase der Autos verpesten die Luft** gazet e automobilave e qelbin ajrin.

abgearbeitet *a* i dërrmuar nga puna.

abgebaut *a* 1) i nxjerrë (*mineral etj.*); 2) i shkurtuar (*kuadër*); i pushuar, i hequr nga puna; 3) i pakësuar, i kufizuar (*prodhim etj.*); 4) i zbërthyer, i çmontuar; 5): **abgebautes Feld** a) tokë e lënë pas dore; b) vendburim minerali i braktisur.

abgeben* *ndash* 1. *vt* jap, dorëzoj (*një letër etj.*); 2) jap, lë, lëshoj (*nga diçka*); 3) jap, shpreh (*një mendim etj.*); **ein Urteil abgeben** jap një gjykim; **eine Meinung abgeben** shpreh një mendim; 4) shes; jap me qira; 5) : **einen Schuß abgeben** shtie (*me pushkë*); **er gibt einen guten Redner ab** ai është orator i mirë. 2. *vrefl* **sich abgeben** *bis* merrem (*me dikë*); **sie gibt sich mit den Kindern ab** ajo merret me fëmijët.

abgebrannt *a* 1) i djegur; 2) i shkundur (*pa pare*).

abgebrüht *a bis* i rrahur me vaj e me uthull; i pafytyrë.

abgedankt *a* i liruar (*nga shërbimi*); **ein abgedankter Offizier** një oficer në lirim.

abgedroschen *a* i shpëlarë, bajat; i përsëritur e i stërpërsëritur.

abgefeimt *a* i regjur; i hurit e i litarit.

abgegriffen *a* i përdorur shumë; bajat (*fjalë etj.*).

abgehen* *ndash* 1. *vi* (s) 1) nisem; 2) largohem; iki; **er ist von der Schule abgegangen** ai ka lënë shkollën; 3) këputet (*kopsa etj.*); 4) heq dorë (*nga një plan etj.*); 5) shkon; **es ist noch einmal gut abgegangen** edhe këtë herë shkoi mirë (*puna*); 6) shitet, shkon (*një mall*); 7) bie (*lëkura*); 8) *bis* (*më*) mungon; **sich (D) nichts abgehen lassen** nuk i lë gjë mangët vetes; 2. *vt* : **einen Platz abgehen** i bie një vendi rreth e qark.

abgekämpft *a bis* i rraskapitur, i dërrmuar.

abgekartet *a* i paracaktuar në mënyrë të fshehtë.

abgeklärt *a fig* i pjekur (*njeri, mendim etj.*).

abgekocht *a* i vluar; i zier; i distiluar.

abgekürzt *a* i shkurtuar.

abgelaufen *a* i kaluar (*afat etj.*).

abgelebt *a* 1) i kaluar; i shkuar; 2) i vjetruar; i plakur; 3) i dobësuar; 4) i rrëgjuar.

abgelegen *a* 1) i largët; 2) i vetmuar, i mënjanuar (*vend etj.*).

abgeleiert *a bis* bajat, i shpëlarë; i stërpërsëritur; **abgeleierte Phrasen** fraza të stërpërsëritura.

abgeleitet *a* i prejardhur; *mat* **abgeleitete Funktion** funksion derivat.

abgelten* *vt ndash* paguaj, vë në vend; **einen Verlust abgelten** vë në vend një humbje.

abgemacht *a* i vendosur, i mbaruar; **abgemacht!** u vendos!, mori fund!

abgemagert *a* i tretur, i hequr, i dobësuar.

abgemessen *a* i matur mirë, i peshuar mirë (*vendim etj.*).

abgeneigt *a* që është kundër diçkaje; **wir sind diesem Plan abgeneigt** jemi kundër këtij plani.

abgenutzt *a* i përdorur; i konsumuar.

Abgeordnete *m, f* **-n, -n** 1) i(e) deleguar; 2) deputet(e).

Abgeordnetenhaus *n* **-es, -häuser** dhomë e deputetëve, parlament.

Abgesandte *m, f* **-n, -n** i(e) dërguar, delegat(e).

abgerissen *a* 1) i grisur; **abgerissene Kleider** rroba të grisura; 2) *fig* i palidhur; **abgerissene Sätze** fjali të palidhura.

abgeschabt *a* i përdorur (*rrobë etj.*).

abgeschieden *a* 1) i vetmuar; 2) i veçuar; 3) i vdekur.

Abgeschiedenheit *f* = të qenët i vetmuar, i veçuar.

abgeschliffen *a* 1) i lëmuar; 2) i ngrënë nga fërkimi; 3) *fig* i gdhendur (*njeri*).

abgeschlossen *a* 1) i mbyllur; 2) i veçuar (*vend etj.*); 3) i përfunduar (*studim, marrëveshje etj.*).

abgeschmackt *a* 1) pa shije; 2) i shpëlarë, bajat; 3) trashaman.

Abgeschmacktheit *f* **=, -en** 1) mungesë shijeje; 2) trashamanësi.

abgesehen *a* : **abgesehen davon, daß ...** pavarësisht se ..., pa marrë parasysh se ...

abgespannt *a* i lodhur, i rraskapitur, i dërrmuar.

Abgespanntheit *f* = lodhje, rraskapitje.

abgestanden *a* 1) i ndenjur (*ujë etj.*); 2) *fig* bajat; **abgestandene Phrasen** fraza bajate.

abgetakelt *a fig* i fishkur, i shkrehur.

abgetan *a* i përfunduar; **eine abgetane Sache** a) një punë e mbaruar; b) një çështje e zgjidhur.

abgewinnen* *vt ndash* 1) fitoj; 2) nxjerr; 3) i gjej (*diçka të mirë diçkaje*).

abgewöhnen *vt ndash* çmësoj; **sich (D) etwas abgewöhnen** heq dorë (*nga një ves etj.*).

abgezehrt *a* i tretur, i hequr, i ligur.

abgießen* *vt ndash* 1) derdh; 2) shkrij; derdh (*një send prej metali etj.*).

Abglanz *m* **-es** 1) refleks; 2) *fig* hije.

abgleichen* *vt ndash* 1) sheshoj; 2) *fig* paguaj (*një borxh*).

abgleiten* *vi ndash* **(s)** shkas, rrëshqas.

Abgott *m* **-(e)s, -götter** idhull, fetish.

abgöttisch *a* : **jemanden abgöttisch lieben** e kam si idhull dikë.

abgraben* *vt ndash* 1) heq duke gërmuar; 2) shmang duke gërmuar; *fig* **jemandem das Wasser abgraben** ia fus ujët nën rrogoz dikujt.

abgrämen, sich *vrefl ndash* **(um A)** hidhërohem (*për diçka*).

abgrasen *vt ndash* 1) ha krejt (*kafsha barin*); 2) *fig* shfrytëzoj gjer në fund.

abgreifen* *vt ndash* 1) kap, zë; 2) mas (*me kompas*).

abgrenzen *vt ndash* 1) kufizoj; 2) përkufizoj.

Abgrenzung *f* **=, -en** 1) kufizim; 2) përkufizim.

Abgrund *m* **-(e)s, -gründe** humnerë, hon; **am Rande des Abgrundes** në buzë të humnerës (*edhe fig*).

abgrundtief *a fig* i pafund, shumë i thellë; **abgrundtiefer Haß** urrejtje e pafund.

abgucken *ndash* 1. *vt bis* imitoj; **jemandem etwas abgucken** imitoj dikë në diçka; 2. *vi* **(h)** kopjon (*nxënësi në shkollë*).

Abguß *m* **-sses, -güsse** 1) *tek*

derdhje; 2) formë e derdhur (*në allçi etj.*)

abhaben* *vt ndash bis* 1) marr (*një pjesë nga diçka*); *fig* **seinen Teil abhaben** ha dru; 2) kam hequr; **ich hatte den Hut ab** kisha hequr kapelen.

abhacken *vt ndash* këpus; **einem Huhn den Kopf abhacken** i këpus kokën një pule.

abhaken *vt ndash* 1) heq nga çengeli; 2) *fig* i vë kryq (*një emri në listë etj.*).

abhalftern *vt ndash* 1) i heq kapistrën (*kalit etj.*); 2) *fig* pushoj nga puna.

abhalten* *vt ndash* 1) mbaj larg; ndaloj; pengoj; 2) zhvilloj (*një mbledhje, ceremoni etj.*).

abhandeln *vt ndash* 1) trajtoj (*një temë etj.*) 2) zbres nga çmimi duke bërë pazar (*një shumë*).

abh'anden *adv* : **abhanden kommen** (*më*) humbet (*diçka*).

Abhandlung *f* =, **-en** trajtesë; kumtesë; punim; artikull.

Abhang *m* **-(e)s, -hänge** shpat, rrëpirë.

abhängen *ndash* 1. *vt* 1) heq (*nga gozhda një tablo etj.*); 2) shkëpus (*vagonin nga lokomotiva etj.*); 2. *vi* **(h)** 1) rri varur; 2) varem (*nga dikush, diçka etj.*) (*edhe fig*).

abhängig *a* i varur (*edhe fig*); *gram* **abhängige Rede** ligjëratë e zhdrejtë; **abhängiger Fall** rasë e zhdrejtë.

Abhängigkeit *f* =, **-en** varësi.

abhärmen, sich *vrefl ndash* **(um A)** hidhërohem, mërzitem (*për diçka*).

abhärten *vt ndash* forcoj, kalis (*trupin etj.*).

abhauen* *ndash* 1. vt 1) pres, rrëzoj (*një dru etj.*); 2) *bis* kopjoj; 2. *vi* **(s)** *bis* ua mbath këmbëve.

abhäuten *vt ndash* rrjep (*një kafshë*).

abheben* *ndash* 1. *vt* 1) ngre (*kapakun etj.*); 2) tërheq (*një shumë nga një llogari etj.*); 2. *vi* **(h)** ngrihet në ajër (*aeroplani etj.*); 3. *vrefl* **sich abheben** shquhet, dallohet (*një ngjyrë nga një tjetër etj.*).

abheilen *vi ndash* **(s)** shërohet (*sëmundja*).

abhelfen* *vi ndash* **(h) (D)** 1) shporr (*një të keqe etj*); 2) ndryshoj; **dem muß abgeholfen werden** kjo duhet ndryshuar.

abhetzen *ndash* 1. *vt* lodh (*kalin*); 2. *vrefl* **sich abhetzen** rraskapitem, këputem.

Abhilfe *f* = : *shpr* **Abhilfe schaffen** rregulloj punët; **auf Abhilfe dringen** kërkoj që të merren masa për të rregulluar punët.

abhobeln *vt ndash* zdrukthoj.

abhold *a* : *shpr* **jemandem abhold sein** s'e shoh me sy dikë.

abholen *vt ndash* sjell (*dikë ose diçka*).

abholzen *vt ndash* 1) pres (*drurë*); 2) shpyllëzoj; **der Hang ist abgeholzt worden** shpati është shpyllëzuar.

abhorchen *vt ndash* 1) përgjoj, mbaj vesh; 2) *mjek* auskultoj, dëgjoj (*të sëmurin*).

abhören *vt ndash* 1) dëgjoj (*një stacion radioje të ndaluar etj.*); 2) përgjoj (*një bisedë etj.*); 3) pyes (*mësimin etj.*); 4) *mjek* auskultoj (*zemrën etj.*).

abirren *vi ndash* **(s)** 1) humbas (*fillin, rrugën etj.*); 2) *fig* shmangem (*nga tema etj.*).

Abit'ur *n* **-s** maturë.

Abituri'ent *m* **-en, -en** maturant.

Abituri'entin *f* =, **-nen** maturante.

abjagen *ndash* 1. *vt* ndjek e rrëmbej; **er hat dem Dieb die Beute wieder abgejagt** e ndoqi hajdutin

dhe ia mori prapë plaçkën; 2. *vrefl* **sich abjagen** më bien këmbët së vrapuari.
Abk. = Abkürzung.
abkämmen *vt ndash* 1) heq, pastroj me krehër; 2) *fig* rrëmoj (*për të gjetur diçka*).
abkanzeln *vt ndash bis* qortoj ashpër.
abkapseln, sich *vrefl ndash* veçohem, izolohem.
abkarten *vt ndash bis* kurdis (*një dredhi etj.*); **eine abgekartete Sache** një punë e kurdisur.
abkaufen *vt ndash* 1) blej; 2) *bis* besoj; **das kaufe ich dir nicht ab!** këtë nuk e ha!, mos m'i shit këto mua!
Abkehr *f* = 1) largim; 2) heqje dorë; **Abkehr von veralteten Methoden** heqje dorë nga metodat e vjetruara.
abkehren I *ndash* 1. *vt* kthej (*fytyrën*); 2. *vrefl* **sich abkehren** 1) largohem; 2) kthej kurrizin; 3) *fig* heq dorë.
abkehren II *ndash vt* fshij (*me fshesë*).
abklappern *vt ndash bis* përshkoj; **er klapperte die ganze Gegend nach Kartoffeln ab** kërkoi në të gjithë vendin për patate.
abklären *ndash* 1. *vt* 1) kthjelloj, kulloj (*një lëng etj.*); 2) *fig* sqaroj plotësisht (*një çështje etj.*); 2. *vrefl* **sich abklären** 1) kullohet (*një lëng etj.*); 2) *fig* sqarohen (*pikëpamjet etj.*).
Abklatsch *m* **-es, -e** 1) bocë shtypi; 2) *fig* kopje e keqe.
abklemmen *vt ndash* 1) kap me kapëse; 2) këpus me kapëse; 3) heq nga kapëset.
abklingen* *vi ndash* (**s**) 1) kalon (*sëmundja etj.*); 2) shuhet, tretet, humbet (*tingulli etj.*).
abklopfen *ndash* 1. *vt* 1) shkund (*pluhurin etj.*); 2) rrah (*qilimin etj.*); 3) *fig* rrah (*një çështje etj.*); 2. *vt, vi* (**h**) ndërpret (*koncertin dirigjenti*).
abknallen *vt ndash bis* 1) vras (*me të shtëna*); 2) shkatërroj (*me të shtëna*); **Panzer abknallen** shkatërroj tanke me të shtëna.
abknapsen *vt ndash bis* marr (*një pjesë nga diçka*); **jemandem etwas vom Lohn abknapsen** i marr nga rroga diçka dikujt.
abkneifen* *vt ndash* heq me darë (*gozhdën etj.*); nduk (*fitilin etj.*).
abknicken *ndash* 1. *vt* 1) këpus (*lulen etj.*); 2. *vi* (**s**) bën kthesë (*rruga etj*).
abknöpfen *vt ndash* 1) shkopsis; 2) *bis* zhvas (*pare etj.*).
abknutschen *vt ndash bis* puth pllaq e plluq.
abkochen *vt ndash* vloj (*ujin etj.*); ziej.
abkommandieren *vt ndash usht* caktoj, dërgoj (*me një detyrë, në një repart tjetër*).
Abkomme *m* **-n, -n** pasardhës; **ein Abkomme des Dichters** një pasardhës i poetit.
abkommen* *vi ndash* (**s**) 1) largohem; 2) shmangem (*nga rruga etj.*); *fig* **von einem Problem abkommen** shmangem nga një problem; 3) heq dorë; **von einem Plan abkommen** heq dorë nga një plan; 4) *sport* nisem (*në një garë vrapimi etj.*).
Abkommen *n* **-s,** = marrëveshje; **ein geheimes Abkommen** një marrëveshje e fshehtë.
abkömmlich *a* i lirë; **er ist nicht abkömmlich** ai është i zënë.
Abkömmling *m* **-s, -e** pasardhës.
abkoppeln *vt ndash* 1) shkëpus (*vagonin etj.*); 2) zgjidh (*qenin etj.*).
abkratzen *ndash* 1. vt 1) heq duke kruar, kruaj; 2) pastroj duke kruar,

kruaj; 2. *vi* (s) *bis* ua mbath këmbëve; lë shëndenë.

abkriegen *vt ndash* marr (*një pjesë nga diçka*).

abkühlen *ndash* 1. *vt* 1) ftoh; 2) freskoj; 3) *fig* ftoh; **das hat meine Zuneigung etwas abgekühlt** kjo ma ka ftohur pak simpatinë (*që kisha për të*); 2. *vi* (s) *dhe vrefl* **sich abkühlen** ftohet (*uji, gjella etj.*); *fig* **sein Zorn war abgekühlt** i qe ftohur inati.

Abkunft *f* = prejardhje; **von albanischer Abkunft** me prejardhje shqiptare.

abkürzen *vt ndash* shkurtoj; **den Weg abkürzen** shkurtoj rrugën; **einen Namen abkürzen** shkurtoj një emër.

Abkürzung *f* =, **-en** shkurtim (*i një emri etj.*).

abladen* *ndash* 1. *vt* shkarkoj (*një kamion, një mall etj.*); 2. *vi* (h): *fig bis* **bei jemandem abladen** i zbraz barkun dikujt.

Ablage *f* =, **-n** dollap (*shkresash etj.*); garderobë.

ablagern *ndash* 1. *vt* 1) sjell, çoj në depo; 2) fundërron, sedimenton (*lumi rërë etj.); 2. *vi* (h) stinohet, staxhionohet (*vera etj.*); 3. *vrefl* **sich ablagern** fundërron, sedimentohet (*rëra etj.*).

Ablagerung *f* =, **-en** *gjeol* fundërrim, sedimentim.

Ablaß *m* **-sses, -lässe** 1) lëshim; 2) derdhje (*uji etj.*); 3) zbritje, ulje (*çmimi etj.*); 4) pushim, ndërprerje; **ohne Ablaß** vazhdimisht; 5) *fet* ndjesë.

ablassen* *ndash* 1. *vt* 1) lëshoj; 2) derdh, zbraz (*ujin etj.*); 3) shes (*mallin etj.*); zbres nga çmimi; 2. *vi* (h) 1) heq dorë, pushoj (*së bëri diçka*); **laß ab!** lëre!

Ablativ *m* **-s, -e** *gram* rasë rrjedhore.

Ablauf *m* **-(e)s, -läufe** 1) derdhje, kullim; 2) rrjedhje; 3) ecuri, zhvillim (*i ngjarjeve etj.*); mbarim, skadim (*i afatit*); **vor Ablauf der Frist** para skadimit të afatit.

ablaufen* *ndash* 1. *vi* (s) 1) derdhet, kullon, rrjedh (*një lëng etj.*); zbrazet (*vaska e banjës etj.*); 2) mbaron, skadon (*afati*); 3) zhvillohet (*një ngjarje*); 4) shtillet (*një tel etj.*); 5) shkurdiset (*ora*); 6) kalon (*koha); 2. *vt* 1) inspektoj, vizitoj; **er hat alle Geschäfte abgelaufen** ka shkuar në të gjithë dyqanet; 2) : **sich (D) die Beine ablaufen** më bien, më këputen këmbët duke ecur.

ableben I *vi ndash* (h) vdes; shuhem.

Ableben II *n* **-s** vdekje; **das plötzliche Ableben des Onkels** vdekja e papritur e xhaxhait.

ablecken *vt ndash* 1) lëpij; **sich (D) die Finger ablecken** lëpij gishtat; 2) fshij; **den Teller ablecken** (*qeni*) fshin pjatën.

ablegen *ndash* 1. *vt* 1) heq (*pallton etj.*); *fig* **die Maske ablegen** heq maskën; 2) jap; **Zeugnis ablegen** dëshmoj; **eine Prüfung ablegen** jap një provim; **Eid ablegen** betohem; **Rechenschaft ablegen** jap llogari; 3) lë, heq (*një ves etj.*); 2. *vi* (h) niset (*anija etj.*); **das Schiff hatte abgelegt** anija qe nisur.

ablehnen *vt ndash* 1) nuk pranoj; **ein Geschenk ablehnen** nuk pranoj një dhuratë; 2) hedh poshtë, refuzoj (*një kërkesë etj.*).

Ablehnung *f* =, **-en** 1) *drejt* mospranim (*i një dëshmitari etj*); 2) hedhje poshtë (*e një lutjeje etj.*).

ableisten *vt ndash* kryej; **einen Dienst ableisten** kryej një shërbim; **seine Wehrpflicht ableisten** kryej shërbimin ushtarak.

ableiten *ndash* 1. *vt* 1) largoj,

shmang; 2) *gjuh* i nxjerr prejardhjen (*një fjale etj.*); 2. *vrefl* **sich ableiten** 1) rrjedh (*si përfundim*); **das eine leitet sich aus dem anderen ab** njëra del nga tjetra; 2) rrjedh (*një fjalë etj.*); **das Wort leitet sich aus dem Englischen ab** fjala vjen nga anglishtja

Ableitung *f* =, **-en** 1) largim, shmangie; **die Ableitung des Flusses** shmangia e lumit; 2) nxjerrje (*e një formule etj.*); 3) nxjerrje e prejardhjes (*së një fjale etj.*).

ablenken *ndash* 1. *vt* shmang, largoj (*nga rruga, tema etj.*); 2. *vi* **(h)** largohem, shmangem; **er lenkt vom Thema ab** ai shmanget nga tema; 3. *vrefl* **sich ablenken** harrohem; **sich durch Musik ein wenig ablenken** harrohem pak me muzikë.

Ablenkung *f* =, **-en** largim, shmangie.

Ablenkungsmanöver *n* **-s,** = *usht* manovër mashtruese.

ablesen* I *vt ndash* 1) lexoj (*fjalimin etj.*); 2) lexoj (*sahatin e elektrikut etj.*); shikoj (*termometrin etj.*); 3) *fig* kuptoj; **am Gesicht ablesen** (*ia*) kuptoj në fytyrë; 4) nxjerr (*si përfundim*); **die große Bedeutung dieser Ereignisse kann man daraus ablesen, daß ...** rëndësinë e madhe të këtyre ngjarjeve mund ta nxjerrësh që nga ...

ablesen* II *vt ndash* 1) mbledh (*manaferra etj.*); 2) pastroj; **den Acker ablesen** pastroj arën (*nga gurët etj.*).

ableuchten *vt ndash* kërkoj me dritë; **Scheinwerfer leuchteten den nächtlichen Himmel ab** projektorët rrëmonin natën në qiell.

ableugnen *vt ndash* mohoj me këmbëngulje.

abliefern *vt ndash* jap, dorëzoj (*për të shlyer një detyrim etj.*).

Ablieferung *f* =, **-en** dhënie, dorëzim.

abliegen* *vi ndash* **(h)** jam, ndodhem, rri larg.

ablocken *vt ndash* i nxjerr me lajka, me të lutura (*diçka dikujt*).

ablohnen, ablöhnen *vt ndash* paguaj (*për punën e bërë*).

ablöschen *vt ndash* 1) shuaj (*zjarrin*); 2) thaj, thith (*bojën etj.*).

ablösen *ndash* 1. *vt* 1) shqis; 2) zëvendësoj (*rojën etj.*); 3) shpengoj (*një peng etj.*); shlyej (*një detyrim etj.*); 2. *vrefl* **sich ablösen** 1) shqitem; 2) zëvendësohem; 3) bie (*lëkura etj.*).

Ablösung *f* =, **-en** 1) shqitje; 2) zëvendësim; 3) shpengim, shlyerje.

abluchsen *vt ndash bis* zhvas; **er hat mir viel Geld abgeluchst** shumë pare më ka zhvatur.

abmachen *vt ndash* 1) heq, zgjidh; 2) merrem vesh (*për një çështje etj.*); 3) rregulloj (*një punë*); **die Sache war schnell abgemacht** puna u rregullua shpejt.

Abmachung *f* =, **-en** marrëveshje.

abmagern *vi ndash* **(s)** dobësohem, tretem.

abmalen *ndash* 1. *vt* pikturoj; 2. *vrefl* **sich abmalen** pasqyrohet, shprehet (*një ndjenjë në fytyrë etj.*).

Abmarsch *m* **-es, -märsche** nisje për marshim.

abmarschieren *vi ndash* **(s)** nisem për marshim.

abmelden *ndash* 1. *vt* njoftoj largimin, ikjen, humbjen (*e dikujt ose diçkaje në polici etj.*); 2. *vrefl*: **sich polizeilich abmelden** njoftoj, lajmëroj policinë për largimin (*nga një vend, punë etj.*).

Abmeldung *f* =, **-en** njoftim,

lajmërim (*për largimin, ikjen, humbjen e dikujt ose diçkaje*).

abmessen* *vt ndash* 1) mas; 2) *fig* peshoj (*fjalët etj.*).

Abmessung *f* =, **-en** përmasë, madhësi; **die genauen Abmessungen eines Gegenstandes** përmasat e sakta të një sendi.

abmontieren *vt ndash* çmontoj; **die Maschinen abmontieren** çmontoj makinat.

abmühen, sich *vrefl ndash* **(mit D)** lodhem, mundohem (*me një punë etj.*).

abmurksen *vt ndash bis* qëroj (*vras*).

abnagen *vt ndash* brej; **einen Knochen abnagen** bren një kockë (*qeni*).

Abnahme *f* =, **-n** 1) heqje; **Abnahme des Verbandes** heqje e fashës; 2) blerje; 3) marrje; **Abnahme eines Bauwerks** marrje në dorëzim e një ndërtese; 4) pakësim; rënie; humbje; **Abnahme der Kräfte** rënie e forcave; 5) *mjek* prerje, amputim.

abnehmen* *ndash* 1. *vt* 1) heq; **den Hut abnehmen** heq kapelën; **jemandem den Führerschein abnehmen** i heq patentën dikujt; 2) marr; marr në dorëzim; **einer alten Frau den Koffer abnehmen** i marr valixhen një plake; **ein Paket abnehmen** marr në dorëzim një pako; **die Fingerabdrücke abnehmen** marr shenjat e gishtave; 3) blej; **eine Ware abnehmen** blej një mall; *fig bis* **diese Geschichte nimmt uns niemand ab** s'na e ha njeri këtë; 2. *vi* **(h)** 1) pakësohet; shkurtohet; **der Tag nimmt ab** po shkurtohet dita; 2) rrëgjohet; 3) bie nga pesha.

Abnehmer *m* **-s,** = blerës; **die neue Maschine findet sehr viele Abnehmer** makina e re gjen shumë blerës.

Abneigung *f* =, **-en (gegen A)** antipati (*ndaj dikujt ose diçkaje*).

abnormal *a* 1) jonormal; 2) i sëmurë; 3) i jashtëzakonshëm.

Abnormit'ät *f* =, **-en** 1) anomali; **Abnormität im Gehirn** anomali në tru; 2) përbindësh.

abnötigen *vt ndash* **(D)** i imponoj (*respekt, admirim etj. dikujt*).

abnutzen, abnützen 1. *vt* prish, gris duke përdorur; **die Möbel sind sehr abgenutzt** orenditë janë shumë të përdorura; 2. *vrefl* **sich abnutzen** 1) prishet, griset nga përdorimi (*rroba etj.*); 2) topitet nga përdorimi (*thika etj.*).

Abonnement [*-m'ã*] *n* **-s, -s** pajtim, abonim (*në një gazetë etj.*); **das Abonnement verlängern** zgjas pajtimin.

Abonn'ent *m* **-en, -en** pajtimtar (*i një gazete etj.*).

abonn'ieren *vt ndash* pajtohem, abonohem në (*një të përkohshme etj.*).

abordnen *vt ndash* dërgoj me shërbim; delegoj.

Abordnung *f* =, **-en** 1) dërgim me shërbim; 2) delegim; 3) *pl* **-en** dërgatë, delegacion.

Abort I *m* **-(e)s, -e** *vjet* nevojtore.

Ab'ort II *m* **-(e)s, -e** *mjek* dështim.

abpacken *vt ndash* paketoj; **Zucker in Tüten abpacken** paketoj sheqer në qeska; **abgepackte Waren** mallra të paketuar.

abpassen *vt ndash bis* 1) ruaj (*dikë*); 2) gjuaj (*rastin*); **eine Gelegenheit abpassen** gjuaj rastin.

abpfeifen* *vt ndash* lajmëroj me fërshëllimë (*fundin e ndeshjes etj.*).

abpflücken *vt ndash* këpus (*lule etj.*).

abplagen, sich *vrefl ndash* mundohem, rropatem, rrekem.
abplatzen *vi ndash* **(s)** bie (*boja etj.*); këputet (*kopsa etj.*).
abprallen *vi ndash* **(s)** bredh (*plumbi etj.*); *fig* **die Kritik war an ihm abgeprallt** kritika këtej i hyri këtej i doli.
abpressen *vt ndash* 1) ndrydh; **die Angst preßte ihr den Atem ab** ankthi i merrte frymën; 2) **(D)** i zhvas (*diçka dikujt*).
abputzen *vt ndash bis* fshij (*buzët etj.*); pastroj (*shtëpinë etj.*).
abquälen, sich *vrefl ndash* mundohem, rropatem (*për të arritur një qëllim etj.*).
abqualifizieren *vt ndash* ul, përçmoj; **ein Werk abqualifizieren** përçmoj një punë.
abrackern, sich *vrefl ndash bis* **(mit D)** dërrmohem, këputem (*me një punë etj.*).
abrasieren *vt ndash* 1) rruaj (*kokën*); 2) *fig bis* bëj rrafsh me tokën.
abraten* *vi ndash* **(h)** shkëshilloj; **jemandem von etwas abraten** këshilloj dikë që të mos bëjë diçka.
abräumen *vt ndash* ngre, pastroj (*tryezën etj.*).
abreagieren *ndash* 1. *vt* shfrej (*inatin mbi dikë etj.*); 2.*vrefl* **sich abreagieren** shfrej.
abrechnen *ndash* 1. *vt* 1) zbres, heq (*nga një shumë etj.*); 2. *vi* **(h)** 1) jap llogari; 2) laj hesapet (*me dikë*).
Abrechnung *f* =, **-en** 1) zbritje (*nga një shumë etj.*); 2) llogari; *fig* **mit jemandem Abrechnung halten** qëroj llogaritë me dikë.
Abrede *f* =, **-en** 1) marrëveshje; 2) dyshim; **etwas in Abrede stellen** vë në dyshim diçka.
abreiben* *vt ndash* 1) pastroj, fshij duke pastruar; 2) *fig* kashais; 3) grij me rende.
Abreise *f* =, **-n** nisje.
abreisen *vi ndash* **(s)** nisem.
abreißen* *ndash* 1. *vt* 1) shkëpus, këpus; 2) heq, shemb (*ndërtesën etj.*); 2. *vi* **(s)** 1) këputet (*filli, kopsa etj.*); 2) : *fig* **es reißt gar nicht ab** s'ka të mbaruar.
Abreißkalender *m* **-s,** = kalendar me fletë të shkëputura.
abreiten* *ndash* 1. *vt* lodh (*kalin etj.*); 2. *vi* **(s)** nisem, largohem kaluar.
abrichten *vt ndash* 1) mësoj, stërvis (*një kafshë etj.*); 2) *tek* i jap (*drurit etj.*) formën e duhur (*duke e lëmuar, zdrukthuar etj.*).
abriegeln *vt ndash* 1) mbyll me shul (*derën etj.*); 2) mbyll, bllokoj (*një rrugë etj.*).
abringen* *vt ndash* **(D)** i shkëpus, i nxjerr (*dikujt një fjalë, premtim etj.*).
Abriß *m* **-sses** 1) shembje (*e një ndërtese etj.*); 2) *pl* **-sse** hartë; plan; vizatim; 3) *pl* **-sse** përshkrim i shkurtër; skicë (*e një gramatike etj.*).
abrollen *ndash* 1. *vt* 1) shtjelloj, shtjell (*fillin etj.*); 2) shfaq (*filmin*); 3) sjell, shpie (*me karrocë dore etj.*); 2. *vi* **(s)** 1) shtillet (*filli etj.*); 2) : *fig* **das Programm ist reibungslos abgerollt** programi u zhvillua pa ngatërresa; 3) niset, largohet (*karroca etj.*).
abrücken *ndash* 1. *vt* shtyj, largoj; 2. *vi* **(s)** tërhiqem, largohem; *fig* **von einer Partei abrücken** tërhiqem nga një parti.
Abruf *m* **-(e)s** 1) shkarkim nga detyra; 2) *treg* porosi; **Abruf nach Bedarf** porosi sipas kërkesës; 3) *fin* tërheqje (*e një shume*).
abrufen* *vt ndash* 1) shkarkoj nga detyra (*një funksionar etj.*); *poet* **abgerufen werden** vdes; 2) thërras (*emrat etj.*); 3) *treg* porosis (*një*

mall); 4) *fin* tërheq (*një shumë*).
abrunden *vt ndash* rrumbullakoj (*edhe fig*).
abrupfen *vt ndash* këpus (*një lule etj.*).
abr'upt *a* i menjëhershëm.
abrüsten *ndash* 1. *vt* 1) çarmatos; 2) *ndërt* i heq skelat (*një ndërtese të përfunduar etj.*); 2. *vi* **(h)** çarmatosem.
Abrüstung *f* = çarmatim.
abrutschen *vi ndash* **(s)** shkas, rrëshqas.
absacken *ndash* 1. *vi* **(s)** *bis* 1) mbytet (*barka*); 2) bie, humb lartësinë (*aeroplani*); *fig* **seine Leistungen sind im letzten Vierteljahr abgesackt** rezultatet e tij kanë rënë në tremujorin e fundit.
Absage *f* =, **-n** prapësim; refuzim; përgjigje negative.
absagen *ndash* 1. *vt* prapësoj (*një festim, një vizitë etj.*); 2. *vi* **(h)** heq dorë; **dem Alkohol absagen** heq dorë nga pija.
absägen *vt ndash* sharroj (*një degë etj.*); *fig* **den Ast absägen, auf dem man sitzt** ia bëj të zezën vetes.
absahnen *vt, vi ndash* **(h)** *bis* i heq ajkën (*qumështit*); *fig bis* **das Beste für sich absahnen** marr më të mirën për vete.
absatteln *vt ndash* i heq shalën, samarin (*kalit etj.*).
Absatz *m* **-es, -sätze** 1) sheshpushim; 2) kryeradhë; 3) paragraf; 4) takë; 5) *vetëm sing* shitje; 6) *gjeol* sedimentim.
absaufen* *vi ndash* **(s)** *bis* 1) mbytet (*anija etj.*); 2) përmbytet (*galeria e minierës etj.*).
absaugen* *vt ndash* 1) heq duke thithur (*pluhurin etj.*); pastroj duke thithur (*nga pluhuri etj.*).
abschaben *vt ndash* 1) heq duke kruar; 2) pastroj duke kruar; 3) *bis* rruaj; **ich schabte mir den Bart ab** rrova mjekrën.
abschaffen *vt ndash* 1) heq, zhduk (*një ves, të metë etj.*); 2) shfuqizoj, abrogoj (*një ligj etj.*).
abschälen *ndash* 1. *vt* 1) i heq koren (*drurit etj.*); 2) qëroj (*pemën etj.*); 2. *vrefl* **sich abschälen** bie (*lëkura etj.*).
abschalten *vt ndash* 1) *el* pres (*rrymën etj.*); 2) mbyll (*radion etj.*); 3) shuaj (*dritën elektrike etj.*).
abschätzen *vt ndash* vlerësoj, çmoj.
abschätzig *a* përbuzës, përçmues.
Abschaum *m* **-(e)s** 1) shkumë; 2) *fig* fundërri; **der Abschaum der Gesellschaft** fundërria e shoqërisë.
abscheiden* *ndash* 1. *vt* ndaj; veçoj; 2. *vi* **(s)** vdes.
abscheren* *vt ndash* qeth (*flokët, delet etj.*).
Abscheu *m* **-s** krupë, neveri.
abscheuern *vt ndash* 1) pastroj duke fërkuar; fërkoj; 2) rrjep (*lëkurën etj.*).
abscheulich *a* i pështirë; i urryer.
abschicken *vt ndash* dërgoj, nis (*një letër etj.*).
abschieben* *ndash* 1. *vt* 1) shtyj tutje; 2) dëboj; 2. *vi* **(s)** *bis* largohem, iki; **schieb ab!** shporru!
Abschied *m* **-e(s), -e** 1) ndarje; lamtumirë; **Abschied nehmen** ndahem, largohem; 2) pushim, shkarkim (*nga puna*); **seinen Abschied nehmen** jap dorëheqjen.
abschießen* *vt ndash* 1) rrëzoj me të shtëna (*një aeroplan etj.*); *fig bis* **den Vogel abschießen** ua kaloj të gjithëve; 2) lëshoj (*një predhë, raketë etj.*); 3): **das Gewehr abschießen** shtie me pushkë; 4) pushkatoj; 4) *fig* heq nga posti (*ministrin etj.*); 6) këpus me të shtënë; **im Krieg wurde ihm ein Arm abgeschossen** humbi krahun në luftë.

abschinden* *ndash* 1. *vt* dërrmoj, rraskapis; 2. *vrefl* **sich abschinden** dërrmohem, rraskapitem.

abschirmen *vt ndash* mbroj (*nga rrezet, ndikimet e huaja etj.*).

abschlachten *vt ndash* 1) ther (*bagëtinë*); 2) *fig* vras mizorisht *ose* në masë.

Abschlag *m* **-(e)s, -schläge** 1) prerje (*e drurëve*); 2) *fin* paradhënie; 3) zbritje (*nga çmimi*); **auf Abschlag** me këste.

abschlagen* *vt ndash* 1) hedh poshtë (*një lutje, një kërkesë etj.*); 2) thyej (*sulmin etj.*); 3) shemb, rrëzoj; 4) pres (*drurë*); 5) ul (*çmimin etj.*).

abschlägig *a* negativ; **eine abschlägige Antwort** një përgjigje negative; refuzim; **jemanden abschlägig bescheiden** ia refuzoj kërkesën dikujt; përcjell dikë.

Abschlagszahlung *f* =, **-en** pagesë me këste.

abschleifen* *ndash* 1. *vt* lëmoj (*gurin etj.*); 2. *vrefl* **sich abschleifen** 1) hahet, konsumohet; 2) *fig* gdhendem.

abschleppen *vt ndash* tërheq mënjanë; tërheq zvarrë; **sich mit etwas abschleppen** këputem së tërhequri diçka.

abschließen* *ndash* 1. *vt* 1) mbyll me çelës (*derën etj.*); 2) përfundoj (*marrëveshjen etj.*); 3) mbaroj (*një punë*); 2. *vi* **(h) (mit D)** mbaroj (*me një çështje etj.*); 3. *vrefl* **sich abschließen** 1) mbyllem brenda; 2) mbyllem në vetvete.

Abschluß *m* **-sses, -schlüsse** 1) mbyllje; 2) përmbyllje; 3) mbarim; 4) përfundim; **Abschluß des Vertrages** përfundim i marrëveshjes; **zum Abschluß bringen** kryej, përfundoj.

abschmecken *vt ndash* i provoj shijen (*një gjelle etj.*).

abschmeicheln *vt ndash* nxjerr me lajka, me miklime (*diçka nga dikush*).

abschmieren *ndash* 1. *vt* 1) grasatoj (*motorin etj.*); 2) *bis* kopjoj; 2. *vi* **(s)** *bis* rrëzohet (*aeroplani*).

abschnallen *ndash* 1. *vt* i zbërthej tokëzën (*rripit etj.*); 2. *vi* **(h)** *bis* heq dorë (*nga një punë*).

abschneiden* *ndash* 1. *vt* 1) pres, këpus (*lule etj.*); *fig bis* **sich (D) von jemandem eine Scheibe abschneiden** marr shembull nga dikush; **jemandem die Ehre abschneiden** i marr nderin dikujt; 2) shkurtoj (*rrugën etj.*); **jemandem das Wort abschneiden** ia pres fjalën dikujt; 3) i pres (*rrugën dikujt*); 4) ndaj, izoloj; 2. *vi* **(h)** *bis* dal mirë (keq) (*në provim etj.*).

abschnellen *ndash* 1. *vt* hedh befas (*shigjetën, predhën etj.*); 2. *vi* **(s)** shkrehet befas (*susta etj.*); 3. *vrefl* **sich abschnellen** hidhem, kërcej.

Abschnitt *m* **-s(e)s, -e** 1) ndarje; 2) pjesë (*e një kapitulli etj.*); 3) periudhë; 4) segment.

abschnüren *vt ndash* 1) lidh fort (*një damar etj.*); **jemandem die Luft abschnüren** ia zë frymën dikujt; 2) *tek* mas me fill.

abschöpfen *vt ndash* 1) heq me lugë; 2) i heq yndyrën; mazis (*qumështin*).

abschrägen *vt ndash* bëj të pjerrët; i jap pjerrësi (*çatisë etj.*).

abschrauben *vt ndash* zhvidhos.

abschrecken *vt ndash* 1) tremb, frikësoj (*dikë që të mos bëjë diçka*); 2) ftoh; hedh në ujë të ftohtë (*vezën e zier etj.*).

Abschreckung *f* =, **-en** frikësim.

abschreiben* *ndash* 1. *vt* 1) kopjoj; 2) tërheq (*një shumë*); 3) *bis* i heq vijë; **sie hatten ihn abgeschrieben** i kishin hequr vijë; 4) ha duke shkruar (*lapsin etj.*); 2. *vi* (**h**) refuzoj me shkrim.

abschreiten* *vt ndash* 1) mas me hapa; 2) kaloj para (*një reparti për inspektim etj.*).

Abschrift *f* **=, -en** kopje.

abschuften, sich *vrefl ndash* rraskapitem, rropatem.

abschürfen *vt ndash* gërvisht (*gjurin etj.*).

Abschuß *m* **-sses, -schüsse** 1) e shtënë (*e topit etj.*); 2) lëshim (*i raketës etj.*); 3) *vetëm sing* shkatërrim me të shtëna (*i tankut etj.*).

Abschußbasis *f* **=, -basen** bazë raketash.

abschüssig *a* i pjerrët, i thikët (*shpat etj.*).

abschütteln *vt ndash* 1) shkund; 2) *fig* flak tej, shkund (*zgjedhën etj.*); **jemandem von sich abschütteln** heq qafe dikë.

abschwächen *ndash* 1. *vt* 1) dobësoj; 2) zbus; 2. *vrefl* **sich abschwächen** dobësohem.

abschweifen *vi ndash* (**s**) shmangem, largohem (*nga tema etj.*).

Abschweifung *f* **=, -en** shmangie (*nga rruga, nga tema etj.*).

abschwellen* *vi ndash* (**s**) 1) çënjtet; 2) bie, shuhet (*zhurma etj.*).

abschwenken *ndash* 1. *vi* (**h, s**) 1) kthehem (*nga e majta, e djathta etj.*); *fig* **von seiner Ansicht abschwenken** ndërroj pikëpamje; 2) *fig* devijoj; 2. *vt* 1) shkulloj (*pikat e ujit nga gota etj.*); 3) shpëlaj (*gotën etj.*).

abschwindeln *vt ndash* marr me mashtrim, zhvas.

abschwirren *vi ndash* (**s**) 1) ikën duke cërcëritur, duke gumëzhitur; 2) *fig* ua mbath këmbëve.

abschwören *ndash* 1. *vi* (**h**) i bie moh; **der Vergangenheit abschwören** i bie moh së kaluarës; 2. *vt vjet* mohoj me be.

absegeln *vi ndash* (**s**) nisem (*me anije me vela*).

absehbar *a* i parashikueshëm; **in absehbarer Zeit** brenda një kohe jo të largët.

absehen* *ndash* 1. *vt* 1) mësoj duke parë; 2) kopjoj (*zgjidhjen e problemit etj.*); 3) shoh; **an den Augen absehen** (*ia*) shoh në sy; 4) parashikoj; 2. *vi* (**h**) 1): **von etwas absehen** a) heq dorë nga diçka; b) nuk marr parasysh diçka; 2): **sie hat es nur auf sein Geld abgesehen** ajo e kishte hallin vetëm te paret e tij.

abseifen *vt ndash* pastroj, laj me ujë e sapun.

abseilen *vt ndash* lëshoj poshtë me litar (*nga mali etj.*).

absein* *vi ndash* (**s**) *bis* 1) ka ikur; ka rënë; **der Knopf war ab** kopsa kishte rënë; 2) jam i rraskapitur, i këputur (*nga një rrugë e gjatë etj.*).

abseitig *a* 1) anësor; **abseitige Interessen** interesa anësore; 2) i kundërnatyrshëm.

abseits 1. *präp me* **G** jashtë; **abseits des Weges steht ein Haus** jashtë rrugës ka një shtëpi; 2. *adv* jashtë; **abseits vom Dorf** jashtë fshatit.

absenden* *edhe sipas zgjedhimit të dobët vt ndash* nis, dërgoj.

Absender *m* **-s, =** dërgues.

absengen *vt ndash* përcëlloj (*pulën etj.*).

absent'ieren, sich *vrefl bis* mungoj (*për një javë etj.*).

abservieren *vt, vi ndash* (**h**) 1) pastroj, ngre (*tryezën*); 2) *fig bis* heq nga puna; 3) *fig bis* bëj për dy pare.

absetzbar *a* 1) që mund të hiqet; i zëvëndësueshëm; 2) që shkon, që shitet (*mall*).

absetzen *ndash* 1. *vt* 1) zbres (*dikë*); 2) heq (*kapelën etj.*); 3) shes me shumicë (*mallin*); 4) shkarkoj (*nga puna); 5) rrëzoj (*nga kali, pushteti, froni etj.*); 6) zvjerdh (*nga gjiri*); 7) radhis (*shkronjat*); 8) zbres (*një shumë etj.*); heq (*nga lista etj.*); 2. *vi* **(h)** 1) pushoj, ndalem; 3. *vrefl* **sich absetzen** 1) bie në fund (*kripa etj.*); 2) iki, shpërngulem.

Absicht *f* =, **-en** qëllim; **er hat ernste Absichten** ai ka qëllime serioze.

absichtlich 1. *a* i paramenduar, i qëllimshëm; 2. *adv* me qëllim, me paramendim.

absichtslos 1. *a* i paparamenduar, i paqëllimshëm; 2. *adv* pa paramendim, pa qëllim.

absingen* *vt ndash* 1) këndoj me nota; 2) këndoj nga fillimi gjer në fund (*një këngë etj.*); 3): **unter Absingen (G)** duke kënduar (*një këngë*).

absitzen* *ndash* 1. *vi* **(s)** zbres (*nga kali, makina etj.*); 2. *vt* 1) : **die Zeit absitzen** rri kot (*sa të kalojë koha*); 2) vuaj (*dënimin në burg*).

absol'ut 1. *a* 1) absolut; **ein absoluter Monarch** një mbret absolut; **absolute Mehrheit** shumicë absolute; 2) *bis* i plotë; **absolute Ruhe** qetësi e plotë; 2. *adv bis* 1) me çdo kusht, patjetër; 2): **absolut nicht** kurrsesi, në asnjë mënyrë.

Absoluti'on *f* =, **-en** *fet* zgjidhje e mëkateve.

Absolut'ismus *m* = *pol* absolutizëm.

Absolvent [*-v'ent*] *m* **-en, -en** i diplomuar.

absolvieren [*-v'i-*] *vt ndash* 1) mbaroj (*një shkollë*); 2) kryej (*një detyrë*); 3) kaloj, marr (*provimin*).

abs'onderlich *a* i veçantë; i çuditshëm.

Abs'onderlichkeit *f* =, **-en** veçanti; çudi.

absondern *ndash* 1. *vt* 1) ndaj, veçoj; 2) lëshon (*bima një kundërmim etj.*); 2. *vrefl* **sich absondern** ndahen, veçohen.

Absonderung *f* =, **-en** 1) ndarje, veçim; 2) lëshim (*i një kundërmimi etj.*).

absorb'ieren *vt kim* thith.

abspalten *ndash* 1. *vt* çaj; 2. *vrefl* **sich abspalten** *fig* ndahet (*një fraksion nga partia etj.*).

Abspaltung *f* =, **-en** 1) çarje; 2) *fig* ndarje.

abspannen *vt ndash* çmbreh (*kalin etj.*).

Abspannung *f* = lodhje (*fizike ose mendore*).

absparen *vt ndash* : **sich (D) etwas absparen** kursej diçka (*për vete*).

abspeisen *vt ndash* 1) ushqej (*dikë*); 2) *fig* ngop (*me fjalë*).

abspenstig *a* : **jemandem seine Freunde, Kunden abspenstig machen** e prish dikë me miqtë, me klientët.

absperren *vt ndash* 1) mbyll (*portin etj.*); 2) pres (*rrugën*).

Absperrung *f* =, **-en** 1) mbyllje (*e portit etj.*); 2) prerje (*e rrugës etj.*).

abspiegeln *ndash* 1. *vt* pasqyroj (*edhe fig*); 2. *vrefl* **sich abspiegeln** pasqyrohem.

abspielen *ndash* 1. *vt* 1) vë (*një pllakë në gramafon etj.*); 2): *sport* **den Ball abspielen** pasoj topin; 2. *vrefl* **sich abspielen** ndodh, zhvillohet (*një ngjarje etj.*).

absplittern *ndash* 1. *vt* çaj, copëtoj; 2. *vi* **(s)** 1) leskërohet, cifloset (*boja etj.*); 2) *fig* ndahem (*nga një grup etj.*).

Absprache *f* =, **-en** marrëveshje; **eine geheime Absprache treffen** përfundoj një marrëveshje të fshehtë.

abspreizen *vt ndash* çapëloj (*këmbët etj.*).

absprechen* *ndash vt* 1) : **etwas mit jemandem absprechen** merrem vesh me dikë për diçka; 2) : **jemandem das Recht absprechen** ia mohoj dikujt të drejtën (*për diçka*).
abspringen* *ndash vi* (s) 1) hidhem, kërcej (*nga kali etj.*); 2) këputet (*kopsa etj.*); 3) plasaritet (*një shtresë boje etj.*); 4) ndahem (*nga shoqëria etj.*); 5) *bis* heq dorë; **von einem Plan abspringen** heq dorë nga një plan.
abspritzen *ndash* 1. *vt* spërkas (*lulet etj.*); 2. *vi* (s) bie duke spërkatur (*llaçi etj.*).
Absprung *m* **-s, -sprünge** 1) kërcim (*nga kali etj.*); 2) hedhje (*me parashutë*).
abspulen *vt ndash* 1) çmbështjell; 2) *fig* mbaj, zhvilloj sa për të kaluar radhën (*një mbledhje etj.*).
abstammen *vi ndash* (s) rrjedh, jam nga ...
Abstammung *f* = prejardhje.
Abstand *m* **-(e)s, -stände** 1) largësi, distancë; **von etwas Abstand nehmen** heq dorë nga diçka; **Abstand wahren** mbaj distancë; 2) interval, ndërkohë.
Abstandssumme *f* =, **-n** *drejt* shumë që i jepet dikujt për të hequr dorë nga diçka.
abstatten *vt ndash* : **einen Besuch abstatten** bëj një vizitë; **jemandem seinen Dank abstatten** falënderoj dikë; **Bericht über etwas (A) abstatten** raportoj për diçka.
abstauben *vt ndash* 1) i heq, i fshij pluhurin (*një orendie etj.*); 2) *bis* vjedh; shtie në dorë tinëz.
abstechen* *ndash* 1. *vt* ther (*kafshën etj.*); 2. *vi* 1) **(h) (gegen, von D)** dallohem, shquhem (*nga dikush, diçka*); 2) **(s) : vom Lande abstechen** shkëputet nga bregu (*barka etj.*).
Abstecher *m* **-s,** = ekskursion.
abstecken* *vt ndash* rrethoj, kufizoj (*me hunj etj.*); *fig* **eine Position abstecken** përkufizoj një qëndrim.
abstehen* *ndash* 1. *vi* **(h, s)** 1) ndodhem, gjendem larg nga ...; 2) ngrihen përpjetë (*qimet e kokës*); 3) heq dorë; 4) bëhet i ndenjur (*uji etj.*); 5) ngordh (*peshku*); 2. *vt* : *bis* **sich (D) die Beine abstehen** vdiqa nga këmbët (*duke qëndruar për një kohë të gjatë*).
abstehend *a* që ndodhet, që gjendet larg; **abstehende Ohren** veshë llapushë.
absteigen* *vi ndash* **(s)** 1) zbres (*nga biçikleta etj.*); 2) bie, ulet (*rruga etj.*); 3) **(bei, in D)** ndalem (*te një i njohur, në një hotel etj.*); 4) zbret një kategori më poshtë (*skuadra etj.*).
abstellen *vt ndash* 1) shtyj tutje; 2) parkoj (*automobilin etj.*); 3) depozitoj (*mallin*); 4) ndal (*orën*); mbyll (*gazin*); 5): **eine Sache auf etwas abstellen** bëj diçka për diçka; **sie haben alles nur auf den äußeren Eindruck abgestellt** ata i bëjnë të gjitha vetëm sa për sy e faqe; 6) mënjanoj (*dëmin*).
abstempeln *vt ndash* 1) vulos, i vë vulën (*një letre etj.*); 2) *fig* cilësoj.
absterben* *vi ndash* **(s)** 1) shuhet; thahet (*bima etj.*); 2) mpihet (*këmba, dora etj.*).
Abstieg *m* **-s, -e** 1) zbritje, ulje; 2) *fig* rënie.
abstimmen *ndash* 1. *vi* **(h)** votoj; **abstimmen lassen** vë në votë; 2. *vt muz* akordoj (*violinën etj.*).
Abstimmung *f* =, **-en** 1) votim; 2) *muz* akordim.
abstin'ent *a* i përkorë.
Abstin'enz *f* = 1) përkore; 2) agjërim.
abstoßen* *ndash* 1. *vt* 1) shtyj

tutje; 2) i ngjall neveri, krupë (*dikujt*); 3) shes lirë e shpejt; 2. *vi* (s) niset, shkëputet (*anija nga bregu etj.*).

abstoßend *a* i pështirë, i neveritshëm.

abstottern *vt ndash bis* paguaj me këste.

abstrah'ieren 1. *vt* abstraktoj; 2. *vi* (h) bëj abstraksion.

abstrahlen *vt ndash* rrezatoj (*nxehtësi etj.*).

Abstrahlung *f* =, **-en** rrezatim (*i nxehtësisë etj.*).

abstr'akt *a* abstrakt; **abstrakte Malerei** pikturë abstrakte.

abstreichen* *ndash* 1. *vt* 1) fshij (*gotën etj.*); 2) tërheq (*një kërkesë etj.*); 2. *vi* (s) shtegton (*zogu*).

abstreifen *vt ndash* 1) heq (*dorezën etj.*); 2) rrjep; **die Haut abstreifen** rrjep lëkurën; **einen Aal abstreifen** qëroj një ngjalë; 3) zbuloj (*një vend*).

abstreiten* *vt ndash* hedh poshtë; mohoj.

Abstrich *m* **-(e)s, -e** 1) zbritje (*nga një shumë*); 2) *mjek* marrje sekrecioni për analizë.

abstr'us *a* i errët; i pakuptueshëm.

Abstufung *f* =, **-en** 1) shkallë, shkallëzim; 2) nuancë, ngjyresë.

abstumpfen *ndash* 1. *vt* topis; 2. *vi* (s) *dhe vrefl* **sich abstumpfen** topitem (*edhe fig*).

Absturz *m* **-es, -stürze** 1) rrëzim; rënie; 2) humnerë.

abstürzen *vi ndash* (s) rrëzohem; **das Flugzeug stürzte ab** aeroplani u rrëzua.

abstützen *vt ndash* mbështes (*diçka që të mos bjerë*); *fig* **eine Theorie abstützen** mbështes një teori.

absuchen *vt ndash* 1) kërkoj gjithandej; 2) kërkoj, kontrolloj (*shtëpinë etj.*).

abs'urd *a* absurd; i paarsyeshëm; **ein absurder Gedanke** një mendim absurd.

Absurdit'ät *f* =, **-en** absurditet.

Absz'eß *m* **-es, -e** *mjek* absces.

Abt *m* **-(e)s, Äbte** *m fet* abat.

abtakeln *vt ndash det* çarmatos (*një anije*).

abtasten *vt ndash* 1) kontrolloj me të prekur (*se mos dikush fsheh diçka*); 2) *fig* kërkoj, kontrolloj.

abtauen *ndash* 1. *vt* pastroj nga akulli (*frigoriferin etj.*); 2. *vi* (s) shkrin (*frigoriferi etj.*).

Abt'ei *f* =, **-en** *fet* abaci.

Abteil *n* **-(e)s, -e** 1) ndarje; 2) kupé.

abteilen *vt ndash* ndaj; veçoj.

Abt'eilung *f* =, **-en** 1) ndarje; 2) repart (*ushtarak, prodhimi etj.*); 3) degë (*e një ndërmarrjeje*).

abtippen *vt ndash bis* kopjoj me makinë shkrimi.

Äbt'issin *f* =, **-nen** *fet* abate.

abtöten *vt ndash* 1) zhduk, asgjësoj (*mikrobe etj.*); 2) *mjek* ngordh (*nervin etj.*); 3) *fig* mbys; **die primitiven Gefühle abtöten** mbys ndjenjat primitive.

Abtötung *f* =, **-en** 1) zhdukje, asgjësim; 2) *fig* mbytje.

abtragen* *ndash* 1. *vt* 1) rrafshoj (*tokën etj.*); 2) shemb (*një ndërtesë etj.*); 3) heq (*një tumor etj.*); 4): **die Kleider abtragen** vjetroj rrobat; 5): **eine Schuld abtragen** paguaj me këste një borxh; 2. *vrefl* : *bis* **sich mit etwas (D) abtragen** tërheq me zor diçka.

abträglich *a* i dëmshëm, që bën dëm; **das ist seiner Gesundheit abträglich** kjo i bën dëm shëndetit të tij.

abtransportieren *vt ndash* shpie;

bart (*me një mjet transporti*); **einen Kranken abtransportieren** shpie një të sëmurë (*në spital etj.*).

abtreiben* *ndash* 1. *vt* 1) heq; **die Würmer abtreiben** heq krimbat (*nga zorrët*); 2) *det* largoj nga kursi (*anijen*); 3) dështoj; **sie hat ihr Kind abgetrieben** ajo e ka dështuar fëmijën; 2. *vi* (s) *det* rrëzon (*barka etj.*).

Abtreibung *f* =, **-en** *mjek* dështim, abort.

abtrennen* *vt ndash* 1) ndaj, veçoj; 2) këpus (*kopsën etj.*); 3) *mjek* pres (*një gjymtyrë*).

abtreten* *ndash* 1. *vt* 1) lë, lëshoj; dorëzoj (*një punë, të drejtë, send*); 2): **sich (D) die Füße abtreten** fshij këmbët (*nga balta etj.*); 2. *vi* (s) 1) largohem; tërhiqem; 2) dal (*nga skena*) (*edhe fig*).

Abtreter *m* **-s,** = fshirëse këmbësh.

Abtretung *f* =, **-en** lënie, lëshim; dorëzim.

Abtritt *m* **-(e)s, -e** 1) dalje nga skena; 2) *fig* vdekje; 3) *bis* nevojtore.

abtrocknen *ndash* 1. *vt* 1) fshij me peshqir; 2) thaj, ter; 2. *vi* (s) thahem, terem.

abtropfen *vi ndash* (s) bie pikë-pikë, kullon (*uji etj.*).

abtrünnig *a* renegat; i pabesë; tradhtar; **abtrünnig werden** tradhtoj, dal bese.

abtun* *vt ndash* 1) heq (*pallton, një ves etj.*); 2) heq qafe; 3) mbaroj (*një punë etj.*).

abtupfen *vt ndash* 1) pastroj me pambuk (*ballin etj.*); 2) heq me pambuk (*gjakun etj.*).

aburteilen *vt ndash* 1) gjykoj; dënoj; 2) i jap një vendim përfundimtar, të prerë (*dikujt*).

abverlangen *vt ndash* kërkoj (*me këmbëngulje*); **jemandem Geld abverlangen** i kërkoj pare dikujt.

abwägen* *vt ndash* peshoj; **zwei Dinge gegeneinander abwägen** krahasoj anët e mira e të këqia të dy gjërave.

abwählen *vt ndash* 1) heq duke votuar; **den Vorsitzenden abwählen** heq kryetarin (*e një komisioni etj.*) me votim.

abwälzen *vt ndash* largoj, heq nga vetja (*një barrë etj.*); *fig* **die Schuld von sich abwälzen** nxjerr veten të larë.

abwandeln *vt ndash* 1) ndryshoj; 2) *gram* lakoj; zgjedhoj.

Abwand(e)lung *f* =, **-en** 1) ndryshim; 2) *gram* lakim; zgjedhim.

abwandern *vi ndash* (s) shpërngulem; dyndem, emigroj.

Abwanderung *f* =, **-en** shpërngulje; dyndje, emigrim.

abwarten *vt* pres; **er hat das Ende des Spiels nicht mehr abgewartet** nuk ka pritur fundin e lojës; 2) pres sa të mbarojë; **den Regen abwarten** pres të pushojë shiu.

abwärts *adv* 1) teposhtë, tatëpjetë; 2): **Kinder von 3 Jahren abwärts** fëmijë tre vjeç e poshtë.

abwärtsgehen* *vi* (s) *ndash bis* shkoj poshtë e më poshtë; marr tatëpjetën.

abwaschen* *vt ndash* laj; shpëlaj; **das Gesicht abwaschen** laj sytë.

Abwasser *n* **-s, -wässer** 1) lëtyrë; 2) ujëra të zeza.

abwechseln *vt ndash* (h) ndërroj; **einander bei der Arbeit abwechseln** ndërrohemi në punë.

Abwechs(e)lung *f* =, **-en** 1) ndërrim; ndryshim; 2) larmi; 3) variacion.

abwechslungsreich *a* i larmishëm.
Abweg *m* **-(e)s, -e** rrugë e tërthortë; *fig* rrugë e gabuar; **auf Abwege geraten** bie në rrugë të shtrembër.
abwegig *a* i gabuar; **ein abwegiger Gedanke** një mendim e gabuar.
Abwehr *f* = 1) mbrojtje; 2) kundërshtim; 3) kundërzbulim.
abwehren *ndash* 1. *vt* 1) zmbraps (*sulmin etj.*); 2) largoj; **die Fliegen abwehren** largoj mizat; 3) mbrohem (*nga të ftohtët etj.*); 2. *vi* **(h)** kundërshtoj.
Abwehrmaßnahme *f* =, **-n** masë mbrojtëse.
abweichen* *vi ndash* **(s)** 1) largohem, shmangem (*nga rruga, tema etj.*); 2) bëj përjashtim (*nga një rregull etj.*); 3) ndryshoj, jam ndryshe (*nga një tjetër*); 4): *shpr* **von einer Gewohnheit abweichen** lë një zakon.
Abweichler *m* **-s,** = *pol* deviator.
Abweichung *f* =, **-en** 1) shmangie; 2) *pol* devijim.
abweisen* *vt ndash* 1) hedh poshtë, refuzoj (*një kërkesë etj.*); 2) nuk pranoj (*një dhuratë etj.*); 3) nis duarthatë (*një lypës etj.*).
abwenden* *ndash* 1. *vt* 1) largoj; kthej, heq (*sytë etj.*); 2) shmang, mënjanoj (*rrezikun etj.*); 2. *vrefl* **sich abwenden** largohem (*nga diçka*).
abwerben *vt ndash* ia marr (*klientët një dyqani etj.*).
abwerfen* *vt ndash* 1) hedh, lëshoj (*bomba etj.*); 2) hedh tutje, flak (*zgjedhën, maskën etj.*); 3) **: Nutzen abwerfen** sjell fitim.
abwerten *vt ndash* zhvlerësoj; *fin* **den Dollar abwerten** zhvlerësoj dollarin.
Abwertung *f* =, **-en** *fin* zhvlerësim.
abwesend *a* 1) që mungon, jo i pranishëm; **abwesend sein** mungoj; 2) i hutuar, që s'e ka mendjen.
Abwesenheit *f* = 1) mungesë; **in Abwesenheit** në mungesë; *fig bis* **durch Abwesenheit glänzen** bie në sy me mungesën time.
abwetzen *vt ndash* holloj, ha (*një pëlhurë etj.*).
abwickeln *ndash* 1. *vt* 1) shtjell (*lëmshin etj.*); shpalos (*pëlhurën etj.*); 2) : *fig* **das Geschäft abwickeln** mbaroj punën; 2. *vrefl* **sich abwickeln** zhvillohet (*një ngjarje etj.*).
abwiegen* *vt ndash* marr e peshoj (*një copë mish etj.*).
abwimmeln *vt ndash bis* heq qafe (*një punë, një njeri të mërzitshëm etj.*).
abwinken *ndash* 1. *vt* jap shenjën e nisjes për (*një garë vrapimi etj.*); 2. *vi* **(h)** bëj me shenjë se jo; lë të kuptohet se nuk ...
abwirtschaften *vt ndash* rrënoj ekonomikisht.
abwischen *vt ndash* 1) fshij (*djersën etj.*); 2) fshij, pastroj (*tryezën etj.*).
abwohnen *vt ndash bis* 1) banoj për një kohë të gjatë në (*një shtëpi etj.*); 2) kaloj afatin e (*qirasë etj.*).
Abwurf *m* **-(e)s, -würfe** hedhje (*e bombave etj.*).
abwürgen *vt ndash bis* mbys; *fig* **die Kritik abwürgen** mbys kritikën.
abzahlen *vt ndash* paguaj (*me këste*).
abzählen *vt ndash* numëroj; **er zählte ab, wieviel Personen gekommen waren** ai numëroi sa veta kishin ardhur.
abzapfen *vt ndash* 1) toçis (*verën etj.*); 2) *: mjek* **Blut abzapfen** marr gjak.
abzappeln, sich *vrefl ndash bis* rrekem, rropatem.
abzäunen *vt ndash* rrethoj me gardh, gardhoj.
abzehren *ndash* 1. *vt* dobësoj, tres; 2. *vi* **(s)** hiqem, tretem.

Abzeichen *n* **-s, =** 1) shenjë, distinktiv; 2) shenjë dalluese.

abzeichnen *ndash* 1. *vt* 1) vizatoj (*nga natyra etj.*); 2) sigloj; 2. *vrefl* **sich abzeichnen** dallohem, shquhem; **in der Ferne zeichnet sich der Gipfel des Berges ab** në largësi shquhet maja e malit.

Abziehbild *n* **-(e)s, -bilder** dekalkomani.

abziehen* *ndash* 1. *vt* heq (*kapelën etj.*); 2) ndërroj (*çarçafët etj.*); 3) rrjep (*dashin etj.*); 4) zbres (*një shumë*); 5) shtyp (*me çiklostil etj.*); 6) mpreh (*briskun etj.*); 7) hedh, zbraz (*nëpër shishe etj.*); 8) largoj (*sytë etj.*); tërheq (*trupat etj.*); 2. *vi* **(s)** nisem; largohem; tërhiqem.

abzielen *vi ndash* **(h) (auf A)** synoj (*diçka*); **auf wen zielt das ab?** me kë e ke?

abzirkeln *vt ndash* mas me kompas; *fig* **wie abgezirkelt schreiben** shkruaj qartë e bukur.

Abzug *m* **-(e)s, -züge** 1) *vetëm sing* largim; nisje; tërheqje; 2) dalje (*e ujit etj.*); 3) zbritje, skonto; 4) këmbëz (*e pushkës*); 5) *poligr* kopje; 6) ventilator.

abzüglich *präp* **(G)** duke zbritur; **abzüglich der Kosten** duke zbritur shpenzimet.

abzupfen *vt ndash* këpus (*gjethet etj.*); pastroj (*lulet etj.*).

abzwacken *vt ndash bis* 1) këpus (*telin etj.*); 2): **jemandem etwas abzwacken** i zhvas diçka dikujt.

Abzweig *m* **-(e)s, -e** degëzim (*i rrugës etj.*).

abzweigen *ndash* 1. *vi* **(s)** *dhe vrefl* **sich abzweigen** degëzohet, bigëzohet (*rruga etj.*); 2. *vt* vë mënjanë (*një shumë etj.*).

abzwicken *vt ndash bis* këpus (*telin etj.*).

ach *int* ah; **ach so!** ashtu, ë!; **ach was!** ç'është ajo fjalë!, as që bëhet fjalë!

Ach *n* **-s, =** ah; *bis* **mit Ach und Krach** me ahe e me ohe.

Ach'illesferse *f* **=, -n** thembër e Akilit (*pikë e dobët*).

Achse *f* **=, -n** 1) aks, bosht (*i makinës* etj.); *fig bis* **auf Achse sein** jam në udhëtim; 2) bosht (*i Tokës etj.*).

Achsel *f* **=, -n** *anat* sup; **er zuckte mit den Achseln** ai ngriti supet; *fig* **jemanden über die Achsel ansehen** shikoj dikë me përçmim.

Achselzucken *n* **-s** ngritje e supeve (*kur s'di ç'të bëj etj.*).

achselzuckend *a* duke ngritur supet.

acht *num* tetë; **in acht Tagen** pas një jave; **vor acht Tagen** para një jave; **halb acht** shtatë e gjysmë (*ora*).

Acht I *f* **=, -en** tetë (*numri*).

Acht II *f* **=** vëmendje, kujdes; a) (*me shkronjë të madhe*) **etwas außer Acht lassen** nuk vë re, nuk përfill diçka; b) (*me shkronjë të vogël*) **sich vor etwas in acht nehmen** ruhem nga diçka.

Acht III *f* **=** *hist* shpallje jashtë ligjit; **in Acht und Bann tun** nxjerr, shpall jashtë ligjit.

achtbar *a* i nderuar; i nderueshëm.

achte *num* i tetë; **der achte Mann** i teti.

achten 1. vt 1) nderoj (*dikë*); 2) respektoj (*ligjin etj.*); 2. *vi* **(h) (auf A)** 1) përfill, vë re; **er achtete nicht auf ihre Worte** ai nuk ua vuri veshin fjalëve të saj; 2) kam kujdes; **auf das Kind achten** kujdesem për fëmijën.

ächten *vt hist* shpall jashtë ligjit; *fig* **die Atomwaffen ächten** shpall armët atomike jashtë ligjit.

Achter *m* **-s, =** *sport* 1) tetëshe (*barkë me tetë vozitës*); 2) tetëshe (*figurë e rrëshqitjes në akull etj.*).

achtgeben* *vi* **(h)** *ndash* **(auf A)** 1) e kam mendjen (*në diçka*); 2) kujdesem (*për diçka*); **gib acht!** ki mendjen!

achtlos *a* 1) i shkujdesur; 2) mendjelehtë; 3) i hutuar.

Achtlosigkeit *f* = 1) shkujdesje; 2) mendjelehtësi; 3) hutim.

achtsam *a* 1) i vëmendshëm; 2) i kujdesshëm; 3) vigjilent.

Achtstundentag *m* **-(e)s, -e** teteörësh, ditë pune teteöreshe.

Achtung *f* = 1) vëmendje; **Achtung!** kujdes!, vini re!; 2) nderim, respekt; **vor jemandem Achtung haben** kam respekt për dikë.

Ächtung *f* **=, -en** *hist* nxjerrje, shpallje jashtë ligjit (*edhe fig*).

Achtungserfolg *m* **-(e)s, -e** sukses pa përfitim.

achtzehn *num* tetëmbëdhjetë.

achtzig *num* tetëdhjetë.

achtziger *a* : **die achtziger Jahre** vitet tetëdhjetë (*të një shekulli*).

Achtziger *m* **-s, =** tetëdhjetëvjeçar, burrë në moshën prej tetëdhjetë gjer nëntëdhjetë vjeç.

ächzen *vi* **(h)** 1) rënkoj; psherëtij; 2) qahem, ankohem.

Acker *m* **-s, Äcker** arë.

Ackerbau *m* **-(e)s** bujqësi; **Ackerbau treiben** merrem me bujqësi.

Ackerbauer *m* **-s** *dhe* **-n, -n** bujk.

Ackerboden *m* **-s, =** tokë buke, tokë arë.

Ackerland *n* **-(e)s** tokë e punueshme.

ackern 1. *vt* lëroj (*tokën*); 2. *vi* **(h)** *bis* **(mit D)** punoj (*me diçka*).

a. D. = **außer Dienst** në lirim.

ad abs'urdum: *shpr* **einen Gedanken ad absurdum führen** çoj një mendim gjer në absurditet.

ad 'acta: *shpr* **etwas ad acta legen** quaj të mbyllur (*një çështje*).

Adam : *shpr* **bei Adam und Eva anfangen** filloj (*një histori etj.*) nga e para; **seit Adams Zeiten** që nga koha e Adamit; **der alte Adam** njeriu i shkretë (*me të metat e dobësitë e veta*).

Adamsapfel *m* **-s, -äpfel** *anat* mollë e Adamit, fikth.

Adamskostüm : *shpr bis* **im Adamskostüm** lakuriq.

adapt'ieren *vt* përshtas, adaptoj.

adäqu'at *a* adekuat, i përputhshëm (*me diçka tjetër*).

add'ieren *vt* 1) *mat* mbledh; 2) shtoj.

Adel *m* **-s** 1) fisnikëri, aristokraci; 2) fisnikëri (*e karakterit etj.*).

ad(e)lig *a* fisnik.

adeln *vt* 1) *hist* fisnikëroj, bëj fisnik; 2) *fig* fisnikëroj; **dieser Gedanke adelt ihn** ky mendim e fisnikëron.

Ader *f* **=, -n** 1) *anat* enë gjaku, venë; 2) damar, dell; *fig* **eine dichterische Ader haben** kam dell poeti; 3) *min* damar.

aderig, äderig *a* damarë-damarë, deje-deje, damaror.

Aderlaß *m* **-(e)s, -lässe** 1) *mjek* marrje gjaku; **einen Aderlaß bei jemandem vornehmen** i marr gjak dikujt; 2) *fig* gjakderdhje.

ad hoc : *shpr* **der Ausschuß ist ad hoc gebildet** komisioni është krijuar për këtë qëllim.

adieu [*adj'ë*] *int* lamtumirë.

Adjekt'iv *n* **-s, -e** *gram* mbiemër.

Adjut'ant *m* **-en, -en** adjutant.

Adler *m* **-s, =** *zool* shqiponjë.

adlig *a sh* **ad(e)lig.**

Admir'al *m* **-s, -e** admiral.

adopt'ieren *vt* birësoj, adoptoj.

Adopti'on *f* **=, -en** birësim, adoptim.

Adopt'ivkind *n* **-(e)s, -kinder** fëmijë i adoptuar, bir (bijë) në shpirt.

Adress'at *m* **-en, -en** marrës (*i një letre etj.*).

Adr'essbüro *n* **-s, -s** zyrë adresash.

Adr'esse *f* **=, -n** 1) adresë, drejtim; **an seine Adresse** në drejtim të tij (*edhe fig*); 2) letër; **eine Adresse an die Regierung richten** i drejtoj një letër qeverisë.

adress'ieren *vt* adresoj.

adr'ett *a* i pastër dhe i bukur; **sie ist immer adrett gekleidet** ajo vishet përherë pastër e bukur.

Adv'erb [*-verb*] *n* **-s, -i/en** *gram* ndajfolje.

Adverbi'ale [*-ver-*] *n* **-s, -li/en** *gram* rrethanor.

Advok'at *m* **-en, -en** 1) *vjet* avokat; 2) *fig* flamurtar; **die Advokaten der Freiheit** flamurtarët e lirisë.

Aff'äre *f* **=, -n** 1) punë, çështje; 2) ngatërresë; **sich aus der Affäre ziehen** dal nga situata; 3) marrëdhënie (*dashurie*).

Affe *m* **-n, -n** *zool* majmun; *bis* **einen Affen haben** jam i dehur; *bis* **ich dachte, mich laust der Affe** mbeta pa mend.

Aff'ekt *m* **-(e)s, -e** tronditje; **im Affekt handeln** veproj në gjendje tronditjeje.

affekt'iert *a* i stërholluar.

Affekt'iertheit *f* **=, -en** stërhollim.

äffen *vt* bëj budalla, mashtroj.

affenartig *a* si majmun, majmungjashëm; *bis* **mit affenartiger Geschwindigkeit** me shpejtësi prej majmuni.

Affenhitze *f* **=** *bis* vapë e madhe.

Affenliebe *f* **=** *bis* dashuri e tepruar për fëmijët.

Affenschande *f* **:** *shpr bis* **es ist eine Affenschande** është turp e faqe e zezë.

Affentheater *n* **-s =** *bis* komedi, karagjozllëk.

affig *a bis* mendjemadh, që i ka hyrë vetja në qejf.

Affront [*a'frõ*] *m* **-s** *vjet* fyerje e rëndë.

After *m* **-s, =** *anat* anus.

AG = Aktiengesellschaft.

a. G. = 1) **auf Gegenseitigkeit** në mënyrë të ndërsjellë; 2) **als Gast** si mik.

Ag'ent *m* **-en, -en** 1) *treg* përfaqësues; 2) agjent, spiun; **er arbeitete als Agent für eine feindliche Macht** ai punonte si agjent për një fuqi armike.

Agent'ur *f* **=, -en** 1) agjenci (*telegrafike etj.*); 2) përfaqësi tregtare.

Aggreg'at *n* **-s, -e** agregat.

Aggressi'on *f* **=, -en** agresion.

aggress'iv *a* agresiv; **er ist ein aggressiver Mensch** është njeri agresiv.

Aggressivit'ät *f* **=** agresivitet, natyrë agresive.

Aggr'essor *m* **-s, -s'oren** agresor; **einen Staat zum Aggressor erklären** shpall agresor një shtet.

Äg'ide *f* **:** *shpr* **unter jemandes Ägide** nën mbrojtjen (udhëheqjen) e dikujt.

ag'ieren 1. *vt vjet* luaj rolin e ... ; 2. *vi.* **(h)** 1) luaj (*në skenë*); 2) *fig* veproj; **gegen jemanden agieren** veproj kundër dikujt; 3): **mit den Armen agieren** luaj krahët.

ag'il *a* i shkathët; **ein agiler Geschäftsmann** një afarist i shkathët.

Agitati'on *f* **=, -en** agjitacion; **Agitation betreiben** bëj agjitacion.

Agit'ator *m* **-s, -t'oren** agjitator; **ein politischer Agitator** një agjitator politik.

agit'ieren *vi* **(h)** bëj agjitacion (*për një ide etj.*).

Agon'ie *f* **=, -n** agoni; **in Agonie verfallen** bie në agoni; *fig* **diese Gesellschaft liegt in Agonie** kjo shoqëri është në agoni.

Agr'affe *f* =, **-n** karficë (*flokësh etj.*).
Agr'arpolitik *f* = politikë agrare.
Agr'arreform *f* =, **-en** reformë agrare.
Agreement [*ëgr'ijmënt*] *n* **-s, -s** marrëveshje.
Agrikult'ur *f* =, **-en** bujqësi.
äg'yptisch *a* egjiptian; *shpr* **eine ägyptische Finsternis** errësirë e thellë.
Ahle *f* =, **-n** fëndyell, bizë.
Ahn *m* **-(e)s** *dhe* **-en, -en** stërgjysh.
ahnden *vt* 1) ndëshkoj, dënoj; 2) ia marr hakun (*dikujt*); 3) ndjek me rrugë ligjore.
Ahndung *f* =, **-en** 1) dënim, ndëshkim; 2) hakmarrje; 3) ndjekje ligjore.
Ahne 1. *m* **-n, -n** *sh* **Ahn**; 2. *f* =, **-n** stërgjyshe.
ähneln *vi* **(h) (D)** ngjaj (*me dikë, diçka*); duket, tingëllon i ngjashëm (*me dikë, diçka*); **er ähnelt seinem Bruder** ai i ngjan të vëllait.
ahnen *vt* parandiej; **das Unglück ahnen** parandiej fatkeqësinë; **ich konnte ja nicht ahnen, daß es so schnell gehen würde** nuk ma merrte mendja se do të bëhej aq shpejt.
Ahnentafel *f* =, **-n** tabelë gjenealogjike.
Ahnfrau *f* =, **-en** stërgjyshe.
Ahnherr *m* **-n, -en** stërgjysh.
ähnlich *a* 1) i ngjashëm; **jemandem ähnlich sehen** ngjaj me dikë; 2) i tillë; **ich habe nie etwas ähnliches erlebt** kurrë s'e kisha provuar një gjë të tillë; *bis* **das sieht dir ähnlich** kështu e ke ti.
Ähnlichkeit *f* =, **-en** ngjashmëri.
Ahnung *f* =, **-en** 1) parandjenjë; **seine Ahnung hat sich nicht bestätigt** nuk i doli parandjenja; 2) : *shpr* **von etwas keine Ahnung haben** s'e kam idenë e diçkaje.
ahnungslos *a* : **er ist völlig ahnungslos** atij as që i shkon mendja (*për diçka*).
ahnungsvoll *a* që parandien.
Ahorn *m* **-s, -e** *bot* panjë.
Ähre *f* =, **-n** kalli; **die Ähren schießen** lëshon kallinj (*gruri etj.*).
Air [*er*] *n* **-s** pamje; qëndrim; *shpr* **sich ein Air geben** i jap rëndësi vetes; **sich ein Air von Künstlertum geben** hiqem si artist.
Akadem'ie *f* =, **-mi/en** akademi.
Akad'emiker *m* **-s,** = 1) akademik; 2) i diplomuar (*i një shkolle të lartë*).
akad'emisch *a* 1) akademik; **akademische Bildung** arsim i lartë; 2) *fig* i thatë, i mërzitshëm (*raport etj.*).
Akadem'ismus *m* = akademizëm.
Ak'azi/e *f* =, **-n** *bot* akacie, sallgam.
akklimatis'ieren, sich *vrefl* 1) aklimatizohem; 2) *fig* mësohem (*me një mjedis*).
Akk'ord *m* **-(e)s, -e** *muz* akord; 2) : *shpr* **im Akkord arbeiten** punoj me akord.
Akk'ordeon *n* **-s, -s** *muz* fizarmonikë.
akkredit'ieren *vt* 1) *fin* i jap kredi (*dikujt*); 2) i jap fuqi të plotë (*dikujt*); 3) akreditoj (*një diplomat*).
Akkredit'iv *n* **-s, -e** 1) *fin* letër kredie; 2) (*letra*) kredenciale.
Akkumulati'on *f* =, **-en** *ek* akumulim.
Akkumul'ator *m* **-s, -t'oren** *el* akumulator; **den Akkumulator wieder aufladen** ngarkoj përsëri akumulatorin.
akkur'at *a* i kujdesshëm, i përpiktë (*në punë*).
Akkurat'esse *f* = kujdes (*në punë*).
Akkusativ *m* **-s, -e** *gram* rasë kallëzore.
Ak'ontozahlung *f* =, **-en** *ek* pagesë me paradhënie.
Akrib'ie *f* = pedantizëm.

Akrob'at *m* **-en, -en** akrobat.
Akrob'atik *f* = akrobatikë (*mjeshtri e akrobatit*).
akrob'atisch *a* akrobatik (*kërcim etj.*).
Akt *m* **-(e)s, -e** 1) akt, veprim; **männlicher Akt** veprim burrëror; 2) akt (*i një drame*); 3) *art* nudo.
Akte *f* =, **-n** akt; dokument; *fig* **etwas zu den Akten legen** arkivoj një çështje.
Aktenmappe *f* =, **-n** 1) çantë (*për libra, letra etj.*); 2) dosje.
Aktentasche *f* =, **-n** *sh* **Aktenmappe.**
Akteur [*akt'ër*] *m* **-s, -e** 1) pjesëmarrës (*i një ngjarjeje*); 2) aktor.
Akti/e *f* =, **-n** aksion (*i një shoqërie aksionare*); *shak* **wie stehen die Aktien?** si shkojnë punët?
Aktiengesellschaft *f* =, **-en** shoqëri aksionare.
Akti'on *f* =, **-en** 1) veprim; **in Aktion treten** filloj të veproj; 2) aksion; 3) fushatë.
Aktion'är *m* **-s, -e** aksionar.
Akti'onsradius *m* = rreze veprimi (*edhe fig*).
Akt'iv *gram* diatezë veprore.
Akt'ivbürger *m* **-s,** = qytetar me të drejtë vote.
aktiv'ieren [*-vi-*] *vt* aktivizoj.
Aktiv'ist *m* **-en, -en** aktivist.
Aktivit'ät *f* = aktivitet, veprimtari.
Aktualit'ät *f* = aktualitet; **etwas verliert an Aktualität** diçka humbet aktualitetin.
aktu'ell *a* aktual.
Ak'ustik *f* = 1) akustikë (*degë e fizikës*); 2) akustikë (*e një salle etj.*).
ak'ut *a* 1) *mjek* akut; 2) *fig* i ngutshëm; **eine akute Frage** një çështje e ngutshme.
Akz'ent *m* **-(e)s, -e** *gram* theks; *fig* **den Akzent auf etwas legen** i vë theksin diçkaje.
akzentu'ieren *vt* theksoj (*edhe fig*).
akzept'abel *a* i pranueshëm; **akzeptable Vorschläge** propozime të pranueshme.
akzept'ieren *vt* pranoj (*një propozim etj.*).
Alab'aster *m* **-s** alabaster.
Al'arm *m* **-(e)s, -e** alarm, kushtrim; **blinder Alarm** alarm i rremë; **Alarm blasen (schlagen)** jap kushtrimin, alarmin.
al'armbereit *a* në gatishmëri të plotë (*ushtri etj.*).
alarm'ieren *vt* 1) i jap alarmin (*dikujt*); lajmëroj (*policinë etj.*); 2) alarmoj, shqetësoj.
Alb'aner *m* **-s,** = shqiptar.
alb'anisch *a* shqip; **albanische Sprache** gjuhë shqipe.
Alb'anisch *n* = shqipe (*gjuhë*).
Albatros *m* =, **-se** *zool* albatros (*zog*).
albern *a* budalla; prej budallai; **albernes Benehmen** sjellje prej budallai; **du bist heute so albern** sot qenke budalla fare.
albern *vi* (h) bëj budallallëqe.
Albernheit *f* =, **-en** budallallëk.
Album *n* **-s, -ben** album.
Alchim'ie *f* = alkimi.
Alchim'ist *m* **-en, -en** alkimist.
Alge *f* =, **-n** *bot* algë.
Algebra *f* =, **-bren** algjebër.
alias *adv* i quajtur ndryshe; i quajtur edhe ...
Alibi *n* **-s, -s** *drejt* alibi.
Alim'ente *pl* kuotë për mbajtjen e fëmijëve (e gruas së ndarë etj.).
Alk'ali *n* **-s, -li/en** *kim* alkal.
Alkohol *m* **-s, -e** alkool.
Alkoh'olika *pl* pije alkoolike.
Alkoh'oliker *m* **-s,** = alkoolist.
alkoh'olisch *a* alkoolik.
Alkoholspiegel *m* **-s,** = sasi e alkoolit në gjak.

Alk'oven *m* **-s, =** musandër (*për të fjetur.*).
all *pron indef* 1) gjithë; **vor allem, vor allen Dingen** para së gjithash; **alle beide** të dy; **alles Gute!** gjithë të mirat!; **in aller Stille** urtë e butë; **das ist alles** kaq kisha; **in aller Eile** me nxitim të madh; **alles in allem** në tërësi, gjithë-gjithë; **über alles** mbi të gjitha; **alle Welt** gjithë bota, bota mbarë; **Mädchen für alles** shërbëtore për të gjitha punët (*edhe fig*); 2) çdo; **alle Tage** çdo ditë; **alle zwei Minuten** çdo dy minuta; **auf alle Fälle** për çdo rast; **aller Art** të çdo lloji; 3): *bis* **mein Geld ist alle** m'u mbaruan paratë; 4) *sing bis* **alles** të gjithë; **alles aussteigen!** të gjithë të zbresin (*nga autobusi etj.*)!
All *n* **-s** gjithësi.
all'abendlich 1. *a* i çdo mbrëmjeje; 2. *adv* çdo mbrëmje.
allbekannt *a* i njohur kudo, shumë i njohur.
allbeliebt *a* i dashur nga të gjithë, shumë i dashur.
all(e)dem : *shpr* **bei alledem, trotz alledem** megjithatë.
All'ee *f* **=, -l'e/en** 1) rrugëz (*në një lulishte etj.*); 2) bulevard.
Allegor'ie *f* **=, -n** alegori.
alleg'orisch *a* alegorik; **allegorische Figuren** figura alegorike.
all'ein 1. *adv* 1) vetëm; **einzig und allein** vetëm e vetëm; **du allein bist meine Hilfe** vetëm ty të kam për ndihmë; **ich lasse Sie jetzt allein** tani po ju lë vetëm; 2) vetë; **ich mache alle Arbeit allein** e bëj gjithë punën vetë; 2. *a* i vetmuar; **in dieser Stadt kann man sich sehr allein fühlen** në këtë qytet njeriu mund ta ndiejë veten shumë të vetmuar; 3. *conj* por, mirëpo.
All'einherrschaft *f* **=, -en** absolutizëm.
all'einig *a* i vetëm; **der alleinige Vertreter** përfaqësuesi i vetëm (*i një shoqërie etj.*).
all'einstehend *a* 1) i vetmuar (*shtëpi etj.*); 2) i pamartuar, beqar.
allemal *adv* 1) përherë, gjithnjë, çdo herë; **ein für allemal** një herë e mirë; 2) për çdo rast.
allenfalls *adv* 1) sidoqoftë; **er kümmert sich kaum um die Kinder, allenfalls sieht er sie beim Abendbrot** ai pak e çan kokën për fëmijët, sidoqoftë në darkë i sheh; 2) shumë-shumë.
allenthalben *adv vjet* kudo.
allerbeste *a* më i mirë; **die allerbeste Sorte** lloji më i mirë; **ich wünsche Ihnen das Allerbeste!** ju uroj gjithë të mirat!
allerdings 1. *adv* natyrisht, sigurisht; 2. *conj* vërtet; megjithatë; **diese Frage konnte er allerdings nicht beantworten** kësaj pyetjeje, megjithatë, ai nuk mundi t'i përgjigjej.
allererste *a* më i parë; **beim allerersten Mal** në rastin më të parë.
Allerg'ie *f* **=, -n** *mjek* alergji (*edhe fig*).
all'ergisch *a mjek* alergjik (*edhe fig*).
allerhand *a inv* gjithfarë, lloj-lloj (*gjërash etj.*); **allerhand Bücher** lloj-lloj librash; *shpr bis* **das ist allerhand!** ky është kulmi!
allerhöchst *a* më i lartë; **der allerhöchste Turm der Stadt** kulla më e lartë e qytetit; **es ist allerhöchste Zeit** është tamam koha.
allerlei *a inv* gjithfarë, lloj-lloj (*gjërash etj.*).
Allerlei : *shpr* **ein buntes Allerlei** një turli gjërash.
allerletzte *a* më i fundmë.
allerliebst *a* 1) më i dashur; 2) shu-

më i këndshëm; **das Kind ist allerliebst** fëmija është shumë i këndshëm.
allermeist *a* më i shumtë; **er hat die allermeisten Briefmarken** ai ka më të shumtën e pullave (*të postës*).
allernächst *a* më i afërm.
allerorten, allerorts *a* kudo, gjithandej, gjithkund.
all(er)seits *adv* 1) të gjithë, të gjithë sa janë; *vjet* **guten Tag allerseits!** mirëdita të gjithëve!; 2) gjithandej.
allerwegen *adv vjet* kudo.
Allerweltsgesicht *n* **-(e)s, -er** *bis* fytyrë e rëndomtë.
Allerweltskerl *m* **-s, -e** *bis* njeri i shkathët.
allerwenigst 1. *a* më i paktë; 2. *adv* : **am allerwenigsten** aq më pak, më pak se çdo gjë.
allesamt *adv* të gjithë bashkë.
alleweil(e) *adv vjet* gjithmonë.
all(e)zeit *adv* në çdo kohë, kurdoherë.
allgemein 1. *a* i përgjithshëm; **die allgemeine Lage** gjendja e përgjithshme; **das ist allgemein bekannt** këtë e dinë të gjithë; **im allgemeinen** në përgjithësi; 2. *adv* kudo; nga të gjithë; **allgemein beliebt sein** më duan të gjithë.
Allgem'eingut *n* **-(e)s, -güter** pronë e përbashkët, shoqërore.
Allgem'einheit *f* **=** 1) të gjithë; shoqëri; **er dient der Allgemeinheit** ai i shërben shoqërisë; 2): **Erklärungen von großer Allgemeinheit** deklarata shumë të përgjithshme; 3) *pl* **-en** fjalë, fraza të përgjithshme.
Allh'eilmittel *n* **-s, =** bar që i shëron të gjitha sëmundjet, panacé.
Alli'anz *f* **=, -en** aleancë.
Allig'ator *m* **-s, -t'oren** *zool* aligator.
Alli'ierte *m* **-n, -n** aleat; **ein Allierter** një aleat; **die Alliierten des Zweiten Weltkrieges** aleatët e Luftës së Dytë Botërore.
alljährlich *a* i përvitshëm.
Allmacht *f* **=** plotfuqishmëri.
allmächtig *a* i plotfuqishëm, i gjithpushtetshëm.
allmählich 1. *a* i ngadalshëm; 2. *adv* dalngadalë, hap pas hapi.
allseitig *a* i gjithanshëm.
allseits *adv* kudo, gjithandej.
allstündlich 1. *a* i çdo ore; 2. *adv* çdo orë.
Alltag *m* **-(e)s** 1) jetë e përditshme; 2) *pl* **-e** ditë pune.
alltäglich *a* i përditshëm; i zakonshëm.
alltags *adv* në ditët e punës, në ditët e javës; **alltags wie sonntags** si në ditët e javës ashtu dhe të djelave.
Alltagskleid *n* **-(e)s, -er** veshje e ditëve të zakonshme.
Alltagsmensch *m* **-en, -en** njeri i zakonshëm, i rëndomtë.
allumfassend *a* i gjerë; gjithpërfshirës.
All'üren *pl* teka, trille.
allwissend *a* i gjithdijshëm.
allwöchentlich *a* i përjavshëm.
allzu *adv* tepër; **er war allzu beschäftigt** ai ishte tepër i zënë.
allzusehr *adv* tepër.
Alm *f* **=, -en** kullotë malore, bjeshkë.
Almanach *m* **-s, -e** almanak.
Almosen *n* **-s, =** lëmoshë (*edhe fig*).
Alp *m* **-(e)s, -e** ankth.
Alpdruck *m* **-s, -drücke** ankth; **von einem Alpdruck befreit werden** çlirohem nga një ankth.
Alpdrücken *n* **-s** ndjenjë ankthi.
Alp(e) *f* **=, -en** kullotë malore.
Alphab'et *n* **-(e)s, -e** alfabet.
alphab'etisch *a* alfabetik; **in alphabetischer Ordnung** në rend alfabetik.

alphabetis'ieren *vt* jap mësim leximi e shkrimi.

alp'in *a* alpin; **der alpine Sport** alpinizmi.

Alptraum *m* **-(e)s, -träume** 1) ëndërr e frikshme; 2) ankth.

als *conj* 1) kur, në kohën kur; 2) si; 3) (*pas shkallës krahasore*) se, nga; 4) (*pas një mohimi*) veç, përveç; 5) **sowohl ... als auch** si ..., ashtu edhe; aq ... sa dhe; **als wenn, als ob** sikur; *bis* **so tun, als ob** bëj sikur; **er tut, als ob er krank sei** shtiret sikur është i sëmurë; **zu ... als** tepër... që; **der Gedanke ist zu schwierig, als daß man ihn in einem Satz ausdrücken könnte** mendimi është tepër i vështirë që të shprehet me një fjali; **insoweit(,) als** gjersa; **er akzeptierte diese Antwort insoweit, als sie die Aufrichtigkeit des Sprechers bewies** ai e pranoi këtë përgjigje gjersa ajo provonte ndershmërinë e folësit; **um so** + *comp* + **als** aq më shumë ... se; **um so besser, als das Wetter schön ist** aq më mirë, se moti është i bukur.

alsbald *adv vjet* sakaq, menjëherë.

alsdann *adv* 1) pastaj; 2) *bis* pra; atëherë.

also 1. *conj* pra, prandaj; *bis* **na also!** më në fund!; 2. *adv* kështu.

alt *a* (*comp* **älter,** *superl* **älteste**) 1) plak, i vjetër; **ein alter Baum** një dru i vjetër; **ein älterer Herr** një zotëri i shtyrë në moshë; **alt und jung** i madh e i vogël; 2): **wie alt ist er?** sa vjeç është ai?; **ein drei Wochen altes Kind** një fëmijë tri javësh; 3) i vjetër, i përdorur; **alte Häuser** shtëpi të vjetra; **alte Kleider** rroba të përdorura; 4) i ndenjur, bajat; **altes Brot** bukë e thatë; 5) i vitit të kaluar; **die alte Ernte** të korrat e vitit të kaluar; 6) i mëparshëm; **die alten Plätze wieder einnehmen** zëmë vendet e mëparshëm; 7) i regjur, i rrahur; 8): *fig bis* **alter Hase** mjeshtër (*në një punë*); *bis* **altes Haus!** mik i dashur!; **mein alter Herr** plaku (*babai*); **alte Jungfer** vajzë plakë.

Alt *m* **-s, -e** *muz* alt.

Alt'an *m* **-s, -e** ballkon.

Alt'ar *m* **-s, Altäre** *fet* altar (*edhe fig*); *hist* **Thron und Altar** Froni dhe Kisha.

altbacken *a* i ndenjur, bajat; *fig* **altbackene Ansichten** pikëpamje të vjetruara.

Alte I *f* **-n, -n** plakë.

Alte II *m* **-n, -n** 1) plak; **ein Alter** një plak; 2) *bis* plak, baba; **paß auf, dein Alter kommt!** kujdes, po të vjen plaku!; 3) *bis* burrë; **ihr Alter ist eifersüchtig** e ka burrin xheloz.

Alten *pl* popujt e antikitetit.

alteingesessen *a* (*familje*) e ngulur brez pas brezi (*në një vend*).

Alter *n* **-s** 1) moshë; **hohes Alter** moshë e madhe; **reiferes Alter** moshë e pjekur; **zartes Alter** moshë e njomë; 2) vjetërsi (*e një sendi*); moshë (*e një përmendoreje etj.*); 3) moshë (*më e madhe*); **Ehrfurcht vor dem Alter** respekt për moshën.

altern *vi* (s) plakem.

Alternat'ive *f* =, **-n** alternativë.

alters *adv* : **von alters her, seit alters** qëkur.

Altersgenosse *m* **-n, -n** moshatar.

Altersheim *n* **-(e)s, -e** azil pleqsh.

Altersrente *f* =, **-n** pension pleqërie.

Altersrentner *m* **-s,** = pensionist.

Altersschwäche *f* = dobësi e pleqërisë.

Altersversicherung *f* =, **-en** sigurim i pleqërisë.

Altersversorgung *f* =, **-en** sigurim i pleqërisë.

Altertum *n* -(e)s 1) kohë e lashtë, lashtësi; **klassisches Altertum** antikitet; 2) *pl* **Altertümer** antika, sende të antikitetit.

altertümlich *a* i vjetër, i lashtë; arkaik.

Älteste I *m* **-n, -n** 1) djali i madh; 2) përgjegjës (*i një grupi etj.*); 3) anëtar i pleqërisë (*në fshat etj.*).

Älteste II *f* **=, -n** 1) vajza e madhe; 2) përgjegjëse (*e një grupi etj.*); 3) anëtare e pleqërisë (*në fshat etj.*).

altgedient *a* me vjetërsi të gjatë në punë.

altgewohnt *a* që është bërë zakon prej kohësh; i njohur prej kohësh.

altklug *a* i pjekur para kohe; **ein altkluges Mädchen** një vajzë e pjekur para kohe.

ältlich *a* jo më i ri; **eine ältliche Dame** një grua jo më e re.

Altmaterial *n* **-s** vjetërsira.

Altmeister *m* **-s, =** mjeshtër i madh (*përfaqësuesi më i vjetër dhe më i rëndësishëm i një fushe të shkencës etj.*).

altmodisch *a* i dalë mode; i vjetruar; **altmodische Ansichten** pikëpamje të vjetruara.

altväterlich *a* 1) patriarkal; 2) i vjetruar (*pikëpamje etj.*).

Altwaren *pl* vjetërsira.

Altwarenhändler *m* **-s, =** tregtar vjetërsirash.

Altwasser *n* **-s, =** degë e vdekur (*e një lumi*).

Altweibersommer *m* **-s** behar i vogël.

Alum'inium -s *kim* alumin.

am = an dem.

Amateur [*amat'ër*] *m* **-s, -e** amator.

Amaz'one *f* **=, -n** 1) *mit* amazonë; 2) *fig* kalorëse; luftëtare.

Ambiti'on *f* **=, -en** ambicje.

Amboß *m* **-sses, -sse** kudhër.

Ambr'osia *f* **=** *mit* ambrozje (*pije e perëndive*).

ambul'ant *a mjek* ambulator; **eine ambulante Untersuchung** një vizitë ambulatore.

Ambul'anz *f* **=, -en** ambulancë.

Ameise *f* **=, -n** *ent* mizë dheu, milingonë.

Ameisenhaufen *m* **-s, =** fole milingonash.

amen *ndajf fet* amin; *fig* **zu etwas ja und amen sagen** i them amin diçkaje; *fig* **sein Amen zu etwas geben** jap pëlqimin për diçka.

Amerik'aner *m* **-s, =** amerikan.

amerik'anisch *a* amerikan.

Amme *f* **=, -n** mëndeshë; dado.

Ammenmärchen *n* **-s, -s** përrallë; **das sind alles Ammenmärchen** këto janë përralla me mbret.

Amnest'ie *f* **=, -sti/en** *drejt* amnisti, falje.

Amok : *shpr* **Amok laufen** tërbohem.

amor'alisch *a* amoral.

Amortisati'on *f* **=, -en** *ek* amortizim.

amortis'ieren *vt ek* amortizoj.

Ampel *f* **=, -n** 1) llambë e varur; 2) semafor.

Ampfer *m* **-s, =** *bot* lëpjetë.

Amph'ibium *n* **-s, -bi/en** *dhe* **Amphibie** *f* **=, -n** *zool* amfib.

amph'ibisch *a* amfib (*në kupt. të ndryshme*).

Amph'itheater *n* **-s, =** amfiteatër.

Amph'ore *f* **=, -n** amforë.

Amp'ulle *f* **=, -en** ampulë.

Amputati'on *f* **=, -en** *mjek* amputim, prerje (*e këmbës etj.*).

amput'ieren *vt mjek* amputoj, pres (*këmbën etj.*).

Amsel *f* **=, -n** *zool* mëllenjë, mullizezë (*zog*).

Amt *n* **-(e)s, Ämter** 1) detyrë; **ein Amt antreten** filloj nga detyra;

eines Amtes entheben heq nga detyra; **ein Amt ausüben** ushtroj një detyrë; 2) zyrë; dikaster; **Auswärtiges Amt** Ministria e Punëve të Jashtme; 3) central telefonik.

amt'ieren *vi* (h) kryej detyrën; **amtierender Bürgermeister** kryetar i bashkisë në fuqi; kryetar i përkohshëm i bashkisë.

amtlich 1. *a* zyrtar; 2. *adv* zyrtarisht.

Amtsblatt *n* **-(e)s, -blätter** gazetë zyrtare.

Amtsgericht *n* **-(e)s, -e** gjykatë e shkallës së parë (*në Gjermani*).

Amtsmißbrauch *n* **-(e)s, -bräuche** shpërdorim posti (*zyrtar*).

Amtsrichter *m* **-s, =** gjykatës i shkallës së parë (*në Gjermani*).

Amtsschimmel *m* **-s, =** *fig bis* burokraci.

Amul'ett *n* **-(e)s, -e** hajmali.

amüs'ant *a* zbavitës, argëtues.

Amüsement [*amyzëm'â*] *n* **-s, -s** zbavitje, argëtim, dëfrim.

amüs'ieren 1. *vt* zbavis, argëtoj; 2. *vrefl* **sich amüsieren** zbavitem, argëtohem.

an 1. *präp* 1) (D; A) pranë; te; në; **der Ort, an dem er starb** vendi ku vdiq; **an der Autobahn** pranë autostradës; **an der Ecke warten** pres te kthesa; **bis an den Hals im Wasser stehen** qëndroj në ujë gjer në grykë; **Frankfurt an der Oder** Frankfurt-mbi-Oder; **14.30 h an München** arritja në Mynih në orën 14.30; **etwas an die Tafel schreiben** shkruaj diçka në tabelë; **an die Tür klopfen** trokas në derë; **sich an die Wand lehnen** mbështetem te muri; 2) nga (*një vend, një pikë*); **von 5 Mark an aufwärts** (*duke filluar*) nga 5 marka e lart; **von hier an** që këtej; **von unten an** që poshtë; 3) që (nga) (*një kohë e caktuar*); **von heute an** që sot (*e tutje*); **von Jugend, Kindheit an** që nga rinia, fëmijëria; **von dem Tage an, als (da) ...** që nga dita që ...; 4) në (*një kohë të caktuar*); **an einem heißen Sommertag** në një ditë të nxehtë vere; **es ist an der Zeit zu ...** është koha që ...; 5) (D) (*merrem*) me; **an der Arbeit sein** jam me punë; **geh an deine Aufgaben!** merru me detyrat e tua!; 6) (D) (*pajisur*) me; **er hat die Gewohnheit an sich, zu ...** e ka zakon të ...; 7) (D) me; nga; **reich an Erzen** i pasur me minerale; **haben Sie etwas an Sommerstoffen?** a keni gjë nga stofrat e verës?; 8) (D) me, me anë të ...; **an den Fingern abzählen** numëroj me gishta; **an Krücken gehen** eci me paterica; **jemanden an der Stimme erkennen** e njoh dikë nga zëri; 9) (D) nga, për shkak të ...; **an einer Krankheit leiden** vuaj nga një sëmundje; 10) (A) për; **ich habe eine Bitte an Sie** kam një lutje për ju; **ein Brief an ihn** një letër për të; 11) : **jetzt ist es an dir zu handeln** tani të takon ty të veprosh; **es liegt nur an ihm** vetëm ai e ka fajin; 12) (A) afro, rreth; **an (die) 100 Mark** rreth 100 marka; 13) (*shkurtim i* **angezogen, bekleidet**) : **mit wenig an** i veshur lehtë; **ohne etwas an** lakuriq; 2. *adv* **ab und an** herë pas here; **an und für sich, an sich** në vetvete.

an = *parashtesë e ndashme foljore që tregon:* 1) *fillim veprimi:* **angehen;** 2) *afrim, kontakt;* **anrücken;** 3) *rritje, shtim;* **anwachsen;** 4) *drejtim nga dikush ose diçka;* **anschreiben;** 5) *përforcim, saktësim;* **sich etwas anhören, ansehen.**

Anachron'ismus *m* **=, -men** anakronizëm.

anal'og *a* analog, i ngjashëm.

Analog'ie *f* =, **-n** analogji; **eine Analogie ziehen** bëj një analogji.
Analphab'et *m* **-en, -en** analfabet.
Anal'yse *f* =, **-n** analizë.
analys'ieren *vt* analizoj, zbërthej.
anal'ytisch 1. *a* analitik; 2. *adv* analitikisht.
Anäm'ie *f* = *mjek* anemi.
Ananas *f* =, **-se** *bot* ananas.
Anarch'ie *f* = anarki.
an'archisch *a* anarkik.
Anarch'ist *m* **-en, -en** anarkist.
Anatom'ie *f* = anatomi.
anbahnen *ndash* 1. *vt* përgatis, i hap rrugën (*diçkaje*); **eine Verständigung anbahnen** përgatis një marrëveshje; 2. *vrefl* **sich anbahnen** del; hapet; **neue Möglichkeiten bahnen sich an** po hapen mundësi të reja.
anbändeln *vi ndash* (**h**) *bis* i qepem (*një femre*); **er versuchte, mit ihr auf der Straße anzubändeln** provoi t'i qepej në rrugë.
Anbau *m* 1) **-s** rritje, kultivim (*i një bime etj.*); 2) **-s, -ten** ndërtesë e ngritur pranë një tjetre, shtesë.
anbauen *ndash* 1. *vt* 1) rris, kultivoj; 2) (**an A**) i shtoj (*një dhomë një ndërtese etj.*); 2. *vi* (**h**) zgjeroj shtëpinë; zgjerohem.
Anbaufläche *f* =, **-n** sipërfaqe e mbjellë.
Anbaumöbel *pl* orendi-shtesë (*që mund të kombinohen me të tjera*).
anbefehlen* *vt ndash* porosis, rekomandoj.
Anbeginn *m* **-s** fillim; **seit Anbeginn** që nga fillimi.
anbehalten* *vt bis* nuk heq, mbaj (*kapelën në kokë etj.*).
anb'ei *adv* bashkëngjitur.
anbeißen* *ndash* 1. *vt* kafshoj; 2. *vi* (**h**) i bie grepit (*peshku*); *fig* **er biß nicht an** ai nuk e hëngri.
anbelangen *vt ndash* (*më*) takon, (*më*) përket; **was die Arbeit anbelangt** përsa i përket punës; **was mich anbelangt** ... sa për mua ...
anbequemen *ndash* 1. *vt* (**an A**) ia përshtas (*diçkaje*); 2. *vrefl* **sich anbequemen** i përshtatem (*diçkaje*).
anberaumen *vt ndash* caktoj (*kohën, afatin etj.*).
anbeten *vt ndash* adhuroj (*edhe fig*).
Anbetracht : *shpr* **in Anbetracht** (**G**) duke marrë parasysh (*diçka*).
anbetreffen* *vt ndash* (*më*) takon; (*më*) përket (*një çështje etj.*).
anbetteln *vt ndash* i lutem, i lyp (*dikujt diçka*).
anbiedern, sich *vrefl ndash* (**bei D**) i ha zemrën, i hyj në qejf (*dikujt*).
anbieten* *ndash* 1. *vt* 1) paraqis; ofroj; **Hilfe anbieten** ofroj ndihmë; 2) propozoj; **jemandem den Posten eines Ministers anbieten** i ofroj postin e ministrit dikujt; 2. *vrefl* **sich anbieten** paraqitem, i dal zot (*një pune etj.*).
anbinden* *ndash* 1. *vt* (**an A**) lidh (*me diçka*); 2. *vi* (**h**) (**mit D**) hap sherr (*me dikë*); *shpr* **kurz angebunden sein** jam i prerë (*në të folur*).
anblasen* *vt ndash* 1) i fryj (*zjarrit etj.*); 2) i bie (*borisë etj.*); 3) (*më*) fryn (*era*).
Anblick *m* **-(e)s, -e** 1) shikim; vështrim; 2) pamje; shfaqje.
anblicken *vt ndash* shikoj, vështroj.
anblinzeln *vt ndash* shikoj duke picërruar sytë.
anbohren *vt ndash* 1) shpoj (*një vrimë etj.*); 2) *fig* shpoj, zhbiroj (*dikë për të marrë vesh diçka*).
anbraten* *vt ndash* skuq (*mishin*).
anbrechen* *ndash* 1. *vt* 1) thyej (*bukën etj.*); 2) hap (*konservën etj.*); 3) filloj (*paketën e duhanit etj.*); 4) plas, kris (*dërrasën, kockën etj.*); 2. *vi* (**s**) fillon, nis; **der Tag**

bricht an po agon, po zbardh dita.
anbrennen* *ndash* 1. *vt* ndez (*llambën, cigaren etj.*); 2. *vi* (s) 1) ndizet; 2) digjet, ngjitet (*gjella*).
anbringen* *vt ndash* 1) sjell, bie; 2) vë, vendos; 3) bëj (*ndryshime etj.*); 4) paraqis (*një ankesë etj.*); 5) tregoj; **sein Wissen anbringen** tregoj dijet e mia; 6) shes (*një mall*); 7): *shpr* **diese Bemerkung ist sehr angebracht** kjo vërejtje është shumë me vend.
Anbruch *m* **-(e)s, -brüche** fillim; **der Anbruch einer Epoche** fillimi i një epoke; **sie waren vor Anbruch der Dunkelheit zu Hause** ata ishin në shtëpi përpara se të fillonte të ngrysej.
anbrüllen *vt ndash* i bërtas (*dikujt*); shaj (*dikë*).
Andacht *f* =, **-en** devocion.
andächtig *a* 1) i devotshëm; 2) i përqendruar, i vëmendshëm.
andauern *vi ndash* (**h**) vazhdon (*shiu, biseda etj.*).
andauernd 1. *a* i vazhdueshëm; 2. *adv* vazhdimisht; pa ndërprerje.
Andenken *n* **-s** 1) (**an A**) kujtim (*për diçka*); 2) *pl* = (*dhuratë për*) kujtim.
andere *pron indef* tjetër; **die anderen** të tjerët; **der eine oder der andere** njëri ose tjetri; **einer wie der andere** si njëri tjetri; **ein anderes Mal** një herë tjetër; **ein Wort gab das andere** fjala nxori fjalën; **das ist etwas anderes** kjo është punë tjetër; **nichts anderes als ...** asgjë tjetër veç ...; **sich eines anderen besinnen** ndërroj mendje.
ander(e)nfalls *adv* përndryshe; në rast të kundërt.
ander(e)nteils *adv* : **einesteils ... anderenteils** nga njëra anë ... nga ana tjetër.
andererseits *adv* : **einerseits ... andererseits** nga njëra anë ... nga ana tjetër.
andermal *adv* : **ein andermal** një herë tjetër.
ändern *vt* ndryshoj; ndërroj; **die Richtung ändern** ndërroj drejtimin.
anders *adv* ndryshe; **wenn anders** po në qoftë se ...; përndryshe; **niemand anders als ...** askush tjetër veçse ...
andersartig *a* tjetër, i ndryshëm.
andersdenkend *a* që mendon ndryshe.
anderswo *adv* gjetiu, tjetërkund.
anderswoher *adv* nga një anë (*vend*) tjetër.
anderswohin *adv* gjetiu, tjetërkund (*lëvizje drejt një vendi*).
anderthalb *num* një e gjysmë (*ora*); një herë e gjysmë (*më i madh, më i vogël etj.*).
Änderung *f* =, **-en** ndryshim; ndërrim; **Änderung der Richtung** ndërrim i drejtimit.
anderweitig *a* i ndryshëm; i një mënyre tjetër; **etwas anderweitig verwenden** përdor në një mënyrë tjetër diçka.
andeuten *ndash* 1. *vt* 1) jap të kuptohet; 2) sa e përmend, e hedh fjalën për (*një çështje*); 2. *vrefl* **sich andeuten** duket, shfaqet; **eine Wendung zum Besseren deutete sich an** po dukej një kthesë për mirë.
Andeutung *f* =, **-en** aluzion.
andichten *vt ndash* 1) i këndoj (*dikujt në një poezi etj.*); 2) trilloj; **diese Absicht hat er mir angedichtet** këtë qëllim ma ka trilluar.
Andrang *m* **-s** 1) përplasje (*e dallgëve*); 2) vërshim (*gjaku në fytyrë etj.*); 3) turmë që shtyhet.
andrängen *ndash* 1. *vi* (s) shtyhet, shtypet (*turma etj.*); 2. *vrefl* **sich an-**

drängen rrasem, ngjishem (*pas dikujt*).

andrehen *vt ndash* 1) zë e rrotulloj; 2) vë në lëvizje duke rrotulluar (*motorin etj.*); hap (*radion etj.*); 3) bis ia rras (*një punë, një mall dikujt*).

andringen* *vi ndash* (s) *sh* **andrängen.**

androhen *vt ndash* i kanosem, i kërcënohem me (*diçka dikujt*); **jemandem eine Strafe androhen** i kërcënohem me një dënim dikujt.

Androhung *f* =, **-en** kërcënim, kanosje.

andrücken *vt ndash* ngjesh (*pas trupit një jaki etj.*).

anecken *vi ndash* (s) *bis* 1) has në një qoshe; 2) *fig* bie në sy për keq.

aneignen, sich *vrefl ndash* 1) përvetësoj (*pa të drejtë*); 2) mësoj (*një gjuhë etj.*).

Aneignung *f* =, **-en** 1) përvetësim (*pa të drejtë*); 2) mësim (*i një gjuhe etj.*).

anein'ander *adv* 1) me, për njëri-tjetrin; 2) pranë njëri-tjetrit.

anein'andergeraten* *vi ndash* (s) grindemi, zihemi.

Anekd'ote *f* =, **-n** anekdotë.

anekeln *vi ndash* (h) i ngjall neveri (*dikujt*); **sein Benehmen ekelt mich an** sjellja e tij më ngjall neveri.

Anem'one *f* =, **-n** *bot* fillikate.

anempfehlen *vt ndash* rekomandoj, këshilloj (*diçka*).

Anerbieten *n* **-s,** = ofertë, propozim.

anerkannt *a* 1) i njohur; 2) i mirënjohur; **ein anerkannter Wissenschaftler** një shkencëtar i mirënjohur.

anerkennen* *vt ndash* 1) njoh (*për të mirë etj.*); pranoj; **die Meinung eines anderen anerkennen** pranoj mendimin e një tjetri; 2) ia njoh (*meritat etj. dikujt*); vlerësoj, çmoj.

Anerkennung *f* =, **-en** 1) njohje (*e një merite etj.*); 2) vlerësim; **in Anerkennung** (G) duke çmuar (*diçka*).

anerziehen* *vt ndash* ngulis, rrënjos me anë të edukatës (*një cilësi etj.*).

anfachen *vt ndash* 1) i fryj (*zjarrit*); 2) *fig* ndez (*armiqësinë etj.*).

anfahren* *ndash* 1. *vt* 1) sjell, bie (*me mjet transporti etj.*); 2) ndesh, has (*me mjet transporti*); 3) udhëtoj (*në një vend*); **er hat Paris angefahren** ka udhëtuar në Paris; 4) i bërtas (*dikujt*); 2. *vi* (s) 1) niset (*makina etj.*) 2) : **angefahren kommen** vij (*me mjet transporti*).

Anfahrt *f* =, **-en** 1) ardhje; 2) rrugë (*për në shtëpi*); **die Anfahrt zum Haus war versperrt** rruga për në shtëpi ishte zënë.

Anfall *m* **-s, -fälle** 1) shpërthim (*zemërimi etj.*); 2) shfaqje (*e një sëmundjeje etj.*); krizë.

anfallen* *ndash* 1. *vt* sulmoj; 2. *vi* (s) (*më*) del (*një punë etj.*).

anfällig *a* që sëmuret lehtë; **er ist sehr anfällig für Erkältungen** ai ftohet lehtë.

Anfälligkeit *f* =, **-en** prirje për t'u sëmurë (*nga një sëmundje*).

Anfang *m* **-s, -fänge** fillim; **am Anfang, im Anfang, zu Anfang** në krye; **von Anfang an** që nga fillimi.

anfangen* *ndash* 1. *vt* 1) filloj, nis (*një punë etj.*); 2) bëj; **eine Sache richtig anfangen** bëj mirë një punë; **was fange ich an?** ç'të bëj?; 2. *vi* (h) 1) filloj; **morgen fängt die Schule an** nesër fillon shkolla; **mit dem Gespräch anfangen** filloj bisedën; 2) bën; **was soll ich damit anfangen?** ç'të bëj me të?

Anfänger *m* **-s,** = fillestar.

anfänglich 1. *a* i parë, fillestar; **anfängliche Schwierigkeiten**

vështirësi të fillimit; 2. *adv* në fillim, në krye.
anfangs *adv* në fillim, fillimisht.
Anfangsgründe *pl* baza (*të një shkence etj.*).
anfassen *ndash* 1. *vt* 1) kap, zë; 2) ndërmarr (*një punë*); 3) trajtoj (*butë, ashpër etj.*); 2. *vi* (**h**) ndihmoj; **alle müssen mit anfassen** të gjithë duhet të ndihmojnë.
anfauchen *vt ndash* i shfryj (*dikujt*).
anfaulen *vi ndash* (**s**) fillon të kalbet, të prishet (*mishi etj.*).
anfechtbar *a* i diskutueshëm (*gjykim, mendim etj.*).
anfechten* *vt ndash* 1) kundërshtoj (*një gjykim, vendim etj.*); 2) shqetësoj; 3) tundoj, ngas.
Anfechtung *f* =, **-en** 1) kundërshtim; 2) tundim, ngasje.
anfeinden *vt ndash* luftoj (*dikë*).
Anfeindung *f* =, **-en** luftim (*i dikujt*).
anfertigen *vt ndash* bëj (*një rrobë etj.*); hartoj (*një shkrim etj.*).
anfeuchten *vt ndash* njom (*buzët etj.*).
anfeuern *vt ndash* 1) ndez; 2) *fig* nxis, i jap zemër (*dikujt*).
anflehen *vt ndash* (**um A**) i lutem shumë (*dikujt për diçka*).
anfliegen* *ndash* 1. *vi* (**s**) vjen, afrohet duke fluturuar; vjen pa u vënë re; 2. *vt* : **das Flugzeug fliegt Tirana an** aeroplani fluturon drejt Tiranës.
Anflug *m* **-s**, **-flüge** 1) afrim, ardhje (*e aeroplanit*); 2) *fig* hije (*e një buzëqeshje etj.*).
anfordern *vt ndash* 1) kërkoj (*një raport nga dikush etj.*); 2) porosis (*një mall etj.*).
Anforderung *f* =, **-en** 1) porosi (*e një malli etj.*); 2) *vetëm pl* **-en** kërkesa.
Anfrage *f* =, **-n** 1) pyetje (*për sqarim*); 2) *pol* interpelancë (*në parlament*).
anfragen *vi ndash* (**h**) (**bei jemandem nach D** *ose* **um A**) pyes (*dikë për diçka*).
anfressen* *vt ndash* fillon të brejë (*ndryshku hekurin etj.*).
anfreunden, sich *vrefl ndash* bëhem mik, miqësohem.
anfrieren* *vi ndash* (**s**) fillon të ngrijë (*mishi etj.*).
anfügen *vt ndash* shtoj (*diçka në një letër etj.*).
Anfügung *f* =, **-en** shtesë (*e një letre etj.*).
anfühlen *ndash* 1. *vt* 1) kërkoj, kontrolloj me të prekur; **fühl den Stoff einmal an, wie weich er ist** preke një herë stofin që ta dish se sa i butë është; 2. *vi* (**h**) ndiej; **ich fühle es dir an, daß du verstimmt bist** e ndiej se nuk je në qejf; 3. *vrefl* **sich anfühlen** është (*i fortë, i butë etj.*) në të prekur.
Anfuhr *f* =, **-en** sjellje, prurje (*e një malli etj.*).
anführen *vt ndash* 1) kryesoj (*një ekspeditë etj.*); 2) paraqis, nxjerr (*si shkak etj.*); **etwas als Beispiel anführen** paraqis diçka si shembull; 3) përmend; citoj; 4) *bis* tall; 5) fus në thonjëza.
Anführer *m* **-s**, = 1) krye (*i një bande etj.*); 2) udhëheqës.
Anführungsstriche *pl gram* thonjëza.
Anführungszeichen *pl gram* thonjëza.
anfüllen *vt ndash* mbush plot.
angaffen *vt ndash* shikoj duke çakarritur sytë.
Angabe *f* =, **-n** 1) njoftim; 2) udhëzim; 3) *pl* **-en** të dhëna.
angängig *a* i mundshëm; i lejueshëm; **eine angängige Methode** një metodë e lejueshme.

angeben* *vt ndash* 1) njoftoj, tregoj; **die Richtung angeben** jap drejtimin; 2) kallëzoj ; 3) *muz* jap (*tonin*); 2. *vi* **(h)** *bis* mburrem, mbahem me të madh.

Angeber *m* **-s, =** 1) kallëzues (*i një krimi etj.*); 2) punëmadh, mburravec.

angeberisch *a* punëmadh, fjalëmadh, mburravec.

angeblich 1. *a* i pretenduar; 2. *adv* gjoja.

angeboren *a* i lindur, i bashkëlindur (*cilësi, sëmundje etj.*).

Angebot *n* **-s, -e** 1) propozim; 2) ofertë; **Angebot und Nachfrage** ofertë e kërkesë.

angebracht *a* me vend (*fjalë etj.*); **diese Frage ist hier nicht angebracht** kjo pyetje nuk është me vend këtu.

angedeihen*: *shpr* **jemandem etwas angedeihen lassen** i jap diçka dikujt.

angeführt *a* i lartpërmendur, i sipërpërmendur.

angegossen *a* : **bis etwas sitzt, paßt wie angegossen** diçka (*një rrobë etj.*) bie tamam për shtat.

angegriffen *a* i këputur, i lodhur; **er sieht angegriffen aus** ai duket i këputur.

angeheiratet *a* i lidhur me krushqi, krushk; **ein angeheirateter Vetter von mir** një krushk imi.

angeheitert *a* çakërrqejf (*nga pija*).

angehen* *vi ndash* **(s)** 1) fillon (*shfaqja etj.*); 2) ndizet (*zjarri*); **das Feuer geht nicht an** zjarri nuk po ndizet; 3) shkon, hahet; **daß er nicht gekommen ist, mag angehen, aber ...** që ai s'ka ardhur mund edhe të pranohet, por ...; 2. *vt* 1) sulmoj, luftoj; 2) ka të bëjë, ka lidhje; **das geht mich nichts an** kjo s'ka të bëjë fare me mua; **was mich angeht** përsa më përket mua; 3) i lutem (*dikujt për diçka*).

angehend *a* në zhvillim e sipër; i ri (*poet, artist etj.*).

angehören *vi ndash* **(h) (D)** i përkas (*një familjeje etj.*).

angehörig *a* që i përket, përkatës.

Angeklagte *m, f* **-n, -n** i pandehur; **der Angeklagte wurde freigesprochen** i pandehuri doli i pafajshëm.

Angel *f* **=, -n** 1) çivi; menteshë; 2) grep (*peshkimi*).

angelegen *a* : *shpr* **sich (D) etwas angelegen sein lassen** kujdesem për diçka.

Angelegenheit *f* **=, -en** punë, çështje; rast; **sich in jemandes Angelegenheiten mischen** përzihem në punët e dikujt; **das ist meine Angelegenheit!** kjo është punë për mua!; **in welcher Angelegenheit?** për ç'punë?

Angelhaken *m* **-s, =** grep peshkimi.

Angelleine *f* **=, -n** tojë (*fill me grep për të zënë peshk*).

angeln *vt* peshkoj, zë me grep (*edhe fig*).

angeloben *vt* premtoj (*solemnisht*).

Angelsachsen *pl* anglosaksonë.

angelsächsisch *a* anglosakson.

angemessen *a* 1) i përshtatshëm; **eine angemessene Bezahlung** një pagë e përshtatshme; 2) përkatës; 3) me vend (*fjalë etj.*).

angenehm *a* 1) i këndshëm; **ein angenehmer Geruch** një kundërmim i këndshëm; **es ist mir sehr angenehm, daß ...** është kënaqësi e madhe për mua, që ...; 2) i dëshirueshëm; 3) i mirëpritur; **Ihr Besuch ist uns jederzeit angenehm** vizita juaj është përherë e mirëpritur për ne; 4) i butë, i mirë (*mot*).

angenommen *a* i pranuar; **angenommen, daß ...** ta zemë se ...

Anger *m* **-s, =** livadh.
angeregt *a* i gjallë (*bisedë etj.*).
angeschlagen *a bis* i lodhur; **er kam angeschlagen nach Hause** erdhi i lodhur në shtëpi.
Angeschuldigte *m, f* **-n, -n** i(e) pandehur.
angesehen *a* 1) i nderuar (*njeri etj.*); **ein angesehener Mann** një burrë i nderuar; 2) i mirënjohur (*firmë, ndërmarrje etj.*).
Angesicht *n* **-(e)s, -e** fytyrë; **etwas im Schweiße seines Angesichts tun** bëj diçka me djersë të ballit; **im Angesicht der Gefahr** përballë rrezikut; **von Angesicht zu Angesicht** ballë për ballë.
angesichts 1. *präp* **(G)** 1) duke marrë parasysh ...; 2) përballë; **angesichts des Todes** përballë vdekjes.
angespannt *a* 1) i tendosur (*vëmendje etj.*); 2) i nderë (*gjendje etj.*).
angestammt *a* i trashëguar (*pronë etj.*).
Angestellte *m, f* **-n, -n** nëpunës(e).
angetrunken *a* çakërrqejf (*nga pija*).
angewandt *a* i zbatuar, i aplikuar.
angewiesen *a : shpr* **auf jemanden oder etwas angewiesen sein** varem nga dikush ose diçka.
angewöhnen *vt ndash* 1) : **sich (D) etwas angewöhnen** e bëj zakon, e mësoj (*duhanin etj.*); 2) i mësoj (*diçka dikujt*).
Angewohnheit *f* **=, -en** zakon; ves.
angezeigt *a : shpr* **etwas ist angezeigt** diçka është e këshillueshme, me vend.
Ang'ina *f* = *mjek* angjinë.
angleichen* *vt ndash* përshtas; **er hat sich den Verhältnissen angeglichen** u është përshtatur rrethanave.
Angleichung *f* **=, -en** përshtatje.
Angler *m* **-s, =** peshkatar me grep.
angliedern *vt ndash* përfshij.
anglotzen *vt ndash* ia ngul sytë (*dikujt ose diçkaje*).
angreifbar *a* 1) që mund të sulmohet lehtë; 2) *fig* i dobët, i diskutueshëm (*argument etj.*).
angreifen* *ndash* 1. *vt* 1) prek (*me dorë*); 2) zë, filloj (*një punë*); 3) sulmoj; **den Feind angreifen** sulmoj armikun; 4) shaj; kritikoj; 5) prek, cënoj (*rezervat etj.*); 6) prek (*sëmundja një organ etj.*); 7) lodh; dëmtoj; **diese Arbeit wird ihre Gesundheit sehr angreifen** kjo punë do t'ia dëmtojë shumë shëndetin; **sie sieht sehr angegriffen aus** ajo duket shumë e lodhur; 2. *vi* **(h)** : **der Stoff greift sich sehr hart, weich an** stofi është shumë i ashpër, i butë në të prekur.
Angreifer *m* **-s, =** agresor; sulmues.
angrenzen *vi* **(h)** kufizohem, jam fqinjë (*me dikë*); kufizon (*me dikë, diçka*); **das an unseren Garten angrenzende Grundstück** prona që kufizon me kopshtin tonë.
Angriff *m* **-s, -e** 1) sulm; mësymje; **zum Angriff gehen (übergehen)** hidhem në sulm; 2) sulm; kritikë e ashpër; 3) fillim (*i një pune etj.*); **etwas in Angriff nehmen** i përvishem një pune.
Angriffspunkt *m* **-(e)s, -e** pikë e dobët.
Angst *f* **=, Ängste** 1) frikë; **vor Angst** nga frika; **Angst (um jemandem, vor jemandem) haben** kam frikë (*për dikë, nga dikush*); 2) ankth.
angst *a : shpr* **jemandem ist angst (und bange)** dikush ka frikë; **jemandem angst (und bange) machen** tremb dikë.
angsterfüllt *a* plot, gjithë frikë.
Angsthase *m* **-n, -n** zemërlepur.

ängstigen 1. *vt* tremb, frikësoj; 2. *vrefl* **sich ängstigen (vor D)** tutem (*nga dikush*); **sich um jemanden ängstigen** shqetësohem, kam frikë (*për dikë*).
ängstlich *a* 1) i druajtur; frikacak; 2) i shqetësuar; 3) i ndërgjegjshëm, i përpiktë tej mase.
Ängstlichkeit *f* = druajtje.
angucken *vt bis* shikoj; **jemanden von der Seite angucken** shikoj me bisht të syrit dikë.
Anh. = **Anhang.**
anhaben* *vt ndash bis* 1) mbaj, kam veshur; 2) : *shpr* **jemandem nichts anhaben können** s'kam ç'i bëj dikujt.
anhaften *vi ndash* **(h)** (*më*) mbetet (*një kundërmim etj.*); *fig* **ihm haftet kein guter Ruf an** ai s'ka nam të mirë.
anhaken *vt ndash* 1) mbërthej; var (*në çengel*); 2) i vë kryq (*një emri në listë etj.*).
Anhalt *m* **-s** 1) mbështetje; 2) shenjë; 3) e dhënë; arsye.
anhalten* *vt ndash* 1) ndal (*makinën etj.*); 2) mbaj (*frymën etj.*); 3) nxis, porosis; **jemanden zur Arbeit anhalten** nxis dikë të punojë.
anhaltend *a* 1) i pareshtur (*shi etj.*); 2) i vazhdueshëm (*duartrokitje etj.*).
Anhalter *m* **-s, =** : *shpr* **per Anhalter fahren** udhëtoj me makina të rastit.
Anhaltspunkt *m* **-(e)s, -e** provë.
anhand *präp* **(G)** me anën e ...; në bazë të ...; **anhand eines Berichtes** në bazë të një njoftimi.
Anhang *m* **-s, -hänge** 1) shtesë (*e një letre etj.*); 2) *bis* anëtarë të familjes; përkrahës; **er hat großen Anhang** ai ka shumë përkrahës.
anhangen* *vi ndash* **(h) (D)** 1) aderoj, bashkohem (*me një pikëpamje etj.*); 2) *fig* zhytem (*në një ves etj.*).
anhängen *vt ndash* 1) var (*xhaketën etj.*); 2) lidh (*rimorkion*); 3) shtoj; bashkëngjis; 4) : *fig* **jemandem etwas anhängen** i ngjis një bisht dikujt; 2. *vi** **(h)** 1) ndjek (*një doktrinë etj.*); 2) rëndon (*një faj etj.*); **seine Vergangenheit hängt ihm an** e rëndon e kaluara.
Anhänger *m* **-s, =** 1) anëtar; përkrahës; 2) *sport* tifoz; 3) rimorkio; 4) varëse (*stoli*).
Anhängerschaft *f* **=, -en** anëtarë; përkrahës.
anhänglich *a* 1) i dhënë pas ...; 2) besnik ndaj ...; **Hunde sind anhängliche Tiere** qentë janë kafshë besnike.
Anhänglichkeit *f* = besnikëri.
Anhängsel *n* **-s, =** 1) shtesë; 2) *fig* bisht.
anhauchen *vt ndash* 1) vesh me frymë (*xhamin etj.*); 2) *fig bis* i shkrehem (*dikujt*); 3) : *fig bis* **romantisch angehaucht** me një frymë romantike.
anhauen* *vt ndash* 1) zë e pres (*një dru etj.*); 2) *fig* i lutem (*dikujt*); 3) *fig bis* i flas (*dikujt*).
anhäufen *ndash* 1. *vt* grumbulloj (*pare, grurë etj.*); 2. *vrefl* **sich anhäufen** grumbullohet.
Anhäufung *f* **=, -en** grumbullim.
anheben* *ndash vt* 1) ngre pak; 2) ngre (*rrotat etj.*).
anheften *vt ndash* mbërthej (*me gjilpërë, mbërthecke etj.*).
anheimeln *vt ndash* : **die Atmosphäre heimelte mich an** atmosfera m'u duk si e shtëpisë.
anh'eimstellen *vt ndash* jap, lë në dorë (*të dikujt diçka*); **ich stelle es ihm anheim** e lë në dorë të tij.
anheischig *adv* : **sich anheischig machen (zu D)** marr përsipër të bëj

(*diçka*); i' dal për zot (*një pune*).
anheizen *vt ndash* 1) ndez (*sobën etj.*); 2) *fig* ngre (*humorin etj.*).
anherrschen *vt ndash* i bërtas, i shkrehem (*dikujt*).
anheuern *ndash* 1. *vt* 1) pajtoj, marr në punë (*në një anije etj.*); 2. *vi* (**h**) pajtohem, zë punë (*në një anije*).
Anhieb *m* : *bis* **auf Anhieb** me përpjekjen e parë.
anhimmeln *vt ndash fig bis* vdes, ngordh pas (*dikujt*).
Anhöhe *f* =, **-n** sop, sukë, bokë.
anhören *ndash* 1. *vt* 1) dëgjoj me vëmendje (*muzikë etj.*); 2) dëgjoj rastësisht (*një bisedë etj.*); 3) : **man hört ihm die ausländische Herkunft an** ai dallohet nga të folurit që është i huaj; 2. *vrefl* **sich anhören** *fig* tingëllon; lë përshtypje; **dein Vorschlag hört sich gut an** propozimi yt tingëllon mirë.
anim'alisch *a* 1) shtazor; **animalischer Dünger** pleh shtazor; 2) (*prej*) kafshe.
anim'ieren *vt ndash* nxis; gjallëroj (*bisedën etj.*).
Animosit'ät *f* =, **-en** ndjenjë armiqësie; **eine Animosität gegen jemanden haben** kam një ndjenjë armiqësie ndaj dikujt.
An'is -es, -e *bot* anason.
ankämpfen *vt ndash* luftoj kundër (*diçkaje*); **gegen Wind und Regen ankämpfen** luftoj kundër erës e shiut.
ankaufen *ndash* 1. *vt* blej (*sidomos diçka shumë të madhe ose me shumë vlerë*); 2. *vrefl* **sich ankaufen** blej një shtëpi, pronë etj. (*në një vend*).
Anker *m* **-s**, = *det* spirancë; **vor Anker liegen** kam lëshuar spirancën.
Ankerplatz *m* **-es, -plätze** *det* vend ankorimi.
anketten *vt ndash* lidh me zinxhir (*qenin etj.*).
Anklage *f* =, **-n** padi; akuzë; **gegen jemanden Anklage erheben (wegen G)** ngre padi kundër dikujt (*për diçka*).
Anklagebank *f* = bankë e të akuzuarve.
anklagen *vt ndash* padis, hedh në gjyq; **jemanden wegen Diebstahls anklagen** hedh në gjyq për vjedhje dikë.
Ankläger *m* **-s**, = paditës.
anklammern *ndash* 1. *vt* 1) (**an A**) mbërthej (*në diçka*); 2) kap me kapëse; 2. *vrefl* **sich anklammern** (**an A**) kapem (*pas dikujt*).
Anklang *m* **-s, -klänge** 1) ngjashmëri; 2) jehonë; simpati; miratim; **Anklang finden** ka jehonë, mirëpritet (*një propozim etj.*).
ankleben *ndash* 1. *vt* ngjis (*pllakatin etj.*); 2. *vi* (**s**) ngjitet (*në letër etj.*).
ankleiden *ndash* 1. *vt* vesh; 2. *vrefl* **sich ankleiden** vishem.
Ankleidezimmer *n* **-s**, = gardërobë.
anklingeln *vt ndash* i telefonoj (*dikujt*).
anklopfen *vi ndash* (**h**) trokas (*në derë*).
anknipsen *vt ndash* ndez (*dritën*).
anknüpfen *ndash* 1. *vt* 1) lidh (*marrëdhënie etj.*); 2) nis (*bisedën*); 2. *vi* (**h**) 1) (**an A**) marr shkas (*nga një rast etj.*); 2) (**mit D**) lidhem (*me dikë*).
ankohlen *vt ndash* 1) djeg (*gjellën etj.*); 2) *fig bis* ia hedh (*dikujt*).
ankommen* *ndash* 1. *vi* (**s**) 1) afrohem; 2) vij; arrij; **gut (schlecht) bei jemandem ankommen** pritem mirë (keq) nga dikush; **es kommt ihn schwer an** i vjen vështirë; 3) *bis* gjej punë; **er kam als Redakteur bei einem Verlag an** gjeti punë si redaktor në një shtëpi botuese;

4) *bis* kam sukses; **mit seiner Bitte kam er bei ihr nicht an** ai nuk nxori gjë me kërkesën që i bëri (*asaj*); 5) *bis* çaj; **sie kam gegen die Vorurteile nicht an** ajo nuk çau dot kundër paragjykimeve; 6) ka rëndësi (*për dikë*); **es kommt ihr sehr auf die gute Behandlung an** trajtimi i mirë ka shumë rëndësi për të; 7) varet (*nga diçka ose dikush*); **es kommt aufs Wetter an** varet nga moti; 8) : **es auf etwas ankommen lassen** guxoj; rrezikoj; **er läßt es auf einen Kampf ankommen** ai guxon t'i hyjë një lufte.

Ankömmling *m* **-s, -e** 1) i ardhur; 2) i porsaardhur.

ankoppeln *vt ndash* lidh *(një vagon, rimorkio etj.)*.

ankotzen *vt ndash* (*më*) bën të vjellë, (*më*) shtie krupën.

ankreiden *vt ndash* 1) shkruaj me shkumëz; 2) shënoj (*një borxh etj.*); 3) ia mbaj mend, s'ia harroj (*një të keqe dikujt*).

ankreuzen *vt ndash* i vë kryq (*një emri në listë etj.*).

ankündigen *vt ndash* shpall; njoftoj; lajmëroj.

Ankündigung *f* =, **-en** shpallje; njoftim; lajmërim.

ankurbeln *vt ndash* 1) ndez (*motorin*); 2) *fig* nxis, çoj përpara; **die Industrie ankurbeln** nxis zhvillimin e industrisë.

anlächeln *vt ndash* i buzëqesh (*dikujt*).

anlachen *vt ndash* i qesh (*dikujt*); (*më*) buzëqesh (*fati etj.*).

Anlage *f* =, **-n** 1) *vetëm sing* ndërtim; **die Anlage des Sportplatzes dauerte längere Zeit** ndërtimi i sheshit sportiv zgjati një kohë mjaft të gjatë; 2) ndërtesë; 3) instalim; 4) investim (*kapitali*); 5) prirje, predispozitë; 6) *vetëm sing* plan (*i një romani etj.*); 7) park, lulishte; 8) : *shpr* **in der Anlage** bashkëngjitur (*me një letër etj.*).

anlangen 1. *vi* (**s**) arrij, mbërrij (*në një vend*); vij; 2. *vimp* : **was die Sache an(be)langt** përsa i takon kësaj çështjeje.

Anlaß *m* **-sses, Anlässe** shkas; rast; **aus Anlaß seines Geburtstages** me rastin e ditëlindjes së tij.

anlassen* *vt ndash* 1) vë në lëvizje (*motorin*); 2) *bis* mbaj veshur, mbathur; 3) *bis* lë ndezur (*motorin, dritën etj.*); 4) **sich anlassen** fillon, niset (*mirë, keq, puna etj.*); 5) lëshoj (*qenin*).

anläßlich *präp* (**G**) me rastin (*e një përvjetori etj.*).

Anlasser *m* **-s**, = starter, motorino.

anlasten *vt ndash* i ngarkoj (*një faj etj. dikujt*).

Anlauf *m* **-(e)s, -läufe** 1) hov, vrull; *fig* **einen Anlauf machen** bëj një provë; 2) pikënisje.

anlaufen* *ndash* 1. *vt* 1) hyn (*në port anija*); **das Schiff hat den Hafen angelaufen** anija ka hyrë në port; 2. *vi* (**s**) 1) vij me vrap; **angelaufen kommen** vij me vrap; 2) marr hov, vrull; 3) (**gegen A**) ndesh, has (*në diçka*); 4) vihet në lëvizje (*motori*); 5) nxihet (*metali*); 6) marr (*një ngjyrë*); **er ist vor Wut rot angelaufen** është skuqur nga inati; 7) rritet, shtohet (*një shumë*); 8) luan (*një film i ri*).

anläuten *vt, vi ndash* (**s**) *bis* 1) i bie ziles (*për të lajmëruar fillimin e mbledhjes etj.*); 2) thërras në telefon; telefonoj.

anlegen *ndash* 1. *vt* 1) vë, vendos (*pranë dikujt, diçkaje*); 2) investoj (*kapital*); hap (*llogari*); vë (*një vresht*); 3) vesh (*këmishën etj.*); mbath (*këpucët etj.*); 4) ndërtoj (*një qytet etj.*); hap (*një rrugë etj.*); 5) vë (*zjarrin, prangat etj.*); 6) ngjesh (*armët*); 7) : *shpr* **die letzte Hand anlegen** i jap dorën e fundit (*një pune*); **es auf etwas anlegen** synoj diçka; *shpr* **sich mit jemandem anlegen** zihem me dikë; 2. *vi* **(h)** *det* akoston (*anija në skelë*).

Anlegeplatz *m* **-es, -plätze** *det* vend akostimi (*për anijen*).

anlehnen *ndash* 1. *vt* 1) **(an A)** mbështes; 2) lë gjysmë hapur (*derën, dritaren*); 2. *vrefl* **sich anlehnen** mbështetem (*edhe fig*).

Anleihe *f* **=, -n** 1) hua; **eine Anleihe machen (aufnehmen)** marr hua; **die Anleihe zeichnen** nënshkruaj huan; 2) *fig* huazim (*nga një poet etj.*).

anleimen *vt* ngjis me zamkë.

anleiten *vt* udhëzoj, drejtoj.

anleitend *a* udhëzues, drejtues.

Anleitung *f* **=, -en** udhëzim.

anlernen *vt ndash* i mësoj (*një shprehi dikujt etj.*).

anliegen* *vi ndash* **(h)** 1) i bashkëngjitet (*një letre etj.*); 2) rri ngjeshur pas trupit (*fustani etj.*); 3) jam pranë (*dikujt*), fqinj (*me dikë*); 4): *fig* **jemandem mit etwas anliegen** i vihem, i qepem dikujt me diçka.

Anliegen *n* **-s, =** lutje; kërkesë; dëshirë.

anliegend 1. *a* i afërt, fqinj; 2. *adv* bashkëngjitur (*në një letër etj.*)

Anlieger *m* **-s, =** zot i një prone buzë rrugës; **die Straße darf nur von den Anliegern benutzt werden** kalimi (*nëpër rrugë*) lejohet vetëm për ata që kanë prona buzë rrugës.

anlocken *vt ndash* ndjell, josh; *fig* **das Unglück anlocken** ndjell të keqen.

anlügen *vt ndash* i gënjej (*dikujt*); **er hat mich frech angelogen** më ka gënjyer pa pikë turpi.

Anm. = **Anmerkung.**

anmachen *vt ndash* 1) mbërthej; vë; **Gardinen anmachen** vë perdet; 2) ndez, hap (*dritën, radion etj.*); 3) ngjesh, mbruj, trazoj (*brumin, llaçin etj.*); 4) : **Salat anmachen** përgatis sallatën.

anmalen *vt ndash* 1) lyej me bojë; 2): *fig* **jemanden schwarz anmalen** e nxij dikë; 2. *vrefl* **sich anmalen** *bis* lyhem.

Anmarsch *m* **-es** marshim; **im Anmarsch sein** po afrohet (*një repart ushtarak*).

anmarschieren *vi ndash* **(s)** afrohet duke marshuar; **die feindlichen Truppen marschierten an** trupat armike po afroheshin.

anmaßen, sich *vrefl ndash* : **sich (D) etwas anmaßen** 1) i lejoj, i jap vetes pa të drejtë diçka; **du hast dir diese Rechte angemaßt** këto të drejta nuk të takojnë; 2) guxoj.

anmaßend *a* 1) arrogant; 2) mendjemadh.

anmelden *ndash* 1. *vt* 1) njoftoj, lajmëroj (*ardhjen, vizitën etj.*); **würden Sie mich bitte anmelden?** lajmëroni, ju lutem, se kam ardhur (*për vizitë etj.*); 2) shpall (*një konkurs etj.*); 3) regjistroj (*në shkollë, polici etj.*); **ein Kind in der Schule anmelden** regjistroj në shkollë një fëmijë; 4) shpreh (*shqetësimin, një kërkesë etj.*); 2. *vrefl* **sich anmelden** 1) lajmëroj se kam ardhur; 2) regjistrohem.

Anmeldung *f* **=, -en** 1) njoftim; lajmërim; 2) shpallje; 3) regjistrim.

anmerken *vt ndash* 1) shënoj; 2) : **jemandem etwas anmerken** ia vë re dikujt diçka; **sich (D) etwas anmerken lassen** e bëj veten për diçka; **man merkt es dir an** të duket në fytyrë (*shqetësimi etj.*).

Anmerkung *f* =, **-en** shënim, vërejtje.

anmessen* *vt ndash* : **jemandem etwas anmessen** i marr masën dikujt për diçka; **ein Kleid anmessen** marr masën e një fustani.

Anmut *f* = hir; hijeshi; **sie bewegte sich mit natürlicher Anmut** lëvizjet e saj kishin një hir që ia kishte dhënë natyra.

anmuten *vt ndash* (*më*) vjen, (*më*) duket; **das mutet mich höchst merkwürdig an** kjo më duket fort e çuditshme.

anmutig *a* i hirshëm, plot hir; i këndshëm.

annageln *vt ndash* gozhdoj (*në mur etj.*).

annähen *vt ndash* qep (*kopsën në xhaketë etj.*).

annähern *ndash* 1. *vt* 1) afroj; 2) bëj të ngjashëm, ia ngjaj (*diçkaje*); 2. *vrefl* **sich annähern** 1) afrohem; 2) i përngjaj (*dikujt*).

Annäherung *f* =, **-en** afrim (*i armikut etj.*); *fig* **eine Annäherung zwischen den beiden Staaten** një afrim midis dy shteteve.

Annahme *f* = 1) marrje në dorëzim; 2) pranim (*i një propozimi etj.*); 3) hamendje; supozim.

Ann'alen *pl* anale, kronika.

annehmbar *a* i pranueshëm; **annehmbare Bedingungen** kushte të pranueshme.

annehmen* *ndash* 1. *vt* 1) marr (*një pako etj.*); *fig* **Vernunft annehmen** vë mend; 2) pranoj (*një propozim etj.*); 3) pranoj (*në shkollë etj.*); 4) mendoj; **ich nahm an, daß ihr mitkommen wolltet** mendoja se do të donit të vinit me ne; 5) supozoj; **wir nehmen an, daß seine Angaben stimmen** ta zëmë se të dhënat e tij janë të vërteta; **angenommen, daß ...** ta zëmë se ...; 2. *vrefl* **sich annehmen** (G) përkujdesem (*për diçka, dikë*).

Annehmlichkeit *f* =, **-en** komoditet; epërsi; e mirë; **das Leben in der Stadt hat viele Annehmlichkeiten** jeta në qytet ka shumë anë të mira.

annekt'ieren *vt* aneksoj (*një tokë të huaj*).

Annexi'on *f* =, **-en** aneksion.

anno, Anno në vitin ...; *bis* **Anno dazumal** në kohë të shkuara.

Annonce [*an'ôsë*] *f* =, **-n** lajmërim (*në gazetë*).

annoncieren [*anôs'ierën*] *vt* lajmëroj (*në gazetë*).

anöden *vt bis* 1) mërzis; **klassiche Musik ödete ihn an** muzika klasike e mërziste; 2) i bie në qafë (*dikujt*).

anomal *a* i parregullt, anormal.

Anomal'ie *f* =, **-n** anomali.

anon'ym *a* anonim; i paemër; **der Spender möchte anonym bleiben** dhuruesi nuk do të përmendet.

Anonymit'ät *f* = anonimi, anonimitet.

Anorak *m* **-s, -s** xhakavent.

anordnen *vt ndash* 1) rregulloj; rendis; radhis; 2) urdhëroj.

Anordnung *f* =, **-en** 1) urdhër; urdhëresë; **Anordnungen treffen** jap urdhra; 2) renditje, radhitje.

anorganisch *a* joorganik, inorganik.

anormal *a* anormal.

anpacken *ndash* 1. *vt* 1) kap, zë; 2) *bis* filloj (*punën*); 3) *bis* trajtoj (*ashpër, rreptë etj.*); 2. *vi* **(h)** jap ndihmë; **alle müssen anpacken** të gjithë duhet të japin ndihmesën e vet.

anpassen *ndash* 1. *vt* 1) përshtas; 2) provoj (*fustanin etj.*); 2. *vrefl* **sich anpassen** (D) i përshtatem (*një rrethane etj.*).

anpfeifen* *ndash* 1. *vi* **(h)** *dhe vt*

fërshëllej për fillimin e lojës (*së futbollit etj.*); 2. *vt bis* shaj, bëj për dy pare (*dikë*).

anpflanzen *vt ndash* mbjell (*pemë, duhan etj.*).

anpflaumen *vt ndash bis* tall (*dikë*).

anpflocken *vt ndash* lidh në hu.

anpinseln *ndash bis* 1. *vt* 1) lyej me furçë; 2) shkruaj me penel; 2. *vrefl* **sich anpinseln** lyhem; **die Mädchen pinselten sich an** vajzat lyheshin.

anpöbeln *vt ndash bis* shaj me fjalë të ulëta.

Anprall *m* -(e)s përplasje.

anprallen *vi ndash* (s) (**an, gegen** A) përplasem (*pas një druri etj.*).

anpreisen* *vt ndash* lavdëroj, reklamoj (*një mall etj.*).

Anpreisung *f* =, **-en** lavdërim, reklamim.

Anprobe *f* =, -n provë (*e një petku etj.*).

anprobieren *vt ndash* provoj (*një petk*).

anpumpen *vt ndash bis* i kërkoj pare borxh (*dikujt*).

anputzen *vt ndash* 1) vesh si për festë; 2) stolis (*pemën e Vitit të Ri etj.*).

anraten* *vt ndash* këshilloj (*diçka*).

anrauchen *vt ndash* filloj të pi (*cigaren*).

anrauhen *vt ndash* ashpëroj, bëj pak më të ashpër.

anrechnen *vt ndash* 1) llogaris; 2) çmoj; vlerësoj; *fig* **als Verdienst anrechnen** çmoj si meritë.

Anrecht *n* -(e)s, **-e** : **ein Anrecht auf etwas haben** kam të drejtë për diçka.

Anrede *f* =, -n 1) (**an** A) ligjëratë, fjalim (*drejtuar dikujt*); 2) titull; mënyrë të drejtuari (*me ti, ju etj.*)

anreden *vt ndash* i flas, i drejtohem (*dikujt me ti, ju etj.*).

anregen *vt ndash* 1) nxis, shtyj; **eine Frage anregen** ngre një çështje; 2) frymëzoj; **diese Eindrücke haben ihn zu einem neuen Roman angeregt** këto përshtypje e kanë frymëzuar për të shkruar një roman të ri; 3) propozoj; 4) gjallëroj (*bisedën etj.*); 5) shpejtoj (*lëvizjen etj.*).

anregend *a* nxitës; tërheqës.

Anregung *f* =, **-en** 1) nxitje, shtytje; 2) frymëzim; 3) propozim; 4) gjallërim; 5) shpejtim.

anreichern *vt ndash* pasuroj (*ushqimin me vitamina etj.*).

anreihen *ndash* 1. *vt* 1) vë në radhë, radhis, rendis; 2) shkoj në varg (*rruaza etj.*); 2. *vrefl* **sich anreihen** 1) vihem në radhë; 2) vij pas (*dikujt*).

Anreise *f* =, -n udhëtim (*për diku*); **die Anreise dauerte 3 Tage** udhëtimi zgjati tri ditë.

anreisen *vi ndash* (s) udhëtoj (*për diku*); **auf diese Nachricht hin kam sie sofort angereist** kur mori këtë lajm, ajo erdhi menjëherë.

anreißen* *vt ndash* 1) zë e gris (*një copë letër etj.*); 2) *bis* filloj (*paketën e duhanit etj.*).

Anreiz *m* **-es, -e** 1) nxitje; **Anreiz geben** nxis; 2) joshje; 3) ngasje, tundim.

anrempeln *vt ndash bis* shtyj (*njerëzit rrugës etj.*).

anrennen* *vi ndash* (s) 1) *bis* has, ndesh (*në një shtyllë etj.*) duke vrapuar; 2) hidhem me vrap (*kundër një pozicioni të armikut etj.*); 3) : **angerannt kommen** vij me vrap.

Anrichte *f* =, -n kredencë (*tryezë ose vend për të vënë gjellën para se të shtrohet tryeza*).

anrichten *vt* 1) përgatis (*gjellën*); 2) shtroj tryezën; 3) shkaktoj.

anrüchig *a* famëkeq (*vend etj.*).
anrucken *vi ndash* **(s)** tundet nga vendi (*makina para se të niset etj.*).
anrücken *ndash* 1. *vt* shtyj pranë murit (*orenditë etj.*); 2. *vi* **(s)** afrohet, vjen (*ushtria*).
Anruf *m* **-s, -e** 1) thirrje (*e rojës etj.*); 2) thirrje (*për bisedë në telefon*).
anrufen* *vt ndash* 1) thërras; **um Hilfe anrufen** thërras për ndihmë; 2) thërras në telefon.
anrühren *vt ndash* 1) prek; **rühr mich nicht an!** mos më prek!; *fig* **er rührte diese Frage nicht an** nuk e preku këtë çështje; 2) përziej, trazoj (*gjellën*); 3) mbruj (*bukën*).
ans = **an das.**
Ansage *f* **=, -n** 1) shpallje; 2) lajmërim; njoftim.
ansagen *vt ndash* 1) lajmëroj; njoftoj; 2) shpall (*luftën*).
ansägen *vt ndash* i heq një sharrë (*dërrasës etj.*).
Ansager *m* **-s, =** spikër, folës.
ansammeln *ndash* 1. *vt* mbledh, grumbulloj; 2. *vrefl* **sich ansammeln** mblidhen, grumbullohen.
Ansammlung *f* **=, -en** mbledhje, grumbullim.
ansässig *a* banues (*i përhershëm*), që banon, me banim (*në ...*); **in München ansässig sein** banoj në Mynih.
Ansatz *m* **-es, -sätze** 1) vënie; 2) shtesë; 3) shtresë; 4) fillim; pikënisje; 5) prirje; 6) ngritje (*e një problemi*); 7) rrënjë (*e flokut etj.*); 8) caktim (*i çmimit*).
ansaugen* *vt ndash* thith; 2. *vrefl* **sich ansaugen** ngjishet me të thithur.
anschaffen *vt ndash* blej (*ushqime, materiale etj.*).
Anschaffung *f* **=, -en** blerje.
anschalten *vt ndash* hap (*radion etj.*); ndez (*dritën*).
anschauen *vt ndash* shikoj.
anschaulich *a* i qartë, i gjallë (*shembull etj.*).
Anschaulichkeit *f* **=** qartësi; gjallëri (*e një përshkrimi etj.*).
Anschauung *f* **=, -en** pikëpamje; mendim; koncept.
Anschein *m* **-(e)s** 1) pamje, dukje; **allem Anschein nach** nga sa shihet, me sa duket; **sich (D) den Anschein geben** bëj sikur ...; **er hat den Anschein, als ...** duket sikur ...; 2) përshtypje; **es erweckt den Anschein, als ob** ... të lë përshtypjen sikur ...
anscheinend *adv* siç duket.
anscheißen* *vt ndash vulg* 1) shaj, bëj për dy pare; 2) mashtroj, ia hedh (*dikujt*).
anschicken, sich *vrefl ndash* **(zu D)** bëhem gati për ...; i përvishem (*një pune*).
anschieben* *vt ndash* shtyj (*automobilin etj.*).
anschießen* *ndash* 1. *vt* 1) qëlloj, plagos; 2) *fig bis* qortoj ashpër; 2. *vi* **(s) : angeschossen kommen** vij me vrap.
anschirren *vt ndash* i vë pajimet (*kalit*).
Anschiß *m* **-sses, -sse** *vulg* qortim i ashpër; **jemandem einen kräftigen Anschiß verpassen** i jap një dru të shëndoshë dikujt.
Anschlag *m* **-s, -schläge** 1) *vetëm sing* e rënë (*e kambanës etj.*); shtypje (*e tastit të pianos etj.*); përplasje (*e dallgëve etj.*); 2) pllakat, shpallje; 3) *fin* preventiv (*i shpenzimeve etj.*); 4) atentat.
anschlagen* *ndash* 1. *vt* 1) i bie (*kambanës, pianos etj.*); 2) shtyp (*tastin e një aparati etj.*); 3) ngjis, var, vë (*një shpallje etj.*); 4) *muz* marr (*një akord etj.*); *fig* **er hat einen unverschämten Ton angeschlagen** foli

në mënyrë të pafytyrë; 5) përplas e thyej (*pjatën etj.*); 2. *vi* (s) 1) përplasem (*me gju, me kokë etj.*); **ich bin mit dem Kopf angeschlagen** vrava kokën; 2) bie (*kambana*); 3) leh (*qeni*); 4) bën mirë; zë vend; **das Medikament hat bei ihm gut angeschlagen** bari i bëri mirë; **das Essen schlug bei ihm an** të ngrënët i zuri vend.

anschlägig *a* i zgjuar, i mprehtë.

Anschlagsäule *f* =, **-n** shtyllë për ngjitjen e shpalljeve, e pllakatave etj.

anschleichen* *ndash* 1. *vi* (s) 1) i afrohem tinëz, pa u vënë re (*një shtëpie etj.*); **angeschlichen kommen** afrohem vjedhurazi; 2) futem tinëz, pa u ndier; 2. *vrefl* **sich anschleichen** afrohem tinëz, vjedhurazi.

anschließen* 1. *vt* 1) lidh (*qenin etj.*); 2) lidh (*një tub me rubinetin etj.*); 3) mbyll me dry; 4) i shtoj (*ca fjalë një fjalimi etj.*); 2. *vi* (h) është ngjitur; **die Terrasse schließt an die Veranda an** taraca është ngjitur me verandën; 3. *vrefl* **sich anschließen** 1) (D) bëhem, shkoj (*me dikë*); 2) (D) bëhem anëtar (*i një partie etj.*); 3) (mit D) lidhem, miqësohem (*me dikë*).

anschließend *adv* pastaj; **anschließend gingen wir ins Theater** pastaj shkuam në teatër.

Anschluß *m* **-sses, -schlüsse** 1) lidhje (*e ujit, e dritës, e telefonit etj.*); **Anschluß haben** lidhem (*me dikë*); 2) *vetëm sing* lidhje (*miq, të njohur etj.*); 3): **auf den Anschluß warten** pres trenin tjetër (*për vazhdimin e udhëtimit*); 4): **im Anschluß an** pas (*mbledhjes etj.*).

anschmiegen, sich *vrefl ndash* 1) shtrëngohem, rrasem (*pas dikujt*); 2) ngjishet pas trupit (*fustani etj.*); 3) i përkëdhelem (*dikujt*).

anschmieren *ndash* 1. *vt* 1) lyej; zhyej; 2) *bis* ia hedh (*dikujt*); 2. *vrefl* **sich anschmieren** 1) lyhem; zhyhem, ndotem; 2) *fig bis* i hyj në qejf (*me lajka etj. dikujt*).

anschnallen *ndash* 1. *vt* lidh me rrip; 2. *vrefl* **sich anschnallen** lidhem me rrip.

anschnauben, anschnauzen *vt ndash bis* bëj për dy pare, s'i lë gjë pa thënë (*dikujt*).

Anschnauzer *m* **-s,** = *bis* qortim i rëndë; **er hat einen mächtigen Anschnauzer bekommen** ka ngrënë një dru të mirë.

anschneiden* *vt ndash* 1) pres (*rriskën e parë të tortës etj.*); 2) : *fig* **ein Thema anschneiden** prek një temë.

Anschnitt *m* **-(e)s, -e** rriskë e parë (*e bukës etj.*).

anschrauben *vt ndash* vidhos (*në derë etj.*)

anschreiben* *vt ndash* 1) shkruaj (*në tabelë etj.*); 2) shënoj (*në llogari etj.*); i drejtohem me shkrim (*dikujt*); *fig bis* **bei jemandem gut angeschrieben sein** më ka me sy të mirë dikush.

anschreien* *vt ndash* i bërtas (*dikujt*).

Anschrift *f* =, **-en** adresë, drejtim.

anschuldigen *vt ndash* (G) akuzoj (*dikë për diçka*).

anschüren *vt ndash* 1) i fryj (*zjarrit*); 2) *fig* nxis (*dashurinë, urrejtjen etj.*).

anschwärzen *vt ndash* 1) nxij; 2) *fig* njollos (*dikë*), i shpif (*dikujt*).

anschwellen* *vi ndash* (s) 1) ënjtem; 2) fryhet (*lumi etj.*); 3) ngrihet (*toni etj.*).

Anschwellung *f* =, **-en** 1) ënjtje; 2) fryrje (*e lumit etj.*); 3) ngritje (*e tonit etj.*).

anschwemmen *vt ndash* hedh në breg (*rrjedha e lumit etj.*).

ansehen* *vt ndash* 1) shikoj; 2) gjykoj; 3) **(für, als A)** mbaj (*për diçka*); 4) **: man sieht es ihm an** atij i duket në fytyrë (*gëzimi, hidhërimi etj.*).

Ansehen *n* **-s** 1) pamje, pamje e jashtme, dukje; **dem Ansehen nach** në të parë; 2) konsideratë; rëndësi; 3): *shpr* **ohne Ansehen der Person** pavarësisht nga pozita e personit (*në shoqëri*); pa pyetur se kush është.

ansehnlich *a* 1) i pashëm; 2) i madh; i konsiderueshëm; 3) i rëndësishëm.

ansetzen *ndash* 1. *vt* 1) i shtoj (*një copë tubit etj.*); 2) vë (*gotën në buzë etj.*); 3) caktoj (*në një punë etj.*); 4) vë, caktoj (*një afat etj.*); 5) lëshon (*filiza bima etj.*); 6): **Fett ansetzen** vë dhjamë; 2. *vi* **(h)** 1) filloj (*të flas etj.*); bëhem gati (*për një punë etj.*); 3. *vrefl* **sich ansetzen** zë (*ndryshku në hekur etj.*); mblidhet (*pluhuri etj.*).

Ansicht *f* **=, -en** 1) pikëpamje; bindje; **meiner Ansicht nach** sipas mendjes sime, sipas meje; 2) pamje (*e një qyteti etj.*); 3): **einige Muster zur Ansicht bestellen** porosis disa mostra për t'i parë.

ansichtig *adv* : *shpr* **ansichtig werden (G)** vë re, shoh (*diçka, dikë*).

Ansichts(post)karte *f* **=, -n** kartolinë postare.

Ansichtssache *f* : *shpr* **das ist Ansichtssache** kjo është çështje opinioni.

ansiedeln *ndash* 1. *vt* vendos, ngul (*një bujk në një tokë*); 2. *vrefl* **sich ansiedeln** ngulem (*në një vend*).

Ansiedler *m* **-s, =** ardhës, kolon (*në një tokë të re*).

ansonsten *adv bis* 1) ndryshe; 2) sa për të tjerat.

anspannen *vt ndash* 1) mbreh (*kalin etj.*); 2) *fig* tendos (*muskujt etj.*).

Anspannung *f* **=** 1) mbrehje (*e kalit etj.*); 2) *fig* tendosje.

anspeien* *vt ndash* pështyj (*diçka*).

anspielen *ndash* 1. *vt* filloj t'i bie (*një vegle*); 2. *vi* : **auf etwas (A) anspielen** hedh fjalën, bëj aluzion (*për diçka*).

anspinnen 1. *vt* filloj, nis (*një bisedë etj.*); 2. *vrefl* **sich anspinnen** zhvillohet (*një bisedë etj.*).

anspitzen *vt ndash* 1) mpreh (*lapsin etj.*); 2) *fig* shtyj, nxis.

Ansporn *m* **-s** 1) nxitje; 2) stimulim.

anspornen *vt ndash* 1) nxis; 2) stimuloj.

Ansprache *f* **=, -n** fjalim, ligjëratë (*e shkurtër*).

ansprechen* *ndash* 1. *vt* 1) i flas, i drejtohem (*dikujt*); 2) **(um A)** i lutem (*për diçka dikujt*); 3) **(auf A)** pyes (*dikë për diçka*); 4) quaj, mbaj, konsideroj; **diese Bilder kann man nicht als Kunstwerke ansprechen** këto piktura nuk mund t'i quash vepra arti; 5) bën përshtypje; **das Bild sprach ihn nicht an** piktura nuk i bëri përshtypje; 2. *vi* **(h)** 1) i përgjigjem, reagoj; **der Patient sprach auf das Medikament nicht an** i sëmuri nuk pati ndonjë reagim ndaj barit; 2) : *shpr* **bei jemandem ansprechen** i bëj një vizitë dikujt.

ansprechend *a* tërheqës, i këndshëm.

ansprengen *vi ndash* : *shpr* **angesprengt kommen** vij me vrap.

anspringen* *ndash* 1. *vt* i hidhem (*dikujt*); 2. *vi* **(s)** 1) vihet në lëvizje (*motori*); 2) : *shpr* **angesprungen kommen** vij me vrap.

anspritzen *vt ndash* spërkas, stërpik.

Anspruch *m* **-s, -sprüche (auf A)** 1) pretendim; e drejtë; **Anspruch machen (erheben)** kërkoj (*një të drejtë etj.*); **einen Anspruch auf etwas haben** kam të drejtë të kërkoj diçka; 3): *shpr* **in Anspruch nehmen** tërheq (*vëmendjen*); merr, ha (*shumë kohë një punë*); kërkon, do (*përpjekje një punë*); ngarkoj shumë (*me punë*).

anspruchslos *a* pa pretendime, i thjeshtë.

anspruchsvoll *a* 1) kërkues; 2) me pretendime.

anspucken *vt ndash* pështyj, bëj me pështymë.

anspülen *vt ndash* hedh në breg (*lumi rërë etj.*)

anstacheln *vt ndash* shtyj, nxis.

Anstalt *f* =, **-en** 1) institucion; institut; shkollë; spital; 2) *pl* **-en** përgatitje, masa; **Anstalten treffen** marr masa, përgatitem.

Anstand *m* **-s** 1) *vetëm sing* mirësjellje; **die Regeln des Anstands** rregullat e mirësjelljes; **er hat keinen Anstand** ai s'di ç'është mirësjellja; **sich mit Anstand von einer Sache zurückziehen** tërhiqem me lezet nga një çështje; 2) *pl* **Anstände** vështirësi, ngatërresa; **ich will keine Anstände haben** s'dua ngatërresa; 3) : *shpr* **Anstand nehmen** ngurroj.

anständig *a* 1) i ndershëm; 2) i sjellshëm; 3) i mirë; **ein anständiger Kerl** një djalë i mirë; **benimm dich anständig!** sillu mirë!; 4) *bis* i madh, i konsiderueshëm; **eine anständige Summe** një shumë e konsiderueshme; 5) i arsyeshëm (*çmim etj.*); 6) i kënaqshëm, i mjaftueshëm.

Anständigkeit *f* = 1) mirësjellje; 2) ndershmëri.

anstandslos *adv* 1) pa ngurruar; 2) pa pengesa, pa vështirësi.

anstarren *vt ndash* ia ngul sytë (*dikujt*).

anstatt 1. *präp* (G) në vend të ...; **anstatt seiner kam sein Freund** në vend të tij erdhi miku i tij; 2. *conj* **anstatt daß ...** në vend që ...

anstauen *ndash* 1. *vt* 1) mbledh (*ujërat etj.*); 2) ndaloj (*gjakun etj.*); 2. *vrefl* **sich anstauen** mblidhen (*ujërat etj.*).

anstechen* *vt ndash* 1) shpoj (*një flluskë etj.*); 2) ha (*krimbi mollën etj.*); 3) : *fig bis* **schreien wie angestochen** çirrem sikur duan të më therin.

anstecken* *ndash* 1. *vt* 1) ngul (*me gjilpërë etj.*); 2) ndez (*cigaren etj.*); 3) ngjis (*sëmundjen*); 4) vë në gisht (*unazën*); 2. *vi* **(h)** ngjitet (*sëmundja*); 3. *vrefl* **sich anstecken** infektohem.

ansteckend *a* ngjitës (*sëmundje*).

Ansteckung *f* =, **-n** ngjitje (*e sëmundjes*).

anstehen* *vi ndash* **(h)** 1) rri në radhë; 2) pres, ngurroj; 3) *vjet* (*më*) ka hije; 4) mbetet pa paguar (*një borxh etj.*); **eine Schuld anstehen lassen** lë pa paguar një borxh; 5) lë për më vonë (*një punë*).

ansteigen* *vi ndash* **(s)** 1) ngjitet (*rruga etj.*); 2) ngrihet (*niveli i ujit etj.*); 3) shtohet (*numri etj.*).

anstelle *präp* **(G)** në vend të ...

anstellen *ndash* 1. *vt* 1) mbështes (*shkallën në mur etj.*); 2) vë në punë, në lëvizje; hap (*radion etj.*); marr në punë, emëroj; 3) bëj; **er hat alles mögliche angestellt** ka bërë çmos; *bis* **eine Dummheit anstellen** bëj një budallallëk; **eine Untersuchung anstellen** zhvilloj hetime; 2. *vrefl* **sich anstellen** 1) tregohem (*i zgjuar, i zoti etj.*); 2) shtirem, bëj sikur...; 3) **(nach D)** zë radhën (*pas dikujt*).

anstellig *a* 1) i shkathët; 2) i gatshëm.

Anstellung *f* =, **-en** 1) emërim (*në një punë etj.*); 2) vend pune; detyrë.

ansteuern *vt ndash* drejtohem nga (*bregu, një qytet etj.*).
Anstich *m* **-(e)s, -e** 1) shpim; 2): **frischer Anstich vom Faß** birrë nga vozë e porsahapur.
Anstieg *m* **-(e)s, -e** 1) ngjitje (*e një mali etj.*); 2) ngritje (*e temperaturës etj.*).
anstieren *vt ndash* ia ngul sytë (*dikujt*).
anstiften *vt ndash* 1) shkaktoj, bëj (*një të keqe*) 2) shtyj, nxis; **wer hat euch dazu angestiftet?** kush ju ka shtyrë?
Anstifter *m* **-s,** = shkaktar, nxitës.
Anstiftung *f* =, **-en** 1) shkaktim (*i një së keqeje*); 2) shtyrje, nxitje (*për keq*).
anstinken* *vi ndash* **(h)** : *shpr vulg* **gegen jemanden (etwas) nicht anstinken können** s'e ha, s'e përtyp dot dikë (*diçka*).
Anstoß *m* **-es, -stöße** 1) shtytje; goditje e parë; 2) nxitje; shkas; 3) pakënaqësi; **Anstoß geben (erregen)** ngjall pakënaqësi; **Anstoß nehmen an etwas (D)** nuk miratoj diçka.
anstoßen* *ndash* 1. *vt* shtyj (*qerren etj.*); 2. *vi* 1) **(h)** përplas gotat; 2) **(s)** **(an A)** përplasem pas (*diçkaje*); 3) **(s)** jam ngjitur me ...; 3) **(s)** vritet (*molla etj.*); 4 **(s) : bei jemandem anstoßen** ngjall pakënaqësinë e dikujt.
anstoßend *a* i ngjitur (*shtëpi, dhomë etj.*).
anstößig *a* i pafytyrë, i paturpshëm, i pahijshëm; **anstößiges Benehmen** sjellje e pahijshme.
anstreichen* *vt ndash* 1) lyej (*shtëpinë etj.*); 2) theksoj (*një pjesë të një libri etj.*); 3) ndez (*shkrepësen*).
Anstreicher *m* **-s,** = bojaxhi.
anstrengen *ndash* 1. *vt* 1) tendos; **seinen Geist anstrengen** vras mendjen; 2) *drejt* ngre (*një padi etj.*); 3) lodh; 2. *vrefl* **sich anstrengen** përpiqem, sforcohem; lodhem.
anstrengend *a* i lodhshëm; i vështirë, i rëndë.
Anstrengung *f* =, **-en** 1) tendosje (*e forcave etj.*); 2) lodhje; **geistige Anstrengung** lodhje mendore; 3) përpjekje; **große Anstrengungen machen** bëj përpjekje të mëdha.
Anstrich *m* **-(e)s, -e** 1) *vetëm sing* lyerje; 2) ngjyrë, bojë; 3) *fig* pamje; **einer Sache einen offiziellen Anstrich verleihen** i jap një ngjyrë zyrtare një çështjeje.
Ansturm *m* **-(e)s, -stürme** 1) sulm; 2) shtyrje (*para biletarisë së teatrit etj.*).
anstürmen *vi ndash* **(s)** **(gegen A)** i turrem, i sulem, i hidhem (*një pozicioni të armikut etj.*).
ansuchen *vi ndash* **(h)** *vjet* **(um A)** i lutem (*dikujt për diçka*).
Ansuchen *n* **-s,** = *vjet* lutje, kërkesë; **ein Ansuchen an jemanden stellen, richten** i drejtoj një lutje dikujt.
Antagon'ismus *m* =, **-men** antagonizëm.
antanzen *vi ndash* **(s)** *fig bis* vij me një këmbë; *shpr* **angetanzt kommen** vij kohë pa kohë.
antasten *vt ndash* 1) prek (*diçka*); 2) *fig* prek, cënoj (*nderin etj.*).
Anteil *m* **-s, -e** 1) pjesë (*e trashëgimisë etj.*); 2) pjesëmarrje; **Anteil an etwas haben** marr pjesë në diçka; **Anteil an jemandem (etwas) nehmen** interesohem për dikë (*diçka*).
Anteilnahme *f* = 1) pjesëmarrje; 2) interesim; 3) ngushëllim.
Ant'enne *f* =, **-n** antenë; **eine Antenne auf dem Dach bringen** vë një antenë në çati.
Antholog'ie *f* =, **-n** antologji.
Anthraz'it *m* **-s** antracit.

Antialkoholiker *m* **-s,** = kundërshtar i alkolit, i pijeve alkolike.
Antibi'otikum *n* **-s, -biotika** *mjek* antibiotik.
Antifasch'ismus *m* = antifashizëm.
Antifasch'ist *m* **-en, -en** antifashist.
antifasch'istisch *a* antifashist.
ant'ik *a* antik, i Antikitetit.
Ant'ike *f* = 1) antikitet; 2) *pl* **-n** antikë.
Antil'ope *f* =, **-n** *zool* antilopë.
Antimilitar'ismus *m* = antimilitarizëm.
Antim'on *n* **-s** *kim* antimon.
Antipath'ie *f* =, **-n** antipati; **Antipathie gegen etwas** antipati ndaj diçkaje.
Antip'ode *m* **-n, -n** antipod; *fig* njeri me pikëpamje të kundërta.
antippen *vt ndash* 1) prek lehtë; 2) prek shkarazi (*një çështje delikate etj.*).
Antiqu'ar *m* **-s, -e** shitës librash të vjetër.
Antiquari'at *n* **-s, -e** dyqan librash të vjetër.
antiqu'arisch *a* i vjetër, i përdorur (*libër, disk etj.*)
antiqu'iert *a* i vjetruar; **antiquierter Standpunkt** pikëpamje e vjetruar.
Antiqu'iertheit *f* = të qenët i vjetruar (*pikëpamje etj.*).
Antiquit'ät *f* =, **-en** antikë, vepër arti e Antikitetit.
Antisem'it *m* **-en, -en** antisemit, armik i hebrenjve.
Antisemit'ismus *m* = antisemitizëm.
Antlitz *n* **-es, -e** *poet* fytyrë.
Antrag *m* **-s, -träge** 1) kërkesë, lutje (*me shkrim*); 2) propozim; ofertë; **einen Antrag stellen** paraqes një propozim; **auf Antrag der Firma** me ofertën e firmës.
antragen* *vt ndash* propozoj; ofroj.
antreffen* *vt ndash* takoj, has, gjej; **ich habe ihn nicht zu Hause angetroffen** nuk e kam gjetur në shtëpi.
antreiben* *ndash* 1) ngus, nxitoj (*dikë*); ngas (*kalin etj.*) 2) shtyj, nxis; **die Neugier hat ihn angetrieben** e ka shtyrë kureshtja; 3) vë në lëvizje (*një makinë etj.*); 4) hedh (*dallga në breg etj.*).
Antreiber *m* **-s,** = nxitës.
antreten* *ndash* 1. *vt* 1) filloj; nis **eine Reise antreten** nisem për një udhëtim; 2) filloj (*nga detyra*); 3): **jemandes Nachfolge antreten** marr trashëgiminë e dikujt; **den Beweis für etwas antreten** jap provën për diçka; 2. *vi* **(s)** 1) dal, paraqitem; **gegen jemanden antreten** dal kundër dikujt; 2) radhitem, vihem në radhë.
Antrieb *m* **-s, -e** 1) shtytje; nxitje (*për një veprim*); 2) *tek* forcë lëvizëse; transmision.
Antriebskraft *f* =, **-kräfte** forcë lëvizëse.
antrinken* *ndash* 1. *vt bis* filloj të pi (*nga një shishe etj.*); 2. *vi* **(h) : sich (D) Mut antrinken** pi për t'i dhënë zemër vetes.
Antritt *m* **-s, -e** fillim; **vor Antritt der Reise** para fillimit të udhëtimit; **nach Antritt des Amtes** pas fillimit të detyrës.
antun* *vt ndash* 1) vesh (*petkun etj.*); 2) shkaktoj, bëj (*një të mirë, të keqe etj.*); **jemandem Unrecht antun** i bëj një të padrejtë dikujt; **sich (D) etwas antun** vras veten; **es jemandem angetan haben** kënaq dikë; **er hat es mir angetan** më ka kënaqur.
Antwort *f* =, **-en** përgjigje; **abschlägige Antwort** refuzim; **es wird um Antwort gebeten** presim përgjigje; *shpr* **jemandem Rede und Antwort stehen** i jap llogari dikujt.

antworten *vi* **(h)** përgjigjem; **auf eine Frage antworten** i përgjigjem një pyetjeje.

anvertrauen *ndash* 1. *vt.* 1) i besoj, i lë (*diçka dikujt*); 2) ia them me mirëbesim (*një të fshehtë dikujt*); 2. *vrefl* **sich anvertrauen** i hapem (*dikujt*); **er hat sich nur seinem Freund anvertraut** i qe hapur vetëm mikut të vet.

anvisieren [-*vi*-] *vt* 1) marr në shenjë; 2) *fig* marr parasysh.

anwachsen* *vi* **(s)** 1) lëshoj rrënjë (*në një truall etj.*); 2) rritet, shtohet; **seine Schulden wachsen immer mehr an** borxhet e tij po shtohen përherë e më shumë.

Anwalt *m* **-es, -wälte** 1) avokat; 2) *fig* mbrojtës.

Anwaltschaft *f* = 1) avokati; 2) *fig* mbrojtje (*e një çështjeje etj.*).

anwandeln *vt ndash* (*më*) zë, (*më*) pushton (*frika, dëshira etj.*); **was wandelt ihn an?** ç'i ka hipur?

Anwandlung *f* =, **-en** 1) trill; 2) *fig* hov, shpërthim (*zemërimi etj.*).

anwärmen *vt ndash* ngroh, vak (*gjellën etj.*).

Anwärter *m* **-s,** = kandidat (*për një post etj.*).

Anwartschaft *f* = 1) kandidaturë; 2) shpresë (*për të zënë një vend pune etj.*).

anwehen *ndash* 1. *vt* 1) (*më*) fryn (*era etj.*); 2) *fig* (*më*) vjen (*një parandjenjë etj.*); 3) mbledh (*era borë etj.*); 2. *vi* **(h)** mblidhet (*rërë etj. nga era*).

anweisen* *vt ndash* 1) caktoj (*një vend, dhomë etj.*); 2) udhëzoj, mësoj; 3) urdhëroj; 4) *: shpr* **auf etwas oder jemanden angewiesen sein** ia kam nevojën dikujt ose diçkaje; **ich bin ganz auf ihn angewiesen** ia kam nevojën atij për të gjitha; **er ist ganz auf sich selbst angewiesen** ai duhet të kujdeset vetë për veten e vet.

Anweiser *m* **-s,** = 1) udhëzues; 2) instruktor.

Anweisung *f* =, **-en** 1) udhëzim, mësim; 2) urdhër; 3) porosi; 4) mandatpostë.

anwendbar *a* i zbatueshëm; i përdorshëm.

anwenden* *vt ndash* 1) zbatoj; 2) përdor.

Anwendung *f* = 1) zbatim; 2) përdorim.

anwerben *vt ndash* rekrutoj; **Truppen anwerben** rekrutoj ushtarë.

anwerfen* *vt ndash* vë në lëvizje (*motorin etj.*).

Anwesen *n* **-s,** = pronë; fermë.

anwesend *a* i pranishëm.

Anwesenheit *f* = prani; **in Anwesenheit von ...** në prani të ...

anwidern *vt ndash* i ngjall neveri (*dikujt*); **das widert mich an** kjo më pështiros.

Anwohner *m* **-s,** = fqinj; banor (*i një rruge etj.*).

Anwuchs *m* **-es, -wüchse** rritje, shtim.

Anwurf *m* **-(e)s, -würfe** sharje; fyerje.

anwurzeln *vi ndash* **(s)** lëshon rrënjë.

Anzahl *f* = sasi; numër; **eine Anzahl** disa.

anzahlen *vt ndash* 1) paguaj kapar; 2) paguaj këstin e parë.

Anzahlung *f* =, **-en** 1) kapar; 2) këst i parë.

anzapfen *vt ndash* 1) hap (*fuçinë e birrës etj.*); 2) *: fig bis* **eine Telephonleitung anzapfen** përgjoj një linjë telefonike; **jemanden anzapfen** a) i marr një borxh dikujt; b) pyes dikë (*për të marrë vesh diçka*).

Anzeichen *n* **-s,** = 1) shenjë; 2) *fig* shenjë paralajmëruese, ogur.

Anzeige *f* =, **-n** 1) lajmërim, njoftim; shpallje; 2) kallëzim, denoncim; **gegen jemanden Anzeige erstatten** denoncoj dikë.

anzeigen *vt ndash* 1) lajmëroj, njoftoj; shpall; 2) tregoj (*orën, temperaturën etj.*); 3) kallëzoj, denoncoj; **jemanden wegen eines Diebstahls anzeigen** denoncoj për vjedhje dikë.

Anzeiger *m* **-s,** = 1) kallëzues, denoncues; 2) tregues (*i një aparati etj.*); 3) lajmëtar (*titull gazete*).

anzetteln *vt ndash* kurdis (*një komplot etj.*); përgatis (*një luftë etj.*).

anziehen* *ndash* 1. *vt* 1) tërheq; **der Magnet zieht Eisen an** magneti tërheq hekurin; *fig* **die Ausstellung zog viele Besucher an** ekspozita tërhoqi shumë vizitorë; 2) tendos; shtrëngoj (*vidhën etj.*); 3) vesh; mbath; **die Kinder anziehen** vesh fëmijët; **eine gut angezogene Frau** një grua e veshur mirë; **Handschuhe anziehen** mbath, vë dorezat; 2. *vrefl* **sich anziehen** vishem; 3. *vi* **(h)** 1) fillon të tërheqë (*kali etj.*); 2) ngrihet (*çmimi etj.*).

anziehend *a* tërheqës; **ein sehr anziehendes Mädchen** një vajzë shumë tërheqëse.

Anziehung *f* =, **-en** 1) tërheqje (*edhe fig*); 2) nxjerrje (*citatesh, arsyesh etj.*).

Anziehungskraft *f* =, **-kräfte** forcë tërheqëse (*e magnetit etj.*); *fig* **sie übt eine große Anziehungskraft auf ihn aus** ajo ushtron një forcë të madhe tërheqëse mbi të.

Anzug *m* **-s** 1) afrim; **der Frühling ist im Anzug** po vjen pranvera; 2) *pl* **-züge** kostum; 3) lëvizje e parë (*në shah etj.*).

anzüglich *a* fyes (*fjalë, vërejtje etj.*).

Anzüglichkeit *f* = , **-en** fjalë, vërejtje fyese.

anzünden *vt ndash* ndez (*dritën, zjarrin etj.*).

Anzünder *m* **-s,** = çakmak.

anzweifeln *vt ndash* vë në dyshim.

A'orta *f* =, **-ten** *anat* aortë.

ap'art *a* 1) i veçantë; i jashtëzakonshëm; 2) tërheqës; **ein apartes Mädchen** një vajzë tërheqëse.

Ap'artment *n* **-s, -s** hyrje me një dhomë, garsonierë.

Apath'ie *f* =, **-n** apati, mefshtësi.

ap'athisch *a* apatik, i topitur (*nga ndjenjat*).

Aperit'if *m* **-s, -s** aperitiv.

Apfel *m* **-s, Äpfel** *bot* mollë (*fryt*); *fig bis* **in den sauren Apfel beißen** bëj nga halli diçka.

Apfelbaum *m* **-(e)s, -bäume** *bot* mollë (*dru*).

Apfels'ine *f* =, **-n** *bot* portokall.

Aphor'ismus *m* **-s, Aphorismen** aforizëm, e thënë.

apod'iktisch *a* apodiktik, kategorik, që nuk duron kundërshtim.

Apolog'et *m* **-en, -en** apologjist.

Apolog'ie *f* =, **-n** apologji.

Ap'ostel *m* **-s,** = apostull (*edhe fig*).

Apostr'oph *m* **-s, -e** *gram* apostrof.

apostroph'ieren *vt* 1) quaj; **jemanden als Initiator einer Sache apostrophieren** quaj dikë nismëtar të një çështjeje; 2) përshëndes me një ligjëratë.

Apoth'eke *f* =, **-n** farmaci.

Apoth'eker *m* **-s,** = farmacist.

Appar'at *m* **-s, -e** 1) aparat, 2) telefon; radio; 3) aparat (*i administratës etj.*).

Apparat'ur *f* =, **-en** aparaturë.

Appartement [*apartëm'â*] *n* **-s, -s** apartament, hyrje.

App'ell *m* **-s, -e** 1) thirrje; **einen Appell an die Öffentlichkeit richten** i bëj një thirrje opinionit publik; 2) apel; **den Appell abhalten** thërras emrat, bëj apelin.

appell'ieren *vi* **(h)** i bëj thirrje (*dikujt*); **er appellierte an die Bewohner, Ruhe zu bewahren** u bëri thirrje banorëve që të mbanin qetësinë.

Appet'it *m* **-s,** oreks; **der Appetit kommt beim Essen** oreksi vjen duke ngrënë; **guten Appetit!** ju bëftë mirë!

appet'itlich *a* që (*të*) ngjall oreksin, i shijshëm.

applaud'ieren *vi* **(h)** duartrokas.

Appl'aus *m* **-es, -e** duartrokitje; **stürmischer Applaus** duartrokitje të stuhishme.

Aprik'ose *f* **=, -n** *bot* kajsi.

Apr'il *m* = *dhe* **-s** prill.

Apr'ilscherz *m* **-es, -e** peshk prilli, shaka e 1 prillit.

Approbati'on *f* **=, -en** e drejtë e ushtrimit të profesionit (*të mjekut etj.*).

approb'ieren *vt* i jap të drejtën të ushtroj profesionin (*një mjeku etj.*).

Apsis *f* **=, Aps'iden** *ark* kungë, absidë.

Aquäd'ukt *m* **-(e)s, -e** *ark* ujësjellës romak.

Aquar'ell *n* **-s, -e** *art* akuarel.

Aqu'arium *n* **-s, Aquari/en** akuarium.

Äqu'ator *m* **-s** *gjeogr* ekuator.

Äquival'ent *n* **-s, -e** barasvlerës, njëvlerës; kundërvlerë.

Ära *f* = epokë; **eine neue Ära einleiten** hap një epokë të re.

Araber *m* **-s,** = arab.

Arbeit *f* **=, -en** 1) punë; **produktive Arbeit** punë prodhuese; **eine neue Arbeit beginnen** filloj një punë të re; **er hat viel Arbeit** ai ka shumë punë; **der Arbeit gern aus dem Wege gehen** i bëj bisht punës; **etwas in Arbeit haben** kam diçka në dorë (*një punim etj.*); 2) punë, vend pune; **er sucht eine neue Arbeit** ai kërkon punë të re; 3) mjeshtëri; profesion; zanat; 4) përpjekje; mund, mundim; 5) punë; punim; vepër; **eine wissenschaftliche Arbeit** një punë shkencore; 6) detyrë me shkrim; **der Lehrer sammelte die Arbeiten ein** mësuesi mblodhi detyrat.

arbeiten 1. *vi* **(h)** 1) punoj; **(an A)** merrem (*me një punë*); 2) fermenton, kërcen (*mushti etj.*); 3) vjen (*brumi*); *fig* jep fitim (*paraja*); 4) punon (*zemra etj.*); funksionon (*makina etj.*); 2. *vt* bëj, punoj; **wer hat diesen Anzug gearbeitet?** kush e ka bërë këtë kostum?; 3. *vrefl* **sich arbeiten** çaj rrugën; **es dauerte einige Zeit, bis er sich durch den Schnee gearbeitet hatte** u desh ca kohë gjersa ai çau rrugën përmes borës.

Arbeiter *m* **-s,** = punëtor; **jugendlicher Arbeiter** punëtor i mitur.

Arbeiterbewegung *f* = lëvizje punëtore.

Arbeiterin *f* **=, -nen** punëtore.

Arbeitergewerkschaft *f* **=, -en** sindikatë punëtorësh.

Arbeiterklasse *f* **=, -n** klasë punëtore.

Arbeiterpartei *f* **=, -en** parti punëtore.

Arbeiterschaft *f* = punëtori, klasë punëtore.

Arbeitgeber *m* **-s,** = punëdhënës.

arbeitsam *a* punëtor, punëdashës.

Arbeitsamkeit *f* = të qenët punëtor; zell në punë.

Arbeitsamt *n* **-(e)s, -ämter** zyrë e punës.

Arbeitsbuch *n* **-(e)s, -bücher** librezë pune.

Arbeitsessen *n* **-s,** = darkë pune (*e diplomatëve etj. për të zhvilluar bisedime në një atmosferë më të lirë*).

arbeitsfähig *a* i aftë për punë.

Arbeitsfähigkeit *f* = aftësi për punë.
Arbeitsgemeinschaft *f* =, **-en** grup pune; kolektiv punonjësish.
Arbeitshaus *n* **-es, -häuser** shtëpi pune (*vend korrektimi*).
Arbeitskraft *f* = 1) punë; **die menschliche Arbeitskraft durch Maschinen ersetzen** zëvendësoj punën e njeriut me makina; 2) *pl* **-kräfte** krahë pune; fuqi punëtore.
Arbeitsleistung *f* = 1) rendiment i punës; 2) prodhim.
Arbeitslohn *m* **-(e)s, -löhne** pagë.
arbeitslos *a* pa punë, i papunë.
Arbeitslosigkeit *f* = papunësi.
Arbeitsmarkt *m* **-(e)s, -märkte** treg i fuqisë punëtore.
Arbeitsnachweis *m* **-es, -e** zyrë pune.
Arbeitspaß *m* **-sses, -pässe** librezë pune.
Arbeitsplatz *m* **-es, -plätze** 1) vend i punës; 2) vend pune, punë.
Arbeitsrecht *n* **-(e)s, -e** legjislacion i punës.
arbeitsscheu *a* që i bën bisht punës.
Arbeitsschutz *m* **-es** mbrojtje e punës.
Arbeitstag *m* **-(e)s, -e** 1) ditë-punë; 2) ditë pune.
Arbeitstier *n* **-(e)s, -e** *përb* qen i punës.
arbeitsunfähig *a* i paaftë për punë.
Arbeitsunfähigkeit *f* = paaftësi për punë.
Arbeitsverhältnis *n* **-sses** 1) marrëdhënie pune; 2) *pl* **-sse** kushte të punës (*në një ndërmarrje etj.*).
Arbeitsvermittlung *f* =, **-en** ndërmjetësim për të gjetur punë.
Arbeitszeit *f* =, **-en** 1) ditë e punës; **die Arbeitszeit wurde um eine halbe Stunde verkürzt** dita e punës u shkurtua një gjysmë ore; 2) kohëzgjatje e punës.
Arbeitszimmer *n* **-s,** = 1) dhomë pune; 2) studio.
Arbitrage [*arbitr'azhë*] *f* =, **-n** arbitrazh.
Archäolog'ie *f* = arkeologji.
Arche *f* : **die Arche Noah** arka e Nuhut.
Archip'el *m* **-s, -e** *gjeogr* arkipelag.
Architekt'ur *f* = arkitekturë.
Archit'ekt *m* **-en, -en** arkitekt.
architekt'onisch *a* arkitektonik, arkitektural.
Arch'iv *n* **-s, -e** arkiv.
Archiv'ar [*-var*] *m* **-s, -e** arkivist.
Are'al *n* **-s, -e** sipërfaqe, zonë.
Ar'ena *f* =, **Arenen** arenë (*e amfiteatrit, e cirkut etj.*); *fig* **die politische Arena verlassen** heq dorë nga politika.
arg 1. *a* (*comp* **ärger,** *sup* **ärgste**) 1) i keq, i lig; **es ist mir arg, daß ...** më vjen shumë keq që ...; 2) i madh, i fortë; **in arge Not geraten** i rënë në hall të madh; **eine arge Enttäuschung** një zhgënjim i hidhur; 2. *adv* shumë, fort; **er ist noch arg jung** ai është ende shumë i ri.
Ärger *m* **-s** 1) zemërim; inat; **sie konnten ihren Ärger nicht verbergen** nuk mund ta fshihnin dot inatin; 2) telash; **heute gab es viel Ärger** sot pati një telash të madh.
ärgerlich *a* 1) i zemëruar; 2) i pakëndshëm (*gjendje etj.*); **eine ärgerliche Angelegenheit** një punë e pakëndshme.
ärgern 1. *vt* zemëroj, inatos; 2. *vrefl* **sich ärgern** zemërohem, inatosem, pezmatohem.
Ärgernis *n* **-ses, -se** 1) zemërim, inat; 2) shkas zemërimi; 3) skandal.
Arglist *f* = pabesi; ligësi.
arglistig *a* i pabesë; i lig; **arglistige Täuschung** mashtrim i pabesë.
arglos *a* i patëkeq; i çiltër.
Arglosigkeit *f* = mirëbesim; çiltërsi.

Argum'ent *n* **-(e)s, -en** argument.
Argumentati'on *f* **=, -en** argumentim, arsyetim.
argument'ieren *vi* **(h)** argumentoj, arsyetoj.
Argwohn *m* **-s** 1) dyshim; 2) mosbesim.
argwöhnen *vt* dyshoj për (*dikë ose diçka*); **etwas argwöhnen** më ha zemra për diçka.
argwöhnisch *a* 1) dyshues; 2) mosbesues.
Ari/e *f* **=, -n** *muz* arie.
Aristokr'at *m* **-en, -en** aristokrat.
Aristokrat'ie *f* **=** 1) aristokraci; 2) *fig* fisnikëri.
aristokr'atisch *a* aristokratik.
Arithm'etik *f* **=** aritmetikë.
arithm'etisch *a* aritmetik; **arithmetisches Mittel** mesatare aritmetike.
Ark'ade *f* **=, -n** *ark* harknajë.
Arktis *f* **=** *gjeogr* Arktik.
arktisch *a* *gjeogr* arktik; **arktische Kaltluft** ajër i ftohtë nga Arktiku.
arm *a* 1) i varfër; **arm an etwas sein** jam i varfër në diçka; *shpr* **arm und reich** i madh e i vogël; 2) fatkeq; **arme Seele!** i shkreti!, fatziu!
Arm *m* **-(e)s, -e** 1) *anat* krah; **die Arme ausbreiten** hap krahët; **sich (D) den Arm brechen** thyej krahun; **jemandem den Arm reichen** i zgjas krahun dikujt; *fig shak* **jemanden auf den Arm nehmen** vë në lojë dikë; **jemandem in den Arm fallen** pengoj dikë; **Arm in Arm gehen** eci krah për krah; **jemandem in die Arme laufen** takoj rastësisht dikë; **sich jemandem in die Arme werfen** i hidhem në qafë dikujt; *fig* **jemandem unter die Arme greifen** i jap dorën dikujt; *fig bis* **die Beine unter die Arme nehmen** ua mbath këmbëve; 2) krah (*lumi, kolltuku, ngritësi etj.*); 3) degë (*lumi etj.*); 4) mëngë.
Armat'uren *pl* aparatet e kontrollit (*të një makine etj.*).
Armat'urenbrett *n* **-(e)s, -er** kruskot (*i makinës*).
Armband *n* **-(e)s, -bänder** 1) byzylyk; 2) rrip (*i orës së dorës*).
Armbanduhr *f* **=, -en** orë dore.
Armbinde *f* **=, -n** 1) fashë; 2) shirit krahu (*i rojës, i sanitarit etj.*).
Armbrust *f* **=, -brüste** *usht vjet* arbaletë; balestër.
armdick *a* i trashë sa krahu.
Arm'ee *f* **=, -m'e/en** 1) armatë; 2) *vetëm sing* ushtri; **Dienst in der Armee tun** shërbej në ushtri; *fig* **eine Armee von Arbeitslosen** një ushtri të papunësh.
Arm'eekorps *n* **-s, =** *usht* korparmatë.
Arm'eeoberkommando *n* **-s, -s** shtatmadhori.
Ärmel *m* **-s, =** mëngë; *shpr* **sich (D) etwas aus dem Ärmel schütteln** e bëj fët e fët diçka.
ärmellos *a* pa mëngë.
Armenhaus *n* **-s, -häuser** *vjet* strehë vorfnore.
Arm'eni/er *m* **-s, =** armen.
Armenpflege *f* **=** përkujdesje për të varfrit.
ärmlich *a* i varfër; i mjerueshëm; **ärmliche Kleidung** veshje e varfër.
armselig *a* i mjerë, i varfër.
Armseligkeit *f* **=** mjerim, varfëri.
Armsessel *m* **-s, =** kolltuk, poltronë.
Armut *f* **=** varfëri, skamje, mjerim; *fig* **Armut an Gedanken** varfëri mendimesh.
Armvoll *m* **=** një krah (*kashtë etj.*).
Ar'oma *n* **-s, -men** *dhe* **-ta** aromë.
arom'atisch *a* aromatik.
Arrangement [*arrâzhëm'â*] *n* **-s, -s** 1) organizim, përgatitje (*e një veprimtarie etj.*); 2) *muz* arranxhim; 3) *vjet* marrëveshje.

arrangieren [*arrâzh'irën*] 1. *vt* 1) organizoj (*një festë etj.*); 2) *muz* arranxhoj; 2. *vrefl* **sich arrangieren** merrem vesh (*me dikë*).

Arr'est *m* **-s** 1) ndalim; arrest; **der Soldat mußte drei Tage leichten Arrest(s) absitzen** ushtarit iu desh të bënte tri ditë arrest të lehtë; 2) mbajtje në shkollë pas mësimit (*si dënim*).

Arrest'ant *m* **-en, -en** i ndaluar; i arrestuar.

arret'ieren *vt* 1) *vjet* ndaloj; arrestoj (*hajdutin etj.*); 2) ndaloj (*automobilin*); bllokoj (*levën etj.*).

arriv'ieren [*-vi-*] *vi* (s) *përb* arrij të bëhem (*i pasur, artist etj.*); **ein arrivierter Politiker** një politikan arrivist.

arrog'ant *a* arrogant; mendjemadh.

Arrog'anz *f* = arrogancë; mendjemadhësi.

Arsch *m* **-es, Ärsche** *vulg* bythë.

Arsen'al *n* **-s, -e** *vjet* arsenal (*edhe fig*).

Ars'enik *n* **-s** *kim* arsenik.

Art *f* =, **-en** 1) lloj, soj, farë; **diese Art Leute** këta lloj njerëzish; *shpr* **der Sohn ist ganz aus der Art geschlagen** i biri nuk i ngjan fare t'et; 2) *vetëm sing* mënyrë; **auf diese Art** në këtë mënyrë; **nach seiner Art und Weise** sipas mënyrës së tij; **er hat eine Art zu sprechen wie sein Vater** ka një mënyrë të foluri si i ati; 3) *vetëm sing* mënyrë sjelljeje; zakon; **er hat eine unangenehme Art zu fragen** ka një mënyrë të pakëndshme të pyeturi; 4) *vetëm sing* natyrë, veçori.

arten *vi* (s) 1) **(nach D)** ngjaj (*me dikë*); 2) zhvillohem, bëhem; *vjet* **gut arten** vjen i mbarë (*gruri etj.*).

Art'erie *f* =, **-ri/en** *anat* arterie.

artig *a* i sjellshëm, i bindur, i mirë.

Artigkeit *f* = 1) mirësjellje; 2) *pl* **-en** lajka, miklime.

Art'ikel *m* **-s,** = 1) artikull (*i një gazete etj.*); 2) mall; artikull; 3) nen (*i një marrëveshjeje etj.*); 4) *gram* nyjë.

Artikulati'on *f* =, **-en** *gjuh* artikullim, nyjëtim.

artikul'ieren *vt* 1) shqiptoj (*fjalët, rrokjet etj.*); 2) shpreh (*një pikëpamje etj.*).

Artiller'ie *f* =, **-ri/en** *usht* artileri.

Art'ist *m* **-en, -en** artist.

art'istisch *a* artistik.

Arzn'ei *f* =, **-en** bar, ilaç; **eine Arznei einnehmen** marr, pi një bar.

Arzn'eimittel *n* **-s,** = bar, ilaç.

Arzn'eipflanze *f* =, **-n** bimë mjekësore.

Arzt *m* **-es, Ärzte** mjek; **den Arzt holen lassen** çoj të thërrasë mjekun.

Ärztin *f* =, **-nen** mjeke.

ärztlich *a* mjekësor; **ärztliche Hilfe** ndihmë mjekësore.

As *n* **Asses, Asse** 1) as (*i letrave*); 2) *fig* as (*i sportit etj.*); **diese Spieler sind die großen Asse ihrer Mannschaft** këta lojtarë janë aset e mëdhenj të skuadrës së vet.

aschblond *a* i verdhë i shpëlarë (*flokë etj.*).

Asche *f* =, **-n** hi; **in Schutt und Asche legen** bëj shkrumb e hi.

Aschenbecher *m* **-s,** = tavllë duhani, taketuke.

Aschenkrug *m* **-(e)s, -krüge** urnë (*për hirin e të vdekurit*).

Aschenurne *f* =, **-n** urnë (*për hirin e të vdekurit*).

Aschermittwoch *m* **-s, -e** *fet* e mërkurë e përhime.

aschgrau *a* i hirtë.

äsen *vi* **(h)** kullot (*dreri etj.*).

Ask'ese *f* = asketizëm.

Ask'et *m* **-en, -en** asket.
ask'etisch *a* asketik.
asozial *a* asocial; kundër shoqërisë; i dëmshëm për shoqërinë.
Asp'ekt *m* **-(e)s, -e** aspekt, anë (*e një çështjeje*).
Asph'alt *m* **-s** asfalt (*i rrugës etj.*).
asphalt'ieren *vt* asfaltoj (*rrugën etj.*); **asphaltierte Straßen** rrugë të asfaltuara.
Aspir'ant *m* **-en, -en** kandidat (*për një vend pune etj.*).
Ass'essor *m* **-s, -s'oren** 1) këshilltar, anëtar i këshillit bashkiak; 2) ndihmësgjykatës.
Assimilati'on *f* **=, -en** 1) *pol* asimilim; 2) *biol* asimilim, përvetim; 3) *gram* asimilim, përngjashmim; 4) përshtatje; **Assimilation an die Umwelt** përshtatje me mjedisin.
assimil'ieren *vt* 1) *pol* asimiloj; 2) *biol* asimiloj, përvetoj; 3) *gram* asimiloj, përngjashmoj; 4) përshtas.
Assimil'ierung *f* **=, -en** *sh* **Assimilation.**
Assist'ent *m* **-en, -en** asistent (*i një profesori universiteti*).
Assist'enz *f* **=** ndihmë; përkrahje; **Assistenz anfordern** kërkoj ndihmë.
assist'ieren *vi* (*h*) ndihmoj; **bei einer Operation assistieren** ndihmoj në një operacion.
Ast *m* **-es, Äste** 1) degë; *fig* **den Ast absägen, auf dem man sitzt** ia bëj të zezën vetes; *fig* **auf dem absteigenden Ast sein** kam rënë nga fiku; 2) *anat* degëzim (*i nervave etj.*)
asten *bis* 1. *vt* mbart me mundim; 2. *vi* (**h, s**) shkoj me mundim; **ich bin mit den Koffern zum Bahnhof geastet** më doli shpirti gjersa arrita me valixhe në stacionin e trenit.
Ästh'et *m* **-en, -en** estet.
Ästh'etik *f* **=** estetikë.
ästh'etisch *a* 1) estetik; 2) i bukur; **ein ästhetischer Anblick** një pamje e bukur.
Asthma *n* **-s** *mjek* astmë.
Astrol'oge *m* **-en, -en** astrolog.
Astrolog'ie *f* **=** astrologji.
astrol'ogisch *a* astrologjik.
Astron'aut *m* **-en, -en** astronaut.
Astron'om *m* **-en, -en** astronom.
Astronom'ie *f* **=** astronomi.
astron'omisch *a* astronomik.
Asyl [*az'yl*] *n* **-s, -e** 1) azil, strehë; **Asyl für Obdachlose** strehë nate; 2) strehim; **politisches Asyl** strehim politik.
Atav'ismus [*-vis-*] **-s, Atavismen** *biol* atavizëm.
Atelier [*atelj'ë*] *n* **-s, -s** atelie, studio (*e një piktori etj.*).
Atem *m* **-s** frymë; **Atem holen (schöpfen)** marr frymë; **den Atem anhalten** mbaj frymën (*edhe fig*); **außer Atem kommen** mbetem pa frymë; **zu Atem kommen** më vjen fryma; **wieder zu Atem kommen** marr veten.
atemberaubend *a* që (*të*) merr frymën (*shpejtësi etj.*); **dieser Duft ist atemberaubend** ky kundërmim të zë frymën.
atemlos *a* 1. *adv* pa frymë: 2. *a* : **atemlose Stille** heshtje e thellë.
Atempause *f* **=, -n** pushim i shkurtër.
Atemzug *m* **-(e)s, -züge** frymëmarrje; *shpr bis* **zum letzten Atemzug** gjer në frymën e fundit; *shpr* **in einem** (*ose* **im gleichen, im demselben, im selben**) **Atemzug** në të njëjtën kohë.
Athe'ismus *m* **=** ateizëm.
Athe'ist *m* **-en, -en** ateist.
Äther *m* **-s** 1) *kim* eter; 2) *poet* qiell.
äth'erisch *a* 1) *kim* eterik; 2) *poet* qiellor.
Athl'et *m* **-en, -en** atlet.

athl'etisch *a* atletik.
atl'antisch *a* atlantik, i Atlantikut.
Atlas I *m* = *dhe* **-ses** atlas (*pëlhurë mëndafshi*).
Atlas II *m* = *dhe* **-ses, Atl'anten** atlas (*gjeografik etj.*).
atmen 1. *vi* (**h**) marr frymë; **tief atmen** marr frymë thellë; 2. *vt* thith (*ajrin*).
Atmosph'äre *f* = 1) atmosferë; 2) atmosferë, mjedis.
Atmung *f* = frymëmarrje.
At'om *n* **-s, -e** *fiz* atom.
atom'ar *a* 1) atomik, i atomit; 2) i energjisë atomike; 3) i armëve atomike.
At'ombombe *f* =, **-n** bombë atomike.
At'omgewicht *n* **-(e)s, -e** *kim* peshë atomike.
At'omkern *m* **-(e)s, -e** *fiz* bërthamë e atomit.
At'omkraftwerk *n* **-(e)s, -e** central atomik.
At'omkrieg *m* **-(e)s, -e** luftë atomike.
At'ommacht *f* =, **-mächte** fuqi atomike.
At'omwaffe *f* =, **-n** armë atomike.
At'omzeitalter *n* **-s** epokë e atomit.
Attaché [*atash'e*] *m* **-s, -s** atashe; **er ist Attaché bei der Botschaft in Tirana** është atashe ambasade në Tiranë.
Att'acke *f* =, **-n** 1) sulm i kalorësisë; **eine Attacke reiten** bëj një sulm; *shpr* **eine Attacke gegen jemanden oder etwas reiten** hidhem në sulm kundër dikujt ose diçkaje; 2) *mjek* krizë.
attack'ieren *vt* 1) sulmon (*kalorësia*); 2) *fig* sulmoj; **er hat mich zu Unrecht attackiert** më ka sulmuar pa të drejtë.
Attent'at *n* **-(e)s, -e** atentat.
Attent'äter *m* **-s,** = atentator.
Att'est *n* **-es, -e** raport mjekësor.
attest'ieren *vt* vërtetoj.
Attit'üde *f* =, **-n** pozë; **die Attitüden der Schauspielerin sind gekünstelt** pozat e artistes janë artificiale.
Attrakti'on *f* =, **-en** atraksion.
attrakt'iv *a* tërheqës; **eine attraktive Frau** një grua tërheqëse.
Attr'appe *f* =, **-n** imitim (*i një malli etj.*).
Attrib'ut *n* **-(e)s, -e** 1) veti, veçori; 2) karakteristikë; **der Dreizack als Attribut Neptuns** sfurku si atribut i Neptunit; 3) *gram* atribut, cilësor.
ätzen *vt* 1) djeg (*plagën, lëkurën etj.*); **jemanden mit ätzender Ironie behandeln** i flas dikujt me ironi therëse; 2) *art* gdhend, skalis, incizoj; **ein Bild auf eine Kupferplatte ätzen** skalis një figurë në pllakë bakri.
Ätzung *f* =, **-en** 1) djegie (*e plagës etj.*); 2) *art* incizim (*në bakër etj.*).
auch 1. *conj* 1) edhe, gjithashtu, dhe; **wenn auch** qoftë edhe; **sowohl ... als auch** si ... ashtu edhe; edhe ... edhe; **wie dem auch sei** sidoqoftë; 2) madje, bile, edhe; **auch der klügste kann sich irren** edhe më i mençuri mund të gabojë; 2. *adv* vërtet, sigurisht; **das hat auch niemand behauptet** këtë vërtet s'e ka thënë njeri; **so sieht es auch aus** vërtet, ashtu duket.
Audi'enz *f* =, **-en** audiencë.
Audit'orium *n* **-s, Audit'ori/en** 1) auditor; 2) publik.
Aue *f* =, **-n** livadh, fushë.
auf 1. *präp* 1) (**D** *për qëndrim në vend dhe* **A** *për lëvizje drejt një vendi*) në, më, mbi; **auf dem Tisch** mbi tryezë; **auf dem Lande** në fshat; **auf der Straße** në rrugë; **auf die Erde fallen** bie në tokë, bie përdhe; **auf allen Seiten** në të

gjitha anët; *shpr* **auf der Stelle** në vend, menjëherë; 2) (*kohë*) në, nga, për; **auf einmal** përnjëherësh; **auf den Abend** nga mbrëmja; **auf drei Tage** për tri ditë; **auf der Reise** gjatë udhëtimit; **auf der Flucht** duke ikur; 3) (*mjet, mënyrë*) me, në; **auf Befehl** me urdhër; **auf diese Art** në këtë mënyrë; kështu; **auf Ihre Bitte** me kërkesën tuaj; 2. *adv* : **auf sein** është hapur (*dera, libri etj.*); **noch auf sein** jam akoma në këmbë (*nuk kam rënë të fle*); **auf und ab** poshtë e lart; **auf und ab gehen** shkoj e vij, shëtis; 3. *conj* **auf daß ...** që ..., me qëllim që ...; 4. *int* **auf!** shkojmë!; ngrehu(ni)!

auf = *parashtesë e ndashme foljore, që tregon* 1) *lëvizje përpjetë:* **aufgehen;** 2) *hapje*: **aufmachen**; 3) *përfundim:* **aufblühen;** 4) *veprim të shkurtër, të papritur*: **aufflammen.**

aufarbeiten *vt ndash* 1) mbaroj punë me (*diçka që ka mbetur pa përfunduar*); 2) përtërij, i jap pamje të re (*një sendi*).

aufatmen *vi ndash* **(h)** 1) marr frymë thellë; 2) *fig* marr frymë.

aufbahren *vt ndash* vë në vig (*një të vdekur ose arkivolin me një të vdekur*).

Aufbahrung *f* =, **-en** vënie në vig (*e të vdekurit*).

Aufbau *m* **-(e)s** 1) ndërtim; 2) rindërtim (*i një qyteti të rrënuar etj.*); 3) ndërtim (*i një drame etj.*); 4) *pl* **-bauten** mbindërtim.

aufbauen *ndash* 1. *vt* 1) ngreh, ndërtoj; 2) rindërtoj (*një qytet të rrënuar etj.*); 3) ndërtoj (*një dramë etj.*); 4) rendis (*mallra në vitrinë etj.*); 5) *fig bis* përgatis; **jemanden als Kandidaten für eine Partei aufbauen** përgatis dikë si kandidat për një parti; 2. *vi* **(h)** : *shpr* **auf etwas aufbauen** mbështetem në diçka; 3. *vrefl* **sich aufbauen** qëndroj (*në mënyrë kërcënuese etj. para dikujt*).

aufbäumen, sich *vrefl ndash* 1) ngrihet shah, kas (*kali*); 2) *fig* ngrihem, hidhem përpjetë (*kundër një padrejtësie etj.*).

aufbauschen *vt ndash* fryj, zmadhoj (*një ngjarje etj.*).

aufbegehren *vi ndash* **(h)** hidhem përpjetë (*kundër diçkaje*); kundërshtoj; **keiner wagte aufzubegehren** askush s'guxoi të kundërshtonte.

aufbehalten* *ndash vt* 1) nuk heq (*kapelën etj.*); 2) mbaj hapur (*derën etj.*).

aufbeißen* *vt* thyej me dhëmbë (*arrën etj.*).

aufbekommen* *vt ndash bis* 1) marr si detyrë për në shtëpi; 2) ha krejt (*një copë ëmbëlsirë etj.*); 3) mund të hap; **ich bekomme die Tür nicht auf** s'e hap dot derën.

aufbereiten *vt ndash* përpunoj (*minerale etj.*).

Aufbereitung *f* =, **-en** përpunim (*i mineraleve etj.*).

aufbessern *vt ndash* 1) përmirësoj; 2) ngre (*rrogën etj.*).

Aufbesserung *f* =, **-en** 1) përmirësim; 2) shtim (*i rrogës etj.*).

aufbewahren *vt ndash* ruaj; **ein Andenken aufbewahren** ruaj një kujtim (*send*).

Aufbewahrung *f* =, **-en** ruajtje.

aufbiegen* *vt ndash* hap duke e kthyer, rrotulluar, përdredhur (*kutinë, grushtin etj.*).

aufbieten* *vt ndash* 1) mobilizoj, ngre në këmbë (*forcat e policisë etj.*); **alle Kräfte aufbieten** mobilizoj të gjitha forcat; 2) shpall (*martesën etj.*); 3) ushtroj (*ndikim*).

Aufbietung *f* = mobilizim; **mit Aufbietung aller Kräfte** me mobilizimin e të gjitha forcave.

aufbinden* *vt ndash* 1) zgjidh (*nyjën*); 2) lidh (lart) (*flokët etj.*); 3) *fig bis* ia hedh (*dikujt*); **er läßt sich (D) nichts aufbinden** atij nuk ia hedh dot; *shpr bis* **jemandem einen Bären aufbinden** mashtroj, gënjej dikë.

aufblähen *ndash* 1. *vt* fryj (*një balonë etj.*); *fig* **eine aufgeblähte Verwaltung** një administratë e fryrë; 2. *vrefl* **sich aufblähen** 1) fryhem; 2) *fig* fryhem, mbahem me të madh.

aufblasen* *ndash* 1. *vt* fryj (*topin, velat etj.*); 2. *vrefl* **sich aufblasen** *fig* fryhem, mbahem me të madh.

aufbleiben* *vi ndash* (s) 1) rri zgjuar; nuk bie të fle; 2) rri hapur (*dera etj.*).

aufblenden *ndash vt dhe vi* (h) hap krejt (*dritat e gjata të automobilit*); **die Scheinwerfer aufblenden** hap krejt projektorët; **der Fahrer blendet auf** shoferi hap krejt dritat e gjata.

aufblicken *vi* (h) 1) shikoj lart; 2) *fig* (**zu D**) shikoj me admirim (*dikë*).

aufblitzen *vi ndash* (h, s) 1) shkrep, vetëtin (*zjarri, drita etj.*); 2) : *fig* **ein Gedanke war in ihm aufgeblitzt** i shkrepi një mendim në kokë.

aufblühen *vi ndash* (s) 1) çel (*lulja*); 2) *fig* lulëzon (*vendi etj.*).

aufbocken *vt ndash* vë në këmbalec.

aufbrauchen *vt ndash* prish (*pasurinë etj.*); mbaroj (*rezervat etj.*).

aufbrausen *vi ndash* (s) 1) valon (*uji etj.*); 2) ziejnë (*dallgët etj.*); 3) shkumëzon (*vera etj.*); 4) *fig* shpërthej; **als er das hörte, brauste er gleich auf** kur e dëgjoi këtë, ai shpërtheu në çast.

aufbrausend *a* i rrëmbyer (*karakter etj.*).

aufbrechen* *ndash* 1. *vt* 1) shqyej, thyej (*derën etj.*); hap (*zarfin etj.*); 2) *bujq* çaj (*tokën*); 2. *vi* (s) 1) çahet (*akulli*); 2) çel (*lulja*); 3) nisem.

aufbringen* *vt ndash* 1) hap, çel (*arkën etj.*); 2) kam (*guximin*); arrij (*të kuptoj*); 3) gjej, siguroj (*pare etj.*); 4) hap (*fjalë*); 5) fus (*në modë*); 6) zemëroj; **er war sehr aufgebracht** ishte shumë i zemëruar; 7) ngre, nxis (*dikë kundër dikujt*); 8) kap (*një anije të armikut etj.*).

Aufbruch *m* **-(e)s** 1) nisje; 2) *fig* zgjim.

aufbrühen *vt ndash* 1) përvëloj (*makaronat me gjalpë, një ëmbëlsirë me sherbet etj.*); 2) bëj (*kafe, çaj etj.*).

aufbrummen *ndash* 1. *vt bis* i jap, i këpus (*dikujt një dënim etj.*); **drei Stunden Arrest aufgebrummt bekommen** ha tri orë arrest; 2. *vi* (s) 1) dal në breg; 2) përplasem (*me diçka*); **er ist auf meinen Wagen aufgebrummt** është përplasur me makinën time.

aufdecken *ndash* 1. *vt* 1) zbuloj, hap (*krevatin etj.*); *shpr* **die Karten aufdecken** hap letrat (*edhe fig*); 2) zbuloj (*një krim etj.*); 3) shtroj (*mbulesën e tryezës etj.*); 2. *vi* (h) shtroj tryezën.

aufdrängen *ndash* 1. *vt* detyroj (*dikë*) të marrë *ose* të pranojë (*diçka*); **jemandem eine Ware aufdrängen** i rras një mall dikujt; 2. *vrefl* **sich aufdrängen** futem; bëhem i bezdisshëm; *fig* **der Verdacht drängt sich mir auf** më bren dyshimi; *fig* **es drängt sich die Frage auf** del pyetja.

aufdrehen *ndash* 1. *vt* 1) hap (*rubinetin etj.*); 2) liroj (*vidhën etj.*); 3) kurdis (*orën etj.*); 2. *vi* (h) 1) ngre zërin (*e radios*); 2) *bis* shkel gazin; 3) : *shpr bis* **du bist heute abend so aufgedreht!** sonte qenke shumë në qejf, shumë në formë.

aufdringlich *a* i bezdisshëm, i mërzitshëm, i rëndë.

Aufdringlichkeit *f* = të qenët i rëndë, i mërzitshëm.

aufdrücken *ndash* 1. *vt* 1) hap duke shtyrë; 2) vë (*vulën*); *fig* **einer Sache seinen Stempel aufdrücken** i vë vulën një çështjeje; 3) jap (*një të puthur*); 2. *vi* **(h)** i mëshoj (*diçkaje*); **beim Schreiben aufdrücken** i mëshoj (*penës etj.*) duke shkruar.

aufdrucken *vt ndash* shtyp (*adresën në zarf etj.*).

aufein'ander *adv* 1) njëri pas tjetrit; **aufeinander folgen** vijnë njëri pas tjetrit; 2) njëri mbi tjetrin; **aufeinander liegen** rrinë njëri mbi tjetrin; 3) njëri-tjetrin; **aufeinander warten** presim njeri-tjetrin.

Aufein'anderfolge *f* =, **-n** njëpasnjëshmëri.

Aufenthalt *m* **-(e)s, -e** 1) qëndrim (*në një vend*); 2) ndalim; ndalesë (*e trenit etj.*); 3) vendqëndrim.

Aufenthaltsgenehmigung *f* =, **-en** lejeqëndrim.

Aufenthaltsort *m* **-(e)s, -e** vendqëndrim.

auferlegen *vt* **(D)** 1) ngarkoj (*dikë me një barrë, detyrë etj.*); 2) i vë (*dikujt një gjobë etj.*).

auferstehen* *vi ndash* **(s)** (ri) ngjallem; **den Geist des Militarismus nicht wieder auferstehen lassen** të mos e lëmë më frymën e militarizmit të ringjallet.

Auferstehung *f* =, **-en** ngjallje, ringjallje.

aufessen* *vt ndash* ha krejt; *bis* përlaj, fshij (*pjatën etj.*); **sie haben das ganze Brot aufgegessen** e kanë ngrënë të gjithë bukën.

auffahren* *ndash* 1. *vt* **(s)** 1) **(auf A)** ndesh, përplaset (*në diçka makina etj.*); 2) ngjitem lart (*me makinë etj.*); 3) kalon pranë (*makina etj.*); 4) zemërohem; 5) hidhem përpjetë; **vor Schreck auffahren** hidhem përpjetë nga frika; 2. *vt* : *bis* **er hat viel aufgefahren** e ka shtruar me gjithë të mirat.

Auffahrt *f* =, **-en** 1) ngjitje lart; 2) hyrje; 3) platformë ngarkim-shkarkimi.

auffallen* *vi ndash* **(s)** 1) bie (*mbi diçka*); 2) *fig* bie në sy; **er fiel wegen seiner Größe auf** ai binte në sy për shkak të madhësisë së trupit.

auffallend, auffällig *a* që bie në sy; **ein auffälliges Kleid** një fustan që bie në sy.

auffangen* *vt ndash* 1) kap fluturimthi (*topin etj.*); 2) më zë veshi (*një fjalë etj.*); 3) pres (*ujin në një enë etj.*).

auffassen *vt ndash* 1) kap (*fijen etj.*); 2) shkoj (*perla në pe etj.*); 3) kuptoj; **sie hatte seine Frage falsch aufgefaßt** e kishte keqkuptuar pyetjen e tij.

Auffassung *f* =, **-en** 1) kuptim; perceptim; 2) mendim; pikëpamje; koncept; **er ist der Auffassung, daß ...** ai është i mendimit se ...; **meiner Auffassung nach** sipas mendjes sime; **er hat eine strenge Auffassung der Moral** ka një koncept të rreptë për moralin.

auffinden* *vt ndash* gjej (*diçka që kërkoj ose kam humbur*).

auffischen *vt ndash* 1) peshkoj; 2) *fig* gjej.

aufflackern *vi ndash* **(s)** 1) ndizet (*zjarri etj.*); 2) bie, shfaqet prapë (*një epidemi etj.*).

aufflammen *vi ndash* **(s)** 1) flakërin (*zjarri etj.*); 2) *fig* plas (*grindja etj.*).

auffliegen* *vi* **(s)** 1) ngjitet (*aeroplani etj.*); 2) shpërthen (*mina etj.*);

3) hapet befas (*dera etj.*); 4) dështon (*një mbledhje etj.*).

auffordern *vt ndash* **(zu D)** 1) ftoj; i bëj thirrje (*dikujt për diçka*); 2) urdhëroj; kërkoj.

Aufforderung *f* =, **-en** 1) ftesë; thirrje; 2) urdhër; kërkesë.

aufforsten *vt ndash* pyllëzoj.

auffressen* *vt ndash* 1) ha krejt (*kafsha diçka*); 2) *fig bis* fshij, përlaj (*pjatën etj.*); 3) *fig bis* rraskapis, dërrmoj; **die Arbeit frißt mich auf** puna po më dërrmon fare.

auffrischen *ndash* 1. *vt* 1) përtërij; 2) *fig* freskoj (*njohuritë etj.*); rikujtoj (*ngjarjet etj.*); 2. *vi* **(h)** fryn më e fortë (*era*).

aufführen *ndash* 1. *vt* 1) ndërtoj, ngre (*një mur, ndërtesë etj.*); 2) vë në skenë (*një dramë etj.*); 3) përmend (*një emër etj.*); 2. *vrefl* **sich aufführen** sillem (*mirë, keq*).

Aufführung *f* =, **-en** 1) ngritje (*e një muri etj.*); 2) shfaqje (*e një drame etj.*); 3) sjellje.

auffüllen *vt ndash* 1) mbush plot (*pjatën etj.*); 2) mbush përsëri (*serbatorin etj.*); 3) plotësoj, zëvendësoj (*humbjet etj.*).

Aufgabe *f* =, **-n** 1) *vetëm sing* dorëzim (*i një letre në postë etj.*); 2) *vetëm sing* heqje dorë (*nga një post etj.*); 3) detyrë; 4) detyrë (*në shkollë, në shtëpi*); **schriftliche Aufgabe** detyrë me shkrim.

aufgabeln *vt ndash* marr me pirun *ose* me sfurk.

Aufgang *m* **-(e)s, -gänge** 1) *vetëm sing* lindje (*e diellit*); dalje (*e hënës*); 2) ngjitje (*e malit etj.*) 3) shkallë; 4) rrugë për lart.

aufgeben* *vt ndash* 1) jap (*një detyrë etj.*); 2) dorëzoj (*një letër në postë etj.*); 3) lë, heq dorë nga (*një punë etj.*); **die Ärzte hatten ihn schon aufgegeben** mjekët kishin hequr dorë prej tij; *shpr* **den Geist aufgeben** jap shpirt.

aufgeblasen *a fig* hundëpërpjetë, punëmadh, mendjemadh.

Aufgeblasenheit *f* = mendjemadhësi.

Aufgebot *n* **-(e)s, -e** 1) shpallje; 2) *vetëm sing* mobilizim; **ein starkes Aufgebot von Menschen und Material** një mobilizim i madh njerëzish e materialesh; **mit Aufgebot aller Kräfte** me të gjitha forcat.

aufgebracht *a* i zemëruar, i pezmatuar.

aufgedunsen *a* i ënjtur, i buhavitur (*në fytyrë etj.*).

aufgedreht *a bis* në qejf, në formë; **er ist heute ganz aufgedreht** sot qenka shumë në formë.

aufgehen* *vi ndash* **(s)** 1) ngrihem; lind, del (*dielli, yjet etj.*); 2) hapet (*dritarja etj.*); *fig* **mir sind die Augen aufgegangen** më janë hapur sytë; *fig* **das Herz geht mir auf** më bëhet zemra mal; 3) çel (*lulja*); mbin (*bima*); 4) shkrihet (*një ndërmarrje me një tjetër etj.*); **viele Betriebe gingen in den Konzernen auf** shumë ndërmarrje u gllabëruan nga koncernet; 5) *: shpr* **in Flammen aufgehen** digjem; *shpr* **in der Arbeit aufgehen** jepem i tëri pas punës; 6) *fin* kuadron (*llogaria*).

aufgeilen *vt ndash vulg* eksitoj, i zgjoj epshin (*dikujt*).

aufgeklärt *a* 1) i ngritur (*njeri*); 2) **(über A)** i njoftuar, i sqaruar (*për diçka*).

aufgekratzt *a bis* në qejf.

Aufgeld *n* **-(e)s, -er** yst.

aufgelegt *a : shpr* **gut, schlecht aufgelegt sein** jam, s'jam në qejf, në humor.

aufgelöst *a* i shkrirë.

aufgeräumt *a fig* në qejf, në humor, i gëzuar.
aufgeregt *a* i shqetësuar.
aufgeschlossen *a* i interesuar; **er ist immer aufgeschlossen für neue Ideen** ai e ka përherë mendjen të hapur për ide të reja.
aufgeschmissen *a : bis* **aufgeschmissen sein** e kam pisk, s'di nga t'ia mbaj.
aufgeschossen *a* shtathedhur.
aufgeschwemmt *a* i ënjtur (*nga sëmundja etj.*).
aufgesprungen *a* i plasaritur (*lëkurë etj.*).
aufgeweckt *a fig* i zgjuar, i gjallë, i shkathët.
aufgeworfen *a* : **aufgeworfene Lippen** buzë të trasha.
aufgießen* *vt ndash* 1) përvëloj (*makaronat me gjalpë etj.*); 2) : **Tee, Kaffee aufgießen** bëj çaj, kafe.
aufgliedern *vt ndash* rendis (*sipas lartësisë, madhësisë etj.*).
Aufgliederung *f* =, **-en** renditje.
aufgraben* *vt ndash* 1) nxjerr duke gërmuar; 2) hap duke gërmuar; 3) mih (*tokën*).
aufgreifen* *vt ndash* 1) zë, kap (*policia hajdutin etj.*); 2) përqafoj (*një ide të re etj.*).
aufgrund *sh* **Grund.**
Aufguß *m* **-sses, -güsse** përvëlim; **ich werde von dem Tee noch einen zweiten Aufguß machen** do të përvëloj edhe një herë çajin; *fig* **wir wollen keinen zweiten Aufguß dieser Geschichte** nuk duam që të përsëritet më kjo histori.
aufhaben *ndash* 1. *vt bis* 1) mbaj në kokë; **den Hut aufhaben** nuk heq kapelen; **nichts aufhaben** jam kryejashtë; 2) mbaj hapur (*gojën, sytë etj.*); 3) më është ngarkuar (*një detyrë etj.*); **er hat viel auf** ai është shumë i ngarkuar; 2. *vi* **(h)** rri hapur; **der Laden hat noch auf** dyqani është ende hapur.
aufhacken *vt ndash* çaj (*akullin etj.*).
aufhaken *vt ndash* i hap mbërtheckën (*fustanit etj.*).
aufhalsen *vt ndash bis* i var në qafë (*një detyrë dikujt*).
aufhalten* *ndash* 1. *vt* 1) ndal, mbaj (*makinën etj.*); 2) pres (*sulmin, goditjen etj.*); 3) mbaj hapur (*derën etj.*); 4) shtrij (*dorën*); 5) mbaj (*pa punë etj.*); 2. *vrefl* **sich aufhalten** 1) ndalem, qëndroj, rri (*në një vend*); 2) *: shpr* **sich über etwas oder jemanden aufhalten** marr nëpër gojë dikë ose diçka; shaj dikë ose diçka.
aufhängen *ndash* 1. *vt* var; 2. *vrefl* **sich aufhängen** var veten.
Aufhänger *m* **-s,** = 1) rripth (*për varjen e palltos etj.*); 2) *fig* shkas, vjegë.
aufhäufen *vt ndash* grumbulloj (*dhé, rezerva etj.*); *fig* **Kenntnisse aufhäufen** shtoj njohuritë.
aufheben* *vt ndash* 1) ngre (*dorën, një send të rënë përdhe etj.*); 2) heq, shfuqizoj, anuloj (*një vendim etj.*); 3) ngre (*mbledhjen etj.*); prish (*festën etj.*); 4) *: shpr* **einander aufheben** barazohemi (*në një cilësi etj.*); 5) ruaj, vë mënjanë (*një mall etj.*); 6) : *shpr* **bei jemandem gut aufgehoben sein** dikush kujdeset shumë për mua, dikush më mban mirë.
Aufheben *n* **-s** : *shpr* **viel Aufhebens machen von (D)** bëj shumë zhurmë (*për diçka*).
aufheitern *ndash* 1. *vt* i heq mërzinë, trishtimin (*dikujt*); 2. *vrefl* **sich aufheitern** 1) kthjellohet (*qielli etj.*); hapet (*moti etj.*); 2) *fig* qesh (*fytyra*).
Aufheiterung *f* =, **-en** 1) heqje e mërzisë, e trishtimit etj. 2) kthjellim (*i qiellit*); hapje (*e motit*).

aufhelfen* *vi ndash* 1) (D) ndihmoj të ngrihet (*një të rrëzuar etj.*); 2) ndihmoj të dalë (*nga borxhet etj.*).
aufhellen *ndash* 1. *vt* 1) bëj më të qartë (*ngjyrën e flokëve etj.*); 2) *fig* sqaroj (*një çështje etj.*); 2. *vrefl* **sich aufhellen** 1) kthjellohet (*qielli etj.*); 2) *fig* sqarohet (*një e fshehtë*); çelet (*fytyra etj.*).
aufhetzen *vt ndash* 1) shqetësoj; 2) nxis (*urrejtjen etj.*); ndërsej (*dikë kundër dikujt*).
aufholen *ndash* 1. *vt* 1) arrij (*dikë që është para meje*); 2) vë në vend (*kohën e humbur etj.*); 2. *vi* (h) fitoj (*nga një kundërshtar*); **der Läufer hat fünf Meter aufgeholt** vrapuesi ka fituar pesë metra mbi kundërshtarin.
aufhorchen *vi ndash* (h) 1) vihem e përgjoj; 2) *fig* dëgjoj me vëmendje.
aufhören *vi ndash* (h) pushoj; **hör auf!** pusho!; **da hört doch alles auf!** kjo nuk durohet!; **mit der Arbeit aufhören** i jap fund punës; **er redete, ohne aufzuhören** ai fliste pa pushuar; **es regnet ohne aufzuhören** bie shi pareshtur.
aufkaufen *vt ndash* blej të gjithë (*mallin etj.*); blej me shumicë.
Aufkäufer *m* -s, = blerës me shumicë.
aufkeimen *vi ndash* (s) 1) mbin (*fara etj.*); 2) *fig* lind (*një simpati etj.*).
aufklappen *ndash* 1. *vt* hap (*librin, briskun etj.*); 2. *vi* (s) hapet me zhurmë (*libri etj.*).
aufklären *ndash* 1. *vt* 1) sqaroj (*dikë, një çështje etj.*); 2. *vrefl* **sich aufklären** 1) del (*moti etj.*); 2) sqarohet (*një çështje etj.*).
aufklaren *vi ndash* (h) kthjellohet (*qielli etj.*); hapet (*moti*).
Aufklärer *m* -s, = 1) *filoz* iluminist; 2) *usht* zbulues.
Aufklärung *f* =, -en 1) sqarim; 2) *fil* iluminizëm; 3) *usht* zbulim.
aufklauben *vt ndash* mbledh, qëmtoj (*për një koleksion etj.*).
aufkleben *vt ndash* ngjis (*një pullë poste etj.*).
aufklinken *vt ndash* hap duke ulur dorezën (*derën etj.*).
aufknacken *vt ndash* thyej (*arrën etj.*).
aufknöpfen *vt ndash* zbërthej, shkopsis (*pallton etj.*)
aufkochen *ndash* 1. *vt* 1) ziej; i jap një valë (*qumështit etj.*); 2) ziej përsëri; 3) *fig* bluaj përbrenda (*hidhërimin etj.*); 2. *vi* (s) zien; merr një valë.
aufkommen* *vi ndash* (s) 1) lind, dal, shfaqem; **eine neue Mode kommt auf** del një modë e re; 2) vjen, afrohet (*stuhia etj.*); 3) shërohem; 4) (**für A**) garantoj, përgjigjem (*për diçka*).
aufkratzen *vt ndash* 1) gërvisht (*lëkurën etj.*); 2) shkrif (*leshin*).
aufkreischen *vi ndash* (h) lëshoj një britmë.
aufkrempeln *vt ndash* përvesh (*mëngët*).
aufkriegen *vt ndash bis* më bie për hise (*diçka*).
aufkündigen *vt ndash* : **jemandem die Freundschaft aufkündigen** prish miqësinë me dikë.
aufladen* *vt ndash* 1) ngarkoj (*arka etj. në kamion*); 2) *el* ngarkoj (*baterinë*).
Auflage *f* =, -n 1) botim; 2) tirazh; 3) veshje (*metalike*); 4) *ek* detyrim (*për të paguar një shumë etj.*).
auflassen* *vt ndash* 1) *bis* lë hapur (*derën etj.*); 2) *bis* nuk heq (*kapelën etj.*); 3) mbyll (*një minierë*); 4) *bis* nuk vë në shtrat (*fëmijën, të sëmurin etj.*); **die Mutter ließ die Kinder am Geburtstag eine Stunde länger auf** kur kishin ditëlindjen,

e ëma i linte fëmijët të binin të flinin një orë më vonë.

auflauern *vi ndash* **(h)** **(D)** ruaj, pres (*dikë*).

Auflauf *m* **-(e)s, -läufe** mbledhje, grumbullim (*njerëzish*).

auflaufen* *vi ndash* **(s)** 1) shtohet (*një shumë etj.*); 2) ndesh, has, ngec (*anija*); 3) vjen (*batica*).

aufleben *vi ndash* **(s)** 1) gjallërohem; 2) e marr veten; **nach langer Zeit der Trauer lebt er nun wieder auf** pas një kohe të gjatë trishtimi ai e ka marrë prapë veten; 3) rifillon (*lufta etj.*).

auflecken *vt ndash* llap (*qeni qumështin nga një pjatë etj.*).

auflegen *vt ndash* 1) vë (*mbi diçka*); **den Hörer auflegen** mbyll telefonin; 2) botoj (*një libër*).

auflehnen *ndash* 1. *vt* mbështes (*krahun*); 2. *vrefl* **sich auflehnen** 1) mbështetem; 2) **(gegen A)** kundërshtoj, ngrihem (*kundër dikujt*).

Auflehnung *f* **=, -en** kundërshtim.

auflesen* *ndash* 1) mbledh (*lule etj.*); 2) *fig* marr (*një sëmundje etj.*); zë (*morra etj.*); 3) gjej e marr (*një qen në rrugë etj.*).

aufleuchten *vi ndash* **(s)** vezullon; **seine Augen leuchteten von Freude auf** i vezulluan sytë nga gëzimi.

aufliegen* *ndash* 1. *vt* **(h)** 1) rri, qëndron (*mbi diçka*); 2) është vënë, ekspozuar (*në vitrinë etj.*); 2. *vrefl* **sich aufliegen** më hapen mishrat (*nga qëndrimi i gjatë në shtrat*).

auflockern *vt ndash* 1) shkrif (*dheun*); 2) *fig* thyej (*monotoninë*); bëj të larmishëm (*mësimin etj.*).

auflodern *vi ndash* **(s)** ndizet, flakëron (*edhe fig*).

auflösbar *a* 1) i zgjidhshëm; 2) *kim* i shkrishëm, i tretshëm.

auflösen *vt ndash* 1) zgjidh (*një nyjë*); 2) zgjidh (*një problem etj.*); 3) prish (*një marrëveshje etj.*); 4) shpërndaj (*një mbledhje etj.*); 5) *kim* shkrij (*sheqerin etj.*).

Auflösung *f* **=, -en** 1) zgjidhje (*e një nyje, problemi etj.*); 2) prishje (*e një kontrate etj.*); 3) shpërndarje (*e një mbledhjeje etj.*); 4) *kim* shkrirje, tretje.

aufmachen *ndash* 1. *vt* 1) hap (*derën, dyqanin etj.*); 2) zgjidh (*një nyjë etj.*); 3) var (*një fotografi etj.*); 4) zbukuroj (*një libër me ilustrime etj.*); 2. *vi* **(h)** hapet (*dyqani*); 3. *vrefl* **sich aufmachen** *ndash* 1) nisem; 2) ngrihet (*era*); 3) lyhet, bën tualet (*gruaja*).

Aufmachung *f* **=, -en** veshje; tualet; **in dieser Aufmachung willst du auf die Straße gehen?** kështu siç je veshur do të dalësh në rrugë?

Aufmarsch *m* **-es, -märsche** marshim.

aufmarschieren *vi ndash* **(h)** marshoj (*në një vend*); parakaloj.

aufmeißeln *vt ndash* hap me daltë, me skalpel.

aufmerken *vi ndash* **(h)** **(auf A)** 1) dëgjoj me vëmendje; 2) vë re.

aufmerksam *a* 1) i vëmendshëm; *shpr* **jemanden auf etwas (A) aufmerksam machen** i tërheq vëmendjen për diçka dikujt; 2) i sjellshëm.

Aufmerksamkeit *f* **=** 1) vëmendje; **(D) Aufmerksamkeit schenken** i kushtoj vëmendje (*diçkaje*); 2) mirësjellje; 3) *pl* **-en** përkujdesje; nder; dhuratë e vogël.

aufmöbeln *vt ndash bis* gjallëroj (*shoqërinë etj.*).

aufmucken *vi ndash* **(h)** kundërshtoj; **gegen jemanden aufmucken** ngrihem kundër dikujt.

aufmuntern *vt ndash* 1) gjallëroj; 2) gëzoj.

Aufnahme *f* **=** 1) marrje; 2) pranim;

Aufnahme in die Partei pranim në parti; 3) fotografim; regjistrim; incizim; 4) *pl* **-n** fotografi; 5) përpilim (*i një procesverbali etj.*); 6) marrje hua; 7) fillim (*i një pune etj.*); 8) matje (*e një territori etj.*); 9) pritje (*në një familje etj.*); strehim (*në një vend*); shtrim (*në spital*).

aufnahmefähig *a* i aftë për të marrë, për të kuptuar, për të perceptuar.

Aufnahmefähigkeit *f* = aftësi për të marrë, për të kuptuar, për të perceptuar.

aufnehmen* *ndash* 1. *vt* 1) ngre, marr (*diçka të rënë në tokë*); **die Tasche aufnehmen** ngre çantën; 2) marr; pranoj, strehoj; **das Hotel kann keine Gäste mehr aufnehmen** hoteli nuk mund të marrë klientë të tjerë; **jemanden in eine Schule aufnehmen** pranoj dikë në një shkollë; **das Flugzeug kann zweihundert Personen aufnehmen** aeroplani ka vende për dy qind veta; 3) përfshij; **eine Erzählung in eine Sammlung aufnehmen** përfshij një tregim në një përmbledhje (*tregimesh*); 4) pres (*mirë, keq një lajm etj.*); 5) marr (*ushqim, ngjyrë etj.*); *fig* **neue Eindrücke aufnehmen** marr përshtypje të reja; 6) filloj; rifilloj; **die Verhandlungen aufnehmen** (ri)filloj bisedimet; *shpr* **es mit jemandem oder etwas aufnehmen (können)** mund të matem me dikë; mund t'ia dal diçkaje; **mit ihm kann er es schon aufnehmen** ai mund të matet me të; 7) fotografoj; filmoj; incizoj; regjistroj; **eine Szene aufnehmen** filmoj një skenë; **ein Protokoll aufnehmen** përpiloj një protokoll; 8) marr hua (*kundrejt një garancie*).

aufnötigen *vt ndash* detyroj; **jemandem etwas aufnötigen** i imponoj diçka dikujt.

aufopfern *ndash* 1. *vt* flijoj, sakrifikoj (*jetën etj.*); 2. *vrefl* **sich aufopfern** flijohem, sakrifikohem; **die Eltern opfern sich für ihre Kinder auf** prindërit sakrifikohen për fëmijët.

Aufopferung *f* =, **-en** flijim, sakrifikim.

aufpacken *vt ndash* 1) ngarkoj (*një barrë etj.*); 2) hap (*një pako etj.*).

aufpäppeln *vt ndash bis* 1) rris me përkujdesje të mëdha (*një fëmijë*); 2) përkujdesem për (*një të sëmurë gjersa të marrë veten etj.*).

aufpassen *ndash* 1. *vi* **(h)** 1) ruhem; **paß auf!** ki mendjen!, hap sytë!; 2) **(auf A)** ruaj, vëzhgoj (*dikë*); 2. *vt* shikoj, provoj (*a mbyllet kapaku etj.*).

aufpeitschen *ndash vt* 1) çon peshë (*stuhia dallgët etj.*); 2) *fig* ndez (*ndjenjat etj.*); 3) *fig* nxis.

aufpflanzen *ndash* 1. *vt* ngul; ngre (*flamurin*); vë (*bajonetën*); 2. *vrefl* **sich aufpflanzen : sich vor jemandem aufpflanzen** i dal përpara dikujt (*në mënyrë kërcënuese etj.*).

aufpfropfen *vt ndash* shartoj (*edhe fig*).

aufpicken *vt ndash* 1) çukit (*pula etj.*); 2) *fig bis* lexoj; mësoj.

aufplatzen *vi ndash* **(s)** çahet (*lëkura etj.*); hapet (*plaga etj.*).

aufplustern *ndash* 1. *vt* 1) fryn (*puplat zogu etj.*); 2) *fig bis* fryj (*një çështje etj.*); 2. *vrefl* **sich aufplustern** *fig bis* fryj pendët, mbahem me të madh.

aufpolieren *vt ndash* 1) shkëlqej (*enët etj.*); 2) *fig* përpunoj (*një artikull etj.*).

aufprägen *ndash vt* shtyp; **er prägte einen Adler auf die Münze** ai shtypi një shqiponjë në monedhë.

Aufprall *m* **-s** përplasje.
aufprobieren *vt ndash* provoj (*a më bie mirë kostumi etj.*).
aufpulvern *vt ndash fig bis* ngjall; **der Kaffee pulverte ihn auf** kafeja e ngjalli.
aufpumpen *vt ndash* fryj me pompë (*kamerdaren etj.*).
aufputschen *vt ndash* çoj peshë, nxis.
Aufputz *m* **-es** stolisje e tepruar.
aufputzen *ndash* 1. *vt* stolis; 2. *vrefl* **sich aufputzen** stolisem në mënyrë të tepruar; *fig* **sich aufputzen wie ein Pfau** pispillosem.
aufquellen* *ndash vi* (s) 1) fryhem; ënjtem; 2) ngrihet lart (*avulli etj.*); *fig* **Zorn quoll in ihm auf** i hipi inati.
aufraffen *ndash* 1. *vt* mbledh shpejt e shpejt; 2. *vrefl* **sich aufraffen** 1) ngrihem me vështirësi; 2) mbledh mendjen.
aufragen *vi ndash* ngrihet lart (*kulla etj.*).
aufrappeln, sich *vrefl bis sh* **sich aufraffen**.
aufrauchen *vt ndash* pi gjer në fund (*cigaren*).
aufrauhen *vt ndash* ashpëroj, bëj të ashpër (*drurin etj.*).
aufräumen *ndash* 1. *vt* 1) ndreq, rregulloj (*dhomën etj.*); 2) heq, ngre, pastroj (*mbeturinat etj.*); 2. *vi* **(h)** *bis* 1) bën kërdinë (*epidemia etj.*); 2) **(mit D)** qëroj; heq qafe; eliminoj; **mit überholten Begriffen aufräumen** zhduk koncepte të vjetruara.
aufrechnen *vt ndash* 1) llogaris (*shpenzimet etj.*); 2) kompensoj.
aufrecht 1. *a* 1) i drejtë; që qëndron në këmbë; 2) *fig* i drejtë, i ndershëm; 2. *adv* drejt, në këmbë; **sich vor Müdigkeit nicht mehr aufrecht halten können** s'qëndroj dot në këmbë nga lodhja; **den Kopf aufrecht halten** qëndroj ballëlart.
aufrechterhalten* *vt ndash* mbaj (*rregullin etj.*).
aufregen *ndash* 1. *vt* shqetësoj; 2. *vrefl* **sich aufregen** 1) nxehem, turbullohem, shqetësohem; **regen Sie sich nicht darüber auf!** për këtë mos u shqetësoni!; 2) *bis* **(über A)** zemërohem, indinjohem (*për diçka*).
aufregend *a* 1) tërheqës; **ein aufregendes Buch** një libër tërheqës; 2) emocionues (*ngjarje etj.*).
Aufregung *f* **=, -en** 1) shqetësim; 2) emocion.
aufreiben* *ndash* 1. *vt* 1) rrjep duke fërkuar (*shala kurrizin e kalit etj.*); 2) asgjësoj (*një ushtri etj.*); 3) rraskapis; 2. *vrefl* **sich aufreiben** dërrmohem; **du reibst dich für deine Familie auf** po bëhesh copë për familjen.
aufreihen *ndash* 1. *vt* radhis, vë në radhë; 2. *vrefl* **sich aufreihen** radhitem, vihem në radhë.
aufreißen* *ndash* 1. *vt* 1) shpërthej, hap me forcë (*derën etj.*); 2) shqyej (*zarfin etj.*); 3) shkul (*gurët e kalldrëmit etj.*); *fig* **die Augen aufreißen** zgurdulloj, shqyej sytë; 4) gërvisht (*lëkurën etj.*); gris (*rrobat etj.*); 5) vizatoj; 2. *vi* **(s)** çahet, hapet (*plaga etj.*).
aufreizen *vt ndash* 1) nxis, çoj peshë; **jemanden zum Widerstand aufreizen** nxis dikë të kundërshtojë; 2) trondis.
aufrichten *ndash* 1. *vt* 1) ngre (*një ndërtesë etj.*); 2) vendos (*një tra etj.*); 3) ngre në këmbë (*një të rrëzuar etj.*); *fig* ngushëlloj; i jap zemër dikujt; 2. *vrefl* **sich aufrichten** 1) ngrihem në këmbë (ndenjur); 2): **sich an etwas oder jemandem aufrichten** gjej mbështetje (ngushëllim) në diçka ose te dikush.

aufrichtig *a* i çiltër, sinqertë.
Aufrichtigkeit *f* = çiltërsi, sinqeritet.
Aufriß *m* **-sses, -sse** vizatim, skicë.
aufrollen *vt ndash* 1) mbështjell (*fillin, telin etj.*); përvesh (*mëngët*); 2) çmbështjell, hap (*hartën etj.*); *fig* **eine Frage aufrollen** shtroj një çështje.
aufrücken *vi ndash* **(s)** 1) afrohem; 2) përparoj; 3) ngrihem në pozitë.
Aufruf *m* **-s, -e** thirrje (*popullsisë etj.*).
aufrufen* *vt ndash* 1) thërras (*dikë*); 2) i bëj thirrje (*popullsisë etj.*).
Aufruhr *m* **-s, -e** trazirë, turbullirë; kryengritje.
aufrühren *vt ndash* 1) trazoj, përziej; 2) shqetësoj, turbulloj; 3) çoj peshë, nxis; *fig* **alte Streitigkeiten aufrühren** ngjall armiqësi të vjetra.
Aufrührer *m* **-s,** = element turbullues; kryengritës.
aufrührerisch *a* 1) që shkakton trazira, turbullira etj.; 2) që merr pjesë në trazira, turbullira etj.
aufrunden *vt ndash* rrumbullakoj (*një shumë*).
aufrüsten *ndash* 1. *vt* ngreh, montoj (*një skelë etj.*); 2. *vi* **(h)** armatosem.
Aufrüstung *f* =, **-en** armatim.
aufrütteln *vt ndash* shkund nga gjumi; *fig* **das Gewissen der Menschheit aufrütteln** zgjoj ndërgjegjen e njerëzimit.
aufs = **auf das.**
aufsagen I *vt ndash* them përmendsh (*një vjershë etj.*).
aufsagen II *vt ndash* prish, i jap fund (*miqësisë me dikë etj.*).
aufsammeln *vt ndash* mbledh (*sende që kanë rënë në tokë etj.*).
aufsässig *a* kokëfortë; i pabindur, i pashtruar.
Aufsässigkeit *f* = kokëfortësi; mosbindje.
Aufsatz *m* **-es, sätze** hartim; artikull.
aufsaugen* *ndash edhe sipas zgjedhimit të dobët vt* thith, absorboj (*edhe fig*).
aufschauen *vt ndash* shikoj.
aufschäumen *vi ndash* **(h)** ngrihet duke shkumëzuar (*dallga etj.*).
aufscheinen *vi ndash* **(s)** del (*në listë etj.*).
aufscheuchen *vt ndash* tremb (*një kafshë etj.*).
aufschichten *vt ndash* stivoj (*dru etj.*).
aufschieben* *vt ndash* 1) hap duke shtyrë (*derën etj.*) 2) shtyj, lë për më vonë (*një punë etj.*).
aufschießen* *vi ndash* **(s)** 1) ngrihet lart (*aeroplani, flaka etj.*); *fig* **er schoß auf** ai u hodh përpjetë; 2) rritet, lëshon shtat shpejt (*gruri etj.*).
Aufschlag *m* **-s, -schläge** 1) goditje (*e predhës etj.*); 2) përveshje (*e mëngëve etj.*); 3) ngritje (*e çmimit*).
aufschlagen* *ndash* 1. *vt* 1) ngre (*sytë, flamurin etj.*); 2) përvesh (*mëngët*); 3) ngreh (*çadrën*); 4) ngre (*çmimet*); 5) çaj (*arrën etj.*); 6) mbërthej (*potkoin*); 7) përplas, vras (*kokën etj.*); 8) hap (*librin etj.*); 2. *vi* 1) përplaset, bie (*topi etj.*); 2) shtrenjtohet (*malli etj.*); ngrihet (*çmimi*).
aufschließen* *ndash* 1. *vt* 1) hap me çelës; 2) *fig* hap (*zemrën etj.*); 3) *kim* tres, shkrij (*një lëndë*); 2. *vi* **(h)** shtrëngoj radhët; 3. *vrefl* **sich aufschließen** i hapem (*dikujt*).
aufschlitzen *vt ndash* çaj; hap; **einen Brief aufschlitzen** hap një letër.
Aufschluß *m* **-sses, -schlüsse** 1) shpjegim, sqarim; 2) *gjeol* vendburim.

aufschneiden* *ndash* 1. *vt* 1) çaj; 2) rriskoj (*librin etj.*); 3) rriskoj, pres rriska-rriska (*sallamin etj.*); 2. *vi* (h) mburrem, flas fjalë të mëdha.

Aufschneider *m* **-s, =** 1) fjalëmadh; mburravec; 2) gënjeshtar.

Aufschnitt *m* **-s, -e** 1) rriskë; 2) : *fig bis* **kalter Aufschnitt** mburrje.

aufschnüren *vt ndash* i zgjidh (*lidhëset etj. një pakoje etj.*).

aufschrauben *vt ndash* 1) hap me vidhë; 2) mbyll me vidhë (*kapakun e shishes etj.*).

aufschrecken *ndash* 1. *vt* tremb; 2. *vi* (s) trembem; **aus dem Schlaf aufschrecken** ngrihem i trembur nga gjumi.

Aufschrei *m* **-(e)s, =** britmë, klithmë (*gëzimi, frike etj.*).

aufschreiben* *ndash vt* shënoj, marr shënim.

aufschreien* *vi ndash* (h) bërtas, thërras (*nga gëzimi, dhembja etj.*).

Aufschrift *f* **=, -en** 1) mbishkrim; 2) adresë.

Aufschub *m* **-s, -schübe** shtyrje (*e afatit*); **ohne Aufschub** pa u vonuar, menjëherë.

aufschütteln *vt ndash* shkund (*dyshekun, jastëkun etj.*).

aufschütten *vt ndash* 1) hedh (*dhe, kashtë etj.*); 2) mbush me dhe (*ledhin, digën etj.*).

aufschwatzen *vt ndash* : *bis* **jemandem etwas aufschwatzen** ia marr mendtë me llafe dikujt që të blejë (të marrë) diçka.

aufschwellen *ndash* 1. *vt* 1) fryj; **die Fußnoten haben das Buch sehr aufgeschwellt, aufschwellen lassen** shënimet në fund të faqes e kanë fryrë shumë librin; 2. *vi** (s) 1) ënjtem; 2) fryhet (*lumi etj.*).

aufschwingen*, sich *ndash* 1) ngrihet lart (*zogu etj.*); **der Adler schwang sich auf in die Wolken** shqiponja u ngrit lart ndër re; 2) *fig bis* vendos, mbledh mendjen; **ich kann mich nicht (dazu) aufschwingen, dieses Buch zu lesen** nuk e mbledh dot mendjen që të lexoj këtë libër.

Aufschwung *m* **-s, -schwünge** 1) ngritje lart; 2) *fig* lulëzim; **einen Aufschwung nehmen** zhvillohet.

aufsehen* *vi ndash* (h) 1) ngre sytë; **er arbeitet, ohne aufzusehen** ai punon pa ngritur kokën; 2) *fig* shikoj me admirim; **sie sah zu ihm auf wie zu einem Gott** ajo e shikonte si perëndi.

Aufsehen *n* : *shpr* **Aufsehen erregen** tërheq vëmendjen e të gjithëve, bëj bujë; *shpr* **Aufsehen vermeiden** mundohem që të mos bie në sy.

aufsehenerregend *a* që tërheq vëmendjen; që bie në sy; i bujshëm.

Aufseher *m* **-s, =** kujdestar, mbikëqyrës.

aufsein* *vi ndash* (s) 1) jam ngritur (*nga shtrati*); 2) rri hapur (*dera etj.*).

aufsetzen *ndash* 1. *vt* 1) vë (*kapelën, syzet etj.*); *fig* **das setzt der Sache die Krone auf!** ky është kulmi!; *fig* **jemandem Hörner aufsetzen** i vë brirë dikujt; 2) i qep (*një arnë xhaketës etj.*); 3) ndërtoj (*mbi diçka*); **ein Stockwerk auf ein Haus aufsetzen** i shtoj një kat një shtëpie; 4) hedh në letër; **einen Brief aufsetzen** shkruaj një letër; 2. *vi* (h) ulet (*aeroplani*); perëndon (*dielli*); 3. *vrefl* **sich aufsetzen** ngrihem ndenjur (*në shtrat*); **der Kranke setzte sich im Bett auf** i sëmuri u ngrit ndenjur në shtrat.

Aufsicht *f* **=, -en** mbikëqyrje, kontroll; **Aufsicht führen** mbikëqyr; kontrolloj.

aufsitzen* *vi ndash* (s) 1) hipi (*në kalë etj.*); 2) ngec (*në rërë etj.*); 3) rri pa fjetur; 4) : *shpr* **jemandem auf-**

sitzen a) i bie në qafë dikujt; b) ma hedh dikush; **ich bin einem Betrüger aufgesessen** ma ka hedhur një mashtrues; *shpr* **jemanden aufsitzen lassen** a) hipi dikë (*në motor etj.*); b) *fig bis* lë në baltë dikë.
aufspalten *ndash* 1. *vt* 1) çaj; 2) *fig* përçaj; 2. *vrefl* **sich aufspalten** ndahet (*një organizatë në dy grupe etj.*).
aufspannen *vt ndash* 1) hap (*çadrën*); 2) ngreh, tendos, shtrij (*telin etj.*).
aufsparen *vt ndash* ruaj për më vonë; **den Schluß der Geschichte sparen wir als Überraschung auf** fundin e historisë e ruajmë për më vonë si surprizë.
aufspeichern *vt ndash* grumbulloj, mbledh.
aufsperren *vt ndash* 1) çel, hap (*derën etj.*); 2) *fig* hap (*gojën, sytë, veshët etj.*).
aufspielen *vt, vi ndash* **(h)** 1) luan (*orkestra një këngë, vals etj.*); bie muzika (*për një valle etj.*); 2. *vrefl* **sich aufspielen** mbahem, hiqem (si).
aufspießen *vt ndash* 1) shpoj (*me heshtë, me bri etj.*); 2) marr me pirun (*një copë mish etj.*).
aufsplittern *vt ndash* 1) çaj (*një tra etj.*); 2) *fig* ndaj.
aufsprengen *vt ndash* thyej (*derën etj.*); çaj (*rrethimin etj.*).
aufspringen* *vi ndash* **(s)** 1) kërcej; hidhem përpjetë; 2) hapet befas (*dera etj.*); 3) plasaritet (*lëkura etj.*).
aufspulen *ndash* 1. *vt* mbështjell (*fillin etj.*); 2. *vrefl* **sich aufspulen** mbështillet (*filli etj.*).
aufspüren *vt ndash* 1) i bie në gjurmë (*lepurit, kriminelit etj.*); 2) gjej; 3) *fig* zbuloj (*një të fshehtë etj.*).
aufstacheln *vt ndash* nxis, shtyj.
aufstampfen *vi ndash* **(h)** përplas këmbët (*për të shkundur borën etj.*).
Aufstand *m* **-(e)s, stände** kryengritje; rebelim; **bewaffneter Aufstand** kryengritje e armatosur.
aufständisch *a* kryengritës.
aufstapeln *vt ndash* grumbulloj (*libra etj.*); stivoj (*trarë etj.*).
aufstauen *vt ndash* mbledh (*ujin e lumit në një liqen artificial etj.*).
aufstechen* *vt ndash* shpoj (*një flluskë etj.*).
aufstecken* *vt ndash* 1) ngul (*flamurin etj.*); *shpr bis* **jemandem ein Licht aufstecken** ia hap sytë dikujt; 2) kap (*me gjilpërë etj.*); 3) *bis* heq dorë nga (*një plan etj.*); **das Rauchen aufstecken** heq dorë nga duhani.
aufstehen* *vi ndash* 1) **(s)** ngrihem në këmbë; **aus dem Bett aufstehen** ngrihem nga shtrati; 2) **(s)** ngre krye; 3) **(h, s)** *bis* rri hapur (*dera, dritarja etj.*).
aufsteigen* *vi ndash* **(s)** 1) hipi (*në makinë etj.*); 2) ngrihet (*avioni, zogu, mjegulla etj.*); 3) del, lind (*dielli, një yll etj.*); *fig* **ein Gedanke stieg in mir auf** më erdhi një mendim; 4) ngjitem lart (*në pozitë, kategori etj.*).
aufstellen *ndash* 1. *vt* 1) vë, vendos; 2) ngre, ndërtoj; 3) mbledh (*ushtarë, punëtorë për një punë etj.*); 4) paraqes (*një kandidat etj.*); 5) hartoj, nxjerr (*një teori etj.*); 6) përpiloj (*një listë etj.*); 2. *vrefl* **sich aufstellen** 1) dal, qëndroj (*para dikujt etj.*); 2) vihem në radhë.
Aufstellung *f* **=, -en** 1) vendosje; 2) ngritje; 3) formacion (*i skuadrës etj.*); 4) listë.
Aufstieg *m* **-s, -e** 1) ngjitje (*në një mal etj.*); 2) ngritje; zhvillim (*i industrisë etj.*); 3) e përpjetë.
aufstöbern *vt ndash* 1) ngre (*gjahun*); 2) *bis* gjej, zbuloj (*një kriminel etj.*).
aufstocken *vt ndash* 1) ngre një kat

më lart (*ndërtesën etj.*); 2) shtoj (*një kapital*); rris (*një numër etj.*).

Aufstockung *f* =, **-en** 1) shtesë kati; 2) shtim (*i kapitalit etj.*); 3) rritje (*e numrit etj.*).

aufstöhnen *vi ndash* (**h**) rënkoj.

aufstoßen* *ndash* 1. *vt* 1) hap duke shtyrë (*derën etj.*); 2) ndesh, përplas (*gotën pas tryezës etj.*); **er hat sich (D) den Kopf aufgestoßen** ka përplasur kokën; 2. *vi* (**h**) 1) gromësij; *shpr* **etwas stößt jemandem übel auf** më vjen inat; 2) (**auf A**) ndesh, has (*në diçka*); 3. *vrefl* **sich aufstoßen** përplasem.

aufstreben *vi ndash* 1) ngrihet lart (*një ndërtesë etj.*); 2) përpiqem të ngrihem lart; 3) *fig* synoj lart.

aufstreichen* *vt ndash* shtroj (*gjalpin në bukë etj.*).

Aufstrich *m* **-s** lyerje (*e bukës me gjalpë etj.*).

aufstülpen *vt ndash* 1) rras (*kapelën*); 2) përvesh (*mëngët*); 3) rrudh (*buzët*).

aufstützen *ndash* 1. *vt* mbështes (*krahun etj.*); 2. *vrefl* **sich aufstützen** mbështetem; **sich mit der Hand aufstützen** mbështetem me dorë.

aufsuchen *vt ndash* 1) kërkoj; 2) vizitoj; **den Arzt aufsuchen** vizitohem te mjeku.

auftafeln *vt ndash* shtroj në tryezë (*një gjellë etj.*).

auftakeln *ndash* 1. *vt* 1) *det* pajis me vela etj. (*anijen*); 2. *vrefl* **sich auftakeln** *fig* nisem e stolisem.

Auftakt *m* **-(e)s, -e** fillim (*i një aktiviteti etj.*); **dies war der Auftakt zum 1. Weltkrieg** ky qe fillimi i Luftës së Parë Botërore.

auftanken *ndash* 1. *vt* furnizoj me lëndë djegëse (*automobilin etj.*); 2. *vi* (**h**) furnizohet me lëndë djegëse (*automobili etj.*).

auftauchen *vi ndash* (**s**) 1) dal mbi ujë; 2) *fig* dukem, mbij papritur; 3) *fig* lind (*dyshimi etj.*).

auftauen *ndash* 1. *vt* shkrij (*akullin etj.*); 2. *vi* (**h, s**) shkrin (*akulli, bora etj.*).

aufteilen *vt ndash* ndaj (*në pjesë, në klasa etj.*).

Aufteilung *f* =, **-en** ndarje (*në pjesë, në kategori etj.*).

auftischen *vt ndash* 1) vë në tryezë (*gjellën*); 2) *fig* tregoj (*një të re etj.*).

Auftrag *m* **-s, -träge** 1) detyrë; 2) porosi; **im Auftrag nehmen** marr përsipër.

auftragen* *ndash* 1. *vt* 1) vë në tryezë (*gjellën etj.*); 2) shtroj, vë (*bojën etj.*); *fig bis* **dick auftragen** e teproj; 3) gris (*rrobat, këpucët etj.*); 4) ngarkoj (*me një detyrë etj.*); 5) porosis; **er hat mir aufgetragen, seine kranke Mutter zu besuchen** më ka porositur t'i bëj një vizitë s'ëmës së sëmurë; 2. *vi* (**h**) *bis* (*më*) tregon të trashë (*një rrobë*).

auftreffen* *vi ndash* (**s**) (**auf A**) ndesh, has (*në diçka*).

auftreiben* *vt ndash* 1) ngre (*pluhur*); 2) *bis* gjej; 3) fryj (*gomën etj.*).

auftrennen *vt ndash* 1) shqep; 2) shthur (*gardhin etj.*).

auftreten* *vi ndash* (**s**) 1) shkel; eci; 2) paraqitem; dal; 3) sillem (*me vendosmëri etj.*); 4) dal, luaj (*në skenë*).

Auftreten *n* **-s** 1) paraqitje; dalje; 2) shfaqje; 3) sjellje.

Auftrieb *m* **-s** vrull.

Auftritt *m* **-s, -e** 1) dalje (*në skenë*); 2) pjesë e një akti; tablo; 3) shkallinë; 4) *fig* skenë; **jemandem einen Auftritt machen** i bëj një skenë dikujt.

auftun* *ndash* 1. *vt* 1) hap, çel; **tu die Augen auf!** hap sytë!; 2) *bis*

hedh në pjatë (*gjellën etj.*); 3) *bis* gjej, zbuloj (*diçka të mirë*); 2. *vrefl* **sich auftun** 1) hapet (*dera etj.*); 2) *fig* hapet (*një botë e re etj.*).
auftürmen *ndash* 1. *vt* vë pirg, grumbull; 2. *vrefl* **sich auftürmen** 1) dalin (*vështirësi etj.*); 2) ngrihet përpjetë (*një shkëmb etj.*).
aufwachsen* *ndash vi* **(s)** rritem; kaloj fëmijërinë (*në një vend etj.*).
aufwallen *vi ndash* **(s)** 1) ngrihet lart (*dallga etj.*); 2) vlon (*uji etj.*); 3) *fig* zien (*inati etj.*).
Aufwallung *f* **=, -en** ndjenjë (*e fortë dhe e papritur*).
Aufwand *m* **-s** 1) shpenzim, harxhim (*mjetesh, forcash etj.*); 2) luks, salltanet; *shpr* **Aufwand treiben** jetoj në luks.
Aufwandsentschädigung *f* **=, -en** kompensim (*për shpenzime të veçanta gjatë një shërbimi etj.*).
aufwärmen *ndash* 1. *vt* 1) ngroh përsëri (*gjellën etj.*); 2) *fig* rikujtoj (*diçka të pakëndshme*); 2. *vrefl* **sich aufwärmen** ngrohem (*te soba etj.*).
Aufwartefrau *f* **=, -en** pastruese.
aufwarten *vi ndash* **(h)** *vjet* 1) i shërbej (*në tryezë dikujt*); 2) **(mit D)** gostis, qeras (*me diçka dikë*); 3) **(D)** i bëj një vizitë (*dikujt*).
Aufwärterin *f* **=, -nen** *sh* **Aufwartefrau.**
aufwärts *adv* lart, përpjetë.
aufwärtsgehen* *vi* **(s)** *ndash* e marr veten (*nga një gjendje e vështirë, një sëmundje etj.*).
Aufwartung *f* **=, -en** *vjet* 1) shërbim në tryezë; 2) shërbyese; 3): *shpr* **jemandem seine Aufwartung machen** i bëj një vizitë të shkurtër mirësjelljeje dikujt.
aufwaschen* *vt ndash* laj (*enët*); *shpr* **das ist ein Aufwaschen, das geht in einem Aufwaschen** kjo bëhet fët e fët.
aufwecken *vt ndash* 1) zgjoj; 2) *fig* ngjall (*të vdekurin*).
aufweichen *ndash* 1. *vt* 1) zbus (*edhe fig*); 2. *vi* **(s)** zbutet.
aufweisen* *vt ndash* 1) tregoj; 2) kam (*një veti, cilësi etj.*); **dieser Apparat weist einige Mängel auf** ky aparat ka disa të meta.
aufwenden* *edhe sipas zgjedhimit të dobët vt* 1) shpenzoj (*pare*); 2) shkrij (*forca*).
aufwendig *a* i shtrenjtë, i kushtueshëm.
Aufwendungen *sh* shpenzime.
aufwerfen* *ndash* 1. *vt* 1) grumbulloj (*dhe, qymyr etj.*); 2) hedh lart; 3) hedh sipër; 4) mbush (*me dhe ledhin etj.*); 5) *fig* ngre (*një problem*); 2. *vrefl* **sich aufwerfen** hiqem si ...
aufwerten *vt ndash* 1) vlerësoj (*monedhën etj.*); 2) rivlerësoj (*një mall të zhvlerësuar*).
Aufwertung *f* **=, -en** 1) vlerësim (*i monedhës*); 2) rivlerësim (*i një malli*).
aufwickeln *vt ndash* 1) mbështjell; 2) çmbështjell (*një pako etj.*).
aufwiegeln *vt ndash* nxis (*për kryengritje etj.*).
aufwiegen* *vt ndash* 1) baraspeshoj; 2) : *shpr* **das läßt sich nicht mit Gold aufwiegen** kjo s'ka të paguar.
Aufwiegler *m* **-s, =** 1) nxitës; 2) turbullues.
aufwieglerisch *a* 1) nxitës; 2) turbullues, trazues.
aufwinden* *vt ndash* 1) mbështjell; 2) ngre me vinç.
aufwirbeln *ndash* 1. *vt* ngre vorbull (*pluhurin etj.*); 2. *vi* **(s)** ngrihet vorbull (*pluhuri etj.*).
aufwischen *vt ndash* fshij (*pluhurin etj.*) me leckë.
aufwühlen *vt ndash* 1) rrëmoj, gërmoj; 2) *fig* trondis, çoj peshë.

aufzählen *vt ndash* numëroj një për një (*meritat e dikujt etj.*).

Aufzählung *f* =, **-en** numërim.

aufzäumen *vt ndash* i vë fre (*kalit etj.*); *shpr bis* **das Pferd beim Schwanz aufzäumen** i hipi kalit së prapthi.

aufzehren *vt ndash* 1) ha gjer në fund; 2) *fig* mbaroj (*rezervat etj.*); prish (*pasurinë etj.*); shkrij (*të gjitha forcat etj.*).

aufzeichnen *vt ndash* shkruaj; shënoj; hedh në letër (*kujtime, një plan etj.*).

Aufzeichnung *f* =, **-en** shkrim; shënim; kujtim.

aufzeigen *ndash* 1. *vt* tregoj; 2. *vi* (h) ngre dorën (*nxënësi*).

aufziehen* *ndash* 1. *vt* 1) ngre, hap (*perden*); 2) ngre, shpalos (*velat, flamurin etj.*); 3) kurdis (*orën*); ngreh (*çarkun*); 4) rris (*një fëmijë, bimë etj.*); 5) vë, montoj (*kopertonin etj.*); 6) ngjis (*një fotografi në album etj.*); 7) shqep (*trikon etj.*); 8) organizoj (*një festë etj.*); 9) *bis* tall (*dikë*); 2. *vi* (s) 1) del (*roja*); 2) mblidhen (*retë*); afrohet (*stuhia*); 3. *vrefl* **sich aufziehen** kthjellohet (*qielli etj.*).

Aufzucht *f* = rritje (*e kafshëve shtëpiake*).

Aufzug *m* **-(e)s** 1) procesion; marshim; parakalim; 2) akt (*i një drame*); 3) ashensor; makara; 4) *përb* veshje; rroba; **willst du in diesem Aufzug auf die Straße gehen?** me këto rroba do të dalësh në rrugë?

aufzwingen* *vt ndash* imponoj; **jemandem seinen Willen aufzwingen** i imponoj vullnetin tim dikujt.

Augapfel *m* **-s, Augäpfel** *anat* kokërdhok i syrit; *shpr* **etwas wie seinen Augapfel hüten** ruaj si dritën e syrit diçka.

Auge *n* **-s, -n** 1) sy; **Augen auf(gemacht)!** kujdes!, hap sytë!; **im Auge haben** kam parasysh; *prov* **eine Krähe hackt der anderen kein Auge aus** korbi korbit s'ia nxjerr sytë; **ins Auge fassen** s'ia ndaj syrin; **unter vier Augen** vetëm për vetëm; **ein Auge zudrücken** mbyll një sy; **mit bloßem Auge** me sy (*pa dylbi etj.*); **so weit das Auge reicht** gjer ku ha syri; **die ganze Nacht kein Auge zutun** s'mbyll sy gjithë natën; **große Augen machen** hap sytë nga habia, habitem; **verliebte Augen machen** shikoj me dashuri; **das ist etwas fürs Auge** të kënaq syrin; **jetzt gehen mir die Augen auf** tani po e kuptoj; **in meinen Augen** sipas mendjes sime; **du schläfst wohl mit offenen Augen** a) ti po fle me sy hapur; b) a i ke sytë në ballë?; **seine Augen überall haben** s'më shpëton gjë nga syri; **jemandem nicht mehr unter die Augen treten** s'i dal dot përpara syve dikujt; **unter meinen Augen** në sy tim; **jemandem Sand in die Augen streuen** i hedh pluhur syve dikujt; **Auge um Auge** dhëmb për dhëmb; **um seiner schönen Augen willen** për sytë e tij të bukur; **mir wurde schwarz vor den Augen** m'u errën sytë; **vor allen Augen** në sy të të gjithëve; **mit den Augen verschlingen** ha, përpij me sy; **mit einem blauen Auge davonkommen** shpëtoj paq (*nga një rrezik etj.*); **mit einem lachenden und einem weinenden Auge** edhe i gëzuar edhe i dëshpëruar; **er ist ihm ein Dorn im Auge** e ka halë në sy; **es fällt, springt in die Augen** bie në sy; *fig* **das Auge des Gesetzes** policia; **künstliches Auge** sy prej xhami; 2) *bot* syth.

Augenarzt *m* **-(e)s, -ärzte** okulist.

Augenblick *m* **-(e)s, -e** çast; **jeden Augenblick** në çdo çast; **im Augenblick** në këtë çast; hëpërhë.
augenblicklich 1. *a* i çastit, i tanishëm; 2. *adv* tani; në çast; menjëherë.
Augenbraue *f* **=, -n** *anat* vetull; **die Augenbrauen hochziehen** ngre vetullat.
augenfällig *a* që bie në sy, i dukshëm.
Augenglas *n* **-es, -gläser** 1) *pl* syze; 2) monokël; 3) dylbi (*teatri*).
Augenlid *n* **-(e)s, -er** *anat* qepallë, kapak i syrit.
Augenmaß *n* **-es** matje me sy; *shpr* **nach (dem) Augenmaß** me hamendje.
Augenmerk *n* **-(e)s** vëmendje; **sein Augenmerk auf etwas (A) richten** ia vë mendjen diçkaje.
Augenschein *m* **-s** pamje (*e jashtme*); dukje; **der Augenschein trügt** pamja e jashtme të gënjen; **dem Augenschein nach** me sa duket; *shpr* **jemanden (etwas) in Augenschein haben** shikoj dikë (diçka) me vëmendje.
augenscheinlich 1. *a* i qartë; 2. *adv* siç duket.
Augenstern *m* **-(e)s** *poet* dritë e syrit.
Augentäuschung *f* **=, -en** iluzion optik.
Augenwimper *f* **=, -n** *anat* qerpik.
Augenzeuge *m* **-n, -n** dëshmitar pamor.
August *m* **-(e)s** *dhe* **=** gusht.
Aukti'on *f* **=, -en** ankand.
Auktion'ator *m* **-s, -t'oren** shitës në ankand.
auktion'ieren *vt* shes në ankand.
Aula *f* **=, -len** sallë, auditor.
Aure'ole *f* **=, -n** brerore, aureolë.
aus 1. *präp me* **D** 1) (*vend*) nga, prej; **aus dem Zimmer gehen** dal nga dhoma; 2) (*prejardhje*) nga, prej; **aus Dresden stammen** jam nga Drezdeni; 3) (*lëndë*) prej; **aus Papier** prej letre; **aus Holz** prej druri; 4) (*shkak*) për, nga; **aus verschiedenen Gründen** për shumë arsye; **aus Furcht** nga frika; 5) (*kohë*) nga, prej; **aus dem vorigen Jahr** nga viti i kaluar; 2. *adv* 1) (*drejtim*) jashtë; **ein und aus gehen** hyj e dal; *fig* **weder ein noch aus wissen** s'di nga t'ia mbaj; 2) (*vend*) që nga; **von hier aus** që këtej; *bis* **von mir aus** përsa më përket mua (*s'kam asnjë kundërshtim*); 3): *shpr* **auf etwas aus sein** ndjek diçka; **er ist nur darauf aus, Geld zu verdienen** ai shikon vetëm të fitojë pare; *shpr* **das Licht ist aus** është fikur drita; *shpr* **er ist aus** ai ka dalë; *shpr bis* **aus!** mjaft!, pusho!
aus= *parashtesë e ndashme foljore, që tregon:* 1) *lëvizje nga brenda jashtë:* **austreten;** 2) *përfundim veprimi:* **ausheilen.**
ausarbeiten 1. *vt* 1) hartoj (*një raport etj.*); 2) përsos, përpunoj (*një vepër etj.*); 2. *vrefl* **sich ausarbeiten** punoj, bëj punë (*në kopsht etj.*).
Ausarbeitung *f* **=, -en** 1) hartim (*i një sendi*); 2) përpunim, përsosje (*e një vepre*).
ausarten *vi ndash* **(s)** 1) degjeneroj; 2) *fig* përfundon (*një grindje në rrahje etj.*).
ausatmen *vt ndash* nxjerr frymë.
ausbaden *vt ndash* paguaj (*një dëm etj.*).
ausbaggern *vt ndash* 1) heq me dragë (*dhe etj.*); 2) thelloj me dragë (*një kanal etj.*)
ausbalancieren [*-lans'irën*] *vt ndash* baraspeshoj, balancoj; *fig* **diese Kräfte müssen ausbalanciert werden** këto forca duhen baraspeshuar.
ausbaldowern *vt ndash bis* gjej, zbuloj, bie në (*diçka*).

Ausbau *m* **-s** 1) çmontim (*i një motori etj.*); 2) zgjerim (*i një ndërtese etj.*); 3) përpunim, zhvillim i mëtejshëm (*i një teorie etj.*).
ausbauen *vt ndash* 1) çmontoj, heq (*motorin nga një kamion etj.*); 2) zhvilloj më tej (*një teori etj.*).
ausbedingen*, sich *vrefl ndash* vë si kusht (*diçka*); kërkoj (*një të drejtë etj.*).
ausbeißen*, sich *vrefl ndash* : **sich (D) einen Zahn ausbeißen** thyej dhëmbin duke kafshuar (*një mollë etj.*); *shpr* **sich (D) an etwas die Zähne ausbeißen** nuk ia dal dot në krye diçkaje.
ausbessern *vt ndash* 1) ndreq, riparoj (*shtëpinë etj.*); 2) arnoj (*ndërresat*); 3) restauroj (*një piktu-rë etj.*).
Ausbesserung *f* =, **-en** 1) ndreqje, riparim; 2) arnim; 3) restaurim.
ausbeulen *vt ndash* 1) gungoj (*një llamarinë etj.*); 2) bëj me gjunjë (*pantallonat etj.*); 3) i heq gungat (*kapelës etj.*); shtroj (*llamarinën etj.*).
ausbeuten *vt ndash* 1) shfrytëzoj (*punëtorët etj.*); 2) *min* nxjerr (*mineral etj.*).
Ausbeuter *m* **-s** = shfrytëzues.
Ausbeutung *f* =, **-en** 1) shfrytëzim; 2) *min* nxjerrje (*e mineralit*).
ausbezahlen *vt ndash* paguaj (*një shumë, rrogën, punëtorin*).
ausbilden *vt ndash* 1) formoj; 2) zhvilloj; 3) përsos (*dijet etj.*); 4) mësoj (*dikë*).
Ausbilder *m* **-s**, = instruktor (*sidomos ushtarak*).
Ausbildung *f* =, **-en** 1) formim; 2) zhvillim; 3) arsim; **allgemeine Ausbildung** arsim i përgjithshëm.
ausbitten*, sich *vrefl ndash* kërkoj; lutem; **ich bitte mir aus, daß Sie pünktlich sind** kërkoj që të jeni i përpiktë; *shpr* **das möchte ich aus-gebeten haben!** e prisja këtë!
ausblasen* *vt ndash* 1) shuaj (*zjarrin*) duke i fryrë; 2) pastroj duke i fryrë (*një tub etj.*).
ausbleiben* *vi ndash* **(s)** 1) nuk vij; 2) mungoj; **der Erfolg kann nicht ausbleiben** suksesi nuk mund të mungojë.
ausbleichen* *ndash* 1. *vi sipas zgjedhimit të dobët dhe të përzier:* **ausgebleicht, ausgeblichen (s)** zbardhet, zbërdhulet (*pëlhura në diell etj.*); 2. *vt sipas zgjedhimit të dobët* zbardh.
ausblenden *ndash vt* shuaj (*zërin ose figurën në një film etj.*).
Ausblick *m* **-s, -e** pamje; perspek-tivë.
ausbluten *vi ndash* **(h, s)** 1) zhgjakësohet (*kafsha e therur*); 2) *fig* dërrmohet (*vendi nga lufta etj.*).
ausbohren *vt ndash* hap, zgjeroj (*vrimën*); thelloj (*vrimën e një detaji etj.*).
ausbomben *vt ndash* bombardoj, shkatërroj duke bombarduar; **aus-gebombt werden** humbas shtëpi e katandi nga bombardimet.
ausbooten *vt ndash* 1) heq me barkë (*nga anija*); 2) *fig* heq nga puna.
ausbrechen* *ndash* 1. *vt* 1) thyej (*dhëmbët etj.*); 2) vjell (*ushqimin*); 2. *vi* **(s)** 1) arratisem, iki (*nga burgu etj.*); 2) shpërthen, plas (*lufta, zjarri, greva etj.*); **in Tränen ausbre-chen** shpërthej në lot; **in Gelächter ausbrechen** shpërthej në gaz.
ausbreiten *ndash* 1. *vt* 1) shtrij, shtroj (*mbulesën mbi tryezë etj.*); 2) hap (*krahët, gazetën etj.*); përhap (*një fjalë etj.*); 2. *vrefl* **sich ausbrei-ten** 1) shtrihet (*fusha etj.*); 2) merr dhenë (*fjala etj.*); 3) përhapet (*zjarri etj.*).
ausbrennen* *ndash* 1. *vt* 1) heq, pastroj duke djegur, djeg (*një lyth,*

plagë etj.); 2) than (*dielli tokën etj.*); 2. *vi* (s) 1) shuhet (*zjarri, vullkani etj.*); 2) digjet krejt (*makina etj.*); 3) : *fig* **der Mann ist völlig ausgebrannt** ai ka shteruar fare.

ausbringen* *vt ndash* : **einen Trinkspruch ausbringen** ngre një dolli.

Ausbruch *m* **-s, -brüche** 1) fillim i papritur; 2) shpërthim; **zum Ausbruch kommen** shpërthen (*inati etj.*); 3) shpërthim, erupsion (*i vullkanit*); 4) ikje, arratisje (*nga burgu etj.*); çarje (*e rrethimit*).

Ausbruchbeben *n* **-s,** = *gjeol* tërmet vullkanik.

ausbrüten *vt ndash* 1) ngroh (*vezë*); çel (*zogj*); 2) *fig* bluaj (*një mendim etj.*).

ausbügeln *vt ndash* 1) hekuros (*pantallonat etj.*); 2) *fig bis* sheshoj (*një gabim*); mbyll (*një çështje*).

ausbuhen *vt ndash bis* pres me britma (*një aktor të keq etj.*).

ausbürgern *vt ndash* i heq shtetësinë (*dikujt*).

ausbürsten *vt ndash* pastroj me furçë.

Ausdauer *f* = qëndresë; këmbëngulje.

ausdauern *vi ndash* (h) qëndroj gjer në fund; këmbëngul.

ausdauernd *a* këmbëngulës, i palodhur.

ausdehnen *ndash* 1. *vt* 1) zgjeroj; bymej; 2) shtrij (*veprimin e një ligji etj.*); 3) zgjas (*kohën etj.*); 2. *vrefl* **sich ausdehnen** 1) zgjerohet; bymehet; 2) shtrihet; 3) zgjatet.

Ausdehnung *f* =, **-en** 1) zgjerim; bymim; 2) shtrirje; 3) zgjatje.

ausdenken* *ndash* 1. *vt* 1) marr me mend; **es ist nicht auszudenken** s'ta merr mendja; 2) gjej; shpik, trilloj; **ist das wahr, oder hast du es dir nur ausgedacht?** e vërtetë është, apo e ke trilluar?; 3) hartoj (*një plan etj.*).

ausdienen *vi ndash* (s) 1) mbaroj shërbimin; 2) dal në pension; dal në lirim; 3) vjetrohet (*rroba etj.*).

ausdiskutieren *vt ndash* diskutoj gjerë e gjatë.

ausdorren *vi ndash* (s) thahet (*toka etj.*).

ausdörren *ndash* 1. *vt* thaj; 2. *vi* (s) thahem.

ausdrehen *vt ndash* mbyll, shuaj (*dritën etj.*).

Ausdruck *m* **-(e)s** 1) shprehje; **zum Ausdruck bringen** shpreh; **zum Ausdruck kommen** shprehet; 2) *pl* **-drücke** fjalë; term; shprehje.

ausdrücken *ndash vt* 1) shtrydh (*limonin, rrobat etj.*); 2) shpreh (*një mendim etj.*).

ausdrücklich 1. *a* i qartë, kategorik; 2. *adv* qartë; shprehimisht.

Ausdruckskraft *f* = forcë shprehëse.

ausdruckslos *a* pa shprehje.

ausdrucksvoll *a* ekspresiv, shprehës.

ausdunsten, ausdünsten *vt ndash* lëshoj (*erë, kundërmim etj.*); **die Pferde dünsteten einen scharfen Geruch aus** kuajt lëshonin një duhmë të rëndë.

Ausdünstung *f* =, **-en** duhmë, erë e rëndë.

ausein'ander *adv* ndarë, veçuar nga njeri-tjetri; **die Schüler auseinander setzen** i ndaj nxënësit nga njeri-tjetri; *shpr* **sie sind auseinander** ata janë prishur, nuk flasin.

ausein'ander = *parashtesë e ndashme foljore, që tregon ndarje, veçim*: **auseinanderfallen.**

ausein'anderbringen* *vt ndash* ndaj, veçoj.

ausein'anderfallen* *vi ndash* (s) bie copë-copë; shembet, bie brenda.

ausein'andergehen* *vi ndash* (s)

1) ndahem; 2) shpërndahet (*turma etj.*); 3) ndryshojnë (*mendimet etj.*); 4) *bis* trashem.

ausein'anderhalten* *vt ndash* ndaj, dalloj.

ausein'anderjagen *vt ndash* 1) ndaj (*dy veta që zihen etj.*); 2) shpërndaj (*turmën etj.*).

ausein'anderlaufen* *vi ndash* **(s)** 1) ndahemi, shpërndahemi me vrap; 2) hapet (*brumi etj.*).

ausein'anderrücken *vt ndash* ndaj, largoj nga njeri-tjetri.

ausein'andersetzen *ndash* 1. *vt* shpjegoj, sqaroj; 2. *vrefl* **sich auseinandersetzen (mit D)** 1) diskutoj (*me dikë*); 2) merrem seriozisht (*me diçka*).

Ausein'andersetzung *f* =, **-en** 1) diskutim; 2) grindje; 3) marrje (*me një problem*).

auserkoren *a* i zgjedhur; i caktuar (*nga fati etj.*).

auserlesen* *a* i zgjedhur; i shquar (*publik etj.*).

ausersehen* *vt ndash* zgjedh; caktoj (*për diçka*).

auserwählen *vt ndash* zgjedh.

ausessen* *vt ndash* 1) ha krejt; 2) *fig* përlaj.

ausfahren* *ndash* 1. *vt* 1) shëtis (*dikë me makinë, me barkë etj.*); 2) nxjerr shëtitje (*fëmijën etj.*); 3) sjell (*me makinë etj.*); 4) nxjerr (*rrotat aeroplani për zbritje*); 5) i shkel gazin (*makinës etj.*); 6) marr (*kthesën me makinë etj.*); 2. *vi* **(s)** 1) dal shëtitje; 2) del (*anija nga limani*); 3) niset (*treni*).

Ausfahrt *f* =, **-en** 1) dalje; nisje; 2) shëtitje (*me automjet*); 3) dalje (*e shtëpisë, e portit etj.*).

Ausfall *m* **-s, -fälle** 1) mosmbajtje (*e një mbledhjeje etj.*); moszhvillim (*i një veprimtarie etj.*); 2) përfundim; rezultat; dështim; 3) rënie (*e flokëve, e prodhimit etj.*); 4) *pl* **-fälle** fjalë fyese; 5) *usht* dalje për sulm (*nga një fortesë etj.*).

ausfallen* *vi ndash* **(s)** 1) bie (*dhëmbi etj.*); 2) nuk mbahet, nuk bëhet (*një mbledhje etj.*); 3) përfundon (*mirë ose keq një punë etj.*); 4) bie (*prodhimi etj.*); 5) dal për sulm (*nga një fortesë etj.*).

ausfallend *a* i rëndë; fyes (*fjalë etj.*).

ausfällig *a* i rëndë; fyes; **ausfällig werden** flas në mënyrë të rëndë, fyese.

ausfechten* *vt ndash* 1) marr, fitoj me luftë; 2) vendos me luftë; 3) çoj gjer në fund (*një punë*).

ausfegen *vt ndash* fshij (*me fshesë*).

ausfeilen *vt ndash* 1) limoj, ha me limë (*çelësin etj.*); 2) *fig* përpunoj (*një artikull etj.*).

ausfertigen *vt ndash* hartoj, përpiloj (*një dokument etj.*).

Ausfertigung =, **-en** 1) hartim, përpilim (*i një dokumenti etj.*); 2) kopje; **in dreifacher Ausfertigung** në tri kopje.

ausfindig *adv* : *shpr* **ausfindig machen** gjej (*pas shumë kërkimesh etj.*).

ausfliegen* *ndash* 1. *vi* **(s)** 1) fluturon (*zogu nga çerdhja etj.*); **der Vogel ist ausgeflogen** paska ikur zogu (*edhe fig*); 2) *fig* iki; 3) *bis* dal shëtitje; shkoj në ekskursion; 2. *vt* evakuoj me aeroplan (*nga rrethimi etj.*).

ausfließen* *vi ndash* **(s)** 1) rrjedh (*një lëng nga një enë etj.*); 2) rrjedh (*një enë etj.*).

Ausflucht *f* = 1) ikje, arratisje; 2) *pl* **-flüchte** shkak, pretekst; **Ausflüchte machen** nxjerr shkaqe, pretekste.

Ausflug *m* **-s, -flüge** 1) fluturim (*i zogut etj.*); 2) ekskursion; shëtitje.

Ausflügler *m* **-s**, = ekskursionist.

Ausfluß *m* **-sses, -flüsse** 1) rrjedhje; derdhje (*e ujit etj.*); 2) grykë (*e lumit etj.*); 3) *fig* pasojë, rrjedhojë.
ausformulieren *vt ndash* formuloj, shtroj (*një teori etj.*).
ausforschen *vt ndash* hetoj, gjurmoj (*diçka*); pyes (*dikë*).
ausfragen *vt ndash* pyes me hollësi.
ausfransen *vi ndash* (s) fijëzon, i dalin fijet (*qilimit etj.*).
ausfressen* *vt ndash* 1) ha krejt; 2) ha, brej (*metalin me acid*); 3) : *fig bis* **etwas ausfressen** bëj një të pabërë.
Ausfuhr *f* =, **-en** eksport.
Ausfuhrartikel *m* **-s,** = artikull eksporti.
ausführbar *a* i realizueshëm, që mund të bëhet.
ausführen *vt ndash* 1) eksportoj; 2) nxjerr shëtitje; shëtis; 3) çoj (*në teatër etj.*); 4) kryej, bëj (*një punë etj.*); zbatoj (*një plan, urdhër etj.*); 5) shtjelloj (*një mendim etj.*).
ausführlich 1. *a* i hollësishëm, i thelluar (*raport etj.*); 2. *adv* hollësisht.
Ausführlichkeit *f* = të qenët i hollësishëm; **in aller Ausführlichkeit erläutern** shpjegoj me të gjitha hollësitë.
Ausführung *f* = 1) kryerje, zbatim (*i një detyre etj.*); 2) *pl* **-en** arsyetim; shtjellim (*i një teme etj.*).
ausfüllen *vt ndash* 1) mbush (*dhëmbin etj.*); 2) zë (*një vrimë etj.*); 3) mbuloj (*murin me tablo etj.*); 4) plotësoj, mbush (*një formular etj.*); 5) : **seinen Posten ausfüllen** përmbush mirë detyrën.
Ausgabe *f* = 1) ndarje, shpërndarje (*e librave etj.*); 2) *pl* **-n** shpenzim; **Ausgaben und Einnahmen** të hyra e të dala; 3) *pl* **-n** botim (*i një libri etj.*); 4) *pl* **-n** numër (*i një gazete etj.*); 5) dhënie (*e një urdhri*).
Ausgang *m* **-s, -gänge** 1) dalje; portë; derë; 2) shëtitje; 3) përfundim (*i një veprimi*); 4) fund (*i një romani, vargu etj.*); 5) zgjidhje (*e një konflikti*); 6) *usht* liridalje.
ausgangs *präp* (G) në fund; **ausgangs des Dorfes** në fund të fshatit.
Ausgangspunkt *m* **-s, -e** pikënisje.
ausgeben* *ndash* 1. *vt* 1) qeras (*me birrë etj.*); 2) ndaj, shpërndaj (*gjellën etj.*); 3) emetoj (*pulla poste etj.*); 4) shpenzoj (*fonde etj.*); 5) njoftoj, jap (*një urdhër etj.*); 2. *vrefl* **sich ausgeben (für A)** hiqem (*si i ditur etj.*).
ausgebombt *a* 1) i bombarduar, i shkatërruar nga bombardimet; 2) që ka humbur shtëpi e pasuri nga bombardimet.
ausgebucht *a* : **ausgebucht sein** s'ka më vend të lirë (*aeroplani etj.*); *bis* **ich bin ausgebucht** s'kam më kohë të lirë.
Ausgeburt *f* =, **-en** pjellë e keqe (*fig*).
ausgedient *a* që e ka bërë punën e vet (*makinë etj.*); *shpr* **ausgedient haben** është vjetruar.
ausgefahren *a* i rrahur (*rrugë, shteg etj.*).
ausgefallen *a* i jashtëzakonshëm; i çuditshëm.
ausgeglichen *a* i ekuilibruar, i baraspeshuar (*natyrë etj.*).
Ausgeglichenheit *f* = të qenët i ekuilibruar; natyrë e ekuilibruar.
ausgehen* *vi ndash* (s) 1) dal; 2) dal shëtitje; shkoj (*në mbrëmje, teatër etj.*); 3) del (*një mendim etj.*); **dieser Vorschlag geht von ihm aus** ky propozim është bërë prej tij; 4) nisem (*nga një parim etj.*); 5) kam si qëllim; **er geht darauf aus,**

einen hohen Gewinn zu erzielen ai ka qëllim që të sigurojë një fitim të madh; 6) përfundon (*puna etj.*); 7) shuhet, fiket (*zjarri*); 8) mbaron (*fondi etj.*); 9) bien (*flokët etj.*).
ausgehungert *a* i uritur, i urëtuar.
ausgekocht *a fig bis* i rrahur me vaj e me uthull.
ausgelassen *a* 1) shumë i gëzuar; 2) i lëshuar, i shfrenuar.
Ausgelassenheit *f* = gëzim i marrë.
ausgemacht *a* 1) i vendosur; **ausgemachte Sache** punë e kryer; 2) i madh; **ausgemachter Blödsinn** budallallëk me brirë.
ausgemergelt *a* i hequr (*në fytyrë etj.*); i vrarë, i dërrmuar.
ausgenommen 1. *präp* (**A,** *edhe* **N**) përveç, duke përjashtuar (*dikë, diçka*); **alle waren gekommen, ausgenommen einer** të gjithë kishin ardhur, me përjashtim të njërit; 2. *conj* përveçse; **wir werden kommen, ausgenommen es regnet** do të vijmë, veç në rëntë shi.
ausgeprägt *a* 1) i shquar; 2) i theksuar.
ausgerechnet *adv* tamam, pikërisht; **ausgerechnet mir muß das passieren!** tamam mua duhet të më ndodhë kjo!
ausgeschlossen *a* i përjashtuar; i pamundur; **ein Irrtum ist ausgeschlossen** përjashtohet gabimi; **etwas für ausgeschlossen halten** quaj të pamundur diçka.
ausgeschnitten *a* me jakë të hapur (*fustan etj.*).
ausgesprochen 1. *a* i theksuar; 2. *adv* fort, shumë.
ausgestalten *vt ndash* organizoj (*një festë etj.*).
Ausgestaltung *f* =, **-en** organizim (*i një feste etj.*).
ausgesucht *a* i kërkuar; i stërholluar.
ausgewachsen *a* 1) i rritur plotësisht; 2) *bis* i madh (*budallallëk etj.*).
ausgezeichnet 1. *a* i shkëlqyeshëm; 2. *adv* shkëlqyeshëm.
ausgiebig *a* i bollshëm; i pasur.
ausgießen* *vt ndash* 1) derdh (*ujin etj.*); 2) zbraz (*një enë*).
Ausgleich *m* **-s** 1) barazim; 2) pajtim; 3) zhdëmtim; kompensim.
ausgleichen* *vt ndash* 1) barazoj; 2) pajtoj; 3) zhdëmtoj; kompensoj.
ausgleiten* *vi ndash* **(s)** shkas e bie.
ausglitschen *vi ndash* **(s)** *bis* shkas e bie.
ausglühen *ndash* 1. *vt* skuq krejt (*hekurin etj.*); 2. *vi* **(s)** 1) shuhet (*zjarri etj.*); 2) digjet plotësisht.
ausgraben* *vt ndash* 1) nxjerr nga dheu (*një skulpturë të lashtë etj.*); 2) *fig* zhvarros (*një çështje të harruar etj.*).
Ausgrabung *f* =, **-en** gërmim (*për kërkime arkeologjike etj.*).
ausgreifen* *vi* **(h)** 1) rend trokthi (*kali*); 2) eci ma hapa të mëdhenj; 3) arrin larg (*krahu etj.*); *fig* **er griff weit aus** ia nisi larg e larg (*fjalimit etj.*).
Ausguck *m* **-(e)s, -e** 1) kullë vrojtimi; direk vrojtimi (*në anije*); 2) vrojtues (*në anije etj.*).
ausgucken *vt ndash* vëzhgoj, vrojtoj.
Ausguß *m* **-sses, -güsse** sqoll.
aushaken *vt ndash* i heq grepin (*zinxhirit etj.*); *shpr bis* **hier hakt mein Gedächtnis aus** këtu nuk më punon kujtesa.
aushalten* *ndash* 1. *vt* 1) duroj (*vapën etj.*); 2) i bëj ballë (*vështirësisë etj.*); 3) mbaj (*me bukë, me pare etj.*); 2. *vi* **(h)** qëndroj (*në një situatë të vështirë etj.*).
aushandeln *vt ndash* arrij me anën e bisedimeve (*një marrëveshje etj.*).
aushändigen *vt ndash* dorëzoj.

Aushändigung *f* =, **-en** dorëzim.
Aushang *m* **-s, -hänge** njoftim (*i varur në një tabelë etj.*).
aushängen *ndash* 1. *vi* **(h)** është, rri varur (*një shpallje etj.*); 2. *vt* 1) nxjerr (*një shpallje etj.*); 2) nxjerr nga menteshat (*derën etj.*); 3. *vrefl* **sich aushängen** çrrudhet duke qëndruar varur (*fustani etj.*).
Aushängeschild *m* **-(e)s, -er** tabelë për njoftime, reklama etj.
ausharren *vi ndash* **(h)** qëndroj gjer në fund (*pranë dikujt etj.*).
aushauchen *vt ndash* nxjerr frymë; *fig* **die Seele aushauchen** jap shpirt.
aushauen* *vt ndash* 1) gërryej, zgavroj; 2) gdhend; 3) rralloj (*pyllin*).
ausheben* *vt ndash* 1) ngre, heq (*derën, dritaren etj.*); 2) hap (*një gropë etj.*); 3) asgjësoj (*një bandë etj.*); 4) shkul me rrënjë (*drurë etj.*); 5) *usht* rekrutoj; 6) nxjerr (*krahun etj.*).
Aushebung *f* =, **-en** *usht* rekrutim.
aushecken *vt ndash bis* kurdis (*një dredhi etj.*).
ausheilen *ndash* 1. *vt* shëroj plotësisht (*një sëmundje ose të sëmurë*); 2. *vi* **(s)** shërohet plotësisht (*plaga etj.*).
aushelfen* *vi ndash* **(s) (D)** 1) ndihmoj (*dikë për të dalë nga një gjendje e vështirë etj.*); 2) ndihmoj (*në një punë*).
Aushilfe *f* = 1) ndihmë (*për të dalë nga një gjendje e vështirë etj.*); 2) *pl* **-n** ndihmës (*në një dyqan etj.*).
aushöhlen *vt ndash* 1) zgavroj; 2) *fig* dërrmoj; **das Fieber höhlte ihn aus** ethet e dërrmuan fare.
Aushöhlung *f* = 1) zgavrim; 2) *pl* **-en** zgavër.
ausholen *vi ndash* **(h)** 1) matem (*për të qëlluar etj.*); 2) : *fig* **weit ausholen** e zë, e filloj që nga larg (*tregimin etj.*); i bie larg.
aushorchen *vt ndash* gërmoj (*dikë për t'i nxjerrë një të fshehtë etj.*).
aushungern *vt ndash* 1) lë pa bukë (*dikë*); 2) *usht* detyroj të dorëzohet nga uria (*një kështjellë etj.*).
ausixen *vt ndash bis* i heq vizë (*një fjale etj.*).
auskehren *vt ndash* fshij (*plehrat, dhomën etj.*).
auskennen*, sich *vrefl* (di të) orientohem (*në një vend, qytet etj.*).
ausklammern *vt ndash* përjashtoj; nuk marr parasysh (*një fjalë etj.*).
Ausklammerung *f* =, **-en** përjashtim; mosmarrje parasysh (*e një fjale etj.*).
Ausklang *m* **-(e)s, -klänge** 1) shuarje (*e tingullit etj.*); 2) *fig* përfundim (*i një pune*).
auskleiden *ndash* 1. *vt* 1) zhvesh; 2) vesh, mbuloj (*murin me pllaka etj.*); 2. *vrefl* **sich auskleiden** zhvishem.
ausklingen* *vi ndash* **(h, s)** 1) pushon së tingëlluari (*kambana etj.*); 2) *fig* përfundon (*festimi etj.*).
ausklinken *vt ndash* lëshoj nga kanxha (*bomba etj.*).
ausklopfen *vt ndash* shkund (*llullën etj.*); **den Teppich ausklopfen** shkund, rrah qilimin.
ausklügeln *vt ndash* sendërgjoj, shpik (*një metodë etj.*); **ein ausgeklügeltes System** sistem i sofistikuar.
auskneifen* *vi ndash* **(s)** *bis* i bëj naftën (*shkollës, shtëpisë etj.*).
ausknipsen *vt ndash bis* shuaj, fik (*dritën etj.*).
ausknobeln *vt ndash* vendos duke hedhur zaret; *bis* sendërgjoj (*një marifet etj.*)
ausknocken [*-nokën*] *vt ndash* nxjerr nokaut (*edhe fig*).
auskochen *vt ndash* 1) ziej; 2) sterilizoj.
auskommen* *vi ndash* **(s)** 1) **(mit D)**

më mjafton (*ushqimi etj.*); 2) **(mit D)** merrem vesh, shkoj mirë (*me dikë*).
Auskommen *n* **-s** 1) mjete jetese; **er hat ein gutes Auskommen** ai ka me se të jetojë mirë; 2) marrëveshje; mirëkuptim; **mit ihm ist kein Auskommen** s'merresh dot vesh me të.
auskömmlich *a* i mjaftueshëm (*të ardhura etj.*).
auskosten *vt ndash* shijoj gjer në fund (*gëzimet e jetës etj.*).
auskramen *vt ndash* nxjerr; *fig* **sein Wissen auskramen** nxjerr në pah dijen time.
auskratzen *vt ndash* 1) kruaj gjer në fund (*tenxheren etj.*); 2) heq duke kruajtur (*një letër të njitur në tabelë etj.*); 3) nxjerr (*sytë*).
auskriechen* *vi ndash* **(s)** çel, del (*zogu nga veza*).
auskristallisieren *vi ndash* **(h)** kristalizohet (*edhe fig*).
auskugeln *vt ndash* : **sich (D) den Arm auskugeln** nxjerr krahun.
auskühlen *ndash* 1. *vi* **(s)** ftohet (*dhoma etj.*); 2. *vt* ftoh (*era dhomën etj.*).
auskundschaften *vt ndash* 1) hetoj; 2) zbuloj.
Auskundschafter *m* **-s** zbulues.
Auskunft *f* **=, -künfte** 1) informacion; 2) zyrë informacioni.
Auskunftsstelle *f* **=, -n** zyrë informacioni (*sidomos në stacionet hekurudhore etj.*).
auskurieren *ndash* 1. *vt* shëroj plotësisht; 2. *vrefl* **sich auskurieren** shërohem plotësisht.
auslachen *ndash* 1. *vt* përqesh, tall; *bis* **laß dich nicht auslachen!** mos u bëj budalla!; 2. *vrefl* **sich auslachen** pushoj së qeshuri.
ausladen* *vt ndash* 1) shkarkoj (*kamionin etj.*); 2) zbarkoj (*trupat*); 3) lajmëroj të mos vijë (*një të ftuar*).
ausladend *a* 1) i dalë (*ballkon etj.*); 2) i fryrë, me bark (*kazan etj.*); 3) i gjerë (*gjest etj.*).
Auslage *f* **=, -n** 1) mallra në vitrinë; 2) *vetëm pl* shpenzime.
Ausland *n* **-s** bota e jashtme; **im Ausland** jashtë shtetit.
Ausländer *m* **-s, =** i huaj (*jo vendës*).
ausländisch *a* i huaj (*nga një vend i huaj*).
auslassen* *ndash* 1. *vt* 1) lëshoj (*ujin*); *fig* **seinen Zorn an jemandem auslassen** shfrej zemërimin me dikë; 2) lë jashtë (*një fjalë etj.*); 3) zgjas (*fustanin etj.*); 4) shkrij (*gjalpin etj.*); 2. *vrefl* **sich auslassen** : *shpr* **sich lang und breit (des langen und breiten) auslassen** zgjatem (*rreth një teme*).
Auslassung *f* **=, -en** 1) lënie jashtë (*e një fjale etj.*); 2) *fig* shprehje; vërejtje (*për një çështje*).
Auslauf *m* **-(e)s, -läufe** 1) derdhje (*e ujit etj.*); 2) nisje (*e anijes*); 3) mbarim i vrapimit; 4) mundësi lëvizjeje.
auslaufen* *vi ndash* **(s)** 1) derdhet (*një lëng etj.*); 2) zbrazet (*ena etj.*); 3) hapet (*boja etj.*); 4) mbaron së vepruari; pushon së lëvizuri (*rrota etj.*); 5) mbaron, përfundon (*rruga, afati etj.*).
Ausläufer *m* **-s =** 1) skaj, fund i pyllit; 2) *bot* filiz.
auslaugen *vt ndash* 1) laj me finjë; 2) *kim* finjëzoj; 3) *fig* dërrmoj.
ausleben *ndash* 1. *vt* shfrej (*inatin etj.*); 2. *vi* **(h)** shfrej; 3. *vrefl* **sich ausleben** 1) gëzoj jetën, bëj jetë; 2) shfrej.
auslecken *vt ndash* 1) lëpij; 2) heq duke lëpirë; pastroj duke lëpirë.
ausleeren *ndash* 1. *vt* zbraz krejt (*një shishe etj.*); 2. *vi* **(h)** dal jashtë.
auslegen *vt ndash* 1) ekspozoj,

paraqis (*mallin etj.*); 2) shtroj (*dyshemenë me qilim etj.*); 3) vë (*mina etj.*); 4) : **für jemanden auslegen** paguaj për dikë; 5) sqaroj, shpjegoj (*një tekst etj.*).
Auslegung *f* =, **-en** shpjegim, interpretim (*i një teksti etj.*).
ausleiern *vt ndash bis* liroj, spanoj (*një vidhë etj.*).
Ausleihe *f* = 1) huazim (*i librit etj.*); 2) *pl* **-en** dhomë (sportel etj.) për huazimin e librave.
ausleihen* *vt ndash* marr hua; jap hua.
auslernen *vi ndash* **(h)** 1) mbaroj së mësuari; 2) mbaroj shkollën, kursin etj.
Auslese *f* =, **-en** 1) përzgjedhje, seleksionim (*i lojtarëve të një skuadre etj.*); 2) më të mirët, më të mirat; **eine Auslese der Sportler** më të mirët e sportistëve.
auslesen* I *vt ndash* 1) zgjedh, përzgjedh; 2) qëroj (*orizin etj.*).
auslesen* II *vt ndash* lexoj gjer në fund.
ausliefern *vt ndash* 1) dorëzoj (*një kriminel etj.*); *fig* **er war dem Schicksal ausgeliefert** ai ishte lënë në mëshirën e fatit; 2) dërgoj për shitje (*një mall etj.*); livroj.
Auslieferung *f* =, **-en** 1) dorëzim (*i një kriminelí etj.*); 2) dërgim për shitje (*i një malli*); livrim.
ausliegen* *vi ndash* **(h)** është ekspozuar (*një libër në vitrinën e bibliotekës etj.*).
ausloben *vt ndash* premtoj, ofroj (*një shpërblim*).
auslöffeln *vt ndash* 1) zbraz me lugë (*tasin etj.*); *fig* **die Suppe auslöffeln, die man sich eingebrockt hat** koka e bëri, koka e pësoi; 2) ha krejt (*supën etj.*).
auslöschen *ndash* 1. *vt* 1) shuaj, fik; 2) *fig* shuaj, fshij (*nga kujtesa*); 2. *vi* **(s)** *poet* shuhem, fikem.
Auslöschung *f* =, **-en** shuarje (*e qiririt, e kujtimit etj.*).
auslosen *vt ndash* 1) hedh në short (*një send*); 2) zgjedh me short.
auslösen *vt ndash* 1) çliroj, shpengoj (*një rob, peng etj.*); 2) shkaktoj (*zemërim etj.*); 3) vë në lëvizje (*një mekanizëm etj.*).
Auslosung *f* =, **-en** hedhje në short.
Auslösung *f* =, **-en** 1) shpengim (*i një pengu*); 2) lirim (*i një skllavi*).
auslüften *ndash* 1. *vt* ajroj (*rrobat etj.*); 2. *vi* **(h)** ajrohet (*rroba etj.*); 3. *vrefl* **sich auslüften** marr ajër (*duke shëtitur etj.*).
ausloten *vt ndash det* i mas thellësinë (*detit etj.*).
ausmachen *vt ndash* 1) bën (*si përfundim i mbledhjes ose i shumëzimit*) 2) *bis* shuaj (*dritën, zjarrin etj.*); 3) arrin (*çmimi 100 lekë etj.*); 4) *bis* merrem vesh për (*një çështje*); 5) nxjerr (*patate nga dheu etj.*); 6) bën; **ihm fehlt das Wissen, das einen großen Arzt ausmacht** i mungon dija që e bën doktorin të madh; *shpr* **das macht nichts aus** s'ka gjë.
ausmahlen *vt ndash* bluaj mirë; **fein ausmahlen** bluaj imët.
ausmalen *vt ndash* 1) lyej (*dhomën etj.*); 2) pikturoj (*murin etj.*); 3) mbush me bojë (*një vizatim*); 4) *fig* pikturoj, përshkruaj.
ausmanövrieren *vt ndash* mund duke manovruar (*kundërshtarin*).
ausmarschieren *vi ndash* **(s)** nisen (*ushtarët*).
Ausmaß *n* **-es, -e** përmasë.
ausmerzen *vt ndash* zhduk (*insektet, gabimet etj.*).
ausmessen* *vt ndash* mas (*dhomën etj.*).
ausmisten *vt ndash* 1) heq plehun

nga (*stalla etj.*); 2) *fig bis* pastroj (*tryezën etj.*).
Ausnahme *f* =, **-en** përjashtim; **mit Ausnahme** me përjashtim; **Ausnahme bilden** bëj përjashtim.
Ausnahmezustand *m* **-(e)s** gjendje e jashtëzakonshme; **den Ausnahmezustand erklären, verhängen, ausrufen** shpall gjendjen e jashtëzakonshme; **den Ausnahmezustand aufheben** heq gjendjen e jashtëzakonshme.
ausnahmslos *a* pa përjashtim.
ausnahmsweise *adv* si përjashtim.
ausnehmen* *ndash* 1. *vt* 1) heq; 2) pastroj (*peshkun, pulën etj.*); 3) përjashtoj; 2. *vrefl* **sich ausnehmen** dukem (*mirë, keq*).
ausnehmend *adv* jashtëzakonisht, fort.
ausnutzen, ausnützen *vt ndash* shfrytëzoj.
auspacken *ndash* 1. *vt* 1) shpaketoj; 2) zbraz (*arkën etj.*); 2. *vi* **(h)** *bis* 1) i them të gjitha; 2) hap barkun; hap zemrën.
auspeitschen *vt ndash* rrah me kamxhik, kamxhikoj.
auspfeifen* *vt ndash* fishkëllej (*një artist të keq etj.*).
ausplaudern *vt ndash* nxjerr (*një të fshehtë etj.*) duke llapur, llap.
ausplündern *vt ndash* grabis.
Ausplünderung *f* =, **-en** grabitje.
ausposaunen *vt ndash bis* trumbetoj (*një të re etj.*).
auspowern *vt ndash bis* shfrytëzoj e varfëroj (*punëtorët etj.*).
ausprägen *ndash* 1. *vt* 1) pres (*një monedhë*); 2) formoj; 2. *vrefl* **sich ausprägen** 1) lë gjurmë, mbresë; **der Kummer hat sich in ihren Zügen ausgeprägt** hidhërimi ka lënë gjurmë në tiparet e saj; 2) shprehet; theksohet; **diese Tendenz hat sich hier besonders stark ausgeprägt** sidomos këtu kjo prirje është shumë e theksuar; **ausgeprägte Gesichtszüge** tipare të theksuara të fytyrës.
auspressen *vt ndash* 1) shtrydh (*limonin etj.*); *fig* **die Bauern auspressen** shfrytëzoj fshatarët; 2) i shtrydh lëngun (*limonit etj.*).
ausprobieren *vt ndash* provoj (*një makinë, metodë etj.*).
Auspuff *m* **-s, -e** *aut* skapament.
auspumpen *vt ndash* 1) nxjerr me pompë; 2) zbraz me pompë; *fig bis* **ich bin ganz ausgepumpt** jam bërë telef.
auspunkten *vt ndash* 1) mund me pikë (*në boks*); 2) *fig* mund.
auspusten *vt ndash* shuaj duke i fryrë, i fryj (*qiririt etj.*).
Ausputz *m* **-es, -e** stoli; zbukurim.
ausputzen *ndash* 1. *vt* 1) pastroj (*sirtarin etj.*); 2) stolis, hijeshoj.
ausquartieren *vt ndash* shpërngul (*dikë nga shtëpia, dhoma etj.*).
ausquetschen *vt ndash* 1) shtrydh (*limonin etj.*); 2) *fig* shtrydh (*dikë për t'i nxjerrë një të fshehtë etj.*).
ausradieren *vt ndash* 1) fshij me gomë; kruaj me brisk (*një emër etj.*); 2) *fig* fshij nga faqja e dheut (*një qytet etj.*).
ausrangieren [*-râzh'irën*] *vt ndash* hedh poshtë (*rroba të vjetra etj.*).
ausrasieren *vt ndash* rruaj (*qimet e zverkut etj.*).
ausrauben *vt ndash* 1) grabis (*dikë*); 2) vjedh (*shtëpinë etj.*).
ausrauchen *ndash* 1. *vt* pi gjer në fund (*cigaren*); 2. *vi* **(h)** lë, pres duhanin, s'pi më duhan.
ausräuchern *vt ndash* 1) mbys me tym (*minj etj.*); 2) *fig* asgjësoj (*një bandë etj.*).
ausraufen *vt ndash* shkul (*flokët etj.*).
ausräumen *vt ndash* 1) zbraz; 2) liroj (*një dhomë etj.*); 3) zhduk

(*paragjykime etj.*); 4) *bis* qëroj (*vjedh*) (*një dyqan etj.*).
ausrechnen *vt ndash* përllogaris, llogaris.
ausrecken *ndash* 1. *vt* shtrij (*krahun etj.*); 2. *vrefl* **sich ausrecken** shtrihem, shtriqem.
Ausrede *f* =, **-n** shkak, pretekst; **faule Ausreden!** shkaqe që nuk pinë ujë!
ausreden *ndash* 1. *vt* i ndërroj mendjen për (*diçka dikujt*); 2. *vi* **(h)** mbaroj së foluri.
ausreichen *vi ndash* **(h)** mjafton; **wird das Geld ausreichen?** do të mjaftojnë paret?
ausreifen *vi ndash* **(s)** piqet mirë.
Ausreise *f* =, **-n** udhëtim, dalje jashtë shtetit.
ausreisen *vi ndash* **(s)** dal jashtë shtetit.
ausreißen* *ndash* 1. *vt* 1) shkul (*dhëmbin etj.*); 2) gris (*fletën etj.*); 2. *vi* **(s)** 1) *bis* ua mbath këmbëve; 2) shqepet, griset (*tegeli, stofi etj.*).
Ausreißer *m* **-s,** = *bis* i arratisur (*fëmijë*).
ausreiten* *vi ndash* **(s)** dal kaluar.
ausrenken *vt ndash* nxjerr (*krahun etj.*); **er hat sich (D) den Arm ausgerenkt** ka qitur krahun.
ausrichten *ndash* 1. *vt* 1) radhis, vë në radhë; **ausrichten!** radhitu!; 2) rregulloj (*funksionimin e një makine etj.*); vë (*treguesin e një aparati në një pikë etj.*); 3) transmetoj, çoj (*urdhërin, porosinë, të fala etj.*); 4) organizoj (*një festim etj.*); 5) bëj, arrij; **ich konnte nichts ausrichten** nuk munda të nxirrja gjë në dritë; 2. *vrefl* **sich ausrichten** radhitem, vihem në radhë; **sich nach jemandem ausrichten** radhitem pas dikujt (*edhe fig*).
Ausrichtung *f* =, **-en** 1) radhitje; 2) rregullim; 3) çuarje, transmetim; 4) organizim.
Ausritt *m* **-(e)s, -e** dalje, shëtitje kaluar.
ausroden *vt ndash* 1) shkul me (gjithë) rrënjë; 2) shpyllëzoj, rrahoj.
ausrollen *ndash* 1. vt 1) hap, shpalos (*qilimin etj.*); 2) hap (*petën me petës etj.*); 2. *vi* **(s)** ndalet ngadalë (*aeroplani në fund të pistës etj.*).
ausrotten *vt ndash* shfaros, zhbij (*një popull etj.*).
Ausrottung *f* =, **-en** shfarosje.
ausrücken *ndash* 1. *vi* **(s)** 1) del (*nga kazerma etj.*); niset (*ushtria*); 2) *bis* iki, arratisem; 2. *vt* 1) nxjerr (*përpara, majtas, djathtas shifrat në një rresht*); 2) *tek* shkëpus, stakoj.
Ausruf *m* **-s, -e** 1) britmë; 2) shpallje (*me gojë*); 3) njoftim; lajmërim.
ausrufen* *vt ndash* 1) thërras; **»Herrlich!«, rief sie aus** »E mrekullueshme!«, thirri ajo; 2) lajmëroj, njoftoj; **einen verlorenen Gegenstand ausrufen** lajmëroj një send të humbur; 3) shpall; **die Republik ausrufen** shpall republikën.
Ausrufezeichen *n* **-s,** = pikëçuditje.
ausruhen *ndash* 1. *vi* **(h)** pushoj, çlodhem, marr veten; **nach der Arbeit ausruhen** pushoj pas punës; 2. *vrefl* **sich ausruhen** pushoj, prehem.
ausrupfen *vt ndash* 1) shkul, heq (*puplat etj.*); 2) shpuploj, rrjep (*një pulë etj.*).
ausrüsten *vt ndash* 1) pajis (*një ekspeditë etj.*); 2) armatos.
Ausrüstung *f* =, **-en** 1) pajisje; 2) armatim.
ausrutschen *vi ndash* **(s)** 1) rrëshqas e bie; **auf dem Eis ausrutschen** rrëshqas e bie në akull; 2) *fig* shkas, shkel në dërrasë të kalbur.
Ausrutscher *m* **-s,** = 1) shkarje, rrëshqitje; 2) dështim i papritur (*në

një ndeshje sportive etj.); 3) *fig* shkarje.

Aussaat *f* = 1) të mbjellura; 2) mbjellje; 3) farë.

aussäen* *vt ndash* mbjell.

Aussage *f* =, **-n** 1) shprehje; mendim; **seine Aussagen sind nicht fundiert** fjalët e tij nuk kanë bazë; 2) mesazh (*i një vepre letrare etj.*); 3) *drejt* dëshmi; deponim.

aussagen *ndash* 1. *vt* shpreh; them; **das Film sagt etwas aus** filmi diçka thotë; 2. *vi* **(h)** dëshmoj; deponoj (*në gjyq*).

Aussatz *m* **-es** *mjek* gërbulë, lepër.

aussätzig *a* i gërbulët, leproz.

aussaugen* *edhe sipas zgjedhimit të dobët vt ndash* 1) thith (*ujin etj.*); 2) zbraz duke thithur; 3) *fig* i thith gjakun (*punëtorit etj.*); shfrytëzoj, grabis.

ausschaben *vt ndash* kruaj (*me lugë etj.*).

ausschachten *vt ndash* 1) hap, gërmoj (*një gropë etj.*); 2) gërmoj (*dhe etj.*).

ausschälen *vt ndash* 1) qëroj (*mollën etj.*); 2) shkoq (*bizelet, fasulet etj.*).

ausschalten *vt ndash* 1) *el* pres (*rrymën*); 2) mbyll (*radion, dritën etj.*); 3) *fig* mënjanoj, heq qafe (*një kundërshtar etj.*); 4) *fig* largoj (*një rrezik*); i pres rrugën (*një gabimi etj.*).

Ausschaltung *f* =, **-en** 1) *el* prerje (*e rrymës*); 2) mbyllje (*e radios, e dritës etj.*); 3) *fig* mënjanim (*i kundërshtarit etj.*); largim (*i një rreziku etj.*).

Ausschank *m* **-s** 1) shitje pijesh me pakicë; 2) *pl* **-schänke** pijetore.

Ausschau *f* = : *shpr* **nach jemandem oder etwas Ausschau halten** kërkoj me sy dikë ose diçka.

ausschauen *vi ndash* **(h)** 1) shikoj përreth; 2) **(nach D)** kërkoj me sy (*dikë*); 3) dukem si ...; *bis* **wie schaut's aus?** si duket puna?

ausscheiden* *ndash* 1. *vt* 1) ndaj; 2) *sport* eliminoj; 3) *fiziol* sekretoj; 2. *vi* **(s)** 1) dal (*nga një garë, organizatë etj.*); 2) : *shpr* **das scheidet aus** kjo nuk merret parasysh.

Ausscheidung *f* =, **-en** 1) ndarje; 2) dalje (*nga një organizatë etj.*); 3) *fiziol* sekretim; 4) *sport* eliminim; 5) *vetëm pl* jashtëqitje.

ausschelten* *vt ndash* shaj, s'i lë gjë pa thënë (*dikujt*).

ausschenken *vt ndash* 1) hedh (*në gotë*); 2) shes (*pije alkolike*).

ausscheren* *vi ndash* **(s)** 1) del nga radha (*makina etj.*); 2) *bis* ndahem (*nga shokët*).

ausschicken *vt ndash* dërgoj, çoj.

ausschiffen *vt ndash* shkarkoj (*nga një anije*); zbarkoj.

ausschildern *vt ndash* pajis me tabelë të qarkullimit rrugor (*një rrugë etj.*).

ausschimpfen *vt ndash* s'i lë gjë pa thënë (*dikujt*), bëj për dy pare (*dikë*).

ausschlachten *vt ndash* 1) pres (*kafshën e therur*); 2) *fig* i marr ç'mund t'i merret (*një makine të prishur etj.*); 3) *fig* shfrytëzoj nga të gjitha anët (*një ngjarje për qëllime politike etj.*).

ausschlafen* *ndash* 1. *vt* **(h)** kaloj me gjumë (*pijen etj.*); 2. *vrefl* **sich ausschlafen** ngopem me gjumë.

Ausschlag *m* **-s, -schläge** 1) *bot* filiz; 2) *mjek* rrebull; 3) *vetëm sing* luhatje (*e lavjerrësit etj.*); lëvizje, shmangie (*e akrepit etj.*); 4) : *shpr* **den Ausschlag geben** ka rëndësi vendimtare.

ausschlagen* *ndash* 1. *vt* 1) qis, nxjerr (*syrin etj.*); 2) vesh, mbuloj (*muret etj.*); 3) hedh poshtë, refuzoj, nuk pranoj; 2. *vi* 1) **(h)** hedh shkelma; 2) **(h)** çel, gjelbëron (*pema etj.*); 3) **(h, s)** luhatet (*lavjerrësi etj.*); ndalet, pushon së rrahuri (*ora*); 4) **(s)** zhvillohet, del; **die Sache schlug zu seinen Gunsten aus** puna i doli për mirë.

ausschlaggebend *a* vendimtar.

ausschließen* *ndash* 1. *vt* ia mbyll derën (*dikujt*); nuk pranoj në shtëpi (*dikë*); 2. *vrefl* **sich ausschließen** rri larg, nuk marr pjesë.

ausschließlich 1. *a* përjashtues, ekskluziv, që i përjashton të gjithë të tjerët; 2. *adv* vetëm; **sie ist jetzt ausschließlich Hausfrau und Mutter** ajo tani është vetëm amvisë e nënë; 3. *präp* (G) me përjashtim të ...; pa (*diçka*); **ausschließlich des Frühstücks und Trinkgeldes** me përjashtim të mëngjesit dhe të bakshishit.

ausschlüpfen *vi ndash* **(s)** del nga veza, çel (*zogu*).

Ausschluß *m* **-sses, -schlüsse** përjashtim; **mit Ausschluß von ...** me përjashtim të ...; **unter Ausschluß der Öffentlichkeit** me dyer të mbyllura.

ausschmücken *vt ndash* 1) stolis; 2) zbukuroj (*një tregim etj. duke i shtuar diçka.*)

ausschnauben *vt dhe vrefl ndash* **sich ausschnauben** shfryj hundët.

ausschneiden* *vt ndash* 1) pres (*nga një stof, gazetë etj.*); 2): **ausgeschnittenes Kleid** fustan i hapur; 3) krasis (*hardhinë etj.*).

Ausschnitt *m* **-s, -e** 1) prerje; 2) dekolte; 3) artikull i prerë (*nga një gazetë etj.*); pjesë (*nga një film etj.*).

ausschöpfen *vt ndash* 1) zbraz (*ujin etj.*); 2) zbraz (*barkën e mbushur me ujë etj.*); 3) *fig* shfrytëzoj plotësisht.

ausschreiben* *vt ndash* 1) shkruaj (*një recetë etj.*); 2) shkruaj të plotë, pa shkurtime (*një emër etj.*); shkruaj me shkronja (*një numër*); 3) mbush (*një formular*); 4) shpall (*një konkurs etj.*).

Ausschreibung *f* **=, -en** shpallje (*e një konkursi etj.*).

ausschreiten* *vi ndash* **(s)** eci me hapa të mëdhenj; shtrij hapin.

Ausschreitung *f* **=, -en** veprim i dhunshëm (*që prish rendin*); përdorim i dhunës (*kundër dikujt*).

Ausschuß I *m* **-sses, -schüsse** 1) komitet; komision; 2) vrima e daljes së plumbit nga trupi.

Ausschuß II *m* **-sses** hedhurinë, skarcitet.

ausschütteln *vt ndash* shkund (*pluhurin, qilimin etj.*).

ausschütten *vt ndash* 1) zbraz, derdh (*thesin, gotën etj.*); 2): *fig* **jemandem sein Herz ausschütten** i hap zemrën dikujt; *fig* **sich vor Lachen ausschütten** shkulem së qeshuri.

ausschwärmen *vi ndash* **(s)** luzmon, roit (*bleta*).

ausschweifen *vi ndash* **(s, h)** 1) shmangem, largohem (*nga tema etj.*); 2) bëj jetë të shthurur, zdërhallem.

ausschweifend *a* 1) i ndezur; **eine ausschweifende Phantasie** fantazi e ndezur; 2) i shthurur; **ein ausschweifendes Leben** jetë e shthurur.

Ausschweifung *f* **=, -en** zdërhallje.

ausschwenken *ndash* 1. *vt* shpëlaj (*gotën me ujë të ftohtë etj.*); 2. *vi* **(s)** anon (*vinçi majtas, djathtas etj.*).

ausschwitzen *ndash* 1. *vt* 1) heq me djersë (*një sëmundje*); 2) : **die Wände haben Feuchtigkeit ausgeschwitzt** muret kanë djersitur nga lagështira; 2. *vi* **(h)** rrjedh, kullon (*një lëng etj.*).

aussehen* *vi ndash* (h) 1) dukem (*mirë, keq, bukur etj.*); 2) **(nach D)** kërkoj me sy (*dikë*).

Aussehen *n* **-s** pamje; **ein gesundes Aussehen** një pamje e shëndetshme; **dem Aussehen nach** nga pamja e jashtme, nga sa shihet.

aussein* *vi ndash* (s) *bis* 1) marr fund, mbaroj; **die Vorstellung ist aus** ka mbaruar shfaqja; *shpr* **es ist mit etwas aus** ka marrë fund diçka; *shpr* **es ist mit jemandem aus** ka marrë fund dikush; *shpr* **alles ist aus** ka marrë fund gjithçka; 2) shuhet (*zjarri*); fiket (*drita*); 3) dal; **wir waren gestern aus** dje kishim dalë; 4) : *shpr* **auf etwas aus sein** rrekem për diçka.

außen *adv* jashtë; **nach außen hin** (*nga brenda*) jashtë; **nach außen hin wahrt er den Schein** ai ruan anën e jashtme; **von außen her** nga jashtë (*brenda*).

Außen = *në fjalë të përbëra* i jashtëm.

aussenden* *edhe sipas zgjedhimit të dobët vt ndash* 1) dërgoj (*me një mision etj.*); 2) *fiz* përhap, shpërndan (*një trup rreze etj.*).

Außenminister *m* **-s,** = ministër i punëve të jashtme.

Außenpolitik *f* = politikë e jashtme.

Außenseite *f* =, **-n** anë e jashtme.

Außenseiter *m* **-s,** = kokë më vete (*njeri*).

Außenstehende *m* **-n, -n** i jashtëm, që nuk është brenda çështjes.

außer 1. *präp* **(D)** përveç; duke përjashtuar, me përjashtim të ...; jashtë; **außer sich sein** nuk jam në vete; 2. *conj* : **außer daß** veçse, përveçse; **außer wenn** veç në (mos).

außeramtlich *a* jozyrtar.

außerdem *adv* përveç kësaj; **er ist groß, außerdem sieht er gut aus** ai është i madh, përveç kësaj duket shumë mirë.

außerdienstlich *a* jashtë shërbimit.

äußere *a* i jashtëm; **die äußere Schicht** shtresa e jashtme; **innere und äußere Politik** politikë e brendshme dhe e jashtme.

Äußere *n* **-n** pamje, anë e jashtme.

außerehelich *a* jashtë martese (*marrëdhënie etj.*); i paligjshëm (*fëmijë etj.*).

außergewöhnlich *a* i jashtëzakonshëm.

außerhalb 1. *präp* **(G)** jashtë; **außerhalb des Zimmers** jashtë dhomës; *adv* jashtë; **er wohnt außerhalb von Berlin** ai banon jashtë Berlinit.

äußerlich *a* 1) i jashtëm; **nur äußerlich!** përdorim i jashtëm (*në receta*); 2) i përciptë.

Äußerlichkeit *f* =, **-en** 1) anë e jashtme; formalitet; 2) *vetëm pl* fjalë ose punë të parëndësishme.

äußern 1. *vt* shpreh (*një mendim etj.*); 2. *vrefl* **sich äußern** shprehem (*rreth një çështjeje etj.*).

außerordentlich *a* 1) i jashtëzakonshëm; **außerordentliche Versammlung** mbledhje e jashtëzakonshme; 2) i shquar; i veçantë, i rrallë.

äußerst 1. 1) *a* më i largët, më i skajshëm; i fundmë; **der äußerste Preis** çmimi i fundmë; **der äußerste Termin** afati i fundit; **am äußersten Ende der Stadt** në skajin e fundmë të qytetit; 2) *fig* i jashtëzakonshëm; **im äußersten Falle** në rast të jashtëzakonshëm; **von äußerster Wichtigkeit** me rëndësi të jashtëzakonshme; 2. *adv* fort, shumë, jashtëzakonisht.

außerstande *adv* : **außerstande sein** nuk jam në gjendje (*të bëj diçka*).

Äußerung *f* =, **-en** 1) fjalë; shprehje; 2) shprehje (*e një mendimi etj*).

aussetzen *ndash* 1. *vt* 1) ofroj, caktoj (*një shumë si shpërblim etj.*); 2) nxjerr jashtë (*një lule etj.*); 3) ndërpres, shtyj (*mësimin, shqyrtimin e një çështjeje etj.*); 4) ekspozoj; 5) lëshoj (*barkën në det etj.*); 6): **an allem etwas auszusetzen haben** gjej kudo të meta; **es ist nichts daran auszusetzen** s'ka të sharë; 2. *vi* **(h)** pushon, ndalet (*motori, lëvizja, pulsi etj.*); **mit der Arbeit aussetzen** pezulloj punën; 3. *vrefl* : **sich einer Gefahr aussetzen** vihem në rrezik.

Aussicht *f* =, **-en** 1) shpresë; **es besteht keine Aussicht, daß ...** s'ka asnjë shpresë që ...; 2) : **etwas in Aussicht haben** pres diçka; mund të shpresoj diçka; 3) *vetëm sing* pamje; **Aussicht aufs Meer** pamje nga deti.

aussichtslos *a* i pashpresë; i dëshpëruar.

Aussichtsturm *m* **-(e)s, -türme** kullë vrojtimi ose për të soditur panoramën.

aussieben *vt ndash* shoshis (*edhe fig*).

aussöhnen *ndash* 1. *vt* pajtoj; 2. *vrefl* **sich aussöhnen** 1) pajtohem; 2) : **sich mit etwas aussöhnen** a) mësohem me diçka; b) kënaqem me diçka.

Aussöhnung *f* =, **-en** pajtim.

aussondern *vt ndash* ndaj; veçoj.

aussortieren *vt ndash* 1) përzgjedh, seleksionoj (*mollët etj.*); 2) ndaj (*dokumentet që duhen nga të tjerët etj.*).

ausspähen *vi ndash* **(h) (nach D)** ndjek me bisht të syrit (*dikë*).

ausspannen *ndash* 1. *vt* 1) ndej, shtrij (*telin etj.*); 2) çmbreh (*kalin etj.*); 3) *bis* marr pas shumë të luturash (*një send*); 4) *bis* i marr (*dashnoren, gruan dikujt*); 2. *vi* **(h)** *fig* pushoj, prehem; **von der Arbeit ausspannen** çlodhem nga puna.

aussparen *vt ndash* 1) lë të lirë (*një vend etj.*); 2) *fig* lë jashtë (*nga një bisedë etj.*).

ausspeien* *vt ndash* 1) pështyj; 2) vjell (*vullkani etj.*) (*edhe fig*).

aussperren *vt ndash* 1) ia mbyll derën (*dikujt*); 2) pushoj nga puna (*grevistët*).

Aussperrung *f* =, **-en** 1) ndalim hyrjeje; 2) pushim nga puna (*i grevistëve*).

ausspielen *ndash* 1. *vt* 1) luaj parën (*një letër*); *fig* **er spielt seinen letzten Trumpf aus** ai po luan letrën e fundit; *fig* **einen gegen den anderen ausspielen** ngre njërin kundër tjetrit për të përfituar vetë; 2) vë në lojë (*kupën etj.*); 3) mund në lojë (*kundërshtarin*); 4) luaj (*një dramë etj.*); *shpr* **seine Rolle ausgespielt haben** s'kam më gjë për të thënë; s'kam më rëndësi; 5) heq (*lotarinë*); 2. *vi* **(h)** 1) hap lojën; 2) mbaroj së luajturi.

Aussprache *f* = 1) shqiptim; 2) *pl* **-en** shkëmbim mendimesh, diskutim.

aussprechen* *ndash* 1. *vt* 1) shqiptoj; 2) shpreh; shpall (*një vendim etj.*); 2. *vrefl* **sich aussprechen** zbraz zemrën; shprehem.

aussprengen *vt ndash* hap (*shpifje, gënjeshtra etj.*).

Ausspruch *m* **-(e)s, -sprüche** fjalë e urtë, aforizëm.

ausspucken *ndash* 1. *vt* 1) pështyj; 2) *bis* nxjerr (*shkolla maturantë etj.*); 2. *vi* **(h)** pështyj.

ausspülen *vt ndash* shpëlaj (*gotën, pjatën etj.*).

ausstaffieren *vt ndash* 1) *bis* pajis; 2) vesh.

Ausstand *m* **-(e)s, -stände** grevë; **in den Ausstand treten** shpall grevë.

ausstatten *vt ndash* 1) pajis; 2) mobiloj (*shtëpinë, dhomën etj.*); 3) i bëj pajën (*vajzës*).

Ausstattung *f* = 1) pajisje (*e shtëpisë me orendi etj.*); 2) paraqitje (*e librit etj.*); 3) *pl* **-en** orendi; pajisje; 4) pajë, prikë.

ausstechen* *vt ndash* 1) nxjerr me lopatë (*torfë etj.*); 2) heq me lopatë (*bar të keq etj.*); 3) qis (*syrin etj.*); *fig* **jemanden ausstechen** ia kaloj dikujt; *fig* **einen Nebenbuhler ausstechen** heq qafe një rival.

ausstehen* *ndash* 1. *vi* **(h)** pritet të vijë; **seine Antwort steht noch aus** përgjigjja e tij s'ka ardhur ende; 2. *vt* 1) duroj; **(jemanden, etwas) nicht ausstehen können** s'e duroj dot (*dikë, diçka*); 2) heq, vuaj; **er hat viel ausstehen müssen** ka hequr shumë keq.

aussteigen* *vi ndash* **(s)** 1) zbres (*nga makina etj.*); 2) *bis* heq dorë (*nga një punë*).

ausstellen *vt ndash* 1) paraqes, ekspozoj (*mallin etj.*); 2) lëshoj (*një dokument etj.*).

Ausstellung *f* =, **-en** 1) ekspozitë; 2) *vetëm sing* lëshim (*i një dokumenti etj.*); 3) qortim, vërejtje.

aussterben* *vi ndash* **(s)** 1) shuhet (*një familje, lloj bime etj.*); 2) *fig bis* bie në harresë (*një zakon*).

Aussteuer *f* =, **-n** prikë, pajë.

aussteuern *vt ndash* i bëj pajën, prikën (*vajzës*).

Ausstieg *m* **-s, -e** dalje (*në autobus*).

ausstopfen *vt ndash* mbush (*me pambuk*).

ausstoßen* *vt ndash* 1) qis (*syrin etj.*); 2) rrjep (*lëkurën*); 3) lëshoj (*një klithmë, rënkim etj.*); 4) përjashtoj (*nga një shoqatë etj.*).

ausstrahlen *ndash* 1. *vt* 1) rrezatoj; 2) transmeton (*radioja*); 2. *vi* **(s)** përhapet, shpërhapet (*drita etj.*).

ausstrecken *ndash* 1. *vt* 1) zgjas, shtrij (*krahun etj.*); **die Hand nach etwas ausstrecken** zgjas dorën (*për të marrë diçka*); *shpr* **nur den kleinen Finger auszustrecken brauchen** s'kam nevojë veçse të luaj gishtin (*për të bërë diçka*); *shpr* **die Fühler ausstrecken** zhbiroj (*për të marrë vesh diçka*); 2) nxjerr (*gjuhën*); 2. *vrefl* **sich ausstrecken** shtrihem (*në shtrat etj.*).

ausstreichen* *vt ndash* 1) shtroj (*palat etj.*); 2) i heq vijë (*një fjale, numri etj.*); 3) lyej (*me gjalpë etj.*).

ausstreuen *vt ndash* 1) hedh (*farën*); 2) *fig* hap (*fjalë*).

ausströmen *ndash* 1. *vi* **(s)** 1) rrjedh (*uji etj.*); 2) del (*gazi etj.*); 3) përhapet (*era etj.*); 4) derdhet (*lumi në det*); 2. *vt* përhap (*lulja një kundërmim etj.*).

aussuchen *vt ndash* zgjedh; **ausgesucht** i kërkuar, i zgjedhur.

Austausch *m* **-s** 1) këmbim ; shkëmbim; 2) ndërrim.

austauschen *vt ndash* 1) **(gegen A)** këmbej (*me diçka*); 2) shkëmbej (*mendime, kujtime, pulla poste etj.*); 3) ndërroj (*motorin etj.*).

austauschbar *a* 1) i shkëmbyeshëm; 2) i ndërrueshëm.

austeilen *vt ndash* ndaj, shpërndaj (*dhurata etj.*).

Austeilung *f* =, **-en** ndarje, shpërndarje.

Auster *f* =, **-en** *zool* stridhe.

austilgen *vt ndash* 1) asgjësoj, zhbij, zhduk (*një qenie, ves etj.*); 2) fshij, shuaj (*shkrimin etj.*).

austoben *ndash* 1. *vt* shfrej, shfryj (*zemërimin etj.*); 2. *vrefl* **sich austoben** 1) tërbohet, bën zhurmë (*fëmija*); 2) shfrej; **laß ihn sich austoben, dann ist er wieder vernünftig** lëre të shfrejë, se pastaj do t'i vijnë mendtë; 3) pushon, bie (*stuhia*).

Austrag *m* **-s, -träge** 1) marrëveshje; zgjidhje; **einen Streit zum Austrag bringen** zgjidh një mosmarrëveshje; 2) krahasim.

austragen *vt ndash* 1) zgjidh (*një çështje etj.*); 2) vendos (*kush ka fituar në garë etj.*); 3) shpërndaj (*gazeta, letra etj.*); 4) përhap, çoj (*fjalë etj.*); 5): *shpr* **ein Kind austragen** është shtatzënë (*gruaja*).

Austräger *m* **-s, =** 1) shpërndarës (*gazetash, letrash etj.*); 2) thashethemexhi.

austreiben* *vt ndash* 1) dëboj, përzë; 2) i heq (*një ves dikujt*); 3) çoj në kullotë (*bagëtinë*).

austreten* *ndash* 1. *vt* 1) shkel (*cigaren etj.*); 2) rrah (*një rrugë*); 2. *vi* (s) 1) dal (*nga një shoqatë etj.*); 2) rrjedh (*gjaku nga damarët etj.*); 3) dalin (*zorrët etj.*); 4) : *shpr bis* **austreten (gehen)** shkoj në banjë.

austricksen *vt ndash* 1) *sport* mashtroj (*kundërshtarin*); 2) *fig bis* ia hedh (*dikujt*).

austrinken* *vt ndash* 1) zbraz (*gotën etj.*); 2) pi gjer në fund (*birrën etj.*).

Austritt *m* **-s, -e** 1) dalje; largim; 2) *ark* ballkon i vogël.

austrocknen *ndash* 1. *vt* 1) fshij; **Gläser innen gut austrocknen** gotat të fshihen mirë përbrenda; 2) thaj; **die Hitze hatte den Boden ausgetrocknet** vapa e kishte tharë tokën; 2. *vi* (s) 1) thahet (*përroi etj.*); 2) rreshket (*gryka etj.*).

austüfteln *vt ndash* sendërgjoj (*një plan etj.*).

ausüben *vt ndash* 1) ushtroj; **einen Beruf ausüben** ushtroj një profesion; 2) : (*me emra të ndryshëm*) **Einfluß ausüben** ushtroj ndikim; **an jemandem Rache ausüben** i marr hakun dikujt.

Ausübung *f* **=, -en** ushtrim; **in Ausübung des Berufes** në krye të detyrës.

ausufern *vi ndash* (s) 1) vërshon (*lumi*); 2) *fig* kaloj masën, e teproj.

Ausverkauf *m* **-(e)s, -käufe** shitje (*për likuidim në fund të stinës etj.*).

ausverkaufen *vt ndash* 1) shes krejt; **die Ware ist ausverkauft** gjithë malli është shitur; 2) : *teat* **das Haus ist ausverkauft** gjithë biletat janë shitur.

auswachsen* *ndash* 1. *vi* (s) 1) rritem, bëhem i madh; **der Hund ist ausgewachsen** qeni nuk rritet më; *shpr* **das ist zum Auswachsen** kjo të ha shpirtin; 2) *bujq* vëllazëron (*gruri*); 2. *vrefl* **sich auswachsen** 1) rritem, zhvillohem; **der Ort hat sich bereits zur Großstadt ausgewachsen** vendi tani është rritur dhe është bërë qytet i madh; 2) zhduket gjatë rritjes (*një e metë etj.*); 3. *vt* rritem sa s'më bie më (*xhaketa, këpuca etj.*).

Auswahl *f* **=** 1) zgjedhje; **eine Auswahl treffen** zgjedh; 2) mundësi për të zgjedhur; 3) asortiment (*mallrash*); pjesë të zgjedhura (*nga një vepër*); 4) *sport* skuadër përfaqësuese.

auswählen *vt ndash* zgjedh, përzgjedh; **ausgewählte Werke** vepra të zgjedhura.

auswalzen *vt ndash* 1) shtroj me rul (*një copë llamarinë etj.*); petëzoj (*metalin etj.*); 2) *fig bis* rrah (*një çështje në gazetë etj.*).

Auswanderer *m* **-s, =** emigrant.

auswandern *vi ndash* (s) emigroj.

Auswanderung *f* **=, -en** emigrim.

auswärtig *a* 1) i huaj; 2) i jashtëm; **die auswärtige Politik** politika e jashtme; 3) që është jashtë shtetit;

unsere auswärtigen Kunden klientët tanë jashtë shtetit.
auswärts *adv* 1) jashtë; nga jashtë; *krahin* **die Tür ist auswärts zu öffnen** dera hapet nga jashtë; 2) jashtë shtëpisë, vendit, qytetit.
auswaschen* *ndash* 1. *vt* 1) laj (*një njollë, plagë etj.*); 2) gërryen (*uji shkëmbin etj.*); 2. *vrefl* **sich auswaschen** zbardhet duke u larë *(rroba etj.)*.
auswechseln *vt ndash* 1) këmbej; 2) ndërroj; **er war wie ausgewechselt** ishte bërë tjetër njeri.
Ausweg *m* **-s, -e** rrugëdalje.
ausweglos *a* pa rrugëdalje; pa shpresë.
Ausweglosigkeit *f* = gjendje pa rrugëdalje.
ausweichen* *vi ndash* **(s)** 1) i lëshoj rrugën, vendin (*dikujt*); 2) shmangem; **einer Gefahr ausweichen** i shmangem një rreziku; 3) *fig* dredhoj, bëj bisht.
Ausweis *m* **-es, -e** 1) dëftesë; 2) fletëhyrje; 3) letërnjoftim.
ausweisen* *ndash* 1. *vt* 1) dëboj; 2) dëshmoj, vërtetoj; **der Paß wies ihn als Berliner aus** pasaporta e vërtetonte se ishte berlinas; 2. *vrefl* **sich ausweisen** 1) e vërtetoj (*me dokument*) se jam (*i zoti i një malli etj.*); 2) paraqis letërnjoftimin.
Ausweisung *f* **=, -en** dëbim.
ausweiten *ndash* 1. *vt* zgjeroj; 2. *vrefl* zgjerohet.
Ausweitung *f* **=, -en** zgjerim.
auswendig *adv* përmendësh; **ein Gedicht auswendig lernen** mësoj një poezi përmendësh; *shpr* **etwas in- und auswendig kennen** e di me rrënjë diçka; e kam dëgjuar (lexuar) shpeshherë diçka.
auswerfen* *vt ndash* 1) lëshoj, hedh (*grepin, rrjetën etj.*); 2) nxjerr duke gërmuar (*dhe, rërë etj.*); gërmoj (*një gropë etj.*); 3) nxjerr anës (*faqes një fjalë etj.*); 4) hedh, flak; 5) caktoj (*një shumë etj.*); 6) pështyj, nxjerr (*gjak etj.*); 7) nxjerr, qis (*syrin etj.*).
auswerten *vt ndash* 1) vlerësoj; 2) shfrytëzoj.
Auswertung *f* **=, -en** 1) vlerësim; 2) shfrytëzim (*i një materiali etj.*).
auswetzen *vt ndash* : *shpr* **eine Scharte wieder auswetzen** marr revanshin.
auswickeln *vt ndash* çmbështjell, hap (*një pako etj.*).
auswirken 1. *vt* mbruj (*brumin*); 2. *vrefl* **sich auswirken** bën, ndikon (*mirë, keq*); **der Klimawechsel hat sich vorteilig (nachteilig) auf seine Gesundheit ausgewirkt** ndërrimi i klimës i ka bërë mirë (keq) shëndetit të tij.
Auswirkung *f* **=, -en** 1) veprim; 2) pasojë; 3) ndikim.
auswischen *vt ndash* fshij (*gotën, një fjalë të shkruar në dërrasë të zezë etj.*); *shpr* **jemandem eins auswischen** i bëj një të keqe pa dashur dikujt.
auswringen *vt ndash* shtrydh (*rrobat etj.*).
Auswüchse *pl* shtrembërime; **Auswüchse einer Entwicklung** shtrembërime të një zhvillimi.
Auswurf *m* **-(e)s, -e** 1) hedhurinë; 2) fundërri; **Auswurf der Gesellschaft** fundërri e, llum i, shoqërisë; 3) *mjek* gëlbazë.
auszahlen *vt ndash* paguaj (*një shumë*); *shpr* **etwas zahlt sich aus** diçka ia vlen.
auszählen *vt ndash* 1) llogaris; 2) *sport* numëroj (*gjer në 10 në një ndeshje boksi*).
Auszahlung *f* **=, -en** pagesë.
Auszählung *f* **=, -en** 1) llogaritje; 2) *sport* numërim.
auszehren *vt ndash* dobësoj, tres.

auszeichnen *ndash* 1. *vt* 1) dalloj, shquaj; **sein Mut zeichnet ihn (vor anderen) aus** guximi e dallon atë (nga të tjerët); **ein Wort (im Text) auszeichnen** dalloj një fjalë (në tekst) (*me shkronja kursive etj.*); 2) i vë çmim (*mallit*); **Bücher auszeichnen** u vë çmimet librave; 3) dekoroj; **jemanden mit einem Orden, Titel usw. auszeichnen** dekoroj me një urdhër, titull etj. dikë; 2. *vrefl* **sich auszeichnen** dallohem, shquhem.

Auszeichnung *f* =, **-en** 1) dallim; 2) çmim; 3) dekorim; urdhër; titull.

ausziehen* *ndash* 1. *vt* 1) heq, shkul (*dhëmbin etj.*); 2) hap (*tryezën etj.*); 3) shtrij, ndej (*telin etj.*); 4) heq, zhvesh (*një rrobë*); 2. *vi* (s) 1) shpërngulem (*nga një banesë*); 2) dal; **auf Kampf ausziehen** nisem për luftë; **auf Raub ausziehen** dal për plaçkë; 2. *vrefl* **sich ausziehen** zhvishem.

Auszug *m* **-(e)s, -züge** 1) shpërngulje; dalje; 2) ekstrakt, pjesë (*nga një libër etj.*); përmbledhje (*e një libri*); **Auszüge aus einer Rede** pjesët kryesore të një fjalimi.

auszugsweise *adv* në përmbledhje; me shkurtime; **etwas auszugsweise veröffentlichen** botoj diçka me shkurtime.

aut'ark *a* autarkik; **eine autarke Wirtschaft** një ekonomi autarkike.

auth'entisch *a* i vërtetë, autentik.

Auto *n* **-s, -s** automobil.

Autobahn *f* =, **-en** autostradë.

Autobiograph'ie *f* =, **phi/en** autobiografi.

Autobus *m* **-ses, -se** autobus.

Autodid'akt *m* **-en, -en** autodidakt.

Autofahrer *m* **-s,** = automobilist.

Autogr'amm *n* **-s, -e** autograf, dorëshkrim origjinal (*i një njeriu të shquar etj.*).

Autogr'aph *n* **-s, -e** *dhe* **-en** dorëshkrim origjinal (*i një shkrimtari etj.*).

Autokino *n* **-s, -s** kinopark (*ku filmi shihet nga spektatorët në automobila*).

Autom'atik *f* = mekanizëm automatik.

autom'atisch 1. *a* automatik; **automatische Herstellung** prodhim automatik; 2. *adv* automatikisht.

auton'om *a* autonom; **autonomes Gebiet** krahinë autonome.

Autonom'ie *f* = autonomi.

Autor *m* **-s, -t'oren** autor (*i një libri etj.*).

autoris'ieren *vt ndash* autorizoj.

autorit'är *a* autoritar.

Autorit'ät *f* = 1) autoritet; **Autorität genießen** gëzoj (kam) autoritet; 2) *pl* **-en** autoritet (*në një fushë*); specialist.

autoritat'iv *a* i autoritetshëm.

auweh *int* ah, obobo.

avancieren [*avâs'irën*] *vi ndash* (s) shkoj përpara, ngrihem (*në pozitë etj.*).

Avantgarde [*avâg'ardë*] *f* =, **-n** pararojë (*edhe fig*).

Avantgardist [*avâgard'ist*] *m* **-en, -en** luftëtar i pararojës; luftëtar i së resë.

avantgardistisch *a* [*avâgard'istisch*] *a* i pararojës; i së resë.

Aversi'on [*-ver-*] *f* =, **-en** neveri.

avis'ieren [*-vi-*] *vt ndash* lajmëroj.

axi'al *a tek* aksial, boshtor.

Axt *f* =, **Äxte** sëpatë.

Axtstiel *m* **-(e)s, -e** bisht sëpate.

Az'ur *m* **-s** kaltërsi.

az'urblau *a* i kaltër.

B

b'abbeln *vt dhe vi bis* (**h**) llomotis.
Baby [*b'eibi*] *n* **-s, -s** foshnjë; **ein Baby erwarten** pres një fëmijë.
babyl'onisch *a* : *shpr* **babylonische Sprachverwirrung** babiloni gjuhësh.
Babysitter [*b'eibizitër*] *m* **-s, =** kujdestar fëmijësh (*gjatë mungesës së prindërve*).
Bach *m* **-(e)s, Bäche** përrua.
B'achstelze *f* **= en** *zool* bishttundës (*zog*).
B'ackbord *n* -(e)s *det* anë e majtë (*e anijes, e aeroplanit*).
b'ackbord *adv* nga ana e majtë (*e anijes, e aeroplanit*).
B'acke *f* **=, -n** *anat bis* faqe (e *fytyrës*); **mit vollen Backen kauen** bluaj nga të dy anët.
b'acken 1. *vt* 1) pjek (*bukën etj.*); 2) skuq (*peshk, vezë etj.*); 2. *vi* (**h**) piqem; skuqem.
B'ackenbart *m* **-(e)s, -bärte** favorite.
B'ackenknochen *m* **-s, =** *anat* mollëz e faqes.
B'ackenstreich *m* **-(e)s, -e** *poet* dackë.
B'ackenzahn *m* **-s, -zähne** *anat* dhëmballë.
B'äcker *m* **-s, =** bukëpjekës, furrtar.
Bäcker'ei *f* **=, -en** furrë; dyqan buke.
B'ackfisch *m* **-es, -e** *vjet bis* vajzë e mitur.
B'ackofen *m* **-s, -öfen** furrë buke.
B'ackpfeife *f* **=, -n** *bis* dackë, shpullë.
B'ackpulver *n* **-s, =** sodë buke, maja pluhur.
B'ackstein *m* -(e)s, **-e** tullë.
B'ackstube *f* **=, -n** dhomë mbrujtjeje.
B'ackwerk *n* -(e)s biskota.
Bad *n* -(e)s, **Bäder** 1) banjë; **ein Bad nehmen** bëj banjë; 2) banjë (*e ndarë*); **Wohnung mit Küche und Bad** hyrje me kuzhinë e banjë; 3) banja (*ujëra minerale*).
B'adeanstalt *f* **=, -en** pishinë.
B'adeanzug *m* **-s, -züge** kostum, rroba banje.
B'adehose *f* **=, -n** brekë banje.
B'adekur *f* **=, -en** kurë me banja.
B'ademantel *m* **-s, -mäntel** mantelpeshqir.
b'aden 1. *vt* laj, i bëj banjë (*foshnjës etj.*); 2. *vi* (**h**) *dhe vrefl* **sich baden** lahem, bëj banjë.
B'adeort *m* **-(e)s, -e** plazh.
B'adewanne *f* **=, -n** vaskë banje.
B'adezimmer *n* **-s, =** dhomë banje, banjë.
baff *a* : *shpr bis* **baff sein** mbetem gojëhapur nga habia.
Bagage [*bag'azhë*] *f* **=, -n** 1) bagazh; 2) *fig bis* mall i keq, fundërri.
Bagat'elle *f* **=, -n** gjë e vogël, çikërrimë.
bagatellisieren *vt* nuk i jap rëndësi (*diçkaje*); nuk përfill (*diçka*).
B'agger *m* **-s, =** eskavator.
b'aggern 1. *vt* hap me eskavator (*një gropë etj.*); 2. *vi* (**h**) gërmoj me eskavator.
Bahn *f* **=, -en** 1) rrugë, udhë, pistë; *fig* **Bahn brechen** çaj rrugën; *fig* **auf die schiefe Bahn kommen** marr rrugë të keqe; 2) orbitë (*e planetit etj.*); flurudhë (*e predhës etj.*); 3) hekurudhë; **auf der Bahn, mit der Bahn** me tren; 4) tramvaj; 5) shpatë, fletë, pol (*i çarçafit etj.*).
b'ahnbrechend *a* që hap rrugë të re (*veprimtari etj.*).
B'ahnbrecher *m* **-s, =** novator.
b'ahnen *vt* hap (*rrugën*); **sich** (**D**) **den Weg bahnen** i hap rrugë vetes.
B'ahngleis *n* **-es, -e** shina hekurudhe.
B'ahnhof *m* **-s, -höfe** stacion heku-

rudhor; *shpr* **großer Bahnhof** pritje madhështore (*e një personaliteti në stacionin e trenit etj.*).
B'ahnsteig *m* **-s, -e** platformë e stacionit hekurudhor.
B'ahnsteigkarte *f* **=, -n** biletë platforme (*e stacionit hekurudhor*).
B'ahnübergang *m* **-s, -gänge** *hek* mbikalim.
B'ahnwärter *m* **-s, =** rojë hekurudhe.
B'ahre *f* **=, -n** 1) vig; 2) arkivol; *fig* **von der Wiege bis zur Bahre** që nga djepi gjer në varr.
Bai *f* **=, -en** *gjeogr* gji deti.
Baiser [*bez'e*] **n -s, -s** mafishe.
Bajon'ett *n* **-s, -e** bajonetë.
B'ake *f* **=, -n** *det* bovë.
bakteri'ell *a mjek* bakteror (*infektim etj.*).
Bakt'eri/en *pl biol* baktere.
Balance [*bal'âsë*] *f* **=** drejtpeshim, ekuilibër; **die Balancen halten, verlieren** mbaj, humbas ekuilibrin.
balancieren [*balâs'ieren*] 1. *vi* (**h**) 1) rri në ekuilibër, balancoj; 2) *ek* balancohet (*buxheti etj.*); 2. *vt* mbaj në ekuilibër, balancoj.
bald *adv* (*comp* **eher**, *superl* **ehest**) 1) shpejt; së shpejti; **bald danach, bald darauf** menjëherë pas kësaj; **möglichst bald** sa më parë që të jetë e mundur; **das ist nicht so bald getan** kjo nuk bëhet aq shpejt; **bald so, bald so** herë kështu, herë ashtu; **bald lachte, bald weinte sie vor Freude** ajo herë qeshte, herë qante nga gëzimi; 2) *bis* për pak, desh, mend; **ich wäre bald hingefallen** desh rashë.
B'aldachin *m* **-s, -e** baldakin.
b'aldig *a* i afërm, që do të bëhet, që do të ndodhë së shpejti.
b'aldigst *adv* sa më parë.
B'aldrian *m* **-s, -e** *bot* valerianë.
B'aldriantropfen *pl* pika valeriane.
Balg I *m* **-(e)s, Bälge** 1) lëkure (*kafshe*); 2) dordolec; 3) fizarmonikë (*e vagonit të trenit, e aparatit fotografik etj.*).
Balg II *m*, *n* **-(e)s, Bälger** *bis* çapkën, fëmijë i prapë.
b'algen, sich *vrefl* kapërthehen, kacafyten (*fëmijët për lojë*).
Balger'ei *f* **=, -en** kapërthim, kacafytje.
B'alken *m* **-s, =** tra.
B'alkenüberschrift *f* **=, -en** titull me shkronja të mëdha (*në gazetë etj.*).
B'alkenwaage *f* **=, -en** peshore me dy pjata.
Balkon [*balk'ô*] **-s, -s** 1) *ark* ballkon; 2) *teat* ballkon.
Ball I *m* **-(e)s, Bälle** top; **Ball spielen** loz me top.
Ball II *m* **-(e)s, Bälle** ballo, vallëzim; **den Ball eröffnen** hap vallëzimin; **einen Ball geben** jap një ballo.
Ball'ade *f* **=, -n** *let* baladë.
B'allast *m* **-(e)s** 1) *det* savurë; 2) *fig* peshë e vdekur.
b'allen 1. *vt* shtrëngoj, mbledh (*grushtet*); 2) bëj top (*borën*); 2. *vrefl* **sich ballen** mblidhem; **die Wolken ballten sich am Himmel** retë po mblidheshin në qiell.
B'allen *m* **-s, =** 1) deng (*pambuku etj.*); 2) top (*stofi*).
b'allern *vi* (**h**) 1) trokas fort; **er ballerte an die Tür** ai i binte derës; 2) kërcas.
Ball'ett *n* **-s, -e** balet, grup baleti.
Balletteuse [*balet'ëzë*] *f* **=, -n** kërcimtare baleti.
B'allkleid *n* **-(e)s, -er** fustan balloje.
Ballon [*bal'ô*] **-s, -s** *dhe* **-e** balonë.
B'allspiel *n* **-s, -e** lojë me top.
B'alsam *m* **-s, -e** 1) balsam; 2) *fig* ilaç; **deine Worte sind Balsam für meine Seele** fjalët e tua janë ilaç për shpirtin tim.

balsam'ieren *vt* 1) balsamoj; **eine balsamierte Leiche** një kufomë e balsamuar; 2) fërkoj me balsam.

Balustr'ade *f* =, **-n** *ark* balustradë (*e shkallës etj.*); parmakë.

B'ambus *m* **-ses** *dhe* =, **-se** *bot* bambu (*kallam*).

B'ambusrohr *n* **-(e)s, -e** *bot* kallam bambuje.

ban'al *a* i shpëlarë, bajat, i thatë.

Ban'ane *f* =, **-n** *bot* banane.

Ban'anenstecker *m* **-s,** = *el* prizëbanane (*me një pol*).

Ban'ause *m* **-n, -n** *përb* njeri i pagdhendur.

band *sh* **binden***.

Band I *m* **-(e)s, Bände** vëllim (*i një libri*).

Band II *n* **-(e)s, Bänder** 1) shirit; kordele; shirit magnetofoni; 2): *tek* **laufendes Band** konvejerë; *fig* **am laufenden Band** pa pushim; 3) bandë (*e radios*).

Band III *n* **-(e)s, -e** 1) lidhje; **die Bande der Freundschaft** lidhjet e miqësisë; 2) prangë.

Band IV [*bent*] *f* =, **-s** *muz* bandë (*xhazi*).

Bandage [*band'azhë*] *f* =, **-n** *mjek* fashë.

bandagieren [*bandazh'irën*] *mjek* fashoj (*plagën etj.*).

B'ande *f* =, **-n** bandë (*hajdutësh etj.*).

Bander'ole *f* =, **-n** banderolë (*rrip letre*).

b'ändigen *vt* 1) zbus (*një kafshë të egër etj.*); 2) shtroj (*një fëmijë çapkën etj.*); 3) përmbaj (*zemërimin etj.*).

Band'it *m* **-en, -en** bandit, kusar.

B'andmaß *n* **-es, -e** metër metalik.

B'andscheibe *f* =, **-en** *anat* disk (*i shtyllës kurrizore*).

B'andwurm *m* **-s, -würmer** *zool* shirit, lëvrizë.

b'ang(e) *a* (*comp* **bänger** *dhe* **banger**, *superl* **bängste** *dhe* **bangste**) 1) i druajtur; **eine bange Ahnung** një parandjenjë e druajtur; **bang(e) lauschen** përgjoj tërë frikë; *shpr* **jemandem ist angst und bange** dikujt i ka hyrë frika gjer në palcë; *shpr* **jemandem bange machen** tremb dikë.

B'ange *f* =: *shpr* **(keine) Bange haben** (nuk) kam frikë.

b'angen *vi* (h) druhem, kam frikë; **es bangt mir vor** (D) kam frikë (*nga diçka, dikush*); **er bangt um seine Stellung** ka frikë se mos humbet vendin (e punës).

Bank I *f* =, **Bänke** 1) bankë, stol; *shpr* **auf die lange Bank schieben** e shtyj një punë; *shpr* **alle durch die Bank** të gjithë sa janë; 2) cekë, cekëtinë; stom rëre.

Bank II *f* =, **-en** *ek* bankë (*institucion e ndërtesë*).

Bank'ett *n* **-s, -e** banket.

B'ankhaus *n* **-es, -häuser** *ek* bankë (*institucion e ndërtesë*).

Bankier [*banki'e*] *m* **-s, -s** bankier.

B'anknote *f* =, **-n** pare letër, bankënotë, kartëmonedhë.

bankr'ott *a* i falimentuar (*edhe fig*).

Bankr'ott *m* **-(e)s, -e** falimentim (*edhe fig*).

Bann *m* **-(e)s, -e** 1) dëbim, mërgim; **in Acht und Bann** i shpallur jashtë ligjit; **in den Bann tun** shpall jashtë ligjit; 2) *fet* shkishërim; 3) *fig* ndikim i fortë; forcë magjepsëse; **im Banne der Muzik** nën forcën magjepsëse të muzikës.

b'annen *vt* 1) dëboj, mërgoj; shpall jashtë ligjit; 2) *fet* shkishëroj; 3) *fig* magjeps; ia marr mendtë (*dikujt*).

B'anner *n* **-s,** = flamur.

B'annerträger *m* **-s,** = flamurtar.

bar *a* 1) lakuriq; i zhveshur; i zbathur; 2) krejt, fund e krye; **das ist barer Unsinn** kjo është marrëzi fund e krye; 3) (G) pa (*diçka*); **bar aller Hoffnung** pa asnjë shpresë; 4) me pare në dorë; **bar bezahlen** paguaj me pare në dorë; *shpr* **für bare Münze nehmen** e marr për të vërtetë, e ha kallëp (*një gënjeshtër*).

Bar *f* =, **-s** 1) banak (*i pijetores*); 2) bar (*lokal*).

Bär *m* **-en, -en** *zool* ari; **stark wie ein Bär** i fortë si ari; *shpr bis* **jemandem einen Bären aufbinden** ia hedh dikujt.

Bar'acke *f* =, **-n** barakë.

Barb'ar *m* **-en, -en** 1) barbar; 2) njeri i pagdhendur.

Barbar'ei *f* = 1) barbari, mizori; 2) mungesë e plotë edukate ose kulture.

barb'arisch *a* barbar; mizor.

b'ärbeißig *a* gërnjar.

B'arbestand *m* **-(e) s** *fin* gjendje e arkës.

B'arbetrag *m* **-(e)s, -träge** *fin* gjendje e arkës.

Bärendienst *m* : *shpr* **jemandem einen Bärendienst leisten** dua t'i bëj mirë dhe i bëj keq dikujt.

B'ärenführer *m* **-s,** = *bis shak* shoqërues turistësh.

B'ärenhaut *f* =: *shpr* **auf der Bärenhaut liegen** rri kot.

B'ärenhunger *m* **-s** uri e madhe.

Bar'ett *n* **-(e)s, -e** beretë (*gjykatësi, profesori etj.*).

b'arfuß 1. *a* i zbathur; 2. *adv* zbathur.

b'arfüßig *a* këmbëzbathur.

barg *sh* **bergen***.

B'argeld *n* **-(e) s** *ek* pare në dorë.

b'arhaupt *adv* kokëjashtë.

B'arhocker *m* **-s,** = stol bari (*me këmbë të gjata*).

B'ariton *m* **-s, -e** *muz* 1) bariton (*zë*); 2) bariton (*këngëtar*).

B'arkasse *f* =, **-n** barkë e madhe me motor.

B'arke *f* =, **-n** barkë.

barmh'erzig *a* zemërbutë, i mëshirshëm.

Barmh'erzigkeit *f* = mëshirë, zemërbutësi.

bar'ock *a* 1) *art* (*i stilit*) barok; **ein barockes Gemälde** një tablo e stilit barok; 2) me shumë lajlelule (*stil etj.*); 3) i çuditshëm (*veprim*).

Bar'ock *n dhe m* **-(s)** art (stil) barok; **das Zeitalter des Barocks** shekulli i stilit barok.

Barom'eter *n* **-s,** = barometër.

Bar'on *m* **-s, -e** baron (*titull fisnikërie*).

B'arras *m* = *bis* shërbim ushtarak; **er muß zum Barras** duhet të shkojë ushtar.

B'arren *m* **-s,** = 1) shufër (*ari etj.*); 2) *sport* paralele.

Barri'ere *f* =, **-n** pengesë; **Barrieren errichten, beseitigen** ngre, heq pengesa.

Barrikade *f* =, **-n** barrikadë; **Barrikaden errichten** ngre barrikada; *shpr* **auf die Barrikaden gehen** dal në barrikada (*protestoj etj.*).

barsch I *a* i ashpër, i vrazhdë; **eine barsche Antwort** një përgjigje e ashpër; **jemanden barsch anreden** i flas rëndë dikujt.

Barsch II *m* **-(e)s, -e** *zool* sharrmak (*peshk*).

B'arschaft *f* = *ek* pare në dorë; **ihre ganze Barschaft bestand aus zehn Mark** gjithë paret që kishte në dorë ishin dhjetë marka.

B'arschheit *f* = ashpërsi, vrazhdësi (*në sjellje, fjalë etj.*).

barst *sh* **bersten***.

Bart *m* **-es, Bärte** 1) mjekër; **sich (D) einen Bart wachsen lassen** lëshoj mjekër; **jemandem den Bart abnehmen** i rruaj mjekrën dikujt; *fig bis* **jemandem um den Bart gehen** i kreh bishtin dikujt; *shpr* **um des**

Kaisers Bart streiten zihem për mustaqet e Çelos; 2) mustaqe (*të maces etj.*).

b'ärtig *a* mjekrosh, mjekërgjatë, mjekërdendur.

b'artlos *a* pa mjekër.

B'arzahlung *f* =, **-en** *ek* pagesë me pare në dorë.

Bas'alt *m* **-(e)s, -e** *gjeol* bazalt.

Bas'ar *m* **-s, -e** 1) pazar; 2) shitje për qëllime mirëbërëse.

B'ase *f* =, **-n** *kim* bazë.

Baseball [*b'ejzbol*] *m* **-(e)s** *sport* bejzboll.

bas'ieren *vi* (h) bazohem.

Bas'ilika *f* =, **Bas'iliken** *art* bazilikë.

B'asis *f* =, **Basen** 1) bazë; 2) pikënisje; **eine sichere Basis fürs Vorwärtskommen** një pikënisje e mirë për të shkuar përpara.

Basketball [*b'eskëtbal*] m **-(e)s** *sport* basketboll.

baß *adv* : *shpr* **baß verwundert sein** jam fort i habitur.

Baß *m* **-es, Bässe** *muz* 1) bas (*zë*); 2) kontrabas (*vegël*).

B'aßgeige *f* =, **-n** *muz* kontrabas (*vegël*).

Bassin [*bas'ê*] *n* **-s, -s** pellg artificial.

Bass'ist *m* **-en, -en** *muz* 1) bas (*këngëtar*); 2) kontrabasist.

Bast *m* **-es, -e** *bot* zhukë.

b'asta *inter bis* mjaft.

B'astard *m* **-(e)s, -e** 1) kopil; 2) bastard.

Bast'ei *f* =, **-en** bastion (*i një fortese*).

b'asteln 1. *vt* ndërtoj, sajoj për qejf (*një radio etj.*); 2. *vi* (h) merrem me një zanat (*për qejf, si amator*).

B'astler *m* **-s,** = amator (*në një zanat*).

bat *sh* **bitten***.

Bataillon [*batalj'on*] *n* **-s, -e** batalion.

Bat'ist *m* **-(e)s, -e** *tekst* batistë.

Batter'ie *f* =, **-ri/en** 1) *usht* bateri; 2) *el* bateri.

B'atzen *m* **-s,** = *bis* grumbull; *shpr* **ein schöner Batzen Geld** një dorë e mirë paresh.

Bau *m* **-(e)s** 1) *ndërtim* (*i një shtëpie, anijeje etj.*); **etwas ist im Bau** diçka është në ndërtim e sipër; 2) ndërtim, strukturë; **der Bau eines Satzes** ndërtimi i një fjalie; 3) **-(e)s, -ten** ndërtesë; kantier ndërtimi; 4) **-(e)s, -e** strofkë (*e dhelprës etj.*); 5) **-(e)s** rritje (*e një bime*); 6) *usht* **-(e)s** burg.

B'auart *f* = **-en** strukturë, arkitekturë (*e një ndërtese etj.*).

Bauch *m* **-(e)s, Bäuche** 1) *anat* bark; **einen Bauch bekommen** vë bark: **der Bauch tut mir weh** më dhemb barku; **sich (D) den Bauch halten** mbaj barkun me dorë (*nga të qeshurat etj.*); *shpr bis* **nichts im Bauch haben** s'kam vënë gjë në gojë; 2) *fig* bark (*i anijes, i qypit etj.*).

B'auchfell *n* **-(e)s, -e** *anat* cipë e zgavrës së barkut, peritone.

b'auchig *a* barkalec, barkfryrë, barkashor (*shishe etj.*).

B'auchlandung *f* =, **-en** *av* zbritje me bark (*e aeroplanit*).

b'äuchlings *adv* barkas.

B'auchredner *m* **-s,** = ventrilok.

B'auchschmerzen *pl* dhembje barku.

b'auen 1. *vt* 1) ndërtoj (*rrugë, shtëpi, anije etj.*); **eine Brücke, eine Geige, ein Haus, eine Maschine, ein Schiff bauen** ndërtoj një urë, një violinë, një shtëpi, një makinë, një anije; 2) *bis* bëj; **sein Abitur bauen** bëj maturën; *usht* **die Betten bauen** ndreq krevatet; **einen Unfall bauen** bëj një aksident; *bis* **Mist bauen** bëj një gabim; 2. *vi* (h) **(auf A)** i var shpresat (*te diçka, dikush*).

B'auer I *m* **-n, -n** 1) fshatar, katundar; 2) *shah* ushtar; 3) fant (*spathi etj.*).

B'auer II *n* **-s,** = kafaz, kuvli.
B'äuerin *f* =, **-nen** 1) fshatare, katundare; 2) e shoqja e fshatarit.
b'äuerisch *a* 1) fshatarak; 2) i trashë, i pagdhendur.
b'äuerlich *a* 1) bujqësor (*prodhim etj.*); 2) fshatar (*popullsi etj.*).
B'auernaufstand *m* **-(e)s, -stände** kryengritje fshatare.
B'auernfänger'ei *f* =, **-en** dredhi fshatarake.
B'auerngemeinde *f* =, **-en** bashkësi fshatare, fshat.
B'auernhof *m* **-(e)s, -höfe** fermë, ekonomi fshatare.
B'auernschaft *f* = fshatarësi.
b'auernschlau *a* dinak (*si fshatar*).
B'auerntum *n* **-(e)s** fshatarësi.
B'auerstand *m* **-(e)s** fshatarësi (*si klasë*).
B'auersfrau *f* =, **-en** e shoqja e fshatarit.
b'aufällig *a* në rrezik shembjeje (*ndërtesë etj.*).
B'augerüst *n* **-es, -e** skelë ndërtimi.
B'auherr *m* **-n, -n** sipërmarrës i një vepre ndërtimi.
B'auholz *n* **-es** lëndë druri për ndërtim.
B'aukasten *m* **-s, -kästen** kuti ndërtimi (*për fëmijët*).
B'aukunst *f* = arkitekturë.
Baum *m* **-(e)s, Bäume** dru, pemë; **einen Baum fällen** pres një dru; *prov* **auf einen Hieb fällt kein Baum** s'pritet lisi me një të rënë.
B'aumeister *m* **-s,** = arkitekt.
b'aumeln *vi* (h) *bis* tundem; **am Galgen baumeln** tundem (*i varur*) në litar; **mit den Beinen baumeln** tund, var këmbët.
b'äumen, sich *vrefl* 1) ngrihet përpjetë (*kali etj.*); 2) *fig* ngrihem (*kundër shfrytëzimit etj.*).
B'aumschule *f* =, **-n** fidanishte.
b'aumstark *a* i trashë sa një trung.
B'aumstumpf *m* **-(e)s, -stümpfe** cung.
B'aumwolle *f* = *bot* pambuk.
b'äurisch *a* 1) fshatarak; 2) i pagdhendur.
Bausch *m* **-es, -e** *dhe* **Bäusche** shuk (*letre, pambuku etj.*); *shpr* **in Bausch und Bogen nehmen** marr mbarë.
b'auschen 1. *vt* fryj; **der Wind bauscht die Segel** era i fryn velat; 2. *vrefl* **sich bauschen** fryhem.
B'auschule *f* =, **-n** shkollë ndërtimi.
B'austein *m* **-(e)s, -e** 1) gur ndërtimi; 2) kub (*që përdorin fëmijët për të lozur*); 3) *fig* ndihmesë, kontribut (*për zhvillimin e një çështjeje etj.*).
B'austelle *f* =, **-n** kantier ndërtimi.
B'austil *m* **-s, -e** *ark* stil (*ndërtimi*); **der gotische Stil** stili gotik.
B'auwerk *n* **-(e)s, -e** 1) ndërtim; 2) ndërtesë.
B'auwesen *n* **-s** punime ndërtimi; ndërtim.
b'ay(e)risch *a* bavarez.
Baz'illus *m* =, **-llen** *mjek* bacil.
Bd. = **Band** I
be= *parashtesë e pandashme foljore:* 1) *kthen foljet vi në vt:* **weinen** qaj, **beweinen** vajtoj (*dikë*); 2) *tregon përfundimin e një veprimi ose shtrirjen e një veprimi në të gjithë sendin:* **bekleben.**
be'absichtigen *vt* kam ndër mend; **ich beabsichtige, nach Berlin zu fahren** kam ndër mend të nisem për në Berlin; **das war (doch) nicht beabsichtigt!** e bëra pa dashur!
be'achten *vt* 1) marr parasysh; 2) përfill; **etwas oder jemanden nicht beachten** s'e kam për gjë diçka ose dikë.
be'achtenswert *a* që duhet marrë parasysh; që duhet përfillur.
be'achtlich 1. *a* i madh, i rëndësishëm; 2. *adv* shumë, fort; **der**

Baum ist beachtlich groß druri është shumë i madh.

Be'achtung *f* = 1) marrje parasysh; *shpr* **etwas verdient Beachtung** diçka e vlen të merret parasysh; 2) vëmendje; *shpr* **jemandem oder einer Sache Beachtung schenken** i kushtoj vëmendje dikujt ose një çështjeje; 3) respektim; **die Beachtung der Verkehrszeichen** respektimi i shenjave të qarkullimit rrugor.

Be'amte *m* **-n, -n** nëpunës (*i shtetit*).

Be'amtin *f* =, **-nen** nëpunëse (*e shtetit*).

Be'amtenschaft *f* = nëpunësit (*e shtetit*).

be'anspruchen *vt* 1) kërkoj; **das gleiche Recht beanspruchen** kërkoj të njëjtën të drejtë; 2) merr (*shumë, pak kohë etj.*); 3) zë (*shumë, pak vend etj.*); 4) ngarkoj, zë (*me punë*); **ich bin stark beansprucht** jam shumë i zënë (*me punë*).

Be'anspruchung *f* =, **-en** 1) kërkesë; 2) ngarkesë (*me punë*).

be'anstanden *vt* 1) bëj vërejtje për (*diçka*); **es gab nichts zu beanstanden** s'kishte të sharë; 2) ankohem për (*diçka*); reklamoj (*një mall të dëmtuar etj.*).

Be'anstandung *f* =, **-en** 1) vërejtje; 2) ankesë; reklamim.

be'antragen *vt* kërkoj me lutje (*me shkrim*).

be'antworten *vt* i përgjigjem (*një letre etj.*); **das beantwortet sich von selbst** kjo vetëkuptohet.

Be'antwortung *f* =, **-en** përgjigje (*një letre etj.*).

be'arbeiten vt 1) përpunoj (*një libër etj.*); 2) *fig* përpunoj (*dikë*); 3) punoj (*tokën etj.*).

Be'arbeitung *f* =, **-en** 1) përpunim; 2) punim.

be'argwöhnen *vt* dyshoj, kam dyshim për (*dikë*); më ha zemra në (*dikë*).

be'aufsichtigen *vt* mbikëqyr (*fëmijët etj.*).

Be'aufsichtigung =, **-en** mbikëqyrje.

be'auftragen *vt* **(mit D)** ngarkoj (*me një detyrë*); **ich bin beauftragt** jam ngarkuar (*për të mbaruar një punë etj.*).

beb'auen *vt* 1) ndërtoj në (*një truall, vend etj.*); 2) punoj, lëroj (*tokën*).

b'eben *vi* **(h)** 1) dridhem; **die Knie bebten mir** m'u drodhën gjunjët; 2) tundet (*toka nga tërmeti etj.*).

beb'ildern *vt* ilustroj (*një libër për fëmijë etj.*); **bunt bebilderte Zeitschriften** revista me ilustrime të shumëngjyrshme.

Beb'ilderung *f* =, **-en** ilustrim, figurë (*e një libri etj.*).

bebr'illt *a* me syze; **ein bebrillter Knabe** një djalë me syza.

bebr'üten *vt* ngroh (*vezët klloçka*).

B'echer *m* **-s,** = kupë për pije.

b'echern *vi* **(h)** *bis* rri duke pirë.

bec'ircen *vt bis* ia marr mendtë (*dikujt*).

B'ecken *n* **-s,** = 1) legen; 2) *anat* komblik, legen; 3) *gjeog* pellg (*i një lumi*).

Beckmesser'ei *f* = kritikë shpirtvogël.

Bed'acht *m* : **mit Bedacht** duke u menduar; **ohne Bedacht** pa u menduar.

bed'ächtig *a* i matur; i qetë; i urtë.

bed'achtsam *a* i matur; i urtë.

Bed'achtsamkeit *f* = maturi; urtësi.

bed'ang *sh* **bedingen*.**

bed'anken, sich *vrefl* 1) **(bei D für A)** falënderoj (*dikë për diçka*); 2): *fig* **dafür bedanke ich mich!** faleminderit, s'e dua!

bed'arf *sh* **bedürfen*.**

Bed'arf *m* **-s,** (an D) 1) kërkesë; 2) nevojë (*për diçka*); **den Bedarf decken** përmbush nevojat; **nach Bedarf** sipas nevojës.
Bed'arfsartikel *m* **-s,** = artikull i domosdoshëm; artikull i konsumit të gjerë.
Bed'arfsfall *m* : *shpr* **im Bedarfsfall** në rast nevoje.
bed'auerlich 1. *a* për të ardhur keq; 2. *adv* për fat të keq.
bed'auern *vt* 1) më vjen keq për (*diçka, dikë*); 2) pendohem për (*diçka*).
Bed'auern *n* **-s** 1) keqardhje; **jemandem sein Bedauern ausdrücken** i shpreh keqardhjen dikujt; 2) pendim.
bed'auernswert *a* 1) për të ardhur keq (*veprim etj.*); 2) i shkretë (*njeri*).
bed'auernswürdig *a sh* **bedauernswert.**
bed'ecken *vt* 1) mbuloj (*një sipërfaqe etj.*); **Schnee bedeckt die Erde** dëbora mbulon tokën; **der Himmel ist bedeckt** qielli është i vrenjtur; 2) zë (*një vrimë etj.*); 3) *usht* mbuloj (*fërheqjen etj.*).
bed'enken* 1. *vt* mendoj, peshoj (*një çështje etj.*); **das hatte er nicht bedacht** këtë ai nuk e kishte menduar; *shpr* **auf etwas bedacht sein** shikoj, kam kujdes diçka; 2. *vrefl* **sich bedenken** 1) mendohem; **sich eines anderen bedenken** ndërroj mendje; 2) ngurroj.
Bed'enken *n* **-s** 1) shqetësim; **ich teilte seine Bedenken nicht** nuk i kisha shqetësimet e tij; 2) dyshim, ngurrim; vërejtje; **bestehen noch Bedenken?** a ka më vërejtje?; **Bedenken tragen** kam dyshime; 3) të menduar; **nach langem Bedenken** pas një të menduari të gjatë; **etwas ohne Bedenken tun** bëj diçka pa u menduar.
bed'enklich *a* 1) i dyshimtë; **ein bedenkliches Unternehmen** një ndërmarrje e dyshimtë; **er wiegte bedenklich den Kopf** ai tundi kokën me dyshim; 2) shqetësues; **eine bedenkliche Lage** një gjendje shqetësuese.
Bed'enkzeit *f* = kohë për t'u menduar.
bed'euten *vt* 1) do të thotë; **was soll das bedeuten?** ç'do të thotë kjo?; 2) ka rëndësi; **das bedeutet viel für mich** kjo ka shumë rëndësi për mua; 3) : **jemandem bedeuten, daß ...** e lë dikë të kuptojë se ...
bed'eutend 1. *a* i madh, i rëndësishëm; i shquar; **ein bedeutendes Werk** një vepër e rëndësishme; **der Mann ist nicht sehr bedeutend** ai njeri nuk ngre shumë peshë; 2. *adv* shumë, fort.
bed'eutsam *a* i rëndësishëm (*për diçka*); **eine bedeutsame Entdeckung** një zbulim i rëndësishëm.
Bed'eutsamkeit *f* = rëndësi (*për diçka*).
Bed'eutung *f* = 1) *pl* **-en** kuptim; **das Wort hat mehrere Bedeutungen** fjala ka shumë kuptime; 2) rëndësi; **von Bedeutung** me rëndësi.
bed'eutungslos *a* i parëndësishëm.
bed'eutungsvoll *a* 1) i rëndësishëm; 2) kuptimplotë.
bed'ienen 1. *vt* 1) i shërbej (*klientit etj.*); **die Kunden bedienen** u shërbej klientëve; *fig bis* **ich bin bedient!** më del e më tepron!; 2) ndaj (*letrat*); 3) përdor (*makinën etj.*); 2. *vrefl* **sich bedienen** 1) ha; **bedienen Sie sich!** urdhëroni!; 2) (G) përdor (*një mjet etj.*).
Bed'ienstete *m* **-n, -n** nëpunës; **ein Bediensteter** një nëpunës; **mehrere Bedienstete** shumë nëpunës.

Bed'iente *m* **-n, -n** shërbëtor; shërbyes.
Bed'ienung *f* = 1) shërbim; 2) përdorim; 3) *pl* **-en** shërbëtor, shërbyes.
Bed'ienungsgeld *n* **-(e)s, -er** bakshish (*për shërbimin në restorant etj.*).
bed'ingen* 1. *vt* 1) kushtëzoj; 2) shkaktoj; **die schlechte Ernte ist durch das ungünstige Wetter bedingt** të korrat e pakëta janë shkaktuar nga moti i keq; 2. *vi* **(h)** kërkon, presupozon; **die Aufgabe bedingt Fleiß und Können** detyra kërkon zell e aftësi.
bed'ingt *a* i kushtëzuar; 1) : **bedingte Reflexe** reflekse të kushtëzuara.
Bed'ingtheit *f* =, **-en** 1) kufizim; kushtëzim (*nga diçka*); 2) premisë.
Bed'ingung *f* =, **-en** 1) kusht; 2) parakusht, premisë.
bed'ingungslos *a* pa kushte (*dorëzim etj.*).
bedr'ängen *vt* mundoj; i bie në qafë (*dikujt*); **jemanden mit meinen Bitten, Wünschen bedrängen** i bie në qafë dikujt me lutjet, kërkesat e mia.
Bedr'ängnis *f* =, **-se** 1) gjendje e vështirë; 2) hall; **in Bedrängnis sein** jam në hall.
bedr'ohen *vt* **(mit D)** i kërcënohem, i kanosem (*me armë etj. dikujt*); *fig* **eine Seuche bedroht die Stadt** qytetit i kërcënohet një epidemi.
bedr'ohlich *a* kërcënues, kanosës.
bedr'ucken *vt* shtyp (*një stof, letër me një figurë etj.*).
bedr'ücken *vt* 1) mundoj; 2) mërzis; trishtoj; **was bedrückt euch?** ç'hall keni?
bedr'ückend *a* që (*të*) ngjall trishtim; **eine bedrückende Stille** një heshtje e trishtueshme.
bedr'ückt *a* i trishtuar; i mërzitur.
bed'ürfen* *vi* **(h)** **(G)** kam nevojë (*për diçka*), (*më*) duhet (*diçka*); **das bedarf einer Erklärung** kjo do një shpjegim.
Bed'ürfnis *n* **-ses, -se (nach D)** nevojë (*për diçka*).
Bed'ürfnisanstalt *f* =, **-en** nevojtore publike.
bed'ürftig *a* 1) nevojtar; **eine bedürftige Familie** një familje nevojtare; 2) **(G)** që ka nevojë (*për diçka*); **des Trostes bedürftig sein** kam nevojë për ngushëllim.
Beefsteak [*b'ifstek*] *n* **-s, -s** biftek.
be'ehren 1. *vt* 1) nderoj; 2) i bëj vizitë (*dikujt*); 2. *vrefl* **sich beehren** kam nderin; **wir beehren uns, unseren Kunden mitzuteilen ...** kemi nderin t'u njoftojmë klientëve tanë ...
be'eiden *vt* betohem (*për diçka*); them me be (*diçka*).
be'eilen, sich *vrefl* ngutem, nxitoj.
be'eindrucken *vt* i bëj përshtypje (*dikujt*); **die Aufführung beeindruckte ihn** shfaqja i bëri përshtypje.
be'einflussen *vt* ushtroj ndikim, ndikoj mbi (*dikë*); **er ist leicht zu beeinflussen** ai ndikohet lehtë.
be'einträchtigen *vt* 1) ul (*vlerën etj.*); 2) dëmtoj, cënoj, prek (*interesat etj.*).
Be'einträchtigung *f* =, **-en** dëmtim, cënim.
be'enden *vt* mbaroj (*një punë, bisedë etj.*).
be'endigen *vt* mbaroj, përfundoj (*një punë etj.*).
Be'endigung *f* =, **-en** mbarim, përfundim.
be'engen vt ngushtoj; **der Kragen beengte seinen Hals** jaka i ngushtonte qafën.
Be'engtheit *f* = ngushtësi.
be'erben *vt* trashëgoj nga (*dikush*);

er hat seinen Onkel beerbt ai ka trashëguar nga xhaxhai.
be'erdigen *vt* varros, shtie në dhe.
Be'erdigung *f* =, **-en** varrim.
Beere *f* =, **-n** *bot* rrushk.
Beet *n* **-(e)s, -e** vulla, lehe; **in Beete unterteilen** ndaj në lehe.
B'eete *f* =, **-n** *bot* panxhar; **rote Beete** panxhar i kuq.
bef'ähigen *vt* (**zu D**) 1) bëj të aftë, aftësoj (*për diçka*); **seine Kenntnisse befähigen ihn zu dieser Arbeit** njohuritë që ka e bëjnë të aftë për këtë punë; 2) i jap të drejtën (*dikujt të bëjë diçka*).
Bef'ähigung *f* =, **-en** aftësi; **er hat eine besondere Befähigung zu diesem Beruf** ai ka aftësi të veçanta për këtë zanat.
bef'ahl *sh* **befehlen***.
bef'ahrbar *a* i kalueshëm (*rrugë etj.*); i lundrueshëm (*lumë etj.*).
bef'ahren* *vt* rrah (*një rrugë etj.*); **eine stark befahrene Straße** një rrugë shumë e rrahur; **einen Schacht befahren** zbres (ngjitem) në pus (*të një miniere etj.*); **das Bergwerk wird nicht mehr befahren** në minierë nuk punojnë më; **einen Fluß mit dem Schiff befahren** lundroj me anije nëpër një lumë.
Bef'all *m* **-(e)s** rënie (*e një sëmundjeje etj.*).
bef'allen* *vt* (*më*) bie (*një sëmundje etj.*); (*më*) zë (*shiu, frika etj.*); **vom Fieber befallen sein** më zënë ethet; **vom Schlaf befallen werden** më zë gjumi.
bef'and *sh* **befinden***.
bef'angen *a* 1) i turbulluar; i hutuar; 2) i druajtur; 3) i anshëm; 4) : *shpr* **in einem Irrtum befangen sein** gaboj.
Bef'angenheit *f* = 1) hutim, turbullim; 2) druajtje; 3) anësi.
bef'assen 1. *vt* ngarkoj (*me një detyrë etj.*); 2. *vrefl* **sich befassen** merrem (*me një çështje, studim etj.*); **sich mit einem Problem befassen** merrem me një problem.
bef'ehden *vt* luftoj (*dikë, një plan etj.*).
Bef'ehl *m* **-(e)s, -e** 1) urdhër; **zu Befehl** si urdhëron!; **Befehl ist Befehl** urdhri është urdhër; 2) komandë; **den Befehl übernehmen** marr komandën.
bef'ehlen* *vt* 1) urdhëroj; **er befahl mir, mit ihm mitzukommen** më urdhëroi të shkoja me të; **wie Sie befehlen!** si urdhëroni!; 2) i jap urdhër të shkojë (*diku dikujt*); 3) lë në dorë, në mbrojtje (*të dikujt diçka*).
bef'ehligen *vt* komandoj (*një kompani etj.*).
Bef'ehlshaber *m* **-s,** = komandant (*i një reparti të madh ushtarak.*).
Bef'ehlsverweigerung *f* =, **-en** mosbindje ndaj urdhrit; moszbatim i urdhrit.
bef'estigen *vt* 1) forcoj (*një urë etj.*); 2) fortifikoj (*një qytet etj.*); 3) ngul (*me gozhdë etj.*); 4) ngjis (*me zamkë etj.*); 5) kap (*me kapëse etj.*).
Bef'estigung *f* =, **-en** 1) forcim (*i një dige etj.*); 2) fortifikim; 3) ngulje; ngjitje; kapje.
bef'euchten *vt* lag, njom (*me pështymë etj.*).
bef'euern vt 1) ndez (*sobën me dru etj.*); 2) *det* pajis me drita (*hyrjen e portit etj.*).
bef'iedern i vë pupla (*shigjetës etj.*).
bef'inden* 1. *vt* mendoj; **etwas als gut befinden** mendoj se diçka është e mirë; 2. *vi* (**h**) vendos; gjykoj; **über sein Schicksal befindet jetzt ein anderer** për fatin e tij tash vendos një tjetër; **ich habe nicht darüber zu befinden** nuk më përket mua të gjykoj për këtë;

3. *vrefl* **sich befinden** 1) gjendem, ndodhem (*në një vend, në rrethana etj.*); 2) ndiej veten; **wie befinden Sie sich?** si jeni?, si jeni me shëndet?
Bef'inden *n* **-s** 1) gjendje shëndetësore; shëndet; 2) mendim; gjykim; 3) vendim.
bef'indlich *a* që gjendet, që ndodhet (*në një vend etj.*).
befl'aggen vt i vë flamur (*anijes*); stolis me flamurë.
befl'ecken *vt* 1) ndyj, përlyej; **seine Kleidung ist mit Blut befleckt** rrobat i janë bërë me gjak; 2) *fig* njollos; **jemandes Ehre beflecken** i marr nderin dikujt.
befl'eißigen, sich *vrefl* : **sich einer Sache** (G) **befleißigen** i kushtohem, jepem pas një pune (*çështjeje etj.*); **sich der albanischen Sprache befleißigen** jepem me zell pas studimit të gjuhës shqipe.
befl'issen *a* (G) 1) i zellshëm (*në një punë etj.*); 2) i kujdesshëm (*për shëndetin etj.*).
Befl'issenheit *f* = zell.
befl'ügeln *vt* 1) shpejtoj; **die Freude beflügelte seine Schritte** gëzimi ia shpejtonte hapat; 2) *fig* nxis, gjallëroj; **die Hoffnung beflügelte ihn** shpresa i dha krahë.
bef'olgen *vt* 1) ndjek (*një shembull etj.*); 2) zbatoj (*urdhrin etj.*).
bef'ördern *vt* 1) nis (*letra etj.*); 2) transportoj (*udhëtarë etj.*); 3) ngre në post, gradoj; 4) përkrah.
Bef'örderung *f* **=, -en** 1) nisje; 2) transportim; 3) ngritje në post, gradim; 4) përkrahje.
befr'achten *vt* ngarkoj (*një anije etj.*).
befr'agen *vt* pyes (*dikë*).
Befr'agung *f* **=, -en** 1) pyetje; 2) këshillim.
befr'eien 1. *vt* 1) çliroj (*vendin etj.*); 2) shpëtoj (*nga një rrezik etj.*); 3) liroj (*nga shërbimi ushtarak, nga një detyrim etj.*); 4) i heq (*dikujt një hall etj.*); 2. *vrefl* **sich befreien** 1) çlirohem; 2) lirohem; 3) shpëtoj.
Befr'eier *m* **-s, =** çlirimtar.
Befr'eiung *f* **=, -en** 1) çlirim; 2) shpëtim; 3) lirim (*nga një detyrim etj.*).
Befr'eiungskampf *m* **-(e)s, -kämpfe** luftë çlirimtare.
Befr'eiungskrieg *m* **-(e)s, -e** luftë çlirimtare.
befr'emden *vt* habis; **das befremdet mich** kjo po më çudit.
Befr'emden *n* -s habi; **sein Befremden über etwas ausdrücken** shpreh habinë për diçka.
befr'eunden, sich *vrefl* 1) miqësohem (*me dikë*); 2) mësohem (*me një mendim etj.*).
befr'iedigen *vt* 1) kënaq; **er ist leicht (schwer) zu befriedigen** ai (nuk) kënaqet lehtë; 2) plotësoj, përmbush (*dëshirën etj.*).
Befr'iedigung *f* **=, -en** 1) kënaqje (*e dikujt*); 2) plotësim, përmbushje (*e një dëshire etj.*).
befr'isten *vt* i caktoj, i vë afat (*një veprimtarie etj.*).
befr'uchten *vt* 1) ndërzen; 2) pllenon; **Insekten befruchten die Blüten** insektet pllenojnë lulet; 3) *fig* është frytdhënës për (*diçka*).
Befr'uchtung *f* **=, -en** 1) ndërzim; **künstliche Befruchtung** ndërzim artificial; 2) pllenim.
bef'ugen *vt* i jap të drejtën (*dikujt të bëjë diçka*); autorizoj.
Bef'ugnis *f* **=, -se** 1) e drejtë (*për të bërë diçka*); 2) autorizim.
bef'ugt *a* i autorizuar; **er ist nicht befugt, dies zu tun** ai nuk është i autorizuar ta bëjë këtë.
bef'ühlen *vt* prek me dorë (*një stof etj.*).
Bef'und *m* **-(e)s, -e** 1) konstatim *(i*

specialistit etj.); 2) diagnozë (*e mjekut*); 3) përfundime (*të një kontrolli etj.*).

bef'ürchten *vt* kam frikë nga (*një rrezik etj.*); **es ist zu befürchten, daß ...** frika është se mos ...

Bef'ürchtung *f* =, **-en** frikë; shqetësim; parandjenjë e keqe; **deine Befürchtungen sind unangebracht** shqetësimet e tua janë pa vend.

beg'abt *a* i talentuar; **ein begabter Schüler** një nxënës i talentuar.

Beg'abung *f* =, **-en** dhunti, talent.

beg'affen *vt bis* ia ngul sytë (*dikujt*).

beg'angen *sh* **begehen***.

beg'ann *sh* **beginnen***.

beg'atten 1. *vt* ndërzej; pllenoj; 2. *vrefl* **sich begatten** ndërzehet; pllenohet.

Beg'attung *f* =, **-en** ndërzim; pllenim.

beg'eben*, sich *vrefl* 1) shkoj; nisem; **sich nach Hause begeben** shkoj në shtëpi; **sich auf eine Reise begeben** nisem për një udhëtim; 2) ndodh, ngjan; **es begab sich, daß ...** ndodhi që ...; 3) filloj; **sich an die Arbeit begeben** filloj nga puna.

Beg'ebenheit *f* =, **-en** ngjarje, ndodhi.

beg'egnen *vi* (s) (D) 1) takoj, has; **jemandem auf der Straße begegnen** takoj në rrugë dikë; 2) pres; **jemandem mit Spott begegnen** pres me të tallura dikë; 3) ngjan, ndodh; **hoffentlich begegnet Ihnen nichts Schlimmes** shpresojmë që të mos ju gjejë gjë; 4) i dal përpara (*rrezikut etj.*).

Beg'egnung *f* =, **-en** 1) takim; 2) *sport* takim, ndeshje.

beg'ehen* *vt* 1) bëj më këmbë, eci në (*një rrugë etj.*); 2) bëj; **einen Fehler begehen** bëj një gabim; 3) festoj, kremtoj; **ein Fest begehen** kremtoj një festë.

beg'ehren *vt* 1) dëshiroj; 2) lakmoj.

beg'ehrlich *a* i dëshiruar; lakmitar, tërë lakmi.

beg'eistern 1. *vt* entuziazmoj; **seine Rede begeisterte alle** fjalimi i tij i entuziazmoi të gjithë; 2. *vrefl* **sich begeistern (für A)** rrëmbehem, entuziazmohem (*nga diçka*).

Beg'eisterung *f* =, **-en** entuziazëm; *shpr* **in Begeisterung geraten** i entuziazmuar.

Beg'ier *f* =; **Begierde** *f* =, **-n** 1) **(nach D)** lakmi (*për diçka*); 2) epsh.

beg'ierig *a* 1) lakmues, lakmitar; 2): *shpr* **ich bin begierig zu wissen** jam kureshtar të di.

beg'ießen* *vt* lag, ujis (*lulet etj.*); **die Blumen begießen** lag lulet; *fig bis* **das müssen wir begießen** këtë (*sukses etj.*) duhet ta lagim.

Beg'inn *m* **-s** fillim; **bei Beginn, zu Beginn** në fillim; **vor, nach Beginn der Vorstellung** para, pas fillimit të shfaqjes.

beg'innen* 1. *vt* 1) filloj; 2) ndërmarr; 2. *vi* **(h)** fillon; **ein neues Jahr hat begonnen** ka filluar një vit i ri; **der Wald beginnt hinter dem Haus** pylli fillon prapa shtëpisë.

begl'aubigen *vt* vërtetoj; **die Abschrift beglaubigen** vërtetoj njëjtësinë e kopjes me origjinalin.

Begl'aubigung *f* =, **-en** 1) vërtetim (*i një nënshkrimi etj.*); 2) akreditim (*i një ambasadori etj.*).

Begl'aubigungsschreiben *n* **-s, =** letër kredenciale.

begl'eichen* 1) shlyej (*një detyrim etj.*); 2) paguaj (*një borxh*).

begl'eiten *vt* 1) përcjell; shoqëroj; 2) *muz* shoqëroj (*në piano etj.*).

Begl'eiter *m* **-s, =** 1) përcjellës;

shoqërues; 2) *muz* shoqërues (*në piano etj.*).

Begl'eiterscheinung *f* =, **-en** shfaqje shoqëruese (*e një procesi etj.*).

Begl'eitung *f* =, **-en** 1) shoqërim; përcjellje; 2) shoqërues; 3) përcjellë, shpurë.

Begl'eitumstand *m* **-(e)s, -stände** shfaqje shoqëruese.

begl'ücken *vt* lumtëroj, bëj të lumtur.

begl'ückwünschen *vt* **(zu D)** përgëzoj, uroj (*me rastin e një feste etj.*).

begn'adigen *vt* 1) i fal dënimin (*një të burgosuri etj.*); 2) i ul (*dënimin një të burgosuri etj.*).

Begn'adigung *f* =, **-en** falje (*e një të dënuari etj.*); ulje e dënimit.

begn'ügen, sich *vrefl* **(mit D)** kënaqem, mjaftohem (*me diçka*).

begr'aben* *vt* 1) varros; *fig* **seine Hoffnungen begraben** humbas të gjitha shpresat; *shpr bis* **hier liegt der Hund begraben** këtu është gjithë puna; 2) *fig* lë, harroj (*armiqësinë etj.*).

Begr'äbnis *n* **-ses, -se** varrim.

begr'eifen* *vt* kuptoj, kap; **etwas leicht begreifen** kuptoj lehtë diçka; **hast du es endlich begriffen?** e more vesh më në fund?; **es ist einfach nicht zu begreifen!** nuk merret vesh gjë fare!

begr'eiflich *a* i kuptueshëm; **jemandem etwas begreiflich machen** i sqaroj diçka dikujt.

begr'enzen *vt* 1) kufizoj (*kopshtin me gardh etj.*): 2) *fig* kufizoj (*shpejtësinë etj.*).

Begr'enzung *f* =, **-en** kufizim.

Begr'iff *m* **-(e)s, -e** 1) koncept; **ein philosophischer Begriff** një koncept filozofik; 2) ide; mendim; **sich von etwas einen Begriff machen** formoj një ide për diçka; *shpr bis* **das geht über alle meine Begriffe** këtë nuk e kuptoj dot; 3) të kuptuar; **schwer von Begriff sein** jam i plogët nga mendja; 4) *: shpr* **in Begriff sein (stehen) zu** + *inf* jam duke (*shkuar, nisur, bërë etj.*).

begr'iffen *a* 1) *sh* **begreifen***; 2) : *shpr* **in etwas (D) begriffen sein** jam duke bërë diçka; **der Plan ist noch in der Entwicklung begriffen** plani është ende në fazën e zhvillimit; **die Pflanzen sind im Wachstum begriffen** bimët janë duke u rritur.

begr'ifflich 1. *a* abstrakt; 2. *adv* si koncept; **etwas begrifflich erklären** shpjegoj diçka si koncept.

begr'iffsstutzig *a* mendjeplogët.

begr'ünden *vt* 1) argumentoj, motivoj; arsyetoj (*mungesën etj.*); 2) themeloj (*një doktrinë të re etj.*).

Begr'ünder *m* **-s,** = themelues (*i një doktrine të re etj.*).

Begr'ündung *f* =, **-en** 1) argumentim; arsyetim; 2) themelim (*i një doktrine të re etj.*).

begr'üßen *vt* 1) përshëndes; 2) mirëpres (*një vendim, plan etj.*).

Begr'üßung *f* =, **-en** 1) përshëndetje; 2) mirëpritje (*e një vendimi etj.*).

beg'ucken *vt bis* shikoj (*diçka me kureshtje, vëmendje etj.*); **jemanden von allen Seiten begucken** vështroj nga të gjitha anët dikë.

beg'ünstigen *vt* favorizoj; ndihmoj, përkrah; **vom Schicksal begünstigt** i ndihmuar nga fati.

Beg'ünstigung *f* =, **-en** favorizim; ndihmë; përkrahje.

beg'utachten *vt* shpreh, jap mendimin tim për (*një çështje etj.*).

Beg'utachtung *f* =, **-en** 1) mendim; 2) shqyrtim; **zur Begutachtung vorlegen** shtroj për shqyrtim (*një çështje etj.*).

beg'ütert *a* i kamur, i pasur.

beg'ütigen *vt* qetësoj; zbus.

beh'aart *a* leshatak, leshtor; **die behaarten Stellen des Körpers** pjesët leshtore të trupit.
beh'äbig 1. *a* 1) i trashë, i plotë (*nga trupi*); 2) i ngadaltë, i plogët; 2. *adv* rehat, rehatshëm.
beh'aftet *a* 1) i prekur (*nga një sëmundje etj.*); 2) me (*një të metë etj.*); **die Sache ist mit einem Mangel behaftet** puna ka një të metë.
beh'agen *vi* (**h**) (*më*) pëlqen; **seine Pläne behagten ihr sehr** planet e tij i pëlqyen shumë asaj.
Beh'agen *n* **-s** kënaqësi; **Behagen finden an, in ...** gjej kënaqësi në ...; **mit Behagen essen** ha me lezet.
beh'aglich 1. *a* i rehatshëm, i këndshëm; 2. *adv* rehat; **bei dir fühlt man sich stets behaglich** me ty (te ti) njeriu e ndien veten përherë rehat.
Beh'aglichkeit *f* **=, -en** rehati.
beh'alten* *vt* 1) mbaj; **den Hut auf dem Kopf behalten** mbaj kapelën në kokë; **jemanden als Gast behalten** mbaj mysafir dikë; **ein Geheimnis für sich behalten** mbaj një të fshehtë; **wenn wir bis dahin unser Leben behalten** në qofshim gjallë gjer atëhere; **etwas in Gedächtnis behalten** mbaj mend diçka; **im Auge behalten** kam parasysh; s'e heq nga sytë; 2) mbaj mend; nuk harroj; **eine Adresse, eine Melodie behalten** mbaj mend një adresë, një melodi; **das kann ich nicht behalten** këtë s'e mbaj mend dot.
Beh'älter *m* **-s, =** 1) enë; 2) këllëf; 3) arkë.
beh'andeln *vt* 1) trajtoj (*si mik, mirë, keq etj.*); **jemanden gut behandeln** marr me të mirë dikë; 2) përpunoj (*me diçka*); 3) zhvilloj, trajtoj (*një temë etj.*); 4) përdor (*një makinë etj.*); 5) mjekoj (*një sëmundje*); **ärztlich behandeln** mjekoj.
Beh'andlung *f* **=, -en** 1) trajtim; 2) mjekim; 3) përpunim (*me diçka*); 4) zhvillim (*i një teme etj.*).
beh'angen *a* plot (*me diçka që varet*); **mit Äpfeln behangene Bäume** pemë të mbushura me mollë.
beh'ängen *vt* 1) var (*në mur piktura etj.*); 2) *bis* ngarkoj (*me stoli etj.*).
beh'arren *vi* (**h**) ngul *këmbë (në një mendim etj.*); **auf seinem Beschluß beharren** ngul këmbë në vendimin që kam marrë.
beh'arrlich *a* këmbëngulës, ngulmues; **mit beharrlichem Fleiß** me zell këmbëngulës.
Beh'arrlichkeit *f* **=** këmbëngulje.
Beh'arrungsvermögen *n* **-s** *fiz* forcë e inercisë.
beh'auen* *vt* pres (*në një mënyrë*); **Balken rechteckig behauen** pres trarë në kënd të drejtë.
beh'aupten 1. *vt* 1) them; pretendoj; **er behauptete, nichts davon gewußt zu haben** ai thoshte se s'kishte ditur gjë nga kjo punë; 2) mbaj, mbroj (*një pozitë, pikëpamje etj.*); *fig* **das Feld behaupten** mbetem zot i fushës (*së betejës etj.*); 2. *vrefl* **sich behaupten** qëndroj, mbahem (*në një pozitë etj.*).
Beh'auptung *f* **=, -en** 1) pohim; fjalë; pretendim; **er geht von seiner Behauptung nicht ab** ai nuk heq dorë nga fjala e vet; 2) mbajtje; mbrojtje (*e një pozite etj.*).
Beh'ausung *f* **=, -en** banesë.
beh'eben* *vt* mënjanoj; **einen Schaden beheben** vë në vend një dëm.
beh'eimatet *a* : **beheimatet sein in ...** banoj në ..., jam me vendbanim në ...
beh'eizen *vt* ngroh (*shtëpinë etj.*).
Beh'elf *m* **-s, -e** mjet rrethanor;

zgjidhje e përkohshme (*e një problemi etj.*).

beh'elfen*, **sich** *vrefl* dal nga situata; kaloj radhën; bëj si bëj; **sich mit etwas behelfen** bëj si bëj me diçka; **sich ohne etwas behelfen** bëj si bëj pa diçka; **sich allein nicht zu behelfen wissen** s'di si t'ia bëj vetëm.

beh'elfsmäßig *a* i përkohshëm, sa për të kaluar radhën; **eine behelfsmäßige Unterkunft** një strehim i përkohshëm.

beh'elmt *a* me helmetë.

beh'ende 1. *a* i shkathët; 2. *adv* me zhdërvjelltësi, me shkathtësi.

Beh'endigkeit *f* = shkathtësi, zhdërvjelltësi.

beh'erbergen *vt* strehoj; përbuj.

beh'errschen 1. *vt* 1) sundoj; **ein Land beherrschen** sundoj një vend; *fig* **der Berg beherrscht die ganze Landschaft** mali sundon gjithë vendin; 2) zotëroj (*një gjuhë etj.*); 3) mposht (*zemërimin etj.*); 2. *vrefl* **sich beherrschen** mbaj veten, përmbahem.

Beh'errschung *f* = 1) zotërim (*i një gjuhe etj.*); 2) mposhtje (*e zemërimit etj.*).

beh'erzigen *vt* marr parasysh, pranoj, ndjek (*një këshillë, fjalë etj.*).

beh'erzt *a* 1) trim; 2) i vendosur.

Beh'erztheit *f* = trimëri; vendosmëri.

beh'exen vt magjeps, i bëj magji (*dikujt*).

beh'ilflich *a* : *shpr* **behilflich sein (bei D)** ndihmoj (*dikë*), i gjindem (*dikujt në një punë*).

beh'indern *vt* pengoj; **jemanden bei der Arbeit behindern** pengoj dikë në punë; **der Nebel behindert die Sicht** mjegulla nuk të lë të shohësh.

Beh'inderung *f* =, **-en** pengim.

Beh'örde *f* =, **-n** 1) autoritete (*të një vendi*); 2) : **die oberste Behörde** instanca më e lartë.

beh'ördlich *a* zyrtar; **mit behördlicher Genehmigung** me miratim zyrtar.

Beh'uf *m* -(e)s, **-e** qëllim; **zu diesem Behuf(e)** për këtë qëllim.

beh'ufs *präp* (G) për, me qëllim që ...

beh'üten *vt* (**vor** D) ruaj, mbroj (*nga një rrezik etj.*).

beh'utsam 1. *a* i kujdesshëm; 2. *adv* me kujdes; **eine Nachricht behutsam beibringen** jap me kujdes një lajm.

Beh'utsamkeit *f* = kujdes.

bei *präp* (D) 1) te(k), në; pranë; rreth; **bei der Fabrik** pranë fabrikës; **bei mir, bei uns zu Hause** në shtëpinë time, tonë; 2) për, nga; **bei den Ohren ziehen** tërheq për veshi; **den Hund beim Schwanz packen** zë qenin nga bishti; **bei meiner Ehre!** për nder!; 3) gjatë; **bei meinem Aufenthalt** gjatë qëndrimit tim; **beim Aussteigen** duke zbritur; **bei Tag, bei Nacht** ditën, natën; 4) me; **bei Gelegenheit** me rast; **beim Namen rufen** thërras me emër; 5): **bei all seiner Klugheit, er ...** me gjithë zgjuarsinë e tij, ai ...: **bei Regen bleiben wir zu Hause** po të bjerë shi, do të rrimë në shtëpi; **bei weitem** shumë; **bei weitem nicht** aspak.

bei= *parashtesë e ndashme foljore që tregon shtim:* **beilegen.**

beibehalten* *vt* ruaj, mbaj (*një zakon etj.*); **den politischen Kurs beibehalten** mbaj kursin politik.

B'eiblatt *n* -(e)s, **-blätter** nënfletë (*e një gazete etj.*).

b'eibringen* *vt* 1) sjell, bie; 2) paraqis (*dëshmi etj.*); 3) shkaktoj (*humbje etj.*); 4) jap, njoftoj (*një lajm të keq etj.*); 5) shpjegoj; mësoj; **je-**

mandem das Lesen beibringen mësoj dikë të lexojë.

B'eichte *f* = *fet* rrëfim.

b'eichten *fet* 1. *vt* rrëfej (*mëkatet etj.*); 2. *vi* (h) rrëfehem.

B'eichtstuhl *m* -(e)s, -stühle *fet* rrëfyestore.

B'eichtvater *m* -s, -väter *fet* rrëfyes.

b'eide *pron dhe num* 1) (*me artikull ose përemër*) të dy; **diese beiden Bücher** këta dy libra; **einer der beiden Männer** njëri nga të dy burrat; **wir beide** ne të dy; **mit unser beider Hilfe** me ndihmën e ne të dyve; 2) (*pa artikull ose përemër*) (që) të dy; **sie haben beide Kinder verloren** i kanë humbur të dy fëmijët; **in beiden Fällen** në të dy rastet; 3) (*dy gjëra të ndryshme që shkojnë bashkë*) të dyja; **sie liebt beides: die Musik und den Tanz** asaj i pëlqejnë të dyja: edhe muzika edhe vallëzimi; **er hat von beidem gegessen** ai ka ngrënë nga të dyja.

b'eiderlei *num* të dy; **Personen beiderlei Geschlechts** persona të të dy gjinive; **in beiderlei Hinsicht** nga të dy vështrimet.

b'eiderseitig *a* 1) i dyanshëm; 2) i ndërsjellë, reciprok.

b'eiderseits *präp* (G) në, nga të dy anët; **beiderseits des Weges** nga të dy anët e rrugës.

beiein'ander *adv* pranë njëri-tjetrit.

beif. = **beifolgend.**

B'eifahrer *m* -s = udhëtar, bashkudhëtar (*i shoferit ose i motoçiklistit*).

B'eifall *m* -s 1) duartrokitje; **Beifall klatschen** duartrokas; 2) miratim, mirëpritje.

b'eifällig *a* miratues, aprovues.

b'eifolgend *a* i bashkëngjitur.

b'eifügen *vt* (D)i bashkëngjis, i shtoj (*diçka një letre etj.*).

B'eifügung *f* = : **unter Beifügung von ...** me bashkëngjitjen e ...

B'eigabe *f* = 1) shtim (*i diçkaje*); 2) *pl* -en garniturë (*ushqim*).

beige [*b'ezhë*] *a indek* bezhë (*bojë*).

b'eigeben* *vt* i shtoj (*diçka diçkaje*); jap (*një ndihmës etj.*); *shpr bis* **klein beigeben** ul veshët.

B'eigericht *n* -(e)s, -e garniturë (*ushqim*).

B'eigeschmack *m* -s një si shije; **der Wein hat einen unangenehmen Beigeschmack** vera ka një si shije të pakëndshme.

b'eigesellen 1. *vt* bashkoj (*me një shoqëri, grup etj.*); 2. *vrefl* **sich beigesellen** bashkohem, shoqërohem, bëhem (*me dikë*).

B'eihilfe *f* = 1) ndihmë (*në pare*); 2) bashkëpunim (*në një krim*).

b'eikommen* *vt* (s) (D) 1) arrij (*dikë*); i afrohem (*dikujt*); 2) zgjidh (*një problem etj.*); mposht (*një vështirësi etj.*).

Beil *n* -s, = sëpatë.

B'eilage *f* =, -n 1) shtojcë (*gazete etj.*); 2) garniturë (*ushqim*).

b'eiläufig 1. *a* (*i thënë, i përmendur*) ndër të tjera; 2. *adv* ndër të tjera, meqë ra fjala.

b'eilegen *vt* 1) bashkëmbyll (*në një letër etj.*); 2) : *shpr* **einer Sache Bedeutung beilegen** i jap rëndësi një çështjeje; 3) zgjidh (*një grindje etj.*).

B'eilegung *f* = 1) bashkëmbyllje (*në një letër etj.*); 2) zgjidhje (*e një konflikti etj.*).

b'eileibe *adv* (*vetëm në mohime*) në asnjë mënyrë; **beileibe nicht!** kurrën e kurrës!

B'eileid *n* -s ngushëllim (*për një vdekje*).

b'eiliegen* *vi* (h) është bashkëmbyllur, bashkëngjitur; **der Sendung liegt die Rechnung bei** dërgesës i është bashkëngjitur llogaria.

b'eiliegend *a* i bashkëmbyllur, i bashkëngjitur.

beim = **bei dem.**

b'eimengen *vt* përziej (*me diçka*); **dem Mehl Backpulver beimengen** i hedh miellit sodë buke.

B'eimengung *f* =, **-en** përzierje (*me diçka*).

b'eimessen* *vt* : **einer Sache Bedeutung beimessen** i jap rëndësi një çështjeje.

b'eimischen *vt* (D) përziej (*me diçka*).

Bein *n* -(e)s, -e 1) *anat* këmbë; *shpr bis* **er hat sich kein Bein dabei ausgerissen** ai nuk është lodhur shumë për atë punë; *shpr bis* **Stein und Bein schwören** bëj be e rrufe; *shpr bis* **soll ich dir Beine machen!** a) luaj këmbët!; b) këput qafën!; *shpr bis* **einen Klotz am Bein haben** jam i penguar; **auf die Beine bringen** ngre në këmbë (*edhe fig*); *shpr bis* **ich muß mich auf die Beine machen** duhet të nisem; *shpr bis* **wieder auf die Beine kommen** e marr veten; *prov* **was man nicht im Kopf hat, muß man in den Beinen haben** kush s'ka kokë, ka këmbë; *prov* **Lügen haben kurze Beine** gënjeshtra i ka këmbët e shkurtra; 2) këmbë (*tryeze*); 3) kockë; **durch Mark und Bein** gjer në palcë.

b'einah(e) *adv* gati, pothuaj; për pak, desh; **er wartete beinahe drei Stunden** ai priti gati tri orë.

B'einame *m* **-ns, -n** ofiq, nofkë (*emër i ngjitur*).

B'einbruch *m* **-s, -brüche** 1) këmbë e thyer, frakturë e këmbës, 2) : *shpr bis* **etwas ist doch kein Beinbruch** s'u bë qameti!; *shpr bis* **Hals und Beinbruch!** gjithë të mirat!; **jemandem Hals und Beinbruch wünschen** i uroj gjithë të mirat dikujt.

be'inhalten* *vt* përmban (*shkresa*).

b'eiordnen *vt* 1) vë pranë; 2) *gram* bashkërendis.

b'eipflichten *vi* (h) 1) (**jemandem in D**) i jap të drejtë (*dikujt në diçka*); 2) (**D**) miratoj; **viele pflichteten seinem Vorschlag bei** shumëkush e miratoi propozimin e tij.

B'eirat *m* -(e)s, **-räte** 1) këshilltar (*pranë një ministri etj.*); 2) këshill (*pranë dikujt*).

be'irren vt ngatërroj (*dikë*); **er läßt sich nicht so leicht beirren** atë nuk mund ta ngatërrosh dhe aq lehtë.

beis'ammen *a* bashkë; **wir waren gestern lange beisammen** dje qemë bashkë për një kohë të gjatë.

beis'ammensein* *vi* (s) 1) mblidhet (*një shumë etj.*); 2) është me shëndet; **er ist ganz gut beisammen** ai është shumë mirë me shëndet.

Beis'ammensein *n* **-s** mbledhje (*e një grupi shokësh etj.*).

B'eischlaf *m* -(e)s akt seksual.

b'eischließen* *vt* bashkëmbyll (*në një pako etj.*).

B'eisatz *m* **-es, -sätze** *gram* ndajshtim, apozicion.

B'eisein *m* **-s** prani; **in jemandes Beisein** në praninë e dikujt; **ohne jemandes Beisein** pa dëshmitarë.

beis'eite *adv* mënjanë; anës; tutje; **beiseite schaffen** vë mënjanë; **beiseite nehmen** marr mënjanë.

b'eisetzen *vt* 1) shtoj; 2) varros.

B'eisetzung *f* =, **-en** varrim.

B'eisitzer *m* **-s,** = ndihmësgjyqtar .

B'eispiel *n* **-s, -e** shembull; **zum Beispiel** (*shkurt* **z. B.**) për shembull; **nach den Beispiel von ...** sipas shembullit të ...; *shpr* **sich an jemandem ein Beispiel nehmen** marr shembull nga dikush; *shpr* **ohne Beispiel** i pashembullt.

b'eispielhaft *a* shembullor.

b'eispiellos *a* i pashembullt; i padëgjuar; **beispiellose Erfolge** sukse-se të pashembullt.

b'eispielsweise *adv* (si) për shembull.

b'eispringen* *vi* (s) (D) i vij në ndihmë (*dikujt*); **einem Verletzten beispringen** i vij në ndihmë një të plagosuri.

b'eißen* 1. *vi* (h) 1) kafshoj; **in den Apfel beißen** kafshoj mollën; **sich auf die Zunge beißen** kafshoj gjuhën; *shpr bis* **nicht viel zu beißen haben** vuaj për bukë; *shpr bis* **ins Gras beißen** ha dhe (*vdes*); 2) djeg; **der Rauch beißt in den Augen** tymi t'i djeg sytë; 2. *vt* 1) kafshon (*qeni, gjarpëri etj.*); 2) pickon (*insekti*); **ein Floh hat ihn gebissen** e pickoi një plesht; 3. *vrefl* **sich beißen** *bis* nuk ujdisin, nuk shkojnë (*ngjyrat*).

b'eißend *a* 1) që kafshon; 2) djegës (*spec etj.*); 3) *fig* therës (*fjalë etj.*).

B'eißzange *f* =, **-n** darë.

B'eistand *m* 1) **-s,** ndihmë, përkrahje; **jemandem Beistand leisten** i gjindem dikujt; 2) **-s, -stände** mbrojtës, përkrahës.

b'eistehen* *vi* (h) (D) i gjindem, i ndihmoj (*dikujt*).

b'eisteuern *vt* (**etwas zu D**) 1) jap si ndihmesë, kontribut (*diçka për diçka*); 2) ndihmoj (*me një shumë për diçka*).

b'eistimmen *vi* (h) miratoj; i jap të drejtë (*dikujt*).

B'eitrag *m* **-s, -träge** 1) ndihmesë, kontribut; 2) ndihmë; 3) kuotë; 4) artikull; shkrim, shënim (*në një gazetë etj.*).

b'eitragen* *vi* (h) (**zu D**) 1) jap ndihmesë, kontribut (*për diçka*); 2) ndihmoj (*për diçka*).

b'eitreten* *vi* (s) (D) 1) hyj (*në një organizatë etj.*); 2) miratoj (*një plan, propozim etj.*).

B'eitritt *m* **-s, -e** hyrje (*në një organizatë etj.*).

B'eiwagen *m* **-s,** = 1) rimorkio; 2) kosh (*i motoçikletës*).

B'eiwerk *n* **-s** stoli; shtojcë; gjë e parëndësishme, anësore.

b'eiwohnen *vi* (h) (D) 1) jam i pranishëm, dëshmitar (*në një ngjarje etj.*); 2) asistoj (*në një shfaqje etj.*).

B'eize *f* =, **-n** 1) *kim* (mjet) brejtës; (mjet) regjës; 2) *art* akuafort; 3) *kuzh* marinadë; 4) shëllirë.

b'eizeiten *adv* me kohë, herët.

b'eizen *vt* 1) *kim* brej; regj; 2) vë në shëllirë; 3) *mjek* djeg (*një plagë etj.*); *fig* **der Qualm beizte uns die Augen** tymi na i digjte sytë.

bej'ahen *vt* 1) i them po, pohoj; miratoj; **er hat den Plan bejaht** e ka miratuar planin; 2) : *shpr* **das Leben bejahen** e dua jetën.

bej'ahend *a* pohues.

bej'ahrt *a* i shtyrë në moshë, i kaluar nga mosha, i moshuar.

Bej'ahung *f* =, **-en** 1) pohim; 2) miratim.

bej'ammern *vt* qaj, vajtoj; **sie bejammert den Verlust ihrer Handtasche** qan çantën që i ka humbur.

bej'ubeln *vt* i brohoras (*dikujt*); **die Menge bejubelte den Sieg der deutschen Sportler** turma festonte fitoren e sportistëve gjermanë.

bek'ämpfen *vt* luftoj (*sëmundjen, armikun etj.*); **einen Gegner, eine Krankheit bekämpfen** luftoj një kundërshtar, një sëmundje.

bek'annt *a* 1) i njohur; i ditur; **eine bekannte Melodie** një melodi e njohur; **die Geschichte ist allgemein bekannt** historinë e dinë të gjithë; **dieser Kaufmann ist für seine gute Ware bekannt** ky tregtar njihet për mallin e mirë që shet; 2) i mirënjohur, i famshëm (*artist etj.*) 3) : *shpr* **er ist mir gut**

bekannt e njoh mirë; *shpr* **sein Fall ist mir bekannt** e di rastin e tij; *shpr* **ich bin mit ihm, mit seinem Problem bekannt** e njoh atë, e di problemin e tij; *shpr* **sie sind gestern miteinander bekannt geworden** dje ata u njohën midis tyre; *shpr* **ich werde dich mit ihm bekannt machen** do të të prezantoj me të; *shpr* **sich mit der neuen Arbeit bekannt machen** njihem me punën e re.

Bek'annte *m f* **-n, -n** i (e) njohur; **ein Bekannter** një i njohur; **mehrere Bekannte** shumë të njohur.

bek'anntgeben* *vt ndash* shpall, njoftoj.

bek'anntlich *adv* siç dihet; siç e dinë të gjithë.

bek'anntmachen *vt ndash* shpall; njoftoj zyrtarisht.

Bek'anntmachung *f* **=, -en** shpallje; njoftim.

Bek'anntschaft *f* **=, -en** 1) *vetëm sing* njohje; *shpr* **jemandes Bekanntschaft machen** njihem me dikë; *shpr bis* **mit etwas Bekanntschaft machen** kam punë me diçka (*të pakëndshme*); 2) rreth të njohurish.

bek'ehren *vt* kthej (*në rrugë të mbarë etj.*).

Bek'ehrung *f* **=, -en** kthim (*në një fe tjetër etj.*).

bek'ennen* 1. *vt* 1) pohoj, pranoj, njoh (*fajin etj.*); 2) them (*të vërtetën*); 2. *vrefl* **sich bekennen** deklaroj; **sich zu einer Partei bekennen** deklaroj se jam me një parti; **sich zu einer Tat bekennen** deklaroj se e kam bërë një veprim.

Bek'enntnis *n* **-ses, -se** 1) pohim, pranim (*i një gabimi etj.*); 2) besim (*fetar*).

bekl'agen 1. *vt* më vjen keq për (*diçka*); qaj, vajtoj (*diçka*); **Menschenleben sind nicht zu beklagen** nuk pati viktima (*në një aksident etj.*); 2. *vrefl* **sich beklagen (über A)** ankohem (*për diçka*).

bekl'agenswert *a* 1) (*që është*) për të ardhur keq; 2) i hidhur, i trishtuar.

bekl'eben *vt* ngjis; **eine Wand mit Plakaten bekleben** ngjis pllakata në një mur.

bekl'eckern *vt* bëj me njolla (*mbulesën e tryezës etj.*).

bekl'eiden *vt* 1) : **bekleidet sein** jam veshur; **er war leicht bekleidet** ishte veshur lehtë; 2) mbuloj (*një post*).

Bekl'eidung *f* **=, -en** 1) veshje, rroba; **warme Bekleidung für den Winter** rroba të ngrohta për dimër; 2) mbulim (*i një posti etj.*).

bekl'emmen *vt* 1) (*më*) shtrëngon (*jaka etj.*); 2) (*më*) zë frymën, (*më*) mbyt; **Angst beklemmte mich** ankthi më zuri frymën.

Bekl'emmung *f* **=, -en** 1) shtrëngim; 2) ankth; angështi.

bekl'ommen *a* i angështuar, plot ankth; **mir ist beklommen zumute** jam në ankth.

bekl'opfen *vt* rrah (*me gishta*); **der Arzt beklopft den Rücken des Patienten** mjeku rreh kurrizin e të sëmurit.

bek'ommen* 1. *vt* 1) marr; **eine Krankheit bekommen** marr një sëmundje; **einen Bauch bekommen** vë bark; **graue Haare bekommen** thinjem, më dalin thinjat; **sie hat ein Kind bekommen** ajo ka lindur një fëmijë; **die Masern bekommen** më zë fruthi; 2) gjej; **er hat sein Recht bekommen** ka gjetur të drejtën; 3) ha; **Prügel bekommen** ha dru; 2. *vi* **(s): gut (schlecht) (D) bekommen** (*më*) bën mirë (keq); **wohl bekomm's!** të bëftë mirë, me shëndet!

bek'ömmlich *a* i mirë (*për shëndetin*).
bek'östigen *vt* ushqej, i jap për të ngrënë (*dikujt rregullisht*).
Bek'östigung *f* =, **-en** ushqim, të ushqyerit.
bekr'äftigen *vt* përforcoj, mbështes (*fjalën, mendimin etj.*).
bekr'änzen *vt* kurorëzoj.
bekr'euzigen, sich *vrefl* bëj kryqin.
bekr'iegen 1. *vt* luftoj kundër (*dikujt*); 2. *vrefl* **sich bekriegen** luftojmë me njëri-tjetrin.
bekr'itteln *vt* kritikoj (*për gjëra të vogla*).
bekr'itzeln *vt bis* shkarravis (*tryezën, murin etj.*).
bek'ümmern 1. *vt* 1) mërzis; 2) hidhëroj, pikëlloj; 2. *vrefl* **sich bekümmern** 1) **(über A)** shqetësohem (*për diçka*); 2) **(um A)** kujdesem (*për dikë, diçka*).
bek'ümmert *a* i mërzitur.
bek'unden *vt* 1) dëshmoj (*në gjyq etj.*); 2) shfaq (*një qëllim, prirje etj.*); 3) shpreh (*keqardhje etj.*).
bel'ächeln *vt* qesh me (*diçka*).
bel'aden* *vt* ngarkoj (*një anije, kamion etj.*); **ein Schiff mit Kisten beladen** ngarkoj me arka një anije.
Bel'ag *m* **-(e)s, Beläge** 1) *tek* shtresë; 2) *mjek* veshje (*e gjuhës*); 3) cipë avulli (*në xham etj.*).
bel'agern *vt* rrethoj (*një qytet etj.*).
Bel'agerung *f* =, **-en** rrethim (*i një fortese etj.*).
Bel'agerungszustand *m* **-(e)s, -stände** shtetrrethim; gjendje e jashtëzakonshme; **den Belagerungszustand verhängen** shpall shtetrrethimin.
Bel'ang *m* **-s** 1) rëndësi; **von (ohne) Belang** me (pa) rëndësi, që (nuk) ngre peshë; **nichts von Belang** asgjë me rëndësi; 2) *pl* **Belange** interesa; **die sozialen Belange berücksichtigen** marr parasysh interesat e shoqërisë.
bel'angen *vt* hedh në gjyq.
Bel'anglosigkeit *f* = 1) të qenët pa rëndësi; 2) *pl* **-en** gjë pa rëndësi.
bel'assen* *vt* lë (*aty ku është, ashtu siç ka qenë etj.*); **alles beim alten belassen** i lë të gjitha ashtu siç janë.
bel'asten 1. *vt* 1) ngarkoj (*një kamion etj.*); 2) rëndoj (*me faj etj.*); 2. *vrefl* **sich belasten** marr përsipër; **damit belaste ich mich nicht** këtë nuk e marr përsipër.
bel'ästigen *vt* mërzis, bezdis, i bie më qafë (*me lutje, pyetje etj.*).
Bel'ästigung *f* =, **-en** mërzitje, bezdisje.
Bel'astung *f* =, **-en** 1) ngarkim (*i një kamioni etj.*); 2) ngarkesë (*e një pune etj.*); 3) rëndim (*me faj etj.*).
bel'auben, sich *vrefl* mbulohet, mbushet me gjethe (*pema etj.*).
bel'aubt *a* i mbuluar, i mbushur me gjethe.
bel'aufen*, sich *vrefl* arrin (*një shumë*); **die Kosten belaufen sich auf ...** shpenzimet arrijnë në ...
bel'auschen *vt* përgjoj (*një bisedë etj.*).
bel'eben 1. *vt* 1) gjallëroj; 2) : *fig* **die Stimmung beleben** ngre gjendjen shpirtërore; 2. *vrefl* **sich beleben** gjallërohet (*biseda etj.*).
bel'ebt *a* 1) i gjallë; 2) i rrahur (*vend, rrugë etj.*).
bel'ecken *vt* lëpij; *shpr bis* **von keiner Kultur beleckt sein** jam i pagdhendur, si viç i palëpirë.
Bel'eg *m* **-(e)s, -e** 1) dëshmi; 2) dëftesë.
bel'egen *vt* 1) shtroj (*dyshemenë me dërrasa etj.*); 2) dëshmoj; provoj; 3) zë (*një dhomë, vend etj.*); 4) i vë (*një gjobë etj. dikujt*).
Bel'egschaft *f* =, **-en** kolektiv (*i një ndërmarrjeje etj.*).

bel'egt *a* 1) i tatuar; 2): **belegtes Brötchen** bukë me gjalpë, proshutë etj.

bel'ehren *vt* mësoj, sqaroj, udhëzoj; **er lässt sich nicht belehren** ai s'do të marrë vesh; **jemanden eines Besser(e)n belehren** ia ndërroj mendjen dikujt.

Bel'ehrung *f* =, **-en** mësim; sqarim; udhëzim.

bel'eibt *a* i ngjallur, i trashë (*nga trupi*).

bel'eidigen *vt* 1) fyej, lëndoj; **mit diesen Worten hat er ihn tief beleidigt** me këto fjalë ai e ka fyer rëndë; 2) (*më*) vret (*syrin, veshin etj.*).

Bel'eidigung *f* =, **-en** fyerje, fjalë fyese; **jemandem eine Beleidigung zufügen** fyej dikë.

bel'esen *a* i kënduar, i ngritur (*njeri*).

Bel'esenheit *f* = të qenët i kënduar, i ngritur.

bel'euchten *vt* ndriçoj, ndris; **die Straße beleuchten** ndriçoj rrugën; *fig* **einen Gegenstand einseitig beleuchten** trajtoj një lëndë në mënyrë të njëanshme.

Bel'euchtung *f* =, **-en** ndriçim, dritë.

bel'eumdet *a* : *shpr* **gut, übel beleumdet sein** kam nam të mirë, të keq.

bel'eumundet *a sh* **beleumdet.**

B'elgier *m* **-s,** = belgjian, belg.

bel'ichten *vt* ndriçoj (*filmin*).

Bel'ichtung *f* =, **-en** ndriçim (*i filmit*).

bel'ieben *vi* (**h**) kam qejf; **wie es dir beliebt, wie du beliebst** si ta kesh qejfin; **was beliebt?** ç'urdhëroni?

Bel'ieben *n* -s qejf; **nach Ihrem Belieben** si të keni qejf.

bel'iebig 1. a cilido; çfarëdo; **einen beliebigen Namen auswählen** zgjedh një emër çfarëdo; 2. *adv* sipas qejfit; **etwas beliebig ändern** ndryshoj sipas qejfit diçka.

bel'iebt *a* i dashur; i mirëdashur; i mirëpritur; **ein beliebter Lehrer** një mësues i mirëdashur; *shpr* **sich beliebt machen** i hyj në zemër (*dikujt*); fitoj simpatinë (*e dikujt*).

Bel'iebtheit *f* = 1) mirëdashje; 2) popullaritet.

bel'iefern *vt* furnizoj; **seine Kunden mit Waren beliefern** furnizoj klientët me mallra.

b'ellen *vi* (**h**) leh (*qeni*); *prov* **Hunde, die bellen, beißen nicht** qeni që leh, nuk ha.

bel'obigen *vt* lavdoj (*zyrtarisht*).

bel'ohnen *vt* shpërblej (*për ndihmën, mundimin etj.*).

Bel'ohnung *f* =, **-en** shpërblim.

bel'ügen *vt* gënjej, rrej (*dikë*).

bel'ustigen 1. *vt* zbavis, dëfrej; 2. *vrefl* **sich (über A) belustigen** tallem (*me dikë*).

Bel'ustigung *f* =, **-en** 1) zbavitje; 2) tallje.

bem'ächtigen, sich *vrefl* (**G**) shtie në dorë, pushtoj (*një qytet etj.*); *fig* **Angst bemächtigte sich seiner** i hyri frika.

bem'alen *vt* lyej; **die Wände bemalen** lyej muret.

bem'ängeln *vt* shaj; **jemandes Verhalten bemängeln** shaj sjelljen e dikujt; **an allem etwas zu bemängeln haben** gjej kudo diçka për të sharë.

bem'annt *a* me ekuipazh; **ein bemanntes Schiff** një anije me ekuipazh.

Bem'annung *f* =, **-en** ekuipazh (*i një barke etj.*).

bem'änteln *vt* mbuloj, fsheh (*një gabim etj.*).

bem'erkbar *a* i dukshëm, që bie në sy; *shpr* **sich bemerkbar machen** bie në sy.

bem'erken *vt* 1) vë re; 2) (*më*) zë syri (veshi); 3) them.

bem'erkenswert *a* i rëndësishëm; i madh; i konsiderueshëm; **eine bemerkenswerte Leistung** një rezultat i rëndësishëm.

Bem'erkung *f* =, **-en** vërejtje; **eine treffende Bemerkung** një vërejtje me vend.

bem'essen* *vt* 1) mas; 2) (**nach D**) ia përshtas (*diçka dikujt*); 3) : *shpr* **unsere Zeit ist kurz bemessen** s'kemi shumë kohë.

bem'itleiden *vt* mëshiroj; **ich bemitleide ihn** ia qaj hallin, më vjen keq për të.

bem'itleidenswert *a* që është për t'u mëshiruar.

bem'itleidenswürdig *a* që është për t'ia qarë hallin.

bem'ittelt *a* i pasur, i kamur.

bem'ogeln *vt bis* ia hedh, ia punoj (*dikujt*).

bem'oost *a* 1) i mbuluar, i veshur me myshk (*mur etj.*); 2) *fig* i vjetër, i lashtë.

bem'ühen 1. *vt* mundoj, lodh; **es tut mir leid, daß ich Sie vergeblich bemüht habe** më vjen keq që ju paskam munduar kot; 2. *refl* **sich bemühen** 1) lodhem, mundohem; **er bemühte sich sehr, das Ziel zu erreichen** u mundua shumë që t'ia arrinte qëllimit; 2) (**um A**) kujdesem (*për dikë*); **sie bemühten sich alle um den Kranken** të gjithë kujdeseshin për të sëmurin; 3) (**um A**) përpiqem, rrekem (*për diçka*); **sich um eine Stellung bemühen** përpiqem të siguroj një vend (*pune*).

bem'uttern *vt* kujdesem si nënë për (*dikë*).

ben'achbart *a* fqinj (*shtëpi, pronë etj.*).

ben'achrichtigen *vt* njoftoj, lajmëroj.

Ben'achrichtigung *f* =, **-en** njoftim, lajmërim.

ben'achteiligen *vt* 1) dëmtoj (*dikë*); 2) lë pas dore (*diçka, dikë*).

ben'agen *vt* brej.

ben'ebeln *vt* 1) turbulloj, ia marr mendtë (*dikujt*); **der große Erfolg hat seinen Kopf benebelt** suksesi i madh ia ka marrë mendtë; 2) *bis* trullos (*vera etj.*); **leicht benebelt** çakërrqejf.

ben'ehmen* 1. *vt* marr; **jemandem etwas benehmen** i marr dikujt diçka; **der Wind benahm ihm den Atem** era i mori frymën; 2. *vrefl* **sich benehmen** sillem; **er hat sich ihm gegenüber anständig, schlecht, gemein benommen** është sjellë me të ndershmërisht, keq, poshtërsisht; **bitte benimm dich!** sillu mirë, të lutem!

Ben'ehmen *n* **-s** sjellje.

ben'eiden *vt* (**um A**) i kam zili (*diçka dikujt*); e kam zili (*dikë për diçka*); **ich beneide ihn um seine Energie** ia kam zili energjinë që ka.

ben'eidenswert *a* që është për t'ia pasur zili.

ben'ennen *vt* 1) quaj; cilësoj; **jemanden benennen** quaj dikë; **eine Farbe, die schwer zu benennen ist** një ngjyrë që është vështirë të cilësohet; 2) emëroj; **jemanden als neues Mitglied benennen** emëroj dikë anëtar të ri.

ben'etzen *vt* njom (*vesa barin etj.*).

B'engel *m* **-s**, = *bis* 1) djalë i prapë; 2) *shak* çamarrok, qerrata.

B'enjamin *m* **-s, -e** 1) djali i vogël (*i familjes*); 2) më i vogli, më i riu (*i skuadrës, i klasës etj.*).

ben'ommen *a* 1) i trullosur, i shushatur (*nga frika etj.*); 2) i turbulluar (*nga pija etj.*).

ben'ötigen *vt* kam nevojë për

(*diçka*); (*më*) nevojitet (*diçka*).
ben'utzen *vt* 1) përdor (*një libër etj.*); **die Bahn benutzen** udhëtoj me tren; 2) shfrytëzoj (*rastin etj.*).
Benz'in *n* **-s** benzinë.
be'obachten *vt* 1) shoh, shikoj, vrojtoj, vëzhgoj; **jemanden heimlich beobachten** vëzhgoj dikë fshehurazi; **die Natur beobachten** sodis natyrën; 2) respektoj (*ligjin etj.*); 3) mbaj (*dietë, regjim etj.*).
Be'obachter *m* **-s, =** 1) vrojtues; 2) dëshmitar (*i një ngjarjeje etj.*).
Be'obachtung *f* **=, -en** 1) vëzhgim, vrojtim; 2) *vetëm sing* respektim (*i ligjit etj.*); 3) *vetëm sing* mbajtje (*e një regjimi etj.*).
be'ordern *vt* 1) urdhëroj të shkojë; nis (*me urdhër*); **der Soldat wurde zum Kommandanten beordert** ushtarin e urdhëruan të shkonte te komandanti; 2) urdhëroj (*dikë*).
bep'acken *vt* ngarkoj (*automobilin etj.*); **ein schwer bepackter Wagen** një automobil i ngarkuar rëndë.
bepfl'anzen *vt* mbjell (*një truall me lule, me pemë etj.*).
bepfl'astern *vt bis* i vë jaki (*një plage etj.*).
bep'inseln *vt bis* 1) lyej (*me vaj, me një bar etj.*); 2) *përb* i bie me penel (*një pëlhure etj.*); 3) përshkruaj.
bequ'em *a* 1) i plogët (*njeri, jetë etj.*); **ein bequemes Leben** një jetë në plogështi; 2) i rehatshëm (*kolltuk etj.*); 3) i këndshëm, i mirë (*rrugë etj.*); 4) : **es sich (D) bequem machen** rri rehat.
bequ'emen, sich *vrefl* marr mundimin; **er bequemte sich schließlich, die Sache zu erklären** më në fund mori mundimin ta sqaronte çështjen.
Bequ'emlichkeit *f* **=, -en** 1) rehatllëk, komoditet; **das hat seine Bequemlichkeiten** kjo ka anët e veta të mira; 2) *vetëm sing* plogështi.
ber'appen *vt bis* paguaj në vend (*borxhin etj.*).
ber'aten* 1. *vt* 1) këshilloj; 2) diskutoj, shqyrtoj (*një plan etj.*); 2. *vi* **(h)** **(über A)** diskutoj (*rreth një plani etj.*); 3. *vrefl* **sich beraten (über A)** këshillohem (*për diçka*).
ber'atend *a* këshillimor.
Ber'ater *m* **-s, =** këshilltar.
ber'atschlagen 1. *vt* **(h)** diskutoj; 2. *vrefl* **sich beratschlagen (über A)** këshillohem (*për diçka*).
Ber'atung *f* **=, -en** 1) këshillim; 2) mbledhje, diskutim.
Ber'atungsstelle *f* **=, -n** 1) zyrë informacioni; 2) *mjek* këshillimore.
ber'auben *vt* grabis; **jemanden seines Geldes, seiner gesamten Habe berauben** i grabis dikujt paret, gjithë pasurinë; *shpr* **einer Sache beraubt sein** kam humbur diçka.
Ber'aubung *f* **=, -en** grabitje.
ber'auschen 1. *vt* 1) trullos (*vera etj.*); 2) *fig* deh (*suksesi etj.*); 2. *vrefl* **sich berauschen** rrëmbehem, entuziazmohem (*për një ide etj.*).
ber'auschend *a* dehës (*edhe fig*).
ber'echnen *vt* 1) llogaris (*shpenzimet, çmimin etj.*); 2) shtie, përfshij në llogari.
ber'echnend *a* : **sie ist sehr berechnend** ajo shkon fort me llogari.
Ber'echnung *f* **=, -en** 1) llogaritje; 2) llogari; **aus reiner Berechnung handeln** veproj thjesht me llogari.
ber'echtigen *vt* **(zu D)** i jap të drejtë (*dikujt për diçka*); **berechtigt sein** kam të drejtën (*të bëj diçka*); **etwas ist berechtigt** diçka është e drejtë.
Ber'echtigung *f* **=, -en** e drejtë; **mit voller Berechtigung** me plot të drejtë; **ohne Berechtigung** pa të drejtë.
ber'eden 1. *vt* 1) bind; **leicht zu be-**

reden që bindet lehtë; **ich konnte ihn nicht bereden, das zu tun** nuk mund ta bindja që ta bënte këtë; 2) marr nëpër gojë (*dikë ose diçka*); 3) diskutoj (*një çështje*); 2. *vrefl* **sich bereden** këshillohem (*me dikë*).
ber'edsam *a* i gojës, gojëtar.
Ber'edsamkeit *f* = gojëtari.
ber'edt *a* i gojës (*njeri*); bindës (*fjalë etj.*); **mit beredten Worten** me fjalë bindëse.
Ber'eich *m* **-(e)s, -e** 1) fushë, lëmë, sferë (*veprimtarie*); 2) zonë; **im Bereich der Stadt** brenda qytetit.
ber'eichern 1. *vt* pasuroj (*njohuritë etj.*); 2. *vrefl* **sich bereichern** pasurohem.
Ber'eicherung *f* =, **-en** pasurim.
ber'eifen vt i vë goma (*automobilit etj.*); **er hat sein Auto neu bereift** i ka vënë goma të reja automobilit.
ber'eift *a* i veshur me brymë.
Ber'eifung *f* =, **-en** goma (*të automobilit etj.*); **die Bereifung erneuern** ndërroj gomat.
ber'einigen *vt* 1) rregulloj; 2) shlyej; **eine Rechnung bereinigen** laj një llogari; 3) zgjidh, kapërcej (*vështirësitë etj.*).
ber'eisen *vt* udhëtoj në (*një vend etj.*).
ber'eit *a* 1) **(zu D)** gati (*për diçka*); **ich bin bereit, wir können gehen** jam gati, mund të shkojmë; 2) i gatshëm; **er ist bereit, dir zu helfen** është i gatshëm të të ndihmojë.
ber'eiten I *vt* 1) bëj gati; 2) përgatis (*gjellën etj.*); 3) shkaktoj (*gëzim, hidhërim etj.*); **jemandem eine Freude bereiten** gëzoj dikë; **jemandem Kummer bereiten** hidhëroj dikë; **jemandem einen schönen Empfang bereiten** pres mirë dikë.
ber'eiten II *vt* 1) përshkoj kaluar (*një vend*); 2) shtroj, stërvis (*kalin*).
ber'eithalten* *ndash* 1. *vt* mbaj gati (*armët etj.*); **das Geld bereithalten** i mbaj gati paret; 2. *vrefl* **sich bereithalten** rri, qëndoj gati.
ber'eitlegen *vt ndash* vë gati.
ber'eitmachen *vt ndash* bëj gati.
ber'eits *adv* tashmë, tanimë.
Ber'eitschaft *f* = gatishmëri.
ber'eitstehen* *vi ndash* **(h)** rri, qëndroj gati.
ber'eitstellen *vt ndash* siguroj, gjej (*pare, makinë etj.*).
Ber'eitstellung *f* =, **-en** sigurim, gjetje (*e një mjeti etj.*).
Ber'eitung *f* = *vjet* përgatitje, prodhim (*i një sendi etj.*).
ber'eitwillig *a* i gjindshëm, i gatshëm (*për të ndihmuar etj.*).
Ber'eitwilligkeit *f* = gatishmëri (*për të ndihmuar etj.*).
ber'euen *vt* qaj (*një veprim, gabim etj.*); pendohem, më vjen keq për (*një veprim etj.*); **er bereute seine Worte** u pendua që i tha ato fjalë.
Berg *m* **-(e)s, -e** mal; **auf einen Berg steigen, klettern** ngjis një mal; *fig* **ein Berg von Büchern** një mal me libra; *fig bis* **mir stehen die Haare zu Berge** më ngrihen flokët përpjetë; *fig bis* **der Kranke ist über den Berg** i sëmuri e hodhi lumin; *fig bis* **er ist über alle Berge** ai ua ka mbathur këmbëve; *fig bis* **hinter dem Berge wohnen auch Leute** ka edhe të tjerë që dinë; *prov* **die Berge kommen nicht zusammen** mali me mal nuk piqet; *prov* **der Berg kreißte und gebar eine Maus** u mbars mali e polli një mi.
berg'ab *adv* (*malit*) tatëpjetë; **die Straße geht bergab** rruga shkon tatëpjetë; *fig* **mit ihm geht es bergab** ai ka marrë tatëpjetën.
berg'an *adv* (*malit*) përpjetë.
B'ergarbeiter *m* **-s,** = minator.
berg'auf *adv* (*malit*) përpjetë; **bergauf muß er das Fahrrad schieben**

i duhet të shtyjë biçikletën në të përpjetë; *fig bis* **mit ihm geht es bergauf** ai ka marrë për mbarë (*si shëndet, gjendje ekonomike etj.*).

B'ergbahn *f* =, **-en** hekurudhë malore; teleferik.

B'ergbau *m* **-s** industri minerare.

b'ergen* *vt* 1) fsheh; **sie barg das Gesicht in den Händen** ajo mbuloi fytyrën me duar; 2) përmban; **das Unternehmen birgt Gefahren in sich** kjo është punë me rrezik; 3) shpëtoj; **die Verunglückten bergen** shpëtoi viktimat e fatkeqësisë; **sich geborgen fühlen** e ndiej veten të mbrojtur, të siguruar.

B'ergfried *m* **-(e)s, -e** *hist* kulla e madhe (*e kështjellës*).

b'ergig *a* malor; **eine bergige Landschaft** një peizazh malor.

B'ergkessel *m* **-s,** = lugajë, gropë (*në mes të maleve*).

B'ergmann *m* **-(e)s, -leute** minator.

B'ergrutsch *m* **-es, -e** rrëshqitje, shkarje dheu.

B'ergsteiger *m* **-s,** = alpinist.

B'ergsturz *m* **-es, -stürze** shembje, shkarje dheu.

Berg-und-Tal-Bahn *f* =, **-en** "malet ruse" (*në cirk*).

B'ergung *f* =, **-en** 1) fshehje; 2) shpëtim (*i një anijeje në rrezik mbytjeje ose i ekuipazhit të saj*).

berg'unter *sh* **bergab.**

B'ergwerk *n* **-s, -e** minierë.

Ber'icht *m* **-(e)s, -e** 1) raport; **Bericht von etwas geben** raportoj për diçka; 2) reportazh; 3) njoftim; **schriftlicher Bericht** njoftim me shkrim; **mündlicher Bericht** njoftim me gojë.

ber'ichten *vt* raportoj, referoj, njoftoj; **sie berichteten von ihrer Reise** raportuan për udhëtimin që kishin bërë.

Ber'ichterstatter *m* **-s,** = korrespondent (*gazete etj.*).

Ber'ichterstattung *f* =, **-en** reportazh.

ber'ichtigen 1. *vt* ndreq (*një gabim etj.*); korrigjoj (*dikë*); **bitte berichtigen Sie mich, wenn ich etwas Falsches sage** më korrigjoni, ju lutem, po thashë ndonjë gjë gabim; 2. *vrefl* **sich berichtigen** ndreqem; korrigjohem.

Ber'ichtigung *f* =, **-en** ndreqje; korrigjim.

ber'iechen* 1. *vt* i marr erë (*sallamit se mos është i prishur etj.*); 2. *vrefl* **sich beriechen** i marrin erë njëri-tjetrit (*qentë etj.*).

ber'ieseln *vt* 1) spërkas (*lulet etj.*); 2) *fig* mbush; **die Bevölkerung mit Schlagworten berieseln** mbush popullin me parulla.

ber'itten *a* kaluar; **sie waren beritten** ata ishin kaluar.

B'ernstein *m* **-s** qelibar.

Bers'erker *m* **-s,** = i tërbuar; **wie ein Berserker kämpfen** luftoj si i tërbuar.

b'ersten* *vi* (s) 1) pëlcas; **wir sind vor Lachen fast geborsten** sa s'plasëm nga të qeshurat; 2) çahet (*akulli etj.*); **bei diesem Erdbeben barst die Erde** plasi toka nga ky tërmet.

ber'üchtigt *a* famëkeq; **das Lokal ist berüchtigt** lokali ka nam të keq.

ber'ücksichtigen *vt* marr parasysh.

Ber'ücksichtigung *f* =, **-en** marrje parasysh.

Ber'uf *m* **-(e)s, -e** 1) profesion; zanat; **er ist von Beruf Lehrer** ai është me profesion mësues; 2) prirje; **seinem Beruf nachgehen** ndjek prirjen time.

ber'ufen* 1. *vt* 1) thërras; 2) emëroj; caktoj (*në një detyrë*); **er wurde ins Ministerium berufen** e kanë emëruar në ministri; 3): **er ist da-**

zu berufen, anderen Menschen zu helfen e ka në natyrë (në gjak) t'u ndihmojë të tjerëve; 2. *vrefl* **sich berufen (auf A)** a) mbështetem (*në një parim etj.*); b) i referohem (*një ligji etj.*).

ber'uflich *a* profesional; **er hat berufliche Schwierigkeiten** ka vështirësi në ushtrimin e profesionit.

Ber'ufskleidung *f* =, **-en** rroba pune.

ber'ufsmäßig *a* si profesion; sipas profesionit; **er übt diese Tätigkeit berufsmäßig aus** e ushtron këtë veprimtari si profesion.

Ber'ufsschule *f* =, **-n** shkollë profesionale.

ber'ufstätig *a* që ushtron një profesion, një zanat etj.

Ber'ufstätige *m, f* **-n, -n** punonjës.

Ber'ufung *f* =, **-en** 1) thirrje; 2) urdhër; 3) emërim; **eine Berufung als Professor annehmen** pranoj emërimin si profesor (*në një shkollë etj.*); 4) *vetëm sing* prirje; **es war seine Berufung, den Menschen zu helfen** ishte i prirur t'u ndihmonte njerëzve; 5) *vetëm sing* referim; 6) *drejt* apelim; **Berufung einlegen** apeloj.

ber'uhen *vi* **(h) (auf D)** 1) mbështetem (*në diçka*); **seine Behauptungen beruhen auf einem Irrtum** pohimet e tij mbështeten në një premisë të gabuar; 2) vjen, rrjedh (*nga diçka*); **seine Furcht beruht auf einem Schock** frika i vjen nga një tronditje; 3) : *shpr* **etwas auf sich beruhen lassen** lë diçka ashtu siç ka qenë, nuk e çoj më gjatë diçka.

ber'uhigen 1. *vt* qetësoj; **seien Sie ganz beruhigt!** të jeni të qetë!; 2. *vrefl* **sich beruhigen** qetësohem; **das Meer beruhigte sich** deti u fashit.

ber'uhigend *a* qetësues.

Ber'uhigung *f* = qetësim.

Ber'uhigungsmittel *n* **-s,** = bar qetësues.

ber'ühmt *a* i famshëm; **ein berühmter Künstler** një artist në zë.

Ber'ühmtheit *f* = 1) famë, nam; 2) *pl* **-en** njeri i dëgjuar; personalitet.

ber'ühren 1. *vt* 1) prek; **jemanden oder etwas leicht berühren** prek lehtë dikë ose diçka; **das berührt mich nicht** a) kjo nuk më prek (*në ndjenja etj.*); b) kjo s'më përket mua; 2) *fig* përmend; **eine Frage im Gespräch berühren** përmend një çështje në bisedë; 2. *vrefl* **sich berühren** pajtohet; **dein Vorschlag berührt sich mit meinem Gedanken** propozimi yt pajtohet me mendimet e mia.

Ber'ührung *f* =, **-en** prekje; kontakt.

bes'äen *vt* mbjell (*një arë etj.*).

bes'agen *vt* do të thotë, tregon, dëshmon (*një fjali, shprehje etj.*); **das will nichts besagen** kjo s'do të thotë gjë.

bes'agt *a* i lartpërmendur.

bes'änftigen *vt* qetësoj, zbus (*një të zemëruar etj.*); ul (*zemërimin etj.*).

Bes'atz *m* **-es, -sätze** garniturë (*e një rrobe etj.*).

Bes'atzung *f* =, **-en** 1) garnizon; 2) trupa pushtuese; 3) ekuipazh (*i një anijeje etj.*).

Bes'atzungstruppen *pl* trupa pushtimi.

bes'aufen*, sich *vrefl vulg* dehem, bëhem tapë.

besch'ädigen *vt* dëmtoj; **das Haus wurde durch Bomben beschädigt** shtëpia u dëmtua nga bombat.

besch'affen I *vt* gjej; blej (*materiale, mjete etj.*); **sich (D) das Geld für**

etwas beschaffen gjej paret për diçka; **es ist nicht zu beschaffen** nuk gjendet.

besch'affen II *a* i tillë; **die Sache ist so beschaffen, daß ...** puna është e tillë që ...; **ich bin so beschaffen** i tillë jam unë; *shpr* **wie ist es mit deinem Gesundheit beschaffen?** si je me shëndet?

Besch'affenheit *f* = 1) natyrë; **von eigentümlicher Beschaffenheit** me natyrë të çuditshme; 2) cilësi; **Beschaffenheit eines Materials** cilësi e një materiali; 3) prirje; **seelische Beschaffenheit** prirje shpirtërore.

Besch'affung *f* =, **-en** gjetje; blerje; **jemanden mit der Beschaffung des Materials beantragen** ngarkoj dikë me gjetjen e materialit.

besch'äftigen 1. *vt* 1) i gjej punë (*dikujt*); marr në punë (*dikë*); **er beschäftigt in seinem Betrieb 50 Arbeiter** ai ka 50 punëtorë të zënë me punë në ndërmarrjen e vet; **sehr beschäftigt sein** jam i shumë i zënë me punë; **beschäftigt sein bei, in ...** jam në marrëdhënie pune, në punë te ...; **mit etwas beschäftigt sein** jam duke bërë diçka; 2. (*më*) shqetëson, (*më*) mundon (*një problem etj.*); **die Sache beschäftigt mich sehr** puna më shqetëson shumë; 3. *vrefl* **sich beschäftigen** merrem (*me një punë, problem etj.*).

Besch'äftigung *f* =, **-en** 1) punë; veprimtari; **eine Beschäftigung suchen** kërkoj punë; 2) studim; **die Beschäftigung mit der englischen Sprache** studimi i anglishtes.

besch'ämen *vt* turpëroj, bëj me turp; **seine Güte beschämte ihn** mirësia e tij e turpëroi.

besch'atten *vt* 1) i pres diellin; i bëj hije (*dikujt*); 2) *fig* gjurmoj (*një njeri të dyshimtë etj.*).

besch'auen *vt* 1) shoh, shikoj; sodis; 2) kontrolloj.

besch'aulich *a* soditës.

Besch'aulichkeit *f* = natyrë soditëse.

Besch'eid *m* **-(e)s, -e** 1) përgjigje; **abschlägiger Bescheid** përgjigje negative; **endgültiger Bescheid** fjalë e fundit; 2) vendim (*zyrtar*); 3) dijeni; njoftim; **Bescheid wissen (in D)** e di (mirë) diçka; **danke, ich weiß Bescheid!** falemnderit, e di vetë!; **ich weiß hier nicht Bescheid** jam i huaj këtu; **jemandem Bescheid sagen** njoftoj dikë.

besch'eiden* I 1. *vt* 1) ndaj, caktoj (*një pjesë etj.*); **es war ihm nicht beschieden, daß ...** nuk ishte e thënë që ai ...; 2) njoftoj; 3) thërras; **jemanden zu sich bescheiden** thërras dikë të vijë; 2. *vrefl* **sich bescheiden (mit D)** kënaqem, mbetem i kënaqur (*me diçka*).

besch'eiden II *a* 1) i matur; që kënaqet me pak; pa pretendime; i thjeshtë; modest; **ein bescheidener Mensch** një njeri i thjeshtë; 2) i vogël (*rrogë etj.*); i arsyeshëm (*çmim etj.*).

Besch'eidenheit *f* = maturi; thjeshtësi; modesti.

besch'einen* *vt* ndriçoj, hedh dritë mbi (*diçka*); **vom Mond beschienene Dächer** çati të ndriçuara nga hëna.

besch'einigen *vt* lëshoj vërtetim, dëftesë për (*diçka*).

Besch'einigung *f* =, **-en** vërtetim; dëftesë.

besch'enken *vt* i bëj dhuratë (*dikujt*).

besch'eißen* *vt vulg* mashtroj, ia hedh (*dikujt*).

besch'eren *vt dhe vi* **(h)** ndaj dhurata; dhuroj; *fig* **ihnen waren viele Jahre des Glücks beschert** kaluan shumë vite jetë të lumtur.

besch'icken *vt* 1) : **eine Konferenz beschicken** dërgoj delegatë në një konferencë; 2) *tek* mbush (*furrnaltën etj.*).

besch'ießen* *vt* bombardoj (*një qytet etj.*).

Besch'ießung *f* =, **-en** bombardim.

besch'impfen *vt* shaj.

Besch'impfung *f* =, **-en** sharje, e sharë.

besch'irmen *vt* mbroj.

Beschl'ag *m* **-(e)s, -schläge** 1) paftë; 2) rreth (*rrote, fuçie, syzash etj.*); 3) potkua; 4) cipë (*akulli etj.*); 5) konfiskim; **in Beschlag nehmen** konfiskoj.

beschl'agen* I 1. *vt* 1) i vë paftë (*karriges etj.*); 2) mbath (*kalin*); 2. *vi* (s) *dhe vrefl* **sich beschlagen** 1) zë shtresë (*ndryshku hekuri etj.*); 2) vishet, dirset (*xhami etj.*).

beschl'agen II *a* 1) i rrahur, i zoti (*në një fushë të dijes etj.*); **ein beschlagener Fachmann** një specialist i zoti; 2) i dirsur, i veshur (*xham etj.*).

Beschl'agnahme *f* =, **-n** konfiskim.

beschl'agnahmen* *vt* konfiskoj.

beschleichen* *vt* 1) përvidhem në (*një vend*); **das feindliche Lager beschleichen** përvidhem në fushimin e armikut; 2) *fig* më pushton pa e kuptuar (*një ndjenjë etj.*).

beschl'eunigen *vt* shpejtoj; përshpejtoj; **er beschleunigte seine Schritte** shpejtoi hapin; **seine Abreise beschleunigen** shpejtoj nisjen.

Beschl'eunigung *f* =, **-en** shpejtim; përshpejtim.

beschl'ießen* *vt* 1) vendos; **es ist noch nicht beschlossen** nuk është vendosur ende, nuk është marrë ende vendimi; 2) mbyll (*jetën etj.*); 3) përmbyll, përfundoj (*raportin etj.*).

Beschl'uß *m* **-sses, -schlüsse** vendim (*i një mbledhjeje etj.*); **Beschlüsse fassen** marr vendime.

beschl'ußfähig *a* që mund të vendosë (*një mbledhje etj.*).

beschm'ieren *vt* 1) lyej; **eine Brotschnitte mit Butter beschmieren** lyej me gjalpë një rriskë bukë; 2) përlyej; **das Kind hat sich (D) das Gesicht mit Marmelade beschmiert** fëmija ka përlyer fytyrën me marmelatë.

beschm'utzen 1. *vt* 1) ndyj, ndot; 2) *fig* njollos (*nderin etj.*); 2. *vrefl* **sich beschmutzen** ndyhem, ndotem.

beschn'eiden* *vt* 1) pres (*degët e një peme etj.*); *shpr* **jemandem die Flügel beschneiden** ia pres krahët dikujt; 2) kufizoj; **jemandem seine Freiheit beschneiden** ia kufizoj lirinë dikujt; 3) ul, pakësoj (*rrogat etj.*); 4) i bëj synet (*djalit*).

beschn'eit *a* i mbuluar me borë (*mal, dru etj.*).

beschn'üffeln *vt* 1) nuhas, i marr erë (*diçkaje*); 2) *fig bis* gjurmoj, hetoj.

beschn'uppern *vt sh* **beschnüffeln.**

besch'önigen *vt* 1) zbukuroj, paraqes në dritë të mirë (*diçka negative*); **jemandes Fehler beschönigen** paraqes në dritë të mirë gabimet e dikujt; 2) : **beschönigender Ausdruck** eufemizëm.

beschr'änken 1. *vt* i vë cak, kufi (*diçkaje*); kufizoj (*shpenzimet etj.*); **jemandes Rechte beschränken** kufizoj të drejtat e dikujt; 2. *vrefl* **sich (auf A) beschränken** kufizohem, mjaftohem (*me diçka*).

beschr'ankt *a* i rrethuar (*mbikalim i trenit etj.*).

beschr'änkt *a* i ngushtë, mendjengushtë, i kufizuar (*njeri*).

Beschr'änktheit *f* = 1) të qenët i kufizuar; 2) : **geistige Beschränktheit** mendjengushtësi.

Beschr'änkung *f* =, **-en** kufizim.
beschr'eiben* *vt* 1) shkruaj në (*një letër etj.*); 2) përshkruaj (*një pamje, ngjarje etj.*); 3) përshkruaj, vizatoj (*një rreth etj.*).
beschr'eibend *a* përshkrues; **beschreibende Geometrie** gjeometri përshkruese (deskriptive).
Beschr'eibung *f* =, **-en** përshkrim; *shpr* **etwas spottet jeder Beschreibung** diçka është e papërshkrueshme.
beschr'eiten* *vt* marr (*një rrugë, drejtim etj.*).
beschr'iften *vt* i vë mbishkrimin (*një tabele etj.*).
besch'uldigen *vt* (G) akuzoj, fajësoj (*për një faj etj.*).
Besch'uldigte *m, f* **-n, -n** i pandehur, i akuzuar; **ein Beschuldigter** një i pandehur; **mehrere Beschuldigte** shumë të pandehur.
Besch'uldigung *f* =, **-en** akuzë; fajësim.
besch'ummeln *vt bis* ia hedh, ia bëj me hile (*dikujt në lojë etj.*).
Besch'uß *m* **-sses** bombardim (*i një qyteti etj.*); **unter Beschuß liegen** më bombardojnë; **unter Beschuß nehmen** bombardoj; **bei Beschuß** gjatë bombardimit.
besch'ütten 1. *vt* i hedh (*rrugës zhavor etj.*); 2. *vrefl* **sich beschütten** spërkatem (*me një lëng etj.*).
besch'ützen *vt* mbroj (*nga një rrezik etj.*).
Besch'ützer *m* **-s,** = mbrojtës, dalzotës.
beschw'atzen, beschwätzen *vt bis* 1) flas për (*një ngjarje etj.*); 2) **(zu etwas)** bind, ia mbush mendjen (*dikujt për diçka*).
Beschw'erde *f* =, **-n** 1) mundim; 2) *vetëm pl* vështirësi (*e moshës, e frymëmarrjes etj.*); 3) ankim, ankesë; **gegen jemanden oder über etwas Beschwerde führen** ankohem për dikë ose diçka.
beschw'eren 1. *vt* rëndoj (*stomakun etj.*) (*edhe fig*); 2. *vrefl* **sich beschweren (über A)** ankohem, qahem (*për diçka*).
beschw'erlich *a* i vështirë, i rëndë, i mundimshëm (*punë etj.*); **jemandem beschwerlich sein** i rëndohem, i bëhem barrë dikujt.
Beschw'erlichkeit *f* =, **-en** vështirësi.
beschw'ichtigen *vt* 1) qetësoj (*një të zemëruar etj.*); 2) ngushëlloj.
beschw'indeln *vt* mashtroj.
beschw'ingt *a fig* 1) i lehtë (*hap, melodi etj.*); 2) i shpejtë (*hap etj.*); 3) i gjallë (*ritëm etj.*); 4) i gëzuar, gazmor.
beschw'ipst *a bis* çakërrqejf.
beschw'ören *vt* 1) përbej, vë në be; 2) mbështes me be (*një pohim etj.*); 3) i përgjërohem, i lutem shumë (*dikujt*); 4) thërras (*shpirtin e një të vdekuri*).
bes'eelen *vt* 1) i jap shpirt, jetë (*një personazhi etj.*); 2) frymëzoj.
bes'ehen* 1. *vt* shoh, këqyr; **ich habe mir die Welt besehen** kam parë botë; *fig* **bei Lichte besehen, ist es doch anders** po të shqyrtohet mirë, puna del krejt ndryshe; 2. *vrefl* **sich besehen** shikohem (*në pasqyrë etj.*).
bes'eitigen *vt* 1) mënjanoj; heq; **einen Fleck beseitigen** heq një njollë; 2) zhduk (*një gabim etj.*); kapërcej (*një pengesë, vështirësi etj.*).
Bes'eitigung *f* = 1) mënjanim, heqje; 2) zhdukje (*e një gabimi etj.*); 3) kapërcim (*i një vështirësie etj.*).
bes'eligen *vt* bëj të lumtur, lumtëroj.
B'esen *m* **-s,** = fshesë.
B'esenstiel *m* **-s, -e** bisht fshese; *bis*

steif wie ein Besenstiel i ngrirë si bisht fshese.

bes'essen *a* 1) i pushtuar (*nga djalli, nga një mendim etj.*); **von einer Idee besessen sein** s'më hiqet nga koka një mendim; 2) *fig* i tërbuar, i xhindosur.

Bes'essenheit *f* = të qenët i pushtuar (*nga një mendim etj.*).

bes'etzen *vt* 1) zë (*një karrige etj.*); **alles besetzt** të gjitha vendet janë të zëna; 2) pushtoj (*një vend etj.*); 3) ndaj, caktoj (*rolet, vendet etj.*); 4) i qep (*një gëzof jakës etj.*).

Bes'etzung *f* = 1) zënie (*e një vendi etj.*); 2) pushtim (*i një qyteti etj.*); 3) ndarje e roleve (*të një drame etj.*).

bes'ichtigen *vt* 1) shikoj; 2) vizitoj (*një muzeum etj.*); 3) inspektoj (*një shkollë etj.*).

Bes'ichtigung *f* =, **-en** 1) shikim; 2) vizitë; 3) inspektim.

bes'iedeln *vt* 1) dërgoj e vendos në (*një vend kolonë etj.*); kolonizoj (*një vend*); 2) populloj (*një krahinë etj.*).

bes'iegeln *vt* 1) vulos; *fig* **er hat seine Treue mit seinem Blut besiegelt** e ka vulosur besnikërinë me gjak; 2) bëj të pashmangshëm; **sein Untergang war besiegelt** fundi i tij ishte i pashmangshëm.

bes'iegen *vt* 1) mund (*kundërshtarin etj.*); 2) *fig* mposht (*dyshimet etj.*).

bes'ingen* *vt* 1) i këndoj (*një vepre, dikujt etj.*); **eine Heldentat besingen** i këndoj një vepre heroike; 2) incizoj në (*disk këngë*); **er hat hunderte Platten mit Schlagern besungen** ka incizuar qindra disqe me këngë që kanë pasur sukses.

bes'innen*, sich *vrefl* 1) mendohem; **ohne sich zu besinnen** pa u menduar; 2) **(auf A)** më kujtohet (*diçka*); 3) : **sich anders (eines Bessern) besinnen** ndërroj mendje.

bes'innlich *a* i menduar; që i kushtohet të menduarit; **eine besinnliche Stunde** një orë kushtuar të menduarit.

Bes'innung *f* = 1) të menduar; **nach einer Weile der Besinnung war er ruhiger geworden** pasi u mendua një copë herë ai u bë më i qetë; 2) vetëdije; **die Besinnung verlieren** a) humb ndjenjat; b) humb arsyen; **wieder zur Besinnung kommen** vij në vete (*edhe fig*).

bes'innungslos *a* 1) i pavetëdijshëm; pa ndjenja; 2) që e ka humbur arsyen (*nga zemërimi etj.*).

Bes'itz *m* **-es** 1) pasuri, pronë; 2) pronësi, zotërim; **etwas in Besitz nehmen** shtie në dorë diçka; **ich bin im Besitz ihres Briefes** kam marrë letrën tuaj.

bes'itzen *vt* zotëroj, kam (*një shtëpi, pronë, guximin, paturpësinë etj.*); **er besitzt ein Haus** ka një shtëpi; **er besaß die Frechheit, dies zu behaupten** pati pafytyrësinë ta thoshte këtë.

Bes'itzer *m* **-s**, = pronar; **er ist der Besitzer dieses Hauses** ai është i zoti i kësaj shtëpie.

Bes'itzergreifung *f* = marrje në pronësi (*e një pasurie*).

bes'offen *a vulg* xurxull, tapë, i dehur.

bes'ohlen *vt* u vë gjysma (shoje) (*këpucëve*).

bes'olden vt mbaj me rrogë; **der Staat besoldet die Beamten** shteti i mban me rrogë nëpunësit; **eine gut besoldete Stelle** një vend me rrogë të mirë.

Bes'oldung *f* = mbajtje me rrogë.

bes'ondere *a* i veçantë; i posaçëm; **ein besonderer Fall** një rast i veçantë; **besondere Umstände** rrethana të posaçme; **ein besonderes Gefühl** një ndjenjë e çuditshme; **im besonderen** sidomos.

Bes'onderheit *f* =, **-en** veçori, veçanti.

bes'onders *adv* 1) sidomos; 2) posaçërisht, veçanërisht; **das möchte ich besonders betonen** këtë do ta theksoja në mënyrë të veçantë; 3) fort; **nicht besonders gut** jo dhe shumë i mirë; 4) veçan; **diese Frage müssen wir besonders behandeln** këtë çështje duhet ta trajtojmë veçan.

bes'onnen *a* i arsyeshëm; i matur; me mend; **ein besonnener Mensch** një njeri me mend; **besonnen handeln** veproj me mend.

Bes'onnenheit *f* = arsye; maturi; mend.

bes'orgen *vt* 1) mbaroj, kryej (*një porosi etj.*); 2) gjej, blej; **ich muß mir noch ein Buch besorgen** duhet të blej edhe një libër; **ein Taxi besorgen** gjej taksi; 3) *vjet* shqetësoj.

Bes'orgnis *f* =, **-se** shqetësim; frikë.

Bes'orgung *f* =, **-en** 1) kryerje (*e një porosie etj.*); 2) përkujdesje (*për një të sëmurë etj.*); 3) blerje; **Besorgungen machen** bëj pazarin.

besp'annen *vt* 1) vesh (*murin me pëlhurë etj.*); 2) i vë telat (*violinës etj.*).

Besp'annung *f* =, **-en** 1) veshje (*e murit me pëlhurë etj.*); 2) tela (*të violinës etj.*).

besp'iegeln *vt* pasqyroj, reflektoj (*një ngjarje në një libër etj.*).

besp'ielen *vt* incizoj (*një disk me këngë etj.*).

besp'itzeln *vt* gjurmoj, përgjoj (*me anë të një spiuni etj.*).

besp'ötteln vt tall, vë në lojë.

bespr'echen* *vt* 1) bisedoj për (*një ngjarje etj. me dikë*); 2) recensoj (*një libër etj.*).

Bespr'echung *f* =, **-en** 1) bisedë; 2) recension.

bespr'engen *vt* spërkas (*me ujë etj.*).

bespr'itzen *vt* stërpik (*me baltë, me gjak etj.*).

bespr'ühen *vt* spërkas (*bimët me gurkali etj.*).

besp'ucken *vt* pështyj (*dikë ose diçka*).

besp'ülen *vt* 1) shpëlaj; 2) lag (*deti ranishten etj.*).

b'esser 1. *a* (*comp i* **gut**) më i mirë; **ein besseres Buch** një libër më i mirë; **bessere Leute** njerëz më të mirë; *shpr* **mein besseres Ich** ndërgjegjja ime; 2. *adv* më mirë; **es geht ihm besser** është më mirë; **desto (um so) besser** aq më mirë.

b'essern 1. *vt* 1) përmirësoj; 2) ndreq; **die Strafe hat ihn nicht gebessert** dënimi nuk e ka ndrequr; 2. *vrefl* **sich bessern** 1) përmirësohem; 2) ndreqem.

B'esserung *f* = përmirësim; **gute Besserung!** të shkuara!

B'esserwisser *m* **-s**, = *bis* mendjemadh, mendjelartë.

Best'and *m* **-(e)s, -stände** 1) *vetëm sing* qëndrueshmëri; **den Bestand der Firma sichern** siguroj qëndrueshmërinë e firmës; **die Freundschaft war nicht von Bestand** miqësia nuk qe e qëndrueshme; 2) gjendje (*e arkës etj.*); 3) fond (*i një biblioteke etj.*); 4) stok (*i mallrave etj.*); rezervë (*e ushqimeve etj.*).

best'anden *a* : **ein mit alten Bäumen bestandener Garten** një kopsht me drurë të vjetër.

best'ändig 1. *a* i qëndrueshëm, i përhershëm; i vazhdueshëm; **das Wetter ist beständig** moti është i qëndrueshëm; 2. *adv* gjithnjë, përherë, vazhdimisht.

Best'ändigkeit *f* = qëndrueshmëri (*e motit etj.*).

Best'andteil *m* **-s, -e** pjesë përbërëse (*e një të tëre*); **etwas in seine Be-**

standteile zerlegen zbërthej diçka në pjesët përbërëse.
best'ärken *vt* përforcoj, mbështes (*një mendim etj.*).
best'ätigen 1. *vt* 1) vërtetoj (*një fjalë etj.*); **eine Behauptung bestätigen** vërtetoj një pohim; 2. *vrefl* **sich bestätigen** vërtetohet, del i vërtetë.
Best'ätigung *f* =, **-en** vërtetim.
best'atten *vt* varros me solemnitet.
Best'attung *f* =, **-en** varrim solemn.
best'äuben *vt* 1) krip (*me sheqer etj.*); 2) *bot* pjalmon.
Best'äubung *f* =, **-en** 1) kripje (*me sheqer etj.*); 2) *bot* pjalmim.
b'este 1. *a* (*superl i* **gut**) më i mirë; **sein bester Freund** miku i tij më i mirë; **im besten Falle** në rastin më të mirë; **beim besten Willen** me gjithë dëshirën (time etj.); **in den besten Jahren** në lulen e moshës; *shpr* **jemanden zum besten haben** tallem me dikë, bëj të marrë dikë; 2. *adv* (*superl i* **gut** *dhe i* **wohl**) **am besten** më mirë nga të gjitha; **aufs beste** si jo më mirë; 3. *m* **Beste(r)**, *f* **Beste**, *n* **Beste(s)** më i miri, më e mira; **der, die Beste der Klasse** i pari (e para) e klasës; **du bist mein Bester** ty të kam më të mirin (*shok, mik etj.*); *shpr* **sein Bestes tun** bëj çmos; **das Beste vom Besten** më e mira e të mirave; **zu deinem Besten** për të mirën tënde.
best'echen* 1. *vt* 1) korruptoj, blej (*me pare*); 2) *fig* bëj për vete; **sie bestach durch ihre Schönheit** ajo të bënte për vete me bukurinë e vet; 2. *vrefl* : **sich bestechen lassen (von jemandem)** marr ryshfet (*nga dikush*).
best'echlich *a* i shitur, ryshfetçi.
Best'echlichkeit *f* = të qenët i shitur, ryshfetçi.
Best'echung *f* =, **-en** ryshfet; **der Bestechung zugänglich** që mund të shitet (*njeri*).
Best'eck *n* **-(e)s, -e** 1) lugë, thikë e pirun (*në tryezë*); 2) komplet (*veglash kirurgjike etj.*).
best'ehen* 1. *vt* 1) i qëndroj (*një prove etj.*); 2) marr (*një provim etj.*); 3) kaloj, përballoj (*një vështirësi etj.*); 2. *vi* **(h)** 1) jam; qëndroj; mbahem; **es besteht kein Unterschied** s'ka asnjë ndryshim; **die bestehenden Gesetze** ligjet në fuqi; 2) **(auf D)** ngul këmbë (*në timen etj.*); 3) **(aus D)** përbëhet (*nga diçka*); 4) **(in D)** (*çështja*) qëndron (*në sa vijon etj.*).
best'ehlen* *vt* vjedh (*dikë*).
best'eigen* *vt* 1) ngjis (*shkallët etj.*); 2) i hipi (*kalit etj.*).
best'ellen *vt* 1) rregulloj (*shtëpinë*); 2) çoj, dërgoj (*të fala*); 3) emëroj, caktoj (*dikë si trashëgimtar etj.*); 4) porosis (*një drekë, një mall etj.*); 5): **jemanden bestellen** ftoj dikë; 6): **den Acker bestellen** punoj tokën; 7): *shpr* **es ist schlecht um ihn bestellt** i ka keq punët.
Best'ellung *f* =, **-en** 1) porosi; 2) shpërndarje (*e postës*); 3) punim (*i tokës*).
b'estens *adv* si jo më mirë, për bukuri, shkëlqyeshëm.
best'euern *vt* tatoj; **Importe sind hoch besteuert** mallrat e importit janë tatuar rëndë.
besti'alisch 1. *a* shtazarak, mizor; 2. *adv* 1) shtazërisht, mizorisht; 2) *bis* keq; **bestialisch betrunken sein** jam dehur keq.
Bestialit'ät *f* =, **-en** kafshëri; mizori.
B'esti/e *f* =, **-n** 1) bishë; 2) *fig* njeri mizor.
best'icken *vt* qëndis.
best'immen *vt* 1) caktoj (*kohën etj.*); 2) përcaktoj (*një kuptim etj.*); 3) : **gesetzlich bestimmen** vë me ligj;

4) vendos; 5) emëroj, caktoj (*trashëgimtar etj.*).

best'immt 1. *a* 1) i (për)caktuar; 2) i vendosur; 3) *gram* shquese (*nyjë*); 2. *adv* sigurisht, me siguri.

Best'immtheit *f* = 1) saktësi; 2) vendosmëri; 3) siguri.

Best'immung *f* =, **-en** 1) *vetëm sing* caktim, vendosje (*e një afati etj.*); 2) vendim; **die neuen Bestimmungen für den Verkehr** vendimet e reja për qarkullimin; 3) *vetëm sing* përcaktim; **Bestimmung eines Begriffs** përcaktim i një koncepti.

B'estleistung *f* =, **-en** rekord, rezultati më i lartë (*sidomos në sport*).

bestm'öglich 1. *a* më i mirë që mund të bëhet, të gjendet etj.; 2. *adv* sa më mirë, më së miri.

bestr'afen *vt* ndëshkoj, dënoj (*me burg etj.*).

Bestr'afung *f* =, **-en** dënim, ndëshkim.

bestr'ahlen *vt* rrezatoj (*një tumor etj.*).

Bestr'ahlung *f* =, **-en** rrezatim (*i një tumori etj.*).

bestr'eben, sich *vrefl* përpiqem, orvatem, rrekem, synoj.

Bestr'eben *n* **-s** synim, qëllim; **es war sein Bestreben, ihnen zu helfen** ai përpiqej përherë t'u ndihmonte.

bestr'ebt *a* : **bestrebt sein** përpiqem; **er war immer bestrebt, ihnen zu helfen** ai përpiqej përherë t'u ndihmonte.

Bestr'ebung *f* =, **-en** përpjekje; **alle seine Bestrebungen waren vergebens** të gjitha përpjekjet e tij ishin më kot.

bestr'eichen* *vt* 1) lyej (*bukën me gjalpë etj.*); 2) rreh (*era fushën etj.*).

bestr'eiken *vt* bëj grevë në (*në një ndërmarrje etj.*).

bestr'eiten* *vt* 1) kundërshtoj; vë në dyshim (*një mendim etj.*); 2) mohoj; **jede Schuld bestreiten** mohoj çdo faj; 3) paguaj (*shpenzimet etj.*).

bestr'euen *vt* krip (*me sheqer etj.*); shtroj (*me dhe etj.*); mbuloj (*me lule etj.*).

bestr'icken *vt* magjeps, ia marr mendtë (*dikujt*).

bestr'itt *sh* **bestreiten.**

B'estseller *m* **-s**, = libër etj. që shitet shumë.

best'ücken *vt* pajis; **die Autos mit neuen Motoren bestücken** pajis automobilat me motorë të rinj.

best'ürmen *vt* sulmoj; *fig* **mit Fragen bestürmen** mbys me pyetje.

best'ürzen *vt* trondis, trullos; turbulloj.

best'ürzt *a* i tronditur, i trullosur; i turbulluar.

Best'ürzung *f* =, **-en** tronditje, trullosje; turbullim.

Bes'uch *m* **-(e)s, -e** 1) vizitë; **zu Besuch sein** jam për vizitë; 2) vizitor, vizitues; **wir haben Besuch** kemi vizitorë; 3) ndjekje (*e një shkolle etj.*); frekuentim (*i një klubi etj.*).

bes'uchen *vt* 1) vizitoj; **einen Freund besuchen** vizitoj një mik; **eine Ausstellung besuchen** vizitoj një ekspozitë; **ein Konzert besuchen** shkoj në koncert; 2) ndjek (*shkollën etj.*); frekuentoj (*klubin etj.*).

Bes'ucher *m* **-s**, = vizitor, vizitues; frekuentues.

bes'ucht *a* i ndjekur; i frekuentuar; **stark (schwach) besucht** me shumë (pak) njerëz (*mbledhje etj.*).

bes'udeln *vt* 1) ndot, ndyj (*me baltë, me gjak etj.*); 2) *fig* njollos (*nderin etj.*).

bet'agt *a* i moshuar.

bet'akeln *vt* 1) *det* pajis (*një anije*); 2) *aust fig* mashtroj.
bet'asten *vt* prek; **das Betasten ist verboten** ndalohet prekja (*e mallit*).
bet'ätigen 1. *vt* lëviz (*levën etj.*); 2. *vrefl* **sich betätigen (in D)** merrem (*me diçka*); **sich politisch betätigen** merrem me veprimtari politike; **(bei, an D)** marr pjesë (*në një veprimtari etj.*).
bet'äuben *vt* 1) trullos (*me një goditje etj.*); 2) mpij (*me anestezik etj.*).
Bet'äubung *f* =, **-en** 1) trullosje; 2) mpirje (*me anestezik*).
bet'eiligen 1. *vt* i jap pjesë (*dikujt nga fitimet etj.*); 2. *vrefl* **sich beteiligen (bei D, an D)** marr pjesë (*në një ndërmarrje etj.*).
Bet'eiligung *f* =, **-en** pjesëmarrje.
b'eten *vi* **(h)** lutem.
bet'euern *vt* betohem; **er beteuerte, es nicht gemacht zu haben** ai betohej se nuk e kishte bërë.
Bet'euerung *f* =, **-en** betim, përgjërim.
bet'iteln 1. *vt* 1) i drejtohem me një titull (*dikujt*); **man betitelt ihn mit Herr Rat** i drejtohen me titullin zoti këshilltar; *bis* **jemanden als Esel betiteln** i them gomar dikujt; 2) titulloj, i vë titullin (*një libri etj.*); 2. *vrefl* **sich betiteln** titullohet (*një libër etj.*).
bet'ölpeln *vt* bëj të marrë (*dikë*).
Beton [*betô*] *m* **-s, -s** beton; **Beton mischen** përziej beton.
bet'onen *vt* theksoj (*një rrokje, fjalë, mendim etj.*).
beton'ieren *vt* betonoj (*rrugën etj.*).
Bet'onung *f* =, **-en** theksim.
bet'ören *vt* ia marr mendtë (*dikujt*); **ein betörender Duft** një kundërmim marramendës.
betr. = **betreffs, betreffend.**
Betr'acht *m* : **außer Betracht lassen** nuk i kushtoj vëmendje; **in Betracht kommen** merret parasysh; **in Betracht ziehen** marr parasysh.
betr'achten *vt* 1) sodis (*një pamje etj.*); 2) shqyrtoj (*një çështje etj.*); **genau betrachten** shikoj mirë; 3) **(als)** quaj, konsideroj; **jemanden als seinen Freund betrachten** e quaj mik dikë; **er betrachtete es als seine Pflicht** e quante si detyrë.
betr'ächtlich 1. *a* i rëndësishëm; i madh; **eine beträchtliche Summe** një shumë e madhe; 2. *adv* shumë, fort; **er ist beträchtlich gewachsen** është rritur shumë.
Betr'achtung *f* = 1) soditje; 2) shqyrtim; 3) *pl* **-en** mendim; **in Betrachtung versunken** i kredhur në mendime.
betr'af *sh* **betreffen.**
Betr'ag *m* **-(e)s, -träge** shumë (*paresh*).
betr'agen* 1. *vt* është; arrin në ... (*një shumë etj.*); **der Gewinn betrug 500 Mark** fitimi arrinte në 500 marka; **die Entfernung beträgt drei Meter** largësia është tre metra; 2. *vrefl* **sich betragen** sillem (*mirë, keq etj.*).
Betr'agen *n* **-s** sjellje.
betr'auen *vt* ngarkoj (*dikë me një punë etj.*); **ich bin betraut mit ...** jam ngarkuar me ...
betr'auern *vt* vajtoj (*vdekjen e dikujt etj.*).
betr'äufeln *vt* i hedh pika (*limoni gjellës etj.*).
Betr'eff : *shpr* **in dem Betreff (G)** në lidhje me (*diçka*).
betr'effen* *vt* 1) kap, zë (*me presh në dorë etj.*); 2) (*më*) përket (*një çështje etj.*); 3) kam të bëj me (*diçka*); 4) (*më*) zë, (*më*) gjen (*një fatkeqësi etj.*).
betr'effend *a* përkatës; i dhënë.
betr'effs *präp* **(G)** për sa i përket (*një çështjeje etj.*).

betr'eiben* *vt* 1) ushtroj (*një zanat, mjeshtëri etj.*); 2) merrem me (*studime etj.*); 3) zhvilloj (*një fushatë etj.*); 4) vë në lëvizje (*një makinë etj.*); 5) nxis (*një veprim etj.*).

betr'eten* I *vt* 1) hyj në (*një shtëpi etj.*); 2) shkel në (*pragun e dikujt etj.*); **den Rasen nicht betreten!** mos shkelni barin!

betr'eten II *a* 1) i shkelur, i rrahur (*rrugë etj.*); 2) i hutuar, i turbulluar, i prekur (*nga një ngjarje etj.*); **ein betretenes Gesicht** një fytyrë e turbulluar.

Betr'eten *n* **-s** hyrje (*në një sallë etj.*).

betr'euen *vt* përkujdesem për (*dikë*).

Betr'euung *f* **=, -en** përkujdesje.

betr'ieb *sh* **betreiben.**

Betr'ieb *m* **-(e)s, -e** 1) ndërmarrje; uzinë; 2) punë; funksionim; shfrytëzim (*i një uzine etj.*); **die Maschine ist in Betrieb** makina është në punë; **die Mühle ist außer Betrieb** mulliri nuk punon; **die Fabrik in Betrieb nehmen** vë në shfrytëzim fabrikën; **den Motor in Betrieb setzen** vë në punë motorin; 3) qarkullim, lëvizje, gjallëri; **da ist immer viel Betrieb** këtu ka gjithmonë shumë lëvizje; 4) : *tek* **elektrischer Betrieb** tërheqje elektrike.

betr'ieblich *a* i ndërmarrjes; i punës; **betriebliche Angelegenheiten** çështje të ndërmarrjes.

betr'iebsam *a* punëtor; i gjallë.

Betr'iebsamkeit *f* **=** të qenët punëtor; dëshirë për punë.

Betr'iebskapital *n* **-s** *ek* kapital qarkullues.

Betr'iebskosten *pl* shpenzime prodhimi.

Betr'iebsleiter *m* **-s, =** 1) përgjegjës prodhimi; 2) drejtor (*i një ndërmarrjeje etj.*).

Betr'iebsordnung *f* **=, -en** rregullore e brendshme (*e një ndërmarrjeje*).

Betr'iebsrat *m* **-(e)s, -räte** këshill i ndërmarrjes.

betr'ifft *sh* **betreffen.**

betr'inken*, **sich** *vrefl* pi e dehem, pi sa dehem.

betr'offen 1. *sh* **betreffen**; 2. *a* i prekur, i tronditur (*nga një ngjarje etj.*); **sie war über seine groben Bemerkungen sehr betroffen** ajo mbeti shumë e prekur nga fjalët e tij të rënda.

betr'og *sh* **betrügen.**

betr'üben *vt* turbulloj; trishtoj, hidhëroj; pikëlloj.

betr'üblich *a* i trishtueshëm; **eine betrübliche Nachricht** një lajm i trishtueshëm.

Betr'übnis *f* **=, -se** turbullim; trishtim; hidhërim, pikëllim; **zu unserer tiefen Betrübnis hörten wir ...** me trishtim të madh mësuam ...

betr'übt *a* i turbulluar; i hidhëruar; i trishtuar, i pikëlluar.

Betr'übtheit *f* **=** trishtim; pikëllim.

betr'ug *sh* **betragen.**

Betr'ug *m* **-(e)s** mashtrim.

betr'ügen *vt* mashtroj; **er hat ihn um hundert Mark betrogen** i ka ngrënë njëqind marka; **sich betrügen lassen** mashtrohem, gënjehem.

Betr'üger *m* **-s, =** mashtrues.

betr'ügerisch *a* mashtrues.

betr'unken *a* i pirë, i dehur.

Betr'unkenheit *f* **=** të qenët i dehur.

B'etschwester *f* **=, -n** fanatike, hipokrite.

Bett *n* **-es, -en** 1) shtrat, krevat; **zu Bett gehen** bie të fle; **das Bett hüten** rri në shtrat; **das Bett machen** rregulloj, ndreq krevatin; 2) shtrat (*i lumit, i makinës etj.*).

B'ettdecke *f* **=, -n** 1) jorgan; 2) mbulesë shtrati.

B'ettel *f* = *bis* rrangallë.
Bettel'ei *f* =, **-en** të lypura; **ich habe genug von ihrer dauernden Bettelei!** më janë mërzitur të lypurat e saj të vazhdueshme!
b'etteln *vi* (h) 1) lyp; rroj me të lypura; 2) lutem; **die Kinder bettelten, man solle sie doch mitnehmen** fëmijët u luten që t'i merrnin edhe ata me vete.
B'ettelstab *m* : *shpr* **jemanden an den Bettelstab bringen** lë rrugëve dikë; *shpr* **an den Bettelstab kommen** mbetem rrugëve.
b'etten 1. *vt* 1) shtrij (*në shtrat etj.*); **sie betteten den Kranken auf das Sofa** e shtrinë të sëmurin në sofa; *shpr bis* **er ist nicht gerade auf Rosen gebettet** s'i ka punët fort mirë (*nga ana financiare*); 2) vë; **in roten Samt gebetteter Schmuck** stoli e vënë në kadife të kuqe; 2. *vrefl* **sich betten** shtrihem (*në shtrat etj.*).
b'ettlägerig *a* i shtruar (*i sëmurë*); **bettlägerig werden** zë shtratin (*për shkak të një sëmundjeje etj.*).
B'ettlaken *n* **-s,** = çarçaf (*dysheku*).
B'ettler *m* **-s,** = lypës.
B'ettstelle *f* =, **-n** krevat (*pa sustë e pa dyshek*).
B'ettuch *n* **-(e)s, -tücher** çarçaf (*dysheku*).
B'ettüberzug *m* **-(e)s, -züge** këllëf jorgani, çarçaf.
B'ettwäsche *f* = çarçafë (*sh*).
bet'ulich *a* i qetë dhe i kujdesshëm.
bet'upfen vt 1) fshij (*me pambuk, me alkool etj.*); 2) bëj me cërka; **ein bunt betupftes Kleid** një fustan me cërka të shumëngjyrshme.
b'eugen 1. *vt* 1) përkul (*një degë etj.*); 2) thyej (*gjurin, krahun etj.*); 3) ul (*kokën etj.*); 4) *gram* lakoj, zgjedhoj; 2. *vrefl* **sich beugen** përulem; **er wird sich ihm nicht beugen** nuk do t'i përulet atij.
B'eugung *f* =, **-en** përkulje.
B'eule *f* =, **-n** gungë (*në kokë, në një enë metalike etj.*); **die Kanne war voller Beulen** bidoni ishte tërë gunga.
be'unruhigen 1. *vt* shqetësoj; 2. *vrefl* **sich beunruhigen** shqetësohem; **du brauchst dich wegen ihrer Krankheit nicht zu beunruhigen** s'duhet të shqetësohesh për sëmundjen e saj.
be'unruhigend *a* shqetësues (*lajm etj.*).
Be'unruhigung *f* =, **-en** shqetësim.
be'urkunden vt vërtetoj me dokument; ligjësoj.
be'urlauben 1. *vt* 1) i jap leje (*për disa ditë pushim etj.*); 2) pezulloj nga puna (*një nëpunës etj.*); 2. *vrefl* **sich beurlauben** marr leje (*për disa ditë pushim etj.*).
Be'urlaubung *f* =, **-en** 1) leje (*për disa ditë pushim etj.*); 2) pezullim nga puna.
be'urteilen *vt* 1) gjykoj (*një veprim etj.*); 2) vlerësoj (*një libër etj.*).
Be'urteilung *f* =, **-en** 1) gjykim; 2) vlerësim.
B'eute *f* = 1) plaçkë (*lufte etj.*); 2) pre (*edhe fig*).
B'eutel *m* **-s,** = 1) qese; 2) gropë (*e bilardos*).
B'eutezug *m* **-(e)s, -züge** dalje për plaçkë.
bev'ölkern *vt* populloj (*një krahinë etj.*).
Bev'ölkerung *f* = popullatë.
bev'ollmächtigen *vt* autorizoj.
Bev'ollmächtigte *m* **-n, -n** i plotfuqishëm (*ambasador etj.*).
Bev'ollmächtigung *f* = autorizim.
bev'or *conj* para se; **komm zu mir, bevor du gehst** eja tek unë para se të shkosh; **keiner geht nach Hau-**

se, **bevor nicht die Arbeit beendet ist** askush s'shkon në shtëpi pa u mbaruar puna.

bev'ormunden *vt* 1) kam nën kujdestari, jam kujdestar i (*dikujt*); 2) i caktoj si kujdestar (*dikë dikujt*).

Bev'ormundung *f* =, **-en** kujdestari.

bev'orstehen* *vi* **(h)** *ndash* pritet (*një ngjarje, gëzim, rrezik etj.*); **seine Abreise stand bevor** pritej nisja e tij.

bev'orstehend *a* që pritet (*ngjarje etj.*); i ardhshëm, i afërt, që vjen; **die bevorstehende Woche** java që vjen.

bev'orzugen *vt* parapëlqej, preferoj.

bev'orzugt *a* i parapëlqyer, i preferuar.

Bev'orzugung *f* = parapëlqim, preferim.

bew'achen *vt* ruaj (*shtëpinë, kufirin etj.*).

bew'achsen* 1. *vt* mbulon, vesh (*urthi murin etj.*); 2. *a* i mbuluar (*me gjethe etj.*).

Bew'achung *f* = 1) ruajtje (*e pallatit etj.*); 2) *pl* **-en** rojë.

bew'affnen 1. *vt* armatos; 2. *vrefl* **sich bewaffnen** armatosem.

Bew'affnung *f* = armatim.

bew'ahren 1. *vt* 1) ruaj (*një send etj.*); *shpr* **Ruhe bewahren** rri i qetë; *shpr* **Haltung (Fassung) bewahren** e mbaj veten, nuk e bëj veten; 2) ruaj, mbroj (*nga një rrezik etj.*); 2. *vrefl* **sich (vor D) bewahren** ruhem (*nga një rrezik etj.*).

bewähren, sich *vrefl* dal mirë; përligj shpresat; jap prova; **ein bewährtes Mittel** një mjet i sprovuar.

bew'ährt *a* i sprovuar, i sigurt.

bew'ahrheiten, sich *vrefl* vërtetohet, del (*një fjalë, dyshim etj.*).

Bew'ahrung *f* = ruajtje (*nga një rrezik etj.*).

Bew'ährung *f* = 1) prova (*që jep dikush*); **seine Bewährung in vielen schwierigen Situationen steht außer Zweifel** provat që ka dhënë në shumë situata të vështira nuk mund të vihen në dyshim; 2) *drejt* dënim me kusht.

Bew'ährungsfrist *f* =, **-en** *drejt* afat dënimi me kusht.

bew'aldet *a* i pyllëzuar (*vend etj.*).

bew'ältigen *vt* 1) ia dal, i bëj ballë (*një pune etj.*); 2) mposht, kapërcej (*një vështirësi etj.*).

Bew'ältigung *f* = 1) përballim (*i një pune etj.*); 2) mposhtje, kapërcim (*i një vështirësie etj.*).

bew'andert *a* 1) i sprovuar, i rrahur, me përvojë (*në një punë etj.*); 2) që di mirë (*diçka*); **er ist in der französischen Literatur sehr bewandert** e di mirë letërsinë frënge.

Bew'andtnis *f* =, **-se** rrethanë; **das hat (damit hat es) eine andere Bewandtnis** këtu ka rrethana të tjera, këtu puna është ndryshe; **es hat damit seine eigene Bewandtnis** kjo është çështje më vete; **damit hat es folgende Bewandtnis** puna është si vijon.

bew'ässern *vt* ujis (*arën etj.*).

bew'egen I 1. *vt* 1) luaj (*krahun etj.*); lëviz; 2) *fig* prek, mallëngjej; 2. *vrefl* **sich bewegen** lëviz.

bew'egen* II 1. *vt* **(zu D)** shtyj (*për të bërë diçka*); 2. *vrefl* **sich bewegen lassen (zu D)** shtyhem (*për diçka nga dëshira, lakmia etj.*).

Bew'eggrund *m* **-(e)s, -gründe** shkas; **etwas aus niedrigen Beweggründen tun** bëj diçka duke u nisur nga motive të ulëta.

bew'eglich *a* 1) i lëvizshëm; **bewegliche Habe** pasuri e luajtshme; 2) i gjallë, i shkathët.

Bew'eglichkeit *f* = 1) lëvizshmëri; 2) shkathtësi, gjallëri.

bew'egt *a fig* i prekur, i mallëngjyer.

Bew'egung *f* =, **-en** 1) lëvizje (*e dorës etj.*); *shpr* **sich in Bewegung setzen** vihem në lëvizje; 2) *vetëm sing* emocion; mallëngjim; 3) *pol* lëvizje (*çlirimtare etj.*).

bew'egungslos *a* i palëvizshëm; **bewegungslos im Bett liegen** rri në shtrat pa lëvizur.

bew'ehren *vt* 1) armatos; mbroj; 2) *fig* pajis.

bew'ehrt *a* i armatosur; i mbrojtur.

bew'eihräuchern *vt përb* i thur lëvdata (*dikujt*).

bew'einen *vt* qaj, vajtoj (*një humbje etj.*).

Bew'eis *m* **-es, -e** 1) provë; dëshmi; **etwas zum Beweis vorlegen** paraqes si provë diçka; 2) shenjë (*nderimi etj.*); 3) vërtetim; **zum Beweis für meine Behauptung** për të vërtetuar pohimin tim.

bew'eisbar *a* i vërtetueshëm; i provueshëm.

bew'eisen* *vt* 1) provoj; dëshmoj; 2) shfaq, tregoj (*respekt etj.*); 3) vërtetoj (*një pohim etj.*).

Bew'eismaterial *n* **-s** prova (*sh.*); **Beweismaterial sammeln** mbledh prova.

bew'erben*, **sich** *vrefl* **(um A)** 1) përpiqem (*për diçka*); 2) kërkoj (*për grua*); 3) bëj lutje (*për të hyrë në punë, në shkollë etj.*).

Bew'erber *m* **-s,** = kandidat (*për një punë, shkollë etj.*).

Bew'erbung *f* =, **-en** lutje, kërkesë (*për një vend pune etj.*).

bew'erfen* *vt* 1) gjuaj (*dikë me diçka*); **sie haben den Politiker mit faulen Eiern beworfen** e kanë gjuajtur politikanin me vezë të prishura; 2) : **mit Kalk bewerfen** suvatoj (*murin etj.*).

bew'erkstelligen *vt* bëj, kryej (*një punë etj.*).

bew'erten *vt* vlerësoj, çmoj.

Bew'ertung *f* =, **-en** vlerësim, çmim.

bew'ies *sh* **beweisen.**

bew'illigen *vt* miratoj, pranoj (*një shtim rroge etj.*).

Bew'illigung *f* =, **-en** miratim, pranim (*i një lutjeje etj.*).

bew'illkommnen *vt* mirëpres.

bew'irken *vt* shkaktoj; **dieses Leiden hat seinen Tod bewirkt** kjo sëmundje i ka sjellë vdekjen.

bew'irten *vt* pres, gostis, qeras (*një mysafir etj.*).

bew'irtschaften *vt* mbarështoj (*një pronë etj.*); **das Hotel ist im Winter nicht bewirtschaftet** hoteli në dimër nuk punon, është i mbyllur.

Bew'irtung *f* = gostisje, qerasje.

bew'og *sh* **bewegen.**

bew'ohnbar *a* i banueshëm.

bew'ohnen *vt* 1) banoj në (*një vend*); 2) populloj (*një krahinë etj.*).

Bew'ohner *m* **-s,** = banor; banues.

Bew'ohnerschaft *f* = popullsi.

bew'ölken, sich *vrefl* vrenjtet (*qielli*).

bew'ölkt *a* i vrenjtur, me re (*qiell*).

Bew'ölkung *f* = re (*sh.*).

Bew'underer *m* **-s,** = admirues.

bew'undern *vt* admiroj.

bew'undernswert *a* i admirueshëm.

bew'undernswürdig *a* i admirueshëm.

Bew'underung *f* = admirim.

bew'ußt 1. *a* 1) i vetëdijshëm; i ndërgjegjshëm; **eine bewußte Lüge** një gënjeshtër e thënë me qëllim; *shpr* **sich (D) einer Sache bewußt sein** jam i vetëdijshëm për diçka; 2) i njohur, i ditur; **wir treffen uns in dem bewußten Haus** takohemi në shtëpinë që dimë; 3) i lartpërmendur; 2. *adv* me qëllim; me dije të plotë; me vetëdije.

bew'ußtlos 1. *a* i pavetëdijshëm; 2. *adv* pa ndjenja.

Bew'ußtlosigkeit *f* = të fikët, të pakët.

Bew'ußtsein *n* **-s** 1) ndjenja; **sie verlor das Bewußtsein** ajo humbi ndjenjat; 2) vetëdije; *shpr* **bei Bewußtsein sein** jam i vetëdijshëm; **er hatte das Bewußtsein, seine Pflicht getan zu haben** kishte vetëdijen se e kishte kryer detyrën; **etwas kommt jemandem zu Bewußtsein** diçka bëhet e qartë për dikë.

bez. = **bezüglich.**

bez'ahlen *vt* 1) paguaj (*një punë, borxh, punëtor etj.*); *shpr* **sich bezahlt machen** ia vlen; *fig* **die Zeche bezahlen** vuaj pasojat (*e një veprimi etj.*).

Bez'ahlung *f* =, **-en** 1) pagim; 2) pagë; pagesë.

bez'ähmen *vt* 1) zbus (*një bishë etj.*); 2) përmbaj (*zemërimin, kureshtjen etj.*).

bez'aubern *vt* magjeps; **die Sprache dieser Dichtung bezaubert mich** gjuha e kësaj poezie më magjeps.

bez'aubernd *a* magjepsës.

bez'eichnen *vt* 1) tregoj; **das Wort bezeichnet verschiedene Dinge** fjala do të thotë gjëra të ndryshme; 2) përcaktoj; **den Ort bezeichnen** përcaktoj vendin; 3) quaj (*të mirë, të keq etj.*); 4) cilësoj (*një veprim etj.*); 5) shënoj (*një numër etj.*).

bez'eichnend *a* karakteristik.

bez'eichnenderweise *adv* sipas karakterit (*të tij etj.*).

Bez'eichnung *f* =, **-en** 1) emër; titull; **für diesen Gegenstand gibt es mehrere Bezeichnungen** për këtë send ka shumë emra; **die Bezeichnung Redakteur trifft auf ihn nicht** titulli redaktor nuk i përket atij; 2) përcaktim; 3) emërim.

bez'eigen 1. *vt* shpreh; **Ehre bezeigen** nderoj; **Freude bezeigen** shpreh gëzim; 2. *vrefl* **sich bezeigen** tregohem (*mirënjohës etj.*).

bez'eugen *vt* dëshmoj; vërtetoj.

bez'ichtigen *vt* **(G)** akuzoj, fajësoj (*për diçka*); **jemanden eines Diebstahls bezichtigen** akuzoj dikë për vjedhje.

bez'iehen* 1. *vt* 1) hyj në (*një shtëpi, apartament etj.*); 2) mbuloj, vesh, mbështjell (*kolltukët etj.*); 3) marr (*rrogën, mallin etj.*); 4) porosis (*diçka*); jam i abonuar në (*një gazetë etj.*); 5) **(auf A)** lidh (*një pasojë me një shkak etj.*); **er bezieht alles auf sich** ai i lidh të gjitha me veten e vet; 2. *vrefl* **sich beziehen (auf A)** 1) i referohem (*një letre, një teksti etj.*); **wir beziehen uns auf unser Gespräch von letzter Woche** i referohemi bisedës sonë javën e kaluar; 2) i përkas, kam të bëj (*me diçka*); **der Vorwurf bezieht sich nicht auf dich** qortimi nuk të drejtohet ty.

Bez'iehung *f* =, **-en** 1) lidhje, marrëdhënie; **die Beziehungen abbrechen** pres marrëdhëniet; 2) lidhje; vështrim; **in dieser Beziehung** në këtë vështrim; *shpr* **etwas zu etwas in Beziehung setzen** lidh diçka me diçka; 3) porositje; marrje (*e një malli etj.*).

bez'iehungsweise (*shkurt* **bzw.**) 1. *conj* ose, ose më mirë (*të themi*); 2. *adv* përkatësisht, respektivisht.

bez'iffern 1. *vt* 1) numërtoj (*faqet e një libri etj.*); 2) llogaris (*dëmin etj.*); 2. *vrefl* **sich beziffern** llogaritet (*dëmi etj.*).

Bez'irk *m* **-(e)s, -e** rreth (*ndarje administrative*).

bez'og *sh* **beziehen.**

Bez'ug *m* **-(e)s, -züge** 1) mbështjellje, veshje; 2) *pl* rrogë; 3) lidhje; **mit (in) Bezug auf ...** në lidhje me ...; 4) referim; **Bezug auf (A) nehmen** i referohem (*diçkaje*); 5) *vetëm sing* porosi; blerje; marrje (*e një malli etj.*).

bez'üglich 1. *a* 1) përkatës; 2) : *gram* **bezügliches Fürwort** përemër lidhor; 2. *präp* (G) në lidhje, lidhur me ...; përsa i përket ...

Bez'ugnahme *f* =, **-n** referim; **mit Bezugnahme auf ...** duke iu referuar ...

Bez'ugspreis *m* **-es, -e** (çmim) abonim(i), pajtim(i) (*në një gazetë etj.*).

Bez'ug(s)schein *m* **-(e)s, -e** triskë.

bezw'ecken *vt* kam për qëllim, synoj; **was bezweckst du damit?** ku do të dalësh me këtë?

bezw'eifeln *vt* dyshoj, vë në dyshim.

bezw'ingen* 1. *vt* 1) mund, mposht (*kundërshtarin etj.*); 2. *vrefl* **sich bezwingen** mbaj veten, përmbahem.

b'ibbern *vi* (s) *fig* dridhem (*nga frika etj.*).

B'ibel *f* =, **-n** *fet* bibël.

B'iber *m* **-s,** = *zool* kastor.

Bibliograph'ie *f* =, **-n** bibliografi.

Biblioth'ek *f* =, **-en** bibliotekë.

Bibliothek'ar *m* **-s, -e** bibliotekar.

b'iblisch *a* biblik.

b'ieder *a* i ndershëm, i drejtë; **ein biederer Beamter** një nëpunës i ndershëm.

b'iegen* 1. *vt* përkul (*degën etj.*); **er hat den Draht gebogen** ka përkulur telin; *shpr* **auf Biegen oder Brechen** të bëhet ç'të bëhet; 2. *vi* (s) **(um A)** sillem, shkoj (*rreth një kthese etj.*); 3. *vrefl* **sich biegen** përkulem; **die Zweige haben sich unter der Last des Schnees gebogen** degët janë përkulur nën peshën e dëborës; **sich vor Lachen biegen** shkulem së qeshuri.

b'iegsam *a* i epshëm, i përkulshëm.

B'iegsamkeit *f* = epshmëri, përkulshmëri.

B'iegung *f* =, **-en** 1) përkulje; 2) kthesë, dredhë (*e lumit, e rrugës etj.*).

B'iene *f* =, **-n** *ent* bletë.

B'ienenkönigin *f* =, **-nen** matkë, parëz, mbretëreshë e bletës.

B'ienenkorb *m* **-(e)s, -körbe** *sh* **Bienenstock.**

B'ienenschwarm *m* **-(e)s, -schwärme** luzmë bletësh.

B'ienenstock *m* **-(e)s, -stöcke** zgjua, koshere bletësh.

B'ienenzucht *f* = bletari, rritje e bletëve.

B'ienenzüchter *m* **-s,** = bletar, bletërritës.

Bier *n* **-s** birrë; **Bier vom Faß** birrë nga fuçia.

B'ierbrauer *m* **-s,** = prodhues birre.

Bierbrauer'ei *f* =, **-en** fabrikë birre.

B'ierhalle *f* =, **-n** birrari.

B'ierlokal *n* **-s, -e** birrari.

B'ierruhe *f* = *bis shak* gjakftohtësi.

B'iese *f* =, **-n** shirit (*i pantallonave të uniformës etj.*).

Biest *n* **-es, -er** *fig bis* 1) kafshë, kandërr e bezdisshme; 2) njeri i bezdisshëm; njeri i poshtër.

b'ieten* 1. *vt* 1) ofroj, jap; **jemandem die Hand bieten** i jap dorën dikujt; **er hat mir 800 Mark für das Bild geboten** ai më ka ofruar 800 marka për pikturën; **jemandem Gelegenheit bieten, etwas zu tun** i jap rast dikujt që të bëjë diçka; 2) paraqis; **die Arbeit bietet keine Schwierigkeiten** puna nuk paraqit vështirësi; 3) : *shpr* **das lasse ich mir nicht bieten** këtë nuk e pranoj; *shpr* **es erscheint geboten, abzuwarten** më mirë të presim; 2. *vrefl* **sich bieten** paraqitet (*rasti etj.*).

Bigam'ie *f* = bigami.

big'ott *a* fanatik.

Bigotter'ie *f* = fanatizëm.

Bik'ini *m* **-s, -s** bikini (*kostum banje për femra*).

Bil'anz *f* =, **-en** *fin* bilanc; **die Bilanz aufstellen** bëj bilancin.

b'ilateral *a* i dyanshëm; dypalësh; **bilaterale Verträge** marrëveshje dypalëshe.

Bild *n* **-es, -er** 1) figurë; 2) portret; **er ist ganz das Bild seines Vaters** është gjallë i ati; 3) fotografi; 4) tablo (*edhe fig*); 5) përfytyrim, ide (*e diçkaje*); *shpr* **über etwas im Bilde sein** jam në korrent, ndjek zhvillimin (*e një ngjarjeje etj.*).

b'ilden 1. *vt* 1) bëj; formoj; **Sätze bilden** bëj fjali; **die Kinder bilden einen Kreis** fëmijët formojnë një rreth; **jemandes Charakter bilden** formoj karakterin e dikujt; **eine Regierung bilden** bëj, formoj një qeveri; **der Fluß bildet die Grenze** lumi është kufiri; 2) krijoj; themeloj (*një shoqatë etj.*); 3) arsej; zhvilloj; **die Lektüre hat seinen Geist gebildet** leximi ia ka zhvilluar mendjen; 2. *vrefl* **sich bilden** 1) del; zhvillohet; formohet; 2) zhvillohem; arsehem; formohem.

b'ildend *a* 1) edukativ, instruktiv; 2) : **die bildenden Künste** artet figurative.

B'ilderbuch *n* **-(e)s, -bücher** libër me figura (*për fëmijët*).

B'ilderrätsel *n* **-s,** = gjëzë me figura.

B'ildfläche *f* =, **-n** : *fig bis* **auf der Bildfläche erscheinen** mbij papritur; *fig bis* **von der Bildfläche verschwinden** zhdukem pa lënë gjurmë.

B'ildhauer *m* **-s,** = skulptor.

Bildhauer'ei *f* = skulpturë.

B'ildhauerkunst *f* = skulpturë.

b'ildhübsch *a* (*i bukur*) për t'i prerë kokën, për ta pirë në kupë.

b'ildlich *a* i figurshëm (*shprehje etj.*).

B'ildnis *n* **-ses, -se** portret, figurë.

B'ildschirm *m* **-s, -e** ekran (*i televizorit*).

b'ildschön *a* shumë i bukur.

B'ildung *f* = 1) formim; krijim; themelim; 2) *pl* **-en** formë, trajtë; 3) arsim; edukim.

B'ildungsanstalt *f* =, **-en** shkollë.

Billard [*b'iljart*] *n* **-s, -e** bilardo.

Billett [*bilj'et*] *n* **-s, -e** *dhe* **-s** biletë.

Billettschalter [*bilj'et-*] *m* **-s,** = biletari (*e kinemasë etj.*).

b'illig *a* 1) i lirë (*mall etj.*); 2) i pavlerë; i kotë; i varfër; **eine billige Ausrede** një përligjje që s'pi ujë; **ein billiger Trost** një ngushëllim i kotë; 3) i arsyeshëm (*çmim etj.*); *shpr* **etwas ist recht und billig** diçka është e drejtë, me vend.

b'illigen *vt* miratoj, pranoj.

B'illigkeit *f* = 1) lirësi (*e çmimeve etj.*); 2) varfëri (*e mendimeve etj.*).

B'illigung *f* = miratim, aprovim.

Billi'on *f* =, **-en** bilion.

B'ilsenkraut *n* **-(e)s** *bot* tatull.

B'imbam *m* : *shpr bis shak* **heiliger Bimbam!** djallë o punë!

b'immeln *vi* (s) *bis* tringëllin (*zilja etj.*).

b'imsen *vt bis* 1) fus në kokë, mësoj (*fjalë, shprehje etj.*); 2) ushtroj, stërvis (*ushtarët etj.*).

B'imsstein *m* **-(e)s, -e** shtuf.

bin *sh* **sein.**

B'inde *f* =, **-n** 1) fashë; *fig* **jemandem die Binde von den Augen nehmen** ia hap sytë dikujt; 2) kravatë; 3) kordele.

b'inden* 1. *vt* 1) lidh (*librin, plagën, kallinjtë etj.*); 2) thur (*një kurorë etj.*); 3) lidh (*me një marrëveshje etj.*); **der Eid bindet ihn** atë e lidh betimi; **sich gebunden fühlen** e ndiej veten të lidhur (*nga një zotim etj.*); 2. *vrefl* **sich binden** 1) lidhem (*me një marrëveshje etj.*); 2) fejohem.

b'indend *a* i detyrueshëm; **wechsel-**

seitig bindende Abmachung marrëveshje detyruese për të dy palët.

B'inder *m* **-s, =** kravatë.

B'indestrich *m* **-(e)s, -e** vizë lidhëse.

B'indewort *n* **-(e)s, -wörter** *gram* lidhëz.

B'indfaden *m* **-s, -fäden** spango.

B'indung *f* **=, -en** 1) lidhje; 2) detyrim.

b'innen *präp* (D, G) në, brenda (*një dite, viti etj.*); **binnen drei Jahren** brenda tre vjetëve.

B'innenhandel *m* **-s** tregti e brendshme.

B'innengewässer *n* **-s, =** ujëra të brendshme.

B'innenland *n* **-(e)s, -länder** vend larg bregut të detit.

B'innenschiffahrt *f* **=** lundrim i brendshëm (*nëpër lumenj e liqene*).

B'inse *f* **=, -n** *bot* zhukë, xunkth; *shpr bis* **in die Binsen gehen** e merr lumi (*pasurinë etj.*).

B'insenwahrheit *f* **=, -en** e vërtetë që e dinë të gjithë, që duket vetë; **das ist eine Binsenwahrheit** këtë e di edhe bufi.

B'insenweisheit *f* **=, -en** e vërtetë që e dinë të gjithë.

Biogr'aph *m* **-en, -en** biograf, jetëshkrues.

Biograph'ie *f* **=, -n** biografi, jetëshkrim.

Biol'oge *m* **-n, -n** biolog.

Biolog'ie *f* **=** biologji.

biol'ogisch *a* biologjik.

B'irke *f* **=, -n** *bot* mështekën.

B'irkhahn *m* **-(e)s, -hähne** *zool* gjel ujës.

B'irnbaum *m* **-(e)s, -bäume** *bot* dardhë (*dru*).

B'irne *f* **=, -n** 1) *bot* dardhë (*fryt*); 2) *bis* llambë elektrike; 3) *bis* kungull, rradake.

b'irnenförmig *a* në formë dardhe.

bis 1. *präp* (A) gjer; **von 15 bis 18 Uhr** nga ora 15 gjer në orën 18; **bis morgen** gjer nesër; **bis an, bis auf, bis nach, bis zu** gjer në, gjer te; **bis oben** gjer lart; **bis wohin?** gjer ku?; **alle bis auf einen** të gjithë me një përjashtim; **alle bis auf zwei** të gjithë me përjashtim të dyve; **bis bald (gleich, später)** mirupafshim pas pak kohe, më vonë; **bis ins kleinste (letzte)** gjer në hollësitë më të imëta; **Treue bis über das Grab (den Tod)** besnikëri gjer përtej varrit, gjer pas vdekjes; **von Morgen bis Abend** që nga mëngjesi gjer në mbrëmje; 2. *conj* gjersa; **wir warten, bis du kommst** presim gjersa të vish; **bis daß der Tod uns scheidet** gjersa të na ndajë vdekja.

B'ischof *m* **-s, -schöfe** ipeshkëv; peshkop.

bish'er *adv* gjer tani, gjer më sot.

bish'erig *a* i gjertanishëm.

Biskuit [*biskv'it*] *m, n* **-s, -e** biskotë.

biß *sh* **beißen.**

Biß *m* **-sses, -sse** kafshim (*i qenit, i gjarprit etj.*).

b'ißchen *adv* : **ein bißchen** një çikëz, pakëz; **komm ein bißchen näher** eja pak më afër.

B'issen *m* **-s, =** kafshatë; **ein Bissen Brot** një kafshatë bukë; *shpr* **sich (D) jeden Bissen vom Munde absparen** i numëroj kafshatat.

b'issig *a* 1) kafshues; **bissiger Hund** qen që kafshon; 2) therës (*fjalë, vërejtje etj.*).

bist *sh* **sein.**

bisw'eilen *adv* nganjëherë, herë pas here.

b'itte *adv* 1) (të, ju) lutem; **sieh dir das bitte an** shikoje, të lutem; 2) urdhëro(ni); 3) a) s'ka gjë; b) s'ka përse.

B'itte *f* **=, -n** lutje.

b'itten* *vt* 1) **(um A)** i lutem (*për diçka dikujt*); **ich bitte Sie!** ju lutem shumë!; **aber ich bitte dich!** të jetë e mundur vallë?; ç'thua?; 2) ftoj, grish; **jemanden zu sich bitten** ftoj në shtëpi dikë.

b'itter *a* 1) i hidhur; **eine bittere Medizin** një bar i hidhur; 2) *fig* i hidhur; **eine bittere Erfahrung** një përvojë e hidhur.

b'itterböse *a* shumë i lig, plot ligësi (*vështrim etj.*).

B'itterkeit *f* = 1) hidhërim, hidhësirë; 2) *fig* hidhërim.

b'itterlich *adv* 1) me hidhërim; **bitterlich weinen** qaj me lot të hidhur; 2) *bis* shumë, fort; **wir haben bitterlich gefroren** kemi mërdhirë fort.

b'ittersüß *a* 1) majhosh; 2) edhe i hidhur edhe i ëmbël (*buzëqeshje etj.*).

B'ittschrift *f* =, **-en** lutje (*me shkrim*).

B'ittsteller *m* **-s,** = lutës (*me shkrim*).

B'iwak *n* **-s, -e** *dhe* **-e** bivak (*vendfjetje jashtë*).

biwak'ieren *vi* **(h)** bivakoj, kaloj natën jashtë.

biz'arr *a* 1) ekstravagant; 2) i rrallë (*rast etj.*); i çuditshëm (*ngjarje etj.*).

B'izeps *m* **-es, -e** *anat* biceps, muskul dykrerësh.

Bl'abla *n* = *bis* llomotitje; fjalë boshe.

bl'ähen 1. *vt* fryn (*era valat etj.*); 2. *vi* **(h)** fryn stomakun (*një lloj ushqimi*).

Bl'ähung *f* =, **-en** *mjek* gaz (*në stomak, zorrë*).

blam'abel *a* për faqe të zezë.

Blamage [*blam'azhë*] *f* =, **-n** turp, faqe e zezë; **diese Niederlage war eine große Blamage für die Mannschaft** kjo disfatë qe turp i madh për skuadrën.

blam'ieren 1. *vt* turpëroj; 2. *vrefl* **sich blamieren** turpërohem, lë nam.

blanchieren [*blâsh'irën*] vt përvëloj (*perimet etj.*).

blank *a* 1) i shkëlqyer, i shndritshëm; **blankes Metall** metal i shndritshëm; 2) i zhveshur; **blanker Draht** tel i zhveshur; **sie setzten sich auf die blanke Erde** u ulën drejt e në tokë; *shpr bis* **blank sein** jam hollë (*nga paret*); 3) : **blanke Waffen** armë të bardha, të ftohta.

bl'anko *a* i bardhë, i paplotësuar (*çek etj.*).

Bl'ankovollmacht *f* =, **-en** fuqi të plota.

Bl'ase *f* =, **-en** 1) *anat* fshikë e ujit (të hollë); 2) fllugë.

Bl'asebalg *m* **-(e)s, -bälge** kacek (*për t'i fryrë zjarrit etj.*).

bl'asen* 1. *vi* **(h)** fryj; **in die Hände blasen** u fryj duarve; **der Wind bläst** fryn era; 2. *vt* 1) i fryj, i bie (*borisë etj.*); 2) shfryj (*tymin e cigares etj.*).

Bl'asenleiden *n* **-s** *mjek* sëmundje e fshikës së ujit.

Bl'äser *m* **-s,** = ai që i bie një vegle fryme.

blas'iert *a* hundëpërpjetë e mendjemadh.

Blas'iertheit *f* = mendjemadhësi.

Bl'asinstrument *n* **-(e)s, -e** *muz* vegël fryme.

Blasphem'ie *f* =, **-n** blasfemi.

blasph'emisch *a* blasfemues (*fjalë etj.*).

blaß *a* (*comp* **blässer** *dhe* **blasser**, *superl* **blassest** *dhe* **blässest**) 1) i zbehtë (*fytyrë etj.*); 2) i zbërdhulët, i shpëlarë; 3) : *shpr* **ich habe keine blasse Ahnung** s'e kam idenë fare.

Bl'ässe *f* = zbehtësi.

Blatt *n* **-(e)s, Blätter** 1) *bot* gjethe;

2) fletë (*letre*); **ein leeres Blatt Papier** një fletë e pashkruar; **zehn Blatt Papier** dhjetë fletë letër; *fig* **kein Blatt vor den Mund nehmen** flas troç; *fig* **das Blatt wendet sich** ndërron gjendja; *fig* **das steht auf einem anderen Blatt** kjo është punë tjetër; 3) gazetë; revistë; 4) vizatim.

bl'ätterig *a* 1) *bot* gjethor; 2) shtresa-shtresa; petë-petë.

bl'ättern 1. *vt* **(h) (in D)** shfletoj (*librin etj.*); 2. *vrefl* **sich blättern** bien gjethet.

Bl'attern *pl mjek* li.

bl'atternarbig *a* i vrarë lie.

Bl'attgold *n* **-(e)s** fletë ari.

Bl'attlaus *f* **=, -läuse** *bot* morr (*i bimëve*).

bl'attlos *a* pa gjethe, i zhveshur (*dru*).

blau *a* i kaltër; **blauer Fleck** e vrarë; *shpr bis* **sein blaues Wunder erleben** mbetem i habitur (*nga një e papritur e pakëndshme*); *fig bis* **mit einem blauen Auge davonkommen** ndahem paq (*nga një rrezik etj.*); *fig bis* **blau sein** jam tapë.

Blau *n* **-s** ngjyrë e kaltër; kaltërsi; **das Blau des Himmels** kaltërsia e qiellit; **sie ging ganz in Blau** ajo ishte veshur me të kaltëra; *fig bis* **eine Fahrt ins Blaue** një udhëtim pa qëllim të caktuar; *fig bis* **ins Blaue hineinreden** flas kuturu.

bl'auäugig *a* sykaltër.

bl'auen *vi* kaltëron (*deti, qielli etj.*).

bl'äuen *vt* 1) ngjyros, ngjyej në të kaltër; 2) zbardh (*pëlhurën*).

bl'äulich *a* i kaltërremë, si në të kaltër.

Bl'aulicht *n* **-(e)s, -er** dritë e kaltër (*e automjeteve të policisë etj.*).

bl'aumachen *vi* **(h)** *ndash bis* nuk dal në punë.

Blech *n* **-s, -e** llamarinë, teneqe; *shpr bis* **Blech reden** grij sallatë.

Bl'echblasinstrument *n* **-(e)s, -e** *muz* vegël fryme (*prej tunxhi*).

Bl'echbüchse *f* **=, -n** kuti teneqeje.

Bl'echdose *f* **=, -n** kuti teneqeje.

bl'echen *vi* **(h)** *bis* paguaj.

bl'echern *a* 1) (prej) teneqeje; 2) i çjerrë (*tingull*).

Bl'echmusik *f* **=** muzikë me vegla fryme (*prej tunxhi*).

bl'ecken *vt* : *shpr* **die Zähne blecken** zbardh dhëmbët.

Blei I *n* **-(e)s** *kim* plumb.

Blei II *m* **-(e)s, -e** *shkurt për* **Bleistift.**

Bl'eibe *f* **=** strehë; **keine Bleibe haben** s'kam ku të fus kokën.

bl'eiben* *vi* **(s)** rri, qëndroj; mbetem; **wir bleiben die alten** ne mbetemi ata që kemi qenë; **bleiben Sie gesund!** mbetshi me shëndet!; **am Leben bleiben** mbetem gjallë; **wo bleibst du denn?** ç'u bëre?

bl'eibend *a* i qëndrueshëm.

bl'eibenlassen* *vt ndash bis* lë; **laß das bleiben!** lëre!

bleich *a* 1) i zbehtë; **sie wurde bleich vor Schreck** ajo u zbeh nga tmerri; 2) i zbardhur, i zbërdhulët (*pëlhurë etj.*).

Bl'eiche *f* **=** zbehtësi.

bl'eichen 1. *vt* zbardh; 2. *vi* **(s)** 1) zbehet; 2) i del boja.

Bl'eichgesicht *n* **-(e)s, -er** *shak* verdhacuk.

bl'eiern *a* 1) i plumbtë, (prej) plumbi; 2) *fig* i rëndë (*gjumë etj.*).

bl'eischwer *a* i rëndë si plumb.

Bl'eistift *m* **-s, -e** laps.

Bl'ende *f* **=, -n** 1) diafragmë (*e aparatit fotografik*); 2) abazhur; 3) strehë (*për të pritur dritën*).

bl'enden *vt* 1) verboj (*edhe fig*); 2) ia marr sytë (*me dritën e fortë etj.*); 3) *fig* ia marr mendtë (*dikujt*); 4) *usht* maskoj (*dritën etj.*).

bl'endend *a bis* i shkëlqyeshëm; **eine blendende Rede** një fjalim i shkëlqyeshëm.

Bl'endlaterne *f* =, **-n** fener i maskuar.

Bl'endung *f* =, **-en** 1) verbim (*edhe fig*); 2) *usht* maskim (*i dritës etj.*).

Bl'endwerk *n* **-s** iluzion; mashtrim; shkëlqim i rremë.

Bl'esse *f* =, **-n** 1) balë (*në trupin e kafshës*); 2) balo, balosh (*kafshë*).

bless'ieren *vt vjet* plagos.

Blick *m* **-(e)s, -e** 1) shikim, vështrim; *shpr* **einen Blick für etwas haben** kam sy për diçka; 2) pamje.

bl'icken *vi* **(h) (auf A)** shikoj; **aus dem Fenster blicken** shikoj nga dritarja; **sich blicken lassen** dukem; **laß dich ja nicht wieder blicken!** mos të të shoh më këtu!

Bl'ickfang *m* **-s** gjë që të bie në sy, që të tërheq vëmendjen.

Bl'ickfeld *n* **-(e)s, -er** fushëpamje.

Bl'ickpunkt *m* **-(e)s, -e** 1) pikëpamje; **von diesem Blickpunkt aus gesehen ...** po të shikohet nga kjo pikëpamje ...; 2) *fig* qendër e vëmendjes.

Bl'ickwinkel *m* **-s** 1) këndvështrim; 2) pikëpamje.

blieb *sh* **bleiben.**

blies *sh* **blasen.**

blind *a* 1) i verbër; *fig* **blindes Vertrauen** besim i verbër; *fig* **er war blind vor Eifersucht** ishte verbuar nga xhelozia; 2) : *shpr* **blinder Alarm** alarm i rremë; *shpr* **blinder Passagier** pasagjer, udhëtar pa biletë (*që udhëton fshehtas*).

Bl'inddarm *m* **-(e)s** *anat* zorrë e verbër.

Bl'inde *m, f* **-n, -n** i verbër, qorr; **ein Blinder** një i verbër; **mehrere Blinde** shumë të verbër.

Bl'indekuh *f* : **Blindekuh spielen** loz symbyllazi.

bl'indfliegen* *vi* (s) *ndash av* fluturoj pa parë, me instrumente.

Bl'indflug *m* **-(e)s, -flüge** *av* fluturim pa parë, me instrumente.

Bl'indgänger *n* **-s**, = predhë e paplasur.

bl'indgläubig *a* që beson verbërisht, i verbër; **ein blindgläubiges Vertrauen** besim i verbër.

Bl'indheit *f* = verbim; verbëri; *fig* **politische Blindheit** verbëri politike; *shpr* **wie mit Blindheit geschlagen sein** sikur më kanë lënë sytë.

bl'indlings *adv* verbërisht.

bl'indschreiben* *vt dhe vi* **(h)** *ndash* shkruaj pa parë (*me makinë shkrimi*).

bl'inken *vi* **(h)** 1) ndrin, vezullon; 2) jap sinjale (*me dritë*).

Bl'inker *m* **-s**, =; **Blinkfeuer** *n* **-s**, = dritë që ndizet e fiket (*si mjet sinjalizimi në port etj.*).

Bl'inklicht *n* **-(e)s, -er** *sh* **Blinker.**

bl'inzeln *vi* **(h)** 1) kapsallis sytë; 2) vezullon (*një dritë etj.*).

Blitz *m* **-es, -e** 1) rrufe; **vom Blitz erschlagen werden** më bie rrufeja; 2) vetëtimë.

Bl'itzableiter *m* **-s**, = rrufepritës.

bl'itzartig *a* i rrufeshëm (*sulm etj.*).

bl'itzblank *a* që shkëlqen si pasqyrë.

bl'itzen 1. *vi* **(h)** ndrin, shkëlqen; 2. *vimp* **(h) es blitzt** vetëtin.

Bl'itzkrieg *m* **-(e)s, -e** luftë-rrufe.

Bl'itzlicht *n* **-(e)s, -er** blic (*i aparatit fotografik*).

bl'itzschnell *a* i shpejtë si vetëtima; vetëtimë, rrufe.

Block *n* **-(e)s, -e** trung druri.

Block *m* **-(e)s, Blöcke** 1) bllok (*betoni etj.*); 2) cung; 3) *pl* **-s** bllok shënimesh; 4) *pl* **-s** bllok (*shtetesh, banesash etj.*).

Block'ade *f* =, **-n** bllokadë.

Bl'ockhaus *n* **-es, -häuser** shtëpi prej trungjesh druri të palatuar.
block'ieren *vt* bllokoj.
Bl'ockschrift *f* =, **-en** shkrim me shkronja shtypi.
bl'öd(e) *a bis* 1) i trashë (*nga mendja*); **sei nicht so blöd!** mos u bëj i marrë (budalla)!; 2) i metë; **ein blödes Kind** një fëmijë i metë.
bl'ödeln *vi* **(h)** bëj si i marrë, bëj marrëzira.
Bl'ödian *m* **-s, -e** torollak.
Bl'ödsinn *m* **-s** 1) dobësi mendore, idiotësi; 2) marrëzi, budallallëk.
bl'ödsinnig *a* i metë, idiot; budalla.
bl'öken *vi* **(h)** 1) blegërin (*delja*); 2) pëllet (*viçi*).
blond *a* leshverdhë, biond; **ein blondes Mädchen** një vajzë bionde; **das Haar blond färben** i lyej flokët të verdhë.
blond'ieren *vt* lyej të verdhë (*flokët*).
Blond'ine *f* =, **-n** biondinë.
bloß 1. *a* 1) vetëm; **der bloße Anblick macht mich schaudern** vetëm ta shikoj, më shtie dridhmën; 2) lakuriq; i zhveshur; i zbathur; **im bloßen Hemd** në fill të këmishës; **mit bloßem Auge** me sy (*pa dylbi etj.*); 2. *adv* vetëm; **ich habe bloß noch fünf Mark** më kanë mbetur vetëm pesë marka.
Bl'öße *f* =, **-n** 1) lakuriqësi; 2) dobësi; **sich (D) eine Blöße geben** e tradhtoj, e bëj veten (*para dikujt*).
bl'oßstellen *ndash* 1. demaskoj; turpëroj; 2. *vrefl* **sich bloßstellen** demaskohem; turpërohem.
Bl'oßstellung *f* =, **-en** demaskim; turpërim.
bl'ubbern *vi* **(h)** 1) gurgullon (*supa etj.*); 2) *bis* llomotis.
Bluff *m* **-s, -s** *bis* blof.
bl'uffen *vt dhe vi* **(h)** blofoj.
bl'ühen *vi* **(h)** 1) lulëzon (*lulja, pema etj.*); 2) *fig* lulëzon (*vendi, industria etj.*).
bl'ühend *a* i lulëzuar (*edhe fig*).
Bl'ume *f* =, **-n** 1) lule; **die Rose ist eine Blume** trëndafili është lule; *shpr* **etwas durch die Blume sagen** e them me lezet diçka; *shpr* **jemandem Blumen auf den Weg streuen** ia bëj fushë me lule dikujt; *shpr bis* **vielen Dank für die Blumen!** sa për këtë, faleminderit shumë (as që e dua)!; 2) aromë (*e verës*).
Bl'umenbeet *n* **-(e)s, -e** lehe lulesh.
Bl'umengarten *m* **-s, -gärten** lulishte.
Bl'umenkohl *m* **-s** *bot* lulelakër.
Bl'umenmädchen *n* **-s,** = shitëse lulesh.
Bl'umenstock *m* **-s, -stöcke** lule saksie.
Bl'umenstrauß *m* **-es, -sträuße** tufë lulesh.
Bl'umentopf *m* **-(e)s, -töpfe** saksi.
bl'umig *a* 1) i lulëzuar (*fushë etj.*); 2) me aromë (*verë etj.*).
Bl'use *f* =, **-n** bluzë.
Blut *n* **-es** gjak; **das Blut erstarrte in meinen Adern** më ngriu gjaku; **das Blut schoß ihm vor Scham in den Kopf** i hipi gjaku në fytyrë nga turpi; **das liegt ihm im Blut** e ka në gjak; *shpr* **ruhig Blut behalten** ruaj gjakftohtësinë.
bl'utarm *a* 1) *mjek* anemik; 2) *fig* i pagjak.
Bl'utarmut *f* = *mjek* anemi.
Bl'utbad *n* **-(e)s, -bäder** gjakderdhje, kasaphanë.
Bl'utbank *f* =, **-n** *mjek* bankë e gjakut.
Bl'utdurst *m* **-es** etje për gjak.
bl'utdürstig *a* i etur për gjak.
Bl'üte *f* =, **-n** 1) lule (*e drurit*); **ein Baum voller Blüten** një pemë e mbushur me lule; *fig* **die Blüte der Jugend** lulja e rinisë; 2) *fig* lulëzim

(*i artit, i shkencës etj.*); *shpr* **in Blüte stehen** lulëzon (*arti etj.*).
Bl'utegel *m* **-s, =** *ent* shushunjë.
bl'uten *vi* **(h)** 1) (*më*) rrjedh gjak, humb gjak; *fig* **das Herz blutet mir** më pikon zemra gjak; *fig bis* **bluten müssen** duhet të paguajë; 2) nxjerr, kullon rrëshirë, zamkë (*druri*); 3) *tek* nxjerr ujin përsipër (*betoni*).
Bl'ütenlese *f* **=, -n** antologji.
Bl'ütenstand *m* **-(e)s** *bot* lulesë.
Bl'ütenstaub *m* **-(e)s** *bot* pjalm.
bl'ütenweiß *a* i bardhë i shkëlqyeshëm.
Bl'uterguß *m* **-sses, -güsse** *mjek* hematomë.
Bl'ütezeit *f* **=, -en** lulëzim, kohë e lulëzimit (*të artit etj.*).
bl'utgierig *a* i etur për gjak.
Bl'utgruppe *f* **=, -n** *mjek* grup gjaku.
Bl'uthund *m* **-(e)s, -e** 1) zagar; 2) *fig* gjakatar, mizor.
Bl'uthusten *m* **-s** *mjek* hemoptizi, kollë me gjak.
bl'utig *a* 1) i përgjakur (*fytyrë etj.*); 2) i përgjakshëm; **blutige Kämpfe** luftime të përgjakshme; 3) : *shpr* **es ist mein blutiger Ernst** e kam me gjithë mend; *shpr* **ein blutiger Laie sein** s'marr vesh fare (*nga diçka*).
bl'utjung *a* shumë i ri.
Bl'utkonserve *f* **=, -n** *mjek* konservë gjaku.
Bl'utkörperchen *n* **-s, =** *mjek* rruazë gjaku, qelizë gjaku.
bl'utleer *a* i pagjak; **blutleere Lippen** buzë të pagjak.
Bl'utprobe *f* **=, -n** *mjek* analizë gjaku.
Bl'utrache *f* **=** gjakmarrje.
bl'utreich *a* plot gjak.
bl'utrot *a* i kuq si gjaku.
bl'utrünstig *a* gjakatar, mizor.
Bl'utsauger *m* **-s, =** 1) *ent* shushunjë; 2) *fig* gjakpirës.
Bl'utschande *f* **=** incest.
Bl'utspender *m* **-es** *mjek* dhurues gjaku.
Bl'utung *f* **=, -en** *mjek* gjakrrjedhje, hemorragji.
Bl'utsturz *m* **-es** *mjek* humbje gjaku (*nga goja*).
bl'utsverwandt *a* i një gjaku, i një fisi.
bl'utunterlaufen *a* i përgjakur (*sy etj.*).
Bl'utvergießen *n* **-s** gjakderdhje.
Bl'utvergiftung *f* **=, -en** *mjek* helmim i gjakut.
Bl'utwurst *f* **=** kurmagjak (*lloj sallami*).
Bö(e) *f* **=, -en** shtrëngatë, furtunë.
Bock *m* **-(e)s, Böcke** 1) *zool* cjap; *fig* **die Böcke von den Schafen scheiden** ndaj grurin nga egjra; *shpr bis* **einen Bock schießen** bëj një budallallëk; *shpr bis* **den Bock zum Gärtner machen** i var ujkut mëlçitë në qafë; 2) *zool* dash; 3) pupë (*e karrocës*); 4) këmbë (*e urës*); 5) *sport* kalë.
b'ockbeinig *a* kokëfortë, kokështëmb.
B'ockbier *n* **-(e)s, -e** birrë e fortë.
b'ocken *vi* **(h)** 1) ngrihet arithi (*kali*); 2) *fig* ngul këmbë.
B'ocksbeutel *m* **-s, =** faqore.
B'ockshorn : *shpr* **sich ins Bockshorn jagen lassen** e humb fare nga frika.
B'ockspringen *n* **-s** *sport* kërcim i kalit.
B'ockwurst *f* **=, -würste** salsiçe.
B'oden *m* **-s, Böden** 1) tokë; **zu Boden stürzen** bie përdhe; 2) truall (*ndërtimi etj.*); *shpr fig* **den Boden vorbereiten** përgatis truallin (*për diçka*); *shpr fig* **den Boden unter den Füßen verlieren** humb

torruan; 3) fund (*i detit etj.*); 4) dysheme; 5) mansardë, papafingo; 6) bazë.
B'odenertrag *m* **-(e)s, -erträge** rendiment i tokës.
B'odenfenster *n* **-s, =** dritare mansarde, papafingoje.
B'odenkammer *f* **=, -n** mansardë, papafingo.
B'odenkunde *f* **=** pedologji.
b'odenlos *a* 1) i pafundmë; 2) *fig* i thellë (*mjerim, trishtim etj.*).
B'odennutzung *f* **=, -en** shfrytëzim i tokës.
B'odensatz *m* **-es, -sätze** *kim* fundërrim; llum (*kafeje etj.*).
b'odenständig *a* i vendit, vendës.
B'odenschätze *pl* minerale.
B'odenturnen *n* **-s** *sport* gjimnastikë në qilim.
B'odentreppe *f* **=, -n** shkallë e mansardës, e papafingos.
Bodybuilding [*b'odibillding*] *n* **-(s)** gjimnastikë për zhvillimin e muskujve.
bog *sh* **biegen.**
B'ogen *m* **-s, =** 1) hark; **den Bogen spannen** tendos harkun; 2) kthesë (*e rrugës etj.*); *shpr* **einen Bogen um jemanden oder etwas machen** i bëj bisht dikujt ose diçkaje; 3) bërryl (*i lumit*); 4) *ark* hark, qemer; 5) hark (*violine etj.*); 6) fletë (*letre*).
b'ogenförmig *a* në formë harku.
Bohème [*bo'emë*] *f* **=** bohemë (*botë e artistëve të varfër).*
B'ohle *f* **=, -n** dërrasë e trashë.
b'öhmisch *a* 1) çek; 2) : *shpr bis* **das sind für mich böhmische Dörfer** këtë s'e marr vesh.
B'ohne *f* **=, -n** 1) *bot* fasule, groshë; 2) kokërr (*kafeje etj.*).
B'ohnenkaffee *m* **-s** kafe.
B'ohner *m* **-s, =** furçë parketi.
B'ohnerwachs *n* **-es** dyll parketi.
b'ohnern *vt* dyllos (*parketin*).
b'ohren 1. *vt, vi* **(h)** 1) shpoj (*me turjelë etj.*); **ein Loch bohren** shpoj një vrimë; **einen Schacht bohren** shpoj një pus (*nafte etj.*); **nach Öl bohren** bëj shpime për naftë; **in einem Zahn bohren** gërryej një dhëmb; 2. *vrefl* **sich bohren** ngulet (*gozhda në këmbë etj.*).
B'ohrer *m* **-s, =** turjelë.
B'ohrung *f* **=, -en** shpim (*i një pusi nafte etj.*).
b'öig *a* shtrëngate, me shtrëngatë (*shi etj.*).
Boiler [*b'ojlër*] *m* **-s, -s** ngrohës uji.
B'oje *f* **=, -n** *det* bovë.
B'olle *f* **=, -n** *bot* kokërr (*qepe, hudhre etj.*).
B'öller *m* **-s, =** top fishekzjarrësh.
b'öllern *vi* **(h)** hedh fishekzjarrë.
B'ollwerk *n* **-s, -e** 1) *usht* ledh; 2) *fig* kështjellë; **ein Bollwerk der Freiheit** një kështjellë e lirisë.
Bolschew'ik *m* **-en, -i** *dhe* **-en** *pol* bolshevik.
Bolschew'ismus *m* **=** *pol* bolshevizëm.
bolschew'istisch *a pol* bolshevik.
B'olzen *m* **-s, =** kunj.
Bombardement [*-m'â*] *n* **-s, -s** bombardim.
bombard'ieren *vt* bombardoj; **eine Stadt bombardieren** bombardoj një qytet; *fig bis* **jemanden mit Fragen bombardieren** bombardoj me pyetje dikë.
Bomb'ast *m* **-es** bujë.
bomb'astisch *a* bombastik (*stil etj.*).
B'ombe *f* **=, -n** bombë; **eine Bombe werfen** hedh një bombë; **die Nachricht schlug wie eine Bombe ein** lajmi plasi si bombë.
B'ombenerfolg *m* **-(e)s, -e** *bis* sukses i bujshëm.
b'ombenfest *a* që s'ka ç'i bën bomba (*strehim etj.*).

B'ombenflugzeug *n* **-(e)s, -e** (avion) bombardues.
b'ombensicher 1. *a* 1) i sigurt nga bombat; 2) *fig bis* krejt i sigurt (*lajm etj.*); 2. *adv* : *bis* **ich weiß es bombensicher** e di me siguri.
B'ombentrichter *m* **-s, =** gropë nga shpërthimi i bombës.
B'omber *m* **-s, =** *sh* **Bombenflugzeug.**
B'ombentreffer *m* **-s** goditje me bombë.
Bon [*bô*] *m* **-s, -s** bono.
Bonbon [*bôb'ô*] *m, n* **-s, -s** bonbone.
b'ongen *vt bis* lëshoj dëftesë (*në restorant*).
Bonmot [*bôm'o*] *n* **-s, -s** fjalë me kripë; shaka e hollë.
B'onus *m* **=** *dhe* **-ses, =** *dhe* **-se** shtesë fitimi; skonto; stimulim.
B'onze *m* **-n, -n** : **die kapitalistischen Bonzen** krerët kapitalistë.
Boom [*bum*] *m* **-s, -s** *ek* bum.
Boot *n* **-es, -e** 1) barkë; *fig* **wir sitzen alle in einem Boot** të gjithëve na kërcënohet i njëjti rrezik.
B'ootshaken *m* **-s, =** çengel barke.
B'ootsmann *m* **-(e)s, -leute** *det* nostrom, bocman.
Bord *m* **-(e)s, -e** 1) sergjen (*për libra etj.*); 2) *det* bord; kuvertë; **an Bord** në bord; *shpr fig* **über Bord werfen** flak tutje.
Bord'ell *n* **-s, -e** bordel.
B'ordfunker *m* **-s, =** radist i anijes, i avionit.
Bord'üre *f* **=, -n** bordurë.
B'ordwand *f* **=, -wände** 1) *det* fajkë, bord (*i anijes, i avionit etj.*); 2) spondë (*e kamionit*).
Borg *m* **-(e)s** : **auf Borg** hua.
b'orgen *vt* 1) **(bei D)** marr hua, huaj (*nga dikush*); 2) **(D)** i jap hua, i huaj (*dikujt*).
B'orke *f* **=, -n** kore (*e drurit*).
Born *m* **-(e)s, -e** *poet* burim.
born'iert *a* i trashë (*nga mendja*).
Born'iertheit *f* **=** mendjetrashësi.
B'orsäure *f* **=** *kim* acid borik.
B'örse *f* **=, -n** 1) kuletë; 2) *ek* bursë.
B'örsenbericht *m* **-(e)s, -e** *ek* buletin i bursës.
B'örsenmakler *m* **-s, =** *ek* agjent i bursës.
B'orste *f* **=, -n** qime (*e derrit etj.*).
B'orstenvieh *n* **-s** *bis shak* kafshë kreshtake (*derr etj.*).
b'orstig *a* 1) i kreshtë; **borstig werden** kreshpërohem; 2) *fig* i vrazhdë, i ashpër (*njeri*).
B'orte *f* **=, -n** bordurë.
b'ösartig *a* 1) tinëzar, i pabesë (*njeri*); 2) i keq, i lig (*njeri, sëmundje etj.*).
B'ösartigkeit *f* **=** ligësi.
B'öschung *f* **=, -en** brinjë, shpat (*mali*).
b'öse *a* 1) i lig, i keq (*mot, njeri etj.*); **ein böser Mensch** një njeri i lig; **eine böse Krankheit** një sëmundje e keqe; **es ist nicht böse gemeint** këtë e thashë pa qëllim (të keq); 2) i zemëruar; **böse machen** zemëroj; **böse sein (werden)** zemërohem; 3) i sëmurë, i dhembur (*gju, këmbë etj.*).
B'öse *n* **-n, -n** e keqja.
B'ösewicht *m* **-(e)s, -er** *dhe* **-e** 1) i lig, i keq (*njeri*); 2) *bis shak* qerrata.
b'oshaft *a* 1) i lig; 2) i hedhur me ligësi (*vështrim, fjalë etj.*).
B'oshaftigkeit *f* **=, -en** ligësi.
B'osheit *f* **=** 1) ligësi, dashaligësi; 2) *pl* **-en** ligësi (*fjalë ose vepër e ligë*).
Boß *m* **Bosses, Bosse** *bis* bos (*shef, udhëheqës*).
b'öswillig *a* dashakeq, keqdashës.
B'öswilligkeit *f* **=** dashaligësi.
bot *sh* **bieten.**
Bot'anik *f* **=** botanikë.
Bot'aniker *m* **-s, =** botanist.
B'ote *m* **-n, -n** lajmëtar, korrier.

B'otengang *m* **-(e)s, -gänge** fjalë, kumt, lajm.
b'otmäßig *a* 1) i nënshtruar; 2) *hist* tributar (*shtet etj.*).
B'otmäßigkeit *f* = sundim; **das Land stand unter fremder Botmäßigkeit** vendi ishte nën sundimin e huaj.
B'otschaft *f* =, **-en** 1) lajm; mesazh; 2) ambasadë.
B'otschafter *m* **-s,** = ambasador.
B'öttcher *m* **-s,** = vozapunues, vozaxhi.
B'ottich *m* **-s, -e** tinar, but.
Boudoir [*budu'ar*] *n* **-s, -e** *vjet* sallon (*i një dame*).
Bouillon [*bulj'ô*] *f* =, **-s** *kuzh* lëng mishi.
Boulevard [*bulv'ar*] *m* **-s, -e** shëtitore, bulevard.
Boulevardblatt *n* **-(e)s, -blätter** fletushkë (*gazetë e keqe*).
bourgeois [*burzhu'a*] *a* borgjez.
Bourgeoisie [*burzhuaz'i*] *f* = borgjezi.
Bouteille [*but'ej*] *f* =, **-n** *vjet* bocë (*vere*).
Boutique [*but'ik*] *f* =, **-n** dyqan mode, butikë.
Box *f* =, **-en** 1) e ndarë (*e stallës*); garazh; 2) depo; 3) e ndarë pavijoni (*në ekspozitë etj.*); 4) aparat fotografik i thjeshtë.
b'oxen *vi dhe vt* **(h)** bëj boks.
B'oxer *m* **-s,** = 1) *sport* boksier; 2) *zool* bokser (*lloj qeni*).
B'oxkampf *m* **-(e)s, -kämpfe** *sport* ndeshje boksi.
Boy [*boj*] *m* **-s, -s** 1) korrier; 2) shërbyes ashensori (*në hotel etj.*); 3) *bis* shok (*i një vajze*).
Boyk'ott *m* **-s, -e** bojkotim.
boykott'ieren *vt* bojkotoj.
brach I *sh* **brechen.**
brach II *a bujq* ugar, i pambjellë (*tokë etj.*).
Br'ache *f* =, **-n** *bujq* ugar i bardhë.
Br'achfeld *n* **-(e)s, -er** *bujq* ugar.
Brachi'algewalt *f* = forcë; dhunë.
Br'achland *n* **-(e)s, -länder** tokë ugar.
br'achlegen *vt bujq* lë ugar (*tokën*).
br'achliegen* *vi ndash* **(h)** *bujq* rri ugar (*toka*).
br'achte *sh* **bringen.**
Br'ackwasser *n* **-s** ujë i njelmët dhe i ëmbël (*i grykës së lumit*).
bramarbas'ieren *vi* **(h)** mburrem me fjalë.
Branche [*br'âshë*] *f* =, **-n** degë (*e një shkence etj.*).
Brand *m* 1) **-es, Brände** 1) zjarr; **in Brand stecken** i vë zjarrin (*shtëpisë etj.*); **in Brand geraten** i bie zjarri (*shtëpisë etj.*); 2) djegie (*e lëkurës etj.*); 3) pjekje (*e tullave etj.*); 4) *bujq* urth (*i grurit etj.*); 5) *mjek* gangrenë; 6) *fig* vapë; afsh, zjarrmi; *shpr bis* **einen Brand löschen** shuaj etjen.
Br'andbombe *f* =, **-n** bombë djegëse.
br'anden *vi* **(h)** shkumëzojnë, përplasen (*dallgët etj.*).
Br'andfackel *f* =, **-n** pishë.
br'andfest *a* i pandezshëm, i padjegshëm (*material*).
Br'andflecken *m* **-s,** = *sh* **Brandmal.**
Br'andmal *n* **-(e)s, -e** *dhe* **-mäler** 1) nishan i kuq (*në fytyrë etj.*); 2) damkë.
Brandmaler'ei *f* =, **-en** *art* pirogravurë; pirografi.
br'andmarken *vt* 1) damkos; 2) *fig* demaskoj; dënoj.
Br'andmauer *f* =, **-en** mur ndarës (*kundër zjarrit*).
br'andneu *a bis* i ri flakë.
Br'andrede *f* =, **-n** 1) fjalim nxitës; 2) fjalim demaskues.
br'andschatzen *vt* 1) *hist* i vë kon-

tribucion duke e kërcënuar me zjarr etj. (*një qyteti etj.*); 2) plaçkis (*një qytet etj.*).
Br'andsohle *f* =, **-n** shtrojë (*e këpucës*).
Br'andstätte *f* =, **-n** vend ku ka rënë zjarri.
Br'andstifter *m* **-s,** = zjarrvënës.
Br'andstiftung *f* =, **-en** zjarrvënie.
Br'andung *f* =, **-en** përplasje e dallgëve; shkulm.
Br'andwunde *f* =, **-n** e djegur, plagë djegieje.
br'annte *sh* **brennen.**
Br'anntwein *m* **-(e)s** raki.
Branntweinbrenner'ei *f* =, **-en** punishte rakie.
br'aten 1. *vt* 1) skuq (*mish, peshk, patate etj.*); 2) pjek në hell (*mish, pulë etj.*); 2. *vi* **(h)** 1) skuqet; piqet; 2) *fig* thekem (*në diell*).
Br'aten *m* **-s,** = mish i pjekur, i skuqur; *shpr bis* **den Braten riechen** i bie hilesë.
Br'atkartoffeln *pl* patate të skuqura.
Br'atwurst *f* =, **-würste** sallam i skuqur.
Brauch *m* **-(e)s, Bräuche** zakon, doke.
br'auchbar *a* që hyn në punë; i përdorshëm.
br'auchen *vt* 1) përdor; **das ist nicht zu brauchen** kjo nuk hyn në punë; **Gewalt brauchen** përdor dhunën (forcën); 2) (*më*) duhet, (*më*) nevojitet (*diçka*); **ich brauche Hilfe** kam nevojë për ndihmë; *shpr* **Sie brauchen es bloß zu sagen** mjafton vetëm ta thoni; *shpr* **Sie brauchen es gar nicht zu sagen** s'ka nevojë ta thoni fare (*atë fjalë*).
Br'auchtum *n* **-s, -tümer** doke, zakone.
Br'aue *f* =, **-n** *anat* vetull; **die Brauen runzeln** rrudh vetullat.
br'auen 1. *vt* bëj (*birrën, ponçin etj.*); 2. *vi* : **der Nebel braut** po ngrihet mjegulla; **das Wasser braut** po zien uji.
Br'auer *m* **-s,** = prodhues birre.
Brauer'ei *f* =, **-en** 1) fabrikë birre; 2) *vetëm sing* prodhim birre.
braun *a* 1) ngjyrëkafe, bojëkafe; 2) i zeshkët.
br'aunäugig *a* sygështenjë.
Br'aune *m* **-n, -n** (*kalë*) brymës.
Br'äune I *f* = nxirje (*nga dielli*).
Br'äune II *f* = *mjek bis* angjinë.
br'äunen 1. *vt* thek; **die Sonne hat ihn gebräunt** dielli e ka thekur; 2. *vi* **(h)** thekem (*në diell etj.*).
br'aungebrannt *a* i thekur (*në diell etj.*).
Br'aunkohle *f* =, **-n** linjit (*qymyr*).
br'äunlich *a* i gështenjtë.
Br'äunung *f* = thekje (*e lëkurës etj.*).
Braus *m* : *shpr bis* **in Saus und Braus leben** bëj jetë; e çoj dafrungë.
Br'ause *f* =, **-n** 1) dush; 2) gazozë.
Br'ausebad *m* **-(e)s, -bäder** 1) banjë me dushe; 2) dush.
Br'auselimonade *f* =, **-n** limonadë me gaz.
br'ausen 1. *vi* **(s)** 1) zien, shkumëzon (*uji etj.*); 2) ulërin, fërshëllen (*era etj.*); 3) gjëmon, oshëtin (*dallga etj.*); 4) *bis* çan (*makina, motoçikleta etj.*); 2. *vt* i bëj dush (*fëmijës etj.*); 3. *vrefl* **sich brausen** bëj dush; **ich brause mich täglich kalt** çdo ditë bëj dush të ftohtë.
Braut *f* =, **Bräute** nuse.
Br'äutigam *m* **-s, -e** dhëndër.
Br'autpaar *n* **-(e)s, -e** dhëndër e nuse.
Br'autschatz *m* **-(e)s, -e** prikë, pajë (*e nuses*).
Br'autwerber *m* **-s,** = shkues.

Br'autwerbung *f* =, **-en** shkuesi.
brav 1. *a* 1) i bindur (*fëmijë etj.*); 2) trim (*burrë etj.*); 3) i mirë (*burrë etj.*); 2. *adv* mirë; *shpr* **er hat alles treu und brav gemacht** i ka bërë të gjitha siç duhet.
br'avo [*-vo*] *inter* të (ju) lumtë.
Bravour [*brav'ur*] *f* = 1) guxim; trimëri; 2) mjeshtëri.
Bravourstück [*brav'ur-*] *n* **-(e)s, -e** 1) pjesë muzikore që kërkon mjeshtëri të veçantë; 2) veprim që kërkon aftësi dhe shkathtësi të veçantë.
Break [*brek*] *m dhe n* **-s, -s** *sport* kundërsulm (*në tenis etj.*).
br'echbar *a* i brishtë.
Br'echeisen *n* -s, = *sh* **Brechstange.**
br'echen* 1. *vt* 1) thyej (*arrën, gurin, rekordin etj.*); **er brach sich (D) den Arm** theu krahun; **sich (D) den Hals brechen** thyej qafën; 2) shkel (*marrëveshjen etj.*); ha (*fjalën etj.*); 3) çaj (*tokën, rrugën etj.*); 4) prish (*martesën, zemrën etj.*); 5) palos, përthyej (*letrën etj.*); 6) këpus (*lulen etj.*); 2. *vi* 1) **(s)** thyhem; 2) **(h) (mit D)** pres marrëdhëniet, prishem (*me dikë*); 3) **(h)** vjell; 3. *vrefl* **sich brechen** thyhet (*rrezja, vala, zëri etj.*).
Br'echer *m* **-s,** = shkulm, suvalë.
Br'echmittel *n* **-s,** = *mjek* vomitiv (*mjet për të vjellë*).
Br'echreiz *m* **-es, -e** të përzier.
Br'echstange *f* =, **-n** qysqi, lloz.
Br'echung *f* =, **-en** *fiz* thyerje (*e dritës, e zërit etj.*).
Brei *m* **-(e)s, -e** qull.
br'ei(art)ig *a* si qull.
breit *a* i gjerë; **eine breite Straße** një rrugë e gjerë; **drei Meter breit** tre metra i gjerë; *shpr* **etwas lang und breit erklären** shpjegoj fill e për pe diçka.
br'eitbeinig *a* shalëhapur.
br'eitdrücken vt *ndash* shtyp (*kapelën etj.*).
Br'eite *f* =, **-n** 1) gjerësi; 2) *gjeogr* gjerësi.
br'eiten 1. *vt* 1) shtrij; shtroj (*çarçafin etj.*); 2) shtrij, hap (*krahët etj.*); 2. *vrefl* **sich breiten** shtrihet (*fusha etj.*).
Br'eitengrad *m* **-(e)s, -e** *gjeogr* gradë e gjerësisë.
br'eitmachen, sich *vrefl ndash* 1) hapem, zë shumë vend; 2) *fig bis* jam arrogant, sillem me arrogancë.
br'eitschlagen* *vt* : *fig bis* **jemanden breitschlagen** bind dikë; **sich breitschlagen lassen** bindem.
br'eitschult(e)rig *a* shpatullgjerë.
br'eitspurig *a* 1) shinagjerë (*hekurudhë*); 2) *bis* mendjemadh, punëmadh.
Br'eitseite *f* =, **-n** 1) anë e gjerë (*e tryezës etj.*); 2) topa anësorë (*të luftanijes*); 3) e shtënë e njëkohshme me topa anësorë (*të luftanijes*).
br'eittreten*
vt ndash 1) shtyp me këmbë; 2) fryj (*një çështje etj.*); 3) zgjerohem rreth (*një çështjeje etj.*).
Br'eitwand *f* = ekran i gjerë (*i kinemasë*).
Br'emse I *f* =, **-n** *ent* zekth.
Br'emse II *f* =, **-n** frena (*të automobilit etj.*); **er trat auf die Bremse** shkeli frenat.
br'emsen 1. *vt* 1) frenoj (*makinën etj.*); 2) *fig* ndal; **er ist nicht zu bremsen** atë s'e ndal gjë, ai s'mbahet dot; 2. *vi* **(h)** frenoj.
Br'emslicht *n* **-(e)s, -er** dritë e frenave (*të automobilit etj.*).
Br'emsweg *m* **-(e)s, -e** largësi e frenimit.
br'ennbar *a* i ndezshëm, i djegshëm (*material etj.*).
br'ennen* 1. *vt* 1) djeg (*qymyr, gëlqere etj.*); 2) pjek, kaurdis (*kafe etj.*); 3) damkos (*kafshën etj.*); 4) ziej,

distiloj (*rakinë etj.*); 2. *vi* (h) 1) djeg (*dielli etj.*); **mir brennen die Augen** më djegin sytë; **die Haut brennt** djeg lëkura (*nga dielli etj.*); 2) digjet (*nafta, shtëpia etj.*); 3) ndrit (*llamba etj.*); 3. *vimp* **es brennt!** zjarr! 4. *vrefl* **sich brennen** digjem.
br'ennend *a* 1) djegës; përvëlues; 2) *fig* i ngutshëm (*problem etj.*).
Br'enner *m* **-s, =** 1) pipth (*i llambës etj.*); 2) fokist (*i lokomotivës etj.*); 3) distilues (*i rakisë etj.*).
Brenner'ei *f* **=, -n** 1) distileri (*rakie etj.*); 2) *vetëm sing* zierje e rakisë.
Br'ennessel (*kur ndahet* : **Brenn-nessel**) *f* **=, -n** *bot* hithër.
Br'ennholz *n* **-es** dru zjarri.
Br'ennmaterial *n* **-s, -i/en** lëndë djegëse.
Br'ennpunkt *m* **-(e)s, -e** 1) *fiz* vatër, fokus; 2) *fig* qendër (*e vëmendjes etj.*).
Br'ennstoff *m* **-(e)s, -e** lëndë djegëse, karburant.
br'enzlig *a* 1) i djegur, i ciknosur; 2) *fig* delikat; i rrezikshëm; **in eine brenzlige Situation geraten** bie ngushtë.
Br'esche *f* **=, -n** e çarë (*në ledhin e një kështjelle etj.*); *shpr* **für jemanden in die Bresche springen** hidhem në ndihmë të dikujt.
Brett *n* **-(e)s, -er** 1) dërrasë; 2) fushë (*shahu etj.*); 3) sergjen (*për libra etj.*); 4) *pl fig* skenë; 5) tabelë (*për lajmërime etj.*); 6) *pl sport* ski.
Br'ettspiel *n* **-s, -e** lojë në dërrasë (*si shahu, dama etj.*).
Brevier [*-v'ir*] *n* **-s, -e** 1) *fet* breviar (*libër lutjesh i priftit*); 2) përmbledhje (*e veprave të një poeti etj.*).
Br'ezel *f* **=, -n** lloj biskote.
Bridge [*brixh*] *n* **=** brixh (*lloj loje me letra*).
Brief *m* **-(e)s, -e** letër; **Briefe wechseln** këmbej letra, kam letërkëmbim (*me dikë*).
Br'ieffreund *m* **-es, -e** letërkëmbyes.
Br'iefkarte *f* **=, -n** kartolinë me zarf.
Br'iefkasten *m* **-s, -kästen** kuti postare.
Br'iefkopf *m* **-(e)s, -köpfe** kokë e letrës (*me adresën etj.*).
br'ieflich *a* 1) me letër; 2) me shkrim.
Br'iefmarke *f* **=, -n** pullë poste.
Br'iefmarkenkunde *f* **=** filateli.
Br'ieföffner *m* **-s, =** thikë për hapjen e zarfave etj.
Br'iefporto *n* **-s, -s** *dhe* **-ti** taksë postare (*për letra*).
Br'ieftasche *f* **=, -n** portofol.
Br'ieftaube *f* **=, -n** pëllumb postar.
Br'iefträger *m* **-s, =** postier, letërshpërndarës.
Br'iefumschlag *m* **-(e)s, -schläge** zarf.
Br'iefwechsel *m* **-s** letërkëmbim; *shpr* **mit jemandem in Briefwechsel stehen** kam letërkëmbim me dikë.
Brig'ade *f* **=, -n** brigadë.
Brik'ett *n* **-s, -s** briket.
brillant [*brilj'ant*] *a* i shkëlqyer, i shquar.
Brillanz [*brilj'anc*] *f* **=** mjeshtëri e shkëlqyer (*në interpretimin e një pjese muzikore etj.*).
Br'ille *f* **=, -n** syze; *fig* **alles durch eine schwarze Brille sehen** shoh kudo zi.
Br'illenschlange *f* **=, -n** 1) *zool* gjarpër me syze; 2) *fig përb* njeri me syze.
brill'ieren *vi* (h) shkëlqej, shquhem.
Br'imborium *n* **-s** *bis* llafe të kota; punë boshe.
br'ingen* *vt* 1) sjell, bie; **der Briefträger bringt die Post** postieri sjell

postën; 2) sjell, shkaktoj (*dëm, humbje, dobi etj.*); **die Arbeit brachte ihm viel Geld** puna i solli shumë pare; **das brachte ihm große Verluste** kjo i shkaktoi humbje të rënda; 3) jap (*ndihmë etj.*); 4) : *shpr* **dahin bringen, daß ...** e shpie gjer atje sa ...; *shpr* **in die Zeitung bringen** botoj në gazetë; **die Zeitung bringt einen Artikel über ...** gazeta ka një artikull mbi ...; *shpr* **jemanden um etwas bringen** i heq dikujt diçka; *shpr* **ums Leben bringen** vras; *shpr* **es weit in etwas (D) bringen** shkoj përpara në një punë; *shpr* **von der Stelle bringen** luaj vendit; *shpr* **etwas zur Sprache bringen** përmend diçka; *shpr* **zu Bett bringen** vë të flejë; *shpr bis* **das bringe ich nicht** këtë s'e bëj dot.

bris'ant *a* shumë i rëndësishëm; *fig* **ein brisantes Thema** një temë shumë delikate.

Bris'anz *f* = rëndësi e madhe (*e një çështjeje*).

Br'ise *f* =, **-n** erë nga deti, brizë.

Br'ite *m* **-n, -n** britanik.

br'itisch *a* britanik.

br'öckeln 1. *vt* thërrmoj, grimcoj; 2. *vi* (s) thërrmohet (*guri etj.*).

Br'ocken *m* **-s,** = 1) thërrmijë, grimcë; 2) kafshatë; 3) copë shkëmbi; 4) : *fig bis* **ein paar Brocken** disa fjalë; *fig bis* **ein harter Brocken** punë e vështirë.

br'öckelig *a* i thërrmueshëm.

br'odeln *vi* (h) zien, vlon (*uji etj.*).

Br'odem *m* **-s** afsh i rëndë; avull; tym.

Brok'at *m* **-(e)s, -e** kumash (*lloj tekstili prej mëndafshi*).

Br'ombeere *f* =, **-n** *bot* manaferrë.

Bronchi'alkatarrh *m* **-s** *mjek* bronkit.

Br'onchi/en *pl anat* bronke.

Bronch'itis *f* = *mjek* bronkit.

Bronze [*brôzë*] *f* = 1) bronz; 2) *pl* **-n** bronz (*vepër prej bronzi*).

Br'osamen *pl* thërrmija (*buke etj.*).

Br'osche *f* =, **-n** karficë (*stoli*).

brosch'iert *a* me lidhje të thjeshtë (*libër etj.*).

Brosch'üre *f* =, **-n** broshurë.

Brot *n* **-(e)s, -e** bukë; **sein Brot verdienen** fitoj, nxjerr bukën; *fig* **das ist ein hartes (saures) Brot** kjo është punë e vështirë; *shpr* **jemanden ums Brot bringen** i heq bukën e gojës dikujt; *prov* **wes Brot ich eß', des Lied ich sing'** qeni leh aty ku ha.

Br'ötchen *n* **-s,** = bukëz, panine.

Br'oterwerb *m* **-(e)s** punë që të jep bukë.

Br'otherr *m* **-n, -en** punëdhënës.

Br'otkorb *m* : *shpr* **jemandem den Brotkorb höher hängen** ia numëroj kafshatat dikujt.

Br'otlaib *m* **-(e)s, -e** çyrek, karvele (*buke*).

br'otlos *a* 1) pa bukë; *fig* **brotlose Kunst** punë pa bukë; 2) pa punë.

Br'otstudium *n* **-s** studime që bëhen vetëm për të siguruar një rrogë.

Bruch *m* **-(e)s, Brüche** 1) thyerje; përthyerje; 2) e çarë, plasë; 3) *mjek* thyerje, frakturë; 4) *mjek* rrënxim; 5) *mat* thyesë; 6) gurore; 7) prerje (*e marrëdhënieve etj.*); 8) shkelje (*e një marrëveshjeje etj.*); 9) *gjeol* rrëshqitje.

Br'uchbude *f* =, **-n** *bis* karakatinë (*shtëpi në rrezik shembjeje*).

br'üchig *a* i thyeshëm, i brishtë.

Br'üchigkeit *f* = thyeshmëri, brishtësi.

Br'uchlandung *f* =, **-en** *av* zbritje me dëmtim (*të aeroplanit*).

br'uchrechnen *vi vetëm inf mat* bëj veprime me thyesa.

Br'uchstelle *f* -, **-n** vend i thyerjes (*së kockës etj.*).
Br'uchstrich *m* **-(e)s, -e** *mat* vizë e thyesës.
Br'uchstück *n* **-(e)s, -e** 1) copë e thyer; 2) pjesë e shkëputur; fragment (*i një skulpture etj.*).
Br'uchteil *m* **-(e)s, -e** 1) pjesë e vogël (*e një pune etj.*); 2) fraksion (*sekonde etj.*).
Br'uchzahl *f* =, **-n** *mat* thyesë.
Br'ücke *f* =, **-n** 1) urë; *shpr* **alle Brücken hinter sich abbrechen** pres të gjitha lidhjet e mëparshme; 2) *mjek, det, sport* urë.
Br'uder *m* **-s, Brüder** 1) vëlla; 2) shok i ngushtë; *prov* **gleiche Brüder, gleiche Kappen** gjeti tenxherja kapakun.
Br'uderherz *n* **-en** *shak* vëlla i dashur; zemër e vëllait, vëllaçko.
Br'uderkrieg *m* **-(e)s, -e** luftë vëllavrasëse.
br'üderlich 1. *a* vëllazëror; 2. *adv* vëllazërisht.
Br'üderlichkeit *f* = vëllazëri.
Br'uderschaft *f* =, **-en** vëllazëri (*shoqëri e ngushtë*).
Br'üderschaft *f* =, **-en** vëllazëri (*miqësi e ngushtë*); *shpr* **Brüderschaft schließen** vëllazërohem (*me dikë*).
Br'ühe *f* =, **-n** 1) lëng (*mishi etj.*); 2) *fig përb* çorbë.
br'ühen *vt* 1) ziej; 2) përvëloj.
br'ühwarm *a* i freskët, i ngrohtë (*lajm etj.*).
br'üllen *vi* (**h**), *vt* 1) pëllet (*kau etj.*); 2) ulërij; 3) buçet, gjëmon (*deti etj.*); 4) bërtas; shaj.
Br'ummbär *m* **-en, -en** *fig* gërnjar (*njeri*).
Br'ummbaß *m* **-basses, -bässe** zë shumë i trashë.
br'ummeln *vt, vi* (**h**) *bis* murmuroj; flas nëpër dhëmbë.
br'ummen *vi* (**h**) 1) hungëron (*ariu etj.*); 2) gumëzhin (*bleta etj.*); 3) buçet (*motori etj.*); 4) zien (*koka etj.*); 5) murmuroj.
Br'ummer *m* **-s,** = *bis* 1) mizë e madhe; 2) *shak* kamion; bombardues; predhë e madhe.
br'ummig *a* gërnjar.
Br'ummschädel *m* **-s,** = : *bis shak* **am Morgen erwachte er mit einem Brummschädel** në mëngjes ai u ngrit me kokën daulle.
brün'ett *a* 1) flokëzi; 2) zeshkan.
Br'unnen *m* **-s,** = 1) pus; 2) burim.
Brunst *f* = afsh (*i kafshës*).
br'ünstig *a* në afsh; **die Kuh ist brünstig** lopa ethet.
brüsk *a* i ashpër.
brüsk'ieren *vt* fyej me sjellje të ashpër (*dikë*).
Brust *f* = 1) *anat* kraharor, gjoks; 2) *anat pl* **Brüste** gji; **dem Säugling die Brust geben** i jap gji foshnjës.
Br'ustbeklemmung *f* =, **-en** *mjek* angjina pektoris.
Br'ustbeutel *m* **-s,** = kuletë (*që mbahet në gji*).
Br'ustkasten *m* **-s,** = *anat* gjoks.
br'üsten, sich *vrefl* mburrem (*me diçka*).
Br'ustkorb *m* **-(e)s, -körbe** *anat* gjoks.
br'ustschwimmen *vi vetëm inf sport* bëj not bretkosë.
Br'ustschwimmen *n* **-s** *sport* not bretkosë.
Br'uststück *n* **-(e)s, -e** gjoks (*viçi etj.*).
Br'ustton *m* : *shpr* **im Brustton der Überzeugung** me bindje të plotë (*them diçka etj.*).
Br'üstung *f* =, **-en** parmakë, mur në lartësi të kraharorit.
Brut *f* =, **-en** 1) klloçitje; ngrohje e vezëve; 2) zogj (*të pulës etj.*); 3) *përb vetëm sing* pjellë e keqe.

brut'al *a* brutal, i vrazhdë.
Brutalit'ät *f* = brutalitet, vrazhdësi.
br'üten *vi* (h) 1) klloçit, ngroh vezët (*klloçka*); 2) *fig bis* (**über A**) mendohem (*për diçka*); bluaj me mend (*diçka*).
Br'uthenne *f* =, **-n** klloçkë.
Br'uthitze *f* = *bis* vapë e madhe.
Br'utkasten *m* **-s, -kästen** inkubator (*për fëmijë të lindur para kohe*).
Br'utstätte *f* =, **-n** *fig* burim, vatër (*grindjesh etj.*).
br'utto *adv* bruto.
Br'uttoeinkommen *n* **-s** *ek* të ardhura bruto.
Br'uttogewicht *n* **-(e)s, -e** peshë bruto.
br'utzeln *bis* 1. *vi* (h) 1) skuqen (*patatet etj.*); 2) zien, kërcet (*gjalpi në tigan etj.*); 2. *vt* skuq (*patatet etj.*).
Bub *m* **-en, -en** djalë.
B'ube *m* **-n, -n** 1) kopuk, faqezi; 2) fant (*spathi etj.*).
b'ubenhaft *a* çapkën.
B'ubenstreich *m* **-(e)s, -e** poshtërsi; rreng.
B'ubenstück *n* **-(e)s, -e** poshtërsi; rreng.
Büber'ei *f* =, **-en** poshtërsi; rreng.
B'ubikopf *m* **-(e)s, -köpfe** flokë të të prerë shkurt (*si çun*).
b'übisch *a* 1) i prapë; 2) i poshtër, i ulët, i turpshëm.
Buch *n* **-(e)s, Bücher** 1) libër; 2) vëllim; 3) librezë.
B'uchbinder *m* **-s,** = libralidhës.
Buchbinder'ei *f* =, **-en** punishte për lidhjen e librave.
B'uchdrucker *m* **-s,** = tipograf.
Buchdrucker'ei *f* =, **-en** shtypshkronjë, tipografi.
B'uche *f* =, **-n** *bot* ah.
B'uchecker *f* =, **-n** *bot* lende ahu.
b'uchen *vt* 1) shënoj (*në librin e llogarisë etj.*); 2) zë, prenotoj (*një dhomë në hotel, një vend në aeroplan etj.*).
Bücher'ei *f* =, **-en** bibliotekë e vogël.
B'ücherschrank *m* **-(e)s, -schränke** sergjen, raft për libra.
B'üchertrödler *m* **-s,** = bukinist (*shitës librash të vjetër*).
B'ücherverzeichnis *n* **-ses, -se** katalog librash.
B'ücherwurm *m* **-(e)s, -würmer** *bis shak* mi biblioteke.
B'uchfink *m* **-en, en** *zool* gushëkuq (*zog*).
B'uchführer *m* **-s,** = *sh* **Buchhalter.**
B'uchhalter *m* **-s,** = llogaritar.
B'uchhaltung *f* =, **-en** kontabilitet; llogari.
B'uchhandel *m* **-s** tregti e librit.
B'uchhändler *m* **-s,** = librashitës.
B'uchhandlung *f* =, **-en** librari (*dyqan*).
B'uchmacher *m* **-s,** = regjistrues bastesh (*në vrapimet e kuajve etj.*).
B'uchsbaum *m* **-(e)s, -bäume** *bot* bush (*dru*).
B'üchse *f* =, **-n** 1) kuti (*teneqeje*); 2) konservë (*mishi etj.*); 3) pushkë gjahu.
B'üchsenfleisch *n* **-s** mish kutie.
B'üchsenmilch *f* = qumësht kutie.
B'üchsenöffner *m* **-s,** = hapëse kutish (*mishi etj.*).
B'uchstabe *m* **-ns** *dhe* **-n, -n** shkronjë.
buchstab'ieren *vt* lexoj duke ndarë shkronjat.
b'uchstäblich 1. *a* i fjalëpërfjalshëm; 2. *adv* fjalë për fjalë; në kuptimin e mirëfilltë të fjalës.
Bucht *f* =, **-en** *gjeogr* gji deti.
B'uchung *f* =, **-en** 1) shënim (*në regjistër*); 2) zënie, prenotim (*i një dhome, i një vendi në avion etj.*).
B'uchweizen *m* **-s** *bot* hejdë.
B'uckel *m* **-s,** = 1) gungë (*e kurrizit*

etj.); 2) kurriz; *shpr* **er kann mir den Buckel herunterrutschen** s'e çaj kokën për të; *shpr* **etwas auf seinen Buckel nehmen** marr përsipër diçka.

b'uck(e)lig *a* 1) kurrizdalë, gungaç; 2) gunga-gunga, gropa-gropa (*rrugë etj.*).

B'uckelige m, *f* **-n, -n** kurrizo.

b'uckeln *vi* (h) *bis* 1) kukëzohem; **die Katze buckelt vor dem Hund** macja kukëzohet para qenit; 2) *përb* përulem.

b'ücken, sich *vrefl* përkulem.

B'ückling I *m* **-s, -e** rrëngë e tymosur.

B'ückling II *m* **-s, -e** përkulje, temena.

B'uddel *f* **=, -n** *bis* shishe.

b'uddeln *vi* (h) *bis* gërmoj (*në rërë etj.*).

B'ude *f* **=, -n** *bis* 1) dyqan; *fig* **die Bude zumachen** mbyll dyqanin; 2) barakë (*për shfaqje etj.*); 3) karakatinë; 4) dhomë studenti.

B'udenzauber *m* **-s, =** *bis* mbrëmje festive (*në dhomën e një studenti etj.*).

Budget [*byxh'e*] *n* **-s, -s** buxhet.

B'üffel *m* **-s, =** *zool* buall.

Büffel'ei *f* **=** *bis* mësim i pareshtur, i mundimshëm (*para provimit etj.*).

b'üffeln *vt bis* mësoj pareshtur (*për provim etj.*).

Buffet [*byf'e*] bufe.

Bug I *m* **-(e)s, Büge** shpatull (*viçi etj.*).

Bug II *m* **-(e)s, -e** *det* bash (*i anijes*).

B'ügel *m* **-s, =** 1) yzengji; 2) çengel; 3) varëse.

B'ügelbrett *n* **-(e)s, -er** dërrasë për hekurosje.

B'ügeleisen *n* **-s, =** hekur (*për hekurosje*).

B'ügelfalte *f* **=, -n** vijë (*e pantallonave*).

b'ügeln *vt* hekuros.

bugs'ieren *vt* rimorkjoj (*anijen etj.*).

B'uhle *m, f* **-en, -en** *poet* dashnor(e).

b'uhlen *vi* (h) 1) (**um A**) rrekem, rropatem (*për diçka*); 2) (**mit D**) bëj dashuri (*me dikë*).

B'uhlerin *f* **=, -nen** *vjet* mike, dashnore.

b'uhlerisch *a* dashuror.

B'uhne *f* **=, -n** pritë, pendë (*në lumë etj.*).

B'ühne *f* **=, -n** 1) skenë; *fig* **von der Bühne abtreten** dal nga skena; 2) teatër.

B'ühnenaussprache *f* **=** drejtshqiptim (*i detyrueshëm në skenë etj.*).

B'ühnenbild *n* **-(e)s, -bilder** dekor i skenës.

Buk'ett *n* **-(e)s, -e** 1) tufë lulesh; 2) aromë e verës.

Bulg'are *m* **-n, -n** bullgar.

B'ullauge *n* **-s, -n** dritare e rrumbullakët (*në kabinën e anijes*).

B'ulldogge *f* **=, -n** *zool* bulldog (*lloj qeni*).

B'ulldozer *m* **-s, =** buldozer.

B'ulle *m* **-n, -n** 1) *zool* dem, ka; 2) *përb* polic.

B'ullenbeißer *m* **-s, =** *zool* bulldog (*qen*).

B'ullenhitze *f* **=** *bis* vapë e madhe.

Bulletin [*bylt'ê*] *n* **-s, -s** buletin.

B'umerang *m* **-s, -e** bumerang.

B'ummel *m* **-s** shëtitje e shkurtër (*brenda një qyteti*).

Bummel'ant *m* **-en, -en** *bis* i çrregullt; i plogët; dembel.

Bummel'ei *f* **=** *bis* 1) plogështi; 2) ngadalësi; pakujdesi (*në punë etj.*).

b'ummelig *a bis* i ngadaltë e i plogët (*njeri*).

b'ummeln *vi* (h) 1) shëtis, endem, sorollatem; 2) rri kot; 3) punoj ngadalë.

B'ummelzug *m* **-(e)s, -züge** *bis* tren

pasagjerësh që ndalet në çdo stacion.

B'ummler *m* **-s,** = 1) shëtitës; 2) *sh* **Bummelant.**

b'umsen *vi* (h) *bis* 1) gjëmon (*topi etj.*); 2) i bie (*derës etj.*); 3) bie me zhurmë të mbytur (*thesi etj.*); 4) *vulg* bëj dashuri.

Bund I *n* **-(e)s, Bünde** lidhje; bashkim; federatë.

Bund II *n* -(e)s, **-e** tufë; vandak; krah; **ein Bund Stroh** një krah kashtë.

B'ündel *n* **-s,** = vandak; **ein Bündel Briefe** një vandak me letra.

b'ündeln *vt* lidh vandak (*kashtën etj.*).

B'undesbahn *f* = 1) Ndërmarrja Federale e Hekurudhave (*në Gjermani*); 2) *pl* **-en** Ndërmarrja Federale e Hekurudhave (*në Austri dhe Zvicër*).

B'undesbruder *m* **-s, -brüder** sivëlla (*anëtar i së njëjtës shoqatë studentore*).

B'undesgenosse *m* **-n, -n** aleat.

B'undesheer *n* **-(e)s** Ushtria Federale (*në Austri*).

B'undeskanzlei *f* = Kancelaria e Këshillit Federal (*në Zvicër*).

B'undeskanzler *m* **-s,** = 1) kancelar federal (*në Gjermani dhe Austri*); 2) shef i Kancelarisë së Këshillit Federal (*në Zvicër*).

B'undesland *n* **-es, -länder** vend i federuar (*në Gjermani dhe Austri*).

B'undesliga *f* = *sport* kategoria e parë e futbollit (*në Gjermani, Austri dhe Zvicër*).

B'undespräsident *m* **-en, -en** president federal (*në Gjermani, Austri dhe Zvicër*).

B'undesrat *m* **-(e)s** 1) Këshill Federal (*në Gjermani dhe Austri*); 2) Qeveri Qendrore (*në Zvicër*); 3) *pl* **-räte** anëtar i Këshillit Federal ose i Qeverisë Qendrore.

B'undesregierung *f* =, **-en** qeveri federale.

B'undesstaat *m* **-(e)s, -en** shtet federal.

B'undestag *m* **-(e)s** Parlament Federal (*në Gjermani*).

B'undeswehr *f* = Mbrojtje Federale (*ushtria në Gjermani*).

b'ündig *a* i sigurt; bindës; **ein bündiger Beweis** një provë bindëse; *shpr* **kurz und bündig** në mënyrë të shkurtër e bindëse.

B'ündnis *n* **-ses, -se** aleancë, besëlidhje; **ein Bündnis schließen** lidh një aleancë.

B'unker *m* **-s,** = 1) bunker, strehim (*kundërajror etj.*); 2) hambar, depo (*drithi, qymyri etj*).

b'unkern *vi* (h) *det* ngarkoj (*qymyr etj. në hambarët e anijes*).

bunt *a* 1) i shumëngjyrshëm (*stof etj.*); 2) i larmë (*lopë etj.*); *fig* **wie ein bunter Hund bekannt sein** njihem si kau balash, si parja e kuqe; 3) i larmishëm, i shumëllojshëm, i përzier; **ein buntes Programm** një program i larmishëm; **im Schubkasten lag alles bunt durcheinander** në sirtar gjërat ishin lesh i li.

B'untheit *f* = 1) shumëngjyrshmëri; 2) larmi, larushi; shumëllojshmëri.

b'untscheckig *a* larush (*zog etj.*).

B'untstift *m* **-(e)s, -e** laps me ngjyrë.

B'ürde *f* = 1) barrë; *fig* **die Bürde des Alters** barra e moshës; 2) shqetësim, hall.

Burg *f* =, **-en** kështjellë.

B'ürge *m* **-n, -n** dorëzanë (*për kthimin e një huaje etj.*).

b'ürgen *vi* (h) hyj dorëzanë; **er hat für ihn gebürgt** ai ka hyrë dorëzanë për të.

B'ürger *m* **-s,** = 1) qytetar; shtetas; 2) borgjez.

B'ürgerkrieg *m* **-(e)s, -e** luftë civile.
b'ürgerlich *a* 1) civil; i qytetarit; **die bürgerlichen Rechte und Pflichten** të drejtat dhe detyrat e qytetarit; 2) borgjez.
B'ürgermeister *m* **-s, =** kryetar bashkie.
B'ürgerrecht *n* **-(e)s, -e** e drejtë e qytetarit.
B'ürgerschaft *f* = shtetas; qytetarë.
B'ürgerstand *m* **-(e)s** = borgjezi.
B'ürgersteig *m* **-s, -e** trotuar.
B'ürgertum *n* **-s** borgjezi.
B'urgfrieden *m* **-s** armëpushim (*i dy partive në luftë me njëra-tjetrën*).
B'ürgschaft *f* **=, -en** dorëzani, garanci.
burl'esk *a* burlesk (*pjesë teatrale etj.*).
Bür'o *n* **-s, -s** zyrë; byro.
Bürokr'at *m* **-en, -en** burokrat.
Bürokrat'ie *f* **=, -n** burokraci.
bürokr'atisch *a* burokratik, burokrat.
Bürokrat'ismus *m* = burokratizëm.
B'ursche *m* **-n, -n** 1) djalosh; 2) *usht* ordinancë; 3) korrier; shërbyes (*në hotel etj.*); 4) çirak, nxënës (*në një zanat*).
burschik'os *a* 1) i lirë, i shpenguar (*në sjellje etj.*); 2) si çun (*vajzë*).
B'ürste *f* **=, -n** furçë.
b'ürsten *vt* fshij, pastroj me furçë.
Bus *m* **-ses, -se** autobus.
Busch *m* **-es, Büsche** 1) shkurre, kaçubë; 2) *vetëm sing* pyll tropikal.
B'üschel *n* **-s, =** vandak, krah (*kashtë*); tufë (*flokësh*).
b'uschig *a* 1) (*i veshur*) me shkurre; 2) i trashë (*vetull, mustaqe etj.*).
B'usen *m* **-s, =** 1) gjoks (*i gruas*); 2) *fig* gji; **am Busen der Natur** në gjirin e natyrës; 3) *gjeogr* gji deti.
B'usenfreund *m* **-(e)s, -e** *shak* mik i ngushtë, mik për kokë.
B'uße *f* **=, -n** 1) *fet* pendesë; **Buße tun** bëj pendesë; 2) gjobë (*e vogël në të holla*).
b'üßen *vt, vi* **(h)** 1) *fet* bëj pendesë; 2) paguaj, laj; **seinen Leichtsinn mit dem Leben büßen** paguaj mendjelehtësinë me kokë; **das sollst du mir büßen** këtë do të ma paguash.
B'üßer *m* **-s, =** *fet* pendestar.
b'ußfertig *a* i penduar (*mëkatar etj.*).
B'üste *f* **=, -n** 1) *art* bust (*skulpturë*); 2) gjoks (*i gruas*).
B'üstenhalter *m* **-s, =** sutien, gjimbajtëse.
B'ütte *f* **=, -n** but, tinar, kade.
B'utter *f* = gjalpë; **eine Scheibe Brot mit Butter bestreichen** lyej një rriskë bukë me gjalpë; *shpr* **sich (D) die Butter nicht vom Brot nehmen lassen** s'ma ha qeni shkopin, di t'i dal zot vetes; *shpr* **alles in Butter!** mirë punët!
B'utterblume *f* **=, -n** *bot* zhabinë, zhabinok.
B'utterbrot *n* **-(e)s, -e** bukë me gjalpë; *shpr bis* **um ein Butterbrot** për një kafshatë bukë.
B'utterdose *f* **=, -n** kuti gjalpi.
B'uttermilch *f* = dhallë.
b'uttern 1. *vi* **(h)** bëj gjalpë; 2. *vt* 1) lyej me gjalpë; 2) *bis* jap, vë (*pare*).
b. w. = **bitte wenden!** kthe fletën!
Byzant'iner *m* **-s, =** bizantin.
byzant'inisch *a* bizantin.
bzw. = **beziehungsweise.**

C

c *n* =, = *muz* do.
ca. = **circa.**
Café *n* **-s, -s** kafe (*lokal*).
Camp [*kemp*] *n* **-s, -s** kamp, fushim.
campen [*k'empën*] *vi* **(h)** rri në çadër; **wir haben in unserem Urlaub am Meer gecampt** gjatë pushimit buzë detit kemi ndenjur në çadra.
Camping [*k'emping*] *n* **-s** kamp pushimi (*me çadra etj*).
Campingplatz [*k'emping...*] *m* **-es, -plätze** vend për kamp pushimi.
Cape [*kep*] *n* **-s -s** mushama (*veshje*).
Catcher [*k'eçër*] *m* **-s, -s** *sport* keçër (*mundës në stil të lirë*).
cbm = **Kubikmeter** *n* metër kub.
ccm = **Kubikzentimeter** *n* centimetër kub.
Cellist [*çel'ist*] *m* **-en, -en** *muz* violonçelist.
Cello [*ç'elo*] *n* **-s, -s** *dhe* **Celli** *muz* violonçel.
Celsius [*c'elsius*] *m* celsius; **hundert Grad C** një qind gradë Celsius.
Cembalo [*ç'embalo*] *n* **-s, -s** *dhe* **Cembali** *muz* cembal.
Chaiselongue [*shezl'ô*] *f* =, **-n** *dhe* **-s** sofa pa mbështetëse.
Chalet [*shal'e*] *n* **-s, -s** shalé (*shtëpi me stil fshatarak*).
Chamäleon [*kam'eleon*] *n* **-s, -s** kameleon (*edhe fig*).
chamois [*shamo'a*] *a indekl* ngjyrëkafe në të verdhë.
Champagner [*shamp'anjër*] *m* **-s** shampanjë (*verë*).
Champignon [*shampinj'ô*] *m* **-s, -s** kërpudhë.
Champion [*ç'empion*] *m* **-s, -s** *sport* kampion.
Championat [*shâpion'at*] *n* **-s, -s** *sport* kampionat.
Chance [*sh'âsë*] *f* =, **-n** 1) mundësi; rast (*i mirë*); 2) shans (*për sukses etj.*).
changieren [*shâzh'irën*] *vi* **(h)** vjen ujëra-ujëra, tallaze-tallaze (*mëndafshi etj*).
Chanson [*shâs'ô*] *n* **-s, -s** këngë (*pak ironike, pak sentimentale, pak e paturpshme*).
Chaos [*k'aos*] *n* = kaos; rrëmujë.
chaotisch [*ka'otish*] *n* kaotik; i rrëmujshëm.
Char'akter *m* **-s, -t'ere** 1) karakter (*i njeriut*); 2) *vetëm sing* karakter, natyrë (*e një sendi*).
charakteris'ieren *vt* karakterizoj.
Charakter'istik *f* =, **-en** karakterizim.
Charakter'istikum *n* **-s, -ka** tipar karakteristik.
charakter'istisch *a* karakteristik.
char'akterlich *a* i karakterit; **die charakterlichen Qualitäten eines Menschen** vetitë e karakterit të një njeriu.
char'akterlos *a* pa karakter.
Char'akterlosigkeit *f* = mungesë karakteri.
Charge [*sh'arzhë*] *f* =, **-n** 1) gradë (*ushtarake*); 2) detyrë; post; 3) *teat* rol karakteristik.
charmant [*sharm'ant*] *a* tërheqës; magjepës.
Charme [*sharm*] *m* **-s** joshë, forcë joshëse.
Charmeur [*sharm'ër*] *m* **-s, -s** *dhe* **-e** bisedar, që të bën për vete.
chartern [*ç'artërn*] *vt* marr me qira, pajtoj (*një avion, anije etj*).
Chassis [*shas'i*] *n* =, = shasi (*e automobilit, e televizorit etj*).
Chauffeur [*shof'ër*] *m* **-s, -e** shofer.
Chaussee [*shos'e*] *f* =, **-n** rrugë kryesore.

Chauvinismus [*shovin'ismus*] *m* **-s** shovinizëm.
chauvin'istisch [*shovin'istish*] *a* shovinist.
Chef [*shef*] *m* **-s, -s** shef.
Chem'ie *f* = kimi.
Chemik'alie *f* =, **-n** lëndë kimike.
Ch'emiker *m* **-s,** = kimist.
ch'emisch *a* kimik; **die chemische Industrie** industria kimike.
Chicorée [*shikor'e*] *f* = *bot* çikore.
Chiffon [*shif'ô*] *m* **-s, -s** shifon (*pëlhurë mëndafshi shumë e hollë).*
Chiffre [*sh'ifrë*] *f* =, **-n** shifër (*për njoftime të fshehta*).
chiffrieren [*shifr'irën*] *vt* shifroj.
Chin'ese *m* **-n, -n** kinez.
Chin'esin *f* =, **-nen** kineze.
chin'esisch *a* kinez.
Chip [*çip*] *m* **-s, -s** 1) markë, pullë; 2) rriskë e hollë patatesh të skuqura.
Chir'urg *m* **-en, -en** *mjek* kirurg.
Chirurg'ie *f* = kirurgji.
chir'urgisch *a* kirurgjik.
Chlorof'orm *n* **-s** *kim* kloroform.
Ch'olera *f* = *mjek* kolerë.
chol'erisch [*kol'erish*] *a* kolerik; idhnak.
Chor *m* **-(e)s, Chöre** *muz* kor.
Chor'al *m* **-s, Choräle** *muz* këngë.
Choreogr'aph *m* **-en, -en** koreograf.
Choreograph'ie *f* = koreografi.
Ch'orknabe *m* **-n, -n** fëmijë (*këngëtar*) i korit.
Christ *m* **-en, -en** i krishterë.
Chr'istenheit *f* = krishtërimi, të krishterët.
Chr'istentum *n* **-s** krishtërim (*fe*).
chr'istlich *a* i krishterë.
Chrom *n* **-s** *kim* krom.
Chr'onik *f* =, **-en** kronikë.
chr'onisch *a* kronik (*sëmundje etj*).
Chron'ist *m* **-en, -en** kronist.
Chronolog'ie *f* = kronologji.
chronol'ogisch *a* kronologjik.
c'irca *sh* **zirka.**
C'irculus viti'osus *m* =, **Circuli vitiosi** rreth veskeq.
City [*s'iti*] *f* =, **-s** qendër e qytetit.
Clan [*klan*] *m* **-s, -e** klan.
clever [*kl'evër*] *a* i shkathët; dinak.
Clipper *sh* **Klipper.**
Clique [*kl'ikë*] *f* =, **-n** klikë.
Clou [*klu*] *m* **-s, -s** pikë kulmore (*e shfaqjes etj.*).
Clown [*klaun*] *m* **-s, -s** klloun.
Cockpit [*k'okpit*] *n* **-s, -s** *av* kabinë e pilotit.
Cocktail [*k'oktel*] *m* **-s, -s** koktej.
Code sh Kode.
Codex *m* **-(e) s, -e** *dhe* **Codices** *sh* **Kodex.**
Coiffeur [*koaf'ër*] *m* **-s, -e** floktar.
Collage [*kol'azhë*] *f* =, **-n** kolazh (*figurë me të ngjitura*).
College [*k'olixh*] *n* **-(s), -s** kolegj (*shkollë e lartë ose universitet në Angli dhe ShBA*).
Colt [*kolt*] *m* **-s, -s** kolt (*revole amerikane*).
Comeback [*kamb'ek*] *n* **-(s), -s** rikthim (*i një personaliteti të artit, politikës, sportit etj. pas një pushimi të gjatë*).
Comics [*k'omiks*] *pl sh* **Comic strips.**
Comic strips [*k'omik strips*] *pl* tregim vizatimor.
Computer [*kompj'utër*] *m* **-s,** = kompjuter.
Conférencier [*kôferâsi'e*] *m* **-s, -s** prezantues e një shfaqeje (*në kabaret etj.*).
Container [*kont'ejnër*] *m* **-s,** = kontejnër.
Copyright [*k'opirajt*] *n* **-s, -s** e drejtë e autorit.
Corned beef [*k'orndbif*] *n* = mish gjedhi në kuti.
Corpus delicti [*k'orpus del'ikti*] *n* provë materiale e krimit.
Couch [*kauç*] *f* =, **-es** divan.
Couleur [*kul'ër*] *f* =, **-en** *dhe* **-s**

ngjyrë, rrymë (*politike etj.*).

Countdown [*k'auntdaun*] *m dhe n* -(s), -s numërim së prapthi (*para nisjes së një rakete*).

Coup [*ku*] *m* -s, -s bëmë; ndërmarrje e guximshme e përfunduar me sukses.

Coupé [*kup'e*] *n* -s, -s 1) kupé (*lloj automobili sportiv*) 2) *vjet* kupé (*e ndarë vagoni*).

Cour [*kur*]: *shpr vjet* **jemandem die Cour machen** i vij rrotull dikujt.

Courage [*kur'azhë*] *f* = guxim.

couragiert [*kurazh'irt*] *a bis* trim; **eine couragierte Dame** një zonjë trimëreshë.

Cousin [*kuz'ê*] *m* -s, -s kushëri.

Cousine *sh* **Kusine.**

Cowboy [*k'auboj*] *m* -s, -s kauboj.

Crack [*krek*] *m* -s, -s 1) sportist i shquar; 2) lloj narkotiku.

Crackers [*kr'ekërs*] *pl* krekërs (*biskota të kripura*).

Creme [*krem*] *f* =, -s krem (*për fytyrë*).

Crew [*kru*] *f* =, -s 1) *det* eikuipazh; 2) *sport* ekip.

Crux [*kruks*] *f* = mundim; vështirësi; vuajtje; **die Crux bei dieser Arbeit war ...** vështirësia në këtë punë qe ...

cum grano salis [*kum gr'ano s'alis*]: *shpr* **das ist cum grano salis zu verstehen** kjo duhet marrë me rezervë.

Cup [*cap*] *m* -s, -s *sport* kupë.

Curriculum vitae [*kur'ikulum v'ite*] *n* = autobiografi e shkurtër.

Curry [*k'ëri*] *m dhe n* -s *kuzh* gjellë indiane me erëza të forta.

D

da 1. *adv* 1) (*vend*) atje, aty; **da hinten** atje prapa; **der Mann da** ai burri atje; **da kommt er endlich!** ja ku po vjen më së fundi! **hier und da** aty këtu; **wer ist da?** kush është (atje)?; 2) (*vend*) këtu; **sieh da!** pa shih!; **da sind wir** këtu jemi; 3) (*kohë*) atëherë; **von da an** që atëherë; **da lachte er** atëherë ai qeshi; 4) *krahin (kusht)* atëherë; **wenn ich schon gehen muß, da gehe ich lieber gleich** meqë u dashka të shkoj, atëherë po nisem menjëherë; 2. *conj* 1) (*shkak*) meqë; **da ich nicht kommen kann, wird mein Bruder mich vertreten** meqë unë nuk mund të vij, do të më përfaqësojë vëllai; 2) (*kohë*) kur; **da er noch reich war, hatte er viele Freunde** kur ishte i pasur, ai kishte shumë miq.

d'abehalten* *vt ndash* mbaj (*një mik për darkë etj.*).

d'abei *dhe* **dab'ei** (*kur duhet theksuar*) *adv* 1) këtu (*pranë*); aty (*pranë*); **er war dabei** ai ishte aty (*i pranishëm*); **das Gute dabei ist, daß ...** e mira këtu është se ...; **was ist denn dabei?** ç'ka këtu?; *shpr* **es bleibt dabei!** kështu ta lëmë!; *shpr* **es ist nichts dabei** s'ka gjë; 2) gjatë kësaj kohe; njëkohësisht; **er arbeitete und hörte dabei Radio** ai punonte dhe gjatë kësaj kohe dëgjonte radion; 3) megjithatë; **er ist tapfer und dabei sehr bescheiden** ai është trim e, megjithatë, shumë modest; 4) : *shpr* **dabei sein, etwas zu tun** jam duke bërë diçka.

dab'eibleiben* *vi ndash* (s) rri, qëndroj aty (*pranë*); **wir konnten nicht bis zum Schluß dabeibleiben** nuk mund të rrinim aty gjer në fund.

dab'eisein* *vi ndash* (s) 1) jam i pranishëm 2) jam duke (*bërë diçka*).

dab'eisitzen* *vi ndash* (h) rri aty pranë; **er saß stumm dabei** ai rrinte aty pa hapur gojë.

dab'eistehen* *vi ndash* (h) qëndroj aty (*pranë*).

Dach *n* -(e) s, **Dächer** 1) çati; **das Dach mit Ziegeln decken** mbuloj çatinë me tjegulla; *shpr* **etwas unter Dach und Fach bringen** mbaroj diçka; siguroj diçka; *shpr* **etwas ist unter Dach und Fach** diçka ka mbaruar; *shpr bis* **jemandem aufs Dach steigen** i jap një dru dikujt; *shpr bis* **eins aufs Dach bekommen** ha dru; 2) *fig* strehë; 3) *fig bis* kokë.

D'achbalken *m* **-s,** = tra i çatisë.

D'achboden *m* **-s, -böden** trapazan.

D'achfenster *n* **-s,** = baxhë.

D'achfirst *m* **-es, -e** kulm i çatisë.

D'achgesellschaft *f* =, **-en** *ek* shoqëri që mbulon shumë ndërmarrje.

D'achhase *m* **-n, -n** *shak* mace.

D'achkammer *f* =, **-n** mansardë, papafingo.

D'achluke *f* =, **-n** baxhë.

D'achpfanne *f* =, **-n** tjegull.

D'achrinne *f* =, **-n** ulluk i çatisë.

Dachs *m* **-es, -e** 1) *zool* baldosë; 2) *fig bis* i ri pa përvojë, buzëqumësht.

D'achschaden *m* : *shpr* **einen Dachschaden haben** kam një dërrasë mangët.

D'achstuhl *m* **-s, -stühle** trarët e çatisë.

d'achte *sh* **denken.**

D'achziegel *m* **-s,** = tjegull.

D'ackel *m* **-s,** = dakël (*lloj qeni*).

dad'urch *dhe* **d'adurch** (*kur theksohet*) *adv* 1) nëpër të; 2) me këtë; për këtë (*arsye*); **dadurch wirst du**

wieder gesund me këtë do të shërohesh; **dadurch, daß mein Zug Verspätung hatte** për arsye se treni më erdhi vonë.

daf'ür *dhe* **d'afür** (*kur theksohet*) 1) për këtë (*qëllim*); **das ist kein Werkzeug dafür** s'është vegël për këtë (*punë*); 2) për këtë; në vend të këtij (të kësaj); **ich gebe dir dafür eine andere Briefmarke** të jap për këtë një pullë poste tjetër; **ich bin dafür** unë jam për këtë; 3) për këtë, në lidhje me këtë; **ich mache Sie dafür verantwortlich** për këtu ju bëj përgjegjës ju.

daf'ürhalten* *vi* (**h**) *ndash* jam i mendimit; **ich halte dafür, daß ...** mendoj se ...

Daf'ürhalten *n* : *shpr* **meinem Dafürhalten nach** sipas mendjes sime, sipas meje.

dag'egen *dhe* **d'agegen** (*kur theksohet*) 1. *adv* 1) përkundrejt; 2) kundër (kësaj); **wer ist dagegen?** kush është kundër kësaj?; **ich habe nichts dagegen** s'kam gjë kundër; 3) në krahasim me këtë (atë etj.); 2. *conj* kurse, ndërsa.

dag'egenhalten* *vt ndash* : **er äußerte seine Ansichten, sie hielt dagegen, daß ...** ai shprehu mendimet e veta, kurse ajo ishte e mendimit se ...

dag'egenwirken *vi* (**h**) *ndash* veproj kundër (*diçkaje*); kundërshtoj (*diçka*).

dah'eim *adv* në shtëpi; **daheim bleiben** rri në shtëpi; *bis* **wie geht's daheim?** si jeni nga shtëpia?; *prov* **daheim ist daheim!** s'ka si në shtëpi!

dah'er *dhe* **d'aher** (*kur theksohet*) 1. *adv* (që) andej; **von daher muß er gekommen sein** ai duhet të ketë ardhur që andej; 2. *conj* prandaj; për këtë arsye; **und daher sage ich ...** dhe prandaj unë them ...; **daher also!** prandaj!; **das kommt nur daher, daß du ...** kjo vjen ngaqë ti ...

dah'ergelaufen *a* që s'dihet nga ka dalë (*vagabond etj.*).

dah'erkommen* *vi* (**s**) *ndash* vij, dal; **sie kam daher, als wenn nichts geschehen wäre** ajo doli sikur të mos kish ndodhur gjë.

dah'erreden *ndash* 1. *vt* them pa u menduar; 2. *vi* (**h**) flas pa u menduar.

dah'in *dhe* **d'ahin** (*kur theksohet*) *adv* 1) atje; aty; **auf diesem Weg kommen wir nie dahin** në këtë rrugë ne s'arrijmë kurrë atje; **bis dahin** gjer atje; 2) : **bis dahin** gjer atëherë; 3) : *shpr* **dahin sein** ka humbur; ka mbaruar; **mein Geld ist dahin** më kanë humbur paret; **sein Leben ist dahin** jeta e tij ka marrë fund.

d'ahinbringen* *vt ndash* : **jemanden dahinbringen, daß ...** çoj dikë gjer në atë pikë saqë ...; **wir können es nicht dahinbringen** nuk mund ta çojmë (*punën*) gjer atje.

dah'ingestellt *a* : *shpr* **wir wollen es dahingestellt sein lassen** do ta lëmë pezull (*këtë çështje etj.*).

dah'inleben *vi* (**h**) *ndash* kaloj, shkoj ditët (muajt, vjetët).

dah'inschwinden *vi* (**s**) *ndash* 1) kalon (*koha etj.*); 2) mbaron (*parja etj.*).

dah'inten *adv* atje prapa; atje tutje; **dahinten ziehen sich dunkle Wolken zusammen** atje tutje mblidhen re të zeza.

dah'inter *adv* prapa tij (saj etj.); **ein Haus mit einem Garten dahinter** një shtëpi me kopësht prapa; *fig bis* **es ist nichts dahinter** s'vlen asgjë.

dah'interkommen* *vi* (**s**) *ndash bis* gjej; marr vesh; **ich konnte einfach nicht dahinterkommen, was das**

bedeuten sollte nuk e merrja dot vesh se ku ishte halli.

dah'interstecken* *vi* **(h)** *ndash bis* fshihet prapa (*një shkak etj.*).

dah'inziehen* **1.** *vi* **(s)** *ndash* lëvizin (*retë në qiell etj.*); 2. *vrefl* **sich dahinziehen** shtrihet (*fusha etj.*).

D'ahli/e *f* =, **-n** *bot* dalie (*lule*).

d'alassen* *vt ndash* lë atje.

d'aliegen* *vi* **(h)** *ndash* rri atje.

d'alli *adv bis* shpejt; *shpr* **dalli machen** bëj shpejt; *shpr* **ein bißchen dalli!** luaj!

d'amalig *a* i atëhershëm; **der damalige Minister** ministri i atëhershëm.

d'amals *adv* atëherë; atë kohë.

Dam'ast *m* **-es** damask (*pëlhurë*).

D'ame *f* =, **-n** zonjë; **meine Damen und Herren!** zonja e zotërinj!; 2) damë (*lojë*); 3) mbretëreshë (*figurë shahu*); 4) damë, çupë (*në lojë me letra*).

d'amenhaft *a* si zonjë, si i ka hije një zonje.

D'amensalon [...*zalô*] *m* **-s, -s** floktore për gra.

D'amenwahl *f* = damat në fuqi (*në një mbrëmje vallëzimi etj.*).

dam'it *dhe* **d'amit** (*kur theksohet*) 1. *adv* 1) me këtë (*punë etj.*); **damit habe ich nichts zu tun** s'kam të bëj fare me këtë punë; 2) me kaq; **damit schließt das Buch** me kaq mbaron libri; 2. *conj* (me qëllim) që ...; **ich sage es, damit ihr Bescheid wißt** e them (me qëllim) që ta dini.

D'ämlack *m* **-s, -e** *dhe* **-s** *bis* budalla, torollak.

d'ämlich *a bis* budalla; prej budallai; **dämliche Fragen** pyetje të marra; **der ist viel zu dämlich, um das zu begreifen** ai është tepër i trashë që ta kuptojë këtë.

Damm *m* **-(e) s, Dämme** 1) digë, pritë; **einen Damm bauen** ndërtoj një digë; **der Damm ist gebrochen** është çarë diga; *shpr bis* **nicht auf dem Damm sein** nuk jam mirë (*me shëndet etj.*); 2) trase (*e hekurudhës*); 3) *krahin* trotuar.

D'ammbruch *m* **-(e)s, -brüche** çarje e digës.

d'ämmen *vt* 1) i vë pritë (*lumit etj.*); **den Fluß dämmen** i vë pritë lumit; 2) *fig* ndaloj, përmbaj (*zemërimin etj.*).

d'ämmrig *a* i mugët; **dämmriges Licht** dritë e mugët; **es wird dämmrig** po erret.

d'ämmern *vi* **(h)** 1) erret, ngryset (*dita*); 2) agon (*dita*); 3) : *shpr bis* **es dämmert mir** po filloj të kuptoj; *shpr bis* **der Kranke dämmerte den ganzen Tag vor sich hin** i sëmuri ishte si në gjumë tërë ditën.

D'ämmerschoppen *m* **-s,** = mbrëmje (*me birrë ose verë*).

D'ämmerung *f* =, **-en** 1) muzg; 2) agim; **die Dämmerung bricht herein** po erret; po agon.

D'ämon *m* **-s, Däm'onen** demon (*shpirti i së keqes*); *fig* **von seinem Dämon getrieben** i shtyrë nga demoni i vet.

Dämon'ie *f* =, **-n** forcë demoniake.

däm'onisch *a* demoniak; djallëzor; **ein dämonischer Mensch** një njeri djallëzor.

Dampf *m* **-(e)s, Dämpfe** 1) avull; **die Küche war voller Dampf** kuzhina ishte tërë avull; *shpr bis* **jemandem Dampf machen** nxis dikë në punë; *shpr bis* **hinter etwas Dampf machen** shpejtoj diçka; 2) *fig bis* frikë.

D'ampfbad *n* **-(e)s, -bäder** banjë avulli.

d'ampfen *vi* **(h)** avullon, lëshon avull (*uji, gjella etj.*).

d'ämpfen *vt* 1) ziej në avull (*patate,*

perime etj.); 2) pravulloj; 3) ul (*zërin etj.*); zbus (*tonin etj.*); mpij (*dhembjen etj.*).
D'ampfer *m* **-s, =** anije me avull; avullore (*vjet*).
D'ämpfer *m* **-s, =** *muz* surdinë; **den Dämpfer aufsetzen** i vë surdinë (*violinës etj.*).
D'ampferlinie *f* **=, -n** linjë e anijeve me avull.
D'ampfheizung *f* **=, -en** ngrohje me avull.
d'ampfig *a* tërë avull.
d'ämpfig *a* frymëshkurtër (*kalë etj.*).
D'ampfmaschine *f* **=, -n** makinë me avull.
D'ämpfung *f* **=, -en** ulje (*e zërit*); zbutje (*e tonit*); mpirje (*e dhembjes*).
D'ampfwalze *f* **=, -n** rul kompresor (*me avull*).
dan'ach *dhe* **d'anach** (*kur theksohet*) *adv* 1) pastaj; 2) pas tij (saj *etj.*); **voran gingen die Eltern, danach kamen die Kinder** përpara venin prindërit, pas tyre vinin fëmijët; 3) për këtë; **das Verlangen danach** dëshira për këtë; **er hatte sich immer danach gesehnt, wieder nach Italien zurückzukehren** gjithmonë kishte dëshiruar që të kthehej në Itali: 4) sipas tij (saj *etj.*); **ihr kennt seinen Willen, nun handelt danach** vullnetin e tij dini, tani veproni sipas tij.
Dandy [*d'endi*] *m* **-s, -s** dendi; gagarel.
D'äne *m* **-n, -n** danez.
dan'eben *adv* 1) pranë tij (saj *etj.*); **auf dem Tisch steht eine Lampe, daneben liegt ein Buch** në tryezë qëndron një llampë, pranë saj ka një libër; 2) përveç kësaj; krahas me këtë.
dan'ebenbenehmen*, sich *vrefl ndash bis* sillem në mënyrë të pahijshme.
dan'ebengehen* *vi* **(s)** *ndash* shkon huq (*e shtëna etj.*); **der Versuch ist danebengegangen** përpjekja ka dështuar.
dan'ebenhauen *vi* **(h)** *ndash* 1) më shkon huq (*goditja etj.*); nuk i bie (*gozhdës etj.*); 2) *fig bis* nuk ia qëlloj, nuk i bie më të.
dan'iederliegen* *vi* **(h)** *ndash* 1) jam i sëmurë (e rri në shtrat); 2) *fig* ka rënë (*tregtia etj.*).
dang *sh* **dingen.**
dan'ieder *adv* atje poshtë.
D'änin *f* **=, -nen** daneze.
d'änisch *a* danez.
dank *präp* (G, *në sing edhe* D) falë, në sajë të ...
Dank *m* **-(e)s** falënderim; **jemandem Dank sagen** falënderoj dikë; **herzlichen Dank** falemnderit shumë!
D'ankadresse *f* **=, -n** letër (*kolektive*) falënderimi.
d'ankbar *a* 1) mirënjohës; **jemandem dankbar sein** i jam mirënjohës dikujt; **ich wäre dir dankbar, wenn ...** do të ta dija për nder sikur ...; 2) që e vlen; **eine dankbare Arbeit** punë që e vlen.
D'ankbarkeit *f* **=** mirënjohje.
d'anke *adv* falemnderit, faleminderit; **danke schön! — Nichts zu danken!** faleminderit shumë! — S'ka për se!
d'anken 1. *vi* **(h)** falënderoj, i falem nderit (*dikujt*); **ich danke Ihnen** ju falem nderit; *iron* **für solche Aufgaben danke ich!** për punë të tilla s'më ke!; 2. *vt* 1) ia shpërblej (*një të mirë dikujt*); **wie kann ich dir das jemals danken!** a mund të ta shpërblej vallë ndonjëherë?; 2) ia di (*për nder*) (*diçka dikujt*); **all die Mühe dankt dir keiner** askush s'ta di për nder gjithë këtë mundim; 3) ia detyroj (*diçka dikujt*); **meine**

Ausbildung danke ich meinen Eltern shkollën që kam bërë ua detyroj prindërve.
d'ankenswert *a* që duhet falënderuar; **eine dankenswerte Arbeit** punë për të cilën duhet falënderuar (*dikush*).
d'ankerfüllt *a* plot mirënjohje.
D'anksagung *f* =, **-en** letër falënderimi (*për ngushëllime etj.*).
dann *adv* 1) pastaj, mandej; **erst überlegen, dann sprechen** më parë mendohu, pastaj folë; **erst belügst du mich, und dann versuchst du auch noch ...** një herë më gënjen, pastaj edhe përpiqesh të ...; 2) atëherë; **wenn du Hilfe brauchst, dann sage es mir** po pate nevojë për ndihmë, atëherë ma thuaj; *shpr* **dann und wann** herë pas here.
d(a)r'an *dhe* **d'aran** (*kur theksohet*) *adv* te kjo; nga kjo; në këtë; për këtë; **vergiß nicht, den Brief in den Kasten zu werfen, wenn du daran vorbei kommst** mos harro të hedhësh letrën në kutinë e postës kur të kalosh andej; **seine Einstellung kannst du schon daran erkennen, daß ...** qëndrimin e tij mund ta dallosh nga fakti se ...; **ich kann mich kaum daran erinnern** mezi më bie në mend për të; **sie suchten sich einen Tisch und setzten sich daran** kërkuan një tryezë dhe u ulën aty; *shpr* **nicht daran zu denken, etwas zu tun** as që më shkon mendja të bëj diçka; *shpr* **nahe daran sein, etwas zu tun** për pak bëj diçka; *shpr* **es ist nichts daran** s'ka rëndësi fare; s'është e vërtetë; s'ka gjë; *shpr* **ich bin übel dran** e kam keq (*punën*); *shpr* **was kann ihm daran liegen?** ku do ta ketë hallin?; *shpr* **wer ist dran?** kush e ka radhën?
dar'angehen* *vi* (s) *bis ndash* filloj (*të bëj diçka*).
dar'ankommen* *vi* (s) *ndash* kam radhën, më vjen radha.
dar'anmachen, sich *vrefl ndash bis* detyroj veten të filloj (*një punë etj.*).
dar'ansetzen *vt ndash* vë në lojë; rrezikoj; **seinen Kopf daransetzen** loz me kokë; **alles daransetzen** vë të gjitha forcat, bëj çmos; 2. *vrefl* **sich daransetzen** ulem, shtrohem (*për të filluar një punë*).
dar'auf *dhe* **d'arauf** (*kur theksohet*) *adv* 1) kësaj; në, mbi këtë; për këtë; **ich gebe viel darauf** kësaj i jap shumë rëndësi; **ich komme darauf** më shkon mendja për këtë; **ich freue mich darauf** gëzohem për këtë; **ich werde noch darauf zurückkommen** do t'i kthehem prapë kësaj (*çështjeje*); **ein Hut mit einer Feder darauf** një kapele me pupël (në të); 2) pastaj; **am Tag darauf** të nesërmen; **eine Woche darauf** një javë më vonë; **darauf ereignete sich folgendes** pastaj ndodhi sa vijon; 3) prandaj; **man hatte ihn auf frischer Tat ertappt, darauf war er verhaftet worden** e kishin zënë me presh në dorë, prandaj dhe e kishin arrestuar.
dar'auffolgend *a* që vjen pas tij (saj *etj.*); pasues; **an diesem und dem darauffolgenden Tage** këtë ditë dhe ditën që vjen pas saj.
dar'aufhin *dhe* **d'araufhin** (*kur theksohet*) *adv* 1) pastaj; pas kësaj; **daraufhin änderte er seinen Plan** pastaj ndërroi planin; 2) në këtë (*vështrim*).
dar'aus *dhe* **d'araus** (*kur theksohet*) *adv* nga ky (kjo *etj.*); prej tij (saj *etj.*); **daraus kannst du viel lernen** nga kjo mund të mësosh shumë; **es wird nichts daraus** s'del gjë nga kjo.

d'arben *vi* (h) heq keq; **sie haben gehungert und gedarbt** kanë vuajtur për bukë dhe kanë hequr keq.

d'arbieten* 1. *vt ndash* 1) jap; **jemandem die Hand darbieten** i zgjas dorën dikujt; **Konzerte darbieten** jap koncerte; 2. *vrefl* **sich darbieten** del, paraqitet (*një pamje, mundësi etj.*).

D'arbietung *f* =, **-en** pjesë (*nga një shfaqje*); **die musikalischen Darbietungen waren sehr schön** pjesët muzikore ishin shumë të bukura.

d'arbringen* *vt ndash* 1) paraqes (*urimet etj.*); 2) jap, ofroj, dhuroj; 3) bëj (*sakrifica etj.*).

dar'einfinden*, sich *vrefl ndash* 1) mësohem (*me një shoqëri të re etj.*); 2) pajtohem (*me një gjendje të re etj.*).

darf *sh* **dürfen.**

dar'in *dhe* **d'arin** (*kur theksohet*) *adv* 1) në të, aty brenda; **ein Nest mit zwei Jungen darin** një çerdhe me dy zogj të vegjël brenda; 2) këtu, në këtë pikë; **darin irrst du dich** këtu e ke gabim.

d'arlegen *vt ndash* paraqes, parashtroj (*arsyet për diçka etj.*); **etwas im einzelnen darlegen** tregoj hollësisht diçka.

D'arlegung *f* =, **-en** paraqitje, parashtrim.

D'arlehen *n* **-s,** = hua (*me kamatë*); **ein Darlehen aufnehmen** marr një hua.

Darm *m* **-(e)s, Därme** *anat* zorrë.

d'arreichen *vt ndash* jap, ofroj (*një dhuratë etj.*).

d'arstellen *ndash* 1. *vt* 1) paraqes, tregoj; **er kann die Sache nicht objektiv darstellen** ai nuk mund ta paraqesë çështjen në mënyrë objektive; 2) luaj, interpretoj (*një rol*); 3) përfaqëson, është; **das Ereignis stellte einen Wendepunkt in seinem Leben dar** ngjarja qe një kthesë në jetën e tij; *shpr bis* **dieser Mann stellt nichts dar** ky njeri është një hiç; 4) përshkruaj; pikturoj; 2. *vrefl* **sich darstellen** duket, paraqitet (*një çështje*); **mir stellte sich die Angelegenheit sehr verwickelt dar** çështja m'u duk shumë e ndërlikuar.

d'arstellend *a* 1) përshkrues; **darstellende Geometrie** gjeometri përshkruese; 2) figurativ; **darstellende Künste** arte figurative.

D'arsteller *m* **-s,** = interpretues (*i një roli*).

D'arstellerin *f* =, **-nen** interpretuese (*e një roli*).

D'arstellung *f* =, **-en** 1) përshkrim (*i një ngjarjeje etj.*); 2) interpretim (*i një roli*); 3) paraqitje (*e një çështjeje*).

dar'über *dhe* **d'arüber** (*kur theksohet*) *adv* 1) mbi të (ta, to); **ein kleines Haus mit einem flachen Dach darüber** një shtëpi e vogël me një çati të rrafshtë mbi të; 2) më shumë; e lart; **das Alter der Abiturienten ist heute achtzehn Jahre und darüber** mosha e maturantëve sot është tetëmbëdhjetë vjeç e lart; 3) gjatë kësaj kohe, në këto e sipër; **darüber habe ich völlig vergessen, daß ...** në këto e sipër kam harruar krejt se ...; 4) për këtë, në lidhje me këtë; **wir wollen uns nicht darüber streiten** nuk do të diskutojmë për këtë; 5): **darüber hinaus** përveç kësaj.

dar'übermachen, sich *vrefl ndash bis* 1) detyroj veten të filloj (*një punë etj.*); 2) filloj të ha me lezet.

dar'überstehen* *vi* **(h)** *ndash* qëndroj sipër (*gjërave të vogla etj.*).

dar'um *dhe* **d'arum** (*kur theksohet*) *adv* 1) rreth tij (saj *etj.*); 2) për këtë (*çështje*); **darum brauchst du dir**

keine Sorgen zu machen për këtë s'ke pse shqetësohesh; 3) për këtë (*arsye*), prandaj; 4) për këtë (*qëllim*).

dar'unter *dhe* **d'arunter** (*kur theksohet*) *adv* 1) nën të (ta, to); **er drehte die Dusche auf und stellte sich darunter** hapi dushin e qëndroi nën të; 2) ndër ta (to); midis tyre; **er hatte eine große Anzahl Schüler, einige darunter waren sehr begabt** ai kishte shumë nxënës dhe disa prej tyre ishin shumë të talentuar; 3) e poshtë; më pak; më lirë; 4) me këtë; **was verstehen Sie darunter?** ç'kuptoni ju me këtë?

dar'unterfallen* *vi* (s) *ndash* hyn (*në një kategori etj.*); **ich kenne die Bestimmungen genau, diese Sache fällt nicht darunter** i di mirë rregullat, po kjo çështje nuk përfshihet këtu.

dar'unterliegen* *vi* (h) *ndash* qëndroj më poshtë; **seine Leistungen sind sehr hoch, meine liegen weit darunter** rezultatet e tij janë shumë të larta, të mitë qëndrojnë shumë më poshtë.

das *sh* **der.**

d'asein *vi* (s) *ndash* jam; jam i pranishëm; **ist jemand da?** a ka njeri (këtu)?

D'asein *n* **-s** 1) jetë; **ein bescheidenes Dasein führen** bëj jetë të thjeshtë; 2) ekzistencë.

D'aseinberechtigung *f* = e drejtë për të jetuar, për të ekzistuar.

d'asitzen* *vi* (h) *ndash* rri (aty); **sie saß mit einem Buch in der Hand da** ajo rrinte aty me një libër në dorë; *fig bis* **du hast es gut, aber ich sitze da** ti je mirë, po unë jam në hall.

dasj'enige *sh* **derjenige.**

daß 1. *conj* se, që; **ich weiß, daß er kommen wollte** e di që donte të vinte; 2) **außer daß ...** përveç që ...; **dafür daß ...** sepse ...; **dadurch daß ...** duke ...; **damit daß ...** duke; **er verbrachte sein Leben damit, daß er an seiner Erfindung arbeitete** e shkriu jetën duke u marrë me shpikjen e vet; **ohne daß ...** pa ...; **ohne daß seine Eltern es wissen** pa e ditur prindërit e vet; **so daß ...** kështu që ...; **als daß ...** që ...; **er ist zu mächtig, als daß du ihm schaden könntest** është tepër i fortë që t'i bësh dëm ti; **(auf) daß ...** (*me qëllim*) që ...; **daß mir gerade das passieren muß!** të më ndodhë pikërisht mua kjo!; **nur daß ...** vetëm të ...; **daß dich der Teufel hole!** të marrtë djalli!

dass'elbe *sh* **derselbe.**

d'astehen* *vi* (h) *ndash* 1) rri, qëndroj (*në një vend*); 2) jam; mbetem; **allein dastehen** kam mbetur vetëm; **ohne Mittel dastehen** jam pa pare; *shpr bis* **wie stehe ich nun da!** kam lënë nam (*në të dy kuptimet*).

D'atenbank *f* =, **-en** bankë e të dhënave (*për makinat elektronike*).

D'atenverarbeitung *f* =, **-en** përpunim i të dhënave (*nga makinat elektronike*).

dat'ieren 1. *vt* 1) datoj, i vë datën (*një letre etj.*); 2) datoj, i gjej datën (*një dokumenti etj.*). 2. *vi* (h) është (*i një kohe të caktuar); **dieses Buch datiert aus dem 18. Jh.** ky libër është i shekullit të 18-të.

D'attel *f* =, **-n** *bot* hurmë.

D'atum *n* **-s, Daten** 1) datë; 2) *pl* të dhëna; **statistische Daten** të dhëna statistikore.

D'auer *f* = kohëzgjatje; *shpr* **auf die Dauer** me kalimin e kohës; *shpr* **keine Dauer haben, nicht von langer Dauer sein** s'e ka të gjatë.

d'auerhaft *a* 1) i qëndrueshëm (*miqësi etj.*); 2) që rron (*stof etj.*).

D'auerkarte *f* =, **-en** biletë aboneje (*për autobus etj.*).

D'auerlauf *m* **-s, -läufe** *sport* kros.

d'auern I *vi* **(h)** 1) zgjat (*sëmundja etj.*); 2) vazhdon (*rruga etj.*); 3) qëndron (*miqësia etj.*).

d'auern II *vt* më dhimbet (*dikush, diçka*); më vjen keq për (*dikë, diçka*); **der alte Mensch dauerte ihn** plaku i dhimbej; **die Zeit dauert mich** më dhimbet koha (*që kam harxhuar për diçka*).

d'auernd 1. *a* i gjatë; i vazhdueshëm; i qëndrueshëm; 2. *adv* gjatë; vazhdimisht.

D'auerwelle *f* =, **-n** permanent; **eine Dauerwelle machen lassen** i bëj flokët permanent.

D'aumen *m* **-s,** = *anat* pëlqyer, gisht i madh (*i dorës*); *shpr bis* **etwas über den Daumen peilen** mas mesy diçka; *shpr bis* **auf etwas den Daumen halten** s'e lëshoj nga dora diçka; *shpr bis* **jemandem den Daumen halten** më dridhet zemra për dikë.

D'aumenschraube *f* : *shpr bis* **jemandem Daumenschrauben ansetzen** ia mbledh rripat dikujt.

D'aunen *pl* pupla (*pate ose rose për të mbushur jastëkët etj.*).

D'aunendecke *f* =, **-n** jorgan me pupla.

dav'on *dhe* **d'avon** (*kur theksohet*) *adv* nga ky (kjo *etj.*); prej tij (saj *etj.*); **nicht weit davon befindet sich das Museum** jo larg (prej) tij ndodhet muzeumi; **davon weiß ich nichts** s'di gjë nga kjo.

dav'on = *parashtesë e ndashme foljore që tregon largim:* **davonlaufen.**

dav'onbleiben* *vi* **(s)** *bis* rri larg (*nga diçka*); nuk prek (*diçka*).

dav'ongehen* *vi* **(s)** iki, largohem (*nga një vend*).

dav'onkommen* *vi* **(s)** shpëtoj (*nga një rrezik*); **er ist mit dem Leben davongekommen** ka shpëtuar gjallë.

dav'onlaufen* *vi* **(s)** iki; **er ist aus Angst davongelaufen** ka ikur nga frika.

dav'onmachen, sich *vrefl bis* ua mbath, zhdukem.

dav'ontragen* *vt* 1) heq; çoj tutje; 2) fitoj (*një çmim etj.*); **den Sieg davontragen** korr fitoren; 3) marr (*një sëmundje etj.*).

dav'or *dhe* **d'avor** (*kur theksohet*) *adv* 1) para këtij (kësaj *etj.*); para tij (saj *etj.*); **ein Haus mit einem Garten davor** një shtëpi me kopsht përpara; 2) nga ky (kjo *etj.*); prej tij (saj *etj.*); **hüte dich davor!** ruhu prej tij!

dav'orstehen* *vi* **(h)** *ndash* qëndroj para (*diçkaje*); **sie suchte das Haus und bemerkte, daß sie davorstand** ajo kërkonte shtëpinë dhe vuri re se e kishte përpara.

daw'ider *sh* **dagegen.**

daz'u *dhe* **d'azu** (*kur theksohet*) *adv* 1) për këtë; **er wollte sich nicht näher dazu äußern** nuk deshi të shprehej më hollësisht për këtë; 2) për këtë (*qëllim*); 3) përveç kësaj; për më tepër; 4) i tillë; **seine Erfahrungen haben ihn dazu gemacht** përvoja e ka bërë të tillë.

daz'u = *parashtesë e ndashme foljore që tregon shtim:* **dazugeben** jap edhe (*diçka tjetër*).

daz'ugehören *vi* **(h)** më përket (*diçka*); bëj (*për diçka*); hyj (*diku*).

daz'ukommen* *vi* **(s)** 1) vij (*në një çast të caktuar*); **sie kam gerade dazu, als ...** ajo erdhi pikërisht kur ...; 2) i shtohet (*diçkaje*); **dazu kommt**

noch ... kësaj i duhet shtuar edhe (*diçka tjetër*).
d'azumal *adv* 1) *sh* **damals; 2) : die Mode von dazumal** moda e atyre kohëve; *shpr bis* **Anno dazumal** një kohë e një mot.
Daz'utun : *shpr* **ohne jemandes Dazutun** pa ndihmën e kujt.
dazw'ischen *adv* 1) në mes tyre, midis tyre; **zwei Felder mit einer Hecke dazwischen** dy ara me një gardh në mes tyre; 2) ndërkohë.
dazw'ischenfahren* *vi* (s) *ndash* ndërhyj (*për t'i dhënë fund një grindjeje etj.*).
dazw'ischenfunken *vi* **(h)** *ndash bis* 1) *sh* **dazwischenfahren;** 2) ndërhyj, pengoj.
dazw'ischenkommen* *vi* (s) *ndash* del, ndodh papritur; **wenn nichts dazwischenkommt ...** po s'ndodhi ndonjë e papritur ...
dazw'ischenreden *vi* **(h)** *ndash* ndërhyj në bisedë; ia pres fjalën (*dikujt*).
dazw'ischenrufen* *vt ndash* ndërpres me klithma (*një fjalim etj.*).
dazw'ischenschlagen* *vi* **(h)** *ndash* ndërhyj me dhunë (*për t'i dhënë fund një trazire etj.*).
dazw'ischentreten *vi* (s) *ndash* hyj në mes, ndërhyj (*për të ndaluar një grindje etj.*).
Deb'akel *n* **-s, =** 1) shpartallim; 2) disfatë, dështim i plotë.
Deb'atte *f* **=, -n** diskutim, debat (*në parlament*); **die Debatte eröffnen** hap diskutimin.
debatt'ieren *vt vi* **(h)** rrah (*një çështje etj.*); diskutoj.
Debüt [*deb'y*] *n* **-s, -s** debut, debutim; **er gab gestern sein Debut** dje ai debutoi.
Debüt'ant *m* **-en, -en** debutues.
debüt'ieren *vi* **(h)** debutoj.
dechiffrieren [*deshifr'irën*] *vt* deshifroj.
Deck *n* **-s, -s** *det* kuvertë (*e anijes*).
D'eckadresse *f* **=, -n** adresë e fshehtë (*me emër të dikujt tjetër*).
D'eckbett *n* **-(e) s, -en** jorgan.
D'ecke *f* **=, -n** 1) batanije; *shpr bis* **sich nach der Decke strecken müssen** të shtrish këmbët sa ke jorganin; *shpr bis* **mit jemandem unter einer Decke stecken** jam bythë e brekë me dikë; 2) mbulesë (*dëbore, pluhuri etj.*); 3) shtresë (*dëbore etj.*); 4) tavan; **das Zimmer hat eine niedrige, hohe Decke** dhoma ka tavan të ulët, të lartë.
D'eckel *m* **-s, =** 1) kapak (*i enës, i kutisë etj.*); 2) kopertinë, kapak (*i librit*); 3) *bis shak* kapelë; *shpr bis* **jemandem eines auf den Deckel geben** i tregon vendin dikujt.
d'ecken 1. *vt* 1) mbuloj (*çatinë etj.*); 2) shtroj (*tryezën etj.*); 3) *usht* mbuloj (*tërheqjen etj.*); 4) plotësoj (*kërkesat etj.*); 5) *ek* mbuloj (*shpenzimet etj.*); 6) ndërzen (*demi lopën etj.*); 2. *vrefl* **sich decken** përputhen (*trekëndëshat etj.*).
D'eckenbeleuchtung *f* **=, -en** ndriçim në tavan.
D'eckengemälde *n* **-s, =** pikturë e tavanit.
D'eckmantel *m* **-s** petk; **unter dem Deckmantel der Freundschaft** nën petkun e miqësisë.
D'eckname *m* **-ns, -n** emër i rremë.
D'eckung *f* **=, -en** 1) *usht* mbulim (*i tërheqjes etj.*); 2) mbrojtje; 3) *fin* mbulesë (*e kartëmonedhave*); 4) plotësim (*i kërkesave etj.*); 5) ndërzim; 6) përputhje.
de f'acto *shpr* de fakto.
Defät'ist *m* **-en, -en** disfatist.
defät'istisch *a* disfatist (*propagandë etj.*).
def'ekt *a* i prishur (*motor etj.*).

Def'ekt *m* -(e)s, -e avari; **einen Defekt beheben** zhduk një avari.
defens'iv *a* mbrojtës.
Defens'ivbündnis *n* -ses, -se aleancë mbrojtëse.
Defens'ive *f* = mbrojtje.
defil'ieren *vi* (h, s) parakaloj (*para tribunës etj.*).
defin'ieren *vt* përcaktoj (*kuptimin etj.*).
Definiti'on *f* =, -en përcaktim (*i një kuptimi etj.*).
D'efizit *n* -s, -e *ek* deficit.
Deflati'on *f* =, -en *ek* deflacion (*e kundërta e inflacionit*).
deform'ieren *vt* 1) shformoj; 2) përçudnoj; shëmtoj.
d'eftig *a krahin* 1) i fortë (*shaka etj.*); 2) i shëndoshë, i mirë (*e ngrënë etj.*).
D'egen *m* -s, = shpatë.
degener'iert *a* i zvetënuar, i degjeneruar, i bastarduar.
degrad'ieren *vt* 1) zhgradoj (*një oficer etj.*); 2) degradoj (*tokën etj.*).
Degrad'ierung *f* =, -en 1) zhgradim; 2) degradim (*i tokës etj.*).
d'ehnbar *a* i zgjatshëm, i shtrishëm (*rrip gome etj.*); *fig* **ein dehnbarer Begriff** një koncept i papërcaktuar mirë.
D'ehnbarkeit *f* = shtrishmëri.
d'ehnen 1. *vt* shtrij; zgjas; 2. *vrefl* shtrihem; zgjatem.
D'ehnung *f* =, -en shtrirje; zgjatje.
D'ehnungszeichen *n* -s, = *gram* shënjë zgjatjeje (*e zanores*).
Deich *m* -(e) s, -e digë, pritë; **der Deich ist gebrochen** është çarë diga.
D'eichbruch *m* -(e) s, -brüche çarje e digës.
D'eichsel *f* =, -n shtizë, mashkull (*i qerres, i karrocës etj.*).
d'eichseln *vt bis* rregulloj (*një punë*).
dein *pron poss m* (*f* **deine,** *n* **dein,** *pl* **deine**) yt (jote, të tu); **dein Buch** libri yt; **deine Freunde** miqtë e tu; **das Leben deiner Kinder** jeta e fëmijëve të tu; **dieses Haus soll das deine sein** kjo shtëpi do të jetë jotja; (*vetëm me shkronjë të madhe*) **ewig der Deine** përherë yti; **du mußt das Deine dafür tun** duhet të bësh tëndën; **die Deinen** të afërmit e tu, të tutë; **das Meine und das Deine** imja dhe jotja.
dein *sh* **deiner** 1.
d'einer 1. *pron pers* (G *i* **du**); 2. *pron poss* yt.
d'einerseits *adv* nga ana jote.
d'einesgleichen *pron* shoku yt, i tillë si ti; **du und deinesgleichen** ti e të tillë si ti.
d'einetwegen *adv* për ty, për hir tënd.
d'einetwillen *adv* për ty, për hir tënd.
d'einige *sh* **deine.**
dejeuner [*dezhën'e*] *n* -s, -s mëngjes, sillë.
dej'ure *shpr* de jure.
dekad'ent *a* dekadent; **seine Gedichte waren etwas dekadent** poezitë e tij ishin ca si dekadente.
Dekad'enz *f* = dekadencë, kalbëzim.
Dek'an *m* -s, -e dekan (*i fakultetit etj.*).
Deklamati'on *f* =, -en deklamim.
deklam'ieren *vt* deklamoj (*vjersha etj.*).
Deklarati'on *f* =, -en deklaratë; **eine Deklaration abgeben** lëshoj një deklaratë.
deklar'ieren *vt* deklaroj (*para gjyqit, në doganë etj.*).
deklass'ieren *vt* 1) deklasoj; 2) *sport* mund keq; lë shumë prapa.
Deklinati'on *f* =, -en *gram* lakim.
deklin'ieren *vt* lakoj (*një emër, mbiemër etj.*).
Dekolleté [*dekolt'e*] *n* -s, -s dekolté.

dekollet'iert [*dekolt'irt*] *a* me jakë shumë të hapur (*fustan etj.*).

Dek'or *m dhe n* **-s, -s** stoli e ngjyruar (*e një gote etj.*).

Dekorateur [*dekorat'ër*] *m* **-s, -e** dekorator.

Dekorati'on *f* **=, -en** 1) *vetëm sing* stolisje, zbukurim; 2) dekor (*i skenës etj.*).

dekorat'iv *a* dekorativ, zbukurues, stolisës.

dekor'ieren *vt* 1) stolis, zbukuroj (*sallën etj.*); 2) dekoroj (*me një medalje etj.*).

Dekr'et *n* **-(e)s, -e** dekret; **ein Dekret erlassen** nxjerr një dekret.

dekret'ieren *vt* dekretoj.

Delegati'on *f* **=, -en** delegacion; **eine Delegation entsenden** dërgoj një delegacion.

deleg'ieren *vt* 1) delegoj (*dikë në një kongres etj.*); 2) **(auf A)** i ngarkoj (*një detyrë dikujt*).

Deleg'ierte *m dhe f* **-n, -n** delegat; i deleguar; **ein Delegierter** një delegat; **mehrere Delegierte** shumë delegatë.

delekt'ieren 1. *vt* kënaq; 2. *vrefl* **sich delektieren** kënaqem.

delik'at *a* 1) i shijshëm; 2) delikat; me takt (*njeri etj.*); 3) delikat (*problem etj.*).

Delikat'esse *f* **=, -n** delikatesë (*gjë shumë e shijshme*).

Del'ikt *n* **-(e)s, -e** *drejt* shkelje; faj; **ein Delikt begehen** bëj një shkelje.

Delinqu'ent *m* **-en, -en** *drejt* shkelës.

Del'irium *n* **-s, Deliri/en** *mjek* kllapi; **in ein Delirium verfallen** bie në kllapi.

Delph'in *m* **-s, -e** *zool* delfin.

D'elta *n* **-s, -s** *gjeogr* deltë (*e lumit*).

dem *sh* **der;** *shpr* **wie dem auch sei** sidoqoftë; shpr **sei dem, wie es wolle** sido që të jetë.

Demag'oge *m* **-n, -n** demagog.

Demagog'ie *f* **=, -n** demagogji.

demag'ogisch *a* demagogjik.

Demarkati'onsl'ini/e *f* **=, -n** vijë demarkacioni; **die Demarkationslinie überschreiten** kaloj vijën e demarkacionit.

demask'ieren 1. *vt* demaskoj (*dikë*); 2. *vrefl* **sich demaskieren** 1) heq maskën; 2) *fig* tregoj fytyrën e vërtetë.

Demask'ierung *f* **=, -en** demaskim.

Dem'enti *n* **-s, -s** përgënjeshtrim.

dement'ieren *vt* përgënjeshtroj (*një lajm etj.*).

d'ementsprechend 1. *a* përkatës; **die dementsprechende Antwort** përgjigje përkatëse; 2. *adv* përkatësisht; prandaj.

d'emgegenüber *adv* nga ana tjetër; në krahasim me këtë.

d'emgemäß *adv* rrjedhimisht; prandaj.

demilitaris'ieren *vt* çmilitarizoj.

Demilitaris'ierung *f* **=, -en** çmilitarizim.

d'emnach *adv* rrjedhimisht; prandaj.

d'emnächst *ndajf* së shpejti; **demnächst kommt die zweite Auflage des Buches** së shpejti del botimi i dytë i librit.

Demokr'at *m* **-en, -en** demokrat.

Demokrat'ie *f* **=, -ti/en** demokraci.

demokr'atisch *a* demokratik.

demol'ieren *vt* shkatërroj; shemb (*një ndërtesë etj.*).

Demonstr'ant *m* **-en, -en** demonstrues, manifestues.

Demonstrati'on *f* **=, -en** 1) demonstratë; manifestim; 2) demonstrim (*i një teoreme etj.*); 3) shfaqje; **eine Demonstration der Völkerfreundschaft** një shfaqje e miqësisë së popujve.

demonstrat'iv 1. *a* demonstrativ

(*veprim, mësim etj.*); 2. *adv* në mënyrë demonstrative.

Demonstrat'ivpronomen *n* **-s,** = *dhe* **-mina** *gram* përemër dëftor.

demonstr'ieren 1. *vt* demonstroj (*mësimin etj.*); 2. *vi* **(h)** demonstroj, dal në demonstratë; manifestoj.

Demontage [*demont'azhë*] *f* =, **-n** çmontim (*i paisjeve të një fabrike etj.*).

demont'ieren *vt* çmontoj (*një makinë, fabrikë etj.*).

demoralis'ieren *vt* demoralizoj (*armikun etj.*).

Demoralis'ierung *f* =, **-en** demoralizim.

Demoskop'ie *f* =, **-pi/en** studim i opinionit publik.

D'emut *f* = përulësi; nënshtrim.

d'emütig *a* i përulur; i nënshtruar.

d'emütigen 1. *vt* përul; nënshtroj; 2. *vrefl* **sich demütigen** përulem; nënshtrohem.

D'emütigung *f* =, **-en** përulje; nënshtrim.

d'emzufolge *adv* rrjedhimisht; prandaj.

D'enkart *f* = mënyrë të menduari.

d'enkbar *a* 1) që mund të mendohet, që mund të merret me mend; 2) shumë, fort; **dieser Termin ist denkbar ungünstig** ky afat është shumë i pavolitshëm.

d'enken* 1. *vt* 1) mendoj; **wer hätte das gedacht!** kush mund ta kishte menduar këtë!; kujt i kishte shkuar mendja për këtë!; **jeder denkt im geheimen dasselbe** sikush përbrenda mendon të njëjtën gjë; 2. *vi* **(h)** 1) mendoj, kam (një) mendim (*për diçka*); **die Leuten denken nicht gut von dir** njerëzit nuk kanë mendim të mirë për ty; 2) mendoj, besoj, them; **ich dachte, ich hätte dir das Buch schon gegeben** thashë se ta kisha dhënë librin; 3) marr me mend; **du hättest dir doch denken können, daß ich später komme** duhej ta kishe marrë me mend se unë do të vija më vonë; 4) kam ndër mend; **ich denke, morgen abzureisen** kam ndër mend të nisem nesër; 5) më bie në mend; më shkon mendja; kujtoj; **er denkt oft an seine verstorbenen Eltern** atij i shkon shpesh mendja te prindërit e vdekur; **solange ich denken kann** me sa më kujtohet; 6) mendoj, kujdesem (*për dikë ose diçka*); **sie denkt immer zuerst an die Kinder** ajo mendon gjithmonë pikësëpari për fëmijët; **denke daran, es bald zu tun** shiko të mbarosh shpejt.

D'enker *m* **-s,** = mendimtar.

d'enkfaul *a* mendjeplogët.

D'enkmal *n* **-s, -mäler** përmendore, monument; *shpr* **sich (D) ein Denkmal setzen** i ngre vetes një përmendore.

D'enkschrift *f* =, **-en** përkujtesë, memorandum.

D'enksport *m* **-s** ushtrim mendor.

d'enkwürdig *a* që është për t'u mbajtur mend; i paharrueshëm.

D'enkzettel *m* **-s,** =: *bis* **jemandem einen Denkzettel geben** i jap dikujt një mësim që do ta mbajë mend për një kohë të gjatë.

Denkweise *f* = mënyrë të menduari.

d'enkwürdig *a* i paharrueshem; i rëndësishëm; **ein denkwürdiges Ereignis** një ngjarje e paharrueshme.

D'enkwürdigkeit *f* =, **-en** ngjarje e rëndësishme, e paharrueshme.

denn *conj* 1) sepse; meqë; pasi; 2) (*përforcues*) de; **wann, welcher, wer, wo denn?** kur, cili, kush, ku de?; 3) se, nga; **mehr denn je** më

fort se kurdoherë (*në vend të* **als** *pas shkallës krahasore*); 4) veç; **es sei denn** veç në (mos).
d'ennoch *conj* megjithatë.
Denunzi'ant *m* **-en, -en** denoncues, kallëzues.
Denunziati'on *f* **=, -en** denoncim, kallëzim.
denunz'ieren *vt* denoncoj, kallëzoj; **er hat ihn bei der Polizei denunziert** e ka denoncuar në polici.
Dep'esche *f* **=, -n** *vjet* telegram; radiogram.
deplac'iert *a* pa vend; **diese Bemerkung war absolut deplaciert** kjo vërejtje ishte krejt pa vend.
depon'ieren *vt* depozitoj (*ar në bankë etj.*).
Deportati'on *f* **=, -en** shpërngulje (*e një të dënuari në një fshat etj.*).
deport'ieren *vt* shpërngul (*një të dënuar në një fshat etj.*).
Depot [*dep'o*] *n* **-s, -s** 1) depo (*për armë, veshmbathje etj.*); 2) kasafortë (*e bankës*); 3) park (*i autobusëve etj.*).
Depressi'on *f* **=, -en** 1) *mjek* depresion; 2) *ek* rënie; 3) *gjeogr* ulje, depresion, fushëgropë.
deprim'ieren *vt* ligështoj, shkurajoj; **dieser Vorfall hat mich sehr deprimiert** kjo ngjarje më ka ligështuar shumë; **er war völlig deprimiert** e kishte lëshuar zemre fare.
Deput'at *n* **-s, -e** *ek* pagesë në natyrë.
Deputati'on *f* **=, -en** dërgatë, delegacion.
Deput'ierte *m dhe f* **-n, -n** i deleguar; **ein Deputierter** një i deleguar; **mehrere Deputierte** shumë të deleguar.
der, die, das 1. *art def* -i (-u); -(j)a; -të; **der Mann** burr/ë -i; **der Baum** pem/ë -a; **die Frau** grua-ja; **die Kuh** lop/ë -a; **das Fleisch** mish-të; 2. *pron dem* ky, kjo, këta; **ausgerechnet der (die) muß mir das sagen!** pikërisht ai (ajo) duhet të ma thotë këtë!; 3. *pron rel* që, i cili; **der Mann, der das gesagt hat** burri që e ka thënë këtë; **das Haus, das an der Ecke steht** shtëpia që është te qoshja; 4. **G** *dhe* **D** *sing i* **die; G** *pl i* **die.**
derangiert [*derâzh'irt*] *a* i shpartalluar (*veshje etj.*); **ihre Kleidung war ziemlich derangiert** veshjen e kishte krejt të shpartalluar.
d'erart *adv* aq, kaq; **derart schwierig, daß ...** aq i vështirë sa ...
d'erartig *a* i tillë; **eine derartige Frechheit habe ich noch nicht erlebt!** s'kam parë ndonjëherë paturpësi të tillë!
derb *a* 1) i fortë (*goditje etj.*); 2) i ashpër (*pëlhurë etj.*); 3) i vrazhdë (*përgjigje etj.*); 4) i trashë (*shaka etj.*).
D'erbheit *f* **=** 1) forcë (*e goditjes etj.*); 2) ashpërsi (*e pëlhurës etj.*); 3) vrazhdësi (*e përgjigjes etj.*); 4) trashamanësi (*e një shakaje etj.*); 5) *pl* **-en** fjalë e rëndë.
Derby [*derbi*] *n* **-s, -s** derbi (*garë vrapimesh me kuaj*).
d'ereinst *adv* 1) dikur (*në të ardhmen*); 2) dikur (*në të kaluarën*).
d'eren *sh* **die** *pl.*
d'erentwegen, derentwillen 1. *adv dem* për këtë, për hir të kësaj; për këta (këto), për hir të këtyre; 2. *adv rel* për të cilën; për të cilët (të cilat).
d'ergestalt *adv sh* **derart.**
dergl'eichen *pron dem* (*shkurt* **dgl.**) të këtij lloji, të tilla; **und dergleichen mehr** (*shkurt* **u. dgl. m.**) e të tjera si këto.
derj'enige, diejenige, dasjenige *pron dem* ai, ajo, ata, ato (që); **diejenige Frau, die gestern ...** ajo gruaja që dje ...

Dernier cri [*dernjekr'i*] *m* =, **-s -s** moda e fundit.

d'ermaßen *adv sh* **derart.**

ders'elbe, dieselbe, dasselbe *pron dem* i njëjti, e njëjta; po ai, po ajo; **derselbe Verlag** e njëjta shtëpi botuese; **dieselbe Stadt** i njëjti qytet; **dasselbe Dorf** i njëjti fshat; **ein und derselbe** po ai.

d'erweil 1. *adv* gjatë kësaj kohe, ndërkaq; 2. *conj* ndërsa.

d'erzeit *adv* 1) tashti, në këtë çast; 2) *rrallë* atëherë, në kohën e vet.

d'erzeitig *a* 1) i tanishëm, i sotëm; 2) *rrallë* i atëhershëm, i asaj kohe.

des *sh* **der.**

Des'aster *n* **-s,** = katastrofë.

desavou'ieren [*...avu...*] *vt* 1) mohoj, i bie moh (*diçkaje*); 2) nuk njoh (*një marrëveshje etj.*); shpërnjoh, shpërfill.

Deserteur [*dezert'ër*] *m* **-s, -e** dezertor.

desert'ieren *vi* **(h, s)** dezertoj.

desgl'eichen 1. *adv* po ashtu; 2. *conj* gjithashtu.

d'eshalb 1. *adv* për këtë arsye; **er kommt nur deshalb, weil ...** ai vjen vetëm për arsye se ...; 2. *conj* prandaj.

Design [*diz'ain*] *n* **-s, -s** projekt, mostër; model.

Designer [*diz'ainër*] *m* **-s,** = projektues; modelist.

desillusion'ieren *vt* zhgënjej.

Desinfekti'on *f* =, **-en** dezinfektim.

desinfiz'ieren *vt* dezinfektoj.

Desinter'esse *n* **-s** mosinteresim, çinteresim; indiferencë.

desinteress'iert *a* i çinteresuar; indiferent.

desodor'ierend *a* deodorant (*sapun etj.*).

desorient'iert *a* i çorientuar.

despekt'ierlich *a vjet* përçmues.

Desp'ot *m* **-en, -en** despot (*edhe fig*).

desp'otisch *a* despotik (*regjim etj.*).

d'essen *sh* **der.**

d'essenungeachtet *adv* megjithatë.

Dessert [*des'er*] *n* **-s, -s** desert.

Dessin [*des'ê*] *n* **-s, -s** vizatim, dizenjo (*në pëlhurë etj.*).

Dessous [*dës'u*] *n* **-(s), -(s)** veshje të brendshme (*për gra*).

Destillati'on *f* =, **-en** distilim.

destrukt'iv *a* shkatërrimtar; **destruktive Politik** politikë shkatërrimtare.

d'esto *conj* aq; **je mehr, desto besser** sa më shumë aq më mirë.

d'eswegen 1. *adv* për këtë arsye; 2. *conj* prandaj.

Detail [*det'aj*] *n* **-s, -s** hollësi, imtësi; **ins Detail gehen** hyj në hollësi.

detailliert [*detaj'irt*] *a* i hollësishëm.

Detekt'iv *m* **-s, -e** detektiv.

Detekt'ivroman *m* **-s, -e** roman policor.

Detonati'on *f* =, **-en** shpërthim (*i një bombe etj.*).

deton'ieren *vi* **(h, s)** shpërthen, plas (*bomba etj.*).

deucht *sh* **dünken.**

d'euteln *vi* **(h)** keqinterpretoj, shtrembëroj kuptimin.

d'euten 1. *vt* shpjegoj, interpretoj (*një ëndërr etj.*); **die Zukunft deuten** parashikoj të ardhmen; 2. *vi* **(h)** 1): **auf etwas, auf jemanden deuten** tregoj me gisht diçka, dikë; 2) **(auf A)** tregon, jep shenja; **alles deutet auf kommende Veränderungen hin** të gjitha japin shenja se do të ketë ndryshime në të ardhmen.

d'eutlich *a* 1) i qartë; i kuptueshëm; i lexueshëm; 2) i hapur; **eine deutliche Sprache mit jemandem sprechen** flas hapur me dikë; *shpr* **deutlich werden** bëhem i pafytyrë.

deutsch 1. *a* gjerman; 2. *adv* gjermanisht; *shpr* **deutsch mit jemandem reden** flas hapur me dikë; *shpr bis* **auf gut deutsch** troç.

Deutsch *n* = gjuhë gjermane, gjermanishte; **er versteht kein Wort Deutsch** ai s'merr vesh asnjë fjalë gjermanisht; *fig bis* **du verstehst wohl kein Deutsch?** shqip po të flas!; **sein Deutsch ist schlecht** gjermanishtja e tij është e keqe.

D'eutsche *m dhe f* **-n, -n** gjerman; **ein Deutscher** një gjerman; **mehrere Deutsche** shumë gjermanë.

D'eutsche *n* **-n** gjuhë gjermane, gjermanishte; **etwas aus dem Deutschen ins Französische übersetzen** përkthej diçka nga gjermanishtja në frëngjisht.

D'eutung *f* =, **-en** shpjegim; interpretim; **die Deutung des Gedichtes** shpjegimi i poezisë.

Dev'ise [...*vi*...] *f* **-, -n** 1) *vetëm pl* valutë; **keine Devisen haben** s'kam valutë; 2) moto, parullë.

dev'ot *a* i përulur; **eine devote Haltung** një qëndrim i përulur.

Dez'ember *m* **-(s)** dhjetor (*muaj*).

dez'ent *a* 1) i lehtë (*parfum, ndriçim etj.*); 2) i hijshëm.

Dezern'at *n* **-(e)s, -e** seksion (*i një administrate*).

Dezern'ent *m* **-en, -en** shef seksioni.

dezim'al *a* dhjetor (*numër etj.*).

dezim'ieren *vt* dhjetoj; **Hunger und Krankheit haben die Bevölkerung dezimiert** uria e sëmundjet e kanë dhjetuar popullsinë.

dgl. = **dergleichen.**

d. h. = **das heißt** dmth. = domethënë.

d. i. = **das ist** dmth. = domethënë.

D'ia *n* **-s, -s** *shkurt* diapozitiv.

Diab'etiker *m* **-s,** = diabetik.

diab'olisch *a* djallëzor.

Diad'em *n* **-s, -e** diademë.

Diagn'ose *f* =, **-n** *mjek* diagnozë; **eine Diagnose stellen** bëj një diagnozë.

diagnostiz'ieren *vt mjek* diagnostikoj.

diagon'al *a* diagonal.

Diagon'ale *f* =, **-n** *gjeom* diagonale.

Dial'ekt *m* **-s, -e** dialekt

Dial'ektik *f* = *filoz* dialektikë.

dial'ektisch *a* dialektik.

Dial'og *m* **-s, -e** dialog (*edhe fig*).

Diam'ant *m* **-en, -en** diamant.

diam'anten *a* 1) prej diamanti; **die diamantene Spitze eines Bohrers** maja e diamantë e një shpuesi; 2) me diamant; **von diamantener Härte** me fortësi diamanti; 3) me diamantë (*karficë etj.*); *shpr* **die diamantene Hochzeit** dasma e diamantë (*60-vjetori i martesës*).

diametr'al *a* 1) *gjeom* diametral; 2) i kundërt; **diametrale Ansichten** pikëpamje të kundërta.

Diaposit'iv *n* **-s, -e** diapozitiv.

Di'arium *n* **-s, Diari/en** *vjet* ditar.

Diarrh'ö(e) *f* =, **-öen** *mjek* diarre, lëbarke.

Diask'op *n* **-s, -e** diaskop.

Di'aspora *f* = diasporë.

di'ät *adv* : **diät essen (leben)** mbaj dietë.

Di'ät *f* = *mjek* dietë.

Di'äten *pl* dieta (*të deputetit*).

dich *a i* **du.**

dicht 1. *a* 1) i dendur (*pyll etj.*); i shpeshtë (*krehër etj.*); 2) i ngjeshur, i rrasur; 3) i papërshkueshëm (*nga uji*); 2. *adv* : **dicht an (bei, neben)** fare pranë; **dicht vor** mu përpara; **jemandem dicht auf den Fersen sein** ndjek këmba-këmbës dikë.

D'ichte *f* = 1) dendësi (*e popullsisë etj.*); 2) padëpërtueshmëri.

d'ichten I *vt* shtupoj (*një plasë, vrimë etj.*); i zë pikën (*çatisë*); bëj të papërshkueshëm (*nga uji*).

d'ichten II *vt, vi* **(h)** 1) hartoj, shkruaj, bëj (*një poemë, roman etj.*); 2) *bis* trilloj, shpik.

D'ichter *m* **-s, =** poet; krijues (*i një vepre letrare*).

d'ichterisch *a* poetik; **dichterische Freiheit** liri poetike; *shak* **er hat eine dichterische Ader** ka dell poeti.

D'ichterling *m* **-s, -e** *bis shak* poetuc.

d'ichthalten* *vi* **(h)** *ndash bis* s'hap gojë (*mbaj një të fshehtë*).

D'ichtkunst *f* **=** 1) poezi, krijimtari poetike; 2) art i poezisë; **die Dichtkunst ist nicht erlernbar** arti i poezisë nuk mësohet.

D'ichtung I *f* **=, -en** poezi, krijimtari poetike; **die Dichtung des Mittelalters** krijimtaria poetike e Mesjetës.

D'ichtung II *f* **=** 1) shtupim; zënie e pikës (*së çatisë etj.*); 2) guarnicion; **die Dichtung am Wasserhahn muß erneuert werden** rubinetit i duhet ndërruar guarnicioni.

dick *a* 1) i trashë (*njeri, libër etj.*); i majmë (*derr etj.*); **sie ist dicker geworden** ajo është trashur; **das Brett ist 2 cm dick** dërrasa është 2 cm e trashë; *shpr bis* **ein dickes Fell haben** e kam lëkurën të trashë; 2) i dendur (*pyll etj.*); 3) i fryrë, i ënjtur (*faqe etj.*); 4) i trashë (*lëng*); 5) *fig bis* i trashë (*miqësi etj.*); **dicke Freunde** miq të ngushtë; 6) : *shpr bis* **es ist dicke Luft gjendja** është e nderë; ka rrezik; *shpr bis* **dick auftragen** e teproj; *shpr bis* **mit jemandem durch dick und dünn gehen** ndaj të mirën e të keqen me dikë; *shpr bis* **etwas dick(e) haben** më ka ardhur diçka në majë të hundës.

d'ickbäuchig *a* barkmadh, barkalec.

D'ickdarm *m* **-(e) s, -därme** *anat* zorrë e trashë.

D'icke *f* **=** trashësi (*e murit etj.*).

d'ickfellig *a bis* lëkurëtrashë (*njeri*).

d'ickflüssig *a* i trashë (*lëng*).

D'ickicht *n* **-s, -e** shkurrnajë, imshtë.

D'ickkopf *m* **-(e)s, -köpfe** *bis* 1) kokëfortë; 2) kokë e fortë; kokëfortësi; **einen Dickkopf haben** e kam kokën të fortë.

D'icktuer *m* **-s, =** punëmadh, mburravec.

d'icktun*, **sich** *vrefl ndash bis* mburrem, mbahem me të madh.

Did'aktik *f* **=, -en** didaktikë.

did'aktisch *a* didaktik.

die *sh* **der.**

Dieb *m* **-(e)s, -e** vjedhës, hajdut; **einen Dieb auf frischer Tat ertappen** zë një hajdut me presh në duar.

D'iebin *f* **=, -nen** vjedhëse, hajdute.

d'iebisch 1. *a* 1) vjedhës; **sie ist eine diebische Person** ajo ka dorë; *fig* **sie ist eine diebische Elster** ajo është një laraskë vjedhacake; 2) *bis* shumë i madh (*kënaqësi etj.*); me njëfarë dashaligësie (*gëzim etj.*); 2. *adv bis* shumë, fort; me dashaligësi; *shpr* **sich diebisch über etwas freuen** gëzohem me (dasha)ligësi për diçka.

D'iebstahl *m* **-s, -stähle** vjedhje; **er wurde beim Diebstahl ertappt** e kapën duke vjedhur; *shpr* **geistiger Diebstahl** plagjiaturë.

diej'enige *sh* **derjenige.**

D'iele *f* **=, -n** 1) dërrasë e dyshemesë; 2) paradhomë; hyrje; 3) lokal (*vallëzimi etj.*).

d'ielen *vt* shtroj me dërrasa (*dyshemenë*).

d'ienen *vi* **(h)** 1) shërbej; **dem Staat dienen** i shërbej shtetit; 2) bëj shërbimin ushtarak; **bei der Luftwaffe dienen** shërbej në forcat ajrore; 3) shërben; përdoret; hyn në punë; **das Schloß dient heute als Museum** kështjella sot është bërë muzeum; **zur Ausschmückung dienen** përdoret për stoli; 4) : **jemandem mit etwas (D) dienen** i gjindem dikujt me diçka.

D'iener *m* **-s, =** 1) *vjet* shërbëtor, shërbyes; 2) *fig* luftëtar; **ein Diener der Wahrheit** një luftëtar i së vërtetës; 3) temena; **einen tiefen Diener machen** bëj një temena gjer në tokë.

dienlich *a* i dobishëm; i vlefshëm; **das Gerät ist mir sehr dienlich** aparati më hyn shumë në punë.

Dienst *m* **-es, -e** 1) shërbim; **der militärische Dienst** shërbimi ushtarak; **außer Dienst** (*shkurt* **a. D.**) në lirim; **Offizier vom Dienst** oficer i rojës; **Dienst haben, tun** jam roje, në shërbim; *shpr* **ich stehe zu Ihren Diensten!** urdhëroni!; 2) punë (*në një zyrë*); **ein anstrengender Dienst** një punë e lodhshme; 3) nder; **jemandem einen Dienst mit etwas erweisen** i bëj nder dikujt me diçka, i gjindem dikujt me diçka.

D'ienstag *m* **-s, -e** e martë.

D'ienstalter *n* **-s** vjetërsi në punë.

d'ienstbar *a* i gjindshëm.

d'ienstbereit *a* 1) i gjindshëm; 2): **dienstbereite Apotheke** farmaci e rojës (*që punon natën e të djelave*).

d'iensteifrig *a* i gatshëm; i zellshëm.

D'ienstgrad *m* **-(e)s, -e** gradë (*ushtarake*).

d'iensthabend *a* i rojës, i shërbimit; **diensthabender Arzt** mjeku i rojës.

D'ienstkleidung *f* **=, -en** uniformë.

D'ienstleistung *f* **=, -en** 1) nder, shërbim; **eine freundliche Dienstleistung** një shërbim miqësor; 2) *pl* shërbime (*komunale etj.*).

d'ienstlich *a* 1) i zyrës; i punës; i shërbimit; **eine dienstliche Angelegenheit** një çështje pune; 2) zyrtar; **dienstlicher Befehl** urdhër zyrtar; *shpr* **dienstlich werden** marr ton zyrtar.

d'ienstpflichtig *a* që e kap shërbimi ushtarak; **dienstpflichtiges Alter** moshë për të kryer shërbimin ushtarak.

D'ienststelle *f* **=, -n** zyrë.

D'ienstweg *m* rrugë zyrtare; **auf dem Dienstweg** me rrugë zyrtare.

D'ienstwohnung *f* **=, -en** banesë e dhënë nga qendra e punës.

D'ienstzeit *f* **=** 1) kohë e shërbimit (*ushtarak etj.*); 2) orar i punës.

dies *pron dem sh* **dieser, dieses; dies ist mein letztes Wort** kjo është fjala ime e fundit; *shpr* **dies und das** të ndryshme.

d'iesbezüglich 1. *a* përkatës; **die diesbezügliche Vereinbarung** marrëveshja përkatëse; 2. *adv* në lidhje me këtë.

dies'elbe *sh* **derselbe.**

d'ieser, diese, dieses *pron dem* ky, kjo; këta, këto; **dieser ist es!** ky është! **dieser hier** ky këtu; **dieses Jahres** gjatë këtij viti; **dieser Tage** gjatë këtyre ditëve.

d'iesig *a* i turbullt (*mot*).

d'iesmal *adv* kësaj here.

d'iesseits *präp me* **G** këtej; **diesseits des Flüsses** këtej lumit.

D'iesseits *n* **=** kjo botë (*në kundërvënie me botën tjetër*).

D'ietrich *m* **-s, -e** çelës kopil.

diffam'ieren *vt* i nxjerr namin e keq, i marr nderin (*dikujt*); çnderoj (*dikë*); **diffamierende Äußerungen** shprehje çnderuese.

Diffam'ierung *f* **=, -en** çnderim.

Differ'enz *f* **=, -en** 1) *mat etj.* diferencë; **die Differenz zwischen Einnahme und Ausgabe** diferenca midis të hyrave e të dalave; 2) ndryshim; 3) *pl* mosmarrveshje.

differenz'ieren 1. *vt* diferencoj;

dalloj (*konceptet etj.*); 2. *vrefl* **sich differenzieren** ndahet (*një parti në dy grupe etj.*); 3. *vi* **(h)** bëj dallim, diferencoj (*midis dy shkaqeve etj.*).

Differenz'ierung *f* =, **-en** dallim; diferencim.

differ'ieren *vi* **(h)** ndryshon, është ndryshe.

diffiz'il *a* i vështirë; **eine diffizile Aufgabe** një detyrë e vështirë.

diff'us *a* i paqartë; i vagëlluar; **ein diffuser Eindruck** një përshtypje e vagëlluar.

Dikt'at *n* **-s, -e** 1) diktim; 2) *pol* diktat.

Dikt'ator *m* **-s, Diktat'oren** diktator.

diktat'orisch *a* diktatorial.

Diktat'ur *f* =, **-en** diktaturë; **die Diktatur des Proletariats** diktatura e proletariatit.

dikt'ieren *vt* 1) diktoj (*një letër etj.*); 2) *fig* diktoj; **jemandem seinen Willen diktieren** i diktoj dikujt vullnetin tim.

Dikti'on *f* =, **-en** mënyrë të foluri; mënyrë shprehjeje; stil.

D'iktum *n* **-s, Dikta** *vjet* 1) thënie; **Lessings bekanntes Diktum** thënia e famshme e Lesingut; 2) urdhër.

Dil'emma *n* **-s, -s** *dhe* **-ta** dilemë.

Dilett'ant *m* **-en, -en** *shpesh keq* diletant.

dilett'antisch *shpesh keq* diletant; (prej) diletanti.

Dilettant'ismus *m* = *shpesh përb* diletantizëm.

Dill *m* **-s** *bot* kopër.

Dimensi'on *f* =, **-en** 1) përmasë; **jeder Körper hat drei Dimensionen** çdo trup ka tre dimensione; 2) *pl* shtrirje (*e përmbytjes etj.*).

DIN = **Deutsche Industrie-Norm** normë e standardizuar e industrisë gjermane.

Diner [*din'e*] *n* **-s, -s** drekë; banket; **an einem offiziellen Diner teilnehmen** marr pjesë në një banket zyrtar.

Ding *n* **-(e)s, -e** *dhe bis* **-er** 1) *pl* **-e** gjë, send; **ein wertloses Ding** një gjë pa vlerë; 2) *pl* **-e** punë; *shpr* **das ist ein Ding der Unmöglichkeit** kjo është punë e pamundur; *shpr bis* **jemandem ein Ding verpassen** i punoj një rreng dikujt; *shpr bis* **ein Ding drehen** bëj një punë (*të keqe*); *shpr* **unverrichteter Dinge** pa mbaruar punë; 3) *pl* **-e** çështje; **persönliche Dinge** çështje personale; *shpr* **vor allen Dingen** para së gjithash; 4) *pl* **-er** *bis* vajzë; **ein kleines Ding** një vajzë e vogël; 5) *pl* **-er** plaçkë (*kur nuk duam t'ia themi emrin*); **ein riesiges Ding** një plaçkë e përbindshme.

d'ingen* *vt vjet* marr në punë, pajtoj (*një punëtor etj.*).

d'ingfest *a* : *shpr* **jemanden dingfest machen** arrestoj dikë.

din'ieren *vi* **(h)** ha drekë, drekoj.

Diöz'ese *f* =, **-n** *fet* dioqezë.

Diphther'ie *f* =, **-n** *mjek* difteri.

Dipl'om *n* **-s, -e** 1) diplomë (*universiteti*); 2) diplomë (*nderi*).

Diplom'at *m* **-en, -en** diplomat.

Diplomat'ie *f* = 1) diplomaci 2) diplomatë (*sh*).

diplom'atisch *a* diplomatik.

dir'ekt 1. *a* 1) i drejtpërdrejtë, i drejtpërdrejtshëm; **direkte Verbindung** lidhje e drejtpërdrejtë; 2): *gram* **die direkte Rede** ligjërata e drejtë; 3) *bis* i hapur, i shkoqur, i prerë (*në të folur*); 2. *adv* 1) drejtpërsëdrejti; 2) *bis* tamam.

Direkti'on *f* =, **-en** 1) drejtim; **die Direktion übernehmen** marr drejtimin; 2) drejtori (*e një ndërmarrjeje etj.*).

Direkt'ive [*-vë*] *f* =, **-n** direktivë, udhëzim.

Dir'ektor *m* **-s, -t'oren** drejtor (*i shkollës etj.*).
Direktor'at *n* **-s, -e** 1) drejtim (*i një institucioni etj.*); 2) drejtori (*zyrë*).
Direkt'orium *n* **-s, Direktori/en** drejtori; kryesi.
Direktrice [*direktr'isë*] *f* **=, -n** shefe (*në një repart veshmbathjeje etj.*).
Dir'ektübertragung *f* **=, -en** transmetim i drejtpërdrejtë.
Dirig'ent *m* **-en, -en** *muz* dirigjent.
dirig'ieren *vt* 1) *muz* dirigjoj (*orkestrën etj.*); 2) drejtoj (*dikë te dikush etj.*).
D'irne *f* **=, -n** lavire (*edhe fig*).
Discjockey *sh* **Diskjockey.**
Disharmon'ie *f* **=, -n** 1) *muz* disharmoni; 2) mungesë harmonie, mosmarrëveshje.
disharm'onisch *a* 1) *muz* disharmonik; 2) pa harmoni (*jetë familiare etj.*).
Diskjockey [*d'iskxhoki*] *m* **-s, -e** hartues e folës i programeve me disqe (*në radio, diskotekë etj.*).
Diskoth'ek *f* **=, -en** 1) diskotekë; 2) diskotekë (*lokal vallëzimi*).
diskredit'ieren *vt* diskreditoj, i hap namin e keq (*dikujt*).
Diskrep'anz *f* **=, -en** mospërputhje (*midis fjalëve e veprave etj.*).
diskr'et *a* 1) i matur; me takt; **ein diskretes Benehmen** sjellje e matur; 2) që s'bie në sy (*shenjë etj.*); 3) (*i bërë*) pa u ndier; pa zhurmë, pa bujë; 4): **eine diskrete Frage** një çështje shumë personale.
Diskreti'on *f* **=** 1) maturi; takt; 2) heshtje; fshehtësi; **er hat mich in dieser Angelegenheit um äußerste Diskretion gebeten** më ka kërkuar heshtjen më të thellë në trajtimin e kësaj çështjeje.
diskrimin'ieren *vt* 1) bëj dallim për (*dikë*); 2) diskriminoj (*si racë etj.*).
Diskrimin'ierung *f* **=, en** 1) dallim; 2) diskriminim (*racial etj.*).
D'iskus *m* **=, -se** *dhe* **Disken** *sport* disk.
Diskussi'on *f* **=, -en** diskutim; **eine Diskussion führen** zhvilloj një diskutim; *shpr* **etwas zur Diskussion stellen** ngre për diskutim diçka.
diskut'abel *a* i diskutueshëm; **ein diskutabler Vorschlag** një propozim i diskutueshëm.
diskut'ieren *vt, vi* **(h)** diskutoj; **eine Frage ausführlich diskutieren** rrah nga të gjitha anët një çështje; **über einen Punkt diskutieren** diskutoj rreth një pike.
dispens'ieren *vt* përjashtoj (*një nxënës nga mësimi etj.*).
dispon'ieren *vi* **(h)** 1) **(über A)** vendos (*për diçka*); disponoj (*diçka*); organizoj (*kohën, punën etj.*); **er versteht nicht zu disponieren** ai s'di të organizojë.
dispon'iert : disponiert sein 1) jam në formë; **der Künstler war ausgezeichnet disponiert** artisti ishte shumë në formë; 2) **(zu D)** jam i prirur (*për diçka*); **zu einer Krankheit disponiert sein** kam prirje për (të marrë) një sëmundje.
Disp'ut *m* **-(e) s, -e** grindje me fjalë; diskutim.
disput'ieren *vi* **(h)** diskutoj; **über ein Problem disputieren** diskutoj rreth një problemi.
Disqualifikati'on *f* **=, -en** *sport* shkualifikim.
disqualifiz'ieren *vt sport* shkualifikoj.
Dissertati'on *f* **=, -en** disertacion.
Disson'anz *f* **=, -en** *muz* disonancë.
Dist'anz *f* **=, -en** 1) distancë, largësi (*në hapësirë e në kohë*); **alles aus der Distanz sehen** i shoh të gjitha nga larg; 2) *fig* distancë;

Distanz wahren mbaj distancën; 3) *vetëm sing sport* distancë; **er war Sieger über eine Distanz von 200 Metern** ai doli fitimtar në distancën 200 metra.

distanz'ieren 1. *vt* lë prapa (*në një garë etj.*); 2. *vrefl* **sich distanzieren** largohem (*nga dikush*); nuk dua të kem të bëj (*me dikë ose diçka*); heq dorë (*nga diçka*).

D'istel *f* =, **-en** *bot* carangth.

distingu'iert *a* i shquar; i nderuar, fisnik; **ein distinguierter alter Herr** një plak i nderuar.

Distr'ikt *m* **-(e)s, -e** rreth (administrativ).

Diszipl'in *f* =, **-en** 1) *vetëm sing* disiplinë; **in der Klasse herrscht keine Disziplin** në klasë s'ka disiplinë; 2) disiplinë (*degë e shkencës*); 3) disiplinë (*lloj i sportit*).

disziplin'arisch *a* disiplinor.

Diszipl'inarstrafe *f* =, **-n** masë disiplinore.

disziplin'iert *a* i disiplinuar.

D'iva [*-va*] *f* =, **-s** *dhe* **Diven** artiste e famshme (*e kinematografisë etj.*).

diverg'ieren *vi* **(h)** ndryshojnë, nuk puqen (*mendimet, interesat etj.*).

div'ers [*-vers*] *a treg* i ndryshëm; **diverse Waren** mallra të ndryshëm; **Diverses** të ndryshme.

Dividende [*-vi-*] *f* =, **-n** *ek* dividend; **eine Dividende festsetzen** caktoj një dividend.

dividieren [*-vi-*] *vt mat* pjesëtoj; **zwanzig dividiert durch fünf ist vier** njëzeta e pjesëtuar me pesë bën katër.

Divisi'on [*-vi-*] *f* =, **-en** 1) *mat* pjesëtim; 2) *usht* divizion.

Div'is [*-vis*] *n* **-es -e** vizë ndarëse (*e rrokjes*).

D'iwan *m* **-s, -e** *vjet* divan.

d.J. - **dieses Jahres** i këtij viti.

DM = **Deutsche Mark** markë gjermane (*njësi monetare*).

d.M. = **dieses Monats** i këtij muaji.

doch 1. *conj* por; **sie sind arm, doch nicht unglücklich** janë të varfër, po jo fatkëqinj; 2. *adv* 1) (*me theks*) a) megjithatë; **und er kommt doch!** dhe ai prapëseprapë vjen; b) (*në përgjigje të një pyetjeje mohore*) si jo; **hast du kein Buch mit? - Doch!** nuk paske marrë libër me vete? - Si jo!; 2) (*pa theks*) a): **und doch** e pra; **nicht doch! doch nein!** jo, de!; **du wirst doch nicht etwa absagen?** mos ndoshta do të refuzosh?; **täte er es doch!** veç ta bënte!; b) (*nuk përkthehet*): **daß dich doch der Teufel hole!** të marrtë djalli!; **wenn er doch bald käme** sikur të vinte shpejt!

Docht *m* **-(e) -s, -e** fitil.

Dock *n* **-s, -s** *det* dok (*për riparimin e anijeve etj.*).

D'ogge *f* =, **-n** dog (*lloj qeni*).

D'ogma *n* **-s, Dogmen** *fet* dogmë.

dogm'atisch *a* dogmatik.

D'ohle *f* =, **-n** *zool* galë, sorrë.

D'oktor *m* **-s, -t'oren** (*shkurt* **Dr.**) 1) doktor (*i shkencave*); **jemanden zum Doktor promovieren** i jap gradën e doktorit dikujt; *bis* **seinen, den Doktor machen** bëhem doktor; 2) *bis* doktor, mjek.

D'oktorwürde *f* =, **-n** gradë e doktorit të shkencave.

Doktr'in *f* =, **-en** doktrinë.

doktrin'är *a* doktrinar.

Dokum'ent *n* **-(e) s, -e** dokument (*historik, gjyqësor etj.*).

Dokument'arbericht *m* **-(e)s, -e** reportazh në bazë faktesh e dokumentesh.

Dokument'arfilm *m* **-s, -e** film dokumentar.

dokument'arisch 1. *a* 1) dokumentar (*material etj.*); 2) i dokumentuar;

eine dokumentarische Arbeit një punim i dokumentuar; 2. *adv* me dokumente.

Dokumentati'on *f* =, **-en** 1) dokumentacion; 2) dëshmi; shprehje; **eine Dokumentation der Bereitschaft** një shprehje e gatishmërisë.

dokument'ieren *vt* 1) dokumentoj; **ein dokumentierter Bericht** një reportazh i dokumentuar; 2) shpreh qartë.

dolce vita [*d'olçe v'ita*] *n* = jetë e dhënë pas qejfeve.

Dolch *m* **-(e)s, -e** kamë.

D'olde *f* =, **-n** *bot* vestak.

d'olmetschen *vt vi* **(h)** përkthej (*me gojë*); **eine Rede dolmetschen** përkthej një fjalim.

D'olmetscher *m* **-s,** = përkthyes (*me gojë*).

D'olmetscherin *f* =, **-nen** përkthyese (*me gojë*).

Dom *m* **-(e)s, -e** 1) (*kishë*) katedrale; 2): *fig poet* **des Himmels Dom** kupë e qiellit.

Dom'äne *f* =, **-n** 1) pronë e shtetit (*tokë*); 2) çiflig; 3) fushë, degë (*e shkencës*).

Domest'ik *m* **-en, -en** *vjet* shërbëtor.

domin'ieren *vi* **(h)** mbisundon; **in den meisten Ländern dominiert Englisch als Fremdsprache** në shumicën e vendeve anglishtja mbisundon si gjuhë e huaj.

D'omino 1. *m* **-s, -s** domino (*kostum kuti-kuti në ballo me maska*); 2. *n* **-s, -s** domino (*lojë*).

Domiz'il *n* **-s, -s** *shpesh shak* vendbanim.

Dompteur [*dompt'ër*] *m* **-s, -e** zbutës (*tigrash etj.*).

Don Juan [*donhu'an*] *m* **-s, -s** donzhuan.

D'onner *m* **-s,** = 1) bubullimë; 2) *fig* gjëmë; **der Donner der Kanonen** gjëma e topave.

d'onnern *vi* **(h)** 1) bubullin, gjëmon (*moti*); **es donnert** bubullin; 2) *fig* gjëmon (*topi etj.*); 3) *fig* ulërij, bërtas, bëj namin.

D'onnerschlag *m* **-(e)s, -schläge** 1) bubullimë; 2): *bis* **zum Donnerschlag noch mal!** djallë o punë!; djalli ta hajë!

D'onnerstag *m* **-(e)s, -e** e enjtë.

D'onnerwetter *n* **-s** 1) stuhi; 2) *bis* potere, shamatë, sherr; 3) : *bis* **zum Donnerwetter!** djallë o punë!; djalli ta hajë!

Donquichotterie [*donkishotër'i*] *f* =, **-n** donkishotizëm.

doof *a bis* 1) i trashë (*nga mendja*); 2) i mërzitshëm; **ein doofer Abend** një mbrëmje e mërzitshme.

d'open *vt sport* 1. *vt* i jap doping (*dikujt*); 2. *vrefl* **sich dopen** marr doping.

D'oping *n* **-s, -s** *sport* doping.

D'oppel *n* **-s** 1) dublikatë (*e një dokumenti etj.*); 2) *sport* dyshe (*në tenis etj.*).

D'oppeladler *m* **-s,** = shqiponjë dykrenore.

D'oppeldecker *m* **-s,** = 1) *av* biplan (*aeroplan me dy palë krahë*); 2) *bis* autobus dykatësh.

d'oppeldeutig *a* i dykuptimtë (*fjalë etj.*).

D'oppelgänger *m* **-s,** = dytëshor (*njeri që i ngjet shumë një tjetri*).

D'oppelkinn *n* **-(e)s, -e** gushë e trashë.

d'oppeln *vt* dyfishoj.

D'oppelpaddel *n* **-s,** = lopatë dyfishe (*për të vozitur*).

D'oppelpunkt *m* **-(e)s -e** *gram* dy pika.

d'oppelsinnig *a* i dykuptimtë (*përgjigje etj.*).

d'oppelt 1. *a* i dyfishtë; **doppelte Buchführung** llogari e dyfishtë; *shpr* **ein doppeltes Spiel spielen** bëj

lojë të dyfishtë; 2. *adv* dyfish; dy herë; **doppelt so groß** dy herë më i madh.
D'oppeltür *f* =, **-en** derë e dyfishtë.
d'oppelzüngig *a* i shtirë, me dy faqe (*njeri*).
Dorf *n* **-(e) s, Dörfer** 1) fshat, katund; 2) *bis* banorë të fshatit; **das Dorf war versammelt** ishte mbledhur gjithë fshati.
dörflich *a* 1) i fshatit, fshatarak; **nach dörflichem Brauch** sipas zakonit të fshatit; 2) fshatar; **eine dörfliche Gemeinde** një bashkësi fshatare.
D'orfschule *f* =, **-n** shkollë (*fillore*) e fshatit.
Dorn *m* **-(e)s, -en** gjemb, ferrë; *shpr* **jemandem ein Dorn im Auge sein** më ka halë në sy dikush.
D'ornenkrone *f* =, **-n** kurorë ferrash.
D'ornhecke *f* =, **-n** gardh drizash.
d'ornig *a* gjembor, i gjembtë; *fig* **dorniger Weg** rrugë e mundimeve.
d'orren *vi* **(s)** thahet (*bima*).
d'örren 1. *vt* thaj (*kumbullat etj.*); 2. *vi* **(h)** thahet (*bari etj.*).
D'örrobst *n* **-es** perime të thara.
Dorsch *m* **-es, -e** *zool* merluc i ri.
dort *adv* atje, aty; **dort oben** atje lart; **dort unten** atje poshtë; **von dort aus** që andej.
d'orther *adv* prej andej, së andejmi.
d'orthin *adv* atje, andej.
d'ortig *a* i atjeshëm, i andejshëm.
D'ose *f* =, **-n** 1) kuti; 2) konservë.
d'ösen *vi* **(h)** *bis* 1) kotem, dremis; 2) *fig* shoh ëndrra me sy çelë.
dos'ieren *vt mjek* dozoj (*një bar*).
D'osis *f* =, **Dosen** *mjek* dozë (*e një bari*).
dot'iert *a* me një çmim; me një rrogë; **das Rennen war mit 20 000 DM dotiert** vrapimit i kishin vënë një çmim prej 20 000 markash gjermane; **ein hervorragend dotierter Posten** një post me rrogë të majme.
D'otter *m* dhe *n* **-s,** = e verdhë e vezës.
doubeln [*d'ubëln*] *vt teat, kin* dubloj (*një rol*).
Double [*d'ubël*] *n* **-s, -s** *teat, kin* dublues.
Doz'ent *m* **-en, -en** docent.
doz'ieren 1. *vt* jap (*filozofi në universitet etj.*); 2. *vi* **(h)** shes mend.
Dr. = Doktor.
Dr'ache *m* **-n, -n** kuçedër.
Dr'achen *m* **-s,** = 1) balonë; **einen Drachen steigen lassen** lëshoj një balonë; 2) *bis* shtrigë (*grua*).
Dragée [*drazh'e*] *n* **-s, -s** *dhe f* =, **-n** 1) bonbone; 2) *mjek* pilulë e sheqerosur.
Drag'oner *m* **-s,** = 1) *hist* dragon (*kalorës i lehtë*); 2): *fig bis* **sie ist ein richtiger Dragoner** ajo është burrë e shkuar burrit.
Draht *m* **-(e)s, Drähte** 1) tel; fill; **ein Stück Draht** një copë tel; **Drähte spannen** shtrij tela; *shpr bis* **auf Draht sein** jam shumë i shkathët; jam në formë; 2): *bis* **per Draht** telegrafikisht.
dr'ahtig *a* 1) si tel; 2) *fig* i fortë e i shkathët.
dr'ahtlos *a* pa tela; **drahtlose Telegraphie** telegrafi pa tela, radio.
Dr'ahtseilbahn *f* =, **-en** teleferik.
Dr'ahtzieher -s, = ai që tërheq fijet prapa skenës; shtiekeq.
drak'onisch *a* drakonian, i rreptë; **drakonische Strafen** dënime drakoniane.
drall *a* 1) buçkan; topolak; **eine hübsche, dralle Frau** një grua topolake e lezetshme; 2) *fig* i shëndoshë, i gjallë (*humor etj.*).
Drall *m* **-(e)s** 1) lëvizje rrotulluese (*e plumbit etj.*); 2) shmangie; **Drall**

nach rechts shmangie nga e djathta 3) *usht* vjaska (*të pushkës etj.*).

Dr'ama *n* **-s, Dramen** 1) dramë; **ein Drama in fünf Akten** një dramë në pesë akte; 2) *fig* dramë (*ngjarje tronditëse*).

Dram'atik *f* = 1) poezi dramatike; 2) dramatizëm; **eine Szene voller Dramatik** një skenë plot dramatizëm.

Dram'atiker *m* **-s,** = dramaturg.

dram'atisch *a* 1) dramatik (*poezi etj.*); 2) *fig* dramatik (*çast etj.*).

dramatis'ieren *vt* 1) dramatizoj (*një roman etj.*); 2) *fig* dramatizoj, bëj dramatike (*një ngjarje etj.*).

Dramat'urg *m* **-en, -en** autor, regjisor teatri.

dran *adv bis* = **daran;** *shpr* **dran glauben müssen** lë kokën; *shpr* **dran sein** kam radhën; *shpr* **gut dran sein** shkoj mirë; *shpr* **nicht wissen, wie man mit jemandem dran ist** s'e di se ku jam me dikë.

Dränage [*dren'azhë*] *f* =, **-n** *bujq* kullim, drenazhim (*i tokës*).

drang *sh* **dringen.**

Drang *m* **-(e)s** 1) të shtyra; 2) ngjeshje (*e turmës etj.*); 3) shtytje; shtysë; ngut; shtrëngim; **im Drang der Not** i shtyrë nga halli; 4) dëshirë e fortë; etje; vrull; **der Drang nach Freiheit** etja për liri; **Sturm und Drang** »Vrull e Stuhi« (*rrymë letrare*); 5) *mjek* të prera (*për urinim etj.*).

dr'ängen 1. *vt* 1) **(gegen A)** shtyj (*pas murit etj.*); **jemanden an die Seite drängen** shtyj mënjanë dikë; 2) ngjesh; **dicht aneinander gedrängt stehen** qëndrojmë të ngjeshur me njëri-tjetrin; **gedrängter Stil** stil i ngjeshur; 2) shtyj; shtrëngoj; **er hat den Freund zu dieser Tat gedrängt** e ka shtyrë mikun ta bënte këtë; **es drängt mich, Ihnen zu sagen** duhet t'ju them; 2. *vi* **(h)** 1) i vihem, i qepem, nuk i ndahem (*dikujt*); **die Gläubiger drängten** i qenë qepur kreditorët; 2): **die Zeit drängt** koha nuk pret; 3. *vrefl* **sich drängen** 1) shtyhet (*turma etj.*); **sich durch die Menge drängen** çaj përmes turmës; *fig* **sich zu etwas drängen** rrekem për diçka; *fig* **die Gedanken drängen sich im Kopfe** mendimet ziejnë në kokë.

Dr'angsal *f* =, **-e** *vjet* hall; **in großer Drangsal sein** jam në hall të madh.

drap'ieren *vt* 1) vesh me pëlhurë (*murin etj.*); 2) shpalos bukur (*një stof etj.*).

dr'astisch *a* i fortë; i prerë; i rreptë; **drastische Maßnahmen** masa të rrepta.

drauf *adv bis* = **darauf; drauf und dran sein, etwas zu tun** jam duke bërë diçka; sapo kam filluar të bëj diçka.

Dr'aufgänger *m* **-s,** = guximtar; kokëkrisur, kokëshkretë.

dr'aufgängerisch *a* i guximshëm; kokëkrisur.

dr'aufgehen* *vi* **(s)** *ndash bis* 1) shkon; harxhohet; **es geht viel Zeit drauf** kjo të merr shumë kohë; 2) lë kokën.

dr'auflosgehen* *vi ndash* **(s)** *bis* 1) hidhem, sulem; 2) shkoj kuturu.

dr'außen *adv* 1) jashtë; 2) në det; 3) në front; **unsere Männer draußen** burrat tanë në front.

dr'echseln *vt tek* tornoj, punoj në torno.

Dr'echsler *m* **-s,** = *tek* tornitor.

Dreck *m* **-s** *bis* 1) pleh; *shpr* **jemanden wie den letzten Dreck behandeln** bëj leckë dikë; 2) baltë; *shpr fig* **da sitzen wir nun im Dreck** tani mbetëm në baltë; *shpr fig* **jemanden mit Dreck bewerfen**

hedh baltë mbi dikë; *shpr fig* **die Karre aus dem Dreck ziehen** nxjerr gomarin nga balta; 3) mut; bajgë; *shpr fig* **ich mache mir einen Dreck daraus** s'e çaj kokën fare për këtë punë; *shpr fig* **mach deinen Dreck allein!** qullose vetë!; 4) *fig* punë pa rëndësi; vogëlsirë; gjepur.

Dr'eckfink *m* **-en, -en** *bis* pisanjos, ndyracak.

dr'eckig *a bis* 1) i qelbur, i ndyrë, i fëlliqur (*edhe fig*); 2) i përbaltur; 3) : *shpr bis* **es geht jemandem dreckig** i ka keq punët dikush.

Dreh *m* **-s, -s** *bis* marifet; *shpr* **auf den richtigen Dreh kommen** ia gjej anën (*diçkaje*).

Dr'eharbeiten *pl* xhirim (*i filmit*).

Dr'ehbank *f* **=, -bänke** *tek* torno.

dr'ehbar *a* i rrotullueshëm.

Dr'ehbleistift *m* **-(e)s, -e** portaminë (*laps*).

Dr'ehbuch *n* **(e)s, -bücher** skenar filmi.

dr'ehen 1. *vt* 1) rrotulloj, vërtis (*çelësin etj.*); 2) dredh (*cigaren etj.*); 3) kthej (*kokën, kurrizin etj.*); 4) *tek* punoj në torno; 5) xhiroj (*një film*); 2. *vrefl* **sich drehen** vertitem, rrotullohem; kthehem; 3. *vi* **(h)** ndërron (*era*).

Dr'eher *m* **-s, =** *tek* tornitor.

Dr'ehkran *m* **-es, -e** *dhe* **-kräne** *tek* vinç rrotullues.

Dr'ehorgel *f* **=, -n** *muz* organet.

Dr'ehpunkt *m* **-(e)s, -e** pikë rrotullimi.

Dr'ehung *f* **=, -en** 1) rrotullim; 2) dredhje; 3) kthim.

Dr'ehwurm *m: shpr bis* **einen Drehwurm haben** më merren mendtë.

drei *num* tre, tri; **zu dreien** vetë i tretë; *shpr bis* **nicht bis drei zählen können** s'di të lidh dy fjalë; *shpr fig* **in drei Worten erklären** shpjegoj me dy fjalë.

Drei *f* **=, -en** tresh; **er hat im Zeugnis zwei Dreien** ka dy tresha në dëftesë.

Dr'eieck *n* **-s, -e** *gjeom* trekëndësh.

dr'eieckig *a* trekëndësh.

Dr'eieinigkeit *f* **=** *fet* trini.

dr'eierlei *a indekl* tri llojesh; **auf dreierlei Art** në tri mënyra.

dr'eifach *a* 1. i trefishtë; 2. *adv* trefish; tri herë.

Dr'eikäsehoch *m* **-s, -(s)** *bis shak* (*fëmijë etj.*) dy pëllëmbë mbi tokë.

dr'eifüßig *a let* trekëmbësh (*varg*).

dr'eihundert *num* treqind

Dr'eikampf *m* **-(e)s, -kämpfe** *sport* tregarësh.

Dr'eiklang *m* **-s, -klänge** *muz* tretringëllim (*akord tre tonesh*).

Dr'eilaut *m* **-(e)s, -e** *gram* trezanor, triftong.

dr'eimal *adv* tri herë.

Dr'eimaster *m* **-s, =** *det* anije tredirekëshe.

drein *sh* **darein.**

dr'einblicken *vi* **(h)** *ndash* shikoj (*me sy të trishtuar, të gëzuar etj.*).

dr'einreden *vi* **(h)** *ndash* ndërhyj (*me fjalë*); **ich lasse mir in meine Arbeit nicht dreinreden** nuk lë njeri të më ndërhyjë në punë.

Dr'eirad *n* **-(e)s, -räder** trerrotësh, triçikël.

dr'eißig *num* tridhjetë.

dr'eißigjährig *a* tridhjetëvjeçar; **der Dreißigjährige Krieg** Lufta Tridhjetëvjeçare.

dreist *a* 1) i guximshëm; 2) i pafytyrë; **ein dreister Bursche** një djalosh i pafytyrë.

Dr'eistigkeit *f* **=** 1) guxim; pafytyrësi; 2) *pl* **-en** fjalë, vepër e pafytyrë.

dr'eizehn *num* trembëdhjetë; *shpr bis* **nun schlägt's aber dreizehn!** mjaft më!

dr'eschen* *vt* 1) shij (*grurin etj.*);

2): *fig bis* **Phrasen dreschen** grij sallatë; 3) *fig bis* rrah, shqep.
Dr'eschmaschine *f* =, -n *bujq* makinë shirëse.
Dreß *m* = *dhe* **Dresses, Dresse** veshje sportive.
dress'ieren *vt* stërvis (*një kafshë*).
Dressman [*dr'esmën*] *m* **-s, Dressmen** manekinë (*burrë*).
Dress'ur *f* =, **-en** 1) *vetëm sing* stërvitje (*e një kafshe*); 2) numër (*i kafshës së stërvitur*).
dr'ibbeln *vi* **(h)** *sport* dribloj
Drill *m* -(e)s 1) stërvitje (*e ushtarit*); 2) ushtrim (*i nxënësit*).
dr'illen *vt* 1) shpoj (*me turjelë etj.*); 2) stërvis, ushtroj (*ushtarët, nxënësit etj.*).
Dr'illich *m* -s pëlhurë e fortë prej liri ose pambuku.
drin *adv bis sh* **darin;** *shpr fig* **das ist nicht drin** s'ka mundësi; s'ka se si; s'e vlen.
dr'ingen* *vi* (h, s) 1) depërton; hyn; **Wasser ist in den Keller gedrungen** ka hyrë ujë në bodrum; *fig* **das Gerücht drang bis zum Minister** fjala shkoi gjer te ministri; 2) **(auf A)** ngul këmbë, ngulmoj (*në një kërkesë etj.*); qëndroj (*në timen etj.*); 3): **in jemanden dringen** i qepem, i vihem, nuk i ndahem dikujt.
dr'ingend *a* 1) i ngutshëm, urgjent; **eine dringende Angelegenheit** një çështje urgjente; 2) shumë i madh (*nevojë etj.*); **dringende Gefahr** rrezik i madh.
dr'inglich *a sh* **dringend.**
Dr'inglichkeit *f* = natyrë e ngutshme (*e një çështjeje etj.*).
Drink *m* -(s), -s pije alkoolike.
dr'innen *adv* brenda; **von drinnen** nga brenda.
dritt *num: vetëm në shpr* **zu dritt** vetë i tretë.
dr'itte *num* i tretë; **der dritte von links** i treti nga e majta; *shpr* **das ist sein drittes Wort** këtë fjalë s'e lëshon nga goja.
Dr'itte *m* **-n, -n** i tretë; **ein Dritter** një person i tretë; **ich möchte vor Dritten nicht darüber sprechen** nuk do të doja të flisja për këtë në prani të të tjerëve.
Dr'ittel *n* **-s** (një) e tretë.
dr'itteln *vt* ndaj në tri pjesë.
dr'ittens *adv* së treti.
dr'oben *adv sh* **daroben.**
Dr'oge *f* =, **-n** 1) drogë, bar; 2) *bis* drogë.
Droger'ie *f* =, **Drogeri/en** drogeri (*dyqan*).
Drog'ist *m* **-en, -en** drogist.
dr'ohen *vi* **(h)** 1) **(mit D)** kërcënohem, kanosem (*me diçka*); **jemandem mit der Faust drohen** i kërcënohem me grusht dikujt; **eine drohende Haltung** një qëndrim kërcënues; **ihm droht der Tod** është në rrezik të vdesë; **das Haus droht einzustürzen** shtëpia është në rrezik shembjeje; 2) ka rrezik; **Regen droht** ka rrezik të bjerë shi.
Dr'ohne *f* =, **-n** 1) *ent* mashkull i bletës, brumbull; 2) *fig* përtac, parazit.
dr'öhnen *vi* **(h)** gjëmon (*moti*); buçet (*motori etj.*); shungullon (*zëri, muzika etj.*); dridhet (*xhami etj.*).
Dr'ohung *f* =, **-en** kërcënim, kanosje; **seine Drohung wahrmachen** çoj në vend kërcënimin.
dr'ollig *a* 1) zbavitës; 2) qesharak.
Dromed'ar *n* **-s, -e** *zool* dromedar.
Drops *m* =, bonbone me shije si në të athët.
drosch *sh* **dreschen.**
Dr'oschke *f* =, **-n** pajton (*karrocë me qira*).
Dr'ossel *f* =, **-n** *zool* tushë këngëtare (*zog*).
dr'osseln *vt* 1) mbys; 2) mbys,

ndrydh (*kritikën etj.*); 3) kufizoj, shkurtoj (*importin, shpenzimet etj.*).

Dr'osselung *f* =, **-en** 1) mbytje; 2) ndrydhje; 3) kufizim, shkurtim.

dr'üben *adv bis* matanë, andej; **drüben am Ufer** në bregun matanë; **ich gehe nach drüben** po shkoj andej.

dr'über *adv bis sh* **darüber;** *shpr* **Schwamm drüber!** të shkuara, të harruara! *shpr* **es geht drunter und drüber** është rrëmujë, lesh e li.

Druck I *m* **-s, Drücke** 1) *fiz* trysni, presion (*i ajrit etj.*); shtypje (*e sustës etj.*); 2) *vetëm sing* shtrëngim (*i dorës etj.*); 3) *vetëm sing* presion; shtrëngim; detyrim; *shpr* **Druck auf jemanden ausüben, jemanden unter Druck setzen** ushtroj presion mbi dikë; *shpr* **hinter etwas Druck machen** përpiqem të shpejtoj diçka; 4) *vetëm sing fig* barrë; hall; **von einem Druck befreit sein** lirohem nga një barrë; **in Druck sein** jam në hall; e kam me ngut; **in Druck kommen, geraten** bie në hall.

Druck II -s, -e 1) *vetëm sing* shtyp; **die Kosten für den Druck berechnen** llogaris shpenzimet e shtypit; *shpr* **etwas in Druck geben** jap diçka për shtyp; 2) shkronja shtypi; **ein kleiner Druck** shkronja të vogla; 3) riprodhim (*i një tabloje*).

Dr'uckbogen *m* **-s,** = *dhe* **-bögen** fletë tipografike.

Dr'ückeberger *m* **-s,** = *bis* ai që i bën bisht punës, që u shmanget telasheve.

dr'ucken *vt* shtyp (*një libër, gazetë etj.*).

dr'ücken 1. *vt* 1) shtyp (*sustën etj.*); 2) shtrëngoj (*dorën etj.*); **die Mutter drückte das Kind** nëna e shtrëngoi në qafë fëmijën; 3) rras (*kapelën etj.*); 4) vë (*vulën etj.*); 5) ul (*çmimin etj.*); 6) *fig* ndrydh; **Sorgen drücken ihn** e kanë mbytur hallet; 2. *vi* **(h)** 1) vret, shtrëngon (*këpuca etj.*); 2) (**auf A)** shtyp (*sustën etj.*); 3. *vrefl* **sich drücken** 1) rrasem (*në një qoshe etj.*); 2) **(vor D)** i bëj bisht (*përgjegjësisë etj.*); 4) vritet (*molla etj.*).

dr'ückend *a* mbytës; **eine drückende Hitze** vapë mbytëse.

Dr'ucker *m* **-s,** = tipograf.

Dr'ücker *m* **-s,** = 1) dorezë e derës; 2) sustë (*për të hapur automatikisht një derë nga larg etj.*); 3): *shpr bis* **auf den letzten Drücker** në çastin e fundit; *shpr bis* **am Drücker sein, sitzen** e kam në dorë (*një punë*).

Drucker'ei *f* **-, -en** shtypshkronjë, tipografi.

Dr'uckerschwärze *f* =, **-n** bojë shtypi.

Dr'uckfehler *m* **-s,** = gabim shtypi.

Dr'uckluft *f* = ajër i ngjeshur, i kompresuar.

Dr'uckknopf *m* **-(e)s, -knöpfe** sustë (*e rripit etj.*).

Dr'uckmittel *n* **-s,** = mjet presioni (*mbi dikë*).

Dr'ucksache *f* =, **-n** material i shtypur (*gazetë, revistë etj.*).

dr'ucksen *vi* **(h)** *bis* përtypem, ngurroj të flas.

drum *adv sh* **darum** ; *shpr bis* **sei's drum!** ka marrë fund ajo punë!; *shpr* **mit allem Drum und Dran** me gjithë ç'ka.

dr'unten *adv* atje poshtë.

dr'unter *adv bis sh* **darunter;** *shpr bis* **es geht drunter und drüber** është rrëmujë, lesh e li.

Dr'üse *f* =, **-n** *anat* gjëndër.

Dsch'ungel *m* **-s,** = xhungël.

Dtzd. = **Dutzend.**

du *pron pers* **(G deiner, D dir, A dich)** ti; **jemanden mit du anreden** i drejtohem dikujt me ti.

Dual'ismus *m* = dualizëm.
dual'istisch *a* dualist.
D'übel *m* **-s,** = tako (*për të ngulur një gozhdë në mur etj.*).
dubi'os *a* i dyshimtë, i pasigurtë.
Dubl'ee *n* **-s, -s** metal i larë në ar, argjend etj.
Dubl'ette *f* =, **-n** dublet (*një nga dy kopje të një libri etj.*).
d'ucken 1. *vt* 1) ia ul kokën (*dikujt*); 2) *fig bis* ul, poshtëroj; 2. *vrefl* **sich ducken** 1) ulem; 2) mblidhem (*nga frika etj.*).
D'uckmäuser *m* **-s,** = *bis* 1) zëmërpulë; 2) shtijak.
d'udeln *vi* **(h)** 1) i bie gajdes; 2) *fig* i bie fyellit në një vrimë.
D'udelsack *m* **-s, -säcke** *muz* gajde.
Du'ell *n* **-s, -e** dyluftim, duel.
duell'ieren, sich *vrefl* dyluftoj, bëj dyluftim.
Du'ett *n* **-s, -e** *muz* duet.
Duft *m* **-(e)s, Düfte** 1) erë e mirë, aromë; 2) *poet* mjegull e hollë.
d'uften *vi* **(h)** kundërmon, lëshon erë të mirë (*trëndafili etj.*).
d'uftig *a* 1) kundërmues; 2) *fig* shumë i lehtë, i hollë (*petk, pëlhurë etj.*).
d'ulden 1. *vt* 1) duroj (*vuajtjet etj.*); 2) duroj, lejoj, toleroj; 2. *vi* **(h)** vuaj; **still dulden** vuaj në heshtje.
d'uldsam *a* 1) i durueshëm; 2) tolerues.
D'uldsamkeit *f* = 1) durim; 2) tolerancë.
D'uldung *f* = lejim, tolerim; **die Duldung dieser Zustände wird negative Folgen haben** lejimi i kësaj gjendjeje do të ketë pasoja negative.
dumm *a* 1) i trashë; budalla; **sei nicht dumm!** mos u bëj i marrë!; **sich dumm stellen** hiqem si budalla; **der Lärm macht mich dumm** zhurma më trullos fare; 2) i marrë; **eine dumme Sache** një punë e marrë; **dummes Zeug!** marrëzi!; 3) i papjekur (*fëmijë etj.*); 4) *bis* i pakëndshëm, i palezetshëm (*ngjarje, fjalë etj.*).
d'ummdreist *a* sherrbudalla; prej sherrbudallai (*përgjigje etj.*).
Dummerj'an *m* **-s, -e** *bis shak* budalla, kaqol, torollak.
D'ummheit *f* =, **-en** budallallëk; marrëzi; **eine Dummheit begehen** bëj një budallalëk.
D'ummkopf *m* **-(e)s, -köpfe** budalla; **sei kein Dummkopf!** mos u bëj budalla!
d'ümmlich *a* i trashë; torollak.
dumpf *a* 1) i mbytur (*zë, tingull etj.*); 2) i rëndë (*ajër etj.*); 3) i mpirë, i topitur (*ndijim etj.*); 4) i vagëlluar (*parandjenjë etj.*); 5) i mykur (*bukë etj.*).
D'üne *f* =, **-n** stom rëre.
Dung *m* **-s** *bujq* pleh.
d'üngen *vt bujq* plehëroj (*tokën*).
D'ünger *m* **-s,** = *bujq* pleh; **künstlicher Dünger** pleh kimik.
D'üngung *f* = *bujq* plehërim.
d'unkel *a* 1) i errët (*rrugë etj.*); 2) i errët, i mbyllët (*ngjyrë etj.*); 3) i thellë, i mbytur (*zë etj.*); 4) i paqartë, i vagëlluar (*ide etj.*); 5) i errët, i dyshimtë (*qëllim etj.*).
D'unkel *n* **-s** 1) errësirë, terr; 2) *fig* terr, pasiguri.
D'ünkel *m* **-s** mendjemadhësi.
d'ünkelhaft *a* mendjemadh.
D'unkelheit *f* = errësirë, terr.
D'unkelziffer *f* =, **-n** numër i panjohur (*ose* i pashpallur) (*i krimeve etj.*).
d'unkeln *vi* erret; **es dunkelt** po ngryset.
d'ünken 1. *vi* **(h)** (*më*) duket; **die Sache dünkt mich** (*ose* **mir**) **zweifelhaft** puna më duket e dyshimtë; 2. *vrefl* **sich dünken** mbaj veten;

sich besser dünken als die andere e mbaj veten më të mirë se të tjerët.
dünn *a* 1) i hollë (*njeri, fill, pëlhurë etj.*); 2) i rrallë; **dünnes Haar** flokë të rrallë; 3) i hollë (*lëng*); **dünner Kaffee** kafe e hollë; 4) i dobët (*zë etj.*).
D'ünndarm *m* **-(e) s, -därme** *anat* zorrë e hollë.
D'ünne *f* =, **Dünnheit** *f* = hollësi.
d'ünnmachen, sich *vrefl ndash bis* lë hijen, ua mbath këmbëve.
Dunst *m* **-es, Dünste** avull; mjegull e hollë; tym; **die Berge sind in Dunst gehüllt** malet i ka veshur mjegulla.
d'unsten *vi* avullon.
d'ünsten *vt* ziej në tenxhere me presion.
D'unstglocke *f* =, **-n** shtresë tymi (*e nderë mbi qytet etj.*).
d'unstig *a* i turbullt (*ajër etj.*); i mjegullt.
D'uo *n* **-s, -s** *muz* duet.
düp'ieren *vt* mashtroj.
Duplik'at *n* **-s, -e** dublikatë.
Duplizit'ät *f* =, **-en** dysi.
Dur *n* = *muz* maxhor.
dur'abel *a* i qëndrueshëm (*send*).
durch 1. *präp* (A) 1) përmes, nëpër; në; **durch ein Land reisen** udhëtoj nëpër një vend; 2) gjatë; **das ganze Jahr durch** gjatë gjithë vitit; **die ganze Nacht durch** gjithë natën; 3) me anë të ...; me; nga; **durch einen Brief** me anë të një letre; **durch das Los** me short; **die Stadt wurde durch ein Erdbeben zerstört** qyteti u rrënua nga termeti; 2. *adv* : **durch und durch** krejt, plotësisht; **durch und durch naß** i qullur gjer në palcë.
durch = *parashtesë foljore* 1. *e ndashme* (*theksi bie mbi parashtesën*), *që tregon*: 1) *depërtim:* **d'urchsickern;** 2) *përfundim veprimi*: **d'urchlesen;** 3) *kapërcim pengese:* **d'urchbrechen;** 2. *e pandashme* (*theksi bie mbi rrënjën*), *që tregon*: 1) *depërtim të plotë:* **durchdr'ingen;** 2) *kalim në të gjitha drejtimet:* **durchr'eiten.**
d'urchackern *vt ndash bis* mësoj, bëj ujë (*mësimin etj.*).
d'urcharbeiten *ndash* 1. *vi* **(h)** punoj pa pushim; **die ganze Nacht durcharbeiten** punoj gjithë natën; 2. *vt* studioj me rrënjë (*një shkencë etj.*); lexoj me kujdes (*një libër etj.*); 3. *vrefl* **sich durcharbeiten** çaj përmes (*shkurreve, vështirësive etj.*).
durch'aus *dhe* **d'urchaus** *adv* 1) sigurisht, patjetër; 2) krejt, plotësisht, fare; **durchaus nicht** aspak; **was Sie sagen, ist durchaus richtig** ajo që thoni është krejt e drejtë.
d'urchbeißen* *ndash* 1. *vt* këpus duke kafshuar; **einen Faden durchbeißen** këpus një fill me dhëmbë; 2. *vrefl* **sich durchbeißen** çaj përmes (*vështirësive etj.*).
d'urchbiegen* *vt ndash* përkul gjer në fund.
d'urchblättern *vt ndash* shfletoj; **Zeitungen durchblättern** shfletoj gazeta.
d'urchbleuen *vt ndash bis* rrah, shqep së rrahuri.
d'urchblicken *vi ndash* **(h)** shikoj nëpër (*tym etj.*); *fig bis* **ich blicke bei dieser Sache nicht mehr durch** s'po marr vesh gjë më nga kjo punë; *shpr* **etwas durchblicken lassen** lë të kuptohet diçka.
durchbl'utet *a* i ushqyer me gjak (*lëkurë etj.*).
d'urchbohren I *ndash vt* shpoj tejpërtej me turjelë etj. (*një vrimë në dërrasë etj.*).
durchb'ohren II *vt* shpoj tejpërtej

me turjelë etj. (*një dërrasë etj.*).
d'urchboxen *vt dhe vrefl* **sich durchboxen** *ndash bis* arrij me vendosmëri (*një qëllim*).
d'urchbraten* *vt ndash* pjek krejt (*mishin etj.*).
d'urchbrechen* I *ndash* 1. *vt* 1) thyej; këpus në mes (*një shkop etj.*); 2) çaj mes për mes; hap (*një derë në mur etj.*); 2. *vi* **(s)** 1) thyhet në mes; 2) çahet (*akulli etj.*); 3) shfaqet (*një veti etj.*); 4) del (*dhëmbi etj.*).
durchbr'echen* II *vt* 1) çaj (*frontin etj.*); 2) shkel (*urdhrin etj.*).
d'urchbrennen* *vi ndash* **(s)** digjet (*siguresa etj.*); 2) digjet krejt (*qymyri etj.*); 3) *fig bis* ua mbath këmbëve, lë hijen.
d'urchbringen* *vt ndash bis* 1) ngre në këmbë (*dikë nga një sëmundje*); 2) mbaj; **seine Kinder ehrlich durchbringen** mbaj fëmijët me nder; 3) bëj që të miratohet (*një ligj, kandidat etj.*); 4) bëj rrush e kumbulla (*pasurinë etj.*).
D'urchbruch *m* **-(e)s, -brüche** 1) çarje (*e frontit etj.*); 2) plasë (*në një dërrasë etj.*).
d'urchdenken* I *vt ndash* mendoj, ndjek gjer në fund (*një çështje etj.*).
durchd'enken* II *vt* mendoj, peshoj mirë (*një plan etj.*); **ein in allen Einzelheiten durchdachter Plan** një plan i menduar mirë në të gjitha hollësitë.
d'urchdrehen *ndash* 1. *vt* 1) grij (*në makinën e mishit etj.*); 2) centrifugoj (*rrobat në makinë larëse etj.*); 2. *vi* **(h)** *bis* humb fillin; luaj mendsh; **er ist völlig durchgedreht** ka lojtur fare.
d'urchdringen* I *ndash vi* **(h)** çaj, depërtoj; **er konnte mit seinem Vorschlag nicht durchdringen** nuk mundi të çante me propozimin e vet.
durchdr'ingen* II *vt* 1) hyj në (*një pyll etj.*); 2) i hyj brenda (*një çështjeje etj.*); 3) depërton në (*errësirë drita etj.*); (*më*) mbush, (*më*) pushton (*një ndjenjë*); **durchdrungen sein** jam i bindur (*për diçka*); jam i frymëzuar (*nga diçka*).
Durchdr'ingung *f* = depërtim; **friedliche Durchdringung** depërtim paqësor.
d'urchdrücken *vt ndash* 1) shtyp gjer në fund (*sustën etj.*); 2) *bis* çoj në vend (*vullnetin tim etj.*).
durch'eilen *vt* bëj shpejt (*një rrugë, punë etj.*).
durchein'ander *adv* 1) rrëmujë, lëmsh, lesh e li; 2) si të vijë; pa dallim; **alles durcheinander essen und trinken** i ha dhe i pi të gjitha pa dallim, i marr mbarë; 3) **durchein'ander sein** *bis* jam i hutuar.
Durchein'ander *n* **-s** rrëmujë, pështjellim.
durchein'anderbringen* *vt ndash* 1) bëj rrëmujë (*librat etj.*); 2) ngatërroj (*një send me një tjetër*); 3) hutoj; **die Nachricht hat mich durcheinandergebracht** lajmi më ka hutuar.
durchein'andergehen* *vi* **(s)** *ndash bis* bëhet lëmsh.
durchein'anderreden *vt, vi* **(h)** *ndash* 1) themi, flasim të gjithë njëherësh; 2) them, flas përçart.
d'urchfahren* I *vi ndash* **(s)** kaloj pa u ndalur nëpër (*një vend*).
durchf'ahren* II 1. *vt* 1) përshkoj, bëj (*një rrugë et.*); 2) përshkoj, shëtis nëpër (*një qytet, vend etj.*); 2. *vi* **(s)** (*më*) përshkon (*një ndjenjë*).
D'urchfahrt *f* **=, -en** 1) *vetëm sing* rrugë; **auf der Durchfahrt von Berlin nach Hamburg** rrugës nga Berlini në Hamburg; **wir sind auf der Durchfahrt** jemi në tranzit; 2) kalim; **Durchfahrt verboten!**

ndalohet kalimi!; 3) kalesë (*portë etj.*).

D'urchfall *m* **-s, -fälle** *mjek* diarré.

d'urchfallen* *vi ndash* **(s)** 1) rrëzohem, mbetem (*në provim*); 2) dështon (*një dramë etj.*).

d'urchfechten* 1. *vt ndash* fitoj me luftë (*një të drejtë etj.*); 2. *vrefl* **sich durchfechten** çaj (*në jetë*).

d'urchfliegen* I *vi ndash* **(s)** 1) dal duke fluturuar (*nga dritarja etj.*); 2) *bis* dështoj (*në një punë*).

durchfl'iegen* II *vt* 1) kaloj duke fluturuar (*një largësi*); 2) i hedh një sy shpejt e shpejt (*një libri etj.*).

d'urchfließen* I *vi ndash* **(s)** rrjedh (*nga një enë uji etj.*).

durchfl'ießen* II *vt ndash* rrjedh nëpër (*një fushë lumi etj.*).

D'urchfluß *m* **-sses, -flüsse** rrjedhje (*nga një enë etj.*).

durchf'orschen *vt* 1) shqyrtoj, studioj (*një vepër etj.*); 2) hulumtoj (*një vend*); **die Gegend nach einer Quelle durchforschen** hulumtoj një vend për të gjetur një burim.

d'urchfrieren* *vi ndash* **(s)** 1) ngrin gjer në fund (*liqeni etj.*); 2) ngrij gjer në palcë; **er kam völlig durchgefroren (durchfroren) nach Hause** erdhi në shtëpi i ngrirë akull.

D'urchfuhr *f* = tranzit (*mallrash etj.*).

d'urchführbar *a* i zbatueshëm.

d'urchführen *vt ndash* 1) kryej, çoj gjer në fund (*një punë etj.*); 2) zbatoj (*një ligj etj.*); 3) zhvilloj (*kërkime etj.*); 4) udhëheq nëpër (*një vend etj.*).

D'urchführung *f* **=, -en** 1) kryerje (*e një pune etj.*); 2) zbatim (*i një ligji etj.*); 3) zhvillim (*i kërkimeve etj.*).

D'urchgang *m* **-s, -gänge** 1) *vetëm sing* kalim; **Durchgang verboten** ndalohet kalimi; 2) *vetëm sing* tranzit (*mallrash*); 3) kalim, kalesë (*nga një rrugë në tjetrën etj.*); 4) rrugicë; portë; tunel; 5) fazë (*e një gare, konkursi etj.*).

d'urchgängig *a* i përgjithshëm (*mendim etj.*).

d'urchgeben* *vt ndash* jap (*një lajm etj. me radio, telefon etj.*).

d'urchgehen* *ndash* 1. *vt* 1) trajtoj shkurtimisht (*një temë etj.*); 2) kontrolloj (*një llogari etj.*); 3) përsëris (*mësimin etj.*); 2. *vi* **(s)** 1) kaloj nëpër (*një derë etj.*); 2) tërhuzet (*kali*); *fig bis* **sein Temperament ging mit ihm durch** e humbi kontrollin; 3) iki, ua mbath këmbëve; **seine Frau ist ihm durchgegangen** i ka ikur gruaja; 4) pranohet (*një propozim etj.*); miratohet (*një ligj etj.*); 5) hyn, depërton (*lagështira etj.*); 6): **durchgehen lassen** lë të kalojë (*një shkelje etj.*).

d'urchgehend 1. *a* pa ndalesa; **ein durchgehender Zug** një tren pa ndalesa; 2. *adv* pa ndërprerje; vazhdimisht.

d'urchglühen I *ndash* 1. *vi* **(s)** ndizet dalngadalë (*qymyri etj.*); 2) digjet (*siguresa etj.*). 2. *vt* skuq (*hekurin etj.*).

durchgl'ühen II *vt fig poet* ndez; frymëzoj.

d'urchgreifen* *vi ndash* **(h)** ndërhyj (*me vendosmëri*).

d'urchhalten* *ndash* 1. *vi* **(h)** qëndroj, mbahem; **bis zum Äußersten durchhalten** mbahem gjer në fund; 2. *vt* : **das halte ich nicht durch** kësaj nuk i qëndroj dot.

d'urchhauen I *vt ndash* 1) çaj mes për mes (*një cung etj.*); 2) shqep së rrahuri.

durchh'auen II *vt* çaj mes për mes.

d'urchhecheln *vt ndash bis* marr nëpër gojë (*dikë*).

d'urchheizen *vt ndash* 1) ngroh anembanë (*shtëpinë etj.*); 2) ngroh ditë e natë (*shtëpinë etj.*).

d'urchhelfen* *vi ndash* **(h)** *bis* ndihmoj (*për të kapërcyer një gjendje të vështirë etj.*).

d'urchjagen *ndash* 1. *vi* **(s)** kaloj shpejt përmes (*qytetit etj.*); 2. *vt* 1) ndjek (*përmes qytetit etj.*); 2) kaloj shpejt nëpër dorë (*një punë etj.*).

d'urchkämmen I *vt ndash* kreh me kujdes.

durchk'ämmen II *vt* hulumtoj, kaloj në sitë.

d'urchkämpfen *ndash* 1. *vt* arrij përmes vështirësish (*një qëllim etj.*); 2. *vrefl* **sich durchkämpfen** çaj përpara (*përmes turmës etj.*); *fig* **das Buch ist schwer verständlich, ich habe mich Seite für Seite durchkämpfen müssen** libri është i vështirë për t'u kuptuar, kështu që më është dashur të bëj përpjekje në çdo faqe.

d'urchkauen *vt ndash* 1) përtyp mirë; 2) *fig bis* përsëris e stërpërsëris (*një leksion etj.*).

d'urchkommen* *vi ndash* **(s)** 1) kaloj (*nëpër një vend, përmes turmës etj.*); 2) *bis* mbaroj punë; **mit Englisch kommt man überall durch** me anglishten mbaron punë kudo; 3) marr, kaloj (*provimin*); 4) kaloj (*një sëmundje*); 5) përballoj (*një punë*); **ich komme mit der Arbeit nicht durch** s'e bëj dot punën; 6) *bis* jepet (*lajmi në gazetë etj.*).

d'urchkreuzen I *vt ndash* i heq vizë (*një emri etj.*).

durchkr'euzen II *vt* prish (*një plan*).

D'urchlaß *m* **-sses, -lässe** 1) *vetëm sing* kalim; 2) vendkalim i ngushtë.

d'urchlassen* *ndash* 1. *vt* lë të kalojë; 2. *vi* **(h)** fus; **die Schuhe lassen Wasser durch** këpucët fusin ujë.

d'urchlässig *a* që fut (*ujë etj.*); **das Dach ist durchlässig** çatia pikon.

d'urchlaufen* I *ndash* 1. *vi* **(s)** kaloj me vrap (*nëpër një vend etj.*); 2) pikon, rrjedh (*uji nga çatia etj.*); 3) vrapoj pa pushuar; **er ist zwei Stunden durchgelaufen** ka vrapuar dy orë rresht; 4) kapërcej, hedh (*lumin etj.*); 5) kulloj (*vajin etj.*); 2. *vt* ua ha takat (*këpucëve*).

durchl'aufen* II *vt* 1) përshkoj me vrap (*një rrugë etj.*); 2) bëj, mbaroj (*një shkollë etj.*); 3): **es durchlief mich eiskalt** më shkuan mornica të ftohta.

durchl'eben *vt* 1) kaloj (*ditë të gëzuara etj.*); 2) heq (*vuajtje*); ndiej (*gëzim etj.*).

d'urchlesen* *vt ndash* lexoj nga fillimi gjer në fund (*një libër etj.*).

d'urchleuchten I *vi ndash* **(h)** ndriçon tejpërtej.

durchl'euchten II *vt* 1) hyn (*drita etj.*); 2) radiografoj; **sich durchleuchten lassen** bëj një radiografi; 2) sqaroj; shqyrtoj.

Durchl'euchtung *f* **=, -en** radiografi.

durchl'öchern *vt* vrimoj; bëj vrima-vrima, bëj shoshë.

d'urchmachen *vt ndash* 1) heq, vuaj; **wer weiß, was er alles durchgemacht hat** kush e di se sa do të ketë hequr; 2) ndjek, bëj gjer në fund (*një kurs etj.*).

D'urchmarsch *m* **-es, -märsche** marshim (*nëpër një vend*).

D'urchmesser *m* **-s, =** *gjeom* diametër.

d'urchmüssen *vi ndash bis* duhet të kaloj; **wir müssen durch** duhet t'i kalojmë vështirësitë.

durchn'ässen *vt* bëj qull; **ich bin völlig vom Regen durchnäßt** jamë bërë qull nga shiu.

d'urchnehmen* *vt ndash* trajtoj, bëj (*një temë etj.*).

d'urchnumerieren *vt ndash* numëroj nga fillimi gjer në fund (*faqet e librit etj.*).

d'urchpausen *vt ndash* kopjoj në letër të tejdukshme (*një vizatim*).

d'urchpeitschen *vt ndash* 1) ndëshkoj me kamxhik; 2) *fig* kaloj me ngut (*një ligj në parlament etj.*).

durchqu'eren *vt* përshkoj (*detin etj.*); kaloj nëpër (*sallë etj.*); pres (*rrugën etj.*).

d'urchrechnen *vt ndash* numëroj nga fillimi gjer në fund.

d'urchregnen *vi ndash* **(h)** pikon (*shiu*).

D'urchreiche *f* =, **-n** dritarëz (*e kuzhinës*).

D'urchreise *f* =, **-n** udhëtim (*nëpër një vend*); **wir sind auf der Durchreise** jemi në kalim (*tranzit*).

d'urchreisen I *vi ndash* **(s)** 1) kaloj gjatë udhëtimit nëpër (*një vend*); 2) udhëtoj pa ndalesa.

durchr'eisen II *vt* udhëtoj nëpër (*një vend*).

d'urchreißen* *ndash* 1. *vt* shqyej, gris dy copash; **er hat das Heft durchgerissen** e ka grisur fletoren dy copash; 2. *vi* **(s)** këputet në mes (*peri etj.*).

d'urchrennen* *vi ndash* **(s)** *bis* iki me vrap.

d'urchringen*, **sich** *vrefl ndash* vendos pas një lufte të brendshme.

d'urchrühren *vt ndash* përziej mirë (*brumin etj.*).

d'urchrütteln *vt ndash* shkund.

durchs = **durch das.**

D'urchsage *f* =, **-n** njoftim (*i dhënë me radio, altoparlant etj.*).

d'urchsagen *vt ndash* jap me radio, altoparlant etj. (*një lajm etj.*).

d'urchsägen *vt ndash* sharroj mes për mes.

d'urchschauen I *vt ndash krahin* shikoj me mikroskop etj.

durchsch'auen II kuptoj; i bie më të; **jemandes Motive durchschauen** kuptoj qëllimet e dikujt.

d'urchscheinen* I *vi ndash* **(h)** tejduket (*drita etj.*); **durchscheinend wie Pergament** i tejdukshëm si pergamenë.

durchsch'einen* II *vt* mbush me dritë.

d'urchscheuern, sich *vrefl ndash* 1) hahet, fërkohet (*stofi etj.*); 2) rripet (*nga fërkimi lëkura etj.*).

d'urchschieben* *vt ndash* fus (*nëpër një vrimë etj.*).

durchsch'ießen* *vt* shpoj (*me plumb, shigjetë etj.*).

D'urchschlag *m* **-s, -schläge** 1) kopje (*e shtypur me makinë shkrimi*); 2) *kuzh* shtypëse (*patatesh etj.*); 3) *kuzh* kullesë.

d'urchschlagen* *ndash* 1. *vi* **(s)** 1) del, shfaqet (*një tipar i trashëguar etj.*); 2) del, depërton (*boja në anën e pasme të letrës etj.*); 3) çan (*bomba përmes ndërtesës etj.*); 4) vepron, ka efekt (*bari etj.*); 2. *vt* 1) çaj mes për mes (*një copë dru etj.*); 2) ngul gjer në fund (*një gozhdë etj.*); 3) *kuzh* kulloj (*një lëng etj.*); 4) *kuzh* shtyp (*patate etj.*); 5) shtyp me një ose më shumë kopje (*një tekst*); 6) çaj (*një vrimë në mur etj.*); 3. *vrefl* **sich durchschlagen** 1) çaj (*përmes radhëve të armikut etj.*); 2) rropatem.

d'urchschlagend *a* i madh, i fortë; **durchschlagender Erfolg** sukses i madh.

d'urchschleppen *vt ndash* 1) tërheq zvarrë (*nëpër rrugë etj.*); 2) *bis* ndihmoj me shumë mundime (*dikë për të kaluar një provim etj.*); 3) *bis* mbaj me shumë mundime (*një mik të varfër etj.*).

d'urchschleusen *vt ndash* 1) kaloj nëpër ekluza (*një anije etj.*); 2) drejtoj (*qarkullimin rrugor nëpër një rrugë të ngushtë etj.*); 3) *bis* kaloj duke kontrolluar (*udhëtarët e porsazbritur nga aeroplani etj.*).

d'urchschneiden* I *vt ndash* pres mes për mes (*një copë letër etj.*); 2) këpus në mes.

durchschn'eiden* II *vt* çan (*anija përmes dallgëve etj.*); **der Fluß durchschneidet das Land** lumi përshkon vendin.

D'urchschnitt *m* **-s, -e** mesatare; **seine Leistungen liegen über dem Durchschnitt** rezultatet e tij qëndrojnë mbi mesataren; *shpr* **im Durchschnitt** mesatarisht.

D'urchschnittsmensch *m* **-en, -en** njeri i rëndomtë, si gjithë të tjerët.

D'urchschrift *f* **=, -en** kopje (*e shtypur me makinë shkrimi*).

d'urchschütteln *vt ndash* tund; shkund.

d'urchschwimmen* I *vi ndash* **(s)** bëj, përshkoj me not (*një distancë*); notoj (*në një kohë*).

durchschw'immen* II *vt* kaloj me not (*lumin etj.*).

d'urchsehen* *ndash* 1. *vi* **(h)** shoh (*me dylbi etj.*); 2. *vt* 1) shqyrtoj; kontrolloj (*një llogari etj.*); i hedh një sy (*librit etj.*).

d'urchsein* *vi ndash* **(s)** *bis* 1) kaloj (*një rrezik, provim etj.*); 2) kalon (*treni etj.*); 3) piqet (*mishi etj.*); 4) hahet (*goma, sholla etj.*).

d'urchsetzen I *ndash* 1. *vt* 1) arrij që të miratohet (*një ligj, plan etj.*); 2) ia dal në krye (*një qëllimi etj.*); **seinen Willen durchsetzen** bëj që të dalë imja; 2. *vrefl* **sich durchsetzen** 1) çaj, i hap rrugë vetes (*në jetë etj.*); 2) bëhem i njohur, afirmohem.

durchs'etzen II *vt* përziej, trazoj; **etwas mit etwas anderem durchsetzen** përziej diçka me diçka tjetër.

D'urchsicht *f* **=** shqyrtim; kontroll; **nach der Durchsicht des Materials ...** pas shqyrtimit të materialit ...

d'urchsichtig *a* 1) i tejdukshëm; **durchsichtiges Papier** letër e tejdukshme; 2) *fig* që diktohet, që kuptohet lehtë; **seine Absichten sind durchsichtig** qëllimet e tij duken sheshit.

d'urchsickern *vi ndash* **(s)** 1) rrjedh; kullon pika-pika (*uji etj.*); 2) *fig bis* del, merret vesh (*lajmi etj.*).

d'urchspielen *vt ndash* luaj nga fillimi gjer në fund (*një pjesë muzikore etj.*).

d'urchsprechen* *vt ndash* rrah nga të gjitha anët (*një problem etj.*).

d'urchspringen* *vi ndash* **(s)** kapërcej (*zjarrin etj.*).

d'urchstechen* I *vt ndash* shkoj tej për tej (*një gjilpërë etj.*).

durchst'echen II *vt* shpoj (*me gjilpërë etj.*).

d'urchstecken *vt ndash* shkoj (*nëpër një vrimë etj.*).

d'urchstehen* *vt ndash* duroj gjer në fund; **wir haben böse Zeiten durchgestanden** kemi kaluar kohë të vështira.

durchst'öbern *vt bis* rrëmoj, gërmoj (*në një sirtar etj.*); **alte Zeitungen durchstöbern** rrëmoj në mes gazetash të vjetra.

d'urchstoßen* I *ndash* 1. *vt* 1) hap duke shtyrë (*derën etj.*); **sie haben die Tür durchgestoßen** e kanë shqyer derën; 2) çaj (*një vrimë në akull etj.*); 2. *vi* **(s)** çaj përmes (*vijës së frontit etj.*).

durchst'oßen* II *vt* çaj (*frontin etj.*).

d'urchstreichen* *vt ndash* i heq vizë (*një fjale etj.*).

durchstr'eifen *vt* i bie kryq e tërthor (*një vendi etj.*).

durchs'uchen *vt* kontrolloj, bastis (*një banesë etj.*).
Durchs'uchung *f* =, **-en** kontroll; bastisje.
durchtr'änken *vt* 1) qull; **der Regen durchtränkte die Erde** e qulli shiu tokën; 2) *fig* mbush; **der Duft der Blüten durchtränkte die Luft** aroma e luleve mbushte ajrin.
durchtr'ieben *a keq* i regjur; i rrahur me vaj e me uthull.
durchw'achen *vt* kaloj pa gjumë (*natën*).
durchw'achsen *a* me shtresë dhjami e mishi (*sallam etj.*); *fig bis* **»Wie geht es dir?«, »Na, so durchwachsen«** »Si je?« »E po, çka«.
d'urchwählen *vi ndash* **(h)** lidhem drejtpërsëdrejti (*me telefon*).
durchw'andern *vt* shëtis, endem nëpër (*botë etj.*).
d'urchwaten I *vi ndash* **(s)** kaloj në va.
durchw'aten II *vt* kaloj në va (*lumin*).
d'urchweg *adv* në përgjithësi; gati krejt; gati të gjithë; **das Wetter war durchweg gut** moti në përgjithësi ishte i mirë.
d'urchwinden*, **sich** *vrefl ndash* dal, futem (*me vështirësi*); *fig bis* **er hat sich durch alle Schwierigkeiten durchgewunden** ai ia ka dalë mbanë përmes gjithë vështirësive.
d'urchwühlen I *vt ndash* 1) rrëmoj, gërmoj në (*sirtarë etj.*); 2) hap duke rrëmuar (*një vrimë etj.*).
durchw'ühlen II *vt* 1) rrëmoj, gërmoj në (*sirtarë etj.*); 2) rrëmoj (*dheun*).
d'urchziehen* I vi *ndash* **(s)** kaloj nëpër (*një vend etj.*).
durchz'iehen* II *vt* përshkon (*lumi një vend etj.*).
durchz'ucken *vt* 1) : **Blitze durchzuckten die Finsternis** rrufetë çanin errësirën; 2) (*më*) vetëtin (*një mendim etj.*); **ihn durchzuckte der Gedanke, daß ...** i vetëtiu mendimi se ...
D'urchzug *m* **-s** 1) kalim (*i ushtrisë etj.*); 2) rrymë, korrent ajri.
d'urchzwängen *ndash* 1. *vt* shkoj, fus me zor; 2. *vrefl* **sich durchzwängen** futem, kaloj me vështirësi (*nëpër një të çarë etj.*).
d'ürfen* *vi* **(h)** 1) mundem (*kam mundësi, leje, të drejtë të bëj diçka*); **darf ich etwas fragen?** a ka mundësi të pyes diçka?; **du darfst hereinkommen** mund të hysh; **hier darf nicht geraucht werden** këtu nuk lejohet duhani; **sie durften auf ihre Erfolge stolz sein** ata kishin të drejtë të ishin krenarë për sukseset e veta; **man darf** ka mundësi; lejohet; **man darf nicht** s'ka mundësi; s'lejohet; **was darf es sein?** ç'urdhëroni? (*pyetje e shitësit*).
d'urfte *sh* **dürfen***.
d'ürftig *a* 1) i varfër, i mjeruar; **eine dürftige Wohnung** një banesë e mjerueshme; 2) i paktë; i pamjaftueshëm; **dürftige Einnahmen** të ardhura të pakta.
dürr *a* 1) i i thatë, i tharë (*gjethe, degë etj.*); 2) shterpë (*tokë etj.*); 3) i thatë (*njeri*); **ein dürrer Mensch** një burrë i thatë.
D'ürre *f* =, **-n** thatësi.
Durst *m* **-es** etje; **großen Durst haben kam** etje të madhe; **seinen Durst löschen, stillen** shuaj etjen.
d'ursten, d'ürsten *vi* **(h)** kam etje; **mich dürstet** kam etje; *fig* **nach etwas dürsten** jam i etur për diçka.
d'urstig *a* i etur; **hungrig und durstig** i uritur dhe i etur.
D'usche *f* =, **-n** dush; **eine kalte, warme Dusche** një dush i ftohtë, i ngrohtë.
d'uschen 1. *vt* i bëj dush (*fëmijës etj.*);

2. *vi* (h) bëj dush; 3. *vrefl* **sich duschen** bëj dush.

D'üse *f* =, **-n** *bis tek* hundëz, dizë.

D'usel *m* **-s** *bis* 1) kalamendje; trullosje; dremitje; zhgjëndërr; **in seinem Dusel nahm er kaum noch wahr, was um ihn geschah** ashtu në zhgjëndërr mezi po merrte vesh se ç'po bëhej rreth tij; 2) *bis* fat.

Dusel'ei *f* = përgjumje; trullosje; hutim.

d'uselig *a bis* 1) i kalamendur, i trullosur; 2) i përgjumur.

D'üsenflugzeug *n* **-(e)s, -e** aeroplan reaktiv.

D'üsenjäger *m* **-s,** = gjuajtës reaktiv.

D'ussel *m* **-s,** = *bis* torollak, budalla.

d'üster *a* 1) i errët, i mugët (*dhomë etj.*); 2) i zymtë (*vështrim etj.*).

D'utzend *n* **-s, -e** duzinë; *shpr* **Dutzende von Beispielen** shumë shembuj; *shpr* **zu Dutzenden** me duzina, me shumicë.

d'uzen *vt* i drejtohem me »ti« (*dikujt*); **er duzte ihn** ai iu drejtua me »ti«.

Dyn'amik *f* = dinamikë; **die Dynamik der wirtschaftlichen Entwicklung** dinamika e zhvillimit ekonomik.

dyn'amisch *a* dinamik; **eine dynamische Politik** një politikë dinamike.

Dynam'it *n* **-s** dinamit.

Dyn'amo *m* **-s, -s** dinamo.

Dyn'ast *m* **-en, -en** sundues; princ (*i vogël*).

Dynast'ie *f* =, **-n** dinasti.

D-Zug *m* **-s, D-Züge** tren i shpejtë.

E

Ebbe *f* = zbaticë; **Ebbe und Flut** zbaticë e baticë; **es ist Ebbe** ka ardhur zbatica; *fig* **bei mir ist Ebbe** jam hollë nga gjendja.

ebd. = **ebenda.**

eben 1. *a* 1) i rrafshtë, i sheshtë; **ebenes Land** vend i rrafshtë; **ein ebener Weg** një rrugë e sheshtë; **den Boden eben machen** sheshoj tokën; *shpr* **zu ebener Erde** në lartësinë e rrugës, në katin përdhes; 2) i shtruar; **das Pferd hat einen ebenen Gang** kali ka një hap të shtruar; 2. *adv* 1) pikërisht tani; sapo; **er ist eben abgereist** sapo është nisur; **der eben erwähnte Vorfall** rasti i porsapërmendur; **eben kommt er!** tani vjen!; **jetzt eben, vor fünf Minuten** ja tani, para pesë minutash; 2) pikërisht; **das ist ja eben!** pikërisht këtë po thosha; 3) mezi; **das reicht (so) eben aus** kjo mezi del, kjo mezi mjafton; 4) fort; **sie ist nicht eben hübsch** ajo nuk është edhe fort e bukur; 5) thjesht; **das ist eben seine Schwäche** kjo është thjesht dobësi e tij.

Ebenbild *n* **-es, -bilder** shëmbëlltyrë; **der Sohn ist das Ebenbild seines Vaters** i biri është shëmbëlltyra e t'et.

ebenbürtig *a* 1) me të njëjtën prejardhje; 2) i njëvlershëm; i barabartë; **ein ebenbürtiger Gegner** një kundërshtar i barabartë; **er ist ihm nicht ebenbürtig** ai s'matet dot me të.

Ebenbürtigkeit *f* = barazi; njëvlerësi.

ebenda(selbst) *adv* po aty (*në citate etj.*).

ebendaher 1. *conj* po për këtë arsye; 2. *adv* po andej.

ebendahin *adv* po atje.

ebendarum *conj* po për këtë arsye.

ebender *pron* po ai, i porsapërmenduri.

ebendeswegen *conj* po për këtë arsye.

ebendort *adv* po atje.

Ebene *f* =, **-n** 1) rrafsh, rrafshinë; fushë; **eine weite Ebene** një fushë e gjerë; 2) *gjeom* rrafsh; **schiefe Ebene** rrafsh i pjerrët; 3): *shpr* **auf höchster Ebene** në nivel të lartë; **ein Gespräch auf höchster Ebene** një bisedë në nivel të lartë.

ebenerdig *a* në një rrafsh me tokën; përdhes; **die Garage lag ebenerdig** garazhi ishte në një rrafsh me tokën.

ebenfalls *adv* gjithashtu, po ashtu.

Ebenholz *n* **-es** abanoz (*dru*).

Ebenmaß *n* **-es** përpjesëtimëri; rregullsi (*e tipareve etj.*).

ebenmäßig *a* i rregullt (*dhëmbë etj.*).

Ebenmäßigkeit *f* = rregullsi, përpjesëtimëri (*e pjesëve të trupit etj.*).

ebenso *adv* po aq; **er spielt ebenso gut Klavier wie ich** ai i bie pianos po aq mirë sa edhe unë; **mein Zimmer ist ebenso lang wie breit** dhoma ime është po aq e gjatë sa dhe e gjerë.

ebensogut *adv* po aq mirë.

ebensolange *adv* po aq gjatë.

ebensooft *adv* po aq shpesh.

ebensosehr *adv* po aq shumë.

ebensowenig *adv* po aq pak.

ebensowohl *adv* po aq mirë.

Eber *m* **-s,** = *zool* hakoç, harç.

Eberesche *f* =, **-n** *bot* vadhë e egër.

ebnen *vt* rrafshoj; sheshoj; *fig* **jemandem den Weg ebnen** i hap rrugën dikujt.

echauffiert [*eshof'irt*] *a vjet* i nxehur, i zemëruar.

Echo *n* **-s, -s** jehonë; *fig* **seine Vorschläge fanden ein starkes Echo** propozimet e tij patën jehonë të madhe.

echt *a* 1) i vërtetë; i mirëfilltë; **echtes Gold** ar i kulluar; **diese Unterschrift ist nicht echt** kjo firmë nuk është e vërtetë; 2) i vërtetë; i çiltër; **echte Freundschaft** miqësi e vërtetë; **echte Gefühle** ndjenja të çiltëra; 3) që nuk del (*ngjyrë*); **echte Farben** ngjyra që nuk zbehen.

Echtheit *f* = 1) vërtetësi; 2) çiltërsi.

Eckball *m* **-(e)s, -bälle** *futb* gjuajtje nga këndi.

Ecke *f* **=, -n** 1) kënd, qoshe; **die vier Ecken des Zimmers** katër qoshet e dhomës; 2) skaj, cep; **die Ecken des Tisches** skajet e tryezës; 3) qoshe, kryqëzim (*i rrugës*); **an der Ecke stehen** qëndroj në qoshe të rrugës; *shpr bis* **sie kommen von allen Ecken und Enden** vijnë nga të gjitha anët; *shpr bis* **jemanden um die Ecke bringen** qëroj dikë.

Eckensteher *m* **-s, =** *fig bis* bjerraditë.

Eckfenster *n* **-s, =** dritare e qoshes (*së dhomës*).

Eckhaus *n* **-es, -häuser** shtëpi në qoshe të rrugës.

eckig *a* 1) këndor; 2) i ngrirë, i ngathët; **seine Bewegungen waren eckig** lëvizjet i kishte si të ngrira.

Eckstein *m* **-(e)s, -e** *ark* gur i themelit (*edhe fig*).

Eckzahn *m* **-(e)s, -zähne** *anat* dhëmb i syrit.

edel *a* 1) fisnik (*njeri etj.*); 2) i lartë (*mendim etj.*); 3) race (*kalë etj.*); 4) fisnik, i çmueshëm (*metal etj.*).

Edelmann *m* **-(e)s, -leute** 1) *hist* fisnik; 2) fisnik, shpirtmadh.

Edelmetall *n* **-s, -e** metal i çmueshëm, fisnik.

Edelmut *m* **-(e)s** fisnikëri, zemërgjerësi, shpirtmadhësi.

edelmütig *a* fisnik, zemërgjerë, shpirtmadh.

Edelstahl *m* **-(e)s** çelik i pandryshkshëm.

Edelstein *m* **-(e)s, -e** gur i çmuar.

Edelweiß *n* **-(e)s, -e** *bot* yll i Alpeve.

Editi'on *f* **=, -en** botim; **die Edition einer Gesamtausgabe** botimi i veprave të plota.

Efeu *m* **-s** *bot* urth.

Effeff *n* : *bis shpr bis* **er versteht seine Sache aus dem Effeff** ai e di punën e vet në majë të gishtërinjve.

Eff'ekt *m* **-(e)s, -e** 1) efekt; rezultat; pasojë; *bis* **Effekt machen** ka efekt; 2) përshtypje; 3) *fiz* rendiment.

Eff'ekten *pl ek* letra me vlerë.

Effekthascher'ei *f* **= -, -en** gjë e bërë për bujë; **dieses Deklamieren ist pure Effekthascherei** gjithë ky deklamim bëhet vetëm për bujë.

effekt'iv *a* 1) real, faktik; **der effektive Wert eines Hauses** vlera reale e një shtëpie; 2) i efektshëm.

Effekt'ivbestand *m* **-(e)s, -stände** *usht* efektiv.

eff'ektvoll *a* i efektshëm.

eg'al *a bis* 1) i njëllojtë; **die Schuhe sind nicht egal** këpucët nuk janë të njëllojta; 2. *adv bis* njëlloj; **das ist mir ganz egal** për mua njëlloj është.

egalis'ieren *vt* barazoj.

Egge *f* **=, -n** *bujq* lesë, trinë.

eggen *vt, vi* **(h)** *bujq* lesoj, trinoj (*arën etj.*).

Ego'ismus *m* **=** egoizëm; **sein Egoismus kennt keine Grenzen** egoizmi i tij s'di kufi.

Ego'ist *m* **-en, -en** egoist.

ego'istisch *a* egoist; **er ist sehr egoistisch** ai është shumë egoist.

egoz'entrisch *a* egocentrik; **er ist ein egozentrischer Mensch** ai e vë veten në qendër të të gjithave.

eh : *shpr* **seit eh und je** qëkur; **seit eh und je war er dieser Ansicht** ka qenë qëkur i këtij mendimi.

ehe *conj* (për)para se ...; **es vergingen drei Stunden, ehe das Flugzeug landen konnte** kaluan tri orë përpara se aeroplani të mund të zbriste.

Ehe *f* =, **-n** martesë; jetë bashkëshortore; **eine glückliche Ehe** një martesë e lumtur; *shpr* **die Ehe schließen, eingehen, vollziehen** martohem; *shpr* **die Ehe brechen** shkel kurorën; *shpr* **eine Ehe auflösen, scheiden** zgjidh, prish një martesë.

Ehebruch *m* **-(e)s** shkelje kurore.

ehedem *adv* më parë; dikur.

Ehefrau *f* =, **-en** bashkëshorte, grua.

Eheleute *pl* bashkëshortët; **die jungen Eheleute** çifti i ri.

ehelich *a* 1) bashkëshortor, martesor; **die ehelichen Pflichten** detyrat bashkëshortore; 2) brenda martese, i ligjshëm (*fëmijë*).

ehelichen *vt* marr për grua, martohem me (*dikë*); **er ehelichte das junge Mädchen** u martua me vajzën.

ehelos *a* i pamartuar.

ehemalig *a* i mëparshëm, i dikurshëm; ish-.

ehemals *adv* më parë, dikur; **er war ehemals Beamter** dikur ishte nëpunës.

Ehemann *m* **-(e)s, -männer** bashkëshort, burrë.

eher *adv* 1) më herët, më parë; **komm doch ein paar Minuten eher** pa eja disa minuta më herët; 2) më parë; **eher will ich verzichten, als daß ...** më parë heq dorë, se sa ...; 3) më fort, më shumë; **das ist eher eine Frage des Geschmacks** kjo është më fort çështje shijeje.

ehern *a poet* 1) i hekurt; 2) *fig* i pathyeshëm, i paepur.

Ehescheidung *f* =, **-en** shkurorëzim, zgjidhje e martesës.

ehest 1. *a* më i parë, më i afërm; **bei ehester Gelegenheit** në rastin më të parë; 2. *adv* : **am ehesten** më parë nga të gjithë.

Ehestand *m* **-(e)s** martesë.

ehestens *adv* sa më parë, sa më shpejt.

ehrbar *a* 1) i nderuar, i nderueshëm; 2) i hijshëm (*qëndrim*).

Ehrbarkeit *f* = të qenët i nderuar.

Ehre *f* =, **-n** 1) *vetëm sing* nder; **die Ehre eines Menschen, einer Familie** nderi i një njeriu, i një familjeje; *shpr* **wir geben uns die Ehre** kemi nderin; *shpr* **das bringt ihm keine Ehre** kjo nuk e nderon; *shpr* **um der Wahrheit die Ehre zu geben ...** për hir të së vërtetës ...; *shpr* **jemanden um seine Ehre bringen, jemandem die Ehre abschneiden** ia marr nderin dikujt; *shpr* **bei meiner Ehre!** për nder!; 2) *vetëm sing* sedër; **du mußt ihn bei seiner Ehre packen** duhet ta prekësh në sedër; 3) nderim; **jemandem die letzte Ehre erweisen** i bëj dikujt nderimet e fundit; **jemanden mit militärischen Ehren empfangen** pres me nderime ushtarake dikë.

ehren 1. *vt* nderoj; **jemanden mit einem Orden ehren** nderoj dikë me një urdhër; **Ihr Vertrauen ehrt mich** besimi juaj më nderon.

Ehrenamt *n* **-(e)s, -ämter** detyrë (post) nderi.

ehrenamtlich *a* i pashpërblyer;

eine ehrenamtliche Tätigkeit një veprimtari e pashpërblyer.

Ehrenbezeigung *f* =, **-en** *usht* nderim.

Ehrenbürger *m* **-s, =** qytetar nderi.

Ehrengeleit *n* **-(e)s, -e** përcjellë nderi.

ehrenhaft *a* i ndershëm; **ein ehrenhafter Mensch** një njeri i ndershëm.

Ehrenhaftigkeit *f* = ndershmëri.

Ehrenmal *n* **-(e)s, -e** *dhe* **-mäler** përmendore (*për të nderuar kujtimin e të rënëve në një luftë etj.*).

Ehrenmann *m* **-(e)s, -männer** burrë i mirë, i drejtë, i ndershëm; *shpr* **ein dunkler Ehrenmann** një faqezi.

Ehrenrechte *pl* të drejta qytetare, civile.

ehrenrührig *a* që cënon nderin (*fjalë, vepër etj.*); **ein ehrenrühriger Verdacht** një dyshim fyes.

Ehrensache *f*: *shpr* **etwas ist Ehrensache** diçka është çështje nderi.

ehrenvoll *a* i nderuar; **ehrenvoller Tod** vdekje me nder.

Ehrenwache *f* =, **-n** rojë nderi.

Ehrenwort *n* **-s, -e** fjalë e nderit; **er gab mir sein Ehrenwort** më dha fjalën e nderit.

Ehrenzeichen *n* **-s, =** dekoratë.

ehrerbietig *a* plot nderim; **jemanden ehrerbietig grüßen** përshëndes me respekt dikë.

Ehrerbietung *f* = nderim, respekt; shprehje nderimi, respekti; **jemanden mit Ehrerbietung grüßen** përshëndes me respekt dikë.

Ehrfurcht *f* = nderim, respekt i thellë.

ehrfürchtig *a* me nderim, me respekt të thellë.

ehrfurchtsvoll *a* me nderim, me respekt të thellë.

Ehrgefühl *n* -s sedër; **ein Mann von Ehrgefühl** një burrë me sedër; **falsches Ehrgefühl** sedër e sëmurë.

Ehrgeiz *m* **-es** ambicie; **er ist von Ehrgeiz besessen** i ka hyrë ambicia.

ehrgeizig *a* ambicioz; **ein ehrgeiziger Politiker** një politikan ambicioz.

ehrlich *a* i ndershëm; i drejtë; *shpr* **sei ehrlich!** thuaj të drejtën!

Ehrlichkeit *f* = ndershmëri; drejtësi.

ehrlos i pandershëm, i pander.

Ehrlosigkeit *f* = 1) pandershmëri; 2) *drejt* humbje e të drejtave qytetare.

ehrsam *a* i ndershëm.

Ehrsamkeit *f* = ndershmëri.

Ehrung *f* =, **-en** nderim; **er wurde mit Ehrungen überhäuft** i bënë shumë nderime.

ehrwürdig *a* i nderuar, i nderueshëm; **ein ehrwürdiger Greis** një plak i nderuar.

ei! *int* eh! (*pasthirrmë habie, zemërimi, talljeje etj.*).

Ei *n* **-(e)s, -er** 1) ve, vezë; **weiches Ei** vezë rrufkë, surbull; **hartes Ei** vezë e zier; **die Eier ausbrüten** ngroh vezët (*klloçka*); *prov* **das Ei will klüger sein als die Henne** do të mësojë veza pulën; *fig bis* **du bist ja kaum aus dem Ei gekrochen!** sapo ke dalë nga veza!; 2): *fig bis* **das kostet seine 100 Eier** bën 100 Marka të thata.

Eibe *f* =, **-n** *bot* tis, bërshen.

Eichamt *n* **-(e)s, -ämter** zyrë e masave dhe e peshave.

Eiche *f* =, **-n** *bot* lis.

Eichel *f* =, **-n** 1) *bot* lende lisi; 2) spathi (*e letrave të lojës*).

eichen *vt* 1) kontrolloj (*masat, peshat etj.*); *shpr bis* **auf etwas geeicht sein** e di mirë diçka; 2) taroj (*radion*).

Eichhorn *n* **-(e)s, -hörner** *sh* **Eichhörnchen.**

Eichhörnchen *n* **-s, =** *zool* ketër.

Eid *m* **-(e)s, -e** be; betim; **unter Eid** me be; **den Eid ablegen, leisten** bëj be, betohem; **den Eid brechen** shkel benë, betimin; *shpr* **an Eides Statt** si me be; **etwas an Eides Statt erklären** deklaroj si me be diçka.

Eidbruch *m* **-(e)s, -brüche** shkelje e besë, e betimit.

Eidechse *f* **=, -n** *zool* hardhucë.

eidesstattlich *a* (*i bërë*) si me be (*deklaratë etj.*).

Eidgenosse *m* **-n, -n** 1) i besëlidhur; 2) zviceran.

eidgenössisch *a* 1) i besëlidhjes; 2) i Zvicrës.

Eidotter *m* **-s, =** e verdhë e vezës.

Eierbecher *m* **-s, =** kupë për vezë.

Eierkuchen *m* **-s, =** *kuzh* omëletë.

Eierstock *m* **-(e)s, -stöcke** *anat* vezore.

Eifer *m* **-s** zell; **etwas mit Eifer anfassen** marr me vrull diçka.

Eiferer *m* **-s, =** fanatik; **ein religiöser Eiferer** një fanatik fetar.

eifern *vi* **(h)** 1) **(gegen A)** luftoj (*kundër diçkaje*); 2) **(nach D)** luftoj, përpiqem (*për të arritur diçka*).

Eifersucht *f* **=** xhelozi; **blinde Eifersucht** xhelozi e verbër.

eifersüchtig *a* xheloz; **eifersüchtig sein auf etwas oder jemanden** jam xheloz për diçka ose dikë.

eiförmig *a* vezak.

eifrig *a* i zellshëm (*punëtor, nxënës etj.*); i flaktë, i zjarrtë (*përkrahës etj.*)

Eigelb *n* **-(e)s, -e** e verdhë e vezës.

eigen *a* 1) i vet; **er wollte es mit eigenen Augen sehen** donte ta shihte me sytë e vet; **sie hat keine eigenen Kinder** ajo s'ka fëmijë të vetët; 2) vetjak; **ein eigenes Haus** një shtëpi vetjake; **in eigener Person** personalisht; *shpr* **sich (D) etwas zu eigen machen** përvetësoj, bëj timen diçka; 3) vetjak, i pavarur; **eine eigene Meinung haben** kam mendimin tim të pavarur; *shpr* **etwas auf eigene Faust unternehmen** bëj me kokën time diçka; *shpr* **etwas in eigener Person entscheiden** vendos vetë për diçka; 4) i veçantë; i posaçëm; **mit der ihm eigenen Tatkraft** me energjinë që e dallon (*nga të tjerët*); **ein ihm eigener Zug** një tipar i veçantë i tiji.

Eigenart *f* **=, -en** veçori, veçanti; **dies ist eine Eigenart von ihm** kjo është një veçori e tij.

eigenartig *a* i veçantë; i ndryshëm nga të tjerët; i çuditshëm.

Eigenbericht *m* **-(e)s, -e** reportazh i një korrespondenti të posaçëm.

Eigenbrötler *m* **-s, =** (*njeri*) kokë më vete.

Eigengewicht *n* **-(e)s, -e** 1) peshë neto; 2) *fiz* peshë specifike.

eigenhändig 1. *a* (*i bërë, i shkruar etj.*) me dorën e vet; **mit eigenhändiger Unterschrift des Schauspielers** me nënshkrimin e vetë artistit; 2. *adv* me dorën e vet; **der Brief ist eigenhändig abzugeben** letra duhet të jepet në dorë.

Eigenheim *n* **-(e)s, -e** shtëpi vetjake.

Eigenheit *f* **=, -en** veçori; tipar.

Eigenlob *n* **-(e)s** vetëlavdërim.

eigenmächtig 1. *a* arbitrar (*veprim etj.*); 2. *adv* arbitrarisht; me kokën e vet.

Eigenmächtigkeit *f* **=, -en** arbitraritet; veprim arbitrar.

Eigenname *m* **-ns, -n** emër i përveçëm.

Eigennutz *m* **-es** interes vetjak; **aus Eigennutz handeln** veproj duke u nisur nga interesi vetjak.

eigennützig *a* i nisur nga interesi vetjak; egoist.

eigens *adv* 1) veçan; shprehimisht; **ich habe es ihm eigens gesagt** ia thashë shprehimisht; 2) vetëm; **eigens für dich** vetëm për ty.

Eigenschaft *f* =, -**en** 1) veti; **die Eigenschaften von Mineralien** vetitë e mineraleve; 2) cilësi; *shpr* **in jemandes Eigenschaft handeln** veproj në cilësinë e dikujt.

Eigensinn *m* -**s** kokëfortësi; kryeneçësi; **sein Eigensinn verärgerte die anderen** kokëfortësia e tij i zemëronte të tjerët.

eigensinnig 1. *a* kokëfortë, kryeneç; **ein eigensinniger Mensch** një njeri kokëfortë; 2. *adv* me kokëfortësi.

eigenständig *a* që qëndron më vete; i veçantë; i pavarur; **eine eigenständige Kultur** një kulturë e veçantë.

eigentlich 1. *a* 1) i mirëfilltë (*kuptim etj.*); 2) i vërtetë; **das ist der eigentliche Grund für ...** kjo është arsyeja e vërtetë e ...; 2. *adv* 1) në mënyrë të mirëfilltë; ç'është e drejta; 2) në të vërtetë; 3) (që t'i biem) shkurt.

Eigentum *n* -**s** pronë; pasuri; **das gesellschaftliche Eigentum an den Produktionsmitteln** prona shoqërore e mjeteve të prodhimit.

Eigentümer *m* -**s**, = pronar; i zoti (*i shtëpisë, i dyqanit etj.*).

eigentümlich *a* 1) i veçantë, tipik; **mit dem ihm eigentümlichen Stolz** me krenarinë që e ka të vetën; 2) i çuditshëm; **eine eigentümliche Sprechweise** një mënyrë e veçantë të foluri.

Eigentümlichkeit *f* =, -**en** 1) veçanti; **eine Eigentümlichkeit der romantischen Dichtung** një veçanti e poezisë romantike; 2) veçori e çuditshme.

Eigentumswohnung *f* =, -**en** hyrje vetjake (*në një shtëpi të madhe banimi*).

eigenwillig *a* 1) vetjak; **einen eigenwilligen Stil entwickeln** zhvilloj një stil timin; 2) kokëfortë, kryeneç.

Eigenwilligkeit *f* =, -**en** kokëfortësi, kryeneçësi.

eignen, sich 1. *vrefl* 1) (**zu D, für A**) jam i përshtatshëm, bëj (*për mësues etj.*); 2) (**für A**) hyn në punë, bën (*një send për diçka*); 2. *vi* (**h**) është në natyrën (*e dikujt diçka*); **ihr eignet eine gewisse Schüchternheit** njëfarë druajtje është në natyrën e saj.

Eignung *f* = të qenët i përshtatshëm (*për diçka*).

Eiklar *n* -(**e**)**s**, -**e** *aust* e bardhë e vezës.

Eilbote *m* -**n**, -**n** shpërndarës i letrave etj. urgjente.

Eilbrief *m* -(**e**)**s**, -**e** letër urgjente.

Eile *f* = ngut, nxitim; **in aller Eile** shpejt e shpejt; **er hat Eile** ai nxiton; **damit hat es keine Eile** pret puna.

eilen *vi* 1) (**s**) shkoj, vij me vrap; **jemandem zu Hilfe eilen** i shkoj shpejt në ndihmë dikujt; 2) (**h**) nuk pret (*një punë etj.*); **es eilt mir nicht** nuk e kam me ngut.

eilends *adv* shpejt e shpejt; me nxitim, me ngut.

eilfertig *a* shumë i gatshëm, shumë i gjindshëm (*për të ndihmuar dikë etj.*).

eilig *a* 1) i nxituar; **er hat es immer eilig** e ka gjithmonë me ngut; 2) i ngutshëm; **ein eiliger Auftrag** një detyrë që nuk pret.

Eilzug *m* -**s**, -**züge** tren i shpejtë, ekspres.

Eimer *m* -**s**, = kovë; *shpr* **bis es gießt wie aus Eimern** bie shi me gjyma.

eimerweise *adv* me kova.

ein 1. *art indef* (*m* **ein,** *f* **eine,** *n* **ein)** një (*ose nuk përkthehet*); **eine große Freude** një gëzim i madh; **er ist ein Künstler** ai është artist; **ein Rembrandt** një pikturë e Rembrandtit; **ein Baum ist eine Pflanze** pema është bimë; 2. *pron indef* (*m* **einer,** *f* **eine,** *n* **eines; der eine, die eine, das eine);** 1) njëri, njëra, një gjë; **einer von uns** njëri prej nesh; **sie war eine von ihnen** ajo ishte njëra prej tyre; **mit einem meiner Mitarbeiter** me njërin nga bashkëpunëtorët e mi; 2) *bis* (*përkthehet me v. II nj.*): **da kann einer völlig verrückt werden** aty mund të lozësh mendsh fare; **das tut einem gut** të bën mirë; 3) : *shpr bis* **in einem fort** pa pushim; *shpr bis* **jemandes ein und alles sein** është gjithë bota për dikë; 3. *num* (*i theksuar*) një; **ein Mann** një burrë; **eine Frau und zwei Kinder** një grua e dy fëmijë; **ein Kind und zwei Frauen** një fëmijë e dy gra.

ein = *parashtesë e ndashme foljore që tregon lëvizje dhe hyrje brenda diçkaje:* **eintreten.**

Einakter *m* **-s, =** dramë me një akt.

ein'ander *adv* njëri-tjetrin; njëri-tjetrit; **sie helfen einander** ata i ndihmojnë njëri-tjetrit.

einarbeiten *ndash* 1. *vt* 1) mësoj me një punë të re; **er ist gründlich eingearbeitet worden** është mësuar mirë me punën e re; 2) fus, shtie (*një citat në një artikull etj.*); 2. *vrefl* **sich einarbeiten** mësohem me një punë të re.

einäschern *vt ndash* 1) bëj shkrumb e hi (*një shtëpi etj.*); 2) djeg (*një kufomë*).

einatmen *ndash* 1. *vt* thith (*ajrin e pastër etj.*); 2. *vi* **(h)** marr frymë.

einäugig *a* me një sy.

Einbahnstraße *f* **=, -n** rrugë me qarkullim vetëm në një drejtim.

einbalsamieren *vt ndash* balsamos (*kufomën*); *shpr bis* **laß dich einbalsamieren** s'bëhet gjë me ty!

Einband *m* **-(e)s, -bände** kapak e shpinë (*e librit*).

einbauen *vt ndash* 1) instaloj, montoj (*një banjë etj.*); 2) *fig bis* fus, shtoj; **Zitate in einen Vortrag einbauen** i shtoj citate një raporti.

Einbaum *m* **-(e)s, -bäume** sul (*trung i gërryer që përdoret si barkë*).

einbegreifen* *vt ndash* përfshij; **einbegriffen** i përfshirë (*në çmim etj.*).

einbehalten* *vt ndash* mbaj për vete, nuk jap (*diçka*).

einbeinig *a* me një këmbë.

einbekennen* *vt ndash aust* pohoj (*fajin etj.*).

einberufen* *vt ndash* 1) mbledh (*një kongres etj.*); thërras ushtar.

Einberufung *f* **=, -en** 1) thirrje, ftesë për mbledhjen (*e kongresit etj.*); 2) thirrje në ushtri.

einbetten *vt ndash* shtrij; **die Stadt ist in ein Tal eingebettet** qyteti shtrihet në një luginë.

einbeziehen* *vt ndash* llogaris edhe (*diçka tjetër*); shtoj; **wir sollten dieses Ergebnis mit in unseren Bericht einbeziehen** në raportin tonë duhet të shtojmë edhe këtë rezultat.

Einbeziehung *f* = shtim (*i një fakti tjetër etj.*).

einbiegen* *ndash* 1. *vt* përthyej (*fletën e një libri etj.*); 2. *vi* **(s)** del (*rruga në një rrugë tjetër*) ; merr kthesën (*automobili etj.*); **diese Straße biegt in die Hauptstraße ein** kjo rrugë del në rrugën kryesore; **das Auto bog in eine Straße ein**

automobili mori kthesën e hyri në një rrugë.

einbilden, sich *vrefl ndash* 1) më shkon mendja; **bilde dir nicht ein, daß ich dir das glaube!** mos të të shkojë mendja se do ta besoj këtë!; 2) më rritet mendja; **er bildet sich nichts auf seinen Erfolg ein** atij nuk i është rritur mendja nga suksesi; 3) më mbushet mendja; **sie bildet sich ein, unheilbar krank zu sein** asaj i është mbushur mendja se ka një sëmundje të pashërueshme.

Einbildung *f* =, **-en** 1) përfytyrim i rremë; 2) imagjinatë; fantazi; **diese Probleme gibt es nur in deiner Einbildung** këto probleme ekzistojnë vetëm në imagjinatën tënde; 2) mendjemadhësi; *bis* **an Einbildung leiden** vuaj nga mendja e madhe.

Einbildungskraft *f* = imagjinatë; fantazi.

einbinden* *vt ndash* 1) lidh, mbështjell (*diçka me një shami etj.*); 2) lidh (*në lëkurë etj. një libër*).

einblenden *ndash* 1. *vt* fus, përfshij (*një reportazh në një emision etj.*); 2. *vrefl* **sich einblenden** ndërhyj (*në një emision të radios etj.*).

einbleuen *vt ndash bis* i fus në kokë (*dikujt diçka*).

Einblick *m* **-(e)s, -e** 1) vështrim; 2) njohje; **einen Einblick in etwas bekommen** njihem me diçka; **jemandem einen Einblick in etwas (A) geben** njoh dikë me diçka.

einbrechen* 1. *vt* 1) thyej, shqyej (*derën etj.*); 2) shemb, rrëzoj (*murin etj.*); 2. *vi* **(s)** 1) shembet, bie brenda (*muri etj.*); 2) hyj me dhunë (*në një shtëpi, vend etj.*); 3) bie (*nata etj.*).

Einbrecher *m* **-s,** = vjedhës me thyerje.

einbringen* *vt ndash* 1) mbledh (*të korrat etj.*); 2) ka, sjell (*fitim etj.*); **das bringt nichts ein** kjo s'ka asnjë dobi; 3) vë në vend (*një dëm etj.*); **die verlorene Zeit ist nicht wieder einzubringen** koha e humbur nuk vihet më në vend; 4) parashtroj (*një rezolutë etj.*).

einbrocken *vt ndash* 1) thërrmoj (*bukën në supë etj.*); 2) *fig bis* qullos (*një punë etj.*); **die Suppe auslöffeln, die man sich eingebrockt hat** koka e bëri, koka e pësoi.

Einbruch *m* **-(e)s, -brüche** 1) shpërthim, shqyerje (*e derës etj.*); 2) hyrje me dhunë (*në një shtëpi, vend etj.*); **einen Einbruch in ein Haus verüben** hyj me dhunë në një shtëpi (*për të vjedhur etj.*); 3) shembje (*e dheut etj.*); 4) shpërthim (*i ujit etj.*); 5) *vetëm sing* rënie (*e natës etj.*); 6) *fig* kthesë, ndryshim i papritur (*në mënyrën e jetesës etj.*).

einbuchten *vt ndash bis* rras brenda (*në burg*).

einbürgern *ndash* 1. *vt* i jap shtetësinë (*dikujt*); 2. *vrefl* **sich einbürgern** 1) marr shtetësinë; 2) *fig* hyn (*një zakon, një fjalë e huaj etj.*).

Einbuße *f* =, **-n** humbje; **Einbußen erleiden** pësoj humbje.

einbüßen *vt ndash* humb (*pasurinë, jetën, nderin etj.*); **im Kriege hatte er einen Arm eingebüßt** kishte humbur krahun në luftë.

eincremen *ndash* 1. *vt* lyej me krem; 2. *vrefl* **sich eincremen** lyhem me krem.

eindämmen *vt ndash* 1) i vë pritë (*lumit etj.*); 2) *fig* ndaloj; **eine Seuche eindämmen** ndaloj përhapjen e një epidemie.

Eindämmung *f* = ndalim (*i përhapjes së zjarrit etj.*).

eindecken, sich *vrefl ndash* **(mit D)** pajisem, furnizohem (*me ushqime* etj.); *bis* **ich bin mit Arbeit eingedeckt** jam mbytur me punë.

Eindecker *m* **-s, =** 1) *av* aeroplan me një palë krahë; 2) *det* anije me një kuvertë.

eindeutig *a* 1) i njëkuptimshëm; 2) i qartë, i prerë (*urdhër etj.*).

Eindeutigkeit *f* **=, -en** 1) njëkuptimësi; 2) qartësi (*e një urdhëri etj.*).

eindeutschen *vt ndash* 1) gjermanizoj, bëj gjerman; 2) ia përshtas gjermanishtes (*një fjalë të huaj etj.*).

Eindeutschung *f* **=, -en** 1) gjermanizim; 2) përshtatje (*e një fjale të huaj etj.*) sipas natyrës së gjermanishtes.

eindrillen *vt ndash bis* 1) ushtroj, stërvis; 2) i fus në kokë (*mësimin etj. dikujt*).

eindringen* *vi ndash* **(s)** 1) hyn, futet (*uji etj.*); 2) thellohem (*në të fshehtat e natyrës etj.*); 3) hyj me dhunë, futem (*në një shtëpi, vend etj.*); 4) **(auf A)** i turrem (*dikujt*).

eindringlich *a* 1) këmbëngulës; 2) bindës (*fjalë etj.*).

Eindringlichkeit *f* **=** 1) këmbëngulje; 2) forcë bindëse (*e fjalëve të dikujt etj.*).

Eindringling *m* **-s, -e** shkelës, pushtues.

Eindruck *m* **-s, -drücke** 1) gjurmë e këmbës (*në rërë etj.*); 2) përshtypje; *shpr* **Eindruck machen** bëj përshtypje; *shpr* **den Eindruck haben, daß ...** kam përshtypjen se ...

eindrücken *ndash vt* 1) shtyp, gungoj; 2) thyej xhamin (*e dritares etj.*).

eindrücklich *a sh* **eindrucksvoll.**

eindrucksvoll *a* që bën përshtypje.

eine *sh* **ein.**

einebnen *vt ndash* rrafshoj; sheshoj.

eineinhalb *num* një e gjysmë.

einengen *vt ndash* ngushtoj; **das Kleid engt mich ein** fustani më ngushton.

einer *sh* **ein.**

einerlei *a* 1) njëlloj; **das ist einerlei** kjo është njëlloj; **das ist mir ganz einerlei** për mua njëlloj është; 2) i njëllojtë.

Einerlei *n* **-s** monotoni; **das ewige Einerlei des Alltags** monotonia e përhershme e jetës së përditshme.

einernten *vt ndash* 1) korr e mbledh (*grurin etj.*); 2) *fig* korr, fitoj (*lavdi etj.*).

einerseits *adv* nga njëra anë; **einerseits ..., andererseits ...** nga njëra anë ..., nga ana tjetër ...

einfach 1. *a* 1) i thjeshtë; **das Essen war einfach** gjella qe e thjeshtë; 2) i thjeshtë, i lehtë (*mësim etj.*); 3) njëfish, i njëfishtë (*nyjë etj.*); **eine einfache Fahrt** një rrugë vetëm vajtje (*me tren etj.*); 2. *adv* thjesht; krejt; **das ist einfach unmöglich** kjo është krejt e pamundur.

Einfachheit *f* **=** 1) thjeshtësi (*e sjelljes etj.*); 2) thjeshtësi, lehtësi (*e një pune etj.*).

einfädeln *ndash* 1. *vt* 1) shkoj (*perin në gjilpërë etj.*); 2) i shkoj perin (*gjilpërës*); 3) thur, kurdis (*një intrigë etj.*); 2. *vrefl* **sich einfädeln** vihet në varg (*automobili etj.*).

einfahren* *ndash* 1. *vi* **(s)** 1) arrin, vjen (*treni etj.*); 2) hyn në port (*anija*); 2. *vt* 1) mbledh, fus brenda (*të korrat etj.*); 3) shtroj (*makinën etj.*); 2. *vrefl* **:** *bis* **sich einfahren** bëhet zakon.

Einfahrt *f* **=, -en** 1) hyrje; ardhje (*e trenit etj.*); 2) hyrje; **die Einfahrt in den Hafen** hyrja në liman.

Einfall *m* **-s, -fälle** 1) shembje; 2) shpërthim (*i ujit etj.*); depërtim (*i dritës etj.*); 3) sulm (*i armikut etj.*); 4) mendim i papritur; **ein guter Einfall** një mendim i mirë; **einen Einfall haben** kam një mendim; **er kam auf den Einfall, sie anzuru-**

fen i erdhi në mendje që ta thërriste.

einfallen* *ndash vi* **(s)** 1) bie brenda, shembet (*muri etj.*); 2) ndërhyj, futem (*në një bisedë etj.*); 3) hyn, futet (*uji etj.*); 4) (*më*) kujtohet, (*më*) bie në mendje, (*më*) shkon mendja; **es ist mir eingefallen** më ra në mendje; **lassen Sie sich nicht einfallen, zu ...** të mos ju shkojë mendja të ...; 5) i bie, i sulet (*një vendi etj.*); 6) hyjnë, futen brenda (*faqet etj.*).

einfallsreich *a* mendjefemër; mendjemprehtë.

Einfalt *f* = 1) çiltërsi; zemërthjeshtësi; 2) naivitet; lehtësi.

einfältig *a* 1) zemërthjeshtë; i patëkeq; 2) i leshtë.

Einfaltspinsel *m* **-s, =** *bis* leshko, sylesh; makalush.

Einfamilienhaus *n* **-es, -häuser** shtëpi për një familje, më vete.

einfangen* *vt ndash* 1) kap, zë (*zogun etj.*); 2) *fig* kap, jap, riprodhoj (*një gjendje shpirtërore etj.*); 3) *bis* ha (*një dackë etj.*).

einfarbig *a* njëngjyrësh.

einfassen *vt ndash* 1) mbërthej (*xhamat e syzeve në skelet etj.*); vë (*në kornizë etj.*); 2) rrethoj (*armikun, oborrin etj.*); 3) hedh në vozë (*peshkun e kripur etj.*).

Einfassung *f* **=, -en** 1) rrethim (*mur etj.*); 2) rreth, kornizë; 3) shirit, garniturë (*e rrobës etj.*); bordurë (*e trotuarit etj.*).

einfetten *ndash* 1. *vt* 1) lyrësoj, lyej me graso (*kushinetat etj.*); 2) lyej me krem; 2. *vrefl* **sich einfetten** lyhem me krem.

einflechten* *vt ndash* fus, shtie (*citate etj. në një raport etj.*); them ndër të tjera; **er flocht ein, daß ...** ndër të tjera, ai tha se ...

einfinden*, sich *vrefl ndash* dal, gjendem (*në vendin dhe orën e caktuar*).

einflicken *vt ndash* qep (*një arnë në xhaketë etj.*); *fig bis* **er hatte noch etliche Sprichwörter in den Vortrag eingeflickt** kishte futur edhe ca fjalë të urta në raport.

einfliegen* *ndash* 1. *vi* **(s)** 1) hyn (*aeroplani në një zonë etj.*); 2. *vt* 1) kolaudoj (*një aeroplan të ri*); 2) çoj, transportoj (*ushqime etj. me aeroplan*).

einfließen* *vi ndash* **(s)** 1) rrjedh, derdhet (*lumi në det etj.*); 2) : *shpr fig* **ins Gespräch einfließen lassen** lë të kuptohet në bisedë e sipër.

einflößen *vt* 1) i jap të pijë (*të sëmurit një bar etj.*); 2) *fig* shtie, kall (*frikë etj.*); ngjall (*respekt etj.*).

Einfluß *m* **-sses, -flüsse** 1) derdhje (*e lumit në det etj.*); 2) *fig* ndikim, influencë; **Einfluß auf etwas oder jemanden ausüben, haben** ushtroj, kam ndikim mbi diçka ose dikë; **ein Mann von großem Einfluß** njeri me ndikim të madh.

Einflußbereich *m* **-(e)s, -e** zonë ndikimi, influence.

einflußreich *a* me ndikim, me influencë (*njeri etj.*).

einflüstern *vt ndash* pëshpëris (*një fjalë në vesh etj.*); *fig* **jemandem etwas einflüstern** i fryj në vesh dikujt.

einfordern *vt ndash* kërkoj të më kthehet (*një borxh, diçka e dhënë hua etj.*).

einförmig *a* i njëllojtë, monoton.

Einförmigkeit *f* **=, -en** njëllojshmëri, monotoni.

einfrieden *vt* rrethoj (*me mur, gardh etj.*).

Einfriedung *f* **=, -en** rrethim (*me mur, gardh etj.*).

einfrieren* *ndash* 1. *vi* **(s)** 1) ngrin (*tubi i ujit etj.*); 2) ngel në akull (*anija etj.*); 3) mbeten aty ku kanë qenë (*marrëdhëniet etj.*); 2. *vt* 1) ngrij (*mishin etj.*); 2) *fin* bllokoj (*fondet etj.*).

einfügen 1. *vt* 1) vë, fus (*një citat në një tekst etj.*); 2) shtoj edhe (*diçka*); 2. *vrefl* **sich einfügen (in A)** mësohem (*me diçka*); i përshtatem (*diçkaje*).

Einfügung *f* =, **-en** 1) shtim, shtesë; 2) vërejtje në kllapa.

einfühlen, sich *vrefl ndash* **(in A)** e vë veten (*në gjendjen shpirtërore etj. të dikujt*).

Einfühlungsvermögen *n* -s aftësi për të kuptuar gjendjen e tjetrit.

Einfuhr *f* =, **-en** import.

einführen *vt ndash* 1) fus, shtie; 2) importoj; 3) paraqis, prezantoj, bëj të njohur; **er hat sie bei den Eltern eingeführt** ua ka paraqitur prindërve (*vajzën*); 4) hedh në treg (*një mall*); 5) vë në përdorim (*një metodë etj.*); 6) vë në qarkullim (*një monedhë të re etj.*); 7) fus (*një sistem të ri etj.*); përhap (*një botëkuptim të ri etj.*); zbatoj (*një reformë etj.*); 8) udhëzoj, përudh (*dikë në një degë të shkencës etj.*).

Einführung *f* =, **-en** 1) futje, shtënie; 2) paraqitje, prezantim; 3) vënie në përdorim, në qarkullim, në shitje; 4) zbatim (*i një metode etj.*); 5) udhëzim.

einfüllen *vt ndash* mbush (*me një lëng etj.*); **Öl in einen Tank einfüllen** mbush një serbator me vaj.

Eingabe *f* =, **-n** 1) *vetëm sing* dhënie (*e një bari ej.*); 2) lutje (*me shkrim*).

Eingang *m* **-s, -gänge** 1) *vetëm sing* ardhje (*e postës etj.*); 2) hyrje (*portë, derë etj.*); 3) fillim, hyrje (*e një fjalimi etj.*); 4) *vetëm pl* mallra të ardhur; letra të ardhura (*në postë*).

eingängig *a* i lehtë për t'u kuptuar, për t'u mbajtur mend etj.

eingangs *adv* në krye; në fillim (*të një fjalimi etj.*).

eingeben* *vt ndash* 1) jap (*një bar etj.*); 2) i fus, i shtie (*në kokë një mendim etj. dikujt*); 3) paraqes, parashtroj (*një lutje etj.*).

eingebildet *a* mendjemadh.

eingeboren *a* vendës.

Eingeborene *m* **-n, -n** vendës; **ein Eingeborener** një vendës; **mehrere Eingeborene** shumë vendës.

Eingebung *f* =, **-en** 1) mendim i papritur; **eine Eingebung haben** më vjen një mendim i papritur; 2) frymëzim.

eingedenk *adv* : **eingedenk sein (G)** mbaj mend, kam parasysh, nuk harroj (*diçka*).

eingefallen *a* i hequr, i thithur; **ein eingefallenes Gesicht** një fytyrë e hequr.

eingefleischt *a* 1) i pandreqshëm, i regjur; 2) i rrënjosur thellë (*ves etj.*).

eingehen* *ndash* 1. *vi* **(s)** 1) vij, hyj; 2) ngordh (*kafsha*); thahet (*bima*); mbyllet (*dyqani, gazeta etj.*); 3) **(auf A)** pranoj (*një plan, propozim etj.*); 4) **(auf A)** flas, bisedoj (*për një çështje etj.*); **darauf werde ich ausführlicher eingehen** për këtë do të flas më hollësisht; 5): *shpr* **in die ewige Ruhe eingehen** pushoj në paqë (*vdes*); 2. *vt* 1) pranoj; **auf die Bedingungen eingehen** pranoj kushtet; 2): *shpr* **eine Wette eingehen** vë një bast; *shpr* **eine Ehe eingehen** martohem; *shpr* **einen Vertrag eingehen** lidh një marrëveshje.

eingehend 1. *a* 1) i hollësishëm; **eine eingehende Beschreibung** një përshkrim i hollësishëm; 2. *adv* hollësisht, imtësisht.

Eingemachte *n* **-n** konservë (*frutash,*

perimesh etj.); reçel, marmelatë; **Eingemachtes vom letzten Jahr** marmelatë e vitit të kaluar.

eingenommen *a* i prirur, i predispozuar; **für jemanden eingenommen sein** kam simpati për dikë; **von sich (D) eingenommen sein** kam mendim të lartë për veten time; **von etwas (D) eingenommen sein** rrëmbehem pas diçkaje.

eingepfercht *a* i rrasur, i ngjeshur (*në një vend të ngushtë etj.*).

eingeschworen *a* : **auf etwas eingeschworen sein** jam i vendosur për diçka, parapëlqej diçka.

eingesessen *a* vendës (*prej shumë brezash, popullsi etj.*).

Eingeständnis *n* **-ses, -se** pohim, pranim (*i një faji etj.*).

eingestehen* *vt ndash* pohoj, pranoj (*një faj, të metë etj.*).

Eingeweide *pl anat* të brendshme; rropulli; zorrë (*të njeriut ose të kafshës*).

Eingeweihte *m* **-n, -n (ein Eingeweihter; mehrere Eingeweihte)** që di, që është brenda (*një të fshehte etj.*); **nur für Eingeweihte** vetëm për një rreth të ngushtë.

eingewöhnen sich *vrefl ndash* mësohem, ambientohem (*me një shoqëri të re etj.*); **sie hat sich bei uns eingewöhnt** ajo është mësuar me ne.

Eingewöhnung *f* = mësim, ambientim (*me një shoqëri të re etj.*).

eingewurzelt *a* i rrënjosur thellë (*zakon etj.*); që ka lëshuar rrënjë (*ves etj.*); i thellë (*urrejtje etj.*).

eingezogen *a* i tërhequr (*njeri etj.*).

eingießen* *vt ndash* 1) shtie, hedh (*kafe, verë etj.*); 2) derdh (*metalin në formë etj.*).

eingittern *vt* zë me hekura (*dritaren etj.*).

eingleisig *a* me një palë shina (*vijë hekurudhore*).

eingliedern *ndash* 1. *vt* përshtas, fus (*në një sistem*); 2. *vrefl* **sich eingliedern** përshtatet, futet (*në një sistem*).

Eingliederung *f* =, **-en** futje (*në një sistem*); integrim.

eingraben* *ndash* 1. *vt* 1) shtie në dhe; fsheh nën dhe; 2) mbjell (*një bimë*); 3) skalis, gdhend; **eine Inschrift in Stein eingraben** gdhend në gur një mbishkrim; *fig* **sich etwas ins Gedächtnis eingraben** ngulis në kujtesë diçka; 2. *vrefl* **sich eingraben** 1) fshihet në dhe (*kafsha*); 2) *usht* groposem.

eingreifen* *vi ndash* **(h)** 1) kap (*rrota e dhëmbëzuar etj.*); 2) *fig* **(gegen A)** ndërhyj, marr masa (*kundër diçkaje*); 3) shkel (*një të drejtë*); **in jemandes Rechte eingreifen** shkel të drejtat e dikujt; 4) *mjek* ndërhyj, operoj.

Eingriff *m* **-s, -e** 1) ndërhyrje (*e padrejtë*); shkelje (*e së drejtës së dikujt*); 2) *mjek* ndërhyrje; **ein chirurgischer Eingriff** një ndërhyrje kirurgjike.

einhaken *ndash* 1. *vt* 1) kap, mbyll me grep; 2) i shtie krahun (*dikujt*); 2. *vrefl* **sich einhaken** i shtie krahun (*dikujt*); **er hakte sich bei mir ein** më shtiu krahun; 2. *vi* **(h)** *bis* ndërhyj (*në një bisedë etj.*).

Einhalt *m* : *shpr* **Einhalt gebieten** ndaloj; **einer Seuche Einhalt gebieten** ndaloj një epidemi.

einhalten* *ndash* 1. *vt* 1) i përmbahem (*një vendimi, afati etj.*); 2) mbaj (*një drejtim etj.*); 2. *vi* **(h)** pushoj; **mit dem Lesen einhalten** pushoj së lexuari; **halt ein!** pusho!

Einhaltung *f* = 1) përmbajtje, respektim (*i një afati etj.*); 2) mbajtje (*e një kursi etj*).

einhandeln *vt ndash* blej me shkëmbim, shkëmbej; **Brot gegen**

Zigaretten einhandeln shkëmbej bukë me cigare.
einhändigen *vt ndash* dorëzoj; **jemandem einen Schlüssel einhändigen** i dorëzoj një çelës dikujt.
einhängen *ndash* 1. *vt* 1) var (*litarin, dorezën e telefonit etj.*); 2. *vrefl* **sich einhängen** *bis* i shtie krahun (*dikujt*); **ich hängte mich bei ihm ein** i shtiva krahun.
einhauchen *vt ndash* i fryj (*diçkaje*); *fig* **einer Sache Leben einhauchen** i jap jetë një pune.
einhauen* *ndash* 1. *vt* 1) ngul (*një gozhdë në dërrasë etj.*); 2) thyej; 3) hap (*vrima etj.*); 4) gdhend (*një mbishkrim në gur etj.*); 2. *vi* (**h**) (**auf A**) shtroj në dru (*dikë*).
einheften *vt ndash* qep (*në diçka*).
einheimisch *a* 1) i vendit (*prodhim etj.*); 2) vendës; **die einheimische Bevölkerung** popullsia vendase.
Einheimische *m* **-n, -n** vendës; **ein Einheimischer** një vendës; **mehrere Einheimische** shumë vendës.
einheimsen *vt ndash bis* korr (*suksese, lëvdata etj.*).
Einheirat *f* **-, -en** hyrje me anën e martesës (*në një familje*); pronësi me anë të martesës (*në një ndërmarrjeje etj.*).
einheiraten *vi ndash* (**h**) hyj me anën e martesës (*në një familje*); pronësoj me anën e martesës (*një ndërmarrje etj.*).
Einheit *f* **=, -en** 1) *vetëm sing* njësi (*territoriale etj.*); 2) *vetëm sing* unitet; 3) *usht* njësi; 4) njësi (*mase, peshe etj.*).
einheitlich *a* 1) i njësuar, unik (*çmim etj.*); 2) i njësuar, që vlen për të gjithë (*rregull etj.*).
Einheitlichkeit *f* = të qenët i njësuar.
Einheitsfront *f* = front i bashkuar.
einheizen *ndash* 1. *vt* ndez (*sobën etj.*); 2. *vi* (**h**) *bis* them hapur mendimin tim.
einhellig *a* i njëzëshëm (*mendim etj.*).
ein'her = *parashtesë e ndashme foljore që tregon lëvizje pa drejtim të caktuar:* **einherfahren**.
einherfahren* *ndash vi* (**s**) vij, shkoj, kaloj me makinë etj. (*krenar, si era etj.*).
einhergehen* *vi ndash* (**s**) 1) vij, shkoj, kaloj (*krenar etj.*); 2) shfaqet, shoqërohet (*sëmundja me disa simptoma etj.*).
einherschreiten* *vi ndash* (**s**) eci, shkoj (*duke u kapardisur etj.*).
einherstolzieren *vi ndash* (**s**) eci duke u kapardisur.
einholen *vt ndash* 1) arrij (*dikë që më ka kaluar përpara etj.*); 2) kërkoj (*këshilla etj.*); 3) marr (*leje, informata etj.*); 4) tërheq (*barkën në breg etj.*); 5) mbledh (*velat, flamurin etj.*); 6) *krahin* blej (*ushqime etj.*).
einhüllen *vt ndash* mbështjell (*në letër etj.*).
Einhüllung *f* = mbështjellje.
einig *a* i bashkuar; i një mendimi; **ich bin mir mit ihm einig geworden** jam marrë vesh me të; **in diesem Punkt bin ich mir mit ihm völlig einig** në këtë pikë jam krejt i një mendjeje me të; **mit sich selbst noch nicht einig sein** nuk e kam të qartë as vetë.
einige *pron indef* 1) *sing m* **einiger**, *f* **einige**, *n* **einiges** njëfarë; ca, diçka; **einige Erfahrung** njëfarë përvoje; **einiger Mut** njëfarë guximi; **nach einiger Zeit** pas ca kohe; **er wußte wenigstens einiges** ai të paktën diçka dinte; 2) *pl* **einige** ca, disa; ndonjë; **einige Fehler** ndonjë gabim; **einige der schönsten Bücher** ca nga librat më të bukur; **einige Male** ndonjë herë; **einige**

hundert Menschen disa qindra veta.

einigemal *adv* ndonjëherë.

einigen *pandash* 1. *vt* bashkoj (*popullin etj.*); 2. *vrefl* **sich einigen** 1) bashkohemi; 2) merremi vesh, biem në ujdi; **wir haben uns auf die folgende Form geeinigt** jemi marrë vesh në mënyrën që vijon.

einigermaßen *adv bis* në një farë mënyre; disi; çka; **es ist einigermaßen kalt draußen** bën si ftohtë jashtë.

einiggehen* *vi ndash* (s) *bis* jam i një mendjeje (*me dikë*).

Einigkeit *f* = 1) unitet mendimesh, njëzëshmëri; 2) bashkim; **Einigkeit macht stark** bashkimi bën forcën.

Einigung *f* =, **-en** marrëveshje; **eine Einigung kam nicht zustande** nuk u arrit ndonjë marrëveshje.

einimpfen *vt ndash* 1) *mjek* inokuloj (*një vaksinë*); 2) *fig bis* i shtie, i fus në kokë (*diçka dikujt*); **man hatte ihm diesen Haß eingeimpft** ia kishin shtënë këtë urrejtje në shpirt.

einjagen *vt ndash* fus, shtie; **jemandem Angst einjagen** i shtie frikën dikujt; **jemandem einen Schreck einjagen** i kall tmerrin dikujt.

einjährig *a* njëvjeçar (*fëmijë, afat etj.*).

einkalkulieren *vt ndash* llogaris edhe; **dieses Risiko hatte er einkalkuliert** edhe këtë rrezik ai e kishte llogaritur.

einkassieren *vt ndash* arkëtoj (*një shumë paresh*).

Einkauf *m* **-s, -käufe** blerje.

einkaufen *vt, vi ndash* (h) blej; **Material, Waren einkaufen** blej material, mallra; **sie ist einkaufen gegangen** ka dalë për të blerë.

Einkäufer *m* **-s,** = blerës (*për një ndërmarrje*).

Einkaufspreis *m* **-es, -e** çmim i blerjes.

Einkehr *f* : *shpr* **Einkehr halten** mbledh veten.

einkehren *vi ndash* (s) (**bei D**) kthehem, ndalem (*në një lokal etj.*) gjatë rrugës.

einkellern *vt ndash* fus në bodrum (*patate për dimër etj.*).

einkerben *vt ndash* qok (*një dru etj.*).

einkerkern *vt ndash* burgos.

einkesseln *vt ndash usht* rrethoj (*armikun etj.*).

Einkesselung *f* =, **-en** *usht* rrethim (*i armikut etj.*).

einklagen *vt ndash* kërkoj me gjyq (*pagimin e një borxhi etj.*).

einklammern *vt ndash* fus në kllapa (*një pjesë teksti etj.*).

Einklammerung *f* = 1) futje në kllapa: 2) *pl* **-en** tekst i futur në kllapa.

Einklang *m* **-(e)s, -klänge** 1) *muz* bashkëtingëllim; 2) *fig* harmoni; **seine Worte und seine Taten stehen nicht miteinander in Einklang** fjalët e veprat e tij nuk pajtohen midis tyre; **seine Wünsche mit den gegebenen Möglichkeiten in Einklang bringen** pajtoj dëshirat me mundësitë e dhëna.

einkleben *vt ndash* ngjis (*pulla poste në një album etj.*).

einkleiden *vt ndash* vesh; **Soldaten einkleiden** pajis me uniformë ushtarët.

einklemmen *vt ndash* 1) shtyp, zë (*gishtin në derë etj.*); 2) shtrëngoj, mbërthej.

einknicken *ndash* 1. *vt* përthyej (*një karton etj.*); 2. *vi* (s) këputem (*në gjunjë nga lodhja etj.*).

einkochen *vt ndash* 1. shter; ziej me sheqer (*qershi etj.*); **Marmelade ein-**

kochen bëj marmelatë; 2. *vi* (s) shter (*qumështi etj.*).

einkommen* *vi ndash* (s) 1) hyn (*parja*); **es kam mehr Geld durch die Steuererhöhungen ein** u shtuan të ardhurat në pare nga ngritja e tatimeve; 2) arrij; **der Läufer kam als letzter ein** vrapuesi erdhi i fundit.

Einkommen *n* **-s, =** të ardhura; rrogë; pagë; **ein hohes monatliches Einkommen haben** kam rrogë të lartë mujore.

einkreisen *vt ndash* rrethoj (*armikun, një fshat etj.*).

einkremen *ndash* 1. *vt* lyej me krem; 2. *vrefl* **sich einkremen** lyhem me krem.

Einkünfte *pl* të ardhura.

einladen* I *vt ndash* ngarkoj (*një mall në makinë etj.*).

einladen* II *vt ndash* ftoj; **jemanden zu sich einladen** ftoj në shtëpi dikë; **jemanden zum Kaffee einladen** ftoj për një kafe dikë.

Einladung *f* **=, -en** ftesë; **jemandem eine Einladung schicken** i dërgoj një ftesë dikujt.

Einlage *f* **=, -n** 1) shtesë (*në një program, letër etj.*); 2) shtrojë (*e këpucës*); fortesë (*e jakës*); mbushje e përkohshme (*e dhëmbit*); 3) depozitë (*në arkën e kursimit etj.*); kapital i vënë (*në një ndërmarrje etj.*); 4) *teat* intermexo.

einlagern *vt ndash* depozitoj, grumbulloj në depo.

Einlaß *m* **-ses, -lässe** 1) hyrje; **Einlaß begehren** dëshiroj të hyj; **Einlaß gewähren** lë të hyjë; **wann ist der Einlaß?** kur hapet (*kinemaja etj.*)?; 2) hyrje; derë; portë.

einlassen* *ndash* 1. *vt* 1) lë të hyjë; **er wollte niemanden einlassen** s'donte të linte asnjeri brenda; **eingelassener Schrank** dollap i ndërtuar në mur; 2) mbush; **Wasser in die Wanne einlassen** mbush vaskën me ujë; 2. *vrefl* **sich einlassen** 1) shkoj (*me dikë*); **wie konnte er sich nur mit diesem gemeinen Kerl einlassen?** si mund të shkonte me atë faqezi?; 2) hyj, futem; **sich nicht in ein Gespräch mit jemandem einlassen** nuk hyj në bisedë me dikë; **sich auf ein Abenteuer einlassen** i futem një aventure.

Einlauf *m* **-s, -läufe** 1) *mjek* klister; 2) ardhje (*e postës etj.*).

einlaufen* *ndash* 1. *vt* 1) hap (*këpucët e reja etj.*); 2) : *shpr bis* **jemandem die Bude, das Haus, die Tür einlaufen** i zë derën dikujt; 2. *vi* (s) 1) hyn (*anija në port, treni në stacion etj.*); 2) vjen (*porosia, posta etj.*); 3) hyn (*pëlhura në ujë*); 4) derdhet (*uji në vaskë etj.*); 5) hyn me vrap (*skuadra në stadium etj.*).

einleben, sich *vrefl ndash* **(an D, in D)** mësohem, ambientohem (*me një vend pune, shoqëri etj.*).

einlegen *ndash* 1. *vt* 1) vë; fus; shtie; **ein Foto in einen Brief einlegen** fus një fotografi në një letër; **Gelder einlegen** vë pare (*në arkën e kursimit etj.*); **sein Veto einlegen** vë veton; 2) vë (*në kripë, në shëllirë mish, perime etj.*); 3) inkrustoj (*një vizatim në dërrasë etj.*); 4) fus; shtoj; **den Gang einlegen** fus marshin; 5): **ein gutes Wort für jemanden einlegen** them një fjalë të mirë për dikë; **Beschwerde einlegen** ankohem; **Protest einlegen** protestoj.

einleiten *vt ndash* 1) filloj, nis (*një punë etj.*); 2) hap (*një veprimtari etj.*); **ein Verfahren gegen jemanden einleiten** hap gjyq kundër dikujt; 3) i bëj hyrje, parathënie (*një libri etj.*).

Einleitung *f* =, **-en** 1) hyrje, parathënie (*e një libri etj.*); 2) hapje, fjalë e hapjes (*së një veprimtarie etj.*).

einlenken *vi ndash* **(h)** 1) dredhoj; kthehem; **er lenkte in die Seitenstraße ein** ai u kthye në rrugën anësore; 2) zbus tonin, ul fjalët.

einleuchten *vi ndash* **(h)** (*më*) bind, (*më*) mbush mendjen; **dieses Argument leuchtete mir sofort ein** ky argument më bindi menjëherë; **das will mir nicht einleuchten** kjo nuk ma mbush mendjen; **eine einleuchtende Antwort** një përgjigje bindëse.

einliefern *vt ndash* 1) dorëzoj (*një mall etj.*); 2) fus (*në burg etj.*); 3) shtroj (*në spital etj.*).

Einlieferung *f* =, **-en** 1) dorëzim (*i një malli etj.*); 2) shtrim (*i një të sëmuri në spital etj.*).

einliegend 1. *a* i bashkëngjitur; 2. *adv* bashkëngjitur.

einlochen *vt ndash bis* rras brenda (*në burg*).

einlösen *vt ndash* 1) shpengoj (*një peng*); 2) thyej (*një çek etj.*); *fig* **ein Versprechen einlösen** mbaj një premtim.

einlullen *vt ndash bis* vë në gjumë, nanuris.

einmachen *vt ndash* konservoj (*mishin, perimet etj.*).

Einmachglas *n* **-(e)s, -gläser** kavanoz konserve.

einmahnen *vt ndash* kërkoj kthimin (*e një borxhi etj.*).

einmal *adv* 1) një herë; **ich versuche es noch einmal** do ta provoj edhe një herë; *shpr* **auf einmal** përnjëherë; njëkohësisht; 2) njëherë, dikur; *shpr* **es war einmal** na ishte një herë; 3) një ditë; më vonë; **er wird sein Verhalten einmal bereuen** një ditë do të pendohet për atë qëndrim; 4) : **nicht einmal** as; **er hat nicht einmal »gute Nacht« gesagt** nuk ka thënë as natën e mirë.

einmalig *a* 1) i njëhershëm (*pagesë etj.*); 2) i pakrahasueshëm, i papërsëritshëm (*film etj.*).

Einmarsch *m* **-s, -märsche** hyrje (*e ushtrisë në një qytet etj.*).

einmarschieren *vi* **(s)** hyn (*ushtria në një qytet etj.*).

einmauern *vt ndash* 1) muros, vë në mur; 2) ngul në mur.

einmeißeln *vt ndash* skalis, gdhend (*në gur etj.*).

einmengen *ndash* 1. *vt* përziej, trazoj (*verën me ujë etj.*); 2. *vrefl* **sich einmengen** përzihem, ndërhyj (*në një punë etj.*).

einmieten, sich *vrefl ndash* : **sich bei jemandem einmieten** zë me qira një dhomë etj. te dikush.

einmischen *ndash* 1. *vt* përziej, trazoj (*në diçka*); 2. *vrefl* **sich einmischen** përzihem, ndërhyj (*në punët e tjetrit etj.*).

Einmischung *f* =, **-en** përzierje, ndërhyrje (*në punët e tjetrit etj.*).

einmotten *vt ndash* bëj me bar mole (*rrobat etj.*).

einmummeln *ndash* 1. *vt* mbështjell (*fëmijën etj.*); 2. *vrefl* **sich einmummeln** mbështillem.

einmütig 1. *a* i njëzëshëm; 2. *adv* njëzëri.

Einmütigkeit *f* = njëzëshmëri, unanimitet.

einnageln *vt ndash* gozhdoj, mbërthej me gozhdë; **ein Stück Blech in die Kiste einnageln** mbërthej një copë teneqe në një arkë.

einnähen *vt ndash* 1) qep (*në diçka*); 2) ngushtoj (*fustanin etj.*).

Einnahme *f* =, **-n** 1) të ardhura; 2) *vetëm sing* marrje (*e një bari etj.*);

3) *vetëm sing* marrje, pushtim (*i një qyteti etj.*).

einnebeln *vt ndash usht* mbuloj me perde tymi.

einnehmen* *vt ndash* 1) marr, zë, pushtoj (*një qytet etj.*); 2) zë (*një vend etj.*); **der Schrank nimmt viel Platz ein** dollapi zë shumë vend; *shpr* **seinen Platz nehmen** ulem (*në karrige etj.*); **er nimmt einen wichtigen Posten ein** ai zë një post të rëndësishëm; 3) marr, mbaj (*një qëndrim*); 4) ha (*mëngjesin etj.*); pi (*barin etj.*); 5) fitoj (*pare etj.*); vjel (*taksa etj.*); *shpr* **jemanden für sich einnehmen** bëj për vete dikë.

einnicken *vi ndash* **(s)** *bis* kotem, kotullohem, dremis.

einnisten, sich *vrefl ndash bis* nuk shkulem (*nga një shtëpi etj.*); lëshon rrënjë (*një ves etj.*).

Einnöde *f* = shkretëtirë.

einölen *ndash* 1. *vt* lyej me vaj; 2. *vrefl* **sich einölen** lyhem me vaj.

einordnen *ndash* 1. *vt* rendis, radhis (*librat etj.*); 2. *vrefl* **sich einordnen** 1) hyj, i përshtatem (*një mjedisi etj.*); 2) ndërroj brez (*në autostradë*).

Einordnung *f* = renditje, radhitje.

einpacken *vt ndash* paketoj, mbështjell (*librin etj.*).

einpassen *ndash* 1. *vt* **(in A)** ia përshtas (*diçka diçkaje*); përputh (*diçka me diçka*); 2. *vrefl* **sich einpassen** i përshtatem (*mjedisit të ri etj.*).

einpauken *vt ndash bis* fus në kokë; **ich pauke mir die Vokabeln ein** fus në kokë fjalët (*e një gjuhe të huaj etj.*).

einpeitschen *ndash* 1. *vt* i mësoj me kamxhik (*diçka dikujt*); 2. *vi* **(h)** **(auf A)** rreh me kamxhik (*karrocieri kalin etj.*).

einpferchen *vt ndash* vathoj, fus në vathë (*bagëtinë*); *fig* **viele Menschen in einen Raum einpferchen** rras shumë njerëz në një vend.

einpflanzen *vt ndash* 1) mbjell; 2) *fig* ngul në kokë; ngulis (*një zakon etj.*); 3) *mjek* transplantoj, shartoj (*një organ etj.*).

einpinseln *vt ndash* lyej me penel.

einplanen *vt ndash* parashikoj me plan.

einprägen *ndash* 1. *vt* 1) shtyp (*diçka në lëkurë, metal etj.*); skalis (*në gur*); 2) *fig* ngulis; **ich habe den Kindern eingeprägt, daß ...** ua kam ngulitur në kokë fëmijëve se ...; 2. *vrefl* **sich einprägen** ngulitet (*në mendje, kujtesë etj.*).

einprägsam *a* që mbahet mend lehtë (*fjalë, melodi etj.*).

einpressen *vt ndash* bëj me presim (*kanale në llamarinë etj.*).

einpudern *ndash* 1. *vt* pudros; 2. *vrefl* **sich einpudern** pudrosem.

einquartieren *ndash* 1. *vt* 1) strehoj (*në një shtëpi ushtrinë etj.*); 2) përbuj (*mysafirë etj.*); 2. *vrefl* **sich einquartieren (bei D)** strehohem, buj (*te dikush*).

Einquartierung *f* = 1) strehim; 2) bujtje, përbujtje.

einrahmen *vt ndash* vë në kornizë; **ein Bild einrahmen** vë në kornizë një tablo.

einrammen *vt ndash* ngul me varé.

einräumen *vt ndash* 1) mobiloj (*banesën etj.*); 2) vë, vendos; 3) lëshoj (*një vend etj.*); 4) pranoj (*një mendim etj.*).

einrechnen *vt ndash* përfshij (*në një llogari etj.*); **mit eingerechnet** duke përfshirë ...

einreden *ndash* 1. *vt* : **jemandem etwas einreden** bind dikë për diçka, ia mbush mendjen dikujt për diçka; **das lasse ich mir nicht einreden** për këtë s'më bind dot; 2. *vi*

(h) : **auf jemanden einreden** i flas vazhdimisht dikujt.

einreiben* *vt ndash* fërkoj, lyej (*me vaj etj.*); **Öl in die Haut einreiben** lyej lëkurën me vaj.

einreichen *vt ndash* 1) paraqes, dorëzoj (*një lutje, kërkesë etj.*); 2) kërkoj (*me anë të një lutjeje etj.*); **seine Versetzung einreichen** kërkoj transferimin.

einreihen *ndash* 1. *vt* 1) radhis; 2) marr (*në ushtri etj.*); 3) përfshij; 2. *vrefl* **sich einreihen** *fig* marr pjesë (*në një lëvizje etj.*).

einreihig *a* me një radhë kopsash (*xhaketë etj.*).

Einreise *f* =, **-n** hyrje (*në një vend*).

einreißen* *ndash* 1. *vt* 1) gris (*letrën etj.*); 2) shemb (*një ndërtesë etj.*); 2. *vrefl, vi* (**s**) 1) griset (*pëlhura etj.*); 2) *fig* përhapet, lëshon rrënjë (*e liga, vesi etj.*).

einrenken *vt ndash* 1) vë, çoj në vend (*krahun e nxjerrë etj.*); 2) *fig* rregulloj (*një punë etj.*).

einrennen* *vt ndash* 1) thyej duke hasur; rrëzoj duke ndeshur (*murin etj.*); shpërthej (*derën etj.*); 2) : *fig* **offene Türen einrennen** mih në ujë; *fig* **jemandem die Tür einrennen** i zë derën dikujt.

einrichten *ndash* 1. *vt* 1) themeloj (*një institucion etj.*); 2) hartoj (*një listë etj.*); 3) çoj në vend (*një kockë të thyer etj.*); 4) mobiloj (*shtëpinë etj.*); 5) rregulloj, vë në vijë (*punët etj.*); 6) **(für A)** përshtas (*për diçka*); **ein Musikstück für Klavier einrichten** arranxhoj një pjesë muzikore për piano; 2. *vrefl* **sich einrichten** 1) **(auf A)** përgatitem (*për diçka*); 2) i përshtatem (*një gjendjeje etj.*); 3) vendosem (*në një vend*); 4) kursehem; kufizohem.

Einrichtung *f* =, **-en** 1) themelim; institucion; 2) hartim (*i një liste etj.*); 3) vënie në vend (*e një kocke të thyer etj.*); 4) rregullim; 5) mobilim.

einrollen *ndash* 1. *vt* mbledh, mbështjell (*qilimin etj.*); 2. *vi* (**s**) hyn (*treni në stacion etj.*).

einrosten *vi ndash* (**s**) zë ndryshk.

einrücken *ndash* 1. *vt* 1) shtyj më brenda (*radhën*); 2) dërgoj për botim (*në gazetë etj.*); 2. *vi* (**s**) 1) shkoj ushtar; 2) hyn ushtria (*në një qytet etj.*).

eins 1. *num* një; **das ist eins a!** kjo është e shkëlqyeshme!; **eins, zwei, drei, er war weg!** sa të hapësh e të mbyllësh sytë, u zhduk!; 2. *adv* 1) : **es läuft auf eins hinaus** kjo është e njëjta gjë; 2) diçka; **eins muß ich dir sagen** një gjë dua të të them.

Eins *f* =, **-en** 1) njësh (*notë*); 2) një; **Eins zu Null** një me zero.

einsacken *ndash* 1. *vt* 1) fus në thes (*në xhep*); 2) *bis* përvetësoj; 2. *vi* (**s**) bie, shembem përdhe.

einsalben *vt ndash* 1) lyej (*me një melhem etj.*); 2) *fig* e laj dhe e lyej.

einsalzen *vt ndash* krip (*peshkun, mishin etj.*).

einsam *a* 1) i vetmuar (*njeri*); 2) i humbur (*vend*); 3) i shkretë (*rrugë etj.*).

Einsamkeit *f* = vetmi.

einsammeln *vt ndash* mbledh (*pulla poste etj.*).

einsargen *vt ndash* fus në arkivol.

Einsatz *m* **-es, -sätze** 1) pjesëmarrje; 2) vënie në përdorim; **unter Einsatz aller Kräfte** duke vënë të gjitha forcat; 3) fillim i punës (*i një makine etj.*); 4) *usht* hedhje (*e një reparti në luftim*); 5) shumë (*që vihet në lojë*); 6) peng; 7) shtojcë; 8): **unter Einsatz des eigenes Lebens** duke vënë jetën në rrezik; **besonderer Einsatz** detyrë e posaçme;

durch seinen Einsatz duke dhënë shembullin vetë.

einsaugen* *vt ndash* 1) thith (*ujin etj.*); 2) i marr erë (*parfumit të një luleje etj.*).

einschalten *ndash* 1. *vt* 1) hap (*dritën, radion etj.*); 2) fus, shtie (*një tregim në një roman etj.*); 3): **jemanden einschalten** thërras dikë (*për ndihmë etj.*); 2. *vrefl* **sich einschalten** 1) futem, përzihem (*në një çështje*); 2) lidhem (*me telefon*).

einschärfen *vt ndash* ia kujtoj me këmbëngulje (*dikujt diçka*); **du mußt dir das einschärfen** këtë ta varësh vath në vesh.

einscharren *vt ndash* gropos.

einschätzen *vt ndash* vlerësoj, çmoj (*pasurinë, aftësine etj.*).

Einschätzung *f* =, **-en** vlerësim.

einschenken *vt ndash* shtie (*verë në gotë etj.*); *fig* **jemandem reinen Wein einschenken** i them të vërtetën dikujt.

einschicken *vt ndash* çoj (*një aparat për riparim etj.*); dërgoj (*një artikull në gazetë etj.*).

einschieben* *vt ndash* 1) fus, shtie (*bukën në furrë etj.*); 2): *bis* **können Sie mich nicht einschieben?** a mund të më futni jashtë radhe?

einschießen* *ndash* 1. *vt* 1) thyej (*xhamin me gur etj.*); 2) rregulloj qitjen (*e pushkës etj.*); 2. *vrefl* **sich einschießen** stërvitem në qitje.

einschiffen *ndash* 1. *vt* ngarkoj (*në anije*); 2. *vrefl* **sich einschiffen nach (D)** nisem me anije për (*një vend*).

einschl. = **einschließlich.**

einschlafen* *vi ndash* **(s)** 1) më zë gjumi; bie në gjumë; 2) mpihet (*këmba etj.*); 3) pushon, resht ngadalë (*një veprimtari etj.*); 4) vdes.

einschläfern *vt ndash* vë në gjumë.

einschläfernd *a* që vë në gjumë, narkotik (*mjet*).

Einschlag *m* **-(e)s, -schläge** 1) goditje (*e rrufesë etj.*); rënie (*e bombës etj.*); 2) mbështjellje; zarf; 3) prerje e drurëve; dru të prerë; 4) *fig* ngjyrim (*romantik etj.*).

einschlagen* *ndash* 1. *vt* 1) ngul (*një gozhdë, pykë etj.*); 2) shpërthej (*derën etj.*); 3) mbështjell; 4) marr (*një drejtim, rrugë etj.*); **eine Laufbahn einschlagen** filloj një karrierë; 5) lidh (*librin etj.*); 6) shkul (*dhëmbin etj.*); 2. *vi* **(h)** 1) bie (*rrufeja*); 2) **(auf jemanden)** rrah (*dikë*); 3) shkon, shitet (*një mall etj.*); 4) tokem (*në shenjë pranimi etj.*); 5) *bis* i hyj punës (*mirë etj.*).

einschlägig *a* përkatës; **er kennt die einschlägige Literatur zu diesem Problem** ai e njeh letërsinë që ka lidhje me këtë problem.

einschleichen* *vi ndash* **(s)** *dhe vrefl* **sich einschleichen** 1) hyj, futem tinëz; 2) *fig* kalon pa u vënë re (*një gabim etj.*); 3) hyn (*dyshimi etj.*).

einschleppen *vt ndash* sjell me vete (*një sëmundje nga një vend etj.*).

einschleusen *vt ndash* fus tinëz (*agjentë në një vend etj.*).

einschließen* *vt ndash* 1) mbyll brenda; 2) rrethoj (*armikun etj.*); 3) ruaj brenda; 4) përfshij.

einschließlich *adv* **(G)** duke përfshirë; **sechs Kilo einschließlich Verpackung** gjashtë kilo, duke përfshirë edhe ambalazhin.

einschlummern *vi ndash* **(s)** kotem, përgjumem.

Einschluß *m* **-ses, -schlüsse** 1) mbyllje; 2) rrethim; 3) përfshirje; **mit Einschluß von (D)** duke përfshirë (*diçka*).

einschmeicheln, sich *vrefl ndash* i hyj në zemër, ia ha zemrën (*me lajka etj. dikujt*).

einschmeichelnd *a* i këndshëm (*zë, muzikë etj.*).

einschmelzen* *ndash* 1. *vt* shkrij (*një metal etj.*); 2. *vi* (s) shkrin (*akulli etj.*).
einschmieren *vt ndash* 1) lyej (*me vaj etj.*); 2) *bis* ndyj (*shaminë etj.*).
einschmuggeln *vt ndash* 1) fus kontrabandë; 2) *fig* fus tinëz.
einschnappen *vi ndash* (s) 1) mbyllet (*dryni, dera etj.*); 2) *bis* hidhem përpjetë (*nga një fjalë qortuese etj.*).
einschneiden* *ndash* 1. *vt* gdhend (*një shenjë në dru etj.*); 2. *vi* (h) 1): **ins Fleisch einschneiden** hyn në mish (*thika etj.*); 2) *fig* (*më*) pret (*një dhembje etj.*).
einschneidend *a* 1) i thellë (*ndryshim etj.*); 2) rrënjësor (*masë etj.*).
einschneien *vi ndash* (s) 1) zihet nga bora (*rruga etj.*); 2) (*më*) zë bora.
Einschnitt *m* **-(e)s, -e** 1) prerje; 2) qokë; 3) zgavër; 4) korrje; 5) *fig* kthesë, ndryshim; 6) *poet* cezurë.
einschnüren *vt ndash* 1) lidh (*me lidhëse*); 2) (*më*) shtrëngon (*llastika etj.*).
einschränken 1. *ndash vt* kufizoj; 2. *vrefl* **sich einschränken** kufizohem.
Einschränkung *f* **=, -en** kufizim.
einschrauben *vt ndash* vidhos (*në diçka*).
einschrecken *vt ndash* tremb, frikësoj.
Einschreibebrief *m* **-(e)s, -e** letër e porositur.
einschreiben* *vt ndash* 1) shënoj, vë (*emrin në listë etj.*); 2) hedh në të pastër (*hartimin etj.*); 3) shkruaj, regjistroj (*një fëmijë në shkollë etj.*).
einschreiten* *vi ndash* (s) marr masa, ndërhyj; **gerichtlich einschreiten** ngre padi.
einschrumpfen *vi ndash* (s) 1) rrudhet (*lëkura*); 2) rrëgjohet, fishket (*molla*).
einschüchtern *vt ndash* tremb, frikësoj.
Einschüchterung *f* **=, -en** frikësim.
einschulen *vt ndash* shkolloj, çoj në shkollë (*fëmijën*).
Einschulung *f* **=, -en** shkollim.
Einschuß *m* **-ses, -schüsse** vend i hyrjes së plumbit.
einschütten *vt ndash* 1) hedh, derdh (*në kovë ujë etj.*); hedh (*në thes miell*).
einschwenken *vi ndash* (s) kthehem (*nga e majta, e djathta etj.*).
einsegnen *vt ndash fet* 1) krezmoj; 2) bekoj.
einsehen* *vt ndash* 1) shikoj; 2) lexoj, shqyrtoj (*një dokument etj.*); 3) shoh, kuptoj; **seinen Irrtum einsehen** e kuptoj gabimin.
Einsehen *n* : *shpr* **Einsehen haben** tregohem i kuptueshëm, i arsyeshëm.
einseifen *vt ndash* 1) fërkoj me sapun, shkumoj; 2) *fig bis* ia hedh (*dikujt*).
einseitig 1. *a* 1) i njëanshëm; 2) *fig* i kufizuar, jo i plotë; 2. *adv* 1) nga njëra anë; 2) në mënyrë të njëanshme.
Einseitigkeit *f* **=** njëanshmëri.
einsenden* *vt ndash* dërgoj (*një dokument, dorëshkrim etj.*).
einsetzen *ndash* 1. *vt* 1) vë; **einen Flicken einsetzen** vë një arnë; 2) emëroj (*në një post*); 3) lë peng; vë në lojë; **sein Leben einsetzen** vë në rrezik jetën; 4) mbjell (*një bimë etj.*); 5) hedh (*ushtrinë etj.*); lëshoj (*policinë etj.*); 2. *vi* nis, fillon (*muzika, dimri etj.*); 3. *vrefl* **sich einsetzen (für A)** ndërhyj (*për dikë*).
Einsicht *f* **=, -en** 1) shqyrtim (*i një dokumenti etj.*); 2) gjykim, arsye; **aus eigener Einsicht** sipas mendjes së vet; **zur Einsicht kom-**

men bie në brazdë, vij në vete, më vijnë mendtë; 3) njohje; dijeni; **Einsicht haben in Akten, Vorgänge** kam dijeni për dokumentet, ngjarjet.

einsichtig *a* i arsyeshëm.

einsichtslos *a* i paarsyeshëm.

einsichtsvoll *a* i arsyeshëm.

Einsiedler *m* **-s, =** vetmitar, jeremi, eremit.

einsilbig *a* 1) njërrokësh; 2) i shkurtër (*përgjigje*); 3) fjalëpakë (*njeri*).

einsinken* *vt ndash* (s) 1) zhytem, fundosem, ngec (*në borë etj.*); 2) shembet (*dheu*); 3) : **eingesunkene Augen** sy të futur brenda.

einsitzig *a* njëvendësh (*automobil etj.*).

einspannen *vt ndash* 1) mbreh (*kalin etj.*); 2) fus (*letrën në makinë shkrimi*); 3) vë (*filmin në aparat*).

Einspänner *m* **-s, =** 1) karrocë me një kalë; 2) *fig* njeri i veçuar.

einspännig *a* 1) me një kalë (*karrocë*); 2) : *fig* **einspännig leben** jam beqar.

einsparen *vt ndash* kursej (*pare, kohë etj.*).

Einsparung *f* **=, -en** kursim.

einsperren *vt ndash* 1) mbyll brenda, ndryj; 2) *bis* fus në burg.

einspielen *ndash* 1. *vt* 1) shtroj (*një vegël muzikore*); 2) incizoj (*një koncert etj.*); 3) nxjerr (*shpenzimet filmi, drama etj.*); 2. *vrefl* **sich einspielen** mësohem me lojën, rolin etj.; **aufeinander eingespielt sein** bashkëveprojmë mirë me njëri-tjetrin (*në lojë, në orkestër etj.*).

einsprengen *vt ndash* spërkas (*me ujë etj.*).

einspringen* *vi ndash* (s) : **für jemanden einspringen** dal për dikë; zëvendësoj dikë.

einspritzen *vt ndash mjek* injektoj.

Einspritzung *f* **=, -en** injektim, injeksion.

Einspruch -(e)s, -sprüche kundërshtim, protestë, ankesë; **Einspruch erheben** protestoj, ankohem.

einspurig *a* me një palë shina (*hekurudhë*).

einst *adv* 1) një kohë, dikur, njëherë; 2) atëherë; 3) ndonjëherë (*në të ardhmen*); më vonë.

einstampfen *vt ndash* 1) rrah, sheshoj; 2) : **eine Auflage einstampfen** çoj një botim në karton.

Einstand *m* **-(e)s, -stände** 1) hyrje në punë; 2) *vetëm sing sport* gjendje e barabartë e pikëve.

einstauben *vi ndash* **(s)** bëhem me pluhur.

einstecken* *vt* ndash 1) fus (*në xhep etj.*); 2) *fig* fitoj (*pare etj.*); 3) hedh (*në burg*); 4) *bis* duroj (*një fjalë të rëndë etj.*); ha (*një të sharë*).

einstehen* *vi ndash* **(s) (für A)** përgjigjem (*për diçka*); hyj dorëzanë (*për dikë*).

einsteigen* *vi ndash* **(s)** 1) hipi (*në makinë etj.*); 2) *bis* marr pjesë (*në një punë etj.*); 3) futem tinëz (*në një dyqan etj.*).

einstellen *ndash* 1. *vt* 1) vë (*radion në një stacion ose një stacion në radio*); 2) *tek* rregulloj (*dylbinë etj.*); 3) marr (*në punë, në ushtri etj.*); 4) lë, pezulloj (*punën*); 5) fus brenda (*në garazh makinën etj.*); 2. *vrefl* **sich einstellen** 1) vij, paraqitem (*në një kohë të caktuar etj.*); 2) shfaqet (*një sëmundje etj.*); 3) **(auf A)** i përshtatem (*jetës së re etj.*); përgatitem shpirtërisht (*për diçka*); 4) mbaj (*dietë etj.*); 5) : *bis* **er ist gegen mich eingestellt** ai s'më sheh me sy të mirë; **ein konservativ eingestellter Mensch** një njeri me mendime konservatore.

Einstellung *f* **=, -en** 1) vënie e

radios (*në një stacion*); 2) *tek* rregullim (*i dylbisë etj.*); 3) qëndrim; 4) pikëpamje; 5) pushim, pezullim (*i një çështjeje, pune*); 6) marrje në punë.

Einstieg *m* **-s, -stiege** hyrje (*në autobus etj.*).

einstig *a* 1) i dikurshëm, i mëparshëm; 2) i ardhshëm.

einstimmen *ndash* 1. *vi* **(h)** 1) *muz* ia marr (*një kënge etj.*); 2) *fig* marr pjesë; **in das Gelächter der anderen einstimmen** qesh me të tjerët; **in einen Plan einstimmen** miratoj një plan; 2. *vt muz* akordoj (*violinën etj.*); 3. *vrefl:* **sich (auf A) einstimmen** përgatitem (*për diçka*).

Einstimmigkeit *f* = njëzëshmëri.

einstmals *adv* 1) dikur; 2) dikur, një ditë (*në të ardhmen*).

einstöckig *a* njëkatësh (*dyqan etj.*).

einstopfen *vt ndash* 1) fus; 2) mbush (*dyshekun etj.*).

einstreuen *vt ndash* 1) hedh (*në gjellë kripë etj.*); 2) *fig* mbush (*fjalimin me citate etj.*).

einstoßen* *vt ndash* 1) ngul (*lopatën në tokë etj.*); 2) shemb, rrëzoj; 3) vras (*kokën etj.*); *shpr* **sich (D) den Kopf einstoßen** s'di se ku të përplas kokën (*nga një hall etj.*).

einstreichen* *vt ndash* 1) fërkoj (*me diçka*); 2) *bis* marr me vete, përlaj.

einströmen *vi ndash* **(s)** hyn (*uji në një barkë nga një e çarë etj.*).

einstudieren *vt ndash* mësoj (*një këngë, pjesë etj.*).

einstufen *vt ndash* rendis.

Einstufung *f* **=, -en** renditje.

einstürmen *vi ndash* **(s)** 1) : **auf jemanden einstürmen** i turrem dikujt; 2) *fig* **(auf A)** (*më*) vijnë (*kujtime etj.*).

Einsturz *m* **-es, -stürze** shembje (*e një gërmadhe etj.*).

einstürzen *ndash* 1. *vt* shemb; 2. *vi* **(s)** shembet, bie brenda.

einstweilen *adv* 1) ndërkaq, ndërkohë; 2) përkohësisht, për një farë kohe.

einstweilig 1. *a* i përkohshëm; 2. *adv* përkohësisht.

eintägig *a* njëditor.

eintauchen *ndash* 1. *vt* zhys, kredh; 2. *vi* **(s)** zhytem, kridhem (*në ujë etj.*).

eintauschen *vt ndash* **(gegen A)** shkëmbej, këmbej, ndërroj (*me diçka*).

einteilen *vt ndash* 1) ndaj (*në pjesë, grupe etj.*); **du mußt (dir) deine Zeit besser einteilen** duhet ta ndash më mirë kohën.

Einteilung *f* **=, -en** ndarje në pjesë.

eintönig *a* monoton; i mërzitshëm.

Eintönigkeit *f* = monotoni; mërzi.

Eintracht *f* = harmoni; mirëkuptim; **in Eintracht leben** rroj në harmoni (*me dikë*).

einträchtig 1. *a* i harmonishëm; 2. *adv* në harmoni.

Einträchtigkeit *f* = harmoni; mirëkuptim.

Eintrag *m* **-es, -träge** 1) dëm, humbje; 2) shënim (*në regjistër etj.*); 3) vërejtje me shkrim.

eintragen* *vt ndash* 1) shënoj (*në regjistër etj.*); regjistroj; 2) *fig* bie, sjell (*fitim, dëm, lavdi etj.*).

einträglich *a* i dobishëm; fitimprurës.

Einträglichkeit *f* = dobishmëri.

Eintragung *f* **=, -en** shënim (*në ditar etj.*).

eintränken *vt ndash* 1) njom; 2) *fig* **(D)** ia marr hakun (*dikujt*).

einträufeln *vt ndash* pikoj (*në vesh një ilaç etj.*).

eintreffen* *vi ndash* **(s)** 1) del (*e vërteta*); vërtetohet (*një parandjenjë etj.*); 2) vij; arrij.

eintreiben* *vt ndash* 1) fus brenda (*bagëtinë etj*); 2) ngul (*një gozhdë, hu etj.*); 3) : **Steuern eintreiben** mbledh taksa.
eintreten* *ndash* 1. *vi* (s) 1) hyj; 2) vjen, fillon (*vera etj.*); 3) ndodh; 4) (**für A**) ndërhyj (*për dikë*); 2. *vt* 1) shemb me shkelma (*derën etj.*); 2) ngjesh (*dheun etj.*); 3) hap, zgjeroj (*këpucët*); 4) : **sich (D) einen Nagel eintreten** shkel në një gozhdë.
eintrichtern *vt ndash* 1) mbush me hinkë; 2) *fig bis* i fus në kokë (*mësimin etj.*).
Eintritt *m* **-es, -e** 1) hyrje (*në një sallë, parti etj.*); 2) fillim, hyrje (*e dimrit etj.*).
Eintrittskarte *f* =, **-n** biletë hyrjeje (*në kinema etj.*).
eintrocknen *ndash* 1. *vt* thaj; 2. *vi* (s) thahet, rrëgjohet, rrudhet.
eintrudeln *vi ndash* (s) vij dalëngadalë.
eintunken *vt ndash* ngjyej (*bukën në qumësht etj.*).
einüben *vt ndash* mësoj (*një vjershë etj.*).
einverleiben *vt ndash* (**D**) 1) aneksoj (*një vend etj.*); 2) *bis* ha.
Einvernehmen *n* **-s** marrëveshje.
einverstanden *adv* dakord: **er ist einverstanden, daß ...** ai pranon që ...; **einverstanden!** mirë!, në rregull!
Einverständnis *n* **-ses, -se** pranim, pëlqim.
Einwand *m* **-(e)s, -wände** kundërshtim; **einen Einwand erheben** kundërshtoj, protestoj.
Einwanderer *m* **-s,** = imigrant.
einwandern *vi ndash* (s) imigroj.
Einwanderung *f* =, **-en** imigrim.
einwandfrei 1. *a* 1) i patësharë, i patëmetë (*qëndrim etj.*); 2) i mirë (*mall etj.*); 2. *adv* 1) pa të metë; 2) pa asnjë dyshim.
einwärts *adv* (*nga*) brenda, përbrenda; **einwärts gehen** eci me majat e këmbëve përbrenda.
einwechseln *vt ndash* shkëmbej, këmbej (*pare*).
einweichen *vt ndash* 1) njom (*ndërresat etj.*); 2) *fig* bëj qull.
einweihen *vt ndash* 1) shuguroj (*një kishë etj.*); përuroj, inauguroj (*një pallat etj.*); 2) vesh për herë të parë (*një kostum etj.*); 3) (**in A**) i besoj (*një të fshehtë etj. dikujt*).
Einweihung *f* =, **-en** shugurim; përurim, inaugurim.
einweisen* *vt ndash* 1) shtroj (*në spital etj.*); 2) vë (*në një punë etj.*); udhëzoj (*në një punë të re etj.*).
einwenden* *vt ndash* ngre (*kundërshtim*).
einwerfen* *vt ndash* 1) thyej (*një xham me gur etj.*); 2) hedh (*një letër në kutinë e postës etj.*); 3) *fig* hedh (*një fjalë etj.*).
einwickeln *ndash* 1. *vt* 1) mbështjell; 2) *bis* ia hedh; 2. *vrefl* **sich einwickeln** mbështillem.
einwiegen *vt ndash* përkund e vë në gjumë (*foshnjën*).
einwilligen *vi ndash* (**in A**) pranoj, lejoj (*diçka*).
Einwilligung *f* =, **-en** pranim, lejë.
einwirken *vi ndash* (h) (**auf A**) ndikoj (*mbi shëndetin etj.*); **auf jemanden nachteilig, wohltuend einwirken** ndikoj për keq, për mirë mbi dikë.
Einwirkung *f* =, **-en** ndikim.
Einwohner *m* **-s,** = 1) banor (*i një vendi etj.*); 2) banues, qiraxhi (*i një shtëpie etj.*).
Einwohnermeldeamt *n* **-(e)s, -ämter** zyrë e adresave.
Einwohnerschaft *f* = popullsi.
Einwurf *m* **-(e)s, -würfe** 1) kundërshtim; 2) *sport* vënie e topit në lojë.

einwurzeln *vi ndash* (s) *dhe* **sich einwurzeln** *vrefl* 1) lëshon rrënjë (*druri etj.*); 2) *fig* rrënjoset (*një zakon etj.*).
Einzahl *f* = *gram* numër njëjës.
einzahlbar *a* i pagueshëm.
einzahlen *vt ndash* paguaj.
Einzahlung *f* =, **-en** pagesë.
einzäunen *vt ndash* rrethoj me gardh (*oborrin etj.*).
einzeichnen *vt ndash* 1) vizatoj (*në një skicë etj.*); 2) shkruaj (*emrin në një listë etj.*).
Einzel *n* **-s,** = *sport* njëshe.
Einzelbauer *m* **-n** *dhe* **-s, -n** fshatar individual.
Einzelfall *m* **-(e)s, -fälle** rast i veçantë.
Einzelgänger *m* **-s,** = njeri i veçuar nga të tjerët; kokë më vete.
Einzelhaft *f* = burgim në qeli të veçantë.
Einzelhandel *m* **-s** tregti me pakicë.
Einzelheit *f* =, **-en** hollësi; **auf Einzelheiten eingehen** hyj në hollësi.
Einzelleitung *f* = udhëheqje e vetme.
einzellig *a biol* njëqelizor.
einzeln 1. *a* i vetëm, i veçantë; i vetmuar; **einzelnes hat mir gefallen** ndonjë gjë më ka pëlqyer; **einzelne sind der Meinung** disa janë të mendimit; **jeder einzelne von uns** secili prej nesh; **bis ins einzelne** gjer në hollësitë më të imta; 2. *adv* veçan.
Einzelverkauf *m* **-(e)s, -käufe** shitje me pakicë.
Einzelzimmer *n* **-s,** = dhomë vetjake.
einziehen* *ndash* 1. *vt* 1) fus, shkoj (*perin*); 2) : **die Flagge einziehen** ul flamurin; 3) thith (*ajrin, lagështinë etj.*); 4) marr (*borxhin etj.*); 5) vjel (*tatimet etj.*); 6) konfiskoj (*një botim etj.*); 7) heq nga qarkullimi; 8) marr ushtar; 9) mbledh (*të dhëna etj.*); 2. *vi* (s) 1) hyj (*në apartament, qytet etj.*); 2) depërton (*lagështira*).
einzig 1. *a* i vetëm; **kein einziger** askush; **ein einziges Mal** një herë të vetme; **das einzige wäre, daß ...** e vetmja do të ishte sikur ...; 2. *adv* vetëm; **einzig und allein** vetëm e vetëm.
einzigartig *a* i pashoq.
Einzug *m* **-e(s), -züge** 1) hyrje (*në një shtëpi, qytet etj.*); 2) *fig* fillim (*i pranverës etj.*).
einzwängen *vt ndash* 1) rras brenda; 2) (*më*) shtrëngon (*jaka etj.*).
Eis *n* **-es** 1) akull; *fig* **das Eis brechen** thyej akullin; 2) akullore.
Eisbahn *f* =, **-en** pistë patinazhi.
Eisberg *m* **-(e)s, -e** ajsberg.
Eisbrecher *m* **-s,** = (*anije*) akullthyese.
Eisdecke *f* =, **-n** shtresë akulli (*në liqen etj.*).
Eisen *n* **-s,** = 1) *kim* hekur; **geschmiedetes, gewalztes, glühendes Eisen** hekur i rrahur, i petëzuar, i skuqur; *fig* **man muß das Eisen schmieden, solange es heiß ist** hekuri duhet rrahur sa është i nxehtë; **altes Eisen** hekurishte (*edhe fig*); 2) hekura, pranga; 3) hekur (*për hekurosje*); 4) potkua.
Eisenbahn *f* =, **-en** hekurudhë.
Eisenbahndamm *m* **-(e)s, -dämme** trase e hekurudhës.
Eisenbahner *m* **-s,** = punonjës hekurudhe.
Eisenbahnunfall *m* **-(e)s, -fälle** aksident hekurudhor.
Eisenbahnverkehr *m* **-s** komunikacion hekurudhor; lëvizje e trenave.
Eisenbahnwagen *m* **-s,** = vagon hekurudhor.

Eisenbahnwesen *n* **-s, =** transport hekurudhor.
Eisenblech *n* **-(e)s, -e** hekur i petëzuar.
Eisengießer'ei *f* **=, -en** fonderi, shkritore.
eisenhaltig *a* që përmban hekur.
Eisenhütte *f* **=, -en** uzinë metalugjike.
Eisenquelle *f* **=, -n** burim uji që përmban mineral hekuri.
Eisenwaren *pl* prodhime hekuri.
Eisenzeit *f* **=** *hist* koha e hekurit.
eisern *a* 1) i hekurt; 2) *fig* i fortë; i paepshëm; i patundshëm; i hekurt (*vullnet, disiplinë etj.*).
eisfrei *a* pa akuj; **eisfreier Hafen** liman që nuk ngrin gjatë dimrit.
Eisgang *m* **-(e)s** shkrirje e akujve (*të lumit në pranverë*).
eisgrau *a* 1) i thinjur; 2) i lashtë.
Eishockey [*-hoki*] *n* **-s** *sport* hokej në akull.
eisig *a* 1) i akullt; 2) *fig* i ftohtë (*qëndrim etj.*).
eiskalt *a* i akullt; akull i ftohtë (*edhe fig*).
Eiskeller *m* **-s, =** bodrum për të ruajtur akullin në verë.
Eislauf *m* s, **-läufe** *sport* patinazh.
eislaufen* *vi* (s) rrëshqas me patina në akull.
Eisschlitten *m* **-s, =** *sport* slitë me vela.
Eisscholle *f* **=, -n** mollok, bllok akulli.
Eisschrank *m* **-(e)s, -schränke** *sh* **Kühlschrank.**
Eiszapfen *m* **-s, =** hell, krongjill, qiri akulli.
Eiszeit *f* **=** *gjeol* periudhë e akullnajave.
Eiszone *f* **=, -en** *gjeogr* zonë e akujve.
eitel *a* 1) i zbrazët, i kotë, bosh; 2) mendjelehtë; i sqimtë; 3) : *shpr vjet* **eitel Gold** ar i kulluar.
Eitelkeit *f* **=** 1) kotësi; 2) mendjelehtësi; 3) sqimë.
Eiter *m* **-s** qelb.
eiterig *a* i qelbëzuar (*plagë etj.*).
eitern *vi* **(h)** qelbëzohet, zë qelb (*plaga etj.*).
Eiweiß *n* **-s, -e** 1) e bardhë e vezës; 2) *kim* albuminë.
eiweißhaltig *a* që përmban albuminë, albuminoid.
Ekel 1. *m* **-s (vor D)** neveri (*nga diçka*); **Ekel erregen** ngjall neveri; 2. *n* **-s, =** *bis* njeri i pështirë.
ekelerregend *a* i neveritshëm, i pështirë.
ekelhaft, ek(e)lig *a* i neveritshëm.
ekeln 1. *vi* **(h)** ngjall neveri, krupë; **es ekelt mir vor jemandem (etwas)** më vjen pështirë, ndot nga dikush (diçka); 2. *vrefl* **sich ekeln (vor D)** kam neveri, më vjen pështirë (*nga diçka*).
Eklat [*ekl'a*] *m* **-s, -s** ngjarje që bën bujë; bujë.
eklat'ant *a* i bujshëm (*disfatë, ngjarje etj.*).
Ekst'ase *f* **=, -n** ekstazë.
Ekz'em *n* **-s, -e** *mjek* ekzemë.
Elabor'at *n* **-s, -e** *përb* shkrim i dobët (*artikull etj.*).
El'an *m* **-s** vrull, hov.
el'astisch *a* elastik.
Elastizit'ät *f* **=** *fiz* elasticitet.
Elch *m* **-(e)s, -e** *zool* lloj dreri.
Elef'ant *m* **-en, -en** *zool* elefant.
Eleg'anz *f* **=** elegancë.
Eleg'ie *f* **=, -gi/en** *let* elegji.
elektrifiz'ieren *vt* elektrifikoj.
Elektrifiz'ierung *f* **=** elektrifikim.
el'ektrisch *a* elektrik.
El'ektriker *m* **-s =** elektricist.
elektris'ieren *vt* elektrizoj (*edhe fig*).
Elektrizit'ät *f* **=** *fiz* elektricitet.
Elektrizit'ätswerk *n* **-e(s), -e** central elektrik.

Elektr'ode *f* =, **-n** *fiz* elektrodë.
El'ektromotor *m* **-s, -toren** motor elektrik.
El'ektron *n* **-s, -tr'onen** *fiz* elektron.
Elektr'onik *f* = elektronikë.
Elektrot'echnik *f* = elektroteknikë.
Elem'ent *n* **-(e)s, -e** 1) *kim* element; 2) *pl* baza (*të një shkence etj.*); 3) element (*i shoqërisë*); 4) element i natyrës; 5) : *shpr* **in seinem Element sein** jam si peshku në ujë.
element'ar *a* 1) i parë, elementar, fillestar; 2) themelor (*kuptim etj.*); 3) : **elementare Kraft** forcë e pandalshme.
Element'arbildung *f* = arsim fillor.
Element'arunterricht *m* **-(e)s** arsim fillor.
Elen m, *n* **-s,** = *sh* **Elch.**
elend *a* 1) i mjerë, i varfër; 2) i shkretë, fatkeq, fatzi; 3) i keq, i përbuzshëm, i poshtër.
Elend *n* **-s** 1) mjerim; **es ist ein Elend mit ihm** është bërë për të ardhur keq; 2) varfëri, skamje.
elendig(lich) *a* i mjerueshëm.
elf *num* njëmbëdhjetë.
Elf I *f* =, **-en** 1) njëmbëdhjeta; 2) njëmbëdhjetëshe (*skuadër futbolli*).
Elf II *m* **-en, -en, Elfe** *f* =, **-n** *mit* elf.
Elfenbein *n* **-s** fildish.
Elfenbeinturm *m* **-(e)s** kullë e fildishtë.
elfte *num* i njëmbëdhjetë.
elimin'ieren *vt* eliminoj, mënjanoj.
El'ite *f* =, **-n** elitë; **Elite der Gesellschaft** ajkë e shoqërisë.
Elle *f* =, **-n** kut (*masë e vjetër gjatësie*); *fig* **alles mit der gleichen Elle messen** i mas të gjitha me një kut.
Ellenbogen *m* **-s,** = *anat* bërryl; **sich auf die Ellenbogen stützen** mbështetem në bërryla.
ellenlang *a* 1) një kut i gjatë; 2) *fig* shumë i gjatë.
Ell'ipse *f* =, **-n** *gjeom* elipsë.
eloqu'ent *a* i gojës (*njeri*).
Eloqu'enz *f* = elokuencë, gojëtari.
Elster *f* =, **-n** *zool* laraskë; *fig bis* **sie ist eine diebische Elster** ajo është një laraskë vjedhacake.
elterlich *a* prindëror, i prindërve.
Eltern *pl* prindër; **meine Eltern** prindërit e mi.
Elternhaus *n* **-es, -häuser** shtëpi prindërore.
elternlos *a* pa prindër, jetim.
Elternschaft *f* = 1) të qenët prindër; 2) prindërit e nxënësve (*të një shkolle*).
Email [*em'aj*] *n* **-s, -s; Emaille** [*em'ajë*] *f* =, **-n** smalt.
Emanzipati'on *f* = emancipim.
emanzip'ieren *vt* emancipoj (*gruan etj.*).
Emb'argo *n* **-s, -s** embargo.
Embl'em *n* **-s, -e** emblemë.
Embryo *m* **-s, -'onen** embrion.
emerit'ieren *vt* shkarkoj, nxjerr në pension (*një kuadër etj.*).
Emigr'ant *m* **-en, -en** emigrant.
Emigrati'on *f* =, **-en** 1) emigrim; 2) mërgim.
emigr'ieren *vi* **(s)** emigroj; mërgohem.
emin'ent *a* i shquar; **von eminenter Bedeutung** me rëndësi të madhe.
Emoti'on *f* =, **-en** emocion.
emotion'al *a* emocional.
Empf'ang *m* **-(e)s, -fänge** 1) marrje (*e një malli, emisioni etj.*); **etwas in Empfang nehmen** marr në dorëzim diçka; 2) pritje (*e një miku etj.*); **einen Empfang geben** jap një pritje.
empf'angen* *vt* 1) marr në dorëzim (*pare, mall*); 2) pres (*miqtë*); 3) mbetet me barrë (*gruaja*).
Empf'änger *m* **-s,** = 1) marrës; 2) radiomarrëse.

empf'änglich *a* : (für A) **sie ist empfänglich für Komplimente** ajo i ka qejf komplimentet.
Empf'ängnis *f* = ngjizje, mbetje me barrë.
Empf'ängnisverh'ütung *f* = *mjek* parandalim i mbetjes me barrë.
Empf'angszimmer *n* **-s,** = dhomë pritjeje.
empf'ehlen* 1. *vt* këshilloj, rekomandoj; 2. *vrefl* **sich empfehlen** 1) përshëndetem, ndahem; **ich empfehle mich Ihnen** ju përshëndes; 2) ofrohem; 3) : **gute Ware empfiehlt sich selbst** gjëja e mirë e ka më të; *bis* **sich (auf) Englisch, Französisch empfehlen** iki pa u përshëndetur; 3. *vimp* : **es empfiehlt sich** është mirë, e këshillueshme.
empf'ehlenswert, empf'ehlungswürdig *a* i këshillueshëm.
Empf'ehlung *f* =, **-en** 1) rekomandim; 2) këshillë; 3) të fala.
empf'iehlst, empf'iehlt *sh* **empfehlen.**
empf'inden* *vt* ndiej (*dhembje, dashuri, kënaqësi etj.*); kam (*uri, etje, të ftohtë, të nxehtë etj.*).
empf'indlich *a* 1) i ndjeshëm; 2) delikat (*fëmijë etj.*); *shpr* **eine empfindliche Stelle berühren** prek një çështje delikate; 3) i prekshëm (*njeri*).
empf'indsam *a* i ndjeshëm; delikat (*artist etj.*).
Empf'indsamkeit *f* =, **-en** ndjeshmëri.
Empf'indung *f* =, **-en** ndjenjë, ndijim.
empf'ing *sh* **empfangen*.**
empf'ohlen *sh* **empfehlen*.**
empf'unden *sh* **empfinden*.**
Emph'ase *f* =, **-en** emfazë.
emph'atisch *a* emfatik.
emp'irisch *a* empirik.
emp'or *adv* lart.
emp'or = *parashtesë e ndashme foljore që tregon lëvizje lart:* **emporfliegen.**
emp'orarbeiten, sich *vrefl ndash fig* çaj përpara, hipi lart.
emp'ören 1. *vt* zemëroj, indinjoj; 2. *vrefl* **sich empören** 1) **(über A)** indinjohem (*për diçka*); 2) ngre krye; **das Volk empörte sich gegen seine Unterdrücker** populli u ngrit kundër shtypësve.
emp'örend *a* që (*të*) zemëron, (*të*) indinjon.
Emp'örer *m* **-s,** = kryengritës.
emp'örerisch *a* kryengritës.
emp'orfliegen* *vi ndash* **(s)** fluturon lart (*zogu etj.*).
emp'orheben* *vt ndash* ngre lart.
emp'orhelfen* *vi ndash* **(h)** ndihmoj të ngrihet (*edhe fig*).
emp'orkommen* *vi ndash* **(s)** 1) mbin; 2) hipi lart; 3) çaj, shkoj përpara.
Emp'orkömmling *m* **-s, -e** ronxhobonxho, parvëny.
emp'orragen *vi ndash* **(s)** 1) **(über A)** dal, shquhem (*mbi shokët etj.*); 2) ngrihet lart, përvijohet (*mali në muzg etj.*).
emp'orrichten *ndash* 1. *vt* ngre, drejtoj; 2. *vrefl* **sich emporrichten** ngrihem, drejtohem.
emp'orschießen* *vi ndash* **(s)** 1) rritem shpejt; 2) hidhem përpjetë.
emp'orschnellen *vi ndash* **(s)** kërcej përpjetë.
emp'orschwingen* *ndash* 1. *vt* ngre lart (*flamurin etj.*); 2. *vrefl* **sich emporschwingen** *fig* ngrihem shumë lart; **sich zu großen Taten emporschwingen** bëj vepra të mëdha.
emp'orsteigen* *vi ndash* **(s)** hipi lart (*edhe fig*).
Emp'örung *f* =, **-en** 1) indinjatë; 2) kryengritje; revoltë.

emsig *a* i zellshëm; i palodhshëm, i shkathët.

Ende *n* **-s, -n** 1) fund; mbarim; përfundim; **am Ende** më në fund; **letzten Endes** në fund të fundit; **ein Ende machen** i jap fund; **ein Ende nehmen** marr fund; **zu Ende bringen** shpie gjer në fund; **er kann kein Ende damit finden** ai s'di të pushojë; **der Bewunderung war kein Ende** admirimi s'kishte të mbaruar; **Regen und kein Ende** shi i pareshtur; **sie ist mit ihrer Kraft am Ende** atë e kanë lënë forcat; **von Anfang bis Ende** fund e krye; 2) vdekje; 3) fund, anë, majë; **das Ende der Insel** fundi i ishullit; **am anderen Ende der Stadt** në anën tjetër të qytetit; **das Ende der Straße** fundi i rrugës; *bis* **ein Ende Wurst** një majë suxhuk; *fig* **an allen Ecken und Enden** gjithandej; **am Ende der Welt** në fund të dynjasë, të botës; **eine Sache beim rechten (verkehrten) Ende fassen** e zë punën për së mbari (së prapthi); 4) një copë (*rrugë etj.*); **bis zu meiner Wohnung ist noch ein gutes Ende** gjer te banesa ime mban një copë rrugë e mirë; 5) qëllim; **zu welchem Ende?** përse?; për ç'qëllim?

enden *vi* **(h)** 1) mbaroj, përfundoj; 2) skadon (*afati etj.*); 3) mbaroj, vdes.

endgültig *a* përfundimtar.

Endgültigkeit *f* = të qenët përfundimtar.

endigen *sh* **enden.**

endlich *adv* më në fund.

endlos *adv* pa fund, pa mbarim.

Endlosigkeit *f* = pafundësi.

Endung *f* =, **-en** *gram* mbaresë.

Energ'ie *f* =, **-gi/en** energji.

en'ergisch *a* energjik.

eng *a* 1) i ngushtë (*vend, rrugë, fustan etj.*); 2) i kufizuar (*botëkuptim etj.*); 3) *fig* i ngushtë, i fortë (*miqësi etj.*).

Engagement [*âgazhëm'â*] *n* **-s, -s** 1) angazhim (*i një artisti etj.*); 2) *pol* angazhim.

engagieren [*âgazh'irën*] 1. *vt* angazhoj; 2. *vrefl* **sich engagieren** angazhohem.

Enge *f* =, **-n** 1) ngushtësi; 2) *gjeogr* ngushticë; 3) : *shpr* **jemanden in die Enge treiben** zë ngushtë dikë.

Engel *m* **-s,** = engjëll (*edhe fig*); **die Engel im Himmel singen hören** më erren sytë nga dhembja.

engherzig *a* i ngushtë, zemërngushtë, shpirtvogël.

Engherzigkeit *f* = zemërngushtësi, shpirtvogëlsi.

Engländer *m* **-s,** = anglez.

englisch *a* anglez; **die englische Sprache** gjuha angleze.

Engpaß *m* **-sses, -pässe** 1) *gjeogr* grykë mali; shteg i ngushtë; 2) *fig* mungesë (*materialesh, krahësh pune etj.*).

Engroshandel [*âgr'o-*] *m* **-s** tregti me shumicë.

engstirnig *a* mendjengushtë.

en masse [*âm'as*] *adv* në masë.

Enkel *m* **-s,** = nip; **die Enkel** nipërit, pasardhësit.

en passant [*âpas'â*] *adv* kalimthi.

en'orm 1. *a* 1) shumë i madh; 2) i mrekullueshëm; 2. *adv bis* shumë, fort.

Ensemble [*âs'âbël*] *n* **-s, -s** ansambël (*këngësh e vallesh etj.*).

ent- = *parashtesë e pandashme foljore që tregon:* 1) *largim:* **entfliehen**; 2) *heqje, ndarje:* **entlarven**; 3) *prejardhje:* **entstammen**; 4) *fillim:* **entbrennen.**

ent'arten *vi* **(s)** zvetënohem, degjeneroj; prishem, shthurem.

Ent'artung *f* =, **-en** zvetënim, degjenerim; prishje, shthurje.

ent'äußern, sich *vrefl* (G) heq dorë (*nga një pronë etj.*).

Ent'äußerung *f* =, **-en** heqje dorë (*nga një pronë etj.*).

entb'ehren *vt* (*më rrallë vi* (h) *me* G) nuk kam (*diçka*); më mungon (*diçka*); ndiej fort mungesën (*e diçkaje*); **etwas nicht entbehren können** nuk mund të rri pa diçka; **ich entbehre es sehr** ia ndiej fort mungesën.

entb'ehrlich *a* i tepërt, i panevojshëm.

Entb'ehrung *f* =, **-en** 1) mungesë; 2) : **Entbehrungen leiden** rroj në skamje.

entb'ieten* *vt* çoj (*të fala etj.*).

entb'inden* 1. *vt* 1) liroj, shkarkoj (*nga një detyrim etj.*); 2) : **entbunden werden von einem Jungen, einem Mädchen** lind (*gruaja*) djalë, vajzë; 2. *vi* (h) lind (*gruaja*).

Entb'indung *f* =, **-en** 1) lirim, shkarkim (*nga një detyrim etj.*); 2) lindje.

Entb'indungsanstalt *f* =, **-en** maternitet, shtëpi lindjeje.

entbl'ättern 1. *vt* zhvesh nga gjethet (*era drurët*); 2. *vrefl* **sich entblättern** 1) i bien gjethet (*drurit*); 2) *bis* zhvishem.

entbl'öden, sich *vrefl* : *shpr* **sich nicht entblöden** guxoj, s'e kam për gjë (*të bëj diçka të keqe*).

entbl'ößen 1. *vt* 1) zhvesh (*trupin, shpatën etj.*); 2) zbuloj (*kokën etj.*); 3) *fig* zhvesh (*dikë nga diçka*); 2. *vrefl* zhvishem, zbulohem.

entbr'ennen* *vi* (s) merr zjarr, flakë; ndizet (*edhe fig*).

entb'unden *sh* **entbinden***.

entd'ecken 1. *vt* zbuloj (*një vend, ligj të natyrës etj.*); 2. *vrefl* **sich jemandem entdecken** i hapem dikujt.

Entd'ecker *m* **-s,** = zbulues (*i një vendi, ligji etj.*); **er ist der Entdecker von ...** ai ka gjetur ...

Entd'eckung *f* =, **-en** zbulim (*i një vendi, ligji etj.*).

Ente *f* =, **-n** 1) *zool* rosë; 2) *fig* lajm i rremë.

ent'ehren 1. *vt* çnderoj; turpëroj; 2. *vrefl* **sich entehren** turpërohem, koritem.

ent'ehrend *a* i turpshëm, i poshtër (*qëndrim etj.*).

ent'eignen *vt* shpronësoj.

Ent'eignung *f* =, **-en** shpronësim.

ent'eilen *vi* (s) iki shpejt.

ent'erben *vt* lë pa trashëgim.

Enterich *m* **-s, -e** *zool* rosak.

entern *vt* abordoj (*një anije në det etj.*).

entf'achen *vt* 1) i fryj (*zjarrit etj.*); 2) *fig* nxis (*urrejtjen etj.*).

entf'ahren* *vi* (s) më shpëton (*një fjalë pa dashje etj.*).

entf'allen* *vi* (s) 1) bie (*nga dora etj.*); 2) del nga mendja; **das Wort ist mir entfallen** s'më bie në mendje fjala; 3) **(auf A)** i takon, i bie (*dikujt si pjesë nga një shumë etj.*); 4) bie poshtë (*pika e një kontrate etj.*).

entf'alten 1. *vt* 1) shpalos (*flamurin*); ndej (*velat*); shtroj (*hartën*); 2) parashtroj (*një plan etj.*); 3) zhvilloj (*një veprimtari etj.*); 4) shfaq, tregoj (*talentin, forcën etj.*); 2. *vrefl* **sich entfalten** çel (*lulja*).

Entf'altung *f* =, **-en** 1) shpalosje; 2) zhvillim.

entf'ärben 1. *vt* çngjyros (*një pëlhurë etj.*); 2. *vrefl* **sich entf'ärben** 1) i del boja (*një pëlhure etj.*); 2) zverdhet (*gjethja*); 3) zbehem.

entf'ernen 1. *vt* 1) heq (*një njollë, tumor etj.*); 2) pushoj (*nga puna*); 3) përjashtoj (*nga shkolla*); 2. *vrefl* 1) largohem (*nga një vend etj.*); 2) *fig* shmangem, largohem (*nga tema etj.*).

entf'ernt *a* i largët; **entfernte Verwandte** farefis i largët; **entfernte Ähnlichkeit** ngjasim i largët; **ich bin weit entfernt davon ...** as që më shkon mendja që ...; **nicht im entfernsten** aspak.

Entf'ernung *f* =, **-en** 1) largësi; 2) heqje (*e një tumori etj.*); 3) përjashtim (*nga shkolla etj.*); 4) largim.

entf'esseln *vt* 1) shpërthej; **einen Krieg entfesseln** shpërthej një luftë; 2) *poet* çliroj.

entf'etten *vt* i heq dhjamin (*mishit etj.*).

Entf'ettungskur *f* =, **-en** *mjek* kurë për t'u dobësuar.

emtfl'ammbar *a* i ndezshëm.

entfl'ammen 1. *vt* 1) ndez (*zjarrin*); 2) *fig* nxis, ndez (*dashurinë, urrejtjen etj.*); 2. *vi* ndizet, shpërthen (*dashuria, urrejtja etj.*).

entfl'iegen* *vi* **(s)** iki duke fluturuar.

entfl'iehen* *vi* **(s)** iki, arratisem (*nga shtëpia etj.*).

entfl'ießen* *vi* **(s)** 1) rrjedh (*nga diçka*); 2) buron (*nga diçka*).

entfr'emden *vt* tëhuaj, ftoh; largoj (*dikë nga dikush ose diçka*).

Entfr'emdung *f* = tëhuajtje, ftohje; largim.

entf'ühren *vt* 1) grabis, rrëmbej (*një vajzë etj.*); 2) *shak* i marr (*një libër etj. dikujt*).

Entf'ührer *m* **-s,** = grabitës, rrëmbyes .

Entf'ührung *f* =, **-en** grabitje, rrëmbim (*i një vajze etj.*).

entg'angen *sh* **entgehen.**

entg'asen *vt kim usht* zhgazoj.

Entg'asung *f* = *usht* zhgazim.

entg'egen = *parashtesë e ndashme foljore, që tregon:* 1) *kundërveprim, kundërshtim:* **entgegenwirken;** 2) *lëvizje për t'u takuar:* **entgegengehen.**

entg'egenarbeiten *vi ndash* **(h)** kundërshtoj, bëj të kundërtën.

entg'egenbringen* *vi ndash* **(D)** 1) i dal përpara dhe i jap (*një lajm etj. dikujt*); 2) tregoj (*besim, respekt etj. ndaj dikujt*); **jemandem Vertrauen entgegenbringen** tregoj besim ndaj dikujt.

entg'egeneilen* *vi ndash* **(s) (D)** rend, vrapoj në drejtim (*të dikujt*).

entg'egenfahren* *vi ndash* **(s) (D)** i dal përpara (*dikujt me makinë etj.*).

entg'egengehen* *vi ndash* **(s)** i dal përpara (*dikujt*).

entg'egengesetzt *a* i kundërt (*mendim, drejtim etj.*).

entg'egenhalten* *vt ndash* i kundërvë (*një akuze një provë etj.*).

entg'egenhandeln *vi ndash* **(D)** bëj të kundërtën (*e një pune, e dikujt*).

entg'egenkommen* *vi ndash* **(s) (D)** 1) i dal përpara (*dikujt*); 2) *fig* përkrah (*një propozim etj.*); ia bëj qejfin (*dikujt*)

Entg'egenkommen *n* **-s** përkrahje; mirëkuptim.

entg'egenlaufen* *vi ndash* **(s) (D)** i dal përpara me vrap (*dikujt*).

entg'egennehmen* *vt ndash* 1) marr (*një porosi etj.*); 2) pres, pranoj (*përgëzime, falënderime etj.*).

entg'egensehen* *vi ndash* **(h)** pres; **wir sehen großen Ereignissen entgegen** jemi në prag të ngjarjeve të mëdha.

entg'egensetzen *ndash* 1. *vt* i kundërvë (*një akuze një akuzë tjetër etj.*); 2. *vrefl* **sich entgegensetzen** kundërvihem, kundërshtoj.

entg'egenstehen* *vi ndash* **(h) (D)** i bëhem pengesë (*diçkaje*).

entg'egenstellen *ndash* 1. *vt* 1) vë ballë për ballë; 2) krahasoj; 2. *vrefl* **sich jemandem entgegenstellen** i zë rrugën, i kundërvihem dikujt.
entg'egenstrecken *vt ndash* i zgjas (*dikujt dorën etj.*).
entg'egentreten* *vi ndash* **(s) (D)** 1) i dal përpara (*dikujt*); 2) i zë rrugën, i kundërvihem (*dikujt*); 3) i kundërshtoj (*dikujt*).
entg'egenwirken *vi ndash* **(h) (D)** veproj kundër (*një plani etj.*).
entg'egnen *vi* **(h)** përgjigjem.
Entg'egnung *f* **=, -en** përgjigje.
entg'ehen* *vi* **(s)** 1) shpëtoj (*nga një rrezik etj.*); **du entgehst mir nicht!** nuk më shpëton dot!; 2) : **das ist mir entgangen** kjo më ka shpëtuar, këtë nuk e kam vënë re; **sich etwas entgehen lassen** lë diçka të më ikë, të më shpëtojë.
entg'eistert *a* i hutuar; **er starrte mich entgeistert** m'i nguli sytë i hutuar.
Entg'elt *n* **-(e)s** 1) shpërblim; 2) pagë; **gegen Entgelt** me pagesë; 3) zhdëmtim.
entg'elten* *vi* shpërblej (*një të mirë etj.*); *shpr* **jemanden etwas entgelten lassen** bëj dikë të paguajë për diçka.
entgl'eisen *vi* **(s)** 1) del nga shinat (*treni*); 2) *fig* shkas, e shkel.
Entgl'eisung *f* **=, -en** 1) dalje (*e trenit*) nga shinat; 2) *fig* shkarje, shkelje.
entgl'eiten* *vi* **(s)** 1) (*më*) rrëshqet, shpëton (*diçka nga duart etj.*); 2) dal dore; **der Junge ist ihr entglitten** djali i ka dalë dore.
entgl'itten *sh* **entgleiten***.
enth'aaren *vt* i heq qimet (*këmbës etj.*).
Enth'aarung *f* **=** heqje e qimeve.
enth'alten* 1. *vt* përmban; **das Buch enthält viele gute Gedanken** libri përmban shumë mendime të mira; 2. *vrefl* **sich enthalten** përmbahem (*nga diçka*); **sich des Kaffees enthalten** s'pi kafe; **sich des Lachens nicht enthalten** s'rri dot pa qeshur; **sich der Stimme enthalten** abstenoj.
enth'altsam *a* i përmbajtur; i matur; i përkorë.
Enth'altsamkeit *f* **=** 1) përmbajtje; maturi; 2) përkore.
Enth'altung *f* **=, -en** abstenim.
enth'aupten *vt* i pres, i shkurtoj kokën (*dikujt*).
Enth'auptung *f* **=, -en** prerje e kokës.
enth'äuten *vt* rrjep.
enth'eben* *vt* 1) pushoj, heq (*nga puna etj.*); 2) liroj (*nga një barrë, detyrim etj.*).
enth'emmen *vt* i heq vetëkontrollin, vetëpërmbajtjen (*dikujt*); shpengoj.
Enth'emmung *f* **=** heqje e vetëkotrollit, e vetëpërmbajtjes; shpengim.
enth'üllen *vt* 1) zbuloj; **ein Denkmal enthüllen** zbuloj një përmendore; 2) *fig* zbuloj (*një të fshehtë etj.*).
Enth'üllung *f* **=, -en** 1) zbulim; 2) *fig* zbulim (*i një të fshehte etj.*).
Enthusi'asmus *m* **=** entuziazëm.
Enthusi'ast *m* **-en, -en** entuziast.
enthusi'astisch *a* entuziast.
entj'ungfern *vt* zhvirgjëroj.
entk'eimen 1. *vt* sterilizoj; 2. *vi* **(s)** *poet* mbin, lind (*dashuria etj.*).
entk'ernen *vt* i heq bërthamën (*pjeshkës etj.*).
entkl'eiden 1. *vt* 1) zhvesh; 2): *fig* **jemanden seines Amtes entkleiden** pushoj nga puna dikë; 2. *vrefl* **sich entkleiden** zhvishem.
entk'ommen* *vi* **(s) (D)** i iki, i shpëtoj (*dikujt*).

entk'orken *vt* i heq tapën (*shishes etj.*).
entkr'äften, entkr'äftigen *vt* 1) dobësoj; 2) shfuqizoj; 3) hedh poshtë.
entl'aden* 1. *vt* 1) shkarkoj (*një anije etj.*); 2) zbraz (*pushkën etj.*); 3) *el* shkarkoj (*baterinë etj.*); 2. *vrefl* **sich entladen** 1) shkarkohem; 2) *fig* shfrej (*zemërimin, inatin etj.*).
Entl'adung *f* =, **-en** 1) shkarkim; 2) *el* shkarkim; 3) zbrazje; 4) *fig* shfrim.
entl'ang *präp* (A, D) gjatë, buzë, anës (*lumit, bregut etj.*); 2. *adv* anës, buzës; **am Fluß entlang** buzës së lumit.
entl'arven *vt* 1) i heq maskën (*dikujt*); 2) *fig* demaskoj.
Entl'arvung *f* =, **-en** demaskim.
entl'assen* *vt* 1) pushoj (*nga puna etj.*); 2) liroj (*nga burgu etj.*); 3) nxjerr (*nga spitali etj.*); 4) përjashtoj (*nga shkolla etj.*); 5) nis (*dikë*).
Entl'assung *f* =, **-en** 1) pushim; 2) lirim; 3) përjashtim; 4) dalje (*nga spitali etj.*).
entl'asten *vt* (G, von D) 1) shkarkoj (*nga një barrë etj.*); 2) ia ul, ia pakësoj ngarkesën (*diçkaje, dikujt*); 3) liroj (*nga një detyrim etj.*); 4) lehtësoj (*ndërgjegjen etj.*); 5) shfajësoj (*nga një akuzë etj.*).
entl'auben *vt sh* **entblättern.**
entl'aufen* *vi* (s) iki, arratisem (*nga shtëpia etj.*).
entl'edigen, sich *vrefl* (G) 1) heq qafe (*diçka, dikë*); 2) përmbush (*një detyrë etj.*); 3) shlyej (*borxhet*); 4) heq (*një rrobë etj*).
entl'eeren 1. *vt* zbraz; 2. *vt vrefl* **sich entleeren** zbrazet.
Entl'eerung *f* =, **-en** zbrazje.
entl'egen *a* i largët (*vend, shtëpi etj.*).
entl'ehnen *vt* 1) marr hua; 2) *gjuh* huazoj (*një fjalë nga një gjuhë tjetër etj.*).
Entl'ehnung *f* =, **-en** *gjuh* 1) huazim (*i një fjale*); 2) huazim (*fjalë e huazuar*).
entl'eihen* *vt* marr hua (*një libër etj.*).
entl'oben, sich *vrefl* prish fejesën.
Entl'obung *f* =, **-en** prishje e fejesës.
entl'ocken *vt* nxjerr (*një të fshehtë, premtim etj.*).
entl'ohnen *vt* shpërblej, paguaj (*dikë*).
Entl'ohnung *f* =, **-en** shpërblim, pagë.
entm'achten *vt* shfuqizoj.
entm'annen *vt* tredh, sterilizoj.
entm'enscht *a* çnjerëzor, shtazarak.
entmilitaris'ieren *vt* çmilitarizoj.
Entmilitaris'ierung *f* = çmilitarizim.
entm'ündigen *vt* 1) *drejt* vë nën kujdestari; 2) *fig* i heq pavarësinë (*dikujt*).
Entm'ündigung *f* = *drejt* vënie nën kujdestari.
entm'utigen *vt* shkurajoj; **sich entmutigen lassen** më lëshon zemra, e lëshoj veten.
Entn'ahme *f* = marrje (*nga diçka*).
entn'ehmen* *vt* 1) marr, nxjerr (*diçka nga xhepi etj.*); 2) *fig* marr vesh, nxjerr, kuptoj; **aus dem Brief kann man nicht entnehmen, was wirklich geschehen ist** nga letra s'merret dot vesh ç'ka ngjarë në të vërtetë.
entn'erven *vt* shkatërroj nga nervat.
Entpers'önlichung *f* = 1) humbje e personalitetit; 2) zhdukje e përgjegjësisë personale.
entp'uppen, sich *vrefl* 1) del nga veza (*vemja etj.*); 2) : *fig* **sich entpuppen** tregohem, dal (*i mirë, i keq etj.*).
entr'ätseln *vt* 1) deshifroj (*një*

shkrim të panjohur etj.); 2) zbuloj, gjej (*një të fshehtë etj.*).

entr'echten *vt* i heq të drejtat (*dikujt*).

Entrée [*âtr'e*] *n* **-s, -s** 1) hyrje; 2) paradhomë; 3) biletë.

entr'eißen* *vt* 1) **(D)** i rrëmbej (*dikujt një libër nga duart etj.*); 2) : *fig* **der Tod hat ihm seine Kinder entrissen** vdekja ia ka rrëmbyer fëmijët.

entr'ichten *vt* paguaj (*një borxh, kuotë etj.*).

entr'ingen* 1. *vt* i heq nga dora (*thikën etj. dikujt*); 2) *fig* nxjerr (*një të fshehtë, rrëfim etj.*); 2. *vrefl* **sich entringen** 1) shpëtoj (*nga dikush*); 2) *fig* (*më*) shpëton (*një psherëtimë etj.*).

entr'innen* 1) *vi* **(s)** *poet* rrjedh (*loti nga sytë etj.*); 2) ikën (*koha etj.*); 3) : **einer Gefahr entrinnen** shpëtoj nga një rrezik.

entr'ollen *vt* 1) hap (*një hartë etj.*); 2) shpalos (*flamurin*).

entr'osten *vt* i heq ndryshkun (*rrotës etj.*).

entr'ücken *vt poet* shpërngul, çoj (*në një botë tjetër etj.*).

entr'ümpeln *vt* pastroj nga rrangullat (*bodrumin etj.*).

entr'üsten 1. *vt* zemëroj; 2. *vrefl* **sich entrüsten** indinjohem, revoltohem.

Entr'üstung *f* **=, -en** zemërim, indinjatë, revoltë.

ents'aften *vt* shtrydh (*mollën etj.*).

ents'agen *vi* **(h) (D)** 1) heq dorë (*nga një besim etj.*); 2) lë, pres (*duhanin etj.*).

Ents'agung *f* **=, -en** 1) heqje dorë; 2) lënie (*e pijes etj.*).

ents'atteln *vt* i heq shalën (*kalit*).

Ents'atz *m* **-es** *usht* 1) ndihmë; 2) çrrethim, çlirim (*i një fortese të rrethuar etj.*); 3) forca çrrethuese, çliruese.

entsch'ädigen *vt* **(für A)** zhdëmtoj, dëmshpërblej (*për diçka*).

Entsch'ädigung *f* **=, -en** zhdëmtim, dëmshpërblim.

entsch'ärfen *vt* i heq kapsollën (*bombës etj.*).

Entsch'eid *m* **-(e)s, -e** vendim.

entsch'eiden* 1. *vt* vendos; 2. *vrefl* **sich entscheiden** 1) vendoset; 2) vendos, merr një vendim; **sich für etwas entscheiden** zgjedh, parapëlqej diçka.

entsch'eidend *a* vendimtar; **entscheidende Schlacht** betejë vendimtare.

Entsch'eidung *f* **=, -en** vendim; **eine Entscheidung treffen** marr një vendim.

Entsch'eidungskampf *m* **-(e)s, -kämpfe** luftë, betejë vendimtare.

entsch'ieden 1. *a* i vendosur, i prerë (*qëndrim etj.*); 2. *adv* vendosmërisht, prerazi.

Entsch'iedenheit *f* **=** vendosmëri.

entschl'afen* *vi* **(s)** 1) më zë gjumi; 2) *fig* vdes.

entschl'eiern *vt* 1) i heq tisin, velin, perçen (*një gruaje etj.*); 2) *fig* zbuloj (*një të fshehtë etj.*).

entschl'ießen*, sich *vrefl* 1) vendos, marr një vendim; **ich habe mich entschlossen** kam vendosur; 2) **(für A, zu D)** zgjedh (*diçka*).

Entschl'ießung *f* **=, -en** vendim.

entschl'ossen *a* i vendosur.

Entschl'ossenheit *f* **=** vendosmëri.

entschl'üpfen *vi* **(s)** 1) i iki (*ndjekjes etj.*); 2) (*më*) shpëton (*një fjalë etj.*).

Entschl'uß *m* **-ses, -schlüsse** vendim; **einen Entschluß fassen** marr një vendim; **er kann zu keinem Entschluß kommen** ai nuk merr dot një vendim.

entsch'uldbar *a* i shfajësueshëm; i përligjshëm.
entsch'uldigen 1. *vt* shfajësoj, ndiej, fal; **entschuldigen Sie!** më falni!; **entschuldigen Sie mich einen Augenblick** më falni që po ju lë një çast vetëm, më falni një minutë; 2. *vrefl* **sich entschuldigen** shfajësohem, kërkoj ndjesë, përligjem; *prov* **wer sich entschuldigt, klagt sich an** kruhet kush ka mizën në kësulë.
Entsch'uldigung *f* =, **-en** 1) shfajësim, ndjesë; 2) përligjje, arsye (*për mosardhjen etj.*).
entschw'inden* *vi* (s) humb, ikën (*nga sytë, kujtesa etj.*).
ents'eelt *a* i pashpirt, pa frymë, i vdekur.
ents'enden* *vt* dërgoj (*një delegacion etj.*).
Ents'endung *f* = dërgim.
ents'etzen I *vt* 1) heq (*nga një punë etj.*); 2) *usht* çrrethoj, liroj nga rrethimi (*një fortesë etj.*).
ents'etzen II 1. *vt* tremb, tmerroj; 2. *vrefl* **sich entsetzen (vor D)** tmerrohem (*për diçka*).
Ents'etzen *n* **-s** tmerr.
ents'etzlich *a* i tmerrshëm.
Ents'etzung *f* =, **-en** 1) heqje (*nga një detyrë etj.*); 2) *usht* çrrethim.
ents'euchen *vt* dezinfektoj.
Ents'euchung *f* =, **-en** dezinfektim.
ents'ichern *vt* i heq siguresën (*pushkës etj.*).
ents'iegeln *vt* i heq vulën, zhvulos (*një letër etj.*).
ents'innen*, **sich** *vrefl* **(G)** më kujtohet (*diçka*); **kannst du dich nicht mehr entsinnen?** nuk të kujtohet më?
entsp'annen 1. *vt* shtendos, lëshoj (*gjymtyrët, trupin etj.*); 2. *vrefl* **sich entspannen** 1) shtendosem; 2) *fig* pushoj, çlodhem.
Entsp'annung *f* =, **-en** 1) shtendosje; 2) *fig* pushim.
entsp'innen*, **sich** *vrefl* fillon, zhvillohet (*biseda etj.*).
entspr'echen* *vi* (h) (D) i përgjigjet (*diçkaje*); **seine Behauptung entspricht nicht der Wahrheit** pohimi i tij nuk i përgjigjet së vërtetës.
entspr'echend 1. *a* që i përgjigjet (*një shprese, kërkese etj.*); përkatës; 2. *adv* sipas; **den Wünschen entsprechend** sipas dëshirave.
entspr'ießen* *vi* (s) (D) 1) mbin; 2) *fig* lind.
entspr'ingen* *vi* (s) 1) iki (*nga burgu etj.*); 2) buron (*kroi etj.*); 3) lind (*nga diçka mendimi etj.*).
entst'ammen *vi* (s) (D) rrjedh (*nga një familje etj.*).
entst'anden *sh* **entstehen***.
entst'ehen* *vi* (s) 1) lind (*përshtypja etj.*); 2) del (*fjala etj.*); 3) dalin (*shpenzime etj.*); 4) *gjuh* rrjedh (*nga një gjuhë fjala etj.*).
Entst'ehung *f* = 1) lindje; 2) prejardhje.
entst'ellen *vt* 1) shëmtoj; 2) shtrembëroj (*të vërtetën etj.*).
entst'ellt *a* 1) i shëmtuar; 2) i shtrembëruar (*fakt etj.*).
entstr'ömen *vi* (s) rrjedh, vjen (*ujë nga një e çarë etj.*).
entt'äuschen *vt* 1) zhgënjej; **das Buch hat mich enttäuscht** libri më ka zhgënjyer; 2) : **sei nicht enttäuscht, aber ...** mos të të vijë keq, por ...
Entt'äuschung *f* =, **-en** zhgënjim.
entthr'onen *vt* 1) shfronësoj, rrëzoj nga froni; 2) *fig* heq nga një post.
enttr'ümmern *vt* pastroj nga gërmadhat (*një rrugë etj.*).
entv'ölkern *vt* shpopulloj (*një vend etj.*).

Entv'ölkerung *f* = shpopullim.
entw'achsen* *vi* (s) (D) 1) mbin (*bima etj.*); 2) : **der elterlichen Gewalt entwachsen** bëhem i pavarur nga prindërit.
entw'affnen *vt* çarmatos.
Entw'affnung *f* =, **-en** çarmatim.
entw'alden *vt* shpyllëzoj (*një faqe mali etj.*).
entw'arnen *vi* (h) lajmëroj mbarimin e alarmit.
Entw'arnung *f* = lajmërim i mbarimit të alarmit.
entw'ässern *vt* 1) thaj (*një kënetë etj.*); 2) kulloj (*tokën etj.*).
Entw'ässerung *f* = 1) tharje (*e një kënete etj.*); 2) kullim (*i tokës etj.*).
entw'eder *conj* ose ... ose, ja ... ja; **entweder alles oder nichts** ose të gjitha, ose asgjë; **entweder ... oder!** (*zgjidh*) njërën nga të dyja!, ose ... ose!
entw'eichen* *vi* (s) 1) iki (*nga shkolla etj.*); 2) del (*ajri, avulli etj.*).
entw'eihen *vt* përdhos (*një ideal etj.*).
Entw'eihung *f* = përdhosje (*e një ideali etj.*).
entw'enden* *vt* (D) i vjedh, i përvetësoj tinëz (*diçka dikujt*).
entw'erfen* *vt* hartoj (*një plan etj.*); skicoj (*një pikturë etj.*); hedh në letër (*një raport etj.*).
entw'erten *vt* 1) zhvlerësoj (*një monedhë etj.*); 2) vulos (*një pullë poste etj.*).
entw'ickeln 1. *vt* 1) zhvilloj (*një aftësi etj.*); 2) shtjelloj (*një mendim etj.*); 3) krijoj (*një stil etj.*); 4) *foto* zhvilloj; 2. *vrefl* **sich entwickeln** 1) rritem, zhvillohem; 2) përftohet (*avull, gaz etj.*).
Entw'icklung *f* =, **-en** 1) zhvillim; 2) shtjellim; 3) hartim; 4) përftim.
Entw'icklungsjahre *pl* moshë e zhvillimit, vite të zhvillimit.
Entw'icklungslehre *f* =, **-en** teori e evolucionit.
entw'inden* *vt* rrëmbej, marr me forcë (*një armë etj.*).
entw'irren *vt* zgjidh (*një lëmsh etj.*); **miteinander verschlungene Probleme entwirren** zgjidh probleme të ndërlikuara.
entw'ischen *vi* (s) (D) i iki, i shpëtoj (*dikujt*); **jemanden entwischen lassen** lë dikë të më shpëtojë.
entw'öhnen 1. *vt* (G, **von** D) 1) çmësoj, pres (*një ves etj.*); 2) : **ein Kind entwöhnen** zvjerdh një fëmijë; 2. *vrefl* **sich entwöhnen** çmësohem, pres (*një ves etj.*); **sich des Rauchens entwöhnen** lë, pres (*duhanin etj.*).
entw'ürdigen *vt* poshtëroj.
entw'ürdigend *a* poshtërues.
Entw'urf *m* **-(e)s, -würfe** projekt, skicë, plan.
entw'urzeln *vt* 1) shkul (*një dru etj.*); 2) *fig* shpërngul (*nga një truall etj.*).
entz'aubern *vt* *fig* i heq magjinë (*një sendi, mendimi etj.*).
entz'iehen* 1. *vt* (D) 1) i marr, i heq (*dikujt diçka*); **Blut entziehen** marr gjak; **jemandem das Wort entziehen** ia heq fjalën dikujt; 2) shpëtoj; **jemanden der Wut der Menge entziehen** shpëtoj nga tërbimi i turmës dikë; 2. *vrefl* **sich entziehen** 1) tërhiqem (*nga një mjedis etj.*); 2) i shmangem (*shoqërisë, përgjegjësisë etj.*); 3): **der Fehler hat sich meiner Aufmerksamkeit entzogen** gabimi më ka shpëtuar pa e vënë re.
Entz'iehung *f* = 1) marrje, heqje (*e patentës etj.*); 2) tërheqje; shmangie.
entz'iffern *vt* deshifroj (*një shkrim etj.*).
entz'ücken *vt* mrekullon, mahnit, kënaq shpirtin, gëzon zemrën (*një pamje, libër, këngë etj.*).
Entz'ücken *n* **-s** *sh* **Entzückung.**

entz'ückend i mrekullueshëm (*fëmijë, film etj.*).
Entz'ückung *f* = 1) gëzim, kënaqësi; 2) ekstazë; 3) entuziazëm.
entz'ündbar *a* 1) i ndezshëm (*material etj.*); 2) *fig* që merr flakë (zjarr) lehtë.
entz'ünden 1. *vt* 1) ndez (*shkrepësen etj.*); 2) *fig* ndez (*epshin etj.*); 2. *vrefl* **sich entzünden** 1) ndizet; 2) *mjek* pezmatohet (*plaga etj.*).
Entz'ündung *f* = 1) ndezje; 2) *pl* **-en** *mjek* pezmatim.
entzw'ei *adv* thyer, shqyer, prishur; **der Teller ist entzwei** pjata është thyer.
entzw'eibrechen* 1. *vt ndash* thyej, bëj copë; 2. *vi* (s) thyhet, bëhet copë.
entzw'eien 1. *vt* shtie në sherr, fus në grindje; 2. *vrefl* **sich entzweien** prishemi; **sie haben sich wegen der Erbschaft entzweit** ata janë prishur për punë të trashëgimisë.
entzw'eigehen* *vi ndash* (s) thyhet, prishet.
entzw'eischlagen* *vt ndash* thyej, bëj copë.
Entzw'eiung *f* =, **-en** prishje (*e marrëdhënieve etj.*).
en vogue [*âv'og*] : **en vogue sein** është në modë.
Enzyklopäd'ie *f* =, **-di/en** enciklopedi.
ephem'er *a* 1) jetëshkurtër, ditëshkurtër; 2) kalimtar, i parëndësishëm.
Epidem'ie *f* =, **-i/en** *mjek* epidemi.
epid'emisch *a* epidemik.
Epig'one *m* **-n, -n** imitues (*i një artisti të madh etj.*).
Epigr'amm *n* **-(e)s, -e** epigram.
Epik *f* = epikë; epos.
Epiker *m* **-s**, = *poet* epik.
Epileps'ie *f* = *mjek* epilepsi.
Epil'og *m* **-(e)s, -e** *let* epilog.
Ep'istel *f* =, **-n** *vjet dhe shak* letër, mesazh.
epoch'al *a* epokal.
Ep'oche *f* =, **-n** epokë; **Epoche machen** hap një epokë të re (*një vepër*).
ep'ochemachend *a* epokal, që hap një epokë të re.
Epos *n* =, **Epen** *let* epos.
Equipage [*ekip'azhë*] *f* =, **-n** 1) ekipazh (*i anijes etj.*); 2) karrocë; 3) pajim (*i një oficeri*).
er *pron pers* (**G seiner, D ihm, A ihn**) ai; *bis* **ein Er und eine Sie** një burrë e një grua.
er = *parashtesë e pandashme foljore që tregon:* 1) *arritje të një qëllimi:* **erkämpfen;** 2) *përfundim të një veprimi:* **erbauen;** 3) *veprim të shkurtër ose fillim të një veprimi:* **erbleichen, erröten.**
erachten *vt* (**für A**) shoh, konsideroj (*diçka si të mirë, të keqe etj.*).
Er'achten *n* **-s** mendim; *shpr* **meines Erachtens** sipas mendimit tim.
er'arbeiten *vt* 1) fitoj me punë; 2) fitoj me shumë studim (*një kulturë të madhe etj.*); 3) hartoj (*një plan etj.*).
erb'armen 1. *vt* ngjall mëshirë; **er erbarmt mich** më vjen keq për të; 2. *vrefl* **sich erbarmen (G)** më dhimbset (*dikush*).
Erb'armen *n* **-s** mëshirë, keqardhje, dhembshuri; **er kennt kein Erbarmen** ai s'ka mëshirë; *shpr* **zum Erbarmen** për t'u dhimbsur.
erb'ärmlich *a* 1) për t'u mëshiruar, për të ardhur keq; 2) i mjerueshëm (*shpërblim etj.*); 3) i keq (*mot etj.*); 4) i ulët (*veprim etj.*); 5) i poshtër (*njeri*).
erb'armungslos *a* 1) i pamëshirshëm, zemërgur, shpirtkazmë; 2) i egër (*dimër etj.*).

erb'armungswürdig *a* për t'u mëshiruar, për të ardhur keq.

erb'auen 1. *vt* 1) ndërtoj, ngreh (*një ndërtesë etj.*); 2) (*të*) kënaq, (*të*) gëzon (*një lajm etj.*); 2. *vrefl* **sich erbauen (an D)** kënaqem (*me një libër etj.*).

Erb'auer *m* **-s, =** 1) ndërtues (*i një pallati etj.*); 2) themelues (*i një shteti etj.*).

erb'aulich *a* 1) që (*të*) mëson (*shembull etj.*); 2) që (*të*) gëzon, (*të*) kënaq.

Erb'auung *f* **=** ngritje (*mendore, shpirtërore etj.*).

Erbe I *m* **-n, -n** trashëgimtar.

Erbe II *n* **-s** trashëgim, trashëgimi; **auf sein Erbe nicht verzichten** nuk heq dorë nga trashëgimia.

erb'eben *vi* **(s)** dridhem.

erben *vt* **(von D)** trashëgoj (*nga dikush*).

erb'etteln *vt* nxjerr duke lypur (*një ndihmë etj.*).

erb'euten *vt* kap, zë (*një plaçkë në luftë*); rrëmbej.

Erbfähigkeit *f* **=** *drejt* aftësi për të trashëguar.

Erbfehler *m* **-s, =** e metë e trashëguar.

Erbfeind *m* **-(e)s, -e** armik brez pas brezi.

Erbgut *n* **-(e)s, -güter** 1) trashëgim, trashëgimi; 2) pronë e trashëguar.

erb'ieten*, sich *vrefl* **(zu D)** i dal zot (*një pune*).

Erbin *f* **=, -nen** trashëgimtare.

erb'itten* *vt* marr, nxjerr me të lutura (*lejën etj.*).

erb'ittern *vt* zemëroj, pezmatoj; **ein erbitterter Kampf** një luftë e ashpër.

erbl'assen *vi* **(s)** 1) zbehem; 2) zbërdhulet (*pëlhura etj.*).

Erblasser *m* **-s, =** *drejt* trashëgimlënës.

erbl'eichen* *vi* **(s)** 1) zbehem; 2) zbardhet, zbërdhulet (*pëlhura etj.*).

erblich *a* i trashëgueshëm; **die Krankheit ist erblich** sëmundja është e trashëgueshme.

Erblichkeit *f* **=** trashëgueshmëri (*e një të mete, sëmundjeje etj.*).

erbl'icken *vt* shoh; *shpr* **das Licht der Welt erblicken** lind.

erbl'inden *vi* **(s)** verbohem.

Erbl'indung *f* **=** verbim.

erbl'ühen *vi* **(s)** 1) lulëzon (*burbuqja etj.*); 2) *fig* rritem, zhvillohem; **ein voll erblühtes Mädchen** një vajzë e zhvilluar plotësisht.

erb'osen 1. *vt* zemëroj; 2. *vrefl* **sich erbosen** zemërohem.

erb'ost *a* i zemëruar; **er schrie mich erbost an** më bërtiti i zemëruar.

erbr'echen* I *vt* prish (*një vulë etj.*); shpërthej (*një derë etj.*).

erbr'echen* II 1. *vt* vjell (*ushqimin etj.*); 2. *vrefl* **sich erbrechen** vjell.

Erbr'echen *n* **-s** vjellje; të vjellët.

erbr'ingen* *vt* 1) sjell (*fitim etj.*); 2) bie, paraqes (*prova etj.*).

Erbschaft *f* **=, -en** trashëgim; **eine Erbschaft antreten, ausschlagen** marr, refuzoj një trashëgim.

Erbse *f* **=, -n** *bot* bizele.

Erbstück *n* **-(e)s -e** send i trashëguar.

Erbübel *n* **-s, =** e keqe e trashëguar.

Erdachse *f* **=** *gjeogr* bosht i Tokës.

Erdanschluß *m* **-es, -schlüsse** *el* tokëzim.

Erdarbeiten *pl* punime gërmimi.

Erdbahn *f* **=** *astr* orbitë e Tokës.

Erdball *m* **-(e)s** *gjeogr* rruzulli tokësor.

Erdbeben *n* **-s, =** *gjeol* tërmet.

Erdbebenherd *m* **-(e)s, -e** *gjeol* epiqendër e tërmetit.

Erdbebenmesser *m* **-s, =** sizmograf.

Erdbeere *f* **=, -n** *bot* dredhëz, luleshtrydhe.

Erdboden *m* **-s, =** *dhe* **-böden**

tokë; truall; *shpr* **eine Stadt dem Erdboden gleichmachen** bëj një qytet rrafsh me tokën; *shpr* **vom Erdboden verschwinden** zhdukem nga faqja e dheut; *shpr* **wie vom Erdboden verschluckt** sikur ta kishte përpirë dheu.

Erde *f* =, **-n** 1) Toka, dheu, bota; **Himmel und Erde** qiell e tokë; *poet* **unsere Mutter Erde** toka nënë; 2) tokë (*pjellore, shterpë etj.*); 3) vend; **auf fremder Erde** në dhe të huaj.

erden *vt el* tokëzoj.

erd'enken* *vt* shpik, trilloj.

erd'enklich *a* që mund të merret me mend, i mundshëm.

erdfahl *a* ngjyrë dheu, i bërë dhe.

erdfarbig *a* ngjyrë dheu.

Erdgeist *m* **-es, -er** *mit* gnom.

Erdgeschoß *n* **-es, -e** kat përdhes.

erd'ichten *vi* **(h)** shpik, trilloj.

Erd'ichtung *f* = shpikje, trillim.

erdig *a* si dhe; prej dheu; me dhe.

Erdinnere *n* **-(e)n** *gjeol* nëntokë.

Erdkugel *f* = *gjeogr* rruzulli tokësor.

Erdkunde *f* = gjeografi.

Erdmessung *f* = gjeodezi.

Erdmittelpunkt *m* **-(e)s** *gjeogr* qendër e Tokës.

Erdnuß *f* =, **-nüsse** *bot* kikirik.

Erdöl *n* **-(e)s** *kim* naftë.

Erdölfeld *n* **-(e)s, -er** fushë nafte.

Erdölförderung *f* = nxjerrje e naftës.

Erdölleitung *f* =, **-en** naftësjellës.

Erdpech *n* **-(e)s** asfalt.

Erdreich *n* **-(e)s** 1) botë (*e bimëve etj.*); 2) tokë, truall.

erdr'eisten, sich guxoj (*të bëj ose të them diçka*).

erdr'öhnen *vi* **(h)** gjëmon (*moti*); shungullon (*toka*); oshëtijnë (*të qeshurat*); buçet (*motori*).

erdr'osseln 1. *vt* mbys, i marr frymën; var; 2. *vrefl* **sich erdrosseln** var veten.

erdr'ücken *vt* 1) shtyp, zë (*dheu, shkëmbi etj.*); 2) *fig* (*më*) mbyt (*puna etj.*); **erdrückende Beweise** prova të pakundërshtueshme.

Erdrutsch *m* **-es, -e** shkarje dheu.

Erdsatellit *m* **-en, -en** *astr* satelit i Tokës.

Erdstoß *m* **-es, -stöße** lëkundje e tokës.

Erdstrich *m* **-(e)s, -e** *gjeogr* zonë, brez (*i Tokës*).

Erdteil *m* **-(e)s, -e** *gjeogr* kontinent.

Erdtrabant *m* **-en, -en** satelit i Tokës.

erd'ulden *vt* duroj.

Erdzunge *f* =, **-n** gjuhëz, rrip toke.

er'eifern, sich *vrefl* **(über A)** 1) nxehem (*për diçka*); 2) e marr me zemër (*diçka*).

er'eignen, sich *vrefl* ndodh, ngjan.

Er'eignis *n* **-ses, -se** ndodhi, ngjarje; **ein freudiges Ereignis** një ngjarje e gëzuar (*lindje e një fëmije*).

er'eilen *vt* zë, arrin papritur; **der Tod hat ihn ereilt** gjeti vdekjen.

Erem'it *m* **-en, -en** vetmitar, jeremi, eremit.

er'erben *vt* trashëgoj (*një pasuri, sëmundje, veti etj.*).

er'erbt *a* i trashëguar (*pasuri, veti, sëmundje etj.*).

erf'ahren* I *vt* 1) marr vesh, mësoj (*një të re etj.*); 2) pësoj (*humbje etj.*); 3) provoj (*gëzim, hidhërim etj.*).

erf'ahren II *a* i sprovuar, i rrahur, me përvojë (*në një punë etj.*).

Erf'ahrung *f* =, **-en** përvojë; **jeder muß selbst seine Erfahrung sammeln** sikush duhet ta fitojë vetë përvojën e vet; *shpr* **etwas in Erfahrung bringen** marr vesh, mësoj diçka.

erf'echten* *vt* marr me luftë; **den Sieg erfechten** arrij fitoren.

erf'inden* *vt* 1) shpik (*një makinë etj.*); 2) gjej (*shkaqe etj.*); 3) trilloj (*një histori etj.*).
Erf'inder *m* **-s, =** shpikës.
erf'inderisch *a* që i pjell mendja (*njeri*); *prov* **Not macht erfinderisch** nevoja të mëson.
Erf'indung *f* **=, -en** 1) shpikje; 2) trillim.
Erf'indungsgabe *f* **=** aftësi për të shpikur.
Erf'indungsgeist *m* **-es** mendje krijuese.
erfl'ehen *vt* siguroj me të lutura (*një ndihmë, nder etj.*).
Erf'olg *m* **-s, -e** 1) sukses; **einen Erfolg erzielen** arrij një sukses; 2) përfundim; **und was war der Erfolg?** e cili qe përfundimi?
erf'olgen *vi* (s) 1) pason; **er rief, aber es erfolgte keine Antwort** ai thirri, po nuk mori asnjë përgjigje; 2) ndodh.
erf'olglos *a* i kotë, pa sukses.
Erf'olglosigkeit *f* **=** kotësi (*e përpjekjeve etj.*).
erf'olgreich *a* me sukses, i suksesshëm.
erf'orderlich *a* i nevojshëm, i domosdoshëm.
erf'ordern *vt* kërkoj; **die Sache erfordert viel Arbeit, Geld, Mühe, Zeit** kjo do shumë punë, pare, mund, kohë.
Erf'ordernis *n* **-ses, -sse** kusht, kërkesë.
erf'orschen *vt* 1) studioj, hulumtoj (*një vend, dukuri etj.*); 2) hetoj (*një të fshehtë etj.*); 3) rrëmoj (*ndërgjegjen*).
Erf'orscher *m* **-s, =** kërkimtar.
Erf'orschung *f* **=, -en** kërkim, hulumtim.
erfr'agen *vt* pyes (*për të mësuar diçka*).
erfr'echen, sich *vrefl* guxoj, nuk ndruhem (*të bëj ose të them diçka*).
erfr'euen 1. *vt* gëzoj (*dikë me një vizitë etj.*); 2. *vrefl* **sich erfreuen** 1) **(an D)** i gëzohem (*një sendi etj.*); 2) **(G)** gëzoj (*shëndet të mirë etj.*).
erfr'eulich *a* i gëzueshëm, që të gëzon.
erfr'eulicherweise *adv* për fat (të mirë), fatmirësisht.
erfr'ieren* *vi* (s) ngrin (*këmba, bima etj.*); **ich bin ganz erfroren** kam ngrirë i tëri.
erfr'ischen 1. *vt* 1) freskoj; 2) përtërij; 2. *vrefl* **sich erfrischen** freskohem; **sich im Bad erfrischen** freskohem në banjë.
Erfr'ischung *f* **=, -en** 1) *vetëm sing* freskim; 2) *vetëm sing* përtëritje; 3) e ngrënë e lehtë; 4) pije freskuese.
Erfr'ischungsraum *m* **-(e)s, -räume** bufe (*në një teatër etj.*).
erfr'oren *sh* **erfrieren.**
erf'üllen 1. *vt* 1) mbush plot (*një enë etj.*); 2) përmbush (*një kusht, premtim etj.*); 3) plotësoj, kryej (*një detyrë, porosi*); 2. *vrefl* **sich erfüllen** 1) përmbushet (*një dëshirë etj.*); 2) vërtetohet (*një parashikim etj.*).
Erf'üllung *f* **=, -en** përmbushje, plotësim, kryerje; **in Erfüllung gehen** a) përmbushet (*një dëshirë etj.*); b) vërtetohet (*një parashikim etj.*).
erg'angen *sh* **ergehen*.**
erg'änzen *vt* plotësoj; **die beiden ergänzen einander** të dy plotësojnë njëri-tjetrin.
Erg'änzung *f* **=, -en** plotësim.
erg'attern *vt bis* gjej, shtie në dorë (*një biletë kinemaje etj.*).
erg'aunern *vt bis* shtie në dorë (*me mashtrim, dredhi etj.*).
erg'eben* I 1. *vt* 1) bën (*një shumë*); **2 mal 2 ergibt 4** 2 herë 2 bëjnë 4; 2) tregon (*anketa etj.*); 2. *vrefl* **sich ergeben** 1) ndodh (*një ngjarje etj.*); 2) del (*pyetja etj.*); **daraus ergibt**

sich, daß ... nga kjo del se ...; 3) dorëzohem; 4) nënshtrohem; **sich in sein Los ergeben** i nënshtrohem fatit; 5) i kushtohem (*një çështjeje etj.*); jepem (*pas lojës etj.*).

erg'eben II *a* besnik; i bindur; i nënshtruar.

Erg'ebenheit *f* = besnikëri; bindje, nënshtrim.

Erg'ebnis *n* **-sses, -sse** 1) rezultat; 2) përfundim.

erg'ebnislos *a* i pafryt; i kotë; **ein ergebnisloser Versuch** një përpjekje e kotë.

erg'ehen* 1. *vi* (s) 1) del, shpallet (*një ligj, urdhëresë etj.*); **einen Befehl ergehen lassen** jap një urdhër; *shpr* **etwas über sich ergehen lassen** duroj diçka; 2) pësoj; *shpr* **wie wird es mir ergehen?** si do të vejë puna ime?; **es wird dir schlecht ergehen, wenn ...** do ta pësosh keq, në qoftë se ...; 2. *vrefl* **sich ergehen** 1) endem, shëtis; 2) **(in A) : sich über ein Thema ergehen** zgjatem rreth një teme.

erg'iebig *a* 1) që jep, që prodhon shumë; 2) fitimprurës, dobiprurës.

erg'ießen* 1. *vt* derdh; *fig* **sein Herz ergießen** hap zemrën; 2. *vrefl* **sich ergießen** derdhet (*lumi në det etj.*).

erg'ing *sh* **ergehen***.

ergl'änzen *vi* **(s, h)** ndrin, vezullon (*ylli në qiell etj.*); shkëlqen (*deti në diellin e mbrëmjes etj.*).

ergl'ühen *vi* (s) 1) skuqem (*nga turpi etj.*); 2) *fig* ndizem (*nga zemërimi etj.*).

ergo *adv vjet* prandaj, pra.

erg'ötzen 1. *vt* kënaq, argëtoj, zbavis; 2. *vrefl* **sich ergötzen (an D)** kënaqem, argëtohem, zbavitem (*me diçka*).

erg'ötzlich *a* 1) i këndshëm; 2) zbavitës, argëtues, gazmor.

ergr'auen *vi* (s) thinjem.

ergr'eifen* *vt* 1) kap, zë; 2) mallëngjej, prek; 3) (*më*) pushton, (*më*) zë (*frika etj.*); 4) zgjedh (*një profesion etj.*); 5) marr (*pushtetin, masa, fjalën etj.*); 6) : *shpr* **die Gelegenheit ergreifen** gjuaj rastin; *shpr* **die Flucht ergreifen** marr arratinë; *shpr* **von etwas Besitz ergreifen** përvetësoj diçka.

Ergr'eifung *f* = marrje (*e pushtetit, e masave etj.*).

ergr'eifend *a* prekës, mallëngjyes.

ergr'iffen *sh* **ergreifen***.

Ergr'iffenheit *f* = të qenët i prekur, i mallëngjyer etj.

ergr'immen *vi* (s) **(über A)** zemërohem (*nga një padrejtësi etj.*).

ergr'ünden *vt* shqyrtoj; hetoj (*një çështje etj.*).

Ergr'ündung *f* = shqyrtim; hetim.

ergr'ünen *vi* (s) gjelbëron.

Erg'uß *m* **-es, -güsse** 1) derdhje, rrjedhje (*gjaku etj.*); 2) *fig* rrëke, lumë (*fjalësh etj.*).

erh'aben *a* 1) i ngritur; madhështor; 2) i lartë (*shembull, stil, mendim etj.*); 3) fisnik; 4) : *shpr* **seine Arbeit ist über jedes Lob erhaben** puna e tij meriton çdo lëvdatë; *shpr* **darüber bin ich erhaben** kjo nuk arrin të më prekë.

erh'alten* 1. *vt* 1) marr (*një përgjigje, dhuratë etj.*); 2) ruaj (*një send*); 3) mbaj (*familjen etj.*); 4) nxjerr, përftoj (*nga diçka*); 2. *vrefl* **sich erhalten** 1) mbahem (*i ri, i freskët etj.*); 2) ruhet (*një zakon etj.*).

Erh'altung *f* =, **-en** 1) marrje; 2) ruajtje; 3) mbajtje; 4) mirëmbajtje.

erh'ängen 1. *vt* var; 2. *vrefl* **sich erhängen** varem, var veten.

erh'ärten *vt* 1) ngurtësoj; 2) *fig* mbështes (*një pohim me prova etj.*).

Erh'ärtung *f* = mbështetje (*e një argumenti me prova etj.*).

erh'aschen *vt* kap, zë (*me shpejtësi, fluturimthi*).

erh'eben* 1. *vt* 1) ngre (*dorën, zërin etj.*); 2) ngre lart, lavdëroj; 3) vjel (*taksat etj.*); 4) ngre (*padi etj.*); 5) vë (*ulërimën etj.*); 2. *vrefl* **sich erheben** 1) ngrihem, çohem; ngrihem në këmbë; 2) ngre krye; 3) shpërthen, ngrihet (*stuhia etj.*); 4) : *shpr* **es erhebt sich die Frage** del, lind pyetja.

erh'ebend *a* madhështor, i madhërishëm (*çast etj.*).

erh'eblich *a* 1) i rëndësishëm, i madh, i konsiderueshëm; 2) i rëndë (*dëm etj.*).

Erh'ebung *f* =, **-en** 1) ngritje; 2) hetim (*gjyqësor etj.*); **über etwas Erhebungen anstellen** zhvilloj hetime për diçka; 3) konstatim; 4) vjelje (*taksash etj.*); 5) lartësi (*mal, kodër etj.*); 6) kryengritje; 7) *fig* lavdërim.

erh'eischen *vt* kërkoj, lyp.

erh'eitern *vt* gazmoj, zbavis.

Erh'eiterung *f* = gazmim, zbavitje.

erh'ellen 1. *vt* 1) ndriçoj (*dhomën etj.*); 2) *fig* sqaroj; 2. *vi* **(h)** del qartë; 3. *vrefl* **sich erhellen** 1) ndriçohet; 2) kthjellohet (*fytyra etj.*).

erh'itzen 1. *vt* 1) nxeh (*ujin etj.*); 2) *fig* ndez (*gjakrat*); 2. *vrefl* **sich erhitzen** nxehem (*edhe fig*).

erh'oben *sh* **erheben***.

erh'öhen *vt* 1) ngre (*murin, digën, çmimin, rrogën etj.*); 2) shtoj (*shpejtësinë, gëzimin etj.*); 3) ngre (*në post*).

Erh'öhung *f* = 1) ngritje; 2) *pl* **-en** kodër.

erholen, sich *vrefl* 1) pushoj, çlodhem, prehem; 2) marr veten (*pas një sëmundjeje, tronditjeje etj.*).

Erh'olung *f* = çlodhje, pushim.

Erh'olungsheim *n* **-(e)s, -e** shtëpi pushimi.

erh'ören *vt* dëgjoj (*fjalën, lutjet e dikujt*); **eine Bitte erhören** përmbush një lutje (*kërkesë*).

Erh'örung *f* = dëgjim (*i një fjale etj.*).

Erika *f* =, **-ken** *bot* shqopë.

er'innern 1. *vt* **(an A)** i kujtoj (*dikujt diçka*); 2. *vrefl* **sich erinnern (G, an A)** kujtohem, më kujtohet, më bie në mend (*diçka*); **wenn ich mich recht erinnere** në mos më gabofte kujtesa; **daran kann ich mich nicht mehr erinnern** këtë nuk e mbaj mend më.

Er'innerung *f* =, **-en** 1) kujtim; **zur Erinnerung** për kujtim; **Erinnerungen aus meinem Leben** kujtime nga jeta ime; **bei der Erinnerung an diese Sache** kur (*më*) kujtohet kjo çështje; 2) kujtesë; **wenn meine Erinnerung nicht trügt** në qoftë se nuk më gabon kujtesa; **hier verläßt mich die Erinnerung** këtu e tutje s'mbaj mend më.

erk'alten *vi* **(s)** 1) ftohem; 2) *fig* shuhet (*dashuria etj.*).

erk'älten, sich *vrefl* më zë rrufa, ftohem.

Erk'ältung *f* =, **-en** të ftohtë; **sich eine Erkältung holen** marr një të ftohtë.

erk'ämpfen *vt* fitoj, marr, zë me luftë.

erk'annt *sh* **erkennen***.

erk'aufen *vt* 1) blej me pare (*një post, heshtjen e dikujt etj.*); 2) *fig* paguaj (*diçka me jetën, shëndetin etj.*).

erk'ennbar *a* i dallueshëm.

erk'ennen* 1. *vt* 1) njoh (*dikë, një të drejtë etj.*); 2) shoh, kuptoj (*fajin etj.*); **zu erkennen geben, erkennen lassen** jap të kuptojë: 3) dalloj (*shkronjat, shkrimin etj.*); 2. *vi* **(h)** **(auf A)** vendos, jap vendimin; **der Richter erkannte auf Todesstrafe** gjyqtari dha dënimin me vdekje.

erk'enntlich *a* mirënjohës; **sich erkenntlich zeigen (für A)** jam mirënjohës (*për një nder etj.*).
Erk'enntlichkeit *f* = 1) mirënjohje; 2) shenjë mirënjohejeje.
Erk'enntnis *f* =, **-se** 1) njohje; 2) pranim (*i një gabimi etj.*); **zur Erkenntnis kommen, daß ...** e shoh se ...
Erk'ennungszeichen *n* **-s, =** shenjë dalluese.
Erker *m* **-s, =** *ark* kullëz.
erk'iesen* *vt vjet* zgjedh.
erkl'ärbar *a* i shpjegueshëm.
erkl'ären 1. *vt* 1) sqaroj, shpjegoj; **ich kann es mir nicht erklären** nuk e shpjegoj dot; **etwas an einem Beispiel erklären** shpjegoj diçka me një shembull; 2) shpall (*luftën, pavarësinë etj.*); 3) deklaroj; 2. *vrefl* **sich erklären** 1) : **sich erklären (für, gegen)** shprehem (*për, kundër*); 2) shpjegohet (*një çështje etj.*).
erkl'ärlich *a* i kuptueshëm, i shpjegueshëm.
erkl'ärt *a* i hapur, i deklaruar (*armik etj.*).
Erkl'ärung *f* =, **-en** 1) sqarim, shpjegim; 2) shpallje; 3) deklaratë.
erkl'ecklich *a bis* i madh (*numër njerëzish etj.*).
erkl'ettern, erklimmen* *vt* ngjis (*një pemë, një të përpjetë etj.*).
erkl'ingen* *vi* **(s)** 1) tringëllon (*gota etj.*); 2) kumbon (*kënga etj.*).
erk'or *sh* **erkiesen***.
erkr'anken *vi* **(s) (an D)** sëmurem (*nga gripi etj.*).
Erkr'ankung *f* =, **-en** sëmundje.
erk'ühnen, sich *vrefl* guxoj (*të bëj ose të them diçka*).
erk'unden *vt* 1) hetoj, zbuloj; 2) pyes.
erk'undigen, sich *vrefl* **(nach D)** informohem, pyes (*për diçka*).
Erk'undigung *f* =, **-en** informatë; informim; **Erkundigungen einziehen** mbledh të dhëna.
Erk'undung *f* =, **-en** *usht* zbulim.
erk'ünstelt *a* i shtirë (*gëzim etj.*).
erl'ahmen *vi* **(s)** 1) mpihet (*dora, këmba*); 2) *fig* ftohet; bie (*zelli, interesimi etj.*).
erl'angen *vt* arrij, fitoj, marr (*rëndësi etj.*).
Erl'angung *f* = arritje (*e një qëllimi etj.*).
Erl'aß *m* **-sses, -sse** 1) urdhëresë, shpallje, njoftim; 2) heqje (*e një detyrimi*); falje (*e një dënimi etj.*).
erl'assen* *vt* 1) urdhëroj zyrtarisht; 2) heq (*një detyrim etj.*); fal (*një dënim etj.*).
erl'auben *vt* lejoj; **erlauben Sie** lejomëni; **Eintritt nicht erlaubt** ndalohet hyrja; **wie können Sie sich erlauben, hier hereinzukommen?** si guxoni të hyni këtu?
Erl'aubnis *f* = 1) leje; 2) miratim, aprovim.
erl'aucht *a* i ngritur, i ndritur (*njeri etj.*).
erl'äutern *vt* shpjegoj.
Erl'äuterung *f* =, **-en** shpjegim; **Erläuterungen zum Text** shpjegime të tekstit.
Erle *f* =, **-n** *bot* verr (*dru*).
erl'eben *vt* 1) përjetoj, jetoj (*një ngjarje etj.*); **wir werden es ja erleben** do ta shohim; *bis* **hat man es je so etwas erlebt!** ke parë ti!; 2) ndiej, provoj (*gëzim, hidhërim etj.*); *bis* **du wirst noch dein blaues Wunder erleben** ke për t'u çuditur (*kur të të dalë puna ndryshe*); 3) arrij (*një moshë etj.*); **er hat seinen 70. Geburtstag erlebt** ka arritur të mbushë të shtatëdhjetat; 4) pësoj; **er hat viel Böses erlebt** ka pësuar, ka parë, shumë të këqia; 6) ka; **das Buch erlebte die zehnte**

Auflage libri pati botimin e dhjetë.
Erl'ebnis *n* **-sses, -sse** 1) ngjarje, ndodhi; 2) pësim; 3) përvojë; **ein trauriges Erlebnis** një hidhërim; **ein heiteres Erlebnis** një gëzim; **das Erlebnis** dashuria e parë.
erl'edigen *vt* 1) përfundoj, mbaroj (*një punë etj.*); 2) rregulloj (*një çështje etj.*); 3) qëroj, heq qafe (*një armik, pengesë etj.*); **er ist erledigt** ai ka marrë fund; **erledigte Stelle** vend i lirë (*në një punë etj.*).
Erl'edigung *f* =, **-en** përfundim (*i një pune etj.*); kryerje (*e një porosie etj.*).
erl'egen *vt* 1) vras (*një kafshë të egër*); 2) lë (*një send peng etj.*); 3) paguaj.
Erl'egung *f* = vrasje (*e një kafshe të egër*).
erl'eichtern *vt* lehtësoj (*një barrë, ndërgjegjen, gjendjen etj.*).
erl'eichtert *a* i lehtësuar (*nga një hall etj.*).
erl'eiden* *vt* pësoj (*dëm, disfatë etj.*); *fig* **Schiffbruch erleiden** dështoj.
erl'ernen *vt* mësoj, përvetësoj (*një zanat, gjuhë etj.*).
erl'esen *a* i zgjedhur (*publik etj.*).
erl'euchten *vt* ndriçoj (*një sallë etj.*) (*edhe fig*).
Erl'euchtung *f* =, **-en** ndriçim.
erl'iegen* *vi* (s) (D) mposhtem (*nga armiku etj.*); **einer Versuchung erliegen** mposhtem nga një tundim; 2) vdes; **er ist den Wunden erlegen** vdiq nga plagët; *shpr* **zum Erliegen kommen** pushon (*qarkullimi etj.*).
erl'ogen *a* i gënjeshtërt, i rremë.
Erl'ös *m* **-es, -e** 1) shumë e nxjerrë (*nga shitja e një shtëpie etj.*); 2) fitim.
erl'öschen* *vi* (s) 1) fiket, shuhet (*zjarri etj.*); 2) *fig* shuhet (*një familje, ndjenjë etj.*); 3) pushon (*një epidemi etj.*); 4) mbaron, skadon (*afati etj.*).
erl'ösen *vt* 1) nxjerr, marr (*nga shitja e një sendi etj.*); 2) shpëtoj (*nga vuajtjet etj.*).
Erl'öser *m* **-s,** = *fet* shëlbues, shpëtimtar.
erm'ächtigen *vt* **(zu D)** autorizoj (*dikë për diçka*).
Erm'ächtigung *f* =, **-en** autorizim.
erm'ahnen *vt* 1) i bëj thirrje (*dikujt*); paralajmëroj; 2) ia kujtoj (*diçka dikujt*); **muß ich dich immer ermahnen?** duhet të ta rikujtoj gjithmonë?
Erm'ahnung *f* =, **-en** thirrje; paralajmërim; këshillë.
erm'angeln *vi* (s) (G) më mungon (*diçka*); **einer Sache ermangeln** më mungon një send.
Erm'ang(e)lung *f* = mungesë; **in Ermangelung (G)** në mungesë (*të diçkaje*).
erm'annen, sich *vrefl* bëhem burrë; **ermanne dich!** bëhu burrë!
erm'äßigen 1. *vt* zbres, ul (*çmimet etj.*); 2. *vrefl* **sich ermäßigen** kufizohen (*shpenzimet etj.*); bie (*çmimi etj.*).
Erm'äßigung *f* =, **-en** zbritje, ulje (*e çmimit etj.*).
erm'atten *vt* rraskapis.
Erm'attung *f* =, **-en** rraskapitje.
erm'essen* *vt* 1) vlerësoj (*vëllimin, rëndësinë e një pune etj.*); 2) marr me mend, kuptoj, gjykoj; **ich kann nicht ermessen, ob die Sache lohnen wird** s'mund të them a e vlen t'ia hysh kësaj pune.
Erm'essen *n* **-s** vendim; gjykim; mendje; **wir haben nach unserem Ermessen entschieden** kemi vendosur sipas mendjes sonë; **ich stelle es Ihrem Ermessen frei** jua lë juve në dorë.
erm'itteln 1. *vt* 1) gjej, zbuloj; 2) hetoj; 2. *vi* (h) zhvilloj hetime.
Erm'ittlung *f* =, **-en** 1) gjetje, përcaktim (*i cilësisë etj.*); 2) hetim.

erm'öglichen *vt* bëj të mundur; **wenn es sich ermöglichen läßt, will ich es gern tun** po të jetë e mundur, do ta bëj me gjithë qejf.
erm'orden *vt* vras.
Erm'ordung *f* =, **-en** vrasje.
erm'üden 1. *vt* lodh; 2. *vi* (s) lodhem.
erm'üdend *a* i lodhshëm.
Erm'üdung *f* = lodhje.
erm'untern 1. *vt* 1) gjallëroj; 2) zgjoj; 3) nxis, i jap zemër (*dikujt*); **jemanden zum Sprechen ermuntern** nxis dikë të flasë; **ermunternde Worte** fjalë inkurajuese; 2. *vrefl* **sich ermuntern** 1) gjallërohem; 2) zgjohem.
Erm'unterung *f* =, **-en** 1) gjallërim; 2) nxitje.
erm'utigen *vt* i jap zemër (*dikujt*), inkurajoj.
Erm'utigung *f* =, **-en** inkurajim.
ern'ähren 1. *vt* 1) ushqej; 2) mbaj (*familjen etj.*); **jemanden mit seiner Hände Arbeit ernähren** mbaj dikë me punën time (me krahët e mi); 2. *vrefl* **sich ernähren** ushqehem.
Ern'ährer *m* **-s,** = ai që mban familjen me bukë.
Ern'ährung *f* = ushqim.
ern'ennen* *vt* (**zu D**) emëroj (*ministër etj.*).
Ern'ennung *f* =, **-en** emërim.
ern'euern *vt* 1) rifilloj (*miqësinë etj.*); 2) zëvendësoj, ndërroj (*një llambë të vjetër me një të re etj.*); 3) përtërij (*forcat, marrëveshjen etj.*); 4) përsëris (*një lutje etj.*); 5) riparoj; restauroj.
Ern'euerung *f* =, **-en** 1) rifillim; 2) përtëritje; 3) përsëritje.
ern'eut 1. *a* i ri; **ein erneuter Versuch** një përpjekje e re; 2. *adv* përsëri.
ern'iedrigen 1. *vt* poshtëroj, ul; 2. *vrefl* **sich erniedrigen** poshtërohem.
Ern'iedrigung *f* =, **-en** poshtërim.
ernst *a* 1) serioz (*qëllim, paralajmërim etj.*); **etwas ernst nehmen** marr diçka seriozisht; **etwas ernst meinen** e kam diçka me gjithë mend; **es ist mir ernst damit** e kam me gjithë mend, nuk tallem; 2) i rreptë (*shprehje e fytyrës etj.*); 3) hijerëndë (*qëndrim etj.*); 4) i rrezikshëm (*gjendje etj.*).
Ernst *m* **-(e)s** 1) seriozitet; 2) vendosmëri; 3) rreptësi; 4) rrezik.
Ernstfall *m* **-(e)s** rast rreziku.
ernsthaft, ernstlich *a* serioz.
Ernte *f* =, **-n** 1) korrje; 2) të korra.
Erntefest *m* **-es, -e** festë e të korrave.
ernten *vt* 1) korr (*drithëra*); mbledh (*patate, perime*); 2) *fig* fitoj (*mirënjohje, lavdërime etj.*).
ern'üchtern 1. *vt* 1) bëj esëll; 2) *fig* sjell në vete; 2. *vrefl* **sich ernüchtern** 1) më del të pirët, bëhem esëll; 2) *fig* vij në vete.
Ern'üchterung *f* = sjellje, ardhje në vete.
Er'oberer *m* **-s,** = pushtues.
er'obern *vt* 1) pushtoj (*një tokë etj.*); 2) *fig* zë (*një vend*); **jemandes Herz erobern** ia ha zemrën dikujt.
Er'oberung *f* =, **-en** pushtim (*i një qyteti etj.*).
er'öffnen 1. *vt* 1) hap (*një mbledhje, dyqan, testament, llogari etj.*); 2) *mjek* çaj (*një çiban etj.*); 3) zbuloj; 2. *vrefl* **sich eröffnen** del (*mundësia etj.*).
Er'öffnung *f* =, **-en** 1) hapje; 2) fillim; 3) çarje; 4) zbulim.
er'örtern *vt* diskutoj (*një projektligj etj.*); shqyrtoj (*një çështje etj.*).
Er'örterung *f* =, **-en** diskutim; shqyrtim.
Erot'ik *f* = erotizëm (*dashuri epshore*).

er'otisch *a* erotik.
Erpel *m* **-s, =** *zool* rosak.
erp'icht *a* (**auf A**) i dhënë (*pas diçkaje*).
erpr'essen *vt* nxjerr, fitoj me shantazh.
Erpr'essung *f* **=, -en** shantazh.
erpr'oben *vt* provoj; **ein in der Not erprobter Freund** mik i provuar në vështirësi; **erprobte Methoden** metoda të sprovuara.
Erpr'obung *f* **=, -en** provim (*i një metode etj.*).
erqu'icken 1. *vt* 1) përtërij (*forcat etj.*); 2) freskoj; 2. *vrefl* **sich erquicken** 1) përtërihem, gjallërohem; 2) freskohem.
erqu'ickend *a* përtëritës, gjallërues; freskues.
Erqu'ickung *f* **=, -en** përtëritje, gjallërim; freskim.
errang *sh* **erringen***.
err'aten* *vt* 1) gjej, i bie më të (*një gjëze etj.*); 2) zbuloj (*qëllimet e dikujt etj.*).
err'echnen *vt* llogaris (*madhësinë e një sendi etj.*).
err'egbar *a* i ngacmueshëm.
Err'egbarkeit *f* **=** ngacmueshmëri.
err'egen *vt* 1) ngacmoj; shqetësoj; 2) nxis, shkaktoj (*uri, etje etj.*); 3) ngjall (*urrejtje, zili etj.*); 4) : **jemandes Herz erregen** prek dikë në zemër.
Err'eger *m* **-s, =** 1) shkaktar; 2) *mjek* mikrob patogjen.
Err'egtheit *f* **=** shqetësim.
Err'egung *f* **=, -en** 1) ngacmim; shqetësim; 2) nxitje; ngjallje; zgjim.
err'eichbar *a* i arritshëm.
err'eichen *vt* 1) arrij (*dikë, diçka*); **mein Brief erreichte ihn nicht mehr** letra ime nuk i shkoi; 2) ia dal në krye (*një qëllimi etj.*); 3) mbërrij, arrij (*në një vend, qytet etj.*); 4) gjej; **wo kann ich Sie erreichen?** ku mund t'ju gjej?
err'etten *vt* shpëtoj (*nga një rrezik etj.*).
err'ichten *vt* 1) ngre (*një shtyllë etj.*); 2) ndërtoj (*një ndërtesë etj.*); 3) themeloj (*një institucion etj.*).
Err'ichtung *f* **=, -en** 1) ngritje; 2) ndërtim; 3) themelim.
err'ingen* *vt* arrij (*fitoren etj.*); fitoj (*një çmim etj.*).
err'öten *vi* **(s)** skuqem (*në fytyrë*).
Err'ungenschaft *f* **=, -en** arritje (*e shkencës etj.*).
Ers'atz *m* **-es** 1) zëvendësim (*i një dëmi etj.*); 2) surrogat (*i kafesë etj.*); 3) *usht* rezervë; përforcim; 4) *sport* (*lojtar*) rezervë.
Ers'atzmann *m* **-(e)s, -männer** *dhe* **-leute** *sport* (*lojtar*) rezervë.
Ers'atzteil *m* **-(e)s, -e** pjesë këmbimi.
ers'aufen* *vt bis* 1) mbys; *fig* **seinen Kummer ersäufen** mbys hallin në pije; 2) *tek* shuaj (*gëlqeren*).
ersch'affen *vt* krijoj.
Ersch'affung *f* **=** krijim.
ersch'allen* *edhe sipas zgjedhimit të dobët vi* **(s)** 1) kumbon, tingëllon; 2) shpërthejnë (*të qeshurat*).
ersch'au(d)ern *vi* **(s)** rrëqethem.
ersch'einen* *vi* **(s)** 1) duket; **es erscheint mir unmöglich** më duket e pamundur; 2) dukem, shfaqem; dal; **am Fenster erscheinen** dal në dritare; 3) botohet, del (*libri, gazeta etj.*).
Ersch'einung *f* **=, -en** 1) dukje; 2) shfaqje; dalje; 3) shfaqje, dukuri, fenomen.
ersch'ießen* 1. *vt* vras (*me pushkë etj.*); pushkatoj; 2. *vrefl* **sich erschießen** ia heq vetes.
Ersch'ießung *f* **=, -en** vrasje (*me pushkë*); pushkatim.
erschl'affen 1. *vt* flashk; 2. *vi* **(s)** flashkem, lëshohem; **er-**

schlaffte Muskeln muskuj të shkrythur.

erschl'agen* *vt* godas; vras; **er wurde vom Blitz erschlagen** i ra rrufeja; *fig bis* **ich bin erschlagen** a) u këputa; u dërrmova; b) mbeta pa mend.

erschl'eichen* *vt* fitoj me mashtrim, me dredhi (*besimin e dikujt etj.*).

erschl'ießen* 1. *vt* 1) hap (*toka të reja etj.*); 2) zë (*tregje të reja etj.*); 3) shfrytëzoj (*një vendburim etj.*); 4) nxjerr me arsyetim logjik (*një fjalë që mungon në një tekst etj.*); 2. *vrefl* **sich erschließen** 1) i hapem (*dikujt*); 2) çel (*lulja*).

Erschl'ießung *f* =, **-en** 1) hapje; 2) shfrytëzim.

ersch'öpfen 1. *vt* 1) rraskapis; **sie ist völlig erschöpft** ajo është këputur fare; 2) mbaroj; **meine Geduld ist erschöpft** durimi im ka mbaruar; 3) shfrytëzoj plotësisht (*një temë etj.*); 2. *vrefl* **sich erschöpfen** 1) rraskapitem; 2) s'kam të mbaruar (*me mallkime etj.*).

ersch'öpft *a* i dërrmuar, i rraskapitur.

Ersch'öpfung *f* =, **-en** rraskapitje.

erschr'ecken* **1.** *vt* tremb; **er ist leicht zu erschrecken** ai trembet lehtë; 2. *vi* **(s) (vor D, über A)** trembem (*nga dikush, diçka*); **sie erschrak über seine Worte** ajo u tremb nga fjalët e tij.

ersch'üttern *vt* 1) tund; **das Erdbeben erschütterte den Boden** tërmeti tundi tokën; 2) *fig* trondis; **tief erschüttert vom Tode ...** i tronditur thellë nga vdekja ...

Ersch'ütterung *f* =, **-en** 1) tundje; 2) tronditje.

erschw'eren *vt* 1) vështirësoj (*një punë etj.*); 2) ia nxij, ia bëj të rëndë (*jetën etj.*); 3) : *drejt* **ein erschwerender Umstand** rrethanë rënduese.

Erschw'ernis *f* =, **-se** vështirësi, mundim (*i një udhëtimi etj.*).

Erschw'erung *f* =, **-en** vështirësim.

erschw'indeln *vt bis* fitoj me mashtrim.

erschw'ingen* *vt* gjej, paguaj (*paret për diçka etj.*).

erschw'inglich *a* i arsyeshëm (*çmim etj.*).

ers'ehen* *vt* shoh (*dobinë etj.*).

ers'ehnen *vt* 1) pres me padurim; 2) dëshiroj me gjithë shpirt.

ers'etzbar *a* i zëvendësueshëm.

ers'etzen *vt* 1) zëvendësoj, ndërroj (*orenditë etj.*); 2) vë në vend (*një dëm etj.*); 3) përtërij (*forcat etj.*).

ers'ichtlich *a* i qartë; i dukshëm; **ersichtlich werden** duket qartë.

ers'innen* *vt* trilloj.

ersp'ähen *vt* diktoj (*gjahun, dikë ose diçka që kërkoj etj.*).

ersp'aren *vt* 1) kursej (*paret*); 2) : **jemandem etwas ersparen** ia kursej dikujt diçka; **ersparen Sie sich die Mühe!** mos merrni mundimin!

Ersp'arnis *f* =, **-se** 1) kursim (*drite, uji etj.*); 2) depozitë kursimi.

Ersp'arung *f* =, **-en** kursim.

erspr'ießlich 1) i volitshëm (*çast etj.*); 2) fitimprurës (*punë etj.*).

erst *adv* 1) më parë; **erst die Arbeit und dann das Vergnügen** më parë puna pastaj qejfi; 2) vetëm; **erst heute habe ich es erfahren** vetëm sot e mora vesh; 3): **nun erst recht** aq më tepër; **eben recht** sapo; **er ist erst 10 Jahre alt** ai sapo i ka mbushur të dhjetë vjetët.

erst'arken *vi* **(s)** forcohem.

erst'arren *vi* **(s)** 1) ngrij (*nga të ftohtët, tmerri etj.*); **das Blut erstarrte ihm in den Adern** i ngriu gjaku; 2) *fig* ngurtësohem.

Erst'arrung *f* =, **-en** ngrirje; ngurtësim.

erst'atten *vt* 1) kthej (*një send etj.*);

2) zhdëmtoj, vë në vend, paguaj (*një dëm etj.*); 3) : **Bericht, Dank erstatten** raportoj, falënderoj.
Erstaufführung *f* =, **-en** premierë.
erst'aunen 1. *vt* habis, çudis; 2. *vi* **(s) (über A)** habitem, çuditem (*me diçka, dikë*).
Erst'aunen *n* **-s** habi, çudi.
erst'aunlich *a* i çuditshëm (*rast etj.*); i habitshëm (*sukses etj.*).
Erstausgabe *f* =, **-en** botim i parë (*i një libri etj.*).
erstbeste *a* : **der erstbeste** kushdo; **das erstbeste Auto benutzen** shkoj, nisem me të parin automobil që gjej.
erste *a* i parë; **das erste** gjëja e parë, puna e parë; **an erster Stelle** në vend të parë; **der erste beste** kushdo; i pari që të dalë; **fürs erste** për herë të parë; **ich hörte als erster davon** e dëgjova i pari; **der Erste Mai** Një Maji.
erst'echen* *vt* ther (*derrin etj.*).
erst'ehen* 1. *vt* blej (*me fat, me shumë mundime*); 2. *vi* **(s)** 1) lindin, dalin (*vështirësi etj.*); 2) ngjallem (*nga vdekja*).
erst'eigen* *vt* i ngjitem (*malit, drurit etj.*).
erst'eigern *vt* blej në ankand.
erst'ellen *vt* 1) prodhoj, ndërtoj; përgatis; 2) vë, caktoj (*një rregull etj.*); 3) hartoj (*një plan etj.*).
erstens *adv* së pari, pikë së pari.
erst'erben* *vi* **(s)** shuhet (edhe *fig*); **alles Leben war erstorben** ishte shuar çdo shenjë jete.
erstere *num* i pari (nga të dy); **ersterer ... letzterer** ky ... ai, njëri ... tjetri.
Erstgeborene *m, f* **-n, -n** fëmijë i parë, i parëlindur.
erst'icken 1. *vt* 1) i zë frymën, mbys; 2) shuaj (*zjarrin etj.*); 3) shtyp (*revoltën etj.*); 2. *vi* **(s)** më zihet fryma, mbytem; **er ist durch Gase erstickt** ai u mbyt nga gazet.
erst'ickend *a* mbytës.
erstklassig *a* i klasës së parë, i dorës së parë (*hotel, restorant etj.*).
erstmalig 1. *vt* i parë; 2. *adv* së pari, për herë të parë.
erstmals *adv* për herë të parë.
erstrangig *a* 1) i radhës së parë, i rëndësishëm (*problem etj.*); 2) i klasës së parë, i shkëlqyer (*shfaqje etj.*).
erstr'eben *vt* synoj, përpiqem, rrekem (*për të arritur diçka*).
erstr'ebenswert *a* që e vlen të përpiqesh.
erstr'ecken, sich *vrefl* 1) shtrihem; 2) *fig* : **die Untersuchungen erstrecken sich auf einen Zeitraum von fünf Jahren** hetimet vazhdojnë për një periudhë prej pesë vjetësh.
erst'ürmen *vt* marr me sulm (*një kështjellë, pozicion etj.*).
ers'uchen *vt* 1) **(A um A)** i kërkoj (*përgjigje etj. dikujt*); 2) i lutem (*të vendosë, të durojë etj.*).
Ers'uchen *n* **-s** lutje; kërkesë.
ert'appen *vt* **(bei, auf D)** kap, zë (*në gabim, gënjeshtër etj.*); **auf frischer Tat ertappen** zë me presh në dorë.
ert'eilen *vt* jap (*leje, urdhër, këshillë, mësim etj.*); caktoj (*një detyrë etj.*).
ert'önen *vi* **(s)** tingëllon (*këmbana*); buçet (*topi*); gjëmon (*mali*); shungullon (*shtëpia*).
Ertr'ag *m* **-(e)s, -träge** 1) prodhim (*i tokës etj.*); 2) fitim; **Ertrag abwerfen, bringen** sjell fitim; 3) dobi; 4) rezultat (*i një pune etj.*).
ertr'agen* *vt* duroj; **das ist kaum zu ertragen!** kjo nuk durohet!
ertr'agfähig *a* 1) fitimprurës (*kapital*); 2) pjellore (*tokë*).

ertr'äglich 1) i durueshëm (*dhembje etj.*); 2) mesatar; as i keq as i mirë.
ertr'agreich *a* 1) i mbarë (*të korra etj.*); 2) fitimprurës (*punë etj.*).
ertr'änken 1. *vt* 1) mbys (*në ujë etj.*); 2) *fig* mbys (*hidhërimin në pije etj.*); 2. *vrefl* **sich ertränken** mbytem.
ertr'äumen *vi* **(h) : sich (D) etwas erträumen** ëndërroj diçka.
ertr'inken* *vi* **(s)** mbytem (*në ujë*).
ertr'unken *sh* **ertrinken***.
Ertr'unkene *m, f* **-n, -n** i mbytur.
ert'üchtigen 1. aftësoj; kalis (*me ushtrime trupin etj.*); 2. *vrefl* **sich ertüchtigen** aftësohem; kalitem.
Ert'üchtigung *f* **=, -en** aftësim; kalitje (*e trupit*).
er'übrigen 1. *vt* 1) kursej (*pare, ushqime etj.*); 2) **: Zeit erübrigen** gjej kohë (*për diçka*); 2. *vrefl* **sich erübrigen** është i kotë; **jedes weitere Wort erübrigt sich** çdo fjalë tjetër është e tepërt.
Erupti'on *f* **=, -en** shpërthim (*vullkani*).
erw'achen *vi* **(s)** zgjohem; **aus einem Traum erwachen** zgjohem nga një ëndërr.
erw'achsen* I *vi* **(s)** 1) rritem; 2) *fig* rrjedh, lind, del (*një detyrë, vështirësi etj.*).
erw'achsen II i rritur; **du bist nun erwachsen** je i madh (i rritur) tani.
Erw'achsene *m, f* **-n, -n** i rritur.
erw'ägen* *vt* mendoj, peshoj (*një punë etj.*); marr parasysh (*një mundësi etj.*).
Erw'ägung *f* **=, -en** 1) arsye; 2) shoshitje (*e një çështjeje etj.*); **in Erwägung ziehen** marr parasysh.
erw'ählen *vt* zgjedh (*një punë, grua, vend etj.*).
erw'ähnen përmend; **jemanden namentlich erwähnen** përmend dikë me emër.
Erw'ähnung *f* **=, -en** përmendje (*e një emri etj.*).
erw'ärmen 1. *vt* ngroh (*dhomën etj*); 2. *vrefl* **sich erwärmen** 1) ngrohem; 2) interesohem; **ich kann mich für diese Idee nicht erwärmen** ky mendim as më ngroh as më ftoh.
Erw'ärmung *f* **=, -en** ngrohje.
erw'arten *vt* pres (*një mik etj.*); **ein Kind erwarten** pres (të lindë) një fëmijë; **ich kann die Ferien kaum erwarten** s'më pritet sa të vijnë pushimet; **ich erwarte von dir, daß ...** pres prej teje që ...; **es steht zu erwarten, daß ...** duhet pritur që ...
Erw'artung *f* **=, -en** 1) pritje; 2) *pl* **-en** shpresë.
erw'ecken *vt* 1) zgjoj; 2) *fig* nxis, ngjall (*një ndjenjë*).
erw'ehren, sich *vrefl* **(G)** 1) mbrohem (*nga diçka, dikush*); 2) mbaj; **ich kann mich der Tränen nicht erwehren** nuk mbaj lotët; **ich kann mich des Eindrucks nicht erwehren, daß ...** nuk mund të mos kem përshtypjen se ...
erw'eichen 1. *vt* zbus (*dyllin*); *fig* **sich durch Bitten erweichen lassen** zbutem nga lutjet; 2. *vi* **(s)** zbutet asfalti (*nga dielli etj.*).
Erw'eis *m* **-es, -e** dëshmi; provë.
erw'eisen* 1. *vt* 1) provoj; dëshmoj; 2) bëj (*një nder, shërbim, të mirë etj.*); 2. *vrefl* **sich erweisen** 1) provohet; **es hat sich erwiesen, daß ...** doli se ...; 2) tregohem; **er hat sich stets dankbar erwiesen** ai është treguar gjithnjë mirënjohës.
erw'eitern *vt* 1) zgjeroj (*shtëpinë etj.*); 2) shtoj; zgjeroj (*njohuritë etj.*).
Erw'eiterung *f* **=, -en** zgjerim.
Erw'erb *m* **-(e)s, -e** 1) punë, mjesh-

tëri, zanat; 2) fitim; 3) pagë; 4) blerje.

erw'erben* *vt* 1) fitoj (*aftësinë, besimin etj.*); 2) nxjerr (*jetesën etj.*); 3) siguroj (*një të drejtë ej.*); 4) mësoj (*një zanat etj.*); 5) blej.

erw'erbsfähig *a* i aftë për punë.

erw'erbslos *a* i papunë.

Erw'erbslose *m, f* **-n, -n** i papunë.

Erw'erbslosigkeit *f* = papunësi.

erw'erbstätig *a* (*që është*) në punë.

Erw'erbung *f* **=, -en** 1) blerje; 2) fitim.

erw'idern *vt* 1) **(auf A)** i përgjigjem (*një fjale, zjarrit etj.*); 2) **(mit D)** kthej (*vizitën, të mirën me të mirë etj.*).

Erw'iderung *f* **=, -en** 1) përgjigje; 2) kthim (*i një vizite etj.*); 3) shpagim.

erw'iesen *sh* **erweisen***.

erw'irken *vt* nxjerr me të lutura, përpjekje etj. (*lejën etj.*).

erw'ischen *vt* 1) kap, zë (*hajdutin etj.*); 2) zë, arrij (*autobusin etj.*); 3) kap, zë (*në faj etj.*); 4) zë, gjej (*vend të mirë etj.*); *fig bis* **es hat ihn erwischt** e gjeti, e zuri (*një e keqe, sëmundje etj.*).

erw'ogen *sh* **erwägen***.

erw'orben *sh* **erwerben***.

erw'ünscht *a* i dëshirueshëm; i mirëpritur.

erw'ürgen *vt* mbys, i zë frymën (*me lak etj. dikujt*).

erz-, Erz- *parashtesë e emrave dhe e mbiemrave që ka kuptimin e* arqi- *dhe* krye-.

Erz *n* **-es, -e** 1) mineral; 2) *poet* bronx, bakër, hekur.

erz'ählen *vt* tregoj (*një histori, përrallë, ngjarje etj.*); **das kannst du jemand anderem erzählen!** këtë thuaja ndonjë tjetri!; **erzählende Dichtung** poezi epike.

Erz'ähler *m* **-s, =** tregues; tregimtar.

Erz'ählung *f* **=, -en** *let* tregim; **die Erzählung ist frei erfunden** tregimi është krejt i trilluar.

erz'eugen *vt* 1) prodhoj (*një mall etj.*); 2) përftoj (*gaz etj.*); 3) shkaktoj (*frikë etj.*); krijoj (*interesim etj.*); 4) bëj, lind (*një fëmijë*).

Erz'euger *m* **-s, =** 1) prind; 2) prodhues.

Erz'eugnis *n* **-ses, -se** prodhim (*send*).

Erz'eugung *f* **=, -en** 1) prodhim; përftim; **die Erzeugung von Energie** prodhimi i energjisë.

Erzfeind *m* **-(e)s, -e** 1) armik i betuar, i vjetër; 2) *fet* djalli.

Erzherzog *m* **-(e)s, -herzöge** *hist* arqidukë.

erz'iehen* *vt* rris, edukoj (*një fëmijë etj.*).

Erz'ieher *m* **-s, =** edukator.

erz'ieherisch *a* edukues.

Erz'iehung *f* **=, -en** 1) edukim; 2) edukatë; **ihm fehlt es an der nötigen Erziehung** atij i mungon edukata; 3) arsim.

erz'ielen *vt* 1) arrij (*sukses, fitore etj.*); 2) *sport* bëj, shënoj (*gol*).

Erzlager *n* **-s, =** shtresë minerali.

erzreich *a* i pasur në minerale (*vend etj.*).

Erzstätte *f* **=, -n** *sh* **Erzlager.**

Erzrevier [*-vir*] *n* **-s, -e** pellg minerali.

erz'ürnen 1. *vt* zemëroj; 2. *vrefl* **sich erzürnen** zemërohem.

Erzvorkommen *n* **-s, =** burim minerali.

erzw'ingen* *vt* marr, nxjerr me këmbëngulje (me dhunë, kërcënim etj.).

erzw'ungen 1. *sh* **erzwingen***; 2. *a* i marrë me dhunë, i nxjerrë me zor (*rrëfim etj.*).

es 1. *pron pers* **(G seiner, D ihm, A es)** ai, ajo; **es (das Kind) spielt**

ajo (fëmija) luan; 2. *pron dem* ky, kjo; ai, ajo; **sie nimmt es (das Buch)** ajo e merr atë (librin); 3. *në folje dhe shprehje pavetore* (*nuk përkthehet*): **es gibt** ka; **es gibt Leute, die ...** ka njerëz që ...; **es klopft** trokasin; **es kratzt mich** (*ose* **mir**) më kruhet; **es ist warm (kalt)** është (bën) nxehtë (ftohtë); **es ist nicht möglich** s'është e mundur; 4. *fjalë formale në krye të fjalisë, kur kallëzuesi qëndron përpara kryefjalës:* **es heult der Sturm** ulërin stuhia; **es lebe die Republik Albanien!** rroftë Republika e Shqipërisë!

Esche *f* =, **-n** *bot* frashër.

Esel *m* **-s,** = *zool* gomar; **ein Esel in der Löwenhaut** një gomar me lëkurë luani.

Esel'ei *f* =, **-en** gomarllëk.

Eselsohr *n* **-(e)s, -en** 1) vesh gomari; 2) cep i përthyer i faqes (*së një libri etj.*).

Eskalati'on *f* =, **-en** shkallëzim (*i luftës etj.*).

eskal'ieren *vt* shkallëzoj (*luftën etj.*).

Eskap'ade *f* =, **-n** çapkënëri.

eskort'ieren *vt* shoqëroj (*me rojë etj.*).

Espe *f* =, **-n** *bot* plep i egër.

Espenlaub : *shpr* **zittern wie Espenlaub** dridhem si gjethja e plepit.

Espr'esso *m* **-(s), -s** *dhe* **Espressi** ekspres (*kafe*).

Esprit [*espr'ī*] *m* **-s** mendjeshkathtësi, mendjemprehtësi.

Essay [*es'e*] *m dhe n* **-s, -s** sprovë, ese.

eßbar *a* i ngrënshëm.

Esse *f* =, **-n** krahin oxhak; *bis* **das kannst du in die Esse schreiben** qaje, quaje të humbur (*një send*).

essen* *vt* ha (*bukë etj.*); **zu Mittag essen** ha drekë; *fig bis* **sich dick und rund essen** shqepem së ngrëni; **sich krank essen** ha sa sëmurem; *fig* **es wird nichts so heiß gegessen, wie es gekocht wird** nuk është aq keq sa dukej në fillim; **den Teller leer essen** përlaj, fshij pjatën; *bis* **sich (den Bauch) voll essen** dendem së ngrëni; **wir essen mittags warm** për drekë hamë gjellë të ngrohtë; **auswärts essen** ha jashtë.

Essen *n* **-s,** = 1) gjellë; **das Essen auftragen** bie gjellën (*në tryezë*); **das Essen wird kalt** po ftohet gjella; 2) të ngrënët, ushqim, bukë (*drekë; darkë*); **nach dem Essen sollst du ruhn oder tausend Schritte tun** pas të ngrëni të pushosh ose të dalësh pak shëtitje.

Ess'enz *f* = 1) esencë (*parfumi etj.*); 2) *pl* **-en** thelb (*i një çështjeje etj.*).

Esser *m* **-s,** = ngrënës.

Essig *m* **-s** uthull; *fig bis* **mit etwas ist es Essig** ka marrë fund diçka.

Eßlöffel *m* **-s,** = lugë gjelle.

Eßwaren *pl* artikuj ushqimorë.

Estr'ade *f* =, **-n** estradë.

etabl'ieren 1. *vt* hap (*zyrë, dyqan, klinikë etj.*); 2. *vrefl* 1) : **sich mit einem Geschäft (Büro, Krankenhaus) etablieren** hap dyqan (zyrë, klinikë etj.); 2) zë vend (*në hotel etj.*).

Etablissement [*etablis(ë)m'ā*] *n* **-s, -s** 1) *vjet* hotel; restorant; 2) bordel; 3) *vjet* ndërmarrje.

Etage [*et'azhë*] *f* =, **-n** kat.

Etagere [*-zh'erë*] *f* =, **-n** etazherë

Et'appe *f* =, **-n** 1) etapë; 2) *usht* prapavijë.

Etat [*et'a*] *m* **-s, -s** buxhet.

etatmässig [*et'a-*] *a* i buxhetit.

etc. = **et cetera** etj.

Ethik *f* = etikë.

ethisch *a* etik, moral.

Ethos *n* = parime të moralit, moral.

Etik'ett *n* **-s, -e** *dhe* **-s** etiketë (*e një malli etj.*).

Etik'ette *f* =, **-n** etiketë, rregulla të mirësjelljes.
etikett'ieren *vt* etiketoj.
etliche *pron indef* disa, një palë; **etliche Teilnehmer** disa pjesëmarrës.
etlichemal *adv* disa herë.
etliches *pron* diçka; **er hat etliches Gutes getan** ai ka bërë diçka të mirë.
Etui [*ety'i*] *n* **-s, -s** 1) këllëf (*syzesh etj.*); 2) kuti cigaresh.
etwa *adv* 1) rreth, afërsisht; 2) mbase, ndoshta; mos (ndoshta); **haben Sie es etwa nicht gesehen?** mos (ndoshta) nuk e keni parë?
etwaig *a* i mundshëm, eventual (*shpenzim etj.*).
etwas 1. *pron indef* (*shkurt* **was**) 1) diçka; **das ist etwas anderes** kjo është diçka tjetër; 2) ca, pak; **etwas Brot, Butter** ca bukë, gjalpë; **etwas Englisch sprechen** flas pak anglisht; **haben Sie etwas Passendes (Anständiges) gefunden?** a keni gjetur gjë të përshtatshme (për të qenë)?
Etymolog'ie *f* =, **-n** etimologji.
euch (**A** *dhe* **D** *i* **ihr**) ju, juve, jush.
euer *pron poss m* **euer,** *f* **eu(e)re,** *n* **euer;** *pl* **eu(e)re;** *pa emër: m* **eu(e)rer,** *f* **eu(e)re,** *n* **eu(e)res;** *pl* **eu(e)re** juaj; **das Eu(e)re** gjëja juaj; **euer Lehrer** mësuesi juaj; **euer Haus** shtëpia juaj; **euere Mutter** nëna juaj; **euer sind drei** ka tre (prej) jush.
Eule *f* =, **-n** *zool* kukuvajkë.
eurerseits *adv* nga ana juaj.
euresgleichen *adv* shoku juaj; shokët tuaj.
eurethalben, euretwegen, um euretwillen *adv* për shkak, hir tuaj.
Eun'uch *m* **-en, -en** eunuk.
Europ'äer *m* **-s,** = evropian.
europ'äisch *a* evropian.
Eur'opameister *m* **-s,** = *sport* kampion i Evropës (*në shah etj.*).
Euter *n* **-s,** = sisë, gji (*lope, dhie etj.*).
evaku'ieren *vt* evakuoj.
Evaku'ierung *f* =, **-en** evakuim.
evang'elisch [*-van-*] *a* protestant.
Evang'elium [*-van-*] *n* **-s, -geli/en** *fet* ungjill.
Eventualit'ät [*-ven-*] *f* =, **-en** eventualitet; rast.
eventu'ell [*-ven-*] 1. *a* 1) i mundshëm; **auf einen eventuellen Überfall vorbereitet sein** jam i përgatitur për t'i bërë ballë një sulmi të mundshëm; 2) i rastit; 2. *adv* ndoshta; me rast.
evid'ent [*-vi-*] *a* i dukshëm; i qartë; bindës.
Evoluti'on *f* =, **-en** evolucion.
evtl. = **eventuell.**
ewig 1. *a* 1) i përjetshëm, i amshueshëm; 2) i përhershëm, i pareshtur, i vazhdueshëm; 2. *adv* : **auf ewig** përjetë; **immer und ewig** për jetë e mot.
Ewigkeit *f* = përjetësi, amëshim.
ex'akt *a* i saktë, i përpiktë.
Ex'aktheit *f* = saktësi, përpikmëri.
exalt'iert *a* i ekzaltuar.
Ex'amen *n* **-s,** = *dhe* **-mina** provim; **das Examen bestehen** marr provimin; **er ist durch Examen gefallen** është rrëzuar në provim.
examin'ieren *vt* shqyrtoj, kontrolloj.
exekut'ieren *vt* ekzekutoj.
Exekut'ive [*-ve*] *f* = pushtet ekzekutiv.
Exekut'ivkomitee *n* **-s, -s** komitet ekzekutiv.
Ex'empel *n* **-s,** = shembull; **ein Exempel statuieren** gjej një shembull (*për të trembur dikë*).
Exempl'ar *n* **-s, -e** 1) ekzemplar (*i një bime etj.*); 2) kopje (*e një libri etj.*).
exerz'ieren 1. *vt* ushtroj, stërvis

(*ushtarët*); 2. *vi* (h) ushtrohem, stërvitem.

Ex'il *n* **-s, -e** 1) mërgim; 2) vend mërgimi.

exist'ent *a* ekzistues; **existent sein** ekziston, është.

Exist'enz *f* **=, -en** 1) ekzistencë; jetë; 2) jetesë; 3) *bis* njeri, person.

Exist'enzminimum *n* **-s, -ma** minimum i domosdoshëm (*i mjeteve të jetesës*).

exist'ieren *vi* (h) 1) ekzistoj; 2) rroj, jam gjallë, jetoj.

exkl. = **exklus'ive** *adv* duke përjashtuar, me përjashtim të ...

exklus'iv *a* përjashtues.

Exkrem'ente *pl* jashtëqitje.

Exk'urs *m* **-es, -e** shtojcë (*e një punimi shkencor etj.*).

Exkursi'on *f* **=, -en** ekskursion.

Exmatrikulati'on *f* **=, -en** çregjistrim (*nga një shkollë e lartë*).

exmatrikul'ieren *vt* çregjistroj (*nga një shkollë e lartë*).

exorbit'ant *a* i jashtëzakonshëm; i rrallë; i tepruar.

Ex'ot *m* **-en, -en** njeri, kafshë, send ekzotik.

ex'otisch *a* ekzotik.

Exp'ander *m* **-s** *sport* ekstensor.

Expansi'on *f* **=, -en** ekspansion.

expans'iv *a* ekspansiv (*natyrë etj.*).

Expediti'on *f* **=, -en** 1) dërgim, nisje (*e një malli etj.*); 2) ekspeditë (*ushtarake, shkencore etj.*); 3) spedicion (*i një ndërmarrjeje tregtare etj.*).

Experim'ent *n* **-(e)s, -e** eksperiment.

experiment'ell *a* eksperimental.

experiment'ieren *vi* (h) bëj eksperimente.

Exp'erte *m* **-n, -n** ekspert.

Expert'ise *f* **=, -n** ekspertizë.

explod'ieren *vi* (s) 1) pëlcet (*bomba etj.*); 2) *fig* shpërthej (*nga zemërimi etj.*).

exploit'ieren [*-ploa-*] *vt* shfrytëzoj.

Explosi'on *f* **=, -en** shpërthim, plasje.

explos'iv *a* 1) plasës, eksploziv (*gaz, lëndë etj.*); 2) *fig* që shpërthen, që merr flakë lehtë (*njeri*).

Expon'ent *m* **-en, -en** 1) *mat* eksponent; 2) eksponent, përfaqësues (*i një rryme politike etj.*).

expon'ieren, sich *vrefl* ekspozohem.

Exp'ort *m* **-(e)s, -e** eksport.

Exporteur [*-t'ër*] *m* **-s, -e** eksportues.

export'ieren *vt* eksportoj.

Exposé *n* **-s, -s** 1) raport; 2) skicë (*për një film etj.*).

Expreß *m* **-sses, -sse** *vjet* (*tren*) ekspres.

exquis'it *a* i zgjedhur (*ushqim etj.*).

extempor'ieren *vt* (h) improvizoj (*një fjalim, vjershë*).

extens'iv *a* 1) ekstensiv; **extensive Landwirtschaft** bujqësi ekstensive; 2) i gjerë.

extra bis 1. *a* i veçantë, i posaçëm; **eine extra Belohnung** një shpërblim i posaçëm; 2. *adv* 1) veçan; **das ist extra zu bezahlen** kjo paguhet veçan; 2) posaçërisht, veçanërisht, jashtëzakonisht.

Extraausgabe *f* **=, -n** botim i posaçëm.

Extrablatt *n* **-(e)s, -blätter** numër i veçantë (*i një gazete*).

Extr'akt *m* **-(e)s, -e** ekstrakt.

Extras *pl* pajisje që paguhen veças.

extravag'ant [*-va-*] *a* ekstravagant, i çuditshëm.

Extravag'anz [*-va-*] *f* **=, -en** ekstravagancë.

Extrawurst : *fig bis* **jemandem eine Extrawurst braten** bëj përjashtim për dikë.

extr'em *a* 1) skajor, i skajshëm; 2) *pol* i skajshëm, ekstrem(ist).

Extremit'äten *pl anat* gjymtyrë, anësi.

exzell'ent *a* i shkëlqyeshëm, shumë i mirë.

Exzell'enz *f* =, **-en** shkëlqesi (*titull*); **Seine Exzellenz** Shkëlqesia e tij.

exz'entrisch *a* ekscentrik, i çuditshëm (*njeri, sjellje etj.*).

Exzeß *m* **-sses, -sse** tepri; teprim; **etwas bis zum Exzeß treiben** çoj diçka gjer në tepri.

exzess'iv *a* i tepruar.

F

f. = 1) **für**; 2) **folgende Seite** faqja tjetër.

F = **Fahrenheit** Farenhajt.

F'abel *f* =, **-n** 1) fabul (*e romanit etj.*); 2) përrallë; fabul.

f'abelhaft *a* përrallor (*pasuri etj.*); i mrekullueshëm (*film, roman etj.*).

f'abeln *vi* **(h)** 1) trilloj; 2) flas gjepura.

Fabr'ik *f* =, **-en** fabrikë.

Fabr'ikanlage *f* =, **-n** godinë dhe truall i fabrikës.

Fabrik'ant *m* **-en, -en** fabrikant.

Fabr'ikarbeiter *m* **-s,** = punëtor i fabrikës.

Fabrik'at *n* **-(e)s, -e** prodhim.

Fabrikati'on *f* =, **-en** fabrikim, prodhim.

fabr'ikmäßig *a* (*i bërë*) si në fabrikë.

fabriz'ieren *vt* 1) fabrikoj; 2) *fig bis* sajoj, ndërtoj.

fabul'ieren *vi* **(h)** përrallis.

...fach *a* (*në fjalë të përbëra*) ...fish; **achtfach** tetëfish.

Fach *n* **-(e)s, Fächer** 1) sirtar; sergjen; ndarje; 2) degë, fushë (*e një shkence*); 3) lëndë (*mësimi*); **welche Fächer hast du studiert?** ç'lëndë ke studiuar?; 4) specialitet; **vom Fach sein** jam i degës; 5) : *fig* **das schlägt nicht in mein Fach** nuk marr vesh nga kjo; *fig* **unter Dach und Fach bringen** mbaroj, rregulloj (*një punë etj.*).

F'acharbeiter *m* **-s,** = punëtor i specializuar.

F'acharzt *m* **-es, -ärzte** mjek-specialist.

F'achausdruck *m* **-(e)s, -drücke** term teknik.

F'achausbildung *f* =, **-en** arsim profesional.

F'achblatt *n* **-(e)s, -blätter** revistë teknike (*ose* shkencore).

F'ächer *m* **-s,** = erashkë, freskore.

f'ächern 1. *vt* flladis, freskoj (*me erashkë etj.*); 2. *vrefl* **sich fächern** flladitem, freskohem.

F'achgebiet *n* **-(e)s, -e** fushë e teknikës, e shkencës.

F'achgelehrte *m* **-n, -n** specialist (*në një degë të shkencës*).

f'achgemäß *a* sipas degës, specialitetit etj.

F'achgeschäft *n* **-(e)s, -e** dyqan i specializuar (*për disa mallra*).

f'achkundig *a* kompetent, i degës (*specialist etj.*).

f'achlich *a* i degës, i fushës (*së shkencës etj.*).

F'achmann *m* **-(e)s, -männer** *dhe* **-leute** specialist.

f'achmännisch 1. *a* (prej) specialisti; **ein fachmänisches Urteil** një gjykim specialisti; 2. *adv* si specialist.

F'achpresse *f* = shtyp teknik (*ose* shkencor).

F'achrichtung *f* =, **-en** specialitet mësimi (*në universitet*).

F'achschule *f* =, **-n** teknikum, shkollë teknike.

f'achsimpeln *vi* **(h)** flas për çështje pune (*duke mërzitur të tjerët që s'janë të interesuar*).

F'achwerk *n* **-(e)s** trarët e mureve (*në shtëpitë e vjetra gjermane*).

F'ackel *f* =, **-n** pishtar; *fig* **Fackel des Fortschritts, der Wissenschaft** pishtar i përparimit, i shkencës.

f'ackeln *vi* **(h)** *bis* ngurroj; **ich fackle nicht lange** nuk e zgjas shumë.

F'ackelzug *m* **-(e)s, -züge** procesion pishtarësh.

f'ade *a* 1) i pashijshëm; **einen faden Geschmack im Munde haben** kam një shije të keqe në gojë; 2) *fig* i mërzitshëm; bajat; **ein fader Witz** një shaka pa kripë.

f'ädeln 1. *vt* shkoj perin (*në gjilpërë);* vë në pe *(rruaza etj.)*; 2. *vi* i dalin fijet (*stofit etj.*).

F'aden *m* **-s, Fäden** fill, pe; *fig* **an einem Faden hängen** varet në një fill; *fig* **den Faden des Gesprächs wieder aufnehmen** kap përsëri fillin e bisedës; *fig* **alle Fäden laufen hier zusammen** këtu të çojnë të gjitha fijet; *fig* **den Faden verlieren** humb fillin; **keinen trockenen Faden im Leib haben** jam bërë qull.

f'adenscheinig *a* që i kanë dalë fijet; *fig* **fadenscheinige Gründe** arsye që nuk pinë ujë.

Fag'ott *n* **-(e)s, -e** *muz* fagot.

f'ähig *a* i aftë, i zoti; **ein fähiger Mensch** një njeri i aftë; **einer solchen Tat ist er nicht fähig** ai nuk mund ta bëjë një gjë të tillë; **er ist zu allem fähig** nga ai mund të presësh gjithshka.

F'ähigkeit *f* **=, -en** aftësi; *shpr* **die Fähigkeit haben** jam në gjendje (*të bëj diçka*).

fahl *a* i zbehtë, i pangjyrë, i zbërdhulët.

f'ahnden *vt* **(h) (nach D)** kërkoj (*një send të vjedhur, një kriminel etj.*).

F'ahne *f* **=, -n** 1) flamur; **die Fahne hissen** ngre flamurin; *fig* **die Fahne nach dem Wind drehen** kthej gunën nga të fryjë era; 2) fjollë (*tymi etj.*); 3) bocë në kollonë.

F'ahneneid *m* **-(e)s, -e** betim ushtarak.

F'ahnenflucht *f* **=** dezertim.

F'ahnenflüchtige *m* **-n, -n** dezertor.

F'ahnenstange *f* **=, -n, Fahnenstock** *m* **-(e)s, -stöcke** shtizë e flamurit.

F'ahnenträger *m* **-s, =** flamurtar.

F'ahnentuch *n* **-(e)s, -tücher** pëlhurë e flamurit.

F'ähnrich *m* **-s, -e** *usht* 1) flamurtar; 2) kadet.

F'ahrausweis *m* **-es, -e** *sh* **Fahrkarte.**

F'ahrbahn *f* **=, -en** rrugë (*e kalimit të makinave etj.*).

f'ahrbar *a* 1) i kalueshëm (*rrugë etj.*); 2) i lundrueshëm (*lumë etj.*).

F'ahrdamm *m* **-(e)s, -dämme** *sh* **Fahrbahn.**

F'ähre *f* **=, -n** 1) trap; 2) traget, ferribot (*anije*).

f'ahren* 1. *vi* **(s)** 1) udhëtoj (*me makinë, tren etj.*); lundroj; **Auto fahren** udhëtoj me automobil; **Rad fahren** shkoj me biçikletë; **erster Klasse fahren** udhëtoj në klasë të parë; **der Zug fährt um drei Uhr** treni niset në orën tre; **Ski fahren** rrëshqas me ski, bëj ski; **sie kann das Fahren nicht vertragen** ajo nuk e duron dot udhëtimin me makinë; 2) ndahem (*mirë, keq*); **er ist gut (schlecht) dabei gefahren** ai është ndarë mirë (keq) nga ajo punë; 3) hidhem; **jemandem an die Kehle fahren** i hidhem dikujt në grykë; **in die Höhe fahren** hidhem përpjetë; 4) : **ein Gedanke fuhr mir durch den Kopf** më erdhi befas një mendim; 5) përplasem; **gegen einen Baum fahren** i bie një druri (*me makinë etj.*); 6) : **etwas fahren lassen** heq dorë nga një punë; **in die Kleider fahren** vishem shpejt e shpejt; *fig* **aus der Haut fahren** pëlcas (*nga marazi etj.*); **sich mit der Hand über die Augen fahren** fshij sytë me dorë; 2. *vt* 1) ngas; **ein Auto fahren** ngas një makinë; 2) çoj, transportoj (*mallra, pasagjerë etj.*); 3. *vimp* **sich fahren** udhëtohet; **auf dieser Straße fährt es sich gut** në këtë rrugë udhëtohet mirë.

F'ahrer *m* **-s, =** shofer.

F'ahrgast *m* **-(e)s, -gäste** udhëtar, pasagjer (*i autobusit urban etj.*).
F'ahrgeld *n* **-(e)s, -er** çmim i biletës së udhëtimit (*me çdo mjet, përveç aeroplanit*).
F'ahrgestell *n* **-(e)s, -e** shasi (*e automobilit etj.*).
f'ahrig *a* 1) i rrëmbyer (*lëvizje etj.*); 2) *fig* i hutuar.
F'ahrkarte *f* **-n, -n** biletë udhëtimi (*me çdo mjet, përveç aeroplanit*).
F'ahrkartenschalter *m* **-s, =** sportel i biletave (*të trenit etj.*).
f'ahrlässig *a* i pakujdesshëm.
F'ahrlässigkeit *f* = pakujdesi.
F'ahrlehrer *m* **-s, =** mësues i ngarjes së automobilit etj.
F'ährmann *m* **-(e)s, -männer** *dhe* **-leute** trapar.
F'ahrplan *m* **-(e)s, -pläne** orar i udhëtimeve (*të trenave etj.*).
f'ahrplanmäßig *a* në orar (*ardhje e trenit etj.*).
F'ahrpreis *m* **-es, -e** çmim i biletës së udhëtimit (*me çdo mjet, përveç aeroplanit*).
F'ahrprüfung *f* **=, -en** provim për marrjen e patentës.
F'ahrrad *n* **-(e)s, -räder** biçikletë.
F'ahrrinne =, -n kanal i portit.
F'ahrschein *m* **-(e)s, -e** biletë udhëtimi.
F'ahrschule *f* **=, -n** shkollë e ngarjes së automobilit.
F'ahrschüler *m* **-s, =** 1) nxënës që shkon në shkollë me autobus etj.; 2) nxënës i shkollës së ngarjes të automobilit.
F'ahrstraße *f* **=, -n** *sh* **Fahrbahn.**
F'ahrstrecke *f* **=, -n** rrugë e automjetit.
F'ahrstuhl *m* **-(e)s, -stühle** ashensor.
Fahrt *f* **=, -en** 1) udhë, udhëtim; **während der Fahrt** gjatë udhëtimit, rrugës; **freie Fahrt** a) udhëtim falas; b) rrugë e lirë; **gute Fahrt!** rrugë të mbarë!; 2) shpejtësi (*e një makine etj.*); 3) ekskursion (*i të rinjve*).
F'ährte *f* **=, -n** gjurmë (*e ujkut etj.*); *fig* **auf der richtigen (falschen) Fährte sein** kam rënë në gjurmën e vërtetë (e gabuar).
F'ahrtreppe *f* **=, -n** shkallë lëvizëse.
F'ahrwasser *n* **-s, =** 1) kanal lundrimi (*për të hyrë në një port etj.*); 2) *fig* rutinë.
F'ahrwerk *n* **-(e)s, -e** *av* telajo me rrota (*për zbritjen e ngritjen e avionit*).
F'ahrzeit *f* **=, -en** zgjatje e udhëtimit.
F'ahrzeug *n* **-s, -e** mjet udhëtimi (ose transporti).
fair [*fer*] *a* i drejtë; i ndershëm (*lojë etj.*).
Fairness [*f'erness*] *f* = drejtësi; ndershmëri.
Fait accompli [*fetakôpl'i*] *n* **=, -s -s** [*fezakôpli*] fakt i kryer.
F'akir *m* **-s, -s** fakir.
Faks'imile *n* **-s, -s** faksimile.
f'aktisch *adv* në fakt, në të vërtetë.
F'aktor *m* **-s, -t'oren** *mat etj.* faktor.
Faktor'ei *f* **=, -en** qendër e vogël tregtare (*nëpër koloni*).
Fakt'otum *n* **-s, -s** *dhe* **-toten** *shak* faktotum (*ai që bën lloj-lloj punësh*).
F'aktum *n* **-s, -ta** *dhe* **-ten** 1) fakt; 2) ngjarje.
Fakult'ät *f* **=, -en** fakultet; **die Fakultät wechseln** ndërroj fakultetin.
falb *a* i verdhëllemë.
F'alke *m* **-n, -n** *zool* skifter.
Fall I *m* **-(e)s, Fälle** rënie; *fig* **Aufstieg und Fall** ngritje e rënie.
Fall II *m* **-(e)s, Fälle** 1) rast; **es gibt Fälle, in denen ...** ka raste, në të cilat ...; **für den Fall ...** në rast se ...; 2) ngjarje; **ich habe folgenden Fall erlebt** më ka ndodhur kjo

ngjarje; 3) çështje (*gjyqësore*); **der Fall liegt so ...** çështja qëndron kështu ...; **ist das der Fall ...** në qoftë kështu puna ...; 4) : *bis* **auf Knall und Fall** pa pritur e pa kujtuar.

F'allbeil *n* **-(e)s, -e** gijotinë.

F'allbrücke *f* **=, -en** urë e lëvizshme.

F'alle *f* **=, -n** 1) kurth, çark (*miu*); 2) *fig* grackë; **in die Falle gehen** bie në grackë.

f'allen* *vi* (s) 1) rrëzohem; bie; **im Kampf fallen** vritem, bie në luftë; *fig* **es fielen böse Worte** u thanë fjalë të rënda; **es fiel ein Schuß** krisi një e shtënë; *fig* **ins Auge fallen** bie në sy; *fig* **jemandem ins Wort fallen** ia pres dikujt fjalën; **jemandem um den Hals fallen** përqafoj dikë, i hidhem dikujt në qafë; **jemandem beschwerlich fallen** i bëhem barrë dikujt; 2) ulet (*çmimi*); bie (*temperatura, uji etj.*); 3) bie (*shi, borë*); 4) bie (*festa, dyshimi, zari*); 5) : **fallen lassen** lëshoj; **seine Ansprüche fallen lassen** heq dorë nga pretendimet; 6) (*më*) bie, (*më*) takon; **auf mich fällt ein Drittel des Erbes, der Kosten** mua më takon një e treta e trashëgimisë, e shpenzimeve.

f'ällen *vt* 1) pres (*një dru*); 2) rrëzoj (*dikë*); 3) : **ein Urteil fällen** jap një vendim, gjykim.

f'allenlassen* *vt ndash* 1) lë, heq dorë nga (*diçka*); 2) mohoj; braktis (*dikë*); 3) hedh (*një fjalë*).

F'allgrube *f* **=, -n** gropë (*për të zënë kafshë të egra*).

F'allholz *n* **-es** shkarpa.

f'ällig *a* 1) që duhet mbaruar (*një punë etj.*); 2) që duhet paguar (*një faturë etj.*); **fällig werden** skadon (*afati i një pagese etj.*); 3) : **der Zug ist in zehn Minuten fällig** treni duhet të arrijë pas dhjetë minutash.

F'älligkeit *f* = skadim i afatit; afat (*i pagesës etj.*).

F'allobst *n* **-(e)s** pemë (*mollë etj.*) të rëna.

Fallout [*foll'aut*] *m* **-s, -s** reshje radioaktive.

F'allreep *n* **-(e)s, -e** shkallë (*për të hipur në anije*).

falls *conj* në rast se, në qoftë se.

F'allschirm *m* **-(e)s, -e** parashutë.

F'allschirmspringer *m* **-s, =** parashutist.

F'allschirmtruppe *f* **=, -n** trupa parashutiste.

F'allstrick *m* **-(e)s, -e** kurth, lak; pabesi; **jemandem Fallstricke legen** i vë një kurth dikujt.

F'allsucht *f* = *mjek* epilepsi, sëmundje e tokës.

fällt *sh* **fallen*** *dhe* fällen.

f'allweise *adv* 1) në raste të veçantë; 2) rastësisht, herë pas here.

falsch *a* 1) i rremë (*pare etj.*); 2) i gabuar (*mendim etj.*); 3) i vënë (*dhëmb etj.*); 4) : *shpr* **ein falsches Spiel mit jemandem treiben** mashtroj dikë; *shpr* **er ist an den Falschen geraten** ka gjetur xhami, kishë ku të falet; *shpr* **da kommst du bei mir an den Falschen!** kot lodhesh me mua!

f'älschen *vt* falsifikoj (*pare etj.*).

F'älscher *m* **-s, =** falsifikues.

F'alschgeld *n* **-(e)s** pare të falsifikuara.

F'alschheit *f* = 1) falsitet, të qenët i rremë; 2) pabesi, hipokrizi.

f'älschlich *a* 1. *a* i gabuar: 2. *adv* gabimisht, gabim.

f'älschlicherweise *adv sh* **fälschlich.**

F'alschmünzer *m* **-s, =** kallpazan.

F'alschspieler *m* **-s, =** hileqar (*në lojë*).

F'älschung *f* **=, -en** falsifikim.

f'altbar *a* që paloset (*shtrat etj.*); që mblidhet (*karrige etj.*).

F'altboot *n* **-(e)s, -e** *sport* barkë që paloset.

F'alte *f* **=, -n** 1) palë (*në letër, pëlhurë etj.*); **die Falten bügeln** hekuros palat; 2) rrudhë (*në fytyrë*); **die Stirn in die Falten ziehen** rrudh ballin.

f'alten *vt* 1) rrudh (*ballin*); 2) palos (*letrën etj.*); 3) : **die Hände falten** bashkoj duart.

F'alter *m* **-s, =** *ent* flutur.

f'ältig *a* 1) palë-palë (*pëlhurë etj.*); 2) i rrudhur (*ballë etj.*).

Falz *m* **-es, -e** 1) vendpalosje (*e kapakut të librit*); 2) përthyerje (*e llamarinës etj.*).

f'alzen *vt* 1) palos (*letrën*); 2) përthyej (*llamarinën*).

famili'är *a* familjar.

Fam'ili/e *f* **=, -n** 1) familje; **aus guter Familie sein** jam nga familje e mirë; **im Schoß der Familie** në gjirin e familjes; **keine Familie haben** nuk kam familje; *bis* **es bleibt in der Familie** kjo të mbetet midis nesh; 2) *bot, zool* familje.

Fam'ili/enangehörige *m, f* **-n, -n** pjesëtar i familjes.

Fam'ili/enleben *n* **-s** jetë familjare.

Fam'ili/enname *m* **-ns, -n** mbiemër.

fam'os *a bis* madhështor, i shkëlqyeshëm, i mrekullueshëm.

F'amulus *m* **=, -li** *vjet* asistent (*i një profesori*).

Fan [*fen*] *m* **-s -s** tifoz.

Fan'al *n* **-s, -e** fener.

Fan'atiker *m* **-s, =** fanatik (*njeri*).

fan'atisch *a* fanatik (*besim etj.*).

Fanat'ismus *m* **=** fanatizëm.

fand *sh* **finden***.

Fanf'are *f* **=, -n** *muz* fanfarë.

Fang *m* **-(e)s, Fänge** 1) *vetëm sing* zënie, kapje; 2) gjah; peshk i zënë; **auf Fang ausgehen** dal për gjah; dal për peshk; 3) dhëmb (*i qenit, i derrit të egër*); 4) gojë (*e ujkut, e dhelprës, e qenit*); 5) thonj (*të skifterit, të shqiponjës*).

fangen* 1. *vt* zë, kap (*hajdutin, peshkun etj.*); **jemanden durch geschickte Fragen fangen** zë dikë në fjalë me pyetje të holla; **Feuer fangen** merr zjarr; *fig* **Grillen fangen** mërzitem; 2. *vrefl* : **sich wieder fangen** marr veten (*nga një tronditje etj.*).

F'angfrage *f* **=, -n** pyetje për të kapur (*dikë në faj etj.*).

F'anggarn *n* **-(e)s, -e** rrjetë (*peshkimi*).

F'angleine *f* **=, -n** *det* cimë.

F'angschlinge *f* **=, -n** lak (*gjahu*).

Fant *m* **-(e)s, -e** djalosh i papjekur.

F'arbband *n* **-(e)s, -bänder** shirit i makinës së shkrimit.

F'arbe *f* **=, -n** 1) ngjyrë, bojë; **die Farben mischen** përziej bojërat; *bis* **die Farben beißen sich** ngjyrat nuk përkojnë; *fig* **die Farbe dick auftragen** trash ngjyrat; 2) ngjyrë, bojë (*letrash bixhozi*); *fig* **Farbe bekennen** zbuloj letrat; 3) *fig* anë, parti; **die Farbe wechseln** ndërroj bindjet.

f'arbecht *a* qe nuk i del boja (*pëlhurë etj.*).

f'ärben 1. *vt* 1) lyej (*buzët etj.*); ngjyej (*flokët etj.*); 2) : *fig* **einen Bericht färben** shtrembëroj një lajm; 2. *vrefl* **sich färben : sich gelb färben** merr ngjyrë të verdhë, verdhet.

F'arbenabstufung *f* **=, -en** nuancë ngjyre, ngjyresë.

f'arbenblind *a* që nuk i dallon ngjyrat.

F'arbenblindheit *f* **=** *mjek* daltonizëm.

F'arbenbrett *n* **-(e)s, -er** paletë e piktorit.

F'arbendruck *m* **-(e)s, -e** shtyp me ngjyra.

F'arbenpracht *f* = larmi ngjyrash.
f'arbenprächtig *a* i shumëngjyrshëm.
f'arbenreich *a* i larmë, i shumëngjyrshëm.
F'ärber *m* **-s, =** 1) ngjyes, ngjyrosës i tekstileve; 2) fabrikë ngjyrosjeje.
F'arbfernsehen *n* **-s** televizion me ngjyra.
F'arbfilm *m* **-(e)s, -e** film me ngjyra.
f'arbig *a* 1) me ngjyra; 2) i gjallë (*përshkrim etj.*).
f'arblos *a* 1) pa ngjyrë; 2) *fig* i zbehtë (*stil etj.*).
F'arblosigkeit *f* **=, -en** zbehtësi (*e stilit etj.*).
F'arbmittel *n* **-s, =** lëndë ngjyrosëse.
F'arbmuster *n* **-s, =** mostër ngjyre.
F'arbstift *m* **-(e)s, -e** laps me ngjyrë.
F'arbstoff *m* **-(e)s, -e** lëndë ngjyrosëse.
F'ärbung *f* **=, -en** 1) ngjyerje, ngjyrosje; 2) ngjyrë; 3) nuancë; 4) *fig* tendencë (*politike etj.*).
Farce [*f'arsë*] *f* **=, -n** farsë (*edhe fig*).
Farm *f* **=, -en** fermë.
F'armer *m* **-s, =** fermer.
F'arnkraut *n* **-(e)s, -kräuter** *bot* fier.
F'arre *m* **-n, -n** *zool* mëzat, dem i ri.
F'ärse *f* **=, -n** *zool* mëshqerrë.
F'asching *m* **-s** karnaval.
Fasch'ismus *m* **=** fashizëm.
Fasel'ei *f* **=, -en** gjepura.
f'aseln *vi* **(h)** *bis* flas pa u menduar.
F'aser *f* **=, -n** 1) fill; 2) fije, fibër; 3) : *fig* **etwas mit allen Fasern meines Herzens wünschen** dëshiroj diçka me gjithë shpirt.
f'aserig *a* fije-fije.
f'asern *vi* **(h)** i dalin fijet (*stofit etj.*).
Faß *n* **-sses, Fässer** vozë, fuçi (*birre, vere etj.*); **zehn Faß Bier** 10 voza birrë (*kur është masë, nuk ndryshon në numër*); *fig* **das schlägt dem Faß den Boden aus!** ky është kulmi!; *fig* **ein Faß ohne Boden** një thes pa fund.
Fass'ade *f* **=, -n** *ark* ballë, ballinë, fasadë.
f'assbar *a* 1) i kapshëm; 2) i kuptueshëm.
F'aßbinder *m* **-s, =** vozëtar.
f'assen 1. *vt* 1) zë, kap (*hajdutin etj.*); 2) kuptoj; 3) vë (*xhamat e syzeve në skelet etj.*); 4) nxë (*gota etj.*); 5) shpreh (*me fjalë etj.*); 6) : *shpr* **jemanden ins Auge fassen** s'ia ndaj syrin dikujt; **eine Gefahr ins Auge fassen** marr parasysh një rrezik; **einen Entschluß fassen** marr një vendim; **Fuß fassen** lëshoj rrënjë; **Haß fassen** ushqej urrejtje; 2. *vrefl* **sich fassen** qetësohem; **ich bin auf alles gefaßt** i kam marrë parasysh të gjitha; **fasse dich!** mblidhe veten!; mbahu!; **sich kurz fassen** i bie shkurt; **fassen Sie sich kurz!** mos e zgjatni!; 3. *vi* (h) kap, zë (*ingranazhi etj.*).
f'aßlich *a* i kuptueshëm.
F'aßreifen *m* **-s, =** rreth voze.
F'assung *f* **=, -en** 1) rreth (*syzesh etj.*); 2) formulim, shtjellim; redaktim; version; **die Fassung einer Rede** teksti i një fjalimi; 3) *sing* vetëpërmbajtje; gjakftohtësi; **aus der Fassung kommen** humbas durimin; **aus der Fassung bringen** a) zemëroj; b) hutoj.
F'assungsraum *m* **-(e)s, -räume** nxënësi, kapacitet; **genug Fassungsraum für 100 Personen** vend plot për 100 veta.
F'assungsvermögen *n* **-s,** 1) nxënësi, kapacitet (*i një ene etj.*); 2) aftësi për të kuptuar (*e fëmijës etj.*).
fast *adv* pothuaj; gati; **das ist fast vollendet** puna pothuaj ka

mbaruar; **fast wäre ich gestürzt** mënd rashë.

f'asten *vi* **(h)** *fet* agjëroj.

F'asten *n* **-s** *fet* agjërim.

F'astenzeit *f* = *fet* kreshmë.

Fas(t)nacht *f* = karnaval.

Faszinati'on *f* =, **-en** magji.

faszin'ierend *a* magjepsës.

fat'al *a* 1) fatal; 2) i pakëndshëm.

Fatal'ismus *m* = fatalizëm.

fatal'istisch *a* fatalist.

faul *a* 1) i kalbur, i prishur (*fryt, mish etj.*); 2) i plogët, përtac; 3) i dyshimtë, i pasigurtë (*njeri etj.*); **die Sache ist faul** puna është me dyshim; 4) : **ein fauler Witz** shaka pa lezet; **fauler Frieden** paqe e paqëndrueshme; **faule Redensarten** fjalë boshe.

f'aulen *vi* **(h)** kalbet, prishet (*mishi, dhëmbi etj.*).

f'aulenzen *vi* **(h)** 1) rri kot; 2) sillem pa punë.

F'aulenzer *m* **-s,** = përtac, dembel, bjerraditë.

F'aulheit *f* = 1) përtaci, dembeli; 2) plogështi.

f'aulig *a* i qelbët (*ujë, erë etj.*).

F'äulnis *f* = 1) kalbëzim; 2) kalbësirë; 3) *fig* prishje, shthurje.

F'aulpelz *m* **-es, -e** *fig bis* dembel.

F'auna *f* =, **Faunen** faunë (*e një vendi*).

Faust *f* =, **Fäuste** grusht; **die Faust ballen** shtrëngoj grushtin; **mit der Faust auf den Tisch schlagen** i bie tryezës me grusht; *fig* **auf eigene Faust** me kokën time; **die Faust zeigen** tregoj grushtin; *fig* **die Faust in der Tasche ballen** ziej përbrenda.

F'äustchen *n* **-s,** = : *fig bis* **sich ins Fäustchen lachen** qesh me ligësi me vete (*kur ia hedh, ia kam me hile dikujt*).

f'austdick *a* i trashë sa grushti; *fig bis* **er hat es faustdick hinter den Ohren** s'ia hedh dot atij.

F'austhandschuh *m* **-(e)s, -e** dorashkë me një gisht.

F'austkampf *m* **-(e)s, -kämpfe** *sport* boks.

F'austrecht *n* **-(e)s** e drejtë e më të fortit.

F'austregel *f* =, **-n** rregull e ditur, e njohur (*nga të gjithë*).

Fauteuil [*fot'ëj*] *m* **-s, -s** kolltuk.

Fauxpas [*fop'a*] *m* =, = shkelje (*e mirësjelljes etj.*).

Favor'it [*-vo-*] *m* **-en, -en** favorit.

favoris'ieren [*-vo-*] *vt* favorizoj.

F'axen *pl* 1) lodra, të përkëdhelura; të ngërdheshura; 2) naze; shkaqe; **Faxen machen** a) përdridhem; ngërdheshem; b) nxjerr shkaqe; bëj naze.

F'azit *n* **-s,** *dhe* **-s** rezultat; shumë; *fig* **das Fazit aus etwas ziehen** bëj bilancin, nxjerr përfundimet e një pune.

F'ebruar *m* = *dhe* **-s** shkurt (*muaj*).

f'echten* *vi* **(h)** 1) bëj skermë; 2) luftoj (*me shpatë*).

F'echter *m* **-s,** = 1) skermist; 2) luftëtar (*me shpatë*).

F'eder I *f* =, **-n** 1) *zool* pendë, pupël; push; *fig* **die Federn lassen** lë pendët; 2) *fig* shtrat; **in den Federn liegen** rri në shtrat; 3) penë (*shkrimi*); **ein Mann der Feder** njeri i penës.

F'eder II *f* =, **-n** sustë (*ore etj.*).

F'ederball *m* **-(e)s, -bälle** *sport* badmington.

F'ederbett *n* **-(e)s, -en** jorgan me pupla.

F'ederfuchser *m* **-s,** = 1) burokrat; 2) shkrimtaruc.

F'ederhalter *m* **-s,** = bisht pene.

F'ederkraft *f* = *fiz* elasticitet.

f'ederleicht *a* pupël i lehtë.

F'ederlesen *n* : *shpr* **nicht viel Federlesens machen** nuk e çoj gjatë, nuk e zgjas shumë.
F'edermesser *m* **-s, =** biçak.
f'edern 1. *vi* **(h)** mblidhet e lëshohet (*susta*); **federnder Gang** hap elastik; 2. *vt* 1) shpuploj, rrjep (*një zog*); 2) mbush me pupla (*dyshekun*); 3) i vë susta (*kolltukut etj.*).
f'edernd *a* elastik.
F'ederstrich *m* **-(e)s** (*një*) e hequr pene.
F'edervieh *n* **-(e)s** shpendë shtëpiakë.
F'ederwolke *f* **=, -n** re puplore.
F'ederzug *m* **-(e)s, -züge** *sh* **Federstrich.**
Fee *f* **=, F'e/en** zanë.
f'e/enhaft *a* i mrekullueshëm; magjik.
F'egefeuer *n* **-s** *fet* purgator.
f'egen 1. *vt* 1) fshij (*me fshesë dhomën etj.*); 2) *fig* ngre (*një re pluhuri era etj.*); 2. *vi* (s) fryn (*era*).
F'ehde *f* **=, -n** armiqësi, hasmëri, grindje.
fehl : *shpr* **fehl am Platze sein** është pa vend (*një shaka etj.*).
F'ehlbetrag *m* **-(e)s, -träge** deficit, humbje.
f'ehlen 1. *vi* (h) 1) **(an D)** (*më*) mungon (*diçka*); **mir fehlt es an vielem** më mungojnë shumë gjëra; 2) mungoj; **es fehlen einige Gäste** mungojnë disa të ftuar; 3) gaboj, bëj faj; **gegen das Gesetz fehlen** shkel ligjin; 4) : *shpr* **was fehlt Ihnen?** a) a doni gjë?; b) ju mungon gjë?; c) jeni i sëmurë?; ç'ju dhemb?; *shpr* **an mir soll es nicht fehlen** unë do të bëj çmos; 2. *vt vjet* nuk e qëlloj; s'i bie më të.
F'ehler *m* **-s, =** 1) gabim; **seine Fehler einsehen** njoh gabimet; 2) e metë; **jeder hat seine Fehler** s'ka njeri pa të meta.
f'ehlerfrei *a* 1) pa gabime; 2) pa të meta.
f'ehlerhaft *a* 1) me gabime; 2) me të meta.
f'ehlerlos *a* 1) pa gabime; 2) pa të meta.
F'ehlgeburt *f* **=, -en** *mjek* dështim.
f'ehlgehen* *vi ndash* **(s)** 1) humb rrugën; 2) *fig* gaboj.
F'ehlgewicht *n* **-(e)s, -e** peshë e mangët.
f'ehlgreifen* *vi ndash* **(h)** 1) nuk ia qëlloj; 2) *fig* gaboj.
F'ehlgriff *m* **-(e)s, -e** gabim, hap i gabuar.
f'ehlschießen* *vi ndash* **(h)** 1) nuk qëlloj shenjën; 2) *fig* gaboj; them diçka pa vend.
F'ehlschlag *m* **-(e)s, -schläge** 1) goditje e gabuar; 2) *fig* dështim.
f'ehlschlagen* *vi ndash* 1) **(h)** gaboj, nuk i bie më të; 2) **(h, s)** nuk del gjë, dështon (*puna etj.*).
F'ehlschluß *m* **-sses, -schlüsse** gjykim i gabuar.
F'ehlschuß *m* **-sses, -schüsse** *edhe fig* e shtënë e pasaktë, jo në shenjë.
F'ehltritt *m* **-(e)s, -e** 1) hap i gabuar; 2) : *fig* **einen Fehltritt begehen** shkel në dërrasë të kalbur.
F'ehlurteil *n* **-(e)s, -e** vendim i gabuar (*i gjyqit*).
F'eier *f* **=, -n** festë, festim, kremtim.
F'eierabend *m* **-s, -e** 1) fund i ditës së punës; 2) pushim pas punës; 3) : *bis fig* **Feierabend machen** mbyll dyqanin.
f'eierlich *a* solemn; **es war ein feierlicher Augenblick** ishte një çast solemn.
F'eierlichkeit *f* **=, -en** 1) solemnitet; 2) *pl* **-en** festime, kremtime.
f'eiern 1. *vt* 1) festoj, kremtoj (*ditëlindjen etj.*); 2) nderoj (*mikun etj.*); 2. *vi* (h) pushoj, lë punën.
F'eiertag *m m* **-s, -e** festë, e kremte.

f'eige *a* frikacak, burracak.

F'eige *f* =, **-n** *bot* fik (*fryt*).

F'eigenbaum *m* **-(e)s, -bäume** *bot* fik (*dru*).

F'eigheit *f* =, **-en** burracakëri.

f'eigherzig *a* zemërlepur.

F'eigling *m* **-s, -e** frikacak, burracak.

feil *a* që blihet; që shitet.

f'eilbieten* *vt ndash* vë në shitje, shes.

F'eile *f* =, **-n** limë; *fig* **die letzte Feile an etwas legen** i jap dorën e fundit diçkaje.

f'eilen *vt* limoj, punoj me limë (*edhe fig*).

f'eilhalten* *vt ndash sh* **feilbieten.**

f'eilschen *vi* **(h)** bëj pazarllëk.

fein 1. *a* 1) i hollë; 2) i imët (*shi etj.*); 3) i shpeshtë; **ein feiner Kamm** një krëhër i shpeshtë; 4) i saktë, i hollë (*punim etj.*); 5) i hollë, i ndjeshëm; **ein feines Gehör** një vesh i hollë; 6) i zgjedhur; **feine Manieren** sjellje e hijshme; **feiner Tisch** gjellë e zgjedhur; **feinste Sorten** llojet më të mira; *bis* **sich fein machen** vishem bukur; 7) i mirë, i ndershëm; i besueshëm; **ein feiner Kerl** një djalë i mrekullueshëm; 2. *adv* 1) hollë; **fein gemahlenes Mehl** miell i bluar hollë; 2) *bis* bukur; **er ist fein heraus** ai u nda mirë; 3) *bis* fare, krejt; **sei fein still!** mos u ndje fare!

feind : *shpr* **jemandem feind sein** jam armik i dikujt.

Feind *m* **-es, -e** 1) armik; 2) kundërshtar.

f'eindlich 1) armiqësor (*qëllim etj.*); 2) i armikut; **das feindliche Heer** ushtria armike; **feindlicher Einfall** sulm i armikut.

F'eindschaft *f* =, **-en** armiqësi.

f'eindselig *a* armiqësor (*qëndrim, vështrim etj.*).

F'eindseligkeit *f* = 1) armiqësi; 2) *pl* **-en** veprime luftarake; **die Feindseligkeiten einstellen** ndaloj veprimet luftarake.

f'einfühlend, feinfühlig *a* i ndjeshëm, delikat.

F'einfühligkeit *f* =, **-en** ndjeshmëri e hollë.

F'eingefühl *n* **-(e)s** ndjeshmëri e hollë.

F'eingewicht *n* **-(e)s** peshë neto.

F'einheit *f* =, **-en** 1) hollësi; 2) imtësi; 3) saktësi (*në punë*); 4) shije (*në veshje*); 5) hijeshi (*në sjellje*); 6) bukuri (*e stilit*).

F'einkost *f* = ushqime të zgjedhura.

F'einmechanik *f* = mekanikë e precizionit.

F'einmechaniker *m* **-s,** = mekanik i precizionit.

F'einschmecker *m* **-s,** = njeri buzëhollë, që zgjedh (*në të ngrënë*).

F'einschnitt *m* **-(e)s** duhan i prerë hollë (*për llullë*).

feist *a* i trashë, i majmë; i bëshëm.

f'eixen *vi* **(h)** qesh me qesëndi; zgërdhihem me keqdashje.

Feld *n* **-(e)s, -er** 1) fushë, arë; 2) fushë (*beteje*); **ins Feld rücken** shkoj në luftë; **jemanden aus dem Feld schlagen** mund dikë; **das Feld behalten** mbaj pozitat; **das Feld räumen** lëshoj pozitat; **zu Feld ziehen gegen jemanden** dal në luftë kundër dikujt; 3) lëmë, fushë (*veprimtarie, shkence etj.*); 4) fushë (*magnetike etj.*); 5) fushë (*shahu, futbolli etj.*).

F'eldapotheke *f* =, **-n** *usht* farmaci fushore.

F'eldarbeiter *m* **-s,** = argat.

F'eldarmee *f* =, **-me/en** ushtri operative.

F'eldartillerie *f* =, **-ri/en** *usht* artileri fushore.

F'eldbett *n* **-(e)s, -en** krevat, shtrat portativ.

F'elddienst *m* **-es** *usht* shërbim fushor.
F'eldflasche *f* =, **-n** pagur.
F'eldfrucht *f* =, **-früchte** *bujq* prodhim i arave.
F'eldgericht *n* **-(e)s, -e** *usht* gjyq ushtarak në front, gjyq fushor.
f'eldgrau *a* bojë hiri në të blertë.
F'eldgrau *n* **-s** *usht* uniformë fronti.
F'eldherr *m* **-n, -en** gjeneral, strateg.
F'eldjäger *m* **-s,** = polic ushtarak (*i Bundesverit*).
F'eldküche *f* =, **-n** *usht* kuzhinë fushore.
F'eldlager *n* **-s,** = *usht* fushim.
F'eldlazarett *n* **-s, -e** *usht* spital fushor.
F'eldmark *f* =, **-en** kufi, sinor.
F'eldmesser *m* **-s,** = gjeometër.
F'eldpost *f* =, **-en** *usht* postë fushore.
F'eldstecher *m* **-s,** = dylbi.
F'eldtelefon *n* **-(e)s, -e** *usht* telefon fushor.
F'eldwebel *m* **-s,** = marshall (*nënoficer*).
F'eldweg *m* **-(e)s, -e** rrugë përmes fushave.
F'eldzug -(e)s, -züge 1) *usht* fushatë; 2) *fig* luftë (*kundër sëmundjeve etj.*).
Fell *n* **-(e)s, -e** gëzof, lëkurë; *fig bis* **jemandem das Fell über die Ohren ziehen** mashtroj dikë; *fig* **jemandem das Fell gerben** i regj lëkurën dikujt; *fig bis* **ihn juckt das Fell** atij i ha, i kruhet kurrizi; *fig* **ein dickes Fell haben** kam lëkurë të trashë; *fig bis* **er sieht seine Felle wegschwimmen** atij iu prenë shpresat.
Fels *m* **-en, -en** *sh* **Felsen.**
F'elsblock *m* **-(e)s, -blöcke** mollok, shkëmb, karpë.
F'elsen *m* **-s,** = shkëmb; *fig* **er ist hart wie ein Felsen** ai është i fortë si shkëmb.
f'elsenfest *a fig* 1) i fortë si shkëmb; 2) i patundshëm.
F'elsenklippe *f* =, **-n** kep, shkëmb.
F'elsenkluft *f* =, **-klüfte** humnerë, hon.
F'elsenritze *f* =, **-n, Felsenspalte** *f* =, **-n** plasë, e çarë e shkëmbit.
F'elsenwand *f* =, **-wände** faqe e shkëmbit.
f'elsig *a* shkëmbor.
femin'in *a* femëror.
Femin'inum *n* **-s, -na** *gram* 1) gjini femërore; 2) emër i gjinisë femërore.
F'enchel *m* **-s** *bot* kopër.
F'enster *n* **-s,** = 1) dritare; *fig* **er wirft das Geld zum Fenster hinaus** ai i prish, i harxhon paret pa hesap; 2) xham (*i dritares*); 3) vitrinë.
F'ensterbrett *n* **-(e)s, -er** parvaz i dritares.
F'ensterladen *m* **-s,** = *dhe* **-läden** kanat i dritares.
F'ensterleder *n* **-s,** = lëkurë kamoshi për pastrimin e xhamave.
F'ensterputzer *m* **-s** = pastrues i xhamave.
F'ensterscheibe *f* =, **-n** xham i dritares.
F'eri/en *pl* pushime; **Ferien nehmen** marr lejen; **in die Ferien fahren** shkoj për pushime.
F'erkel *n* **-s,** = 1) derrkuc; 2) *fig bis* pisanik.
fern 1. *a* 1) i largët; **ferne Länder** vende të largëta; 2) e largët (*kohë*); **in nicht ferner Zeit** së afërmi; 2. *adv* larg; **von nah und fern** nga të katër anët, nga janë e nga s'janë; **von fern her** nga larg, prej së largu; 3. *präp* **(D) : fern der Stadt** larg nga qyteti.

F'ernamt *n* **-(e)s, -ämter** central telefonik interurban.

F'ernbahnhof *m m* -(e)s, **-höfe** stacion i trenave që udhëtojnë larg.

F'ernbedienung *f* =, **-en** telekomandë (*e televizorit etj.*).

f'ernbleiben* *vi ndash* (s) 1) nuk vij, mungoj (*në shkollë etj.*); 2) nuk marr pjesë, rri larg, nuk përzihem (*në një punë etj.*).

F'erne *f* =, **-n** 1) largësi; **in die Ferne blicken** shikoj në largësi; **aus der Ferne** nga larg; 2) e ardhme.

F'ernempfang *m* **-(e)s, -fänge** radiomarrje emisionesh nga një largësi e madhe.

f'erner 1. *a* (*comp i* **fern**) më i largët; i mëtejshëm; 2. *adv* më tej; 3. *conj* përveç kësaj.

f'ernerhin 1. *adv* këtej e tutje, në të ardhmen; 2. *conj* përveç kësaj, për më tepër.

F'ernfahrer *m* **-s, =** shofer (*kamioni*) që bën udhëtime të gjata.

f'erngelenkt *a* i telekomanduar, i teledrejtuar (*raketë etj.*).

F'erngeschütz *n* **-es, -e** top me qitje të largët.

F'ergespräch *n* **-s, -e** bisedë telefonike interurbane.

F'ernglas *n* **-es, -gläser** dylbi.

f'ernhalten* 1. *vt ndash* 1) mbaj larg; 2) nuk lë të afrohet; 2. *vrefl* **sich fernhalten** rri larg.

F'ernheizung *f* =, **-en** ngrohje qendrore (*e një blloku etj.*).

F'ernheiz(ungs)zentrale *f* =, **-n** central i ngrohjes qendrore.

F'ernkampfartillerie *f* = artileri me veprim të largët.

F'ernkurs *m* **-(e)s, -e** kurs me korrespondencë.

F'ernlenkung *f* =, **-en** teledrejtim, telekomandim, drejtim nga larg.

F'ernlicht *n* **-(e)s** drita të gjata (*të automobilit*).

f'ernliegen* *vi ndash* 1) jam, rri larg; 2) nuk më shkon mendja; **es lag mir völlig fern, dich zu beleidigen** as që më shkonte mendja (ndër mend) të të fyeja.

f'ernöstlich *a* i Lindjes së Largme.

F'ernrohr *n* **-s, -e** teleskop.

F'ernruf *m* **-(e)s, -e** 1) thirrje telefonike; 2) lidhje me telefon; 3) numër telefoni interurban.

F'ernschreiber *m* **-s, =** teleprinter.

F'ernsehapparat *n* **-(e)s, -e** aparat televiziv, televizor.

F'ernsehempfänger *m* **-s, =** 1) *sh* **Fernsehapparat;** 2) zotërues i një aparati televiziv.

F'ernsehen *n* **-s, =** televizion.

F'ernseher *m* **-s, =** 1) teleshikues; 2) televizor.

f'ernsehen* *vi* (h) *ndash* shikoj emisionet televizive.

F'ersehgerät *n* **-(e)s, -e** televizor.

F'ernsehsendung *f* =, **-en** emision televiziv.

F'ernsicht *f* = shikim në largësi; largpamësi.

f'ernsichtig *a* largpamës.

F'ernsprechamt *n* **-(e)s, -ämter** central telefonik.

F'ernsprechbuch *n* **-(e)s, -bücher** numërator i telefonave.

F'ernsprecher *m* **-s, =** telefon.

F'ernstudium *n* **-s** studim me korrespondencë.

F'ernunterricht *m* **-(e)s** mësim me korrespondencë.

F'ernverkehr *m* **-(e)s** 1) shërbim telefonik interurban; 2) qarkullim i automjeteve në largësi të mëdha.

F'ernweh *n* **-s** mall i largësisë, i vendeve të largëta.

F'ernzug *m* **-(e)s, -züge** tren i shpejtë që udhëton larg.

F'erse *f* =, **-n** *anat* thembër; *fig bis* **die Fersen zeigen** ua mbath këmbëve; *fig* **auf den Fersen folgen** ndjek këmba-këmbës.

F'ersengeld *n* : *shpr bis* **Fersengeld geben** ua mbath këmbëve.

f'ertig *a* 1) gati, i mbaruar, i përfunduar; **die Vorbereitungen sind fertig** përgatitjet kanë përfunduar; **ich bin fertig (mit meiner Arbeit)** kam mbaruar (punën); *bis* **ich bin mit ihr fertig** s'dua të kem më punë me të; 2) gati, i gatshëm; **einen Anzug fertig kaufen** blej një kostum të gatshëm; *bis* **das kriegt er fertig** këtë ai e bën (*një të keqe*); *bis* **ich bin fix und fertig** jam gati; 3) i pjekur, i rritur, i mësuar, i rrahur; **ein fertiger Mensch** një njeri i pjekur; **ein fertiger Künstler** një artist i mbaruar; 4) *bis* i dërrmuar; **ich bin vollkommen fertig** jam krejt i dërrmuar; 5) : *bis* **fertig werden** përballoj; *bis* **wie du damit fertig wirst?** si do t'ia dalësh (*kësaj pune etj.*)?; **wie wird er damit fertig werden?** si do ta kapërcejë (*dhembjen, humbjen etj.*)?; **mit dem werde ich schon fertig!** atë ma lini mua!

f'ertigbringen* *vt ndash* 1) shpie gjer në fund, mbaroj (*një punë etj.*); 2) *fig* më bën zemra; **ich bringe es nicht fertig** s'më bën zemra.

F'ertigkeit *f* =, **-en** 1) shprehi; 2) shkathtësi.

f'ertigkriegen *sh* **fertigbringen.**

f'ertigmachen 1. *vt ndash* 1) mbaroj, përfundoj; 2) përgatis; 3) *bis* dërrmoj, rraskapis; 4) *bis* shaj, bëj për dy pare; 2. *vrefl* **sich fertigmachen** përgatitem, bëhem gati.

f'ertigstellen *vt* përfundoj (*një ndërtesë etj.*).

fesch *a bis* 1) elegant; 2) *krahin* i shkathët, i gjallë; i zoti; 3) *krahin* i këndshëm, i mirë.

F'essel *f* =, **-n** 1) pranga; zinxhirë, hekura, vargoj; **in Fesseln schlagen** i hedh prangat; 2) *fig* lidhje (*miqësie, dashurie etj.*); 3) *fig* pengesë; 4) *anat* kërci.

F'esselballon *m* **-s, -s** aerostat i lidhur në tokë.

f'esseln *vt* 1) mbërthej, lidh, vë në pranga; **ans Bett gefesselt sein** kam zënë shtratin; 2) lidh (*me miqësi, dashuri etj.*); 3) *fig* (*më*) rrëmben (*një libër etj.*); 4) *fig* tërheq (*vëmendjen etj.*).

f'esselnd *a* tërheqës, magjepsës.

fest *a* 1) i ngurtë (*trup*); 2) i fortë, i pathyeshëm; 3) i qëndrueshëm (*material*); 4) i palëvizshëm; 5) i prerë, iu pandryshueshëm (*çmim, kusht etj.*); 6) i patundshëm (*besim etj.*); i qëndrueshëm (*karakter etj.*); 7) i pandarë (*shok*); 8) i rrënjosur (*zakon*); 9) i sigurtë (*dorë etj.*); 10) i thatë (*ushqim*); 11) i shtrënguar (*nyjë etj.*); 12) i qëndrueshëm, i përhershëm; 13) i thellë (*gjumë*).

Fest *n* **-(e)s, -e** 1) festë, festim; 2) festë, e kremte.

F'estaufzug *m* **-(e)s, -züge** procesion festiv.

f'estbinden* *vi ndash* lidh (*qenin etj.*).

f'estdrehen *vt ndash* shtrëngoj (*një vidhë etj.*).

F'este *f* =, **-n** *vjet* 1) kështjellë, fortesë; 2) *gjeogr* kontinent.

F'estessen *n* **-s,** = banket.

f'estfahren* *vi ndash* **(s)**; *vrefl* **sich festfahren** 1) ngec (*anija në rërë etj.*); 2) *fig* ngec (*puna*).

f'estgesetzt *a* i caktuar (*afat etj.*).

f'esthalten* 1. *vt ndash* 1) shtrëngoj; 2) kap, zë (*hajdutin etj.*); 3) mbaj, nuk lëshoj (*paret*); 2. *vi* **(h) (an D)** i përmbahem (*një parimi etj.*); 3. *vrefl* **sich festhalten (an D)** kapem, mbahem fort (*pas diçkaje*).

f'estigen 1. *vt* forcoj (*shëndetin,*

miqësinë etj.); 2. *vrefl* **sich festigen** forcohem.

F'estigkeit *f* = 1) fortësi; 2) qëndrueshmëri (*edhe fig*).

F'estigung *f* = forcim.

F'estival [*-val*] *n* **-s, -s** festival.

f'estklemmen 1. *vt ndash* mbërthej me morsë; 2. *vi* **(s)** ngec (*vidha etj.*).

F'estland *n* **-(e)s** 1) tokë, stere; 2) kontinent.

f'estlegen 1. *vt ndash* 1) caktoj përfundimisht, përcaktoj (*një datë etj.*); 2) depozitoj (*pare*) me afat të gjatë; 2. *vrefl* **sich festlegen** shprehem, zotohem, vendos përfundimisht.

f'estlich *a* 1) solemn (*rast*); 2) feste (*ditë*); 3) i hareshëm.

f'estliegen* *vi* **(h)** 1) ngec (*anija në rërë etj.*); 2) caktohet (*afati etj.*).

f'estmachen *vt ndash* 1) mbërthej (*dërrasën etj.*); 2) lidh (*barkën*); 3) *fig bis* caktoj, vendos.

F'estmahl *n* **-(e)s, -e** *sh* **Festessen.**

f'estnageln *vt* 1) gozhdoj; 2) *bis* **(auf A)** zë (*për fjale*).

F'estnahme *f* =, **-n** kapje, arrestim.

f'estnehmen* *vt ndash* kap, arrestoj.

f'estschnallen *vt ndash* lidh (*me rrip*); mbërthej (*me tokëz*).

f'estschnüren *vt ndash* lidh (*me lidhëse*).

f'estschrauben *vt ndash* vidhos.

F'estschrift *f* =, **-en** botim përkujtimor me artikuj të ndryshëm (*me rastin e një festimi*).

f'estsetzen 1. *vt ndash* caktoj (*çmimin, afatin etj.*); 2) burgos; 2. *vrefl* **sich festsetzen** 1) zë (*ndryshku*); hyn (*pluhuri*); 2) *fig* lëshon rrënjë (*e keqja*).

f'estsitzen* *vi ndash* 1) ngulet (*gozhda etj.*); 2) ngjitet (*balta etj;*) 3) ngec (*anija etj.*).

f'eststampfen *vt ndash* ngjesh (*dheun*).

f'eststehen* *vi* **(h)** *ndash* është i caktuar, i vendosur, i sigurt, i vërtetuar; **es steht fest, daß ...** nuk ka dyshim se ...

f'eststellen *vt ndash* 1) ngul, fiksoj; 2) *fig* vërtetoj; konstatoj.

F'esttag *m* **-(e)s, -e** e kremte, festë.

f'esttreten* *vi ndash* shkel; ngjesh (*dheun*).

F'estung *f* =, **-en** kështjellë, fortesë.

F'estungshaft *f* = burgim në fortesë.

F'estungswerk *n* **-(e)s, -e** fortifikatë.

F'estwoche *f* =, **-n** javë (*e filmit etj.*).

F'estzug *m* **-(e)s, -züge** procesion festiv, solemn.

F'ete *f* =, **-n** *bis* festë, festim.

F'etisch *m* **-es, -e** fetish.

fett *a* 1) i majmë, i trashë, i dhjamur; i yndyrshëm, i lyrshëm; **fettes Fleisch** mish me dhjamë; 2) pjellore (*tokë*); 3) *fig* i majmë (*fitim etj.*); 4) të zeza (*shkronja*).

Fett *n* **-(e)s, -e** 1) dhjamë; 2) lyrë, yndyrë (*shtazore, bimore etj.*).

F'ettauge *n* **-s, -e** pikë lyre (*në supë etj.*).

f'etten 1. *vt* lyej, grasatoj, lyrësoj (*makinën etj.*); 2. *vi* **(h)** 1) lëshon lyrë (*letra etj.*); 2) ka shumë lyrë (*kremi etj.*).

f'ettgedruckt *a* i shtypur me shkronja të zeza (*tekst*).

f'ettig *a* i yndyrshëm, i lyrshëm.

f'ettleibig *a* i dhjamur, i ngjallur (*njeri*).

F'ettnäpfchen *n* : *shpr bis* **bei jemandem ins Fettnäpfchen treten** i shkel në kallo dikujt.

F'ettsucht *f* = *mjek* obezitet, ngjallje, trashje.

F'ettwanst *m* **-es, -wänste** *bis* barkmadh.

F'etzen *m* **-es,** = rreckë, zhele; shuk (*letre*); **in Fetzen gekleidet** i veshur me rrecka.

feucht *a* 1) i lagësht; i njomë; i njomur; **das von Tau feuchte Gras** bari i njomur nga vesa; **feuchtes Wetter** mot me lagështirë.

f'euchten *vt* njom.

f'euchtfröhlich *a bis* (e kaluar) me pije e me hare (*mbrëmje etj.*).

F'euchtigkeit *f* = lagështirë.

feud'al *a* feudal.

Feud'alherrschaft *f* = *sh* **Feudalismus.**

Feudal'ismus *m* = feudalizëm.

F'euer *n* **-s,** = 1) zjarr; flakë; **das Feuer anbrennen, anzünden** ndez zjarrin; **das Feuer entfachen** i fryj zjarrit; **Feuer fangen** merr zjarr; **Feuer anlegen** vë zjarrin; **in einem Haus ist (ein) Feuer ausgebrochen** në një shtëpi ka rënë zjarr; **das Feuer ist ausgegangen** zjarri është shuar; **das Feuer auslöschen** shuaj zjarrin; *bis* **Feuer machen** ndez zjarrin; **das Feuer schüren** a) shpurris zjarrin; b) *fig* ndez gjakrat; **Feuer speien** vjell zjarr (*topi, vullkani etj.*); **um Feuer bitten** kërkoj zjarr (*për të ndezur cigaren*); *prov* **gebranntes Kind scheut das Feuer** kush digjet nga qulli, i fryn kosit; *fig* **die Kastanien aus dem Feuer holen** nxjerr gështenjat nga zjarri; *fig* **für jemanden durchs Feuer gehen** hidhem në zjarr për dikë; *fig* **Feuer hinter etwas machen** shpejtoj një punë; *fig* **zwei Eisen im Feuer haben** mbaj dy kunguj nën sqetull; *fig* **die Hand für jemanden ins Feuer legen** vë dorën në zjarr për dikë; *fig* **mit dem Feuer spielen** loz me zjarrin; *fig* **mit Feuer und Schwert** me zjarr e me hekur; *fig* **zwischen zwei Feuern** midis dy zjarreve; 2) : *usht* **das Feuer eröffnen** hap zjarr; *usht* **Feuer geben** shtie; **Feuer!** zjarr!; **das Feuer der Geschütze** zjarri i topave; 3) dritë; **das Feuer der Küste** feneri i bregut; 4) *fig* zjarr; **das Feuer ihrer Augen** zjarri i syve të saj.

F'euerbestattung *f* =, **-en** djegie e kufomës, kremacion.

F'euereifer *m* **-s** zell i madh.

F'eueresse *f* =, **-n** *bis* oxhak.

f'euerfest *a* zjarrdurues (*material*).

f'euergefährlich *a* që ka rrezik zjarri, i ndezshëm.

F'euerhaken *m* **-s,** = mashë.

F'euerherd *m* **-(e)s, -e** vatër.

F'euerleiter *f* =, **-n** shkallë e shpëtimit nga zjarri (*prapa një ndërtese etj.*).

F'euerlini/e *f* =, **-n** *usht* vijë e zjarrit.

F'euerlöscher *m* **-s,** = (zjarr)fikës (*mjet*).

F'euermelder *m* **-s,** = lajmërues i zjarrit (*aparat*).

f'euern 1. *vi* (h) 1) shtie (*me pushkë etj.*); 2) ndez sobën, furrën etj. (*me dru, mazut etj.*); 2. *vt bis* 1) hedh, flak tutje; 2) heq, pushoj (*nga puna etj.*).

F'euernest *n* **-(e)s, -er** *usht* pikë zjarri.

F'euerprobe *f* = : *shpr* **die Feuerprobe bestehen** kaloj provën e zjarrit.

f'euerrot *a* i kuq si zjarri (*fustan etj.*).

F'euersbrunst *f* =, **-brünste** zjarr (*i rënë në një shtëpi etj.*).

f'euersicher *a* i padjegshëm, i pandezshëm.

f'euerspeiend *a* që vjell zjarr; **ein feuerspeiender Berg** një vullkan.

F'euerstätte *f* =, **-n** 1) vatër; 2) vend ku ka rënë zjarri.

F'euerstein *m* **-(e)s, -e** strall.

F'euertaufe *f* =, **-n** pagëzim i zjarrit.

F'euerüberfall *m* **-(e)s, -fälle** *usht* zjarr i befasishëm.

F'euerung *f* =, **-en** 1) ngrohje; 2) lëndë djegëse.
F'euerversicherung *f* =, **-en** sigurim, mbrojtje kundër zjarrit.
F'euerwaffe *f* =, **-n** armë zjarri.
F'euerwehr *f* =, **-en** mbrojtje kundër zjarrit, zjarrfikësit.
F'euerwehrmann *m* **-(e)s, -männer** *dhe* **-leute** zjarrfikës (*njeri*).
F'euerwerk *n* **-s, -e** fishekzjarr.
F'euerzeug *n* **-(e)s, -e** çakmak.
Feuilleton [*fëjët'on*] *n* **-s, -s** fejton.
f'eurig *a* 1) i ndezur (*thëngjill*); 2) përshkënditës (*gur i çmuar etj.*); 3) *fig* i gjallë, i flaktë, i zjarrtë (*fjalim etj.*); 4) dehëse (*verë*); 5) : *fig* **feurige Kohlen auf jemandes Haupt sammeln** i hedh ujë të përvëluar dikujt (*turpëroj pa masë dikë*).
ff. = 1) **sehr fein** i cilësisë me të lartë: 2) **fortfolgend** vazhdues.
Fi'asko *n* **-s, -s** fiasko, dështim.
F'ibel *f* =, **-n** abetare.
F'iber *f* =, **-n** fibër.
ficht *sh* **fechten***.
F'ichte *f* =, **-n** *bot* bredh.
fid'el *a* i gëzuar, gazmor; **eine fidele Gesellschaft** një shoqëri gazmore; **immer fidel sein** jam përherë në qejf.
F'idibus *m* **-ses,** = *dhe* **-se** rrip letre për të ndezur zjarrin.
F'ieber *n* **-s,** 1) ethe; **im Fieber sprechen** flas përçart; **ich habe Fieber** me kanë zënë ethet; 2) *fig* zjarr, ethe; **das Fieber der Liebe** ethet e dashurisë.
f'ieberhaft *a* në ethe, i ethshëm (*edhe fig*).
f'iebern *vi* **(h)** kam ethe; **er fiebert** a) ka ethe; b) *fig* është ndër ethe.
F'ieberthermometer *n* **-s,** = *mjek* termometër.
fieb(e)rig *a* me ethe (*sëmundje*).
F'iedel *f* =, **-n** violinë (*e keqe*).
F'iedelbogen *m* **-s,** = *dhe* **-bögen** hark violine.
F'iedler *m* **-s,** = violinist endacak.
fiel *sh* **fallen***.
fies *a bis* i keq, i poshtër.
Fight [*fajt*] *m* **-s, -s** *sport* luftë (*në boks*).
Fig'ur *f* =, **-en** 1) *gjeom* figurë; 2) vizatim, skicë, figurë ; 3) trup, shtat; 4) person; 5) figurë, gur (*shahu*); 6) *muz, balet* figurë; *fig* **eine traurige Figur spielen** bëj figurë të keqe.
Fikti'on *f* =, **-en** trillim, shpikje.
fikt'iv *a* i shpikur, i trilluar.
Filet [*fil'e*] *n* **-s, -s** *kuzh* filetë, peshk i kurrizit (*të viçit, derrit etj.*).
Fili'ale *f* =, **-n** degë, filiale (*e universitetit etj.*).
Film *m* **-(e)s, -e** 1) film; **einen Film drehen** xhiroj një film; **dieser Film läuft jetzt in vielen Kinos** ky film tani luan në shumë kinema; 2) film (*fotografik etj.*); **den Film entwickeln** zhvilloj filmin; 3) shtresë e hollë (*vaji etj.*).
f'ilmen 1. *vt* filmoj; 2. *vi* **(h)** luaj në film; 3. *vrefl* **sich filmen lassen** dal në film.
F'ilmfestspiele *pl* festival i filmit.
F'ilmkamera *f* =, **-s** aparat filmimi.
F'ilmschauspieler *m* **-s,** = artist filmi.
F'ilmschauspielerin *f* =, **-nen** artiste filmi.
F'ilmstar *m* **-s, -s** yll i kinematografisë.
Filou [*fil'u*] *m* **-s, -s** *shak* qerrata.
F'ilter *m* **-s,** = filtër.
f'iltern *vt* kulloj, filtroj (*qumështin, kafen etj.*).
F'ilterzigarette *f* =, **-n** cigare me filtër.
filtr'ieren *vt* filtroj.
Filz *m* **-es, -e** shajak; feltër.
f'ilzen 1. *vt* 1) rrah, shkel (*leshin*);

2) *bis* kontrolloj; 3) çmorris; 2. *vi* **(h)** 1) bëhet si shajak (*leshi*); 2) *bis* jam kurnac.

f'ilzig *a* 1) i rrahur, i shkelur (*lesh*); 2) *bis* koprrac.

F'immel *m* **-s, =** *bis* mani.

Fin'ale *n* **-s, =** *muz, sport* finale.

Fin'alsatz *m* **-es, -sätze** *gram* fjali e varur qëllimore.

Fin'anz *f* **=, -en** financë.

finanzi/'ell 1. *a* financiar; 2. *adv* nga ana financiare.

finanz'ieren *vt* financoj.

Finanz'ierung *f* **=, -en** financim.

Fin'anzminister *m* **-s, =** ministër i financave.

Fin'anzwesen *n* **-s** financat.

F'indelhaus *n* **-es, -häuser** shtëpi e fëmijëve të gjetur.

F'indelkind *n* **-(e)s, -er** fëmijë i gjetur.

f'inden* 1. *vt* 1) gjej; **sein Vergnügen an etwas finden** gjej kënaqësi në diçka; **man findet immer wieder Leute, die ...** gjen gjithmonë njerëz që ...; **Platz finden** gjej vend; **keine Ruhe finden** nuk gjej qetësi; **den Tod finden** gjej vdekjen; **Verwendung finden** përdoret; **keine Worte finden** s'gjej dot fjalët; 2) shoh, (*më*) duket; **wie finden Sie das?** si ju duket?; **ich finde nichts Schlimmes dabei** s'shoh asgjë të keqe këtu; 3) : **er kann morgens nicht aus dem Bett finden** ai mezi ngrihet në mëngjes nga shtrati; 2. *vrefl* 1) gjendem; 2) gjej rrugën; **ich finde mich schon zurecht!** e di rrugën vetë!; 3) rregullohet; **das wird sich finden** do të rregullohet; 4) ndodh; **es findet sich häufig, daß ...** ndodh shpesh, që ...; 5) **(in A)** : **er kann sich nicht in sein Los finden** ai nuk i nënshtrohet dot fatit.

F'inder *m* **-s, =** ai që gjen diçka, gjetës.

F'inderlohn *m* **-s, -löhne** shpërblim për atë që gjen diçka, për gjetësin.

f'indig *a* i zgjuar; i shkathët; **ein findiger Kopf** njeri që i pjell mendja.

F'indling *m* **-s, -e** fëmijë i gjetur.

Fin'esse *f* **=, -n** finesë.

fing *sh* **fingen***.

F'inger *m* **-s, =** gisht; **Mittelfinger** gisht i mesit; **Ringfinger** gisht i unazës; **Zeigefinger** gisht tregues; *fig* **keinen Finger krumm machen, rühren** s'lëviz as gishtin; *fig* **sich die Finger lecken nach etwas** lakmoj diçka; *fig* **den Finger auf eine Wunde legen** vë gishtin në plagë; *prov* **wenn man dem Teufel einen Finger reicht, so nimmt er die ganze Hand** po i zgjate gishtin, të merr gjithë krahun; *fig* **klebrige Finger haben** ka dorë (*vjedh*); *fig* **etwas an den (fünf) Fingern abzählen** e di në majë të gishtave; *fig bis* **er gibt das Buch nicht aus den Fingern** s'e lëshon librin nga dora; *fig bis* **das hat er sich aus den Fingern gesogen** këtë e ka shpikur nga mendja; *fig bis* **laß die Finger davon!** lëre atë punë!; **mit Fingern auf jemanden weisen, zeigen** tregoj dikë me gisht; *fig bis* **er hat dabei die Finger im Spiel** ai ka gisht këtu; *fig bis* **man kann ihn um den (kleinen) Finger wickeln** atë mund ta kthesh nga të duash; **das Geld zerrinnt ihm unter den Fingern** atij i tretet parja në dorë; *fig bis* **sich die Finger verbrennen** digjem në një punë etj.; *bis* **der kleine Finger hat es mir gesagt** e di nga burime të fshehta.

F'ingerabdruck *m* **-(e)s, -drücke** gjurmë e gishtave.

f'ingerfertig *a* duarshkathët.
F'ingerfertigkeit *f* =, **-en** 1) *muz* shkathtësi e gishtave; 2) shkathtësi.
F'ingerhut *m* **-(e)s, -hüte** gishtëz.
F'ingernagel *m* **-s, -nägel** thua (*i dorës*).
F'ingerspitzengefühl *n* **-s** takt (*në sjellje me njerëzit etj.*).
F'ingerzeig *m* **-(e)s, -e** 1) shenjë me gisht; 2) këshillë; udhëzim; 3) aluzion.
fing'ieren *vt* 1) trilloj; 2) simuloj.
fing'iert *a* 1) i trilluar; 2) i simuluar.
F'inish *n* **-s, -s** *sport* arritje (*edhe fig*).
Fink *m* **-en, -en** *zool* gushëkuq.
F'inne I *m* **-n, -n** finlandez.
F'inne II *f* =, **-n** 1) fletë (*peshkaqeni, balene*); 2) *pl mjek* rrebull; 3) *zool* larvë e shiritit.
f'inster *a* 1) i errët; 2) *fig* i zymtë, i ngrysur; kërcënues (*vështrim etj.*); 3) *fig* i mbrapshtë, i keq (*njeri, rrugë etj.*).
F'insternis *f* = 1) terr, errësirë; 2) *astr* eklips, të zënët (*e diellit etj.*).
F'inte *f* =, **-n** dredhi.
F'irlefanz *m* **-es, -e** 1) çikërrimë; 2) *fig bis* budallallëk; çilimillëk; palaçollëk.
firm *a* i fortë, i sigurtë; i rrahur (*në një fushë të dijes etj.*).
F'irma *f* =, **Firmen** firmë tregtare.
Firmam'ent *n* **-(e)s, -e** kupë e qiellit, qiell.
firm'ieren *vi* **(h)** firmoj, nënshkruaj.
F'irmung *f* =, **-en** *fet* krezmim.
Firn *m* **-(e)s, -e** borë e përjetshme.
F'irnis *m* **-ses, -se** 1) vernik; 2) *fig* lustër.
f'irnissen *vt* lyej me vernik.
First *m* **-(e)s, -e** 1) kulm i shtëpisë; 2) majë, kreshtë e malit.
Fisch *m* **-es, -e** 1) peshk; **Fisch fangen** zë peshk; *fig bis* **der Fisch will schwimmen** peshku do (të hahet me) verë; *fig bis* **faule Fische** gënjeshtra; *fig bis* **das sind kleine Fische** kjo është punë e lehtë; *fig bis* **das ist weder Fisch noch Fleisch** kjo s'është as mish as peshk.
f'ischen *vt* vi **(h)** zë peshk; *fig* **im Trüben fischen** peshkoj në ujë të turbullt.
F'ischer *m* **-s,** = peshkatar.
Fischer'ei *f* =, **-en** 1) peshkim; 2) zonë peshkimi.
F'ischfang *m* **-(e)s** 1) peshkim; **zum Fischfang ausziehen** dal për peshk; 2) peshk i zënë.
F'ischgarn *n* **-(e)s, -e** rrjetë peshkimi.
F'ischgräte *f* =, **-n** halë peshku.
F'ischotter *m* **-s,** = *zool* lundër, vidër.
F'ischsuppe *f* =, **-n** supë peshku.
F'ischtran *m* **-(e)s, -e** vaj peshku.
F'ischzucht *f* = rritje e peshkut (*në rezervuar etj.*).
F'ischzug *m* **-(e)s, -züge** 1) peshkim me rrjetë; 2) *fig* fitim i madh.
Fisimat'enten *pl bis* 1) naze; 2) shkage.
F'iskus *m* = arkë, thesar i shtetit.
F'istel *f* =, **-n** 1) *mjek* fistul; 2) *muz* falset.
fit *a bis* në formë (*sportive etj.*).
F'ittich *m* **-(e)s, -e** *poet* krah, flatër; *fig bis* **jemanden unter seine Fittiche nehmen** marr dikë nën mbrojtje; *fig* **die Fittiche ausbreiten** hap flatrat.
fix 1. *a* 1) i vendosur, i prerë, i pandryshueshëm; **eine fixe Idee** një ide fikse; **fixes Gehalt** rrogë bazë; 2) *bis* i shkathët, i shpejtë; **ein fixer Bursche** një djalë i shkathët; 3) : *bis* **ich bin fix und fertig mit meiner Arbeit** e kam mbaruar krejt punën; *bis* **ich bin nach dieser Arbeit fix und fertig** pas kësaj pune e ndiej veten të

dërrmuar fare; 2. *adv bis* shpejt.
fix'ieren *vt* 1) shënoj, shkruaj (*në protokoll etj;*) 2) mbërthej (*me kllapa etj.*); 3) vendos; caktoj; 4) *fot* fiksoj; 5) ia ngul sytë (*dikujt*).
F'ixstern *m* **-(e)s, -e** yll i palëvizshëm.
F'ixum *n* **-s, Fixa** rrogë bazë.
Fjord *m* **-(e)s, -e** *gjeogr* fiord.
flach *a* 1) i rrafshët, i sheshtë (*vend etj.*); **flaches Land** rrafsh, fushë; **flache Nase, Stirn** hundë, ballë i shtypur; **auf der flachen Hand** në pëllëmbë të dorës; 2) i cekët (*ujë*); **eine flache Stelle im Fluß** një vend i cekët në lumë, va; **flache Teller** pjata të cekëta; 3) *fig* i cekët, i përciptë; **ein flaches Buch** një libër bajat; **flache Gedanken** mendime të cekëta; **ein flaches Urteil** një vendim i papjekur; **eine flache Unterhaltung** një bisedë e mërzitshme.
Fl'äche *f* **=, -n** 1) rrafsh, shesh; 2) *gjeom* sipërfaqe; 3) fushë.
Fl'ächenmaß *n* **-es, -e** *gjeom* masë e sipërfaqes.
fl'achfallen* *vi ndash* **(s)** *bis* bie; nuk bëhet (*një ceremoni etj.*).
Fl'achheit *f* = *fig* cektësi (*mendimesh etj.*).
Fl'achland *n* **-(e)s** ultësirë, fushë.
Flachs *m* **-es,** *bot* li; *fig bis* **Flachs machen** tallem.
Fl'achsbau *m* **-(e)s** *bujq* rritje e lirit.
fl'achsen *vi* **(h)** *bis* tallem.
Fl'achskopf *m* **-(e)s, -köpfe** *fig* leshverdhë.
Fl'achzange *f* **=, -n** pinca.
fl'ackern *vt* **(h)** dridhet (*flaka*).
Fl'aden *m* **-s, =** *kuzh* përpeq.
Fl'agge *f* **=, -n** 1) flamur; **die Flagge flattern, wehen lassen** shpalos flamurin; **die Flagge hissen** ngre flamurin; **die Flagge streichen** ul flamurin; *fig* dorëzohem.
fl'aggen *vi* **(h)** ngre flamurin.
Fl'aggschiff *n* **-(e)s, -e** *det* anije flamurtare; anije e admiralit.
flagr'ant *a* flagrant.
Flair [*fler*] *n* **-s** 1) natyrë (*e një sendi etj.*); 2) stil (*në të veshur etj.*); 3) dhunti, talent.
Flak *f* **=, =** *dhe* **-s** (*shkurt i* **Flugzeugabwehrkanone**).
Fl'ame *m* **-n, -n** flamand.
Fl'amin, Fl'ämin *f* **=, -nen** flamande.
fl'ämisch *a* flamand.
Fl'amme *f* **=, -n** 1) flakë; **in Flammen stehen** digjet; **in Flammen setzen** ndez; 2) *fig* zjarr; **Flamme der Begeisterung, der Leidenschaft, des Zorns** zjarr i entuziazmit, i pasionit, i zemërimit; 3) : *fig bis* **alte Flamme** dashuri e rinisë; *fig bis* **Feuer und Flamme sein für etwas oder jemanden** luaj mendsh pas diçkaje ose dikujt.
fl'ammen *vi* (h) 1) digjet, ndizet; 2) *fig* flakërin (*vështrimi etj.*).
fl'ammend *a* i përflakur.
Fl'ammenwerfer *m* **-s, =** flakëhedhës.
Flan'ell *n* **-s, -e** fanellatë.
flan'ieren *bis* **(h, s)** endem pa punë, sillem kot.
Fl'anke *f* **=, -n** 1) *anat* ijë (*e një kafshe*); **die Flanke des Pferdes** ijet e kalit; 2) *usht* krah; **der gegnerischen Truppe in die Flanke fallen** i bie armikut nga krahët.
flank'ieren *vt* qëndrojnë në të dy anët e (*një pallati etj.*).
Flansch *m* **-(e)s, -e** *tek* flanxhë.
Fl'asche *f* **=, -n** 1) shishe, fllaskë; pagur; 2) biberon; 3) *bis* qull (*njeri që s'e nxjerr qimen nga qulli*).
Fl'aschenbier *n* **-(e)s, -e** birrë në shishe.
Fl'aschenkürbis *m* **-ses, -se** *bot* kungull ujës, susak.

fl'atterhaft *a* mendjelehtë, mendjeflutur.

fl'attern *vi* (s, h) 1) valavitet (*flamuri*), valojnë në erë (*velat*); 2) *fig* lëkundem; 3) (s) fluturon andej-këndej (*zogu etj.*).

flau *a bis* 1) i ngathët, i flashkët; **die Geschäfte gehen flau** punët shkojnë ngadalë, rryeshëm; 2): **flauer Geschmack** shije bajate; **flaue Farben** ngjyra të shpëlara.

Flaum *m* **-(e)s,** push (*i zogut, i pjeshkës, i stofit*).

Fl'aumbart *m* **-(e)s, -bärte** 1) push i mjekrës; 2) *bis* djalosh i papjekur.

Fl'aumenbett *n* **-(e)s, -en** dyshek puplash.

Flausch *m* **-(e)s, =** pelush.

fl'auschig *a* i butë si pelush.

Fl'ausen *pl bis pl* 1) gjepura; 2) shkaqe, pretekste; 3) budallallëqe, marrëzira; **sie hat nur Flausen im Kopf** ajo ka lakra në kokë.

Fl'aute *f* **=, -n** 1) *det* bunacë; 2) *ek* amulli.

Fl'echse *f* **=, -n** *anat* dell.

Fl'echte *f* **=, -n** 1) *vjet* gërshet; 2) *mjek* urdhje; 3) *bot* liken.

fl'echten* *vt* 1) bëj gërshet (*flokët etj.*); 2) thur (*shporta, kurora etj.*); 3) *fig* fus (*citate në bisedë etj.*).

Fl'echtwerk *n* **-(e)s, -e** gërshetim; thurje.

Fl'echtzaun *m* **-(e)s, -zäune** gardh.

Fleck *m* **-(e)s, -e** 1) vend; **nicht vom Fleck kommen** nuk luaj vendit; *fig* **das Herz auf dem rechten Fleck haben** jam njeri me zemër; 2) njollë (*edhe fig*); **Flecke entfernen** heq njolla; 3) pullë, larë; 4) copë (*tokë*); 5) arnë; **einen Flecken aufsetzen** vë një arnë.

fl'ecken 1) *vi* **(h)** 1) ndyhet lehtë (*një pëlhurë etj.*); 2) *fig bis* shkon përpara (*puna*).

Fl'ecken *m* **-s, =** 1) njollë; 2) lokalitet.

fl'eckig *a* 1) me njolla; 2) i larmë (*ka etj.*).

Fl'ecktyphus *m* **=** *mjek* tifo e morrit.

Fl'edermaus *f* **=, -mäuse** *zool* lakuriq nate.

Fl'egel *m* **-s, =** 1) makinë shirëse; 2) harbut.

Flegel'ei *f* **=, -en** harbutëri.

fl'egelhaft *a* harbut, i pagdhendur, i palatuar (*njeri*).

fl'ehen *vi* **(h) (um A)** lutem me të madhe (*për ndihmë etj.*).

fl'ehentlich 1. *a* lutës; 2. *adv* : **jemanden flehentlich bitten** i lutem me të madhe dikujt.

Fleisch *n* **-s** 1) mish; 2) tul (*i një peme etj.*); 3): **er ist Fleisch von meinem Fleische** ai është mish i mishit tim; *fig* **Menschen von Fleisch und Blut** njerëz prej mishi e gjaku; *fig* **den Weg allen Fleisches gehen** shkoj me të shumtët.

Fl'eischbrühe *f* **=, -n** *kuzh* lëng mishi.

Fl'eischer *m* **-s, =** kasap.

Fleischer'ei *f* **=, -en** dyqan mishi.

fl'eischfarben, fleischfarbig *a* bojë mishi.

fl'eischfressend *a* mishngrënës.

fl'eischig *a* 1) mishtor; 2) i trashë (*fytyrë, hundë*).

fl'eischlich *a* 1) i trupit, i mishit; 2) *fig* epshor.

Fl'eischwolf *m* **-(e)s, -wölfe** makinë mishi.

Fleiß *m* **-es,** 1) zell; **mit Fleiß** me zell; **unermüdlicher Fleiß** zell i palodhshëm; 2) qëllim; **etwas mit Fleiß tun** bëj diçka me qëllim.

fleißig *a* i zellshëm.

flekt'ieren *vt gram* eptoj, lakoj (*një emër, mbiemër*).

fl'ennen *vi* **(h)** *bis* shkithet, qan (*fëmija*).
fl'etschen *vt* : **die Zähne fletschen** skërmis dhëmbët.
flex'ibel *a* elastik (*edhe fig*).
Flexibilit'ät *f* = elasticitet (*edhe fig*).
Flexi'on *f* =, **-en** *gram* eptim, lakim.
flicht *sh* **flechten***.
fl'icken *vt* arnoj (*ndërresat, çorapët etj.*).
Fl'icken *m* **-s,** = arnë; **seine Hose war voller Flicken** pantallonat e tij ishin gjithë arna.
Fl'ickwerk *n* **-(e)s, -e** 1) arnim; 2) punim me lecka; 2) *fig* kompilim.
Fl'ieder *m* **-s,** = *bot* jargavan.
Fl'iege *f* =, **-n** *ent* mizë; *fig* **er tut keiner Fliege etwas zuleide** ai nuk i bën keq as një mize; *fig* **zwei Fliegen mit einer Klappe schlagen** me një gur vras dy zogj; *fig* **sie starben wie die Fliegen** vdisnin si mizat.
fliegen* 1. *vi* (s) 1) fluturoj; 2) : **in die Luft fliegen** hidhem në erë; **jemandem um den Hals fliegen** i hidhem dikujt në qafë; 3) përjashtohem (*nga shkolla*); pushohem (*nga puna*); 2. *vt* 1) ngas (*avionin etj.*); 2) çoj me avion etj. (*dikë*).
fl'iegend *a* fluturues; **mit fliegenden Fahnen** me flamurë të shpalosur.
Fl'iegenfänger *m* **-s,** = mizakapëse (*letër etj.*).
Fl'iegenleim *m* **-(e)s, -e** zamkë për mizakapëse.
Fl'ieger *m* **-s,** = 1) aviator, pilot; 2) *bis* avion.
Fl'iegerabwehr *f* = mbrojtje kundërajrore.
Fl'iegerabwehrkanone *f* =, **-n** top kundërajror.
Fl'iegeralarm *m* **-(e)s, -e** *usht* alarm ajror.
Fl'iegerangriff *m* **-(e)s, -e** sulm ajror.
Fl'iegeraufnahme *f* =, **-n** fotografim ajror.
fl'iehen* 1. *vi* (s) **(vor D, zu D)** iki (*nga dikush, te dikush*); arratisem; **der Gefangene ist geflohen** i burgosuri është arratisur; **die Zeit flieht** ikën koha; 2. *vt* i shmangem (*dikujt, shoqërisë etj.*).
Fl'iehkraft *f* = *fiz* forcë centrifuge.
Fl'iese *f* =, **-n** pllakë (*majolike etj.*).
Fl'ießband *n* **-(e)s, -bänder** *tek* konvejer.
Fl'ießbandarbeit *f* =, **-en** punë, proces në konvejer.
fl'ießen* *vi* (s) 1) rrjedh; derdhet; **der Fluß fließt durch mehrere Länder** lumi rrjedh përmes shumë vendesh; **der Wein floß in Strömen** vera rridhte lumë; **bei dem Aufstand ist viel Blut geflossen** gjatë kryengritjes është derdhur shumë gjak; 2) shkrin (*metali*); 3): *fig* **die Quellen fließen spärlich** burimet këtu flasin pak; 4) *fig* kalon (*koha*).
fl'ießend 1. *a* i rrjedhshëm; **Zimmer mit fließendem Wasser** dhomë me ujë të rrjedhshëm (me ujë brenda); 2. *adv* rrjedhshëm; lirisht; **eine Sprache fließend sprechen** flas lirisht një gjuhë.
flimmern *vi* **(h, s)** vezullon, dridhet (*qiriri etj.*); **es flimmert mir vor den Augen** më bëjnë sytë miza.
flink 1. *a* i gjallë, i shkathët; **flinke Hände** duar të shkathëta; 2. *adv* shpejt; **ein bißchen flink!** luaj!; **flink arbeiten** punoj shpejt.
Fl'inte *f* =, **-n** pushkë gjahu; *fig* **die Flinte ins Korn werfen** e lëshoj veten, humbas kurajën, guximin.
Flirt [*flërt*] *m* **-s, -s** flirt.
fl'irten *vi* **(h)** flirtoj.
Fl'ittchen *n* **-s,** = *bis* lavirë.

Fl'itter *m* **-s,** = 1) gjyrmysh; 2) *fig bis* shkëlqim i rremë.
Fl'itterwochen *pl* muaj i mjaltit.
fl'itzen *vi* (s) vrapoj, rend; shkoj shpejt (*me makinë etj.*).
Fl'ocke *f* =, **-n** flok (*bore, pambuku etj.*); **die Flocken wirbeln** flokët (*e borës*) vorbullojnë.
fl'ockig *a* si flok bore.
floh *sh* **fliehen***.
Floh *m* **-s, Flöhe** *ent* plesht; *fig* **jemandem einen Floh ins Ohr setzen** i shtie xixat (mizat) dikujt.
fl'öhen 1. *vt* 1) pleshtoj, i heq pleshtat (*qenit etj.*); 2) *fig bis* kontrolloj imtësisht; 3) *fig bis* ia qëroj paret (*dikujt*); 2. *vrefl* **sich flöhen** pleshtohet (*majmuni etj.*).
Flor I *m* **-s, -e** lulëzim (*edhe fig*).
Flor II *m* **-s, -e** 1) krep (*pëlhurë*); 2) tis; 3) shirit (*zie*).
Fl'ora *f* =, **Floren** *biol* florë.
flor'ieren *vi* (h): *fig* **das Geschäft floriert** tregtia lulëzon.
Fl'oskel *f* =, **-n** 1) lule (*retorike*); 2) fjalë boshe.
floß *sh* fließen*.
Floß *n* **-es, Flöße** argsh, trap.
Fl'osse *f* =, **-n** 1) fletë (*peshku, siluri, avioni etj.*); 2) *fig bis* dorë, këmbë.
fl'ößen 1. *vi* lundroj me trap, kaloj lumin me trap; 2. *vt* çoj me trap.
Fl'öte *f* =, **-n** *muz* fyell, flaut.
fl'öten *vi* **(h)** 1) i bie flautit; 2) *fig* flas me zë të ëmbël.
Fl'ötenspieler *m* **-s,** = flautist.
flott 1. *a* 1) notues, pluskues; 2) i gjallë, i shkathët, i zhdërvjellët, i shpejtë (*dialog etj.*); 3) i shkujdesur, mendjelehtë (*jetë etj.*); 4) elegant (*petk etj.*); 2. *adv* shpejt e shpejt; me shkathtësi; **aber bitte etwas flott!** nxitohu(ni) pak të (ju) lutem!
Fl'otte *f* =, **-n** flotë.
Fl'ottenstation *f* =, **-en** *usht* port ushtarak, bazë detare.
Fl'ottenstützpunkt *m* **-(e)s, -e** *usht* bazë detare.
Flotille [*-t'ilje*] *f* =, **-n** flotilje.
fl'ottmachen *vt ndash* 1): **ein Schiff wieder flottmachen** heq anjien nga cektina; 2) *fig* vë përsëri në rregull (në vijë) (*një punë*).
Flöz *n* **-es, -e** *min* damar (*minerali etj.*).
Fluch *m* **-(e)s, Flüche** 1) nëmë, mallkim; **ein Fluch lastete auf, über der Familie** një mallkim rëndonte mbi atë familje; **Fluch über dich!** mallëkuar qofsh!; 2) e sharë.
fl'uchen *vi* **(h) (D** *ose* **auf A)** mallkoj, nëm; shaj.
Flucht I *f* =, **-en** ikje, arratisje; **in die Flucht schlagen** shpartalloj; **die Flucht ergreifen** marr arratinë.
Flucht II *f* =, **-en** radhë (*ndërtesash, dhomash etj.*).
fl'uchtartig *a* 1. *a* shumë i nxituar; 2. *adv* me nxitim të madh.
fl'üchten *vi* **(s)** *dhe* **sich flüchten** *vrefl* iki, arratisem; **in die Wälder flüchten** marr pyjet.
fl'üchtig **1.** *a* 1) i arratisur; 2) i shkurtër, i shpejtë (*çast, vështrim etj.*); 3) i nxituar, i cekët, i papjekur (*mendim etj.*); 4) i paqëndrueshëm; 5) *kim* i avullueshëm; 2. *adv* shpejt e shpejt, me nxitim, me ngut.
Fl'üchtigkeit *f* = 1) paqëndrueshmëri; 2) cektësi; 3) *kim* avullueshmëri.
Fl'üchtling *m* **-s, -e** i arratisur; **politischer Flüchtling** i arratisur politik.
Flug *m* **-(e)s, Flüge** 1) fluturim; **im Fluge etwas auffangen** kap diçka fluturimthi; 2) fluturim, udhëtim me avion.
Fl'ugabwehr *f* = mbrojtje kundërajrore.

Fl'ugbahn *f* =, **-en** flurudhë (*e një predhe etj.*).
Fl'ugblatt *n* **-(e)s, -blätter** fletushkë, trakt.
Fl'ugboot *n* **-(e)s, -e** *av* hidroplan.
Fl'ugdienst *m* **-es, -e** shërbim ajror.
Flugdrache, -n, -n *m* balonë.
Fl'ügel I *m* **-s,** = 1) krah (*zogu etj.*); 2) kanat (*dere etj.*); 3) *usht* krah; 4) krah (*ndërtese*); 5) *fig* krah, flatër; **jemandem die Flügel beschneiden** ia pres krahët dikujt; **die Flügel hängen lassen** lëshoj veten; **auf den Flügeln der Phantasie** në flatrat e fantazisë; **sich die Flügel verbrennen** digjem (*në një punë të guximshme*); **der Gedanke verleiht mir Flügel** ai mendim më jap krahë.
Fl'ügel II *m* **-s,** = *muz* piano me bisht.
fl'ügellahm *a* 1) krahthyer (*zog*); 2) *fig* zemërlëshuar.
fl'ügellos *a* pa krahë.
Fl'ügelschlag *m* **-(e)s, -schläge** rrahje e krahëve.
Fl'ügeltür *f* =, **-en** derë me dy kanate.
fl'ügge *a* i aftë për të fluturuar (*zog etj.*); *fig* **flügge werden** bëhem i zoti i vetes.
Fl'ughafen *m* **-s, -häfen** aeroport.
Fl'ughalle *f* =, **-n** *av* hangar.
Fl'ugplatz *m* **-es, -plätze** aerodrom.
Fl'ugpost *f* =, **-en** postë ajrore.
Fl'ugroute [*-rutë*] *f* =, **-n** rrugë ajrore.
flugs *adv vjet* 1) flur; 2) në çast, menjëherë.
Fl'ugsand *m* **-es** 1) rërë e lëvizshme; 2) *fig* njerëz të përplasur andej-këndej nga fati.
Fl'ugschrift *f* =, **-en** broshurë (*politike etj.*).
Fl'ugverkehr *m* **-s** komunikacion ajror.
Fl'ugwesen *n* **-s** aviacion.
Fl'ugwetter *n* **-s** : **(un)günstiges Flugwetter** kohë e (pa)përshtatshme për fluturim.
Fl'ugzeit *f* =, **-en** zgjatje e fluturimit (*të avionit*).
Fl'ugzeug *n* **-s, -e** aeroplan, avion.
Fl'ugzeugträger *m* **-s,** = aeroplanmbajtëse, avionmbajtëse.
Fluktuati'on *f* =, **-en** lëkundje (*e çmimeve etj.*).
fluktu'ieren *vi* **(h)** lëkundet (*çmimi etj.*).
Fl'under *f* =, **-n** *zool* kocë (*peshk*).
fl'unkern *vi* **(h)** *bis* gënjej; i pres të trasha, e bëj mizën buall.
Flur I *f* =, **-en** fushë, arë; livadh.
Flur II *m* **-s,** treme; korridor, rruginë.
Fl'urgrenze *f* =, **-n** kufi, sinor (*are*).
Fluß *m* **-sses, Flüsse** 1) lumë; rrjedhë; 2) *fig* rrjedhje (*e bisedës etj.*); 3) : **etwas in Fluß bringen** vë diçka në vijë.
fl'ußabwärts *adv* tatëpjetë lumit.
Fl'ußarm *m* **-(e)s, -e** degë e lumit.
fl'ußaufwärts *adv* përpjetë lumit.
Fl'ußbett *n* **-(e)s, -en** shtrat i lumit.
Fl'ußeisen *n* **-s** hekur i derdhur (*në shufra*).
fl'üssig 1. *a* 1) i lëngët; **flüssige Nahrung** ushqim i lëngshëm; **flüssige Körper** lëngje; 2) i rrjedhshëm (*stil etj.*); 3) i shkrirë (*metal etj.*); 4) *fin* likuid; **flüssige Gelder** fonde likuide; **einen Scheck flüssig machen** likuidoj një çek; 2. *adv* rrjedhshëm; **flüssig lesen, schreiben** lexoj, shkruaj rrjedhshëm.
Fl'üssigkeit *f* =, **-en** 1) lëng; 2) *sing fig* rrjedhshmëri.
Fl'ußpferd *n* **-(e)s, -e** *zool* hipopotam.
Fl'ußstahl *m* **-(e)s, -stähle** *dhe* **-e** çelik i shkrirë.
fl'üstern *vi* **(h)** pëshpëris; *bis* **dem**

werde ich etwas flüstern! do t'ia them mendimin tim!; 2) fëshfërijnë (*gjethet, era etj.*); 3) shushurin (*lumi, burimi etj.*).

Flut *f* =, **-en** 1) baticë; **die Flut steigt** vjen batica; 2) valë; **die Fluten des Meeres** valët e detit; 3) *fig* lumë (*të sharash etj.*).

fl'uten 1. *vi* **(h, s)** 1) rrjedh; **es flutet** vjen batica; 2) *fig* derdhet (*drita etj.*); **die Menge flutete in den Saal** turma vërshoi, u derdh në sallë; 2. *vt* zhys (*nëndetësen*).

Fl'utlicht *n* **-(e)s** dritë e projektorëve.

Föderati'on *f* =, **-en** federatë.

F'ohlen *n* **-s,** = *zool* mëz.

Föhn *m* **-(e)s, -e** fën (*erë e ngrohtë e thatë që fryn nga Alpet*).

F'öhre *f* =, **-n** *bot* pishë.

F'olge I *f* =, **-n** 1) pasojë, rezultat; *shpr* **etwas hat zur Folge** diçka ka si pasojë; **die Folgen tragen** a) përgjigjem për pasojat; b) pësoj humbjet; 2) përfundim, konkluzion; 3) varg, radhë, sërë (*artikujsh etj.*).

F'olge II *f* = 1) e ardhshme; **in der Folge** në të ardhshmen; 2) bindje, dëgjesë; **Folge leisten** bindem.

f'olgen *vi* **(h, s)** ndjek, shkoj pas; **folgen Sie mir!** ejani pas meje!; **Fortsetzung folgt** (*vazhdimi*) vijon; **jemandes Rat folgen** ndjek këshillën e dikujt; **kannst du mir folgen?** a më ndjek dot?; **du mußt folgen!** duhet të bindesh!; **auf Philipp folgte Alexander** pas Filipit erdhi Leka; **daraus folgt, daß ...** nga kjo del, rrjedh se ...; **wie folgt** si vijon.

f'olgend *a* vijues, pasues; **folgendes** sa vijon; **die folgenden Ereignisse** ngjarjet që pasuan; **er sprach die folgenden Worte** ai tha këto fjalë; **am folgenden Tag** të nesërmen; **im folgenden Monat, Jahr** muajin, vitin tjetër.

f'olgendermaßen *adv* si vijon, në këtë mënyrë, kështu.

f'olgenschwer *a* me pasoja të rënda; **eine folgenschwere Entscheidung** një vendim fatal (*me pasoja të rënda*).

f'olgerichtig *a* logjik, konsekuent (*veprim, mendim etj.*).

f'olgern *vt* arrij në përfundimin; **daraus können wir folgern, daß ...** nga kjo mund të arrijmë në përfundimin se ...

F'olgerung *f* =, **-en** përfundim, rrjedhim, konkluzion.

F'olgezeit *f* =, **-en** kohë pas një ngjarjeje; **in der Folgezeit** më vonë.

f'olglich *conj* prandaj, si rrjedhim, si pasojë.

f'olgsam *a* i bindur, i dëgjueshëm (*fëmijë, kafshë*).

F'olgsamkeit *f* = të qenët i bindur, i dëgjueshëm.

F'olie *f* =, **-n** fletë e hollë (*metali etj.*).

F'olter *f* =, **-n** torturë (*edhe fig*); **die Folter anwenden** përdor torturën.

f'oltern *vt* torturoj, mundoj (*edhe fig*); **jemanden zu Tode foltern** torturoj dikë për vdekje.

F'olterung *f* =, **-en** torturë.

Folterwerkzeug *n* **-s, -e** mjet torture.

Fön *m* **-s, -e** tharëse flokësh.

Fond [*fô*] *m* **-s, -s** 1) sfond; 2) vend i pasmë (*në automobil*).

Fonds [*fô*] *m* = 1) fond; 2) fonde shtetërore.

Font'äne *f* =, **-n** shatërvan.

f'oppen *vt bis* ngacmoj, tall, vë në lojë.

forc'ieren *vt* shpejtoj (*ritmin e punës etj.*).

F'örderer *m* **-s, =** përkrahës (*i artistëve etj.*).

F'örderkorb *m* **-(e)s, -körbe** ashensor miniere.

f'örderlich *a* i dobishëm; i përshtatshëm (*mjet etj.*).

F'ördermaschine *f* **=, -n** vinç (*miniere*).

f'ordern *vt* 1) kërkoj; **Rechenschaft fordern** kërkoj llogari; 2) sfidoj (*në duel*); 3) : *fig* **der Unfall forderte viele Opfer** në këtë aksident pati shumë viktima.

f'ördern *vt* 1) ndihmoj, përkrah, nxis (*zhvillimin e shkencës etj.*); 2) nxjerr (*qymyr etj.*); **zutage fördern** nxjerr në dritë.

F'örderschacht *m* **-(e)s, -schächte** *min* pus për nxjerrjen e mineralit.

F'orderung *f* **=, -en** 1) kërkesë; **hohe Forderungen** kërkesa të larta; 2) pretendim; 3) sfidë.

F'örderung *f* **=, -en** 1) ndihmë, përkrahje, nxitje; 2) *tek* transportim; ngritje; 3) *min* nxjerrje.

For'elle *f* **=, -n** *zool* troftë.

Form *f* **=, -en** 1) formë, trajtë; **einem Gegenstand eine andere Form geben** i jap një sendi një formë tjetër; 2) *pl* mirësjellje; **er hat keine Formen** ai nuk di të sillet; **die äußeren Formen wahren** ruaj format e jashtme; **der Form halber** sa për formë.

form'al 1. *a* formal; 2. *adv* në formë, përsa i përket formës, formalisht.

Form'ali/en *pl* formalitete.

Formal'ismus *m* **=** formalizëm.

Formalit'ät *f* **=, -en** formalitet.

Form'at *n* **-(e)s, -e** 1) format (*i librit etj.*); 2) *vetëm sing* rëndësi; **dieser Mann hat kein Format** ky njeri s'ka rëndësi.

Formati'on *f* **=, -en** 1) formim; 2) *usht* formacion; njësi; 3) *gjeol* formacion.

F'ormel *f* **=, -n** formulë (*kimike, matematike etj.*).

form'ell 1. *a* 1) formal; 2) zyrtar; **jemandem einen formellen Besuch machen** i bëj dikujt një vizitë zyrtare; 2. *adv* formalisht.

f'ormen *vt* 1) formoj; **jemanden formen** edukoj dikë; 2) formuloj.

F'ormenlehre *f* **=** *gjuh* morfologji.

Formfehler *m* **-s, =** e metë formulimi.

form'ieren *vt* formoj (*një skuadër etj.*).

Form'ierung *f* **=, -en** formim (*i një skuadre etj.*).

f'örmlich 1. *a* 1) zyrtar; **eine förmliche Einladung** një ftesë zyrtare; 2) i vërtetë; **es kam zu einer förmlichen Saalschlacht** puna përfundoi në një përleshje të vërtetë brenda në sallë; 3) formal, i ngrirë; 2. *adv* : **er benimmt sich sehr förmlich** ai sillet në mënyrë shumë formale.

F'örmlichkeit *f* **=** natyrë formale, zyrtare etj.

f'ormlos *a* pa formë, pa trajtë.

forsch *a* i fortë, energjik, guximtar.

f'orschen *vi* **(h)** 1) hulumtoj, gjurmoj; **nach etwas forschen** studioj, hulumtoj, gjurmoj diçka; 2) kërkoj; **nach jemandem forschen** kërkoj se ku rri dikush me shtëpi; 3) pyes; 4) : **forschender Blick** vështrim zhbirues.

F'orscher *m* **-s, =** kërkues, hulumtues, gjurmues.

F'orschung *f* **=, -en** kërkim, hulumtim, gjurmim.

Forst *m* **-es, -e** pyll (*i shfrytëzuar ekonomikisht*).

F'örster *m* **-s, =** inspektor pyjesh.

Förster'ei *f* **=, -en** vend pune dhe banimi i inspektorit të pyjeve.

Forstwirtschaft *f* = ekonomi pyjore.
fort *adv* 1) përpara; **es will mit der Sache nicht fort** puna nuk po shkon përpara; 2) më tej; më tutje; **und so fort** e të tjera; **nur immer fort!** vazhdo(ni)!; **in einem fort** pa pushim; **fort und fort** gjithnjë, pa pushim; 3): **seine Uhr ist fort** i ka humbur ora; **sie sind fort** ikën; 4) jashtë; **fort (mit dir)!** shporru!, dil jashtë!; **fort damit!** hiqe(ni)!; **ich muß fort** duhet të iki; **schnell fort!** ik(ni) shpejt!
Fort [*for*] *n* **-s, -s** fortesë, fortifikatë.
fort = *parashtesë e ndashme foljore që tregon*: 1) *lëvizje përpara*: **fortbewegen;** 2) *vazhdim veprimi*: **sich fortbilden;** 3) *largim*: **fortjagen.**
fort'ab, fort'an *adv* këtej e tutje.
f'ortbestehen* *vi ndash* **(h)** vazhdon të jetë.
F'ortbestehen *n* **-s** vijim, vazhdim.
f'ortbewegen *ndash* 1. *vt* zhvendos; 2. *vrefl* **sich fortbewegen** zhvendosem; **die Maschine läßt sich nicht fortbewegen** makina nuk luan vendit.
F'ortbewegung *f* **=, -en** 1) përparim; 2) zhvendosje.
f'ortbilden, sich *vrefl ndash* vazhdoj shkollën, ngre kualifikimin.
F'ortbildung *f* = vazhdim i shkollës, vazhdim i kualifikimit.
F'ortbildungskurs *m* **-es, -e** kurs për ngritjen e kualifikimit.
F'ortbildungsschule *f* **=, -n** *vjet* shkollë plotore.
f'ortbleiben* *vi ndash* **(s)** nuk paraqitem, mungoj; **bleib nicht so lange fort** mos u vono shumë.
f'ortbringen* *ndash* 1. *vt* 1) heq, largoj; **er war von der Arbeit nicht fortzubringen** nuk shqitej dot nga puna; 2) zhvendos (*karrocën etj.*); 3) rris (*një kafshë, bimë etj.*); 2. *vrefl* **sich fortbringen** *bis* jetoj, rroj.
f'ortdauern vi *ndash* **(h)** zgjat, vazhdon.
f'ortfahren* *ndash* 1. *vi* **(s)** 1) nisem (*me automobil etj.*); 2) **(mit D) (h)** vazhdoj përsëri (*të tregoj etj.*); **fortfahren zu schreiben** vazhdoj të shkruaj; 2. *vt* marr (*me automobil etj.*).
f'ortfallen* vi *ndash* **(s)** bie (*diçka në tokë etj.*).
f'ortführen vt *ndash* 1) marr, heq; 2) vazhdoj (*një punë etj.*).
F'ortführung *f* = 1) marrje; 2) vazhdim.
F'ortgang *m* **-(e)s** 1) nisje; 2) vazhdim; **seinen Fortgang nehmen** vazhdon (*puna etj.*).
f'ortgehen* *vi ndash* **(s)** 1) nisem, largohem; 2) vazhdoj; **so kann es nicht fortgehen** kështu nuk mund të vazhdojë.
f'ortgeschritten *a* 1) i përparuar (*student etj.*); 2) përparimtar (*njeri, metodë etj.*).
f'ortjagen *ndash* 1. *vt* përzë, dëboj; 2. *vi* (s) iki me vrap.
f'ortkommen* *vi ndash* **(s)** 1) nisem (*nga një vend*); 2) (*më*) humbet (*diçka*); 3) shkoj përpara; 4) *fig* përparoj; **in der Schule gut, nicht gut, schlecht fortkommen** shkoj mirë, jo mirë, keq me mësime; 5) rritet, zhvillohem (*bima*); 6) *bis* iki, ua mbath; **mach, daß du fortkommst!** shporru!
f'ortlassen* *vt ndash* lë, lëshoj; **ich lasse dich nicht fort** nuk të lë të ikësh.
f'ortlaufen* *vi ndash* **(s)**; iki; **lauf mir nicht fort!** mos më ik!
f'ortlaufend *a* që vijnë njëri pas

tjetrit; **fortlaufende Nummern** numra të njëpasnjëshëm.

f'ortmachen *ndash* 1. *vi* vazhdoj (*një veprimtari etj.*); 2. *vrefl* **sich fortmachen** iki, shporrem.

f'ortpflanzen *ndash* 1. *vt* 1) përhap; 2) riprodhoj; 2. *vrefl* **sich fortpflanzen** 1) përhapet (*drita etj.*); 2) *biol* shumëzohet; 3) trashëgohet (*një cilësi etj.*).

F'ortpflanzung *f* **=, -en** 1) përhapje; 2) *biol* shumëzim.

f'ortreisen* *vi ndash* **(s)** nisem (*për udhëtim*).

f'ortreißen* *vt ndash* 1) rrëmbej; **ich riß ihm das Messer fort** ia rrëmbeva thikën; 2) *fig* tërheq; **sich fortreißen lassen (durch A)** rrëmbehem (*nga zemërimi etj.*).

f'ortschaffen *vt ndash* 1) heq; 2) largoj; mënjanoj.

f'ortschicken *vt ndash* 1) nis (*dikë*); 2) dërgoj (*një pako etj.*).

f'ortschieben* *vt ndash* shtyj tutje, largoj.

f'ortschreiten* *vi ndash* **(s)** 1) shkoj përpara, përparoj; 2) kalon (*koha, mosha etj.*).

F'ortschritt *m* **-(e)s, -e** përparim; **Fortschritte machen** bëj përparime.

f'ortschrittlich *a* përparimtar; i përparuar.

f'ortschwemmen *vt ndash* rrëmben, merr me vete (*lumi etj.*).

f'ortsetzen *vt ndash* 1) heq, mënjanoj; 2) rifilloj, vazhdoj (*punën, rrugën etj.*).

F'ortsetzung *f* **=, -en** vazhdim; **Fortsetzung folgt** vazhdon (*një roman, tregim etj.*).

f'orttragen* *vt ndash* marr me vete.

f'orttreiben* *vt ndash* 1) përzë, dëboj; 2) *fig* vazhdoj.

f'ortwähren *vi ndash* vazhdon, zgjat.

f'ortwährend 1. *a* i vazhdueshëm; i pandërprerë; 2. *adv* vazhdimisht, pa pushim, pa ndërprerje.

f'ortwehen *vt ndash* merr, rrëmben (*era*).

f'ortwerfen* *vt ndash* hedh, flak tutje.

f'ortziehen* *ndash* 1. *vt* tërheq tutje; **den Hund mit sich fortziehen** tërheq qenin pas vetes; 2. *vi* **(s)** shpërngulem; **wir wollen von hier fortziehen** do të shpërngulemi që këtej.

F'orum *n* **-s, Foren** forum.

foss'il *a* i ngurosur, fosil.

F'oto I *n* **-s, -s** fotografi.

F'oto II *m* **-s, -s** *bis shkurt për* **Fotoapparat.**

F'otoapparat *m* **-s, -e** aparat fotografik.

Foul [*faul*] *n* **-s, -s** *sport* faul.

foulen [*f'aulën*] *vi* **(h)** *sport* bëj faul.

Foyer [*foaj'e*] *n* **-s, -s** parasallë (*e teatrit*).

Fracht *f* **=, -en** 1) ngarkesë; 2) : *det* **tote Fracht** peshë e vdekur, savur; 2) qira e ngarkesës.

Fr'achtbrief *m* **-(e)s, -e** *treg* fletëngarkesë.

Fr'achtgeld *n* **-(e)s, -er** qira e ngarkesës.

Fr'achtgut *n* **-(e)s, -güter** ngarkesë; **als Frachtgut** si ngarkesë.

Fr'achtschiff *n* **-(e)s, -e** anije mallrash.

Frack *m* **-(e)s, Fräcke** frak (*kostum burrash në raste solemne*).

Fr'age *f* **=, -n** 1) pyetje; **was soll diese Frage?** bëhet kjo pyetje?; **wie die Frage, so die Antwort** si pyetja përgjigjja; 2) çështje; **eine Frage der Zeit** çështje kohe; **das ist eine andere Frage** kjo është punë (çështje) tjetër; 3): *shpr* **das kommt nicht in Frage!** kjo përjashtohet!; *shpr* **in Frage stellen** vë në dyshim.

Fr'agebogen *m* **-s,** *dhe* **-bögen** pyetësor, fletanketë.

fr'agen 1. *vt* pyes; **jemanden nach etwas fragen** pyes dikë për diçka; **da fragst du noch?** edhe pyet?; *fig bis* **ich frage einen Dreck (den Teufel) um Erlaubnis** s'pyes fare për leje; **danach frage ich nicht** për këtë nuk pyes; **hat jemand nach mir gefragt?** a më ka kërkuar njeri?; **frag lieber nicht!** (më mirë) mos pyet!; **um Rat fragen** kërkoj këshillë; *prov* **mit Fragen kommt man durch die ganze Welt** me të pyetur gjen Stambollin; 2. *vrefl* **sich fragen** 1) mendoj; 2) : **das fragt sich noch** kjo nuk është ende e sigurtë.

fr'agend *a* pyetës.

Fr'agestellung *f* =, **-en** 1) mënyrë e pyetjes; shtrim i çështjes; 2) problem (*shkencor etj.*).

Fr'agezeichen *n* **-s** *gram* pikëpyetje.

fr'aglich *a* 1) i pasigurt; i diskutueshëm; 2) në fjalë; **zu der fraglichen Zeit** në kohën në fjalë.

fr'aglos *a* i sigurtë, i padiskutueshëm.

Fragm'ent *n* **-(e)s, -e** fragment, pjesë e papërfunduar (*e një vepre*).

fragment'arisch 1. *a* i pjesshëm, fragmentar; 2. *adv* copa-copa.

fr'agwürdig *a* i pasigurt; i dyshimtë; i diskutueshëm.

Frakti'on *f* =, **-en** 1) pjesë; 2) grup, fraksion (*politik*).

frank 1. *a* i çiltër; i hapur; i ndershëm; 2. *adv* : **frank und frei** hapur, troç.

Fr'anken *m* **-s,** = frank (*zviceran*).

frank'ieren *vt* i ngjis pullat (*një zarfi etj.*).

fr'anko *a treg* franko; **franko Grenze** paguar gjer në kufi.

Fr'anse *f* =, **-n** thekë.

Fr'anzbranntwein *m* **-s** alkool jo i pastër (*për t'u fërkuar etj.*).

Franz'ose *m* **-n, -n** francez, frëng.

Franz'ösin *f* =, **-nen** franceze, frënge.

franz'ösisch 1. *a* francez, frëng; 2. *adv* frëngjisht.

Franz'ösisch *n* = frëngjishte (*gjuhë*).

frapp'ant *a* 1) mahnitës; 2) i çuditshëm.

frapp'ieren *vt* mahnis, çudis.

Fräse *f* =, **-n** *tek* frezë.

fräsen *vt* punoj me frezë.

Fräser *m* **-s,** = 1) *tek* thikë e frezës; 2) frezator.

fraß *sh* **fressen***.

Fraß *m* **-es** 1) ushqim (*për kafshët*); tagji; 2) *fig* ushqim i keq.

Fr'atze *f* =, **-n** 1) ngërdheshje; **Fratzen schneiden** ngërdheshem; 2) *bis* surrat.

Frau *f* =, **-en** 1) grua; **die Gleichberechtigung der Frau** të drejtat e barabarta të gruas; 2) bashkëshorte; 3) zonjë; **gnädige Frau** zonjë e nderuar.

Fr'auenarzt *m* **-es, -ärzte** gjinekolog.

fr'auenhaft *a* si grua, si femër.

Fr'auensleute *pl përb* grari.

Fr'auensperson *f* =, **-en** *bis përb* femër, grua.

Fr'auentag *m* **-(e)s : Internationaler Frauentag** Dita Ndërkombëtare e Gruas.

Fr'auenzimmer *n* **-s,** = *përb* femër.

Fr'äulein *n* **-s,** = zonjushë; *bis* **das Fräulein vom Amt** telefonistja.

fr'aulich *a* si grua (*e rritur*); **sie kleidete sich fraulich** ajo vishej si grua e rritur.

frech *a* i paturpshëm, i pafytyrë; **das wagte er mit frecher Stirn zu behaupten!** dhe kishte fytyrë ta thoshte!

Fr'echdachs *m* **-es, -e** fëmijë (i ri *etj.*) i pafytyrë.

Frechheit *f* =, **-en** paturpësi, pafytyrësi.

frei 1. *a* 1) i lirë; **du solltest dich von Vorurteilen frei machen!** duhet të çlirohesh nga paragjykimet!; **einen Gefangenen wieder auf freien Fuß setzen** liroj një të burgosur; **er kann keine freie Rede halten** ai nuk mund të mbajë një fjalim po të mos e ketë të shkruar; 2) i pavarur, i papenguar, i pakufizuar; **aus freiem Antrieb kommen** vij vetë; **freie Berufe** profesione të lira; *fiz* **freier Fall** rënie e lirë (*e trupave*); **in dieser Angelegenheit mußt du mir freie Hand lassen** në këtë çështje duhet të më lësh dorë të lirë; **er ist sein freier Herr** ai është zot i vetes; **jetzt hat er freies Spiel** tani ai mund të bëjë ç'të dojë; **diesmal wird er nicht frei ausgehen** kësaj here nuk do të shpëtojë pa u dënuar; **das ist alles frei erfunden** të gjitha këto janë të shpikura nga mendja; 3) i lirë, i pazënë; **keine freie Minute** asnjë minutë të lirë; **freier Tag** ditë e lirë; **in meiner freien Zeit lese ich** në kohë të lirë lexoj; **Zimmer frei** ka dhoma të lira (*në sportel të hotelit*); **das Mädchen ist noch frei** vajza është ende e pafejuar; 4) : **frei von** pa (*detyrime, sëmundje, ethe, dhembje, gabime, paragjykime, teprime etj.*); 5) i lirë, i paturpshëm, i pafytyrë; **sie hat sehr freie Ansichten** ajo ka pikëpamje shumë të lira; 6) i lirë, jobesnik (*përkthim etj.*); **eine freie Übersetzung aus dem Albanischen** një përkthim i lirë nga shqipja; 7) i hapur, i pakufizuar, i gjerë; i pambrojtur; **hier hat man freie Ansicht über ...** këtu ke pamje të gjerë mbi ...; **auf freiem Feld** në fushë të larë; **unter freiem Himmel nächtigen** kaloj natën jashtë; **unser Haus steht ziemlich frei** shtëpia jonë është krejt e pambrojtur (*nga era etj.*); **der Zug hielt auf freier Strecke** treni u ndal në mes të rrugës; 8) i lirë, falas; i paguar; **frei Bahnhof, Grenze, Hafen** paguar gjer në stacion, kufi, port; **Eintritt frei!** hyrje e lirë!; **freie Fahrt** a) udhëtim falas; b) rrugë e lirë; 2. *adv* lirisht; **können wir hier frei reden?** a mund të flasim lirisht këtu?; **frei heraus gesagt** e thënë krejt hapur.

Fr'eibad *n* **-(e)s, -bäder** pishinë e hapur.

Fr'eiballon *m* **-s, -s** aerostat sferik.

Fr'eibrief *m* **-(e)s, -briefe** fletëleje (*për diçka që nuk duhet bërë*); privilegj; *shpr* **jemandem einen Freibrief ausstellen** i lë dorë të lirë dikujt.

Fr'eidenker *m* **-s,** = mendimtar i lirë.

Fr'eie 1. *m, f* **-n, -n** i lirë (*njeri*); 2. *n* **-n** hapësirë; **in Freien** në ajër të pastër; **ins Freie** jashtë qytetit.

fr'eien *vi* (h) (**um A**) kërkoj për grua (*dikë*).

Fr'eier *m* **-s,** = kandidat (*për martesë*).

Fr'eigabe *f* =, **-n** 1) lirim (*nga burgu etj.*); 2) lejim (*i shfaqjes së një filmi etj.*).

fr'eigeben* *vt ndash* lë të lirë; **zum Druck freigeben** lejoj shtypjen (*e një libri etj.*); **sich (D) eine Stunde freigeben lassen** marr një orë leje.

fr'eigebig *a* dorëgjerë, bujar.

Fr'eigebigkeit *f* = dorëgjerësi, bujari.

Fr'eigeist *m* **-es, -er** mendimtar i lirë.

Fr'eihafen *m* **-s, -häfen** port i lirë.

fr'eihalten* *vt ndash* 1) mbaj të lirë; 2) qëras (*dikë*); 3) **(D)** i ruaj vendin (*dikujt në një lokal etj.*).

fr'eihändig *a* : **er fährt freihändig** ai shkon pa duar (*me biçikletë*).

Fr'eiheit *f* =, **-en** 1) liri; **jemanden der Freiheit berauben** i rrëmbej dikujt lirinë; **die Freiheit erlangen** fitoj lirinë; 2) guxim; **sich die Freiheit nehmen** guxoj; **mit großer Freiheit reden** flas shumë hapur.

Fr'eiheitsliebe *f* = liridashje.

fr'eiheitsliebend *a* liridashës.

Fr'eiheitsstrafe *f* =, **-n** dënim me heqje lirie.

Fr'eiherr *m* **-n, -en** baron.

Fr'eikarte *f* =, **-n** biletë falas (*për një koncert etj.*).

fr'eilassen* *vt ndash* 1) liroj, lë të lirë (*një rob etj.*); 2) liroj, lëshoj (*një vend*).

Fr'eilassung *f* =, **-en** 1) lirim; 2) lëshim.

Fr'eileitung *f* =, **-en** *tek* kabllo ajrore.

fr'eilich *adv* sigurisht, vërtet, natyrisht.

fr'eimachen 1. *vt ndash* i vë pullat (*letrës etj.*); 2. *vrefl* **sich freimachen** 1) gjej kohë të lirë; 2) zhvishem (*te mjeku etj.*).

Fr'eimarke *f* =, **-n** pullë poste.

Fr'eimut *m* **-(e)s** çiltërsi, sinqeritet.

fr'eimütig *a* i hapur, i çiltër.

Fr'eischar *f* =, **-n** çetë (*partizane*).

Fr'eischärler *m* **-s,** = partizan.

Fr'eisinn *m* **-(e)s** mendim i lirë.

fr'eisprechen* *ndash* nxjerr të pafajshëm; **er wurde mangels Beweises freigesprochen** ai mori pafajësinë për mungesë provash.

Fr'eisprechung *f* =, **-en** shpallje e pafajësisë.

Fr'eispruch *m* **-(e)s, -sprüche** vendim pafajësie.

Fr'eistaat *m* **-(e)s, -en** republikë.

Fr'eistatt *f* =, **-stätten, Freistätte** *f* =, **-n** strehim.

fr'eistehen* *vi* **(h)** *ndash* 1) jam i lirë (*të bëj diçka*); **es steht Ihnen frei zu gehen** mund të shkoni; 2) : **ein freistehendes Zimmer** një dhomë e lirë.

fr'eistellen *vt ndash* 1) lë (*të zgjedhë, të vendosë etj.*); 2) liroj (*nga shërbimi ushtarak etj.*).

Fr'eistil *m* **-s** *sport* stil i lirë (*në mundje dhe në not*).

Fr'eistoß *m* **-es, -stöße** *sport* goditje e lirë (*në futboll*).

Fr'eitag *m* **-(e)s, -e** e premte.

Fr'eitod *m* **-(e)s, -e** vetëvrasje.

Fr'eitreppe *f* =, = shkallë e jashtme.

Fr'eiübung *f* =, **-en** *sport* ushtrim i lirë.

Fr'eiwild *n* **-(e)s** gjah i lirë (*edhe fig*).

fr'eiwillig 1. *a* vullnetar; **sich freiwillig melden** dal vullnetar; 2. *adv* vullnetarisht.

Fr'eiwillige m, *f* **-n, -n** vullnetar.

Fr'eiwurf *m* **-(e)s, -würfe** *sport* hedhje e lirë.

Fr'eizeit *f* = kohë e lirë.

Fr'eizügigkeit *f* = zemërgjerësi, shpirtgjerësi.

fremd *a* i huaj; **fremde Länder** vende të huaja; **fremde Angelegenheiten** punë që nuk (*më*) përkasin; **unter fremdem Namen** me emër të rremë; **ich bin hier fremd** jam i huaj këtu; **(gegen A) sich fremd stellen** sillem ftohtë (*me dikë*); **fremde Menschen** njerëz të panjohur; **dies Wort kommt mir fremd vor** kjo fjalë më tingëllon e huaj; **nicht für fremde Ohren bestimmt!** mos ta dëgjojë njeri i huaj!

fr'emdartig *a* i huaj, i çuditshëm, i jashtëzakonshëm.

Fr'emdartigkeit *f* = të qenët i huaj, i çuditshëm

Fr'emde I *f* = dhe i huaj.

Fr'emde II *m, f* **-n -n,** i huaj; i panjohur; turist.

Fr'emdenbuch *n* **-(e)s, -bücher** regjistër i hotelit.

Fr'emdenführer *m* **-s, =** 1) shoqërues turistësh; 2) udhërrëfyes (*libër për turistët*).

Fr'emdenverkehr *m* **-s** turizëm.

Fr'emdenverkehrsbüro *n* **-s, -s** zyrë turistike.

fr'emdgehen* *vi* (s) *bis* shkel kurorën.

Fr'emdherrschaft *f* = sundim i huaj.

Fr'emdkörper *m* **-s, =** trup i huaj.

fr'emdländisch *a* që vjen nga një vend i huaj.

Fr'emdling *m* **-s, =** (*njeri*) i huaj.

Fr'emdsprache *f* =, **-n** gjuhë e huaj.

fr'emdsprachig *a* në gjuhë të huaj; **fremdsprachige Bücher** libra në gjuhë të huaj.

fr'emdsprachlich *a* i gjuhës së huaj; **fremdsprachlicher Unterricht** mësim i gjuhëve të huaja; **fremdsprachliches Buch** metodë e një gjuhe të huaj.

Fr'emdwort *n* **-(e)s, -wörter** fjalë e huaj.

fren'etisch *a* frenetik (*duartrokitje etj.*).

Frequ'enz *f* =, **-en** 1) ndjekje (*e shkollës etj.*); 2) *el* frekuencë.

frequent'ieren *vt* frekuentoj (*shkollën etj.*).

Fress'alien *pl bis* ushqime.

Fr'esse *f* =, **-n** 1) *vulg* gojë; **halt die Fresse!** mbylle sqepin!; 2) turi (*kafshe*); *fig bis* **jemandem in die Fresse schlagen** ia këpus turinjve dikujt.

fr'essen* 1. *vt* 1) ha (*kafsha*); **dem Hund etwas zu fressen geben** i hedh qenit diçka për të ngrënë; 2) *vulg* ha; përpij; **er frißt den ganzen Tag** ai rri duke ngrënë gjithë ditën; *fig bis* **jemanden gefressen haben** s'e shoh dot me sy dikë; *fig bis* **sie hat einen Narren an ihm gefressen** ajo luan mendsh pas tij; *fig bis* **das Mädchen ist zum Fressen süß** vajza është për t'u pirë në kupë; *fig bis* **ich habe es gefressen!** e kuptova!; 3) ha (*soba dru, motori benzinë, puna kohë etj.*); 2. *vi* **(h)** **(an D)** ha, bren; **Rost frißt am Eisen** ndryshku bren hekurin.

Fr'essen *n* **-s** ushqim (*për kafshët*).

Fr'esser *m* **-s, =** *fig* hamës.

Fr'eude *f* =, **-n** gaz, gëzim; **vor Freude** nga gëzimi; **es ist eine wahre Freude** (*më*) gëzohet zemra; **seine helle Freude haben (an D)** kënaqem (*me diçka*); **mit Freude!** me gjithë qejf!; **Freud und Leid mit jemandem teilen** ndaj të mirën e të keqen me dikë.

Fr'eudenrausch *m* **-es, Fr'eudentaumel** *m* **-s** dehje nga gëzimi.

fr'eudestrahlend *a* që ndrit, që shkëlqen nga gëzimi.

fr'eudig i gëzuar; **ein freudiges Ereignis** një ngjarje e gëzuar; **ein freudiges Gesicht** një fytyrë e qeshur.

fr'eudlos *a* i trishtuar (*jetë etj.*).

fr'euen 1. *vt* gëzoj; **es hat mich sehr gefreut** më ka gëzuar shumë; 2. *vrefl* **sich freuen** gëzohem; **er freut sich auf den Sommer** s'i pritet sa të vijë vera; **ich habe mich sehr über seinen Besuch gefreut** jam gëzuar shumë me vizitën e tij; **ich freue mich, daß du kommst** gëzohem që erdhe (që po vjen).

Freund *m* **-es, -e** 1) mik, shok; **mit jemandem gut Freund sein, werden** jam, bëhem mik me dikë; *bis* **dicker Freund** mik i ngushtë; **lieber Freund!** mik i dashur!; **unter Freunden** miqësisht; *prov* **Freund Hein** vdekja; *prov* **Freunde in der Not gehen tausend auf ein Lot** miku njihet që është mik në të keqe, në rrezik; 2) përkrahës; 3) amator, mik (*i muzikës etj.*).

Fr'eundin *f* =, **-nen** shoqe, mike.

fr'eundlich *a* 1) mirëdashës, i përzemërt; i dashur; miqësor; **seien Sie so freundlich!** (të) kini mirësinë!; 2) i qeshur (*vend*); e ëmbël, e butë (*klimë*); i bukur (*mot*).

Fr'eundlichkeit *f* = mirësi; dashamirësi; përzemërsi.

Fr'eundschaft *f* =, **-en** miqësi; **enge Freundschaft** miqësi e ngushtë.

fr'eundschaftlich 1. *a* miqësor; 2. *adv* miqësisht.

Fr'evel *m* **-s**, = 1) kob; krim; 2) *fet* sakrilegj; 3) *poet* gabim, faj.

fr'evelhaft *a* i kobshëm; kriminal.

fr'eveln *vi* **(h) (gegen A)** shkel (*ligjin etj.*).

Fr'iede *m*, **-ns, Frieden** *m* **-s** 1) paqe; **den Frieden sichern** siguroj paqen; 2) qetësi; **er kann keinen Frieden finden** ai nuk gjen qetësi; **laß mich in Frieden!** lërmë të qetë!; 3) harmoni (*familjare etj.*); **Frieden stiften (zwischen D)** pajtoj (*dy veta që zihen etj.*).

Fr'iedensbruch *m* **-(e)s, -brüche** prishje e paqes, shkelje e traktatit të paqes.

Fr'iedensstand *m* **-(e)s** efektiv i ushtrisë në kohë paqeje.

Fr'iedensstärke *f* = *sh* **Friedensstand.**

Fr'iedensvertrag *m* **-(e)s, -verträge** traktat paqeje.

Friedenszustand *m* **-(e)s** gjendje paqeje; kohë paqeje.

fr'iedfertig *a* paqëdashës; **er ist ein friedfertiger Mensch** është burrë i urtë.

Fr'iedhof *m* **-s, -höfe** varrezë.

fr'iedlich *a* 1) paqësor (*përdorim i energjisë bërthamore etj.*); 2) paqësor (*bashkekzistencë etj.*); 3) i qetë (*vend etj.*).

fr'iedliebend *a* paqedashës.

fr'ieren* 1. *vi* **(h)** 1) ngrij, mërdhij, kam të ftohtë; **mir frieren die Füße** më ngrijnë këmbët; 2) **(s)** ngrin, bëhet akull; *fig* **das Blut fror ihm vor Entsetzen** i ngriu gjaku nga tmerri; 2. *vimp* : **es friert** ngrin akull.

Frikad'elle *f* =, **-n** *kuzh* qofte.

Frikass'ee *n* **-s, -s** *kuzh* frikase.

frisch *a* 1) i freskët; **an der frischen Luft** në fresk; **frisch werden** freskohem; **frisch machen** freskoj; 2) i freskët, i njomë; **frisches Gemüse** barishte të freskëta; 3) i ri; **eine frische Wunde** një plagë e re; **frische Kräfte** forca të reja; 4) i larë, i pastër; **frisches Hemd** këmishë e pastër; 5) i shëndoshë, tërë shëndet; **eine frische Gesichtsfarbe** një çehre e freskët; **frisch und munter sein** jam shëndoshë e mirë; 6) i porsa ...; **eine frisch entbundene Frau** një grua që porsa ka lindur; **frisch gefallener Schnee** borë e porsarënë; 7) : **frisch auf!** hajde!; **er steht mir noch frisch in (der) Erinnerung** e kam ende të gjallë në kujtesë.

Fr'ische *f* = 1) fresk; 2) freski; 3) gjallëri.

fr'ischweg *adv* pa ngurruar; pa e çuar më gjatë; pa druajtje.

Friseur [*-z'ër*] *m* **-s, -e** floktar.

Friseuse [*friz'ëzë*] *f* =, **-n** floktare.

fris'ieren 1. *vt* 1) kreh, rregulloj (*flokët*); 2) *fig* rregulloj, zbukuroj (*një raport etj.*); 2. *vrefl* **sich frisieren** krihem, rregulloj flokët.

frißt *sh* **fressen***.

Frist *f* =, **-en** afat; **die Frist läuft heute ab** sot skadon afati; **die Frist einhalten** i përmbahem afatit.

fr'isten *vt* i zgjas, i shtyj afatin (*një*

pagese etj.); *fig* **kümmerlich sein Leben fristen** mezi rroj, mezi mbahem gjallë.

fr'istlos 1. *a* që nuk ka afat; 2. *adv* 1) pa afat; 2) menjëherë.

Fris'ur *f* =, **-en** frizurë, mënyrë e krehjes së flokëve.

frivol [*-v'ol*] 1. *a* 1) i lehtë, mendjelehtë; 2) i ndyrë (*shaka etj.*).

Frivolit'ät [*-vol-*] *f* = 1) mendjelehtësi; 2) *pl* **-en** fjalë, shaka e ndyrë.

Frl. = **Fräulein.**

froh *a* 1) i gëzuar; i kënaqur; **sie ist stets frohen Mutes** ajo është përherë në qejf; 2) gazmor (*lajm etj.*); **frohes Fest!** gëzuar festën!

fr'öhlich *a* i gëzuar, i hareshëm.

Fr'öhlichkeit *f* = gaz, hare.

frohl'ocken *vi* (h) *pandash* 1) ngazëllej; 2) : **über jemandes Mißgeschick frohlocken** kënaqem, gëzohem me fatkeqësinë e tjetrit.

Fr'ohsinn *m* **-(e)s** 1) natyrë e gëzuar; 2) gaz, gëzim.

fromm *a* 1) i përshpirtshëm; **ein frommer Wunsch** dëshirë e parealizueshme; **eine fromme Lüge** një gënjeshtër me qëllim të mirë; 2) *vjet* i butë, i bindur (*qen, kalë etj.*).

Frömmel'ei *f* = përshpirtshmëri e shtirë.

fr'ommen *vi* (h) *vjet* është i dobishëm; **es frommt mir** më hyn në punë; **wem soll es frommen?** kujt i duhet kjo?

Fr'ömmigkeit *f* =, **-en** përshpirtshmëri.

Fron *f* =, **-en** angari.

Fr'onarbeit *f* =, **-en, Fr'ondienst** *m* **-es** punë e detyrueshme, angari.

fr'onen *vi* (h) punoj si skllav, bëj punë angari.

frönen *vi* (h) (D) jepem (*pas një vesi etj.*).

Front *f* =, **-en** 1) *usht* front, ballë; **an der Front** në front, në ballë të luftës; **in vorderster Front stehen** luftoj në vijën e parë; 2) rresht (*ushtarësh etj.*); **in der Front** në rresht; 3) fasadë (*e një godine etj.*).

Fr'ontabschnitt *m* **-(e)s, -e** sektor i frontit.

front'al 1. *a* frontal, ballor; 2. *adv* frontalisht, në mënyrë ballore.

Front'alangriff *m* **-(e)s, -e** *usht* sulm frontal, ballor.

Fr'ontdienst *m* **-es** shërbim ushtarak në front.

fror *sh* **frieren***.

Frosch *m* **-s, Frösche** *zool* bretkosë; *fig bis* **er bläst sich auf wie ein Frosch** fryhet si gjel; *fig bis* **ich habe einen Frosch im Hals** më është ngjirur zëri.

Fr'oschmann *m* **-(e)s, -männer** zhytës.

Frost *m* **-es, Fröste** ngricë, cingërimë; **die Pflanzen haben Frost bekommen** bimët janë tharë nga ngrica.

Fr'ostbeule *f* =, **-n** morth.

fr'östeln *vi* (h) rrëqethem (*nga të ftohtët*).

fr'ostig *a* 1) shumë i ftohtë, acar (*mot*); 2) *fig* i ftohtë, i akullt (*pritje etj.*).

frott'ieren *vt* fërkoj (*trupin me peshqir etj.*).

fr'otzeln *vt bis* ngacmoj, tall.

Frucht *f* =, **Früchte** 1) fryt, pemë; *fig* **verbotene Frucht** pemë e ndaluar; 2) *fig* fryt; **die Früchte der Arbeit, des Fleißes, des Leichtsinns, der Mühe ernten** mbledh (vjel) frytet e punës, të zellit, të mendjelehtësisë, të përpjekjeve.

Fr'uchtabtreibung *f* =, **-en** *mjek* dështim, abort.

fr'uchtbar *a* 1) pjellore, e gratshme (*tokë etj.*); 2) *fig* e frytshme (*punë etj.*); 3) e aftë të lindë (*grua*).

Fr'uchtbarkeit *f* = 1) pjellori; 2) *fig* frytshmëri (*e punës etj.*).
fr'uchtbringend *a* i frytshëm (*bashkëpunim etj.*).
fr'uchten *vi* **(h)** ka dobi, ka grat; **es fruchtet nichts** s'del gjë në dritë (*nga një punë etj.*).
Fr'uchtkern *m* **-(e)s, -e** *bot* bërthamë.
fr'uchtlos *a* i pafrytshëm, i kotë.
Fr'uchtlosigkeit *f* = pafrytshmëri, kotësi (*e përpjekjeve etj.*).
fr'uchttragend *a* frytdhënës.
Fr'uchtwechsel *m* **-s, =** *bujq* qarkullim bujqësor.
frug'al *a* i thjeshtë (*ushqim etj.*).
früh 1. *a* 1) i hershëm; i parakohshëm; **frühes Alter** moshë e njomë; **ein früher Bote des Frühlings** lajmëtar i parë i pranverës; **meine frühesten Erinnerungen** kujtimet e mia të para; **ein früher Tod** një vdekje e parakohshme; **am frühen Morgen** herët në mëngjes; **in früher, frühester Jugend** në rininë e parë; 2) i mëparshëm; **ein früher Freund von mir** një mik i dikurshëm imi; **der frühere Minister** ish-ministri; **in früheren Zeiten** në kohë të shkuara; 2. *adv* herët; **früh aufstehen** ngrihem herët; **früh sterben** vdes para kohe; **möglichst früh** sa më herët; **früher** a) më herët; b) më parë; **der früher erwähnte X.Y.** i lartpërmenduri X.Y.; **je früher, desto besser** sa më parë (herët), aq më mirë; **früher oder später** herët a vonë; **wir kennen uns von früher** njihemi qëkur; **es ist alles noch wie früher** të gjitha janë siç kanë qenë.
Fr'ühaufsteher *m* **-s, =** ai që ngrihet herët.
Fr'ühe *f* = mëngjes; **in aller Frühe** pa aguar mirë.
fr'üh(e)stens *adv* jo më herët, jo më parë (*se një kohë*); **er kommt frühestens morgen** ai nuk vjen më parë se nesër.
Fr'ühfrost *m* **-es, -fröste** ngricë e parakohshme.
Fr'ühgeburt *f* **=, -en** 1) lindje e parakohshme; 2) pjellje e parakohshme.
Fr'ühjahr *n* = pranverë.
Fr'ühling *m* **-s, -e** pranverë.
fr'ühreif *a* 1) që piqet shpejt, i hershëm; 2) i zhvilluar, i pjekur para kohe (*fëmijë*).
Fr'ühschicht *f* **=, -n** ndërresë e parë (*në punë*).
Fr'ühstück *n* **-s, -e** mëngjes (*e ngrënë*).
fr'ühstücken *vi* **(h)** ha mëngjesin.
fr'ühzeitig 1. *a* 1) i hershëm; 2) i parakohshëm; 2. *adv* që më herët, që më parë.
Frustrati'on *f* **=, -en** ndjenjë pakënaqësie; zhgënjim.
frustr'ieren *vt* nuk kënaq; zhgënjej.
Fuchs *m* **-es, Füchse** *zool* 1) dhelpër; 2) *fig* skile, dhelpër; **er ist ein alter Fuchs** është një skile e vjetër.
F'uchsbau *m* **-(e)s, -e** strofkë e dhelprës.
f'uchsen *vt bis* zemëroj keq.
f'uchsrot *a* qimekuq (*kalë etj.*).
F'uchsschwanz *m* **-es, -schwänze** lloj sharre.
F'uchtel *f* **=, -n** 1) *vjet* shufër; 2) *fig* disiplinë e rreptë; **jemanden unter der Fuchtel halten** ia mbledh rripat dikujt.
f'uchteln *vi* **(h)** tund; **mit den Händen fuchteln** tund duart.
f'uchtig *a bis* shumë i zemëruar.
F'uder *m* **-s, =** 1) (*një*) qerre (*kashtë, dru etj.*); 2) masë e vjetër për lëngje, baraz me 800-1000 litra.
f'uderweise *adv* me qerre.

Fug *m* : *shpr* **mit Fug und Recht** me plot të drejtë.

F'uge I *f* =, **-n** *tek* fugë (*e murit etj.*); *fig* **die Welt ist aus den Fugen** është prishur bota.

F'uge II *f* =, **-n** *muz* fugë.

f'ügen 1. *vt* lidh, bashkoj; përshtas, ujdis; *fig* **das Schicksal hat es so gefügt** kështu e deshi fati; 2. *vrefl* **sich fügen** 1) ndodh, ngjan; 2) bindem; 3) **(in A)** i nënshtrohem (*fatit etj.*).

f'ügsam *a* i bindur; i nënshtruar.

F'ügsamkeit *f* = të qenët i bindur, i nënshtruar.

F'ügung *f* =, **-en** 1) lidhje, bashkim; 2) fat; 3) bindje, nënshtrim.

f'ühlbar *a* i ndjeshëm (*përmirësim etj.*).

f'ühlen 1. *vt* 1) ndiej (*gëzim, hidhërim etj.*); **Hunger, Durst, Hitze, Kälte fühlen** kam uri, etje, të ftohtë, vapë; **ich fühle, daß er mir nicht vertraut** e ndiej se ai nuk më beson; **ein fühlendes Herz** një zemër e ndjeshme; 2) prek (*pulsin etj.*); 2. *vi* **(h)** ndiej; 2) **(nach D)** kërkoj me të prekur (*diçka në errësirë etj.*); 3. *vrefl* **sich fühlen** ndiej veten (*të prekur, përgjegjës, të huaj, të lumtur etj.*); **wie fühlen Sie sich?** si e ndieni veten?; **sich fremd fühlen** ndihem i huaj; nuk orientohem dot (*në një fushë etj.*).

Fühler *m* **-s**, =, **Fühlhorn** *n* **-(e)s, -hörner** *ent* brirth i insektit.

Fühlung *f* =, **-en** kontakt, lidhje; **Fühlung nehmen** marr lidhjen; **die Fühlung behalten** mbaj lidhjen; **die Fühlung verlieren** humb lidhjen.

F'ühlungnahme *f* = marrje e lidhjes.

F'uhre *f* =, **-n** (*një*) qerre (*dru etj.*); **zwei Fuhren Holz, Kohlen, Sand** dy qerre dru, qymyr, rërë.

f'ühren 1. *vt* 1) çoj, shpie; **jemanden auf den rechten Weg führen** a) nxjerr dikë në rrugë; b) *fig* nxjerr dikë në rrugë të mbarë; **das würde uns zu weit führen** kjo do të na çonte tepër larg; **was führt dich zu mir?** ç'të sjell tek unë?; **in Versuchung führen** shtie në ngasje, tundim; 2) drejtoj, udhëheq, komandoj, kryesoj; **die Truppen ins Gefecht führen** u prij ushtarëve në betejë; **das Ruder führen** a) mbaj timonin; b) *fig* udhëheq (*shtetin, qeverinë etj.*); **den Haushalt führen** qeveris shtëpinë; **Bücher führen** mbaj librat e llogarisë; **die Kasse führen** mbaj arkën; 3) kam, mbaj; **den Paß bei sich führen** mbaj (me vete) pasaportën; **einen Titel führen** kam një titull; **die Zeitschrift führt folgende Rubriken** e përkohshmja përmban këto rubrika; 4) kam, mbaj në shitje; 5) mbart, transportoj; **das Schiff führt Passagiere und Fracht** anija transporton pasagjerë e mallra; 6) : **die Aufsicht über etwas führen** mbikëqyr diçka; **den Befehl führen** urdhëroj; **Krieg führen** bëj luftë; **einen Briefwechsel mit jemandem führen** kam letërkëmbim me dikë; **einen Beweis führen** sjell një provë; **einen Prozeß führen** zhvilloj një gjyq; **Klage führen** ngre padi; **ein liederliches Leben führen** bëj jetë të shthurur; **das große Wort führen** luaj rolin kryesor; **warum führen Sie diese Reden?** ku doni të dilni me këto fjalë?; 2. *vi* **(h)** 1) çoj, shpie; **wohin soll das führen?** ku të shpie kjo?; 2) *sport* kryesoj, jam në krye (*të klasifikimit etj.*); 3. *vrefl* **sich führen** sillem.

f'ührend *a* udhëheqës.

F'ührer *m* **-s**, = 1) udhëheqës, prijës; 2) *usht* komandant; 3) sho-

fer; pilot; 4) shoqërues; 5) udhërrëfyes (*libër*).
F'ührerschaft *f* = udhëheqje.
F'ührerschein *m* **-s, -e** patentë shoferi.
F'uhrlohn *m* **-(e)s, -löhne** pagesë për një (*ose më shumë*) rrugë me qerre.
F'uhrmann *m* **-(e)s, -männer** *dhe* **-leute** karrocier, qerrexhi.
F'ührung *f* =, **-en** 1) udhëheqje, drejtim; 2) administrim; 3) sjellje; 4) : *sport* **in Führung** në krye (*të garës etj.*).
F'uhrwerk *n* **-(e)s, -e** qerre, karro.
F'uhrwesen *n* **-s** transport me qerre, me karro.
F'ülle *f* = 1) bollëk; **in Hülle und Fülle** me bollëk; 2) mori; **eine Fülle von Büchern** një mori librash.
f'üllen 1. *vt* 1) mbush (*gotën, barkun, dhëmbin etj.*); 2. *vrefl* **sich füllen** mbushet (*salla etj.*).
F'üllen *n* **-s,** = *zool* mëz.
F'üller *m* **-s,** =, **Füllfeder** *f* =, **-n, Füllfederhalter** *m* **-s,** =, **F'üllhalter** *m* **-s,** = stilograf.
f'üllig *a* i trashë, i shëndoshë.
F'üllung *f* =, **-en** 1) mbushje; 2) mbushje e dhëmbit.
fulmin'ant *a* madhështor, i shkëlqyeshëm.
f'ummeln *vi* **(h)** *bis* prek me nervozizëm.
Fund *m* **-(e)s, -e** zbulim; gjetje; **einen Fund machen** bëj një zbulim; **historische Funde** zbulime historike.
Fundam'ent *n* **-(e)s, -e** themel.
fundament'al *a* themelor.
F'undgrube *f* =, **-n** minierë (*edhe fig*); **dieses Buch ist eine Fundgrube** ky libër është një minierë (*për studiuesin etj.*).
fund'ieren *vt* 1) mbështes financiarisht; 2) bazoj (*shkencërisht etj.*).
Fundort *m* **-(e)s, -e** vend i gjetjes (*së një sendi*).
F'undus *m* = pronë (*tokë etj.*).
fünf *num* pesë; **es geht auf fünf** po shkon ora pesë; *shpr* **fünf gerade sein lassen, fünf eine gerade Zahl sein lassen** mbyll një sy.
Fünf *f* =, **-en** pesë (*notë*).
F'ünfeck *n* **-(e)s, -e** *gjeom* pesëkëndësh.
f'ünfeckig *a* pesëkëndësh.
F'ünfer *m* **-s,** = 1) monedhë pesëpfenigëshe; 2) monedhë, bankënotë pesëmarkëshe.
f'ünffach, fünffältig 1. *a* pesëfish; 2. *adv* pesë herë.
f'ünfstöckig *a* pesëkatësh.
f'ünftägig *a* pesëditësh.
f'ünfte *num* i pestë.
f'ünfzehn *num* pesëmbëdhjetë.
f'ünfzig *num* pesëdhjetë.
F'ünfziger *m* **-s,** = 1) burrë prej 50 gjer 59 vjeç; 2) monedhë pesëdhjetëpfenigëshe; 3) bankënotë pesëdhjetë markëshe.
fung'ieren *vi* **(h)** 1) veproj, funksionoj; 2) kryej një detyrë; **als stellvertretender Direktor fungieren** kryej detyrën e zëvendësdrejtorit.
Funk *m* **-s** radio; **über Funk** me anë të radios.
F'unkanlage *f* =, **-n** instalim radiotelegrafik.
F'unkbericht *m* **-(e)s, -e** radioreportazh.
F'unkbild *n* **-(e)s, -er** telefotografi.
F'unke *m* **-ns, -n** *sh* **Funken.**
f'unkeln *vi* **(h)** xixëllon; shkëlqen; **der Wein funkelt im Glas** vera vezullon në gotë.
f'unkelnagelneu *a* *bis* krejt i ri, fringo.
f'unken 1. *vi* 1) përshkënditet; 2): *fig bis* **es funkt nicht** nuk (*më*) ndez; 2. *vt* transmetoj me radio.
F'unken *m* **-s,** = 1) shkëndijë;

Funken sprühen përshkënditet; 2) : *fig* **er hat keinen Funken Anstandsgefühl** ai s'ka pikë turpi; *fig* **kein Funken Leben** asnjë shkëndijë jete; *fig* **keinen Funken Hoffnung mehr haben** s'kam më asnjë fije shprese.

F'unker *m* **-s, =** radist.

F'unkspruch *m* **-(e)s, -sprüche** radiogram.

F'unkstation *f* **=, -en, Funkstelle** *f* **=, -n** radiostacion.

Funkti'on *f* **=, -en** funksion.

Funktion'är *m* **-s, -e** 1) aktivist; 2) kuadër, funksionar; **ein leitender Funktionär** një kuadër udhëheqës.

funktion'ieren *vi* **(h)** funksionoj.

F'unkturm *m* **-(e)s, -türme** antenë radiotelegrafike.

F'unkverbindung *f* **=, -en** ndërlidhje radiotelegrafike.

F'unkwesen *n* **-s** radiodifuzion, radiopërhapje.

F'unkzeichen *n* **-s, =** sinjal radiotelegrafik.

F'unzel *f* **=, =** *n bis* llambë që digjet keq.

für 1. *präp* **(A)** 1) për; **für einen Monat** për një muaj; **für immer** përgjithnjë; **Tag für Tag** ditë për ditë; **Wort für Wort** fjalë për fjalë; **fürs erste** së pari; **er arbeitet für seine Familie** punon për familjen e vet; **er bekam fünf Mark für seine Arbeit** mori pesë marka për punën që bëri; **er ist sehr groß für sein Alter** është shumë i madh për moshën që ka; **ich halte es für besser, noch zu warten** mendoj se është më mirë të presim edhe ca; **sind Sie für oder gegen?** jeni pro apo kundër?; **es ist eine Sache für sich** është çështje më vete; **er lebt ganz für sich allein** ai rron fill i vetëm; 2) pas; **Schritt für Schritt** hap pas hapi; **Mann für Mann** njëri pas tjetrit; 3) *me përemrin* **was : was für ein Mensch?** ç'njeri?, çfarë njeriu?; 2. *adv* : **für und für** vazhdimisht; përherë.

Für *n* **=: das Für und (das) Wider** (argument) pro e kundër.

Fürbitte *f* **=, -n** ndërhyrje (*për të plotësuar dëshirën e një tjetri etj.*).

F'urche *f* **=, -n** 1) brazdë, hulli; **eine Furche auf dem Feld ziehen** hap një brazdë në arë; 2) rrudhë.

furchen *vt* 1) hap brazda në (*arë*); 2) *fig* rrudh (*ballin*).

Furcht *f* **=** frikë; **Furcht haben** kam frikë; **jemandem Furcht einjagen** i shtie frikën dikujt; **aus Furcht** nga frika.

f'urchtbar 1. *a* i frikshëm, i tmerrshëm; 2. *adv bis* tmerrësisht; **furchtbar häßlich** i shëmtuar sa të shtie frikën.

f'ürchten 1. *vt* 1) kam frikë nga (*diçka ose dikush*); **er fürchtet ihn nicht** ai s'ia ka frikën; 2): **ich fürchte, er kommt nicht mehr** kam frikë se nuk do të vijë më; 2. *vi* **(h)** **(für A)** kam frikë (*për dikë ose diçka*); 3. *vrefl* kam frikë, trembem; **er fürchtet sich vor dem Hund** ka frikë nga qeni.

fürchterlich *sh* **furchtbar.**

furchtlos *a* i patrembur, që s'ka frikë.

F'urchtlosigkeit *f* **=** të qenët i pafrikë; trimëri.

f'urchtsam *a* i druajtur.

F'urie *f* **=, -n** 1) *mit* furi; 2) *fig* bishë.

furi'os *a* i tërbuar.

f'ürliebnehmen* *sh* **vorliebnehmen.**

Furn'ier *n* **-s, -e** rimeso e hollë.

furn'ieren *vt* vesh me rimeso.

Fur'ore *f* : *shpr* **Furore machen** bëj bujë.

fürs = **für das.**

F'ürsorge *f* = 1) kujdes, përkujdesje; 2) sigurime shoqërore.

F'ürsprache *f* =, **-n** ndërhyrje (*për dikë*); **Fürsprache für jemanden einlegen** hedh një fjalë për dikë.

F'ürsprecher *m* **-s,** = ndërhyrës (*për dikë*).

Fürst *m* **-en, -en** princ.

F'ürstenhaus *n* **-es, -häuser** derë princërore, dinasti.

F'ürstentum *n* **-(e)s, -tümer** principatë.

f'ürstlich *a* 1) princëror; 2) *fig* bujar, i majmë (*shpërblim etj.*).

Furt *f* =, **-en** va (*lumi*).

Fur'unkel *m* **-s,** = *mjek* i thatë, lungë.

f'ürwahr *adv* me të vërtetë, vërtet.

Fürwort *n* **-(e)s, -wörter** *gram* përemër.

Furz *m* **-es, Fürze** pordhë.

f'urzen *vi* (h) pjerdh.

F'usel *m* **-s,** = raki e keqe.

Fusi'on *f* =, **-en** shkrirje.

Fuß I *m* **-es, Füße** 1) *anat* këmbë; **mit bloßen Füßen** zbathur; **zu Fuß gehen** shkoj më këmbë; **auf dem Fuß folgen** ndjek këmbakëmbës; **festen Fuß fassen** ngulem (*në një vend*); **mit jemandem auf gutem Fuß stehen** kam marrëdhënie të mira me dikë; **sich die Füße vertreten** shpij këmbët; **die Füße wundlaufen** i bëj këmbët gjak duke ecur; *fig* **bis kalte Füße bekommen** bie ngushtë; **stehenden Fußes umkehren** kthehem menjëherë; **jemanden auf freien Fuß setzen** liroj dikë (*nga burgu etj*); *fig* **auf großem Fuß leben** jetoj në luks të madh; **auf eigenen Füßen stehen** jam i zoti i vetes; **jemandem den Fuß auf den Nacken setzen** i vë shkelmin (këmbën) dikujt; *usht* **Gewehr bei Fuß!** a) pranë këmbësarmë!; b) *fig* gati për luftë; **von Kopf bis Fuß** nga koka te këmbët; *fig* **mit beiden Füßen auf der Erde stehen** jam me të dyja këmbët në tokë; **was er sagt hat Hand und Fuß** ç'thotë ai është e drejtë; **er steht mit einem Fuß im Grabe** është me një këmbë në varr; **ich setze den Fuß nicht mehr über seine Schwelle** s'ia shoh më derën, s'ia shkel më pragun; **den Boden unter den Füßen verlieren** a) më shket toka nën këmbë; b) *fig* humb fillin; 2) këmbë (*tryeze*); 3) rrëzë (*mali*); 4) *let* këmbë (*vargu*).

Fuß II *m* **-es** këmbë (*njësi matjeje*); **drei Fuß lang, breit, hoch** tri këmbë i gjatë, i gjerë, i lartë.

F'ußball *m* **-(e)s, -bälle** futboll.

F'ußballelf *f* =, **-en** skuadër futbolli.

F'ußbank *f* =, **-bänke** stol për të vënë këmbët.

F'ußbekleidung *f* =, **-en** këpucë e çorapë.

F'ußboden *m* **-s, -böden** dysheme.

F'ußbreit *m* : **um jeden Fußbreit Boden kämpfen** luftoj për çdo pëllëmbë tokë.

F'ußdecke *f* =, **-n** batanije, pled.

F'ussel *f* =, **-n** fije; qime; **an deiner Jacke hängen viele Fusseln** ke shumë qime në xhaketë.

f'usselig *a bis* i mbushur me fije, me qime etj.; *fig bis* **sich den Mund fusselig reden** më zë goja lesh duke folur (*për të bindur dikë*).

f'usseln *vi* (h) i dalin fijet (*stofit etj.*).

f'ußen *vi* **(auf D)** bazohem, mbështetem (*në diçka*).

F'ußende *n* **-s, -n** fund (*i shtratit etj.*).

F'ußgänger *m* **-s,** = këmbësor.

F'ußhebel *m* **-s,** = pedal.

f'ußhoch *a* një këmbë i lartë.

F'ußknöchel *m* **-s,** = *anat* nyjë e këmbës.

F'ußmatte *f* =, **-n** fshirëse këmbësh.

F'ußnote *f* =, **-n** shënim në fund të faqes.
F'ußpfad *m* **-(e)s, -e** shteg.
F'ußsohle *f* =, **-n** shollë e këmbës.
F'ußsoldat *m* **-en, -en** këmbësor.
F'uß(s)tapfe *f* =, **-n, Fuß(s)tapfen** *m* **-s,** = gjurmë këmbe; *fig* **in jemandes Fußstapfen treten** shkoj pas gjurmëve të dikujt.
F'ußtritt *m* **-(e)s, -e** 1) gjurmë këmbe; 2) shkelm; **jemandem einen Fußtritt versetzen** i bie me shkelm dikujt.
F'ußvolk *n* **-(e)s** *usht* këmbësori.
F'ußweg *m* **-(e)s, -e** rrugë për këmbësorët, trotuar.
futsch *a* : *bis* **futsch sein** e merr lumi; **mein Geld ist futsch!** ikën paret!; **die Uhr ist futsch** u prish ora!
F'utter I *n* **-s** ushqim (*për kafshët e shpendët*).
F'utter II *n* **-s,** = astar.
Futter'al *n* **-s, -e** këllëf (*syzesh etj.*).
F'utterkrippe *f* =, **-n** grazhd (*edhe fig*).
fu'ttern *vt dhe vi* **(h)** *bis* ha me shumë oreks.
f'üttern I *vt* 1) ushqej (*kafshën*); 2) mëkoj (*fëmijën*).
f'üttern II i vë astar (*palltos etj.*).
F'utterrübe *f* =, **-n** *bot* panxhar.
F'uttersack *m* **-(e)s, -säcke** torbë e kalit.
Futterstoff *m* **-(e)s, -e** astar.
Futur(um) *n* **-s, -tura** *gram* kohë e ardhshme.

G

g = **Gramm** gram.
gab *sh* **geben***.
G'abe *f* =, **-n** 1) dhuratë; 2) dozë; 3) : **milde Gabe** lëmoshë; 4) dhunti, talent; **bei deinen Gaben könntest du viel mehr leisten** me talentin që ke mund të bëje shumë më tepër.
G'abel *f* =, **-n** 1) pirun; 2) sfurk.
G'abelfrühstück *n* **-s, -e** mëngjes (*e ngrënë*).
g'abeln 1. *vt* marr me pirun; 2. *vrefl* **sich gabeln** degëzohet, bigëzohet (*rruga, dega etj.*).
g'ackern *vi* (**h**) kakarit (*pula etj.*).
g'affen *vi* (**h**) shikoj gojëhapur, i çuditur, i habitur.
G'affer *m* **-s,** = kureshtar.
Gag [*geg*] *m* **-s, -s** *teat* efekt humoristik.
Gage [*g'azhë*] *f* =, **-n** honorar (*i një artisti etj.*).
g'ähnen *vi* (**h**) 1) gogësij, më hapet goja; **ein Gähnen unterdrücken** mbys një gogësimë; 2) : *fig* **vor uns gähnte eine tiefe Schlucht** para nesh hapej një humnerë e thellë.
G'ala *f* = rroba feste; uniformë parade; **in Gala erscheinen** dal me uniformë parade; *bis* **sich in Gala werfen** vishem e mbathem punë e madhe.
Gal'an *m* **-s, -e** *bis* dashnor.
gal'ant *a* kalorësiak, shumë i sjellshëm (*me femrat*).
Galanter'ie *f* = 1) kalorësi, sjellje kalorësiake; 2) **-ri/en** kompliment kalorësiak.
Galanter'iewaren *pl vjet* artikuj galanterie.
G'alavorstellung *f* =, **-en** shfaqje festive (*për nder të një personaliteti etj.*).
Gal'eere *f* =, **-n** *hist* galé (*anije*).
Gal'eerenarbeit *f* =, **-en** punë skllavi.
Galer'ie *f* =, **-ri/en** *ark, teat, min, art* galeri.
G'algen *m* **-s,** = trekëmbësh; **er wird am Galgen enden** ai do të mbarojë në litar.
G'algenfrist *f* =, **-en** *bis* shtyrje e fundit e afatit.
G'algenhumor *m* **-s** gaz-maraz.
G'alle *f* = 1) vrer; *fig* **Gift und Galle speien** vjell helm e vrer; *bis* **ihm läuft die Galle über** ai është tërbuar fare; 2) *anat bis* tëmbël.
G'allenblase *f* =, **-n** *anat* fshikëz e tëmblit.
G'allert *n* **-(e)s, -e** xhelatinë.
g'allig *a* 1) i vrertë, plot vrer; 2) *fig* me helm (*fjalë etj.*).
Gal'opp *m* **-s, -s** *dhe* **-e** galop (*i kalit*).
galopp'ieren (**h, s**) vrapoj galop; *mjek* **galoppierende Schwindsucht** tuberkuloz galopant.
galt *sh* **gelten***.
Gam'asche *f* =, **-n** këmbale.
gang *a: shpr* **das ist gang und gäbe** kështu e do zakoni.
Gang *m* **-(e)s, Gänge** 1) *vetëm sing* mënyrë të ecuri; hap; 2) rrugë; **einen Gang machen** bëj një rrugë (*për një punë etj.*); *fig* **der letzte Gang** udhëtimi i fundit; 3) *vetëm sing* lëvizje; *tek* **leerer Gang** punë pa ngarkesë (*e motorit*); **den zweiten (dritten) Gang einschalten** vë marshin e dytë (e tretë); **im (in vollem) Gange sein** a) punon me tërë kapacitetin (*makina*); b) *fig* jam në kulm (*të një pune etj.*); **in Gang kommen** a) fillon të punojë (*makina*); b) *fig* vihet në vijë (*një punë etj.*); **in Gang setzen** a) vë në

lëvizje (*një makinë etj.*); b) *fig* nis (*bisedën etj.*); **sich in Gang setzen** tundem nga vendi; **in Gang halten** a) mbaj në lëvizje; b) *fig* mbaj gjallë (*bisedën etj.*); 4) *vetëm sing* zhvillim, ecuri; **der Gang der Weltgeschichte** zhvillimi i historisë së përbotshme; **den Ereignissen ihren Gang lassen** nuk ndërhyj në zhvillimin e ngjarjeve; **das Gerücht ist im Gang** është hapur fjala; **seinen Gang gehen** bëj punën time; **einen anderen Gang nehmen** marr një rrugë tjetër; 6) : **der erste, zweite, dritte Gang** e parë, e dytë, e tretë (*gjellë*); 7) *sport* raund; 8) kalim, korridor, rruginë; 9) *min* damar minerali; 10) *anat* kanal; 11) *tek* hap i vidhës.

G'angart *f* =, **-en** mënyrë ecjeje.

g'angbar *a* i kalueshëm (*vend*).

G'ängelband *n* **-(e)s, -bänder** *edhe fig* rripa për të mbajtur fëmijët që fillojnë të ecin.

gängeln *vt* mbaj me rripa (*një fëmijë që ka filluar të ecë*); *fig bis* mbaj nën tutelë (*dikë*).

g'ängig *a* 1) i përgjithshëm (*mendim etj.*); 2) që shitet (*mall etj.*); 3) i përdorshëm (*fjalë, term, shprehje*); 4) në qarkullim (*pare etj.*).

Gangster [*g'engstër*] *m* **-s,** = gangster.

Gangway [*g'enguej*] *f* =, **-s** shkallë (*për të hipur në avion ose anije*).

Gan'ove [*-ve*] *m* **-n, -n** mashtrues.

Gans *f* =, **Gänse** *zool* patë; *fig* **dumme Gans** budallaqe.

G'änseblümchen *n* **-s,** = *bot* margaritë.

G'änsefüßchen *pl gram bis* thonjëza.

G'änsehaut *f* = mornica; **eine Gänsehaut überlief ihn** i shkuan të ngjethura në të gjithë trupin.

G'änsemarsch *m* : shpr **im Gänsemarsch gehen** shkojmë varg, njëri pas tjetrit.

G'änserich *m* **-(e)s, -e** *zool* patok.

ganz 1. *a* gjithë, i tërë; i plotë; **den ganzen Tag** gjithë ditën (e lume); **er ist ganz der Vater** është krejt (gjalli) i ati; **die ganze Welt** mbarë bota; **im großen und ganzen** në tërësi; **von ganzem Herzen** nga thelbi i zemrës; me gjithë zemër; **ein ganzes Jahr** një vit të tërë; **das ist ein ganzer Mann** ai është burrë; **ganz sein** jam në rregull; *bis* **ich besitze noch ganze drei Mark** më kanë mbetur dhe tri marka; **ich bin ganz Ohr** i bëj veshët bigë; 2. *adv* krejt, plotësisht; shumë; **ganz und gar** fare, krejt.

Gänze *f* = tërësi; **etwas in seiner Gänze erfassen** kap në tërësi diçka.

G'anzes *n* **-n** e tërë, tërësi; **das ist nichts Ganzes und nichts Halbes** kjo nuk është as e tëra, as gjysma.

G'anzheit *f* =, **-en** e tërë, tërësi.

g'änzlich 1. *a* i plotë; 2. *adv* plotësisht, krejt.

g'anztägig *a* gjithë ditën.

gar 1. *a* 1) i zier, i pjekur, i fërguar sa duhet; **das Fleisch ist nicht recht gar** mishi nuk është zier sa duhet; 2) i regjur; **gar machen** regj (*lëkurën*); 2. *adv* 1) bile, madje; krejt; fort, shumë; **gar bald** shumë shpejt; **gar zu (sehr)** tepër; **gar oft** shumë shpesh; **gar viel** shumë; **gar nicht** aspak; **gar kein** askush; **warum nicht gar!** edhe kjo na duhej!, përse jo?; 2) ndoshta; **hast du es gar vergessen** mos ndoshta e ke harruar?

Garage [*gar'azhë*] *f* =, **-n** garazh.

garagieren [*garazh'irën*] *vt aust* fus në garazh (*për një kohë të gjatë makinën*).

Gar'ant *m* **-en, -en** garant.

Garant'ie *f* =, **-i/en** garanci; **unter Garantie** me garanci.
garant'ieren *vt dhe vi* (h) garantoj.
G'araus *m* : *shpr* **jemandem den Garaus machen** i jap dikujt goditjen e fundit.
G'arbe *f* =, **-n** duaj (*gruri etj.*); **zu, in Garben binden** lidh në duaj.
G'arde *f* =, **-n** gardë; *fig* **einer von der Garde** shok i vjetër.
Garder'obe *f* =, **-n** gardërobë.
Garderobiere [*gardërobi'erë*] *f* =, **-n** gardërobiste.
Gard'ine *f* =, **-n** perde; *fig bis* **hinter schwedischen Gardinen** në burg.
Gardinenpredigt *f* =, **-en** *bis* predikim, qortim (*që i bën burrit gruaja e zemëruar*).
Gard'ist *m* **-en, -en** gardist.
g'aren *vt dhe vi* (h) ziej, zien.
g'ären* *edhe sipas zgjedhimit të dobët vi* (h) fermenton (*birra, rrushi etj.*); *fig* **es gärt** po zien kazani, po zien diçka (*në popull*).
Garn *n* **-(e)s, -e** 1) fill; 2) rrjetë (*për peshk, zogj*); 3) : *fig* **ein Garn spinnen** tregoj gjepura.
garn'ieren *vt* i shtoj si garniturë (*perime mishit etj.*).
Garnis'on *f* =, **-en** garnizon.
Garnit'ur *f* =, **-en** 1) komplet (*ndërresash etj.*); 2) *bis* kategori (*e parë, e dytë etj. e një grupi*).
g'arstig i shëmtuar, i keq (*fytyrë*); i pështirë, i neveritshëm (*kafshë*); i keq, i prapë (*fëmijë*).
G'arten *m* **-s, Gärten** kopsht; **zoologischer Garten** kopsht zoologjik; **botanischer Garten** kopsht botanik.
G'artenanlage *f* =, **-n** lulishte (*në një shesh qyteti*).
G'artenbau *m* **-(e)s** kopshtari.
G'artenhaus *n* **-es, -häuser** shtëpizë në kopsht.
G'artenlaube *f* =, **-n** tendë, qoshk në kopsht.
G'ärtner *m* **-s,** = kopshtar; *fig* **den Bock zum Gärtner machen** vë ujkun të ruaj dhentë.
Gärtner'ei *f* =, **-en** kopshtari.
G'ärung *f* =, **-en** 1) fermentim; 2) *fig* trazirë, diçka që zien (*në popull etj.*).
Gas *n* **-es, -e** gaz.
G'asabwehr *f* = mbrojtje kimike.
G'asalarm *m* **-(e)s, -e** alarm kimik.
G'asanstalt *f* =, **-en** uzinë gazi.
g'asartig *a* gazoz.
g'asdicht *a* i papërshkueshëm nga gazi.
g'asförmig *a* i gaztë.
G'ashahn *m* **-(e)s, -hähne** rubinet i gazit.
G'asherd *m* **-(e)s, -e, Gaskocher** *m* **-s,** = furnelë me gaz.
Gasmaske *f* =, **-n** kundërgaz.
G'asraum *m* **-(e)s, -räume** dhomë gazi.
G'asschutz *m* **-es** *sh* **Gasabwehr.**
G'asse *f* =, **-n** rrugicë.
G'assenjunge *m* **-n, -n** rrugaç.
g'assicher *a* i papërshkueshëm nga gazi.
Gast *m* **-es, Gäste** 1) mysafir, mik; vizitor; **die Gäste begrüßen** përshëndes mysafirët, miqtë; **wir haben Gäste** kemi miq; **Sie sind heute mein Gast** sot jeni mysafir tek unë; **ungebetener Gast** mysafir, mik i paftuar, i padëshirueshëm; **jemanden zu Gast(e) bitten, laden** ftoj dikë; 2) artist në turne.
G'astarbeiter *m* **-s,** = punëtor i huaj (*që punon jashtë vendit të vet*).
g'astfrei, g'astfreundlich *a* mikpritës, i pritshëm.
G'astfreundlichkeit *f* = mikpritje.
G'astfreundschaft *f* = mikpritje.
G'astgeber *m* **-s,** = zot i shtëpisë; ai që organizon, jep një pritje.

G'asthaus *n* **-es, -häuser, G'asthof** *m* **-(e)s, -höfe** hotel, bujtinë.
gast'ieren *vi* **(h)** jap shfaqje, koncert etj. në turne.
g'astlich *sh* **gastfrei.**
G'astlichkeit *f* = mikpritje.
G'astmahl *n* **-(e)s, -mähle** gosti.
G'astrolle *f* **=, -n, G'astspiel** *n* **-(e)s, -e** shfaqje, koncert etj. në turne.
Gastron'om *m* **-en, -en** 1) gastronom; 2) zot i restorantit.
Gastronom'ie *f* = gastronomi, art i kuzhinës.
G'aststätte *f* **=, -n** tavernë, restorant.
G'aststube *f* **=, -n** tavernë (*e një bujtine etj.*).
G'astwirt *m* **-(e)s, -e** zot i tavernës, i bujtinës.
G'astwirtschaft *f* **=, -en** tavernë, bujtinë.
G'aswerk *n* **-(e)s, -e** fabrikë gazi.
G'aszähler *m* **-s, =** sahat, njehsor i gazit.
G'atte *m* **-n, -n** burrë, bashkëshort; **die Gatten** bashkëshortët.
G'atter *n* **-s, =** gardhnajë; vathë; trinë e gardhit.
G'attin *f* **=, -nen** grua, bashkëshorte.
G'attung *f* **=, -en** 1) lloj; 2) *biol* gjini; 3) gjini (*letrare*).
G'attungsname *m* **-ns, -n** *gram* emër i përgjithshëm.
Gau *m* **-(e)s, -e** krahinë, qark, rreth.
G'audium *n* **-s** *bis* gaz; zbavitje.
Gaukel'ei *f* **=, -en** hile; mashtrim; **die Gaukelei durchschauen** i bie hiles.
g'aukeln *vi* 1) **(s)** rreh flatrat (*flutura*); 2) **(h)** *fig* bëj numra (*në cirk etj.*).
G'aukelspiel *n* **-(e)s, -e** marifet, numër (*cirku etj.*).
G'aukler *m* **-s, =** 1) artist panairi; 2) mashtrues.
Gaul *m* **-(e)s, Gäule** 1) kalë; *prov* **einem geschenkten Gaul schaut man nicht ins Maul** ta japin gomarin pa pare, e sheh dhe nga dhëmbët; 2) gërdallë.
G'aumen *m* **-s, =** 1) *anat* qiellzë; 2) *fig* shije.
G'auner *m* **-s, =** kopuk, mashtrues, batakçi, qerrata.
Gauner'ei *f* **=, -n** batakçillëk, qerratallëk.
G'aunersprache *f* = gjuhë hajdutësh.
G'aunerstück *n* **-(e)s, -e** hile, batakçillëk, mashtrim.
G'aze [*-zë*] *f* **=, -n** 1) gazë; 2) tyl (*për perde etj.*).
Gaz'elle *f* **=, -n** *zool* sutë, gazelë.
Ge'ächz(e) *n* **-es** rënkime.
Ge'äst *n* **-(e)s** degë (*të drurit*).
Geb'äck *n* **-(e)s, -e** biskotë.
Geb'alge *n* **-s** *bis* përleshje, kacafytje.
Geb'älk *n* **-(e)s** *ark* gërshërëz; trarë të shtëpisë.
geb'ar *sh* **gebären*.**
Geb'ärde *f* **=, -n** gjest; **sich durch Gebärden verständlich machen** merrem vesh me gjeste.
geb'ärden, sich *vrefl* sillem; **sich wie toll gebärden** bëj si i çmendur.
Geb'ärdensprache *f* **=, -n** gjuhë e gjesteve.
Geb'aren *n* **-s** sjellje.
geb'ären* *vt* lind; pjell; **in dieser Stadt bin ich geboren** në këtë qytet kam lindur; *prov* **der Berg kreißt und gebiert eine Maus** u tund mali dhe polli një mi.
Geb'ärende *f* **=, -nen** lehonë.
Geb'ärmutter *f* **=, -mütter** *anat* mitër.
Geb'äude *n* **-s, =** ndërtesë.
Geb'ein *n* **-(e)s, -e** 1) kocka; 2) *vetëm pl* eshtra (*të një dëshmori etj.*).
Geb'ell *n* **-s** të lehura.

g'eben* 1. *vt* jap; **ein Wort gab das andere** fjala nxori fjalën; **gib's ihm!** bjeri!; thuaja!; jepja!; **Antwort geben** jap përgjigje; **jemandem Aufklärung geben (über A)** sqaroj dikë (*për diçka*); **einem Gedanken Ausdruck geben** shpreh një mendim; **jemandem Bedenkzeit geben** i jap dikujt kohë të mendojë; **seine Einwilligung zu etwas geben** jap pëlqimin për diçka; **ein Essen geben** shtroj një drekë (darkë); **ein Gastspiel geben** jap një shfaqje në turne; **gestern wurde »Hamlet« gegeben** dje shfaqën »Hamletin«; **jemandem die Hand geben** i jap dikujt dorën; **sich Mühe geben** përpiqem; **gib doch endlich Ruhe!** pusho më në fund!; **jemandem die Schuld an etwas geben** i vë, i hedh dikujt fajin për diçka; *fig bis* **jemandem es tüchtig geben** ia them troç dikujt; **er gibt nicht gern** është dorështrënguar; **jemandem recht geben** i jap dikujt të drejtë; **einen Kranken verloren geben** ia heq shpresën një të sëmuri; **etwas auf sich geben** shikoj veten; 2. *vimp* ka; **es gibt Fälle** ka raste; **hier gibt es keine Wölfe mehr** këtu s'ka më ujq; **das gibt es nicht!** s'ka se si!; **was gibt's?** ç'kemi?; 3. *vrefl* **sich geben** 1) kalon (*dhembja, sëmundja etj.*); 2) dorëzohem; **sich besiegt geben** pohoj se e kam humbur; 3) sillem; **sie gibt sich ganz unbefangen** ajo sillet tepër lirisht.

G'eber *m* **-s, =** dhënës.

Geb'et *n* **-(e)s, -e** lutje (*fetare*); *fig bis* **jemanden ins Gebet nehmen** qortoj dikë, i heq vërejtjen dikujt.

Geb'etbuch *n* **-(e)s, -bücher** libër lutjesh.

geb'eten *sh* **bitten***.

Geb'iet *n* **-(e)s, -e** 1) zonë; pellg (*i Rurit etj.*); territor (*i një shteti*); 2) *fig* sferë, fushë, lëmë (*e një shkence etj.*).

geb'ieten* 1. *vt* urdhëroj; kërkoj; **einer Sache Einhalt gebieten** ndaloj diçka; **geboten sein** është e këshillueshme, e domosdoshme, me vend; **hier ist Vorsicht geboten** këtu duhet kujdes; 2. *vi* **(h) (über A)** drejtoj, udhëheq; sundoj; **hier gebiete ich!** këtu urdhëroj unë!

Geb'ieter *m* **-s, =** sundimtar; zot.

geb'ieterisch *a* 1) urdhërues; **in gebieterischem Ton sprechen** flas me ton urdhërues; 2) despotik.

Geb'ilde *n* **-s, =** 1) krijim; formim; 2) *fig* pjellë (*e fantazisë etj.*).

geb'ildet *a* me shkollë, i ngritur.

Geb'inde *n* **-s, =** thurimë (*send i thurur*).

Geb'irge *n* **-s, =** 1) male, malësi; 2) *fig* mal; **ein Gebirge von Akten** një mal dosjesh.

geb'irgig *a* malor (*vend etj.*).

Geb'irgspaß *m* **-sses, -pässe** qafë mali.

Geb'irgsrücken *m* **-s, =** kreshtë mali.

Geb'irgszug *m* **-(e)s, -züge** vargmal.

Geb'iß *n* **-sses, -sse** 1) dhëmbë; **künstliches Gebiß** dhëmbë të vënë; 2) gojëz, gjem (*i kalit*).

geb'issen *sh* **beißen***.

Gebl'äse *n* **-s, =** fryrëse (*e furrës etj.*).

gebl'ieben *sh* **bleiben***.

gebl'ümt *a* i zbukuruar me lule.

Gebl'üt *n* **-(e)s** gjak, fis.

geb'ogen *sh* **biegen***.

geb'oren *a* 1) i lindur; **geborener Albaner** i lindur shqiptar; 2) i lindur (*artist etj.*); *shpr* **zu etwas geboren sein** kam lindur për diçka.

geb'orgen *a* i mbrojtur, i siguruar; *shpr* **sich geborgen fühlen** e ndiej veten të mbrojtur, të sigurtë (*te dikush, diku etj.*).

Geb'orgenheit *f* = siguri, ndjenjë e sigurisë.

geb'orsten *sh* **bersten*.**

Geb'ot *n* **-(e)s, -e** 1) urdhëresë; 2) porosi; **das Gebot der Stunde** kërkesë e çastit; **jemandem zu Gebote stehen** i rri gati dikujt; 3) *treg* ofertë (*në ankand*).

geb'oten *sh* **bieten*, gebieten*.**

gebr'acht *sh* **bringen*.**

gebr'annt *sh* **brennen*.**

Gebr'auch *m* **-s, -bräuche** 1) *vetëm sing* përdorim; shfrytëzim; **in Gebrauch kommen** hyn në përdorim, në punë; **in Gebrauch sein** përdoret, është në përdorim; **außer Gebrauch kommen** del jashtë përdorimit; **von etwas Gebrauch machen** përdor diçka; 2) zakon, doke; **es ist hier (so) der Gebrauch, daß man ...** këtu e do zakoni që ...

gebr'auchen *vt* përdor, shtie, fus në punë; **das kann ich nicht gebrauchen** kjo s'më hyn në punë; **gebrauchte Bücher** libra të përdorur; **gebrauchte Wäsche** a) rroba të palara; b) rroba të vjetra, të përdorura.

gebr'äuchlich *a* i përdorshëm; **das ist hier nicht gebräuchlich** kjo nuk përdoret këtu.

Gebr'äuchlichkeit *f* = përdorshmëri.

Gebr'auchsanweisung *f* =, **-en** mënyrë, udhëzim përdorimi (*për një vegël etj.*).

Gebr'auchsartikel *m* **-s, =, Gebrauchsgegenstand** *m* **-(e)s, -stände** artikull i përdorimit të përditshëm (*lugë, krehër etj.*).

Gebr'auchswert *m* **-(e)s, -e** *ek* vlerë përdorimi (*e një malli*).

Gebr'auchtwagen *m* **-s, =** automobil i përdorur.

Gebr'aus(e) *n* **-ses** zhurmë (*e rrugës etj.*); shungullimë (*e dallgëve etj.*).

gebr'echen* *vi* **(an D)** (*më*) mungon (*diçka*).

Gebr'echen *n* **-s, =** sëmundje, lëngim; **die Gebrechen des Alters** lëngimet e moshës.

gebr'echlich *a* 1) i brishtë, i thyeshëm; 2) i dobët, shëndetlig; **alt und gebrechlich sein** jam plak e shëndetlig.

Gebr'echlichkeit *f* = shëndet i lig.

gebr'ochen *a* i thyer; *mat* **gebrochene Zahl** thyesë; **gebrochenes Deutsch** gjermanishte e keqe.

Gebr'üder *pl* vëllezër (*që punojnë bashkë*).

Gebr'üll *n* **-(e)s** pëllitje; ulëritje.

geb'ückt *a* i gërmuqur.

Geb'ühr *f* = **-en** 1) ajo që (*më*) takon, (*më*) përket; **nach Gebühr** sa më takon; **jemanden über Gebühr beanspruchen** ngarkoj dikë më tepër nga ç'është e drejtë; 2) tarifë (*poste, telefoni etj.*); kuotë anëtarësie; honorar (*avokati*); pagesë.

geb'ühren 1. *vi* **(h)** (*më*) takon, (*më*) përket; 2. *vrefl* **sich gebühren** (*më*) ka hije.

geb'ührend 1. *a* përkatës; 2. *adv* siç duhet, siç ka hije; si (*më*) përket, (*më*) takon etj.

geb'ührenfrei *a* pa pagesë; falas.

geb'ührenpflichtig *a* me pagesë.

geb'unden *a* 1) i lidhur (*libër*); 2): *fiz* **gebundene Wärme** nxehtësi e fshehtë.

Geb'urt *f* =, **-en** 1) lindje; *fig* **das war eine schwere Geburt** kjo ishte punë e vështirë; 2) prejardhje.

Geb'urtenkontrolle *f* = kufizim i lindjeve.

geb'ürtig *a* : **aus Shkodra gebürtig sein** jam nga Shkodra; **er ist gebürtiger Berliner** ai ka lindur në Berlin.

Geb'urtsfehler *m* **-s, =** e metë e lindur.
Geb'urtshelfer *m* **-s, =** obstetër.
Geb'urtshelferin *f* **=, -nen** mami.
Geb'urtsschein *m* **-(e)s, -e** çertifikatë lindjeje.
Geb'urtstag *m* **-(e)s, -e** ditëlindje.
Geb'urtsurkunde *f* **=, -n** çertifikatë lindjeje.
Geb'urtswehen *pl* dhembje të lindjes.
Geb'üsch *n* **-es, -e** shkurre.
Geck *m* **-n, -en** spitullaq.
g'eckenhaft *a* spitullaq.
ged'acht *sh* **denken*** *dhe* **gedenken***.
Ged'ächtnis *n* **-ses** 1) kujtesë; **ein Gedicht aus dem Gedächtnis hersagen** them përmendësh një vjershë; **sich (D) etwas ins Gedächtnis zurückrufen** kujtoj diçka; **aus dem Gedächtnis löschen** fshij, shuaj nga kujtesa; **aus dem Gedächtnis verlieren** harroj; 2) kujtim; **zum Gedächtnis** për kujtim.
Ged'ächtnisfeier *f* **=, -n** festë përkujtimore.
Ged'ächtnisschwund *m* **-(e)s** humbje e kujtesës.
Ged'ächtnisstütze *f* **=, -n** ndihmë për kujtesën (*shënim etj.*).
ged'ämpft *a* 1) i mbytur (*tingull etj.*); 2) i butë (*dritë etj.*); 3) i zier me presion (*mish*).
Ged'anke *m* **-ns, -n** 1) **(an A)** mendim; ide (*e diçkaje*); **sich (D) Gedanken machen (über A)** shqetësohem (*për diçka, dikë*); **er hat seine Gedanken immer woanders (nie beisammen)** ai e ka mendjen gjithnjë gjetkë, s'e ka kurrë aty; **kein Gedanke!** as që bëhet fjalë!; 2) mendje, qëllim; **sich mit einem Gedanken tragen** kam një mendim, plan; *fig bis* **zwei Seelen, ein Gedanke!** të dy po atë mendje kishin!; **er kam mit dem Gedanken, uns zu helfen** ai erdhi me qëllim që të na ndihmonte.
Ged'ankenaustausch *m* **-(e)s** shkëmbim i mendimeve.
Ged'ankengang *m* **-(e)s, -gänge** ecuri e të menduarit.
Ged'ankengut *n* **-(e)s** 1) mendime (*të një njeriu të madh etj.*); 2) ideologji (*e një feje etj.*).
ged'ankenlos *a* 1) i pamend; 2) i hutuar.
Ged'ankenlosigkeit *f* **=** 1) të qenët i pamend; 2) hutim, hutesë.
Ged'ankenstrich *m* **-(e)s, -e** *gram* vijëz.
ged'ankenverloren *a* i zhytur, i humbur në mendime.
Ged'ankenwelt *f* **=** botëkuptim.
ged'anklich *a* 1) mendor; 2) joreal, imagjinar.
Ged'ärm *n* **-(e)s, -e** *anat* zorrë.
Ged'eck *n* **-(e)s, -e** 1) lugë, thikë, pirun e pecetë për një person; 2) gjellë në listë, meny.
ged'eihen* *vi* (s) 1) zë, rritet (*bima etj.*); 2) zhvillohet (*fëmija etj.*); 3) lulëzon, përparon (*një punë etj.*).
ged'eihlich *a* i dobishëm, i frytshëm, i mbarë; **eine gedeihliche Zusammenarbeit** një bashkëpunim frytdhënës, i frytshëm.
Ged'enkfeier *f* **=, -n** *sh* **Gedächtnisfeier.**
Ged'enkmünze *f* **=, -n** medalje përkujtimore.
Ged'enkstätte *f* **=, -n** përmendore.
Ged'enktafel *f* **=, -n** pllakë përkujtimore.
Ged'enktag *m* **-(e)s, -e** përvjetor, ditë përkujtimore.
ged'eucht *sh* **dünken***.
Ged'icht *n* **-(e)s, -e** poezi; poemë; **ein Band Gedichte** një vëllim poezish.
ged'iegen *a* 1) i fortë, i mirë, i

qëndrueshëm (*karakter etj.*); 2) i pastër, i kulluar (*ar etj.*); 3) i kujdesshëm (*punë etj.*); 4) me themel, me baza (*dije etj.*); 5) *bis* i çuditshëm.

Gediegenheit *f* = 1) qëndrueshmëri (*e karakterit etj.*); 2) pastërti (*e metalit etj.*); 3) të qënët i kujdesshëm (*punë etj.*).

ged'ieh, gediehen *sh* **gedeihen***.

ged'ient *a* i stërvitur ushtarakisht; që ka kryer shërbimin ushtarak.

Gedr'änge *n* **-s** 1) mori njerëzish që shtyhen; turmë; rrëmujë; **jemanden im Gedränge aus dem Auge verlieren** humb dikë në mes të turmës; 2) : *fig* **ins Gedränge kommen** bie në vështirësi, shtrëngesë, hall.

gedr'ängt *a* i rrasur; i ngjeshur (*stil etj.*); **gedrängt voll** i mbushur plot e përplot.

gedr'oschen *sh* **dreschen***.

gedr'uckt *a* i shtypur.

gedr'ückt *a* i mërzitur; i ligështuar.

gedr'ungen *a* 1) i ngjeshur (*trup etj.*); 2) konciz (*stil*).

Ged'uld *f* = durim; **Geduld üben** bëj durim; **mir geht die Geduld aus** po më mbaron durimi; **nur Geduld!** durim!

ged'ulden, sich *vrefl* duroj; **sich noch ein paar Tage gedulden** duroj edhe ca ditë.

ged'uldig *a* i duruar, i durueshëm.

Ged'uldsfaden : *shpr* **jemandem reißt der Geduldsfaden** i mbaron durimi dikujt.

Ged'uldsprobe *f* =, **-n** provë durimi.

Ged'uld(s)spiel *n* **-(e)s, -e** lojë durimi.

ged'ungen *sh* **dingen***.

ged'unsen *a* i enjtur, i fryrë.

ge'eignet *a* (**zu D, für A**) i përshtatshëm (*për diçka*); i aftë (*për një punë etj.*).

Gef'ahr *f* =, **-en** rrezik; **Gefahr laufen** jam në rrezik; **es besteht die Gefahr** ka rrezik; **es hat keine Gefahr** s'ka rrezik; **er scheut keine Gefahren** ai s'i trembet asnjë rreziku; **bei Gefahr** në rast rreziku; **außer Gefahr** jashtë rrezikut; **er rettete sie unter Gefahr seines Lebens** e shpëtoi duke vënë jetën e vet në rrezik; **auf die Gefahr hin, daß ...** me rrezik që, se mos ...; **Betätigung der Notbremse nur bei Gefahr!** tërhiqe frenin vetëm në rast rreziku!

gef'ährden *vt* vë në rrezik, rrezikoj.

gef'ährlich *a* i rrezikshëm, me rrezik.

gef'ahrlos *a* i parrezikshëm.

Gef'ährt *n* **-(e)s, -e** qerre; karro.

Gef'ährte *m* **-n, -n** 1) shok; 2) shoqërues; 3) bashkëshort.

Gef'älle *n* **-s,** = 1) pjerrësi (*e rrugës etj.*); 2) *fig* ndryshim (*shoqëror etj.*).

gef'allen* *vi* **(h)** 1) (*më*) pëlqen, (*ma*) ka ënda; **wie gefällt dir das Bild?** si të duket piktura?; 2) : *shpr* **sich (D) etwas gefallen lassen** duroj diçka.

Gef'allen 1. *n* **-s,** 1) kënaqësi; **an etwas Gefallen finden** gjej kënaqësi në diçka; 2) qejf; **jemandem zu Gefallen reden** flas për t'i bërë qejfin dikujt; 2. *m* **-s,** = nder; **jemandem einen Gefallen tun** i bëj një nder dikujt.

Gef'allene *m, f* **-n, -n** i rënë në luftë.

gef'ällig *a* 1) i gjindshëm, që të bën nder; 2) i këndshëm; **eine gefällige Form haben** ka një formë të këndshme.

Gef'älligkeit *f* =, **-en** 1) mirësi; 2) nder; **eine Gefälligkeit erweisen** bëj një nder.

gef'älligst *adv* të (ju) lutem shumë; **benimm dich gefälligst anständig** sillu mirë, të lutem shumë.

gef'allsüchtig *a* që do t'u pëlqejë të tjerëve.

gef'älscht *a* i rremë, i falsifikuar.
Gef'angene *m, f* **-n, -n** 1) rob lufte; 2) i burgosur.
Gef'angenenlager *n* **-s, =** kamp për robërit e luftës.
gef'angenhalten *vt ndash* mbaj rob.
Gef'angennahme *f* = 1) zënie rob; 2) *drejt* ndalim.
gef'angennehmen *vt ndash* 1) zë rob; 2) *drejt* ndaloj; 3) *fig* (*më*) rrëmben (*muzika etj.*).
Gef'angenschaft *f* = 1) robëri; 2) burgim.
Gef'ängnis *n* **-ses, -se** 1) burg; 2) burgim; **fünf Jahre Gefängnis bekommen** më japin pesë vjet burg.
Gef'asel *n* **-s** pallavra.
Gef'äß *n* **-es, -e** 1) enë; 2) *anat* enë (*e gjakut*); 3) kupë (*e dorezës së shpatës*).
gef'aßt *a* 1) i qetë, gjakftohtë; 2) i përgatitur shpirtërisht; **sich gefaßt machen auf etwas** përgatitem shpirtërisht për diçka.
Gef'aßtheit *f* = gjakftohtësi.
Gef'echt *n* **-(e)s, -e** luftim; **außer Gefecht setzen** nxjerr jashtë luftimit (*edhe fig*).
Gef'echtsbereich *m* **-(e)s, -e** *usht* zonë luftimesh.
Gef'echtsstand *m* **-(e)s, -stände** *usht* pikë komandimi.
gef'eit *a* : *shpr* **gegen etwas (A) gefeit sein** jam i mbrojtur, i siguruar nga diçka.
Gef'ieder *n* **-s, =** puplajë.
gef'iedert *a* me pupla.
Gef'ilde *n* **-s, =** *poet* fushë.
Gefl'atter *n* **-s** flatrim, fërfëllim.
Gefl'echt *n* **-(e)s, -e** gërshetim, thurje.
gefl'eckt *a* 1) me njolla; 2) i larmë.
Gefl'immer *n* **-s** vezullim.
gefl'issentlich 1. *a* i qëllimshëm, i paramenduar; 2. *adv* me qëllim, me paramendim.
gefl'ochten *sh* **flechten***.
gefl'ogen *sh* **fliegen***.
gefl'ohen *sh* **fliehen***.
gefl'ossen *sh* **fließen***.
Geflügel *n* **-s** shpendë, shpesëri.
gefl'ügelt *a* me krahë, me fletë, me flatra; *fig* **geflügeltes Wort** fjalë e artë.
Gefl'üster *n* **-s** pëshpëritje.
gef'ochten *sh* **fechten***.
Gef'olge *n* **-s, =** 1) suitë, shpurë; 2) : *fig* **im Gefolge haben** ka si pasojë (*një veprim etj.*).
gefr'äßig *a* makut, llupës, grykës.
Gefr'äßigkeit *f* = makutëri, grykësi.
Gefr'eite *m* **-n, -n** *usht* rreshter.
gefrieren* *vi* (s) ngrin (*uji etj.*).
Gefr'ierfleisch *n* **-es** mish i ngrirë.
Gefr'ierpunkt *m* **-(e)s** *fiz* pikë ngrirjeje.
gefr'oren *sh* **frieren*, gefrieren***.
Gefr'orene *n* **-n** akullore.
Gef'üge *n* **-s, =** 1) ndërtim (*i shtetit etj.*); 2) strukturë (*e një metali etj.*).
gefügig *a* 1) i përkulshëm, i epshëm; 2) i bindur, i dëgjueshëm.
Gef'ügigkeit *f* = 1) përkulshmëri; epshmëri; 2) dëgjueshmëri.
Gef'ühl *n* **-(e)s, -e** 1) ndjenjë (*gëzimi, urrejtjeje, turpi etj.*); **hast du denn kein Gefühl?** a nuk ke ndjenja?; **ein Gefühl haben, als ob ...** kam një ndjenjë sikur ...; **ein Mensch von Gefühl** njeri me ndjenja; **ein Mensch ohne Gefühl** njeri pa ndjenja; 2) ndijim; **ich habe in den Füßen kein Gefühl mehr** nuk i ndiej më këmbët; 3) *vetëm sing* ndjenjë; përshtypje.
gef'ühllos *a* 1) i pandjeshëm; 2) i pamëshirshëm.
Gef'ühllosigkeit *f* = pandjeshmëri.
Gef'ühlsduselei *f* **=, -en** sentimentalizëm.
gef'ühlsmäßig *a* intuitiv.

Gef'ühlsmensch *m* **-en, -en** njeri i ndjenjave (*që niset nga ndjenjat në veprimet e veta*).

gef'ühlvoll *a* i ndjeshëm; i përzemërt, i dashur.

gef'unden *sh* **finden*.**

geg'angen *sh* **gehen*.**

geg'ebenenfalls *adv* në këtë rast, në këto kushte; po ra rasti.

Geg'ebenheiten *pl* të dhëna; kushte.

g'egen *präp* **(A)** 1) kundër, në kundërshtim me ...; **gegen die Abmachung** në kundërshtim me marrëveshjen; **gegen das Licht** kundër dritës; **gegen eine feindliche Übermacht kämpfen** luftoj kundër një armiku më të fortë; **gegen den Strom** kundër rrymës (*edhe fig*); 2) nga, drejt, në drejtim të ...; **gegen Osten** drejt lindjes; 3) me; ndaj; **er ist sehr freundlich gegen mich** ai është shumë i përzëmërt me mua; **er blieb taub gegen meine Bitten** ai e bëri veshin të shurdhër ndaj lutjeve të mia; 4) në krahasim me ...; **gegen ihn erscheint er klein** në krahasim me të ai duket i vogël; 5) për, në vend të ...; 6) me; **gegen Bezahlung** me pagesë; 7) rreth, aty nga ...; **gegen Abend** (aty) nga mbrëmja.

Gegen =, **gegen** = *parashtesë që tregon;* 1) *kundërveprim:* **Gegenmaßnahme**; 2) *ndërsjellje:* **Gegenliebe.**

G'egenangriff *m* **-(e)s, -e** kundërsulm.

G'egenanklage *f* =, **-n** kundërpadi.

G'egenantrag *m* **-(e)s, -träge** kundërpropozim.

G'egenbemerkung *f* =, **-en** kundërvërejtje.

G'egenbesuch *m* **-(e)s, -e** kthim vizite.

G'egend *f* =, **-en** 1) vend; **die umliegende Gegend** rrethet (*e një qyteti*); 2) pellg; zonë; **ungefähr in dieser Gegend muß sein Haus stehen** shtëpia e tij duhet të jetë diku në këtë pellg; *mjek* **Schmerzen in der Gegend des Magens** dhembje në zonën e stomakut.

G'egendienst *m* **-(e)s, -e** kthim i një nderi.

G'egendruck *m* **-(e)s** kundërveprim.

gegenein'ander *adv* 1) kundër njëri-tjetrit; 2) në mënyrë të ndërsjellë.

G'egenfrage *f* =, **-n** kundërpyetje.

G'egengewicht *n* **-(e)s, -e** kundërpeshë.

G'egengift *n* **-(e)s, -e** kundërhelm.

G'egenleistung *f* =, **-en** shpërblim (*për një nder të bërë etj.*).

G'egenliebe *f* = : **er fand bei ihr keine Gegenliebe** ajo nuk i përgjigjej dashurisë së tij.

G'egenmaßnahme *f* =, **-n** kundërmasë.

G'egenrede *f* =, **-n** përgjigje e fjalimit.

G'egensatz *m* **-es, -sätze** 1) kundërthënie, kontradiktë; **versöhnlicher, unversöhnlicher Gegensatz** kontradiktë e pajtueshme, e papajtueshme; 2) kundërvënie, kundërshtim; kontrast; **im Gegensatz zu ihrem Bruder ist sie sehr still** ndryshe nga i vëllai, ajo është shumë e qetë.

g'egensätzlich *a* i kundërt; kundërthënës, kontradiktor.

G'egensätzlichkeit *f* = të qenët i kundërt.

G'egenschlag *m* **-(e)s, -schläge** kundërgoditje; kundërsulm.

g'egenseitig *a* i ndërsjellë; i dyanshëm.

G'egenseitigkeit *f* = 1) ndërsjellje; 2) dyanshmëri.

G'egenspieler *m* **-s,** = 1) kundërshtar (*në jetë, në lojë etj.*); 2) *anat* kundërveprues (*muskul etj.*).

G'egenstand *m* **-(e)s, -stände** 1) send, objekt; 2) temë (*diskutimi etj.*); 3) lëndë (*mësimi etj.*).

g'egenständlich *a* sendor.

g'egenstandslos *a* 1) i kotë; jo më i nevojshëm; 2) i pabazë, i pathemeltë (*dyshim etj.*).

G'egenstimme *f* **=, -n** 1) votë kundër; 2) *muz* zë i dytë.

G'egenstoß *m* **-es, -stöße** 1) kundërgoditje; 2) *usht* kundërsulm.

G'egenströmung *f* **=, -en** rrymë e kundërt.

G'egenstück *n* **-(e)s, -e** 1) tjetri, tjetra (*e një çifti sendesh*); 2) e kundërta (*e diçkaje*).

G'egenteil *n* **-(e)s, -e** e kundërta; **er ist das Gegenteil seines Vaters** ai është e kundërta e t'et; **im Gegenteil** përkundrazi, në të kundërtën.

g'egenteilig *a* i kundërt (*pohim etj.*).

g'egenüber *präp* **(D)** 1) ndaj, kundrejt; **ihr gegenüber hat er sich stets gut betragen** ai është sjellë përherë mirë me të; 2) përkundrejt, përballë; **das Haus gegenüber** shtëpia matanë; 3) në krahasim me ...; **seinen Kameraden gegenüber ist er sehr klein** në krahasim me shokët, ai është shumë i vogël.

G'egenüber *n* **-s** ai që rri, ndodhet, qëndron përballë dikujt; **sein Gegenüber war ein alter Herr** përballë tij rrinte një burrë plak.

g'egenüberliegen* *vi* **(h)** *ndash* është, rri, ndodhet matanë, përballë; **das gegenüberliegende Haus** shtëpia (që ndodhet) matanë.

g'egenübersitzen *vi ndash* **(h)** rri përballë (*dikujt*).

g'egenüberstehen* *vi ndash* **(h)** 1) jam matanë; 2) qëndroj ballë për ballë; **einer Gefahr gegenüberstehen** qëndroj përballë një rreziku; 3) *fig* mbaj qëndrim; **ich stehe dem Plan noch etwas skeptisch gegenüber** planin e shikoj prapë me një sy disi skeptik.

g'egenüberstellen *vt ndash* 1) vë matanë; 2) vë ballë për ballë; **jemanden jemandem gegenüberstellen** ballafaqoj dikë me dikë; 3) krahasoj.

G'egenüberstellung *f* **=, -en** ballafaqim.

g'egenübertreten *vi ndash* **(s)** 1) **(D)** mbaj qëndrim (*ndaj dikujt*); 2) **(D)** sillem (*me dikë*); 3) *fig* **(D)** përballoj (*fatin etj.*).

G'egenverkehr *m* **-s** qarkullim në drejtim të kundërt.

G'egenverpflichtung *f* **=, -en** detyrim i ndërsjellë.

G'egenvorschlag *m* **-(e)s, -schläge** kundërpropozim.

G'egenwart *f* **=** 1) prani; 2) kohë e tashme, e sotme; 3) *gram* (kohë) e tashme.

g'egenwärtig 1. *a* 1) i tanishëm, i sotëm, i ditëve tona; 2) i pranishëm; **gegenwärtig sein** jam i pranishëm; **sich (D) etwas gegenwärtig halten** mbaj diçka parasysh; 2. *adv* tani.

G'egenwehr *f* **=** vetëmbrojtje.

G'egenwert *m* **-(e)s, -e** kundërvlerë.

G'egenwind *m* **-(e)s, -e** erë e kundërt.

G'egenwirkung *f* **=, -en** kundërveprim.

g'egenzeichnen *vt* kundërfirmoj (*një traktat etj.*).

geg'essen *sh* **essen***.

gegl'ichen *sh* **gleichen***.

gegl'itten *sh* **gleiten***.

gegl'ommen *sh* **glimmen***.

G'egner *m* **-s, =** 1) kundërshtar; 2) armik; **den Gegner angreifen, besiegen, vernichten** sulmoj, mund, asgjësoj armikun.

g'egnerisch *a* 1) kundërshtar (*skuadër etj.*); 2) i armikut (*sulm etj.*).

geg'olten *sh* **gelten***.
geg'oren *sh* **gären***.
geg'ossen *sh* **gießen***.
gegr'iffen *sh* **greifen***.
Geh'abe *n* **-s** sjellje e stërholluar.
Geh'alt I *n* **-(e)s, -hälter** rrogë; **Gehälter auszahlen** paguaj rroga; **Gehalt beziehen** marr rrogë.
Geh'alt II *m* **-(e)s, -e** 1) përmbajtje; 2) *fig* përmbajtje, vlerë (*e një vepre etj.*); 3) nxënësi (*e një ene etj.*).
geh'altlos *a* i cekët (*libër etj.*).
Geh'altserhöhung *f* =, **-en** ngritje rroge.
Geh'altssatz *m* **-es, -sätze** madhësi e rrogës.
geh'altvoll *a* me përmbajtje të pasur.
gehandikapt [*geh'endikept*] *a* i penguar (*nga një e metë fizike etj.*).
geh'ässig *a* i lig, dashakeq, armiqësor.
Geh'ässigkeit *f* =, **-en** ligësi.
Geh'äuse *n* **-s,** = 1) arkë, kasë, kuti; këllëf; 2) *zool* guaskë (*e butakut*); 3) *bot* kthinë (*e bërthamës*).
Geh'ege *n* **-s,** = 1) gardh; 2) tokë ose pyll i rrethuar me gardh; *fig* **jemandem ins Gehege kommen** përzihem në punët e tjetrit.
geh'eim 1. *a* i fshehtë, sekret; 2. *adv* : **im geheimen** fshehurazi.
geh'eimhalten* *vt ndash* **(A vor D)** fsheh, mbaj të fshehtë (*diçka nga dikush*).
Geh'eimhaltung *f* = fshehje (*e një dokumenti etj.*).
Geh'eimnis *n* **-ses, -se** e fshehtë, sekret; **militärische Geheimnisse** sekrete ushtarake; **hinter ein Geheimnis kommen** zbuloj një të fshehtë; **er macht gar kein Geheimnis daraus, daß ...** ai e thotë hapur se ...
Geh'eimniskrämer *m* **-s,** = *bis* fsheharak, njeri i mistershëm.
geh'eimnisvoll *a* i mistershëm; i pashpjegueshëm.
Geh'eimpolizist *m* **-en, -en** agjent i policisë së fshehtë, detektiv.
Geh'eimschrift *f* =, **-en** shifër, kod.
Geheiß *n* **-es** urdhër (*me gojë*); **etwas auf jemandes Geheiß tun** bëj diçka me urdhër të dikujt.
gehen* 1. *vi* **(s)** eci; shkoj; nisem, largohem; **geh!** shko, ik!; **man hat zwei Stunden zu gehen** ke dy orë rrugë; **seiner Wege gehen** iki, largohem; **ruhig seines Weges gehen** a) ndjek i qetë rrugë time; b) *fig* shikoj punën time; **mit einem Kind gehen** është me barrë; **er ging so weit, zu behaupten ...** arriti (gjer aty sa) të thoshte ...; **zu weit gehen** e teproj, i kaloj caqet; **an die Arbeit gehen** i përvishem punës; **jemandem an die, zur Hand gehen** i bëhem krah dikujt; **bei jemandem aus und ein gehen** hyj e dal te dikush; **ins einzelne gehen** hyj në hollësi; **in sich gehen** a) mendohem; b) pendohem; **er geht ins zwanzigste Jahr** ai po hyn në të njëzetat; **in die fünfte Klasse gehen** ndjek klasën e pestë; **in Schwarz gehen** vishem me të zeza; *fig* **mit einem Mädchen, einem Mann gehen** shkoj me një vajzë, me një burrë; **mit der Zeit gehen** eci me kohën; **danach kann man nicht gehen** nga kjo nuk mund të gjykosh; **über Bord gehen** bie në ujë (*nga anija*); *fig* **über Leichen gehen** shkel mbi kufoma; **wir gehen nicht viel unter Menschen** nuk dalim shumë; **unter die Soldaten gehen** shkoj ushtar; **zugrunde gehen** rrënohet, prishet (*një send*); **es geht das Gerücht, daß ...** është hapur fjala se ...; **der Teig geht** brumi vjen; **es geht ein starker Wind** fryn erë e fortë;

ich habe die Tür gehen hören dëgjova derën të hapej; **er läßt die Dinge gehen** i lë punët të ndjekin rrugën e tyre; **das geht einfach, leicht, schwer** kjo është e thjeshtë, e lehtë, e vështirë; **die Uhr geht falsch** ora shkon keq; **die Ware geht gut** malli shkon; **die See geht hoch** deti ka dallgë; **das Wasser ging ihm an den Gürtel** uji i arriti gjer në mes; **der Rock geht ihr bis an die Knie** fundi i bie gjer në gjunjë; **das geht auf dich!** me ty e ka!; **die Uhr geht auf acht** ora po shkon tetë; **das Fenster geht auf den Garten** dritarja bie nga kopshti; **von den Äpfeln gehen sechs aufs Kilo** gjashtë mollë bëjnë një kilo; **6 geht in 12 zweimal** 6 te 12 hyn 2 herë; **in die Brüche gehen** a) thyhet (*një send*); b) *fig* dështon (*një plan*); **die Gewinne gehen in die Millionen** fitimet arrijnë në miliona; **in diesen Saal gehen 300 Menschen** kjo sallë merr, nxë 300 veta; **das Erbe geht in drei Teile** trashëgimia ndahet në tri pjesë; **das Lied geht nach der folgenden Melodie** kënga këndohet sipas kësaj melodie; **das geht nicht!** nuk bën!; **das Gedicht geht so** poezia ka këtë përmbajtje; **seine Arbeit geht ihm über alles** për të puna është gjithçka; **das geht über meine Kräfte** kjo i kalon forcat e mia; **die Sache ging so vonstatten** çështja u zhvillua kështu; **vor sich gehen** ndodh; **wie geht das Geschäft?** si shkon puna?; 2. *vimp* : **es geht!** shkon!, hahet!, çka!, disi!; **es mag gehen, wie es will** të bëhet si të bëhet; **es geht ihm gut, schlecht** ai është mirë, keq; **es wird schon gehen** do të bëhet; **es ist anders gegangen, als er dachte** puna shkoi ndryshe nga ç'mendonte ai; **wenn es nach mir ginge, so ...** po ta kisha në dorë unë, atëherë ...; **hier geht es ums Ganze** kjo është çështje jete a vdekjeje; **wie geht es Ihnen?** si jeni?; *bis* **wo geht es hierhin?** ku të shpie kjo rrugë?; 3. *vt* : **einen Weg gehen** ndjek një rrugë; *fig* **seinen geraden Weg gehen** ndjek qëllimin tim, shikoj punën time; 4. *vrefl* : **sich's gut gehen lassen** bëj jetë.

G'ehen *n* -s ecje.

g'ehenlassen* *ndash* 1. *vi* (h) *bis* lë të qetë, nuk shqetësoj; 2. *vrefl* **sich gehen lassen** lëshoj veten.

geh'euer *a* : *shpr* **hier ist es nicht ganz geheuer** këtu ka diçka që s'vete; *shpr* **das kommt mir nicht geheuer vor** këtu ndiej diçka që nuk shkon; *shpr* **es ist mir nicht geheuer zumute** sikur s'jam fort në rregull.

Geh'eul *n* -(e)s ulurima (*pl*).

Geh'ilfe *m* **-n, -n** 1) ndihmës (*në një punë etj.*); 2) bashkëpunëtor (*në një krim etj.*); 3) ndihmës (*i shitësit*).

Geh'irn *n* **-(e)s, -e** *anat* tru; *shpr* **sein Gehirn anstrengen** lodh trurin.

Geh'irnblutung *f* = *mjek* hemorragji në tru.

Geh'irnerschütterung *f* =, **-en** *mjek* tronditje e trurit.

Geh'irngeschwulst *f* =, **-geschwülste** *mjek* tumor në tru.

Geh'irnschlag *m* **-(e)s, -schläge** *mjek* pikë, damlla.

geh'oben *a* i lartë (*stil, post etj.*).

Gehöft *n* **-(e)s, -e** ekonomi fshatare; fermë.

geh'olfen *sh* **helfen***.

Geh'ölz *n* **-es, -e** 1) korije, prozhëm; 2) shkurre.

Geh'ör *n* **-(e)s** 1) dëgjim; **Gehör finden** më shkon, më dëgjohet fjala;

2) *muz* vesh; **kein Gehör haben** s'kam vesh; **nach dem Gehör singen** këndoj me vesh (*pa nota*).

geh'orchen *vi* (D) i bindem (*dikujt*); **aufs Wort gehorchen** bindem menjëherë; **das Kind muß gehorchen lernen** fëmija duhet të mësojë të dëgjojë.

geh'ören 1. *vi* (h) 1) i përkas (*dikujt*); **das Buch gehört mir** libri më përket mua; **dies gehört nicht hierher** kjo nuk hyn këtu; **der Kranke gehört ins Bett** i sëmuri e ka vendin në shtrat; **die beiden Stücke gehören zusammen** dy pjesët përbëjnë një të tërë; 2) (**zu** D) : **er gehört zu meinen Freunden** ai është një nga miqtë e mi; **dazu gehört viel Mut** për këtë duhet shumë guxim; **das gehört nicht zur Sache** kjo s'ka lidhje me çështjen; 2. *vrefl* : **es gehört sich nicht** nuk ka hije, nuk bën; **wie es sich gehört** siç duhet.

geh'örig 1. *a* 1) që i përket; 2) që e meriton; 2. *adv* mirë e mirë, siç duhet, siç e meriton.

Geh'örn *n* **-(e)s, -e** brirë (*të drerit etj.*).

geh'orsam *a* i bindur, i dëgjueshëm.

Geh'örsinn *m* **-(e)s** *fiziol* shqisë e të dëgjuarit, dëgjim.

G'ehrock *m* **-(e)s, -röcke** redingot.

G'ehsteig *m* **-(e)s, -e** trotuar.

G'ehweg *m* **-(e)s, -e** trotuar.

G'ehwerk *n* **-(e)s, -e** mekanizëm (*i orës etj.*).

G'eier *m* **-s, =** *zool* qift (*shpend grabitqar*).

G'eifer *m* **-s** 1) jargë, shkumë; 2) *fig* helm, vrer.

g'eifern *vi* (**h**) 1) përjarget (*fëmija etj.*); 2) *fig* vjell vrer (*kundër dikujt*).

G'eige *f* **=, -n** *muz* violinë; *fig* **die erste Geige spielen** jap tonin.

G'eiger *m* **-s, =** *muz* violinist; **erster Geiger** violinë e parë.

geil *a* 1) i ardhangët, i harlisur (*bimë etj.*); 2) i trashë, pjellor (*tokë etj.*); 3) epshor (*njeri*).

G'eilheit *f* = epsh.

G'eisel *m* **-s, =**, *f* **=, -n** peng (*njeri*).

Geiß *f* **=, -en** *zool* dhi; dhi e egër.

G'eißel *f* **=, -n** 1) kamxhik me shumë rripa; 2) shuplakë; *shpr* **die Pest war eine Geißel der Menschheit** murtaja ishte një shuplakë e njerëzimit.

g'eißeln *vt* 1) rrah me kamxhik; 2) *fig* fshikulloj (*veset etj.*).

Geist *m* **-(e)s, -er** 1) *vetëm sing* mendje; **seinen Geist anstrengen** vras mendjen; **im Geiste etwas vor sich sehen** marr diçka me mend; 2) *vetëm sing* frymë; **der Geist der Zeit** fryma e kohës; 3) *vetëm sing* shpirt; **den Geist aushauchen** jap shpirt; 4) fantazmë, lugat.

G'eistergeschichte *f* **=, -n** histori me lugetër.

g'eisterhaft *a* si fantazëm.

g'eistesabwesend *a* i hutuar, i humbur në mendime.

G'eistesarbeit *f* **=, -en** punë mendore.

G'eistesblitz *m* **-es, -e** *bis* mendim i papritur, ndritje e mendjes.

G'eistesgegenwart *f* = shkathtësi mendore.

g'eistesgegenwärtig *a* mendjeshkathët.

g'eistesgestört *a* i sëmurë mendor.

G'eistesgestörtheit *f* = sëmundje mendore.

g'eisteskrank *a* i sëmurë mendor; i çmendur.

G'eisteskrankheit *f* **=, -en** sëmundje mendore.

g'eistesschwach *a* i metë.

G'eisteswissenschaften *pl* shkenca humanitare.

G'eisteszustand *m* **-(e)s** gjendje mendore.

g'eistig I *a* 1) shpirtëror; 2) mendor; 3) *fig* i zgjuar; i ngritur (*njeri*).

g'eistig II *a* alkoolik; **geistige Getränke** pije alkoolike.

g'eistlich *a* fetar; kishtar (*libër, këngë, muzikë etj.*).

G'eistliche *m* **-n, -n** prift, klerik.

g'eistlos *a* 1) i trashë (*nga mendja*); 2) *fig* i mërzitshëm, bajat (*libër etj.*).

g'eistreich *a* mendjemprehtë, i mprehtë; **eine geistreiche Bemerkung** një vërejtje e hollë.

g'eistvoll *a sh* **geistreich**.

Geiz *m* **-es** koprraci.

g'eizen *vi* **(h)** jam koprrac, dorështrënguar; *fig* **mit Worten geizen** kursej fjalët.

G'eizhals *m* **-es, -hälse** koprrac.

g'eizig *a* koprrac, dorështrënguar.

G'eizkragen *m* **-s,** = *bis* koprrac, kurnac.

Gej'ammer *n* **-s** rënkime; ankesa.

Gej'ohl(e) *n* **-s** britma.

gek'annt *sh* **kennen***.

Gekl'apper *n* **-s** rrapëllimë.

Gekl'imper *n* **-s** tringëllimë.

Gekl'irr *n* **-(e)s** rraptimë.

gekl'ommen *sh* **klimmen***.

Gekl'üft *n* **-(e)s** *gjeogr* malësi gryka-gryka.

gekl'ungen *sh* **klingen***.

Gekn'atter *n* **-s** rrapëllimë (*mitralozi etj.*).

gekn'iffen *sh* **kneifen***.

gek'onnt 1) *sh* **können***; 2) mjeshtëror, i bërë me mjeshtëri (*pikturë, lojë etj.*).

Gekr'ächze *n* **-s** krrokatje (*e korbit, e laraskës*).

Gekr'itzel *n* **-s** shkarravinë.

gekr'ochen *sh* **kriechen***.

Gekr'öse *n* **-s,** = 1) *kuzh* plëndës; 2) *anat* mezenter.

gek'ünstelt *a* 1) artificial, jonatyror; 2) i shtirur, i rremë, fals.

Gel'ächter *n* **-s** të qeshura; **zum Gelächter werden** bëhem gazi i botës.

gel'ackmeiert *a bis* i gënjyer, i mashtruar.

gel'aden *a* : *fig bis* **geladen haben** jam i mbushur.

Gel'age *n* **-s,** = zdërhallje, gosti e shfrenuar.

gel'ähmt *a* i paralizuar (*edhe fig*).

Gel'ände *n* **-s** 1) vend (*kodrinor etj.*); 2) truall (*ndërtimi etj.*); terren (*sporti etj.*).

gel'ändegängig *a* që shkon rrugë pa rrugë, që shkon kudo (*makinë*).

Gel'ändelauf *m* **-(e)s, -läufe** *sport* kros.

Gel'änder *n* **-s,** = parmakë (*të shkallës, ballkonit etj.*).

gel'ang *sh* **gelingen***.

gel'angen *vi* (s) 1) arrij; **bis ans andere Ufer gelangen** arrij në bregun tjetër; **die Nachricht ist nicht bis zu uns gelangt** nuk na ka ardhur lajmi.

Gel'aß *n* **-sses, -sse** *vjet* qeli.

gel'assen *a* i qetë; gjakftohtë.

Gel'assenheit *f* = qetësi; gjakftohtësi.

Gelatine [*zhelat'inë*] *f* = xhelatinë.

gel'äufig 1. *a* 1) i njohur; i përdorshëm; i zakonshëm; **diese geläufige Redensart** kjo mënyrë të foluri e përdorur shpesh; 2) i rrjedhshëm (*të folur etj.*); 2. *adv* rrjedhshëm, lirisht; **eine Fremdsprache geläufig sprechen** flas lirisht një gjuhë të huaj.

gelaunt *a* : *shpr* **ich bin gut (schlecht) gelaunt** (nuk) jam në qejf, (nuk) jam me të mira.

Gel'äut *n* **-(e)s, -e, Geläute** *n* **-s,** = tinguj këmbanash.

gelb *a* i verdhë; *fig bis* **sie wurde**

gelb vor Neid ajo u zverdh nga zilia.

G'elbe *n* e verdhë; **das Gelbe vom Ei** e verdha e vesë.

g'elblich *a* i verdhemë.

G'elbsucht *f* = *mjek* verdhëz.

Geld *n* -(e)s 1) pare; **eine Menge Geld** pare e madhe; **Geld wechseln** këmbej pare; **bares Geld** pare në dorë; **das ist hinausgewofenes Geld** këto janë pare të humbura, të hedhura poshtë; **kleines Geld** të holla; **das ist nicht mit Geld zu bezahlen** kjo s'ka të paguar; **zu Geld kommen** pasurohem; 2) *pl* **-er** fonde.

Geldaufwand *m* -(e)s shpenzime.

G'eldbestand *m* -(e)s, -stände *fin* gjendje e arkës.

G'eldbeutel *m* -s, = qese, kuletë; *fig bis* **in den Geldbeutel greifen** zgjidh qesen.

G'eldbörse *f* =, -n kuletë.

G'eldeinnahme *f* =, -n 1) *fin* arkëtim; 2) fitim.

G'eldfälscher *m* -s, = falsifikues paresh.

g'eldgierig *a* i dhënë pas pares.

G'eldknappheit *f* = mungesë paresh.

G'eldkurs *m* -es, -e kurs i pares.

G'eldmittel *pl* mjete financiare; pare.

G'eldstrafe *f* =, -n gjobë.

G'eldsache *f* =, -n punë, çështje paresh; **in Geldsachen hört die Freundschaft auf** miqësia miqësi, po qesja të vejë e të vijë.

G'eldschein *m* -(e)s, -e kartëmonedhë, bankënotë.

G'eldschrank *m* -(e)s, -schränke kasafortë.

G'eldstrafe *f* =, -n gjobë; **eine Geldstrafe gegen jemanden verhängen** i vë një gjobë dikujt; **bei Geldstrafe verboten** dënohet me gjobë (*një veprim etj.*).

G'eldstück *n* -(e)s, -e monedhë.

G'eldsumme *f* =, -n shumë paresh.

G'eldwert *m* -(e)s 1) vlerë në pare (*e një sendi*); 2) *fin* vlerë e pares (*së një vendi*).

gel'egen 1. *a* 1) që gjendet, që ndodhet; 2) i përshtatshëm, i volitshëm; me vend; në kohë; **kommen wir gelegen?** mos ju shqetësojmë?; **es ist mir sehr daran gelegen** kjo ka shumë rëndësi për mua; 2. *adv* me vend; në kohë.

Gel'egenheit *f* =, -en rast; shkas; mundësi; **eine Gelegenheit abwarten** pres një rast, gjuaj rastin; **wenn sich eine Gelegenheit bietet** po të dalë ndonjë rast; **Gelegenheit haben** kam rast; **eine Gelegenheit versäumen, verpassen** humbas një rast; **bei Gelegenheit** me rast.

gel'egentlich 1. *a* i rastit, i rastësishëm; 2. *adv* me rast, sipas rastit; herë pas here; 3. *präp* (G) me rastin e (*një feste etj.*).

gel'ehrig *a* 1) që mëson lehtë; 2) që ka dëshirë për të mësuar.

gel'ehrsam *a* që mëson shpejt.

Gel'ehrsamkeit *f* erudicion.

gel'ehrt *a* 1) i ditur (*njeri*); 2) shkencor (*libër etj.*).

Gel'ehrte *m, f* -n, -n dijetar; shkencëtar.

Gel'eise *n* -s, = *sh* **Gleis.**

Gel'eit *n* -(e)s 1) përcjellje (*e një miku që largohet etj.*); 2) roje; shpurë; shoqërim.

gel'eiten *vt* përcjell, shoqëroj.

Gel'eitschutz *m* -(e)s shoqërim (*me polic etj.*).

Gel'eitwort *n* -(e)s, -e parathënie.

Gel'eitzug *m* -(e)s, -züge karvan (*anijesh*).

Gel'enk *n* -(e)s, -e *anat* nyjë, nyjëzim, kyç.

gel'enkig *a* 1) i nyjëzuar; 2) i lëvizshëm, i shkathët, i zhdërvjelltë.

Gel'enkigkeit *f* = shkathtësi, zhdërvjelltësi.

gel'ernt *a* i mësuar, i përgatitur, i stërvitur (*mekanik etj.*).

Gel'iebte *m, f* **-n, -n** dashnor(e).

gel'iehen *sh* **liehen***.

gel'inde 1. *a* 1) i butë, i ëmbël, i lehtë (*fllad etj.*); 2) *fig* i lehtë, i butë (*dënim etj.*); 2. *adv* me të butë, urtë e butë; **gelinde gesagt** që ta themi me të butë, me lezet, për të mos e thënë troç.

gel'ingen* *vi* (s) (*më*) del, (*më*) shkon mbarë (*një punë etj.*); **es ist mir gelungen, ihn davon zu überzeugen** ia arrita ta bindja; **das Bild ist mir gut, nicht, schlecht gelungen** fotografia më ka dalë mirë, s'më ka dalë, më ka dalë keq; **eine gelungene Arbeit** një punë e arritur, e goditur.

Gel'ingen *n* **-s** mbarësi; sukses.

gel'itten *sh* **leiden***.

g'ellen *vi* **(h)** tingëllon ashpër; **in den Ohren gellen** (*të*) vret veshin (*një tingull etj.*); **die Ohren gellen ihm** ka zhurmë në veshë.

g'ellend *a* i mprehtë (*tingull*).

gel'oben *vt* premtoj solemnisht; **jemandem Treue geloben** i premtoj besnikëri dikujt.

Gel'öbnis *n* **-ses, -se** premtim solemn.

gel'ogen *sh* **lügen***.

g'elten* *vi* **(h)** 1) është në fuqi (*një ligj etj.*); 2) është i vlefshëm (*një dokument etj.*); 3) bën, lejohet, quhet (*në lojë*); 4) do të thotë; 5) : **hier gilt es, Mut zu zeigen** këtu duhet guxim; **das gilt dir!** ty të drejtohet!, me ty e ka!; **da gilt keine Ausrede** këtu s'pi ujë asnjë justifikim; **es gilt das Leben!** është çështje jete!; **die Meinung des andern gelten lassen** pranoj mendimin e tjetrit; **das gilt mir gleich** për mua është njësoj; **ihm gilt seine Freiheit mehr als Reichtum** ai çmon lirinë e vet më shumë se pasurinë; **seine Meinung gilt mir viel** mendimi i tij ka shumë rëndësi për mua; **als dumm gelten** e mbajnë për të trashë; **sein Rat gilt viel bei seinen Vorgesetzten** këshilla e tij ngre shumë peshë tek eprorët e tij; **meine Rechte geltend machen** mbroj të drejtat e mia; **sich geltend machen** ndihet (*një dukuri etj.*).

G'eltung *f* =, **-en** vlerë, rëndësi, peshë; **Geltung haben** vlen, është i vlefshëm; **zur Geltung bringen** vë në dukje; **außer Geltung sein** është i pavlefshëm, nuk quhet.

Gel'übde *n* **-s,** = premtim solemn; betim.

gel'ungen 1. *sh* **gelingen***; 2. *a bis* i çuditshëm (*njeri, punë etj.*).

Gel'üst *n* **-(e)s, -e** tekë, trill; **sie verspürte plötzlich ein Gelüst nach Eis** papritur iu tek për një akullore.

gel'üsten *vimp* : **es gelüstet ihn (nach D)** i teket (*diçka*).

gem'ach 1. *a* i ngadaltë, i qetë; 2. *adv* dalngadalë, pak nga pak.

Gem'ach *n* **-(e)s** 1) : *shpr* **mit Gemach** me nge; 2) *pl* **-mächer** *poet* dhomë.

gem'ächlich 1. *a* i ngadaltë, i ngeshëm, i qetë; 2. *adv* mengadalë, qetë-qetë.

Gem'ächlichkeit *f* = qetësi; nge.

Gem'ahl *m* **-s, -e** bashkëshort.

Gem'ahlin *f* =, **-nen** bashkëshorte.

gem'ahnen *vt dhe vi* **(h) (an A)** ia kujtoj (*diçka dikujt*).

Gem'älde *n* **-s,** = tablo, pikturë.

gem'äß *präp* **(D)** sipas, në përputhje me (*vendimim, dëshirën etj.*).

gem'äßigt *a* 1) i matur (*politikë etj.*); 2) i butë (*klimë etj.*).

Gem'äuer *n* **-s,** = mure, ledhe; **altes Gemäuer** gërmadha.

gem'ein *a* 1) i përgjithshëm; i përbashkët; **das gemeine Wohl** e mira e përgjithshme; **wir haben nichts miteinander gemein** s'kemi gjë të përbashkët; 2) i thjeshtë, i zakonshëm; **der gemeine Mann** njeriu i thjeshtë; **gemeiner Verbrecher** kriminel ordiner; **gemeines Jahr** vit i zakonshëm (*365 ditësh*); 3) i ulët, i poshtër, i pabesë; 4) i ndyrë, i fëlliqur (*shaka etj.*).

Gem'einde *f* =, **-n** 1) bashkësi, komunitet; 2) komunë, bashki, kryepleqësi (*fshati*); 3) fshat; 4) rreth, shoqëri (*muzikantësh etj.*); 5) *fet* famulli; besimtarë.

Gem'einderat *m* **-(e)s, -räte** 1) këshill bashkiak; 2) këshilltar bashkiak.

Gem'eindeschwester *f* =, **-n** infermiere e bashkisë (*që kujdeset për të sëmurët, pleqtë etj.*).

Gem'eindesteuer *f* =, **-n** taksë bashkiake.

Gem'eindeverwaltung *f* =, **-en** administratë bashkiake.

Gem'eine *m* **-n, -n** ushtar i thjeshtë.

gem'eingefährlich *a* i rrezikshëm për shoqërinë (*kriminel etj.*).

gem'eingültig *a* i vlefshëm për të gjithë (*ligj etj.*).

Gem'eingut *n* **-(e)s** pronë e përbashkët.

Gem'einheit *f* = 1) poshtërsi; 2) *pl* **-en** vepër, fjalë e poshtër.

gem'einnützig *a* i dobishëm për të gjithë.

Gem'einplatz *m* **-es, -plätze** fjalë bajate.

gem'einsam 1. *a* i përbashkët; **gemeinsamer Besitz** pronë e përbashkët; 2. *adv* bashkë, së bashku, tok.

Gem'einschaft *f* =, **-en** 1) *vetëm sing* bashkësi; **in Gemeinschaft mit (D)** së bashku me (*dikë*); **eheliche Gemeinschaft** martesë; 2) shoqëri; shoqatë.

gem'einschaftlich *sh* **gemeinsam.**

gem'einverständlich *a* i kuptueshëm për të gjithë.

Gem'einwirtschaft *f* =, **-en** ekonomi e përbashkët.

Gem'einwohl *n* **-(e)s** e mirë e përgjithshme, shoqërore.

Gem'enge *n* **-s,** = 1) përzierje; 2) rrëmujë; përleshje.

gemessen 1. *sh* **messen*; 2.** *a* i qetë; i ngadaltë, i ngeshëm; i matur (*hap etj.*).

Gem'etzel *n* **-s,** = kërdi, kasaphanë, masakër, plojë, gjakderdhje.

Gem'isch *n* **-es, -e** 1) përzierje; 2) *tek* përzierje, mishelë.

gem'ischt *a* i përzier.

G'emme *f* =, **-n** gur i çmuar.

gem'ocht *sh* **mögen*.**

gem'olken *sh* **melken*.**

G'emse *f* =, **-n** *zool* dhi e egër.

Gem'unkel *n* **-s** thashetheme.

Gem'urmel *n* **-s** murmurimë; gurgullimë.

Gem'üse *n* **-s,** = 1) perime, zarzavate; 2) : *fig bis* **junges Gemüse** rini.

Gem'üsebau *m* **-(e)s** kopshtari, hortikulturë.

Gem'üsegarten *m* **-s, -gärten** kopsht, perimore.

Gem'üsehändler *m* **-s,** = shitës perimesh.

gemußt *sh* **müssen*.**

Gem'üt **-(e)s** 1) natyrë, karakter; shpirt, zemër; **fröhliches Gemüt** natyrë e gëzuar; **edles Gemüt** shpirt fisnik; **er hat ein offenes Gemüt** ai ka zemër të çiltër; **Gemüt haben** e kam zemrën të madhe; **kein Gemüt haben** jam shpirtvogël; 2) *pl* **-er : die Ge-**

müter erregen shqetësoj njerëzit.
gem'ütlich *a* 1) i rehatshëm, komod (*vend etj.*); 2) i qetë; 3) mirëdashës, dashamirë; zëmërmirë.
Gem'ütlichkeit *f* = 1) rehatllëk, komoditet; 2) qetësi; 3) dashamirësi.
Gem'ütsart *f* =, **-en** karakter, natyrë, temperament.
Gem'ütsbewegung *f* =, **-en** ndjenjë, emocion.
gem'ütskrank *a* i sëmurë psikik.
Gem'ütsmensch *m* **-en, -en** *bis* njeri zemërmirë.
Gem'ütsruhe : *shpr bis* **in aller Gemütsruhe** pa e prishur gjakun, pa u tundur.
Gem'ütszustand *m* **-(e)s, -stände** gjendje shpirtërore.
gem'ütvoll *a* a i përzëmërt, i ndjeshëm.
gen = **gegen** (*formë poetike*).
gen. = **genannt** i (lart)përmendur.
Gen. = **Genosse.**
gen'annt *sh* **nennen*.**
gen'as *sh* **genesen*.**
gen'au 1. *a* i saktë, i përpiktë; i imët, i hollęsishëm; **genaue Angaben** të dhëna të sakta; **genau das Gegenteil** krejt e kundërta; **etwas (nicht) sehr genau nehmen** (nuk) marr diçka shumë seriozisht; *vjet* **mit genauer Not entkommen** mezi shpëtoj; 2. *adv* pikërisht, tamam; **der Schlüssel paßt genau** çelësi hyn tamam.
Gen'auigkeit *f* = 1) saktësi, përpikëri; 2) kujdes.
gen'auso *adv* 1) po aq; **dieses Bild ist genauso schön wie das andere** kjo figurë është po aq e bukur sa tjetra; 2) po ashtu; **er hat es genauso gemacht wie sein Bruder** e ka bërë po ashtu si i vëllai.
Gendarm [*zhand'arm*] *m* **-en, -en** *vjet* xhandar.
Gendarmerie [*zhandarmër'i*] *f* = *vjet* xhandarmëri.
Genealog'ie *f* = gjenealogji.
gen'ehm *a* : *shpr* **jemandem genehm sein** është i volitshëm për dikë.
gen'ehmigen *vt* lejoj; pëlqej; pranoj, miratoj; **ein Gesuch genehmigen** pranoj një lutje.
Gen'ehmigung *f* =, **-en** leje; pëlqim; pranim, miratim.
gen'eigt *a* 1) i prirur; 2) mirëdashës.
Gen'eigtheit *f* = 1) prirje; 2) mirëdashje.
Gener'al *m* **-s, -e** *dhe* **-räle** gjeneral
generalis'ieren *vt* përgjithësoj.
Gener'alprobe *f* =, **-n** provë e përgjithshme, gjenerale (*e një drame etj.*).
Gener'alstab *m* **-(e)s, -stäbe** shtab i përgjithshëm.
Gener'alstreik *m* **-s, -s** grevë e përgjithshme.
Gener'alversammlung *f* =, **-en** 1) mbledhje e përgjithshme; 2) asamble e përgjithshme.
Generati'on *f* =, **-en** brez; **die ältere Generation** brezi i vjetër.
gener'ell *a* i përgjithshëm.
gener'ös *a* bujar, shpirtgjerë.
Generosit'ät *f* = bujari, shpirtgjerësi.
gen'esen* *vi* (s) shërohem; *vjet* **eines Kindes genesen** lind (*gruaja*).
Gen'esung *f* =, **-en** shërim.
geni'al *a* gjenial.
Genialit'ät *f* = gjenialitet.
Gen'ick *n* **-s, -e** 1) *anat* zverk; 2) *bis* qafë; **sich das Genick brechen** këpus, thyej qafën.
Genie [*zhen'i*] *n* **-s, -s** gjeni.
genieren [*zhen'irën*] 1. *vt* shqetësoj (*dikë*), i rëndohem (*dikujt*); 2. *vrefl* **sich genieren** më vjen turp, rëndë, zor.
gen'ießbar *a* 1) i ngrënshëm; i

pijshëm; 2) : *fig bis* **nicht genießbar** i padurueshëm (*njeri*).

gen'ießen* *vt* 1) ha; **Speise und Trank genießen** ha e pi; *fig bis* **er ist nicht zu genießen** ai nuk hahet, nuk durohet; 2) *fig bis* shijoj (*jetën etj.*); 3) *fig* gëzoj, kam (*një të drejtë etj.*); **er hat eine gute Erziehung genossen** ai ka marrë një edukatë të mirë.

Gen'ießer *m* **-s, =** qejfli.

gen'ießerisch *a* (*i bërë*) me lezet.

Genit'ali/en *pl* organe gjinore.

Genit'iv *m* **-s, -e** *gram* rasë gjinore.

G'enius *m* **=, -ni/en** 1) gjeni; 2) *vetëm sing* forcë krijuese; 3) *mit* shpirt i mirë, mbrojtës.

gen'ommen *sh* **nehmen***.

Gen'osse *m* **-n, -n** shok (*partie*).

gen'ossen *sh* **genießen***.

Gen'ossenschaft *f* **=, -en** kooperativë; **Konsumgenossenschaft** kooperativë konsumi; **Handwerkergenossenschaft** kooperativë artizanati; **landwirtschaftliche Genossenschaft** kooperativë bujqësore.

Gen'ossenschafter *m* **-s, =, Genossenschaftler** *m* **-s, =** kooperativist.

Gen'ossenschaftsbauer *m* **-n, -n** fshatar kooperativist.

Gen'ossin *f* **=, -nen** shoqe (*partie*).

genötigt *a* i detyruar, i shtrënguar.

Genre [*zhârë*] *n* **-s, -s** gjini (*në letërsi etj.*).

Gentleman [*xh'entëllmën*] *m* **-s, -men** xhentëllmen.

gentlemanlike [*xh'entëllmënlajk*] a që i ka hije xhentëllmenit.

genug *adv* mjaft; **gut genug** mjaft mirë; **danke, es ist genug!** falemnderit, mjafton; **er hat nie genug** ai nuk është kurrë i kënaqur; **jetzt ist's aber genug!** mjaft më!; **mehr als genug** tepër.

Gen'üge *f* **=** përmbushje, plotësim (*i një dëshire etj.*); **jemandem Genüge leisten** kënaq dikë; **zur Genüge** mjaft.

genügen *vi* (h) 1) mjafton; **etwas genügen lassen** mjaftohem me diçka; 2) **(D)** kënaq, plotësoj, përmbush (*një kërkesë etj.*).

gen'ügend *a* i mjaftueshëm, i kënaqshëm.

gen'ügsam *a* që kënaqet me pak, që nuk kërkon shumë.

Gen'ugtuung *f* **=, -en** 1) *vetëm sing* kënaqësi; 2) plotësim (*i një dëshire etj.*); 3) vënie në vend (*e nderit*).

G'enus *n* **=, -nera** 1) *gram* gjini; 2) *biol* gjini.

Gen'uß *m* **-sses, -nüsse** 1) qejf, gëzim, kënaqësi; **die Genüsse des Lebens** kënaqësitë e jetës; **sich einen Genuß versagen** ia heq vetes një kënaqësi; 2) ngrënie, shijim; përdorim; **der Genuß von Alkohol, von Tabak** përdorimi i alkolit, i duhanit; 3) gëzim (*i një së drejte etj.*).

gen'üßlich *a* 1) tërë qejf, tërë kënaqësi; 2) i këndshëm, i lezetshëm.

gen'ußsüchtig *a* i dhënë pas qejfeve.

Geogr'aph *m* **-en, -en** gjeograf.

Geograph'ie *f* **=** gjeografi.

geogr'aphisch *a* gjeografik.

Geol'oge *m* **-n, -n** gjeolog.

Geolog'ie *f* **=** gjeologji.

geol'ogisch *a* gjeologjik.

Geom'eter *m* **-s, =** gjeometër.

Geometr'ie *f* **=** gjeometri.

geom'etrisch *a* gjeometrik.

Gep'äck *n* **-(e)s, -e** bagazh.

Gep'äckaufbewahrungsraum *m* **-(e)s, -räume** vend për të ruajtur bagazhin.

Gep'äckschein *m* **-(e)s, -e** dëftesë e bagazhit.

Gep'äckstück *n* **-(e)s, -e** bagazh.

Gep'äckträger *m* **-s, =** hamall (*në stacion treni etj.*).
gep'anzert *a* i koracuar.
gepf'iffen *sh* **pfeifen***.
gepfl'egt *a* i mbajtur mirë.
gepfl'ogen *sh* **pflegen***.
Gepfl'ogenheit *f* **=, -en** zakon.
Gepl'änkel *n* **-s, -** 1) *usht* shkëmbim zjarri; 2) grindje, shkëmbim fjalësh.
Gepl'apper *n* **-s** dërdëllisje.
Gepl'auder *n* **-s** muhabet.
Gep'olter *n* **-s** zhurmë, potere.
Gepr'äge *n* **-s** 1) prerje (*e një monedhe*); 2) *fig* vulë; **Goethe hat seiner Zeit das Gepräge gegeben** Gëteja i ka vënë vulën kohës së vet; 3) tipar (*karakteristik*).
gepr'iesen *sh* **preisen***.
geq'uollen *sh* **quellen***.
ger'ade 1. *a* 1) i drejtë (*rrugë, vijë etj.*); 2) i hapur, i çiltër (*karakter, natyrë etj*); 3) i drejtë, i ndershëm (*njeri etj.*); 4) : *fig bis* **fünf gerade sein lassen** nuk e shikoj hollë; 5) *mat* çift; **gerade Zahl** numër çift; 2. *adv* 1) pikërisht, tamam; **gerade darum (deshalb)** pikërisht për këtë; **warum gerade ich?** përse pikërisht unë?; **es war gerade 2 Uhr, als ...** ishte pikërisht ora 2, kur ...; **das fehlte gerade noch!** edhe kjo (*na*) mungonte!; 2) drejt; **gerade gehen, sitzen** eci, rri drejt; **der Stein traf ihn gerade am Kopf** guri i ra mu në kokë; **jemandem gerade in die Augen sehen** shikoj dikë drejt në sy; 3) tani, sapo; **er ist gerade angekommen** sapo ka ardhur; **ich bin gerade beim Lesen** pikërisht tani jam duke lexuar.
Ger'ade *f* **=, -n** *gjeom* drejtëz.
ger'adeaus *adv* drejt, në vijë të drejtë.
ger'adebiegen* *vt ndash* drejtoj (*telin etj.*).
ger'adeheraus *adv* troç.
ger'adewegs *adv* drejt; **er ging geradewegs nach Hause** shkoi drejt e në shtëpi.
ger'ädert : *shpr* **(wie) gerädert sein** jam i dërrmuar, i rraskapitur.
ger'adeso *adv* tamam, pikërisht.
ger'adestehen* *vi* **(h)** qëndroj drejt; *fig bis* **für etwas geradestehen** përgjigjem për diçka.
ger'adezu *adv* 1) vërtet; 2) troç.
ger'adlinig *a* vijëdrejtë.
ger'ammelt *a* : *shpr bis* **gerammelt voll** i mbushur plot e përplot.
ger'annt *sh* **rennen***.
Ger'ät *n* **-(e)s, -e** 1) vegël; 2) aparat.
ger'aten* I *vi* (s) 1) del (*mirë, keq një punë etj.*); **ihm gerät alles, was er anfängt** çdo punë që zë, i del mirë; **seine Kinder sind gut geraten** fëmijët i kanë dalë të mbarë; 2) rritet (*mirë, keq drithi etj.*); 3) bie; **in Armut geraten** bie në varfëri; **in Brand geraten** ndizet (*shtëpia etj.*); *fig* **einander in die Haare geraten** përleshemi, kacafytemi; **in Schulden geraten** bie në borxh; **an jemanden geraten** has dikë; **an einen Ort geraten** bie në një vend; **Kolumbus geriet nach Amerika statt nach Indien** Kolombi doli në Amerikë në vend që të shkonte në Indi; **auf Abwege geraten** humb rrugën; **auf den Gedanken geraten** më vjen një mendim; **außer sich geraten vor Freude, vor Zorn** e humb nga gëzimi, nga zëmërimi; **in eine Angelegenheit geraten** ngatërrohem në një çështje; **ins Stocken geraten** ngec; **in Vergessenheit geraten** harrohem.
ger'aten II *a* i këshillueshëm, me vend; **ich halte es nicht für geraten** nuk e shoh me vend.
Ger'atewohl *n* : *shpr* **aufs Geratewohl** kuturu, të dalë ku të dalë.

Ger'ätschaften *pl* aparate, vegla, pajisje.

ger'aum *a* : shpr **geraume Zeit** kohë e gjatë.

geräumig *a* i gjerë, i hapët (*lokal etj.*).

Ger'äusch *n* **-(e)s, -e** zhurmë; fërshëllimë.

ger'äuschlos *a* pa zhurmë.

ger'äuschvoll *a* me zhurmë.

g'erben *vt* regj (*lëkurën*); *bis* **jemandem das Fell gerben** dend në dru dikë.

G'erber *m* **-s, =** regjës lëkurësh.

Gerber'ei *f* **=, -en** fabrikë lëkurësh.

ger'echt *a* 1) i drejtë (*veprim, vendim etj.*); **jemandem oder einer Sache gerecht werden** gjykoj drejt dikë ose diçka; **einer Aufgabe gerecht werden** kryej një detyrë; 2) i paanshëm (*njeri*); 3) i merituar (*shpërblim, dënim etj.*).

Ger'echtigkeit *f* = drejtësi.

Ger'ede *n* **-s** fjalë të botës, thashetheme; **ins Gerede kommen** hyj në gojë të botës; **Anlaß zu Gerede geben** jap shkas të merrem nëpër gojë.

ger'eichen *vi* (h) : **zum Schaden gereichen** bën, shkakton dëm; **es gereicht uns zur besonderen Ehre** është nder i posaçëm për ne; **möge es dir zum Guten gereichen** të daltë mbarë; **seine Tat wird ihm zum Ruhme gereichen** vepra e tij do t'i sjellë lavdi.

ger'eift *a* i pjekur; **ein gereifter Mann** një burrë i pjekur.

ger'eizt *a* i ngacmuar; i pezmatuar.

Ger'eiztheit *f* = ngacmim; pezmatim; nervozizëm.

ger'euen *vimp* **(h) : es gereut mich, daß ...** më vjen keq që ...; **laß es dich nicht gereuen!** mos të të vijë keq!

Ger'icht I *n* **-(e)s, -e** gjyq; **eine Sache vor Gericht bringen** ngre një çështje në gjyq; **Gericht halten** bëj gjyq; **sich dem Gericht stellen** dal në gjyq; **das Oberste Gericht** Gjykata e Lartë.

Ger'icht II *n* **-(e)s, -e** gjellë; **ein Fischgericht** një gjellë me peshk.

ger'ichtlich 1. *a* gjyqësor; 2. *adv* me anë të gjyqit; **jemanden gerichtlich verfolgen** ndjek dikë me rrugë ligjore.

Ger'ichtshof *m* **-(e)s, -höfe** gjykatë.

Ger'ichtsverfahren *n* **-s, =** procedurë gjyqësore.

Ger'ichtsverhandlung *f* **=, -en** proces gjyqësor.

Ger'ichtsvollzieher *m* **-s, =** përmbarues.

ger'ieben 1. *sh* **reiben***; 2. *a bis* i regjur, dinak.

ger'iet *sh* **geraten***.

ger'ing *a* i vogël, i pakët; i parëndësishëm (*ndryshim etj.*); i ulët (*çmim etj.*); i shkurtër (*kohë etj.*); **das ist der geringste Kummer** ky është halli më i vogël; **von jemandem eine geringe Meinung haben** kam mendim të keq për dikë; **unsere Vorräte werden immer geringer** rezervat tona po shterojnë përherë e më shumë; **kein geringerer als Goethe hat gesagt ...** vetë Gëteja e ka thënë ...

ger'infügig *a* i parëndësishëm (*ndryshim etj.*).

ger'ingschätzig *a* përbuzës, përçmues, mospërfillës.

Ger'ingschätzung *f* = përbuzje, përçmim, mospërfillje.

ger'innen* *vi* (s) 1) mpikset (*qumështi*); 2) thahet, mpikset (*gjaku*).

Ger'ippe *n* **-s, =** 1) skelet (*i njeriut, i aeroplanit etj.*); **zum Gerippe abmagern** bëhem kockë e lëkurë; 2) vija të përgjithshme (*të një plani etj.*).

ger'issen 1. *sh* **reißen***; 2. *a* 1) i grisur, i shqyer; 2) *fig bis* i regjur, i rrahur, i shkathët, dinak.

German'ist *m* **-en, -en** gjermanist.

German'istik *f* = gjermanistikë.

g'ern(e) *adv* (*comp* **lieber,** *superl* **am liebsten**) me qejf, me kënaqësi, me dëshirë; **jemanden, etwas gern(e) haben** kam qejf dikë, diçka; **gern oder ungern** do s'do; **von Herzen gern!** me gjithë zemër!; **sehr gern** me gjithë qejf; *bis* **gern tun** a) bëj me qejf; b) bëj me qëllim; **ich hätte gern Herrn X gesprochen** do të doja të flisja me zotin X; **bitte, gern geschehen!** s'ka përse!; **ein gern gesehener Gast** një mik i mirëpritur.

Ger'öchel *n* **-s** gulçim, grahmë.

ger'ochen *sh* **riechen***.

Ger'öll *n* **-(e)s, -e** gurë zalli, popla, zhavorr.

ger'onnen 1. *sh* **gerinnen*, rinnen***; 2. *a* i mpiksur, i tharë (*gjak*).

G'erste *f* = *bot* elb.

G'erstenkorn *n* **-(e)s** 1) kokërr elbi; 2) elbth.

G'erte *f* =, **-n** shufër, purtekë.

Ger'uch *m* **-(e)s, -rüche** 1) erë, kundërmim; **übler Geruch** erë e keqe; **ein Geruch von Kaffee** një aromë kafeje; 2) *fig bis* nam.

ger'uchlos *a* pa erë.

Ger'uchssinn *m* **-(e)s** shqisë e të nuhaturit.

Gerücht *n* **-(e)s, -e** fjalë; thashetheme; **es geht das Gerücht** thonë, flitet; **Gerüchte im Umlauf setzen** hap fjalë.

ger'uhen *vi* (h) *vjet* denjoj; **er geruhte sich von seinem Platz zu erheben** pati mirësinë të ngrihej nga vendi.

ger'uhsam *a* i qetë; **ich wünsche eine geruhsame Nacht!** ju uroj natë të qetë!

Ger'ümpel *n* **-s** rrangulla.

ger'ungen *sh* **ringen***.

Ger'üst *n* **-(e)s, -e** 1) skelë (*ndërtimi*); 2) *fig* projekt (*i një raporti etj.*).

ges'alzen *a* i kripur (*çmim, shaka etj.*).

ges'ammelt *a* 1) i mbledhur, i bashkuar; **gesammelte Werke** përmbledhje e veprave (*të një shkrimtari etj.*); 2) i përqëndruar.

ges'amt *a* i tërë, i gjithë; **die gesamte Familie** mbarë, tërë, gjithë familja.

Ges'amtausgabe *f* =, **-n** përmbledhje e plotë e veprave (*të një shkrimtari etj.*).

Ges'amteindruck *m* **-(e)s, -drücke** përshtypje e përgjithshme.

Ges'amtheit *f* = tërësi.

Ges'amtstärke *f* = *usht* numër i përgjithshëm (*i ushtarëve*).

Ges'amtverzeichnis *n* **-ses, -se** tregues i përgjithshëm.

ges'andt *sh* **senden***.

Ges'andte *m* **-n, -n** i dërguar fuqiplotë; legat.

Ges'andtschaft *f* =, **-en** legatë.

Ges'ang *m* **-(e)s, -sänge** 1) këngë; 2) këngë (*e një poeme etj.*).

Ges'angbuch *n* **-s, -bücher** *fet* libër himnesh.

Ges'äß *n* **-es, -e** të ndenjura; *bis* prapanicë.

Ges'äusel *n* **-s** fëshfërimë.

Gesch'äft *n* **-(e)s, -e** 1) punë; **viele Geschäfte haben** kam shumë punë; 2) tregti; 3) marrëveshje (*tregtare*); **(gute) Geschäfte machen** përfundoj marrëveshje (fitimprurëse); 4) firmë, ndërmarrje (*tregtare*); 5) magazinë; dyqan; **die Geschäfte schließen um 20 Uhr** dyqanet mbyllen në orën 20.

gesch'äftig *a* i palodhur, i zellshëm; i shkathët; i gatshëm për të shërbyer; i zënë me punë.

gesch'äftlich *a* pune, i punës; tregtar.

Gesch'äftsfreund *m* **-(e)s, -e** klient; ortak.

Gesch'äftsführer *m* **-s, =** drejtues, përgjegjës (*i një ndërmarrjeje tregtare*).

Gesch'äftsführung *f* **=, -en** drejtim (*i një ndërmarrjeje tregtare etj.*).

Gesch'äftshaus *m* **-es, -häuser** firmë, ndërmarrje tregtare; dyqan.

Gesch'äftsjahr *n* **-(e)s, -e** vit ekonomik.

Gesch'äftsmann *m* **-(e)s, -leute** afarist, tregtar.

gesch'äftsmäßig *a* 1) tregtar; 2) si në tregti.

Gesch'äftsreise *f* **=, -n** udhëtim për tregti.

Gesch'äftsreisende *m* **-n, -n** përfaqësues tregtar.

Gesch'äftsstelle *f* **=, -n** zyrë (*e një ndërmarrjeje etj.*).

gesch'ah *sh* **geschehen*.**

gesch'ehen* *vi* (s) ndodh, ngjan, bëhet; **es ist ihm recht geschehen** mirë iu bë; **es wird dir nichts geschehen** nuk do të të gjejë gjë; **etwas geschehen lassen** lejoj diçka; **es mag geschehen, was will** (le) të bëhet ç'të bëhet; **es muß doch etwas geschehen!** po diçka duhet bërë!; **jetzt war es um seine Ruhe geschehen** a) tani ai e humbi qetësinë; b) tani ai e humbi durimin.

Gesch'ehen *n* **-s** 1) ngjarje; 2) zhvillim i ngjarjeve.

Gesch'ehnis *n* **-ses, -se** ngjarje, rast.

gesch'eit *a* i zgjuar, i hollë, i mprehtë; **ich werde daraus nicht gescheit** s'po marr vesh gjë.

Gesch'enk *n* **-(e)s, -e** dhuratë.

Gesch'ichte *f* **=** 1) histori; **Geschichte des Altertums, des Mittelalters, der Neuzeit** histori e Antikitetit, e Mesjetës, e Kohës së Re; *fig* **man kann das Rad der Geschichte nicht zurückdrehen** rrotën e historisë s'e kthen dot mbrapsht; **Geschichte machen** bëj epokë; 2) *pl* **-en** tregim; përrallë; **Großmutter kann wunderbar Geschichten erzählen** gjyshja di të tregojë përralla për bukuri; *bis* **mach keine Geschichten!** a) sillu si njeri!; b) mos bëj naze!; c) mos bëj marrëzira!; *bis* **das sind alles nur Geschichten!** këto janë përralla e asgjë tjetër!; *fig* **es ist die alte Geschichte** është gjithnjë po ai avaz; 3) *pl bis* punë, çështje; *bis* **die Geschichte ist für mich erledigt** për mua ajo punë ka marrë fund; *bis* **das sind ja nette Geschichten!** këtë s'ma kishte marrë mendja!, këtë s'e kisha pritur kurrë!; 4) : *bis* **was kostet die ganze Geschichte?** sa kushtojnë të gjitha bashkë?

gesch'ichtlich 1. *a* historik; 2. *adv* historikisht.

Gesch'ick I *n* **-(e)s, -e** fat; **ein böses, gutes Geschick** fat i prapë, i mbarë; **sein Geschick selbst in die Hand nehmen** marr fatin tim në duart e mia.

Gesch'ick II *n* **-(e)s** shkathtësi; mjeshtëri, aftësi.

Gesch'icklichkeit *f* **=** shkathtësi.

gesch'ickt *a* i shkathët; i aftë, i zoti.

gesch'ieden 1. *sh* **scheiden***; 2. *a* i ndarë, i divorcuar.

gesch'ieht *sh* **geschehen*.**

Gesch'irr *n* **-s, -e** 1) enë (*kuzhine*); 2) pajime, takëm (*kali*); *fig* **sich ordentlich ins Geschirr legen** i shtrohem punës.

Gesch'irrspülmaschine *f* **=, -n** enëlarëse (*makinë*).

Geschl'echt *n* **-(e)s, -er** 1) brez; 2) fis, derë; 3) gjini, seks; 4) *gram* gjini.

geschl'echtlich *a* gjinor, seksual.
Geschl'echtsakt *m* **-(e)s, -e** akt seksual.
Geschl'echtskrankheit *f* **=, -en** sëmundje veneriane.
geschl'echtslos *a* pa gjini.
Geschl'echtsorgane *pl* organe gjinore, seksuale.
Geschl'echtsverkehr *m* **-s** marrëdhënie seksuale.
Geschl'echtswort *n* **-(e)s, -wörter** *gram* nyjë.
geschl'ichen *sh* **schleichen***.
geschl'iffen *sh* **schleifen***.
geschl'ossen 1. *sh* **schließen***. 2. *a* 1) i mbyllur; 2) *fig* i ngjeshur, i dendur (*stil etj.*).
geschl'ungen *sh* **schlingen***.
Geschm'ack *m* **-s** shije; **einen guten Geschmack haben** a) është i shijshëm (*gjella etj.*); b) *fig* kam shije; **Geschmack finden an (D)** gjej kënaqësi në (*diçka*); **je nach Geschmack** sipas qejfit.
geschm'acklos *a* 1) pa shije (*gjellë etj.*); 2) *fig* pa lezet, pa kripë (*shaka etj.*).
Geschm'acklosigkeit *f* **=** të qenët pa shije, pa lezet.
Geschm'ackssache *f* **=** çështje shijeje.
Geschm'acksverirrung *f* **=, -en** *bis* përçudnim i shijes.
geschm'ackvoll *a* me shije.
Geschm'eide *n* **-s, =** punim argjendarie; gjerdan.
geschm'eidig *a* 1) i butë, i përkulshëm, elastik; 2) i shkathët, i zhdërvjelltë; dinak.
Geschm'eiß *n* **-es** 1) glasë (*zogjsh*); 2) parazit; 3) *fig* fundërri, llum (*i shoqërisë*).
geschm'issen *sh* **schmeißen***.
geschm'olzen *sh* **schmelzen***.
Geschn'arch(e) *n* **-s** gërhitje.
Geschn'atter *n* **-s** 1) gagaritje; 2) *bis* llomotitje.
geschn'iegelt *a* *bis* i pispillosur.
geschn'itten *sh* **schneiden***.
geschn'oben *sh* **schnauben***.
gesch'oben *sh* **schieben***.
gesch'olten *sh* **schelten***.
Gesch'öpf *n* **-(e)s, -e** krijesë, qenie; **ein Geschöpf seiner Phantasie** pjellë e fantazisë së tij.
gesch'oren *sh* **scheren***.
Gesch'oß I *n* **-sses, -sse** predhë (*artilerie etj.*); plumb; shigjetë; shtizë.
Gesch'oß II *n* **-sse, -sse** kat (*i një shtëpie etj.*).
geschr'aubt *a* i stërholluar (*stil etj.*).
Geschr'ei *n* **-s** klithmë, britmë; **ein großes Geschrei erheben** a) vë ulërimën; b) *fig* bëj shumë zhurmë; *prov* **viel Geschrei und wenig Wolle** fjalëgjatë, punëthatë.
geschr'ieben *sh* **schreiben***.
geschr'ie(e)n *sh* **schreien***.
geschr'itten *sh* **schreiten***.
gesch'unden *sh* **schinden***.
Gesch'ütz *n* **-es, -e** *usht* top; *fig bis* **grobes, schweres Geschütz auffahren** bëj çmos
Geschw'ader *n* **-s, =** skuadër (*anijesh, aeroplanësh*).
Geschw'ätz *n* **-es, -e** *bis* llomotitje, dërdëllitje, llafe.
geschw'ätzig *a* llafazan.
geschw'eige *conj* **: geschweige denn** aq më pak; **er hat nicht einmal das Geld für ein Zimmer, geschweige denn für ein ganzes Haus** ai s'i ka paret për një dhomë, pa lëre për një shtëpi të tërë.
geschw'ind 1. i shkathët, i shpejtë; **mach geschwind!** luaj këmbët!; 2. *adv* shpejt, rrufe.
Geschw'indigkeit *f* **=, -en** shpejtësi.
Geschw'ister *n pl* vëlla e motër; vëllezër e motra; **wir sind zu Hause fünf Geschwister** jemi pesë vëllezër e motra.

geschw'ollen *sh* **schwellen***.
geschw'ommen *sh* **schwimmen***.
Geschw'orene *m* **-n, -n** *drejt* betar.
Geschw'orenengericht *n* **-(e)s, -e** *drejt* gjyq i betarëve.
Geschw'ulst *f* **=, schwülste** *mjek* tumor.
geschw'unden *sh* **schwinden***.
geschw'ungen *sh* **schwingen***.
Geschw'ür *n* **-(e)s, -e** *mjek* lungë, ulcerë.
Ges'elle *m* **-n, -n** 1) çirak; 2) djalosh; 3) shok (*rruge, pune etj.*).
ges'ellen, sich *vrefl* **(zu D)** bëhem, bashkohem, shoqërohem (*me dikë*).
ges'ellig *a* i shkueshëm, i shoqërueshëm (*njeri*).
Ges'elligkeit *f* = 1) shoqëri; **er liebt Geselligkeit** atij i pëlqen shoqëria; 2) *pl* **-en** pritje; mbrëmje etj.
Ges'ellschaft *f* **=, -en** 1) *vetëm sing* shoqëri; **einer Gesellschaft beitreten** hyj në një shoqëri; **jemandem Gesellschaft leisten** i bëj shoqëri dikujt; 2) shoqatë; bashkim; lidhje; 3) shoqëri (*tregtare*).
Gesellschafter *m* **-s, =** 1) bashkëbisedues; shoqërues; 2) *treg* shok, ortak.
ges'ellschaftlich *a* 1) shoqëror; **die gesellschaftliche Entwicklung** zhvillimi shoqëror; 2) kolektiv; 3) mondan; **gesellschaftliches Leben** jetë mondane.
Ges'ellschaftsordnung *f* **=, -en** rend shoqëror.
Ges'ellschaftsreise *f* **=, -n** udhëtim së bashku.
Ges'ellschaftsschicht *f* **=, -en** shtresë shoqërore.
Ges'ellschaftsspiel *n* **-es, -e** lojë me shoqëri.
ges'essen *sh* **sitzen***.
Ges'etz *n* **-es, -e** ligj (*në kupt. të ndryshme*); **ein Gesetz abschaffen, befolgen, brechen** heq, ndjek, shkel një ligj; **das Gesetz tritt in Kraft** ligji hyn në fuqi; **die Gesetze der Dichtkunst** ligjet e poezisë.
Ges'etzbuch *n* **-(e)s, -bücher** kod, përmbledhje ligjesh.
Ges'etzentwurf *m* **-(e)s, -würfe** projektligj.
ges'etzgebend *a* ligjvënës; **gesetzgebende Gewalt** pushtet legjislativ.
Ges'etzkraft *f* = fuqi ligjore.
ges'etzlich 1. *a* ligjor; i ligjshëm; **einer Sache gesetzliche Form geben** i jap një çështjeje formë ligjore; 2. *adv* ligjërisht, me ligj; **gesetzlich geschützt** i mbrojtur nga ligji.
ges'etzlos *a* i paligjshëm.
ges'etzmäßig 1. *a* i ligjshëm; 2. *adv* sipas ligjit.
Ges'etzmäßigkeit *f* = ligjshmëri.
ges'etzt *a* 1) i qetë, i matur, i arsyeshëm; 2) i supozuar; **gesetzt den Fall, daß ...** ta zëmë sikur (se) ...
ges'etzwidrig *a* i kundërligjshëm; **gesetzwidrige Handlung** veprim i kundërligjshëm.
Ges'etzwidrigkeit *f* = të qenët i kundërligjshëm.
Ges'icht *n* 1) **-(e)s, -er** 1) fytyrë; **Gesichter schneiden** ngërdhehem; **das Gesicht verzerren** shtrembëroj fytyrën; **das Gesicht wahren** s'e bëj veten; **ein Gesicht ziehen** shtrembëroj turinjtë; **andere Gesichter sehen** shoh fytyra të reja; **ein langes Gesicht machen** var turinjtë; **das sieht man dir am Gesicht an** të duket në fytyrë; 2) *pl* **-e** vegim; **Gesichte sehen** shoh vegime; 3) *vetëm sing* të parët (*shqisë*); **zu Gesicht bekommen** shoh; **etwas ins Gesicht fassen** vë re diçka.
Ges'ichtsausdruck *m* **-(e)s** shprehje e fytyrës.

Ges'ichtsfeld *n* **-(e)s, -er** fushë shikimi.
Ges'ichtskreis *m* **-es, -e** horizont (*në kupt. fig*).
Ges'ichtspunkt *m* **-(e)s, -e** pikëpamje.
Ges'ichtstäuschung *f* **=, -en** iluzion optik.
Ges'ichtswinkel *m* **-s, =** këndvështrim.
Ges'ichtszüge *m pl* tipare të fytyrës.
Ges'ims *n* **-es, -e** *ark* kornizë (*e murit etj.*).
Ges'inde *n* **-s, =** shërbëtorë (*të një fshatari të pasur*).
Ges'indel *n* **-s** fundërri, llum (*i shoqërisë*).
ges'innt *a* : **jemandem gut, übel gesinnt sein** shoh dikë me sy të mirë, të keq; **wie ist er politisch gesinnt?** ç'qëndrim politik mban ai?
Ges'innung *f* **=, -en** bindje, pikëpamje, qëndrim; **politische Gesinnung** qëndrim politik.
Ges'innungsgenosse *m* **-n, -n** shok me bindje, pikëpamje të njëjta.
ges'innungslos *a* i paprinciptë, i paqëndrueshëm, pa karakter.
Ges'innungslosigkeit *f* **=** të qenët pa parime, pa karakter.
Ges'innungslump *m* **-en, -en** *bis* oportunist.
ges'ittet *a* i edukuar; **gesittetes Benehmen** sjellje e kulturuar.
Ges'öff *n* **-s** *bis* lëtyrë (*pije e keqe*).
ges'offen *sh* **saufen***.
ges'ogen *sh* **saugen***.
ges'ondert *a* i veçuar.
ges'onnen *sh* **sinnen***; **ich bin nicht gesonnen, meinen Plan aufzugeben** nuk kam ndër mend të heqë dorë nga plani im.
ges'otten *sh* **sieden***.
Gesp'ann *n* **-(e)s, -e** (*një*) pendë qe; (*një*) çift kuaj.
gesp'annt *a* i tendosur, i nderë (*edhe fig*); *shpr* **auf etwas (A) gespannt sein** pres diçka me kureshtje.
Gesp'enst *n* **-es, -er** 1) lugat, fantazmë; 2) : *fig* **das Gespenst des Krieges** rreziku i luftës; *fig* **du siehst Gespenster!** ti sheh, ndjell zi!
gesp'ensterhaft *a* 1) si fantazmë, si lugat; 2) *fig* i frikshëm; rrëqethës.
gesp'enstisch *a* i frikshëm; rrëqethës.
gesp'errt *a* i mbyllur.
gesp'ie(e)n *sh* **speien***.
Gesp'iele *m* **-n, -n** shok loje (*në mes fëmijësh*).
Gesp'ielin *f* **=, -nen** shoqe loje (*në mes fëmijësh*).
Gesp'inst *n* **-es, -e** fill i tjerrë; ind.
gesp'onnen *sh* **spinnen***.
Gesp'ött *n* **-(e)s** tallje, qësëndi; **sich zum Gespött der Leute machen** bëhem gazi i botës.
Gespr'äch *n* **-s, -e** bisedë; **den Faden des Gesprächs wieder aufnehmen** kap prapë fillin e bisedës; **ein Gespräch führen** zhvilloj një bisedë; **im Gespräch sein** merrem nëpër gojë; **Gegenstand des Gesprächs** objekt bisede.
gespr'ächig *a* bisedar, kuvendar.
Gespr'ächspartner *m* **-s, =** bashkëbisedues.
Gespr'ächsstoff *m* **-(e)s, -e** temë bisede.
gespr'ächsweise *adv* gjatë bisedës.
gespr'eizt *a* 1) të çapëluara (*këmbë*); të hapur (*gishtërinj*); 2) *fig* i ngrehur, i fryrë; i stërholluar.
gespr'enkelt *a* pikëlor, cërkalor (*kravatë etj.*).
gespr'ochen *sh* **sprechen***.
gespr'ossen *sh* **sprießen***.
gespr'ungen *sh* **springen***.
Gesp'ür *n* **-s (für A)** nuhatje (*për diçka*).

Gest'ade *n* **-s, =** *poet* breg (*lumi etj.*).

Gest'alt *f* **=, -en** 1) formë, trajtë; **einer Sache Gestalt geben** i jap formë një sendi; **einem Gedanke Gestalt geben** formuloj një mendim; **eine andere Gestalt annehmen** marr një pamje tjetër; 2) *vetëm sing* figurë, personalitet; 3) trup, shtat; **jemanden an seiner Gestalt erkennen** njoh dikë nga trupi; **große, hagere, schöne, zierliche Gestalt haben** kam trup të madh, të thatë, të bukur, të hajthëm; 4) figurë, personazh (*i një romani etj.*); **die Gestalt des Ritters in Ivanhoe** figura e kalorësit tek Ajvenhoi; **sich in seiner wahren Gestalt zeigen** tregoj fytyrën e vërtetë.

gest'alten 1. *vt* 1) formoj; 2) organizoj (*një mbrëmje, festë etj.*); 3) trajtoj (*një ngjarje historike në një dramë etj.*); 4) kthej (*një takim në festë etj.*); 2. *vrefl* **sich gestalten** zhvillohet; **die Sache hat sich ganz anders gestaltet** puna ka rrjedhur krejt ndryshe.

gest'altlos *a* i paformë, i patrajtë.

Gest'altung *f* **=, -en** 1) trajtim, formim; 2) organizim; 3) zhvillim.

Gest'ammel *n* **-s** 1) belbëzim; 2) llomotitje.

gest'anden 1. *sh* **stehen*, gestehen***; 2. : *shpr* **aufrichtig gestanden** që ta themi ndershmërisht.

gest'ändig *a* : *shpr* **der Angeklagte ist geständig** i pandehuri ka pohuar.

Gest'ändnis *n* **-ses, -se** pohim, rrëfim; *drejt* **das Geständnis des Gefangenen** pohimi i të arrestuarit; **das Geständnis seiner Liebe** shfaqja e dashurisë së tij.

Gest'ank *m* **-s,** erë e keqe, qelbësirë.

gest'atten *vt* lejoj, lë; **gestatten Sie?** a më lejoni (*të kaloj, të marr, të shoh diçka etj.*)?

G'este *f* **=, -n** 1) gjest; **mit lebhaften Gesten** me lëvizje të gjalla; 2) *fig* gjest; **die Einladung war nur eine höfliche Geste** ftesa ishte vetëm një shprehje mirësjelljeje.

gest'ehen * *vt* pohoj, tregoj, rrëfej; **ein Verbrechen gestehen** rrëfej një krim; **jemandem seine Liebe gestehen** i shfaq dashurinë dikujt.

Gest'ehungskosten *pl* shpenzime të prodhimit, kosto.

Gest'ein *n* **-s, -e** shkëmb; *min* **taubes Gestein** shkëmb pa minerale të dobishme.

Gest'ell *n* **-s, -e** *tek* skelet, karkasë; skelë; këmbalec, stativ.

g'estern *adv* dje; **seit gestern** që dje; **von gestern** i djeshëm; **das Gestern und das Heute** e kaluara dhe e sotmja; **gestern Abend** mbrëmë; *bis* **er ist nicht von gestern** ai e di punën e vet; **gestern vor acht Tage** tetë ditë si dje.

gest'iefelt *a* : *shpr bis* **gestiefelt und gespornt** i veshur e i ngjeshur (*gati për t'u nisur*).

gest'iegen *sh* **steigen***.

gestikul'ieren *vi* **(h)** gjestikuloj, flas me shumë lëvizje të duarve.

Gest'irn *n* **-(e)s, -e** *poet* yll.

gest'irnt *a* i mbushur me yje (*qiell*).

Gest'öber *n* **-s, =** tufan bore.

gest'ochen *sh* **stechen***.

gest'ohlen *sh* **stehlen***.

gest'orben *sh* **sterben***.

Gestr'äuch *n* **-(e)s, -e** shkurre.

gestr'eift *a* vija-vija, rripa-rripa (*pëlhurë etj.*).

gestr'ichelt *a* viza-viza.

gestr'ichen *sh* **streichen***.

g'estrig *a* i djeshëm; **unsere gestrige Vereinbarung** marrëveshje që përfunduam dje.

gestr'itten *sh* **streiten***.

Gestr'üpp *n* **-s, -e** kaçube, shkurre, gëmusha.

gest'unken *sh* **stinken*.**

Gest'üt *n* **-(e)s, -e** fermë e rritjes së kuajve.

Ges'uch *n* **-(e)s, -e** lutje, kërkesë (*me shkrim*); **ein Gesuch ablassen, einreichen** paraqes, dorëzoj një lutje; **ein Gesuch ablehnen, bewilligen** hedh poshtë, pranoj një lutje.

gesucht *a* 1) i kërkuar; 2) i stërholluar.

ges'und *a* 1) i shëndoshë (*njeri, zhvillim etj.*); **der gesunde Menschenverstand** gjykimi i shëndoshë; **ein gesundes Unternehmen** një ndërmarrje në baza të shëndosha; **frisch und gesund sein** jam shëndoshë e mirë; 2) i shëndoshë (*ushqim, klimë etj.*); **gesund aussehen** dukem tërë shëndet; **bleiben Sie gesund!** mbetshi me shëndet!; **er ist nicht ganz gesund** ai nuk është fort mirë me shëndet; *fig bis* **das ist ganz gesund für dich!** mirë t'u bë!; 3) i fortë, i shëndoshë (*grusht, oreks etj.*).

Ges'undbrunnen *m* **-s, =** burim uji mineral.

ges'unden *vi* 1) (s) shërohem; 2) *fig* e merr veten (*ekonomia pas një krize etj.*).

Ges'undheit *f* = shëndet; **Gesundheit!** shëndet! (*kur teshtin*); **auf Ihre Gesundheit!** gëzuar (*kur ngre dollinë*).

ges'undheitlich *a* i shëndetit; shëndetësor.

Ges'undheitslehre *f* = higjienë (*shkencë*).

Ges'undheitspflege *f* = higjienë (*e trupit etj.*).

Ges'undheitsrücksichten *pl* : *shpr* **aus Gesundheitsrücksichten** për arsye shëndetsore.

Ges'undheitswesen *n* **-s** shëndetësi.

Ges'undheitszustand *m* **-(e)s** gjendje shëndetësore.

ges'undstoßen, sich *vrefl bis* e merr veten (*një ndërmarrje etj.*).

ges'ungen *sh* **singen*.**

ges'unken *sh* **sinken*.**

get'an *sh* **tun*.**

Get'ändel *n* **-s** lojë (*dashurie*).

Get'ier *n* **-(e)s** kafshë (*pl*).

Get'öse *n* **-s** gjëmë, shungullimë (*e erës etj.*).

getr'agen *sh* **tragen*.**

Getr'ampel *n* **-s** zhurmë këmbësh.

Getr'änk *n* **-(e)s, -e** pije; **erfrischendes Getränk** pije freskuese.

getr'auen, sich *vrefl* guxoj; **das getraue ich mich nicht** këtë nuk guxoj ta bëj.

Getr'eide *n* **-s** *bujq* drithë.

Getr'eidebau *m* **-(e)s** *bujq* rritje e drithërave.

Getr'eidefeld *n* **-(e)s, -er** arë, tokë buke.

Getr'eidepflanze *f* **=, -n** *bujq* bimë drithore.

getr'eu 1. *a* besnik; **ein getreuer Diener** një shërbëtor besnik; **getreue Wiedergabe** kopje besnike; 2. *adv* me besnikëri, besnikërisht.

Getr'iebe *n* **-s, =** 1) *tek* mekanizëm transmisioni; 2) lëvizje; rrëmujë; **aus dem Getriebe der Stadt herauskommen** largohem nga rrëmuja e qytetit.

getr'ieben *sh* **treiben*.**

getr'offen *sh* **treffen*.**

getr'ogen *sh* **trügen*.**

getr'ost *a* i qetë, i sigurtë; **man kann getrost sagen, daß ...** mund të thuhet pa frikë se ...; **getrost sterben** vdes i qetë.

getr'unken *sh* **trinken*.**

G'etto dhe **Gh'etto** *n* **-s, =s** 1) *hist* geto (*lagje e çifutëve*); 2) *fig* lagje e izoluar (*ku banojnë shtresa të caktuara*).

Get'ue *n* **-s** naze, ceremoni.
Get'ümmel *n* **-s** pështjellim, rrëmujë (*e betejës etj.*); **sich ins Getümmel stürzen** hidhem në përleshje.
ge'übt *a* i mësuar, i stërvitur; i sprovuar.
Gev'atter *m* **-s** *dhe* **-n, -n** 1) kumbar; 2) nun.
Gev'iert *n* **-(e)s, -e** katror (*diçka në trajtë katrori*).
Gew'ächs *n* **-es, -e** 1) bimë; 2) prodhim (*bimor*); 3) *mjek* mish i huaj; 4) verë; **ein 47er Gewächs** një verë e 47-ës; 5) *bis* njeri; **er ist ein seltsames Gewächs** ai është kokë më vete.
gew'achsen 1. *sh* **wachsen***; 2. *a* : **einer Sache gewachsen sein** jam i zoti të bëj diçka; **jemandem gewachsen sein** mund të matem me dikë.
Gew'ächshaus *n* **-es, -häuser** serrë.
gew'ählt *a* i zgjedhur, i kërkuar.
gew'ahr : *shpr* **gewahr werden (G)** vë re (*diçka*); **wir wurden der Gefahr zu spät gewahr** e diktuam tepër vonë rrezikun.
Gew'ähr *f* = garanci, siguri; **Gewähr bieten, leisten für jemanden oder etwas** hyj dorëzanë për dikë ose diçka.
gew'ahren *vt* shoh; vë re.
gew'ähren *vt* 1) jap (*ndihmë, mbrojtje, strehë etj.*); 2) pranoj (*një lutje etj.*); 3) plotësoj (*një dëshirë etj.*); 4) : *shpr* **jemanden gewähren lassen** lë dikë të bëjë ç'të dojë.
gew'ährleisten *vt* garantoj, siguroj; **der Erfolg ist gewährleistet** suksesi është i siguruar.
Gew'ährleistung *f* **=, -en** garanci, sigurim.
Gew'ahrsam *m* **-(e)s, -e** 1) dorëzim; **etwas in Gewahrsam halten** kam në dorëzim diçka; 2) rojë; arrest; 3) burg.
Gew'ährsmann *m* **-(e)s, -männer** dorëzanë, garant.
Gew'ährung *f* = 1) dhënie (*e një kredie etj.*); 2) pranim (*i një lutjeje etj.*); 3) përmbushje (*e një dëshire etj.*).
Gew'alt *f* **=, -en** 1) pushtet; **ausübende, gesetzgebende, staatliche Gewalt** pushtet ekzekutiv, legjislativ, shtetëror; **jemanden unter seine Gewalt bringen** nënshtroj dikë; **sich in der Gewalt haben** mbaj veten, përmbahem; **seine Stimme nicht in der Gewalt haben** s'e zotëroj dot zërin; **das steht nicht in meiner Gewalt** këtë s'e kam në dorë; **unumschränkte Gewalt über etwas haben** kam pushtet të pakufizuar mbi diçka; **er verlor die Gewalt über seinen Wagen** ai s'e kontrollonte më dot timonin; 2) fuqi, forcë; **die Gewalt der Explosion, des Sturmes, des Zusammenpralls** forca e shpërthimit, e stuhisë, e përplasjes; **mit aller Gewalt** me çdo kusht; **höhere Gewalt** forcë madhore; 3) dhunë; **mit Gewalt** me dhunë; **jemandem Gewalt antun** përdhunoj dikë; **sich Gewalt antun** vras veten.
Gew'altakt *m* **-(e)s, -e** veprim i dhunshëm.
Gew'althaber *m* **-s, =** sundues; despot.
Gew'altherrschaft *f* **=, -en** despotizëm.
gew'altig 1. *a* i madh; i fortë; **gewaltiger Eindruck** përshtypje e thellë; **mit gewaltiger Kraft** me forcë të përbindshme; 2. *adv* shumë, fort; *bis* **sich gewaltig irren** gaboj rëndë.
Gew'altmaßnahme *f* **=, -n** masë dhune.
gew'altsam 1. *a* i dhunshëm; 2. *adv* me dhunë.

Gew'altsamkeit *f* = dhunshmëri (*e një veprimi etj.*).
Gew'alttat *f* =, **-en** dhunë.
gew'alttätig *a* i dhunshëm; brutal.
Gew'alttätigkeit *f* =, **-en** veprim i dhunshëm, dhunë.
Gew'and *n* **-(e)s, -wänder** petk; *fig* **im Gewand des Biedermannes** nën petkun e njeriut të ndershëm.
gew'andt 1. *sh* **wenden***; 2. *a* i shkathët; i rrahur, me përvojë.
Gew'andtheit *f* = shkathtësi.
gew'ärtig *a* : *shpr* **gewärtig sein (G)** pres (*diçka*); **du mußt gewärtig sein, daß ...** duhet ta presësh që ...
Gew'äsch *n* **-es** *bis* fjalë boshe, gjepura.
Gew'ässer *n* **-s,** = ujë; **fließendes Gewässer** lumë, përrua etj.; **stehendes Gewässer** pellg, liqen etj.
Gew'ebe *n* **-s,** = 1) ind; *biol* **Gewebe der Drüsen, Knochen, Muskeln, Nerven** ind i gjëndrave, i kockave, i muskujve, i nervave; 2) cërgë; 3) *fig* rrjetë; **er hat sich im Gewebe seiner Lügen verstrickt** është ngatërruar në rrjetën e gënjeshtrave të veta.
Gew'ehr *n* **-s, -e** pushkë; **das Gewehr laden** mbush pushkën.
Gew'eih *n* **-(e)s,** = brirë (*të drerit etj.*).
Gew'erbe *n* **-s,** = zanat; **Handel und Gewerbe** tregti dhe zejtari; **ein Gewerbe ausüben** ushtroj një zanat; **aus allem ein Gewerbe machen** nxjerr përfitim nga çdo gjë; *bis* **das ist ein undankbares Gewerbe** është punë pa grat, pa leverdi.
Gew'erbeschule *f* =, **-n** shkollë profesionale.
Gewerbesteuer *f* =, **-n** taksë e ushtrimit të zanatit.
gew'erblich *a* i zanatit.
gew'erbsmäßig *adv* : **eine Arbeit gewerbsmäßig betreiben** ushtroj një punë si zanat.
Gew'erkschaft *f* =, **-en** sindikatë.
Gew'erkschaft(l)er *m* **-s,** = aktivist sindikal.
gew'erkschaftlich *a* sindikal.
gew'esen 1. *sh* **sein*** I; 2. *a* ish-.
gew'ichen *sh* **weichen***.
Gew'icht *n* **-(e)s, -e** 1) peshë; 2) rëndësi; **eine Meinung, ein Urteil von Gewicht** një mendim, një gjykim që peshon; **Gewicht legen auf etwas (A)** i jap rëndësi (*diçkaje*); **dieser Umstand fällt nicht ins Gewicht** kjo rrethanë s'ngre peshë.
gew'ichtig *a* 1) me peshë të plotë (*monedhë*); 2) *fig* i rëndësishëm, që ngre peshë (*mendim, gjykim etj.*).
Gew'ichtigkeit *f* = rëndësi.
Gew'ichtsklasse *f* =, **-n** *sport* kategori e peshës (*në boks etj.*).
gew'ieft *a bis* i rrahur, i tundur.
gew'iegt *a bis* i rrahur, i tundur.
Gew'ieher *n* **-s** hingëllimë.
gew'iesen *sh* **weisen***.
gew'illt *a* : *shpr* **gewillt sein zu ...** dua, mendoj, kam ndër mend të ...
Gew'immel *n* **-s** gëlim; **ein Gewimmel wie in einem Ameisenhaufen** një gëlim si në një fole mizash dheu.
Gew'immer *n* **-s** dënesë, të qarë pa zë.
Gew'inde *n* **-s,** = 1) kurorë; 2) *tek* filetim (*i vidhës*).
Gew'inn *m* **-(es), -e** 1) fitim; përfitim; **Gewinn und Verlust** fitim e humbje; **er konnte sein Haus mit Gewinn verkaufen** ai mundi ta shiste shtëpinë me fitim; **ich habe dabei, davon keinen Gewinn** s'kam fitim nga kjo; **er sucht bei allem seinen Gewinn** në çdo gjë ai shikon të përfitojë për vete; 2) dobi, përfitim; **ich habe dieses Buch mit großem Gewinn gelesen** nga leximi i këtij libri pata

dobi të madhe; 3) fitim (*në lotari etj.*); **ein Gewinn in der Lotterie** një fitim në lotari; 4) nxjerrje (*e mineralit etj.*).

Gew'innanleihe *f* =, **-n** hua me fitim.

Gew'innbeteiligung *f* = pjesëmarrje në fitime (*të një ndërmarrjeje etj.*).

gew'innen* 1. *vt* 1) fitoj (*një çmim, luftë, lojë etj.*); **Ehre, Macht, Ruhm gewinnen** fitoj nder, fuqi, lavdi; **jemandes Aufmerksamkeit, Freundschaft, Interesse, Liebe, Wohlwollen gewinnen** tërheq vëmendjen, fitoj miqësinë, zgjoj interesimin, ngjall dashurinë, siguroj mirëdashjen e dikujt; **ich muß Zeit gewinnen** duhet të fitoj kohë; 2) nxjerr (*qymyr, mineral etj.*); **aus diesen Trauben wird ein edler Wein gewonnen** nga ky rrush do të dalë një verë e mirë; 3): **die Angelegenheit gewinnt ein ganz anderes Gesicht** çështja merr një pamje krejt tjetër; **das Übergewicht gewinnen über etwas oder jemanden** siguroj epërsinë mbi diçka ose dikë; **das Ufer zu gewinnen suchen** përpiqem të arrij bregun; **jemanden gewinnen** bëj për vete dikë; **es über sich gewinnen** më bën zemra; 2. *vi* **(h)** fitoj; **das Drama hat in der Fernsehbearbeitung viel gewonnen** drama ka fituar shumë nga përpunimi për televizion.

Gew'inner *m* **-s,** = 1) fitimtar; fitues; 2) numër fitues (*i lotarisë*).

Gew'innliste *f* =, **-n** listë e numrave fitues.

Gew'innspanne *f* =, **-n** përqindje e fitimit (*nga rishitja e një artikulli*).

Gew'innsucht *f* = etje për të fituar (*pare*).

gew'innsüchtig *a* i etur për të fituar (*pare*).

Gew'innung *f* =, **-en** 1) fitim; 2) nxjerrje (*e mineralit etj.*); 3) prodhim.

Gew'irr *n* **-(e)s** 1) lëmsh; 2) labirint (*rrugësh*); 3) pështjellim (*tingujsh*); 4) rrëmujë (*njerëzish*).

gew'iß 1. *a* 1) i sigurtë, i padyshueshëm; **er hat den gewissen Tod vor Augen** e sheh vdekjen me sy; **seiner Fähigkeiten gewiß sein** jam i sigurt për aftësitë e mia; **etwas als gewiß annehmen** e marr diçka si të sigurtë; **ich weiß nichts Gewisses** s'di asgjë të sigurtë; 2) njëfarë, disa; **eine gewisse Ähnlichkeit** njëfarë ngjashmërie; **über gewisse Dinge spricht man nicht gern** disa gjëra njeriu s'ka qejf t'i përmendë; **ein gewisser Schmidt** njëfarë Shmidti; **in gewissem Maße** në njëfarë shkalle, mënyre; 2. *adv* sigurisht, me siguri; **du kommst gewiß** do të vish me siguri.

Gew'issen *n* **-s** ndërgjegje; **sein Gewissen läßt ihm keine Ruhe** ndërgjegjja s'e lë të qetë; **sein Gewissen plagt, quält ihn** atë e vret, e bren ndërgjegjja.

gew'issenhaft *a* i ndërgjegjshëm (*njeri, punëtor etj.*).

Gew'issenhaftigkeit *f* = ndërgjegje, të qenët i ndërgjegjshëm.

gew'issenlos *a* i pandërgjegjshëm (*njeri etj.*).

Gew'issenlosigkeit *f* = mungesë ndërgjegjeje.

Gew'issensbisse *m pl* : *shpr* **Gewissensbisse haben** më vret ndërgjegjja.

Gew'issensfrage *f* =, **-n** çështje ndërgjegjeje.

gew'issermaßen *adv* gjer diku, gjer në njëfarë shkalle; në njëfarë mënyre; si të thuash, pothuaj.

Gew'ißheit *f* = siguri; **zur Gewiß-**

heit werden vërtetohet, del e vërtetë (*diçka*).

Gew'itter *n* **-s, =** stuhi, shtrëngatë; **ein Gewitter ist im Anzug** po afrohet stuhia.

gew'ittern *vimp* : **es gewittert** po gjëmon (*moti*).

Gew'itterwolke *f* **=, -n** re stuhie.

gew'ittrig *a* me stuhi, me shtrëngatë.

gew'itzigt : *shpr* **durch Erfahrung gewitzigt sein** shkathtësohem nga përvoja.

gew'itzt *a* i shkathët, mendjeshkathët.

gew'oben *sh* **weben*.**

gew'ogen 1. *sh* **wägen*, wiegen***; 2. *a* : *fig* **jemandem gewogen sein** ia dua të mirën dikujt, shikoj me sy të mirë dikë.

gew'öhnen 1. *vt* **(an A)** mësoj (*me diçka*); **Kinder an Pünktlichkeit gewöhnen** mësoj fëmijët të jenë të përpiktë; 2. *vrefl* **sich gewöhnen** mësohem, ambientohem; **man gewöhnt sich an alles** njeriu mësohem me gjithçka.

Gew'ohnheit *f* **=, -en** zakon; **die Macht der Gewohnheit** forca e zakonit; **die Gewohnheit haben zu ...** e kam zakon të ...

gew'ohnheitsgemäß *a sh* **gewohnheitsmäßig.**

gew'ohnheitsmäßig 1. *a* i zakonshëm; 2. *adv* zakonisht.

Gew'ohnheitsmensch *m* **-en, -en** njeri i zakonit, i rutinës.

Gew'ohnheitsrecht *n* **-(e)s, -e** e drejtë zakonore.

Gew'ohnheitstier *n* **-(e)s, -e** *bis shak sh* **Gewohnheitsmensch.**

Gew'ohnheitsverbrecher *m* **-s, =** kriminel i regjur.

gew'öhnlich 1. *a* 1) i zakonshëm, i rëndomtë; **im gewöhnlichen Leben** në jetën e përditshme; 2) i ulët, vulgar; 2. *adv* zakonisht.

gew'ohnt *a* që është bërë zakon, i zakonshëm; **ich bin es gewohnt, allein zu sein** jam mësuar të rri vetëm; **er ist schwere Arbeit gewohnt** ai është mësuar me punë të rëndë.

gew'öhnt *a* **(an A)** i mësuar (*me diçka*); **ich bin an diese Arbeit gewöhnt** jam mësuar me këtë punë.

Gew'ölbe *n* **-s, =** *ark* qemer.

gew'ölbt *a* i kërcyer, i dalë; **eine gewölbte Stirn** ballë i hedhur, i dalë, i kërcyer.

gew'onnen *sh* **gewinnen*.**

gew'orben *sh* **werben*.**

gew'orfen *sh* **werfen*.**

Gew'ühl *n* **-s** 1) gëlim; 2) rrëmujë.

gew'unden 1. *sh* **winden***; 2. *a* 1) i thurur; 2) i dredhur; *fig* **eine gewundene Erklärung** një shpjegim i ngatërruar.

gew'ürfelt *a* kuti-kuti.

Gew'ürz *n* **-es, -e** erëza.

gew'ußt *sh* **wissen*.**

gez. = gezeichnet i nënshkruar.

gez'ackt *a* dhëmbë-dhëmbë (*shkëmb etj.*).

gez'ahnt *a* i dhëmbëzuar; **ein gezahntes Blatt** një fletë e dhëmbëzuar (*e pullave të postës etj.*).

Gez'änk *n* **-s** grindje.

Gez'eiten *pl* baticë e zbaticë.

Gez'eter *n* **-s** ulërima; **über etwas ein Gezeter anstimmen** vë ulërimën për diçka.

gez'iehen *sh* **zeihen*.**

gez'iemen 1. *vi* **(h)** (*më*) ka hije; **es geziemt dir nicht** nuk të ka hije; 2. *vrefl* **sich geziemen** (*më*) ka hije; **dieses Benehmen geziemt sich nicht** kjo sjellje është e pahijshme; **es geziemt sich nicht für ein junges Mädchen** nuk i ka hije një vajze të re.

gez'iemend *a* i hijshëm; i përshtatshëm; me vend (*fjalë etj.*).
gez'iert *a* i spitulluar; i stërholluar (*stil, sjellje etj.*).
Gez'iertheit *f* = spitullim; stërhollim.
gez'ogen *sh* **ziehen***.
Gez'ücht *n* **-(e)s, -e** *përb* racë, soj, skotë.
Gezw'itschern -s cicërimë (*zogjsh etj.*).
gezw'ungen 1. *sh* **zwingen***, 2. *a* i shtirur, i sforcuar, artificial (*buzëqeshje etj.*).
gezw'ungenermaßen *adv* nga zori, nga halli.
GG *sh* **Grundgesetz.**
gibt *sh* **geben***.
Gicht *f* = *mjek* cërmë, artrit.
g'ichtbrüchig *a* *mjek* artritik.
G'iebel *m* **-s, =** *ark* ballzinë.
G'iebelstübchen *n* **-s, =** *ark* mbëtrazë, mansardë.
Gier *f* = **(nach D)** lakmi (*për diçka*); **seine Gier kaum noch unterdrücken können** mezi e mposht lakminë.
g'ierig *a* **(nach D, auf A)** lakmitar, i dëshiruar (*për diçka*); **gierige Blicke werfen auf etwas** shikoj me lakmi diçka.
g'ießen* 1. *vt* 1) derdh; 2) shtie; **Kaffee in die Tassen gießen** shtie kafe në filxhanë; *shpr* **Öl ins Feuer gießen** hedh zjarr në kashtë; 3) *tek* derdh; **Metall in eine Form gießen** derdh metal në një formë; 4) lag, ujis (*lulet etj.*); 2. *vimp* **(h)** : *bis* **es gießt in Strömen** bie shi me gjyma.
G'ießer *m* **-s, =** shkrirës.
Gießer'ei *f* **=, -en** *tek* shkritore, fonderi.
G'ießkanne *f* **=, -n** lagëse, ujitëse (*lulesh*).
Gift *n* **-(e)s, -e** helm; **jemandem Gift geben** i jap dikujt helmin; *fig bis* **sein Gift verspritzen** hedh helm; *fig bis* **darauf kann man Gift nehmen** kjo është e sigurtë si vdekja; *fig bis* **Gift und Galle sein** bëhem bishë.
g'iften, sich *vrefl bis* zemërohem shumë.
G'iftgas *n* **-es, -e** gaz helmues.
g'iftig *a* 1) i helmuar; 2) *fig* me helm, therëse (*fjalë etj.*); **eine giftige Bemerkung machen** hedh një thumb; 3) i lig, dashakeq, zemërkeq; 4) i zëmëruar.
G'iftigkeit *f* = helmësi.
G'iftmischer *m* **-s, =** 1) ai që shtie helmin; 2) *fig* thurës intrigash.
G'iftpflanze *f* **=, -n** bimë e helmët.
G'iftpilz *m* **-es, -e** kërpudhë helmuese.
G'iftschlange *f* **=, -n** gjarpër helmues.
G'iftstoff *m* **-(e)s, -e** helm.
Gig'ant *m* **-en, -n** vigan, gjigant (*edhe fig*).
gig'antisch *a* vigan, shumë i madh.
G'igerl *m* **-s, -n** *aust bis* kokorosh.
G'ilde *f* **=, -n** *hist* gildë, korporatë.
gilt *sh* **gelten***.
G'impel *m* **-s, =** 1) *zool* gushëkuq; 2) *fig* sylesh, leshko, guhak.
ging *sh* **gehen***.
G'ipfel *m* **-s, =** 1) majë (*e një mali, druri etj.*); 2) *fig* kulm (*i lavdisë, i lumturisë etj.*); **das ist der Gipfel!** ky është kulmi!
G'ipfelkonferenz *f* **=, -en** mbledhje në nivel të lartë.
g'ipfeln *vi* **(h)** arrin pikën më të lartë.
G'ipfeltreffen *n* **-s, =** takim në nivel të lartë.
Gips *m* **-(e)s, -e** allçi, gips.
g'ipsen *vt* vë në allçi; mbush me allçi.
G'ipskopf *m* **-(e)s, -köpfe** *fig* budalla.

G'ipsverband *m* **-(e)s, -bände** *mjek* lidhje me allçi.
Gir'affe *f* **=, -n** *zool* gjirafë.
gir'ieren [*zhi* -] *fin* xhiroj (*një çek*).
girl [*gërl*] *n* **-s, -s** *bis* 1) valltare (*baleti etj.*); 2) vajzë.
Girl'ande *f* **=, -n** girlandë, kurorë lulesh.
Girokonto [*xhirok'onto*] *n* **-s, -konten** *fin* llogari xhiruese.
g'irren *vi* **(h)** guget (*pëllumbi*).
Gischt *m* **-es** shkumë e dallgëve.
G'itter *n* **-s, =** 1) hekura, kafaz (*i dritares*); 2) rrjetë; 3) *tek* grilë.
Glacé [*s'e*] *n* **=** *dhe* **-s, -s** lëkurë e butë (*qengji ose keci*).
Gladi'ator *m* **-s, -t'oren** *hist* gladiator.
Gladi'ole *f* **=, -n** *bot* lule-shpatë.
Glanz *m* **-es** 1) shkëlqim; **der Glanz des Goldes** shkëlqimi i arit; **der Glanz der Sterne** vezullimi i yjeve; 2) *fig* shkëlqim; madhështi; **eine Prüfung mit Glanz bestehen** kaloj një provim shkëlqyeshëm; **ein Fest mit großem Glanz feiern** kremtoj një festë me madhështi.
gl'änzen 1. *vt* i jap shkëlqim; 2. *vi* **(h)** 1) shkëlqen, ndrin; **die Wasseroberfläche glänzt im Mondschein** sipërfaqja e ujit shkëlqen në dritën e hënës; 2) *fig* shquhem, dallohem; **durch Abwesenheit glänzen** shkëlqej me mungesën.
gl'änzend *a* 1) i shndritshëm; 2) i shkëlqyeshëm (*letër etj.*); 3) *fig* madhështor (*kremtim etj.*); 4) *fig* i shkëlqyer (*artist etj.*).
Gl'anzleistung *f* **=, -en** arritje kulmore (*e një artisti etj.*).
Gl'anzlicht *n* **-(e)s, -er** pikë kulmore (*e një shfaqjeje etj.*).
gl'anzlos *a* 1) pa shkëlqim; 2) *fig* i zbehtë.
Gl'anznummer *f* **=, -n** numër kryesor (*i një programi të estradës etj.*).
Gl'anzpapier *n* **-s, -e** letër e shndritshme.
Gl'anzpunkt *m* **-(e)s** pikë kulmore.
gl'anzvoll *a* i shkëlqyeshëm.
Glas *n* **-es** 1) xham, qelq; **ein Bild unter Glas** një figurë në xham; 2) *pl* **Gläser** gotë; potir; kavanoz; **zwei Glas Bier** dy kriklla birrë; **mir sind drei Gläser zerbrochen** më janë thyer tri gota; 3) *pl* **Gläser** syze; 4) *pl* **Gläser** dylbi; **durchs Glas sehen** shoh me dylbi.
gl'asartig *a* si qelq.
Gl'asbläser *m* **-s, =** qelqfryrës.
Gl'asglocke *f* **=, -n** kapak, kambanë qelqi.
Gl'ashaus *n* **-s, -häuser** serrë.
Gl'ashütte *f* **=, -n** fabrikë qelqi.
glas'ieren *vt* i jap glazurë (*një pjate etj.*).
gl'asig *a* i qelqngjashëm, si qelq.
Gl'aslinse *f* **=, -n** *fiz* thjerrëz.
Gl'asmalerei *f* **=, -en** pikturë në xham.
Gl'asscheibe *f* **=, -n** tabak xhami; xham (*i dritares, i kutisë, i pikturës etj.*).
Gl'asscherbe *f* **=, -n** copë xhami të thyer.
Glas'ur *f* **=, -en** glazurë.
gl'asweise *adv* me gota; **Wein glasweise auschenken** shtie verën ndër gota.
glatt 1. *a* 1) i lëmuar; **glatter Stoff** stof i lëmuar; **glattes Wasser** ujë i qetë; **glattes Haar** flokë të drejtë; **eine glatte Reise** udhëtim pa të papritura; 2) i rrëshqitshëm (*rrugë etj.*); 3) *fig* dredharak; **er ist glatt wie nasse Seife** ai të shket si ngjalë; 4) *fig* i plotë, i tërë; **eine glatte Lüge** një gënjeshtër me bisht; **glatte Absage** refuzim i prerë; 2. *adv* 1) shtruar, pa pengesa; mirë; **es ist alles glatt gegangen** gjithçka shkoi mirë; 2) drejt, troç; **glatt her-**

aussagen them troç; 3) krejt; **das ist glatt erfunden** ky është trillim fund e krye; **glatt vergessen** harroj fare; 4) : **glatt erweisen** provoj në mënyrë të qartë; **eine Beleidigung glatt einstecken** ha një fyerje pa bërë zë; *sport* **er hat ihn glatt geschlagen** e ka mundur pa kurrfarë zori.

Gl'ätte *f* = 1) të qenët i lëmuar; 2) rrëshqitshmëri; 3) *fig* shkathtësi, zhdërvjelltësi (*e stilit etj.*).

Gl'atteis *n* **-es** ngricë, ciknë; **heute Nacht gibt es Glatteis** sonte do të ngrijë, do të ketë ngricë.

gl'ätten *vt* 1) lëmoj; 2) hekuros; 3) zdrukthoj; 4) *fig* limoj (*një poezi etj.*); 5) *fig* qetësoj (*dallgët e zemërimit etj.*).

gl'atthobeln *vt ndash* zdrukthoj.

gl'attlegen *vt ndash* vë në mënyrë që të mos rrudhen (*ndërresat etj.*).

gl'attmachen *vt ndash* shtrij; hekuros.

gl'attstreichen* *vt ndash* shtrij, lëmoj (*një letër të zhubravitur etj.*).

gl'attweg *adv* shkurt, në mënyrë të prerë.

gl'attziehen* *vt ndash* shtrij (*një mbulesë krevati etj.*).

Gl'atze *f* =, **-n** tullë, shogë.

Gl'atzkopf *m* **-(e)s, -köpfe** tullac, shogan.

Gl'aube *m* **-ns** besim; **den Glauben an etwas oder jemanden verlieren** humbas besimin në diçka ose te dikush; **im guten Glauben** me mirëbesim; **jemandem Glauben schenken** i besoj dikujt.

gl'auben *vt, vi* **(h)** besoj; **etwas glauben** besoj diçka; **an jemanden glauben** kam besim te dikush; **jemandem glauben** i besoj dikujt; **er will mich glauben machen, daß ...** ai do të ma mbushë mendjen se ...; **das glaubst du doch selbst nicht** këtë s'e beson as ti vetë; **es ist nicht zu glauben** s'është për t'u besuar: **wie ich glaube, will er ...** më duket se ai do të ...; *bis* **er hat dran glauben müssen** a) e ka pësuar; b) ka lënë kokën; **das glaube ich nicht von ihr** këtë s'e pres prej saj; **wer hätte das (je) geglaubt!** kush e kishte besuar!; **das glaube ich wohl, das will ich glauben!** sigurisht!

Gl'aubensbekenntnis *n* **-ses, -se** 1) besim (*fetar*); 2) *fet* Besojmë (*lutje*).

gl'aubhaft *a* i besueshëm (*lajm etj.*).

gl'äubig *a* 1) i bindur (*në një të vërtetë etj.*); 2) besimtar; 3) plot besim; **jemanden gläubig ansehen** shikoj dikë plot besim.

Gl'äubige *m, f* **-n, -n** besimtar.

Gl'äubiger *m* **-s,** = kreditor.

Gl'äubigkeit *f* = bindje fetare.

gl'aublich, glaubwürdig *a* i besueshëm, që është për t'u besuar.

Gl'aubwürdigkeit = besueshmëri.

gleich 1. *a* 1) i njëjtë; i barabartë; i njëllojtë; **er verfolgt die gleichen Ziele** ai ndjek të njëjtat qëllime; **von gleicher Farbe, Größe, Art** i një ngjyre, madhësie, lloji; *fig* **wir sitzen beide im gleichen Boot** a) ndjekim të dy të njëjtat qëllime; b) kemi të njëjtin hall; **dem Erdboden gleich** një me tokën, rrafsh me tokën; **die gleichen Rechte, die gleichen Pflichten** të njëjtat të drejta, të njëjtat detyra; **zu gleichen Teilen** në pjesë të barabarta; **auf die gleiche Weise** në të njëjtën mënyrë; **zur gleichen Zeit** në të njëjtën kohë, njëkohësisht; **seine Fortschritte sind gleich Null** përparimi i tij është baras me zero; **drei mal drei gleich neun** tre herë tre bëjnë nëntë; **das kommt, läuft aufs Gleiche hinaus** kjo është po ajo, e njëjta gjë; 2) i ngjashëm; 2. *adv* 1) menjëherë, sakaq; në vend; **ich werde es dir gleich sagen** po ta them menjëherë; **ich komme gleich!** erdha!; **es muß nicht gleich sein** ka ende kohë; 2) njësoj; **das ist mir völlig gleich** kjo është krejt njësoj për mua; 3) po aq; **gleich breit, groß, lang sein** është po aq i gjerë, i madh, i gjatë.

gl'eichaltrig *a* moshatar.

gl'eichartig *a* i njëllojtë.

gl'eichbedeutend *a* : *shpr* **mit etwas gleichbedeutend sein** ka të njëjtin kuptim me diçka.

gl'eichberechtigt *a* me të drejta të barabarta; **die Frau ist gleichberechtigt** gruaja ka të drejta të barabarta.

Gl'eichberechtigung *f* = të drejta të barabarta, barazi e të drejtave; **der Kampf der Frau um die Gleichberechtigung** lufta e gruas për të drejta të barabarta.

gl'eichbleiben*, sich *vrefl ndash* nuk ndryshoj; **das bleibt sich völlig gleich** kjo është e njëjta gjë.

gl'eichen* *vi* **(h) (D)** i ngjaj, i shëmbëllej (*dikujt*); **sie gleichen sich wie Tag und Nacht** ata ndryshojne si nata me ditën.

gl'eichermaßen, gl'eicherweise *adv* po ashtu, në të njëjtën mënyrë.

gl'eichfalls *adv* gjithashtu; **danke, gleichfalls!** falemnderit, gjithashtu!

gl'eichförmig *a* 1) i ngjashëm; i njëllojtë, i barabartë; 2) *fig* monoton.

gl'eichgesinnt *a* i një mendjeje.

Gl'eichgesinnte m, *f* **-n, -n** shok, shoqe mendimi, ideje.

gl'eichgestellt *a* me pozitë të njëjtë (*nëpunës etj.*).

Gl'eichgewicht *n* **-s** *fiz* drejtpeshim, ekuilibër; **jemanden aus dem Gleichgewicht bringen** ia prish ekuilibrin dikujt (*edhe fig*).

gl'eichgültig *a* 1) **(gegen A)** që nuk e çan kokën (*për dikë ose diçka*); indiferent (*ndaj dikujt ose diçkaje*); 2) i parëndësishëm (*çështje etj.*).

Gl'eichheit *f* = barazi; **die Gleichheit aller vor dem Gesetz** barazia e të gjithëve para ligjit.

Gl'eichheitszeichen *n* **-s,** = *mat* shenjë barazimi (*edhe fig*).

gl'eichkommen* *vi* (*ndash*) **(s)** **(D, an A)** ia arrij (*dikujt në diçka*); **keiner kann ihm gleichkommen** atij s'ia arrin asnjeri.

gl'eichlautend *a* që tingëllon njësoj; i njëjtë (*tekst*).

gl'eichmachen *vt ndash* barazoj; **dem Erdboden gleichmachen** bëj rrafsh me tokën.

Gl'eichmacherei *f* =, **-en** barazimtari.

Gl'eichmaß *n* **-es** 1) simetri; 2) përpjesëtimëri; 3) njëtrajtshmëri (*e lëvizjeve etj.*).

gl'eichmäßig *a* 1) simetrik; 2) i përpjesëtuar (*trup etj.*); 3) i njëtrajtshëm (*lëvizje etj.*).

Gl'eichmäßigkeit *f* = 1) simetri; 2) përpjesëtimëri; 3) njëtrajtshmëri.

Gl'eichmut *m* **-s** gjakftohtësi; qetësi shpirtërore.

gl'eichmütig *a* gjakftohtë; i qetë shpirtërisht.

gl'eichnamig *a* me të njëjtin emër.

Gl'eichnis *n* **-ses, -se** shëmbëlltyrë; **durch ein Gleichnis erklären** shpjegoj me një shëmbëlltyrë.

gl'eichsam *adv* si të themi, pothuaj, në njëfarë mase.

gl'eichschalten *vt ndash* barazoj.

Gl'eichschritt *m* **-(e)s** hap i njëllojtë; **im Gleichschritt** me një hap.

gl'eichsehen* *vi ndash* **(h)** ngjaj; jam, dukem i ngjashëm; *fig bis* **das sieht ihm gleich** këtë ai e bën, këtë e pres prej tij.

gl'eichsetzen *vt ndash* barazoj, vë baraz (*me dikë ose diçka*).
gl'eichstellen 1. *vt ndash* barazoj, vë baraz (*me dikë ose diçka*); 2. *vrefl* **sich gleichstellen** vë veten në një shkallë, matem, barazohem (*me dikë*).
Gl'eichstrom *m* **-(e)s, -ströme** *el* rrymë e vazhdueshme.
gl'eichtun* *vi* **(h)** matem (*me dikë*).
Gl'eichung *f* **=, -en** *mat* barazim, ekuacion.
gl'eichviel *conj* sidoqoftë; **gleichviel, du wirst es bald erfahren** sidoqoftë, do ta marrësh vesh shpejt.
gl'eichwertig *a* i njëvlershëm, i barazvlershëm, ekuivalent.
gl'eichwie *conj* si, po ashtu si.
gl'eichwohl *conj* megjithatë.
gl'eichzeitig 1. *a* i njëkohshëm; 2. *adv* njëkohësisht.
Gleis *n* **-se, -e** shina, binarë (*hekurudhe, tramvaji etj.*); *fig* **ein totes Gleis** rrugë pa krye; **aus dem Gleis kommen** dal nga binarët (*edhe fig*); *fig* **etwas wieder ins Gleis bringen** vë përsëri në vijë diçka.
Gl'eisner *m* **-s, =** *poet* hipokrit, shtijak, i shtirë, njeri me dy faqe.
gl'eiten* *vi* (s) shkas, rrëshqas (*në akull etj.*); **aus den Händen gleiten** më shpëton nga duart; **durch die Luft gleiten** shket në ajër (*zogu, aeroplani*); **übers Wasser gleiten** shket në ujë (*barka etj.*).
Gl'eiter *m* **-s, =** *av* planer.
Gl'eitflug *m* **-(e)s, -flüge** 1) fluturim i zogut pa rrahur krahët; 2) fluturim i avionit me motor të shuar.
Gl'etscher *m* **-s, =** *gjeogr* akullnajë.
glich *sh* **gleichen***.
Glied **-(e)s, -er** 1) *anat* gjymtyrë; 2) *anat* organ mashkullor; 3) hallkë; 4) rresht; **in Reih und Glied** në formacion; 5) pjesëtar (*i një familjeje etj.*).
gl'iederlahm *a* i mpirë (*nga qëndrimi pa lëvizur etj.*).
gl'iedern *vt* 1) ndaj (*punën etj.*); 2) rreshtoj, rendis (*mendimet etj.*).
Gl'iederung *f* **=, -en** 1) ndarje; 2) rreshtim, renditje.
Gl'iedmaßen *pl* gjymtyrë (*të njeriut ose kafshës*).
gl'immen* *edhe sipas zgjedhimit të dobët vi* **(h)** 1) digjet pa flakë (*thëngjilli, cigarja etj.*); 2) ndrin, vezullon.
Gl'immer I *m* **-s, =** *min* mikë.
Gl'immer II *m* **-s** shkëlqim, vezullim.
gl'impflich *a* i butë; **eine glimpfliche Strafe** një dënim i butë; **glimpflich davon kommen** shpëtoj, ndahem mirë (*nga një rrezik etj.*).
gl'itschen *vi* (s) shkas.
gl'itschig *a* i rrëshqitshëm (*gjarpër, tokë e lagur etj.*).
glitt *sh* **gleiten***.
gl'itzern *vi* **(h)** ndrin, vezullon (*ylli etj.*).
glob'al *a* global, i përgjithshëm.
Gl'obus *m* **=** *dhe* **-ses, -se** glob.
Gl'ocke *f* **=, -n** 1) kambanë; *fig* **etwas an die große Glocke hängen** e bëj të madhe diçka, e them që ta marrë vesh gjithë bota; 2) zile; **die Glocke ziehen** i bie ziles; 3) kapak, kambanë (*qelqi etj.*).
gl'ockenartig *a* si kambanë, kambanëngjashëm (*fustan etj.*).
Gl'ockenblume *f* **=, -n** *bot* lulekëmborë, lulevathë.
Gl'ockenspiel *n* **-(e)s, -e** karijon.
Gl'ockenturm *m* **-(e)s, -türme** kambanare.
Gl'ockenzeichen *n* **-s, =** tingëllimë e ziles.
glomm *sh* **glimmen***.

Gl'ori/e *f* = lavdi.

Gl'ori/enschein *m* **-(e)s, -e** brerore, aureolë.

glorifiz'ieren *vt* i thur lavde (*dikujt ose diçkaje*).

Glori'ole *f* =, **-n** brerore, aureolë.

glori'os *a bis* i shkëlqyeshëm (*mendim etj.*).

gl'orreich *a* 1) i lavdishëm; 2) *bis* i shkëlqyeshëm (*mendim etj.*).

Gl'osse *f* =, **-n** 1) shpjegim (*i një fjale të vështirë në një tekst*); 2) *bis* vërejtje tallëse.

Gloss'ar *n* **-s, -e** listë alfabetike (*e fjalëve të vështira të një vepre etj.*).

gloss'ieren *vt* 1) shpjegoj (*një fjalë të vështirë në një tekst etj.*); 2) komentoj në mënyrë tallëse (*një ngjarje etj.*).

gl'otzen *vi* **(h)** zgurdulloj, çakërris sytë.

Glück *n* **-(e)s** lumturi, mbarësi, fat; **er ist ein Kind des Glückes** është njeri me fat; *prov* **jeder ist seines Glückes Schmied** sikush e ka fatin e vet në dorë; *fig* **das Glück lächelte ihr zu** asaj i buzëqeshi fati; **jemandem Glück wünschen** uroj dikë; **die Jagd nach dem Glück** kërkim i fatit; **zum Glück** për fat (të mirë); **jemandes Glück im Wege stehen** ia prish fatin dikujt; **Glück haben** kam fat; **auf gut Glück** kuturu, të dalë ku të dalë; **Glück auf!** puna e mbarë! (*përshëndetje minatorësh*); **Glück ab!** fluturim të mbarë! (*përshëndetje pilotësh*).

Gl'ucke *f* =, **-n** klloçkë.

gl'ücken *vi* **(h, s)** *dhe vimp* kam fat, më del mirë, më shkon mbarë; **es glückte ihm, einen Platz zu bekommen** pati fatin të gjente një vend.

gl'ücklich 1. *a* 1) i lumtur, fatbardhë; **eine glückliche Familie** një familje e lumtur; 2) i mbarë; **er hat eine glückliche Hand** ai ka dorë të mbarë; **glückliche Reise!** udhë të mbarë!; 2. *adv* : **wir sind glücklich davongekommen** jemi ndarë mirë; **der Film endet glücklich** filmi mbaron mirë; **er ist glücklich heimgekehrt** është kthyer shëndoshë e mirë.

gl'ücklicherweise *adv* për fat (të mirë).

glückselig *a* i lumtur.

gl'ucksen *vi* **(h)** 1) kakarit (*pula*); 2) *fig* qesh mbyturazi.

Gl'ücksfall *m* **-(e)s, -fälle** fat; **ein seltener Glücksfall** një fat i rrallë.

Gl'ücksgüter : *shpr* **(nicht) mit Glücksgütern gesegnet sein** (nuk) jam i pasur.

Gl'ückskind *n* **-(e)s, -er, Glückspilz** *m* **-es, -e** *bis* njeri me fat.

Gl'ückspiel *n* **-(e)s, -e** lojë kumari.

Gl'ücksritter *m* **-s,** = aventurier.

Gl'ückssträhne *f* =, **-n** varg fatbardhësish.

Gl'ückwunsch *m* **-es, -wünsche** urim, përgëzim; **seinen Glückwunsch abstatten, ausdrücken, aussprechen, senden** paraqes, shpreh, dërgoj urimet e mia; **herzliche Glückwünsche!** urime të përzemërta!

Gl'ühbirne *f* =, **-n** llambë elektrike.

gl'ühen 1. *vt* skuq (*metalin*); 2. **(h)** 1) ndrin (*poçi i llambës, thëngjilli etj.*); 2) skuqet (*metali*); 3) skuqem, bëhem flakë (*nga turpi etj.*); 4) *fig* digjem (*nga një dëshirë etj.*); **für eine Idee glühen** digjem për një ide; **vor Begeisterung glühen** ndizem nga emocioni, entuziazmi.

gl'ühend *a* 1) i skuqur (*hekur etj.*); 2) *fig* i zjarrtë (*epsh etj.*).

Gl'ühlampe *f* =, **-n** llambë elektrike.

Gl'ühwürmchen *n* **-s, =** *zool* xixëllojë.
Glut *f* = 1) prush; 2) flakërim (*i qiejve etj.*); 3) vapë; 4) *fig* afsh, zjarr (*i dashurisë etj.*).
Gl'uthitze *f* = vapë e madhe.
gl'utrot *a* i skuqur flakë (*faqe etj.*).
Gn'ade *f* = 1) mirësi; **jemandem eine Gnade erweisen** i bëj një të mirë dikujt; 2) mirëdashje; 3) mëshirë; **um Gnade bitten** kërkoj mëshirë; **sich auf Gnade und Ungnade ergeben** dorëzohem pa kushte.
Gn'adenbrot *n* **-(e)s** lëmoshë.
Gn'adenfrist *f* **=, -en** afat i fundit.
Gn'adengesuch *n* **-s, -e** lutje për falje (*të një dënimi*).
Gn'adenstoß *m* **-es, -stöße** goditje e fundit.
gn'ädig *a* 1) i butë; **eine gnädige Strafe** një dënim i butë; 2) i mëshirshëm, zëmërbutë; 3) : **gnädiger Herr!** i nderuar zotëri!, zotëri!; **gnädige Frau!** e nderuar zonjë!, zonjë!
Gnom *m* **-en, -en** *mit* gnom, xhuxh.
Gobelin [*gob(ë)l'ê*] *m* **-s, -s** sixhade.
G'ockel *m* **-s, =** *bis* gjel, këndes.
Gold *n* **-(e)s** ar, flori; **dieser Fluß führt Gold** ky lumë ka ar; **Gold mit Silber legieren** lidh arin me argjendin; *fig* **sie schwimmen in Gold** ata janë krimbur në flori; *fig* **das ist nicht mit Gold zu bezahlen!** kjo s'ka të paguar!; **es ist nicht alles Gold, was glänzt** jo gjithçka që shkëlqen është ar.
g'oldblond *a* i verdhë si ar (*flokë etj.*).
g'olden *a* 1) i artë, i florinjtë; **eine goldene Uhr** një ore e florinjtë; **goldene Worte** fjalë të arta; **die goldene Mitte, den goldenen Mittelweg wählen** s'e kaloj masën; **das Goldene Buch** libri i nderit; 2) i verdhë si ar.
g'oldfarbig *a* ngjyrëartë.
G'oldfisch *m* **-es, -e** *zool* peshk i artë (*që mbahet në akuarium*).
G'oldfuchs *m* **-es, -füchse** 1) kalë qimekuq; 2) *vjet fig* monedhë ari.
g'oldgelb *a* i verdhë si ar.
G'oldgräber *m* **-s, =** kërkues ari.
G'oldgrube *f* **=, -n** 1) minierë ari; 2) *fig bis* burim fitimesh të majme.
g'oldhaltig *a* që përmban ar, armbajtës (*mineral*).
g'oldig *a* 1) që shkëlqen si ar; 2) *fig* i këndshëm, i dashur (*fëmijë*).
G'oldklumpen *m* **-s, =** popël ari.
g'oldrichtig *a* *bis* shumë i drejtë (*vendim etj.*).
G'oldschatz *m* **-es, -schätze** thesar.
G'oldschmied *m* **-(e)s, -e** argjendar.
G'oldstück *n* **-(e)s, -e** flori (*monedhë*).
Golf 1. *m* **-(e)s, -e** *gjeogr* gji deti; 2. *n* **-s** *sport* golf.
G'ondel *f* **=, -n** gondolë.
Gong *m* **-s, -s** gong.
g'ongen *vi* **(h)** 1) i bie gongut; 2) bie gongu.
G'ongschlag *m* **-(e)s, -schläge** e rënë e gongut.
g'önnen *vt* 1) uroj; **ich gönne ihr alles Gute** i uroj gjithë të mirat; 2) lejoj, lë, jap; **er gönnt sich selten eine Ruhepause** rrallë e lë veten të marrë frymë; **er gönnt ihm nie ein gutes Wort** kurrë s'ia thotë një fjalë të mirë.
G'önner *m* **-s, =** 1) dashamirë; 2) përkrahës, mbrojtës (*i një artisti etj.*).
g'önnerhaft *a* mirëdashës.
Gör *n* **-s, -en** çapkën.
gor *sh* **gären***.
G'öre *f* **=, -n** çapkëne.
Gor'illa *m* **-s, -s** *zool* gorillë.
goß *sh* **gießen***.

G'osse *f* =, **-n** 1) ulluk; kanal; **das Regenwasser fließt, läuft durch die Gosse ab** uji i shiut rrjedh nëpër ulluk; 2) *fig bis* rrugë; **jemanden aus der Gosse auflesen, ziehen** marr dikë nga rruga; **er wird noch in der Gosse enden** do të mbarojë në rrugë të madhe.

G'otik *f* = *ark* stil gotik.

g'otisch *a* 1) *ark* gotik; 2) : **gotische Schrift** shkrim gotik.

Gott *m* **-es, Götter** zot, perëndi.

g'ottbewahre *int* ruajnazot.

G'otterbarmen : *shpr* **zum Gotterbarmen** për t'u mëshiruar, për të ardhur keq.

G'ottesdienst *m* **-es, -e** shërbesë fetare.

g'ottesfürchtig *a* që ia ka frikën perëndisë (*njeri*).

G'otteslästerung *f* =, **-en** blasfemi.

G'ottheit *f* =, **-en** perëndi, hyjni.

G'öttin *f* =, **-nen** perëndeshë, hyjneshë.

g'öttlich *a* hyjnor, i perëndishëm (*art etj.*).

g'ottlob *int* lavdi zotit; shyqyr.

g'ottlos *a* i patënzonë.

G'ottlose *m, f* **-n, -n** ateist.

g'ottserbärmlich *a bis* për t'u mëshiruar, për të ardhur keq.

g'ottsjämmerlich 1. *a* i mjerueshëm; 2. *adv* keq; për faqe të zezë; **sich gottsjämmerlich fühlen** e ndiej veten s'ka më keq.

g'ottvoll *a bis* 1) hyjnor; 2) i shkëlqyeshëm; i mrekullueshëm.

G'ötze *m* **-n -n, Götzenbild** *n* **-(e)s, -er** idhull.

Gourmand [*gurm'â*] *m* **-s, -s** hamës i madh.

Gourmet [*gurm'e*] *m* **-s, -s** hamës shijehollë.

Gouvern'ante [*guver-*] *f* =, **-n** edukatore.

Gouvernement [*guvernëm'â*] *m* **-s, -s** 1) qeveri; 2) administratë.

Gouverneur [*guvern'ër*] *m* **-s, -e** guvernator.

Grab *n* **-(e)s, Gräber** 1) varr; **ein feuchtes Grab finden** mbytem në det etj.; **ein frühes Grab finden** vdes i ri; **Treue bis übers Grab hinaus** besnikëri gjer në vdekje; **er hat sie ins Grab gebracht** ai e çoi në varr; *fig* **mit einem Fuß im Grabe stehen** jam me një këmbë në varr; **zu Grabe tragen** shtie në dhe; 2) *fig* vdekje; fund, mbarim; **das war das Grab seines Ruhmes** ky qe fundi i lavdisë së tij; **er hat sich selbst sein Grab gegraben** ia ka bërë të zezën vetes.

gr'abbeln *vt dhe vi* **(h)** rrëmoj.

gr'aben* 1. *vt* 1) gërmoj, rrëmoj; **mit dem Spaten graben** gërmoj me lopatë; 2) hap; **ein Grab, einen Schacht, ein Loch graben** hap një varr, një pus, një vrimë; 3) **(nach D)** kërkoj; **nach Erz, Gold graben** kërkoj mineral, ar; 4) nxjerr; **Erz, Gold graben** nxjerr mineral, ar; 5) ngul; **ich habe es tief ins Gedächtnis gegraben** e kam të ngulur thellë në kujtesë; 6) skalis, gdhend; **eine Inschrift in Stein graben** skalis një mbishkrim në gur; 2. *vrefl* **sich graben** 1) ngulem; **das abgestürzte Flugzeug grub sich tief in die Erde** avioni i rrëzuar u ngul thellë në dhe; 2) ngec; **die Räder gruben sich tief in den Schlamm** rrotat ngecën thellë në baltë.

Gr'aben *m* **-s, Gräben** 1) hendek; 2) *usht* llogore, transhe.

Gr'abenkrieg *m* **-(e)s, -e** luftë pozicioni.

Gr'abesstille *f* = heshtje varri.

Gr'abgewölbe *n* **-s,** = varr i nëndheshëm, kriptë.

Gr'abhügel *m* **-s, =** tumë, kodërvarr.
Gr'abmal *n* **-(e)s, -e** *dhe* **-mäler** përmendore varri.
Gr'abrede *f* **=, -n** fjalim i përmortshëm (*buzë varrit*).
Gr'abschändung *f* **=, -en** përdhosje e varrit.
Gr'abstätte *f* **=, -n** varr.
Gr'abstein *m* **-(e)s, -e** gur varri.
Gr'abung *f* **=, -en** gërmim (*për qëllime arkeologjike etj.*).
Grad *m* **-(e)s, -e** 1) *kim, fiz, gjeogr, mat* gradë; **60 Grad nördlicher Breite** 60 gradë gjerësi veriore; 2) shkallë; **in gewissem Grade** në njëfarë mënyre; 3) gradë (*ushtarake, shkencore*).
grade = gerade.
Gr'admesser *m* **-s, =** tregues (*i popullaritetit të diçkaje etj.*).
gradu'ell *a* gradual.
Gradu'ierte *m* **-n, -n** i diplomuar.
Graf *m* **-en, -en** kont.
Gr'äfin *f* **=, -nen** konteshë.
Gr'afschaft *f* **=, -en** konté.
gram *a* : *shpr* **jemandem gram sein** jam i zemëruar me dikë.
Gram *m* **-(e)s** hidhërim, pikëllim; **aus Gram** nga pikëllimi.
gr'ämen, sich *vrefl* **(über A)** hidhërohem, helmohem, pikëllohem (*për diçka*); **es grämt mich sehr** më vjen shumë keq.
gr'amerfüllt *a* i hidhëruar, i pikëlluar.
gr'ämlich *a* i hidhur (*mendim etj.*); i pikëlluar (*fytyrë etj.*).
Gramm *n* **-(e)s, -e** gram (*njësi peshe*); **1000 Gramm sind ein Kilogramm** 1000 gramë bëjnë një kilogram.
Gramm'atik *f* **=, -en** gramatikë.
grammatik'alisch, gramm'atisch 1. *a* gramatikor; 2. *adv* gramatikisht.
Grammoph'on *n* **-s, -e** gramafon.
gr'amvoll *a* i helmuar, i pikëlluar.
Gran'ate *f* **=, -n** *usht* granatë.
Gran'atwerfer *m* **-s, =** *usht* granatëhedhës.
Grand'ezza *f* **=** madhështi.
grandi'os *a* madhështor.
Gran'it *m* **-s, -e** *gjeol* granit.
Gr'anne *f* **=, -n** *bot* halë (*gruri etj.*).
Gr'aphik *f* **=, -en** grafikë.
Gr'aphiker *m* **-s, =** grafist.
gr'aphisch *a* grafik.
Graphol'oge *m* **-n -n** grafolog.
Graphologʼie *f* **=** grafologji.
Gras *n* **-es, Gräser** bar; **das Gras muß gemäht werden** bari duhet kositur; *fig* **über eine Sache Gras wachsen lassen** lë një punë ta mbulojë pluhuri; **wo er hintritt, da wächst kein Gras** ku shkel ai, s'mbin bar; *fig* **ins Gras beißen** ha dhe.
gr'asen *vi* **(h)** 1) kullot (*bagëtia*); 2) kosis barin.
Gr'asfutter *n* **-s** bar (*për bagëti*).
Gr'ashalm *m* **-(e)s, -e** fije bari.
Gr'ashüpfer *m* **-s, =** *zool* karkalec.
gr'asig *a* 1) i mbuluar me bar; 2) si bar.
Gr'asland *n* **-e)s** 1) kullotë; 2) stepë.
grass'ieren *vi* **(h)** bën kërdinë (*murtaja etj.*).
gr'äßlich *a* 1) i tmerrshëm, rrëqethës; i pështirë, i shëmtuar (*krim, pamje etj.*); 2) *bis* si mos më keq, për faqe të zezë (*gjendje etj.*).
Grat *m* **-(e)s, -e** 1) brinjë (*e çatisë etj.*); 2) *gjeogr* kreshtë mali.
Gr'äte *f* **=, -n** halë (*peshku*).
Gratifikati'on *f* **=, -en** shpërblim në të holla.
gr'ätig *a* me shumë hala (*peshk etj.*).
gr'atis *adv* falas; **Eintritt gratis** hyrje falas.
Gratul'ant *m* **-en, -en** urues; përgëzues.

Gratulati'on *f* =, **-en** urim, përgëzim.

gratul'ieren *vi* (h) (**jemandem zu D**) përgëzoj, uroj dikë për diçka.

grau *a* 1) përhimë, i hirtë, gri; **der Himmel ist heute ganz grau** qielli sot është i vrenjtur; 2) i thinjur; **graues Haar** thinja; *fig bis* **sich keine grauen Haare wachsen lassen** s'e çaj kokën, s'më bëhet vonë; **grau werden** plakem, thinjem; 3) i vagëlluar, i papërcaktuar; **eine graue Vorstellung** një ide e vagëlluar; **vor grauen Zeiten** qëmoti, qëkur; 4) monoton, i mërzitshëm; **der graue Alltag** jetë (*e përditshme*) monotone; 5) *fig* i zi; **alles in grau sehen** shoh kudo zi.

Gr'aubart *m* **-(e)s, -bärte** 1) mjekër e thinjur; 2) *fig* mjekërthinjur, plak.

Gr'aubrot *n* **-(e)s, -e** bukë e zezë.

gr'auen I *vi* (h) 1) thinjen (*flokët*); 2) agon; **der Morgen graut** po zbardh dita.

gr'auen II *vimp* (**h**), **sich grauen** *vrefl* (**vor D**) trembem, tmerrohem (*nga diçka*); **mir graut vor dieser Entscheidung** tmerrohem nga ky vendim.

Gr'auen *n* **-s** tmerr; **mich erfaßte ein Grauen** më zuri tmerri.

gr'auenerregend, grauenhaft, grauenvoll *a* i tmerrshëm.

gr'auhaarig *a* flokëthinjur.

gr'aupeln *vimp* (**h**) bie breshnizë, breshniz.

Gr'aupeln *pl* breshnizë bore.

Graus *m* **-es** tmerr.

gr'ausam *a* 1) mizor (*armik, veprim etj.*); 2) i ashpër, i egër (*dimër etj.*).

gr'ausen 1. *vimp* (**h**) : **mir graust davor** trembem, tmerrohem (*nga dikush, diçka*); 2. *vrefl* **sich grausen** tmerrohem.

Gr'ausen *n* **-s** tmerr.

grausig *a* i tmerrshëm, rrëqethës.

Gravidit'ät [*-vi-*] *f* = *mjek* shtatzani.

grav'ieren [*-vi-*] *vt* skalis.

grav'ierend [*-vi-*] a rëndues (*rrethanë*).

Gravit'ät [*-vi-*] *f* = hije e rëndë, solemnitet.

gravit'ätisch [*-vi-*] *a* hijerëndë, solemn.

Gr'azi/e *f* = hir.

graz'il *a* 1) i brishtë; 2) i hirshëm.

grazi'ös *a* i hirshëm.

Greenhorn [*gr'inhorn*] *n* **-s, -s** buzëqumësht.

Greif *m* **-(e)s** *dhe* **-en, -e(n)** *mit* ipogrif.

gr'eifbar *a* 1) i kapshëm, i arritshëm; 2) i qartë; **ein greifbarer Beweis** një provë e qartë.

gr'eifen* *vt, vi* (**h**) (**nach D, an A, in A, bei D**) kap, zë (*diçka, dikë*); kapem (*pas diçkaje*); **die Säge greift gut** sharra pret mirë; **jemanden beim Kragen greifen** zë dikë për gryke; **an den Hut greifen** prek, ngre kapelën (*për të përshëndetur dikë*); **sich an den Kopf greifen** vë duart në kokë; **zum Greifen nah(e)** fare afër; *fig* **das hat mich ans Herz gegriffen** kjo më ka prekur në zemër; **(mit der Hand) in die Tasche greifen** fus dorën në xhep; *fig* **das greift an den Beutel** kjo (*të*) prek në kuletë; **in die Tasten greifen** u bie tasteve; *muz* **einen Ton greifen** marr një ton; **falsch greifen** a) *muz* stonoj; b) gaboj; **zu hoch greifen** e vras lart; **zu weit greifen** e teproj; **um sich greifen** përhapet (*zjarri etj.*); **das ist mit den Händen zu greifen** kjo është e qartë, duket sheshit; **etwas aus der Luft greifen** trilloj diçka; **ins Leere greifen** mbetet në hava; **zu den Waffen greifen** rrok armët; **zum letzen Mittel greifen** luaj gurin e fundit; **zur Flasche greifen** zë rakinë; *fig* **jemandem unter die Arme greifen** nxjerr, shpëtoj dikë (*nga një hall*); **Greifen spielen** loz »ta lashë«; *fig* **jemandem an die Ehre greifen** cënoj dikë në nder.

gr'einen *vi* **(h)** qan, qaravitet, shkithet (*foshnja etj.*).

greis *a* i moçëm, shumë plak.

Greis *m* **-es, -e** plak i moçëm.

gr'eisenhaft *a* 1) plaku; si plak; 2) i plakur.

grell *a* 1) i mprehtë (*tingull*); 2) i gjallë (*ngjyrë etj.*); 3) verbues (*dritë etj.*).

Gr'emium *n* **-s, Gremi/en** forum; organ; ent.

Grenad'ier *m* **-s, -e** granadier.

Gr'enze *f* **=, -n** kufi; cak; **eine Grenze festsetzen** vë një kufi; *bis* **über die grüne Grenze gehen** kaloj fshehtas kufirin; *fig* **alles hat seine Grenzen** gjithçka ka një kufi; *fig* **man muß seine Grenzen kennen** njeriu duhet t'i dijë caqet; *fig* **das überschreitet alle Grenzen** ky është kulmi.

gr'enzen *vi* **(h) (an A)** kufizon (*me diçka*); arrin (*në diçka*); **das grenzt an Wahnsinn** kjo arrin në çmenduri.

gr'enzenlos *a* i pakufishëm.

Gr'enzer *m* **-s, =** 1) rojë kufiri; 2) kufitar (*banor i zonës kufitare*).

Gr'enzenlinie *f* **=, -n** vijë kufiri.

Gr'enzfall *m* **-(e)s, -fälle** rast-limit.

Gr'enzgänger *m* **-s, =** 1) kufitar, banor i zonës kufitare; 2) kalues i kufirit; 3) shkelës i kufirit.

Gr'enzsperre *f* **=** mbyllje e kufirit.

Gr'enzstein *m* **-(e)s, -e** 1) gur kufiri; 2) *fig* cak.

Gr'euel *m* **-s, =** tmerr; **die Greuel des Faschismus** tmerret e fashizmit.

Gr'eueltat *f* **=, -en** mizori.

gr'eulich *a* 1) i tmerrshëm; 2) i neveritshëm.

Gr'ieche *m* **-n, -n** grek.

Gr'iechin *f* **=, -nen** greke.

gr'iechisch *a* grek.

Gr'iechisch *n* **=** greqishte.

Gr'iesgram *m* **-(e)s, -e** njeri i zymtë, i vrenjtur.

gr'iesgrämig, griesgrämlich *a* i zymtë, i ngrysur, i vrenjtur (*njeri*).

Grieß *m* **-es** 1) miell jermik; 2) zhavorr; 3) *mjek* rërë (*në veshka etj.*).

griff *sh* **greifen*.**

Griff *m* **-(e)s, -e** 1) kapje (*e një sendi etj.*); **einen falschen Griff tun** gaboj; **einen guten Griff tun** i bie më të; *fig* **einen tiefen Griff in den Beutel tun** zgjidh qesen; **das ist mit einem Griff getan** kjo bëhem në këmbë e në dorë; 2) *bis* mënyrë, marifet; **man muß alle Kniffe und Griffe kennen** duhem t'i dish gjithë marifetet; *fig* **etwas im Griff haben** ia kam marrë dorën diçkaje; 3) dorezë (*thike, dere etj.*); vegë (*ene etj.*); bisht (*fshese etj.*).

gr'iffbereit *a* gati për t'u marrë; gati për t'u përdorur.

Gr'iffel *m* **-s, =** 1) shkumës (*për të shkruar në pllakë*); 2) *bot* shtyllëz.

griffig *a* që kap, që zë, që nuk rrëshqet.

Grill *m* **-s, -s** skarë (*për të pjekur mish etj.*).

Gr'ille *f* **=, -n** 1) *ent* bulkth; 2) *fig bis* trill, tekë; **Grillen fangen** s'jam në qejf; **Grillen im Kopf haben** kam lakra në kokë.

gr'illen *vt* pjek në skarë.

gr'illenhaft *a* tekanjoz; i çuditshëm (*njeri*).

gr'illig *a sh* **grillenhaft.**

Grim'asse *f* **=, -n** ngërdheshje; **Grimassen schneiden** ngërdheshem.

Grimm *m* **-(e)s** mllef, mëri; inat i ndrydhur.

gr'immig *a* 1) i zëmëruar, i tërbuar; 2) i egër, mizor; **grimmige Schmerzen** dhembje të paduruеshme; **ein grimmiger Feind** armik mizor.

Grind *m* **-(e)s, -e** *mjek* qere.

gr'indig *a* qeros.

gr'insen *vi* **(h)** zbardh dhëmbët, zgërdhihem.

gripp'al *a mjek* gripal.

Gr'ippe *f* **=, -n** *mjek* grip.

Grips *m* **-es** *bis* tru, mend.

grob *a* 1) i bluar trashë (*miell etj.*); 2) i trashë, i ashpër (*pëlhurë etj.*); 3) i ashpër, i vrazhdë (*zë, fytyrë*); 4) i trashë, i rëndë (*gabim etj.*); 5) i ashpër, i vrazhdë (*fjalë, sjellje etj.*); 6) i pagdhendur (*njeri*); 7) : *shpr* **aus dem Gröbsten heraus sein** e kam hedhur lumin; **die Kinder sind aus dem Gröbsten heraus** fëmijët kanë filluar të bëhen të zotët e vetes.

Gr'obheit *f* **=** 1) ashpërsi, vrazhdësi (*e një pëlhure etj.*); 2) *fig* sjellje e trashë; 3) *pl* **-en** fjalë të rënda.

Grobi'an *m* **-s, -e** njeri i trashë, i pagdhendur.

gr'obschlächtig *a* i trashë, trashaman (*njeri*).

gr'oggy *a* : *shpr bis* **groggy sein** jam i dërrmuar.

gr'ölen *vi* **(h)** *bis* 1) çirrem; 2) gërvallem.

Groll *m* **-(e)s** mëri, mllef; **gegen jemanden Groll haben** mbaj inat me dikë.

gr'ollen *vi* **(h)** 1) mbaj inat; 2) gjëmon (*moti*).

Gros [*gro*] *n* **=, =** 1) pjesë kryesore; 2) *usht* forca kryesore.

Gr'oschen *m* **-s, =** grosh; **ein Schilling hat hundert Groschen** një shilingë ka njëqind grosh (*në Austri*); *fig bis* **endlich ist der Groschen bei ihm gefallen** iu mbush koka më në fund.

groß (*comp* **größer,** *superl* **größt**) 1. *a* 1) i madh; **große Achtung vor jemandem haben** kam respekt të madh për dikë; **ein großer Buchstabe** një shkronjë e madhe; **mein großer Bruder** vëllai i madh; **ein großer Fehler** gabim i rëndë; **die großen Ferien** pushimet e mëdha të verës; **ich habe nur großes Geld bei mir** kam vetëm të mëdha, të trasha (*pare*); **große Hitze, Kälte** vapë e madhe, të ftohtë i madh; **die große Maße** masa e gjërë (*e popullit*); **ein großer Teil** një pjesë e madhe; **die große Zehe** gishti i madh (*i këmbës*); 2) i madh; i lartë, fisnik; **ein großer Denker** një mendimtar i madh; **Alexander der Große** Leka i Madh; **eine große Dame** një zonjë e rëndë; **er hat sich einen großen Namen gemacht** ka fituar nam të madh; *bis* **er ist ein großes Tier geworden** është bërë i madh, ka hipur lart; **die große Welt** shoqëria e lartë; **die Großen der Welt** të mëdhenjtë e kësaj bote; **große Worte** fjalë të mëdha; 3) : *bis* **eine große Klappe haben** mburrem, jam fjalëmadh; **der große Augenblick** çasti vendimtar; **in großen Zügen** në vija të trasha, të përgjithshme; **im Großen und im Kleinen verkaufen** shes me shumicë e me pakicë; **groß und klein** i madh e i vogël; 2. *adv* : **von jemandem groß denken** kam mendim të lartë për dikë; **jemanden groß anblicken** shikoj dikë me habi; **er kümmert sich nicht groß darum** nuk e vret fort (mendjen) për atë punë.

gr'oßartig *a* madhështor.

Gr'oßbauer *m* **-n** (*rrallë* **-s**), **-n** fshatar i pasur.

Gr'oßbetrieb *m* **-(e)s, -e** 1) ndërmarrje e madhe; 2) prodhim i madh.
Gr'oßbuchstabe *m* **-ns, -n** shkronjë e madhe.
Gr'öße *f* **=, -n** 1) madhësi; 2) shtat; **ein Mann von mittlerer Größe** një burrë me shtat mesatar; 3) përsonalitet; **eine wissenschaftliche Größe** një shkencëtar i madh; 4) madhështi.
Gr'oßeltern *pl* gjyshi e gjyshja.
Gr'oßenkel *m* **-s, =** stërnip.
Gr'ößenwahn *m* **-s** mani e madhështisë, megalomani.
gr'ößenwahnsinnig *a* megaloman.
Gr'oßgrundbesitz *m* **-es, -e** çiflig, pronë e madhe bujqësore.
Gr'oßgrundbesitzer *m* **-s, =** çifligar.
Gr'oßhandel *m* **-s** tregti me shumicë.
gr'oßherzig *a* zemërgjerë, shpirtmadh.
Gr'oßherzigkeit *f* **=** zemërgjerësi, shpirtmadhësi.
Gr'oßindustrie *f* **=, -stri/en** industri e madhe.
Gr'oßindustrielle *m* **-n, -n** industrialist i madh.
Groß'ist *m* **-en, -en** tregtar me shumicë, grosist.
gr'oßjährig *a* me moshë madhore.
Gr'oßjährigkeit *f* **=** moshë madhore.
Gr'oßkaufmann *m* **-(e)s, -männer** tregtar i madh.
gr'oßkotzig *a vulg* pordhac.
Gr'oßmacht *f* **=, -mächte** fuqi e madhe.
Gr'oßmama *f* **=, -s** *bis* gjyshe.
Gr'oßmaul *n* **-(e)s, -mäuler** *bis* mburravec, fjalëmadh, punëmadh.
Gr'oßmut *f* **=** 1) zemërgjerësi; 2) fisnikëri.
gr'oßmütig *a* 1) zemërgjerë; 2) fisnik.
Gr'oßmutter *f* **=, -mütter** gjyshe; *bis* **erzähl das deiner Großmutter!** këtë thuaja plakës sate!
Gr'oßpapa *m* **-s, -s** *bis* gjysh.
Gr'oßschreibung *f* **=, -en** shkrim me shkronjë të madhe (*në fillim të fjalës*).
Gr'oßsprecher *m* **-s, =** fjalëmadh.
gr'oßsprecherisch *a* fjalëmadh, punëmadh.
gr'oßspurig *a* arrogant; mendjemadh.
Gr'oßstadt *f* **=, -städte** qytet i madh.
Gr'oßstädter *m* **-s, =** banor i qytetit të madh.
gr'oßstädtisch *a* i qytetit të madh.
Gr'oßteil *m* **-s** pjesa më e madhe.
größtenteils *adv* në pjesën më të madhe.
gr'oßtuerisch *a bis* mburracak.
gr'oßtun* *vi* **(h)** *ndash* **(mit D)** mburrem, mbahem më të madh (*me diçka*).
Gro'ßvater *m* **-s, -väter** gjysh.
gr'oßziehen* *vt ndash* rris gjer sa të bëhet i zoti i vetes (*një fëmijë, kafshë*).
gr'oßzügig *a* 1) i gjerë, shpirtmadh; 2) dorëgjerë, bujar; 3) madhështor (*plan, ndërtesë etj.*).
grot'esk *a* qesharak, grotesk.
Gr'otte *f* **=, -n** shpellë.
grub *sh* **graben***.
Gr'übchen *n* **-s, =** gropëz (*e faqes etj.*).
Gr'ube *f* **=, -n** 1) gropë; *fig* **jemandem eine Grube graben** ia bëj gropën dikujt; 2) strofkë; 3) minierë; 4) *anat* gropë (*e stomakut etj.*).
Grübel'ei *f* **=, -en** 1) gërmime, rrëmime; 2) *fig* mendime të thella; ëndërrime.
gr'übeln *vi* **(h) (über A)** bluaj me mend, vras mendjen (*për diçka*);

er grübelt zuviel ai e vret mendjen tepër.

Gr'ubenarbeiter *m* **-s, =** minator.

Gr'ubenbetrieb *m* **-(e)s, -e** 1) shfrytëzim i minierës; 2) ndërmarrje minerare.

Gr'ubengas *n* **-es, -e** gaz minierash, metan.

Gr'übler *m* **-s, =** njeri që e vret mendjen shumë.

Gruft *f* **=, Grüfte** varr në mur (*i një familjeje*), kriptë.

grün *a* 1) i gjelbër, i blertë; **grüner Salat** sallatë jeshile; 2) i njomë, i freskët; **grünes Gemüse, Obst** barishte, perime të njoma; **grüne Heringe** rënga të freskëta; 3) *bis* i papjekur; **ein grüner Junge** një djalosh i papjekur; 4) : *fig bis* **jemanden über den grünen Klee loben** ngre në qiell dikë; **grünes Licht** dritë e gjelbër (*sinjal qarkullimi*); *fig bis* **sich grün und gelb ärgern** bëhem bishë (*nga zemërimi*); *fig bis* **er ist mir grün** e ka grurë me mua; *bis* **er wurde grün und blau geschlagen** e zhdëpën në dru; *bis* **komm an meine grüne Seite** eja në të majtën time.

Grün *n* **-s** 1) e gjelbëra; 2) gjelbërim, blerim.

Gr'ünanlage *f* **=, -n** lulishte (*në një shesh të qytetit etj.*).

Grund *m* **-es, Gründe** 1) tokë, truall; **etwas bis auf den Grund zerstören** bëj diçka rrafsh me tokë; **Grund und Boden** tokë, pronë; **etwas in Grund und Boden stampfen** shkatërroj, bëj diçka rrafsh me tokën; 2) fund; **Taucher suchten den Grund des Sees ab** ca zhytës kontrolluan fundin e liqenit; **ein Glas bis auf den Grund leeren** pi një gotë gjer në fund, me fund; **im Grunde meines Herzens** në thellësi të zemrës sime; *fig* **einer Sache auf den Grund gehen** i shkoj një çështjeje gjer në fund; 3) luginë; **das Gebirge hat viele Gründe und Schluchten** malësia ka shumë lugina e gryka; 4) sfond; **die Tapete zeigt rote Rosen auf weißem Grund** qilimi ka trëndafila të kuq në sfond të bardhë; 5) themel, bazë (*edhe fig*); **den Grund zu einem Bau legen** hedh themelet e një ndërtese; **von Grund auf neu gebaut** i rindërtuar nga themelet; **auf Grund einer Anzeige** në bazë të një lajmërimi (kallëzimi); **ein von Grund auf anständiger Mensch** një njeri thellësisht i ndershëm; 6) arsye; **ich habe meine Gründe dafür** kam arsyet e mia për këtë; **du hast keinen Grund zum Klagen** s'ke asnjë arsye për t'u ankuar; **dieser Grund überzeugt mich nicht** kjo arsye nuk më bind; **schwerwiegende, zureichende, zwingende Gründe** arsye të rënda, të mjaftueshme, madhore; **Gründe und Gegengründe** arsye pro e kundër.

gr'undanständig *a* thellësisht i ndershëm (*njeri*).

Gr'undbedingung *f* **=, -en** kusht themelor.

Gr'undbegriff *m* **-(e)s, -e** koncept themelor.

Gr'undbesitz *m* **-es, -e** pronë (*tokë*).

gr'undehrlich *a* thellësisht i ndershëm.

gr'ündeln *vi* **(h)** zhytet (*rosa etj.*).

gr'ünden 1. *vt* themeloj (*një ndërmarrje, shoqëri etj.*); 2. *vrefl* **sich gründen** mbështetem; **mein Verdacht gründet sich auf eigene Beobachtungen** dyshimi im mbështetet në vrojtimet e mia.

Gr'ünder *m* **-s, =** themelues.

gr'undfalsch *a* krejt i gabuar.

Gr'undgedanke *m* **-ns -n** mendim bazë.

Gr'undgesetz -es, -e ligj themeltar, kushtetutë.

grund'ieren *vt* i jap dorën e parë të bojës (*murit etj.*).

Gr'undlage *f* **=, -n** bazë, themel; **die Grundlagen einer Lehre** bazat e një doktrine; **die Behauptung entbehrt jeder Grundlage** pohimi s'ka asnjë bazë.

gr'undlegend *a* themelor (*libër, vepër etj.*).

gr'ündlich 1. *a* 1) i thellë, i gjerë, me themel (*formim, njohuri etj.*); 2) i kujdesshëm, i përpiktë (*punëtor etj.*); 2. *adv* 1) me kujdes; 2) krejt; rrënjësisht; 3) *bis* troç, hapur.

gr'undlos *a* 1) i pafundmë (*thellësi etj.*); 2) pa bazë, pa shkak; **sein Mißtrauen ist völlig grundlos** mosbesimi i tij është krejt pa bazë.

Gr'undorganisation *f* **=, -en** organizatë bazë (*e një partie etj.*)

Gr'undregel *f* **=, -n** rregull themelore.

Gr'undrente *f* **=, -n** rentë e tokës.

Gr'undriß *m* **-sses, -sse** 1) plan; projekt; vizatim, skicë; 2) baza (*të një shkence*).

Gr'undsatz *m* **-es, -sätze** 1) rregull themelore; parim; **ich habe meine Grundsätze** kam parimet e mia; **an seinen Grundsätzen festhalten** u përmbahem parimeve; **ein Mensch mit Grundsätzen** një njeri parimor; 2) aksiomë; **von einem bestimmten Grundsatz ausgehen** nisem nga një aksiomë.

gr'undsätzlich 1. *a* parimor; **eine grundsätzliche Frage** një çështje parimore; 2. *adv* parimisht; **ich bin grundsätzlich dafür, dagegen** parimisht jam pro, kundër.

Gr'undschule *f* **=, -n** shkollë fillore.

Gr'undstein *m* **-(e)s, -e** : *shpr* **den Grundstein zu etwas legen** vë gurin e themelit, hedh themelet e diçkaje.

Gr'undsteinlegung *f* **=, -en** vënie e gurit të themelit.

Gr'undstellung *f* **=, -en** *sport* pozicion fillestar.

Gr'undsteuer *f* **=, -n** tatim mbi tokën.

Gr'undstock *m* **-s** fond themelor (*i një biblioteke etj.*).

Gr'undstoff *m* **-(e)s, -e** *kim* element.

Gr'undstück *n* **-(e)s, -e** pronë (*tokë*).

Gr'undstufe *f* **=** *gram* shkallë pohore.

Gr'ündung *f* **=, -en** themelim (*i një organizate etj.*); krijim (*i një familjeje etj.*).

Gr'undursache *f* **=, -n** shkak i parë.

gr'undverkehrt *a* krejt i gabuar.

gr'undverschieden *a* krejt i ndryshëm.

Gr'undwasser *n* **-s, =** ujëra nëntokësore.

Gr'undzahl *f* **=, -en** numër themelor.

Gr'undzahlwort *n* **-(e)s, -wörter** *gram* numëror themelor.

Gr'üne *n* **-s** : *shpr* **ins Grüne fahren** dal jashtë qytetit, në natyrë.

gr'ünen *vi* **(h)** gjelbëron (*bari etj.*); **alles grünt und blüht** gjithçka gjelbëron dhe lulëzon.

gr'ünlich *a* gjelbërosh.

Gr'ünschnabel *m* **-s, -schnäbel** *fig bis* buzëqumësht.

gr'unzen *vi* **(h)** hungëron (*derri*).

Gr'ünzeug *n* **-(e)s** *bis* barishte.

Gr'uppe *f* **=, -n** 1) grup; 2) *usht* togë.

Gr'uppenaufnahme *f* **=, -n** fotografi në grup.

gr'uppenweise *adv* në grupe.

grupp'ieren *vt* 1) ndaj në grupe; 2) grupoj.

Grupp'ierung *f* =, **-en** grupim.
Grus *m* **-es** pluhur qymyri.
gr'us(e)lig *a* rrëqethës.
gr'useln *vi* **(h)** rrëqethem (*nga frika etj.*); **mir gruselt es** më shkojnë mornica.
Gruß *m* **-es, Grüße** 1) përshëndetje; 2) të fala; **einen Gruß übermitteln** çoj të fala.
gr'üßen *vt* 1) përshëndes; 2) bëj, çoj të fala; **er läßt Sie grüßen** ai ju falet me shëndet.
g'ucken *vi* **(h)** 1) shikoj; **aus dem Fenster gucken** shikoj nga dritarja; *fig bis* **sich (D) die Augen aus dem Kopf gucken** zgurdulloj sytë; 2) duket, del; **guckt mein Unterrock (heraus)?** a më del këmisha?
G'uckfenster *n* **-s,** = dritare e vogël (*te porta e shtëpisë etj.*).
G'uckloch *n* **-(e)s, -löcher** vrimë për të shikuar (*në derë etj.*).
Guerillakrieg [*ger'ilja-*] *m* **-(e)s, -e** luftë gueriljesh.
Guillotine [*gijot'inë*] *f* =, **-n** gijotinë.
G'ulasch *n dhe m* **-s, -e** *dhe* **-s** *kuzh* gulash.
g'ülden *poet sh* **golden.**
Gully [*g'uli*] *m* **-s, -s** *krahin* pusetë.
g'ültig *a* 1) i vlefshëm (*dokument, pare etj.*); 2) në fuqi (*ligj, vendim etj.*); **gültig werden** hyn në fuqi (*orari i ri etj.*).
G'ültigkeit *f* = të qenët i vlefshëm, në fuqi.
G'ummi *m, n* **-s,** = *dhe* **-s** 1) gomë; 2) gomë për të fshirë; 3) *vjet* zamkë.
G'ummiband *n* **-(e)s, -bänder** llastik (*çorapesh etj.*).
gumm'ieren *vt* gomoj.
G'ummihandschuh *m* **-s, -e** dorezë gome.
G'ummiknüppel *m* **-s,** = shkop gome.
G'ummischuh *m* **-s, -e** galloshe.
G'ummizug *m* **-(e)s, -züge** llastik (*çorapesh etj.*).
Gunst *f* = 1) mirëdashje; **bei jemandem in Gunst stehen** më ka dikush me sy të mirë; 2) të mirë, favor, dobi; **zu Ihren Gunsten** në të mirë tuaj; 3) nder; **eine Gunst erweisen** bëj një nder.
g'ünstig *a* i mirë, i mbarë, i favorshëm, i volitshëm; **unter günstigen Bedingungen** në kushte të favorshme; **günstiger Wind** erë e mbarë; **eine günstige Gelegenheit abwarten** pres një rast të volitshëm; *fig* **im günstigen Licht erscheinen** dal në dritë të mirë.
G'ünstling *m* **-s, -e** favorit.
G'ünstlingswirtschaft *f* favoritizëm.
G'urgel *f* =, **-n** *anat* gurmaz, grykë; **jemandem an die Gurgel springen** i hidhem në grykë dikujt.
g'urgeln *vi* **(h)** 1) gurgullon (*përroi etj.*); 2) bëj gargarë.
G'urke *f* =, **-n** 1) *bot* kastravec, trangull; **saure Gurken** tranguj turshi; 2) : *fig bis* **eine Gurke im Gesicht haben** jam hundëmadh.
Gurt *m* **-(e)s, -e** 1) rrip (*shpate etj.*); 2) nënbarkëse (*e kalit etj.*); 3) *usht* shirit (*mitralozi*); 4) *ark* brez.
G'ürtel *m* **-s,** = 1) rrip, brez; 2) *gjeogr* brez, zonë.
G'ürtelbahn *f* =, **-en** hekurudhë unazore.
g'ürten 1. *vt* 1) i vë rrip; 2) *fig* rrethoj; 2. *vrefl* **sich gürten** ngjesh rripin; **sich mit dem Schwert gürten** ngjesh shpatën.
Guß *m* **-sses, Güsse** 1) derdhje (*e një metali në formë*); **der Guß eines Denkmals** derdhja e një përmendoreje; 2) çurg (*nga një enë etj.*); 3) *bis* rrebesh.
G'ußeisen *n* **-s** gizë.
g'ußeisern *a* (prej) gize.

gut (*comp* **besser**, *superl* **best**) 1. *a* i mirë; **ein guter Mensch** një njeri i mirë; **ein guter Arzt** një mjek i aftë; **ein gutes Buch** një libër i vlefshëm; **eine gute Ernte** një korrje e mbarë; **eine gute Lehre** një mësim i dobishëm; **guter Geruch** erë e mirë; **guter Anzug** rroba të mira; **guten Abend!** mirëmbrëma!; **guter Hoffnung sein** është shtatzënë; **gute Besserung!** të shkuara!; **gute Reise!** udhë të mbarë!; **gute Ware lobt sich selbst** malli i mirë e ka më të; **jemandem (von Herzen) gut sein** ia dua të mirën dikujt (me gjithë zemër); **sei (mir) wieder gut!** mos (më) mbaj inat!; **seien Sie so gut und warten** kini mirësinë të prisni; **des Guten zuviel tun** e teproj me të mira; **jemandem alles Gute wünschen** i uroj dikujt gjithë të mirat; **aus gutem Hause** nga familje e mirë; **dazu braucht man gut und gern zwei Stunden** për këtë duhen plot dy orë të mira; **im Guten auseinandergehen** ndahem me të mirë; **jemandem etwas im Guten sagen** i them dikujt diçka për mirë; **in gutem Glauben handeln** veproj me qëllim të mirë; **dafür bin ich mir zu gut!** nuk e ul unë veten për kaq gjë!; **guter Dinge sein** jam në qejf; **jemandem gut sein** dua dikë; **gut zwei Dutzend** dy duzina të mira; **das kann ich mir gut denken** këtë mund ta marr lehtë me mend; **schon gut!** s'ka përse, mos e thuaj atë fjalë!; **so gut wie möglich** sa më mirë; **so gut wie** pothuaj; **das ist so gut wie sicher** kjo është pothuaj e sigurtë; **(also, nun, schon) gut!** (epo) mirë!; **alles Gute!** gjithë të mirat (*urim*)!; 2. *adv* mirë; **Sie haben gut reden** e keni të lehtë të flisni; **das hast du gut gesagt** këtë e the mirë; **es ist gut so** mjafton; **laß gut sein!** lëre, mos e ço më gjatë!; **kurz und gut** që t'i biem shkurt; **das ist gut, sehr gut möglich** kjo ka shumë të ngjarë.

Gut *n* **-(e)s, Güter** 1) pasuri; **bewegliche Güter** pasuri e luajtshme; 2) gjë; **fremdes, gestohlenes Gut** gjë e huaj, e vjedhur; 3) mall; 4) e mirë; **mit allen Gütern** me të gjitha të mirat; 5) tokë, pronë.

G'utachten *n* **-s, =** mendim; konkluzion, përfundim; ekspertizë.

G'utachter *m* **-s, =** ekspert.

g'utartig *a* 1) i mirë, i sjellshëm (*fëmijë*); 2) *mjek* i mirë (*tumor*).

G'utdünken *n* **-s** mendje; **nach Ihrem Gutdünken** sipas mendjes suaj.

G'üte *f* **=** 1) mirësi; **haben Sie die Güte!** kini mirësinë!; 2) cilësi; **eine Ware erster Güte** një mall i cilësisë së parë.

G'üterabfertigung *f* **=, -en** dërgim, spedicion mallrash.

G'üteraustausch *m* **-es** shkëmbim mallrash.

G'üterbahnhof *m* **-s, -höfe** stacion mallrash.

G'ütergemeinschaft *f* **=, -en** bashkëpronësi.

G'ütertrennung *f* **=, -en** pronësi e ndarë.

G'üterverkehr *m* **-s** qarkullim mallrash.

G'üterwagen *m* **-s, =** vagon mallrash.

G'üterzug *m* **-(e)s, -züge** tren mallrash.

g'utgehen *vi* (s) 1) jam mirë (*me shëndet, në një vend etj.*); 2) shkon mirë (*puna etj.*).

g'utgehend *a* fitimprurës (*ndërmarrje etj.*).

g'utgelaunt *a* (*që është*) në qejf.

g'utgemeint *a* me qëllim të mirë.

g'utgesinnt *a* 1) mirëdashës; 2) me qëllim të mirë.
g'utgläubig *a* besimplotë (*njeri*).
g'uthaben *vt ndash* kam për të marrë (*një borxh etj.*).
G'uthaben *n* **-s, =** 1) borxh (*që më ka dikush*); 2) depozitë paresh (*në bankë etj.*).
g'utheißen* *vt ndash* miratoj.
g'utherzig *a* zemërmirë.
g'ütig *a* zemërgjerë; **er hat sich mir gegenüber immer sehr gütig gezeigt** ai është treguar gjithmonë zemërgjerë me mua; **zu gütig!** faleminderit shumë, s'ishte nevoja!
g'ütlich 1. *a* 1) miqësor (*marrëveshje etj.*); 2) : *shpr* **sich an etwas gütlich tun** kënaqem (*me diçka*); 2. *adv* miqësisht, me të mirë; **eine Sache gütlich beilegen** rregulloj një çështje me të mirë.
g'utmachen *vt ndash* 1) ndreq (*gabimin*); 2) vë në vend (*dëmin*).
g'utmütig *a* shpirtmirë.
g'utsagen *vi* **(h)** *ndash* **(für A)** përgjigjem, hyj dorëzanë (*për dikë*).
G'utsbesitzer *m* **-s, =** çifligar.
g'utschreiben* *vt ndash fin* kreditoj.
G'utsherr *m* **-n, -en** *sh* **Gutsbesitzer.**
g'utsituiert *a* i pasur, i kamur; në gjendje të mirë.
g'uttun* *vi* **(h)** *ndash* 1) bën mirë (*ushqimi, ilaçi etj.*); 2) : **jemandem guttun** i bëj një të mirë dikujt.
g'utwillig *a* vullnetmirë; **er ist gutwillig, aber unbegabt** ka vullnet, por s'ka talent.
Gymnasi'ast *m* **-en, -en** gjimnazist.
Gymn'asium *n* **-s, -si/en** gjimnaz.
Gymn'astiker *m* **-s, =** gjimnast.
Gynäkol'oge *m* **-en, -en** *mjek* gjinekolog.
Gynäkolog'ie *f* **=** gjinekologji.

H

ha = Hektar *n* **-s, -e** ha = hektar.

Haar *n* **-(e)s, -e** qime, flok; **das Haar fiel ihr bis auf die Schultern** flokët i binin gjer mbi supe; **die Haare fallen ihm aus** atij po i bien flokët; *fig* **niemandem ein Haar krümmen** s'i bëj keq as një mize; *fig* **er hat Haare lassen müssen** e pagoi shtrenjtë; *fig* **ich könnte mir die Haare raufen** më vjen të shkul flokët (*nga inati etj.*); *fig* **wir wollen hier keine Haare spalten** nuk do të grindemi këtu për gjepura; *fig* **die Haare stehen mir zu Berge** më ngrihen qimet e kokës përpjetë; *fig* **darüber lasse ich mir keine grauen Haare wachsen** për këtë s'e çaj kokën; *fig* **kein gutes Haar an jemandem lassen** marr dikë nëpër gojë; *fig* **sie gleichen einander aufs Haar** ata i ngjajnë njëri-tjetrit si dy pika uji; *fig* **sie hat Haare auf den Zähnen** ajo nuk ta përton; *fig* **um ein Haar** për një qime; **bis aufs Haar** pikë për pikë.

h'aaren 1. *vi* (h) humb qimet, ripet (*gëzofi*); 2. *vrefl* **sich haaren** ndërron qimen (*kafsha*).

H'aaresbreite *f* : *shpr* **nicht um Haaresbreite zurückweichen** s'tërhiqem as (sa) një qime.

h'aarfein *a* i hollë sa një qime, shumë i hollë.

h'aargenau *adv* me saktësinë më të madhe; pikë për pikë; fill e për pe.

h'aarig *a* 1) leshtor (*gjoks etj.*); 2) *fig* i prapë, i keq, i rrezikshëm (*ditë, punë etj.*).

h'aarklein *adv* imtësisht, hollësisht.

H'aarnadel *f* **=, -n** karficë flokësh.

H'aaröl *n* **-(e)s, -e** vaj flokësh.

h'aarscharf 1. *a* 1) shumë i mprehtë; 2) shumë i përpiktë; 2. *adv bis* fare afër.

H'aarschnitt *m* **-s, -e** qethje e flokëve.

H'aarspalterei *f* **=** pedantizëm.

h'aarsträubend që t'i ngre qimet e kokës përpjetë, rrëqethës.

H'aartracht *f* **=, -en** krehje, frizurë.

H'aarwuchs *m* **-es,** 1) rritje e flokëve; 2) flokë (*të dendur, të rrallë etj.*).

Hab *n* : *shpr* **Hab und Gut** pasuri.

H'abe *f* **=** pasuri; **bewegliche, unbewegliche Habe** pasuri e luajtshme, e paluajtshme; **meine gesamte Habe** gjithë pasuria ime.

h'aben 1. *vt* 1) kam (*pare, shtëpi, fëmijë, ethe, kohë, frikë, etje, uri, hall, qejf etj.*); **da hast du's!** e sheh pra!; **viel Arbeit haben** kam shumë punë; **hab vielen Dank!** falemnderit shumë!; **es hat Eile** nuk pret (puna); **wir haben jetzt Frühling** tani jemi në pranverë; **wir haben heute den 10. Dezember** sot jemi më 10 dhjetor; **die Sache hat Zeit** ka kohë ajo punë; **ich habe mit dieser Sache nichts zu tun** s'kam të bëj me këtë punë; **er hat's gut, schlecht, leicht** e ka mirë, keq, lehtë; **recht, unrecht haben** kam, s'kam të drejtë; **wir haben (es) noch weit bis nach Hause** kemi një copë rrugë të mirë gjer sa të arrijmë në shtëpi; **er hat es so an sich, immer zu widersprechen** e ka zakon gjithnjë të kundërshtojë; **damit hat es nichts auf sich** kjo s'do të thotë gjë; *fig* **dafür bin ich nicht zu haben** për këtë s'më ke(ni); **diese Arbeit hat es in sich** kjo punë është më e vështirë nga ç'duket; *fig* **die Finger in einer Sache haben** kam gisht në një punë;

ich habe es im Halse jam sëmurë në grykë; **das hat er von seinem Leichtsinn** këtë e ka nga mendjelehtësia; **es sind keine Kinokarten mehr zu haben** s'ka më bileta kinemaje në shitje; 2) **haben (zu** + *inf*); kam për ...; **etwas zu tun haben** kam diçka për të bërë; **du hast zu schweigen!** ti duhet të heshtësh!; 3) : **du hast gut reden** e ke të lehtë të flasësh; **Sie haben gut fragen** e keni të lehtë të pyesni; 2. *vrefl* **sich haben** 1) a) mbahem me të madh; b) pispillosem; 2) : **es hat sich** mbaron, merr fund; **und damit hat sich's auch** dhe me kaq mbaron puna; **hat sich was!** a) as mos të të shkojë mendja!; b) s'është aspak kështu!; 3. *folje ndihmëse për formimin e perfektit dhe të pluskuamperfektit:* **wir haben (hatten) gelesen** kemi (kishim) lexuar; **wir haben das in der Schule nicht gehabt** këtë nuk e kemi pasur në shkollë.

Haben *n* **-s** *treg* kredi; **Soll und Haben** debi-kredi.

H'abenichts *m* = *dhe* **-es, -e** zbatharak (*njeri shumë i varfër*).

H'abgier *f* = lakmi, makutëri.

h'abgierig *a* lakmitar, makut.

h'abhaft *adv* : **einer Sache habhaft werden** shtie në dorë diçka; **des Verbrechers habhaft werden** zë kriminelin.

H'abicht *m* **-s, -e** *zool* petrit.

Habilitati'on *f* =, **-en** e drejtë për të dhënë mësim në universitet.

habilit'ieren 1. *vt* i jap të drejtën për të dhënë mësim në universitet (*dikujt*); 2. *vrefl* **sich habilitieren** fitoj të drejtën për të dhënë mësim në universitet.

H'abitus *m* = pamje e jashtme.

H'abseligkeiten *pl bis rraqe, rrangulla.*

H'absucht *f* = lakmi, makutëri.

h'absüchtig *a* makut, lakmues.

H'acke I *f* =, **-n** 1) shat; 2) kazmë; **mit Hacke und Spaten arbeiten** punoj me kazmë e me lopatë.

H'acke II *f* =, **-n** 1) *anat* thembër; 2) thundër, takë; **die Hacken zusammenschlagen** përplas takat.

h'acken *vt* 1) çaj (*dru*); 2) grij (*mish*); 3) mih; 4) çukit (*zogu*).

H'ackmesser *n* **-s,** = satër, vërcak, hanxhar.

H'äcksel m, *n* **-s** *bujq* byk.

H'ader *m* **-s** grindje, zënkë.

h'adern *vi* (h) grindem, zihem; *fig* **mit seinem Schicksal hadern** grindem me fatin.

H'afen *m* **-s, Häfen** liman, port; **einen Hafen anlaufen** hyj në një liman.

H'afenstadt *f* =, **-städte** qytet-port.

H'afer *m* **-s** *bot* tërshërë; *fig* **ihn sticht der Hafer** i është rritur mendja.

H'afermehl *n* **-(e)s** miell tërshëre.

Haft *f* = arrestim; **in Haft nehmen** arrestoj.

h'aftbar *a* **(für A)** 1) përgjegjës (*për diçka*); **für einen Schaden haftbar sein** përgjigjem për një dëm; 2) dorëzanë (*për diçka, dikë*).

H'aftbefehl *m* **-(e)s, -e** urdhër arrestimi.

h'aften I *vi* **(h)** 1) **(an D)** ngjitet balta (*pas këpucëve etj.*); 2) ngulet (*guri në dhé etj.*); *fig* **im Gedächtnis haften** ngulitet në kujtesë.

h'aften II *vi* **(h)** 1) përgjigjem; **Sie haften dafür, daß nichts passiert** ju do të përgjigjeni po ndodhi gjë; 2) **(für A)** hyj dorëzanë (*për diçka, për dikë*).

h'aftenbleiben* *vi ndash* **(s)** 1) mbetet varur, ngjitur; 2) *fig* ngulitet (*në kujtesë*).

H'äftling *m* **-s, -e** i burgosur.

H'aftpflicht *f* = *drejt* detyrim zhdëmtimi.

Hag *m* **-(e)s, -e** *vjet* 1) vend, tokë e rrethuar me gardh; 2) korije, prozhëm, shkorret.

H'agebutte *f* =, **-n** *bot* kokërr e trëndafilit të egër.

H'agedorn *m* **-(e)s, -e** *bot* trëndafil i egër.

H'agel *m* **-s** 1) breshër; 2) *fig* breshër, breshëri (*gurësh, të sharash etj.*).

H'agelkorn *m* **-(e)s, -körner** kokërr breshri.

h'ageln 1. *vimp* : **es hagelt** bie breshër; 2. *vi* **(h)** : **es hagelte Schläge, Flüche, Steine** goditjet, mallkimet, gurët binin si breshër.

H'agelschlag *m* **-(e)s, -schläge** breshër.

H'agelwetter *n* **-s,** = shtrëngatë me breshër.

h'ager *a* i thatë, thatanik (*njeri*).

H'agestolz *m* **-es, -e** beqar plak.

Hahn I *m* **-(e)s, Hähne** 1) *zool* këndes, gjel; **herumstolzieren wie der Hahn auf dem Mist** fryhem si gjeli në pleh; *fig bis* **Hahn im Korbe sein** jam i vetmi burrë në mes të grave; *fig* **es wird kein Hahn danach krähen** askush s'do të çajë kokën për këtë; 2) erëtregues, flamur ere; 3) : *bis* **jemandem den roten Hahn aufs Dach setzen** i vë zjarrin shtëpisë së dikujt.

Hahn II *m* **-(e)s, Hähne** 1) rubinet; 2) këmbëz (*pushke*); **den Hahn spannen** ngreh këmbëzën.

H'ähnchen *n* **-s,** = gjeluc.

H'ahnrei *m* **-s,** = brinar (*burrë i tradhtuar nga gruaja*).

Hai *m* **-(e)s, -e** *zool* peshkaqen.

H'aifisch *m* **-(e)s, -e** *zool* peshkaqen.

Hain *m* **-(e)s, -e** korije, prozhëm, shkorret.

h'äkeln *vt, vi* **(h)** 1) thur me grep; 2) kap me grep (*një fije të ikur etj.*).

H'äkelnadel *f* =, **-n** grep (*për të thurur etj.*).

H'aken *m* **-s,** = 1) çengel; 2) grep; 3) *fig* kthesë (*rruge etj.*); 4) *fig* kleçkë; **die Sache hat einen Haken** puna ka një kleçkë.

h'aken 1. *vt* kap (*me grep, çengel etj.*); 2. *vi* **(h)** ngec (*çelësi në bravë etj.*).

halb 1. *a* gjysmë; **er ist noch ein halbes Kind** ai është akoma gjysmë fëmijë; **eine halbe Maßnahme** një masë gjysmake; **ein halber Mensch** gjysmë njeri; **auf halbem Wege** në gjysmë të rrugës; **nur mit halbem Ohr hören** dëgjoj pa vëmendje; **es ist halb zwei** është ora një e gjysmë; **ein halbes Glas** një gjysmë gote; 2. *adv* përgjysmë; **halb so teuer** përgjysmë më i lirë; **er hat die Sache nur halb verstanden** ai e ka marrë vesh punën përgjysmë; **halb und halb!** gjysmë për gjysmë!; **halb reif** gjysmë i pjekur; **halb so viel** sa gjysma.

h'albamtlich *a* gjysmëzyrtar (*lajm etj.*).

H'albblut *n* **-(e)s** 1) metis i brezit të parë; 2) kalë race të përzier.

H'albbruder *m* **-s, -brüder** vëlla nga babai (*ose* nga nëna).

H'albdunkel *n* **-s** muzg; gjysmerrësirë.

h'alber *präp* **(G)** për hir të ...; **der Bequemlichkeit halber** për hir të qetësisë.

halb'ieren *vt* ndaj më dysh, përgjysmoj.

H'albinsel *f* =, **-n** *gjeogr* gadishull.

H'albjahr *n* **-(e)s, -e** gjashtëmujor (*i vitit*).

h'albjährig *a* gjashtëmuajsh (*fëmijë etj.*).

h'albjährlich *a* gjashtëmujor (*botim etj.*).

H'albkreis *m* **-es, -e** gjysmërreth.

H'albkugel *f* =, **-n** hemisferë.
h'alblaut *a* me zë të ulët.
h'albmast *adv* : *shpr* **auf halbmast** në gjysmështizë (*flamur*).
H'albmond *m* **-(e)s, -e** gjysmëhënë; **der Rote Halbmond** Gjysmëhëna e Kuqe.
h'albmonatlich *a* dyjavor (*botim etj.*).
h'albpart *adv* përgjysmë; **halbpart machen** ndaj përgjysmë (*fitimin etj.*).
H'albschlaf *m* **-(e)s** : **im Halbschlaf etwas hören** dëgjoj diçka nëpër gjumë.
H'albschuhe *pl* këpucë gjysma.
H'albstarke *m* **-n, -n** *bis* huligan.
h'albtot *a* gjysmë i vdekur; *fig bis* **sich halbtot lachen** vdes së qeshuri.
h'albwegs *adv* 1) në gjysmë të rrugës; 2) *fig* pak a shumë, gjer diku.
H'albwüchsige *m, f* **-n, -n** i mitur.
H'albzeit *f* =, **-en** 1) gjysmë e kohës së lojës; 2) pushim në mes të dy gjysmave të lojës.
H'alde *f* =, **-n** 1) rrëpirë, faqe e një kodre; 2) *min* kodër zgjyre etj.
half *sh* **helfen.**
H'älfte *f* =, **-n** gjysmë; **auf der Hälfte des Weges** në gjysmë të rrugës; **einen Apfel in zwei Hälften teilen** ndaj një mollë në dy gjysma; **um die Hälfte kleiner** përgjysmë më i vogël; **zur Hälfte** përgjysmë.
H'alfter 1. *m dhe n* **-s,** = kapistër; 2. *f* =, **-n** *dhe m* **-s,** = këllëf pushke.
Hall *m* **-(e)s** tingull; **der Hall seiner Stimme** kumbimi i zërit të tij; **dumpfer Hall** tingull i mbytur.
H'alle *f* =, **-n** sallë (*hoteli, stacioni etj.*).
h'allen *vi* **(h)** kumbon; jehon.
Halluzinati'on *f* =, **-en** halucinacion.
Halm *m* **-(e)s, -e** *bot* kërcell; **die Ernte auf dem Halm kaufen** blej drithin në arë (*para se të korret*).
Hals *m* **-s, -e** 1) *anat* qafë; **Hals über Kopf** me nxitim, rrëmbimthi; **jemandem den Hals umdrehen** ia përdredh qafën dikujt; **einen langen Hals machen** zgjas qafën nga kureshtja; **sich jemanden vom Hals schaffen** heq qafe dikë; *fig bis* **bleib mir vom Halse!** shporru!; *fig bis* **jemanden auf dem Halse haben** e kam barrë në kurriz dikë; *fig bis* **es wächst mir zum Halse** më ka ardhur gjer këtu, në majë të hundës; 2) grykë; *bis* **er kann den Hals nicht voll genug kriegen** ai nuk ngopet kurrë; 3) grykë (*shisheje*); **einer Flasche den Hals brechen** hap një shishe; 4) bisht (*violine*).
H'alsabschneider *m* **-s,** = *bis* gjakpirës (*fajdexhi etj.*).
H'alsband *n* **-(e)s, -bänder** 1) qafore (*e kalit etj.*); 2) gjerdan.
H'alsbinde *f* =, **-n** *vjet* kravatë.
H'alsbräune *f* = *mjek vjet* angjinë.
h'alsbrecherisch *a* shumë i rrezikshëm (*veprim etj.*).
h'alsstarrig *a* 1) kokëfortë; 2) kokëtrashë.
H'alsstarrigkeit *f* = 1) kokëfortësi; 2) kokëtrashësi.
H'alstuch *n* **-(e)s, -tücher** 1) shall; 2) shami qafe.
halt *ndajf krahin bis* : **wir müssen es halt versuchen** ta provojmë njëherë; **das ist halt so im Leben** kështu e ka kjo botë.
Halt *m* **-(e)s, -e** 1) mbështetje; **einen Halt haben (an D)** kam mbështetjen (*e dikujt*); **keinen Halt finden** nuk gjej mbështetje; 2) qëndrim, ndalim; **jemandem Halt gebieten** i them dikujt »Ndal!«; 3) *fig* qëndrueshmëri; **ein Mensch ohne**

jeden Halt njeri i paqëndrueshëm, i lëkundshëm.

hält *sh* **halten.**

h'altbar *a* i fortë, rrojës, i qëndrueshëm.

H'altbarkeit *f* = qëndrueshmëri.

h'alten* 1. *vt* 1) mbaj; **haltet den Dieb!** mbajeni hajdutin!; **die Freundschaft halten** mbaj miqësinë; **Ordnung halten** a) mbaj rregull; b) mbaj rendin; **Ruhe halten** mbaj qetësinë; **Maß halten** ruaj, s'e kaloj masën; **sein Wort halten** mbaj fjalën; **er war nicht mehr zu halten** atë s'e mbante dot më njeri; **das Essen warm halten** mbaj gjellën të ngrohtë; 2) kap; **das Messer am Griff halten** zë thikën nga doreza; **jemanden an (bei) der Hand halten** kap, mbaj dikë për dore; 3) **(für A)** mbaj (*për diçka, dikë*); **ich habe dich immer für meinen Freund gehalten** të kam mbajtur gjithnjë për mik; **ich halte es für gefährlich** e quaj të rrezikshme; **ich halte dafür, daß ...** mendoj se ...; **für wie alt halten Sie mich?** sa vjet më jepni?, sa vjeç më mbani mua?; *bis* **was halten Sie davon?** ç'mendoni për këtë punë?; 4) bëj; **Gericht halten** bëj gjyq; **Hochzeit halten** bëj dasmë; 2. *vi* **(h)** 1) qëndroj, ndalem; **wir wollen einen Augenblick halten** do të ndalemi një çast; 2) mban; **der Stuhl hält jetzt** tani karrigia mban; 3) : **er konnte nicht mehr an sich halten** s'mund ta mbante më veten; **auf sich halten** mbaj veten (*përsa i përket veshjes, shëndetit etj.*); **viel auf etwas halten** çmoj shumë diçka; **zu jemandem halten** marr anën e dikut, bëhem me dikë; 3. *vrefl* **sich halten** 1) ruhen, mbahen (*ushqimet etj.*); 2) mbaj; **er hält sich Pferd und Wagen** ai mban kalë e karrocë; 3) mban (*moti*); 4) qëndroj; **die Truppe hat sich gut gegen den Feind gehalten** ushtria i ka qëndruar mirë armikut.

H'alteplatz *m* **-es, -plätze** vendqëndrim.

H'altepunkt *m* **-(e)s -e** ndalesë (*e autobusit etj.*).

H'alter *m* **-s, =** 1) mbajtëse (*e një sendi*); 2) bisht pene; 3) zot (*i një sendi ose kafshe*).

H'altestelle *f* **=, -n** vendqëndrim, ndalesë (*autobusi etj.*).

h'altlos *a* 1) i paqëndrueshëm, i lëkundshëm (*njeri*); 2) i pathemeltë, pa bazë (*mendim, fjalë etj.*).

H'altlosigkeit *f* = 1) paqëndrueshmëri; 2) pathemelësi.

h'altmachen *vi* **(h)** *ndash* ndalem, qëndroj; *shpr* **vor nichts haltmachen** nuk ndalem para asgjëje.

H'altung *f* **=, -en** 1) mbajtje (*e një kafshe etj.*); 2) qëndrim (*i trupit*); 3) qëndrim, sjellje; **vorbildliche Haltung** sjellje shembullore; *shpr* **Haltung bewahren** nuk e lëshoj veten.

Hal'unke *m* **-n, -n** kopuk, horr.

h'ämisch 1. *a* i pabesë, i lig; 2. *adv* : **hämisch lachen** qesh me ligësi.

H'ammel *m* **-s, =** *zool* tredhak, dash i tredhur.

H'ammelbeine *pl* : *shpr bis* **jemandem die Hammelbeine langziehen** i heq një dru të shëndoshë dikujt.

H'ammelfleisch *n* **-es** mish dashi.

H'ammer *m* **-s, Hämmer** 1) çekan; *fig* **zwischen Hammer und Amboß geraten** bie në mes kudhrës e çekanit; 2) *sport* çekiç.

h'ämmern *vi* **(h)** 1) rrah me çekan; 2) trokas; 3) *fig* rreh fort, regëtin (*zemra*).

H'ammerwerfen *n* **-s** *sport* hedhje e çekiçit.

Hämorrho'iden *pl mjek* hemorroide.

H'ampelmann *m* **-(e)s, -männer** 1) kukull; 2) *fig bis* kukull (*njeri i ndikueshëm*).

H'amster *m* **-s, =** *zool* kricet.

H'amsterer *m* **-s, =** *bis* spekulues.

h'amstern vt, *vi* **(h)** 1) grumbulloj, mbledh (*ushqime etj.*); 2) spekuloj.

Hand *f* **=, Hände** 1) dorë; **flache Hand** pëllëmbë; **hohle Hand** (*një*) grusht (*miell etj.*); **es liegt auf der (flachen, platten) Hand** duket sheshit; **die Hände über dem Kopf zusammenschlagen** vë duart në kokë; **weder Hand noch Fuß rühren** s'luaj as gishtin; **sich mit Händen und Füßen gegen etwas (A) wehren (sträuben)** luftoj me dhëmbë e me thonj, bëj çmos për të shpëtuar nga diçka; 2) krah; **linker Hand** në krahun e majtë, në të majtë; **rechter Hand** në krahun e djathtë, në të djathtë; 3) shkrim; **eine leserliche Hand schreiben** kam shkrim të lexueshëm; 4) dorë (*për të cilësuar vetitë e njeriut*); **eine leichte Hand haben** kam dorë të lehtë; **saubere Hände haben** i kam duart të pastra; 5) dorë (*mjet veprimi*); **Hand ans Werk legen** i përvishem punës; **mit den Händen reden** flas me gjeste; **die letzte Hand an etwas (A) legen** i jap dorën e fundit (*një pune etj.*); *fig bis* **mir ist die Hand ausgerutscht** i dhashë një shuplakë; **jemandes rechte Hand sein** jam dora e djathtë e dikujt; **zwei linke Hände haben** s'më jepet për punë; **freie Hand haben** kam dorë të lirë; **etwas (mit) leichter Hand machen** bëj diçka lehtë; **jemandem die Waffe aus der Hand schlagen** çarmatos dikë; **etwas unter der Hand (unter den Händen) haben** kam në dorë (*një punë etj.*); **die Arbeit geht mir flott (gut) von der Hand** më shkon puna mbarë; **das läßt sich nicht von der Hand weisen** kësaj nuk i shpëton dot; **alle Hände voll zu tun haben** jam i mbytur me punë gjer në grykë; 6) dorë (*si simbol pushteti, pronësie etj.*); **seine Hand an etwas legen** vë dorë mbi diçka; **die Hände von etwas (D) lassen** heq dorë nga diçka; **es liegt (steht) in meiner Hand** e kam në dorë; **jemandem in die Hände fallen** bie në duart e dikujt; **jemandem in die Hände arbeiten** punoj në dobi të dikujt; 7): **um die Hand eines Mädchens anhalten** kërkoj dorën e një vajze; **in festen Händen sein** a) jam në duar të sigurta; b) jam i fejuar; **er ist mit der Antwort gleich bei der Hand** ai ta kthen përgjigjen në çast; **unter der Hand kaufen** blej nën dorë; **jemandem zur Hand sein** i ndihmoj dikujt; **Geld hinter der Hand haben** kam vënë pare mënjanë; **an Hand der Unterlagen** në bazë të dokumenteve; **erste (zweite) Hand** dorë e parë (*e dytë*) (*e një vepre letrare etj.*); **etwas von langer Hand vorbereiten** përgatis diçka me kohë; **Hand in Hand** a) dorë për dorë; b) tok, së bashku; njëkohësisht; **von Hand zu Hand** dorë më dorë; **von, aus der Hand in den Mund leben** rroj me sot e me nesër; **das hat weder Hand noch Fuß** kjo s'qëndron në këmbë; **mit leeren Händen gehen** ndahem duarthatë; **die Hände sinken lassen** më lëshojnë, më priten krahët; **die Hände in den Schoß legen** rri duarkryq; **die Hand bei etwas (D) im Spiele haben** kam gisht në një punë; **jemanden mit der Hand im Sack erwischen** kap dikë me presh në dorë; **für jemanden die Hand ins Feuer legen** vë dorën në zjarr për dikë; **Hand aufs Herz!** me dorë në zemër!

H'andarbeit *f* =, **-en** punë dore.

H'andatlas *m* = *dhe* **-ses, -lanten** atlas mësimor.

H'andbewegung *f* =, **-en** lëvizje e dorës.

h'andbreit *a* një pëllëmbë i gjerë.

H'andbremse *f* =, **-n** fren dore.

H'andbuch *n* **-(e)s, -bücher** manual.

H'ändedruck *m* **-(e)s, -drücke** shtrëngim i dorës (*për të përshëndetur, përgëzuar etj.*).

H'ändeklatschen *n* **-s** duartrokitje.

H'andel *m* **-s** tregti; **Handel treiben** bëj tregti.

H'ändel *m pl* : **Händel suchen** kërkoj sherr; **mit jemandem Händel haben** grindem, zihem me dikë.

h'andeln 1. *vi* **(h)** 1) veproj; **wie ein Bruder an jemandem handeln** sillem me dikë si vëlla; *fig* **auf eigener Faust handeln** bëj sipas kokës sime; 2) tregtoj, bëj tregti; bëj pazarllëk; 3) **(über A)** trajtoj (*një temë etj*); 2. *vrefl* **sich handeln** është fjala; **es handelt sich um meine Arbeit** është fjala për punën time; **worum handelt es sich?** për se bëhet fjalë?

h'andelseinig *a* : *shpr* **handelseinig sein/werden** bie në ujdi.

h'andelsfrei *a* (*që është*) në shitje të lirë.

H'andelskammer *f* =, **-n** dhomë e tregtisë.

H'andelsreisende *m* **-n, -n** përfaqësues tregtar.

H'andelsschule *f* =, **-n** shkollë tregtare.

H'andelsumsatz *m* **-es, -sätze** qarkullim i mallrave.

H'andelsverkehr *m* **-s** lidhje, marrëdhënie tregtare.

H'andelsvertrag *m* **-(e)s, -verträge** marrëveshje tregtare (*midis dy shteteve*).

H'andelsvertretung *f* =, **-en** përfaqësi tregtare.

h'andeltreibend *a* që bën tregti.

händeringend *a* që përdredh duart nga dëshpërimi, shumë i dëshpëruar.

H'andfeger *m* **-s,** = furçë-fshesë.

H'andfertigkeit *f* =, **-en** shkathtësi e duarve.

H'andfesseln *pl* pranga.

h'andfest *a* : **handfester Beweis** provë e pakundërshtueshme; **handfeste Tatsachen** fakte që peshojnë; **eine handfeste Lüge** një gënjeshtër me bisht.

H'andfläche *f* =, **-n** pëllëmbë.

H'andgeld *n* **-(e)s** kapar.

H'andgelenk *n* **-(e)s, -e** *anat* kyç i dorës.

h'andgemein *a* : *shpr* **handgemein werden** rrihem, përleshem.

H'andgemenge *n* **-s,** = përleshje.

H'andgepäck *n* **-s, -e** bagazh dore.

H'andgranate *f* =, **-n** *usht* granatë dore.

h'andgreiflich *a* 1) i qartë, bindës; **ein handgreiflicher Beweis** një provë bindëse; 2) : *shpr fig* **handgreiflich werden** kaloj (nga fjalët) në vepra.

H'andgriff *m* **-(e)s, -e** 1) dorezë, vegë; 2) shprehi; marifet; 3) punë; **sie tut zu Hause keinen Handgriff** ajo s'bën asnjë punë në shtëpi.

H'andhabe *f* =, **-n** shkas; **etwas dient als Handhabe** diçka shërben si shkas.

h'andhaben *vt pandash* 1) përdor (*një makinë etj.*); 2) zbatoj (*ligjin etj.*).

H'andhabung *f* =, **-en** 1) përdorim; 2) zbatim.

Handikap [*h'endikep*] *n* **-s, -s** pengesë.
H'andkarren *m* **-s, =** karrocë dore.
H'andkoffer *m* **-s, =** valixhe.
H'andkuß *m* **-sses, -küsse** puthje e dorës (*në shenjë nderimi*).
H'andlanger *m* **-s, =** 1) punëtor i pakualifikuar; 2) *fig* vegël; **als Handlanger benutzt werden** më përdorin si vegël.
H'ändler *m* **-s, =** tregtar.
H'andleuchter *m* **-s, =** shandan.
h'andlich *a* i përdorshëm, doracak (*send etj.*).
H'andlichkeit *f* = përdorshmëri.
H'andlung *f* **=, -en** 1) veprim; vepër; **gute Handlungen** vepra të mira; 2) *let* veprim, shtjellim (*i një romani, drame etj.*); 3) *teatr* akt; 4) dyqan.
H'andlungsweise *f* **=, -n** mënyrë veprimi.
H'andreichung *f* **=, -en** përkrahje, ndihmë e vogël.
H'andschellen *pl* pranga.
H'andschlag *m* **-(e)s, -schläge** shtrëngim i dorës.
H'andschrift *f* **=, -en** 1) shkrim; **ich kann deine Handschrift nicht lesen** s'e lexoj dot shkrimin tënd; 2) dorëshkrim; **die Bibliothek besitzt viele Handschriften** biblioteka ka shumë dorëshkrime.
h'andschriftlich *a* i shkruar me dorë.
H'andschuh *m* **-s, -e** dorezë; **ein Paar Handschuhe** një palë doreza.
H'andstand *m* **-(e)s, -stände** *sport* qëndrim mbi duar (*në hekur etj.*).
H'andstreich *m* **-(e)s, -e** sulm i papritur.
H'andtasche *f* **=, -n** çantë.
H'andtuch *n* **-(e)s, -tücher** peshqir.
H'andumdrehen *n* : *shpr* **im Handumdrehen** sa hap e mbyll sytë; **das kann man nicht im Handumdrehen erledigen** kjo punë s'bëhet në këmbë e në dorë.
H'andvoll *f* = një dorë, një grusht (*miell, arra etj.*); *fig bis* **nur eine Handvoll** vetëm një numër i vogël (*spektatorësh etj.*).
H'andwagen *m* **-s, =** karrocë dore.
H'andwerk *n* **-s, -e** zanat; **ein Handwerk ausüben** ushtroj një zanat; *fig* **jemandem ins Handwerk pfuschen** a) fus hundët në punët e tjetrit; b) i prish punë tjetrit; *fig* **jemandem das Handwerk legen** u jap fund të pabërave të dikujt.
H'andwörterbuch *n* **-(e)s, -wörterbücher** fjalor (*i vëllimshëm*).
Hanf *m* **-(e)s** *bot* kërp.
H'anföl *n* **-(e)s, -e** vaj kërpi.
Hang *m* **-(e)s, Hänge** 1) shpat (*mali etj.*); 2) *fig* **(zu D)** prirje (*për diçka*).
H'angar *m* **-s, -s** hangar.
H'ängeboden *m* **-s,** *dhe* **-böden** baxhë.
H'ängebrücke *f* **=, -n** urë e varur.
H'ängematte *f* **=, -n** hamak (*shtrat i varur*).
h'ängen* 1. *vi* **(h)** 1) varem; **das Bild hängt über dem Schreibtisch** tabloja varet mbi skrivani; **der Verbrecher sollte hängen!** krimineli duhej varur!; **der Baum hängt voller Früchte** druri është mbushur plot me pemë; **nach einer Seite hängen** prirem nga njëra anë; **die Kleider hängen ihm am Leibe** i varen rrobat në trup; **die Mauer hängt** muri ka lëshuar bark; *fig* **es hing an einem Faden** puna varej në një fill; *fig* **sie hat sehr an ihrer Schwester gehangen** ajo ishte e lidhur shumë me të motrën; *fig bis* **mit allem, was drum und dran hängt** me laçkë e me plaçkë; *bis* **ich hänge bei ihm mit 100 Mark (drin)**

i kam borxh 100 marka; *bis* **woran hängt's?** ku ka ngecur puna?; 2) mbetet pezull (*një çështje etj.*); **unser Prozeß hängt immer noch** gjyqi ynë vazhdon ende; 2. *vt* (*sipas zgjedhimit të dobët*) var; **um, an den Hals hängen** var në qafë; **der Verbrecher wurde gehängt** kriminelin e varën; *fig* **sein Herz an etwas hängen** ngjis zemrën pas diçkaje; *shpr* **den Mantel nach dem Wind hängen** kthej gunën nga fryn era.

h'ängenbleiben* *vi ndash* (s) 1) mbetet varur, pezull; *fig* **etwas bleibt immer an einem hängen** diçka përherë i mbetet (*dikujt nga një shpifje*); 2) ngec (*edhe fig*); 3) *bis* mbetet në klasë.

h'ängenlassen* *ndash* 1. *vt* 1) lë varur; harroj (*një rrobë në gardërobë etj.*); 2) var (*kokën etj.*); 2. *vrefl* **sich hängenlassen** *bis* e lëshoj veten.

H'änger *m* **-s, =** lloj manteli.

h'änseln *vt* tall.

H'answurst *m* **-es, -e** palaço, karagjoz.

H'antel *f* **=, -n** *sport* peshë.

hant'ieren *vi* (h) (an, mit D) merrem (*me diçka*); **in der Küche hantieren** vij rrotull në kuzhinë.

h'apern *vimp* (h) *bis* 1) mungon; **es hapert am Geld** mungon parja; 2) ngec (*puna*).

H'appen *m* **-s, =** *bis* kafshatë.

h'appig *a bis* i tepruar, tepër i lartë (*çmim*).

Happy-End [*hepi'end*] *n* **-(s), -s** përfundim i mirë (*i filmit*).

H'arem *m* **-s, -s** harem (*edhe fig*).

H'arfe *f* **=, -n** *muz* harpë.

H'arke *f* **=, -n** *bujq* grabujë, rrashqel.

h'arken *vt* mbledh, grumbulloj me grabujë, me rrashqel.

Harm *m* **-(e)s** 1) pikëllim; 2) fyerje.

h'ärmen, sich *vrefl* pikëllohem, shqetësohem.

h'armlos *a* 1) i patëkeq (*njeri etj.*); 2) i parrezikshëm (*sëmundje, kafshë etj.*); 3) i padëmshëm (*mjet*).

H'armlosigkeit *f* **=** të qenët i padëmshëm, i parrezikshëm etj.

Harmon'ie *f* **=, -i/en** 1) harmoni, bukurtingëllim; 2) harmoni, marrëveshje.

harmon'ieren *vi* (h) përkojnë, shkojnë (*ngjyrat, njerëzit, tingujt me njëri-tjetrin*).

harm'onisch *a* i harmonishëm.

harmonis'ieren *vt* 1) *muz* harmonizoj; 2) *fig* pajtoj (*pagat me çmimet etj.*).

Harm'onium *n* **-s, Harmoni/en** *muz* harmonium.

Harn *m* **-(e)s** shurrë, urinë.

H'arnblase *f* **=, -n** *anat* fshikëz e urinës.

H'arnisch *m* **-es, -e** 1) koracë; 2) parzmore; *fig* **jemanden in Harnisch bringen** tërboj dikë.

Harp'une *f* **=, -n** fuzhnjë.

harpun'ieren *vt* qëlloj me fuzhnjë (*balenën etj.*).

h'arren *vi* (h) (G *dhe* **auf** A) pres (*dikë, diçka*); **diese Aufgabe harrt noch ihrer Lösung** kjo detyrë mbetet akoma e pazgjidhur (për t'u zgjidhur).

harsch *a* i ashpër, i vrazhdë (*qëndrim, fjalë etj.*).

hart (*comp* **härter,** *superl* **härtest**) 1. *a* 1) i fortë, i ngurtë; **ein hartes Ei** ve e zier fort; 2) i ashpër (*dimër, luftë etj.*); 3) i rreptë; mizor; 4) i vështirë, i rëndë; **einen harten Stand haben** jam në gjendje të vështirë; 5) i rëndë, që të vret veshin (*shqiptim etj.*); 2. *adv* 1) ashpër, mizorisht; 2) rëndë; vështirë; 3) : **hart bei, hart an** fare afër; **hart am Wasser** buzë ujit.

H'ärte *f* = 1) fortësi (*e një sendi etj.*); 2) ashpërsi (*e një sipërfaqeje etj.*); 3) *fig* ashpërsi, vrazhdësi; mizori; 4) *fig* qëndrueshmëri; 5) *pl* **-n** padrejtësi; **soziale Härten** padrejtësi shoqërore.

h'ärten *vt tek* kalis (*çelikun*).

h'artgekocht *a* i zier fort.

H'artgeld *n* **-(e)s** pare metalike, monedha.

h'artgesotten *a* 1) i zier fort; 2) *fig* i regjur (*keqbërës*).

h'artherzig *a* zemërgur, i pamëshirshëm.

H'artholz *n* **-es, -hölzer** dru i fortë.

h'arthörig *a* i rëndë nga veshët.

h'artleibig *a mjek* kaps.

h'artnäckig *a* këmbëngulës.

H'artnäckigkeit *f* = këmbëngulje.

Harz *n* **-es, -e** rrëshirë.

h'arzig *a* me rrëshirë.

Hasardeur [*hazard'ër*] *m* **-s, -s** aventurier (*në politikë etj.*).

Hasardspiel [*haz'ar-*] *n* **-(e)s, -e** lojë kumari.

Hasch'ee *n* **-s, -s** gjellë me mish të grirë.

h'aschen 1. *vt* kap; **eine Fliege haschen** kap, zë një mizë; 2. *vi* **(h) (nach D)** përpiqem të arrij (*famë, lavdi etj.*); 3. *vrefl* **sich haschen** loz mbyllasyza, symbyllthi.

H'ase *m* **-n, -n** 1) *zool* lepur; *fig bis* **wir werden ja sehen, wie der Hase läuft** do të shohim se si do të dalë puna; 2) : **alter Hase** i rrahur, i regjur (*në një punë etj.*); **mein Name ist Hase** s'di gjë unë nga kjo punë.

H'asel *f* =, **-n, Haselbusch** *m* **-es, -büsche** *bot* lajthi (*dru*).

H'aselhuhn *n* **-(e)s, -hühner** *zool* pulë e egër.

H'aselnuß *f* =, **-nüsse** lajthi (*kokërr*).

H'asenfuß *m* **-es, -füße** *fig bis* frikacak.

H'asenpanier *n* : *shpr bis* **das Hasenpanier ergreifen** ua mbath këmbëve.

h'asenrein *a* : *shpr bis* **diese Sache scheint nicht ganz hasenrein zu sein** kjo punë duket si e dyshimtë.

H'asenscharte *f* =, **-n** *mjek* buzë lepuri.

H'aspel *f* =, **-n** 1) qerthull; 2) *tek* çikrik.

h'aspeln 1. *vt* 1) mbledh (*fillin në qerthull*); 2) *tek* ngre me çikrik; 2. *vi* **(h)** *fig bis* punoj, flas me nxitim.

Haß *m* **-sses (gegen A)** urrejtje (*për dikë*); **Haß erwecken** ngjall urrejtje; **Haß auf jemanden haben** urrej dikë; **aus Haß** nga urrejtja.

h'assen *vt* urrej.

h'äßlich *a* 1) i shëmtuar (*njeri, pamje*); 2) i pahijshëm (*veprim, fjalë etj.*).

H'äßlichkeit *f* = 1) shëmti; 2) pahijeshi.

hast *sh* **haben.**

Hast *f* = nxitim, ngut; **in größter Hast** me nxitim të madh.

h'asten *vi* **(h)** nxitohem, ngutem.

h'astig 1. *a* i nxituar, i ngutshëm; **hastige Bewegungen** lëvizje të nxituara; 2. *adv* me ngut, me nxitim.

hat *sh* **haben***.

h'ätscheln *vt* përkëdhel, llastoj (*një fëmijë etj.*).

H'aube *f* =, **-n** 1) skufje; *fig bis* **er will seine Tochter unter die Haube bringen** ai do të martojë vajzën; 2) *tek* kapak (*motori etj.*).

Hauch *m* **-(e)s** 1) frymë; 2) fllad; 3) kundërmim i lehtë; 4) mjegull e hollë; 5) *fig* hije; **ein Hauch von Gram** një hije trishtimi.

h'auchdünn *a* shumë i hollë (*çorap etj.*).

h'auchen 1. *vi* (h) 1) fryn (*flladi etj.*); 2) : **in die frosterstarrten Hände hauchen** u hukas duarve të ngrira; 3) marr frymë; 2. *vt* : **jemandem ins Ohr hauchen** i pëshpëris dikujt diçka në vesh.

H'aue I *f* =, **-n** *bujq* shat.

H'aue II *f* = *bis* të rrahura, dru.

h'auen 1. *vt* 1) pres (*drurin*); 2) grij (*mishin etj.*); 3) kosis (*barin etj.*); 4) gdhend (*gurin etj.*); 5) nxjerr (*mineral etj.*); 6) *bis* shqep së rrahuri; 2. *vi* **(h)** : *bis* **auf Hauen und Stechen mit jemandem stehen** jam thikë më thikë (thikë e brisk) me dikë; *fig* **auf die Pauke hauen** mburrem me fjalë të mëdha; **mit dem Säbel um sich hauen** grij e korr me shpatë; *fig bis* **über die Schnur hauen** e teproj.

H'auer *m* **-s,** = 1) minator i kualifikuar; 2) *zool* çatall (*i ujkut etj.*).

H'äuer *m* **-s,** = minator i kualifikuar.

H'äufchen *n* **-s,** = grumbull i vogël.

h'äufen 1. *vt* grumbulloj (*drithë, pasuri etj.*); 2. *vrefl* **sich häufen** 1) grumbullohen; 2) *fig* shtohen (*borxhet, rastet etj.*).

H'aufen *m* **-s,** = 1) grumbull; 2) turmë, mori; **ein Haufen Menschen** një turmë njerëzish; **ein Haufen Sachen** një mori sendesh; 3) : *shpr* **etwas über den Haufen werfen** hedh poshtë diçka; *shpr* **jemanden über den Haufen rennen** rrëzoj dikë.

h'aufenweise *adv* grumbuj-grumbuj; tufa-tufa; turma-turma; me shumicë.

h'äufig 1. *a* i shpeshtë, i dendur; (*rast etj.*); 2. *adv* shpesh.

H'äufigkeit *f* = shpeshtësi.

H'äufung *f* =, **-en** 1) grumbullim; 2) shpeshtim (*i rasteve etj.*).

Haupt *n* **-(e)s, Häupter** 1) kokë, krye; **das Haupt sinken lassen** var kokën; **das Haupt hoch tragen** mbaj ballin lart; **erhobenen Hauptes** me ballë lart; *fig* **das Haupt erheben** ngre krye; 2) majë (*mali, druri etj.*); 3) : **zu Häupten des Bettes, des Kranken** te kryet e shtratit, e të sëmurit; 4) *fig* krye, kryetar; **das Haupt der Familie** kryefamiljari; 5) : **den Gegner aufs Haupt schlagen** shpartalloj keq armikun; *shpr* **an Haupt und Gliedern** fund e krye.

Haupt- *në fjalë të përbëra* krye-.

H'auptaugenmerk *n* : *shpr* **sein Hauptaugenmerk auf jemanden oder etwas richten** përqëndroj vëmendjen kryesore te dikush ose diçka.

H'auptdarsteller *m* **-s,** = protagonist (*i filmit etj.*).

H'auptfach *n* **-(e)s, -fächer** lëndë kryesore (*mësimi*).

H'äuptling *m* **-s, -e** 1) krye (*i një fisi etj.*); 2) krye, kryetar (*i një bande etj.*).

H'auptmann *m* **-(e)s, -leute** 1) krye, kryetar (*i një bande etj.*); 2) *usht* kapiten.

H'auptperson *f* =, **-en** personazh kryesor.

H'auptquartier *n* **-(e)s, -e** shtab i përgjithshëm.

H'auptrolle *f* =, **-n** rol kryesor.

H'auptsache *f* = gjë kryesore, më e rëndësishme; *shpr* **in der Hauptsache** kryesisht.

h'auptsächlich 1. *a* kryesor; 2. *adv* kryesisht.

H'auptschuld *f* = faj kryesor.

H'auptstadt *f* =, **-städte** kryeqytet.

H'auptstraße *f* =, **-n** rrugë kryesore.

H'auptwort *n* **-(e)s, -wörter** *gram* emër.

Haus *n* **-es, Häuser;** 1) shtëpi (*ndërtesë*); **von Haus zu Haus** shtëpi më shtëpi; **wir wohnen Haus an Haus** vetëm një mur na ndan; 2) shtëpi, familje; **der Herr des Hauses** zoti i shtëpisë; **die Frau des Hauses** zonja e shtëpisë; **die Tochter des Hauses** vajza e shtëpisë; **das Haus führen** mbaj shtëpinë; **das Haus hüten** rri në shtëpi; **jemandem das Haus einlaufen** i zë derën dikujt; **jemandem das Haus verbieten** ia mbyll derën dikujt; **nach Hause, ins Haus** (për) në shtëpi; **zu Haus(e)** në shtëpi; **tun Sie, als ob Sie zu Hause wären!** rrini si në shtëpinë tuaj!; **bei jemandem zu Hause sein** jam mik i shtëpisë tek dikush; **wo ist er zu Hause?** ku rri ai me shtëpi?; **weder Haus noch Hof haben** s'kam as shtëpi as katandi; **ein offenes Haus führen** pres e përcjell shumë miq; 3) fis, derë; dinasti; 4) *pol* dhomë, parlament; 5) teatër; **das Haus ist ausverkauft** gjithë biletat janë shitur; 6) : *bis* **ein gelehrtes Haus** kokë e madhe; *bis* **altes Haus** mik, shok; **von Haus aus** që nga mosha e njomë; *fig* **in einem Fach zu Hause sein** jam i rrahur në një degë (*të shkencës etj.*); *fig* **mit seinen Gedanken nicht zu Hause sein** s'e kam mendjen; *bis* **damit bleib mir zu Hause** këtë mbaje me shëndet; *fig bis* **mit der Tür ins Haus fallen** i bie drejt, e them troç.

H'ausangehörige *m, f pl* njerëz të shtëpisë.

H'ausangestellte *m, f* **-n, -n** shërbyes(e) në shtëpi.

H'ausarrest *m* **-s, -e** arrest shtëpie.

H'ausarbeit *f* **=, -en** 1) punë në shtëpi; 2) detyrë shtëpie.

H'ausaufgabe *f* **=, -n** detyrë shtëpie.

h'ausbacken *a* shtëpiaki; *fig* i mërzitshëm.

H'ausbesitzer *m* **-s, =** pronar i shtëpisë.

H'ausbewohner *m* **-s, =** banues i shtëpisë.

H'äuschen *n* **-s, =** 1) shtëpizë; *fig bis* **aus dem Häuschen sein** e kam humbur fillini; 2) *bis* nevojtore.

h'ausen *vi* **(h)** 1) banoj keq; 2) bën kërdinë (*sëmundja etj.*).

H'ausen *m* **-s, =** *zool* bli (*peshk*).

H'äuserblock *m* **-s, -s** bllok ndërtesash.

H'ausflur *m* **-(e)s, -e** *ark* treme; korridor.

H'ausfrau *f* **=, -en** 1) zonjë shtëpie; 2) shtëpiake, amvisë; **sie ist eine gute Hausfrau** është amvisë e mirë.

H'ausfriedensbruch *m* **-(e)s, -brüche** *drejt* dhunim banese.

H'ausgebrauch *m* **-(e)s** përdorim shtëpiak.

H'ausgenosse *m* **-n, -n** bashkëbanues.

H'ausgerät *n* **-(e)s, -e** orendi shtëpiake.

H'aushalt *m* **-s, -e** 1) ekonomi shtëpiake, familjare; 2) *fin* buxhet (*i shtetit etj.*).

h'aushalten *vi* **(h)** *ndash* 1) mbarështoj, qeveris shtëpinë; 2) kursej; **ich muß mit meinen Kräften haushalten** duhet të kursej forcat.

H'aushälterin *f* **=, -nen** amvisë, zonjë shtëpie.

h'aushälterisch 1. *a* kursimtar; 2. *adv* me kursim.

H'aushaltsplan *m* **-(e)s, -pläne** *fin* projekt i buxhetit.

H'ausherr *m* **-n, -en** 1) zot i shtëpisë; 2) kryefamiljar.

h'aushoch *a* shumë i madh; *fig bis*

eine haushohe Niederlage një disfatë dërrmuese.

haus'ieren *vi* (h) 1) bëj tregti ambulante; 2) shpërrallis, flas andej-këndej (*për një ngjarje etj.*).

Haus'ierer *m* **-s, =** tregtar ambulant.

H'ausindustrie *f* = industri shtëpiake (*punë me porosi për një ndërmarrje*).

h'äuslich 1. *a* 1) shtëpiak; **häusliche Arbeiten** punë të shtëpisë; 2) familjar; **ein sehr häusliches Leben führen** bëj një jetë shumë familjare; 2. *adv* : **sich häuslich niederlassen** rri për një kohë të gjatë në një shtëpi.

H'äuslichkeit *f* = të qenët shtëpiak, familjar etj.

H'ausmädchen *n* **-s, =** shërbëtore.

H'ausmannskost *f* ushqim shtëpie (*i thjeshtë po i mirë*).

H'ausmeister *m* **-s, =** përgjegjës i pallatit.

H'ausnummer *f* **=, -n** numër i shtëpisë.

H'ausrat *m* **-(e)s** orendi shtëpiake.

H'ausschlüssel *m* **-s, =** çelës i shtëpisë.

Hausse [*h'osë*] *f* **=, -n** *fin* ngritje e kursit (*në bursë*).

H'ausstand *m* **-(e)s** familje, shtëpi; **einen Hausstand gründen** krijoj familje, hap shtëpi.

H'aussuchung *f* **=, -en** *drejt* bastisje e shtëpisë.

H'austier *n* **-(e)s, -e** kafshë shtëpiake.

H'austür *f* **=, -en** derë e shtëpisë.

H'auswart *m* **-(e)s, -e** përgjegjës i pallatit.

H'auswirt *m* **-(e)s, -e** pronar i pallatit (*me apartamente me qira*).

Haut *f* **=, Häute** 1) lëkurë (*e njeriut, e kafshës, e pemës*); **die Haut springt auf** lëkura plasaritet; **Häute gerben** regj lëkurë; **die Haut abziehen** rrjep lëkurën; **ich bin bis auf die Haut durchnäßt** më ka hyrë uji gjer në mish; *fig bis* **auf der faulen Haut liegen** rri kot; *fig bis* **er ist nur noch Haut und Knochen** është bërë kockë e lëkurë; *fig bis* **aus der Haut fahren** tërbohem; *fig bis* **das geht mir unter die Haut** kjo më prek thellë; **mit heiler Haut davonkommen** shpëtoj shëndoshë, ndahem mirë; *fig bis* **ich möchte nicht in seiner Haut stecken** nuk do të doja të isha në vendin e tij; *fig bis* **mit Haut und Haaren auffressen** ha me gjithë lecka; 2) ajkë (*e qumështit*); 3) : *fig bis* **eine ehrliche Haut** njeri i mirë.

h'äuten 1. *vt* rrjep; 2. *vrefl* **sich häuten** 1) ndërron lëkurën (*gjarpri*); 2) (*më*) bie lëkura (*nga dielli etj.*).

h'auteng *a* shumë i ngjeshur, i puthitur pas trupit (*fustan etj.*).

Havar'ie [*-va-*] *f* **=, -ri/en** avari (*e anijes, e avionit etj.*).

H'ebamme *f* **=, -n** mami.

H'ebel *m* **-s, =** *fiz* ngritës, levë; *fig* **ich werde alle Hebel in Bewegung setzen** s'do të lë gur pa lëvizur.

h'eben* 1. *vt* 1) ngre (*dorën, krahun, sytë, gotën etj.*); 2) nxjerr (*një thesar etj.*); 3) pret (*një fëmijë mamia*); 4) *fig* ngre nivelin (*e jetesës etj.*); 5) : *fig bis* **jemanden in den Himmel heben** ngre në qiell dikë; *fig bis* **jemanden aus dem Sattel heben** zbres nga kali dikë; **gehobener Stil** stil i lartë; **in gehobener Stimmung** në qejf; 2. *vrefl* **sich heben** 1) ngrihem; 2) gjallërohet (*tregu etj.*); 3) *mat* anulohet (*një madhësi nga një tjetër*).

H'ebung *f* **=, -en** 1) ngritje; 2) ngritje, përmirësim; zhvillim; 3) *let* rrokje e theksuar (*në varg*).

h'echeln 1. *vt* 1) kreh (*lirin*); 2) *bis* marr nëpër gojë me tallje; 2. *vi* (h) dihat (*qeni*).

Hecht *m* **-(e)s, -e** *zool* mlysh (*peshk*).

Heck *n* **-s, -e** pupë (*pjesa e pasme e anijes*).

H'ecke *f* **=, -n** gardh.

H'eckenrose *f* **=, -n** *bot* trëndafil i egër.

H'ede *f* **=, -n** shtupë.

Heer *n* **-(e)s, -e** 1) ushtri 2) *fig* mori; **ein Heer von Angestellten, Beamten** një mori nëpunësish.

H'eeresbericht *m* **-(e)s, -e** buletin ushtarak.

H'eeresleitung *f* **=, -en** komandë e ushtrisë; **die Oberste Heeresleitung** komanda e lartë e ushtrisë.

H'efe *f* **=, -n** 1) tharm, maja; 2) *fig* fundërri, llum; **die Hefe der Gesellschaft** fundërritë e shoqërisë.

H'efeteig *m* **-(e)s** brumë i ardhur.

Heft I *n* **-(e)s, -e** 1) fletore; 2) fashikull; 3) numër (*reviste*).

Heft II *n* **-(e)s, -e** 1) dorezë (*vegle, arme*); 2) *fig* drejtim, udhëheqje; **das Heft nicht aus der Hand geben** s'i lëshoj frerët nga duart.

h'eften 1. *vt* 1) **(an A)** ngul, vë, mbërthej (*një dekoratë në kraharor etj.*); 2) qep (*fashikujt*); *fig* **den Blick auf jemanden, etwas heften** ia ngul sytë dikujt, diçkaje; 2. *vrefl* **sich heften** i qepem (*dikujt*).

h'eftig 1. *a* 1) i fortë (*zemërim, hidhërim etj.*); 2) i rëndë, i ashpër (*fjalë etj.*); 3) i rrëmbyer (*njeri*); 2. *adv* fort, rrëmbyeshëm; ashpër.

H'eftigkeit *f* **=** forcë; ashpërsi; rrëmbim.

H'eftpflaster *n* **-s, =** leukoplast.

Hegemon'ie *f* **=, -i/en** hegjemoni.

h'egen *vt* 1) ruaj (*një pyll etj.*); 2) *fig* ushqej (*një mendim etj.*); **Verdacht, Zweifel gegen jemanden hegen** dyshoj për dikë.

Hehl *m* : **keinen Hehl aus etwas machen** nuk fsheh asgjë nga diçka.

h'ehlen *vt* 1) fsheh (*një send të vjedhur*); 2) përkrah, mbuloj (*një krim etj.*).

H'ehler *m* **-s, =** fshehës, blerës (*i një sendi të vjedhur*).

hehr *a poet* madhështor; i nderueshëm; hyjnor, i perëndishëm.

H'eide I *m* **-n, -n** pagan.

H'eide II *f* **=, -n** 1) djerrinë; 2) stepë.

H'eidekraut *n* **-(e)s, -kräuter** *bot* shqopë.

H'eidelbeere *f* **=, -n** *bot* boronicë.

H'eiden... : **Heidenlärm** zhurmë e madhe; **Heidenrespekt** respekt i madh; **Heidengeld** pare e madhe.

H'eidentum *n* **-(e)s** paganizëm.

h'eidnisch *a* pagan.

h'eikel *a* 1) i vështirë, i rëndë (*problem etj.*); 2) delikat (*gjendje etj.*); 3) buzëhollë (*në të ngrënë*).

heil *a* 1) i shëndoshë; *fig* **mit heiler Haut davonkommen** shpëtoj shëndoshë; 2) i padëmtuar, i paprishur (*send*).

Heil *n* **-(e)s** 1) shpëtim; *fet* shëlbim; 2) ndihmë; 3) e mirë; **es wird dir nicht zum Heil ausschlagen** nuk do të të dalë për të mirë; 4) mirëqenie; 5) shëndet; 6) fat.

H'eiland *m* **-(e)s** *fet edhe fig* shëlbues; shpëtimtar.

H'eilanstalt *f* **=, -n** 1) spital; 2) sanatorium; 3) çmendinë.

h'eilbar *a* i shërueshëm (*lëngim etj.*).

h'eilen 1. *vt* shëroj (*një plagë, sëmundje etj.*); 2. *vi* (s) shërohem, marr veten; mbyllet (*plaga*).

h'eilfroh *a* : *shpr* **heilfroh sein** jam shumë i kënaqur (*që kam hequr qafe diçka të vështirë etj.*).

h'eilig *a* i shenjtë; **das ist mir heilig** këtë e kam për gjë të shenjtë; *fet* **der Heilige Abend, Heiligabend** nata e Krishtlindjeve.

H'eilige *m* **-n, -n** *fet* shenjtor.
h'eiligen *vt* shenjtëroj.
H'eiligenbild *n* **-(e)s, -er** ikonë.
H'eiligenschein *m* **-(e)s, -e** brerore e shenjtërisë.
h'eilighalten* *vt ndash* kam të shenjtë (*kujtimin e dikujt etj.*).
H'eiligtum *n* **-(e)s, -tümer** 1) vend ose send i shenjtë; 2) tempull, shenjtore.
h'eilkräftig *a* shërues (*bar etj.*).
h'eillos *a* 1) i pashërueshëm; 2) i tmerrshëm; **ein heilloser Lärm** një zhurmë e tmerrshme; 3) i trashë, i rëndë (*gabim etj.*).
H'eilmittel *n* **-s, =** ilaç (*edhe fig*).
H'eilpflanze *f* **=, -n** bimë mjekësore.
H'eilquelle *f* **=, -n** burim uji mineral.
h'eilsam *a* 1) shërues; 2) : *fig* **heilsame Ratschläge** këshilla të dobishme.
H'eilserum *n* **-s, -ren** *dhe* **-ra** serum.
H'eilstätte *f* **=, -n** sanatorium.
H'eilung *f* **=, -en** shërim.
heim *adv* 1) (për) në shtëpi; 2) (për) në atdhe.
Heim *n* **-(e)s, -e** 1) shtëpi; 2) *fig* vatër; 3) strehë; 4) konvikt; 5) klub.
H'eimarbeit *f* **=, -en** punë në shtëpi.
H'eimarbeiter *m* **-s, =** punëtor që punon në shtëpi.
H'eimat *f* **=** 1) vendlindje; **in meiner Heimat ist es Brauch ...** në vendin tim e kanë zakon ...; 2) atdhe.
H'eimatkunde *f* **=** etnografi krahinore.
H'eimatland *n* *sh* **Heimat.**
H'eimchen *n* **-s, =** *ent* bulkth.
h'eimfahren* 1. *vi* (s) *ndash* shkoj, kthehem në shtëpi; 2. *vt* çoj në shtëpi (*me automobil etj.*).
H'eimfahrt *f* **=** 1) udhëtim për në vendlindje, në atdhe; 2) kthim.
H'eimgegangene *m, f* **-n, -n** i vdekur, i ndjerë.
h'eimgehen* *vi* (s) *ndash* 1) shkoj, kthehem në shtëpi; 2) *poet* vdes.
h'eimisch *a* 1) i shtëpisë; **sich heimisch fühlen** e ndiej veten si në shtëpi; 2) i vendit; **die heimische Industrie fördern** përkrah industrinë e vendit.
H'eimkehr *f* **=** kthim në shtëpi, në atdhe.
h'eimkehren *vi* (s) *ndash* kthehem në shtëpi, në atdhe.
Heimkehrer *m* **-s, =** që kthehet në shtëpi, në atdhe; ushtar që kthehet nga robëria në atdhe.
h'eimleuchten *vi* (h) *ndash* (D) *bis* heq qafe, përcjell.
h'eimlich 1. *a* i fshehtë, sekret; **ein heimliches Plätzchen** vend i fshehtë; 2. *adv* tinëz, fshehurazi; **etwas heimlich tun** bëj diçka tinëz.
H'eimlichkeit *f* **=, -en** fshehtësi, tinëzi.
H'eimstätte *f* **=, -n** banesë, shtëpi.
h'eimsuchen *vt ndash* 1) bezdis me vizitë; 2) bie (*një sëmundje etj.*).
H'eimsuchung *f* **=, -en** fatkeqësi; shuplakë.
H'eimtücke *f* **=, -n** pabesi; ligësi.
h'eimtückisch *a* 1) i pabesë, tinëzar (*njeri*); 2) i poshtër (*krim*).
h'eimwärts *adv* 1) (për) në shtëpi; 2) (për) në atdhe.
H'eimweg *m* **-(e)s, -e** rrugë për në shtëpi; **sich auf dem Heimweg machen** nisem për në shtëpi.
H'eimweh *n* **-s** mall për atdhe, për vendlindje.
h'eimzahlen *vt ndash* ia marr hakun; **das werde ich ihm heimzahlen!** do të ma paguajë këtë!
H'eirat *f* **=, -en** martesë.

h'eiraten 1. *vt* martohem me (*dikë*); 2. *vi* (**h**) martohem; **aus Liebe heiraten** martohem me dashuri.

h'eischen *vt* kërkoj (*ndihmë etj.*).

h'eiser *a* i ngjirur (*zë*); **sich heiser schreien** më ngjiret zëri duke thirrur.

H'eiserkeit *f* = ngjirje e zërit.

heiß 1. *a* 1) i nxehtë (*burim, ujë etj.*); *prov* **man muß das Eisen schmieden, solange es heiß ist** hekuri rrihet sa është i nxehtë; 2) *fig* i zjarrtë (*dashuri, natyrë etj.*); 3) i ashpër (*luftim, përpjekje etj.*); 4) : **heiße Tränen** lotë të hidhur; **heißen Dank!** faleminderit shumë!; 2. *adv* nxehtë, në mënyrë të nxehtë.

h'eißa! *int* hej!

h'eißblütig *a fig* gjaknxehtë; i zjarrtë (*temperament etj.*).

h'eißen* 1. *vt* 1) quaj; **er hieß ihn einen Lügner** e quajti gënjeshtar; **das heiße ich singen!** këtij i them të kënduar!; 2) urdhëroj; **wer hat dich geheißen, das zu tun?** kush të tha ta bësh këtë?; 3) : *shpr* **jemanden willkommen heißen** i uroj mirëseardhjen dikujt; 2. *vi* (**h**) 1) quhem; **er heißt Peter** atij i thonë Petër; 2) do të thotë; **was heißt ...?** ç'do të thotë ...?; **das heißt** (*shkurt* **d. h.**) do të thotë, domethënë (*shkurt* **d. m. th.**); 3) : **hier heißt arbeiten** këtu duhet punë; **wie heißt der Titel?** si e ka titullin?; 3. *vimp* thuhet; **es heißt, daß ...** thonë se ..., thuhet se ...

H'eißhunger *m* -s uri e madhe.

H'eiß/sporn *m* -(e)s, -e njeri gjaknxehtë.

h'eiter *a* 1) i kthjellët (*mot*); 2) i qeshur, i gëzuar; 3) në qejf; 4) *iron* i bukur; **das ist ja eine heitere Geschichte!** histori e bukur fort!

H'eiterkeit *f* = gaz, gëzim.

h'eizbar *a* që mund të ngrohet.

h'eizen 1. *vt* 1) ngroh (*dhomën etj.*); 2) ndez (*sobën etj.*); 2) *vi* (**h**) ngroh (*soba, zjarri etj.*).

H'eizer *m* **-s, =** kaldajist.

H'eizkissen *n* **-s, =** jastëk elektrik.

H'eizkörper *m* **-s, =** radiator (*i kaloriferit*).

H'eizmaterial *n* **-s, = i/en** lëndë djegëse (*që përdoret për ngrohje*).

H'eizung *f* **=, -en** ngrohje (*e një banese etj.*).

H'ektar *n* **-s, -e** (*shkurt* **ha**) hektar (*shkurt* ha).

h'ektisch *a* i shqetësuar; i rrëmbyer.

Held *m* **-en, -en** 1) hero; **den Helden spielen** hiqem si trim; 2) personazh kryesor (*i një romani etj.*); 3) *bis iron* frikacak.

h'eldenhaft *a* heroik.

H'eldenmut *m* -(e)s heroizëm.

h'eldenmütig *a* heroik.

H'eldentat *f* **=, -en** vepër heroike, heroizëm.

H'eldentum *n* -(e)s heroizëm.

h'eldisch 1. *a* heroik; 2. *adv* heroikisht, si hero.

h'elfen* 1. *vi* (**h**) (**D**) 1) ndihmoj; **jemandem helfen** ndihmoj dikë; **jemandem auf die Beine helfen** a) ngre në këmbë dikë; b) shëroj dikë; **jemandem aus der Not helfen** nxjerr nga halli dikë; **jemandem in den Mantel helfen** ndihmoj dikë të veshë palltön; *fig bis* **jemandem über den Berg helfen** ndihmoj dikë të hedhë lumin; 2) : **ich kann mir nicht helfen, aber ich bin da mißtrauisch** këtu nuk mund të mos dyshoj; 3) ka dobi; **hier hilft kein Bitten** këtu s'pi ujë asnjë lutje; 4) shëroj; **der Arzt kann da schon helfen!** këtë mjeku e shëron menjëherë!; 2. *vimp* : **es**

hilft nichts, du mußt ... s'ke ç'i bën, ti duhet të ...

H'elfer *m* **-s, =** ndihmës.

H'elfershelfer *m* **-s, =** bashkëpunëtor (*në një krim etj.*).

Helik'opter *m* **-s, =** helikopter.

H'elium *n* **-s** *kim* helium.

hell 1. *a* 1) i ndritur; 2) i çelët (*ngjyrë etj.*); 3) i qartë; **ein heller Kopf** mendje e kthjellët; 4) kumbues (*tingull*); 5) i fortë, i madh (*gëzim etj.*); 2. *adv* plot dritë; qartë.

H'elldunkel *n* **-s** gjysmerrësirë, mugëtirë.

H'elle *f* = dritë; shkëlqim; qartësi.

H'eller *m* **-s, =** *hist* heler (*monedhë*); *bis* **keinen roten Heller wert sein** nuk vlen as një dysh; **keinen lumpigen Heller mehr haben** jam i shkundur; *bis* **etwas auf Heller und Pfennig bezahlen** paguaj diçka gjer më një.

hellhörig *a* 1) i paizoluar mirë (*mur etj.*); 2) veshpipëz.

h'ellicht *a* : *shpr* **am hellichten Tage** ditën me diell.

H'elligkeit *f* = dritë e fortë; qartësi.

H'ellseher *m* **-s, =** 1) qartëpamës; 2) *fig* largpamës.

Helm *m* **-(e)s, -e** përkrenare; helmetë.

Hemd *n* **-(e)s, -en** këmishë; **das Hemd wechseln** ndërroj këmishën; **im bloßen Hemd** në këmishë; *fig bis* **das Hemd ist mir näher als der Rock** më afër dera se qilari.

h'emdsärmelig *a* 1) në këmishë (*pa xhaketë*); 2) *fig* i thjeshtë (*në sjellje etj.*).

Hemisph'äre *f* **=, -n** hemisferë.

h'emmen *vt* pengoj; **den Fortschritt, die Entwicklung hemmen** pengoj përparimin, zhvillimin; *fig* **jemanden hemmen** ndrydh dikë.

H'emmnis *n* **-ses, -se** pengesë, vështirësi.

H'emmung *f* **=, -en** 1) pengesë; 2) ngurrim; **nur keine Hemmungen!** mos ngurroni!

h'emmungslos 1. *a* 1) i papenguar; 2) i papërmbajtur; 2. *adv* pa pengesa, pa vështirësi, lirisht.

Hengst *m* **-es, -e** hamshor.

H'enkel *m* **-s, =** dorezë, vegë (*filxhani etj.*).

H'enker *m* **-s, =** xhelat.

H'enne *f* **=, -n** *zool* pulë.

her *adv* 1) (*vend*) këtu; **hin und her** poshtë e lart; **von oben her** nga lart; **von der Tür her** nga dera; **her damit!** nxirre!; sille!; **es ist nicht weit her damit** nuk vlen shumë; **hinter jemandem her sein** ndjek dikë; *bis* **wo hast du das her?** ku e gjete këtë?; 2) (*kohë*) : **von altersher** qëkur; **es ist langer Zeit her** ka (kaluar) shumë kohë (që atëherë).

her = *parashtesë e ndashme foljore që tregon*: 1) *afrim nga ai që flet*: **herfliegen**; 2) *prejardhje*: **herkommen.**

her'ab *adv* poshtë (*në drejtim të atij që flet*); **von oben herab** nga lart poshtë.

her'ab = *parashtesë e ndashme foljore që tregon lëvizje nga lart poshtë*: **herabsteigen.**

her'abblicken *vi ndash* **(h) (auf A)** shikoj nga lart poshtë (*me përçmim etj.*).

her'abdrücken *vt ndash* ul (*çmimet*).

her'abfallen* *vi ndash* **(s)** bie, rrëzohem.

her'abfliegen* *vi ndash* **(s)** ulet fluturimthi, duke fluturuar.

her'abgehen* *vi ndash* **(s)** 1) zbres; 2) bie (*çmimi*).

her'abhängen* *vi ndash* varet; **die Früchte hingen vom Baum**

herab frutat vareshin në pemë.

her'ablassen* *ndash* 1. *vt* 1) lëshoj (*perden etj.*); 2) ul (*çmimin etj.*); 2. *vrefl* : **sich herablassen etwas zu tun** kandisem të bëj diçka; 3) : **sich zu jemandem herablassen** denjoj t'i drejtohem dikujt.

her'absehen* *vi ndash* **(h)** **(auf A)** shikoj (*dikë*) me përbuzje.

her'absetzen *vt ndash* 1) ul (*rrogën etj.*); 2) *fig* poshtëroj.

her'absinken* *vi ndash* **(s)** 1) zhytem; 2) bie; *fig* **die Nacht sank herab** u bë natë, ra nata.

her'absteigen* *vi ndash* **(s)** zbres (*nga pema, mali, qielli etj.*).

her'abstürzen *vi ndash* **(s)** bie, rrëzohet (*shkëmbi etj.*).

her'an *adv* 1) këtu; 2) pranë; **zu mir heran!** pranë meje!

her'an = *parashtesë e ndashme foljore që tregon lëvizje*: **heranfliegen.**

her'anbilden *ndash* 1. *vt* mësoj, përgatis (*një mjek* etj.); 2. *vrefl* **sich heranbilden** mësoj, stërvitem, përgatitem.

her'anbringen* *vt ndash* sjell (*pranë dikujt*).

her'andrängen, sich *vrefl ndash* rrasem, ngjishem, futem.

her'anfliegen* *vi ndash* **(s)** vij fluturimthi, duke fluturuar.

her'angehen* *vi ndash* **(s)** **(an A)** 1) i afrohem (*dikujt*); 2) i përvishem (*një pune etj.*).

her'ankommen* *vi ndash* **(s)** **(an A)** 1) afrohem; *fig* **man kann nicht an ihn herankommen** atij s'i afrohet dot njeri; 2) arrij të kap, të gjej (*diçka*).

her'anlassen* *vt ndash* qas, afroj.

her'anmachen, sich *vrefl ndash* **(an D)** 1) i përvishem (*punës*); 2) i qepem (*dikujt*).

her'anreichen *vi ndash* **(h)** arrij (*me dorë etj.*).

her'anrücken *ndash* 1. *vt* afroj; 2. *vi* **(s)** afrohem.

her'anschleichen*, sich *vrefl ndash* afrohem, futem, hyj vjedhurazi, tinëz.

her'antragen* *vt ndash* 1) sjell (*pranë dikujt*); 2) paraqes, shpreh (*një dëshirë etj.*).

her'antreten* *vi ndash* **(s)** 1) afrohem; 2) **(an A)** i drejtohem (*dikujt*); 3) **(an A)** filloj (*një punë*).

her'anwachsen* *vi ndash* **(s)** rritem; **als das Mädchen zur Frau herangewachsen war, ...** kur u rrit vajza e u bë grua, ...

her'anwagen, sich *vrefl* 1) guxoj t'i afrohem, t'i qasem (*dikujt ose diçkaje*); 2) guxoj t'i hyjë (*një pune etj.*).

her'anziehen* *ndash* 1. *vt* 1) tërheq pranë; 2) rris (*një bimë etj.*); 3) *fig* përgatis (*një pasardhës etj.*); 4) *fig* tërheq (*mendimin e dikujt etj*); 5) marr parasysh (*një argument etj.*); 2. *vi* **(s)** afrohet (*stuhia etj.*).

her'auf *adv* lart; **von unten herauf** nga poshtë lart.

her'auf = *parashtesë e ndashme foljore që tregoj lëvizje nga poshtë lart*: **heraufkommen.**

her'aufarbeiten, sich *vrefl ndash* arrij lart, ngrihem me punë, përpjekje etj.

her'aufbeschwören* *vt ndash* 1) shkaktoj; ndjell (*një të keqe etj.*); 2) përmend, kujtoj (*një ngjarje etj.*).

her'aufholen *vt ndash* marr, ngjis lart (*verën nga qilari etj.*).

her'aufkommen* *vi ndash* **(s)** vij lart.

her'aufziehen* *ndash* 1. *vt* tërheq lart; 2. *vi* **(s)** afrohet (*stuhia*).

her'aus *adv* jashtë; **von innen heraus** nga brenda jashtë; **gerade her-**

aus drejt, troç; **heraus damit!** fol!, thuaje!, nxirre!

her'aus = *parashtesë e ndashme foljore që tregon lëvizje nga brenda jashtë drejt atij që flet:* **herausgehen.**

her'ausarbeiten *ndash* 1. *vt* 1) nxjerr në pah; 2) shquaj; theksoj (*të metat etj.*); 3) *bis* zëvendësoj me punë (*kohën e humbur etj.*); 2. *vrefl* **sich herausarbeiten** dal me shumë përpjekje (*nga turma etj.*); shpëtoj (*nga një vështirësi etj.*).

her'ausbekommen* *vt ndash* 1) nxjerr (*një të fshehtë*); 2) marr vesh (*një të re*); 3) heq (*një njollë*); 4) zgjidh (*një problem*); 5) deshifroj (*një mbishkrim*).

her'ausbringen* *vt ndash* 1) nxjerr jashtë; 2) hedh në treg (*një mall etj.*); 3) botoj (*një libër etj.*); 4) gjej, zbuloj (*një të fshehtë etj.*).

her'ausdringen* *vi ndash* **(s)** 1) del (*uji nga një e çarë*); 2) hyn (*drita nga dritarja etj.*).

her'ausfahren* *ndash* 1. *vt* nxjerr (*makinën nga garazhi etj.*); 2. *vi* **(s)** 1) *bis* dal me nxitim (*nga dhoma etj.*); 2) *bis* (*më*) shpëton (*një fjalë etj.*).

her'ausfinden* *ndash* 1. *vt* 1) gjej (*rrugën etj.*); 2) zbuloj, marr me mend; 2. *vrefl* **sich herausfinden** gjej një rrugëdalje.

her'ausfordern *vt ndash* 1) i shpall garë (*dikujt*); 2) provokoj, sfidoj.

Her'ausforderung *f* =, **-en** 1) thirrje (*për të marrë pjesë në një garë*); 2) provokim, sfidë.

her'ausfühlen *vt ndash* ndiej, nuhas, kuptoj; **ich fühle es heraus, daß er Kummer hat** e ndiej se ka hall.

her'ausfüttern *vt ndash* majm (*derrin etj.*).

Her'ausgabe *f* =, **-n** 1) dorëzim; 2) kthim (*i një sendi të vjedhur etj.*); 3) botim (*i një libri etj.*).

her'ausgeben* *vt ndash* 1) dorëzoj (*çelësin, rrobat etj.*); 2) botoj (*një libër etj.*); 3) kthej (*kusurin, gjënë e vjedhur etj.*); **ich kann nicht herausgeben** nuk kam të holla.

Her'ausgeber *m* **-s,** = botues.

her'ausgehen* *vi ndash* **(s)** dal; **sie geht nicht aus sich heraus** ajo është shumë e mbyllur.

her'ausgreifen* *vt ndash* 1) zgjedh; 2) nxjerr për provë; 3) përmend si shembull.

her'aushaben* *vt ndash* 1) gjej; **ich hab's heraus!** e gjeta!; 2) : **jemanden heraushaben wollen** dua të heqë qafe dikë.

her'aushängen* *ndash* 1. *vt* var (*rrobat etj.*); 2. *vi* **(h)** varet; *shpr bis* **das hängt mir zum Halse heraus** kjo më ka ardhur në majë të hundës, jam deri në grykë me të, jam ngopur me të.

her'aushauen *vt ndash bis* shpëtoj (*nga një gjendje e vështirë*).

her'aushelfen* *vt ndash* 1) ndihmoj (*dikë*) të dalë (*nga autobusi etj.*); 2) shpëtoj.

her'ausholen *vt ndash* 1) nxjerr (*nga xhepi etj.*); 2) shpëtoj (*nga një gjendje e vështirë etj.*); 3) *bis* fitoj (*nga një ndërmarrje etj.*); 4) *bis* nxjerr, mësoj (*një të fshehtë etj.*); 5) *sport* arrij (*një rezultat*); 6) bëj të qartë; theksoj.

her'auskehren *vt ndash* 1) hedh jashtë (*plehrat*); 2) tregoj, nxjerr në pah (*pasurinë etj.*).

her'auskommen* *vi ndash* **(s)** 1) dal (*nga shtëpia etj.*); 2) *fig* del, del në shesh; rezulton; 3) botohet, del nga shtypi; 4) del në treg (*një mall etj.*); 5) zbulohet (*një e fshehtë, krim etj.*); 6) : **das kommt auf dasselbe, auf eins heraus** është e njëjta gjë, është njësoj; **dabei kommt nichts heraus** s'del gjë nga kjo; *fig bis* **mit etwas herauskommen** shpreh diçka.

her'auskönnen* *vi ndash bis* jam në gjendje, mund të dal (*nga një vështirësi etj.*).

her'auskriegen *vt ndash bis* zbuloj (*sh* **herausbekommen**).

her'auskristallis'ieren *ndash* 1. *vt* kristalizoj (*edhe fig*); 2. *vrefl* **sich herauskristallisieren** kristalizohet (*edhe fig*).

her'auslassen* *vt ndash* 1) lëshoj (*ajrin, avullin etj.*); 2) lë të shkojë, lë të lirë, lë të ikë (*një njeri, një zog etj.*).

her'auslaufen* *vi ndash* **(s)** 1) iki me vrap (*nga shtëpia etj.*); 2) rrjedh (*benzina nga cisterna etj.*).

her'auslesen* *vt ndash* 1) gjej duke lexuar; 2) zgjedh.

her'auslocken *vt ndash* 1) ndjell (*qenin nga stela etj.*); 2) *fig* i nxjerr (*një të fshehtë dikujt etj.*).

her'ausmachen *ndash bis* 1. *vt* heq (*një njollë etj.*); 2. *vrefl* **sich herausmachen** 1) marr veten (*nga një sëmundje etj.*); 2) zhvillohet (*një ndërmarrje etj.*).

her'ausnehmen* *ndash* 1. *vt* 1) marr (*një libër nga rafti etj.*); 2) heq (*nga shkolla etj.*); 3) heq me operacion (*veshkën etj.*); 2. *vi* **(h) : sich (D) viel herausnehmen** e teproj; **sich große Freiheiten herausnehmen** marr liri të tepruar.

her'ausplatzen *vi ndash bis* 1) ia plas gazit; 2) **(mit D)** (*më*) shpëton (*një fjalë*).

her'auspressen *vt ndash* shtrydh (*limonin etj.*).

her'ausputzen *ndash* 1. *vt* stolis; 2. *vrefl* **sich herausputzen** stolisem.

her'ausreden, sich *vrefl ndash bis* 1) shfajësohem me shumë fjalë; 2) gjej shkaqe.

her'ausreißen* *vt ndash* 1) heq (*dhëmbin*); 2) shkul (*barin*); 3) *fig bis* nxjerr (*nga një vështirësi*).

her'ausrücken *ndash* 1. *vt* nxjerr jashtë radhës, vendit (*një karrige etj.*); 2. *vi* **(s)** *bis* 1) **(mit D)** ndahem (*nga diçka*); 2) : *fig* **mit der Sprache herausrücken** flas hapur; *fig* **mit der Wahrheit herausrücken** them të vërtetën.

her'ausrufen* *vt ndash* thërras të dalë (*në dritare, në skenë etj.*).

her'ausschaffen *vt ndash* nxjerr jashtë.

her'ausschieben* *vt ndash* shtyj jashtë, nxjerr duke shtyrë.

her'ausschlagen* *vt ndash* 1) shkund (*pluhurin nga librat etj.*); 2) nxjerr (*fitim*); **etwas bei einer Sache herausschlagen** fitoj diçka nga një punë.

her'ausschmeißen *vt ndash* nxjerr, flak jashtë (*nga dhoma etj.*).

her'aussehen* *vi ndash* **(h)** shikoj jashtë.

her'ausstellen *ndash* 1. *vt* 1) nxjerr jashtë; 2) ekspozoj; 3) theksoj (*një problem etj.*); 2. *vrefl* **sich herausstellen** dal; **er hat sich als Betrüger herausgestellt** ai doli mashtrues.

her'ausstreichen* *ndash* 1. *vt* 1) fshij (*nga një listë etj.*); 2) *bis* lavdëroj; 2. *vrefl* **sich herausstreichen** *bis* mburrem.

her'ausströmen *vi ndash* **(s)** 1) rrjedh (*uji nga një enë etj.*); 2) derdhet; **die Menschenmenge strömte aus dem Saal heraus** turma u derdh nga salla.

her'aussuchen *vt ndash* zgjedh.

her'austreten* *vi ndash* **(s)** dal (*jashtë*); **die Adern traten in seiner Stirn heraus** i dolën damarët në ballë.

her'auswachsen* *vi ndash* **(s)** 1) rritet (*bima*); 2) : *fig bis* **er ist aus**

dem Anzug herausgewachsen është rritur e nuk e nxë më kostumi.

her'auswagen, sich *vrefl* guxoj të dal.

her'auswollen *vi ndash* dua të dal; *fig* **er will mit der Wahrheit nicht heraus** ai nuk do të thotë të vërtetën.

her'ausziehen* *ndash* 1. *vt* 1) nxjerr (*thikën, revolen etj.*); 2) heq (*gjembin etj.*); 3) shkul (*dhëmbin*); 2. *vrefl* **sich herausziehen** dal, shpëtoj (*nga një gjendje e vështirë*).

herb *a* 1) i athët (*verë etj.*); 2) *fig* i mbyllur, i pashoqërueshëm (*njeri*); 3) *fig* i paafrueshëm, i sertë (*vajzë etj.*); 4) *fig* i hidhur (*zhgënjim etj.*).

herb'ei *adv* këtu, këtej, këndej.

herb'ei = *parashtesë e ndashme foljore që tregon afrim drejt atij që flet:* **herbeilaufen.**

herb'eieilen *vi ndash* **(s)** vij me vrap.

herb'eiführen *vt ndash* 1) sjell; 2) *fig* shkaktoj.

herb'eiholen *vt ndash* 1) thërras (të vijë) (*mjekun etj.*); 2) sjell, bie.

herb'eikommen* *vi ndash* **(s)** vij, afrohem, qasem.

herb'eilassen*, sich *vrefl ndash* vendos, pranoj më në fund.

herb'eirufen* *vt ndash* thërras (të vijë).

herb'eischaffen *vt ndash* 1) sjell, bie; 2) paraqes (*prova*).

herb'eiwünschen *vt ndash* dëshiroj të kem pranë (*diçka ose dikë*).

h'erbekommen* *vt ndash* marr; **wo soll ich das herbekommen?** ku ta gjej këtë?

h'erbemühen, sich *vrefl ndash* marr mundimin të vij.

H'erberge *f* =, **-n** bujtinë.

h'erbestellen *vt ndash bis* ftoj, thërras.

h'erbitten* lus të vijë.

h'erbringen* *vt ndash* sjell, bie.

Herbst *m* **-es, -e** vjeshtë; **im Herbst** në vjeshtë.

h'erbstlich *a* 1) vjeshtor, vjeshtak; 2) si në vjeshtë.

Herd *m* **-(e)s, -e** 1) vatër; 2) *fig* vatër, shtëpi, familje; 3) : *mjek* **der Herd der Krankheit** vatra e sëmundjes.

H'erde *f* =, **-n** kope (*lopësh, dhensh etj.*); tufë (*elefantësh etj.*).

her'ein *adv (nga jashtë)* brenda; **herein!** hyr!

her'ein = *parashtesë e ndashme që tregon lëvizje përbrenda, në drejtim të atij që flet:* **hereinkommen.**

her'einbekommen* *vt ndash bis* marr, më vjen (*një mall etj.*).

her'einbemühen, sich *vrefl ndash* marr mundimin të hyj.

her'einbitten* *vt ndash* i lutem të hyjë.

her'einbrechen* *vi ndash* **(s)** 1) bie brenda (*galeria etj.*); 2) shpërthen (*stuhia etj.*); 3) bie (*nata, sëmundja etj.*).

her'einbringen* *vt ndash* sjell, bie brenda.

her'einfallen* *vi ndash* **(s)** bie brenda; *fig* **auf etwas oder jemanden hereinfallen** gënjehem nga diçka ose nga dikush.

her'einkommen* *vt ndash* **(s)** 1) hyj brenda; 2) vjen (*një mall i ri etj.*).

her'einlegen *vt ndash bis* ia hedh (*dikujt*), mashtroj.

her'einlassen *vt ndash* fus, shtie brenda.

her'einplatzen *vi ndash* **(s)** *bis* ia beh.

her'einschauen *vi ndash* **(h)** 1) shikoj brenda; 2) *bis* kaloj (*nga dikush*).

her'einschneien *vi ndash* **(h)** 1) hyn brenda (*bora*); 2) **(s)** *bis* vij befas;

wie hereingeschneit pa pritur e pa kujtuar.

H'erfahrt *f* =, **-en** ardhje; **auf der Herfahrt** rrugës duke ardhur.

h'erfallen* *vi ndash* (s) **(über A)** 1) i vërsulem (*dikujt*); 2) shemb, mbys (*me pyetje, me të shara etj.*).

h'erfinden* *vi ndash* (h) gjej rrugën për të ardhur këtu.

H'ergang *m* **-(e)s, -gänge** zhvillim (*i një ngjarjeje etj.*).

h'ergeben* *ndash* 1. *vt* 1) jap; 2) dhuroj; 3) kthej (*një send*); 4) : **sein Letztes hergeben** shkrij të gjitha forcat; 2. *vrefl* **sich hergeben (zu D)** pranoj të bëj (*diçka të keqe*).

h'ergebracht *a* i zakonshëm, tradicional.

h'ergehen* *ndash* 1. *vi* (s) : **hinter jemandem hergehen** shkoj pas dikujt; **neben jemandem hergehen** shkoj pranë dikujt; **über etwas hergehen** i sulem, i lëshohem, i përvishem diçkaje; **über jemanden hergehen** kritikoj ashpër dikë; 2. *vimp* : **es geht hier laut her** këtu bëhet shumë potere; **es ging heiß her** u bë luftë e ashpër.

h'erhaben* *vt ndash* : *bis* **wo hat er das her?** ku e gjeti ai këtë?

h'erhalten* *vi ndash* : **herhalten müssen** duhet të duroj, të vuaj.

H'ering *m* **-s, -e** *zool* rëngë (*peshk*).

h'erkommen* *vi ndash* (s) 1) vij; **komm (einmal) her!** pa eja këtu!; 2) **(von D)** rrjedh nga ...; **wo kommen Sie her?** nga jeni?

H'erkommen *n* **-s** 1) zakon, traditë; 2) *vjet* prejardhje, origjinë.

herkömmlich *a* 1) i zakonshëm, tradicional; **das ist so herkömmlich** kështu është zakon; 2) i trashëguar; **herkömmliche Gewohnheiten** zakone të trashëguara.

H'erkunft *f* =, **-künfte** prejardhje (*e një njeriu, fjale etj.*).

h'erlaufen* *vi ndash* (s) vij me vrap; **hinter jemandem herlaufen** vrapoj pas dikujt; **ein hergelaufener Kerl** një endacak.

h'erleiten *vt ndash* 1) sjell (*ujin*); 2) : **Folgerungen herleiten** nxjerr përfundime; 3) nxjerr prejardhjen (*e një fjale etj.*).

h'ermachen *ndash bis vrefl* : **sich (über A) hermachen** i përvishem (*një pune*); **sich über jemanden hermachen** i sulem dikujt; 2. *vt* e bëj të madhe (*diçka*); **viel von etwas hermachen** bëj shumë zhurmë për diçka; 3. *vi* (h) bëj punë; **das macht nicht viel her** kjo nuk bën shumë punë.

Hermel'in *n* **-s, -e** 1) *zool* kunadhe; 2) gëzof kunadheje.

herm'etisch 1. *a* hermetik; 2. *adv* : **hermetisch geschlossen** i mbyllur hermetikisht.

hern'ach *adv* pastaj, më vonë; **das kannst du hernach auch tun** këtë mund ta bësh edhe më vonë.

h'ernehmen* *vt ndash bis* 1) gjej (*materiale, punëtorë etj.*); 2) marr; **wo nimmt er nur den Mut dazu her?** po ku e merr ai guximin për këtë punë?; 2) marr mënjanë (*dikë*); 3) lodh; **jemanden arg hernehmen** ia marr shpirtin dikujt.

her'oisch *a* heroik.

Hero'ismus *m* **-s,** heroizëm.

Herr *m* **-n, -en** 1) zot; **er war nicht mehr Herr seiner selbst** s'e kishte më veten në dorë; **sein eigener Herr sein** jam zot i vetes; 2) zotëri; **mein Herr!** zotëri!; **meine (Damen und) Herren!** (zonja e) zotërinj!; **der junge Herr** zotëria i vogël; 3) zot, pronar; **Herr über etwas sein** jam zot i diçkaje.

H'errenbad *n* **-(e)s, -bäder** banjë për burra.
h'errenlos *a* pa zot; **ein herrenloser Hund** një qen pa zot.
h'errichten *ndash* 1. *vt* 1) mobiloj (*banesën*); 2) shtroj (*tryezën*); 3) rregulloj; përgatis; 2. *vrefl* **sich herrichten** rregullohem, vishem (*për një vizitë etj.*).
H'errin *f* **=, -nen** 1) zonjë; 2) zonjë, pronare.
h'errisch *a* 1) urdhërues; 2) i ashpër, i vrazhdë.
h'errlich *a* madhështor, i mrekullueshëm, i shkëlqyeshëm (*çast, pamje*); **heute ist herrliches Wetter** sot është mot i mrekullueshëm.
H'errlichkeit *f* = 1) madhështi, shkëlqim; 2) *pl* **-en** *vjet* shkëlqesi (*titull*).
H'errschaft *f* = 1) sundim; **die Herrschaft über seine Nerven verlieren** humbas kontrollin e nervave; 2) pushtet; **die Herrschaft ausüben** ushtroj pushtetin; **zur Herrschaft gelangen** shtie në dorë pushtetin; 3) *pl* **-en** zotërinj; **meine Herrschaften!** zotërinj!
h'errschen *vi* **(h)** 1) **(über A)** sundoj; **das herrschende Gesetz** ligji në fuqi; 2) mbretëron (*rregulli etj.*).
H'errscher *m* **-s, =** sundimtar.
H'errschsucht *f* = dëshirë për të sunduar.
h'errschsüchtig *a* që kërkon të sundojë.
h'errühren *vi ndash* **(h)** **(von D)** rrjedh, vjen (*nga diçka*).
h'erschaffen *vt ndash* 1) sjell, bie; 2) kthej (*një send*); **das verschwundene Buch soll wieder hergeschafft werden** libri i zhdukur duhet të kthehet përsëri.
h'erstammen *vi ndash* **(h)** jam (*me fis*) nga ..., rrjedh nga ...
h'erstellen *vt ndash* 1) prodhoj (*mallra, makina etj.*); 2) vendos (*lidhje etj.*); 3) : *bis* **stell dich nicht her, sondern hilf mir!** mos më rri aty, po ndihmomë!
H'erstellung *f* **=, -en** 1) prodhim; 2) vendosje (*e marrëdhënieve etj.*).
H'erstellungspreis *m* **-es, -e** kosto prodhimi.
her'über *adv* këtej; **herüber und hinüber** andej e këtej.
her'über = *parashtesë e ndashme foljore që tregon afrim në drejtim të atij që flet:* **herüberziehen.**
her'überbringen* *vt ndash* sjell, bie këtej; **bring mir bitte meine Jacke herüber!** ma sill, të lutem, këtu xhaketën!
her'überführen *ndash* 1. bie, sjell këtej; 2. *vi* (h) (*të*) bie, (*të*) çon, (*të*) sjell këtej (*rruga, ura etj.*).
her'überkommen* *vi ndash* **(s)** 1) kaloj këtej; 2) vij këtej; **kommen Sie bitte zu uns herüber** të na urdhëroni, ju lutem.
her'überziehen* *ndash* 1. *vt* tërheq këtej; *fig* **jemanden zu uns herüberziehen** tërheq dikë nga ana jonë; 2. *vi* (s) vjen këtej (*stuhia etj.*).
her'um *adv* rreth, përreth, përqark; **um die Ecke herum** pas qoshes; *bis* **die Reihe herum** sipas radhës; **dort herum** pak a shumë atje; **um 1930 herum** rreth viteve '30; **die Zeit ist herum** koha kaloi.
her'um = *parashtesë e ndashme foljore që tregon:* 1) *lëvizje rrethore* (*shpesh me parafjalën* **um**): **herumfahren**; 2) *lëvizje pa drejtim të caktuar:* **herumgehen.**
her'umärgern, sich *vrefl ndash bis* **(mit D)** zemërohem vazhdimisht (*me dikë ose diçka*).
her'umbalgen, sich *vrefl ndash bis* përleshem, kacafytem.
her'umbekommen* *vt ndash* 1) rro-

tulloj (*çelësin etj.*); 2) *fig* ia mbush mendjen (*dikujt*).

her'umbringen* *vt ndash* 1) rrotulloj me vështirësi (*timonin etj.*); 2) *fig* kaloj (*kohën etj.*).

her'umdoktern *vi ndash* **(h)** *bis* bën mjekime (*një sharlatan etj.*).

her'umdrehen *ndash* 1. *vt* 1) rrotulloj, kthej (*çelësin etj.*); 2. *vrefl* **sich herumdrehen** kthehem; rrotullohem; **sich im Kreise herumdrehen** rrotullohem, vërtitem; *bis* **der Magen drehte sich mir herum** m'u përzie, m'u pështjellua, më erdhi për të vjellë.

her'umdrücken, sich *vrefl ndash* 1) endem, sorollatem, sillem; 2) : *fig bis* **sich um eine Sache herumdrücken** i shmangem një çështjeje.

her'umfahren* *ndash* 1. *vi* **(s)** *bis* 1) shëtis; 2) : **sich mit den Händen im Gesicht herumfahren** shkoj duart nëpër fytyrë; 2. *vrefl* **sich herumfahren** kthehem befas.

her'umgeben* *vt ndash* pasoj, kaloj përqark (*pjatën etj.*).

her'umgehen* *vi ndash* **(s)** *bis* 1) shëtis; 2) kalon (*koha, dita etj.*); 3) kalon dorë më dorë (*një fotografi etj.*); 4) shkoj nga njëri te tjetri; 5) vij rrotull; **der Kopf geht mir herum** më vjen koka vërdallë.

herumhacken *vi ndash* : *fig* **auf jemandem herumhacken** i sulem dikujt.

her'umkommen* *vi ndash* **(s)** *bis* 1) shëtis; shoh botë me sy; 2) i shmangem (*diçkaje*); **wir kommen nicht darum herum, das zu tun** këtë nuk mund të mos e bëjmë.

her'umkriegen *vt ndash bis* ia ndërroj, ia kthej mendjen (*dikujt*).

her'umlaufen* *vi ndash* **(s)** sillem, vërtitem.

her'umliegen* *vi ndash* **(h)** 1) është, ndodhet rreth (*diçkaje*); 2) *bis* është hedhur andej-këtej.

her'umlungern *vi ndash* **(h)** *bis* 1) sillem kot; 2) rri kot.

her'umrätseln *vi ndash* **(h)** **(an D)** përpiqem të gjej, të zbërthej, të deshifroj (*diçka*).

her'umreichen *vt ndash* kaloj dorë më dorë (*një fotografi etj.*).

her'umrennen* *vi ndash* **(s)** 1) rend andej-këtej; 2) sillem, rrotullohem rreth (*diçkaje*).

her'umschlagen* *ndash* 1. *vt* mbështjell; mbuloj; 2. *vrefl* **sich herumschlagen** *bis* rrihem (*me dikë*).

her'umschleppen *vt ndash bis* marr me vete; *fig* **eine Grippe mit sich herumschleppen** s'e heq dot një grip.

her'umschnüffeln *vi ndash* **(h)** **(um A)** *bis* 1) shikoj me kureshtje rreth (*diçkaje*); 2) përpiqem të gjej (*diçka*).

her'umschreien* *vi ndash* **(h)** *bis* bërtas kot.

her'umsitzen *vi ndash* 1) *bis* rri kot; 2) rri rreth (*diçkaje*).

her'umsprechen, sich *vrefl ndash* : *bis* **es hat sich herumgesprochen, daß ...** është hapur fjala se ...

her'umstehen* *vi ndash* **(h)** 1) *bis* qëndroj, rri kot; 2) qëndroj rreth (*diçkaje*).

her'umstreifen *vi ndash* **(s)** bredh, endem andej-këtej.

her'umtragen* *vt ndash* 1) *bis* marr me vete; 2) përhap, përpall (*një lajm etj.*).

her'umtreiben, sich *vrefl ndash* 1) sillem kot; 2) rri kot; 3) : **sich in der Welt herumtreiben** shëtis nëpër botë.

her'umwälzen, sich *vrefl ndash* **(in D)** rrotullohem, rrëkëllehem (*në diçka*).

her'umziehen* *ndash* 1. *vt* tërheq

pas vetes; 2. *vi* (**s**) endem (*nga një vend në tjetrin*); 3. *vrefl* **sich herumziehen** zgjatet, shtrihet rreth (*diçkaje*).

her'unten *adv aust* këtu poshtë.

her'unter *adv* poshtë, teposhtë.

her'unter = *parashtesë e ndashme foljore që tregon lëvizje nga lart poshtë në drejtim të atij që flet:* **herunterkommen.**

her'unterbringen* *vt ndash* 1) bie, sjell poshtë; **bitte bring mir den Mantel herunter** ma sill, të lutem, poshtë pallton; 2) *fig* shkatërroj, rrënoj, prish (*shëndetin etj.*).

her'untergekommen *a* 1) që e ka lëshuar veten; 2) i rrënuar (*ndërmarrje etj.*); i varfëruar (*familje etj.*); i rënë (*nga shëndeti*).

her'unterhauen *vt ndash : shpr bis* **jemandem eine herunterhauen** i këpus një shuplakë dikujt.

her'unterkommen* *vi ndash* (**s**) 1) zbres; **er kam die Treppe herunter** ai zbriti shkallët; 2) *fig* dobësohem (*nga sëmundja etj.*); bie nga shëndeti; 3) *fig* rrënohet (*një ndërmarrje etj.*).

her'unterlassen* 1. *vt ndash* 1) ul (*perden etj.*); 2) lë të zbresë; 2. *vrefl* **sich herunterlassen** zbres (*me litar etj.*).

her'unterleiern *vt ndash* recitoj në mënyrë monotone (*një poezi etj.*).

her'untermachen *vt : fig bis* **jemanden heruntermachen** ul, poshtëroj dikë.

her'unterreißen* *vt ndash bis* 1) rrëzoj (*një enë nga tryeza etj.*); 2) shqis (*një pllakat etj.*); 3) *fig* gris (*rrobat etj.*).

her'unterschlagen* *vt ndash* 1) rrëzoj, hedh poshtë; 2) shkund (*mollë etj.*); 3) ul (*jakën etj.*).

her'unterschlucken *vt ndash bis* gëlltis.

her'unterschütteln *vt ndash* shkund (*mollët nga pema etj.*).

her'untersetzen *vt ndash* ul, poshtëroj.

her'untersteigen* *vi ndash* (**s**) zbres poshtë (*nga shkallët, nga kali etj.*).

her'unterstürzen *vi ndash* (**s**) rrëzohem, bie (*nga çatia etj.*).

herv'or *adv* jashtë; përpara.

herv'or = *parashtesë e ndashme foljore që tregon lëvizje përpara ose nga brenda jashtë:* **hervortreten.**

herv'orblicken *vi ndash* (**h**) shikoj jashtë (*nga dritarja etj.*).

herv'orbrechen* *vi ndash* (**s**) 1) shfaqem, dal, mbij papritur; 2) shpërthen (*zemërimi etj.*).

herv'orbringen* nxjerr; **kein Wort hervorbringen** nuk nxjerr fjalë nga goja; **die Stadt hat schon viele Musiker hervorgebracht** qyteti ka nxjerrë shumë muzikantë.

herv'orgehen* *vi ndash* (**s**) 1) dal; **als Sieger hervorgehen** dal ngadhënjimtar; 2) rrjedh; **daraus geht hervor, daß ...** nga kjo del se ...

herv'orheben* *vt ndash* theksoj (*një fjalë etj.*).

herv'orkehren *vt ndash* theksoj (*epërsinë etj.*).

herv'orragen *vi ndash* (**s**) 1) ngrihem, dal mbi (*dikë, diçka*); 2) *fig* dallohem, shquhem.

herv'orragend *a* i shquar (*njeri, vepër etj.*).

herv'orrufen* *vt ndash* shkaktoj.

herv'orstechen* *vi ndash* (**s**) 1) del (*kocka e thyer etj.*); 2) shquhet qartë (*një ngjyrë etj.*).

herv'ortreten* *vi ndash* (**s**) shquhem.

herv'ortun*, **sich** *vrefl ndash bis* dallohem, spikas; **er tut sich sehr**

mit seinem Wissen hervor ai dallohet shumë me dijen e vet.

H'erweg *m* -(e)s ardhje; **auf dem Herweg** rrugës duke ardhur.

Herz *n* **-ens, -en** 1) *anat* zemër; **mir stand beinahe das Herz still** gati më pushoi zemra; **ein Kind unter dem Herz tragen** është me barrë; 2) *bot* zemër; 3) *fig* zemër, shpirt; **ich muß meinem Herzen Luft machen** duhet të shfrej; **sie sind ein Herz und eine Seele** ata janë një mendje e një zemër; **seinem Herzen einen Stoß geben** mbledh veten; **sein Herz ausschütten** hap zemrën; **alles, was das Herz begehrt** gjithë ç'(*më*) do zemra; **das Herz blutet mir, wenn ich das sehe** më pikon zemra gjak kur e shoh; **sein Undank hat ihr das Herz gebrochen** mosmirënjohja e tij ia kam thyer zemrën; **jemandes Herz erobern** ia ha zemrën dikujt, i hyj në zemër dikujt; **sich ein Herz fassen** e bëj zemrën gur; **sie hat Herz** ajo ka zemër; **ich habe nicht das Herz, es ihm zu sagen** s'më bën zemra t'ia them; **da lacht mir das Herz im Leibe** më bëhet zemra mal; **jemandes Herz rühren** ia prek zemrën dikujt; **sein Herz sprechen lassen** lë zemrën të flasë; **es zerreißt mir das Herz** më këput shpirtin; **ein gutes, weiches Herz haben** jam zemërmirë, zemërbutë; **ein reines Herz haben** e kam ndërgjegjen të pastër; **ich habe es schweren Herzens getan** e kam bërë me zemër të plasur; **jemandem das Herz schwer machen** ia plas zemrën dikujt; **es liegt mir sehr am Herzen** e kam shumë për zemër; **an gebrochenem Herzen sterben** vdes zemërplasur; **Hand aufs Herz!** me dorë në zemër!; **das gibt mir einen Stich ins Herz** kjo më ther në zemër; **im tiefsten Herzen** thellë në zemër; **jemanden in sein Herz geschlossen haben** më ka hyrë dikush në zemër; **ich kann es nicht übers Herz bringen, das zu tun** s'më bën zemra ta bëj këtë; **mir ist bang ums Herz** më dhemb zemra; **es wird mir warm ums Herz, wenn ...** do të më ngrohet zemra, në qoftë se ...; **seine Freude kommt von Herzen** gëzimi i buron nga zemra; **ich wünsche es dir von (ganzem) Herzen** ta uroj nga zemra; **jemandem von Herzen gut sein** dua dikë më gjithë zemër; **er sprach einige zu Herzen gehende Worte** tha disa fjalë që shkonin drejt e në zemër; 4) *fig* qendër, zemër; **im Herzen Albaniens** në zemër të Shqipërisë; 5) kupë (*e letrave të bixhozit*).

h'erzählen *vt* numëroj; **etwas an den Fingern herzählen** numëroj diçka me gishta.

H'erzbeklemmung *f* =, **-en** spazmë e zemrës.

H'erzeleid *n* -(e)s pikëllim, hidhërim, hall, brengë.

h'erzen *vt* përkëdhel, puth; përqafoj.

H'erzensangst *f* = frikë e madhe, ankth.

H'erzensbrecher *m* **-s, =** *shak* zemërmposhtës (*donzhuan*).

H'erzensfreude *f* =, **-n** gëzim i madh.

h'erzensfroh *a* i gëzuar, gazmor; **herzensfroh sein** më bëhet zemra mal.

h'erzensgut *a* i mirë, i dashur, zemërmirë.

H'erzenslust *f* = : *shpr* **nach Herzenslust** sa të dojë zemra.

h'erzergreifend *a* mallëngjyes, prekës.

h'erzerschütternd *a* tronditës.
H'erzfehler *m* **-s, =** *mjek* e metë e zemrës.
h'erzhaft *a* i shëndoshë, i fortë; **jemandem einen herzhaften Kuß geben** i jap dikujt një të puthur të fortë; **ein herzhafter Schluck** një gllënjkë e fortë.
h'erziehen* *vi ndash* **(s) (über A)** marr nëpër gojë (*dikë*).
h'erzig *a* i dashur; i këndshëm, i lezetshëm.
H'erzinfarkt *m* **-(e)s, -e** *mjek* infarkt i zemrës.
h'erzinnig *a* i përzemërt.
H'erzklopfen *n* : **Herzklopfen haben** më rreh zemra.
h'erzkrank, h'erzleidend *a* i sëmurë nga zemra.
h'erzlich 1. *a* i përzemërt (*njeri, ndjenjë*); **herzliche Grüße** të fala të përzemërta; **herzliche Freundschaft** miqësi e përzemërt; 2. *adv* 1) përzemërsisht; nga zemra, me gjithë zemër; 2) shumë, fort; **herzlich wenig** shumë pak; **herzlich gern** me gjithë qejf, me shumë kënaqësi.
h'erzlos *a* zemërgur, shpirtkazmë, i pazemër.
H'erzog *m* **-s, -e** *dhe* **-zöge** dukë.
H'erzogtum *n* **-(e)s, -tümer** dukat.
H'erzschlag *m* **-(e)s, -schläge** 1) e rrahur e zemrës; **einen Herzschlag lang** një çast; 2) *mjek* pushim zemre.
herz'u *adv* këtu.
h'erzzerreißend *a* që të këput shpirtin.
heterog'en *a* heterogjen.
H'etze *f* **=, -n** 1) nxitje (*për luftë etj.*); 2) **(gegen A)** nxitje, fushatë (*kundër dikujt*); 3) gjah me langonj; 4) ngut, nxitim.
h'etzen 1. *vt* 1) ndjek (*me langonj etj.*); 2) nxis, ndërsej (*qenin etj.*); *fig bis* **mit allen Hunden gehetzt sein** jam i rrahur me vaj e me uthull; 2. *vi* **(h) (gegen A)** 1) nxis (*kundër dikujt*); 2) nxitohem; 3. *vrefl* **sich hetzen** nxitohem, ngutem.
H'etzer *m* **-s, =** nxitës.
Hetzer'ei *f* **=** 1) nxitim i madh; 2) nxitje e vazhdueshme (*e urrejtjes etj.*).
H'etzjagd *f* **=, -en** gjah me langonj.
Heu *n* **-s** *bujq* sanë; **Heu machen** kosis barin.
H'euboden *m* **-s,** *dhe* **-böden** *bujq* kullë sane.
Heuchel'ei *f* **=, -en** hipokrizi, shtirje.
h'eucheln 1. *vi* **(h)** shtirem; 2. *vt* : **Unschuld heucheln** shtirem si i pafajshëm; **sein Zorn war nur geheuchelt** zemërimi i tij ishte i shtirë.
H'euchler *m* **-s, =** hipokrit.
h'euchlerisch *a* i shtirë, hipokrit (*qëndrim etj.*); **heuchlerische Reden** fjalë të shtira.
h'euen *vi* **(h)** *bujq* kosis barin.
h'euer *adv aust* sivjet.
H'euer *f* **=, -n** pagë e detarit.
h'euern *vt* 1) pajtoj (*një detar*); 2) marr me qira (*një anije*).
H'euernte *f* **=, -n** *bujq* kositje e barit.
H'eugabel *f* **=, -n** *bujq* sfurk.
h'eulen *vi* **(h)** *bis* 1) qaj; 2) angullin (*qeni, ujku etj.*); 3) ulërin (*sirena, era etj.*).
h'eurig *a aust* i sivjetshëm, i këtij viti; **unser heuriger Urlaub** leja e këtij viti.
H'euschrecke *f* **=, -n** *ent* karkalec.
h'eute *adv* sot; **heute früh** sot në mëngjes; **heute vor acht Tagen** para një jave; **heute in vierzehn Tagen** pas dy javësh; **von heute ab** që sot; **ein Mensch von heute** një njeri i ditëve tona; **die Zeitung von**

heute gazeta e sotme; **von heute auf morgen** a) gjer nesër; b) me sot e me nesër; c) krejt papritur.
heutig *a* i sotëm; **wir Heutigen** ne njerëzit e sotëm.
heutzutage *adv* në ditët tona.
H'exe *f* =, **-n** shtrigë.
h'exen *vi* **(h)** bëj magji; **ich kann doch nicht hexen!** veç të jesh magjistar!
H'exenmeister *m* **-s,** = magjistar.
H'exenschuß *m* **-sses, -schüsse** *mjek* lumbago, dhembje mesi.
Hexer'ei *f* =, **-en** magji; shtrigëri.
hie *sh* **hier: hie und da** aty-këtu.
hieb *sh* **hauen***.
Hieb *m* **-(e)s, -e** 1) goditje, e rënë (*me sëpatë, kamxhik, shkop*); 2) plagë nga goditja; 3) *fig* thumb, fjalë therëse.
hieb'ei *sh* **hierbei.**
h'iebfest *a* : *shpr* **hieb- und stichfest** që nuk e luan topi (*alibi etj.*).
hielt *sh* **halten***.
hier *adv* 1) këtu; **der Mann hier** ky burri këtu; **hier muß ich dir recht geben** këtu duhet të të jap të drejtë; **von hier an** që këtej; **hier und da** a) aty-këtu; b) herë pas here; **hier herum** këtu rrotull; **hier oben, hier unten** këtu lart, këtu poshtë; **ich bin nicht von hier** s'jam nga këto anë; 2) ja; **hier hast du das Geld** ja ku i ke paret.
h'ierauf *adv* nga kjo, në këto e sipër.
h'ieraus *adv* nga kjo; **hieraus folgt, daß ...** nga kjo del se ...
h'ierbei *adv* me këtë rast; **hierbei kam zur Sprache ...** këtu ra fjala ...
h'ierdurch *adv* me këtë; me anë të kësaj (këtij); **hierdurch teilen wir Ihnen mit ...** me këtë (*letër*) ju njoftojmë ...
h'ierfür *adv* për këtë (*arsye etj.*); **dieses Gerät ist hierfür nicht zu gebrauchen** prandaj ky aparat nuk duhet përdorur.
h'iergegen *adv* kundër kësaj.
h'ierher *adv* këtej; **bis hierher** gjer këtu.
h'ierhergehören *vi* **(h)** e kam vendin këtu.
h'ierhin *adv* këtej; **bald hierhin, bald dorthin** herë këtej, herë andej.
h'ierin *adv* këtu, në këtë pikë.
h'iermit *adv* me këtë; në këtë mënyrë.
h'iernach *adv* pas kësaj, pastaj.
Hierogl'yphen *pl* hieroglife.
h'ierüber, h'iervon *adv* mbi këtë (*çështje*); **hierüber sprechen wir noch** për këtë do të flasim prapë.
h'ierunter *adv* 1) nën të, nën këtë; 2) në lidhje me këtë (*çështje etj.*).
h'ierzu *adv* këtu, për këtë, lidhur me këtë; **hierzu möchte ich bemerken, daß ...** lidhur me këtë dëshiroj të theksoj se ...
h'ierzulande *adv* këtu, te ne.
h'iesig *a* i këtushëm; **ein hiesiger Wein** një verë vendi.
hieß *sh* **heißen***.
H'ilfe *f* = 1) ndihmë; përkrahje, mbështetje; **ärztliche Hilfe** ndihmë mjekësore; **erste Hilfe** ndihmë e shpejtë; **materielle Hilfe** ndihmë materiale; **mit fremder Hilfe** me ndihmën e të tjerëve; **mit Hilfe einer Schnur** më anë të një kordoni; **jemanden um Hilfe bitten** i kërkoj ndihmë dikujt; **jemanden zu Hilfe rufen** thërras dikë në ndihmë; **Hilfe leisten** jap ndihmë; 2) *pl* **-n** ndihmës; shërbyes (*në një dyqan, familje etj.*).
H'ilfeleistung *f* =, **-en** ndihmë.
h'ilflos *a* 1) pa ndihmë, pa mbështetje, pa përkrahje; 2) që s'di nga t'ia mbajë, i hutuar.
H'ilflosigkeit *f* = 1) të qenët pa ndihmë, pa përkrahje etj.; 2) hutim.

h'ilfreich *a* i gatshëm për të ndihmuar, i gjindshëm.
h'ilfsbedürftig *a* që ka nevojë për ndihmë.
h'ilfsbereit *a* i gatshëm për të ndihmuar.
H'ilfsmittel *n* **-s, =** 1) mjet; 2) mjet ndihmës.
H'ilfszeitwort *n* **-(e)s, -wörter** *gram* folje ndihmëse.
hilft *sh* **helfen***.
H'imbeere *f* **=, -n** *bot* manaferrë e butë.
H'immel *m* **-s, =** qiell; **der Himmel bewölkt, bezieht sich** qielli vishet (me re); *fig* **Himmel und Hölle in Bewegung setzen** s'lë gur pa luajtur; *fig* **jemanden in den Himmel heben** ngre në qiell dikë; **er lügt das Blaue vom Himmel herunter** gënjen si dreqi; *fig* **zwischen Himmel und Erde schweben** jam në hava; **unter freiem Himmel** pa çati mbi kokë.
h'immelblau *a* bojëqiell, i kaltër, i rimtë.
H'immelfahrt *f* **=, -en** *fet* ngjitje në qiell.
H'immelfahrtskommando *n* **-s, =** *bis* mision vetëvrasës.
h'immelhoch *a* i lartë sa qielli, shumë i lartë.
h'immelschreiend *a* që kërkon hakmarrje, i shëmtuar (*krim*).
H'immelsgegend *f* **=, -en** *sh* **Himmelsrichtung.**
H'immelskörper *m* **-s, =** *astr* trup qiellor.
H'immelsrichtung *f* **=, -n** anë e horizontit (*veri, jug etj.*).
H'immelsstrich *m* **-(e)s, -e** : *poet* **unter jenem Himmelsstrich** në atë vend.
H'immelszelt *n* **-(e)s** *poet* kupë e qiellit.
h'immelweit *a* 1) shumë i largët; 2) shumë i madh; **ein himmelweiter Unterschied** një ndryshim si dita me natën.
h'immlisch *a* 1) qiellor; 2) *fig* hyjnor (*tingull, muzikë etj.*).
hin *adv* 1) aty, atje; te, nga, drejt; tutje; **geh hin!** ik tutje!; **bis zur Mauer hin** gjer te muri; **nach dieser Seite hin** nga kjo anë; **nach außen hin** nga jashtë; **nach oben hin** nga lart; **hin und zurück** poshtë e lart; **hin und her** tutje-tëhu; **hin und wieder** a) aty-këtu; b) herë pas here; 2) gjatë; në; nën; **an der Grenze hin** gjatë kufirit; **über das ganze Land hin verstreut** shpërndarë në të gjithë vendin; **leise vor sich hin lachen** qesh nën buzë; 3) : *bis* **spät in die Nacht hin** gjer natën vonë; **vom Morgen bis zum Abend** që nga mëngjesi gjer në mbrëmje; **noch ein paar Monate hin und ...** sa të kalojnë edhe disa muaj dhe ...; 4) : **auf ... hin** me; **auf jemandes Rat hin** me këshillën e dikujt; **auf Ihre Bitte hin ...** në përgjigje të lutjes suaj; **auf die Gefahr hin** duke rrezikuar (*diçka*), me rrezik se mos ...; **auf einen Verdacht hin** duke u nisur nga një dyshim; 5) : *shpr bis* **ganz hin sein** a) jam i dërrmuar fare; b) s'di se ç'të bëj nga gëzimi; c) **(in A)** bie keq në dashuri (*me dikë*); *prov* **hin ist hin** humbi, mbaroi.
hin = *parashtesë e ndashme foljore që lidhet shpesh me parashtesa të tjera dhe tregon lëvizje prej atij që flet:* **hinfahren.**
hin'ab = *parashtesë e ndashme foljore, që tregon lëvizje nga lart poshtë, prej atij që flet:* **hinabsteigen.**
hin'abgehen* *vi ndash* **(s)** ulem, zbres poshtë.
hin'absteigen* *vi ndash* **(s)** zbres (*nga mali në fushë etj.*).

hin'abstürzen *vi ndash* (s) bie (*në humnerë etj.*).

hin'an *adv* lart, përpjetë.

hin'auf *adv* lart, përpjetë; **hinauf und hinunter** poshtë e lart.

hin'auf = *parashtesë e ndashme foljore, që tregon lëvizje përpjetë, prej atij që flet:* **hinaufgehen.**

hin'aufarbeiten, sich *vrefl ndash* (**zu D**) ngrihem me punë (*në një post*).

hin'auffallen* *ndash* : *shpr bis* **die Treppe hinauffallen** ngrihem në pozitë pa e merituar.

hin'aufgehen* *vi ndash* (s) ngjitem; **wir werden zu Fuß hinaufgehen** do të ngjitemi më këmbë.

hin'aufschrauben *vt ndash* 1) ngre më lart duke rrotulluar vidhën; 2) *fig* ngre (*çmimet*).

hin'aufschwingen*, sich *vrefl ndash* 1) hidhet përpjetë (*kali etj.*); 2) ngjitet lart (*zogu etj.*).

hin'aus *adv* (*nga brenda*) jashtë; **darüber hinaus** përveç kësaj, për më tepër; **zum Fenster hinaus** nga dritarja; **darüber bin ich hinaus** këtë e kam kaluar; **hinaus mit Ihnen!** dilni jashtë!

hin'aus = *parashtesë e ndashme foljore, që tregon lëvizje nga brenda jashtë:* **hinausgehen.**

hin'ausbegleiten *vt ndash* përcjell jashtë.

hin'ausekeln *vt ndash bis* (*me sjellje të keqe etj.*) detyroj të dalë jashtë (*dikë nga një mbledhje etj.*).

hin'ausfliegen* *vi ndash* (s) 1) del fluturim (*zogu nga dritarja etj.*); 2) iki fluturim; 3) *bis* iki (*nga një ndërmarrje pas një vjedhjeje etj.*).

hin'ausgehen* *vi ndash* (s) 1) dal jashtë; 2) : **diese Tür geht in den Garten hinaus** kjo derë del në kopsht; 3) (**über A**) kaloj (*diçka, dikë*).

hin'auskommen* *vi ndash* (s) 1) dal jashtë (*qytetit etj.*); 2) (**über A**) kaloj përtej; 3) : *shpr* **es kommt auf eins hinaus** del po aty.

hin'auslaufen* *vi ndash* (s) 1) dal me vrap; 2) (**auf A**) synoj (*diçka*); **der Plan läuft darauf hinaus, ein Haus zu bauen** plani parashikon ndërtimin e një shtëpie; **es läuft auf eins hinaus** është e njëjta gjë.

hin'ausschaffen *vt ndash* nxjerr jashtë (*qilimat për t'i shkundur etj.*).

hin'auswachsen* *vi ndash* (s) (**über A**) rritem, bëhem më i madh (*se diçka*); **über jemanden hinauswachsen** ia kaloj dikujt.

hin'auswerfen* *vt ndash* hedh jashtë.

hin'auswollen* *vi ndash* 1) dua të dal; *fig* **ich weiß, worauf du hinauswillst** e di ku do të dalësh; 2) : **er will hoch hinaus** ai e vret lart.

hin'ausziehen* *ndash* 1. *vi* (s) 1) nisem (*për në qytet etj.*); 2) shpërngulem; 2. *vt* 1) zgjas, çoj gjatë (*bisedimet etj.*); 2) shtyj, lë për më vonë (*një vendim etj.*); 3. *vrefl* **sich hinausziehen** zgjatet, shkon gjatë.

hin'auszögern *vt ndash* shtyj, lë për më vonë (*udhëtimin etj.*).

h'inbekommen* *vt ndash* mbaroj (*një punë etj.*).

h'inbringen* *ndash vt* 1) shpie, çoj; 2) kaloj (*kohën*); **die Zeit mit Lesen hinbringen** kaloj kohën duke lexuar.

h'inderlich *a* : **das ist mir sehr hinderlich** kjo më pengon shumë.

h'indern *vt* (**an D**) pengoj (*dikë në diçka*).

H'indernis *n* **-ses, -se** 1) pengesë; vështirësi; **ein Hindernis überwinden** kapërcej një pengesë; 2) *sport* pengesë.

h'indeuten *vi ndash* (h) (**auf A**)

1) tregoj; 2) çek, sa e prek (*një çështje etj.*).

hind'urch *adv* (*vihet pas emrave të cilëve u përket*) 1) nëpër, përmes; **durch den Wald hindurch** nëpër pyll; 2) : **die ganze Nacht hindurch** gjithë natën e natës.

hind'urch = *parashtesë e ndashme foljore që tregon lëvizje përmes, nëpër diçka:* **hindurchgehen.**

hind'urchgehen* *vi ndash* (s) kaloj nëpër (*një pyll etj.*).

hin'ein *adv* 1) në, brenda në ...; 2) : **bis tief in die Nacht hinein** gjer natën vonë.

hin'ein = *parashtesë e ndashme foljore që tregon lëvizje nga jashtë brenda:* **hineinlegen.**

hin'einarbeiten, sich *vrefl ndash* (**in A**) 1) thellohem (*në një punë*); 2) mësohem (*me një punë*).

hin'einblicken *vi ndash* (**h**) shikoj brenda (*në një dhomë etj.*).

hin'eindenken*, **sich** *vrefl* : **sich in jemandes Lage hineindenken** marr me mend gjendjen e dikujt.

hin'eindrängen *ndash* 1. *vt* rras brenda; 2. *vrefl* **sich hineindrängen** rrasem, futem brenda.

hin'eindürfen* *vi ndash* (**h**) *bis* (**in A**) mund të hyj (*në një dhomë etj.*).

hin'einfallen* *vi ndash* (**s**) 1) bie (*në ujë etj.*); 2) *fig bis* bie brenda.

hin'einfinden*, **sich** *vrefl ndash* : **sich in eine Sache hineinfinden** mësohem me një punë.

hin'einfliegen* *ndash* 1. *vt* (**in A**) transportoj (*me avion në një vend*); 2. *vi* (**s**) 1) (**in A**) shkon fluturim (*në çerdhe zogu etj.*); 2) dështoj (*në një punë etj.*).

hin'einfressen*, **sich** *vrefl ndash* (**in A**) ha, bren (*ndryshku hekurin etj.*).

hin'eingehen* *vi ndash* hyj brenda; **tief in den Wald hineingehen** futem thellë në pyll.

hin'einknien, sich *vrefl ndash* (**in A**) i përvishem (*punës etj.*).

hin'einlassen* *vt ndash* lë të hyjë brenda; **laß mich hinein!** lërmë të hyj!

hin'einlegen *vt ndash* 1) vë, fus, shtie brenda; 2) *bis* mashtroj, ia hedh.

hin'einlesen*, **sich** *vrefl ndash* (**in A**) i hyj dalngadalë (*një libri etj.*).

hin'einmischen, sich *vrefl ndash* përzihem (*në një punë etj.*).

hin'einpassen *ndash* 1. *vi* (**s**) 1) hyn (*çelësi etj.*); 2) i përshtatem (*një shoqërie etj.*); 2. *vt* (**in A**) ia përshtas (*diçka diçkaje*).

hin'einreden *ndash* 1. *vi* (**h**) (**in A**) përzihem, ndërhyj (*në një bisedë etj.*); 2. *vrefl* : **sich in Wut hineinreden** më hipën inati duke folur.

hin'einriechen* *vi ndash* (**h**) *bis* (**in A**) nuhas (*gjendjen etj.*).

hin'einschauen *vi ndash* (**h**) (**in A**) shikoj brenda (*në dhomë etj.*); 2) (**bei D**) dukem (*te dikush*).

hin'einschmuggeln *vt ndash* fus kontrabandë.

hin'einspringen *vi ndash* kërcej, hipi me një cëreim (*në autobus etj.*).

hin'einstoßen* *vt ndash* shtyj brenda (*në dhomë etj.*).

hin'eintun* *vt ndash* vë, fus, shtie brenda (*një send etj.*); **darf ich einen Blick hineintun?** a mund të hedh një sy?

hin'einversetzen, sich *vrefl ndash* (**in A**) vihem (*në vendin e dikujt*).

hin'einziehen* *ndash vt* tërheq brenda (*në dhomë etj.*).

hin'einzwängen *vt ndash* rras brenda (*një plaçkë në valixhe etj.*).

h'infahren* *ndash* 1. *vt* çoj; **kannst du mich hinfahren?** a mund të më çosh atje (*me makinë*)?; 2. *vi* (**s**) nisem; **wir wollen mit dem Auto hinfahren** do të nisemi (atje) me makinë; *fig* **fahr hin!** nisu!

H'infahrt *f* =, **-en** rrugë, udhëtim (*në një vend të caktuar*); **Hinfahrt und Rückfahrt** vajtje-ardhje.

h'infallen* *vi ndash* **(s)** bie, rrëzohem.

h'infällig *a* 1) i dobët, i pafuqishëm (*plak*); 2) : **hinfällig werden** shfuqizohet, anulohet (*një marrëveshje etj.*).

h'infliegen* *ndash* 1. *vi* **(s)** 1) fluturoj (*në një vend*); 2) *bis* rrëzohem; 2. *vt* transportoj (*me avion etj. në një vend*).

hinf'ort *adv* këtej e tutje; në të ardhmen.

h'inführen *ndash* 1. *vt* shpie, çoj (*në një vend*); 2. *vi* (*të*) shpie (*rruga*); *fig* **wo soll das hinführen?** ku të shpie kjo?

hing *sh* **hängen***.

H'ingabe *f* = 1) vetëmohim; **einen Kranken mit Hingabe pflegen** kujdesem me vetëmohim për një të sëmurë; 2) pasion; **mit Hingabe Klavier spielen** i bie pianos me pasion.

H'ingang *m* **-(e)s** vdekje.

h'ingeben* *ndash* 1. *vt* jap, dhuroj, flijoj (*jetën etj.*); 2. *vrefl* **sich hingeben** i kushtohem (*një pune etj.*); **darüber gebe ich mich keinen Illusionen hin** për këtë s'kam asnjë iluzion.

H'ingebung *f* = *sh* **Hingabe.**

h'ingegen *conj* kurse; **er hingegen blieb ganz kalt** kurse ai nuk u tund fare.

h'ingehen* *vi ndash* **(s)** 1) shkoj; **wo gehst du hin?** ku po shkon?; 2) kalon (*koha etj.*); *fig* **diese Lüge darf man ihm nicht so hingehen lassen** këtë gënjeshtër nuk duhet t'ia lëmë të kalojë; 3) : *fig* **über etwas hingehen** përmend diçka shkarazi.

h'ingehören *vi ndash* **(h)** e kam vendin; **das Buch gehört dort hin** libri e ka vendin aty; **leg es dahin, wohin es gehört** vëre në vendin e vet.

h'ingeraten* *vi ndash* **(s)** ndodhem; **wo sind wir denn hingeraten?** ku ndodhemi këtu?; ku u futëm kështu?

h'ingerissen *a* i rrëmbyer, i entuziazmuar.

h'inhalten* *vt ndash* 1) i zgjas (*dikujt diçka*); **jemandem die Hand hinhalten** i zgjas dorën dikujt; **seinen Kopf für etwas hinhalten** jap kokën për diçka; 2) lë të presë, mbaj me fjalë, me premtime etj.

h'inken *vi* 1) **(h)** çaloj; *fig* **die Sache hinkt** puna çalon; 2) **(s)** eci, shkoj duke çaluar.

h'inkommen* *vi ndash* **(s)** arrij (*në një vend*); **als ich hinkam, war er schon fort** kur shkova unë, ai kishte ikur.

h'inlänglich *adv* mjaft; **das ist mir hinlänglich bekannt** këtë e di mjaft mirë.

h'inlegen *ndash* 1. *vt* 1) vë, vendos (*në një vend*); 2) vë të flejë (*fëmijën etj.*); 3) heq nga dora (*thikën etj.*); 4) *bis* luaj (*një rol në teatër*); 2. *vrefl* **sich hinlegen** bie, shtrihem; *usht* **hinlegen!** barkas!

h'innehmen* *vt ndash* pranoj, duroj; **wie kannst du das hinnehmen?** si mund ta durosh këtë?

h'innen *adv* : **von hinnen** që këtej.

h'inreichen *ndash* 1. *vt* jap, zgjas (*një copë bukë etj.*); 2. *vi* **(h)** arrin, mjafton (*rroga etj.*).

h'inreichend *a* i mjaftueshëm.

H'inreise *f* =, **-n** rrugë, udhëtim (*në një vend*) ; **Hin- und Herreise** vajtje e ardhje.

h'inreißen* *ndash* 1. *vt* rrëmbej, entuziazmoj (*me një fjalim etj.*); 2. *vrefl* **sich hinreißen lassen** rrëmbehem (*nga zemërimi etj.*).
h'inreißend *a* tërheqës.
h'inrichten *vt ndash* 1) ekzekutoj; **einen Verbrecher hinrichten** ekzekutoj një kriminel; 2) *bis* bëj gati (*plaçkat etj.*).
H'inrichtung *f* =, **-en** ekzekutim.
h'inschaffen *vt ndash* shpie, çoj (*në një vend*).
h'inscheiden* *vi ndash* (s) *poet* vdes; **der Hingeschiedene** i ndjeri.
h'inschlagen* *ndash vi* (s) 1) rrëzohem, bie (*në një vend*); 2) godas (*me grusht etj.*).
h'inschleppen *ndash* 1. *vt* tërheq zvarrë; 2. *vrefl* **sich hinschleppen** tërhiqem zvarrë.
h'inschmeißen* *vt ndash bis* flak tutje.
h'insein* *vi ndash* (s) *bis* 1) prishet; thyhet; 2) dërrmohem, rraskapitem; 3) ngordh; 4) rrëmbehem, entuziazmohem.
H'insicht *f* = anë; drejtim; mënyrë; **in finanzieller Hinsicht** nga ana financiare; **in dieser Hinsicht** në këtë drejtim; **in gewisser Hinsicht** në një farë mënyre.
h'insichtlich *präp* (G) në lidhje me ..., lidhur me ...
h'instellen *vt ndash* 1) vë (*në një vend*); 2) *fig* paraqes (*një fakt etj.*); **er hat die Sache so hingestellt, als habe er alles allein getan** e paraqiti punën sikur t'i paskësh bërë të gjitha vetë.
h'instrecken 1. *vt* 1) shtrij (*dorën etj.*); 2) *poet* vras, shtrij përdhe; 2. *vrefl* **sich hinstrecken** shtrihem.
h'inten *adv* pas, prapa; **nach hinten** mbrapsht; **von hinten** nga prapa; **hinten bleiben** mbetem prapa; **jemanden von hinten überfallen** sulmoj dikë prapa krahëve; **ganz hinten im Korridor** në fund të korridorit.
h'intendrein *sh* **hinterdrein.**
h'intenherum *adv* 1) nga prapa; 2) tinëz, fshehurazi.
h'intenüber *adv* nga prapa.
h'inter 1. *präp* (**D** *për qëndrim në vend dhe* **A** *për lëvizje drejt një vendi*) pas, prapa; **jemanden hinter sich lassen** lë dikë prapa; **einer hinter dem anderen** njëri pas tjetrit; **hinter einem Verbrecher her sein** ndjek një kriminel; 2. *a* i pasmë; **die hinteren Reihen** rreshtat e fundit; **das hintere Zimmer** dhoma në fund (*të korridorit etj.*).
H'interbein *n* **-(e)s, -e** këmbë e pasme; **sich auf die Hinterbeine stellen** a) ngrihet përpjetë (*kali*); b) *fig* tregoj dhëmbët.
Hinterbl'iebene *m, f* **-n, -n** të afërmit e një të vdekuri.
hinterbr'ingen* kallëzoj, tregoj; **jemandem etwas hinterbringen** i kallëzoj dikujt diçka.
hinterdr'ein *adv* prapa, pas.
hinterein'ander *adv* njëri pas tjetrit; **dreizehn Tage hintereinander** trembëdhjetë ditë rresht.
H'intergedanke *m* **-ns, -n** prapamendim.
hinterg'ehen* *vt* gënjej, mashtroj.
H'intergrund *m* **-(e)s -gründe** plan i dytë, sfond; **der Roman hat einen historischen Hintergrund** romani ka një sfond historik; *fig* **etwas im Hintergrund haben** kam një qëllim të fshehtë.
H'interhalt *m* **-(e)s, -e** pusi, pritë, kurth, grackë.
h'interhältig *a* i pabesë; tinëzar.
H'interhand *f* = i dytë (*në lojë me letra etj.*).
hinterh'er *adv* më pas, pastaj.

hinterh'erlaufen* *vi ndash* (s) rend pas (*dikujt*); ndjek (*dikë*).
H'interhof *m* **-(e)s, -höfe** oborr pas shtëpisë.
H'interkopf *m* **-(e)s, -köpfe** *anat* zverk; **auf den Hinterkopf stürzen** bie në zverk.
H'interland *n* **-(e)s, -e** *dhe* **-länder** 1) *usht* prapavijë; 2) hinterland.
hinterl'assen* *vt* 1) lë (*trashëgim, porosi etj.*); **er hat bei seinem Weggang ein großes Durcheinander hinterlassen** ai la një rrëmujë të madhe kur u nis; **hinterlassene Werke** vepra të botuara pas vdekjes së autorit.
Hinterl'assenschaft *f* = trashëgim.
hinterl'egen *vt* 1) depozitoj (*të holla, gjëra me vlerë etj.*); 2) lë peng.
H'interlegung *f* = 1) depozitim; 2) lënie peng.
H'interlist *f* = pabesi; dinakëri.
h'interlistig *a* i pabesë; dinak.
H'intermann *m* **-(e)s, -männer** 1) ai që rri pas dikujt; 2) *fig* nxitës i fshehtë (*i një krimi etj.*).
H'intermannschaft *f* **=, -en** *sport* mbrojtje (*e skuadrës*).
H'intern *m* **-s, =** prapanicë.
h'interrücks *adv* prapa krahëve; pabesisht; **jemanden hinterrücks überfallen** sulmoj me të pabesë dikë.
H'interteil *n* **-s, =** *bis* parapanicë.
H'intertreffen *n* : *shpr* **ins Hintertreffen geraten** ka mbetur prapa (*bujqësia etj.*).
hintertr'eiben* *vt* bëj të dështojë, prish (*një plan etj.*).
H'intertreppe *f* **=, -n** shkallë e pasme.
H'intertür *f* **=, -en** derë e pasme.
hinterz'iehen* *vt* nuk paguaj (*taksën etj.*).
Hinterz'iehung *f* **=, -en** mospagim (*i taksës etj.*).
h'intun* *vt ndash bis* vë (*në një vend*); **wo soll ich die Gläser hintun?** ku t'i vë gotat?
hin'über = *parashtesë e ndashme foljore që tregon lëvizje prej atij që flet:* **hinübergehen.**
hin'überfahren* *ndash* 1. *vt* çoj, shpie matanë (*me makinë etj.*); 2. *vi* (s) kaloj matanë (*me makinë etj.*).
hin'übergehen* *vi ndash* (s) 1) shkoj matanë; **über eine Straße hinübergehen** pres një rrugë; 2) *fig* vdes.
hin'überziehen* *vt ndash* tërheq matanë; **sie haben viele von uns zu sich hinübergezogen** ata kanë tërhequr shumë prej nesh në anën e tyre.
hin'unter *adv* poshtë, teposhtë, tatëpjetë.
hin'unter = *parashtesë e ndashme foljore që tregon lëvizje nga lart poshtë prej atij që flet:* **hinuntergehen.**
hin'untergehen* *vi ndash* (s) zbres poshtë; **die Treppe hinuntergehen** zbres shkallët.
hin'unterschlucken *vt ndash* gëlltis (*edhe fig*).
hin'unterstürzen *ndash* 1. *vt* rrëzoj; 2. *vi* (s) rrëzohem, bie.
hin'unterwerfen* *vt ndash* hedh poshtë, përdhe, në tokë.
hinw'eg *adv* tutje, tej.
hinw'eg = *parashtesë e ndashme foljore që tregon lëvizje tutje prej atij që flet:* **hinwegfegen.**
H'inweg *m* **-(e)s, -e** rrugë drejt një vendi të caktuar.
hinw'egfegen *vt ndash* fshij, flak tutje.
hinw'eggehen* *vi ndash* (s) *fig* **(über A)** kaloj në heshtje (*diçka*); lë pa përgjigje (*një pyetje etj.*).
hinw'egsehen* *vi ndash* (h) **(über**

A) shoh (*mbi kokat e njerëzve etj.*); 2) nuk përfill (*diçka*).

hinw'egsetzen, sich *vrefl ndash fig* **(über A)** nuk përfill (*diçka*); **er hat sich über die Vorschrift einfach hinweggesetzt** ai nuk e përfilli fare udhëzimin.

hinw'egtäuschen *vt ndash* **(über A)** gënjej (*për diçka*).

H'inweis *m* **-es, -e** udhëzim.

h'inweisen* *vi ndash* **(h) (auf A)** 1) tregoj; 2) *fig* theksoj (*një mendim etj.*).

h'inwerfen* *vt ndash* 1) hedh (*në një vend*); 2) (*më*) bie, (*më*) shpëton (*pjata etj.*).

h'inziehen* *ndash* 1. *vt* 1) tërheq tutje; 2) *fig* zgjas, vonoj; 2. *vrefl* **sich hinziehen** 1) shtrihet; **das Feld zieht sich bis zum Wald hin** fusha shtrihet gjer te pylli; 2) zgjat; **der Prozeß hat sich wochenlang hingezogen** gjyqi ka zgjatur me javë.

h'inzielen *vi ndash* **(auf A)** i drejtohet (*diçkaje*); ka të bëjë (*me diçka*).

hinz'u *adv* për më tepër, veç kësaj.

hinz'u = *parashtesë e ndashme foljore që tregon:* 1) *shtim:* **hinzulegen;** 2) *lëvizje në drejtim të diçkaje:* **hinzutreten.**

hinz'udenken* *vt ndash* shtoj me mend.

hinz'ufügen *vt ndash* shtoj (*një mendim, vërejtje etj.*).

hinz'ukommen* *vi ndash* **(s)** 1) bëhem me (*një turmë etj.*); 2) duhet shtuar, duhet përmendur (*edhe një fakt etj.*).

hinz'ulegen *vt ndash* i bashkëngjis (*një shënim një letre etj.*).

hinz'urechnen *vt* llogaris edhe, përfshij (*në një listë etj.*).

hinz'utun* *vt ndash bis* shtoj (*diçka*).

hinz'uziehen* *vt ndash* pyes, këshillohem me (*mjekun etj.*).

Hirn *n* **-(e)s, -e** *anat* tru; **sich sein Hirn zermartern** lodh trurin; vras mendjen; **er hat kein Hirn** ai s'ka tru.

H'irngespinst *n* **-(e)s, -e** pjellë e fantazisë, iluzion.

H'irnhaut *f* = *anat* cipë e trurit.

H'irnschale *f* **=, -n** *anat* kafkë.

H'irnschlag *m* **-(e)s** *mjek* pikë, damlla.

h'irnverbrannt *a* i marrë, i çmendur, i krisur; **eine hirnverbrannte Idee** një mendim i krisur.

Hirsch *m* **-s, -e** *zool* dre.

H'irschfänger *m* **-s, =** thikë gjahtarësh.

H'irschkuh *f* **=, -kühe** *zool* drenushë, sutë.

H'irse *f* = *bot* mel.

Hirt *m* **-en, -en** bari; *prov* **wie der Hirt, so die Herde** bëmë, o nënë, të të ngjaj.

H'irtenflöte *f* **=, -n** fyell i bariut.

h'issen *vt* 1) ngre (*flamurin*); 2) shpalos (*velat*).

Hist'oriker *m* **-s, =** historian.

hist'orisch *a* historik.

Hit *m* **-(s), -s** këngë etj. që ka sukses.

H'itze *f* = 1) vapë; **vor Hitze** nga vapa; 2) *fig* afsh, zjarr; **in Hitze geraten** nxehem, zemërohem; **in der ersten Hitze** në vrullin e parë.

H'itzewelle *f* **=, -n** valë e nxehtë.

h'itzig *a* gjaknxehtë; **er wird leicht hitzig** ai merr flakë shpejt; **hitziger Streit** grindje, diskutim i ashpër.

H'itzkopf *m* **-(e)s, -köpfe** njeri i rrëmbyer, gjaknxehtë.

H'itzschlag *m* **-(e)s, -schläge** *mjek* termoplegji, goditje nga nxehtësia.

hl = **H'ektoliter.**

hob *sh* **heben*.**

Hobby [*h'obi*] *n* **-s, -s** hobi (*punë për qejf në kohë të lirë*).

H'obel *m* **-s, =** zdrukth.

H'obelbank *f* **=, -bänke** bankë marangozi.

h'obeln *vt* zdrukthoj.

H'obelspan *m* **-(e)s, -späne** tallash; *prov* **wo gehobelt wird, fallen Späne** kush ha bukë, bën thërrime.

hoch 1. *a* (*comp* **höher**, *superl* **höchst**) 1) i lartë; **vier Meter hoch** katër metra i lartë; **vier hoch zwei** katër në kub; 2) i lartë, i fortë, i madh; **hohes Fieber** ethe të forta; **eine hohe Summe** shumë e madhe; **eine hohe Ehre** nder i madh; **eine hohe Strafe** dënim i rëndë; 3) i rëndësishëm; **ein hoher Auftrag** një detyrë me rëndësi; 4) : **die hohe Schule** shkolla e lartë; **hohes Alter** moshë e madhe, e shtyrë; **ein Mensch von hoher Bildung** njeri i ngritur; **eine hohe Stimme** zë i hollë; **der hohe Sommer** mesi i verës; **die hohe See** deti i hapur; **die See ist hoch** deti është me dallgë; **es ist hohe Zeit** është tamam koha; **es ist hoch am Tage** ka kaluar mesdita; **er ist hoher Siebziger** ai i ka kaluar të shtatëdhjetat; **das ist mir zu hoch** këtë nuk arrij ta kuptoj; **hoch und niedrig** i madh e i vogël; *shpr* **hoch und heilig versprechen** bëj be e rrufe; *bis* **vier Mann hoch** vetë i katërt; 2. *adv* lart; **jemanden hoch stellen** a) ngre lart dikë; b) çmoj shumë dikë; **etwas hoch anrechnen** vlerësoj shumë diçka; **hoch hinauswollen** e vras lart; **zu hoch greifen** kërkoj shumë; **sehr hoch zu stehen kommen** kushton shumë shtrenjtë; **wenn es hoch kommt** shumë-shumë; **dort ging es hoch her** atje bëhej festë e madhe; **hoch zu Ross** a) kaluar, majë kalit; b) *fig* me kryelartësi, me mendjemadhësi.

Hoch *n* **-s, -s** 1) brohoritje; 2) dolli; **jemandem ein Hoch bringen** ngre dollinë për dikë; 3) *fiz* presion i lartë (*i ajrit*).

h'ochachten *vt ndash* çmoj shumë.

H'ochachtung *f* = nderim i thellë.

h'ochachtungsvoll *a* me nderime ... (*në fund të një letre*).

h'ocharbeiten, sich *vrefl ndash* ngrihem në pozitë me punë.

H'ochbahn *f* **=, -en** tramvaj mbi rrugë.

H'ochbau *m* **-(e)s, -ten** ndërtesë shumëkatëshe.

h'ochbegabt *a* shumë i talentuar.

h'ochbetagt *a* shumë plak.

H'ochbetrieb *m* **-(e)s** veprimtari e gjallë, gjallëri.

H'ochburg *f* **=, -en** 1) kështjellë, qytezë; 2) *fig* qendër e një veprimtarie.

h'ochdeutsch *a* i gjuhës letrare gjerman; **hochdeutsche Aussprache** shqiptim letrar gjerman; **hochdeutsch sprechen** flas gjermanishten letrare.

Hochdeutsch *n* **-en** 1) gjermanishte e epërme; 2) gjermanishte letrare.

H'ochdruck *m* **-(e)s** 1) presion i lartë (*i ajrit etj.*); 2) *poligr* shtyp i lartë; 3) : *fig bis* **etwas mit Hochdruck betreiben** bëj diçka me nxitim të madh.

H'ochebene *f* **=, -en** *gjeogr* rrafshnaltë.

h'ocherfreut *a* shumë i gëzuar.

h'ochfahrend *a* 1) mendjemadh; krenar; 2) gjaknxehtë.

h'ochfein *a* i cilësisë më të lartë (*asortiment*).

H'ochflut *f* = 1) baticë; 2) *fig* mori.

H'ochgebirge *n* **-s, =** bjeshkë.

h'ochgeehrt *a* fort i nderuar.

h'ochgehen* *vi ndash* (s) *bis* 1) ngrihet lart (*balona*); 2) shpërthen (*mina etj.*); 3) *fig* hidhem përpjetë, zemërohem; 4) kapet, zbulohet (*një bandë nga policia etj.*).
h'ochgelegen *a* i lartë, malor (*vend*).
H'ochgenuß *m* **-sses, -nüsse** kënaqësi, ëndje e madhe.
h'ochgeschossen *a* shtatgjatë.
h'ochgesinnt *a* fisnik (*veprim etj.*).
h'ochgespannt *a* shumë i tensionuar.
h'ochgestellt *a* 1) që qëndron lart; 2) i lartë (*personalitet*).
h'ochgewachsen *a* shtatgjatë.
h'ochgradig *a* i madh, i fortë, i veçantë (*zemërim etj.*).
h'ochhalten* *vt ndash* 1) mbaj lart; 2) *fig* mbaj me nder.
H'ochhaus *n* **-(e)s, -häuser** ndërtesë shumëkatëshe.
h'ochheben* *vt ndash* ngre lart.
h'ochherzig *a* zemërgjerë, shpirtmadh; fisnik.
h'ochkant *adv* në brinjë; **etwas hochkant stellen** vë diçka në brinjë.
h'ochkommen* *vi ndash* (s) *bis* ngrihem lart (*në pozitë*).
H'ochland *n* **-(e)s, -länder** *dhe* **-e** *gjeogr* rrafshnaltë; malësi.
h'ochleben *vi* : **jemanden hochleben lassen** i uroj jetë të gjatë dikujt; **er lebe hoch!** rroftë!
H'ochmut *m* **-s** mendjemadhësi.
h'ochmütig *a* mendjemadh.
h'ochnäsig *a* hundëpërpjetë.
h'ochnehmen* *vt ndash bis* tall.
H'ochofen *m* **-s, -öfen** furrnaltë.
h'ochrot *a* flakë i kuq; **sein Gesicht war hochrot** u bë flakë i kuq në fytyrë.
h'ochschätzen *vt ndash* çmoj shumë; **ich schätze ihn sehr hoch** e çmoj atë shumë.
h'ochschrauben *vt ndash* ngre (*çmimet*).
H'ochschule *f* **=, -n** shkollë e lartë.
H'ochsee *f* **=** det i hapur.
H'ochsommer *m* **-s, =** mesi i verës, pisk i vapës.
H'ochspannung *f* **=, -en** 1) *el* tension i lartë; 2) : *fig* **wochenlang in Hochspannung leben** rroj në tension të madh me javë të tëra.
h'ochspielen *vt ndash* fryj (*një ngjarje etj.*).
H'ochsprache *f* **=, -n** gjuhë letrare.
H'ochsprung *m* **-s** *sport* kërcim së larti.
höchst (*superl i* **hoch**) 1. *a* 1) më i lartë (*dru, çmim etj.*); **der höchste Berg** mali më i lartë; 2) më i madh; **die höchste Not** shtrëngesë shumë e madhe; **von höchster Wichtigkeit** shumë i rëndësishëm; 2. *adv* fort, shumë; **Ihr Vorschlag war mir höchst willkommen** propozimin tuaj e mirëprita.
H'ochstapel'ei *f* **=, -en** mashtrim.
H'ochstapler *m* **-s, =** mashtrues.
h'ochstehend *a* i lartë; i rangut të lartë; i nivelit të lartë.
h'öchstens *adv* shumë-shumë, të shumtën; **höchstens zehn Minuten** shumë-shumë dhjetë minuta; **höchstens wenn ...** veç në qoftë se ...
H'öchstgeschwindigkeit *f* **=, -en** shpejtësi maksimale (*e lejuar*).
H'ochstimmung *f* **=** : **in Hochstimmung sein** jam shumë në qejf.
H'öchstleistung *f* **=, -en** rendiment më i lartë.
H'öchstmaß *n* **-es, -e** masë më e lartë (*e dënimit etj.*).
H'ochtal *n* **-(e)s, -täler** *gjeogr* luginë malore.
h'ochtrabend *a* pompoz (*stil etj.*).
h'ochverehrt *a* fort i nderuar.
H'ochverrat *m* **-(e)s** tradhti e lartë.

H'ochverräter *m* **-s, =** tradhtar i lartë.
H'ochwasser *n* **-s, =** 1) baticë; 2) vërshim (*i lumit*); 3) përmbytje.
h'ochwertig *a* shumë i çmuar.
H'ochwild *n* **-(e)s** gjah i madh (*kaproll, dre, ari, ujk etj.*).
H'ochzeit *f* **=, -en** dasmë; **Hochzeit feiern** bëj dasmë.
h'ocken 1. *vi* (h) 1) rri galiç, në bisht; 2) *fig* rri kot; **zu Hause hocken** rri në shtëpi; 2. *vrefl* **sich hocken** rri galiç.
H'ocker *m* **-s, =** stol, fron.
H'öcker *m* **-s, =** gungë (*e kurrizit etj.*).
h'öckerig *a* gunga-gunga.
Hockey [*h'oki*] *n* **-s** *sport* hokej.
H'oden *m* **-s, =** *anat* herdhe.
Hof *m* **-(e)s, Höfe** 1) oborr; **auf dem Hof spielen** loz në oborr; 2) fermë; 3) oborr (*mbretëror*); 4) : *shpr* **einem Mädchen den Hof machen** i vij rrotull një vajze.
H'offart *f* **=** mendjemadhësi; krenari.
h'offärtig *a* mendjemadh; shumë kryelartë.
h'offen *vi* (h) (**auf** A) shpresoj (*te dikush, për diçka*); **es steht zu hoffen, daß ...** është për t'u shpresuar se ...; **alles Hoffen war vergebens** çdo shpresë ishte e kotë.
H'offnung *f* **=, -en** shpresë; **es besteht keine Hoffnung mehr, daß ...** s'kam më shpresë që ...; **die Hoffnung hegen, daß ...** më mban shpresa se ...; **machen Sie sich keine Hoffnungen!** mos shpresoni!; **jemandem jede Hoffnung nehmen** ia pres çdo shpresë dikujt; **in der Hoffnung, daß ...** me shpresë se ...; **guter Hoffnung sein** është me barrë (*gruaja*).
h'offnungslos *a* i dëshpëruar, i pashpresë; **der Zustand des Kranken ist hoffnungslos** gjendja e të sëmurit është e dëshpëruar.
H'offnungslosigkeit *f* **=** dëshpërim; gjendje pa shpresë.
h'offnungsvoll *a* plot shpresë.
H'ofhund *m* **-(e)s -e** qen oborri (*në fshat*).
hof'ieren *vt* i vij rrotull (*një femre*).
H'ofleute *pl* oborrtarë.
h'öflich 1. *a* i sjellshëm; 2. *adv* me mirësjellje.
H'öflichkeit *f* **=** 1) mirësjellje; 2) *pl* **-en** fjalë të mira, katikule.
H'öfling *m* **-(e)s, -e** oborrtar.
H'ofnarr *m* **-en, -en** hokatar i oborrit.
H'öhe *f* **=, -en** 1) lartësi; kodër; *gjeogr* **auf gleicher Höhe** në lartësi të barabartë; 2) lartësi; nivel; *muz* **die Höhe des Tones** lartësia e tonit; **die Höhe der Preise** niveli i çmimeve; **sich in die Höhe recken** zgjatem; **in die Höhe fahren** hidhem përpjetë; **jemanden in die Höhe bringen** a) ngre lart dikë; b) zemëroj dikë; **auf die erforderliche Höhe bringen** ngre në nivelin e duhur; **in die Höhe kommen** çaj përpara (*në jetë*); **auf der Höhe sein** a) jam shëndoshë, e ndiej veten mirë; b) jam në lartësinë e duhur; **nicht ganz auf der Höhe sein** nuk jam në lartësinë e duhur; **nicht ganz auf der Höhe der Zeit stehen** nuk eci me kohën; 3) majë, kulm; **das ist aber die Höhe!** ky është kulmi!; **auf der Höhe des Ruhmes** në kulmin e lavdisë; **auf der Höhe des Lebens** në lulen e jetës.
H'oheit *f* **=, -en** 1) madhëri (*titull*); 2) *vetëm sing* hije e rëndë, madhështi; 3) *vetëm sing* sovranitet (*i një shteti*).
H'oheitsgebiet *n* **-(e)s, -e** zonë e sovranitetit (*të një shteti*).

H'öhenflug *m* -(e)s, -flüge fluturim i lartë.
H'öhensonne *f* =, -n *mjek* 1) llambë kuarci (*për rrezatim*); 2) rreze kuarci.
H'öhenzug *m* -(e)s, -züge *gjeogr* 1) vargmal; 2) varg kodrash.
H'öhepunkt *m* -(e)s, -e kulm, pikë kulmore, apogje.
h'öher (*comp i* **hoch**) *a* më i lartë.
hohl *a* 1) i zgavërt (*dru, dhëmb etj.*); 2) fyçkë (*arrë etj.*); 3) i rrufitur (*faqe etj.*); 4): **hohler Kopf** kokëbosh (*njeri*).
H'öhle *f* =, -n 1) shpellë; 2) strofkë; 3) zgavër; vrimë.
h'öhlen *vt* zgavroj, zgafulloj (*një dru etj.*).
H'ohlheit *f* = zbrazësi (*e fjalëve etj.*).
H'ohlmaß *n* -es, -e masë nxënësie (*litër etj.*).
H'ohlraum *m* -(e)s, -räume hapësirë e zbrazët.
H'öhlung *f* =, -en 1) zgavër; 2) golle.
H'ohlweg *m* -(e)s, -e rrugë në grykë të malit.
Hohn *m* -(e)s tallje, qesëndi, shpoti; **bitterer Hohn** tallje e hidhur.
h'öhnen 1. *vt* tall (*dikë*); 2. *vi* (h) tallet.
h'öhnisch *a* tallës.
h'ohnlachen *vi* (h) *ndash* (D) përqesh (*dikë*).
H'öker *m* -s, = *krahin* tregtar me tezgë.
H'okuspokus *m* = 1) magji; 2) *fig* mashtrim.
hold *a vjet* 1) i këndshëm, i lezetshëm; 2) (D) dashamirë, mirëdashës (*ndaj dikujt*); **sie ist mir hold** ajo më do.
h'oldselig *a* magjepsës, i magjishëm, i mrekullueshëm.
h'olen *vt* sjell, bie; marr; **holen lassen** dërgoj të marrë; **den Arzt holen** marr mjekun; **Atem holen** marr frymë; **sich bei jemandem Rat holen** marr mendjen e dikujt; **bitte, hol den Vater ans Telephon** thirre babanë në telefon, të lutem.
H'olländer *m* -s, = holandez.
h'olländisch *a* holandez.
H'ölle *f* =, -n ferr, skëterrë; *shpr* **jemandem die Hölle heiß machen** ia marr shpirtin dikujt.
H'öllenangst *f* = *bis* ankth, frikë e madhe.
H'öllenlärm *m* -s *bis* zhurmë e madhe.
h'öllisch 1. *a* 1) i skëterrës, i skëterrshëm; 2) *fig* shumë i madh; 2. *adv bis* shumë, fort.
Holm *m* -(e)s, -e ishull i vogël në lumë.
h'olp(e)rig *a* gropa-gropa (*rrugë*).
h'olterdiep'olter *adv bis* me rrëmujë e me potere.
Hol'under *m* -s, = *bot* shtog.
Holz *n* -es, Hölzer dru; **aus Holz** prej druri; **Holz fällen** pres dru; **Holz häcken, spalten** çaj dru; *fig* **dasitzen wie ein Stück Holz** rri si hu gardhi.
H'olzarbeit *f* =, -en punim (prej) druri.
H'olzblock *m* -(e)s, -blöcke kërcu, cung.
h'olzen *vi* (h) 1) pres drurë; 2) *sport* loz rëndë; 3) *fig* punoj shkel e shko.
hölzern *a* 1) i drunjtë; 2) *fig* i ngathët (*njeri, stil etj.*).
H'olzfäller *m* -s, = druvar.
H'olzhacker *m* -s, = druvar.
H'olzhauer *m* -s, = druvar.
H'olzkohle *f* =, -n qymyr druri.
H'olzscheit *n* -(e)s, -e kërcu.
H'olzschnitt *m* -(e)s, -e gravurë në dru, ksilografi.

H'olzstoff *m* **-(e)s** celulozë.

H'olzstoß *m* **-es, -stöße** stivë drush.

H'olzweg *m* **-(e)s, -e** 1) rrugë për transportimin e drurit; 2) *fig* rrugë e gabuar; **auf dem Holzweg sein** jam gabim.

homog'en *a* homogjen, i njëllojtë.

Homöop'ath *m* **-en, -en** *mjek* homeopat.

Homöopath'ie *f* = *mjek* homeopati.

homöop'athisch *a* *mjek* homeopatik.

Homosexualit'ät *f* = homoseksualizëm.

h'omosexuell *a* homoseksual.

H'onig *m* **-s** mjaltë; *fig bis* **jemandem Honig ums Maul (um den Bart, Mund) schmieren** i kreh bishtin dikujt.

H'onigkuchen *m* **-s, =** kulaç me mjaltë.

H'onigscheibe *f* **=, -n** huall mjalti.

h'onigsüß *a* mjaltë i ëmbël.

Honneurs [*on'ërs*] : *shpr* **die Honneurs machen** i bëj nder (*mikut etj.*).

Honor'ar *n* **-s, -e** honorar.

Honorati'oren *pl* pari (*e qytetit etj.*).

honor'ieren *vt* shpërblej me honorar (*një vepër etj.*).

hon'orig *a* i nderuar (*njeri*).

H'opfen *m* **-s** *bot* luvër, kulth; *fig bis* **bei ihm ist Hopfen und Malz verloren** ai nuk ndreqet më.

h'oppeln *vi* **(s)** rend duke kërcyer (*lepuri etj.*).

h'opsen *vi* **(s)** *bis* 1) hidhet, kërcen (*fëmija*); 2) *fig* kërcej keq.

h'örbar *a* i dëgjueshëm, që dëgjohet; **kaum hörbar** që mezi dëgjohet.

h'orchen *vi* **(h)** përgjoj; **an der Tür horchen** përgjoj prapa derës.

H'orde *f* **=, -n** hordhi (*barbarësh etj.*).

h'ören 1. *vt* 1) dëgjoj (*një zë, zhurmë etj.*); **hör mal!** pa dëgjo!; **laß hören!** fol!; **er hört schwer** është i rëndë nga veshët; 2) dëgjoj, marr vesh; **er hat nichts mehr von sich hören lassen** ai s'është dëgjuar më; **man hört** thonë; 3): **das läßt sich hören** për këtë mund të flasim; 2. *vi* **(h) (auf A)** 1) dëgjoj, i bindem (*dikujt*); 2): **der Hund hört auf den Namen ...** qenin e thërrasin ...

H'örensagen *n*: *shpr* **vom Hörensagen** nga fjalët që thuhen, nga sa thonë.

H'örer I *m* **-s, =** 1) dëgjues (*i radios*); 2) dëgjues (*i një kursi etj.*).

H'örer II *m* **-s, =** 1) dorezë telefoni; 2) kufje (*radiotelegrafike*).

h'örig *a* i bindur, i nënshtruar.

H'örige *m, f* **-n, -n** *hist* bujkrob.

Horiz'ont *m* **-(e)s, -e** 1) *gjeogr* horizont; 2) *fig* horizont (*i gjerë, i ngushtë etj.*).

horizont'al *a* horizontal.

Horm'on *n* **-s, -e** *fiziol* hormon.

Horn *n* **-(e)s, Hörner** 1) *zool* bri; 2) *muz* bri; **ins Horn stoßen** i bie bririt.

Hornbläser *m* **-s** borizan.

h'örnern *a* i brirtë, prej briri.

H'ornhaut *f* **=, -häute** 1) *anat* korne, brisë (*e syrit*); 2) kallo.

h'ornig *a* i kallos, si kallo.

Horn'isse *f* **=, -n** *ent* grerëz.

H'ornochse *m* **-n, -n** *bis* budalla me brirë.

Horosk'op *n* **-(e)s, -e** horoskop.

H'ornvieh *n* **-(e)s** kafshë me brirë.

horr'end *a* 1) i frikshëm, i llahtarshëm; 2) i përbindshëm.

H'orror *m* **-s** tmerr.

H'örrohr *n* **-(e)s, -e** 1) *mjek* stetoskop; 2) *vjet* gyp dëgjimi.

H'örsaal *m* **-(e)s, -säle** auditor.

Horst *m* **-es, -e** 1) çerdhe (*e shqipes etj.*); 2) aerodrom ushtarak.

Hort *m* **-(e)s, -e** 1) thesar; 2) strehë; 3) mbrojtje; 4) mbrojtës.

h'orten *vt* grumbulloj (*ushqime etj.*).
Hort'ensie *f* =, **-n** *bot* luleborë.
H'örweite *f* = cak i dëgjimit.
H'ose *f* =, **-n** pantallona; **ein Paar Hosen** një palë pantallona; *fig bis* **das Herz fiel ihm in die Hosen** i shkoi zemra te thembra; *bis* **die Hosen voll haben** mbush brekët.
H'osenträger *pl* tiranta.
Hospit'ant *m* **-en, -en** dëgjues (*jo i rregullt*) i një kursi.
Hosp'iz *n* **-es, -e** strehë nate.
Hot'el *n* **-s, -s** hotel, bujtinë.
Hotelier [*hotël'ie*] *m* **-s, -e** bujtinar.
Hr. = *vjet* **Herr.**
hub *formë e vjetëruar e impf të* **heben***.
h'üben *adv* këtej; **hüben und drüben** andej e këtej, andej-këtej.
hübsch 1. *a* 1) i lezetshëm, i këndshëm (*fëmijë, vajzë etj.*); 2) *bis* i mirë; **ein hübsches Stück Weg** një copë rrugë e mirë; 3) *bis* i bukur; **das ist aber hübsch!** kjo qenka e bukur!; **das ist nicht hübsch von Ihnen** nuk është e hijshme nga ana juaj; 2. *adv* 1) bukur; **wie hübsch!** sa bukur!; **sich hübsch anziehen** vishem bukur; **hübsch aussehen** dukem mirë; 2) (*përdoret në gjuhë të folur edhe si përforcim dhe atëhere nuk përkthehet*) : **hübsch sauber** pastër; **hübsch ruhig** lehtëlehtë.
H'ubschrauber *m* **-s,** = helikopter.
H'ucke *f* =, **-n** 1) barrë e mbajtur në kurriz; 2) kurriz; *bis* **jemandem die Hucke voll hauen** ia bëj kurrizin më të butë se barkun dikujt.
h'uckepack *adv* në kurriz; **wir machen huckepack** do të të mbaj në kurriz.
h'udeln *vt, vi* (h) punoj shkel e shko.
Huf *m* **-(e)s, -e** thundër (*e kalit etj.*).
H'ufbeschlag *m* **-(e)s** mbathje (*e kalit etj.*).
H'ufeisen *n* **-s,** = potkua.
H'ufschlag *m* **-(e)s, -schläge** shkelm (*i kalit*).
H'ufschmied *m* **-(e)s, -e** nallban.
H'üfte *f* =, **-en** *anat* ijë, këllk; **sich in den Hüften wiegen** tundem (*duke ecur*).
H'ügel *m* **-s,** = 1) kodër; 2) *zool* fole (*urithi etj.*).
h'ügelig *a* kodrinor.
Huhn *n* **-(e)s, Hühner** *zool* pulë; **ein Huhn schlachten, rupfen** ther, rrjep një pulë; *fig bis* **mit den Hühnern zu Bette gehen** bie të fle me pulat.
H'ühnchen *n* **-s,** = zogë.
H'ühnerauge *n* **-s, -n** kallo; *fig bis* **jemandem auf die Hühneraugen treten** i shkel në kallo dikujt.
H'ühnerfarm *f* =, **-en** pulari.
H'ühnerfleisch *n* **-es** mish pule.
H'ühnerstall *m* **-(e)s, -ställe** kotec pulash.
Huld *f* = *vjet* 1) mirëdashje; 2) mirësi; **er gestattete in seiner Huld, daß ...** ai pati mirësinë të lejonte që ...
h'uldigen *vi* **(h) (D)** 1) nderoj; 2) përkrah (*një pikëpamje etj.*), 3) i shërbej (*artit etj.*); 4) i vij rrotull (*një vajze*); 5) *fig* jam i dhënë (*pas diçkaje*); **dem Spiel, dem Wein huldigen** jam i dhënë pas lojës, verës.
h'uldvoll *a* mirëdashës.
H'ülle *f* =, **-n** 1) veshje, mbështjellje; 2) cipë; 3) lëvore; 4) mbulesë; 5) zarf; 6) : *shpr* **in Hülle und in Fülle** me bollëk.
h'üllen 1. *vt* mbështjell (*diçka me letër etj.*); 2. *vrefl* mbështillem; *fig* **sich in Schweigen hüllen** hesht, s'hap gojë.
H'ülse *f* =, **-n** 1) gëzhojë; 2) këllëf;

3) mbështjellje; 4) lëvore; 5) *tek* rreth.

H'ülsenfrucht *f* =, **-früchte** *bot* bishtajore.

hum'an *a* njerëzor; **human sein** sillem si njeri.

humanit'är *a* humanitar.

Humanit'ät *f* = humanizëm, njerëzi.

H'umbug *m* **-s** *bis* mashtrim.

H'ummel *f* =, **-n** *ent* grerë; *fig bis* **eine wilde Hummel** vajzë shumë e gjallë; *fig vulg* **Hummeln unterm Hintern haben** s'më zë vendi vend, sikur kam krimba.

H'ummer *m* **-s**, = *zool* aragostë.

Hum'or *m* **-s** humor; **(keinen) Humor haben** (s') kam humor.

Humor'ist *m* **-en, -en** humorist.

humor'istisch *a* humoristik.

hum'orvoll *a* plot humor.

h'umpeln *vi* (s) çaloj, shqepoj.

H'umpen *m* **-s**, = kupë.

H'umus *m* = *bujq* humus.

Hund *m* **-(e)s, -e** 1) *zool* qen; *prov* **Hunde, die bellen, beißen nicht** qeni që leh, nuk ha; *fig* **da liegt der Hund begraben** këtu qëndron vështirësia; *fig bis* **jemanden auf den Hund bringen** shkatërroj, rrënoj dikë; *fig bis* **er ist mit allen Hunden gehetzt** është i rrahur me vaj e me uthull; **frieren wie ein (junger) Hund** dridhem si qen nga të ftohtët; **er lebt wie ein Hund** ai rron si qen; **er läuft ihr nach wie ein Hund** ai i shkon pas si qen; **sie leben wie Hund und Katze miteinander** ata shkojnë si macja me miun; 2) : *fig* **ein armer Hund** një fatkeq, rrezikzi; **ein falscher Hund** një gënjeshtar; 3) : *fig bis* **das ist ein dicker Hund!** ky është gabim i trashë; kjo është punë e vështirë.

H'undehütte *f* =, **-n** stelë qeni.

h'undemüde *a* i lodhur e i këputur.

H'undepeitsche *f* =, **-n** kamxhik për qen.

h'undert *num* njëqind.

H'undert *n* **-s, -e** qindëshe; **zu Hunderten** me qindra.

hunderterl'ei *a fig* qindra; **an hunderterlei denken müssen** duhet të mendoj për njëqind gjëra.

h'undertfach *a* njëqindfish.

h'undertfältig *a* njëqindpalësh.

Hundertj'ahrfeier *f* =, **-n** (një) qindvjetor.

h'undertjährig *a* (një)qindvjeçar; **hundertjähriger Geburtstag** njëqindvjetor i lindjes.

h'undertprozentig *a* njëqind për qind.

h'undertste *a* i njëqindtë.

H'ündin *f* =, **-nen** *zool* bushtër.

h'ündisch *a* 1) *fig* i verbër; **hündischer Gehorsam** bindje e verbër; 2) *fig* i poshtër; i pabesë.

H'undstage *pl* : ditët e djegagurit.

H'üne *m* **-n, -n** vigan, kolos.

H'ünengrab *n* **-(e)s, -gräber** *ark* tumë parahistorike.

h'ünenhaft *a* vigan (*burrë etj.*).

H'unger *m* **-s** 1) uri; **Hunger haben** kam uri; **Hungers sterben** vdes urie; 2) : *fig* **Hunger nach Rache** etje për hakmarrje.

h'ungern 1. *vi* **(h)** kam uri, vuaj për bukë; *fig* **nach etwas hungern** jam i djegur (*për një fjalë të mirë etj.*); 2. *vrefl* : **mich hungert** dua të ha.

H'ungersnot *f* =, **-nöte** zi buke.

H'ungertuch *n* : *fig bis* **am Hungertuch nagen** vuaj për bukë.

h'ungrig *a* i uritur.

H'upe *f* =, **-n** 1) sirenë; 2) bori automobili.

h'upen *vi* **(h)** i bie borisë.

h'üpfen *vi* **(s)** 1) kërcej, hidhem; **über einen Bach hüpfen** kapërcej, hedh një përrua; *fig* **das Herz**

hüpfte ihm vor Freude i gufoi zemra nga gëzimi; 2) *fig* vallëzoj keq.
H'ürde *f* =, **-n** 1) gardh; 2) vathë, shtrungë; 3) *sport* pengesë.
H'ure *f* =, **-n** prostitutë, kurvë, lavire.
h'uren *vi* (**h**) *bis* kurvëroj.
hurr'a *int* urra.
h'urtig *a* i shkathët, i shpejtë.
h'uschen *vi* (**s**) kaloj shpejt pa u ndier; **eine Libelle huschte übers Wasser** një pilivesë shkiste mbi ujë.
h'üsteln *vi* (**h**) kollitem shpesh nga pak.
h'usten *vi* (**h**) kollitem; **Blut husten** pështyj gjak; *fig bis* **dem werde ich eins husten!** do t'ia them një fjalë!; *fig bis* **er hört die Flöhe husten** ai pandeh se i di të gjitha.
Hut I *m* **-(e)s, Hüte** kapelë; **den Hut (vor jemandem) abnehmen** heq kapelen para dikujt; *bis* **das kannst du dir in den Hut stecken!** mbaje me shëndet!; *bis* **mehrere Leute unter einen Hut bringen** bashkoj shumë vetë për një qëllim; **da geht einem ja der Hut hoch!** kjo nuk durohet!; *fig* **das ist ein alter Hut** kjo është histori e vjetër, e dëgjuar.
Hut II *f* = mbrojtje; rojë; **auf der Hut sein** ruhem; **in guter Hut sein** jam në duar të sigurta, të mira.
h'üten 1. *vt* ruaj (*fëmijët, dhentë etj.*); **das Bett hüten** rri në shtrat (*nga sëmundja*); 2. *vrefl* **sich hüten (vor D)** ruhem (*nga dikush, diçka*); **hüte dich, daß du nicht ...** ruaju se (mos) ...
H'üter *m* **-s,** = 1) ruajtës, mbrojtës; 2) rojë; 3) bari.
H'utkrempe *f* =, **-n** strehë e kapeles.
H'utmacher *m* **-s,** = kapelabërës.
H'utnadel *f* =, **-n** gjilpërë me kokë.
H'utschachtel *f* =, **-n** kuti për kapela.
H'utschnur *f*: *shpr bis* **das geht mir über die Hutschnur** kjo nuk durohet.
H'ütte I *f* =, **-n** kasolle; **auf einer Hütte übernachten** kaloj natën në një kasolle.
H'ütte II *f* =, **-n** *tek* uzinë metalurgjike.
H'üttenwerk *n* **-(e)s, -e** *tek* uzinë metalurgjike.
H'üttenwesen *n* **-s** *tek* metalurgji.
Hy'äne *f* =, **-n** *zool* hienë.
Hyaz'inthe *f* =, **-n** *bot* zymbyl.
Hydr'ant *m* **-en, -en** hidrant.
hydr'aulisch *a* hidraulik.
Hygi'ene *f* = *mjek* higjienë.
hygi'enisch *a* higjienik.
H'ymne *f* =, **-n** himn.
Hyp'erbel *f* =, **-n** *let, mat* hiperbolë.
hyperb'olisch *a* hiperbolik.
Hypn'ose *f* = *mjek* hipnozë.
Hypnotiseur [*hypnotiz'ër*] *m* **-s, -e** hipnotizues.
hypnotis'ieren *vt* hipnotizoj.
Hypoch'onder *m* **-s,** = *mjek* hipokondriak.
hypoch'ondrisch *a mjek* hipokondriak.
Hypochondr'ie *f* = *mjek* hipokondri.
Hypoth'ek *f* =, **-en** hipotekë.
Hypoth'ese *f* =, **-n** hipotezë.
hypoth'etisch *a* hipotetik.
Hyster'ie *f* = *mjek* histeri.
hyst'erisch *a* histerik.

I

i. A. = im Auftrage me porosi të ...
ich *pron pers* **G meiner, D mir, A mich)** unë; **ich für meine Person** sa për mua, unë për veten time.
ichbezogen *a* egocentrik.
Ichform *f*: **ein Roman in Ichform** një roman i shkruar në vetën e parë.
Ichsucht *f* = egoizëm.
ide'al *a* ideal, shumë i goditur; **eine ideale Ehe** një martesë ideale.
Ide'al *n* **-s, -e** ideal.
idealis'ieren *vt* idealizoj.
Idealis'ierung *f* =, **-en** idealizim.
Ideal'ismus *m* = idealizëm.
Ideal'ist *m* **-en, -en** idealist.
ideal'istisch *a* idealist.
Id'ee *f* =, **-n** 1) ide, mendim; **das ist gar keine schlechte Idee** nuk është aspak mendim i keq; **auf eine Idee verfallen** më vjen një mendim; **für eine Idee kämpfen** luftoj për një ide; **eine fixe Idee** një ide fikse; 2) ide, kuptim; **ich habe keine Idee davon!** s'e kam idenë!; 3) : *bis* **eine Idee breiter** pak gjë (një çikë) më i gjerë; **eine Idee mehr Salz** pak kripë më shumë.
ide'ell *a* 1) ideor; **der ideelle Inhalt eines Werkes** përmbajtja ideore e një vepre; 2) ideal.
Identifikati'on *f* =, **-en** identifikim.
identifiz'ieren *vt* identifikoj.
Identifiz'ierung *f* = identifikim.
id'entisch *a* i njëjtë.
Identit'ät *f* =, **-en** identitet.
Ideol'oge *m* **-en -en** ideolog.
Ideolog'ie *f* =, **-i/en** ideologji.
ideol'ogisch *a* ideologjik.
Idi'ot *m* **-en, -en** *bis* idiot.
Idiot'ie *f* =, **-i/en** idiotësi.
idi'otisch *a* idiot.
Id'ol *n* **-s, -e** idhull.
Id'yll *n* **-s, -e, Idylle** *f* =, **-n** idil.
id'yllisch *a* idilik.
Igel *m* **-s,** = *zool* iriq.
Ignor'ant *m* **-en, -en** injorant, i paditur.
Ignor'anz *f* = padituri, injorancë.
ignor'ieren *vt* injoroj.
ihm D *i* **er, es.**
ihn A *i* **er.**
Ihnen D *i* **Sie** II.
ihr *pron pers* 1) ju; 2) **(D** *i* **sie)** asaj.
Ihr *pron pers sot i zëvendësuar nga* **Sie.**
ihr, Ihr *pron poss sing dhe pl* : **ist das Ihr Hund?** a është ky qeni Juaj?; **ist das ihr Hund?** a) a është ky qeni i tyre?; b) a është ky qeni i saj?
ihre *sh* **ihrige, Ihrige** *pron poss i substantivuar.*
ihrer G *i* **sie.**
Ihrer G *i* **Sie.**
ihrerseits *adv* 1) nga ana e tyre; 2) nga ana e saj.
Ihrerseits *adv* nga ana Juaj.
ihresgleichen *a* 1) e tillë si ajo, e ngjashme me atë; **das ist eine Unverschämtheit, die ihresgleichen sucht** kjo është një paturpësi që s'e ka shoqen; 2) njerëz (sende) si këta (këto).
Ihresgleichen *a* shoku Juaj.
ihrethalben, ihretwegen *adv* 1) për hir të saj; për hir të tyre; 2) për shkak të saj; për shkak të tyre.
Ihrethalben, Ihretwegen *adv* 1) për hir Tuaj; për shkak Tuaj.
ihrige *pron pers subst* : **der, die, das ihrige** (*pa emër*) i saji, i tyre.
Ihrige *pron pers subst* : **der, die, das Ihrige** (*pa emër*) Juaji; **die Ihrigen** familja Juaj, njerëzit Tuaj.
i. J. = im Jahre ... në vitin ...
Ik'one *f* =, **-n** ikonë.

illegal *a* 1) i paligjshëm; 2) ilegal, klandestin.
Illegalit'ät *f* = paligjshmëri.
illegitim *a* i paligjshëm (*fëmijë etj.*).
Illuminati'on *f* =, **-en** ndriçim (*për festë*).
illumin'ieren *vt* ndriçoj (*për festë*).
Illusi'on *f* =, **-en** iluzion.
illus'orisch *a* iluzor.
ill'uster *a* i shquar (*shoqëri etj.*).
Illustrati'on *f* =, **-nen** ilustrim.
illustr'ieren *vt* ilustroj.
Illustr'ierte *f* =, **-n** revistë e ilustruar.
Iltis *m* **-ses, -se** *zool* qelbës.
im = **in dem.**
Image [*'imixh*] *n* **-(s), -s** figurë, fytyrë (*e një personaliteti etj.*).
imagin'är *a* imagjinar, fiktiv.
Imbiß *m* **-sses, -sse** drekë *ose* darkë e vogël; **einen Imbiß machen (einnehmen)** ha një kafshatë.
Imitati'on *f* =, **-en** imitim.
imit'ieren *vt* imitoj; **imitiert** i imituar, jo i vërtetë (*send*).
Imker *m* **-s,** = bletar.
Immatrikulati'on *f* =, **-en** regjistrim (*në një shkollë të lartë*).
immatrikul'ieren *vt* regjistroj (*në një shkollë të lartë*).
Imme *f* =, **-n** *poet* bletë.
imm'ens *a* i pamasë, i pafund.
immer *adv* 1) gjithmonë, përherë; **für immer** përgjithmonë; **nicht immer** jo gjithmonë; **immer noch, noch immer** ende, akoma; **wie immer** si përherë; 2) gjithnjë e më ... (*përpara shkallës krahasore*); **es wird immer wärmer** po bëhet gjithnjë e më ngrohtë; **immer mehr, immer weniger** përherë e më shumë, përherë e më pak; 3) ...do; **du kannst kommen, wann immer du willst** mund të vish kur të duash; **was immer er auch sagen mag** çfarëdo që të thotë ai; **wer (auch) immer es sein mag** kushdo qoftë; **wie immer es auch gehen mag** sido që të shkojë puna; **wo immer er auch ist** kudo që të jetë.
immerfort *adv* vazhdimisht, përherë.
immergrün *a* përherë i blertë (*bimë*).
immerhin *adv* 1) megjithatë, prapëseprapë; 2) sidoqoftë.
immerwährend *adv* pa pushim, vazhdimisht.
immerzu *adv* vazhdimisht.
Immob'ili/en *pl* pasuri e paluajtshme.
imm'un *a mjek, pol* që ka imunitet.
immunis'ieren *vt mjek* imunizoj.
Immunit'ät *f* = *mjek, pol* imunitet.
Imperativ *m* **-s, -e** *gram* (mënyrë) urdhërore.
Imperfekt *n* **-(e)s, -e** *gram* (kohë) e pakryer.
Imperial'ismus *m* = imperializëm.
imperial'istisch *a* imperialist.
impertin'ent *a* i paturpshëm, i pafytyrë.
impfen *vt* 1) *mjek* vaksinoj; 2) *bot* shartoj (*një dru*).
Impfschein *m* **-(e)s, -e** *mjek* dëshmi vaksinimi.
Impfung *f* =, **-en** *mjek* vaksinim.
Impfzwang *m* **-(e)s** *mjek* vaksinim i detyrueshëm.
impon'ieren *vi* **(h) (D)** 1) i bëj përshtypje të thellë (*dikujt*); 2) i ngjall respekt (*dikujt*); 3) i ngjall admirim (*dikujt*).
Imp'ort *m* **-(e)s, -e** import.
Importeur [*import'ër*] *m* **-s, -e** importues.
import'ieren *vt* importoj.
impos'ant *a* madhështor.
impotent *a mjek* impotent.
Impotenz *f* = *mjek* impotencë.
imprägn'ieren *vt* impregnoj.
Impressi'on *f* =, **-en** përshtypje.

Impression'ismus *m* = *art* impresionizëm.

Improvisati'on [*-vi-*] *f* =, **-en** improvizim.

improvis'ieren [*-vi-*] *vt* improvizoj.

Imp'uls *m* **-es, -e** impuls.

impuls'iv *a* impulsiv.

Impulsivit'ät [*-vi-*] *f* = impulsivitet.

imst'ande *adv* : *shpr* **imstande sein** jam në gjendje.

in *präp* 1) (**A** *për lëvizje drejt një vendi dhe* **D** *për qëndrim në vend*) në; **in diesem Buche** në këtë libër; **in Albanien** në Shqipëri; **etwas in die Hand nehmen** marr diçka në dorë; **ins Theater gehen** shkoj në teatër; 2) (*kohë*) në; **im Frühling** në pranverë; **in den Ferien** gjatë pushimeve; **in der Nacht** natën; **in zwei Tagen** pas dy ditësh; 3) (*mënyrë*) me; **in aller Eile** me ngut të madh; **in Gold bezahlen** paguaj me ar; **in eigener Person** vetë, personalisht; **im großen und ganzen** në tërësi.

inadäqu'at *a* i papërshtatshëm.

In'angriffnahme *f* = fillim (*i një pune, vepre etj.*).

In'anspruchnahme *f* = ngarkesë; **durch zu häufige Inanspruchnahme** nga një ngarkesë tepër e madhe.

Inbegriff *m* **-(e)s** 1) tërësi; 2) mishërim; **der Inbegriff der Schönheit** mishërimi i bukurisë.

inbegriffen *a* i përfshirë në llogari; **das Porto ist nicht (mit) inbegriffen** shpenzimet postare nuk përfshihen në llogari.

inbetr'eff *präp* (**G**) në lidhje me ...

Inbetriebnahme *f* =, -n **Inbetriebsetzung** *f* =, -en vënie në shfrytëzim (*e një makine, uzine etj.*).

Inbrunst *f* = pasion, shpirt; **mit Inbrunst arbeiten** punoj me pasion, me shpirt.

inbrünstig *a* me pasion, me shpirt.

ind'em *conj* 1) duke; **du kannst ihm eine Freude bereiten, indem du ihn einmal besuchst** mund ta gëzosh duke i bërë një vizitë; 2) ndërsa, në kohën kur ...; **indem er dies sagte, klingelte es** kur po thoshte këto, ra zilja.

Inder *m* **-s,** = indian.

ind'es(sen) *conj* 1) ndërkaq; **indessen hatten sich alle erhoben** ndërkaq ishin ngritur të gjithë; 2) prapëseprapë, megjithatë.

Index *m* **-es, -dizes** tregues, indeks.

Indi'aner *m* **-s,** = indian (*i Amerikës*).

Indi'anerin *f* =, **-nen** indiane (*e Amerikës*).

indifferent *a* indiferent; mospërfillës; i ftohtë.

Indifferenz *f* = indiferencë; mospërfillje; ftohtësi.

indig'en *a vjet* vendës.

indign'iert *a* i indinjuar.

Indikativ *m* **-s, -e** *gram* (mënyrë) dëftore.

indirekt *a* i tërthortë; **indirekte Rede** *gram* ligjeratë e zhdrejtë.

indisch *a* indian.

indiskret *a* 1) pa takt; 2) llafazan; 3) kureshtar.

Indiskreti'on = mungesë takti; kureshtje e tepruar.

indiskutabel *a* i padiskutueshëm.

indisponiert *a* i paqejf.

Individual'ismus *m* = individualizëm.

Individual'ist *m* **-en, -en** individualist.

individual'istisch *a* individualist.

Individualit'ät [*-vi-*] *f* =, **-en** individualitet.

individu'ell *a* individual.

Indiv'iduum *n* **-s, -duen** individ.

Ind'iz *n* **-es, -i/en** 1) shenjë; 2) *drejt* provë e tërthortë.

indol'ent *a* 1) i plogët; 2) i pandjeshëm (*ndaj dhembjes*).
Indon'esi/er *m* **-s,** = indonezian.
industrialis'ieren *vt* industrializoj.
Industrialis'ierung *f* = industrializim.
Industr'ie *f* =, **-i/en** industri.
Industri'elle *m* **-n, -n** industrialist.
Industr'ienormen *pl* standarde industriale.
Industr'iepflanzen *pl* bimë industriale.
Industr'iezweig *m* **-(e)s, -e** degë e industrisë.
inein'ander *adv* në njëri tjetrin.
inein'anderfügen *vt ndash* bashkoj me njëri tjetrin.
inein'andergreifen* *vi ndash* (**h**) 1) *tek* ingranohen, futen te njëri tjetri (*ingranazhet*); 2) *fig* bashkëveproj.
inf'am *a* i poshtër; i ulët; **eine infame Lüge** një gënjeshtër e poshtër.
Infam'ie *f* =, **-i/en** poshtërsi.
Infanter'ie *f* =, **-i/en** këmbësori.
Infanter'ist *m* **-en, -en** këmbësor.
infant'il *a* fëmijëror.
Inf'arkt *m* **-s, -e** *mjek* infarkt.
Inf'ekt *m* **-s, -e** infektim.
Infekti'on *f* =, **-en** infektim.
Infekti'onskrankheit *f* =, **-en** sëmundje ngjitëse.
infekti'ös *a* ngjitës, infektiv.
infern'alisch *a* i skëterrshëm.
Inf'erno *n* **-s** skëterrë (*edhe fig*).
Infiltrati'on *f* = infiltrim.
infiltr'ieren *vt* infiltroj.
Infinitiv *m* **-s, -e** *gram* (mënyrë) paskajore.
infiz'ieren *vt* infektoj.
Inflati'on *f* =, **-en** *ek* inflacion.
inf'olge *präp* (**G, von D**) si pasojë e ..., për shkak të ...
inf'olgedessen *conj* si pasojë, prandaj.
Inform'ant *m* **-en, -en** informator.
Informati'on *f* =, **-en** 1) informim; 2) informatë; **Informationen einziehen** mbledh të dhëna; 3) lajm.
informativ *a* informativ.
inform'ieren *vt* informoj.
Ingenieur [*inzheni'ër*] *m* **-s, -e** inxhinier.
Ing'enium *n* **-s, -nien** gjeni, aftësi krijuese.
Ingredi'enzi/en *pl* ingrediente (*të një bari etj.*).
Ingrimm *m* **-(e)s** mllef.
Inhaber *m* **-s,** = zotërues, mbajtës (*i një rekordi etj.*).
inhaft'ieren *vt* arrestoj.
Inh'aftnahme *f* = arrestim.
inhal'ieren *vt* thith (*cigaren etj.*).
Inhalt *m* **-(e)s, -e** 1) përmbajtje (*e një arke, e një libri etj.*); 2) vëllim (*i një ene etj.*); 3) : *fig* **ein Leben ohne Inhalt** një jetë e kotë, e zbrazët, boshe.
inhaltlich 1. *a* : **inhaltliche Darstellung** paraqitje, shtjellim i përmbajtjes; 2. *adv* 1) nga ana e përmbajtjes, përsa i përket përmbajtjes; 2) në thelb, hollë-hollë.
Inhaltsangabe *f* =, **-n** përmbledhje e përmbajtjes.
inhaltslos *a* 1) i zbrazët, bosh; 2) *fig* i cekët (*libër etj.*).
inhaltsreich *a* me përmbajtje të pasur.
Inhaltsverzeichnis *n* **-ses, -se** 1) pasqyrë e lëndës (*e një libri etj.*); 2) listë.
inhuman *a* çnjerëzor.
Initi'ale *f* =, **-n** shkronjë e madhe (*me zbukurime etj.*).
Initiat'ive [*-vë*] nismë; iniciativë; **die Initiative ergreifen** marr iniciativën.
Initi'ator *m* **-s, -t'oren** nismëtar, iniciator.
Injekti'on *f* =, **-en** injeksion.
Inkarnati'on *f* =, **-en** mishërim (*i së mirës etj.*).

inkl. = **inklusive** 1. *präp* (G) duke përfshirë; **inklusive des Bearbeitungshonorars** duke përfshirë honorarin e përpunimit; 2. *adv* inkluzivisht.

ink'ognito *adv* me emër tjetër, inkognito.

Ink'ognito *n* **-s, -s** inkognito.

inkonsequent *a* jokonsekuent.

Inkonsequenz *f* = mungesë konsekuence.

inkorrekt *a* jokorrekt.

Inkr'afttreten *n* **-s** *drejt* hyrje në fuqi (*e një ligji*).

Inland *n* **-(e)s : im Inland** brenda vendit.

Inländer *m* **-s,** = vendës.

inländisch *a* 1) i brendshëm (*treg etj.*); 2) i vendit (*prodhim etj.*).

inliegend *a* i bashkëngjitur.

in m'edias res : *shpr lat drejt* e në thelb.

in mem'oriam : *shpr lat* në kujtim (*të dikujt*).

inm'itten *präp* (G) në mes të ...; **inmitten von Blumen** në mes të luleve.

in nat'ura : *shpr lat* ai (ajo etj.) vetë, dora vetë.

innehaben* *vt ndash* ushtroj një detyrë (*në një zyrë etj.*).

innehalten* 1. *vi* (h) *ndash* **(in, mit D)** pushoj (*së foluri, së kënduari etj.*); 2. *vt* mbaj, i përmbahem (*një afati etj.*).

innen *adv* brenda; **nach innen** brenda; **die Nuß war innen faul, hohl** arra ishte fyçkë.

Innenminister *m* **-s,** = ministër i punëve të brendshme.

Innenpolitik *f* = politikë e brendshme.

Innenseite *f* =, **-n** anë e brendshme.

Innenstadt *f* =, **-städte** qendër e qytetit.

inner *a* i brendshëm; **die inneren Angelegenheiten** punët e brendshme; *fig* **vor meinem inneren Auge stand ...** me mend shihja ...; **innere Reserven** rezerva të brendshme; **die innere Stadt** qendra e qytetit; **innerste Überzeugung** bindje e thellë.

Innere *n* **-n** 1) brendi; **ins Innere des Landes** në thellësi të vendit; 2) *fig* shpirt, zemër; **sein Inneres jemandem öffnen** i hap dikujt zemrën.

Inner'eien *pl* të brendshme (*zorrë etj.*).

innerhalb *präp* (G) 1) brenda (*shtëpisë etj.*); 2) brenda (*një viti etj.*).

innerlich 1. *a* i brendshëm; 2. *adv* brenda; **innerlich anzuwenden** *mjek* përdorim i brendshëm; *fig* **innerlich betroffen sein** jam i prekur thellë; *fig* **er lachte innerlich** ai qeshte përbrenda.

innewerden *vi ndash* **(s)** kuptoj; **einer Sache innewerden** kuptoj një çështje.

innewohnen *vi ndash* **(h)** jam brenda; *fig* **die dieser Sache innewohnenden Gefahren** rreziqet e lidhura me këtë çështje.

innig *a* 1) i përzemërt; **innige Grüße** të fala të përzemërta; 2) i thellë (*respekt etj.*); 3) i fortë (*dëshirë etj.*).

Innigkeit *f* = përzemërsi.

Innung *f* =, **-en** *hist* korporatë, gildë, esnaf.

inoffiziell *a* jozyrtar.

in p'etto : *shpr* **etwas in petto haben** kam në mendje diçka.

in p'uncto : *shpr lat* **in puncto Sicherheit** përsa i përket sigurimit.

ins = **in das.**

Insasse *m* **-n, -n, Insassin** *f* =, **-nen** 1) banor(e), banues(e) (*i (e) një shtëpie etj.*); 2) i (e) burgosur; 3) udhëtar(e), pasagjer(e).

insbes'ondere *adv* sidomos.
Inschrift *f* =, **-en** mbishkrim (*i një përmendoreje etj.*).
Ins'ekt *n* **-s, -en** *ent* insekt.
Insel *f* =, **-n** *gjeogr* ishull.
Inser'at *n* **-s, -e** lajmërim (*në një gazetë etj.*).
inser'ieren *vi* (**h**) botoj një lajmërim (*në gazetë etj.*).
insgeh'eim *adv* fshehurazi, tinëz.
insgem'ein *adv* bashkë, tok.
insges'amt *adv* gjithsej, përgjithësisht.
Ins'igni/en *pl* symbole të pushtetit (*kishtar, civil etj.*).
ins'ofern 1. *adv* gjer këtu; **insofern hat er recht** gjer këtu ai ka të drejtë. 2. *conj* gjersa, për aq sa (*si korrelativ me* **als**); **er studiert Mathematik, insofern (als) es für seine Arbeit notwendig ist** ai mëson matematikë për aq sa i nevojitet për punën e vet.
Insolvenz [*-v'enc*] *f* =, **-en** paaftësi për të paguar.
insow'eit *sh* **insofern.**
in spe : *shpr lat* **meine Schwiegermutter in spe** vjehrra ime e ardhshme.
Inspekti'on *f* =, **-en** inspektim.
Insp'ektor *m* **-s, -t'oren** inspektor.
Inspirati'on *f* =, **-en** frymëzim.
inspir'ieren *vt* (**A zu D**) frymëzoj, nxis (*dikë për diçka*).
inspiz'ieren *vt* inspektoj.
Installateur [*instalat'ër*] *m* **-s, -e** instalues.
Installati'on *f* =, **-en** instalim.
install'ieren *vt tek* instaloj (*një makinë etj.*).
inst'and halten* *vt* mbaj mirë, në rregull (*rrobat, veglat etj.*).
inständig 1. *a* këmbëngulës (*qëndrim, luftë etj.*); 2. *adv* fort, me të madhe; **inständig bitten** lutem me të madhe.
inst'andsetzen *vt* 1) riparoj; 2) bëj të aftë (*dikë për diçka*).
Inst'anz *f* =, **-en** instancë.
Inst'anzenweg *m* **-(e)s** rrugë zyrtare.
Inst'inkt *m* **-s, -e** instinkt, shtysë.
instinkt'iv *a* instinktiv
Instit'ut *n* **-s, -e** institut.
Instituti'on *f* =, **-en** institucion.
instru'ieren *vt* udhëzoj; urdhëroj.
Instrukti'on *f* =, **-en** udhëzim, urdhër.
instrukt'iv *a* mësimdhënës.
Instrum'ent *n* **-s, -e** vegël (*muzikore, kirurgjike etj.*).
insult'ieren *vt* fyej, shaj.
inszen'ieren *vt* vë në skenë (*një dramë etj.*).
Inszen'ierung *f* =, **-en** vënie në skenë.
int'akt *a* në rregull; **die Maschine ist nicht intakt** makina nuk është në rregull.
int'eger *a* i panjollë (*karakter etj.*).
Integrati'on *f* =, **-en** integrim (*politik etj.*).
integr'ieren *vt* integroj, bashkoj.
Integrit'ät *f* = 1) paprekshmëri (*e shtetit*); 2) ndershmëri.
Intell'ekt *m* **-s** intelekt; arsye.
intellektu'ell *a* i intelektit; i arsyes.
Intellektu'elle *m f* **-n, -n** intelektual, punonjës i mendjes.
intellig'ent *a* i zgjuar; i shkathët.
Intellig'enz *f* = inteligjencë; zgjuarsi.
Intellig'enzler *m* **-s,** = intelektualist.
Intend'ant *m* **-en, -en** përgjegjës artistik (*i teatrit etj.*).
Intend'anz *f* =, **-en** drejtori (*e teatrit etj.*).
intend'ieren *vt* përpiqem për (*diçka*), synoj (*diçka*).
Intensit'ät *f* = intensitet.
intens'iv *a* intensiv.

intensiv'ieren [*-vi-*] shtoj (*përpjekjet etj.*).

Intenti'on *f* =, **-en** qëllim.

interess'ant *a* 1) interesant (*libër, film etj.*); 2) *treg* fitimprurës (*ofertë etj.*).

Inter'esse *n* **-s, -n** 1) interes; **das Interesse der breiten Masse** interes i masës së gjerë; **wir haben viele gemeinsame Interessen** kemi shumë interesa të përbashkëta; 2) interesim; **Interesse beweisen** tregoj interesim.

inter'esselos *a* që s'tregon interesim; indiferent.

Inter'esselosigkeit *f* = mungesë interesimi; indiferencë.

Inter'essengemeinschaft *f* 1) = bashkësi interesash; 2) =, **-en** rreth (*amatorësh etj.*); 3) =, **-en** *ek* koncern.

Interess'ent *m* **-en, -en** i interesuar (*për të blerë diçka etj.*).

interess'ieren 1. *vt* ngjall interes; **so etwas interessiert ihn nicht** kjo nuk i ngjall interes; **daran bin ich nicht interessiert** për këtë nuk jam i interesuar; 2. *vrefl* **sich interessieren (für A)** interesohem (*për diçka, dikë*); **ich interessiere mich für dieses Buch** interesohem për këtë libër.

Interieur [*êteri'ër*] *n* **-s, -s** rregullim i brendshëm (*i shtëpisë etj.*).

Interim *n* **-s, -s** ndërkohë, periudhë kalimtare.

Interjekti'on *f* =, **-en** *gram* pasthirrmë.

Interm'ezzo *n* **-s, -s** *muz* intermexo.

int'ern *a* 1) i brendshëm; 2) konfidencial (*çështje, bisedë etj.*).

Intern'at *n* **-s, -e** konvikt (*pranë shkollës*).

internation'al *a* ndërkombëtar.

Internation'ale *f* =, **-n** internacionale.

intern'ieren *vt* internoj.

Intern'ierung *f* =, **-en** internim.

Intern'ist *m* **-en, -en** *mjek* internist.

Interpretati'on *f* =, **-en** interpretim.

interpret'ieren *vt* interpretoj (*një tekst, një pjesë muzikore etj.*).

Interpunkti'on *f* =, **-en** *gram* pikësim.

Interpunkti'onszeichen *n* **-s,** = shenjë pikësimi.

Interrogat'ivpronomen *n* **-s, -mina** *gram* përemër pyetës.

Intervall [*-v'al*] *n* **-s, -e** interval, ndërkohë.

interven'ieren [*-ven-*] *vi* **(h)** ndërhyj.

Interventi'on [*-ven-*] *f* =, **-en** ndërhyrje.

Interview [*intervj'u*] *n* **-s, -s** intervistë.

interviewen [*intervj'uën*] *vt* intervistoj.

int'im *a* intim.

Intimus *m* **-s, Intimi** *lat* shok i ngushtë.

intoler'ant *a* intolerant.

Intoler'anz *f* =, **-en** intolerancë.

intransit'iv *a gram* jokalimtare (*folje*).

intranven'ös *a mjek* intravenoz.

Intrig'ant *m* **-en, -en** intrigant.

Intr'ige *f* =, **-n** intrigë.

intrig'ieren *vi* **(h)** intrigoj.

Intuiti'on *f* = intuitë.

intuit'iv *a* intuitiv.

intus : *shpr bis* **etwas intus haben** a) kam pirë *ose* kam ngrënë diçka; b) kam kuptuar diçka.

Inval'ide [*-va-*] *m* **-n, -n** invalid.

Invalidit'ät [*-va-*] *f* = invaliditet.

Invasi'on [*-va-*] *f* =, **-en** *usht* invazion.

Invent'ar [*-ven-*] *n* **-s, -e** inventar; **lebendes Inventar** inventar i gjallë.

Invent'ur *f* =, **-en** përpilim i inventarit; **die Inventur machen** përpiloj inventarin.

Inversi'on *f* =, **-en** *gram, mat, anat, kim* inversion, anasjellje.

invest'ieren *vt* investoj (*kapital në një punë*).

Investiti'on [*-ves-*] *f* =, **-en** investim.

inwärts *adv* përbrenda, nga brenda.

inwendig 1. *a* i brendshëm; 2. *adv* brenda, përbrenda; *bis* **etwas in- und auswendig kennen** di diçka me rrënjë e me degë.

inwief'ern, inwiew'eit *conj* gjer në ç'pikë, gjer në ç'shkallë; **ich kann nicht sagen, inwiefern das eine besser sein soll als das andere** nuk mund të them se gjer ku njëri duhet të jetë më i mirë se tjetri.

Inz'est *m* **-es, -e** incest.

inzw'ischen *adv* ndërkaq.

irden *a* prej gline, balte, dheu; **irdenes Geschirr** enë prej balte.

irdisch *a* 1) tokësor; 2) *fig* kalimtar; i vdekshëm.

Ire *m* **-n, -n** irlandez.

Irin *f* =, **-nen** irlandeze.

irgend 1. *pron indef*; **irgend jemand** dikush; **irgend etwas** diçka; **hast du irgend etwas für mich?** a ke gjë për mua?; 2. *adv* në ndonjë mënyrë, në njëfarë mënyre; **wenn du irgend kannst** në paç mundësi.

irgendwann *adv indef* dikur.

irgendwelcher *pron indef* ndonjë.

irgendwie *adv indef* disi, në njëfarë mënyre.

irgendwo *adv indef* ndokund, diku.

irgendwoher *adv indef* prej diku.

irgendwohin *adv indef* për diku, diku.

Iris *f* =, **-iden** 1) *anat* iridë, cipë e ylbertë; 2) *bot* shpatore.

irisch *a* irlandez.

Iron'ie *f* = ironi, tallje; *fig* **Ironie des Schicksals** ironi e fatit.

ir'onisch *a* ironik.

irration'al *a* irracional.

irre *a* 1) i pështjelluar, i ngatërruar; i hutuar; **er ist ganz irre** ai e ka humbur fare; **der Redner wurde irre** oratori e humbi fillin; 2) : **an jemandem irre werden** dyshoj për dikë; 3) i çmendur, i marrë, i krisur; *poet* **irrer Mut** guxim i marrë.

Irre *f* = rrugë e gabuar; **in die Irre gehen** shkoj në rrugë të gabuar.

irreführen *vt ndash* 1) çoj në rrugë të gabuar; 2) *fig* gaboj, gënjej.

irregehen* *vi ndash* **(s)** 1) humb rrugën; 2) *fig* gaboj; **er geht irre in der Annahme, daß ...** ai gabon, kur mendon se ...

irregul'är *a* i parregullt; jo i rregullt.

irreleiten *vt ndash* çoj në rrugë të gabuar.

irrelevant *a* që nuk lidhet, që s'ka të bëjë (*me një çështje etj.*).

irremachen *vt ndash* ngatërroj, hutoj; **du hast mich völlig irregemacht** më ke hutuar fare.

irren 1. *vi* 1) **(s)** sorollatem, endem kot; **von einem Ort zum andern irren** endem nga një vend në tjetrin; 2) **(s)** gaboj rrugën; 3) *fig* **(h)** gaboj; 2. *vrefl* **sich irren** gabohem; **ich kann mich auch irren** mund ta kem edhe gabim; **wenn ich mich nicht irre** në mos gabohem; **sich im Datum irren** gaboj datën; **sich in jemandem irren** dyshoj, më bren dyshimi për dikë.

Irrenanstalt *f* =, **-en** spital psikiatrik.

Irrenarzt *m* **-(e)s, -ärzte** psikiatër (*mjek*).

Irrenhaus *n* **-(e)s, -häuser** çmendinë.

irreparabel *a* i pandreqshëm (*dëm etj.*).

irrereden *vi ndash* **(h)** flas përçart, kodra pas bregut, kot më kot.

Irrfahrt *f* = 1) bredhje, endje e kotë; 2) rrugë e gabuar.
Irrgarten *m* **-s, -gärten** labirint.
irrig *a* i gabuar (*mendim etj.*).
irrit'ieren *vt* 1) ngacmoj, zëmëroj; 2) *bis* ngatërroj, hutoj.
Irrlehre *f* =, **-n** doktrinë e rreme.
Irrsinn *m* **-(e)s** marrëzi; *bis* **das ist doch Irrsinn!** kjo është marrëzi!
irrsinnig *a* i marrë; **er ist irrsinnig geworden** ka luajtur; *bis* **es ist zum Irrsinnigwerden!** është për të vënë duart në kokë!
Irrtum *m* **-s, -tümer** gabim; **diesen Irrtum mußte er teuer bezahlen** këtë gabim iu desh ta paguante shtrenjtë; **das Ganze lief auf einen Irrtum hinaus** gjithë puna qëndronte në një keqkuptim; **Sie befinden sich im Irrtum** e keni gabim.
irrtümlich 1. *a* i gabuar, jo i drejtë; 2. *adv* : **ich war irrtümlich der Meinung, daß ...** isha gabimisht i mendimit se ...
irrtümlicherweise *adv* gabimisht.
Irrweg *m* **-(e)s, -e** rrugë e gabuar.
Ischias *f* (*bis n dhe m*) = *mjek* iskialgji.
Isolati'on *f* = izolim.
Isol'ierband *n* **-(e)s, -bänder** shirit izolimi.
isol'ieren 1. *vt* izoloj. 2. *vrefl* **sich isolieren** izolohem.
Isol'ierstation *f* =, **-en** *mjek* repart e sëmundjeve ngjitëse.
Isra'eli *m* **-s, -s** izraelit.
isra'elisch *a* izraelit, i Izraelit.
iß, ißt *sh* **essen***.
ist *sh* **sein*** I.
Isthmus *m* =, **-men** *gjeogr* istëm, rrip toke.
Itali/'ener *m* **-s,** = italian.
Itali/'enerin *f* =, **-nen** italiane.
itali/'enisch *a* italian; **die italienische Sprache** gjuha italiane.
I-Tüpfelchen *n* **-s,** = 1) pikë mbi i; 1) : *fig* kurorëzim (*i një feste etj.*); **bis aufs I-Tüpfelchen** gjer në hollësinë më të imët.
i. V. = **in Vertretung** për, në vend të ...

J

ja I *adv* (*e theksuar*) 1) po; **gefällt dir das? ja!** a të pëlqen kjo? po!; 2) patjetër; **besuchen Sie mich ja, wenn Sie wieder hier sind** patjetër më bëni një vizitë, kur të ktheheni prapë këtu; 3) në asnjë mënyrë; **tu das ja nicht!** kurrë mos e bëj këtë!; 4) de; **sei ja still!** rri urtë, de!; **ja doch** po, de!; 5): **na ja!** epo (*s'kam ndonjë kundërshtim*).

ja II (*e patheksuar*) 1) pa; **ja, hör mal!** pa dëgjo njëherë!; **ja, wenn ich das gewußt hätte!** pa sikur ta kisha ditur!; 2) madje; **das ist schwer, ja unmöglich** kjo është e vështirë, bile e pamundur.

Ja *n* = po; **nur mit Ja oder Nein antworten** përgjigjem vetëm me po ose me jo.

Jacht *f* =, **-en** *sport* jaht.

J'acke *f* =, **-n** xhaketë (*burrash ose grash*); *fig bis* **jemandem die Jacke vollhauen** zhdëp në dru dikë; *fig bis* **jemandem die Jacke vollügen** ngop me gënjeshtra dikë.

Jack'ett [*zha- dhe sha-*] *n* **-s, -s** xhaketë burrash.

J'ade *m* = *min* nefrit.

Jagd *f* =, **-en** 1) gjah, gjueti; **auf die Jagd gehen** dal për gjah; *fig* **die Jagd nach Geld** rendje pas pares; 2) *fig* ndjekje; përndjekje; **auf jemanden Jagd machen** përndjek dikë.

J'agdbüchse *f* =, **-n** pushkë gjahu.

J'agdflieger *m* **-s,** = pilot gjuajtës.

J'agdflugzeug *n* **-(e)s, -e** aeroplan gjuajtës.

J'agdgründe : *shpr bis iron* **in die ewigen Jagdgründe eingehen** shkoj për vorba.

J'agdtasche *f* =, **-n** çantë gjahu.

j'agen 1. *vt* 1) gjuaj; 2) ndjek (*një kriminel etj.*); *fig* **ein Unglück jagte das andere** fatkeqësitë ndoqën njëra tjetrën; 3) dëboj; **jemanden aus dem Hause jagen** përzë dikë nga shtëpia; 4) : **sich (D) (oder jemandem) eine Kugel in (durch) den Kopf jagen** ia këpus vetes (ose dikujt) me plumb kokës; 2. *vi* **(h)** 1) dal për gjah, gjuaj; 2) **(s)** nxitoj; 3) **(nach D)** rend (*pas pares etj.*).

J'äger *m* **-s,** = 1) gjahtar; 2) pushkatar; 3) (*aeroplan*) gjuajtës.

J'ägerbataillon [*-taljon*] *n* **-s, -e** *usht* batalion pushkatarësh.

J'aguar *m* **-s, -e** *zool* jaguar.

jäh 1. *a* 1) i papritur, i beftë; **ein jähes Ende nehmen** vdes papandehur; 2) i rrëpirë, thikë (*shkëmb etj.*); 2. *adv* befas, papritur.

Jahr *n* **-(e)s, -e** vit; **ein ganzes (volles) Jahr** plot një vit; **seit Jahren** prej vitesh; **von Jahr zu Jahr** nga viti në vit; **er zählt fünf Jahre** ai është pesë vjeç; **schon bei Jahren sein** jam i moshuar; **hoch an Jahren** i shtyrë në moshë, i kaluar nga mosha; **auf Jahre hinaus** për shumë vjet; **in die Jahre kommen** plakem; **er starb in der Blüte seiner Jahre** ai vdiq në lulen e moshës; **mit den Jahren** me kohë; **übers Jahr** një vit me vonë; **ein Mann in den besten Jahren** një burrë në lulen e moshës.

j'ahraus *adv* : *shpr* **jahraus, jahrein** nga viti në vit.

J'ahrbuch *n* **-(e)s, -bücher** vjetar.

j'ahrelang *a* që zgjat një vit të tërë ose shumë vjet.

j'ähren, sich *vrefl* : **es jährt sich** po bëhet një vit që kur ...; bie përvjetori ...

J'ahresabschluß *m* **-sses, -schlüsse** mbyllje e vitit (*financiar etj.*).

J'ahreseinkommen *n* **-s, =** të ardhura vjetore.
J'ahresfeier *f* **=, -n** kremtim, festim i përvjetorit, përvjetor.
J'ahrestag *m* **-(e)s, -e** ditë e përvjetorit, përvjetor.
J'ahreszeit *f* **=, -en** stinë; **im Wechsel der Jahreszeiten** me ndërrimin e stinëve.
Jahrf'ünft *n* **-(e)s, -e** pesëvjeçar.
J'ahrgang *m* **-(e)s, -gänge** 1) vit i botimit (*të një së përkohshmeje etj.*); 2) datëlindje; **wir sind beide Jahrgang 1940** të dy jemi të datëlindjes 1940.
Jahrh'undert *n* **-s, -e** shekull.
-j'ährig *a* (*në fjalët e përbëra*) -vjeçar.
j'ährlich 1. *a* vjetor; 2. *adv* : **zwei mal jährlich** dy herë në vit.
J'ährling *m* **-(e)s, -e** motak (*kafshë*).
J'ahrmarkt *m* **-s, -märkte** panair i përvitshëm.
J'ahrtausend *n* **-s, -e** njëmijëvjetor.
J'ahrzehnt *n* **-s, -e** dhjetëvjeçar.
J'ähzorn *m* **-s** shpërthim zemërimi; tërbim i papritur.
j'ähzornig *a* zemërak (*njeri*).
Jalousie [*zhaluz'i*] *f* **=, -n** grilë (e dritares).
J'ammer *m* **-s** 1) vaj; 2) mjerim; hidhërim, dëshpërim; *shpr* **es ist ein Jammer!** të këputet shpirti!
j'ämmerlich *a* 1) i mjerë; 2) i vajtueshëm, i mjerueshëm (*gjendje etj.*); 3) i ulët, i poshtër (*qëndrim*).
J'ämmerling *m* **-(e)s, -e** qaraman.
j'ammern 1. *vt* **(h)** 1) **(über, um A, wegen G)** qahem, ankohem (*për diçka*); dëshpërohem, helmohem (*nga diçka*); 2) **(nach D)** qaj (*diçka të humbur*); 2. *vt* ngjall keqardhje; **die Frau jammert mich** më vjen keq për atë grua.
j'ammerschade *adv* : *shpr* **etwas ist jammerschade** është për të ardhur shumë keq për diçka.
Janitsch'ar *m* **-en, -en** *hist* jeniçer.
J'änner *m* **-s** *aust* janar.
J'anuar *m* **-(s), -e** janar.
Jap'aner *m* **-s, =** japonez.
jap'anisch *a* japonez.
j'apsen *vi* **(h)** *bis* dihas, gulçoj.
Jargon [*zharg'ô*] *m* **-s, -s** zhargon.
Jasm'in *m* **-s** *bot* jesemin.
j'äten *vt bujq* tëharr; **Unkraut jäten** tëharr barërat e këqija.
J'auche *f* **=, -n** 1) pleh nga fekalet; 2) qelb.
j'auchzen *vi* **(h)** 1) ngazëllehem; 2) brohoras; 3) gugon (*foshnja*).
j'aulen *vi* **(h)** angullin (*qeni etj.*).
jaw'ohl *conj* po, posi, sigurisht, si urdhëron(i).
J'awort *n* **-(e)s** po-ja; **sein Jawort geben** thotë »po« (*çifti gjatë celebrimit të martesës*).
Jazz [*xhez*] *m* **=** *muz* xhaz.
J'azzband [*xh'ezbend*] *f* **=, -s** *muz* bandë xhazi.
je 1. *adv* 1) ndonjëherë; **wer hätte das je gedacht!** kujt i kishte shkuar mendja ndonjëherë!; 2) : **eh und je** dikur; **seit eh und je** qëkur; 2. *präp* 1) për; **je Kopf der Bevölkerung** për frymë të popullsisë; 2) nga (*para numërorëve*); **je drei** nga tre; 3. *conj*; **je ..., um so ...; je ..., desto ...** sa ... aq ...; **je eher, desto besser** sa më parë, aq më mirë; **je nachdem** sipas rastit; **je nach den Umständen** sipas rrethanave.
j'edenfalls *adv* sidoqoftë; patjetër, medoemos.
j'eder *pron indef m* (*f* **jede,** *n* **jedes**) 1) secili (secila, secila gjë); **jeder für sich** secili për vete; **jede der Frauen** secila nga gratë; 2) kushdo; **jeder, der kommt** kushdo që të vijë; **hier darf jeder herein** këtu mund të hyjë kushdo; **ein jeder** kushdo; 3) çdo; **jeder Fehler kann hier ge-**

fährlich werden çdo gabim këtu mund të bëhet i rrezikshëm; **jeden Sonntag** çdo të diel; **zu jeder Zeit** në çdo kohë; **auf jeden Fall** sido që të ndodhë.

j'edermann *pron indef* kushdo; cilido; **man kann nicht jedermanns Freund sein** nuk mund të jesh mik i kujtdo.

j'ederzeit *adv* në çdo kohë.

j'edesmal *adv* çdo herë, gjithnjë.

j'edoch *conj* megjithatë; por.

j'edweder, j'eglicher *pron indef* kushdo, cilido.

Jeep [*xhip*] *m* **-s, -s** xhip (*automobil i vogël për çdo terren*).

j'eher *adv* : **von jeher** prej kohësh, qëkur.

j'emals *adv* ndonjëherë; **hast du jemals so etwas gesehen?** a ke parë ndonjëherë një gjë të tillë?

j'emand *pron indef* dikush, ndokush; **ist jemand gekommen?** a ka ardhur kush?; **hast du jemanden gesehen?** a ke parë njeri?

j'ener *pron dem m* (*f* **jene,** *n* **jenes;** *pl* **jene**) ai (ajo, ajo gjë; ata, ato); **dieser und jener** ky dhe ai; **dieser hier und jener dort** ky këtu dhe ai atje; **an jenem Tage** atë ditë.

j'enseitig *a* i përtejmë, i matanshëm (*breg etj.*).

j'enseits *präp* (G) matanë; **jenseits des Flusses** matanë lumit.

J'enseits *n* = bota tjetër.

Jersey [*xh'erzi*] 1. *m* **-(s), -s** xhersi (*copë e thurur ose e endur prej leshi*); 2. *n* **-s, -s** triko sportisti.

Jet [*xhet*] *m* **-(s), -s** aeroplan reaktiv.

j'etzig *a* i tanishëm, i sotëm; **in der jetzigen Zeit** sot, në kohën e sotme; **im jetzigen Zustand** në gjendjen e tanishme.

jetzt *adv* 1) tani; **bis jetzt** gjer tani; **von jetzt an** këtej e tutje; 2) atëherë; **jetzt hob er die Hand** atëherë ai ngriti dorën.

j'eweilig *a* përkatës.

j'eweils *adv* çdo herë.

Job [*xhob*] *m* **-s, -s** punë; **er hat einen guten Job gefunden** ka gjetur punë të mirë.

Joch *n* **-(e)s, -e** 1) zgjedhë (*edhe fig*); **das Joch abschütteln** shkund, flak zgjedhën; **jemanden ins Joch spannen** vë dikë nën zgjedhë; 2) : **ein Joch Ochsen** një pendë qe; 3) *gjeogr* qafë mali.

Jockey [*xh'oki*] *m* **-s, -s** kalorës (*në gara vrapimi*).

Jod *n* **-s** *kim* jod.

j'odeln *vi* **(h)** këndoj »jodël«.

J'oghurt *m dhe n* **-s** kos.

Joh'annisbeere *f* **=, -n** *bot* rrush serezi.

Joh'anniskäfer *m* **-s, =** xixëllonjë.

j'ohlen *vi* **(h)** ulërin, pëllet (*kafsha*).

J'okus *m* **-s** *bis* shaka.

J'olle *f* **=, -n** 1) barkë e lehtë me vela; 2) barkë e vogël.

Jongleur [*zhôgl'ër*] *m* **-s, -e** prestidigjitator.

J'ota *n* **-(s), -s** jota (*shkronjë greke*); *shpr* **nicht ein Jota** asnjë grimë.

J'oppe *f* **=, -n** xhaketë, setër (*burrash*).

Journal [*zhurn'al*] *n* **-s, -e** *vjet* gazetë; revistë.

Journal'ismus [*zhur-*] *m* **-s** gazetari.

Journal'ist [*zhur-*] *m* **-en, -en** gazetar.

journal'istisch [*zhur-*] *a* i gazetarit; i gazetarisë.

jovi'al [*-vial*] *a* 1) i gjallë, gazmor; 2) dashamirë.

Jovialit'ät [*-vi-*] *f* = gaz, hare.

J'ubel *m* **-s** 1) hare, gaz; 2) brohori.

J'ubeljahre : *shpr* **das kommt höchstens alle Jubeljahre einmal vor** kjo ndodh rrallë e për mall.

j'ubeln *vi* **(h)** gëzohem; **wir wollen nicht zu früh jubeln** të mos

gëzohemi para kohe; **die Kinder liefen dem Vater jubelnd entgegen** fëmijët vrapuan me gaz drejt t'et.
J'ubelfest *n* **-es, -e** *sh* **Jubiläum.**
Jubil'äum *n* **-s, -läen** jubilé.
jubil'ieren *vi* **(h)** 1) *sh* **jubeln;** 2) kremtoj jubileun.
j'ucken 1. *vi* **(h)**, *vimp* : **es juckt mich** më kruhet; *fig* **dich juckt wohl das Fell?** të ha kurrizi?; 2. *vrefl* **sich jucken** kruhem.
J'ude *m* **-n, -n** çifut, hebre.
j'üdisch *a* çifut, hebraik.
J'ugend *f* = 1) rini; **von Jugend an** që në rini; 2) rini, të rinjtë.
j'ugendfrei *a* i lejuar për të rinjtë (*film etj.*).
J'ugendfreund *m* **-(e)s, -e** shok rinie.
j'ugendlich 1. *a* 1) djaloshar; rinor; 2) i mitur; **ein jugendlicher Verbrecher** një kriminel i mitur; 2. *adv* : **jugendlich aussehen** dukem (si) i ri.
J'ugendliche *m, f* **-n, -n** djalë i ri; vajzë e re.
Jugosl'awe *m* **-n, -n** jugosllav.
jugosl'awisch *a* jugosllav.
Juice [*xhus*] *m dhe n* =, **-s** lëng frutash.
J'uli *m* **-(s)** korrik.
Jumper [*xh'ampër*] *m* **-s,** = triko.
jun. = **junior.**
jung *a* (*comp* **jünger,** *superl* **jüngst**) 1) i ri; **junges Volk** rini; **von jung auf** që në të ri; 2) i njomë, i freskët (*barishte, perime etj.*); 3) : **die junge Frau** e reja (*nusja*); 4) : *shpr* **jung und alt** i madh e i vogël.
J'unge I *m* **-n, -n** 1) djalë; 2) ndihmës, çirak.
J'unge II *n* **-n, -n** këlysh (*qeni etj.*).
j'ungen *vi* **(h)** pjell (*bushtra etj.*).
j'ungenhaft *a* si djalosh.
j'ünger *comp* i **jung.**
J'ünger *m* **-s,** = dishepull, ithtar.
J'ungfer *f* =, **-n** *vjet* vajzë; **alte Jungfer** vajzë plakë, lëneshë, fatpadalë.
J'ungfernfahrt *f* =, **-en** lundrim i parë (*i anijes*).
J'ungfrau *f* =, **-en** virgjëreshë.
j'ungfräulich *a* 1) virgjëror; 2) *fig* i paprekur, i pastër, i virgjër.
J'unggeselle *m* **-n, -n** beqar.
J'üngling *m* **-s, -e** djalosh.
jüngst (*superl i* **jung**) 1. *a* 1) më i ri; **er ist nicht mehr der jüngste** ai s'është më më i vogli; 2) i fundit; **die jüngsten Ereignisse** ngjarjet e fundit; 2. *adv* para pak kohe.
J'ungtürken *pl hist* xhonturqit.
J'uni *m* **-(s)** qershor.
j'unior *a* (*pas një emri të përveçëm*) i riu.
J'unior *m* **-s, Juni'oren** i ri; **eine Mannschaft von Junioren** një skuadër të rinjsh.
J'unker *m* **-s,** = junker (*çifligar i madh prusian*).
Junta [*h'unta*] *f* =, **Junten** juntë ushtarake.
J'ura *pl* drejtësi; **Jura studieren** studioj për drejtësi.
Jurisprud'enz *f* = jurisprudencë, drejtësi.
Jur'ist *m* **-en, -en** jurist.
jur'istisch *a* juridik.
Jury [*xh'uri*] *f* =, **-s** juri.
just *adv* tamam.
just'ieren *vt* rregulloj (*peshoren etj.*).
Just'iz *f* = drejtësi.
Just'izminister *m* **-s,** = ministër i drejtësisë.
J'ute *f* = *bot* jutë.
Juw'el *n* **-s, -en** xhevahir, gur i çmuar; *fig* **ein Juwel von einem Jungen** xhevahir-djalë.
Juwel'ier *m* **-s, -e** argjendar.
Jux *m* **-es, -e** *bis* shaka; **Jux treiben** qesh, tallem, bëj shaka.

K

Kab'ale *f* =, **-n** *vjet* intrigë.
Kabar'ett *n* **-s, -s** 1) estradë; 2) kabare (*tabaka e rrotullueshme e ndarë në sirtarë*).
Kabarett'ist *m* **-en, -en** artist estrade.
kabarett'istisch *a* i estradës (*program etj.*).
k'abbeln, sich *bis* ngacmojmë njëri-tjetrin (*për shaka*).
K'abel *n* **-s,** = 1) kabllo; 2) telegram; 3) kavo.
K'abeljau *m* **-s, -e** *dhe* **-s** *zool* merluc (*peshk*).
k'abeln *vt, vi* **(h)** telegrafoj.
Kab'ine *f* =, **-n** kabinë (*plazhi, anijeje etj.*).
Kabin'ett *n* **-s, -e** kabinet (*në kuptime të ndryshme*).
Kabin'ettstück *n* **-(e)s, -e** eksponat muzeumi; *iron* **sich ein Kabinettstück leisten** bëj një budallallëk.
Kabriol'ett *n* **-s, -e** kabriolet (*automobil me tavan që hapet e mbyllet*).
K'achel *f* =, **-n** pllakë qeramike.
k'acheln *vt* vesh me pllaka (*banjën etj.*).
K'acke *f* = *vulg* kakë.
k'acken *vi* **(h)** *vulg* bëj kakën.
Kad'aver [*-vër*] *m* **-s,** = 1) kufomë; 2) kërmë.
Kad'avergehorsam *m* **-es** bindje e verbër.
K'ader *m* **-s,** = kuadër.
Kad'ett *m* **-en, -en** kadet (*i një shkolle ushtarake*).
K'adi *m* : *shpr* **zum Kadi laufen** shkoj në gjyq.
K'äfer *m* **-s,** = *ent* brumbull.
Kaff *n* **-s, -s** *dhe* **-e** vend i humbur.
K'affee *m* **-s** 1) kafe; **Kaffee aufbrühen, filtern** bëj, kulloj kafenë; 2) *pl* **-s** kafe (*lokal*).
K'affeebohne *f* =, **-n** kokërr e kafes.
K'affee-Ersatz *m* **-es** surrogat (kafeje).
K'affeehaus *n* **-es, -häuser** *aust* kafe (*lokal*).
K'affeekanne *f* =, **-n** ibrik, kanë kafeje.
K'affeeklatsch *m* **-(e)s** *bis* thashetheme.
K'äfig *m* **-(e)s, -e** kafaz (*zogjsh, shtazësh etj.*).
kahl *a* 1) lakuriq, i zhveshur (*shkëmb, mur, dru etj.*); 2) i shogët, tullac.
k'ahlfressen* *vt ndash* ia ha krejt gjethet (*krimbi drurit*).
K'ahlkopf *m* **-(e)s, -köpfe** 1) kokë e shogët; 2) shogan, tullac.
K'ahlschlag *m* **-(e)s, -schläge** 1) shpyllëzim; 2) rrah.
Kahn *m* **-s, Kähne** barkë.
Kai *m* **-s, -e** *dhe* **-s** skelë.
K'aiser *m* **-s,** = perandor; *shpr* **sich um des Kaisers Bart streiten** hahem për mustaqet e Çelos.
K'aiserhaus *n* **-es, -häuser** dinasti perandorake.
K'aiserin *f* =, **-nen** perandoreshë.
K'aiserreich *n* **-(e)s, -e** perandori.
K'aiserschnitt *m* **-s, -e** *mjek* prerje cezariane.
Kaj'üte *f* =, **-n** kabinë (*anijeje*).
Kakao [*kak'au*] *m* **-s** kakao.
K'aktus *m* =, **Kakteen** *bot* kaktus.
Kalamit'ät *f* =, **-en** mjerim, fatkeqësi; **wirtschaftliche Kalamitäten** tronditje ekonomike.
K'alauer *m* **-s,** = lojë fjalësh.
Kalb *n* **-(e)s, Kälber** viç; *bis* **Augen wie ein Kalb machen** zgurdulloj sytë.
k'alben *vi* **(h)** pjell (*lopa*).

K'albsbraten *m* **-s** mish viçi i pjekur, rosto viçi.
K'albsbrust *f* = gjoks viçi (*i mbushur dhe i pjekur*).
Kald'aunen *pl* zorrë, plëndës, të brendshme.
Kal'ender *m* **-s,** = kalendar.
Kal'enderjahr *n* **-(e)s, -e** vit kalendarik.
Kal'esche *f* =, **-n** kaloshinë (*karrocë*).
K'alfakter *m* **-s,** = *dhe* **K'alfaktor** *m* **-s, -t'oren** *vjet* shërbyes (*që bën punë të ndryshme*).
Kal'iber *n* **-s,** = kalibër (*edhe fig*).
K'aliko *m* **-s, -s** përkal (*pëlhurë e trashë pambuku për veshje librash*).
K'alium *n* **-s** *kim* potas.
Kalk *m* **-s, -e** gëlqere; **gelöschter Kalk** gëlqere e shuar; **mit Kalk bewerfen** suvatoj (*murin etj.*).
Kalkbrenner'ei *f* =, **-en** furrë gëlqereje.
k'alken *vt* lyej, zbardh me gëlqere (*murin etj.*).
k'alkhaltig *a* gëlqeror.
K'alkhütte *f* =, **-n** *sh* **Kalkbrennerei.**
K'alkmörtel *m* **-s** llaç gëlqereje.
K'alkstein *m* **-(e)s, -e** gur gëlqereje.
Kalk'ül *m* dhe *n* **-s, -e** llogari.
Kalkulati'on *f* =, **-en** preventiv.
kalkul'ieren *vt* 1) llogaris; 2) *fig* mendoj.
Kalligraph'ie *f* = bukurshkrim.
Kalor'ie *f* =, **-i/en** kalori.
kalt *a* i ftohtë; **mir ist kalt** mërdhij; **es überlief ihn kalt** i shkuan mornica; *fig* **das läßt mich kalt** kjo s'më bën përshtypje; *fig* **kalte Dusche** dush i ftohtë; *fig* **kalter Krieg** luftë e ftohtë; *fig* **jemandem die kalte Schulter zeigen** s'përfill dikë; *fig* **kalt bleiben** nuk tundem.
k'altblütig *a* gjakftohtë.
K'altblütigkeit *f* = gjakftohtësi.
K'älte *f* = 1) të ftohtë; 2) *fig* ftohtësi.
kälten *vt* ftoh (*gjellën etj.*).
k'altlassen* *vt ndash* nuk (*më*) bën përshtypje.
k'altmachen *vt ndash* qëroj, vras.
k'altschnäuzig *a bis* i ftohtë, i pandjeshëm.
K'altschnäuzigkeit *f* = ftohtësi, pandjeshmëri.
k'altstellen *vt ndash* ia pres krahët (*dikujt*).
kam, käme *sh* **kommen*.**
Kam'el *n* **-s, -e** 1) *zool* deve; 2) *bis* guhak, leshko.
Kam'elhaar *n* **-s, -e** lesh deveje.
Kam'ellen *pl* : *shpr bis* **alte Kamellen** gjëra që dihen.
K'amera *f* =, **-s** aparat fotografik.
Kamer'ad *m* **-en, -en** shok (*shkolle, ushtrie etj.*).
Kamer'adschaft *f* =, **-en** shoqëri (*midis shokësh*).
kamer'adschaftlich *a* shoqëror; **kameradschaftliches Verhältnis** marrëdhënie shoqërore.
K'ameramann *m* **-s, -männer** *dhe* **-leute** kinooperator.
Kam'ille *f* =, **-n** *bot* kamomil.
Kam'in *m* **-s, -e** oxhak.
Kam'infeger *m* **-s,** = pastrues oxhaqesh.
Kamm *m* **-(e)s, Kämme** 1) krehër; **enger, feiner, grober, weiter Kamm** krehër i shpeshtë, i imtë, i trashë, i gjerë; 2) lafshë (*gjeli etj.*); kreshtë (*derri, mali etj.*); *fig* **ihm schwillt der Kamm** a) po e ngre lafshën, hundën; b) po kreshpërohet.
k'ämmen 1. *vt* kreh; 2. *vrefl* **sich kämmen** krihem.
K'ammer *f* =, **-n** 1) dhomë e vogël; 2) depo; 3) dhomë e deputetëve; 4) *usht* depo (*armësh etj.*); 5) *anat* barkushe (*e zemrës*).

K'ammergericht *n* **-(e)s, -e** gjyq i lartë (*në Berlin*).
K'ämmerlein *n* : *shpr* **im stillen Kämmerlein** në qetësi.
K'ammermusik *f* **=** muzikë dhome.
K'ammgarn *n* **-(e)s, -e** majë e leshit.
K'ammwolle *f* **=** lesh i krehur.
Kampagne [*-p'anjë*] *f* **=, -n** fushatë; **eine Kampagne einleiten** filloj një fushatë.
Kampf *m* **-(e)s, Kämpfe** 1) luftë, luftim; **der Kampf ums Dasein** lufta për ekzistencë; **ein Kampf auf Leben und Tod** luftë për jetë a për vdekje; **der Kampf um die Macht** lufta për pushtet; 2) *sport* ndeshje (*boksi etj.*).
k'ampfbereit *a* gati për luftë; **sich kampfbereit machen** përgatitem për luftë.
k'ämpfen *vi* **(h)** luftoj **(um, für A)** (*për demokraci etj.*); **(mit D)** (*me një kundërshtar etj.*); **(gegen A)** (*kundër shtypjes etj.*).
K'ampfer *m* **-s** *kim* kamfor.
K'ämpfer *m* **-s, =** luftëtar (*edhe fig*).
k'ampferprobt *a* i regjur në luftë.
K'ampfgenosse *m* **-n, -n** bashkë-luftëtar.
K'ampfhahn *m* **-(e)s, -hähne** 1) gjel luftarak; 2) *fig* grindavec.
k'ampflos *a* pa luftë.
k'ampflustig *a* luftarak.
K'ampfplatz *m* **-es, -plätze** fushë beteje; **auf dem Kampfplatz bleiben** mbetem, bie në luftë.
K'ampfrichter *m* **-s** *sport* gjyqtar.
K'ampfspiel *n* **-(e)s, -e** ndeshje, garë.
k'ampfunfähig *a* i paaftë për të luftuar.
K'ampfwagen *m* **-s, =** *usht vjet* qerre luftarake.
K'ampfzone *f* **=, -n** zonë luftimesh.
kamp'ieren *vi* **(h)** 1) kaloj natën jashtë (*në fushë, mal etj.*); 2) fle ku të mundem (*në kashtë, përtokë etj.*).
Kan'adier *m* **-s, =** kanadez
kan'adisch *a* kanadez.
Kanaille [*kan'aljë*] *f* **=, -n** faqezi, i poshtër.
Kan'al *m* **-s, -näle** kanal.
Kanalisat'ion *f* **=, -en** kanalizim.
kanalis'ieren *vt* kanalizoj.
Kanalis'ierung *f* **=, -en** kanalizim.
K'anapee *n* **-s, -s** divan, kanape.
Kan'ari/envogel *m* **-s, = vögel** *zool* kanarinë.
Kand'are *f* **=, -n** kapistër; kapistall; *fig* **jemanden an die Kandare nehmen** heq për kapistalli dikë.
K'andelzucker *m* **-s** *sh* **Kandis.**
Kandid'at *m* **-en, -en** kandidat.
Kandidat'ur *f* **=, -en** kandidaturë.
kandid'ieren *vi* **(h)** vë kandidaturën, paraqitem si kandidat (*për një vend etj.*).
kand'ieren *vt* sheqeros; **kandierte Früchte** fruta të sheqerosura.
K'andis *m* **=, K'andiszucker** *m* **-s** sheqer gjiriti, lebetsheqer.
Kan'eel *m* **-s, -e** kanellë.
Känguruh *n* **-s, -s** *zool* kangur.
Kan'in *n* **-(e)s, -e** gëzof lepuri të butë.
Kan'inchen *n* **-s, =** *zool* lepur i butë.
Kan'ister *m* **-s, =** bidon (*qumështi etj.*).
kann *sh* **können*.**
K'anne *f* **=, -n** 1) kanë, ibrik (*çaji etj.*); 2) bidon (*qumështi etj.*); 3) : *fig* **es gießt wie aus Kannen** bie shi me gjyma.
Kannib'ale *m* **-n, -n** kanibal (*edhe fig*).
kannib'alisch *a* shtazarak.
k'annte *sh* **können*.**
K'anon *m* **-s, -s** 1) normë; 2) listë (*e shkrimtarëve të shquar etj.*); **einen Kanon aufstellen** bëj një listë; 3) *muz* kanon.

Kan'one *f* =, **-n** 1) *usht* top; 2) *bis* (*njeri*) shumë i aftë, i zoti (*në një fushë të shkencës etj.*); *fig bis* **unter aller Kanone sein** s'vlen dy pare.
Kan'onenboot *n* **-(e)s, -e** kanonierë (*anije*).
Kan'onendonner *m* **-s** gjëmim topash.
Kan'onenfutter *n* **-s** *fig* mish për top.
Kanon'ier *m* **-s, -e** *usht* artilerist.
Kant'ate *f* =, **-n** *muz* kantatë.
K'ante *f* =, **-n** brinjë, cep, buzë; **an allen Ecken und Kanten** kudo, anekënd; *fig* **Geld auf die hohe Kante legen** vë pare mënjanë.
k'anten *vt* vë, vendos brinjas.
K'antersieg *m* **-(e)s, -e** *sport* fitore e plotë.
K'anthaken *m* : *shpr* **jemanden beim Kanthaken nehmen** ia heq veshin dikujt.
Kant'ine *f* =, **-n** mensë, bufe (*kazerme, fabrike etj.*).
Kant'on *m* **-s, -e** kanton, rreth (*ndarje administrative*).
kanton'ieren *vt vjet* strehoj (*ushtarët etj.*).
Kanton'ist *m* : *shpr* **ein unsicherer Kantonist** njeri që s'ia ke besën.
K'antor *m* **-s, -t'oren** drejtues kori.
K'anu *n* **-s, -s** *sport* kanoe (*lloj barke*).
Kan'üle *f* =, **-n** *mjek* age, gjilpërë.
K'anzel *f* =, **-n** 1) *fet* predikatore; 2) *av* kabinë e pilotit.
Kanzl'ei *f* =, **-en** zyrë avokatore.
K'anzler *m* **-s,** = kancelar.
Kap *n* **-s, -s** *gjeogr* kep.
Kap. = **Kapitel.**
kap'abel *a* i aftë, i zoti.
Kapazit'ät *f* = 1) *tek* kapacitet (*i një fabrike, ene etj.*); 2) *pl* **-en** njeri i shquar (*në një fushë etj.*).
Kap'ee *n*: *shpr bis* **schwer von Kapee sein** jam i trashë nga mendja.
Kap'elle *f* =, **-n** 1) kapelë (*kishë e vogël*); 2) *muz* orkestrinë.
k'apern *vt* 1) kap, zë (*një anije tregtare të armikut*); 2) *fig* përvetësoj.
kap'ieren *vt bis* kuptoj, ma pret mendja; **das habe ich nicht kapiert** këtë s'ma preu mendja.
kapit'al *a* kapital, themelor.
Kapit'al *n* **-s, -e** *dhe* **-i/en** *ek* kapital; **totes Kapital** kapital i vdekur; *fig* **aus etwas Kapital schlagen** përfitoj nga diçka.
Kapit'alanlage *f* =, **-n** investim kapitali.
kapitalis'ieren *vt* shndërroj në kapital.
Kapital'ismus *m* = *ek* kapitalizëm.
Kapital'ist *m* **-en, -en** kapitalist.
kapital'istisch *a* kapitalist.
Kapit'alverbrechen *n* **-s, -e** krim që dënohet me vdekje.
Kapit'än *m* **-s, -e** kapiten (*i një anijeje, aeroplani, skuadre etj.*).
Kap'itel *n* **-s,** = 1) kapitull (*libri etj.*); 2) *fig* çështje; **das ist ein Kapitel für sich** kjo është çështje më vete.
Kapitulati'on *f* =, **-en** kapitullim; **bedingungslose Kapitulation** dorëzim pa kushte.
kapitul'ieren *vi* **(h)** kapitulloj, dorëzohem.
K'appe *f* =, **-n** 1) kapë; *fig* **das nehme ich auf meine Kappe** për këtë marr përgjegjësinë unë; 2) *tek* kapak; 3) majë (*këpuce etj.*).
k'appen *vt* i pres, i shkurtoj majën (*drurit etj.*).
Kaprice [-'*isë*] *f* =, **-n** trill.
Kapri'ole *f* =, **-n** laradash.
kaprizi'ös *a* tekanjoz, trillan.
K'apsel *f* =, **-n** 1) këllëf, kuti; 2) kapsulë.
kap'utt *a bis* 1) i thyer, i prishur, i shkatërruar (*send etj.*); **kaputt**

machen prish; 2) *fig* i lodhur, i dërrmuar.

kap'uttgehen *vi ndash* **(s)** thyhem, prishem, shkatërrohem.

kap'uttmachen *vt ndash* thyej, prish, shkatërroj.

Kap'uze *f* =, **-n** kapuç.

Karab'iner *m* **-s,** = karabinë.

Kar'affe *f* =, **-n** kanë (*uji*).

Karambolage [*karambol'azhë*] *f* =, **-n** *bis* karambol (*përplasje*).

Kar'at *n* **-(e)s, -e** karat.

Kar'ausche *f* =, **-n** *zool* krapuliq (*peshk*).

Karaw'ane *f* =, **-n** karvan.

Karb'atsche *f* =, **-n** kërbaç.

karbonis'ieren *vt* karbonizoj.

Kardin'al *m* **-s, Kardinäle** *fet* kardinal.

Kardin'alfehler *m* **-s, -e** metë kryesore.

Kardin'alzahl *f* =, **-en** *gram* numëror themelor.

Karfr'eitag *m* **-s, -e** *fet* e premte e zezë.

karg *a* 1) dorështrënguar, dorërrudhur; 2) i kursyer (*në fjalë etj.*); 3) i paktë (*ushqim etj.*); 4) i varfër (*jetë*).

k'argen *vi* **(h)** kursehem; **er kargte nicht mit Lob** ai s'i kurseu lëvdatat.

k'ärglich 1. *a* i varfër, i mjerueshëm (*shpërblim, jetë etj.*); 2. *adv* me kursim.

kar'iert *a* me kuti, kuti-kuti (*pëlhurë etj.*).

K'aries *f* = *mjek* karie, kalbëzim (*i dhëmbit*).

Karikat'ur *f* =, **-en** karikaturë.

Karikatur'ist *m* **-en, -en** karikaturist.

karik'ieren *vt* karikaturoj, i bëj karikaturë.

karitat'iv *a* mirëbërës (*organizatë etj.*).

karmes'inrot *a* i kuq i ndezur.

K'arneval [*-val*] *m* **-s, -e** *dhe* **-s** karnaval.

Karn'ickel *n* **-s,** = lepur i butë.

K'aro *n* **-s, -s** 1) romb; 2) karo, diner (*letrash bixhozi*).

Kar'osse *f* =, **-n** karrocë.

Karosser'ie *f* =, **-i/en** karroceri.

Kar'otte *f* =, **-n** *bot* karotë.

K'arpfen *m* **-s,** = *zool* krap (*peshk*).

K'arre *f* =, **-n** karro; qerre; *fig* **die Karre aus dem Dreck ziehen** nxjerr gomarin nga balta.

K'arren *m* **-s,** = karro; qerre.

Karr'iere *f* =, **-n** karrierë.

K'arte *f* =, **-n** 1) kartolinë (*postare etj.*); 2) biletë (*treni, kinemaje etj.*); 3) listë (*gjellësh etj.*); 4) hartë; 5) letër, kartë (*bixhozi*); *fig* **mit offenen Karten spielen** luaj me karta të hapura.

Kart'ei *f* =, **-en** kartotekë (*spitali etj.*).

Kart'eikarte *f* =, **-n** kartelë.

Kart'ell *n* **-s, -e** *ek* kartel.

Kartenspiel *n* **-s, -e** 1) lojë me letra; 2) (një) palë letra.

Kart'offel *f* =, **-n** *bot* patate.

Kart'offelpuffer *m* **-s,** = *kuzh* patate e skuqur.

Kartogr'aph *m* **-en, -en** hartograf.

Kartograph'ie *f* = hartografi.

Karton [*kart'ô*] *m* **-s, -s** 1) karton; 2) kuti kartoni.

karton'iert *a* me lidhje kartoni (*libër*).

Kart'usche *f* =, **-n** fishek; gëzhojë.

Karuss'ell *n* **-s, -s** *dhe* **-e** rrotullame.

Karzin'om *n* **-s, -e** *mjek* tumor kanceroz.

Kasch'emme *f* =, **-n** mejhane.

kasch'ieren *vt* fsheh.

Käse *m* **-s,** = 1) djathë; 2) : **weißer Käse** gjizë; 3) *bis* gjepura; ... **und lauter solcher Käse ...** dhe përralla si këto; **alles Käse** të gjitha gjepura.

Kasem'atte *f* =, **-n** 1) fortifikatë e

nëndheshme; 2) vend i topave (*në një luftanije*).

Käser'ei *f* =, **-en** punishte djathi, baxho.

Kas'erne *f* =, **-n** kazermë.

kasern'ieren *vt* kazermoj (*ushtarët*).

käsig *a bis* dyllë i verdhë (*nga frika etj.*).

Kas'ino *n* **-s, -s** kazino.

Kask'ade *f* =, **-n** 1) ujëvarë; 2) kërcim i rrezikshëm (*i artistit në film etj.*).

K'asperle *n dhe m* **-s,** = karagjoz.

K'asperletheater *n* **-s,** = teatër kukullash.

Kassati'on *f* =, **-en** *drejt* kasacion, gjykatë e apelit.

K'asse *f* =, **-n** *fin* 1) arkë; **die Kasse führen** mbaj arkën; 2) sigurime shoqërore; 3) arkë kursimi.

K'assen(be)stand *m* **-(e)s, -stände** *fin* gjendje e arkës.

K'assenzettel *m* **-s,** = bono e arkës (*në dyqan*).

Kasser'olle *f* =, **-n** tenxhere.

Kass'ette *f* =, **-n** kasetë.

kass'ieren *vt* 1) arkëtoj të holla etj.); **Beiträge kassieren** mbledh kuotat; 2) *fig* fus në xhep, përvetësoj (*një shumë etj.*); 3) *vjet drejt* anuloj vendimin (*e gjykatës*).

Kass'ierer *m* **-s,** = arkëtar.

Kastagn'etten *pl* [*-njet-*] *muz* tingëza.

Kast'anie *f* =, **-i/en** *bot* gështenjë; *prov* **von jemandem die Kastanien aus dem Feuer holen lassen** kur ke mashën, pse të djegësh dorën!

K'aste *f* =, **-n** kastë.

Kast'ell *n* **-s,** = *hist* keshtjellë.

K'asten *m* **-s, Kästen** 1) kuti; arkë 2) sënduk; 3) dollap; 4) *fig bis* shtëpi; kazermë; anije; burg; 5) *bis* kaptinë, kungull.

kastr'ieren *vt* tredh.

K'asus *m* =, = *gram* rasë.

Kataf'alk *m* **-s,** = katafalk.

Katak'ombe *f* =, **-n** *hist* katakombë.

Katal'og *m* **-s, -e** katalog.

Katap'ult *n dhe m* **-(e)s, -e** katapultë.

katapult'ieren *vt* katapultoj.

Katar'akt I *m* **-es, -e** katarakt, kaskadë.

Katar'akt II *f* **-e, -en** *mjek* katarakt, perde e syrit.

Kat'arrh *m* **-s, -e** *mjek* katarr.

Kat'asteramt *n* **-(e)s, -ämter** kadastër.

katastroph'al *a* katastrofik.

Katastr'ophe *f* =, **-n** katastrofë.

K'ate *f* =, **-n** kasolle (*fshatarësh, peshkatarësh etj.*).

Katech'ismus *m* =, **-men** *fet* katekizëm.

Kategor'ie *f* =, **-ri/en** kategori.

kateg'orisch 1. *a* kategorik, i prerë; 2. *adv* kategorikisht.

K'ater I *m* **-s,** = *zool* maçok, dac.

K'ater II *m* **-s,** = turbullim pas pijes.

Kath'eder *m, n* **-s,** = katedër.

Kath'ederweisheit *f* =, **-en** dije e shkëputur nga jeta.

Kathedr'ale *f* =, **-n** katedrale.

Kathe'ter *m* **-s, -e** *mjek* kateter.

Kathol'ik *m* **-en, -en** katolik.

kath'olisch *a* katolik.

Katholiz'ismus *m* = katolicizëm.

Katt'un *m* **-s, -e** basmë e stampuar.

k'atzbuckeln *vi* **(h)** *bis* i bëhem urë (*dikujt*).

K'atze *f* =, **-n** *zool* mace; *fig* **wie Hund und Katze leben** shkojmë si macja me miun; *prov* **die Katze läßt das Mausen nicht** ç'len nga macja gjuan minj; *prov* **wenn die Katze aus dem Hause ist, tanzen die Mäuse (auf dem Tisch)** ikën macja, lozin minjtë; *fig* **die Katze im Sack kaufen** blej derr në thes.

K'atzenauge *n* **-s, -n** dritë e pasme (*e biçikletës*).
K'atzenjammer *m* **-s** 1) turbullim pas pijes; 2) *fig* të vrarët e ndërgjegjes.
K'atzentisch *m* **-es, -e** tryezë e fëmijëve.
K'auderwelsch *n* **-(s)** gjuhë e pakuptueshme.
k'auen *vt* 1) përtyp (*ushqimin etj.*); 2) ha (*thonjtë, fjalët*).
k'auern 1. *vi* **(s)** rri galiç, në bisht; 2. *vrefl* **sich kauern** 1) ulem galiç, në bisht; 2) eci duke u përkulur thellë.
Kauf *m* **-s, Käufe** blerje; **Kauf und Verkauf** shitblerje; *fig* **etwas (mit) in Kauf nehmen** pranoj (*një të keqe në mes të disa të mirave*); **leichten Kaufs davonkommen** ndahem, shpëtoj mirë.
k'aufen *vt* 1) blej; 2) blej (*me pare dikë*)
K'äufer *m* **-s, =** blerës.
K'aufhaus *n* **-es, -häuser** magazinë (*tregtare*).
k'äuflich *a* 1) që mund të blihet; 2) i shitur (*njeri etj.*).
K'aufmann *m* **-(e)s, -leute** tregtar.
k'aufmännisch 1. *a* tregtar; 2. *adv* : **kaufmännisch denken** mendoj si tregtar.
K'aufpreis *m* **-es, -e** çmim i blerjes.
K'aufvertrag *m* **-(e)s, -träge** marrëveshje blerjeje.
K'augummi *m* **-s, -s** çamçakëz.
K'aulquappe *f* **=, -n** *zool* larvë bretkose.
kaum *adv* 1) as, zor, mezi; **kaum zwei Meter hoch** as dy metra i lartë (i gjatë); **ich kann kaum gehen** mezi mund të eci; **es ist kaum zu glauben** vështirë të besohet; **er wird kaum noch kommen** zor të vijë tani; **ich glaube kaum, daß ...** nuk besoj që ...; 2) porsa, sapo; **er war kaum angekommen, als ...** sapo kishte ardhur, kur ...
kaus'al *a* shkakor.
Kausalit'ät *f* **=** lidhje shkakore.
K'autabak *m* **-s** duhan për përtypje.
Kauti'on *f* **=, -en** garanci.
K'autschuk *m* **-s, -e** kauçuk, gomë.
Kauz *m* **-es, Käuze** 1) *zool* hut, buf; 2) *bis* kokë më vete (*njeri*).
Kaval'ier [*-va-*] *m* **-s, -e** kavalier.
Kavaller'ie [*-va-*] *f* **=** kalorësi.
Kavaller'ist [*-va-*] *m* **-en, -en** kalorës.
Kav'ent [*-vent*] *m* **-en, -en** *drejt vjet* dorëzanë.
K'aviar [*-viar*] *m* **-s, -e** havjar.
keck *a* 1) i hedhur, i gjallë; 2) i pacipë, i pafytyrë; 3) i guximshëm (*pyetje etj.*).
K'eckheit *f* **=, -en** 1) gjallëri; 2) pafytyrësi.
K'egel *m* **-s, =** 1) kon; 2) biril; **Kegel schieben** loz me birile; *shpr* **mit Kind und Kegel** me laçkë e me plaçkë.
k'egelartig, kegelförmig *a* konik.
k'egeln *vi* **(h)** loz me birile.
K'ehle *f* **=, -n** *anat* fyt, grykë; *bis* **jemandem die Kehle abschneiden** ia pres grykën dikujt; **jemanden an der Kehle packen** zë dikë për gryke; *fig* **das Wasser geht, reicht ihm bis an die Kehle** i ka ardhur uji gjer në grykë; *fig* **jemandem an die Kehle springen** i hidhem dikujt në grykë; **etwas in die falsche Kehle bekommen** më ka shkuar keq (*kafshata*).
K'ehlkopf *m* **-(e)s, -köpfe** gurmaz.
K'ehraus *m* **=** vallja e fundit (*në mbarim të një feste etj*); *shpr* **den Kehraus machen (mit D)** i jap fund (*një pune etj.*).
K'ehrbesen *m* **-s, =** fshesë.
K'ehre *f* **=, -n** kthesë e rrugës.
k'ehren I 1. *vt* kthej (*kurrizin, armët etj.*); **das Unter(st)e zuoberst**

kehren bëj lesh e li; 2. *vrefl* **sich kehren;** 1) kthehem; **kehrt!** prapa kthehu!; *shpr* **sich nicht um etwas kehren** s'e përfill, s'e çaj kokën për diçka.

k'ehren II *vt* fshij (*oborrin, rrugën etj.*); *fig* **jeder kehre vor seiner Tür!** sikush të shikojë punën e vet!

K'ehricht *m, n* **-s** pleh.

K'ehrreim *m* **-(e)s, -e** refren.

K'ehrseite *f* **=, -n** 1) anë e prapme (*e një petku etj.*); 2) *fig bis* kurriz.

k'ehrtmachen *vi ndash* **(h)** kthehem, bëj »prapa kthehu!«

k'eifen *vi* **(h)** 1) grindem; 2) shaj me të bërtitura.

Keil *m* **-s, -e** pykë; **auf einen groben Klotz gehört ein grober Keil** kërcuri i trashë i do pykat të mëdha.

K'eile *f* **=** *bis* të rrahura.

k'eilen 1. *vt* 1) çaj me pykë; 2) *bis* mbledh, rekrutoj (*njerëz*); 2. *vrefl* **sich keilen** 1) çaj (*përmes turmës etj.*); 2) *bis* rrihem, kacafytem.

K'eiler *m* **-s, =** *zool* derr i egër.

Keiler'ei *f* **=, -en** *bis* rrahje.

k'eilförmig *a* në trajtë pyke.

K'eilschrift *f* **=** shkrim kuneiform (*i sumerëve, i babilonasve etj.*).

Keim *m* **-(e)s, -e** 1) fidan; 2) embrion; 3) *fig* burim; fillim, pikënisje.

k'eimen *vi* **(h)** 1) mbin (*bima etj.*); 2) *fig* lind (*dashuria etj.*).

K'eimfähigkeit *f* **=** *bujq* aftësi mbirëse.

k'eimfrei *a* i sterilizuar (*instrument kirurgjik, qumësht etj.*).

kein *pron indef* (*f* **keine,** *n* **kein;** *pl* **keine;** *pa emër: m* **keiner,** *f* **keine,** *n* **kein(e)s;** *pl* **keine**) asnjë, askush, asnjeri; **keine Ahnung!** s'e kam idenë!; **(nur) keine Angst!** (veç) mos kini frikë!; **er ist kein Deutscher** ai s'është gjerman; **ich habe keine Lust** s'kam aspak qejf; **keine Ursache!** s'ka për se!; **kein bißchen** aspak; **auf keinen Fall** në asnjë mënyrë.

keinerl'ei *a inv* asnjë; **auf keinerlei Weise** në asnjë mënyrë.

k'einerseits *adv* nga asnjë anë.

k'einesfalls *adv* në asnjë rast, në asnjë mënyrë.

k'eineswegs *adv* aspak.

k'einmal *adv* asnjëherë, kurrë.

Kelch *m* **-(e)s, -e** 1) kupë; 2) *bot* kupë (*e lules*); 3) *fig* kafshatë e hidhur.

K'elle *f* **=, -n** 1) garuzhdë, luhare, qepshe; 2) mistri (*e muratorit*).

K'eller *m* **-s, =** qilar, bodrum.

K'ellergeschoß *n* **-sses, -sse** kat nën dhe.

K'ellner *m* **-s, =** kamerier.

K'ellnerin *f* **=, -nen** kameriere.

k'ellnern *vi* **(h)** *bis* punoj si kamerier herë pas here.

k'eltern *vt* shtyp, shtrydh (*rrushin etj.*).

k'ennen* *vi* 1) di; **ja, das kenne ich!** po, këtë e di!; **er kennt sich nicht vor Wut** nga inati s'di ku është; **er kennt keine Rücksicht** ai s'do t'ia dijë fare; 2) njoh; **er kennt mich nicht mehr** ai s'do të më njohë më.

k'ennenlernen *vt ndash* njoh, shoh, lexoj për herë të parë.

K'enner *m* **-s, =** njohës i mirë, specialist.

k'enntlich *a* i dallueshëm; **kenntlich machen** dalloj.

K'enntnis *f* **=** 1) dije; **das entzieht sich meiner Kenntnis** këtë nuk e di; 2) njohje; 3) dijeni; **Kenntnis nehmen (von D)** marr njoftim (*për diçka*); **in Kenntnis setzen** vë në dijeni, njoftoj; 4) *pl* **-sse** dije, njohuri.

K'enntnisnahme *f* **=** : *shpr* **nach Kenntnisnahme** pas marrjes

dijeni; *shpr* **zur Kenntnisnahme** për dijeni.
K'ennwort *n* **-(e)s, -wörter** parullë.
K'ennzeichen *n* **-s, =** 1) shenjë dalluese; 2) numër, shkronjë dalluese (*e një makine etj.*).
k'ennzeichnen *vt* 1) shënoj; 2) karakterizoj; 3) dalloj (*me një etiketë etj.*).
k'ennzeichnend *a* karakteristik, tipik.
K'ennziffer *f* **=, -n** shifër dalluese.
k'entern *vi* (s) përmbyset (*anija*).
Ker'amik *f* **=, -en** 1) qeramikë; 2) *vetëm sing* poçari.
ker'amisch *a* qeramik.
K'erbe *f* **=, -n** 1) qokë; 2) shënjestër (*e pushkës etj.*).
K'erbel *m* **-s** *bot* antrisk gjethedylli.
k'erben *vt* qok (*një dru etj.*).
K'erbholz *n* : *shpr* **etwas auf dem Kerbholz haben** më vret ndërgjegjja për diçka.
K'erker *m* **-s, =** burg; **im Kerker schmachten** kalbem në burg.
K'erkermeister *m* **-s, =** rojë burgu.
Kerl *m* **-s, -e** *bis, shpesh përb* burrë; djalosh, djalë; **ein fixer Kerl** një djalë i shkathët; **der arme Kerl!** i shkreti!; **gemeiner Kerl** (njeri, burrë) i poshtër; **er (sie) ist ein anständiger Kerl** ai (ajo) është burrë (djalë, vajzë) i (e) ndersh(ë)m(e).
Kern *m* **-s, -e** 1) farë; bërthamë; 2) thelb; 3) palcë (*e drurit*); 4) *fig* zemër, qendër (*e qytetit etj.*); 5) *fig* thelb, esencë (*e çështjes etj.*); **zum Kern der Sache vorstoßen** vij te thelbi i çështjes.
K'ernenergie *f* **=** energji bërthamore.
K'ernfrage *f* **=, -n** çështje thelbësore.
K'erngehäuse *n* **-s, =** *bot* kthinë e farës.
k'erngesund *a* i shëndoshë si molla.
K'ernholz *n* **-es, -hölzer** 1) palcë e drurit; 2) lëndë druri e zgjedhur.
k'ernig *a* 1) me farë, me bërthamë; 2) *fig* i shëndoshë, i fortë.
K'ernkraftwerk *n* **-(e)s, -e** central atomik.
K'ernphysik *f* **=** fizikë bërthamore.
K'ernpunkt *m* **-(e)s, -e** thelb (*i një çështjeje etj.*).
K'ernreaktor -s, -t'oren reaktor bërthamor.
K'ernspaltung *f* **=, -en** zbërthim bërthamor.
K'ernstück *n* **-(e)s, -e** *fig* bërthamë (*e çështjes etj.*).
K'erntruppen *pl usht* trupa të zgjedhura.
K'ernwaffe *f* **=, -n** armë bërthamore.
K'erze *f* **=, -n** 1) qiri; 2) *tek* kandelë.
k'erzengerade *a* i drejtë si qiri.
K'escher *m* **-s, =** kariq (*mjet peshkimi*).
keß (*comp* **kesser,** *superl* **kessest**) *a* 1) trim, i patrembur; 2) i hedhur, i gjallë.
K'essel *m* **-s, =** 1) kazan; 2) *gjeogr* lugajë; 3) *usht* vend i rrethuar.
K'esselpauke *f* **=, -n** *muz* timpan, lodër.
K'esselraum *m* **-(e)s, -räume** e ndarë e kazanëve (*në anije etj.*).
K'esselstein *m* **-(e)s** bigorr.
K'esseltreiben *n* **-s, =** 1) gjah i lepurit; 2) *fig* **(auf A)** fushatë (*kundër dikujt*).
K'ette *f* **=, -n** 1) zinxhir, hekura (*qensh etj.*); 2) gjerdan (*gurësh të çmuar etj.*); 3) qostek (*sahati*); 4) rresht; 5) varg (*malesh etj.*); 6) *pl* pranga; **in Ketten schlagen (legen, schmieden)** i vë hekurat, i hedh prangat (*dikujt*).
k'etten *vt* 1) **(an A)** lidh me hekura (*në një hu qenin etj.*); 2) : *fig* **jeman-**

den an sich ketten lidh pas vetes dikë.
K'ettenfahrzeug *n* **-(e)s, -e** makinë (*kamion etj.*) me zinxhirë.
K'ettenraucher *m* **-s, =** duhanpirës që s'e heq cigaren nga goja.
K'ettenreaktion *f* **=, -en** *fiz* reaksion zinxhir.
K'etzer *m* **-s, =** heretik.
Ketzer'ei *f* **=, -en** herezi.
k'etzerisch *a* heretik.
k'euchen *vt* **(h)** gulçoj, dihas (*nga lodhja etj.*).
K'euchhusten *m* **-s** *mjek* kollë e mirë, kollë e bardhë.
K'eule *f* **=, -n** 1) topuz; 2) kofshë (*viçi etj.*).
keusch *a* i papërlyer, i virgjër.
kg = Kilogramm.
Kh'aki *m* **=** dok, pëlhurë ngjyrëkaki.
Khan *m* **-s, -e** kan (*titull*).
k'ichern *vi* **(h)** kakaris; qesh nën zë.
k'icken *bis* 1. *vt* shkelmoj (*topin*); 2. *vi* **(h)** luaj futboll.
K'icker *m* **-s, =** *bis* futbollist.
K'ickstarter *m* **-s, =** pedal i nisjes (*së motoçikletës*).
k'idnappen *vt* grabis, rrëmbej (*një fëmijë etj.*).
K'idnapper *m* **-s, =** grabitës, rrëmbyes (*i një fëmije etj.*).
K'idnapping *n* **-s** grabitje, rrëmbim (*i një fëmije etj.*).
K'iebitz *m* **-es, -e** 1) *zool* piskë (*zog*); 2) *fig bis* shikues i bezdisshëm (*në një lojë me letra etj.*).
K'iefer I *m* **-s, =** *anat* nofull, fulqi.
K'iefer II *f* **=, -n** *bot* pishë.
Kiel I *m* **-(e)s, -e** kërcell i pendës; pendë.
Kiel II *m* **-s, -e** *det* kil, karenë (*e anijes*).
K'ielraum *m* **-(e)s, -räume** *det* hambar (*i anijes*).
K'ielwasser *n* **-s** *det* brazdë, vazhdë që lë anija; *fig* **in jemandes Kielwasser segeln** shkoj pas brazdës së dikujt.
K'ieme *f* **=, -n** verzë (*peshku*).
Kien *m* **-(e)s, -e** 1) *bot* pishë; 2) ashkël pishe, pishë.
K'ienapfel *m* **-s, -äpfel** boçë pishe.
K'ienöl *n* **-(e)s, -e** *kim* terpentinë.
K'ienspan *m* **-(e)s, -späne** pishë (*për të ndriçuar, për të ndezur zjarrin etj.*).
Kies *m* **-es, -e** zhur, zhavorr.
K'iesel *m* **-s, =** guralec, papërdhok.
Kieselstein *m* **-(e)s, -e** guralec.
k'illen *vt bis* qëroj, vras.
K'iller *m* **-s, =** *bis* vrasës (*i paguar*).
K'ilo *n* **-s, -(s)** *bis* kilogram.
K'imme *f* **=, -n** shtjekëz (*e pushkës*).
Kilogr'amm *n* **-s, -e** kilogram.
Kilom'eter *m* **-s, =** kilometër
Kind *n* **-es, -er** fëmijë; **Weib und Kind haben** kam grua e fëmijë; **das weiß jedes Kind** këtë e di gjithë bota; **als Kind war ich oft dort** kur isha fëmijë, shkoja shpesh atje; **von Kind auf** që në fëmijëri; **mit Kind und Kegel** me kuç e me maç; *fig* **das Kind muß doch einen Namen haben** veprimi duhet të ketë një shkak; *prov* **gebranntes Kind scheut das Feuer** kur digjesh nga qulli i fryn dhe kosit; *fig bis* **wir werden das Kind schon schaukeln** do t'ia bëjmë dermanin (*një halli*).
K'indbett *n* **-(e)s** lehoni.
Kinder'ei *f* **=, -en** çilimillëk; punë çiliminjsh.
K'inderfrau *f* **=, -en** dado.
K'inderfräulein *n* **-s, =** guvernante.
K'indergarten *m* **-s, -gärten** kopsht fëmijësh.
K'indergärtnerin *f* **=, -nen** kujdestare, edukatore (*në kopshtin e fëmijëve*).
K'inderheilkunde *f* **=** pediatri.

K'inderkrankheit *f* =, **-en** sëmundje foshnjore (*edhe fig*).
K'inderlähmung *f* = *mjek* poliomielit.
k'inderleicht *a* shumë i lehtë, shumë i thjeshtë (*problem etj.*).
k'inderlieb *a* që i do fëmijët; **sie ist sehr kinderlieb** ajo i do fort fëmijët.
k'inderlos *a* pa fëmijë (*grua etj.*).
K'indermädchen *n* **-s, =** dado.
k'inderreich *a* me shumë fëmijë (*familje*).
K'inderschuh *m* **-s, -e** këpucë fëmijësh; *fig* **die Sache steckt noch in den Kinderschuhen** puna s'ka filluar mirë akoma.
K'inderspiel *n* **-(e)s, -e** 1) lojë e fëmijësh; 2) *fig* punë e lehtë.
K'inderwagen *m* **-s, =** karrocë fëmijësh.
K'indesalter *n* **-s** fëmijëri.
K'indesbeine *n pl* : *shpr* **von Kindesbeinen an** që nga mosha e njomë.
K'indeskind *n* **-(e)s, -er** 1) nip; 2) mbesë.
k'indhaft *a sh* **kindlich.**
K'indheit *f* = fëmijëri; **von Kindheit an** që në vogëli.
k'indisch *a* 1) fëmijëror; 2) si fëmijë; **alte Leute werden oft kindisch** plaku bëhet shpesh si fëmijë.
k'indlich *a* fëmijëror (*gëzim, pamje, natyrë etj.*).
K'indskopf *m* **-(e)s, -köpfe** *bis* fëmijë, çilimi (*për një të rritur*).
K'inkerlitzchen *pl bis* marrëzi.
Kinn *n* **-s** *anat* mjekër (*pjesë e nofullës*).
K'innbacke *f* =, **-n, Kinnlade** *f* =, **-n** nofull e sipërme dhe e poshtme.
K'ino *n* **-s, -s** kinema; **ins Kino gehen** shkoj në kinema.
K'inovorstellung *f* =, **-en** shfaqje kinematografike.
K'intopp *m dhe n* **-s, -s** *bis shak* kinema.
Ki'osk *m* **-s, -e** qoshk, kiosk (*për shitjen e gazetave etj.*).
K'ippe *f* =, **-n** 1) bisht cigareje; 2) zgrip; *fig* **auf der Kippe sein** jam në zgrip, në buzë të greminës.
k'ippen 1. *vt* 1) vë në zgrip, në buzë (*të tryezës etj.*); 2) përmbys; **einen kippen** kthej një gotë; 2. *vi* (s) rri në zgrip, në buzë (*të karriges etj.*).
K'ippwagen *m* **-s, =** vagon vetëshkarkues.
K'irche *f* =, **-n** kishë; *iron* **wir wollen die Kirche im Dorf lassen** nuk do ta teprojmë.
K'irchenlicht *n* : *shpr* **kein großes Kirchenlicht sein** nuk jam ndonjë kokë e madhe.
K'irchenmaus *f* : **arm wie eine Kirchenmaus sein** jam i këputur (*shumë i varfër*).
K'irchhof *m* **-(e)s, -höfe** varrezë (*pranë një kishe*)
k'irchlich *a* kishtar.
K'irchturm *m* **-(e)s, -türme** kambanare.
k'irre *a* : *shpr* **(jemanden, etwas) kirre machen** zbus (*dikë, një kafshë*).
K'irsche *f* =, **-n** *bot* qershi; *fig bis* **mit ihm (ihr) ist nicht gut Kirschen essen** me të s'ndahesh mirë.
K'irschwasser *n* **-s** vishnjak (*pije*).
K'issen *n* **-s, =** jastëk; **ein Kissen unter den Kopf legen** vë një jastëk nën kokë.
K'issenbezug *m* **-(e)s, -züge** këllëf, faqe jastëku.
K'iste *f* =, **-n** 1) arkë; 2) *fig* karakatinë (*makinë, anije e vjetruar*); 3) *bis* punë.
K'itsch *m* **-es** art pa shije.
k'itschig *a* pa shije (*art etj.*).
Kitt *m* **-(e)s, -e** lëndë ngjitëse, zamkë.

K'ittchen *n* **-s, =** *bis* birucë, burg.
K'ittel *m* **-s, =** 1) bluzë pune; 2) përparëse (*e mjekut etj.*).
k'itten *vt* ngjis (*një enë të thyer etj.*).
Kitz *n* **-es, -e** kec.
K'itzel *m* **-s** 1) guduli; 2) kruarje; 3) *fig* shtytje, shtysë, dëshirë (*për të bërë diçka që s'duhet bërë*).
k'itz(e)lig *a* 1) që guduliset; 2) *fig* delikate (*çështje etj.*).
k'itzeln *vt* 1) gudulis; 2) *bis* i kreh bishtin (*dikujt*); 3) ngjall (*oreksin*); 4) : *fig bis* **es kitzelt mich, etwas zu tun** më hanë duart për të bërë diçka, s'më rrihet pa bërë diçka.
Kl'adde *f* **=, -n** 1) hartim provizor; 2) kopje e keqe; 3) fletore shënimesh.
Kladderad'atsch *m* **-(e)s** *bis* 1) dështim; 2) rrëmujë.
kl'affen *vi* **(h)** rri hapur; **ein Abgrund klaffte vor ihnen** para tyre zgurdullohej një humnerë; **klaffende Wunde** plagë e hapur.
kl'äffen *vi* 1) leh (*qeni*); 2) *fig bis* shaj; hungëroj.
kl'agbar *a* (*gjë*) për të cilën mund të ankohesh; **klagbar werden (gegen A)** ankohem (*kundër dikujt*).
Kl'age *f* **=, -n** 1) e qarë, vaj, rënkim; 2) ankesë; 3) *drejt* padi; **eine Klage einreichen** ngre padi.
kl'agen *vi* **(h)** 1) **(über A)** qahem (*për diçka*); 2) **(um A)** qaj, vajtoj (*diçka*); 3) **(gegen A)** hedh në gjyq (*dikë*).
Kl'äger *m* **-s, =** *drejt* paditës.
kl'äglich *a* 1) ankues; 2) i mjerueshëm, i vajtueshëm (*dështim, përfundim etj.*).
Klam'auk *m* **-s** *bis* potere, zhurmë.
klamm *a* 1) i lagësht; 2) i ngrirë, i mpirë (*nga të ftohtët*); 3) *bis* i pamjaftueshëm; **wir sind sehr klamm an Geld** jemi shumë ngushtë për të holla.
Kl'ammer *f* **=, -n** 1) kllapë; 2) kapëse (*rrobash etj.*); 3) *tek* morsë.
kl'ammern 1. *vt* mbërthej; 2. *vrefl* **(an A) sich klammern** kapem (*pas një shprese etj.*).
Klam'otte *f* **=, -n** *bis* 1) copë (*tulle etj.*); 2) vjetërsirë; rrangull; 3) *vetëm pl* lecka; **pack deine Klamotten!** mblidh leckat!
Kl'ampfe *f* **=, -n** kitarë e thjeshtë.
klang *sh* **klingen.**
Klang *m* **-(e)s, Klänge** 1) tingull; **ohne Sang und Klang** pa zhurmë; 2) tringëllimë (*gotash etj.*).
Kl'angfarbe *f* **=, -n** timbër (*i zërit etj.*).
kl'anglos *a* i patingullt, i shurdhët.
kl'angvoll *a* tingëllues, i kumbueshëm (*emër, zë etj.*).
Kl'appe *f* **=, -n** 1) valvul (*e zemrës etj.*); 2) derë (*e sobës*); 3) kapak (*i bankës etj.*); 4) vrasëse mizash; *prov* **zwei Fliegen mit einer Klappe schlagen** me një gur vras dy zogj; 5) *bis* gojë, sqep; **halt die Klappe!** mbylle gojën, sqepin!; 6) *bis* shtrat, krevat.
kl'appen I *vi* **(h)** kërcet, përplaset (*dera etj.*).
kl'appen II *vi* **(h)** *bis* shkon mbarë (*puna etj.*); **es klappt!** mirë punët!; **es hat nichts geklappt!** nuk ka dalë gjë!
kl'app(e)rig *a* 1) i dërrmuar; i vjetruar; i shkatërruar (*send*); 2) : **ein klapperiger Gaul** një gërdallë; 3) i dobët, shëndetlig, i plakur (*njeri*).
kl'appern *vi* **(h)** përplaset (*dera etj.*); rrapëllon (*makina etj.*); kërcasin (*dhëmbët*).
Kl'apperschlange *f* **=, -n** *zool* gjarpër me zile.
Kl'apperstorch *m* **-(e)s, -störche** lejlek (*që thonë se sjell fëmijët e porsalindur*).

Kl'appfenster *n* **-s,** = *ark* këlysh (*i dritares*).

Kl'appsitz *m* **-es, -e** ndenjëse e palosshme (*në autobus etj.*).

Klaps *m* **-es, -e** 1) shpullë, dackë; 2) : *bis* **er hat einen Klaps** ai ka një dërrasë mangët.

kl'apsen *vt* i bie me shpullë (*dikujt*).

klar 1. *a* 1) i qartë, i kthjellët (*sy, qiell, vështrim, përgjigje etj.*); 2) i pastër (*ajër etj.*); 3) i çelët (*ngjyrë*); 4) i qartë, i kuptueshëm (*zë, fjalë etj.*); **klipp und klar** shumë e qartë, troç; 5) gati (*për qitje, lundrim etj.*); 2. *adv* qartë; **er spricht klar** ai flet qartë; **klar sehen** shoh qartë.

Kl'äranlage *f* =, **-n** instalim për pastrimin e ujërave.

kl'ären 1. *vt* 1) sqaroj (*një çështje etj.*); 2) pastroj, kulloj (*një lëng etj.*); 2. *vrefl* **sich klären** 1) kthjellohet (*moti*); 2) sqarohet (*një çështje etj.*).

kl'argehen* *vi* **(h)** *ndash bis* shkon, vete mirë (*puna etj.*).

Kl'arheit *f* = 1) kthjelltësi; 2) qartësi; **sich über etwas Klarheit verschaffen** sqaroj diçka.

klar'ieren *vt treg* zhdoganoj (*një ngarkesë të sjellë me anije etj.*).

Klarin'ette *f* =, **-n** *muz* klarinetë.

kl'arkommen* *vi* **(s)** *ndash bis* e rregulloj (*më dikë*).

kl'arlegen *vt ndash* shpjegoj, sqaroj.

kl'armachen *vt ndash* 1) bëj të qartë, të kuptueshme; 2) bëj gati (*anijen për nisje, topin për qitje etj.*).

kl'arsehen* *vi* **(h)** *ndash* shoh, kuptoj qartë.

kl'arstellen *vt ndash* shpjegoj, sqaroj (*një çështje etj.*).

kl'arwerden* *vi* **(s)** *ndash dhe vrefl* **sich klarwerden** kuptoj; **ich bin mir über meinen Fehler klargeworden** e kam kuptuar gabimin.

Kl'asse *f* =, **-n** 1) (*në kupt. të ndryshme*) klasë; 2) kategori; 3) : *bis* **das ist Klasse!** kjo është e mrekullueshme!

Klassement [*klasëm'â*] *n* **-s, -s** *sport* klasifikim.

Kl'assenarbeit *f* =, **-en** detyrë në klasë.

Kl'assenbewußtsein *n* **-s** ndërgjegje klasore.

Kl'assenbuch *n* **-(e)s, -bücher** ditar i mësuesit.

Kl'assenfeind *m* **-(e)s, -e** armik i klasës.

Kl'assengegensatz *m* **-(e)s, -gegensätze** kontradiktë klasore.

Kl'assengesellschaft *f* =, **-en** shoqëri me klasa.

Kl'assenkampf *m* **-(e)s, -kämpfe** luftë e klasave.

kl'assenlos *a* pa klasa; **klassenlose Gesellschaft** shoqëri pa klasa.

Kl'assenschichtung *f* = ndarje në klasa.

Kl'assenunterschied *m* **-(e)s, -e** ndryshim klasor.

Klassifikati'on *f* =, **-en** renditje, klasifikim.

klassifiz'ieren *vt* rendis, klasifikoj.

Klassifiz'ierung *f* =, **-en** renditje, klasifikim.

Kl'assik *f* = epokë klasike (*e letërsisë, e artit etj.*).

Kl'assiker *m* **-s,** = klasik (*i letërsisë etj.*).

kl'assisch *a* 1) klasik (*shkrimtar etj.*); 2) tipik; shembullor; 3) klasik, tradicional.

klatsch *onomat* pëlltuq; bëlldum, pau.

Klatsch *m* **-es, -e** 1) përplasje (*në ujë, baltë etj.*); 2) goditje (*me pëllëmbë etj.*); 3) *vetëm sing* thashetheme.

Kl'atschbase *f* =, **-n** ndrikull, ngjelkë.

kl'atschen 1. *vi* **(h)** 1) duartrokas; 2) përplaset (*shiu pas dritares etj.*);

3) *fig bis* përgojoj, marr të tjerët nëpër gojë; 2. *vt* 1) tregoj (*një të fshehtë etj.*); 2) i bie me shpullë (*dikujt*); 3) : **Beifall klatschen** duartrokas.

Klatscher'ei *f* =, **-en** thashetheme.

kl'atschnaß *a bis* i bërë qull.

kl'auben *vt* 1) mbledh, qëmtoj (*fjalë etj.*); 2) : **Worte klauben** kapem pas fjalëve.

Kl'aue *f* =, **-n** 1) kthetër (*e luanit etj.*); 2) thua (*i skifterit etj.*); *fig* **in die Klauen von Verbrechern fallen** bie në thonjtë e keqbërësve; 3) *bis* shkrim i keq.

kl'auen *vt bis* zgrap (*vjedh*).

Kl'ause *f* =, **-n** 1) qeli (*murgu*); 2) grykë, qafë (*mali*).

Kl'ausel *f* =, **-n** *drejt* klauzolë.

Kl'ausner *m* **-s,** = oshënar, jeremi.

Klaus'ur *f* =, **-en** 1) *vetëm sing* fshehtësi, sekret; 2) klauzurë (*vend i kuvendit ku ndalohet hyrja për të huajtë*); 3) provim me shkrim (*në fund të semestrit*).

Klav'ier [*-vir*] *n* **-s, -e** *muz* piano.

Klav'ierauszug [*-vir-*] *m* **-(e)s, -züge** partiturë për piano.

Klav'ierstimmer [*-vir-*] *m* **-s,** = akordues pianosh.

kl'eben 1. *vt* ngjis (*një pllakat në mur etj.*); *bis* **jemandem eine kleben** ia vesh dikujt një dackë; 2. *vi* **(h)** ngjitem; *fig* **er klebt zu sehr am Alten** ai nuk shqitet dot nga e vjetra.

kl'ebenbleiben* *vi ndash* **(s)** 1) mbetet ngjitur; 2) *bis* mbetem në klasë; 3) *bis* s' tundem nga vendi.

kl'ebrig *a* ngjitës (*gishta etj.*).

Kl'ebstoff *m* **-(e)s** (*lëndë*) ngjitëse.

kl'eckern *vi* **(h)** bëj, lë njollë (*në letër etj.*).

kl'eckerweise *adv* pjesë-pjesë; pak e nga pak.

Klecks *m* **-es, -e** njollë (*boje në letër etj.*).

kl'ecksen *vi* **(h)** bëj, lë njollë.

Klee *m* **-s** *bot* tërfil; *fig* **jemanden über den grünen Klee loben** ngre në qiell dikë.

Kl'eeblatt *n* **-(e)s, -blätter** 1) gjethe tërfili; 2) *fig* tre shokë të pandarë.

Kleid *n* **-(e)s, -er** 1) rrobë, petk; fustan; **ich bin zwei Tage nicht aus den Kleidern gekommen** ka dy ditë që s'kam rënë të fle; 2) *vetëm sing* uniformë (*e ushtarit etj.*).

kl'eiden 1. *vt* 1) vesh; 2) *fig* shpreh; **eine Sache in eine Form kleiden** shpreh diçka në një formë; 2. *vi* **(h)** (*më*) shkon (*një rrobë etj.*); 3. *vrefl* **sich kleiden** vishem.

Kl'eiderablage *f* =, **-n** gardërobë.

Kl'eiderbügel *m* **-s,** = varëse, kremastar.

Kl'eiderschrank *m* **-(e)s, -schränke** gardërobë (*dollap*).

kl'eidsam *a* që shkon (*rrobë etj.*).

Kl'eidung *f* =, **-en** veshje.

Kl'eidungsstück *n* **-(e)s, -e** rrobë.

Kl'eie *f* =, **-n** krunde.

klein 1) i vogël; **klein von Wuchs** shtatvogël; **klein machen** zvogëloj, thërrmoj; **ein klein wenig** paksa; *shpr* **der kleine Finger** gishti i vogël; **von klein auf** që për së vogli; 2) i njomë (*fëmijë, kafshë, bimë*); 3) i ulët (*çmim etj.*); 4) i lehtë (*gabim, detyrë, dhembje*); 5) i ngushtë (*shpirt etj.*).

Kl'einarbeit *f* = punë e imët.

Kl'einbahn *f* =, **-en** hekurudhë anësore.

Kl'einbauer *m* **-n** *dhe* **-s, -n** fshatar i varfër.

Kl'einbuchstabe *m* **-ns, -n** shkronjë e vogël.

Kl'einbürger *m* **-s,** = borgjez i vogël, mikroborgjez.

kl'einbürgerlich 1. *a* mikroborgjez; 2. *adv* si mikroborgjez, në mënyrë mikroborgjeze.

Kl'eingeld *n* -(e)s të holla (*pare të thyera*).
Kl'eingewerbetreibende *m, f* -n, -n zanatçi i vogël.
kl'eingläubig *a* besëpakë, që nuk ka besim.
Kl'einhandel *m* -s tregti me pakicë.
Kl'einhändler *m* -s, = tregtar i vogël.
Kl'einheit *f* = vogëlsi; *fig* **Kleinheit des Geistes** vogëlsi e mendjes.
Kl'einholz *n* **-es** ashkla (*për të ndezur zjarrin*); *fig bis* **etwas zu Kleinholz machen** bëj copë e çikë diçka.
Kl'einigkeit *f* =, **-en** vogëlsirë, çikërrimë; **das ist für ihn eine Kleinigkeit** kjo s'është asgjë për të.
Kl'einkram *m* -s *bis* çikërrimë.
kl'einlaut *a* që i ka ulur fjalët.
kl'einlich *a* 1) i ngushtë; 2) shpirtvogël; 3) dorështrënguar; 4) pedant.
kl'einmütig *a* burracak, frikacak.
Kl'einod *n* -(e)s, -e *dhe* -n'odi/en 1) xhevahir; 2) *fig* thesar.
Kl'einschreibung *f* =, -en shkrim me shkronjë të vogël (*i shkronjës së parë të një fjale*).
Kl'einstadt *f* =, **-städte** qytet i vogël (*me më pak se 20 000 banorë*).
kl'einstädtisch *a* i qytetit të vogël; provincial.
Kl'einstwohnung *f* =, **-en** garsonierë.
Kl'eister *m* -s brumë ngjitës.
kl'eistern *vt* ngjis (*me brumë*).
Kl'emme *f* =, **-n** 1) darë; 2) kapëse (*flokësh etj.*); 3) morsë; 4) : *fig bis* **in der Klemme sein** kam rënë ngushtë.
kl'emmen 1. *vt* 1) shtrëngoj (*me darë etj.*); **sich (D) die Finger klemmen** zë gishtërinjtë (*duke mbyllur derën etj.*); 2) *bis* zgrap; 2. *vrefl* **sich klemmen** : *bis* **sich hinter etwas klemmen** i vihem një pune; *bis* **sich hinter jemanden klemmen** i qepem pas dikujt.
Kl'empner *m* **-s,** = teneqepunues.
Klempner'ei *f* =, **-en** punishte teneqepunuesi.
Kl'ettereisen *n* **-s,** = hekura për të ngjitur shtyllat e elektrikut etj.
kl'ettern *vi* (s) 1) ngjitem, kacavirrem (*në një dru etj.*); 2) *fig* hipën, ngrihet (*temperatura, çmimi etj.*); 3) dal (*nga dysheku*); 4) zbres (*nga makina*).
Kl'etterpflanze *f* =, **-n** *bot* bimë kacavjerrëse.
kl'icken *vi* **(h)** kërcet (*brava etj.*).
Kli'ent *m* **-en, -en** klient.
Kl'ima *n* -s, **-mata** *dhe* **-m'ate** klimë.
Kl'imaanlage *f* =, **-n** rregullues i klimës (*brenda në dhomë*).
Klimakt'erium *n* -s *fiziol* klimakter.
klim'atisch *a* klimatik; **klimatischer Kurort** vend klimatik.
Klimb'im *m* **-s** *bis* 1) çikërrima; rrangulla; 2) rrëmujë.
kl'immen* *vi* **(s)** kacavirrem, ngjitem (*në një dru etj.*).
kl'impern *vi* **(h)** *bis* i bie keq (*një vegle muzikore*); përplas (*monedhat etj.*).
Kl'inge *f* =, **-n** 1) teh; 2) shpatë.
Kl'ingel *f* =, **-n** zile (*dere, biçiklete etj.*).
kl'ingeln *vi* **(h)** i bie ziles.
kl'ingen* *vi* **(h)** tingëllon (*mirë, keq, ndryshe një fjalë, shprehje, këngë etj.*).
kl'ingend *a* tingëllues; **mit klingender Münze bezahlen** paguaj me pare tingëlluese, me pare në dorë, të thata.
Kl'inik *f* =, **-en** *mjek* klinikë.
kl'inisch *a mjek* klinik.
Kl'inke *f* =, **-n** 1) dorezë (*dere etj.*); 2) reze (*dollapi, dritareje etj.*).
Kl'inker *m* **-s,** = fullë zjarrduruese.

klipp *adv* : *shpr bis* **klipp und klar** troç, qartë.

Kl'ippe *f* =, **-n** 1) sharrë (*shkëmb nën ujë*); 2) *fig* pengesë.

kl'irren *vi* (**h**) 1) dridhet (*xhami*); 2) kërcet (*akulli etj.*); 3) tingëllojnë (*gotat etj.*).

Klisch'ee *n* **-s, -s** klishe.

Klist'ier *n* **-s, -e** *mjek* klizmë.

Klitsch *m* **-es, -e** *bis* brumë.

kl'itschig *a* i qullët, i paardhur (*bukë etj.*).

Klo *n* **-s, -s** *bis* nevojtore.

Kl'oben *m* **-s,** = 1) cung; 2) *tek* dru i morsës.

kl'obig *a* 1) i patrajtë, i paformë; 2) *fig* i pagdhendur.

klomm *sh* **klimmen*.**

kl'opfen 1. *vi* (**h**) 1) rreh (*zemra, motorri etj.*); 2) trokas (*në derë*); 2. *vt* rrah (*qilimin etj.*).

Kl'opfer *m* **-s,** = 1) reze (*e derës*); 2) rrahëse (*qilimash*).

Kl'öppel *m* **-s,** = gjuhë e kambanës.

kl'öppeln *vt dhe vi* (**h**) bëj dantellë.

Klops *m* **-es, -e** dhe **Klöpse** qofte (*mishi*).

Klos'ett *n* **-s, -s** *bis* nevojtore.

Kloß *m* **-es, Klöße** shuk (*dheu etj.*); *fig* **einen Kloß im Halse haben** kam një komb në grykë.

Kl'oster *n* **-s, Klöster** kuvend, manastir.

Klotz *m* **-es, Klötze** 1) cung, trung; **dastehen wie ein Klotz** rri si hu gardhi; 2) *fig bis* njeri i pagdhendur.

Klub *m* **-s, -s** klub.

Kluft *f* =, **Klüfte** 1) plasë; 2) humnerë (*edhe fig*).

klug *a* 1) i mençur, i mprehtë, i zgjuar; **durch Schaden wird man klug** pësimi të bëhet mësim; **daraus werde ich nicht klug** këtë nuk po e kuptoj; 2) i arsyeshëm, i urtë (*mendim, këshillë etj.*); 3) i matur, i peshuar (*veprim etj.*).

kl'ügeln *vi* (**h**) (**über A**) vras mendjen, shtrydh trutë (*për diçka*).

Kl'ugheit *f* = urtësi; zgjuarsi; mençuri.

Kl'umpen *m* **-s,** = plis (*dheu*); copë (*gjalpi etj.*); kokrrizë (*ari etj.*); droçkë (*qumështi etj.*).

Kl'üngel *m* **-s,** = klikë, taraf.

km = **Kilometer.**

kn'abbern *vi* (**h**) *dhe vt* 1) bren (*miu djathin etj.*); 2) *bis* ha.

Kn'abe *m* **-n, -n** djalë; *fig* **er ist schon ein alter Knabe** nuk është më i ri.

Kn'abenalter *n* **-s** fëmijëri.

kn'abenhaft *a* fëmijëror.

Kn'abenjahre *pl* vite të fëmijërisë.

kn'acken 1. *vi* (**h**) kërcet (*dërrasa etj.*); 2. *vt* 1) thyej (*arra etj.*); 2) shpërthej (*një kasafortë etj.*); 3) shtyp (*pleshta etj.*); 4) : *fig* **harte Nüsse knacken** zgjidh probleme të vështira.

Kn'acker *m* **-s,** = : *shpr* **alter Knacker** plakush.

Knacks *m* **-es** 1) krismë (*e gotës që thyhet etj.*); 2) krisë, plasë (*e xhamit etj.*).

Kn'ackwurst *f* =, **-würste** (*lloj*) salsiçe.

Knall *m* **-s, -e** përplasje (*e derës etj.*); krismë (*e pushkës etj.*); *fig bis* **(auf) Knall und Fall** a) befas, papritur; b) me zhurmë, me potere; c) menjëherë, sakaq.

Kn'alleffekt *m* **-(e)s, -e** sukses i bujshëm.

kn'allen *vi* (**h**) 1) kërcet (*pushka etj.*); 2) përplaset (*dera etj.*); 3) : *fig* **die Farbe knallt** ngjyra t'i vret sytë.

kn'allig *a* me ngjyra të forta (*këmishë etj.*).

Kn'allkopf *m* **-(e)s, -köpfe** *bis* kokëkungull, kokëtul, kokëmish.

kn'allrot *a* flakë i kuq (*nga turpi etj.*).

knapp 1. *a* 1) i ngushtë (*petk etj.*);

2) i paktë, i kursyer; 3) i shkurtër (*afat etj.*); **meine Zeit ist knapp bemessen** kohën e kam të paktë; 4) i ngjeshur (*stil etj.*); 2. *adv* 1) mezi; **mit knapper Not** mezi, me zor; *bis* **es geht bei ihnen etwas knapp zu, her** ata janë disi ngushtë nga gjendja; 2) mu; **knapp bei mir** mu pranë meje.

Kn'appe *m* **-n, -n** 1) *hist* pazh, armëmbajtës (*në shërbim të një kalorësi*); 2) minator.

kn'apphalten *vt bis ndash* **(mit D)** mbaj me pak (*bukë etj.*), ia kursej (*bukën etj.*).

Kn'appheit *f* = mungesë.

Kn'arre *f* =, **-n** 1) rraketake; 2) *fig bis* pushkë.

kn'arren *vi* **(h)** kërcet (*dera etj.*).

Knast *m* **-(e)s, Knäste** 1) dru i shtrembër; 2) *bis* arrest; burg.

Kn'aster *m* -s duhan i keq.

kn'attern *vi* **(h)** rrapëllon, kërcet (*mitralozi etj.*).

Kn'äuel *m, n* **-s,** = 1) lëmsh; 2) turmë, grumbull (*njerëzish*).

Knauf *m* **-(e)s, Knäufe** dorezë (*bastuni, shpate etj.*).

kn'auserig *a* koprrac, kurnac, dorështrënguar.

kn'ausern *vi* **(h)** kursehem; **er knausert nicht mit Lob** ai s'i kursen lëvdatat.

kn'autschen *bis* 1. *vt* mbledh shuk (*letrën etj.*); 2. *vi* (h) rrudhet, zhubravitet (*stofi etj.*).

Kn'ebel *m* **-s,** = shtupë (*për t'i zënë gojën dikujt*).

Kn'ebelbart *m* **-s, -bärte** mjekër e dredhur me majë.

kn'ebeln *vt* 1) i shtupoj gojën (*dikujt*); 2) *fig* pengoj, ndrydh (*inisiativën etj.*).

Knecht *m* **-(e)s, -e** 1) shërbëtor; 2) mëditës, argat.

kn'echten *vt* skllavëroj.

Kn'echtschaft *f* = skllavëri.

kn'eifen* 1. pickoj (*krahun, faqen etj.*); 2. *vi* **(h)** *fig bis* i bëj bisht (*një pune etj.*).

Kn'eifer *m* **-s,** = syze me sustë.

Kn'eifzange *f* =, **-n** pincë.

Kn'eipe *f* =, **-n** pijetore.

kn'eipen *vi* **(h)** 1) pi; 2) zdërhallem.

kn'eten *vt* 1) ngjesh, mbruj; 2) shtyp (*trupin etj.*); 3) modeloj (*me baltë etj.*).

Knick *m* **-(e)s, -e** kthesë (*e rrugës etj.*); përthyerje (*e letrës etj.*).

kn'icken 1. *vi* 1) plaset, çahet (*veza etj.*); 2) thyhet (*dega etj.*); **er ist ganz geknickt** ai e ka lëshuar veten fare; 2. *vt* 1) përthyej (*fletën etj.*); 2) këpus (*degën etj.*); 3) thyej (*gjurin etj.*); 4) shtyp (*pleshtin etj.*).

Kn'ickerbocker *pl* pantallona sport, kilota.

kn'ick(e)rig *bis* koprrac, kurnac, dorështrënguar.

kn'ickern *vi bis* kursej, kursehem.

Knicks *m* **-es, -e** përulje, reverencë, temena.

Knie *n* -s, = 1) *anat* gju; **auf den Knien liegen** rri në gjunjë; **jemanden in die Knie zwingen** gjunjëzoj dikë; **die Knie wurden ihm weich** iu prenë gjunjët (*nga frika*); **auf die Knie fallen** bie në gjunjë; 2) dredhë, kthesë, bërryl (*lumi etj.*).

Kn'iebeugung *f* =, **-en** gjunjëzim.

kn'iefällig 1. *a* i gjunjëzuar; 2. *adv* në gjunjë.

kn'iehoch *a* (*i lartë*) gjer në gju (*borë, bar etj.*).

Kn'iehose *f* =, **-n** kilota.

knien *vi* 1) **(h)** rri në gjunjë; 2) **(s)** bie në gjunjë, gjunjëzohem.

Kn'iescheibe *f* =, **-n** *anat* kupë e gjurit.

kniff *sh* **kneifen***.

Kniff *m* **-(e)s, -e** 1) pickim; 2) perthyerje (*e letrës etj.*); 3) *bis* hile; marifet.

kn'ifflig *a* i vështirë, i ngatërruar (*çështje etj.*).

Knilch *dhe* **Knülch** *m* **-s, -e** *bis* djalosh i pafytyrë; njeri i përbuzshëm.

kn'ipsen *vt bis* 1) biroj (*biletat etj.*); 2) fotografoj.

Knirps *m* **-es, -e** 1) kolopuç, piciruk; 2) çadër që mblidhet.

kn'irschen *vi* **(h)** 1) kërcet (*zhuri, dëbora nën këmbë etj.*); 2) kërcëllij dhëmbët (*nga inati etj.*).

kn'istern *vi* **(h)** 1) fëshfërin (*letra, gjethet etj.*); 2) kërcet (*dërrasa etj.*); *fig* **es knistert im Gebälk** ka rrezik.

kn'ittern *vt* zhubravis, rrudh (*fustanin etj.*).

Kn'obelbecher *m* **-s, =** 1) kupë për zare; 2) *bis* çizme të shkurtëra (*ushtarësh*).

kn'obeln *vi* **(h)** 1) loz me zare; 2) *fig* shtrydh trurin, mendohem.

Kn'oblauch *m* **-(e)s** *bot* hudhër.

Kn'öchel *m* **-s, =** *anat* sy i këmbës, kërci.

Kn'ochen *m* **-s, =** kockë; **naß bis auf die Knochen** qull gjer në palcë; *bis* **der Schreck fuhr mir in die Knochen** më hyri frika gjer në palcë; **er ist nur Haut und Knochen** ai është kockë e lëkurë; **mir tun alle Knochen weh** më dhembin gjithë kockat; *bis* **nimm deine Knochen zusammen!** mblidhe veten!; *fig* **alter Knochen** kockë e vjetër.

Kn'ochengerüst *n* **-(e)s -e** skelet.

kn'ochenlos *a* pa kocka.

Kn'ochenmark *n* **-(e)s** palcë (*e kockës*).

kn'öchern *a* kockor.

kn'ochig *a* kockor, eshtak (*trup, fytyrë etj.*).

Kn'olle *f* **=, -n, Knollen** *m* **-s, =** 1) *bot* zhardhok (*i patates etj.*); 2) gungë.

kn'ollig *a* 1) gunga-gunga; 2) si patate (*hundë etj.*).

Knopf *m* **-(e)s, Knöpfe** 1) kopsë, pullë; **einen Knopf annähen** qep një pullë; 2) buton (*i ziles*); 3) dorezë (*e bastunit*); 4) kokë (*e gjilpërës*).

kn'öpfen *vt* mbërthej, kopsis (*këmishën etj.*).

Kn'opfloch *n* **-(e)s, -löcher** vrimë e kopsës.

kn'orke *a krahin bis* i shkëlqyer, i mrekullueshëm.

Kn'orpel *m* **-s, =** *anat* kërce.

kn'orrig *a* 1) i shtrembër; nejç (*dru*); 2) i thatë e i fortë (*burrë etj.*).

Kn'ospe *f* **=, -n** burbuqe, gonxhe, syth, bulë; **Knospen ansetzen, treiben** lulëzon, bulon, mugullon (*pema*).

kn'ospen *vi* **(h)** lulëzon, bulon, mugullon (*pema*).

Kn'oten *m* **-s, =** 1) nyjë; **einen Knoten knüpfen** lidh një nyjë; 2) nyjë (*e drurit*); 3) nyjësi; 4) *det* nyjë; 5) topuz (*flokësh*).

kn'oten *vt* lidh nyjë.

Kn'otenpunkt *m* **-(e)s, -e** nyjë (*hekurudhore, rrugore etj.*).

kn'otig *a* neje-neje, nejç (*gisht etj.*).

Knuff *m* **-(e)s, Knüffe** *bis* e shtyrë; bërryl; **jemandem einen Knuff versetzen** i bie me bërryl dikujt.

kn'uffen *vt bis* shtyj; i bie me bërryl (*dikujt*).

kn'üllen *vt* rrudh, zhubravis (*letrën, fustanin etj.*).

Kn'üller *m* **-s, =** *bis* : **der Film ist ein Knüller** filmi ka bërë bujë.

kn'üpfen *vt* lidh (*një nyjë etj.*); gërshetoj (*lule etj.*); thur (*një qilim etj.*); *fig* **die Bande der Freundschaft knüpfen** lidh miqësi.

Kn'üppel *m* **-s,** = 1) shkop; 2) *tek* marsh (*i makinës*).
kn'urren *vi* (**h**) 1) hungëron (*qeni*); 2) këndojnë (*zorrët*); 3) murmuroj.
kn'uspern 1. *vt* brej; 2. *vi* (h) kërcet.
kn'usprig *a* i rreshkur, i thekur (*bukë etj.*).
Kn'ute *f* =, **-n** kërbaç.
kn'utschen *bis* 1. *vt* puth (*dikë*). 2. *vi* (**h**) puth. 3. *vrefl* **sich knutschen** puthemi.
Kn'üttel *m* **-s,** = *sh* **Knüppel.**
koal'ieren *vi* (**h**) bashkohen, lidhen (*dy shtete etj.*).
Koaliti'on *f* =, **-en** koalicion.
K'obold *m* **-(e)s, -e** *folk* çipull.
Koch *m* **-(e)s, Köche** kuzhinier, gjellëbërës; *prov* **viele Köche verderben den Brei** shumë nuse e lënë shtëpinë pa fshirë.
K'ochbuch *n* **-(e)s, -bücher** libër kuzhine.
k'ochen 1. *vt* ziej (*gjellën etj.*); 2. *vi* (**h**) 1) vlon, zien (*uji etj.*); *fig* **es kocht in mir** ziej përbrenda; 2) gatuaj (*mirë, keq etj.*).
K'ocher *m* **-s,** = furnelë (*me vajguri, me korrent etj.*).
K'öcher *m* **-s,** = kukure (*për shigjeta*).
K'ochherd *m* **-(e)s, -e** furnelë, plitkë.
K'öchin *f* =, **-nen** gjellëbërëse.
K'ochlöffel *m* **-s,** = lugë gjelle.
K'ochsalz *n* **-(e)s, -e** kripë gjelle.
K'ochtopf *m* **-(e)s, -töpfe** tenxhere, vorbë gjelle.
Kode [*kod*] *m* **-s, -s** kod, shifër.
K'öder *m* **-s,** = karrem; *fig* **einen Köder auswerfen** hedh grepin.
k'ödern *vt* 1) zë me karrem; 2) *fig* ndjell, josh, bëj për vete (*me premtime etj.*).
K'odex *m* **-es, -e** *dhe* **-dizes** 1) kodik; 2) kod (*ligjesh etj.*).
kodifiz'ieren *vt* kodifikoj (*ligjet etj.*).
Koedukat'ion *f* = bashkedukim.
Koexist'enz *f* = bashkekzistencë.
K'offer *m* **-s,** = 1) valixhe; *fig* **den Koffer packen** nisem; 2) *usht bis* predhë.
K'offerradio *n* **-s, -s** radio portative.
Kognak [*konj'ak*] *m* **-s, -s** konjak.
Kohl I *m* **-(e)s, -e** *bot* lakër; *fig* **aufgewärmter Kohl** histori e vjetër.
Kohl II *m* **-(e)s** *bis* përralla, gjepura.
K'ohldampf *m* **-s** *bis* uri.
K'ohle *f* =, **-n** qymyr; **Kohle abbauen** nxjerr qymyr; *fig* **wie auf glühenden Kohlen sitzen** rri si mbi gjemba.
K'ohlenbecken *n* **-s,** = 1) pellg qymyrguror; 2) mangall.
K'ohlenbergwerk *n* **-(e)s, -e** minierë qymyrguri.
K'ohlengrube *f* =, **-n** minierë qymyrguri.
k'ohlenhaltig *a* që përmban qymyr.
K'ohlenlager *n* **-s,** = 1) shtresë qymyrguri; 2) depo qymyri.
K'ohlensäure *f* = *kim* acid karbonik.
K'ohlenstoff *m* **-(e)s** *kim* karbon.
K'ohlepapier *n* **-s, -e** letër kopjative.
K'öhler *m* **-(e)s,** = qymyrxhi.
K'ohlkopf *m* **-(e)s, -köpfe** koçan lakre.
K'ohlmeise *f* =, **-n** *zool* xhixhimës (*zog*).
k'ohlrabenschwarz *a* i zi si penda e korbit.
K'ohlrübe *f* =, **-n** *bot* panxhar.
k'ohlschwarz *a* i zi si qymyr, sterrë i zi.
K'oje *f* =, **-n** 1) *det* shtrat (*në anije*); 2) kthinë e vogël gjumi.
Koker'ei *f* = 1) koksifikim (*proces*); 2) *pl* **-en** uzinë koksifikimi.
kok'ett *a* koketë (*femër*).
Koketter'ie *f* =, **-en** koketëri.

kokett'ieren *vi* (h) sillem me koketëri.
K'okosnuß *f* =, **-nüsse** *bot* arrë koku.
Kok'otte *f* =, **-n** *vjet* lavire.
Koks *m* **-es** *kim* koks.
K'olben *m* **-s,** = 1) *kim* balonë; 2) *usht* qytë, kondak (*pushke*); 3) *tek* piston; 4) topuz.
K'olik *f* =, **-n** *mjek* kolikë.
kollab'ieren *vi* (h, s) *mjek* pësoj kolaps.
Kollaborateur [*kolaborat'ër*] *m* **-s, -e** bashkëpunëtor (*me armikun*).
Kollaborat'ion *f* = bashkëpunim (*me armikun*).
K'ollaps *m* **-es, -e** *mjek* kolaps.
Koll'ege *m* **-n, -n** shok (*pune, profesioni etj.*).
kollegi'al *a* i gjindshëm me shokë.
Kollegialit'ät *f* = të qenët i gjindshëm me shokët.
Koll'egium *n* **-s, -gi/en** kolegjium.
Koll'ekte *f* =, **-n** mbledhje fondesh (*për ndihmë etj.*).
Kollekti'on *f* =, **-en** koleksion.
kollekt'iv *a* kolektiv.
Kollekt'iv *n* **-s, -e** *dhe* **-s** kolektiv (*punëtorësh etj.*).
Kollekt'ivbauer *m* **-n, -n** fshatar kooperativist.
kollektiv'ieren *vt* kolektivizoj.
Kollekt'ivwirtschaft *f* =, **-en** ekonomi kolektive, kooperativiste.
K'oller *m* **-s,** = *bis* 1) *mjek* tërbim; 2) *fig* zemërim, tërbim.
k'ollern I *vi* (h) tërbohem.
k'ollern II *vi* (h) 1) kakarit (*gjeli i detit*); 2) këndojnë (*zorrët etj.*).
kollid'ieren *vi* (h, s) përplasem.
Kollier [*koli'e*] *n* **-s, -s** gjerdan.
Kollisi'on *f* =, **-en** përplasje.
Koll'oquium *n* **-s, -quien** kolokuium.
K'olon *n* **-s, -s** *dhe* **Kola** *gram* dy pika.
Kolonial'ismus *m* = kolonializëm.
Koloni'alwaren *pl* 1) bakallëqe; 2) dyqan bakallëqesh.
Kolon'ie *f* =, **-i/en** koloni (*në kupt. të ndryshme*).
Kolonisati'on *f* = kolonizim.
kolonis'ieren *vt* kolonizoj.
Kolonn'ade *f* =, **-n** *ark* shtyllnajë.
Kol'onne *f* =, **-n** 1) kolonë (*automjetesh etj.*); 2) *poligr* shtyllë, kolonë.
Kolorat'ur *f* =, **-en** *muz* koloraturë.
Kolor'it *n* **-s, -e** ngjyresë, kolorit.
Kol'oß *m* **-sses, -sse** kolos, vigan.
koloss'al *a* kolosal.
Kolportage [*kolport'azhë*] *f* = 1) letërsi pa vlerë; 2) hapje fjalësh.
kolport'ieren *vt* hap (*fjalë etj.*).
Kol'umne *f* =, **-n** shtyllë (*e gazetës*).
Kombin'at *n* **-(e)s, -e** kombinat.
Kombinati'on *f* =, **-en** 1) kombinim; 2) kostum; 3) kominoshe.
Kombine [*-b'inë*] *f* =, **-n** *dhe* [*b'ajn*] *f* =, **-s** *bujq* kombajnë.
kombin'ieren *vt* kombinoj.
Komb'üse *f* =, **-n** *det* kambuzë.
Kom'et *m* **-en, -en** *astr* kometë.
Komfort [*komf'or*] *m* **-s** komoditet.
komfort'abel *a* i rehatshëm.
K'omik *f* = 1) anë komike; 2) efekt komik.
k'omisch *a* qesharak; komik.
Komit'ee *n* **-s, -s** komitet.
K'omma *n* **-s, -s** *dhe* **-ta** *gram* presje.
Kommand'ant *m* **-en, -en** komandant.
Kommandeur [*-d'ër*] *m* **-s, -e** komandant (*i një anijeje, keshtjelle, qyteti etj.*).
kommand'ieren *vt* 1) komandoj; 2) urdhëroj.
Komm'ando *n* **-s, -s** 1) komandë; **das Kommando führen** komandoj; 2) *usht* repart (*për një qëllim të caktuar*).

Komm'andobrücke *f* =, **-n** urë komandimi (*e anijes*).

k'ommen* *vi* (s) 1) vij; **komm!**, hajde!; **kommen lassen** thërras, i them të vijë; **jetzt kommt ein neues Kapitel** tani fillon një kapitull i ri; **angelaufen kommen** vij me vrap; **gefahren kommen** vij me makinë etj.; **wie es gerade kommt** si të vijë (*puna*); **zu sich kommen** vij në vete; **in Bewegung kommen** vihem në lëvizje; **in Gefahr kommen** vihem në rrezik; **in Stimmung kommen** vij në qejf; **zur Sache kommen** vij në thelb të çështjes; 2) ndodh; **das durfte nicht kommen!** kjo s'duhej të ndodhte!; **das kommt daher, daß ...** kjo ndodh sepse ...; 3) : **an den Tag kommen** del në dritë; **aus dem Sinn kommen** (*më*) del nga mendja; **auf etwas (zu sprechen) kommen** filloj të flas për diçka; **ich komme nicht darauf** nuk më bie ndërmend; **ich bin nicht aus dem Haus gekommen** nuk kam dalë nga shtëpia; **ich bin nicht dazu gekommen** nuk kam pasur kohë; **um etwas kommen** humb diçka; **ums Leben kommen** humb jetën, vritem; **das kommt mich teuer zu stehen** kjo më kushton shtrenjtë; **jemandem dumm kommen** nuk di si të flas, si të sillem me dikë; **es ist so weit gekommen, daß ...** puna ka shkuar aq larg, saqë ...; **es kommen auf jeden 6 DM** secilit i takon të paguajë 6 marka gjermane; **durch eine Stadt kommen** kaloj nëpër qytet; **hierzu kommt noch ...** kësaj i duhet shtuar edhe ...; **hinter etwas kommen** zbuloj diçka; **der Brief kommt in einen Umschlag** letra futet në zarf; **jemandem in den Weg kommen** has dikë në rrugë; **ein Unglück ist über ihn gekommen** e ka gjetur një fatkeqësi; **der Besen kommt vor die Tür** fshesa e ka vendin pas derës; **zu Gelde kommen** bie në pare; **(wieder) zu Kräften kommen** marr veten; **zu Schaden kommen** dëmtohem; **es kam zu einem Streit** plasi një grindje; **zu etwas kommen** arrij diçka; nxjerr diçka në dritë; **er kommt zu nichts** ai s'nxjerr gjë në dritë; **wie bist du dazu gekommen?** ku e gjete?; **wie kommen Sie dazu, das zu tun?** ç'ju shtyn të bëni këtë?; **wie komme ich dazu, ihm Geld zu geben?** përse pikërisht unë t'i jap pare?

k'ommend *a* 1) që vjen; 2) i ardhshëm.

Komment'ar *m* **-s, -e** 1) komentim (*i një teksti etj.*); 2) koment.

Komment'ator *m* **-s, -t'oren** komentator.

komment'ieren *vt* komentoj.

Komm'ers *m* **-es, -e** mbrëmje e një shoqate studentësh.

kommerzi'ell *a* tregtar.

Kommilit'one *m* **-n, -n** bashkëstudent.

Kommis [*kom'i*] *m* = *vjet* shitës.

Komm'iß *m* **-sses** *bis* shërbim ushtarak.

Kommiss'ar *m* **-s, -e** komisar.

Komm'ißbrot *n* **-(e)s, -e** bukë ushtari.

Kommissi'on *f* =, **-en** komision.

Komm'ode *f* =, **-en** komo (*orendi*).

komm'un *a* 1) i përbashkët; 2) i zakonshëm.

kommun'al *a* komunal; bashkiak.

Komm'une *f* =, **-n** komunë.

Kommunikati'on *f* =, **-en** 1) komunikacion; 2) *vetëm sing* komunikim (*në mes njerëzve*).

Kommuni'on *f* =, **-en** *fet* kungim.

Kommuniqué [*komynik'e*] *n* **-s, -s** komunikatë.

Kommun'ismus *m* = komunizëm.
Kommun'ist *m* **-en, -en** komunist.
kommun'istisch *a* komunist.
kommuniz'ieren *vi* **(h)** 1) *fet* kungohem; 2) komunikoj.
Komödi'ant *m* **-en, -en** komediant.
Kom'ödie *f* **=, -n** komedi; *fig* **jemandem eine Komödie vorspielen** luaj komedi para dikujt.
komp'akt *a* i ngjeshur; kompakt.
Kompa(g)n'ie *f* **=, -i/en** 1) *treg* shoqëri; 2) *usht* kompani.
Kompagnon [*kompanj'ô*] *m* **-s, -s** ortak.
Komparati'on *f* **=, -en** *gram* krahasim.
Komparat'iv *m* **-s, -e** *gram* shkallë krahasore.
Komp'arse *m* **-n, -n** *teat* figurant.
Komp'aß *m* **-sses, -sse** busull.
Komp'endium *n* **-s, -di/en** manual.
Kompensati'on *f* **=, -en** kompensim.
kompens'ieren *vt* kompensoj.
kompet'ent *a* kompetent.
Kompet'enz *f* **=, -en** kompetencë.
komplement'är *a* plotësues.
Komplet [*kôpl'e*] *n* **-(s), -s** komplet (*kostum*).
kompl'ett 1. *a* i plotë; 2. *adv* krejt; *bis* **du bist komplett verrückt** paske lojtur fare.
komplett'ieren *vt* (për)plotësoj (*një koleksion etj.*).
kompl'ex *a* kompleks, i përbërë.
Kompl'ex *m* **-es, -e** kompleks.
Kompl'ice [*-së*] *m* **-n, -n** bashkëfajtor.
Komplikati'on *f* **=, -en** ndërlikim.
Komplim'ent *n* **-(e)s, -e** kompliment.
kompliz'ieren *vt* ndërlikoj (*një çështje etj.*).
kompliz'iert *a* i ndërlikuar, i ngatërruar; i vështirë.
Kompl'ott *n* **-(e)s, -e** komplot, përbetim.
Kompon'ente *f* **=, -n** pjesë përbërëse, komponente.
kompon'ieren *vt* 1) *muz* kompozoj (*një koncert etj.*); 2) hartoj, krijoj (*një vepër arti etj.*).
Kompon'ist *m* **-en, -en** kompozitor.
Kompositi'on *f* **=, -en** *muz, let, art* kompozim; kompozicion.
Komp'ositum *n* **-s, -ta** *gram* fjalë e përbërë, kompozitë.
Komp'ost *m* **-es, -e** *bujq* kompostim.
Komp'ott *n* **-(e)s, -e** komposto.
Kompr'esse *f* **=, -n** kompresë.
komprim'iert *a* i ngjeshur, i përmbledhur.
Komprom'iß *m* **-sses, -sse** kompromis.
kompromitt'ieren *vt* komprometoj.
Kondensat'ion *f* **=, -en** kondensim.
kondens'ieren 1. *vt fiz* kondensoj (*avullin, qumështin etj.*); 2. *vi* **(h)** kondensohet (*avulli, qumështi etj.*).
Kond'ensmilch *f* **=** qumësht i kondensuar.
Konditi'on *f* **=** gjendje (*fizike etj.*).
Kondition'alis *m* **=** *gram* (mënyrë) kushtore.
Kond'itor *m* **-s, -t'oren** ëmbëltor, pastiçier.
Konditor'ei *f* **=, -en** pastiçeri, ëmbëltore.
Kondol'enz *f* **=, -en** ngushëllim.
kondol'ieren *vt* **(h)** shpreh ngushëllimet (*për një vdekje*).
Konf'ekt *n* **-s, -e** sheqerkë.
Konfekti'on *f* **=, -en** 1) qepje rrobash të gatshme; 2) rroba të gatshme; 3) dyqan rrobash të gatshme.
Konfekti'onsindustrie *f* **=** industri e rrobave të gatshme.
Konfer'enz *f* **=, -n** konferencë.

konfer'ieren *vi* (h) 1) këshillohem, konsultohem; 2) zhvilloj bisedime.
Konfessi'on *f* =, **-en** *fet* rrëfim.
konfession'ell *a* fetar (*shkollë etj.*).
konfisz'ieren *vt* konfiskoj.
Konfit'üre *f* =, **-n** reçel.
Konfl'ikt *m* **-(e)s, -e** konflikt.
Konföderati'on *f* =, **-en** konfederatë.
konf'orm *adv* : *shpr* **konform gehen** jam i një mendjeje.
Konfrontati'on *f* =, **-en** 1) *drejt* ballafaqim; 2) përqasje (*e dy teksteve*); krahasim (*i të dhënave*).
konfront'ieren *vt* 1) *drejt* ballafaqoj; 2) përqas; krahasoj.
konf'us *a* 1) i hutuar; **konfus machen** hutoj; **konfus werden** turbullohem, hutohem; 2) i ngatërruar; i pështjelluar; konfuz; **konfuses Gerede** fjalë të ngatërruara.
Konfusi'on *f* = 1) hutim; 2) pështjellim; rrëmujë.
kongeni'al *a* i afërt shpirtërisht.
Konglomer'at *n* **-(e)s, -e** konglomerat.
Kongregati'on *f* =, **-en** kongregacion.
Kongreß *m* **-sses, -sse** kongres.
kongru'ent *a* 1) *mat* kongruent; 2) i njëjtë (*pikëpamje etj.*).
Kongru'enz *f* = 1) *mat* kongruencë; 2) *gram* përshtatje.
kongru'ieren *vi* (h) pajtohem plotësisht (*me një mendim etj.*).
K'önig *m* **-s, -e** 1) mbret; **der König der Tiere** mbreti i kafshëve (*luani*); 2) mbret (*në shah, letra bixhozi*).
K'önigin *f* =, **-nen** 1) mbretëreshë; 2) mbretëreshë (*në shah, letra bixhozi*).
k'öniglich 1. *a* mbretëror; 2. *adv* si mbret; **königlich leben** rroj si mbret.
K'önigreich *n* **-(e)s, -e** mbretëri.
K'önigtum *n* **-(e)s, -tümer** mbretëri.
k'onisch *a* konik.
Konjugati'on *f* =, **-en** *gram* zgjedhim.
konjug'ieren *vt gram* zgjedhoj.
Konjunkti'on *f* =, **-en** *gram* lidhëse.
Konjunkt'iv *m* **-s, -e** *gram* (mënyrë) lidhore.
Konjunkt'ur *f* = konjunkturë.
konk'av *a* konkav, i lugët.
Konkord'anz *f* =, **-en** konkordancë.
Konkord'at *m* **-(e)s, -e** konkordat (*traktat midis shtetit e kishës*).
konkr'et *a* konkret; **konkrete Formen annehmen** merr formë konkrete.
konkretis'ieren *vt* konkretizoj.
Konkurr'ent *m* **-en, -en** konkurrent.
Konkurr'enz *f* =, **-en** konkurrencë.
konkurr'enzlos *a* jashtë konkurrencës.
konkurr'ieren *vi* (h) konkurroj.
Konk'urs *m* **-es, -e** konkurs.
k'önnen* *vt folje modale* 1) mund, mundem, jam në gjendje (*të bëj diçka*); **ich kann nicht mehr!** s'mundem më!; *bis* **mir kann keiner etwas anhaben!** s'më bën dot gjë njeri mua!; *bis* **du kannst mich gern haben!** lërmë rehat!; 2) kam mundësi; **man kann** ka mundësi; **man kann nicht** s'ka mundësi; **er kann nichts dafür** ai s'ka faj; 3) di; **eine Sprache können** di një gjuhë.
K'önner *m* **-s,** = *bis* shumë i zoti (*në një fushë*).
Konn'ex *m* **-es, -e** lidhje (*me dikë, diçka*).
k'onnte *sh* **können***.
konsekut'iv *a gram* rrjedhimor.
Kons'ens *m* **-es** leje; pëlqim.
konsequ'ent *a* 1) konsekuent; 2) këmbëngulës.
Konsequ'enz *f* =, **-en** 1) konse-

kuencë; 2) : **die Konsequenzen tragen** përgjigjem për pasojat; **die Konsequenzen ziehen** nxjerr konkluzionet.

Konservat'ismus [*-va-*] *m* = konservatorizëm.

konservat'iv [*-va-*] *a* konservator (*parti etj.*).

Konservat'orium [*-va-*] *n* **-s, -ri/en** *muz* konservator.

Kons'erve [*-ve*] *f* =, **-n** konservë (*mishi, perimesh etj.*).

konservieren [*-v'irën*] konservoj (*mishin etj.*).

Konservierung [*-v'ir-*] *f* =, **-en** konservim.

konsist'ent *a* 1) i ngjeshur, i fortë, i qëndrueshëm; 2) konsekuent.

Kons'ole *f* =, **-en** *ark* ancak.

konsolid'ieren *vt* konsolidoj, forcoj.

Konson'ant *m* **-en, -en** *gram* bashkëtingëllore.

Kons'orten *pl* shokë; **der Dieb und seine Konsorten** hajduti e shokët e tij.

Kons'ortium *n* **-s, -ti/en** *ek* konsorcium.

Konspirati'on *f* =, **-en** përbetim, konspiracion.

konspir'ieren *vi* **(h)** përbetohem (*kundër një regjimi etj.*).

konst'ant *a* 1) i pandryshueshëm, i qëndrueshëm; 2) *mat* konstant; 3) këmbëngulës.

konstat'ieren *vt* konstatoj.

Konstellati'on *f* =, **-en** *astr* yllësi.

konstern'ieren *vt* lë shtang, tmerroj.

konstitu'ieren *vt* themeloj.

Konstituti'on *f* =, **-en** 1) kushtetutë; 2) përbërje; strukturë.

konstru'ieren *vt* 1) ndërtoj (*një avion etj.*); 2) vizatoj (*një figurë etj.*).

Konstrukteur [*-t'ër*] *m* **-s, -e** konstruktor.

Konstrukti'on *f* =, **-en** 1) ndërtim; 2) projekt, plan; 3) *vetëm sing* projektim; 3) pjellë e fantazisë.

Konsul'at *n* **-(e)s, -e** konsullatë.

Konsultati'on *f* =, **-en** 1) konsultë (*e mjekut*); 2) konsultim (*midis qeverive etj.*).

konsult'ieren *vt* konsultoj (*mjekun etj.*).

Kons'um I *m* **-s** konsum.

K'onsum II *m* **-s, -s** *bis* kooperativë konsumi.

Kons'umartikel *m* **-s,** = artikull konsumi.

Konsum'ent *m* **-en, -en** konsumator.

Kons'umgenossenschaft *f* =, **-en** kooperativë konsumi.

Kons'umgüter *pl ek* artikuj konsumi.

konsum'ieren *vt* konsumoj.

Kont'akt *m* **-(e)s, -e** kontakt.

Kont'aktlinse *f* =, **-n** *opt* thjerrëz me kontakt.

Kont'aktmann *m* **-(e)s, -männer** informator (*i policisë etj.*)

k'ontern *vi* **(h)** hidhem në kundërsulm, kundërsulmoj.

K'ontext *m* **-es** kontekst.

Kontin'ent *m* **-s, -s** *gjeogr* kontinent.

Konting'ent *n* **-s, -e** kontingjent (*mallrash etj.*).

kontingent'ieren *vt* kontingjentoj (*ushqimet etj.*).

kontinu'ierlich *a* i vazhdueshëm.

Kontinuit'ät *f* = vazhdimësi.

K'onto *m* **-s, Konten** *fin* llogari.

Kontokorr'ent *n* **-(e)s, -e** *fin* llogari rrjedhëse.

Kontor'ist *m* **-en, -en** nëpunës i një ndërmarrjeje tregtare.

K'ontra *n* : **das Pro und das Kontra** pro dhe kundër.

Kontrah'ent *m* **-en, -en** kontraktues, palë kontraktuese.

Kontr'akt *m* **-(e)s, -e** kontratë.

kontr'är *a* i kundërt.
Kontr'ast *m* **-es, -e** kontrast.
kontrast'ieren *vi* **(h)** bën kontrast.
Kontributi'on *f* **=, -en** kontribucion (*për mbajtjen e trupave të pushtimit etj.*).
Kontr'olle *f* **=, -n** kontroll (*në kupt. të ndryshme*).
Kontrolleur [*-l'ër*] *m* **-s, -e** kontrollues.
kontroll'ieren *vt* kontrolloj.
Kontrov'erse [*-ver-*] *f* **=, -en** 1) diskutim; 2) çështje e diskutueshme.
Kont'ur *f* **=, -en** përvijim.
Konventi'on *f* **=, -en** 1) konventë, marrëveshje; 2) normë, rregull (*e shoqërisë etj.*).
konvention'ell *a* i zakonshëm.
konverg'ieren *vi* **(h)** konvergojnë (*mendimet etj.*)
Konversati'on [*-ver-*] *f* **=, -en** bisedë, bisedim.
Konversati'onslexikon [*-ver-*] *n* **-s, -ka** *dhe* **-ken** fjalor enciklopedik.
Konversi'on *f* **=, -en** 1) *fin* konvertim; 2) kthim (*në një fe tjetër*).
konvert'ieren [*-ver-*] 1. *vt* konvertoj; 2. *vi* **(h)** kthehem (*në një fe tjetër*).
konv'ex [*-veks*] *a* konveks, i mysët.
K'onvoi *m* **-s, -s** karvan i mbrojtur (*anijesh etj.*).
Konzentr'at *n* **-(e)s, -e** koncentrat (*kimik etj.*).
Konzentrati'on *f* **=, -en** përqendrim.
Konzentrati'onslager *n* **-s, =** kamp, fushë përqendrimi.
konzentr'ieren *vt* përqendroj.
konzentr'iert *a* i përqendruar.
konz'entrisch *a* bashkëqendror, koncentrik (*rreth*).
Konz'ept *n* **-s, -e** plan; konspekt; projekt; *fig* **aus dem Konzept kommen** humb pusullën, fillin.
Konzepti'on *f* **=, -en** 1) konceptim; 2) ngjizje, ngjitje me barrë.
Konz'ern *m* **-s, -e** *ek* koncern.
Konz'ert *m* **-(e)s, -e** *muz* koncert.
konzert'iert *a* : **konzertierte Aktion** veprim i bashkërenditur.
Konzessi'on *f* **=, -en** 1) lëshim; 2) *ek* koncesion.
Konzess'ivsatz *m* **-es, -sätze** *gram* fjali lejore.
Konz'il *n* **-s, -e** *fet* koncil.
konzili'ant *a* lëshues, që bën lëshime.
Kooperati'on *f* **=, -en** bashkëpunim.
kooper'ieren *vi* **(h)** bashkëpunoj.
Koordinati'on *f* **=, -en** bashkërenditje.
koordin'ieren *vt* bashkërendis.
Kopf *m* **-(e)s, Köpfe** 1) kokë, krye; *fig* **den Kopf hängen lassen** lëshoj veten; *fig* **sich (D) etwas in den Kopf setzen** më hipën diçka në kokë; *fig* **seinen Kopf durchsetzen wollen** dua të dalë imja; *fig* **den Kopf für jemanden hinhalten** vë dorën në zjarr për dikë; *fig* **mir raucht der Kopf** më zien koka; *fig* **mir brummt der Kopf** më gjëmon koka; *fig* **ich weiß kaum mehr, wo mir der Kopf steht** nuk di ku kam kokën; *fig* **jemandem den Kopf verdrehen** ia marr mendtë dikujt; *fig* **den Kopf verlieren** humb fillin; *fig* **jemandem den Kopf waschen** i jap një dru dikujt; *fig* **sich (D) (über etwas) den Kopf zerbrechen** vras mendjen (*për diçka*); **den Kopf hoch tragen** mbaj ballin lart; *fig* **kühlen Kopf bewahren** ruaj gjakftohtësinë; **jemanden um einen Kopf kürzer machen** ia pres kokën dikujt; *fig* **den Kopf voll haben** më vjen koka vërdallë; *fig* **er ist nicht auf den Kopf gefallen** atij nuk ia ha qeni shkopin; *fig* **und**

wenn du dich auf den Kopf stellst, ich gehe nicht hin sikur kaq ta bësh dhëmbin, unë atje nuk vete; *fig* **alles auf den Kopf stellen** i bëj të gjitha lesh e li; **aus dem Kopf aufsagen** them përmendësh (*një vjershë etj.*); **es will mir nicht aus dem Kopf** s'më hiqet nga mendja (*diçka*); *prov* **was man nicht im Kopf hat, das hat man in den Beinen** kush s'ka kokë ka këmbë; *fig* **Rosinen im Kopf haben** bluaj me mend gjëra të mëdha; **eine Aufgabe im Kopf rechnen** zgjidh një problem me mend (*pa laps e letër*); **er ist nicht ganz richtig im Kopf** ai ka një dërrasë mangët; **das will mir nicht in den Kopf** kjo nuk më hyn në kokë; **mit bloßem Kopf** kokëjashtë; **von Kopf bis Fuß** nga koka te këmbët; *bis* **Kopf weg!** kujdes!; **die Sache ist ihm über den Kopf gewachsen** ai nuk i del më zot asaj pune; 2) krye, fillim (*i një letre etj.*); 3) *bot* kokë, koçan (*lakre etj.*); 4) titull (*i një gazete*); 5) krye, kryetar (*i një bande etj.*); 6) kokë, frymë (*e popullsisë etj.*).

K'opfarbeit *f* = punë mendore.

K'opfarbeiter *m* **-s, =** punonjës i mendjes.

K'opfball *m* **-(e)s, -bälle** *sport* goditje me kokë.

K'opfbedeckung *f* **=, -en** kapelë, kësulë etj.

k'öpfen *vt* 1) i pres kokën dikujt; 2) i bie topit me kokë (*në futboll*).

K'opfende *n* **-s, -n** kryet (*e shtratit etj.*).

K'opfhänger *m* **-s, =** *fig bis* qaraman.

K'opfhörer *m* **-s, =** radio me kufje.

K'opfkissen *n* **-s, =** jastëk (*për të fjetur*).

k'opflos *a* 1) pa kokë; 2) i pamend (*veprim etj.*).

K'opfrechnen *n* **-s** llogaritje me mend.

k'opfscheu *a* : *shpr* **jemanden kopfscheu machen** tremb dikë.

K'opfschmerzen *pl* dhembje koke; *fig bis* **sich (D) (keine) Kopfschmerzen machen** (nuk) e çaj kokën; *fig bis* **das bereitet mir Kopfschmerzen** kjo më hap telashe.

K'opfsprung *m* **-(e)s, -sprünge** *sport* kërcim me kokë.

k'opfstehen *vi* **(h)** *ndash* 1) qëndroj mbi kokë; 2) *fig bis* s'di nga t'ia mbaj; s'jam në vete; hutohem fare.

K'opftuch *n* **-(e)s, -tücher** shami koke.

k'opfüber *adv* pingul, kokëposhtë.

K'opfweh *n* **-s** dhembje koke.

K'opfzerbrechen *n* **-s** kokëçärje, andrallë, telash.

Kop'ie *f* **=, -n** kopje.

kop'ieren *vt* kopjoj.

K'opilot *m* **-en, -en** kopilot, pilot i dytë.

Kop'ist *m* **-en, -en** kopist.

K'oppel I *f* **=, -n** 1) çift (*zagarësh, kuajsh etj.*); 2) vathë.

K'oppel II *n* **-s, =** *usht* rrip (*shpate*).

k'oppeln *vt* 1) lidh bashkë (*qentë, kuajt etj.*); 2) lidh (*rimorkion, telefonat etj.*); 3) *gram* bashkoj (*dy fjalë*).

K'opp(e)lung *f* **=, -en** lidhje (*e telefonave etj.*).

Koprodukti'on *f* **=, -en** prodhim i përbashkët (*i një filmi etj.*).

K'opula *f* **=, -s** *gram* këpujë.

Kor'alle *f* **=, -n** koral.

Korb *m* **-(e)s, Körbe** 1) shportë; 2) : *fig bis* **einen Korb geben** refuzoj krushqinë.

K'orbball *m* **-(e)s** *sport* basketboll.

K'orbsessel *m* **-s, =** karrige kashte.

Kord *m* **-s** kadife me vija (*pëlhurë e trashë*).
K'ordel *f* =, **-n** kordele.
Kordon [*kord'ô*] *m* **-s, -s** kordon (*i policisë etj.*).
Kore'aner *m* **-s,** = korean.
kore'anisch *a* korean.
Kor'inthe *f* =, **-n** stafidhe.
Kork *m* **-s, -e** tapë.
k'orken *vt* mbyll me tapë.
K'ork(en)zieher *m* **-s,** = tapënxjerrës.
Korn *n* 1) **-(e)s** drithë; grurë; thekër; *fig* **ein Mann von echtem Schrot und Korn** burrë katërqindsh; 2) **-(e)s, -er** kokërr (*gruri, breshri etj.*); kokrrizë (*rëre etj.*); 3) **-(e)s** *usht* thep (*pushke*); **etwas aufs Korn nehmen** vë, marr diçka në shënjestër.
Korn *m* **-(e)s** shnaps (*raki*).
K'ornblume *f* =, **-n** *bot* lule gruri.
K'örnchen *n* **-s,** = kokrrizë (*kripe etj.*).
k'örnen 1. *vt* 1) shkoq; 2) bëj kokrriza-kokrriza; 2. *vrefl* **sich körnen** lëshon kallinj (*gruri etj.*).
K'ornfeld *n* **-(e)s, -er** arë gruri.
k'örnig *a* 1) kokrriza-kokrriza (*sipërfaqe etj.*); 2) i ashpër (*gur etj.*).
K'ornkammer *f* =, **-n** hambar (*edhe fig*).
Kor'ona *f* =, **Koronen** 1) kurorë (*e diellit etj.*); 2) *bis* shoqëri (*gazmore etj.*); 3) *përb* tufë (*mashtruesish etj.*).
K'örper *m* **-s,** = 1) trup; **seinen Körper abhärten** kalis trupin; 2) organ (*ligjvënës etj.*); 3) *fiz, astr, gjeom* trup.
K'örperbau *m* **-(e)s** ndërtim i trupit; trup (*i fortë, i dobët,i brishtë etj.*).
K'örperkultur *f* = fizkulturë.
k'örperlich *a* 1) trupor; **körperliche Schmerzen** dhembje në trup; **körperlicher Eid** betim me gojë (*jo me shkrim*); 2) fizik.
K'örperschaft *f* =, **-en** korporatë.
K'örperverletzung *f* =, **-en** *drejt* gjymtim, cungim, plagosje (*me qëllim*).
Korps [*kor*] *n* = [*kors*], = [*kors*] 1) *usht* korparmatë; 2) : **diplomatisches Korps** trup diplomatik.
korpul'ent *a* i plotë, i bëshëm, i trashë (*nga trupi*).
K'orpus 1. *n* =, **Korpora** përmbledhje e plotë (*e ligjeve etj.*); 2. *m* = trup (*i makinës etj.*); arkë, kasë (*e radios etj.*). 3. *m* =, **-se** *bis shak* trup.
Korrefer'ent *m* **-en, -en** bashkëreferues.
korr'ekt *a* 1) korrekt (*qëndrim etj.*); 2) i rregullt (*njeri etj.*).
Korr'ektor *m* **-s, -t'oren** korrektor.
Korrekt'ur *f* =, **-en** korrekturë (*bocash shtypi etj.*).
Korrelati'on *f* =, **-en** 1) korrelacion; 2) *biol* bashkëlidhje.
Korrespond'ent *m* **-en, -en** korrespondent.
Korrespond'enz *f* =, **-en** letërkëmbim, korrespondencë.
Korrespond'enzbüro *n* **-s, -s** ndërmarrje që shpërndan materiale për shtyp.
korrespond'ieren *vi* (**h**) mbaj letërkëmbim.
K'orridor *m* **-s, -e** rruginë, korridor.
korrig'ieren *vt* ndreq, korrigjoj (*gabimet*).
Korrosi'on *f* =, **-en** brejtje, gërryerje (*e metalit*).
korrump'ieren *vt* 1) korruptoj, prish; 2) korruptoj, blej.
korr'upt *a* 1) i korruptuar, i prishur, i shthurur; 2) i korruptuar, i shitur.
Korrupti'on *f* =, **-en** korrupsion, shthurje, zvetënim.

Kors'ett *n* **-(e)s, -e** *dhe* **-s** korse.
K'orso *m* **-s, -s** 1) vargan makinash ose karrocash të stolisura me lule; 2) rrugë kryesore (*në një qytet italian*).
Koryph'äe *m* **-n, -n** 1) korife; 2) specialist i shquar (*në një fushë të shkencës etj.*).
k'oscher *a* pregatitur sipas zakonit hebraik (*gjellë*); *shpr bis* **etwas ist nicht (ganz) koscher** diçka nuk është krejt në rregull.
k'osen 1. *vt vjet* përkëdhel, ledhatoj; 2. *vi* **(h) (mit D) : mit jemandem kosen** përkëdhelem me dikë.
K'osename *m* **-ns, -n** emër përkëdhelës.
Kosm'etik *f* = kozmetikë.
kosm'etisch *a* kozmetik.
k'osmisch *a* kozmik.
Kosmon'aut *m* **-en, -en** kozmonaut.
Kosmopol'it *m* **-en, -en** kozmopolit.
K'osmos *m* = kozmos.
Kost *f* = ushqim; **Kost und Logis** [*lozhi*] ushqim dhe strehim; **jemanden in Kost nehmen** mbaj dikë me bukë.
k'ostbar *a* i çmueshëm (*send etj.*).
k'osten I *vt* provoj (*ushqimin etj.*).
k'osten II *vi* **(h)** kushton; **wieviel kostet es?** sa bën?; **es koste, was es wolle!** të dalë ku të dalë!; *fig* **das kostet ihn den Kopf** kjo do t'i hajë kokën; **es kostet mich nur ein Wort** mjafton të them vetëm një fjalë.
K'osten *pl* shpenzime; **auf seine Kosten kommen** nxjerr shpenzimet; **auf eigene Kosten** me shpenzimet e veta; *fig* **auf Kosten anderer leben** rroj në kurriz të të tjerëve.
k'ostenfrei 1. *a* pa pagesë; **der Eintritt ist kostenfrei** hyrja është pa pagesë, e lirë; 2. *adv* falas.
k'ostenlos *sh* **kostenfrei.**
K'ostenvoranschlag *m* **-s, -schläge** preventiv i shpenzimeve.
K'ostgänger *m* **-s,** = 1) konviktor; 2) ai që ha e fle në një pension.
K'ostgeld -(e)s, -er shpenzime për ushqim.
k'östlich *a* 1) i shijshëm, i zgjedhur (*gjellë, verë etj.*); 2) i shtrenjtë; 3) *fig bis* gazmor, argëtues.
k'ostspielig *a* i shtrenjtë, i kushtueshëm (*edhe fig*).
Kost'üm *n* **-s, -e** kostum.
kostüm'ieren *vt* vesh si (*marinar, fshatar etj.*).
K'ostverächter *m* : *shpr* **er ist kein Kostverächter** ai nuk bën naze.
Kot *m* **-es** 1) mut; 2) *vjet* baltë.
Kot'au *m* : *shpr* **vor jemandem einen Kotau machen** përulem para dikujt.
Kotel'ett *n* **-s, -s** *kuzh* kotoletë.
Kotel'etten *pl* bazeta.
K'öter *m* **-s,** = qen.
K'otflügel *m* **-s,** = parafangë, baltëpritëse.
k'otig *a* i përmutur; i ndragur; i përbaltur.
k'otzen *vi* **(h)** vjell.
Kr'abbe *f* **=, -n** *zool* karkalec deti.
kr'abbeln *vi* 1) **(s)** zvarritem; 2) **(h)** *bis* (*më*) ha (*një fanellë e leshtë etj.*).
Krach *m* **-s, -e** *dhe* **-s** 1) krismë; zhurmë, potere; **mit Ach und Krach** me shumë mundime; 2) grindje, zënkë, sherr; 3) falimentim (*i një banke etj.*).
kr'achen 1. *vt* 1) kërcet (*pushka etj.*); 2) gjëmon (*bubullima etj.*); 3) përplaset (*dera etj.*); 2. *vrefl* : *fig bis* **sich krachen** grindem, zihem.
kr'ächzen *vi* **(h)** 1) krakërin (*korbi etj.*); 2) *fig* flas me zë të ngjirur.
Krad *n* **-s, -s** *sh* **Kraftrad.**

kraft *adv* (G) në sajë (të) ... në bazë (*të*) ...

Kraft *f* =, **Kräfte** 1) forcë, fuqi (*mendore, fizike etj.*); **aus eigener Kraft** me forcat e veta; **von Kräften kommen** dobësohem; **wieder zu Kräften kommen** marr veten; **nach Kräften** brenda mundësive; 2) fuqi (*e një ligji*); **in Kraft treten** hyn në fuqi (*ligji*); **in Kraft setzen** shpall (*ligjin*); 3) *fiz* energji; 4) fuqi punëtore.

Kr'aftanlage *f* =, **-n** central elektrik.

Kr'aftaufwand *m* **-(e)s** konsum energjie.

Kr'aftfahrer *m* **-s**, = shofer.

Kr'aftfahrzeug *n* **-s**, **-e** (*shkurt* **Kfz**) automjet.

kr'äftig *a* 1) i fortë; 2) i ushqyeshëm.

kr'äftigen 1. *vt* forcoj; 2. *vrefl* **sich kräftigen** marr veten (*pas një sëmundjeje*).

Kr'äftigung *f* = forcim.

kr'aftlos *a* 1) i pafuqishëm; i flashkët; 2) i pavlefshëm (*vendim etj.*).

Kr'aftlosigkeit *f* = dobësi.

Kr'aftmaschine *f* =, **-n** motor.

Kr'aftmesser *m* **-s**, = *fiz* dinamometër.

Kr'aftprobe *f* =, **-n** provë force.

Kr'aftrad *n* **-(e)s**, **-räder** motoçikletë.

Kr'aftstoff *m* **-(e)s**, **-e** lëndë djegëse, karburant.

Kr'aftverkehr *m* **-s** qarkullim automobilistik.

kr'aftvoll *a* i fortë, i fuqishëm.

Kr'aftwagen *m* **-s**, = makinë (*automobil, kamion*).

Kr'aftwerk *n* **-(e)s**, **-e** central elektrik.

Kr'agen *m* **-s**, = 1) jakë; 2) *fig* jetë, kokë; **es geht ihm an den Kragen** ai luan me kokën.

Kr'ähe *f* =, **-n** *zool* sorrë; *prov* **eine Krähe hackt der anderen kein Auge aus** sorra sorrës s'ia nxjerr sytë.

kr'ähen *vi* **(h)** 1) këndon (*gjeli*): *fig bis* **kein Hahn kräht danach** s'çan njeri kokën për këtë; 2) *fig* gugat (*foshnja*).

Kr'ähenfüße *pl* 1) rrudha anës syve; 2) këmbë pulash (*shkrim i keq*).

Krak'eel *m* **-s** *bis* 1) zënkë, grindje; 2) potere.

krak'eelen *vi* **(h)** *bis* 1) zihem, grindem; 2) bëj potere.

Kr'alle *f* =, **-n** kthetër, thua (*kafshësh ose zogjsh*); *fig* **die Krallen zeigen** tregoj dhëmbët.

kr'allen *vt* : **sich an etwas (fest)krallen** kapem me dhëmbë e me thonj pas diçkaje; **die Finger in etwas krallen** ia ngul thonjtë diçkaje.

Kram *m* **-s** 1) çikërrima; 2) rrangalla, rraqe; 3) gjepura; 4) zhurmë, potere; **mach nicht so viel Kram!** mos bëj gjithë këtë zhurmë!; 5) : *fig bis* **das paßt ihm nicht in den Kram** kjo i prish punë; *fig bis* **ich habe den Kram satt** kjo (*punë etj.*) më ka ardhur në majë të hundës.

kr'amen *vi* **(h)** **(in D)** gërmoj, rrëmoj (*në sirtar etj.*).

Kr'ämer *m* **-s**, = 1) bakall; 2) njeri i ngushtë, i vogël, shpirtvogël.

Kr'ämerseele *f* =, **-n** njeri shpirtvogël.

Kr'amladen *m* **-s**, **-läden** dyqan bakalli.

Kr'ampe *f* =, **-n** çengel.

Krampf *m* **-(e)s**, **Krämpfe** 1) *mjek* ngërç, përpëlitje, spazmë; 2) *fig bis* zell i tepërt, zhurmë e kotë; 3) *fig bis* punë e rëndë.

kr'ampfen, sich *vetr* përpëlitem.

kr'ampfhaft *a* përpëlitës.

Kran *m* **-(e)s**, **Kräne** *tek* vinç.

Kr'anich *m* **-s, -e** *zool* kojrillë.

krank *a* i sëmurë; **sich krank lachen** vdes së qeshuri; **sich krank stellen** shtirem i sëmurë; *fig* **krank vor Sehnsucht sein** tretem, digjem nga malli.

Kr'anke *m, f* **-n, -n** i (e) sëmurë.

kr'änkeln *vi* **(h)** jam shëndetlig.

kr'anken (h) *vi* **(an D)** lëngoj, vuaj (*nga një sëmundje*).

kr'änken 1. *vt* lëndoj, fyej ; 2. *vrefl* **sich kränken (über A)** 1) fyhem, prekem (*nga diçka*); 2) vuaj (*nga diçka*).

Kr'ankenhaus *n* **-es, -häuser** spital.

Kr'ankenkasse *f* **=, -n** arkë e sigurimeve kundër sëmundjeve.

Kr'ankenkost *f* **=** dietë.

Kr'ankenpfleger *m* **-s, =** infermier.

Kr'ankenpflegerin *f* **=, -nen** infermiere.

Kr'ankenschein *m* **-(e)s, -e** raport mjekësor.

Kr'ankenschwester *f* **=, -n** infermiere.

Kr'ankenversicherung *f* **=, -en** sigurim shoqëror për raste sëmundjesh.

Kr'ankenwagen *m* **-s, =** autoambulancë.

Kr'ankenzimmer *n* **-s, =** dhomë e të sëmurit; dhomë për të sëmurë.

kr'ankfeiern *vi* **(h)** *ndash bis* hiqem si i sëmurë e nuk dal në punë.

kr'ankhaft *a* 1) i sëmurë; 2) i tepruar (*ndjeshmëri etj.*).

Kr'ankheit *f* **=, -en** sëmundje, lëngim; **eine Krankheit durchmachen** kaloj një sëmundje; **an einer Krankheit leiden** vuaj nga një sëmundje.

kr'ankheitshalber *adv* për shkak sëmundjeje.

kr'änklich *a* shëndetlig.

kr'ankmachen *vi* **(h)** *sh* **krankfeiern.**

Kr'änkung *f* **=, -en** fyerje, lëndim.

Kranz *m* **-es, Kränze** 1) kurorë; **einen Kranz binden** thur një kurorë; 2) rreth (*vajzash etj.*).

Kr'änzchen *n* **-s, =** 1) kurorëz; 2) *fig* rreth; **literarisches Kränzchen** rreth letrar.

Kr'apfen *m* **-s, =** *kuzh* petull.

kraß *a* 1) i pashembullt (*rast etj.*); 2) i trashë, i ashpër (*kontradiktë etj.*); 3) i fortë; **ein krasser Egoist** një egoist i madh.

Kr'ater *m* **-s, =** krater (*vullkani*).

kr'atzbürstig *a bis* i vështirë (*njeri*).

Kr'atze *f* **=, -n** kruese.

Kr'ätze *f* **=** *mjek* zgjebe.

kr'atzen 1. *vt* 1) kruaj; 2) gërvisht; **der Rauch kratzt mich im Hals** tymi më djeg në grykë; 2. *vrefl* **sich kratzen** kruhem.

Kr'atzer *m* **-s, -e** gërvishtur.

Kr'atzfuß *m* **-es, -füße : einen Kratzfuß machen** bëj një temena.

kr'aulen 1. *vt* lëmoj (*flokët etj.*); 2. *vi* **(h)** *sport* bëj not krol.

kraus *a* 1) kaçurrel; 2) i rrudhur; **eine krause Stirn** një ballë i rrudhur; 3) *fig* i pakrehur, i pështjelluar (*mendim etj.*).

Kr'ause *f* **=, -n** 1) jakë me palëza; 2) *vetëm sing* dredhje (*e flokëve*).

kr'äuseln *vt* 1) dredh (*flokët*); 2) rrudh (*buzët etj.*).

Kraut *n* **-(e)s, Kräuter** 1) *bot* lakër; 2) bar; 3) ilaç; *fig* **dagegen ist kein Kraut gewachsen** kësaj s'i gjendet ilaçi.

Kraw'all *m* **-s, -e** 1) potere; zhurmë 2) trazirë.

Kraw'atte *f* **=, -n** kravatë.

kr'axeln *vi* **(h, s)** kacavirrem, ngjitem me vështirësi.

Kreati'on *f* **=, -en** krijim i modës.

kreat'iv *a* krijues.

Kreativit'ät *f* **=** aftësi krijuese.

Kreat'ur *f* =, **-en** 1) krijesë; 2) *fig* vegël (*e dikujt*).
Krebs *m* **-es, -e** 1) *zool* gaforre; 2) *mjek* kancer.
Kr'ebsschaden *m* **-s, -schäden** *fig* plagë (*e shoqërisë etj.*).
kred'enzen *vt* servir (*verë etj.*).
Kred'it *m* -s, -e *fin* kredi; **auf Kredit kaufen** blej me kredi.
Kr'eide *f* =, **-n** 1) shkumës; 2) : *fig bis* **tief in der Kreide sitzen** jam mbytur në borxhe.
kre'ieren *vt* krijoj (*një model të ri etj.*).
Kreis *m* **-es, -e** 1) *gjeom* rreth; **sich im Kreise drehen** rrotullohem; 2) rajon, rreth, qark; 3) rreth (*miqsh etj.*); **in politischen Kreisen** në qarqet politike.
Kr'eisbahn *f* =, **-en** orbitë (*e një trupi qiellor etj.*).
Kr'eisbewegung *f* =, **-en** lëvizje rrethore.
kr'eischen *vi* **(h)** 1) çirrem; 2) kërkëllin (*rrota etj.*); 3) kërcet (*dera etj.*).
kr'eischend *a* i çjerrë (*zë*).
Kr'eisel *m* **-s,** = fugë.
Kr'eiselpumpe *f* =, **-n** *tek* pompë centrifuge.
kr'eisen *vi* **(h)** 1) vërtitem, rrotullohem; **die Erde kreist um die Sonne** Toka rrotullohet rreth Diellit; 2) qarkullon (*gjaku*).
kr'eisförmig *a* 1) rrethor; 2) i rrumbullakët.
Kr'eislauf *m* **-s** qarkullim; **Kreislauf des Blutes** qarkullim i gjakut.
Kr'eissäge *f* =, **-n** 1) sharrë disk; 2) *bis* kapelë kashte.
Kr'eisstadt *f* =, **-städte** qendër rrethi.
Krem *f* =, **-s** krem.
Kremati'on *f* =, **-en** djegie (*e kufomës*).
Kremat'orium *n* **-s, -t'ori/en** kremator.
Kr'empe *f* =, **-n** strehë (*kapele*).
Kr'empel *m* **-s** *bis* rrangulla, rraqe.
krep'ieren *vi* **(s)** 1) ngordh; 2) *usht* pëlcet, shpërthen (*predha*).
Krepp *m* **-s, -s** *dhe* **-e** krep (*pëlhurë*).
kreuz *adv* : **kreuz und quer** kryq e tërthor.
Kreuz *n* **-es, -e** 1) kryq (*dekoratë etj.*); **das Rote Kreuz** Kryqi i Kuq; 2) *anat* kryqe; 3) spathi; 4) : *bis fig* **zu Kreuze kriechen** a) ul kokën; b) kërkoj ndjesë; *fig bis* **es ist ein Kreuz** është një barrë e rëndë; *fig bis* **jemanden aufs Kreuz legen** ia hedh dikujt.
Kr'euzband *n* **-(e)s, -bänder** lidhje kryq.
kr'euzen 1. *vt* 1) kryqëzoj; 2) pres (*rrugën etj.*); 3) kryqëzoj (*dy raca*); 2. *vi* **(h)** kryqëzon (*një luftanije*); 3. *vrefl* **sich kreuzen** 1) ndërpriten (*dy vija uji, rrugë etj.*); 2) kryqëzohen (*dy raca*); 3) *fig* janë të kundërt (*dy mendime etj.*).
Kr'euzer *m* **-s,** = kryqëzor (*luftanije*).
Kr'euzfahrer *m* **-s,** = *hist* kryqtar.
Kr'euzfeuer *n* **-s** *usht, edhe fig* zjarr i kryqëzuar.
kr'euzigen *vt* kryqëzoj.
Kr'euzigung *f* =, **-en** kryqëzim.
Kr'euzpunkt *m* **-(e)s, -e** pikë kryqëzimi.
Kr'euzritter *m* **-s,** = *sh* **Kreuzfahrer.**
Kr'euzstich *m* **-(e)s, -e** tegel kryq; punë kryq (*qëndisje*).
Kr'euzung *f* =, **-en** 1) kryqëzim (*i dy forcave*); 2) ndërprerje (*e dy vijave*); 3) udhëkryq.
Kr'euzverhör *n* **-(e)s, -e** pyetje (*e një dëshmitari etj.*) nga të dyja palët.
Kr'euzweg *m* **-(e)s, -e** 1) udhëkryq; 2) *fet* rrugë e kryqit.

kr'euzweise *adv* kryqas.
Kr'euzworträtsel *n* **-s, =** fjalëkryq.
Kr'euzzug *n* **-(e)s, -züge** kryqëzatë (*fushatë*).
kr'ibb(e)lig *a bis* nervoz; i paduruar.
kr'ibbeln *vi* **(h)** *bis* 1) lëvrijnë, gëlojnë (*milingonat etj.*); 2) (*më*) ha **es kribbelt mir in den Fingern** më hanë duart (*edhe fig*).
kr'iechen* *vi* **(s)** 1) zvarritem, hiqem zvarrë; **aus dem Ei kriechen** çel, dal nga veza (*zogu*); 2) *përb fig* **(vor D)** i puth pëqinë (*dikujt*).
kr'iechend *a* 1) zvarritës; 2) *fig* servil.
Kr'iecher *m* **-s, =** (*njeri*) servil.
Kr'iechtier *n* **-(e)s, -e** *zool* zvarranik.
Krieg *m* **-es, -e** luftë; **den Krieg verhindern** pengoj, ndal luftën; **den Krieg erklären** shpall luftën; **den Krieg entfesseln** shpërthej luftën; **der Krieg ist ausgebrochen** ka plasur lufta; **kalter Krieg** luftë e ftohtë; **Krieg auf Leben und Tod** luftë për jetë a vdekje; **im Kriege fallen** mbetem, bie në luftë; **mit jemandem Krieg führen** bëj luftë me dikë; **zum Krieg hetzen** nxis për luftë.
kr'iegen *vt bis* 1) marr; **eine Krankheit kriegen** marr një sëmundje; 2) kap; **na warte, wenn ich dich kriege!** prit kur të të kap!; veç mos të të shtënça në dorë!; 3) ha (*dru etj.*); 4) bind (*për të bërë diçka*).
Kr'ieger *m* **-s, =** luftëtar.
Kr'iegsgericht *n* **-(e)s, -e** gjyq ushtarak (*në kohë lufte*).
kr'iegerisch *a* luftarak.
kr'iegführend *a* ndërluftues (*shtet etj.*).
Kr'iegführung *f* **=, -en** zhvillim i luftës.
Kr'iegsbeschädigte *m* **-n, -n** i gjymtuar në luftë, invalid lufte.
Kr'iegsentschädigung *f* **=, -en** dëmshpërblim për dëme të pësuara gjatë luftës.
Kr'iegsfuß *m* **:** *shpr* **mit jemandem auf Kriegsfuß stehen** jam në luftë me dikë.
Kr'iegskunst *f* **=** art ushtarak.
Kr'iegsgefangene *m* **-n, -n** rob lufte.
Kr'iegshetzer *m* **-s, =** luftënxitës.
Kr'iegsmacht *f* **=** 1) forcz ushtarake; 2) *pl* **-mächte** shtet ndërluftues.
Kr'iegsmarine *f* **=** marinë luftarake.
Kr'iegsrüstung *f* **=, -en** armatim; përgatitje për luftë.
Kr'iegsschauplatz *m* **-es, -plätze** arenë veprimesh luftarake.
Kr'iegsschiff *n* **-(e)s, -e** luftanije.
Kr'iegsverbrecher *m* **-s, =** kriminel lufte.
Kr'iegsverhältnisse *pl* rrethana, kushte në kohë lufte.
Kr'iegszustand *m* **-(e)s, -stände** gjendje lufte.
Kr'imi *m* **-(s), -(s)** *bis* film, roman policor.
Krimin'albeamte *m* **-n, -n** nëpunës i policisë.
Krimin'alfilm *m* **-s, -e** film policor.
Kriminal'ist *m* **-en, -en** kriminalist.
Kriminal'istik *f* **=** kriminalistikë.
kriminal'istisch *a* kriminalistik.
Kriminalit'ät *f* **=** kriminalitet.
Krimin'alpolizei *f* **=** polici e zhdukjes së krimeve.
Krimin'alroman *m* **-s, -e** roman policor.
krimin'ell *a* kriminal (*veprim etj.*).
Kr'imskrams *m* **-es** *bis* rrangulla, rraqe.
Kr'ingel *m* **-s, =** 1) rrokë, spirale; 2) grep.
kr'ingeln 1. *vt* përdredh (*macja bishtin etj.*); 2. *vrefl* **sich kringeln** përdridhem; *fig bis* **sich vor Lachen kringeln** gajasem së qeshuri.
Kr'ipo *f* **=** *sh* **Kriminalpolizei.**

Kr'ippe *f* =, **-n** 1) grazhd; 2) çerdhe fëmijësh.

Kr'ise *f* =, **-n** krizë.

Krist'all 1. *m* **-s, -e** *miner* kristal; 2. *n* **-s** kristal (*qelq*).

krist'allen *a* i kristaltë.

kristallis'ieren *vi* (h) *dhe vrefl* **sich kristallisieren** kristalizohet (*edhe fig*).

Krit'erium *m* **-s, -ri/en** kriter.

Krit'ik *f* =, **-en** kritikë (*në kupt. të ndryshme*).

Kr'itiker *m* **-s**, = 1) kritik (*teatri etj.*); 2) kritikues.

kr'itisch 1. *a* 1) kritik (*artikull, vërejtje etj.*); 2) : **kritisches Alter** moshë kritike; 3) i rrezikshëm (*çast etj.*); 2. *adv* në mënyrë kritike.

kritis'ieren *vt* 1) kritikoj; 2) vlerësoj (*një film etj.*).

kr'itteln *vi* (h) kapem pas gjërash të vogla.

Kritzel'ei *f* =, **-en** shkarravinë.

kr'itzeln *vt dhe vi* (h) shkarravis.

kroch, kröche *sh* **kriechen***.

Krokod'il *m* **-es, -e** *zool* krokodil.

Krokod'ilstränen *pl* : *shpr bis* **Krokodilstränen vergießen (weinen)** derdh lot krokodili.

Kr'okus *m* =, = *dhe* **-se** *bot* krokull, shafran.

Kr'one *f* =, **-n** 1) kurorë (*në kupt. të ndryshme*); *fig* **das setzt doch allem die Krone auf!** ky është kulmi!; 2) koronë (*monedhë*).

kr'önen *vt* 1) kurorëzoj; 2) mbaroj me sukses (*një punë etj.*).

Kr'onleuchter *m* **-s**, = llambadar.

Kr'onprinz *m* **-en, -en** princ trashëgimtar.

Kr'önung *f* =, **-en** kurorëzim (*edhe fig*).

Kropf *m* **-(e)s, Kröpfe** 1) *mjek* gushë, strumë; 2) *zool* gushë (*e zogut*).

Kr'öte *f* =, **-n** 1) *zool* thithlopë; 2) *pl bis* pare.

Kr'ücke *f* =, **-n** 1) patericë; **an Krücken gehen** eci me paterica; 2) dorezë (*e shkopit, e çadrës etj.*); 3) *fig bis* njeri i paaftë.

Krug I *m* **-(e)s, Krüge** 1) mashtrapë; 2) shtambë.

Krug II *m* **-(e)s, Krüge** *vjet* pijetore, tavernë (*fshati*).

Kr'üllschnitt *m* **-(e)s, -e** duhan i grirë trashë (*për llullë*).

Kr'ume *f* =, **-n** 1) tul (*buke*); 2) *pl* thërrime; 3) tokë buke.

kr'ümeln 1. *vt* thërrmoj, bëj thërrime; 2. *vi* **(h)** thërrmohet (*buka etj.*).

krumm *a* 1) i shtrembër (*gisht, kurriz etj.*); **sich krumm halten** rri shtrembër; 2) *fig* i shtrembër, i pandershëm (*rrugë, punë etj.*).

kr'ümmen 1. *vt* shtrembëroj; 2. *vrefl* **sich krümmen** 1) shtrembërohem, përdridhem; 2) përpëlitem (*nga dhembja etj.*); 3) dredhon (*lumi, rruga etj.*); 4) përkulet (*trari*); lëshon bark (*muri etj.*); 5) : *shpr fig* **sich krümmen und winden** e dredh.

Kr'ümmung *f* =, **-en** 1) shtrembërim; 2) kthesë.

Kr'uppe *f* =, **-n** vithe (*të kalit*).

Kr'üppel *m* **-s**, = sakat; **zum Krüppel werden** gjymtohem.

kr'üppelig *a* 1) i gjymtë (*njeri*); 2) i shtrembër (*dru*).

Kr'uste *f* =, **-n** kore (*buke etj.*).

Kr'uzifix *n* **-es, -e** *fet* kryq.

Kr'ypta *f* =, **Krypten** *ark* kriptë.

K'übel *m* **-s**, = 1) govatë; kovë; 2) saksi druri ose qeramike.

Kub'ikmeter *m dhe n* **-s**, = metër kub.

k'ubisch *a* 1) kubik; 2) *mat* kubik (*i fuqisë së tretë*).

K'üche *f* =, **-n** 1) kuzhinë (*vend*);

2) kuzhinë (*ushqim*); **kalte Küche** gjellë të ftohta.
K'uchen *m* **-s, =** ëmbëlsirë.
K'üchengeschirr *n* **-(e)s, -e** enë kuzhine.
K'üchenschrank *m* **-(e)s, -schränke** dollap kuzhine.
K'üchlein *n* **-s, =** *vjet* zog (*pule*).
K'ü(c)ken *n* **-s, =** 1) zog (*pule*); 2) *fig bis* kumbull (*vajzë e njomë*).
K'uckuck *m* **-s, -e** *zool* qyqe; *bis* **weiß der Kuckuck!** dreqi e di!; *fig bis* **hol dich der Kuckuck!** hiqmu qafe!
K'uckucksuhr *f* **=, -n** orë me qyqe.
K'uddelmuddel *m dhe n* **-s** *bis* rrëmujë, pështjellim.
K'ufe I *f* **=, -n** vozë.
K'ufe II *f* **=, -n** teh (*slite, patine etj.*).
K'üfer *m* **-s, =** vozapunues, vozaxhi.
K'ugel *f* **=, -n** 1) sferë; 2) plumb (*pushke*); 3) gjyle (*topi*); 4) : *fig bis* **eine ruhige Kugel schieben** e marr shtruar punën.
k'ugelförmig *a* sferik.
K'ugellager *n* **-s, =** kushinetë sferike.
k'ugeln 1. *vt* rrokullis; 2. *vi* (s) rrokullisem; *fig bis* **es war zum Kugeln** ishte për të vdekur së qeshuri.
K'ugelregen *m* **-s, =** breshëri plumbash.
k'ugelrund *a* sferik.
K'ugelschreiber *m* **-s, =** stilolaps.
k'ugelsicher *a* që s'e shpon plumbi (*strehim etj.*).
k'ugelrund *a* i rrumbullakët.
Kuh *f* **=, Kühe** *zool* lopë; **melkende Kuh** a) lopë qumështore; b) *fig* punë me shumë dobi.
K'uhhandel *m* **-s** *bis* pazarllëk.
K'uhhaut *f* **=** 1) lëkurë lope; 2) : *fig bis* **das geht auf keine Kuhhaut** kjo s'është parë ndonjë herë.
kühl *a* 1) i freskët (*mot, erë etj.*); 2) i ftohtë (*qëndrim, pritje, përgjigje etj.*); *fig* **kühlen Kopf behalten** ruaj gjakftohtësinë.
K'ühle *f* **=** 1) freski; 2) ftohtësi (*në sjellje etj.*).
k'ühlen *vt* 1) freskoj (*fytyrën etj.*); 2) ftoh (*verën etj.*).
k'ühlend *a* freskues; **kühlende Getränke** pije freskuese.
K'ühlschrank *m* **-(e)s, -schränke** frigorifer.
K'ühlung *f* **=** 1) freskim; 2) ftohje (*e motorit etj.*).
K'uhmagd *f* **=, -mägde** mjelëse.
kühn *a* i guximshëm.
K'ühnheit *f* **=** 1) guxim; 2) *pl* **-en** fjalë, punë e guximshme.
K'üken *n* **-s, =** zog pule.
kul'ant *a* i gatshëm (*tregtar*).
Kul'anz *f* **=** gatishmëri (*në marrëdhënie tregtare*).
kulin'arisch *a* i kuzhinës, i gatimit të gjellëve.
Kul'isse *f* **=, -n** perde; *fig* **das hat sich alles hinter den Kulissen abgespielt** gjithë puna është bërë në prapaskenë.
K'ulleraugen *pl bis* sy të mëdhenj; *shpr* **Kulleraugen machen** çakërris sytë.
k'ullern *vi* (s) *bis* rrëkëllehet (*topi etj.*).
Kulm *m* **-(e)s, -e** majë (*mali*).
Kult *m* **-(e)s, -e** kult.
kultiv'ieren [*-vi-*] *vt* 1) kultivoj; 2) lëvroj (*gjuhën etj.*).
Kult'ur *f* **=, -en** 1) kulturë; 2) kulturë (*bujqësore etj.*).
kultur'ell *a* kulturor.
Kult'urfilm *m* **-(e)s, -e** film edukativ.
Kult'urschaffende *m, f* **-n, -n** punonjës i kulturës; krijues.
Kult'urzentrum *n* **-s, -zentren** qendër, vatër kulture.
K'ultus *m* **=, -te** kult.

K'ümmel *m* **-s** *bot* bar gjumi.
K'ummer *m* **-s** 1) shqetësim, brengë, hall; **sie hat Kummer** ajo ka hall; 2) pikëllim; **aus (vor) Kummer sterben** vdes nga pikëllimi.
k'ümmerlich *a* 1) i mjerueshëm; 2) i paktë; 3) i stërkeqët.
k'ümmern 1. *vt* 1) shqetësoj; **das kümmert mich nicht** s'e çaj kokën për këtë; 2) : **was kümmert's mich?** ç'më duhet mua?; 2. *vrefl* : **sich kümmern (um A)** (për)kujdesem, shqetësohem (*për dikë ose diçka*); **kümmere dich um deine eigenen Angelegenheiten!** shiko punën tënde!
K'ümmernis *f* **=, -se** trishtim.
k'ummervoll *a* i trishtuar, i pikëlluar.
K'ummet *n* **-s, -e** *sh* **Kumt.**
Kump'an *m* **-s, -e** shok; ortak.
K'umpel *m* **-s, =** minator.
Kumt *n* **-(e)s, -e** qafore (*e kalit*).
K'unde I *f* **=, -n** *poet* kumt, lajm.
K'unde II *m* **-n, -n** 1) blerës; klient, myshteri; **die Kunden bedienen** u shërbej klientëve; 2) : *bis* **ein schlauer Kunde** finok.
k'ünden 1. *vt* njoftoj; 2. *vi* **(h)** dëshmoj.
K'undendienst *m* **-(e)s** shërbim i klientëve.
k'undgeben* *ndash vt* 1) lajmëroj, njoftoj, shpall; **jemandem etwas kundgeben** njoftoj dikë për diçka; 2) shpreh (*ndjenjat etj.*).
K'undgebung *f* **=, -en** 1) manifestim; miting; 2) shpallje; 3) shprehje (*simpatie etj.*).
k'undig *a* **(G)** i rrahur (*në një punë etj.*); **seiner Sache kundig sein** e di mirë punën time.
k'ündigen 1. *vt* prish (*një marrëveshje, miqësinë etj.*); 2. *vi* **(h)** 1) **(D)** shkarkoj, pushoj nga puna (*dikë*); 2) lajmëroj largimin nga puna.
K'ündigung *f* **=, -en** lajmërim për prishjen e marrëveshjes (e kontratës); **Vertrag mit wöchentlicher Kündigung** kontratë me një javë paralajmërim.
K'undschaft I *f* **=, -en** zbulim, informim; **jemanden auf Kundschaft aussenden** nis për zbulim dikë.
K'undschaft II *f* **=** blerësit, klientët.
K'undschafter *m* **-s, =** zbulues.
k'ünftig 1. *a* i ardhshëm; **künftige Geschlechter** brezat e ardhshëm; 2. *adv* këtej e tutje, në të ardhmen.
Kunst *f* **=, Künste** 1) art; **die Kunst der Antike** arti i antikitetit; 2) mjeshtëri; zotësi; shkathtësi; *fig* **jetzt bin ich mit meiner Kunst am Ende** tani s'di nga t'ia mbaj; *fig* **das ist keine Kunst** kjo është e lehtë, s'ka ndonjë marifet; *fig bis* **was macht die Kunst?** si je?
Künstel'ei *f* **=** 1) naze; 2) stërhollime.
k'unstfertig *a* i shkathët.
k'unstgerecht *a* sipas rregullave të artit.
K'unstgeschichte *f* **=** histori arti.
K'unstgewerbe *n* **-s** art i aplikuar; artizanat artistik.
K'unstgriff *m* **-(e)s, -e** marifet.
K'unstleder *n* **-s** lëkurë artificiale.
K'ünstler *m* **-s, =** artist.
K'ünstlerin *f* **=, -nen** artiste.
k'ünstlich *a* artificial; **künstliche Atmung** frymëmarrje artificiale; **künstliche Blumen** lule artificiale; **künstliches Gebiß** dhëmbë të vënë.
k'unstlos *a* i thjeshtë, i pastërholluar; pa art.
K'unstreiter *m* **-s, =** kalorës cirku.
K'unstseide *f* **=, -n** mëndafsh artificial.

K'unststoff *m* **-(e)s, -e** lëndë sintetike.
K'unststück *n* **-s, -e** marifet; numër (*cirku etj.*); *fig* **das ist kein Kunststück** kjo s'do mend.
k'unstvoll *a* me shumë art.
K'unstwerk *n* **-(e)s, -e** vepër arti.
k'unterbunt 1. *a* i përzier; *shpr bis* **kunterbuntes Durcheinander** rrëmujë e madhe; 2. *adv* lesh e li.
Kup'ee *sh* **Coupé**.
K'upfer *n* **-s** *kim* bakër.
K'upferhütte *f* **=, -n** uzinë për shkrirjen e bakrit.
k'upferig *a* si bakër.
k'upfern *a* (prej) bakri.
K'upferschmied *m* **-(e)s, -e** bakërpunues.
K'upferstich *m* **-(e)s, -e** gravurë në bakër.
K'upfervitriol [*-vi-*] *m, n* **-s** gurkali, sulfat bakri.
kup'ieren *vt* curroj (*një kafshë*).
Kupon [*kup'ô*] *m* **-s, -s** 1) kupon; 2) copë e prerë (*stofi etj.*).
K'uppe *f* **=, -n** 1) majë (*mali*); 2) kokë (*shkrepëseje etj.*).
K'uppel *f* **=, -n** kupolë.
Kuppel'ei *f* **=, -en** kodoshllëk.
k'uppeln 1. *vt sh* **koppeln**; 2. *vi* **(h)** *tek* lëviz friksionin (*e makinës*).
K'upplung *f* **=, -en** 1) lidhje (*e rimorkios etj.*); 2) *tek* friksion.
Kur *f* **=, -en** 1) mjekim, kurë; **eine Kur anwenden** bëj një kurë; 2) qëndrim në një vend klimaterik.
Kurat'orium *n* **-s, -t'ori/en** këshill administrativ.
K'urbel *f* **=, -n** *tek* manivelë.
kurbeln 1. *vt* rrotulloj me manivelë; *fig* **einen Film kurbeln** xhiroj një film; 2. *vi* **(h)** *bis* shkoj me biçikletë.
K'urbelstange *f* **=, -n** *tek* bjellë.
K'urbelwelle *f* **=, -n** *tek* bosht me gunga.
K'ürbis *m* **-ses, -se** *bot* kungull.
K'urhaus *n* **-s, -häuser** shtëpi kure e pushimi.
K'urie *f* **=, -n** kurie (*e papës*).
Kur'ier *m* **-s, -e** korrier.
kur'ieren *vt* shëroj (*nga një sëmundje etj.*).
kuri'os *a* 1) zbavitës; 2) i çuditshëm (*mendim etj.*).
Kuriosit'ät *f* **=, -en** 1) kuriozitet; 2) gjë e rrallë, antikë.
Kuri'osum *n* **-s, Kuriosa** gjë e çuditshme; rast i çuditshëm.
K'urort *m* **-(e)s, -e** vend klimaterik.
K'urpfuscher *m* **-s, =** sharlatan.
Kurs *m* **-es, -e** 1) drejtim (*i një anijeje etj.*); 2) kurs (*leksionesh etj.*); 3) kurs (*i një monedhe etj.*); 4) vijë (*politike*).
K'ursbuch *n* **-(e)s, -bücher** orar i trenave, i autobusave etj.
K'ürschner *m* **-s, =** gëzoftar.
kurs'ieren *vi* **(h, s)** qarkullon (*parja, fjala etj*).
K'ursus *m* **=, Kurse** kurs (*leksionesh etj.*).
K'urswert *m* **-(e)s, -e** kurs (*i letrave me vlerë etj.*).
K'urszettel *m* **-s, =** buletin i bursës.
K'urve [*-ve*] *f* **=, -n** 1) lakore, vijë e lakuar, kurbë; 2) kthesë (*e rrugës*) **eine Kurve nehmen** marr një kthesë; 3) rrotullim, virazh (*i avionit*); 4) : *fig bis* **die Kurve kratzen** ua mbath pa rënë në sy.
k'urven [*-ven*] *vi* **(s)** rrotullohet (*avioni mbi aeroport etj.*).
kurz (*comp* **kürzer**, *superl* **kürzeste**) 1. *a* 1) i shkurtër (*në kohë e në hapësirë*); **in (mit) kurzen Worten** me pak fjalë; **kurzen Atem haben** kam frymë të shkurtër; *fig bis* **ein kurzes Gedächtnis haben** kam kujtesë të shkurtër; *fig* **den kürzeren ziehen** humbas (*ndeshjen etj.*); *fig* **kurz von Verstand sein** jam mendjeshkurtër; **er kommt mit**

dem Geld zu kurz atij s'i dalin paret; 2) i shpejtë (*vendim etj.*); **fasse dich kurz!** bjeri shkurt!; 2. *adv* 1) shpejt; **kurz nach ...** menjëherë pas ...; **kurz vor ...** pak para ...; **seit kurzem** kohët e fundit; **kurz und gut** shpejt e mirë; 2) shkurt.

K'urzarbeiter *m* **-s,** = punonjës me ditë (javë) pune të shkurtuar.

k'urzatmig *a* frymëshkurtër, astmatik.

k'urzdauernd *a* që nuk zgjat shumë, jetëshkurtër.

K'ürze *f* = shkurtësi (*e rrugës, e stilit etj.*); **in Kürze** së shpejti; **etwas in aller Kürze erzählen** tregoj diçka me pak fjalë.

k'ürzen *vt* 1) shkurtoj (*petkun, raportin, kohën etj.*); 2) ul (*rrogën*); 3) *mat* thjeshtoj (*thyesën*).

k'urzerhand *adv* pa një pa dy, pa e zgjatur shumë.

k'urzfristig *a* me afat të shkurtër (*marrëveshje etj.*).

K'urzgeschichte *f* =, **-n** *let* tregim.

k'urzlebig *a* jetëshkurtër.

k'ürzlich *adv* kohët e fundit, s'ka shumë kohë.

K'urzschluß *m* **-sses, -schlüsse** *el* qark i shkurtër.

K'urzschlußhandlung *f* =, **-en** *drejt* veprim në gjendje afekti.

K'urzschrift *f* =, **-en** stenografi.

k'urzsichtig *a* dritëshkurtër, miop.

k'urztreten* *vi ndash* **(h)** *bis* shtrëngohem (*në shpenzime etj.*).

kurz'um *adv* me një fjalë, që t'i biem shkurt, shkurt.

K'ürzung *f* =, **-en** shkurtim (*i një teksti etj.*).

K'urzwaren *pl* kinkaleri.

k'urzweg *adv* shkurt, pa e çuar (më) gjatë.

K'urzweil *f* = *bis* kalim kohe.

K'urzwelle *f* =, **-n** valë e shkurtër (*e radios*).

K'urzwellenempfänger *m* **-s,** = radiomarrëse me valë të shkurtëra.

K'urzwellensender *m* **-s,** = radiodhënëse me valë të shkurtra.

k'uscheln, sich *vrefl* kruspullohem, mblidhem kruspull.

k'uschen *vi* **(h)** *dhe vrefl* **sich kuschen** shtrihet (*qeni*).

Kus'ine *f* =, **-n** kushërirë.

Kuß *m* **-sses, Küsse** puthje, e puthur; **Gruß und Kuß!** shëndet e të fala!

k'üssen 1. *vt* puth; **er küßte ihr die Hand** i puthi dorën; 2. *vrefl* **sich küssen** puthemi.

K'ußhand *f* =, **-hände** e puthur (*gjest me dorë*); *fig bis* **mit Kußhand** me gjithë qejf.

K'üste *f* =, **-n** bregdet; **die albanische Küste** bregdeti shqiptar.

K'üstenartillerie *f* =, **-i/en** artileri bregdetare.

K'üstenfahrt *f* =, **-en** *det* lundrim anës bregut.

K'üstengewässer *n* **-s,** = ujëra tokësore, territoriale.

K'üstenschutz *m* **-(e)s** mbrojtje bregdetare.

K'üster *m* **-s,** = sakristan (*shërbyes i kishës*).

K'utschbock *m* **-(e)s, -böcke** pope (*e karrocës*).

K'utsche *f* =, **-n** karrocë.

K'utscher *m* **-s,** = karrocier.

kutsch'ieren 1. *vt* 1) ngas (*karrocën*); 2) çoj, marr, shëtis me karrocë; 2. *vi* **(s)** 1) shkoj me karrocë; 2) *bis* udhëtoj (*me një mjet*).

K'utschpferd *n* **-(e)s, -e** kalë karroce.

K'utte *f* =, **-n** zhgun (*murgu*).

K'utter *m* **-s,** = motoskaf.

Kuvert [*kuv'er*] *n* **-s, -s** zarf.

Kybern'etik *f* = kibernetikë.

KZ = **Konzentrationslager** kamp përqëndrimi.

L

l = **Liter** l = litër.

l. = 1) **lies** lexo; 2) **links** majtas.

l'abberig *a* i llurbët (*supë etj.*).

l'abbern *vi* (h) 1) *det* varet (*veli*); 2) *bis* rrufis.

l'aben 1. *vt* freskoj; gjallëroj; 2. *vrefl* **sich laben** freskohem; përtërihem; gjallërohem; **sich an etwas laben** kënaqem me diçka.

l'abend *a* freskues; gjallërues; përtëritës.

labern *vt, vi bis* llomotis.

labi'al *a gram* buzore (*bashkëtingëllore*).

lab'il *a* 1) i paqëndrueshëm (*ekuilibër*); 2) i dobët, i lëkundshëm (*karakter*).

Labilit'ät *f* = paqëndrueshmëri; lëkundshmëri.

labiodent'al *a gram* buzëdhëmbore (*bashkëtingëllore*).

Lab'or *n* **-s, -s** *dhe* **-e** *bis* laborator.

Labor'ant *m* **-en, -en** laborant.

Labor'antin *f* =, **-nen** laborante.

Laborat'orium *n* **-s, -ri/en** laborator.

labor'ieren *vi* (h) *bis* **(an D)** vuaj (*nga një sëmundje etj.*).

L'absal *n* **-(e)s** freskim; lehtësim; kënaqësi.

Labyr'inth *n* **-(e)s, -e** labirint.

L'ache I *f* =, **-n** *bis* e qeshur.

L'ache II *f* =, **-n** pellg (*uji, gjaku etj.*).

l'ächeln *vi* (h) vë buzën në gaz, buzëqesh; *fig* **darüber kann ich nur lächeln** këtë s'mund ta marr me gjithë mend.

L'ächeln *n* **-s,** = buzëqeshje.

l'achen 1. *vi* (h) 1) qesh; **lachen machen** bëj të qeshë; **daß ich nicht lache!** mos më bëj të qesh!; *poet* **das Glück lachte ihm** atij i buzëqeshi fati; *bis* **da lachen ja die Hühner!** kjo është fare qesharake!; **Tränen lachen** qesh me lot; *bis* **du hast gut lachen!** pse të mos qeshësh!; **jemandem ins Gesicht lachen** i qesh dikujt në fytyrë (në surrat); **mir ist nicht zum lachen** nuk më vjen për të qeshur; 2) **(über A)** qesh, tallem (*me dikë*); 2. *vrefl* : **sich krank lachen** vdes së qeshuri.

L'achen *n* **-s** gaz; **zum Lachen bringen** bëj të qeshë; **in Lachen ausbrechen** shpërthej në gaz.

l'ächerlich *a* qesharak; **lächerlich machen** bëj qesharak; **sich lächerlich machen** bëhem qesharak; bëhem gazi i botës.

L'ächerlichkeit *f* = të qenët qesharak.

l'achhaft *a* qesharak; **seine Behauptung ist lachhaft** pohimi i tij është qesharak.

L'achlust *f* = dëshirë për të qeshur.

L'achs *m* **-es, -e** *zool* salmon (*peshk*).

L'achsalve [*-vë*] *f* =, **-n** shpërthim të qeshurash.

Lack *m* **-(e)s, -e** llak, vernik.

L'ackaffe *m* **-n, -n** pispilluq.

L'ackarbeit *f* =, **-en** punim në llak.

l'acken *vt* llakoj.

lack'ieren *vi* 1) lyej me llak (*thonjtë, orenditë etj.*); 2) *bis* mashtroj, gënjej, ia hedh.

L'ackschuh *m* **-s, -e** këpucë lustrafini.

L'ade *f* =, **-n** 1) arkë, sënduk 2) sirtar; 3) qivur, arkivol.

L'adehemmung *f* =, **-en** ngecje e pushkës.

l'aden* I *vt* 1) ngarkoj (*një kamion, anije etj.*); 2) mbush (*pushkën etj.*); 3) ngarkoj (*akumulatorin*); 4) : *fig* **etwas auf sich laden** marr diçka mbi vete, përsipër; *fig* **Haß auf sich laden** ngjall urrejtje; *bis* **ich bin**

geladen jam i mbushur, jam plot (*me inat etj.*).
l'aden* II *vt* ftoj, thërras (*për drekë, në gjyq etj.*).
L'aden *m* **-s, Läden** 1) dyqan; 2) kanat; *fig bis* **der Laden läuft** a) puna është në rregull; b) dyqani ka sukses.
L'adenfenster *n* **-s,** = vitrinë.
L'adenhüter *m* **-s,** = *fig bis* mall që nuk shitet.
L'adenpreis *m* **-es, -e** çmim i shitjes (*me pakicë*).
L'adenschwengel *m* **-s,** = *vjet* shitës i ri.
L'adentisch *m* **-(e)s, -e** banak; *bis* **etwas unter dem Ladentisch verkaufen** shes nën banak diçka.
L'ader *m* **-s,** = *tek* mekanizëm ngarkimi.
L'aderaum *m* **-(e)s, -räume** hambar (*i anijes*).
L'adeschein *m* **-(e)s, -e** fletëngarkesë.
L'adestock *m* **-(e)s, -stöcke** *usht* thupër (*pushke*); **er sitzt da, als hätte er einen Ladestock verschluckt** ai rri si hu gardhi.
L'adezettel *m* **-s,** = *sh* **Ladeschein.**
läd'ieren 1. *vt* 1) dëmtoj (*një send*); 2) vras (*gjurin etj.*); 2. *vrefl* **sich lädieren** vritem.
lädst *sh* **laden*** I, II.
L'adung I *f* =, **-en** 1) ngarkesë (*e anijes etj.*); 2) *usht* mbushje (*e predhës etj.*).
L'adung II *f* =, **-en** 1) ftesë (*për darkë etj.*); 2) ftesë (*në gjyq*).
L'affe *m* **-n, -n** *bis* gagarel; spitullaq.
lag *sh* **liegen***.
L'age *f* =, **-n** 1) vend, pozicion; **Haus in schöner, ruhiger Lage** shtëpi në vend të mirë e të qetë; **Haus mit Lage nach der See** shtëpi me pamje nga deti; 2) gjendje (*e ekonomisë etj.*); situatë (*e mirë, e keqe etj.*); 3) shtresë (*gurësh etj.*); 4) *usht* batare (*të shtënash*); 5) turrë (*letrash, drush etj.*); 6) : *shpr* **ich bin nicht in der Lage** nuk jam në gjendje.
L'ager *m* **-s,** = 1) shtrojë; shtrat; 2) kamp, fushim; 3) depo; 4) *gjeol* shtresë; 5) *tek* kushinetë.
l'agern 1. *vi* **(h)** 1) fushoj; 2) rri në depo (*malli etj.*); 2. *vt* 1) mbaj në depo; 2) vë, mbështes (*kokën në jastëk etj.*).
L'agerplatz *m* **-es, -plätze** vendfushim.
Lag'une *f* =, **-n** *gjeogr* lagunë.
lahm *a* 1) i mbërthyer, sakat (*krah etj.*); i çalë (*këmbë etj.*); **er geht lahm** ai çalon; 2) *fig* i çalë (*shfajësim etj.*).
l'ahmen *vi* **(h)** çalon (*kali etj.*).
l'ähmen, lahmlegen *vt ndash* paralizoj (*edhe fig*).
L'ähmung *f* =, **-en** *mjek* paralizë.
Laib *m* **-(e)s, -e** çyrek (*buke*); rrotull (*djathi*).
Laich *m* **-(e)s** *zool* vezë (*peshku, amfibi, butaku*).
l'aichen *vi* **(h)** lëshon vezë (*peshku etj.*).
L'aie *m* **-n, -n** 1) fet laik; 2) profan; **als Laie kann ich das nicht beurteilen** si njeri jo i degës unë s'mund të jap gjykim për këtë.
l'aienhaft *a* prej profani; prej amatori.
Lak'ai *m* **-en, -en** 1) shërbëtor; 2) *fig* këlysh, lake.
L'ake *f* =, **-n** shëllirë.
L'aken *n* **-s,** = çarçaf.
lak'onisch *a* lakonik, i shkurtër (*përgjigje etj.*).
l'allen *vi* llomotis; belbëzoj.
L'ama *n* **-s, -s** *zool* lamë.
Lam'elle *f* =, **-n** *tek* fletë, petëz.
lament'ieren *vi* **(h)** ankohem, qahem.
Lam'ento *n* **-s, -s** *bis* të qara.
Lam'etta *n* **-s,** = 1) fije të

shkëlqyeshme (*alumini etj. për zbukurimin e pemës së krishtlindjes*); 2) *fig shak* dekoratë.

Lamm *n* **-(e)s, Lämmer** qengj.

l'ammfromm *a bis* i urtë si qengj.

L'amm(e)sgeduld *f* = *bis* durim i madh.

L'ampe *f* **=, -n** llambë.

L'ampenfieber *n* **-s** emocion para shfaqjes (*i artistit etj.*).

L'ampenschirm *m* **-(e)s, -e** abazhur.

Lampi'on *m* **-s, -s** fener me ngjyra.

lancieren [*lâs'ierën*] *vt* 1) hedh (*një modë etj.*); 2) bëj të njohur (*një artist etj.*).

Land *n* 1) **-(e)s, Länder** vend; **andere Länder, andere Sitten** tjetër vend, të tjera zakone; **außer Landes gehen** dal jashtë shtetit; **das Land meiner Väter** toka e të parëve; 2) **-(e)s** tokë; truall; 3) **-(e)s, Länder** land, provincë (*në Gjermani*); 4) **-(e)s** tokë, stere; **an Land gehen** dal në breg; *fig* **ich sehe noch kein Land** s'e shoh ende fundin; 5) **-(e)s** fshat; **auf dem Lande** në fshat; **Stadt und Land** qytet e fshat.

L'andarbeiter *m* **-s, =** punëtor i bujqësisë.

l'andarm *a* me pak tokë (*fshatar etj.*).

L'andarmee *f* **=, -e/en** ushtri tokësore.

land'aus *adv* : **landaus, landein** nëpër shumë vende; brenda e jashtë vendit.

L'andbau *m* **-(e)s** bujqësi.

L'andbrücke *f* **=, -n** rrip toke (*në det*).

land'einwärts *adv* në thellësi të vendit (*larg detit ose kufirit*).

l'anden 1. *vt* 1) zbres (*në breg, në tokë*); 2) *bis* i këpus (*një grusht etj. dikujt*); 2. *vi* (**s**) 1) arrin (*anija*); 2) ulet (*aeroplani*); 3) bie (*makina në një hendek etj.*).

L'andenge *f* **=, -n** *gjeogr* istëm, rrip toke.

Länder'ei *f* **=, -en** tokë (*arë, fushë e pyll*).

L'änderkunde *f* = gjeografi.

L'andesfahne *f* **=, -n** flamur kombëtar.

L'andesfarben *pl* ngjyra kombëtare, ngjyra të flamurit kombëtar.

L'andesgebiet *n* **-(e)s, -e** territor kombëtar.

L'andesregierung *f* **=, -n** qeveri e landit (*në Gjermani*).

L'andessitte *f* **=, -en** zakon i vendit.

L'andessprache *f* **=, -n** gjuhë e vendit.

L'andestracht *f* **=, -en** kostum kombëtar.

L'andestrauer *f* = zi kombëtare.

l'andesüblich *a* që është bërë zakon në një vend.

L'andesverrat *m* **-(e)s** tradhti ndaj atdheut.

L'andesverteidigung *f* = mbrojtje e vendit.

L'andhaus *m* **-es, -häuser** shtëpi, vilë në fshat.

L'andkarte *f* **=, -n** hartë gjeografike.

l'andläufig *a* 1) i përgjithshëm (*zakon, mendim etj.*); 2) i përhapur (*mënyrë të foluri etj.*).

l'ändlich *a* 1) fshatar; 2) *fig* fshatarak; i thjeshtë.

L'andmacht *f* **=, -mächte** fuqi tokësore.

L'andmann *n* **-(e)s, -leute** fshatar.

L'andmesser *m* **-s, =** gjeometër.

L'andmine *f* **=, -n** *usht* minë tokësore.

L'andpartie *f* **=, -i/en** piknik.

L'andschaft *f* **=, -en** 1) krahinë (*malore, e pyllëzuar etj.*); 2) peizazh (*realist, mitologjik etj.*).

L'andschaftsmaler *m* **-s, =** (*piktor*) peizazhist.

L'andsitz *m* **-es, -e** vilë në fshat.

L'andsmann *m* **-(e)s, -leute** bashkatdhetar; **was ist er für ein Landsmann?** nga është ai?

L'andsmännin *f* **=, -nen** bashkatdhetare.

L'andspitze *f* **=, -n** *gjeogr* kep.

L'andstraße *f* **=, -n** xhade.

L'andstreicher *m* **-s, =** endacak.

L'andstrich *m* **-(e)s, -e** rrip toke.

L'andstück *n* **-(e)s, -e** copë tokë.

L'andsturm *m* **-(e)s** *usht* landshturm (*rezervë e landverit*).

L'andtag *m* **-(e)s, -e** landtag (*parlament i një landi në Gjermani*).

L'andtruppen *pl usht* forca tokësore.

L'andung *f* **=, -en** 1) zbarkim; 2) ulje (*e aeroplanit*); 3) *usht* desant (*ajror, detar*).

L'andungsort *m* **-(e)s, -e** 1) skelë; 2) *usht* vend zbarkimi.

L'andungsplatz *m* **-es, -plätze** *sh* **Landungsort.**

L'andungssteg *m* **-(e)s, -e** urë, shkallë (*për zbritje nga anija*).

L'andungstruppen *pl* njësi desante.

l'andwärts *adv* 1) larg bregut; 2) në thellësi të vendit.

L'andweg *m* **-(e)s, -e** rrugë tokësore; **auf dem Landwege reisen** udhëtoj në tokë.

L'andwehr *f* **=** *usht* landver (*ushtri territoriale*).

L'andwirt *m* **-(e)s, -e** bujk.

L'andwirtschaft *f* **=** bujqësi.

l'andwirtschaftlich *a* bujqësor.

L'andzunge *f* **=, -n** *gjeogr* gjuhëz.

lang (*comp* **länger,** *superl* **längst)** *a* 1) i gjatë (*në hapësirë*); **3 Meter lang** 3 metra i gjatë; **lange Haare** flokë të gjatë; 2) i lartë (*direk etj.*); 3) i gjatë (*në kohë*); **auf lange Zeit** për një kohë të gjatë; për shumë kohë; **vor langen Jahren** prej shumë vjetësh; **seit langer Zeit** prej kohësh; **vor nicht langer Zeit** s'ka shumë kohë; **lange (längere) Zeit (hindurch)** për një kohë të gjatë; **den lieben langen Tag** gjithë ditën e lume.

l'angatmig *a* i hollësishëm, i zgjatur (*tregim etj.*).

l'ang(e) *adv* 1) gjatë, për një kohë të gjatë; **ich kann es nicht länger aushalten** s'e duroj dot më gjatë; *bis* **da fragt man nicht erst lange** s'pyet njeri shumë; **etwas des langen und breiten erklären** shpjegoj diçka gjerë e gjatë; **zwei Jahre lang** gjatë dy vjetëve, dy vjet rresht; **schon lange** qëkur; 2) : **(noch) lange nicht** aspak; **sie ist lange nicht so schön** ajo s'ka qenë kurrë kaq e bukur.

L'änge *f* **=, -n** 1) gjatësi; **der Länge nach** sa gjatë gjerë; 2) : **auf die Länge** për një kohë të gjatë; **(sich) in die Länge ziehen** zgjat (*puna etj.*); 3) *gjeogr* gjatësi.

l'angen 1. *vi* (h) 1) **(bis an A, bis zu D)** arrin (*diçka, gjer diku*); 2) **(nach D)** zgjas dorën (*për diçka*); **ich langte nach dem Teller** zgjata dorën për të marrë pjatën; 3) mjafton; *bis* **jetzt langt's mir aber** tashti u mbush kupa!; 2. *vt* : *bis* **ich werde ihn mir schon langen!** do t'ia them troç se ç'mendoj!; **jemandem eine langen** ia këpus një (*dackë etj.*) dikujt.

L'ängeneinheit *f* **=, -en** njësi gjatësie.

L'ängengrad *m* **-(e)s, -e** *gjeogr* gjatësi gjeografike.

L'ängenkreis *m* **-es, -e** *gjeogr* meridian.

L'ängemaß *n* **-es, -e** masë gjatësie.

L'angeweile *f* **=** mërzi; **aus Langeweile** nga mërzia.

L'angfinger *m* **-s, =** *bis* hajdut xhepash.

l'angfristig *a* me afat të gjatë (*marrëveshje etj.*).

l'anghaarig *a* 1) flokëgjatë (*njeri*); 2) leshtak (*qen etj.*).
l'angjährig *a* shumëvjeçar (*miqësi, përvojë etj.*).
l'anglebig *a* jetëgjatë.
l'anglegen, sich *vrefl ndash bis* shtrihem (*për të pushuar etj.*).
l'änglich *a* gjatosh.
L'angmut *f* = durim.
l'angmütig *a* i duruar, i durueshëm.
längs *präp* **(D, G)** gjatë, përgjatë (*rrugës, lumit etj.*).
l'angsam 1. *a* 1) i ngadaltë; 2) i plogët; 3) i matur (*hap*); 2. *adv* dalngadalë, ngadalë; **langsam!** me ngadalë!
L'angsamkeit *f* = ngadalësi.
L'angschläfer *m* **-s, =** *bis* gjumash.
l'angschnäblig *a* sqepgjatë (*zog*).
L'ängsschnitt *m* **-(e)s, -e** *tek* prerje për së gjati.
L'angspielplatte *f* **=, -n** shumëkëngësh (*disk*).
L'ängsseite *f* **=, -n** anë më e gjatë (*e shtëpisë etj.*).
längst *adv* 1) prej kohësh, qëkur; qëmoti; **ich weiß es längst** e di prej kohësh; 2) : **das ist längst nicht erwiesen** kjo nuk është aspak e provuar.
l'ängstens *adv* shumë-shumë (*dy javë, dy muaj etj.*).
l'angstielig *a* 1) *bot* kërcellgjatë (*lule*); 2) *fig bis* i zgjatur, i mërzitshëm (*raport etj.*).
Lang'uste *f* **=, -n** *zool* aragostë.
l'angweilen 1. *vt* mërzis (*me një bisedë të gjatë etj.*); 2. *vrefl* **sich langweilen** mërzitem.
l'angweilig *a* 1) i mërzitshëm (*njeri, bisedë etj.*); 2) monoton (*peizash etj.*).
l'angwierig *a* i gjatë, i rëndë (*punë, sëmundje etj.*).
L'anze *f* **=, -n** heshtë, shtizë.
lapid'ar *a* i ngjeshur (*stil etj.*).
Lapp'ali/e *f* **=, -n** çikërrimë; **sich wegen einer Lappalie streiten** zihem për hiçgjë.
L'appen *m* **-s, =** 1) rreckë (*për të fshirë etj.*); 2) lapër (*mishi, lëkure etj.*).
l'äppisch *a* i trashë, prej budallai (*qëndrim, sjellje etj.*).
Lärm *m* **-s** 1) zhurmë, potere; **viel Lärm um nichts** shumë zhurmë për asgjë; 2) : **Lärm schlagen** bëj alarm.
l'ärmen *vi* **(h)** bëj zhurmë, potere.
L'arve *f* **=, -n** 1) maskë; *fig* **jemandem die Larve vom Gesicht reißen** i çjerr maskën dikujt; 2) *zool* larvë, krimb, krimbalesh.
las *sh* **lesen***.
lasch *a bis* i flashkët
L'asche *f* **=, -n** rrip (*metali, lëkure etj.*).
lassen* 1. *vt* 1) lë, lejoj; duroj; **das lasse ich mir nicht gefallen** këtë s'e duroj; **ich lasse bitten!** le të hyjë! (*një vizitor etj.*); **das läßt sich denken!** kjo merret me mend!; **laß dir nicht einfallen, daß ...** mos të të shkojë mendja se ...; **etwas fallen lassen** lë diçka të bjerë; **laß hören!** fol!; **laß sie nur kommen** veç të vijë ajo; **laß mich den Brief lesen** lërmë të lexojë letrën; **laß mich (das) nur machen** lërma mua (*atë punë*); **ich habe mir sagen lassen, daß ...** kam marrë vesh se ...; **laß (einmal) sehen!** dale të shoh!; 2) bëj (*që të ndodhë diçka*); **sich seine Arbeit gut bezahlen lassen** bëj që të paguhet mirë puna ime; **er läßt dich grüßen** ai të bën të fala; **jemanden rufen lassen** çoj të thërrasë dikë; **sich ein Kleid machen lassen** porosis një rrobë (një palë rroba); **der Dichter läßt seinen Helden folgendes sagen ...** poeti i vë në gojë heroit sa vijon ...;

lassen Sie sich gesagt sein, daß ... ta dini mirë se...; 3) lë; lëshoj; **laß das!** lëre!; **alles beim alten lassen** lë gjithçka siç ka qenë; **wo habe ich meinen Schirm gelassen?** ku e kam lënë çadrën?; **tu, was du nicht lassen kannst!** bëj ç'të duash!; **das Rauchen lassen** lë duhanin; **er läßt den Kindern ihre Freiheit** ai i lë fëmijët të lirë; 4) mund; **das läßt sich schwer beweisen** kjo mund të provohet me vështirësi; **das läßt sich hören!** ky qenka mendim i mirë; **das läßt sich nicht vermeiden** kjo është e pashmangshme; 5) : **klug ist er, das muß man ihm lassen** i zgjuar është, këtë s'ia mohon dot; **sein Leben lassen** jap jetën; **Wasser lassen** derdh ujë; 2. *vi* **(h)** lë, heq dorë nga (*diçka*); **er kann von ihr nicht lassen** ai nuk ndahet dot prej saj.

l'ässig *a* 1) i pakujdesshëm; 2) i plogët, i flashkët.

L'ässigkeit *f* = 1) pakujdesi; 2) plogështi.

L'asso *n* **-s, -s** litar me lak (*për të kapur kafshët*).

laßt *sh* **lassen***.

Last *f* **=, -en** 1) ngarkesë (*e një anijeje etj.*); 2) peshë, barrë (*edhe fig*); **jemandem zur Last fallen** i bëhem barrë dikujt; **zu Lasten des Käufers** për llogari të blerësit; **jemandem etwas zur Last legen** i ngarkoj diçka (*faj etj.*) dikujt.

L'astauto *n* **-s, -s** *sh* **Lastkraftwagen.**

l'asten *vi* **(h) (auf D)** rëndon (*mbi dikë*); **alle Arbeit lastet auf seinen Schultern** gjithë puna bie mbi shpatullat e tij; **eine lastende Stille** një heshtje e rëndë.

L'astenausgleich *m* **-(e)s** dëmshpërblim i luftës (*në Gjermani*).

l'astenfrei *a* pa borxhe.

L'aster I *n* **-s, =** ves.

L'aster II *m* **-s, =** *bis* kamion.

l'asterhaft *a* 1) me vese (*njeri*); 2) i shthurur (*fjalë etj.*).

L'asterhaftigkeit *f* = të qenët i shthurur.

L'asterleben *n* **-s** jetë e shthurur.

l'ästerlich *a* që nëm, që mallkon.

Lästermaul *n* **-s, -mäuler** *bis* gojë e ligë.

l'ästern *vi* **(h) (auf, wider, gegen A)** blasfemoj; nëm, mallkoj; 2) **(über A)** flas keq, marr nëpër gojë (*dikë*).

L'ästerung *f* **=, -en** 1) blasfemi; nëmë, mallkim; 2) shpifje.

L'ästerzunge *f* **=, -n** *bis* gojë e ligë.

l'ästig i rëndë, i bezdisshëm (*njeri, kollë, zhurmë etj.*); **jemandem lästig fallen, werden** i rëndem dikujt.

L'astkahn *m* **-(e)s, -kähne** maunë (*qymyri etj.*).

L'astkraftwagen *m* **-s, =** kamion.

L'astschiff *n* **-(e)s, -e** anije mallrash.

L'asttier *n* **-(e)s, -e** kafshë barre.

L'astzug *m* **-(e)s, -züge** tren mallrash.

Las'ur *f* **=, -en** shtresë e tejdukshme llaku.

lasz'iv *a* i ndyrë, i fëlliqur (*shaka etj.*).

Lat'ein *n* **-s** latinishte (*gjuhë*).

lat'einisch 1. *a* latin; 2. *adv* latinisht.

lat'ent *a* i fshehtë (*sëmundje etj.*).

Lat'erne *f* **=, -n** fener; *fig* **mit der Laterne suchen** kërkoj me qiri.

Lat'iner *m* **-s, =** latin.

Latr'ine *f* **=, -n** nevojtore.

Latr'inenparole *f* **=, -n** *usht bis* thashetheme.

Latsch *m* **-(e)s, -e** leckë (*njeri*).

L'atsche *f* **=, -n** *bis* 1) brashnjë; 2) *bis* pantofël.

l'atschen *vi* **(s)** *bis* eci duke tërhequr këmbët zvarrë.

l'atschig *a* *bis* 1) i ngathët (*lëvizje etj.*); 2) i rëndë (*hap etj.*).

L'atte *f* =, **-n** listelë; *fig* **eine lange Latte** një stërhell i gjatë.

L'attich *m* **-s, -s** *bot* marule.

Latz *m* **-es, Lätze** 1) grykashkë; 2) përparëse.

L'ätzchen *n* **-s,** = grykashkë, grykëse.

lau *a* 1) i vakët (*uji etj.*); 2) i butë (*mot etj.*); 3) *fig* i pavendosur, i lëkundshëm (*njeri*).

Laub *n* **-(e)s** gjethe (*të gjelbra, të rëna etj.*).

L'aube *f* =, **-n** 1) qoshk (*në kopsht etj.*); 2) lozhë (*teatri*); 3) : *fig* **und fertig ist die Laube** dhe mbaron puna.

L'aubengang *m* **-(e)s, -gänge** rrugëz përmes drurëve; pjergullore.

L'aubfrosch *m* **-(e)s, -frösche** *zool* bretkosë e drurëve, verore.

l'aublos *a* pa gjethe (*dru etj.*).

L'aubsäge *f* =, **-n** sharrë azhuri.

L'aubwerk *n* **-(e)s, -e** *sh* **Laub.**

Lauch *m* **-(e)s, -e** *bot* qepë.

Laud'atio *f* =, **Laudati'ones** fjalim lavdërues (*për nder të dikujt*).

L'auer *f* = 1) pritë; **auf der Lauer sein (liegen)** zë pritë, ruaj; 2) përgjim.

l'auern *vi* **(h) (auf A)** 1) pres me padurim (*dikë*); 2) ruaj, përgjoj (*dikë*).

Lauf *m* **-(e)s, Läufe** 1) vrap; **im vollen Laufe** me vrap; 2) *sport* vrapim; 3) rrjedhje (*e lumit etj.*); 4) lëvizje (*e makinës etj.*); 5) zhvillim (*i një ngjarjeje etj.*); **im Laufe einer Woche** gjatë një jave; **den Dingen ihren (freien) Lauf lassen** lë punët të rrjedhin vetë; 6) tytë (*pushke etj.*).

L'aufbahn *f* =, **-en** 1) *sport* pistë; 2) *fig* karrierë.

L'aufbursche *m* **-n, -n** çirak (*që kryen porosi të ndryshme*).

l'aufen* 1. *vi* (s) 1) rend, vrapoj; eci; 2) punon (*makina, ora etj.*); 3) rrjedh (*uji, gjaku, ena, hundët etj.*); 4) kalon (*rruga, koha etj.*); 5) vazhdon (*abonimi etj.*); 6) shfaqet (*filmi*); 7) ikën (*fija*); 8) : *shpr* **Gefahr laufen** jam në rrezik; *shpr* **der Wechsel läuft auf seinen Namen** kambiali është në emër të tij; 2. *vt* : **einen Rekord laufen** vendos një rekord (*në vrapim*); **Ski laufen** rrëshqas me ski; 3. *vrefl* : **sich müde laufen** lodhem së vrapuari.

l'aufend 1. *a* 1) i vazhdueshëm; **am laufenden Band** në konvejer; **laufender Meter** metër linear; 2) vazhdues; 3) : *shpr* **auf dem laufenden sein (halten)** jam (mbaj) në dijeni (*të një çështjeje etj.*); 2. *adv* vazhdimisht; **die Preise steigen laufend** çmimet ngrihen vazhdimisht.

l'aufenlassen* **(h)** *ndash bis* lëshoj, nuk dënoj (*hajdutin etj.*).

L'äufer *m* **-s,** = 1) vrapues; 2) *futb* gjysmëmbrojtës; 3) *shah* oficer; 4) rrugë, rrugicë, qilim shkallësh, korridori etj.; 5) *tek* rotor.

Laufer'ei *f* =, **-en** 1) rendje poshtë e lart; 2) *fig* telash, andrallë.

L'auffeuer *n* : *shpr* **wie ein Lauffeuer** si zjarr në kashtë (*shumë shpejt*).

L'aufgitter *n* **-s,** = rrethore (*për fëmijët e vegjël*).

L'aufgraben *m* **-s, -gräben** *usht* transhe.

l'äufig *a* në afsh, e ethur (*lopë etj.*).

L'aufjunge *m* **-n, -n** *sh* **Laufbursche.**

L'aufmasche *f* =, **-n** fije e ikur (*e çorapes etj.*).

L'aufpaß *m* : *shpr bis* **jemandem den Laufpaß geben** i jap duart dikujt.

L'aufriemen *m* **-s,** = *tek* rrip transmisioni.

L'aufschritt *m* : *shpr* **im Laufschritt** me vrap.

L'aufstall *m* **-(e)s, -ställe** rrethore (*për fëmijët*).
L'aufsteg *m* **-s, -s** pasarelë.
L'aufzeit *f* **=, -en** 1) kohë e shfaqjeve (*të një filmi etj.*); 2) afat (*i një kredie etj.*).
L'auge *f* **=, -n** finjë.
L'auheit *f* **=, Lauigkeit** *f* **=** 1) vakësirë; 2) *fig* ftohtësi.
L'aune *f* **=** 1) humor, gjendje shpirtërore; **(bei) guter Laune sein** jam në qejf, në humor të mirë, me të mira; **die Laune verderben** prish qejfin; 2) *pl* **-n** tekë, trill; **die Laune des Glücks** trillet e fatit.
l'aunenhaft *a* tekanjoz.
l'aunig *a* i këndshëm, me humor (*bisedë etj.*).
l'aunisch *sh* **launenhaft.**
Laus *f* **=, Läuse** *ent* morr; **Läuse knacken** vras morra.
L'ausbub *m* **-en, -en** *bis* çapkën.
Lausbüber'ei *f* **=, -n** çapkënëri.
l'auschen *vi* **(h)** 1) dëgjoj me kujdes (*një koncert etj.*); 2) përgjoj (*prapa derës, etj.*).
L'auscher *m* **-s, =** përgjues.
l'auschig *a* i këndshëm; i qetë (*vend*).
L'ausebengel *m* **-s, =** *bis* qurravec, i ri i pafytyrë.
L'ausejunge *m* **-n, -n** *bis* qurravec, i ri i pafytytë.
l'ausen *vt* çmorris.
l'ausig *a* 1) morracak; 2) *bis* i keq; i varfër, i mjerueshëm.
laut I 1. *a* i fortë, i lartë (*tingull, zë etj.*); **eine laute Straße** rrugë shumë e rrahur; **laut werden** hapet (*fjala etj.*); **laut werden lassen** shpall; **laut sein** bëj zhurmë; 2. *adv* me zë të lartë.
laut II *präp* **(G)** në përputhje me (*shkresën etj.*); sipas (*marrëveshjes etj.*).
Laut *m* **-es, -e** tingull.
l'autbar *adv* : **(h) lautbar werden** hapet (*lajmi, fjala etj.*).
l'auten *vi* **(h)** 1) tingëllon; 2) thotë (*ligji, teksti etj.*).
l'äuten 1. *vi* **(h)** bie (*zilja, kambana etj.*); 2. *vt* i bie (*kambanës*).
l'auter 1. *a* 1) i pastër, i kulluar, i papërzier (*ar etj.*); *fig* **die lautere Wahrheit** e vërteta lakuriq; 2) *fig* i ndershëm (*njeri etj.*); 2. *adv* 1) vetëm, veçse; **das sind lauter Lügen** s'janë veçse gënjeshtra.
L'auterkeit *f* **=** 1) pastërti; 2) *fig* ndershmëri.
l'äutern *vt* 1) kulloj (*një lëng etj.*); 2) *fig* pastroj.
L'äuterung *f* **=, -en** kullim.
l'authals *adv* me sa zë kam në kokë (*këndoj etj.*).
L'autlehre *f* **=, -n** *gram* fonetikë dhe fonologji.
l'autlos *a* i heshtur, i pazëshëm; **lautlose Stille** heshtje e plotë.
L'autlosigkeit *f* **=** heshtje.
L'autschrift *f* **=, -en** transkriptim fonetik.
L'autsprecher *m* **-s, =** altoparlant.
l'autstark *a* 1) me zë të lartë; 2) me zhurmë.
L'autstärke *f* **=** volum, vëllim zëri (*i radios etj.*).
l'auwarm *a* i vakët (*ujë etj.*).
L'ava [*-va*] *f* **=** *gjeol* lavë.
Lav'endel [*-ven-*] *m* **-s, =** *bot* livando, trumzë e butë.
lav'ieren *vi* **(h)** 1) *det* lundroj kundër erës; 2) *fig* e dredh, manovroj.
Law'ine *f* **=, -n** ortek (*bore*).
lax *a* i dobët (*disiplinë etj.*); **laxe Sitten** zakone të shthurura; **laxe Moral** moral i prishur.
Lazar'ett *n* **-s, -e** spital ushtarak.
L'ebehoch *n* **-s, -s** rroftë.
L'ebemann *m* **-(e)s, -männer** burrë qejfli.
l'eben *vi* **(h)** rroj, jetoj, jam gjallë;

so wahr ich lebe! mos qofsha!; **er hat nicht mehr lange zu leben** ai s'e ka të gjatë; **von seiner Hände Arbeit leben** rroj me djersën e ballit; **seiner Arbeit leben** i kushtohem vetëm punës; **das Bild scheint zu leben** figura duket (si) e gjallë; **von der Hand in den Mund leben** rroj keq; **in den Tag hinein leben** s'e vras mendjen; **es lebe ...!** rroftë ...!; **lebe wohl!** lamtumirë!; **von Brot und Milch leben** ushqehem me bukë e qumësht; **er lebt von seinem Sohn** atë e mban i biri.

L'eben *n* -s, = jetë; **am Leben bleiben** mbetem gjallë; **ums Leben kommen** vdes; **jemanden ums Leben bringen** vras dikë; **jemandem das Leben sauer machen** ia nxij jetën dikujt; **sich (D) das Leben nehmen** vras veten; **sein Leben aufs Spiel setzen** vë jetën në rrezik, vë kokën në torbë; **und koste es mein Leben!** edhe sikur të vdes!; **sein Leben lassen** jap jetën; **einem Kind das Leben schenken** lind një fëmijë.

l'ebend *a* i gjallë, gjallë; **die Lebenden und die Toten** të gjallët e të vdekurit; **lebendes Inventar** inventar i gjallë; **lebende Sprache** gjuhë e gjallë.

leb'endig *a* i gjallë (*edhe fig*).

L'ebendigkeit *f* = gjallëri, vitalitet.

L'ebendgewicht *n* -(e)s peshë e gjallë.

L'ebensabend *m* -s, -e muzg i jetës, pleqëri.

L'ebensalter *n* -s moshë.

L'ebensart *f* =, **-en** mënyrë jetese.

L'ebensaufgabe *f* =, **-n** qëllim i jetës.

L'ebensdauer *f* = 1) zgjatje e jetës; 2) *tek* afat shfrytëzimi (*i një makine etj.*).

l'ebensfähig *a* i aftë për të jetuar (*fëmijë etj.*).

l'ebensfremd *a* i shkëputur nga jeta.

L'ebensfreude *f* = gëzim i jetës.

l'ebensfroh *a* që gëzon jetën.

L'ebensführung *f* =, **-en** mënyrë jetese.

L'ebensgang *m* -(e)s rrugë e jetës.

L'ebensgefahr *f* = rrezik jete.

l'ebensgefährlich *a* që vë jetën në rrezik, që (*të*) rrezikon jetën (*sëmundje, plagosje etj.*).

L'ebensgefährte *m* **-n, -n** shok jete.

L'ebensgeister *pl* gjallëri.

L'ebensgröße *f* = madhësi natyrale (*e një figure etj.*).

L'ebenshaltung *f* =, **-en** jetesë; mënyrë jetese.

L'ebensjahr *n* -(e)s, **-e** viti jetës.

L'ebenskraft *f* =, **-kräfte** gjallëri, vitalitet.

l'ebenskräftig *a* i shëndoshë e i fortë.

l'ebenslang 1. *a* që zgjat tërë jetën; 2. *adv* tërë jetën, përjetë.

l'ebenslänglich 1. *a* i përjetshëm (*burgim etj.*); 2. *adv* përjetë.

L'ebenslauf *m* -(e)s, **-läufe** 1) jetë; 2) kurrikulum vite; 3) karrierë.

L'ebenslicht *n* -(e)s *poet* jetë.

L'ebenslust *f* = gëzim i jetës.

l'ebenslustig *a* i gjallë, plot jetë; gazmor.

L'ebensmittel *pl* ushqime.

L'ebensmittelkarte *f* =, **-n** triskë ushqimesh.

l'ebensmüde *a* i lodhur nga jeta.

L'ebensmut *m* -(e)s guxim për të përballuar vështirësitë e jetës.

l'ebensnah *a* i lidhur me jetën (*mësim etj.*).

L'ebensregel *f* =, **-n** rregull jete.

L'ebensretter *m* -s, = shpëtimtar (*që i shpëton jetën dikujt*).

L'ebensstandard *m* -s, -s nivel jetese.

L'ebensstellung *f* =, **-en** pozitë në shoqëri.
L'ebensstil *m* -(e) mënyrë jete.
l'ebenstüchtig *a* i aftë për të përballuar jetën.
L'ebensunterhalt *m* **-s** 1) mjete jetese (*ushqim, veshmbathje, banim etj.*); 2) shpenzime jetese; **den Lebensunterhalt bestreiten** heq shpenzimet e jetesës.
l'ebensvoll *a* 1) i gjallë; plot jetë; 2) i gjallë, i lidhur me jetën.
L'ebenswandel *m* **-s** mënyrë jetese.
L'ebensweg *m* **-(e)s** jetë.
L'ebensweise *f* = mënyrë jete.
L'ebenswerk *n* **-(e)s, -e** vepër së cilës i kushtohet tërë jeta.
l'ebenswichtig *a* jetik, me rëndësi jetike.
L'ebenszeichen *n* **-s,** = shenjë jete; **kein Lebenszeichen von sich (D) geben** nuk jap asnjë shenjë jete; nuk ndihem i gjallë.
L'ebenszeit *f* =, **-en** jetë, kohë e jetës; **auf Lebenszeit** përjetë.
L'eber *f* =, **-n** *anat* mëlçi; *fig bis* **frei (frisch) von der Leber weg sprechen** e them troç, hapur.
L'eberfleck *m* **-s, -e** nishan i zi (*në lëkurë*).
l'eberkrank *a* i sëmurë nga mëlçia.
L'ebertran *m* **-s** *mjek* vaj peshku.
L'ebewesen *n* **-s,** = qenie e gjallë, organizëm i gjallë.
L'ebewohl *n* **-(e)s, -e** *dhe* **-s** lamtumirë.
l'ebhaft *a* 1) plot jetë; plot gjallëri (*njeri*); 2) i gjallë (*sy, bisedë etj.*).
L'ebhaftigkeit *f* = gjallëri.
l'eblos *a* pa jetë, i vdekur.
L'ebtag *m* : *shpr* **mein Lebtag** gjatë gjithë jetës sime.
L'ebzeiten *pl* : *shpr* **zu (bei) meines Vaters Lebzeiten** kur ishte gjallë im atë, në të gjallë të tim eti.
l'echzen *vi* **(h) (nach D)** jam i etur (*për ujë, gjak etj.*); **die Erde lechzt nach Regen** toka është e djegur për shi.
leck *a* i shpuar (*kazan, enë etj.*); **das Schiff ist leck** anija fut ujë.
Leck *n* **-s, -e** vrimë, e çarë (*në një anije etj.*).
l'ecken I 1) *vt* lëpij; 2. *vi* **(h) (an D)** lëpij (*akulloren etj.*).
l'ecken II *vi* **(h)** rrjedh (*ena etj.*).
l'ecker *a* 1) i shijshëm (*kafshatë, gjellë etj.*); 2) i lezetshëm.
Lecker'ei *f* =, **-en** gjë e mirë (*për të ngrënë*).
L'eckermaul *n* **-s -mäuler** *bis* grykës, hamës.
L'eder *n* **-s,** = 1) lëkurë (*e regjur kafshe*); *fig* **jemandem das Leder gerben** ia ndreq samarin dikujt; 2) *bis* top futbolli.
L'ederhose *f* =, **-n** pantallona lëkure (*të tirolezëve etj.*).
l'edern *a* 1) i lëkurtë; 2) *vjet bis* i rëndë, i mërzitshëm, i thatë (*libër, referat etj.*).
l'edig *a* 1) i lirë, i shpenguar; 2) i pamartuar, beqar; 3) i ngeshëm; 4) i papunuar, djerr; 5) : **lediges Kind** fëmijë i paligjshëm; **lediges Pferd** kalë pa kalorës.
l'ediglich *adv* vetëm; **es ist lediglich eine Formsache** është vetëm çështje forme.
Lee : *f shpr* **in Lee, nach Lee** kundrejt erës.
leer *a* 1) bosh, i zbrazët (*enë etj.*); 2) i lirë (*vend etj.*); 3) i kotë (*kërcënim etj.*); 4) : *shpr* **leeres Stroh dreschen** grij sallatë.
L'eere *f* = boshllëk, zbrazëtirë, zbrazësi.
l'eeren *vt* 1) zbraz, boshatis (*gotën etj.*); 2) *fig* fshij (*pjatën etj.*).
L'eergewicht *n* **-(e)s, -e** *treg* tarë.
L'eergut *n* **-(e)s** arka etj. boshe.

L'eerlauf *n* **-(e)s** lëvizje në boshllëk; *fig* lëvizje e kotë.
l'eerlaufen* *vi ndash* **(h)** zbrazet (*ena etj.*).
l'eerstehend *a* i pamobiluar; i pabanuar (*dhomë etj.*).
L'eerung *f* = zbrazje.
Lefze *f* =, **-n** buzë (*e qenit etj.*).
leg'al *a* i ligjshëm (*veprim etj.*).
legalis'ieren *vt* ligjësoj (*një veprim etj.*).
Legalit'ät *f* = ligjshmëri.
Legati'on *f* =, **-en** legatë.
L'egehenne *f* =, **-n** pulë pjellore.
l'egen 1. *vt* 1) vë; shtroj; **Feuer legen** vë zjarrin; **das Parkett legen** shtroj parketin; **das Fundament legen** hedh themelet; **Wert auf etwas legen** i jap rëndësi diçkaje; **die Wasserleitung legen** instaloj ujin; 2) : **Eier legen** bën vezë (*pula etj.*); 2. *vrefl* **sich legen** 1) shtrihem; **sich zu Bett legen** bie të fle; **sich auf die Seite, auf den Rücken, Bauch legen** bie në brinjë, në kurriz, në bark; 2) pushon (*era etj.*); 3) bie (*zëmërimi, zhurma etj.*); 3. *vi* **(h)** bën vezë (*pula etj.*); **die Hühner legen jetzt gut** pulat pjellin mirë tani.
legend'är *a* 1) legjendar 2) *fig* i pabesueshëm.
Leg'ende *f* =, **-n** legjendë.
leger [*lezh'e*] *a* i lirë, i çlirë (*sjellje etj.*).
leg'endenhaft *a* legjendar.
leg'ieren *vt* lidh (*metale*).
Leg'ierung *f* =, **-en** lidhje (*e metaleve*).
Legislat'ive [*-ve*] *f* =, **-n** 1) asamble legjislative, ligjvënëse; 2) pushtet legjislativ.
Legi'on *f* =, **-en** 1) *hist* legjion; 2) *usht* legjion (*i huaj*); 3) : *shpr* **die Zahl von ihnen ist Legion** ata nuk kanë të numëruar.
Legion'är *m* **-s, -e** legjionar.
Legislat'urperiode *f* =, **-n** legjislaturë.
legit'im *a* i ligjshëm (*fëmijë, veprim etj.*).
Legitimati'on *f* =, **-en** 1) përligjje, justifikim; 2) *drejt* ligjësim (*i fëmijës së paligjshëm*).
legitim'ieren, sich *vrefl* paraqitem (*me dokument*), identifikohem.
Legitim'ierung *f* =, **-en** identifikim.
Legitimit'ät *f* = ligjshmëri.
Lehm *m* **-s, -e** argjilë.
l'ehmig *a* argjilor.
L'ehne *f* =, **-n** 1) mbështetëse (*kolltuku*); 2) shpat (*mali*).
l'ehnen 1. *vt* **(an, gegen A)** mbështes (*te muri shkallën etj.*); 2. *vi* **(h)** *vrefl* **sich lehnen (an, auf gegen A)** mbështetem (*në, te, pas diçkaje*); **sich weit aus dem Fenster lehnen** varem nga dritarja.
L'ehnsessel *m* **-s,** = kolltuk.
L'ehnsherr *m* **-n, -en** *hist* feudal.
L'ehnsmann *m* **-(e)s, -männer** *dhe* **-leute** *hist* vasal.
L'ehnstuhl *m* **-(e)s, -stühle** *sh* **Lehnsessel.**
L'ehnwort *n* **-(e)s, -wörter** huazim (*fjalë nga një gjuhë e huaj*).
L'ehramt *n* **-(e)s, -ämter** mësuesi.
L'ehrbuch *n* **-(e)s, -bücher** tekst mësimor.
L'ehre *f* =, **-n** 1) doktrinë (*e Hegelit etj.*); 2) teori (*e relativitetit etj.*); 3) mësim; **das soll mir eine gute Lehre sein** ky do të jetë mësim për mua; **eine bittere Lehre** mësim i hidhur; **die Lehre aus etwas ziehen** nxjerr mësim nga diçka.
l'ehren *vt* mësoj, i jap mësim (*dikujt*); **ich werde dich lehren!** ta tregoj unë!; **die Zukunft wird es lehren!** koha do ta tregojë.
L'ehrer *m* **-s,** = mësues; pedagog.
L'ehrerin *f* =, **-nen** mësuese.

L'ehrerschaft *f* =, **-en** 1) personel mësimor; 2) mësuesit (*e një shkolle etj.*).

L'ehrfach *n* **-(e)s, -fächer** lëndë mësimore.

L'ehrgang *m* **-s, -gänge** kurs mësimor.

L'ehrgeld *n* : *shpr* **Lehrgeld zahlen** pësoj e mësoj.

l'ehrhaft *a* mësimdhënës; mësimor (*film etj.*).

L'ehrjahr *n* **-(e)s, -e** vit mësimor.

L'ehrkraft *f* =, **-kräfte** mësues (*si fuqi punëtore*).

L'ehrling *m* **-s, -e** nxënës (*në një uzinë etj.*).

L'ehrmeister *m* **-s,** = mësues, mjeshtër (*në një fushë*).

L'ehrmittel *n* **-s,** = mjet mësimor.

l'ehrreich *a* mësimdhënës, instruktiv.

L'ehrsatz *m* **-es, -sätze** tezë (*shkencore*).

L'ehrstoff *m* **-(e)s** lëndë mësimore.

L'ehrstuhl *m* **-s, -stühle** katedër.

L'ehrtätigkeit *f* = veprimtari pedagogjike.

L'ehrzeit *f* =, **-en** stazh (*në fabrikë, spital etj.*).

Leib *m* **-es, -er** 1) trup; **Leib an Leib** trup me trup (*përleshje*); **bleib mir vom Leibe!** hiqmu (qafe)!; **jemandem zu Leibe gehen** i hidhem dikujt; **mit Leib und Seele** me mish e me shpirt; **ein Leib und eine Seele sein** janë si mishi me thoin; **bei lebendigem Leibe verbrennen** djeg për së gjalli; 2) bark; **nichts im Leibe haben** e kam barkun të zbrazët; 3) *fig* kurriz; **er hat die Folgen seiner Tat am eigenen Leibe zu spüren bekommen** ai po i provon në kurriz pasojat e veprimit të vet.

L'eibchen *n* **-s,** = 1) sutien; korsé; 2) fanellë fëmijësh pa mëngë.

L'eibeigene *m, f* **-n, -n** *hist* bujkrob(e).

L'eibeigenschaft *f* = *hist* bujkrobëri.

l'eiben : *shpr bis* **wie er leibt und lebt** ai, dora vetë.

L'eibeskräfte *pl* : *shpr* **aus Leibeskräften** me gjithë fuqinë.

L'eibesübungen *f pl* ushtrime fizike.

L'eibesvisitati'on [*-vi-*] *f* =, **-en** kontroll personal (*në doganë etj.*).

L'eibgericht *n* **-(e)s, -e** gjellë e preferuar.

l'eibhaftig *a* i mishëruar; **der leibhaftige Geiz** koprracia e mishëruar; **der leibhaftige Teufel** djalli vetë.

l'eiblich *a* 1) trupor; **leibliche Genüsse** kënaqësi materiale; 2) prej një gjaku; **leiblicher Bruder** vëlla prej një gjaku.

L'eibschmerzen *pl* dhembje barku.

L'eibwache *f* =, **-n** rojë personale, trim.

L'eibwächter *m* **-s,** = rojë personale, trim.

L'eibwäsche *f* = ndërresa trupi.

L'eiche *f* =, **-n** kufomë; **er ist eine lebende Leiche** ai është kufomë e gjallë; **nur über meine Leiche!** kurrë, gjersa të jem gjallë!

L'eichenbegängnis *n* **-ses, -se** varrim.

L'eichenbittermiene *f* =, **-n** : *shpr* **mach nicht eine solche Leichenbittermiene!** mos i tharto turinjtë ashtu!

L'eichenhalle *f* =, **-n** morg.

L'eichentuch *n* **-(e)s, -tücher** savan, qefin.

L'eichenverbrennung *f* =, **-en** djegie e kufomës.

L'eichenwagen *m* **-s,** = karrocë, makinë varrimi.

L'eichenzug *m* **-(e)s, -e -züge** varg i përmortshëm.

L'eichnam *m* **-s, -e** kufomë.

leicht 1. *a* 1) i lehtë (*send*); 2) i lehtë (*gabim, plagë, ushqim etj.*); 3) mendjelehtë; *fig* **etwas auf die leichte Schulter nehmen** marr diçka lehtë; *fig* **leichtes Blut haben** jam mendjelehtë; *fig* **leichten Herzens** me zemër të lehtë; 4) i thjeshtë (*problem etj.*); 2. *adv* lehtë, pa vështirësi; **das ist leicht möglich** kjo ka shumë të ngjarë; **er ist leicht beleidigt** ai fyhet shpejt.

L'eichtathlet *m* **-en, -en** atlet i atletikës së lehtë.

L'eichtathletik *f* = atletikë e lehtë.

l'eichtfallen* *vi ndash* **(h)** e kam të lehtë (*një punë etj.*).

l'eichtfertig *a* mendjelehtë, i përciptë.

L'eichtfertigkeit *f* = mendjelehtësi.

l'eichtgläubig *a* që beson lehtë.

l'eichtherzig *a* i shkujdesur.

l'eichthin *adv* pa u menduar gjatë.

L'eichtigkeit *f* = lehtësi.

L'eichtindustrie *f* =, **-ri/en** industri e lehtë.

l'eichtlebig *a* i shkujdesur; mendjelehtë.

L'eichtmetall *n* **-s, -e** *kim* metal i lehtë.

l'eichtnehmen* *vt ndash* marr lehtë (*një punë etj.*).

L'eichtsinn *m* **-s** mendjelehtësi.

l'eichtsinnig *a* mendjelehtë.

l'eichtverderblich *a* që prishet shpejt (*mall*).

leid *adv* : *shpr* **es ist mir leid geworden** më erdhi keq; **es tut mir leid** më vjen keq; **der arme Junge tut mir leid** më vjen keq për djalin e shkretë; **es tut mir leid um ihn** ia qaj hallin.

Leid *n* **-(e)s** 1) dhembje, vuajtje; 2) hidhërim, pikëllim; **Leid tragen** pikëllohem; 3) e keqe, hall; **Freud und Leid miteinander teilen** ndaj bashkë (*me dikë*) të mirën e të keqen; **jemandem sein Leid klagen** i qaj hallin dikujt; **Leid zufügen** bëj një të keqe; **sich ein Leid(s) antun** vras veten.

Leideform *f* = *gram* diatezë pësore.

l'eiden* 1. *vt* 1) heq, vuaj; 2) duroj; **die Sache leidet keinen Aufschub** çështja nuk duron vonesë; **jemanden nicht leiden können** nuk e honeps dot dikë; 3) lejoj; 2. *vi* **(h)** 1) **(unter D, an D)** vuaj (*nga një sëmundje etj.*); **ich leide an der Gicht** vuaj nga cërma; **er hat viel leiden müssen** ai ka hequr shumë 2) **(durch A)** dëmtohem; **das Haus hat durch die Bomben stark gelitten** shtëpia është dëmtuar rëndë nga bombat.

L'eiden *n* **-s,** = 1) hall, vuajtje; *fig bis* **das ist ja (eben) das Leiden!** këtu është halli!; 2) sëmundje, lëngim.

l'eidend *a* 1) që vuan; 2) i sëmurë.

L'eidenschaft *f* =, **-en** 1) pasion; 2) *fig* zjarr.

l'eidenschaftlich 1. *a* 1) i flakët, i zjarrtë (*dashuri etj.*); 2) i thellë (*urrejtje etj.*); 3) *fig* i marrë (*gjahtar etj.*); 2. *adv* me pasion, me zjarr.

l'eidenschaftlos *a* i ftohtë, i përmbajtur, i matur.

L'eidensgefährte *m* **-n, -n** shok vuajtjesh.

L'eidensgefährtin *f* =, **-nen** shoqe vuajtjesh.

L'eidensgenosse *m* **-n, -n** *sh* **Leidensgefährte**.

l'eider *adv* mjerisht, për fat të keq, fatkeqësisht.

l'eidig *a* i rëndë, i vështirë (*rast*).

l'eidlich 1. *a* i durueshëm; i pranueshëm; 2. çka; njëfarësoj; **Wie**

geht's? Danke, leidlich! Si ia shpie? Faleminderit, çka!

L'eidtragende *m* **-n, -n** fis i të vdekurit; *fig bis* **der Leidtragende sein** jam ai që e pëson.

L'eidwesen *n* **-s** keqardhje; **zu meinem Leidwesen muß ich absagen** me keqardhje më duhet të refuzoj.

L'eier *f* **=, -n** *muz* lirë; *fig bis* **immer die alte Leier!** gjithmonë po ai avaz, gjithnjë avazin e Mukës.

L'eierkasten *m* **-s, =** *dhe* **-kästen** *muz* organet.

l'eiern *vi* **(h)** 1) i bie organetit; 2) *fig bis* rreh çekani po në një vend; 3) lexoj, flas në mënyrë monotone.

L'eihbibliothek *f* **=, -en; L'eihbücherei** *f* **=, -en** bibliotekë huazuese.

L'eihe *f* **=, -n** hua.

l'eihen* *vi* 1) **(D)** i jap hua (*dikujt*); 2) **(von D)** marr hua (*nga dikush*); 3) : *shpr* **jemandem seinen Beistand leihen** përkrah dikë; *shpr* **jemandem sein Ohr leihen** ia vë vëshin dikujt.

L'eihfrist *f* **=, -en** afat i huasë, i huazimit.

L'eihgebühr *f* **=, -en** kuotë anëtarësimi (*në një bibliotekë etj.*).

l'eihweise *adv* hua.

Leim *m* **-s, -e** zamkë; *fig bis* **jemandem auf den Leim gehen** bie në kurthin e dikujt.

l'eimen *vt* 1) ngjis (*me zamkë*); 2) *fig bis* gënjej, mashtroj, i bëj me hile (*dikujt në lojë etj.*).

Lein *m* **-(e)s, -e** *bot* li.

L'eine *f* **=, -n** 1) litar (*rrobash*); rrip (*qeni*); *fig* **jemanden an der Leine haben** e kam në dorë dikë; *fig bis* **die Leine ziehen** ua mbath këmbëve.

l'einen *a* prej liri, i lirtë.

L'einen *n* **-s, =** pëlhurë liri.

L'einsamen *m* **-s** farë liri.

L'einwand *f* **=** 1) pëlhurë liri, pëlhurë; 2) ekran (*filmi*); 3) kanavacë (*tabloje*).

l'eise 1. *a* i ulët, i dobët (*zë etj.*); **sei leise!** mos bëj zhurmë!; **leiser Schlaf** gjumë i lehtë; **leise Ahnung** ide e vagëlluar; 2. *adv* lehtë, me zë të ulët; **nicht im leisesten** aspak; **es regnete leise** binte një shi i imët.

L'eisetreter *m* **-s, =** tinëzar, fsheharak.

L'eiste *f* **=, -n** 1) listelë; 2) bordurë; 3) *anat* vete, baqth.

l'eisten 1. *vt* kryej; bëj; **eine Arbeit leisten** bëj një punë; **Hilfe leisten** jap ndihmë; **einen Eid leisten** betohem; **einem Befehl Folge leisten** i bindem një urdhri; **für jemanden Bürgschaft leisten** hyj dorëzanë për dikë; **Widerstand leisten** kundërshtoj; **Verzicht leisten (auf A)** heq dorë (*nga diçka*); 2. *vrefl* **sich leisten** i lejoj vetes; **das kann ich mir nicht leisten** këtë nuk mund ta bëj, këtë nuk mund t'ia lejoj vetes.

L'eisten *m* **-s, =** kallëp këpucësh; *fig* **alles über einen Leisten schlagen** i fus të gjitha në një kallëp.

L'eistung *f* **=, -en** 1) punë; 2) *tek* rendiment; 3) arritje rezultat (*shkencor, sportiv, teknik, artistik etj.*).

l'eistungsfähig *a* i aftë për punë.

L'eistungsfähigkeit *f* **=, -en** 1) aftësi për punë; 2) *tek* rendiment, fuqi, kapacitet.

L'eistungskapazität *f* **=, -en** *tek* kapacitet efektiv.

L'eitartikel *m* **-s, =** kryeartikull (*i një gazete etj.*).

L'eitbild *n* **-(e)s, -er** ideal.

l'eiten *vt* 1) drejtoj (*një shkollë, ndërmarrje, diskutim etj.*); 2) *fiz* përçon (*elektricitetin, ngrohtësinë, zërin*); 3) : **sich leiten lassen (von D)** udhëhiqem (*nga një parim etj.*).

L'eiter I *m* **-s, =** 1) drejtor (*i një ndërmarrjeje etj.*); 2) udhëheqës (*i një ekspedite etj.*); 3) *fiz* përçues.

L'eiter II *f* **=, -n** 1) shkallë (*muratorësh*); 2) *sport* shkallë.

L'eitergerüst *n* **-(e)s, -e** skelë (*ndërtimi*).

L'eiterwagen *m* **-s, =** qerre, talike.

L'eitfaden *m* **-s, -fäden** udhëzues, manual (*i një shkence etj.*).

L'eitfähigkeit *f* **=** *fiz* përçueshmëri.

L'eitgedanke *m* **-ns, -n** mendim kryesor (*i një artikulli etj.*).

L'eithammel *m* **-s, =** përçor, dash i këmborës.

L'eitmotiv *n* **-s, -e** *muz* laitmotiv (*edhe fig*).

L'eitsatz *m* **-es, -sätze** parim.

L'eitstern *m* **-(e)s, -e** 1) yll polar; 2) *fig* yll drejtues.

L'eitung *f* **=, -en** 1) drejtim (*i një ndërmarrjeje etj.*); 2) udhëheqje (*e një ekspedite etj.*); 3) drejtori, udhëheqje; organ drejtues; 4) linjë (*elektrike, telefoni, telegrafi etj.*); 5) gyp, tub (*uji, gazi etj.*).

L'eitungsnetz *m* **-es, -e** *tek* rrjet përçuesish (*elektriku etj.*).

L'eitungswasser *n* **-s** ujë nga ujësjellësi.

L'eitwerk *n* **-(e)s, -e** *av* rrafshe (*të aeroplanit*).

Lekti'on *f* **=, -en** 1) leksion; 2) mësim; *fig* **jemandem eine Lektion erteilen** i jap një mësim të mirë dikujt.

L'ektor *m* **-s, -t'oren** 1) pedagog (*i një shkolle të lartë*); 2) redaktor (*i një shtëpie botuese*).

Lekt'üre *f* **=, -n** 1) lexim; 2) lëndë leximi.

L'ende *f* **=, -n** *anat* ijë; *fig bis* **seine Lenden gürten** bëhem gati (*për një rrugë, punë etj.*).

l'enkbar *a* 1) i drejtueshëm; **lenkbares Geschoß** predhë e telekomanduar; 2) *fig* i bindur (*fëmijë etj.*).

l'enken *vt* 1) ngas (*makinën, kalin etj.*); 2) **(auf A)** drejtoj (*vëmendjen, vështrimin etj. mbi diçka*).

L'enker *m* **-s, =** 1) timonier; shofer; karrocier; 2) timon (*i biçikletës*).

L'enkrad *n* **-(e)s, -räder** timon (*i automobilit*).

l'enksam *a* i dëgjueshëm, i bindur (*fëmijë, kalë etj.*).

L'enkstange *f* **=, -n** timon (*biçiklete etj.*).

L'enkung *f* **=** ngarje (*e automobilit etj.*).

Lenz *m* **-es, -e** *poet* pranverë; **Lenz des Lebens** pranverë e jetës (*rinia*); *fig bis* **sich einen schönen Lenz machen** e marr me nge (*punën*).

Leop'ard *m* **-en, -en** *zool* leopard.

L'epra *f* **=** *mjek* gërbulë.

lepr'ös *a* *mjek* i gërbulur.

L'erche *f* **=, -n** *zool* laureshë.

l'ernbegierig *a* i etur për të mësuar.

L'erneifer *m* **-s** zell për të mësuar.

l'ernen 1. *vt, vi* **(h)** mësoj (*një gjuhë, këngë, vjershë, mjeshtri etj.*); **lesen und schreiben lernen** mësoj shkrim e këndim; 2. *vrefl bis* **sich lernen** mësohet; **dieses Lied lernt sich leicht** kjo këngë mësohet lehtë.

L'esart *f* **=, -en** variant (*i një teksti*); interpretim (*i një teksti*).

l'esbar *a* i lexueshëm (*shkrim*).

L'esebuch *n* **-(e)s, -bücher** libër leximi.

L'esehalle *f* **=, -n** sallë leximi.

l'esen* I 1. *vt, vi* **(h)** lexoj (*një letër, libër etj.*); **beim Lesen deines Briefes** duke lexuar letrën tënde; *fig* **in jemandes Gesicht, Augen lesen** ia shoh dikujt në fytyrë, në sy (*një mendim etj.*); *fig* **jemandem die Leviten lesen** i predikoj dikujt; 2. *vrefl* **sich lesen** lexohet; **dieses**

Buch liest sich leicht ky libër lexohet me lehtësi.

l'esen* II *vt* 1) mbledh (*kallinj, patate etj.*); 2) vjel (*rrush etj.*); 3) qëroj (*oriz etj.*).

L'eseprobe *f* =, **-n** *teat* provë e parë (*e një drame etj.*).

L'eser *m* **-s,** = 1) lexues; 2) mbledhës; vjelës.

L'eseratte *f* =, **-n** *bis* mi biblioteke.

l'eserlich *a* i lexueshëm, i qartë (*shkrim etj.*).

L'esesaal *m* **-es, -säle** sallë leximi.

L'esung *f* =, **-en** lexim (*i një libri, projekligji etj.*).

let'al *a* vdekjeprurës.

Letharg'ie *f* = 1) letargji; 2) *fig* topitje; plogështi.

leth'argisch *a* 1) i përgjumshëm; 2) *fig* i topitur; i plogësht.

L'etter *f* =, **-n** *poligr* shkronjë.

letzt *a* i fundit; **fürs letzte** më në fund; **letztes Jahr** viti i fundit; **letzten Endes** në fund të fundit; **das letzte Mittel** guri i fundit; **letzter Wille** testament; **sein letztes hergeben** bëj çmos; **wir werden bis auf den letzten Mann kämpfen** do të luftojmë gjer sa të shuhemi të tërë.

Letzt *f*: *shpr* **zu guter Letzt** në fund të fundit.

l'etztens *adv* 1) (tani) së fundi, kohët e fundit; 2) në fund.

l'etzterwähnt *a* i lartpërmendur.

l'etztgenannt *sh* **letzterwähnt.**

l'etzthin *adv* kohët e fundit, s'ka shumë kohë.

L'euchte *f* =, **-n** 1) kandil, fener, pishtar; 2) *fig* yll (*i shkencës etj.*).

l'euchten *vi* (h) ndrin, shkëlqen (*hëna, ylli etj.*); **jemandem leuchten** i ndriçoj rrugën dikujt; **das Glück leuchtet aus seinen Augen** lumturia i shkëlqen në sy.

L'euchter *m* **-s,** = shandan.

L'euchtfeuer *n* **-s,** = fener (*për të dhënë sinjale nga një anije, aeroplan etj.*).

L'euchtgas *m* **-es, -e** *kim* gaz ndriçues.

L'euchtgeschoß *n* **-sses, -sse** *usht* predhë ndriçuese.

L'euchtkäfer *m* **-s,** = xixëllonjë.

L'euchtkraft *f* = *astr, fiz* dritësi.

L'euchtschiff *n* **-(e)s, -e** anije-far.

L'euchtturm *m* **-(e)s, -türme** *det* far.

l'eugnen *vt* mohoj (*një fakt etj.*); **ich kann's nicht leugnen!** s'e mohoj dot!

Leukopl'ast *n* **-s** leukoplast.

L'eumund *m* **-(e)s** famë, zë, nam (*i mirë, i keq*).

L'eute *pl* 1) njerëz; turmë; popull; **wir haben nicht genug Leute** s'kemi shumë njerëz; **die Leute reden** bota flet; **wenn du das tust, dann sind wir geschiedene Leute** po e bëre këtë, s'kemi gjë bashkë; **etwas unter die Leute bringen** përhap, hap (*fjalën, lajmin etj.*); **die Meinung der Leute** mendimi i botës; **meine, deine Leute** të mitë, të tutë; **die kleinen Leute** a) njerëzit e thjeshtë; b) fëmijët; 2) ushtarë (*të thjeshtë*).

L'eutnant *m* **-(e)e,** *dhe* **-s** *usht* toger; **Leutnant zur See** toger i marinës.

l'eutselig *a* i shoqërueshëm, i shkueshëm.

Lev'iten [*-vi-*] *pl* : *shpr* **jemandem die Leviten lesen** i predikoj dikujt.

Lexikograph'ie *f* = leksikografi.

L'exikon *n* **-s, -ka** fjalor.

lfd. Nr. = **laufende Nummer** numër vazhdues.

lexik'alisch *a* leksikor.

Liaison [*liez'ô*] *f* =, **-s** lidhje, marrëdhënie dashurie.

Lib'elle *f* =, **-n** *zool* pilivesë, bishtagan.
liber'al *a* liberal.
liberalis'ieren *vt* bëj më të lirë (*tregtinë etj.*).
Liberal'ismus *m* = liberalizëm.
Libr'etto *n* **-s, -s** *dhe* **-tti** libret (*tekst opere, operete etj.*).
licht *a* 1) i qartë; i kthjellët; **am lichten Tage** në mes të ditës, ditën me diell; 2) i rrallë (*pyll etj.*).
Licht *n* **-(e)s, -er** 1) dritë; ndriçim, shkëlqim; **das Licht der Sonne** drita e diellit; **das Licht ein-, ausschalten** ndez, fik dritën; 2) : *fig* **ans Licht bringen** nxjerr në dritë; *fig* **ins Licht kommen** dal në dritë; *fig* **jetzt geht mir ein Licht auf** tani po e kuptoj; *fig* **jemanden hinters Licht führen** gënjej, mashtroj dikë; *fig* **das Licht der Welt erblicken** lind; *fig* **in ein schiefes Licht geraten** dal në dritë të keqe; *fig* **sein Licht leuchten lassen** shpalos njohuritë e mia; 3) *pl* **-e** qiri.
L'ichtanlage *f* =, **-n** *tek* instalim (drite) elektrik(e).
L'ichtbild *n* **-(e)s, -bilder** 1) fotografi; 2) diapozitiv.
L'ichtblick *m* **-(e)s, -e** rreze shprese (*në një gjendje të mjeruar*).
L'ichtbogen *m* **-s,** = *dhe* **-bögen** *tek* hark elektrik.
l'ichtdicht *a* i patejdukshëm, opak.
l'ichtempfindlich *a* i ndjeshëm ndaj dritës, fotosensibël (*film etj.*).
l'ichten I 1. *vt* rralloj (*një pyll etj.*); 2. *vrefl* **sich lichten** 1) rrallohen (*flokët etj.*); 2) kthjellohet (*situata etj.*).
l'ichten II *vt* : *det* **die Anker lichten** ngre ankorën, spirancën; niset (*anija*).
l'ichterloh *adv* : **lichterloh brennen** ndizet flakë.
L'ichtgeschwindigkeit *f* = *fiz* shpejtësi e dritës.
L'ichthupe *f* =, **-n** sinjal me drita.
L'ichtjahr *n* **-(e)s, -e** *astr* vit-dritë.
L'ichtkegel *m* **-s,** = shtyllë drite (*e projektorit etj.*).
L'ichtmesser *m* **-s,** = *tek* fotometër.
L'ichtquelle *f* =, **-n** *fiz* burim drite.
l'ichtscheu *a* 1) që i trembet dritës; 2) *fig* i pandershëm (*njeri*).
L'ichtschimmer *m* **-s,** = shkëlqim, vezullim.
L'ichtschirm *m* **-(e)s, -e** abazhur.
L'ichtseite *f* =, **-n** 1) anë e ndriçuar (*e një sendi*); 2) *fig* anë e mirë (*e jetës etj.*).
L'ichtspiegel *m* **-s,** = reflektor.
L'ichtspielbühne *f* =, **-n; L'ichtspielhaus** *n* **-es, -häuser; L'ichtspieltheater** *n* **-s,** = kinema.
L'ichtstrom *m* **-(e)s, -ströme** *fiz* fluks drite.
L'ichtung *f* =, **-en** rrah, lëndinë.
Lid *n* **-(e)s, -er** *anat* qepallë, kapak i syrit.
lieb *a* i dashur, i shtrenjtë; i ëmbël, i këndshëm, i dëshiruar; i mirë, i bindur (*fëmijë*); **es ist mir lieb** më pëlqen; **das weiß der liebe Himmel!** një Zot e di!; **den lieben langen Tag** gjithë ditën e lume; **seien Sie so lieb und ...** kini mirësinë të ...; **am liebsten wäre es mir, wenn ...** për mua do të ishtë më mirë sikur ...; mua do të më pëlqente më shumë sikur ...
l'iebäugeln *vi* **(h) (mit D)** shkrihem (*me dikë*).
L'iebchen *n* **-s,** = e dashur.
L'iebe *f* = 1) dashuri; **jemanden aus Liebe heiraten** marr dikë me dashuri; 2) : *bis* **tun Sie mir die Liebe!** më bëni këtë nder!; 3) : **etwas aus Liebe zu jemandem tun** bëj diçka për hir të dikujt.
L'iebedienerei *f* = servilizëm.

Liebel'ei *f* =, **-en** dashuriçkë.
l'iebeln *vi* **(h)** bëj dashuri, flërtoj.
l'ieben *vt* 1) dua (*diçka*); **etwas liebend gern tun** bëj diçka me shumë qejf; 2) dashuroj (*dikë*).
l'iebenswürdig *a* 1) i sjellshëm, miqësor; 2) i gatshë, i gjindshëm.
L'iebenswürdigkeit *f* =, **-en** 1) mirësi; **die Liebenswürdigkeit haben** kam mirësinë; 2) nder; **um eine Liebenswürdigkeit bitten** kërkoj një nder.
l'ieber (*comp i* **gern**) më mirë; **ich gehe lieber zu Fuß** më mirë shkoj më këmbë; **lieber spät als nie** më mirë vonë se kurrë.
L'iebesbrief *m* **-(e)s, -e** letër dashurie.
L'iebesdienst *m* **-es, -e** nder, e mirë, shërbim miqësor.
L'iebeserklärung *f* =, **-en** deklaratë dashurie.
L'iebesgabe *f* =, **-n** lëmoshë.
L'iebeskummer *m* **-s** hidhërim i dashurisë.
L'iebesmühe *f* : *shpr* **etwas ist vergebliche Liebesmühe** diçka është mund i kotë.
l'iebevoll *a* plot dashuri, përzemërsi, dashamirësi.
l'iebgewinnen* *vt ndash* zë, filloj të dua, të dashuroj.
l'iebhaben* *vt ndash* dua (*dikë*).
L'iebhaber *m* **-s,** = 1) dashnor, i dashur; 2) amator (*i artit, muzikës etj.*).
Liebhaber'ei *f* =, **-en (für A)** pasion (*për filateli etj.*); **etwas (nur) aus Liebhaberei tun** bëj diçka (vetëm) për qejf, si amator.
L'iebhaberin *f* =, **-nen** 1) dashnore, e dashur; 2) amatore (*e artit etj.*).
l'iebkosen *vt pandash* përkëdhel, ledhatoj (*një fëmijë etj.*).
L'iebkosung *f* =, **-en** përkëdheli, ledhatim.
l'ieblich *a* 1) i këndshëm (*njeri, vend, tingull etj.*); 2) i ëmbël (*fjalë etj.*).
L'iebling *m* **-(e)s, -e** 1) i preferuar (*artist etj.*); 2) kanakar, i përkëdhelur; 3) i (e) dashur.
l'ieblos *a* i pazemër, zemërgur (*njeri*); i ashpër, i rëndë (*fjalë etj.*).
l'iebreich *a* plot dashuri, përzemërsi, dashamirësi.
l'iebreizend *a* tërheqës, i këndshëm.
L'iebschaft *f* =, **-en** dashuriçkë.
L'iebste *m, f* **-n, -n** i, e dashur; mik(e).
Lied *n* **-(e)s, -er** këngë; *fig* **es ist immer das alte Lied!** përherë po ai avaz!, gjithnjë avazi i Mukës!
L'iederbuch *n* **-(e)s, -bücher** libër këngësh.
L'iederjan *m* **-s, -e** *bis* shkatarraq.
l'iederlich *a* 1) i çrregullt, i lëshuar (*njeri, veshje etj.*); 2) shkel e shko (*punë*); 3) i shthurur.
lief *sh* **laufen***.
Liefer'ant *m* **-en, -en** livrues, dërgues, furnizues.
l'iefern *vt* 1) livroj; dorëzoj (*një mall etj.*); **etwas an jemanden liefern** i dorëzoj diçka dikujt; 2) : *shpr* **eine Schlacht liefern** jap një betejë; *shpr* **Beweise liefern** jap prova; *bis* **er ist geliefert** ai ka marrë fund.
L'ieferschein *m* **-(e)s, -e** fletëlivrim; fletëdorëzim, faturë (*e një malli*).
L'ieferung *f* =, **-en** 1) livrim; dorëzim (*i një malli*); 2) mall i dorëzuar; 3) botim pjesë-pjesë (*i një romani etj.*).
L'iege *f* =, **-n** divan.
l'iegen* *vi* **(h, s)** 1) rri shtrirë, rri; **ich habe eine Woche gelegen** kam ndenjur një javë shtrirë (*i sëmurë*); **im Sterben liegen** jam duke hequr shpirt; **der Schmutz liegt fingerdick auf dem Boden** dyshemeja ka

zënë një gisht zgjyrë; 2) është, ndodhet (*një ndërtesë etj.*); shtrihet (*një qytet etj.*); 3) bie (*theksi*); 4) : *shpr* **vor Anker liegen** ka hedhur spirancën (*anija*); **es liegt auf der Hand** duket sheshit; **es liegt mir auf der Zunge** e kam në majë të gjuhës; **laß das liegen!** lëre!; **mir liegt etwas (nichts) an dieser Sache** kjo punë mua (nuk) më intereson; **wie die Dinge liegen** kështu siç janë punët, në të tilla kushte; **der Unterschied liegt darin, daß ...** ndryshimi qëndron në atë që ...; **die Sache liegt so, daß ...** puna është e tillë që ...; **woran liegt es?** ku, si qëndron puna?; **es liegt an dir** kjo varet nga ti; **es liegt ganz bei dir** e ke në dorë; **es liegt dir im Blut** e ke në gjak; **liegende Güter** pasuri e paluajtshme.

l'iegenbleiben* *vi ndash* (s) *bis* 1) rri shtrirë; 2) mbetem (*në rrugë etj.*); 3) harrohet (*një send*); **das Buch ist auf dem Tisch liegengeblieben** libri është harruar mbi tryezë; 4) mbetet pa u kryer (*një punë etj.*); 5) mbetet pa u shkrirë (*bora etj.*); 6) mbetet pa u shitur (*një mall etj.*).

l'iegenlassen* *vt* 1) harroj (*orën etj.*); 2) : *shpr* **jemanden links liegenlassen** nuk përfill dikë.

L'iegenschaft *f* =, **-en** pasuri e paluajtshme.

L'iegestuhl *m* **-(e)s, -stühle** shezlong.

L'iegewagen *m* **-s,** = *hek* vagon me shtretër.

lieh *sh* **leihen***.

lies *sh* **lesen***.

ließ *sh* **lassen***.

Lift *m* **-(e)s, -e** *dhe* **-s** ashensor.

L'iga *f* =, **Ligen** 1) *pol* lidhje; 2) *sport* kategori.

li'ieren, sich *vrefl* lidhem ngushtë (*me dikë*).

Lik'ör *m* **-s, -e** liker.

l'ila *a* ngjyrëjargavan.

L'ili/e *f* =, **-n** zambak.

Liliput'aner *m* **-s,** = liliput.

L'imit *n* **-s, -s** limit, cak.

limit'ieren *vt* kufizoj, i vë një cak (*vëllimit, çmimit etj.*).

Limon'ade *f* =, **-n** limonadë.

Lim'one *f* =, **-n** *bot* limon.

Limousine [*lim'uzinë*] *f* =, **-n** limuzinë (*veturë e madhe*).

lind *a* i butë, i ëmbël.

L'inde *f* =, **-n** *bot* bli.

l'indern *vt* zbus, lehtësoj (*dhembjen etj.*).

Linderung *f* =, **-en** zbutje, lehtësim.

Line'al *n* **-s, -e** vizor.

line'ar *a* drejtvizor, linear.

L'ini/e *f* =, **-n** 1) vijë; **eine Linie ziehen** heq një vijë; 2) linjë (*ajrore, detare etj.*); 3) *usht* vijë e zhdërvjelltë; 4) *poligr* radhë; 5) vijë (*politike etj.*); 6) *det* ekuator; 7) : **in erster Linie** në radhë të parë; **die zarten Linien ihres Gesichts** tiparet e ëmbla të fytyrës së saj.

L'ini/enblatt *n* **-(e)s, -blätter** letër me vija.

L'ini/enschiff *n* **-(e)s, -e** anije e një linje detare

l'inientreu *a bis* besnik ndaj vijës (*politike*).

lin(i)'ieren *vt* vizoj (*një fletore etj.*).

l'inke *a* i majtë (*krah etj.*); **zur linken Hand, linker Hand** në (*krah*) të majtë, majtas; **die linke Seite** ana e mbrapme (*e një pëlhure etj.*); *fig bis* **zwei linke Hände haben** jam i ngathët.

L'inke *f* =, **-n** 1) dora e majtë; 2) ana e majtë; 3) *pol* e majta.

l'inkisch *a* i ngathët.

links *adv* në të majtë; **nach links** majtas; *fig* **weder links noch rechts schauen** s'shikoj as majtas, as djathtas.

L'inksextremist *m* **-en, -en** ekstremist i majtë.
L'inkshänder *m* **-s,** = mëngjërash.
l'inkshändig *a* sallak, mëngjërash.
links'um! *int usht* majtas kthehu!
L'innen *n* **-s,** = *sh* **Leinen.**
Lin'oleum *n* **-s** linoleum.
Linon [*lin'ô*] *m* **-(s), -s** lino (*pëlhurë*).
L'inse *f* =, **-n** 1) *bot* thjerrëz; 2) *fiz* thjerrëz, lente.
l'insen *vi* **(h)** *bis* përgjoj, vëzhgoj tinëz.
L'insensuppe *f* =, **-n** supë thjerrëzash.
L'ippe *f* =, **-n** *anat* buzë; **die Lippen verziehen** rrudh buzët; **sich die Lippen schminken** lyej buzët; **er brachte kein Wort über die Lippen** nuk nxori një fjalë; **das Wort liegt mir auf den Lippen** e kam në majë të gjuhës (*fjalën*); **an jemandes Lippen hängen** dëgjoj me vëmendje dikë.
L'ippenbekenntnis *n* **-ses, -se** fjalë sa për të larë gojën.
L'ippenstift *m* **-(e)s, -e** të kuq buzësh.
Liquidati'on *f* =, **-en** likuidim (*i një firme etj.*).
liquid'ieren *vt* 1) likuidoj (*një ndërmarrje*); 2) vras, zhduk (*një kundërshtar etj.*); 3) konfiskoj (*një pronë*); 4) zgjidh (*një konflikt etj.*).
Liquid'ierung *f* =, **-en** likuidim (*në kupt. të ndryshme*).
l'ispeln *vi* **(h)** 1) jam thuthuq; 2) pëshpëris; 3) *fig* fëshfërin (*gjethja etj.*).
List *f* =, **-en** dinakëri, dredhi; **eine List anwenden** përdor një dredhi.
L'iste *f* =, **-n** listë (*emrash, çmimesh etj.*); **eine Liste anlegen, führen** hartoj, bëj një listë; *fig* **auf der schwarzen Liste stehen** më kanë me sy të keq.
l'istig *a* dinak, dredharak.
Litan'ei *f* =, **-en** 1) *fet* litani; 2) *fig* varg fjalësh të mërzitshme, të qarash etj.
L'iter *m* **-s,** = litër.
Liter'at *m* **-en, -en** letrar; shkrimtar.
liter'arisch *a* letrar.
Literat'ur *f* =, **-en** 1) letërsi (*klasike, romantike etj.*); **die schöne Literatur** letërsia artistike; 2) literaturë (*teknike etj.*).
Literat'urgeschichte *f* =, **-n** histori e letërsisë.
Literat'urkritik *f* = kritikë letrare.
Literat'ursprache *f* =, **-en** gjuhë letrare.
Literat'urverzeichnis *n* **-ses, -se** bibliografi.
Litfaßsäule *f* =, **-n** shtyllë për afishime.
litt *sh* **leiden*.**
Liturg'ie *f* =, **-n** *fet* liturgji.
lit'urgisch *a fet* liturgjik.
L'itze *f* =, **-n** kordele.
live [*lajv*] : *shpr* **live übertragen** transmetoj drejtpërsëdrejti (*një program televiziv etj.*).
Livr'ee *f* =, **-n** uniformë (*e shërbyesit të hotelit etj.*).
Liz'enz *f* =, **-en** 1) lejë; 2) licencë (*për shfrytëzimin e një patente etj.*).
LKW = **Lastkraftwagen.**
Lob *n* **-(e)s** lavdërim, lëvdatë; **jemandem Lob spenden** lëvdoj dikë.
l'oben *vt* 1) **(um, für A, wegen G)** lëvdoj (*për punën e bërë etj.*); 2) : **das lob ich mir!** kjo më pëlqen!
l'obenswert *a* për t'u lavdëruar.
l'obhudeln *vt dhe vi* **(h)** *pandash* lajkatoj, mikloj.
l'öblich *a* për t'u lavdëruar.
L'oblied *n* **-(e)s, -er** himn, këngë (*kushtuar një heroi etj.*).
l'obpreisen* *vt* mburr, ngre në qiell.
L'obrede *f* =, **-n** panegjirik (*fjalim lavdërues*).
Loch *n* **-(e)s, Löcher** 1) vrimë;

gropë; zgavër; e çarë; **ein Loch stopfen** zë një vrimë; **die Straße ist voller Löcher** rruga është gropa-gropa; 2) strofkë; 3) *bis* banesë e keqe; 4) *bis* burg; **ins Loch fliegen** përfundoj në burg.
l'ochen *vt* 1) shpoj; 2) biroj (*një biletë etj.*).
l'öchern *vt bis* zhbiroj (*për të nxjerrë një të fshehtë etj.*).
L'ocke *f* =, **-n** kaçurrel.
l'ocken I 1. *vt* dredh (*flokët*); 2. *vrefl* **sich locken** përdridhet (*floku etj.*).
l'ocken II *vt* 1) ndjell, josh (*qenin etj.*); 2) ngas, tundoj; **in Versuchung locken** shtie në tundim.
l'öcken *vi* **(h)** : *shpr* **wider den Stachel löcken** ngre krye; kundërshtoj; kafshoj frerin.
L'ockenkopf *m* **-(e)s, -köpfe** 1) kaçurrela (*sh*); 2) flokëdredhur, flokëkaçurrel.
l'ocker *a* 1) i shkrifët (*dhe etj.*); i shtendosur (*tel etj.*); i liruar (*vidhë etj.*); **der Zahn ist locker** dhëmbi luan; 2) *fig* i lëshuar (*njeri*); **eine lockere Hand haben** kam dorë të gjatë (*godas*).
l'ockerlassen* *ndash* 1. *vt* liroj (*një tel etj.*); 2. *vi* **(h)** : *bis* **nicht lockerlassen** nuk tërhiqem; nuk lëshoj pe.
l'ockermachen *vt ndash bis* shpenzoj, harxhoj.
l'ockern 1. *vt* 1) shkrifëroj (*tokën, muskujt etj.*); 2) liroj (*rripin etj.*); 2. *vrefl* **sich lockern** 1) lirohet (*vidha etj.*); luan (*dhëmbi etj.*); 2) *fig* ftohet (*miqësia etj.*).
L'ockerung *f* = 1) shkrifërim; 2) lirim.
l'ockig *a* kaçurrel (*flok*).
L'ockmittel *n* **-s,** = karrem; *fig* joshë.
L'ockspitzel *m* **-s,** = agjent provokator.
L'ockung *f* =, **-en** 1) joshje; 2) tundim, ngasje.
L'oden *m* **-s,** = shajak.
l'odern *vi* **(h)** 1) flakëron (*zjarri etj.*); 2) *fig* ndizet (*epshi etj.*).
L'öffel *m* **-s,** = 1) lugë; *fig* **mit einem silbernen Löffel im Mund geboren werden** lind me këmishë; 2) vesh (*lepuri etj.*).
l'öffeln *vt* 1) ha me lugë; 2) ha keq.
log *sh* **lügen***.
L'ogbuch *n* **-(e)s, -bücher** *det* libër i bordit.
Loge [*l'ozhë*] *f* =, **-n** lozhë (*teatri etj.*).
Loggia [*l'oxha*] *f* =, **Loggien** *ark* 1) treme, hajat; 2) verandë.
log'ieren [*-zhi-*] 1. *vt* përbuj; 2. *vi* **(h)** buj (*në një shtëpi etj.*).
L'ogik *f* = logjikë.
Logis [*-zh'i*] *n* = [*-zhis*], = [*-zhis*] 1) banim, banesë; 2) fjetore (*në anije*).
l'ogisch *a* logjik.
Loh *m* **-(e)s, -e** *krahin* moçalishte.
L'ohe *f* =, **-n** flakë.
l'ohen I *vi* **(h)** flakëron (*zjarri*).
l'ohen II *vt* regj (*lëkurën*).
L'ohgerber *m* **-s,** = lëkurëregjës.
Lohn *m* **-(e)s, Löhne** 1) pagë, rrogë; **den Lohn drücken, steigern** ul, ngre rrogën; 2) *fig* shpërblim; 3) *fig* dënim.
L'ohnabbau *m* **-(e)s** ulje page, rroge.
L'ohnabzug *m* **-(e)s, -züge** zbritje nga paga, nga rroga.
L'ohnarbeit *f* = *ek* punë me pagë.
L'ohnarbeiter *m* **-s,** = punëtor me pagë.
l'ohnen 1. *vt* **(D)** ia shpërblej (*dikujt diçka*); **das Museum lohnt einen Besuch** muzeumi e vlen një vizitë; 2. *vrefl* **sich lohnen** ia vlen (*të bëhet një punë etj.*); **es lohnt sich nicht hinzugehen** nuk ia vlen të shkosh atje.

L'ohnkampf *m* **-(e)s, -kämpfe** luftë për ngritjen e pagave.
L'ohnstufe *f* **=, -n** kategori page.
L'ohntag *m* **-(e)s, -e** ditë pagash, rrogash.
L'ohnzettel *m* **-n, =** dëftesë që jepet bashkë me pagën.
Lok *f* **=, -s** *shkurt i* **Lokomotive.**
lok'al *a* vendor; lokal; **von lokaler Bedeutung** me rëndësi lokale.
Lok'al *n* **-s, -e** 1) lokal, sallë; 2) restorant; kafe.
Lok'albahn *f* **=, -en** hekurudhë lokale.
lokalis'ieren *vt* 1) lokalizoj, kufizoj (*zjarrin etj.*); 2) lokalizoj, përcaktoj vendin (*e një ngjarjeje etj.*).
Lokalis'ierung *f* **=** lokalizim (*në kupt. të ndryshme*).
Lokalit'ät *f* **=, -en** *vjet* 1) natyrë e vendit; 2) vend.
Loka'lpatriotismus *m* **=** lokalizëm.
Lok'altermin *m* **-(e)s, -e** *drejt* hetim në vend (*të krimit etj.*).
L'okführer *m* **-s, =** makinist lokomotive.
Lokomot'ive [*-ve*] *f* **=, -n** lokomotivë.
Lokomot'ivführer *m* **-s, =** makinist lokomotive.
L'okus *m* **=, -se** *bis* nevojtore.
Look [*luk*] *m* **-s, -s** pamje; *shpr* **der neue Look der Mode** moda e re.
L'orbeer *m* **-s, -en** 1) *bot* dafinë; 2) *fig* lavdi; **Lorbeeren ernten** korr, fitoj lavdi; **sich auf seinen Lorbeeren ausruhen** fle mbi dafina.
Lord *m* **-s, -s** lord (*titull në Angli*).
L'ore *f* **=, -n** vagon (*miniere etj.*).
los *a* 1) i lirë; i zgjidhur; i lëshuar; **der Hund ist los** u zgjidh qeni; **der Knopf ist los** u këput kopsa; 2) : **los sein (G, A)** a) heq qafe (*dikë, diçka*); b) humbas (*një send*); 3) : **was ist los?** ç'ka ngjarë; **hier ist der Teufel los** djalli e di se ç'po ndodh këtu; **was ist mit dir los?** ç'ke?; 4) : **los!** përpara!; fillo!; shpejt!
los - *parashtesë e ndashme foljore që tregon:* 1) *shkëputje nga diçka:* **losbinden;** 2) *fillim të papritur të veprimit:* **losbrechen.**
Los *n* **-es, -e** 1) short; **das Los über etwas ziehen** hedh në short diçka; 2) lotari; **das Große Los** numri (më i madh) fitues i lotarisë; 3) fat; **mit seinem Los zufrieden sein** jam i kënaqur me fatin tim.
l'ösbar *a* 1) i zgjidhshëm (*problem etj.*); 2) *tek* i çmontueshëm.
l'osbinden* *vt ndash* zgjidh (*qenin etj.*).
l'osbrechen* 1. *vt ndash* shpërthej; 2. *vi* **(s)** 1) shkrehem, shpërthej (*në të qeshura, lot etj.*); 2) shpërthen (*stuhia etj.*).
losch *sh* **löschen*.**
L'öschblatt *n* **-(e)s, -blätter** letërthithëse.
l'öschen I 1. *vt* 1) fik, shuaj (*zjarrin, dritën, etjen etj.*); 2) fshij (*me gomë etj.*); 3) shlyej (*detyrimin etj.*); 4) shuaj (*gëlqeren*); 5) thaj (*bojën etj.*); 2. *vi* **(s)** thahet (*boja*).
l'öschen II *vt* shkarkoj (*një anije*).
L'öschmannschaft *f* **=, -en** skuadër zjarrfikësish.
L'öschpapier *n* **-s, -e** letërthithëse.
L'öschung I *f* **=, -en** 1) shuarje, fikje; 2) shlyerje (*e një borxhi etj.*).
L'öschung II *f* **=, -en** shkarkim (*i një anijeje*).
l'osdrehen *vt ndash* zhvidhos.
l'osdrücken *vi* **(h)** heq këmbëzën, shtie (*me pushkë etj.*).
l'ose 1. *a* 1) i lirshëm, i çlirët (*nyjë etj.*); 2) i shkëputur; **lose Blätter** fletë të shkëputura; 3) i hapur; **Kaffee lose kaufen** e blej kafenë të hapur; 4) të lëshuar (*flokë etj.*); 5) *fig* i shthurur; **lose Zunge** gojë e shthurur; 2. *adv* lirshëm.

L'ösegeld *n* **-(e)s, -er** shumë për çlirimin e një robi.
l'oseisen *bis* 1. *vt* çliroj, shpëtoj; 2. *vrefl* **sich loseisen** çlirohem, shpëtoj.
l'osen *vi* **(h)** hedh në short.
l'ösen 1. *vt* 1) zgjidh (*një nyjë etj.*); 2) çliroj; 3) heq (*një fletë etj.*); 4) liroj (*një vidhë etj.*); 5) prish (*një kontratë, marrëdhëniet etj.*); 6) *kim* shkrij, tres; 7) blej (*një biletë etj.*); 8) zgjidh (*një çështje etj.*); gjej (*një gjëzë etj.*); 2. *vrefl* **sich lösen;** 1) lirohet (*një vidhë etj.*); 2) shkrin (*kripa*); 3) ndahem (*nga shoqëria etj.*); 4) zgjidhet (*çështja etj.*).
l'osfahren* *vi ndash* **(s)** 1) nisem, iki (*me automobil etj.*); 2) **(auf A)** i shkrehem (*dikujt me fjalë të rënda etj.*).
l'osgehen* *vi ndash* **(s)** 1) **(auf A)** a) i sulem (*dikujt*); b) nisem (*për një qëllim*); 2) shkrehet (*pushka*); 3) *bis* filloj (*nga puna*).
l'oskaufen *vt ndash* çliroj një rob (*duke paguar një shumë paresh*).
l'oskommen* *vi ndash* **(s)** 1) çlirohem (*nga një mendim etj.*); 2) shkëputet nga toka (*aeroplani etj.*).
l'oslassen* *vt ndash* lëshoj (*zogun, qenin etj.*).
l'oslegen *vi ndash* **(h)** *bis* 1) i vihem punës; 2) shpërthej (*me zemërim etj.*).
l'öslich *a* i shkrishëm, i tretshëm (*kripë etj.*).
l'oslösen *vt ndash* 1) zgjidh; 2) shkëpus.
l'osmachen 1. *vt ndash* 1) zgjidh; 2) shkëpus; 3) heq; 2. *vrefl* **sich losmachen** çlirohem.
l'osreißen* 1. *vt ndash* shkëpus; 2. *vrefl* **sich losreißen** shkëputem.
l'ossagen, sich *vrefl ndash* **(von D)** mohoj (*miqtë, bindjet etj.*).
l'osschießen* 1. *vt ndash* 1) shtie (*me pushkë*); 2. *vi* **(s)** 1) **(auf A)** i turrem (*dikujt*); 2) : *bis* **schieß los!** fillo!, fol!
l'osschlagen* 1. *vi* **(h)** 1) **(auf A)** i hidhem me grushte etj. (*dikujt*); 2) sulmoj; 2. *vt bis* shes lirë.
l'osschnallen *vt ndash* zbërthej (*tokëzën*).
l'osschrauben *vt ndash* zhvidhos (*kapakun etj.*).
l'ossprechen* *vt ndash* 1) çliroj (*dikë nga një detyrim etj.*); 2) shfajësoj.
l'ostrennen *vt ndash* ndaj.
L'osung *f* =, **-en** parullë; **die Losung ausgeben** jap parullën.
L'ösung *f* =, **-en** 1) ndarje; 2) zgjidhje (*e një detyre etj.*); gjetje (*e një gjëze etj.*); zbulim (*i një të fshehte etj.*); 3) prishje (*e një marrëveshjeje etj.*); 4) *kim* shkrirje, tretje; 5) *kim* solucion, tretësirë.
l'oswerden* *vt ndash* **(s)** 1) heq qafe (*diçka, dikë*); 2) *bis* prish (*pare etj.*); 3) *bis* shes (*një mall etj.*).
l'oswickeln *vt ndash* shtjelloj.
l'osziehen* *vi* (s) *ndash* 1) nisem; **zudritt zogen sie los** ata u nisën të tre bashkë; 2) : **auf (gegen, über) jemanden losziehen** i shkrehem dikujt (*me të shara etj.*).
Lot *n* **-(e)s, -e** 1) *tek* plumbç; 2) *det* sondë; 3) : *fig* **etwas ins Lot bringen** vë diçka në fije, në vijë; *fig* **mit ihr ist etwas nicht im Lot** ajo ka diçka që s'është në fije, në rregull.
l'oten *vt* 1) *tek* mas me plumbç; 2) *det* sondoj.
l'öten *vt* ngjis, saldoj (*një metal me një tjetër*).
Loti'on *f* =, **-en** locion.
l'otrecht *a* vertikal, pingul, përpendikular.
L'otrechte *f* =, **-n** vertikale, pingule.
L'otse *m* **-n, -n** *det* pilot.
l'otsen *vt* 1) pilotoj (*një anije etj.*);

2) *fig bis* tërheq pas vetes (*dikë diku*).

Lotter'ie *f* =, **-i/en** lotari.

l'otterig *a* 1) i shkujdesur (*njeri*); 2) i çrregullt (*punë etj.*).

L'otterleben *n* **-s** *bis* jetë e çrregullt.

L'otterwirtschaft *f* = *bis* ekonomi e çrregullt.

L'otto *n* **-s, -s** loto (*lloj lotarie*).

Louis [*l'ui*] *m* **-s,** = *vjet bis* kodosh.

L'öwe *m* **-n, -n** *zool* luan; *fig* **in die Höhle des Löwen gehen** hyj në gojë të ujkut.

L'öwenanteil *m* **-**(*e*)*s*, **-e** *bis* pjesë e luanit.

L'öwenmaul *n* **-(e)s** *bot* gojë luani.

L'öwenzahn *m* **-(e)s** *bot* lule radhiqe.

L'öwin *f* =, **-nen** 1) *zool* luaneshë; 2) *fig* trimëreshë, burrëreshë.

loyal [*loj'al*] a 1) besnik (*ndaj qeverisë*); 2) i ndershëm, i drejtë.

Loyalit'ät [*loja-*] *f* = 1) besnikëri; 2) ndershmëri.

Luchs *m* **-es, -e** *zool* rrëqebull; *fig* **Augen wie ein Luchs haben** i kam sytë (*të mprehtë*) si të skifterit.

l'uchsen *vi* **(h)** *bis* 1) hap sytë; 2) përgjoj.

Lücke *f* =, **-n** 1) zbrazëtirë; **hier klafft eine Lücke** këtu ka një zbrazëtirë; 2) vrimë; e çarë; 3) *fig* mungesë (*në njohuri, dokumente etj.*); 4) *usht* e çarë (*në vijën mbrojtëse etj.*).

l'ückenhaft *a* i mangët; **lückenhafte Kenntnisse** njohuri të mangëta.

L'ückenhaftigkeit *f* = mangësi.

l'ückenlos *a* i plotë, pa boshllëqe, pa mangësi.

lud *sh* **laden*.**

L'uder *n* **-s,** = 1) ngordhësirë, coftinë, kërmë (*në gjuhën e gjuetarëve*); 2) *bis* a) qerrata, maskara; b) zuskë; c) shejtan (*fëmijë*); d) : **das arme Luder** i shkreti!, e shkreta!

Luft *f* =, *poet* **Lüfte** 1) ajër; **(frische) Luft hereinlassen** hap dritaren (derën) për ajrim; *fig* **seinem Herzen Luft machen** a) shfrej dufin; b) i hapem (*dikujt*); *fig bis* **für mich ist er Luft** atë s'e kam për gjë fare; **dicke Luft** a) ajër i ndenjur; b) *bis* rrezik; **in die Luft gehen** a) hidhet në erë; b) *fig* shpërthej; **die Sache hängt noch in der Luft** puna është ende pezull; **es liegt etwas in der Luft** a) ka rrezik; b) diçka vjen rrotull; **die Klage ist (völlig) aus der Luft gegriffen** padia s'qëndron gjëkundi; 2) frymë; **keine Luft bekommen** s'marr dot frymë; *fig* **jetzt habe ich wieder etwas Luft** tani po marr frymë; **bitte tief Luft holen!** merrni frymë thellë, ju lutem!; **mir blieb vor Schreck die Luft weg** më mbeti fryma nga frika; **nach Luft schnappen** gulçoj, dihas.

L'uftabwehr *f* = mbrojtje kundërajrore.

L'uftangriff *m* **-(e)s, -e** sulm ajror.

L'uftaufnahme *f* =, **-n** fotografi ajrore.

L'uftballon *m* **-s, -s** *dhe* **-e** aerostat.

L'uftbild *n* **-(e)s, -er** fotografi ajrore.

L'uftbrücke *f* =, **-n** urë ajrore.

l'uftdicht 1. *a* hermetik; 2. *adv* hermetikisht.

L'uftdruck *m* **-s** trysni e ajrit.

L'uftdruckmesser *m* **-s,** = barometër.

l'üften *vt* 1) ajros; 2) : **den Hut lüften** heq kapelën; *bis* **ein Geheimnis lüften** zbuloj një të fshehtë.

L'üfter *m* **-s,** = ventilator.

L'uftfahrt *f* =, **-en** udhëtim ajror.

L'uftflotte *f* =, **-n** flotë ajrore.

l'uftförmig *a* i gaztë.
L'uftgefecht *n* **-(e)s, -e** *sh* **Luftkampf.**
L'ufthafen *m* **-s, -häfen** aeroport.
l'uftig *a* 1) tërë ajër e dritë (*dhomë etj.*); 2) i lehtë, i tejdukshëm (*tekstil etj.*).
L'uftikus *m* **=, -se** *shak* mendjeflutur, mendjeveri.
L'uftkampf *n* **-(e)s, -kämpfe** luftim ajror.
L'uftkissen *n* **-s, =** jastëk (që mbushet) me ajër.
L'uftkühlung *f* **=** ftohje me anë të ajrit.
L'uftkorridor *m* **-s, -e** korridor ajror.
L'uftkurort *m* **-(e)s, -e** vend klimaterik.
L'uftlandung *f* **=, -en** desant parashutistësh.
l'uftleer *a* pa ajër.
L'uftlini/e *f* **=, -n** vijë ajrore.
L'uftmatratze *f* **=, -n** dyshek me ajër.
L'uftpirat *m* **-en, -en** pirat ajror.
L'uftpost *f* **=** postë ajrore.
L'uftpumpe *f* **=, -n** pompë ajri.
L'uftröhre *f* **=, -n** *anat* trake, skërfyell.
L'uftschiff *n* **-(e)s, -e** aerostat.
L'uftschloß *n* **-sses, -schlösser :** *shpr* **Luftschlösser bauen,** bëj, ndërtoj kështjella në erë.
L'uftschutz *m* **-es** *sh* **Luftabwehr.**
L'uftschutzkeller *m* **-s, =** strehim kundërajror.
L'uftspiegelung *f* **=, -en** mirazh (*në shkretëtirë etj.*).
L'uftsprung *m* **-(e)s, -sprünge** laradash.
L'uftstreitkräfte *pl* forca ajrore (*të një shteti etj.*).
L'uftstrom *m* **-(e)s, -ströme** rrymë ajri.
L'üftung *f* **=, -en** ajrim.
L'uftwaffe *f* **=, -n** forca ajrore.
L'uftwechsel *m* **-s** ndërrim i klimës.
Luftweg *m* **-(e)s, -e** 1) rrugë ajrore; 2) *pl anat* rrugë të frymëmarrjes.
L'uftzug *m* **-(e)s, -züge** rrymë ajri.
Lug *m* **-(e)s** gënjeshtër, rrenë; **Lug und Trug** gënjeshtra e mashtrime.
L'üge *f* **=, -n** gënjeshtër, rrenë; **jemanden bei einer Lüge ertappen** zë në gënjeshtër dikë; **jemandes Lügen strafen** ia nxjerr në shesh gënjeshtrën dikujt; *prov* **Lügen haben kurze Beine** gënjeshtra i ka këmbët të shkurtra.
l'ugen *vi* **(h)** vëzhgoj, ruaj, përgjoj.
l'ügen* *vi* gënjej, rrej; *fig* **er lügt das Blaue vom Himmel herunter** ai gënjen si dreqi.
l'ügenhaft *a* 1) gënjeshtar (*njeri*); 2) i gënjeshtërt, i rremë, i paqenë.
L'ügenmaul *n* **-(e)s, -mäuler** *bis* gënjeshtar, rrenacak.
L'ügner *m* **-s, =** gënjeshtar, rrenacak.
l'ügnerisch *a sh* **lügenhaft.**
L'uke *f* **=, -n** *det* baxhë (*anijeje, çatie etj.*).
lukrat'iv *a* fitimprurës, dobiprurës (*veprimi etj.*).
L'ulatsch *m* **-es, -e** *bis* stërhell i gjatë.
l'ullen *vt* përkund, nanuris; **in (den) Schlaf lullen** vë në gjumë.
L'ümmel *m* **-s, =** harbut.
l'ümmeln, sich *refl bis* zdërgjahem (*në divan etj.*).
Lump *m* **-en, -n** 1) kopuk, maskara; 2) rreckaman, zhelan; 3) *bis* qerrata; **du kleiner Lump!** ah, qerratuc!
L'umpen *m* **-s, =** rreckë, zhele.
l'umpen *vi* **(h)** *bis* pi; bëj jetë të çrregullt; *shpr* **sich nicht lumpen lassen** jam bujar, zemërgjerë.
L'umpensammler *m* **-s, =** 1) mble-

dhës e shitës rreckash, rrobash të vjetra etj.; 2) *fig bis* tren, autobus i fundit.

Lumper'ei *f* =, **-en** 1) *bis* poshtërsi; fëlliqësi; 2) *vetëm sing* shumë e mjerueshme.

l'umpig *a* 1) rreckaman; 2) i poshtër (*njeri*); i ulët (*veprim etj.*); 3) *fig bis* i qelbur; **behalt dein lumpiges Geld!** mbaji paret e tua të qelbura!

L'unge *f* =, **-n** *anat* mushkëri; **auf Lunge rauchen** e thith duhanin; *fig* **eine gute Lunge haben** kam zë të fortë.

L'ungenentzündung *f* =, **-en** *mjek* plevit, pneumoni.

L'ungentuberkulose *f* = *mjek* tuberkuloz në mushkëri.

l'ungern *vi* rri, sillem kot.

L'unte *f* =, **-n** 1) fitil (*dinamiti etj.*); 2) : *fig bis* **Lunte riechen** i bie në erë rrezikut.

L'upe *f* =, **-n** lupë (*vegël optike*).

l'upenrein *a* i kulluar (*diamant etj.*).

Lurch *m* **-(e)s, -e** *zool* amfib.

L'usche *f* =, **-n** *krahin* letër (*loje*) pa vlerë.

Lust *f* = 1) gëzim; qejf; kënaqësi; **mit Lust und Liebe** me gjithë qejf; 2) dëshirë, qejf; **ich habe Lust** kam qejf; 3) *pl* **Lüste** epsh; **er ist ein Sklave seiner Lüste** ai është skllav i epsheve të veta.

L'ustbarkeit *f* =, **-en** dëfrim, argëtim publik.

L'üster *m* **-s,** = llambadar.

l'üstern *a* 1) epshor; 2) : **lüstern nach etwas (D) sein** lakmoj diçka.

Lüsternheit *f* = epsh; lakmi.

l'ustig *a* 1) gazmor, i gëzuar, i qeshur; 2) zbavitës (*tregim etj.*); 3) : **sich lustig machen (über A)** tallem (*me dikë*).

L'ustigkeit *f* = gaz, gëzim; humor i mirë.

l'ustlos 1. *a* 1) pa qejf, pa gëzim, pa kënaqësi; 2) i plogët; 2. *adv* pa qejf; rryeshëm.

L'ustspiel *n* **-s, -e** komedi.

l'ustwandeln *vi pandash poet* shëtis.

l'utschen 1. *vi* **(h) (an D)** thith (*foshnja gishtin etj.*); 2. *vt* mbaj në gojë (*një karamele etj.*).

L'utscher *m* **-s,** = kallam, gjel sheqeri etj.

Luv *f* : *det* **in, nach, von Luv** nga ana e kthyer nga era (*e anijes*).

luxuri'ös *a* luksoz.

L'uxus *m* = luks.

L'uxusartikel *m* **-s,** = artikull luksi.

L'uxusindustri/e *f* =, **-i/en** industri që prodhon artikuj luksi.

Luz'erne *f* =, **-n** *bot* jonxhë.

L'ymphe *f* =, **-n** limfë.

lynchen [*l'inçën*] *vt* linçoj.

Lynchjustiz [*l'inç-*] *f* = linçim.

L'yrik *f* = *let* lirikë.

L'yriker *m* **-s,** = *poet* lirik.

l'yrisch *a* lirik.

Lyz'eum *n* **-s, -ze/en** lice.

M

m = 1) **Meter;** 2) **Minute;** 3) **Maskulinum.**

Maat *m* **-(e)s, -e** *dhe* **-en** *det* nënoficer marine.

Mä'ander *m* **-s, =** 1) *gjeogr* dredhë (*e lumit*); 2) *ark* meandër (*zbukurim*).

M'achart *f* **=, -n** prerje (*e fustanit etj.*).

M'ache *f* **=** *bis* 1) punë, përpunim; **etwas in der Mache haben** kam në dorë diçka; 2) : **das ist doch alles (nur) Mache** kjo është vetëm sa për sy e faqe.

m'achen 1. *vt* 1) bëj, kryej; **(sich) einen Anzug machen lassen** porosis një kostum; **Frieden machen** bëj paqe; **das läßt sich machen** kjo është punë që bëhet; **das macht nichts** s'ka gjë; *bis* **das macht man doch nicht** s'bën kështu; **viel Aufhebens (von D, um A) machen** bëj shumë zhurmë (*për diçka*); **einen Antrag machen** i bëj propozim (*një vajze*); **es wird sich schon machen** do të rregullohet (*puna*); **es ist nichts zu machen** s'ke ç'bën; *fig* **er wird's wohl nicht mehr lange machen** ai s'e ka të gjatë; 2) bën, përbën; **zwei mal vier macht acht** dy herë katër bëjnë tetë; **das macht sehr viel** a) kjo përbën një shumë të madhe; b) kjo ka shumë rëndësi; 3) rregulloj; **das Bett machen** ndreq shtratin; **die Haare machen** kreh flokët; bëj flokët; 4) shërbej si (*dikush*); shtirem si (*dikush*); **den Koch machen** bëj punën e kuzhinierit; **den Dummen machen** a) shtirem si budalla; b) mbetem me gisht në gojë; 5) : *shpr* **Pleite machen** dështoj; **es kurz machen** i bie shkurt; **eine gute Partie machen** gjej burrë (grua) të pasur; **eine Angabe machen** paraqes një lutje; 6) shkaktoj; **jemandem Kummer machen** i shkaktoj hidhërim dikujt; **jemandem Mut machen** i jap zemër dikujt; 7) : **sich (D) einen Begriff von etwas machen** marr një ide për diçka; **sich (D) über etwas Gedanken machen** shqetësohem për diçka; **sich (D) Mühe machen** përpiqem; **es sich (D) bequem machen** rehatohem (*në një kolltuk etj.*); 8) : **weich machen** zbus; **müde machen** lodh; **gesund machen** shëroj; **sich unmöglich machen** bëhem i padurueshëm; *bis* **sich dünne machen** zhdukem, ua mbath këmbëve; 9) : **sich an etwas (A) machen** i përvishem (*punës etj.*); **sich auf den Weg machen** marr udhën; 10) : *bis* **was macht dein (krankes) Bein?** si e ke këmbën (e sëmurë)?; *bis* **mach's gut!** qofsh shëndoshë!; 11) : **mach, daß du fortkommst!** mbushu!; 2. *vi* **(h)** *bis* 1) : **sieben Stunden machen** punoj shtatë orë; **mach schnell!** shpejt, luaj; **ich mache ja schon!** ja tani!; 2) **(in D)** : **in Büchern machen** merrem me tregti librash.

M'achenschaften *pl* intriga; marrëveshje të fshehta.

M'acher *m* **-s, =** *bis* nxitës, shtytës (*për diçka të keqe*).

Machinati'onen *pl* makinacione, intriga.

Macht *f* **=, Mächte** 1) fuqi, forcë; **die Macht der Gewöhnheit** forca e zakonit; 2) pushtet, fuqi; **an die Macht kommen** marr pushtetin; **das steht nicht in meiner Macht** këtë nuk e kam në dorë; 3) *pl*

Mächte shtete, fuqi; **die verbündeten Mächte** fuqitë aleate.

M'achtbereich *m* **-(e)s, -e** sferë e ndikimit.

M'achtergreifung *f* = marrje e pushtetit.

M'achthaber *m* **-s,** = 1) sundimtar; pushtetar; 2) diktator.

m'ächtig 1. *a* 1) i fuqishëm, i pushtetshëm; 2) shumë i madh (*ndërtim etj.*); i fortë (*zë etj.*); 3) : **einer Sprache mächtig sein** zotëroj një gjuhë; **seiner selbst nicht mächtig sein** nuk e kam veten në dorë; 2. *adv* shumë, fort.

m'achtlos *a* i pafuqishëm.

M'achtlosigkeit *f* = pafuqishmëri.

M'achtprobe *f* =, **-n** provë force.

M'achtverhältnis *n* **-ses, -se** raport i forcave.

m'achtvoll *a* i fuqishëm (*personalitet etj.*); i fortë (*pozicion etj.*).

M'achtvollkommenheit *f* = plotfuqishmëri; **etwas aus eigener Machtvollkommenheit tun** bëj diçka me kokën time.

M'achtwort *n* **-(e)s** : *shpr* **ein Machtwort sprechen** ndërhyj me autoritet (*për të vënë rregull etj.*).

Mad'am *f* =, **-s** *dhe* **-en** *bis shak* madamë (*zonjë e rëndë*).

M'ädchen *n* **-s,** = 1) vajzë; 2) shërbyese; 3) *bis* dashnore; 4) : *bis* **spätes Mädchen** vajzë plakë, lëneshë, nënole.

m'ädchenhaft *a* 1) vashëror, vajzëror; 2) i druajtur.

M'ädchenname *m* **-ns, -n** 1) emër vajze; 2) mbiemër i vajzërisë.

M'ade *f* =, **-n** *ent* krimb, larvë insekti.

M'ädel *n* **-s,** = *bis* vajzë.

m'adig *a* i krimbur (*pemë etj.*).

mag *sh* **mögen***.

Magaz'in *n* **-s, -e** 1) magazinë, depo; 2) *usht* karikator; 3) revistë e ilustruar.

Magd *f* =, **Mägde** shërbëtore (*në një fermë*).

M'agen *m* **-s,** = *anat* stomak; **mir knurrt der Magen** më këndojnë zorrët; **es dreht sich dir der Magen um** të përshtillen zorrët (*edhe fig*); *fig bis* **und das auf nüchternen Magen!** edhe kjo na duhej!

M'agendrücken *n* **-s** *mjek* rëndësirë në stomak.

M'agengeschwür *n* **-s, -e** *mjek* ulcerë në stomak.

M'agengrube *f* = *anat* gropë e zëmres.

M'agenkrampf *m* **-(e)s, -krämpfe** *mjek* dhembje stomaku.

M'agensäure *f* = lëng gastrik.

M'agenverstimmung *f* =, **-en** *mjek* prishje e stomakut.

m'ager *a* 1) i dobët, i thatë (*njeri*); 2) pa dhjamë (*mish*); 3) i paktë (*ushqim etj.*); 4) shterpë (*tokë*).

M'agermilch *f* = qumësht i skremuar.

Mag'ie *f* = magji.

M'agier *m* **-s,** = 1) *hist* mag; 2) magjistar.

m'agisch *a* magjik.

Mag'ister *m* **-s,** = magjistër (*titull akademik*).

Magistr'at *m* **-s, -e** magjistrat (*administrator i një qyteti*).

Magn'at *m* **-en, -en** magnat (*i industrisë etj.*).

Magn'et *m* **-s** *dhe* **-en, -e** *dhe* **-en** *fiz* magnet.

Magn'etfeld *n* **-(e)s, -felder** *fiz* fushë magnetike.

magn'etisch *a* magnetik.

magnetis'ieren *vt* magnetizoj.

Magn'etnadel *f* =, **-n** gjilpërë magnetike (*e busullës*).

Magnetoph'on *n* **-s, -e** magnetofon.

Magnifiz'enz *f* = shkëlqesi (*titull i rektorit*).
Magn'olie *f* =, **-n** *bot* manjolë.
Mahag'oni *n* **-s** *bot* dru i kuq.
Mahd *f* =, **-en** *bujq* korrje (*e grurit etj.*); kositje (*e barit*).
M'ähdrescher *m* **-s,** = *bujq* kombajnë.
m'ähen *vt* kosis (*barin*); korr (*grurin etj.*).
M'äher *m* **-s,** = korrës; kosëtar.
Mahl *n* **-(e)s, -e** 1) e ngrënë (*drekë, darkë etj.*); 2) gosti.
m'ahlen* 1. *vt* bluaj (*drithin, kafenë etj.*); 2. *vi* (**h**) rrotullohet kot (*rrota e makinës në rërë etj.*).
M'ahlstein *m* **-(e)s, -e** gur mulliri, mokër.
M'ahlzahn *m* **-(e)s, -zähne** dhëmballë.
M'ahlzeit *f* =, **-en** e ngrënë (*drekë, darkë etj.*); **Mahlzeit!** të (ju) bëftë mirë (*dreka, darka etj.*)!; **nach, vor der Mahlzeit einzunehmen** të pihet pas, para buke (*një ilaç*).
M'ähne *f* =, **-n** 1) jele (*kali*); krifë (*luani*); 2) *fig* leshra.
m'ahnen *vt* 1) (**an A, wegen D**) i kujtoj (*dikujt një premtim, detyrë etj.*); 2) (**zu D**) paralajmëroj (*për diçka*).
M'ahnung *f* =, **-en** 1) kujtim; nxitje; qortim; 2) paralajmërim.
M'ähre *f* =, **-n** gërdallë (*kalë*).
Mai *m* **-s** *dhe* = 1) maj; **Erster Mai** 1 Maji; 1) *fig* kohë e rinisë.
Maid *f* =, **-en** *poet* vashë.
M'aiglöckchen *n* **-s,** = *bot* lule shëngjergji.
M'aikäfer *m* **-s,** = *ent* zhuzhak i majit.
Mais *m* **-es** *bot* misër.
Majest'ät *f* = 1) madhëri; **Euer, Eure Majestät** madhëria juaj; 2) *pl* **die Majestäten** mbreti e mbretëresha.
majest'ätisch *a* madhështor.
Maj'or *m* **-s, -e** *usht* major.
Major'an *m* **-s,** = e *bot* manxuranë.
major'enn *a vjet* në moshë madhore, madhor.
Majorit'ät *f* =, **-en** *sh* **Mehrheit.**
mak'aber *a* makabër, rrëqethës.
M'akel *m* **-s,** = njollë (*edhe fig*); **mit einem Makel behaftet sein** kam një njollë.
m'akellos *a* 1) pa njollë; 2) i patëmetë.
m'äkeln *vt* (**h**) (**an D**) 1) i gjej të meta (*një sendi etj.*); 2) i bëj naze (*gjellës*).
Make-up [*m'ekap*] *n* **-s** 1) lyerje e fytyrës; 2) krem etj. për lyerjen e fytyrës.
Makkar'oni *pl kuzh* makarona.
M'akler *m* **-s,** = 1) komisioner; 2) *fig* ndërmjetës.
Makr'ele *f* =, **-n** *zool* skumbri (*peshk*).
Makulat'ur *f* = hedhurinë letre; *shpr* **Makulatur reden** flas gjepura.
mal 1. *adv* herë; **zwei mal zwei ist vier** dy herë dy bëjnë katër; 2. *bis* (*shkurt i* **einmal**) : **komm mal her!** pa hajde këtu!; **sagen Sie mal!** pa na thoni!
Mal I *n* **-(e)s, -e** herë; **das erste Mal** hera e parë; **ein anderes Mal** një herë tjetër; **mit einem Male** përnjëherë; **von Mal zu Mal besser** përherë e më mirë.
Mal II *n* **-(e)s, -e** *dhe* **Mäler** 1) shenjë; nishan (*në fytyrë etj.*); 2) gur, shtyllë kufiri; 3) përmendore.
mal'ade *a* : *shpr bis vjet* **malade sein** jam i dërrmuar; jam pa qejf.
Malaise [*mal'ezë*] *f* =, **-n** 1) vështirësi (*ekonomike etj.*); 2) pakënaqësi (*në popull etj.*).
Mal'aria *f* = *mjek* malarie.
Malef'izkerl *m* **-s, -e** *bis* 1) faqezi; 2) *shak* shejtan, qerrata.

m'alen *vt* 1) pikturoj (*një tablo etj.*); 2) lyej (*buzët, murin etj.*).
M'aler *m* **-s,** = 1) piktor; 2) bojaxhi.
Maler'ei *f* = 1) pikturë (*art*); 2) **-en** pikturë (*tablo*).
m'alerisch *a* piktoresk (*vend etj.*).
Malheur [*mal'ër*] *n* **-s, -e** *dhe* **-s** prapësi; **mir ist ein Malheur passiert** më ka ndodhur një fatkeqësi.
malizi'ös *a* i lig, zemërlig, dashakeq.
malträt'ieren *vt bis* keqpërdor, marr nëpër këmbë.
Malz *n* **-es** malt (*birre*).
M'alzkaffee *m* **-s** kafe malti.
M'ama *f* =, **-s** nënë, mama.
M'ammon *m* **-s** *vjet shak* pare.
M'ammut *n* **-s, -e** *dhe* **-s** *zool* mamuth.
m'ampfen *vt dhe vi* **(h)** *bis* ha; përtyp, bluaj.
man I *pron indef* (*përdoret vetëm në sing*: **G eines, D einem, A einen):** (ndo)njeri, (ndo)kush; **wenn man uns hörte** po të na dëgjonte njeri; 2) (*nuk përkthehet*): **man sagt** thonë; **man braucht** duhet; **man nehme** merr(ni); **wie liest man dieses Wort?** si lexohet kjo fjalë?
man II *adv bis* 1) vetëm; **er soll es man versuchen!** vetëm ta provojë!; 2) njëherë.
managen [*m'enixhën*] *vt bis* 1) mbarështroj, drejtoj (*një ndërmarrje etj*); 2) ia arrij, ia dal në krye (*një pune*).
Manager [*m'enixhër*] *m* **-s,** = përgjegjës (*i ndërmarrjes etj.*).
manch *pron indef* (*m* **mancher,** *f* **manche,** *n* **manches;** *pl* **manche)** shumëkush; shumë vetë; një palë, disa, ca; shumë; **ich habe Ihnen manches zu erzählen** kam ca gjëra për t'ju treguar; **manche von uns** shumë prej nesh; **so manches Mal** shpesh, gjatë shumë vjetësh.
mancherl'ei *a* gjithfarë, lloj-lloj (*gjërash etj.*).
m'anchmal *adv* ngandonjëherë, herë-herë.
Mand'ant *m* **-en, -en** klient (*i një avokati*).
Mandar'ine *f* =, **-n** *bot* mandarinë.
Mand'at *n* **-(e)s, -e** mandat (*i deputetit etj.*).
M'andel *f* =, **-n** 1) *bot* bajame; 2) *anat* bajame; **sich die Mandeln herausnehmen lassen** heq bajamet.
Mandol'ine *f* =, **-n** *muz* mandolinë.
Manege [*man'ezhë*] *f* =, **-n** arenë (*cirku*).
Mang'an *n* **-s** *kim* manganez.
M'angel *m* **-s, Mängel** 1) **(an D)** mungesë (*e diçkaje*); **aus Mangel an Mitteln** për mungesë mjetesh; 2) e metë; **Vorzüge und Mangel** të mira e të meta; 3) varfëri.
m'angelfrei *a* pa të meta.
m'angelhaft 1) me të meta; 2) i pamjaftueshëm.
m'angeln *vi* **(h)** (*më*) mungon (*vullneti, durimi etj.*); **es mangelt mir an nichts** nuk më mungon asgjë.
m'angels *präp* **(G)** për mungesë (*të një sendi etj.*).
M'angelware *f* =, **-n** mall deficitar.
Man'ie *f* =, **-i/en** mani; **das ist bei ihm zur Manie geworden** kjo i është bërë mani.
Man'ier *f* = 1) mënyrë; 2) stil (*i një artisti etj.*); 3) *pl* **-en** sjellje; **er hat keine Manieren** ai nuk di të sillet.
manier'iert *a* i stërholluar, artificial (*stil etj.*).
Manier'iertheit *f* =, **-en** stërhollim (*i stilit etj.*).
man'ierlich *a* i sjellshëm.
manif'est *a* i qartë; **manifest sein** duket qartë; **manifest werden** shfaqet; **manifest machen** bëj të qartë.

Manif'est *n* -(e)s, -e manifest (*politik etj.*).
Manifestati'on *f* =, -en 1) manifestim; 2) shfaqje.
manifest'ieren 1. *vt* shfaq; bëj të qartë (*qëndrimin e tij etj.*); 2. *vrefl* **sich manifestieren** shfaqet, duket.
Manik'üre *f* =, -n 1) *vetëm sing* manikyr; 2) manikyriste.
manik'üren *vt* u bëj manikyrë (*thonjve etj.*).
Manipulati'on *f* =, -en manipulim.
manipul'ieren *vt* manipuloj.
M'anko *n* -s, -s 1) mangësi; e metë; 2) dëm; 3) deficit.
Mann *m* -(e)s, **Männer** 1) burrë, trim; **ein Mann von Charakter** burrë me karakter; 2) vetë (*nuk lakohet pas numrave*); **hundert Mann** njëqind vetë; 3) burrë, bashkëshort; **Mann und Frau** burrë e grua; 4) *pl* **Leute** punëtor, krah (pune); ushtar; 5) *shpr :* **Mann an Mann** shoq me shoq; **mit Mann und Maus** me kuç e me maç; *bis* **ich kenne meinen Mann!** i di se kush është ai!; **seinen Mann stehen, stellen** ia dal në krye qëllimit, detyrës; **er ist nicht der Mann danach** ai nuk është asi burri; **du bist nicht Manns genug, um ...** s'je aq i zoti sa ...; **ein Mann von Welt** njeri që ka parë botë (me sy); **von Mann zu Mann** në mes burrash; **junger Mann** djalosh; **er ist ein ganzer Mann** ai është burrë.
m'annbar *a* i burrëruar (*djalë*).
M'ännchen *n* -s, = 1) burrec; 2) mashkull (*i një kafshe*).
Mannequin [*manëk'ê*] *n* -s, -s manekin.
M'annesalter *n* -s moshë e burrërisë.
M'anneszucht *f* = disiplinë.
m'annhaft *a* burrëror.
M'annhaftigkeit *f* = burrëri.
m'annigfach *a* i shumëllojshëm.
m'annigfaltig *sh* **mannigfach.**
m'ännlich *a* 1) mashkullor; 2) burrëror; 3) *gram* mashkullor.
M'annschaft *f* =, -en 1) *usht* repart; ushtarë (*të një njësie etj.*); 2) *sport* skuadër (*futbolli etj.*); ekuipazh (*i një anijeje*).
m'annshoch *a* një bojë njeriu i lartë.
M'annsperson *f* =, -en *bis* burrë.
M'annweib *n* -s, -er burrëreshë.
Man'över [*-ver*] *n* -s, = 1) *usht* manovër, stërvitje; 2) *fig* marifet, dredhi; 3) manovrim (*i makinës etj.*).
manövr'ieren *vi* (h) manovroj.
Mans'arde *f* =, -n papafingo, nënçati.
Mans'ardenzimmer *n* -s, = papafingo, nënçati.
Mansch'ette *f* =, -n manshetë (*këmishe etj.*); *fig bis* **Manschetten haben** kam frikë.
M'antel *m* -s, **Mäntel** 1) mantel; pallto; pardesy; *fig* **er dreht, hängt den Mantel nach dem Wind** ai kthehet nga të fryjë era, e kthen gunën nga të fryjë era; 2) *tek* këllëf, mbështjellje; 3) koperton (*biçiklete etj.*); 4) gëzhojë (*fisheku*); 5) *fig* mbulesë.
manu'ell *a* (*i bërë*) me dorë.
Manuskr'ipt *n* -(e)s, -en 1) dorëshkrim; 2) tekst i daktilografuar.
M'appe *f* =, -en 1) dosje; 2) çantë (*për letra etj.*).
M'ärchen *n* -s, = përrallë; **Märchen erzählen** tregoj përralla.
M'ärchenbuch *n* -(e)s, **-bücher** libër përrallash.
m'ärchenhaft *a* përrallor.
M'arder *m* -s, = 1) *zool* kunadhe, shqarth; 2) *fig* vjedhës.
Margar'ine *f* = margarinë.
Marger'ite *f* =, -n *bot* margaritë.
Mar'i/enkäfer *m* -s, = *ent* pashkëz.
Marin'ade *f* =, -n *kuzh* marinadë.

Mar'ine *f* =, **-n** marinë (*e një shteti*).
mar'inenblau *a* blu i mbyllët.
marin'ieren *vt kuzh* bëj marinadë.
Marion'ette *f* =, **-n** 1) kukull; 2) *fig* vegël (*njeri*).
Mark I *n* **-(e)s** 1) palcë; **es geht (dringt) mir durch Mark und Bein** a) më hyn gjer në palcë (*një dhembje etj.*); b) *fig* më prek thellë; 2) *bot* thelb; 3) *fig* fuqi, forcë; **er hat Mark in den Knochen** a) është shumë i fortë; b) është trim.
Mark II *f* = (*nuk lakohet pas numrave; pl vetëm bis* **Märker**) markë; **Deutsche Mark** (*shkurt* **DM**) markë gjermane (*monedhë*); **der Eintritt kostet vier Mark** hyrja bën, kushton katër marka.
Mark III *f* =, **-en** *vjet* zonë kufitare.
mark'ant *a* 1) që bie në sy (*personalitet etj.*); 2) i theksuar (*tipar etj*).
M'arke *f* =, **-n** 1) pullë poste; 2) markë, numër kontrolli; 3) damkë, shenjë; 4) lloj (*malli etj.*); 5) markë (*fabrike*).
mark'ieren *vt* 1) shënoj, markoj; 2) theksoj, nënvizoj; 3) çek; **eine Rolle markieren** sa e çek një personazh; 4) *bis* shtirem, hiqem si ...; **den Dummen markieren** hiqem si budalla.
Mark'ierung *f* = 1) vënie e shenjave (*rrugore etj.*); 2) *pl* **-en** shenjë (*rrugore etj.*).
m'arkig *a* i fortë, i shëndoshë, i fuqishëm.
Mark'ise *f* =, **-n** strehë pëlhure (*mbi ballkon, dritare etj.*).
M'arkstein *m* **-(e)s, -e** *fig* kthesë vendimtare; ngjarje e rëndësishme (*në jetën e dikujt etj.*).
M'arkstück *n* **-(e)s, -e** monedhë njëmarkëshe.
Markt *m* **-(e)s, Märkte** 1) pazar, treg (*vend*); **wir wohnen am Markt** e kemi shtëpinë në pazar; 2) treg; **sich den Markt erobern** pushtoj tregun; **der schwarze Markt** tregu i zi; **auf den Markt bringen, werfen** hedh në treg (*një mall*).
M'arkthalle *f* =, **-n** treg i mbyllur, i mbuluar.
M'arktplatz *m* **-es, -plätze** shesh i tregut, pazar.
M'arktpreis *m* **-(e)s, -e** çmim i tregut.
M'arktschreier *m* **-s,** = tellall.
M'arkttag *m* **-(e)s, -e** ditë pazari.
M'arkttasche *f* =, **-n** trastë, torbë për të blerë.
M'arktweib *n* **-(e)s, -er** shitëse pazari.
M'arktwert *m* **-(e)s** vlerë e tregut (*e një malli*).
M'armor *m* **-s, -e** mermer.
marmor'iert *a* i mermerizuar.
m'armorn *a* i mermertë.
mar'ode *a bis* i lodhur, i rraskapitur.
Mar'one *f* =, **-n** *bot* gështenjë e butë (*kokërr*).
Mar'otte *f* =, **-n** trill, tekë.
Marsch I *m* **-es, Märsche** 1) marshim; **ein langer Marsch** një marshim i gjatë; 2) *muz* marsh.
Marsch II *f* =, **-en** mokricë (*tokë pjellore buzë lumit etj.*).
marsch *int* marsh.
M'arschall *m* **-s, Marschälle** *usht* mareshal.
marsch'ieren *vi* (s) marshoj.
Marschroute [*-rut'ë*] *f* =, **-n** itinerar.
M'arter *f* =, **-n** 1) torturë; 2) *fig* vuajtje, mundim.
m'artern 1. *vt* torturoj, mundoj; 2. *vrefl* **sich martern** mundohem, torturohem.
marti'alisch *a* luftarak.
M'ärtyrer *m* **-s,** = dëshmor; **ein Märtyrer seiner Überzeugung** një dëshmor për bindjet e veta.
M'ärtyrertum *n* **-s, Mart'yrium** *n* **-s** martirizim.

Marx'ismus *m* = marksizëm.

Marx'ist *m* **-en, -en** marksist.

März *m* = *dhe* **-es** mars (*muaj*).

Marzip'an *n dhe m* **-s, -e** *kuzh* biskotë e bajamtë.

M'asche *f* =, **-n** syth, gojë (*çorapi, rrjete etj.*); **die Masche aufnehmen** kap fijen; **bei dir läuft eine Masche** të ka ikur fija.

Masch'ine *f* =, **-n** 1) makinë; 2) *shkurt* makinë qepëse; makinë shkrimi; avion; lokomotivë; motoçikletë etj.

maschin'ell *a* (i bërë) me makinë.

Masch'inenbau *m* -(e)s ndërtim i makinave.

Masch'inenfabrik *f* =, **-en** uzinë e prodhimit të makinave.

Masch'inengewehr *n* **-es, -e** (*shkurt* MG) mitraloz.

Masch'inenkanone *f* =, **-n** top automatik.

Masch'inenpistole *f* =, **-n** pistoletë automatike.

Masch'inenschrift *f* =, **-en** shkrim me makinë, daktilografim.

masch'inenschriftlich *a* i shkruar me makinë, i daktilografuar.

Maschiner'ie *f* =, **-i/en** 1) makineri; 2) *fig* mekanizëm, ingranazh; **in die Maschinerie der Justiz geraten** bie në rrotat e drejtësisë.

masch'ineschreiben* *vi ndash* (h) shkruaj me makinë.

Maschin'ist *m* **-en, -en** makinist.

m'aserig *a* i dellëzuar (*dru etj.*).

M'asern *pl mjek* fruth.

M'aserung *f* =, **-en** dellëzim (*i drurit etj.*).

M'aske *f* =, **-n** maskë (*edhe fig*); **jemandem die Maske herunterreißen** i çjerr maskën dikujt; **die Maske abwerfen, fallen lassen, lüften** a) heq maskën; b) *fig* tregoj fytyrën e vërtetë.

M'askenball *m* -(e)s, **-bälle** ballo me maska, maskaradë.

Masker'ade *f* =, **-n** maskaradë (*edhe fig*).

mask'ieren 1. *vt* 1) maskoj, i vë maskën (*dikujt*); 2) *fig* maskoj, fsheh; 2. *vrefl* **sich maskieren** maskohem (*edhe fig*).

M'askulinum *n* **-s** *gram* 1) gjini mashkullore; 2) *pl* **-na** emër i gjinisë mashkullore.

maß *sh* **messen***.

Maß *n* **-es, -e** 1) masë; **Maß nehmen** marr masën (*e një petku etj.*); 2) përmasë, vëllim, madhësi; 3) kufi; cak; shkallë; **über alle Maßen** jashtë çdo mase; **das Maß ist voll!** u mbush kupa!; **ein gewisses Maß an Mut** njëfarë guximi; **in gewissem Maße** në njëfarë mënyre; **in hohem (höchsten) Maße zufrieden sein** jam fort i kënaqur; **in zunehmendem Maße** përherë e më shumë; 4) raport, përpjesëtim; **sie hat ideale Maße** ajo bën figurë të përsosur; **nach Maß** sipas trupit; 5) krikëll (*birre*) (*pas numrave nuk lakohet*); **zwei Maß Bier** dy kriklla birrë.

Massage [*mas'azhë*] *f* =, **-n** masazh.

Mass'aker *n* **-s,** = masakër.

massakr'ieren *vt* 1) masakroj; 2) mundoj, keqtrajtoj.

M'aßarbeit *f* = 1) punë me porosi; 2) *pl* **-en** punim me porosi.

M'asse *f* =, **-n** 1) *fiz* masë; **Masse und Energie** masë e energji; 2) masë, grumbull, turmë; **die breite Masse** masa e gjerë (*e popullit*); 3) mori (*sendesh etj.*); 4) brumë, llaç; **eine klebrige Masse** një brumë ngjitës.

M'aßeinheit *f* =, **-en** njësi mase (*p.sh. metër, gram* etj.).

M'assenbedarfsartikel *m* **-s,** = artikull i konsumit të gjerë.

M'assenfabrikation *f* = prodhim në seri (*mallrash*).
M'assengrab *n* **-(e)s, -gräber** varr i përbashkët.
m'assenhaft 1. *a* me shumicë; 2. *adv* në sasi të madhe, sa të duash.
M'assenkundgebung *f* =, **-en** miting.
M'assenmedi/en *pl* mjete të informacionit (*radio, televizion, shtyp etj.*).
M'assenmord *m* **-(e)s** masakër, vrasje në masë.
M'assenorganisation *f* =, **-en** organizatë e masave.
M'assenstreik *m* **-(e)s, -s** *dhe* **-e** grevë masive.
m'assenweise *sh* **massenhaft.**
M'assenwirkungsgesetz *n* **-(e)s** *kim* ligj i veprimit të masave.
Masseur [*-s'ër*] *m* **-s, -e** masazhist.
Masseurin [*-s'ër*] *f* =, **-en** masazhiste.
Mass'euse [*-s'ëzë*] *f* =, **-n** masazhiste (*shpesh me nënkuptim prostitutë*).
M'aßgabe *f* : *shpr* **nach Maßgabe der letzen Anweisungen** sipas udhëzimeve të fundit.
m'aßgebend, m'aßgeblich *a* 1) shembullor; përcaktues; orientues; 2) vendimtar; 3) me influencë (*person etj.*).
m'aßhalten* *vi ndash* **(h)** nuk e kaloj masën, nuk e teproj (*në të ngrënë e në të pirë etj.*).
mass'ieren *vt* 1) fërkoj, shtyp (*krahun etj.*); 2) mbledh, përqëndroj (*trupa në kufi etj.*).
m'assig 1. *a* trupmadh, i bëshëm (*njeri*); i madh (*lis etj.*); 2. *adv bis* shumë.
m'äßig 1) *a* i matur, i përmbajtur (*në të ngrënë e në të pirë etj.*); 2) i arsyeshëm (*çmim etj.*); 3) mesatar (*nivel, nxënës etj.*).
m'äßigen 1. *vt* 1) përmbaj (*inatin etj.*); 2) ul (*kërkesat etj.*); 3) zbus (*zemërimin etj.*); 4) : **den Schritt mäßigen** ngadalësoj hapin; **die Stimme mäßigen** ul zërin; 2. *vrefl* **sich mäßigen** 1) përmbahem; 2) bie (*stuhia etj.*).
M'äßigkeit *f* = maturi; përmbajtje.
M'äßigung *f* =, **-en** përmbajtje; zbutje; ulje.
M'aßliebchen *n* **-s,** = *bot* luleshqerrë.
mass'iv 1. *a* i ngjeshur; i rëndë; **massiver Angriff** sulm në shkallë të gjerë; 2. *adv* rëndë, ashpër.
Mass'iv *n* **-s, -e** masiv, vargmal.
m'aßlos 1. *a* i tepruar (*kërkesë etj.*); i papërmbajtshëm (*zemërim etj.*); **maßlose Beleidigung** fyerje e rëndë; 2. *adv* tepër, pa masë.
M'aßnahme *f* =, **-n** masë; **Maßnahmen treffen, ergreifen** marr masa.
M'aßregel *f* =, **-n** rregull (*sigurimi etj.*).
m'aßregeln *vt pandash* dënoj me një masë disiplinore.
M'aßstab *m* **-(e)s, -stäbe** 1) shkallë (*e një harte*); 2) masë, shkallë; 3) rregull; **einen strengen Maßstab anlegen** vë rregull të fortë; 4) shembull.
m'aßvoll *a* i matur (*kërkesë etj.*).
Mast I *m* **-es, -e** *dhe* **-en** 1) direk (*i anijes*); 2) *el* shtyllë.
Mast II *f* =, **-en** majmëri (*e kafshëve*).
M'astdarm *m* **-(e)s, -därme** *anat* zgurdhë.
m'ästen *vt* majm (*derrin etj.*).
Match [*meç*] *m* **-es, -e** *sport* ndeshje.
Materi'al *n* **-s, -i/en** material; **Material zum Bauen, Heizen** lëndë ndërtimi, lëndë djegëse.
materi'al *a* material, lëndor.
Material'ismus *m* = materializëm.
Material'ist *m* **-en, -en** materialist.
material'istisch *a* materialist.

Mat'erie *f* =, -**n** 1) *filoz* materie; 2) lëndë (mësimi).

materi'ell *a* material; **in materieller Hinsicht** nga ana materiale.

Mathemat'ik *f* = matematikë.

Mathem'atiker *m* -**s**, = matematikan.

mathem'atisch *a* matematik.

Matin'ee *f* =, -**n** shfaqje paradite.

Mätr'esse *f* =, -**n** *vjet* dashnore (*e një personaliteti*).

Matr'atze *f* =, -**n** dyshek (*kashte, gome etj.*).

Matr'ikel *f* =, -**n** regjistër (*i studentëve*).

Matr'ize *f* =, -**n** matricë.

Matr'one *f* =, -**n** zonjë e rëndë.

Matr'ose *m* -**n**, -**n** marinar.

Matsch *m* -**es** llucë.

m'atschen *vi* (**h**) llokoçitem.

m'atschig *a* tërë llucë (*rrugë etj.*).

matt *a* 1) i dobët, i flashkët, i lodhur (*njeri*); 2) i shuar (*sy, zë*); 3) i zbehtë (*dritë, ngjyrë*); 4) i patejdukshëm (*qelq*); 5) pa shkëlqim (*letër etj.*); 6) *shah* mat; 7) : *shpr* **matte Entschuldigung** shfajësim që nuk pi ujë.

M'atte I *f* =, -**n** kullotë malore.

M'atte II *f* =, -**n** qilim.

matt'ieren *vt* 1) i heq shkëlqimin (*një orendie etj.*); 2) bëj të patejdukshëm (*xhamin etj.*).

M'attigkeit *f* = lodhje.

Mat'ur *n* -**s**, = *dhe* **Matura** *f* =, -**en** *aust* provim pjekurie, mature.

Matur'ant *m* -**en**, -**en** *aust* maturant.

matur'ieren *vi* (**h**) *aust* jap provimin e pjekurisë, e maturës.

Maturit'ät *f* = *aust* maturë.

Maturit'ätszeugnis *n* -**ses**, -**se** *aust* dëftesë pjekurie, mature.

M'ätzchen *pl bis* marifete; budallallëqe; lojëra.

mau *a bis* i keq.

M'auer *f* =, -**n** mur ; **eine Mauer aufführen** ngre një mur; *fig* **eine Mauer von Vorurteilen** një mur paragjykimesh.

m'auern 1. *vi* (**h**) bëj mur; 2. *vt* ndërtoj (*një shkallë etj.*).

M'auerstein *m* -(**e**)**s**, -**e** tullë (*e kuqe ndërtimi*).

M'auerwerk *n* -(**e**)**s**, -**e** 1) mure; 2) muraturë.

Maul *n* -(**e**)**s**, **Mäuler** 1) gojë (*ujku, qeni etj.*); 2) *vulg* gojë; *fig bis* **die bösen Mäuler** gojët e këqija; **Maul halten, halt's Maul!** mbylle gojën!, mbylle sqepin!, qepe!; **das Maul aufmachen** hap gojën; **das Maul hängen lassen** var buzët; **grobes Maul haben** jam gojështhurur; **ein großes Maul haben** jam mburracak; **jemandem das Maul stopfen** ia mbyll gojën dikujt; *fig bis* **sich das Maul verbrennen** më shpëton goja; **schiefes Maul ziehen** shtrembëroj, thartoj turinjtë; *fig bis* **er ist nicht aufs Maul gefallen** ai ta jep përgjigjen në çast; *prov* **eine gebratene Taube fliegt keinem ins Maul** po s'luajte këmbët, s'luajnë dhëmbët.

M'aulaffen *pl* : *shpr bis* **Maulaffen feilhalten** rri duarkryq, vras miza.

M'aulbeerbaum *m* -(**e**)**s**, -**bäume** *bot* man (*dru*).

m'aulen *vi* (**h**) *bis* murmuroj.

M'aulesel *m* -**s**, = *zool* mushkë (*pjellë gomarice*).

m'aulfaul *a bis* fjalëpakë.

M'aulheld *m* -**es**, -**en** *bis* trim me fjalë; fjalëmadh.

M'aulkorb *m* -**s**, -**körbe** gojëz (*që i vihet qenit që të mos kafshojë*).

M'aulschelle *f* =, -**n** *bis* shpullë, dackë.

M'aulseuche *f* = *vet* shap (*aphta epizootica*).

M'aultier *n* **-(e)s, -e** *zool* mushkë (*pjellë pele*).
M'aulwurf *m* **-(e)s, -würfe** *zool* urith.
M'aurer *m* **-s, =** murator.
m'aurisch *a* moresk (*art, stil etj.*).
Maus *f* **=, Mäuse** *zool* mi; **wie eine gebadete Maus** si mi i lagur; **mit Mann und Maus** me kuç e me maç; *bis* **da beißt die Maus keinen Faden ab** kësaj s'ke ç'i bën; *prov* **wenn die Katze aus dem Hause ist, tanzen die Mäuse** ikën macja, luajnë minjtë.
M'äus/chen *n* **-s, =** mi i vogël.
m'äus/chenstill *a* shumë i qetë; **sich mäuschenstill verhalten** nuk lëviz qepallë, rri shumë urtë, nuk ndihem fare.
M'ausefalle, M'äusefalle *f* **=, -n** kurth minjsh.
M'auseloch, M'äuseloch *n* **-(e)s, -löcher** vrimë e miut; *fig* **ich würde mich in ein Mauseloch verkriechen** s'di ku të futem (*nga turpi etj.*).
m'ausen 1. *vi* **(h)** gjuan minj (*macja*); *prov* **die Katze läßt das Mausen nicht** ujku qimen e ndërron, po zakonin s'e harron; 2. *vt bis* vjedh, zgrap.
m'ausern, sich 1. *vi* **(h)** ndërron pendët (*shpendi*); 2. *vrefl* **sich mausern** *fig* bëhem më mirë (*me shëndet etj.*).
m'ausetot *a bis* i vdekur; i vrarë.
m'ausgrau *a* i hirtë.
m'ausig *a* : *shpr bis* **sich mausig machen** ngrefosem, ngrehalucem.
Mausol'e/um *n* **-s, -le/en** mauzole.
Maut *f* **=, -en** taksë (*rruge, ure etj.*).
maxim'al 1. *a* maksimal; 2. *adv* shumë-shumë.
Max'ime *f* **=, -n** parim.
M'aximum *n* **-s, -ma** maksimum.
Mayonnaise [*majon'ezë*] *f* **=, -n** *kuzh* majonezë.
M'äzen *m* **-s, -e** mecenat (*përkrahës i artistëve*).
m.E. = meines Erachtens sipas mendimit tim.
Mech'anik *f* **=** 1) mekanikë; 2) *pl* **-en** mekanizëm.
Mech'aniker *m* **-s,** mekanik.
mech'anisch 1. *a* 1) mekanik; 2) i pavetëdijshëm (*veprim etj.*); 2. *adv* pa u menduar, mekanikisht.
mechanis'ieren *vt* mekanizoj (*prodhimin etj.*).
Mechan'ismus *m* **=, Mechanismen** mekanizëm (*edhe fig*).
m'eckern *vi* **(h)** 1) blegëron (*delja, dhia*); 2) *bis fig* kakaris, qesh; 3) *bis* hungëroj.
Medaille [*-d'alje*] *f* **=, -n** medalje; **das ist die Kehrseite der Medaille** kjo është ana e kundërt e medaljes.
Medikam'ent *n* **-(e)s, -e** bar, ilaç.
medikament'ös *a* me barëra (*mjekim etj.*).
Meditati'on *f* **=, -en** meditim, përsiatje.
medit'ieren *vi* **(h)** meditoj, përsias.
M'edium *n* **-s, Medi/en** 1) mjet; **durch das Medium der Sprache** me anën e gjuhës; 2) mjet (*i shtypit etj.*); 3) ndërmjetës (*në seancë spiritiste*).
Mediz'in *f* **=** 1) mjekësi; 2) **-en** *bis* ilaç, bar.
Mediz'iner *m* **-s, =** mjek, doktor.
mediz'inisch *a* mjekësor.
Mediz'inmann *m* **-(e)s, -männer** mjekës.
Meer *n* **-es, -e** 1) det; **jenseits des Meeres** përtej detit; 2) *fig* pellg (*gjaku, lotësh*); **ein Meer von Licht** lumë drite; 3) *fig* grumbull (*gërmadhash etj.*).
M'eerbusen *m* **-s, =** *gjeogr* gji deti.
M'eerenge *f* **=, -n** *gjeogr* ngushticë.

M'eeresspiegel *m* **-s** nivel i detit; **über dem Meeresspiegel** mbi nivelin e detit.

M'eerrettich *m* **-(e)s, -e** *bot* rrikë (*lloj rrepe*).

M'eerschweinchen *n* **-s, =** *zool* kavie.

Meeting [*m'iting*] *n* **-s, -s** 1) miting; 2) *sport* ndeshje.

Mehl *n* **-(e)s, -e** 1) miell (*gruri, thekre etj.*); 2) pluhur (*sharre etj.*).

m'ehlig *a* 1) i miellt; i përmiellur; si miell; 2) pa lëng (*pemë*).

mehr *adv* (*comp i* **viel**) më shumë, më tepër, më; **je mehr, desto besser** sa më shumë, aq më mirë; **nicht mehr!** mjaft më!; **noch mehr** edhe më, jo vetëm kaq; **mehr und mehr ...** gjithmonë e më shumë ...; **um so mehr, als ...** aq më tepër kur ...; **und dergleichen mehr** (*shkurt* **u. dgl. m.**) e të tjera e të tjera (*shkurt* etj. etj.); **und anderes mehr** (*shkurt* **u. a. m.**) e të tjera (*shkurt* etj.); **immer mehr** vazhdimisht; **nichts mehr** asgjë tjetër; **ich kann nicht mehr** s'mundem më!; **mehr Freunde als Feinde haben** kam më shumë miq se (sa) armiq; **es besteht keine Hoffnung mehr** s'ka më shpresë; **je mehr er hat, je mehr er will** sa më shumë që ka, aq më shumë do të ketë; **was will er mehr?** ç'do tjetër ai?; **es ist niemand mehr da** s'ka më njeri.

M'ehrarbeit *f* = 1) *ek* punë plotësuese; 2) punë jashtë orarit.

M'ehrausgabe *f* =, **-n** shpenzim mbi planin.

m'ehrbändig *a* shumëvëllimësh (*vepër etj.*).

M'ehrbedarf *m* **-(e)s** kërkesa më shumë nga sa parashikoheshin.

m'ehrdeutig *a* me shumë kuptime.

m'ehren 1. *vt* shtoj (*pasurinë etj.*); 2. *vrefl* **sich mehren** shtohet, shumëzohet.

m'ehrere *pron indef* disa; shumë; të ndryshëm; **ein Wort mit mehreren Bedeutungen** një fjalë me disa, shumë kuptime.

m'ehrfach 1. *a* i shumëfishtë; 2. *adv* shumë herë.

m'ehrfarbig *a* i shumëngjyrshëm.

M'ehrgewicht *n* **-(e)s, -e** mbipeshë.

M'ehrheit *f* =, **-en** shumicë; **die Mehrheit der Stimmen** shumica e votave; **die einfache, überwältigende Mehrheit** shumicë e thjeshtë, dërrmuese.

M'ehrkosten *pl* shpenzime plotësuese, suplementare.

M'ehrleistung *f* =, **-en** rendiment më i lartë (*nga i planifikuari*).

m'ehrmalig *a* disaherësh, i përsëritur, i shpeshtë.

m'ehrmals *adv* disa herë, shpesh.

m'ehrsilbig *a gjuh* shumërrokësh, polisilabik.

m'ehrsprachig *a* disagjuhësh; shumëgjuhësh.

m'ehrstimmig *a* shumë zërash (*kor, këngë etj.*).

M'ehrstufe *f* =, **-n** *gram* shkallë krahasore.

M'ehrwert *m* **-(e)s** *ek* mbivlerë.

M'ehrzahl *f* = 1) shumicë; 2) *gram* (numër) shumës.

m'eiden* *vt* i shmangem (*dikujt, diçkaje*).

M'eier *m* **-s, =** *vjet* 1) qiramarrës (*i një toke*); 2) mbarështues (*i një prone*); 3) pronar i një ferme lopësh.

Meier'ei *f* =, **-en** *vjet* 1) tokë e marrë me qira; 2) pronë e mbarështruar; 3) fermë lopësh.

M'eile *f* =, **-n** milje (*masë gjatësie*).

M'eilenstein *m* **-(e)s -e** 1) *vjet* gur miliar (*që shënon miljet*); 2) *fig* ngjarje e madhe.

m'eilenweit *a* disa, shumë milje larg.

mein *pron poss m* (*f* **meine,** *n* **mein;** *pl* **meine);** im (ime etj.); **das Meine** imja; **die Meinen** të mitë (*njerëzit e mi*); **sie ist mein ein und alles** ajo është gjithçka për mua; **das Meine tun** bëj timen; **ein Streit über Mein und Dein** grindje për çështje pronësie; **meine Damen und Herren!** zonja dhe zotërinj!; **meines Wissens** me sa di unë.

M'eineid *m* **-(e)s, -e** betim i rremë.

m'einen *vt* 1) mendoj, jam i mendimit, them; **was meinen Sie dazu?** ç'mendoni ju për këtë?; 2) kam qëllim; **was meinen Sie damit?** ç'doni të thoni me këtë?; **wen meinen Sie damit?** për kë e keni fjalën?; **jemanden oder etwas meinen** e kam fjalën për dikë ose diçka; **es gut mit jemandem meinen** ia dua të mirën dikujt; **meinen Sie das im Ernst?** me gjithë mend e keni?; **ein gut gemeinter Rat** një këshillë me qëllim të mirë, për të mirë.

m'einer 1. *pron pers* G *i* **ich; erinnerst du dich meiner?** a më kujton (mua)?; 2. *pron poss sh* **mein.**

m'einerseits *adv* nga ana ime; sa për mua.

m'einesgleichen *pron indef* dikush si unë, shoku im.

m'einethalben *adv* për mua; sa për mua.

m'einetwegen *adv* 1) *sh* **meinethalben;** 2) ju lutem!, nuk kam ndonjë kundërshtim!

m'einetwillen *adv* : **um meinetwillen** për hir tim, për mua.

M'eine *sh* **mein; der (die, das) Meine** imi etj.; **die Meinen** të mitë.

M'einige *sh* **Meine.**

M'einung *f* **=, -en** mendim, opinion; **meiner Meinung nach** sipas mendjes sime, sipas meje; **die öffentliche Meinung** opinioni publik; **ich bin der Meinung, daß ...** jam i mendimit se ...; **mit jemandem einer Meinung sein** jam i një mendjeje me dikë.

M'einungsaustausch *m* **-es** shkëmbim mendimesh.

M'einungsforschung *f* = studim i opinionit publik (*me metoda statistikore*).

M'einungsfreiheit *f* = liri mendimi.

M'einungsverschiedenheit *f* **=, -en** ndryshim mendimesh, mosmarrëveshje.

M'eise *f* **=, -n** *zool* trishtil.

M'eißel *m* **-s, =** daltë (*skulptori etj.*).

m'eißeln *vt* gdhend (*gurin etj.*).

meist 1. *a* (*superl i* **viel**) pjesa më e madhe; **die meisten Schüler** shumica e nxënësve; 2. *adv* kryesisht; zakonisht; **am meisten** më fort nga çdo gjë; **ich liebe ihn am meisten** e dua më shumë nga të gjithë.

m'eistens, m'eistenteils *adv* në pjesën më të madhe, në shumicën e rasteve; zakonisht, përgjithësisht, pothuaj gjithmonë.

Meister *m* **-s, =** 1) mjeshtër; 2) *sport* mjeshtër; 3) *vjet* mësues; 4) zot; **über etwas Meister werden** bëhem zot i diçkaje; 5) : *fig* **er hat seinen Meister gefunden** e ka gjetur një më të zotin se veten (*një kundërshtar etj.*).

m'eisterhaft *a* mjeshtëror.

m'eistern *vt* 1) bëj, sajoj; 2) zotëroj (*një gjuhë etj.*); 3) mposht (*një kundërshtar etj.*); kapërcej (*një vështirësi etj.*).

M'eisterschaft *f* = 1) mjeshtëri e lartë; 2) **=, -en** kampionat.

M'eisterschaftsspiel *n* **-(e)s, -e** *sport* ndeshje kampionati.

M'eisterstück *n* **-(e)s, -e** kryevepër.

M'eisterwerk *n* **-(e)s, -e** *sh* **Meisterstück.**

Melanchol'ie *f* = melankoli.
Melanch'oliker *m* **-s,** = melankolik.
melanch'olisch *a* melankolik.
Mel'asse *f* =, **-n** melasë (*shurup që mbetet nga prodhimi i sheqerit*).
M'elde *f* =, **-n** *bot* labot.
M'eldeamt *n* **-(e)s, -ämter** 1) zyrë regjistrimi; 2) stacion telefonik; 3) *usht* qendër rekrutimi.
M'eldedienst *m* **-es** *usht* ndërlidhje.
M'eldehund *m* **-(e)s, -e** *usht* qen ndërlidhës.
m'elden 1. *vt* 1) lajmëroj, njoftoj; **er hat den Unfall gemeldet** ai ka njoftuar për fatkeqësinë; 2) padis, kallëzoj; **ich werde ihn bei der Polizei melden** do ta padis në polici; 2. *vrefl* **sich melden** 1) paraqitem (*në polici etj.*); 2) : **sich krank melden** njoftoj se jam i sëmurë; **sich zu Wort melden** kërkoj fjalën; **sich freiwillig melden** dal vullnetar; **sich am Telephon melden** dal në telefon.
M'eldepflicht *f* = 1) detyrim regjistrimi; 2) detyrim njoftimi (*i një sëmundjeje ngjitëse etj.*).
M'eldezettel *m* **-s,** = formular regjistrimi.
M'eldung *f* =, **-en** 1) lajmërim; 2) lajm, njoftim; 3) *usht* paraqitje; gatishmëri; **freiwillige Meldungen bitte an ...** vullnetarët të drejtohen tek ...
mel'iert *a* me fije shumëngjyrëshe (*stof etj.*).
M'elkeimer *m* **-s,** = kovë për mjelje.
m'elken* *edhe sipas zgjedhimit të dobët* 1) mjel (*lopën etj.*); 2) *fig* mjel (*dikë*).
M'elkerin *f* =, **-nen** mjelëse.
Melod'ie *f* =, **-i/en** melodi.
mel'odisch *a* melodioz (*zë, tingull etj.*).
Mel'one *f* =, **-n** 1) *bot* pjepër; 2) lloj kapele burrash.
Membr'an *f* =, **-en** membranë.
M'emme *f* =, **-n** frikacak, burracak.
Memoiren [*memo'arën*] *pl* kujtime (*libër*).
Memor'andum *n* **-s, -anden** *dhe* **-anda** përkujtesë, memorandum.
memor'ieren *vt* mësoj përmendësh.
Menager'ie [*-zher-*] *f* =, **-i/en** vend ku mbahen kafshë të egra.
Menet'ekel *n* **-s,** = ogur i zi.
M'enge *f* =, **-n** 1) sasi (*e madhe*); **eine Menge Arbeit** një mori punësh; **eine Menge Bücher** një pirg librash; **ein begrenzte Menge** një sasi e kufizuar; 2) turmë; **eine Menge neugieriger Menschen** një grumbull kureshtarësh.
m'engen 1. *vt* 1) përziej, trazoj; 2) ngatërroj; 2. *vrefl* **sich mengen** ndërhyj, përzihem (*në një punë që s'më përket*).
Men'iskus *m* =, **Menisken** *anat* menisk (*i gjurit*).
M'ensa *f* =, **Mensen** mensë (*e studentëve*).
Mensch *m* **-en, -en** njeri; **alle Menschen** të gjithë; **jemanden zu einem Menschen machen** e bëj njeri dikë; **jeder Mensch** secili, çdo njeri; *bis* **du mußt etwas für deinen äußeren Menschen tun** duhet ta shikosh pak më tepër anën e jashtme; *bis* **er ist nur ein halber Mensch** është bërë gjysmë njeriu; **jeder Mensch hat seine Fehler** sikush ka të metat e veta; **das konnte kein Mensch ahnen** këtë nuk mund ta merrte me mend asnjeri; *bis* **er ist eine Seele von einem Menschen** ai është shpirt njeriu; *bis* **Mensch, hör damit auf!** pusho, de!; **einen Menschen betrügen** mashtroj tjetrin.
M'enschenalter *m* **-s** brez (*i sotëm, i ardhshëm etj.*).

M'enschenfeind *m* **-(e)s, -e** mizantrop.

M'enschengestalt *f*: *shpr* **Menschengestalt annehmen** shfaqem me fytyrë njeriu; **ein Teufel in Menschengestalt** një djall me fytyrë njeriu.

m'enschenfreundlich *a* i gjindshëm, dashamirë, mirëdashës.

M'enschenhaß *m* **-sses** mizantropi, urrejtje ndaj njerëzve.

M'enschenkenner *m* **-s, =** njohës i njerëzve.

m'enschenleer *a* i shkretë (*vend etj.*).

m'enschenmöglich *a* i mundshëm; **ich habe das Menschenmögliche getan** kam bërë çmos.

m'enschenscheu *a* i druajtur; i pashoqërueshëm.

M'enschenseele *f* **=** shpirt i njeriut; *shpr* **keine Menschenseele** (*s'kishte*) këmbë njeriu.

M'enschenverstand *m* **-(e)s** mendje njerëzore.

M'enschheit *f* **=** njerëzim; **die Entwicklung der Menschheit** zhvillimi i njerëzimit.

m'enschlich *a* 1) njerëzor; **menschliche Schwäche** dobësi njerëzore; **jemandem eine menschliche Behandlung zuteil werden lassen** trajtoj dikë si njeri; **wenn mir etwas Menschliches zustößt** po të më ndodhë gjë, po të vdes; 2) i pranueshëm, i durueshëm; **die Bedingungen sind menschlich** kushtet janë të arsyeshme; *bis* **ich muß das Zimmer erst wieder in einen menschlichen Zustand versetzen** së pari duhet të vë prapë në rregull dhomën.

M'enschlichkeit *f* **=** njerëzim; **ein Verbrechen gegen die Menschlichkeit** një krim kundër njerëzimit.

Menstruati'on *f* **=, -en** *fiziol* e përmuajshme, periodë.

menstru'ieren *vi* **(h)** *mjek* ka të përmuajshmet (*gruaja*).

Mentalit'ät *f* **=** mendësi, mentalitet.

M'entor *m* **-s, -t'oren** mentor (*mësues, këshillues, edukues*).

Men'ü *n* **-s, -s** *kuzh* meny.

Menu'ett *n* **-s, -e** *muz* minuet.

Mer'iten *pl vjet* merita.

m'erkbar *a* i dukshëm (*përmirësim etj.*).

M'erkblatt *n* **-(e)s, -blätter** fletë shoqëruese (*e një udhëzimi etj.*).

m'erken 1. *vt* 1) vë re, shoh; **das hatte ich nicht gemerkt** këtë nuk e kisha vënë re; **er merkt auch alles!** s'i shpëton asgjë!; 2) diktoj; **ich merkte sofort die Absicht** e diktova sakaq qëllimin; 3) shënoj; 4) kujtoj; **sich (D) jemanden oder etwas merken** mbaj mend diçka; *bis* **den Kerl werde ich mir merken** atij të poshtri do t'ia mbaj mend; 5) : **sich (D) etwas merken lassen** lë të kuptohet; **sich (D) nichts merken lassen** s'e bëj veten; 2. *vi* **(h) (auf A)** vë re (*diçka*).

m'erklich *a* i dukshëm, i ndjeshëm, i madh (*ndryshim etj.*).

M'erkmal *n* **-s, -e** shenjë, tipar, veçori dalluese.

m'erkwürdig *a* 1) që (*të*) tërheq vëmendjen, që (*të*) bie në sy; 2) i çuditshëm (*njeri etj.*); i dyshimtë (*rast etj.*).

m'erkwürdigerweise *adv* çuditërisht, për çudi.

M'erkwürdigkeit *f* **=, -en** 1) çuditshmëri; 2) gjë e rrallë, e çuditshme.

M'erkzeichen *n* **-s, =** shenjë dalluese.

Mesalliance [*mezali'âs*] *f* **=, -n** martesë jashtë sërës.

mesch'ugge *a* : *shpr bis* **meschugge sein** jam i luajtur.
M'esner *m* **-s, =** kishar, sakrestan.
M'eßband *n* **-(e)s, -bänder** metër shirit.
M'eßbecher *m* **-s, =** enë për masë (*sheqeri etj.*).
M'eßbuch *n* **-(e)s, -bücher** meshar.
M'esse I *f* **=, -n** *fet, muz* meshë.
M'esse II *f* **=, -n** panair.
m'essen* 1. *vi* **(h)** : **er mißt 1,5 m** ai është 1,5 m i gjatë; 2. *vt* 1) mas (*gjerësinë, gjatësinë, temperaturën etj.*); 2) : *fig* **(an D) messen** krahasoj (*me diçka, me dikë*); 3. *vrefl* **sich messen** matem me dikë; **sich mit den Augen messen** hahemi me sy.
M'esser I *m* **-s, =** 1) matës; 2) *tek* (aparat) matës.
M'esser II *n* **-s, =** thikë; brisk, biçak; **das Heft des Messers** doreza e thikës; *fig* **jemandem das Messer an die Kehle setzen** i vë dikujt thikën në fyt; *fig* **das Messer sitzt ihm an der Kehle** e ka thikën në fyt; **ein Kampf bis aufs Messer** luftë për vdekje; **es steht auf des Messers Schneide** s'dihet si do të marrë puna, është në presë të briskut.
m'esserscharf *a* 1) i mprehtë si teh brisku; 2) *fig* shumë i saktë; 3) *fig* shumë i fortë, i ashpër, i egër (*kritikë etj.*).
M'esserspitze *f* **=, -n** majë thike.
M'esserstecherei *f* **=, -en** përleshje me thika.
M'essing *n* **-s** tunxh.
M'eßinstrument *n* **-(e)s, -e** instrument matës.
M'essung *f* **=, -en** matje.
Met *m* **-(e)s** hidromel (*pije*).
Met'all *n* **-s, -e** metal; **edle Metalle** metale të çmuara.
met'allen, met'allisch *a* i metaltë, metalik; **metallische Stimme** zë metalik.
Metamorph'ose *f* **=, -n** metamorfozë.
Met'apher *f* **=, -n** metaforë.
metaph'orisch *a* metaforik.
Metaphys'ik *f* **=** metafizikë.
Mete'or *m* **-s, -e** meteor.
Meteorol'oge *m* **-n, -n** meteorolog.
Meteorolog'ie *f* **=** meteorologji.
M'eter n, *m* **-s, =** metër; **laufender Meter** metër linear.
m'eterlang *a* disa metra i gjatë.
M'etermaß *n* **-es, -e** metër (*shirit etj.*).
Meth'ode *f* **=, -n** metodë, mënyrë; **was sind denn das für Methoden?** ç'janë këto mënyra (*sjelljeje*)?
Meth'odik *f* **=, -en** metodikë.
meth'odisch *a* metodik.
Metier [*meti'e*] *n* **-s, -s** *bis* zanat.
M'etrik *f* **=** *let* metrikë.
Metrop'ole *f* **=, -n** metropol; kryeqytet.
M'etrum *n* **-s, = Metra** *let* masë vargu.
Metzel'ei *f* **=, -en** 1) betejë e përgjakshme; 2) kërdi, plojë, kasaphanë, masakër.
M'etzger *m* **-s, =** kasap.
Metzger'ei *f* **=, -en** dyqan kasapi.
M'euchelmord *m* **-(e)s, -e** vrasje në pabesi.
M'euchelmörder *m* **-s, =** vrasës i pabesë.
m'eucheln *vt* vras në pabesi.
m'euchlerisch *a* i pabesë.
m'euchlings *adv* pabesisht.
M'eute *f* **=, -n** 1) lukuni (*langonjsh*); 2) *fig* turmë.
Meuter'ei *f* **=, -en** kryengritje; rebelim.
m'eutern *vi* **(h)** 1) ngre krye; rebelohem; 2) *fig bis* revoltohem.
MEZ = mitteleuropäische Zeit kohë (orë) e Evropës Qendrore.

MG = Maschinengewehr.
mi'auen *vi* **(h)** mjaullin (*macja*).
mich (A *i* **ich)** mua, më; **laß mich (los, in Ruhe)!** lërmë (*në punën time, rehat*)!
m'ickrig *a bis* i varfër; i mjerueshëm.
mied *sh* **meiden*.**
M'ieder *n* **-s, =** 1) korset; 2) sutien.
Mief *m* **-s** *bis* erë ajri të ndenjur; erë e rëndë.
m'iefen *vi* **(h)** bie erë të rëndë (*dhoma etj.*).
M'iene *f* **=, -n** shprehje e fytyrës, çehre; *fig* **Miene machen zu ...** bëj sikur ...; **er machte keine Miene, aufzustehen** ai s'kishte ndërmend të ngrihej; **ohne eine Miene zu verziehen** pa luajtur qepallë; *fig bis* **eine saure Miene machen** var, thartoj turinjtë.
mies 1. *a bis* i keq; **die Sache sieht mies aus** keq puna; 2. *adv* keq; **mir ist mies** jam keq.
m'iesmachen *vt bis* shaj (*diçka*).
M'iesmacher *m* **-s, =** *bis* ai që shan gjithçka.
M'iete *f* **=, -n** qira.
m'ieten *vt* marr, zë me qira.
M'ieter *m* **-s, =** qiramarrës.
M'ietshaus *n* **-es, -häuser** pallat me hyrje të dhëna me qira.
M'ietwohnung *f* **=, -n** banesë me qira.
M'iezekatze *f* **=, -n** mace (*në gjuhën e fëmijëve*).
Migr'äne *f* **=, -n** *mjek* migrenë.
Mikr'obe *f* **=, -n** *mjek* mikrob.
M'ikroorganismus *m* **=, -men,** mikroorganizëm.
Mikroph'on *n* **-s, -e** mikrofon.
Mikrosk'op *n* **-s, -e** mikroskop.
mikrosk'opisch *a* mikroskopik.
Milch *f* **=** 1) qumësht; **saure (dicke) Milch** kos; *fig* **wie Milch und Blut aussehen** jam i kuq si molla; 2) *bot* qumësht.
M'ilchbar *f* **=, -s** bulmetore.
M'ilchertrag *m* **-(e)s, -träge** rendiment i qumështit (*nga një lopë etj.*).
M'ilchflasche *f* **=, -n** shishe qumështi.
M'ilchfrau *f* **=, -en** shitëse qumështi.
M'ilchglas *n* **-es, -gläser** xham qumështi, akulli, opak.
m'ilchig *a* qumështor.
M'ilchkaffee *m* **-s, -e** kafe me qumësht.
M'ilchkanne *f* **=, -n** kanë qumështi.
M'ilchstraße *f* **=** *astr* Kashta e Kumtrit.
M'ilchzahn *m* **-(e)s, -zähne** *anat* dhëmb qumështi.
mild 1. *a* i butë; i ëmbël; **mildes Klima** klimë e butë; **milder Blick** vështrim i butë, i ëmbël; **milde Farben** ngjyra të ëmbla; 2. *adv* butë, ëmbël; **mild gesprochen** që të mos e themi troç.
M'ilde *f* **=, -n** butësi; ëmbëlsi.
m'ildern *vt* zbus (*dënimin etj.*); lehtësoj (*dhembjen etj.*); ul (*zemërimin etj.*).
M'ilderung *f* **=, -en** zbutje.
M'ilderungsgrund *m* **-(e)s, -gründe** *drejt* rrethanë lehtësuese.
m'ildherzig *a* zemërbutë, zemërmirë.
m'ildtätig *a* mirëbërës.
Milieu [*milj'ë*] *n* **-s, -s** ambient, rreth, mjedis.
milit'ant *a* luftarak (*parti etj.*).
Milit'är 1. *n* **-s** ushtri; **beim Militär sein** jam ushtar; 2. *m* **-s, -s** ushtarak; **hohe Militärs** oficerë të lartë.
milit'ärfrei *a* i përjashtuar nga shërbimi ushtarak.
Milit'ärgericht *n* **-s, -e** gjyq ushtarak.
milit'ärisch *a* ushtarak.
militaris'ieren *vt* militarizoj (*ekonominë etj.*).

Militaris'ierung *f* = militarizim.
Militar'ismus *m* = militarizëm.
Militar'ist *m* **-en, -en** militarist.
militar'istisch *a* militarist (*frymë etj.*).
Milit'ärpflichtige *m* **-n, -n** i përfshirë nga shërbimi ushtarak.
Mil'iz *f* =, **-en** milici.
Milizion'är *m* **-s, -e** milic.
Milli'arde *f* =, **-n** miliard.
Millim'eter *m* **-s,** = milimetër.
Millim'eterpapier *n* **-(e)s** letër e milimetruar.
Milli'on *f* =, **-en** milion.
Million'är *m* **-s, -e** milioner.
Milz *f* =, **-en** *anat* shpretkë.
m'imen *vt* 1) luaj, paraqes (*një personazh*); 2) *bis* shtirem se kam (*zell të madh etj.*).
M'imik *f* = mimikë.
M'imikry *f* = *zool* mimetizëm.
m'imisch *a* mimik.
Mim'ose *f* =, **-n** *bot* mimozë.
mim'osenhaft *a* i prekshëm; shumë i ndjeshëm.
m'inder (*comp i* **wenig** *dhe* **gering**) 1. *a* më i vogël; 2. *adv* më pak; **nicht mehr und nicht minder** as më pak e as më shumë; **das ist nicht minder gut als ...** kjo nuk është më pak e mirë se ...
M'inderheit *f* =, **-en** pakicë, minoritet.
m'inderjährig *a* i mitur.
M'inderjährigkeit *f* = moshë e miturisë.
m'indern *vt* zvogëloj, ul, pakësoj.
M'inderung *f* =, **-en** zvogëlim, ulje, pakësim.
m'inderwertig *a* i dobët (*mall, karakter etj.*).
M'inderwertigkeit *f* = dobësi (*e mallit, e karakterit etj.*).
m'indest (*superl i* **minder**) 1. *a* më i vogël; **er hat nicht die mindesten Aussichten** ai nuk ka asnjë shpresë; 2. *adv* : **mindestens** të paktën; **nicht im mindesten** aspak; **zum mindesten** të paktën.
M'ine I *f* =, **-n** minierë.
M'ine II *f* =, **-n** 1) *usht* minë; **Minen legen** vë mina; 2) rezervë (*stilolapsi*).
Miner'al *n* **-s, -e** *dhe* **-i/en** mineral.
miner'alisch *a* mineral (*lëndë etj.*).
Mineralog'ie *f* = mineralogji.
Miner'alwasser *n* **-s, -wässer** ujë mineral.
Miniat'ur *f* =, **-en** miniaturë.
min'ieren *vt usht* minoj.
minim'al *a* minimal, shumë i vogël.
M'inimum *n* **-s, -ma** minimum.
M'inirock *m* **-(e)s, -röcke** minifund.
Min'ister *m* **-s,** = ministër.
Ministeri'albeamte *m* **-n, -n** nëpunës i ministrisë.
Minist'erium *n* **-s, -ri/en** ministri; **Ministerium des Inneren, Ministerium für Innere Angelegenheiten** Ministria e Punëve të Brendshme; **Ministerium des Auswärtigen, für Auswärtige Angelegenheiten** Ministria e Punëve të Jashtme.
Min'isterpräsident *m* **-en, -en** kryeministër.
Min'isterrat *m* **-(e)s, -räte** këshill i ministrave.
Minorit'ät *f* =, **-en** *sh* **Minderheit.**
m'inus *adv* minus.
Min'ute *f* =, **-n** minutë; *bis* **auf die Minute** me përpikëri; **in letzter Minute** në çastin e fundit.
min'utenlang *a* që zgjat disa minuta.
minuti'ös *dhe* **minuzi'ös** *a* i përpiktë; i hollësishëm.
M'inze *f* =, **-n** *bot* mendër.
mir (**D** *i* **ich**) mua, më; *bis* **mir wird schwarz vor den Augen** më erren sytë; **ich war außer mir** e kisha

humbur fare (*nga zemërimi etj.*); **mir nichts, dir nichts** a) befas; b) kot së koti; *bis* **von mir aus!** sa për mua, bëj (bëni) si të duash (të doni)!; *bis* **und ausgerechnet mir!** dhe pikërisht mua duhet të më ndodhte një gjë e tillë!
Mir'akel *n* **-s, =** mrekulli.
Misanthr'op *m* **-en, -en** mizantrop.
M'ischehe *f* **=, -n** martesë e përzier (*me raca ose fe të ndryshme*).
m'ischen 1. *vt* trazoj, përziej; **Wein mischen** holloj verën; 2. *vrefl* **sich mischen** trazohem, përzihem (*në një punë etj.*); ndërhyj (*në një bisedë etj.*).
M'ischling *m* **-s, -e** metis (*njeri*); bastard (*kafshë*).
M'ischmasch *m* **-es, -e** mishmash, rrëmujë.
M'ischung *f* **=, -en** përzierje.
miser'abel 1. *a* i mjerë, i mjerueshëm; 2. *adv* për faqe të zezë; *bis* **mir ist miserabel zumute** jam tym.
Mis'ere *f* **=, -n** mjerim.
M'ispel *f* **=, -n** *bot* mushmollë.
miß- *parashtesë e ndashme foljore që tregon mohim:* **mißtrauen.**
miß'achten *vt* 1) nuk respektoj, nuk përfill (*ligjet, këshillat etj.*); 2) përbuz (*dikë, diçka*).
Miß'achtung *f* **=** mosrespektim; mospërfillje.
M'ißbehagen *n* **-s** pakënaqësi; ndjenjë e pakëndshme.
M'ißbildung *f* **=, -en** shformim.
mißb'illigen *vt* nuk miratoj, nuk aprovoj (*një mendim, qëndrim etj.*).
Mißb'illigung *f* **=, -en** mosmiratim.
M'ißbrauch *m* **-s, -bräuche** shpërdorim; **mit etwas Mißbrauch treiben** shpërdoroj diçka.
mißbr'auchen *vt* 1) shpërdoroj (*pushtetin etj.*); 2) përdhunoj.
m'ißbräuchlich *a* **: mißbräuchliche Verwendung** shpërdorim (*i një sendi etj.*).
mißd'euten *vt* shtrembëroj (*një tekst, fjalë etj.*).
m'issen *vt* 1) nuk kam, rri pa (*diçka*); 2) humb (*kohën etj.*).
M'ißerfolg *m* **-(e)s, -e** dështim, disfatë, mossukses.
M'ißernte *f* **=, -n** korrje jo e mbarë.
M'issetat *f* **=, -en** 1) krim; 2) prapësi; 3) faj; mëkat.
M'issetäter *m* **-s, =** 1) keqbërës, kriminel; 2) fajtor; 3) mëkatar.
mißf'allen* *vi* **(h) (D)** nuk (*më*) pëlqen; **dieses Buch hat mir sehr mißfallen** ky libër s'më ka pëlqyer fare.
M'ißfallen *n* **-s** pakënaqësi; **Mißfallen erregen** ngjall pakënaqësi.
mi'ßfällig *a* përçmues, përbuzës (*shprehje etj.*).
M'ißgeburt *f* **=, -en** (*fëmijë i lindur*) përbindësh.
M'ißgeschick *n* **-(e)s, -e** fatkeqësi; fat i zi; prapësi.
m'ißgestaltet *a* i shëmtuar.
mißgl'ücken *vi* **(s) (D)** (*më*) dështon; (*më*) shkon mbrapsht, huq (*një punë etj.*).
mißg'önnen *vt* ia kam zili (*diçka dikujt*).
M'ißgriff *m* **-(e)s, -e** veprim, hap i gabuar, gabim.
m'ißgünstig *a* ziliqar; dashakeq.
mißh'andeln *vt* marr me të keq (*një njeri, kafshë*).
Mißh'andlung *f* **=, -en** keqtrajtim.
M'ißhelligkeit *f* **=, -en** 1) mosmarrëveshje; 2) shqetësim.
Missi'on *f* **=, -en** 1) mision; **meine Mission ist beendet** misioni im ka mbaruar; 2) mision (*diplomatik, i fshehtë etj.*).
Mission'ar *m* **-s, -e** *fet* misionar.
M'ißklang *m* **-(e)s, -klänge** 1) di-

sonancë, disharmoni; 2) mosmarrëveshje.

M'ißkredit *m* **-(e)s** nam i keq; **jemanden in Mißkredit bringen** diskreditoj dikë, i hap dikujt namin e keq.

mißl'ang *sh* **mißlingen*.**

m'ißlich *a* i papëlqyeshëm, i pakëndshëm; **eine mißliche Lage** një situatë e vështirë.

m'ißliebig *a* antipatik.

mißl'ingen* *vi* **(s)** dështon (*plani etj.*).

mißlungen *sh* **mißlingen*.**

M'ißmut *m* **-(e)s** mërzi.

m'ißmutig *a* i mërzitur, i ngrysur, i zymtë.

mißr'aten* *vi* (s) 1) nuk (*më*) del (*një punë etj.*); 2) shkon keq; **mißratenes Kind** fëmijë i rritur keq.

M'ißstand *m* **-(e)s, -stände** çrregullim; **einem Mißstand abhelfen** zhduk një çrregullim.

M'ißstimmung *f* **=, -en** 1) mërzi; 2) mosmarrëveshje, prishje (*në mes dy vetësh etj.*).

mißt *sh* **messen*** *dhe* **missen*.**

M'ißton *m* **-(e)s, -töne** disonancë.

mißtr'auen *vi* **(h) (D)** nuk ia kam besën (*dikujt*).

Miß'trauen *n* **-s** mosbesim.

m'ißtrauisch *a* që nuk beson; **er ist sehr mißtrauisch** ai nuk i beson askujt.

M'ißvergnügen *n* **-s** pakënaqësi.

M'ißverhältnis *n* **-ses, -se** shpërpjesëtim, mospërputhje; **ein Mißverhältnis in der Größe zweier Dinge oder Personen** një mospërputhje në madhësi midis dy sendeve ose personave.

m'ißverständlich *a* i paqartë, që jep shkas për keqkuptime.

M'ißverständnis *n* **-ses, -se** mosmarrëveshje; keqkuptim.

m'ißverstehen* *vt* keqkuptoj; **du darfst mich nicht mißverstehen** mos më keqkupto.

M'ißwirtschaft *f* **=** çrregullim ekonomik, administrim i keq.

Mist *m* **-es, -e** 1) glasë (*pule etj.*); bajgë (*lope etj.*); kakërdhi (*deleje etj.*); 2) pleh; grumbull plehu; **eine Fuhre Mist** një qerre pleh; *fig* **wie der Hahn auf dem Mist** si gjeli majë plehut; *fig* **das kannst du auf den Mist werfen** këtë mund ta hedhësh në pleh; 3) *fig* gjepura; **Mist reden** flas gjepura.

M'istbeet *n* **-(e)s, -e** *bujq* shtrat i ngrohtë.

M'istel *f* **=, -n** *bot* veshtull.

M'istfink *m* **-en, -en** *bis* ndyracak, pisanik.

M'isthaufen *m* **-s, =** grumbull plehu.

M'iststück *n* **-s, -e** *bis* pleh (*njeri*).

mit *präp* **(D)** 1) me, bashkë me; **ich muß mit dir sprechen** duhet të flas me ty; **ich verstehe mich gut mit ihr** merrem vesh mirë me të; **mit Absicht** me qëllim; **mit Recht** me të drejtë; **mit Vergnügen!** me kënaqësi!, me gjithë qejf!; **mit eingerechnet** duke përfshirë (*diçka*); *bis* **mit ohne** lakuriq; 2) me anë të, me; **mit dem Auto** me makinë; **mit Gewalt** me dhunë; **mit lauter (leiser) Stimme** me zë të lartë (të ulët); **mit einem Wort** shkurt, me një fjalë; **mit anderen Worten** me fjalë të tjera; **mit einem Mal** përnjëherë; **mit der Zeit** me kohë.

mit = *parashtesë e ndashme foljore që tregon pjesëmarrje, veprim të përbashkët:* **mitarbeiten.**

M'itarbeit *f* **=, -en** bashkëpunim.

m'itarbeiten *vi ndash* **(h) (an D)** bashkëpunoj (*në një punë etj.*).

M'itarbeiter *m* **-s, =** bashkëpunëtor.

m'itbekommen* *vt ndash* 1) marr

me vete; 2) merr si pajë (*nusja*); 3) *bis* ndjek, kuptoj.

m'itbestimmen *vi ndash* **(h)** marr pjesë në vendime, bashkëvendos.

M'itbestimmung *f* = pjesëmarrje në vendime, bashkëvendosje.

M'itbewerber *m* **-s,** = konkurrues (*në një konkurs*).

m'itbringen * *vt ndash* bie, sjell me vete; **darf ich einen Freund mitbringen?** a mund të sjell edhe një shok?

M'itbringsel *n* **-s,** = dhuratë (*që sjell dikush pas një udhëtimi të gjatë etj.*).

M'itbürger *m* **-s,** = bashkëqytetar.

mitein'ander *adv* së bashku, me njëri-tjetrin; **alle miteinander** të gjithë bashkë.

M'itesser *m* **-s** *mjek* pikë e zezë (*puçërr*).

m'itfahren* *vi ndash* **(s)** udhëtoj bashkë.

m'itfühlen *vi ndash* **(h)** *dhe vt ndash* marr pjesë (*në hidhërimin e tjetrit etj.*).

m'itführen *vt ndash* marr, bie me vete; **der Fluß führt Sand mit** lumi sjell me vete rërë; **führen Sie Wertsachen mit?** a keni me vete gjëra me vlerë?

m'itgeben* *vt* : **jemandem etwas mitgeben** i jap dikujt (të marrë) diçka me vete.

M'itgefühl *n* **-es,** 1) pjesëmarrje (*në dhembjen e tjetrit etj.*); ngushëllim; 2) mëshirë.

m'itgehen* *vi ndash* **(s)** 1) shkoj bashkë, shoqëroj (*dikë*); *fig bis* **etwas mitgehen heißen, lassen** vjedh diçka; *fig bis* **mitgegangen, mitgehangen** bashkë në krim, bashkë në ndëshkim; 2) *bis* rrëmbehem.

M'itgift *f* =, **-en** pajë, prikë.

M'itglied *n* **-(e)s, -er** anëtar (*i një shoqërie, partie etj.*); **sich als Mitglied aufnehmen lassen** pranohem si anëtar.

M'itgliedsbuch *n* **-(e)s, -bücher** triskë anëtarësie.

m'ithalten* *ndash* 1. *vi* **(h)** *bis* 1) marr pjesë (*në lojë etj.*); 2) ha bashkë (*me dikë*); përmbush të njëjtat kërkesa; 2. *vt* mbaj (*kohën*).

m'ithelfen* *vi ndash* **(h)** 1) **(D)** ndihmoj (*dikë*); 2) punoj bashkë.

M'ithilfe *f* =, **-n** ndihmë; bashkëpunim.

mith'in *adv* prandaj, pra; si pasojë.

m'ithören *ndash vt dhe vi* **(h)** përgjoj; dëgjoj bashkë.

M'itinhaber *m* **-s,** = bashkëpronar.

m'itkämpfen *vi ndash* **(h)** luftoj bashkë.

M'itkämpfer *m* **-s,** = bashkëluftëtar.

m'itkommen* *vi ndash* **(s)** 1) vij bashkë; **willst du mitkommen?** do të vish edhe ti?; 2) *bis* kuptoj (*një çështje etj.*); **kommst du mit?** a më ndjek?; 3) shkoj (*me mësime mirë, keq etj.*).

m'itkönnen* *vi ndash* **(h)** mund të ndjek (*dikë*).

m'itlaufen* *vi ndash* **(s)** 1) vrapoj, rend bashkë; 2) marr pjesë në një garë vrapimi.

M'itläufer *m* **-s,** = *pol* bashkudhëtar.

M'itleid *n* **-s** keqardhje, mëshirë; **Mitleid erregen, erwecken** ngjall keqardhje, mëshirë.

M'itleidenschaft *f* : **jemanden oder etwas in Mitleidenschaft ziehen** dëmtoj edhe dikë ose diçka; prek edhe (*dikë*).

m'itleidig *a* i mëshirshëm, zemërbutë.

m'itleid(s)los 1. *a* i pamëshirshëm, zemërgur; 2. *adv* pa mëshirë.

m'itmachen *vt ndash* 1) marr pjesë (*në një punë etj.*); **die Mode mitma-**

chen ndjek modën; 2) *fig* vuaj.
M'itmensch *m* **-en, -en** i afërmi, njeriu që ke pranë.
m'itnehmen* *vt ndash* 1) marr me vete; **alle Gelegenheiten mitnehmen** s'lë rast pa shfrytëzuar; 2) *fig* dërrmoj, shkatërroj; **die Krankheit hat ihn sehr mitgenommen** sëmundja e ka prishur shumë; **jemanden arg mitnehmen** marr dikë me të keq.
mitn'ichten *adv* në asnjë mënyrë.
M'itra *f* **=, Mitren** mitër (*kësulë e peshkopit*).
m'itreden *vi ndash* **(h)** 1) marr pjesë (*në një bisedë, në marrjen e një vendimi etj.*); 2) flas edhe unë; **ich kann hier aus Erfahrung mitreden** këtu mund të flas edhe unë nga përvoja ime.
M'itreisende *m, f* **-n, -n** bashkudhëtar(e).
m'itreißen* *vt ndash* rrëmbej, entuziazmoj.
mits'amt *präp* **(D)** me gjithë; **er kam mitsamt seiner ganzen Familie** erdhi me gjithë familjen.
m'itschreiben* *ndash vt dhe vi* **(h)** dëgjoj e shkruaj (*diktimin etj.*).
M'itschuldige *m, f* **-n, -n** bashkëfajtor(e).
M'itschüler *m* **-s, =** bashkënxënës.
m'itsingen* *vi ndash* **(h)** këndoj bashkë.
m'itspielen *vi ndash* **(h)** 1) luaj bashkë (*në një ndeshje, dramë etj.*); 2) : *fig* **das Schicksal hat ihm hart mitgespielt** fati e ka marrë keq nëpër këmbë.
m'itsprechen* *ndash* 1. *vt* them bashkë (*një vjershë etj.*); 2. *vi* **(h)** flas bashkë; kam edhe unë për të thënë.
m'itstimmen *vi ndash* **(h)** vendos bashkë, marr pjesë në marrjen e një vendimi.
m'ittag *adv* në mesditë; **heute mittag** sot në mesditë.
M'ittag *m* **-s, -e** 1) mesditë; **des Mittags, am Mittag** në mesditë; **gegen Mittag** aty nga mesi i ditës, aty nga dreka; 2) drekë; **zu Mittag essen** ha drekën; 3) *vjet* jug; **gen Mittag** nga jugu.
M'ittagessen *n* **-s** drekë.
m'ittags *adv* në mesditë.
M'ittagspause *f* **=, -n** pushim i mesditës.
M'ittagstisch *m* **-es, -e** drekë.
M'ittäter *m* **-s, =** bashkëfajtor (*në një krim*).
M'itte *f* **=, -n** 1) mes, qendër; **wir nahmen sie in die Mitte** e vumë në mes; **Mitte Januar** në mes të janarit; 2) rreth, mjedis; **aus unserer Mitte** nga gjiri ynë.
m'itteilen *vt ndash* **(D)** njoftoj, i lajmëroj (*dikujt diçka*).
m'itteilsam *a* i shoqërueshëm (*njeri*).
M'itteilung *f* **=, -en** lajmërim, njoftim.
M'ittel *n* **-s, =** 1) mjet; mënyrë; mundësi; **Mittel und Wege finden** gjej mënyra e mjete; **kein Mittel unversucht lassen** s'lë gur pa lëvizur; 2) ilaç, bar; **ein Mittel gegen Schnupfen** një ilaç kundër rrufës; 3) *pl* mjete (*materiale*).
M'ittelalter *n* **-s** mesjetë.
m'ittelbar *a* i tërthortë (*mjet etj.*).
M'ittelding *n* **-(e)s** diçka në mes (*të një sendi e një tjetri*).
M'ittelfinger *m* **-s** gisht i mesit.
m'ittelgroß *a* me madhësi mesatare; me shtat mesatar.
m'ittellos *a* i varfër, pa mjete jetese.
m'ittelmäßig *a* mesatar; **mittelmäßige Qualität** cilësi mesatare.
M'ittelpunkt *m* **-(e)s, -e** qendër; **sie will immer überall Mittel-**

punkt sein ajo do të jetë gjithnjë e kudo në qendër të vëmendjes.

m'ittels *präp* (G) me ndihmën, me anën e ..., nëpërmjet (të ...).

M'ittelsmann *m* **-(e)s, -männer** ndërmjetës.

M'ittelsperson *f* **=, -en** ndërmjetës.

M'itelschule *f* **=, -n** shkollë e mesme (*nga klasa V deri në klasën X*).

M'ittelstand *m* **-(e)s** shtresë e mesme.

M'ittelstreifen *m* **-s, =** brez i gjelbër (*në autostradë*).

M'ittelweg *m* **-(e)s, -e** *fig* rrugë e mesme.

M'ittelwert *m* **-(e)s, -e** vlerë mesatare (*e temperaturës etj.*).

m'itten *präp* **mitten auf, mitten in** në mes, në qendër; **mitten am Tage** në mes të ditës, ditën me diell; **mitten im Winter** në mes të dimrit; **der Schuß traf ihn mitten ins Herz** plumbi e goditi mu në zemër.

mittendr'in *adv bis* 1) mu në qendër, mu në mes; 2) në këtë mes.

mittendr'unter *adv bis* mu në mes.

mittend'urch *adv bis* mes për mes.

M'itternacht *f* **=** 1) mesnatë; **um Mitternacht** në mesnatë; 2) *vjet* veri; **gen Mitternacht** nga veriu.

m'ittler *a* mesatar; i mesëm; *bis* as i madh as i vogël; as i mirë as i keq.

m'ittlerweile *adv* ndërkaq, në atë e sipër.

m'ittun* *vi ndash* **(h)** *bis* marr pjesë (*në një punë etj.*).

M'ittwoch *m* **-s, -e** e mërkurë.

mit'unter *adv* ngandonjëherë; herë pas here.

m'itverantwortlich *a* bashkëpërgjegjës.

M'itwelt *f* **=** bashkëkohësit.

m'itwirken *vi ndash* **(h)** bashkëpunoj, marr pjesë, kontribuoj; **hast du daran auch mitgewirkt?** a ke marrë pjesë edhe ti aty?

M'itwirkung *f* **=, -en** bashkëpunim; ndihmesë.

M'itwisser *m* **-s, =** dëshmitar (*i një krimi etj.*); **einen gefährlichen Mittwisser beseitigen** zhduk një dëshmitar të rrezikshëm.

m'itzählen *ndash* 1. *vt* përfshij; 2. *vi* **(h)** përfshihet; **das zählt nicht mit** kjo nuk përfshihet.

M'ixbecher *m* **-s, =** përzierës i pijeve.

m'ixen *vt* përziej (*pijet etj.*).

Mixt'ur *f* **=, -en** përzierje.

Mob *m* **-s** turmë.

M'öbel *pl* mobilje, orendi.

mob'il *a* 1) i lëvizshëm; 2) *fig* gjallë e shëndoshë; 3) gati për luftë (*ushtri etj.*).

M'öbelstück *n* **-(e)s** orendi, mobilje.

Mobili'ar *n* **-s, -e** orendi, mobilje (*të një shtëpie etj.*).

mobilis'ieren *vt* mobilizoj (*ushtrinë etj.*).

mob'ilmachen *vt ndash* mobilizoj.

möbl'ieren *vt* mobiloj (*shtëpinë etj.*); **möbliertes Zimmer** dhomë e mobiluar.

m'öchte *sh* **mögen***.

mod'al *a gram* modal.

Modalit'ät *f* **=, -en** mënyrë (*procedurë etj.*).

M'ode *f* **=** 1) modë; *bis* **sie macht jede Mode mit** ajo shkon pas çdo mode; 2) *pl* **-n** zakone (*të një kohe*); 3) *pl* **-n** modele (*fustanesh etj.*).

modell'ieren *vt* modeloj.

Modell'ierung *f* **=, -en** modelim.

M'odenschau *f* **=, -en** paradë e modës.

M'oder *m* **-s** 1) kalbëzim; 2) kalbësirë; 3) myk.

Moder'ator *m* **-s, -t'oren** drejtues (*i një programi televiziv*).

m'odern *vi* **(h)** 1) kalbet; 2) myket.

mod'ern *a* 1) modern; **ein moderner Mensch** një njeri i kohës; 2) i modës.
modernis'ieren *vt* modernizoj.
Modifikati'on *f* =, **-en** modifikim.
modifiz'ieren *vt* modifikoj.
m'odisch *a* i modës.
m'odrig *a* 1) i kalbur; 2) i mykur.
modul'ieren *vt* moduloj (*zërin etj.*).
Modus *m* =, **-di** 1) mënyrë; 2) *gram* mënyrë.
m'ogeln *vi* **(h)** bëj me hile (*në lojë*).
mögen* *vt* 1) kam qejf, ma ka ënda, dëshiroj; **ich mag nicht!** nuk dua!; **ich möchte nicht, daß er denkt ...** s'do të kisha qejf që ai të mendonte ...; **ich möchte gern mitgehen** do të vija me gjithë qejf me (*ju etj.*); 2) mund (*në shprehje që tregojnë mundësi, shpresë, hamendje ose habi*); **wo mag er das gehört haben?** ku do ta ketë dëgjuar ai këtë?; **er mag sagen, was er will** të thotë ç'të dojë; **mag sein!** ka të ngjarë!; **wer mag das sein?** kush mund të jetë?; 3) lë (*shprehje që tregojnë lejim*); **mag er doch gehen, wohin er will!** ku të dojë le të shkojë!; **für dieses Mal mag es hingehen** për këtë herë le të kalojë; **er mag nur kommen!** le të vijë po të dojë!; 4) dua, më pëlqen; **ich mag ihn nicht (leiden)** nuk e duroj dot; **wir mögen ihn sehr gern** ne e duam shumë atë.
m'öglich 1. *a* i mundshëm, i mundur; **möglich machen** bëj të mundur; **wenn möglich** në qoftë e mundur; 2. *adv* ka mundësi, ka të ngjarë; **sobald als möglich** sa të jetë e mundur më shpejt, sa më shpejt.
m'öglichenfalls *adv* në qoftë e mundur.
m'öglicherweise *adv* ndoshta.
M'öglichkeit *f* =, **-en** mundësi; **es besteht die Möglichkeit, daß ...** ka mundësi që ...; **nach Möglichkeiten** sipas mundësive.
m'öglichst 1. *adv* mundësisht; **möglichst früh** sa më herët, sa më shpejt që të jetë e mundur; 2. *a* : *bis* **ich habe mein Möglichstes getan** kam bërë çmos.
Mohn *m* **-s, -e** *bot* lulëkuqe.
Mohr *m* **-en -en** *vjet* arap.
M'öhre *f* =, **-n, M'ohrrübe** *f* =, **-n** *bot* karotë.
mok'ieren, sich *vrefl* **(über A)** tall, përqesh (*diçka*).
M'okka *m* **-s, -s** kafe.
Molch *m* **-(e)s, -e** *zool* triton.
M'ole *f* =, **-n** skelë (*e limanit*).
Molek'ül *n* **-s, -e** molekulë.
molk *sh* **melken***.
M'olke *f* =, **-n** hirrë.
Molker'ei *f* =, **-en** punishte për përpunimin e qumështit.
Moll *m* -s *muz* minor.
m'ollig 1) i butë; i rehatshëm; i ngrohtë; **ein molliges Kissen** një jastëk i butë; 2) i mbushur (*trup, grua*).
M'oloch *m* **-s** përbindësh i pangopur.
Mom'ent I *m* **-(e)s, -e** çast; **Moment! Moment mal!** dale, dale!; *bis* **den richtigen Moment erwischen** gjuaj rastin e volitshëm; **im Moment** hëpërhë.
Mom'ent II *n* **-(e)s, -e** faktor, moment, rrethanë.
moment'an 1. *a* i çastit; i hëpërhëshëm; 2. *adv* hëpërhë.
Mon'arch *m* **-en, -en** monark.
Monarch'ie *f* =, **-en** monarki.
Monarch'ist *m* **-en, -en** monarkist.
M'onat *m* **-s, -e** muaj; **dieses Monats** (*shkurt* **d. M.**) i këtij muaji; **Monat für Monat** muaj për muaj; **vorigen Monats** muajin e kaluar.
m'onatelang *a* (*që zgjat*) me muaj.

m'onatlich 1. *a* mujor; 2. *adv* çdo muaj; **die Zeitschrift erscheint monatlich** e përkohshmja del çdo muaj.
M'onatschrift *f* =, **-en** e përmuajshme (*revistë*).
Mönch *m* **-(e)s, -e** murg.
Mond *m* **-es, -e** hënë; **voller Mond** hënë e plotë; **den Mond anbellen** leh në hënë (*qeni*); *fig* **auf dem Mond leben** s'jam në këtë botë.
mond'än *a* mondan.
M'ondfinsternis *f* =, **-se** eklips i hënës.
M'ondschein *m* **-(e)s** dritë e hënës.
m'ondsüchtig *m, f* **-n, -n** ai që ngrihet në gjumë, somnambul.
Mon'eten *pl bis* pare.
mon'ieren *vt* qortoj; paralajmëroj.
M'onitor *m* **-es, -t'oren** monitor.
Monogam'ie *f* = monogami.
Monogr'amm *n* **-s, -e** monogram.
Monograph'ie *f* =, **-n** monografi.
Mon'okel *n* **-s,** = monokël.
Monol'og *m* **-s, -e** monolog.
Monop'ol *n* **-s, -e** monopol; **das Monopol auf, für eine Ware** monopoli i një malli.
monopolis'ieren *vt* monopolizoj.
Monop'olkapital *n* **-s** kapital monopolist.
Monop'olkapitalismus *m* = kapitalizëm monopolist.
Monothe'ismus *m* = monoteizëm.
monot'on *a* monoton.
Monoton'ie *f* = monotoni.
monstr'ös *a* i përbindshëm.
M'onstrum *n* **-s, -ren** *dhe* **-ra** përbindësh, monstër.
M'ontag *m* **-s, -e** e hënë; **am Montag** të hënën, të hënave.
Montage [-*'azhë*] *f* =, **-n** *tek* montim.
Monteur [-*t'ër*] *m* **-s, -e** montator.
mont'ieren *vt tek* montoj.
Mont'ierung *f* =, **-en** *tek* montim.
Mont'ur *f* =, **-n** 1) *vjet* uniformë; 2) *bis shak* rroba pune.
Monum'ent *n* **-(e)s, -e** përmendore, monument.
monument'al *a* monumental.
Moor *n* **-(e)s, -e** moçal, ligatë, baltovinë.
M'oorbad *n* **-(e)s, -bäder** *mjek* banjë balte.
M'oorerde *f* =, **-n** moçalishte, tokë moçalore.
Moos *n* **-es, -e** *bot* myshk; **mit Moos bewachsene Steine** gurë të veshur me myshk.
M'oosbeere *f* =, **-n** *bot* boronicë.
Mop *m* **-s, -s** fshesë leckash.
M'oped *n* **-s, -s** biçikletë me motor.
Mops *m* **-es, Möpse** *zool* mops (*lloj qeni*).
m'opsen *bis* 1. *vt* zgrap, vjedh; 2. *vrefl* **sich mopsen** 1) zemërohem; 2) mërzitem.
Mor'al *f* = 1) moral; **die Moral verletzen** cënoj moralin; 2) moral, mësim; **die Moral einer Erzählung** morali i një tregimi; 3) moral, disiplinë; **die Moral eines Volkes, einer Truppe** morali i një populli, i një ushtrie.
mor'alisch *a* moral.
Moral'ist *m* **-en, -en** moralist.
Mor'alpredigt *f* =, **-n** predikim.
Mor'ast *m* **-es, -e** *dhe* **Moräste** kënetë, moçalishte, baltovinë; **im Morast steckenbleiben** ngec në llucë.
morb'id *a* i sëmurë (*shoqëri etj.*).
Mord *m* **-es, -e** vrasje; **einen Mord begehen, verüben** bëj një vrasje; *fig bis* **das ist ja Mord!** kjo është e tmerrshme!
m'orden *vi* (h) vras; **plündern und morden** vras e pres.
M'örder *m* **-s,** = vrasës.
m'örderisch *a* 1) vrasës; 2) me rrezik

jete, që (*të*) ha kokën; 3) *fig* i tmerrshëm (*vapë, klimë, sëmundje*).

m'ordgierig *a* gjakatar.

M'ordshunger *m* **-s** *bis* uri e madhe.

M'ordskerl *m* **-(e)s, -e** *bis* kokëkrisur, kokëshkretë.

m'ordsmäßig *bis* 1. *a* i stërmadh, i përbindshëm; 2. *adv* shumë, fort, tmerrësisht.

M'ores *pl* : *shpr bis* **ich werde dich Mores lehren!** ta tregoj unë si të sillesh!

m'orgen *adv* nesër; **morgen früh** nesër në mëngjes; **bis morgen** gjer nesër; **für morgen** për nesër; **morgen in acht Tagen** tetë ditë si nesër.

M'orgen I *m* **-s,** = 1) mëngjes; **der Morgen dämmert** gdhin; **des Morgens** në mëngjes; **eines Morgens** një ditë; **guten Morgen!** mirëmëngjesi!; 2) *vjet gjeogr* lindje.

M'orgen II *m* **-s,** = morgen (*masë toke*).

M'orgendämmerung *f* = agim.

m'orgendlich *a* mëngjesor, i mëngjesit.

M'orgengrauen *n* **-s** *sh* **Morgendämmerung.**

M'orgengymnastik *f* = gjimnastikë e mëngjesit.

M'orgenland *n* **-(e)s** Lindje.

M'orgenrock *m* **-(e)s, -röcke** robëdëshambër.

M'orgenrot *n* **-s, Morgenröte** *f* = ag i mëngjesit.

m'orgens *adv* në mëngjes; *bis* **von morgens bis abends** që nga mëngjesi gjer në mbrëmje.

m'orgig *a* (*ditë*) e nesërme; i ditës së nesërme.

Morphin'ist *m* **-en, -en** *mjek* morfinoman.

M'orphium *n* **-s** *mjek* morfinë.

m'orsch *a* 1) i kalbur; i mykur; 2) *fig* i vjetruar.

M'örser *m* **-s,** = 1) havan; 2) *usht* obus.

M'örtel *m* **-s,** = *ndër* llaç (*ndërtimi*).

Mosa'ik *n* **-s, -en** mozaik.

Most *m* **-es, -e** musht (*rrushi*).

m'osten *vi* **(h)** bëj musht.

M'otel *n* **-s, -e** motel (*hotel për automobilistë*).

Mot'iv *n* **-s, -e** 1) shkak, arsye; 2) *muz* lajtmotiv, motiv.

motiv'ieren *vt* motivoj; argumentoj.

Motiv'ierung *f* =, **-en** motivim; argumentim.

M'otor *m* **-s, -t'oren, Mot'or** *m* **-s, -e** motor; **den Motor anstellen, abstellen** ndez, fik motorin.

M'otorboot *n* **-(e)s, -e** barkë me motor, motobarkë.

motoris'ieren *vt* motorizoj.

M'otorrad *n* **-(e)s, -räder** motoçikletë.

M'otorradfahrer *m* **-s,** = motoçiklist.

M'otorroller *m* **-s,** = motoskutër.

M'otte *f* =, **-n** *ent* molë, tenjë; flutur (*në përgjithësi*).

M'otto *n* **-s, -s** moto, parullë.

M'öwe *f* =, **-n** *zool* pulëbardhë.

M'ucke *f* =, **-n** tekë, trill; **er hat seine Mucken** ai ka tekat e veta.

M'ücke *f* =, **-n** 1) *ent* mushkonjë; 2) *ent* mizë; *fig bis* **aus einer Mücke einen Elefanten machen** e bëj mizën buall.

m'ucken *vi* **(h)** *bis* bëj zë; kundërshtoj.

Mückenstich *m* **-(e)s, -e** pickim mushkonje.

M'ucker *m* **-s,** = 1) hipokrit, mësallë me dy faqe; 2) tureçkan.

m'uckerisch *a* 1) i shtirë; 2) turivarur.

m'ucksen *vi* **(h)** : **nicht mucksen** nuk luaj qepallë; nuk bëj as gëk, as mëk.

m'üde *a* 1) i lodhur; **müde machen**

lodh; **müde werden** lodhem; **ein müdes Gesicht** një fytyrë e lodhur; 2) i mërzitur; **ich bin es müde** më ka mërzitur.

M'üdigkeit *f* = lodhje; **ich könnte vor Müdigkeit umfallen, umsinken** mezi qëndroja në këmbë nga lodhja.

Muff *m* **-s, -e** gëzof për të mbajtur duart ngrohtë.

M'uffel *m* **-s, =** *bis* (*njeri*) turivarur, turivrarë.

m'uffelig *a bis* turivarur, turivrarë.

m'uffeln *vi* **(h)** *bis* var turinjtë; rri turivarur.

m'uffig *a* 1) i mykur; 2) *bis* turivarur.

M'ühe *f* **=, -n** mund, mundim; përpjekje; telash; **mit Mühe und Not** me shumë mundime; **sich (D) Mühe geben** përpiqem; **Mühe machen** nxjerr telashe; **keine Mühe scheuen** bëj çmos; **das ist verlorene Mühe** është e kotë; **es lohnt nicht die Mühe** nuk ia vlen (barra qiranë); **er hat es nicht (für) der Mühe wert gehalten, sich zu entschuldigen** nuk e ka marrë mundimin të shfajësohet.

m'ühelos *a* pa mund; pa u lodhur.

m'ühen, sich *vrefl* mundohem, përpiqem, rropatem.

m'ühevoll *a* i mundimshëm; i lodhshëm (*punë etj.*).

M'ühle *f* **=, -n** mulli (*drithi, kafeje etj.*); *fig* **das ist Wasser auf seine Mühle** kjo shpie ujë në mullirin e tij.

M'ühlstein *m* **-(e)s, -e** gur mulliri, mokër.

M'uhme *f* **=, -n** *vjet* teto, teze.

M'ühsal *f* **=, -e** hall; **die Mühsale des Lebens** hallet e jetës.

m'ühsam, m'ühselig 1. *a* i vështirë, i mundimshëm, i rëndë (*punë etj.*); 2. *adv* me mund, me zor të madh.

M'ulde *f* **=, -n** 1) lug, gropë, humnerë; 2) govatë.

Müll *m* **-s** pleh, plehra.

M'üllleimer *m* **-s, =** kovë, kosh plehrash.

M'üller *m* **-s, =** mullis.

M'ülltonne *f* **=, -n** kazan plehrash.

m'ulmig *a* 1) i kalbur, i mykur; 2) *fig bis* i rrezikshëm, i pasigurt (*gjendje etj.*).

Multiplikati'on *f* **=, -n** *mat* shumëzim.

multipliz'ieren *vt mat* shumëzoj.

Mumpitz *m* **-es** *bis* pallavra, gjepura.

Mumps *m* **=** *mjek* shyta.

Mund *m* **-(e)s, Münder** 1) gojë; *bis* **er macht, tut den Mund nicht auf** ai nuk e hap gojën; **Mund und Nase aufreißen, aufsperren** mbetem gojëhapur; *fig* **den Mund halten** mbaj gojën; **halt den Mund!** mbylle gojën, hesht, qepe!; **der Mund steht ihm nie still** atij s'i pushon goja; *fig* **jemandem den Mund stopfen** ia mbyll gojën dikujt; *fig bis* **viele Münder zu stopfen haben** kam shumë gojë për të ushqyer; *fig bis* **sich den Mund verbrennen** më shket goja; **den Mund verziehen** shtrembëroj buzët; *fig* **einen großen Mund haben** flas me fjalë të mëdha; *fig* **den Mund vollnehmen** mburrem, e bëj të madhe; *fig* **an jemandes Mund hängen** dëgjoj dikë me vëmendje; *fig bis* **er ist nicht auf den Mund gefallen** e ka përgjigjen në majë të gjuhës; *fig* **jemandem das Wort aus dem Munde nehmen** ia marr dikujt fjalën nga goja; **aus einem Munde** me një zë; **das Ereignis ist bereits in aller Munde** ngjarja ka marrë dhenë; *fig*

jemandem Honig um den Mund schmieren i lahem e i lyhem, i kreh bishtin dikujt; **die Nachricht ging, lief von Mund zu Mund** lajmi shkoi gojë më gojë; *fig bis* **das Wasser läuft mir im Munde zusammen** më lëshon goja lëng; *fig* **(sich) kein Blatt vor den Mund nehmen** e them troç; 2) grykë (*shpelle etj.*); 3) grykë, tytë (*pushke etj.*); 4) dalje (*miniere etj.*).

M'undart *f* =, **-en** e folme, dialekt.

m'undartlich *a* dialektor.

m'unden *vi* **(h)** më shijon, më pëlqen; **der Wein mundet mir** vera më shijon.

m'ünden *vi* **(h)** derdhet, hidhet (*në det lumi etj.*); del (*rruga në një shesh etj.*).

m'undfaul *a* fjalëpakë.

M'undfäule *f* = *mjek* skorbut.

M'undhöhle *f* =, **-n** *anat* zgavër e gojës.

m'ündig *a* madhor (*me moshë*); **noch nicht mündig sein** nuk e kam arritur ende moshën madhore.

m'ündlich 1. *a* gojor; 2. *adv* gojarisht, me gojë.

M'undstück *n* **-(e)s, -e** 1) *muz* pip (*i veglave me frymë*); 2) pipë, cigarishte; 3) gojëz (*e kalit*).

m'undtot *a* : *fig* **einen mundtot machen** ia mbyll gojën dikujt.

M'ündung *f* =, **-en** 1) grykë (*lumi etj.*); 2) *usht* grykë, tytë (*pushke etj.*).

M'undwerk *n* **-s, -e** *bis* gojë (*e ligë etj.*).

Muniti'on *f* =, **-en** *usht* municion.

munizip'al *a* bashkiak.

m'unkeln *vi* **(h)** pëshpëris vesh më vesh; përhap thashetheme.

M'ünster *n* **-s,** = *krahin* katedrale, kryekishë.

m'unter *a* 1) i zgjuar (*nga gjumi*); **jemanden munter machen** zgjoj dikë; 2) i gjallë, i gëzuar; gazmor; **ein munteres Kind** një fëmijë i gjallë; **munterer Laune** në qejf.

M'unterkeit *f* = gjallëri.

M'ünze *f* =, **-n** monedhë; **Münzen prägen** pres monedha; **klingende Münze** pare tingëlluese; *fig* **etwas für bare Münzen nehmen** besoj diçka verbërisht.

m'ünzen *vt, vi* **(h)** 1) pres (*monedha*); 2) : *shpr* **das ist auf dich gemünzt** kjo të drejtohet ty.

M'ünzfälscher *m* **-s,** = falsifikues monedhash.

m'ürbe *a* 1) i kalbur, i zgërlaqur; i thyeshëm, i brishtë (*dru etj.*); 2) i thërrmueshëm (*biskotë etj.*); 3) i butë, i zier fort (*mish etj.*); 4) : *fig* **jemanden mürbe machen** zbus dikë.

m'urksen *vi* **(h)** *bis* punoj shkel e shko.

m'urmeln 1. *vt* murmuris; 2. *vi* **(h)** gurgullon (*përroi*).

M'urmeltier *n* **-(e)s, -e** *zool* marmotë.

m'urren *vi* **(h) (über A)** qahem, ankohem, shpreh pakënaqësi (*për diçka*); hungëroj.

m'ürrisch 1. *a* i zymtë, i ngrysur; i pakënaqur, turivarur; 2. *adv* prishaqefas.

Mus *n* **-es, -e** *kuzh* 1) reçel; 2) llapë; qull.

M'uschel *f* =, **-n** 1) *zool* midhje; 2) guaskë; 3) *anat* llapë (*e veshit*); 4) *bis fig* telefon.

M'use *f* =, **-n** *mit* muzë.

Mus'e/um *n* **-s, -se/en** muzeum; **naturkundliches Museum** muzeum i shkencave të natyrës.

Mus'ik *f* = muzikë; **klassische Musik** muzikë klasike; **leichte Musik** muzikë e lehtë; **einen Text in Musik setzen** vë në muzikë një tekst.

musik'alisch *a* 1) muzikor; 2) i

dhënë pas muzikës; 3) që ka vesh, prirje për muzikë.

Musik'ant *m* **-n, -en** *bis* muzikant (*dasmash, rrugësh etj.*).

Mus'ikbox *f* **=, -en** gramafon automat.

M'usiker *m* **-s, =** muzikant (*i një orkestre simfonike etj.*).

Mus'ikinstrument *n* **-(e)s, -e** vegël muzikore.

Mus'ikstück *n* **-(e)s, -e** pjesë muzikore.

m'usisch *a* 1) muzikor; i muzikës (*shkollë etj.*); 2) me prirje muzikore; 3) artistik; letrar.

musiz'ieren *vi* **(h)** merrem me muzikë.

Musk'at *m* **-s** *kuzh* arrëmyshk i bluar.

Musk'atnuß *f* **=, -nüsse** *bot* arrëmyshk.

M'uskel *m* **-s, -n** *anat* muskul.

Muskulat'ur *f* **=** *anat* muskulaturë.

muskul'ös *a* muskuloz, me muskuj të fuqishëm.

muß *sh* **müssen.**

Muße *f* **=** nge, kohë e lirë; **dazu fehlt mir die Muße** s'kam nge për këtë; **etwas mit Muße betrachten** sodis diçka me nge.

m'üssen* *vi* **(h)** 1) *folje modale që shpreh detyrim ose nevojë:* **ich muß fort** duhet (jam i detyruar, ma do puna) të iki; **man muß** duhet, është e domosdoshme; 2) *mundësi ose probabilitet:* **wer muß es ihm gesagt haben?** kush do t'ia ketë thënë?; 3) *keqardhje, inat:* **da muß auch das Rad brechen!** edhe rrota duhej të thyhej (tani)!; 4) *njohje ose pranim i diçkaje:* **das muß man sagen, er ist ein guter Arbeiter** duhet pranuar që ai është punëtor i mirë.

m'üßig *a* 1) i ngeshëm, i papunë; **müßige Stunden** orë të lira; **müßig dastehen** rri kot; 2) i kotë, i tepërt; **eine müßige Frage** një pyetje e kotë.

M'üßiggang *m* **-(e)s** limonti; përtaci, dembeli.

M'üßiggänger *m* **-s, =** i papunë; përtac, dembel.

m'üßte *sh* **müssen*.**

M'uster *n* **-s, =** 1) mostër (*e një stofi etj.*); 2) model, shembull; **er ist das Muster eines guten Lehrers** ai është mësues shembullor.

M'usterbeispiel *n* **-s, -e** shembull tipik.

m'ustergültig *a* shembullor.

m'usterhaft *a sh* **mustergültig.**

M'usterknabe *m* **-n, -n** djalë shembullor.

M'usterschüler *m* **-s, =** nxënës shembullor.

m'ustern *vt* 1) shikoj, kontrolloj; 2) *usht* inspektoj.

M'usterung *f* **=, -en** 1) kontroll; 2) *usht* inspektim.

M'usterwirtschaft *f* **=, -en** ekonomi shembullore.

Mut *m* **-(e)s** guxim, zemër; **Mut!** zemër!; **nur Mut!** guxim!; **den Mut verlieren (sinken lassen)** më lëshon zemra; **Mut fassen** marr zemër; **jemandem Mut machen** i jap zemër dikujt.

M'ütchen *n* **:** *shpr bis* **sein Mütchen an jemanden kühlen** shfrej inatin me dikë.

mut'ieren *vi* **(h)** i ndërron zëri (*djalit*).

m'utig *a* guximtar, i guximshëm.

m'utlos *a* 1) zemërlëshuar, shpresëhumbur; 2) frikacak, i druajtur.

M'utlosigkeit *f* **=** shkurajim.

m'utmaßen *vt pandash* supozoj, marr me mend.

m'utmaßlich *a* i supozuar.

M'utter I *f* **=, Mütter** nënë; **sie ist Mutter geworden** ajo është bërë nënë; *bis* **ich fühle mich hier wie bei Muttern** këtu e ndiej veten si në shtëpi.

M'utter II *f* =, **-n** *tek* dado (*e vidhës).*

m'ütterlich 1. *a* amënor, nëne, i nënës; **mütterliches Erbteil** pjesë e trashëgimisë nga nëna; 2. *adv* si nënë; **jemanden mütterlich umsorgen** kujdesem për dikë si nënë.

m'ütterlicherseits *adv* nga ana e nënës.

M'utterliebe *f* = dashuri e nënës.

M'uttermal *n* **-(e)s, -e** nishan (*në trup).*

M'utterschutz *m* **-es** mbrojtje (e shëndetit) të nënës.

m'utterseelenallein *a* fillikat, fillthi vetëm.

M'uttersöhnchen *n* **-s, =** çun mamaje.

M'uttersprache *f* =, **-n** gjuhë amtare; **Albanisch ist meine Muttersprache** shqipen e kam gjuhë të nënës.

M'utterstelle *f*: *shpr* **bei jemandem Mutterstelle vertreten** i bëhem nënë dikujt.

M'utterwitz *m* **-es** zgjuarsi, mendjemprehtësi e lindur.

M'utti *f* =, **-s** (*trajtë përkëdhelëse*) mama, mami.

M'utwille *m* **-ns** ligësi; **etwas mit Mutwillen tun** bëj diçka me ligësi.

m'utwillig *a adv* me qëllim, qëllimisht.

M'ütze *f* =, **-n** kasketë, kapë, kësulë.

m. W. = **meines Wissens** me sa di unë.

Myri'aden *pl* mijëra (*numër i madh mizash etj.).*

M'yrte *f* =, **-n** *bot* mirt.

mysteri'ös *a* misterioz, i mistershëm.

Myst'erium *n* **-s, -ri/en** fshehtësi, mister.

M'ystik *f* = *fet* mistikë.

m'ystisch *a* mistik.

m'ythisch *a* mitik, mitologjik.

Mytholog'ie *f* =, **-n** mitologji.

M'ythos, M'ythus *m* **-s, -then** mit.

N

N = **Nord(en).**

na! *int* 1) : **na, na** pa shih, pa shih!; me gjithë mend e ke?; 2) : **na, du?** hë, mor ti?; **na, Kleiner?** hë, more?; 3) : **na, danke!** jo, për këtë s'më ke!; **na, warte!** dale (se ta tregoj unë)!; 4) : **na, also!** epo, më në fund; 5) : **na, und?** e pastaj?

N'abe *f* =, **-n** *tek* bucelë e rrotës.

N'abel *m* **-s,** = *anat* kërthizë.

nach 1. *präp* **(D)** 1) në, për në; **nach Tirana** për në Tiranë; **nach Hause gehen** shkoj në shtëpi; 2) nga; **die Fenster liegen nach dem Garten, nach der Straße** dritaret shikojnë (janë) nga kopshti, nga rruga; **nach vorn, nach hinten gehen** shkoj përpara, prapa; **nach links, rechts** majtas, djathtas; 3) pas (*një kohe*); **nach der Arbeit** pas punës; **nach dem Essen** pas drekës (darkës etj.); **am Tage nach dem Fest** një ditë pas festës; **nach langem Hin und Her** pas shumë sorollatjesh; 4) sipas; **meiner Meinung nach** sipas mendimit tim; **nach Belieben** sipas qejfit; **dem Gesetze nach** sipas ligjit; **jemanden nur dem Namen nach kennen** njoh dikë vetëm si emër; **nach Noten singen** këndoj me nota; **hier riecht es nach Veilchen** këtu bie erë vjollcë; 5) : **nach jemandem fragen** pyes për dikë (*a është në shtëpi etj.*); **nach dem Arzt schicken** (çoj të) thërras(ë) mjekun; **nach etwas zielen** synoj (të arrij) diçka; 2. *adv* : **mir nach!** pas meje!; **nach und nach** dalngadalë; **nach wie vor** si më parë, si ngaherë, si gjithmonë.

nach = *parashtesë e ndashme foljore që tregon:* 1) *lëvizje pasuese:* **nachlaufen;** 2) *imitim, përsëritje:* **nacheifern.**

n'achäffen *vt ndash* imitoj si majmuni.

n'achahmen *vt ndash* imitoj; **jemandes Sprechweise nachahmen** imitoj mënyrën e të folurit të dikujt.

N'achahmung *f* =, **-en** imitim.

n'acharbeiten *vt ndash* 1) imitoj, kopjoj; 2) plotësoj (*një punë të lënë, të harruar*); 3) ripunoj, përpunoj.

n'acharten *vi ndash* **(s) (D)** i ngjaj (*dikujt*).

N'achbar *m* **-s** *dhe* **-n, -n** fqinj.

N'achbarland *n* **-(e)s, -länder** vend fqinjë.

n'achbarlich *a* 1) i fqinjit (*kopsht etj.*); 2) i fqinjësisë (*marrëdhënie etj.*).

N'achbarschaft *f* =, **-en** 1) fqinjësi; 2) fqinjët.

n'achbeten *vt ndash bis* i mbaj ison (*dikujt*).

n'achbilden *vt ndash* riprodhoj; imitoj.

N'achbildung *f* =, **-en** riprodhim; imitim.

n'achbleiben* *vi ndash* **(s)** 1) mbetem prapa (*me mësime etj.*); 2) shkon prapa (*ora*).

n'achblicken *vi ndash* **(h)** ndjek me sy.

n'achbohren *vi ndash* **(h)** *bis* zhbiroj (*me pyetje etj.*).

n'achdem *conj* pasi; **nachdem er abgereist war** pasi u nis; **nachdem das so ist ...** meqë qenka puna kështu ...; **je nachdem** sipas rastit.

n'achdenken* *vi ndash* **(h)** mendohem; **denk nach!** mendohu!; **über etwas nachdenken** mendohem për diçka.

n'achdenklich *a* i menduar.

N'achdenklichkeit *f* = të qenët i menduar.

n'achdrängen *vi ndash* (s) shtyhem përpara.

N'achdruck I *m* -(e)s 1) forcë, fuqi, energji; 2) theks; rëndësi; **einer Sache Nachdruck verleihen** i jap rëndësi një çështjeje; 3) vendosmëri; këmbëngulje; **mit Nachdruck** me vendosmëri, me ngulm.

N'achdruck II *m* -(e)s, -e rishtypje, ribotim.

n'achdrücklich 1. *a* 1) energjik; 2) i vendosur, ngulmues; 2. *adv* me ngulm; shprehimisht.

n'acheifern *vi ndash* (h) 1) (**jemandem in D**) matem, përpiqem t'ia arrij (*dikujt në diçka*); 2) (**D**) marr shembull (*nga dikush në diçka*).

n'acheilen *vi ndash* (s) (**D**) vrapoj, nxitoj (*pas dikujt*).

nachein'ander *adv* njëri pas tjetrit.

N'achen *m* -s, = barkë.

n'acherzählen *vt ndash* ritregoj, tregoj me fjalët e mia (*diçka të lexuar ose të dëgjuar*).

N'acherzählung *f* =, -en ritregim.

N'achfolge *f* = pasardhje.

n'achfolgen *vi ndash* 1) (**D**) pasoj, vij pas (*dikujt*); **jemandem im Amt nachfolgen** pasoj dikë në detyrë; **die nachfolgenden Kapitel** kapitujt pasues; 2) (**D**) ndjek shembullin (*e dikujt*).

N'achfolger *m* -s, = 1) (*shkurt* **Nachf.**) trashëgimtar (*i një firme etj.*); 2) pasardhës (*në një detyrë*).

n'achforschen *vi ndash* (h) shqyrtoj, hetoj (*një çështje etj.*).

N'achforschung *f* =, -en shqyrtim, hetim.

N'achfrage *f* =, -n 1) informatë; **trotz mehrmaliger Nachfragen habe ich nicht erfahren können, ob ...** megjithëse jam informuar disa herë, nuk kam mundur të marr vesh në ... 2) kërkesë (*për një mall*).

n'achfragen *vi ndash* informohem.

N'achfrist *f* =, -en shtytje afati.

n'achfühlen *vt ndash* 1) ia ndiej pasojat (*një sëmundjeje etj.*); 2) ia ndiej (*dhembjen një tjetri etj.*); **er fühlte den Schmerz des Vaters nach** ai vuante bashkë me të atin.

n'achfüllen *vt ndash* mbush prapë (*gotën etj.*); shtie prapë (*ujë etj.*).

n'achgeben* *ndash* 1. *vt* jap edhe (*diçka tjetër*); **jemandem nichts nachgeben** s'ia lë mangët (*dikujt në diçka*); 2. *vi* (**h**) 1) epet, përkulet (*një degë etj.*); 2) shembet (*toka etj.*); 3) hapet (*një triko pas larjes etj.*); 4) *fig* pranoj, bindem më në fund; tërhiqem, lëshoj pe.

n'achgehen* *vi ndash* (s) 1) mbetet prapa (*ora*); 2) (**D**) ndjek (*dikë*), shkoj pas (*dikujt*); 3) (**D**) ushtroj (*një zanat, profesion etj.*); 4) (**D**) *fig* sqaroj (*një çështje*).

n'achgerade *adv* 1) dalngadalë; 2) vërtet.

N'achgeschmack *m* -(e)s 1) shije që mbetet në gojë; 2) : *fig* **ein bitterer Nachgeschmack** a) një përshtypje e pakëndshme; b) një kujtim i hidhur.

n'achgiebig *a* 1) i butë, i epur, i përkulshëm; 2) *fig* lëshues, që tërhiqet, që lëshon pe.

n'achgrübeln *vi ndash* (**h**) (**über A**) vras mendjen (*për diçka*).

N'achhall *m* -(e)s, -e 1) jehonë, oshëtimë; 2) *fig* pasojë.

n'achhaltig *a* 1) i qëndrueshëm (*efekt etj.*); 2) *fig* i thellë (*përshtypje etj.*).

n'achhängen *vi ndash* (**h**) (**D**) kam mall (*për diçka, dikë*); qaj me lot.

n'achhelfen* *vi ndash* (**h**) (**D**) ndihmoj (*dikë*); **hast du es allein**

gemacht, oder hat man nachgeholfen? e ke bërë vetë, apo të kanë ndihmuar?

n'achher *adv* pastaj; **bis nachher!** mirupafshim!

N'achhilfe *f* =, **-n** ndihmë (*për të shpejtuar një punë etj.*).

n'achhinken *vi ndash* (s) *fig* vonohem; mbetem prapa.

n'achholen *vt ndash* vë në vend (*kohën e humbur etj.*).

N'achhut *f* =, **-en** *usht* praparojë.

n'achjagen *vi ndash* (s) (D) rend pas (*gjahut, pares, qejfit etj.*).

N'achklang *m* **-(e)s, -klänge** jehonë.

n'achklingen* *vi ndash* (h) jehon; *fig* **seine Worte klangen lange in mir nach** fjalët e tij më jehuan në vesh për një kohë të gjatë.

N'achkomme *m* **-n, -n** pasardhës; fëmijë; nip; stërnip.

n'achkommen* *vi ndash* (s) 1) vij më vonë; 2) (D) ndjek, arrij (*dikë*); 3) (D) përmbush (*një detyrë etj.*); zbatoj (*një urdhër etj.*).

N'achkommenschaft *f* =, **-en** pasardhësit.

N'achkömmling *m* **-s, -e** 1) fëmijë i lindur shumë kohë pas fëmijëve të tjerë; 2) *fig* i vonuar.

N'achkur *f* =, **-en** mjekim plotësues.

N'achlaß *m* **-sses, -lässe** 1) lëshim; **ohne Nachlaß arbeiten** punoj pa pushim; 2) zbritje (*në llogari etj.*); ulje (*çmimi etj.*); 3) trashëgimi.

n'achlassen* I *ndash* 1. *vt* 1) ul (*çmimin etj.*); zbus (*dënimin etj.*); 2) liroj (*vidhën etj.*); 2. *vi* (h) 1) lirohet (*vidha etj.*); 2) qetësohet (*dhembja*); pushon (*shiu*); bie (*temperatura etj.*); **nicht nachlassen!** mbahu!

n'achlassen* II *vt ndash* lë me testament, lë trashëgim.

n'achlässig *a* 1) i pakujdesshëm; i shkujdesur; 2) shkatarraq, i parregullt.

N'achlässigkeit *f* =, **-en** pakujdesi; shkujdesje.

n'achlaufen* *vi ndash* (s) (D) vrapoj pas (*dikujt*); *fig* **einer Sache nachlaufen** i bie prapa një pune.

n'achlesen* I *vt ndash* mbledh, qëmtoj (*kallinjtë pas korrjes*).

n'achlesen* II *vt ndash* 1) rilexoj; 2) kontrolloj (*një shprehje në një libër etj.*).

n'achmachen *vt ndash* 1) bëj pastaj, mbaroj më vonë (*një punë etj.*); 2) imitoj (*shkrimin, zërin e dikujt etj.*); 3) falsifikoj (*pare etj.*); **nachgemachte Edelsteine** gurë të çmuar të rremë.

n'achmals adv pastaj, më vonë.

n'achmessen* *vt ndash* mas edhe një herë, kontrolloj (*një matje etj.*).

n'achmittag *adv* : **heute nachmittag** sot pasdreke.

N'achmittag *m* **-s, -e** pasdreke, pasdite; **des Nachmittags** pasdreke; **am Freitag nachmittag** të premten pasdreke; **am Freitagnachmittag** çdo të premte pasdite.

n'achmittags *adv* pasdreke, pasdite.

N'achnahme *f* =, **-n** kundërpagesë; **per Nachnahme** me kundërpagesë.

N'achname *m* **-ns, -n** mbiemër; **Name und Nachname** emër e mbiemër.

n'achplappern *vt ndash bis* përsëris pa kuptuar (*një fjalë etj.*).

n'achprüfen *vt ndash* rishikoj, kontrolloj (*një peshim, llogaritje etj.*).

N'achprüfung *f* =, **-en** rishikim, kontroll.

N'achrede *f* =, **-n** 1) epilog; 2) thashetheme; **jemanden in üble Nachrede bringen** marr nëpër gojë dikë.

n'achreifen *vt ndash* (**s, h**) piqet pas (*vjeljes pema etj.*).

N'achricht *f* =, **-en** lajm; njoftim; **die neuesten Nachrichten** lajmet e fundit; **wir haben keine Nachrichten von ihm** s'kemi marrë lajm nga ai; *prov* **schlimme Nachricht kommt stets zu früh** e keqja vjen kaluar.

N'achrichtendienst *m* **-es, -e** 1) *usht* shërbim i ndërlidhjes; 2) agjenci telegrafike.

n'achrücken *vi ndash* **(s) (D)** ndjek (*dikë*), vij pas (*dikujt*); **für den versetzten Beamten rückte ein anderer nach** vendin e nëpunësit të transferuar e zuri një tjetër.

N'achruf *m* **-s, -e** nekrologji (*në një gazetë etj.*); fjalë e përmortshme.

n'achrufen* *vt ndash* i hedh, i lëshoj pas (*dikujt një fjalë, të sharë etj.*).

n'achsäen *vt ndash* mbjell pas (*grurit misër etj.*).

n'achsagen *vt ndash* **(D)** 1) përsëris pas (*dikujt*); 2) marr nëpër gojë; **das lasse ich mir nicht nachsagen!** kjo është shpifje!; **man kann ihm nichts nachsagen** atij s'ke ç'i thua.

n'achschauen *ndash* 1. *vi* **(h) (D)** ndjek me sy (*dikë*); 2. *vt* shikoj, kontrolloj.

n'achschicken *vt ndash* **(D)** dërgoj pas (*dikujt*).

N'achschlagebuch *m* **-(e)s, -bücher** manual.

n'achschlagen* *ndash* 1. *vt* kontrolloj (*një fjalë në një libër, fjalor etj.*); kërkoj një informacion (*në një fjalor, manual etj.*); 2. *vi* **(h) : das Kind schlägt dem Vater nach** fëmija i ngjan t'et.

n'achschleichen* *vi ndash* **(s) (D)** ndjek fshehurazi, përgjoj.

n'achschleifen* I *vt ndash* tërheq pas (*nusja bishtin e velit etj.*).

n'achschleifen II *vt ndash* lëmoj përsëri (*me limë etj.*).

N'achschlüssel *m* **-s, =** kopje çelësi.

n'achschreiben* *vt ndash* 1) shkruaj me diktim, mbaj shënim (*fjalët e dikujt*); 2) kopjoj; 3) **(D)** i imitoj shkrimin (*dikujt*).

n'achschreien* *vt ndash* **(D)** i thërras nga pas (*dikujt*).

N'achschrift *f* =, **-en** 1) shtesë (*e një letre etj.*); 2) shënim (*nga një raport i lexuar etj.*).

N'achschub *m* **-(e)s, -schübe** *usht* furnizim (*me municion, pajisje etj.*).

N'achschuß *m* **-sses, -schüsse** 1) pagesë plotësuese; 2) *sport* gjuajtje e dytë (*në portë*).

n'achsehen* *ndash* 1. *vt* 1) shikoj, kontrolloj (*një fjalë në fjalor etj.*); rishikoj, rishqyrtoj (*llogarinë etj.*); 2) **(D)** ia fal (*dikujt diçka*); **jemandem einiges (vieles) nachsehen** nuk ia vë re dikujt ca (shumë) gjëra; 2. *vi* ndjek me sy; **dem abfahrenden Zug nachsehen** ndjek me sy trenin që largohet.

n'achsenden *vt ndash* dërgoj në adresë të re (*letrën etj.*).

n'achsetzen *ndash* 1. *vt* **(D)** vë (*një fjalë*) pas (*një tjetre etj.*); 2. *vi* **(s) (D)** sulem pas (*dikujt*).

N'achsicht *f* = durim; zemërbutësi; dashamirësi; **in solch einem Fall kenne ich keine Nachsicht** në një rast të tillë do të jem i pamëshirshëm.

n'achsichtig *a* i durueshëm; zemërbutë; dashamirë.

n'achsinnen* *vi ndash* **(h) (über A)** përsias, bluaj me mend (*një ngjarje etj.*).

n'achsitzen *vi ndash* **(h)** rri më vonë në shkollë (*për dënim*).

N'achsommer *m* **-s, =** 1) vjeshtë e parë; 2) *fig* dashuri e vonë.

N'achspeise *f* =, **-n** desert (*ëmbëlsirë, fruta etj. pas buke*).

N'achspiel *n* **-s, -e** 1) epilog; 2) *fig* pasojë.

n'achsprechen* *vi ndash* **(h)** përsëris (*fjalët e dikujt*).

n'achspringen* *vi ndash* **(s)** **(D)** gjurmoj, përgjoj, ndjek (*dikë*).

nächst (*superl i* **nahe**) 1. *a* më i afërt; tjetër; pasues; i ardhshëm; **das nächste Mal** herën tjetër; **unsere nächsten Freunde** miqtë tanë të ngushtë; **im nächsten Augenblick** menjëherë pastaj; **das nächste beste** i pari që të gjej, i pari që të dalë; **das nächste Dorf** fshati më i afërt; **bei nächster Gelegenheit** në rastin më të parë; **das nächste Kapitel** kapitulli tjetër; **am nächsten Morgen** (në) mëngjesin tjetër; **aus nächster Nähe** fare për së afërmi; **der nächste Weg** a) rruga e parë; b) rruga që vjen; c) *bis* rruga më e shkurtër; 2. *m, f* 1) i afërm, e afërme; 2) : **der nächste bitte!** tjetri, ju lutem!; 3. *n* : **das nächste, was ich tun werde** puna e parë që do të bëj; 4. *adv* : **fürs nächste** hëpërhë; 5. *präp* **(D)** krahas, përveç; **nächst seinen Kindern bist du ihm am liebsten** pas fëmijëve të vet ai të do më shumë ty.

n'achstehen* *vi ndash* **(h)** **(D)** 1) qëndroj pas (*dikujt*); 2) jam më pak (*i zoti etj.*) se (*dikush*); **er steht ihm in nichts nach** s'bie aspak më poshtë se ai.

n'achstehend 1. *a* mëposhtëm, pasues; **im nachstehenden** si më poshtë; 2. *adv* më poshtë, më pas.

n'achstellen *ndash* 1. *vt* 1) *tek* shtrëngoj edhe një herë (*një vidhë etj.*); 2) *gram* vë (*një fjalë*) pas (*një tjetre*); 3) vë prapa (*orën*); 2. *vi* **(h)** **(D)** ruaj, ndjek (*dikë*).

n'ächstens *adv* së shpejti; më në fund.

n'ächstjährig *a* i vitit tjetër, i vitit të ardhshëm.

n'achstürzen *vi ndash* **(s)** 1) bie pras (*muri etj.*); 2) **(D)** sulem pas (*dikujt*).

n'achsuchen *vi ndash* **(h)** 1) kërkoj; 2) **(um A)** lutem, ndërhyj (*për diçka*).

Nacht *f* = **Nächte** 1) natë; **des Nachts, in der Nacht, bei Nacht** natën; **gute Nacht!** natën e mirë!; **die Nacht über** tërë natën; **bei Einbruch der Nacht** me t'u errur; **bei Nacht und Nebel** natën në terr; **Tag und Nacht arbeiten** punoj ditë e natë; **ein Unterschied wie Tag und Nacht** një ndryshim si nata me ditën; *fig bis* **wir haben uns die Nacht um die Ohren geschlagen** s'kemi mbyllur sy gjithë natën; *fig* **ihr Stern ging über Nacht auf** ajo u bë menjëherë e përmendur; 2) *fig* natë, errësirë; **die Nacht des Kommunismus** errësira e komunizmit.

N'achtasyl *n* **-s, -e** strehë nate.

N'achtdienst *m* **-es** shërbim nate (*në farmaci etj.*).

N'achteil *m* **-s, -e** 1) humbje, dëm; 2) e metë; **dieser Plan hat den Nachteil, daß ...** ky plan ka të keqen se ...; 3) gjendje e vështirë; **ich bin ihm gegenüber im Nachteil** jam në një pozitë të vështirë kundrejt tij.

n'achteilig *a* i dëmshëm, i keq (*pasojë etj.*).

n'ächtelang *adv* (me) net të tëra.

N'achthemd *n* **-(e)s, -en** këmishë nate.

N'achtigall *f* =, **-en** *zool* bilbil.

n'ächtigen *vi* **(h)** kaloj natën, buj.

N'ächtigung *f* =, **-en** bujtje.

N'achtisch *m* **-es, -e** *sh* **Nachspeise.**

N'achtlager *m* **-s, -e** 1) strehë për të kaluar natën; 2) shtrat.

N'achtleben *n* **-s** jetë nate.

n'ächtlich *a* i natës, nate; **nächtliche Ruhestörung** prishje e qetësisë së natës.

N'achtlicht *n* **-(e)s, -er** kandil nate.

N'achtlokal *n* **-(e)s, -e** lokal nate.

N'achtmahl *n* **-(e)s, -e** darkë.

n'achtmahlen *vt dhe vi ndash* **(h)** *krahin* ha darkën.

N'achtrag *m* **-(e)s, -träge** shtojcë, plotësim (*i një letre etj.*).

n'achtragen* *vt ndash* 1) çoj, shpie pastaj; 2) i shtoj (*diçka një teksti etj.*); 3) *fig* mbaj inat; **er trägt einem nichts nach** ai nuk mban inat.

n'achtragend *a* i mëritur; inatçi.

n'achträglich 1. *a* 1) i vonuar (*urim etj.*); 2. *adv* më vonë; **nachträglich etwas einfügen** shtoj diçka pastaj.

nachts *adv* natën.

n'achtschlafend *a* : *shpr* **zu nachtschlafender Stunde** gjatë natës, natën vonë.

N'achttisch *m* **-(e)s, -e** komodinë.

n'achtun* *ndash* 1. *vt* bëj (*diçka si dikush*); **keiner kann es ihr nachtun** askush s'ia arrin asaj; 2. *vi* **(h)** **(D)** imitoj (*dikë*); **einem Vorbild nachtun** ndjek një shembull.

N'achtwandler *m* **-s, =** somnambul.

N'achwahl *f* **=, -en** rizgjedhje (*për një vend vakant*).

N'achweis *m* **-es, -e** 1) vërtetim, provë; 2) dëshmi, dëftesë.

n'achweisbar *a* i vërtetueshëm, që mund të provohet.

n'achweisen* *vi ndash* 1) vërtetoj, provoj; **man konnte ihm nicht nachweisen, daß er davon gewußt hatte** nuk mund t'ia provonin se e kishte ditur atë punë; 2) gjej me ndërmjetësi; **eine Stellung, eine Wohnung, ein Zimmer nachweisen** gjej një vend, një banesë, një dhomë.

n'achweislich 1. *a* i vërtetueshëm; 2. *adv* siç është provuar.

N'achwelt *f* **=** pasardhës, stërnipër, breza të ardhshëm.

n'achwiegen* *vt ndash* ripeshoj (*për të kontrolluar peshën etj.*).

n'achwirken *vi ndash* **(h)** vazhdon të veprojë; vazhdon të ketë efekt.

N'achwirkung *f* **=, -en** pasojë; **üble Nachwirkungen haben** ka pasoja të këqija (*një ushqim, ilaç etj.*).

N'achwort *n* **-(e)s, -e** pasthënie, epilog.

N'achwuchs *m* **-es** 1) fëmijë; 2) forca të reja; 3) brez i ri.

n'achzahlen *vt ndash* paguaj më vonë.

n'achzählen *vt ndash* rinumëroj.

N'achzahlung *f* **=, -en** pagesë plotësuese.

n'achzeichnen *vt ndash* kopjoj (*një vizatim*).

n'achziehen* *ndash* 1. *vt* 1) tërheq zvarrë, zvarris (*këmbën e çalë etj.*); 2) shtrëngoj (*një vidhë etj.*); 3) trash (*vijat etj.*); lyej (*buzët etj.*); 4) shkakton, ka si pasojë; 2. *vi* **(s)** **(D)** ndjek (*dikë*), vete pas (*dikujt*).

N'achzügler *m* **-s, =** i vonuar, i prapambetur; fëmijë i lindur vonë.

N'ackedei *m* **-s, -s** *bis* 1) fëmijë lakuriq; 2) vajzë lakuriqe.

N'acken *m* **-s, =** *anat* zverk; *fig* **jemandem den Nacken beugen** nënshtroj dikë; *fig* **jemandem den Nacken steifen** nxis dikë të qëndrojë; *fig* **jemandem den Fuß auf den Nacken setzen** vë përfund dikë; *fig* **jemandem auf dem Nacken sitzen** i hipi në qafë dikujt; *fig* **wir hatten den Feind im Nacken** kishim armikun në kurriz; *fig* **die Verfolger saßen uns im**

Nacken ndjekësit na ndiqnin këmba-këmbës.
n'ackend *a sh* **nackt.**
nackt *a* lakuriq, i zhveshur (*njeri, trup*); e zbathur (*këmbë*); i shpupluar (*zog*); **die nackten Bäume** drurët e zhveshur; **die vier nackten Wände** vetëm katër muret; **die nackte Wirklichkeit** realiteti lakuriq; **das nackte Leben retten** shpëtoj vetëm kokën.
N'acktfrosch *m* **-(e)s, -frösche** *bis* fëmijë i vogël lakuriq.
N'acktheit *f* = lakuriqësi.
N'adel *f* =, **-n** 1) gjilpërë; 2) karficë; 3) akrep (*busulle etj.*); 4) *bot* halë; 5) : *fig* **es konnte keine Nadel zur Erde fallen** s'kishe ku të hidhje mollën; *fig* **ich sitze, stehe wie auf Nadeln** rri si ndër gjemba.
N'adelbaum *m* **-(e)s, -bäume** *bot* dru halor.
N'adelöhr *n* **-(e)s, -e** vrimë e gjilpërës.
N'adelstich *m* **-(e)s, -e** 1) e qepur; 2) *pl* **-en** *fig* thumb.
N'adelwald *m* **-(e)s, -wälder** pyll halor.
N'agel *m* **-s, Nägel** 1) gozhdë; *fig* **den Nagel auf den Kopf treffen** i bie pikës; *fig* **du bist ein Nagel zu meinem Sarge** ti do të më shpiesh në varr; 2) *anat* thua; *fig* **die Sache brennt mir auf den Nägeln** e kam me ngut; *fig* **er hat nicht das Schwarze unter den Nägeln** ai s'ka gjë pas shpirtit.
N'agelbürste *f* =, **-n** furçë për thonj.
N'agelfeile *f* =, **-n** limë për thonj.
N'agelkopf *m* **-(e)s, -köpfe** kokë e gozhdës.
N'agellack *m* **-(e)s, -e** llak për thonj.
n'ageln *vt* mbërthej me gozhdë, gozhdoj; **genagelte Schuhe** këpucë me gozhdë.
n'agelneu *a* i ri flakë, akull, fringo.
n'agen *vt dhe vi* **(h) (an D)** brej; **der Hund nagt an einem Knochen** qeni bren një kockë; **die Sorge nagte an ihr** shqetësimi e brente; *fig bis* **am Hungertuch nagen** vuaj nga uria, vuaj për bukë.
N'agetier *n* **-(e)s, -e** *zool* brejtës (*kafshë*).
nah (*comp* **näher,** *superl* **nächst**) 1. *a* 1) i afërm; **ein naher See, Wald** një liqen, pyll i afërm; **die nahe Zukunft** e ardhmja e afërme; 2) i ngushtë; **nahe Beziehungen** marrëdhënie të ngushta; 2. *adv* afër; *fig* **jemandem zu nah treten** prek, fyej dikë; **er war nah daran, aufzustehen** po bëhej gati të ngrihej; 3. *präp* **(D)** pranë, afër; **nah dem Hause** afër shtëpisë.
N'äharbeit *f* =, **-en** qepje.
n'ahe *sh* **nah.**
N'ähe *f* = afërsi; **seine Nähe ist mir lästig** prania e tij më bezdis.
n'ahebringen* *vt ndash* 1) afroj; 2) : **jemandem etwas nahebringen** mësoj dikë me diçka.
n'ahegehen* *vi ndash* **(s) (D)** (*më*) prek rëndë (*një vdekje etj.*).
n'ahegelegen *a* i afërm; fqinj.
n'ahekommen* *vi ndash* **(s) (D)** 1) i afrohem (*diçkaje*); 2) *fig* afrohem, lidhem (*me dikë*).
n'ahelegen *vt ndash* këshilloj; i jap të kuptojë (*dikujt diçka*).
n'aheliegen* *vi ndash* **(h)** 1) jam afër; 2) është afër mendsh, merret me mend lehtë; **es liegt nahe, daß ...** është për t'u pritur se ...
n'aheliegend *a* 1) i afërm, që ndodhet pranë; 2) i qartë, i kuptueshëm, i natyrshëm.
n'ahen 1. *vi* **(s)** afrohem; 2. *vrefl* **sich nahen (D)** i afrohem (*dikujt ose diçkaje*).
n'ähen *vt* qep (*një këmishë, një plagë etj.*); **mit der Hand, mit der**

Nähmaschine **nähen** qep me dorë, me makinë.

n'äher (*comp i* **nah**) 1. *a* 1) më i afërm; 2) më i hollësishëm; 2. *adv* më afër; më hollësisht.

N'äheres *n* hollësi; **Näheres bei, siehe ...** për njoftime më të hollësishme, shikoni ...

N'äherin *f* =, **-nen** rrobaqepëse.

n'ähertreten* *vi* (s) (D) 1) afrohem (*me dikë*); 2) shqyrtoj (*diçka*).

n'ähern 1. *vt* afroj; 2. *vrefl* **sich nähern** (D) i afrohem (*dikujt ose diçkaje*).

n'ahestehen* *vi ndash* (h) *fig* (D) jam i afërm (*me dikë*); i rri afër (*dikujt*).

n'ahestehend *a* i afërt.

n'ahetreten* *vi ndash* (s) 1) afrohem; 2) *fig* (D) njihem, afrohem (*me dikë*).

n'ahezu *adv* pothuaj, gati.

N'ahkampf *m* **-(e)s, -kämpfe** luftim trup me trup.

nahm *sh* **nehmen***.

N'ähmaschine *f* =, **-n** makinë qepëse.

N'ähnadel *f* =, **-n** gjilperë qepëse.

N'ährboden *m* **-s, -böden** truall ushqyes (*edhe fig*).

n'ähren 1. *vt* 1) ushqej; mbaj (*familjen etj.*); 2) *fig* ushqej (*një shpresë etj.*) 2. *vrefl* **sich nähren** ushqehem; 3. *vi* është i ushqyeshëm (*qumështi etj.*).

n'ahrhaft *a* 1) i ushqyeshëm; 2) *fig* dobiprurës, fitimsjellës.

N'ahrung *f* = ushqim (*edhe fig*).

N'ahrungsmittel *n* **-s,** = prodhim ushqimor.

N'ährwert *m* **-(e)s, -e** vlerë ushqyese.

Naht *f* =, **Nähte** 1) tegel; 2) *tek* xhunturë.

N'ähterin *vjet sh* **Näherin.**

n'ahtlos *a* pa tegel (*çorap grash*).

naiv [*na'iv*] *a* fëmijëror; i thjeshtë; i çiltër.

Naivit'ät [*-vi-*] *f* =, **-en** thjeshtësi; çiltëri; naivitet.

N'ame *m* **-ns, -n** 1) emër (*i përveçëm ose i përgjithshëm*); **ihr Name, bitte?** emrin, ju lutem?; **ich verhafte Sie im Namen des Gesetzes** ju arrestoj në emër të ligjit; **du kannst es in meinem Namen abholen** mund ta marrësh në emrin tim; **der Hund hört auf den Namen Teddy** qenit ia thonë emrin Tedi; *fig* **die Dinge, das Kind beim rechten Namen nennen** i them gjërat ashtu siç janë; 2) emër, famë, nam; **es gelang ihm, sich in wenigen Jahren einen Namen zu machen** arriti të bëhej i dëgjuar brenda pak vjetëve.

n'amenlos *a* 1) pa emër; 2) i papërshkrueshëm; **der Faschismus brachte namenloses Leid über die Menschheit** fashizmi i solli mjerime të papërshkrueshme njerëzimit.

N'amenregister *n* **-s,** = regjistër emëror.

n'amens *präp* (G) 1) me emër; me mbiemër; i quajtur; 2) që mban emrin; **ein Werk namens N.** një uzinë që mban emrin N.; 3) në emër, me porosi (*të dikujt*).

N'amenstag *m* **-(e)s, -e** ditë e emrit.

N'amensvetter *m* **-s, -n** emnak, njëemërak.

n'amentlich 1. *a* me emër; 2. *adv* 1) me emër; 2) veçanërisht, sidomos, ne radhë të parë.

N'amenverzeichnis *n* **-ses, -se** listë emërore; tregues i emrave.

n'amhaft *a* 1) i njohur; 2) i rëndësishëm (*shumë etj.*); 3) : **jemanden namhaft machen** them emrin e dikujt.

n'ämlich 1. *a* i njëjtë, po ai; 2. *conj* dhe pikërisht, domethënë.

n'annte *sh* **nennen***.

Napf *m* **-(e)s, Näpfe** tas; kupë.

N'arbe *f* **=, -n** blanë, shenjë; **die Wunde hat keine Narbe zurückgelassen** plaga s'ka lënë asnjë shenjë.

Nark'ose *f* **=, -n** *mjek* narkozë.

narkotis'ieren *vt mjek* narkotizoj.

Narr *m* **-en, -en** 1) budalla; **jemanden zum Narren haben, halten** vë në lojë, bëj budalla dikë; **den Narren spielen** hiqem si budalla; *prov* **ein Narr kann in einer Stunde mehr fragen, als zehn Weise in einem Jahr beantworten können** hedh një i marrë një gur në ujë e çohen një qind të urtë e s'e nxjerrin dot; 2) palaço, bufon.

n'arren *vt* bëj budalla; vë në lojë, tall.

N'arrheit *f* **=, -en** budallallëk, marrëzi.

n'ärrisch *a* prej budallai; i marrë; **sie ist rein närrisch vor Freude** ajo është bërë si e marrë nga gëzimi; **bist du närrisch?** e gjete! ; mos u çmende?; **närrisch sein nach, auf etwas** luaj mendsh pas diçkaje.

Narz'isse *f* **=, -n** *bot* bathër, narcis.

n'aschen 1. *vt* ha me lezet (*të ëmbëla*); 2. *vi* **(h)** 1) ha të ëmbëla; 2) **(von D)** ha tinëz (*nga diçka*).

N'ascher *dhe vjet* **N'äscher** *m* **-s, =** ai që i ha shumë të ëmbëlat.

n'aschhaft *a* që i ha shumë të ëmbëlat.

N'aschkatze *f* **=, -n** *bis* fëmijë, vajzë që i ha shumë të ëmbëlat.

N'aschwerk *n* **-(e)s** ëmbëlsira.

N'ase *f* **=, -n** 1) *anat* hundë; **durch die Nase reden** flas me hundë; *fig bis* **Mund und Nase aufsperren** rri gojëhapur (*nga habia*); *fig bis* **sich die Nase begießen** njom gurmazin; *fig bis* **ich habe tüchtig eins auf die Nase bekommen, einstecken müssen** kam ngrënë një dru të shëndoshë; *fig bis* **jemandem eine Nase drehen, machen** vë dikë në bisht të lahutës, të lugës, majë hostenit; *fig bis* **die Nase hängenlassen** var turinjtë; *fig bis* **die Nase hochtragen** mbaj hundën përpjetë; *fig bis* **er hat die richtige Nase dafür** ai ka haber nga kjo punë; *fig bis* **er hat mich an der Nase herumgeführt** a) ma ka hedhur; b) më ka hequr për hunde; *fig bis* **steck deine Nase ins Buch!** mëso!; *fig bis* **er sieht nicht weiter als seine Nase** ai nuk sheh më larg se hunda; *fig bis* **du solltest dir erst einmal den Wind um die Nase wehen lassen** duhet të shohësh një herë botë me sy; 2) hundë, nuhatje; 3) *gjeogr* kep; gadishull.

n'äseln *vi* **(h)** flas me hundë.

N'asenbluten *n* **-s** *mjek* gjak nga hunda.

N'asenflügel *m* **-s, =** *anat* flegër e hundës.

N'asenlänge *f* **=, -n** (*një*) gjatësi hunde; *shpr bis* **um eine Nasenlänge** për pak gjë.

N'asenloch *n* **-(e)s, -löcher** *anat* vrimë e hundës.

N'asenstüber *m* **-s, =** *bis* goditje (*e lehtë*) në hundë; *shpr* **jemandem einen Nasenstüber versetzen** ia heq veshin dikujt.

N'asenwurzel *f* **=** *anat* rrëzë e hundës.

n'aseweis *a bis* 1) tepër kureshtar; 2) i pafytyrë.

N'ashorn *n* **-(e)s, -hörner** *zool* rinoqeront.

naß *a* i qullur, i lagur; **nasse Augen** sy të përlotur; **nasser Sommer** verë me shi; **naß werden** lagem, bëhem qull.

N'assauer *m* **-s, =** *fig bis* qelepirxhi.
N'ässe *f* = lagështirë.
n'ässen 1. *vt* lag, njom; 2. *vi* **(h)** rrjedh (*plaga etj.*).
n'aßkalt *a* i ftohtë e me shi (*mot*).
Nati'on *f* **=, -en** komb; **die Vereinten Nationen** Kombet e Bashkuara.
nation'al *a* kombëtar, nacional.
Nation'albewußtsein *n* **-s** ndërgjegje kombëtare.
Nation'alhymne *f* **=, -n** hymn kombëtar.
nationalis'ieren *vt* shtetëzoj.
National'ismus *m* **=, -ismen** nacionalizëm.
National'ist *m* **-en, -en** nacionalist.
national'istisch *a* nacionalist.
Nationalit'ät *f* **=, -en** kombësi.
Nation'alökonomie *f* = ekonomi politike.
Nation'alrat *m* **-(e)s, -räte** 1) *vetëm sing* Këshilli Kombëtar (*në Austri e Zvicër*); 2) anëtar i Këshillit Kombëtar.
Nation'alsozialismus *m* = *pol hist* nacionalsocializëm, nazizëm.
Nation'altracht *f* **=, -en** kostum kombëtar, veshje kombëtare.
Nation'alvermögen *n* **-s, =** pasuri kombëtare.
N'atter *f* **=, -n** 1) *zool* bollë, gjarpër uji; 2) *bis* gjarpër; **eine Natter am Busen großziehen, nähren** mbaj gjarprin në gji.
Nat'ur *f* = 1) natyrë; 2) *pl* **-en** natyrë, karakter.
Natur'alien *pl* prodhime natyrore (*dru, ushqime etj.*).
naturalis'ieren 1. *vt* natyralizoj, i jap shtetësinë (*dikujt*); 2. *vrefl* **sich naturalisieren lassen** marr shtetësinë.
Natural'ismus *m* = *filoz, art* natyralizëm.
nat'urbelassen *a* i papërzier, i kulluar (*verë etj.*).
natur'ell *a* natyror, i papërpunuar; origjinal.
Natur'ell *n* **-s, -e** karakter, natyrë.
Nat'urereignis *n* **-ses, -se** fenomen i natyrës.
Nat'urerscheinung *f* **=, -en** *sh* **Naturereignis.**
Nat'urforscher *m* **-s, =** natyralist.
nat'urgemäß 1. *a* i natyrshëm; 2. *adv* sipas natyrës.
Nat'urgeschichte *f* = histori natyre.
nat'urgetreu *a* besnik (*riprodhim etj.*).
Nat'urkunde *f* = dituri natyre.
nat'ürlich 1. *a* 1) i natyrshëm; 2) natyror; **in natürlicher Größe** në madhësi natyrore; 2. *adv* natyrisht, sigurisht; në mënyrë të natyrshme, natyrshëm.
nat'ürlicherweise *adv* natyrisht.
Nat'ürlichkeit *f* = natyrshmëri.
nat'urrein *a* i pastër, i papërzier (*duhan, verë etj.*).
Nat'urschutzpark *m* **-(e)s, -e** *dhe* **-s** pyll, park i ruajtur (*nga shteti etj.*).
Nat'urtrieb *m* **-(e)s, -e** shtysë, instinkt.
Nat'urvolk *n* **-(e)s, -völker** popull primitiv.
nat'urwidrig *a* kundër natyrës.
Nat'urwissenschaft *f* **=, -en** shkencë e natyrës.
nat'urwissenschaftlich *a* i shkencave të natyrës.
Navigati'on [*-vi-*] *f* = lundrim (*detar, ajror*).
n. Br. = **nördlicher Breite** *gjeogr* gjerësi veriore.
N'ebel *m* **-s, =** 1) mjegull; *usht* **künstlicher Nebel** perde tymi; 2) *astr* mjegullnajë.
N'ebelbombe *f* **=, -n** bombë tymuese.

n'ebelhaft *a* i mjegullt, i mjegulluar; i turbullt.

N'ebelhorn *n* **-(e)s, -hörner** *det* sirenë.

n'eb(e)lig *sh* **nebelhaft.**

n'eben *präp* 1) (**A** *për lëvizje drejt një vendi;* **D** *për qëndrim në vend*) pranë, afër; **neben dem Fenster stehen** qëndroj pranë dritares; **neben das Fenster stellen** vë pranë dritares; 2) krahas, përveç; **neben anderen Möglichkeiten** përveç mundësive të tjera.

nebe'nan *adv* pranë; ngjitur; **das Haus nebenan** shtëpia ngjitur.

N'ebenarbeit *f* **=, -en** punë plotësuese.

N'ebenbedeutung *f* **=, -en** kuptim i dytë.

nebenb'ei *adv* 1) njëkohësisht; 2) përveç kësaj; ndër të tjera.

N'ebenberuf *m* **-(e)s, -e** profesion i dytë.

N'ebenbuhler *m* **-s, =** rival.

nebenein'ander *adv* 1) pranë njëri-tjetrit; 2) njëkohësisht.

Nebenein'ander *n* **-s** njëkohshmëri; **das Nebeneinander von Freud und Leid** njëkohshmëria e gëzimit dhe e hidhërimit.

nebenein'anderstellen *vt ndash* 1) vë pranë e pranë; 2) *fig* krahasoj.

N'ebeneinkünfte *pl* të ardhura plotësuese.

N'ebenerwerb *m* **-(e)s, -e** fitim plotësues.

N'ebenfach *n* **-(e)s, -fächer** 1) sirtar i vogël anësor; 2) lëndë e dytë (*mësimi*).

N'ebenfluß *m* **-sses, -flüsse** *gjeogr* degë lumi.

N'ebengasse *f* **=, -n** rrugicë anësore.

N'ebengebäude *n* **-s, =** shtojcë, aneks (*ndërtese*).

N'ebengeräusch *n* **-es, -e** zhurmë (*në radio etj.*).

nebenh'er *adv* 1) pranë; 2) kalimthi; rastësisht; 3) përveç kësaj.

nebenh'in *adv* ndër të tjera; përveç kësaj.

N'ebenraum *m* **-(e)s, -räume** 1) dhomë ngjitur; 2) *pl* të ndara anësore (*banjë, depo etj. të një hyrjeje*).

Ne'benrolle *f* **=, -n** rol i dytë.

N'ebensache *f* **=, -n** çështje e dorës së dytë.

n'ebensächlich *a* i dorës së dytë, i parëndësishëm.

N'ebensatz *m* **-es, -sätze** *gram* fjali e varur.

N'ebenstraße *f* **=, -n** rrugë anësore.

N'ebenverdienst *m* **-es, -e** fitim nga një punë plotësuese.

N'ebenwort *n* **-(e)s, -wörter** *gram* ndajfolje.

N'ebenzimmer *n* **-s, =** dhomë ngjitur, fqinjë (*me një tjetër*).

n'eblig *a* i mjegullt, me mjegull.

nebst *präp* (**D**) përveç, bashkë me ...; duke përfshirë.

Necessaire [*neses'er*] *n* **-s, -s** çantë (*për furça, vegla rroje etj.*).

n'ecken *vt* ngacmoj, ngas, tall; **sie necken sich gern** ata kanë qejf të ngacmojnë njeri-tjetrin.

Necker'ei *f* **=, -en** ngacmim, tallje.

n'eckisch *a* ngacmues, tallës.

N'effe *m* **-n, -n** nip.

Negati'on *f* **=, -en** mohim.

n'egativ *a* 1) mohues; 2) negativ.

N'egativ *n* **-s, -e** *fot* negativ.

N'eger *m* **-s, =** zezak.

neg'ieren *vt* 1) mohoj; 2) hedh poshtë, nuk pranoj.

Negligé [*neglizh'e*] *n* **-s, -s** robëdëshamër.

n'ehmen* *vt* 1) marr; **ein Tuch um die Schultern nehmen** hedh një shami krahëve; **eine Frau nehmen** marr grua; **einen Mann nehmen** marr burrë; **Maß nehmen** marr masën; **etwas auf sich nehmen** marr diçka mbi vete; 2) kap, zë; **jemanden an (bei) der Hand nehmen** marr, zë dikë për dore; **jemanden am (beim) Kragen nehmen** kap dikë për gryke; 3) marr, heq; **jemandem das Brot nehmen** i heq dikujt bukën e gojës; **jemandem die Ehre nehmen** i marr nderin dikujt; **sich (D) das Leben nehmen** vras veten; 4) kapërcej (*një pengesë etj.*); 5) kuptoj; **nehmen Sie es, wie wollen!** ta merrni (merreni) si të doni!; **etwas ernst nehmen** marr diçka me gjithë mend; 6) : *shpr* **nehmen Sie Platz!** uluni!; **Abschied nehmen** ndahem (*me dikë*); **er weiß die Menschen zu nehmen** di të sillet me njerëzit; **wir nehmen den Fall ...** ta zëmë ...; **ein Ende nehmen** merr fund; **etwas in Angriff nehmen** filloj diçka.

Neid *m* -(e)s zili, smirë; **der Neid nagt, zehrt an ihm** atë e bren, e ha zilia.

n'eiden *vt* : **jemandem etwas neiden** ia kam zili dikujt diçka.

N'eidhammel *m* **-s, =** *dhe* **-hämmel** *bis* ziliqar.

n'eidisch *a* ziliqar, smirëzi.

N'eige *f* **=, -n** 1) pjerrësi, shpat; 2) fund (*i një shisheje etj.*); *fig* **der Tag geht zur Neige** dita është në të thyer, në të sosur.

n'eigen 1. *vt* prier, ul; **die Waage neigt sich nach dieser Seite** peshorja priret nga kjo anë; **der Tag neigt sich** dita po thyhet, po mbaron; **das Haupt neigen** ul kokën; 2. *vi* **(h)** prirem; **er neigt stets zum Kompromiß** ai është përherë i prirur nga kompromisi.

N'eigung *f* **=, -en** 1) prirje; 2) pjerrësi, rrëpirë, shpat; 3) predispozitë, tendencë, prirje; 4) simpati.

nein *adv* jo; **nein sagen** refuzoj, nuk pranoj.

Nein *n* -s jo; **mit Nein antworten** përgjigjem me një »jo«.

N'ektar *m* **-s** 1) *mit* nektar; 2) *biol* nektar.

N'elke *f* **=, -n** *bot* karafil.

n'ennen* *vt* 1) përmend, zë në gojë, zë me emër; **sich nennen** quhem; **wie nennen Sie sich?** si quheni?; **können Sie mir Beispiele nennen?** a mund të më thoni ndonjë shembull?; 2) emëroj, emërtoj.

n'ennenswert *a* që vlen të përmendet, i rëndësishëm.

n'ennenswürdig *sh* **nennenswert.**

N'enner *m* **-s, =** *mat* emërues (*i një thyese*); **auf einen Nenner bringen** kthej në emërues të përbashkët (*edhe fig*).

N'ennfall *m* **-(e)s** *gram* rasë emërore.

N'ennform *f* **=, -en** *gram* paskajore.

N'ennwert *m* **-(e)s, -e** vleftë nominale (*e një monedhe etj.*).

N'eonlicht *n* **-(e)s, -er** 1) *vetëm sing* dritë neoni; 2) llambë neoni.

Nepp *m* **-s** *bis* matrapazllëk.

n'eppen *vt bis* rrjep (*klientët*).

Nerv *m* **-s** *dhe* **-en, -en** *anat* nerv; *fig* **starke Nerven haben** kam nerva të fortë; *fig* **die Nerven behalten** ruaj gjakftohtësinë; *fig* **die Nerven verlieren** humbas gjakftohtësinë; *fig bis* **das geht mir auf die Nerven** kjo m'i ngre nervat.

N'ervenarzt *m* **-es, -ärzte** neurolog.

N'ervenbündel *n* **-s, =** 1) tufë nervash; 2) *fig bis* njeri i shkatërruar nga nervat.

N'ervenkitzel *m* **-s** *fig bis* rrëqethje (*duke parë një film etj.*).

N'ervensäge *f* **=, -n** *bis* njeri që t'i ngre nervat.

N'ervenschmerz *m* **-es, -en** nevralgji.
N'ervenzusammenbruch *m* **-(e)s, -brüche** *mjek* ezaurim nervor.
n'ervlich *a* nervor.
nerv'ös [*-vës*] a 1) nervoz, nevrik; 2) nervor; *mjek* **nervöse Erschöpfung** ezaurim nervor.
Nervosit'ät [*-vo*] *f* = nervozizëm.
Nerz *m* **-es, -e** 1) *zool* vizon (*lloj shqarthi*); 2) gëzof vizoni.
N'essel *f* =, **-n** *bot* hithër.
Nest *n* **-es, -er** 1) çerdhe, fole; 2) *fig* strofkë (*hajdutësh etj.*).
n'esteln 1. *vt* 1) lidh; mbërthej; 2. *vi* **(h)** : **an etwas nesteln** rrekem me diçka.
N'esthäkchen *n* **-s,** = *fig* kanakar, fëmijë i përkëdhelur.
nett *a* 1) tërheqës, i dashur, miqësor, i mirë (*njeri*); 2) i këndshëm, i bukur (*mbrëmje etj.*); 3) *bis* i majmë (*shumë etj.*).
N'ettigkeit *f* = 1) përzemirësi; dashamirësi; 2) *pl* **-en** fjalë të mira, të bukura.
n'etto *adv* neto.
N'ettoeinkommen *n* **-s,** = të ardhura neto.
N'ettogewicht *n* **-(e)s, -e** peshë neto.
Netz *n* **-es, -e** 1) rrjetë (*peshkimi, flokësh etj.*); 2) rrjet (*elektrik etj.*).
n'etzen *vt* lag, njom (*buzët etj.*).
n'etzförmig *a* i rrjetëzuar.
neu 1. *a* i ri; **die neuesten Nachrichten** lajmet e fundit; *prov* **neue Besen kehren gut** fshesa e re fshin mirë; 2. *adv* 1) sapo; 2) rishtas; **etwas neu formulieren** formuloj diçka rishtas.
n'euartig *a* i ri, i paparë.
N'euauflage *f* =, **-n** ribotim, botim i ri.
N'eubau *m* **-s, -ten** 1) ndërtesë e re; 2) *vetëm sing* rindërtim (*i një teatri, shteti etj.*).
N'eubruch *m* **-(e)s, -brüche** tokë e re.
N'eudruck *m* **-(e)s, -e** rishtypje (*e një libri etj.*).
n'euerdings *adv* s'ka shumë kohë, para pak kohësh, kohët e fundit.
N'euerer *m* **-s,** = novator.
n'euerlich 1. *a* i ri; i përsëritur; 2. *adv* përsëri.
N'euerung *f* =, **-en** novacion, risi.
n'eugeboren *a* i porsalindur (*fëmijë*); *fig* **wie neugeboren** sikur kam lindur përsëri.
N'eugeborene *n* **-n, -n** foshnjë e porsalindur.
N'eugier(de) *f* = kureshtje; **die Neugier erregen, reizen, wecken** ngjall, nxis, zgjoj kureshtjen.
n'eugierig *a* kureshtar.
N'euheit *f* =, **-en** e re (*lajm, ngjarje etj.*); **letzte Neuheiten** te reja të fundit; **die Neuheiten der Mode** te rejat e modës.
N'euigkeit *f* =, **-en** *sh* **Neuheit.**
N'eujahr *n* **-(e)s** Vit i Ri.
N'euland *n* **-(e)s** tokë e re.
n'eulich *adv* s'ka shumë, tani së fundi.
N'euling *m* **-s, -e** i ri (*në një punë etj.*).
n'eumodisch 1. *a* i modës së fundit; 2. *adv* sipas modës së fundit.
N'eumond *m* **-(e)s** hënë e re.
neun *num* nëntë.
Neun *f* =, **-en** nënta, numri nëntë.
n'eunmalklug *a bis* mendjemadh.
n'eunte *a* i nëntë.
n'eunzehn *num* nëntëmbëdhjetë.
n'eunzig *num* nëntëdhjetë.
N'euordnung *f* =, **-en** 1) rend i ri, regjim i ri; 2) transformim.
N'euralgie *f* =, **-n** *mjek* nevralgji.
n'euralgisch *a mjek* nevralgjik.
N'eurose *f* =, **-n** *mjek* neurozë.
neutr'al *a* asnjanjës, neutral.

neutralis'ieren *vt* neutralizoj, asnjanësoj.
Neutralit'ät *f* = asnjanjësi, neutralitet.
N'eutrum *n* **-s, -tra** *dhe* **-tren** *gram* 1) gjini asnjanëse; 2) emër i gjinisë asnjanëse.
N'euwahl *f* =, **-en** rizgjedhje.
N'euzeit *f* = *hist* koha e re.
n'euzeitlich *a hist* i kohës së re.
nicht *adv* 1) nuk, s'; **das ist nicht gut** kjo nuk është e mirë; 2) jo; **nicht groß** jo i madh; **nicht doch!** jo de!; **nicht wahr?** apo jo?; **nicht im Leben!** kurrën e kurrës; 3) as; **nicht ... noch** as ... as; **nicht im geringsten!** aspak!; 4) mos; **bitte nicht berühren!** lutemi mos prekni!; 5) : *bis* **er ist nicht ohne** ai nuk është pa gjë.
N'ichte *f* =, **-en** mbesë.
n'ichtig *a* 1) i papërfillshëm, i parëndësishëm; 2) *drejt* i pavlefshëm.
N'ichtigkeit *f* = 1) *drejt* pavlefshmëri; 2) kotësi; 3) *pl* **-en** vogëlsira, çikërrima.
N'ichtleiter *m* **-s,** = *el* jopërçues.
N'ichtraucher *m* **-s,** = ai që nuk e pi duhanin.
n'ichtrostend *a* i pandryshkshëm (*çelik etj.*).
nichts *pron indef* (as)gjë, (kurr)gjë; **das tut nichts** s'ka gjë, s'prish punë; **mir nichts, dir nichts** pa një pa dy; **es gibt nichts Neues** s'ka asgjë të re; **nichts wert sein** s'vlen fare; **nichts als Ärger hat man mit dir** ti vetëm telashe di të hapësh; **aus nichts wird nichts** s'del gjë nga asgjëja; **mir liegt nichts daran** s'kam qejf (për këtë); **ich mache mir nichts daraus** aq më bën; **nichts für ungut** mos e merr(ni) për të keq; **für, um nichts und wieder nichts** kot së koti; **nichts zu danken!** s'ka gjë! s'ka përse!; **sonst nichts?** asgjë tjetër?; **um nichts in der Welt** për asgjë në botë; *bis* **nichts zu machen** s'kam ç'bëj.
Nichts *n* = 1) asgjë; zbrazëtirë, boshllëk; 2) (një) hiçgjë; (një) askush.
N'ichtschwimmer *m* **-s,** = ai që s'di not.
nichtsdestow'eniger *conj* megjithatë.
N'ichtskönner *m* **-s,** = i pazoti, i paaftë.
N'ichtsnutz *m* **-es, -e** *bis* bjerraditë.
n'ichtsnutzig *a* i pavlefshëm, i kotë.
n'ichtssagend *a* që s'të thotë asgjë, i zbrazët, bosh (*libër etj.*).
N'ichtstuer *m* **-s,** = përtac, dembel.
n'ichtswürdig *a* i përbuzshëm, i poshtër, i ulët (*njeri, veprim etj.*).
N'ickel *n* **-s** *kim* nikel.
n'icken *vi* **(h)** 1) bëj shenjë me kokë; 2) përshëndes; 3) ngre e ul kokën duke ecur (*kafsha*).
N'ickerchen *n* : *shpr* **ein Nickerchen machen** marr një sy gjumë.
nie *adv* kurrë; **besser spät als nie** më mirë vonë se kurrë; **nie und nimmer!** kurrën e kurrës!; **nie mehr!, nie wieder!** kurrë më!; **jetzt oder nie!** o tani, o kurrë!
n'ieder 1. *a* 1) i ulët; 2) i poshtër; 3) *zool* jokurrizor; 2. *adv* poshtë; **auf und nieder** lart e poshtë; 3. *int* poshtë; **nieder mit dem Faschismus!** poshtë fashizmi!
n'ieder = *parashtesë e ndashme foljore, që tregon lëvizje teposhtë:* **niedergehen.**
n'iederbrennen* *ndash* 1. *vt* djeg (*kashtën e grurit etj.*); bëj shkrumb e hi; 2. *vi* **(h)** digjet gjer në fund (*qiriri etj.*); bëhet shkrumb e hi (*shtëpia etj.*).

n'iederdrücken *vt ndash* 1) ul poshtë; 2) shtyp; 3) *fig* shkurajoj.

N'iedergang *m* **-(e)s, -gänge** 1) perëndim (*i diellit*); 2) *fig* rënie (*e moralit, kulturës etj.*).

n'iedergedrückt *a fig* zemërlëshuar.

n'iedergehen* *vi ndash* (s) 1) zbres; 2) bie (*shiu, perdja etj.*); 3) shpërthen (*tufani, rrebeshi etj.*).

n'iedergeschlagen *a fig* i shkurajuar, zemërlëshuar.

N'iedergeschlagenheit *f* = shkurajim.

n'iederhalten* *vt ndash* shtyp (*kryengritjen etj.*).

niederhauen* *vt ndash* 1) pres gjer në rrëzë; 2) *fig* grij (*armikun etj.*).

niederkommen* *vi ndash* (s) lind, pjell (*gruaja*); **mit einem Sohn niederkommen** lind djalë (*gruaja*).

N'iederkunft *f* =, **-künfte** lindje (*e gruas*).

N'iederlage *f* =, **-n** 1) disfatë, dështim; 2) *treg* depo, magazinë; degë.

n'iederlassen* *ndash* 1. *vt* ul (*flamurin etj.*); 2. *vrefl* **sich niederlassen** 1) ulem; 2) ngulem (*në një vend për banim*); 3) : **sich als Geschäftsmann niederlassen** hap dyqan.

N'iederlassung *f* =, **-en** degë (*e një ndërmarrjeje*).

n'iederlegen *ndash* 1. *vt* 1) ul përdhe (*një barrë etj.*); 2) pres (*një dru etj.*); 3) shemb (*një ndërtesë etj.*); 4) vendos (*një kurorë etj.*); 5) lë (*një punë, përgjegjësi etj.*); 6) : **die Waffen niederlegen** dorëzohem, hedh, lëshoj armët; 2. *vrefl* **sich niederlegen** shtrihem, bie të fle.

n'iederreißen* *vt ndash* prish, rrënoj (*një ndërtesë etj.*).

n'iederschießen* *ndash* 1. *vt* vras (*me një të shtënë*); pushkatoj; 2. *vi* (h) sulet (*skifteri mbi pre*).

N'iederschlag *m* **-s, -schläge** 1) goditje që (*të*) rrëzon përdhe; 2) *kim* precipitat; 3) *gjeol* depozitim, sedimentim; 4) *pl* reshje (*atmosferike*); 5) *fig* shprehje.

n'iederschlagen* *ndash* 1. *vt* 1) rrëzoj përdhe (*me grushte etj.*); vras; 2) ul (*sytë, temperaturën, jakën etj.*); 3) shtyp (*kryengritjen etj.*); 2. *vrefl* **sich niederschlagen** bie në fund, precipiton (*kripa etj.*).

n'iederschmettern *vt ndash* 1) përplas përdhe; 2) *fig* dërrmoj; trondis.

n'iederschmetternd *a* dërrmues; tronditës.

n'iederschreiben* *vt ndash* shkruaj (*kujtimet etj.*).

n'iederschreien* *vt ndash* ia mbyll gojën me të bërtitura (*dikujt*), nuk lë të flasë (*dikë*).

N'iederschrift *f* =, **-en** shkrim (*i kujtimeve etj.*).

n'iedersetzen *ndash* 1. *vt* ul (*një barrë etj.*); 2. *vrefl* **sich niedersetzen** ulem (*në bankë etj.*).

n'iederstoßen* *ndash* 1. *vt* 1) rrëzoj duke shtyrë; 2) rrëzoj duke goditur; 2. *vi* (s) sulet tatëpjetë (*zogu etj.*).

n'iederstürzen *ndash* 1. *vt* hedh poshtë, rrëzoj, shemb; 2. *vi* (s) 1) hidhem poshtë; 2) bie (*në gjunjë etj.*); 3) rrëzohem, shembem.

N'iedertracht *f* = poshtërsi.

n'iederträchtig 1. *a* i ulët, i poshtër (*veprim etj.*); 2. *adv* poshtërsisht; **er hat sie niederträchtig behandelt** ai është sjellë në mënyrë të poshtër me të.

N'iederung *f* = **-en** ultësirë.

n'iederwärts *adv* teposhtë, tatëpjetë.

n'iedlich *a* i këndshëm, i lezetshëm; **sie hat ein niedliches Gesicht** ajo ka një fytyrë të këndshme.

n'iedrig 1. *a* 1) i ulët (*çmim, mal etj.*);

2) i poshtër, i ulët (*qëllim etj.*); **die niedrigsten Instinkte wecken** zgjoj instinktet më të ulëta; 2. *adv* në mënyrë të ulët, poshtërsisht.

n'iemals *adv* asnjëherë, kurrë.

n'iemand *pron indef* asnjeri, askush; **niemand anders** askush tjetër; **es ist niemand** s'ka njeri.

N'iere *f* =, **-n** *anat* veshkë; *fig* **das geht mir an die Nieren** kjo më prek aty ku më dhemb.

n'ieseln *vi* (**h**) çikërron pa pushim (*shiu*).

n'iesen *vi* (**h**) teshtij.

Niet *m* **-(e)s, -e** *tek* perçinë (*për të mbërthyer pjesë metalike*).

N'iete *f* =, **-n** 1) short, biletë lotarie që nuk fiton; 2) *fig* njeri i dështuar; 3) shfaqje e dështuar.

n'ieten *vt* mbërthej me perçinë (*pjesë metalike*).

niet- und nagelfest *a* : *shpr bis* **alles, was nicht niet- und nagelfest ist** gjithçka që mund të ngrihet (*e morën hajdutët etj.*).

Nihil'ismus *m* **-s** nihilizëm.

Nikot'in *n* **-s**, *kim* nikotinë.

nikot'inarm *a* me pak nikotinë (*cigare*).

N'ilpferd *n* **-(e)s, -e** *zool* hipopotam.

N'imbus *m* =, **-se** *fig* brerore, shkëlqim.

nimm *sh* **nehmen***.

n'immer, nimmermehr *adv* 1) kurrë; 2) : *bis* **ich kann nimmer** s'mundem më.

N'immerleinstag *m* : *shpr* **du wirst dein Geld am (Sankt) Nimmerleinstag bekommen** paret do t'i marrësh kur të qethen viçat.

n'immermüde *a* i palodhshëm.

n'immersatt *a* i pangopshëm.

N'immerwiedersehen *n* : *shpr* **auf Nimmerwiedersehen verschwinden** zhdukem përgjithmonë.

nimmt *sh* **nehmen***.

n'ippen *vi* (**h**) (**an D**) gjerb, rrufis (*verën, kafenë etj.*).

N'ippes *pl* statujë e vogël (*për zbukurim*).

n'irgend(s) *adv* askund, asgjëkundi; **ich habe ihn nirgends gesehen** s'e kam parë gjëkundi.

n'irgend(s)hin *adv* askund, asgjëkundi (*me lëvizje*).

Nir'osta *n* **-s** (*shkurt i* **nichtrostender Stahl**) çelik i pandryshkshëm.

N'ische *f* =, **-n** *ark* kamare.

N'isse *f* =, **-n** thërijë.

n'isten *vi* (**h**) bën folenë (*zogu*).

Niveau [*niv'o*] *n* **-s, -s** 1) nivel (*i ujit, i detit etj.*); 2) *fig* nivel; **das kulturelle, wirtschaftliche Niveau** niveli kulturor, ekonomik.

niveaulos [*niv'olos*] *a* i nivelit të ulët (*shfaqje etj.*).

niveauvoll [*niv'ofol*] *a* i nivelit të lartë.

nivell'ieren [*-vel-*] *vt* niveloj.

Nivell'ierung [*-vel-*] *f* = nivelim.

N'ixe *f* =, **-n** e Bukura e Ujit, Floçka.

NO = **Nordost(en).**

n'obel *a* 1) fisnik (*njeri, karakter etj.*); 2) bujar, dorëgjerë.

Nobl'esse *f* = fisnikëri (*në sjellje etj.*).

noch 1. *adv* 1) edhe; **noch einer!** edhe një!; **nur schnell noch eines** edhe diçka tjetër shpejt e shpejt (*kam për të thënë*); **noch ein Wort, und ich schlage zu!** edhe një fjalë, e ta këputa!; **das mag noch angehen** kjo edhe mund të shkojë; **das fehlte noch!** edhe kjo (*na*) mungonte!; **das wäre noch schöner** kjo do të ishte edhe më e bukur!; **noch einmal so groß** edhe një herë më i madh; **dazu kommt noch folgendes** kësaj i duhet shtuar edhe sa vijon; **noch größer** edhe më i madh; 2) ende;

ich habe noch Zeit kam kohë ende; **sie ist noch zu haben** ajo është ende e pamartuar; **du bist noch zu jung!** s'je bërë akoma!; 3) : **ich habe noch gestern mit ihm telefoniert** dje sapo fola në telefon me të; **jede noch so kleine Hilfe** çdo ndihmë, sado e vogël qoftë; **und wenn du noch so schreist, es nützt dir nichts** sado të bërtasësh, kot e ke; **noch und noch** pa fund, pa hesap; **er hat Geld noch und noch** ka pare me thes; 2. *conj* as; **weder Schuhe noch Strümpfe** as këpucë as çorape.

n'ochmalig *a* i përsëritur, i dytë.

n'ochmals *adv* edhe një herë.

Nom'ade *m* **-n, -n** nomad; endacak.

N'ominativ *m* **-s, -e** *gram* rasë emërore.

nomin'ell *a* nominal (*vlerë etj.*).

nomin'ieren *vt* caktoj; emëroj.

Nonchalance [*nôshal'âsë*] *f* = mospërfillje, shkujdesje; serbesllëk.

nonchalant [*nôshal'â*] *a* mospërfillës, i shkujdesur.

Nonkonform'ismus *m* = jokonformizëm.

Nonkonform'ist *m* **-en, -en** jokonformist.

N'onne *f* =, **-n** murgeshë.

N'onnenkloster *n* **-s, -klöster** kuvend murgeshash.

N'onsens *m* **-es** *dhe* = budallallëk, absurditet.

Nord *m* **-s** erë e veriut, veri.

N'orden *m* **-s** veri; **die Völker des Nordens** popujt e veriut.

n'ordisch *a* 1) verior; 2) skandinav; 3) nordik.

n'ördlich 1. *a* i veriut, verior; 2. *adv* në veri, nga veriu, drejt veriut; 3. *präp* **(G)** në veri të ...; **nördlich der Stadt** në veri të qytetit.

N'ordlicht *n* **-(e)s, -er** agim polar.

Nord'ost *m det* 1) verilindje; 2) **-(e)s, -e** erë e verilindjes.

Nord'osten *m* **-s** verilindje.

nord'östlich 1. *a* verilindor; 2. *adv* në verilindje, nga verilindja, drejt verilindjes.

N'ordpol *m* **-s** Poli i Veriut.

N'ordstern *m* **-(e)s** Ylli Polar.

Nordw'est *m det* 1) veriperëndim; 2) **-(e)s, -e** erë e veriperëndimit.

Nordw'esten *m* **-s** veriperëndim.

nordw'estlich 1. *a* veriperëndimor; 2. *adv* në veriperëndim, nga veriperëndimi, drejt veriperëndimit.

Nörgel'ei *f* =, **-en** grindje (*për gjëra të vogla*); kapje pas çikërrimash.

n'örgeln *vi* **(h) (an D)** grindem (*për gjëra të vogla*); **er muß an allem nörgeln** ai përherë do të gjejë kleçka.

N'örgler *m* **-s,** = gërnjar.

Norm *f* =, **-en** normë; **die Norm erreichen, erfüllen** bëj, plotësoj normën.

norm'al *a* **normal.**

normalis'ieren *vt* normalizoj (*gjendjen etj.*).

normat'iv *a* normativ (*që shërben si normë*).

n'ormen *vt* normoj.

norm'ieren *sh* **normen.**

Norm'ierung *sh* **Normung**

N'ormung *f* =, **-en** 1) standardizim; 2) normim.

N'orweger *m* **-s,** = norvegjez.

n'orwegisch *a* norvegjez.

not *adv* : *shpr* **es tut (ist) not** duhet; **Eile tut not** puna nuk pret.

Not *f* = 1) varfëri, mjerim; **in Not leben** jetoj në mjerim; 2) mungesë, shtrëngesë (*paresh, kohe etj.*); 3) rrezik; **ein Freund in der Not** një mik në rrezik; 4) vështirësi, hall; **jemandes Not erleichtern** lehtësoj hallin e dikujt; **Not kennt kein**

Gebot halli s'njeh ligj; **jemandem seine Not klagen** ia qaj hallin dikujt; **aus Not** nga halli; *bis* **zur Not geht es schon** për hall mund të bëjë (*diçka*); 5) mundim; **mit Mühe und Not** me shumë mundime; 6) nevojë, domosdoshmëri; **es hat keine Not** s'ka nevojë; **ohne Not** pa qenë nevoja.

Not'ar *m* **-s, -e** noter.

notari'ell *a* (*i bërë*) me noter (*dokument etj.*).

N'otausgang *m* **-s, -gänge** dalje, derë rezervë (*në rast rreziku*).

N'otbehelf *m* **-s, -e** masë e përkohshme.

N'otdurft *f* = nevojë (*e natyrshme*); **große, kleine Notdurft** nevojë e madhe, e vogël; **seine Notdurft verrichten** bëj nevojën.

n'otdürftig 1. *a* i varfër, i mjerueshëm; i paktë; 2. *adv* mezi; **notdürftig leben** mezi mbaj frymën gjallë.

N'ote *f* =, **-n** 1) shënim, vërejtje; 2) notë (*në shkollë*); 3) kartëmonedhë; 4) *muz* notë; 5) *dipl* notë.

N'otenbank *f* =, **-en** *fin* bankë emetimi.

N'otenblatt *n* **-(e)s, -blätter** *muz* nota; pjesë me nota.

N'otfall *m* **-(e)s, -fälle** rast nevoje, rreziku; **für den Notfall einen Schirm mitnehmen** marr një çadër se mos bie shi; **im Notfall** në rast nevoje (*të domosdoshme*).

n'otfalls *adv* në rast nevoje.

n'otgedrungen *a* i shtyrë nga e keqja, i detyruar.

N'otgroschen *m* **-s,** = pare e kursyer për rast nevoje.

not'ieren *vt* 1) shënoj (*një datë etj.*); 2) *fin* caktoj (*kursin e një monedhe*).

n'ötig *a* i nevojshëm, i domosdoshëm; **er hat Ruhe nötig** ai ka nevojë për pushim; **es ist nicht nötig** s'është nevoja; **wenn nötig** në qoftë nevoja; **es fehlt ihm am Nötigsten** i mungojnë gjërat më të domosdoshme.

n'ötigen *vt* (**A zu D**) 1) detyroj, shtrëngoj (*dikë për diçka*); 2) ftoj me këmbëngulje (*dikë për diçka*).

n'ötigenfalls *adv* në rast nevoje.

Not'iz *f* =, **-en** njoftim, shënim; **Notiz nehmen (von D)** marr shënim, njoftim (*për diçka*); *shpr* **keine Notiz von etwas oder jemandem nehmen** s'përfill diçka ose dikë.

Not'izblock *m* **-(e)s, -e** bllok shënimesh.

Not'izbuch *m* **-(e)s, -bücher** fletore shënimesh.

N'otjahr *n* **-(e)s, -e** vit zie (*me korrje të këqija*).

N'otlage *f* =, **-n** ngushticë; **sich in einer Notlage befinden** gjendem ngushtë; **in eine Notlage geraten** bie ngushtë.

n'otlanden *vi* (s) *av* bëj zbritje të detyruar.

N'otlandung *f* =, **-en** *av* zbritje e detyruar (*e aeroplanit*).

n'otleidend *a* i varfër, i mjerë.

N'otlüge *f* =, **-n** gënjeshtër nga e keqja.

not'orisch *a* me nam, famëkeq; **notorischer Trinker** pijanec me nam.

N'otruf *m* **-(e)s, -e** 1) thirrje për (të kërkuar) ndihmë; 2) numër telefoni i policisë ose i zjarrfikësve.

N'otschrei *m* **-(e)s, -e** thirrje për ndihmë.

N'otsignal *n* **-s, -e** sinjal për (të kërkuar) ndihmë.

N'otstand *m* **-(e)s** *pol* gjendje e jashtëzakonshme.

N'otwehr *f* = vetëmbrojtje; **die Notwehr überschreiten** kaloj caqet e vetëmbrojtjes.

n'otwendig *a* i domosdoshëm, i pashmangshëm; **die notwendigen Formalitäten erledigen** kryej formalitetet e domosdoshme; **nur das Notwendigste mitnehmen** marr (me vete) vetëm gjërat më të domosdoshme; **es könnte notwendig werden, daß ...** mund të lindë nevoja që ...

n'otwendigerweise *adv* detyrimisht.

N'otwendigkeit *f* =, **-en** nevojë, domosdoshmëri.

Nov'ember [*-vem-*] *m* **-(s)** nëntor.

Nr. = **Nummer.**

Nu *m* : *shpr* **im Nu** në çast; **ich bin im Nu zurück** erdha.

Nuance [*ny'ânsë*] *f* =, **-n** nuancë, ngjyresë.

n'üchtern 1. *a* 1) esëll; **eine Arznei auf nüchternen Magen einnehmen** marr një ilaç esëll; 2) i arsyeshëm (*njeri etj.*); objektiv (*gjykim*); 3) i thatë (*stil etj.*); **eine nüchterne Nachricht** një lajm i thatë; 4) i pashije; bajat (*gjellë etj.*); 2. *adv* esëll.

N'üchternheit *f* = 1) të qenët esëll; 2) objektivitet; 3) thatësi (*stili etj.*).

N'udel *f* =, **-n** makaron.

n'udeln *vt* majm me brumë (*patën etj.*).

null *num* zero; *shpr* **null und nichtig** i pavlefshëm (*traktat etj.*).

Null *f* =, **-en** 1) zero; **das Spiel steht Zwei zu Null** loja është dy me zero; 2) nulitet; **er ist eine Null** ai është një hiç.

Numer'ale *n* = *dhe* **-s, -li/en** *dhe* **-lia** *gram* numëror.

numer'ieren *vt* i vë një numër, numërtoj (*një send etj.*); **numerierter Platz** vend i numërtuar.

Numer'ierung *f* =, **-en** numërtim.

N'ummer *f* =, **-n** 1) numër (*telefoni, shtëpie, këpuce etj.*); 2) numër (*gazete, cirku etj.*).

nun *adv* 1) tani; **ich muß nun gehen** tashti duhet të shkoj; **von nun an** këtej e tutje; 2) epo; **nun gut!** epo, mirë!; **nun ja, wie dem auch sei ...** epo, sidoqoftë ...; 3) hë; **nun, warum antwortest du nicht?** hë, përse nuk përgjigjesh?

n'unmehr *adv* tanimë.

N'untius *m* =, **Nunti/en** nunc (*përfaqësues diplomatik i papës*).

nur 1. *adv* vetëm; **alle, nur ich nicht** të gjithë, përveç meje; **wenn er nur käme!** veç të vinte!; **nicht nur billig, sondern auch gut** jo vetëm lirë, po edhe mirë; **nur noch eine Stunde** edhe një orë; **nur zu!** përpara!; 2. *conj* vetëm se; **nur weiß ich nicht, ob ...** vetëm se nuk e di a ...

n'uscheln *vt dhe vi* **(h)** *bis* flas nëpër dhëmbë ose me hundë.

Nuß *f* =, **Nüsse** *bot* arrë; lajthi; *fig bis* **eine harte Nuß** punë e vështirë.

N'ußbaum *m* **-(e)s, -bäume** *bot* arrë (*dru*).

N'ußknacker *m* **-s,** = arrëthyese.

N'ußschale *f* =, **-n** lëvozhgë arre; lëvozhgë lajthie.

N'üster *f* =, **-n** *anat* vrimë e hundës (*e kalit*).

Nut *f* =, **-en** *tek* vanë.

N'utte *f* =, **-n** *bis* lavire, kurvë.

n'utzbar *a* i dobishëm, i përdorshëm; **den Boden nutzbar machen** punoj tokën; **sich etwas nutzbar machen** shtie në punë, shfrytëzoj diçka.

N'utzbarkeit *f* = dobi.

n'utzbringend *a* fitimprurës, dobiprurës.

n'ütze *a* : *shpr* **zu nichts nütze sein** nuk vlen për asgjë; *shpr* **zu etwas nütze sein** vlen për diçka.

N'utzeffekt *m* **-(e)s, -e** *tek* koeficient i efektit të dobishëm.

n'utzen, nützen 1. *vi* **(h)** hyn në punë, është i dobishëm; **es nutzt nichts** është e kotë; **das nutzt mir viel** kjo më jep shumë dorë; 2. *vt* fus në punë, shfrytëzoj; **die Gelegenheit nutzen** shfrytëzoj rastin.

N'utzen *m* **-s, =** fitim, leverdi, dobi; **aus etwas Nutzen ziehen** nxjerr përfitim nga diçka; **das kann mir sehr von Nutzen sein** kjo mund të më vlejë shumë.

n'ützlich *a* i dobishëm; **sich nützlich machen** ndihmoj.

n'utzlos 1. *a* i padobishëm, i kotë; **nutzlose Anstrengungen** përpjekje të kota; 2. *adv* kot; **sein Leben nutzlos aufs Spiel setzen** rrezikoj jetën kot.

N'utzlosigkeit *f* padobishmëri.

N'utznießer *m* **-s, =** *drejt* shfrytëzues.

N'utznießung *f* **=, -en** *drejt* e drejtë shfrytëzimi, shfrytëzim.

N'utzung *f* **=, -en** shfrytëzim, përdorim.

NW = Nordwest(en).

Nylon [*n'ajlon*] *n* **-s** najlon.

N'ymphe *f* **=, -n** 1) *mit* nimfë; 2) *biol* nimfë.

O

O = **Ost(en).**
O'ase *f* =, **-n** *gjeogr* oazë.
ob 1. *conj* a, mos, në; **frag ihn, ob er zum Essen kommt** pyete a do të vijë për drekë; **ob er wohl noch kommt?** a do të vijë vallë akoma?; **ob er nun kommt oder nicht, wir müssen jetzt anfangen** të vijë ai a të mos vijë, tani duhet të fillojmë; **alle, ob arm, ob reich** të gjithë, të pasur a të varfër qofshin; **er tut als ob er alles schon wüßte** ai hiqet sikur t'i dinte të gjitha; **ob auch** megjithëse, sidoqë; **und ob ich ihn kenne!** apo (sikur) s'e njoh unë atë!; **und ob!** si jo, patjetër, ta merr mendja!; 2. *präp* 1) (D) mbi; 2) (G) për, për shkak të ...
Obacht *f* = *krahin* vëmendje, kujdes; **gib Obacht!** ki mendjen!, ruhu!
Obdach *n* **-(e)s** strehë; **kein Obdach haben, finden** nuk kam, nuk gjej strehë.
Obdukti'on *f* =, **-en** *mjek* autopsi.
obduz'ieren *vt* i bëj autopsinë (*një kufome*).
Obel'isk *m* **-en, -en** obelisk.
oben *adv* sipër, lart; *bis* **oben** gjer lart; **nach oben** lart (*drejtim*); **von oben (herab)** nga lart (*poshtë*); **oben am Tische** në krye të tryezës; *fig* **behalt den Kopf oben!** mbaje ballin lart!; **siehe oben!** shiko më sipër! (*në një libër*); *fig* **er ist oben nicht beliebt** lart nuk e shikojnë me sy të mirë; *fig* **die Anordnung kommt von oben** urdhëresa vjen nga lart; *fig* **jemanden von oben herab behandeln** trajtoj dikë me përçmim.
obenan *adv* në krye (*të një liste etj.*); lart në majë.
obenauf *adv* sipër; **dein Heft liegt obenauf** fletoren e ke sipër; *fig bis* **immer obenauf sein** jam përherë në qejf, në humor.
obendrauf *adv bis* lart, sipër; mbi të gjitha.
obendrein *adv* përveç kësaj, mbi të gjitha.
obenerwähnt *a* i lartpërmendur.
obengenannt *sh* **obenerwähnt.**
obenhin *adv* shkarazi; përciptas.
Ober *m* **-s,** = (krye)kamerier.
ober *a* i epërm, i sipërm; **die Oberen** eprorët; **der obere Flußlauf** rrjedha e sipërme e lumit; **die oberen Schichten** shtresat e larta.
Oberarm *m* **-(e)s, -e** *anat* krah (*pjesa nga bërryli te supi*).
Oberbefehl *m* **-(e)s** *usht* komandë e përgjithshme.
Oberbefehlshaber *m* **-s,** = kryekomandant.
Oberfläche *f* =, **-n** sipërfaqe; *fig* **alles, was er sagt, bleibt an der Oberfläche** gjithë ç'thotë ai, është e përciptë.
oberflächlich 1. *a* i përciptë, i cektë; **ein oberflächlicher Mensch** njeri i përciptë; 2. *adv* përciptas.
Oberflächlichkeit *f* = cektësi.
Obergewalt *f* = pushtet suprem.
oberhalb *präp* (G) sipër, përmbi; **oberhalb der Tür** përmbi derë, sipër derës.
Oberhand *f* : *shpr* **die Oberhand gewinnen (über A)** fitoj epërsinë (*mbi dikë*); mund, mposht (*dikë*).
Oberhaupt *n* **-(e)s, -häupter** kryetar; shef; komandant.
Oberhaus *n* **-es** dhomë e lartë (*e parlamentit*).
Oberhemd *n* **-s, -e** këmishë burrash.
Oberherrschaft *f* = sundim; hegjemoni; pushtet suprem.
Oberhoheit *f* = sovranitet.

Oberin *f* =, **-nen** 1) kryemurgeshë; 2) kryeinfermiere.

Oberkellner *m* **-s,** = kryekamerier.

Oberkiefer *m* **-s,** = *anat* nofull e sipërme.

Oberkommando *n* -s komandë e lartë.

Oberkörper *m* **-s,** = *anat* pjesa e sipërme e trupit, trung.

Oberland *n* **-(e)s, -länder** malësi.

Oberlicht *n* **-(e)s** 1) ndriçim nga lart (*i dhomës etj.*); 2) xham i derës.

Oberprima *f* =, **-primen** *vjet* klasë e nëntë (*më e lartë*) e gjimnazit.

Oberschenkel *m* **-s,** = *anat* kofshë, femur.

Obersekunda *f* =, **-sekunden** *vjet* klasë e shtatë e gjimnazit.

oberst (*superl i* **ober**) më i lartë, suprem; **das Oberste Gericht** gjykata e lartë.

Oberst *m* -s *dhe* **-en, -en** *usht* kolonel.

Oberstleutnant *m* -s, -e *dhe* -s *usht* nënkolonel.

Obertertia *f* =, **-terti/en** *vjet* klasë e pestë e gjimnazit.

Oberwasser *n* : *shpr* **Oberwasser haben** kam epërsi (*në lojë etj.*).

obgl'eich *conj* megjithëse, sidoqë.

Obhut *f* = mbikëqyrje, përkujdesje, mbrojtje; **jemanden in seine Obhut nehmen** marr dikë në mbrojtje.

obig *a* i lartpërmendur.

Obj'ekt *n* **-(e)s, -e** 1) objekt; 2) *gram* kundrinë.

objekt'iv *a* objektiv (*gjykim etj.*).

Objektivit'ät *f* = objektivitet, paanësi.

obl'iegen* *vi ndash dhe pandash* **(h)** 1) **(D)** i kushtohem (*një pune etj.*); **er obliegt seiner Aufgabe mit großer Gewissenhaftigkeit** ai i kushtohet detyrës me ndërgjegje të lartë; 2) (*më*) përket; **das liegt mir ob** këtë e kam për detyrë.

Obliegenheit *f* =, **-en** detyrë.

oblig'at *a* i pashmangshëm; i detyrueshëm.

obligat'orisch *a* i detyrueshëm.

Obmann *m* **-(e)s, -männer** *dhe* **-leute** 1) kryetar, epror; 2) zëdhënës.

Ob'o/e *f* =, **-n** *muz* oboe.

Obolus *m* =, **-se** *dhe* = ndihmesë e vogël (*në të holla*).

Obrigkeit *f* =, **-en** pushtet; pari; autoritet; **sich bei der Obrigkeit beliebt machen** i hyj në qejf parisë.

obsch'on *sh* **obgleich.**

Observat'orium *n* **-s, -t'orien** observator (*astronomik*).

obsk'ur *a* 1) i errët, i paqartë; 2) i dyshimtë.

Obst *n* **-es** fruta, pemë.

Obstrukti'on *f* =, **-en** obstruksion.

obsz'ön *a* i paturpshëm, i ndyrë, i pahijshëm (*veprim, fjalë etj.*).

Obszönit'ät *f* =, **-en** fjalë, vepër e ndyrë.

obwaltend *a* 1) ekzistues, i dhënë; **unter den obwaltenden Umständen** në rrethanat ekzistuese; 2) mbisundues (*mendim etj.*).

obw'ohl *sh* **obgleich.**

obzw'ar *sh* **obgleich.**

Ochs(e) *m* **-en, -en** 1) *zool* ka (*i tredhur*); 2) *bis* kokëtrashë, budalla.

ochsen *vi* **(h)** *bis* shuhem duke mësuar.

Ochsenauge *n* **-s, -n** 1) sy bualli; 2) *ark* sy bualli (*dritare e rrumbullakët*); 3) *kuzh* vezë syze.

Ochsentour *f* =, **-en** *bis* karrierë e mundimshme (*e një politikani etj.*).

öde *a* 1) i shkretë, i pabanuar (*vend etj.*); 2) *fig* i zbrazët, bosh (*libër etj.*); i kotë (*jetë etj.*); i mërzitshëm (*shoqëri etj.*).

Öde *f* = 1) shkretëtirë, vend i humbur, humbëtirë; 2) *fig* zbrazëtirë (*shpirtërore etj.*).

Ode *f* =, **-n** *let* ode.

oder *conj* ose; **entweder du oder ich** ose ti ose unë; **willst du, oder willst du nicht?** do apo s'do?; **es ist doch so, oder nicht?** kështu është, apo jo?; **entscheide dich, entweder - oder!** preje, vendos kështu apo ashtu!

Odium *n* **-s** urrejtje, armiqësi.

Odyss'ee *f* =, **-n** *fig* odise.

Ofen *m* **-s, Öfen** 1) sobë, stufë; **am warmen Ofen sitzen** rri pranë sobës; 2) *tek* furrë.

Ofenkachel *f* =, **-n** pllakë qeramike e sobës.

Ofenrohr *n* **-(e)s, -e** gyp, tub i sobës.

Ofenröhre *f* =, **-n** gyp, tub i sobës.

Ofenzug *m* **-(e)s, -züge** 1) tub, oxhak, gyp i sobës; 2) tërheqje (*e oxhakut*).

offen 1. *a* 1) i hapur (*letër, dritare, enë etj.*); *fig* **ein offenes Ohr bei jemandem finden** gjej mirëkuptim te dikush; 2) *fig* i lirë, i pazënë (*vend etj.*); **mir bleibt kein anderer Weg offen** s'më mbetet rrugë tjetër; **auf offenem Meer** në det të hapur; 3) i pazgjidhur (*çështje etj.*); 4) i çiltër, i ndershëm (*njeri etj.*); 5) troç (*fjalë etj.*); 2. *adv* : hapur; **offen reden, sprechen** flas hapur; **seine Habgier ist offen hervorgetreten** lakmia e tij ka dalë hapur.

offenbar 1. *a* i qartë, i dukshëm (*qëllim, gabim etj.*); 2. *adv* siç duket.

offenb'aren 1. *vt* zbuloj, nxjerr në shesh, shfaq; 2. *vrefl* **sich offenbaren** shfaqem.

Offenb'arung *f* =, **-en** zbulim.

offenbleiben* *vi ndash* **(s)** 1) mbetet hapur (*dritarja etj.*); 2) mbetet pezull (*çështja etj.*).

offenhalten* *vt ndash* 1) mbaj të hapur (*derën etj.*); 2) mbaj të lirë (*një vend etj.*); 3) : *fig* **seine Hand offenhalten** a) jam dorëgjerë; b) pres një bakshish.

Offenheit *f* = sinqeritet, çiltërsi, ndershmëri.

offenherzig *a* i çiltër, zemërhapur.

offenkundig *a* i qartë, i ditur.

offenlassen* *vt ndash* 1) lë hapur (*dritaren etj.*); 2) lë pezull (*çështjen etj.*).

offensichtlich 1. *a* i dukshëm; i qartë; i hapur; 2. *adv* siç duket.

offens'iv *a* ofensiv, sulmues.

Offens'ive [*-ve*] *f* =, **-n** *usht* ofensivë, mësymje; **die Offensive ergreifen** hidhem në sulm.

offenstehen* *vi* **(h)** *ndash* 1) rri hapur (*dritarja etj.*); mbetet e papaguar (*llogaria etj.*); 2) : **es steht ihm offen** ai është i lirë (*të bëjë diçka*); **die Wahl steht Ihnen offen** mund të zgjidhni.

öffentlich 1. *a* publik; 2. *adv* publikisht, botërisht.

Öffentlichkeit *f* = botë, njerëzi, publik; **etwas in aller Öffentlichkeit tun, sagen** bëj, them diçka botërisht; **etwas an die Öffentlichkeit bringen** shpall, botoj diçka.

offer'ieren *vt* 1) *treg* ofroj; 2) propozoj (*për diçka*).

Off'erte *f* =, **-n** *treg* ofertë.

offizi'ell 1. *a* zyrtar (*lajm, ftesë etj.*); 2. *adv* zyrtarisht.

Offiz'ier *m* **-s, -e** oficer.

offizi'ös *a* gjysmëzyrtar.

öffnen 1. *vt* hap, çel; **die Augen, Lippen, den Mund öffnen** hap sytë, buzët, gojën; **eine Leiche öffnen** çaj një kufomë; 2. *vrefl* **sich öffnen** hapet (*dera etj.*); çel (*lulja etj.*).

Öffnung *f* = 1) hapje; 2) *pl* **-en** vrimë.

oft *adv* (*comp* **öfter**, *superl* **öftest**)

shpesh; **ich habe ihn oft dort gesehen** e kam parë shpesh atje; **so oft ...** sa herë që ...; **wie oft?** sa herë?
öfter *adv* mjaft shpesh.
öfters *adv bis* mjaft shpesh.
oftmalig *a* i shpeshtë.
oftmals *a* shpesh.
Oheim *m* **-(e)s, -e** *vjet* xhaxha.
ohne 1. *präp* **(A)** pa; **ohne Antwort, Gruß, Hilfe** pa përgjigje, përshëndetje, ndihmë; *bis* **er ist nicht ohne** ai s'është pa gjë; **ohne weiteres** menjëherë, sakaq; 2. *conj* : **ohne daß ..., ohne zu ...** pa + *pjesore;* **ohne es zu wissen** pa e ditur; **nicht ohne den Brief zu lesen** jo pa e lexuar letrën.
ohned'ies *adv* sidoqoftë, sido që të jetë.
ohneh'in *sh* **ohnedies.**
ohnegl'eichen *adv* i pashoq.
Ohnmacht *f* = 1) pafuqi, dobësi; 2) *pl* **-en** të fikët; **in Ohnmacht fallen** më bie të fikët.
ohnmächtig *a* 1) i pafuqishëm (*zemërim etj.*); 2) : **ohnmächtig werden** më bie të fikët, humbas ndjenjat.
Ohr *n* **-(e)s, -en** *anat* vesh; **scharfe, feine Ohren** veshë të mprehtë, të hollë; **taube Ohren** veshë të shurdhër; **ganz Ohr sein** hap veshët; **die Ohren spitzen** ngre veshët bigë; **auf einem Ohr taub sein** jam i shurdhër nga një vesh; *fig* **sich es hinter die Ohren schreiben** e kam, e vë vath në vesh; **die Ohren anlegen** var veshët; *bis* **hast du keine Ohren?** ku i ke veshët?; *fig bis* **auf dem Ohr höre ich schlecht!** nuk dëgjoj nga ky vesh!; *bis* **an (über) die Ohren verschuldet sein** jam mbytur në borxh; *fig bis* **jemanden übers Ohr hauen** ia hedh dikujt; **es ist mir zu Ohren gekommen** më ka rënë në vesh; *fig bis* **jemandem in den Ohren liegen** i çaj kokën, veshët dikujt; *fig bis* **haben dir nicht die Ohren geklungen?** a t'u skuqën veshët (*se të zunë në gojë*)?
Öhr *n* **-(e)s, -e** vrimë e gjilpërës.
ohrenbetäubend *a* shurdhues (*zhurmë etj.*).
Ohrfeige *f* **=, -n** shpullë, dackë, flakaresh.
ohrfeigen *vt* i bie me shpullë (*dikujt*).
Ohrläppchen *n* **-s, =** *anat* llapë, bulë e veshit.
Ohrring *m* **-(e)s, -e** vath.
Okkupati'on *m* **-s** pushtim.
okkup'ieren *vt* pushtoj (*një vend*).
Ökonom'ie *f* = ekonomi.
ökon'omisch *a* ekonomik.
Okt'ave [*-ve*] *f* **=, -n** *muz* oktavë.
Okt'ober *m* **-s** tetor.
okul'ieren *vt bujq* shartoj.
Okzid'ent *m* **-s** *vjet* Perëndim, vendet e Perëndimit.
Öl *n* **-(e)s -e** 1) vaj; *fig bis* **Öl ins Feuer gießen** i fryj zjarrit; 2) naftë.
Ölbaum *m* **-(e)s, -bäume** *bot* ulli.
ölen *vt* lyej me vaj, vajos; *fig* **es geht wie geölt** shket si në vaj (*puna etj.*).
Ölfarbe *f* **=, -n** ngjyrë, bojë vaji.
Ölgemälde *n* **-s, =** tablo me bojëra vaji.
Ölgötze *m* : *shpr bis* **wie ein Ölgötze** si hu gardhi.
Ölheizung *f* **=, -en** sistem ngrohjeje me naftë.
ölig *a* 1) i lyer me vaj; 2) si vaj; 3) *fig* i shtirë, që të lan e të lyen.
Ölindustrie *f* **=, -stri/en** industri e naftës.
Ol'ive [*-ve*] *f* **=, -n** ulli (*kokërr*).
Ol'ivenöl *n* **-(e)s** vaj ulliri.
Ölleitung *f* **=, -en** naftësjellës.
Ölmotor *m* **-s, -toren** motor me naftë.
Ölsardine *f* **=, -n** sardele me vaj ulliri.

Ölung *f* =, **-en** vajosje.
Olympi'ade *f* =, **-n** olimpiadë.
ol'ympisch *a* olimpik.
Oma *f* =, **-s** *bis* gjyshe.
Omel'ett *n* **-(e)s, -e, Omelette** *f* =, **-n** omëletë.
Omen *n* **-s, Omina** ogur, shenjë (*e mirë, e keqe*).
Omnibus *m* **-ses, -se** omnibus.
ondul'ieren *vt* dredh (*flokët*).
Onkel *m* **-s,** = dajë, ungj, xhaxha.
Opa *m* **-s, -s** *bis* gjysh.
Oper *f* =, **-n** *muz* opera; **in die Oper gehen** shkoj në opera; **zur Oper gehen** bëhem këngëtar(e) opere.
Operateur [*operat'ër*] *m* **-s, -e** (mjek) kirurg.
Operati'on *f* =, **-en** *mjek, usht* operacion.
Operati'onssaal *m* **-s, -säle** *mjek* sallë operacioni.
operat'iv *a* 1) kirurgjik; 2) *usht* operativ.
Oper'ette *f* =, **-n** *muz* operetë.
oper'ieren 1. *vt* operoj; **jemanden am Magen operieren** operoj dikë në stomak; **sich operieren lassen** operohem; 2. *vi* **(h)** veproj.
Opernglas *n* **-es, -gläser** dylbi teatri.
Opernhaus *n* **-es, -häuser** ndërtesë e operës.
Opfer *n* **-s,** = 1) fli, viktimë (*e luftës, e tërmetit etj.*); 2) sakrificë; **kein Opfer scheuen** s'kursej asgjë.
opfern 1. *vt* flijoj, sakrifikoj; **Gut und Blut opfern** jap gjënë e jetën; 2. *vrefl* **sich opfern** sakrifikohem, jap jetën.
Opferung *f* =, **-en** flijim, sakrifikim.
Opium *n* **-s** opium.
oppon'ieren *vi* **(h) (gegen A)** kundërshtoj (*dikë*).
opport'un *a* i përshtatshëm, me vend (*qëndrim etj.*).
Opportun'ismus *m* = oportunizëm.
Opportun'ist *m* **-en, -en** oportunist.
opportun'istisch *a* oportunist.
Oppositi'on *f* =, **-en** opozitë.
opt'ieren *vi* **(h)** optoj (*për demokracinë, republikën etj.*).
Optik *f* = *fiz* optikë.
Optiker *m* **-s,** = punues, tregtues mjetesh optike.
optim'al *a* optimal, shumë i mirë.
Optim'ismus *m* = optimizëm.
Optim'ist *m* **-en, -en** optimist.
optim'istisch *a* optimist.
Opti'on *f* =, **-en** zgjedhje e shtetësisë, optim.
optisch *a* optik.
opul'ent *a* i pasur, i bollshëm.
Opus *n* =, **Opera** *muz* vepër.
Or'akel *n* **-s,** = orakull.
or'akeln *vi* **(h)** profetizoj.
orange [*or'âzhë*] *a* portokall (*ngjyrë*).
Orat'orium *n* **-s, -t'orien** *muz* oratorium.
Orch'ester [*-kestër*] *n* **-s,** = *muz* orkestër.
Orden *m* **-s,** = urdhër (*dekoratë*).
ordentlich 1. *a* 1) i rregullt (*njeri etj.*); 2) i përhershëm (*anëtar etj.*). 3) i kujdesshëm; i përpiktë; 4) i bollshëm (*ushqim etj.*); 2. *adv* 1) mirë, në rregull, siç duhet; 2) *bis* shumë, fort; **der Schreck ist mir ordentlich in die Glieder gefahren** më ka hyrë frika thellë në palcë.
Orden(s)träger *m* **-s,** = i dekoruar (*me një urdhër*).
Order *f* =, **-n** *vjet* urdhër, urdhëresë, detyrë.
ordin'är *a* 1) i zakonshëm, i rëndomtë; 2) i ulët, vulgar.
Ordin'arius *m* =, **Ordinari/en** profesor i rregullt i një shkolle të lartë.
ordnen *vt* 1) vë në rregull, rre-

gulloj; **seine Angelegenheiten ordnen** rregulloj punët e mia; 2) rendis, radhis; **in Gruppen ordnen** ndaj në grupe.

Ordner *m* **-s, =** përgjegjës për rregullin (*në mbledhje, festime etj.*).

Ordnung *f* **=, -en** 1) *vetëm sing* rregull; *bis* **in Ordnung!** në rregull!; **die Ordnung stören** prish rregullin; **Ordnung schaffen** vë rregull; 2) rend (*alfabetik etj.*); 3) kategori; 4) rregullore; 5) : *shpr* **nur der Ordnung halber** vetëm sa për formë; *shpr* **jemanden zu Ordnung rufen** i tërheq vërejtjen dikujt.

ordnungsgemäß *a* sipas rregullit, rendit, kategorisë.

Ordnungssinn *m* **-(e)s** ndjenjë e rregullit.

Ordnungsstrafe *f* **=, -n** masë disiplinore; gjobë.

ordnungswidrig *a* (*që është*) kundër rregullit.

Ordnungszahl *f* **=, -en** *gram* numër rreshtor.

Ordonn'anz *f* **=, -en** *usht* ordinancë.

Organ *n* **-s, -e** 1) *biol* organ; 2) organ (*gazetë*); 3) organ (*pushteti etj.*).

Organisati'on *f* **=** 1) organizim; 2) *pl* **-en** organizatë.

Organis'ator *m* **-s, -t'oren** organizues, organizator.

organisat'orisch *a* organizativ.

org'anisch 1. *a* organik; 2. *adv* organikisht.

organis'ieren 1. *vt* 1) organizoj; 2) *bis* gjej (*cigare etj.*). 2. *vrefl* **sich organisieren** hyj në një organizatë (*parti etj.*); organizohem.

Organ'ismus *m* **=, -men** organizëm.

Organ'ist *m* **-en, -en** *muz* organist.

Org'asmus *m* **-s, Orgasmen** *fiziol* orgazëm.

Orgel *f* **=, -n** *muz* organo.

Orgelspieler *m* **-s, =** organist.

Orgi/e *f* **=, -n** orgji.

Ori/ent *m* **-s** Lindje.

Orient'ale *m* **-n, -n** lindor (*banor i Lindjes*).

orient'alisch *a* lindor.

ori/ent'ieren, sich 1. *vrefl* orientohem; *fig* **(über A)** informohem (*për diçka*); 2. *vt* orientoj, informoj.

Orient'ierung *f* **=, -en** orientim.

origin'al *a* 1) origjinal, i vërtetë, autentik; 2) krijuese (*punë*).

Originalit'ät *f* **=** origjinalitet.

origin'ell *a* 1) origjinal (*mendim etj.*); 2) i vërtetë, autentik.

Ork'an *m* **-s, -e** tufan.

Ornam'ent *n* **-(e)s, -e** zbukurim, stoli.

Orn'at *m* **-s, -e** veshje ceremoniale.

Ort *m* **-(e)s, -e** 1) vend; **es ist hier nicht der Ort** nuk është vendi këtu; **fehl am Ort** pa vend (*fjalë etj.*); **von Ort zu Ort** nga një vend në tjetrin; **an Ort und Stelle** në vend; 2) fshat, bashkësi, lokalitet.

Örtchen *n* **-s, =** *bis* nevojtore.

orthod'ox *a* 1) *fet* ortodoks; 2) konservator (*njeri, metodë etj.*).

Orthodox'ie *f* **=** *fet* ortodoksi.

Orthograph'ie *f* **=, -phi/en** drejtshkrim, ortografi.

orthogr'aphisch *a* drejtshkrimor, ortografik.

Orthop'äde *m* **-n, -n** *mjek* ortoped.

Orthopäd'ie *f* **=** *mjek* ortopedi.

orthop'ädisch *a* *mjek* ortopedik.

örtlich 1. *a* 1) vendës; 2) lokal; *mjek* **örtliche Betäubung** anestezi lokale; 2. *adv* : **das ist örtlich verschieden** kjo ndryshon sipas vendit.

ortsansässig *a* vendës (*banor*).

Ortschaft *f* =, **-en** fshat; bashkësi; lokalitet.
ortsfremd *a* i ardhur, i huaj; **ich bin hier ortsfremd** jam i huaj këtu.
Ortsgespräch *n* **-s, -e** bisedë telefonike urbane, qytetore.
ortskundig *a* njohës i vendit.
Ortssinn *m* **-(e)s** aftësi për t'u orientuar.
Ortsteil *m* **-s, -e** pjesë e fshatit, e lokalitetit.
ortsüblich *a* sipas zakonit të vendit; **das ist hier nicht ortsüblich** këtë s'e kemi zakon këtu.
Ortsverkehr *m* **-s** 1) komunikacion lokal; 2) qarkullim lokal (*i automjeteve etj.*).
Ortsverwaltung *f* =, **-en** administratë lokale.
Ortung *f* =, **-en** *det, av* orientim.
Öse *f* =, **-n** hallkëz; unazë.
Ost *m* 1) *det* lindje; 2) **-(e)s, -e** erë e lindjes.
Osten *m* **-s** Lindje.
ostentat'iv *a* që bie në sy; demonstrativ; provokues (*gjest, veprim etj.*).
Ostern *n* =, = *fet* pashkë.
Österreicher *m* **-s,** = austriak.
österreichisch *a* austriak, i Austrisë.
östlich 1. *a* lindor; 2. *präp* **(G) : östlich des Flusses** në lindje të lumit.
ostwärts *adv* nga lindja, në drejtim të lindjes.
Otter I *m* **-s,** = *zool* lundërz.
Otter II *f* =, **-n** *zool* nepërkë.
Ouvert'üre [*uver-*] *f* =, **-n** *muz* uverturë.
ov'al [*-val*] a vezak.
Ovati'on [*ova-*] *f* =, **-en** brohoritje, ovacion; **jemandem eine Ovation darbringen** brohoras për dikë.
Overall [*'ouvëroll*] *m* **-s, -s** kominoshe.
Ovulati'on [*-vu-*] *f* =, **-en** *biol* ovulacion.
oxyd'ieren *vi* **(h, s)** *kim* oksidohet.
Oze'an *m* **-s, -e** oqean.
oze'anisch *a* oqeanik.

P

p. a. = *lat* **pro anno** në vit, brenda një viti.

paar *a* 1) par, çift (*numër*); **paare Blätter** fletë çift; 2) *indekl* **ein paar** disa, nja; **ein paar Hundert** ca qindra; **ein paar zwanzig** nja njëzet; **ein paar Minuten** ca minuta; **ein paar Male** dy-tri herë.

Paar *n* **-(e)s, -e** çift, palë; **ein Paar Schuhe** një palë këpucë; **ein Paar Ochsen** një pendë qe; **ein Paar werden** martohem; **das junge Paar** çifti i ri.

p'aaren 1. *vt* 1) ndërzej (*kafshët*); 2) *fig* bashkoj; 2. *vrefl* **sich paaren** 1) ndërzehen (*kafshët*); 2) *fig* bashkohemi.

P'aarung *f* **=, -en** ndërzim (*i kafshëve*).

p'aarweise *adv* dy nga dy, në çifte.

Pacht *f* **=, -en** qira; **etwas in Pacht nehmen** marr me qira diçka.

p'achten *vt* marr me qira (*një tokë, dhomë etj.*).

P'ächter *m* **-s, =** qiramarrës.

Pack I *m* **-s, Päcke** pako; deng; **mit Sack und Pack** me laçkë e me plaçkë.

Pack II *n* **-s** *bis* fundërri (*e shoqërisë*).

P'äckchen *n* **-s, =** paketë.

p'acken 1. *vt* 1) mbledh, mbështjell (*plaçka etj.*); **in Papier packen** mbështjell në letër; 2) fus (*plaçkat në valixhe etj.*); 3) mbush (*valixhen etj.*); 4) kap, zë; **ich packe ihn am Arm** e kap për krahu; 5) *fig* tërheq, rrëmbej; **das Buch hat mich sehr gepackt** libri më ka rrëmbyer; 2. *vrefl* **sich packen** *bis* ua mbath këmbëve; **pack dich!** mbushu!; **er soll sich packen!** të këpusë qafën!

P'acken *m* **-s, =** pako; deng.

p'ackend *a* tërheqës, që të rrëmben (*shfaqje etj.*).

P'acker *m* **-s, =** paketues.

P'ackung *f* **=, -en** paketim.

Pädag'oge *m* **-n, -n** pedagog.

Pädag'ogik *f* **=** pedagogji.

padäg'ogisch 1. *a* pedagogjik; 2. *adv* në mënyrë pedagogjike.

P'addel *n* **-s, =** lopatë (*e barkës*).

P'addelboot *n* **-(e)s, -e** barkë e ngushtë dhe e lehtë sporti me lopata.

p'addeln *vi* **(h)** 1) vozis; 2) llokoçitet (*fëmija*).

p'affen *bis* 1. *vi* **(h)** tymos, pi duhan; 2. *vt* tymos, pi (*një cigare etj.*).

Page [*p'azhë*] *m* **-n, -n** *hist* pazh.

Pak'et *n* **-s, -e** paketë, pako postare.

Pakt *m* **-(e)s, -e** pakt, traktat; **einen Pakt schließen** përfundoj një pakt.

pakt'ieren *vi* **(h)** bie në ujdi.

Palais [*pal'e*] *n* **=, =, Palast** *m* **-(e)s, Paläste** pallat.

Pal'aver [*-vër*] *n* **-s, =** pallavra.

Pal'ette *f* **=, -n** paletë (*e piktorit*).

P'alme *f* **=, -n** *bot* palmë; *fig* **die Palme erringen** korr fitoren; *fig bis* **jemanden auf die Palme bringen** zemëroj dikë.

Pamphl'et *n* **-s, -e** *let* pamflet.

Pan'ier *n* **-s, -e** 1) *vjet* flamur (*lufte*); 2) *fig* parullë, moto.

P'anik *f* **=** panik.

p'anisch *a* që sjell panik; **ein panischer Schrecken** një tmerr çoroditës.

P'anne *f* **=, -n** 1) avari (*e makinës etj.*); 2) çrregullim; 3) mossukses.

Panor'ama *n* **-s, -men** panoramë.

p'anschen 1. *vt* trazoj (*verën me ujë etj.*); 2. *vi* **(h)** *bis* llokoçitet (*në ujë fëmija etj.*).

P'anther *m* **-s, =** *zool* panterë.

Pant'offel *m* **-s, -n** pantofël; *fig bis* **unter dem Pantoffel stehen** më heq gruaja për hunde.

Pant'offelheld *m* **-en, -en** *bis* burrec, burrë që e heq gruaja për hunde.
Pantol'ette *f* **=, -n** pantofël (*grash*).
Pantom'ime 1. *f* **=, -n** pantomimë; 2. *m* **-n, -n** pantomimist.
pantom'imisch *a* pantomimik.
P'anzer *m* **-s, =** 1) koracë; 2) *usht* tank.
P'anzer(kraft)wagen *m* **-s, =** *usht* 1) autoblindë; 2) tank.
p'anzern *vt* vesh me koracë (*tankun etj.*).
P'anzerschiff *n* **-(e)s, -e** *det* koracatë.
P'anzerschrank *m* **-(e)s, -schränke** kasafortë.
P'anzertruppen *pl* njësi të blinduara.
P'anzerzug *m* **-(e)s, -züge** tren i blinduar.
P'apa *m* **-s, -s** *bis* babi, babush.
Papag'ei *m* **-s, -en** *zool* papagall; **schwatzen wie ein Papagei** llomotis si papagall.
Pap'ier *n* **-s** 1) letër; **ein Blatt Papier** një fije letër; **ein Fetzen Papier** një copë letër; **Gedanken zu Papier bringen** hedh mendimet në letër; 2) *pl* **-e** shkresë, dokument; hartim; letër me vlerë.
pap'ieren *a* (*prej*) letre, karte; *fig* **papierener Stil** stil i thatë.
Pap'iergeld *n* **-es** pare letër.
Pap'ierhandlung *f* **=, -en** kartoleri.
Pap'ierkorb *m* **-(e)s, -körbe** kosh letrash.
P'appe I *f* **=, -n** 1) karton; 2) dosje.
P'appe II *f* **=** zamkë.
P'appel *f* **=, -n** *bot* plep.
p'appen *bis* 1. *vi* **(h)** ngjit (*dëbora etj.*); 2. *vt* ngjis (*një pllakat në mur etj.*).
P'appenheimer *m* : *shpr bis* **ich kenne doch meine Pappenheimer** e di me kë kam punë.
P'appenstiel *m* **-(e)s, -e** *fig bis* gjë e vogël, çikërrimë; **für einen Pappenstiel** për një copë bukë (*shumë lirë*); **das ist nur einen Pappenstiel wert** kjo s'vlen gjë fare.
P'aprika *m* **-s, -s** *bot* spec.
Papst *m* **-es, Päpste** *fet* papë.
p'äpstlich *a* papnor; *shpr* **päpstlicher als der Papst sein** jam më katolik se papa.
Par'abel *f* **=, -n** 1) *mat* parabolë; 2) *fet* shembëlltyrë.
Par'ade *f* **=, -n** parakalim, paradë.
parad'ieren *vi* **(h)** 1) parakaloj; 2) **(mit D)** mburrem (*me diçka*).
Parad'ies *n* **-es, -e** *fet* parajsë.
parad'iesisch *a* i bukur si parajsë.
Parad'ox *n* **-es, -e** paradoks.
parad'ox *a* paradoksal.
Paragr'aph *m* **-en, -en** paragraf (*i një ligji*).
parall'el 1. *a* paralel (*rrugë etj.*); 2. *adv* paralelisht.
Parall'ele *f* **=, -n** 1) *mat* paralele; 2) *fig* krahasim.
Parall'elogramm *n* **-s, -e** *gjeom* paralelogram.
Paral'yse *f* **=, -n** *mjek* paralizë.
Paraphr'ase *f* **=, -n** parafrazë.
paraphras'ieren *vt* parafrazoj, them me fjalë të tjera (*një mendim etj.*).
Paras'it *m* **-en, -en** parazit (*edhe fig*).
par'at *a* gati; **eine Antwort parat haben** e kam gati një përgjigje.
P'ärchen *n* **-s, =** çift dashnorësh.
Pard'on *m* **-s** *vjet* ndjesë, falje; mëshirë; **ich bat ihn um Pardon** i kërkova ndjesë.
Parenth'ese *f* **=, -n** *gram* kllapë, parentezë.
Parf'üm *n* **-s, -e** parfum.
Parfümer'ie *f* **=, -n** parfumeri.
parfüm'ieren 1. *vt* parfumoj; 2. *vrefl* **sich parfümieren** parfumohem.
par'ieren 1. *vi* **(h)** bindem pa

kundërshtuar; 2. *vt sport* pres (*një goditje*).

Par'iser *m* -s, = 1) parisian; 2) *bis* kondom.

Par'iserin *f* =, **-nen** parisiane.

Parit'ät *f* =, **-en** 1) barazi (*në të drejta, në pozitë etj.*); 2) *fin* paritet (*i monedhës*).

parit'ätisch *a* me të drejta të barabarta; me numër të barabartë.

Park *m* **-s, -s** 1) park, lulishte; 2) park (*automjetesh etj.*).

P'arka *m* **-(s), -s** *dhe f* =, **-s** pambukore.

P'arkanlage *f* =, **-n** lulishte, park.

p'arken 1. *vi* **(h)** qëndron (*makina etj.*); **nicht parken!** ndalohet qëndrimi!; 2. *vt* parkoj, lë (*makinën në një vend etj.*).

Park'ett *n* **-s, -e** parket.

P'arkplatz *m* **-es, -plätze** vendqëndrim (*për makina etj.*).

P'arkverbot *n* **-(e)s** ndalim qëndrimi (*për makina etj.*).

Parlam'ent *n* **-(e)s, -e** parlament.

Parlament'är *m* **-s, -e** ndërmjetës.

Parlament'ari/er *m* **-s,** = parlamentar, anëtar i parlamentit.

parlament'arisch *a* parlamentar.

Parod'ie *f* =, **-n** parodi.

parod'ieren *vt* parodizoj.

Par'ole *f* =, **-n** parullë.

Part *m* **-s, -e** 1) pjesë (*në një pasuri*); 2) pjesë, rol (*në një dramë etj.*).

Part'ei I *f* =, **-en** parti; **die Demokratische Partei Albaniens** Partia Demokratike e Shqipërisë; **der Partei angehören** jam anëtar i partisë; **treu zur Partei stehen** i qëndroj besnik partisë.

Part'ei II *f* =, **-en** *drejt* palë, anë; **jemandes Partei nehmen** marr anën e dikujt; **du bist in dieser Sache Partei** nuk je i paanshëm në këtë çështje.

Part'eiarbeit *f* = punë e partisë.

Part'eiarbeiter *m* **-s,** = punonjës i partisë.

Part'eiaufbau *m* **-(e)s** ndërtim i partisë.

Part'eibeitrag *m* **-(e)s, -träge** kuotë e anëtarësisë në parti.

Part'eibuch *n* **-(e)s, -bücher** triskë, teserë e partisë.

Part'eibüro *n* **-s, -s** byro e partisë.

Parteifunktion'är *m* **-s, -e** funksionar i partisë.

part'eilich *a* 1) i partishëm; 2) i anshëm.

Part'eilichkeit *f* = partishmëri.

part'eiisch *a* i anshëm.

part'eilos *a* pa parti.

part'eimäßig *a* i partishëm.

Part'eimitglied *n* **-(e)s, -er** anëtar i partisë, partie.

Parterre [*-t'er*] *n* **-s** 1) *teat* parter; 2) kat përdhes (*i një shtëpie*).

Part'eitag *m* **-(e)s, -e** kongres i partisë.

Part'ie *f* =, **-ti/en** 1) pjesë; 2) parti (*e një malli etj.*); 3) *muz* pjesë; 4) lojë, ndeshje; **eine Partie Schach spielen** bëj një lojë shah; 5) ekskursion, piknik; **mit von der Partie sein** marr pjesë (*në lojë, punë etj.*); 6) martesë; **eine gute Partie machen** marr grua (burrë) të pasur.

parti'ell *a* i pjesshëm.

Part'ikel *f* =, **-n** *gram* pjesëz.

Partikular'ismus *m* = lokalizëm.

Partis'an *m* **-s** *dhe* **-en, -en** partizan.

Partiz'ip *n* **-s, -i/en** *gram* pjesore.

partizip'ieren *vi* **(h) (an D)** marr pjesë (*në një ndërmarrje etj.*).

P'artner *m* **-s,** = 1) ortak; 2) shok; partner.

P'artnerschaft *f* = 1) ortakëri; 2) bashkëpunim.

partout [*part'u*] *adv bis* patjetër, me çdo kusht.

Party [*p'arti*] *f* =, **-s** *dhe* **Parties** pritje, mbrëmje (*në shtëpi*).

Parven'ü *m* **-s, -s** *vjet* pasanik i ri.
Parz'elle *f* =, **-n** ngastër, parcelë.
Paß I *m* **-es, Pässe** *gjeogr* qafë mali.
Paß II *m* **-es, Pässe** pasaportë; **mein Paß ist abgelaufen** pasaporta ime ka skaduar.
Paß III *m* **-es, Pässe** *sport* pasim (*i topit etj.*).
pass'abel *a* i pranueshëm, jo edhe i keq; **es geht mir ganz passabel** nuk e çoj dhe aq keq.
Passage [-*'azhë*] *f* =, **-n** 1) kalim (*për këmbësorët etj.*); 2) pjesë (*nga një tekst etj.*); 3) lundrim; fluturim (*përtej detit*).
Passagier [-*zh'ir*] -s, **-e** pasagjer.
Pass'ant *m* **-en, -en** 1) kalimtar; 2) këmbësor.
pass'é *a* : **die Geschichte ist längst passé** ajo histori ka mbaruar qëkur.
p'assen 1. *vi* **(h)** 1) (*më*) shkon, (*më*) përshtatet, (*më*) vjen mbarë; **am Montag paßt es mir nicht** të hënën nuk më vjen për mbarë; **die Schuhe passen gut** këpucët (*më*) bien mirë; *bis* **das paßt mir nicht in den Kram** kjo më prish punë; **dieses Benehmen paßt nicht zu ihm** kjo sjellje s'i ka hije; **bei passender Gelegenheit** me rast (*të volitshëm*); *fig* **das paßt wie die Faust aufs Auge** kjo i shkon si shala gomarit; 2) : *bis* **auf etwas oder jemanden passen** ruaj, përgjoj, pres diçka ose dikë; 2. *vt* 1) përshtas; 2) *sport* pasoj (*topin*).
p'assend 1. *a* i përshtatshëm; 2. *adv* në mënyrë të përshtatshme.
pass'ieren 1. *vi* **(s) (D)** (*më*) ngjan, (*më*) ndodh; **ist etwas passiert?** mos ka ndodhur gjë?; *bis* **das kann auch nur ihm passieren** kjo vetëm atij mund t'i ndodhë; 2. *vt* 1) kaloj (*urën, kufirin etj.*); **passieren lassen** a) lë të kalojë; 2) shkoj (*në sitë etj.*).
Pass'ierschein *m* **-s, -e** leje kalimi.
Passi'on *f* =, **-en** pasion (*për gjah etj.*).
passion'iert *a* shumë i dhënë (*pas sportit etj.*).
pass'iv *a* pasiv; **passiver Wortschatz** fjalor pasiv.
Passivit'ät *f* = pasivitet.
Pass'iv(um) *n* **-s** *gram* diatezë pësore.
P'assus *m* =, = pjesë (*nga një tekst*).
P'aste *f* =, **-n** pastë.
Past'ete *f* =, **-n** pashtet.
pasteuris'ieren [-*stër*-] pastërizoj (*qumështin etj.*).
Past'ille *f* =, **-n** tabletë, pilulë.
P'astor *m* **-s, -t'oren** *fet* pastor.
pastor'al *a* 1) baritor; fshatarak; 2) *fet* i pastorit; 3) *fig* hijerëndë.
P'ate *m* **-n, -n** nun.
P'atenschaft *f* = 1) nunëri; 2) patronazh.
pat'ent *a bis* i shkathët, i gjallë, praktik; **ein patenter Kerl** një djalë i shkathët.
Pat'ent *n* **-(e)s, -e** patentë.
patent'ieren *vt* patentoj (*një shpikje etj.*).
P'ater *m* **-s,** = *fet* atë (*murg*).
P'aternoster 1. *n* **-s,** = *fet* Atynë; 2. *m* **-s,** = ashensor në lëvizje të vazhdueshme.
path'etisch *a* patetik.
Patholog'ie *f* = *mjek* patologji.
pathol'ogisch *a mjek* patologjik.
P'athos *n* = patos.
Pati/'ent *m* **-en, -en** pacient, i sëmurë.
P'atin *f* =, **-nen** 1) nunë; 2) ndrikull.
P'atina *f* = shtresë oksidimi (*në bakër*).
Patri'arch *m* **-en, -en** patriark; *fet* patrik.
patriarch'alisch *a* patriarkal.
Patri'ot *m* **-en, -en** patriot.
patri'otisch *a* patriotik, atdhetar.

Patriot'ismus *m* = patriotizëm, atdhedashuri.
Patr'on *m* **-s, -e** 1) *fet* pajtor (*shenjtor*); 2) *vjet* përkrahës, inkurajues (*i arteve etj.*); 3) *bis* njeri.
Patr'one *f* **=, -n** 1) *usht* fishek; 2) kasetë (*e filmit etj.*).
Patrouille [*patr'uljë*] *f* **=, -n** *usht* patrullë.
patrouill'ieren [*patru(l)j'irën*] *vi* **(h, s)** patrulloj.
P'atsche *f* = *bis* 1) shtrëngesë; **in die Patsche geraten** bie ngushtë; 2) *pl* **-n** *bis* pëllëmbëz e dorës (*së fëmijës*).
p'atsch(e)nass *a bis* qull.
p'atzig *a bis* 1) mendjemadh; 2) i pafytyrë.
P'auke *f* **=, -n** *muz* daulle.
p'auken 1. *vi* **(h)** i bie daulles; 2. *vt bis* mësoj mekanikisht.
P'auker *m* **-s,** = *bis* dhaskal.
P'ausback *m* **-(e)s, -e** buçko.
p'ausbäckig *a* faqekuq (*fëmijë*).
p'auschal *a* toptan.
P'ause *f* **=, -n** pushim, ndërprerje, pauzë; **kleine, große Pause** pushim i madh, i vogël; **ohne Pause** pa pushim.
paus'ieren *vi* **(h)** bëj pushim.
paz'ifisch *a* Paqësor, i Paqësorit.
Pazif'ismus *m* **-s** pacifizëm.
Pazif'ist *m* **-en, -en** pacifist.
pazif'istisch *a* pacifist.
Pech *n* **-(e)s, -e** 1) pisë, rrëshirë; **schwarz wie Pech** pisë i zi; 2) *fig* fat i prapë; **er hat Pech** s'i ecën.
P'echsträhne *f* **=, -n** varg prapësish.
P'echvogel *n* **-s -vögel** *bis* fatlig, orëlig.
Ped'al *n* **-s, -e** pedal.
Ped'ant *m* **-en, -en** pedant.
Pedanter'ie *f* = pedantizëm.
ped'antisch *a* pedant.
P'egel *m* **-s,** = hidrometër.
p'eilen *vt, vi* **(h)** 1) caktoj drejtimin; 2) mas thellësinë (*e detit etj.*); *fig bis* **die Lage peilen** nuhas situatën.
Pein *f* = vuajtje, mundim; torturë; **das macht mir große Pein** kjo më shkakton dhembje të madhe; **jemandem das Leben zur Pein machen** ia nxij jetën dikujt.
p'einigen *vt* mundoj, torturoj; **mein Gewissen peinigt mich** më vret ndërgjegjja; **jemanden bis aufs Blut peinigen** ia marr shpirtin dikujt.
P'einiger *m* **-s,** = torturues, mundues.
p'einlich *a* 1) i rëndë (*gjendje, çështje etj.*); **es ist mir sehr peinlich** më vjen shumë rëndë; 2) shumë i kujdesshëm; pedant.
P'eitsche *f* **=, -n** kamxhik; **die Peitsche schwingen** tund kamxhikun.
p'eitschen *vt* rrah me kamxhik.
pekuni'är *a* i pares; **pekuniäre Schwierigkeiten** vështirësi financiare.
Pelik'an *m* **-s, -e** *zool* pelikan (*zog*).
P'elle *f* **=,** *n* lëkurë (*e patates etj.*); *fig bis* **er geht mir nicht von der Pelle** ai s'më hiqet qafe.
p'ellen 1. *vt* qëroj (*patatet etj.*); 2. *vrefl* **sich pellen** bie (*lëkura*).
Pelz *m* **-es, -e** 1) gëzof (*i kafshës*); 2) gëzof, qyrk.
Pendant [*pâd'â*] *n* **-s, -s** çift, dyshe.
P'endel *n* **-s,** = *fiz* lavjerrës (*i orës etj.*).
p'endeln *vi* **(h, s)** 1) lëvarem; luhatem, lëkundem; 2) *fig* bëj vazhdimisht rrugë (*nga një vend në tjetrin*).
P'endler *m* **-s,** = punëtor udhëtues (*për në qendrën e punës larg shtëpisë e anasjelltas*).
penetr'ant *a* 1) depërtues; 2) *fig bis* i futur (*njeri*).

pen'ibel *a* 1) i kujdesshëm; 2) i përpiktë; pedant.
Penn'äler *m* **-s,** = *bis* nxënës (*i gjimnazit*).
P'enne *f* =, **-n** 1) *bis* shkollë; 2) *bis* pijetore; bujtinë.
p'ennen *vi* (h) *bis* fle.
Penner *m* **-s,** = *përb* endacak, njeri i pashtëpi.
Pensi'on *f* =, **-en** 1) pension (*rrogë*); 2) pension (*gjendje*); **in Pension gehen** dal në pension; 3) pension (*banim e ushqim*).
Pension'är *m* **-s, -e** pensionist.
Pension'at *n* **-s, -e** shkollë-konvikt.
pension'ieren *vt* nxjerr në pension.
Pension'ierung *f* = nxjerrje në pension.
P'ensum *n* **-s, -sen** detyrë (*për t'u mbaruar në një kohë të caktuar*).
per *präp* (A) 1) me; **per Dampfer** me vapor; **per Post** me postë; 2) kundrejt (*pagesës etj.*); 3) gjer (më); **per 2. April** gjer më 2 prill.
perf'ekt *a* i përsosur, i përkryer, i mbaruar.
Perf'ekt *n* **-s, -te** *gram* kohë e kryer.
Perfekti'on *f* = përsosuri.
perf'id(e) *a* i pabesë; i poshtër (*veprim, njeri*).
Perfid'ie *f* =, **-n** pabesi; poshtërsi.
Pergam'ent *n* **-s, -e** pergamenë.
Peri'ode *f* =, **-n** 1) periudhë 2) *gram* periudhë; 3) *fiziol* menstruacion, periodë, zakon.
peri'odisch *a* periodik.
periph'er *a* anësor; i dorës së dytë (*çështje etj.*).
Peripher'ie *f* =, **-ri/en** 1) periferi; 2) lagje e jashtme (*e një qyteti*).
P'erle *f* =, **-n** 1) perlë; **echte, imitierte Perlen** perla të vërteta, të rreme; 2) *fig* thesar (*i artit, i letërsisë etj.*).
p'erlen *vi* (**h, s**) 1) bie pikë-pikë (*djersa*); 2) *fig* shkëlqen, përshkënditet (*vesa, loti etj.*).
P'erlenfischer *m* **-s,** = peshkatar perlash.
P'erlenschnur *f* =, **-schnüre** gjerdan perlash.
P'erlmutter *f* = *dhe* **Perlmutt** *n* **-s** sedef.
perman'ent *a* i qëndrueshëm, i përhershëm, i vazhdueshëm.
Perpend'ikel *m, n* **-s,** = 1) *mat* pingule; 2) lavjerrës (*i orës*).
perpl'ex *a bis* i hutuar; i habitur.
P'erser *m* **-s,** = persian.
Persi'aner *m* **-s,** = karaqyl (*gëzof*).
Persiflage [*perzifl'azhë*] *f* =, **-n** parodi.
persifl'ieren *vt* parodizoj.
p'ersisch *a* persian.
Pers'on *f* =, **-en** 1) vetë, njeri, person; **wir waren acht Personen** ishim tetë vetë; **meine Person** vetja ime; **ich für meine Person** për sa më përket mua; **in eigener Person** vetë, personalisht; 2) *gram* vetë; **erste Person** veta e parë; 3) *drejt* person; 4) personazh (*i një drame etj.*).
Person'al *n* **-s** 1) personel; 2) shërbyesit.
Person'alabbau *m* **-(e)s** shkurtim kuadri.
Person'alausweis *m* **-es, -e** letërnjoftim.
Person'ali/en *pl* të dhëna personale (*emër, ditëlindje, vendlindje etj.*).
Personalit'ät *f* = personalitet (*i njeriut*).
Person'alpronomen *n* **-s, -mina** *gram* përemër vetor.
person'ell *a* 1) personal; 2) i personelit.
Pers'onenauto *n* **-s, -s** veturë.
Pers'onenkult *m* **-(e)s** kult i individit.

Pers'onenverkehr *m* **-s** transport udhëtarësh.
Pers'onenzug *m* **-es, -züge** tren udhëtarësh.
personifiz'ieren *vt* personifikoj.
Personifiz'ierung *f* =, **-en** personifikim.
pers'önlich 1. *a* 1) personal, vetjak; **persönliches Eigentum** pronë personale; 2) : *fig bis* **persönlich werden** prek personin (*me një fjalë etj.*); 2. *adv* personalisht.
Pers'önlichkeit *f* = 1) personalitet (*i njeriut etj.*); **Entwicklung, Ausbildung der Persönlichkeit** zhvillim, formim i personalitetit; 2) *pl* **-en** personalitet (*i shkencës etj.*).
Perspekt'ive [*-ve*] *f* =, **-n** perspektivë.
Per'ücke *f* =, **-n** parukë.
perv'ers [*-vers*] *a* i kundërnatyrshëm, pervers.
Perversi'on [*-ver-*] *f* =, **-en** perversion; shtrembërim.
Perversit'ät [*-ver-*] *f* =, **-en** perversitet.
pervert'ieren [*-ver-*] *vi* (s) prish; shtrembëroj.
Pessim'ismus *m* = pesimizëm.
Pessim'ist *m* **-en, -en** pesimist.
pessim'istisch *a* pesimist.
Pest *f* = *mjek* murtajë; *fig* **wie die Pest stinken** qelbem si kërmë.
P'eter *m* : *shpr* **jemandem den Schwarzen Peter zuschieben** ia lë kopilin në derë dikujt.
Peters'ili/e *f* = *bot* majdanoz.
Petiti'on *f* =, **-en** peticion.
Petr'oleum *n* **-s** vajguri.
P'etschaft *n* **-s, -e** vulë.
p'etzen *vi* (h) *bis* kallëzoj, padis (*në shkollë*).
Pf = Pfennig.
Pfad• *m* **-(e)s, -e** 1) shteg; 2) *fig* rrugë (*e së mirës etj.*).
Pf'adfinder *m* **-s,** = bojskaut, zbulues (*anëtar i një organizate rinie*).
pf'adlos *a* pa shteg, i pakalueshëm (*vend*).
Pf'affe *m* **-n, -n** *përb* prift, uratë.
Pfahl *m* **-(e)s, Pfähle** hu; *fig* **in seinen vier Pfählen** në shtëpi të vet; *fig* **ein Pfahl im Fleische** halë në sy.
Pfand *n* **-(e)s, Pfänder** peng; **ein Pfand geben** jap një peng.
Pf'andbrief *m* **-(e)s, -e** dëftesë pengu.
pf'änden *vt* 1) mbaj peng; sekuestroj (*orenditë etj.*); 2) i kërkoj peng (*dikujt*).
Pf'andleihe *f* =, **-n** bankë që jep hua kundrejt një pengu.
Pf'andschein *m* **-(e)s, -e** dëftesë pengu.
Pf'ändung *f* =, **-en** sekuestrim.
Pf'anne *f* =, **-n** tigan; *fig bis* **jemanden in die Pfanne hauen** dërrmoj, shpartalloj dikë.
Pf'annkuchen *m* **-s,** = 1) petull; 2) omëletë.
Pfarr'ei *f* =, **-n** *fet* famulli.
Pf'arrer *m* **-s,** = famullitar (*prift*).
Pfau *m* **-s, -en** *zool* pallua; **sich spreizen wie ein Pfau** fryhem si pallua.
pf'auchen *vi* **(h)** *krahin* turfulloj.
Pf'effer *m* **-s** *bot* piper; **schwarzer Pfeffer** piper i zi; *fig bis* **da liegt der Hase im Pfeffer** këtu është e keqja.
Pf'efferminze *f* = *bot* mjedhër.
pf'effern *vt* 1) bëj me piper (*gjellën*); *fig* **eine gepfefferte Rechnung** një llogari e kripur; 2) *bis* flak tutje.
Pf'eife *f* =, **-n** 1) bilbil; **auf der Pfeife blasen** i bie, i fërshëllej, i fryj bilbilit; 2) çibuk, llullë; **eine Pfeife rauchen** pi, tymos një llullë.
pf'eifen* *vi* **(h),** *vt* 1) fërshëllej, fishkëllej (*një këngë etj.*); **der Wind**

pfeift fërshëllen era; *fig bis* **ich pfeife darauf!** s'e çaj kokën për këtë!; **daher pfeift der Wind?** kështu qenka puna?; *fig bis* **auf dem letzten Loch pfeifen** kam rënë në pikë të hallit; 2) *fig bis* kallëzoj, tregoj (*një të fshehtë etj.*).
Pf'eifkonzert *n* **-(e)s, -e** fishkëllima (*për të treguar mosmiratim*).
Pfeil *m* **-(e)s, -e** shigjetë; **Pfeil und Bogen** shigjetë e hark.
Pf'eiler *m* **-s, =** *ark* 1) shtyllë; 2) këmbë ure.
pf'eilschnell *a* i shpejtë si shigjetë.
Pf'ennig *m* **-s, -e** pfenig (*monedhë gjermane*); *fig* **das ist keinen Pfennig wert** kjo s'bën një dysh.
Pf'ennigabsatz *m* **-e, -sätze** takë e hollë.
Pf'ennigfuchser *m* **-s, =** *bis* koprrac, kurnac.
Pferch *m* **-(e)s, -e** vathë.
pf'erchen *vt* rras brenda (*njerëz, kafshë në një vend të ngushtë*).
Pferd *n* **-(e)s, -e** 1) *zool* kalë; **zu Pferde** kaluar; *fig bis* **das Pferd beim Schwanz aufzäumen** i hipi kalit së prapthi; 2) *sport* kalë.
Pf'erdefleisch *n* **-(e)s** mish kali.
Pf'erdefuß *m* : *shpr bis* **das hat einen Pferdefuß** kjo ka një kleçkë.
Pf'erderennen *n* **-s, =** vrapim me kuaj.
Pf'erdeschwanz *m* **-es, -schwänze** bisht kali.
Pf'erdestärke *f* **=, -n** (*shkurt* **PS**) kalë-fuqi.
Pf'erdezucht *f* **=** rritje e kuajve.
pfiff *sh* **pfeifen***.
Pfiff *m* **-(e)s, -e** 1) fërshëllimë; 2) *fig* dredhi, marifet; 3) *fig* lezet; **das gibt dem Kleid den richtigen Pfiff** kjo ia jap gjithë lezetin fustanit.
pf'iffig *a* dinak, i shkathët.
Pf'iffikus *m* **=, -se** *bis* dhelpër, skile (*njeri*).
Pf'ingsten *n* **=, =** *fet* rrëshajë.
Pf'irsich *m* **-(e)s, -e** *bot* pjeshkë.
Pfl'anze *f* **=, -n** bimë; **einjährige, kräftige, zarte Pflanze** bimë njëvjeçare, e fortë, e njomë.
pfl'anzen *vt* 1) mbjell (*pemë, lule etj.*); 2) : *fig bis* **sich aufs Sofa pflanzen** shtrihem sa gjatë e gjerë në sofa.
Pfl'anzenreich *n* **-(e)s** botë bimore.
Pfl'anzer *m* **-s, =** plantator.
pfl'anzlich *a* bimor.
Pfl'anzung *f* **=, -en** 1) mbjellje (*fidanesh etj.*); 2) plantacion (*pambuku, duhani etj.*).
Pfl'aster *n* **-s, =** 1) kalldrëm; 2) *mjek* llapë, jaki; 3) *fig* melhem, balsam; **seine Worte waren ein Pflaster für ihren Schmerz** fjalët e tij ishin melhem, balsam për dhembjen e saj.
pflastern *vt* shtroj me kalldrëm (*rrugën etj.*).
Pfl'aume *f* **=, -n** *bot* kumbull.
Pfl'ege *f* **=, -n** 1) kujdesje, përkujdesje (*për një të sëmurë etj.*); 2) mirëmbajtje (*e një përmendoreje etj.*).
Pfl'egeeltern *pl* burrë e grua që kanë marrë për të rritur një fëmijë.
Pfl'egekind *n* **-(e)s, -er** bir në shpirt.
pfl'egen 1. *vt* 1) kujdesem (*për një të sëmurë, fëmijë, trupin, lulet etj.*); 2) *fig* mbaj (*miqësinë, shoqërinë etj.*); 3) mbaj mirë (*një banesë, kopsht etj.*); 4) merrem me (*muzikë etj.*); 5) : **etwas zu tun pflegen** kam zakon të bëj diçka; **er pflegt morgens zeitig aufzustehen** ai e ka zakon të ngrihet herët në mengjes.
Pfl'eger *m* **-s, =** 1) sanitar, infermier; 2) *drejt* kujdestar.
Pfl'egerin *f* **=, -nen** 1) sanitare, infermiere; 2) *drejt* kujdestare.
pfl'eglich *a* (që duhet bërë) me kujdes.

Pflicht *f* =, **-en** 1) detyrë; **seine Pflichten gewissenhaft erfüllen** përmbush detyrat e mia me ndërgjegje; **gleiche Rechte und gleiche Pflichten** të njëjtat të drejta e të njëjtat detyra.

pfl'ichtbewußt *a* i ndërgjegjshëm në detyrë.

Pfl'ichteifer *m* **-s** zell në detyrë.

pfl'ichtgemäß 1. *a* që duhet, i duhur; 2. *adv* sipas detyrës; **ich teile ihnen pflichtgemäß mit ...** sipas detyrës (*që më kanë ngarkuar*) ju njoftoj ...

pfl'ichtgetreu *a* i ndërgjegjshëm në detyrë.

pfl'ichtschuldig *adv* siç duhet.

pfl'ichttreu *a sh* **pflichtgetreu.**

Pfl'ichtverletzung *f* =, **-en** mosplotësim i detyrës.

Pflock *m* **-(e)s, Pflöcke** 1) hu; **ein Tier an einen Pflock binden** lidh një kafshë në një hu; 2) kunj; **ein Zelt an Pflöcken befestigen** lidh një çadër në kunja.

pfl'ücken *vt* 1) këpus (*një lule, pemë etj.*); 2) rrjep, shpuploj (*një pulë etj.*).

Pflug *m* **-(e)s, Pflüge** *bujq* plug.

pfl'ügen *vi* **(h),** *vt bujq* plugoj (*arën*).

Pf'orte *f* =, **-n** 1) portë; 2) *gjeogr* grykë.

Pf'örtner *m* **-s,** = portier, rojë.

Pf'osten *m* **-s,** = shtalkë (*e derës etj.*).

Pf'ote *f* =, **-n** 1) *zool* putër, panxhë; 2) *bis* dorë, panxhë; **schmutzige Pfote** duar të ndyra; 3) *fig bis* shkrim; **unleserliche Pfote** shkrim i palexueshëm, shkarravinë.

Pfriem *m* **-(e)s, -e** bizë, fëndyell.

pfr'opfen *vt* 1) shtupoj (*shishen etj.*); 2) rras; **Sachen in den Koffer pfropfen** rras tesha në valixhe; 3) mbush; **der Saal war gepfropft voll** salla ishte e mbushur plot e përplot; 4) *bot* shartoj.

Pfr'opfen *m* **-s,** = tapë, shtupë.

Pfr'opfenzieher *m* **-s,** = tapënxjerrëse.

Pfuhl *m* **-(e)s, -e** 1) moçal, kënetë; 2) *fig* llum (*i vesit etj.*).

Pfühl *m* **-(e)s, -e** *poet* 1) shtrat i butë; 2) jastëk i madh.

pfui! *int* s'ke turp!, turp të kesh!, phu!; **pfui über ihn!** turp të ketë!

Pfund *n* **-(e)s, -e** njësi peshe, baras me 1/2 kg (*pas shifrave shumësi është baras me N sing*).

pf'uschen *vi* **(h)** *bis* 1) punoj shkel e shko; 2) *muz* i bie keq (*një vegle*).

Pf'uscher *m* **-s,** = *bis* kërpaç (*punëtor i keq*).

Pf'ütze *f* =, **-n** pellg (*uji etj.*); *bis* **über die große Pfütze fahren** kaptoj detin.

Ph'alanx *f* =, **Phal'angen** *usht hist* falangë.

Phänom'en *n* **-s, -e** fenomen (*edhe fig*).

phänomen'al *a* fenomenal.

Phantas'ie *f* =, **-s'i/en** fantazi.

phantas'ieren *vi* **(h)** 1) fantazoj; 2) flas përçart; 3) **(auf D)** improvizoj (*në piano etj.*).

phantas'ievoll *a* plot fantazi.

Phant'ast *m* **-en, -en** ëndrrakotë (*njeri*).

phant'astisch *a* fantastik.

Phant'om *n* **-s, -e** fantazëm.

Pharis'äer *m* **-s,** = *hist* farisé (*edhe fig*).

Pharmaz'eut *m* **-en, -en** farmacist.

Pharmaz'ie *f* = farmaci (*shkencë*).

Ph'ase *f* =, **-n** fazë.

Philanthr'op *m* **-en, -en** filantrop, njeridashës.

Philatel'ie *f* = filateli.

Philatel'ist *m* **-en, -en** filatelist.

Philharmon'ie *f* =, **-n** *muz* filarmoni; orkestër filarmonike.

Philharm'oniker *m* **-s,** = 1) muzikant i orkestrës filarmonike; 2) *pl* orkestër filarmonike.
Phil'ister *m* **-s,** = borgjez mendjengushtë, mikroborgjez, filistin.
Philol'oge *m* **-n, -n** filolog.
Philolog'ie *f* =, **-g'i/en** filologji.
Philos'oph *m* **-en, -en** filozof.
Philosoph'ie *f* =, **-ph'i/en** filozofi.
philosoph'ieren *vi* **(h)** filozofoj.
philos'ophisch *a* filozofik.
Phi'ole *f* =, **-n** flakon; ampulë.
Phl'egma *n* **-s** qetësi, gjakftohtësi.
Phlegm'atiker *m* **-s,** = flegmatik.
phlegm'atisch *a* flegmatik.
Phon'etik *f* = fonetikë.
Ph'osphor *m* **-s** *kim* fosfor.
phosphoresz'ieren *vi* **(h)** vezullon.
Ph'oto I *n* **-s, -s** fotografi.
Ph'oto II *m* **-s, -s** *bis shkurt* aparat fotografik.
Ph'otoapparat *m* **-(e)s, -e** aparat fotografik.
photog'en *a* fotogjenik.
Photogr'aph *m* **-en, -en** fotograf.
Photograph'ie *f* =, **-i/en** fotografi.
photograph'ieren *vt, vi* **(h)** fotografoj.
photogr'aphisch *a* fotografik.
Ph'otokopie *f* =, **-n** fotokopje.
ph'otokopieren *vt* fotokopjoj.
Photomontage [*fotomont'azhë*] *f* =, **-n** fotomontazh.
Phr'ase *f* =, **-n** frazë.
Phr'asendrescher *m* **-s,** = *bis* fjalëmadh.
Ph'ysik *f* = fizikë.
physik'alisch *a* fizik.
Ph'ysiker *m* **-s,** = fizikan.
Physiognom'ie *f* =, **-m'i/en** fizionomi.
Pian'ist *m* **-en, -en** *muz* pianist.
Pi'ano *n* **-s, -s** *muz* piano.
Physiolog'ie *f* = fiziologji.
ph'ysisch *a* 1) fizik; 2) trupor; 3) natyror.
P'icke *f* =, **-n** kazmë.
P'ickel *m* **-s,** = puçërr.
p'icken *vt* 1) çukit (*zogu*); 2) godas lehtë (*me gisht etj.*); 3) ther; shpoj.
P'icknick *n* **-s, -s** piknik.
Piep : *shpr bis* **nicht Piep sagen** nuk pipëtij.
p'iep(s)en *vi* **(h)** 1) pipëtin (*zogu*); 2) flet me zë të hollë (*fëmija*); 3) *shpr bis* : **bei jemandem piept's** ka një dërrasë mangët (*dikush*); **etwas ist zum Piepen** është për t'u shkulur së qeshuri (*diçka*).
Pier *m* **-s, -e** skelë (*e portit*).
p'iesacken *vt bis* mërzis; mundoj.
Piet'ät *f* = nderim i thellë (*për një të vdekur*).
Pigm'ent *n* **-(e)s, -e** pigment.
Pik I *m* **-(e)s, -e** *gjeogr* majë mali.
Pik II *n* **-s, -s** maç (*figurë e letrave të lojës*).
Pik III *m* : *shpr bis* **einen Pik auf jemanden haben** kam një inat me dikë.
pik'ant *a* 1) pikant (*supë etj.*); 2) *fig* i kripur (*shaka etj.*).
P'ike *f* =, **-n** ushtë.
p'iken *vi* **(h)**, *vt bis* (*më*) shpon (*gjembi etj.*).
pik'iert *a* i prekur, i fyer.
P'ikkolo *m* **-s, -s** ndihmëskamerier.
p'iksen *vt bis* ther, shpoj.
P'ilger *m* **-s,** = pelegrin, shtegtar.
p'ilgern *vi* **(s)** 1) shtegtoj; 2) *fig bis* endem; **durch die Welt pilgern** endem nëpër botë.
P'ille *f* =, **-n** 1) hape, pilulë; 2) : **die Pille** pilula kontraceptive.
Pil'ot *m* **-en, -en** pilot (*i aeroplanit, i anijes*).
Pilz *m* **-es, -e** *bot* kërpudhë.
p'impeln *vi* **(h)** *bis* shkithem, qaravitem.
P'inguin *m* **-s, -e** *zool* pinguin.
P'ini/e *f* =, **-n** *bot* pishë.
p'inkeln **(h)** përmjerr, shurroj.

P'insel *m* **-s, =** penel.
p'inseln *vt vi* **(h)** 1) pikturoj; 2) lyej; 3) : *fig bis* **(einen Aufsatz) ins reine pinseln** hedh në të pastër (*një hartim etj.*).
Pinz'ette *f* **=, -n** piskatore.
Pion'ier *m* **-s, -e** 1) pionier; 2) *usht* xhenier.
Pion'iertruppen *pl usht* trupa xheniere.
Pipeline [*p'ajplain*] *f* **=, -s** naftësjellës; gazsjellës.
Pip'ette *f* **=, -n** *kim* pipëz.
Pir'at *m* **-en, -en** pirat.
Pir'ol *m* **-s, -e** *zool* beng (*zog*).
Pirouette [*piru'etë*] *f* **=, -n** piruetë (*në balet, sport etj.*).
Pirsch *f* **=** gjah (*me pritë*); **auf die Pirsch gehen** dal për gjah.
Pisse *f* **=** *dhe* **Piß** *m* **-es** *vulg* shurrë.
p'issen *vi* **(h)** shurroj.
Pissoir [*piso'ar*] *n* **-s, -e** *dhe* **-s** shurrëtore.
Pist'azi/e *f* **=, -n** *bot* fëstëk.
P'iste *f* **=, -n** *sport, av* pistë.
Pist'ole *f* **=, -n** pistoletë.
pittor'esk *a* pitoresk.
P'izza *f* **=, -s** *kuzh* picë.
plac'ieren [*-si-*] 1. *vt* 1) vë (*dikë në një vend;* 2) investoj (*kapital*); 3) : **einen Schuß placieren** qëlloj me një të shtënë; 2. *vrefl* **sich placieren** *sport* klasifikohem.
Plac'ierung [*-si*] *f* **=, -en** *sport* klasifikim.
pl'acken, sich *vrefl bis* lodhem, rrekem, rropatem.
Placker'ei *f* **=, -en** 1) punë e rëndë; 2) rropatje.
pl'addern *vi, vimp* : *krahin* **es pladdert** bie shi me rrëshekë; **der Regen pladdert aufs Dach, gegen die Fensterscheiben** shiu rreh çatinë, xhamat e dritareve.
pläd'ieren *vi* **(h)** mbaj një fjalim, ligjëratë (*pro ose kundër dikujt, diçkaje, në gjykatë, edhe fig*).
Plädoyer [*pledoaj'e*] *n* **-s, -s** fjalim, ligjëratë (*e avokatit*).
Pl'age *f* **=, -n** 1) mund; mundim; vuajtje; 2) *fig* shuplakë; *bis* **man hat schon seine Plage mit dir!** më plase shpirtin!
Pl'agegeist *m* **-(e)s, -e** *bis* njeri, fëmijë që të plas shpirtin.
pl'agen 1. *vt* mundoj, torturoj, ia plas shpirtin (*dikujt*); 2. *vrefl* **sich plagen** mundohem, torturohem; **sich mit einer Arbeit plagen** rropatem me një punë.
Plagi'at *n* **-s, -e** plagjiaturë.
plagi'ieren *vt* i bëj plagjiaturë (*një shkrimi ose një shkrimtari*).
Plak'at *n* **-(e)s, -e** pllakat.
Plan *m* **-(e)s, Pläne** plan; projekt; **einen Plan ausführen** zbatoj një plan; **jemandes Pläne durchkreuzen, stören** ia prish planet dikujt; **Pläne machen** hartoj plane.
Pl'ane *f* **=, -n** mushama (*e barkës etj.*).
pl'anen *vt* planifikoj; projektoj.
Plan'et *m* **-en, -en** *astr* planet.
pl'angemäß 1. *a* i planifikuar (*zhvillim etj.*); 2. *adv* sipas planit.
plan'ieren *vt* rrafshoj.
Pl'anke *f* **=, -n** dërrasë.
Plänkel'ei *f* **=, -en** 1) *usht* shkëmbim zjarri; 2) *fig* përleshje me fjalë.
pl'anlos *a* pa plan.
pl'anmäßig 1. *a* i planifikuar; 2. *adv* sipas planit.
Plantage [*-t'azhë*] *f* **=, -n** plantacion (*pambuku, duhani etj.*).
pl'an(t)schen *vi* **(h)** llokoçitem (*në ujë, baltë etj.*).
pl'anvoll *a* 1) i planifikuar; 2) sistematik.
pl'appern *vi* **(h)** 1) llomotis; 2) belbëzon (*fëmija*).
pl'ärren *vi* **(h)** 1) shkithet, ulërin

(*fëmija*); 2) *përb* pëllas (*këndoj keq*).

Pl'astik *f* =, **-en** 1) skulpturë; 2) *mjek* shartim.

pl'astisch *a* plastik.

Plat'ane *f* =, **-n** *bot* rrap.

Plateau [*plat'o*] *n* **-s,** -s rrafshnaltë.

Pl'atin *n* **-s** *kim* platin.

Platit'üde *f* =, **-n** fjalë bajate.

plat'onisch *a* platonik (*dashuri etj.*).

pl'ätschern *vi* **(h)** 1) gurgullon (*përroi etj.*); 2) rreh (*shiu*); 3) llokoçitem.

platt 1. *a* 1) i rrafshët; **auf dem platten Lande** në fushë; **eine platte Nase** një hundë e shtypur; *bis* **einen Platten haben** më bie, më shfryhet goma; *fig bis* **er war (einfach) platt** ai mbeti pa gojë; 2) bajat, i mërzitshëm, bosh (*bisedë etj*); 2. *adv* rrafsh me tokën; **platt auf dem Bauch liegen** shtrihem barkas.

pl'attdrücken *vt ndash* shtyp; bëj petë.

Pl'atte *f* =, **-n** 1) pllakë; 2) pjatë; tabaka; 3) rrafsh (*i një mali etj.*); 4) pllakë gramafoni; *fig bis* **immer wieder dieselbe Platte ablaufen lassen** ia marr gjithnjë të njëjtit avaz.

Pl'ätteisen *n* **-s,** = hekur (*për të hekurosur*).

pl'ätten *vt* hekuros.

Pl'attenspieler *m* **-s,** = gramafon elektrik.

Pl'attform *f* =, **-en** platformë (*në kupt. të ndryshme*).

Pl'attfuß *m* **-es, -füsse** *mjek* shputë e sheshtë.

Platz *m* **-es, Plätze** 1) vend; **Platz da!; Platz gemacht!** largohuni, hapuni!; **Platz machen** bëj vend; **nehmen Sie Platz!** uluni!; **einen Platz belegen** zë, rezervoj një vend; **nicht vom Platze weichen** s'luaj vendit; **er bot mir seinen Platz an** ai më lëshoi vendin e vet; **der Schrank nimmt viel Platz ein** dollapi zë shumë vend; *fig* **er ist fehl am Platze** ai nuk është në vendin e vet; 2) shesh; **Marktplatz** shesh i tregut; 3) : **fester Platz** vend i fortifikuar, fortesë; 4) vend, qytet; **am Platze** në këtë qytet; 5) *sport* fushë (*tenisi, golfi etj.*); 6) : *fig* **Platz greifen** lëshon rrënjë (*e keqja etj.*).

pl'atzen *vi* **(s)** 1) pëlcet (*goma, bomba etj.*); 2) *fig* pëlcas (*nga inati etj.*); 3) *fig bis* dështon (*puna etj.*).

Pl'atzkarte *f* =, **-n** biletë (*treni etj.*) me vend të caktuar.

Pl'atzregen *m* **-s,** = rrebesh.

pl'audern *vi* **(h)** bisedoj, bëj muhabet.

pl'auschen *vi* **(h)** *bis* bisedoj, bëj muhabet.

plaus'ibel *a* i qartë, i kuptueshëm; i pranueshëm, i arsyeshëm, bindës.

Pl'azet *n* **-s, -s** miratim, aprovim, pëlqim.

pleb'ejisch *a* i pagdhendur, vulgar.

Plebs *f* = 1) *hist* vegjëli; 2) *përb* turmë.

Pl'eite *f* =, **-n** falimentim; dështim; **Pleite machen** dështoj.

pl'emplem *a* : *shpr* **plemplem sein** kam një dërrasë mangët.

Pleur'itis *f* = *mjek* pleurit.

Pl'ombe *f* =, **-n** 1) mbushje e dhëmbit; 2) vulë plumbi.

plomb'ieren *vt* 1) i vë vulë plumbi (*pakos etj.*); 2) mbush (*dhëmbin*).

pl'ötzlich 1. *a* i papritur, i beftë; **plötzlicher Besuch, Entschluß** vizitë, vendim i papritur; 2. *adv* papritur, befas; **plötzlich kam mir ein Gedanke** papritur më erdhi një mendim.

Pl'uderhose *f* =, **-n** shallvare.

plump 1. *a* 1) i trashë (*trup etj.*); 2) i ngathët; 3) *fig* i trashë; **plum-**

per Witz shaka e trashë; 2. *adv* trashë.

pl'umpsen *vi* (s) *bis* bie plluq (*në ujë etj.*).

Pl'under *m* **-s, =** rrangulla, rraqe.

pl'ündern *vt* plaçkis (*një qytet, dyqan etj.*).

Pl'ünderung *f* **=, -en** plaçkitje (*e një qyteti etj.*).

Pl'ural *m* **-s, -e** *gram* shumës.

plus *conj, mat* plus.

Plus *n* **=, =** 1) *fin* suficit; 2) *fig* plus.

Plüsch *m* **-es** pellush.

Plusqu'amperfekt *n* **-(e)s, -e** *gram* (*kohë*) e kryer e plotë.

pl'ustern 1. *vt* shpupurish (*puplat*) 2. *vrefl* **sich plustern** shpupurishet (*pula etj.*).

P'öbel *m* **-s** fundërri, llum i shoqërisë.

p'öbelhaft *a* vulgar.

p'ochen *vi* **(h)** 1) **(an A)** trokas (*në derë*); 2) rreh (*zemra*); 3) *fig* **(auf A)** kërkoj me këmbëjgulje; **auf sein Recht pochen** kërkoj të drejtën time.

P'ocken *pl mjek* li.

P'ockenimpfung *f* **=** shënim i lisë, vaksinim kundër lisë.

p'ockennarbig *a* i vrarë lie (*fytyrë etj.*).

P'odium *n* **-s, -di/en** podium.

Poes'ie *f* **=, -si/en** poezi.

Po'et *m* **-en, -en** *vjet* poet.

Po'etik *f* **=, -en** poetikë.

po'etisch *a* poetik.

Pogr'om *m dhe n* **-s, -e** pogrom.

Pointe [*po'ëtë*] *f* **=, -n** kripë (*e shakasë*).

pointiert [*po'ëtirt*] *a* i hollë (*fjalë, vërejtje etj.*).

Pok'al *m* **-s, -e** 1) kupë; 2) *sport* kupë.

p'ökeln *vt* krip (*mishin, peshkun*).

P'oker *n* **-s** poker (*lojë me letra*).

P'okergesicht *n* **-(e)s, -er** fytyrë pa shprehje.

Pol *m* **-s, -e** *gjeogr, fiz, mat* pol.

pol'ar *a* 1) polar (*të ftohtë etj.*); 2) i kundërt; i skajshëm.

Pol'arfuchs *m* **-es, -füchse** *zool* dhelpër polare.

Pol'arlicht *n* **-(e)s, -er** agim polar.

P'ole *m* **-n, -n** polak.

Pol'emik *f* **=, -en** polemikë.

pol'emisch *a* polemik.

polemis'ieren *vi* **(h)** polemizoj.

Pol'ente *f* **=** *bis* polici.

Police [*pol'isë*] *f* **=, -n** dëftesë (*e sigurimeve etj.*).

Pol'ier *m* **-s, -e** kryepunëtor (*ndërtimi*).

pol'ieren *vt* lëmoj; lustroj (*një orendi etj.*).

P'oliklinik *f* **=, -en** poliklinikë.

P'olin *f* **=, -nen** polake.

Pol'itbüro *n* **-s, -s** byro politike.

Polit'esse *f* **=, -n** politesë; mirësjellje.

Pol'itik *f* **=** politikë; **eine (bestimmte) Politik treiben, verfolgen** ndjek një politikë (të caktuar); **äußere, innere, friedliche Politik** politikë e jashtme, e brendshme, paqësore; **sich mit Politik beschäftigen** merrem me politikë.

Pol'itiker *m* **-s, =** politikan.

pol'itisch *a* politik; **einen politischen Fehler machen** bëj një gabim politik; **politische Ökonomie** ekonomi politike; **politisches Verbrechen** krim politik, kundër shtetit.

politis'ieren *vi* **(h)** flas për politikë.

Polit'ur *f* **=, -en** lustër (*e orendisë etj.*).

Poliz'ei *f* **=, -en** polici.

poliz'eilich 1. *a* policor; 2. *adv* nga policia, me anë të policisë.

Poliz'eistunde *f* **=** orë e mbylljes së lokaleve.

Poliz'ist *m* **-en, -en** polic.

P'ollen *m* **-s, =** *bot* pjalm.

p'olnisch *a* polak, polonez.
P'olster *m* **-s,** = jastëk (*divani, xhakete etj.*).
p'olstern *vt* i vë jastëk (*divanit etj.*).
P'olterabend *m* **-(e)s, -e** mbrëmje para dasmës.
p'oltern *vi* (h) 1) rrokulliset, bie, rrëzohet me zhurmë, potere (*një gur, arkë etj.*); 2) vjen, shkon, kalon me zhurmë (*një makinë etj.*); 3) trokas (*në derë*); 4) shaj, bëj potere.
Polygam'ie *f* = poligami.
Pol'yp *m* **-en, -en** 1) *zool, mjek* polip; 2) *vjet bis* polic.
Pom'ade *f* =, **-n** pomadë.
pom'adig *a* 1) i lyer me pomadë; 2) *fig bis* i flashkët, i plogët.
Pomp *m* **-s** madhështi; pompozitet, salltanet.
pomp'ös *a* madhështor; pompoz.
Pont'on *m* **-s, -s** ponton (*i urës*).
P'ony *n* **-s, -s** *zool* poni (*kalë i vogël*).
P'opanz *m* **-es, -e** gogol; dordolec.
P'opo *m* **-s, -s** *bis* prapanicë.
popul'är *a* popullor.
popularis'ieren *vt* popullarizoj.
Popularit'ät *f* = popullaritet.
P'ore *f* =, **-n** *anat* por (*i lëkurës*).
Pornograph'ie *f* = pornografi.
pornogr'aphisch *a* pornografik.
por'ös *a* poroz.
P'orree *m* **-s, -s** *bot* presh.
Port'al *n* **-s, -e** *ark* portal.
Portemonnaie [*portmon'e*] *n* **-s, -s** kuletë.
Portier [*portj'e*] *m* **-s, -s** portier.
Portiere [*porti'erë*] *f* =, **-n** perde para derës.
Porti'on *f* =, **-en** 1) porcion; 2) *fig bis* dozë; **er besitzt eine tüchtige Portion Frechheit** ai ka një dozë të mirë arrogance.
P'orto *n* **-s, -s** *dhe* **-ti** shpenzime të postës, taksë postare.
p'ortofrei *a* pa taksë postare.
Portr'ät *n* **-s, -s** portret.
porträt'ieren *vt* portretizoj.
Portug'iese *m* **-n, -n** portugez.
portug'iesisch *a* portugez.
Porzell'an *n* **-s, -e** porcelan.
Porzell'anerde *f* = kaolin.
Pos'aune *f* =, **-n** *muz* trombë; trombon.
pos'aunen 1. *vi* (h) i bie trombës; 2. *vt fig* shpall, trumbetoj.
P'ose *f* =, **-n** pozë.
pos'ieren *vi* (h) 1) pozoj; 2) *fig* shtirem.
Positi'on *f* =, **-en** 1) vend, post; 2) pozicion (*i anijes etj.*).
posit'iv 1. *a* pozitiv; **eine positive Antwort** një përgjigje pozitive; **positives Ergebnis** rezultat pozitiv; *fiz* **positive Ladung** ngarkesë pozitive; 2. *adv bis* me siguri; **weißt du das positiv?** e di me siguri këtë?
P'osse *f* =, **-n** *let* farsë.
Posit'ur *f* =, **-en** : *shpr* **sich in Positur setzen** marr një pozë (*para fotografit etj.*).
P'ossenreißer *m* **-s,** = shakaxhi, hokatar.
Possess'ivpronomen *n* **-s, -mina** *gram* përemër pronor.
poss'ierlich *a* zbavitës, qesharak.
Post *f* = 1) postë; **per Post, mit der Post** me postë; **bei der Post aufgeben** postoj; 2) *fig* lajm; **ich bringe gute Post** kam (sjellë) lajme të mira; 3) letër; **ich habe Post von ihm bekommen** kam marrë letër prej tij.
post'alisch *a* postar.
Postam'ent *n* **-(e)s, -e** bazament.
P'ostamt *n* **-(e)s, -ämter** zyrë postare.
P'ostanweisung *f* =, **-en** mandapostë, dërgesë postare.
P'ostbote *m* **-n, -n** postier.
P'osten *m* **-s,** = 1) vend (*nëpunësi*);

post; **seinen Posten verlieren** humbas vendin; 2) *usht* roje; **Posten stehen** bëj roje; **die Posten verdoppeln, verstärken** dyfishoj, forcoj rojat; *fig* **auf dem Posten sein** a) kam mendjen; b) jam shëndoshë; 3) *fin* zë; 4) *treg* parti (*malli*); **ein Posten Hemden** një parti këmishësh.

P'ostkarte *f* =, **-n** kartolinë.

p'ostlagernd *a* me postë restante.

P'ostscheckkonto *n* **-s, -s** llogari postare.

Postul'at *n* **-(e)s, -e** kërkesë (*morale etj.*).

postul'ieren *vt* kërkoj (*zbatimin e një parimi etj.*).

post(h)'um *a* postum, pas vdekjes.

p'ostwendend *a* me postën e parë, menjëherë.

pot'ent *a* 1) *mjek* potent; 2) i pasur, i madh (*industrialist etj.*).

Potent'at *m* **-en -en** sundimtar.

Potenti'al *n* **-s, -e** potencial (*ekonomik etj.*).

potenti'ell *a* i mundshëm.

Pot'enz *f* = 1) fuqi; 2) *fiziol* potencë; 3) *mat* fuqi; **eine Zahl in die zweite, dritte Potenz erheben** ngre një numër në fuqi të dytë, të tretë.

potenz'ieren *vt* 1) *mat* ngre në fuqi; 2) fuqizoj, shtoj.

P'otztausend! *int* ta marrë djalli!

pouss'ieren [*pus'irën*] *bis* 1. *vi* **(h)** kam marrëdhënie (*me një vajzë*); 2. *vt* i lahem e i lyhem (*shefit etj.*).

Prä'ambel *f* =, **-n** parathënie.

Pracht *f* = 1) shkëlqim (*ari, gurësh të çmuar etj*); 2) madhështi; luks; 3) : *fig* **es ist eine Pracht** është mrekulli.

pr'ächtig, prachtvoll *a* 1) madhështor; 2) i shkëlqyeshëm; 3) i mrekullueshëm.

prädestin'iert *a* : *shpr* **für etwas prädestiniert sein** jam i prerë për diçka.

Prädik'at *n* **-(e)s, -e** *gram* kallëzues.

Präf'ix *n* **-(e)s, -e** *gram* parashtesë.

pr'ägen *vt* 1) stampoj; 2) pres (*një monedhë*); 3) krijoj (*një fjalë etj.*); 4) formoj (*karakterin etj.*); 5) *fig* ngulis (*në kujtesë*).

prägn'ant *a* i saktë, i përpiktë, me vend (*shprehje etj.*).

Prägn'anz *f* = saktësi, përpikëri (*e një shprehjeje etj.*).

pr'ahlen *vi* **(h) (mit D)** mburrem, krekosem (*me sukseset, aftësitë e mia etj.*).

Prahler'ei *f* =, **-en** mburrje, vetëlëvdatë.

pr'ahlerisch *a* mburracak.

Pr'ahlhans *m* **-es, -hänse** *bis* mburravec, punëmadh.

Pr'aktik *f* =, **-en** praktikë.

praktik'abel *a* i zbatueshëm; i mundshëm.

Praktik'ant *m* **-en, -en** stazhier.

Pr'aktiker *m* **-s,** = njeri me përvojë (*në një fushë*).

pr'aktisch *a* praktik.

praktiz'ieren 1. *vt* 1) vë në jetë, zbatoj; 2) praktikoj, ushtroj; 2. *vi* **(h)** ushtroj profesionin e mjekut.

Präl'at *m* **-en, -en** *fet* prelat.

Prälimin'ari/en *pl* bisedime paraprake.

prall *a* 1) i nderë (*vel etj.*); 2) i mbushur plot (*thes, çantë etj.*); 3) i fortë, i ngjeshur (*mish etj.*); 4) : **in der prallen Sonne** në pishë të diellit, në pisk të vapës.

pr'allen *vi* **(s) (gegen A)** përplasem (*me dikë, diçka*); **er prallte gegen eine Frau** ai u përplas me një grua; **der Ball prallte gegen die Mauer** topi u përplas në mur.

pr'allvoll *a* *bis* plot, dëngëza (*kuletë etj.*).

Pr'ämi/e *f* =, **-n** shpërblim.

präm'ieren *vt* (**A mit D**) shpërblej (*dikë me diçka*).

pr'angen *vi* (**h**) shkëlqen; **auf den Wiesen prangen bunte Blumen** ndër livadhe shkëlqejnë lule të shumëngjyrshme.

Pr'anger *m* **-s, =** shtyllë turpi; *fig* **an den Pranger stellen** damkos me turp, mbërthej në shtyllën e turpit.

Pr'anke *f* **=, -n** kthetër, panxhë (*e luanit, tigrit etj.*).

Präpar'at *n* **-(e)s, -e** *mjek* përgatesë, preparat.

präpar'ieren 1. *vt* preparoj (*një bimë për një koleksion etj.*); 2. *vrefl* **sich präparieren** përgatitem.

Prär'ie *f* **=, -ri/en** preri (*fushë në Amerikën Veriore*).

Pr'äsens *n* **=, -s'entia** *gram* (*kohë*) e tashme.

präs'ent *a* 1) i pranishëm; 2) : *shpr* **etwas präsent haben** a) kam parasysh diçka; b) kam në shitje diçka.

Präs'ent *n* **-s, -e** dhuratë.

präsent'ieren 1. *vt* paraqes (*një faturë etj.*); **das Gewehr präsentieren** paraqes armët; 2. *vrefl* **sich präsentieren** paraqitem.

Präs'enzliste *f* **=, -n** 1) listë e të pranishmëve; 2) *usht* listë e efektivit.

Präs'enzstärke *f* **=** *usht* efektiv.

Präservat'iv [*-va-*] *n* **-s, -e** prezervativ.

Präsid'ent *m* **-en, -en** president; kryetar.

Präsid'entschaft *f* **=** kryesi.

präsid'ieren *vi* (**h**) kryesoj.

Präs'idium *n* **-s, Präsidi/en** 1) presidium; 2) kryesi.

pr'asseln *vi* (**h**) kërcet (*zjarri në oxhak etj.*); rreh (*shiu në çati etj.*).

pr'assen *vi* (**h**) zdërhallem, pi e bëj qejf.

prätenti'ös *a* me pretendime.

prävent'iv [*-ven*] *a* parandalues, preventiv.

Pr'axis *f* **=** 1) praktikë; 2) ushtrim profesioni; 3) përvojë profesionale; 4) a) zyrë avokatore; b) dhomë vizitash (*mjekësore*).

Präzed'enzfall *m* **-(e)s, -fälle** rast i mëparshëm, i kaluar.

präz'is i saktë, preciz; **präzise Ausdrucksweise** mënyrë e saktë të shprehuri.

präzis'ieren *vt* saktësoj.

Präzisi'on *f* **=** saktësi, precizion.

pr'edigen *vt* predikoj; **jemandem etwas predigen** i predikoj dikujt diçka; *fig bis* **tauben Ohren predigen** u predikoj të shurdhërve.

Pr'ediger *m* **-s, =** predikues.

Pr'edigt *f* **=, -en** predikim.

Preis *m* **-es, -e** 1) çmim (*i një malli etj.*); **einen Preis festsetzen** caktoj një çmim; **die Preise drüçken, hochtreiben** ul, ngre çmimet; *fig* **um jeden Preis** me çdo kusht; *fig* **um keinen Preis** kurrsesi, kurrën e kurrës; 2) çmim (*i fitores etj.*); 3) shpërblim; **einen Preis aussetzen** caktoj një shpërblim; 4) *poet* nder, lavdi; lëvdatë.

Pr'eisausschreiben *n* **-s, =** konkurs.

Pr'eisbewerber *m* **-s, =** pjesëmarrës në një konkurs.

Pr'eiselbeere *f* **=, -n** *bot* belush (*shkurre*).

pr'eisen* *vt* lavdëroj, lëvdoj; **jemanden glücklich preisen** quaj dikë të lumtur.

Pr'eisermäßigung *f* **=, -en** ulje çmimi.

Pr'eisfrage *f* **=, -n** 1) temë e konkursit; 2) çështje çmimi.

pr'eisgeben* *vt ndash* 1) lë, braktis; tradhtoj (*dikë, diçka*); 2) : *shpr* **ein Geheimnis preisgeben** tregoj, nxjerr një të fshehtë; **jemanden der Schande preisgeben** turpëroj dikë;

jemanden dem Spott preisgeben vë në lojë dikë.
pr'eisgekrönt *a* që ka fituar një çmim.
Pr'eisliste *f* =, **-n** listë e çmimeve.
Pr'eisrichter *m* **-s,** = anëtar i jurisë.
pr'ellen 1. *vt* 1) hedh (*lart*); 2) *fig* **(A um A)** i marr, i rrëmbej (*dikujt diçka që i takon etj.*); mashtroj, gënjej (*dikë në diçka*); 2. *vrefl* **sich prellen** vritem, shembem (*duke u përplasur me diçka etj.*).
Pr'ellung *f* =, **-en** e vrarë, shembje.
Premi'ere *f* =, **-n** premierë (*e shfaqjes etj.*).
pr'eschen *vi* **(s)** harbon (*kali etj.*).
Pr'esse I *f* =, **-n** *tek* presë.
Pr'esse II *f* = shtyp; *bis* **er hat eine gute, schlechte Presse** ai përmendet në shtyp për mirë, për keq.
Pr'essefreiheit *f* = liri shtypi.
pr'essen *vt* 1) vë në presë, presoj; 2) *fig* shtyp, ndrydh; shtrëngoj; **er preßte das Kind an seine Brust** e shtrëngoi fëmijën në kraharor; **gepreßte Stimme** zë i mbytur; 3) *fig* detyroj (*dikë të bëjë diçka*); 4) marr me forcë (*ushtar etj.*).
Pr'essegesetz *n* **-(e)s, -e** ligj mbi shtypin.
press'ieren *vi* **(h)** nxitoj; **es pressiert nicht** s'ka ngut; **ich bin pressiert** nxitohem, e kam me ngut.
Prestige [*prest'izhë*] *n* **-s** prestigj, autoritet (*i një vendi etj.*).
Pr'euße *m* **-n, -n** prusian.
pr'eußisch *a* prusian.
prezi'ös *a* i stërholluar (*stil etj.*).
pr'ickeln *vi* **(h)** 1) gudulis; 2) ther, shpon (*vera gjuhën etj.*).
pr'iemen *vt* përtyp duhan.
pries *sh* **preisen***.
Pr'iester *m* **-s,** = prift.
pr'ima *a* 1) *vjet* i cilësisë së parë, i kategorisë së parë; 2) *bis* i shkëlqyeshëm, i mrekullueshëm.
Pr'ima *f* =, **-men** klasa e tetë dhe e nëntë (*në gjimnazin gjerman*).
primär *a* i parë, primar.
Pr'imas *m* =, **-se** *fet* primat (*i pari i kishës së një vendi*).
Prim'at *m dhe n* **-s, -e** parësi (*e pushtetit politik mbi atë ushtarak etj.*).
Pr'imel *f* =, **-n** *bot* aguliçe.
primit'iv *a* primitiv.
Primitivit'ät *f* = primitivizëm.
Pr'imus *m* =, **-mi** *dhe* **-musse** i parë i klasës.
Pr'imzahl *f* =, **-en** *mat* numër i thjeshtë.
Prinz *m* **-en, -en** princ.
Prinz'essin *f* =, **-nen** princeshë.
prinzipi'ell 1. *a* parimor; 2. *adv* parimisht.
Prinz'ipienreiter *m* **-s,** = *fig bis* dogmatik.
Pr'ior *m* **-s, -en** i parë (*i manastirit*).
Priorit'ät *f* = përparësi.
Pr'ise *f* =, **-n** 1) plaçkë lufte; 2) piskë (*kripë, burnot etj.*).
Pr'isma *n* **-s, Prismen** *gjeom* prizëm.
Pr'itsche *f* =, **-n** 1) shtrat i thjeshtë dërrasash; 2) rraketake (*e hokatarit*).
priv'at [*-vat*] 1. *a* 1) privat; jozyrtar; 2) personal; **private Meinung** mendim personal; 2. *adv* privatisht.
priv'atim [*-vat-*] *adv vjet* privatisht.
Privat'issimum *n* **-s, Privatissima** 1) ushtrim për studentë të zgjedhur; 2) paralajmërim i rëndë.
Priv'atleben [*-vat-*] *n* **-s** jetë private, joshoqërore.
Priv'atsekretär *m* **-s, -e** sekretar personal.
Privil'eg [*-vi-*] *n* **-s, -gi/en** privilegj, venom.
privileg'iert *a* i privilegjuar.
pro *präp* **(A)** 1) për; **vier Mark pro Person** katër marka për njeri; 2) në; **pro Stunde** në orë.

Pro *n* : *shpr* **(das) Pro und (das) Kontra** pro e kontra.

prob'at *a* i sprovuar; **ein probates Mittel** një mjet i sprovuar.

Pr'obe *f* =, **-n** 1) mostër; **ich lege Ihnen eine Probe zur Ansicht bei** ju bashkëngjis një mostër që ta shikoni; 2) provë; **jemanden auf die Probe stellen** provoj, vë në provë dikë; **die Probe bestehen** i qëndroj provës; **da hast du eine Probe seiner Tapferkeit gesehen** këtu ke parë një provë të trimërisë së tij; 3) provë teatrale.

pr'oben 1. *vt* shfaq, recitoj etj. për provë; 2. *vi* **(h)** bëj provë.

pr'obeweise *adv* si (për) provë.

prob'ieren *vi* **(h)** *vt* 1) provoj; **willst du es einmal probieren?** a do ta provosh një herë?; 2) kërkoj, ngjëroj (*gjellën etj.*).

Prob'ierstein *m* **-(e)s, -e** gur prove.

Probl'em *n* **-s, -e** problem.

Problem'atik *f* = vështirësi (*e një çështjeje etj.*).

problem'atisch *a* 1) i vështirë; delikat (*çështje etj.*); 2) i dyshimtë.

pro d'omo : *shpr lat* për vete.

Prod'ukt *n* **-(e)s, -e** prodhim (*mall*).

Produkti'on *f* =, **-en** prodhim; **in der Produktion arbeiten** punoj në prodhim.

Produkti'onsverhältnisse *pl* marrëdhënie në prodhim.

produkt'iv *a* prodhues; i frytshëm.

Produktivit'ät *f* = prodhimtari, rendiment, produktivitet.

Produz'ent *m* **-en** prodhues (*i të mirave materiale*).

produz'ieren 1. *vt* prodhoj (*një mall etj.*); 2. *vrefl* **sich produzieren** dal, ngrihem (*për të bërë diçka etj.*).

Prof. = **Professor.**

prof'an *a* 1) shekullar; laik; 2) i rëndomtë, i zakonshëm.

professi'onell *a* profesionist.

Prof'essor *m* **-s, -ss'oren** profesor.

professor'al *a* prej profesori.

Pr'ofi *m* **-s, -s** *bis* profesionist (*në sport* etj.).

Prof'il *n* **-s, -e** profil.

profil'iert *a fig* i shquar (*personalitet etj.*).

Prof'it *m* **-(e)s, -e** dobi; të ardhura, fitim; **Profit aus etwas schlagen, ziehen** nxjerr fitim nga diçka.

profit'ieren *vi* **(h) (von, bei D)** nxjerr fitim, përfitoj (*nga diçka*).

prof'und *a* i thellë (*njohuri etj.*).

Progn'ose *f* =, **-n** parashikim, prognozë (*e motit etj.*).

Progr'amm *n* **-s, -e** program; **ein Programm aufstellen, verkünden** hartoj, shpall një program; **jemandes Programm stören** ia prish programin dikujt; *fig* **das steht nicht auf unserem Programm** këtë nuk e kemi në program.

programm'atisch *a* 1) programatik; 2) i programuar, sipas programit.

programm'ieren *vt* programoj.

Program'ierer *m* **-s,** = programues.

progress'iv *a* përparimtar, progresiv.

Prohibiti'on *f* =, **-en** ndalim i alkoolit.

Proj'ekt *n* **-(e)s, -e** projekt; plan.

projekt'ieren *vt* projektoj; planifikoj.

Projekti'on *f* =, **-en** projektim (*i një diapozitivi etj.*).

projiz'ieren *vt* projektoj (*një diapozitiv etj*).

Proklamati'on *f* =, **-en** proklamatë, shpallje.

proklam'ieren *vt* shpall.

Prok'ura *f* =, (*rrallë*) **Prokuren** *drejt* prokurë.

Prokur'ist *m* **-en, -en** *drejt* lëshues i prokurës.

Prol'et *m* **-en, -en** *bis* proletar; *fig* njeri i pashkollë.

Proletari'at *n* **-s** proletariat.
Prolet'ari/er *m* **-s, =** proletar.
prolet'arisch *a* proletar.
prolong'ieren *vt* 1) zgjas (*lejën etj.*); 2) shtyj (*afatin*).
Promen'ade *f* **=, -n** 1) shëtitje; 2) shëtitore.
promen'ieren *vi* **(h, s)** dal shëtitje.
Prom'ille *n* **-(s), =** për mijë.
promin'ent *a* i shquar; **prominente Persönlichkeit** personalitet i shquar.
Promin'enz *f* **=** njerëz të shquar.
promov'ieren 1. *vi* **(h)** marr titullin e doktorit; 2. *vt* i jap titullin e doktorit (*dikujt*).
prompt 1. *a* i shpejtë; **prompte Erledigung eines Auftrags** plotësim i shpejtë i një detyre; 2. *adv* menjëherë, sakaq; **und prompt kam die Antwort ...** dhe menjëherë erdhi përgjigjja ...
Pron'omen *n* **-s, -mina** *gram* përemër.
prononc'iert [*pronôs'irt*] *a* i theksuar (*tipar etj.*).
Propag'anda *f* **=** propagandë; **Propaganda machen** bëj propagandë.
propag'ieren *vi* **(h)** *vt* propagandoj, përhap (*një teori etj.*).
Prop'eller *m* **-s, =** helikë.
pr'oper *a* *bis* i pastër, i rregullt.
Proph'et *m* **-en, -en** profet.
proph'etisch *a* profetik.
prophez'eien *vi* **(h)** profetizoj; **er hat es dir prophezeit, daß ...** ta kishte thënë që më parë se ...
prophyl'aktisch *a* profilaktik, parandalues.
Proporti'on *f* **=, -en** përpjesëtim.
proportion'al *a* përpjesëtimor.
proportion'iert *a* i përpjesëtimuar.
Prop'orz *m* **-es** përpjesëtim i votave.
Pr'osa *f* **=** prozë.
pros'aisch *a* prozaik.
prosit! *int* 1) të bëftë mirë!; 2) gëzuar!; 3) shëndet!
Prosp'ekt *m* **-(e)s, -e** fletëpalosje.
prosper'ieren *vi* **(h)** lulëzoj (*ekonomikisht*).
Prosperit'ät *f* **=** lulëzim (*ekonomik*).
prost! *sh* prosit!
Prostitu'ierte *f* **-n, -n** prostitutë.
Prostituti'on *f* **=** prostitucion.
Protagon'ist *m* **-en, -en** protagonist.
Protegé [*protezh'e*] *m* **-s, -s** njeri i përkrahur.
proteg'ieren [*protezh'irën*] përkrah (*dikë për të bërë karrierë*).
Protekti'on *f* **=** përkrahje (*për të bërë karrierë*).
Prot'est *m* **-es, -e** protestë; **unter Protest den Saal verlassen** largohem nga salla në shenjë proteste.
Protest'ant *m* **-en, -en** *fet* protestant.
protest'antisch *a* *fet* protestant.
protest'ieren *vi* **(h)** protestoj.
Proth'ese *f* **=, -n** protezë.
Protok'oll *n* **-s, -e** protokoll.
protokoll'ieren *vt* protokolloj.
Pr'ototyp *m* **-s, -en** prototip.
Protz *m* **-(e)s, -e** mburravec.
pr'otzen *vi* **(h)** *bis* **(mit D)** mburrem, krekosem (*me sukseset, forcën etj.*).
pr'otzig *a* *bis* 1) mburravec; 2) që bie në sy.
Provi'ant [*-v-*] *m* **-s** ushqim (*për një udhëtim etj.*); **Proviant für drei Tage** ushqim për tri ditë.
Prov'inz *f* **=, -en** provincë, krahinë.
provinzi/'ell *a* provincial, i ngushtë (*në mendime etj.*).
Prov'inzler *m* **-s, =** provincial, njeri me horizont të ngushtë.
Provisi'on *f* **=, -en** *fin* 1) komision; 2) përqindje komisioni.
provis'orisch *a* i përkohshëm; **eine**

provisorische Lösung një zgjidhje e përkohshme.
Provis'orium *n* **-s, Provis'orien** masë, zgjidhje e përkohshme.
Provokateur [*provokat'ër*] *m* **-s, -e** provokator.
Provokati'on *f* **=, -en** provokim.
provokat'orisch *a* provokues.
provoz'ieren *vt* provokoj.
Prozed'ur *f* **=, -en** procedurë.
Proz'ent *n* **-(e)s, -e** 1) përqindje; **Prozent geben** zbres nga çmimi; 2) për qind; **40 Prozent Alkohol** 40 për qind alkool.
prozentu'al *a* (*i llogaritur*) në përqindje.
Proz'eß *m* **-sses, -sse** 1) gjyq, proces; **jemandem den Prozeß machen** gjykoj dikë; *fig* **kurzen Prozeß machen** s'ia bëj të gjatë, ia pres shkurt; 2) *kim* proces; **chemischer Prozeß** proces kimik.
prozess'ieren *vi* **(h) (gegen A)** bëj gjyq (*kundër dikujt*).
Prozessi'on *f* **=, -en** *fet* procesion.
pr'üde *a* tepër i turpshëm.
Prüder'ie *f* **=** turp i tepruar.
pr'üfen *vt* 1) provoj; **eine Maschine prüfen** provoj një makinë; *fig* **er ist vom Leben schwer geprüft** ai ka vuajtur shumë në jetë; 2) kontrolloj; **eine Rechnung prüfen** kontrolloj një llogari; 3) marr në provim; **einen Schüler prüfen** marr një nxënës në provim.
Pr'üfstein *m* **-(e)s, -e** gur prove.
Pr'üfung *f* **=, -en** 1) provë; **eine Prüfung bestehen** i qëndroj provës; 2) kontroll; 3) provim; **mündliche, schriftliche Prüfung** provim me gojë, me shkrim; **durch die Prüfung fallen** rrëzohem në provim.
Pr'ügel *m* **-s, =** 1) shkop; 2) *pl fig* dru; **Prügel bekommen, beziehen, kriegen** ha dru; **jemandem eine Tracht Prügel verabreichen** i jap një barrë dru dikujt.
Prügel'ei *f* **=** 1) rrahje; 2) përleshje.
Pr'ügelknabe *m* **-n, -n** kokë turku.
pr'ügeln 1. *vt* shtroj në dru; 2. *vrefl* **sich prügeln** rrihem (*me dikë*).
Prunk *m* **-(e)s** luks, salltanet.
pr'unken *vi* **(h) (mit D)** mburrem (*me pasurinë, sukseset etj.*); 2) **(in D)** shkëlqej (*me diçka*).
pr'unkvoll *a* luksoz, i shkëlqyeshëm.
pr'usten *vi* **(h)** shfryj, turfulloj.
Psalm *m* **-s, -en** *fet* psalm.
Pseudon'ym *n* **-s, -e** pseudonim.
Ps'yche *f* **=, -n** psikologji (*e fëmijës etj.*).
Psychi'ater *m* **-s, =** psikiatër.
psychi'atrisch *a* psikiatrik.
ps'ychisch *a* psikik.
Psychol'oge *m* **-n, -n** psikolog.
Psycholog'ie *f* **=** psikologji.
psychol'ogisch *a* psikologjik.
Psych'ose *f* **=, -n** psikozë.
Pubert'ät *f* **=** pjekuri seksuale, pubertet.
publ'ik *a* publik; **eine Angelegenheit publik machen** e bëj publike një çështje.
Publikati'on *f* **=, -en** botim.
P'ublikum *n* **-s** publik; **das Publikum lachte, pfiff, schrie** publiku qeshte, fërshëllente, ulërinte.
publiz'ieren *vt* botoj; shpall.
Publiz'ist *m* **-en, -en** publicist; gazetar.
Publiz'istik *f* **=** publicistikë; gazetari.
publiz'istisch *a* publicistik; gazetaresk.
P'udding *m* **-s, -e** *dhe* **-s** *kuzh* buding.
P'udel *m* **-s, =** kone (*lloj qeni*); *fig* **das ist des Pudels Kern** këtu qëndron thelbi i çështjes; *fig bis* **wie ein begossener Pudel dastehen** rri si pulë e lagur.

p'udelnaß *a* (*i bërë*) si pulë e lagur.
P'uder *m* -s pudër.
P'uderbüchse *f* =, -n, **Puderdose** *f* =, -n kuti pudre.
p'udern 1. *vt* pudros; 2. *vrefl* **sich pudern** pudrosem.
Puff *m* -(e)s, **Püffe** 1) goditje e lehtë; **jemandem einen Puff in den Rücken geben** i bie dikujt kurrizit; 2) përplasje; 3) -(e)s, -e gufim (*i fustanit etj.*); 4) jastëk; pufkë (*ndenjëse e ulët pa mbështetëse*); 5) *fig bis* shtëpi publike.
p'uffen *vt* 1) *bis* i bie lehtë (*me bërryl etj. dikujt*); 2) vjell (*tym lokomotiva etj.*).
P'uffer *m* -s, = *tek* repulsor.
P'ufferstaat *m* -(e)s, -en shtet-tampon.
P'ulle *f* =, -n *bis* shishe.
Pullover [*pul'ovër*] *m* -s, = pulovër.
Puls *m* -es, -e puls; **jemandem den Puls fühlen** ia mas pulsin dikujt.
P'ulsader *f* =, -n *anat* arterie e pulsit.
p'ulsen, puls'ieren *vi* (h) 1) rreh (*zemra*); 2) : *fig* **das Leben pulst in den Adern** vlon jeta ndër damarë.
P'ulsschlag *m* -(e)s, **-schläge** rrahje e pulsit.
Pult *n* -(e)s, -e *muz* pult (*për nota*).
P'ulver *n* -s 1) pluhur; 2) barut; *fig bis* **er ist keinen Schuß Pulver wert** ai s'vlen as një dysh; *fig bis* **er hat das Pulver nicht erfunden** s'ia pret shumë; *fig* **er kann kein Pulver riechen** është frikacak.
P'ulverfaß *n* **-fasses, -fässer** fuçi baruti (*kryesisht fig*).
pulveris'ieren *vt* pluhuroj (*bojën me pompë etj.*).
P'uma *m* -s, -s *zool* pumë.
p'ummelig *a bis* topolak.
Pump *m* -s, -e *bis* hua, borxh; **auf Pump** me borxh; me hua.
P'umpe *f* =, -n *tek* pompë.
p'umpen *vt* 1) pompoj; 2) *bis* marr hua; jap hua; **kannst du mir dein Rad pumpen?** a mund të ma japësh (*hua*) biçikletën?
Punkt *m* -(e)s, -e 1) *gram* pikë; **einen Punkt setzen** vë një pikë; *fig* **nun mach aber einen Punkt!** jepi fund tani!; 2) : **Punkt acht Uhr** ora tetë fiks; fiks në orën tetë; 3) pikë (*gjeografike*), vend; 4) pikë (*e rendit të ditës etj.*); **Punkt für Punkt** pikë për pikë; 5) pikë (*e dobët etj.*); **ein schwacher Punkt in der Beweisführung** një pikë e dobët në arsyetim; **den wunden Punkt treffen** prek pikën e dobët; **ein dunkler Punkt in seiner Vergangenheit** një njollë në të kaluarën e tij; **die Sache ist auf dem toten Punkt angekommen** çështja ka arritur në një pikë të vdekur; 6) çështje; **an einen kitzligen Punkt kommen** prek një pikë delikate; **im Punkte der Ehre ist er sehr empfindlich** në çështje nderi ai është shumë i prekshëm; 7) *sport* pikë; **nach Punkten** me pika.
punkt'ieren *vt* 1) *mjek* i bëj punksion (*të sëmurit*); 2) pikëzoj.
p'ünktlich *a* i saktë, i përpiktë; **er ist immer sehr pünktlich** ai është gjithnjë shumë i përpiktë.
P'ünktlichkeit *f* = saktësi, përpikëri.
punktu'ell *adv* pikë për pikë.
P'unktum! *int* mori fund!, mjaft më!, pikë!
Punsch *m* -es, -e ponç.
Pup'ille *f* =, -n *anat* bebe, bebëz e syrit.
P'uppe *f* =, -n 1) kukull (*edhe fig*); 2) *ent* krizalidë; 3) manekin.
P'uppenspiel *n* -(e)s, -e teatër i kukllave.
P'uppenspieler *m* -s, = aktor i teatrit të kukllave.

pur *a* i pastër, i papërzier; **pures Gold** ar i kulluar; **aus purer Neugierde** vetëm nga kureshtja; **es war purer Zufall** qe vetëm një rastësi.
Pür'ee *n* **-s, -e** *kuzh* puré.
purit'anisch *a* puritan.
P'urpur *m* **-s** purpur (*ngjyrë ose pëlhurë me këtë ngjyrë*).
p'urpurn *a* i purpurt.
P'urzelbaum *m* **-s, -bäume** : *bis* **einen Purzelbaum schlagen** bëj laradash.
p'urzeln *vi* (s) bëj laradasha.
P'uste *f* = *bis* frymë; **er hatte keine Puste mehr** s'i mbeti më frymë.
P'ustekuchen! *int* e gjete!
P'ustel *f* =, **-n** puçërr.
p'usten *vi* **(h)** 1) marr frymë; 2) gulçoj; 3) fryj; **ins Feuer pusten** i fryj zjarrit.
P'ute *f* =, **-n** 1) *zool* pulë deti, bibë; 2) *fig bis përb* vajzë; grua; **dumme Pute!** budallaqe!
P'uter *m* **-s,** = *zool* gjel deti.
p'uterrot *a* i kuq si lafsha e gjelit te detit; **puterrot werden** bëhem flakë në fytyrë (*nga turpi, inati etj.*)
Putsch *m* **-(e)s, -e** *pol* puç, grusht shteti.
p'utschen *vi* **(h)** bëj puç.
Putz *m* **-(e)s, -e** 1) stoli; 2) suva; **der Putz bröckelt von den Wänden** suvaja bie nga muret; **Mauern mit Putz verkleiden** suvatoj muret.
p'utzen **1.** *vt* 1) pastroj (*kalin*); 2) laj (*dhëmbët, xhamat*); 3) lustroj (*këpucët*); 4) : **(sich) die Nase putzen** fshij hundët; 2. *vrefl* **sich putzen** stolisem.
p'utzig *a bis* i çuditshëm; zbavitës.
P'utzlappen *m* **-s,** = leckë për pluhura.
P'utzmacherin *f* =, **-nen** *vjet* modiste.
P'utzsucht *f* = koketëri.
P'utzwaren *pl* artikuj mode.
Pyjama [*pixh'ama*] *m* **-s, -s** pizhame.
Pyram'ide *f* =, **-n** piramidë.

Q

qcm = *shkurt* **Quadratzentimeter** centimetër katror.

qkm = *shkurt* **Quadratkilometer** kilometër katror.

qm = *shkurt* **Quadratmeter** metër katror.

Qu'abbel *m* **-s** *bis* llurbë.

qu'abb(e)lig = *a* 1) i llurbët; 2) i rrëshqitshëm (*bretkosë etj.*); 3) i dridhur (*pelte etj.*); 4) i amshtë, pa shije (*gjellë etj.*).

Qu'acksalber *m* **-s,** = *mjek* sharlatan.

Quadr'at *n* **-es, -e** 1) katror; 2) : *mat* **eine Zahl ins Quadrat erheben** ngre një numër në katror.

quadr'atisch *a* katror.

Quadr'atmeter *m* **-s,** = metër katror.

Quadr'atwurzel *f* =, **-n** *mat* rrënjë katrore.

Quadr'atzahl *f* =, **-en** *mat* (numër) katror.

Quadrille [*k(w)adr'ilje*] *f* =, **-n** kadrilje.

qu'aken *vi* **(h)** 1) kuakit (*bretkosa*); 2) *fig bis* dërdëllis.

qu'äken *vi* **(h)** qaravitet (*fëmija*).

Qual *f* =, **-en** vuajtje, torturë.

qu'älen 1. *vt* 1) mundoj, torturoj; **ein Tier quälen** mundoj një kafshë; **trübe Gedanken quälen mich** mendime të turbullta më shqetësojnë; 2) *fig* i vihem, i vardisem, i qepem (*dikujt për diçka*); 2. *vrefl* **sich quälen** mundohem, torturohem, vuaj; **er hat sich sehr quälen müssen** iu desh të mundohej shumë; **quäl dich nicht mit traurigen Gedanken!** mos e mundo veten me mendime të trishtuara!

Quäler'ei *f* =, **-en** 1) torturë; 2) *fig* punë e rëndë.

Qu'älgeist *m* **-es, -er** (*njeri, fëmijë*) që të merr shpirtin.

Qualifikati'on *f* =, **-en** kualifikim (*në kupt. të ndryshme*).

qualifiz'ieren *vt* kualifikoj.

qualifiz'iert *a* i kualifikuar; **qualifizierte Arbeit leisten** bëj punë me cilësi.

Qualit'ät *f* =, **-en** 1) cilësi, kualitet; 2) aftësi, veti.

qualitat'iv 1. *a* cilësor, kualitativ; 2. *adv* nga ana cilësore.

Qu'alle *f* =, **-n** *zool* meduzë, kandil deti.

Qualm *m* **-(e)s** 1) tym i dendur; 2) avull; 3) : *fig bis* **mach nicht so viel Qualm!** mos e bëj kaq të madhe!

qu'almen 1. *vi* **(h)** tymos, nxjerr tym (*soba etj.*); 2. *vi* **(h)** *dhe vt* tymos, pi duhan.

qu'alvoll *a* torturues (*uri, etje etj.*).

Quantit'ät *f* =, **-en** sasi.

quantitat'iv 1. *a* sasior, kuantitativ; 2. *adv* kuantitativisht, nga ana sasiore.

Qu'antum *n* **-s, -ten** *dhe* **-ta** 1) sasi; 2) masë; 3) pjesë.

Qu'appe *f* =, **-n** *zool* larvë (*peshku*).

Quarant'äne [*ka-*] *f* =, **-n** *mjek* karantinë.

Quark *m* **-s** 1) gjizë; 2) *fig bis* dokrra, gjepura, pallavra; **das ist doch alles Quark** këto janë dokrra!

Qu'arta *f* =, **-ten** *vjet* klasë e tretë (*e gjimnazit*).

Quart'ett *n* **-(e)s, -e** *muz* kuartet.

Quart'ier *n* **-s, -e** 1) strehë; *usht* **Quartier machen** strehoj ushtarët; 2) banesë; 3) lagje.

Quarz *m* **-es, -e** *gjeol* kuarc.

qu'asi *adv* gati, thuajse, si të themi.

qu'asseln *vi* (h) *bis* llap, llomotis pa pushim.
Qu'asselstrippe *f* =, **-n** *bis* 1) telefon; 2) llafazan.
Quast *m* **-es, -e** furçë e gjerë.
Qu'aste *f* =, **-n** tufë fijesh.
Quatsch *m* **-es** 1) gjepura, pallavra, përralla, dokrra; **ich kann mir diesen Quatsch nicht länger anhören** s'mund t'i dëgjoj më këto dokrra; 2) gabim; **hier hast du Quatsch gemacht** këtu ke bërë gabim.
qu'atschen *vt, vi* (h) *bis* llap, dërdëllis.
Qu'atschkopf *m* **-(e)s, -köpfe** *bis* llafazan.
qu'atschnaß *a bis* (i lagur e) i bërë qull.
Qu'ecksilber *n* **-s** *kim* zhivë; *fig bis* **er hat Quecksilber im Leib** ai është zhivë.
qu'ecksilb(e)rig *a fig bis* i lëvizshëm, që s'rri dot në një vend, i gjallë, zhivë (*fëmijë etj.*).
Qu'elle *f* =, **-n** 1) burim (*i një lumi etj.*); 2) *fig* burim (*i një lajmi etj.*); **das ist die Quelle allen Übels** ky është burimi i gjithë të këqijave.
qu'ellen* 1. *vi* (s) 1) buron (*kroi etj.*); 2) rrjedh (*gjaku, loti etj.*); 3) zbruhet (*orizi në ujë etj.*); 4) fryhet (*lumi etj.*); 2. *vt sipas zgj. të dob.* zbruj (*në ujë bizelet etj.*).
qu'engeln *vi* (h) *bis* 1) i lutem me të qarë (*dikujt*); 2) qaravitet (*fëmija*).
Qu'entchen *n* **-s,** = *fig* (një) çikë.
quer 1. *a* i tërthortë; 2. *adv* tërthor, për së gjeri, mes për mes; **kreuz und quer** kryq e tërthor; **den Stoff quer nehmen** marr, pres stofin për së gjeri; **quer über den Fluß fahren** i bie lumit mes për mes; **quer über die Straße gehen** pres rrugën; *fig* **quer gehen** (*më*) shkon huq, dështoj.
Qu'ere *f* = drejtim i tërthortë; **in die Quere** tërthor; **jemandem in die Quere kommen** i zë rrugën dikujt, pengoj dikë.
qu'erfeldein *adv* fushave, arave.
Qu'ergasse *f* =, **-n** rrugicë anësore.
Qu'erkopf *m* **-s, -köpfe** *fig bis* 1) kokëfortë; 2) kokë më vete.
qu'erköpfig *a* kokëfortë, kryeneç.
qu'erschießen* *vi ndash* (h) *bis* krijoj pengesa, prish punë.
Qu'erschläger *m* **-s,** = rikoshet.
Qu'erschnitt *m* **-(e)s, -e** 1) *gjeom* prerje tërthore; 2) *fig* vështrim i përgjithshëm.
Qu'erstraße *f* =, **-n** rrugë e tërthortë.
Qu'ersumme *f* =, **-n** *mat* shumë e shifrave që përbëjnë një numër.
Qu'ertreiber *m* **-s,** = *bis* ngatërrestar; intrigant.
Qu'ertreiberei *f* =, **-en** *bis* ngatërresë; intrigë.
qu'erüber *adv* tërthorazi, kërthazi, për së kithi.
Querul'ant *m* **-en, -en** gërnjar.
querul'ieren *vi* (h) qahem, ankohem vazhdimisht.
qu'etschen 1. *vt* shtyp (*patate etj.*); **ich quetschte mir die Finger** vrava gishtat; 2. *vrefl* **sich quetschen** futem me zor.
Qu'etschung *f* =, **-n** kontuzion, shembje (*e këmbës etj.*).
Queue [*kë:*] *n* **-s, -s** stekë (*bilardoje*).
quick *a* i shkathët, i gjallë, i zhdërvjellët.
qu'icklebendig *a bis* gjallë e shëndoshë.
qu'ieken, qu'ietschen *vi* (h) 1) vërras; 2) cijat, pingëron (*rrota etj.*).
qu'ietschvergnügt *a bis* shumë i kënaqur.
quillt *sh* **quellen***.
Qu'inta *f* =, **-ten** *vjet* klasë e dytë (*e gjimnazit*).

Qu'intessenz *f* = 1) kuintesencë, thelb (*i një çështjeje etj.*); 2) fund, rezultat (*i një diskutimi etj.*).

Quint'ett *n* **-s, -e** *muz* kuintet.

Quirl *m* **-s, -e** *kuzh* tel (*për të rrahur*).

qu'irlen 1. *vt* tund, rrah (*vezët etj.*); 2. *vi* vorbullon.

Qu'isling *m* **-s, -e** *hist* kuisling.

quitt *a* : **quitt werden** laj, qëroj hesapet; **quitt sein** jam i larë; **nun sind wir quitt** tani u lamë.

Qu'itte *f* =, **-n** *bot* ftua.

quitt'ieren *vt* 1) : **den Dienst quittieren** lë punën, shërbimin; 2) : **eine Rechnung quittieren** lëshoj dëftesë për shlyerjen e një llogarie.

Qu'ittung *f* =, **-en** dëftesë, kuitancë.

Quivive [*kiv'iv*] : *shpr vjet* **auf dem Quivive sein** rri në beh.

Quiz [*kvis*] *n* =, = lojë me pyetje e përgjigje.

quoll *sh* **quellen***.

Qu'ote *f* =, **-n** kuotë; pjesë; përqindje.

Quoti'ent *m* **-en, -en** *mat* herës.

R

Rab'att *m* **-(e)s, -e** zbritje, skonto.
Rab'atte *f* **=, -n** brez i gjelbër (*buzë rrugës etj*).
Rab'auke *m* **-n, -n** *bis* harbut.
Rabb'iner *m* **-s, =** rabin (*prift çifut*).
R'abe *m* **-n, -n** *zool* korb; *fig bis* **ein weißer Rabe sein** jam si kau i larmë.
R'abenmutter *f* **=, -mütter** *fig bis* njerkë (*nënë e keqe*).
r'abenschwarz *a* i zi si pendë korbi, korb i zi.
R'abenvater *m* **-s, -väter** *fig bis* njerk (*baba i keq*).
rabi'at *a bis* i xhindosur, i tërbuar.
Rabul'istik *f* **=** lojë me fjalë; kinezëri.
R'ache *f* **=** hakmarrje; **Rache nehmen** marr hakun; **etwas aus Rache tun** bëj diçka për hakmarrje.
R'achedurst *m* **-es** dëshirë, etje për hakmarrje.
R'achen *m* **-s, =** 1) grykë, gojë (*e ujkut etj.*); *fig* **etwas aus dem Rachen reißen** ia heq diçka nga thonjtë (*dikujt*); 2) *anat* grykë; **einem Kranken den Rachen pinseln** i lyej grykën një të sëmuri.
r'ächen *vt dhe vrefl* **sich rächen (an D)** ia marr hakun (*dikujt*), hakmerrem (*për një fyerje etj.*).
R'ächer *m* **-s, =** hakmarrës.
Rach'itis *f* **=** *mjek* rakitizëm.
rach'itisch *a mjek* rakitik.
R'achsucht *f* **=** dëshirë për hakmarrje.
R'acker *m* **-s, =** *bis* fëmijë zevzek, i prapë.
r'ackern *vi* **(h)** mundohem, rropatem, rrekem.
Rad *n* **-es, Räder** 1) rrotë; *fig* **das Rad der Geschichte läßt sich nicht zurückdrehen** rrota e historisë nuk kthehet prapa; *fig bis* **das fünfte Rad am Wagen sein** jam vrima e fundit e kavallit; 2) biçikletë; 3) : **ein Rad schlagen** fryhet (*palloi*).
Rad'ar *m dhe n* **-s, =** radar.
Rad'au *m* **-s** *bis* zhurmë, poterë; **Radau machen** bëj zhurmë, potere.
r'adebrechen* *vi* **(h)** *dhe vt* flas shatra-patra (*një gjuhë të huaj*).
r'adeln *vi* **(s)** shkoj me biçikletë.
R'ädelsführer *m* **-s, =** 1) krye (*i një komploti etj.*); 2) shkaktar (*i një trazire etj.*).
r'ädern *vt* 1) *hist* torturoj në rrotë; 2) : *fig bis* **ich bin wie gerädert** e ndiej veten sikur më kanë rrahur.
r'adfahren* *vi ndash* **(s)** shkoj me biçikletë.
R'adfahrer *m* **-s, =** çiklist.
R'adfahrerin *f* **=, -nen** çikliste.
radi'al *a* radial, rrezor.
rad'ieren *vt* 1) fshij me gomë (*një fjalë të shkruar etj.*); 2) skalis në bakër.
Rad'iergummi *m* **-s, =** *dhe* **-s** gomë (*për të fshirë*).
Rad'ierung *f* **=, -en** gravurë; ofort.
Rad'ieschen *n* **-s, =** *bot* rrepkë.
radik'al 1. *a* rrënjësor; 2. *adv* rrënjësisht; **eine Sache radikal ändern** ndryshoj me rrënjë diçka.
Radikal'ismus *m* **=** radikalizëm.
Radik'alkur *f* **=, -en** *mjek* kurë e fortë.
R'adio *n* **-s, -s** 1) *vetëm sing* radio(përhapje); 2) radio (*aparat*).
radioakt'iv *a fiz* radioaktiv.
Radioaktivit'ät *f* **=** *fiz* radioaktivitet.
R'adium *n* **-s** *kim* radium.
R'adius *m* **=, -di/en** *gjeom* rreze.
R'adler *m* **-s, =** *bis* çiklist.

R'adrennen *n* **-s, =** *sport* garë çiklizmi.
R'adrennfahrer *m* **-s, =** *sport* çiklist.
R'adspur *f* **=, -en** tragë rrote.
r'affen *vt* 1) rrëmbej, zgrap; **alles Geld an sich raffen** rrëmbej gjithë paret për vete; 2) : **das Kleid raffen** mbledh, ngre fustanin.
R'affgier *f* **=** etje (*për pare etj.*).
r'affgierig *a* i etur për pare etj.
raffinement [*rafinëm'â*] *n* **-s, -s** 1) finesë; 2) *vetëm sing* marifet.
Raffiner'ie *f* **=, -n** rafineri (*nafte etj.*).
raffin'ieren *vt* rafinoj (*sheqerin, naftën etj.*).
raffin'iert *a* 1) i rafinuar; 2) i hollë (*plan etj.*); 3) dinak, i regjur (*njeri*).
R'affke *m* **=** *dhe* **-s, -s** *bis përb* njeri i etur për pare etj.; parvëny.
Rage [*r'azhë*] *f*: *shpr bis* **jemanden in Rage bringen** tërboj dikë; *shpr bis* **in Rage kommen** bëhem si i tërbuar.
r'agen *vi* **(h)** ngrihem, dal mbi ...
Ragout [*rag'u*] *n* **-s, -s** *kuzh* ragu.
Rahm *m* **-s** ajkë, kajmak.
r'ahmen *vt* vë në kornizë (*një fotografi etj.*).
R'ahmen *m* **-s, =** 1) kornizë (*e një fotografie, dritareje etj.*); 2) telajo; shasi, trup (*i biçikletës, automobilit etj.*); 3) *fig* sfond; **ein schöner Rahmen für die Vorführung** një sfond i bukur për shfaqjen; 4) *fig* shkallë; **so etwas ist nur in größerem Rahmen möglich** kjo mund të ndodhë vetëm në shkallë të gjerë; 5) caqe, kuadër; **im Rahmen der Republik** brenda caqeve të republikës; *fig* **sich im Rahmen halten** mbahem brenda caqeve.
Rain *m* **-(e)s, -e** kufi, mezhdë, sinor (*i një are, livadhi etj.*).
Rak'ete *f* **=, -n** raketë.
Rak'ett *n* **-s, -s** raketë tenisi.
Rallye [*r'eli*] *f* **=, -s** *sport* garë automobilistike.
R'amme *f* **= -en** tokmak.
r'ammeln *vt* 1) *zool* ndërzen (*demi lopën etj.*); 2) *bis* fus, ngul (*një hu etj.*).
r'ammen *vt* 1) ngul (*një hu me çekan etj.*); 2) i bie (*me makinë murit etj.*); 3) rrah, ngjesh (*dheun etj.*).
R'ampe *f* **=, -n** 1) përpjetëz (*hyrje në një godinë etj.*); 2) *teat* paraskenë.
R'ampenlicht *n* **-(e)s, -er** dritë e skenës; *fig* **in Rampenlicht stehen** kam dalë në skenë.
rampon'ieren *vt bis det* dëmtoj (*një mall etj.*).
Ramsch *m* **-es** rrangulla, rraqe.
Rand *m* **-es, Ränder** 1) buzë (*lumi, bregu, rruge, plage etj.*); **am Rand des Abgrunds** në buzë të humnerës; *fig* **am Rand des Grabes stehen** jam në buzë të varrit; 2) anë, skaj; fund; **am Rand der Stadt wohnen** banoj në skaj të qytetit; **am Rand des Tisches** në skaj të tryezës; *fig* **am Rande seiner Kraft sein** po më lënë fuqitë; 3) rreth; **dunkle Ränder um die Augen haben** kam rrathë të zinj rreth syve; 4) anë e faqes; **einen Fehler am Rand anstreichen** nxjerr një gabim në anë të faqes; 5) : *vulg* **halt den Rand!** mbaj gojën!
randal'ieren *vi* **(h)** bëj rrëmujë; bëj potere.
R'andbemerkung *f* **=, -en** anëshkrim; shënim, vërejtje në anë të faqes.
R'andgebiet *n* **-(e)s, -e** zonë anësore, kufitare, periferike.
Rang *m* **-es, Ränge** 1) rang; **ein Mann von (hohem) Rang** një personalitet i rëndësishëm; **ein Mann ohne Rang und Namen** një

njeri pa rëndësi e pa emër; 2) *usht* gradë; **im Range eines Majors** me gradën e majorit; 3) kategori; **ein Lokal dritten Ranges** një lokal i kategorisë së tretë.

R'ange *f* =, **-n** *bis* çapkën i prapë.

R'angerhöhung *f* =, **-en** gradim.

rangieren [*râzh'irën*] 1. *vt hek* seleksionoj (*trenat*); 2. *vi* **(h)** *bis* vij (*i pari, i dyti etj.*).

rank *a* 1) i zhdërvjellët; 2) shtathedhur.

R'anke *f* =, **-n** *bot* loze (*hardhie etj.*).

R'änke *m pl* intriga; **Ränke schmieden** thur intriga.

r'anken *vi* **(h)** 1) **(um A)** kacavirret (*dredhëza në mur, rreth drurit etj.*); 2) nxjerr loze (*hardhia etj.*).

rann *sh* **rinnen*** .

r'annte *sh* **rennen***.

Ran'unkel *f* =, **-n** *bot* zhabinë.

R'anzen *m* **-s**, = 1) çantë shpine; 2) *fig bis* bark.

r'anzig *a* i hidhëruar (*gjalpë etj.*).

rap'id(e) *a* i shpejtë, i vrullshëm.

R'appe *m* **-n, -n** vraç (*kalë i zi*); *fig bis* **auf Schusters Rappen reisen** udhëtoj në këmbë.

r'app(e)lig *a bis* 1) i marrë, i tërbuar; 2) i papërmbajtshëm (*fëmijë etj.*).

R'appen *m* **-s**, = rapen (*njësia më e vogël monetare e Zvicrës*).

Rapp'ort *m* **-s, -e** raport.

rar *a* i rrallë (*mall etj.*); *fig* **sich rar machen** dukem rrallë.

Rarit'ät *f* =, **-en** gjë e rrallë, e çmuar.

ras'ant *a bis* i vrullshëm.

Ras'anz *f* = vrull; shpejtësi e madhe.

rasch 1. *a* i vrullshëm; **rasche Bewegung** lëvizje e vrullshme; 2. *adv* shpejt; **mach rasch!** nxitohu, shpejt!

r'ascheln *vi* **(h)** fëshfërit (*letra, gjethja etj.*).

r'asen *vi* **(h)** 1) tërbohem, bëj si i marrë (*nga inati etj.*); 2) *fig* tërbohet (*stuhia*); 3) **(s)** vrapoj si i marrë; shkoj me shpejtësi të madhe.

R'asen *m* **-s**, = bar; vend i gjelbëruar (*në parqe, lulishte*).

r'asend *a* 1) i tërbuar; **du machst mich rasend!** po më tërbon fare!; 2) që të tërbon (*dhembje etj.*).

Rasenplatz *m* **-es, plätze** vend i gjelbëruar.

Raser'ei *f* =, **-en** 1) tërbim; 2) shpejtësi e marrë.

Ras'ierapparat *m* **-(e)s, -e** makinë rroje.

ras'ieren 1. *vt* rruaj; 2. *vrefl* **sich rasieren** rruhem.

Ras'ierklinge *f* =, **-n** brisk rroje (*që vihet në makinën e rrojës*).

Ras'iermesser *n* **-s**, = brisk rroje.

Ras'ierzeug *n* **-(e)s, -e** komplet rroje.

Räson [*rez'ô*] *f* = *vjet* arsye; *shpr* **jemanden zur Räson bringen** bie në fije dikë; *shpr* **zur Räson kommen** vij në vete; *shpr* **Räson annehmen** vë mend.

räson'ieren *vi* **(h)** arsyetoj; grindem.

R'aspel *f* =, **-n** rrashpë; limë e trashë.

r'aspeln *vt* 1) grij (*mollë etj.*); 2) kruaj me rrashpë (*shollën etj.*).

R'asse *f* =, **-n** 1) racë; 2) soj, fis.

r'asseln *vi* **(h)** 1) *bis* rrapëllin (*qerrja etj.*); 2) : **mit dem Säbel (mit den Waffen) rasseln** vringëlloj shpatën (armët).

R'assepferd *n* **-(e)s, -e** kalë race.

r'assig *a* race, i racës.

r'assisch *a* racor.

Rass'ismus *m* =, **-ismen** racizëm.

Rass'ist *m* **-en, -en** racist.

Rast *f* =, **-en** pushim; **Rast machen** bëj pushim; **ohne Rast und Ruhe** pa marrë frymë.

r'asten *vi* **(h)** 1) çlodhem; 2) bëj

një pushim (*gjatë punës, rrugës etj.*).

r'astlos 1. *a* i palodhur; 2. *adv* pa pushim.

Rat I *m* **-(e)s, Räte** këshill (*shtetëror, administrativ etj.*).

Rat II *m* 1) **-(e)s** këshillë, udhëzim; **jemanden um Rat fragen** këshillohem me dikë; **jemandem mit Rat und Tat zur Seite stehen** ndihmoj dikë me fjalë e me vepra; 2) *pl* **Räte** mbledhje, konsultë; 3) *pl* **Räte** anëtarë këshilli, këshilltarë.

R'ate *f* **=, -n** këst; **in Raten** me këste.

r'aten* I. *vt* këshilloj; **ich rate dir gut, laß das bleiben!** lëre atë, ta them për të mirë!; **es ist nicht geraten, das jetzt zu tun** nuk është e këshillueshme ta bësh këtë tani; **laß dir raten und tu es nicht** më dëgjo mua e mos e bëj atë punë; **sich (D) nicht zu raten wissen** nuk di ç'të bëj, nuk di nga t'ia mbaj.

r'aten* II *vt* gjej, zgjidh (*një enigmë*); **rate (ein)mal!** pa gjeje!; **richtig raten** i bie më të.

R'atenzahlung *f* **=, -en** pagesë me këste.

R'atgeber *m* **-s, =** këshillues.

R'athaus *n* **-es, -häuser** bashki (*ndërtesë*).

Ratifikati'on *f* **=, -en** *drejt* ratifikim (*i një traktati etj.*).

ratifiz'ieren *vt* ratifikoj (*një traktat etj.*).

Rati'on *f* **=, -en** racion.

ration'al *a* i arsyeshëm (*mendim etj.*).

rationalis'ieren *vt* racionalizoj.

ration'ell *a* racional; ekonomik.

ration'ieren *vt* racionoj.

r'ätlich *sh* **ratsam.**

r'atlos *a* i hutuar; **ratlos sein** s'di nga t'ia mbaj.

R'atlosigkeit *f* **=** gjendje hutimi, hutim.

r'atsam *a* i këshillueshëm.

R'atschlag *m* **-s, -schläge** këshillë; **jemandes Ratschlag folgen** ndjek këshillën e dikujt.

R'atschluß *m* **-sses, -schlüsse** gjykim; vendim.

R'ätsel *n* **-s, =** 1) gjëzë, kafshë e lashë; 2) *fig* enigmë, mister; **es ist ein Rätsel, wie das zugegangen ist** është mister se si ka ndodhur kjo punë.

r'ätselhaft *a* i pakuptueshëm, enigmatik.

r'ätseln *vi* **(h)** vras mendjen.

R'atte *f* **=, -n** *zool* mi gjirizesh, kanalesh.

R'attenfalle *f* **=, -n** çark, kurth minjsh.

R'attenschwanz *m* **-es** *bis* varg i pafund (*pyetjesh etj.*).

r'attern *vi* **(h)** 1) rrapëllin (*karroca, treni, makina etj.*); 2) llomotis.

r'atzekahl *adv bis* (*qëroj, ha*) krejt.

Raub *m* **-(e)s** 1) grabitje (*e një sendi, fëmije etj.*); 2) pre; **der Wolf verschwand mit seinem Raub im Wald** ujku u zhduk në pyll me gjithë pre.

R'aubbau *m* **-(e)s** shfrytëzim barbar (*i tokës etj.*).

r'auben 1. *vt* 1) rrëmbej, grabis; **jemandem das Leben rauben** ia marr jetën, shpirtin dikujt; 2. *vi* **(h)** kusëroj.

R'äuber *m* **-s, =** cub, kusar, hajdut.

R'äubergeschichten *pl* 1) histori cubash; 2) histori e pabesueshme.

R'äuberhöhle *f* **=, -n** strofkë, shpellë kusarësh.

r'äuberisch *a* grabitqar (*sulm etj.*).

R'aubfisch *m* **-es, -e** peshk grabitqar (*si peshkaqeni etj.*).

r'aubgierig *a* grabitqar.

R'aubkrieg *m* **-(e)s, -e** luftë grabitqare.
R'aubmord *m* **-(e)s, -e** vrasje me qëllim grabitjeje.
R'aubmörder *m* **-s, =** ai që vret me qëllim grabitjeje.
R'aubtier *n* **-(e)s, -e** bishë, kafshë grabitqare.
R'aubvogel *m* **-s, -vögel** zog grabitqar.
R'aubzug *m* **-(e)s, -züge** dalje për plaçkë, plaçkitje, pre.
Rauch *m* **-(e)s** tym; **der Rauch beißt in den Augen** tymi (*më*) djeg sytë; *prov* **kein Rauch ohne Flamme** ku ka zë s'është pa gjë.
r'auchen 1. *vt* pi (*cigare*); **er raucht täglich 25 Zigaretten** ai pi 25 cigare në ditë; 2. *vi* **(h)** 1) pi duhan; **ich rauche nicht** nuk e pi duhanin; 2) nxjerr tym (*oxhaku etj.*); 3) del tym (*nga soba etj.*); 4) : *fig* **mir raucht der Kopf** më vjen koka vërdallë.
R'aucher *m* **-s, =** ai që pi duhan, duhanpirës.
r'äuchern 1. *vt* 1) tymos, thaj në tym (*mishin etj.*); 2. *vi* **(h)** bën tym (*llamba etj.*).
R'äucherware *f* **=, -n** sende ushqimore të tymosura (*mish, peshk etj.*).
R'auchfang *m* **-(e)s, -fänge** oxhak.
r'auchig *a* 1) me tym, plot tym; 2) që bie erë tym.
R'auchwaren *pl* 1) gëzofe; 2) duhan, cigare etj.
R'auchwolke *f* **=, -n** re tymi.
r'äudig *a* i zgjebosur (*kafshë*).
R'aufbold *m* **-(e)s, -e** *bis* grindavec; sherrxhi.
R'aufe *f* **=, -n** grazhd.
r'aufen 1. *vt* shkul; nduk; 2: *vrefl* **sich raufen** përleshem, kacafytem.
Raufer'ei *f* **=, -en** përleshje, kacafytje.
r'auflustig *a* grindavec, që kërkon sherr, sherrxhi.
r'aufsüchtig *sh* **rauflustig.**
rauh 1. *a* 1) i ashpër (*lëkurë, dorë etj.*); 2) i vrazhdë (*sjellje etj.*); 3) i ngjirur (*zë*); 4) i ashpër (*klimë etj.*); 5) : *fig bis* **in rauhen Mengen** në sasi të mëdha; 2. *adv* ashpër, vrazhdë.
R'auhbein *n* **-s, -e** *bis* njeri fjalëvrazhdë, po zemërmirë.
R'auhreif *m* **-s** brymë.
Raum *m* **-(e)s, Räume** 1) hapësirë; **Raum und Zeit** hapësirë e kohë; 2) hapësirë kozmike; **eine Rakete in den Raum schießen** lëshoj një raketë në hapësirë; 3) vend; **der Schrank nimmt viel Raum ein** dollapi zë shumë vend; 4) dhomë; kthinë; **die Wohnung hat drei Räume** banesa ka tri të ndara; 5) : *fig* **einem Gedanken Raum geben** ushqej një mendim.
r'äumen *vt* 1) zbraz, liroj (*një banesë etj.*); 2) pastroj (*një vend etj.*); *usht* **das Feld räumen** tërhiqem; 3) heq; **etwas aus dem Wege räumen** heq qafe diçka; **etwas an eine andere Stelle räumen** çoj diçka në një vend tjetër.
R'aumfahrt *f* **=** udhëtim kozmik.
R'aumfahrzeug *n* **-s, -e** anije kozmike.
R'auminhalt *m* **-(e)s** vëllim; kapacitet.
R'aumlehre *f* **=** stereometri.
r'äumlich *a* hapësinor.
R'äumlichkeit *f* **=, -en** 1) vend; 2) dhomë.
R'aumschiff *n* **-(e)s, -e** anije kozmike.
R'äumung *f* **=, -en** 1) zbrazje, lirim (*i një dhome etj*); 2) pastrim (*i një rruge nga plehrat etj.*); 3) *usht* evakuim; 4) *det* çminim.
r'aunen *vi* **(h)** 1) pëshpëris; 2)

fëshfërin (*era etj.*); 3) gurgullon (*kroi etj.*).

R'aupe *f* =, **-n** 1) *ent* gucimacë; 2) : *fig bis* **Raupen im Kopf haben** kam lakra në kokë.

R'aupenschlepper *m* **-s,** = traktor me zinxhirë.

Rausch *m* **-es, Räusche** 1) dehje; 2) ekstazë; 3) : *fig* **im ersten Rausch** në vrullin e parë.

r'auschen *vi* **(h)** 1) fëshfërin (*gjethja nga era etj.*); 2) gurgullon (*përroi etj.*); 3) gjëmon (*deti*); 4) : **es rauscht mir im Ohr** më gumëzhin veshi; 5) : *fig bis* **sie rauschte aus dem Zimmer** ajo iku nga dhoma si era.

R'auschgift *n* **-(e)s, -e** narkotik, drogë.

R'auschgiftsucht *f* = drogamani, narkomani.

R'auschgiftsüchtiger *m* **-gen, -gen** drogaman, narkoman.

R'auschgold *n* **-(e)s** varak.

r'äuspern, sich *vrefl* 1) kruaj grykën, pastroj zërin; 2) kollitem.

R'aute *f* =, **-n** *gjeom* romb.

Rayon [*raj'ô*] *m* **-s, -s** 1) rreth, krahinë; 2) repart (*i një magazine*).

R'azzia *f* =, **-s** *dhe* **-i/en** bastisje.

reag'ieren *vi* **(h)** reagoj; *bis* **auf etwas sauer reagieren** zemërohem me diçka.

Reakti'on *f* =, **-en** 1) *fiz, kim* reaksion; 2) *pol* reaksion.

reaktion'är *a* reaksionar.

Reaktion'är *m* **-s, -e** reaksionar.

re'al *a* real; i vërtetë.

Re'ali/en *pl* 1) fakte, të dhëna reale; 2) shkenca të natyrës.

realis'ieren *vt* 1) realizoj, vë në jetë (*planin etj.*); 2) *ek* realizoj, shes (*mallin*).

Real'ismus *m* = realizëm.

Real'ist *m* **-en, -en** realist.

Real'istik *f* = realizëm (*i një vepre letrare etj.*).

real'istisch *a* realist.

Realit'ät *f* =, **-en** realitet.

Re'alschule *f* =, **-n** shkollë dhjetëvjeçare (*në Gjermani*).

R'ebe *f* =, **-n** *bot* degë e hardhisë; hardhi.

Reb'ell *m* **-en, -en** kryengritës; rebel.

rebell'ieren *vi* **(h)** ngre krye; rebelohem.

Rebelli'on *f* =, **-en** kryengritje; rebelim.

reb'ellisch *a* kryengritës; rebel.

R'ebhuhn *n* **-(e)s, -hühner** *zool* thëllëzë (*zog*).

R'ebstock *m* **-(e)s, -stöcke** *bot* hardhi.

R'echen *m* **-s,** = 1) *bujq* grabujë, rrashqel; 2) *tek* skarë (*furre etj.*).

R'echenaufgabe *f* =, **-n** problem aritmetik.

R'echenbrett *n* **-(e)s, -er** numëratore (*e nxënësit*).

R'echenmaschine *f* =, **-n** makinë llogaritëse.

R'echenschaft *f* = llogari; **Rechenschaft ablegen, geben** jap llogari; **von jemandem Rechenschaft fordern, verlangen** i kërkoj llogari dikujt; **jemanden zur Rechenschaft ziehen** vë dikë përpara përgjegjësisë.

R'echenschieber *m* **-s,** = vizore logaritmike, llogaritëse.

R'echentafel *f* =, **-n** *sh* **Rechenbrett.**

Recherche [*resh'ershë*] *f* =, **-n** hetim, hulumtim.

recherchieren [*reshersh'irën*] *vi* **(h)** zhvilloj hetime, hulumtoj.

r'echnen 1. *vi* **(h)** 1) **(mit D)** llogaris (*diçka*); 2) **(auf A)** bazohem, mbështetem (*në diçka*); i var shpresat (*te dikush*); 3) **(mit D)** pres (*diçka*); **damit habe ich nicht gerechnet** këtë nuk e kam parashikuar, pritur; 2. *vt* 1) llogaris; 2) **(zu D)** numëroj, shtie (*në llogari, në listë etj.*).

R'echnen *n* -s 1) aritmetikë; 2) llogaritje, numërim, njehsim.

r'echnerisch 1. *a* aritmetik, llogaritës, njehsues; 2. *adv* aritmetikisht, me llogaritje.

R'echnung *f* =, **-en** 1) **(für A)** llogari (*për diçka*); **jemandem etwas in Rechnung stellen** ia zë në llogari dikujt diçka; **Waren auf Rechnung bestellen** porosis mallra me kredi; *fig* **jemandem einen Strich durch die Rechnung machen** ia prish planet dikujt; **etwas für (auf) eigene Rechnung anschaffen** blej diçka për llogarinë time; **er ist auf seine Rechnung gekommen** a) ka marrë atë që i takonte; b) *fig* ka dalë me të vetat; 2) llogaritje; problem aritmetik; **die Rechnung geht nicht auf** problemi nuk del (*nuk zgjidhet*); 3) parashikim; **nach meiner Rechnung** sipas parashikimeve të mia; 4) : **etwas in Rechnung ziehen** marr diçka parasysh.

R'echnungsausgleich *m* **-(e)s, -e** *fin* saldo.

R'echnungsbeleg *m* **-(e)s, -e** dokument llogarie.

R'echnungsführer *m* **-s, =** llogaritar.

recht I 1. *a* 1) i djathtë; **rechter Hand** në të djathtë; 2) e mbarë (*anë*); 3) i drejtë; **der rechte Weg** rruga e drejtë; **das geht nicht mit rechten Dingen** këtu ka diçka që s'shkon; **es ist nicht recht von dir, so zu sprechen** nuk bën mirë të flasësh kështu; **es ist ihm nichts recht** atë s'e kënaq gjë; **es ist mir recht** më duket mirë; 4) i përshtatshem, i volitshëm; **im rechten Augenblick** në çastin e volitshëm; **zur rechten Zeit** në kohë; me vend; 5) i vërtetë; **er hat es zu keinem rechten Erfolg gebracht** ai nuk ka bërë gjë për të qenë; **er gibt sich rechte Mühe** ai përpiqet me të vërtetë; 6) *pol* i djathtë (*element etj.*); 2. *adv* 1) mirë; **ich kann das nicht recht verstehen** nuk e kuptoj mirë këtë; **wenn ich recht verstehe** në mos e paça gabim, në mos gabofsha, në mos gabohem; **eben recht, gerade recht** në kohë; me vend; **recht so!** mirë; **komme ich Ihnen recht?** mos ju shqetësoj?; **erst recht** aq më tepër; **jemandem etwas recht machen** ia bëj qejfin dikujt me diçka; **man kann es nicht allen recht machen** s'mund t'i kënaqësh të gjithë; **recht und schlecht** disi; 2) shumë; **ich bitte dich recht sehr** të lutem shumë; 3) krejt; **die Wunde ist nicht recht geheilt** plaga nuk është shëruar krejt.

recht II : *shpr* **recht behalten, recht haben** kam të drejtë; *shpr* **jemandem recht geben** i jap të drejtë dikujt; *shpr* **es geschieht ihm ganz recht** mirë i bëhet.

Recht *n* **-(e)s, -e** 1) e drejtë; **Rechte und Pflichten** të drejta e detyra; **ein Recht ausüben** ushtroj një të drejtë; **zu seinem Recht kommen** fitoj të drejtën time; **mit Recht** me të drejtë; 2) ligj; **von Rechts wegen** sipas ligjit; **nach Recht und Billigkeit** sipas ligjeve të shkruara e të pashkruara; **nach geltendem Recht** sipas ligjit në fuqi; 3) drejtësi; **Student der Rechte** student i drejtësisë.

R'echte *f* **-n, -n** 1) e djathtë, dorë e djathtë; **zur Rechten** djathtas, në të djathtë, nga e djathta; 2) *pol* e djathtë.

R'echteck *n* **-s, -e** *gjeom* drejtkëndësh.

r'echtfertigen 1. *vt* përligj (*një veprim etj.*); 2. *vrefl* **sich rechtfertigen** përligjem.

R'echtfertigung *f* **=, -en** përligjje, justifikim.

r'echtgläubig *a* ortodoks.

r'echthaberisch *a* që do të ketë gjithnjë të drejtë (*njeri*).

r'echtlich *a* 1) i ligjshëm (*veprim etj.*); 2) ligjor (*çështje etj.*); 3) i ndershëm (*njeri*).

r'echtliebend *a* i drejtë (*njeri*).

r'echtlos *a* pa të drejta (*skllav etj.*).

r'echtmäßig *a* i ligjshëm (*veprim etj.*).

R'echtmäßigkeit *f* **=** ligjshmëri (*e një veprimi etj.*).

rechts *adv* në të djathtë; **nach rechts** në të djathtë, djathtas; **von rechts** nga e djathta.

R'echtsanwalt *m* **-(e)s, -wälte** avokat.

R'echtsbeistand *m* **-(e)s, -stände** *sh* **Rechtsanwalt**.

r'echtschaffen 1. *a* 1) i ndershëm (*njeri*); 2) *bis* i fortë, i madh (*uri etj.*); 2. *adv* me të madhe; me forcë; siç duhet.

R'echtschreibung *f* **=** drejtshkrim.

r'echtskundig *a* që i di ligjet.

R'echtspflege *f* **=** zbatim i ligjeve, ushtrim i drejtësisë.

R'echtsspruch *m* **-(e)s, sprüche** vendim i gjyqit, vendim gjyqësor.

R'echtsstreit *m* **-(e)s, -e** 1) çështje gjyqësore; 2) gjyq.

r'echtsum! *int* (*komandë*) djathtaskthehu!

R'echtsverdreher *m* **-s, =** 1) shtrembërues i ligjit; 2) *shak* avokat.

R'echtsverdrehung *f* **=, -en** shtrembërim i ligjit.

R'echtsverfahren *n* **-s, =** procedurë gjyqësore.

R'echtsverletzung *f* **=, -en** shkelje e ligjit.

r'echtswidrig *a* i kundërligjshëm (*veprim etj.*).

r'echtwink(e)lig *a gjeom* kënddrejtë (*trekëndësh*).

r'echtzeitig *adv* 1) me kohë; **die Krankheit muß rechtzeitig behandelt werden** sëmundja duhet mjekuar me kohë; 2) në kohën e duhur; **ich kam rechtzeitig** erdha në kohë.

Reck *n* **-(e)s, -e** *sport* hekur.

R'ecke *m* **-n, -n** 1) div; 2) *fig* luftëtar i fortë.

r'ecken 1. *vt* shtrij (*krahun etj.*); zgjas (*qafën etj.*); 2. *vrefl* **sich recken** 1) zgjas gjymtyrët; 2) shtriqem, shpihem.

Redakteur [*t'ër*] *m* **-s, -e** redaktor.

Redakti'on *f* **=** 1) redaktim; 2) *pl* **-en** redaksi.

redaktion'ell *a* redaktues (*punë etj.*).

R'ede *f* **=, -n** 1) fjalë, bisedë; **wovon ist die Rede?** për se është fjala?; **die Rede kam auf (A)** ra fjala për (*diçka, dikë*); **es ist nicht der Rede wert** s'ia vlen të flasësh për këtë; **jemandem in die Rede fallen** ia pres fjalën dikujt; **der langen Rede kurzer Sinn ist** që t'i biem shkurt muhabetit; **auf etwas, jemanden die Rede bringen** e hedh fjalën për diçka, dikë; *bis* **das ist schon lange meine Rede** e kisha thënë unë; **davon kann keine Rede sein** për këtë as që mund të bëhet fjalë; **jemanden zur Rede stellen** vë dikë para përgjegjësisë; **in Rede stehend** në fjalë, i lartpërmendur (*çështje etj.*); 2) fjalim; referat, raport; **eine Rede halten** mbaj një fjalim; 3) thashetheme; **ich kümmere mich nicht um die Re-**

den s'e çaj kokën për fjalët e botës; 3) *gram* ligjëratë; **direkte Rede** ligjëratë e drejtë; **indirekte Rede** ligjëratë e zhdrejtë.

R'edefreiheit *f* = liri e fjalës.

r'edegewandt *a* i gojës, i zoti i fjalës.

R'edekunst *f* = gojëtari, elokuencë, oratori.

r'eden *vt, vi* **(h) (über A, von D)** flas, bisedoj (*për diçka, dikë*); **er läßt mit sich reden** me atë mund të merresh vesh; **du hast gut reden!** fol ti, fol!; **von einer Sache viel Redens machen** e bëj të madhe një gjë.

R'edensart *f* =, **-en** 1) mënyrë të foluri, shprehje; 2) *pl* dokrra; **das sind Redensarten!** këto janë pallavra!

Reder'ei *f* =, **-en** *bis* llomotitje, përrallisje.

R'edewendung *f* =, **-en** 1) shprehje; 2) frazë e përgjithshme, bajate.

redig'ieren *vt* redaktoj (*një dorëshkrim etj.*).

r'edlich 1. *a* i ndershëm, i ndërgjegjshëm në detyrë (*njeri*); 2. *adv* shumë, fort; **sich redlich bemühen** lodhem shumë.

R'edner *m* **-s**, = orator, ligjërues, gojëtar.

R'ednerbühne *f* = **-n** tribunë e oratorit.

r'edselig *a* që i pëlqen të flasë, llafazan.

Redukti'on *f* =, **-en** 1) *kim* reduktim; 2) *ek* ulje (*çmimi etj.*); 3) *biol* rrëgjim.

reduz'ieren *vt* 1) ul (*dozën, çmimin etj.*); 2) shkurtoj (*shpenzimet etj.*); 3) kufizoj (*mjetet etj.*).

R'eede *f* =, **-n** *det* liman; vend ankorimi.

R'eeder *m* **-s**, = pronar anijesh, armator.

Reeder'ei *f* =, **-en** shoqëri lundrimi.

re/'ell *a* 1) i vërtetë, real; 2) realist, pa iluzione; 3) i ndershëm, i besueshëm, i sigurt (*njeri, shoqëri etj.*).

Refer'at *n* **-(e)s, -e** referat.

Refer'endum *n* **-s, -den** *dhe* **-da** referendum, plebishit.

Refer'ent *m* **-en, -en** referent.

Refer'enz *f* =, **-en** 1) referim; 2) rekomandim.

refer'ieren *vi* **(h) (über A)** referoj, raportoj (*mbi diçka*).

reflekt'ieren 1. *vt* pasqyroj, reflektoj (*rrezet etj.*); 2. *vi* **(h)** 1) **(auf A)** jam i interesuar (*për të blerë një send, për të zënë një vend etj.*); **reflektieren Sie noch auf das bestellte Buch?** a dëshironi ende ta merrni librin e porositur? 2) reflektoj, mendohem.

Refl'ex *m* **-es, -e** 1) pasqyrim; 2) refleks; **bedingter Reflex** reflex i kushtëzuar.

Reflexi'on *f* =, **-en** 1) pasqyrim (*i dritës etj.*); 2) reflektim, mendim.

Ref'orm *f* =, **-en** reformë.

Reformati'on *f* =, **-en** *hist* reformë.

Reform'ator *m* **-s, -t'oren** reformator.

reform'ieren *vt* përtërij, transformoj, reformoj.

Refrain [*rëfr'ẽ*] *m* **-s, -s** *muz* refren.

Ref'ugium *n* **-s, Refugien** strehë (*shpëtim*).

Reg'al *n* **-s, -e** raft (*për libra etj.*).

Reg'atta *f* =, **Regatten** *sport* garë vozitjeje.

r'ege *a* 1) i gjallë; **rege Beteiligung** pjesëmarrje e gjallë; **er ist für sein Alter noch sehr rege** ai është ende shumë i shkathët për moshën që ka; 2) i shpeshtë, i dendur; **ein reger Verkehr** qarkullim i shpeshtë.

R'egel *f* =, **-n** rregull; **in der Regel** si rregull, zakonisht; **die Regeln der Rechtschreibung** rregullat e drejtshkrimit; **eine Regel aufstellen** vë një rregull; **keine Regel ohne Ausnahme** s'ka rregull pa përjashtim.
r'egellos *a* i çrregullt; **ein regelloses Leben führen** bëj jetë të çrregullt.
r'egelmäßig *a* i rregullt; **ein regelmäßiges Gesicht** një fytyrë me tipare të rregullta.
r'egeln *vt* 1) rregulloj; **seine persönlichen Angelegenheiten regeln** rregulloj punët e mia; 2) vë në rregull.
r'egelrecht *a* sipas rregullit, siç duhet; *bis* tamam.
R'egelung *f* =, **-en** rregullim.
r'egelwidrig *a* (*që është*) kundër rregullave.
r'egen 1. *vt* lëviz; **der Verletzte regte kein Glied** i plagosuri nuk luante asnjë gjymtyrë; 2. *vrefl* **sich regen** 1) lëviz, lëvrij; **komm, reg dich!** hajt, luaj!; 2) *fig* zgjohet (*ndërgjegjja etj.*); **Mitleid regte sich in ihm** atij zuri t'i vinte keq.
R'egen *m* **-s,** = shi; *prov* **auf Regen folgt Sonnenschein** pas shiut del dielli; *fig* **vom Regen in die Traufe kommen** bie nga shiu në breshër.
R'egenbogen *m* **-s,** = ylber.
Regenerati'on *f* = përtëritje (*edhe fig*).
regener'ieren 1. *vt* përtërij (*edhe fig*); 2. *vrefl* **sich regenerieren** përtërihem.
R'egenguß *m* **-sses, -güsse** rrebesh.
R'egenmantel *m* **-s, -mäntel** mushama.
R'egenschauer *m* **-s,** = rrebesh.
R'egenschirm *m* **-(e)s, -e** ombrellë, çadër.
Reg'ent *m* **-en -en** regjent.
Reg'entschaft *f* =, **-en** regjencë.
R'egenwetter *n* **-s** mot me shi.
Regie [*-zh'i*] *f* =, **-gi/en** 1) *teat* regji; 2) administrim; 3) monopol shtetëror.
reg'ieren 1. *vt* 1) sundoj; drejtoj; 2) : *gram* **die Präposition »mit« regiert den Dativ** parafjala »mit« do dhanoren; 2. *vi* (**h**) 1) mbretëroj; 2) jam në fuqi.
reg'ierend *a* sundues; drejtues.
Reg'ierung *f* =, **-en** 1) pushtet; sundim; 2) qeveri.
Regime [*-zh'im*] *n* **-s, -s** *pol* regjim.
Regim'ent I *n* **-s** sundim; drejtim; **sie führt das Regiment im Hause** ajo sundon në atë shtëpi.
Regim'ent II *n* **-s, -er** *usht* regjiment.
Regi'on *f* =, **-en** zonë; krahinë.
region'al *a* krahinor.
Regisseur [*rezhis'ër*] *m* **-s, -s** regjisor.
Reg'ister *n* **-s,** = 1) regjistër; **Geburten ins Register eintragen** shënoj lindjet në regjistër; 2) pasqyrë, tregues lënde; 3) *muz* regjistër.
Registrat'ur *f* =, **-en** arkiv (*i regjistrave, dokumenteve etj.*).
registr'ieren *vt* 1) regjistroj; 2) vë re.
Reglement [*reglëm'â*] *n* **-s, -s** rregullore.
reglement'ieren *vt* përcaktoj me rregullore.
r'eglos 1. *a* i palëvizshëm; 2. *adv* pa lëvizur.
r'egnen *vimp* (**h**) 1) : **es regnet** bie shi; 2) : *fig* **es regnete Glückwünsche** urimet vinin nga të gjitha anët.
r'egnerisch *a* me shi (*mot etj.*).
regress'iv *a* regresiv.
r'egsam *a* i gjallë, energjik, aktiv.
R'egsamkeit *f* = gjallëri.

regul'är *a* i rregullt; **reguläre Truppen** trupa të rregullta.

regul'ieren *vt* rregulloj (*orën etj.*).

R'egung *f* =, **-en** 1) lëvizje; 2) hov, vrull; **eine plötzliche Regung des Gewissens** një zgjim i papritur i ndërgjegjes.

r'egungslos *a* i palëvizur, i palëvizshëm; **er stürzte und blieb regungslos liegen** ai u rrëzua dhe mbeti shtrirë pa lëvizur.

Reh *n* **-(e)s, -e** *zool* kaproll.

Rehabilitati'on *f* = 1) rehabilitim; 2) *mjek* riaftësim.

rehabilit'ieren *vt* 1) rehabilitoj; 2) *mjek* riaftësoj.

R'eibe *f* =, **-n** rende.

R'eibeisen *n* **-s,** = rende.

r'eiben* 1. *vt* 1) fërkoj (*sytë, duart etj.*); 2) grij (*me rende djathë etj.*); 2. *vi* (h) (*më*) ha (*jaka etj.*); 3. *vrefl* **sich reiben** fërkohem (*me peshqir etj.*); *fig* **sich an jemandem reiben** kam fërkime me dikë.

Reiber'ei *f* =, **-en** *bis* fërkim, grindje e vogël.

R'eibung *f* =, **-en** fërkim.

r'eibungslos *a* pa pengesa, pa vështirësi.

reich *a* (**an D**) i pasur (*me diçka*); **Albanien ist reich an Bodenschätzen** Shqipëria është e pasur me pasuri natyrore.

Reich *n* **-(e)s, -e** 1. 1) shtet; perandori; 2) Rajh (shteti gjerman para 1945); 2. *bot, zool* botë (*e bimëve, e kafshëve*).

r'eichen 1. *vt* 1) jap; **dem Säugling die Brust reichen** i jap gji foshnjës; 2) zgjas; **die Hand reichen** zgjas dorën; 3) ofroj; 2. *vi* (h) 1) mjafton; **das Brot reicht nicht** buka nuk del; **wir reichen mit dem Geld nicht** nuk na dalin paret; 2) arrij; **meine Stimme reicht nicht soweit** zëri im nuk arrin gjer atje; **er reicht mir bis zur Schulter** ai më arrin gjer në sup.

r'eichhaltig *a* me brendi të pasur.

r'eichlich 1. *a* (më se) i mjaftueshëm, i bollshëm; **eine reichliche Stunde** një orë e mirë; 2. *adv* plot; **seit reichlich einem Jahr** prej më shumë se një viti; **reichlich zwei Kilogramm** dy kilogramë plot; **es ist noch reichlich Platz** ka vend plot.

R'eichtum *m* **-s, -tümer** pasuri.

R'eichweite *f* =, **-n** 1) rreze veprimi; 2) largësi që mund të arrihet; **das liegt außerhalb meiner Reichweite** këtë nuk e arrij dot; kjo është jashtë sferës sime.

reif *a* 1) i pjekur (*fryt etj.*); 2) *fig* i pjekur (*njeri*); **ein reifer Mensch** një burrë i pjekur; 3) *fig* i përshtatshëm; **die Zeit ist reif für eine neue Entwicklung** ka ardhur koha për një zhvillim të ri.

Reif I *m* **-(e)s, -e** 1) rreth (*fuçie, rrote etj.*); 2) *poet* kurorë; unazë; byzylyk.

Reif II *m* **-(e)s** brymë.

R'eife *f* = pjekuri (*edhe fig*); **zur Reife kommen** arrij pjekurinë.

r'eifen I *vimp* bie brymë.

r'eifen II *vi* (**h, s**) 1) piqet (*pema etj.*); 2) *fig* piqem, zhvillohem.

r'eifen III *vt* shtrëngoj me rreth (*fuçinë, rrotën etj.*).

R'eifen *m* **-s,** = 1) rreth (*fuçie, rrote etj.*); 2) *tek* gomë, koperton (*automobili, biçiklete etj.*); **den Reifen wechseln** ndërroj gomën.

R'eifeprüfung *f* =, **-en** provim i pjekurisë.

R'eifezeugnis *n* **-ses, -se** dëftesë pjekurie.

r'eiflich *a* i pjekur, i menduar, i peshuar; **nach reiflicher Überlegung** pasi u peshua mirë (*çështja etj.*).

R'eigen *m* **-s,** =, **R'eigentanz** *m* **-es,**

-tänze valle; **den Reigen eröffnen** hap vallen (*edhe fig*).

R'eihe *f* =, **-n** 1) radhë, rresht, varg; **eine Reihe Bäume** një rresht drurësh; *fig* **eine Reihe schließen** mbyll radhën, jam i fundit; **an der Reihe sein** kam radhën; **an die Reihe kommen** i vjen radha (*dikujt ose diçkaje*); **der Reihe nach** me radhë; 2) *usht* rresht; **in Reih und Glied** në rresht, në formacion; **in Reihen zu dreien** në rresht për tre; 3) : **in die Reihe bringen** vë në rregull (*shtëpinë etj.*).

r'eihen 1. *vt* 1) vë në rresht; 2) shkoj në varg; **Perlen auf eine Schnur reihen** shkoj perla në një fill; 2. *vrefl* **sich reihen** 1) vihem në rresht, rreshtohem; 2) : **sich an jemanden reihen** vij pas dikujt; **ein Unglück reihte sich ans andere** fatkeqësitë erdhën njëra pas tjetrës.

R'eihen *m* **-s,** = *sh* **Reigen.**

R'eihenfolge *f* =, **-n** radhë, rend; **in alphabetischer Reihenfolge** në rend alfabetik.

r'eihenweise *adv* me radhë, radhë-radhë.

R'eiher *m* **-s,** = *zool* çafkë, gatë (*zog*).

Reim *m* **-(e)s, -e** rimë; **Reim machen** rimoj; *fig bis* **kannst du dir darauf einen Reim machen?** a merr gjë vesh nga kjo?

r'eimen 1. *vt* rimoj; **ein Wort auf ein anderes reimen** rimoj një fjalë me një tjetër; 2. *vrefl* **sich reimen** bën rimë, rimon; *fig bis* **das reimt sich nicht** kjo nuk shkon.

rein 1. *a* 1) i pastër; **rein machen** pastroj; **die Luft ist rein** a) ajri është i pastër; b) *fig* nuk ka rrezik; 2) i rregullt; *fig* **reinen Tisch machen** lahem (*paguaj borxhet etj.*); **etwas rein halten** mbaj në rregull diçka; 3) i pastër, i papërlyer, i pafajshëm; i ndershëm; **ein reines Mädchen** një vajzë e dëlirë; **ein reiner Mensch** një burrë i ndershëm; *bis* **reinen Mund halten** rri i heshtur, nuk hap gojë; 4) i kulluar, i papërzier; i vërtetë; **reiner Alkohol** alkool i papërzier, i pastër; **reines Gold, Silber** ar, argjend i kulluar; **der reine Gewinn beträgt ...** fitimi neto arrin në ...; **es war reines Glück, daß ...** qe fat që ...; 5) i pastër, pa gabime; **ein reines Deutsch** një gjermanishte e pastër; 6) e çelët (*ngjyrë*); 7) : **ins reine schreiben** hedh në të pastër; **etwas ins reine bringen** a) sqaroj diçka; b) rregulloj diçka; **mit etwas (D) im reinen sein** kam një ide të qartë për diçka; **mit jemandem im reinen sein, mit jemandem ins reine kommen** a) merrem vesh me dikë; b) e njoh mirë, ia marr erën (*dikujt*); **mit sich selbst nicht im reinen sein** jam ndërdyshas; 2. *adv* 1) mirë, pastër 2) fare, krejt; **rein gar nichts** asgjë fare; **er ist rein verrückt** ai është krejt i marrë; **rein durch Zufall** krejt rastësisht; 3) vetëm; *fig bis* **er denkt rein nur ans Arbeiten** ai s'mendon tjetër veçse të punojë.

R'einheit *f* = pastërti (*edhe fig*).

r'einigen *vt* 1) pastroj (*rrugën, shkallën, plagën etj.*); 2) : *fig* **sich von Schuld, von einem Verdacht reinigen** e laj veten nga një faj, dyshim.

R'einigung *f* = 1) pastrim (*i fytyrës, trupit etj.*); 2) *pl* **-en** pastërti (*ndërmarrje*).

R'einigungsmittel *n* **-s,** = *mjek* pastrues (*pluhur, lëng etj.*).

r'einlich *a* 1) i pastër, i dëlirë; **die Katze ist ein reinliches Tier** macja është kafshë e pastër; 2) *fig* i qartë, i prerë (*dallim etj.*).

r'einrassig *a* i racës së pastër (*qen etj.*).

R'einschrift *f* =, **-en** kopje e pastër e një dorëshkrimi.

Reis I *n* **-es, -er** *bot* degë e njomë; fidan, filiz; **ein Bündel Reiser** një vandak fidane.

Reis II *m* **-es** *bot* oriz.

R'eise *f* =, **-e** udhëtim; rrugë; **eine Reise antreten** nisem për një udhëtim; **gute Reise!** udhë e mbarë!; **wir haben eine weite Reise hinter uns** kemi bërë një rrugë të gjatë; **auf der Reise nach Tirana trafen wir ...** rrugës për në Tiranë takuam ...

R'eisebüro *n* **-s, -s** agjenci udhëtimi.

R'eisedecke *f* =, **-n** mbulesë e lehtë leshi për udhëtime.

r'eisefertig *a* : **sich reisefertig machen** bëhem gati për udhë.

R'eiseführer *m* **-s,** = udhërrëfyes (*libër*).

Reiseleiter *m* **-s,** = shoqërues (*përkthyes etj.*).

R'eisegefährte *m* **-n, -n** bashkudhëtar.

r'eisen *vi* (s) 1) udhëtoj; **er ist schon viel gereist** ai ka parë botë me sy; **dienstlich reisen** udhëtoj me shërbim; **durch Albanien reisen** udhëtoj nëpër Shqipëri; 2) nisem; **in die Ferien reisen** nisem për pushime; **nach Shkodra reisen** nisem për në Shkodër; 3) shkoj të rri; **er reist für einige Wochen nach Vlora** ai shkon të rrijë disa javë në Vlorë.

R'eisende 1. *m, f* **-n, -n** udhëtar(e), pasagjer(e); 2. *m* **-n, -n** përfaqësues tregtar.

R'eisepaß *m* **-sses, -pässe** pasaportë për jashtë shtetit.

R'eisespesen *pl* shpenzime udhëtimi.

R'eisetasche *f* =, **-n** çantë udhëtimi.

R'eisig *n* **-s** shkarpa.

R'eißaus : *shpr bis* **Reißaus nehmen** ua mbath këmbëve.

R'eißbrett *n* **-(e)s, -er** dërrasë vizatimi (teknik).

r'eißen* 1. *vt* 1) gris; **ein Loch in die Hose reißen** gris pantallonat; **in Fetzen reißen** bëj copë; 2) shqyej; **der Wolf hat ein Schaf gerissen** ujku ka shqyer një dele; *fig* **ich könnte ihn in Stücke reißen** më vinte ta shqyeja (*nga inati*); 3) rrëmbej; **er versuchte, mir den Brief aus der Hand zu reißen** ai u përpoq të ma rrëmbente letrën nga dora; 4) : **sich (D) reißen** shpoj; pres; **ich habe mir die Finger gerissen** kam prerë (shpuar) gishtërinjtë; 5) : **jemanden zu Boden reißen** hedh dikë përtokë; *fig* **jemandem die Maske vom Gesicht reißen** i çjerr dikujt maskën; *fig* **er wird dich noch mit ins Verderben reißen** do të të marrë në qafë; 2. *vi* (s) 1) këputet; **die Funkverbindung riß plötzlich** lidhja radiotelegrafike u pre papritmas; 2) griset (*pëlhura etj.*); 3) : *fig* **jetzt reißt mir die Geduld** tani po më mbaron durimi; 4) : *fig* **es reißt mir in allen Gliedern** më dhembin të gjitha gjymtyrët.

R'eißen *n* **-s** *bis* reumatizëm.

r'eißend 1. *a* 1) i shpejtë, i vrullshëm (*lumë, rrymë etj.*); 2) grabitqar (*zog, kafshë*); therës, shpues (*dhembje*); 2. *adv* shpejt, me vrull, me rrëmbim.

R'eißverschluß *m* **-sses, -schlüsse** zimxhir (*i bluzës, i çantës etj.*).

R'eißzeug *n* **-(e)s** vegla vizatimi (teknik).

R'eißzwecke *f* =, **-n** pineskë.

R'eitbahn *f* =, **-en** manezh (*vend për ushtrimin e kalorësve*).

r'eiten* 1. *vi* (**h, s**) ngas (*kalin etj.*); kalëroj, shkoj kaluar; **ich kann**

nicht reiten nuk di të ngas (*kalin etj.*); **gut, schlecht reiten können** e ngas mirë, keq (*kalin etj.*); **langsam, schnell reiten** kalëroj ngadalë, shpejt; **mit, ohne Sattel reiten** e ngas (*kalin etj.*) me (pa) shalë; 2. *vt* ngas (*kalin etj.*); *fig bis* **der Teufel reitet ihn** i ka hyrë dreqi në bark.
R'eiter *m* **-s, =** kalorës.
Reiter'ei *f* **=, -en** kalorësi, kavaleri.
R'eithose *f* **=, -n** pantallona kalorësi.
R'eitknecht *m* **-(e)s, -e** stallier, kujdestar kuajsh.
R'eitpferd *n* **-(e)s, -e** kalë shale.
R'eittier *n* **-(e)s, -e** kafshë shale (*kalë, mushkë etj.*).
R'eitturnier *n* **-s, -s** garë me kuaj.
Reiz *m* **-es -e** 1) ngacmim; **einen Reiz ausüben** ngacmoj; 2) hir, lezet; **das ist der Reiz dieser Frau** kjo e bën këtë grua tërheqëse; 3) ngashnjim, joshje; **der Reiz der Natur** joshja e natyrës.
r'eizbar *a* 1) i ngacmueshëm; 2) *fig* i prekshëm.
r'eizen *vt* 1) ngacmoj (*qenin etj.*); 2) nxis; **das reizt mich zum Widerstand** kjo më nxit të kundërshtoj; 3) tërheq, ngashënjej, josh, tundoj; 4) *fig* ngjall, zgjoj (*lakminë, interesin etj.*).
r'eizend *a* 1) ngacmues; 2) nxitës; 3) tërheqës, i këndshëm, i lezetshëm, i mrekullueshëm (*pamje, fëmijë etj.*); **es wäre reizend zu ...** do të ishte e lezetshme sikur ...
r'eizlos *a* 1) pa shije; pa lezet; 2) pa interes.
R'eizmittel *n* **-s, =** *mjet* nxitës, ngacmues (*kafe, alkool etj.*).
r'eizvoll *a* 1) tërheqës (*detyrë etj.*); joshës (*vështrim etj.*); 2) i hirshëm (*vajzë etj.*).
rekapitul'ieren *vt* përsëris përmbledhtas.
r'ekeln, sich *vrefl bis* 1) shtriqem; 2) s'më zë vendi vend; 3) shtrihem sa gjatë gjerë.
Reklamati'on *f* **=, -en** reklamim (*i një malli etj.*).
Rekl'ame *f* **=, -n** reklamë.
reklam'ieren *vt* reklamoj (*një mall, një punë të bërë keq etj.*).
rekonstru'ieren *vt* rindërtoj.
Rekonstrukti'on *f* **=, -en** rindërtim.
Rekonvalesz'ent [*-va-*] *m* **-en, -en** i sëmurë në shërim e sipër.
Rekonvalesz'enz [*-va-*] *f* **=** periudhë shërimi, konvaleshencë.
Rek'ord *m* **-(e)s, -e** rekord.
Rekr'ut *m* **-en -en** rekrut.
rekrut'ieren *vt* rekrutoj.
R'ektor *m* **-s, -t'oren** rektor.
Rektor'at **-s, -e** rektorat.
Relati'on *f* **=, -en** lidhje; raport.
relat'iv 1. *a* relativ; **relative Mehrheit** shumicë relative; 2. *adv* relativisht.
Relativit'ätstheorie [*-vi-*] *f* **=** *fiz* teori e relativitetit.
releg'ieren *vt* përjashtoj (*nga shkolla*).
relev'ant [*-vant*] *a* i rëndësishëm (*ngjarje etj.*).
Reli'ef *n* **-s, -s** *dhe* **-e** reliev.
Religi'on *f* **=, -en** fe, besim.
religi'ös *a* fetar; i përshpirtshem.
Religiosit'ät *f* **=** përshpirtshmëri.
Rel'ikt *n* **-(e)s, -e** relikt (*i një bime ose kafshe*).
R'eling *f* **=, -s** parmak (*i anijes*).
Rel'iqui/e *f* **=, -n** relike.
Reminisz'enz *f* **=, -en** kujtim, rikujtim.
remis [*rem'i*] *a sport* (*e përfunduar*) me remi (*ndeshje etj.*).
r'empeln *vt bis* shtyj (*dikë*).
Ren *n* **-s, -s** *sh* **Rentier** I.
Renaissance [*renes'âs*] *f* **=** 1) Rilindja evropiane; 2) *pl* **-n** rilindje.

Rendezvous [*rådev'u*] *n* [*-vus*], [*-vus*] takim, pikëpjekje.
Rend'ite *f* =, **-n** fitim (*nga një kapital*).
Reneg'at *m* **-en, -en** renegat.
renit'ent *a* i pabindur, i pashtruar (*nxënës etj.*).
R'ennbahn *f* =, **-en** 1) hipodrom; 2) velodrom.
r'ennen* 1. *vi* (s) 1) vrapoj, rend; *fig bis* **er will immer mit dem Kopf durch die Wand rennen** ai përherë do t'i bjerë murit me kokë; 2) **(gegen A)** i bie (*murit etj.*), përplasem (*pas diçkaje*); **er rannte gegen einen Baum** i ra një druri, u përplas pas një druri; 2. *vt* : **er rannte ihm den Degen durch den Leib** i nguli shpatën në trup.
R'ennen *n* **-s,** = *sport* vrapim (*me kalë, biçikletë, makinë etj.*).
R'ennfahrer *m* **-s,** = *sport* çiklist; motoçiklist; automobilist.
R'ennpferd *n* **-(e)s, -e** kalë vrapimi.
R'ennsport *m* **-s** sport i garave të vrapimit (*me motoçikletë, automobil etj.*).
R'ennstall *m* **-(e)s, -ställe** 1) kuaj vrapimi të një pronari; 2) skuadër motoçiklistësh, automobilistësh të një firme.
R'ennstrecke *f* =, **-n** pistë për gara automobilistike.
R'ennwagen *m* **-s,** = automobil gare.
Renomm'ee *n* **-s** nam (*i mirë*).
renomm'ieren *vi* (h) **(mit D)** mburrem, lavdërohem (*me sukseset etj.*).
renomm'iert *a* i mirënjohur.
renov'ieren [*-vi-*] *vt* restauroj (*një ndërtesë etj.*).
Renov'ierung [*-vi-*] *f* =, **-en** restaurim.
rent'abel *a* rentabël, i leverdisshëm, fitimprurës.
Rentabilit'ät *f* = *ek* rentabilitet.
R'ente *f* =, **-n** pension.
R'entier I *n* **-(e)s, -e** *zool* renë.
Rentier II [*rentj'e*] *m* **-s, -s** *vjet* pensionist; rentier.
rent'ieren, sich *vrefl* 1) sjell fitim; 2) *fig* ia vlen; **das rentiert sich nicht** kjo është e kotë.
R'entner *m* **-s, -s** pensionist.
reorganis'ieren *vt* riorganizoj.
repar'abel *a* i riparueshëm, i ndreqshëm.
Reparati'onen *pl* dëmshpërblime.
Reparat'ur *f* =, **-en** riparim, remont.
repar'ieren *vt* ndreq, riparoj.
Repertoire [*repërto'ar*] *n* **-s, -s** *teat* repertor.
repet'ieren *vt* 1) përsëris; 2) mësoj duke përsëritur.
Rep'ort *m* **-s, -s** report.
Reportage [*report'azhë*] *f* =, **-n** reportazh.
Rep'orter *m* **-s,** = reporter.
Repräsent'ant *m* **-en, -en** përfaqësues.
Repräsentati'on *f* = 1) përfaqësim; 2) shpenzime përfaqësimi.
repräsent'ieren *vt* 1) përfaqësoj; 2) paraqes; **es repräsentiert einen großen Wert** kjo paraqet një vlerë të madhe.
Repress'ali/e *f* =, **-n** raprezalje.
Reprodukti'on *f* =, **-en** riprodhim.
reproduz'ieren *vt* riprodhoj.
Rept'il *n* **-s, -e** *dhe* **-ien** *zool* zvarranik.
Republ'ik *f* =, **-en** republikë.
Republik'aner *m* **-s,** = republikan.
republik'anisch *a* republikan.
Reputati'on *f* = *vjet* nam (*i mirë*), reputacion.
requir'ieren *vt* rekuizoj (*një automjet për ushtrinë etj.*).
Requis'it *n* **-s, -en** 1) *teat* rekuizit; 2) pajisje ndihmëse, vegël.

Res'eda *f* =, -s *bot* resedë.
Res'ede *f* =, **-n** *sh* **Reseda.**
Res'erve [*-ve*] *f* =, **-n** 1) rezervë; **wir müssen unsere Reserven angreifen** duhet të shfrytëzojmë rezervat që kemi; **ihre Reserven sind erschöpft** rezervat e tyre kanë shteruar; 2) *sing* rezervë; **sich keine Reserve auferlegen** nuk mbaj asnjë rezervë.
reserv'ieren [*-vi-*] *vt* rezervoj (*një vend*).
reserv'iert [*-virt*] *a* 1) i rezervuar, i zënë (*vend*); 2) *fig* i përmbajtur, i matur (*njeri*).
Reserv'ist [*-vist*] *m* **-en, -en** *usht* rezervist.
Reservoir [*rezervo'ar*] *n* **-s, -e** rezervuar.
Resid'enz *f* =, **-en** seli; residencë.
resid'ieren *vi* (h) e ka selinë (*qeveria etj.*).
Resignati'on *f* =, **-en** nënshtrim ndaj fatit.
resign'ieren *vi* (h) i shtrohem fatit.
resol'ut *a* i vendosur.
Resoluti'on *f* =, **-en** rezolutë.
Reson'anz *f* =, **-en** *fiz* resonancë; *fig* **bei jemandem Resonanz finden** gjej mirëkuptim te dikush.
resp. = **respektive.**
Resp'ekt *m* **-(e)s** respekt; **Respekt einflößen** ngjall respekt; **er läßt es an dem nötigen Respekt fehlen gegenüber ...** ai nuk tregon respektin e duhur ndaj ... **mit Respekt zu sagen** (faqe) me nder (*teje etj.*).
respekt'abel *a* që është për t'u nderuar; i rëndësishëm (*rezultat etj.*).
respekt'ieren *vt* nderoj, respektoj (*mësuesin, pikëpamjen e tjetrit etj.*).
respekt'ive [*-ve*] *adv* përkatësisht; ose.
Ressort [*-s'or*] *n* **-s, -s** degë, sektor (*administrate*).
Rest *m* **-es, -e** 1) *mat* mbetje; 2) : **für den Rest meines Lebens** për aq sa më ka mbetur nga jeta; **der Rest des Tages** pjesa tjetër e ditës; 3) mbeturinë (*e drekës etj.*); 4) *pl* eshtra; **die sterblichen Reste zur letzten Ruhe betten** varros eshtrat.
Restaurant [*restor'â*] *n* **-s, -s** restorant.
Restaurati'on *f* =, **-en** 1) *pol* rivendosje (*e kapitalizmit etj.*); 2) restaurim (*i një ndërtese etj.*).
restaur'ieren *vt* 1) *pol* rivendos (*mbretërinë etj.*); 2) restauroj (*një vepër arti të dëmtuar etj.*).
r'estlich *a* që ka mbetur; **die restlichen Raten** këstet që kanë mbetur (*pa u paguar*).
r'estlos 1. *a* i plotë; 2. *adv* plotësisht, krejt; **restlos zufrieden sein** jam plotësisht i kënaqur.
Restrikti'on *f* =, **-en** shtrëngim (*ekonomik*); kufizim.
Result'at *n* **-(e)s, -e** rezultat.
result'ieren *vi* (h) rezulton, është rezultat (*i diçkaje*).
Resüm'ee *m* **-s, -s** përmbledhje (*e një fjalimi etj.*).
retard'ieren *vt* vonoj (*zhvillimin*).
Ret'orte *f* =, **-n** lambik.
Retourkutsche [*ret'ur-*] *f* =, **-n** *fig bis* përgjigje me të njëjtën monedhë.
r'etten 1. *vt* shpëtoj; **jemanden aus dem Feuer, aus der Not retten** shpëtoj dikë nga zjarri, nga halli; 2. *vrefl* **sich retten** iki, shpëtoj; **sich aufs Dach retten** iki në çati (*për të shpëtuar nga një rrezik etj.*).
r'ettend *a* shpëtimtar.
R'etter *m* **-s,** = shpëtimtar; çlirimtar.
R'ettich *m* **-s, -e** *bot* rrepë.
R'ettung *f* =, **-en** shpëtim; **für ihn**

gibt es keine Rettung mehr ai s'ka më shpëtim.
r'ettungslos *adv* 1) pa shpëtim; 2) pa shpresë; **rettungslos verloren sein** ka humbur pa shpresë.
retusch'ieren *vt* retushoj (*një fotografi etj.*).
R'eue *f* = pendim.
r'euen *vt* : **es reut mich, daß ich es getan habe** më vjen keq që e kam bërë (*një punë etj.*); **die Zeit reut mich** më vjen keq për kohën e humbur.
r'eumütig *a* i penduar.
R'euse *f* =, **-n** shportë, kosh peshkimi.
reüss'ieren *vi* **(h)** kam sukses.
Revanche [*rev'âshë*] *f* =, **-n** revansh.
revanch'ieren, sich [*-vâsh-*] *vrefl* **(für A bei D)** 1) ia marr hakun (*dikujt për diçka*); 2) kthej (*një vizitë*); shpërblej (*një dhuratë etj.*).
Rever'enz [*-ve-*] *f* = nderim i thellë.
revid'ieren [*-vi-*] *vt* rishikoj.
Revier [*-v'ir*] *n* **-s, -e** 1) rreth, zonë; 2) pellg (*qymyri*); 3) rezervë (*gjahu*); 4) rajon (*policie*); 5) infermieri.
Revirement [*revirëm'â*] *n* **-s, -s** ndërrim postesh (*në administratën shtetërore etj.*).
Revisi'on [*-vi-*] *f* =, **-en** 1) revizionim; 2) rishikim (*i një vendimi etj.*).
Rev'isor *m* **-s, -s'oren** revizor.
Rev'olte [*-vol-*] *f* =, **-n** revoltë; rebelim.
revolt'ieren *vi* **(h) (gegen A)** revoltohem; ngre krye (*kundër dikujt*).
Revoluti'on [*-vo-*] *f* =, **-en** revolucion.
revolution'är [*-vo-*] *a* revolucionar.
Revolution'är [*-vo-*] *m* **-s, -e** revolucionar.
revolution'ieren *vt* revolucionarizoj.
Revolver [*-v'olvër*] *m* **-s,** = revolver, revole.
Revue [*-v'y*] *f* =, **-vu/en** 1) *teat* variete; 2) revistë; 3) : *shpr* **er läßt die Ereignisse Revue passieren** kujton ngjarjet me radhë.
Rezens'ent *m* **-en, -en** recensues.
rezens'ieren *vt* recensoj.
Rezensi'on *f* =, **-en** recension.
Rez'ept *n* **-(e)s, -e** *mjek* recetë.
rezipr'ok *a* 1) i dyanshëm, i ndërsjellë; reciprok; 2) *mat* i anasjellë.
Rezit'ator *m* **-s, -t'oren** recitues.
rezit'ieren *vt* recitoj (*një poemë etj.*).
Rhab'arber *m* **-s** *bot* raven.
Rhapsod'ie *f* =, **-odi/en** *let* rapsodi.
Rhet'orik *f* = retorikë.
rhet'orisch *a* retorik.
rh'einisch *a* i Rinit.
rheum'atisch *a* *mjek* reumatizmal.
Rh'euma *n* **-s, Rheumat'ismus** *m* =, **-men** *mjek* reumatizëm.
Rhin'ozeros *n* = *dhe* **-ses, -se** 1) *zool* rinoqeront ; 2) *fig bis* budalla, guhak.
rh'ythmisch *a* ritmik.
Rh'ythmus *m* =, **-men** ritëm.
r'ichten 1. *vt* 1) drejtoj (*një tel etj.*); **den Kurs nach (gen) Norden richten** marr drejtimin e veriut; 2) *usht* vë në shenjë (*armën*); 3) drejtoj, adresoj (*një letër etj.*); 4) drejtoj, kthej (*sytë etj.*); 5) *tek* ndreq, rregulloj, axhustoj (*një makinë etj.*); 6) *mjek* çoj, vë në vend (*një gjymtyrë të dalë etj.*); 7) ndreq, rregulloj, vë në rregull (*krevatin etj.*); 8) përgatis, gatuaj (*gjellën etj.*); 9) dënoj; ekzekutoj; **jemanden zugrunde richten** marr në qafë, rrënoj dikë; 2. *vi* **(über A)** gjykoj; jap një mendim (*për dikë*); 3. *vrefl* **sich richten** 1) **(nach D)** nisem (*nga*

një parim etj.); ndjek (*një shembull etj.*); i përmbahem (*një rregulle etj.*); **richten Sie sich danach!** veproni sipas këtij shembulli (parimi etj.); 2) rregullohem; 3) **(an A)** i drejtohem (*dikujt*); 4) drejtohem; **sich in die Höhe richten** a) drejtohem; b) ngrihem; 5) *usht* rreshtohem; 6) : **sich selbst richten** vras veten.

R'ichter *m* **-s, =** gjykatës, gjyqtar.

r'ichtig 1. *a* 1) i drejtë; **die Antwort war richtig** përgjigjja ishte e drejtë; *bis* **er ist nicht ganz richtig (im Kopf)** ai ka një dërrasë mangët; 2) i përshtatshëm; **es ist der richtige Zeitpunkt** është çasti i përshtatshëm; *bis* **zwischen ihnen ist etwas nicht richtig** në mes tyre ka diçka që s'shkon; **er ist der richtige Mensch** ai është njeriu i përshtatshëm; 3) i vërtetë; **er ist ein richtiger Sportler** ai është sportist i vërtetë; **heute ist ein richtiges Aprilwetter** sot është moti tamam si në prill; 4) i arsyeshëm, i drejtë (*çmim etj.*); 2. *adv* 1) drejt; **richtig urteilen** gjykoj drejt; **die Uhr richtig stellen** rregulloj orën; **(ganz) richtig!** shumë e drejtë!; **er hat nichts richtig gelernt** ai s'ka mësuar asgjë për të qenë; 2) krejt; 3) shumë, fort; **es war richtig schön** ishte shumë bukur.

r'ichtiggehend 1. *a* i saktë (*orë etj.*); 2. *adv fig bis* vërtet, tamam.

R'ichtigkeit *f* **=** 1) drejtësi (*e një mendimi etj.*); 2) vërtetësi (*e një dokumenti etj.*); *shpr* **mit etwas hat es seine Richtigkeit** është në rregull diçka.

r'ichtigliegen* *vi ndash* **(h)** *bis* jam brenda (*përsa i përket botëkuptimit etj.*).

R'ichtlinie *f* **=, -n** direktivë.

R'ichtschnur *f* **=, -schnüre** 1) *tek* fill drejtues; 2) *fig* parim; **das soll mir als Richtschnur dienen** kjo do të më shërbejë si parim.

R'ichtung *f* **=, -en** 1) drejtim (*i një rruge etj.*); 2) rrymë (*në art, letërsi etj.*); 3) *usht* shënjim.

rieb* *sh* **reiben***.

r'iechen* 1. *vt* nuhas, i marr erë (*diçkaje*); *fig bis* **das kann ich doch nicht riechen!** nga ta di unë këtë!; *fig bis* **etwas nicht riechen können** s'e duroj dot diçka; 2. *vi* **(h)** 1) bie erë; **sein Atem riecht** atij i bie erë goja; 2) **(an D)** i marr erë (*lules etj.*); 3) **(nach D) : er riecht nach Schweiß** ai bie erë djersë.

R'iecher *m* **-s, =** *bis* hundë; nuhatje; *shpr* **einen guten Riecher für etwas haben** marr erë nga diçka.

Ried *n* **-(e)s, -e** 1) *bot* kulmak, kallam moçalesh; 2) kallamishte; 3) moçal.

rief *sh* **rufen***.

R'iegel *m* **-s, =** 1) shul, lloz; *fig bis* **hinter Schloß und Riegel sitzen** jam në burg; 2) kallëp (*sapuni etj.*).

R'iemen I *m* **-s, =** rrip; *fig bis* **(sich) den Riemen enger schnallen** shtrëngoj rripin.

R'iemen II *m* **-s, =** lopatë (*barke*); *fig bis* **sich (tüchtig) in die Riemen legen** rrekem, përpiqem shumë (*për diçka*).

R'iemenzeug *n* **-(e)s, -e** pajim, takëm kali.

R'iese *n* **-n, -n** vigan, div.

r'ieseln *vi* **(h)** 1) veson, rigon (*shiu*); 2) rrjedh (*kroi*); *fig* **Angst rieselt mir über den Rücken** më shkojnë mornica kurrizit nga frika.

r'iesengroß *a* 1) i madh si div; 2) *fig* vigan, kolosal, shumë i madh.

R'iesenhunger *m* **-s** *bis* uri e madhe.

R'iesenschlange *f* **=, -n** *zool* gjarpër i madh, boa, piton.

r'iesig 1. *a* vigan, kolosal; 2. *adv bis*

shumë; **sich riesig freuen** gëzohem shumë.

riet *sh* **raten***.

Riff *n* **-(e)s, -e** *gjeogr* gumë (*shkëmb nën ujë*).

rigor'os *a* i rreptë.

R'ille *f* **=, -n** hulli, rruvijë; ulluk.

Rind *n* **-(e)s, -er** gjedh, bagëti e trashë.

R'inde *f* **=, -n** 1) *bot, anat* kore; 2) kore (*e bukës, e djathit etj.*).

R'indfleisch *n* **-es** mish gjedhi.

R'indvieh *n* **-s** 1) gjedh (*lopë, qe etj.*); 2) *pl* **-viecher** *bis* hajvan.

Ring *m* **-(e)s, -e** 1) unazë; **den Ring vom Finger abstreifen** heq unazën nga gishti; 2) unazë (*rrugë*); **wir wohnen am Ring** banojmë te unaza; 3) rreth; **einen Ring bilden** formoj një rreth; 4) hallkë; 5) *sport* ring.

R'ingbahn *f* **=, -en** unazë (*rrugë rreth qendrës së qytetit*).

r'ingeln 1. *vt* dredh, përdredh (*flokët etj.*); 2. *vrefl* **sich ringeln** 1) përdridhet (*floku etj.*); 2) mblidhet (*gjarpri*).

r'ingen* 1. *vt* 1) shtrydh (*rrobat etj.*); 2) : **jemandem etwas aus der Hand ringen** i shkëpus dikujt diçka nga dora; 2. *vi* **(h)** 1) **(mit D, um A)** luftoj (*me dikë, për diçka*); **mit dem Tode ringen** luftoj me vdekjen; 2) **(nach D, mit D)** përpiqem (*për diçka*); **nach Worten ringen** rrekem të gjej fjalë; **nach Atem ringen** gulçoj; **mit den Tränen ringen** përpiqem të mbaj lotët.

R'inger *m* **-s, =** *sport* mundës.

R'ingfinger *m* **-s, =** gisht i unazës.

r'ingförmig *a* unazor.

R'ingkampf *m* **-(e)s, -kämpfe** *sport* mundje.

rings, r'ings(her)um *adv* përreth, përqark, rreth e rrotull.

R'inne *f* **=, -n** ulluk.

r'innen* *vi* **(s)** 1) rrjedh (*gjaku, lotët etj.*); 2) pikon (*shiu*).

R'innsal *n* **-(e)s, -e** përrua.

R'innstein *m* **-(e)s, -e** 1) kanal për mbledhjen e ujërave; 2) sqoll; 3) *fig* rrugë; **jemanden aus dem Rinnstein auflesen** marr dikë nga rruga; **im Rinnstein enden** mbaroj në rrugë të madhe.

R'ippe *f* **=, -n** *anat* brinjë.

Rips *m* **-es, -e** reps (*lloj pëlhure*).

R'isiko *n* **-s, -s** *dhe* **-ken** rrezik; **ein Risiko eingehen** i hyj një rreziku; **das Risiko wagen** rrezikoj; **die Sache ist ohne Risiko** puna është pa rrezik.

risk'ant *a* i rrezikshëm, me rrezik (*punë etj.*).

risk'ieren *vt* rrezikoj; *bis* **den Kopf riskieren** vë kokën në rrezik; **ein Wort riskieren** guxoj të them një fjalë.

riß *sh* **reißen.**

Riß I *m* **-sses, -sse** 1) e çarë, plasë (*e murit etj.*); 2) e therur, dhembje; **das gab mir einen Riß** kjo më dha një të therur; 3) : *fig* **zwischen unseren Anschauungen klafft ein tiefer Riß** në mes të pikëpamjeve tona ka një hendek; *fig* **der Riß in unserer Freundschaft hat sich vertieft** e çara në miqësinë tonë është thelluar.

Riß II *m* **-sses, -sse** vizatim, skicë, plan.

r'issig *a* 1) i plasaritur (*lëkurë etj.*); 2) i çarë (*tokë etj.*).

Rist *m* **-es, -e** *anat* shpinë, trinë e dorës ose e këmbës.

ritt *sh* **reiten***.

Ritt *m* **-(e)s, -e** 1) vrap kali; **auf einen Ritt** me një vrap; 2) shëtitje me kalë.

R'itter *m* **-s, =** 1) kalorës; 2) kalorës (*i një urdhri*).

r'itterlich *a* 1) kalorësiak; 2) fisnik;

ein ritterliches Benehmen sjellje fisnike.
r'ittlings *adv* kaluar; **sich rittlings auf einen Stuhl setzen** rri, ulem kaluar në një karrige.
Ritu'al *n* **-s** ritual (*përmbledhje e riteve*).
ritu'ell *a* ritual.
R'itus *m* **=, Riten** rit (*fetar etj.*).
R'itz *m* **-(e)s, -e** *sh* **Riß, Ritze.**
R'itze *f* **=, -n** 1) e çarë, plasë (*e murit etj.*); **der Wind pfiff durch die Ritzen des alten Hauses** era frynte nga të çarat e shtëpisë së vjetër; 2) gërvishtje, e gërvishtur.
r'itzen 1. *vt* gërvisht; **Glas kann man mit einem Diamanten ritzen** qelqin mund ta gërvishtësh me një diamant; 2. *vrefl* **sich ritzen** gërvishtem (*me një gozhdë etj.*).
Riv'ale [*-va-*] *m* **-n, -n** rival.
Riv'alin [*-va-*] *f* **=, -nen** rivale.
rivalis'ieren [*-va-*] *vi* **(mit D)** rivalizoj, hahem (*me dikë*).
Rivalit'ät [*-va-*] *f* **=, -en** rivalitet.
Riz'inusöl *n* **-(e)s** *mjek* vaj i trashë, vaj ricini.
RK = Rotes Kreuz Kryqi i Kuq.
RM = Reichsmark *f* **=, =** *vjet* markë e Rajhut gjerman (*njësi monetare para 1948*).
Roastbeef [*r'oustbif*] *n* **-s, -s** *kuzh* biftek.
R'obbe *f* **=, -n** *zool* fokë.
r'obben *vi* **(h, s)** zvarritem (*në stërvitje ushtarake etj.*).
R'obe *f* **=, -n** 1) rroba mbrëmjeje; 2) mantel (*veshje zyrtare e gjykatësve, profesorëve etj.*).
r'oboten *vi* **(h)** robtohem në punë.
R'oboter *m* **-s, =** robot.
rob'ust *a* i shëndoshë, i fortë.
roch *sh* **riechen*.**
r'öcheln *vi* **(h)** gulçoj, regëtij.
Rock *m* **-(e)s, Röcke** 1) fund (*grash*); 2) xhaketë (*burrash*).
R'ocken *m* **-s, =** qerthull, çikrik.
R'ockschöße *pl* : *shpr bis* **sich jemandem an die Rockschöße hängen** i bëhem pullë dikujt.
R'odel *m* **-s, =** slitë e vogël sportive.
r'odeln *vi* **(s, h)** rrëshqas, shkas me slitë.
r'oden *vt* qëroj, bëj rrah, shpyllëzoj (*tokën për ta lëruar*).
R'odung *f* **=, -en** *bujq* 1) shpyllëzim; 2) tokë e re, e shpyllëzuar.
R'ogen *m* **-s** *zool* vezë (*peshku*).
R'oggen *m* **-s** *bot* thekër.
roh 1. *a* 1) i gjallë (*mish etj.*); 2) i papërpunuar (*lëndë e parë etj.*); 3) *ek* bruto; 4) *fig* i pagdhendur, i palatuar; i vrazhdë, i ashpër; mizor; 2. *adv* 1) ashpër; 2) në përgjithësi, në vija të trasha (*vlerësim etj.*).
R'ohbau *m* **-(e)s, -ten** *ndërt* karabina.
R'oheisen *n* **-s** *tek* gizë.
R'oheit *f* **=, -en** *fig* 1) vrazhdësi, ashpërsi; 2) mizori.
R'ohertrag *m* **-(e)s, -träge** *ek* të ardhura bruto.
R'ohgewicht *n* **-(e)s, -e** peshë bruto.
R'ohkost *f* **=** ushqim me perime të paziera.
Rohr *n* **-(e)s, -e** 1) tub, gyp (*uji, gazi etj.*); 2) *bot* kallam; 3) bastun; 4) *usht* tytë (*e pushkës etj.*); grykë (*e topit etj.*).
R'öhre *f* **=, -n** 1) tub; 2) furrë sobe; 3) *tek* llambë (*radioje, televizori etj.*); **eine Röhre ist durchgebrannt** një llambë është djegur.
r'öhren *vi* **(h)** 1) pëllet (*dreri etj.*); 2) *fig* uturin (*motori etj.*).
R'ohrpost *f* **=** postë pneumatike (*për letra urgjente etj.*).
R'ohrspatz *m* : *shpr* **schimpfen wie ein Rohrspatz** shaj ndyrë.
R'ohrstuhl *m* **-(e)s, -stühle** karrige xunkthi.
R'ohrzucker *m* **-s** sheqer kallami.

R'ohseide *f* =, **-n** mëndafsh i papunuar.

R'ohstoff *m* **-(e)s, -e** lëndë e parë.

R'okoko *n* **-s** *art* rokoko.

R'olladen (*kur ndahet:* **Roll-laden**) *m* **-s,** = *dhe* **-läden** roletë (*dritareje etj.*).

R'olle I *f* =, **-n** 1) gyp, rrotull (*letre etj.*); 2) rokel, bobinë; 3) rul, cilindër; 4) petës.

R'olle II *f* =, **-n** *teat* rol; **aus der Rolle fallen** a) dal nga roli; b) *fig* humbas fillin; *fig* **es spielt keine Rolle, ob ...** nuk ka asnjë rëndësi, nëse ...; *fig* **das spielt nur eine untergeordnete Rolle** kjo ka vetëm një rëndësi të dorës së dytë; *fig* **du mußt dich in meine Rolle versetzen** duhet të vihesh në vendin tim.

r'ollen 1. *vt* 1) rrotulloj; **die Augen rollen** rrotulloj sytë; 2) tëholl (*petët etj.*); 3) mbledh gyp (*letrën, qilimin etj.*); 4) hekuros (*këmishën etj.*); 2. *vi* **(s)** 1) rrokulliset (*guri, orteku etj.*); *fig* **den Stein ins Rollen bringen** nis një punë; 2) rrotullohet (*rrota etj.*); 3) lëviz mbi rrota (*qerrja etj.*); 4) qarkullon (*parja etj.*); 5) gjëmon (*moti etj.*); buçet (*topi etj.*); kërcet (*një e shtënë etj.*); 3. *vrefl* **sich rollen** 1) rrotullohem; 2) mblidhet gyp (*letra etj.*); përdridhet (*floku etj.*); 3) mblidhet (*gjarpri etj.*).

R'oller *m* **-s,** = 1) ballëz dyrrotëshe (*lodër*); 2) motoroler, motoskuter.

R'ollfeld *n* **-(e)s, -er** *av* pistë.

R'ollschuh *m* **-s, -e** patinë me rrota.

R'ollstuhl *m* **-(e)s, -e** karrige me rrota.

R'olltreppe *f* =, **-n** shkallë vetëlëvizëse, eskalator.

Rom'an *m* **-es, -e** *let* roman; *fig bis* **schreib doch keinen (langen) Roman!** bjeri shkurt!

Rom'andichter *m* **-s,** = romancier.

rom'anisch *a* roman, latin; **die romanischen Sprachen** gjuhët romane, neolatine.

Rom'antik *f* = *let, art* romantizëm.

Rom'antiker *m* **-s,** = 1) *let, art* romantik; 2) romantik, ëndërrimtar.

rom'antisch *a* 1) romantik; 2) *fig* ëndërrimtar, fantastik; 3) piktoresk (*vend etj.*).

Rom'anze *f* =, **-n** 1) *let, muz* romancë; 2) *fig bis* aventurë dashurie.

R'ömer *m* **-s,** = romak.

r'ömisch *a* i Romës, romak; **das römische Recht** e drejta romake; **die römischen Ziffern** shifrat romake.

Rond'ell *n* **-s, -e** 1) lehe e rrumbullakët; 2) kullë e rrumbullakët.

r'öntgen *vt* i bëj radioskopinë (*krahut të thyer etj.*).

R'öntgenaufnahme *f* =, **-n** *mjek* radiografi.

R'öntgenstrahlen *pl* rreze röntgen.

r'osa *a* rozë, ngjyrë rozë, ngjyrë trëndafil.

R'ose *f* =, **-n** 1) *bot* trëndafil; *prov* **keine Rose ohne Dornen** s'ka pyll pa derra; *fig bis* **er ist nicht auf Rosen gebettet** ai nuk e ka fushë me lule; 2) *mjek* të kuqtë.

R'osenkohl *m* **-s** *bot* lakër Brukseli.

R'osenkranz *m* **-es, -kränze** 1) kurorë trëndafilash; 2) *fet* rruzare.

Ros'ette *f* =, **-n** *art* rozetë.

r'osig *a* ngjyrë rozë, ngjyrë trëndafil; *fig* **jemandem etwas in rosigen Farben schildern** ia bëj dikujt diçka fushë me lule; *fig* **eine rosige Zukunft** një e ardhme e ndritur.

Ros'ine *f* =, **-n** rrush i thatë; stafidhe; *fig bis* **er hat große Rosinen im Kopf** ai bluan me mend gjëra të pamundura.

Roß *n* **-es, -e** *poet* kalë; *fig bis* **auf dem hohen Roß sitzen** mbahem më të madh.
R'oßkur *f* =, **-en** *bis* kurë e fortë.
Rost I *m* **-es** ndryshk; **Rost ansetzen** zë ndryshk; **der Rost zerfrißt das Eisen** ndryshku bren hekurin.
Rost II *m* **-es, -e** skarë; **auf dem Rost braten** pjek në skarë.
R'ostbraten *m* **-s,** = bërzollë.
r'osten *vi* **(h)** ndryshket (*hekuri*).
r'östen *vt* 1) rreshk, thek (*bukën etj.*); 2) pjek, kaurdis (*kafenë etj.*); 3) pjek (*në skarë*); 4) skuq (*patatet etj.*).
r'ostfrei *a* i pandryshkshëm (*hekur, çelik*).
r'ostig *a* i ndryshkur (*hekur*).
R'östkartoffeln *pl kuzh* patate të kuqura.
r'ostsicher *a* i pandryshkshëm (*hekur, çelik*).
rot *a* 1) i kuq; **rot wie Blut** i kuq si gjaku; **Rotes Kreuz** Kryqi i Kuq; **vor Zorn rot anlaufen** skuqem nga zemërimi; 2) i purpurt; 3) i kuqërremtë (*flok*); 4) : *fig bis* **jemandem den roten Hahn aufs Dach setzen** i djeg shtëpinë dikujt; *fig bis* **ich habe keinen roten Heller** s'kam asnjë dysh; *fig bis* **wenn ich das höre, sehe ich rot** kur e dëgjoj këtë, tërbohem.
Rot *n* **-s** e kuqe (*ngjyrë*).
Rotati'on *f* =, **-en** rrotullim (*i Tokës etj.*).
r'otbäckig *a* 1) faqekuq (*fëmijë*); 2) : **rotbäckiger Apfel** mollë e kuqe nga njëra anë.
r'otbärtig *a* mjekërkuq.
r'otblond *a* kuqal.
R'öte *f* = 1) e kuqe (*ngjyrë*); 2) skuqje (*e lëkurës etj.*); 3) flakërim (*i perëndimit ose i lindjes së diellit*); 4) : **die Röte stieg ihr ins Gesicht** asaj i hipi gjaku në fytyrë.
R'öteln *pl mjek* fruth.
r'öten 1. *vt* skuq (*zjarri qiellin etj.*); 2. *vrefl* **sich röten** skuqem.
r'otglühend *a* i skuqur (*hekur, thëngjill etj.*).
r'othaarig *a* flokëkuq, qimekuq.
R'otholz *n* **-es, -hölzer** *bot* dru i kuq.
rot'ieren *vi* **(h)** *tek* vërtitet, rrotullohet (*disku etj.*).
R'otkehlchen *n* **-s,** = *zool* gushëkuq.
R'otkohl *m* **-s** *bot* lakër e kuqe.
r'ötlich *a* i kuqërremtë; i kuq i çelët.
R'otstift *m* **-(e)s, -e** laps i kuq.
R'otte *f* =, **-n** 1) turmë; 2) *përb* bandë; 3) *usht* skuadër.
Rot'unde *f* =, **-n** rrotullore (*ndërtesë, sallë etj.*).
R'otwein *m* **-s, -e** verë e kuqe.
Rotz *m* **-es** qurra; *bis* **Rotz und Wasser heulen** pëlcet së qarri (*fëmija*).
r'otzen *vi* **(h)** më bien qurrat.
r'otzig *a* 1) qurrac; 2) *bis* i ndyrë.
R'otzjunge *m* **-n, -n** qurravec.
R'otznase *f* =, **-n** 1) hundë me qurra; 2) qurravec.
Rouge [*ruzh*] *n* **-s, -s** të kuq (*pudër etj.*).
Roulade [*rul'adë*] *f* =, **-n** *kuzh* rolé.
Roul'ett [*rulet*] *n* **-s, -s** ruletë (*lojë kumari*).
Route [*r'utë*] *f* =, **-n** 1) itinerar; 2) rrugë marshimi.
Rout'ine [*ru-*] *f* = 1) rutinë; 2) shprehi, përvojë.
Rout'inesitzung [*ru-*] *f* =, **-en** mbledhje e zakonshme.
Routinier [*rutini'e*] *m* **-s, -s** njeri i rrahur (*me një punë*); njeri i rutinës.
routin'iert [*ru-*] *a* i regjur, i rrahur.
Rowdy [*r'audi*] *m* **-s, -s** huligan.
r'ubbeln *vt bis* fërkoj (*me peshqir etj.*).

R'übe *f* =, -n 1) *bot* rrepë; **Zuckerrübe** panxharsheqer; **rote, gelbe Rübe** karotë; **weiße Rübe** rrepë e bardhë; 2) *bis* rradake; 3) : *bis* **so eine freche Rübe!** ç'njeri i pafytyrë!

R'ubel *m* **-s,** = rubël (*njësi monetare*).

R'übenbau *m* **-(e)s** *bujq* rritje e panxharit.

R'übenzucker *m* **-s** sheqer panxhari.

Rub'in *m* **-s, -e** rubin.

Rubr'ik *f* =, **-en** rubrikë.

r'uchbar *a* 1) i përfolur (*njeri, ngjarje etj.*); **es wurde ruchbar** u përfol; 2) famëkeq.

r'uchlos *a* 1) i poshtër (*krim etj.*); i ulët (*veprim etj.*); 2) i pandershëm (*njeri etj.*).

Ruck *m* **-(e)s, -e** 1) shtytje; **mit einem Ruck** me një vrull, me një hov; **auf einen Ruck** përnjëherësh; 2) tërheqje (*e frerit etj.*); 3) zhvendosje.

r'uckartig *a* me hope (*lëvizje etj.*).

R'ückblick *m* **-(e)s, -e** vështrim në të kaluarën; rikujtim i së kaluarës.

r'ücken 1. *vt* shtyj, lëviz, zhvendos (*dollapin etj.*); 2. *vi* **(h)** 1) shtyhem; **kannst du ein Stückchen rücken?** a mund të shtyhesh pak?; 2) lëviz; **nicht von der Stelle rücken** s'luaj vendit; 3) : **daran ist nicht zu rücken** këtë s'e ndryshon dot; **an jemandes Stelle rücken** zë vendin e dikujt; *fig bis* **jemandem auf den Pelz rücken** i qepem, i bie në qafë dikujt.

R'ücken *m* **-s,** = 1) *anat* kurriz; *fig bis* **ihm juckt der Rücken** i kruhet, i ha kurrizi; *fig* **jemandem den Rücken stärken** i bëhem krah dikujt; *fig bis* **er hat uns den Rücken gewendet** na e ka kthyer kurrizin; *fig bis* **er hat einen breiten Rücken** i mban kurrizi; **etwas hinter jemandes Rücken besprechen, tun** flas, bëj diçka prapa krahëve të dikujt; *fig* **jemandem in den Rücken fallen** i bie dikujt prapa krahëve; *fig bis* **auf seinen Rücken geht viel** i mban kurrizi; 2) *anat* trinë (*e dorës*); 3) *usht* prapavijë; 4) *gjeogr* kreshtë (*e malit*); 5) kurriz, shpinë (*e librit, e thikës etj.*).

R'ückendeckung *f* = *usht* mbrojtje e krahëve.

R'ückenlehne *f* =, **-n** shpinëz (*karrigeje etj.*).

R'ückenmark *n* **-s** *anat* palcë e kurrizit.

r'ückerstatten *vt* 1) kthej (*një send të humbur etj.*); 2) paguaj, laj (*borxhin*).

R'ückfahrt *f* =, **-en** udhë, rrugë e kthimit, kthim.

R'ückfall *m* **-(e)s, -fälle** 1) *drejt* përsëritje (*e një krimi etj.*); 2) kthim (*i një sëmundjeje etj.*).

r'ückfällig *a drejt* përsëritës (*kriminel etj.*).

R'ückfrage *f* =, **-n** 1) kundërpyetje; 2) anketë; **eine Rückfrage halten** zhvilloj një anketë.

R'ückgang *m* **-(e)s, -gänge** 1) rënie, ulje (*e prodhimit etj.*); 2) pakësim (*i popullsisë etj.*):

r'ückgängig *a* 1) që bie, që ulet, që pakësohet (*prodhim etj.*); 2) : **einen Befehl rückgängig machen** kthej mbrapsht një urdhër.

R'ückgrat *n* **-(e)s, -e** *anat* shtyllë e kurrizit; *fig bis* **ein Mensch ohne Rückgrat** njeri pa karakter.

R'ückhalt *m* **-(e)s** 1) mbështetje, përkrahje (*morale, materiale etj.*); 2) rezervë; **etwas ohne Rückhalt anerkennen** njoh, pranoj diçka pa rezerva; 3) parim; **ihm fehlt jeder**

moralische Rückhalt atij i mungon çdo parim moral.

r'ückhaltlos *adv* pa rezerva; **jemandem rückhaltlos vertrauen** i besoj dikujt pa rezerva.

R'ückkauf *m* **-(e)s, -käufe** riblerje.

R'ückkehr *f* = kthim; **wir erwarten heute seine Rückkehr** sot presim kthimin e tij.

R'ückkunft *f* = *sh* **Rückkehr.**

r'ückläufig *a* prapavajtës (*lëvizje etj.*).

R'ücklicht *n* **-(e)s, -er** dritë e pasme (*e automobilit etj.*).

r'ücklings *adv* në shpinë, në kurriz, nga prapa; **rücklings angreifen** sulmoj prapa krahëve.

R'ückporto *n* **-s, -s** *dhe* **-porti** përgjigje e paguar (*e letrës së dërguar me postë*).

R'ückreise *f* = **-n** rrugë e kthimit; **sich auf der Rückreise befinden** jam duke u kthyer.

R'ucksack *m* **-s, -säcke** trastë shpine.

R'ückschlag *m* **-(e)s, -schläge** 1) zmbrapje, zbythje (*e pushkës etj.*); 2) keqësim (*i gjendjes etj*); **der Patient erlitt einen Rückschlag** i sëmuri pati një keqësim.

R'ückschritt *m* **-s, -e** 1) hap prapa; 2) *fig* keqësim (*i një sëmundjeje etj.*).

R'ückseite *f* **=, -n** anë e kundërt, anë tjetër (*e librit etj.*).

R'ücksicht *f* **=, -en (auf A)** kujdes, vëmendje, respekt (*për dikë, diçka*); **mit Rücksicht auf (A)** duke marrë parasysh (*një fakt etj.*); **er kennt keine Rücksicht** ai nuk përfill asgjë; **aus finanziellen Rücksichten** për arsye financiare; **aus Rücksicht auf seine kranke Mutter hat er abgesagt** për shkak të së ëmës së sëmurë ai nuk ka pranuar; **ohne Rücksicht auf Verluste** pa shikuar humbjet.

R'ücksichtnahme *f sh* **Rücksicht.**

r'ücksichtslos *a* 1) i pavëmendshëm, i pakujdesshëm (*në sjellje etj*); 2) egoist; 3) i ashpër, i vrazhdë; 4) i pamëshirshëm (*shfrytëzim etj.*).

r'ücksichtsvoll *a* i vëmendshëm, i kujdesshëm, i respektueshëm.

R'ückspiegel *m* **-s, =** pasqyrë prapashikuese.

R'ücksprache *f* bisedim (*për të sqaruar diçka*); **Rücksprache nehmen** këshillohem (*për një çështje etj.*).

R'ückstand *m* **-(e)s, -stände** 1) mbetje (*e një sendi etj.*); 2) borxh; pagesë e prapambetur; 3) prapambetje; **im Rückstand sein** jam mbrapa (*me një pagesë etj.*).

r'ückständig *a* 1) i papaguar (*faturë etj.*); 2) *fig* i prapambetur (*njeri*); prapanik (*zakon etj.*).

R'ückstrahler *m* **-s, =** qelq reflektues (*në baltëpritësen e biçikletës etj.*).

R'ücktritt *m* **-s, -e** 1) largim, dalje (*nga një punë, traktat etj.*); 2) dorëheqje (*e një ministri etj.*); 3) heqje dorë (*nga një lehtësi etj.*).

r'ückversichern, sich *vrefl* sigurohem edhe një herë.

R'ückversicherung *f* **=, -en** sigurim i dytë.

r'ückwärtig *a* i pasmë (*anë etj.*).

r'ückwärts *adv* prapa; së prapthi, mbrapsht; **rückwärts gehen** eci së prapthi; **zwei Schritte rückwärts!** dy hapa prapa!

r'ückwärtsgehen* *vi ndash* **(s)** shkoj prapa.

R'ückweg *m* **-(e)s, -e** 1) rrugë e kthimit; **auf dem Rückweg** duke u kthyer; 2) tërheqje.

r'uckweise *adv* me hope (*përparim etj.*).

r'ückwirkend *a* prapaveprues.

R'ückwirkung *f* **=, -en** 1) kundërveprim; 2) *drejt* prapaveprim (*i një ligji etj.*).

R'ückzahlung *f* =, **-en** kthim (*i një borxhi etj.*).

R'ückzieher *m* **-s, =** tërheqje (*e një deponimi, premtimi etj.*).

R'ückzug *m* **-s, -züge** *usht* tërheqje; **den Rückzug antreten** tërhiqem.

r'üde *a* i ashpër, i vrazhdë, i pagdhendur.

R'üde *m* **-n, -n** 1) qen stani; 2) zagar; 3) mashkull (*i ujkut, i dhelprës*).

R'udel *n* **-s, =** lukuni, llavë (*ujqish etj.*).

r'udelweise *adv* si lukuni, si llavë (*ujqish etj.*).

R'uder *n* **-s, =** 1) *det* lopatë, rem; *fig bis* **er legt sich kräftig in die Ruder** ai i është përveshur mirë punës; 2) *det, av* timon; *fig bis* **am Ruder sein** jam në fuqi; *fig bis* **ans Ruder kommen** marr pushtetin.

R'uderboot *n* **-(e)s, -e** barkë me lopata, rema.

R'uderer *m* **-s, =** vozitës.

r'udern 1. *vi* **(h, s)** 1) vozis (*me lopatë*); 2) *fig* **(mit D)** luhas, tund (*krahët etj.*); 2. *vt* shtyj me lopatë (*barkën etj.*).

Rudim'ent *n* **-s, -e** rudiment.

rudiment'är *a* rudimentar, i rrëgjuar (*organ etj.*).

Ruf *m* **-(e)s, -e** 1) britmë, klithmë; 2) thirrje, kushtrim; **auf den ersten Ruf** me thirrjen e parë; 3) nam; lavdi; **ein Gelehrter von Ruf** një dijetar i dëgjuar; **in gutem Ruf stehen** njihem për mirë, kam emër të mirë; **er erfreut sich keines guten Rufes** ai nuk ka emër të mirë; **er wird das Mädchen noch in schlechten Ruf bringen** ai do t'i nxjerrë vajzës nam të keq; 4) emërim (*në një punë etj.*).

r'ufen* 1. *vi* **(h)** 1) thërras; **ich habe laut gerufen** thirra fort; 2) **(nach D) : der Patient rief nach der Schwester** i sëmuri thirri infermieren; 2. *vt* 1) thërras; **den Arzt rufen** thërras mjekun; 2) ftoj; **jemanden zum Essen rufen** ftoj dikë për të ngrënë; 3) quaj; **wir rufen ihn Heini** e quajmë Hajni; 4) **: Alarm rufen** jap alarmin; **jemandem etwas ins Gedächtnis rufen** ia kujtoj dikujt diçka; **jemanden wieder ins Leben rufen** ngjall dikë; *fig* **eine Bewegung ins Leben rufen** krijoj një lëvizje; **zu den Waffen rufen** marr ushtar; **jemanden zur Ordnung rufen** i kërkoj dikujt të mbajë rregullin; 3. *vrefl* **: ich habe mich heiser gerufen** u çorra së thirruri.

R'üffel *m* **-s, =** *bis* qortim i rëndë; vërejtje e rëndë.

r'üffeln *vt bis* qortoj (*dikë*), i bërtas (*dikujt*).

R'ufmord *m* **-(e)s, -e** shpifje e rëndë.

R'ufname *m* **-ns, -n** emër.

R'ufnummer *f* =, **-n** numër telefoni.

R'ufweite *f* =, **-n** largësi e dëgjimit të zërit.

R'üge *f* =, **-n** vërejtje; qortim; **eine Rüge erteilen** heq vërejtjen, qortoj.

r'ügen *vt* qortoj, i heq vërejtjen (*dikujt*).

R'uhe *f* = 1) qetësi; **Ruhe finden, haben** gjej qetësi; **ich möchte meine Ruhe haben!** lërmëni të qetë!; **gebt Ruhe, Kinder!** rrini urtë, fëmijë!; *fig* **er hat endlich in dieser Sache Ruhe gegeben** më në fund ai nuk ngul më këmbë në këtë çështje; **jemandem keine Ruhe lassen** s'lë të qetë dikë; **laß ihn jetzt in Ruhe!** mos e shqetëso tani!; **das muß ich mir in Ruhe**

überlegen këtë duhet ta gjykoj me nge; **immer mit der Ruhe!** mos u ngut!; 2) pushim, çlodhje; **der Ruhe pflegen** prehem, pushoj, çlodhem; 3) heshtje; **plötzlich trat Ruhe ein** papritur ra një heshtje; 4) gjakftohtësi; *bis* **er hat die Ruhe weg** atë s'e tund gjë; **ohne aus der Ruhe zu kommen** pa prishur gjakun; 5) gjumë; **die Kinder müssen jetzt zur Ruhe gehen** tani fëmijët duhet të bien të flenë; **angenehme Ruhe!** gjumin e ëmbël!

R'uhebett *n* **-(e)s** divan.

R'uhegehalt *m* **-(e)s, -hälter** pension (*pas mbushjes së moshës a vjetërsisë në punë*).

R'uhegeld *n* **-(e)s, -er** pension (*i punëtorit ose nëpunësit*).

r'uhelos *a* 1) që nuk gjen qetësi; 2) i shqetësuar.

r'uhen *vi* 1) rri i qetë; rri pa lëvizur; 2) pushoj, prehem, çlodhem; **nach dem Mittagessen eine Stunde ruhen** pushoj një orë pas drekës; 3) rri djerr (*toka*); 4) ndalet (*puna*); ndërpritet (*biseda*); mbetet pezull (*çështja*); 5) mbështetet; **ihr Kopf ruhte an seiner Schulter** koka e saj i mbështetej në sup; 6) **(auf A)** bie (*përgjegjësia, dyshimi mbi dikë*).

R'uhepause *f* =, **-n** pushim (*gjatë punës etj.*).

R'uhestand *m* **-(e)s** pension; **in den Ruhestand treten** dal në pension; **in den Ruhestand versetzen** nxjerr në pension.

R'uhestätte *f* = varr.

R'uhestörung *f* =, **-en** prishje e qetësisë.

R'uhetag *m* **-(e)s, -e** ditë pushimi.

r'uhig 1. *a* i qetë; **eine ruhige Gegend** një vend i qetë; **ich habe ein ruhiges Gewissen** e kam ndërgjegjen të qetë; *fig bis* **er schiebt eine ruhige Kugel** ai bën një jetë të qetë; **sei doch endlich einmal ruhig!** pusho de njëherë!; 2. *adv* 1) qetësisht; **er sah ihm ruhig in die Augen** e shikoi i qetë në sy; 2) pa frikë; **du kannst es ihm ruhig sagen** mund t'ia thuash pa frikë.

Ruhm *m* **-(e)s** lavdi; **den Gipfel seines Ruhmes erreichen** arrij kulmin e lavdisë; **unsterblicher Ruhm** lavdi e përjetshme; *iron* **da hast du dich nicht gerade mit Ruhm bedeckt!** këtu ke lënë nam!

r'ühmen 1. *vt* lavdëroj, mburr; **er macht nicht viel Rühmens von seinen Leistungen** ai nuk mburret shumë për sa ka bërë; 2. *vrefl* **sich rühmen (G)** mburrem, lavdërohem (*me diçka*); **ohne mich rühmen zu wollen, darf ich sagen ...** pa dashur të lavdërohem, mund të them ...

R'uhmesblatt *n* : *shpr* **diese Tat ist kein Ruhmesblatt für ihn** ky veprim nuk e nderon.

r'ühmenswert, rühmlich *a* për t'u lavdëruar, i lavdërueshëm (*qëllim etj.*).

r'uhmlos *a* i palavdishëm, pa lavdi.

r'uhmreich *a* i lavdishëm.

r'uhmvoll *a* i lavdishëm.

r'uhmwürdig *a* i lavdërueshëm.

Ruhr *f* = *mjek* dizenteri.

R'ührei *n* **-s, -er** *kuzh* vezë e trazuar (*në tigan*).

r'ühren 1. *vt* 1) lëviz, luaj; *bis* **er hat hierbei keinen Finger gerührt** ai këtu s'ka lëvizur as gishtin; **die Glieder rühren** luaj gjymtyrët; 2) godas; *fig bis* **er stand da wie vom Donner gerührt** ai ngriu (mbeti shtang) si i goditur nga rrufeja; 3) i bie (*daulles etj.*); prek (*telat e një vegle muzikore*); 4) mbruj, ngjesh (*brumin*); 5) trazoj (*një lëng*); 6) *fig* prek, mallëngjej; **ihr Anblick rühr-**

te **mich** pamja e saj më preku; 2. *vi* **(h) (an A)** 1) prek; **rühre nicht daran!** mos e prek!; 2) prek, përmend; **wir wollen nicht daran rühren** nuk do ta përmendim këtë punë; 3) : **sein Leid rührte ihr ans Herz** dhembja e tij e preku në zemër; 3. *vrefl* **sich rühren** 1) lëviz, luaj; *bis* **du mußt dich schon ein bißchen rühren!** duhet të tundesh pak!; **man kann sich hier nicht rühren** këtu s'ka ku të lëvizësh; 2) shqetësohem.

r'ührend *a* prekës, mallëngjyes (*fjalë, pamje etj*).

r'ührig *a* i gjallë, i shkathët.

r'ührselig *a* prekës, mallëngjyes.

R'ührung *f* = mallëngjim, përmallim.

Ru'in *m* **-s** shkatërrim, rrënim; **das ist mein Ruin!** kjo më merr në qafë!

Ru'ine *f* **=, -n** gërmadhë (*e një kështjelle etj.*).

ruin'ieren 1. *vt* shkatërroj, rrënoj (*shëndetin etj.*); marr në qafë; 2. *vrefl* **sich ruinieren** mbaroj, marr fund; **ich bin ruiniert** kam marrë fund.

ruin'ös *a* rrënimtar, shkatërrimtar.

R'ülpser *m* **-s, =** gromësimë.

r'ülpsen *vi* **(h)** *bis* gromësij.

Rum *m* **-s** rum (*pije*).

Rum'äne *m* **-n, -n** rumun.

Rum'änin *f* **=, -nen** rumune.

rum'änisch 1. *a* rumun; 2. *adv* rumanisht.

R'ummel *m* **-s** 1) potere, zhurmë; 2) rrëmujë; 3) pazar, panair; 4) park lojërash.

R'ummelplatz *m* **-es, -plätze** 1) shesh panairi; 2) park lojërash.

rum'oren *vi* **(h)** 1) bëj zhurmë; 2) këndojnë (*zorrët*).

R'umpelkammer *f* **=, -n** qilar (*rraqesh etj.*).

r'umpeln 1. *vi* **(h, s)** 1) rrapëllon (*qerrja etj.*); 2) *bis* këndojnë (*zorrët etj.*); 2. *vt vjet* fërkoj (*plaçkat në dërrasë*).

Rumpf *m* **-(e)s, Rümpfe** 1) *anat* trung; 2) trung, karkasë (*e aeroplanit etj.*).

r'ümpfen *vt* : *shpr* **die Nase rümpfen** rrudh hundët (*me përçmim*).

Rumpsteak [*r'umpstek*] *n* **-s, -s** *kuzh* ramstek.

Run [*ran*] *m* **-s, -s** dyndje (*për të blerë bileta sporti etj.*).

rund 1. *a* 1) i rrumbullakët; **das Kind machte runde Augen** fëmija çakarriti sytë; 2) topolak; **runde Arme** krahë topolakë; 3) i plotë; **eine runde Stunde** një orë të mirë, plot një orë; 4) : *fig bis* **heute ging's wieder einmal rund** edhe sot pati shumë punë; 2. *adv* 1) rreth; **rund um die Welt** rreth botës; **rund um die Uhr** 24 orë rresht; 2) : **rund gerechnet** rrumbullak; 3) : **rund abschlagen** hedh poshtë në mënyrë të prerë.

R'undblick *m* **-(e)s, -e** panoramë.

R'unde *f* **=, -n** 1) rreth (*shokësh etj.*); **in fröhlicher Runde** në shoqëri gazmore; **eine Runde ausgeben** qeras shoqërinë (*që është në tryezë*); **in der Runde singen** këndoj në kor; 2) rrotullim; 3) patrullë; **die Runde machen** a) patrulloj; b) shkon dorë më dorë (*letra etj.*); c) shkon gojë më gojë (*lajmi etj.*); 4) : *fig bis* **das haben wir gut über die Runden gebracht** e kemi mbaruar me sukses këtë punë.

r'unden 1. *vt* rrumbullakoj (*buzët etj.*); 2. *vrefl* : **die Teile runden sich zum Ganzen** pjesët mblidhen për të formuar të tërën.

R'undfahrt *f* **=, -en** shëtitje (*nëpër qytet etj.*).

R'undfunk *m* **-s** 1) radiopërhapje; 2) radio; **den Rundfunk einschal-**

ten, ausschalten hap, mbyll radion.

R'undfunkempfänger *m* **-s, =** radiomarrës.

R'undfunksender *m* **-s, =** 1) radiodhënës; 2) radiostacion.

R'undfunksendung *f* **=, -en** radiotransmetim.

R'undfunkteilnehmer *m* **-s, =** dëgjues i radios.

R'undfunkübertragung *f* **=, -en** radiotransmetim.

R'undgang *m* **-(e)s, -gänge** 1) shëtitje (*nëpër qytet etj.*); 2) patrullim.

r'undheraus *adv bis* 1) (*ndaloj*) në mënyrë të prerë; 2) (*them*) hapur, rrumbullak.

r'undherum *adv* rreth e rrotull.

r'undlich *a* 1) si i rrumbullakët; 2) i plotë, i mbushur, topolak, bullafiq; **eine kleine, rundliche Frau** një grua e vogël topolake.

R'undschau *f* **=, -en** 1) revistë; 2) pasqyrë (*e shtypit etj.*).

R'undschreiben *n* **-s, =** qarkore.

r'undum *adv* rreth e rrotull, përqark, përreth; **es gab rundum nur Felder** rreth e përqark kishte vetëm ara.

r'undumher *sh* **rundum.**

R'undung *f* **=, -en** rrumbullakim; rrumbullakësi.

r'undweg *adv* në mënyrë të prerë.

R'une *f* **=, -n** runë (*shkronjë e alfabetit të gjermanëve të lashtë*).

R'unzel *f* **=, -n** rrudhë (*e fytyrës*); **im Alter bekommt man Runzeln im Gesicht** me kalimin e moshës (në pleqëri) të dalin rrudha në fytyrë.

r'unz(e)lig *a* me rrudha, i rrudhur; **ein runzeliges Gesicht** një fytyrë me rrudha.

r'unzeln 1. *vt* rrudh; **die Stirn runzeln** rrudh ballin; 2. *vi* rrudhem.

R'üpel *m* **-s, =** harbut.

r'üpelhaft *a* trashaman, harbut.

r'upfen *vt* 1) rrjep (*pulën etj.*); 2) shkul (*barin etj.*); 3): **jemanden am Haar rupfen** ia nduk flokët dikujt; 4) *fig bis* rrjep; **ich bin tüchtig gerupft worden** më kanë rrjepur mirë; *fig bis* **ich habe mit dir ein Hühnchen zu rupfen** kam një hesap për të qëruar me ty.

r'uppig *a* 1) i rreckosur, zhelan; 2) harbut.

Ruß *m* **-es** blozë.

R'usse *m* **-n, -n** rus.

R'üssel *m* **-s, =** 1) *zool* feçkë (*e elefantit*); 2) *fig bis* turi.

r'ußen *vi* **(h)** mbushet me blozë; nxihet nga bloza.

r'ußig *a* i nxirë nga bloza.

R'ussin *f* **=, -nen** ruse.

r'ussisch 1. *a* rus; 2. *adv* rusisht.

r'üsten 1. *vt* 1) përgatis; **das Essen rüsten** gatuaj gjellën; 2) : **ein Haus rüsten** vë skelat rreth një shtëpie; 2. *vrefl* **sich rüsten** bëhem gati; **das Städtchen rüstet sich zum Maifest** qyteti i vogël bëhet gati për festën e majit; 3. *vi* **(h)** armatosem.

r'üstig *a* i gjallë, i fortë, i shëndoshë; **er ist noch sehr rüstig für sein Alter** është ende shumë i fortë për moshën që ka.

rustik'al *a* fshatarak.

R'üstkammer *f* **=, -n** *usht* armëtore.

R'üstung *f* **=, -en** 1) armatim, përgatitje për luftë; 2) armaturë (*e kalorësit etj.*).

R'üstungsindustrie *f* **=, -stri/en** industri e luftës, industri e armatimeve.

R'üstzeug *n* **-(e)s** bagazh njohurish (*për një punë*).

R'ute *f* **=, -n** thupër, shufër; **die Rute zu spüren bekommen** ha dru; **jemandem die Rute zu kosten geben** i jap dru dikujt.

Rutsch *m* **-(e)s, -e** 1) shkarje; **einen Rutsch machen** shkas, më shket këmba; 2) *bis* ekskursion.

R'utschbahn *f* **=, -en** rrëshqitëse (*dërrasë etj.*).

r'utschen *vi* **(s)** 1) shkas, rrëshqas; *bis* **das Essen will nicht rutschen** nuk më shkon buka; 2) hiqem zvarrë; **auf den Knien gerutscht kommen** hiqem gjunjazi.

R'utschpartie *f* **=, -ti/en** *bis* rrëshqitje, shkarje.

r'ütteln 1. *vt* 1) shkund, tund; **jemanden aus dem Schlaf rütteln** shkund nga gjumi dikë; **jemanden an den Schultern rütteln** shkund nga supet dikë; 2) sis; **Getreide rütteln** shosh drithë; 2. *vi* **(h)** 1) tundet (*qerrja etj.*); 2) tund krahët (*skifteri etj.*); 3) **(an D)** tund (*derën etj.*); 4) : *fig* **daran ist nicht zu rütteln** kësaj s'ke ç'i bën; *fig bis* **ein gerüttelt Maß von Arbeit** një mal punë.

S

s. = **sieh(e)!** shiko!
S = **Süd(en).**
S. = **Seite** faqe.
Sa. = **Samstag** e shtunë.
s. a. = 1) **siehe auch** shiko edhe ...; 2) **sine anno** pa vit.
Saal *m* **-(e)s, -Säle** sallë; **einen Saal betreten** hyj në një sallë.
Saat *f* =, **-en** *bujq* 1) farë; **die Saat ist aufgegangen** fara ka mbirë; **die Saat bestellen** mbjell, hedh farën; 2) mbjellje; 3) të mbjella; **späte Saat** të vona.
S'aatgut *n* **-(e)s** farë.
S'abbat *m* **-s, -e** sabat (*e shtunë e çifutëve*).
s'abbeln, sabbern *vi* **(h)** *bis* 1) përjargem; 2) *fig bis* dërdëllis; llomotis.
S'abberlätzchen *n* **-s,** = *bis* grykashkë, gushore.
S'äbel *m* **-s,** = shpatë; **den Säbel schwingen, ziehen** vringëlloj, zhvesh shpatën; *fig* **mit dem Säbel rasseln** vringëlloj armët.
Sabot'age [*-zhë*] *f* =, **-n** sabotim.
Saboteur [*sabot'ër*] *m* **-s, -e** sabotator.
sabot'ieren *vt* sabotoj.
Sacchar'in *n* **-s** *kim* sakarinë.
s'achdienlich *a* i duhur; përkatës (*pyetje etj.*).
S'ache *f* =, **-en** 1) send, gjë; **man muß dabei verschiedene Sachen berücksichtigen** këtu duhen marrë parasysh shumë gjëra; 2) punë; **das ist meine Sache!** kjo është puna ime!; **die Sache macht sich nicht bezahlt** nuk ia vlen t'ia hysh kësaj pune; **die Sache ist die, daß ...** puna është se ...; **es ist keine große Sache** nuk është punë e madhe; *bis* **das ist so eine Sache** kjo është punë e vështirë; *bis* **die Sache soll morgen steigen** puna do të bëhet nesër; *fig bis* **die Sache muß ich erst überschlafen** do ta mendoj me rehat këtë punë; **mit jemandem gemeinsame Sache machen** lidhem, bëhem me dikë; *iron* **das sind ja nette Sachen!** punë e bukur fort!; *bis* **das ist seine Sache!** ta nxjerrë vetë qimen nga qulli!; 3) çështje; **im Dienst der großen Sache der Demokratie stehen** i shërbej çështjes së madhe të demokracisë; **das ist eine Sache der Erziehung, des Taktes** kjo është çështje edukate, takti; **die Sache ist für mich erledigt** për mua kjo çështje ka marrë fund; **eine Sache verfolgen** ndjek një çështje; **die Sache liegt so: ...** çështja qëndron kështu: ...; 4) *pl* gjëra (*për të ngrënë*); **es gab gute Sachen zu essen** kishte gjëra të mira për të ngrënë; 5) *pl* rroba, tesha; **jemandem aus den Sachen helfen** ndihmoj dikë të zhvishet; 6) *pl* plaçka, sende; **deine Sachen kannst du in dieses Fach legen** plaçkat e tua mund t'i fusësh në këtë sirtar; **alte Sachen** rraqe, rrangulla; 7) detyrë; **er macht seine Sache** ai (i) mbaron punë(t); 8) temë; **zur Sache!** mos dil nga tema! bjeri drejt!; **das gehört nicht zur Sache** kjo është jashtë temës; **der Name tut nichts zur Sache** emri s'ka rëndësi.
S'ächelchen *n* **-s,** = *bis* 1) gjë e vogël; 2) *vetëm pl* store; **ja, das sind Sächelchen!** këto janë store!
S'achgebiet *n* **-(e)s, -e** fushë, lëmë (*e një shkence etj.*).
s'achgemäß 1. *a* 1) me vend, i përshtatshëm; 2) i arsyeshëm; 2. *adv* me vend, në mënyrë të përshtatshme, të arsyeshme.

S'achkatalog *m* **-s, -e** katalog sipas lëndës.
S'achkenntnis *f* = 1) njohje e çështjes, e lëndës; **sein Urteil verrät Sachkenntnis** gjykimi i tij dëshmon se ai e njeh çështjen; 2) kompetencë.
s'achkundig *a* 1) njohës i lëndës; 2) kompetent.
S'achlage *f* = gjendje (*në një çast të dhënë*).
s'achlich 1. *a* 1) konkret, faktik; **sachliche Angaben** të dhëna konkrete 2) real; 3) objektiv; **sachliche Gründe** arsye objektive; 2. *adv* 1) konkretisht, praktikisht; 2) objektivisht.
S'achlichkeit *f* = 1) konkretësi; 2) objektivitet.
s'ächlich *a gram* asnjanës, i gjinisë asnjanjëse; **männliche, weibliche und sächliche Substantive** emra mashkullorë, femërorë dhe asnjanës.
S'achregister *n* **-s,** = pasqyrë e lëndës.
S'achschaden *m* **-s, -schäden** *drejt* dëm material; **es entstand nur geringer Sachschaden** pati vetëm pak dëm material.
S'achse *m* **-n, -n** sakson.
sacht 1. *a* i lehtë; i kujdesshëm; **mit sachter Hand** me dorë të lehtë; 2. *adv* 1) lehtë; 2) me ngadalë; **nur sacht!** mos u ngut!; 3) pa zhurmë; **sich sacht näherkommen** afrohem pa u ndier.
S'achverhalt *m* **-(e)s** *sh* **Sachlage.**
s'achverständig 1. *a* që merr vesh (*nga një punë etj.*); kompetent; 2. *adv* me kompetencë, si ekspert.
S'achverständige *m, f* **-n, -n** *drejt* ekspert (*në një çështje*).
Sack *m* **-(e)s, Säcke** 1) thes; **drei Sack Kaffee, Mehl, Reis** tre thasë kafe, miell, oriz; **hier stehen noch drei Säcke** këtu ka edhe tre thasë; **einen Sack ausschütten** shkund, zbras thesin; *fig bis* **jemanden in den Sack stecken** fus dikë në thes; *fig bis* **so ein fauler Sack** një kokërr dembeli; *fig bis* **mit Sack und Pack** me laçkë e me plaçkë; *shpr* **den Sack schlägt man, und den Esel meint man** i bie pragut që të dëgjojë dera; 2) *krahin* xhep.
S'äckel *m dhe n* **-s,** = *krahin* kuletë.
S'ackgasse *f* =, **-n** rrugë pa krye, qorrsokak; *fig* **in eine Sackgasse geraten** hyj në një rrugë pa krye.
S'ackhüpfen *n* **-s** vrapim me thes (*lojë*).
Sad'ismus *m* =, **Sadismen** 1) *vetëm sing* sadizëm; 2) veprime sadiste.
Sad'ist *m* **-en, -en** sadist.
sad'istisch *a* sadist (*njeri*).
s'äen* *vt, vi* **(h)** 1) mbjell; 2) *fig* mbjell (*përçarje etj.*); *prov* **was der Mensch sä(e)t, das wird er ernten** ç'të mbjellësh do të korrësh.
Saf'ari *f* =, **-s** ekspeditë (*gjahu etj.*) në Afrikë.
Safe [*sejf*] *m* **-s, -s** kasafortë.
S'affian *m* **-s** saftjan.
S'afran *m* **-s** *bot* shafran.
Saft *m* **-(e)s, Säfte** 1) lëng (*frutash etj.*); 2) forcë; **ohne Saft und Kraft** a) pa forcë e pa energji; b) pa ngjyrë (*tregim etj.*); 3) : *bis* **roter Saft** gjak.
s'aftig *a* 1) me lëng, i lëngshëm; 2) *fig* plot forcë; 3) *fig bis* i ndyrë, i fëlliqur (*tregim etj.*); 3) *fig bis* i kripur (*llogari etj.*).
s'aftlos *a* 1) pa lëng, i thatë; 2) *fig* i pafuqishëm; **saft- und kraftlos** pa fuqi e pa energji.
S'age *f* =, **-n** 1) sagë, legjendë, gojëdhënë; **Sagen eines Volkes** gojëdhëna të një populli; 2) : **es geht die Sage, daß ...** thuhet se ...
S'äge *f* =, **-n** *tek* sharrë.

S'ägeblatt *n* **-(e)s, -blätter** fletë sharre.
S'ägebock *m* **-(e)s, -böcke** këmbalec (*për të sharruar dru*).
S'ägemehl *n* **-s** pluhur sharre.
s'agen 1. *vt* them; **das ließ er sich nicht zweimal sagen** nuk priti t'ia thoshin dy herë; **sich etwas sagen, bei sich etwas sagen** them me vete; **das will schon etwas sagen!** kjo është diçka!; **ach, sag das nicht!** mos e thuaj atë fjalë!; **sagen wir, um vier Uhr** të themi, aty nga ora katër; **ich sage, wie's ist** them atë që është; **ich habe mir sagen lassen, daß ...** kam mësuar se ...; **er will sich nichts sagen lassen** ai s'do të marrë vesh; **das muß man schon sagen** kjo duhet pohuar; **das ist schnell gesagt** (kjo është) një fjalë goje; **damit ist nicht gesagt, daß ...** nuk është e thënë që ...; **man sagt** thonë, thuhet; **jemandem Dank sagen** falënderoj dikë; **sie sagen du zueinander** ata i flasin me ti njëri-tjetrit; **was man auch sagen mag** sidoqoftë; 2. *vi* **(h) wenn ich so sagen darf** në qoftë se mund të shprehem kështu; **gesagt - getan** një të thënë, një të bërë; **kurz gesagt** që t'i biem shkurt; **unter uns gesagt** që ta themi midis nesh; **nebenbei gesagt** ndër të tjera; **wie gesagt** siç u tha më parë.
s'ägen 1. *vt* sharroj; 2. *vi* **(h)** *bis* gërhas.
s'agenhaft *a* 1) legjendar; 2) *fig bis* përrallor (*çmim etj.*); që s'merret dot me mend (*rrëmujë etj.*).
S'ägespäne *pl* pluhur sharre.
S'ägewerk *n* **-s, -e** sharra (*ndërmarrje*).
sah *sh* **sehen.**
S'ahne *f* = ajkë (*e qumështit*); ajkë e rrahur.
Saison [*sez'ô*] *f* **=, -s** sezon (*i koncerteve, i plazhit etj.*); **die Saison ist eröffnet, geht zu Ende** sezoni është hapur, po mbyllet; **es ist jetzt keine Saison für diese Artikel** tani nuk është sezoni, stina për këta artikuj.
S'aite *f* **=, -n** tel, kordë (*vegle muzikore*); *fig* **andere Saiten aufziehen** marr tjetër ton, ndryshoj taktikën; *fig* **eine Saite anschlagen** prek një tel; *fig* **die Saiten zu hoch spannen** pretendoj shumë, e vras lart; *fig* **die rechten Saiten berühren** prek atje ku dhemb.
S'aiteninstrument *n* **-(e)s, -e** *muz* vegël me tela.
S'akko *m dhe n* **-s, -s** xhaketë sportive.
sakr'al *a* i shenjtë; fetar; kishtar.
Sakram'ent 1. *n* **-(e)s, -e** 1) sakrament; 2. *int bis* zot i madh!
Sakril'eg *n* **-s, -e** sakrilegj.
Sakrist'ei *f* **=, -en** *fet* sakristi.
säkularis'ieren *vt* shekullarizoj.
Säkularis'ierung *f* **=, -en** shekullarizim.
Salam'ander *m* **-s, -** *zool* pikëlore, salamandër.
Sal'ami *f* **=, -(s)** sallam.
Sal'är *n* **-s, -e** rrogë.
Sal'at *m* **-(e)s, -e** sallatë; **gemischter Salat** sallatë e përzier; **grüner Salat** sallatë jeshile.
salb'adern *vi* **(h)** llomotis, dërdëllis.
S'albe *f* **=, -n** pomadë, melhem.
Salb'ei *f* = *bot* sherebelë.
s'alben *vt* 1) lyej me pomadë, me melhem, me krem etj.; 2) dorëzoj, shuguroj (*prift etj.*).
S'albung *f* **=, -en** 1) lyerje me pomadë etj.; 2) shugurim.
s'albungsvoll *a* i shtirë.
sald'ieren *vt ek* 1) barazoj; mbyll (*një llogari*); 2) vërtetoj pagesën (*e një fature etj.*).
S'aldo *m* **-s, -s** *ek* saldo.

Sal'ine *f* =, **-n** kripore.
Salm *m* **-(e)s, -e** *zool* salmon (*peshk*).
S'almiak *m* **-s** *kim* nishadër, klorur amoni.
S'almiakgeist *m* **-es** *kim* hidroksid amoni.
salom'onisch *a* shumë i urtë, shumë i mençur.
Salon [*zal'ô*] *m* **-s, -e** 1) sallon; 2) sallon mode *etj.*
salonfähig [*zal'ô...*] *a* që mund të dalë, të bëhet, të thuhet në shoqëri.
sal'opp *a* i shkujdesur, i çrregullt (*në të veshur, të folur etj.*).
Salp'eter *m* **-s** *kim* salnitër.
Salp'etersäure *f* = *kim* acid nitrik.
S'alto *m* **-s, -s** salto (*në ujë etj.*).
Sal'ut *m* **-s, -s** breshëri (*përshëndetje me të shtëna*).
salut'ieren *vi* **(h) (D)** nderoj, përshëndes ushtarakisht (*dikë*).
S'alve [*-vë*] *f* =, **-n** batare.
Salz *n* **-es, -e** 1) kripë; **Salz und Brot** bukë e kripë; **eine Prise Salz** një piskë kripë; **in Salz legen** krip (*mishin, peshkun etj.*); *bis* **nicht das Salz zum Brot haben** s'kam ç'të më hajë miu pas darke; 2) *fig* kripë, lezet; **das Salz der Ironie** thumbi i ironisë; **das ist ohne Salz** kjo është pa kripë.
S'alzbergwerk *n* **-(e)s -e** minierë kripe.
s'alzen *vt* 1) krip, i hedh kripë (*gjellës etj.*); 2) *fig* : **gesalzene Preise** çmime të kripura; **ein gesalzener Witz** një shaka me kripë.
S'alzfaß *n* **-sses, -fässer** kripore (*enë*).
S'alzfleisch *n* **-es** mish i kripur.
s'alzhaltig *a* i kripur, që përmban kripë.
s'alzig *a* i njelmët; **es hat einen salzigen Geschmack** ka një shije të njelmët.
S'alzlake *f* =, **-n** shëllirë.
S'alzsäule *f* : *shpr* **zur Salzsäule erstarren** shtang në vend.
S'alzsäure *f* = acid klorhidrik.
S'alzwasser *n* **-s,** = 1) ujë i kripur; 2) ujë i njelmët (*i detit*).
S'ämann *m* **-(e)s, -männer** *bujq* mbjellës.
S'ämaschine *f* =, **-n** *bujq* makinë mbjellëse.
S'amen *m* **-s,** = 1) *bot* farë; **der Samen geht auf, treibt** mbin fara; *fig* **der Samen der Zwietracht** fara e përçarjes; 2) *biol* farë (*e mashkullit*).
s'ämig *a* i trashë (*supë etj.*).
S'ämischleder *n* **-s** kamosh (*lëkurë*).
S'ammelbecken *n* **-s,** = pellg ujëmbledhës.
s'ammeln 1. *vt* 1) mbledh; **Holz, Pilze sammeln** mbledh dru, kërpudha; 2) mbledh, koleksionoj (*pulla poste, monedha etj.*); 3) *fig* fitoj (*përvojë etj.*); 4) : **gesammelte Werke** përmbledhje e veprave (*të një shkrimtari etj.*); 2. *vrefl* **sich sammeln** 1) mblidhet (*turma etj.*); 2) *fig* përqendrohem; **er machte einen sehr gesammelten Eindruck** ai dukej shumë i përqendruar.
S'ammelort *m* **-(e)s, -e** vend mbledhjeje, grumbullimi, përqëndrimi.
S'ammelplatz *m* **-es, plätze** *sh* **Sammelort.**
S'ammelpunkt *m* **-(e)s, -e** *sh* **Sammelort.**
Sammels'urium *n* **-s, -ri/en** *bis* mishmash, rrëmujë, pështjellim (*gjërash të ndryshme etj.*).
S'ammlung *f* =, **-en** 1) mbledhje; 2) përmbledhje (*vjershash etj.*); 3) koleksion (*monedhash të vjetra etj.*); 4) ekspozitë (*pikturash etj.*); 5) mbledhje (*e redaksisë etj.*); 6) përqendrim (*i mendimeve etj.*); **keine Zeit zur Sammlung haben** s'kam kohë të përqendrohem.

S'amstag *m* **-s, -e** e shtunë.
samt 1. *präp* (D) bashkë me, me gjithë; **das Haus samt allem Zubehör** shtëpia me të gjitha pajisjet; 2. *adv* : **samt und sonders** të gjithë pa përjashtim, që të gjithë.
Samt *m* **-(e)s** kadife; **wie Samt** i butë si kadife; *fig* **sich in Samt und Seide kleiden** vishem punë e madhe.
s'amtartig *a* i butë si kadife.
S'amthandschuh *m* **-s, -e** dorezë e kadifenjtë.
s'amtig *a* i kadifenjtë, i butë si kadife.
s'ämtlich *a* të gjithë, të tërë; **ich habe sämtliche Aufträge erledigt** i kam kryer të gjitha porositë; **Goethes sämtliche Werke** veprat e plota të Gëtes.
s'amtweich *a* i butë si kadife, i kadifenjtë.
Sanat'orium *n* **-s, Sanatori/en** sanatorium.
Sand *m* **-(e)s** rërë; *fig bis* **Sand ackern, pflügen** mih në ujë; *fig* **auf Sand bauen** ndërtoj mbi rërë; *fig* **auf Sand geraten** ngec; *fig* **wie Sand am Meer** si mizat e dheut; *fig bis* **jemandem Sand in die Augen streuen** i hedh hi syve dikujt.
S'andbank *f* **=, -bänke** stom rëre; **auf eine Sandbank geraten** ngec në rërë (*anija*).
s'andig *a* 1) ranor, me rërë; 2) si rërë; 3) e mbushur me rërë (*këpucë*).
S'andkasten *m* **-s, -kästen** arkë me rërë (*për të luajtur fëmijët*).
S'andmann *m* **-(e)s** qorri (*gjumi*).
S'andpapier *n* **-s, -e** letër smeril.
S'andsack *m* **-(e)s, -säcke** thes me rërë.
S'andstein *m* **-(e)s, -e** shtuf.
s'andte *sh* **senden.**
S'anduhr *f* **=, -en** orë me rërë.
Sandwich [*z'endviç*] *n* **-(s), -es** sendviç.
sanft 1. *a* 1) i lehtë; **mit sanfter Hand** me dorë të lehtë; 2) i butë (*shi, jastëk, zë, ngjyrë etj.*); **eine sanfte Steigung** një e përpjetë e butë; 3) i butë, i urtë; *bis* **etwas auf die sanfte Tour erreichen** arrij diçka urtë e butë; 2. *adv* 1) lehtë; 2) qetësisht; **ruhe sanft!** pushofsh në paqë!
S'änfte *f* **=, -n** bartinë.
S'anftmut *f* **=** butësi, urtësi, zemërbutësi.
s'anftmütig *a* i butë, zemërbutë.
sang *sh* **singen.**
Sang *m* **-(e)s, Sänge** këngë; *fig bis* **ohne Sang und Klang** pa zhurmë, pa bujë.
S'änger *m* **-s, =** këngëtar; *fig* **die Sänger des Waldes** zogjtë.
S'ängerin *f* **=, -nen** këngëtare.
Sangu'iniker *m* **-s, =** sanguin (*njeri*).
sangu'inisch *a* sanguin (*karakter*).
san'ieren 1. *vt* 1) krijoj kushte higjienike në (*një qytet etj.*); 2) dezinfektoj; 3) : *fig* **einen Betrieb sanieren** rimëkëmb një ndërmarrje; 2. *vrefl bis* **sich sanieren** i bie qarit.
sanit'är *a* sanitar, shëndetësor.
Sanit'ät *f* **=** shëndetësi.
Sanit'äter *m* **-s =** sanitar.
sank *sh* **sinken.**
Sankti'on *f* **=, -en** 1) sanksionim, miratim; 2) *pl* sanksione (*politike, ekonomike etj.*).
sankti'on'ieren *vt* miratoj, sanksionoj.
sann *sh* **sinnen.**
S'aphir *m* **-s, -e** 1) safir (*gur i çmuar*); 2) safir (*gjilpërë gramafoni*).
Sard'elle *f* **=, -n** *zool* sardele.
Sard'ine *f* **=, -n** *zool* sardinë.
Sarg *m* **-(e)s, Särge** qivur, arkivol; *fig bis* **du bist ein Nagel zu mei-**

nem Sarg ti do të më shpiesh në varr.

Sark'asmus *m* =, **-men** sarkazëm.

sark'astisch *a* sarkastik.

Sarkoph'ag *m* **-(e)s, -e** sarkofag.

saß *sh* **sitzen.**

S'atan *m* **-s, -e** djall.

sat'anisch *a* djallëzor.

Satell'it *m* **-en, -en** satelit.

Satell'itenstaat *m* **-(e)s, -en** (*shtet*) satelit.

Satin [*zat'ê*] *m* **-s, -s** saten.

Sat'ire *f* =, **-n** satirë.

sat'irisch *a* satirik.

satt *a* 1) i ngopur, i nginjur; **sich satt essen** ha sa ngopem; **satt werden** ngopem, nginjem; 2) : **ein sattes Lächeln** një buzëqeshje vetëkënaqësie; *bis* **etwas satt bekommen** më mërzitet diçka; **ich habe es, bin es satt, ihn immer wieder zu ermahnen** u mërzita duke e qortuar gjithnjë; 3) : **ein sattes Grün** ngjyrë e blertë e thellë.

S'attel *m* **-s, Sättel** 1) shalë (*kali, biçiklete etj.*); **aus dem Sattel heben** rrëzoj nga shala (*edhe fig*); *fig bis* **er könnte sich im Sattel halten** ai mundi t'u qëndronte gjithë sulmeve; *fig bis* **jemandem in den Sattel helfen** ndihmoj dikë të ngrihet; **sich in den Sattel schwingen** hidhem në shalë; *fig* **er ist in allen Sätteln gerecht** atij i vjen ndoresh çdo punë; 2) samar; 3) *gjeogr* qafë mali.

S'atteldecke *f* =, **-n** mutaf.

s'attelfest *a* 1) që rri mirë në shalë; 2) *fig* i stërvitur, i përgatitur; i rrahur (*në një fushë etj.*).

S'attelgurt *m* **-(e)s, -e** nënbarkëz, qingël.

s'atteln 1. *vt* shaloj, i vë shalën, samarin (*kalit etj.*); 2. *vrefl* **sich satteln** *fig bis* bëhem gati (*për një provim etj.*).

s'ättigen 1. *vt* 1) ngop, nginj; *fig* **der Markt ist mit Waren gesättigt** tregu është ngopur me mallra; 2) *kim* ngop, nginj (*një solucion etj.*); 2. *vrefl* **sich sättigen (an, mit, von D)** ngopem, nginjem (*me një gjellë etj.*).

S'attler *m* **-s,** = saraç.

Sattler'ei *f* = 1) zanat i saraçit; 2) *pl* **-en** punishte e saraçit.

s'attsam *adv* mjaft; **das ist doch sattsam besprochen** është folur mjaft për këtë.

satur'ieren *vt* kënaq, ia plotësoj kërkesat (*dikujt*).

Satz *m* **-es, Sätze** 1) *gram* fjali; 2) *muz* kohë; 3) tezë; 4) kërcim, hop; 5) *kim* fundërresë, fundërrinë (*e kafes etj.*); 6) seri (*pullash poste etj.*); 7) komplet (*çaji etj.*); 8) *poligr* radhitje; 9) *treg* tarifë (*për një shërbim etj.*); 10) *sport* set.

S'atzlehre *f* = sintaksë.

S'atzung *f* =, **-en** statut, rregullore (*e një shoqate etj.*).

s'atzungsgemäß 1. *a* që është sipas rregullores; 2. *adv* sipas rregullores.

S'atzzeichen *n* **-s,** = *gram* shenjë pikësimi.

Sau *f* =, **Säue** 1) *zool* dosë; *fig vulg* **das ist unter aller Sau** kjo është për faqe të zezë; *fig vulg* **jemanden zur Sau machen** bëj dikë për dy pare; *fig bis* **etwas zur Sau machen** bëj diçka për dreq; 2) *fig bis* qelbanik, qelbash; 3) *pl* **-en** *zool* derr i egër.

S'auarbeit *f* =, **en** *bis* punë e ndyrë, e keqe, e lodhshme.

s'auber *a* 1) i pastër; 2) *fig* i dëlirë, i ndershëm; 3) i kujdesshëm (*punë etj.*); 4) *iron* i bukur; **das ist mir ein sauberer Freund!** mik i bukur fort!

S'auberkeit *f* = pastërti.

s'äuberlich *adv* 1) pastër, bukur, në rregull; 2) me kujdes.

s'aubermachen *vt ndash* pastroj.

S'äuberung *f* =, **-en** 1) pastrim; 2) *fig* spastrim.

S'aubohne *f* =, **-n** *bot* bathë.

Sauce [*z'osë*] *f* =, **-n** *sh* **Soße.**

s'audumm *a vulg* budalla me brirë; prej budallai (*pyetje etj.*).

s'auer *a* 1) i thartë, i athët; **saure Gurken** tranguj turshi; **saure Milch** kos; **saurer Regen** shi i ndotur me acide; 2) i vrenjtur, i zymtë, i ngrysur; *fig bis* **eine saure Miene machen** thartoj turinjtë; 3) i vështirë, i rëndë; *fig bis* **das habe ich mir sauer erworben** këtë e kam fituar me shumë djersë; *bis* **der Motor ist sauer** motori ka defekt.

S'auerampfer *m* **-s,** = *bot* lëpjetë.

Sauer'ei *f* =, **-en** *vulg* 1) fëlliqësi (*edhe fig*); 2) poshtërsi.

S'auerkirsche *f* =, **-n** *bot* lloj vishnjeje.

S'auerkraut *n* **-(e)s** lakër turshi.

s'äuerlich *a* 1) thartosh; 2) *fig* i thartë (*shprehje e fytyrës etj.*).

S'auermilch *f* = kos.

s'äuern 1. *vt* thartoj; 2. *vi* **(h, s)** thartohet.

S'auerstoff *m* **-s** *kim* oksigjen.

S'auerteig *m* **-(e)s** farë, maja, tharm.

S'aufbruder *m* **-s, -brüder** *vulg* pijanec, pijanik.

s'aufen* *vt, vi* **(h)** 1) pi (*kafsha*); **dem Vieh zu saufen geben** i jap bagëtisë për të pirë; 2) *vulg* pi; **er säuft alle unter den Tisch** ai e mban shumë mirë pijen.

S'äufer *m* **-s,** = pijanec.

Saufer'ei *f* =, **-en** *vulg* 1) *vetëm sing* pije (*ves*); **die Sauferei hat ihn ins Grab gebracht** pija e ka çuar në varr; 2) pije, e pirë.

s'augen* *vt, vi* **(h)** 1) thith; **die Bienen saugen Honig aus den Blüten** bletët thithin nektar nga lulet; **an der Pfeife saugen** thith llullën; **der Säugling saugt Milch aus der Brust** foshnja thith qumësht nga gjiri; 2) : *fig bis* **das hat er sich aus den Fingern gesogen** këtë ai e ka shpikur nga mendja.

s'äugen *vt* i jap gji (*foshnjës*).

S'äugetier *n* **-s, -e** *zool* gjitar.

S'äugling *m* **-s, -e** foshnjë gjiri.

S'äule *f* =, **-n** 1) *ark* shtyllë, kolonë; **das Dach ruht auf Säulen** çatia mbështetet në shtylla; 2) *fig* shtyllë; **er ist eine Säule der Wissenschaft** ai është një shtyllë e shkencës.

S'äulengang *m* **-(e)s, -gänge** *ark* harkatë, kolonadë.

S'äulenhalle *f* =, **-n** *ark* 1) portik; 2) sallë me kolona.

S'äulenkopf *m* **-(e)s, -köpfe** *ark* kapitel.

Saum *m* **-(e)s, Säume** 1) kind, palë (*e fustanit etj.*); 2) bordurë (*e trikos etj.*); 3) buzë (*e lumit, e bregut etj.*); 4) rrëzë (*e pyllit etj.*).

s'aumäßig *a bis vulg* 1) për faqe të zezë, shumë i keq (*mot etj.*); 2) : **er hat saumäßiges Glück gehabt** ai ka patur një derr fati.

s'äumen I *vt* 1) qep palën (*e pantallonave etj.*); 2) rrethoj (*me gardh etj.*); *fig* **die Straße war von Menschen gesäumt** buzë rrugës qëndronin njerëz; 3) shkurtoj, pres (*një dërrasë*).

s'äumen II *vi* **(h)** 1) vonoj; 2) ngurroj; 3) mbetem pas.

s'äumig *a* 1) i vonuar (*me pagesat etj.*); i ngadaltë; i plogët; 2) i çrregullt; i pakujdesshëm.

S'äumigkeit *f* = 1) ngadalësi; plogështi; 2) pakujdesi.

s'aumselig *a* 1) i ngadalshëm, i plogët; 2) shkatarraq.

S'aumseligkeit *f* = 1) ngadalësi; plogështi 2) pakujdesi.
S'aumtier *n* **-(e)s, -e** kafshë barre.
S'auna *f* =, **-s** saunë (*banjë me avull*).
S'äure *f* =, **-en** 1) *kim* acid; 2) thartirë (*e uthullës, e stomakut etj.*).
Saureg'urkenzeit *f* =, **-en** *bis shak* amulli e stinës së verës (*në gazetari, tregti, politikë etj.*).
S'aurier *m* **-s,** = saurian (*dinozaur etj.*).
Saus *m* : *shpr bis* **in Saus und Braus leben** rroj për shtatë palë qejfe.
s'äuseln *vi* **(h)** 1) fëshfërin (*era etj.*); 2) pëshpëris.
s'ausen *vi* 1) **(h)** fërshëllej; **der Wind saust in den Blättern** era fërshëllen ndër gjethe; **es saust mir in den Ohren** më fërshëllejnë, më ziejnë veshët; 2) **(s)** kaloj me shpejtësi; **das Auto sauste um die Ecke** makina mori kthesën me vrull; 3) **(h)** shkumëzon (*vera e re*); 4) : *fig bis* **durchs Examen sausen** rrëzohem në provim.
S'austall *m* **-s, -ställe** thark, stallë, kotec derrash (*edhe fig*).
s'auwohl *adv vulg* si s'ka më mirë.
Saxoph'on *n* **-s, -e** *muz* saksofon.
S'auwetter *n* **-s** *vulg* mot i keq.
Sch'abe *f* =, **-n** *ent* bumballë.
sch'aben *vt* 1) kruaj (*me rashinë, thikë etj.*); 2) grij në rende.
Sch'aber *m* **-s,** = kruese, rashinë.
Sch'abernack *m* **-s, -e** rreng.
sch'äbig *a* 1) i përdorur (*kostum etj.*); 2) i mjerueshëm; 3) doreshtrënguar; 4) zemërngushtë, shpirtvogël; **das war schäbig von ihm** ai u tregua i vogël.
Sch'äbigkeit *f* = 1) koprraci; 2) shpirtvogëlsi, zemërngushtësi.
Schabl'one *f* =, **-n** shabllon.
schabl'onenhaft *a* (si) shabllon (*punë etj.*).
Schabr'acke *f* =, **-n** mutaf.
Schach *m* **-s** shah (*lojë*); **Schach bieten** jap shah; **jemanden in Schach halten** s'e lë të luajë dikë.
Sch'achbrett *n* **-(e)s, -er** dërrasë shahu.
Sch'acher *m* **-s** allishverish.
sch'achern *vi* **(h) (mit D)** bëj matrapazllëk (*me diçka*).
schachm'att *pasth* shahmat.
Sch'achmeisterschaft *f* = kampionat i shahut.
Sch'achpartie *f* =, **-n** lojë shahu.
Sch'achspiel *n* **-(e)s, -e** lojë e shahut.
Schacht *m* **-(e)s, Schächte** 1) pus; 2) pus (*miniere, ashensori etj.*).
Sch'achtel *f* =, **-n** kuti; *fig bis* **alte Schachtel** shtrigë (*grua*).
Sch'achzug *m* **-(e)s, -züge** lëvizje shahu.
sch'ade *a* për të ardhur keq; **es ist schade!** (më) vjen keq!; **wie schade!** sa keq!; **nur schade, daß ...** (më) vjen keq vetëm që ...; **um den ist es nicht schade** për atë nuk (më) vjen keq; **dazu bin ich mir zu schade** nuk e bëj veten për kaq gjë; **es ist zu schade zum Wegwerfen** është gjynah ta hedhësh tutje.
Sch'ädel *m* **-s,** = 1) *anat* kafkë; 2) *bis* kokë, rradake; **mir brummt der Schädel** më zien koka; *fig* **den Schädel einrennen** thyej kokën; **sich (D) den Schädel zermartern** vras mendjen; *fig* **er hat sich (D) das in den Schädel gesetzt** i ka hipur në kokë; **kahler Schädel** tullë.
sch'aden *vi* **(h)** dëmtoj, bëj dëm; **du wirst dir damit selbst schaden** me këtë i bën dëm vetes; **das schadet nichts** kjo s'prish punë; **das schadet ihm gar nichts** mirë i bëhet, mirë e ka.
Sch'aden *m* **-s, Schäden** 1) dëm; **Schaden anrichten, erleiden, ver-**

ursachen bëj, pësoj, shkaktoj dëm; **den Schaden ersetzen** vë në vend dëmin; **Schaden nehmen an seiner Gesundheit** dëmtoj shëndetin; *prov* **durch Schaden wird man klug** pësimi bëhet mësim; **es ist dein eigener Schaden, wenn du ...** për vete e ke, në qoftë se ...; **zu Schaden kommen** pësoj dëm, dëmtohem; *prov* **zum Schaden auch noch den Spott haben** le kali që na ngordhi, po s'na lenë as mizat; 2) humbje; **mit Schaden verkaufen** shes me humbje; 3) dëmtim (*në trup etj.*).

Sch'adenersatz *m* **-es** zhdëmtim.

Sch'adenfreude *f* = keqdashje, shpirtligësi, zemërligësi.

sch'adenfroh *a* dashakeq, shpirtlig, zemërkeq.

sch'adhaft *a* 1) i dëmtuar; 2) i prishur (*dhëmb etj.*); 3) i kalbur (*tra etj.*).

sch'ädigen *vt* dëmtoj, bëj dëm; **schädigende Einflüsse** ndikime të dëmshme.

Sch'ädigung *f* =, **-en** dëmtim.

sch'ädlich *a* i dëmshëm; **Nikotin ist schädlich für die Nerven** nikotina është e dëmshme për nervat.

Sch'ädlichkeit *f* = dëm (*i duhanit etj.*).

Sch'ädling *m* **-s, -e** 1) dëmtues; 2) *bujq* dëmtues; 3) *pol* sabotator.

sch'adlos *a* i padëmtuar, pa dëm; **schadlos davonkommen** shpëtoj pa pësuar gjë; *shpr* **sich schadlos halten an jemandem oder etwas** zhdëmtohem në kurriz të dikujt ose me diçka.

Schaf *n* **-(e)s, -e** *zool* dele; **das Schaf blökt** delja blegërin; *fig* **die Schafe von den Böcken scheiden** ndaj grurin nga egjra; *prov* **wer sich zum Schaf macht, den fressen die Wölfe** kush bëhet dele, e ha ujku; *fig bis* **dummes Schaf** budalla; *prov* **ein räudiges Schaf steckt die Herde an** një hu i shtrembër prish gjithë gardhin.

Sch'afbock *m* **-(e)s, -böcke** *zool* dash.

Sch'äfchenwolke *f* =, **-n** re puplore.

Sch'äfer *m* **-s,** = bari dhensh.

Sch'äferhund *m* **-(e)s, -e** *zool* qen-ujk.

Sch'äferin *f* =, **-nen** bareshë dhensh.

sch'affen* I *vt* 1) krijoj; themeloj; 2) hartoj (*një vepër artistik etj.*).

sch'affen II 1. *vt* 1) bëj, ia dal mbanë (*një pune etj.*); **der Kranke konnte die paar Schritte nicht schaffen** i sëmuri nuk ishte i zoti të bënte as dy hapa; **ich habe damit nichts zu schaffen** s'kam të bëj me këtë; **was hast du mit ihm zu schaffen?** ç'punë ke me të?; **ich möchte mit ihm nichts mehr zu schaffen haben** nuk dua të kem më punë me të; 2) bie, sjell; **schaff ihn mir sofort zur Stelle!** ma sill këtu menjëherë!; 3) gjej; **etwas zu essen schaffen** gjej diçka për të ngrënë; 4) heq, shporr, mënjanoj; **das schafft die Tatsache nicht aus der Welt, daß ...** kjo nuk e mohon faktin se ...; **den Irrtum aus der Welt schaffen** zhduk keqkuptimin; **sich (D) jemanden vom Halse schaffen** heq qafe dikë; **etwas beiseite schaffen** heq diçka mënjanë; 5) vë, vendos; **Ordnung schaffen** vë rregull; **Ruhe schaffen** vendos qetësinë; **jemandem Freude schaffen** gëzoj dikë; 2. *vt* **(h)** 1) punoj; **auf dem Felde schaffen** punoj në arë; **jemandem viel zu schaffen machen** i hap shumë punë (telashe etj.) dikujt; **sich zu schaffen machen (an D)** merrem (*me diçka*).

Sch'affen *n* **-s** veprimtari, krijimtari; vepër.
Sch'affensfreude *f* = hov, vrull në punë.
Sch'affenskraft *f* = forcë krijuese (*e një shkrimtari etj.*).
Sch'affner *m* **-s,** = faturino, shoqërues (*treni, autobusi etj.*).
Sch'afgarbe *f* =, **-n** *bot* bar pezmi.
Sch'äflein *n* **-s,** = qengj.
Schaf'ott *n* **-s, -e** *hist* podium ekzekutimi.
Sch'afskopf *m* **-s, -köpfe** *fig bis* budalla
Sch'afspelz *m* **-es, -e** lëkurë deleje; *shpr* **er ist ein Wolf im Schafspelz** ai është ujk me lëkurë qengji.
Schaft *m* **-(e)s, Schäfte** 1) bosht (*timoni etj.*); 2) qytë (*pushke*); 3) bisht (*çelësi, çekiçi etj.*); 4) shtizë (*flamuri etj.*); 5) *bot* kërcyell; 6) qafë (*e çizmeve*).
Schah *m* **-s, -s** shah (*perandor i Persisë*).
Sch'akal *m* **-s, -e** *zool* çakall.
Sch'äker *m* **-s,** = shakaxhi; çapkën.
sch'äkern *vi* **(h)** bëj shaka, tallem, loz.
schal *a* 1) pa shijë, pa kripë (*gjellë etj.*); 2) *fig* pa kripë, pa lezet (*shaka etj.*); 3) *fig* pa kuptim (*jetë etj.*).
Schal *m* **-s, -s** shall.
Sch'ale *f* = **-n** 1) tas; filxhan; 2) lëvozhgë (*arre, veze etj.*); 3) kupë (*e peshores*).
sch'älen 1. *vt* qëroj (*një pemë etj.*); **geschälte Nüsse** arra të qëruara; 2. *vrefl* **sich schälen** më bie lëkura, rripem (*nga dielli*).
Sch'alenobst *n* **-es** *bot* fryt me lëvozhgë (*arrë, lajthi etj.*).
Schalk *m* **-(e)s, -e** *dhe* **Schälke** shakaxhi; sherret; qerrata.
sch'alkhaft *a* (prej) shakaxhiu, sherreti, qerratai.
Schall *m* **-(e)s,** *rrallë* **-e** *dhe* **Schälle** 1) tingull; 2) kumbim, jehonë.
sch'alldicht *a* i izoluar akustikisht.
sch'allen *vi* **(h)** 1) tingëllon; 2) kumbon, jehon; **es schallt hier sehr** këtu ka shumë jehonë.
sch'allend *a* tingëllues, kumbues; **jemandem eine schallende Ohrfeige geben** i jap dikujt një shuplakë të fortë.
Sch'allgeschwindigkeit *f* = *fiz* shpejtësi e zërit.
Sch'allmauer *f* = *av* mur i zërit.
Sch'allplatte *f* =, **-n** pllakë gramafoni.
Sch'alltrichter *m* **-s,** = megafon.
Sch'allwort *n* **-(e)s, -wörter** fjalë onomatopeike.
Schalm'ei *f* =, **-en** fyell, zambare.
Schal'otte *f* =, **-n** *bot* qepujkë.
sch'alten I 1. *vi* **(h)** 1) ndërroj marshin; **in den zweiten Gang schalten** fus marshin e dytë; 2) *fig bis* kuptoj; **da habe ich falsch geschaltet** e kam kuptuar keq.
sch'alten II *vi* **(h) (über A)** *vjet* 1) urdhëroj, sundoj, jap urdhëra; **frei über etwas schalten und walten können** bëj si më do qejfi me diçka; 2) **(mit D)** përdor; **sie schaltet mit seinen Sachen, als wären es ihre eigenen** ajo i përdor sendet e tij sikur t'i kishte të vetat.
Sch'alter *m* **-s,** = 1) sportel; 2) *el* çelës, interruptor, komutator.
Sch'altjahr *n* **-(e)s, -e** vit i brishtë.
Sch'altung *f* =, **-en** 1) *el* çelës; 2) *el* hapje (*e radios etj.*); ndezje (*e dritës etj.*); 3) *tek* marsh (*i automobilit etj.*).
Schal'uppe *f* =, **-n** *det* 1) anije njëdirekëshe; 2) barkë shpëtimi.
Scham *f* = 1) turp; **nur keine falsche Scham!** mos bëj naze!; **bar aller Scham** pa pikë turpi; **ich möchte vor Scham in die Erde sinken**

më vjen të futem nën dhe nga turpi; *bis* **hast du denn keine Scham (im Leibe)?** nuk ke turp?; 2) *anat* organet gjinore, seksuale.

sch'ämen, sich *vrefl* **(G, vor D)** më vjen, kam turp (*nga dikush për diçka*); **pfui, schäm dich!** turp të kesh!; **hast du das Schämen verlernt?** e ke ngrënë turpin me bukë?

sch'amhaft 1. *a* që ka turp, i turpshëm; 2. *adv* me turp.

Sch'amhaftigkeit *f* = ndjenjë turpi, turp.

sch'amlos *a* 1) i paturpshëm; **eine schamlose Forderung** një kërkesë e paturpshme; 2) i turpshëm; **ein schamloses Buch** një libër i turpshëm.

Sch'amlosigkeit *f* =, **-en** 1) paturpësi; 2) turp (*vepër e turpshme*).

Scham'ott *m* **-s** *krahin* rraqe, rrangulla.

Scham'ottestein *m* **-s, -e** *tek* tullë shamot.

sch'amrot *a* : *shpr* **schamrot werden** skuqem flakë nga turpi.

Sch'amröte *f* = skuqje nga turpi.

sch'andbar *a* i turpshëm (*veprim etj.*).

Sch'ande *f* = turp; **jemandem Schande machen (bringen)** turpëroj dikë; **Schmach und Schande über ihn!** turp e faqe e zezë për të!; **ein Mädchen in Schande bringen** çnderoj një vajzë; **der Schande entrinnen** i shpëtoj turpit; **mach mir keine Schande!** mos më nxij faqen!

sch'änden *vt* 1) turpëroj; 2) i marr nderin, çnderoj, përdhunoj (*një femër*); 3) përdhos (*një gjë të shenjtë etj.*); 4) shëmtoj (*fytyrën etj.*).

Sch'andfleck *m* **-(e)s, -e** *fig* turp (*i familjes etj.*); njollë turpi.

sch'ändlich *a* 1) i turpshëm (*veprim etj.*); 2) i ndyrë, i poshtër (*gënjeshtër etj.*).

Sch'ändlichkeit *f* = 1) të qenët i turpshëm; 2) *pl* **-en** turp (*vepër e turpshme*).

Sch'andmal *n* **-(e)s, -e** *dhe* **-mäler** damkë, njollë turpi.

Sch'andmaul *n* **-s, -mäuler** gojë e ligë.

Sch'andtat *f* =, **-en** poshtërsi.

Sch'ändung *f* =, **-en** 1) çnderim, përdhunim (*i një femre*); 2) përdhosje (*e një gjëje të shenjtë etj.*).

Sch'anktisch *m* **-es, -e** banak (*i pijetores etj.*).

Sch'ankwirt *m* **-(e)s, -e** pijeshitës.

Sch'anze *f* =, **-n** *usht* 1) ledh; 2) llogore.

Schar I *f* =, **-en** 1) turmë; 2) *usht* repart; 3) trumbë (*zogjsh*); tufë (*peshqish, patash etj.*).

Schar II *f* =, **-en** *bujq* plor.

sch'aren, sich *vrefl* mblidhemi; **sich um jemanden scharen** mblidhemi, grumbullohemi rreth dikujt.

sch'arenweise *adv* trumba-trumba; tufa-tufa; turma-turma.

scharf 1. *a* 1) i mprehtë (*teh, majë etj.*); **scharf machen** mpreh; *fig* **eine scharfe Zunge** gjuhë e mprehtë; 2) i theksuar (*tipar etj.*); 3) i fortë (*kthesë, erë etj.*); 4) i saktë, i përpiktë (*llogaritje etj.*); 5) i hollë (*zë, vesh etj.*); 6) therës, djegës (*shije etj.*); 7) i shpejtë (*ritëm etj.*); 8) i rreptë (*vendim, kritikë etj.*); 9) i ashpër (*luftë etj.*); 10) bindës (*logjikë etj.*); 11) që kafshon (*qen*); 12) : **scharf hinter jemandem her sein** ndjek dikë këmba-këmbës; **auf etwas (A) scharf sein** a) lakmoj diçka; b) interesohem shumë për diçka; **jemanden auf etwas (A) scharf machen** ia tërheq vëmendjen dikujt për diçka; 2. *adv* 1) hollë; 2) thellë; 3) ashpër; 4) shpejt; 5) me vëmendje; 6) me vendosmëri.

Sch'arfblick *m* **-(e)s** sy i mprehtë.

Sch'ärfe *f* = 1) mprehtësi (*e thikës, e dëgjimit etj.*); 2) ashpërsi (*e erës, e luftimit etj.*); 3) saktësi (*e llogaritjes etj.*); 4) rreptësi (*e dënimit etj.*); 5) qartësi (*e fotografisë etj.*).

schärfen *vt* 1) mpreh (*thikën etj.*); 2) *fig* mpreh (*mendjen etj.*).

Sch'arfschießen *n* **-s** qitje jomësimore.

Sch'arfschütze *m* **-n, -n** *usht* snajper.

sch'arfsichtig *a* 1) symprehtë; 2) *fig* largpamës.

Sch'arfsichtigkeit *f* = largpamësi.

Sch'arfsinn *m* **-(e)s** mendjehollësi, mendjemprehtësi.

sch'arfsinnig *a* mendjehollë, mendjemprehtë.

Sch'arlach I *m* **-s** e kuqe e ndezur.

Sch'arlach II *m* **-s** *mjek* skarlatinë.

Sch'arlatan *m* **-s, -e** sharlatan.

Scharlataner'ie *f* **=, -n** sharlatanizëm.

Scharm'ützel *n* **-s, =** *usht vjet* përpjekje.

Scharn'ier *n* **-s, -e** menteshë.

Sch'ärpe *f* **=,** *n* 1) shall; 2) brez i gjerë.

sch'arren *vt, vi* **(h)** 1) kruaj, gërvisht; **der Hund scharrt an der Tür** qeni gërvisht derën; 2) rrëmoj, gërryej; **ein Loch scharren** hap një vrimë; 3) përplas këmbët; çukërmon (*kali*); shpupurit (*pula*); 4) gropos (*një kërmë etj.*).

Sch'arte *f* **=, -n** 1) çallatë; 2) *usht* frëngji; 3) *fig* gabim; mungesë; dështim.

Schart'eke *f* **=, -n** *përb* libër i vjetër pa vlerë.

sch'artig *a* i çallatuar (*thikë etj.*).

sch'arwenzeln *vi* **(h)** **(vor D)** i rri para e prapa (*dikujt*).

Sch'atten *m* **-s, =** 1) hije; *fig* **jemanden in den Schatten stellen** ia kaloj dikujt, lë në bisht dikë; *fig* **im Schatten leben** rroj si qeni prapa shtrungës; *fig* **Schatten nachjagen** shkoj me ëndrra; *fig* **ein Schatten fiel auf ihr Glück** një hije ra mbi lumturinë e tyre; 2) *fig* njollë.

Sch'attenbild *n* **-(e)s, -er** siluetë.

Sch'attendasein *n* **-s** jetë e veçuar, në hije.

sch'attenhaft *a* i vagëlluar, i paqartë.

Sch'attenriß *m* **-sses, -sse** *sh* **Schattenbild.**

Sch'attenseite *f* **=, -en** 1) anë e hijes (*e shtëpisë etj.*); 2) *fig* anë e dobët, dobësi.

Sch'attenspiel *n* **-(e)s, -e** teatër i hijeve.

schatt'ieren *vt* retushoj, hijezoj (*një fotografi etj.*).

Schatt'ierung *f* **=, -en** 1) nuancë; 2) *pol* rrymë.

sch'attig *a* me hije, i hijëzuar (*vend etj.*).

Schat'ulle *f* **=, -n** kuti (*për pare, unaza etj.*).

Schatz *m* **-es, Schätze** 1) thesar; 2) pasuri; **für alle Schätze der Welt gebe ich das nicht her** këtë nuk e jap për gjithë pasurinë e botës; 3) *fin* thesar i shtetit; 4) : **mein Schatz** shpirti im!

sch'ätzbar *a* i vlerësueshëm.

sch'ätzen 1. *vt* 1) vlerësoj; **ich schätze sie auf 30 Jahre** unë asaj i jap 30 vjet; 2) çmoj; **er weiß ein gutes Glas Wein zu schätzen** ai di të çmojë një gotë verë të mirë; 3) nderoj; 2. *vi* **(h)** mendoj; **ich schätze, daß ...** unë mendoj se ...; 3. *vrefl* **sich glücklich schätzen** e quaj veten të lumtur.

sch'ätzenswert *a* 1) i çmuar; 2) i nderuar.

Sch'atzkammer *f* =, **-n** *fin* thesar i shtetit.

Sch'atzmeister *m* **-s,** = përgjegjës i financave (*të një partie, organizate etj.*).

Sch'ätzung *f* =, **-en** 1) vlerësim; çmim; 2) *fig* nderim.

sch'ätzungsweise *adv* afërsisht.

Schau *f* =, **-en** 1) vështrim; **ein aktuelles Problem in ganz neuer Schau** një problem aktual në dritë krejt të re; 2) ekspozitë; 3) pasqyrë (*e ngjarjeve etj.*); 4) parakalim, revistë, paradë (*e ushtrisë, e modës*); *fig* **zur Schau tragen** tregoj (*fustanin etj.*).

Sch'aubude *f* =, **-n** barakë shfaqjesh në panair.

Sch'aubühne *f* =, **-n** *vjet* teatër.

Sch'auder *m* **-s,** = 1) rrëqethje, drithmë; 2) *fig* tmerr.

sch'auderbar *a* *bis* rrëqethës, i tmerrshëm.

sch'audererregend *a* rrëqethës.

sch'auderhaft *a* 1) rrëqethës; 2) *bis* shumë i keq; 3) *bis* shumë, tepër; **schauderhaft groß** tepër i madh.

sch'audern *vi* **(h)** 1) rrëqethem, dridhem; **es schaudert mich bei diesem Gedanken** më rrëqethet trupi kur e mendoj; 2) *fig* tmerrohem.

sch'auen *vi* **(h)** 1) **(auf A)** shoh, shikoj; *iron* **schau, schau an!** pa shih, pa shih!; **schau, daß du weiterkommst!** mbathja!, qërohu!; **um sich schauen** vështroj përreth; *fig* **ihm schaut der Neid aus den Augen** i duket zilia në sy; *fig* **dem Tod ins Auge schauen** shikoj vdekjen në sy; 2) : *krahin* **nach jemandem schauen** kujdesem për dikë.

Sch'auer I *m* **-s,** = 1) rrëqethje, drithmë; **ein kalter Schauer lief mir den Rücken hinunter** mornica të ftohta më shkuan në kurriz; 2) *fig* tmerr.

Sch'auer II *m* **-s,** = rrebesh (*shiu ose breshri*).

Sch'auergeschichte *f* =, **-n** histori e frikshme.

sch'auerlich *a* 1) i tmerrshëm; 2) *bis* shumë i keq (*shkrim etj.*).

Sch'auermann *m* **-(e)s, -leute** punëtor porti.

sch'auern *vi* **(h)** rrëqethem, më shkojnë mornica (*nga të ftohtët, frika etj.*).

Sch'aufel *f* =, **-n** 1) lopatë; 2) *tek* fletë (*e turbinës, helikës etj.*).

sch'aufeln *vt* 1) gërmoj me lopatë; *fig* **damit hat er sich sein eigenes Grab geschaufelt** me këtë ai i ka bërë varrin vetes; 2) hedh me lopatë; 3) heq me lopatë (*borën etj.*).

Sch'aufenster *n* **-s,** = vitrinë.

Sch'aufensterbummel *m* **-s,** = shëtitje për të shikuar vitrinat.

Sch'augerüst *n* **-(e)s, -e** podium, tribunë, estradë.

Sch'aukasten *m* **-s, -kästen** stendë, vitrinë.

Sch'aukel *f* =, **-n** shilurth, shilur, kolovajzë.

sch'aukeln 1. *vt* 1) tund, lëkund, kolovis; 2) përkund; **ein Kind auf den Knien, in der Wiege schaukeln** përkund një fëmijë në gjunjë, në djep; *fig* *bis* **wir werden das Kind, die Sache schon schaukeln!** do ta rregullojmë atë punë!; 2. *vrefl* **sich schaukeln** tundem, lëkundem, kolovitem, luhatem.

Sch'aukelpferd *n* **-(e)s, -e** kalë përkundës (*lodër*).

Sch'aukelstuhl *m* **-(e)s, -stühle** karrige lëkundëse.

Sch'aulust *f* = kureshtje (*për të parë diçka*).

sch'aulustig *a* kureshtar (*për të parë diçka*).

Schaum *m* **-s, Schäume** shkumë.
sch'äumen *vi* **(h)** shkumëzon (*vera, dallga etj.*); *fig* **er schäumt vor Wut** ai shkumëzon nga tërbimi.
Sch'aumgummi *m* **-s** sfungjer (*divani etj.*).
sch'aumig *a* 1) i shkumëzuar, me shkumë; 2) si shkumë.
Sch'aumschläger *m* **-s, =** 1) tel (*për të rrahur vezët etj.*); 2) *fig bis* fjalëmadh, punëmadh.
Sch'aumschlägerei *f* **=, -en** *bis* fjalë të mëdha, mburrje.
Sch'aumünze *f* **=, -n** *vjet* medalje (*përkujtimore*).
Sch'aumwein *m* **-(e)s, -e** verë shkumuese (*shampanjë etj.*).
Sch'auplatz *m* **-es, -plätze** 1) vend i veprimit (*të një romani etj.*); 2) vend i ngjarjes (*së një fatkeqësie etj.*); 3) : *usht* **der Schauplatz der Kriegshandlungen** teatri i veprimeve luftarake.
sch'aurig *a* rrëqethës, i tmerrshëm, i frikshëm.
Sch'auspiel *n* **-s, -e** 1) shfaqje; 2) dramë; 3) *fig* skenë, pamje.
Sch'auspieler *m* **-s, =** aktor.
Sch'auspielerin *f* **=, -nen** aktore.
sch'auspielerisch *a* dramatik (*art, aktor etj.*).
Sch'auspielhaus *n* **-es, -häuser** teatër (*ndërtesë*).
Sch'austeller *m* **-s, =** ekspozues (*në një panair etj.*).
Sch'austück *n* **-(e)s, -e** eksponat.
Scheck I *m* **-s, -s** *fin* çek; **einen Scheck ausstellen** lëshoj një çek; **mit einem Scheck bezahlen** paguaj me çek.
Scheck II *m* **-en, -en** *dhe* **Schecke** *f* **=, -n** 1) kalë larash; 2) gjedh i larmë.
sch'eckig *a* i larmë, larash, laraman.
scheel *a* 1) i vëngër, vëngërosh; 2) *fig* ziliqar, smirëzi.
sch'eelsüchtig *a* ziliqar.
Sch'effel *m* **-s, =** *vjet* babune; *shpr* **in Scheffeln** me babune.
sch'effeln *vt bis* mbledh, grumbulloj.
sch'effelweise *adv* me shumicë.
Sch'eibe *f* **=, -n** 1) disk; 2) *usht* shenjë, nishan; **nach der Scheibe schießen** gjuaj shenjën; 3) xham (*dritareje*); **eine Scheibe einsetzen** vë një xham; **jemandem die Scheiben einschlagen** ia thyej xhamat dikujt; 4) thelë, fetë (*buke, sallami etj.*); 5) huall (*mjalti*); 6) *tek* makara, karrukull; 7) *tek* rondele.
Sch'eibenbremse *f* **=, -n** *tek* fren me disk.
sch'eibenförmig *a* në trajtë disku.
Sch'eibenhonig *m* **-s** mjaltë hojesh.
Sch'eibenschießen *n* **-s** *sport* qitje në disk.
Sch'eibenwischer *m* **-s, =** fshirëse e xhamit (*të automobilit*).
Scheich *m* **-s, -e** *dhe* **-s** sheik (*i një fisi arab*).
Sch'eide I *f* **=, -n** myll (*i shpatës etj.*).
Sch'eide II *f* **=, -n** 1) ndarje; 2) kufi, sinor (*midis dy arash etj.*).
Sch'eide III *f* **=, -n** *anat* vagjinë.
Sch'eidelinie *f* **=, -n** vijë ndarëse.
sch'eiden* 1. *vt* 1) ndaj; *fig* **die Spreu vom Weizen scheiden** ndaj grurin nga egjra; 2) ndaj (*një çift*); 3) dalloj (*një send nga një tjetër*); 2. *vi* **(s)** 1) ndahem; **im Guten scheiden** ndahem me të mirë; *shpr* **aus dem Leben scheiden** ndahem nga kjo jetë; 2) largohem, iki; 3. *vrefl* **sich scheiden** 1) ndryshojnë (*mendimet etj.*); 2) : **sich scheiden lassen** ndahem (*nga burri etj.*).
Sch'eidewand *f* **=, -wände** mur ndarës.
Sch'eideweg *m* **-(e)s, -e** udhëkryq; *fig* **am Scheideweg stehen** jam para një vendimi të vështirë.

Sch'eidung *f* =, **-en** 1) ndarje; 2) ndarje (*e bashkëshortit etj.*); **sie willigte nicht in die von ihm gewünschte Scheidung ein** ajo nuk pranoi ndarjen që donte ai.

Schein I *m* **-(e)s, -e** 1) dëftesë; 2) kartëmonedhë, pare letër; **geben Sie mir keine Münzen, sondern Scheine** mos më jepni monedha, po pare letër.

Schein II *m* **-(e)s** 1) dritë, shkëlqim; **der Schein des Mondes, der Sterne, der Sonne,** drita e hënës, e diellit, vezullimi i yjeve; 2) pamje e jashtme, dukje; **zum Schein** sa për sy e faqe, sa për t'u dukur; **der Schein trügt** pamja e jashtme të rren, të gënjen; **dem Scheine nach** nga sa duket.

sch'einbar 1. *a* 1) i dukshëm; 2) i rremë; 2. *adv* duket sikur; **die Sonne dreht sich scheinbar um die Erde** duket sikur Dielli rrotullohet rreth Tokës.

sch'einen* I *vi* ndrin, shkëlqen (*dielli, hëna etj.*).

sch'einen* II *vi* **(h)** duket; **er scheint glücklich zu sein** ai duket (se është) i lumtur; **wie es scheint, war er noch nicht da** siç duket, nuk ishte ende atje; **es könnte scheinen, als ob wir nicht wollten** mund të dukej sikur ne nuk donim.

sch'einheilig *a* i shtirur, hipokrit.

Sch'einheiligkeit *f* = shtirje, hipokrizi.

Sch'einregierung *f* =, **-en** qeveri kukull.

Sch'eintod *m* **-(e)s** *mjek* vdekje e rreme.

Sch'einwerfer *m* **-s,** = projektor.

Sch'eiße *f* = *vulg* mut; **so eine Scheiße!** punë muti!

sch'eißen* *vi* **(h)** *vulg* dhjes; **vor Angst in die Hose scheißen** dhitem në brekë nga frika.

Scheit *n* **-(e)s, -e** kërcu.

Sch'eitel *m* **-s,** = 1) *anat* majë, çaçkë e kokës; **vom Scheitel bis zur Sohle** nga koka te këmbët; 2) kulm; 3) shteg, vijë e flokëve.

sch'eiteln *vt* ndaj me vijë (*flokët*).

Sch'eitelpunkt *m* **-(e)s** 1) *astr* zenit; 2) *fig* pikë kulmore.

Sch'eiterhaufen *m* **-s,** = *hist* turrë drush (*ku digjnin heretikët*).

sch'eitern *vi* **(s)** 1) **(an D)** *ndesh* (*anija në një shkëmb etj.*); 2) dështoj; **die Sache war von vornherein zum Scheitern verurteilt** puna dukej që në fillim se do të dështonte.

Sch'elle *f* =, **-n** 1) zile; 2) shuplakë.

sch'ellen *vi* **(h)** i bie ziles.

Sch'ellentrommel *f* =, **-n** *muz* dajre.

Schelm *m* **-(e)s, -e** 1) qerrata; 2) çapkën, i prapë; **der Schelm sieht ihm aus den Augen** duket që në sy se është shejtan.

Sch'elmenstreich *m* **-(e)s, -e** *vjet* rreng; poshtërsi.

Schelmer'ei *f* = 1) qerratallëk; 2) *pl* **-en** lojë, rreng.

sch'elmisch *a* 1) shejtan (*njeri*); 2) i djallëzuar (*vështrim etj.*).

Sch'elte *f* =, **-n** qortim.

sch'elten* *vt, vi* **(h)** 1) **(wegen G)** qortoj, shaj (*për një faj etj.*); 2) shaj; **er entfernte sich laut scheltend** ai u largua duke sharë me zë të lartë.

Sch'ema *n* **-s, -ta** skemë; **sich nach einem Schema richten** i përmbahem një skeme; **wir sind in unserer Arbeit an kein Schema gebunden** në punën tonë nuk jemi të detyruar t'i përmbahemi asnjë skeme.

schem'atisch 1. *a* skematik; 2) *adv* në mënyrë skematike.

schematis'ieren *vt* skematizoj.

Schemat'ismus *m* = skematizëm.

Sch'emel *m* **-s,** = stol.

Sch'emen *n* **-s, =** hije (*lugat*).
sch'emenhaft *a* si hije; i vagëlluar.
Sch'enke *f* **=, -n** pijetore.
Sch'enkel *m* **-s, =** 1) *anat* kofshë; 2) *gjeom* brinjë.
sch'enken I *vt* 1) dhuroj; 2) kushtoj; **jemandem Aufmerksamkeit schenken** i kushtoj vëmendje dikujt; **jemandem keinen Blick schenken** nuk përfill fare dikë; **jemandem Gehör schenken** ia vë veshin dikujt; **jemandem Glauben schenken** i zë besë dikujt; 3) fal; **einem Verurteilten das Leben schenken** i fal jetën një të dënuari (me vdekje).
sch'enken II *vt* hedh, shtie (*verë në gotë etj.*).
Sch'enktisch *dhe* **Sch'anktisch** *m* **-es, -e** banak i pijetores.
Sch'enkung *f* **=, -en** *drejt* dhurim.
Sch'erbe *f* **=, -n** cifël, copë e thyer (*e një vorbe, gote etj.*); **in Scherben gehen** bëhet copë.
Sch'ere *f* **=, -n** 1) gërshërë; 2) *zool* darë (*e gaforres etj.*).
sch'eren* I *vt edhe sipas zgj. dob.* qeth (*mjekrën, delen etj.*).
sch'eren II *bis* 1. *vt* çaj kokën, merakosem; **es schert mich nicht** aq më bën; **was schert euch das?** ç'ju duhet juve kjo?; 2. *vrefl* **sich scheren** 1) shporrem; **scher dich zum Teufel!** në djall të vesh!; **scher dich weg!** shporru!, qërohu!; 2) **(um A)** çaj kokën (*për diçka*).
Sch'erenschleifer *m* **-s =** gërshërëprehës.
Scherer'ei *f* **=, -en** *bis* telash, andrallë; **ich will keine Scherereien haben** s'dua të kem telashe; **sie macht mir bloß Scherereien** ajo vetëm telashe di të më hapë.
Sch'erflein *n* **-s, =** 1) *hist* gjysmë pfenigu; 2) : *fig* **sein Scherflein beitragen** jap ndihmën time të vogël.
Sch'erge *m* **-n, -n** 1) *vjet* xhelat; 2) *vjet* polic.
Scherz *m* **-es, -e** shaka; **damit treibt man keinen Scherz** me këtë s'bëhet shaka; **keinen Scherz verstehen** s'kuptoj shaka; **halb im Scherz** gjysmë me shaka.
sch'erzen *vi* **(h)** *bis* bëj shaka, tallem; **nicht zum Scherzen aufgelegt sein** s'jam në qejf për shaka.
sch'erzhaft *a* për të qeshur, me shaka; **etwas scherzhaft nehmen** marr diçka për shaka.
Sch'erzname *m* **-ns, -n** nofkë.
sch'erzweise *adv* me shaka, për shaka.
scheu *a* 1) i druajtur; 2) i frikshëm; **macht mir das Kind nicht scheu!** mos ma trembni fëmijën!
Scheu *f* **=** frikë; druajtje; **ohne Scheu sprechen** flas pa druajtje; **aus Scheu, ihn zu wecken ...** nga frika se mos e zgjon(te) ...
Sch'euche *f* **=, -n** dordolec.
sch'euchen *vt* tremb (*pulat, mizat etj.*).
sch'euen 1. *vt* i druhem (*dikujt*); **die Arbeit scheuen** i shmangem punës; **er scheute keine Opfer** ai nuk iu tremb asnjë sakrifice; 2. *vi* **(h)** trembet (*kali etj.*); 3. *vrefl* **sich scheuen (vor D)** trembem, kam frikë (*nga dikush, diçka*); **ich scheue mich, es ihm zu sagen** kam frikë t'ia them; **sie scheut sich vor keiner Arbeit** ajo nuk i trembet asnjë pune.
Sch'euer *f* **=, -n** plevicë, kasolle.
Sch'euerbesen *m* **-s, =** fshesë shqope.
Sch'euerfrau *f* **=, -en** pastruese.
Sch'euerlappen *m* **-s, =** rreckë dyshemesh.
sch'euern 1. *vt* fërkoj (*dyshemenë me furçë etj.*); 2. *vrefl* **sich scheuern** fërkohem; **das Pferd scheuert sich**

an der Mauer kali fërkohet pas murit.

Sch'euertuch *n* **-(e)s, -tücher** leckë për të fshirë dyshemenë etj.

Sch'euklappen *pl* veshore, pallaska (*të kalit*).

Sch'eune *f* **=, -n** 1) plevicë; 2) lëmë.

Sch'eunendrescher *m* : *shpr bis* **essen (fressen) wie ein Scheunendrescher** ha si lubi.

Sch'eusal *m* **-s, -e** përbindësh.

sch'eußlich *a* 1) i përbindshëm (*krim etj.*); 2) i shëmtuar (*plagë etj.*); 3) i pështirë (*kafshë, pamje etj.*).

Sch'eußlichkeit *f* **=, -en** 1) *vetëm sing* të qenët i përbindshëm; 2) vepër e përbindshme.

Schicht *f* **=, -en** 1) shtresë (*pluhuri etj.*); 2) shtresë (*shoqërore*); 3) ndërresë, turn; **der Betrieb arbeitet in drei Schichten** ndërmarrja punon me tri ndërresa.

sch'ichten *vt* shtresëzoj.

Sch'ichtung *f* **=, -n** shtresëzim.

Sch'ichtwechsel *m* **-s, =** ndërrim turni.

sch'ichtweise *adv* 1) shtresa-shtresa; 2) me ndërresa, me turne.

schick *a* elegant (*kostum etj.*); shik; **sie sieht immer sehr schick aus** ajo duket përherë shumë elegante.

Schick *m* **-s** shik, elegancë.

sch'icken 1. *vt* 1) dërgoj, çoj; **die Kinder ins Bett schicken** çoj fëmijët të flenë; 2) **(nach D)** thërras; **nach dem Arzt schicken** thërras mjekun; 2. *vrefl* **sich schicken** 1) bëj; **es schickt sich nicht, in der Nase zu bohren** nuk bën të fusësh gishtin në hundë; **er schickt sich nicht für dieses Amt** ai nuk bën për këtë detyrë; 2) **(in A)** i nënshtrohem (*fatit etj.*).

sch'icklich *a* 1) i hijshëm; **das ist nicht schicklich** kjo nuk ka hije; 2) i përshtatshëm, me vend.

Sch'icksal *n* **-s, -e** fat; **jemanden seinem Schicksal überlassen** lë dikë në mëshirën e fatit.

sch'icksalhaft *a* fatal (*katastrofë etj.*).

Sch'icksalsschlag *m* **-(e)s, -schläge** fatkeqësi e madhe.

Sch'ickung *f* **=, -en** 1) fatalitet; 2) *vetëm sing* vullnet, fuqi e mbinatyrshme.

Sch'iebedach *n* **-(e)s, -dächer** tavan që hapet e mbyllet (*i automobilit*).

sch'ieben* I 1. *vt* 1) shtyj (*qerren etj.*); **er muß immer geschoben werden** ai gjithçka e bën me të shtyrë; *fig* **eine Arbeit von einem Tag auf den anderen schieben** shtyj një punë nga një ditë në tjetrën; 2) **(etwas auf A)** ia hedh (*dikujt fajin etj.*); **er schob die Verantwortung auf seinen Freund** ia hodhi fajin shokut; *shpr* **jemandem die Schuld in die Schuhe schieben** ia hedh fajin dikujt; 2. *vrefl* **sich schieben** shtyhem; **sich durch die Menge schieben** çaj përmes turmës.

sch'ieben* II *vi* **(h)** *bis* **(mit D)** bëj matrapazllëk, kontrabandë etj. (*me diçka*).

Sch'ieber I *m* **-s, =** lloz, shul.

Sch'ieber II *m* **-s, =** *bis* matrapaz, kontrabandist.

Sch'iebkarren *sh* **Schubkarren**.

Sch'ieblade *f* **=, -n** sirtar.

Sch'iebung *f* **=, -en** 1) (mbajtje me) hatër; 2) mashtrim, manipulim.

schied *sh* **scheiden***.

Sch'iedsgericht *n* **-(e)s, -e** *drejt* gjyq i arbitrazhit.

Sch'iedsrichter *m* **-s, =** 1) *sport* gjyqtar i lojës; 2) *drejt* gjyqtar i arbitrazhit.

Sch'iedsspruch *m* **-(e)s, -sprüche** *drejt* vendim i gjyqit të arbitrazhit.

schief 1. *a* 1) i pjerrët; *fiz* **schiefe Ebene** plan i pjerrët; *fig* **auf die**

schiefe Bahn geraten marr rrugë të keqe; 2) i shtrembër (*kurriz etj*); **einen schiefen Mund machen** shtrembëroj buzët; 3) i gabuar, i pagoditur (*krahasim etj.*); 4) i dyshimtë (*veprim etj.*); 2. *adv* 1) shtrembër; **der Hut sitzt schief** kapelja rri shtrembër; 2) vëngër; **jemanden schief ansehen** shikoj vëngër dikë.

Sch'iefer *m* **-s, =** *min* rreshpe, shiste.

Sch'iefertafel *f* **=, -n** pllakë për të shkruar.

sch'iefgehen* *vi ndash* **(s)** *bis* shkon, del, vjen mbrapsht (*puna etj.*).

sch'iefgewickelt : *shpr bis* **schiefgewickelt sein** e kam gabim.

sch'ieflachen, sich *vrefl ndash bis* shkulem së qeshuri.

sch'iefliegen* *vi ndash* **(h)** *bis* e shkel (*duke thënë diçka që s'duhet thënë etj.*).

sch'ieläugig *a* vëngërosh, syvëngër.

sch'ielen *vi* **(h)** 1) vëngëroj; **er schielt mit dem rechten Auge** ai është i vëngër nga syri i djathtë; 2) *fig* **(auf A, nach D)** shikoj me bisht të syrit.

schien *sh* **scheinen***.

Sch'ienbein *n* **-(e)s, -e** *anat* kërci.

Sch'iene *f* **=, -n** 1) shinë, binar (*hekurudhe etj.*); **aus den Schienen springen** del nga binarët (*treni etj.*); 2) *mjek* dërrasë, gështallë (*për të fiksuar një krah të thyer etj.*).

sch'ienen *vt mjek* i vë gështallë (*krahut të thyer etj.*).

Sch'ienenstrang *m* **-(e)s, -stränge** shina të hekurudhës, hekurudhë.

schier 1. *a* : **schieres Fleisch** mish pa kocka; **die schiere Wahrheit** e vërteta lakuriq; 2. *adv vjet* krejt; pothuaj; **das ist schier unmöglich** kjo është krejt e pamundur.

Sch'ierling *m* **-s, -e** *bot* kukutë.

sch'ießen* I 1. *vi* **(h)** 1) shtie (*me armë*); **in die Luft schießen** shtie në erë; **nach der Scheibe schießen** gjuaj në shenjë; **mit Kugeln, Schrot schießen** shtie me plumba, me saçme; *fig* **hier wird scharf geschossen** këtu flitet pa druajtje, pa doreza; 2) **(s)** *fig* rritet shpejt (*bima*); lëshon shtat (*fëmija*); **der Junge ist im letzten Jahr mächtig geschossen** djali ka lëshuar shtat shumë vitin e fundit; 2. *vt* hedh, gjuaj, qëlloj, i bie (*topit etj.*); **jemandem einen Ball an den Kopf schießen** i bie dikujt me top kokës; **jemanden ins Herz schießen** qëlloj dikë në zemër; **sich eine Kugel durch den Kopf schießen** ia heq vetes; *fig* **ein Bild schießen** bëj një fotografi; **Blicke auf jemanden schießen** shikoj dikë me inat; *fig bis* **eine Sache schießen lassen** heq dorë nga një punë; 3. *vrefl* : **sich mit jemandem schießen** bëj duel (*me armë zjarri*) me dikë.

sch'ießen* II *vi* **(s)** 1) turrem, hidhem, sulem, derdhem; **er schoß ins Wasser** ai u hodh në ujë; 2) : **das Wasser schießt aus dem Felsen** uji buron nga shkëmbi; **Blut schoß aus der Wunde** nga plaga shpërtheu gjak; **ein guter Gedanke schoß mir durch den Kopf** më lindi një mendim i mirë.

Schießer'ei *f* **=, -en** (përpjekje me) të shtëna.

Sch'ießpulver *n* **-s** barut.

Sch'ifahrer *m* **-s, =** *sport* skiator.

Schiff *n* **-(e)s, -e** 1) anije; vapor; 2) *ark* anijatë; 3) *tek* drugë.

Sch'iffahrt (*ndahet në* **Schiff-fahrt**) *f* **=** lundrim.

sch'iffbar *a* i lundrueshëm (*lumë etj.*).

Sch'iffbau *m* **-(e)s** ndërtim i anijeve.

Sch'iffbruch *m* **-(e)s, -brüche** 1)

anijethyerje, mbytje e anijes; 2) *fig* dështim.
Sch'iffchen *n* **-s, =** 1) barkë (*letre etj.*); 2) *tek* drugë, sovajkë, meçik.
sch'iffen *vi* **(h, s)** lundroj; **übers Meer schiffen** kaptoj detin.
Sch'iffer *m* **-s, =** 1) kapiten (*i lundrimit të brendshëm*); 2) marinar.
Sch'iffsjunge *m* **-n, -n** *det* muço.
Sch'iffsmannschaft *f* **=, -en** ekuipazh i anijes.
Sch'iffsraum *m* **-(e)s, -räume** hambar i anijes.
Sch'iffsschraube *f* **=, -n** helikë e anijes.
Sch'iffstagebuch *n* **-(e)s, -bücher** ditar i anijes.
Sch'iffstreppe *f* **=, -n** shkallë e anijes.
Schik'ane *f* **=, -n** kleçkë, ngatërresë; mujshi.
schikan'ieren *vt* mujshoj; i bie në qafë kot (*dikujt*).
schikan'ös *a* mujshar; (prej) mujshari.
Schild I *m* **-(e)s, -e** 1) mburojë; *fig* **jemanden auf den Schild erheben** zgjedh dikë si prijës; *fig* **etwas im Schild führen** kam ndër mend diçka (*të keqe*); *vjet fig* **aus einer Sache mit blankem Schild hervorgehen** dal faqebardhë nga një punë; 2) *zool* guall, samar (*i breshkës etj.*).
Schild II *n* **-(e)s, -er** 1) tabelë; 2) targë; 3) distinktiv; 4) strehë (*kaskete etj.*).
Sch'ildbürger *m* **-s, -s** *bis* torollak.
Sch'ildbürgerstreich *m* **-(e)s, -e** *bis* budallallëk.
Sch'ilddrüse *f* **=, -n** *anat* gjëndër tiroide.
sch'ildern *vt* përshkruaj, paraqes; **bitte schildern Sie mir den Vorgang in allen Einzelheiten** ma përshkruani, ju lutem, ngjarjen me të gjitha hollësitë.
Sch'ilderung *f* **=, -en** përshkrim.
Sch'ildkröte *f* **=, -n** *zool* breshkë.
Sch'ildpatt *n* **-(e)s, =** guall breshke.
Sch'ildwache *f* **=, -n** *usht vjet* rojë; **Schildwache stehen** rri rojë, bëj rojë.
Schilf *n* **-(e)s, -e** *bot* kulmak.
Sch'illerlocke *f* **=, -n** 1) mish peshkaqeni i tymosur; 2) lloj byreku me petë.
sch'illern *vi* **(h)** vezullon; **in allen Regenbogenfarben schillern** vezullon me të gjitha ngjyrat e ylberit.
Sch'illing *m* **-s, -e** *dhe* **=** shilingë (*njësi monetare austriake*).
schilt *sh* **schelten***.
Sch'immel I *m* **-s** myk.
Sch'immel II *m* **-s, =** kalë i bardhë.
sch'immelig *a* i mykur, që ka zënë myk.
sch'immeln *vi* **(h)** myket, zë myk.
Sch'immer *m* **-s, =** 1) shkëlqim i dobët; 2) vezullim; 3) *fig* vagëllim (*shprese etj.*); *shpr bis* **keinen Schimmer von etwas haben** s'e kam idenë e diçkaje.
sch'immern *vi* **(h)** vezullon; **Licht schimmerte durch die Bäume** drita vezullonte përmes drurëve; **schimmernde Seide** mëndafsh i shkëlqyeshëm.
Schimp'anse *m* **-n, -n** *zool* shimpanze (*majmun*).
Schimpf *m* **-(e)s, -e** 1) fyerje; **jemandem einen Schimpf antun** fyej dikë; 2) turp; **mit Schimpf und Schande** me turp e me faqe të zezë.
sch'impfen 1. *vt* shaj; 2. *vi* **(h) (auf, über A)** 1) shaj (*dikë*); 2) nëm, mallkoj.
sch'impflich *a* 1) fyes (*fjalë etj.*); 2) i turpshëm; **einen schimpflichen Frieden schließen müssen** detyrohem të përfundoj një paqe të turpshme.

Sch'impfname *m* **-ns -n** nofkë fyee.
Sch'impfwort *n* **-(e)s, -wörter** e sharë.
Sch'indel *f* **=, -n** flugë (*dërrasë për të mbuluar çatinë, për të veshur murin etj.*).
sch'inden* 1. *vt* 1) rrjep (*një kafshë etj.*); 2) *fig* i marr shpirtin (*dikujt*); 3) *bis* marr qyl (*cigare etj.*); 2. *vrefl* **sich schinden** më del shpirti (*duke punuar etj.*).
Sch'inder *m* **-s, =** 1) lëkurërrjepës; 2) *fig* gjakpirës.
Schinder'ei *f* **=, -en** 1) thertore; 2) *bis* punë rraskapitëse.
Sch'indluder *n* : *shpr* **mit etwas oder jemandem Schindluder treiben** marr nëpër këmbë diçka ose dikë.
Sch'indmähre *f* **=, -n** gërdallë.
Sch'inken *m* **-s =** proshutë; *fig bis* **mit der Wurst nach dem Schinken werfen** hedh halën të dalë peshku.
Sch'ippe *f* **=, -n** lopatë; *shpr bis* **jemanden auf die Schippe nehmen** vë në rrotë dikë.
sch'ippen *vt* heq me lopatë (*dëborën e tj.*).
Schirm *m* **-(e)s, -e** 1) ombrellë, çadër; 2) strehë; 3) abazhur 4) paravan; 5) ekran; **über den Schirm gehen** dal në televizor; 6) *fig* mbrojtje.
sch'irmen *vt* mbroj.
Sch'irmherr *m* **-n, -n** patron.
Sch'irmherrschaft *f* **=** patronazh.
Sch'irmständer *m* **-s, =** mbajtëse çadrash.
sch'irren *vt* mbreh (*kalin në karrocë etj.*).
Schiß *m* : *shpr vulg* **Schiß haben** më shkojnë shtatë.
schizophr'en *a mjek* skizofren.
Schizophren'ie *f* **=, -n** *mjek* skizofreni.
schl'abb(e)rig *a* 1) i qullët; 2) i hollë (*supë etj.*); 3) *fig* i mefshtë, i plogët.
schl'abbern 1. *vt* 1) lëpin (*macja qumështin etj.*); 2) rrufis (*kafenë etj.*); 3) *bis* llap, llomotis; 2. *vi* **(h)** përlyhem, bëhem me njolla (*duke ngrënë etj.*).
Schlacht *f* **=, -en** beteje; **eine Schlacht liefern** jap një betejë.
schl'achten *vt* ther (*pulën, derrin etj.*).
Schl'ächter *m* **-s, =** 1) kasap; 2) *fig* vrasës në masë.
Schlächter'ei *f* **=, -en** 1) kasaphanë; 2) *fig* kërdi, plojë, kasaphanë.
Schl'achtfeld *n* **-(e)s, -er** fushë e betejës.
Schl'achtschiff *n* **-(e)s, -e** koracatë.
Schl'acke *f* **=, -n** 1) *tek* skorje; 2) *gjeol* lavë; 3) shkrumb e hi.
Schlaf *m* **-(e)s** gjumë; **keinen Schlaf finden** s'mbyll dot sy; **Schlaf haben** më vjen gjumë; **ein Auge voll Schlaf nehmen** bëj një sy gjumë; *fig bis* **das kann ich im Schlaf** këtë e di ujë; *fig bis* **das fällt mir nicht im Schlafe ein!** për këtë as që më shkon mendja!
Schl'äfe *f* **=, -n** *anat* tëmth.
schl'afen* *vi* **(h)** fle; **schlafen gehen** bie të fle; **das Kind schlafen legen** vë fëmijën të flejë; **bei jemandem schlafen** buj te dikush; **mit jemandem schlafen** bëj dashuri me dikë; *bis* **schlaf nicht!** hapi sytë!; **schlaf gut!** gjumë të ëmbël!; **mit offenen Augen schlafen** fle me sy hapur.
Schl'äfer *m* **-s, =** ai që fle.
schlaff *a* 1) i flashkët (*lëkurë etj.*); 2) i varur, i lëshuar (*litar etj.*); 3) *fig* i ngathët, i dobët; zemërlëshuar.
Schl'affheit *f* **=** 1) flashkësi; 2) ngathtësi.
schl'aflos *a* pa gjumë.
Schl'aflosigkeit *f* **=** pagjumësi.

Schl'afmittel *n* **-s, =** *mjek* bar gjumi.

Schl'afmütze *f* **=, -n** 1) skufje nate; 2) *fig bis* gjumash; 2) *fig bis* ngalakaq.

schl'äfrig *a* 1) i përgjumur; **ich bin schläfrig** më vjen gjumë; 2) *fig* i plogët, i flashkët.

Schl'äfrigkeit *f* **=** gjumësi.

Schl'afrock *m* **-(e)s, -röcke** robëdëshamër.

Schl'afsack *m* **-s, -säcke** thes-dyshek (*i alpinistëve etj.*).

schl'aftrunken *a* i përgjumur.

Schl'afwagen *m* **-s, =** vagon me shtretër.

schl'afwandeln *vi* **(h, s)** ngrihem në gjumë.

Schl'afzimmer *n* **-s, =** dhomë fjetjeje.

Schlag *m* **-(e)s, Schläge** 1) goditje; **mit einem Schlag** befas, përnjëherësh; **es ging Schlag auf Schlag** (*puna*) vazhdoi pa ndërprerje; *fig* **zwei Fliegen auf einen, mit einem Schlag treffen** me një gur vras dy zogj; *fig* **es war ein Schlag ins Wasser** qe një vërë në ujë; 2) rrahje (*e zemrës*); luhatje (*e lavjerrësit*); përplasje (*e dallgës*); këngë (*e bilbilit etj.*); e rënë (*e orës*); 3) *mjek* goditje (*nga rryma elektrike etj.*); *bis* **ich dachte, mich rührt der Schlag!** thashë se më ra pika!; 4) shpyllëzim; 5) rrah; **einen Schlag wieder aufforsten** pyllëzoj prapë një rrah; 6) *bis* një gavetë plot (*supë, gjellë etj.*); 7) *fig* kallëp; **Leute jeden Schlages** njerëz të çdo kallëpi; 8) *pl* të rrahura; **Schläge bekommen** ha dru; 9) derë (*e automobilit*).

Schl'agader *f* **=, -n** *anat* arterie karotide.

Schl'aganfall *m* **-(e)s, -fälle** *mjek* damlla, pikë, apopleksi.

schl'agartig 1. *a* i menjëhershëm; 2. *adv*: **der Lärm hörte schlagartig auf** zhurma pushoi menjëherë.

schl'agen* 1. *vt* 1) qëlloj, godas; **jemanden auf die Schulter schlagen** i bie dikujt në sup, krahëve; **jemanden ins Gesicht schlagen** godas dikë në fytyrë; **jemanden zu Boden schlagen** rrëzoj dikë përdhe; *bis* **jemandem ein Loch in den Kopf schlagen** ia thyej kokën dikujt; 2) hedh; **ein Tuch um die Schultern schlagen** hedh një shall supeve; **eine Brücke schlagen** hedh një urë; **die Hände vors Gesicht schlagen** mbuloj fytyrën me duar; 3) çaj; pres; **Bäume schlagen** pres drurë; **Brennholz schlagen** çaj dru; **Münzen schlagen** pres monedha; 4) : **eine Schlacht schlagen** jap një betejë; **jemanden in Fesseln schlagen** i vë prangat dikujt; 5) ngul; **einen Nagel in die Wand schlagen** ngul një gozhdë në mur; **seine Zähne in den Knochen schlagen** ia ngul dhëmbët kockës (*qeni etj.*); **jemanden ans Kreuz schlagen** kryqëzoj dikë; 6) i bie (*daulles etj.*); **Alarm schlagen** jap alarmin; 7) rrah, mund, thyej, mposht; **jemanden schlagen** mund dikë; **jemanden in die Flucht schlagen** vë dikë përpara; *shah* **einen Stein schlagen** ha një gur; 8) rrah (*vezët etj.*); 9) rrëmbej; heq; **jemandem etwas aus der Hand schlagen** i rrëmbej dikujt diçka nga dora; **sich etwas aus dem Kopf schlagen** heq diçka nga mendja; 2. *vi* **(h)** 1) gjuaj; *sport* **auf die Ecke schlagen** gjuaj në këndin e portës; **das Gewehr schlägt** pushka tundet, teptiset; **die Flammen schlugen aus dem Fenster** flakët shpërthyen nga dritarja; 2) **(gegen A, auf A)** përplasem (*pas dikujt, diçkaje*); 3) rreh (*zemra etj.*);

sein Gewissen schlug zuri ta brente ndërgjegjja; 4) bie (*ora*); **es schlägt Mitternacht** po bie ora dymbëdhjetë e natës; 5) këndon (*bilbili etj.*); 6) : *fig* **das schlägt nicht in mein Fach** kjo nuk më përket mua; *fig* **nach der Mutter, dem Vater schlagen** i ngjaj nënës, babait; 3. *vrefl* **sich schlagen** 1) rrihem; 2) luftoj; 3) : **sich an die Brust schlagen** i bie gjoksit me grusht; *fig bis* **sich recht und schlecht durchs Leben schlagen** rroj me një mijë halle; **sich in die Büsche schlagen** fshihem shkurreve; zhdukem pa u vënë re; **sich zu einer anderen Partei schlagen** ndërroj parti; **um sich schlagen** përpëlitem.

schl'agend *a* bindës (*provë etj.*).

Schl'ager *m* **-s, =** 1) muzikë e lehtë; 2) sukses (*libër, film, këngë etj. që ka bërë bujë*).

Schläger *m* **-s, =** 1) *sport* raketë (*tenisi etj.*); 2) rrahës; 3) rrahëse (*vezësh etj.*).

Schläger'ei *f* **=, -en** përleshje.

schl'ägern *vt, vi* **(h)** *aust* shpyllëzoj.

schl'agfertig *a* 1) *fig* që e ka gati përgjigjen; 2) e shpejtë dhe e goditur (*përgjigje*).

Schl'agfertigkeit *f* **=** mendjeshkathtësi (*në kthimin e përgjigjes etj.*).

Schl'agfluß *m* **-sses, -flüsse** *mjek vjet* damblla, pikë, apopleksi.

Schl'agkraft *f* **=** forcë goditëse (*edhe fig*).

schl'agkräftig *a* 1) në gatishmëri të plotë (*ushtri etj.*); 2) bindës (*argument etj.*).

Schl'agsahne *f* **=** ajkë e rrahur.

Schl'agseite *f* : *shpr* **Schlagseite haben** anohet (*anija*).

Schl'agwort *n* **-(e)s, -e** *dhe* **-wörter** 1) parullë; 2) fjalë dalluese (*e një katalogu etj.*).

Schl'agzeile *f* **=, -n** titull me shkronja të mëdha.

Schl'agzeug *n* **-(e)s, -e** *muz* vegla me perkusion (me goditje).

schl'aksig *a* ngalakaq.

Schlam'assel *m* **-s** *bis* ngatërresë.

Schlamm *m* **-(e)s, -e** 1) lym; 2) baltë, llum; **im Schlamm steckenbleiben** ngec në llucë; *fig* **jemanden mit Schlamm bewerfen** hedh baltë mbi dikë.

schl'ammig *a* me lym, me baltë, me llum (*lumë etj.*).

Schl'ampe *f* **=, -n** *bis* grua shkatarraqe.

Schlamper'ei *f* **=, -en** *bis* 1) shkujdesje, çrregullim; 2) punë e çrregullt, shkel e shko; **keine Schlamperei dulden** nuk duroj punë shkel e shko.

schl'ampig *a bis* shkatarraq, i çrregullt (*në veshje etj.*).

Schl'ange *f* **=, -n** 1) *zool* gjarpër; *bis* **eine Schlange am Busen nähren** ushqej gjarprin në gji; 2) *tek* tub llastiku, zorrë; 3) radhë; **Schlange stehen** rri në radhë.

schl'ängeln *vi* **(h)** *dhe vrefl* **sich schlängeln** gjarpëron (*rruga, lumi etj.*); **der Weg schlängelt sich durch die Felsen** rruga gjarpëron përmes shkëmbinjve; **geschlängelte Linie** vijë gjarpëruese.

Schl'angenfraß *m* **-es** *bis* gjellë e keqe.

Schl'angenmensch *m* **-en, -en** njeri-gjarpër (*akrobat*).

schlank *a* 1) i derdhur; **schlanke Beine** këmbë të derdhura; 2) i hollë (*bel, trup etj.*); **das Kleid macht dich schlank** ky fustan të nxjerr të hollë; 3) shtathedhur.

Schl'ankheit *f* **=** të qenët shtathedhur.

schl'ankweg *adv bis* 1) menjëherë, pa ngurruar; 2) prerazi.

schlapp *a* i dobët, i flashkët, i ngathët; i lodhur, i rraskapitur.

Schl'appe *f* =, **-n** *bis* dështim, disfatë, humbje; **eine Schlappe erleiden** pësoj disfatë, dështoj.

schl'appen *krahin* 1. *vi* **(h)** 1) rrinë lirshëm, varen (*rrobat etj.*); 2) eci duke tërhequr këmbët zvarrë; 2. *vt* llap (*qeni ujin etj.*).

Schl'appheit *f* = dobësi; flashkësi.

Schl'apphut *m* **-(e)s, -hüte** kapele strehëgjerë.

schl'appmachen *vi ndash* **(h)** lëshoj veten.

Schl'appschwanz *m* **-es, -schwänze** *bis* njeri i flashkët, vullnetdobët.

Schlar'affenland *n* **-(e)s** vend përrallor zbavitjesh e qejfesh.

Schlar'affenleben *n* **-s** jetë e dhënë pas qejfeve.

schlau *a* 1) i mprehtë, i hollë, i zgjuar; **ein schlauer Plan** një plan i hollë; **das hat er sich sehr schlau ausgedacht** këtë e ka gjetur me shumë mprehtësi; **aus einer Sache nicht schlau werden** nuk marr vesh gjë nga një punë; 2) dinak; *fig* **ein schlauer Fuchs** skile.

Schl'auberger *m* **-s,** = *bis* dinak; skile.

Schlauch *m* **-(e)s, Schläuche** 1) tub llastiku, zorrë; 2) kamerdare (*biçiklete etj.*).

Schl'auchboot *n* **-(e)s, -e** barkë gome.

schl'auchen *vt bis* (*më*) dërrmon (*një punë e rëndë etj.*).

Schl'äue *f* = 1) zgjuarsi; 2) dinakëri.

Schl'aufe *f* =, **-n** lak.

Schl'auheit *f* =, **-en** 1) mprehtësi, zgjuarsi; 2) dinakëri.

Schl'aukopf *m* **-(e)s, -köpfe** *bis* dinak.

Schl'aumeier *m* **-s,** = mendjehollë.

Schlaw'iner *m* **-s,** = *krahin* bjerraditë.

schlecht 1. *a* i keq; **schlechte Angewohnheit** zakon i keq, ves; **schlechter Eindruck** përshtypje e keqe; **in schlechte Hände geraten** bie në duar të këqija; **schlechte Luft** ajër i prishur; **schlechter Ruf** nam i keq; **schlechter Witz** shaka e ndyrë; 2. *adv* 1) keq; **das Essen ist mir schlecht bekommen** ushqimi më ka bërë keq; **das wird dir schlecht bekommen!** do të të dalë keq!; 2) me zor; **ich kann schlecht nein sagen** e kam të vështirë të them jo.

schl'echterdings *adv* krejt, kryekëput; **schlechterdings nicht** në asnjë mënyrë.

schl'echthin *adv* 1) krejt, tërësisht, plotësisht; 2) kokë e këmbë.

Schl'echtigkeit *f* = 1) ligësi, poshtërsi; 2) *pl* **-en** poshtërsi (*fjalë, vepër e poshtër*).

schl'echtmachen *vt bis* flas keq për (*dikë*).

schl'echtweg *adv* shkurt, thjesht.

schl'ecken *vt, vi* **(h)** 1) lëpin (*macja qumështin etj.*); 2) ha (*të ëmbla*).

Schlecker'ei *f* =, **-en** gjë e ëmbël.

Schl'eckermaul *n* **-s, -mäuler** *bis* ai që i ha shumë të ëmblat.

Schl'egel *m* **-s,** = varé.

Schlei *m* **-(e)s, -e** *dhe* **Schleie** *f* =, **-n** *zool* ngjilë.

schl'eichen* 1. *vi* **(s)** 1) shkoj, vij tinëz, pa bërë zhurmë; **sich ans Fenster schleichen** i afrohem tinëz dritares; 2) vidhem; **auf Zehenspitzen schleichen** vidhem në majë të gishtërinjve; 2. *vrefl* **sich schleichen** 1) futem tinëz, vjedhurazi; *fig* **sich in jemandes Vertrauen schleichen** fitoj besimin e dikujt (*për qëllime të këqija*); 2) dal tinëz, vjedhurazi; **sich aus dem Haus schleichen** dal tinëz nga shtëpia.

schl'eichend *a* 1) që vepron ngadalë (*helm etj.*); 2) tinëzar.

Schl'eichhandel *m* **-s** kontrabandë.

Schl'eichweg *m* **-(e)s, -e** 1) shteg i fshehtë; 2) *fig* rrugë e tërthortë.

Schl'eier *m* **-s, =** 1) vel, tis; *fig* **unter dem Schleier der Nacht** në errësirën e natës; 2) *fig* mjegull; **alles wie durch einen Schleier sehen** i shoh gjërat si nëpër mjegull.

schl'eierhaft *a bis* i pakuptueshëm, i paqartë; **es ist mir schleierhaft, wie ...** nuk arrij ta kuptoj se si ...

Schl'eife *f* **=, -n** 1) fjongo; **ein Kranz mit Schleifen** një kurorë me fjongo; 2) nyjë; **eine Schleife binden** lidh një nyjë; 3) lak (*i rrugës, i lumit*).

schl'eifen* I *vt* 1) mpreh (*thikën etj.*); 2) lëmoj (*xhamin etj.*); 3) *fig* gdhend, bëj njeri; 4) : **eine Festung schleifen** bëj një kështjellë rrafsh me tokën.

schl'eifen II 1. *vt* tërheq zvarrë (*një thes etj.*); 2. *vi* **(h) (an, auf, über A)** 1) tërhiqet zvarrë (*këmba mbi dysheme etj.*); *fig bis* **die Zügel schleifen lassen** lëshoj frerët; 2) ndesh (*rrota në baltëpritës etj.*).

Schl'eifer *m* **-s, =** 1) mprehës; 2) lëmues.

Schl'eifstein *m* **-(e)s, -e** grihë, gur smeril.

Schleim *m* **-(e)s, -e** 1) *mjek* jargë; gëlbazë; 2) qurra; 3) dyllë (*i drurit etj.*); 4) lëng (*orizi etj.*).

Schl'eimhaut *f* **=, -häute** *anat* jargore, mukozë.

schl'eimig *a* 1) ngjitës e rrëshqitës (*llucë etj.*); 2) *fig bis* zvarranik (*njeri*).

schl'emmen *vi* **(h)** ha e pi mirë.

schl'endern *vi* **(s)** *bis* 1) endem; 2) vij rrotull pa punë.

Schl'endrian *m* **-s** *bis* 1) rutinë; 2) sorollatje, zvarritje; **Schluß mit diesem Schlendrian machen** i jap fund kësaj zvarritjeje; 3) shkujdesje, moskokëçarje

schl'enkern *vt, vi* **(h)** tund; **mit den Beinen schlenkern** var këmbët; **mit den Armen schlenkern** tund krahët.

Schl'eppdampfer *m* **-s, =** rimorkiator (*anije*).

Schl'eppe *f* **=, -n** bisht fustani (*i nuses etj.*).

schl'eppen 1. *vt* 1) tërheq zvarrë; 2) bart (*thasë etj.*); 3) tërheq pas vetes, marr me vete; **jemanden mit ins Kino schleppen** marr dikë me vete në kinema; 4) rimorkioj (*anijen etj.*); 2. *vi dhe vrefl* **sich schleppen** 1) hiqem zvarrë; 2) **(mit D)** më mundon (*një sëmundje, punë etj.*); **ich habe mich mit einer Grippe geschleppt** më ka munduar gripi; 3) *fig* zvarritet (*një punë*).

schl'eppend *a* 1) i zvarritur; 2) i zvargur (*melodi etj.*); 3) i rryeshëm (*tregti etj.*).

Schl'eppenträger *m* **-s, =** 1) *hist* pazh; 2) *fig* dallkauk, lajkatar.

Schl'epper *m* **-s, =** 1) rimorkiator; 2) traktor; 3) organizator i hyrjes ilegale të të huajve (*në një shtet*).

Schl'eppkahn *m* **-(e)s, -kähne** maunë.

Schl'epptau *n* **-(e)s, -e** pallamar rimorkimi; **ins Schlepptau nehmen** rimorkioj.

Schl'euder *f* **=, -n** 1) hobe; llastik (*për të vrarë zogj*); 2) *tek* centrifugë.

schl'eudern 1. *vt* 1) hedh, vërvis, flak (*gurin etj.*); *fig bis* **jemandem eine Antwort ins Gesicht schleudern** ia përplas dikujt përgjigjen në fytyrë; 2) *tek* centrifugoj; 2. *vi* **(h)** rrëshqet majtas e djathtas (*automobili etj.*).

Schl'euderpreis *m* **-es, -e** çmim shumë i lirë; **etwas für einen**

Schleuderpreis verkaufen shes për një copë bukë diçka.

schl'eunig *a* i shpejtë, i vrullshëm; i menjëhershëm.

schl'eunigst *adv* sa më shpejt, menjëherë.

Schl'euse *f* =, **-n** ekluzë (*e një kanali etj.*); *fig* **die Schleusen des Himmels öffneten sich** zuri të binte shi me gjyma.

schl'eusen *vt* 1) përçoj në ekluzë (*barkën etj.*); 2) *fig* **(über A)** nxjerr tinëz (*matanë kufirit etj.*).

schlich *sh* **schleichen***.

Schliche *pl* hile, dredhi, marifet; **jemandem auf die Schliche kommen** i bie hiles së dikujt.

schlicht 1. *a* 1) i thjeshtë; **in schlichten Worten** me fjalë të thata; 2) të krehur drejt, të lëmuar (*flokë*); 2. *adv* thjesht.

schl'ichten *vt fig* zgjidh (*një mosmarrëveshje etj.*).

Schl'ichtheit *f* = thjeshtësi.

Schl'ickermilch *f* = *krahin* kos.

schlief *sh* **schlafen***.

schl'ießen* 1. *vt* 1) mbyll (*arkën, syrin, librin etj.*); **wann werden die Läden geschlossen?** kur mbyllen dyqanet? 2) përfundoj, mbaroj (*një mbledhje etj.*); 3) shtrëngoj (*radhët*); **meine Kameraden stehen geschlossen hinter mir** shokët e mi qëndrojnë si trup i vetëm pas meje; 4) lidh; **den Hund an die Kette schließen** lidh qenin me zinxhir; 5) **(in sich)** përmban; **diese Behauptung schließt einen Widerspruch in sich** ky pohim përmban, fsheh një kontradiktë; 6) *shpr* : **eine Ehe schließen** martohem; **Freundschaft schließen** lidh miqësi; **einen Vertrag, ein Bündnis schließen** përfundoj një marrëveshje, lidh një aleancë; 2. *vi* **(h)** 1) mbyllet (*dera etj.*); 2) nxjerr një përfundim; **aus seiner Bemerkung kann man schließen, daß ...** nga vërejtja e tij mund të arrihet në përfundimin se ...; 3. *vrefl* **sich schließen** 1) mbyllet (*dera, plaga etj.*); 2) vjen pas (*diçkaje*); **an seinen Vortrag schloß sich eine Diskussion (an)** pas raportit të tij u bë një diskutim.

Schl'ießer *m* **-s, =** 1) portier; 2) rojë burgu.

Schl'ießfach *n* **-(e)s, -fächer** kuti postare (*për postë restante*).

schl'ießlich *adv* më në fund, në fund, në fund të fundit.

schliff *sh* **schleifen***.

Schliff *m* **-(e)s** 1) mprehje (*e thikës etj.*); 2) lëmim (*i gurit etj.*); 3) *fig* edukatë; **jemandem Schliff beibringen** bëj dikë njeri; **er hat keinen Schliff** ai është i pagdhendur; 4) *pl* **-e** sipërfaqe e lëmuar; 5) *pl* **-e** teh, presë.

schlimm 1. *a* i keq; **eine schlimme Nachricht** një lajm i keq; **es gibt Schlimmeres als das** ka dhe më keq; *bis* **das ist nicht (so) schlimm** kjo s'prish punë (dhe aq); 2. *adv* keq; **es steht schlimm mit ihm** e ka keq punën; **das ist halb so schlimm** kjo është gjysma e së keqes, s'është dhe aq keq.

schl'immstenfalls *adv* në rastin më të keq.

Schl'inge *f* =, **-n** lak; *fig* **den Kopf aus der Schlinge ziehen** dal nga një gjendje e vështirë.

Schl'ingel *m* **-s, =** çamarrok, çapkën.

schl'ingen* I 1. *vt* 1) thur, mpleks (*fije në mes tyre etj.*); 2) dredh (*një kordele rreth një kurore etj.*); 3) : **die Arme um jemanden schlingen** ia hedh krahët në qafë dikujt; 2. *vrefl* **sich schlingen** përdridhet (*urthi rreth një trungu etj.*).

schl'ingen* II *vt* përpij, gëlltis, kullufis.
schl'ingern *vi* (**h**) tundet, lëkundet (*anija në det etj.*).
Schl'ingpflanze *f* =, **-n** bimë kacavjerrëse.
Schlips *m* **-es, -e** kravatë.
Schl'itten *m* **-s,** = slitë, sajë.
Schl'ittenkufen *pl* rrëshqitëse të slitës.
schl'ittern *vi* (**h, s**) rrëshqas (*në akull*).
Schl'ittschuh *m* **-(e)s, -e** *sport* patinë; **Schlittschuh laufen** rrëshqas në akull.
Schlitz *m* **-es, -e** 1) e çarë (*e fustanit etj.*); 2) plasë, e çarë (*e murit, e derës etj.*).
Schl'itzaugen *pl* sy me bisht.
schl'itzäugig *a* sybajame.
schl'itzen *vt* pres, çaj.
schl'ohweiß *a* borë i bardhë (*flok*).
Schloß I *n* **-sses, Schlösser** 1) kështjellë; 2) pallat madhështor.
Schloss II *n* **-sses, Schlösser** 1) dry, bravë; **man sollte ihm ein Schloß vor den Mund legen** i duhej kyçur goja; **hinter Schloß und Riegel** a) i mbyllur me dry; b) i burgosur; 2) *usht* shul (*i pushkës*).
Schl'osser *m* **-s,** = mekanik.
Schlosser'ei *f* =, **-en** 1) *vetëm sing* zanat i mekanikut; 2) dyqan i mekanikut.
Schlot *m* **-(e)s, -e** oxhak (*fabrike*); **wie ein Schlot rauchen** tymos si oxhak.
Schl'ottermilch *f* = *krahin* 1) kos; 2) qumësht i skremuar.
schl'ottern *vi* (**h**) 1) dridhem (*nga të ftohtët, frika etj.*); varen (*rrobat në shtat*).
schl'ottrig *a* që rri varur (*rrobë në trup etj.*).
Schlucht *f* =, **-en** grykë, përroskë.
schl'uchzen *vi* (**h**) qaj me dënesë.
Schl'uchzer *m* **-s,** = dënesë.
Schluck *m* **-(e)s, -e** *dhe* **Schlücke** gllënjkë; **hast du einen Schluck Wasser für mich?** a ke të më japësh një pikë ujë?; **einen guten Schluck tun** pi mirë.
Schl'uckauf *m* **-s** lemzë; **den Schluckauf haben** më zë lemza.
schl'ucken 1. *vt* 1) gëlltis, kapërdij, shkoj (*një kafshatë etj.*); **Wasser schlucken** pi ujë (*duke u mbytur*); 2) *fig* gëlltis, ha (*një fyerje etj.*); **vieles schlucken müssen** detyrohem të gëlltis shumë gjëra; 3) *fig* gllabëroj; **der große Betrieb hat mehrere kleine geschluckt** ndërmarrja e madhe ka gllabëruar shumë të vogla; 2. *vi* (**h**) gëlltitem.
Schl'ucken *m* **-s** *mjek* lemzë.
Schl'ucker *m* **-s,** = : *bis* **armer Schlucker** rrezikzi, fatkeq.
schl'uckweise *adv* me gllënjka.
schl'udern *vi* (**h**) *bis* punoj shkel e shko.
schl'udrig *a* shkel e shko (*punë*).
schlug *sh* **schlagen***.
Schl'ummer *m* **-s** dremitje, kotje.
Schl'ummerlied *n* **-(e)s, -er** ninullë.
schl'ummern *vi* (**h**) dremis (*edhe fig*).
Schlund *m* **-(e)s, Schlünde** 1) *anat* grykë; 2) grykë (*e topit etj.*); gojë (*e ujkut etj.*); 3) greminë.
schl'üpfen *vi* (**s**) 1) çel (*zogu nga veza*); 2) shkas, rrëshqas (*nga duart etj.*); 3) futet (*miu në vrimë etj.*); 4) : **in den Mantel schlüpfen** vesh pallton.
Schl'üpfer *m* **-s,** = brekë.
Schl'upfloch *n* **-(e)s, -löcher** 1) vrimë, strofkull; 2) *fig* vrimë, skutë (*për t'u fshehur*).
schl'üpfrig *a* 1) i rrëshqitshëm (*rrugë etj.*); 2) *fig* i fëlliqur.
Schl'üpfrigkeit *f* = rrëshqitshmëri.

Schl'upfwinkel *m* **-s, =** skutë, vrimë (*për t'u fshehur*).
schl'ürfen *vt* rrufis (*kafenë etj.*).
schl'urfen *vi* **(h, s)** heq këmbët zvarrë; eci duke hequr këmbët zvarrë.
Schluß *m* **-sses, Schlüsse** 1) fund, mbarim; **Fortsetzung und Schluß** vazhdimi e fundi (*i një romani etj.*); **mit etwas Schluß machen** i jap fund diçkaje; **Schluß damit!** mjaft më!; **zum Schluß** në fund; 2) përfundim, konkluzion; **Schlüsse ziehen (aus D)** nxjerr përfundime (*nga një diskutim etj.*); 3) mbyllje; **die Tür hat keinen guten Schluß** dera nuk mbyllet mirë.
Schl'ußakt *m* **-(e)s, -e** akt i fundit (*i dramës etj.*).
Schl'üssel *m* **-s, =** 1) çelës (*i derës, i vidhës, i orës*); **der Schlüssel paßt (nicht)** çelësi (nuk) bën; 2) *muz* çelës; 3) çelës (*i një shifri*).
Schl'üsselbein *n* **-(e)s, -e** *anat* heqës.
Schl'üsselblume *f* **=, -n** *bot* aguliçe.
Schl'üsselbund *m* **-(e)s, -e** tufë çelësash.
schl'üsselfertig *a* gati për t'u marrë në dorëzim (*banesë etj.*).
Schl'üsselkind *n* **-(e)s, -er** fëmijë me çelës në qafë (*meqë e ëma është në punë*).
Schl'üsselloch *n* **-(e)s, -löcher** vrimë çelësi.
Schl'üsselstellung *f* **=, -en** pozicion kyç.
Schl'ußfolgerung *f* **=, -en** rrjedhim, përfundim, konkluzion.
schl'üssig *a* 1) bindës (*provë etj.*); 2) : *shpr* **sich (D) schlüssig sein** kam vendosur; *shpr* **sich (D) schlüssig werden** vendos.
Schl'üssigkeit *f* = të qenët bindës.
Schl'ußlicht *n* **-(e)s, -er** 1) dritë e pasme (*e automobilit*); 2) *fig* i fundit.
Schl'ußpunkt *m* **-(e)s, -e** përfundim; *shpr* **hinter etwas einen Schlußpunkt setzen** i jap fund diçkaje.
Schl'ußstrich *m* : *shpr* **einen Schlußstrich unter etwas ziehen** i heq vizë diçkaje.
Schl'ußverkauf *m* **-(e)s, -verkäufe** shitje me çmim të lirë në fund të sezonit (*për artikuj mode etj.*).
Schl'ußwort *n* **-(e)s, -wörter** 1) fjalë e mbylljes; 2) pasthënie.
Schmach *f* = turp, poshtërim, çnderim; **Schmach und Schande über dich!** turp e faqe e zezë për ty!
schm'achten *vi* **(h)** vuaj; **vor Durst schmachten** vdes, digjem për ujë; **im Kerker schmachten** dergjem në burg; **nach jemandes Liebe schmachten** digjem për dikë; **jemanden schmachtend ansehen** shikoj dikë me mall, me përgjërim.
Schm'achtfetzen *m* **-s, =** *bis* vepër sentimentale (*këngë, libër, film etj.*).
schm'ächtig *a* i dobët, i brishtë (*njeri*).
schm'achvoll *a* i turpshëm; **ein schmachvoller Frieden** një paqë e turpshme.
schm'ackhaft *a* i shijshëm (*gjellë etj.*).
schm'ähen *vt* 1) shaj, lëndoj; 2) flas keq, me përbuzje për (*dikë*).
schm'ählich 1. *a* i turpshëm; 2. *adv* **jemanden schmählich im Stich lassen** lë dikë në baltë në mënyrë të turpshme.
Schm'ähung *f* = 1) fyerje; 2) *pl* **-en** të shara.
schmal *a* (*comp* **schmaler** *dhe* **schmäler,** *superl* **schmalst** *dhe* **schmälst**) 1) i ngushtë (*rrugë, shteg etj.*); 2) i hollë (*libër etj.*); 3) i hajthëm (*trup etj.*); 4) i paktë (*ushqim, të ardhura etj.*); 5) i dobët, i ligshtë; 6) i rrallë (*pyll etj.*).
schm'älern *vt* zvogëloj, ul (*rrogën, meritën etj.*).

Schm'älerung *f* =, **-en** zvogëlim, ulje (*e rrogës etj.*).

Schm'alhans *m* : *shpr bis* **dort ist Schmalhans Küchenmeister** atij (asaj etj.) s'ka ç't'i hajë miu pas darke.

schm'alspurig *a* me shina të ngushta (*hekurudhë etj.*).

Schmalz *n* **-es, -e** 1) dhjamë i shkrirë; 2) *m* **-es** *fig bis* a) sentimentalizëm; b) vjershë (këngë etj.) sentimentale.

Schmant *m* **-(e)s** 1) ajkë; 2) sqotë.

schmar'otzen *vi* **(h) (bei D)** rroj në kurriz (*të dikujt*).

Schmar'otzer *m* **-s, =** 1) *bot zool* parazit; 2) *fig* parazit.

Schm'arre *f* =, **-en** blanë (*shpate etj.*).

Schm'arren *m* **-s, =** *bis* budallallëk; punë boshe.

schm'atzen 1. *vi* **(h)** përtypem me zhurmë, përplas buzët; 2. *vt bis* puth pllaq-plluq.

Schmaus *m* **-es, Schmäuse** gosti.

schm'ausen *vi* **(h)** 1) bëj gosti; 2) ha me lezet.

schm'ecken 1. *vt* provoj, shijoj (*gjellën etj.*); *fig bis* **ich habe den Braten geschmeckt** e kam nuhatur punën; 2. *vi* **(h)** (*më*) shijon (*gjella etj.*); *fig bis* **diese Arbeit schmeckt ihm nicht** kjo punë nuk i pëlqen; **lassen Sie sich's gut schmecken** ju bëftë mirë!; 2) **(nach D)** ka (një) shije (*si të peshkut etj.*); *fig bis* **das schmeckt nach Selbstlob** kjo tingëllon si vetëlëvdatë.

Schmeichel'ei *f* =, **-en** lajkë; **jemandem Schmeicheleien sagen** i bëj lajka dikujt.

schm'eichelhaft *a* 1) i këndshëm; 2) që (*të*) nderon.

schm'eicheln *vi* **(h)** i bëj lajka (*dikujt*); **es schmeichelt mir, daß ...** më bëhet qejfi që ....

Schm'eichler *m* **-s, =** lajkatar.

schm'eichlerisch 1. *a* lajkës, joshës (*fjalë, ton etj.*); 2. *adv* në mënyrë joshëse, lajkatare.

schm'eißen* 1. *vt* 1) *bis* hedh, flak (*një send përtokë etj.*); 2) : *fig bis* **wir werden den Laden schon schmeißen** do ta mbarojmë punën; 2. *vrefl* : *fig bis* **sich einem Mann an den Hals schmeißen** i qepet një burri (*gruaja*).

Schm'eißfliege *f* =, **-n** *ent* mizë mishi.

Schmelz *m* **-es, -e** 1) smalt (*i pjatës, i dhëmbit etj.*); 2) shkëlqim (*i një ngjyre*); 3) kumbim i ëmbël (*i një zëri*).

schm'elzbar *a* i shkrishëm, i lëngëzueshëm.

Schm'elze *f* =, **-n** shkrirje (*e borës etj.*).

schm'elzen *edhe sipas zgjedh. të dobët* 1. *vt* shkrij (*gjalpin, akullin, metalin etj.*); 2. *vi* **(h)** 1) shkrin (*akulli etj.*); 2) *fig* zbutet (*zemra etj.*).

Schm'elzkäse *m* **-s, =** djathë i shkrirë.

Schm'elztiegel *m* **-s, =** *met* poç i shkrirjes.

Schm'erbauch *m* **-(e)s, - bäuche** *bis* plëndës.

Schmerz *m* **-es, -en** 1) dhembje; **wo haben Sie Schmerzen?** ku ju dhemb?; 2) *fig* vuajtje, pikëllim, helm; 3) *fig bis* mall; dëshirë; **hast du sonst noch Schmerzen?** a ke dëshira të tjera?

schm'erzen *vt, vi* **(h)** 1) dhemb (*dhëmbi etj.*); **die Wunde schmerzt stark** plaga dhemb fort; **der Rücken schmerzte ihn (ihm)** i dhimbte kurrizi; 2) *fig* (*më*) djeg, (*më*) dogëndis (*një fjalë etj.*).

Schm'erzensgeld *n* **-(e)s, -er** zhdëmtim për dëm jolëndor.

schm'erzfrei *a* i padhembshëm, pa dhembje.

schm'erzhaft *a* i dhembshëm; që të dhemb (*plagë, goditje etj.*).
Schm'erzhaftigkeit *f* = dhembshmëri.
schm'erzlich *a sh* **schmerzhaft.**
Schm'erzlichkeit *f* = *sh* **Schmerzhaftigkeit.**
schm'erzlos *a* i padhembshëm, pa dhembje.
Schm'erzlosigkeit *f* = padhembshmëri.
Schm'etterling *m* **-s, -e** *zool* flutur.
schm'ettern I *vt* hedh, flak; *fig bis* **einen (Schnaps) schmettern** hedh një gotë (shnaps); **die Karten auf den Tisch schmettern** përplas letrat mbi tryezë.
schm'ettern II 1. *vi* **(h)** 1) shungullon (*muzika etj.*); 2) cicëron (*bilbili etj.*); 3) përplaset me poterë (*dera etj.*); 2. *vt* këndoj.
Schmied *m* **-(e)s, -e** farkëtar.
Schm'iede *f* =, **-n** farkë, kovaçanë.
Schm'iedeeisen *n* **-s** hekur i rrahur.
schm'ieden *vt* rrah (*hekurin etj.*); farkëtoj; *prov* **man muß das Eisen schmieden, solange es heiß ist** hekuri duhet rrahur sa është i nxehtë; **jemanden in Ketten schmieden** i vë prangat dikujt; *fig* **Pläne schmieden** hartoj plane; *fig* **Ränke schmieden** thur intriga; *fig* **Verse schmieden** bëj, thur vargje.
schm'iegen 1. *vt* mbështes (*faqen në dorë etj.*); 2. *vrefl* **sich schmiegen** 1) i përshtatem (*një forme etj.*); 2) **(an A)** i ngjishem (*dikujt*); 3) **(um A)** puthiset; **das Kleid schmiegt sich eng um ihren Körper** fustani i puthiset fort pas trupit; 4) **(in A)** shtrihem (*në një kolltuk etj.*).
schm'iegsam *a* 1) i epshëm, i përkulshëm, elastik; 2) *fig* elastik, që i përshtatet (*gjendjes etj.*).
Schm'iere I *f* =, **-n** 1) *tek* lyrë; 2) bojë (*këpucësh*).
Schm'iere II *f* =, **-n** 1) *bis* trupë artistësh endacakë; 2) : *bis* **Schmiere stehen** bëj rojë (*që të mos vijë policia*).
schm'ieren 1. *vt* 1) lyej (*bukën me gjalpë etj.*); *fig bis* **jemandem etwas aufs Brot schmieren** ia them copë dikujt diçka; 2) grasatoj (*rrotën etj.*); *fig bis* **es geht wie geschmiert** puna shkon vaj; 3) fëlliq, njollos; 4) *fig bis* i jap ryshfet dikujt; 2. *vi* **(h)** 1) shkruaj keq; 2) ndot, lë njolla (*pena etj.*).
Schmierer'ei *f* =, **en** *bis* shkarravinë; njollë.
Schm'ierfink *m* **-en, -en** 1) *bis* pisanik (*në të shkruar etj.*); 2) *përb* gazetar i keq.
Schm'iergeld *n* **-(e)s, -er** *bis* ryshfet.
Schm'ierheft *n* **-(e)s, -e** fletore shënimesh, skicash etj. (*që pastaj hidhen në të pastër*).
schm'ierig *a* 1) i përlyer; 2) i ndotur (*libër etj.*); 3) *fig* i fëlliqur, i ndyrë (*punë*); 4) *fig* servil (*njeri*).
Schm'ierpapier *n* **-s** letër e keqe (*për shënime të çastit etj.*).
schmilzt *sh* **schmelzen*.**
Schm'inke *f* =, **-n** kozmetikë; **weiße Schminke** të bardhë; **rote Schminke** të kuq.
schm'inken *vt* lyej (*buzët me të kuq etj.*); **geschminkte Lippen** buzë të lyera.
schm'irgeln *vt* fërkoj me zumpara, me letër smerile.
Schm'irgelpapier *n* **-s, -e** 1) zumpara; 2) letër smerile.
Schmiß *m* **-sses, -sse** 1) goditje, e prerë, shenjë, blanë (*shpate etj.*); 2) *fig* gjallëri, vrull.
schm'issig *a bis* i gjallë; i vrullshëm.
Schm'öker *m* **-s,** = *bis* 1) libër i vjetër; 2) libër pa vlerë.

schm'ökern *vi* **(h)** *bis* zhytem, kridhem në lexim (*të romaneve etj.*).

schm'ollen *vi* **(h)** **(mit D)** i rri i zemëruar (*dikujt*).

schmolz *sh* **schmelzen*.**

Schm'onzes *m* = *bis* gjepura.

schm'oren 1. *vt* skuq dhe ziej në enë të mbyllur (*mishin*); 2. *vi* **(h)** 1) ziej në enë të mbyllur; 2) *fig bis* dërsij; **ich ließ ihn erst eine Weile schmoren** e lashë ca kohë të dërsinte; 3) *fig bis* piqem, rreshkem (*në diell*).

Schmu *m* **-s** *bis* hile; **Schmu machen** bëj me hile (*në lojë etj.*).

schmuck *a* 1) i bukur, i këndshëm; **ein schmuckes Dorf** një fshat i bukur, i këndshëm; 2) : **sie macht sich schmuck** ajo po stoliset.

Schmuck *m* **-(e)s, -e** 1) stolisje, zbukurim; 2) stoli (*gurë të çmuar etj.*).

schm'ücken 1. *vt* zbukuroj, stolis (*shtëpinë etj.*); **einen Aufsatz mit Bildern und Vergleichen schmücken** pajis një artikull me figura e krahasime; 2. *vrefl* **sich schmücken** zbukurohem, stolisem.

schm'ucklos *a* i pastolisur, i thjeshtë.

Schm'ucksachen *pl* stoli (*gurë të çmuar etj.*).

Schm'uckstück *n* **-(e)s, -e** stoli (*edhe fig*).

schm'uddelig *a* i papastër; shkatarraq.

Schm'uggel *m* **-s** kontrabandë.

schm'uggeln 1. *vt* fus, nxjerr kontrabandë; 2. *vi* **(h)** bëj kontrabandë.

Schm'uggler *m* **-s,** = kontrabandist.

schm'unzeln *vi* **(h)** buzëqesh.

Schmus *m* **-es** *bis* 1) lajka, furça; 2) gjepura.

schm'usen *vi* **(h)** **(mit D)** i përqallem (*dikujt*).

Schmutz *m* **-es** ndyrësi, pisllëk; **Schmutz- und Schundliteratur** letërsi e verdhë; *fig* **jemanden mit Schmutz bewerfen** hedh baltë mbi dikë.

schm'utzen *vi* **(h)** fëlliqem, ndyhem, bëhem pis.

Schm'utzfink *m* **-en -en** *bis* pisanjos.

schm'utzig *a* 1) i ndyrë, i fëlliqur; 2) *fig* i ndyrë, i fëlliqur (*veprim etj.*).

Schn'abel *m* **-s, Schnäbel** 1) *zool* sqep; 2) *bis* gojë, sqep; **den Schnabel halten!** mbaj gojën, mbylle sqepin! **man sollte ihm endlich den Schnabel stopfen** duhet t'ia mbyllin gojën më në fund; **mach doch den Schnabel auf!** hape, de, gojën!; *fig bis* **sie wetzt gern ihren Schnabel an anderen Leuten** asaj ia ka fort qejfi të marrë të tjerët nëpër gojë; 3) lëfyt (*i një ene etj.*).

schn'äbeln *vi* **(h)** 1) përpjekin sqepat (*zogjtë*); 2) *fig bis* puthen (*dashnorët*).

schnabul'ieren *vt bis* përlaj (*byrekun etj.*).

Schnack *m* **-s** përrallisje, llomotitje; gjepura.

Schn'ake I *f* **=, -n** *zool* mushkonjë, harrje.

Schn'ake II *f* **=, -n** *krahin* 1) shaka; 2) mendim i marrë.

Schn'alle *f* **= -n** tokëz (*rripi*).

schn'allen *vt* 1) mbërthej me tokëz (*rripin etj.*); 2) lidh me rripa (*në tryezën e operacionit etj.*).

schn'alzen *vi* **(h)** **(mit D)** kërcas (*gjuhën, gishtërinjtë, kamxhikun etj.*).

schn'appen 1. *vi* **(h)** 1) përplaset (*kapaku*); 2) kërcet (*brava*); 3) **(nach D)** a) rrekem të kap; b) ia ngul dhëmbët (*qeni mishit*); 4) : **nach Luft schnappen** gulçoj; 2. *vt* 1) kap (*hajdutin*); 2) rrëmbej (*thelën më të mirë etj.*); 3) vjedh.

Schn'appschuß *m* **-sses, -schüsse** fotografi (*e çastit*).
Schnaps *m* **-es, Schnäpse** raki.
schn'archen *vi* **(h)** gërhas.
schn'arren *vi* **(h)** kërcet (*dera etj.*); kërcëllin; cijat.
schn'attern *vi* 1) gagat (*pata, rosa*); 2) *fig bis* llomotis; 3) dridhem (*nga frika, të ftohtët*).
schn'auben 1. *vi* **(h)** 1) turfullon (*kali*); 2) **(vor D)** gulçoj, shfryj (*nga inati etj.*); 3) fryn (*era*); 2. *vt* : **sich (D) die Nase schnauben** fshij, shfryj hundët, u fryj hundëve.
schn'aufen *vi* **(h)** gulçoj, dihas; *bis* **was ist los? Du kannst ja kaum noch schnaufen** ç'ka ngjarë? Ti mezi merr frymë.
Schn'aufer *m* **-s, =** *bis* psherëtimë.
Schn'auzbart *m* **- (e)s, -bärte** 1) mustaqe; 2) *bis* mustakosh (*burrë*).
Schn'auze *f* **=, -n** 1) turi; 2) *vulg* gojë; **halt die Schnauze!** kyçe!, mbylle!; **ich habe die Schnauze voll davon** më ka ardhur në majë të hundës kjo punë; **frei nach Schnauze** pa plan, pa përgatitje.
schn'auzen *vi* **(h)** *bis* shaj me zë të lartë.
Schn'ecke *f* **=, -n** 1) *zool* kërmill; 2) *anat* kërmill i veshit.
Schnee *m* **-s** borë; **es fällt Schnee** bie borë; **unser Geld schmilzt wie Schnee in der Sonne** parja jonë po shkrin si bora në diell.
Schn'eeball *m* **-(e)s, -bälle** top bore.
Schn'eebesen *m* **-s, =** tel (*për të rrahur vezët etj.*).
Schn'eefall *m* **-(e)s, -fälle** reshje bore.
Schn'eeflocke *f* **=, -n** flok bore.
Schn'eegestöber *n* **-s, =** stuhi, suferinë, shtrëngatë bore.
Schn'eeglöckchen *n* **-s, =** *bot* luleborë.
schn'ee/ig *a* 1) i mbuluar me borë (*mal etj.*); 2) i bardhë borë.
Schn'eekette *f* **=, -n** zinxhirë bore (*për automobil etj.*).
Schn'eekönig *m* : *shpr bis* **sich freuen wie ein Schneekönig** më bëhet zemra mal.
Schn'eemann *m* **-(e)s, -männer** surrat bore.
Schn'eeschuh *m* **-(e)s, -e** ski.
Schn'eewehe *f* **=, -n** grumbull bore.
schn'eeweiß *a* i bardhë si bora.
Schneid *m* **-(e)s** *bis* energji, vendosmëri, guxim; **Schneid haben** jam energjik, i vendosur; **jemandem den Schneid abkaufen** i shtie frikën dikujt.
Schn'eide *f* **=, -n** teh (*i thikës etj.*); *shpr* **etwas steht auf des Messers Schneide** diçka është në teh të briskut.
schn'eiden* 1. *vt* 1) pres (*bukën etj.*); 2) qeth (*flokët etj.*); 3) kosis (*barin*); korr (*grurin etj.*); 4) i bie me të prerë (*topit*); 5) i bie shkurt, pres (*rrugën*); 6) *bis* nuk përfill, nuk përshëndes; 7) *mjek* çaj, hap (*tumorin etj.*); 8) : *shpr* **Grimassen, Fratzen schneiden** ngërdheshem; 2. *vi* **(h)** 1) pret thika; 2) (*të*) pret (*dhembja, era etj.*); 3. *vrefl* **sich schneiden** 1) pritem (*në gisht etj.*); 2) ndërpriten (*dy vija etj.*).
schn'eidend *a fig* 1) therës (*tallje, shaka etj.*); 2) i mprehtë (*erë, zë etj.*).
Schn'eider *m* **-s, =** rrobaqepës; *fig bis* **ich friere heute wie ein Schneider** sot po mërdhij si qeni.
Schneider'ei *f* **=, -en** rrobaqepësi.
Schn'eiderin *f* **=, -nen** rrobaqepëse.
Schn'eiderkreide *f* **=** sapun, shkumës i rrobaqepësit.
schn'eidern 1) pres e qep (*një kostum etj.*); 2. *vi* **(h)** qep, merrem me rrobaqepësi.

Schn'eidezahn *m* **-(e)s, -zähne** *anat* dhëmb prerës.
schn'eidig *a* 1) i mprehtë; 2) energjik, i vendosur, i guximshëm.
schn'eien 1. *vimp* : **es schneit** bie borë; 2. *vi* **(h)** : *fig bis* **jemandem ins Haus schneien** ia zë dikujt derën papritur.
Schn'eise *f* **=, -n** rrah (*vend i shpyllëzuar*).
schnell 1. *a* i shpejtë; **eine schnelle Bedienung** shërbim i shpejtë; **eine schnelle Bewegung, Drehung, Wendung** lëvizje, rrotullim, kthim i shpejtë; *usht* **schnelle Truppen** trupa të motorizuara; 2. *adv* shpejt; **wie schnell die Zeit vergeht!** sa shpejt kalon koha!
Schn'elle *f* = shpejtësi; *bis* **nur auf die Schnelle eine Kleinigkeit essen** ha diçka shpejt e shpejt.
schn'ellen 1. *vt* lëshoj (*një sustë, shigjetë etj.*); 2. *vi* **(s)** 1) hidhem përpjetë; 2) *fig* ngrihen (*çmimet etj.*).
Schn'ellfeuer *n* **-s** *usht* zjarr i dendur.
Schn'ellfeuergeschütz *n* **-es, -e** *usht* top me qitje të shpejtë.
Schn'ellhefter *m* **-s, =** dosje me kapëse.
Schn'elligkeit *f* **=, -en** shpejtësi.
schn'ellstens *adv* sa më parë, sa më shpejt.
Schn'ellzug *m* **-(e)s, -züge** tren i shpejtë.
Schn'epfe *f* **=, -n** *zool* shapkë (*zog*).
schn'euzen, sich *vrefl bis* u fryj hundëve, fshij hundët.
Schn'ickschnack *m* **-(e)s** *bis* 1) përralla, pallavra; 2) çikërrima.
schn'iegeln 1. *vt* stolis; 2. *vrefl* **sich schniegeln** vishem e ngjishem punë e madhe.
Schn'ippchen *n* : *shpr* **jemandem ein Schnippchen schlagen** i punoj një rreng dikujt.
Schn'ippel *sh* **Schnipsel.**
schn'ippeln *vi* **(h)** *sh* **schnipseln.**
schn'ippisch *a* 1) provokues; *bis* **ein schnippisches Ding** një vajzë e lezetshme; 2) i pafytyrë.
Schn'ipsel *m dhe n* **-s, =** *bis* copë e prerë (*letre etj.*).
schn'ipseln *vt bis* 1) pres; 2) gris, bëj copë-copë.
schn'ipsen *bis* 1) *vt* i bie me gisht (*diçkaje*); 2. *vi* **(h)** kërcas me gishta.
schnitt *sh* **schneiden*.**
Schnitt *m* **-(e)s, -e** 1) e prerë; 2) prerje; 3) kositje; korrje; 4) model i prerë (*i një fustani etj.*); 5) *mat* prerje, seksion; 6) montim (*i një filmi*); 7) mesatare; **im Schnitt** mesatarisht.
Schn'ittblume *f* **=, -n** lule që vihet në vazo.
Schn'itte *f* **=, -n** rriskë, thelë, fetë (*buke etj.*).
Schn'itter *m* **-s, =** kositës; korrës.
schn'ittig *a* 1) i bërë për t'u korrur (*grurë etj.*); 2) *fig* me formë të bukur, elegant (*automobil, kalë etj.*).
Schn'ittlauch *m* **-s** *bot* krokare.
Schn'ittmuster *n* **-s, =** mostër prerjeje (*për fustan etj.*).
Schn'ittpunkt *m* **-(e)s, -e** pikë ndërprerjeje (*e dy vijave, rrugëve etj.*).
schn'ittreif *a* i pjekur për korrje (*grurë etj.*).
Schn'ittwunde *f* **=, -n** e prerë (*plagë*).
Schn'itzel I *n dhe m* **-s, =** copë letre.
Schn'itzel II *n* **-s, =** *kuzh* shnicël (*mish*).
schn'itzen *vt* gdhend, skalis në dru; *fig* **er ist aus hartem Holz geschnitzt** ai është kockë e fortë.
Schn'itzer *m* **-s, =** 1) drugdhendës; 2) *bis* gabim; **die Arbeit wimmelt**

von **Schnitzern** puna është e mbushur me gabime.
Schnitzer'ei *f* = 1) art i gdhendjes në dru; 2) *pl* **-en** punim i gdhendjes në dru.
schn'oddrig *a bis* i pafytyrë.
schn'öde *a* 1) i ulët, i poshtër (*veprim etj.*); 2) i turpshëm (*mosmirënjohje etj.*); 3) i përbuzshëm; i mjerueshëm.
Schn'orchel *m* **-s,** = tub për ajrosjen (*e nëndetëses së zhytur, e zhytësit etj.*).
Schn'örkel *m* **-s,** = lajle e tepruar.
schn'örkelig *a* me lajlelule, i lajluar.
schn'orren *vt bis* marr qyl (*cigare etj.*).
Schn'orrer *m* **-s,** = 1) qylxhi; 2) *vjet* lypës.
Schn'ösel *m* **-s,** = i ri i pafytyrë e mendjetrashë.
schn'üffeln *vi* **(h)** 1) marr erë, nuhas; 2) *fig bis* përgjoj; fus hundët (*në punët e të tjerëve*); **du hast hier nichts zu schnüffeln!** s'ke punë këtu!
Schn'üffler *m* **-s,** = spiun.
schn'upfen *vt* thith (*burrnot*).
Schn'upfen *m* **-s,** = 1) thithje e burrnotit; 2) *mjek* rrufë.
Schn'upftabak *m* **-s** burrnot, tabako.
schn'uppe *a* : *bis* **das ist mir schnuppe!** aq më bën!, për këtë s'e çaj kokën.
schn'uppern *vi* **(h) (an A)** i marr erë (*diçkaje*).
Schnur *f* =, **Schnüre** gjalmë, kordon; *fig bis* **über die Schnur hauen** e teproj.
Schn'ürchen *n* **-s,** = gjalmë, kordon i hollë; *fig bis* **es geht (alles) wie am Schnürchen** puna shkon për bukuri, për mrekulli.
schn'üren *vt* lidh me gjalmë, me kordon; *fig bis* **sein Bündel schnüren** ngre plaçkat, qërohem.
schn'urgerade 1. *a* i drejtë (*rrugë etj.*); 2. *adv* 1) në vijë të drejtë; 2) pa e çuar gjatë, menjëherë, sakaq.
Schn'urrbart *m* **-(e)s, -bärte** mustaqe.
schn'urren *vi* **(h)** 1) zukat (*qerthulli etj.*); 2) gërhet (*macja*).
schn'urrig *a vjet* qesharak, zbavitës (*njeri, histori etj.*).
Schn'ürschuh *m* **-(e)s, -e** këpucë me lidhëse.
Schn'ürsenkel *m* **-s,** = lidhëse këpucësh.
schn'urstracks *adv* 1) drejt, drejt e drejt; 2) menjëherë, në çast, pa e zgjatur shumë.
Schn'ute *f* =, **-n** *bis* turi; *shpr bis* **eine Schnute machen** shtrembëroj turinjtë.
schob *sh* **schieben*.**
Sch'ober *m* **-s,** = 1) mullar bari; 2) plevicë bari.
Schock I *m* **-(e)s, -e** *dhe* **-s** *mjek* tronditje nervore, shok.
Schock II *n* **-(e)s** gjashtëdhjetëshe (*masë*); **ein Schock Eier** gjashtëdhjetë vezë; *fig bis* **ein Schock Kinder** një tufë fëmijë.
sch'ocken *vt* 1) *mjek* i bëj elektroshok (*dikujt*); 2) *bis* trondis; prek.
schock'ieren *vt* i bëj përshtypje të keqe (*dikujt*); **sein Verhalten hat uns alle schockiert** sjellja e tij na ka bërë të gjithëve përshtypje të keqe.
sch'ofel *a bis* 1) koprrac, kurnac; 2) i mjerueshëm; i ulët (*qëllim etj.*).
Sch'öffe *m* **-n, -n** *drejt* ndihmësgjyqtar nderi.
Schokol'ade *f* =, **-n** çokollatë.
Sch'olle I *f* =, **-n** 1) mollok, krep (*akulli*); 2) plis (*dheu*); 3) *fig* tokë.
Sch'olle II *f* =, **-n** *zool* shojzë (*peshk*).

schon *adv* 1) që; **schon heute** që sot; **schon jetzt** që tani; **schon lange** qëkur; 2) prej; **schon drei Wochen** prej tri javësh; 3) (që) tani; **ich komme schon!** erdha!; 4) vetëm; **schon sie zu sehen, machte ihm Freude** vetëm ta shihte, ai gëzohej; 5) më në fund; **schweig doch schon!** pusho, de!; 6) edhe; **es wird schon gehen** kjo mund edhe të shkojë; **das wird schon stimmen, nur ...** kjo edhe mund të jetë e vërtetë, po ...; 7) : *bis* **wenn schon!** e pastaj!; **schon gar nicht** aq më pak; **schon einmal** edhe një herë (*më parë*); **das ist schon das zweite Mal, daß ...** kjo tani është e dyta herë që ...; **schon gut** epo mirë; **das schon, aber ...** mirë kjo (këtë), por ...; *bis* **wenn schon, denn schon** kur është për të bërë, do bërë tamam.

schön 1. *a* 1) i bukur; *iron* **schöne Worte!** fjalë të bukura!; **ein schöner Freund!** i bukur mik qenka! 2) i mirë; **einen schönen Gewinn erzielen** nxjerr një fitim të majmë; **das ist eine schöne Stange Geld** kjo është pare e madhe; **schönes Wetter** mot i mirë; **schöne Zeiten** kohë të mira; **am schönsten wäre es, wenn ...** më e mira do të ishte sikur ...; 3) : **die schönen Künste** artet e bukura; **die schöne Literatur** letërsia artistike; **ein schöner Morgen** një ditë prej ditësh; **eine schöne Seele** një shpirt i ndjeshëm; 2. *adv* 1) bukur; **schön deklamieren, singen, sprechen** deklamoj, këndoj, flas bukur; 2) mirë; **das hast du schön gemacht** këtë e ke bërë mirë; 3) shumë, fort; **er müßte ganz schön arbeiten** iu desh të lodhej shumë; **er wird sich schön wundern, wenn ...** ai do të habitet shumë, kur ...; **du bist schön dumm, daß du ...** je budalla i madh që ...; **danke schön!** faleminderit shumë!

sch'onen *vt* 1) ruaj; **sie muß ihre Augen, ihre Gesundheit schonen** ajo duhet të ruajë sytë, shëndetin; 2) kursej; **sie muß ihre Kräfte schonen** ajo duhet të kursejë forcat; *fig bis* **sie schont ihren Kopf** ajo nuk e vret mendjen; 3) : **dieses Waschmittel schont die Wäsche** ky mjet larës nuk i dëmton teshat; **jemandem die Wahrheit schonend sagen** ia them dikujt të vërtetën me kujdes.

Sch'oner I *m* **-s, =** *det* shkunë, trabak (*lloj anijeje*).

Sch'oner II *m* **-s, =** mbulesë kolltuku etj.

Sch'önfärberei *f* **=, -en** zbukurim (*i gjendjes në një raport etj.*).

Sch'onfrist *f* **=, -en** kohë, afat (*për t'u mësuar me një mjedis etj.*).

Sch'öngeist *m* **-es, -er** estet.

sch'öngeistig *a* artistik; **in den schöngeistigen Zirkeln** në qarqet artistike; **schöngeistige Literatur** letërsi artistike.

Sch'önheit *f* **=, -en** 1) bukuri (*e natyrës, e artit etj.*); 2) grua e bukur.

Sch'önheitsfehler *m* **-s, =** 1) gjë që prish bukurinë; 2) e metë e vogël.

Sch'önheitsmittel *n* **-s, =** mjet kozmetik.

sch'önmachen *ndash bis* 1. *vt* zbukuroj, stolis (*për një festë etj.*); 2. *vi* **(h)** qëndron mbi këmbët e pasme (*qeni*).

Sch'önschreiben *n* **-s** bukurshkrim.

sch'öntun* *vi* **(h)** *ndash* 1) **(mit D)** marr me të mirë, i bëj lajka (*dikujt*), laj e lyej (*dikë*); 2) *krahin* bëj naze.

Sch'onung *f* **=, -en** 1) kujdes; **die Schonung der Gesundheit geht vor** kujdesi për shëndetin është mbi të gjitha; 2) përdorim i kujdesshëm (*i një sendi etj.*); 3) mëshirë; **er**

kennt keine Schonung ai është i pamëshirshëm; **um Schonung für jemanden bitten** kërkoj mëshirë për dikë; 4) : **der Zustand der Patientin verlangt äußerste Schonung** gjendja e të sëmurës kërkon që ajo ta ruajë veten shumë.

sch'onungslos *a* i pamëshirshëm.

Sch'onzeit *f* =, **-en** kohë e ndaluar për gjah.

Schopf *m* **-(e)s, Schöpfe** perçe, baluke, kaçirubë.

schöpfen 1. *vt* mbush (*ujë etj.*); *fig* **Wasser in ein Sieb schöpfen** mbush ujë me shoshë; **Atem schöpfen** a) marr frymë; b) pushoj, çlodhem; **frische Luft schöpfen** marr ajër të pastër; *fig* **Mut schöpfen** marr zemër, guxim; *fig* **Verdacht gegen jemanden schöpfen** më bren dyshimi për dikë; 2. *vi* **(h):** *fig* **aus dem Vollen schöpfen** marr me të dyja duart, marr pa frikë.

Sch'öpfer I *m* **-s,** = krijues, autor (*i një vepre etj.*).

Sch'öpfer II *m* **-s,** = garuzhdë, qepshe.

sch'öpferisch *a* krijues (*mendim, vepër etj.*); **er ist nicht schöpferisch veranlagt** ai nuk ka aftësi krijuese.

Sch'öpfung *f* =, **-en** 1) krijim; 2) vepër.

Sch'oppen *m* **-s,** = 1) krikëll (*vere*); 2) *krahin* shishe qumështi me biberon.

schor *sh* **scheren*.**

Schorf *m* **-(e)s, -e** dregëz (*e plagës*).

sch'orfig *a* 1) i dregëzuar; 2) kromash, qeros.

Sch'orle *dhe* **Schorlem'orle** *f* =, **-n** përzierje vere me ujë mineral.

Sch'ornstein *m* **-(e)s, -e** grykë oxhaku, oxhak; *fig bis* **eine Schuld in den Schornstein schreiben** quaj të humbur një borxh; *fig bis* **er raucht wie ein Schornstein** ai tymos si oxhak.

Sch'ornsteinfeger *m* **-s,** = pastrues oxhaqesh.

schoß *sh* **schießen*.**

Schoß I *m* **-es, Schöße** kind (*i fustanit etj.*).

Schoß II *m* **-es, Schöße** 1) prehër; pëqi; **auf dem Schoß sitzen** rri në prehër; **ein Kind auf den Schoß nehmen** marr një fëmijë në prehër; *fig* **die Hände in den Schoß legen** rri duarkryq, me duar në gji; 2) *fig* gji; **in den Schoß der Familie zurückkehren** kthehem në gjirin e familjes.

Sch'oßhund *m* **-(e)s, -e** kone.

Sch'oßkind *n* **-(e)s, -er** kanakar, fëmijë i përkëdhelur; *fig* **ein Schoßkind des Glücks** i përkëdhelur i fatit.

Sch'ößling *m* **-s, -e** 1) filiz, lastar; 2) *fig* pinjoll.

Sch'ote *f* =, **-n** *bot* bishtajë.

Sch'otte *m* **-n, -n** skocez.

Sch'otter *m* **-s,** = 1) zhavorr (*i lumit etj.*); 2) *vulg* pare.

sch'ottern *vt* shtroj me zhavorr (*rrugën etj.*).

sch'ottisch *a* skocez, i Skocisë.

schraff'ieren *vt* vizoj.

schräg 1. *a* i shtrembër, i tërthortë, i pjerrët (*drejtim, vijë etj.*); 2. *adv* shtrembër, tërthorazi.

schr'ägüber *adv* tërthorazi.

Schr'amme *f* =, **-n** 1) blanë, shenjë plage; 2) gërvishtje (*e xhamit etj.*).

Schrank *m* **-(e)s, Schränke** dollap; *fig bis* **er hat nicht alle Tassen im Schrank** ai ka një dërrasë mangët.

Schr'anke *f* =, **-n** 1) parmak; *fig* **jemanden in die Schranken fordern** sfidoj dikë; *fig* **vor den Schranken (des Gerichts) erscheinen** dal në gjyq; 2) *fig* cak, kufi; *fig* **sich Schranken auferlegen** i vë vetes kufi; **jemanden in die Schranken weisen** i tregoj vendin dikujt; 3) tra postblloku.

schr'ankenlos *a* 1) i pakufishëm; 2) i papërmbajtur.

Schr'ankenlosigkeit *f* = 1) pakufishmëri; 2) papërmbajtshmëri.

Schr'aube *f* =, **-n** *tek* 1) vidhë; 2) helikë.

schr'auben *vt* vidhos, shtrëngoj me vidhë; *fig* **die Preise in die Höhe schrauben** ngre çmimet.

Schr'aubenmutter *f* =, **-n** *tek* madrevidhë.

Schr'aubenschlüssel *m* **-s,** = *tek* çelës anglez.

Schr'aubenzieher *m* **-s,** = kaçavidhë.

Schr'aubstock *m* **-(e)s, -stöcke** *tek* morsë.

Schr'ebergarten *m* **-s, -gärten** kopsht i vogël.

Schreck *m* **-(e)s, -e, Schr'ecken** *m* **-s,** = 1) frikë; **vor Schreck** nga frika; **einen Schreck bekommen** trembem; **jemandem einen Schreck einjagen** tremb dikë; 2) tmerr (*i vdekjes etj.*); **der Schrecken fuhr mir durch die Glieder, Knochen** tmerri më hyri në palcë.

schr'ecken *vt* tremb, tmerroj.

schr'eckensbleich *a* i zverdhur nga tmerri.

Schr'eckensherrschaft *f* = regjim terrori.

Schr'eckgespenst *n* **-es, -er** lugat.

schr'ecklich 1. *a* i tmerrshëm; **er stieß schreckliche Drohungen aus** ai bënte kërcënime të tmerrshme; 2. *adv* shumë, fort; **ich freue mich schrecklich darauf** gëzohem shumë për këtë.

Schr'ecknis *n* **-ses, -se** tmerr, ngjarje e tmerrshme.

Schr'eckschuß *m* **-sses, -schüsse** e shtënë për të trembur.

Schrei *m* **-(e)s, -e** britmë, klithmë; *fig bis* **der letzte Schrei** moda e fundit.

schr'eiben* 1. *vt* shkruaj (*një letër, roman etj.*); **wir schreiben heute 1994** tani jemi në vitin 1994; **er schreibt eine gute Handschrift** ai ka shkrim të mirë; *fig bis* **schreib dir das hinter die Ohren!** këtë vëre (vare) vath në vesh!; 2. *vrefl* **sich schreiben (mit D)** kam letërkëmbim (*me dikë*); **wie schreiben Sie sich?** si shkruhet emri juaj?; **sich krank schreiben lassen** marr raport (mjekësor); 3) *vi* **(h)** shkruaj (*për gazetat etj.*).

Schr'eiben *n* **-s,** = letër, shkresë.

Schr'eiber *m* **-s,** = 1) shkrues; kopist; 2) shkrimtar.

Schreiber'ei *f* =, **-en** 1) shkruarje (*shkresash etj.*); 2) *bis* shkresurina.

Schr'eiberling *m* **-s, -e** 1) shkresaxhi; 2) shkrimtaruc.

schr'eibfaul *a* që përton të shkruajë.

Schr'eibfehler *m* **-s,** = gabim shkrimi.

Schr'eibmaschine *f* =, **-n** makinë shkrimi.

Schr'eibpapier *n* **-s, -e** letër shkrimi.

Schr'eibtisch *m* **-es, -e** tryezë shkrimi, skrivani.

Schr'eibweise *f* =, **-n** mënyrë të shkruari (*e një fjale etj.*).

Schr'eibzeug *n* **-(e)s, -e** takëm shkrimi.

schr'eien* *vi* 1) thërras, bërtas; 2) qan (*foshnja*); 3) *fig* **(nach D)** kërkoj (*hakmarrje etj.*).

schr'eiend *a* 1) që bërtet, që thërret; 2) që të vret sytë, e fortë (*ngjyrë*); 3): *fig* **schreiendes Unrecht** padrejtësi e madhe.

Schr'eihals *m* **-es, -hälse** *bis* zhurmëmadh, poteremadh (*njeri*).

Schrein *m* **-(e)s, -e** 1) dollap; 2) arkë, sënduk.

Schr'einer *m* **-s, =** zdrukthëtar.

Schreiner'ei *f* **=** 1) zdrukthëtari (*zanat*); 2) *pl* **-en** zdrukthëtari (*punishte*).

schr'eiten* *vi* **(s)** 1) eci; **vorwärts schreiten** eci, shkoj përpara, përparoj; 2) **(zu D)** filloj, ndërmarr (*një punë*).

schrie *sh* **schreien***.

schrieb *sh* **schreiben***.

Schrift *f* **=, -en** 1) *poligr* shkronjë; **gotische, lateinische, griechische, kyrillische Schrift** shkronja gotike, latine, greke, cirilike; 2) shkrim; **unleserliche Schrift** shkrim i palexueshëm; 3) vepër; **sämtliche Schriften eines Dichters** veprat e plota të një poeti; 4) artikulli; trajtesë; libër.

Schr'iftbild *n* **-(e)s, -er** *poligr* sy i shkronjës.

Schr'iftdeutsch *n* **=** gjermanishte e shkruar.

Schr'iftführer *m* **-s, =** protokollist (*i një mbledhjeje etj.*).

Schr'iftleiter *m* **-s, =** redaktor (*i një gazete etj.*).

Schr'iftleitung *f* **=, -en** redaksi (*e një gazete etj.*).

schr'iftlich 1. *a* me shkrim; **eine schriftliche Prüfung ablegen** jap një provim me shkrim; 2. *adv* me shkrim; *fig bis* **das kann ich dir schriftlich geben** këtë mund të ta jap me shkrim.

Schr'iftsetzer *m* **-s, =** *poligr* radhitës.

Schr'iftsprache *f* **=, -n** gjuhë e shkruar, gjuhë letrare.

Schr'iftsteller *m* **-s, =** shkrimtar.

Schr'iftstück *n* **-s, -e** dokument, shkresë.

Schr'ifttum *n* **-s** letërsi; literaturë (*për një fushë të shkencës etj.*).

Schr'iftverkehr *m* **-s** letërkëmbim.

schrill *a* i mprehtë, depërtues (*klithmë, zë, tingëllimë etj.*).

schr'illen *vi* **(h)** tringëllin, bie (*telefoni, zilja etj.*).

schritt *sh* **schreiten***.

Schritt *m* **-(e)s, -e** 1) hap; **im Schritt** me hap; **den Schritt beschleunigen** shpejtoj hapin; **Schritt für Schritt** hap pas hapi; **Schritt halten (mit D)** eci me një hap (*me kohën etj.*); **auf Schritt und Tritt** në çdo hap; **jemandem auf Schritt und Tritt folgen** ndjek dikë këmba-këmbës; 2) *fig* përçapje, masë; **beide Länder wollen gemeinsame Schritte unternehmen** dy vendet do të marrin masa të përbashkëta; **die nötigen Schritte tun** marr masat e nevojshme.

Schr'ittmacher *m* **-s, =** 1) pararendës (*edhe fig*); 2) *mjek* rregullues i të rrahurave të zemrës (*aparat*).

schr'ittweise *adv* hap pas hapi, gradualisht.

schroff 1. *a* 1) thikë, i rrëpirë (*shkëmb etj.*); 2) *fig* i ashpër, i vrazhdë (*sjellje etj.*); 3) i papritur (*kthesë etj.*); 2. *adv* 1) thikë; 2) *fig* ashpër, vrazhdë.

Schr'offheit *f* **=** ashpërsi, vrazhdësi (*në sjellje etj.*).

schr'öpfen *vt* 1) i heq gjak (*dikujt*); 2) *fig bis* rrjep; **er wurde gehörig geschröpft** e rropën mirë (*në lojë etj.*).

Schrot *m, n* **-(e)s, -e** 1) miell i bluar trashë; 2) saçmë.

Schr'otbrot *n* **-(e)s, -e** bukë e zezë.

schr'oten *vt* bluaj trashë (*drithin*).

Schrott *m* **-(e)s** 1) hekurishte; 2) *bis* gjëra pa vlerë.

schr'ubben *vt* fërkoj (*dyshemenë etj.*).

Schr'ubber *m* **-s, =** furçë dyshemeje.

Schr'ulle *f* =, **-n** 1) tekë, trill; **er hat den Kopf voller Schrullen** është njeri me teka ai; 2) *fig përb* plakë matufe.

schr'ullenhaft *a sh* **schrullig.**

schr'ullig *a* i çuditshëm; trillan, tekanjoz.

schr'umpfen 1. *vt* **(h)** pakësoj, zvogëloj; 2. *vi* **(s)** 1) rrëgjohet (*molla etj.*); 2) rrudhet, mblidhet; 3) hyn (*stofi kur lahet*); 4) *fig* pakësohet (*kapitali, prodhimi etj.*).

schr'umplig *a bis* i rrudhur; i rrëgjuar (*mollë etj.*).

Schr'unde *f* =, **-n** 1) plasë, e çarë (*në shkëmb etj.*); 2) plasaritje (*në lëkurë*).

Schub *m* **-(e)s, Schübe** 1) shtytje, e shtyrë; *bis* **per Schub** me dhunë; 2) goditje; 3) *bis* sirtar; 4) grup njerëzish (*që kanë bërë një rrugë me makinë etj.*).

Sch'ubfach *n* **-(e)s, -fächer** sirtar (*tryeze etj.*).

Sch'ubkarren *m* **-s,** = karrocë dore.

Sch'ublade *f* =, **-n** *sh* **Schubfach.**

Schubs *m* **-es, -e** *bis* shtytje e lehtë.

sch'ubsen *vt bis* shtyj.

sch'üchtern *a* i druajtur; **ein schüchternes Mädchen** një vajzë e druajtur; *fig* **einen schüchternen Versuch machen** bëj një përpjekje të druajtur.

Sch'üchternheit *f* = druajtje.

schuf *sh* **schaffen***.

Schuft *m* **-(e)s, -e** *bis* maskara, kopuk.

sch'uften *vi bis* shuhem në punë.

Schufter'ei *f* = *bis* punë robtuese, rraskapitëse.

sch'uftig *a* i poshtër, i ulët.

Schuh *m* **-(e)s, -e** 1) këpucë; **Schuhe an- und ausziehen** mbath dhe zbath këpucët; **diese Schuhe drücken mich** këto këpucë më vrasin; **Schuhe nach Maß arbeiten lassen** bëj këpucë me porosi; *fig* **ich weiß, wo ihn der Schuh drückt** e di ku i dhemb; *fig bis* **er versuchte, mir die Sache in die Schuhe zu schieben** u përpoq të ma hidhte mua atë faj; 2) *bis* potkua.

Sch'uhband *n* **-(e)s, -bänder** lidhëse këpucësh.

Sch'uhlöffel *m* **-s,** = lugë këpucësh.

Sch'uhmacher *m* **-s,** = këpucar.

Sch'uhsohle *f* =, **-n** shollë e këpucës.

Sch'uhwerk *n* **-(e)s** këpucë.

Sch'ulanfänger *m* **-s,** = fëmijë që sapo ka filluar shkollën.

Sch'ularbeit *f* =, **-en** detyrë në shtëpi.

Sch'ulaufgaben *pl* detyra në shtëpi.

Sch'ulbank *f* =, **-bänke** bankë e shkollës.

Sch'ulbeispiel *n* **-(e)s, -e** shembull tipik.

schuld *a* : **schuld sein (an D)** jam fajtor (*për diçka*); **er allein hat schuld** vetëm ai ka faj; **die Verhältnisse sind schuld daran** për këtë e kanë fajin rrethanat.

Schuld *f* =, **-en** 1) borxh; **in Schulden geraten** bie në borxh; **eine Schuld tilgen** laj një borxh; 2) *vetëm sing* faj; **die Schuld fällt auf ihn** faji bie mbi të; **eine Schuld sühnen** laj një faj; **jemandem die Schuld an etwas geben** i vë dikujt faj për diçka; **die Schuld liegt nicht bei ihm** ai s'ka faj; 3) *vetëm sing* detyrim; **ich bin tief in seiner Schuld** jam shumë i detyruar ndaj tij.

sch'uldbewußt *a* i vetëdijshëm për fajin që ka bërë.

sch'ulden *vt* : **(jemandem etwas) schulden** i kam borxh (*dikujt diçka*); **ich schulde ihm mein Leben** ia kam borxh jetën.

Sch'uldfrage *f* =, **-n** çështje e fajit (*kush e ka fajin, a ka faj etj.*).

sch'uldenfrei *a* pa borxhe (*pronë, shtëpi etj.*).

sch'uldig *a* 1) fajtor; **er hat sich schuldig bekannt** ai e pranon se është fajtor; **wir fühlen uns schuldig an seinem Unglück** e ndiejmë veten fajtorë për fatkeqësinë e tij; 2) i detyruar, borxhli; **ich bin ihm noch die Miete schuldig** ia kam borxh ende qiranë; **dafür bin ich ihm Dank schuldig** për këtë duhet ta falënderoj.

Sch'uldigkeit *f* = detyrë; **ich habe nur meine Schuldigkeit getan** kam bërë vetëm detyrën time.

sch'uldlos *a* i pafajshëm.

Sch'uldner *m* **-s,** = borxhli; i detyruar; **ich werde immer Ihr Schuldner sein** do të jem përherë i detyruar ndaj jush.

Sch'uldschein *m* **-(e)s, -e** dëftesë borxhi.

Sch'ule *f* =, **-n** shkollë; **höhere Schule** shkollë e mesme; **morgen fällt die Schule aus** nesër s'ka shkollë; **die Schule besuchen** ndjek shkollën; *fig* **er ist bei den Klassikern in die Schule gegangen** ai ka mësuar nga klasikët; **sein Beispiel wird Schule machen** shembulli i tij do të ndiqet edhe nga të tjerët.

sch'ulen *vt* 1) mësoj (*dikë*); 2) mësoj, stërvis; mësoj (*syrin, veshin etj.*); **geschultes Personal** personel i kualifikuar.

Sch'üler *m* **-s,** = nxënës.

Sch'ülerin *f* =, **-nen** nxënëse.

sch'ulfrei *a* (*ditë*) e lirë nga mësimet.

Sch'ulgeld *n* **-(e)s** pare që paguan nxënësi për shkollë; *bis* **laß dir das Schulgeld zurückgeben!** të rroftë shkolla!

sch'ulisch *a* shkollor; i shkollës; në shkollë.

Sch'uljahr *n* **-(e)s, -e** vit shkollor.

Sch'uljugend *f* = rini shkollore.

Sch'uljunge *m* **-n, -n** shkollar, nxënës.

Sch'ulmappe *f* =, **-n** çantë shkolle.

sch'ulmeistern *vt pandash fig* mësoj në mënyrë pedante (*dikë*).

Sch'ulpflicht *f* = detyrim shkollor.

sch'ulpflichtig *a* i moshës shkollore, që e kap detyrimi shkollor.

Sch'ulsachen *pl* pajisje mësimore, sende shkollore.

Sch'ulter *f* =, **-n** *anat* sup; **mit den Schultern zucken** ngre supet; *fig bis* **sie hat ihm die kalte Schulter gezeigt** ajo ia ka kthyer kurrizin; *fig bis* **etwas auf die leichte Schulter nehmen** nuk e marr diçka me gjithë mend; *fig* **Schulter an Schulter** krah për krah; *fig* **jemanden über die Schulter ansehen** shikoj me përbuzje dikë.

Sch'ulterblatt *n* **-(e)s, -blätter** *anat* shpatull.

sch'ultern *vt usht* hedh në sup (*armën*).

Sch'ulung *f* =, **-en** 1) mësim, arsim; 2) kualifikim; **die Arbeit verrät gute Schulung** puna tregon kualifikim të lartë.

Sch'ulzwang *m* **-(e)s** arsim i detyrueshëm.

sch'ummeln *vi* **(h)** bëj me hile (*në lojë*).

Sch'ummer *m* **-s, Schummerstunde** *f* =, **-n** *krahin* muzg, buzëmbrëmje.

Schund *m* **-(e)s** 1) karakatinë, rrangallë; 2) letërsi pa vlerë.

sch'unkeln *vi* **(h)** tundem (*me ritmin e muzikës*).

Schupo *m* **-s, -s** *shkurt* **Schutzpolizei, Schutzpolizist** polici, polic.

Sch'uppe *f* =, **-n** 1) *zool* luspë (*peshku etj.*); *fig bis* **da fiel es ihm**

wie Schuppen von den Augen sikur iu hoq perdja nga sytë; 2) *pl mjek* zbokth.

sch'uppen 1. *vt* pastroj, qëroj (*peshkun*); 2. *vrefl* **sich schuppen** bie (*lëkura*).

Sch'uppen *m* **-s, =** 1) strehë, plevicë, kasolle; 2) garazh, hangar.

sch'uppig *a* 1) me luspa, luspa-luspa; 2) me zbokth.

Sch'üreisen *n* **-s, =** mashë.

sch'üren *vt* 1) shpurris, trazoj (*urët*); 2) *fig* nxis, ndez (*urrejtjen etj.*); ngjall (*pakënaqësi etj.*).

sch'ürfen 1. *vi* **(h)** *gjeol* **(nach A)** kërkoj (*minerale*); 2. *vt* 1) gërvisht; 2) gërmoj, nxjerr (*minerale*); 3. *vrefl* **sich schürfen** gërvishtem.

Sch'ürfung *f* **=, -en** *gjeol* kërkim.

Sch'urke *m* **-n, -n** (*njeri*) i poshtër; i pabesë.

Sch'urkenstreich *m* **-(e)s, -e** poshtërsi; pabesi.

Schurker'ei *f* **=, -en** poshtërsi.

sch'urkisch *a* i poshtër; i pabesë.

Sch'urwolle *f* **=** lesh i qethur (*nga kafsha e gjallë*).

Schurz *m* **-es, -e** përparëse (*e kasapit etj.*).

Sch'ürze *f* **=, -n** 1) përparëse; 2) *fig bis femër.*

sch'ürzen *vt* 1) mbledh, ngre (*fustanin*); përvesh (*mëngën*); rrudh (*buzët*); 2) lidh nyjë (*fillin etj.*).

Sch'ürzenjäger *m* **-s, =** rendës pas fustaneve.

Schuß *m* **-sses, Schüsse** 1) e shtënë; **es fiel ein Schuß** krisi, u dëgjua një e shtënë, krisi një pushkë; 2) fishek; **ich habe noch drei Schuß** kam edhe tre fishekë; 3) plumb; **ein blinder Schuß** një plumb qorr; 4) dozë; **ein Schuß Rum** një dozë rum; *fig* **ein Schuß Ironie** një dozë ironie; 5) *fig bis* rregull; **die Sachen in Schuß halten** mbaj sendet në rregull.

Sch'ussel *m* **-s, =** *dhe f* **=, -n** *bis* hutaq(e).

Sch'üssel *f* **=, -n** sahan, tas; *fig* **aus einer Schüssel essen** ha në një çanak.

Sch'ußfahrt *f* **=, -en** rrëshqitje (*me ski*).

sch'ußlig *dhe* **schusselig** *a bis* i hutuar; i pavëmendshëm (*njeri*).

Sch'ußwaffe *f* **=, -n** armë zjarri.

Sch'ußwunde *f* **=, -n** plagë prej arme zjarri.

Sch'uster *m* **-s, =** këpucar; *fig bis* **auf Schusters Rappen reiten** ua hipi këmbëve.

Schutt *m* **-(e)s** 1) suva erënë; 2) gërmadha; **in Schutt und Asche legen** bëj pluhur e hi.

Sch'üttelfrost *m* **-es, -fröste** të dridhura.

sch'ütteln 1. *vt* 1) shkund (*pemën etj.*); 2) tund (*kokën etj.*); 3) shtrëngoj (*dorën*); 4) **: durch ein Sieb schütteln** sis; 2. *vrefl* **sich schütteln** 1) tundem; 2) shkundem; 3) dridhem (*nga ethet, frika etj.*).

sch'ütten 1. *vt* hedh, derdh (*hirin, drithin në tokë etj.*); 2. *vi* **(h)** jep prodhim të mirë (*gruri etj.*); 3. *vimp* **(h) : es schüttet** bie me rrëshekë (*shiu*).

sch'ütter *a* i rrallë (*bar, flokë etj.*).

Sch'utthaufen *m* **-s, =** grumbull gërmadhash.

Schutz *m* **-es (vor D, gegen A)** mbrojtje (*nga diçka, dikush, kundër diçkaje, dikujt*); **unter dem Schutz des Gesetzes stehen** jam nën mbrojtjen e ligjit; **Schutz vor Kälte, Regen** mbrojtje nga të ftohtët, nga shiu; **das Dach bietet Schutz gegen Regen** çatia të mbron nga

shiu; **jemanden in Schutz nehmen** marr në mbrojtje dikë.
Sch'ütze *m* **-n, -n** qitës, gjuajtës.
sch'ützen 1. *vt* **(vor D, gegen A)** mbroj; ruaj (*nga diçka, dikush, kundër diçkaje, dikujt*); 2. *vrefl* **sich schützen** mbrohem; ruhem (*nga diçka, dikush*).
Sch'utzengel *m* **-s, =** *fet* engjëll i rojës (*edhe fig*).
Sch'ützengraben *m* **-s, -gräben** *usht* llogore.
Sch'ützenlini/e *f* **=, -n** *usht* vijë zjarri.
Sch'utzhafen *m* **-s =** port shpëtimi.
Sch'utzhaft = *drejt* paraburgim.
Sch'utzheilige *m* **-n, -n** *fet* pajtor.
Sch'ützling *m* **-s, -e** (*njeri*) i mbrojtur, i përkrahur.
sch'utzlos *a* i pambrojtur.
Sch'utzmann *m* **-(e)s, -männer** *dhe* **-leute** *vjet* polic.
Sch'utzmarke *f* **=, -n** markë e regjistruar.
Sch'utzpolizist *m* **-en, -en** polic.
Sch'utzumschlag *m* **-(e)s, -schläge** këmishë e librit.
schwach 1. *a* 1) i dobët; **er hat schwache Augen** ai ka sy të dobët; 2) *fig* i dobët (*karakter etj.*); 3) i hollë (*kafe, çaj etj.*); 4) i vogël, i paktë, i ulët (*kërkesë, dozë etj.*); 5) i butë (*pije etj.*); 2. *adv* dobët.
Schw'äche *f* **=, -n** 1) dobësi (*e trupit, e karakterit etj.*); 2) anë e dobët; e metë; **jeder Mensch hat seine Schwächen** çdo njeri ka të metat e veta; 3) **(für A)** dobësi (*për diçka, dikë*); **er hat eine Schwäche für das Mädchen** ai ka dobësi për atë vajzë.
schw'ächen *vt* 1) dobësoj; **der Feind wurde stark geschwächt** armiku pësoi humbje të rënda; 2) ul (*autoritetin etj.*).
Schw'achheit *f* **=, -en** dobësi; *shpr bis* **bilde dir nur keine Schwachheiten ein!** mos të të shkojë mendja se mund të të dalë jotja!
schw'ächlich *a* i dobët, shëndetlig.
Schw'ächling *m* **-s, -e** 1) njeri i dobët, shëndetlig; 2) *fig* njeri pa karakter.
Schwachm'atikus *m* **=, -se** *shak* i dobët (*në matematikë etj.*).
schw'achsichtig *a* dritëshkurtër.
Schw'achsinn *m* **-(e)s** idiotësi.
schw'achsinnig *a* i metë (*nga mendja*).
Schw'ächung *f* **=, -en** dobësim.
Schw'aden *m* **-s, =** mjegullnajë; tymtajë.
Schwadr'on *f* **=, -en** *usht* skuadron (*kavalerie*).
schwadron'ieren *vi* **(h)** flas fjalë të mëdha.
schw'afeln *vi* **(h)** llomotis, dërdëllis.
Schw'ager *m* **-s, Schwäger** kunat.
Schw'ägerin *f* **= -nen** kunatë.
Schw'albe *f* **=, -n** *zool* dallëndyshe; *prov* **eine Schwalbe macht noch keinen Sommer** me një dallëndyshe nuk vjen pranvera.
Schwall *m* **-(e)s, -e** rrëke; *fig* **ein Schwall von Worten** një rrëke, lumë fjalësh.
schwamm *sh* **schwimmen***.
Schwamm *m* **-(e)s, Schwämme** *zool* sfungjer; *fig bis* **Schwamm darüber!** të shkuara, të harruara!
schw'ammig *a* i mbufatur (*fytyrë etj.*).
Schwan *m* **-(e)s, Schwäne** *zool* mjelmë.
schwand *sh* **schwinden***.
schw'anen *vimp* **(h)** *bis* parandiej, më ndjen zemra; **mir schwant nichts Gutes** nuk më ndien zemra mirë.
schwang *sh* **schwingen***.
Schwang *m* : *shpr* **dieser Brauch ist**

heute nicht mehr im Schwange ky zakon nuk është më në fuqi.

schw'anger 1) me barrë, shtatzënë; **mit einem Kind schwanger gehen** është me barrë (*gruaja*); 2) *fig* i mbarsur; **mit einem Plan schwanger gehen** bluaj diçka me mend.

schw'ängern *vt* mbars, lë me barrë.

Schw'angerschaft *f* =, **-en** 1) të qenët me barrë, barrë; 2) kohë e barrës.

Schwank *m* **-s, Schwänke** *let* 1) farsë; 2) tregim humoristik.

schw'anken *vi* **(h)** 1) lëkundem, luhatem, tundem; 2) luan (*çmimi etj.*); **die Meinungen über ihn schwanken** mendimet rreth tij janë të ndryshme; 3) *fig* lëkundem, ngurroj.

schw'ankend *a* 1) i lëkundur, i lëkundshëm; 2) *fig* i lëkundur, i pavendosur.

Schw'ankung *f* =, **-en** lëkundje, luhatje.

Schwanz *m* **-es, Schwänze** 1) bisht (*qeni, aeroplani, fustani etj.*); *fig bis* **den Gaul beim Schwanz aufzäumen** zë (*diçka*) nga bishti; *fig vulg* **danach fragt kein Schwanz** për këtë s'çan kokë njeri; *fig bis* **mit eingezogenem, hängendem Schwanz abziehen** iki me bisht ndër shalë; 2) *fig bis* vazhdim, bisht; provim i përsëritur.

schw'änzeln *vi* **(h, s)** 1) tund bishtin (*qeni*); 2) *fig* përdridhem, tundem (*duke ecur etj.*); 3) *fig bis* **(um A)** i lëpihem (*dikujt*).

schw'änzen *vt* 1) i vë një bisht (*një note etj.*); 2) *bis* i bëj bisht (*punës etj.*); mungoj (*në shkollë*).

schw'appen *vi* **(h, s)** *bis* derdhet (*supa etj.*); tundet (*uji etj.*).

Schw'äre *f* =, **-n** *mjek* i thatë, lungë.

Schwarm *m* **-(e)s, Schwärme** 1) luzmë (*bletësh etj.*); 2) turmë (*njerëzish*); 3) *fig bis* ëndërr; pasion.

schw'ärmen I 1. *vi* **(h)** luzmon, roit (*bleta etj.*); 2. *vimp* gëlon.

schw'ärmen II *vi* **(h)** 1) **(von D)** ëndërroj (*për diçka*); 2) **(für A)** jepem, përgjërohem (*pas muzikës etj.*); 3) pi, vallëzoj e bëj qejf.

Schw'ärmer *m* **-s,** = 1) ëndërrues; 2) i dhënë (*pas letërsisë etj.*); 3) *ent* flutur nate.

Schwärmer'ei *f* =, **-en** pasion; ëndërr (*e rinisë etj.*); rrëmbim, entuziazëm.

schw'ärmerisch 1. *a* i flaktë, i zjarrtë (*patriot etj.*); 2. *adv* me zjarr, me pasion.

Schw'arte *f* =, **-n** 1) lëkurë e trashë; *bis* **jemandem die Schwarte gerben** ia regj lëkurën dikujt; 2) libër i lashtë (*me kapak prej lëkure derri*).

schw'arten *bis* 1. *vi* **(h)** lexoj si i marrë; 2. *vt* rrah (*dikë*).

schwarz (*comp* **schwärzer,** *superl* **schwärzest)** 1. *a* 1) i zi; **sie hat schwarze Augen** ajo ka sy të zinj; **etwas schwarz auf weiß besitzen** kam diçka me shkrim; **er will aus Schwarz Weiß machen** ai do ta bëjë të zezën të bardhë; 2) *fig* i zi, i zymtë; **schwarzen Gedanken nachhängen** zhytem në mendime të zymta; 3) *fig* i zi, i lig, i keq; *fig* **schwarze Gedanken haben** kam mendime të këqija; **ein schwarzes Geschick** fat i zi, i lig; **eine schwarze Seele** shpirt i zi, shpirtkatran; 4) i ndaluar; **ein schwarzes Geschäft** një punë e ndaluar; **auf der schwarzen Liste stehen** jam në listën e njerëzve të dyshimtë; **schwarzer Markt** treg i zi; 2. *adv* 1) keq; **sich schwarz ärgern** zemërohem keq; 2) kontrabandë; **schwarz kaufen** blej në tregun e zi.

Schwarz *n* = 1) e zezë (*ngjyrë*); **das**

Schwarze im Auge drita e syrit; **ins Schwarze treffen** qëlloj në shenjë; *fig bis* **nicht das Schwarze unterm Nagel haben** s'kam asnjë grosh; 2) rrobë e zezë; *bis* **eine Frau in Schwarz** grua me të zeza; **in Schwarz gehen, gekleidet sein** vishem me të zeza; 3) *shah* i ziu.

schw'arzarbeiten *vi ndash* **(h)** punoj kontrabandë, pa leje (*si rrobaqepës etj.*), pa paguar taksë.

schw'arzäugig *a* syzi.

Schw'arze *m* **-n, -n** 1) zeshkan; 2) zezak; **ein Schwarzer** një zezak; 3) *pol* klerikal; 4) : **der Schwarze** qoftëlargu; 5) kafe pa qumësht.

Schw'ärze *f* **=, -n** 1) të zitë; 2) bojë e zezë këpucësh, karabojë; 3) bojë tipografike.

schw'ärzen *vt* nxij.

schw'arzfahren* *vi* **(h)** *ndash bis* udhëtoj pa biletë.

Schw'arzfahrt *f* **=, -n** *bis* udhëtim pa biletë (*në tren etj.*).

schw'arzhaarig *a* flokëzi.

Schw'arzhandel *m* **-s** tregti e ndaluar (*në tregun e zi*).

Schw'arzmarkt *m* **-(e)s, -märkte** treg i zi.

schw'arzsehen* *vi* **(h)** *ndash fig* s'më ndjell zemra mirë; **für mein Examen sehe ich schwarz** s'më ndien zemra mirë për provimin tim.

Schw'arzseher *m* **-s, =** *bis* ndjellazi, pesimist.

schw'atzen, schw'ätzen 1. *vi* **(h)** 1) bëj muhabet, bisedoj shtruar; 2) llomotis, llap; 3) nxjerr të fshehta; 2. *vt* flas (*dokrra etj.*).

Schw'ätzer *m* **-s, =** llafazan.

schw'atzhaft *a* llafazan.

Schw'ebe *f* : *shpr* **in der Schwebe** pezull.

Schw'ebebalken *m* **-s, =** *sport* tra.

schw'eben *vi* **(h, s)** 1) luhatem; rri varur, pezull (*litari etj.*); *fig* **zwischen Furcht und Hoffnung schweben** luhatem në mes frikës e shpresës; **mir schwebt sein Bild vor Augen** fytyra e tij më del para sysh; *fig* **in großer Angst, Gefahr schweben** kam frikë të madhe, jam në rrezik të madh; *fig* **in Illusionen schweben** shkoj me ëndrra; 2) mbetet pezull (*çështja etj.*); 3) shket; **Wolken schweben am Himmel** retë shkasin në qiell; 4) rrotullohet, vërtitet (*zogu në qiell etj.*).

schw'ebend *a* 1) që rri varur, pezull; 2) i pavendosur, i pazgjidhur (*çështje etj.*); 3) që shket, vërtitet, rrotullohet.

Schw'ede *m* **-n, -n** suedez.

Schw'edin *f* **=, -nen** suedeze.

schw'edisch 1. *a* suedez, i Suedisë; 2. *adv* suedisht.

Schw'efel *m* **-s** *kim* squfur.

schw'efelhaltig *a* që përmban squfur.

Schw'efelquelle *f* **=, -n** burim squfuror.

Schweif *m* **-(e)s, -e** bisht (*komete, fustani etj.*).

schw'eifen 1. *vt* 1) i vë një bisht (*një note etj.*); **ein geschweifter Stern** një yll me bisht; 2) lakoj; pres, sharroj në formë harku; 2. *vi* **(s)** endem kot; **er ließ seine Gedanken in die Vergangenheit schweifen** mendimet e tij u arratisën në të kaluarën.

Schw'eifstern *m* **-(e)s, -e** *astr* kometë, yll me bisht.

schw'eigen* *vi* **(h)** 1) hesht, nuk flas; **schweigen können** di të mbaj një të fshehtë; **von ihm ganz zu schweigen!** pa le ai!; 2) pushon (*bubullima, kënga, muzika etj.*).

schw'eigend 1. *a* i heshtur, pa fjalë; 2. *adv* heshturazi.

Schw'eigsamkeit *f* = të qenët i heshtur, fjalëpakë.
Schwein *n* **-(e)s, -e** 1) *zool* derr; **wildes Schwein** derr i egër; *bis* **er ist ein armes Schwein** ai është një fatkeq; *fig bis* **da haben wir das falsche Schwein geschlachtet** kemi gabuar me thes; *fig vulg* **es kümmert sich kein Schwein darum** për këtë s'çan kokë njeri; 2) *fig* derr (*njeri i ndyrë*); 3) *bis* fat i papritur; **Schwein haben** kam fat.
Schw'einebraten *m* **-s, =** bërxollë.
Schw'einefleisch *n* **-es** mish derri.
Schw'einehirt *m* **-en, -en** ruajtës derrash, derrar.
Schw'einehund *m* **-(e)s, -e** *fig* derr, qen (*njeri i poshtër*).
Schweiner'ei *f* **=, -en** 1) fëlliqësi; 2) poshtërsi.
Schw'einestall *m* **-(e)s, -ställe** stallë, thark, kotec derrash.
Schw'einezucht *f* = rritje e derrave.
Schw'einigel *m* **-s, =** *bis* fëlliqash, pisanik, qelbash.
schw'einigeln *vi* **(h)** *bis* flas fjalë të ndyra, nxjerr palavi nga goja.
schw'einisch *a bis* i ndyrë, i fëlliqur (*fjalë etj.*).
Schweiß *m* **-es** 1) djersë; **in Schweiß geraten** djersitem; **ich bin in Schweiß gebadet** jam qull në djersë; **im Schweiße seines Angesichtes arbeiten** punoj me djersë të ballit; *fig* **daran hängt viel Schweiß** kjo është bërë me shumë djersë; 2) gjak (*i një kafshe të egër*).
schw'eißen 1. *vt* ngjis, saldoj (*një metal etj.*); 2. *vi* **(h)** zhgjakësohet (*kafsha e egër*).
Schw'eißer *m* **-s, =** saldator.
schw'eißgebadet *a* qull në djersë.
schw'eißtreibend 1) me djersë (*punë*); 2) *mjek* djersitës (*mjet*).
Schw'eizer *m* **-s, =** zviceran.
schw'eizerisch *a* zviceran.
schw'elen 1. *vt* djeg pa flakë; 2. *vi* **(h)** 1) digjet pa flakë (*thëngjilli etj.*); 2) *fig* mbetet gjallë (*urrejtja, etja për hakmarrje etj.*).
schw'elgen *vi* **(h)** 1) ha e pi mirë; zdërhallem; 2) **(in D)** kënaqem (*me diçka*); **im Überfluß schwelgen** jetoj në bollëk.
schw'elgerisch *a* buisës (*ngjyrë, fantazi etj.*).
Schw'elle *f* **=, -n** 1) *ark* prag (*i derës*); **er darf meine Schwelle nie wieder betreten** të mos më shkelë më në derë; *fig* **an der Schwelle des Grabes** në buzë të varrit; 2) *psik* prag (*i dëgjimit etj.*); 3) *fig* prag, vigjilje.
schw'ellen* 1. *vi* **(s)** 1) fryhem, ënjtem; **das Herz schwoll ihm vor Freude** iu bë zemra mal nga gëzimi; **eine geschwollene Backe** një faqe e ënjtur; *bis* **red nicht so geschwollen daher!** lëri fjalët e mëdha!; 2) ngrihet (*uji*); 2. *vt* fryn, mbush (*velat era etj.*).
Schw'ellung *f* = **-en** ënjtje.
Schw'emme *f* **=, -n** pellg për larjen e kuajve.
schw'emmen *vt* 1) laj (*kalin*); 2) *aust* shpëlaj; 3) lëshoj tatëpjetë lumit (*trungjet etj.*).
schw'enken 1. *vt* 1) tund (*krahët, flamurin etj.*); 2) *aust* shpëlaj (*gotat etj.*); 3) rrotulloj; 2. *vi* **(h, s)** kthehem; **links schwenkt!** majtaskthehu!; **er schwenkte nach rechts** ai dredhoi nga e djathta.
Schw'enkung *f* **=, -en** 1) tundje, valavitje; 2) kthesë; 3) kthim.
schwer 1. *a* 1) i rëndë; **wie schwer bist du?** sa peshon?; **drei Kilogramm schwer** tre kilogramë i rëndë; **schwer werden** rëndohem; 2) i rëndë (*mitraloz, top etj.*); 3) i fortë (*grusht, duhan etj.*); 4) i ashpër; **ein schwerer Kampf** luftë

e ashpër; **eine schwere See** det me dallgë; 5) i rëndë (*ushqim, erë, sëmundje etj.*); **jemandem das Herz schwer machen** hidhëroj dikë; **er ist schwer von Begriff** s'ia pret shumë; 6) i trashë, i ngjeshur (*stof etj.*); 7) i vështirë (*problem, njeri etj.*); *bis* **ein schwerer Junge** kriminel, bandit; 8) *bis* i madh; **eine schwere Menge Geld** një shumë e madhe paresh; 2. *adv* 1) rëndë; **schwer geladen** i ngarkuar rëndë; 2) fort; **er ist schwer betrunken** ai është dehur keq; 3) me zor, me vështirësi; **er hört schwer** ai është i rëndë nga veshët.

Schw'ere *f* = 1) rrezikshmëri (*e një sëmundjeje etj.*); 2) peshë, barrë (*e përgjegjësisë etj.*); 3) ashpërsi (*e ligjit etj.*); 4) : *fiz* **das Gesetz der Schwere** ligji i rëndesës.

schw'erbeschädigt *a* i gjymtuar rëndë (*në luftë, punë etj.*).

Schw'erenöter *m* -s, = *bis* gruar, donzhuan.

schw'erfallen* *vi ndash* (s) (*më*) vjen e vështirë (*një punë etj.*); **es fällt mir schwer ...** e kam të vështirë ...

schw'erfällig *a* 1) i rëndë, i ngadaltë; i ngathët, i plogët; 2) i trashë; i mefshtë, mendjetrashë.

Schw'erfälligkeit *f* = 1) plogështi; 2) mefshtësi, mendjetrashësi.

Schw'ergewichtler *m* -s, = *sport* i peshës së rëndë (*boksier, mundës, shtangist*).

schw'erhörig *a* i rëndë nga veshët; **auf diesem Ohr bin ich schwerhörig** s'dëgjoj nga ky vesh.

Schw'erhörigkeit *f* = vështirësi dëgjimi.

Schw'erindustrie *f* = industri e rëndë.

Schw'erkraft *f* = *fiz* forcë e rëndesës.

schw'erkrank *a* i sëmurë rëndë.

schw'erlich *adv* vështirë, zor; **das wirst du schwerlich fertig bringen** vështirë ta mbarosh këtë punë.

Schw'ermut *f* = melankoli; mërzitje.

schw'ermütig *a* melankolik; i mërzitur.

schw'ernehmen *vi* (h) *ndash* marr me gjithë mend, seriozisht (*një fjalë etj.*).

Schw'erpunkt *m* -(e)s, -e 1) *fiz* qendër e rëndesës; 2) *fig* pikë e rëndësishme (*e një problemi etj.*).

Schwert *n* -(e)s, -er shpatë, pallë; **das Schwert ziehen** zhvesh shpatën; **mit Feuer und Schwert** me zjarr e me hekur; *fig* **das ist ein zweischneidiges Schwert** kjo është thikë me dy presa; **sich mit dem Schwert gürten** ngjesh shpatën.

schw'ertun*, **sich** *vrefl* (**mit D**) lodhem shumë, dërrmohem (*me një punë*).

schw'erwiegend *a* 1) i vështirë (*problem etj.*); 2) i rëndë (*pasojë, arsye etj.*).

Schw'ester *f* =, -n 1) motër; 2) *mjek* infermiere.

schwieg *sh* **schweigen***.

Schw'iegereltern *pl* prindërit e burrit (të gruas); prindërit e gruas (*së burrit*).

Schw'iegermutter *f* =, **-mütter** vjehërr (*f*).

Schw'iegersohn *m* -(e)s, **-söhne** dhëndër.

Schw'iegertochter *f* =, **-töchter** nuse, e re.

Schw'iegervater *m* -s, **-väter** vjehërr (*m*).

Schw'iele *f* =, -n kallo; **Schwielen an den Händen haben** kam kallo në duar.

schw'ierig *a* i vështirë, i rëndë (*punë, gjendje, njeri*); **die Vorberei-**

tungen waren schwierig përgatitjet qenë të vështira.

Schw'ierigkeit *f* =, **-en** 1) vështirësi; **auf Schwierigkeiten stoßen** has në vështirësi; 2) gjendje e vështirë; **er befindet sich in Schwierigkeiten** ai është ngushtë; 3) telash; **wenn du das tust, bekommst du Schwierigkeiten** po e bëre këtë do të kesh telashe.

schwillt *sh* **schwellen***.

Schw'immanstalt *f* =, **-en** 1) pishinë; 2) shkollë noti.

Schw'immbad *n* **-(e)s, -bäder** pishinë.

schw'immen* *vi* **(s, h)** 1) notoj; **ans Ufer schwimmen** dal në breg me not; **gegen den Strom schwimmen** notoj kundër rrymës (*edhe fig*); **über einen Fluß schwimmen** i bie një lumi me not; 2) pluskon, rri mbi ujë (*anija etj.*); 3) : **in Geld schwimmen** jam i krimbur në pare; *fig* **in Tränen schwimmen** mbytem në lot; *fig* **mir schwimmt es vor den Augen** më merren sytë.

schw'immend *a* 1) notues, pluskues; 2) i vagëlluar (*përvijim etj.*).

Schw'immer *m* **-s,** = 1) notar; 2) *tek* pluskues, galexhant; 3) tapë (*e grepit të peshkimit etj.*).

Schw'indel *m* **-s,** = 1) kalamendje, marramenth; **mich überfällt ein Schwindel** më merren mendtë; 2) *bis* mashtrim; **auf einen Schwindel hereinfallen** e ha, bie brenda; 3) *bis* përralla, dokrra; **erzähl nicht solchen Schwindel!** mos (*m'i*) shit (*mua këto*) dokrra!; 4) *bis* punë; **ich will von dem ganzen Schwindel nichts wissen** s'dua të di gjë nga kjo punë.

schw'indelerregend *a* marramendës, kalamendës (*lartësi etj.*).

schw'indelfrei *a* që nuk i merren mendtë, që nuk kalamendet.

schw'indelhaft *a* 1) marramendës; 2) *fig* mashtrues; i gënjeshtërt.

schw'indeln I *vimp* : **es schwindelt mir** më merren mendtë.

schw'indeln II *vi* **(h)** *bis* mashtroj, gënjej, ia marr mendtë (*dikujt*).

schw'indelnd *a* kalamendës; **schwindelnde Höhe** lartësi kalamendëse.

schw'inden* *vi* **(s)** 1) zhdukem; **aus den Augen schwinden** humbas nga sytë; 2) bie (*zëri etj.*); shuhet (*shpresa etj.*); zbehet (*ngjyra*); shteron (*forca*).

Schw'indler *m* **-s,** = 1) mashtrues; gënjeshtar; 2) fjalëmadh, punëmadh.

schw'indlig *a* marramendës; **mir ist schwindlig** më merren mendtë.

Schw'indsucht *f* = *mjek* tuberkuloz; **galoppierende Schwindsucht** turbekuloz galopant; *fig bis* **sich die Schwindsucht an den Hals ärgern** bëhem verem, vrer.

Schw'inge *f* =, **-n** 1) flatër (*e zogut*); 2) lopatë drithi.

schw'ingen* 1. *vt* 1) tund, valavit (*flamurin etj.*); 2) vringëlloj (*shpatën etj.*); 3) *bujq* hedh (*grurin, elbin etj.*); 2. *vrefl* **sich schwingen** 1) fluturon (*zogu, aeroplani*); 2) **(in A)** hidhem (*në shalë etj.*); 3) tundem, lëkundem, luhatem; 3. *vi* **(h)** 1) luhatet (*lavjerrësi*); lëkundet (*shilarthi*); dridhet (*teli*); 2) kumbon, jehon (*zëri*).

Schw'ingung *f* =, **-en** 1) lëkundje, luhatje (*e lavjerrësit etj.*); 2) dridhje (*e telit etj.*).

Schwips *m* **-es** *bis* dehje e lehtë.

schw'irren *vi* **(h, s)** 1) fishkëllen (*plumbi, shigjeta*); 2) zukat (*bleta*); 3) (*më*) zien (*koka*).

schw'itzen 1. *vi* 1) dirsem, djersitem; **die Füße, Hände schwitzen** këmbët, duart djersitin;

2) vishet, dirset (*xhami*); 3) : *kuzh* **schwitzen lassen** skuq me gjalpë (*patate etj.*); 2. *vt fig* : *bis* **Angst schwitzen** (*më*) hyn frika në palcë.

schwor *sh* **schwören*.**

schw'ören* 1. *vi* **(h)** *vt* bëj be, betohem; **einen Eid schwören** bëj be; **einen Meineid schwören** bëj be të rreme; *bis* **Stein und Bein schwören** bëj be e rrufe; **auf etwas oder jemanden schwören** vë dorën në zjarr për diçka ose për dikë; **ein geschworener Feind** një armik i betuar; 2. *vt* betohem për (*miqësi të përjetshme etj.*).

schwul *a bis* homoseksual.

schwül *a* 1) me zagushi, me ufëm (*mot etj.*); 2) *fig* ndrydhës (*atmosferë etj.*).

Schwüle *f* = 1) zagushi, ufëm; 2) *fig* gjendje e nderë.

Schwulit'äten *pl* : *shpr bis* **in Schwulitäten kommen (geraten, sein)** bie ngushtë.

Schwulst *m* **-es** 1) fjalë të mëdha; 2) gjë e fryrë; stoli e tepruar.

schw'ülstig *a* 1) i fryrë; 2) emfatik, bombastik (*gjuhë, shprehje etj.*).

schw'ummerig *a bis* marramendës.

Schwund *m* **-(e)s** humbje (*në peshë*).

Schwung *m* **-(e)s, Schwünge** 1) vrull, hov; **Schwung nehmen** marr vrull; **den Schwung verlieren** humbas vrullin (*edhe fig*); *fig bis* **Schwung hinter die Arbeit setzen** shpejtoj punën; *fig* **die Sache bekommt allmählich Schwung** puna po merr vrull dalngadalë; 2) shtytje; **der Schaukel einen leichten Schwung geben** i jap shilarthit një shtytje të lehtë; 3) rrotullim, kthesë (*nga e majta etj.*); 4) kërcim (*i kalit përmbi një pengesë etj.*); 5) luhatje; **der Schwung eines Uhrpendels** lëkundja e një lavjerrësi; 6) *fig* zjarr, vrull (*krijues, poetik etj.*); 7) *bis* grumbull, pirg (*letrash, rrobash, pjatash etj.*).

schw'unghaft *a* i gjallë (*tregti etj.*).

Schw'ungkraft *f* = vrull.

Schw'ungrad *n* **-(e)s, -räder** *tek* volant.

schw'ungvoll *a* 1) i vrullshëm; 2) i gjallë (*stil etj.*).

schwur *sh* **schwören*.**

Schwur *m* **-(e)s, Schwüre** betim; **den Schwur brechen** shkel betimin; **die Hand zum Schwur erheben** ngre dorën për t'u betuar.

Schw'urgericht *n* **-(e)s, -e** gjyq me betarë.

sechs *num* gjashtë; **zu sechsen, zu sechst** vetë i gjashtë.

Sechs *f* =, **-en** gjashtë (*notë etj.*); **bei einer Sechs darf man noch einmal würfeln** kur bie gjashta, mund ta hedhësh zarin edhe një herë.

s'echsfach 1. *a* i gjashtëfishtë; 2. *adv* gjashtëfish.

s'echsmonatig *a* gjashtëmujor.

s'echste *num* i gjashtë; **der sechste Januar** gjashtë janari; **das sechste Mal** e gjashta herë.

s'echzehn *num* gjashtëmbëdhjetë.

s'echzig *num* gjashtëdhjetë.

s'echziger *a* : **sechziger Jahre** vitet gjashtëdhjetë.

S'echziger *m* **-s,** = burrë 60-69-vjeçar.

See I *f* = 1) det; **auf hoher See** në det të hapët; **er ist auf See geblieben** është mbytur në det; **Kapitän zur See** kapiten i marinës; **Handel zur See** tregti me anë të detit; **zur See fahren** shërbej në marinë; 2) : **schwere Seen** dallgë të forta.

See II *m* **-s, Se/en** liqen.

S'eebad *n* **-(e)s, -bäder** 1) banjë deti; 2) plazh.

S'eebär *m* **-en, -en** 1) *zool* arushë deti (*fokë*); 2) *fig bis* ujk deti.
S'eefahrt *f* =, **-en** lundrim në det.
s'eefest *a* 1) që nuk e zë deti; 2) që mund të lundrojë (*anije*).
S'eefisch *m* **-(e)s, -e** peshk deti.
S'eegang *m* **-(e)s** dallgë, tallaz (*në det*).
S'eehund *m* **-(e)s, -e** *zool* qen deti (*fokë*).
s'eekrank *a* që e ka zënë deti.
S'eele *f* =, **-n** 1) shpirt; **seine Seele aushauchen** jap shpirt; **eine edle, große, reine, schöne Seele** një shpirt fisnik, i madh, i pastër, i bukur; *bis* **eine gute Seele haben** jam shpirtmirë; *fig* **eine gute Seele sein** jam njeri i mirë; **er ist mit Leib und Seele bei seiner Arbeit** ai është i dhënë me mish e me shpirt pas punës; *fig bis* **nun hat die liebe Seele Ruh!** tashti arriti më në fund atë që deshi; **aus tiefster Seele danken** falënderoj nga zemra; **es tut mir in der Seele leid, weh** më dhemb, më pikon në shpirt; **das ist mir in tiefster Seele verhaßt** këtë e urrej me gjithë shpirt; **von ganzer Seele** me gjithë shpirt; *bis* **eine Seele von Mensch** shpirt njeriu; 2) frymë (*e popullsisë*).
S'eelenfriede *m* **-ns** *dhe* **Seelenfrieden** *m* **-s** qetësi shpirtërore.
S'eelengröße *f* = shpirtmadhësi, shpirtgjerësi.
S'eelenheil *n* **-(e)s** *fet* shpëtim, shëlbim i shpirtit.
s'eelenlos *a* i pashpirt; i ftohtë.
s'eelenruhig 1. *a* krejt i qetë; 2. *adv* pa u tundur fare.
s'eelengut *a* shpirtmirë.
s'eelenverwandt *a* i afërm shpirtërisht.
S'eeleute *pl sh* **Seemann.**
s'eelisch *a* 1) shpirtëror (*vuajtje etj.*); 2) psikik (*tronditje etj.*).
S'eemacht *f* =, **-mächte** fuqi detare.
S'eemann *m* **-(e)s, -leute** *dhe* **-männer** marinar, detar.
S'eemannsgarn *n* **-(e)s** *bis* tregime (të pabesueshme) detarësh.
S'eenot *f* = rrezik në det; **Schiff in Seenot** anije në rrezik; **in Seenot geraten** ka rënë në rrezik (*anija*); **aus Seenot erretten** shpëtoj nga rreziku (*anijen, udhëtarët*).
S'eenotzeichen *n* **-s** sinjal rreziku në det (SOS).
S'eeraub *m* **-(e)s** pirateri.
S'eeräuber *m* **-s,** = pirat.
S'eeschule *f* =, **-n** shkollë marine.
S'eestern *m* **-(e)s,** = *zool* yll deti.
s'eetüchtig *a* i aftë për të lundruar (*anije*).
s'eewärts *adv* nga deti, në drejtim të detit.
S'eeweg *m* **-(e)s, -e** rrugë detare.
S'egel *n* **-s,** = vel; **mit vollen Segeln** me vela të fryra (*edhe fig*).
S'egelboot *n* **-(e)s, -e** barkë me vela.
s'egelfertig *a* gati për lundrim (*anije*).
S'egelflugzeug *n* **-(e)s, -e** *av* planer.
s'egeln *vi* **(h, s)** 1) lundroj (*me vela*); 2) fluturoj (*me planer*); 3) : *fig bis* **ich bin durchs Examen gesegelt** jam rrëzuar në provim.
S'egelschiff *n* **-(e)s, -e** anije me vela.
S'egeltuch *n* **-(e)s, -e** pëlhurë velash.
S'egelwerk *n* **-(e)s** vela (*të anijes*).
S'egen *m* **-s,** = 1) bekim; 2) miratim, aprovim; *bis* **meinen Segen hat er!** e ka pëlqimin tim; 3) mbarësi, dobi, përfitim; **seine Tat hat ihm keinen Segen gebracht** ajo punë s'i ka sjellë ndonjë të mirë; 4) : *bis* **das ist der ganze Segen?** kjo qenka gjithë puna?
s'egenbringend, segensreich *a* i bekuar, i mbarë.
S'egler *m* **-s,** = anije me vela, velier.

s'egnen *vt* bekoj; *fig* **mit etwas gesegnet sein** kam një të mirë; *fig* **das Zeitliche segnen** lë shëndenë; *fig* **er hat einen gesegneten Appetit** ai ka një oreks të madh; **gesegnete Ernte** korrje e mbarë; **gesegneten Leibes sein** është me barrë (*gruaja*).

s'ehen* 1. *vt* 1) shoh; **hast du den Film gesehen?** a e ke parë filmin?; *fig* **ich sehe die Dinge, wie sie sind** i shoh gjërat ashtu siç janë; **siehe Seite ...** (*shkurt* **s. S.**) shih në faqen ...; *fig* **er sieht den Tod vor Augen** ai e sheh vdekjen me sy; *fig* **er sieht seinen Weg vor sich** ai e ka të qartë rrugën e vet; *fig* **er wollte bessere Zeiten sehen** ai donte të shihte ditë më të mira; *fig* **das habe ich kommen sehen** këtë e kam pritur; *fig* **ich kann ihn nicht mehr sehen** nuk mund ta shoh më me sy; **etwas sehen lassen** tregoj diçka; *fig bis* **du siehst Gespenster** ty të bëhet ferra Brahim; 2) pres; **wir wollen sehen** të shohim; 3) përpiqem; **ich will sehen, ob ich es besorgen kann** do të përpiqem ta gjej; **sieh, daß du bald wiederkommst!** shiko të kthehesh shpejt!; 4) : **er sieht es (nicht) gern, wenn ...** (nuk) i vjen mirë që ...; **Gäste bei sich sehen** pres miq; **ein gern gesehener Gast** një mysafir i mirëpritur; 2. *vrefl* **sich sehen** 1) shihem (*në pasqyrë*); 2) dukem; **er hat sich bei mir lange nicht sehen lassen** ka kohë që ai nuk është dukur tek unë; *bis* **sich sehen** shihemi, takohemi; **laß dich ja nicht mehr sehen!** mos të pafsha më!; 3) : **dieses Werk kann sich sehen lassen** kjo punë ka dalë mirë; **ich sehe mich gezwungen ...** jam i detyruar ...; 3. *vi* **(h)** 1) shoh; **siehst du (wohl)!** a e sheh (*se unë kisha të drejtë etj.*)! ; 2): **jemandem ähnlich sehen** ngjaj me dikë; *fig bis* **das sieht ihm ähnlich** ai e bën këtë (*një punë të keqe*); *fig* **ich sehe schwarz** s'më ndjell zemra mirë; *fig* **er sollte mehr auf sich selbst sehen** ai duhej ta shikonte më shumë veten; *fig bis* **aufs Geld sehen** kursej paret; *fig bis* **man muß ihm genau auf die Finger sehen** atij duhet t'ia kesh mendjen; **das Entsetzen sah ihm aus den Augen** atij i dukej tmerri në fytyrë, që në sy; **sieh da!** pa shih!; *fig* **man kann keinem ins Herz sehen** askujt s'mund t'ia çash zemrën; **sehe ich recht?** mos më bëjnë sytë?; *fig* **jemanden sehend machen** ia hap sytë dikujt; **und hast du nicht gesehen, war er fort** dhe sa të hapësh e të mbyllësh sytë, ai iku.

s'ehenswert *a* që meriton, që vlen të shihet.

S'ehenswürdigkeit *f* =, **-en** send ose vend që e vlen të shihet.

S'eher *m* **-s**, = parashikues i së ardhmes.

S'ehkraft *f* =, **-kräfte** të parët.

S'ehne *f* =, **-n** *anat* 1) dell; 2) kordë (*e harkut*).

s'ehnen, sich *vrefl* **(nach D)** 1) më merr malli, mallohem (*për diçka, dikë etj.*); 2) dëshiroj (*diçka*).

s'ehnig *a* 1) i delltë (*mish*); 2) i thantë, i fortë (*njeri*).

s'ehnlich 1. *a* i fortë, i zjarrtë, i madh (*dëshirë etj.*); 2. *adv* me mall; **jemanden sehnlichst erwarten** pres dikë me mall.

S'ehnsucht *f* =, **-süchte** mall; **Sehnsucht haben nach jemandem** më merr malli për dikë; **vor Sehnsucht vergehen** digjem nga malli.

s'ehnsüchtig 1. *a* i përmallshëm; 2. *adv* me mall; **sehnsüchtig auf jemanden warten** pres dikë me mall.

S'ehorgan *m* **-s, -e** *anat* organ i të parit (sy).
sehr *adv* (*comp* **mehr,** *superl* **am meisten**) shumë, fort; **so sehr** kaq shumë; **wie sehr auch ...** sado që të ...; **zu sehr** tepër; **sehr wohl!** shumë mirë!; **bitte sehr!** të (ju) lutem shumë!; **danke sehr** falemnderit shumë; **es regnet sehr** bie shi i madh; **du weißt sehr gut, was damit gemeint ist** ti e di fare mirë se ç'do të thotë kjo.
S'ehvermögen *n* **-s** *anat* të parët.
S'ehweite *f* **=, -n** 1) kufi i të parit; 2) fushë e të parit.
sei *sh* **sein*** I.
seicht *a* 1) i cekët (*lumë etj.*); 2) *fig* i përciptë, i cekët (*mendime etj.*).
S'eichtheit *f* **=** cektësi (*edhe fig*).
seid *sh* **sein*** I.
S'eide *f* **=, -n** mëndafsh; *fig* **sich in Samt und Seide kleiden** vishem punë e madhe.
s'eiden *a* i mëndafshtë.
S'eidenpapier *n* **-s, -e** letër e hollë.
S'eidenraupenzucht *f* **=** rritje e krimbit të mëndafshit.
s'eidenweich *a* i butë si mëndafsh.
s'eidig *a* si mëndafsh.
S'eife *f* **=, -n** sapun; **wohlriechende Seife** sapun me erë të mirë; **ein Stück Seife** një kallëp sapun.
S'eifenblase *f* **=, -n** flluskë sapuni.
s'eifen *vt* sapunos.
S'eifenfabrik *f* **=, -en** fabrikë sapuni.
S'eifensieder *m* **-s, =** sapunpunues.
s'eifig *a* 1) sapuni, i sapunit; 2) i rrëshqitshëm si sapun.
s'eihen *vt* 1) *krahin* sis (*miell, rërë etj.*); 2) kulloj (*çajin etj.*).
S'eiher *m* **-s, =** kulluese.
Seil *n* **-(e)s, -e** litar; **mit dem Seil springen** kërcej me litar; **auf dem Seil balancieren, tanzen** tundem, kërcej në litar; *fig bis* **wir ziehen am gleichen Seil** jemi shokë (*në një punë*).
S'eilbahn *f* **= -en** teleferik.
S'eilschaft **=, -en** 1) grup alpinistësh të lidhur me një litar; 2) *fig pol* njerëz të lidhur fshehtas me njeri-tjetrin.
S'eiltänzer *m* **-s, =** pehlivan, ekuilibrist.
sein* I 1) *vi* (s) 1) jam, ekzistoj; **es sind** ka; **es war einmal** na ishte njëherë; **er ist nicht mehr** ai s'është më (gjallë); **das kann doch nicht sein!** kjo është e pamundur!; **kann sein!, mag sein!** mund të jetë, ka të ngjarë; **muß das sein?** është vërtet e domosdoshme?; **das braucht nicht sofort zu sein** pret puna, s'është me ngut; **etwas sein lassen** lë, heq dorë nga diçka; **laß das sein!** lëre!; **nun will keiner es gewesen sein** tani askush nuk do ta pranojë (atë që ka bërë); **so ist die Sache ja** si është puna; **wie dem auch sei** sido që të jetë; **sei es auch noch so wenig** sadopak qoftë; **sei es denn, daß er verreisen mußte** veç në qe i detyruar të nisej; **mir ist, als ob ...** më duket se ..., më bëhet se ...; **ihm ist es nur ums Geld zu tun** ai vetëm te parja e ka mendjen; **es ist an ihm (etwas zu tun)** atij i bie radha (të bëjë diçka); **mein gewesener Schüler** ish-nxënësi im; 2) jam i pranishëm; ndodhem; **er ist da** ai është këtu; **er ist nicht da** ai nuk është këtu; 3) rrjedh, jam (*nga*); 4) *inf* **+ zu** *shpreh diçka që mundet ose duhet të bëhet:* **das Buch ist zu kaufen** a) libri duhet të blihet; b) libri mund të blihet; 2. *folje ndihmëse që shërben për të formuar perfektin dhe pluskuamperfektin:* **er ist (war) gekommen** ai ka (kishte) ardhur.
sein II 1. *pron poss m* (*f* **seine,** *n* **sein;** *pl* **seine**) i (e) tij; i (e) vet; **das**

ist seine Angelegenheit kjo është punë e tij; **einer seiner Freunde war hier** një nga miqtë e tij ishte këtu; **seiner Meinung nach** sipas mendimit të tij; **er ist sich seines Sieges gewiß** ai është i sigurt për fitoren e vet; 2. **G** *i* **er; gedenke sein (seiner)!** kujtoje atë!

Sein *n* **-s** qenie, të qenët, ekzistencë.

S'eine *pron poss sub* : **das Seine** e tija (*pronë*); **die Seinen** të tijtë, njerëzit e tij, familja e tij; **er muß das Seine tun** ai duhet të bëjë të vetën; **er hat das Seine getan** ai ka bërë çmos; **er hat sie zu der Seinen gemacht** e ka marrë për grua.

s'einer 1. *pron pers* **G** *i* **er**; 2. *pron poss sh* **sein.**

s'einerseits *adv* nga ana e tij, e vet.

s'einerzeit *adv* asaj kohe, atë kohë.

s'einesgleichen *pron inv* shok i tij; **er und seinesgleichen** ai e njerëz të kallëpit të tij; **dieses Kunstwerk hat nicht seinesgleichen** kjo vepër arti s'ka shoqe.

s'einethalben *a* për hir të tij.

s'einetwegen *sh* **seinethalben.**

s'einetwillen *adv* : **um seinetwillen** për hir të tij.

s'einige *pron poss* : **der, die, das seinige** *sh* **Seine.**

S'einige *sh* **Seine.**

seit 1. *präp* **(D)** qysh, që nga, që kur; **seit ich ihn kenne** që kur e njoh unë; **seit Anfang dieses Jahrhunderts** që nga fillimi i këtij shekulli; **seit der Zeit, da ...** që nga koha që ...; **seit damals** që atëherë; **seit wann?** që kur?; **seit kurzem** para pak kohësh, s'ka shumë kohë; 2. *conj bis* që kur; **seit wir kamen** që kur erdhëm.

s'eitdem 1. *adv* që atëhere; 2. *conj* që kur.

S'eite *f* **=, -n** 1) anë (*e shtëpisë, e monedhës etj*); **die rechte Seite des Stoffes** ana e mbarë e stofit; 2) ijë; **die Hände in die Seiten stemmen** vë duart në ijë; **sich (D) vor Lachen die Seiten halten** mbaj ijet me duar nga të qeshurit; 3) krah; **Seite an Seite** krah për krah; *bis* **an meine grüne Seite** në të majtën time; **an jemandes Seite gehen, jemandem zur Seite gehen** a) eci përkrah dikujt; b) përkrah dikë; **jemandem zur Seite stehen** i bëhem, i dal krah dikujt; **er ging (wich) mir nicht von der Seite** ai s'më ndahej; **ihm kann niemand an die Seite gestellt werden** askush s'mund të krahasohet me të; **sich auf die Seite legen** bie të pushoj; 4) anë (*drejtim*); **von allen Seiten** nga të gjitha anët; **zur Seite gehen** dal mënjanë; **jemanden auf die Seite nehmen** marr dikë mënjanë; **von der Seite her** anës; **jemanden von der Seite (her) ansehen** a) shikoj dikë anash; b) vështroj shtrembër dikë; *bis* **jemanden auf die Seite schaffen** heq qafe (*vras*) dikë; **er hat sich etwas auf die Seite gelegt** ai ka vënë mënjanë diçka; 5) anë (*e karakterit, e çështjes etj.*); **das ist seine gute (schwache) Seite** kjo është ana e mirë (e keqe) e tij; **etwas von der leichten Seite nehmen** marr diçka lehtë; 6) anë, palë (*e një marrëveshjeje etj.*); **ich von meiner Seite bin einverstanden** unë nga ana ime (për sa më përket mua) jam dakord; **auf jemandes Seite treten, sich auf jemandes Seite schlagen** marr (kaloj në) anën e dikujt; **auf seine Seite bringen** tërheq në anën time; 7) burim; **von gut unterrichteter Seite wird mitgeteilt, daß ...** nga një burim i mirinformuar njoftohet se ...; 8) faqe (*e librit*); **ein Buch von hundert Seiten** një libër njëqindfaqësh; 9) :

auf seiten, von seiten *sh* **seitens.**
S'eitenblick *m* **-(e)s, -e** vështrim, shikim anash.
S'eitengewehr *n* **-(e)s, -e** bajonetë; **das Seitengewehr aufpflanzen** mbërthej bajonetën.
s'eitenlang *a* me shumë faqe (*letër etj.*).
s'eitens *präp* (G) nga ana e ...
S'eitenschiff *n* **-s, -e** *ark* anijatë anësore.
S'eitensprung *m* **-(e)s, -sprünge** 1) kërcim mënjanë, anash; 2) shmangie (*nga teksti*); 3) *fig* shkelje kurore.
S'eitenstechen *n* **-s** therje në ijë (*nga vrapimi etj.*).
S'eitenstraße *f* **=, -n** rrugë anësore.
S'eitenstück *n* **-(e)s, -e** pjesë anësore (*e diçkaje*).
S'eitenweg *m* **-(e)s, -e** rrugë anësore; *fig bis* **er geht Seitenwege** ai i bie anës e anës, bën dredha.
s'either *adv* që atëherë.
s'eitlich 1. *a* anësor; 2. *präp* (G) anës (*shtëpisë, rrugës etj.*).
s'eitwärts 1. *adv* 1) mënjanë (*me lëvizje*); 2) nga njëra anë; 2. *präp* (G) në anë, në buzë (*të rrugës etj.*).
sekk'ant *a aust* i mërzitshëm.
sekk'ieren *vt aust* mërzis.
Sekr'et *n* **-(e)s, -e** *mjek* sekretim.
Sekret'är *m* **-s, -e** sekretar.
Sekretari'at *n* **-(e)s, -e** sekretariat.
Sekret'ärin *f* **=, -nen** sekretare.
Sekreti'on *f* **=** *mjek* sekretim (*i një gjëndre*).
Sekt *m* **-(e)s, -e** shampanjë (*verë*).
S'ekte *f* **=, -n** *fet* sekt.
Sekt'ierer *m* **-s, =** sektar.
Sekti'on *f* **=, -en** 1) degë, ndarje, grup, seksion; 2) *mjek* autopsi.
S'ektor *m* **-s, -t'oren** 1) fushë (*e muzikës etj.*); 2) sektor (*ndarje administrative*).
Sek'unda *f* **=, -den** klasë e gjashtë dhe e shtatë (*e shkollës së mesme në Gjermani*); klasë e dytë (*e gjimnazit në Austri*).
Sekund'ant *m* **-en, -en** 1) ndihmës (*në një punë*); 2) dëshmitar (*në dyluftim*).
sekund'är *a* 1) dytësor; 2) i dorës së dytë; **das ist von sekundärer Bedeutung** kjo ka një rëndësi të dorës së dytë.
Sek'unde *f* **=, -n** sekondë.
sekund'ieren *vi* **(h) (D)** 1) ndihmoj (*në një punë*); 2) përkrah; shoqëroj (*në piano etj.*); 3) jam dëshmitar (*për dikë në dyluftim*).
s'elber *pron bis* vetë; **das glaubst du doch selber nicht!** këtë s'e beson as ti vetë!
selbst 1. *pron* vetë; **von selbst** vetvetiu; **der Komponist dirigiert die Oper selbst** kompozitori e dirigjon operën vetë; **er ist die Güte selbst** ai është mishërimi i mirësisë; **erkenne dich selbst!** njihe veten!; **mit sich selbst sprechen** flas me vete; **ich komme selbst** do të vij vetë; **du bist nicht mehr du selbst** s'je më ai i pari; **jemanden sich selbst überlassen** braktis dikë; **an sich selbst denken** mendoj për vete; **aus sich selbst etwas tun** bëj diçka vetë (*pa ndihmë*); **um meiner selbst willen** për veten time; **er ist von selbst gekommen** ka ardhur vetë; **das geht wie von selbst** kjo shkon vetë, pa vështirësi; 2. *adv* bile, madje, edhe; **selbst in den schlimmsten Zeiten** edhe në kohët më të këqija.
s'elbständig *a* i pavarur, më vete (*shtet etj.*); *fig bis* **das Kind hat sich selbständig gemacht** fëmija ka ikur.
S'elbständigkeit *f* **=** pavarësi.
S'elbstaufopferung *f* **=** vetëmohim.

S'elbstauslöser *m* **-s,** = *fot* vetëshkrehës, shkrehës automatik.
S'elbstbedienung *f* = vetëshërbim.
S'elbstbeherrschung *f* = gjakftohtësi; **Selbstbeherrschung üben** ruaj gjakftohtësinë, përmbahem, mbaj veten.
S'elbstbestimmung *f* = vetëvendosje.
S'elbstbestimmungsrecht *n* **-(e)s** e drejtë e vetëvendosjes.
s'elbstbewußt *a* i vetëdijshëm.
S'elbstbewußtsein *n* **-s** 1) vetëdije; 2) vetësiguri.
S'elbstbildnis *n* **-ses, -se** autoportret.
S'elbsterhaltungstrieb *m* **-(e)s** instinkt i vetëruajtjes.
S'elbsterkenntnis *f* = njohje e vetvetes.
s'elbstgefällig *a* i vetëkënaqur.
S'elbstgefühl *n* **-(e)s** sedër; **ein übertriebenes Selbstgefühl besitzen** kam sedër të sëmurë.
s'elbstgerecht *a* që e mban veten të pagabueshëm.
S'elbstgespräch *n* **-(e)s, -e** 1) të folur me vete; 2) *teat* monolog.
s'elbstherrlich *a* arbitrar, i marrë me kokën e vet (*vendim etj.*).
S'elbstherrschaft *f* = absolutizëm.
S'elbsthilfe *f* = 1) vetëmbrojtje; 2) vetëgjyqësi.
S'elbstkosten *pl ek* kosto (*e prodhimit*).
S'elbstkostenpreis *m* **-es, -e** çmim i kostos.
S'elbstkritik *f* = autokritikë.
s'elbstkritisch *a* autokritik.
s'elbstlos 1. *a* vetëmohues; 2. *adv* me vetëmohim; **sich für jemanden selbstlos einsetzen** përpiqem me vetëmohim për dikë.
S'elbstlosigkeit *f* = vetëmohim.
S'elbstmord *m* **-(e)s, -e** vetëvrasje; **Selbstmord begehen** vras veten.
S'elbstmörder *m* **-s,** = vetëvrasës.
s'elbstredend 1. *a* i vetëkuptueshëm, që flet vetë (*punë etj.*); 2. *adv* merret vesh, vetëkuptohet, natyrisht.
s'elbstsicher *a* i vetësigurt.
S'elbstsicherheit *f* = vetësiguri.
S'elbstsucht *f* = egoizëm.
s'elbstsüchtig *a* egoist.
s'elbsttätig 1. *a* 1) automatik; 2) aktiv; 2. *adv* 1) automatikisht; 2) aktivisht.
S'elbstüberhebung *f* = vetëlavdërim, sedër e sëmurë.
s'elbstvergessen *a* i përhumbur (*në mendime etj.*).
s'elbstverständlich 1. *a* 1) i vetëkuptueshëm; **selbstverständliche Tatsachen** fakte të vetëkuptueshme; 2) i natyrshëm; **selbstverständliche Herzlichkeit** përzemërsi e natyrshme; 2. *adv* merret vesh, sigurisht, natyrisht; **selbstverständlich, gern!** me gjithë qejf!; **selbstverständlich nicht** natyrisht, s'do mend që jo.
S'elbstverständlichkeit *f* = **-en** vetëkuptueshmëri, gjë e vetëkuptueshme.
S'elbstverständnis *n* **-ses** vetëkuptim.
S'elbstvertrauen *n* **-s** siguri në vetvete, vetësiguri.
s'elbstzufrieden *a* i vetëkënaqur.
S'elbstzufriedenheit *f* = vetëkënaqësi.
S'elbstzweck *m* **-s** qëllim në vetvete.
s'elchen *vt krahin* tymos (*mishin etj.*).
Selfmademan [*s'elfmeidmen*] *m* **-s, -men** njeri që i ka arritur të gjitha vetë.
s'elig *a* 1) i lumtur; 2) i ndjerë (*i vdekur*); **seligen Angedenkens** ndjesë pastë; **mein seliger Vater** im atë, i ndjeri; 3) *fig bis* çakërrqejf.
S'eligkeit *f* =, **-en** lumturi.

s'eligpreisen *vt ndash* quaj të lumtur.

S'ellerie *dhe* **Seller'ie** *m* **-s, -s;** *f* **=, -i/en** *bot* selino.

s'elten 1. *a* i rrallë; **seltene Bücher** libra të rrallë; **eine seltene Begabung** një talent i jashtëzakonshëm; *fig bis* **ein seltener Vogel** njeri i çuditshëm; 2. *adv* rrallë.

S'eltenheit *f* **=, -en** 1) *vetëm sing* të qenët i rrallë; 2) gjë e rrallë.

S'elterswasser *n* **-s, -wässer** ujë mesifon.

s'eltsam *a* i çuditshëm; **eine seltsame Geschichte** një histori e çuditshme.

s'eltsamerweise *adv* në (një) mënyrë të çuditshme.

Sem'ester *n* **-s, =** semestër; gjashtëmujor.

Semifin'ale *n* **-s, =** *sport* gjysmëfinale.

Semik'olon *n* **-s, -s** *dhe* **-la** *gram* pikëpresje.

Semin'ar *n* **-s, -e** 1) *fet* seminar; 2) seminar (*në histori etj.*).

S'emmel *f* **=, -n** simite; *fig bis* **das geht weg wie warme Semmeln** kjo shkon (shitet) si simite të ngrohta.

Sen'at *m* **-s, -e** *pol* senat.

s'enden* *edhe sipas zgjedh. të dobët vt* 1) dërgoj, çoj, nis (*fjalë, urime, një pako me postë etj.*); 2) *vetëm sipas zgjedh. të dobët* transmetoj me anë të radios, të televizionit etj.

S'ender *m* **-s, =** 1) stacion radiodifuzioni; 2) aparat radiodhënës.

S'enderaum *m* **-(e)s, -räume** radiostudio.

S'endestation *f* **=, -en** radiostacion.

S'endung *f* **= -en** 1) dërgim; 2) dërgesë; 3) emision (*i radios etj.*); 4) mision (*politik etj.*).

Senf *m* **-s, -e** 1) *bot* sinap; 2) mustardë; *fig bis* **mach keinen langen Senf!** mos e zgjat tërkuzë!, bjeri shkurt!

S'enfgas *n* **-es** *kim* iprit (*gaz helmues*).

S'enfpflaster *n* **-s, =** *mjek* sinapizëm.

s'engen 1. *vt* përcëlloj (*qimet etj.*); 2. *vi* **(h)** djeg (*dielli*); **sengen und brennen** djeg e pjek.

sen'il *a* i plakur para kohe; matuf.

S'enior *m* **-s, -ni'oren : das Geschäft ist vom Senior auf den Junior übergegangen** dyqani ka kaluar nga i ati tek i biri.

S'enkblei *n* **-(e)s, -e** *det, tek* plumbç.

S'enke *f* **=, -n** gropësirë.

S'enkel *m* **-s, =** lidhëse (*këpucësh*).

s'enken 1. *vt* 1) zhys, hedh (*grepin në ujë etj.*); 2) kërrus (*kokën*); 3) ul (*sytë, çmimet etj.*); 2. *vrefl* **sich senken** 1) *poet* bie (*nata*); 2) zbret (*rruga etj.*); 3) bën bark (*muri etj.*).

s'enkrecht *a* pingul, vertikal; *bis* **bleib senkrecht!** mos e lësho veten!; *fig bis* **das ist das einzig Senkrechte** kjo është e vetmja rrugë e drejtë.

S'enkung *f* **=, -en** 1) shembje (*e tokës etj.*); 2) zbritje, ulje, rënie (*e çmimeve etj.*).

S'enne *f* **=, -n** bjeshkë, kullotë malore.

S'ennerin *f* **=, -nen** bjeshkatare.

Sensati'on *f* **=, -en** 1) bujë, sensacion; 2) ngjarje e bujshme.

sensation'ell *a* 1) i bujshëm, sensacional (*lajm etj.*); 2) i papritur (*kthesë etj.*).

S'ense *f* **= -n** *bujq* kosë; *bis* **Sense!** mbylle!, jepi fund!

sens'ibel *a* i ndjeshëm (*njeri, nerv etj.*).

Sensibilit'ät *f* **=** ndjeshmëri.

Sent'enz *f* **=, -en** sentencë.

sentiment'al *a* sentimental.

Sentimentalit'ät *f* **=** 1) sentimentalizëm; 2) *pl* -**en : keine Sentimentalitäten!** t'i lëmë sentimentalizmat!

separ'at *a* i ndarë, i veçuar, i veçantë; **Zimmer mit separatem Eingang** dhomë me hyrje më vete.

Sept'ember *m* = *dhe* **-s** shtator.

S'erbe *m* **-n, -n** serb

s'erbisch *a* 1) serb; 2) serbisht.

Sergeant [*-zh'ant*] *m* **-en, -en** *usht* rreshter.

S'eri/e *f* =, **-n** 1) seri; **eine Ware in Serie herstellen** prodhoj një mall në seri; **eine Serie von Briefmarken** një seri pullash (poste); 2) varg; **eine Serie von Verbrechen** një varg krimesh.

s'erienmäßig *a* në seri (*prodhim*).

s'eri/enweise *adv* në seri.

seri'ös *a* serioz; **ein seriöser Eindruck** një përshtypje serioze.

Seriosit'ät *f* = seriozitet.

Serm'on *m* **-s, -e** predikim.

S'erum *m* **-s, -ra** *mjek* serum.

Service I [*serv'is*] *n* **-s,** = servis (*çaji etj.*).

Service II [*s'ërvis*] *m* **-s** shërbim (*në hotel etj.*).

serv'ieren [*-vi-*] 1. *vt* nxjerr, servir (*gjellët në tryezë etj.*); 2. *vi* **(h)** shërbej në tryezë; **es ist serviert** është shtruar tryeza.

Servi'ette [*-vi-*] *f* =, **-n** pecetë.

serv'il [*-vil*] *a* servil.

Servilit'ät [*vi-*] *f* = servilizëm.

S'essel *m* **-s,** = 1) kolltuk; 2) *aust* karrige.

s'eßhaft *a* i vendosur, i ngulur (*në një vend*); **zur seßhaften Lebensweise übergehen** kaloj në banim të qëndrueshëm, të përhershëm.

Set *n dhe m* **-(s), -s** 1) takëm (*shkrimi etj.*); 2) komplet (*rrobash etj.*).

s'etzen 1. *vt* 1) vë, vendos; **das Glas an den Mund setzen** vë gotën në buzë; **den Hut auf den Kopf setzen** vë kapelen në kokë; **einen Namen auf eine Liste setzen** vë një emër në listë; **einen Punkt setzen** vë një pikë; **in Szene setzen** vë në skenë; **ins Werk setzen** vë në jetë (*një plan etj.*); 2) ngre (*një përmendore etj.*); **Flaggen setzen** ngre flamurë; **die Segel setzen** shpalos velat; 3) caktoj; **eine Frist setzen** caktoj një afat; **einen Preis setzen** caktoj, vë një çmim; **Grenzen setzen** vë kufi; 4) **(auf A)** vë (*në lojë*); **alles aufs Spiel setzen** rrezikoj gjithçka; **seine Ehre in etwas setzen** e bëj diçka çështje nderi; 5) mbjell (*një bimë etj.*); **einen Baum setzen** mbjell një pemë; 6) *poligr* radhis; 7) : **Personen vom Schiff ans Land setzen** nxjerr, shkarkoj njerëz nga anija në breg; **jemanden über den Fluß setzen** nxjerr dikë matanë lumit; *fig bis* **jemanden an die Luft setzen** flak jashtë dikë; **Hoffnungen auf jemanden setzen** i var shpresat te dikush; **jemanden auf freien Fuß setzen** liroj nga burgu dikë; **ein Gesetz außer Kraft setzen** shfuqizoj një ligj; **Mißtrauen in jemanden setzen** nuk ia kam besën dikujt; **jemanden in Erstaunen setzen** habis dikë; **jemanden in Schrecken setzen** tremb dikë; **einen Motor in Gang setzen** vë në lëvizje një motor; **sich etwas in den Kopf setzen** më hipën në kokë diçka; **Junge setzen** pjell këlyshë (*kafsha*); **etwas in die Zeitung setzen** botoj diçka në gazetë; **gesetzt** a) i qetë, i matur; b) : **gesetztes Alter** moshë e madhe; c) **gesetzt den Fall, daß ...** në qoftë se ... 2. *vrefl* **sich setzen** 1) ulem; **bitte setzen Sie sich** uluni, ju lutem!; **sich aufs Pferd setzen** hipi në kalë; **sich an**

eine Arbeit setzen i përvishem një pune; **sich zu Tisch setzen** ulem të ha; 2) hyn, mblidhet (*pluhuri etj.*); 3) kullon (*kafeja etj.*); 4) : **sich zur Ruhe setzen** lë punën, dal në pension; **sich zur Wehr setzen** mbrohem; 3. *vi* **(h) (über A)** kapërcej, hedh (*një përrua, gardh etj.*).
S'etzer *m* **-s, =** *poligr* radhitës.
Setzer'ei *f* **=, -en** *poligr* repart i radhitjes.
S'etzling *m* **-s, = -e** *bot* fidan, rasat.
S'euche *f* **=, -n** *mjek* epidemi.
s'eufzen *vi* **(h)** 1) psherëtij; rënkoj; 2) *fig* lëngoj, vuaj, dergjem (*në skllavëri etj.*).
S'eufzer *m* **-s =** psherëtimë; **seinen letzten Seufzer aushauchen** jap shpirt.
Sex *m* **-(e)s** *bis* seks (*në kuptime të ndryshme*).
S'exta *f* **=, -ten** *vjet* klasë e parë (*e gjimnazit*).
sexu'al, sexu'ell *a* gjinor, seksual.
S'exus *m* **=** instinkt seksual.
sexy [*s'eksi*] *a* tërheqës nga ana seksuale.
sez'ieren *vt* 1) hap, i bëj autopsinë (*një kufome*); 2) *fig* zbërthej (*një çështje etj.*).
Shampoo(n) [*shamp'u(n)*] *n* **-s** shampo.
Shorts [*shorts*] *pl* pantallona të shkurtëra (*për burra e gra*).
Show [*shou*] *f* **=, -s** shfaqje estrade.
sich *pron refl* vetë, veten, vetes; **an (und für) sich** në vetvete; **es hat nichts auf sich** s'ka rëndësi; **er dachte bei sich** ai tha me vete; **das ist eine Sache für sich** kjo është çështje më vete; **für sich sein** jam vetëm; *fig* **etwas hinter sich bringen** mbaroj një punë; *fig* **eine Krankheit hinter sich haben** kaloj një sëmundje; *fig* **diese Arbeit hat es in sich** kjo punë është më e vështirë se sa duket; **etwas von sich aus tun** bëj diçka me kokën time; *fig* **etwas vor sich haben** kam diçka për të bërë; **er bat ihn zu sich** e ftoi të vinte; **zu sich kommen** vij në vete.
S'ichel *f* **=, -n** *bujq* drapër.
s'icher 1. *a* 1) i sigurt (*dorë, gjykim, shenjë, etj.*); *bis* **sicher ist sicher!** që të jem brenda; 2) i besueshëm, i padyshueshëm (*burim etj.*); 2. *adv* me siguri; **er hat es sicher vergessen** me siguri e ka harruar.
S'icherheit *f* **=** 1) sigurim; 2) siguri; **ihm fehlt die nötige Sicherheit** i mungon siguria e nevojshme; **sich in Sicherheit wiegen** mendoj se s'më gjen gjë; 3) vend i sigurt; **jemanden oder etwas in Sicherheit bringen** shpëtoj dikë ose diçka; 4) *pl* **-en** garanci.
Sicherheitsgurt *m* **-(e)s, -e** rrip sigurimi (*në automobil etj.*).
s'icherheitshalber *adv* për siguri, si masë sigurimi.
S'icherheitsnadel *f* **=, -n** gjilpërë kapëse, karficë.
S'icherheitsrat *m* **-(e)s** Këshilli i Sigurimit (*në OKB*).
S'icherheitstechnik *f* **=** teknikë e sigurimit.
s'icherlich *adv* me siguri; **ich werde ihn sicherlich finden** do ta gjej me siguri.
s'ichern 1. *vt* 1) siguroj (*të ardhmen, armën etj.*); 2) **(gegen A, vor D)** siguroj, ruaj (*nga një rrezik etj.*); 3) : **sich (D) etwas sichern** siguroj diçka; **sich einen guten Platz sichern** siguroj, zë një vend të mirë; 2. *vrefl* **sich sichern** sigurohem (*nga një e papritur etj.*).
s'icherstellen *vt ndash* 1) siguroj, sjell (çoj) në vend të sigurt; 2) konfiskoj (*një gjë të vjedhur etj.*).

S'icherung *f* = 1) sigurim, garantim; **zur Sicherung des Friedens** për sigurimin e paqes; 2) *pl* **-en** *el* siguresë; **die Sicherung ist durchgebrannt** është djegur siguresa.

Sicht *f* = 1) pamje; **in Sicht sein** dukem; **außer Sicht sein** nuk dukem; **heute ist gute, klare Sicht** sot ajri është i kthjellët; 2) kohë, afat; **auf kurze Sicht** me afat të shkurtër; **auf lange Sicht** me afat të gjatë; *fig* **Politik auf weite Sicht** politikë largpamëse.

s'ichtbar *a* 1) i dukshëm; 2) i qartë, evident.

s'ichten *vt* 1) shoh, shquaj (*një anije në largësi etj.*); 2) *fig* kaloj nëpër duar (*letra etj.*).

s'ichtlich 1. *a* i dukshëm, i qartë; 2. *adv* në mënyrë të qartë, të dukshme; **es war ihm sichtlich peinlich** dukej qarte se i vinte rëndë.

S'ichtvermerk *m* **-s, -e** vizë (*në pasaportë*).

s'ickern *vi* **(h, s)** rrjedh pika-pika, pikon (*uji, gjaku etj.*).

Sideboard [*s'ajdbord*] *n* **-s, -s** bufe (*orendi*).

sie *pron pers* 1) ajo (**G ihrer, D ihr, A sie**); 2) ata, ato (**G ihrer, D ihnen, A sie**).

Sie 1. *pron pers* ju (**G Ihrer, D Ihnen, A Sie**); **bitte folgen Sie mir** ejani pas meje, ju lutem; 2. *f bis* : **eine Sie** një femër.

Sieb *n* **-(e)s, -e** 1) sitë; 2) shoshë; *fig* **Wasser mit einem Sieb schöpfen** mbush ujë me shoshë; 3) kullesë.

s'ieben I *vt* sis, shoshis, kulloj (*edhe në kupt. fig*).

s'ieben II *num* shtatë; *fig* **das ist mir ein Buch mit sieben Siegeln** këtë s'e marr vesh fare; *fig bis* **mit jemandem um sieben Ecken verwandt sein** e kam lëng stërlëngu dikë.

S'ieben *f* =, = shtatë (*notë etj.*).

S'iebensachen *pl* 1) rraqe; **seine Siebensachen packen** mbledh leckat; 2) vegla; **hast du deine Siebensachen beisammen?** a i ke veglat me vete?

s'iebente *a* i shtatë.

S'iebentel *n* **-s,** = një e shtatë.

s'ieb(en)tens *adv* së shtati.

s'iebte *a* i shtatë.

s'iebzehn *num* shtatëmbëdhjetë.

s'iebzig *num* shtatëdhjetë.

S'iebziger *m* **-s,** = burrë 70-79-vjeçar.

siech *a* që vuan nga një sëmundje e rëndë kronike; shëndetlig; **alt und siech** plak e shëndetlig.

s'iechen *vi* **(h)** s'jam mirë me shëndet, lëngoj.

S'iechtum *n* **-s** sëmundje e gjatë.

s'iedeln *vi* **(h)** ngulem (*me banim në një vend*).

s'ieden* 1. *vt* 1) vloj, ziej (*ujin etj.*); 2) : **Seife sieden** bëj sapun; 2. *vi* **(h)** vlon, zien, avullon.

s'iedend *a* që vlon; **siedendes Wasser** ujë i valuar.

S'iedepunkt *m* **-(e)s, -e** pikë e vlimit.

S'iedlung *f* =, **-en** ngulim; **Siedlung in Übersee** koloni.

Sieg *m* **-(e)s, -e** fitore; **den Sieg erringen, davontragen** korr fitore.

S'iegel *n* **-s,** = vulë; **ein Siegel auf etwas drücken** i vë vulën diçkaje; **ein Siegel erbrechen, lösen** prish një vulë.

S'iegellack *m* **-(e)s, -e** dyllë (*për vulosje*).

s'iegeln *vt* vulos (*një letër, dokument etj.*).

S'iegelring *m* **-(e)s, -e** unazë me vulë.

s'iegen *vi* **(h) (über A)** fitoj,

ngadhënjej (*kundër dikujt*); **die Vernunft siegte** fitoi arsyeja.

S'ieger *m* **-s, =** fitimtar, ngadhënjimtar.

s'iegesbewußt *a* i sigurt në fitore.

s'iegessicher *a* i sigurt për fitoren.

s'iegreich *a* fitimtar, ngadhënjimtar (*ushtri etj.*).

sieht *sh* **sehen***.

S'iele *f* **=, -en** rrip (*kali etj.*); *fig* **in den Sielen sterben** vdes në krye të detyrës.

Si'esta *f* **=, Siesten** *dhe* **-s** pushim pas drekës.

s'iezen *vt* i flas me ju (*dikujt*).

Sign'al *n* **-s, -e** sinjal.

signalis'ieren *vt* sinjalizoj.

Signat'ur *f* **=, -en** 1) sigël; 2) firmë, emër (*i artistit në një tablo etj.*); 3) numër i librit (*në bibliotekë*).

sign'ieren *vt* 1) nënshkruaj; 2) sigloj; 3) firmoj (*një vepër arti*).

S'ilbe *f* **=, -n** *gram* rrokje; **betonte, unbetonte, kurze, lange Silbe** rrokje e theksuar, e patheksuar, e shkurtër, e gjatë.

S'ilber *n* **-s** *kim* argjend; *fig* **das Silber des Mondlichts** argjend i dritës së hënës.

S'ilberbarren *m* **-s, =** shufër argjendi.

S'ilberhochzeit *f* **=, -en** 25-vjetor i martesës.

s'ilbern *a* prej argjendi, i argjendtë; *poet* **silbernes Haar** flokë të argjendtë.

S'ilberpapier *n* **-s** letër varaku.

s'ilbrig *a* i argjendtë.

Silhouette [*zilu'etë*] *f* **=, -n** siluetë.

S'ilo *m* **-s, -s** *bujq* silo.

S'ilofutter *n* **-s** *bujq* silazh.

Silv'ester [*-ves-*] *n* **-s, =** dita e fundit e vitit, nata e Vitit të Ri.

s'impel *a* i thjeshtë (*detyrë, pyetje etj*).

simplifiz'ieren *vt* thjeshtoj.

Sims *m* **-es, -e** *ark* 1) kornizë; 2) *ark* pezul i dritares.

Simul'ant *m* **-en, -en** simulant.

simul'ieren *vt dhe vi* **(h)** simuloj (*një sëmundje*).

simult'an *a* i njëkohshëm.

sind *sh* **sein** I.

Sinfon'ie *f* **=, -ni/en** *muz* simfoni.

s'ingen* *vi* **(h)** *vt* këndoj (*një këngë etj.*); *bis* **deine Worte kann ich schon singen** fjalët e tua i kam mësuar përmendësh; **von Helden und ihren Taten singen** u këndoj heronjve e bëmave të tyre.

s'ingend 1. *a* që këndon; 2. *adv* si duke kënduar.

S'ingsang *m* **-s** *bis* këngë monotone.

S'ingular *m* **-s, -e** *gram* (*numër*) njëjës.

s'ingular *a* i rrallë (*shfaqje etj.*).

s'inken* *vi* **(s)** 1) bie, ulem (*në gjunjë, në tokë, në ujë etj.*); 2) bie (*çmimi, vlera, temperatura etj.*); 3) fundoset (*anija*); 4) perëndon (*dielli*); **der Tag sank** u err.

S'inken *n* **-s** 1) rënie; 2) fundosje.

Sinn *m* **-(e)s, -e** 1) *anat* shqisë; **die fünf Sinne** pesë shqisat; *fig* **seine fünf Sinne beisammen haben** kam mend e shqisë; 2) mendje; **anderen Sinnes werden** ndërroj mendje; **mit jemandem eines Sinnes sein** jam i një mendjeje me dikë; **es will mir nicht aus dem Sinne** s'më hiqet dot nga mendja, kjo s'më del nga mendja; **er ist nicht bei Sinnen** ai nuk është në vete, ai nuk është më të; **ein Wort ging mir durch den Sinn** më ra në mendje një fjalë; **etwas im Sinne haben** kam diçka në mendje; **laß es dir ja nicht in den Sinn kommen** mos të të shkojë mendja; **etwas ohne Sinn und Verstand tun** bëj diçka pa u menduar, pa mend në kokë; *bis* **bist du von Sinnen?**

a je në vete?; 3) natyrë; **einen frohen Sinn haben** kam natyrë të gëzuar; 4) kuptim, vështrim; **es hat keinen Sinn, länger zu warten** s'ka kuptim të presësh më gjatë; *bis* **langer Rede kurzer Sinn** që t'i biem shkurt; **im besten Sinne des Wortes** në kuptimin më të mirë të fjalës; **im eigentlichen Sinne** në kuptimin e vërtetë, të mirëfilltë; **im übertragenen Sinne** në kuptim të figurshëm; **Sinn für Kunst, Musik, Schönheit haben** kuptoj artin, muzikën, të bukurën; 5) qëllim, përmbajtje; **der Sinn einer Erzählung** qëllimi, kuptimi i një tregimi; 6) frymë; **im Sinne des Gesetzes** në frymën e ligjit; 7) qejf; **das ist nicht nach meinem Sinn** kjo nuk është sipas qejfit tim, shijes sime; 8) *pl* epsh; **seine Sinne erwachten** iu zgjua epshi.

S'innbild *n* **-(e)s, -er** simbol.

s'innbildlich *a* simbolik.

s'innen* *vi* **(h)** 1) mendoj, bluaj me mend; **auf etwas sinnen** më rreh mendja te diçka; **sinnend** i menduar, i kredhur në të thella; 2) : **gesonnen sein, etwas zu tun** kam ndër mend të bëj diçka.

S'innenrausch *m* **-es** dalldi.

S'innesorgan *n* **-s, -e** *anat* shqisë.

s'innfällig *a* i qartë; i dukshëm.

S'inngehalt *m* **-(e)s, -e** kuptim; përmbajtje (*e një poezie etj.*).

s'inngemäß *adv* sipas kuptimit; **ich kann seine Äußerung nur sinngemäß wiederholen** shprehjen e tij mund ta them vetëm me fjalët e mia.

sinn'ieren *vi* **(h)** mendohem.

s'innig *a* 1) i arsyeshëm; 2) i menduar, i pjekur, i thellë (*mendim etj.*); 3) i goditur (*dhuratë etj.*).

s'innlich *a* 1) shqisor; **sinnliche Eindrücke** përshtypje shqisore; 2) sensual, epshor; **sinnliche Liebe** dashuri epshore.

S'innlichkeit *f* = sensualitet.

s'innlos *a* 1) i kotë; **sinnlose Hoffnung** shpresë e kotë; 2) pa kuptim; **das ist doch sinnlos!** kjo s'ka kuptim!; 3) i çmendur (*zemërim etj.*).

S'innlosigkeit *f* = 1) kotësi; 2) pakuptimshmëri.

s'innreich *a* i hollë (*shpikje etj.*).

S'innspruch *m* **-(e)s, -sprüche** fjalë e urtë, sentencë.

s'innverwandt *a* me kuptim të afërt (*fjalë etj.*).

s'innvoll *a* 1) që ka kuptim; 2) i arsyeshëm (*vendim etj.*).

s'innwidrig *a* pa kuptim, absurd.

S'intflut *f* = përmbytje.

Siphon [-*f'ô*] *m* **-s, -s** sifon (*në kupt. të ndryshme*).

S'ippe *f* =, **-n** 1) fis; 2) farefis; 3) *gjuh* çerdhe, grup (*fjalësh të një rrënje*).

S'ippschaft *f* =, **-en** 1) farefis; 2) *përb* tufë, soj e sorollop.

Sir'ene *f* =, **-n** sirenë (*e anijes etj.*).

S'irup *m* **-s, -e** shurup.

S'isyphusarbeit *f* = punë e kotë, punë pa grat.

Sit-'in *n* **-(s), -s** demonstratë proteste (*duke ndenjur në një vend*).

S'itte *f* =, **-en** 1) zakon; **Sitten und Gebräuche** doke e zakone; **das ist bei uns nicht Sitte** këtë nuk e kemi zakon; 2) *pl* **gute Sitten** mirësjellje; **Verstoß gegen die guten Sitten** shkelje e mirësjelljes.

S'ittenlehre *f* = etikë.

s'ittenlos *a* i shthurur (*njeri, sjellje*).

S'ittenstrolch *m* **-(e)s, -e** vagabond.

s'ittlich *a* 1) i moralshëm; 2) i ndershëm.

S'ittlichkeit *f* = moral.

s'ittsam *a* i urtë; i ndershëm; i virtytshëm (*njeri*).

Situati'on *f* =, **-en** gjendje, situatë.

Sitz *m* **-es, -e** 1) vend (*në një sallë, kuvend, tren etj.*); 2) vendbanim; 3) seli; **die albanische Regierung hat ihren Sitz in Tirana** qeveria shqiptare e ka selinë në Tiranë; 4) karrige; kolltuk 5) : **das Kleid hat einen guten Sitz** petku rri mirë; **er hat auf einen Sitz fünf Schnäpse getrunken** ai ka pirë pesë gota raki njërën pas tjetrës.

s'itzen* *vi* **(h)** 1. (*për njerëzit*) 1) rri (*në karrige etj.*); **einem Maler sitzen** pozoj për një piktor; **sitzen bleiben** rri ulur; **sitzen lassen** lë ulur; *bis* **ich sitze hier sehr gut** jam shumë mirë këtu; 2) rri në burg; **er hat jahrelang gesessen** ai ka qenë në burg me vite të tëra; 3) banoj; **die Goten saßen an der Weichsel** gotët banonin në brigjet e Vistulës; 4) : **die Henne sitzt auf den Eiern** pula ngroh vezët; **bei der Arbeit sitzen** punoj; **beim Arzt sitzen** pres te mjeku; **noch in der zweiten Klasse sitzen** mbetem në klasën e dytë; *fig* **in der Tinte, Patsche sitzen** ndodhem ngushtë; *fig* **über den Büchern sitzen** lexoj; studioj; **zu Gericht sitzen über jemanden** gjykoj dikë; **sitzende Lebensweise** jetë sedentare; 2. (*për sendet*) 1) bie për shtat (*petku etj.*); 2) qëllon, godet (*e shtëna etj.*); 3) ngulitet në kujtesë (*vjersha etj.*); 4) : **da sitzt die Schwierigkeit** këtu qëndron vështirësia.

s'itzenbleiben* *vi ndash* **(s)** 1) mbetem (*në klasë, pa martuar etj.*); 2) nuk zë (*brumi*); 3) **sitzenbleiben lassen** lë në klasë (*një nxënës*).

s'itzenlassen* *vt ndash* 1) *fig* lë në baltë; 2) : *shpr* **etwas auf sich sitzenlassen** lë pa kundërshtuar (*një akuzë etj.*).

S'itzfleisch *n* ngulm, këmbëngulje; durim; *fig bis* **kein rechtes Sitzfleisch haben** nuk më zë vendi vend.

S'itzgelegenheit *f* **=, -en** vend (*në kinema etj.*).

S'itzplatz *m* **-es, -plätze** vend për t'u ulur (*në tren etj.*).

S'itzung *f* **=, -en** 1) mbledhje; **eine Sitzung einberufen** thërras një mbledhje; 2) pozë (*për një portret etj.*).

Sk'ala *f* **=, -len** *dhe* **-s** shkallë (*e një instrumenti matës etj.*).

Skalp'ell *n* **-s, -e** *mjek* skalpel.

Skand'al *m* **-s, -e** skandal.

skandal'ös *a* skandaloz.

skand'ieren *vt* skandoj (*një varg, një parullë etj.*).

Skat *m* **-s, -s** skat (*lojë me letra*).

Skel'ett *n* **-(e)s, -e** skelet, eshtëri.

Sk'epsis *f* **=** skepticizëm.

Sk'eptiker *m* **-s, =** skeptik.

sk'eptisch *a* skeptik.

Sketch *m* **-(e)s, -e** skeç.

Ski [*shi*] *m* **-s** ski; **Ski laufen** rrëshqas me ski.

Sk'ifahrer *m* **-s, =** skiator.

Sk'isport *m* **-s** sport i skive.

Sk'ispringen *n* **-s** kërcim me ski.

Sk'izze *f* **=, -n** 1) skicë, vizatim; 2) *let* tregim i shkurtër, skicë.

skizz'ieren *vt* ravizoj, skicoj.

Skl'ave [*-fe dhe -ve*] *m* **-n, -n** skllav.

Sklaver'ei [*-fe- dhe -ve-*] *f* **=** skllavëri; **aus der Sklaverei befreien** çliroj nga skllavëria; **in Sklaverei geraten** bie në skllavëri.

skl'avisch [*-fish dhe -vish*] *a* 1) prej skllavi; 2) i nënshtruar.

Sk'onto *m dhe n* **-s, -s** *dhe* **Skonti** *ek* skonto.

Skorb'ut *m* **-(e)s** *mjek* skorbut.

Skorpi'on *m* **-s, -e** *ent* akrep.

Skr'ofel *f* **=, -n** *mjek* skrofull.

skroful'ös *a mjek* që ka skrofullën.

Skr'upel *m* **-s, =** skrupull.

skr'upellos *a* i pandërgjegjshëm, pa skrupull; **ein skrupelloser Geschäftemacher** një afarist pa skrupull.
skrupul'ös *a* i përpiktë; pedant.
Skulpt'ur *f* =, **-en** 1) skulpturë, statujë, shtatore; 2) *sing* skulpturë (*art*).
skurr'il *a* i çuditshëm (*mendim etj.*).
Sl'alom *m* **-s, -s** *sport* slalom.
Slang [*sleng*] *m* **-s, -s** slang, zhargon.
Sl'awe *m* **-n, -n** sllav.
Slip *m* **-s, -s** brekë.
Sl'ogan *m* **-s, -s** slogan.
Slum [*slam*] *m* **-s, -s** lagje e varfër.
Smar'agd *m* **-(e)s, -e** *min* smerald.
smart *a* i shkathët, i gjallë.
Sm'oking *m* **-s, -s** smoking.
Snob *m* **-s, -s** snob.
Snob'ismus *m* =, **Snobismen** snobizëm.
s. o. = **sieh(e) oben** shih më lart, më sipër.
so 1. *adv* 1) kështu, ashtu, në këtë mënyrë; **wie du mir, so ich dir** si të ma bësh, ashtu ta bëj; **bald so, bald so** herë kështu, herë ashtu; **das habe ich doch nicht so gemeint** nuk e kisha kështu; **es ist mir so, als wäre ...** më bëhet sikur ...; 2) aq, kaq; **so einfach ist es nicht** nuk është aq e thjeshtë; **er ist so groß wie ich** ai është aq i madh sa unë; **so oft** aq shpesh; **so viel** aq shumë; 3) sa; **so bald wie möglich** sa më parë që të jetë e mundur; 4) : **so etwas** një gjë e tillë, diçka si kjo; **so etwas Schönes habe ich noch nicht gesehen** diçka kaq të bukur s'kam parë ndonjëherë; 5) : **nein, so etwas!** e pabesueshme!; **so gut wie nichts** pothuaj asgjë; **nur so** a) ashtu kot; b) fort; **so ein** i tillë; **so oder so** sido që të jetë, në çdo mënyrë; **so ein Mensch wie er** një njeri i tillë si ai; 2. *conj* 1) : **so daß** kështu që; **ich habe viel zu arbeiten, so daß ich kaum für anderes Zeit habe** kam shumë punë, prandaj s'më del kohë për gjëra të tjera; 2) pra; **so laß mich doch in Ruhe!** lërmë, pra, të qetë!; 3) sado që; **so leid es mir tut** sado keq që më vjen.
SO = **Südost(en).**
sob'ald *conj* porsa, sapo; **sobald er kommt** porsa të vijë.
S'ocke *f* =, **-n** çorap (*burrash*); *fig bis* **sich auf die Socken machen** iki, ua mbath këmbëve; *fig bis* **von den Socken sein** mbetem pa mend.
S'ockel *m* **-s,** = 1) *ark* xokolaturë (*e një ndërtese*); 2) bazament (*i një përmendoreje*).
S'ocken *m* **-s,** = *sh* **Socke.**
sod'ann *adv* atëherë, pastaj.
S'odbrennen *n* **-s** djegësirë (*në stomak*).
so'eben *adv* porsa, tashti, sa, sapo.
S'ofa *n* **-s, -s** sofa, divan.
sof'ern *conj* gjersa, derisa, në rast se; **ich bleibe hier, sofern ich nicht abberufen werde** unë do të rri këtu, në rast se nuk më thërrasin.
soff *sh* **saufen*.**
sof'ort *adv* sakaq, menjëherë, në çast; **sofort nach Empfang** menjëherë pas marrjes (*së një letre etj.*).
Sog *m* **-(e)s** 1) thithje; 2) vorbull.
sog *sh* **saugen*.**
sog. = **sogenannt.**
sog'ar *adv* bile, madje, edhe; **er hat mir sogar noch ein Buch geschenkt** ai bile më ka dhuruar edhe një libër.
s'ogenannt *a* i ashtuquajtur.
sogl'eich *adv* tani, menjëherë, sakaq.
S'ohle *f* =, **-n** 1) taban, shputë e këmbës; 2) shollë; 3) shtrat (*i lumit etj.*); 4) *min* dysheme.
s'ohlen *vt* u hedh shoje (*këpucëve*).

Sohn *m* **-(e)s, Söhne** bir; **er ist ganz der Sohn seines Vaters** ai është i biri tet.
S'öhre *f* = *krahin* thatësirë.
soigniert [*zoanj'irt*] i mbajtur mirë.
Soiree [*zoar'e*] *f* **=, -n** mbrëmje (*vallëzimi etj.*).
sol'ang(e) *conj* 1) gjersa; **solange er lebt** gjersa të jetë gjallë ai; 2) sa (*gjatë*); **schlaf, solange du kannst** fli sa të mundesh.
S'olbad *n* **-(e)s, -bäder** banjë me solucion kripërash.
solch *pron dem* 1) i tillë; **ein solcher Mensch** një njeri i tillë; **solch ein Pech!** ç'fat i prapë!; **auf solche Weise** në këtë mënyrë; 2) *bis* i madh, i fortë; **ich habe solche Schmerzen** kam dhembje të forta.
solcherl'ei *a inv* të këtij lloji.
s'olcherweise *adv* në këtë mënyrë, në të tillë mënyrë.
Sold *m* **-(e)s** 1) pagë, rrogë (*e një ushtaraku*); 2) shërbim; **in jemandes Sold stehen** jam në shërbim të dikujt.
Sold'at *m* **-en, -en** ushtar.
sold'atisch *a* ushtarak.
S'öldner *m* **-s, =** mercenar.
S'öldnertruppen *pl* trupa mercenare.
S'ole *f* **=, -n** shëllirë.
solid'arisch *a* solidar.
solidaris'ieren, sich *vrefl* solidarizohem.
Solidarit'ät *f* = solidaritet.
sol'ide *a* 1) i fortë, i bërë mirë (*këpucë etj.*); 2) i besueshëm; serioz; 3) i matur (*në sjellje etj.*).
Sol'ist *m* **-en, -en** *muz* solist.
Soll *n* = *dhe* **-s, =** *dhe* **-s** 1) *fin* debi; **Soll und Haben** debi dhe kredi; 2) detyrë plani; **sein Soll erfüllen** përmbush detyrën e planit.
s'ollen* *folje modale që shpreh* 1) *detyrim:* **ich soll gehen** duhet të shkoj; 2) *pëlqim, urdhër ose kanosje të nënkuptuar:* **soll er kommen!** le të vijë!; 3) *mundësi, gjasë:* **man sollte meinen ...** mund të mendosh ...; **er soll gekommen sein** ai duhet të ketë ardhur; 4) *dobi:* **was soll's?** a) ç'dobi ka kjo?; b) njëlloj, s'prish punë.
S'öller *m* **-s, =** *ark* tarracë.
s'olo *adv muz* solo.
S'olo *n* **-s, -s** *dhe* **Soli** *muz* solo.
som'it *conj* prandaj, pra, kështu që.
S'ommer *m* **-s, =** verë; **des Sommers, im Sommer** në verë, verës.
S'ommerfrische *f* **=, -n** 1) verim; 2) vend verimi.
S'ommerfrischler *m* **-s, =** ai që shkon (vjen) për të veruar.
s'ommerlich *a* veror.
S'ommersprossen *pl* prekë, pikël (*në fytyrë*).
S'ommerwohnung *f* **=, -en** shtëpi verimi.
son'ach *sh* **somit.**
Son'ate *f* **=, -n** *muz* sonatë.
S'onde *f* **=, -n** *mjek etj.* sondë.
s'onder *präp vjet* (A) pa; **sonder Tadel** pa njollë (*njeri*).
S'onderangebot *n* **-(e)s, -e** ofertë e posaçme.
S'onderausgabe *f* **=, -n** botim i posaçëm; numër i posaçëm (*i një gazete etj.*).
s'onderbar *a* i çuditshëm (*sjellje, ngjarje, zhurmë etj.*).
s'onderbarerweise *adv* në një mënyrë të çuditshme; **sonderbarerweise war die Tür nicht verschlossen** për çudi, porta s'ishte mbyllur.
s'ondergleichen *adv* i pashembullt; **das ist eine Frechheit sondergleichen** kjo është një paturpësi që s'e ka shoqen.
S'onderkorrespondent *m* **-en, -en** korrespondent i posaçëm.
s'onderlich 1. *a* i çuditshëm; **er ist**

etwas sonderlich është pak si i çuditshëm; 2. *adv* : **nicht sonderlich** jo dhe aq.

S'onderling *m* **-s, -e** njeri i çuditshëm, kokë më vete.

s'ondern I *conj* por (*pas mohimit*); **nicht er, sondern sie ist schuld** jo ai, po ajo e ka fajin; **nicht nur ... sondern auch** jo vetëm ... por edhe.

s'ondern II *vt* 1) ndaj; *fig* **die Spreu vom Weizen sondern** ndaj grurin nga egjra; 2) veçoj; **einen Gegenstand gesondert schicken** dërgoj një send veçan.

S'ondernummer *f* **=, -n** numër i posaçëm (*i një gazete, reviste etj.*).

S'onderrecht *n* **-(e)s, -e** privilegj.

s'onders *adv* : *shpr* **samt und sonders** që të gjithë, të gjithë, pa përjashtim.

S'onderschule *f* **=, -n** shkollë e veçantë (*për fëmijë me të meta mendore ose fizike*).

S'onderzug *m* **-(e)s, -züge** tren i posaçëm.

sond'ieren *vt* sondoj (*edhe fig*).

S'onnabend *m* **-s, -e** e shtunë.

S'onne *f* **=, -n** diell; **die Sonne geht auf, geht unter** dielli lind, perëndon; *bis* **geh mir aus der Sonne!** mos më zër diellin!; *prov* **es ist nichts so fein gesponnen, es kommt doch an die Sonnen** gënjeshtra i ka këmbët e shkurtëra.

s'onnen, sich *vrefl* ngrohem në diell, shullëhem.

S'onnenaufgang *m* **-s, -gänge** lindje e diellit.

S'onnenbad *n* **-(e)s, -bäder** banjë dielli.

S'onnenblume *f* **=, -n** *bot* luledielli.

S'onnenbrand *m* **-(e)s** djegie e lëkurës nga dielli.

S'onnenbrille *f* **=, -n** syze dielli.

S'onnenfinsternis *f* **=, -se** *astr* eklips i diellit.

s'onnenklar *a* i qartë si drita e diellit.

S'onnenschein *m* **-(e)s** dritë e diellit.

S'onnenschirm *m* **-s, -e** çadër, ombrellë dielli.

S'onnenstich *m* **-(e)s, -e** *mjek* pikë e diellit.

S'onnenuhr *f* **=, -en** orë diellore.

S'onnenuntergang *m* **-(e)s, -gänge** perëndim i diellit.

s'onnenverbrannt *a* i djègur, i nxirë, i thekur nga dielli.

s'onnig *a* 1) me diell, i rrahur nga dielli; 2) *fig* i qeshur (*njeri, natyrë etj.*).

S'onntag *m* **-s, -e** e diel; **am Sonntag** të dielën.

s'onntäglich *a* si për të djelë (*i veshur etj.*).

s'onntags *adv* të dielave.

son'or *a* i trashë e tingëllues (*zë*).

sonst *adv* 1) përveç këtij, përveç kësaj, tjetër; **sonst noch etwas?** ka ndonjë gjë tjetër?; **sonst nichts** asgjë tjetër; **wer sonst, wenn nicht er?** kush tjetër në mos ai?; 2) zakonisht; **so etwas tue ich sonst nicht** një gjë të tillë zakonisht nuk e bëj; 3) ndryshe, në rast të kundërt; **ich muß mich beeilen, sonst komme ich zu spät** duhet të nxitohem, se ndryshe arrij tepër vonë.

s'onstig *a* 1) i mëparshëm; 2) tjetër; 3) : **Sonstiges** të ndryshme (*sende*).

s'onstjemand *pron indef bis* kushdo.

s'onstwie *adv bis* disi ndryshe; **das kannst du so oder sonstwie machen** këtë mund ta bësh në një mënyrë ose në një tjetër.

s'onstwo *adv bis* 1) diku gjetkë; 2) kudo gjetkë; **ich habe den Schirm sonstwo gesucht, aber nicht hier** çadrën e kam kërkuar kudo, po këtu jo.

s'onstwohin *adv bis* diku gjetkë; kudo gjetkë (*me lëvizje*).

so'oft *conj* sa herë që; **sooft du willst** sa herë të duash.
Soph'ist *m* **-en, -en** sofist.
Soph'istik *f* = sofizëm.
soph'istisch *a* sofist.
Sopr'an *m* **-s, -e** *muz* soprano (*zë dhe këngëtare*).
S'orge *f* =, **-n** 1) kujdes, preokupim, shqetësim; **es macht mir Sorge, daß ...** më shqetëson fakti që ...; **lassen Sie das meine Sorge sein!** ma lini mua atë punë!; **keine Sorge!, sei ohne Sorge!** mos ki merak!; **Sorge tragen für etwas** kujdesem për diçka; **du machst dir unnötige Sorgen** ti shqetësohesh kot; 2) telash, hall; **Sorgen haben** kam halle; **ich komme aus den Sorgen nicht heraus** nuk po dal dot nga telashet.
s'orgen 1. *vi* **(h)** **(für A)** përkujdesem (*për diçka, dikë*); **dafür laß mich sorgen** këtë lërma mua; 2. *vrefl* **sich sorgen (um A)** shqetësohem (*për diçka, dikë*); **sorg dich nicht!** mos u shqetëso!
s'orgenfrei *a* i shkujdesur (*jetë etj.*).
S'orgenkind *n* **-(e)s, -er** fëmijë që hap telashe.
s'orgenlos *sh* **sorgenfrei.**
s'orgenschwer *a* i mbytur nga hallet.
s'orgenvoll *sh* **sorgenschwer.**
S'orgfalt *f* = kujdes; **ohne Sorgfalt arbeiten** punoj pa kujdes.
s'orgfältig 1. *a* i kujdesshëm (*punëtor etj.*); 2. *adv* me kujdes.
S'orgfältigkeit *f* = kujdes.
s'orglich *a* i kujdesshëm.
s'orglos *a* 1) i shkujdesur (*qëndrim etj.*); 2) mendjelehtë (*njeri*).
S'orglosigkeit *f* = shkujdesje.
s'orgsam 1. *a* i kujdesshëm; 2. *adv* me kujdes.
S'orgsamkeit *f* = kujdes.
S'orte *f* =, **-n** lloj; **ich gehöre nicht zu der Sorte (Menschen), die ...** nuk jam nga ata që ...
sort'ieren *vt* ndaj në lloje të ndryshme (*libra etj.*).
Sortim'ent *n* **-s, -e** asortiment (*mallrash etj.*).
SOS = SOS (*radiosinjali për të kërkuar ndihmë*).
sos'ehr *conj* sado që.
sos'o 1. *int* 1) pa shih!; 2) e pra!; 2. *adv* : **soso lala** çka, disi.
S'oße *f* =, **-n** salcë.
sott *sh* **sieden*.**
Soubrette [*zubr'etë*] *f* =, **-n** këngëtare operete.
Souffleur [*zufl'ër*] *m* **-s, -e** *teat* pëshpëritës, sufler.
souffl'ieren [*zuflirën*] *vt dhe vi* **(h)** pëshpëris (*një replikë*).
s'oundso *adv* 1) : **Herr Soundso** zoti filan; aksh zotri; 2) kështu e ashtu; 2) kaq e kaq.
Souper [*zup'e*] *n* **-s, -s** darkë (*zyrtare etj.*).
soup'ieren [*zupirën*] *vi* **(h)** ha darkë (*te ministri etj.*).
Soutane [*zut'anë*] *f* =, **-n** veladon (*i priftit*).
Souvenir [*zuvën'ir*] *n* **-s, -s** kujtim (*send*).
Souverän [*zuvër'en*] *a* sovran.
Souveranit'ät *f* = sovranitet.
sov'iel 1. *adv* aq, kaq; **noch einmal soviel** edhe një herë kaq; 2. *conj* aq sa; **iß, soviel du kannst** ha sa të mundesh; **soviel ist gewiß** aq është e sigurtë.
sow'eit *conj* përsa, me sa, gjersa, gjer ku; **soweit wir in Betracht kommen** përsa na përket neve; **soweit ich beurteilen kann** me sa mund të gjykoj unë; **soweit die Stimme reicht** gjer ku arrin zëri; **wir sind soweit** jemi gati.
sow'enig *adv* aq pak; **er weiß so wenig wie ich** ai di aq pak sa unë;

so wenig wie möglich sa më pak që të jetë e mundur.

sow'ie *conj* 1) si edhe; 2) porsa; **sowie er uns sah, lief er weg** sa na pa, ai iku.

s'owieso *adv* sidoqoftë; *bis* **das sowieso!** kjo vetëkuptohet!; **sowieso nicht!** në asnjë mënyrë!

sow'ohl *conj* : **sowohl als auch** edhe ... edhe ...; sa ... aq edhe ...; **sowohl Männer und Frauen als auch Kinder** jo vetëm gra e burra, po edhe fëmijë; **sowohl praktisch als auch hübsch** sa praktik aq edhe i bukur.

sozi'al a shoqëror, social; **die soziale Entwicklung** zhvillimi shoqëror.

Sozi'alfürsorge *f* = sigurim shoqëror.

Sozial'ismus *m* = socializëm.

Sozial'ist *m* **-en, -en** socialist.

sozial'istisch *a* socialist.

Sozi'alversicherung *f* **=, -en** sigurime shoqërore.

Soziol'oge *m* **-n, -n** sociolog.

Soziolog'ie *f* = sociologji.

S'ozius *m* **=, -se** 1) ortak; 2) bashkudhëtar (*në motoçikletë*).

s'ozusagen *adv* si të thuash.

Sp'achtel *m* **-s, =** *dhe f* **=, -n** shpatull (*vegël*).

Spagh'etti *pl* spageti (*makarona*).

sp'ähen *vi* **(h)** 1) zhbiroj; 2) **(nach D, auf A)** përgjoj, ndjek.

Sp'äher *m* **-s, =** 1) përgjues; 2) zbulues.

Spal'ier *n* **-s, -e** 1) *bujq* shpatullore; 2) radhë (*njerëzish që kanë dalë për të pritur dikë etj.*).

Spalt *m* **-(e)s, -e** plasë, e çarë; **ein Spalt in der Wand** një plasë në mur.

sp'altbar *a fiz* i ndashëm, i copëtueshëm, i zbërthyeshëm (*bërthamë e atomit etj.*).

Sp'alte *f* **=, -n** 1) plasë, e çarë; 2) *poligr* kolonë, shtyllë (*gazete etj.*).

sp'alten 1. *vt* 1) çaj; **Holz spalten** çaj dru; 2) *fig* përçaj, ndaj; 2. *vrefl* **sich spalten** 1) ndahet; **die germanische Sprache hat sich in mehrere Zweige gespalten** gjuha gjermanike është ndarë në shumë degë; 2) *fig* përçahem.

Sp'altung *f* **=, -en** 1) çarje; 2) ndarje; përçarje; grindje; 3) *bot* dyzim; 4) *fiz* zbërthim (*i atomit etj.*).

Span *m* **-(e)s, Späne** ashkël.

Sp'anferkel *n* **-s, =** derrkuc qumështi.

Sp'ange *f* **=, -n** tokëz, mbërtheckë.

Sp'ani/er *m* **-s, =** spanjoll.

sp'anisch 1. *a* spanjoll, i Spanjës; 2. *adv* spanjisht; *shpr* **das kommt mir spanisch vor** kjo më habit, kjo më ngjall dyshime.

spann *sh* **spinnen*.**

Sp'anne *f* **=, -n** 1) pëllëmbë (*masë*); 2) : **eine Spanne Zeit** një copë herë.

sp'annen 1. *vt* 1) shtrij, ndej, tendos (*litarin etj.*); 2) **(an, vor A)** mbreh (*kalin në karrocë etj.*); 3) **(in A)** mbërthej (*në morsë etj.*); 4) : **gespannt** a) të ndera (*marrëdhënie etj.*); b) kritike (*gjendje*); 2. *vi* **(h)** 1) rri tepër i ngushtë (*fustani etj.*); 2) ka një shtrirje të krahëve prej ... (*aeroplani etj.*); 3) : **auf etwas gespannt sein** ndjek me vëmendje diçka; pres me kureshtje diçka; **ich bin sehr gespannt auf deinen Freund** pres me padurim mikun tënd; 3. *vrefl* **sich spannen (über A)** 1) tendoset; 2) ngrihet (*ura mbi një lumë etj.*).

sp'annend *a* tërheqës, që të mban peshë (*një roman, film etj.*).

Sp'annkraft *f* = 1) tension; 2) elasticitet; 3) *fig* energji; **keine Spannkraft mehr haben** jam flashkur.

Sp'annung *f* =, **-en** 1) *el* tension; 2) *fig* vëmendje e përqëndruar; kureshtje; padurim; 3) *fig* marrëdhënie të ndera.

sp'annungsgeladen *a* e nderë (*atmosferë etj.*).

Sp'arbuch *n* **-(e)s, -bücher** librezë kursimi.

Sp'arbüchse *f* **=, -n** kumbara, kokme.

sp'aren 1. *vt* 1) kursej, vë mënjanë (*pare etj.*); 2) kursej (*kohë, forca etj.*); **spar dir deine Ratschläge!** mbaji këshillat për vete!; **das hättest du dir sparen können** këtë mund të mos e kishe bërë; 2. *vi* **(h)** kursej; **wir sparen am Essen** kursejmë në të ngrënë; **sie sparte nicht mit Lob** ajo nuk u kursye në lëvdata.

Sp'arer *m* **-s, =** 1) depozitues (*të hollash në arkë të kursimit*); 2) kursimtar.

Sp'argel *m* **-s, =** *bot* shpargull.

Sp'argelder *pl* kursime, të holla të vëna mënjanë.

Sp'arkasse *f* **=, -n** arkë kursimi.

Sp'arkassenbuch *n* **-(e)s, -bücher** librezë kursimi.

sp'ärlich *a* 1) i varfër, i paktë (*ushqim etj.*); 2) i pamjaftueshëm (*dritë, mjete etj.*); 3) i rrallë (*flokë, popullsi etj.*).

sp'arsam 1. *a* 1) i kursyer (*zot shtëpie etj.*); 2) i kursyer, i paktë (*fjalë etj.*); 3) *fig* i matur; 2. *adv* a) me kursim b) me masë.

Sp'arsamkeit *f* = kursim (*edhe fig*).

Sp'arschwein *n* **-(e)s, -e** kumbara në trajtë derrkuci.

spart'anisch *a* spartan (*edhe fig*).

Sp'arte *f* **=, -n** 1) repart; 2) fushë, lëmë; 3) specialitet, degë; 4) periudhë.

Spaß *m* **-es, Späße** 1) shaka; **einen Spaß verstehen** kuptoj shakanë; **schlechter Spaß** shaka pa lezet; **Spaß mit jemandem treiben** bëj shaka me dikë; **aus Spaß, zum Spaß** për lojë, me shaka; **Spaß beiseite!** t'i lëmë shakatë!; 2) argëtim, zbavitje, qejf; **er hat seinen Spaß daran** aty e ka qejfin; **das macht Spaß** kjo (*të*) zbavit; **er hat mir den Spaß verdorben** ma ka prishur gjithë qejfin.

sp'aßen *vi* **(h)** bëj shaka; **Sie spaßen!** po talleni!

sp'aßeshalber *adv* 1) për shaka; për zbavitje; 2) për kureshtje.

sp'aßhaft, sp'aßig *a* 1) zbavitës, argëtues; 2) qesharak.

Sp'aßvogel *m* **-s, -vögel** *fig* hokatar, shakaxhi.

spät 1. *a* i vonë, i vonuar; **ein spätes Glück erleben** gjej lumturinë e vonë; **das späte Mittelalter** mesjeta e vonë; 2. *adv* vonë; **spät abends** në mbrëmje vonë; **spät am Morgen** vonë në mëngjes; **es ist zu spät** është tepër vonë; **wie spät ist es?** sa është ora?; *prov* **besser spät als nie** më mirë vonë se kurrë.

Sp'aten *m* **-s, =** bel, lopatë.

sp'äter 1. *a* më i vonë; **die späteren Geschlechter** brezat e ardhshëm; 2. *adv* më vonë; **auf, bis später!** mirupafshim!

sp'äterhin *adv* më vonë, pastaj, mbasandaj.

sp'ätestens *adv* jo më vonë se, të shumtën gjer më ...

Sp'ätjahr *n* **-(e)s** vjeshtë.

Sp'ätsommer *m* **-s** javët e fundit të verës.

Spatz *m* **-en, -en** *zool* harabel (*zog*); **essen wie ein Spatz** ha sa një zog; *fig* **das pfeifen die Spatzen von den Dächern** kjo ka marrë dhenë, këtë e di gjithë bota; *prov* **der Spatz in der Hand ist besser als die Taube auf dem Dach** më mirë një vezë sot se një pulë mot.

spaz'ieren *vi* (s) shëtis; **durch die Stadt, den Park spazieren** shëtis nëpër qytet, nëpër lulishte.

spaz'ierenfahren* 1. *vt ndash* nxjerr shëtitje (*me automobil etj.*); 2. *vi ndash* (s) dal shëtitje (*me automobil etj.*).

spaz'ierengehen* *ndash sh* **spazieren.**

Spaz'iergang *m* **-(e)s, -gänge** shëtitje.

Spaz'ierstock *m* **-(e)s, -stöcke** bastun.

Specht *m* **-(e)s, -e** *zool* qukapik (*zog*).

Speck *m* **-(e)s, -e** dhjamë derri; *bis* **Speck ansetzen** vë dhjamë; *bis* **'ran an den Speck!** fillojmë!; *fig bis* **wie die Made im Speck sitzen** jam si veshka në mes të dhjamit.

Sp'eckseite *f* **=, -n** copë dhjamë.

sped'ieren *vt* dërgoj (*me postë mallra etj.*).

Spediteur [*-t'ër*] *m* **-s, -e** dërgues, speditor.

Spediti'on *f* **=, -en** 1) spedicion (*ndërmarrje e dërgimit të mallrave*); 2) *vetëm sing* spedicion, dërgim i mallrave

Speech [*spiç*] *m* **-es, -e** *dhe* **-es** *fig bis* fjalim, ligjëratë.

Speer *m* **-(e)s, -e** 1) heshtë; 2) *sport* shtizë.

Sp'eiche *f* **=, -n** 1) spicë (*rrote*); 2) *anat* rrezore.

Sp'eichel *m* **-s** pështymë; jargë.

Sp'eichellecker *m* **-s, =** sahanlëpirës.

Sp'eicher *m* **-s, =** hambar, depo (*gruri, uji etj.*).

sp'eichern *vt* 1) shtie, fus në hambar; 2) grumbulloj; 3) *el* akumuloj; 4) *fig* ushqej (*urrejtje etj.*).

Sp'eicherung *f* **=** grumbullim (*i drithit etj.*).

sp'eien* *vt, vi* **(h)** 1) pështyj; **auf den Boden speien** pështyj në tokë; **Blut speien** pështyj gjak; 2) vjell (*vullkani zjarr etj.*); *fig* **Gift und Galle speien** vjell vrer.

Sp'eise *f* **=, -n** 1) ushqim; **Wurzeln waren seine Speise** rrënjët ishin ushqimi i tij; 2) gjellë; **kalte, warme Speisen** gjellë të ftohta, të ngrohta.

Sp'eisekarte *f* **=, -n** listë gjellësh, meny.

sp'eisen 1. *vi* **(h)** ha; **zu Abend, zu Mittag speisen** ha (për) darkë, (për) drekë; **wünsche wohl zu speisen!** të (ju) bëftë mirë!; 2. *vt* 1) ha (*bukë etj.*); 2) ushqej (*dikë, një aparat me rrymë elektrike etj.*).

Sp'eisereste *pl* mbeturina të tryezës.

Sp'eiseröhre *f* **=, -n** *anat* ezofag.

Sp'eisesaal *m* **-(e)s, -säle** sallë buke; mensë, restorant (*i një hoteli etj.*).

Sp'eisewagen *m* **-s, =** vagon-restorant.

Sp'eisezimmer *n* **-s, =** 1) dhomë buke; 2) orendi për dhomë buke.

Spekt'akel *m* **-s, =** *fig bis* 1) potere, zhurmë; 2) bujë; 3) skandal; **mach keinen (solchen) Spektakel!** mos na bëj numra të tillë!

spektakul'är *a* i bujshëm.

Spektr'alfarbe *f* **=, -n** *fiz* ngjyrë e spektrit.

Sp'ektrum *n* **-s, Spektren** *dhe* **Spektra** *fiz* spektër.

Spekul'ant *m* **-en, -en** spekulues; matrapaz.

Spekulati'on *f* **=, -en** 1) spekulim; matrapazllëk; 2) hamendje.

spekulat'iv *a* spekulativ (*mendim*).

spekul'ieren *vi* **(h)** 1) spekuloj; bëj matrapazllëk; 2) *bis* **(auf A)** shpresoj, var shpresat (*në një trashëgimi etj.*).

Spel'unke *f* **=, -n** 1) mejhane me nam të keq; 2) lokal kumari; 3) dhomë e keqe.

Sp'elze *f* =, **-n** *bot* byk.
Sp'ende *f* =, **-n** 1) ndihmë; 2) lëmoshë; 3) kontribut.
spend'abel *a bis* bujar, dorëgjerë.
sp'enden *vt* 1) dhuroj (*gjak etj.*); 2) jap; **die Kuh spendet Milch** lopa jep qumësht; 3) **(zu D)** jap kontribut (*për diçka*); 4) : **jemandem Lob spenden** lavdëroj dikë; **einem Vorschlag Beifall spenden** mirëpres një propozim.
Sp'ender *m* **-s,** = dhurues.
spend'ieren *vt bis* 1) qeras (*me verë etj.*); 2) dhuroj; **er hat den Kindern fünf Mark spendiert** ai u ka dhuruar fëmijve pesë marka.
Spend'ierhosen *pl* : *shpr bis* **die Spendierhosen anhaben** jam dorëhapur, dorëdhënë.
Sp'engler *m* **-s,** = teneqexhi.
Sper'enzchen *pl bis* naze, katikule.
Sp'erling *m* **-s, -e** *zool* harabel (*zog*).
sp'errangelweit *a* e hapur krejt (*derë, dritare*).
Sp'erre *f* = **-n** 1) pengesë; **eine Sperre verhängen** ngre një pengesë; 2) *usht* bllokadë; 3) *ek* embargo; 4) *pol* lokaut; 5) ndalim (*qarkullimi etj.*); 6) tra postblloku.
sp'erren 1. *vt* 1) mbyll (*kufirin etj.*); zë (*rrugën etj.*); 2) *usht* bllokoj; 3) kyç, ndryj, mbyll (*në dhomë etj.*); 4) ndaloj (*tregtinë, importin, qarkullimin etj.*); 5) pres (*ujin etj.*); 6) *tek* shuaj, ndal (*motorin etj.*); 2. *vrefl* **sich sperren (gegen A)** kundërshtoj, nuk pranoj t'i bindem, bëj qëndresë (*kundër dikujt, diçkaje*).
Sp'errgebiet *n* **-(e)s, -e** zonë e ndaluar.
sp'errig *a* që zë shumë vend, kaba (*send*).
Sp'errstunde *f* = orë e mbylljes së detyrueshme të lokaleve publike.
Sp'esen *pl* shpenzime.
sp'esenfrei *a* pa shpenzime; falas.
Spezer'ei *f* =, **-en** erëza.
Sp'ezi *m* **-s, -s** *bis* shok i ngushtë.
Spezi'algeschäft *n* **-(e)s, -er** dyqan i specializuar (*në një lloj artikujsh etj.*).
spezialis'ieren, sich *vrefl* **(auf A)** specializohem (*për diçka*).
Spezialis'ierung *f* = specializim.
Spezial'ist *m* **-en, -en** specialist.
Spezialit'ät *f* =, **-en** specialitet.
spezi/'ell 1. *a* i posaçëm; i veçantë; **in diesem speziellen Falle** në këtë rast të veçantë; 2. *adv* posaçërisht.
Sp'ezies *f* =, = 1) *biol* lloj; 2) : *mat* **die vier Spezies** të katër veprimet aritmetike.
spez'ifisch *a* 1) i veçantë, specifik; 2) *fiz* specifik; **spezifisches Gewicht** peshë specifike (*edhe fig*).
spezifiz'ieren *vt* specifikoj.
Sph'äre *f* =, **-n** 1) *gjeom* sferë; 2) *astr* kupë (*e qiellit*); 3) sferë, ambient; 4) lëmë, fushë (*veprimtarie*).
sph'ärisch *a* sferik.
Sphinx 1. *f* = *mit* sfinks (*edhe fig*); 2. *f* =, **-e** *dhe m* =, **-e** sfinks (*statujë*).
sp'icken 1. *vt* mbush (*mishin me dhjamë*); *fig bis* **einen Beamten spicken** i jap ryshfet një nëpunësi; *fig bis* **den Beutel spicken** mbush xhepin, kuletën; 2. *vi* **(h)** *bis* kopjoj (*në provim*).
Sp'icker *m* **-s,** = *bis* kopjac.
spie *sh* **speien*.**
Sp'iegel *m* **-s,** = 1) pasqyrë; *fig* **jemandem einen Spiegel vorhalten** i tregoj dikujt gabimet; *fig bis* **sich (D) etwas hinter den Spiegel stecken** mbaj diçka gjithnjë parasysh, ngulis diçka në kokë, në mendje; 2) *fig* pasqyrë (*e shtypit etj.*); 3) *usht* periskop; 4) sipërfaqe (*e një*

lëngu, e akullit, e detit etj.); 5) larë, pullë, njollë (*e rosës etj.*).
Sp'iegelbild *n* **-es, -er** pasqyrim.
sp'iegelblank *a* i lëmuar, i shndritshëm si pasqyrë; **spiegelblank putzen** shndris, bëj dritë (*dyshemenë etj.*).
Sp'iegelfechterei *f* **=, -en** mashtrim.
Sp'iegelei *n* **-(e)s, -e** vezë syze.
sp'iegelglatt *a* i lëmuar si pasqyrë.
sp'iegeln 1. *vi* **(h)** shkëlqen (*metali, dyshemeja etj.*); 2. *vt* pasqyroj; 3. *vrefl* **sich spiegeln** pasqyrohem.
Spiel *n* **-(e)s, -e** 1) lojë; **das Spiel ist aus** loja mbaroi; **das alles ist ihm nur ein Spiel** kjo është lojë për të; **sein Spiel mit jemandem haben (treiben)** vë në lojë dikë; tallem me dikë; **sich auf ein Spiel einlassen** futem, hyj në një lojë; *fig* i hyj një pune; *fig* **ein gewagtes Spiel spielen** luaj (bëj) lojë të rrezikshme; *fig* **leichtes Spiel mit jemandem haben** ia dal lehtë dikujt; *fig* **freies Spiel haben** kam liri veprimi; **gewonnenes Spiel haben** e kam lojën të fituar; *fig* **ein doppeltes Spiel treiben** bëj lojë të dyfishtë; *fig* **ein Spiel mit dem Feuer treiben** luaj me zjarrin; *fig* **jemandem das Spiel verderben** ia prish lojën dikujt; *fig* **etwas aufs Spiel setzen** vë diçka në rrezik, rrezikoj diçka; *fig* **sein Leben steht auf dem Spiel** jeta e tij është në rrezik; *fig* **aus dem Spiel bleiben** rri jashtë loje; *fig* **lassen Sie mich aus dem Spiel** (*mua*) mos më ngatërroni (*në këtë punë*); *fig* **sich aus dem Spiel ziehen** dal nga loja; **die Hand im Spiele haben, (mit) im Spiel sein (bei D)** kam gisht (*në një punë*); **Ehrgeiz ist dabei im Spiel** kjo është çështje sedre; 2) dorë (*në letra*); letra; **ein gutes (schlechtes) Spiel haben** kam letra të mira (të këqija); **wer hat das Spiel?** kush e ka radhën?; **ich habe drei Spiele gemacht** kam fituar tri lojë; **jemandem ins Spiel sehen** ia shoh letrat dikujt (*edhe fig*); 3) *sport* lojë, ndeshje; **das Spiel aufgeben** lë lojën; **das Spiel in die Hand bekommen** marr iniciativën në lojë; **das Spiel leiten** arbitroj lojën; 4) lojë (*e një artisti*); 5) *teat* veprim; **das in einem Dorf ablaufende Spiel ...** veprimi që zhvillohet në një fshat ...; 6) : **ein Spiel Karten** një palë letra; 7) *tek* xhoko; 8) *zool* bisht (*i fazanit*).
sp'ielen 1. *vt* vi **(h)** 1) luaj; **Ball spielen** luaj me top; **Billard spielen** luaj bilardo; **Karten spielen** luaj (me) letra; **(mit) Puppen spielen** luaj me kukulla; **falsch spielen** bëj me hile; **hoch (niedrig) spielen** bëj lojë të madhe (të vogël); **mit offenen (verdeckten) Karten spielen** bëj lojë të hapur (të fshehtë) (*edhe fig*); *fig bis* **sie spielte ihm den Brief in die Hand** ajo ia futi tinëz letrën në dorë; *fig bis* **jemandem etwas aus der Tasche spielen** ia nxjerr dikujt diçka tinëz nga xhepi; 2) luaj (*një rol*); **den Hamlet spielen** luaj Hamletin; 3) i bie (*një vegle, pjese muzikore*); **die erste Geige spielen** jam violinë e parë (*edhe fig*); 4) hiqem, shtirem (*si budalla etj.*); **den (großen) Herr spielen** hiqem si zotëri i rëndë; 5) **(mit D)** luaj, tallem (*me dikë, diçka*); **jemandem einen Streich spielen** i luaj një lojë (rreng) dikujt; **mit Worten spielen** luaj me fjalë; **er spielt mit dem Gedanken** ai bluan me mend (*diçka*); 6) zhvillohet (*ngjarja, veprimi i një drame etj.*); 7) ndrin, shkëlqen, vezullon (*diamanti etj.*); **ins Gelbliche spielen** vjen si i verdhemë; 2. *vrefl* **sich spielen** 1) : **sich müde spielen** lodhem së

luajturi; 2) : **sich um sein Vermögen spielen** humbas në lojë pasurinë.

sp'ielend *adv* 1) si me të luajtur, si me shaka, si për lojë; 2) lehtë, pa mundim, pa vështirësi.

Sp'ieler *m* **-s, =** 1) lojtar; 2) kumarxhi; 3) ekzekutues (*muzike*); 4) aktor.

Spieler'ei *f* **=, -n** 1) lojë, zbavitje (*gjë e lehtë*); 2) punë fëmijësh.

sp'ielerisch *a* 1) si për lojë; 2) *sport* si teknikë loje.

Sp'ielfeld *n* **-(e)s, -er** fushë sporti.

Sp'ielführer *m* **-s, =** *sport* kapiten.

Sp'ielgefährte *m* **-n, -n** shok loje.

Sp'ielhölle *f* **=, -n** lokal kumari.

Sp'ielleiter *m* **-s, =** 1) regjisor; 2) *sport* gjyqtar (loje).

Sp'ielmann *m* **-(e)s, -leute** muzikant shëtitës.

Sp'ielplan *m* **-(e)s, -pläne** repertor; program i shfaqjeve.

Sp'ielplatz *m* **-e, -plätze** shesh lojërash.

Sp'ielraum *m* **-(e)s, -räume** 1) *tek* xhoko; 2) *fig* hapësirë, liri veprimi.

Sp'ielregeln *pl* rregulla të lojës.

Sp'ielsache *f* **=, -n** lodër (*fëmijësh*).

Sp'ielverderber *m* **-s, =** ai që prish lojën (*edhe fig*).

Sp'ielwaren *pl* lodra (*fëmijësh*).

Sp'ielzeit *f* **=, -en** 1) *sport* kohë e lojës; 2) kohë e shfaqjeve (*të një teatri ose kinemaje*).

Sp'ielzeug *n* **-(e)s, -e** lodër (*fëmijësh*).

Spieß *m* **-es, -e** 1) heshtë, ushtë; 2) hell; *fig bis* **er brüllt wie am Spieß** ulërin sikur po e pjekin në hell; *fig bis* **den Spieß umdrehen** i kundërpërgjigjem një sulmi; 3) *usht bis* kapter.

Sp'ießbürger *m* **-s, =** *përb* borgjez i vogël, mikroborgjez.

sp'ießbürgerlich *a përb* prej borgjezi të vogël.

sp'ießen *vt* 1) shkoj në hell; 2) **(an A)** ngul, mbërthej (*në mur etj.*).

Sp'ießer *m* **-s, =** *sh* **Spießbürger.**

sp'ießerhaft *a përb* prej mikroborgjezi (*mënyrë të menduari etj.*).

Sp'ießgeselle *m* **-n, -n** shok (*për punë të liga*); bashkëfajtor.

Spikes [*spajks*] *pl* gozhdë këpucësh sportive; këpucë sportive me gozhdë.

Spin'at *m* **-(e)s, -e** *bot* spinaq.

Spind *n dhe m* **-(e)s, -e** dollap i vogël (*në fabrikë, kazermë etj.*).

Sp'indel *f* **= -n** bosht (*për të tjerrur*).

Sp'inne *f* **=, -n** *zool* merimangë.

sp'innefeind *a* : *shpr* **mit jemandem spinnefeind sein** jam thikë e brisk me dikë.

sp'innen* 1. *vt* 1) tjerr; 2) *fig* thur (*intriga*); 2. *vi* **(h)** 1) trilloj; flas gjepura; **du spinnst wohl!** s'qenke në vete, flet kodra pas bregut!; 2) : **er spinnt immer an dem einen Gedanken** ai vetëm një mendim bluan; 3) gërhet (*macja*); 4) : *fig bis* **wir spinnen einen guten Faden miteinander** merremi vesh mirë midis nesh.

Sp'inn(en)(ge)webe *n* **-s, =** cërgë, pezhishkë, pëlhurë merimange.

Sp'inner **-s, =** 1) tjerrës; 2) *bis* mendjehumbur.

Spinner'ei *f* **=, -en** 1) fabrikë e tjerrjes; 2) *bis* gjepura, marrëzi.

Sp'innrad *n* **-(e)s, -räder, Spinnrocken** *m* **-s, =** qerthull, çikrik.

Spi'on *m* **-s, -e** spiun.

Spion'age [*-zhë*] *f* **=** spiunazh.

Spion'ageabwehr [*-zhë-*] *f* **=** kundërspiunazh.

spion'ieren *vi* **(h)** spiunoj.

Spir'ale *f* **=, -n** spirale, rrokë.

spir'alförmig *a* spiral, në trajtë spirali.

Spirit'ismus *m* **=** spiritizëm.

Spiritu'osen *pl* pije alkoolike.

Sp'iritus *m* =, = *dhe* **-se** 1) frymë; 2) jetë; 3) shpirt; 4) alkool.

Spit'al *n* **-s, -e** dhe **-täler** *aust* spital.

spitz *a* 1) i mprehtë, me majë; **etwas mit spitzen Fingern anfassen** zë diçka me majë të gishtërinjve; *gjeom* **spitzer Winkel** kënd i ngushtë; 2) *fig* thumbues, therës (*fjalë etj.*); **spitze Zunge** gjuhë e ligë; 3) i hequr.

Sp'itzbube *m* **-n, -n** 1) qerrata; 2) çapkën.

Sp'itzbubenstreich *m* **-(e)s, -e** 1) rreng; qerratallëk; 2) çapkënllëk.

sp'itzbübisch *a* prej qerrata; çapkën (*buzëqeshje etj.*).

sp'itze *adv bis* shkëlqyeshëm.

Sp'itze I *f* =, **-n** 1) majë (*mali, thike, koni, peme, këpuce etj.*); 2) krye (*radhe etj.*); **an der Spitze der Delegation stehen** kryesoj delegacionin; **jemanden an die Spitze stellen** vë dikë në krye; 3) *fig* ajkë (*e shoqërisë*); 4) : *shpr* **jemandem die Spitze bieten** i kundërshtoj dikujt; *shpr* **etwas auf die Spitze treiben** e teproj me diçka; *shpr* **eine Sache auf die Spitze stellen** kthej përmbys një çështje; 5) : *bujq* **freie Spitzen** prodhime mbi planin.

Sp'itze II *f* =, **-n** tantellë; **Spitzen klöppeln** thur tantella.

Sp'itzel *m* **-s,** = spiun, agjent.

sp'itzeln *vi* **(h)** spiunoj.

sp'itzen 1. *vt* mpreh (*kalemin etj.*); *fig* **die Ohren spitzen** i bëj veshët bigë; *fig* **sich auf etwas spitzen** mprehem për diçka; 2. *vi* **(h)** *bis* kam mendjen, ruhem.

Sp'itzenklasse *f* = cilësi e lartë.

Sp'itzenleistung *f* =, **-en** rezultat i shkëlqyeshëm, rekord.

Sp'itzenqualität *f* =, **-en** cilësi e lartë.

sp'itzfindig *a* 1) mendjemprehtë; i hollë (*dallim etj.*); 2) pedant; shpirtvogël.

Sp'itzfindigkeit *f* = 1) mendjemprehtësi; 2) pedantizëm; shpirtvogëlsi.

sp'itzig *a* 1) i mprehtë; 2) *fig* thumbues, therës (*fjalë etj.*).

Sp'itzname *m* **-ns, -n** emër i ngjitur, nofkë.

sp'itzwink(e)lig *a gjeom* këndngushtë (*trekëndësh*).

Spleen [*splin*] *m* **-s, -e** *dhe* **-s** mani.

spleenig [*spl'inih*] *a* maniak.

spl'endid *a vjet* zemërgjerë, bujar.

Spl'itter *m* **-s,** = 1) cifël (*predhe etj.*); **das Glas zerbrach in tausend Splitter** gota u bë copë e çikë; 2) spicë, qenëz.

spl'itternackt *a* krejt lakuriq.

spont'an *a* spontan, i vetvetishëm.

Spontaneit'ät *f* = spontaneitet.

spor'adisch *a* sporadik; i rastësishëm.

Sp'ore *f* =, **-n** *biol* spore.

Sporn *m* **-s, Sporen** 1) çapua (*i gjelit etj.*); 2) mamuz, shpor; 3) *fig sing* stimul, nxitje, shtysë.

sp'ornen *vt* 1) shpoj me mamuz; 2) *fig* nxis.

sp'ornstreichs *adv* 1) me të katra; 2) menjëherë, në çast.

Sport *m* **-s, -e** 1) sport; **einen Sport betreiben** ushtroj një sport; 2) *fig bis* zbavitje.

Sp'ortgerät *n* **-(e)s, -e** vegël sporti.

Sp'ortler *m* **-s,** = sportist.

sp'ortlich *a* sportiv (*në kupt. të ndryshme*).

Sp'ortplatz *m* **-e, -plätze** shesh sportiv.

Sp'ortwagen *m* **-s,** = automobil sportiv.

Spot *m* **-s, -s** reklamë e shkurtër (*në televizion etj.*).

Spotlight [*sp'otlajt*] *n* **-s, -s** *teat*

dritë e projektorit; *fig* **im Spotlight stehen** jam në qendër të vëmendjes.

Spott *m* **-(e)s** tallje, qesëndi, shpoti; **das hat er nur mir zum Spott gesagt** këtë ma ka thënë vetëm për të më tallur

Sp'ottbild *n* **-(e)s, -er** karikaturë.

sp'ottbillig *a* i lirë falë.

sp'ötteln, sp'otten *vi* **(h) (über A)** tallem (*me dikë*); *fig* **das spottet jeder Beschreibung** kjo nuk përshkruhet dot.

Sp'ötter *m* **-s, =** tallës, shpotar.

Sp'ottgeld *n* : *shpr* **um ein Spottgeld kaufen** blej lirë, falë.

sp'öttisch *a* tallës; **spöttische Bemerkung** vërejtje tallëse.

Sp'ottpreis *m* **-es, -e** *bis* çmim shumë i lirë; **er hat das Haus für einen Spottpreis verkauft** e ka shitur shtëpinë për një copë bukë.

sprach *sh* **sprechen*.**

Spr'achbarriere *f* **=, -n** pengesë e gjuhës (*për atë që nuk di një gjuhë etj.*).

Spr'ache *f* **=, -n** 1) gjuhë; **die Regeln der Sprache** rregullat e gjuhës; **lebende, tote Sprachen** gjuhë të gjalla, të vdekura; **fünf Sprachen beherrschen** zotëroj pesë gjuhë; 2) të folur; fjalë; **eine kühne Sprache führen** flas në mënyrë të guximshme; **etwas zur Sprache bringen** e hedh fjalën për diçka; **zur Sprache kommen** përmendem; **heraus mit der Sprache** nxirre!, folë de!; *bis* **er hat vor Schreck die Sprache verloren** iu lidh gjuha nga frika.

Spr'achfehler *m* **-s, =** gabim gjuhësor.

Spr'achforscher *m* **-s, =** gjuhëtar.

Spr'achführer *m* **-s, =** libër bisedash (*në dy gjuhë etj.*).

spr'achgewandt *a* i gojës.

spr'achkundig *a* që e di gjuhën.

Spr'achlehre *f* **=** gramatikë.

spr'achlich 1. *a* gjuhësor; **sprachlicher Fehler** gabim gjuhësor; 2. *adv* për sa i përket gjuhës, nga ana gjuhësore.

spr'achlos *a fig* pa fjalë, pa mend, shtang.

Spr'achrohr *n* **-s, -e** 1) megafon; 2) *fig* zëdhënës.

spr'achwidrig *a* që është në kundërshtim me natyrën e gjuhës.

Spr'achwissenschaft *f* **=, -en** gjuhësi.

sprang *sh* **springen*.**

Spr'echbühne *f* **=, -n** teatër.

spr'echen* *vt, vi* **(h)** 1) **(mit D, über A, von D)** flas (*me dikë, për diçka*); **kann ich dich einen Augenblick sprechen?** ka mundësi një minutë?; **English sprechen** flas anglisht; 2) them (*një vjershë, të vërtetën etj.*); **dies spricht für vieles** kjo do të thotë shumë; **unter uns gesprochen** që ta themi midis nesh; 3) : **das Gericht hat gesprochen** gjyqi e dha vendimin; **aus seinen Augen spricht Angst** sytë e tij shprehin frikë; **ich bin nicht zu sprechen!** nuk pres vizita!; **für jemanden sprechen** a) flas në emër të dikujt; b) them një fjalë për dikë.

spr'echend 1. *a* 1) folës; 2) elokuent, shprehës; 3) që flet vetë (*fakt etj.*); 2. *adv* : **sprechend ähnlich** jashtëzakonisht i ngjashëm.

Spr'echer *m* **-s, =** 1) orator, ligjërues; 2) folës, spiker; 3) zëdhënës.

Spr'echstunde *f* **=, -n** orë pritjeje, vizitash (*e mjekut etj.*).

Spr'echwerkzeuge *pl anat* organe të të folurit.

Spr'echzimmer *n* **-s, =** dhomë pritjeje, vizitash (*e mjekut etj.*).

spr'eizen 1. *vt* hap (*shalët, gishtërinjtë*

etj.); 2. *vrefl* **sich spreizen** 1) fryhem, mbahem me të madh; 2) bëj naze.

Spr'engel *m* **-s, =** *fet* famulli.

spr'engen I *vt* 1) shpërthej (*derën etj.*); 2) thyej (*hekurat etj.*); 3) hedh në erë; 4) shpërndaj (*turmën etj.*).

spr'engen II *vt* spërkas (*lulet*); lag (*rrugën*).

spr'engen III *vi* **(s)** vrapoj me të katra.

Spr'enggeschoß *n* **-sses, -sse** *usht* predhë shpërthyese.

Spr'engkörper *m* **-s, =** bombë.

Spr'engstoff *m* **-(e)s, -e** lëndë plasëse, eksploziv.

Spr'engung *f* **=, -en** 1) shpërthim; 2) thyerje; 3) hedhje në erë.

Spr'engwagen *m* **-s, =** makinë e ujit (*për lagien e rrugëve*).

Spreu *f* **=** *bujq* byk (*edhe fig*).

spricht *sh* **sprechen*.**

Spr'ichwort *n* **-(e)s, -wörter** fjalë e urtë, proverb.

spr'ichwörtlich *a* proverbial.

spr'ießen* *vi* **(s)** 1) mbin (*gruri etj.*); 2) çel (*lulja*).

Spr'ingbrunnen *m* **-s, =** shatërvan.

spr'ingen* *vi* **(s)** 1) hidhem, kërcej; **in die Höhe springen** hidhem përpjetë; **mit dem Seil springen** kërcej me litar; *fig vjet* **alle Minen springen lassen** s'lë gur pa luajtur; *fig* **in die Augen springen** bie në sy; 2) pëlcet, çahet (*qelqi, metali etj.*); 3) këputet (*teli etj.*); 4) gufon, shpërthen (*uji, gjaku etj.*); 5) çel (*lulja etj.*); 6) *fig* **(über A)** kapërcej (*një rresht të një teksti etj.*); 7) vij (shkoj) me vrap; **die Kinder kamen gesprungen** fëmijët erdhën me vrap; *fig bis* **jemanden nur für sich springen lassen** shfrytëzoj gatishmërinë e dikujt për të ndihmuar; 8) : *shpr* **der springende Punkt** thelbi (*i një çështjeje*).

Spr'inger *m* **-s, =** 1) atlet i kërcimit së gjati, së larti etj.; 2) *shah* kalë.

Spr'inginsfeld *m* **=** *dhe* **-s** *bis* 1) djalosh mendjelehtë; 2) fëmijë i gjallë.

Spr'ingquell *m* **-s** *poet sh* **Springbrunnen.**

Spr'ingzeit *f* **=** *zool* kohë e ndërzimit.

Sprint *m* **-s, -s** *sport* sprint.

spr'inten *vi* **(h, s)** *sport* bëj sprint.

Sprit *m* **-s** *bis* lëndë djegëse, karburant.

Spr'itzbad *n* **-(e)s, -bäder** dush.

Spr'itze *f* **=, -n** 1) zorrë, pompë (*zjarrfikësish etj.*); 2) shiringë; injeksion, gjilpërë; **eine Spritze bekommen** më bëjnë një gjilpërë.

spr'itzen 1. *vi* **(s)** 1) lëshon cirka, spërka; 2) shpërthen, gufon (*gjaku etj.*); 3) cikërron, rigon (*shiu*); 4) llokoçitet, llapashitet (*fëmija në ujë etj.*); 5) *fig bis* rend, vrapoj (*për të mbaruar një porosi etj.*); 2. *vt* 1) spërkas, stërpik; pikoj; 2) lyej, sprucoj; 3) holloj me ujë të gazuar (*verën etj.*); 4) i bëj injeksion (*dikujt*).

Spr'itzer *m* **-s, =** 1) spërkë, pikë (*uji etj.*); 2) pikë, njollë; 3) shi i imët; 4) *tek* sprucator.

spr'itzig *a* 1) i gjallë (*muzikë etj.*); 2) therës (*verë etj.*); 3) i shpejtë (*automobil etj.*).

Spr'itztour *f* **=, -en** shëtitje, ekskursion i shkurtër.

spr'öde *a* 1) i thyeshëm, i brishtë (*qelq, porcelan etj.*); 2) i tharë, i plasaritur (*lëkurë etj.*); 3) i ngjirur (*zë*); 4) i vështirë për t'u punuar (*dru etj.*); 5) *fig* i rëndë, i ftohtë, i mbyllur (*njeri*).

sproß *sh* **sprießen*.**

Sproß *m* **-sses, -sse** *dhe* **-ssen** 1) *bot* filiz, bisk; 2) *fig* pinjoll, stërnip.

Spr'osse *f* =, **-n** këmbë (*e shkallës së muratorit etj.*).

spr'ossen *vi* (s) 1) mbin (*gruri etj.*); 2) çel, nxjerr filiza (*pema etj.*); 3) *fig* del (*mjekra*).

Spr'ößling *m* **-s, -e** *sh* **Sproß.**

Spruch *m* **-(e)s, Sprüche** 1) fjalë e urtë, e thënë; 2) vendim (*i gjyqit etj.*); 3) citat.

spr'uchreif *a* : *shpr* **noch nicht spruchreif sein** nuk është bërë ende për t'u vendosur (*një çështje etj.*).

Spr'udel *m* **-s,** = 1) burim, gurrë; 2) vorbull, gjir; 3) ujë i gazuar.

spr'udeln *vi* (s) 1) gufon (*burimi etj.*); 2) shkumëzon (*vera etj.*); 3) zien (*uji në kazan etj.*).

spr'ühen 1. *vt* hedh, lëshon, nxjerr (*shkëndija, spërka, xixa etj.*); *fig* **ihre Augen sprühten Blitze** sytë e saj lëshonin xixa; 2. *vi* **(h, s)** 1) hidhen, shpërndahen (*shkëndijat, cirkat etj.*); 2) bie shi i hollë, veson; 3) shkëlqen, përshkënditet, xixëllon; *fig* **vor Freude sprühen** (*më*) shkëlqen fytyra nga gëzimi; **sprühender Geist** mendje e shkathët; **sprühender Witz** shaka e shkëlqyeshme.

Spr'ühregen *m* **-s,** = shi i hollë, vesë shiu.

Sprung *m* **-(e)s, Sprünge** 1) kërcim; 2) kapërcim (*i një rreshti etj.*); 3) hop, kalim i papritur (*nga një fazë në tjetrën*); **die Natur macht keine Sprünge** natyra nuk bën kalime të papritura; **mit einem Sprung** me një hop; 4) plasë, e çarë (*qelqi, porcelani etj.*); 5) : **auf einen Sprung** për një çast; *fig bis* **keine großen Sprünge machen können** jam i varfër; *fig bis* **es ist nur ein Sprung bis dahin** ja ku është, afër fare.

Spr'ungbrett *n* **-(e)s, -er** *sport* trampolinë.

Spr'ungfeder *f* =, **-n** sustë (*divani etj.*).

spr'unghaft *a* 1) me hope; 2) i beftë, i papritur (*ngritje çmimi etj.*); 3) *fig* i papërqëndruar, i shpërndarë, i papërqëndrueshëm (*në punë, mendime etj.*).

Spr'ungschanze *f* =, **-n** *sport* trampolinë (*për skiatorë*).

Spr'ungtuch *n* **-(e)s, -tücher** pëlhurë kërcimi (*e zjarrfikësve*).

Spr'ungturm *m* **-(e)s, -türme** *sport* trampolinë (*për kërcime në ujë*).

spr'ungweise *adv* me hope.

Sp'ucke *f* = *bis* pështymë; *fig bis* **mir blieb die Spucke weg!** mbeta pa mend!; *fig bis* **mit Geduld und Spucke** me durim e me djersë.

sp'ucken *vt* pështyj; *fig* **große Töne spucken** mbahem më të madh; *fig bis* **jemandem in die Suppe spucken** ia prish dikujt punën; *fig bis* **ich spucke darauf!** s'çaj kokë për të!

Sp'ucknapf *m* **-(e)s, -näpfe** pështymore.

Spuk *m* **-s** 1) fantazmë, hije; 2) *bis* shamatë, rrëmujë.

sp'uken *vi* **(h)** shfaqet, përhihet (*një fantazmë etj.*); *shpr* **etwas spukt durch jemandes Kopf** diçka i ka hipur në kokë dikujt.

Sp'ülbecken *n* **-s,** = enëlarëse, pjatalarëse.

Sp'ule *f* =, **-n** 1) *el* bobinë; 2) rrotkë (*peri etj.*).

Sp'üle *f* =, **-n** enëlarëse, pjatalarëse.

sp'ulen *vt* mbështjell (*në bobinë, rrotkë etj.*).

sp'ülen *vt* shpëlaj (*pjatat, flokët etj.*); **ans Land spülen** hedh në breg (*dallga, vala etj.*).

Sp'ülung *f* =, **-en** 1) shpëlarje; 2) shkarkues i ujit në WC.

Sp'ülwasser *n* **-s, -wässer** lëtyrë.
Spund I *m* **-(e)s, Spünde** shtupë (*fuçie etj.*).
Spund II *m* **-(e)s, -e** : *shpr* **junger Spund** buzëqumësht.
Spur *f* **=, -en** 1) gjurmë; **eine Spur verfolgen** ndjek një gjurmë; **die Spuren verwischen** fshij gjurmët; **jemandem auf die Spur kommen** i bie në gjurmë dikujt; *bis* **jemanden auf die richtige Spur bringen** vë në udhë të mbarë, përudh dikë; *fig* **die Krankheit hinterließ deutliche Spuren in ihrem Gesicht** sëmundja i la gjurmë të qarta në fytyrë; 2) tragë (*rrote*); 3) : **keine Spur von Talent** asnjë pikë talenti; *fig bis* **nicht die Spur!** aspak!; 4) *hek* gjerësi e linjës, midis shinave; 5) brez (*i rrugës automobilistike*).
sp'ürbar *a* i ndjeshëm, i dukshëm.
sp'uren *vi* **(h)** 1) hap rrugën (*me ski*); 2) *bis* bindem, shtrohem.
sp'üren *vt* ndiej (*moshën, dhembjen, të ftohtët etj.*); **etwas am eigenen Leibe spüren** provoj në kurrizin tim diçka.
Sp'ürhund *m* **-(e)s, -e** 1) qen policie; 2) *fig bis* spiun.
sp'urlos 1. *a* pa gjurmë, që s'lë gjurmë; 2. *adv* pa lënë gjurmë.
Sp'ürnase *f* **=, -n** *fig bis* nuhatje; **eine Spürnase für Verschwörungen haben** di të nuhas komplotet.
Sp'ürsinn *m* **-(e)s** 1) nuhatje (*e qenit*); 2) *fig* intuitë.
Spurt *m* **-(e)s, -s** ngritje e shpejtësisë (*në një garë vrapimi etj.*).
sp'urten *vi* **(s)** ngre shpejtësinë (*në një garë vrapimi etj.*).
sp'uten, sich *vrefl* ngutem, nxitoj; **spute dich!** luaj!
St. = **Stunde, Stück, Sankt.**
Staat I *m* **-(e)s, -en** shtet; **beim Staat angestellt sein** jam në punë të shtetit.
Staat II *m* **-(e)s** 1) rroba feste; **in meinem besten Staat** me rrobat e mia më të mira; 2) : *shpr* **Staat machen** bëj shpenzime; *shpr* **mit jemandem oder etwas (keinen) Staat machen** (nuk) mburrem me dikë ose diçka.
st'aatenlos *a* pa shtetësi.
st'aatlich *a* shtetëror.
St'aatsangehörige *m, f* **-n, -n** qytetar(e), shtetas(e).
St'aatsangehörigkeit *f* = shtetësi.
St'aatsanwalt *m* **-(e)s, -wälte** prokuror.
St'aatsbegräbnis *n* **-ses, -se** varrim me shpenzimet e shtetit (*për një personalitet të shquar etj.*).
St'aatsbesuch *m* **-(e)s, -e** vizitë zyrtare.
St'aatsbürger *m* **-s, =** shtetas.
St'aatsdienst *m* **-es** : **im Staatsdienst** në shërbim të shtetit.
St'aatsform *f* **=, -en** sistem shtetëror.
St'aatsgeheimnis *n* **-sses, -sse** sekret shtetëror.
St'aatskasse *f* **=, -n** arkë e shtetit.
St'aatsmann *m* **-(e)s, -männer** burrë shteti.
St'aatshaushalt *m* **-(e)s, -e** buxhet shtetëror.
St'aatskapitalismus *m* = kapitalizëm shtetëror.
St'aatsoberhaupt *m* **-(e)s, -häupter** kryetar shteti.
St'aatsprüfung *f* **=, -en** provim i shtetit.
St'aatsstreich *m* **-(e)s, -e** grusht shteti.
Stab I *m* **-(e)s, Stäbe** 1) bastun; shkop; *fig* **den Stab über jemanden brechen** dënoj dikë; 2) skeptër.
Stab II *m* **-(e)s, Stäbe** *usht* shtab.

stab'il *a* i qëndrueshëm (*shëndet, ndërtesë etj.*).
stabilis'ieren *vt* stabilizoj (*monedhën etj.*).
Stabilit'ät *f* = qëndrueshmëri.
stach *sh* **stechen***.
St'achel *m* **-s, -n** 1) thumb (*i bletës etj.*); 2) gjemb; 3) hosten; 4) *fig* nxitje.
St'achelbeere *f* **=, -n** *bot* rrush frëngu.
St'acheldraht *m* **-(e)s, -drähte** tel me gjemba.
st'achelig *a* 1) me gjemba; 2) *fig* therës, thumbues (*fjalë etj.*).
St'adion *n* **-s, -di/en** stadium.
St'adium *n* **-s, -di/en** fazë, periudhë zhvillimi (*e një sëmundjeje etj.*).
Stadt *f* **=, Städte** qytet; **in Stadt und Land** në qytet dhe në fshat; **am Rand der Stadt wohnen** banoj në periferi të qytetit; *bis* **bei der Stadt angestellt sein** jam nëpunës i bashkisë.
St'adtauswahl *f* **=, -en** *sport* skuadër përfaqësuese e qytetit.
St'adtbahn *f* **=, -en** hekurudhë që lidh qendrën e qytetit me periferinë.
St'ädter *m* **-s, =** banor i qytetit, qytetar.
St'adtgebiet *n* **-(e)s, -e** territor i qytetit.
St'adtgespräch *n* **-(e)s** objekt bisede i (gjithë) qytetit.
st'ädtisch *a* 1) i qytetit; 2) bashkiak; **städtischer Angestellte** nëpunës i bashkisë.
st'adtkundig *a* që e njeh qytetin.
St'adtplan *m* **-s, -pläne** plan i qytetit.
St'adtrand *m* **-(e)s, -ränder** periferi e qytetit.
St'adtteil *m* **-s, -e** rajon, lagje e qytetit.
St'adtviertel *n* **-s, =** *sh* **Stadtteil.**
St'affel *f* **=, -n** 1) shkallë; 2) *usht* skalion; 3) *av* skuadrilje; 4) *det* skuadër.
Staffel'ei *f* **=, -en** kavalet (*piktori*).
st'affeln *vt* 1) shkallëzoj; 2) ndaj (*në grupe etj.*).
Stagnati'on *f* **=, -en** *ek* amulli.
stagn'ieren *vi* **(h)** *ek* është në amulli (*ekonomia etj.*).
stahl *sh* **stehlen***.
Stahl *m* **-(e)s, Stähle** *dhe* **-e** 1) çelik; **aus Stahl** prej çeliku; **hart wie Stahl** i fortë si çelik; 2) *poet* shpatë; **jemandem den Stahl in den Leib stoßen** ia ngul dikujt shpatën në trup.
st'ählen 1. *vt* kalis (*çelikun*); 2) *fig* forcoj, kalis (*trupin etj.*); 2. *vrefl* **sich stählen** kalitem, çelikosem.
st'ählern *a* 1) i çeliktë; 2) *fig* i fortë si çelik, i çeliktë (*vullnet etj.*).
st'ahlhart *a* i fortë si çelik.
St'ahlhütte *f* **=, -n** uzinë për prodhimin e përpunimin e çelikut.
St'ahlkammer *f* **=, -n** kasafortë (*e një banke etj.*).
St'ahlwerk *n* **-(e)s, -e** *sh* **Stahlhütte.**
stak *sh* **stecken***.
Stak'etenzaun *m* **-(e)s, -zäune** pahisore, gardh.
Stall *m* **-(e)s, Ställe** 1) kotec (*pulash*); 2) stallë (*lopësh, kuajsh*); *fig* **das beste Pferd im Stall** më i miri i një skuadre, grupi etj.
St'allung *f* **=, -en** stallë.
Stamm *m* **-(e)s, Stämme** 1) trung; 2) fis; 3) *gram* rrënjë (*fjale*); 4) *bis* anëtarë, punonjës të përhershëm.
St'ammbaum *m* **-(e)s, -bäume** dru gjenealogjik.
St'ammbuch *n* **-(e)s, -bücher** libër i shtëpisë (*ku mysafirët shënojnë urime etj.*).
st'ammeln *vt dhe vi* **(h)** belbëzoj, më merret goja.

st'ammen *vi* (h) 1) (aus D) rrjedh, kam dalë, jam (*nga një fis, vend*); **er stammt aus einer Arbeiterfamilie** ai rrjedh nga një familje punëtore; **das Wort stammt aus dem Albanischen** fjala rrjedh nga shqipja; 2) e kam (*nga dikush*); **die Kette stammt von meiner Großmutter** zinxhirin e kam nga gjyshja.

St'ammgast *m* **-es, -gäste** klient i përhershëm (*i një kafeneje, restoranti etj.*).

St'ammhalter *m* **-s,** = *bis* djalë i parë (*që ruan emrin e familjes*).

st'ämmig *a* i ngjeshur, i lidhur (*trup etj.*).

St'ammlokal *n* **-(e)s, -e** lokal (*kafene etj.*) që frekuentohet vazhdimisht.

St'ammsitz *m* **-es, -e** 1) vend i hershëm i një fisi; 2) vend ose ndërtesë e themelimit të një firme; 3) vend i angazhuar vazhdimisht (*në teatër*).

St'ammvater *m* **-s, -väter** i pari, stërgjyshi më i lashtë i fisit.

st'ammverwandt *a* 1) i një fisi; 2) *gram* i një rrënje (*fjalë etj.*).

St'ammwort *n* **-(e)s, -wörter** *gram* fjalërrënjë.

St'amperl *n* **-s, -(n)** *aust* potir (*për raki etj.*).

St'ampfe *f* **=, -n** havan.

st'ampfen 1. *vt* 1) shtyp në havan; 2) rrah, sheshoj me tokmak; 3) shkel (*dheun, borën etj.*); 2. *vi* (h) 1) shkel, eci rëndë; 2) përplas këmbët; 3) tundet para-prapa (*anija*).

stand *sh* **stehen***.

Stand I *m* **-(e)s** 1) qëndrim; **aus dem Stand springen** kërcej nga vendi (*pa marrë hov*); **er hat bei seinen Vorgesetzten keinen guten Stand** eprorët nuk e shikojnë me sy të mirë; **der Tisch hat keinen festen Stand** tryeza lëkundet; 2) *usht* pozicion; 3) nivel (*i ujit*); lartësi (*e diellit*); kurs (*i monedhës*); *fin* gjendje e (*arkës*); *fig* **einen hohen Stand erreichen** hipi lart; **den Stand halten** mbaj lartësinë (*edhe fig.*); **über dem Stand (von D) liegen** jam mbi nivelin (*e diçkaje, dikujt*); 4) gjendje; **einen schweren Stand haben** jam në gjendje të vështirë; **gut im Stande sein** jam në gjendje të mirë; **jemanden in den Stand setzen, etwas zu tun** i jap dikujt mundësi të bëjë diçka.

Stand II *m* **-(e)s, Stände** 1) pozitë (*në shoqëri, profesion etj.*); 2) gjendje shoqërore; **Name und Stand** emër dhe gjendje shoqërore; **seinen Stand verändern** ndryshoj gjendjen shoqërore (*martohem etj.*); 3) profesion, kategori e njerëzve të një profesioni, zeje; 4) barakë (*për shitje zarzavatesh etj.*); stendë (*e një ekspozite etj.*); vendqëndrim (*për makinat etj.*); 5) kanton (*i Zvicrës*).

St'andard *m* **-s, -s** standard; cilësi; nivel.

standardis'ieren *vt* standardizoj.

Stand'arte *f* **=, -n** 1) flamurth; 2) *zool* bisht dhelpre ose ujku.

St'andbild *n* **-(e)s, -er** shtatore, statujë.

St'ändchen *n* **-s,** = serenatë; **jemandem ein Ständchen bringen** i bëj një serenatë dikujt.

St'ander *m* **-s,** = flamurth automobili.

St'änder *m* **-s,** = 1) trup (*biçiklete etj.*); 2) mbajtëse (*lulesh etj.*); 3) pult (*notash*); 4) stendë (*librash*).

St'änderat *m* **-(e)s, -räte** 1) *vetëm sing* këshill i kantoneve (*në Zvicër*); 2) anëtar i këshillit të kantoneve.

St'andesamt *n* **-(e)s, -ämter** zyrë e gjendjes civile.

st'andesamtlich *a* i bërë në zyrën e gjendjes civile (*martesë etj.*).

St'andesdünkel *m* **-s** mendjemadhësi nga përkatësia në një shtresë shoqërore.
st'andesgemäß *a* që i përshtatet gjendjes shoqërore, rangut etj.
St'andesunterschied *m* **-(e)s, -e** dallim midis shtresave shoqërore.
st'andfest *a* që qëndron mirë (*shkallë etj.*).
st'andhaft *a* 1) i qëndrueshëm, i patundshëm, këmbëngulës; **standhaft bleiben** qëndroj i patundshëm (*në një mendim etj.*); 2) burrëror, si burrë.
St'andhaftigkeit *f* = 1) qëndrueshmëri, patundshmëri; 2) burrëri.
st'andhalten* *vi ndash* **(D)** i qëndroj, i bëj ballë (*një sulmi etj.*).
st'ändig 1. *a* 1) i përhershëm (*vendbanim etj.*); 2) i vazhdueshëm (*bashkëpunim etj.*); 3) i shpeshtë, i përsëritur (*qortim, lutje etj.*); 2. *adv* vazhdimisht, gjithnjë, përherë.
st'ändisch *a* i profesioneve, i zejeve.
St'andlicht *n* **-(e)s, -er** dritë e stopave të makinës.
St'andort *m* **-es, -e** 1) vendndalim; vendqëndrim (*i një makine etj.*); 2) vend (*ku ndodhet dikush ose diçka*); 3) *bot* mjedis, ambient (*i një bime etj.*).
St'andpauke *f* =, **-n** *bis* predikim, qortim.
St'andpunkt *m* **-es, -e** pikëpamje; **das ist ein überwundener, überholter Standpunkt** kjo është pikëpamje e vjetruar; **ich stehe auf dem Standpunkt, daß ...** unë mendoj se ...; **von seinem Standpunkt aus hat er recht** nga pikëpamja e tij ai ka të drejtë.
St'andrecht *n* **-(e)s** *drejt* ligj i kohës së luftës.
St'ange *f* =, **-n** 1) shtagë, purtekë, shkop; shul; *bis* **Anzug von der Stange** kostum i gatshëm; 2) shtizë (*flamuri*); 3): *fig bis* **das kostet eine Stange Geld** kjo kushton një thes me pare; *fig bis* **jemandem die Stange halten** i i bëhem krah dikujt; *fig bis* **bei der Stange bleiben** qëndroj në timen; *fig bis* **jemanden bei der Stange halten** nuk i ndahem dikujt.
stank *sh* **stinken***.
Stänker'ei *f* =, **-en** *bis* 1) grindje e vazhdueshme; 2) fite, kalla, spica.
St'änkerer *m* **-s,** = *bis* 1) gërnjar; 2) ngatërrestar, pishëvënë.
st'änkern *vi* **(h)** *bis* nxis sherr, grindje; fus kalla, spica.
Stanni'olpapier *n* **-s** letër stanjole.
St'anze I *f* =, **-n** *let* stancë.
St'anze II *f* =, **-n** *tek* stampë, formë; matricë.
st'anzen *vt tek* stampoj (*një metal etj.*); shpoj.
St'apel *m* **-s,** = 1) *det* kantier; **ein Schiff vom Stampel (laufen) lassen** lëshoj një anije në ujë; 2) depo; 3) grumbull, pirg (*librash*); stivë, turrë (*drush*).
St'apellauf *m* **-(e)s, -läufe** *det* lëshim në ujë (*i një anijeje*).
st'apeln *vt* 1) bëj stivë, stivoj; 2) *fig* mbledh, grumbulloj.
St'apfe *f* =, **-n, Stapfen** *m* **-s,** = gjurmë (*këmbe*).
st'apfen *vi* **(h, s)** shkel, eci rëndë.
Star I *m* **-(e)s, -e** *zool* gargull, tushë (*zog*).
Star II *m* **-(e)s, -e :** *mjek* **grauer Star** katarakt; **grüner Star** glaukomë; **schwarzer Star** amaurozë.
Star III [*staar*] *m* **-s, -s** yll (*kinemaje etj.*).
starb *sh* **sterben***.
stark 1. *a* 1) i fuqishëm; 2) i fortë (*erë, dimër, dhembje, kafe, duhan etj.*); **er ist ein starker Esser** ai është hamës i madh; 3) i trashë (*dru, vëllim, litar etj.*); **eine sehr starke**

Frau një grua shumë e trashë; 4) i dendur (*flokë etj.*); 5) : **das Heer war 5000 Mann stark** ushtria përbëhej prej 5000 vetësh; **ein 200 Seiten starker Band** një vëllim 200 faqesh; *fig bis* **das ist ein starkes Stück!** kjo është e rëndë!; 2. *adv* fort, shumë; **stark essen, rauchen, husten** ha, pi duhan, kollitem shumë; *bis* **es geht stark auf zehn Uhr** ora po shkon dhjetë; **stark betrunken** i dehur keq.

St'ar(en)kasten *m* **-s, =** *dhe* **-kästen** kuti gargujsh.

St'ärke *f* **=, -n** 1) forcë, fuqi (*e muskujve etj.*); 2) trashësi (*e drurit etj.*); 3) numër (*i ushtarëve*); 4) përqëndrim (*i një lënde etj.*); 5) *kim* niseshte, kollë, amidon.

st'ärken 1. *vt* 1) forcoj, përforcoj; 2) kollaris, ngrij, bëj me kollë (*jakën etj.*); 2. *vrefl* **sich stärken** 1) forcohem; 2) marr fuqi (*duke ngrënë, duke pirë etj.*).

st'arkknochig *a* kockëmadh (*njeri, fytyrë etj.*).

St'arkstrom *m* **-(e)s, -ströme** *el* rrymë e fortë (*mbi 48 volt*).

St'ärkung *f* **=, -en** përforcim, fuqizim.

starr *a* 1) i palëvizshëm, i ngulët (*vështrim etj.*); 2) i shtangur; 3) i mpirë, i ngrirë (*gisht etj.*); 4) i fortë, i papërkulshëm, i pandikueshëm; 5) kryeneç; ngulmues.

Starre *f* **=** *sh* **Starrheit.**

st'arren *vi* **(h)** 1) **(auf A)** shoh ngultas (*dikë, diçka*); ia ngul sytë (*dikujt, diçkaje*); 2) **(von, vor D)** është plot (*me diçka*); **das Zimmer starrte vor Schmutz** dhoma ishte tërë pisllëk; 3) **(vor D)** ngrij (*nga të ftohtët, tmerri etj.*).

St'arrheit *f* **=** 1) ngulje (*e vështrimit*); 2) mpirje (*e muskujve*); 3) kryeneçësi; 4) ashpërsi (*e karakterit etj.*).

St'arrkopf *m* **-(e)s, -köpfe** (*njeri*) kryeneç, kokëfortë.

st'arrköpfig *a* kokëfortë, kryeneç.

St'arrkrampf *m* **-(e)s** *mjek* sharrëz, tetanos.

st'arrsinnig *a* kryeneç, kokëfortë.

Start *m* **-(e)s, -s** 1) *sport, av* nisje, start; 2) *fig* fillim.

St'artbahn *f* **=, -en** *av* pistë e nisjes.

st'artbereit *a* gati për nisje, gati për start.

st'arten 1. *vi* **(s)** 1) *sport, av* nisem; 2) filloj punën; 2. *vt* 1) hap (*një ndërmarrje*); 2) nis (*një punë etj.*); 3) lëshoj (*një raketë etj.*).

St'arthilfe *f* **=, -n** ndihmë për të filluar (*një punë etj.*).

St'artschuß *m* **-sses, -schüsse** *sport* e shtënë e fillimit të garës.

Stati'on *f* **=, -en** 1) stacion; vendqëndrim, vendndalim; 2) pavijon (*spitali*); 3) fazë (*e një zhvillimi*); 4) : *fig bis* **freie Station haben** kam fjetje e ushqim falas.

station'är *a* stacionar (*mjekim etj.*).

station'ieren *vt* vendos (*trupa etj.*).

Stati'onsvorsteher *m* **-s, =** shef stacioni.

st'atisch *a* statik, i palëvizshëm.

Stat'ist *m* **-en, -en** *teat* figurant.

Stat'istik *f* **=, -en** statistikë.

stat'istisch 1. *a* statistikor; 2. *adv* statistikisht.

Stat'iv *n* **-s, -e** stativ (*i aparatit fotografik etj.*).

statt 1. *präp* **(G)** në vend ...; **er wird statt meiner zu dir kommen** ai do të vijë në vend tim; 2. *conj* në vend që ...; **statt zu arbeiten, ging er ins Kino** në vend që të punonte, ai shkoi në kinema.

Statt *f* : *shpr* **an meiner Statt** në vendin tim.

St'ätte *f* =, **-n** vend; *poet* **keine bleibende Stätte haben** jam pa plëng e pa shtëpi.

st'attfinden* *vi ndash* **(h)** ndodh, zhvillohet, bëhet (*mbledhja etj.*); **das Konzert findet Ende Mai statt** koncerti jepet në fund të majit.

st'atthaft *a* i lejueshëm, i pranueshëm; **es ist nicht statthaft, hier zu rauchen** këtu nuk lejohet duhani.

st'attlich *a* 1) madhështor (*ndërtesë etj.*); 2) i madh (*familje, shumë, të ardhura etj.*).

St'atue *f* =, **-n** statujë.

Statu'ette *f* =, **-n** statujë e vogël.

statu'ieren *vt* : *shpr* **ein Exempel statuieren** jap një shembull paralajmërues.

Stat'ur *f* =, **-en** shtat; **von kräftiger Statur** shtatmadh, madhosh.

St'atus *m* = gjendje (*shoqërore*).

Stat'ut *n* **-(e)s, -en** statut (*i një shoqate etj.*).

St'auanlage *f* =, **-n** digë, pendë.

Staub *m* **-(e)s** pluhur; **Staub wischen** fshij pluhurin; *fig bis* **die Sache hat viel Staub aufgewirbelt** puna ka bërë shumë bujë; *fig poet* **vor jemandem im Staub kriechen** hiqem zvarrë para dikujt; *fig poet* **den Staub eines Ortes von den Füßen schütteln** braktis, lë një vend; *bis* **sich aus dem Staub(e) machen** ua mbath këmbëve, zhdukem, fryj, bëhem erë.

st'auben *vi* **(h)** ngre pluhur; **es staubt hier sehr** këtu ka shumë pluhur.

st'äuben 1. *vi* **(h)** bëhet pluhur; 2. *vt* hedh (*miell, sheqer-pluhur mbi një ëmbëlsirë etj.*).

St'aubfänger *m* **-s,** = *bis* send që zë pluhur (*perde etj.*).

st'aubig *a* me pluhur (*rrugë etj.*); **es ist hier sehr staubig** këtu ka shumë pluhur.

St'aubregen *m* **-s,** = shi i hollë, i imët, vesë shiu.

St'aubsauger *m* **-s,** = (*makinë*) pluhurthithëse, aspirator.

St'aubtuch *n* **-(e)s, -tücher** leckë për të marrë pluhurat.

St'audamm *m* **-(e)s, -dämme** pendë, pritë, digë.

St'aude *f* =, **-n** *bot* shkurrëz.

st'auen 1. *vt* 1) ndaloj (*gjakun*); 2) pres (*lumin me digë etj.*); 3) vendos (*ngarkesën në anije*); 2. *vrefl* **sich stauen** 1) mblidhet (*uji*); 2) bllokohet (*qarkullimi në një rrugë të ngushtë*).

st'aunen *vi* **(h)** **(über A)** habitem (*me guximin e dikujt etj.*); **jemanden in Staunen setzen** habis dikë; **ich staune, wie ...** habitem se si ...

st'aunenswert *a* i habitshëm.

St'ausee *m* **-s,** = liqen artificial.

St'auung *f* =, **-en** 1) ndalim (*i gjakut etj.*); 2) mbledhje (*e ujit etj.*); 3) bllokim (*i qarkullimit etj.*).

Steak [*stek*] *n* **-s, -s** *kuzh* biftek.

st'echen* 1. *vt* 1) shpoj; 2) thumboj; 3) ther, pickoj; 4) gdhend, skalis (*në bakër, dru etj.*); 5) : **Torf stechen** nxjerr torf; 2. *vi* **(h)** : **in See stechen** del në *det* (*anija*); **ins Grüne stechen** vjen si i gjelbër; **die Sonne sticht** dielli djeg; **in die Augen stechen** bie në sy.

St'echschritt *m* **-(e)s** hap parakalimi.

St'echvieh *n* **-s** *aust* viça e derra.

St'eckbrief *m* **-(e)s, -e** shpallje me përshkrimin e një krimineli të arratisur etj.

St'eckdose *f* =, **-en** *el* prizë.

st'ecken 1. *vt* 1) **(in, an A)** ngul, mbërthej (*në mur etj.*); **Erbsen, Bohnen stecken** mbjell bizele, fasule; 2) vë; **jemandem ein Ziel stecken** i vë dikujt një qëllim; je-

mandem einen Ring an den Finger stecken i vë dikujt një unazë në gisht; **in Brand stecken** vë zjarrin; *fig bis* **sich hinter jemanden stecken** përdor dikë si vegël; 3) : *bis* them; **jemandem etwas stecken** i them dikujt diçka fshehurazi; *bis* **ihm werde ich es stecken** do t'ia them copë se ç'mendoj; 4) fus, shtie; **einen Brief in den Briefkasten stecken** hedh një letër në kutinë e postës; **jemanden ins Gefängnis stecken** fus dikë në burg; **jemanden in eine Uniform stecken** marr dikë ushtar me zor; *bis* **der Saal war gesteckt voll** salla ishte mbushur plot e përplot; 2. *vi** ndodhem, rri; jam (*në një vend*); **der Schlüssel steckt im Schloß** çelësi është në bravë; **da steckt etwas dahinter** këtu ka diçka; *bis* **in ihm steckt etwas** ai s'është pa gjë; **der Schreck steckt mir noch in allen Gliedern** s'e kam marrë akoma veten nga tmerri; *bis* **immer im Hause stecken** rri gjithnjë mbyllur në shtëpi; **tief in Schulden stecken** jam i mbytur në borxhe; **die Kugel steckt noch in der Wunde** plumbi ka mbetur akoma në plagë; *bis* **es steckt viel Mühe, Arbeit darin** kjo (*më*) ka kushtuar shumë mund, punë; **wo steckt er?** ku është futur ai?

St'ecken *m* **-s, =** *aust* shkop; *fig bis* **Dreck am Stecken haben** nuk jam pa faj.

st'eckenbleiben* *vi ndash* (s) ngec (*në rrugë, kafshata në grykë etj.*); **mir ist eine Gräte im Hals steckengeblieben** më ka mbetur një halë në grykë.

st'eckenlassen* *vt ndash lë (çelësin në bravë etj.)*; *fig bis* **laß dein Geld nur stecken!** paguaj unë!

St'eckenpferd *n* **-es, -e** 1) shkop me kokë kali të drunjtë; 2) *fig* punë për qejf; hobi.

St'ecker *m* **-s, =** *el* spinë.

St'eckling *m* **-s, -e** *bot* bisk, kalem shartese.

St'ecknadel *f* **=, -n** gjilpërë me kokë; **im Saal hätte keine Stecknadel zu Boden fallen können** në sallë s'kishe ku të hidhje mollën; *fig* **eine Stecknadel im Heuschober suchen** kërkoj një gjilpërë në kashtë.

Steg *m* **-s, -e** 1) shteg; 2) urë e vogël; 3) *det* shkallë (*e vaporit*); 4) *muz* urë (*e violinës*).

St'egreif *m* : *shpr* **aus dem Stegreif** në këmbë e në dorë, pa përgatitje.

st'ehen* 1. *vi* **(h)** 1) qëndroj (*në këmbë*); 2) mbetet (*ora*); ngec (*puna etj.*); 3) : **jemandem zu Gesicht stehen** i shkon dikujt diçka; **das Haus steht** shtëpia është gati; **der Konjunktiv steht in Wunschsätzen** lidhorja përdoret në fjali dëshirore; **es steht zu befürchten** është për të pasur frikë; **das Werk steht und fällt mit ...** puna varet nga ...; **so wie er ging und stand** ashtu siç ishte; menjëherë; *bis* **ich kam neben ihm zu stehen** rastësisht u ndodha pranë tij; *fig* **das wird dich teuer zu stehen kommen** do ta paguash, do të të kushtojë shtrenjtë; **das Spiel steht 2 zu 6** loja është 2 me 6; **die Angelegenheit steht gut, schlecht** puna është mirë, keq; **auf der Liste stehen** jam në listë; **das Barometer steht auf Regen** barometri tregon shi; **auf dem Schild steht ...** në tabelë është shkruar ...; **auf dieses Verbrechen steht die Todesstrafe** ky krim dënohet me vdekje; *bis* **auf jemanden oder etwas stehen** parapëlqej dikë ose diçka; *bis*

es steht bei ihm ai e ka në dorë; *bis* **es steht mir bis hier oben, bis zum Hals** më ka ardhur gjer këtu, gjer në grykë; **es steht noch dahin** puna nuk është vendosur akoma; **ich stehe für nichts** unë nuk siguroj për asgjë; *bis* **es steht nicht dafür** nuk ia vlen; *fig* **hinter jemandem stehen** përkrah, mbroj dikë; **im gleichen Alter stehen** jam i një moshe; **bei jemandem in Arbeit stehen** punoj te dikush; **die Bäume stehen in Blüte** pemët kanë lulëzuar; **er steht im öffentlichen Leben** ai është personalitet i njohur; **es steht nicht in meiner Macht** s'e kam unë në dorë; **mit jemandem gut, schlecht stehen** e kam mirë, keq me dikë; **sein Sinn steht nach Höherem** ai e vret lart, përpiqet për punë të mëdha; **solange die Welt steht** që kur është krijuar bota; **einen Wagen zum Stehen bringen** ndaloj një makinë; **zu jemandem stehen** i qëndroj pranë dikujt, përkrah dikë; **jemandem zur Verfügung stehen** i rri gati dikujt; **zu seinem Versprechen stehen** mbaj premtimin; *bis* **wie geht's, wie steht's?** si je, ç'kemi?; **wie steht die Sache?** si është puna?; **wie stehen Sie zu diesem Vorfall?** si e gjykoni këtë ngjarje?; **wie stehst du zu ihm?** ç'lidhje ke me të?; **wo steht er politisch?** ç'qëndrim politik mban ai?; **stehende Einrichtung** instalim i përhershëm; **stehenden Fußes** menjëherë, pa ngurruar; **stehendes Heer** ushtri efektive; **stehende Redensart** mënyrë e përdorshme të foluri; 2. *vrefl* : **sich gut, schlecht stehen** fitoj shumë, pak; **sich mit jemandem gut, schlecht stehen** (nuk) merrem vesh me dikë; **sich müde stehen** lodhem së qëndruari; 3. *vt* : **Posten, Wache stehen** bëj rojë; *fig bis* **sich (D) die Beine in den Bauch stehen** më këputen këmbët duke pritur (së prituri).

st'ehenbleiben* *vi ndash* (s) qëndroj, ndalem, mbetem; **wo waren wir stehengeblieben?** ku kishim mbetur?; **die Uhr ist stehengeblieben** ora ka mbetur.

st'ehenlassen* *vt ndash lë;* **das Mittagessen stehenlassen** lë pa ngrënë drekën; **ein Wort stehenlassen** lë jashtë një fjalë (*në një tekst etj.*); **sich einen Bart stehenlassen** lëshoj, lë mjekër.

St'ehkragen *m* **-s,** = jakë e kollarisur.

St'ehlampe *f* **-n, -n** llambë më këmbë.

St'ehleiter *m* **-s,** = shkallë-dyshe.

St'ehplatz *m* **-es, -plätze** vend më këmbë (*në stadium etj.*).

st'ehlen* 1. *vt* vjedh; *fig bis* **er kann mir gestohlen bleiben!** s'dua të di gjë për të! 2. *vrefl* **sich stehlen: sich aus dem Hause stehlen** vidhem, iki fshehurazi nga shtëpia; **sich in ein Zimmer stehlen** futem tinëz në një dhomë.

steif *a* 1) i ngrirë, i mpirë; **ich bin ganz steif geworden** jam mpirë fare; 2) i mbërthyer, i paralizuar; **steifes Bein** këmbë e paralizuar; 3) i ngurtë (*stil etj.*); 4) i kollarisur (*jakë etj.*); 5) i fortë (*pije, erë etj.*); 6) *fig* i krekosur, i ngrehur; 7) : *shpr* **steife See** det i trazuar; *shpr* **etwas steif und fest behaupten** ngul këmbë në diçka.

St'eifheit *f* = 1) ngrirje; mpirje; 2) ngathtësi; 3) ngurtësi.

Steig *m* **-(e)s, -e** shteg, monopat.

St'eigbügel *m* **-s,** = yzengji; *fig* **jemandem den Steigbügel halten** ndihmoj dikë të ngrihet në pozitë.

st'eigen* 1. *vi* (s) 1) ngrihet

(*mjegulla, dielli, temperatura, çmimet, uji etj.*); **das Blut stieg ihr ins Gesicht** i hipi gjaku në fytyrë; **das Bild ist im Wert gestiegen** tablosë i është rritur vlera; **der Wein ist ihm zu Kopf gestiegen** i ka rënë vera në kokë; 2) hipi; ngjitem; **das Steigen fällt mir schwer** ngjitjen e kam të vështirë; **auf einen Berg steigen** i ngjitem një mali; **aufs Pferd steigen** hipi në kalë; 3) hyj; **durchs Fenster steigen** futem nga dritarja; **ins Wasser steigen** futem në ujë; *bis* **ins Bett steigen** bie në krevat; 4) zbres; **aus dem Auto steigen** zbres nga makina; 5) dal; **aus dem Wasser steigen** dal nga uji; 2. *vt* : **Treppen steigen** ngjis shkallët.

st'eigern 1. *vt* 1) ngre (*çmimet, tonin, shpejtësinë etj.*); 2) shtoj (*dhembjen, zemërimin etj.*); 2. *vi* **(h)** ofroj, bëj një ofertë (*në ankand*); 3. *vrefl* **sich steigern** 1) shtohet (*zemërimi etj.*); 2) bëhet më i fortë (*era etj.*).

St'eigerung *f* =, **-en** 1) ngritje; 2) shtim.

St'eigerungsstufe *f* =, **-n** *gram* shkallë krahasore.

St'eigung *f* =, **-en** 1) pjerrësi (*e rrugës etj.*); 2) e përpjetë.

steil *a* i rrëpirët, i thikët (*breg, mal etj.*); **steil abfallen** bie thikë (*humnera etj.*).

St'eilküste *f* =, **-n** breg i rrëpirët.

Stein *m* **-(e)s, -e** 1) gur (*lumi, muri etj.*); **über Stock und Stein** rrugë pa rrugë; *fig* **das könnte einen Stein erbarmen, erweichen** kjo do t'i dhimbsej gurit e drurit; **keinen Stein auf dem anderen lassen** s'lë gur mbi gur; *fig* **den Stein ins Rollen bringen** i jap shtysën e parë (*një pune, zhvillimi etj.*); *fig* **ein Herz von Stein haben** jam zemërgur; **einen Weg mit Steinen pflastern** shtroj një rrugë me kalldrëm; 2) gur i çmuar; **die Uhr hat 16 Steine** ora ka 16 gurë; 3) gur (*dominoje*); 4) *bot* bërthamë.

st'einalt *a* shumë i moçëm, shumë plak.

St'einbock *m* **-(e)s, -böcke** *zool* cjap i egër.

St'einbruch *m* (e)s, **-brüche** gurore.

St'eindruck *m* **-(e)s, -e** litografi.

st'einern *a* prej guri, i gurtë; *fig* **ein steinernes Herz haben** jam zemërgur.

St'einerweichen *n* : *shpr* **zum Steinerweichen weinen** qaj për t'iu dhimbsur gurit e drurit.

St'eingut *n* **-(e)s** gres (*pllakë*).

st'einhart *a* i fortë si guri, shumë i fortë.

st'einig *a* i mbushur me gurë (*fushë etj.*); *fig* **ein steiniger Weg** një rrugë e vështirë.

st'einigen *vt* vras me gurë.

St'einkohle *f* =, **-n** qymyrguri.

St'einkohlenlager *n* **-s,** = shtresë qymyrgurore.

St'einmeißel *m* **-s,** = daltë guri.

St'einmetz *m* **-en, -en** gurgdhendës.

St'einobst *n* **-es** *bot* pemë me bërthamë (*pjeshkë, kumbull, qershi etj.*).

St'einöl *n* **-s** vajguri.

St'einpflaster *m* **-s,** = kalldrëm.

st'einreich *a fig* shumë i pasur, që të thyen kokën me pare.

St'einsalz *n* **-s** kripë guri.

St'einschlag *m* **-(e)s** rënie gurësh (*nga një shpat mali etj.*).

St'einzeit *f* = *hist* kohë e gurit.

Steiß *m* **-es, -e, Steißbein** *n* **-(e)s, -e** *anat* kërbishte.

Stellage [*stel'azhë*] *f* =, **-n** sergjen.

st'ellbar *a* i lëvizshëm.

St'elldichein *n* **-(s), -(s)** *bis vjet* pikëpjekje; takim.

St'elle *f* =, **-n** 1) vend; **ich an deiner Stelle würde das nicht tun** po të isha si ti, nuk do ta bëja këtë; **an erster Stelle** në vend të parë, në radhë të parë; **an Stelle von ...** në vend të ...; **er war auf der Stelle tot** ai vdiq në vend; *fig* **auf der Stelle treten** qëndroj në vend numëro; **nicht von der Stelle rühren** s'luaj vendit; **zur Stelle sein** jam gati (*aty ku duhet*); **an Ort und Stelle** në vendin e caktuar; 2) pikë; *fig* **das ist eine schwache Stelle von mir** kjo është pikë e dobët imja; 3) pjesë (*e rrugës, e një teksti*); **eine holperige Stelle** një pjesë (*e rrugës*) me gropa; **eine Stelle zitieren** citoj një pjesë; 4) vend pune; **eine gutbezahlte Stelle** një vend me rrogë të mirë; 5) zyrë; **die amtlichen Stellen** autoritetet; **ich werde mich an höherer Stelle beschweren** do ta kërkoj (të drejtën) më lart; 6) shifër; **eine Zahl mit drei, vier Stellen** një numër me tri, katër shifra.

st'ellen 1. *vt* 1) vë, vendos (*në këmbë*); **etwas beiseite stellen** vë diçka mënjanë; **du mußt die Flasche stellen, nicht legen** shishen ta vësh në këmbë, jo shtrirë; **den Stuhl in die Ecke stellen** vë karrigen në qoshe; 2) vë (*në një pozicion të caktuar*); **die Uhr stellen** vë (*zilen në orën 7 etj.*); **jemanden hoch stellen** a) ngre dikë në pozitë; b) nderoj, çmoj shumë dikë; **jemanden an die Spitze stellen** vë dikë në krye (*të vendit etj.*); **jemanden auf die Probe stellen** vë dikë në provë; **etwas in Zweifel stellen** vë diçka në dyshim; 3) vë në dispozicion, jap; **einen Wagen stellen** jap një makinë; 4) siguroj; **für einen Bau Arbeitskräfte stellen** siguroj krahë pune për një ndërtim ; 5) caktoj; **jemandem eine Frist, eine Aufgabe stellen** i caktoj dikujt një afat, një detyrë; 6) paraqes; **Zeugen stellen** paraqes dëshmitarë; **einen Antrag stellen** paraqes një propozim; **eine Frage stellen** bëj një pyetje; 7) : **etwas unter Beweis stellen** provoj diçka; **etwas in Abrede stellen** mohoj diçka; **jemanden vor Gericht stellen** hedh, nxjerr në gjyq dikë; **jemanden zur Rede stellen** i kërkoj llogari dikujt; **etwas zur Schau stellen** tregoj diçka; **eine Frage zur Debatte stellen** ngre një çështje për diskutim; 2. *vrefl* **sich stellen** 1) qëndroj, vihem; **sich jemandem in den Weg stellen** i zë rrugën dikujt; **sich auf eigene Füße stellen** qëndroj mbi këmbët e mia; **sich in den Dienst einer Sache (G) stellen** vihem në shërbim të një çështjeje; 2) **(hinter A)** përkrah; **das Volk stellt sich einmütig hinter die Regierung** populli përkrah njëzëri qeverinë; 3) paraqitem (*në rekrutim, polici etj.*); **er muß sich am 10. Dezember stellen** ai duhet të paraqitet (*për shërbim ushtarak*) më 10 dhjetor; 4) shtirem (*i sëmurë etj.*); 5) : **sich mit jemandem gut stellen** shkoj, sillem mirë me dikë; **wie stellen Sie sich zu ...?** ç'mendoni ju për ...?

St'ellenangebot *n* **-(e)s, -e** ofertë pune.

St'ellengesuch *n* **-(e)s, -e** kërkesë pune.

St'ellenvermittlung *f* =, **-en** zyrë pune.

st'ellenweise *adv* vende-vende, aty-këtu, tek-tuk.

St'ellung *f* =, **-en** 1) qëndrim; **in kniender Stellung** duke qëndruar në gjunjë; 2) pozicion (*i një ylli etj.*); 3) pozitë (*shoqërore*); 4) vend (*pune*); detyrë; **eine Stellung antreten** filloj të ushtroj një detyrë; **jemanden seiner Stellung entheben** shkarkoj dikë nga detyra; **in Stellung sein** jam në punë; **in Stellung gehen** dal në punë; 5) pikëpamje; qëndrim; **zu etwas (D) Stellung nehmen** mbaj qëndrim ndaj diçkaje; **für etwas (A) Stellung nehmen** mbroj një pikëpamje; **gegen etwas (A) Stellung nehmen** shprehem kundër diçkaje; 6) *usht* pozicion; **vorgeschobene Stellung** pozicion i përparuar; **rückwärtige Stellung** pozicion në prapavijë; **die Stellung beziehen, in Stellung gehen** zë pozicion.

st'ellungslos *a* pa punë.

st'ellvertretend *a* zëvendës; përfaqësues; **der stellvertretende Minister** zëvendësministri; *shpr* **stellvertretend für jemanden** si përfaqësues i dikujt.

St'ellvertreter *m* **-s, =** zëvendës; përfaqësues.

St'elze *f* **=, -n** patericë.

st'elzen *vi* **(h)** 1) eci me paterica; 2) *fig* eci si i ngrirë.

St'elzfuß *m* **-es, -füße** *bis* këmbë druri (*protezë*).

St'emmeisen *n* **-s, =** daltë.

st'emmen 1. *vt* 1) mbështes; **die Arme in die Seiten stemmen** vë duart në ijë; **die Ellbogen auf den Tisch stemmen** mbështes bërrylat mbi tryezë; 2) ngre (*një peshë etj.*); 2. *vrefl* **sich stemmen** 1) **(an, auf A)** mbështetem (*te diçka*); 2) : **sich gegen eine Sache stemmen** ngrihem kundër diçkaje.

St'empel *m* **-s, =** 1) vulë; **den Stempel auf einen Brief setzen** i vë vulën një letre; 2) *tek* stampë.

St'empelkissen *n* **-s, =** jastëk i vulës.

St'empelmarke *f* **=, -n** pullë monopoli.

st'empeln *vt* i vë vulën, vulos (*një letër, dokument etj.*); *bis* **stempeln gehen** marr ndihmë papunësie; *fig* **jemanden zu etwas stempeln** i vë vulën dikujt për diçka.

St'engel *m* **-s, =** 1) *bot* kërcell; 2) : *bis* **fall nicht vom Stengel!** mos u habit!

Stenogr'amm *n* **-(e)s, -e** stenogram.

Stenograph'ie *f* **=, -n** stenografi.

stenograph'ieren *vt, vi* **(h)** stenografoj.

Stenotyp'ist *m* **-en, -en** daktilostenografist.

Stenotyp'istin *f* **=, -nen daktilostenografiste.**

St'eppdecke *f* **=, -n** jorgan.

St'eppe *f* **=, -n** *gjeogr* stepë.

st'eppen *vt* 1) qep me tegel; piskoj (*jorganin*); 2) vallëzoj step.

st'erben* *vi* **(s) (an D)** vdes (*nga një sëmundje etj.*); **im Sterben liegen** po heq shpirt; **über einer Arbeit sterben** vdes në krye të një pune; *fig* **vor Neugierde sterben** vdes nga kureshtja; *fig bis* **es ist zum Sterben langweilig** është i mërzitshëm për vdekje; **Hungers sterben** vdes nga uria, për bukë; **aus Gram sterben** vdes nga hidhërimi; **durch jemanden, durch jemandes Hand sterben** vdes nga dora e dikujt.

st'erbenskrank *a* i sëmurë për vdekje.

St'erbenswörtchen *n* : *shpr* **kein Sterbenswörtchen sagen** nuk nxjerr fjalë nga goja.

st'erblich 1. *a* 1) i vdekshëm; *poet* **die Sterblichen** të vdekshmit (*njerëzit*); 2. *adv* : *bis* **sterblich verliebt sein** bie keq në dashuri.

St'erblichkeit *f* **=** 1) vdekshmëri; 2) numër i vdekjeve.

stereot'yp *a* stereotip (*frazë etj.*).

ster'il *a* 1) shterp; 2) shterp, i kotë

(*diskutim etj.*); 3) *mjek* steril; i sterilizuar.

sterilis'ieren *vt* 1) *mjek* sterilizoj; 2) sterilizoj, shterpëzoj.

Stern *m* **-s, -e** 1) *astr* yll; **ein Stern erster Größe** yll i madhësisë së parë (*edhe fig*); *fig* **nach den Sternen greifen** dua të pamundshmen; *fig bis* **jemanden bis zu den Sternen erheben** ngre dikë në qiell; 2) yll (*partizan etj.*); 3) *fig* yll (*njeri i famshëm*); 4) *fig* fat; **ihm schien kein Stern** nuk i eci fati.

St'ernbild *n* **-(e)s, -er** *astr* yllësi, konstelacion.

St'ernchen *n* **-s, =** yllth, asterisk.

st'ernenklar *a* me yje (*natë, qiell etj.*).

st'ern(en)los *a* i errët (*qiell, natë etj.*).

St'ernfahrt *f* **=, -en** *sport* tubim automobilistik.

St'erngucker *m* **-s, =** *bis iron* astronom.

st'ernhagelvoll *a bis* i dehur tapë, i bërë xurxull.

St'ernschnuppe *f* **=, -n** 1) *astr* asteroid; 2) yll i këputur.

St'ernstunde *f* **=, -n** orë e fatit.

St'ernwarte *f* **=, -n** *astr* observator astronomik.

stet *a* i qëndrueshëm (*besnikëri etj.*).

st'etig *a* 1) i vazhdueshëm (*punë etj.*); 2) i qëndrueshëm; 3) i pareshtur, i pandërprerë (*erë etj.*).

St'etigkeit *f* **=, -en** vazhdueshmëri; qëndrueshmëri.

stets *adv* gjithmonë, përherë, vazhdimisht; **er ist stets hilfsbereit** ai është përherë i gatshëm për të ndihmuar.

St'euer I *f* **=, -n** tatim, taksë; **Steuern zahlen** paguaj taksa; **der Steuer unterliegen** tatohet (*një e ardhur etj.*); **eine Sache mit einer Steuer belegen** tatoj diçka.

St'euer II *n* **-s, =** timon; **das Steuer ergreifen** marr në dorë timonin (*edhe fig*); **am Steuer sitzen** ngas makinën; **am Steuer stehen** drejtoj anijen.

St'euerbord *n* **-(e)s, -e** anë e djathtë (*e anijes, e aeroplanit etj.*).

st'euerbord(s) *adv* në të djathtë (*të anijes, të aeroplanit etj.*).

st'euerfrei *a* i patatueshëm, që nuk i nënshtrohet tatimit.

st'euerlos *a* pa timon, pa timonier.

St'euermann *m* **-(e)s, -männer** *dhe* **-leute** timonier.

st'euern 1) *vt* drejtoj (*anijen etj.*); 2) *vi* **(s): nach einer Insel steuern** marr drejtimin e një ishulli; **in den Hafen steuern** hyj në port; *fig* **wohin steuert er?** a) nga ia mban ai?; b) ku do të dalë ai?; 3) **(h) (D)** luftoj (*kundër një shpërdorimi etj.*).

st'euerpflichtig *a* i tatueshëm.

St'euerrad *n* **-(e)s, -räder** rrotë e timonit, timon.

St'euerrückstand *m* **-(e)s, -stände** taksa, tatime të prapambetura.

St'euerruder *n* **-s, =** *det* timon.

St'euerung *f* **=, -en** 1) drejtim (*i anijes, i aeroplanit etj.*); 2) mekanizëm i drejtimit.

Steward [*stj'uart*] *m* **-s, -s** stjuart (*shoqërues në anije, aeroplan etj.*).

Stewardess [*stj'uardes*] *f* **=, -ssen** stjuardesë (*shoqëruese në anije, aeroplan etj.*).

stib'itzen *vt bis* vjedh nga pak, bracoj, zgrap.

Stich *m* **-(e)s, -e** 1) shpim (*me gjilpërë etj.*); **mit kleinen, großen Stichen nähen** qep me pe të dendur, të rrallë; 2) kafshim, pickim (*insekti, gjarpri etj.*); 3) dhembje therëse, therje; 4) *fig* thumb, thumbim, fjalë therëse; 5) gravurë; 6) **: einen Stich ins Rötliche, Grüne haben** vjen si i kuqërremtë, si i gjelbër; 7) **:** *shpr* **im**

Stich lassen lë në baltë, braktis, lë në mëshirë të fatit.

Stichel'ei *f* =, **-en** *fig* thumb, fjalë thumbuese.

st'icheln *vi* **(h)** 1) qep; 2) *fig* **(auf A)** i flas me thumba, ngacmoj (*dikë*).

St'ichflamme *f* =, **-n** flakë (*e saldatriçes etj.*)

st'ichhalten* *vi* **(h)** *ndash* qëndron, është bindës (*një argument etj.*).

st'ichhaltig *a* bindës, i bazuar, i argumentuar (*arsyetim etj.*).

St'ichprobe *f* =, **-n** provë e së pjesshmes për të përcaktuar cilësinë e së tërës.

sticht *sh* **stechen***.

St'ichtag *m* **-(e)s, -e** ditë e caktuar (*për regjistrimin e popullsisë etj.*).

St'ichwaffe *f* =, **-n** armë për të therur.

St'ichwort *n* **-(e)s, -e** 1) parullë; 2) *teat* replikë; 3) *pl* **-wörter** fjalë (*e shpjeguar në fjalor etj.*); 4) pikë kryesore; **etwas in Stichwörtern notieren** shënoj pikat kryesore të një çështjeje.

st'icken *vt, vi* **(h)** qëndis (*një jastëk etj.*).

Sticker'ei *f* = 1) qëndisje; 2) *pl* **-en** qëndismë.

St'ickhusten *m* **-s** *mjek* kollë e mirë, kollë e bardhë.

st'ickig *a* i rëndë, i prishur (*ajër*).

St'ickluft *f* = ajër i rëndë, i keq, i prishur.

St'ickrahmen *m* **-s,** = gjergjef.

St'ickstoff *m* **-(e)s** *kim* azot.

st'ieben* *edhe sipas zgjedh të dobët vi* **(s)** shkrepin (*xixat etj.*).

St'iefbruder *m* **-s, -brüder** vëlla i gjetur.

St'iefel *m* **-s,** = çizme; *fig bis* **das zieht einem ja die Stiefel aus!** kjo nuk durohet!; *fig bis* **einen ordentlichen Stiefel vertragen** e mbaj pijen; *fig bis* **er hat einen tüchtigen Stiefel zusammengeredet** ai foli një barrë budallallëqe; *fig bis* **immer meinen alten Stiefel arbeiten** punoj si gjithmonë.

st'iefeln *vi* **(s)** eci rëndë.

St'iefeltern *pl* prindër të gjetur.

St'iefgeschwister *pl* vëllezër dhe motra të gjetura.

St'iefkind *n* **-(e)s, -er** thjeshtër, fëmijë i gjetur; *fig* **als Stiefkind behandelt werden** më marrin, më trajtojnë si të njerkës.

St'iefmutter *f* =, **-mütter** njerkë.

St'iefmütterchen *n* **-s,** = *bot* manushaqe trengjyrëshe.

st'iefmütterlich 1. *a* prej njerke; 2. *adv* si njerkë; **die Natur hat ihn stiefmütterlich behandelt** natyra është sjellë me të si njerkë.

St'iefschwester *f* =, **-n** motër e gjetur.

St'iefsohn *m* **-(e)s, -söhne** bir i gjetur.

St'ieftocher *f* =, **-töchter** bijë e gjetur.

St'iefvater *m* **-s, -väter** njerk.

stieg *sh* **steigen***.

St'iege *f* =, **-n** shkallë (*prej druri*).

Stieglitz *m* **-es, -e** *zool* kryeartëz, gardelinë (*zog*).

stiehlt *sh* **stehlen***.

Stiel *m* **-(e)s, -e** 1) bisht (*sëpate, furçe etj.*); 2) *bot* kërcell.

St'ielaugen *pl* : *shpr bis* **Stielaugen machen** çakërris sytë (*nga kureshtja etj.*).

stier *a* i palëvizshëm (*vështrim*).

Stier *m* **-(e)s, -e** *zool* dem; *fig* **den Stier bei den Hörnern packen** zë demin për brirësh.

st'ieren *vi* **(h) (auf A)** shikoj ngultas (*dikë*).

St'ierkampf *m* **-(e)s, -kämpfe** luftim me dema.

stieß *sh* **stoßen***.

Stift I *m* **-(e)s, -e** 1) thumb; 2) laps; 3) *bis* çirak.

Stift II *n* **-(e)s, -e** azil i pleqve (*i mbajtur nga kisha*).

st'iften *vt* 1) fal, dhuroj (*një shumë për një qëllim të caktuar etj.*); 2) themeloj; krijoj (*një institucion, urdhër etj.*); 3) : **Frieden stiften** vendos paqen; **Brand stiften** vë zjarrin; **Gutes stiften** bëj të mira.

st'iftengehen* *vi ndash* **(s)** *bis* iki tinëz.

St'ifter *m* **-s, =** 1) themelues; krijues; 2) dhurues.

St'iftung *f* **=, -en** 1) krijim (*i një urdhri etj.*); themelim (*i një institucioni etj.*); 2) dhuratë.

St'iftungsfeier *f* **=, -n, Stiftungsfest** *n* **-es, -e** kremtim i përvjetorit të themelimit (*të një institucioni etj.*).

Stil *m* **-(e)s, -e** 1) stil; **ein flüssiger Stil** stil i rrjedhshëm; **ein papierner Stil** stil kancelaresk; **einen guten Stil schreiben** kam stil të mirë; 2) stil, mënyrë të vepruari; **Aktionen größeren Stils** aksione në shkallë të gjerë; 3) *ark* stil (*dorik, jonik etj.*).

St'ilblüte *f* **=, -n** *iron* xhevahir (*në një artikull etj.*).

stilis'ieren *vt* stilizoj.

Stilis'ierung *f* **=, -en** stilizim.

Stil'ist *m* **-en, -en** stilist.

Stil'istik *f* **=, -en** stilistikë.

stil'istisch *a* stilistik.

still *a* 1) i qetë (*rrugë, vend, njeri etj.*); **eine stille Stunde** një orë e qetë; **stilles Wasser** ujëra të qeta; 2) i heshtur; **sei still!** pusho!; **es wurde still im Saal** të gjithë heshtën në sallë; 3) i fshehtë; **stille Liebe** dashuri e fshehtë; **im stillen** a) fshehurazi; b) me vete; c) përbrenda; **stille Reserven** rezerva të brendshme.

St'ille *f* **=** qetësi, heshtje; **die Stille der Nacht** qetësia, heshtja e natës; **in der Stille** pa bërë zhurmë, pa u ndier.

St'illeben *n* **-s** (*kur ndahet:* **Still-leben**) *pikt* natyrë e qetë.

st'illegen *vt ndash* pezulloj, ndaloj (*qarkullimin, punën etj.*) (*kur ndahet:* **still-legen**).

st'illen *vt* 1) qetësoj, zbus (*dhembjen etj.*); 2) shuaj (*etjen, urinë etj.*); 3) ndaloj (*gjakun*); 4) i jap gji (*fëmijës*).

st'illgestanden *int* (*komandë*) gatitu!

st'illhalten* *vi* **(h)** *ndash* qëndroj pa lëvizur; **bitte halt einen Augenblick still!** mos lëviz pak, të lutem!

st'illos *a* i pashije.

St'illosigkeit *f* **=** të qenët i pashije.

st'illschweigen* *vi ndash* hesht.

St'illschweigen *n* **-s (von D)** heshtje (*për diçka*); *shpr* **sich in Stillschweigen hüllen** hesht, nuk hap gojë.

st'illschweigend 1. *a* i heshtur; **stillschweigende Übereinkunft** marrëveshje e heshtur; 2. *adv* në heshtje.

St'illstand *m* **-(e)s** pushim (*i rrjedhjes së gjakut etj.*); ndalim (*i makinës etj.*); **zum Stillstand bringen** mbaj, ndaloj (*makinën, kalin etj.*); **zum Stillstand kommen** qëndron (*makina etj.*); ndalon (*qarkullimi etj.*).

st'illstehen* *vi ndash* **(s)** ndalon (*qarkullimi etj.*); pushon (*një veprimtari etj.*); *bis* **da steht einem der Verstand still!** nuk di nga t'ia mbaj fare!

st'illvergnügt *a* i kënaqur e i heshtur.

st'ilvoll *a* me shije (*rregullim i një dhome etj.*).

St'immabgabe *f* **=** votim.

St'immband *n* **-(e)s, -bänder** *anat* pejzë zanore.

st'immberechtigt *a* me të drejtë vote (*delegat etj.*).

St'imme *f* =, **-n** 1) zë; **mit erhobener Stimme** duke ngritur zërin; 2) *muz* zë; **die erste Stimme** zë i parë; 3) *fig* zë (*i ndërgjegjes, i arsyes etj.*); 4) *pl* zëra, njerëz; **es gibt Stimmen, die sagen ...** ka njerëz (zëra) që thonë ...; 5) votë; **die Stimme abgeben** jap votën, votoj; **eine Stimme haben** kam të drejtë vote; **eine beratende Stimme haben** kam të drejtë vote këshillimore; **sich der Stimme enthalten** abstenoj; **auf deine Stimme kommt es an** varet nga vota jote.

st'immen I *vi* **(h) (für, gegen A)** votoj, jap votën (*për dikë, kundër dikujt*); **geschlossen gegen (für) jemanden stimmen** votojmë njëzëri kundër dikujt (për dikë).

st'immen II *vt* 1) akordoj (*një vegël muzikore*); 2) : *fig* **jemanden günstig für etwas stimmen** bind, kandis dikë për diçka, në të mirë të diçkaje; **er ist gut (schlecht) gestimmt** ai (nuk) është me të mira.

st'immen III *vi* **(h)** 1) i përgjigjet së vërtetës, është e vërtetë; **das stimmt!** kjo është e vërtetë!; **es stimmt, was er gesagt hat** ajo që tha është e vërtetë; 2) është në rregull; **hier stimmt etwas nicht** këtu ka diçka që nuk shkon; *fig bis* **bei dir stimmt's wohl nicht (ganz)?** a je në vete?; 3) shkon, përshtatet; **der Hut stimmt in der Farbe nicht zum Kleid** ngjyra e kapelës nuk shkon me atë të fustanit.

St'immenthaltung *f* =, **-en** abstenim.

st'immhaft *a gram* e zëshme (*bashkëtingëllore*).

St'immliste *f* =, **-n** listë elektorale, listë e zgjedhësve.

st'immlos *a gram* e pazëshme, e shurdhër (*bashkëtingëllore*).

St'immrecht *n* **-(e)s** e drejtë vote.

St'immung *f* =, **-en** 1) akordim (*i një vegle muzikore*); 2) gjendje shpirtërore, qejf, humor; **jemandem die Stimmung verderben** ia prish qejfin dikujt; **in guter, schlechter Stimmung sein** (nuk) jam në qejf; **sie ist sehr von Stimmungen abhängig** ajo ndryshon shumë sipas gjendjes shpirtërore; **in Stimmung geraten, kommen** vij në qejf; 3) përshtypje (*e lënë nga një pamje e natyrës etj.*); **das Mondlicht erzeugte eine geheimnisvolle Stimmung** drita e hënës krijonte një përshtypje të mistershme.

st'immungsvoll *a* 1) i këndshëm (*mbrëmje, bisedë etj.*); 2) në qejf, me humor të mirë; 3) që shpreh një gjendje shpirtërore (*poezi etj.*).

St'immzettel *m* **-s**, = fletë votimi.

St'imulans *n* **-s**, **Stimul'anzi/en** *dhe* **Stimul'antia** nxitës, stimulues (*kafe etj.*).

stimul'ieren *vt* nxis, stimuloj.

st'inken* *vi* **(h)** qelbet, bie erë; *fig bis* **hier stinkt es** këtu diçka s'është në rregull; **nach Tabak stinken** bie erë duhan; *bis* **nach Geld stinken** jam i krimbur në pare; *fig bis* **er stinkt vor Faulheit** ai është një kokërr dembeli; *fig bis* **es stinkt zum Himmel** është për të vënë kujën.

st'inkend, stinkig *a* i qelbur.

st'inkfaul *a bis* dembel i madh.

Stipendi'at *m* **-en, -en** bursist (*student*).

Stip'endium *n* **-s, -di/en** bursë (*studimi*).

st'ippen *vt bis* ngjyej, njom (*bukën në qumësht etj.*).

stirbt *sh* **sterben***.

Stirn *f* =, **-en** *anat* ballë; **die Stirn**

runzeln rrudh ballin; **jemandem die Stirn bieten** i dal përballë, i qëndroj dikujt; *fig* **er hat die Stirn zu behaupten, daß ...** ai ka fytyrë të thotë se ...; **da kann man sich nur an die Stirn greifen!** kjo është për të vënë duart në kokë!; **er schlug sich vor die Stirn** ai i ra ballit (*me dorë*).

St'irnader *f* = *anat* damar i ballit.

St'irnhaar *n* -(e)s, -e balluke.

St'irnfalte *f* =, -n rrudhë e ballit.

stob *sh* **stieben***.

st'öbern 1. *vi* (h) 1) i merr era (*flokët e borës etj.*); 2) ngre pluhur; 3) *fig* kërkoj, rrëmoj; **in jemandes Tisch stöbern** rrëmoj në tryezën e dikujt; 2. *vimp* : **es stöbert** bie sqotë; 3. *vt* : **jemanden aus dem Bett stöbern** ngre dikë nga krevati.

st'öchern *vi* (h) (in D) 1) shpurris, trazoj (*zjarrin*); 2) kruaj (*dhëmbët*).

Stock I *m* -(e)s, **Stöcke** 1) shkop, bastun; **am Stock gehen** eci me shkop; 2) rrënjë (*hardhie etj.*); 3) zgjua (*bletësh*); 4) *treg* stok; 5) *fin* kapital i investuar; 6) *poligr* klishe.

Stock II *m, n* -(e)s, = *dhe* **-werke** kat.

stockbl'ind *a* krejt i verbër.

stockd'umm *a* krejt budalla, tutkun.

stockd'unkel *a* pus i errët.

St'öckelschuh *m* -s, -e *bis* këpucë me taka të holla (*për gra*).

st'ocken *vi* (h) 1) ngec (*fjala, puna, tregtia, qarkullimi etj.*); **der Atem stockte mir vor Schreck** mbeta pa frymë nga tmerri; **ohne Stocken lesen** lexoj pa u penguar; 2) mpikset (*gjaku, qumështi*).

st'ockfinster *a* : **es ist stockfinster** s'duket as këtu e atje, është xëc në sy.

St'ockfisch *m* -es, -e bakalaro (*merluc i tharë*).

St'ockfleck *m* -(e)s, -e njollë myku, lagështire.

st'ocksteif *a bis* 1) i ngrirë, i mpirë; i shtangur; 2) këmbëngulës.

St'ockung *f* =, -en 1) bllokim (*i qarkullimit etj.*); 2) ngecje (*e fjalës etj.*); 3) pengesë; 4) ndërprerje (*e punës etj.*); 5) ngurrim; 6) mpiksje (*e gjakut etj.*).

St'ockwerk *n* -(e)s, -e kat (*i një ndërtese*); **ein Haus mit fünf Stockwerken** shtëpi me pesë kate.

Stoff *m* -(e)s, -e 1) *filoz* materie; 2) lëndë; **synthetischer Stoff** lëndë sintetike; 3) stof; **der Stoff liegt 70 cm breit** stofi është 70 cm i gjerë; 4) material, lëndë (*leximi, studimi etj.*); **den Stoff beherrschen** zotëroj lëndën; **Stoff sammeln** mbledh material (*për një tregim etj.*).

St'offel *m* -s, = *bis* njeri i pagdhendur, i pasjellshëm.

st'offlich *a* lëndor, material.

St'offwechsel *m* -s *fiziol* shkëmbim lëndësh, metabolizëm.

st'öhnen *vi* (h) rënkoj; psherëtij; **vor Schmerz stöhnen** rënkoj nga dhembja; **unter einer Last stöhnen** rënkoj nën një barrë; **über eine(r) Arbeit stöhnen** qahem, ankohem për një punë (*të lodhshme etj.*).

St'oiker *m* -s, = *filoz* stoik (*edhe fig*).

st'oisch *a* 1) *filoz* stoik; 2) *fig* i patundshëm (*durim etj.*).

St'ola *f* =, **Stolen** *fet* stolë.

St'ollen *m* -s, = 1) *min, usht* galeri; **einen Stollen in die Erde treiben** hap një galeri; 2) thundër potkoi; 3) lloj ëmbëlsire).

st'olperig *a* me gropa, gropa-gropa (*vend, rrugë etj.*).

st'olpern *vi* (s) (**über A**) pengohem (*në një gur etj.*); **er stolpert über seine eigene Füße** atij i merren këmbët.

stolz *a* 1) krenar; **stolz sein (auf A)**

jam krenar (*për diçka*), mburrem (*me diçka*); 2) mendjemadh; **jemanden durch zuviel Lob stolz machen** ia rris mendjen dikujt me lëvdata të tepruara.

Stolz *m* **-es** 1) krenari; **er hat keinen Stolz** ai s'ka sedër; 2) mendjemadhësi; **jemandes Stolz brechen** ia ul hundën dikujt.

stolz'ieren *vi* **(s)** eci rëndë-rëndë.

st'opfen 1. *vt* 1) end, mbush (*një çorap etj.*); mbyll, zë (*një vrimë etj.*); *fig bis* **jemandem das Maul stopfen** ia mbyll gojën (sqepin) dikujt; 3) mbush (*xhepat, llullën etj.*); *bis* **der Saal war gestopft voll** salla ishte mbushur plot e përplot; 4) **(in A)** fus; **etwas in den Mund stopfen** fus diçka në gojë; 5) majm (*një gjel deti etj.*); 2. *vi* **(h)** 1) (*të*) ngop (*një gjellë*) 2) (*të*) bën kaps; 3) gllabëroj, përpij, kullufis.

St'opfgarn *n* **-s** fill për endje.

St'opfmittel *n* **-s, =** *mjek* astringjent.

St'oppel *f* **=, -n** 1) kashtë (*që mbetet pas korrjes së grurit etj.*); 2) *bis* qime (*në një faqe të parruar).*

St'oppelfeld *n* **-(e)s, -er** arë e korrur.

st'oppen 1. *vt* 1) ndal, mbaj (*një makinë etj.*); 2) kronometroj (*kohën e një veprimi etj.*); 2. *vi* **(h)** ndalem, qëndroj.

st'opplig *a* i mbushur me qime (*faqe etj.*).

St'oppuhr *f* **=, -en** kronometër.

St'öpsel *m* **-s, =** tapë (*e shishes*).

st'öpseln *vt* mbyll me tapë (*shishen etj.*).

Stör *m* **-(e)s, -e** *zool* bli (*peshk*).

Storch *m* **-(e)s, Störche** *zool* lejlek (zog).

St'orchschnabel *m* **-s, -schnäbel** *bot* elbarozë.

Store [*stor*] *m* **-s, -s** perde e bardhë e tejdukshme.

st'ören *vt* 1) pengoj, bezdis, shqetësoj; **störe ich Sie?** mos ju shqetësoj?; **der Lärm ist sehr störend** zhurma të shqetëson shumë; 2) prish (*një punë etj.*); **jemandes Pläne stören** ia prish planet dikujt; **die Leitung ist gestört** linja është prishur.

St'örenfried *m* **-s, -e** prishës i qetësisë.

storn'ieren *vt treg* shfuqizoj, anuloj (*një porosi etj.*).

st'örrisch *a* 1) kryeneç; **störrisch wie ein Esel sein** ngul këmbë si mushkë; 2) i pashtruar (*kalë etj.*).

St'örung *f* **=, -en** 1) shqetësim; 2) prishje; 3) çrregullim; 4) *pl* zhurmë (*në radio*); **atmosphärische Störungen** shkarkime atmosferike.

Story [*st'ori*] *f* **=, -s** 1) tregim i shkurtër; 2) përmbajtje e filmit ose e romanit; 2) histori e pabesueshme.

Stoß I *m* **-es, Stöße** 1) shtytje; **jemandem einen Stoß geben** shtyj dikë; 2) tronditje, lëkundje (*nga një bombë, tërmet etj.*); 3) *usht* zbythje (*e armës*); 4) goditje; **ein Stoß mit dem Fuß** një shkelm; **jemandem einen Stoß geben** godas dikë; **zum Stoß kommen** përplasem; **einen Stoß auffangen** pres një goditje; **das Vertrauen erlitt einen schweren Stoß** mirëbesimi pësoi një goditje të rëndë; 5) hov (*i erës etj.*); 6) *tek* lidhje (*e dy shinave etj.*); 7) *zool* bisht (*i një shpendi të egër*).

Stoß II *m* **-es, Stöße** grumbull, pirg (*pjatash, letrash etj.*).

St'oßdämpfer *m* **-s, =** amortizator (*i automobilit etj.*).

St'ößel *m* **-s, =** shtypës (*i havanit*).

st'oßen* 1. *vt* 1) shtyj; **jemanden ins Wasser stoßen** shtyj dikë në ujë; **jemanden aus dem Hause stoßen** dëboj, përzë dikë nga shtëpia;

vom Throne stoßen rrëzoj nga froni; 2) godas; **jemanden vor den Kopf stoßen** a) trullos dikë; b) fyej dikë; 3) thërrmoj, shtyp (*kripën etj.*); 4) : *fig bis* **jemandem Bescheid stoßen** ia them dikujt mendimin copë; *fig* **jemanden mit der Nase auf etwas stoßen** ia jap dikujt diçka në pëllëmbë të dorës; 2. *vi* **(h, s)** 1) godet me brirë (*lopa etj.*); 2) tundet (*makina etj.*); 3) **(an, gegen A)** ndesh (*në diçka*); përplasem (*me diçka*); 4) **(an A)** kufizohet; **unser Garten stößt an ein Feld** kopshti ynë kufizohet me një arë; 5) **(auf A)** gjej rastësisht; 6) **(auf A)** has (*në pengesa, vështirësi etj.*); 7) : **ins Horn stoßen** i bie bririt; 8) **(nach D)** matem t'i bie (*dikujt*); 9) **(zu D)** arrij, takoj (*dikë*); 3. *vrefl* **sich stoßen** 1) **(an etwas)** a) vras, përplas (*kokën, dorën etj.*); b) shqetësohem; **du darfst dich an der Unordnung bei uns nicht stoßen** mos u shqetëso për çrregullimin këtu te ne; **du darfst dich an seiner Schweigsamkeit nicht stoßen** mos ia merr për (të) keq heshtjen.

St'oßgebet *n* **-(e)s, -e** *fet* lutje e shkurtër.

st'ößig *a* që godet me brirë (*lopë, dash etj.*).

St'oßseufzer *m* **-s, =** psherëtimë.

St'oßstange *f* **=, -n** goditjepritës (*i automobilit*).

stößt *sh* **stoßen***.

St'oßtrupp *m* **-s, -s** *usht* repart sulmues.

St'oßverkehr *m* **-s** kohë e qarkullimit më të dendur (*gjatë fillimit e mbarimit të orarit të punës*).

st'oßweise *adv* 1) me të shtyra; 2) me hove, me hope, me shpërthime.

St'oßzahn *m* **-(e)s, -zähne** *zool* dhëmb i elefantit.

St'otterer *m* **-s, =** gagaç, i belbër, belbacuk.

st'ottern *vi* **(h)** belbëzoj, më mbahet goja.

Str. = Straße.

stracks *adv bis* 1) drejt; **sich stracks nach Hause begeben** shkoj drejt e në shtëpi; 2) që tashti, menjëherë; 3) me rreptësi; **Vorschriften stracks einhalten** u përmbahem me rreptësi udhëzimeve.

Str'afanstalt *f* **=, -en** burg.

Str'afantrag *m* **-(e)s, -träge** *drejt* padi për ndjekje penale.

Str'afanzeige *f* **=, -n** *drejt* denoncim, kallëzim (*i një krimi etj.*).

Str'afarbeit *f* **=, -en** detyrë për dënim (*që i jepet një nxënësi etj.*).

str'afbar *a* i dënueshëm, i ndëshkueshëm (*veprim etj.*); **sich strafbar machen** shkel ligjin.

Str'afe *f* **=, -n** dënim, ndëshkim; **eine Strafe auferlegen, aufheben, mildern** jap, shfuqizoj, zbus një dënim; **er hat mir die Strafe geschenkt** ma fali dënimin; **darauf steht Strafe** kjo dënohet; **zur Strafe** për dënim.

str'afen *vt* 1) dënoj, ndëshkoj; **ein Vergehen mit Gefängnis (be)strafen** dënoj me burg një krim; **jemanden Lügen strafen** zë në gënjeshtër dikë; 2) gjobis.

Str'afentlassene *m, f* **-n, -n** i (e) liruar nga burgu.

Str'aferlaß *m* **-sses, -sse** falje e dënimit.

Str'afgefangene *m, f* **-n, -n** *sh* **Sträfling.**

straff *a* 1) i shtrënguar, i tendosur; i nderë; 2) i dendur, i ngjeshur; **einen straffen Stil schreiben** kam stil të ngjeshur; 3) i ngrehur (*qëndrim etj.*); 4) i rreptë (*kontroll, disiplinë etj.*).

str'affällig *a* 1) i dënueshëm; 2) : **straffällig werden** bëj krim.

str'affen 1. *vt* ndej, tendos (*telin etj.*); 2. *vrefl* **sich straffen** 1) shtrihet, tendoset (*lëkura etj.*); 2) shpihem.

str'affrei *a* i padënuar.

Str'affreiheit *f* = të qenët i padënuar; mosdënim.

Str'afgeld *n* **-(e)s, -er** gjobë.

Str'afgericht *n* **-(e)s, -e** 1) gjykim; ndëshkim; 2) *drejt* gjykatë penale.

Str'afgesetzbuch *n* **-(e)s, -bücher** *drejt* kod penal.

Str'afkolonie *f* **=, -ni/en** koloni ndëshkimore.

str'äflich *a* i ndëshkueshëm, i dënueshëm.

Str'äfling *m* **-s, -e** i burgosur.

str'aflos *a* i pandëshkuar, i padënuar.

Str'afpredigt *f* **=, -en** qortim i rreptë.

Str'afprozeß *m* **-sses, -sse** *drejt* proces penal.

Str'afraum *m* **-(e)s, -räume** *futb* zonë e rreptësisë.

Str'afrecht *n* **-(e)s, -e** *drejt* e drejtë penale.

Str'afsache *f* **=, -n** *drejt* çështje penale.

Str'afstoß *m* **-es, -stöße** *futb* goditje dënimi.

Str'aftat *f* **=, -en** *drejt* vepër penale.

Str'afverfolgung *f* **=, -en** *drejt* ndjekje penale.

str'afversetzen *vt* transferoj për dënim.

Str'afvollstreckung *f* **=, -en** *drejt* zbatim i vendimit të gjyqit; ekzekutim i dënimit.

str'afwürdig *a* i dënueshëm.

Strahl *m* **-(e)s, -en** 1) rreze; **die Strahlen des Mondes** rrezet e hënës; *fig* **ein Strahl der Hoffnung** një rreze drite, një fill shprese; 2) curril, çurg (*uji*).

str'ahlen *vi* **(h)** 1) shkëlqen, ndrit (*dielli, guri i çmuar etj.*); *fig* **sie strahlte übers ganze Gesicht** asaj i shkëlqente fytyra; 2) rrezaton (*një lëndë radioaktive etj.*).

Str'ahlung *f* **=, -en** rrezatim.

Str'ähne *f* **=, -n** 1) tufë flokësh; 2) shkul, lëmsh, torkë.

str'ähnig *a* tufa-tufa.

stramm 1. *a* 1) i ngrehur; i drejtë (*qëndrim etj.*); 2) i shtrënguar (*rrip, kostum etj.*); 3) i lodhshëm (*marshim etj.*); 4) i fortë; i gjallë; i shëndetshëm (*djalosh, vajzë etj.*); 2. *adv* 1) drejt; 2) shtrënguar, ngjeshur; 3) gjallërisht.

Str'ampelhöschen *n* **-s, =** paliçeta (*për fëmijë*).

str'ampeln *vi* 1) **(h) (mit D)** përplas (*këmbët etj. foshnja*); 2) **(s)** *bis* bëj me biçikletë (*një rrugë*).

Strand *m* **-es, -e** 1) breg; 2) plazh, ranishtë; **am Strand liegen** shtrihem në rërë.

Str'andanzug *m* **-s, -züge** kostum banje.

Str'andbad *n* **-(e)s, -bäder** plazh.

str'anden *vi* **(s)** 1) ngec në rërë (*anija*); 2) *fig* dështoj.

Strang *m* **-(e)s, Stränge** 1) litar; *fig bis* **wenn alle Stränge reißen, ich ...** në fund të fundit unë do të ...; 2) rrip për të mbrehur kalin; *fig bis* **wir ziehen alle an einem Strang** të gjithë ndjekim të njëjtin qëllim.

strangul'ieren *vt* mbys (*dikë*).

Strap'aze *f* **=, -n** lodhje, rraskapitje, mundim.

strapaz'ieren 1. *vt* keqpërdor; mbaj keq; nuk ruaj (*rrobat etj.*); 2. *vrefl* **sich strapazieren** mundohem, mundoj veten.

strapaz'ierfähig *a* i qëndrueshëm, që nuk e gjen gjë (*makinë etj.*).

strapazi'ös *a* i lodhshëm (*rrugë etj.*).

Straß *m* = *dhe* **Strasses, Strasse** imitim i qelqtë i gurëve të çmuar.

Str'aße *f* =, **-n** 1) rrugë, udhë; **durch die Straßen irren** endem rrugëve; **wohin führt diese Straße?** ku të shpie kjo rrugë?; **die Straße kreuzen, überschreiten** pres, kapërcej rrugën; **auf die Straße gehen** dal në rrugë (*për të demonstruar etj.*); *fig bis* **er liegt auf der Straße** ai ka mbetur në rrugë të madhe; **der Mann von der Straße** njeriu i zakonshëm, i thjeshtë; **jemanden von der Straße auflesen** marr nga rruga dikë; 2) *gjeogr* ngushticë; 3) rrugë detare.

Str'aßenbahn *f* =, **-en** tramvaj.

Str'aßenfeger, Straßenkehrer *m* **-s**, = fshesaxhi.

Str'aßenkreuzung *f* =, **-en** udhëkryq.

Str'aßennetz *n* **-es, -e** rrjet rrugor.

Str'aßenverkehr *m* **-s** qarkullim rrugor.

Strateg'ie *f* = strategji.

strat'egisch *a* strategjik.

str'äuben 1. *vt* ngre përpjetë, kreshpëron (*qimet etj.*); 2. *vrefl* **sich sträuben** 1) ngrihen përpjetë (*qimet etj.*); **mir sträubten sich die Haare, als ich das hörte** m'u ngritën flokët përpjetë kur e dëgjova; 2) *fig* kundërshtoj; **er sträubte sich mit Händen und Füßen** kundërshtonte me të madhe.

Strauch *m* **-(e)s, Sträucher** kaçubë, gëmushë.

str'aucheln *vi* **(h, s)** 1) më merren këmbët, pengohem; 2) *fig* gaboj; **sein Leichtsinn ließ ihm im Leben straucheln** mendjelehtësia e bëri të gabonte në jetë.

Str'auchwerk *n* **-(e)s, -e** kaçubë, shkurre.

Strauß I *m* **-es, Sträuße** tufë lulesh, buqetë.

Strauß II *m* **-es, Sträuße** *poet* luftim; **einen harten Strauß ausfechten** bëj një luftë të ashpër.

Strauß III *m* **-es, -e** *zool* struc (*zog*).

str'eben *vi* **(h, s)** 1) **(nach D)** përpiqem të arrij; **nach Ruhm streben** përpiqem të fitoj lavdi; 2) **(zu D)** kërkoj; **die Pflanze strebt zum Licht** bima kërkon dritë; 3) **(auf A)** synoj; **sie strebten auf die Höhe** ata synonin majën (*e malit*).

Str'eber *m* **-s**, = karrierist.

str'ebsam *a* i zellshëm.

Str'ebsamkeit *f* = 1) zell; 2) ambicie, sedër.

str'eckbar *a* i zgjatshëm, i shtrishëm, i hapshëm.

Str'ecke *f* =, **-n** 1) distancë; **eine Strecke Wegs** një copë rrugë; **eine Strecke von 10 Kilometern** një rrugë prej dhjetë kilometrash; **auf der Strecke bleiben** mbetem në rrugë; 2) *sport* distancë; 3) *hek* linjë; 4) *mat* segment; 5) : *shpr* **zur Strecke bringen** a) vras (*gjahun*); b) mund, mposht (*dikë*); 6) *min* galeri.

str'ecken 1. *vt* 1) shtrij (*dorën etj.*); **die Waffen strecken** dorëzoj armët, dorëzohem; 2) zgjas (*punën etj.*); 3) holloj (*supën etj.*); 4) zvogëloj (*racionet etj.*); 5) *tek* petëzoj (*metalin*); 6) : *fig bis* **er streckt die Beine noch unter Vaters Tisch** atë e mban akoma i ati; **alle viere von sich strecken** a) ulem rehat-rehat; b) ngordh (*qeni etj.*); **in gestrecktem Lauf** në pikë të vrapit; 2. *vrefl* **sich strecken** 1) shtrihem; **sich ins Gras strecken** shtrihem në bar; *prov* **man muß sich nach der Decke strecken**

zgjati këmbët sa ke jorganin; 2) shtriqem.

Str'eckenwärter *m* **-s, =** *hek* shinaruajtës.

str'eckenweise *adv* vende-vende.

Streich *m* **-(e)s, -e** 1) goditje; *prov* **es fällt keine Eiche von einem Streich** s'pritet lisi me një sëpatë; 2) lojë, rreng; **jemandem einen Streich spielen** i punoj dikujt një rreng.

str'eicheln *vt* lëmoj, përkëdhel.

str'eichen* 1. *vi* **(s)** 1) bredh (*fushave etj.*); 2) fryn (*era etj*); 3) **(über A)** lëmoj (*flokët, fytyrën etj.*); 4) **(um A)** fërkohet (*macja pas këmbëve etj.*); 2. *vt* 1) lyej (*orenditë etj.*); 2) lëmoj (*mjekrën etj.*); 3) lyej (*bukën me gjalpë etj.*); 4) ul (*flamurin*); mbështjell (*velat etj.*); 5) i bie (*violinës etj.*); 6) i heq vijë, prish (*një emër në listë etj.*); 7) : *fig* **das Maß meiner Geduld ist gestrichen voll!** u mbush kupa!

Str'eichholz *n* **-es, -hölzer** shkrepëse.

Str'eichinstrument *n* **-(e)s, -e** *muz* instrument me hark.

Str'eichkäse *m* **-s, =** djathë bebe.

Str'eichquartett *n* **-s, -e** *muz* kuartet harqesh.

Streif *m* **-(e)s, -e** brez (*drite etj.*).

Str'eifband *n* **-(e)s, -bänder** banderolë.

Str'eife *f* **=, -n** *usht* patrullë.

str'eifen 1. *vt* 1) i vë rripa; i heq vija; 2) fshik, çik; **die Kugel streifte nur seinen Arm** plumbi sa i fshiku krahun; 3) përmend, çek (*një çështje etj.*); 4) rrjep (*një lepur etj.*); 5) : **den Ring auf den Finger streifen** vë unazën në gisht; **sich (D) das Hemd über den Kopf streifen** heq këmishën; **die Ärmel in die Höhe streifen** përvesh mëngët; 2. *vi* **(h)** 1) bredh, endem kot; 2) **(an A)** arrij (*gjer në paturpësi etj.*).

Str'eifen *m* **-s, =** 1) rrip (*toke, letre, cohe etj.*); brez (*i një ngjyre etj.*); 2) film.

Str'eifenwagen *m* **-s, =** automobil i policisë.

str'eifig *a* rripa-rripa (*pëlhurë etj.*).

Str'eiflicht *n* **-(e)s, -er** brez drite (*edhe fig*).

Str'eifwunde *f* **=, -n** gërvishtje.

Str'eifzug *m* **-(e)s, -züge** 1) *usht* inkursion; 2) shëtitje; 3) *fig* përshkrim i shkurtër.

Streik *m* **-s, -s** grevë; **in Streik treten** bëj grevë.

Str'eikbrecher *m* **-s, =** grevëthyes.

str'eiken *vi* **(h)** 1) bëj, shpall grevë; 2) *bis* ngec (*një makinë etj.*); pushon (*zemra etj.*).

Str'eikende *m, f* **-n, -n** grevist(e).

Str'eikposten *m* **-s, =** piketë e grevistëve.

Streit *m* **-(e)s** 1) diskutim; 2) grindje; **mit jemandem Streit anfangen** filloj sherrin me dikë; **in Streit geraten** grindem; *bis* **das ist doch ein Streit um des Kaisers Bart** kjo është një grindje për mustaqet e Çelos; 3) çështje (*gjyqi*); 4) *pol* luftë (*midis partive etj.*).

str'eitbar *a* 1) i diskutueshëm; 2) luftarak.

str'eiten* 1. *vi* **(h)** 1) diskutoj; **darüber läßt sich streiten** kjo është për t'u diskutuar; **darüber läßt sich nicht streiten** kjo s'ka pikë dyshimi; **mit sich (D) selbst streiten** jam ndërdyshas; 2) **(für, gegen, wider A)** luftoj (*për diçka, kundër diçkaje*); **für eine Idee streiten** luftoj për një ide; 2. *vrefl* **sich streiten** grindem, zihem; **sie streiten sich oft um nichts** ata grinden shpesh për hiçgjë; *fig bis* **sie streiten sich um des Kaisers Bart**

ata zihen për mustaqet e Çelos.

Streiter'ei *f* =, **-en** grindje e vazhdueshme.

Str'eitfrage *f* =, **-n** çështje e diskutueshme.

Str'eitgespräch *n* **-(e)s, -e** disputë, polemikë.

str'eitig *a* i diskutueshëm (*problem etj.*); **jemandem eine Sache streitig machen** ia mohoj dikujt diçka.

Str'eitigkeit *f* =, **-en** diskutim, grindje e vazhdueshme.

Str'eitkräfte *pl* forca të armatosura.

str'eitsüchtig *a* grindavec, sherrxhi.

streng 1. *a* 1) i rreptë (*ligj, urdhër, regjim etj.*); 2) i ashpër (*dimër etj.*); 3) i rëndë (*fjalë, erë etj.*); 4) i përpiktë; 2. *adv* rreptësisht; **Zutritt streng verboten!** ndalohet rreptësisht hyrja!

Str'enge *f* = 1) rreptësi; 2) ashpërsi; 3) përpikëri.

str'enggenommen *adv* që të jemi të saktë, në kuptimin e ngushtë të fjalës.

str'enggläubig *a* shumë fetar.

Streß *m* **-sses** *mjek* stres (*tension nervor*).

Streu *f* =, **-en** 1) kashtë për shtrojë; 2) shtrojë kashte.

str'euen 1. *vt* hedh; **Samen auf den Acker streuen** hedh farën në arë; *fig* **jemandem Sand in die Augen streuen** i hedh dikujt pluhur, hi syve; 2. *vi* nuk qëllon mirë (*pushka, topi etj.*).

str'eunen *vi* **(h)** endem; **ein streunender Hund** një qen endacak.

strich *sh* **streichen***

Strich *m* **-(e)s, -e** 1) vijë; **einen Strich ziehen** heq një vijë; **unter dem Strich** në fund të fundit, si rezultat; **in einem Strich** menjëherë, pa u ndalur; *fig bis* **er hat noch keinen Strich gemacht** gjer tani s'e ka zënë penën (furçën) me dorë; gjer tani s'ka luajtur as gishtin; **einen Strich durch etwas (A) machen** i heq vijë diçkaje; *fig bis* **jemandem einen Strich durch die Rechnung machen** ia prish planet dikujt; *fig bis* **einen Strich drunter machen** i vë pikë, i jap fund (*diçkaje*); 2) brez, rrip; **ein Waldstrich** një brez pylli; 3) *gram* vijëz; 4) push (*stofi*); *fig bis* **jemandem gegen den Strich über das Fell fahren** kashais dikë; *fig bis* **nach Strich und Faden** me rrënjë; *fig bis* **jemanden auf dem Strich haben** s'e shoh dot me sy dikë; *fig bis* **das geht mir gegen den Strich** a) kjo më prish punë; b) kjo s'më shkon për shtat; c) këtë s'ma ka ënda; 5) : *bis* **auf den Strich gehen** është prostitutë.

str'icheln *vt, vi* **(h)** vijëzoj, vizoj (*një rreth etj.*).

Str'ichpunkt *m* **-(e)s, -e** *gram* pikëpresje.

str'ichweise *adv* breza-breza, vende-vende; **es regnet strichweise** bie shi vende-vende.

Strick *m* **-(e)s, -e** 1) litar, tërkuzë; **der Strick des Henkers** litari i xhelatit; **zum Strick greifen** var veten; 2) gjalmë; **einen Strick um ein Paket schnüren** lidh një pako me gjalmë; 3) *bis* çapkën, çamarrok.

Str'ickarbeit *f* =, **-en** 1) thurje (*trikosh etj.*); 2) trikotazh (*artikull*).

str'icken *vt, vi* **(h)** thur (*triko etj.*); **gestrickte Handschuhe** doreza të thurura.

Stricker'ei *f* =, **-en** 1) trikotazh; 2) thurje.

Str'ickleiter *f* =, **-n** shkallë litarësh.

Str'icknadel *f* =, **-n** shtizë (*për thurje*).

Str'ickwaren *pl* trikotazh.

Str'iegel *m* **-s,** = kashai.

str'iegeln *vt* kashais (*kalin*); *shpr*

gestriegelt und gebügelt i veshur e i ngjeshur pikë; i rruar e i kruar.

Str'ieme *f* =, -n, **Striemen** *m* -s, = blanë, e vrarë (*nga një goditje etj.*).

strikt 1. *a* 1) i prerë (*refuzim etj.*); 2) i saktë (*provë etj.*); 3) i rreptë (*urdhër etj.*); 2. *adv* 1) prerazi; 2) rreptësisht.

Str'ippe *f* =, -n 1) rrip; *fig bis* **jemanden fest an der Strippe halten** ia shtrëngoj rripat dikujt; 2) gjalmë; 3) *bis* tel telefoni.

stritt *sh* **streiten***.

str'ittig *a* i diskutueshëm; **eine strittige Angelegenheit** një çështje e diskutueshme.

Stroh *n* -s kashtë; *fig bis* **leeres Stroh dreschen** grij sallatë, rrah ujë në havan; *fig bis* **Stroh im Kopf haben** kam lakra në kokë.

Str'ohblume *f* =, -n *bot* akës.

Str'ohfeuer *n* -s flakë kashte (*edhe fig*).

Str'ohhalm *m* -(e)s, -e fije kashte.

Str'ohhut *m* -(e)s, -hüte kapelë kashte, kashtore.

str'ohig *a* si kashtë.

Str'ohmann *m* -(e)s, -männer 1) dordolec (*kashte*); 2) *fig* njeri, person i shtyrë, i vënë (*nga dikush*).

Str'ohsack *m* -(e)s, -säcke *vjet* dyshek kashte; *shpr bis* **heiliger Strohsack!** çudi e madhe!

Str'ohwitwer *m* -s, -s burrë i mbetur për ca kohë pa grua.

Strolch *m* -(e)s, -e 1) endacak; vagabond, kopuk; 2) *shak* qerrata, çapkën.

str'olchen *vi* (s) endem, sorollatem; **durch den Wald strolchen** endem nëpër pyll.

Strom *m* -(e)s, **Ströme** 1) lumë; *fig* **der Wein floß in Strömen** vera derdhej lumë; *fig* **ein Strom von Tränen, Worten** një rrëke lotësh, fjalësh; *fig bis* **es gießt in Strömen** bie shi me gjyma (rrëshekë); 2) rrjedhë, rrymë; **gegen den Strom schwimmen** notoj kundër rrymës; 3) *el* rrymë.

strom'ab(wärts) *adv* tatëpjetë lumit.

strom'auf(wärts) *adv* përpjetë lumit, kundër rrymës.

str'ömen *vi* (s) 1) rrjedh; **das Blut strömt in den Adern** gjaku rrjedh nëpër damarë; 2) derdhet; *fig* **die Menschen strömten aus dem Kino** njerëzit vërshuan nga kinemaja; **die Nachtluft strömt durchs offene Fenster ins Zimmer** ajri i natës hyn në dhomë nga dritarja e hapur.

Str'omer *m* -s, = endacak, bredharak.

Str'omerzeuger *m* -s, = *el* gjenerator.

Str'omkreis *m* -es, -e *el* qark i rrymës.

Str'omleiter *m* -s, = *el* përçues i rrymës.

Str'omlinienform *f* = formë aerodinamike.

Str'omschnelle *f* =, -n rrëmbesë (*e lumit*).

Str'omsperre *f* =, -n *el* prerje e rrymës.

Str'ömung *f* =, -en 1) rrymë (*e lumit etj.*); 2) *fig* rrymë (*letrare, politike etj.*); **gegen die Strömung ankämpfen** luftoj kundër rrymës.

str'omweise *adv* si lumë (*vjen uji etj.*).

Str'omwender *m* -s, = *el* komutator.

Str'omzähler *m* -s, = *el* sahat, kontator elektriku.

Str'ophe *f* =, -n *let* strofë; **ein Lied mit vier Strophen** një këngë katër strofash.

str'otzen *vi* (h) (**von, vor D**) jam (kam) plot; **er strotzt vor Gesund-**

heit ai pëlcet nga shëndeti; **der Aufsatz strotzt von Fehlern** hartimi është mbushur me gabime.

str'ubb(e)lig *a* i shpupurishur, i shprishur (*flokë*).

Str'udel I *m* **-s,** = gjir, vorbull; **das Boot geriet in einen gefährlichen Strudel** barka ra në një vorbull të rrezikshme.

Str'udel II *m* **-s,** = strudel (*lloj ëmbëlsire*).

Strukt'ur *f* =, **-en** strukturë.

struktur'ell *a* strukturor.

struktur'ieren *vt* ndërtoj (*partinë etj.*); **neu strukturieren** rindërtoj.

Strumpf *m* **-(e)s, Strümpfe** çorap; **ein Paar Strümpfe** një palë çorapë; *fig bis* **sich auf die Strümpfe machen** ua mbath këmbëve.

Str'umpfhose *f* =, **-n** gete.

Strunk *m* **-(e)s, Strünke** 1) kërcell; 2) cung.

str'uppig *a* 1) i parruar; 2) i paqethur.

St'ubben *m* **-s,** = cung.

St'ube *f* =, **-n** dhomë; **die gute Stube** dhoma e mirë.

St'ubenarrest *m* **-es, -e** arrest dhome.

St'ubengelehrte *m* **-n, -n** njeri që e njeh jetën vetëm nga librat.

St'ubenhocker *m* **-s,** = *fig bis* njeri që s'del nga shtëpia.

st'ubenrein *a* 1) i pastër, që mund të futet në dhomë (*qen etj.*); 2) *shak* që mund të tregohet në shoqëri (*shaka etj.*).

Stuck *m* **-(e)s** *tek* stuko; suva.

Stück *m* **-(e)s, -e** 1) copë; **ein Stück Brot, Fleisch** një copë bukë, mish; **ein Stück Papier** një copë letër; **ein Stück Weges** një copë rrugë; **ein Stück Land** një copë tokë; **ein schweres Stück Arbeit** punë e rëndë; **er hat ein schönes Stück Arbeit geleistet** ai ka bërë (një) punë të mirë; **ein hübsches Stück Geld** një shumë e majme; **in Stücke schlagen** bëj copë e çikë, copë-copë; **in Stücke gehen, springen**; a) thyhet; b) *fig* dështon, prishet; **aus einem Stück** një cope; 2) copë (*stof*); pako (*gjalpë*); kokë (*gjë e gjallë*); **zwölf Stück Vieh** dymbëdhjetë krerë bagëti; **diese Pferde kosten Stück für Stück ...** këta kuaj kushtojnë ... secili; kallëp (*sapun*); **Stücke einer Anleihe** obligacionet e një huaje; 3) pjesë (*nga një libër etj.*); 4) dramë; **ein Stück geben** vë në skenë një dramë; 5) : *fig bis* **sich in tausend Stücke zerreißen** bëhem copë (*për të arritur diçka*); *fig bis* **sich für jemanden in Stücke reißen lassen** s'lë gjë pa bërë për dikë; **aus freien Stücken** vullnetarisht, vetë; *bis* **große Stücke auf jemanden halten** a) çmoj shumë dikë; b) i kam varur shpresat te dikush; *bis* **ein schweres Stück liefern** e shkel rëndë; *bis* **das ist ein starkes Stück!** kjo s'ka ku të shkojë më!; **sie gleicht ihrer Mutter in vielen Stücken** ajo i ngjan s'ëmës në shumë gjëra.

St'ückarbeit *f* =, **-en** punë me copë.

st'ückeln *vt* bëj me copë (*një qilim etj.*).

st'ücken *vt* 1) copëtoj; 2) ngjis copë-copë.

St'ücklohn *m* **-(e)s, -löhne** pagë me copë.

st'ückweise *adv* pjesë-pjesë.

St'ückwerk *n* : *shpr* **etwas ist, bleibt Stückwerk** diçka është, mbetet e paplotë.

Stückzahl *f* =, **-en** numër i copëve, i ekzemplarëve, i kopjeve, i krerëve etj.

Stud'ent *m* **-en, -en** student.

Stud'entin *f* =, **-nen** studente.

stud'entisch *a* studentor.

St'udi/e *f* =, **-n** 1) skicë, etyd; 2) studim, punim (*shkencor etj.*).

St'udi/engenosse *m* **-n, -n** shok studimesh, shkolle.

St'udi/enjahr *n* **-(e)s, -e** vit mësimor i një shkolle të lartë.

stud'ieren 1. *vt* studioj; **Biologie, Jura studieren** studioj për biologji, drejtësi; **eine Frage studieren** shqyrtoj një çështje; **die Zeitung studieren** lexoj me vëmendje gazetën; 2. *vi* **(h)** studioj, ndjek universitetin, shkollën e lartë.

Stud'ierzimmer *n* **-s,** = dhomë studimi (pune) (*e profesorëve etj.*).

St'udiker *m* **-s,** = *shak* student.

St'udio *n* **-s, -s** studio (*e një artisti etj.*).

Studi'osus *m* **-s, Studiosi** *bis shak* student.

St'udium *n* **-s, -di/en** studime; **das Studium abbrechen, abschließen** ndërpres, përfundoj studimet; **während meines Studiums in Tirana** kur isha student në Tiranë.

St'ufe *f* =, **-n** 1) shkallinë, shkallare (*e shkallës*); 2) shkallë, nivel; **ihre Kultur stand damals schon auf einer hohen Stufe** kultura e tyre që atëhere qëndronte në një nivel të lartë.

St'ufenleiter *f* =, **-n** *fig* shkallë (*akademike etj.*).

st'ufenweise *adv* gradualisht, shkallë-shkallë.

Stuhl *m* **-(e)s, Stühle** 1) karrige; *fig bis* **jemandem den Stuhl vor die Tür setzen** flak jashtë dikë; 2) katedër universitare; 3) *vetëm sing fiziol* dalje jashtë.

St'uhlgang *m* **-(e)s** *fiziol* dalje jashtë, jashtëqitje.

St'ulle *f* =, **-n** *bis* sendviç.

St'ulpe *f* =, **-n** 1) manshetë, dorezë e mëngës së këmishës; 2) pjesë e përveshur e dorezës, e çizmes etj.

st'ülpen *vt* 1) kthej, përmbys; 2) vë; **den Hut auf den Kopf stülpen** rras, vë kapelen.

stumm *a* 1) i pagojë, memec; 2) i heshtur; **er blieb auf alle Fragen stumm** nuk iu përgjigj asnjë pyetjeje; *fig* **jemanden stumm machen** qëroj dikë; **ich werde stumm wie ein Grab sein** do të jem i heshtur si gur varri.

St'ummel *m* **-s,** = *bis* 1) cung (*druri etj.*); 2) bisht (*qiriri, cigareje*).

St'ummheit *f* = të qenët memec, i pagojë.

St'umpen *m* **-s,** = puro.

St'ümper *m* **-s,** = kërpaç, punëtor i keq; *prov* **wo kein Meister ist, da gelten die Stümper** në mes të të verbërve kush ka një sy është mbret.

Stümper'ei *f* =, **-en** punë shkel e shko.

st'ümperhaft *a* shkel e shko (*punë*).

st'ümpern *vi* **(h)** punoj shkel e shko; i bie sa për të thënë (*një vegle muzikore*).

stumpf *a* 1) që nuk pret, i qorruar, i topitur (*thikë, sëpatë etj.*); **stumpf werden** topitet (*thika etj.*); 2) i shtypur (*hundë etj.*); 3) pa shkëlqim (*flokë, metal etj.*); 4) i mpirë (*ndjenjë etj.*); 5) apatik, indiferent.

Stumpf *m* **-(e)s, Stümpfe** cung (*druri, dore etj.*); **etwas mit Stumpf und Stiel ausrotten** shkul diçka me gjithë rrënjë, që nga rrënja.

St'umpfheit *f* = 1) topitje; 2) mpirje; 3) apati, indiferencë.

St'umpfsinn *m* **-s** 1) *mjek* topitje e mendjes; 2) mendjetrashësi.

st'umpfsinnig *a* 1) *mjek* i topitur nga mendja; 2) mendjetrashë.

St'unde *f* =, **-n** 1) orë; **eine Viertelstunde** një çerek ore; **eine halbe**

Stunde një gjysmë ore; **eine kleine Stunde** një orë jo e plotë; **eine gute Stunde Wegs** një orë e mirë rrugë; **eine Stunde entfernt** një orë larg; **eine geschlagene Stunde lang warten** pres plot një orë; **von Stunde zu Stunde** nga një orë në tjetrën; **Stunde um Stunde** orë për orë; **eine Stunde früher** një orë më herët, më parë; **von Stund an** që nga kjo orë; **zu jeder Stunde** në çdo kohë; **50 Kilometer je Stunde** 50 kilometra në orë; *bis* **seine Stunde hat geschlagen** i erdhi ora; *fig bis* **ich wußte sofort, was die Stunde geschlagen hatte** e pikasa menjëherë punën; **in der zwölften Stunde** në mes të njëmbëdhjetës e të dymbëdhjetës; **zu früher Stunde** herët; **zu gelegener Stunde** në një orë të përshtatshme; 2) *fig* çast, kohë; **in einer schwachen Stunde** në një çast dobësie; **in letzter Stunde** në çastin e fundit; 3) rast; **die Stunde wahrnehmen** shfrytëzoj rastin; 4) orë mësimi; **Stunden geben** jap mësime.

st'unden *vt* shtyj afatin e pagesës (*së qirasë etj*); **er hat ihm die Miete einen Monat gestundet** ia ka shtyrë një muaj afatin e pagesës së qirasë.

St'undengeschwindigkeit *f* =, **-n** shpejtësi në orë.

St'undenkilometer *m* **-s,** = kilometër në orë.

st'undenlang 1. *a* prej shumë orësh (*marshim etj.*); 2. *adv* me orë të tëra.

St'undenlohn *m* **-(e)s, -löhne** pagë me orë.

St'undenplan *m* **-s, -pläne** 1) orar mësimesh; 2) grafik, orar.

st'undenweise *adv* 1) nga ndonjë orë; 2) me orë (*pagë etj.*).

St'ündlein *n* : *shpr bis* **jemandes letztes Stündlein hat geschlagen** i ka ardhur fundi dikujt.

st'ündlich *adv* 1) çdo orë; 2) nga ora në orë.

St'undung *f* =, **-en** shtyrje afati (*e pagesës*).

Stunk *m* **-s** *bis* grindje; shamatë; poterë.

stup'end *a* i mahnitshëm.

st'upfen *vt sh* **stupsen.**

stup'id(e) *a* 1) budalla, kokëtrashë; 2) topitës; i mërzitshëm, monoton (*punë etj.*).

Stupidit'ät *f* = budallallëk.

Stups *m* **-es, -e** *bis* shtyrje e lehtë.

st'upsen *vt* shtyj lehtë.

St'upsnase *f* =, **-n** *bis* hundë me çip.

stur *a* kokëfortë, kryeneç; **sture Haltung** qëndrim kokëfortë.

St'urheit *f* = kokëfortësi, kryeneçësi.

Sturm *m* **-(e)s, Stürme** 1) shtrëngatë, stuhi; **der Sturm legt sich** stuhia po bie; **ein Sturm wird losbrechen** do të shpërthejë stuhia; **das Barometer steht auf Sturm** barometri tregon stuhi; **die Ruhe vor dem Sturm** qetësia para stuhisë; *fig* **die Stürme des Lebens** stuhitë e jetës; 2) *usht* sulm, mësymje; **eine Festung im Sturm erobern** marr një kështjellë me sulm; **zum Sturm antreten** hidhem në sulm; **Sturm laufen (gegen A)** sulmoj, mësyj (*diçka*); **Sturm läuten** jap alarmin; 3) *sport* vijë e sulmit (*në futboll*).

st'ürmen 1. *vt* sulmoj, mësyj, marr me sulm; **ein Haus stürmen** turrem në një shtëpi; **eine Tür stürmen** shemb një derë; 2. *vi* 1) **(h)** gjëmon, ulërin, shpërthen me furi (*era etj.*); **es stürmt** gjëmon stuhia; 2) **(s)** turrem, sulem; **alles stürmte nach den Platz** të gjithë u derdhën në shesh.

St'ürmer *m* **-s, =** *sport* sulmues (*në futboll*).

St'urmflut *f* **=, -en** dallgë stuhie (*që shkakton përmbytje*).

St'urmgeläute *n* **-s, =** kushtrim, alarm.

st'ürmisch *a* 1) i stuhishëm, me stuhi (*mot, ditë etj.*); 2) i rrëmbyer (*njeri*).

St'urmschritt *m* : *shpr* **im Sturmschritt** me vrap.

St'urmvogel *m* **-s, -vögel** *zool* zgalem (*zog*).

Sturz *m* **-es, Stürze** 1) rënie, rrëzim; *fig* **der Sturz der Regierung** rënie, rrëzim i qeverisë; **Sturz vom Pferd** rënie nga kali; 2) shembje; 3) shpërthim (*gjaku etj.*).

St'urzbach *m* **-(e)s, -bäche** përrua, rrëke.

st'ürzen I 1. *vt* 1) rrëzoj; përmbys; **nicht stürzen!** mos e përmbys! (*mbishkrim në një arkë me mall etj.*); **jemanden ins Verderben stürzen** marr në qafë dikë; **jemanden in Armut stürzen** çoj dikë në skamje, varfëri; 2) *fig* rrëzoj (*mbretin etj.*); përmbys (*koncepte të vjetruara etj.*); zhduk (*paragjykime etj.*); 2. *vi* **(s)** 1) rrëzohem, bie; **zu Boden stürzen** bie përdhe; **jemandem in die Arme stürzen** i bie dikujt ndër krahë; **die Preise stürzen** çmimet bien; 2) turrem, sulem; **ins Zimmer stürzen** turrem në dhomë; **auf den Feind stürzen** i turrem armikut; **zu jemandes Füßen stürzen** i bie ndër këmbë dikujt; 3) shpërthen; **die Tränen stürzten ihr aus den Augen** asaj i shpëtuan lotët; 3. *vrefl* **sich stürzen** sulem, hidhem; **sich auf jemanden stürzen** i vërsulem dikujt; **sich in die Arbeit stürzen** jepem i tëri pas punës; **sich in die Vergnügungen stürzen** jepem pas qejfeve; **sich in Schulden stürzen** hyj në borxh.

st'ürzen II *vt bujq vjet* hap (*një tokë të re*).

St'urzflug *m* **-(e)s, -flüge** *av* pikjatë.

St'urzhelm *m* **-(e)s, -e** kaskë (*e motoçiklistit etj.*).

St'urzregen *m* **-s, =** rrebesh.

Stuß *m* **-sses** *bis* gjepura, përralla.

St'ute *f* **=, -n** *zool* 1) pelë; 2) gomaricë.

St'utenmilch *f* **=** qumësht pele.

St'ütze *f* **=, -n** 1) tra mbështetës, mërtek; 2) *fig* mbështetje, përkrahje; **er ist die Stütze meines Alters** ai është shkopi i pleqërisë sime.

st'utzen I *vt* 1) shkurtoj (*flokët, mjekrën etj.*); 2) krasis (*pemët etj.*).

st'utzen II *vi* **(h)** shtangem, mbetem shtang (*nga habia, frika etj.*); **das Pferd stutzte vor der Hecke** kali shtangu para gardhit.

st'ützen 1. *vt* 1) mbështes; **er stützte den Kopf in die Hände** ai mbështeti kokën në duar; 2) përkrah; 2. *vrefl* **(auf A) sich stützen** mbështetem (*në diçka, te dikush*); **sich auf die eigenen Kräfte stützen** mbështetem në forcat e mia.

St'utzer *m* **-s, =** kokorosh.

st'utzig *a* : **stutzig werden** bie në dyshim; **das macht mich stutzig** kjo më bën të dyshoj.

St'ützpunkt *m* **-(e)s, -e** 1) pikëmbështetje; 2) *usht* bazë.

s. u. = **sieh(e) unten** shiko më poshtë.

subalt'ern *a* 1) vartës (*nëpunës etj.*); 2) i varur (*punë, pozitë etj.*); 3) servil (*qëndrim etj.*).

Subj'ekt *n* **-(e)s, -e** 1) *filoz* subjekt; 2) *përb* njeri; **so ein widerliches Subjekt** ç'njeri i pështirë!

subjekt'iv *a* subjektiv.

Subjektivit'ät *f* **=** subjektivitet.

subl'im *a* shumë i lartë; shumë i hollë (*ndjenjë etj.*).
sublim'ieren *vt* ngre lart, lartësoj (*ndjenjat etj.*).
subordin'ieren *vt* 1) nënshtroj; 2) *gram* nënrendis; **subordinierende Konjunktion** lidhëz nënrenditëse.
subskrib'ieren *vt, vi* **(h) (auf A)** abonohem, pajtohem (*në një të përkohshme etj.*).
Subskripti'on *f* =, **-en** abonim, pajtim.
Substantiv *n* **-s, -e** *gram* emër, substantiv.
Subst'anz *f* =, **-en** 1) *filoz* substancë; 2) *kim* lëndë; 3) *fig* thelb (*i një çështjeje etj.*); 4) *bis* kapital, pasuri.
substitu'ieren *vt* zëvendësoj.
subt'il *a* i hollë (*ndryshim*); 2) i vështirë për t'u kuptuar (*natyrë etj.*).
subtrah'ieren *vt mat* zbres, heq (*një shumë nga një tjetër*).
Subtrakti'on *f* =, **-en** *mat* zbritje.
subtr'opisch *a* subtropikal (*klimë etj.*).
Subventi'on [*-ven-*] *f* =, **-en** subvencion.
subvention'ieren [*-ven-*] *vt* subvencionoj.
subvers'iv [*-ver-*] *a* subversiv.
S'uche *f* = 1) kërkim; **sich auf die Suche begeben** dal për të kërkuar; **ich bin auf der Suche nach einem Hotel, einer Stellung** po kërkoj një hotel, një punë; 2) gjurmim.
s'uchen 1. *vt* 1) kërkoj (*një send, këshillë, mbrojtje etj.*); **er sucht gern Händel** kërkon sherr; **ich suche nichts als mein Recht** dua vetëm të drejtën time; **er sucht stets den eigenen Vorteil** shikon vetëm dobinë e vet; **er hat das Weite gesucht** ka marrë arratinë; *fig bis* **hier haben wir nichts zu suchen** këtu s'kemi ç'bëjmë; 2) kërkoj, rrekem, përpiqem; **man muß ihn zu verstehen suchen** duhen bërë përpjekje për ta kuptuar; 2. *vi* **(h) (nach D)** kërkoj; **nach einem passenden Wort suchen** kërkoj një fjalë të përshtatshme.
Sucht *f* =, **Süchte** 1) ves (*i duhanit etj.*); 2) pasion, mani.
Süd *m* 1) *inv* jug; 2) **-(e)s, -e** erë e jugut, jugë.
s'üdamerikanisch *a* i Amerikës së Jugut, jugamerikan.
s'udeln *vi* **(h)** *bis* shkruaj keq e ndyrë.
S'üden *m* **-s** jug; **im Süden** në jug; **aus dem Süden** nga jugu; **nach Süden** drejt jugut.
S'üdfrucht *f* =, **-früchte** fruta të jugut (*banane, portokalle etj.*).
S'üdländer *m* **-s**, = jugor (*njeri*).
s'üdländisch *a* jugor (*klimë etj.*).
s'üdlich 1. *a* jugor; 2. *adv* nga jugu, në jug.
S'üdost *m* 1) *inv* juglindje; 2) **-(e)s, -e** erë e juglindjes.
S'üdosten *m* **-s** juglindje.
S'üdpol *m* **-s** *gjeogr* pol i jugut.
s'üdwarts *adv* nga jugu, në drejtim të jugut.
S'üdwest *m* 1) *inv* jugperëndim; 2) **-(e)s, -e** erë e jugperëndimit.
S'üdwesten *m* jugperëndim.
Suff *m* **-(e)s** *bis* pije, të pirët; **sich dem Suff ergeben** jepem pas pijes; **im Suff** i dehur.
s'üffeln *vt* heq (*rakinë etj.*).
s'üffig *a* e këndshme (*verë*).
sugger'ieren *vt* sugjeroj.
Suggesti'on *f* =, **-en** sugjestion.
suggest'iv *a* sugjestiv.
S'uhle *f* =, **-n** hurdhë; baltë.
s'uhlen, sich *vrefl* zhgërryhet në baltë (*derri etj.*).
S'ühne *f* =, **-n** 1) larje, shlyerje (*e një faji etj.*); **die Tat fand ihre Sühne** faji u la; 2) dënim (*për një faj*); **jemandem eine Sühne aufer-**

legen i jap dikujt një dënim; 3) shpagim; **Sühne verlangen** kërkoj shpagë.
s'ühnen *vt* laj, shlyej (*fajin*); **ein Verbrechen mit dem Leben sühnen** paguaj një krim me kokë.
Suite [*sy'itë*] *f* =, **-n** 1) varg dhomash; 2) shpurë (*e princit etj.*).
Sujet [*syzh'e*] *n* **-s, -s** *let* subjekt, temë.
sukzess'ive [*-ve*] *adv* në mënyrë të njëpasnjëshme, një pas një; pak nga pak.
S'ultan *m* **-s, -e** sulltan.
Sultan'ine *f* =, **-n** *bot* rrush stafidhe.
S'ülze *f* =, **-n** 1) shëllirë; 2) *kuzh* paçe.
summ'arisch 1. *a* 1) i përmbledhur, i shkurtuar; 2) i përciptë, i pathelluar (*gjykim etj.*); 2. *adv* 1) përmbledhtas; 2) përciptas.
S'umme *f* =, **-n** 1) shumë; **die Summe einer Addition** shuma e një mbledhjeje; **die runde Summe von 500 Lek** një shumë prej 500 lekësh rrumbullak; **die ganze Summe bar bezahlen** paguaj gjithë shumën me pare në dorë; 2) *fig* e tërë.
s'ummen 1. *vi* **(h)** zukat (*insekti etj.*); gumëzhin (*bleta*); **es summt mir in den Ohren** më gjëmojnë veshët; 2. *vt* këndoj me gojë të mbyllur.
summ'ieren 1. *vt* mbledh (*një shumë*); 2. *vrefl* **sich summieren** shtohen; mblidhen, grumbullohen.
Sumpf *m* **-(e)s, Sümpfe** kënetë, moçal; **in einen Sumpf geraten** bie në llucë (*edhe fig*).
s'umpfig *a* moçalor (*tokë*).
Sums *m* **-es** *bis krahin* llafe; *shpr* **einen großen Sums mit jemandem oder um etwas machen** bëj shumë potere për dikë ose për diçka.
s'umsen *vi* **(h)** *bis* zukat, gumëzhin.
S'ünde *f* =, **-n** mëkat; gjynah; **es ist eine Sünde und Schande** është turp e faqe e zezë.
S'ündenbock *m* **-(e)s, -böcke** *bis* dash i kurbanit.
S'ündengeld *n* : *shpr bis* **es kostet ein Sündengeld** kushton qimet e kokës.
S'ündenregister *n* **-s,** = listë e mëkateve etj.
S'ünder *m* **-s,** = (*njeri*) mëkatar; gjynahqar.
s'ündhaft *a* 1) mëkatar; 2) i lig, i keq (*qëllim, mendim, veprim etj.*).
s'ündigen *vi* **(h)** bëj mëkat; bie në gjynah.
Superlat'iv *m* **-s, -e** *gram* shkallë sipërore; **in Superlativen sprechen** flas me fjalë të mëdha; **eine Ware in Superlativen anpreisen** ngre në qiell një mall.
S'upermarkt *m* **-(e)s, -märkte** supertreg (*dyqan i madh me vetëshërbim*).
S'uppe *f* =, **-n** supë; **ein Teller Suppe** një pjatë supë; *fig bis* **er findet auch immer ein Haar in der Suppe** ai gjen qimen në vezë, ai kërkon halën në përpeq; *fig bis* **die Suppe auslöffeln, die man sich eingebrockt hat** ç'të gatuash, do të hash; ç'të mbjellësh, do të korrësh; *fig bis* **das macht die Suppe auch nicht fett** kjo nuk ngre peshë; **jemandem die Suppe versalzen** i prish punë dikujt.
Supplem'ent *n* **-(e)s, -e** shtojcë.
Surreal'ismus *m* = *art* surrealizëm.
s'urren *vi* **(h)** gumëzhin (*aeroplani etj*); zukat (*insekti etj.*)
Surrog'at *n* **-(e)s, -e** surrogat (*kafeje etj.*).
susp'ekt *a* i dyshimtë.
suspend'ieren *vt* 1) pezulloj (*nga puna etj.*); 2) lë pezull.
süß *a* 1) i ëmbël (*pije, zë etj.*); *fig bis* **das süße Leben** jetë e dhënë pas

dëfrimesh; 2) *fig* i dashur, i këndshëm; **mein Süßer!** (mik) i dashur!

S'üße *f* = ëmbëlsi.

s'üßen *vt* ëmbëlsoj, sheqeros.

S'üßigkeit *f* = 1) ëmbëlsi; *fig* **die Süßigkeit des Lebens** kënaqësia e jetës; 2) *pl* **-en** gjëra të ëmbla, ëmbëlsira.

s'üßlich *a* 1) që vjen si i ëmbël 2) *fig* i sheqerosur; **ein süßliches Lächeln** buzëqeshje tërë sheqer; **ein süßlicher Mensch** njeri që të lan e të lyen.

süßsauer *a* 1) majhosh; 2) *fig* edhe i hidhur edhe i ëmbël (*buzëqeshje etj.*).

S'üßspeise *f* =, **-n** ëmbëlsirë.

S'üßstoff *m* **-(e)s, -e** ëmbëlsues (*sintetik*); sakarinë.

S'üßwasser *n* **-s** ujë i ëmbël (*i liqenit, i lumit etj.*).

Symbi'ose *f* =, **-n** *biol* simbiozë.

Symb'ol *n* **-s, -e** simbol.

Symb'olik *f* = simbolikë.

symb'olisch *a* simbolik.

symbolis'ieren *vt* simbolizoj.

Symmetr'ie *f* =, **tri/en** simetri.

symm'etrisch *a* simetrik.

Sympath'ie *f* =, **-thi/en** simpati.

symp'athisch *a* simpatik.

sympathis'ieren *vi* **(h) (mit D)** simpatizoj, ndiej simpati (*për dikë*).

Symphon'ie *f* =, **-ni/en** *sh* **Sinfonie**.

Symp'osion, Symp'osium *n* **-s, Symposi/en** simpozium.

Sympt'om *n* **-s, -e** *mjek* simptomë.

symptom'atisch *a* simptomatik.

Synag'oge *f* =, **-n** sinagogë.

synchr'on *a* sinkron, i njëkohshëm.

synchronis'ieren *vt* sinkronizoj (*në kupt. të ndryshme*).

Syndik'at *n* **-(e)s, -e** sindikatë.

S'yndikus *m* **-s, -se** *dhe* **Syndizi** këshilltar juridik (*i një ndërmarrjeje etj.*).

Syn'ode *f* =, **-n** *fet* sinod.

Synon'ym *n* **-s, -e** *dhe* **-'onyma** sinonim.

synt'aktisch *a* sintaksor.

S'yntax *f* = sintaksë.

Synth'ese *f* =, **-n** sintezë.

synth'etisch *a* sintetik.

S'yphilis *f* = *mjek* sifilis.

s'yrisch *a* sirian.

Syst'em *n* **-s, -e** sistem; **nach einem bestimmten System arbeiten** punoj sipas një sistemi të caktuar; **ein System von Kanälen** një sistem kanalesh.

system'atisch 1 *a* sistematik; 2. *adv* sistematikisht.

Sz'ene *f* =, **-n** 1) *teat* skenë; **ein Stück in Szene setzen** vë në skenë një dramë; *fig bis* **sie versteht es, sich in Szene zu setzen** ajo di ta nxjerrë veten në pah; 2) : *fig bis* **jemandem eine Szene machen** i bëj sherr dikujt.

Szener'ie *f* =, **-n** 1) dekor i skenës; 2) panoramë.

T

t = Tonne.

T'abak *m* **-s, -e** duhan; **Tabak rauchen** pi duhan; **in dem Lokal roch es stark nach Tabak** lokali binte erë të rëndë duhani.

T'abak(an)bau *m* **-(e)s** *bujq* rritje e duhanit.

T'abaksbeutel *m* **-s, =** qeskë duhani.

T'abaksdose *f* **=, -n** kuti duhani.

T'abakwaren *pl* artikuj duhani.

Tab'elle *f* **=, -n** tabelë, pasqyrë (*shifrash etj.*).

tabell'arisch *a* në trajtë tabele.

Tabl'ett *n* **-s, -e** tabaka.

Tabl'ette *f* **=, -n** tabletë, hape.

tab'u *adv* : **tabu sein** është tabu; nuk duhet bërë; nuk duhet përmendur.

T'adel *m* **-s, =** 1) e metë; njollë; **ein Leben ohne (sonder) Tadel** një jetë pa njollë; 2) qortim; e sharë; **ihn trifft kein Tadel** ai s'ka të sharë; **damit habe ich mir seinen Tadel zugezogen** dhe kështu e bëra veten që të më shante.

t'adelfrei *a sh* **tadellos.**

t'adellos *a* pa të metë; që s'ka të sharë.

t'adeln *vt* **(wegen G, für A)** qortoj; shaj (*dikë për diçka*).

t'adelnswert *a* për t'u qortuar, që meriton të qortohet.

T'afel *f* **=, -n** 1) dërrasë e zezë; **an die Tafel schreiben** shkruaj në dërrasë të zezë; 2) pllakë; **eine Tafel errichten zum Gedenken an ...** vë një pllakë për kujtim të ...; **eine Tafel Schokolade** një çokollatë; 3) tabelë; 4) tryezë buke; **die Tafel aufheben** ngre tryezën; **nach der Tafel** pas mbarimit të darkës (drekës); **während der Tafel** gjatë drekës (darkës).

t'afeln *vi bis* ha e pi.

t'äfeln *vt* shtroj me dërrasa (*dyshemenë etj.*); vesh me dërrasa (*murin etj.*).

T'afelobst *n* **-(e)s** fruta tryeze (*mollë, dardha etj.*).

T'afelrunde *f* **=, -n** tryezë (*me të ftuar etj.*).

T'äfelung *f* **=, -en** shtrim (*i dyshemesë*); veshje (e murit).

Taft *m* **-(e)s** tafta (*pëlhurë*).

Tag *m* **-es, -e** 1) ditë; **den Tag vorher** një ditë më parë; **am Tage, bei Tage** ditën; **(heute) über acht Tage** si sot një javë; **von Tag zu Tag** nga dita në ditë; **Tag für Tag** ditaditës, përditë; çdo ditë; **pro Tag** në ditë; **eines Tages** një ditë (prej ditësh); **guten Tag!** mirëdita!; **alle acht Tage** çdo javë; **am hellichten Tage** në mes të ditës, ditën për (me) diell; **dieser Tage** këto ditë; **jeden Tag** çdo ditë; **der Mann des Tages** heroi i ditës; **er hat keinen guten Tag bei ihr gehabt** ai s'ka parë ditë të bardhë me atë (*grua*); **seit Jahr und Tag** prej kohësh; 2) : **es wird Tag** po zbardh, po agon; **der Tag bricht an, graut, erwacht, kommt herauf, zieht herauf** po gdhin, po agon; **der Tag neigt sich, sinkt, geht zur Neige** po ngryset; **zwei Stunden vor Tag** dy orë pa gdhirë; **wir kamen noch bei Tage** erdhëm pa u errur ende; 3) : *fig* **den Anforderungen des Tages nicht gewachsen sein** nuk jam i zoti t'u përgjigjem kërkesave të kohës; *fig* **in den Tag hineinleben leben** rroj pa vrarë mendjen për të nesërmen; *fig* **an den Tag legen** nxjerr në dritë; 4) : *min* **über Tage arbeiten** punoj në sipërfaqe; *min* **unter Tage arbeiten** punoj nën tokë.

t'agaus : *shpr* **tagaus tagein** ditë për ditë, çdo ditë, si një ditë përditë.

T'agebuch *n* **-s, -bücher** ditar; **Roman in Form eines Tagebuchs** roman në formë ditari.

T'agedieb *m* **-s, -e** bjerraditë, dembel, përtac.

T'agegeld *n* **-(e)s, -gelder** 1) dietë udhëtimi; 2) dietë sëmundjeje (*nga sigurimet shoqërore*).

t'agelang *adv* ditë me radhë.

T'agelohn *m* **-(e)s, -löhne** mëditje; **im Tagelohn arbeiten** punoj me mëditje.

T'agelöhner *m* **-s, =** mëditës, punëtor me mëditje.

t'agen I *vi* **(h)** mbaj mbledhje; **das Parlament tagt** parlamenti është mbledhur.

t'agen II *vimp* : **es tagt** zbardh, gdhin.

T'agesanbruch *m* **-(e)s, -brüche** agim; **bei Tagesanbruch** në agim.

T'agesbericht *m* **-(e)s, -e** buletin i ditës, kronikë e ditës.

T'agesgespräch *n* **-s** bisedë e ditës.

T'ageskarte *f* **=, -n** 1) biletë njëditore (*në pishinë etj.*); 2) meny e ditës (*në restorant*).

T'ageslicht *n* **-es** dritë e diellit; dritë natyrore.

T'agesordnung *f* **=, -en** rend dite; **auf der Tagesordnung stehen** është në rendin e ditës.

T'agespresse *f* **=** shtypi i ditës, gazetat e ditës.

T'agesreise *f* **=, -n** 1) udhëtim njëditor; 2) një ditë rrugë.

T'ageszeitung *f* **=, -en** gazetë e përditshme.

T'agewerk *n* **-(e)s** punë e përditshme; punë ditore; punë e një dite.

t'aghell *a* i qartë si drita e diellit; **es ist taghell** ndrin sikur të jetë ditë.

t'äglich 1. *a* i përditshëm; **meine tägliche Arbeit** puna ime e përditshme; 2. *adv* çdo ditë, përditë; **die Arznei täglich einnehmen** pi ilaçin çdo ditë.

tags *adv* ditën; **tags darauf** të nesërmen, ditën tjetër; **tags zuvor** një ditë më parë.

t'agsüber *adv* gjatë ditës.

t'agtäglich *a* çdo ditë, përditë, si një ditë përditë.

T'agundnachtgleiche *f* **=, -n** *astr* ekuinoks, sanatadita.

T'agung *f* **=, -en** 1) mbledhje; 2) sesion (*i parlamentit etj.*).

Taif'un *m* **-s, -e** taifun (*ciklon në Azi*).

Taille [*t'alje*] *f* **=, -n** mes, bel; **sie hat eine schlanke Taille** ajo ka bel të hollë.

Takelage [*takël'azhë*] *f* **=, -n** *det* vela e direkë të anijes.

t'akeln *vt det* pajis me vela e direkë (*anijen*).

T'akelwerk *n* **-(e)s** *det* vela e direkë të anijes.

Takt I **-(e)s, -e** ritëm, kadencë; **im Takt gehen** mbaj hapin.

Takt II **-(e)s** takt; **Mangel an Takt** mungesë takti.

t'aktfest *a* që ruan ritmin, që mban kohën.

T'aktgefühl *n* **-(e)s** 1) *muz* ndjenjë e ritmit; 2) takt, ndjeshmëri.

takt'ieren *vi* **(h)** 1) *muz* mbaj kohën; 2) veproj me takt, kam takt.

T'aktik *f* **=** taktikë.

t'aktisch *a* taktik.

t'aktlos *a* pa takt.

T'aktlosigkeit *f* **=** mungesë takti.

T'aktstock *m* **-(e)s, -stöcke** shkop i dirigjentit.

t'aktvoll *a* me takt, plot takt; **er ist sehr taktvoll** ai ka shumë takt.

Tal *n* **-(e)s, Täler** luginë; **der Fluß schlängelt sich das Tal entlang** lumi gjarpëron nëpër luginë.

t'alabwärts *adv* luginës tatëpjetë.
Tal'ar *m* **-s, -e** 1) veladon (*prifti*); 2) mantel (*gjykatësi*).
t'alauf(wärts) *adv* luginës përpjetë.
T'alenge *f* **=, -n** grykë e luginës.
Tal'ent *n* **-s, -e** talent; **das Talent entfalten, entwickeln** zhvilloj talentin; **er ist ein großes musikalisches Talent** ai ka talent të madh për muzikë.
talent'iert *sh* **talentvoll.**
tal'entlos *a* pa talent, i patalentuar.
tal'entvoll *a* i talentuar; **ein talentvoller junger Mann** një i ri me talent.
T'aler *m* **-s, =** taler (*monedhë e vjetër gjermane*).
Talg *m* **-s** dhjamë.
T'algdrüse *f* **=, -n** *anat* gjëndër dhjamore.
T'alisman *m* **-s, -e** hajmali.
T'alkessel *m* **-s, =, Talmulde** *f* **=, -n** lugajë.
T'alkum *n* **-s** *kim* talk.
T'alsohle *f* **=, -n** fund i luginës.
T'alsperre *f* **=, -n** pendë, digë, pritë.
t'alwärts *adv* tatëpjetë luginës.
T'ambour [*-bur*] *m* **-s, -e** daulltar.
Tambur'in *n* **-s, -e** *muz* dajre, def.
Tamp'on *m* **-s, -s** tampon.
Tamt'am *n* **-s** *bis* potere, zhurmë (*për diçka*).
Tand *m* **-(e)s** 1) xhingla-mingla; 2) gjepura.
Tändel'ei *f* **=, -en** 1) lojë; 2) flirt.
T'ändelmarkt *m* **-(e)s, -märkte** pazar plaçkash të vjetra.
t'ändeln *vi* **(h)** 1) luaj, tallem; 2) flirtoj; 3) merrem me punë boshe.
Tang *m* **-s** *bot* leshterik.
Tang'ente *f* **=, -n** *gjeom* tangjente.
tang'ieren *vt* prek (*interesat etj.*).
T'ango *m* **-s, -s** tango (*valle*).
Tank *m* **-s, -e** *dhe* **-s** 1) tank; 2) cisternë, serbator (*lëndësh djegëse*).
t'anken 1. *vi* 1) furnizohem me lëndë djegëse; 2) : *fig bis* **neue Kräfte tanken** marr forca të reja; 3) : *fig bis* pi; 2. *vt* furnizoj (*makinën me lëndë djegëse*).
T'anker *m* **-s, =** *dhe* **T'ankschiff** *n* **-(e)s, -e** tanker, anije-cisternë.
T'ankstelle *f* **=, -n** pikë furnizimi me lëndë djegëse.
T'anne *f* **=, -n** *bot* bredh.
T'annenbaum *m* **-(e)s, -bäume** 1) *bot* bredh; 2) pemë e Vitit të Ri.
T'antalusqualen *pl* mundimet e Tantalit.
T'ante *f* **=, -n** teze, teto.
Tanti'emen [*-tie-*] *pl* honorar (*i autorit*).
Tanz *m* **-es, Tänze** 1) valle; vallëzim; 2) *fig bis* grindje, zënkë; **einen Tanz mit jemandem haben** grindem me dikë.
T'anzabend *m* **-s, -e** mbrëmje vallëzimi.
t'änzeln *vi* **(h)** eci me hapa të vegjël, si duke kërcyer.
t'anzen *vt, vi* **(h)** vallëzoj, kërcej; **Walzer tanzen** kërcej valsin; *fig bis* **aus der Reihe tanzen** prish rregullin; *fig bis* **nach jemandes Pfeife tanzen** i bëhem urë dikujt.
T'änzer *m* **-s, =** kërcimtar, valltar.
T'anzmusik *f* **=** muzikë vallëzimi.
T'anzstunde *f* **=, -n** mësim vallëzimi.
Tap'et *n* : *shpr* **eine Sache aufs Tapet bringen** ngre një çështje.
Tap'ete *f* **=, -n** letër tapicerie.
tapez'ieren *vt* 1) vesh me tapiceri (*muret*); 2) vesh (*mobiljet*).
Tapez'ierer *m* **-s, =** tapicier.
T'apfe *f* **=, -n** gjurmë e këmbës (*në borë etj.*).
T'apfen *m* **-s, =** *sh* **Tapfe.**
t'apfer 1. *a* trim, burrë; **bleib tapfer!** qëndro si burrë!; 2. *adv* burrërisht, trimërisht; **tapfer standhalten** qëndroj si burrat.

T'apferkeit *f* = trimëri, burrëri.
T'apferkeitsmedaille *f* =, **-n** medalje e trimërisë.
t'appen *vi* (h) shkel, eci rëndë; *fig bis* **im dunkeln tappen** jam në terr.
t'äppisch *a* i ngathët (*lëvizje, njeri*).
t'apsen *vi* (h) *sh* **tappen.**
T'ara *f* =, **Taren** *treg* tarë (*peshë e ambalazhit*).
Tar'antel *f* =, **-n** 1) *ent* tarantulë (*lloj merimange*); 2) : *shpr* **wie von einer Tarantel gestochen** sikur ta kishte pickuar gjarpri.
Tar'if *m* **-s, -e** tarifë.
tar'iflich *a* i tarifës; sipas tarifës; me tarifë.
tar'ifmäßig *adv* sipas tarifës.
t'arnen *vt* mbuloj, fsheh, maskoj.
T'arnung *f* =, **-en** mbulim, fshehje, maskim.
T'asche *f* =, **-en** 1) xhep; **sich (D) die Taschen füllen** mbush xhepat; *fig* **die Hand auf der Tasche haben** jam dorështrënguar; **etwas aus meiner eigenen Tasche bezahlen** paguaj nga xhepi; *fig bis* **jemanden in der Tasche haben** e kam në xhep dikë; **etwas in meine eigene Tasche stecken** fus në xhep, përvetësoj diçka; 2) çantë.
T'aschenbuch *n* **-(e)s, -bücher** libër (*në format*) xhepi.
T'aschendieb *m* **-(e)s, -e** hajdut xhepash.
T'aschengeld *n* **-(e)s** pare xhepi.
T'aschenmesser *n* **-s,** = brisk, biçak.
T'aschenlampe *f* =, **-n** elektrik dore.
T'aschenspieler *m* **-s,** = prestidigjitator.
T'aschentuch *n* **-(e)s, -tücher** shami hundësh, shami xhepi.
T'asse *f* =, **-n** filxhan; tas; **eine Tasse Kaffee, Tee** një filxhan kafe, çaj; *fig bis* **trübe Tasse** njeri i mërzitshëm; *fig bis* **du hast wohl nicht alle Tassen im Schrank?** a je në vete? a i ke mendtë në vend?
Tastat'ur *f* =, **-en** tastierë (*e pianos, e makinës së shkrimit etj.*).
t'astbar *a* i prekshëm, i ndjeshëm në të prekur.
T'aste *f* =, **-n** *muz* tast, prekël (*e pianos etj.*).
t'asten 1. *vi* (h) 1) *fig* pyes me kujdes; 2) : **nach etwas tasten** kërkoj me të prekur; 2. *vrefl* : **sich nach der Tür tasten** kërkoj derën me të prekur.
T'astsinn *m* **-(e)s** *fiziol* shqisë e të prekurit.
tast *sh* **tun*.**
Tat *f* =, **-en** vepër, veprim; **eine große Tat** bëmë, heroizëm; **in der Tat** në fakt, në të vërtetë; **jemandem mit Rat und Tat zur Seite stehen** ndihmoj dikë me fjalë e me vepra; **jemanden auf frischer Tat ertappen** kap dikë me presh në dorë; **ein Mann der Tat** njeri i veprave; **die Worte durch die Taten beweisen** i mbështes fjalët me vepra; **einen Gedanken in die Tat umsetzen** vë në jetë një mendim.
T'atbestand *m* **-(e)s, -stände** tërësi e fakteve (*të një ngjarjeje etj.*).
T'atendrang *m* **-(e)s** dëshirë për të vepruar; energji.
t'atenlos 1. *a* që nuk vepron; 2. *adv* : **tatenlos dastehen** qëndroj duarkryq.
T'äter *m* **-s,** = fajtor; **wer ist der Täter?** kush është fajtori?
T'äterschaft *f* = fajësi; **jemandem die Täterschaft zuschieben** ia hedh fajin dikujt.
t'ätig *a* 1) veprues, aktiv; 2) që punon si ...; **er ist als ... tätig** ai punon si ...
T'ätigkeit *f* =, **-en** 1) veprimtari, aktivitet; **eine Tätigkeit ausüben** ushtroj një veprimtari; 2) përdorim;

außer Tätigkeit setzen nxjerr jashtë përdorimit (*një makinë etj.*).

T'atkraft *f* = punë; energji; veprimtari.

t'atkräftig 1. *a* energjik; **tatkräftige Hilfe** ndihmë energjike; 2. *adv* energjikisht.

t'ätlich *a* 1) që vepron; 2) : **tätlich werden** ngre dorën (*kundër dikujt*).

T'ätlichkeiten *pl* rrahje; **der Streit artete in Tätlichkeiten aus** grindja përfundoi në rrahje.

T'atort *m* **-(e)s, -e** vend i krimit; vend i ngjarjes.

tätow'ieren *vt* tatuoj, bëj tatuazh në (*krah etj.*).

Tätow'ierung *f* =, **-en** tatuazh.

T'atsache *f* =, **-n** fakt; **die Tatsachen verdrehen** shtrembëroj faktet; **jemanden vor vollendete Tatsachen stellen** vë dikë para faktit të kryer; *bis* **Tatsache!** me të vërtetë!

T'atsachenbericht *m* **-(e)s, -e** reportazh.

t'atsächlich 1. *a* faktik; 2. *adv* në fakt, në të vërtetë.

t'ätscheln *vt* i bie me përkëdheli (*supit etj.*).

T'atze *f* =, **-n** 1) putër, panxhë (*e ariut etj.*); 2) *fig* panxhë, dorë e rëndë.

Tau I *m* **-(e)s** vesë; **der Tau fällt** veson.

Tau II *n* **-(e)s, -e** litar i trashë, pallamar.

taub I *a* 1) i shurdhër; 2) i mpirë, i ngrirë; **die Hand ist mir taub geworden** më është mpirë dora; 3) pa shkëlqim (*metal*).

taub II *a* fyçkë, fyrbë (*arrë, kalli etj.*).

T'aube I *m, f* **-n, -n** shurdhan(e).

T'aube II *f* =, **-n** *zool* pëllumb; **die Taube gurrt** pëllumbi gugat.

t'aubenfarbig, t'aubengrau *a* i hirtë si pendët e pëllumbit.

T'aubenschlag *m* **-(e)s, -schläge** kafaz pëllumbash.

T'aubheit *f* = *mjek* shurdhësi.

t'aubstumm *a* shurdhmemec.

t'auchen 1. *vt* 1) zhys (*në ujë*); 2) ngjyej (*penën në bojë etj.*); 2. *vi* **(h, s)** 1) kridhem, zhytem, fundosem (*në ujë*); 2) : **aus dem Wasser tauchen** dal nga uji.

T'aucher *m* **-s,** = zhytës, palombar.

T'aucherglocke *f* =, **-n** kambanë zhytësi.

T'auchsieder *m* **-s,** = shufër elektrike.

t'auen I *vi* **(h, s)** *vimp* veson, bie vesë.

t'auen II *vi* **(h, s)** shkrin (*akulli, bora*); **der Schnee taut von den Dächern** bora shkrin nga çatitë.

T'aufe *f* =, **-n** pagëzim.

t'aufen *vt* 1. 1) pagëzoj; 2) i vë emrin (*dikujt, një anijeje etj.*); 2. *vrefl* : **sich taufen lassen** pagëzohem.

T'äufling *m* **-s, -e** i pagëzuar.

T'aufpate *m* **-n, -n, Taufpatin** *f* =, **-nen** nun, nunë.

t'aufrisch *a* 1) i lagur nga vesa; 2) *fig* i ri; i njomë; i freskët.

t'augen *vi* **(h) (zu D)** është i përshtatshëm, vlen (*për diçka*); **die gleiche Arznei taugt nicht für jeden** i njëjti ilaç nuk vlen për të gjithë; **das Buch taugt nichts** libri s'vlen fare; **er taugt nicht zum Lehrer** ai nuk bën për mësues.

T'augenichts *m* = *dhe* **-es, -e** i prapë, i pahair.

t'auglich *a* 1) i përdorshëm; 2) i përshtatshëm; 3) i aftë (*për shërbim ushtarak etj.*).

T'auglichkeit *f* = 1) përdorshmëri; 2) përshtatshmëri; 3) aftësi.

T'aumel *m* **-s** 1) marramenth; 2) *fig* dalldi, ekstazë.

t'aumeln *vi* (h, s) 1) më merren këmbët, kalamendem; **wie ein Betrunkener taumeln** më merren këmbët, kalamendem si i dehur; 2) : **von Blüte zu Blüte taumeln** kalon (*flutura*) nga lulja në lule.

Tausch *m* **-es, -e** shkëmbim.

t'auschen *vt, vi* (h) 1) këmbej, shkëmbej (*pulla poste etj.*); **miteinander tauschen** këmbejmë, japim e marrim, kemi marrëdhënie me njëri-tjetrin; 2) ndërroj; **die Rollen tauschen** ndërroj rolet; **ich möchte nicht mit ihm tauschen** s'dua të jem në vendin e tij.

t'äuschen 1. *vt* gënjej, mashtroj; **wenn meine Augen mich nicht täuschen** në mos më gabofshin sytë; **jemandes Vertrauen täuschen** shpërdoroj besimin e dikujt; 2. *vrefl* **sich täuschen (in D)** gabohem, mashtrohem, rrehem (*në diçka, te dikush*); **darin täuschst du dich** këtu gabohesh.

t'äuschend *a* mashtrues, i rremë.

T'auschhandel *m* **-s** tregti me shkëmbim.

T'äuschung *f* **=, -en** 1) mashtrim, gënjim; 2) iluzion; 3) shpërdorim (*i besimit etj.*).

T'auschwert *m* **-(e)s, -e** *ek* vlerëtë shkëmbimi.

t'ausend *num* një mijë; **tausend und abertausend** mijëra e mijëra.

T'ausend *n* **-s, -e** *dhe* **=** mijë; **zu Tausenden** me mijëra; **einige Tausende** disa mijëra; **unter Tausenden nicht einer** as një për mijë.

T'ausendfüß(l)er *m* **-s, =** *ent* shumëkëmbësh.

t'ausendjährig *a* mijëvjeçar.

T'ausendkünstler *m* **-s, =** *bis* mjeshtër i shumë zanateve.

T'ausendsassa *m* **-s, =** *dhe* **-s** *bis* djalli vetë (*burrë, djalë etj.*).

t'ausendste *a* i njëmijtë; *shpr bis* **vom Hundertsten ins Tausendste kommen** kapem degë më degë.

T'auwetter *n* **-s** mot i butë (*kur shkrin bora në dimër a pranverë*).

T'auziehen *n* **-s** *sport* tërheqje e litarit.

Taxam'eter *m* **-s, =** taksimetër.

T'axe I *f* **=, -n** taks; tarifë.

T'axe II *f* **=, -n, Taxi** *n* **-s, -s** taksi.

tax'ieren *vt* çmoj, vlerësoj (*një shtëpi etj.*).

T'axifahrer *m* **-s, =** shofer taksie.

T'echnik *f* **=** teknikë.

T'echniker *m* **-s, =** teknik.

t'echnisch 1. *a* teknik; 2. *adv* teknikisht.

Technokr'at *m* **-en, -en** teknokrat.

Technokrat'ie *f* **=** teknokraci.

Team [*tim*] *n* **-s, -s** grup (*autorësh etj.*).

Teamwork [*t'imuërk*] *n* **-s** punë në grup.

Techtelm'echtel *n* **-s, =** *bis* marrëdhënie (*dashurie*).

T'eddybär *m* **-en, -en** arushkë (*lodër*).

Tee *m* **-s, -s** çaj; **eine Tasse Tee** një filxhan çaj; *fig bis* **abwarten und Tee trinken!** merre(ni) shtruar!

T'eekanne *f* **=, -n** ibrik çaji.

T'eekessel *m* **-s, =** çajnik.

T'eelöffel *m* **-s, =** lugë çaji.

Teenager [*t'inejxhër*] *m* **-s, =** djalë ose vajzë prej 13 gjer 19 vjeç.

Teer *m* **-s, -e** pisë, katran, zift, serë.

t'eeren *vt* lyej me pisë, katran, zift.

t'eerig *a* 1) si katran; 2) i lyer me katran.

T'eesieb *n* **-es, -e** kullesë çaji.

T'eewagen *m* **-s, =** tryezë me rrota (*për gjellë, pjata etj.*).

Teich *m* **-(e)s, -e** pellg, gjol.

Teig *m* **-(e)s, -e** brumë; **den Teig kneten** ngjesh brumin.

t'eigig *a* 1) si brumë; 2) i ndulkët, i

brydhët, i pjekur shumë (*mollë, dardhë etj.*); 3) i trashë (*shkrim*).

T'eigwaren *pl* brumëra.

Teil *m, n* **-(e)s, -e** 1) pjesë; **zum Teil** pjesërisht; **zum großen Teil** në një pjesë të madhe; **zum größten Teil** në pjesën më të madhe; **zu gleichen Teilen erben** trashëgojmë në pjesë të barabarta; **er hat sein Teil bekommen** ai e ka marrë pjesën e vet; *fig* **sich (D) sein Teil denken** kam mendimet e mia (*mbi diçka*); **mein(en) Teil beitragen** jap pjesën, kontributin tim; **ich für mein(en) Teil** sa për mua, për sa më përket mua; 2) *drejt* palë; **man muß beide Teile hören** duhen dëgjuar të dy palët.

t'eilbar *a mat* i pjesëtueshëm (*numër*).

t'eilen 1. *vt* 1) ndaj; **etwas mit jemandem teilen** ndaj diçka me dikë; **einen Apfel in zwei Teile teilen** ndaj një mollë në dy pjesë; 2) çaj; **das Schiff teilt die Wellen** anija çan dallgët; 3) përçaj; **teile und herrsche** përçaj e sundo; 4) : **ich teile seine Ansicht nicht** s'jam në një mendje me të; 5) *mat* pjesëtoj; **zehn durch zwei teilen** pjesëtoj dhjetën me dy; 2. *vrefl* **sich teilen** ndahem; **die Straße teilt sich** rruga degëzohet; **sich die Kosten teilen** ndajmë bashkë shpenzimet.

T'eilgebiet *n* **-(e)s, -e** nënndarje (*e një shkence etj.*).

t'eilhaben* *vi ndash* **(h) (an D)** kam, marr pjesë (*në diçka*).

T'eilhaber *m* **-s, =** pjesëmarrës; ortak.

T'eilnahme *f* **=** 1) **(an D)** pjesëmarrje (*në një garë etj.*); 2) simpati; 3) ngushëllime; **meine herzlichste Teilnahme** ngushëllimet e mia më të thella; 4) bashkëfajësi.

t'eilnahmslos *a* i ftohtë (*qëndrim etj.*).

T'eilnahmslosigkeit *f* **=** ftohtësi; indiferencë.

t'eilnahmsvoll *a* i ngrohtë (*qëndrim etj.*).

t'eilnehmen* *vi ndash* **(h) (an D)** marr pjesë (*në një konkurs, në dhembjen e dikujt etj.*).

t'eilnehmend *a* 1) i ngrohtë (*qëndrim etj.*); 2) pjesëmarrës.

T'eilnehmer *m* **-s, =** pjesëmarrës; **eine Versammlung von 60 Teilnehmern** një mbledhje me 60 pjesëmarrës.

teils *adv* pjesërisht; *bis* **teils, teils!** a) edhe po, edhe jo; b) herë po, herë jo.

T'eilung *f* **=, -en** 1) ndarje (*e një pasurie etj.*); 2) *mat* pjesëtim.

t'eilweise 1. *a bis* i pjesshëm; 2. *adv* pjesërisht; **das Haus ist teilweise fertig** shtëpia pjesërisht ka mbaruar.

T'eilzahlung *f* **=, -en** pagesë me këste; **etwas auf Teilzahlung einkaufen** blej diçka me këste.

Teint [*tê*] *m* **-s, -s** ngjyrë e fytyrës; **ein reiner Teint** një lëkurë e pastër.

Telef'on *n* **-s, -e** telefon.

Telef'onbuch *n* **-(e)s, -bücher** numërator telefoni.

Telef'ongespräch *n* **-s, -e** bisedë me telefon.

telefon'ieren *vi* **(h)** telefonoj; bisedoj me telefon.

telef'onisch *a* telefonik; me telefon (*njoftim etj.*).

Telef'onnummer *f* **=, -n** numër telefoni.

teleg'en *a* që del mirë në televizion (*fytyrë etj.*).

Telegr'amm *n* **-s, -e** telegram.

telegraf'ieren *dhe* **telegraph'ieren** *vt* telegrafoj (*një lajm etj.*).

telegr'aphisch 1. *a* telegrafik; 2. *adv* telegrafisht.
Teleph'on *n* **-s, -e** *sh* **Telefon.**
Telesk'op -s, -e teleskop.
Televisi'on *f* = televizion.
T'eller *m* **-s,** = pjatë; **flacher, tiefer Teller** pjatë e cekët, e thellë.
T'empel *m* **-s,** = tempull.
Temperam'ent *n* **-s, -e** 1) *psik* temperament; 2) *vetëm sing* gjallëri.
temperam'entlos *a* i fjetur, i plogët.
temperam'entvoll *a* i gjallë, i zjarrtë.
Temperat'ur *f* =, **-en** temperaturë; *mjek* **Temperatur haben** kam ethe.
Temperat'ursturz *m* **-es, -stürze** rënie e papritur e temperaturës.
temper'ieren *vt* vak, ngroh pak (*dhomën etj.*).
T'empo *n* -s 1) shpejtësi; **(nun aber) Tempo, Tempo!** më shpejt, më shpejt!; *bis* **mach ein bißchen Tempo dahinter!** bjeri shpejt!; 2) *pl* **-pi** *muz* masë kohe, kohë; **das Tempo einhalten** mbaj kohën.
tempor'är 1. *a* i përkohshëm; 2. *adv* përkohësisht.
Tend'enz *f* =, **-en** 1) rrymë; 2) prirje; 3) tendencë.
tendenzi'ös *a* tendencioz.
tend'ieren *vi* **(h)** prirem, synoj.
T'enne *f* =, **-n** lëmë (*për shirjen e drithit*).
T'ennis *n* **-s** *sport* tenis.
Ten'or I *m* **-s, Tenöre** *muz* tenor.
T'enor II *m* **-s** përmbajtje (*e një libri etj.*).
T'eppich *m* **-s, -e** qilim; **Teppiche klopfen** shkund, rrah qilimat; *fig* **bleib auf dem Teppich!** mos e bëj kaq të madhe!
Term'in *m* -s, -e afat; **einen Termin anberaumen, festsetzen** caktoj një afat.
term'ingemäß, term'ingerecht *a* sipas afatit, në afat.
Terminolog'ie *f* = terminologji.
T'erminus *m* =, **Termini** term (*teknik, filozofik etj.*).
Terpent'in *n* **-s** *kim* terpentinë.
Terrain [*terr'ê*] *n* **-s, -s** terren; **das Terrain erkunden** zbuloj, hetoj terrenin.
Terr'asse *f* =, **-n** tarracë.
terr'assenförmig *a* me shkallë, shkallë-shkallë.
terrass'ieren *vt* bëj tarracë.
Terr'azzo *m* **-(s), Terrazzi** dysheme e shtruar me gurë të shumëngjyrshëm.
Terr'ine *f* =, **-n** supjerë.
territori'al *a* tokësor, territorial.
Territ'orium *n* **-s -ri/en** territor.
T'error *m* **-s** terror.
terroris'ieren *vt* terrorizoj.
Terror'ismus *m* **-s** terrorizëm.
Terror'ist *m* **-en, -en** terrorist.
terror'istisch *a* terrorist.
T'ertia *f* =, **-ti/en** *vjet* klasë e katërt dhe e pestë (*e gjimnazit*).
Terz'ett *n* **-s, -e** *muz* tercet.
Test *m* **-(e)s, -e** provë, vlerësim.
Testam'ent *n* **-(e)s, -e** *drejt* testament.
testament'arisch *a* testamentar.
Testam'entsvollstrecker *m* **-s,** = *drejt* përmbarues i testamentit.
t'esten *vt* provoj.
Tête-à-tête [*tetat'et*] *n* =, **-s** takim intim.
Tetralog'ie *f* =, **-n** tetralogji.
t'euer *a* 1) i shtrenjtë; **wie teuer?** sa kushton?; **ein teurer Spaß** shaka që kushton shtrenjtë; **sein Leichtsinn kam ihn teuer zu stehen** mendjelehtësia i kushtoi shtrenjtë; **da ist guter Rat teuer** s'di nga t'ia mbaj; 2) i shtrenjtë, i dashur.
T'euerung *f* =, **-en** shtrenjtim.

T'eufel *m* **-s, =** 1) djall; dreq; **ich frage den Teufel danach!** s'e çaj kokën për këtë; *vulg* **ich schere mich den Teufel darum!** s'më bëhet vonë për këtë!; **wer zum Teufel hat dich hergeschickt?** kush dreqi të solli këtu?; *prov* **in der Not frißt der Teufel Fliegen** kur s'ke pulën ha sorrën; *fig* **dort ist der Teufel los** atje ka plasur sherri; *fig* **ihn reitet der Teufel** atij i ka hyrë dreqi në bark; *bis* **hol ihn der Teufel!** e marrtë djalli!; *bis* **zum Teufel!** në djall!; 2) : *bis* **armer Teufel!** i shkreti!

T'eufelskerl *m* **-s, -e** *bis* kokëkrisur; djalli vetë (*njeri shumë i shkathët*).

t'euflisch *a* djallëzor.

Text *m* **-es, -e** tekst; **aus dem Text kommen** humb fillin (*në një bisedë, fjalim etj.*).

T'extbuch *n* **-(e)s, -bücher** libret (*i një opere etj.*).

T'exter *m* **-s, =** hartues i tekstit (*të një kënge etj.*).

T'extilarbeiter *m* **-s, =** punëtor tekstili.

Text'ili/en *pl* tekstile.

Tez'ett *n* : *shpr bis* **bis ins Tezett** gjer në hollësitë më të imëta; me dhëmbë e me dhëmballë.

The'ater *n* **-s, =** 1) teatër; **Theater spielen** luaj teatër (*edhe fig*); **zum Theater gehen** bëhem artist teatri; 2) *fig* bujë; **mach nicht so viel Theater!** mos bëj kaq zhurmë!

The'aterstück *n* **-s, -e** pjesë teatrale.

The'aterzettel *m* **-s, =** program i shfaqjes teatrale.

theatr'alisch *a* teatral (*edhe fig*).

Th'eke *f* **=, -n** banak (*i pijetores etj.*).

Th'ema *n* **-s, -men** *dhe* **-ta** temë (*e një bisede, raporti etj.*); **ein Thema behandeln** trajtoj një temë; **vom Thema abschweifen** largohem nga tema.

Them'atik *f* **=** tematikë.

them'atisch *a* tematik.

Theol'oge *m* **-n, -n** teolog.

Theolog'ie *f* **=** teologji.

theol'ogisch *a* teologjik.

Theor'etiker *m* **-s, =** teoricien.

theor'etisch 1. *a* teorik; 2. *adv* teorikisht.

Theor'ie *f* **=, -ri/en** teori; **eine Theorie aufstellen** ngre, nxjerr një teori.

Therap'ie *f* **=, -n** terapi.

Thermom'eter *n* **-s, =** termometer.

Thermost'at *m* **-s** *dhe* **-en, -e(n)** *fiz* termostat.

Th'ese *f* **=, -n, Thesis** *f* **=, Thesen** tezë.

Thriller [*thr'illër*] *m* **-s, =** film ose roman që të mban pezull.

Thron *m* **-(e)s, -e** fron.

thr'onen *vi* **(h)** rri (si) në fron.

Thr'onfolger *m* **-s, =** princ trashëgimtar.

Th'unfisch *m* **-(e)s, -e** *zool* ton (*peshk*).

Ti'ara *f* **=, Tiaren** tiarë (*kësulë e papës, e mbretërve të Lindjes etj.*).

Tick *m* **-s, -s** *bis* trill, mani.

t'icken *vi* **(h)** bën tiktak (*ora*).

T'icket *n* **-s, -s** biletë (*aeroplani etj.*).

tief 1. *a* 1) i thellë; **zwei Meter tief** dy metra i thellë; 2) i trashë (*zë, tingull etj.*); 3) i mbyllët, i thellë (*ngjyrë*); 4) i ulët; 2. *adv* 1) thellë; **tief atmen** marr frymë thellë; 2) shumë, fort; **ich war tief erschrocken** u tremba fort; 3) ulët; **der Vogel fliegt tief** zogu fluturon ulët.

T'iefbau *m* **-(e)s, -ten** ndërtim në tokë ose nën tokë.

t'iefbetrübt *a* shumë i turbulluar; shumë i trishtuar.

T'iefdruck *m* **-(e)s** 1) presion i ulët (*atmosferik*); 2) *tek* shtyp i thellë.

T'iefe *f* **=, -n** 1) thellësi; **die Tiefe**

des **Meeres** thellësia e detit; *fig* **die Höhen und Tiefen des Leben** gëzimet e hidhërimet e jetës; 2) humnerë, hon.

T'iefebene *f* =, **-n** *gjeogr* rrafshulët.

t'iefernst *a* shumë serioz.

T'iefflug *m* **-(e)s, -flüge** *av* fluturim i ulët.

T'iefgang *m* **-(e)s** 1) zhytje (*e anijes*); 2) *fig* thellësi (*e mendimit etj.*).

t'iefgreifend *a* i thellë (*ndryshim etj.*).

t'iefgründig *a* që shkon thellë (*mendim etj.*).

t'iefliegend *a* 1) i ulët (*vend etj.*); 2) i thelluar, i rrufitur (*sy, faqe etj.*).

T'iefpunkt *m* **-(e)s, -e** pikë më e ulët (*e një zhvillimi*).

T'iefschlag *m* **-(e)s, -schläge** 1) goditje poshtë mesit (*në boks*); 2) *fig* poshtërsi.

t'iefschürfend *a* që shkon, depërton, rrëmon thellë (*studim etj.*).

t'iefsinnig 1. *a* 1) i thelluar, i peshuar, i shoshitur mirë (*mendim etj.*); 2) i menduar; 2. *adv* mendueshëm.

T'iefstand *m* **-(e)s** pikë më e ulët (*e një zhvillimi etj.*).

t'ieftraurig *a* shumë i trishtuar.

T'iegel *m* **-s,** = 1) tigan; 2) *tek* poçe për të shkrirë metale, lëndë kimike.

Tier *n* **-(e)s, -e** kafshë, shtazë; *bis* **ein hohes, großes Tier** njeri i madh (*në pozitë*).

T'ierarzt *m* **-es, -ärzte** veteriner.

T'ierbändiger *m* **-s,** = zbutës kafshësh.

T'iergarten *m* **-s, -gärten** kopsht zoologjik.

t'ierisch *a* 1) shtazor; **tierische Fette** yndyrna shtazore; 2) *fig* shtazarak, mizor; 3) : *bis* **tierischer Ernst** seriozitet i madh.

T'ierkunde *f* = zoologji.

T'ierwelt *f* = faunë, botë shtazore.

T'ierzucht *f* = blegtori.

T'iger *m* **-s,** = *zool* tigër.

t'ilgen *vt* 1) zhduk, shfaros, asgjësoj, zhbij; 2) shlyej (*fajin etj.*); laj, kthej, shlyej (*borxhin*).

T'ilgung *f* =, **-en** 1) zhdukje, shfarosje; 2) shlyerje (*e një borxhi, faji etj.*).

Timbre [*t'êbër*] *n* **-s, -s** timbër i zërit.

T'inte *f* =, **-n** bojë shkrimi; *shak* **das ist doch klar wie dicke Tinte** kjo është e qartë si drita e diellit; *fig bis* **sich in die Tinte setzen** bie ngushtë.

T'intenfaß *n* **-sses, -fässer** shishe boje.

T'intenstift *m* **-(e)s, -e** laps kopjativ.

Tip *m* **-s, -s** *bis* këshillë, sugjerim.

t'ippeln *vi bis* **(s, h)** eci shpejt me hapa të vegjël.

t'ippen I *vt* shtyp, daktilografoj.

t'ippen II *vi* **(h)** 1) **(auf A)** prek me gisht; 2) luaj në lotari; 3) **(auf A)** vë bast; **ich tippe (darauf), daß er ...** vë bast se ai ...

T'ippfehler *m* **-s,** = gabim daktilografimi.

T'ippfräulein *n* **-s,** = *bis vjet* daktilografiste.

t'ipptopp *adv bis* për bukuri, për mrekulli, si mos (jo) më mirë; **er hat alles tipptopp gemacht** i bëri të gjitha për bukuri.

Tir'ade *f* =, **-n** rrëke fjalësh.

Tisch *m* **-es, -e** 1) tryezë, tavolinë; **den Tisch decken** shtroj tryezën; *fig* **reinen Tisch machen** a) vë rregull; b) marr masa të rrepta; **sich an den Tisch setzen** ulem në tryezë; *fig* **sich an den gedeckten Tisch setzen** e gjej të shtruar; *fig* **mit der Faust auf den Tisch schlagen** i bie tryezës me grusht; **bei**

Tisch duke ngrënë; **nach Tisch** pas buke; *fig* **die Sache ist unter den Tisch gefallen** çështja nuk është marrë parasysh; **vom Tisch aufstehen** ngrihem nga tryeza; **vor Tisch** para buke; **bitte zu Tisch!** urdhëroni në tryezë!

T'ischler *m* **-s, =** zdrukthëtar.

Tischler'ei *f* **=, -en** zdrukthëtari (*zanat dhe punishte*).

t'ischlern *vi* **(h)** punoj si zdrukthëtar.

T'ischtennis *n* **=** *sport* pingpong.

T'ischtuch *n* **-(e)s, -tücher** mbulesë tryeze; *fig bis* **wir haben das Tischtuch zwischen uns zerschnitten** s'kemi më gjë bashkë.

tit'anenhaft *a* titanik.

T'itel *m* **-s, =** titull (*i një libri, personi etj.*).

T'itelblatt *n* **-(e)s, -blätter** faqe e titullit (*e një libri etj.*).

Titul'ar *m* **-(e)s, -e** titullar.

titul'ieren *vt* 1) titulloj, i vë titullin (*një libri*); 2) i drejtohem me titull (*profesor etj. dikujt*).

Toast [*to:st*] *m* **-es, -e** 1) bukë e thekur; 2) dolli.

toasten [*t'o:stën*] *vt* thek (*bukën*).

Toaster [*t'o:stër*] *m* **-s, =** bukëthekëse.

T'obak *m* **-s** *vjet* duhan; *fig bis* **das ist starker Tobak** a) kjo është punë e vështirë; b) kjo është shaka e fortë.

t'oben *vi* **(h, s)** 1) bëj si i marrë, tërbohem (*nga zemërimi, dhembja etj.*); 2) bën potere (*fëmija etj.*); 3) : **die See tobte** deti ziente; **die Schlacht tobte** beteja shpërtheu, vazhdoi e furishme; **der Wasserfall tobt** ujëvara gjëmon.

T'obsucht *f* **=** *mjek* tërbim.

t'obsüchtig *a* *mjek* i tërbuar.

T'ochter *f* **=, Töchter** bijë, vajzë.

Tod *m* **-(e)s** vdekje; **ein Kampf auf Leben und Tod** një luftë për jetë a vdekje; **jemanden auf den Tod verwunden** plagos dikë për vdekje; *fig bis* **sich zu Tode langweilen** mërzitem për vdekje.

t'odernst *a* shumë serioz.

T'odesangst *f* **=, -ängste** 1) frikë nga vdekja; 2) ankth, frikë e madhe.

T'odesanzeige *f* **=, -n** lajmërim vdekjeje.

T'odesfall *m* **-s, -fälle** rast vdekjeje; vdekje.

T'odesfeind *m* **-es, -e** armik për vdekje.

T'odesgefahr *f* **=** rrezik vdekjeje.

T'odeskampf *m* **-(e)s, -kämpfe** agoni.

t'odesmutig *a* i patrembur, sypatrembur.

T'odesstille *f* **=** heshtje varri.

T'odesstrafe *f* **=, -n** dënim me vdekje; **auf dieses Verbrechen steht (die) Todesstrafe** ky krim dënohet me vdekje.

T'odesurteil *n* **-s, -e** vendim i dënimit me vdekje.

T'odfeind *m* **-es, -e** armik për vdekje, armik i betuar.

t'odkrank *a* i sëmurë për vdekje.

t'ödlich 1. *a* 1) vdekjeprurës; **tödliches Gift** helm vdekjeprurës; 2) *fig bis* i plotë; **mit tödlicher Sicherheit** me siguri të plotë; 2. *adv* për vdekje.

t'odmüde *a bis* i lodhur e i këputur.

Tohuwab'ohu *n* **-(s)** rrëmujë, pështjellim, mishmash.

Toil'ette [*toa-*] *f* **=** 1) tualet; 2) *pl* **-en** nevojtore.

Toil'ettenpapier [*toalet-*] *n* **-s** letër higjienike.

toler'ant *a* tolerues, durues.

Toler'anz *f* **=** 1) durim; 2) *tek* tolerancë.

toler'ieren *vt* duroj.

Toler'ierung *f* **=** durim.

toll 1. *a* 1) i tërbuar (*edhe fig*); **toll werden** tërbohem; 2) i marrë, i çmendur; **er gebärdet sich wie toll** ai bën si i marrë; **er ist toll auf (A)** ai çmendet pas (*diçkaje*); *fig bis* **er ist toll und voll** është dehur tapë; **ein toller Einfall** a) një mendim i shkëlqyeshëm; b) një mendim i marrë; **tolles Zeug** budallallëk; **das ist doch zu toll!** po e tepron!; **ein toller Bursche** një (i ri) kokëkrisur; 3) *fig bis* i mrekullueshëm (*libër etj.*); 4) *fig bis* i pabesueshëm; **toll, wie du das gemacht hast** habitem se si e paske bërë; **tolles Glück** fat i papritur; 5) *fig bis* i fortë, i madh; **tolle Freude** gëzim i madh; **toller Lärm** potere e tmerrshme; **paß nur auf, es kommt noch toller!** dëgjo këtu, se ka edhe më!; 2. *adv* shumë, fort; **ich habe mich toll gefreut** jam i gëzuar sa s'thuhet.

T'olle *f* **=, -n** perçe, baluke, kaçirubë.

t'ollen *vi* **(h, s)** 1) shpërthej me furi; bëj si i çmendur; 2) loz me zhurmë (*fëmija*).

T'ollhaus *n* **-es, -häuser** çmendinë.

T'ollheit *f* **=** 1) marrëzi, çmenduri; 2) *pl* **-en** marrëzi, budallallëk.

T'ollkopf *m* **-(e)s, -köpfe** i marrë, kokëkrisur.

t'ollkühn *a* 1) i marrë, i krisur (*veprim etj.*); 2) kokëkrisur (*njeri*).

T'ollkühnheit *f* **=** guxim i marrë.

T'olpatsch *m* **-es, -e** ngalakaq, i ngathët.

t'olpatschig *a* i ngathët.

T'ölpel *m* **-s, =** budalla, leshko.

t'ölpelhaft *a* i humbur, i ngathët.

Tom'ate *f* **=, -n** *bot* domate; *fig bis* **treulose Tomate** njeri i pabesë (*që s'i rri fjalës, që s'e mban fjalën*).

T'ombola *f* **=, -n** tombol (*lloj lotarie*).

Ton I *m* **-(e)s -e** glinë, argjilë; **eine Vase aus Ton** një enë prej balte.

Ton II *m* **-(e)s, Töne** 1) zë, tingull; **in lautem, leisem Ton** me zë të lartë, të ulët; **keinen Ton von sich geben** s'më dëgjohet zëri; *fig bis* **große Töne reden** flas fjalë të mëdha; 2) ton; **den Ton angeben** jap tonin (*edhe fig*); *fig* **einen anderen Ton anschlagen** ndërroj avazin; 3) *gram* theks; **der Ton liegt auf der ersten, letzten Silbe** theksi bie mbi rrokjen e parë, të fundit; 4) ngjyresë, nuancë; **die Farbe ist einen Ton zu hell, zu dunkel** ngjyra është pak si tepër e çelët, e mbyllët; 5) : *fig* **der gute Ton** mirësjellja.

T'onabnehmer *m* **-s, =** pikap (*i gramafonit*).

t'onangebend *a* : *shpr* **tonangebend sein** jap tonin.

T'onart *f* **=, -en** *muz* ton, tonalitet.

T'onband *n* **-(e)s, -bänder** shirit magnetofoni.

T'onbandgerät *n* **-(e)s, -e** magnetofon.

t'önen 1. *vi* **(h)** 1) tingëllon; **die Glocken tönten** ranë këmbanat; 2) *fig bis* mburrem; **tönende Worte** fjalë bombastike; 2. *vt* 1) ngjyej (*flokët etj.*); 2) lyej (*murin etj.*); 3) i jap një nuancë ngjyrës (*më të çelët, më të mbyllët etj.*).

t'önern *a* argjilor; *fig* **die Sache, das Unternehmen steht auf tönernen Füßen** çështja, puna nuk mbështetet në baza të shëndosha.

T'onfall *m* **-s** intonacion, theks; **bairischer Tonfall** theks bavarez.

T'onfilm *m* **-(e)s, -e** film me zë.

t'onisch *a* *mjek, muz* tonik.

T'onlehre *f* **=** akustikë.

T'onleiter *f* **=, -n** *muz* shkallë, gamë.

T'onlage *f* **=, -n** regjistër (*i zërit*).

t'onlos 1. *a* 1) i patingullt, i

pazëshëm; 2) e patheksuar (*rrokje*); 2. *adv* pa zë.

T'onmeister *m* **-s, =** teknik i zërit (*në kinematografi etj.*).

Tonnage [*ton'azhë*] *f* **=, -n** tonazh (*i anijes etj.*).

T'onne *f* **=, -n** 1) fuçi; 2) tonelatë; 3) *fig* bis grua shumë e trashë.

Tons'ur *f* **=, -en** *fet* tonsurë (*qethje e majës së kokës*).

T'önung *f* **=, -en** ngjyresë, nuancë.

Top'as *m* **-es, -e** topaz (*gur i çmuar*).

Topf *m* **-es, Töpfe** 1) tenxhere, vorbë; *fig bis* **anderen Leuten in die Töpfe gucken** fus hundët në punët e botës; *fig bis* **alles in einen Topf werfen** i fus të gjitha në një thes; 2) saksi; 3) oturak.

T'opfen *m* **-s** *aust* gjizë.

T'öpfer *m* **-s, =** poçebërës, vorbar.

Töpfer'ei *f* **=** 1) poçeri; 2) *pl* **-en** punishte poçesh.

T'opfpflanze *f* **=, -n** bimë saksie.

topp! *int* në rregull! u morëm vesh!

Topp *m* **-(e)s, -e** 1) *det* majë e direkut; 2) *teat* radhë më e lartë.

Tor I *n* **-(e)s, -e** 1) portë; *fig bis* **dastehen wie die Kuh vorm neuen Tor** rri si hu gardhi; 2) *sport* a) portë; b) gol; **ein Tor machen (schießen)** shënoj (gol).

Tor II *m* **-en, -en** i marrë; budalla.

Tor'ero *m* **-s, -s** torero (*në luftim me dema*).

T'or(es)schluß *m* : *shpr bis* **noch vor Torschluß** në çastin e fundit.

Torf *m* **-(e)s** *min* torfë; **Torf stechen** nxjerr torfë.

T'orflager *n* **-s, =** shtresë torfe.

T'orflügel *m* **-s, =** kanat i derës.

T'orfstich *m* **-(e)s, -e** nxjerrje e torfës.

T'orheit *f* **=, -en** marrëzi, budallallëk.

T'orhüter *m* **-s, =** 1) portier; 2) *sport* portier.

t'öricht *a* i pamend, i paarsye.

t'örichterweise *adv* pa mend, pa arsye.

t'orkeln (h, s) më merren këmbët, eci duke u lëkundur.

T'ormann *m* **-s, -männer** portier.

Torn'ister *m* **-s, =** çantë shpine.

torped'ieren *vt* siluroj (*edhe fig*).

Torped'ierung *f* **=, -en** silurim (*edhe fig*).

Torp'edo *m* **-s, -s** silur.

Torp'edoboot *n* **-(e)s, -e** torpedinierë.

T'orso *m* **-s, -s** 1) bust (*skulpturë*); 2) vepër e pambaruar.

Tort *m* **-s** *vjet* fyerje.

T'orte *f* **=, -n** tortë.

Tort'ur *f* **=, -en** torturë; **die Tortur anwenden** përdor torturën.

T'orwächter *m* **-s, =** portier.

T'orwart *m* **-s, -e** *sport* portier.

t'osen *vi* **(h)** gjëmon, zhurmon, shungullon (*stuhia, era etj.*).

t'osend *a* gjëmues, zhurmues, shungullues; **tosender Beifall** duartrokitje të stuhishme.

tot *a* 1) i vdekur; **eine tote Sprache** gjuhë e vdekur; 2) i pajetë; 3) : **totes Gleis** shina të vdekura (*të hekurudhës*); *fin* **totes Kapital** kapital i vdekur; **totes Gewicht** peshë e vdekur; **totes Wasser** zbaticë; *usht* **toter Winkel** kënd i vdekur; *fig* **toter Punkt** pikë e vdekur.

totalit'är *a* totalitar (*shtet*).

tot'al 1. *a* i përgjithshëm; i plotë; **totale Sonnenfinsternis** eklips i plotë i diellit; 2. *adv* krejt, fare; *fig bis* **er ist total blau** është tapë (*i pirë*).

t'otarbeiten, sich *vrefl ndash bis* këputem, rropatem, më bie bretku së punuari.

T'ote m, *f* **-n, -n** i vdekur; *bis* **bei dem Unfall hat es fünf Tote ge-**

geben pesë vetë u vranë në aksident.
t'öten *vt* 1) vras (*një njeri*); ther (*një kafshë*); 2) *mjek* mpij (*një nerv*).
T'otenbahre *f* =, **-n** katafalk, vig, tabut.
T'otenbett *n* **-(e)s, -en** shtrat i vdekjes; **auf dem Totenbett** në shtrat të vdekjes.
t'otenblaß, totenbleich *a* dyllë i verdhë, i verdhë si kufomë.
t'ötend *a* vrasës, vdekjeprurës.
T'otenfeier *f* =, **-n** ceremoni përkujtimore e një të vdekuri.
T'otengräber *m* **-s,** = varrmihës.
T'otenhemd *n* **-(e)s, -en** këmishë e të vdekurit.
t'otenstill *a* : **es war totenstill** mbretëronte një qetësi varri.
t'otfahren *vt ndash* shtyp e vras (*me automobil etj.*).
t'otlachen, sich *vrefl* vdes së qeshuri.
t'otsagen *vt ndash* bëj të vdekur (*dikë*).
t'otschießen* *vt ndash* vras, pushkatoj.
T'otschlag *m* **-s** *drejt* vrasje pa rrethana cilësuese.
t'otschlagen* *vt ndash* rrah për vdekje, vdes në dru; *fig bis* **die Zeit totschlagen** kaloj kohën, heq mërzinë.
t'otschweigen* *vt ndash* kaloj në heshtje (*një çështje etj.*).
t'otstellen, sich *vrefl ndash* shtirem si i vdekur.
T'otentuch *n* **-(e)s, -tücher** qefin.
Tour [*tur*] *f* =, **-en** 1) xhiro, shëtitje, udhëtim rreth e rrotull; 2) *tek* rrotullim (*i një makine etj.*); *fig bis* **auf Touren kommen** vihet në lëvizje; 3) *fig bis* mënyrë, sjellje; **kommt mir nicht auf die schmeichlerische Tour!** mos më eja me lajka (*se nuk nxjerr gjë*)!; 4) : *fig bis* **in einer Tour** pa pushim.
Tourismus [*tur'ismus*] *m* **-s** turizëm.
Tourist [*tur'ist*] *m* **-en, -en** turist.
Touristik [*tur'istik*] *f* = turizëm (*probleme të turizmit*).
touristisch [*tur'istish*] *a* turistik.
Tournee [*turn'e*] *f* =, **-s** *dhe* **-n** turne.
Trab *m* **-(e)s** trok; **im Trabe** trokthi; **sich in Trab setzen** e marr trokthi.
Trab'ant *m* **-en, -en** 1) *astr* satelit; 2) trabant (*model veture nga RDGJ*).
tr'aben *vi* **(h, s)** vrapon, rend trokthi.
Tr'aber *m* **-s,** = kalë që vrapon, që rend trokthi.
Tr'abrennen *n* **-s,** = trok, vrap trokthi.
Tracht I *f* =, **-en** kostum (*kombëtar etj*).
Tracht II *f* =, **-en** barrë, vandak (*dru etj.*); *fig bis* **eine Tracht Prügel** dru, dajak.
tr'achten *vt* **(h)** 1) përpiqem; **er trachtete ihn zu töten** u përpoq ta vriste; **(nach D)** synoj të arrij (*diçka*); **all sein Trachten war darauf gerichtet, berühmt zu werden** gjithë përpjekjet e tij synonin që të bëhej i famshëm.
tr'ächtig *a* barrsë, mbratë (*lopë etj.*).
Traditi'on = en traditë; **an der Tradition festhalten** i përmbahem traditës.
tradition'ell *a* tradicional.
traf *sh* **treffen***.
Tr'agbahre *f* =, **-n** tezgë, vig.
tr'agbar *a* 1) portativ (*aparat, makinë etj.*); 2) që mund të mbahet, që mund të vishet (*kostum etj.*); 3) i durueshëm.
tr'äg(e) *a* i flashkët, i plogët; **träge Masse** masë inerte.
tr'agen* 1. *vt* 1) mbaj; **die Füße tragen ihn kaum** atë mezi e mbajnë këmbët; **schlanke Säulen**

tragen das Dach shtylla elegante mbajnë çatinë; **die Brücke trägt ein Gewicht von nur 10 Tonnen** ura mban vetëm një peshë prej 10 tonësh; **den Namen des Vaters tragen** mbaj emrin e babait; **die Schuld (an etwas) tragen** mbaj përgjegjësinë (*për diçka*); **Trauer tragen** mbaj zi; *fig* **den Kopf hoch tragen** mbaj ballin lart; **das Haar lang tragen** i mbaj flokët të gjatë; **einen Gegenstand stets bei sich tragen** mbaj një send gjithnjë me vete; 2) vesh; mbath; **sie trägt helle Kleider** ajo vesh rroba të çelëta; **getragene Kleider** rroba të përdorura, të mbajtura; 3) : **der Baum trägt Früchte** pema ka lidhur kokrra; *fig* **die Sache hat Früchte getragen** puna ka dhënë fryt; 4) bart, shpie, çoj; **nach Hause tragen** çoj në shtëpi; **jemanden zu Grabe tragen** shtie dikë në dhe; **ein Paket zur Post tragen** shpie një pako në postë; 5) : **die Kosten tragen** paguaj shpenzimet; **einer Sache Rechnung tragen** marr parasysh një çështje; **Sorge für etwas tragen** kujdesem për diçka; **Verlangen nach etwas tragen** dëshiroj diçka; **Bedenken tragen** dyshoj; **zur Schau tragen** tregoj; 6) *fig* duroj; **ein Unglück tapfer tragen** duroj një fatkeqësi si burrat; 2. *vi* **(h)** 1) mban (*akulli etj.*); 2) lidh kokrra (*pema*); prodhon (*ara etj.*); **die Kuh ist tragend** lopa është barrsë; 3) tingëllon, dëgjohet (*mirë, keq, larg*) (*zëri*); arrin (*larg etj.*) (*topi etj.*); **die tragende Idee** ideja kryesore; **eine tragende Stimme** një zë i fortë; **getragene Melodie** melodi e zvargur; 3. *vrefl* **sich tragen** 1) nxjerr shpenzimet (*një ndërmarrje etj.*); 2) vishet, duket mirë në shtat (*një rrobë etj.*); 3) : **sich mit einem Gedanken tragen** bluaj një mendim.

Tr'äger *m* **-s, =** 1) mbajtës kryesor (*tra etj.*); 2) titullar (*i një urdhëri, titulli etj.*); 3) hamall; 4) përçues (*i një ideje etj.*); 5) tirandë.

tr'agfähig *a* i aftë të mbajë një peshë të caktuar (*urë, tra etj.*).

Tr'agfähigkeit *f* = aftësi mbajtëse (*e një ure etj.*).

Tr'agfläche *f* =, **-n** *av* sipërfaqe bartëse.

Tr'ägheit *f* = 1) plogështi; 2) *fiz* inerci.

Tr'agik = tragjizëm, tragjicitet (*i një gjendjeje etj.*).

Tr'agiker *m* **-s, =** autor tragjedish.

tr'agikomisch *a* tragjikomik.

Tragikom'ödi/e *f* =, **-n** tragjikomedi.

tr'agisch 1. *a* tragjik; **tragisches Ende** fund tragjik; **tragische Rolle** rol tragjik; 2. *adv* në mënyrë tragjike; *fig bis* **nimm es nicht so tragisch** mos e merr (në mënyrë) kaq tragjike.

Tr'agkraft *f* = *tek* forcë bartëse; forcë ngritëse, fuqi ngritëse.

Trag'ödi/e *f* =, **-n** tragjedi.

trägt *sh* **tragen***

Tr'agweite *f* = 1) *usht* largësi e qitjes (*së pushkës, topit etj.*); 2) *fig* rëndësi, ndikim; **ein Geschehen von großer Tragweite** një ngjarje me rëndësi të madhe.

Train [*tren*] *m* **-s, -s** *usht* karvan; autokolonë.

Trainer [*tr'enër*] *m* **-s, =** *sport* trainer.

train'ieren [*tre-*] 1. *vt* ushtroj, stërvis; 2. *vi* **(h)** ushtrohem, stërvitem.

Training [*tr'ening*] *n* **-s, -s** *sport* stërvitje.

Trainingsanzug [*tr'en-*] *m* **-e(s), -züge** *sport* kostum stërvitjeje.

Trakt *m* **-s, -e** krah, pjesë anësore (*e një ndërtese*).
trakt'ieren *vt* 1) marr (*me të keq, me të mirë*); 2) *vjet* **(mit D)** gostis, qeras (*me verë etj.*); *bis* **jemanden mit Vorwürfen traktieren** mërzis dikë me qortime.
Tr'aktor *m* **-s, -t'oren** traktor.
tr'ällern *vt, vi* **(h)** këndoj me vete, këndoj pa fjalë.
Tram *f* **=, -s, Trambahn** *f* **=, -en** tramvaj.
Tr'ampel *m* **-s, =** *bis* (*njeri*) i trashë, i pagdhendur.
tr'ampeln 1. *vi* **(h, s)** përpjek, përplas këmbët; **auf den Boden trampeln** përplas këmbët për tokë; 2. *vt* shkel (*lulet, borën etj.*).
Tran *m* **-(e)s, -e** vaj peshku; *fig bis* **im Tran sein** a) jam tapë; b) vdes për gjumë.
Trance [*trâns*] *f* **=** gjendje gjumi (*në hipnozë*).
tranchieren [*trâsh'irën*] *vt* pres me thikë (*mishin etj.*).
Tr'äne *f* **=, -n** lot; **wir haben Tränen gelacht** kemi qeshur me lot; **Tränen vergießen** derdh lot; **in Tränen ausbrechen** shpërthej në vaj, ia plas vajit.
tr'änen *vi* **(h)** përlotet, loton (*syri*).
Tr'änenfluß *m* **-sses** lumë, rrëke lotësh.
Tr'änengas *n* **-es, -e** gaz lotsjellës.
tr'änenvoll *a* i përlotur.
trank *sh* **trinken*.**
Trank *m* **-(e)s, Tränke** pije; **einen Trank brauen** përgatis një pije; **Speis' und Trank** të ngrënë e të pirë; *fig* **bitterer Trank** pije e hidhur.
Tr'änke *f* **=, -n** lug, koritë (*për të pirë kafshët*).
tr'änken *vt* 1) i jap, e çoj të pijë (*kafshën*); 2) njom (*kafshatën*).
Transakti'on *f* **=, -en** transaksion.
Transf'er *m* **-s, -s** *ek* transferim (*valute etj.*).
transfer'ieren *ek* transferoj (*valutë etj*).
Transform'ator *m* **-s, -t'oren** *el* transformator.
Transfusi'on *f* **=, -en** *mjek* transfuzion (*gjaku*).
transit'iv *a gram* kalimtare, tranzitive (*folje*).
transpar'ent *a* i tejdukshëm.
Transpar'ent *n* **-(e)s, -e** banderolë (*me parullë etj.*).
transpir'ieren *vi* **(h)** djersitem.
Transplantati'on *f* **=, -en** *mjek* transplantim (*i një organi*).
transplant'ieren *vt mjek* transplantoj (*një organ*).
Transp'ort *m* **-(e)s, -e** transport.
transport'abel *a* portativ (*televizor etj.*).
transport'ieren *vt* transportoj.
Trap'ez *n* **-es, -e** *mat, sport* trapez.
tr'appeln *vi* **(h)** eci me hapa të shkurtër e të shpejtë.
Trar'a *n* **-s** *bis* zhurmë, potere.
Tr'asse *f* **=, -n** vijë, trasé (*e rrugës, e hekurudhës etj.*).
trat *sh* **treten*.**
Tratsch *m* **-es** llafe; *bis* **Klatsch und Tratsch** thashetheme.
tr'atschen *vi* **(h)** *bis* merrem me thashetheme.
Tr'aube *f* **=, -n** 1) *bot* vile; 2) rrush; 3) *fig* grumbull (*njerëzish etj.*); **von dem Schalter stand eine Traube von Menschen** para sportelit ishin mbledhur një grumbull njerëzish.
Tr'aubenkirsche *f* **=, -n** *bot* qershi e egër.
Tr'aubenzucker *m* **-s** glukozë.
tr'auen I 1. *vi* **(h) (D)** besoj, kam besim (*te dikush, në diçka*); **ich traute meinen Augen kaum, als ich sah ...** nuk u besova syve, kur pashë ...; 2. *vrefl* **sich trauen** guxoj;

er traute sich nicht, sie zu fragen nuk guxoi ta pyeste; **ich traue mich nicht aus dem Haus** s'guxoj të dal nga shtëpia.

tr'auen II *vt* martoj, i vë kurorë; **sich auf dem Standesamt trauen lassen** bëj celebrimin në zyrën e gjendjes civile.

Tr'auer *f* = 1) hidhërim, pikëllim; **in tiefer Trauer** me pikëllim të thellë; 2) zi; **Trauer anlegen** vishem në zi; **die Trauer ablegen** heq zinë; **Trauer haben** jam në zi; **Trauer tragen** mbaj zi.

Tr'aueranzeige *f* =, **-n** lajmërim vdekjeje.

Tr'auerbirke *f* =, **-n** *bot* mështekën lotuese.

Tr'auerbotschaft *f* =, **-en** lajm i vdekjes, mandatë.

Tr'auerkloß *m* **-es, -klöße** *bis* qaraman (*njeri*).

Tr'auermarsch *m* **-es, -märsche** marsh i përmortshëm.

tr'auern *vi* **(h)** 1) **(über A)** vajtoj (*vdekjen e dikujt*); 2) mbaj zi.

Tr'auernachricht *f* =, **-en** *sh* **Trauerbotschaft.**

Tr'auerrede *f* =, **-n** fjalim i përmortshëm.

Tr'auerspiel *n* **-s, -e** tragjedi.

Tr'auerweide *f* =, **-n** 1) *bot* shelg lotues; 2) *fig bis* qaraman.

Tr'auerzug *m* **-(e)s, -züge** varg, procesion i përmortshëm.

Tr'aufe *f* =, **-n** ulluk uji.

tr'äufeln 1. *vt* pikoj (*një bar etj.*); 2. *vi* **(h)** pikon (*uji nga çatia etj.*).

tr'aulich *a* 1) i rehatshëm; 2) i përzemërt (*bisedë etj.*); intim (*rreth*).

Traum *m* **-(e)s, Träume** 1) ëndërr; **einen Traum haben** shoh një ëndërr; **er ist mir im Traum erschienen** m'u shfaq në ëndërr; *fig bis* **das fällt mir nicht im Traum ein!** as që më shkon kurrë mendja!; **im Traum reden** flas në gjumë; 2) *fig* dëshirë e flaktë, ëndërr; **es war immer mein Traum, Albanien zu sehen** gjithnjë kam pasur dëshirë të shihja Shqipërinë.

Tr'auma *n* **-s, Traumata** *dhe* **Traumen** *mjek* traumë.

Tr'aumbild *n* **-(e)s, -er** ëndërr, vegim.

tr'äumen *vt, vi* **(h)** 1) shoh ëndërr; **mit offenen Augen träumen** shoh ëndrra me sy hapur; **ich träumte (mir träumte), daß ...** pashë ëndërr sikur ...; 2) : *fig* **das hatte ich mir nicht träumen lassen!** nuk më kishte shkuar mendja kurrë!; *fig* **du hast wieder mal geträumt!** prapë nuk e paske pasur mendjen!

Tr'äumer *m* **-s,** = ëndërrues, ëndërrimtar.

Träumer'ei *f* =, **-en** ëndërrime.

tr'äumerisch *a* 1) ëndërrues; 2) i përhumbur në mendime.

tr'aumhaft *a* si në ëndërr.

tr'aumverloren *a* i përhumbur në mendime.

tr'aumwandlerisch : *shpr* **mit traumwandlerischer Sicherheit** me siguri të plotë.

tr'aurig *a* 1) i pikëlluar, i trishtuar; **ein trauriges Gesicht** një fytyrë e trishtuar; 2) i trishtueshëm; **eine traurige Jugend** rini e trishtueshme; 3) i mjerueshëm; **ein trauriger Rest** mbeturinë e mjerueshme; 4) për të ardhur keq; **es ist traurig, daß es so kommen mußte** është për të ardhur keq që ndodhi kështu.

Tr'aurigkeit *f* = pikëllim, trishtim.

Tr'auring *m* **-(e)s, -e** unazë, rreth martese.

Tr'auschein *m* **-(e)s, -e** dëshmi martese.

traut *a* 1) *poet* i shtrenjtë, i dashur; **trauter Freund** mik i dashur; 2) i rehatshëm, i ngrohtë (*shtëpi, vend etj.*).

Tr'auung *f* =, **-en** celebrim, vënie kurore, martesë.

Tr'auzeuge *m* **-n, -n** dëshmitar i martesës.

Travest'ie [*-ve-*] *f* =, **-n** *let* parodi.

Treck *m* **-s, -s** ekzod.

Tr'ecker *m* **-s,** = traktor.

tr'effen* 1. *vt* 1) qëlloj, godas, i bie; **das Ziel treffen** qëlloj në shenjë; **vom Blitz getroffen** i goditur nga rrufeja; **du triffst es heute gut (schlecht)** sot erdhe në kohë (jo në kohë); **den richtigen Ton treffen** gjej tonin e përshtatshëm; **ihn trifft kein Vorwurf** ai s'ka të sharë; 2) prek; **jemanden an seiner schwachen Seite treffen** prek dikë në pikën e dobët; **sich getroffen fühlen** e ndiej veten të prekur; 3) takoj, gjej (*në shtëpi etj.*); **ihn traf ein Unglück** e gjeti një fatkeqësi; 4) (*më*) drejtohet, (*më*) takon; **die Bemerkung trifft ihn** vërejtja i drejtohet atij; **wen trifft die Schuld?** kush e ka fajin?; 5) e gjej, i bie më të; **du hast es getroffen!** e gjete!; 6) : **das Bild ist gut getroffen** fotografia është e qëlluar; 7) *shpr* : **ein Abkommen treffen** arrij një marrëveshje; **Anstalten (Maßnahmen, Vorkehrungen) treffen** marr masa; **Anordnungen (Verfügungen, Dispositionen) treffen** jap urdhra; 2. *vi* **(h) : auf jemanden, auf etwas (A) treffen** takoj, has dikë, diçka; 3. *vrefl* **sich treffen** 1) takohemi, mblidhemi (*për një festë etj.*); 2) : **es traf sich, daß ...** ndodhi që ...; **es trifft sich gut** është me vend (*një fjalë etj.*).

Tr'effen *n* **-s,** = 1) goditje në shenjë; 2) të rënët më të; 3) takim; mbledhje e gjerë; 4) *sport* ndeshje; 5) *usht* përpjekje (*me armikun*); 6) : *fig* **etwas ins Treffen führen** paraqes diçka si provë.

tr'effend *a* i drejtë, me vend (*fjalë, vendim etj.*).

Tr'effer *m* **-s,** = 1) goditje në shenjë; 2) *fig* fitore; 3) numër fitues (*i një lotarie etj.*).

tr'efflich *a* i përsosuri, shkëlqyer.

Tr'efflichkeit *f* = përsosuri, të qenët i shkëlqyer.

Tr'effpunkt *m* **-(e)s, -e** pikëpjekje.

Tr'effschuß *m* **-sses, -schüsse** goditje në shenjë.

tr'effsicher *a* 1) i sigurt në të qëlluar; 2) *fig* me vend (*fjalë etj.*); i drejtë (*gjykim etj.*).

Tr'effsicherheit *f* = 1) siguri në të qëlluar; 2) *fig* të qenët me vend, i drejtë.

tr'eiben* 1. *vt* ngas; **jemanden in die Enge treiben** zë ngushtë dikë; **jemanden in den Tod treiben** shpie në varr dikë; **Vieh in den Stall treiben** fus gjënë e gjallë në stallë; **vor sich (D) her treiben** vë përpara; 2) ndjek (*gjahun*); 3) shtyj, nxis; **das Kind beim Lernen treiben** nxis fëmijën të mësojë; **jemanden zur Eile treiben** nxitoj dikë; **die Sehnsucht trieb mich nach Hause** malli më shtyu të kthehesha në shtëpi; **den Ball treiben** i bie topit; **Preise in die Höhe treiben** ngre çmimet; **treibende Kraft** forcë lëvizëse; 4) dëboj (*nga vendi*); përzë (*nga shtëpia*); 5) ngul (*një gozhdë në mur etj.*); **einen Tunnel durch den Berg treiben** hap një tunel përmes malit; 6) rrah (*metalin*); 7) lëshon (*pema rrënjë etj.*); çel (*lule etj.*); nxjerr (*gjethe etj.*); 8) merrem me (*muzikë, sport* etj.); **was treiben Sie?** me se merreni?, ç'bëni?; **Handel treiben (mit etwas)** bëj tregti (*me diçka*); *fig* *bis* **sie haben es monatelang miteinan-**

der getrieben ka muaj që ata kanë marrëdhënie; *fig bis* **er wird es nicht lange mehr treiben** ai nuk do ta ketë të gjatë; 9) : **mit etwas (D) Mißbrauch treiben** shpërdoroj diçka; **Spaß treiben** zbavitem, tallem, bëj shaka; **etwas (bis) zum äußersten, auf die Spitze treiben** çoj diçka gjer në fund; **etwas zu weit, zu arg, treiben** e teproj me diçka; **Spott mit jemandem treiben** tallem me dikë; **Ehebruch treiben** shkel kurorën; 2. *vi* **(s, h)** 1) më merr (*era, rryma etj.*); **im Strom treiben** shkoj sipas rrymës (*edhe fig*); **die Menschenmasse fing zu treiben an** turma u dynd; 2) mbin (*bima*); **die Saat fängt an zu treiben** të mbjellat kanë filluar të mbijnë; 3) vjen (*buka etj.*); fermenton (*birra etj.*).

Tr'eiben *n* **-s, =** 1) jetë e lëvizje; 2) vajtje e ardhje.

Tr'eiber *m* **-s, =** 1) ai që ngre gjahun; 2) qiraxhi (*mushkash etj.*).

Tr'eibhaus *n* **-es, -häuser** *bot* serrë.

Tr'eibholz *n* **-es** lëndë druri që transportohet nëpër lumë.

Tr'eibmine *f* **=, -n** *usht* minë mbiujëse.

Tr'eibriemen *m* **-s, =** *tek* rrip transmisioni.

Tr'eibstoff *m* **-s, -e** karburant.

tr'eideln *vt* tërheq (*barkën anës lumit*).

tremul'ieren *vi* **(h)** dredh zërin.

Trenchcoat [*tr'ençkout*] *m* **-(s), -s** pardësy.

Trend *m* **-s** prirje (*e një zhvillimi*).

tr'ennbar *a* i ndashëm; i pjesëtueshëm.

tr'ennen 1. *vt* 1) ndaj; **ein Bach trennt die beiden Grundstücke** një përrua i ndan dy pronat; **Streitende, Kämpfende trennen** ndaj ata që zihen, që rrihen; 2) ndaj, veçoj; **jemanden von jemandem, etwas von etwas anderem trennen** ndaj dikë nga dikush, diçka nga diçka tjetër; **wir führen getrennte Kasse** paguajmë secili për vete; 3) shqis; shqep; 4) dalloj (*një kuptim etj.*); 5) zbërthej (*një element kimik etj.*); 6) ndërpres (*një bisedë telefonike etj.*); 2. *vrefl* : **sich trennen (von D)** ndahem (*prej dikujt ose diçkaje*); **unsere Wege trennen sich hier** këtu rrugët tona ndahen; **er hat sich von seiner Frau getrennt** ai është ndarë nga gruaja.

Tr'ennung *f* **=, -en** 1) ndarje; 2) veçim; 3) shqitje, shqepje; 4) dallim; 5) zbërthim; 6) ndërprerje; 7) ndarje (*nga gruaja etj.*).

Tr'ennungslini/e *f* **=, -n** vijë ndarëse.

Tr'ennungsstrich *m* **-(e)s, -e** vizë ndarëse.

Tr'ense *f* **=, -n** ngojëz (*e kalit*).

trepp'ab *adv* shkallëve tatëpjetë.

trepp'auf *adv* shkallëve përpjetë.

Tr'eppe *f* **=, -n** shkallë; **die Treppe hinauf-, hinuntergehen** ngjis, zbres shkallët; **zwei Treppen hoch** në katin e tretë; *fig bis* **die Treppe hinauffallen** largohem me ngritje (*nga një punë etj.*).

Tr'eppenabsatz *m* **-es, -sätze** shesh i shkallës.

Tr'eppengeländer *n* **-s, =** parmak i shkallëve.

Tr'eppenhaus *n* **-s, -häuser** hapësirë e shkallëve.

Tres'or *m* **-s, -e** kasafortë.

Tr'esse *f* **=, -n** 1) gajtan; 2) *usht* gradë; *bis* **die Tressen bekommen** gradohem nënoficer; *fig* **jemandem die Tresse herunterreißen** i heq dikujt gradat, zhgradoj dikë.

tr'eten* 1. *vi* **(h, s)** 1) eci; **zu jemandem treten** shkoj te dikush; **bitte treten Sie näher!** afrohuni, julutem; *fig* **jemandem zu nahe treten** fyej dikë; 2) shkel; **auf eine Blume, einen Käfer treten** shkel një lule, një insekt; **nicht auf den Rasen treten!** mos shkelni barin!; **hier weiß man nicht, wohin man treten soll** këtu s'di se ku të vësh këmbën; 3) dal; **aus dem Haus, Zimmer treten** dal nga shtëpia, nga dhoma; **die Tränen traten ihm in die Augen** i shpëtuan lotët; **in den Vordergrund treten** dal në plan të parë (*edhe fig*); **der Fluß ist über die Ufer getreten** lumi ka dalë nga shtrati; **vor den Spiegel treten** dal, shihem në pasqyrë; **zur Seite treten** dal mënjanë; **zutage treten** dal në pah, në dritë; 4) hyj; **ins Haus, Zimmer treten** hyj në shtëpi, në dhomë; **in Kraft treten** hyn në fuqi (*ligji etj.*); **in den Stand der Ehe treten** martohem; 5) kapërcej; **über die Schwelle treten** kapërcej pragun; 6) : **ins Leben treten** lind, lej; **mit jemandem in Beziehungen treten** lidh marrëdhënie me dikë; **nach jemandem treten** shkelmoj dikë; 2. *vt* 1) shkel; **einen Weg (durch den Schnee) treten** shkel një rrugë (*përmes borës*); **jemanden auf den Fuß treten** i shkel dikujt këmbën; **den Takt treten** rrah, mbaj kohën; 2) : *fig* **jemanden treten** shtyj dikë (*të bëjë diçka*); 3) shtyp (*me këmbë*); **die Kelter treten** shtyp rrushin; 4) i bie me shkelm; **jemanden in dem Bauch treten** i bie dikujt me shkelma barkut; *fig* **jemanden mit Füßen treten** marr nëpër këmbë dikë.

Tr'etmühle *f* =, **-n** *bis* rutinë.

treu 1. *a* 1) besnik; **den Grundsätzen treu bleiben** u qëndroj besnik parimeve; **ein treuer Mann** burrë besnik; 2) i vërtetë; **treue Freundschaft** miqësi e vërtetë; 3) i sigurt; **eine Sache zu treuen Hände übergeben** lë diçka në dorë të sigurt; 2. *adv* me besnikëri.

Tr'eubruch *m* **-(e)s -brüche** besëthyerje, pabesi.

tr'eubrüchig *a* i pabesë.

Tr'eue *f* = besë, besnikëri; **die Treue brechen** thyej besën; **jemandem die Treue geloben** i jap besën dikujt; **jemandem die Treue halten** i mbaj besën dikujt; **jemandem etwas auf Treu und Glauben überlassen** lë diçka në mirëbesimin e dikujt.

Tr'eueid *m* **-(e)s, -e** betim i besnikërisë.

Tr'euhänder *m* **-s,** = administrator i një prone.

tr'euherzig *a* zemërçelur, i çiltër, i padjallëzuar.

Tr'euherzigkeit *f* = çiltërsi.

tr'eulich *adv* besnikërisht, me besnikëri; **treulich warten** pres me besnikëri.

tr'eulos *a* i pabesë; **treuloser Freund** mik i pabesë.

Tr'eulosigkeit *f* = pabesi.

Tr'iangel *m* **-s,** = *muz* trekëndësh.

Trib'üne *f* =, **-n** tribunë.

Trib'ut *m* **-s, -e** 1) haraç, tribut; **Tribut zahlen** paguaj haraç; 2) *fig* nderim, respekt.

trib'utpflichtig *a* që paguan haraç, tributar.

Tr'ichter *m* **-s,** = 1) hinkë; 2) krater (*vullkani*); 3) gropë (*bombe*).

tr'ichterförmig *a* në trajtë hinke, konike.

Trick *m* **-s, -s** 1) marifet; 2) hile; **es ist ein Trick dabei** këtu ka një hile.

trieb *sh* **treiben*.**

Trieb I *m* **-(e)s, -e (zu D)** 1) prirje (*për diçka*); 2) shtytje, nxitje; 3) : **natürlicher Trieb** shtysë, instinkt;

4) *bis* qejf; **ich habe nicht den geringsten Trieb dazu** s'kam aspak qejf për këtë.
Trieb II *m* **-(e)s, -e** *bot* filiz.
Trieb III *m* **-(e)s, -e** *tek* transmision.
Tr'iebfeder *f* **=, -n** zemberek (*ore etj.*).
tr'iebhaft *a* instinktiv (*lëvizje, njeri etj.*).
Tr'iebkraft *f* **=, -kräfte** forcë lëvizëse (*edhe fig*).
Tr'iebrad *n* **-(e)s, -räder** *tek* rrotë aktive.
Tr'iebwagen *m* **-s, =** vagon vetëlëvizës, autovagon.
Tr'iebwerk *n* **-(e)s, -e** 1) mekanizëm i orës; 2) motor (*i aeroplanit etj.*).
tr'iefäugig *a* sypërlotur.
tr'iefen* *vi* **(h)** pikon, kullon, rrjedh; **er triefte von Schweiß** i kullonte djersa pikë-pikë; **triefend naß** i lagur qull.
trifft *sh* **treffen***.
Trift *f* **=, -en** kullotë.
tr'iftig *a* i bazuar, që qëndron (*argument etj.*); **triftiger Grund** arsye bindëse.
Trigonometr'ie *f* **=** trigonometri.
Trikot [*-k'o*] *m* **-s, -s** triko.
Tr'iller *m* **-s, =** 1) *muz* tril; 2) cërcërim (*i zogut*).
tr'illern *vi* **(h)** 1) këndoj me zë të dredhur; 2) cërcërin (*zogu*).
tr'immen *vt* 1) rregulloj (*një dhomë etj.*); 2) përgatis (*një anije për lundrim etj.*); 3) qeth (*qenin*).
tr'inkbar *a* i pijshëm (*ujë etj.*).
tr'inken* 1. *vt* pi (*ujë, verë etj.*); *fig* **die Erde trinkt den Regen** dheu e pi ujin e shiut; **auf jemandes Wohl trinken** pi për shëndetin e dikujt; 2. *vi* **(h)** pi; **er trinkt gern** ai pi; **sich das Trinken angewöhnen** zë të pi.
Tr'inker *m* **-s, =** pijanec.
Tr'inkgelage *n* **-s, =** zdërhallje.
Tr'inkgeld *n* **-(e)s, -er** bakshish.
Tr'inkhalm *m* **-(e)s, -e** fije kashte (*për të pirë*).
Tr'inkspruch *m* **-(e)s, -sprüche** dolli (*për nder të dikujt*).
Tr'inkwasser *n* **-s** ujë i pijshëm.
Tr'io *n* **-s, -s** *muz* trio.
Trip *m* **-s, -s** udhëtim i shkurtër.
tr'ippeln *vi* **(h, s)** ecën me hapa të shkurtër e të shpejtë (*fëmija etj.*).
Tr'ipper *m* **-s** *mjek* blenorragji.
Tr'iptyk *n* **-s, -s** *dhe* **Tr'iptychon** *n* **-s, -chen** *art* triptik.
trist *a* i trishtuar.
Tr'iste *f* **=, -n** *aust* mullar kashte.
tritt *sh* **treten***
Tritt *m* **-(e)s, -e** 1) hap; **Tritt halten** mbaj hapin; **man hörte Tritte** u dëgjuan hapa; **auf Schritt und Tritt** (në) çdo hap; 2) gjurmë; **Tritte auf Schnee** gjurmë në borë; 3) shkelm; **jemandem einen Tritt geben** i bie me shkelm dikujt; 4) pedal (*i një vegle muzikore*); shkallëz (*e karrocës*).
Tr'ittbrett *n* **-(e)s, -er** shkallëz (*autobusi etj.*).
Tri'umph *m* **-(e)s, -e** triumf.
triumph'al *a* triumfal.
Tri'umphbogen *m* **-s, =** *dhe* **-bögen** hark i triumfit.
triumph'ieren *vi* **(h)** triumfoj.
Tri'umphzug *m* **-(e)s, -züge** vargan triumfal.
trivi'al [*-vi-*] *a* bajat, rëndomtë, i cekët (*mendim etj.*).
Trivialit'ät [*-vi*] *f* **=, -en** 1) *vetëm sing* cektësi (*e një libri etj.*); 2) fjalë bajate.
Trivi'alliteratur [*-vi*] *f* **=** letërsi popullore, pa vlerë artistike.
tr'ocken *a* 1) i thatë, i terur; **das Brot trocken essen** e ha bukën thatë; **die Kuh steht trocken** lopës i ka shteruar qumështi; **trockenes Land** stere; *fig* *bis* **auf dem trocknen sein (sitzen)** jam trokë;

2) *fig* i thatë (*raport, përgjigje etj.*).

Tr'ockendock *n* **-s, -s** *det* dok i thatë.

Tr'ockenheit *f* = thatësirë.

Tr'ockenkammer *f* **=, -n** dhomë e tharjes.

tr'ockenlegen *vt ndash* thaj (*një kënetë etj.*); **ein Kind trockenlegen** i ndërroj pelenat foshnjës.

Tr'ockenlegung *f* **=, -en** tharje (*e kënetës etj.*).

Tr'ockenmilch *f* = qumësht pluhur.

tr'ocknen 1. *vt* thaj, ter (*flokët, rrobat, frutat etj.*); 2. *vi* **(s)** thahem, terem; **an der Sonne trocknen** thahem në diell; 3. *vrefl* **sich trocknen** thahem, terem.

Tr'oddel *f* **=, -n** tufë, xhufkë.

Tr'ödel *m* **-s** rrangallë; *bis* **der ganze Trödel** tërë rraqet; 2) : *fig bis* **ich habe den ganzen Trödel satt** m'u mërzit ky avaz.

Tr'ödelmarkt *m* **-(e)s, -märkte** pazar plaçkash të vjetra.

tr'ödeln *vi* **(h)** 1) shes plaçka të vjetra; 2) *bis* e marr shtruar; humb kohë.

Tr'ödler *m* **-s, =** shitës plaçkash të vjetra.

trog *sh* **trügen*.**

Trog *m* **-(e)s, Tröge** koritë, lug.

Troll *m* **-(e)s, -e** *mit* trol.

tr'ollen 1. *vi* **(s)** rend trokthi; 2. *vrefl* **sich trollen** iki, largohem (*i turpëruar, i turbulluar etj.*).

Tr'olleybus [*-ej-*] *m* **-ses, -se** trolejbus.

Tr'ommel *f* **=, -n** 1) daulle, lodër; **die Trommel rühren (schlagen)** i bie daulles; 2) dollap (*revolveri etj.*).

Tr'ommelfell *n* **-(e)s, -e** 1) lëkurë e daulles; 2) *anat* daulle e veshit.

tr'ommeln 1. *vi* **(h)** 1) i bie daulles; 2) : *fig* **mit den Fäusten gegen die Tür trommeln** i bie derës me grushte; 2. *vt* i bie me daulle (*një takti etj.*).

Tr'ommelschlag *m* **-(e)s, -schläge** 1) rrahje e daulles; 2) gjëmë e daulles.

Tr'ommelschläger *m* **-s, =** daullexhi, ai që i bie daulles.

Tr'ommelschlegel *m* **-s, =** thupër, shkop i daulles.

Tr'ommelwirbel *m* **-s** të rëna të daulles.

Tr'ommler *m* **-s, =** daullexhi.

Tromp'ete *f* **=, -n** bori, trompetë; **die Trompete blasen** i bie borisë; *fig bis* **mit Pauken und Trompeten** me bujë, me shumë zhurmë.

Tromp'eter *m* **-s, =** borizan.

Tr'open *pl gjeogr* zonë tropikale.

Tropf *m* **-(e)s, Tröpfe** *bis* sylesh, leshko.

tr'öpfeln 1. *vi* **(s)** bie një pikë (*shi*); kullon pika-pika (*plaga etj.*); 2. *vt* **(in A)** pikoj një bar (*në sy etj.*).

tr'opfen 1. *vi* **(h, s)** bie, kullon pika-pika; 2. *vt* hedh pika-pika (*ilaçin etj.*).

Tr'opfen *m* **-s, =** 1) pikë (*shiu, uji etj.*); **es ist seit Wochen kein Tropfen Regen gefallen** ka një javë që s'ka rënë një pikë shi; **keinen Tropfen** asnjë pikë; *fig* **das ist nur ein Tropfen auf den heißen Stein** kjo është vetëm një pikë ujë; *fig* **guter Tropfen** verë e mirë; 2) bulë (*djerse*); 3) *mjek pl* pika; **Tropfen einnehmen** marr pika (*nga një ilaç etj.*).

tr'opfenweise *adv* me pika, pika-pika.

tr'opfnaß *a* i qullur.

Tr'opfstein *m* **-(e)s, -e** stalaktit.

Troph'ä/e *f* **=, -n** trofe (*kupë e fituar në një garë sportive etj.*).

tr'opisch *a* tropikal; **tropisches Klima** klimë tropikale; **tropische Pflanzen** bimë tropikale.

Troß *m* **-sses, -sse** 1) *usht vjet*

kolonë e mjeteve të prapavijës; 2) *fig* bashkudhëtarë, përkrahës (*të një partie etj.*).

Tr'osse *f* =, **-n** pallamar (*litar i trashë i anijes*).

Trost *m* **-es** ngushëllim; **jemandem Trost bringen** ngushëlloj dikë; **bei jemandem, in etwas Trost finden** gjej ngushëllim te dikush, në diçka; *iron* **das ist ein schöner Trost!** bukur fort!; 2): *fig bis* **du bist wohl nicht (recht) bei Trost(e)?** luajte?!

tr'ostbringend *a* ngushëllues.

tr'östen 1. *vt* ngushëlloj; 2. *vrefl* **sich trösten (mit D)** ngushëllohem (*me diçka*); **sich über einen Verlust trösten** e fle mendjen për një humbje.

Tr'öster *m* **-s** = ngushëllues.

tr'östlich *a* ngushëllues.

tr'ostlos *a* i pangushëllueshëm (*njeri*); i pashpresë, i dëshpëruar (*gjendje etj.*); i hidhur (*fakt, ngjarje etj.*).

Tr'ostlosigkeit *f* = pangushëllueshmëri; të qenët i pashpresë, i dëshpëruar.

Tr'ostpreis *m* **-es, -e** çmim ngushëllimi (*për atë që nuk ka dalë i pari në një garë etj.*).

Trott *m* **-s** 1) trok (*i kalit*); 2) *fig* rutinë; **der tägliche Trott** rutina e përditshme.

Tr'ottel *m* **-s,** = budalla; *fig bis* **gutmütiger Trottel** babaxhan.

tr'ottelhaft *a* prej budallai; si budalla.

tr'otteln, tr'otten *vi* **(s, h)** 1) rend trokthi (*kali*); 2) *fig* eci ngadalë dhe i shkujdesur.

Trottoir [*-to'ar*] *n* **-s, -e** *vjet* trotuar.

trotz *präp* **(G, D)** me gjithë ...; **trotz aller Vorsicht stürzte er** me gjithë kujdesin ai u rrëzua; **trotz all(e)dem** megjithatë.

Trotz *m* **-es** 1) këmbëngulje; kryeneçësi; **zum Trotz** për inat; **kindischer Trotz** kryeneçësi foshnjarake; **seiner Warnung zum Trotz hat sie es doch getan** me gjithë paralajmërimin e tij ajo e bëri; 2) : *shpr* **jemandem oder einer Gefahr Trotz bieten** i dal përballë dikujt ose një rreziku.

tr'otzdem *conj* megjithatë; **es regnete zwar heftig, trotzdem gingen wir spazieren** binte shi i madh, (po) megjithatë ne dolëm shëtitje.

tr'otzen *vi* **(h)** 1) ngul këmbë (*fëmija etj.*); 2) kundërshtoj; i qëndroj (*klimës së ashpër etj.*); **diese Pflanzen trotzen auch der größten Kälte** këto bimë i qëndrojnë edhe të ftohtit më të madh; 3) : **einer Gefahr trotzen** i dal përpara një rreziku.

tr'otzig *a* kokëfortë, kryeneç; inatçi.

Trotzk'ismus *m* = trockizëm.

trotzk'istisch *a* trockist.

Tr'otzkopf *m* **-(e)s, -köpfe,** kryeneç, kokëfortë; **er ist ein Trotzkopf** ka një kokë ai!

tr'übe 1. *a* i turbullt (*lëng etj.*); i ngrysur, i vrenjtur (*mot etj.*); *fig bis* **im trüben fischen** peshkoj në ujë të turbullt; 2. *adv* : *fig* **trübe schauen** shoh turbull.

Tr'übe *f* = 1) llum; turbullirë; 2) vrenjtje, ngrysje.

Tr'ubel *m* **-s** rrëmujë; **in der Stadt war großer Trubel** në qytet kishte rrëmujë të madhe.

tr'üben 1. *vt* 1) turbulloj (*lëngun etj.*); 2) vesh (*xhamin etj.*); 3) *fig* turbulloj, prish (*qejfin, gëzimin etj.*); 2. *vrefl* **sich trüben** 1) turbullohet (*lëngu etj.*); 2) vishet, ngryset (*qielli*); 3) *fig* prishen (*marrëdhëniet etj.*).

Tr'übsal *f* =, **-e** turbullim, brengë, pikëllim, trishtim; *shpr* **Trübsal blasen** ndjell zi.

tr'übselig *a* 1) i trishtuar, i turbulluar, i pikëlluar; i zymtë; 2) i shkretë (*vend*); 3) i turbullt (*mot etj.*).

Tr'übseligkeit *f* = zymti; trishtim.

Tr'übsinn *m* -(e)s trishtim, pikëllim; mërzi, melankoli; **in Trübsinn fallen** bie në trishtim.

tr'übsinnig *a* i trishtuar, i mërzitur, i pikëlluar.

Tr'übsinnigkeit *f* = trishtim; mërzi.

Tr'übung *f* =, **-en** turbullim (*në kupt. të ndryshme*).

tr'udeln *vi* (**h, s**) *av* bie duke u rrotulluar (*aeroplani*).

Tr'üffel *f* =, **-n** *bot* tartuf.

trug *sh* **tragen***.

Trug *m* -(e)s 1) mashtrim; 2) iluzion.

Tr'ugbild *n* **-(e)s, -er** 1) iluzion; 2) ëndërr, shpresë e kotë; 3) fantazmë.

tr'ügen* *vt* mashtroj, gënjej; **wenn mich meine Erinnerung nicht trügt** në mos më gaboftë kujtesa; **der Schein trügt** pamja të gënjen.

tr'ügerisch, tr'üglich *a* mashtrues, i rremë (*shkëlqim, shpresë etj.*); **sich trügerischen Hoffnungen hingeben** shkoj me shpresa të kota.

Tr'ugschluß *m* **-sses, -schlüsse** përfundim i gabuar.

Tr'uhe *f* =, **-n** arkë, sënduk.

Tr'ümmer *pl* gërmadha, rrënoja; **von dem Haus, dem Schiff sind nur noch Trümmer vorhanden** nga shtëpia, anija kanë mbetur vetëm gërmadhat; **in Trümmer gehen** shkatërrohet; **in Trümmer schlagen** shkatërroj.

Tr'ümmerfeld *n* **-es, -felder** gërmadha.

Tr'ümmerhaufen *m* **-s**, = grumbull gërmadhash.

Trumpf *m* **-es, Trümpfe** atu; *fig* **den letzten Trumpf ausspielen** luaj gurin, kartën e fundit; *fig* **einen Trumpf in der Hand haben** kam një letër të fortë në dorë.

Trunk *m* 1) **-(e)s, Trünke** 1) pije; **frischer Trunk** pije freskuese; 2) **-(e)s** pije, të pirët; **einen Trunk tun** hedh një gotë; **sich dem Trunk ergeben** zë të pirët, jepem pas pijes.

tr'unken *a* 1) *vjet* i pirë; i dehur; 2) *fig* i dehur, i rrëmbyer (*nga gëzimi, entuziazmi etj.*).

Tr'unkenbold *m* **-(e)s, -e** pijanec, sarhosh.

Tr'unkenheit *f* = dehje (*edhe fig*); **wegen Trunkenheit am Steuer bestraft werden** dënohem për ngarje të makinës në gjendje të pirë.

Tr'unksucht *f* = alkoolizëm.

Trupp *m* **-s, -s** 1) grup; 2) *usht* skuadër.

Tr'uppe *f* =, **-n** 1) trupë (*aktorësh etj.*); 2) *usht* repart; **wieder bei der Truppe sein** kthehem në repart (*pas lejes*); 3) *pl* trupa; **neue Truppen an die Front werfen** hedh trupa të reja në front.

tr'uppweise *adv* në grupe; në skuadra.

Trust [*trast*] *m* **-s, -s** trust.

Tr'uthahn *m* **-(e)s, -hähne** *zool* gjel deti.

Tr'uthenne *f* =, **-n, Truthuhn** *n* **-(e)s, -hühner** *zool* pulë deti.

Tsch'eche *m* **-n, -n** çek.

tsch'echisch 1. *a* çek; 2. *adv* çekisht.

tsch'ilpen *vi* (**h**) cicëron (*zogu*).

T'ube *f* =, **-n** tubet (*për pastë dhëmbësh etj.*).

tuberkul'ös *a* *mjek* tuberkuloz (*njeri*); tuberkular (*lungë etj.*).

Tuberkul'ose *f* =, **-n** *mjek* tuberkuloz.

Tuch *n* 1) **-(e)s, -e** pëlhurë; 2) **-(e)s, Tücher** a) shami; **sich ein Tuch um den Hals, den Kopf binden** lidh një shami në qafë, në kokë; b) leckë; **jemandem ein feuchtes**

Tuch auf die Stirn legen i vë një leckë të lagur në ballë dikujt.

t'üchtig 1. *a* 1) i mirë, i shkathët (*punëtor etj.*); 2) **(in D)** i zoti, i aftë (*për diçka*); **ein tüchtiger Arzt** mjek i zoti; 2. *adv* mirë, paq; **tüchtig essen** ha mirë; **jemanden tüchtig verhauen** rrah paq dikë.

T'ücke *f* =, **-n** dhelpëri, djallëzi; rreng; **mit List und Tücke** me dredhi, me dinakëri.

t'uckern *vi* **(h)** ecën duke u tundur (*automobili etj.*).

t'ückisch *a* i pabesë.

T'uffstein *m* **-(e)s** shtuf.

T'ugend *f* =, **-en** virtyt; **ein Mann mit vielen Tugenden** burrë me shumë virtyte.

T'ugendbold *m* **-(e)s, -e** *përb* njeri që hiqet shumë i virtytshëm.

t'ugendhaft *a* i virtytshëm.

Tüll *m* **-s, -e** tyl (*për perde, rroba etj.*).

T'ülle *f* =, **-n** çip (*i ibrikut etj.*).

T'ulpe *f* =, **-n** 1) *bot* tulipan; 2) *fig* kupë.

t'ummeln 1. *vt* ngas për ta shkrifur (*kalin*); 2. *vrefl* **sich tummeln** 1) vrapoj andej këndej; 2) lodron (*fëmija*); 3) *fig bis* nxitoj; **tummle dich!** luaj!

T'ummelplatz *m* **-es, -plätze** 1) shesh lodrash (*për fëmijët*); 2) arenë, manezh.

T'umor *m* **-s, Tum'ore** *mjek* tumor.

T'ümpel *m* **-s,** = bërrakë.

Tum'ult *m* **-(e)s, -e** trazirë.

tumultu'arisch *a* 1) i turbullt (*ngjarje etj.*); 2) zhurmëmadh, i potershëm.

tun* 1. *vt* 1) bëj, kryej; **tu, was du willst!** bëj ç'të duash!; **ich habe mein Bestes, mein Möglichstes getan** kam bërë çmos; **Schaden tun** dëmtoj; **sonst bekommst du es mit mir zu tun!** ndryshe do të kesh punë me mua!; **ich habe noch zu tun** kam punë akoma; **damit habe ich nichts zu tun** s'kam të bëj me këtë; **des Guten zuviel tun** e teproj me të mira; 2) vë; **etwas auf etwas anderes tun** vë diçka mbi diçka tjetër; 3) hedh, shtie; **Salz an die Suppe tun** i hedh kripë supës; 4) bën, hyn në punë; **ein Stück Papier tut's auch** edhe një copë letër bën; **das allein tut's nicht** vetëm kjo nuk mjafton; 5) shtirem; **er tut nur so** ai vetëm sa shtiret; **er tat (so), als hätte er nichts gesehen** ai bëri sikur s'kishte parë gjë; 6) : **einen Schrei, Seufzer tun** lëshoj një britmë, nxjerr një psherëtimë; **es ist mir nur darum zu tun, daß ihm sofort geholfen wird** s'dua gjë tjetër veçse që ta ndihmojnë menjëherë; **es war ihm sehr darum zu tun, daß ...** për të kishte rëndësi të madhe që ...; **das tut nichts!** s'ka gjë!; **was tut's?** ç'të keqe ka?; **es ist um ihn getan** ka marrë fund puna e tij; 2. *vrefl bis* **sich tun** 1) : **er tut sich schwer mit dem Rechnen** e ka të vështirë njehsimin; 2) ndodh, bëhet; **was tut sich da?** ç'po bëhet këtu?

Tun *n* **-s** vepër; veprim; **heimliches Tun** veprim i fshehtë; **verräterisches Tun** tradhti; **sein Tun und Lassen** mënyra e tij e jetesës.

T'ünche *f* =, **-n** 1) sherbet gëlqereje; bojë (*e murit*); 2) *fig* pamje e jashtme.

t'ünchen *vt* lyej (*murin etj.*).

Tun'ell *n* **-s, -s** *krahin* tunel.

T'unichtgut *m* = *dhe* **-s, -e** *bis* i pahair.

t'unken *vt* 1) njom, ngjyej (*bukën me qumësht etj.*); 2) zhys; **jemanden oder etwas ins Wasser tunken** zhys dikë ose diçka në ujë.

t'unlich, tunlichst *adv* 1) mundësisht; 2) më mirë; **das wirst du tunlichst bleiben lassen** më mirë lëre këtë.

T'unnel *m* **-s, =** *dhe* **-s** tunel.

T'üpfelchen *n* **-s, =** pikë; *fig bis* **das Tüpfelchen auf dem i** pika mbi i.

t'upfen *vt* lyej (*pomadë në një plagë etj.*).

T'upfen *m* **-s, =** pikë; **ein Kleid mit roten Tupfen** një fustan me pika të kuqe.

Tür *f* **=, -en** derë; portë; **die Tür anlehnen** hap derën përgjysmë, e lë derën në zgrip; **jemandem die Tür weisen** i tregoj derën dikujt; **Tür an Tür mit jemandem wohnen** banoj ngjitur, derë më derë me dikë; **an die Tür gehen** shkoj të hap derën; *fig* **mit der Tür ins Haus fallen** i bie drejt (*muhabetit*); **von Tür zur Tür gehen** shkoj derë më derë; **jemanden vor die Tür setzen** dëboj, përzë dikë; **Politik der offenen Türen** politikë e dyerve të hapura.

T'ürangel *f* **=, -n** menteshë, çivi e derës.

T'urban *m* **-s, -e** çallmë.

Turb'ine *f* **=, -n** turbinë.

turbul'ent *a* i stuhishëm; i zhurmshëm (*mbledhje etj.*).

Turf *m* **-s** vrapore (*për vrapimet me kuaj*); vrapime me kuaj.

T'ürflügel *m* **-s, =** kanat i derës.

T'ürfüllung *f* **=, -en** mbushje e derës (*me dru, tallash etj.*).

T'ürgriff *m* **-(e)s, -e** dorezë e derës.

T'ürke *m* **-n, -n** turk.

Türk'is *m* **-es, -e** bruz (*gur i çmuar bojë qielli*).

t'ürkisch 1. *a* turk; 2. *adv* turqisht.

türk'isfarben *a* i bruztë.

T'ürklinke *f* **=, -n** dorezë e derës.

Turm *m* **-(e)s, Türme** 1) kullë; 2) kambanare; 3) *shah* kala.

t'ürmen I 1. *vt* vë pirg, vë grumbull, grumbulloj; 2. *vrefl* **sich türmen** mblidhen, grumbullohen (*retë etj.*).

t'ürmen II *vi* **(s)** *bis* ua mbath këmbëve.

t'urmhoch *a* i lartë sa një kala, shumë i lartë.

t'urnen *vi* **(h)** bëj gjimnastikë, ushtrime gjimnastikore (*me vegla*).

T'urner *m* **-s, =** gjimnast (*me vegla*).

t'urnerisch *a* gjimnastikor.

Turn'ier *n* **-s, -e** *sport* turne.

T'urnlehrer *m* **-s, =** mësues gjimnastike.

T'urnus *m* **=** *dhe* **-sses, -sse** radhë; **im Turnus** me radhë.

T'urnverein *m* **-s, -e** klub gjimnastikor.

T'ürrahmen *m* **-s, =** kasë, kornizë e derës.

T'ürschnalle *f* **=, -n** *aust* dorezë e derës.

T'urteltaube *f* **=, -n** *zool* turtull (*zog*).

Tusch *m* **-s, -e** *muz* fanfarë (*melodi*).

T'usche *f* **=, -n** bojë kine.

t'uscheln *vt, vi* **(h)** pëshpëris vesh më vesh.

t'uschen *vt, vi* **(h)** vizatoj, pikturoj me bojë kine.

T'üte *f* **=, -n** fishek, kaush; *fig bis* **das kommt nicht in die Tüte!** kjo nuk hyn këtu!

t'uten vt, *vi* **(h)** 1) i bie borisë; 2) fërshëllen (*lokomotiva etj.*).

T'üttel *m* **-s, =** *dhe* **T'üttelchen** *n* **-s, =** pikëz.

Tweed [*tvit*] *m* **-s** stof skocez.

Twen *m* **-(s), -s** midis njëzet e tridhjetë vjeç.

Twist *m* **-s, -s** tvist (*valle*).

Typ *m* **-s, -en** 1) tip; 2) njeri; **ein merkwürdiger Typ** njeri i çuditshëm; 3) : *bis* **sie ist (nicht) mein Typ** ajo (nuk) më pëlqen.

T'ype *f* **=, -n** *poligr* shkronjë.

T'yphus *m* = *mjek* tifo.
t'ypisch *a* tipik; **das ist typisch für ihn!** kjo (*mënyrë të vepruari etj.*) është e tij.
typis'ieren *vt* tipizoj.
Typis'ierung *f* =, **-en** tipizim.
Typograph'ie *f* = shtypshkronjë, tipografi.
typogr'aphisch *a* tipografik.
T'ypus *m* =, **-pen** *sh* **Typ**.
Tyr'ann *m* **-en, -en** tiran, despot, satrap.
tyr'annisch *a* tiranik.
tyrannis'ieren *vt* tiranizoj.

U

u. = **und**

u. a. 1) **und andere** e të tjerë (etj.); 2) **unter anderem** ndër të tjera.

u. ä. = **und ähnliches** e të tjera si këto.

u. a. m. = **und andere(s) mehr** e shumë të tjera.

U-Bahn *sh* **Untergrundbahn.**

übel 1. *a* i keq; **in eine üble Lage geraten** bie në një gjendje të keqe; **er war in übler Laune** ai ishte me të këqija; 2. *adv* keq; **etwas übel aufnehmen** marr diçka për keq; **das ist ihm übel bekommen** kjo i ka bërë keq; *bis* **er ist übel dran** ai e ka keq punën; **mir ist übel** a) s'e ndiej veten mirë; b) më vjen për të vjellë; **es steht übel mit ihm (um ihn)** ai s'i ka punët mirë, e ka pisk; **wohl oder übel** me të mirë a me të keq, do s'do.

Übel *n* **-s,** = 1) e keqe; **ein Übel mit der Wurzel ausreißen** zhduk një të keqe me rrënjë; **das ist von Übel** kjo s'është e mirë; 2) sëmundje; **ein chronisches Übel** një sëmundje kronike.

übelgelaunt *a* që s'është në qejf, qejfprishur.

übelgesinnt *a* mendjekeq, qëllimkeq.

Übelkeit *f* = 1) gërdi, krupë; **Übelkeit verursachen** (*më*) përzien; **dieser Geruch erregt mir Übelkeit** kjo erë më pështiros; 2) *fig* neveri; **es erregt einem Übelkeit, wenn man das hört** të vjen neveri kur e dëgjon këtë.

übelnehmen* *vt ndash* : **jemandem etwas übelnehmen** ia marr për keq dikujt diçka.

Übelstand *m* **-(e)s, -stände** e keqe; **einem Übelstand abhelfen** zhduk një të keqe.

Übeltat *f* =, **-en** punë e keqe; krim.

Übeltäter *m* **-s,** = keqbërës; kriminel.

übelwollen *vi* : **jemandem übelwollen** ia dua të keqen dikujt.

übelwollend *a* keqdashës, dashakeq.

üben 1. *vi* **(h)** ushtrohem, bëj ushtrime; **ich muß heute noch üben** edhe sot duhet të bëj ushtrime; **am Barren üben** bëj ushtrime në hekur; **auf der Geige üben** bëj ushtrime në violinë; 2. *vt* 1) ushtroj; **die Muskeln üben** ushtroj muskujt; 2) : *fig* **Geduld üben** jam i durueshëm; **Gerechtigkeit üben** jam i drejtë; **Gewalt üben** përdor dhunën; **Kritik (an jemandem oder etwas) üben** kritikoj (*dikë ose diçka*); **Rache üben (an jemandem)** ia marr hakun (*dikujt*); **Verrat üben** tradhtoj; 3. *vrefl* **sich üben (in D)** ushtrohem (*në një punë etj.*).

über 1. *präp* 1) (**A** *për lëvizje drejt një vendi,* **D** *për qëndrim në vend*) sipër, mbi, përmbi; **er hängt die Lampe über den Tisch** ai e var llambën mbi tryezë; **die Lampe hängt über dem Tisch** llamba varet mbi tryezë; **das Tuch über den Kopf werfen** hedh shaminë mbi kokë; **der Fluß trat über die Ufer** lumi doli nga shtrati; **Sieg über Sieg** fitore pas fitoreje; 2) **(A)** nëpër, përmes; **über den Platz gehen** kaloj nëpër shesh; 3) **(A)** pas (*një kohe*); **heute über drei Wochen** si sot tri javë; **über kurz oder lang** herët a vonë; **über Nacht bleiben** kaloj natën (*në një vend*); 4) **(A)** mbi, më shumë se; **über vier Wochen** mbi, më shumë se katër javë; **das geht über meine Kraft** kjo është jashtë forcave të mia; *bis*

bis über die Knie gjer mbi gju; **er ist über dreißig** ai i ka kaluar të tridhjetat; **über den Plan** mbi planin; 5) (A) për, mbi; **über ein Thema sprechen** flas për një temë; **über etwas klagen** ankohem për diçka; 6) (D) gjatë; **über der Arbeit** gjatë punës, në punë e sipër; 7) (D) nga, për shkak; **über dem Lärm erwachen** zgjohem nga zhurma; 8) : **einmal über das andere** si njëherë përherë; 2. *adv* 1) : *usht* **Gewehr über!** në sup-armë!; 2) : **den Winter über** gjithë dimrin; **die Nacht über** gjithë natën; 3) : **er ist mir über** ai ma kalon; **das ist mir schon über** kjo tani m'u mërzit; 4) : **sie wurde über und über rot** u skuq e tëra.

über = 1. *parashtesë e ndashme foljore që tregon lëvizje mbi dhe nëpër diçka:* **übergehen**; 2. *parashtesë e pandashme foljore që tregon:* 1) *shtrirje të veprimit mbi diçka:* **überdachen** mbuloj me çati; 2) *përsëritje të veprimit:* **überarbeiten** punoj jashtë orarit; 4) *kapërcim, harresë:* **übersehen** (*më*) shpëton pa parë (*një gabim etj.*).

über'all *adv* kudo; **ich habe dich überall gesucht** s'kam lënë vend pa të kërkuar.

über'altert *a* i plakur (*me banorë të moshuar, qytet etj.*).

Überangebot *n* -(e)s *ek* ofertë mbi kërkesën.

über'anstrengen 1. *vt* sforcoj, stërmundoj; 2. *vrefl* **sich überanstrengen** sforcohem, stërmundohem.

über'antworten *vt* lë në përgjegjësinë (*e dikujt*); dorëzoj; **jemanden dem Gericht überantworten** hedh ne gjyq dikë.

Überarbeit *f* =, **-en** punë jashtë orarit.

über'arbeiten 1. *vt* ripunoj, përpunoj (*një dorëshkrim etj.*); 2. *vrefl* **sich überarbeiten** stërmundohem, rraskapitem; *iron* **überarbeite dich nicht!** mos u lodh!, mos u mundo!

überaus *adv* jashtëzakonisht, shumë, fort; **es hat mir überaus gut gefallen** më ka pëlqyer shumë, jashtë masës.

überb'acken *vt* pjek pak.

Überbau *m* -(e)s **-e** *dhe* **-ten** 1) *ark* mbindërtim; 2) *filoz* superstrukturë.

überbehalten *vt ndash bis* mbaj (*nga një shume etj.*).

Überbein *n* -(e)s, **-e** *mjek* xhungë, gungë (*në kockë*).

überbekommen* *vi ndash* (h) *bis* 1) më mërzitet (*diçka*); **ich habe sein Gerede überbekommen** më janë mërzitur fjalët e tij; 2) : *shpr* **eins überbekommen** ha një (*dackë etj.*).

überbetonen *vt ndash* theksoj fort.

überbewerten *vt ndash* vlerësoj shumë.

Überwertung *f* =, **-en** vlerësim i lartë.

überb'ieten* *vt* 1) jap, ofroj një çmim më të lartë se (*dikush*); 2) **(in D)** ia kaloj (*dikujt në diçka*).

Überbleibsel *n* **-s**, = 1) mbetje; 2) *fig* mbeturinë (*paragjykime etj.*).

Überblick *m* **-s, -e** 1) shikim i përgjithshëm, pamje e përgjithshme (*në një degë të shkencës etj.*).

überbl'icken *vt* rrok me një vështrim; **von hier kann man den Platz überblicken** që këtej mund të shihet gjithë sheshi; **die Lage überblicken** shikoj gjendjen.

überbr'ingen* *vt* dorëzoj (*një letër etj.*); çoj (*të fala etj.*).

Überbr'inger *m* **-s**, = prurës (*i një letre etj.*).

überbr'ücken *vt* 1) hedh, ndërtoj një urë mbi (*një lumë etj.*); 2) *fig* kapërcej (*një vështirësi etj.*).
Überbr'ückung *f* = kapërcim (*i një vështirësie etj.*).
überb'ürden *vt* ngarkoj tepër (*me punë*); **die Leute sind mit Arbeit überbürdet** njerëzit janë tepër të ngarkuar me punë.
Überb'ürdung *f* =, **-en** mbingarkesë (*me punë*).
überd'achen *vt* mbuloj me çati, i vë çatinë (*shtëpisë etj.*).
Überd'achung *f* =, **-en** vënie e çatisë.
überd'as *adv* përveç kësaj, mbi këtë.
überd'auern *vt* i qëndroj (*luftës, shekujve etj.*).
Überdecke *f* =, **-n** mbulesë (*shtrati, tryeze etj.*).
überd'enken *vt* mendohem për (*një çështje*).
überd'ies *adv* përveç, krahas kësaj.
überdimensional *a* shumë i madh, i stërmadh.
überdr'ehen *vt* këpus duke shtrënguar (*vidhën etj.*).
Überdruck *m* **-(e)s, -drücke** 1) *fiz* trysni mbiatmosferike; 2) mbishkrim (*fjalë etj. e shkruar mbi një tjetër*).
Überdruß *m* **-sses** 1) velje, neveri; 2) : *fig* **etwas bis zum Überdruß hören** dëgjoj diçka aq shpesh sa më mërzitet.
überdrüssig *a* : **(G) überdrüssig werden** 1) (*më*) velet (*një gjellë etj.*); 2) (*më*) mërzitet; **des langen Wartens überdrüssig sein** mërzitem së prituri gjatë.
überdurchschnittlich *a* (*që është*) mbi mesataren.
Übereifer *m* **-s** zell i tepruar.
über'eignen *vt* i bëj përsipër, i kaloj (*një shtëpi etj. dikujt*).
Über'eignung *f* = kalim (*i një pasurie etj.*).
über'eilen 1. *vt* nxitoj, shpejtoj tepër (*një punë etj.*); 2. *vrefl* **sich übereilen** 1) ngutem tepër, nxitoj tepër; 2) rrëmbehem; **übereil dich damit nicht!** merre shtruar!
über'eilt *a* i ngutur, i nxituar, i rrëmbyer (*veprim etj.*).
Über'eilung *f* = nxitim i tepruar.
überein'ander *adv* 1) njëri mbi tjetrin; **zwei Betten übereinander** dy shtretër njëri mbi tjetrin; 2) : **übereinander sprechen** flasim për njëri-tjetrin.
überein'anderschlagen* *vt ndash* vë njërën mbi tjetrën (*këmbët etj.*).
über'einkommen* *vi ndash* (s) **(über A, mit D)** merrem vesh (*me dikë për diçka*).
Über'einkommen *n* **-s,** = marrëveshje; **stillschweigendes Übereinkommen** marrëveshje e heshtur.
Über'einkunft *f* =, **-künfte** *sh* **Übereinkommen; mit jemandem eine Übereinkunft treffen** merrem vesh me dikë.
über'einstimmen *vi ndash* 1) **(in D)** merrem vesh, bie dakord (*për diçka*); **alle stimmen darin überein, daß ...** te gjithë janë të një mendjeje se ...; 2) **(mit D)** përputhet, përshtatet, pajtohet (*me diçka*); **die Aussagen der beiden Zeugen stimmen überein** deponimet e të dy dëshmitarëve pajtohen në mes tyre; **mit jemandem übereinstimmen** kam të njëjtin mendim me dikë.
Über'einstimmung *f* =, **-en** 1) marrëveshje; **in Übereinstimmung mit jemandem handeln** veproj në marrëveshje me dikë; 2) përputhje, pajtim, përshtatje.
überempfindlich *a* tepër i ndjeshëm (*i sëmurë etj.*).

Überempfindlichkeit *f* =, **-en** ndjeshmëri e tepruar.
übererfüllen *vt* tejkaloj (*planin etj.*).
Übererfüllung *f* =, **-en** tejkalim (*i planit, normës etj.*).
überessen*, **sich** *vrefl* ha tepër.
überfahren* I 1. *vi* (s) hidhem, kaloj (*në bregun tjetër etj.*); 2. *vt* çoj, shpie matanë (*lumit etj.*).
überf'ahren* II *ndash* 1) shtyp (*me makinë*); 2) kaloj pa vënë re (*një sinjal etj.*); 3) *fig bis* nuk pyes; **in dieser Sache hat man mich überfahren** në këtë çështje nuk më kanë pyetur.
Überfahrt *f* =, **-en** lundrim, kalim nga një breg në tjetrin.
Überfall *m* **-(e)s, -fälle** sulm (*i papritur*); **heimtückischer Überfall** sulm i pabesë.
überf'allen* *vt* 1) sulmoj, mësyj (*dikë*); 2) zë në befasi; *fig* **der Schlaf überfiel ihn** e kaploi, e zuri gjumi; *fig* **jemanden mit Fragen überfallen** sulmoj, bombardoj dikë me pyetje.
überfällig *a* 1) i vonuar (*tren, aeroplan etj.*); 2) i skaduar (*afat*).
Überfallkommando *n* **-s, -s** patrullë e ndërhyrjes së shpejtë (*e policisë*).
überf'einert *a* i stërholluar (*shije etj.*).
überfl'iegen* *vt* 1) fluturoj mbi (*një vend etj.*); 2) *fig* i hedh një sy (*letrës etj.*).
überfließen* *vi ndash* (s) 1) derdhet (*një enë e mbushur plot etj.*); *fig* **von Dank, Mitleid überfließen** jam plot mirënjohje, keqardhje; 2) mbushet (*syri me lot etj.*).
überfl'ügeln *vt* ia kaloj (*dikujt në diçka*).
Überfluß *m* **-sses (in, an D)** 1) bollëk (*i diçkaje*); **etwas im Überfluß haben** kam diçka me bollëk; 2) : **zum Überfluß** përveç kësaj, mbi të gjitha këto.
überflüssig *a* 1) i tepërt; **ich komme mir hier überflüssig vor** më duket se këtu jam i tepërt; 2) i kotë; **das macht mir überflüssige Arbeit** kjo më hap punë të kotë.
überfl'uten *vt* përmbyt (*lumi një arë etj.*); *fig* **der einheimische Markt wurde von ausländischen Waren überflutet** tregu i vendit u mbyt nga mallrat e jashtme.
Überfl'utung *f* =, **-en** 1) përmbytje; 2) vërshim.
überf'ordern *vt* i kërkoj më shumë nga ç'mundet (*dikujt*).
Überf'orderung *f* =, **-en** kërkesë e tepruar.
Überfracht *f* =, **-en** mbipeshë, mbingarkesë.
überfr'agt : *shpr* **überfragt sein** nuk di ç'të them.
überfr'essen, sich *vrefl* ha tepër (*lopa etj.*).
überf'ühren I *vt* 1) shpie, çoj (*një të sëmurë në spital etj.*); 2) transferoj (*në një tjetër punë, zyrë etj.*).
überf'ühren II *vt* 1) **(G)** zë (*në një faj, krim etj.*); 2) provoj fajësinë (*e dikujt*).
Überf'ührung *f* = 1) transportim; 2) prove e fajësisë; 3) *ark pl* **-en** urë mbi rrugë, viadukt.
Überfülle *f* = mori (*lulesh etj.*).
überf'üllen *vt* mbush plot e përplot; **der Saal war überfüllt** salla ishte mbushur plot e përplot.
überf'üttern *vt* ushqej me të tepër (*një fëmijë, kafshë etj.*).
Übergabe *f* = dorëzim (*i një qyteti, letre etj.*).
Übergang *m* **-(e)s, -gänge** 1) kalim (*nga një vend në një tjetër*); 2) kalim (*i lumit etj.*); 3) lidhje (*në mes dy mendimeve etj.*); 4) ndërkohë.

Übergangszeit *f* =, **-en** ndërkohë.
überg'eben* 1. *vt* jap, dorëzoj; **jemandem einen Brief, ein Geschenk übergeben** i dorëzoj dikujt një letër, një dhuratë; **dem Feind die Stadt nicht übergeben** nuk ia dorëzoj armikut qytetin; 2. *vrefl* **sich übergeben: er übergibt sich** ai vjell.
übergehen* *vi ndash* (s) kaloj; **auf ein anderes Thema übergehen** dal, kaloj në një temë tjetër; **in jemandes Hände übergehen** bie në duart e dikujt; **in Fäulnis übergehen** kalbet; **zum Angriff übergehen** hidhem në sulm; **zum Feinde übergehen** kaloj në anën e armikut.
überg'ehen *vt* 1) kapërcej, lë (*një fjalë, kapitull*); 2) nuk përfill (*urinë etj.*); 3) lë mënjanë, harroj; **er fühlte sich übergangen** ai e ndiente veten të harruar.
übergeordnet *a* 1) epror (*funksionar etj.*); 2) i rëndësishëm (*problem etj.*).
Übergewicht *n* **-(e)s** 1) peshë e tepërt, mbipeshë; 2) *fig* epërsi; **das Übergewicht über jemanden bekommen** siguroj epërsinë mbi dikë.
überg'ießen* *vt* 1) hedh (*ujë etj.*) mbi (*diçka*); 2) lag.
überglücklich *a* : **überglücklich sein** s'di ç'të bëj, fluturoj nga gëzimi.
übergreifen* *vi ndash* (h) (**auf A**) përhapet; **das Feuer griff auf die anderen Häuser über** zjarri u përhap në shtëpitë e tjera.
Übergriff *m* **-s, -e** 1) shpërdorim; 2) ndërhyrje (*në të drejtat e tjetrit etj.*).
überhaben* *vt ndash bis* 1) më mbetet (*nga diçka*); 2) kam veshur mbi (*diçka*); 3) më është mërzitur (*diçka*).
überh'andnehmen* *vi ndash* (h) shtohen (*aksidentet etj.*).
überhängen* I *vi ndash* (h) varet mbi (*diçka*).
überhängen II *vt ndash* hedh mbi (*diçka*); **ich hängte mir einen Mantel über** hodha një pallto krahëve.
überh'astet *a* i nxituar, i pamenduar (*veprim etj.*).
überh'äufen *vt* 1) ngarkoj shumë (*me punë etj.*); 2) mbuloj (*me lëvdata, qortime etj.*).
überh'aupt *adv* 1) në përgjithësi; 2) në të vërtetë; **wie ist das überhaupt gekommen?** si ka ndodhur kjo në të vërtetë?; 3) aspak; **überhaupt nicht** aspak; 4) fare; **daran habe ich überhaupt nicht gedacht** për këtë s'më ka shkuar mendja fare; 5) përveç kësaj, pastaj; **und überhaupt, warum kommt er nicht selbst zu mir?** e pastaj, përse nuk vjen ai vetë tek unë?
überh'eben* 1. *vrefl* **sich überheben** 1) këpus mish (*duke ngritur një peshë*); 2) *fig* (**über A**) më rritet mendja (*për diçka*); 2. *pass* (**G**) **überhoben sein** jam shkarkuar (*nga një barrë etj.*).
überh'eblich *a* 1) mendjemadh; 2) arrogant.
Überh'eblichkeit *f* = 1) mendjemadhësi; 2) arrogancë.
überh'eizen *vt* ngroh tepër (*dhomën etj.*).
überh'itzt *a* i nxehur tepër; *fig* **überhitzte Phantasie** fantazi e ndezur.
Überh'itzung *f* = nxehje e tepërt.
überh'öht *a* tepër i lartë (*shpejtësi etj.*).
überh'olen *vt* 1) kaloj, parakaloj (*një makinë etj.*); 2) ia kaloj (*dikujt*); 3) kontrolloj e riparoj (*një makinë etj.*).
überh'olt *a* i vjetruar; **überholte Normen** norma të vjetruara.

überh'ören *vt* 1) nuk dëgjoj; **er hat das Klingeln überhört** ai nuk e dëgjoi zilen; **das muß ich überhört haben** kjo duhet të më ketë shpëtuar pa dëgjuar; 2) nuk vë re (*një fjalë etj.*).

überirdisch *a* 1) mbitokësor; 2) hyjnor, qiellor (*bukuri etj.*).

überkandidelt *a bis* i krisur, mendjekrisur.

überkippen *vi ndash* (s) 1) përmbysem; 2) : **seine Stimme kippte über** zëri iu bë papritmas i hollë.

überkl'eben *vt* ngjis mbi (*diçka tjetër*).

Überkleid *n* **-(e)s, -er** rrobë e sipërme (*që vishet mbi ndërresat*).

überkochen *vi ndash* (s) zien e derdhet (*qumështi etj.*).

überk'ommen* I *a* i trashëguar.

überk'ommen* II *vt* (*më*) zë (*frika etj.*); **ein Grausen überkam mich** më hyri tmerri.

überkriegen *vi ndash* (h) *bis sh* **überbekommen.**

überladen* *vt ndash* 1) shkarkoj dhe ngarkoj në një mjet tjetër (*mallra etj.*); 2) *tek* ringarkoj (*akumulatorin*).

überl'aden* I *vt* 1) ngarkoj tepër (*një kamion etj.*); 2) rëndoj (*stomakun*).

überl'aden II *a* i ngarkuar tepër, i mbingarkuar.

überl'agern *vt* shtrij, shtroj mbi (*diçka tjetër*).

überl'assen* 1. *vt* 1) lë; **jemandem etwas überlassen** i lë dikujt diçka; **es jemandem überlassen, etwas zu tun** i lë dikujt një punë; **sich selbst überlassen sein** a) jam, mbetem vetëm; b) veproj vetë (*pa ndihmën ose këshillën e të tjerëve*); 2. *vrefl* : **sich (D) überlassen** bie (*në hidhërim, trishtim etj.*).

Überl'assung *f* = lënie (*e diçkaje dikujt*).

überl'asten *vt* ngarkoj tepër (*një makinë, njeri etj.*); **ich bin sehr überlastet** jam shumë i ngarkuar.

Überl'astung *f* = mbingarkesë.

überlaufen* *vi* (s) *ndash* 1) derdhet (*një lëng nga një enë e mbushur plot*); 2) : **zum Feinde überlaufen** kaloj në anën e armikut, dezertoj.

überl'aufen* *vt* 1) : **jemanden überlaufen** ngarkoj shumë dikë; **der Arzt ist sehr überlaufen** mjeku është shumë i ngarkuar; 2) (*më*) zë, (*më*) hyn, (*më*) hipën (*frika etj.*); **es überläuft mich kalt** më shkojnë mornica te ftohta.

Überläufer *m* **-s,** = ai që kalon në anën e armikut, dezertor.

überlaut *a* 1) me zë tepër të lartë; 2) shurdhues.

überl'eben 1. *vt* 1) rroj më shumë se ...; **er hat seine ganze Familie überlebt** vetëm ai ka mbetur gjallë nga familja e vet; 2) shpëtoj gjallë (*nga një rrezik etj.*); **er hat den Krieg überlebt** ka shpëtuar gjallë nga lufta; 2. *vrefl* **sich überleben** vjetrohet.

überlebensgroß *a* më i madh se në të vërtetë.

überlegen *vt ndash* vë mbi (*diçka*).

überl'egen I 1. *vt* mendoj, peshoj mirë, shoshis; **überlege es dir gut!** mendohu mirë!; **das hättest du dir vorher überlegen müssen** këtë duhej ta kishe menduar më parë; 2. *vi* (h) mendohem; **er überlegte eine Weile, dann sagte er ...** ai u mendua një copë herë, pastaj tha ...; **ohne zu überlegen** pa u menduar.

überl'egen II *a* 1) **(an D)** që ka epërsi (*në diçka*); **jemandem überlegen sein** jam më i fortë (i zoti etj.) se dikush; 2) i peshuar, i pjekur (*mendim etj.*).

Überl'egenheit *f* = **(an D)** epërsi (*në diçka*).

Überl'egung *f* = 1) të menduar; **etwas ohne Überlegung sagen** them diçka pa u menduar; 2) *pl* **-en** mendime.
überleiten *vt ndash* **(h) (in, auf A)** kaloj, çoj (*në diçka tjetër*).
Überleitung *f* =, **-en** kalim.
überl'esen* *vt* 1) lexoj shpejt e shpejt; 2) më shpëton (*një gabim shtypi etj.*).
überl'iefern *vt* 1) dorëzoj; **jemanden der Justiz überliefern** ia dorëzoj drejtësisë dikë; 2) trashëgoj (*një zakon, traditë etj.*); **dieser Text ist nur in Bruchstücken überliefert** ky tekst (na) ka ardhur vetëm në pjesë të shkëputura; **überlieferte Sitten** zakone të trashëguara.
Überl'ieferung *f* = 1) dorëzim; 2) *pl* **-en** legjendë, gojëdhënë; traditë.
überl'isten *vt* ia hedh (*një tjetri*).
Übermacht *f* = epërsi forcash; **gegen eine vielfache Übermacht kämpfen** luftoj kundër një armiku shumë herë më të fortë.
übermächtig 1. *a* tepër i fuqishëm; 2. *adv* fort, shumë, jashtëzakonisht.
überm'alen *vt* mbuloj me bojë (*një shkrim në mur etj.*).
überm'annen *vt* mposht, vë përfund; **ich wurde von Müdigkeit übermannt** më mposhti lodhja.
Übermaß *n* **-es (von, an D)** tepri (*e diçkaje*).
übermäßig 1. *a* i tepërt, i tepruar; **übermäßige Anstrengung** përpjekje e tepruar; 2. *adv* tepër.
Übermensch *m* **-en, -en** mbinjeri.
übermenschlich *a* mbinjerëzor; **mit übermenschlicher Anstrengung** me përpjekje mbinjerëzore.
überm'itteln *vt* dorëzoj; dërgoj; çoj (*një send, një fjalë etj.*).
Überm'ittlung *f* =, **-en** dorëzim; dërgim.
übermorgen *adv* pasnesër.
überm'üden 1. *vt* lodh tepër; **übermüdet sein** jam tepër i lodhur; 2. *vrefl* **sich übermüden** rraskapitem.
Überm'üdung *f* = stërlodhje, mbilodhje, rraskapitje.
Übermut *m* **-s** 1) gëzim i madh; 2) mendjemadhësi; *prov* **Übermut tut selten gut** mendja e madhe, e zeza e të zot.
übermütig *a* 1) plot gëzim e hare; 2) mendjemadh; **werde mir nur nicht übermütig!** veç mos të të rritet mendja!
übern'achten *vi* **(h)** kaloj natën, buj.
Übern'achtung *f* = **-en** bujtje.
übern'ächtigt *a* pa gjumë.
Übernahme *f* =, **-n** marrje përsipër (*e një pune etj.*).
übernatürlich *a* i mbinatyrshëm.
übern'ehmen* 1. marr (*zanatin, përvojën, diturinë, zakonet, përgjegjësinë etj.*); 2) marr përsipër (*një punë etj.*); **es übernehmen, etwas zu tun** marr përsipër të bëj diçka; 3) përvetësoj (*një sistem, mendim etj.*); 2. *vrefl* **sich übernehmen** marr përsipër më shumë nga ç'mundem; rraskapitem; *iron* **übernimm dich nur nicht!** mos u lodh!
überparteilich *a* i pavarur nga partitë e ndryshme (*gazetë etj.*).
Überproduktion *f* =, **-en** superprodhim.
überpr'üfen *vt* rikontrolloj.
Überpr'üfung *f* =, **-en** rikontrollim.
überquellen* *vi ndash* **(s)** derdhet (*një enë etj. e mbushur plot*).
überqu'eren *vt* 1) kapërcej, pres (*rrugën*); 2) hedh, kapërcej, kaloj (*lumin*).
Überqu'erung *f* =, **-en** kalim; kapërcim.
überr'agen *vt* 1) : **etwas überragen**

ngrihem mbi diçka: 2) *fig* ia kaloj (*dikujt*), shquhem (*mbi dikë*).

überr'agend *a* i shquar.

überr'aschen *vt* 1) habis, mahnis; **es überrascht, daß ...** është për t'u habitur që ...; 2) zë në befasi; **die Dunkelheit überraschte uns** na zuri errësira; **jemanden beim Stehlen überraschen** zë dikë në vjedhje.

überr'aschend *a* 1) i habitshëm, mahnitës; 2) i beftë.

Überr'aschung *f* = **-en** 1) e papritur, surprizë; **ich habe eine Überraschung für dich** kam një surprizë për ty; 2) *vetëm sing* habi, çudi.

überr'echnen *vt* llogaris përafërsisht; rillogaris.

überr'eden *vt* bind, ia mbush mendjen (*dikujt*); **ich habe ihn nicht überreden können, auf unseren Vorschlag einzugehen** s'munda ta bindja të pranonte propozimin tonë.

Überr'edung *f* = bindje.

überr'eichen *vt* dorëzoj, jap (*një dhuratë, tufë lule, diplomë etj*).

Überr'eichung *f* = dorëzim (*i një çmimi etj.*).

überreif *a* i pjekur tepër.

überr'eizt *a* shumë i ngacmuar.

überr'ennen* *vt* 1) rrëzoj (*me makinë një kalimtar etj.*); 2) marr me sulm (*pozicionet e armikut etj.*); 3) zë, pushtoj (*një pozicion, qytet etj.*).

Überrest *m* **-(e)s, -e** 1) mbetje; 2) mbeturinë; **die sterblichen Überreste** eshtrat (*e një të vdekuri*); 3) gërmadhë (*e një shtëpie etj.*).

überr'ieseln *vt* spërkas; *fig* **ein Schauer überrieselte mich** më hynë të dridhurat; **es überrieselt mich heiß und kalt** më kullojnë të ngrohta dhe të ftohta.

Überrock *m* **-(e)s, -röcke** 1) *vjet* redingot; 2) pardësy; 3) *usht* kapotë.

überr'umpeln *vt* 1) kap, zë në befasi; 2) sulmoj në befasi.

Überr'umplung *f* =, **-en** 1) zënie në befasi; 2) sulm i befasishëm.

überr'unden *vt* 1) *sport* jam një rreth përpara (*dikujt*); 2) *fig* ia kaloj (*dikujt*).

übers'äen *vt fig* **(mit D)** mbush (*me diçka*); **der Himmel ist mit Sternen übersät** qielli është mbushur me yje.

übers'alzen *vt* krip tepër.

übersatt *a* 1) i ngopur gjer në grykë: 2) *kim* i mbingopur (*solucion*).

übers'ättigen *vt* (*më*) vel; **von Süßigkeiten übersättigt sein** jam velur nga ëmbëlsirat.

Überschallgeschwindigkeit *f* =, **-en** shpejtësi supersonike.

übersch'atten *vt* 1) hedh hije mbi (*diçka*); **dichtbelaubte Bäume überschatten den Garten** drurë me gjethe të dendura hedhin hije mbi kopsht; 2) *fig* errësoj; **der Ruhm des Vaters überschattet die Begabung des Sohnes** lavdia e t'et errëson talentin e të birit.

übersch'ätzen *vt* mbivlerësoj, mbiçmoj; **ich habe meine Kräfte überschätzt** i kam mbivlerësuar forcat e mia.

Übersch'ätzung *f* = mbivlerësim.

Überschau *f* = 1) vështrim i përgjithshëm; 2) pasqyrë (*e ngjarjeve etj.*).

übersch'auen *vt* rrok me sy, përshkoj me sy.

überschäumen *vi ndash* **(s)** derdhet duke shkumëzuar, shkumëzon (*edhe fig*).

Überschicht *f* =, **-en** punë jashtë orarit.

überschl'afen* *vi* **(h)** lë të kalojë një natë (*para se të marr një vendim etj.*).

Überschlag *m* **-(e)s, -schläge** 1) *fin* preventiv; 2) *gjimn* salto.

überschlagen* 1. *vi ndash* **(s)** 1) rrëkëllehem; kthehem (*edhe fig*); 2) përmbyset (*barka etj.*); 3) shpërthejnë (*shkëndijat etj.*); 2. *vt* hedh mbi (*kokë shaminë*); **die Beine überschlagen** hedh këmbën mbi këmbë.

überschl'agen* 1. *vt* 1) kapërcej (*një faqe libri etj.*); 2) përpiloj, llogaris (*një preventiv*); 2. *vrefl* **sich überschlagen** rrokullisem; **er überschlug sich mehrmals, als er die Treppe hinunterstürzte** u rrokullis disa herë kur u rrëzua nga shkallët; *fig bis* **er überschlägt sich fast vor Diensteifer** ai bëhet gati dyfish nga zelli për të shërbyer.

überschnappen *vi ndash* **(s)** 1) kërcen (*susta etj.*); 2) pritet (*zëri*); 3) *fig bis* (*më*) luan mendja; **er ist übergeschnappt** ka luajtur.

überschn'eiden* 1. *vt* ndërpres; 2. *vrefl* **sich überschneiden** ndërpriten (*dy vija etj.*).

Überschn'eidung *f* **=, -en** ndërprerje (*e dy vijave etj.*).

überschr'eiben* *vt* 1) titulloj (*një kapitull etj.*); 2) i bëj përsipër (*një pronë dikujt*).

überschr'eien* 1. *vt* ia kaloj me të bërtitura; 2. *vrefl* **sich überschreien** ngjirem së bërtituri.

überschr'eiten* *vt* 1) kapërcej, kaloj (*rrugën, kufirin etj.*); 2) hedh, kapërcej, kaloj (*lumin etj.*); 3) *fig* shpërdoroj (*pushtetin etj.*); shkel (*ligjin etj.*); 4) tejkaloj (*normën etj.*).

Überschr'eitung *f* **=, -en** 1) kalim; kapërcim; 2) *fig* shpërdorim; shkelje.

Überschrift *f* **=, -en** 1) mbishkrim; 2) titull (*i një kapitulli, artikulli etj.*).

Überschuh *m* **-(e)s, -e** galloshe.

Überschuß *m* **-sses, -schüsse** 1) fitim; 2) tepricë; 3) shtesë (*e popullsisë etj.*).

überschüssig *a* i tepërt; **überschüssige Gelder** para të tepërta; **überschüssige Energie** energji e pashfrytëzuar.

übersch'ütten *vt* 1) **(etwas mit D)** hedh (*diçka mbi diçka*); 2) *fig* ngarkoj (*dikë me dhurata etj.*); mbys (*dikë me qortime etj.*).

Überschwang *m* **-s** rrëmbim, zjarr, pasion.

überschw'emmen *vt* 1) përmbyt; **der Fluß überschwemmte die Wiesen** lumi përmbyti livadhet; 2) : *fig* **der Markt wurde mit ausländischen Waren überschwemmt** tregu u mbyt nga mallrat e huaj.

Überschw'emmung *f* **=, -en** 1) përmbytje; 2) vërshim (*edhe fig*).

überschwenglich *a* i tepruar; **jemanden in überschwenglichen Ausdrücken danken** falënderoj dikë me shprehje të tepruara.

Überschwenglichkeit *f* **=** tepri

Übersee *f* **=** vendet përtej detit, matanë oqeanit; **wir haben Verwandte in Übersee** kemi farefis përtej detit.

überseeisch *a* i përtejdetit; **überseeische Länder** vende të përtejdetit.

übers'ehbar *a* që mund të rroket me sy.

übers'ehen* *vt* 1) rrok me sy; **ich kann den Platz von hier aus gut übersehen** që këtej mund ta shoh sheshin mirë; 2) vlerësoj (*gjendjen etj.*); 3) nuk vë re (*një fjalë të rëndë etj.*); 4) (*më*) shpëton pa parë; **das habe ich beim Lesen übersehen** kjo më ka shpëtuar gjatë leximit; 5) zotëroj (*një fushë të shkencës etj.*).

übers'enden* *vt* dërgoj, nis (*me postë etj.*).

Übers'endung *f* **=** dërgim, nisje (*me postë etj.*).

übers'etzbar *a* i përkthyeshëm; **dieser Ausdruck ist nicht übersetzbar** kjo është shprehje e papërkthyeshme.

übersetzen *ndash* 1. *vt* (**über A**) hedh (*në bregun tjetër*); 2. *vi* (**s**) hidhem, dal (*në bregun tjetër*).

übers'etzen *vt* përkthej (*në një gjuhë tjetër*); **ein Buch aus dem Albanischen übersetzen** përkthej një libër nga shqipja; **ein Buch ins Albanische übersetzen** përkthej një libër (në) shqip.

Übers'etzer *m* **-s, =** përkthyes.

Übers'etzung *f* **=, -en** 1) përkthim (*në një gjuhë tjetër*); **Übersetzung aus dem Englischen** përkthim nga anglishtja; 2) *tek* transmision.

Übersicht *f* **=, -en** 1) vështrim i përgjithshëm; 2) pasqyrë (*e ngjarjeve etj.*); 3) shkurtim, përmbledhje.

übersichtlich *a* 1) i qartë (*përshkrim etj.*); 2) i lirë (*rrugë, kthesë*).

übersiedeln *vi ndash* (**s**) (**in A, nach D**) shpërngulem (*në një vend tjetër etj.*).

Übersied(e)lung *f* **=** shpërngulje.

übersinnlich *a* i pakapshëm nga shqisat.

Übersoll *n* **=** *dhe* **-s** 1) tejkalim i detyrës; 2) detyrë e tejkaluar.

übersp'annen *vt* 1) shtrij sipër, shtrij mbi (*diçka*); 2) mbuloj (*ballkonin me një pëlhurë etj.*); 3) tendos tepër (*telin etj.*); 4) *fig* e teproj; **den Bogen überspannen** e shpie gjer ku s'mban më.

übersp'annt *a* 1) shumë i tendosur, tepër i nderë; 2) *fig* i tepruar, i ekzagjeruar; 3) *fig bis* i luajtur, i krisur (*njeri*).

Übersp'annung *f* **=** tendosje e tepërt.

übersp'itzen *vt fig* e teproj; acaroj (*një mosmarrëveshje etj.*).

übersp'itzt *a* i tepruar (*shprehje etj.*); i acaruar.

überspr'ingen* *vt* 1) kapërcej (*një pengesë etj.*); 2) kaloj (*një faqe libri etj.*); **eine Klasse überspringen** kapërcej një klasë.

überspringen* *vt ndash* 1) kërcej (*nga një vend në tjetrin*); 2) *fig* kapërcej (*nga një temë në tjetrën*).

übersp'ülen *vt* përmbyt krejt (*lumi fushën etj.*).

überst'ehen* *vt* kaloj, kapërcej (*rrezikun, krizën etj.*).

überst'eigen* *vt* 1) ngjis (*malin etj.*); 2) kapërcej, tejkaloj; **das übersteigt meine Kräfte** kjo i kalon forcat e mia.

überst'eigern 1. *vt* ngre tepër (*kërkesat etj.*); 2. *vrefl* **sich übersteigern** e kaloj masën.

überst'immen *vt* mund me shumicë votash.

überstr'eichen* *vt* lyej (*me bojë etj.*).

überstreifen *vt ndash* vesh (*trikon*); mbath (*dorezat etj.*).

überstr'euen *vt* hedh mbi (*diçka*); **einen Kuchen mit Zucker überstreuen** krip me sheqer një ëmbëlsirë.

überströmen *vi ndash* (**s**) 1) vërshon, del nga shtrati (*lumi*); 2) derdhet (*një lëng*); 3) : *fig* **überströmende Freude** gëzim i papërmbajtur.

überstr'ömen *vt* përmbyt (*lumi fushën etj.*).

Überstunde *f* **=, -en** 1) orë plotësuese; 2) *vetëm pl* punë mbi orarin; **Bezahlung für Überstunden** pagë për punë jashtë orarit.

überst'ürzen 1. *vt* bëj me ngut, me nxitim, pa u menduar; **wir wollen nichts überstürzen** nuk do të nxitohemi; 2. *vrefl* **sich überstürzen** 1) veproj me nxitim, rrëmbehem; 2) : **die Ereignisse**

überstürzen sich ngjarjet rrokullisen shpejt njëra pas tjetrës.
überst'ürzt *a* i nxituar, i papjekur, i papeshuar (*veprim, mendim etj.*).
Überst'ürzung *f* = nxitim, ngut; **nur keine Überstürzung!** veç mos u ngut(ni)!
übersüß *a* tepër i ëmbël, velës.
übert'äuben *vt* trullos, mpij (*një dhembje me një tjetër etj.*).
übert'ölpeln *vt* gënjej, ia hedh, ia punoj (*dikujt*).
übert'önen *vt* mbys (*zërin, tingullin etj.*).
Übertrag *m* **-(e)s, -träge** mbartje (*e një shume*).
übertr'agbar* *a* 1) që mund t'i jepet dhe një tjetri (*biletë etj.*); 2) ngjitëse (*sëmundje*); 3) i përkthyeshëm (*libër etj.*); 4) i zbatueshëm edhe në një fushë tjetër (*metodë etj.*).
übertr'agen* I 1. *vt* 1) çoj, përçoj, shpie (*nga një vend në tjetrin*); 2) hedh (*nga një fletore në tjetrën*); 3) transmetoj; **durch den Rundfunk übertragen** transmetoj me radio; 4) ngarkoj, jap (*një porosi, një punë etj.*); 5) përkthej (*nga një gjuhë në një tjetër*); 6) ngjis (*një sëmundje*); 7) zbatoj edhe në një fushë tjetër (*një metodë etj.*); 2. *vrefl* **sich übertragen** ngjitet (*sëmundja*).
übertr'agen II *a* metaforik, i figurshëm; **übertragene Bedeutung** kuptim i figurshëm (*i një fjale*).
Übertr'agung *f* =, **-en** 1) mbartje, përçim; 2) përkthim (*në një gjuhë tjetër*); 3) transmetim, emision; 4) ngjitje (*e sëmundjes*).
übertr'effen* *vt* ia kaloj; **das übertrifft alle meine Erwartungen** kjo ua kalon gjithë parashikimeve të mia; **darin ist er nicht zu übertreffen** këtu s'ia kalon njeri.
übertr'eiben* *vt* e teproj; ekzagjeroj; **ich übertreibe nicht, wenn ich behaupte ...** nuk e teproj kur them ...; **das ist übertrieben** kjo është e tepruar, e ekzagjeruar.
Übertr'eibung *f* =, **-en** teprim; ekzagjerim.
übertreten* *vi ndash* **(s)** 1) del nga shtrati (*lumi*); 2) kaloj (*në një organizatë tjetër etj.*).
übertr'eten* *vt* 1) kapërcej (*kufirin etj.*); 2) *fig* shkel (*ligjin etj.*); 3) : **sich (D) den Fuß übertreten** përdredh këmbën.
Übertr'etung *f* =, **-en** shkelje (*e ligjit, rregullit etj.*).
übertr'ieben *a* i tepruar, i ekzagjeruar; **aus übertriebenem Eifer etwas falsch machen** bëj diçka gabim nga zelli i tepërt.
Übertritt *m* **-(e)s, -e** 1) kapërcim (*i kufirit etj.*); 2) kalim (*në një organizatë tjetër etj.*).
übertr'umpfen *vt* 1) marr (*një letër me një tjetër më të fortë*); 2) *fig* ia kaloj (*dikujt në një gjë*).
übert'ünchen *vt* 1) i jap një sherbet (*murit etj.*); 2) *fig* mbuloj; **mit Höflichkeit übertünchte Erpressung** shantazh i mbuluar me mirësjellje.
überv'ölkert *a* i mbipopulluar.
Überv'ölkerung *f* = 1) popullsi tepër e dendur; 2) mbipopullim.
übervoll *a* i mbushur plot e përplot.
überv'orteilen *vt* : **jemanden übervorteilen** përfitoj në kurriz të dikujt; ia hedh dikujt.
überw'achen *vt* 1) ruaj, vëzhgoj; **jemanden heimlich überwachen** ruaj dikë fshehurazi; 2) mbikëqyr (*një punë etj.*).
Überw'achung *f* = 1) vëzhgim; 2) mbikëqyrje.
überw'ältigen *vt* mposht, nënshtroj, mund; *fig* **ich bin von**

seiner Güte völlig überwältigt mirësia e tij më ka lënë pa mend.
überw'ältigend *a* i madh, i jashtëzakonshëm; **ein überwältigender Erfolg** një sukses i bujshëm.
Überw'ältigung *f* **=, -en** mposhtje, nënshtrim, mundje.
überw'eisen* *vt* 1) dërgoj (*të holla me postë etj.*); 2) dërgoj, çoj; **einen Kranken zu einem Arzt überweisen** çoj një të sëmurë te mjeku.
Überw'eisung *f* **=, -en** dërgim (*me postë, te mjeku etj.*).
überwerfen* *vt ndash* hedh përsipër, krahëve (*një rrobë*).
überw'erfen*, sich *vrefl* **(mit D)** zihem (*me dikë*); **wir haben uns überworfen** jemi zënë.
überw'iegen *vi* **(h)** 1) ka më shumë rëndësi; 2) vlen më shumë; 3) mbizotëroj.
überw'iegend 1. *a* mbizotërues; 2. *adv* kryesisht; **diese Arbeit wird überwiegend von Frauen verrichtet** këtë punë e bëjnë kryesisht gratë.
überw'inden* 1. *vt* 1) mposht, mund (*zemërimin, dhembjen etj.*); 2) kapërcej (*një vështirësi, pengesë etj.*); 2. *vrefl* **sich überwinden** detyroj veten; **ich kann mich nicht überwinden, das zu tun** nuk mund ta detyroj dot veten ta bëj këtë.
überw'indlich *a* i kapërcyeshëm (*vështirësi etj.*).
Überw'indung *f* **=** kalim, kapërcim (*i një vështirësie etj.*).
überw'intern *vi* **(h)** dimëroj, kaloj dimrin.
überw'ölben *vt* mbuloj me kube (*një lokal etj.*).
überw'uchern *vt* mbyt (*bari i keq bimët etj.*).
Überwurf *m* **-(e)s, -würfe** 1) pelerinë, mushama pa mëngë; 2) mbulesë.
Überzahl *f* **=** 1) shumicë; **die Männer waren in der Überzahl** shumica ishin burra; 2) epërsi në numër; **der Feind erschien in großer Überzahl** armiku erdhi me epërsi te madhe në numër.
überzählig *a* (*që është*) mbi numrin e duhur.
überz'eugen 1. *vt* **(von D)** bind, ia mbush mendjen (*dikujt për diçka*); **ich habe ihn nicht überzeugen können** s'munda ta bindja; **ich bin überzeugt, daß du recht hast, aber ...** jam i bindur që ke të drejtë, po ...; **er ist ein überzeugter Marxist** ai është marksist i bindur; 2. *vrefl* **sich überzeugen** 1) bindem, më mbushet mendja (*për diçka*); **ich habe mich selbst (davon) überzeugt, daß alles in Ordnung ist** u binda vetë se gjithçka është në rregull; 2) sigurohem.
überz'eugend *a* bindës, që ta mbush mendjen (*argument etj.*).
Überz'eugung *f* **=, -en** bindje; **etwas aus Überzeugung tun** bëj diçka me bindje.
überziehen* *vt ndash* 1) i hedh përsipër, krahëve (*pallton etj. dikujt*); mbuloj, vesh (*një kolltuk etj.*); **ein Bett (frisch) überziehen** ia ndërroj çarçafët shtratit; 2) i bie; **jemandem eins mit dem Stock überziehen** i bie dikujt me shkop.
überz'iehen *vt* : **Zeit überziehen** (tej)kaloj kohën (afatin); **ein Land mit Krieg überziehen** shkretoj një vend me luftë.
Überzieher *m* **-s, =** pardësy (*burrash*).
Überzug *m* **-(e)s, -züge** 1) këllëf (*jastëku etj.*); 2) mbulesë (*kolltuku etj.*); 3) shtresë e sipërme (*çokollate etj.*).

üblich *a* i zakonshëm; **so ist es üblich** kështu është zakoni; **wie üblich** si zakonisht.

U-Boot n, *n* **-(e)s, -e** nëndetëse.

übrig *a* tjetër; i mbetur; i tepërt; **die Balkanstaaten und das übrige Europa** shtetet e Ballkanit dhe pjesa tjetër e Evropës; *fig* **dafür habe ich nichts übrig** kjo nuk më intereson; **im übrigen** fundja, përveç kësaj.

übrigbehalten* *vt ndash* mbaj (*diçka nga një shumë*).

übrigbleiben* *vi ndash* (s) mbetet, tepron (*kohë, shumë etj.*); **es blieb mir nichts anderes übrig, als wieder nach Hause zu gehen** s'më mbeti tjetër, veçse të kthehesha në shtëpi prapë.

übrigens *adv* fundja; nga ana tjetër, përveç kësaj.

übriglassen* *vt ndash* lë (*pa harxhuar, pa prishur etj.*); **seine Arbeit läßt nichts zu wünschen übrig** puna e tij s'lë gjë për të dëshiruar.

Übung *f* =, **-en** 1) ushtrim; 2) stërvitje, praktikë; 3) *usht* stërvitje; 4) shprehi, përvojë; **aus der Übung kommen** humb shkathtësinë.

u. dgl. (m). = **und dergleichen (mehr)** etj. etj. = e të tjera si këto.

u. E. = **unseres Erachtens** sipas mendimit tonë.

Ufer *n* **-s,** = breg (*deti, lumi etj.*); **am anderen Ufer** në bregun tjetër.

uferlos *a* i paanë, i pafund, i pakufishëm.

Uferstraße *f* =, **-n** rrugë gjatë bregut.

Uhr *f* =, **-en** orë; **die Uhr aufziehen** kurdis orën; **die Uhr schlägt vier** po bie ora katër; **die Uhr geht vor, geht nach** ora shkon përpara, mbetet prapa; **auf die Uhr sehen** shikoj orën; **wieviel Uhr ist es?, wieviel (was) ist die Uhr?** sa është ora?

Uhrmacher *m* **-s,** = orëndreqës.

Uhrwerk *n* **-(e)s, -e** mekanizëm i orës.

Uhu *m* **-s, -s** *zool* buf, hut (*zog*).

UKW = **Ultrakurzwelle** valë ultra të shkurtra.

Ulk *m* **-s** shaka, lojë; **Ulk treiben, machen** bëj shaka; **etwas nur aus Ulk sagen, tun** them, bëj diçka vetëm për shaka.

ulken *vi* (h) tallem, luaj.

Ulme *f* =, **-n** *bot* vidh.

Ulster *m* **-s,** = ulstër (*pallto e rëndë me dy radhë kopsa*).

Ultima r'atio *f* =, = *lat* mjeti i fundit.

ultimat'iv *a* ultimativ, në formë ultimatumi.

Ultim'atum *n* **-s, -s** *dhe* **-ten** ultimatum.

Ultimo *m* **-s, -s** *dhe* **-mi** *treg* ditë e fundit e muajit.

Ultraschall *m* **-(e)s** *fiz* ultratingull.

um 1. *präp* (A) 1) rreth, përreth, përqark; **eine Reise um die Welt** një udhëtim rreth botës; **um den Tisch (herum)** rreth tryezës; **er ging um die Wiese herum** ai i ra livadhit përqark; 2) për; **schade um das Geld!** më vjen keq për paret; **sich um etwas bemühen** përpiqem për diçka; **Zahn um Zahn** dhëmb për dhëmb; **um nichts in der Welt** për asgjë në botë; **um ein Haar** për një qime; **dies ist um die Hälfte teurer als jenes** ky kushton një herë e gjysmë më shumë se ai; **er ist um ein Jahr älter** është një vit më i madh; **es handelt sich um folgendes** fjala është për sa vijon; 3) me; **um Geld spielen** luaj me pare; 4) pas; **einer um den anderen** njëri pas tjetrit; **Jahr um Jahr verging** kaloi një vit pas tjetrit; 5) :

um etwas kommen humbas diçka; **wie steht es um die Sache?** si është puna?; **es steht schlecht um ihn** e ka pisk; 6) **um (G) ... willen** për hir të ..., për shkak të ...; **um meinetwillen** për hir tim; 2. *adv* 1) : **um so** aq më; **je schneller, um so besser** sa më shpejt, aq më mirë; 2) rreth; **um Mittag, um Mitternacht** aty nga mesdita (dreka), mesnata; **um die 6. Stunde** rreth orës gjashtë; 3) fiks; **um 8 Uhr** në orën 8 fiks; 4) : **um ... zu** (+ *inf*) për të ...; **er kommt, um zu sagen, daß ...** ai vjen për të thënë se ...

um = 1. *parashtesë e ndashme foljore që tregon:* 1) *rrotullim, kthim:* **umbiegen;** 2) *përfundim veprimi:* **umfallen;** 3) *shndërrim:* **ummachen;** 4) *zhvendosje:* **umstellen;** 2. *parashtesë e pandashme foljore që tregon:* 1) *lëvizje përreth:* **umgehen;** 2) *përfshirje:* **umhüllen.**

umackern *vt ndash* kthej tokën (*duke e lëruar*).

umändern *vt ndash* ndryshoj (*një model etj.*).

Umänderung *f* =, **-en** ndryshim.

umarbeiten *vt ndash* 1) përpunoj; ripunoj (*një dramë etj.*); 2) ndryshoj (*një rrobë etj.*).

Umarbeitung *f* =, **-en** përpunim; ripunim.

um'armen *vt* përqafoj.

Um'armung *f* =, **-en** përqafim.

Umbau *m* **-(e)s, -ten** 1) *vetëm sing* rindërtim; 2) ndërtesë e rindërtuar.

umbauen *vt ndash* 1) ndërtoj ndryshe; 2) rindërtoj.

umbehalten* *vt ndash bis* mbaj, nuk heq (*pallton etj.*).

umbenennen* *vt ndash* i ndërroj emrin (*dikujt*).

Umbenennung *f* =, **-en** ndërrim i emrit.

umbesetzen *vt ndash* ndërroj (*një rol, një vend etj.*).

umbetten *vt ndash* 1) i ndërroj shtratin (*një të sëmuri etj.*); i ndërroj varrin (*një të vdekuri*).

umbiegen* *ndash* 1. *vt* përkul (*telin etj.*); 2. *vi* **(s)** dredhon; **der Weg biegt hier um** këtu rruga bën një kthesë.

umbilden *vt ndash* 1) transformoj; 2) riformoj.

Umbildung *f* =, **-en** transformim.

umbinden* *vt ndash* ngjesh (*rripin etj.*); 2) lidh (*shaminë etj.*).

umblättern *vt, vi* **(h)** *ndash* shfletoj (*faqet e një libri etj.*).

umblicken, sich *vrefl ndash* shikoj rreth e rrotull, hedh sytë përreth.

umbrechen* *ndash* 1. *vt* 1) mih (*tokën*); 2) përthyej (*një faqe libri*); 3) thyej (*një shkop etj.*); 2. *vi* **(s)** 1) çahet; 2) thyhet e rrëzohet (*pema etj.*).

umbringen* *ndash* 1. *vt* vras; 2. *vrefl* **sich umbringen** vras veten.

Umbruch I *m* **-(e)s, -brüche** tokë hamullore.

Umbruch II **-(e)s, -brüche** *poligr* faqosje.

Umbruch III **-(e)s, -brüche** *pol* ndryshim rrënjësor, përmbysje.

umdeuten *vt ndash* 1) interpretoj (*sipas mënyrës sime*); 2) i shtrembëroj kuptimin (*një teksti etj.*).

umdr'ängen *vt* rrethoj (*dikë*); mblidhemi rreth (*dikujt*).

umdrehen *ndash* 1. *vt* 1) kthej, rrotulloj; **den Schlüssel im Schloß umdrehen** kthej çelësin në bravë; **den Kopf umdrehen** kthej kokën; 2) përdredh; **einem Vogel den Hals umdrehen** ia përdredh qafën një shpendi; 2. *vrefl* **sich umdrehen** rrotullohem, kthehem; **dreh dich bitte mal um!** kthehu pak, të lutem!; 3. *vi* (h) kthehem, rrotullohem.

Umdrehung *f* =, **-en** 1) kthim, rrotullim; 2) *tek* rrotullim, xhiro.

umein'ander *adv* për njëri-tjetrin.

umf'ahren* *vt* i bie rrotull, i bie qark (*një pengese etj.*).

umfahren* *ndash* 1. *vt* ndesh e rrëzoj (*me automobil etj.*); 2. *vi* (s) i bie rrugës përqark (*me automobil etj.*).

umfallen* *vi ndash* (s) 1) rrëzohem, shembem; **tot umfallen** bie i vdekur; 2) *bis* më bie të fikët; 3) *fig bis* ndërroj mendje.

Umfang *m* **-s, -fänge** 1) vëllim (*i librit etj.*); 2) perimetër; **der Baumstamm hat einem Umfang von 4 m** trungu ka një perimetër 4 m; 3) shkallë; shtrirje; **in vollem Umfang** plotësisht, krejtësisht.

umf'angen* rrok, përfshij.

umfänglich *a* i madh, i gjerë, i vëllimshëm.

umfangreich *a* 1) i gjerë; i vëllimshëm (*vepër etj.*); 2) *fig bis* i trashë (*nga trupi*).

umfärben *vt ndash* ngjyej me një bojë tjetër (*stofin etj.*).

umf'assen *vt* 1) përfshij, rrok; 2) rrethoj; 3) përmban; **das Buch umfaßt 100 Seiten** libri ka 100 faqe; 4) shtrëngoj (*armën*).

umf'assend *a* 1) i gjerë (*vështrim, njohuri etj.*); 2) i gjithanshëm.

Umf'assung *f* =, **-en** mur, gardh.

umfl'echten* *vt* vesh me kashtë (*një shishe etj.*).

umfl'iegen* *vt* fluturoj rreth (*një vendi etj.*).

umfl'ort *a*: **umflorter Blick** vështrim i mjegulluar.

Umfl'ügelung *f* =, **-en** *usht* krahëmarrje.

umformen *vt ndash* 1) shndërroj; 2) transformoj (*rrymën elektrike etj.*).

Umformung *f* =, **-en** 1) shndërrim; 2) *el* transformim.

Umfrage *f* =, **-n** anketë.

umfüllen *vt ndash* derdh (*nga një enë në tjetrën*).

Umgang *m* 1) **-s** marrëdhënie; **freundlicher Umgang** marrëdhënie, sjellje miqësore; **Umgang mit jemandem haben** kam marrëdhënie, shoqëri me dikë; 2) shok, shoqe; **sie ist kein Umgang für dich** ajo nuk është shoqe për ty; 3) *pl* **-gänge** procesion; 4) *pl* **-gänge** kalim.

umgänglich *a* i shoqërueshëm, i shkueshëm; **er ist ein umgänglicher Mensch** është i shkueshëm.

Umgangsformen *pl* sjellje, mënyrë sjelljeje.

Umgangssprache *f* =, **-n** gjuhë bisede.

umgangssprachlich *a* bisedor, i gjuhës së bisedës.

umg'arnen *vt* 1) zë në lak; 2) *fig* fus në thes.

umg'eben* *vt* rrethoj; **von Feinden umgeben sein** jam i rrethuar nga armiqtë.

Umg'ebung *f* =, **-en** 1) rreth, mjedis; 2) *fig* rreth shoqëror, njerëzit e afërt; **der Präsident und seine Umgebung** presidenti dhe rrethi i tij; 3) rrethinë, periferi; **die Umgebung Tiranas** rrethinat e Tiranës.

Umgegend *f* =, **-en** vend rreth e rrotull, rrethinë, periferi (*e një qyteti etj.*).

umgehen* I *vi ndash* (s) 1) **(mit D)** shkoj, kam shoqëri, kam marrëdhënie (*me dikë*); **sage mir, mit wem du umgehst, und ich will dir sagen, wer du bist** më thuaj me kë rri, të të them se cili je; 2) **(mit D)** sillem; **er kann schlecht mit Menschen umgehen**

ai nuk di të sillet me njerëzit; 3) (**mit D**) përdor; **vorsichtig mit etwas umgehen** përdor diçka me kujdes; 4) : **ich gehe mit dem Gedanken um, mir ein Buch zu kaufen** kam ndër mend të blej një libër; 5) vij rrotull; bredh; 6) vërtitet, rrotullohet (*rrota etj.*); 7) qarkullon (*fjala*); 8) kalon (*koha*).

umg'ehen* II *vt* i bie anës, i shmangem; **er umging die Antwort** ai iu shmang përgjigjes.

umgehend 1. *a* i menjëhershëm (*përgjigje etj.*); 2. *adv* menjëherë, sakaq; **eine Sache umgehend erledigen** mbaroj një punë menjëherë.

umgekehrt 1. *a* i kthyer në anën tjetër, i anasjellë; 2. *adv* anasjelltas; **es ist ja gerade umgekehrt!** është krejt e kundërta!

umgestalten *vt ndash* shndërroj, transformoj.

Umgestaltung *f* =, **-en** shndërrim, transformim.

umgießen* *vi ndash* 1) hedh, derdh (*nga një enë në një tjetër*); 2) *tek* riderdh (*një detal*).

umg'ittern *vt* rrethoj me parmakë.

umgraben* *vt ndash* mih me shat (*një lehe etj.*).

umgr'enzen *vt* 1) qarkoj, rrethoj, kufizoj; **umgrenzt von ...** i rrethuar nga ...; 2) përkufizoj, përcaktoj (*një temë, detyrë etj.*).

umgruppieren *vt ndash* rigrupoj.

Umgruppierung *f* =, **-en** rigrupim.

umgucken, sich *vrefl ndash bis* shikoj rreth e rrotull.

umg'ürten, sich *vrefl* : **sich mit einem Riemen, Schwert umgürten** ngjesh rripin, shpatën.

umhaben* *vt ndash* (**h**) *bis* mbaj, kam (*në dorë, për mesi etj.*); **er hatte die Uhr noch um, als er ins Wasser sprang** e kishte orën akoma në dorë kur u hodh në ujë.

Umhang *m* **-(e)s, -hänge** mantel.

umhängen *vt ndash* 1) var në një vend tjetër; 2) hedh krahëve, në sup; **sich (D) etwas umhängen** hedh në sup (*pushkën etj.*).

umhauen *vt ndash* 1) rrëzoj përdhé (*me një grusht etj.*); pres (*një dru etj.*); 2) *bis* dërrmoj; *fig* **das haut mich um** kjo më lë pa mend.

umh'er *adv* rreth e rrotull, përqark; andej-këndej.

umh'erflattern *vi* (**s**) *ndash* fërfëllin andej-këndej.

umh'erfliegen* *vi* (**s**) *ndash* fluturon andej-këndej.

umh'erschweifen *vi* (**s**) *ndash* sillem, bredh, endem andej-këndej.

umh'erspringen* *vi* (**s**) *ndash* kërcej, hidhem andej-këndej.

umh'erwerfen* *vt ndash* hedh andej-këndej, shpërndaj.

umh'erziehen* *ndash* 1. *vi* (**s**) endem andej-këndej; **umherziehende Zigeuner** ciganë endacakë; 2. *vt* tërheq andej-këndej.

umh'in *adv* : **ich kann nicht umhin, es ihm mitzuteilen** nuk kam si të mos ia them; **willst du ihn mitnehmen? Ich werde wohl nicht umhin können!** a do ta marrësh? S'kam si të mos e marr!

umh'üllen *vt* mbështjell; **Blumen mit Papier umhüllen** mbështjell lule në letër.

Umh'üllung *f* =, **-en** 1) mbështjellje; 2) ambalazh; ambalazhim.

Umkehr *f* = kthim; **jemanden zur Umkehr zwingen** detyroj dikë të kthehet.

umkehren 1. *vi ndash* (**s**) 1) kthehem prapa; **auf halbem Wege umkehren** kthehem në gjysmë të rrugës; 2) *fig* bëj kthesë (*në jetë*); 2. *vt* 1) kthej në anën tjetër, përmbys; 2) *fig* përmbys, bëj rrëmujë; 3. *vrefl* **sich umkehren**

kthehem në anën tjetër; përmbysem.

Umkehrung *f* =, **-en** 1) kthim; 2) përmbysje.

umkippen *ndash* 1. *vt* rrëzoj; përmbys; 2. *vi* **(s)** rrëzohem; përmbysem.

umkl'ammern *vt* 1) kap, shtrëngoj fort; 2) *usht* rrethoj.

Umkl'ammerung *f* =, **-en** 1) shtrëngim; 2) *usht* rrethim.

umklappen *ndash vt* mbyll (*kapakun, briskun*).

umkleiden *ndash* 1. *vt* i ndërroj rrobat (*dikujt*); 2. *vrefl* **sich umkleiden** ndërrohem, vishem me rroba të tjera.

umkl'eiden *vt* vesh, mbuloj; **eine unangenehme Wahrheit mit schönen Worten umkleiden** mbuloj një të vërtetë të pakëndshme me fjalë të bukura.

Umkleideraum *m* **-(e)s, -räume** dhomë zhveshjeje (*në plazh etj.*).

umkommen *vi ndash* **(s)** 1) mbaron, merr fund, prishet; **nichts umkommen lassen** s'lë gjë të shkojë dëm; 2) vdes; **bei dem Erdbeben sind viele Menschen umgekommen** nga tërmeti vdiqën shumë njerëz.

umkr'allen *vt* ia ngul thonjtë, kthetrat.

Umkreis *m* **-es, -e** 1) rreth; **im Umkreis von 10 km** 10 km rreth e rrotull; 2) *mat* rreth.

umkr'eisen *vt* rrotullohem rreth ...; **die Erde umkreist die Sonne** Toka rrotullohet rreth Diellit.

umkrempeln *vt ndash* 1) përvesh (*mëngët etj.*); 2) *bis* ndryshoj rrënjësisht; përmbys.

umladen* *vt ndash* ngarkoj (*nga një mjet në një tjetër*).

uml'agern *vt* rrethoj (*një kështjellë, fortesë*).

Umlauf *m* **-s, -läufe** 1) qarkullim (*të hollash, fjalësh etj.*); 2) *astr* rrotullim (*i Hënës rreth Tokës etj.*).

umlaufen* *vi ndash* **(s)** 1) ndodhet, është në qarkullim (*parja etj.*); 2) qarkullon (*gjaku*); 3) kalon (*koha*).

uml'aufen* *vt* rend, vrapoj rreth (*diçkaje, dikujt*).

Umlaufschreiben *n* **-s, =** qarkore.

umlegen *vt ndash* 1) vë ndryshe, rivendos; 2) zhvendos; **Kranke umlegen** u ndërroj dhomën të sëmurëve; 3) vesh; **jemandem einen Schal umlegen** i hedh një shall dikujt; 4) ul; rrëzoj; **der Wind hat das Getreide umgelegt** era i ka rrëzuar të mbjellat; 5) *bis* vras.

umleiten *vt ndash* kaloj në rrugë tjetër (*qarkullimin e makinave etj.*).

Umleitung *f* =, **-en** kalim në rrugë tjetër (*i qarkullimit rrugor etj.*).

umlernen *vi ndash* **(h)** 1) ndërroj mendim, pikëpamje, botëkuptim etj.; 2) mësoj zanat tjetër.

umliegend *a* që ndodhet, shtrihet rreth e rrotull; **die umliegenden Häuser** shtëpitë rreth e rrotull.

umm'auern *vt* rrethoj me mur.

umn'achtet *a* i turbulluar, i mjegulluar (*mendje etj.*).

Umn'achtung *f* = turbullim, mjegullim (*i mendjes etj.*).

umn'ebelt *a* i mjegullt; **umnebelter Blick** vështrim i mjegulluar.

umordnen* *vt ndash* radhis ndryshe, riradhis.

umpacken *vt* 1) paketoj ndryshe, ripaketoj; 2) fus në një pako tjetër.

umpflanzen *vt ndash* mbjell në një vend tjetër.

umpflügen *vt ndash* lëroj (*tokën*).

umr'ahmen *vt* vë në kornizë; *fig* **ihr Gesicht war von blonden Locken umrahmt** fytyrën e saj e rrethonin kaçurrela te verdhë.

umr'anden *vt* rrethoj (*me laps të kuq etj.*).

Umr'andung *f* =, **-en** rrethim (*me laps të kuq etj.*).

umr'anken *vt* i kacavirret (*hardhia murit etj.*).

umräumen *vt ndash* 1) shkarkoj në një vend tjetër (*mallin etj.*); 2) vendos, rregulloj ndryshe.

umrechnen *vt ndash* **(in A)** kthej (*lekët në dollarë etj.*).

umreißen* *vt ndash* rrëzoj, shemb (*një mur, gardh etj.*).

umr'eißen* *vt* 1) skicoj; 2) *fig* jap në vija të trasha; them me pak fjalë.

umrennen* *vt ndash* rrëzoj duke rendur.

umr'ingen *vt* rrethoj; **die Kinder umringten den Vater** fëmijët rrethuan të atin.

Umriß *m* **-sses, -sse** 1) përvijim; 2) tipar (*i fytyrës*); 3) skicë, vizatim; 4) : **etwas in Umrissen schildern** përshkruaj diçka në vija të përgjithshme.

umrühren *vt ndash* përziej, trazoj.

ums = **um das.**

umsatteln *ndash* 1. *vt* i ndërroj shalën (*kalit*); 2. *vi* **(h)** *fig* 1) ndërroj zanat, profesion; 2) ndërroj bindje (*politike etj.*).

Umsatz *m* **-es, -sätze** *ek* qarkullim (*i mallrave*); xhiro (*e pares*).

Umsatzsteuer *f* =, **-n** *ek* tatim mbi xhiron.

umschalten *ndash* 1. *vt* 1) *tek* ndërroj (*marshin*); 2) *el* kthej (*çelësin*); 2. *vi* : *fig bis* **nach den Ferien wieder auf den Alltag umschalten** kthehem përsëri në jetën e përditshme pas pushimeve.

Umschalter *m* **-s,** = *el* çelës, komutator.

umsch'atten *vt* rrethoj me hije, hijezoj; **seine Augen waren tief umschattet** sytë i qenë bërë me rrathë të zinj.

Umschau *f* = 1) vështrim rreth e rrotull; 2) pasqyrë ngjarjesh, kronikë.

umschauen, sich *vrefl ndash* vështroj rreth e rrotull.

umsch'iffen *vt* 1) lundroj rreth (*një kepi, ishulli etj.*); 2) *fig* kapërcej (*një vështirësi etj.*).

Umschlag *m* **-s, -schläge** 1) ndryshim, ndërrim (*i motit etj.*); 2) mbështjellje; 3) kapak libri; 4) zarf; 5) kompresë; 6) palë (*e fustanit etj.*); 7) *ek* qarkullim (*kapitali*); 8) ngarkim-shkarkim; transportim (*mallrash*).

umschlagen* *ndash* 1. *vt* 1) mbështjell; vesh (*me diçka*); 2) kthej (*faqen, jakën etj.*); 3) rrëzoj (*lisin etj.*); 4) shkarkoj (*mallra nga anija në maunë etj.*); 2. *vi* **(s)** 1) përmbyset, kapërdihet (*barka*); 2) thartohet, uthullohet (*vera, birra*); 3) ndërron befas (*era, moti, humori etj.*); 4) shndërrohet, transformohet; **die Quantität schlägt in Qualität um** sasia shndërrohet në cilësi.

umschl'ießen* *vt* 1) rrethoj (*një kështjellë etj.*); 2) përfshij; 3) rrok, pushtoj; **er umschloß sie mit beiden Armen** ai e pushtoi me të dy krahët.

umschl'ingen* *vt* 1) i kacavirret (*hardhia trungut të një druri etj.*); 2) pushtoj, përqafoj.

umschmelzen* *edhe sipas zgj. të dobët vt ndash* shkrij përsëri (*një metal*).

umschreiben* *vt ndash* 1) përshkruaj me fjalë të tjera; 2) ripunoj (*një tekst*).

umschr'eiben* *vt* 1) përshkruaj; 2) parafrazoj, them me fjalë të tjera; 3) përcaktoj (*një detyrë etj.*); 4) *mat* përshkruaj (*një rreth etj.*).

Umschr'eibung *f* =, **-en** përshkrim.
umschulen *vt ndash* 1) i ndërroj shkollën (*fëmijës*); 2) rikualifikoj (*një punëtor*).
Umschulung *f* =, **-en** 1) rikualifikim; 2) transferim në një shkollë tjetër.
umschütten *vt ndash* 1) derdh (*qumështin etj. duke përmbysur enën*); 2) derdh, hedh nga një enë në një tjetër.
umschw'ärmen *vt* mblidhen, luzmojnë rreth (*diçkaje bletët etj.*).
Umschweife *pl* sorollatje, dredhje e perdredhje; **ohne Umschweife** pa i rënë rreth e rrotull, pa e zgjatur shumë; **Umschweife machen** i bie larg e larg, anës e anës.
umschwenken *vi ndash fig* ndërroj mendim, pikëpamje.
Umschwung *m* **-s, -schwünge** 1) rrotullim; 2) kthesë; ndryshim rrënjësor; revolucion.
umsehen*, sich *vrefl ndash* 1) shikoj prapa; 2) shoh rreth e rrotull; **sich nach einer Arbeit umsehen** shoh për ndonjë punë; **sich in der Welt umsehen** shoh botë me sy.
umsein* *vi ndash bis* mbaron, kalon (*afati, koha etj.*).
umseitig *a* (*që është*) në faqen tjetër (*të librit*).
umsetzen *ndash* 1. *vt* 1) vë, shpie në një vend tjetër; 2) *ek* vë në qarkullim; shes; 3) shndërroj; **in die Wirklichkeit umsetzen** vë në jetë; 2. *vrefl* **sich umsetzen** ngulem në një vend tjetër.
Umsicht *f* = maturi; kujdes; **mit Umsicht** me mend në kokë.
umsichtig *a* i kujdesshëm, i matur.
umsiedeln *ndash* 1. *vt* shpërngul; 2. *vi* (**s**) shpërngulem.
Umsiedlung *f* =, **-en** shpërngulje.
umsinken* *vi ndash* (**s**) bie, rrëzohem; **ich könnte vor Müdigkeit umsinken** mezi qëndroj në këmbë nga lodhja.
ums'onst *adv* 1) falas; **wenn du ihn bittest, macht er dir das umsonst** po iu lute, ai ta bën këtë falas; 2) kot; **es ist alles umsonst** është krejt e kotë.
ums'orgen *vt* kujdesem, përkujdesem për (*dikë*).
umspannen *vt ndash* 1) ndërroj (*kalin*); 2) *el* ndryshoj tensionin.
umsp'annen *vt* përfshij, rrok; **eine die ganze Welt umspannende Entwicklung** një zhvillim që përfshin gjithë botën.
umsp'ielen *vt sport* gënjej, mashtroj (*kundërshtarin*).
umsp'innen* *vt* rrethon, vesh me cergë (*merimanga*).
umspringen* *vi ndash* (**s**) 1) ndërron (*drejtimin era*); 2) **(mit D)** sillem keq (*me dikë*).
umspr'ingen* *vt* kërcen rreth (*të zotit qeni etj.*).
umspulen *vt ndash* çmbështjell (*shiritin e magnetofonit etj.*).
umsp'ülen *vt* lag, rreh (*deti bregun etj.*).
Umstand *m* **-s, -stände** 1) rrethanë; *drejt* **mildernde Umstände** rrethana lehtësuese; **unter keinen Umständen** në asnjë mënyrë; **unter Umständen** ndoshta; në disa raste; në qoftë e mundur; 2) naze; **Umstände machen** bëj naze; **machen Sie nur keine Umstände!** mos u shqetësoni!; **ohne Umstände** thjesht; pa ceremoni; 3) : **in (anderen) Umständen sein** është shtatzënë (*gruaja*).
umständlich *a* 1) i hollësishëm (*përshkrim etj.*); 2) me shumë mundime, shqetësime (*punë etj.*); 3) me shumë formalitete (*njeri, veprim*

etj.); 4) me shumë saktësi, me shumë kujdes.

Umstandswort *n* **-(e)s, -wörter** *gram* ndajfolje.

umst'ehen* *vt* qëndroj rreth (*diçkaje*); **etwas oder jemanden umstehen** rrethoj diçka ose dikë.

umstehend *a* 1) në anën tjetër; **auf der umstehenden Seite** në faqen tjetër; 2) që (*më*) rrethon; **die Umstehenden** ata që (*më*) rrethojnë, të pranishmit.

umsteigen* *vi ndash* (s) ndërroj (*trenin, automjetin, vaporin*).

umstellen *ndash* 1. *vt* 1) vë, vendos ndryshe; zhvendos; 2) riorganizoj (*prodhimin etj.*); 2. *vrefl* **sich (auf A) umstellen** i përshtatem (*diçkaje*); **er kann sich nicht mehr auf die heutige Zeit umstellen** ai nuk mund t'i përshtatet më kohës së sotme.

umst'ellen *vt* rrethoj (*shtëpinë etj.*).

Umstellung *f* =, **-en** 1) zhvendosje; 2) ndryshim; 3) riorganizim.

Umst'ellung *f* =, **-en** *usht* rrethim.

umsteuern *vt ndash* i ndryshoj drejtimin, kursin (*anijes etj.*).

umstimmen *vt ndash* 1) *muz* akordoj në tjetër ton; 2) *fig* ia ndërroj mendjen (*dikujt*); **er läßt sich nicht umstimmen** atij s'ia ndërron dot mendjen.

umstoßen* *vt ndash* 1) përmbys (*kupën etj.*); 2) anuloj (*një veprim etj.*); 3) përmbys, ndryshoj rrënjësisht (*një plan etj.*).

umstr'itten *a* i diskutueshëm (*teori etj.*).

umstülpen *vt ndash* kthej mbrapsht; përmbys; përvesh.

Umsturz *m* **-es, -stürze** *pol* përmbysje, kthesë rrënjësore.

umstürzen *ndash* 1. *vt* 1) përmbys (*tryezën etj.*); shemb (*murin etj.*); 2) rrëzoj (*qeverinë etj.*); 2. *vi* (s) bie, shembet, rrëzohet.

Umstürzler *m* **-s,** = element subversiv.

umtaufen *vt ndash* riemëroj (*një qytet, rrugë etj.*).

Umtausch *m* **-es** shkëmbim, këmbim.

umtauschen *vt* shkëmbej, këmbej.

Umtriebe *pl fig* intriga; **geheime Umtriebe** intriga të fshehta.

umtun* *ndash* 1. *vt* vë, hedh (*krahëve pallton etj.*); 2. *vrefl* **sich umtun (nach D)** kërkoj (*diçka*).

umwälzen *vt ndash* 1) kthej në anën tjetër; përmbys; 2) *fig* përmbys, ndryshoj rrënjësisht (*një plan etj.*).

Umwälzung *f* =, **-en** përmbysje, kthesë rrënjësore.

umwandeln *vt ndash* shndërroj; **er ist wie umgewandelt** ka ndryshuar krejt, është bërë tjetër njeri.

Umweg *m* **-s, -e** rrugë rreth e rrotull, rrugë e tërthortë (*edhe fig*).

Umwelt *f* =, **-en** 1) botë; mjedis, rreth (*shoqëror*); **sich in einer neuen Umwelt eingewöhnen** mësohem me një mjedis të ri; 2) ambient (*natyror*).

Umweltschutz *m* **-es** ruajtje e ambientit.

umwenden* *ndash* 1. *vt* kthej (*faqen e një libri etj.*); 2. *vi* (h) kthehem; **wir können hier nicht umwenden** këtu s'kemi ku të kthehemi (*në një rrugë të ngushtë etj.*); 3. *vrefl* **sich umwenden** kthehem; **sich nach jemandem umwenden** kthej kokën për të parë dikë.

umwerfen* *ndash* 1. *vt* 1) rrëzoj, përmbys; 2) hedh sipër, hedh krahëve (*një rrobë*); 3) *fig* përmbys (*një plan etj*); 2. *vi bis* rrëzohem (*me karrocë etj.*).

umwerten *vt ndash* rivlerësoj, çmoj ndryshe (*një çështje etj.*).
umw'ickeln *vt* 1) mbështjell; 2) rrethoj; **mit Draht umwickeln** rrethoj me tela.
umwickeln *vt ndash* ia ndërroj pelenat (*foshnjës*).
umw'inden* *vt* rrethoj (*me lule etj.*).
umw'ittert *a* i rrethuar (*nga një e fshehtë, mister etj.*).
Umwohner *m* **-s,** = fqinj.
umw'ölken 1. *vt* mbulon me re (*qiellin stuhia*); 2. *vrefl* **sich umwölken** 1) mbulohet, vishet me re (*qielli*); 2) *fig* ngryset (*balli etj.*).
umwühlen *vt ndash* 1) rrëmoj, gërmoj; 2) *fig* kthej përmbys (*shtëpinë etj.*).
umz'äunen *vt* rrethoj me gardh, gardhoj.
Umz'äunung *f* =, **-en** 1) gardh; 2) gardhim.
umzeichnen *vt ndash* 1) shënoj ndryshe; 2) vizatoj ndryshe.
umziehen* *ndash* 1. *vi* (s) shpërngulem; 2. *vt* ia ndërroj rrobat, ndërroj; **ich mußte das Kind völlig umziehen** m'u desh ta ndërroja krejt fëmijën; 3. *vrefl* **sich umziehen** ndërroj rrobat, ndërrohem.
umz'ingeln *vt* rrethoj (*armikun etj.*).
Umz'ing(e)lung *f* =, **-en** rrethim.
Umzug *m* **-s, -züge** 1) shpërngulje (*në një shtëpi tjetër*); 2) procesion; 3) parakalim festiv; **an einem Umzug teilnehmen** marr pjesë në një parakalim.
un = pa ..., jo ...
un'abänderlich *a* i pandryshueshëm; **unabänderlicher Entschluß** vendim i pandryshueshëm.
Un'abänderlichkeit *f* = pandryshueshmëri.
unabhängig 1. *a* i pavarur; **unabhängiger Staat** shtet i pavarur; 2. *adv* pavarësisht; **unabhängig davon, daß ...** pavarësisht se ...
Unabhängigkeit *f* = pavarësi.
unabkömmlich *a* i domosdoshëm.
unablässig *a* i pandërprerë, i vazhdueshëm.
unabsehbar *a* 1) që nuk mund të rroket me sy, i pakufizuar; 2) i pallogaritshëm; **unabsehbare Folgen** pasoja të paparashikueshme.
unabsetzbar *a* 1) i patundshëm; 2) që nuk shitet (*mall*).
unabsichtlich *adv* pa qëllim, padashur.
unabweisbar 1) *a* që nuk mund të hidhet poshtë, i pakundërshtueshëm; 2) i detyrueshëm.
unabwendbar *a* i pashmangshëm, i paevitueshëm; **unabwendbare Folgen** pasoja të pashmangshme.
unachtsam *a* 1) i pakujdesshëm; 2) i pamatur (*fjalë etj.*).
Unachtsamkeit *f* = shkujdesje.
unanfechtbar *a* i padiskutueshëm, i pakundërshtueshëm (*provë etj.*).
unangebracht *a* 1) i papërshtatshëm; **ein solches Geschenk wäre in diesem Falle unangebracht** një dhuratë e tillë do të ishte e papërshtatshme në këtë rast; 2) pa vend; **diese Bemerkung war äußerst unangebracht** kjo vërejtje ishte krejt pa vend.
unangefochten *a* 1) i pakundërshtueshëm (*e drejtë etj.*); 2) i pakundërshtuar (*fitore etj.*).
unangemeldet *a* i palajmëruar; i papritur.
unangemessen *a* i papërshtatshëm; pa vend.
unangenehm *a* i pakëndshëm.
unangetastet *a* i paprekur (*e drejtë etj.*).
unangreifbar *a* 1) që nuk mund të sulmohet; 2) i paprekshëm; 3) *fig* i padiskutueshëm.

unannehmbar *a* i papranueshëm; **unannehmbare Bedingungen** kushte të papranueshme.
Unannehmlichkeit *f* =, **-en** vështirësi, ngatërresë, telash; **ich möchte Ihnen keine Unannehmlichkeiten bereiten** s'dua t'ju hap telashe.
unansehnlich *a* 1) që s'bie në sy; 2) i përdorur, i papastër (*send, petk etj.*).
unanständig *a* 1) i pandershëm (*veprim etj.*); 2) i ndyrë (*shaka etj.*); 3) i turpshëm, i pahijshëm (*fjalë, gjest etj.*).
Unanständigkeit *f* =, **-en** fjalë, vepër etj. e pandershme.
unantastbar *a* 1) i paprekshëm, i pacënueshëm (*e drejtë etj.*); 2) që s'ke ç'i thua, që s'ka të sharë (*sjellje etj*).
unappetitlich *a* që të prish oreksin; i pështirë.
Unart *f* =, **-en** mungesë edukate, sjellje e keqe; **was ist denn das für eine Unart?** sjellje është kjo?!
unartig *a* i pasjellshëm, i paedukatë.
unartikuliert *a* i panyjëtuar, i paartikulluar (*tingull etj.*).
unästhetisch *a* i pabukur, i pahijshëm, i shëmtuar.
unauffällig 1. *a* që nuk bie në sy, që nuk vihet re; 2. *adv* pa rënë në sy, pa u vënë re; **bitte folgen Sie mir unauffällig** ejani pas meje, ju lutem, pa rënë në sy.
unauffindbar *a* që nuk gjendet, i humbur.
unaufgefordert *a* 1) i pakërkuar; i paftuar; 2) vullnetar.
unaufgeklärt *a* 1) i pasqaruar, i paqartë; 2) i paditur (*njeri*).
unaufhaltbar 1. *a* i papërmbajtshëm, i pandalshëm (*zhvillim etj.*); 2. *adv* në mënyrë të pandalshme.
unaufhaltsam *a* i papërmbajtshëm, i pandalshëm (*zhvillim etj.*).
unaufhörlich 1. *a* i pandërprerë, i vazhdueshëm; 2. *adv* pa pushim, vazhdimisht, pareshtur.
unauflösbar, unauflöslich *a* 1) i pashkrishëm, i patretshëm; 2) i pazgjidhshëm.
unaufmerksam *a* i pavëmendshëm.
Unaufmerksamkeit *f* = mungesë vëmendjeje.
unaufrichtig *a* i pandershëm.
Unaufrichtigkeit *f* = pandershmëri.
unaufschiebbar *a* i ngutshëm, që nuk mund të shtyhet, që nuk mund të lihet për më vonë.
unausbleiblich *a* që nuk mund të lihet jashtë, i domosdoshëm; i pashmangshëm; **die unausbleibliche Folge wird sein, daß ...** pasojë e pashmangshme do të jetë se ...
unausführbar *a* i parealizueshëm, i pazbatueshëm; **der Plan ist unausführbar** plani është i parealizueshëm.
unausgeglichen *a* i paekuilibruar (*njeri*).
unausgesetzt *a* i pandërprerë, i vazhdueshëm.
unauslöschlich *a* i pashlyeshëm, i paharrueshëm (*kujtim, përshtypje etj.*).
unaussprechlich *a* i papërshkrueshëm, i pashprehshëm, që nuk mund të thuhet me gojë (*gëzim, hidhërim etj.*).
unausstehlich *a* i padurueshëm; **du bist heute unausstehlich** sot qenke i padurueshëm.
unausweichlich *a* i pashmangshëm.
unbändig 1. *a* i papërmbajtur, i papërmbajtshëm (*gëzim, zemërim etj.*); 2. *adv* sa s'thuhet, sa s'vete më; **ich habe mich unbändig gefreut** jam gëzuar sa s'thuhet.
unbar *a* jo me pare në dorë (*me çek etj.*).
unbarmherzig *a* i pamëshirshëm;

fig **eine unbarmherzige Kälte** të ftohtë i egër.
unbeabsichtigt *a* (*i bërë*) pa qëllim, pa dashje.
unbeachtet *a* i pavënëre, që nuk bie në sy.
unbeanstandet *a* i papenguar, i pakundërshtuar.
unbeantwortet *a* i mbetur pa përgjigje; **eine Frage unbeantwortet lassen** lë një pyetje pa përgjigje.
unbearbeitet *a* i papërpunuar.
unbebaut *a* 1) e papunuar (*tokë*); 2) i pazënë (*me ndërtime*), i lirë (*truall*).
unbedacht *a* i pamenduar, i papeshuar, i ngutur, i rrëmbyer (*përgjigje, veprim etj.*).
unbedachterweise *adv* pa menduar mirë, me rrëmbim, me ngut.
unbedachtsam *sh* **unbedacht.**
Unbedachtsamkeit *f* =, **-en** të qenët i pamenduar, i pamatur etj.
unbedarft *a bis* i papërvojë, i parrahur (*me jetën etj.*).
unbedenklich *a* që nuk ngjall dyshim, shqetësim.
unbedeutend *a* i parëndësishëm, i papërfillshëm; **ein unbedeutender Fehler** gabim i parëndësishëm.
unbedingt 1. *a* 1) i pakufizuar, i plotë; **unbedingten Gehorsam verlangen** kërkoj bindje të plotë; 2) pa kushte; 2. *adv* patjetër; **man muß ihm unbedingt helfen** ai duhet ndihmuar patjetër.
unbeendigt *a* i papërfunduar, i pambaruar.
unbeerdigt *a* i pakallur, i pavarrosur.
unbefahrbar *a* i pakalueshëm (*rrugë etj.*).
unbefahren *a* i pashtruar (*makinë etj.*).
unbefangen 1. *a* 1) pa paragjykime; i paanshëm, i pandikuar; 2) i lirshëm, i shpenguar (*sjellje etj.*); 2. *adv* lirisht.
Unbefangenheit *f* = paanësi; liri.
unbefleckt *a* i panjollosur, i papërlyer.
unbefriedigend *a* i pakënaqshëm.
unbefriedigt *a* i pakënaqur; **sie ist vom Leben unbefriedigt** ajo nuk është e kënaqur nga jeta.
unbefristet *a* pa afat.
unbefugt 1. *a* 1) jokompetent; 2) i paautorizuar; 2. *adv* 1) pa të drejtë; 2) pa leje.
Unbefugte *m* **-n, -n** i paautorizuar; **Unbefugten ist der Zutritt verboten!** ndalohet hyrja për të papunët!
unbegabt *a* pa talent (*artist etj.*).
unbegreiflich *a* i pakuptueshëm, i pashpjegueshëm; **das ist unbegreiflicher Leichtsinn** kjo është mendjelehtësi e pakuptueshme.
unbegrenzt *a* i pakufizuar, i pakufishëm; **unbegrenztes Vertrauen** besim i pakufishëm.
unbegründet *a* i pathemeltë, pa bazë; **eine unbegründete Anschuldigung** një akuzë e pathemeltë.
Unbehagen *n* **-s** 1) ndjenjë pakënaqësie; 2) pafuqi, dobësi, të qenët pa qejf.
unbehaglich *a* 1) i pakëndshëm; **mir war unbehaglich zumute** s'isha në qejf; 2) i parehatshëm.
unbehelligt *a* 1) i shpenguar; 2) i pashqetësuar.
unbeherrscht *a* i papërmbajtur.
unbehindert *a* i shpenguar, i lirë.
unbeholfen *a* i ngathët.
Unbeholfenheit *f* = ngathtësi.
unbeirrbar *a* i patundur (*bindje etj.*).
unbeirrt *a* i patundur, i patundshëm; **ich gehe unbeirrt meinen Weg** vazhdoj i patundur rrugën time.
unbekannt *a* i panjohur; **das Grabmal des unbekannten Soldaten**

varri i ushtarit të panjohur; **das ist mir unbekannt** këtë nuk e di.
unbekannterweise *adv* pa e njohur.
unbekümmert *a* i shkujdesur; **unbekümmert darum, ob ...** pa menduar se ...
Unbekümmertheit *f* = shkujdesje.
unbelebt *a* 1) pa shpirt, pa gjallëri, pa jetë; 2) i shkretë (*vend*).
unbelehrbar *a* i pandreqshëm, që nuk vë mend.
unbeliebt *a* që nuk e shohin me sy te mirë, që nuk e duan; **er ist bei seinen Kollegen sehr unbeliebt** shokët e punës atë nuk e duan fare.
unbemannt *a* pa ekuipazh (*anije kozmike etj.*).
unbemerkbar *a* i padukshëm, i papërfillshëm, i parëndësishëm.
unbemerkt 1. *a* i pavënë re, i parënë në sy; **er schlich herein, von allen unbemerkt** ai u fut brenda pa e vënë re asnjeri; 2. *adv* pa u vënë re, pa rënë në sy.
unbemittelt *a* pa mjete, pa pare; **er ist nicht ganz unbemittelt** ai nuk është fare pa gjë.
unbenommen *a* : *shpr* **es ist mir unbenommen, ob ...** është në dorën time, nëse ...
unbeobachtet *a* i pavënëre.
unbequem *a* 1) i parehatshëm; 2) shqetësues.
unberechenbar *a* 1) i pallogaritshëm; 2) *fig* me trille, me teka (*njeri*).
unberechtigt 1. *a* 1) i paautorizuar; 2) i paligjshëm; 2. *adv* pa të drejtë; **er hat sich ganz unberechtigt eingemischt** ai është përzier pa asnjë të drejtë.
unberücksichtigt *a* i papërfillur.
unberufen *a* 1) i pakërkuar; **unberufene Einmischung** ndërhyrje e pakërkuar; 2) i paftuar.
unberührbar *a* i paprekshëm.
unberührt *a* 1) i paprekur; i pacënuar 2) i papërdorur; 3) i paprekur, i paemocionuar.
unbeschadet *präp* (G) pa dëmtuar, pa prekur, pa mohuar; **unbeschadet seiner großen Verdienste, müssen wir doch sagen ...** pa mohuar meritat e tij të mëdha, duhet të themi ...
unbeschädigt *a* i padëmtuar, i paprekur; **das Siegel ist noch unbeschädigt** vula është ende e paprekur.
unbescheiden *a* 1) jomodest; 2) arrogant; 3) i tepruar (*kërkesë etj.*); **ohne unbescheiden sein zu wollen, möchte ich Sie bitten ...** pa dashur ta teproj, do t'ju lutesha ...
unbescholten *a* që s'ka të sharë; i ndershëm; që gëzon nam të mirë.
unbeschränkt *a* i pakufizuar.
unbeschreiblich *a* i papërshkrueshëm; **unbeschreibliche Unordnung** çrregullim i papërshkrueshëm.
unbeschrieben *a* i pashkruar, i pastër (*fletë etj.*).
unbeschwert *a* 1) i parënduar, i pangarkuar; 2) i lirë, i shkujdesur; **unbeschwert von Pflichten** i lirë nga detyrimet; 3) i pastër (*ndërgjegje etj.*).
unbesehen *a* i pamenduar (*vendim etj.*).
unbesiegbar, unbesieglich *a* i pamposhtshëm, i pathyeshëm.
unbesonnen *a* i pamenduar mirë, i rrëmbyer (*veprim etj.*).
unbesorgt *a* i shkujdesur.
unbeständig *a* 1) i paqëndrueshëm (*mot*); 2) i lëkundshëm (*njeri*).
unbestechlich *a* që nuk mund të blihet, të thyhet me pare, i pakorruptueshëm.
unbestellt *a* 1) i padërguar (*letër etj.*); 2) e palëruar (*tokë*).

unbestimmt *a* 1) i papërcaktuar; **unbestimmter Eindruck** përshtypje e papërcaktuar; 2) i vagëlluar; **ich habe davon nur eine unbestimmte Vorstellung** për këtë kam vetëm një ide të vagëlluar; 3) *gram* i pakufishëm (*përemër*).

Unbestimmtheit *f* = papërcaktueshmëri.

unbestraft *a* 1) i padënuar; 2) i pagjobitur.

unbestreitbar, unbestritten *a* i padiskutueshëm, i padyshimtë (*fakt etj.*).

unbeteiligt *a* **(bei D)** i pandërlikuar, i pangatërruar, që nuk ka gisht (*në një çështje etj.*).

unbetont *a* i patheksuar (*rrokje etj.*).

unbeugsam *a* i papërkulshëm, i paepshëm (*njeri etj.*).

unbewacht *a* i paruajtur.

unbewaffnet *a* 1) i paarmatosur, i çarmatosur; 2) : *fig* **mit unbewaffnetem Auge** me sy, pa dylbi.

unbewältigt *a* i pazgjidhur (*problem etj.*).

unbewandert *a* i pasprovuar, i parrahur; pa përvojë; **unbewandert auf, in einem Gebiet** pa përvojë në një fushë.

unbeweglich *a* i palëvizshëm; i patundshëm (*pasuri*).

unbewohnbar *a* i pabanueshëm.

unbewohnt *a* i pabanuar, i shkretë (*vend, shtëpi etj.*).

unbewußt *a* 1) i pavetëdijshëm; 2) instinktiv.

unbezahlt *a* i papaguar, i palikuiduar (*llogari etj.*).

unbezähmbar *a* i pamposhtshëm (*kureshtje etj.*).

unbezwingbar, unbezwinglich *a* i pamposhtur, i pathyeshëm.

Unbilden *pl* : **die Unbilden der Witterung** prapësitë e kohës, të motit.

Unbill *f* = fyerje; padrejtësi.

unbillig *a* i padrejtë.

unblutig *a* (*i bërë*) pa derdhur gjak (*grusht shteti etj.*).

unbrauchbar *a* 1) i papërdorshëm; **unbrauchbar machen** prish, shkatërroj; 2) i papërshtatshëm; **er ist für diese Arbeit unbrauchbar** ai nuk është i përshtatshëm për këtë punë.

und *conj* e, dhe, edhe, gjithashtu; **und auch** si edhe; *bis* **na und?** e pastaj?; **nach und nach** dalngadalë; **immer größer und größer** gjithnjë e më i madh.

Undank *m* **-(e)s** mosmirënjohje.

undankbar *a* 1) mosmirënjohës (*njeri etj.*); 2) *fig* pa duk, pa grat (*punë etj.*).

Undankbarkeit *f* = mosmirënjohje.

undefinierbar *a* i papërcaktueshëm.

und'enkbar *a* i papërfytyrueshëm, që nuk mund të merret me mend; **ich habe es für undenkbar gehalten, daß so etwas einmal geschehen könnte** nuk ma merrte mendja se mund të ndodhte një gjë e tillë.

undeutlich 1. *a* i paqartë; i vagëlluar; 2. *adv* në mënyrë të paqartë; vagëllimthi.

Unding *n* **-(e)s, -e** absurditet.

unduldsam *a* i paduruar, intolerant.

undurchdringlich *a* 1) i papërshkueshëm; 2) i padepërtueshëm.

undurchlässig *a* i papërshkueshëm (*nga uji etj.*).

undurchsichtig *a* i patejdukshëm.

uneben *a* 1) i thyer (*vend etj.*); 2) jo i lëmuar (*sipërfaqe etj.*); 3) : *shpr bis* **dein Vorschlag ist gar nicht uneben** propozimi yt nuk është dhe i keq.

unecht *a* 1) i rremë; 2) i imituar; **unechte Handschrift** dorëshkrim i imituar; 3) artificial, jonatyral (*diamant etj.*); 4) i vënë (*dhëmb etj.*).

unedel *a* jofisnik.
unehelich *a* jashtë martese, i paligjshëm (*fëmijë etj.*).
unehrlich *a* i pandershëm.
uneigennützig *a* i painteres, i çinteresuar.
uneigentlich *adv bis* po të mos e shikoj(më) hollë (*çështjen etj.*).
uneingeschränkt *a* i pakufizuar.
uneinig *a* jo i një mendjeje; **über etwas uneinig sein** nuk jam i një mendjeje për diçka.
Uneinigkeit *f* =, **-en** mosmarrëveshje; grindje, përçarje.
uneinnehmbar *a* i papushtueshëm, që nuk merret dot; **die Festung galt als uneinnehmbar** kështjella quhej si e papushtueshme.
uneins *adv* jo i një mendjeje.
unempfindlich *a* i pandjeshëm.
un'endlich 1. *a* i pafund, i pambarim; **die unendliche Weite des Meers** hapësira e pafundme e detit; **unendliche Geduld** durim i pambaruar; 2. *adv* pambarimisht; **unendlich klein** pambarimisht i vogël.
Un'endlichkeit *f* = pafundësi.
unentbehrlich *a* i domosdoshëm (*ndihmë, njeri etj.*).
unentgeltlich 1. *a* i papaguar; 2. *adv* falas, gratis.
unentschieden 1. *a* 1) i pazgjidhur (*problem*); 2) i pavendosur; 2. *adv sport* baras; **das Spiel steht unentschieden** loja është baras.
unentschlossen *a* i pavendosur, i lëkundur; **ich bin noch unentschlossen** ende s'kam marrë një vendim, ende lëkundem.
unentwegt 1. *a* i patundur; i palodhur; 2. *adv* pa u lodhur; vazhdimisht; pa marrë asgjë parasysh.
unerbittlich *a* i patundshëm, i papërkulshëm; i pamëshirshëm.
unerfahren *a* i papërvojë.
Unerfahrenheit *f* = mungesë përvoje.
unerfindlich *a* i pakuptueshëm, i pashpjegueshëm.
unerforscht *a* i pastudiuar, i pazbuluar.
unerfreulich *a* i keq, i pakëndshëm (*lajm, gjendje etj.*).
unerfüllbar *a* i parealizueshëm, i kotë (*dëshirë etj.*).
unergiebig *a* 1) jopjellor; 2) i pafrytshëm, i kotë.
unergründlich *a* 1) i pamatur (*thellësi etj.*); 2) *fig* i pakuptueshëm; i pashpjegueshëm.
unerheblich *a* i parëndësishëm; **der Schaden ist nicht unerheblich** dëmi nuk është i vogël.
unerhört 1. *a* 1) i paplotësuar; i pamiratuar (*lutje etj.*); 2) *fig* që s'është parë (dëgjuar) ndonjë herë; i pabesueshëm; **er hat unerhörtes Glück gehabt** ka pasur fat të madh; 2. *adv* jashtëzakonisht; **unerhört billig** shumë lirë, falë.
unerkannt *a* i panjohur.
unerklärbar, unerklärlich *a* i pashpjegueshëm; **eine unerklärliche Angst überfiel sie** asaj i hipi një frikë e pashpjegueshme.
unerlaubt *a* i ndaluar, i palejueshëm; **unerlaubte Beziehungen** marrëdhënie të palejueshme.
unermeßlich *a* i pamatur, i pamasë.
unermüdlich 1. *a* i palodhshëm; 2. *adv* pa u lodhur; **unermüdlich arbeiten** punoj pa u lodhur.
unerquicklich *a* i pakëndshëm.
unerreichbar *a* i paarritshëm (*qëllim etj.*).
unerreicht *a* i paarritur.
unersättlich *a* i pangopshëm (*lakmi, dëshirë etj.*).
unerschöpflich *a* i pashtershëm;

meine Geduld ist nicht unerschöpflich durimi im ka një kufi.
unerschrocken *a* i patrembur.
unerschütterlich *a* i palëkundshëm, i patundshëm; **mein Vertrauen zu ihm ist unerschütterlich** besimi im tek ai është i patundshëm.
unerschwinglich *a* tepër i shtrenjtë.
unersprießlich *a* i pafryt, i pagrat (*punë etj.*).
unersetzbar, unersetzlich *a* i pazëvendësueshëm; **unersetzbarer Schaden** dëm që nuk vihet në vend; **er ist nicht unersetzbar** ai nuk është i pazëvendësueshëm.
unerträglich 1. *a* i padurueshëm; **unerträgliche Schmerzen** dhembje të padurueshme; **dieser Mensch ist unerträglich** ky njeri nuk durohet; 2. *adv* tepër; **es ist unerträglich heiß hier** këtu bën tepër nxehtë.
unerwartet *a* i papritur (*lajm, vdekje etj.*); **es kam uns unerwartet** na erdhi e papritur.
unerwidert *a* : **unerwidert lassen** lë pa përgjigje.
unerwünscht *a* i padëshirueshëm.
unerzogen *a* i pasjellshëm, pa edukatë.
unfähig *a* i paaftë; **er ist unfähig, die Wahrheit zu ertragen** ai nuk mund ta durojë të vërtetën; **er ist unfähig zur Arbeit** ai është i paaftë për punë.
Unfähigkeit *f* = paaftësi.
unfair [*'unfer*] *a* i padrejtë; i parregullt.
Unfall *m* **-s, -fälle** fatkeqësi, aksident.
Unfallstation *f* **=, -en** qendër e ndihmës së shpejtë.
Unfallversicherung *f* **=, -en** sigurim kundër fatkeqësive.
Unfallwagen *m* **-s, =** autoambulancë e ndihmës së shpejtë.
unfaßbar, unfaßlich *a* 1) i pakapshëm; 2) i pakuptueshëm; **eine unfaßbare Grausamkeit** mizori që nuk merret dot me mend.
unfehlbar 1. *a* i pagabueshëm; **kein Mensch ist unfehlbar** s'ka njeri të pagabueshëm; 2. *adv* patjetër, me siguri; **die Katastrophe wird unfehlbar kommen** katastrofa do të ndodhë me siguri.
Unfehlbarkeit *f* = pagabueshmëri.
unfein *a* i vrazhdë, i trashë (*sjellje, fjalë etj.*).
unfertig *a* 1) i papërfunduar (*shtëpi etj.*); 2) i papjekur (*njeri, mendim etj.*).
unflätig *a* i ndyrë, i ulët; i pahijshëm (*fjalë, shprehje etj.*).
unförmig *a* 1) pa formë; 2) i shëmtuar.
unfrankiert *a* pa pullë, i papaguar (*letër etj.*).
unfrei *a* 1) jo i lirë, jo i pavarur; 2) i penguar.
unfreundlich *a* 1) jomiqësor; i pasjellshëm; 2) i keq (*mot*).
Unfriede(n) *m* **-s** mosmarrëveshje, grindje, zënkë; **Unfrieden stiften** nxis grindje.
unfruchtbar *a* 1) shterpë (*tokë etj.*); 2) *fig* i pafrytshëm, i kotë (*veprim etj.*).
Unfug *m* **-(e)s** 1) shkelje e rregullit; prishje e rendit; **Unfug treiben** prish rregullin; 2) budallallëk; e pabërë; **mach keinen Unfug!** mos bëj ndonjë të pabërë!
unfügsam *a* i pashtruar, i pabindur.
Ungar *m* **-n, -n** hungarez.
ungarisch 1. *a* hungarez; 2. *adv* hungarisht.
ungeachtet 1. *a* i parespektuar, jo i nderuar; 2. *präp* (G) me gjithë ..., pa marrë parasysh; **ungeachtet dessen** megjithëkëtë; **ungeachtet sei-**

ner großen Fähigkeiten me gjithë aftësitë e tij të mëdha.

ungeahnt *a* i paparashikuar; **hier bieten sich ungeahnte Möglichkeiten** këtu ka mundësi të paparashikuara.

ungebärdig *a* 1) i pabindur, kokëfortë, kryeneç (*fëmijë etj.*); 2) i papërmbajtshëm, i egër.

ungebeten 1. *a* i paftuar; **ungebetener Gast** mik i paftuar; 2. *adv* pa ftesë.

ungebildet *a* i pashkollë; i pagdhendur.

ungebräuchlich *a* që nuk përdoret (*fjalë etj.*).

ungebraucht *a* i papërdorur.

ungebrochen *a* i pathyer; i pathyeshëm.

ungebührlich *a* 1) i pahijshëm (*sjellje etj.*); 2) i tepruar (*çmim etj.*).

ungebunden *a* 1) i palidhur (*libër etj.*); 2) *fig* i lirë, i paangazhuar; 3) *fig* i pamartuar.

Ungeduld *f* = padurim.

ungeduldig *a* i padurueshëm.

ungeeignet *a* **(für A)** i papërshtatshëm (*për diçka*).

ungefähr 1. *adv* afërsisht, afro, rreth; **ungefähr das Doppelte** rreth dyfishit; **er ist ungefähr 40 Jahre alt** ai është rreth 40 vjeç; **ungefähr um 4 Uhr** aty nga ora 4; 2. *a* i përafërt; **ungefähre Schätzung** vlerësim i përafërt.

ungefährdet *a* i parrezikuar; **man kann ungefährdet durch den Fluß waten** mund t'i biesh lumit në va pa rrezik.

ungefährlich *a* i parrezikshëm (*njeri, punë etj.*).

ungefällig *a* jo i dashur, jo i sjellshëm, jo i gjindshëm.

ungefragt *a* i papyetur.

ungefüge *a* shumë i madh, kaba (*send, vegël*).

ungefügig 1) i pashtruar, që nuk zbutet (*kafshë etj.*); 2) kokëfortë, i vështirë (*njeri*).

ungehalten *a* **(über A)** i pakënaqur, i zemëruar (*nga diçka*).

ungehemmt *a* i papenguar; i lirshëm.

ungeheuer 1. *a* i përbindshëm, monstruoz; i stërmadh; **er besitzt ungeheure Kraft** ai ka fuqi të përbindshme; **ungeheure Verantwortung** përgjegjësi shumë e rëndë; 2. *adv* shumë, fort, jashtëzakonisht.

Ungeheuer *n* **-s,** = përbindësh, monstër.

ungeheuerlich *a* i përbindshëm (*veprim etj.*).

Ungeheuerlichkeit *f* = të qenët i përbindshëm.

ungehindert 1. *a* i papenguar, i shpenguar, pa pengesa; 2. *adv* lirisht; **sich ungehindert bewegen** lëviz lirisht.

ungehobelt *a fig* i pagdhendur (*njeri*).

ungehörig *a* i pahijshëm (*sjellje, përgjigje etj.*).

ungehorsam *a* i pabindur, i padëgjueshëm.

ungeladen *a* I i paftuar.

ungeladen *a* II i pambushur (*top, pushkë etj.*).

ungelegen *a* 1) pa vend; **jemandem ungelegen kommen** shqetësoj dikë; 2) pa kohë; **zu ungelegener Stunde kommen** vij kohë pa kohë.

ungelenk(ig) *a* i ngathët (*gjymtyrë, njeri*).

ungelernt *a* i pamësuar, pa shkollë.

ungelogen *adv bis* me gjithë mend, me të vërtetë.

ungelöscht *a* i pashuar (*gëlqere etj.*).

ungelöst *a* i pazgjidhur (*problem etj.*).

Ungemach *n* **-s** 1) vështirësi,

mundim; 2) fatkeqësi; hall; **großes Ungemach erleiden** heq hall të madh.

ungemein 1. *a* i jashtëzakonshëm, i madh; **eine ungemeine Anstrengung** përpjekje shumë e madhe; 2. *adv* shumë, fort, jashtëzakonisht.

ungemütlich *a* jo i rehatshëm; *shpr bis* **ungemütlich werden** bëhem i ashpër, i rëndë etj. (*në sjellje me të tjerët*).

ungenannt *a* i paemër; i panjohur.

ungenau *a* 1) i pasaktë; 2) i pakujdesshëm.

Ungenauigkeit *f* =, **-en** 1) pasaktësi; 2) pakujdesi.

ungeniert [-*zhe*-] 1. *a* jo i druajtur, i shpenguar; 2. *adv* pa druajtje, shpenguar, lirshëm.

Ungeniertheit [-*zhe*-] *f* = mosdruajtje, liri e tepruar.

ungenießbar *a* 1) që nuk hahet, i pangrënshëm; 2) *fig* i padurueshëm.

ungenügend *a* i pamjaftueshëm.

ungenügsam *a* i pakënaqur; kërkues.

ungenutzt *dhe* **ungenützt** *a* i pashfrytëzuar (*rast etj.*).

ungerade *a* 1) jo i drejtë (*vijë etj.*); 2) tek (*numër*).

ungeraten *a* i rritur keq (*fëmijë*).

ungerechnet *a* i panumëruar, i pallogaritur.

ungerecht *a* i padrejtë (*dënim etj.*).

Ungerechtigkeit *f* =, **-en** padrejtësi.

ungereimt *a* 1) që nuk rimon, që nuk bën rimë; **ungereimte Verse** vargje të bardha; 2) *fig* pa kokë e pa bisht, kodra pas bregut; **ungereimtes Zeug (daher)reden** flas kodra pas bregut.

ungerührt *a* 1) i paprekur; 2) *fig* i ftohtë; **er blieb völlig ungerührt** ai qëndroi krejt i ftohtë.

ungesäumt 1. *a* që nuk ngurron; që s'vonohet; 2. *adv* menjëherë, pa vonesë; pa ngurruar.

ungeschehen *a* : *shpr* **etwas am liebsten ungeschehen machen** dëshiroj që të mos ishte bërë diçka.

Ungeschick *n* **-s** ngathtësi, pazotësi.

Ungeschicklichkeit *f* =, **-en** ngathtësi, pazotësi.

ungeschickt *a* i ngathët.

Ungeschicktheit *f* = ngathtësi.

ungeschlacht *a* i trashë; kaba.

ungeschmälert *a* i plotë, që nuk i është hequr gjë.

ungeschminkt 1. *a* 1) i palyer; 2) *fig* i pazbukuruar; **die ungeschminkte Wahrheit** e vërteta lakuriq; 2. *adv* pa zbukurime, troç.

ungeschoren *a* : *shpr* **jemanden ungeschoren lassen** lë të qetë dikë; **ungeschoren bleiben, davonkommen** mbetem, dal shëndoshë.

ungeschrieben *a* i pashkruar (*ligj etj.*).

ungesehen *a* i pavënëre.

ungesellig *a* i pashoqërueshëm, i paafrueshëm.

ungesetzlich *a* i paligjshëm.

Ungesetzlichkeit *f* =, **-en** paligjshmëri.

ungesittet *a* i pahijshëm (*sjellje etj.*).

ungestört 1. *a* i pashqetësuar, i qetë; **hier kann ich ungestört arbeiten** këtu mund të punoj i qetë; **ungestörte Entwicklung** zhvillim i papenguar; 2. *adv* qetësisht, pa pengesa.

ungestraft *a* i padënuar, i pandëshkuar; i pagjobitur.

ungestüm 1. *a* 1) shumë i shpejtë, i rrëmbyer, i vrullshëm; 2) i zjarrtë, i flaktë; 2. *adv* me vrull, me zjarr, rrëmbimthi.

ungesund *a* 1) i pashëndetshëm, i dëmshëm (*klimë etj.*); 2) i sëmurë (*pamje etj.*).

ungeteilt, ungetrennt *a* i pandarë;

ungeteilte Aufmerksamkeit vëmendje e përqendruar.
ungetrübt *a* i paturbulluar, i patrazuar; **ungetrübte Freundschaft** miqësi e paturbulluar.
Ungetüm *n* **-s, -e** 1) përbindësh; kolos; 2) send shumë i madh dhe i rëndë, katana.
ungeübt *a* i pastërvitur, i paushtruar.
ungewandt *a* i ngathët.
Ungewandheit *f* = ngathtësi.
ungewaschen *a* i palarë.
ungewiß *a* i pasigurt; **der Ausgang der Sache ist ungewiß** përfundimi i çështjes nuk dihet.
Ungewißheit *f* = pasiguri; dyshim.
Ungewitter *n* **-s, =** 1) *vjet* stuhi, shtrëngatë; 2) *fig* shpërthim zemërimi.
ungewöhnlich *a* i pazakontë, i jashtëzakonshëm; **eine ungewöhnliche Kälte, Hitze** të ftohtë, vapë e jashtëzakonshme.
ungewohnt *a* i pamësuar; **es ist mir ungewohnt, solch einen Wagen zu fahren** nuk jam mësuar ta ngas këtë makinë.
ungewollt *a* i padëshiruar.
ungezählt *a* 1) i panumëruar; 2) i panumërt.
ungezähmt *a* i pazbutur (*kafshë*).
Ungeziefer *n* **-s, =** 1) dëmtues; 2) parazit.
ungeziemend *a* i pahijshëm, pa vend (*veprim, fjalë etj.*).
ungezogen *a* 1) i paedukuar (*fëmijë etj.*); 2) i pasjellshëm, i pahijshëm (*fjalë etj.*).
ungezwungen 1. *a* i lirshëm, i natyrshëm; 2. *adv* lirisht.
Unglaube *m* **-bens** mosbesim.
ungläubig 1. *a* 1) mosbesues, që nuk zë besë lehtë; 2) që nuk beson; ateist; 2. *adv* me mosbesim; **jemanden ungläubig anschauen** shikoj dikë me mosbesim.
unglaublich *a* i pabesueshëm; **eine unglaubliche Geschichte** një histori e pabesueshme.
unglaubwürdig *a* që s'është për t'u besuar, i pabesueshëm (*fjalë etj.*).
Unglaubwürdigkeit *f* = pabesueshmëri.
ungleich 1. *a* i pabarabartë; i ndryshëm; **ungleiche Größe, Tiefe, Breite** madhësi, thellësi, gjerësi e ndryshme; **einander ungleich sein** ndryshojmë nga njëri-tjetri; **eine ungleiche Zahl** një numër tek; 2. *adv* në mënyrë të pakrahasueshme, pa krahasim; **ungleich besser, schöner** pa krahasim më i mirë, më i bukur.
ungleichartig *a* jo i njëllojtë, i ndryshëm, me tjetër natyrë.
ungleichförmig *a* jo i njëtrajtshëm, jouniform.
Ungleichheit *f* =, **-en** pabarazi.
ungleichmäßig *a* 1) i pabarabartë; 2) i çrregullt (*puls etj.*).
Ungleichmäßigkeit *f* = 1) pabarazi 2) çrregullsi.
Unglück *n* **-s, -e** 1) fat i keq; fatkeqësi; *prov* **ein Unglück kommt selten allein** kur të vijnë, hapu derën; **das ist kein großes Unglück** kjo nuk është ndonjë e keqe e madhe; **zu allem Unglück hat er noch ...** dhe mbi gjithë të këqijat ai ka edhe ...; 2) fatkeqësi, aksident.
unglücklich *a* fatkeq, fatzi; **unglückliche Liebe** dashuri pa fat; **der Unglückliche** i shkreti, i ziu; **ich bin unglücklich darüber** më vjen keq për këtë.
unglücklicherweise *adv* për fat të keq.
unglückselig *a* 1) fatkeq, fatzi; 2) i kobshëm (*luftë etj.*).

Unglücksfall *m* **-s, -fälle** fatkeqësi, aksident.

Unglückskind *n* **-(e)s, -er** *bis* fatlig, fatprerë, orëlig.

Unglücksrabe *m* **-n, -n** *bis* fatzi, rrezikzi.

Ungnade *f* : *shpr* **(bei jemandem) in Ungnade fallen** i dal nga hiri dikujt.

ungnädig *a* i ashpër (*në sjellje etj.*); jo në qejf.

ungültig *a* i pavlershëm (*biletë etj.*).

Ungültigkeit *f* = pavlershmëri.

Ungunst *f* = 1) disfavor; **die Ungunst der Verhältnisse** rrethanat e disfavorshme; **die Ungunst der Witterung** moti i keq; 2) : **bei jemandem in Ungunst stehen** më ka dikush me sy të keq.

ungünstig *a* 1) i keq (*mot etj.*); 2) i papërshtatshëm (*çast etj.*); 3) jo i favorshëm, jo i mirë (*parashikim etj.*).

ungut *a* jo i mirë, i keq.

unhaltbar *a* 1) i paqëndrueshëm; 2) i pambrojtshëm (*pozicion etj.*); 3) i pathemeltë (*pohim etj.*).

unhandlich *a* jo doracak, jopraktik (*në përdorim*).

unharmonisch *a* 1) jo i harmonishëm (*tingull etj.*); 2) i paekuilibruar (*njeri*).

Unheil *n* **-s** fatkeqësi, e keqe, kob; **Unheil anrichten, stiften** bëj të keqen.

unheilbar *a* i pashërueshëm.

Unheilbarkeit *f* = pashërueshmëri.

unheilbringend *a* që sjell fatkeqësi, i kobshëm (*veprim etj.*).

Unheilstifter *m* **-s,** = shkaktar i së keqes.

unheilverkündend *a* ogurzi.

unheilvoll *a* i kobshëm.

unheimlich 1. *a* 1) që të ngjall një farë frike; shqetësues; **mir ist unheimlich zumute** ndiej një (si) frikë; 2) *fig bis* shumë i madh; **ein unheimliches Durcheinander** një rrëmujë e madhe; 2. *adv bis* shumë; **unheimlich schnell** shumë shpejt.

unhöflich *a* i pasjellshëm.

Unhöflichkeit *f* =, **-en** 1) *vetëm sing* mosmirësjellje; 2) fjalë, vepër e pasjellshme.

unhold *a* i lig, i keq, keqdashës, armiqësor.

Unhold *m* **-s, -e** përbindësh.

uni [*yn'i*] *a* njëngjyrësh (*fustan etj.*).

Uni *f* =, **-s** *bis* universitet.

Unif'orm *f* =, **-en** uniformë; *bis* **in der Uniform stecken** jam ushtar.

uniform'iert *a* me uniformë.

Uniformit'ät *f* = njëtrajtësi.

Unikum *n* **-s, -s** *bis* antikë (*njeri i çuditshëm*).

uninteressant *a* jointeresant; i mërzitshëm (*libër etj.*).

uninteressiert *a* jo i interesuar, i çinteresuar.

Uni'on *f* =, **-en** bashkim.

Universit'ät [*-ver-*] *f* =, **-en** universitet; **die Universität besuchen** ndjek universitetin.

Univ'ersum [*-ver-*] *n* **-s** *astr* univers, gjithësi.

unken *vi* **(h)** 1) bën kua-kua (*bretkosa*); 2) *fig bis* ndjell zi.

unkenntlich *a* që s'njihet dot, që s'njihet më (*njeri etj.*).

Unkenntnis *f* = 1) padije; 2) padijeni; **jemanden über etwas in Unkenntnis lassen** nuk i tregoj diçka dikujt.

unklar *a* 1) i paqartë (*pamje etj.*); 2) i pakuptueshëm (*tekst etj.*); 3) i turbullt (*lëng etj.*); 4) i ngatërruar (*çështje etj.*); 5) : **du solltest ihn nicht länger darüber im unklaren lassen** s'duhet ta mbash më gjatë në terr rreth kësaj çështjeje.

unklug *a* i pamatur, i pamenduar (*veprim etj.*).

unkompliziert *a* jo i ndërlikuar, i thjeshtë.

Unkosten *pl* shpenzime (*të paparashikuara*); **die Unkosten bestreitet das Unternehmen** shpenzimet i paguan ndërmarrja; **die Unkosten umlegen** ndaj shpenzimet; *bis* **in Unkosten stürzen** shpenzohem, harxhohem.

Unkraut *n* **-s, -kräuter** *bot* bar i keq; *prov* **Unkraut vergeht nicht** gjënë e keqe s'e gjen gjë; *fig* **das Unkraut mit der Wurzel ausreißen, ausrotten** shkul të keqen me rrënjë.

unkultiviert [*-vi-*] *a* i pagdhendur; i pasjellshëm.

unkundig *a* (G) që nuk di (*diçka*); **des Lesens unkundig** që nuk di të lexojë.

unlängst *adv* para pak kohësh, tani së fundi; **er ist unlängst angekommen** ai ka ardhur para pak kohësh.

unlauter *a* jo i ndershëm (*mjet etj.*).

unleidlich *a* i padurueshëm; **er ist heute unleidlich** sot ai është i padurueshëm.

unleserlich *a* i palexueshëm; **eine unleserliche Handschrift** një dorëshkrim i palexueshëm.

unleugbar *a* i pamohueshëm; **unleugbare Fortschritte, Tatsachen** përparime, fakte të pamohueshme.

unliebsam *a* i pakëndshëm; i pahijshëm.

unlogisch *a* i palogjikshëm.

unlösbar *a* 1) i pazgjidhshëm (*problem etj.*); 2) që nuk mund të prishet (*kontratë, marrëveshje etj.*); 3) *kim* i patretshëm (*kripë etj.*).

Unlust *f* = 1) pakënaqësi, mërzi; 2) : **mit Unlust** pa qejf, pa dëshirë; **mit Unlust an eine Arbeit herangehen** i hyj një pune pa qejf.

Unmaß *f* = *sh* **Unmenge.**

unmäßig *a* që nuk di masë, jo i matur, jo i përkorë; **unmäßig im Essen und Trinken** i papërmbajtur në të ngrënë e në të pirë.

Unmenge *f* =, **-n** mori (*njerëzish, librash etj.*).

Unmensch *m* **-en, -en** përbindësh; *bis* **ich bin ja kein Unmensch** jam njeri (*me të cilin mund të merresh vesh etj.*).

unmenschlich *a* 1) jonjerëzor; 2) çnjerëzor, mizor.

Unmenschlichkeit *f* =, **-en** mizori.

unmerkbar, unmerklich *a* që nuk vihet re, që nuk bie ne sy.

unmißverständlich *a* i qartë, i prerë (*mendim etj.*).

unmittelbar 1. *a* i drejtpërdrejtë, direkt; **in unmittelbarer Nähe** fare afër; 2. *adv* 1) drejtpërsëdrejti; **seine Worte berührten mich ganz unmittelbar** fjalët e tij më prekën drejtpërsëdrejti; 2) menjëherë, sakaq; **unmittelbar danach** menjëherë pas kësaj; 3) mu; **unmittelbar hinter dem Haus** mu prapa shtëpisë.

unmöglich *a* 1) i pamundshëm; **Unmögliches leisten** bëj të pamundshmen; 2) i padurueshëm; **du bist unmöglich!** qenke i padurueshëm!; 3) : *bis* **sie hatte ein unmögliches Kleid an** ajo kishte veshur një fustan që s'i shkonte fare; **jemanden unmöglich machen** ia marr nderin dikujt (*me shpifje etj.*); **er hat sich unmöglich gemacht** ai është sjellë keq.

unmoralisch *a* i pamoralshëm.

unmotiviert [*-vi-*] *a i* pashkak, i pamotivuar.

unmündig *a* i mitur.

Unmündigkeit *f* = mituri.

unmusikalisch *a* që s'ka vesh për muzikë.

Unmut *m* -s 1) pakënaqësi; 2) mërzi.

unnachahmlich *a* i paimitueshëm.
unnachgiebig *a* i papërkulshëm, që nuk bën lëshime.
unnachsichtig *a* i rreptë, i ashpër.
Unnachsichtigkeit *f* = rreptësi.
unnahbar *a* i paafrueshëm, i mbyllur në vetvete; **sie hat ein unnahbares Wesen** ajo ka një natyrë të mbyllur.
unnatürlich *a* 1) i panatyrshëm; 2) i stërholluar (*stil, sjellje etj.*).
Unnatürlichkeit *f* = panatyrshmëri.
unnötig 1. *a* i kotë, i panevojshëm, i tepërt; **das sind ganz unnötige Ausgaben** këto janë shpenzime krejt të kota; 2. *adv* kot; **sich unnötig abmühen** lodhem kot.
unnötigerweise *adv* pa qenë nevoja, më kot.
unnütz 1. *a* i kotë, pa fryt, që s'nxjerr gjë në dritë; 2. *adv* kot.
unordentlich *a* i parregullt, i çrregullt; i pakujdesshëm; i shthurur.
Unordnung *f* = çrregullim; rrëmujë.
unparteiisch *a* i paanshëm, objektiv; **eine unparteiische Haltung einnehmen** marr një qëndrim të paanshëm.
Unparteilichkeit *f* = paanësi.
unpassend *a* i papërshtatshëm, pa vend, pa kohë (*fjalë etj.*).
unpäßlich *a* pa qejf, i sëmurë; **unpäßlich sein** s'e ndiej veten mirë.
unpersönlich *a* 1) në përgjithësi, i përgjithshëm (*bisedë etj.*); 2) i ftohtë (*stil*); 3) *gram* pavetore (*folje*).
unpolitisch *a* apolitik.
unpopulär *a* jopopullor (*masë etj.*).
unpraktisch *a* jopraktik.
unproportioniert *a* i shpërpjesëtuar.
unpünktlich *a* i papërpiktë.
Unpünktlichkeit *f* = papërpikëri.
unqualifiziert *a* i pakualifikuar.
Unrast *f* = shqetësim.
Unrat *m* -s pleh.
unrecht *a* 1) i keq; **auf unrechte Gedanken kommen** më vijnë mendime të këqija; 2) i padrejtë; **du hast unrecht** nuk ke të drejtë; 3) i gabuar; **der Brief ist in unrechte Hände gefallen** letra nuk ra në dorën e atij që duhej; **sie fühlt sich dort am unrechten Platz** ajo nuk e ndien veten në vendin e vet atje; 4) i papërshtatshëm; **zur unrechten Zeit kommen** vij në kohë të papërshtatshme.
Unrecht *n* -s 1) e keqe; **jemandem ein Unrecht antun, zufügen** i bëj një të keqe dikujt 2) gabim; **ich versuchte ihm sein Unrecht klarzumachen** u përpoqa t'ia tregoja gabimin; 3) padrejtësi; **im Unrecht sein** nuk kam të drejtë; **man hat ihn zu Unrecht verdächtigt** për të kanë dyshuar me të padrejtë.
unrechtmäßig 1. *a* i paligjshëm, i padrejtë; 2. *adv* padrejtësisht, në mënyrë të paligjshme; **sich etwas unrechtmäßig aneignen** përvetësoj diçka në mënyrë të paligjshme.
Unrechtmäßigkeit *f* = padrejtësi.
unredlich *a* 1) i pandershëm (*veprim etj.*); 2) mashtrues, hileqar (*njeri*).
Unredlichkeit *f* = pandershmëri.
unregelmäßig *a* i parregullt, i çrregullt.
Unregelmäßigkeit *f* =, **-en** parregullsi, çrregullsi.
unreif *a* 1) i papjekur (*mollë etj.*); 2) *fig* i papjekur (*njeri, mendim etj.*).
unrein *a* 1) i papastër (*lëkurë, tingull etj.*); 2) i turbullt (*ujë etj.*).
Unreinheit *f* = papastërti.
unrentabel *a* jorentabël.
unrettbar *a* : *shpr* **unrettbar ver-**

loren i humbur pa shpresë shpëtimi (*një i sëmurë etj.*).
unrichtig *a* i pasaktë; i gabuar.
Unruhe *f* =, **-n** 1) shqetësim; **jemandem Unruhe bereiten, bringen, verursachen** i shkaktoj shqetësime dikujt; 2) turbullirë, trazirë; **Unruhen stiften** nxis trazira.
Unruheherd *m* **-(e)s, -e** vatër trazirash.
Unruhestifter *m* **-s,** = nxitës trazirash.
unruhig *a* 1) i shqetësuar (*njeri, det etj.*); 2) që nuk rri rehat; *fig* **er hat unruhiges Blut** atij nuk i zë vendi vend; 3) i zhurmshëm, plot zhurmë (*shtëpi etj.*).
unrühmlich *a* i palavdishëm.
uns D *dhe* **A** i **wir.**
unsachgemäß *a* jo sipas udhëzimeve (*përdorim i një aparati etj.*).
unsachlich *a* joobjektiv (*gjykim etj.*).
unsagbar, unsäglich 1. *a* që nuk mund të thuhet, që nuk mund të shprehet me gojë; i papërshkrueshëm; 2. *adv* sa s'thuhet; **unsagbar leiden** vuaj sa s'thuhet.
unsanft *a* i ashpër, i vrazhdë.
unsauber *a* i papastër.
Unsauberkeit *f* = papastërti.
unschädlich *a* i padëmshëm.
unschätzbar *a* i paçmueshëm; *fig* **er hat uns unschätzbare Dienste erwiesen** na ka bërë shërbime që s'kanë të paguar.
unscheinbar *a* 1) i parëndësishëm; që nuk bie në sy; 2) i thjeshtë, modest; **ein unscheinbarer Mensch** njeri i thjeshtë.
unschicklich *a* 1) i pahijshëm (*veprim etj.*); 2) pa vend (*pyetje etj.*).
Unschlitt *n* **-(e)s** dhjamë (*për prodhimin e qirinjve*).
unschlüssig *a* i pavendosur, i lëkundshëm, i pasigurt; **ich bin unschlüssig, was ich tun soll** nuk di nga t'ia mbaj.
Unschlüssigkeit *f* = pavendosmëri; pasiguri.
unschön *a* 1) i pabukur; i shëmtuar; 2) i pahijshëm (*veprim etj.*).
Unschuld *f* = 1) pafajësi; **meine Unschuld wird sich herausstellen** do të dalë pafajësia ime; **in aller Unschuld etwas sagen, tun** them, bëj diçka pa të keq; 2) nder; **einem Mädchen die Unschuld rauben** ia marr nderin një vajze.
unschuldig *a* 1) i pafajshëm; **daran ist er unschuldig** këtu ai s'ka faj; 2) e dëlirë (*vajzë*); 3) i patëkeq (*fëmijë etj.*).
unschwer *a* jo i vështirë, jo i rëndë.
unselbständig *a* i pamëvetësishëm, i varur (*nga të tjerët etj.*).
Unselbständigkeit *f* = pamëvetësi, varësi.
unselig *a* 1) i zi (*veprim etj.*); 2) i kobshëm (*kujtim etj.*).
unser 1. *pron pers* **G** i **wir; gedenke unser!** kujtona!; 2. *pron poss m* (*f* **unsere,** *n* **unser;** *pl* **unsere**) ynë, jonë; tanë, tona; **unser Sohn, unsere Tochter, unser Haus** biri ynë, bija jonë, shtëpia jonë.
Unsere *pron poss i përdorur si substantiv:* **das Unsere** jona; **die Unseren** tanët (*të afërmit*), familja jonë.
unsereiner, unsereins *pron indef* ne, si ne, dora jonë; **an unsereinen denkt niemand** për ne s'mendon asnjeri.
unsererseits *adv* nga ana jonë.
unseresgleichen *pron indef* njerëz si ne, si puna jonë, shokët tanë, dora jonë.
uns(e)rige *pron poss* : **der (die, das) unserige** yni, jona.
unserthalben, unsertwegen *adv* 1) për shkakun tonë; 2) për ne.

unsertwillen *adv* : **um unsertwillen** për hir tonë, për ne.

unsicher *a* 1) i pasigurt; **er hat eine unsichere Hand** ai nuk ka dorë te sigurt; 2) me rrezik; **eine unsichere Angelegenheit** punë me rrezik.

Unsicherheit *f* =, **-en** pasiguri.

unsichtbar *a* që nuk shihet, i padukshëm; **unsichtbare Strahlen** rreze të padukshme.

Unsinn *m* **-s** 1) absurditet; 2) marrëzi, budallallëk; **es wäre ja (reiner) Unsinn, so etwas zu tun** do të ishte marrëzi (e madhe) të bësh këtë.

unsinnig 1. *a* 1) absurd; 2) i marrë; **das Urteil ist unsinnig** vendimi është i marrë; **unsinniges Gerede** fjalë të marra; 2. *adv* tepër; **es ist unsinnig teuer** është tepër i shtrenjtë.

Unsitte *f* =, **-n** zakon i keq, ves.

unsittlich 1. *a* imoral; i pandershëm; 2. *adv* pandershmërisht.

Unsittlichkeit *f* = imoralitet.

unsolide *a* i shthurur (*njeri, jetë etj.*).

unsrerseits *sh* **unsererseits.**

unsresgleichen *sh* **unseresgleichen.**

unsrige *sh* **unserige.**

unstatthaft *a* i palejueshëm (*veprim etj.*).

unsterblich 1. *a* i pavdekshëm; **das unsterbliche Werk eines Künstlers** vepra e pavdekshme e një artisti; 2. *adv* përjetë; *fig bis* **er hat sich unsterblich blamiert** është turpëruar përjetë.

Unsterblichkeit *f* = pavdekshmëri.

Unstern *m* **-(e)s** yll i keq, ogur i keq.

unstet *a* 1) i shqetësuar (*vështrim etj.*); 2) i paqëndrueshëm (*karakter etj.*).

Unstetigkeit *f* = 1) shqetësim; 2) paqëndrueshmëri.

unstillbar *a* 1) që nuk pushow së rrjedhuri (*gjak*); 2) *fig* që nuk ka të shuar (*mall etj.*).

Unstimmigkeit *f* =, **-en** 1) mosmarrëveshje; **es gab häufig Unstimmigkeiten zwischen ihnen** kishte shpesh mosmarrëveshje në mes tyre; 2) gabim (*në llogari*); 3) mospërputhje (*në mes ligjesh, shifrash*).

unstreitig *a* i padiskutueshëm, i pakundërshtueshëm; krejt i sigurt.

Unsumme *f* =, **-en** shumë e madhe, kolosale; **er hat Unsummen ausgegeben** ka prishur me të dy duart.

unsympathisch *a* josimpatik.

unsystematisch *a* josistematik.

untadelhaft, untad(e)lig *a* 1) pa të metë (*mall, punë etj.*); pa të sharë; 2) pa njollë (*karakter etj.*).

Untat *f* =, **-en** krim; vepër e shëmtuar; **eine Untat begehen** bëj një krim.

untätig *a* inaktiv, inert, i plogët; **die Hände untätig in den Schoß legen** rri duarkryq.

untauglich *a* 1) i papërshtatshëm; **mit untauglichen Mitteln** me mjete të papërshtatshme; 2) i paaftë (*për një punë etj.*); 3) i papërdorshëm, që nuk hyn në punë (*send etj.*).

Untauglichkeit *f* = 1) papërshtatshmëri; 2) papërdorshmëri; 3) paaftësi.

unteilbar *a* i pandashëm; **ein unteilbares Ganzes bilden** formoj një të tërë të pandashme.

Unteilbarkeit *f* = pandashmëri.

unten *adv* poshtë; **nach unten** tatëpjetë, teposhtë; **von unten** nga poshtë (lart); **siehe unten!** shiko më poshtë! (*në një faqe libri etj.*); **unten auf der Seite** në fund të faqes;

von oben bis unten naß qull nga koka te këmbët.

unter *präp* 1) (D *për qëndrim në vend dhe* A *për lëvizje drejt një vendi*) nën; **unter der Erde** nën tokë; **er steht unter meinem Schutz** ai është në mbrojtjen time; 2) (D) ndërmjet, ndër; **unter sich** me njëri-tjetrin, në mes tyre; **unter uns** në mes nesh; **unter anderem** ndër të tjera; **unter vier Augen** vetëm për vetëm; 3) (D) më poshtë, më pak; **unter zehn Jahren** nën dhjetë vjeç; 4) (D) gjatë (kohës së) ..., në kohët e ...

unter = *parashtesë e ndashme dhe e pandashme që tregon:* 1) *lëvizje nën diçka:* **unterbreiten, unterfahren;** 2) *lëvizje nga poshtë:* **unterdrücken.**

Unterabteilung *f* =, **-en** 1) nënndarje; 2) nënrepart.

Unterarm *m* **-(e)s, -e** *anat* llërë.

Unterart *f* =, **-en** *zool, bot* varietet.

Unterarzt *m* **-es, -ärzte** ndihmësmjek.

Unterausschuß *m* **-sses, -schüsse** nënkomitet, nënkomision.

Unterbelastung *f* =, **-en** ngarkesë jo e plotë.

Unterbewußtsein *n* **-s** nënvetëdijë.

unterb'ieten* *vt* 1) ofroj, shes më lirë se (*konkurrenti, çmimi i dikujt etj.*); 2) *sport* thyej (*rekordin e një tjetri*).

unterb'inden* *vt* 1) lidh (*një damar etj.*); 2) *fig* pengoj, ndaloj (*një veprim etj.*); 3) ndërpres, ndal (*qarkullimin etj.*).

unterbl'eiben* *vi* (s) 1) nuk mbahet, nuk zhvillohet (*një mbledhje etj.*); 2) nuk ndodh (*një ngjarje etj.*).

unterbr'echen* *vt* ndërpres (*një lidhje, bisedë, veprim etj.*); **der Verkehr war wegen des Unfalls unterbrochen** qarkullimi u ndërpre për shkak të aksidentit.

Unterbr'echung *f* =, **-en** ndërprerje.

unterbreiten *vt ndash* shtroj poshtë (*një batanije etj.*).

unterbr'eiten *vt* paraqes, parashtroj (*një propozim, projektligj etj.*).

unterbringen* *vt ndash* 1) strehoj (*në një banesë etj.*); 2) shtroj (*në spital*); 3) lë; **wo kann ich den Wagen unterbringen?** ku mund ta lë makinën?; 4) fus; **in diesem Koffer kann ich nicht alles unterbringen** në këtë valixhe nuk mund t'i fus të gjitha.

Unterbringung *f* = strehim.

unterderh'and *dhe* **unter der Hand** *adv* nën dorë, tinëz, fshehurazi; **unter der Hand kaufen** blej nën dorë.

unterd'essen *adv* ndërkaq, në këto e sipër.

Unterdruck *m* **-(e)s** *fiz* presion i ulët, trysni e ulët.

unterdr'ücken *vt* 1) shtyp (*popullin etj.*); 2) *fig* përmbaj (*buzëqeshjen, zemërimin etj.*); mposht, ndrydh (*kureshtjen etj.*).

Unterdr'ücker *m* **-s,** = shtypës.

Unterdr'ückte *m, f* **-n, -n** i(e) shtypur.

Unterdr'ückung *f* =, **-en** shtypje.

untere *a* i poshtëm (*kat etj.*).

unterein'ander *adv* 1) me njëri-tjetrin 2) në mes nesh (jush, tyre).

unterentwickelt *a* i pazhvilluar (*fëmijë, vend etj.*).

unterernährt *a* i paushqyer.

unterf'angen*, sich *vrefl* (G *ose* **zu** + *inf*) guxoj; **wie konnte er sich unterfangen zu behaupten, daß ...?** si pati ai sy e faqe të thoshte se ...?

Unterf'angen *n* **-s** punë e vështirë; punë me rrezik.

unterfassen *vt ndash* zë, mbaj për krahu (*një plakë për ta ndihmuar etj.*); **untergefaßt gehen** ecim të zënë për krahu.

Unterführung *f* =, **-en** nënkalim (*i një rruge etj.*).

Untergang *m* **-s,** *poet* **-gänge** 1) perëndim; **nach dem Untergang der Sonne** pas perëndimit te diellit; 2) rënie, rrënim (*i një qyteti etj.*); 3) mbytje (*e një anijeje*); 4) mbarim (*i një shteti etj.*); shuarje (*e një populli etj.*).

unterg'eben *a* : **jemandem untergeben sein** i nënshtrohem dikujt, varem nga dikush.

Unterg'ebene *m, f* **-n, -n** vartës.

untergehen* *vi* (s) 1) perëndon (*dielli etj.*); 2) mbytet, fundoset (*anija etj.*); 3) rrënohet, shkatërrohet (*një qytet etj.*).

untergeordnet *a* i dorës së dytë, i parëndësishëm.

Untergeschoß *n* **-sses, -sse** *ark* kat i poshtëm.

Untergestell *n* **-(e)s, -e** *tek* 1) mbështetëse, këmbalec; 2) shasi.

Untergewicht *n* **-(e)s** peshë e mangët, mungesë në peshë.

untergliedern *vt* rendis, nënrendis (*kapitujt e një libri etj.*).

Untergliederung *f* =, **-en** renditje, nënrenditje.

untergr'aben* *vt* 1) bren, ha (*lumi bregun etj.*); 2) *fig* prish (*shëndetin etj.*); 3) *fig* minoj (*pozitat e dikujt etj.*).

Untergrund *m* **-(e)s** 1) shtresë e poshtme, nënshtresë; 2) sfond (*i një pikture etj.*); 3) *pol* ilegalitet.

Untergrundbahn *f* =, **-en** (*shkurt* **U-Bahn**) metro.

Untergruppe *f* =, **-n** nëngrup.

unterhalb *präp* (G) poshtë, nën; **unterhalb des Hauses** poshtë shtëpisë, nën shtëpi (*kalon një rrugë etj.*).

Unterhalt *m* **-s** 1) mjete jetese; 2) mbajtje (*me ushqime, veshmbathje etj.*); 3) mirëmbajtje (*e instalimeve etj.*).

unterh'alten* 1. *vt* 1) mbaj (*dikë me ushqim, veshje etj.*); 2) mbaj, ruaj (*marrëdhëniet etj.*); 3) mirëmbaj (*një ndërtesë etj.*); 4) mbaj me muhabet; argëtoj; 2. *vrefl* **sich unterhalten** 1) **(mit D über A** *dhe* **von D)** bisedoj (*me dikë për diçka*); 2) **(mit D)** zbavitem, kaloj kohën (*me një lojë etj.*).

Unterh'altung *f* =, **-en** 1) mbajtje, mirëmbajtje; **es müßte mehr für die Unterhaltung der Straßen getan werden** duhej bërë më shumë për mirëmbajtjen e rrugëve; 2) bisedë, muhabet; 3) argëtim.

Unterh'altungskosten *pl* shpenzime të jetesës, të mbajtjes, të mirëmbajtjes.

unterh'andeln *vi* **(h)** zhvilloj bisedime; **über den Abschluß eines Friedensvertrages unterhandeln** zhvilloj bisedime për përfundimin e një traktati paqeje.

Unterhändler *m* **-s,** = ndërmjetës; zhvillues i bisedimeve.

Unterhaus *n* **-es** 1) Dhoma e Ulët; 2) Dhoma e Komuneve (*në Angli*).

Unterhemd *n* **-(e)s, -en** kanotierë.

unterh'öhlen *vt* 1) zgavroj nën (*mal etj.*); 2) *fig* minoj (*autoritetin etj.*).

Unterholz *n* **-es** shkorret, shkurrnajë.

Unterhose *f* =, **-en** të mbathura, brekë.

unterirdisch *a* 1) i nëndheshëm, nëntokësor; **unterirdische Arbeiten** punime nëntokësore; 2) *fig* i fshehtë (*intrigë etj.*).

unterj'ochen *vt* vë nën zgjedhë, skllavëroj (*një popull etj.*).

unterk'ellern *vt* i ndërtoj bodrum (*një ndërtese*).

Unterkiefer *m* **-s, =** *anat* nofull e poshtme.

unterkommen* *vi ndash* (s) 1) gjej strehë; 2) gjej punë, vend; 3) *bis* ndodh, ngjan.

Unterkommen *n* **-s, =, Unterkunft** *f* **=, -künfte** strehë, strehim.

unterkriegen *vt ndash bis* mund, mposht; *shpr* **sich nicht unterkriegen lassen** nuk e lëshoj veten.

Unterlage *f* **=, -n** 1) shtrojë; 2) mbështetëse; 3) *vetëm pl* bazë, provë; dokument; **alle erforderlichen Unterlagen vorlegen** paraqes gjithë provat e nevojshme.

Unterland *n* **-(e)s** *gjeogr* vend i ulët; rrafshultë.

Unterlaß *m* **:** *shpr* **ohne Unterlaß** pa pushim, pa ndërprerje: vazhdimisht.

unterl'assen* *vt* lë, lë pa bërë; **unterlaß bitte diese Witze!** lëri të lutem këto shaka!; **wir wollen keine Anstrengungen unterlassen, damit ...** s'do të lëmë gjë mangët që ...

Unterl'assung *f* **=, -en** 1) lënie jashtë; 2) moszbatim, moskryerje (*e urdhrit etj.*).

Unterl'assungsfall *m* **:** *shpr* **im Unterlassungsfall** në rast moszbatimi, në rast moskryerje (*të një urdhri etj.*).

Unterlauf *m* **-(e)s, -läufe** *gjeogr* rrjedhë e poshtme (*e lumit*).

unterl'aufen* *vi* (s) 1) (*më*) shpëton (*një gabim etj.*); 2) mbushet (*me gjak syri etj.*).

unterlegen I *vt ndash* vë, vendos nën (*diçka*); **wir haben der Henne Eier unterlegt** e kemi shtruar klloçkën; **einem Text einen anderen Sinn unterlegen** i vesh një kuptim tjetër një teksti.

unterl'egen II *vt* vë, shtroj (*diçka nën diçka*).

Unterl'egenheit *f* **=** inferioritet (*të qenët më i ulët, më i dobët etj.*).

Unterleib *m* **-s** *anat* pjesë e poshtme e barkut.

Unterleibstyphus *m* **=** *mjek* tifo e zorrëve, tifo abdominale.

unterliegen *vi ndash* (s) është, ndodhet nën ...

unterl'iegen* *vi* (s) 1) mposhtem, mundem; **vermutlich wird unsere Mannschaft unterliegen** ka të ngjarë që skuadra jonë të mundet; 2) jam më i dobët (*se dikush tjetër*); **dem Gegner an Kraft unterliegen** jam më i dobët se armiku.

Unterlippe *f* **=, -n** *anat* buzë e poshtme.

unterm'alen *vt* shoqëroj (*një film me muzikë etj.*).

unterm'auern *vt fig* mbështes (*një pohim etj.*).

unterm'engen *vt* përziej; **untermengt mit ...** i përzier me ...

Untermiete *f* **=, -n** *ek* nënqira.

Untermieter *m* **-s, =** nënqiramarrës.

unterminieren *vt* 1) minoj; 2) *fig* minoj, shkatërroj (*ekonominë, autoritetin etj.*).

untern'ehmen* *vt* bëj, ndërmarr; **man muß doch etwas unternehmen!** megjithatë diçka duhet bërë!; *fig* **er will Schritte unternehmen, um die Angelegenheit zu erklären** ai do të bëjë përçapje për ta sqaruar çështjen.

Untern'ehmen *n* **-s, =** 1) ndërmarrje; 2) punë; **das ist ein sehr kühnes Unternehmen** kjo është ndërmarrje, punë shumë e guximshme.

untern'ehmend *a* i gjallë, aktiv, veprues.

Untern'ehmer *m* **-s, =** sipërmarrës.

Untern'ehmung *f* =, **-en** ndërmarrje, punë (*e guximshme etj.*).
Untern'ehmungsgeist *m* **-es** iniciativë.
Untern'ehmungslust *f sh* **Unternehmungsgeist.**
untern'ehmungslustig *a* i hedhur, energjik, me iniciativë.
Unteroffizier *m* **-s, -e** nënoficer.
unterordnen *vt ndash* 1) nënshtroj; 2) vë në varësi; 3) : **das ist von untergeordneter Bedeutung** kjo është e dorës së dytë.
Unterpfand *n* **-(e)s, -pfänder** peng; **ein Ring als Unterpfand der Liebe** një unazë si peng dashurie.
Unterprima *f* =, **-men** *vjet* klasa e tetë (*e gjimnazit ne Gjermani*).
Unterr'edung *f* =, **-en** bisedë, bashkëbisedim.
Unterricht *m* **-s** mësim, mësimdhënie; **jemandem Unterricht erteilen** i jap mësim dikujt.
unterr'ichten 1. *vt* 1) **(in D)** i jap mësim, i mësoj (*dikujt diçka*); 2) **(über A)** njoftoj (*për diçka*); **von gut unterrichteter Seite** nga një burim i sigurt; 2. *vrefl* : **sich unterrichten (über A)** informohem (*për diçka*).
Unterrichtsminister *m* **-s,** = ministër i arsimit.
Unterrichtswesen *n* **-s** arsim.
Unterr'ichtung *f* = 1) mësim; 2) njoftim.
Unterrock *m* **-(e)s, -röcke** kombinezon.
unters'agen *vt* ndaloj; **der Arzt hat mir das Rauchen untersagt** mjeku ma ka ndaluar duhanin.
Untersatz *m* **-es, -sätze** 1) mbështetje; 2) bazë; 3) piedestal; 4) pjatë (*për filxhan etj.*).
untersch'ätzen *vt* nënçmoj, nënvlerësoj (*aftësinë, forcën, largësinë etj.*).
untersch'eiden* 1. *vt* 1) dalloj; **ich kann die Buchstaben nicht mehr unterscheiden** nuk i dalloj dot më shkronjat; 2) bëj që të dallohet; 2. *vrefl* **sich unterscheiden** dallohem; **die beiden Schwestern unterscheiden sich sehr stark voneinander** dy motrat dallohen shumë nga njëra-tjetra.
Untersch'eidung *f* =, **-en** dallim.
Untersch'eidungsmerkmal *n* **-s, -e** shenjë dalluese.
Unterschenkel *m* **-s,** = *anat* kërci i këmbës.
unterschieben* *vi ndash* fus nën (*diçka*); **ich habe ihr ein Kissen untergeschoben** i kam vënë poshtë një jastëk.
untersch'ieben* *vt* 1) ia lë (*fajin, kopilin te dera etj.*); 2) i ngjis, i vesh (*dikujt një fjalë që s'e ka thënë etj.*).
Unterschied *m* **-(e)s, -e** 1) ndryshim; **der Unterschied fällt sofort ins Auge** ndryshimi bie në sy menjëherë; **im Unterschied zu ihm hat sie ...** ndryshe nga ai, ajo ka ...; **es gibt einen Unterschied wie Tag und Nacht** ka ndryshim si nata me ditën; 2) dallim; **einen Unterschied machen zwischen ...** bëj dallim në mes ...
unterschiedlich *a* i ndryshëm; **Häuser von unterschiedlicher Größe** shtëpi me madhësi të ndryshme.
unterschiedslos *a* pa dallim.
unterschlagen* *vt ndash* vë nën (*diçka*); **die Beine unterschlagen** mbledh këmbët; **die Arme unterschlagen** kryqëzoj krahët.
unterschl'agen* *vt* 1) shpërdoroj (*një shumë paresh*); 2) fsheh (*një lajm etj.*).
Unterschl'agung *f* =, **-en** 1) shpërdorim; 2) fshehje.
Unterschlupf *m* **-(e)s, -schlüpfe**

1) strehë, strofkë; vrimë (*për të shpëtuar*); 2) *usht* strehim.

unterschlüpfen *vi ndash* **(s)** fshihem, strehohem (*te dikush*).

unterschr'eiben* nënshkruaj; **der Brief ist unterschrieben von ...** letra është nënshkruar nga ...

unterschr'eiten* *vt* (*një shumë*) është më e vogël se (*një shumë tjetër etj.*).

Unterschrift *f* **=, -en** nënshkrim; **ich mußte meine Unterschrift von einem Notar beglaubigen lassen** m'u desh ta vërtetoja nënshkrimin te një noter.

unterschwellig *a* i nënvetëdijshëm (*frikë etj.*).

Unterseeboot *n* **-(e)s, -e** (*shkurt* **U-Boot**) nëndetëse (*anije*).

unterseeisch *a* nëndetës, i nëndetit (*bimë etj.*).

Untersekunda *f* **=, -sekunden** *vjet* klasë e gjashtë (*e gjimnazit në Gjermani*).

untersetzen *vt ndash* 1) vë nën (*diçka*); 2) vë poshtë; **ich habe meinen Namen untergesetzt** kam vënë poshtë emrin tim.

Untersetzer *m* **-s, =** pjatë (*për filxhan, saksi etj.*).

unters'etzt *a* dërdëng, i trashë e i shkurtër.

untersinken* *vi ndash* **(s)** fundoset, shkon në fund, bie në fund.

untersp'ülen *vt* ha, bren, lëpin (*uji bregun etj.*).

Unterstand *m* **-(e)s, -stände** 1) strehim; 2) *usht* bunker.

unterst *a* (*sup i* **untere**) më i ulët.

unterst'ehen* 1. *vt* **(D)** 1) i nënshtrohem (*dikujt*); 2) varem (*nga dikush*); 2. *vrefl* **sich unterstehen** marr guximin të ...; **untersteh dich, weg zu laufen!** guxo të ikësh!, mjer ti, po ike!

unterstellen *ndash* 1. *vt* strehoj (*përkohësisht*); 2. *vrefl* **sich unterstellen** strehohem; **der Wagen ist in der Garage untergestellt** makina është futur në garazh.

unterst'ellen *vt* 1) pranoj si të vërtetë; 2) : **jemandem etwas unterstellen** vë dikë në krye të diçkaje; **ich bin ihm unterstellt** varem prej tij; 3) i vesh, i ngarkoj (*një qëllim, synim të keq etj. dikujt*).

unterst'ellt *a* i nënshtruar, i varur.

unterstr'eichen* *vt* 1) nënvizoj; 2) *fig* theksoj; **der Redner unterstrich besonders die Tatsache, daß ...** folësi theksoi sidomos faktin se ...

Unterstr'eichung *f* **=, -en** 1) nënvizim; 2) *fig* theksim.

unterst'ützen *vt* përkrah, mbështes; ndihmoj; **jemanden mit Rat und Tat unterstützen** i gjendem dikujt me këshilla e me vepra.

Unterst'ützung *f* **=, -en** 1) përkrahje, mbështetje; 2) ndihmë në të holla; 3) *usht* përforcim.

unters'uchen *vt* 1) kërkoj, hulumtoj, gjurmoj; 2) kontrolloj; 3) studioj; 4) vizitoj (*të sëmurin*); 5) *drejt* hetoj (*një krim etj.*).

Unters'uchung *f* **=, -en** 1) kërkim, hulumtim, gjurmim; 2) studim; 3) vizitë (*mjekësore*); 4) kontroll; 5) *drejt* hetim.

Unters'uchungsgefängnis *n* **-ses, -se** *drejt* paraburgim (*gjatë kohës që kryhen hetimet*).

Unters'uchungshaft *f* **=** *drejt* paraburgim.

Unters'uchungsrichter *m* **-s, =** *drejt* hetues.

Untertagearbeiter *m* **-s, =** minator, punëtor i nëntokës.

untertags *adv aust* gjatë ditës.

untertan *a* i nënshtruar.

Untertan *m* **-s, -en** nënshtetas.

untertänig *a* i nënshtruar, i bindur, i përulur.
Untertasse *f* = **-n** pjatë filxhani.
untertauchen *ndash* 1. *vi* (s) zhytem, kridhem (*në ujë etj.*); 2. *vt* zhys, fus (*në ujë etj.*).
untert'eilen *vt* nënndaj (*në grupe etj.*).
Unterteil m, *n* **-(e)s, -e** pjesë e poshtme.
Untert'eilung *f* =, **-en** nënndarje.
Untertertia *f* =, **-terti/en** *vjet* klasë e katërt (*e gjimnazit në Gjermani*).
Untertitel *m* **-s,** = nëntitull.
Unterton *m* **-(e)s, -töne** theks (*ironik etj.*).
untertr'eiben* *vi* (h) e zvogëloj (*një çështje etj.*).
Untertr'eibung *f* =, **-en** zvogëlim (*i një çështjeje etj.*).
unterw'andern *vt* depërtoj në (*një parti, organizatë etj.*).
Unterw'anderung *f* =, **-en** depërtim (*në një parti, organizatë etj.*).
Unterwäsche *f* = ndërresa, të brendshme.
unterw'aschen* *vt* bren, ha, lëpin (*uji bregun etj.*).
unterw'egs *adv* rrugës, udhës, në rrugë e sipër; **etwas unterwegs lassen** lë diçka përgjysmë; **die Waren sind unterwegs** mallrat janë dërguar; **wir waren drei Tage unterwegs** kishin bërë tri ditë rrugë; **er ist unterwegs nach Wien** është nisur për në Vjenë; *fig bis* **bei ihr ist ein Kind unterwegs** ajo pret një fëmijë.
unterw'eisen* *vt* udhëzoj, mësoj; këshilloj.
Unterw'eisung *f* =, **-en** udhëzim; mësim; këshillim.
Unterwelt *f* = 1) *mit* botë e të vdekurve; 2) *fig* botë e kriminelëve; fundërri e shoqërisë.
unterw'erfen* 1. *vt* 1) mposht; vë nën zgjedhë, skllavëroj; 2) ia nënshtroj (*gjykimit etj.*); 2. *vrefl* **sich unterwerfen** nënshtrohem, bindem; **sich jemandes Anordnungen, Willen unterwerfen** u nënshtrohem urdhrave, vullnetit te dikujt.
Unterw'erfung *f* =, **-en** 1) mposhtje; skllavërim; 2) nënshtrim.
unterw'ühlen *vt* 1) gërmoj, rrëmoj nën (*diçka*); 2) *fig* minoj.
unterw'ürfig *a* 1) i përulur; 2) servil.
Unterw'ürfigkeit *f* = 1) përulje; 2) servilizëm.
unterz'eichnen *vt* nënshkruaj (*një letër, protokoll etj.*).
Unterz'eichnung *f* =, **-en** nënshkrim.
unterziehen* *vt ndash* vesh nën (*diçka*); **ich ziehe noch ein Hemd unter** po vesh edhe një këmishë poshtë.
unterz'iehen* 1. *vt* ia nënshtroj (*një provimi etj.*); 2. *vrefl* **(D) sich unterziehen** i nënshtrohem (*një operacioni etj.*).
Untiefe I *f* =, **-n** cekëtinë.
Untiefe II *f* =, **-n** humnerë, hon.
Untier *n* **-s, -e** përbindësh.
untilgbar *a* 1) i pashlyeshëm (*turp etj.*); 2) i papagueshëm (*borxh*).
untragbar *a* i padurueshëm.
untrennbar *a* 1) i pandashëm; 2) i pandarë (*shok*).
untreu *a* i pabesë; **untreu werden** tradhtoj.
Untreue *f* = pabesi, tradhti.
untröstlich *a* i pangushëllueshëm; **ich bin untröstlich darüber, daß ...** jam i dëshpëruar që ...
untrüglich *a* i padyshimtë, i sigurt; **das ist ein untrügliches Zeichen, daß ...** kjo është shenjë e sigurt se ...
Untugend *f* =, **-en** ves, zakon i keq; **diese Untugend solltest du**

dir abgewöhnen këtë ves duhet ta heqësh.

unüberlegt 1. *a* i papeshuar, i pamenduar (*veprim, fjalë etj.*); 2. *adv* pa u menduar.

unübersehbar, unübersehlich *a* 1) pa masë, i pamatshëm, i pamatë; 2) i dukshëm (*e metë etj.*).

unübersichtlich *a* 1) i paqartë; 2) i fshehtë (*vend etj.*).

unübertrefflich, unübertroffen *a* i pashoq, i pakrahasueshëm.

unüberwindlich *a* 1) i pamposhtshëm, i paepur (*luftëtar etj.*); 2) i pakapërcyeshëm (*vështirësi etj.*).

unüberwunden *a* 1) i pamposhtur; 2) i pakapërcyer.

unumgänglich *a* 1) i pashmangshëm; 2) i domosdoshëm.

unumschränkt *a* i pakufizuar.

unumstößlich *a* që nuk mund të hidhet poshtë, i pakundërshtueshëm; i pandryshueshëm (*fakt, vendim etj.*).

unumstritten *a* i pakundërshtueshëm (*fakt etj.*).

unumwunden 1. *a* i drejtë, i ndershëm, i hapur, i çiltër; 2. *adv* haptas; ndershmërisht.

ununterbrochen 1. *a* i pandërprerë, i vazhdueshëm; 2. *adv* pa pushim, pa ndërprerje, vazhdimisht; **sie redet ununterbrochen** ajo flet pa pushim.

unveränderlich *a* i pandryshueshëm.

unverändert *a* i pandryshuar; **er ist unverändert** ai s'ka ndryshuar.

unverantwortlich *a* i papërgjegjshëm; i pandërgjegjshëm.

unverbesserlich *a* i pandreqshëm, i papërmirësueshëm.

unverbindlich *a* i padetyrueshëm.

unverblümt 1. *a* i drejtë, i hapur (*mendim etj.*); 2. *adv* drejt, hapur, troç.

unverbrüchlich *a* i pathyeshëm (*besnikëri etj.*).

unverbürgt *a* i pavërtetuar, i pasigurt (*lajm etj.*).

unverdaulich *a* 1) i patretshëm (*ushqim*); 2) *fig* i vështirë, i rëndë (*lexim etj.*).

unverdient *a* i pamerituar.

unverdorben *a* 1) i paprishur (*mish etj.*); 2) *fig* i paprishur, i padjallëzuar.

unverdrossen *a* i palodhur, i zellshëm (*në punë*).

unvereinbar *a* i papajtueshëm (*dëshirë me një plan etj.*).

unverfälscht *a* i kulluar (*verë, gjuhë etj.*).

unverfänglich *a* që nuk zgjon dyshim (*pyetje etj.*); që nuk krijon shqetësim (*gjendje etj.*).

unverfroren *a* i paturpshëm, i pafytyrë.

Unverfrorenheit *a* paturpësi, pafytyrësi.

unvergänglich *a* i përjetshëm; i pavdekshëm (*vepër etj.*).

Unvergänglichkeit *f* = përjetësi; pavdekësi.

unvergessen *a* i paharruar.

unvergeßlich *a* i paharrueshëm (*përshtypje, kujtim etj.*).

unvergleichlich *a* i pakrahasueshëm, i pashoq; **eine unvergleichliche Tat** vepër e pashoqe.

unverheiratet *a* i pamartuar; **er ist noch unverheiratet** ai është ende i pamartuar.

unverhofft *a* i pashpresuar, i papritur, i paparashikuar; **sein Sieg kam allen unverhofft** fitorja e tij u erdhi të gjithëve e papritur.

unverhohlen *a* jo i fshehtë, i hapët; **mit unverhohlener Schadenfreude** me dashaligësi të hapur.

unverkäuflich *a* që nuk shitet, që nuk shkon (*mall etj.*).

unverkauft *a* i pashitur.
unverkennbar *a* i qartë, i padyshimtë, evident; **seine Herkunft ist unverkennbar** prejardhja e tij është e qartë.
unverlangt *a* i pakërkuar.
unverletzlich *a* i papreksëm; **die unverletzlichen Menschenrechte** të drejtat e pacënueshme të njeriut.
Unverletzlichkeit *f* = paprekshmëri; pacënueshmëri.
unverletzt *a* 1) i paprekur, i pacënuar, i padëmtuar; 2) i paplagosur; **er ist bei dem Unfall unverletzt geblieben** ai shpëtoi pa plagë nga aksidenti.
unvermeidlich *a* i pashmangshëm, i pamënjanueshëm, i paevitueshëm; **es ist leider unvermeidlich, daß ...** për fat të keq është e pashmangshme që ....
unvermerkt *a* 1) që nuk vihet re; 2) që nuk është vënë re, që nuk është shënuar.
unvermindert *a* i papakësuar; i njëjtë; i pandryshuar.
unvermittelt 1. *a* i beftë, i papritur; 2. *adv* befas, papritmas.
Unvermögen *n* -s pamundësi; paaftësi.
unvermögend *a* i varfër.
unvermutet *a* i papritur, i paparashikuar; **ein unvermutetes Hindernis** një pengesë e papritur.
unvernehmlich *a* i dobët, që nuk dëgjohet (*zë*).
Unvernunft *f* = mungesë arsyeje; marrëzi.
unvernünftig *a* i paarsyeshëm; **das war eine unvernünftige Entscheidung** ky ishte një vendim i paarsyeshëm.
unveröffentlicht *a* i pabotuar.
unverrichteterdinge *dhe* **unverrichteter D'inge, unverrichtetersache** *adv* pa mbaruar punë, pa nxjerrë gjë në dritë.
unverschämt *a* i paturpshëm, i pafytyrë; **eine unverschämte Antwort** një përgjigje e paturpshme.
Unverschämtheit *f* = paturpësi, pafytyrësi.
unverschuldet *a* 1) i pafajshëm; 2) që nuk ka borxhe.
unversehens *adv* papritur; **unversehens war der Winter da** papritur erdhi dimri.
unversehrt *a* 1) i pacënuar, i padëmtuar; 2) shëndoshë e mirë.
Unversehrtheit *f* = moscënim, mosdëmtim.
unversiegbar *a* i pashtershëm (*burim etj.*).
unversöhnlich *a* i papajtueshëm (*kontradiktë etj.*).
Unversöhnlichkeit *f* = papajtueshmëri.
Unverstand *m* **-(e)s** mungesë arsyeje; budallallëk.
unverstanden *a* i pakuptuar.
unverständlich *a* i pakuptueshëm.
Unverständnis *n* **-ses** moskuptim.
unversucht *a* : *shpr* **nichts unversucht lassen** s'lë gur pa luajtur.
unverträglich *a* 1) i papajtueshëm (*kontradiktë etj.*); 2) i padurueshëm (*njeri, natyrë etj.*); 3) i patretshëm (*ushqim etj.*).
unverwandt 1. *a* i ngulët (*vështrim etj.*); 2. *adv* pa hequr sytë.
unverwechselbar *a* i dallueshëm (*nga të tjerët*).
unverweilt 1. *a* i menjëhershëm; 2. *adv* menjëherë.
unverwüstlich *a* 1) i fortë, i qëndrueshëm; 2) që nuk prishet, që s'e gjen gjë; 3) *fig* i patundur.
unverzagt 1. *a* i patrembur; **sei unverzagt!** mos ki druajtje!, mos u tremb!; 2. *adv* pa e lëshuar veten.

unverzeihlich *a* i pafalshëm (*gabim, faj etj.*).
unverzinslich *a* pa përqindje, pa kamatë; **ein unverzinsliches Darlehen** hua pa kamatë.
unverzüglich 1. *a* i menjëhershëm; **unverzügliche Abreise** nisje e menjëhershme; 2. *adv* menjëherë.
unvollendet *a* i paplotësuar, i papërfunduar (*vepër, punë etj.*).
unvollkommen *a* i mangët; i paplotë.
Unvollkommenheit *f* = mangësi; paplotësi.
unvollständig *a* jo i plotë, i paplotë.
Unvollständigkeit *f* = paplotësi.
unvorbereitet *a* i papërgatitur.
unvordenklich *a* : **seit unvordenklichen Zeiten** që kur s'mbahet mend.
unvoreingenommen *a* i lirë nga paragjykimet; i paanshëm.
Unvoreingenommenheit *f* = paanësi.
unvorhergesehen *a* i paparashikuar; **unvorhergesehene Ausgaben, Schwierigkeiten** shpenzime, vështirësi të paparashikuara.
unvorhersehbar *a* i paparashikueshëm (*pasojë etj.*)
unvorsichtig *a* i pamatur; mendjelehtë.
Unvorsichtigkeit *f* =, **-en** vepër, fjalë e pamatur, e papeshuar; mendjelehtësi.
unvorstellbar *a* i papërfytyrueshëm, që nuk merret dot me mend.
unvorteilhaft *a* 1) i paleverdishëm; 2) jo i favorshëm.
unwahr *a* jo i vërtetë; i gënjeshtërt, i rremë (*pohim etj.*).
Unwahrheit *f* = gënjeshtër, rrenë.
unwahrscheinlich *a* 1) që s'ka të ngjarë; i pangjarë; 2) i pabesueshëm.
unwandelbar *a* i pandryshueshëm, i qëndrueshëm.
unwegsam *a* i pakalueshëm, i papërshkueshëm (*vend etj.*).
unweigerlich *a* i pashmangshëm (*rrjedhim etj.*).
unweit *präp* (G) jo larg nga ...; **unweit der Stadt** jo larg nga qyteti.
Unwesen *n* **-s** 1) punë e keqe, e ndyrë; **ein Schwindler trieb in dem Ort sein Unwesen** një mashtrues bënte punën e vet të ndyrë në atë vend; 2) e keqe.
unwesentlich *a* joqenësor.
Unwetter *n* **-s,** = mot i keq; stuhi.
unwichtig *a* i parëndësishëm.
unwiderlegbar, unwiderleglich *a* që nuk mund të hidhet poshtë, i pakundërshtueshëm (*provë etj.*).
unwiderruflich *a* i prerë, i pandryshueshëm, i paapelueshëm (*vendim etj.*).
unwiderstehlich *a* i pakundërshtueshëm.
unwiederbringlich *a* i pazëvendësueshëm, që nuk vihet në vend (*dëm etj.*).
Unwille(n) *m* **-ens** pakënaqësi; zemërim; **ich konnte meinen Unwillen nicht länger zurückhalten** s'mund ta mbaja më gjatë zemërimin.
unwillig 1. *a* i pakënaqur; i zemëruar, i indinjuar; 2. *adv* pa qejf, pa kënaqësi.
unwillkommen 1. *a* i paftuar; i padëshirueshëm, i padëshiruar; **ein unwillkommener Gast** një mik i paftuar; 2. *adv* pa kohë, pa vend.
unwillkürlich 1. *a* i pavullnetshëm; i vetvetishëm (*lëvizje etj.*); 2. *adv* pa dashur.
unwirksam *a* i paefektshëm, pa rezultat, i kotë.
unwirsch 1. *a* i vrazhdë, i ashpër (*njeri, fjalë etj.*); 2. *adv* ashpër, vrazhdë.
unwirtlich *a* 1) jomikpritës, i

ftohtë; 2) i shkretë, jopjellor (*vend*); 3) i keq (*mot*).

unwirtschaftlich *a* joekonomik (*prodhim etj.*).

unwissend *a* i paditur, që nuk di; **sich unwissend stellen** bëj sikur s'di.

Unwissenheit *f* = 1) padituri, injorancë; 2) *fig* terr; **jemanden in Unwissenheit halten** mbaj dikë në terr (*për një çështje etj.*).

unwissentlich 1. *a* i paparamenduar; 2. *adv* pa e ditur.

unwohl *a* : *shpr* **mir ist unwohl, ich bin unwohl** s'jam mirë (*me shëndet*); **sich unwohl fühlen** s'ndihem mirë.

Unwohlsein *n* **-s** të qenët pa qejf.

unwürdig *a* i padenjë.

Unzahl *f* = mori; **eine Unzahl von Menschen** një mori njerëzish.

unzählbar, unzählig *a* i panumërt.

unzähmbar *a* që nuk shtrohet, që nuk zbutet (*edhe fig*).

unzart *a* i rëndë (*fjalë etj.*).

Unzeit *f* = kohë e papërshtatshme; **zur Unzeit** jo në kohë, kohë pa kohë.

unzeitig *a* 1) jo në kohë; 2) i papjekur (*fryt*).

unzeitgemäß *a* jo i kohës (*botëkuptim etj.*).

unzerbrechlich *a* i pathyeshëm (*xham etj.*).

unzertrennlich *a* i pandarë, i ngushtë (*mik etj.*).

unziemend *a sh* **unziemlich.**

unziemlich *a* i pahijshëm.

Unzucht *f* = imoralitet; **gewerbsmäßige Unzucht** prostitucion.

unzüchtig *a* imoral; **unzüchtige Handlungen, Schriften** veprime, shkrime imorale.

unzufrieden *a* i pakënaqur; **er ist ein unzufriedener Mensch** është i pakënaqur.

Unzufriedenheit *f* = pakënaqësi.

unzugänglich *a* 1) i paarritshëm, i vështirë për t'u arritur (*vend etj.*); 2) *fig* i mbyllur (*njeri etj.*); 3) *fig* i shurdhër (*ndaj lutjeve etj.*).

unzukömmlich *a aust* 1) i pamjaftueshëm (*ushqim etj.*); 2) i padrejtë (*përkrahje etj.*).

Unzukömmlichkeit *f* =, **-en** *aust* 1) pamjaftueshmëri; 2) padrejtësi.

unzulänglich *a* i pamjaftueshëm (*ushqim, arsim, përgatitje etj.*).

Unzulänglichkeit *f* = pamjaftueshmëri.

unzulässig *a* i palejueshëm; i ndaluar.

unzurechnungsfähig *a* 1) i papërgjegjshëm (*për veprime etj.*); 2) i metë.

unzureichend *a* i pamjaftueshëm (*arsye etj.*).

unzusammenhängend *a* i palidhur (*fjalë etj.*).

unzutreffend *a* 1) i gabuar; 2) i pasaktë.

unzuverlässig *a* 1) i pasaktë (*informatë etj.*); 2) i pabesueshëm (*njeri*).

Unzuverlässigkeit *f* = 1) pasaktësi; 2) pabesueshmëri.

unzweckmäßig *a* i papërshtatshëm.

unzweideutig *a* i padykuptimtë; i qartë.

unzweifelhaft 1. *a* i padyshimtë; 2. *adv* pa dyshim.

üppig *a* 1) i harbuar, i harlisur (*bimësi etj.*); 2) i pasur, i bollshëm (*drekë, darkë etj.*); 3) i gjallë (*fantazi etj.*); 4) i mbushur (*trup*); 5) *bis* i pafytyrë; **werde nicht zu üppig!** mos u bëj i pafytyrë!

Urahn *m* **-en, -en** stërgjysh.

uralt *a* i moçëm, i lashtë (*njeri, send*); **seit uralten Zeiten** që në kohë të lashtë, që kur s'mbahet mend.

Uraufführung *f* =, **-en** premierë (*e një drame, filmi, koncerti*).

urbar *a* e lërueshme, e punueshme (*tokë*); **urbar machen** lëroj, hap (*tokë të re etj.*).

Urbild *n* **-(e)s, -er** prototip.

ureigen *a* rrënjësor (*interes etj.*).

Ureinwohner *m* **-s,** = banor i hershëm, vendës, anas, autokton.

Ureltern *pl* stërgjyshër.

Urenkel *m* **-s,** = stërnip.

Urgeschichte *f* = parahistori.

Urgroßmutter *f* =, **-mütter** stërgjyshe.

Urgroßvater *m* **-s, -väter** stërgjysh.

Urheber *m* **-s** 1) shtytës, përgjegjës (*i një vepre etj.*); 2) autor (*i një libri, muzike etj.*).

Urheberrecht *n* **-(e)s, -e** *drejt* e drejtë e autorit.

Urheberschaft *f* = autorësi (*e një vepre etj.*).

urig *a bis* i natyrshëm; origjinal (*gjuhë etj.*).

Ur'in *m* **-s** urinë.

urin'ieren *vi* **(h)** urinoj.

urkomisch *a* shumë qesharak.

Urkunde *f* =, **-n** dokument, akt; **eine Urkunde ausstellen** përpiloj, hartoj një dokument.

urkundlich 1. *a* i dokumentuar; 2. *adv* me dokument.

Urlaub *m* **-es, -e** 1) leje (*nga puna etj.*); **auf Urlaub** me leje; **zwei Wochen Urlaub** dy javë leje; 2) pushime; **den Urlaub im Gebirge verbringen** kaloj pushimet në malësi.

Urlauber *m* **-s,** = 1) ai që është me leje; pushues; 2) ushtar me leje.

Urmensch *m* **-en, -en** njeri primitiv.

Urne *f* =, **-n** 1) urnë; 2) kuti votimi.

urplötzlich *a* krejt i papritur.

Urquell *m* **-(e)s, -e, Urquelle** *f* =, **-n** burim i parë, shkak i parë; *fig* prejardhje.

Ursache *f* =, **-n** 1) shkak; **Ursache und Wirkung** shkak dhe pasojë; **die Ursache einer Krankheit** shkaku i një sëmundjeje; 2) shkas; **jemandem Ursache geben, etwas zu tun** i jap dikujt shkas të bëjë diçka; 3) arsye; **du hast keine Ursachen, dich zu beschweren** s'ke asnjë arsye te ankohesh; **keine Ursache!** s'ka përse!

ursächlich *a* shkakësor, shkakor.

Ursprung *m* **-s, -sprünge** 1) fillim; pikënisje; 2) *fig* burim; rrënjë; 3) prejardhje.

ursprünglich 1. *a* fillestar; i parë, zanafillës; **der ursprüngliche Text** teksti i parë; 2. *adv* në fillim; më parë; **ursprünglich hatte ich die Absicht ...** në fillim kisha ndërmend ...

Urstoff *m* **-(e)s, -e** *vjet kim* element.

Urteil *n* **-s, -e** 1) mendim, gjykim; 2) *drejt* vendim.

urteilen *vi* **(h) (über A)** gjykoj, jap një mendim (*për diçka*); **wie urteilen Sie über ...?** ç'thoni ju për ...?

urteilsfähig *a* që është në gjendje të gjykojë.

Urteilskraft *f* = aftësi për të gjykuar.

Urteilsspruch *m* **-(e)s, -sprüche** *drejt* vendim (*i gjyqit*).

Urteilsvermögen *n* **-s** *sh* **Urteilskraft.**

Urtext *m* **-es, -e** tekst i parë, origjinal.

Urwald *m* **-(e)s, -wälder** pyll i virgjër, i paprekur.

urwüchsig *a* 1) primitiv; 2) i natyrshëm dhe i ashpër; 3) i egër (*pyll etj.*).

Usance [yz'âs] *f* =, **-n** zakon (*sidomos në tregti*).

usf. = **und so fort** etj. (e të tjerë, e të tjera).

usu'ell *a* i zakonshëm, i përdorshëm.
usurp'ieren *vt* uzurpoj.
Usus *m* = zakon; **es ist so Usus** kështu e do zakoni.
usw. = **und so weiter** etj. (e të tjerë, e të tjera).
Utens'ili/en *pl* pajisje, vegla.
Ut'opie *f* =, **-n** utopi.
ut'opisch *a* utopik.
u. U. = **unter Umständen** në kushte të caktuara.
u. v. a. = **und viele(s) andere** e shumë të tjera.
u. Z. = **unserer Zeitrechnung** e. s. (i erës sonë).
uzen *vt* *bis* tallem (*me dikë*).
Uzer'ei *f* =, **-n** *bis* tallje.
u. zw. = **und zwar** domethënë.

V

v. = **von, vom.**

va banque [*vab'âk*] : *fig* **va banque spielen** rrezikoj gjithçka.

Vabanquespiel [*vab'âk-*] *n* **-(e)s** *fig* lojë me shumë rrezik.

Vadem'ekum *n* **-s, -s** *vjet* përmbledhje *(recetash etj.)*.

v'ag(e) [*vagë*] *a* i vagëlluar, i papërcaktuar *(ide etj.)*.

Vagab'und [*va-*] *m* **-en, -en** endacak.

vagabund'ieren *vi* (s) endem *(nëpër vende të ndryshme etj.)*.

Vak'anz [*va-*] *f* =, **-en** 1) vakancë 2) *vjet* pushime.

V'aku/um [*va-*] n **-s, -kua** *fiz* boshllëk, vakuum.

Vakz'ine [*va-*] *f* =, **-n** vaksinë.

Val'uta [*va-*] *f* =, **-ten** *fin* valutë.

Vandal'ismus [*va-*] *m* =, **-ismen** vandalizëm.

vari'abel [*va-*] *a* i ndryshueshëm; *ek* **variables Kapital** kapital i ndryshueshëm.

Vari'able [*va-*] *f* = *mat* madhësi e ndryshueshme, variabël.

Vari'ante [*va-*] *f* =, **-en** variant.

Variati'on [*va-*] *f* =, **-en** 1) ndryshim; 2) *muz* variacion; 3) *biol* mutacion.

Varieté [*variet'e*] *n* **-s, -s** estradë.

vari'ieren [*va-*] 1. *vt* ndryshoj (*temën, mendimet etj.*); 2. *vi* (h) ndryshon (*klima etj.*).

Vas'all [*va-*] *m* **-en, -en** vasal.

V'ase [*va-*] *f* =, **-n** vazo.

V'ater *m* **-s, Väter** 1) atë, baba; **er ist ganz der Vater** është gjallë i ati; *fig* **sich zu seinen Vätern versammeln** vdes; 2) : **die Väter der Stadt** paria e qytetit.

V'aterhaus *n* **-es, -häuser** shtëpi atërore, derë e babait.

V'aterland *n* **-(e)s** atdhe, mëmëdhe.

v'aterländisch *a* patriotik; **vaterländische Lieder** këngë patriotike.

v'äterlich 1. *a* atëror; **väterliche Liebe** dashuri atërore; **das väterliche Handwerk erlernen** mësoj zanatin e tim eti; 2. *adv* si baba; **jemandem väterlich helfen** ndihmoj dikë si baba.

V'aterliebe *f* = dashuri atërore.

V'atermörder *m* **-s,** = 1) atëvrasës; 2) *vjet* jakë e lartë e kollarisur.

V'aterschaft *f* = atësi.

V'atersname *m* **-ns, -n** emër i babait.

V'aterstadt *f* =, **-städte** qytet i lindjes.

V'aterunser *n* **-s,** = *fet* Atynë (*lutje*).

Vegetab'ili/en [*ve-*] *pl* barishte (*për ushqim*).

Veget'ari/er [*ve-*] *m* **-s,** = vegjetarian.

veget'arisch [*ve-*] a vegjetarian (*ushqim etj.*).

Vegetati'on [*ve-*] *f* =, **-en** bimësi.

vegetat'iv [*ve-*] *a* 1) bimor; 2) *mjek* vegjetativ; **vegetatives Nervensystem** sistem nervor vegjetativ.

veget'ieren [*ve*] *vi* (h) gjëllij, vegjetoj.

vehem'ent [*ve-*] *a* i vrullshëm.

Vehem'enz [*ve-*] *f* = vrull; forcë.

Veh'ikel [*ve-*] *n* **-s,** = 1) karakatinë (*automobil i vjetër etj.*); 2) mjet (*për të arritur diçka*).

V'eilchen *n* **-s,** = *bot* vjollcë; *fig bis* **er ist blau wie ein Veilchen** është bërë thumb, tapë.

v'eilchenblau *a* ngjyrëvjollcë.

Velours [*vel'ur*] *m* = kadife.

V'ene [*ve-*] *f* =, **-n** *anat* venë.

ven'erisch [*ve-*] a *mjek* venerian (*sëmundje*).

venezi'anisch [*ve-*] *a* venecian, venetikas.

ven'ös [*ve-*] *a* : *fiziol* **venöses Blut** gjak venoz.

Vent'il [*ven-*] *n* **-s, -e** *tek* valvulë, ventil.

Ventilati'on [*ven-*] *f* = ajrosje.

Ventil'ator [*ven-*] *m* **-s, -t'oren** ventilator.

ventil'ieren [*ve-*] *vt* 1) ajros (*dhomën etj.*); 2) *fig* rrah, peshoj (*një çështje etj.*).

ver = *parashtesë e pandashme foljore që tregon:* 1) *pushim gradual te veprimit ose te gjendjes:* **verblühen**; 2) *dështim të veprimit:* **sich versprechen**; 3) *veprim të kundërt me veprimin e shprehur prej foljes pa parashtesë:* **verglühen**; 4) *ndryshim të vendit ose të gjendjes:* **veralten**; 5) *largim:* **verreisen**; 6) *përforcim:* **vergrößern**; 7) *bashkim:* **verknüpfen**.

ver'abfolgen *vt* 1) dorëzoj (*një mall*); 2) jap (*një ilaç*).

ver'abreden 1. *vt* merrem vesh për (*vendin, kohën etj.*); caktoj; **Zeit und Ort verabreden** caktoj vendin e kohën; 2. *vrefl* **sich verabreden** lë takim; **ich habe mich mit ihm um 5 Uhr vor dem Kino verabredet** kam lënë takim me të në orën 5 para kinemasë.

ver'abredet *a* i caktuar; **zur verabredeten Zeit** në kohën e caktuar.

Ver'abredung *f* =, **-en** marrëveshje (*për një takim etj.*).

ver'abreichen *vt sh* **verabfolgen**

Ver'abreichung *f* = dorëzim; dhënie.

ver'absäumen *vt* lë pa bërë, nuk bëj (*diçka që e kam për detyrë ta bëj*).

ver'abscheuen *vt* 1) urrej; 2) ndiej neveri për ...

ver'abschieden 1. *vt* 1) nis, përcjell; 2) pushoj, liroj (*nga puna etj.*); 3) *drejt* miratoj, aprovoj (*një ligj*); 2. *vrefl*: **sich verabschieden (von D)** ndahem (*prej dikujt*); **gestern hat er sich von uns verabschiedet** dje ai u nda prej nesh.

Ver'abschiedung *f* =, **-en** 1) pushim (*nga puna etj.*); 2) miratim (*i një ligji etj.*).

ver'achten *vt* 1) përbuz; përçmoj; *bis* **dieser Wein ist nicht zu verachten** kjo verë nuk është për t'u përbuzur; 2) nuk përfill (*rrezikun, vdekjen etj.*).

ver'ächtlich 1. *a* 1) përbuzës; **verächtliche Worte** fjalë përbuzëse; 2) i përbuzshëm (*veprim etj.*); 2. *adv* me përbuzje, me përçmim.

Ver'achtung *f* = përbuzje; përçmim.

ver'albern *vt* tallem me (*dikë*).

ver'allgemeinern *vt* përgjithësoj.

ver'alten *vi* (s) 1) vjetrohet (*pikëpamja, rroba etj.*); 2) del jashtë përdorimit (*fjala, zakoni etj.*).

ver'altet *a* 1) i vjetruar; 2) i dalë jashtë përdorimit.

Ver'anda [*ve-*] *f* =, **-den** verandë.

ver'änderlich *a* i ndërrueshëm, i ndryshueshëm, i paqëndrueshëm (*mot etj.*).

ver'ändern 1. *vt* ndryshoj; 2. *vrefl* **sich verändern** ndryshoj; **du hast dich sehr verändert seit ...** ke ndryshuar shumë që kur ...

Ver'änderung *f* =, **-en** ndryshim.

ver'ängstigt *a* i trembur, i frikësuar.

ver'ankern *vt* 1) ankoroj (*anijen etj.*); 2) ngul (*me hunj etj.*); 3) përcaktoj; sanksionoj; **ein im Gesetz verankertes Recht** e drejtë e shprehur me ligj.

Ver'ankerung *f* =, **-en** 1) *det* ankorim; 2) përcaktim; sanksionim.

ver'anlagen *vt* i vë të paguajë (*një shumë dikujt*); **er wurde mit 500**

Mark veranlagt i vunë të paguante 500 marka.

ver'anlagt *a* i prirur (*për diçka*); **gut, schlecht veranlagt** i prirur për mirë, për keq.

Ver'anlagung *f* =, **-en** prirje, predispozitë.

ver'anlassen* *vt* 1) shkaktoj, i jap shkas; 2) shtyj; **was mag ihn zu diesem Entschluß veranlaßt haben?** ç'mund ta ketë shtyrë të marrë këtë vendim?; 3) : **veranlassen, daß ...** bëj që ...

Ver'anlassung *f* =, **-en** 1) shkas; **die Veranlassung geben** i jap shkas (*një grindjeje etj.*); 2) : **es besteht keine Veranlassung** s'ka asnjë arsye; 3) shtytje; 4) nismë, iniciativë; **auf Veranlassung der Regierung** me iniciativën e qeverisë.

ver'anschaulichen *vt* bëj të qartë, konkretizoj, ilustroj.

Ver'anschaulichung *f* = konkretizim, ilustrim.

ver'anschlagen* *vt* 1) parashikoj (*shpenzimet etj.*); **man hat die Kosten zu niedrig veranschlagt** shpenzimet i kanë llogaritur tepër të ulëta; 2) *fig* vlerësoj.

ver'anstalten *vt* 1) organizoj (*një ekspozitë, festë etj.*); 2) bëj, zhvilloj (*një mbledhje etj.*).

Ver'anstaltung *f* =, **-en** 1) organizim (*i një ekspozite, festimi etj.*); 2) zhvillim (*i një mbledhjeje etj.*); 3) veprimtari, aktivitet.

ver'antworten 1. *vt* përgjigjem, mbaj përgjegjësi për (*diçka*); **einen Befehl verantworten** përgjigjem për një urdhër; 2. *vrefl* **sich verantworten** përgjigjem, përligjem, justifikohem; **er muß sich vor Gericht verantworten** ai do të përgjigjet para gjyqit.

ver'antwortlich *a* 1) përgjegjës, që përgjigjet (*për diçka*); **dafür bist du verantwortlich** për këtë përgjegjësinë e ke ti; 2) me përgjegjësi; **er hat einen verantwortlichen Posten** ka një post me përgjegjësi.

Ver'antwortung *f* = përgjegjësi; **die Verantwortung tragen, übernehmen** mbaj, marr përgjegjësinë; **sich der Verantwortung entziehen** i shmangem përgjegjësisë; **es ist auf meine Veranwortung (hin) geschehen** është bërë me përgjegjësinë time.

Ver'antwortungsgefühl *n* **-(e)s** ndjenjë e përgjegjësisë.

ver'arbeiten *vt* 1) përpunoj; **die verarbeitende Industrie** industria përpunuese; 2) tres, bluaj (*ushqimin*).

Ver'arbeitung *f* = përpunim.

ver'argen *vt* ia marr për keq (*diçka dikujt*).

ver'ärgern *vt* zemëroj.

Ver'ärgerung *f* = zemërim.

ver'armen *vi* (s) varfërohem.

ver'arzten *vt bis* mjekoj (*një të plagosur rëndë etj.*).

ver'ästeln, sich *vrefl* degëzohet.

Ver'ästelung *f* = degëzim.

ver'ausgaben 1. *vt* shpenzoj; 2. *vrefl* **sich verausgaben** 1) harxhohem; 2) *fig* shkrij gjithë fuqitë.

ver'äußern *vt* 1) shes; 2) tjetërsoj (*një të drejtë*).

Ver'äußerung *f* = 1) shitje; 2) tjetërsim.

Verb [*verb*] *n* **-s, -en** *gram* folje.

verb'allhornen *vt bis* shtrembëroj për ta bërë qesharak (*një emër etj.*).

Verb'and *m* **-(e)s, -bände** 1) lidhje, fashë; 2) lidhje, bashkim, shoqatë; 3) *usht* njësi, repart.

Verb'andstoff *m* **-(e)s, -e, Verbandzeug** *n* **-(e)s** *mjek* material për lidhje (*plagësh*).

verb'annen *vt* 1) internoj; **jemanden auf eine Insel verbannen**

internoj, mërgoj dikë në një ishull; 2) *fig* largoj (*një mendim etj.*).

Verb'annte *m, f* **-n, -n** i internuar, i mërguar.

Verb'annung *f* = 1) internim, mërgim; 2) vend internimi, mërgimi; **in die Verbannung gehen** shkoj në mërgim; 3) *fig* largim (*i një mendimi të mërzitshëm etj.*).

verbarrikad'ieren 1. *vt* ngre një barrikadë në (*një rrugë etj.*); 2. *vrefl* **sich verbarrikadieren** ngujohem për qëndresë.

verb'auen *vt* 1) zë me një ndërtim (*pamjen etj.*); 2) harxhoj në një ndërtim (*tulla, pare etj.*); 3) ndërtoj keq (*shtëpinë etj.*).

verb'eißen* 1. *vt* fsheh, mbaj; **sich (D) das Lachen, den Zorn verbeißen** mbaj gazin, përmbaj zemërimin; 2. *vrefl* : **sich (in A) verbeißen** 1) ia ngul dhëmbët (*qeni gjahut etj.*); 2) *fig* zhytem i tëri (*në një punë etj.*).

verb'ergen* 1. *vt* **(vor D)** fsheh (*nga dikush*); 2. *vrefl* : **sich verbergen (vor D)** fshihem (*nga dikush*).

verb'esserlich *a* që mund të ndreqet, që mund të përmirësohet.

verb'essern 1. *vt* 1) përmirësoj (*një punë, rezultat etj.*); 2) ndreq (*një gabim etj.*); 2. *vrefl* **sich verbessern** 1) përmirësohem; 2) ndreqem; **ich muß mich verbessern** duhet ta shpreh më mirë atë që thashë.

Verb'esserung *f* =, **-en** përmirësim.

verb'eugen, sich *vrefl* **(vor D)** përkulem (*para dikujt*); **er verbeugte sich tief vor ihr** ai i bëri asaj një temena gjer në tokë.

Verb'eugung *f* =, **-en** përkulje, temena.

verb'iegen* 1. *vt* 1) shtrembëroj (*kurrizin etj.*); 2) *fig* prish (*karakterin etj.*); 2. *vrefl* **sich verbiegen** shtrembërohem.

verb'ieten* *vt* ndaloj; **der Arzt hat mir das Rauchen verboten** mjeku ma ka ndaluar duhanin; *fig* **jemandem den Mund verbieten** ia mbyll gojën dikujt.

verb'illigen *vt* liroj, lirësoj, bëj më të lirë (*një mall etj.*).

Verb'illigung *f* = lirim, lirësim.

verb'inden* 1. *vt* 1) lidh (*plagën, sytë etj.*); 2) lidh (*me rrugë, me telefon etj.*); 3) lidh; bashkoj; martoj; 4) detyroj; **jemandem verbunden sein** i detyrohem dikujt; 2. *vrefl* **sich verbinden** 1) lidhem; 2) bashkohem; **sich ehelich verbinden** martohem.

verb'indlich 1. *a* 1) që (*të*) lidh, (*të*) detyron (*fjalë etj.*); 2) i mirë, mirëdashës (*fjalë etj.*); 2. *adv* : **danke verbindlich(st)!** shumë faleminderit!; **bitte verbindlich(st)!** të (ju) lutem shumë!

Verb'indlichkeit *f* =, **-en** detyrim.

Verb'indung *f* =, **-en** 1) lidhje; **ich habe die Verbindung zu ihm abgebrochen** i kam prerë lidhjet me të; 2) *kim* lidhje; **eine Verbindung eingehen** lidhet (*një element me një tjetër*); 3) lidhje (*telefonike etj.*).

Verb'indungslini/e *f* =, **-en** ndërlidhje (*midis dy qyteteve etj.*).

Verb'indungsmann *m* **-(e)s, -männer** ndërlidhës.

verb'issen *a* 1) këmbëngulës; 2) tërë mllef, tërë inat.

Verb'issenheit *f* = 1) këmbëngulje; 2) inat, mllef.

verb'itten* *vt* : **sich (D) etwas verbitten** nuk duroj diçka; **das verbitte ich mir** këtë nuk e duroj.

verb'ittern *vt* hidhëroj, helmoj; **jemandem das Leben verbittern** ia nxij jetën dikujt; **verbittert** i helmuar nga jeta.

Verb'itterung *f* = hidhërim.

verbl'assen *vi* **(s)** 1) zbehem,

zverdhem; 2) *fig* shuhet (*kujtimi etj.*).

Verbl'eib *m* **-(e)s** vend (*i një personi ose sendi të humbur*); **wissen Sie etwas über seinen Verbleib?** a dini gjë ku ndodhet?

verbl'eiben* *vi* (s) 1) qëndroj; **er wird noch so lange in seiner Stellung verbleiben, bis die Sache entschieden ist** ai do të qëndrojë në atë vend gjersa të zgjidhet çështja; 2) mbetem; **es sind mir noch sechs Mark verblieben** më kanë mbetur edhe gjashtë marka; 3) : *shpr* **es verbleibt dabei!** u morëm vesh!

verbl'eichen* *vi* (s) 1) zbehem; 2) *fig* fishket, venitet (*lavdia etj.*); 3) : *poet fig* **sein verblichener Vater** i ati i vdekur.

verbl'enden *vt fig* verboj; **er ist von seiner Leidenschaft völlig verblendet** ai është verbuar krejt nga pasioni.

Verbl'endung *f* = *fig* verbim.

verbl'ichen *a* i dalë boje, i zbërdhulët.

verbl'öden *vi* (s) 1) (*më*) lë mendja; 2) trullosem, shushatem (*nga zhurma etj.*).

verbl'üffen 1. *vt* hutoj; **laß dich nicht verblüffen!** mos u huto!; **ich war völlig verblüfft** ngriva, u shtanga në vend; **sie sehen einander verblüffend ähnlich** ata duken çuditërisht të ngjashëm.

verbl'üfft *a* i hutuar, shumë i habitur.

Verbl'üffung *f* = hutim, habi e madhe.

verbl'ühen *vi* (s) 1) fishkem; 2) *fig* fishkem, venitem.

verbl'ümt 1. *a* i zbutur, i mbuluar (*shprehje etj.*); 2. *adv* : **verblümt sprechen** e them me lezet.

verbl'uten 1. *vi* (s) vdes nga humbja e gjakut; 2. *vrefl* **sich verbluten** 1) gjakoset, pëson humbje të mëdha (*një ushtri etj.*); 2) humbas gjak.

verb'ohrt *a* kokëfortë, kryeneç; **er war in seinen Plan verbohrt** s'ishte punë që ai të hiqte dorë nga plani i vet.

Verb'ohrtheit *f* = kokëfortësi, kryeneçësi.

verb'orgen I *vt* jap hua.

verb'orgen II *a* i fshehtë; **im verborgenen** fshehurazi; **im verborgenen leben** jetoj pa u ndier.

Verb'orgenheit *f* = fshehtësi.

Verb'ot *n* **-(e)s, -e** ndalim; **trotz meines Verbots hat er ...** megjithëse ia kisha ndaluar, ai ...

verb'oten *sh* **verbieten***.

verbr'ämen *vt* 1) vesh anës (*me gëzof etj.*); 2) *fig* sheqeros (*një qortim etj.*).

verbr'annt *a* 1) i thekur, i nxirë në diell; 2) i djegur.

Verbr'auch *m* **-(e)s** 1) konsum; 2) përdorim.

verbr'auchen *vt* 1) konsumoj (*energji, letër etj.*); 2) prish (*pare etj.*); 3) përdor.

Verbr'aucher *m* **-s,** = konsumator.

Verbr'auchsgegenstand *m* **-(e)s, -stände** artikull, send konsumi.

verbr'aucht *a* 1) i konsumuar; 2) i përdorur, i mbajtur.

verbr'echen* *vt* : *shak* **etwas verbrechen** bëj një të pabërë; **wer hat dieses Buch verbrochen?** kush e ka katranosur këtë libër?

Verbr'echen *n* **-s,** = krim; **ein Verbrechen begehen** bëj, kryej një krim.

Verbr'echer *m* **-s,** = kriminel, keqbërës.

verbr'echerisch *a* kriminal; **verbrecherische Handlung** veprim kriminal.

verbr'eiten 1. *vt* përhap; **Gerüch-**

te verbreiten hap fjalë, përhap thashetheme; 2. *vrefl* **sich verbreiten** përhapet (*lajmi etj.*); 2) zgjatem; **sich über ein Thema verbreiten** zgjatem rreth një teme.

verbr'eitern 1. *vt* zgjeroj (*rrugën etj.*); 2. *vrefl* **sich verbreitern** zgjerohet, vjen më i gjerë (*rruga etj.*).

Verbr'eiterung *f* = zgjerim.

Verbr'eitung *f* = përhapje (*e lajmit, e sëmundjes etj.*); **Verbreitung finden** përhapet (*një libër etj.*).

verbr'ennen* 1. *vt* djeg (*dru, letra etj.*); *fig* **die Sonne hat sein Gesicht verbrannt** dielli ia ka djegur fytyrën; 2. *vi* (s) digjet; **den Braten verbrennen lassen** lë mishin të digjet; 3. *vrefl* : **sich (an D) verbrennen** digjem (*në diçka*); **ich habe mir die Finger am Ofen verbrannt** i kam djegur gishtërinjtë te soba.

Verbr'ennung *f* = 1) djegie; 2) *kim* oksidim; 3) kremacion (*djegie e kufomës*).

Verbr'ennungsmotor *m* **-s, -t'oren** *tek* motor me djegie të brendshme.

verbr'iefen *vt* vërtetoj me dokument, dokumentoj.

verbr'ingen* *vt* kaloj (*kohën*); **die Zeit mit Lesen verbringen** kaloj kohën duke lexuar.

verbr'üdern, sich *vrefl* bëhem vëlla, vllazërohem.

Verbr'üderung *f* = vëllazërim.

verbr'ühen 1. *vt* përvëloj; 2. *vrefl* **sich verbrühen** përvëlohem.

verb'uchen *vt* regjistroj; shënoj (*shpenzimet, fitimet etj.*).

Verb'uchung *f* =, **-en** regjistrim; shënim.

V'erbum [*ver-*] *n* **-s, -ba** *sh* **Verb.**

verb'ummeln *bis* 1. *vt* 1) humbas, kaloj kot (*kohën*); 2) harroj nga pakujdesia (*një porosi, takim etj.*); 2. *vi* (s) : **er ist in der letzten Zeit verbummelt** kohët e fundit ai e ka lëshuar veten fare.

verb'ünden, sich *vrefl* lidhem, bëhem bashkë (*me dikë*); lidh aleancë (*me dikë*); **Frankreich und England waren verbündet** Franca e Anglia ishin aleate.

Verb'undenheit *f* = lidhje (*shpirtërore, morale etj.*).

Verb'ündete *m* **-n, -n** aleat; **die Verbündeten im Zweiten Weltkrieg** aleatët e Luftës së Dytë Botërore.

verb'ürgen 1. *vt* siguroj, garantoj; hyj dorëzanë; **guter Wille allein verbürgt nicht das Gelingen der Sache** vetëm vullneti i mirë nuk mjafton për të siguruar suksesin e punës; 2. *vrefl* **sich verbürgen (für A)** garantoj, hyj dorëzanë (*për dikë*).

verb'üßen *vt* : **eine Strafe verbüßen** vuaj, kryej, heq një dënim.

verchr'omen *vt kim* kromoj.

Verd'acht *m* **-(e)s** 1) dyshim; **gegen jemanden Verdacht schöpfen** më bren dyshimi për dikë; **in Verdacht kommen** ngjall dyshim; 2) *bis* hamendje; **etwas auf Verdacht tun** bëj diçka me hamendje.

verd'ächtig *a* i dyshimtë; **sich verdächtig machen** ngjall dyshime.

verd'ächtigen *vt* **(wegen G)** dyshoj (*për diçka*); **er wird verdächtigt, daß er ...** dyshohet se ai ...

verd'ammen *vt* 1) dënoj; 2) mallkoj.

Verd'ammnis *f* = 1) dënim; 2) mallkim.

verd'ammt 1. *a* i mallkuar; 2. *adv bis* shumë, fort; **verdammt gut** shumë i mirë.

Verd'ammung *f* = 1) dënim; 2) mallkim.

verd'ampfen 1. *vi* (s) avullohet; 2. *vt* avulloj.

Verd'ampfung *f* =, **en** *kim* avullim.

verd'anken *vi* (s) i detyrohem, ia di

(për nder); **ich verdanke ihm meine Rettung** atij ia di (për nder) shpëtimin.

verd'arb *sh* **verderben***.

verd'attert *a bis* i hutuar.

verd'auen *vt* 1) bluaj, tres (*ushqimin*); 2) *fig* bluaj, tres (*përshtypjet etj.*).

verd'aulich *a* i tretshëm (*ushqim*).

Verd'auung *f* = *fiziol* tretje (*e ushqimit*).

Verd'eck *n* **-(e)s, -e** 1) çati që hapet e mbyllet (*e makinës etj.*); 2) *det* urë; kuvertë (*e anijes*).

verd'ecken *vt* mbuloj; **die Bäume verdecken die Aussicht auf die Straße** drurët mbulojnë pamjen e rrugës.

verd'eckt *a* i mbuluar.

verd'enken* *vt* marr për keq; **ich kann es ihm nicht verdenken** nuk mund t'ia marr për keq.

Verd'erb *m* **-(e)s :** *shpr* **jemandem auf Gedeih und Verderb ausgeliefert sein** jam krejtësisht në dorë të dikujt.

verd'erben* 1. *vt* 1) prish (*punën, shëndetin, oreksin etj.*); *bis* **es mit jemandem verderben** prishem me dikë; 2) zvetënoj, prish, shthur; 3) marr në qafë; rrënoj; 2. *vi* (s) prishet (*natyra, karakteri etj.*).

Verd'erben *n* **-s** 1) prishje; 2) shkatërrim, rrënim; 3) shthurje (*morale*).

verd'erblich *a* 1) që prishet shpejt (*ushqim etj.*); 2) i dëmshëm (*ndikim etj.*).

verd'eutlichen *vt* sqaroj, bëj më të qartë (*me një shembull etj.*).

verd'eutschen *vt* 1) përkthej në gjermanisht; 2) zëvendësoj me një fjalë gjermane (*një fjalë të huaj*).

verd'ichten 1. *vt* 1) ngjesh; 2) *tek* kondensoj; 2. *vrefl* **sich verdichten** 1) dendësohet, bëhet më i dendur; 2) shpeshtohet.

Verd'ichter *m* **-s, =** *tek* kompresor; kondensator.

verd'icken 1. *vt* trash (*një lëng etj.*); 2. *vrefl* **sich verdicken** trashet, bëhet, vjen më i trashë.

Verd'ickung *f* **=, -en** trashje.

verd'ienen *vt* 1) fitoj (*me punë*); **ich verdiene mein Brot** fitoj bukën e gojës; 2) meritoj; **er hat es verdient** a) e ka merituar; b) mirë i bëhet; **er verdient es nicht besser** e ka hak; *shpr* **sich um etwas verdient machen** bëj shumë për diçka; **er hat sich um sein Land sehr verdient gemacht** ai ka bërë shumë për vendin e vet.

Verd'ienst I *n* **-es, -e** meritë; **jemanden nach Verdienst belohnen** shpërblej dikë sipas meritës.

Verd'ienst II *m* **-es, -e** 1) pagë; rrogë; 2) fitim, të ardhura.

Verd'ienstspanne *f* **=, -n** përqindje e fitimit (*midis kostos së prodhimit dhe çmimit të shitjes*).

verd'ient *a* i merituar; **Verdienter Künstler** artist i merituar.

verd'ientermaßen *adv* sipas meritave.

Verd'ikt [*ver-*] *n* **-(e)s, -e** 1) vendim (*i gjyqit*); 2) mendim shumë i keq (*për një vepër letrare etj.*).

verd'ingen* 1. *vt* jap me qira (*një barkë, makinë etj.*); 2. *vrefl* **sich verdingen** hyj në shërbim të ..., pajtohem te ...

verd'irbt *sh* **verderben.**

verd'olmetschen *vt* 1) përkthej (*me gojë*); 2) *fig* sqaroj.

verd'onnern *vt bis* i rras (*një gjobë etj. dikujt*).

verd'oppeln 1. *vt* 1) dyfishoj (*prodhimin etj.*); 2) shtoj (*përpjekjet etj.*); 2. *vrefl* **sich verdoppeln** dyfishohet (*prodhimi etj.*).

Verd'opplung *f* =, **-en** dyfishim.
verd'orben *a* i prishur, i bastarduar.
verd'orren *vi* (s) thahet, fishket (*bima*).
verdr'ängen *vt* 1) zhvendos; **das Schiff verdrängt 1000 t (Wasser)** anija zhvendos 1000 tonë (*ujë*); 2) largoj (*dikë, një mendim etj.*); **jemanden von seinem Platz verdrängen** ia zë vendin dikujt.
Verdr'ängung *f* =, **-en** 1) zhvendosje; 2) largim.
verdr'ehen *vt* 1) përdredh (*qafën etj.*); nxjerr (*krahun etj.*); *fig bis* **jemandem den Kopf verdrehen** ia marr mendjen dikujt; 2) *fig* shtrembëroj (*kuptimin e një fjale etj.*).
verdr'eht *a fig bis* 1) i hutuar; **du machst mich ganz verdreht** po më huton fare; 2) i krisur, i marrë.
Verdr'ehung *f* = 1) përdredhje; 2) *fig* shtrembërim (*i së vërtetës etj.*).
verdr'eifachen *vt* trefishoj.
verdr'eschen *vt bis* rrah.
verdr'ießen* 1. *vt* mërzis; **laß es dich nicht verdrießen!** mos u mërzit!; 2. *vimp* : **es verdrießt mich, daß ...** më mërzit (*fakti*) që ...
verdr'ießlich *a* 1) që (*të*) mërzit; 2) i mërzitur, i zymtë, i ngrysur; **verdrießlich sein** nuk jam në qejf.
verdr'oß *sh* **verdrießen***.
verdr'ossen 1. *sh* **verdrießen***; 2. *a* i trishtuar, i mërzitur.
Verdr'ossenheit *f* = mërzi.
verdr'ücken *bis* 1. *vt* përlaj; 2. *vrefl* **sich verdrücken** ua mbath.
Verdr'uß *m* **-sses, -drüsse** mërzi, telash; **ich habe mit der Sache viel Verdruß gehabt** ajo punë më ka mërzitur shumë.
verd'uften *vi* (s) 1) i del era (*lules, kafesë etj.*); 2) *fig bis* avullohem, bëhem erë; **verdufte!** mbushu!
verd'ummen 1. *vt* budallalleps; 2. *vi* (s) *bis* budallallepsem.
verd'unkeln *vt* errësoj; **den Glanz verdunkeln** errësoj shkëlqimin.
Verd'unklung *f* = errësim.
verd'ünnen *vt* holloj (*një lëng*).
Verd'ünnung *f* = hollim (*i një lëngu*).
verd'unsten *vi* (s) avullohet (*një lëng*).
Verd'unstung *f* = avullim (*i një lëngu*).
verd'ursten *vi* (s) 1) vdes nga etja; 2) *bis* jam rreshkur për ujë.
verd'üstern 1. *vt* ngrys, vrenjt, errësoj; 2. *vrefl* **sich verdüstern** ngrysem, vrenjtem.
verd'utzt *a* i hutuar.
ver'ebben *vi* (s) *fig* shuhet, bie (*zhurma etj.*).
ver'edeln *vt* 1) fisnikëroj; 2) bëj më pjellore (*tokën*).
ver'ehelichen, sich *vrefl* martohem.
ver'ehren *vt* 1) nderoj, respektoj; 2) dhuroj; **er hat mir das Buch zum Geburtstag verehrt** ma ka dhuruar librin për ditëlindje; 3) : **ein Mädchen verehren** i vij rrotull një vajze.
Ver'ehrer *m* **-s,** = adhurues (*i një vajze*).
Ver'ehrung *f* = nderim.
ver'eid(ig)en *vt* vë në be; përbej.
Ver'eidigung *f* = vënie në be (*e dëshmitarit etj.*).
Ver'ein *m* **-(e)s, -e** bashkim, shoqatë, lidhje; **in einen Verein eintreten** hyj në një shoqatë; *shpr* **im Verein mit** në bashkëpunim me (*një shoqatë etj.*).
ver'einbar *a* i pajtueshëm; **die beiden Pläne sind nicht miteinander vereinbar** dy planet janë të papajtueshme midis tyre.
ver'einbaren 1. *vt* 1) merrem vesh për (*një çmim etj.*); e bëj me fjalë (*diçka me dikë*); 2) lë (*takim etj.*).

Ver'einbarung *f* =, **-en** marrëveshje.
ver'einen *vt* 1) bashkoj; **mit vereinten Kräften** me forca të bashkuara; 2) pajtoj (*pikëpamjet etj.*).
ver'einfachen *vt* thjeshtoj, thjeshtësoj; **ein vereinfachtes Verfahren** një proces i thjeshtuar.
ver'einfacht *a* i thjeshtësuar, i thjeshtuar.
ver'einheitlichen *vt* njësoj, unifikoj (*drejtshkrimin etj.*).
ver'einigen 1. *vt* bashkoj; lidh; 2. *vrefl* **sich vereinigen** bashkohem; lidhem.
ver'einigt 1. *a* i bashkuar; i lidhur; 2. *adv* bashkë, së bashku, bashkërisht.
Ver'einigung *f* = 1) lidhje; bashkim; 2) *pl* **-en** bashkim, shoqatë.
ver'einnahmen *vt* marr (*të ardhura*).
ver'einsamt *a* i vetmuar, i veçuar, i izoluar.
ver'eint *a* i bashkuar; **die Vereinten Nationen** (*shkurt* UN) Kombet e Bashkuara.
ver'einzelt 1. *a* i veçuar; i veçantë; 2. *adv* 1) aty-këtu; 2) në raste të veçanta.
ver'eisen *vi* **(s)** 1) ngrin; 2) e zë akulli (*rrugën etj.*).
ver'eiteln *vt* shkatërroj, bëj të dështojë, hedh në erë (*planin*).
ver'ekeln *vt* pështiros, bëj të pështirë.
ver'elenden *vi* **(s)** varfërohem, bie në mjerim, në skamje.
ver'enden *vi* **(s)** ngordh (*kafsha*).
ver'engen *vt* ngushtoj (*rrugën etj.*).
ver'erben *vt* **(D** *dhe* **auf A)** 1) i lë trashëgim (*dikujt*); 2) *fig bis* fal, lë; **kannst du mir nicht deinen Wintermantel vererben?** a ma lë mua pallton e madhe?
ver'erbt *a* i trashëguar.
Ver'erbung *f* =, **-en** trashëgim.
ver'ewigen 1. *vt* përjetësoj; 2. *vrefl* **sich verewigen** bëhem i përjetshëm, përjetësohem.
verf'ahren* I 1. *vi* **(h, s)** 1) veproj; **grausam verfahren** veproj mizorisht; 2) **(mit D)** sillem (*me dikë*); **schlecht mit jemandem verfahren** sillem keq me dikë; 2. *vrefl* **sich verfahren** gaboj rrugën.
verf'ahren II *a* pa rrugëdalje (*gjendje etj.*).
Verf'ahren *n* **-s,** = 1) sjellje, mënyrë të vepruari; 2) metodë, mënyrë; **nach dem neuesten Verfahren arbeiten** punon sipas metodës së fundit; 3) *drejt* proces; **das Verfahren eröffnen** hap gjyqin.
Verf'all *m* **-(e)s** 1) rënie; **in Verfall geraten** marr tatëpjetën; **moralischer Verfall** shthurje morale; 2) skadim afati (*i një pagese*).
verf'allen* *vi* **(s)** 1) bie; **der Kranke verfiel in den nächsten Tagen zusehends** i sëmuri ra shumë ditët e fundit; *fig* **in einen Fehler verfallen** bie në një gabim; *fig* **auf den Gedanken verfallen** më lind një mendim; 2) **(D)** jepem (*pas diçkaje*); **einem Laster verfallen** jepem pas një vesi; 3) skadon (*afati i një pagese*).
verf'älschen *vt* 1) prish (*shijen etj.*); 2) shtrembëroj (*një tekst etj.*); 3) tjetërsoj; **Wein verfälschen** i shtie ujë verës.
verf'älscht *a* 1) i prishur; 2) i shtrembëruar; 3) i tjetërsuar.
verf'angen* 1. *vi* **(h)** shkon, ka dobi; **schöne Worte verfangen bei mir nicht** ato (fjalë të bukura) thuaja tjetërkujt, ato s'të pinë ujë tek unë; 2. *vrefl* **sich verfangen** ngatërrohem (*në leqe, kontradikta etj.*).

verf'änglich *a* i ngatërruar, i koklavitur, delikat (*situatë, problem etj.*); **in eine verfängliche Situation geraten** bie në një gjendje të vështirë.
verf'assen *vt* shkruaj, hartoj, përpiloj (*një artikull, fjalim etj.*).
Verf'asser *m* **-s,** = autor, shkrimtar; hartues, përpilues.
Verf'assung I *f* =, **-en** kushtetutë; **auf Grund der Verfassung** në bazë të kushtetutës.
Verf'assung II *f* =, **-en** gjendje (*shpirtërore*); **in einer solchen Verfassung kann er die Reise unmöglich durchhalten** në një gjendje të tillë ai nuk mund të udhëtojë kurrsesi.
verf'aulen *vi* (s) 1) prishet (*mishi, perimet, dhëmbi etj.*); 2) kalbet (*druri etj.*).
verf'ault *a* i prishur (*mish, dhëmb etj.*).
verf'echten* *vt* mbroj, luftoj për ...; **einen Standpunkt verfechten** mbroj një pikëpamje.
Verf'echter *m* **-s,** = luftëtar (*për një çështje etj.*).
verf'ehlen *vt* 1) gaboj (*rrugën etj.*); 2) humbas (*trenin etj.*); 3) nuk ia arrij (*qëllimit*); 4) nuk qëlloj (*në shenjë*).
verf'ehlt 1. *a* 1) i gabuar; 2) i dështuar; 2. *adv* gabim; mbrapsht.
Verf'ehlung *f* =, **-en** shkelje; gabim.
verf'einden 1. *vt* armiqësoj, bëj armik; 2. *vrefl* **sich verfeinden** armiqësohem.
verf'einern *vt* përsos, përkryej.
Verf'einerung *f* = përsosje, përkryerje.
verf'ertigen *vt* fabrikoj, prodhoj, përgatis.
verf'ilmen *vt* filmoj (*një dramë, roman etj.*).
verf'ilzen *vi fig* ngatërrohet, koklavitet, ndërlikohet (*çështja*).
verf'instern, sich *vrefl* 1) nxihet (*qielli*); 2) ngryset (*fytyra*).
verfl'echten* 1. *vt* 1) gërshetoj; 2) *fig* ngatërroj; **in eine Angelegenheit verflochten werden** ngatërrohem në një çështje; 2. *vrefl* **sich verflechten** gërshetohet (*edhe fig*).
verfl'ießen* *vi* (s) 1) rrjedh (*lumi etj.*); përhapet (*lëngu*); 2. kalon (*koha etj.*); 3) skadon (*afati*); 4) përzihen (*ngjyrat etj.*); ngatërrohen (*kufijtë etj.*).
verfl'ixt 1. *a bis* i mallkuar; 2. *adv bis* shumë, fort.
verfl'ossen *a* 1) i kaluar; 2) i skaduar (*afat etj.*); 3) *bis* i mëparshëm.
verfl'uchen *vt* mallkoj; nëm; **etwas verfluchen** shaj diçka.
verfl'üchtigen, sich *vrefl* 1) *kim* avullon; 2) *bis* lë hijen; zhdukem.
verfl'üssigen 1. *vt* lëngështoj; 2. *vrefl* **sich verflüssigen** lëngështohet.
Verfl'üssigung *f* = lëngështim.
verf'olgen *vt* 1) ndjek; **der Hund verfolgt die Spur des Wildes** qeni ndjek gjurmët e gjahut; **jemanden mit den Blicken verfolgen** ndjek dikë me sy; 2) përndjek, persekutoj; 3) *fig* ndjek (*një mendim, qëllim etj.*); **eine Entwicklung aufmerksam verfolgen** ndjek me vëmendje zhvillimin (*e një ngjarjeje etj.*)
Verf'olger *m* **-s,** = përndjekës.
Verf'olgung *f* =, **-en** 1) ndjekje; 2) përndjekje, persekutim.
Verf'olgungsjagd *f* =, **-en** ndjekje (*e një krimineli etj.*).
Verf'olgungswahn *m* **-(e)s** mani persekutimi.
verfr'achten *vt* 1) zë me qira (*një anije*); 2) dërgoj (*një mall me anije etj.*).

verfr'ieren* *vi* (s) 1) ngrij; 2) mërdhij.

verfr'oren *a* 1) i ngrirë; 2) i mardhur.

verfr'ühen, sich *vrefl* vij herët, para kohe.

verfr'üht *a* i parakohshëm; **der Jubel ist noch verfrüht** gëzimi është ende i parakohshëm.

verf'ügen 1. *vt* dekretoj; vendos; 2. *vi* **(über A)** kam në dorë, në dispozicion (*diçka*); ushtroj; **er verfügt über einen großen Einfluß** ai ushtron ndikim të fortë; **er verfügt über eine große Summe** ai ka një shumë të madhe; 3. *vrefl* **sich verfügen** nisem, shkoj.

Verf'ügung *f* =, **-en** 1) dispozitë, dekret; **zur besonderen Verfügung** për detyrë të posaçme; 2) : *sing* **zur Verfügung stellen** vë në dispozicion.

verf'ühren *vt* 1) ia prish mendjen (*dikujt*); 2) gënjej, mashtroj; 3) çoj, shtyj (*në rrugë të keqe*).

verf'ührerisch *a* tundues; tërheqës, joshës (*propozim etj.*).

Verf'ührung *f* = tundim; **die Verführung war zu groß** tundimi qe tepër i fortë.

verg'ällen *vt fig* helmoj, nxij (*gëzimin, jetën etj.*).

vergalopp'ieren, sich *vrefl bis* gaboj.

verg'angen *a* i kaluar, i shkuar.

Verg'angenheit *f* = 1) e kaluar; **diese Erscheinung gehört der Vergangenheit an** kjo dukuri i përket së kaluarës; 2) *gram* kohë e shkuar.

verg'änglich *a* 1) kalimtar; që kalon (*shpejt*); 2) i paqëndrueshëm; 3) i vdekshëm.

verg'asen *vt* 1) shndërroj në gaz; 2) helmoj, mbys me gaz.

Verg'asung *f* =, **-en** mbytje me gaz.

verg'aß *sh* **vergessen***.

verg'eben* 1. *vt* 1) ndaj (*detyrat etj.*); shes (*bileta etj.*); 2) fal (*gabimin etj.*); 3) ia lë, ia lëshoj (*diçka dikujt*); *shpr* **sich (D) etwas vergeben** ul veten; 4) : *shpr* **eine Stelle ist noch zu vergeben** një vend nuk është zënë ende; *shpr* **heute abend bin ich schon vergeben** sonte jam i zënë; 5) premtoj (*një vallëzim etj.*); 2. *vrefl* **sich vergeben** jap gabim.

verg'ebens *adv* kot, më kot; **sich vergebens bemühen** lodhem kot; **es ist alles vergebens** është krejt e kotë.

verg'eblich 1. *a* i kotë (*përpjekje etj.*); 2. *adv* më kot.

Verg'ebung *f* = falje (*e një gabimi etj.*); **Vergebung!** më falni!

verg'egenwärtigen *vt* : **sich (D) etwas vergegenwärtigen** përfytyroj diçka.

verg'ehen* *vi* (s) 1) kalon, rrjedh (*koha etj.*); 2) pushon (*dhembja etj.*); 3) ikën (*oreksi etj.*); 4) **(vor D)** sharroj, mbaroj; **ich vergehe vor Durst** mbarova për ujë; 2. *vrefl* **sich vergehen** 1) **(an D)** bëj faj, gaboj (*ndaj dikujt*); 2) **(gegen A)** shkel (*ligjin etj.*).

Verg'ehen *n* **-s,** = gabim; faj; shkelje (*e ligjit*).

verg'elten* *vt* 1) shpërblej; **wie kann ich Ihnen das jemals vergelten?** si mund t'jua shpërblej ndonjëherë?; 2) shpaguhem, hakmerrem për (*diçka*).

Verg'eltung *f* = hakmarrje, shpagë; **Vergeltung üben** marr hakun.

verg'essen* 1. *vt* harroj, më del nga mendja; **vergiß uns nicht!** mos na harro!; **das werde ich dir nie vergessen!** këtë nuk do të ta harroj kurrë!; 2. *vrefl* **sich vergessen** 1) harrohet (*një fjalë etj.*); 2) e humbas (*vetëdijen, fillin etj.*); 3) ul veten.

Verg'essenheit *f* = harresë; **in Vergessenheit geraten** harrohem.
verg'eßlich *a* që harron, harraq.
Verg'eßlichkeit *f* = të qenët harraq.
verg'euden *vt* prish, harxhoj kot, shkapërderdh, bëj rrush e kumbulla (*paret etj.*).
vergew'altigen *vt* përdhunoj.
Vergew'altiger *m* **-s, =** përdhunues.
Vergew'altigung *f* **=, -en** përdhunim.
vergew'issern, sich *vrefl* **(G)** sigurohem, bindem (*për diçka*); **hast du dich vergewissert, daß die Tür abgeschlossen ist?** a u sigurove që dera është e mbyllur?.
verg'ießen* *vt* derdh (*ujë, lot, gjak etj.*); **paß auf, daß du nichts vergießt** ki mendjen se mos derdhësh gjë!
verg'iften 1. *vt* helmoj; **vergiftete Pfeile** shigjeta të helmuara; 2. *vrefl* **sich vergiften** helmohem; **sich durch verdorbenes Fleisch vergiften** helmohem nga mishi i prishur.
Verg'iftung *f* **=, -en** helmim.
verg'ilben *vi* **(s)** zverdhem, verdhem; **vergilbte Blätter** fletë të zverdhura.
Verg'ißmeinnicht *n* **-s, -(e)** *bot* lule mos më harro.
verg'ißt *sh* **vergessen***.
verg'ittern *vt* mbyll me hekura (*dritaren*); **vergitterte Fenster** dritare me hekura.
vergl'asen 1. *vt* zë me xham, i vë xhama (*dritares etj.*); 2. *vi* **(h)** qelqëzohet.
vergl'ast *a* 1) i zënë me xham; 2) : **verglaste Augen** sy si prej qelqi.
Vergl'eich I *m* **-(e)s, -e** krahasim; **er hält den Vergleich mit seinem Bruder nicht aus** ai nuk krahasohet dot me të vëllanë; **er hält den Vergleich mit jedem anderen Schüler aus** ai mund të matet me çdo nxënës tjetër; **im Vergleich zu seiner Frau ist er ...** në krahasim me të shoqen ai është ...; **kein Vergleich mit ...** as që mund të krahasohet me ...; **jeder Vergleich hinkt** çdo krahasim çalon.
Vergl'eich II *m* **-(e)s, -e** *drejt* ujdi.
vergl'eichbar *a* i krahasueshëm.
vergl'eichen* 1. *vt* 1) krahasoj; 2) përqas, ballafaqoj, konfrontoj; **sich (D) das Original mit der Handschrift vergleichen** krahasoj origjinalin me dorëshkrimin; 2. *vrefl* **sich vergleichen** krahasohem, matem; **mit ihm kannst du dich nicht vergleichen** me atë nuk mund të matesh.
vergl'eichsweise *adv* 1) në krahasim; 2) relativisht.
vergl'ichen *sh* **vergleichen***.
vergl'immen* *vt* **(s)** fiket, shuhet pak nga pak; **die letzten Sterne verglommen in der Dämmerung** yjet e fundit u shuan në mugëtirën e mëngjesit.
vergl'ühen *vi* **(s)** shuhet duke u djegur (*meteoriti, sateliti etj.*).
vergn'ügen, sich *vrefl* zbavitem, argëtohem; **sich mit Ballspielen vergnügen** argëtohem duke luajtur me top.
Vergn'ügen *n* **-s, =** 1) qejf, kënaqësi; **mit dem größten Vergnügen** me gjithë qejf; **viel Vergnügen!** bëfsh(i) qejf!; **an etwas Vergnügen finden** gjej kënaqësi në diçka; **etwas zum Vergnügen tun** bëj diçka për qejf; 2) argëtim, zbavitje.
vergn'ügt *a* i kënaqur; i këndshëm; **ein vergnügter Abend** një mbrëmje e këndshme.
Vergn'ügungen *pl* qejfe; **er geht gern Vergnügungen nach** ai është shumë i dhënë pas qejfeve.

Vergn'ügungspark *m* **-s, -s** park lojërash.

verg'olden *vt* 1) praroj, laj në ar; 2) *fig* bëj të lumtur, lumtëroj, gëzoj; **die Freude vergoldete ihr Antlitz** fytyra i ndrinte nga gëzimi.

verg'önnen *vt* lejoj.

verg'öttern *vt* hyjnizoj, adhuroj; **er war der vergötterte Liebling des Publikums** ai ishte idhulli i publikut.

Verg'ötterung *f* = hyjnizim.

vergr'aben* 1. *vt* 1) shtie në dhe; 2) fsheh (*fytyrën etj.*); 3) fus (*duart ndër xhepa etj.*); 2. *vrefl* **sich vergraben** zhytem (*në studime etj.*).

vergr'ämen *vt* fyej; hidhëroj.

vergr'ämt *a* 1) i ngrysur, i zymtë; 2) i pikëlluar, i trishtuar.

vergr'eifen*, **sich** *vrefl* 1) **(in D)** gaboj (*në një shprehje*); 2) **(an D)** shpërdoroj (*diçka*); keqpërdor (*dikë*); **sich an fremdem Eigentum vergreifen** përvetësoj gjënë e huaj.

vergr'iffen *a* : **das Buch ist vergriffen** libri është shitur.

vergr'ößern 1. *vt* 1) zmadhoj; **eine Photographie vergrößern** zmadhoj një fotografi; 2) zgjeroj (*rrethin e miqve, njohuritë etj.*); 3) shtoj (*kapitalin etj.*); 2. *vrefl* **sich vergrößern** 1) zmadhohet; 2) shtohet.

Vergr'ößerung *f* **=, -en** 1) zmadhim; 2) shtim.

Verg'ünstigung *f* **=, -en** favor, privilegj.

verg'üten *vt* 1) paguaj (*një punë*); 2) zhdëmtoj, vë në vend (*një dëm*); 3) kalis (*çelikun etj.*).

Verg'ütung *f* **=, -en** 1) pagim; 2) zhdëmtim.

verh'aften *vt* 1) arrestoj; 2): **(mit) einer Sache verhaftet sein** lidhem me një çështje.

Verh'aftung *f* **=, -en** arrestim.

verh'allen *vi* **(s)** humbet dalngadalë, shuhet pak nga pak (*zëri*).

verh'alten* 1. *vt* 1) mbaj (*frymën, gazin etj.*); 2) ul (*zërin*); 2. *vrefl* **sich verhalten** 1) sillem; **ich weiß nicht, wie ich mich verhalten soll** nuk di si të sillem; 2) është, qëndron (*puna, çështja*); 3) **(zu D)** qëndroj (*ndaj dikujt, diçkaje*).

Verh'alten *n* **-s** sjellje, qëndrim.

Verh'ältnis *n* **-ses, -se** 1) raport, përpjesëtim; 2) krahasim; **im Verhältnis zu etwas** në krahasim me diçka; 3) marrëdhënie, lidhje; 4) *pl* rrethana, kushte; **sie leben in ärmlichen (dürftigen) Verhältnissen** ata rrojnë në kushte të këqija; **die politischen Verhältniss**e rrethanat politike.

verh'ältnismäßig *adv* relativisht; **verhältnismäßig gut, schlecht** relativisht mirë, keq.

verh'andeln 1. *vi* **(h) (über A)** 1) bëj pazarllëk (*për diçka*); 2) këshillohem, diskutoj (*për diçka*); 3) zhvilloj, bëj bisedime (*për diçka*); 2. *vt drejt* shqyrtoj (*çështjen*).

Verh'andlung *f* **=, -en** 1) bisedim; 2) *drejt* proces, gjyq.

verh'ängen *vt* 1) mbuloj me perde (*dritaren etj.*); 2) *fig* jap (*një dënim*); shpall (*shtetrrethimin*); vendos (*bllokadën*).

Verh'ängnis *n* **-ses, -se** fat i keq, prapësi, fatalitet.

verh'ängnisvoll *a* fatal; **ein verhängnisvolle Entscheidung** një vendim fatal.

verh'ärmt *a* i hequr, i vrarë (*në fytyrë*).

verh'arren *vi* **(s, h) (auf D)** qëndroj, ngul këmbë (*në një mendim etj.*); **in einer Stellung verharren** shtangem në një qëndrim (pozë).

verh'ärten 1. *vt* 1) forcoj, ngurtësoj; 2) ashpëroj (*lëkurën*); 3) *fig* ashpërsoj; 2. *vi* (s) 1) forcohet, ngurtësohet; 2) *fig* ashpërsohem; bëhet gur (*zemra*); 3. *vrefl* **sich verhärten** ashpërohet (*lëkura*).

Verh'ärtung *f* = 1) ngurtësim, forcim; 2) ashpërim; 3) *fig* ashpërsim; 4) *pl* **-en** vend i ashpëruar, i ngurtësuar (*në lëkurë etj.*).

verh'aspeln 1. *vt* ngatërroj; 2. *vrefl* : *bis* **sich verhaspeln** ngatërrohem (*duke folur*).

verh'aßt *a* i urryer; **ein verhaßter Mensch** njeri i urryer; **sich bei anderen verhaßt machen** bëhem i urryer për të tjerët.

verh'ätscheln *vt* llastoj, prish duke përkëdhelur (*fëmijën etj.*).

Verh'au *m* **-(e)s, -e** 1) pengesë (*me tela etj.*); 2) *fig bis* rrëmujë e madhe.

verh'auen* 1. *vt* 1) rrah, zhdëp; 2) *fig bis* bëj llum; 2. *vrefl* **sich verhauen** *fig bis* gabohem keq, rëndë.

verh'eben*, sich *vrefl* këputem duke ngritur një peshë.

verh'eddern, sich *vrefl* 1) ngatërrohem (*në shkurre etj.*); 2) *fig* ngatërrohem (*duke folur etj.*).

verh'eeren *vt* shkatërroj; **der Hagel hat das Land verheert** breshëri bëri kërdinë në (atë) vend.

verh'eerend *a* 1) shkatërrues; **verheerende Folgen** pasoja shkatërrimtare; 2) *fig bis* për faqe të zezë; **sie sieht verheerend aus** ajo duket për faqe të zezë.

verh'ehlen *vt* (D) fsheh (*nga dikush*); **ich kann es ihm nicht verhehlen** nuk mund t'ia fsheh.

verh'eilen *vi* (s) shërohet, mbyllet (*plaga*).

verh'eimlichen *vt* (D) fsheh, mbaj të fshehur (*nga dikush*); **ich habe nichts zu verheimlichen** s'kam ç'të fsheh.

Verh'eimlichung *f* =, **-en** fshehje.

verh'eiraten 1. *vt* martoj; 2. *vrefl* **sich verheiraten** martohem.

verh'eiratet *a* i martuar.

verh'eißen* *vt* 1) premtoj; 2) parathem, profetizoj.

verh'eißungsvoll *a* shumë premtues, që premton shumë.

verh'eizen *vt* 1) djeg (*dru, qymyr etj.*); 2) *fig bis* sakrifikoj (*ushtarët në një sulm të kotë etj.*).

verh'elfen* *vi* (h) (D zu D) ndihmoj (*dikë për të arritur diçka*); **jemandem zu einer guten Stellung verhelfen** ndihmoj dikë të zërë një vend të mirë.

verh'errlichen *vt* i thur lavde, ngre në qiell (*dikë*).

Verh'errlichung *f* = lavdërim, ngritje në qiell.

verh'etzen *vt* ndërsej, nxis vazhdimisht.

verh'exen *vt* ysht, i bëj magji (*dikujt*).

verh'indern *vt* 1) i dal përpara (*një së keqeje etj.*); 2) bëj të dështojë (*një plan etj.*); 3) **(an D)** ndaloj, pengoj (*dikë në diçka*).

Verh'inderung *f* =, **-en** ndalim; pengim.

verh'öhnen *vt* tallem me (*dikë*); vë në lojë, shpotis, përqesh.

Verh'ör *n* **-s, -e** pyetje (*e policisë, e hetuesisë*); **jemanden ins Verhör nehmen** marr në pyetje dikë.

verh'ören 1. *vt* marr në pyetje; 2. *vrefl* **sich verhören** dëgjoj keq (*një fjalë*); **ich glaubte mich verhört zu haben** thashë se më bënë veshët.

verh'üllen 1. *vt* 1) pështjell; 2) mbuloj (*edhe fig*); **die Berge sind von Wolken verhüllt** malet janë mbuluar nga retë; 2. *vrefl* **sich verhüllen** 1) pështillem; 2) mbulohem.

Verh'üllung *f* =, **-en** pështjellje; mbulim.

verh'ungern *vi* (s) 1) vdes nga

uria; **verhungern lassen** lë të vdesë nga uria; 2) *fig bis* vdes, ngordh, sharroj për të ngrënë.
verh'üten *vt* pres, largoj, parandaloj (*një rrezik, të keqe etj.*).
verh'ütten *vt* shkrij në furrë (*minerale etj.*).
Verh'ütung *f* = largim, parandalim (*i një së keqeje etj.*).
Verh'ütungsmittel *n* **-s,** = kontraceptiv.
verifiz'ieren [*ver-*] *vt* verifikoj.
ver'irren, sich *vrefl* 1) humbas; **sich im Wald verirren** humbas në pyll; 2) gaboj rrugë (*edhe fig*).
verj'agen *vt* dëboj, përzë (*mizat, armikun etj.*).
verj'ähren *vi* (s) parashkruhet (*borxhi, krimi etj.*).
verj'ährt *a* i parashkruar (*borxh, krim etj.*).
verj'ubeln *vt bis* bëj rrush e kumbulla (*pasurinë etj.*).
verj'üngen 1. *vt* 1) rinoj; **der Urlaub hat sie verjüngt** pushimi e ka rinuar; 2) përtërij (*kuadrin etj.*); 2. *vrefl* **sich verjüngern** rinohem, përtërihem.
Verj'üngung *f* = përtëritje.
verk'alkt *a* i sklerozuar (*edhe fig*).
verkalkul'ieren, sich *vrefl* gabohem (*në vlerësime etj.*).
Verk'alkung *f* = *mjek* sklerozë.
verk'annt *a* i vlerësuar gabim, i keqkuptuar.
verk'appen 1. *vt* mbuloj, fsheh, maskoj; **ein verkappter Spion** një spiun i maskuar; 2. *vrefl* **sich verkappen** maskohem.
Verk'auf *m* **-s** shitje; **Einkauf und Verkauf** shitblerje.
verk'aufen 1. *vt* shes; **an jemanden etwas verkaufen** i shes dikujt diçka; **etwas für 1000 Lek verkaufen** shes diçka 1000 lekë; 2. *vrefl* **sich verkaufen** shitem.
Verk'äufer *m* **-s,** = shitës.
Verk'ehr *m* **-s** 1) lëvizje; qarkullim; 2) komunikacion; 3) qarkullim (*i një monedhe etj.*); 4) lidhje, marrëdhënie.
verk'ehren I *vi* **(h)** 1) mbaj lidhje, kam marrëdhënie, kam vajtje e ardhje (*me dikë*); **mit jemandem brieflich verkehren** kam letërkëmbim me dikë; 2) qarkullojnë (*trenat etj.*).
verk'ehren II *vt* shtrembëroj (*një fjalë etj.*).
Verk'ehrsader *f* **=, -n** rrugë kryesore.
Verk'ehrsampel *f* **=, -n** semafor.
Verk'ehrsmittel *n* **-s,** = mjet qarkullimi (*automjet, tren, avion, anije etj.*).
verk'ehrsreich *a* me qarkullim të dendur (*rrugë etj.*).
Verk'ehrsschild *n* **-(e)s, -er** tabelë e shenjave të qarkullimit rrugor.
Verk'ehrsstockung *f* **=, -en** bllokim i qarkullimit.
Verk'ehrs/turm *m* **-(e)s, -türme** *vjet* kullë për rregullimin e qarkullimit rrugor.
Verk'ehrsunfall *m* **-s, -fälle** aksident rrugor.
Verk'ehrsweg *m* **-(e)s, -e** rrugë komunikacioni.
Verk'ehrswesen *n* **-s** komunikacione; **das Ministerium für Verkehrswesen** ministria e komunikacioneve.
Verk'ehrszeichen *n* **-s,** = shenjë e qarkullimit rrugor.
verk'ehrt 1. *a* 1) i kthyer së prapthi, i prapmë (*anë etj.*); 2) i gabuar (*adresë etj.*); 3) *fig* i mbrapshtë; **etwas verkehrt machen** bëj diçka së prapthi; 2. *adv* mbrapsht, së prapthi.
verk'ennen* *vt* 1) nuk shoh; nuk njoh; shpërnjoh; **man darf die**

Schwierigkeiten nicht verkennen vështirësitë nuk mund të mos merren parasysh; 2) mohoj; **es ist nicht zu verkennen, daß ...** nuk mund të mohohet se ...; 3) ngatërroj (*një send, njeri me një tjetër*); **das Haus ist nicht zu verkennen** shtëpia dallohet menjëherë.

verkl'agen *vt* akuzoj, hedh në gjyq, ngre padi (*kundër dikujt*).

verkl'ären 1. *vt* ndrit (*gëzimi fytyrën etj.*); 2. *vrefl* **sich verklären** ndrin (*fytyra nga gëzimi etj.*).

Verkl'ärung *f* = *fet* shpërfytyrim.

verklausul'ieren *vt* bëj të paqartë, të ngatërruar me shumë klauzola (*një marrëveshje etj.*).

verkl'eben 1. *vt* ngjis (*me zamkë etj.*); 2. *vi* **(h)** ngjitet.

verkl'eiden 1. *vt* 1) vesh (*si burrë, grua etj.*); 2) vesh (*muret me pllaka etj.*); 2. *vrefl* **sich verkleiden** vishem si (*burrë, grua etj.*).

Verkl'eidung *f* =, **-en** veshje (*e mureve etj.*).

verkl'einern 1. *vt* 1) zvogëloj; 2) *fig* ul (*meritat e dikujt etj.*); 2. *vrefl* **sich verkleinern** zvogëlohet.

Verkl'einerung *f* =, **-en** zvogëlim.

verkl'ingen* *vi* **(s)** shuhet, humbet (*tingulli*).

verkn'öchert *a* 1) i kockëzuar; 2) *fig* i ngurosur, i ngrirë.

verkn'üpfen *vt* lidh, lidh me nyjë; *fig* **einen Gedanken mit einem anderen logisch verknüpfen** lidh logjikisht një mendim me një tjetër.

Verkn'üpfung *f* = lidhje.

verk'ohlen 1. *vt* 1) karbonizoj, shndërroj në qymyr; 2) *bis* tallem me (*dikë*); 2. *vi* **(s)** karbonizohet.

verk'ommen* I *vi* **(s)** 1) marr rrugë të keqe; prishem; 2) prishet (*ushqimi etj.*); rrënohet, prishet nga që është lënë pas dore (*një ndërtesë etj.*).

verk'ommen II *a* 1) i lënë pas dore; 2) i prishur.

verk'oppeln *vt* 1) pajtoj, puq (*interesat etj.*); 2) bashkoj (*një pronë me një tjetër*).

verk'orken *vt* tapos, mbyll me tapë.

verk'orksen *vt bis* prish, katranos (*një punë etj.*).

verk'örpern *vt* 1) mishëroj, interpretoj (*një personazh*); 2) mishëroj (*virtytet e një populli etj.*).

Verk'örperung *f* =, **-en** mishërim.

verk'östigen *vt* ushqej, mbaj me bukë.

verkr'achen, sich *vrefl bis* zihem; prishem (*me dikë*).

verkr'acht *a bis* i dështuar (*student etj.*).

verkr'aften *vt bis* i bëj ballë, përalloj (*një detyrë etj.*).

verkr'ampfen, sich *vrefl* (*më*) zë ngërçi.

Verkr'ampfung *f* =, **-en** ngërç.

verkr'iechen*, sich *vrefl* 1) futet (*miu në një vrimë etj.*); **die Katze hat sich unters Bett verkrochen** macja është futur nën krevat; 2) : *fig bis* **neben ihm kannst du dich verkriechen!** as që mund të matesh dot me të!

verkr'ümmen *vt* shtrembëroj.

verkr'ümmt *a* i shtrembëruar.

Verkr'ümmung *f* =, **-en** shtrembërim.

verkr'üppeln *vi* **(s)** 1) gjymtohem, sakatohem; 2) shtrembërohet (*druri, kurrizi etj.*).

verk'ühlen, sich *vrefl* ftohem.

verk'ümmern *vi* **(s)** rrëgjohet (*një organ etj.*).

Verk'ümmerung *f* =, **-en** rrëgjim (*i një organi etj.*).

verk'ünd(ig)en *vt* shpall; njoftoj; lajmëroj.

Verk'ünd(ig)ung *f* =, **-en** shpallje; njoftim; lajmërim.

verk'uppeln *vt* : *shpr* **jemanden**

verkuppeln i bëhem kodosh (*dikujt*).
verk'ürzen 1. *vt* shkurtoj (*litarin, kohën, rrugën etj.*); 2. *vrefl* **sich verkürzen** shkurtohet.
Verk'ürzung *f* =, **-en** shkurtim.
verl'aden *vt* ngarkoj (*në kamion etj.*).
Verl'adeschein *m* **-(e)s, -e** fletëngarkesë.
Verl'adung *f* = ngarkim (*i një malli në makinë etj.*).
Verl'ag *m* **-(e)s, -e** shtëpi botuese; **ich arbeite im Verlag** punoj te botimet.
verl'agern *vt* 1) zhvendos (*peshën etj.*); 2) çoj, dërgoj për ta ruajtur në një vend tjetër.
Verl'agerung *f* =, **-en** zhvendosje.
verl'angen 1. *vt* kërkoj; 2. *vi* **(h)** **(nach D)** 1) kërkoj (*diçka*); 2) kam mall (*për dikë*).
Verl'angen *n* **-s,** = 1) kërkesë; **auf mein Verlangen wurde mir die Liste gebracht** me kërkesën time më sollën listën; 2) dëshirë; **jemandes Verlangen nachkommen** plotësoj dëshirën e dikujt; 3) : **Verlangen nach jemandem** mall për dikë.
verl'ängern *vt* 1) zgjas (*fustanin, afatin etj.*); 2) *fig* holloj (*salcën etj.*).
Verl'ängerung *f* =, **-en** 1) zgjatje; 2) hollim (*i një lëngu etj.*).
verl'angsamen *vt* ngadalësoj (*hapin, shpejtësinë etj.*).
Verl'aß *m* : *shpr* **es ist kein Verlaß auf ihn** atij s'ia ke besën.
verl'assen* I 1. *vt* 1) lë, braktis (*shtëpinë, vendin, dikë etj.*); 2) lë në baltë; 2. *vrefl* **sich verlassen (auf A)** mbështetem, var shpresat (*te diçka, te dikush*); **auf ihn kann ich mich nicht verlassen** atij s'ia kam besën.
verl'assen II *a* i braktisur, i shkretë (*vend, shtëpi etj.*).
verl'äßlich *a* i besueshëm (*lajm, njeri etj.*).
Verl'äßlichkeit *f* = besueshmëri (*e një lajmi etj.*).
Verl'aub *m* : *shpr* **mit Verlaub** me lejen tuaj, me leje.
Verl'auf *m* **-(e)s, -läufe** zhvillim (*i një ngjarjeje etj.*); **im Verlauf (G, von D)** gjatë ...; **im Verlauf von drei Stunden** gjatë tri orësh.
verl'aufen* 1. *vi* **(s)** 1) rrjedh (*lumi etj.*); 2) kalon (*koha etj.*); 3) zhvillohet (*një çështje etj.*); 4) vazhdon (*rruga etj.*); 2. *vrefl* **sich verlaufen** 1) humbas rrugën; 2) shpërndahet (*turma etj.*); 3) shteron (*uji*).
verl'autbaren *vt* njoftoj (*zyrtarisht*).
Verl'autbarung *f* =, **-en** njoftim (*zyrtar*).
verl'auten *vimp* : **es verlautet** thuhet, njoftohet se ...
verl'eben *vt* kaloj (*kohën, pushimet etj.*).
verl'ebt *a* i plakur para kohe (*nga jeta e shthurur*).
Verl'ebtheit *f* = plakje para kohe (*nga jeta e shthurur*).
verl'egen I *vt* 1) shtyj (*mbledhjen etj.*); 2) ia ndërroj vendin; shpërngul; 3) s'di ku e kam vënë (*diçka*); **ich habe meine Brille verlegt** s'di ku i kam lënë syzet; 4) zë (*rrugën*); 5) botoj (*librin etj.*); 6) vendos (*kabllo, tuba etj.*); 7) **(mit D)** shtroj (*me pllaka etj.*).
verl'egen II i pështjelluar; i ngatërruar; **verlegen machen** a) hutoj; b) zë ngushtë.
Verl'egenheit *f* = 1) pështjellim; hutim; 2) vështirësi, gjendje e vështirë; **jemandem aus der Verlegenheit helfen** ndihmoj dikë të dalë nga vështirësitë.
Verl'eger *m* **-s,** = botues.
verl'eiden *vt* prish (*qejfin, gëzimin etj.*).

verl'eihen* *vt* 1) jap hua; 2) jap me qira; 3) i jap (*shkëlqim, forcë etj.*); 4) jap (*një dekoratë, urdhër etj.*).
Verl'eihung *f* =, **-en** dhënie.
verl'eimen *vt* ngjis me zamkë.
verl'eiten *vt* nxis, shtyj (*për keq*); **sich verleiten lassen durch ...** më prishet mendja, gënjehem nga ...
verl'ernen *vt* harroj (*atë që kam mësuar*); **das Schwimmen verlernt man nicht** noti nuk harrohet.
verl'esen* 1. *vt* 1) lexoj me zë të lartë; shpall; 2) përzgjedh (*perimet etj.*); 2. *vrefl* **sich verlesen** lexoj gabim.
verl'etzbar *a* i cënueshëm.
verl'etzen *vt* 1) plagos; dëmtoj; 2) shkel (*ligjin etj.*); 3) fyej, prek; **ich möchte Sie nicht verletzen, aber ich muß Ihnen sagen, daß ...** nuk dua që t'ju fyej, po duhet t'ju them se ...
Verl'etzung *f* =, **-en** 1) plagosje; plagë; 2) shkelje (*e ligjit etj.*).
verl'eugnen 1. *vt* mohoj; **er kann seinen Geiz nicht verleugnen** nuk mund ta mohojë se është koprrac; 2. *vrefl* **sich verleugnen** 1) mohoj veten; 2) : *shpr* **sich verleugnen lassen** nuk hap derën, them se nuk jam në shtëpi.
Verl'eugnung *f* =, **-en** mohim.
verl'eumden *vt* shpif për (*dikë*).
Verl'eumder *m* **-s,** = shpifës.
Verl'eumdung *f* =, **-en** shpifje.
verl'ieben, sich *vrefl* **(in A)** bie në dashuri (*me dikë*).
verl'iebt *a* i dashuruar; *fig bis* **ich bin in dieses Haus ganz verliebt** kam zënë merak me këtë shtëpi.
Verl'iebtheit *f* = të qenët i dashuruar.
verl'ieren* 1. *vt* humbas; **das Augenlicht verlieren** humbas dritën e syve; **die Fassung verlieren** humbas toruan; **wir wollen keine Zeit verlieren** nuk do të humbasim kohë; *fig bis* **dort habe ich nichts verloren** s'kam punë atje; 2) : **Haare, Zähne verlieren** më bien flokët, dhëmbët; *fig* **den Mut verlieren** më lëshon zemra; **die Nerven verlieren** s'e mbaj më veten; 2. *vrefl* **sich verlieren** zhdukem, humbas; **die Spur verlor sich im Wald** gjurma humbiste në pyll.
Verl'ies *n* **-es, -e** burg i nëndheshëm, qeli.
verl'ieß *sh* **verlassen***.
verl'oben, sich *vrefl* fejohem; **mein Verlobter** i fejuari im.
Verl'obung *f* =, **-en** fejesë.
verl'ocken *vt* tërheq, josh; **das klare Wasser verlockt zum Schwimmen** uji i kthjellët të josh që të hidhesh me not.
verl'ogen *a bis* 1) i rremë, i gënjeshtërt; **verlogene Versprechungen** premtime të rreme; 2) gënjeshtar (*njeri*).
Verl'ogenheit *f* = të qenët i rremë, i gënjeshtërt.
verl'or *sh* **verlieren***.
verl'oren 1. *sh* **verlieren*** ; 2. *a* 1) i humbur; **jemanden verloren geben** quaj dikë të humbur; 2) i kotë; **verlorene Mühe** mundim i kotë.
verl'orengehen* *vi ndash* **(s)** 1) humbas; 2) shkon kot, shkon dëm.
verl'öschen* *vi* **(s)** fiket, shuhet (*zjarri etj.*).
verl'osen *vt* ndaj, caktoj, hedh me short.
Verl'osung *f* =, **-en** ndarje me short; heqje e llotarisë.
verl'öten *vt* saldoj, ngjis.
verl'umpen 1. *vi bis* **(s)** grisem, zhelohem; 2. *vt* bëj rrush e kumbulla (*pasurinë etj.*).
Verl'ust *m* **-es, -e** 1) humbje; **einen**

großen Verlust erleiden pësoj një humbje të madhe; **der Verlust geht in die Millionen** humbja arrin në miliona; **in Verlust geraten** humbas; 2) dëm; 3) vdekje.

verl'ustig *a* : *shpr* **eines Rechtes verlustig gehen** humbas një të drejtë.

Verl'ustliste *f* =, **-en** *usht* listë e humbjeve.

verm'achen *vt* 1) lë trashëgim (*një shtëpi etj.*); 2) *fig* lë amanet.

Verm'ächtnis *n* **-ses, -se** 1) testament; 2) *fig* amanet.

verm'ählen 1. *vt* martoj; 2. *vrefl* **sich vermählen** martohem.

Verm'ählung *f* =, **-en** martesë.

verm'auern *vt* mbyll me mur, muros (*dritaren etj.*).

verm'ehren 1. *vt* 1) shtoj (*prodhimin etj.*); 2) shumëzoj (*bimët, kafshët etj.*); 2. *vrefl* **sich vermehren** 1) shtohet; 2) shumëzohen (*bimët, kafshët etj.*).

Verm'ehrung *f* =, **-en** 1) shtim; 2) shumëzim.

vermeidbar *a* i evitueshëm, i shmangshëm; **das Unglück wäre vermeidbar gewesen** fatkeqësia mund të mos ndodhte.

verm'eiden* *vt* i shmangem (*diçkaje*); mënjanoj, evitoj.

verm'eintlich *a* i supozuar, i pretenduar.

verm'engen *vt* përziej, trazoj.

Verm'erk *m* **-(e)s, -e** shënim; vërejtje.

verm'erken *vt* 1) vë re; 2) mbaj shënim; 3) : *shpr* **etwas übel vermerken** marr për keq (*një fjalë etj.*).

verm'essen* I 1. *vt* mas me saktësi (*tokën etj.*); 2. *vrefl* **sich vermessen** 1) mas gabim; 2) guxoj; **wie kannst du dich vermessen, zu sagen, daß ...** si guxon të thuash se ...

verm'essen II *a* i guximshëm (*për keq*).

Verm'essung *f* =, **-en** matje (*topografike*).

verm'ieten *vt* jap me qira (*dhomë etj.*).

Verm'ietung *f* =, **-en** dhënie me qira, qiradhënie.

verm'indern 1. *vt* 1) zvogëloj, pakësoj; 2) ul (*çmimin*); 3) shkurtoj (*kohën*); 2. *vrefl* **sich vermindern** bie, lëshon, zbutet (*dhembja*).

Verm'inderung *f* =, **-en** 1) zvogëlim; pakësim; 2) ulje (*e çmimit*).

verm'ischen 1. *vt* 1) trazoj, përziej (*verën me ujë etj.*); 2) *bujq* kryqëzoj (*një bimë, racë etj.*); 2. *vrefl* **sich vermischen** 1) përzihem, trazohem; 2) kryqëzohet (*një racë me një tjetër etj.*).

verm'issen *vt* ia ndiej mungesën; **wir haben dich sehr vermißt** e kemi ndier shumë mungesën tënde.

verm'ißt *a* i humbur.

verm'itteln 1. *vi* **(h)** ndërmjetësoj; **zwischen zwei Gegnern vermitteln** hyj në mes dy kundërshtarëve; 2. *vt* : **jemandem etwas vermitteln** i gjej dikujt diçka.

verm'ittels *präp* **(G)** nëpërmjet, me anë (të ...), me ndihmën (e ...).

Verm'itt(e)lung *f* =, **-en** 1) ndërmjetësim; 2) central telefoni; 3) njoftim (*për të gjetur punë etj.*).

Verm'ittler *m* **-s,** = ndërmjetës.

verm'odern *vi* **(s)** kalbet.

verm'öge *präp* **(G)** me anën (e ...), nëpërmjet (të) ..., në sajë (të ...), falë ...

verm'ögen* *vi* jam në gjendje, mundem; **nur wenige vermochten sich zu retten** vetëm pak veta mundën të shpëtonin; **ich will tun, was ich vermag** do të bëj çmos, do të bëj çfarë është në dorën time.

Verm'ögen I *n* **-s,** = pasuri; *bis*

das kostet mich ein Vermögen kjo më kushton një djall e gjysmë.

Verm'ögen II *n* **-s** aftësi, mundësi; **das geht über sein Vermögen** kjo i kalon aftësitë e tij.

verm'ögend *a* i pasur, i kamur.

verm'orschen *vi* **(s)** kalbet.

verm'ummen 1. *vt* 1) mbështjell; 2) maskoj; 2. *vrefl* **sich vermummen** 1) mbështillem; 2) maskohem.

verm'uten *vt* marr me mend, supozoj; **ich weiß es nicht, ich vermute es nur** këtë nuk e di, por e marr me mend.

verm'utlich 1. *a* i mundshëm; 2. *adv* ka të ngjarë, ndoshta; **er kommt vermutlich nicht mehr** ka të ngjarë që ai të mos vijë më.

Verm'utung *f* **=, -en** supozim, hamendje; **ich habe die Vermutung, daß ...** ma merr mendja se ...

vern'achlässigen *vt* 1) nuk përfill; 2) lë pas dore (*mësimet etj.*).

vern'ageln *vt* mbërthej me gozhdë, gozhdoj.

vern'arben *vi* **(s)** zë kore; shërohet (*plaga*).

vern'ebeln *vt usht* mbuloj me perde tymi.

vern'ehmbar *a* që dëgjohet (*tingull, zë*).

vern'ehmen* *vt* 1) pyes, marr në pyetje; 2) dëgjoj; **ich habe vernommen, daß ...** kam dëgjuar se ...; **dem Vernehmen nach ist er augenblicklich in Albanien** nga sa thuhet, ai tani është në Shqipëri.

Vern'ehmung *f* **=, -en** marrje në pyetje.

vern'eigen, sich *vrefl* **(vor D)** përkulem (*para dikujt*).

Vern'eigung *f* **=, -en** përkulje (*në shenjë nderimi*).

vern'einen *vt* 1) mohoj; 2) : **eine Sache verneinen** hedh poshtë një çështje.

vern'einend 1. *a* mohues, negativ; *gram* **verneinender Satz** fjali mohore; 2. *adv* në shenjë mohimi; **verneinend den Kopf schütteln** tund kokën në shenjë mohimi.

Vern'einung *f* **=, -en** mohim.

vern'ichten *vt* asgjësoj, shkatërroj; zhduk, zhbij; **der Hagel hat die Ernte vernichtet** breshri prishi, shkatërroi të korrat.

vern'ieten *vt tek* mbërthej me perçinë.

Vern'unft *f* **=** 1) arsye; **das ist doch gegen alle Vernunft!** kjo është krejt e paarsyeshme!; **zur Vernunft kommen** vë mend.

vern'ünftig *a* i arsyeshëm; **das muß doch jeder vernünftige Mensch einsehen** këtë duhet ta kuptojë çdo njeri i arsyeshëm; **er wird schon noch vernünftig werden** ai do të vërë mend më së fundi.

ver'öden 1. *vt* shkretoj; 2. *vi* **(s)** mbetem shkretë, shkretohem.

ver'ödet *a* i shkretuar, i mbetur shkretë.

ver'öffentlichen *vt* 1) shpall; 2) botoj; **eine wissenschaftliche Arbeit veröffentlichen** botoj një punim shkencor.

Ver'öffentlichung *f* **=, -en** 1) shpallje; 2) botim.

ver'ordnen *vt* 1) urdhëroj; 2) jep (*mjeku një ilaç*); 3) porosit (*mjeku*); **der Arzt hat mir einen Spaziergang verordnet** mjeku më ka porositur të bëj një shëtitje.

Ver'ordnung *f* **=, -en** 1) urdhëresë; vendim; 2) porosi (*e mjekut*).

verp'achten *vt* jap me qira (*tokën etj.*).

Verp'achtung *f* **=, -en** dhënie me qira (*e tokës etj.*).

verp'acken *vt* ambalazhoj; **Flaschen in Kisten verpacken** vë shishe nëpër arka; **Ware in Papier ver-**

packen mbështjell një mall me letër.

Verp'ackung *f* =, **-en** ambalazhim.

verp'assen *vt* 1) më shpëton, më ikën (*rasti, treni etj.*); 2) : *bis* **jemandem eins verpassen** i këpus një të mirë dikujt (*dackë etj.*)

verp'atzen *vt bis* prish, çoj dëm.

verp'esten *vt* qelb; **die Luft verpesten** qelb ajrin.

Verp'estung *f* = qelbje, ndotje (*e ajrit etj.*).

verpf'änden *vt* lë peng.

verpfl'anzen *vt* 1) *bujq* artis, tejmbjell, ndërroj (*një bimë*); 2) *mjek* shartoj (*një organ etj.*).

Verpfl'anzung *f* =, **-en** 1) *bujq* artisje, tejmbjellje; 2) *mjek* shartim.

verpfl'egen *vt* 1) ushqej; **wir wohnten in einem Fischerhaus, wurden aber im Hotel verpflegt** banonim në një shtëpi peshkatarësh, po hanim në hotel; 2) *usht* siguroj me ushqime.

Verpfl'egung *f* =, **-en** ushqim; **die Verpflegung war gut** ushqimi ishte i mirë.

verpfl'ichten 1. *vt* detyroj, i vë si detyrë; **ich bin zum Schweigen verpflichtet** jam i detyruar të hesht; 2. *vrefl* **sich verpflichten** marr përsipër; zotohem.

Verpfl'ichtung *f* =, **-en** 1) detyrë; 2) zotim.

verpf'uschen *vt bis* prish (*punën, jetën etj.*).

verpl'audern 1. *vt* kaloj me muhabet (*kohën etj.*); 2. *vrefl* **sich verplaudern** më shket goja.

verpl'empern *bis vt* 1) prish, bëj rrush e kumbulla (*pasurinë*); 2) kaloj kot (*kohën*).

verp'önen *vt* : *shpr* **es ist verpönt** kjo nuk bëhet, nuk shihet me sy të mirë.

verpr'ügeln *vt* rrah, shtroj në dru.

verp'usten, sich *vrefl bis* marr frymë, pushoj.

Verp'utz *m* **-es** *ndërt* suva.

verp'utzen *vt* 1) suvatoj; 2) *fig bis* përlaj; 3) *fig bis* prish (*pare*).

verqu'icken *vt* përziej; lidh.

Verqu'ickung *f* = përzieje; lidhje.

verr'ammeln *vt* zë (*derën etj.*).

Verr'at *m* **-(e)s (an D)** tradhti (*ndaj atdheut etj.*); **Verrat begehen, üben** tradhtoj.

verr'aten* 1. *vt* 1) tradhtoj; 2) *fig* tregoj; **sein Gesicht verriet seinen Schrecken** fytyra ia tregonte tmerrin; 2. *vrefl* **sich verraten** tradhtohem, e bëj veten.

Verr'äter *m* **-s, =** tradhtar.

verr'äterisch *a* 1) tradhtar, i pabesë; 2) *fig* që tregon diçka (*fjalë, vështrim etj.*).

verr'echnen 1. *vt* shlyej, paguaj; 2. *vrefl* **sich verrechnen** 1) gaboj në llogari; 2) *fig* shpresoj kot.

verr'ecken *vi* (s) ngordh; **verrecke!** plaç!

verr'egnet *a* i prishur nga shiu (*të korra, pushime etj.*).

verr'eisen *vi* (s) nisem; **ich muß morgen verreisen** nesër duhet të nisem.

verr'eißen* *vt fig bis* shaj, bëj leckë, kritikoj rreptësisht (*një vepër etj.*).

verr'enken *vt* 1) qis, nxjerr (*krahun, këmbën etj.*); 2) përdredh (*një gjymtyrë etj.*).

Verr'enkung *f* =, **-en** qitje (*e krahut etj.*).

verr'ichten *vt* kryej, bëj, mbaroj (*një punë etj.*); **er verrichtete seine Notdurft** bëri nevojën.

Verr'ichtung *f* =, **-en** kryerje, bërje (*e një pune etj.*).

verr'iegeln *vt* mbyll me shul, me lloz (*derën etj.*).

verr'ingern 1. *vt* 1) zvogëloj; 2) ul (*çmimin, koston etj.*); 2. *vrefl* **sich**

verringern 1) zvogëlohet; 2) bie (*çmimi, cilësia etj.*).
Verr'ingerung *f* =, **-en** 1) zvogëlim; 2) rënie (*e çmimit etj.*).
verr'innen* *vi* (s) 1) pushon së rrjedhuri, shteron; 2) *fig* kalon (*koha*).
verr'osten *vi* (s) ndryshket, zë ndryshk; **das Schloß ist verrostet** brava është ndryshkur.
verr'ucht *a vjet* 1) i turpshëm (*veprim*); 2) i poshtër, i ulët (*njeri, veprim*).
verr'ücken *vt* lëviz nga vendi, zhvendos; **einen Tisch verrücken** zhvendos një tryezë.
verr'ückt *a* 1) i marrë, i çmendur (*njeri, mendim, veprim etj.*); **verrückt machen** bëj për hekura; **es ist zum Verrücktwerden!** është për të vënë duart në kokë!; *fig bis* **verrückt sein auf etwas, auf jemanden** luaj mendsh pas diçkaje, pas dikujt; 2) i krisur, kokëkrisur.
verr'ufen* I *vt* i nxjerr nam të keq (*dikujt*); diskreditoj.
verr'ufen II *a* me nam të keq.
verr'ühren *vt* trazoj (*qumështin me miell etj.*).
verr'ußen *vi* (s) shkrumboset (*fitili etj.*).
Vers *m* **-es, -e** *let* varg; *bis* **Verse machen** bëj vargje; **Roman in Versen** roman në vargje; *fig bis* **sich (D) keinen Vers auf etwas machen können** s'e kuptoj dot diçka.
vers'agen 1. *vt* nuk jap (*leje etj.*); **sich (D) etwas versagen** heq dorë nga diçka; 2. *vi* (h) 1) nuk punon; **die Beine versagten ihm** nuk i punuan këmbët; **sein Gedächtnis versagte** e la kujtesa; **der Motor versagt** motori ngec; 2) dështoj; **er hat bei der Prüfung versagt** ngeli, u rrëzua në provim.
Vers'ager *m* **-s,** = 1) njeri i dështuar; 2) punë e dështuar; **die Patrone war ein Versager** fisheku nuk ndezi.
vers'alzen *vt* (*part* **versalzt** *dhe* **versalzen**) 1) i hedh shumë kripë (*gjellës*); 2) *fig bis* prish (*gëzimin, qejfin etj.*).
vers'ammeln 1. *vt* mbledh, thërras (*në një mbledhje etj.*); 2. *vrefl* **sich versammeln** mblidhemi; **wir versammeln uns vor der Schule** do të mblidhemi para shkollës.
Vers'ammlung *f* =, **-en** mbledhje; **die Versammlung eröffnen** hap mbledhjen; **auf einer Versammlung sprechen** flas në një mbledhje.
Vers'and *m* **-(e)s** dërgim (*i një malli etj.*).
vers'anden *vi* (s) 1) mbushet me rërë (*gryka e lumit etj.*); 2) *fig* ngec (*diskutimi etj.*).
vers'auern *vi* (s) 1) thartohet (*vera*); 2) *fig bis* gjëlloj.
vers'aufen* 1. *vt bis* pi, bëj rrush e kumbulla (*pasurinë etj.*); 2. *vi* (s) *bis* mbytem (*në ujë*).
vers'äumen *vt* 1) nuk përfill, nuk kryej (*një punë, një detyrë*); 2) më ikën (*treni, koha etj.*); 3) humbas (*mësimin, rastin etj.*).
Vers'äumnis *n* **-ses, -se** 1) mospërfillje, moskryerje; 2) humbje (*e një rasti*).
versch'achern *vt bis* shes me çmim të lartë.
versch'affen *vt* 1) gjej; **jemandem eine Arbeit verschaffen** i gjej punë dikujt; 2) fitoj, siguroj; **sich das Recht verschaffen, etwas zu tun** siguroj të drejtën të bëj diçka; 3) marr; **sich eine Genehmigung verschaffen** nxjerr një leje; 4) jap (*kënaqësinë etj.*).
versch'ämt *a* i turpshëm, që ka turp; **verschämt tun** hiqem si i turpshëm.

versch'andeln *vt* shëmtoj.
Versch'andelung *f* =, **-en** shëmtim.
versch'anzen *vt usht* fortifikoj.
Versch'anzung *f* =, **-en** *usht* fortifikatë, fortifikim.
versch'ärfen *vt* 1) mpreh; 2) shtoj (*shpejtësinë, dënimin etj.*); 3) keqësoj (*gjendjen etj.*); 4) acaroj, ashpërsoj (*kontradiktat etj.*).
Versch'ärfung *f* =, **-en** ashpërsim.
versch'arren *vt* gropos.
versch'eiden* *vi* **(s)** vdes, jap shpirt.
versch'enken *vt* fal, dhuroj.
versch'erzen *vt dhe vrefl* **sich verscherzen** humbas (*për fajin tim simpatinë e dikujt etj.*).
versch'euchen *vt* tremb (*mizat, pulat etj.*).
versch'icken *vt* 1) dërgoj (*një mall etj.*); 2) shpërngul.
Versch'ickung *f* =, **-en** dërgim.
versch'ieben* I 1. *vt* 1) zhvendos, lëviz, shtyj; 2) **(auf A)** shtyj (*afatin në një ditë tjetër etj.*); 2. *vrefl* **sich verschieben** 1) zhvendoset, lëviz (*nga vendi*); 2) shtyhet (*afati etj.*).
versch'ieben* II *vt fig bis* spekuloj; **Waren verschieben** shes nën dorë.
Versch'iebung *f* =, **-en** 1) zhvendosje, lëvizje (*e një trupi*); 2) shtyrje (*e afatit etj.*).
versch'ieden *a* i ndryshëm; **verschiedene Bücher** libra te ndryshëm; **verschiedener Meinung sein** mendoj ndryshe, kam mendim tjetër; **Verschiedenes** të ndryshme.
versch'iedenartig *a* i ndryshëm, lloj-lloj.
versch'iedenfarbig *a* ngjyrëndryshëm.
Versch'iedenheit *f* =, **-en** ndryshim.
versch'iffen *vt* 1) dërgoj (*me anije*): 2) ngarkoj (*në anije*).
versch'immeln *vi* **(s)** mykem, zë myk.
verschl'afen* I 1. *vt* kaloj duke fjetur; humbas duke fjetur (*kohën etj.*); 2. *vi* **(h)** fle deri vonë; **ich habe heute morgen verschlafen** sot në mëngjes kam fjetur deri vonë.
verschl'afen II *a* 1) i përgjumur; 2) i fjetur.
Verschl'ag *m* **-(e)s, -schläge** e ndarë (*me dërrasa*); kthinë.
verschl'agen* I 1. *vt* 1) zë (*frymën etj.*); **es verschlug ihm die Rede** iu pre fjala; 2) i bie keq (*topit etj.*); 3) hedh, përplas: **das Schicksal hat uns hierher verschlagen** këtu na ka përplasur fati; 2. **(h)** *bis* 1) ka dobi (*një ilaç etj.*); 2) : **es verschlägt nichts** s'bën gjë, është ekotë.
verschl'agen II *a bis* dinak, i pabesë; 2) i vakët (*pije, ujë*).
verschl'ammen *vi* **(s)** : **der Fluß verschlammt** lumi mbushet me lym; **die Wege verschlammten** rrugët i zuri balta.
verschl'echtern 1. *vt* 1) keqësoj (*gjendjen*); 2) prish (cilësinë); 2. *vrefl* **sich verschlechtern** 1) keqësohem; 2) prishem.
Verschl'echterung *f* =, **-en** 1) keqësim; 2) prishje.
verschl'eiern *vt* 1) mbuloj me vello (*fytyrën*); 2) *fig* mbuloj, fsheh (*fakte etj.*); 3): **verschleierte Stimme** zë i mbytur; **verschleierte Augen** a) sy të fjetur; b) sy të përlotur.
Verschl'eierung *f* = mbulim; fshehje.
Verschl'eiß *m* **-es, -e** 1) *aust* shitje me pakicë; 2) *tek* konsumim (*i gomave etj.*).
verschl'eißen* 1. *vt* 1) konsumoj (*gomat etj.*); 2) *fig* shkrij (*forcat etj.*); 2. *vi* **(h)** konsumohet (*goma etj.*);

3. *vrefl* **sich verschleißen** shkrij forcat, energjitë etj.
verschl'eppen *vt* 1) rrëmbej; grabis; 2) zgjas, zvarris (*një çështje etj.*); 3) lë pas dore (*mjekimin e një sëmundjeje*); **eine verschleppte Grippe** një grip i lënë pas dore.
verschl'eudern *vt* 1) shkapërderdh, bëj rrush e kumbulla (*pare, pasuri etj.*); 2) shes falë (*një mall etj.*).
verschl'ießen* *vt* mbyll me çelës, kyç (*dokumente etj.*); **Verhandlungen hinter verschlossenen Türen** bisedime me dyer të mbyllura; **sich einer Sache verschließen** s'dua të di për një çështje.
verschl'immern 1. *vt* keqësoj (*gjendjen*); 2. *vrefl* **sich verschlimmern** keqësohet, bëhet më keq (*sëmundja etj.*).
Verschl'immerung *f* =, **-en** keqësim (*i sëmundjes etj.*).
verschl'ingen* I *vt* 1) gllabëroj, përlaj; 2) *fig* ha, kushton; **der Bau wird Millionen verschlingen** ndërtimi do të hajë miliona.
verschl'ingen* II 1. *vt* gërshetoj, thur; 2. *vrefl* **sich verschlingen** gërshetohet, thuret.
verschl'ossen *a* 1) i kyçur, i mbyllur me çelës; 2) *fig* i mbyllur, fjalëpakë, i heshtur (*njeri*); **er ist eine verschlossene Natur** ka natyrë të mbyllur.
verschl'ucken 1. *vt* 1) gëlltis; 2) *fig* ha (*fjalët, rrokjet*); 3) *fig bis* ha, kushton (*një ndërtim etj.*); 2. *vrefl* **sich verschlucken** më shkon keq (*buka, uji*).
Verschl'uß *m* **-sses, -schlüsse** 1) shul, lloz (*dere, pushke etj.*); 2) kapak; 3) tapë; 4) mbërtheckë.
verschl'üsseln *vt* shifroj (*një mesazh etj.*).
verschm'achten *vi* **(s)** **(nach D)** digjem (*për një pikë ujë etj.*).
verschm'ähen *vt* 1) përbuz; 2) hedh poshtë.
verschm'elzen* 1. *edhe sipas zgj. të dobët vt* lidh, shkrij bashkë (*metale*); 2. *vi* **(s)** *dhe vrefl* **sich verschmelzen** shkrin (*metali*).
Verschm'elzung *f* =, **-en** lidhje (*e dy metaleve etj.*).
verschm'erzen *vt* kaloj, duroj (*një humbje*); **das kann ich nie verschmerzen** këtë (*humbje*) nuk e harroj (dot) kurrë.
verschm'ieren *vt* 1) zë (*një vrimë me allçi etj.*); 2) fëlliq, ndyj (*murin etj.*); 3) lyej (*një plagë etj.*).
verschm'itzt *a* 1) i regjur; dinak, finok; 2) çapkën.
Verschm'itztheit *f* = dinakëri, finokëri; çapkënëri.
verschm'utzen 1. *vt* ndyj, ndot, fëlliq; 2. *vi* **(h)** ndyhet, ndotet, fëlliqet.
Verschm'utzung *f* = ndyrje, ndotje, fëlliqje.
verschn'aufen *vi dhe vrefl* **sich verschnaufen** *bis* marr frymë; pushoj pak; **ich muß (mich) einen Augenblick verschnaufen** të marr frymë një minutë.
verschn'eien *vi* **(s)** mbulohet me borë; **der Wald ist verschneit** pyllin e ka mbuluar bora.
verschn'örkelt *a* tepër i stolisur, me lajle e lule.
versch'ollen *a* i zhdukur, i humbur pa lënë gjurmë, pa nam e pa nishan; **das Schiff ist in der Arktis verschollen** anija humbi në Arktik.
versch'onen *vt* nuk i bëj gjë, kursej; **sie sind von der Epidemie verschont worden** ata shpëtuan nga epidemia; **verschone mich mit deinen Ratschlägen!** mos më mërzit me këshillat e tua!
versch'önern *vt* zbukuroj, stolis.

Versch'önerung *f* =, **-en** zbukurim, stolisje.

verschr'änken *vt* kryqëzoj (*krahët*); vë njërën mbi tjetrën (*këmbët*).

verschr'eiben* 1. *vt* 1) lë trashëgim; 2) jep (*mjeku një ilaç*); 3) prish duke shkruar (*letër*); 2. *vrefl* **sich verschreiben** 1) gaboj duke shkruar; 2) : **sich einer Sache verschreiben** i kushtohem një çështjeje.

verschr'eien* *vt* i hap nam të keq (*dikujt*); **er ist als Raufbold verschrieen** ai e ka namin si grindavec.

verschr'oben *a* i çuditshëm (*njeri, mendim etj.*).

verschr'otten *vt* hedh, kthej në hekurishte (*një makinë etj.*).

versch'ulden 1. *vi* (s) hyj në borxh; **über und über verschuldet sein** jam mbytur në borxh; 2. *vt* : **etwas verschuldet haben** jam fajtor për diçka; **das hat er selbst verschuldet** për këtë e ka fajin vetë.

Versch'uldung *f* =, **-en** borxhe; detyrime.

versch'ütten *vt* 1) mbuloj, mbush (*varrin me dhé etj.*); 2) derdh (*miellin, ujin etj.*).

verschw'eigen* *vt* fsheh, nuk them, kaloj në heshtje; **die Wahrheit verschweigen** fsheh të vërtetën.

verschw'enden *vt* 1) shkapërderdh (*pare, pasuri etj.*); 2) harxhoj, prish kot; **darauf brauchen wir keine Mühe zu verschwenden** për këtë kot që lodhemi.

Verschw'ender *m* **-s,** = shkapërderdhës.

verschw'enderisch 1. *a* shkapërdar; 2. *adv* me bollëk, pa hesap.

Verschw'endung *f* = shkapërderdhje.

verschw'iegen *a* 1) i heshtur, i mbyllur (*njeri*); **er ist verschwiegen wie das Grab** ai është i heshtur si gur varri; 2) i qetë, i vetmuar (*vend*).

Verschw'iegenheit *f* = 1) të qenët i heshtur, i mbyllur; 2) të qenët i vetmuar.

verschw'immen* *vi* (s) bëhet i mjegullt, i turbullt, i vagëlluar; **es verschwamm mir alles vor den Augen** m'u veshën sytë.

verschw'inden* *vi* (s) 1) zhdukem; **die Sonne verschwand hinter den Bergen** dielli u zhduk prapa maleve; 2) humbas; **mein Schlüssel ist verschwunden** më ka humbur çelësi; *fig bis* **etwas verschwinden lassen** qëroj, përlaj diçka; 3) hiqet (*njolla*); 4) *bis* iki; **verschwinde!** qërohu!

verschw'ören* 1. *vt* betohem, bëj be se nuk do të ...; 2. *vrefl* **sich verschwören (mit D gegen A)** komplotoj, konspiroj (*me dikë kundër dikujt*).

Verschw'or(e)ne *m, f* **-n, -n** komplotist(e), i(e) përbetuar.

Verschw'örung *f* =, **-en** komplot, përbetim.

vers'ehen* 1. *vt* 1) kujdesem (*për shtëpinë, kopshtin etj.*); 2) ushtroj, kryej (*një detyrë etj.*); 3) **(mit D)** pajis (*me ushqime, dokumente etj.*); 2. *vrefl* **sich versehen** 1) gaboj; 2) : **ehe man sich versieht** sa të hapësh e të mbyllësh sytë, në çast.

Vers'ehen *n* **-s,** = lajthitje, gabim (*pa qëllim*); **aus Versehen** a) gabimisht; b) pa qëllim.

vers'enden* *edhe sipas zgjedhimit të dobët vt* dërgoj (*një mall, ftesë etj.*).

vers'engen *vt* përcëlloj (*vetullat, flokët etj.*).

vers'enken 1. *vt* 1) zhys (*në ujë*); 2) mbys, fundos (*anijen*); 2. *vrefl* **sich versenken** 1) *fig* zhytem, kridhem (*në mendime etj.*); 2) *fig* jepem i tëri (*pas një pune etj.*).

Vers'enkung *f* = 1) zhytje, kredhje (*në mendime etj.*); 2) *teat* baxhë; *fig bis* **in die Versenkung geraten** zhduket; harrohet (*një punë etj.*).
vers'essen *a* : *shpr* **auf etwas versessen sein** luaj mendsh pas diçkaje, bëj si i marrë pas diçkaje.
vers'etzen 1. *vt* 1) zhvendos; 2) transferoj (*një nëpunës etj.*); 3) kaloj (*një nxënës*); 4) trazoj (*verën me ujë etj.*); 5) *bis* lë të presë; lë në baltë; 6) *bis* lë peng (*orën etj.*); 7) : **jemanden in Aufregung, Erstaunen, Schrecken, Trauer, Zorn versetzen** shqetësoj, habis, tmerroj, trishtoj, zemëroj dikë; 8) : **jemandem einen Fußtritt versetzen** i jap një shkelm, i bie dikujt me shkelm; 2. *vi* **(h)** përgjigjem; 3. *vrefl* **sich versetzen** vihem në vendin (*e dikujt*); **versetz dich bitte einmal in meine Lage!** pa vihu një herë, të lutem, në vendin tim!
vers'euchen *vt* infektoj, moleps.
vers'ichern 1. *vt* 1) **(G)** siguroj (*dikë për diçka*); **seien Sie versichert, daß ...** të jeni i sigurt se ...; 2) **(gegen A)** siguroj (*kundër zjarrit etj.*); 2. *vrefl* **sich versichern** sigurohem.
Vers'icherung *f* =, **-en** 1) sigurim; 2) *fin* sigurim (*i pasurisë, jetës etj.*).
vers'ickern *vi* **(s)** kullon, rrjedh (*uji etj.*).
vers'iegeln *vt* vulos (*letrën, derën etj.*).
Vers'iegelung *f* =, **-en** vulosje.
vers'iegen *vi* **(s)** 1) shteron (*burimi etj.*); 2) *fig* shuhet (*frymëzimi etj.*).
vers'iert *a* i rrahur, i regjur, me përvojë.
vers'inken* *vi* **(s)** 1) zhytem; 2) fundoset (*anija*); 3) *fig* zhdukem; **versunkene Erinnerungen** kujtime të harruara; 4) *fig* kridhem, zhytem (*në mendime etj.*).
vers'innbildlichen *vt* simbolizoj.
Versi'on [*ve-*] *f* =, **-en** version; **die offizielle Version** versioni zyrtar.
verskl'aven *vt* [*-fen dhe -ven*] skllavëroj.
V'ersmaß [*vers -*] *n* **-es, -e** *let* masë e vargut.
vers'öhnen 1. *vt* pajtoj; 2. *vrefl* **sich versöhnen** pajtohem (*me një armik etj.*).
vers'öhnlich *a* pajtues (*qëndrim, njeri etj.*).
Vers'öhnung *f* =, **-en** pajtim (*i dy vetave që janë prishur etj.*).
vers'orgen 1. *vt* 1) furnizoj; siguroj; pajis; 2) mbaj; **jemanden versorgen** mbaj dikë (*me ushqim, veshmbathje etj.*); **er hat fünf Kinder zu versorgen** ka pesë fëmijë për të mbajtur; 3) përkujdesem (*për një të sëmurë etj.*); 2. *vrefl* **sich versorgen** 1) pajisem (*me veshje etj.*); 2) furnizohem (*me ushqime etj.*).
Vers'orgung *f* = 1) pajisje; 2) furnizim; 3) përkujdesje; 4) mbajtje (*e familjes etj.*).
versp'äten, sich *vrefl* vonohem; **der Zug hat sich verspätet** treni u vonua; **der Zug ist verspätet angekommen** treni erdhi me vonesë.
Versp'ätung *f* =, **-en** vonesë.
versp'eisen *vt* ha.
versp'erren *vt* 1) zë (*pamjen, rrugën etj.*); **jemandem den Weg versperren** ia zë rrugën dikujt; **jemandem die Aussicht versperren** ia zë pamjen dikujt; 2) mbyll (*kufirin, derën etj.*).
versp'ielen *vt* 1) humbas në lojë; 2) kaloj duke luajtur (*kohën*); 3) humbas nga mendjelehtësia (*besimin e dikujt etj.*).
versp'otten *vt* përqesh, shpotis, vë në lojë, tall.

Versp'ottung *f* =, **-en** tallje, përqeshje.
verspr'echen* 1. *vt* 1) premtoj; **er verspricht viel und hält nichts** ai bën shumë premtime e s'mban asnjë; 2) pres; **ich verspreche mir viel davon** unë pres shumë nga kjo; **ich hatte mir von dem Buch mehr versprochen** kisha pritur më shumë nga ai libër; 2. *vrefl* **sich versprechen** më shket goja.
Verspr'echen *n* **-s,** = premtim.
Verspr'echung *f* =, **-en** premtim.
versp'üren *vt* ndiej.
verst'aatlichen *vt* shtetëzoj.
Verst'aatlichung *f* =, **-en** shtetëzim.
Verst'and *m* **-(e)s** 1) arsye; *bis* **den Verstand verlieren** humbas logjikën; 2) mend; **etwas mit Verstand tun** bëj diçka me mend; **du bist wohl nicht recht bei Verstand?** a je në vete?
verst'ändig *a* 1) i arsyeshëm; 2) me mend (në kokë).
verst'ändigen 1. *vt* njoftoj, lajmëroj (*policinë etj.*); 2. *vrefl* **sich verständigen** 1) **(mit D)** kuptohem (*me dikë*); 2) **(mit D)** merrem vesh (*me dikë*).
Verst'ändigung *f* =, **-en** 1) njoftim, lajmërim; 2) marrëveshje; 3) mirëkuptim.
verst'ändlich *a* i kuptueshëm, i qartë; **jemandem etwas verständlich machen** ia bëj të qartë dikujt diçka; **sich verständlich machen** merrem vesh (*me dikë, në një gjuhë etj.*).
Verst'ändlichkeit *f* =, kuptueshmëri.
Verst'ändnis *n* **-ses** 1) **(für A)** të kuptuarit (*e diçkaje*); 2) mirëkuptim.
verst'ändnisinnig *a* kuptimplotë (*vështrim etj.*)
verst'ändnislos *a* që nuk kupton (*njeri etj.*)
verst'ändnisvoll *a* që kupton (*njeri etj.*).
verst'ärken 1. *vt* 1) forcoj, përforcoj (*murin etj.*); 2) shtoj (*përpjekjet etj.*); 3) ngre (*zërin etj.*); 4) përforcoj (*valët e radios etj.*); 2. *vrefl* **sich verstärken** forcohem, fuqizohem.
Verst'ärker *m* **-s,** = *el* përforcues.
verst'auben *vi* **(s)** mbulohem me pluhur, më zë pluhuri, pluhurosem.
verst'auchen *vt* : **sich (D) den Fuß verstauchen** përdredh këmbën.
Verst'auchung *f* =, **-en** përdredhje (*e dorës, e krahut etj.*).
verst'auen *vt bis* stivoj (*një mall në anije etj.*).
Verst'eck *n* **-s, -e** 1) skutë, vend i fshehtë; **Versteck(en) spielen** luaj kukafshehthi; 2) *usht* pusi, pritë.
verst'ecken 1. *vt* fsheh; *fig* **mit jemandem Versteck(en) spielen** lë dikë në terr, s'ia them të vërtetën dikujt; 2. *vrefl* **sich verstecken** 1) fshihem; *fig bis* **neben ihm kannst du dich verstecken** nuk matesh dot me të; 2) futem; **die Maus hat sich in ihrem Loch versteckt** miu është futur në vrimën e vet.
verst'ehen* 1. *vt* 1) kuptoj (*një fjalë etj.*); **ich verstehe dich nicht!** nuk po të kuptoj!; **etwas falsch verstehen** keqkuptoj diçka; **zu verstehen geben** jap, lë të kuptojë; **keinen Spaß verstehen** s'kuptoj shaka; 2) di; **er versteht (es gut) mit Kindern umzugehen** ai di të sillet me fëmijët; 3) marr vesh; **etwas von einer Sache verstehen** marr vesh diçka nga një punë; 4) mirëkuptoj; **einander verstehen** merremi vesh, shkojmë mirë; 5) nënkuptoj; **wir verstehen unter »Freiheit« folgendes ...** me fjalën

»liri« nënkuptojmë sa vijon ...; 2. *vrefl bis* **sich verstehen** 1) : **versteht sich!** natyrisht; 2) : **sich auf etwas verstehen** kam haber, marr vesh nga diçka; **er versteht sich auf die Behandlung schwieriger Kunden** ai di të sillet me klientë të vështirë; 3) : **ich verstehe mich mit ihr** merrem vesh mirë me të; 4) : **der Preis versteht sich mit Lieferung frei** në çmim përfshihet edhe dërgimi falas; 5) : **das versteht sich von selbst** kjo vetëkuptohet; 6) : *vjet* **sich etwas zu tun verstehen, sich dazu verstehen, etwas zu tun** vendos, jam i gatshëm të bëj diçka.

verst'eifen 1. *vt* 1) ngrij (*jakën etj.*); 2) forcoj, përforcoj (*murin, urën etj.*); 2. *vrefl* **sich versteifen** 1) mpihet (*këmba etj.*); 2) ngul këmbë; **er hat sich darauf versteift, schon abzureisen** ai nguli këmbë të nisej menjëherë.

Verst'eifung *f* =, **-en** 1) ngrirje; 2) mpirje; 3) përforcim.

verst'eigern *vt* shes në ankand (*orendi, qilima etj.*).

Verst'eigerung *f* =, **-en** shitje në ankand, ankand.

verst'einern *vi* (s) nguroset, ngurtësohet; **wie versteinert dastehen** mbetem shtang, ngrij në vend.

Verst'einerung *f* = 1) ngurosje, ngurtësim; 2) *pl* **-en** ngurtësim.

verst'ellbar *a* i lëvizshëm (*pjesë makine etj.*).

verst'ellen 1. *vt* 1) zhvendos, lëviz; 2) vë, rendis ndryshe (*libra, shifra etj.*); 3) vë në një vend tjetër; 4) rregulloj (*dylbinë, orën etj.*); 5) zë, mbyll (*rrugën etj.*); 6) *fig* ndryshoj (*shkrimin, zërin*); 2. *vrefl* **sich verstellen** shtirem.

Verst'ellung *f* =, **-en** shtirje.

verst'euern *vt* paguaj (*taksë, tatim*) mbi (*të ardhurat etj.*).

Verst'euerung *f* = pagim (*i taksës, i tatimit etj.*).

verst'iegen *a* që synon tepër lart (*plan etj.*).

Verst'iegenheit *f* =, **-en** synim tepër i lartë.

verst'immen *vt* 1) çakordoj (*pianon etj.*); 2) *fig* ia prish qejfin, humorin (*dikujt*); mërzis; **verstimmt sein** a) nuk jam në qejf; b) është çakorduar (*pianoja etj.*).

Verst'immung *f* =, **-en** mërzi.

verst'ockt *a* kokëfortë, kryeneç (*njeri*).

Verst'ocktheit *f* = kokëfortësi, kryeneçësi.

verst'ohlen 1. *adv* vjedhurazi, tinëz, pa rënë në sy; **etwas verstohlen in die Tasche stecken** fus diçka tinëz në xhep; 2. *a* tinëzar.

verst'opfen *vt* 1) mbyll, zë (*një vrimë me shtupë etj.*); 2) zë, vulos (*me pisllëqe tubin etj.*); 3) : *mjek* **er ist verstopft** është kaps.

Verst'opfung *f* = 1) zënie, vulosje (*e një vrime etj.*); 2) *mjek* kapsllëk.

Verst'orbene *m, f* **-n, -n i** vdekur, i ndjerë.

verst'ören *vt* trondis, hutoj; **er ist durch den Unfall noch ganz verstört** ai është akoma shumë i tronditur nga fatkeqësia.

Verst'oß *m* **-es, -stöße (gegen A)** shkelje (*e ligjit, e rregullit etj.*).

verst'oßen* 1. *vt* **(h) (gegen A)** shkel (*ligjin etj.*); 2. *vt* dëboj, përzë, mohoj (*djalin etj.*).

verstr'eichen* 1. *vt* 1) mbush e suvatoj (*një të çarë të murit etj.*); 2) shtroj (*gjalpin mbi bukën etj.*); 2. *vi* (s) kalon, ikën (*koha*); **es sind zwei Jahre verstrichen, seit ...** kanë kaluar dy vjet që kur ...

verstr'euen *vt* 1) shpërndaj; 2) derdh pa dashur (*sheqerin, kripën etj.*).

verstr'icken 1. *vt* 1) shpenzoj,

harxhoj për thurje (*lesh etj.*); 2) **(in A)** ngatërroj (*dikë në një çështje etj.*); 2. *vrefl* **sich verstricken** *fig* ngatërrohem (*në një çështje etj.*); **sich in Widersprüche verstricken** bie në kundërthënie.

verst'ümmeln *vt* 1) sakatoj, cungoj; 2) *fig* shtrembëroj (*një tekst etj.*).

Verst'ümm(e)lung *f* =, **-en** 1) sakatim, cungim; 2) *fig* shtrembërim (*i një teksti etj.*).

verst'ummen *vi* **(s)** 1) nemitem, mbetem pa gojë (*nga tmerri etj.*); 2) hesht, pushon (*muzika etj.*).

Vers'uch *m* **-(e)s, -e** 1) përpjekje, orvatje; **vergeblicher Versuch** përpjekje e kotë; 2) provë; **ich will einen Versuch machen** do të bëj një provë, eksperiment (*fizik, kimik etj.*).

vers'uchen 1. *vt* 1) provoj (*diçka, dikë*); 2) përpiqem, orvatem; **ich will versuchen zu kommen** do të përpiqem të vij; 3) tundoj, ngas; 2. *vrefl* **sich versuchen (an D)** provoj forcat (*në një punë etj.*).

Vers'ucher *m* **-s,** = tundues; djall.

vers'uchsweise *adv* për provë; **ich bin mit dem Wagen nur einmal versuchsweise gefahren** kam udhëtuar vetëm një herë për provë me atë makinë.

Vers'uchung *f* =, **-en** tundim, ngasje; **jemanden in Versuchung führen** shtie dikë në tundim, ngasje.

vers'umpfen *vi* **(s)** 1) kthehet në moçalishte (*një tokë etj.*); 2) *fig* shthurem, marr tatëpjetën.

vers'ündigen, sich *vrefl* **(an D)** sillem keq (*me dikë*); nuk kujdesem, lë pas dore (*dikë ose diçka*); jam fajtor (*ndaj dikujt*).

vers'üßen *vt* 1) ëmbëlsoj; 2) *fig* lehtësoj (*një detyrë të vështirë etj.*).

vert'agen *vt* shtyj për më vonë (*një mbledhje etj.*).

Vert'agung *f* =, **-en** shtyrje (*e mbledhjes etj.*).

vert'ändeln *vt* 1) kaloj kot, me punë boshe (*kohën etj.*); 2) prish kot (*paret etj.*).

vert'äuen *vt* lidh me pallamar (*barkën etj.*).

vert'auschen *vt* 1) shkëmbej; 2) ngatërroj (*çadrën time me të një tjetri etj.*).

Vert'auschung *f* =, **-en** 1) shkëmbim; 2) ngatërrim.

vert'eidigen 1. *vt* mbroj (*qytetin, të pandehurin etj.*); 2. *vrefl* **sich verteidigen** mbrohem.

Vert'eidiger *m* **-s,** = 1) mbrojtës; 2) *drejt* avokat; 3) *sport* mbrojtës.

Vert'eidigung *f* = mbrojtje.

Vert'eidigungsstellung *f* =, **-en** *usht* pozitë mbrojtëse.

vert'eilen 1. *vt* 1) shpërndaj (*libra etj.*); 2) ndaj (*çmime, role etj.*); 2. *vrefl* **sich verteilen** 1) shpërndahet; 2) ndahet.

Vert'eilung *f* =, **-en** 1) shpërndarje; 2) ndarje.

vert'euern 1. *vt* shtrenjtoj; 2. *vrefl* **sich verteuern** shtrenjtohet (*malli etj.*).

vert'eufelt 1. *a bis* i djallosur; **das ist eine verteufelte Geschichte** është punë dreqi; 2. *adv bis* shumë, fort, tmerrësisht (*i vështirë etj.*).

vert'iefen 1. *vt* thelloj; 2. *vrefl* **sich vertiefen** 1) thellohet; 2) *fig* **(in A)** thellohem (*në një punë*), i hyj thellë (*një pune*).

Vert'iefung *f* =, **-en** thellim (*edhe fig*).

vert'ieren *vi fig* **(s)** shtazërohem, bëhem bishë.

vertik'al [*ver-*] *a* pingul, i pingultë.

vert'ilgen *vt* 1) shfaros, zhduk

(*insekte, barëra etj.*); 2) *bis* përlaj (*një copë mish etj.*).

Vert'ilgung *f* =, **-en** shfarosje.

vert'ippen, sich *vrefl bis* bëj gabim (*duke shkruar me makinë shkrimi*).

vert'onen *vt* vë në muzikë (*një poezi etj.*).

Vert'onung *f* =, **-en** vënie në muzikë (*e një poezie etj.*).

vertr'ackt *a bis* i ngatërruar, i ndërlikuar; **eine vertrackte Geschichte** një histori e ngatërruar.

Vertr'ag *m* **-(e)s, -e** *dhe* **-träge** 1) marrëveshje; 2) kontratë; 3) traktat, pakt; **einen Vertrag kündigen** denoncoj një traktat.

vertr'agen* 1. *vt* 1) duroj (*vuajtjet etj.*); **diese Pflanzen vertragen keine Sonne** këto bimë nuk e durojnë diellin; 2) mbaj (*pijen*); 2. *vrefl* **sich vertragen (mit D)** 1) shkoj mirë, merrem vesh mirë (*me dikë*); 2) pajtohem; **diese Behauptung verträgt sich nicht mit seinen sonstigen Ansichten** ky pohim nuk pajtohet me mendimet që ai ka shprehur më parë.

vertr'aglich *a* (*i shprehur*) me marrëveshje, me kontratë, me traktat.

vertr'äglich *a* 1) i shkuar, i shkueshëm (*me të tjerët*); 2) i lehtë, i tretshëm (*ushqim*).

vertr'auen *vi* 1) **(D)** i besoj (*dikujt*); 2) **(auf A)** besoj (*në diçka*); **ich vertraue auf meine Kräfte** kam besim në forcat e mia.

Vertr'auen *n* **-s** 1) besim; **jemandes Vertrauen genießen** gëzoj besimin e dikujt; 2) mirëbesim; **jemandes Vertrauen mißbrauchen** shpërdoroj mirëbesimin e dikujt.

vertr'auenerweckend *a* që ngjall besim.

Vertr'auensmann *m* **-(e)s, -leute** *dhe* **-männer** njeri, person i besuar.

vertr'auensselig *a* i leshtë, sylesh.

Vertr'auensstellung *f* =, **-en** vend (*post*) i besuar.

vertr'auensvoll *a* plot besim.

vertr'auenswürdig *a* i besueshëm (*njeri etj.*).

vertr'aulich 1. *a* 1) konfidencial; **vertrauliche Mitteilung** lajm konfidencial; 2) i a fërt; i beçuar (*njeri*); 2. *adv* 1) në mënyrë konfidenciale; 2) pa zhurmë, pa zë.

vertr'äumen *vt* kaloj me ëndrra (*kohën*).

vertr'äumt *a* 1) ëndërrues; 2) i qetë, i vetmuar (*vend etj.*).

vertr'aut *a* 1) i ngushtë (*mik*); **mit jemandem vertraut werden** bëhem shok me dikë; 2) : **sich vertraut machen mit etwas** njihem mirë me diçka.

Vertr'aute *m, f* **-n, -n** njeri i besuar.

vertr'eiben* I *vt* dëboj, përzë; **die Vögel vertreiben** tremb zogjtë; **die Insekten vertreiben** zhduk insektet; *fig* **die Zeit vertreiben** kaloj kohën.

vertr'eiben* II shes me shumicë.

Vertr'eibung *f* = 1) dëbim; 2) zhdukje (*e insekteve etj.*); 3) kalim (*i kohës*).

vertr'etbar *a* i përligjshëm.

vertr'eten* *vt* 1) zëvendësoj (*drejtorin etj.*); 2) përfaqësoj; 3) mbroj (*një çështje, mendim etj.*); 4) zë, pres (*rrugën*); 5) : **sich (D) den Fuß vertreten** përdredh këmbën; *bis* **sich (D) die Beine vertreten** shpij këmbët.

Vertr'eter *m* **-s,** = 1) përfaqësues; 2) zëvendës; 3) mbrojtës (*i një çështjeje, pikëpamjeje etj.*).

Vertr'etung *f* =, **-en** 1) përfaqësi; 2) përfaqësim; 3) zëvendësim; **in Vertretung (von ..., des ...)** në emër të (*dikujt*), për (*dikë*).

Vertr'ieb *m* **-(e)s** 1) shitje me

shumicë; 2) shpërndarje (*librash etj.*).

vertr'ocknen *vi* (s) 1) thahet (*lulja, buka etj.*); 2) shteron (*burimi*); 3) : *fig* **ein vertrockneter Mensch** njeri i rrëgjuar.

vertr'östen *vt* mbaj me shpresë, me premtime.

vert'un* *bis* 1. *vt* prish, çoj dëm, harxhoj kot (*paret etj.*); kaloj kot (*kohën*); 2. *vrefl* **sich vertun** *bis* gabohem.

vert'uschen *vt* mbyll (*një çështje*); i vë kapak (*një pune*), kaloj në heshtje (*një histori të pakëndshme*).

ver'übeln *vt* : **jemandem etwas verübeln** ia marr për keq dikujt diçka.

ver'üben *vt* bëj, kryej (*një krim etj.*).

ver'ulken *vt bis* tall, përqesh (*dikë*).

ver'unglimpfen *vt* 1) turpëroj; 2) çnderoj, i marr nderin (*dikujt*).

ver'unglücken *vi* (s) 1) pëson aksident (*makina etj.*); 2) pësoj fatkeqësi; 3) *fig bis* dështon (*puna*).

ver'unreinigen *vt* ndot (*ujin, ajrin etj.*).

ver'unstalten *vt* shëmtoj (*fytyrën etj.*).

ver'untreuen *vt* shpërdoroj (*pasurinë, besimin etj.*).

Ver'untreuung *f* =, **-en** shpërdorim.

ver'unzieren *vt* shëmtoj.

ver'ursachen *vt* shkaktoj; **Schaden verursachen** bëj dëm.

ver'urteilen *vt* dënoj; **zu einem Jahr Gefängnis verurteilen** dënoj me një vit burg(im).

Ver'urteilung *f* =, **-en** dënim.

Verve [*v'ervë*] *f* = gjallëri.

verv'ielfachen *vt* 1) shtoj; shumëfishoj; 2) shumëzoj.

verv'ielfältigen *vt* shumëfishoj (*me shaptilograf etj.*).

verv'ollkommnen *vt* përsos (*njohuritë etj.*).

Verv'ollkommnung *f* =, **-en** përsosje.

verv'ollständigen *vt* plotësoj (*një tekst etj.*).

Verv'ollständigung *f* =, **-en** plotësim.

verw'achsen* I *vi* (s) 1) mbyllet (*plaga*); 2) ngjitet; **die beiden Blätter sind miteinander verwachsen** të dy fletët janë ngjitur njëra me tjetrën; 3) (*më*) del gunga, (*më*) shtrembërohet kurrizi; 4) *fig* lidhem duke u rritur bashkë, duke punuar bashkë (*me një shok etj.*); lidhem (*pas diçkaje*); **er ist mit seiner Arbeit fest verwachsen** ai është lidhur fort pas punës.

verw'achsen II *a* 1) : **der Weg ist durch Unkraut verwachsen** rrugën e ka zënë bari; 2) gungaç.

verw'ahren 1. *vt* vë mënjanë, ruaj; 2. *vrefl* **sich verwahren (gegen A)** kundërshtoj (*një qortim etj.*).

verw'ahrlosen *vi* (s) braktisem; jam lënë pas dore; **einen Garten verwahrlosen lassen** lë pas dore një kopsht.

verw'ahrlost *a* i braktisur, i lënë pas dore.

Verw'ahrlosung *f* = braktisje; lënie pas dore.

Verw'ahrung *f* = 1) ruajtje; **etwas in Verwahrung nehmen** marr në dorëzim diçka; **etwas in Verwahrung halten** ruaj diçka; 2) kujdestari; 3) *pl* **-en** protestë; **gegen etwas Verwahrung einlegen** protestoj kundër diçkaje.

verw'aisen *vi* (s) mbetem jetim; **das Kind ist verwaist** fëmija ka mbetur jetim; *fig* **verwaistes Haus** shtëpi e mbetur shkretë.

verw'alten *vt* drejtoj, mbarështoj, administroj (*një ekonomi etj.*).

Verw'alter *m* **-s**, = drejtor, përgjegjës; mbarështues, administrator.

Verw'altung *f* = 1) drejtim; mbarështim, administrim: 2) *pl* **-en** drejtori; administratë.

verw'andeln 1. *vt* 1) ndryshoj; **die Szene verwandeln** ndërroj skenën; 2) shndërroj, kthej (*në avull, ujë etj.*); 2. *vrefl* **sich verwandeln** shndërrohem.

Verw'andlung *f* =, **-en** 1) ndryshim; 2) shndërrim.

verw'andt *a* 1) i afërm (*njeri, gjuhë etj.*); 2) *fig* i ngjashëm (*veti, cilësi etj.*).

Verw'andte *m, f* **-n, -n** i afërm; *pl* farefis, fis.

Verw'andtschaft *f* =, **-en** 1) afri (*në mes dy njerëzish, gjuhësh etj.*); 2) ngjashmëri; 3) farefisni.

verw'andtschaftlich *a* afrie; farefisnor; **verwandtschaftliche Beziehungen** a) marrëdhënie afrie; b) marrëdhënie farefisnore.

verw'arnen *vt* paralajmëroj.

Verw'arnung *f* =, **-en** paralajmërim.

verw'aschen *a* 1) i zbehtë, i shpëlarë, i zbërdhulur (*ngjyrë*); 2) *fig* i papërcaktuar; **eine verwaschene Formulierung** një formulim i vagëlluar.

verw'ässern *vt* 1) holloj me ujë (*verën etj.*); 2) *fig* dobësoj.

verw'eben* *vt* 1) përdor për të endur (*fill etj.*); 2) *fig* thur, pleks; **er hat alte Legenden und Märchen in seinen Roman verwoben** ka marrë legjenda dhe përralla të moçme dhe i ka futur në romanin e vet.

verw'echseln *vt* marr tjetër për tjetër, ngatërroj; **ich habe ihn mit seinem Bruder verwechselt** e ngatërrova me të vëllanë.

Verw'echslung *f* =, **-en** ngatërrim.

verw'egen *a* i guximshëm, kokëkrisur; **eine verwegene Tat** veprim i guximshëm; **ein verwegener Bursche** djalosh kokëkrisur.

Verw'egenheit *f* = guxim i çmendur.

verw'ehen *vt* (*era*) fshin (*gjurmët në borë etj.*); merr me vete (*gjethet*); shpërndan (*mjegullën etj.*).

verw'ehren *vt* ia ndaloj (*dikujt diçka*).

verw'eichlichen *vt* prish, llastoj (*fëmijën*).

Verw'eichlichung *f* = llastim.

verw'eigern *vt* nuk pranoj, refuzoj; **jemandem Hilfe verweigern** nuk i jap dikujt ndihmë; **den Gehorsam verweigern** nuk bindem; **die Annahme eines Briefes verweigern** nuk pranoj të marr një letër.

Verw'eigerung *f* = mospranim, refuzim.

verw'eilen *vi* (**h**) *dhe vrefl* **sich verweilen** qëndroj, rri, ndalem (*në një vend*); **laß uns hier noch ein wenig verweilen** të ndalemi edhe pak këtu.

verw'eint *a* i përlotur, i enjtur, i skuqur nga të qarët (*sy etj.*).

Verw'eis I *m* **-es, -e** qortim; vërejtje.

Verw'eis II *m* **-es, -e** referim (*në një tekst*).

verw'eisen* I *vt* 1) i heq vërejtjen (*dikujt*); qortoj; 2) ndaloj (*diçka*); **jemandem etwas verweisen** ia ndaloj dikujt diçka; 3) : **jemanden des Landes verweisen** mërgoj, dëboj dikë nga vendi; **einen Schüler von der Schule verweisen** përjashtoj një nxënës nga shkolla.

verw'eisen* II 1. *vi* (**h**) (**auf A**) i referohem (*një teksti etj.*); 2. *vt* (**an A**) çoj, dërgoj, shpie, drejtoj (*te dikush*); **ich bin an Sie verwiesen worden** më kanë drejtuar te ju.

verw'elken *vi* (s) fishket (*lulja*); *fig* **eine verwelkte Schönheit** një bukuri e fishkur, e perënduar.

verw'endbar *a* i përdorshëm; i zbatueshëm.

Verw'endbarkeit *f* = përdorshmëri; zbatueshmëri.

verw'enden* *edhe sipas zgjedhimit të dobët* 1. *vt* 1) përdor; 2) zbatoj, aplikoj; 2. *vrefl* **sich verwenden (für A)** ndërhyj (*për dikë*).

verw'erfen* *vt* 1) hedh, flak; 2) hedh poshtë (*një plan etj.*); 3) dënoj (*një veprim etj.*).

verw'erflich *a* i papranueshëm, i dënueshëm (*veprim etj.*).

Verw'erfung *f* =, **-en** *gjeol* rrëshqitje, shkarje.

verw'ertbar *a* i përdorshëm; i shfrytëzueshëm (*material etj.*).

Verw'ertbarkeit *f* = përdorshmëri; shfrytëzueshmëri.

verw'erten *vt* **(zu A)** përdor, shfrytëzoj (*për diçka*).

Verw'ertung *f* = përdorim; shfrytëzim.

verw'esen *vi* **(s)** kalbet, prishet.

Verw'esung *f* = kalbje, prishje.

Verw'eser *m* **-s,** = 1) regjent; 2) administrator.

verw'ickeln 1. *vt* 1) pështjell; 2) ndërlikoj, koklavis; 3) ngatërroj; 2. *vrefl* **sich verwickeln** 1) ngatërrohem; **sich in Widersprüche verwickeln** bie në kundërthënie; 2) përzihem; **laß dich nicht in diesen Streit verwickeln** mos i ngatërro në këtë grindje.

Verw'icklung *f* =, **-en** 1) ndërlikim; koklavitje; 2) thurje (*e një drame etj.*).

verw'ildern *vi* **(s)** 1) është lënë pas dore (*kopshti etj.*); 2) del dore (*fëmija etj.*).

verw'inden* *vt* kapërcej, harroj (*dhembjen, fyerjen etj.*).

verw'irken *vt* (*për fajin tim*) humbas (*një të drejtë etj.*).

verw'irklichen 1. *vt* zbatoj, realizoj, vë në jetë (*një ide, plan etj.*); 2. *vrefl* **sich verwirklichen** realizohet, përmbushet (*dëshira etj.*).

Verw'irklichung *f* =, **-en** zbatim, realizim, vënie në jetë.

verw'irren 1. *vt* 1) ngatërroj; 2) çorodis, hutoj, vë në pozitë të vështirë; **du machst mich ganz verwirrt** po më huton fare; 2. *vrefl* **sich verwirren** 1) ngatërrohem; 2) hutohem.

Verw'irrung *f* =, **-en** 1) ngatërresë, rrëmujë; **etwas in Verwirrung bringen** bëj rrëmujë diçka; 2) turbullim, hutim.

verw'ischen 1. *vt* fshij (*shkrimin, njollën, gjurmët etj.*); 2. *vrefl* **sich verwischen** shuhet (*përshtypja, kontradikta etj.*).

verw'ittern *vi* **(s)** prishet nga koha, moti etj.

Verw'itterung *f* = prishje nga koha, moti etj.

verw'itwet *a* (*i mbetur*) i ve.

verw'öhnen 1. *vt* llastoj, marr tepër me të mirë, përkëdhel shumë (*fëmijën etj.*); 2. *vrefl* **sich verwöhnen** mësohem keq.

verw'orfen *a* i poshtër (*njeri*).

verw'orren *a* i ngatërruar, i ndërlikuar (*çështje, gjendje etj.*).

verw'undbar *a* që mund të plagoset, që mund të goditet; *fig* **das ist seine verwundbare Stelle** kjo është pika e tij e dobët.

verw'unden *vt* 1) plagos; 2) *fig* fyej, lëndoj, prek; **er hat mich tief verwundet** më ka fyer rëndë.

verw'underlich *a* i çuditshëm, i habitshëm.

verw'undern *vt* habis; **es ist nicht zu verwundern, daß ...** nuk është për t'u habitur që ...

Verw'underung *f* = habi, çudi.

Verw'undete *m, f* **-n, -n** i plagosur.

Verw'undung *f* =, **-en** plagosje.

verw'ünschen *vt* mallkoj, nëm; **verwünscht!** mallkuar qoftë!
Verw'ünschung *f* =, **-en** mallkim.
verw'urzeln *vi* (s) 1) rrënjoset, hedh rrënjë thellë (*bima*); 2) *fig* lëshoj rrënjë (*në një vend*).
verw'üsten *vt* shkretoj (*një krahinë etj.*).
Verw'üstung *f* =, **-en** shkretim.
verz'agen *vi* (s) lëshoj veten, (*më*) lëshon zemra; **verzagt** zëmërlëshuar.
verz'ählen, sich *vrefl* numëroj gabim.
verz'ahnen *vt* lidh femër e mashkull (*pjesët e një orendie etj.*).
verz'anken, sich *vrefl* grindem, zihem; **wir haben uns verzankt** jemi zënë.
verz'apfen *vt bis* bëj, them, shkruaj (*diçka të marrë, të papjekur etj.*).
verz'ärteln *vt* llastoj (*fëmijën*).
verz'aubern *vt* magjeps; *fig* **sie hat ihn verzaubert** ajo e ka magjepsur.
verz'ehren 1. *vt* 1) ha; **er verzehrte sein Brot** ai po hante bukë; 2) ha e pi (*në një restorant etj.*); 3) prish, harxhoj (*pare etj.*); 4) *fig* (*më*) tret (*sëmundja etj.*); 2. *vrefl* **sich verzehren** 1) tretem; **sich in Gram verzehren** tretem nga pikëllimi; 2) **(nach D)** digjem (*për diçka, dikë*).
verz'ehrend *a* 1) i dëshiruar (*vështrim etj.*); 2) që (*të*) bren, (*të*) ha (*pasion etj.*).
verz'eichnen *vt* 1) regjistroj, shënoj; *fig* **Erfolge verzeichnen** korr suksese; 2) vizatoj keq; 3) *fig* shtrembëroj (*të vërtetën etj.*).
Verz'eichnis *n* **-ses, -se** 1) listë; 2) regjistër; 3) inventar; 4) tregues i lëndës.
verz'eihen* *vt* fal (*fajin, gabimin etj.*); **verzeihen Sie!** më falni!; **ich kann es mir nicht verzeihen, daß ...** nuk ia fal dot vetes që ...
Verz'eihung *f* = 1) falje (*e gabimit, e fajit*); **jemanden um Verzeihung bitten** i kërkoj dikujt ndjesë; **Verzeihung!** më fal(ni)!
verz'erren *vt* 1) shtrembëroj (*buzët, fytyrën etj.*); 2) *fig* shtrembëroj (*të vërtetën etj.*).
Verz'errung *f* =, **-en** shtrembërim (*edhe fig*).
verz'etteln 1. *vt* 1) prish kot, bëj rrush e kumbulla (*paret*); 2) kaloj kot (*kohën*); 3) shënoj në skeda (*emra, fjalë etj.*); 2. *vrefl* **sich verzetteln** shpërndahem, hapem shumë, merrem me shumë punë.
Verz'icht *m* **-(e)s, -e** heqje dorë; **unter Verzicht auf ...** duke hequr dorë nga ...
verz'ichten *vi* **(auf A)** heq dorë (*nga diçka*); **auf deine Hilfe kann ich verzichten** s'kam nevojë për ndihmën tënde.
verz'iehen* 1. *vt* 1) shtrembëroj, rrudh (*buzët, fytyrën etj.*); **er verzog keine Miene** ai nuk u tund fare; 2) edukoj keq, llastoj; 2. *vi* (s) shpërngulem; 3. *vrefl* **sich verziehen** 1) shtrembërohet, rrudhet, tkurret; 2) shpërndahet (*mjegulla*); 3) kalon (*dhembja*); 4) *bis* iki, zhdukem.
verz'ieren *vt* stolis, zbukuroj (*një fustan me qëndisma etj.*).
Verz'ierung *f* =, **-en** zbukurim.
verz'innen *vt* kallajis (*metalin*).
verz'insen 1. *vt* paguaj përqindjet (*e një huaje etj.*); 2. *vrefl* **sich verzinsen** jep interes (*një kapital*).
verz'inslich *a* me interes, me përqindje (*hua, obligacion*).
verz'ögern 1. *vt* vonoj, zgjas, shtyj, shpie gjatë (*një punë*); 2. *vrefl* **sich verzögern** vonohet, zgjatet, shtyhet, shkon gjatë; **seine Abreise hat sich verzögert** nisja e tij u vonua.

verz'ollen *vt* paguaj doganë për (*një mall*).
Verz'ug *m* **-(e)s** zgjatje, shtyrje; vonesë; **ohne Verzug** pa vonesë; **ich bin mit der Arbeit in Verzug geraten** jam prapa me punën; **Gefahr ist im Verzug** vonesa është me rrezik.
verzw'eifachen *vt* dyfishoj.
verzw'eifeln *vi* **(h, s) 1) (an D)** nuk kam më shpresë (*në një punë*); 2) dëshpërohem; **verzweifelte Anstrengungen** përpjekje të dëshpëruara; 3) : *bis* **verzweifelt wenig** shumë pak; *bis* **er ist zum Verzweifeln!** është për të lojtur mendsh!
Verzw'eiflung *f* = dëshpërim.
verzw'eigen, sich *vrefl* degëzohet (*rruga, lumi etj.*).
verzw'ickt *a bis* i ngatërruar, i ndërlikuar; **eine verzwickte Angelegenheit** çështje e ndërlikuar.
Vestib'ül [*vest-*] *n* **-s, -e** parasallë (*e teatrit etj.*).
Veter'an *m* [*ve-*] **-en, -en** veteran.
Veterin'är [*ve-*] *m* **-s, -e** veteriner.
V'eto [*ve-*] **-s, -s** veto; **ein Veto einlegen** vë veton.
V'etter *m* **-s, -n** kushëri.
v'etterlich *a* kushëriri, prej kushëriri.
V'etternwirtschaft *f* = nepotizëm, akraballëk, hatërllëk.
vgl. = vergleich(e) kr. = krahaso.
v.H. = vom Hundert për qind.
via [*v'ia*] *präp* nëpër, nga (*një qytet etj.*); **nach Tirana via Elbasan fahren** udhëtoj për në Tiranë duke kaluar nga Elbasani.
Viad'ukt [*via-*] *m* **-(e)s, -e** viadukt.
vibr'ieren [*vi-*] *vi* **(h)** dridhet, vibron.
Vieh *n* **-(e)s** 1) gjë e gjallë, bagëti; **5 Stück Vieh** 5 krerë bagëti; 2) *pl* **Viecher** *bis* kafshë, shtazë; *fig* **zum Vieh werden** bëhem kafshë.
V'iehherde *f* **=, -n** kope.
v'iehisch *a fig* shtazarak; mizor.
V'iehstall *m* **-(e)s, -ställe** stallë e bagëtisë.
V'iehstand *m* **-(e)s** krerë bagëti.
V'iehwagen *m* **-s, =** vagon për bagëti.
V'iehzucht *f* = blegtori.
viel 1. *a* (*comp* **mehr,** *superl* **meist**) shumë; **viele Dinge** shumë gjëra; **viele Leute** shumë njerëz; 2. *adv* shumë, tepër; **viel größer** shumë më i madh; **viel weniger** shumë më pak; **viel zu groß** tepër i madh.
v'ielartig *a* i shumëllojshëm.
v'ieldeutig *a* me shumë kuptime, i shumëkuptimshëm, i paqartë, ekuivok (*fjalë, shprehje etj.*).
V'ieleck *n* **-s, -s** *gjeom* shumëkëndësh.
vielerl'ei *a inv* i ndryshëm; **auf vielerlei Arten** në mënyra të ndryshme; **ich habe noch vielerlei zu tun** kam akoma lloj-lloj gjëra për të bërë.
v'ielfach 1. *a* i shumëhershëm; i shumëfishtë; **auf vielfachen Wunsch** me dëshirën e shumë vetave; 2. *adv* shpesh; shumë herë.
V'ielfache *n* **-n** *mat* shumëfish.
v'ielfältig *a* i ndryshëm, i shumëllojshëm, i larmishëm.
V'ielfältigkeit *f* = shumëllojshmëri, larmi.
V'ielfraß *m* **-es, -e** 1) *zool* baldosë e Veriut; 2) *bis* grykës, llupës.
v'ielgestaltig *a* shumëfaqësh; shumëformësh.
V'ielheit *f* = sasi e madhe, mori.
v'ielleicht *adv* 1) ndoshta, mbase; **es wird vielleicht besser sein, wenn ...** do të ishte ndoshta më mirë, sikur ...; 2) *bis* rreth; **es wa-**

ren vielleicht 30 Leute da mund të kishte atje nja 30 vetë.

v'ielmals *adv* shumë herë; shpesh; **ich bitte vielmals um Entschuldigung!** ju kërkoj një mijë herë ndjesë!

v'ielmehr *conj* përkundrazi; për më tepër; **ich bin vielmehr der Meinung ...** unë, përkundrazi, jam i mendimit ...

v'ielsagend *a* kuptimplotë, i rëndësishëm (*fjalë etj.*).

V'ielschreiber *m* **-s, =** shkrimtar shumë prodhues (*po jo i mirë*).

v'ielseitig *a* 1) shumëfaqësh, poliedrik (*prizëm*); 2) *fig* i shumanshëm (*njeri etj.*); 3) : **auf vielseitigen Wunsch** me dëshirën e shumë vetave.

V'ielseitigkeit *f* = shumanshmëri.

v'ielversprechend *a* shumë premtues.

V'ielweiberei *f* = poligami.

V'ielwisser *m* **-s, =** *bis* që i di të gjitha (*njeri*).

vier *num* katër; **auf allen vieren** këmbadoras; *shpr* **unter vier Augen** vetëm për vetëm (*bisedë*); *shpr* **in alle vier Winde** në të katër anët; *bis* **alle viere von sich strecken** shtrohem mirë (*në një kolltuk etj.*).

Vier *f* =, **-en** katër (*notë*).

V'iereck *n* **-(e)s, -e** *gjeom* katërkëndësh.

v'iereckig *a* katërkëndësh.

v'ierfach *a* katërfish.

V'iergespann *n* **-(e)s, -e** katërshe (*kuajsh*).

v'ierhändig *adv muz* me katër duar.

v'ierkantig *a* katërfaqësh.

v'iermal *adv* katër herë.

v'iermalig *a* i katërhershëm, i përsëritur katër herë.

v'ierschrötig *a* shulak.

V'iersitzer *m* **-s, =** katërvendësh (*automobil*).

viert: zu viert a) të katërt; b) vetë i katërt.

v'ierte *num* i katërt.

V'iertel *n* **-s, =** 1) çerek, një e katërt; **es ist (ein) Viertel nach eins** (*ora*) është një e një çerek; **es ist (ein) Viertel auf eins** (*ora*) është dymbëdhjetë e një çerek; es **ist (ein) Viertel vor eins** (*ora*) është një pa një çerek; 2) lagje, rajon (*qyteti*); **wir wohnen in einem ruhigen Viertel** banojmë në një lagje të qetë.

V'ierteljahr *n* **-(e)s, -e** tremujor.

V'iertelstunde *f* =, **-n** (*një*) çerek ore.

v'iertens *adv* së katërti.

v'ierzehn *num* katërmbëdhjetë; **vierzehn Tage** dy javë.

v'ierzig *num* dyzet.

V'ierziger *m* **-s, =** burrë 40-50-vjeçar.

v'ierzigste *num* i dyzetë.

Vietnam'ese [*viet-*] *m* **-n, -n** vietnamez.

vietnam'esisch [*viet-*] 1. *a* vietnamez; 2. *adv* vietnamisht.

V'illa [*vi-*] *f* =, **Villen** vilë.

viol'ett [*vi-*] *a* ngjyrëmanushaqe, ngjyrëvjollcë.

Viol'ine [*vi-*] *f* =, **-n** *muz* violinë.

Violoncello [*violonç'elo*] *n* **-s, -s** *muz* violonçel.

V'iper [*vi-*] *f* =, **-n** *zool* nepërkë.

virtu'os [*vi-*] a virtuoz.

Virtu'ose [*vi-*] *m* **-n, -n** virtuoz.

V'irus [*vi-*] *n* **-, -ren** *mjek* virus.

Visage [*viz'azhë*] *f* =, **-n** fytyrë, surrat.

vis-a-vis [*vizav'i*] *adv* përballë.

Visavis [*vizav'i*] *n* =, = ai (ajo) që kam përballë.

Vis'ier [*vi-*] *n* **-s, -e** 1) *hist* vizierë; 2) *usht* shënjestër.

Visi'on [*vi-*] *f* =, **-en** vegim, vizion.
Visitati'on [*vi-*] *f* =, **-en** inspektim, kontroll, vizitë kontrolli.
Vis'ite [*vi-*] *f* =, **-n** vizitë (*e të sëmurit*).
Vis'itenkarte [*vi-*] *f* =, **-n** kartëvizitë.
Viskosit'ät [*vis-*] *f* = *tek* viskozitet, veshtulli.
visu'ell [*vi-*] *a* pamor.
V'isum [*vi-*] *n* **-s, Visa** vizë (*për dalje jashtë shtetit etj.*).
vit'al [*vi-*] *a* 1) jetik; 2) i gjallë, energjik.
Vitalit'ät [*vi-*] *f* = gjallëri.
Vitam'in [*vi-*] *n* **-s, -e** *mjek* vitaminë.
Vitr'ine [*vi-*] *f* =, **-n** vitrinë.
Vitri'ol [*vi-*] *n* **-s, -e** *kim* gurkali.
Vivat [*v'ivat*] *n* **-s, -s** *vjet* rroftë.
Vivisekti'on [*vivi-*] *f* =, **-en** *mjek* viviseksion.
v. J. = **vorigen Jahres** i vitit të kaluar.
Vlies *n* **-es, -e** bashkë (*leshi*); *mit* **das Goldene Vlies** Bashka e Artë.
v. M. = **vorigen Monats** i muajit të kaluar.
v. o. = **von oben** nga sipër, nga lart.
V'ogel *m* **-s, Vögel** 1) zog; **die Vögel singen** zogjtë këndojnë; *fig* **den Vogel abschießen** dal i pari; *fig* *bis* **du hast ja einen Vogel!** paske një dërrasë mangët!; 2) : *fig* **lockerer, loser Vogel** njeri mendjelehtë; *fig bis* **er ist ein seltener Vogel** ai është kokë më vete.
V'ogelfänger *m* **-s,** = gjahtar zogjsh.
v'ogelfrei *adv* jashtë ligjit.
V'ogelperspektive *f* = *sh* **Vogelschau.**
V'ogelschau *f* = : **aus der Vogelschau** nga lart; **eine Landschaft aus der Vogelschau betrachten** shikoj një panoramë nga lart.
V'ogelscheuche *f* =, **-n** dordolec (*edhe fig*).
V'ogelsteller *m* **-s,** = gjahtar zogjsh.
V'ogelzug *m* **-(e)s, -züge** shtegtim i zogjve.
V'ogelzucht *f* = rritje e zogjve.
Vogt *m* **-(e)s, Vögte** *hist* guvernator, mëkëmbës.
Vok'abel [*vo-*] *f* =, **-n** fjalë (*e veçantë, sidomos e një gjuhe të huaj*).
Vok'al [*vo-*] *m* **-s, -e** *gram* zanore.
Vokat'iv [*vo-*] *m* **-s, -e** *gram* rasë thirrore.
Volk *n* **-(e)s, Völker** 1) popull; **die Völker Europas** popujt e Europës; 2) *sing* popull; **die Vertreter des Volkes** përfaqësuesit e popullit; 3) *sing* : **das junge Volk** rinia; **das kleine Volk** fëmijët.
V'ölkerbeschreibung *f* = *sh* **Völkerkunde.**
V'ölkerkunde *f* = etnografi.
V'ölkerrecht *n* **-(e)s** e drejtë ndërkombëtare.
V'ölkerschaft *f* =, **-en** popullsi; fis.
V'ölkerverständigung *f* = mirëkuptim në mes popujve.
V'ölkerwanderung *f* =, **-en** *hist* dyndje e popujve.
V'olksabstimmung *f* =, **-en** plebishit, referendum.
V'olksbefragung *f* =, **-en** *sh* **Volksabstimmung.**
V'olksbegehren *n* **-s,** = kërkesë plebishiti, referendumi.
v'olkseigen *a* që i përket popullit, i popullit, popullor.
V'olkseigentum *n* **-(e)s, -tümer** pasuri e popullit, pronë e popullit.
V'olkseinkommen *n* **-s,** = *ek* të ardhura kombëtare.
V'olkshochschule *f* =, **-en** (*shkurt* **VHS**) universitet i natës.
V'olkskunde *f* =, **-n** 1) folklor; 2) etnografi.
V'olkslied *n* **-(e)s, -er** këngë popullore.
V'olksmund *m* **-(e)** gojë e popullit.

V'olksstimme *f* = zë i popullit.
v'olkstümlich *a* 1) popullor (*kostum, valle etj.*); 2) popullor, i përhapur në popull; **etwas volkstümlich machen** popullarizoj diçka.
V'olkstümlichkeit *f* = 1) të qenët popullor; 2) popullaritet.
V'olksvertretung *f* =, **-en** parlament; kuvend popullor.
V'olkswirtschaft *f* = ekonomi kombëtare.
V'olkswirtschaftslehre *f* = ekonomi politike.
V'olkszählung *f* =, **-en** regjistrim i popullsisë.
voll 1. *a* 1) plot; **ein volles Glas** një gotë plot; **mit vollem Mund** me gojë plot; **mit vollem Recht** me plot të drejtë; **drei Teller voll** tri pjata plot; *fig* **das Maß ist voll!** u mbush kupa!; **der Sack ist gestopft voll** thesi është mbushur plot; **der Saal war zum Bersten voll** salla ishte mbushur plot e përplot; **drei volle Wochen** plot tri javë; 2) tërë; **voller Angst, Freude, Haß** tërë frikë, gëzim, urrejtje; **das Tuch ist voller Blut** shamia është tërë gjak; *fig* **das ist mein voller Ernst!** e kam me gjithë mend!; **aus vollem Herzen** me gjithë zemër; 3) i plotë; **in voller Blüte** në lulëzim të plotë; **zum vollen Preis** me çmim të plotë (*pa zbritje*); **bei vollem Bewußtsein** me vetëdije të plotë; 4) : **in vollem Lauf** në pikë të vrapit; *fig* **alle Hände voll zu tun haben** kam shumë punë, jam shumë i zënë me punë; *fig* **aus vollem Halse schreien** bërtas me sa kam në kokë; **des süßen Weines voll** çakërrqejf; **er kann aus dem Vollen schöpfen** ai s'ka përse të kursejë; **jemanden nicht für voll ansehen** s'e përfill dikë; 2. *adv* plot, plotësisht; krejt.
voll = 1) *parashtesë e ndashme foljore që tregon mbushje:* **vollgießen**; 2) *parashtesë e pandashme foljore që tregon kryerjen, përfundimin e një veprimi:* **vollführen.**
v'ollauf *adv* mjaft, boll; **das ist vollauf genug** kjo del e tepron.
V'ollbart *m* **-es, -bärte** mjekër e mustaqe.
v'ollberechtigt *a* 1) që gëzon të drejta të plota, që gëzon të gjitha të drejtat; 2) i plotfuqishëm.
V'ollbesitz : *shpr* **im Vollbesitz sein** jam në zotërim të plotë (*të mendjes etj.*).
v'ollblütig *a* 1) race, i racës (*kalë etj.*); 2) *fig* plot jetë, gjallëri.
vollbr'ingen* *vt* kryej (*një vepër etj.*); zbatoj.
Vollbr'inger *m* **-s,** = zbatues; përmbarues.
Vollbr'ingung *f* = kryerje; zbatim.
V'olldampf *m* **-(e)s** : *shpr* **mit Volldampf** me shpejtësi me të madhe.
voll'enden *vt* kryej, mbaroj, përfundoj (*një punë etj.*); **vollendete Schönheit** bukuri e përkryer; **jemanden vor vollendete Tatsachen stellen** vë dikë para faktit të kryer.
v'ollends *adv* krejt, plotësisht.
Voll'endung *f* = 1) kryerje; përfundim; 2) përsosuri.
v'oller *sh* **voll.**
Volleyballspiel [*v'oli-*] *n* **-(e)s, -e** *sport* volejboll.
vollf'ühren *vt* bëj (*një marifet, kërcim etj.*).
V'ollgas *n* : *shpr* **mit Vollgas** me shpejtësinë më të madhe.
v'ollgestopft *a* i mbushur, i ngopur plot e përplot, dëng.
v'ollgießen* *vt ndash* mbush plot (*enën me një lëng*).

v'ollgültig *a* krejt i vlefshëm, me vleftë të plotë.
v'öllig 1. *a* i plotë, i tërë; **jemandem völlige Freiheit lassen** i jap liri të plotë dikujt; 2. *adv* plotësisht; **du hast völlig recht** ke plotësisht të drejtë.
v'olljährig *a* në moshë madhore.
V'olljährigkeit *f* = moshë madhore.
v'ollkommen 1. *a* i përsosur, i përkryer; 2. *adv bis* plotësisht, krejt; **du bist ja vollkommen verrückt** ke lojtur fare.
V'ollkommenheit *f* = përsosuri.
V'ollkornbrot *n* **-(e)s, -e** bukë e plotë (*që nuk i janë hequr të gjitha lëndët ushqyese të grurit*).
V'ollmacht *f* =, **-en** 1) autorizim; **jemandem die Vollmacht erteilen** autorizoj dikë; 2) fuqi të plota; **jemanden mit allen Vollmachten ausstatten** i jap dikujt fuqi të plota.
V'ollmilch *f* = qumësht i paskremuar.
V'ollmond *m* **-(e)s, -e** hënë e plotë.
V'ollpension [*-pâsion*] *f* = bujtje e ushqim (*në një hotel etj.*).
v'ollpropfen *ndash vt* mbush dëng, rras sa s'nxë më.
v'ollschlank *a* topolak.
v'ollständig 1. *a* i plotë; **die Sammlung ist noch nicht vollständig** koleksioni nuk është akoma i plotë; 2. *adv* krejt, plotësisht.
V'ollständigkeit *f* = plotësi.
vollstr'ecken *vt* zbatoj (*një vendim etj.*).
Vollstr'eckung *f* =, **-en** zbatim (*i një vendimi*).
V'olltreffer *m* **-s,** = 1) goditje në shenjë; 2) *fig* gjë e goditur, e qëlluar.
V'ollversammlung *f* =, **-en** 1) mbledhje plenare, plenum; mbledhje e përgjithshme; 2) asamble e përgjithshme.
v'ollwertig *a* 1) i barasvlershëm; 2) me vlerë të plotë; 3) : **er ist kein vollwertiger Mensch** ai është gjysmë njeriu.
v'ollzählig *a* me numër të plotë; i plotë (*listë etj.*); **sind wir vollzählig?** a jemi të gjithë?
V'ollzähligkeit *f* = numër i plotë (*i të pranishëmve etj.*).
vollz'iehen* 1. *vt* 1) zbatoj, ekzekutoj (*një vendim etj.*); 2) bëj (*celebrimin etj.*); 2. *vrefl* **sich vollziehen** kryhet, bëhet, zhvillohet.
V'ollzug *m* **-(e)s** zbatim (*i një urdhri etj.*).
Volont'är *m* **-s, -e** shtazhier (*në një ndërmarrje tregtare etj.*).
volont'ieren *vi* **(h)** bëj stazhin (*në një ndërmarrje tregtare etj.*).
Vol'umen [*vo-*] *n* **-s,** = *dhe* **-mina** 1) vëllim; 2) vëllim, libër.
vom = **von dem.**
von *präp* **(D)** 1) prej, nga; **von ... aus** nga, prej; **vom Flugzeug aus** nga aeroplani; **von Anfang bis Ende** (që) nga fillimi gjer në fund; **von Beruf** nga profesioni; **von Geburt** (që) nga lindja; **was will er von mir?** ç'do ai nga unë?; 2) për; **von wem ist die Rede?** për kë është fjala?; *bis* **von mir aus!** sa për mua!; 3) i, e, të; **die Gedichte von Heine** poezitë e Hajnes; **ein Freund von mir** një mik imi; 4) : (*nuk përkthehet*) **Tausenden von Menschen** mijëra njerëz.
vonein'ander *adv* njëri nga tjetri; njëri për tjetrin.
vonn'öten *adv* : **das ist nicht vonnöten** nuk është nevoja.
vonst'atten *adv* : **vonstatten gehen** 1) bëhet (*festa etj.*); 2) shkon (*puna mirë, keq etj.*).
vor 1. *präp* (**D** *për qëndrim në vend dhe për kohë dhe* **A** *për lëvizje drejt një vendi*) 1) para, përpara; **vor dem Fenster** para dritares; **etwas**

vor Zeugen erklären deklaroj diçka para dëshmitarëve; **vor allem** para së gjithash; **vor fünfzehn Tagen** para dy javësh; **vor der Zeit** para kohe; 2) për; **Achtung vor jemandem haben** kam respekt për dikë; 3) nga, prej; **vor Angst** nga frika; **er weinte vor Wut** ai qau nga inati; **aus Furcht vor Strafe** nga frika e ndëshkimit; 4) : **vor sich gehen** ndodh, ngjan; **etwas vor sich murmeln** murmuroj diçka me vete; 2. *adv* : **nach wie vor** si më parë.

vor = *parashtesë e ndashme foljore që tregon:* 1) *veprim përpara diçkaje:* **vorbauen**; 2) *ardhje, ndodhje përpara diçkaje:* **vorkommen**; 3) *veprim në prani të dikujt:* **vorlesen.**

vor'ab *adv* në krye, në fillim; së pari, para së gjithash.

V'orabend *m* **-s, -e** vigjilje; **am Vorabend des Festes** në vigjiljen, natën e festës; *fig* **am Vorabend des Zweiten Weltkriegs** në pragun e Luftës së Dytë Botërore.

v'orahnen *vt ndash* parandiej.

V'orahnung *f* = *bis* parandjenjë.

vor'an *adv* 1) përpara; 2) në krye.

vor'an = *parashtesë e ndashme foljore që tregon:* 1) *lëvizje përpara:* **vorankommen**; 2) *veprim përpara diçkaje:* **voranschicken.**

vor'angehen* *vi ndash* **(s)** 1) prij; **jemanden vorangehen lassen** ia lëshoj rrugën dikujt; 2) vij përpara; **dem Drama geht ein Vorspiel voran** përpara dramës vjen një prolog; **am vorangegangenen Tag hatte er ...** një ditë më parë ai kishte ...; 3) *fig* shkon përpara (*puna etj.*).

vor'ankommen* *vi ndash* **(s) (mit D)** shkoj përpara, përparoj (*në një punë etj.*).

vor'anschicken *vt ndash* dërgoj, nis përpara.

V'oranschlag *m* **-(e)s, -schläge** *fin* preventiv.

V'orarbeit *f* **=, -en** punë përgatitore.

v'orarbeiten *ndash* 1. *vi* **(h)** bëj punë përgatitore; 2. *vt* : **einen freien Tag vorarbeiten** punoj më shumë për të zëvendësuar një ditë pushimi; 3. *vrefl* **sich vorarbeiten** arrij me punë (*në një detyrë etj.*).

vor'aus *adv* përpara; **im voraus** përpara, që më parë; **jemandem voraus sein** ia kaloj dikujt.

vora'us = *parashtesë e ndashme foljore që tregon një veprim që ndodh përpara një tjetri:* **vorausbestellen.**

Vor'ausbedingung *f* **=, -en** kusht paraprak, parakusht.

vor'ausberechnen *vt ndash* llogaris që më parë.

vor'ausbestellen *vt ndash* porosis që më parë.

vor'ausbestimmen *vt ndash* paracaktoj.

vor'ausbezahlen *vt ndash* parapaguaj.

vor'auseilen *vi ndash* **(s)** 1) nxitoj përpara; 2) **(D)** i dal përpara (*dikujt*).

vor'ausgehen* *vi ndash* **(s)** 1) shkoj, eci përpara; 2) paraprij; 3) ndodh përpara; **dem Streit war ein Vorfall vorausgegangen, der ...** para grindjes kishte ndodhur diçka që ...

Vor'aussage *f* = parashikim (*i motit*).

vor'aussagen *vt ndash* parashikoj; **das Wetter voraussagen** parashikoj motin; **niemand kann die Zukunft voraussagen** askush nuk mund të parashikojë të ardhmen.

vor'ausschicken *vt ndash* dërgoj, nis përpara.

vor'aussehen* *vt ndash* parashikoj; **das war vorauszusehen** kjo duhej parashikuar.

vor'aussetzen *vt ndash* presupozoj; **vorausgesetzt, daß ...** a) ta zëmë se ...; b) me kusht që ...

Vor'aussetzung *f* **=, -en** 1) presupozim; 2) kusht paraprak, premisë; **unter der Voraussetzung, daß ...** me kusht që ...; **du bist von einer falschen Voraussetzung ausgegangen** je nisur nga një premisë e gabuar.

Vor'aussicht *f* = parashikim; **in der Voraussicht, daß ...** duke parashikuar se ...; **aller Voraussicht nach** sipas gjithë parashikimeve.

vor'aussichtlich 1. *a* i presupozuar; 2. *adv* siç pritet, siç parashikohet; **voraussichtlich wird er heute noch kommen** pritet që ai të vijë dhe sot.

vor'auszahlen *vt ndash* parapaguaj.

Vor'auszahlung *f* **=, -en** parapagim.

V'orbau *m* **-(e)s, -ten** parandërtesë.

v'orbauen *ndash* 1. *vt* ndërtoj (*diçka*) përpara (*diçkaje*); 2. *vi* **(h)** i dal përpara (*një mosmarrëveshjeje etj.*); **wir müssen rechtzeitig vorbauen, daß dies nicht geschieht** duhet t'i dalim punës përpara me kohë që kjo të mos ndodhë.

V'orbedacht *m* : **mit Vorbedacht** me paramendim.

V'orbedingung *f* **=, -en** kusht paraprak, parakusht.

V'orbehalt *m* **-(e)s, -e** rezervë, klauzolë; **unter dem Vorbehalt, daß ...** me kusht që ...; **ohne Vorbehalt** pa rezervë.

v'orbehalten* *vt ndash* 1) vë si kusht; 2) : **sich (D) vorbehalten** rezervoj, ruaj për vete (*të drejtën etj.*); **das ist ihm vorbehalten** kjo e drejtë i takon vetëm atij.

vorb'ei *adv* **(an D)** pranë, afër; tutje; **vorbei sein** ka kaluar (*ora etj.*); **es ist vorbei mit ihm** ai ka marrë fund; **aus und vorbei!** iku mbaroi!

vorb'ei = *parashtesë e ndashme foljore që tregon lëvizje pranë, anës diçkaje:* **vorbeigehen.**

vorb'eibenehmen*, **sich** *vrefl ndash bis* e shkel; **heute abend hast du dich aber gründlich .vorbeibenommen!** e ke shkelur keq sonte!

vorb'eigehen* *vi ndash* **(s)** 1) **(an D)** kaloj pranë, tutje (*diçkaje*); 2) *bis* **(bei D)** kaloj (*nga shtëpia, nga një shok etj.*); 3) kaloj (*rrezikun etj.*); **im Vorbeigehen** kalimthi; **ich habe es nur im Vorbeigehen gesehen** e kam parë vetëm kalimthi; **etwas im Vorbeigehen erwähnen** përmend diçka shkarazi.

vorb'eikönnen* *vi ndash* : **nicht vorbeikönnen** nuk mund të kaloj; **er kann hier vorbei** ai mund të kalojë këndej.

vorb'eilassen* *vt ndash* lë të kalojë.

vorb'eimarschieren *vi ndash* **(s)** parakaloj; **an der Tribüne vorbeimarschieren** parakaloj para tribunës.

vorb'eireden *vi ndash* **(h)** : **aneinander vorbeireden** flasim duke ndërprerë (pa dëgjuar) njëri-tjetrin; **an etwas (D) vorbeireden** i bie rrotull (*një çështjeje*).

V'orbemerkung *f* **=, -en** shënim vërejtje paraprak(e).

v'orbereiten *ndash* 1. *vt* përgatis (*një punë, festë, mision etj.*); 2. *vrefl* **sich vorbereiten (auf A)** përgatitem (*për diçka*).

V'orbereitung *f* **=, -en** përgatitje.

v'orbestellen *vt ndash* porosis që më parë.

V'orbestellung *f* **=, -en** porositje që më parë.

v'orbestraft *a* i dënuar edhe më parë (*kriminel etj.*).

v'orbeugen *ndash* 1. *vrefl* **sich vorbeugen** përkulem përpara; 2. *vi* (D) evitoj, parandaloj, i dal përpara (*një pune etj.*); **einer Krankheit vorbeugen** parandaloj një sëmundje; **vorbeugende Maßnahme** masë parandaluese.

V'orbild *n* **-(e)s, -er** 1) shembull; **er ist mein Vorbild** atë kam si shembull; 2) shëmbëllesë; **nach dem Vorbild seiner Mutter** sipas shëmbëllesës të s'ëmës; 3) model.

v'orbildlich *a* shembullor (*nxënës etj.*).

V'orbildung *f* =, **-en** 1) arsim përgatitor; 2) përgatitje.

V'orbote *m* **-n, -n** 1) lajmëtar i parë; 2) *fig* shenjë e parë (*e një sëmundjeje etj.*).

v'orbringen* *vt ndash* 1) shpreh (*dëshirën etj.*); 2) them; **hat noch jemand etwas vorzubringen?** a ka kush për të thënë gjë tjetër?; 3) *bis* çoj përpara.

V'ordach *n* **-(e)s, -dächer** *ark* strehë e çatisë.

v'ordem *adv vjet* dikur, më parë; **von vordem** qëkur.

v'order *a* 1) i përparmë; 2) i parë; **der vorderste Platz** vendi i parë; **die vorderen Reihen** radhët e para.

V'ordergrund *m* **-(e)s, -gründe** plan i parë; *fig* **in den Vordergrund treten** dal në plan të parë.

v'ordergründig *a* i jashtëm.

v'orderhand *adv* hëpërhë.

V'ordermann *m* **-(e)s, -männer** i parë (*në punë, radhë etj.*).

V'orderseite *f* =, **-n** anë e përparme (*e monedhës etj.*).

v'ordrängen *ndash* 1. *vt* shtyj përpara; 2. *vrefl* **sich vordrängen** 1) shtyhem; 2) *bis* i jap rëndësi vetes.

v'ordringen* *vi ndash* (s) çaj, depërtoj, bëj përpara; **er drang bis zum Chef vor** ai e çoi punën gjer te shefi; **die Truppen drangen bis über den Fluß vor** trupat arritën gjer matanë lumit.

v'ordringlich *a* urgjent, që nuk pret (*çështje etj.*).

V'ordruck *m* **-(e)s, -e** formular.

v'oreilen *vi ndash* (s) nxitoj përpara.

v'oreilig *a* i rrëmbyer, i nxituar (*veprim etj.*).

v'oreinander *adv* 1) para njëri-tjetrit; 2) nga njëri-tjetri; **sie haben keine Geheimnisse voreinander** ata nuk i fshehin gjë njëri-tjetrit.

v'oreingenommen *a* 1) **(gegen A)** i nisur me paragjykim, i prirur për keq (*ndaj dikujt*); 2) **(für A)** që mban anë, i anshëm.

V'oreingenommenheit *f* = 1) prirje për keq; 2) anësi.

v'orenthalten* *vt ndash* (D) ia refuzoj, nuk ia jap (*dikujt diçka me të padrejtë*).

v'orerst *adv* 1) së pari, në radhë të parë; 2) hëpërhë; **bitte erzähle vorerst nichts davon** hëpërhë, të lutem, mos trego gjë për atë (këtë) punë.

v'orerwähnt *a* i lartpërmendur, i sipërpërmendur.

V'orfahr *m* **-en, -en** i parë; paraardhës; **unsere Vorfahren** të parët tanë.

v'orfahren* *vi ndash* (s) *bis* 1) **(vor A)** vij (*me makinë para dikujt, diçkaje*); 2) **(bei D)** kaloj (*me makinë nga shtëpia e një miku etj.*); 3) **(D)** parakaloj (*me makinë dikë, diçka*); 4) vazhdoj përpara (*me makinë*).

V'orfall *m* **-(e)s, -fälle** 1) rast, ngjarje; **heiterer Vorfall** ngjarje e gëzuar; 2) *mjek* shkarje (*e mitrës etj.*).

v'orfallen* *vi ndash* **(s)** 1) ndodh, ngjan; **was ist vorgefallen?** ç'ka ngjarë?; 2) *mjek* shket (*stomaku etj.*).

v'orfinden* *vt ndash* gjej (*kur shkoj në një vend*); **ich fand eine große Unordnung vor** gjeta çrregullim të madh atje.

V'orfreude *f* = **(auf A)** pritje me gëzim (*e një feste etj.*).

v'orfristig *a* i parakohshëm, para afatit.

V'orfrühling *m* **-s, -e** pranverë e hershme.

v'orfühlen *vi ndash* **(h)** sondoj, hetoj (*për të marrë vesh a do të pranojë dikush diçka etj.*).

v'orführen *vt ndash* 1) shfaq (*një dramë etj.*); 2) paraqes (*një plan etj.*); 3) tregoj.

V'orführung *f* **=, -en** 1) shfaqje (*filmi, drame etj.*); 2) paraqitje (*e një sendi etj.*).

V'organg *m* **-(e)s, -gänge** 1) ndodhi, ngjarje; 2) proces; **biologischer Vorgang** proces biologjik; 3) rast (*i dokumentuar*).

V'orgänger *m* **-s, =** paraardhës.

V'orgarten *m* **-s, -gärten** kopsht i vogël përpara shtëpisë.

v'orgaukeln *vt ndash* ia bëj fushë me lule (*diçka dikujt*).

v'orgeben* I *vt ndash* jap paradhënie; jap përpara (*një figurë në lojën e shahut etj.*).

v'orgeben* II *vt ndash* 1) pretendoj (*pa të drejtë*); **er gab vor, krank gewesen zu sein** pretendonte se kishte qenë i sëmurë; 2) paracaktoj (*kohën, kushtet etj.*).

v'orgeblich 1. *a* i pretenduar; 2. *adv* gjoja.

v'orgefaßt *a* i paragjykuar, i nisur nga një paragjykim (*mendim etj.*).

v'orgefertigt *a* i parapërgatitur.

v'orgehen* *vi ndash* **(s)** 1) shkoj përpara; **meine Uhr geht vier Minuten vor** ora ime shkon katër minuta përpara; 2) *usht* përparoj; **zum Angriff vorgehen** kaloj, hidhem në sulm; 3) veproj; **wie sollen wir hier vorgehen?** si duhet të veprojmë në këtë rast?; 4) ndodh; **was geht hier vor?** çfarë po bëhet këtu? 5) jam i parë, prij; **die Arbeit geht vor** e para është puna (*pastaj vijnë të tjerat*).

V'orgehen *n* **-s** veprim; mënyrë sjelljeje, të vepruari.

V'orgelege *n* **-s, =** *tek* mekanizëm transmisioni.

v'orgerückt *a* 1) e vonë (*orë*); 2) e kaluar, e thyer (*moshë*).

V'orgeschichte *f* **=, -en** parahistori.

V'orgeschmack *m* **-s** *fig* parashije.

v'orgeschritten *a* i përparuar.

v'orgesehen *a* i parashikuar.

V'orgesetzte *m, f* **-n, -n** shef, epror, përgjegjës.

v'orgestern *adv* pardje; *fig bis* **Anschauungen von vorgestern** pikëpamje të vjetruara.

v'orgestrig *a* 1) i pardjeshëm; **die vorgestrige Zeitung** gazeta e pardjeshme; 2) *fig* i vjetruar.

v'orgreifen* *vi ndash* **(h)** 1) **(D)** i dal përpara (*një pune etj.*); 2) **: Sie greifen meinen Worte vor** ma morët nga goja.

v'orhaben* *vt ndash* kam ndër mend; **ich habe vor, ihn morgen zu sehen** kam ndër mend ta shoh nesër; **ich habe heute abend etwas vor** kam një plan për sonte.

V'orhaben *n* **-s, =** qëllim, plan.

V'orhalle *f* **=, -n** *ark* paradhomë, vestibul.

v'orhalten* *ndash* 1. *vt* 1) i mbaj, i vë përpara (*diçka dikujt*); 2) *fig* **(D)** ia vë në dukje (*dikujt diçka*); **jemandem seine Fehler vorhalten** ia vë në dukje dikujt gabimet; 2. *vi* **(h)** *bis* mjafton, zgjat; **dieser Vor-**

rat wird lange vorhalten këto rezerva do të zgjasin shumë, do të mjaftojnë për shumë kohë.

V'orhand *f* = 1) lojtar që rri para atij që ndan letrat; 2) pjesë e përparme (*e trupit të kalit*).

vorh'anden *a* ekzistues; në dispozicion; **vorhanden sein** ka; **von den Waren ist nichts mehr vorhanden** s'ka (mbetur) më gjë nga mallrat.

Vorh'andensein *n* **-s** të qenët; të pasurit.

V'orhang *m* **-(e)s, -hänge** 1) perde; 2) perde (*tymi etj.*); 3) *teat* sipar, perde.

v'orhängen *vt ndash* var (*perdet etj.*).

V'orhaut **=, -häute** *anat* lafshë.

V'orhemd *n* **-(e)s, -en** gjoks këmishe.

v'orher *adv* më parë; **am Tage vorher** një ditë më parë; **das hättest du mir doch vorher sagen können** këtë mund të ma kishe thënë më parë.

vorh'er = *parashtesë e ndashme foljore që tregon një veprim që ndodh përpara tjetrit:* **vorhersehen.**

vorh'erbestimmen *vt ndash* paracaktoj.

vorh'ergehen* *vi ndash* **(s)** 1) prij, vij përpara (*në kohë*); 2) përmendem më parë.

vorh'ergehend *a* i mëparshëm; **am vorhergehenden Tag** një ditë më parë, ditën e mëparshme.

vorh'erig *a* i mëparshëm, paraprak.

V'orherrschaft *f* = hegjemoni, rol udhëheqës.

v'orherrschen *vi ndash* **(h)** mbizotëroj; **die vorherrschende Meinung ist, daß ...** mendimi mbizotërues është se ...

Vorh'ersage *f* **=, -n** parashikim (*i motit etj.*).

vorh'ersagen *vt ndash* 1) them që më parë; 2) parashikoj (*motin etj.*).

vorh'ersehen* *vt ndash* parashikoj.

v'orhin *adv* pak më parë; **ich habe ihn vorhin gesehen** e pashë pak më parë.

v'orhinein *adv* : **im vorhinein** që më parë, që në fillim.

V'orhut *f* **=, -en** *usht* pararojë.

v'orig *a* i mëparshëm, i kaluar; **vorigen Jahres** vitin e kaluar; **vorigen Monats** muajin e kaluar.

V'orjahr *n* **-(e)s** vit i kaluar.

v'orjährig *a* i vitit të kaluar, i vjetshëm.

V'orkämpfer *m* **-s, =** 1) luftëtar i vijës së parë; 2) nismëtar; 3) kampion.

v'orkauen *vt ndash* 1) ia përtyp (*ushqimin fëmijës*); 2) *fig* shpjegoj me hollësi.

V'orkehrung *f* **=, -en** masë paraprake; **Vorkehrungen treffen** marr masa.

V'orkenntnisse *pl* njohuri paraprake.

v'orknöpfen *vt ndash : shpr* **sich jemanden vorknöpfen** thërras e qortoj dikë.

v'orkommen* *vi ndash* **(s)** 1) dal përpara; **komm vor und schreib es an die Tafel!** dil përpara dhe shkruaje në tabelë!; 2) ndodh; **so etwas ist mir noch nicht vorgekommen** një gjë e tillë s'më ka ndodhur akoma; **das soll nicht wieder vorkommen!** kjo nuk duhet të ndodhë, të përsëritet më!; 3) (*më*) duket; **diese Melodie kommt mir bekannt vor** kjo melodi më ngjan si e dëgjuar; **er kommt sich sehr klug vor** atij i duket vetja shumë i zgjuar; 4) gjendet; **dieser Ausdruck kommt im Albanischen oft vor** këtë shprehje e gjen shpesh në gjuhën shqipe; **diese Tiere kommen nur in den Tropen vor** këto kafshë i gjen vetëm në vendet tropikale; 5) : **wie kommst du mir denn vor?** ç'të hipi (*në kokë*)?, ku të vete, të shkon mendja?

V'orkommen *n* **-s** vendburim (*minerali*).

V'orkommnis *n* **-ses, -se** 1) ngjarje; 2) rast.

V'orkriegsstand *m* (e)s, **-stände** gjendje e paraluftës.

v'orladen* *vt ndash* ftoj për t'u paraqitur në gjyq.

V'orladung *f* = n, **-en** ftesë gjyqi.

V'orlage *f* =, **-n** projekt (*ligji etj.*).

v'orlassen* *vt ndash* 1) lë të kalojë përpara (*një makinë etj.*); 2) lë të hyjë; pranoj; **zur Audienz vorlassen** pranoj në pritje.

v'orlaufen* *vi ndash* **(s)** vrapoj përpara.

V'orläufer *m* **-s,** = pararendës.

v'orläufig 1. *a* 1) paraprak; 2) i përkohshëm; 2. *adv* hëpërhë; **das können wir vorläufig so lassen** këtë mund ta lëmë kështu hëpërhë.

v'orlaut *a* i pafytyrë (*fëmijë etj.*); **sei nicht vorlaut!** mos e tepro!

V'orleben *n* **-s** e kaluara (*e dikujt*).

v'orlegen *vt ndash* 1) **(D)** vë, vendos përpara (*dikujt, diçkaje*); 2) shtroj, servir; 3) tregoj; 4) paraqes (*një dokument etj.*); 5) : **jemandem Fragen vorlegen** i bëj pyetje dikujt; *fig bis* **er legte ein scharfes Tempo vor** ia mori vrapit.

V'orlegeschloß *n* **-sses, -schlösser** dry.

v'orlesen* *vt ndash* lexoj me zë të lartë (*një letër, përrallë etj.*).

V'orlesung *f* =, **-en** leksion; **eine Vorlesung halten** mbaj një leksion.

v'orletzt *a* i parafundit.

V'orliebe *f* = **(für A)** dashuri e veçantë, pasion (*për muzikën etj.*); **etwas mit Vorliebe tun** bëj diçka me qejf të veçantë.

v'orliebnehmen* *vi* **(h)** *ndash* **(mit D)** kënaqem (*me diçka*); **er nimmt mit dem vorlieb, was gerade vorhanden ist, was es gerade gibt** kënaqet me atë që ka; ha atë që t'i ndodhet.

v'orliegen* *vi ndash* **(h)** 1) rri, jam, ndodhem përpara (*diçkaje, dikujt*); 2) ka; **es liegt nichts Neues vor** s'ka asgjë të re; **was liegt gegen ihn vor?** ç'ka kundër tij?; **mir liegt ein Brief von der Schule vor** kam këtu një letër nga shkolla.

v'orliegende *a* : **im vorliegenden Falle** në rastin e dhënë, në këtë rast.

v'orlügen* *vt ndash* : **jemandem etwas vorlügen** i tregoj gënjeshtra dikujt.

vorm. *sh* **vormittags** *dhe* **vormals.**

v'ormachen *vt ndash* 1) *bis* i vë (*shulin derës etj.*); 2) tregoj se si bëhet; **mach es mir einmal vor!** ma trego njëherë si bëhet!; 3) ia hedh; *fig bis* **jemandem ein X für ein U vormachen** ia shes dikujt sapunin për djathë; **du kannst mir nichts vormachen!** s'ma hedh dot mua!

v'ormalig 1. *a* i mëparshëm, i dikurshëm; **der vormalige Besitzer** ish-pronari; 2. *adv* dikur; më parë.

v'ormals *adv* më parë; dikur.

V'ormarsch *m* **-es, -märsche** *usht* përparim; **die Truppen sind im Vormarsch** trupat po përparojnë.

v'ormarschieren *vi ndash* **(s)** *usht* përparoj.

V'ormeldung *f* =, **-en** paralajmërim.

v'ormerken *ndash* 1. *vt* 1) shënoj, mbaj shënim; 2) regjistroj; 2. *vrefl* **sich (für A) vormerken lassen** regjistrohem (*në një kurs etj.*).

v'ormilitärisch *a* paraushtarak.

V'ormittag *m* **-s, -e** paradite, para dreke.

v'ormittags *adv* paradite, paradreke; **um elf vormittags** në orë njëmbëdhjetë paradreke.
V'ormund *m* **-(e)s, -e** *dhe* **-münder** *drejt* kujdestar, tutor.
V'ormundschaft *f* =, **-en** kujdestari, tutelë.
vorn *adv* 1) përpara; **vorn marschieren** marshoj përpara; **nach vorn** përpara (*drejtim*); 2) : **von vorn** nga fillimi; 3) : *fig bis* **es reicht nicht vorn und nicht hinten** s'del në asnjë mënyrë (*pëlhura, rroga etj.*).
V'orname *m* **-ns, -n** emër (*i përveçëm*).
v'ornehm *a* 1) i fisëm; 2) fisnik; i lartë; bujar; 3) elegant, me shije; 4) : **vornehm tun** mbahem me të madh, rri rëndë.
v'ornehmen* *vt ndash* 1) vë (*përparësen etj.*); 2) : **sich (D) etwas vornehmen** kam ndër mend të bëj diçka; **sich (D) eine Arbeit vornehmen** filloj një punë; **sich (D) ein Buch vornehmen** filloj të lexoj një libër; **eine Änderung vornehmen** bëj një ndryshim; **eine Untersuchung vornehmen** zhvilloj një hetim.
v'ornehmlich *adv* sidomos, veçanërisht.
v'ornherein *adv* : **von vornherein** që në fillim.
vorn'über *adv* përpara; **vornüber fallen** bie përmbys.
vornw'eg *adv* në krye.
V'orort *m* **-(e)s, -e** lagje e jashtme e qytetit.
V'orposten *m* **-s,** = *usht* post i përparuar.
V'orprüfung *f* =, **-en** paraprovim.
V'orrang *m* **-(e)s** 1) përparësi; **einer Sache den Vorrang geben** i jap përparësi një pune; 2) vend i parë; **ihm gebührt der Vorrang** atij i takon kryet e vendit.
V'orrat *m* **-(e)s, -räte** rezervë; **Vorrat an Lebensmitteln** rezervë ushqimesh.
v'orrätig *a* që është në shitje (*mall*); **diese Hemden sind noch vorrätig** kemi akoma nga këto këmishë.
V'orratskammer *f* =, **-n** depo.
V'orraum *m* **-(e)s, -e** paradhomë.
v'orrechnen *vt* 1) **(D)** ia llogaris (*diçka dikujt*); 2) shpjegoj (*me shifra e fakte*); 3) *fig* ia numëroj (*gabimet, të metat*).
V'orrecht *n* **-(e)s, -e** privilegj.
V'orrede *f* =, **-n** 1) parathënie; 2) fjalë e hyrjes.
V'orredner *m* **-s,** = parafolës.
V'orrichtung *f* =, **-en** *tek* vegël, mekanizëm.
v'orrücken *ndash* 1. *vt* lëviz, shtyj përpara (*tryezën etj.*); 2. *vi* **(s)** 1) shtyhem përpara; 2) *sport* dal (*në vend të parë etj.*); 3) përparon, shkon përpara (*ushtria*); 4) : **im vorgerückten Alter** në moshë të thyer; **zu vorgerückter Stunde** në orë të vonë.
v'orsagen *vt ndash* 1) **(D)** i tregon (*diçka nxënësi nxënësit*); 2) **(D)** ia përsëris (*diçka vetes për ta mbajtur mend etj.*).
V'orsänger -s, = ai që ia merr i pari këngës (*në kor*).
V'orsatz *m* **-es, -sätze** mendim, qëllim; **den Vorsatz fassen, etwas zu tun** vendos të bëj diçka.
v'orsätzlich 1. *a* i paramenduar; **vorsätzlicher Mord** vrasje me paramendim; 2. *adv* me qëllim, me paramendim.
V'orschein *m* : *shpr* **zum Vorschein bringen** nxjerr; **er griff in die Tasche und brachte einen Apfel zum Vorschein** futi dorën në xhep dhe nxori një mollë; *shpr* **zum Vorschein kommen** del në dritë, zbulohet (*qëllimi etj.*).

v'orschieben* *vt ndash* 1) lëviz, shtyj përpara; 2) *fig* nxjerr si shkak (*një sëmundje etj.*); 3) : *fig* **jemanden vorschieben** nxjerr përpara dikë (*për të mos dalë vetë*).

v'orschießen* *ndash* 1. *vi* (s) hidhem përpara 2. *vt* jap paradhënie.

V'orschlag *m* **-(e)s, -schläge** propozim; **einen Vorschlag annehmen, ablehnen, machen** pranoj, hedh poshtë, bëj një propozim; **auf Vorschlag von ...** me propozimin e ...

v'orschlagen* *vt ndash* propozoj; **ich schlage vor, wir machen es so ...** propozoj që ta bëjmë kështu ...

v'orschnell *a* i rrëmbyer (*përgjigje, veprim etj.*).

v'orschreiben* *vi ndash fig* urdhëroj; **jemandem Bedingungen vorschreiben** i vë kushte dikujt; **das Gesetz schreibt folgendes vor ...** ligji thotë sa vijon ...; **Preise vorschreiben** caktoj çmimet (*me urdhëresë*).

v'orschreiten* *vi ndash* (s) 1) lëviz, shkoj, eci përpara; **im vorgeschrittenen Alter** në moshë të thyer; **zu vorgeschrittener Stunde** në orë të vona; 2) *fig* përparoj, kam sukses (*në një punë etj.*).

V'orschrift *f* =, **-en** 1) urdhër; 2) porosi (*e mjekut*); 3) udhëzim; 4) *usht* rregullore; 5) urdhëresë.

v'orschriftsmäßig 1. *a* i rregullt; sipas udhëzimit, urdhrit, porosisë, rregullores etj.; 2. *adv* sipas urdhrit, udhëzimit, porosisë, rregullores etj.

V'orschub *m* **-(e)s, -schübe** 1) lëvizje përpara; 2) ndihmë; **(D) Vorschub leisten** ndihmoj, përkrah (*dikë*).

V'orschuß *m* **-sses, -schüsse** paradhënie.

v'orschußweise *adv* me paradhënie.

v'orschützen *vt ndash* nxjerr si shkak (*një sëmundje etj.*).

v'orschweben *vi ndash* (*më*) shfaqet, (*më*) përfytyrohet.

v'orschwindeln *vt ndash* : **jemandem etwas vorschwindeln** ia marr mendtë dikujt me diçka.

v'orsehen* *ndash* 1. *vt* parashikoj; 2. *vrefl* **sich vorsehen** ruhem; **sich vor jemandem vorsehen** ruhem nga dikush.

v'orsetzen *vt ndash* 1) vë përpara (*këmbën e djathtë etj.*); 2) shtroj (*në tryezë*); 3) vë në krye (*të vendit etj.*).

V'orsicht *f* = kujdes; **Vorsicht üben** kam kujdes; **etwas mit Vorsicht tun** bëj diçka me kujdes; **Vorsicht!** kujdes!

v'orsichtig 1. *a* i kujdesshëm, i matur; **sei vorsichtig!** ki mendjen!; 2. *adv* me kujdes.

V'orsichtigkeit *f* = kujdes; maturi.

v'orsichtshalber *adv* për t'u siguruar.

V'orsilbe *f* =, **-n** *gram* parashtesë; prefiks.

v'orsingen* *vt ndash* i këndoj (*diçka dikujt*).

v'orsintflutlich *a bis* i kohës së Nuhut.

V'orsitz *m* **-es** kryesi; **unter dem Vorsitz von ...** nën kryesinë e ...

V'orsitzende *m, f* **-n, -n** president(e), kryetar(e).

V'orsommer *m* **-s** verë e hershme.

V'orsorge *f* = masë paraprake; **Vorsorge treffen** marr masa paraprake; kujdesem që më parë.

v'orsorgen *vi ndash* **(h)** marr masa; kujdesem që më parë.

v'orsorglich *adv* për t'i dalë punës përpara.

V'orspann *m* **-(e)s, -e** 1) titull i filmit (*me emrat e aktorëve etj.*); 2) nëntitull (*me përmbajtje të shkurtër*).

v'orspannen *vt ndash* **(vor A)**

mbreh (*kalin etj. në karrocë*).
V'orspeise *f* =, **-n** meze, antipastë.
v'orspiegeln *vt ndash* shtirem se kam (*një sëmundje etj.*).
V'orspiel *n* **-(e)s, -e** 1) prelud, uverturë 2) prolog; 3) : *fig* **das war erst das Vorspiel!** ky ishte vetëm fillimi!
v'orspielen *vt ndash* **(D)** 1) i bie (*një pjese muzikore përpara dikujt*); 2) shtirem se jam (*dikush*), kam (*diçka*).
v'orsprechen* *vi ndash* **(h)** 1) them më parë (*një fjalë etj.*); 2) recitoj (*një pjesë*) 3) **(bei D)** paraqitem (*te dikush për një bisedë etj.*).
v'orspringen* *vi ndash* **(s)** 1) hidhem, kërcej përpara; 2) dal përpara.
V'orsprung *m* **-(e)s, -sprünge** 1) e dalë (*në dërrasë, në shkëmb*); 2) *gjeogr* kep; 3) epërsi, avantazh.
V'orstadt *f* =, **-städte** lagje e jashtme (*e një qyteti*).
V'orstand *m* **-(e)s, -stände** kryesi; drejtori; këshill drejtues.
v'orstehen* *vi ndash* **(h)** 1) dal përpara; **das Haus steht etwas vor** shtëpia del pak përpara; 2) **(D)** kryesoj (*një organizatë etj.*).
v'orstehend 1. *a* 1) i dalë; **vorstehende Zähne** dhëmbë të dalë; 2) i lartpërmendur; 2. *adv* : **wie vorstehend erwähnt** siç përmendet më lart.
V'orsteher *m* **-s**, = kryetar; drejtor; përgjegjës.
v'orstellen *ndash* 1. *vt* 1) vë përpara (*orën etj.*); 2) paraqes; 3) prezantoj; 4) : *fig* **er stellt etwas vor** ai s'është pa gjë; 5) : **sich (D) etwas vorstellen** përfytyroj, marr me mend diçka; 2. *vrefl* **sich vorstellen** paraqitem, prezantohem; **gestatten Sie, daß ich mich vorstelle** më lejoni të prezantohem.
v'orstellig *a* : **bei jemandem vorstellig werden** i paraqes një ankesë dikujt.
V'orstellung *f* =, **-en** 1) paraqitje; prezantim; 2) ide; përfytyrim; **du machst dir keine Vorstellung, wie schwer ...** s'e ke idenë sa vështirë ...: 3) *teat* shfaqje; 4) protestë; ankesë; qortim; **jemandem Vorstellungen machen** qortoj dikë.
V'orstoß *m* **-(e)s, -stöße** 1) shtytje përpara; 2) *usht* goditje, sulm; **einen Vorstoß machen** sulmoj.
v'orstoßen* *ndash* 1. *vt* shtyj përpara; 2. *vi* **(s)** 1) çaj përpara; 2) **(gegen A)** sulmoj (*pozitat e armikut*).
V'orstrafe *f* =, **-n** dënim i mëparshëm (*i një krimineli etj.*).
v'orstrecken *vt ndash* 1) zgjas (*dorën etj.*); 2) jap paradhënie; 3) jap borxh.
V'orstufe *f* =, **-n** fazë e parë; **Vorstufe einer Entwicklung** fazë e parë e një zhvillimi.
v'ortäuschen *vt ndash* simuloj; shtirem se kam (*një sëmundje etj.*); **Armut vortäuschen** hiqem si i varfër.
V'ortäuschung *f* =, **-en** shtirje, simulim
V'orteil *m* **-(e)s, -teile** 1) dobi; përfitim; **die Vor- und Nachteile** anët e mira dhe të këqija (*të një çështjeje etj.*); **er ist sehr auf seinen Vorteil bedacht** ai e shikon shumë interesin e vet; 2) epërsi; **jemandem gegenüber im Vorteil sein** kam epërsi ndaj dikujt.
v'orteilhaft *a* i dobishëm; i favorshëm; fitimprurës.
V'ortrag *m* **-(e)s, -träge** 1) raport, referat; **einen Vortrag halten** mbaj një raport, referat; 2) *vetëm sing* mbajtje (*e një raporti etj.*).
v'ortragen* *vt ndash* 1) mbaj (*një*

leksion, raport etj.); 2) paraqes (*çështjen*); 3) (D) lexoj, recitoj, këndoj, luaj (*para dikujt*).
V'ortragende *m, f* **-n, -n** referues.
vortr'efflich *a* shumë i mirë, i shkëlqyeshëm, i përsosur.
Vortr'efflichkeit *f* = përsosuri.
v'ortreten* *vi ndash* (s) 1) dal përpara; 2) paraqitem.
V'ortritt *m* **-(e)s (vor D)** përparësi, precedencë (*para dikujt*).
V'ortrupp *m* **-s, -s** *usht* pararojë.
vor'über *adv* **(an D)** *sh* **vorbei; die Gefahr ist vorüber** rreziku kaloi.
vor'über = *parashtesë e ndashme foljore, që tregon lëvizje tutje diçkaje:* **vorübergehen.**
vor'übergehen* *vi ndash* (s) 1) kaloj tutje; 2) *fig* kalon, ikën (*rreziku, inati etj.*); 3) : *fig* **daran kann man nicht vorübergehen** kjo të bie në sy.
vor'übergehend 1. *a* kalimtar, i përkohshëm (*dukuri etj.*); 2. *adv* përkohësisht.
vor'überlassen* *vt ndash* pres sa të kalojë, lë të kalojë.
vor'überziehen* *vi ndash* (s) kaloj tutje.
V'orübung *f* **=, -en** ushtrim përgatitor.
V'orurteil *n* **-s, -e** paragjykim.
V'orverkauf *m* **-s, -käufe** shitje e biletave disa ditë para fillimit të shfaqjes.
v'orvorgestern *adv bis* këtu e tri ditë më parë, para tri ditësh.
V'orwahl *f* **=, -en** zgjedhje paraprake.
V'orwand *m* **-(e)s, -wände** pretekst, shkak; **eine dringende Arbeit als Vorwand benutzen** shfrytëzoj si shkak një punë të ngutshme; **unter einem Vorwand** me një shkak; **zum Vorwand nehmen** marr si shkak.
v'orwärts *adv* përpara (*lëvizje*); **einen Schritt vorwärts machen** bëj një hap përpara; **vorwärts treiben** çoj përpara; *bis* **das kann ich vorwärts und rückwärts** këtë e di ujë.
v'orwärtsbringen* *vt ndash* shpie, çoj përpara (*një punë etj.*).
v'orwärtsgehen* *vi ndash* (s) shkoj përpara, bëj përparime (*në jetë etj.*)
v'orwärtskommen* *vi ndash* (s) shkoj përpara, përparoj.
v'orwärtsschreiten* *vi ndash* (s) shkoj përpara, përparoj.
vorw'eg *adv* që më parë.
vorw'egnehmen* *vt ndash* them, bëj që më parë; **um es gleich vorwegzunehmen ...** që ta them që në fillim ...
v'orweisen* *vt ndash* 1) paraqes (*pasaportën etj.*); 2) tregoj (*njohuri etj.*).
v'orwerfen* *vt ndash* 1) hedh përpara; 2) : *fig* **jemandem etwas vorwerfen** qortoj dikë për diçka.
v'orwiegend *adv* sidomos, më shumë, më tepër, kryesisht; **es waren vorwiegend Kinder da** atje kishte kryesisht fëmijë.
V'orwitz *m* **-es** kureshtje e tepruar.
v'orwitzig *a* kureshtar e i pafytyrë.
V'orwort *m* **-(e)s, -e** parathënie.
V'orwurf *m* **-(e)s, -würfe** 1) qortim; **jemandem einen Vorwurf machen** qortoj dikë; 2) *let* temë; subjekt.
v'orwurfsfrei *a* i patësharë (*sjellje etj.*).
v'orwurfsvoll 1. *a* qortues; **in vorwurfsvollem Ton** me një ton qortues; 2. *adv* me qortim.
V'orzeichen *n* **-s, =** 1) ogur, shenjë (*e mirë, e keqe*); 2) *mat* shenjë (*plus, minus*).
v'orzeichnen *vi ndash* 1) tregoj si vizatohet (*diçka*); 2) *fig* udhëzoj.

v'orzeigen *vt ndash* paraqes (*një dokument etj.*).
V'orzeit *f* =, **-en** parahistori; *fig* **in grauer Vorzeit** në kohë të lashta.
v'orzeiten *adv poet* qëmoti, dikur.
v'orzeitig 1. *a* i parakohshëm; **das Kind ist vorzeitig geboren** fëmija lindi i parakohshëm; 2. *adv* para kohe.
v'orzeitlich *a* parahistorik (*shoqëri etj.*).
v'orziehen* *vt ndash* 1) tërheq përpara: **den Vorhang vorziehen** mbyll perden: 2) *fig* preferoj, parapëlqej, dua më shumë, më pëlqen më shumë; **ich ziehe es vor, zu Fuß zu gehen** më mirë shkoj më këmbë; **ich ziehe Rotwein dem Weißwein vor** më pëlqen vera e kuqe më shumë se e bardha.
V'orzimmer *n* **-s,** = 1) sallë pritjeje; 2) paradhomë.
V'orzug *m* **-(e)s, -züge** 1) parapëlqim, preferencë; **einer Sache den Vorzug geben** parapëlqej një gjë; 2) epërsi; 3) (*anë*) e mirë; **die Vorzüge und Nachteile einer Sache** të mirat e të këqijat e një gjëje.
v'orzüglich *a* i shkëlqyeshëm; **er ist ein vorzüglicher Schwimmer** është notar i shkëlqyeshëm.
vot'ieren [*vo-*] vi **(h)** votoj.
V'otum [*vo-*] *n* **-s, Voten** *dhe* **Vota** votë.
v. u. = **von unten** nga poshtë.
vulg'är *a* vulgar; **vulgärer Ausdruck** shprehje vulgare.
Vulk'an [*vul-*] *m* **-s, -e** vullkan; **erloschener Vulkan** vullkan i shuar.
vulk'anisch [*vul-*] *a* vullkanik.

W

Waage *f* =, **-n** 1) peshore; *fig* **beides hält sich die Waage** a) të dy janë të ngjashëm; b) të dy kanë të njëjtën vlerë; *fig* **das Zünglein an der Waage** ajo që është vendimtare, vendimtarja; 2) *fig* ekuilibër, drejtpeshim.
w'aag(e)recht *a* horizontal.
W'aagschale *f* =, **-n** pjatë e peshores.
w'abbelig *a* si pelte.
W'abe *f* =, **-n** huall mjalti.
wach *a* 1) i zgjuar; **wach werden** zgjohem; **wach bleiben** rri zgjuar; **jemanden wach rütteln** shkund dikë nga gjumi; 2) *fig* i zgjuar (*nga mendja*).
W'ache *f* =, **-n** 1) rojë; **Wache haben, halten, stehen, tun; auf Wache sein** rri rojë, bëj rojë; **die Wache ablösen** ndërroj rojën; 2) vendrojë.
w'achen *vi* (h) 1) rri zgjuar; **die ganze Nacht hindurch wachen** rri tërë natën zgjuar; 2) : **wachen über (A)** ruaj diçka; **bei einem Kranken wachen** ruaj, përgjoj një të sëmurë.
w'achhabend *a* i rojës, që është rojë (*ushtar etj.*).
w'achhalten* *vt ndash fig* mbaj gjallë (*kujtimin, interesin etj.*).
Wach'older *m* **-s,** = *bot* dëllinjë.
W'achposten *m* **-s,** = rojë (*ushtar që bën rojë*).
w'achrufen* *vt ndash* 1) zgjoj; 2) *fig* ngjall; **den alten Schmerz wieder wachrufen** ngjall përsëri dhembjen e vjetër.
w'achrütteln *vt ndash fig* shkund nga gjumi.
Wachs *n* **-es** dyllë; **er wurde bleich wie Wachs** u bë dyllë i verdhë.
w'achsam *a* vigjilent; syhapët.
W'achsamkeit *f* = vigjilencë; syhaptësi.
w'achsen* I *vi* (h) 1) rritem; **der Junge ist im letzten Jahr tüchtig gewachsen** djali është rritur shumë vitin e fundit; **sich (D) einen Bart wachsen lassen** lëshoj mjekër; **in die Höhe, in die Breite wachsen** rritet (*druri*); **gut gewachsen sein** kam trup të mirë; **seine Energie wächst mit seinen Aufgaben** energjia i rritet krahas me detyrat që i shtrohen; 2) shtohet; **die Einwohnerzahl ist gewachsen** numri i banorëve është shtuar; 3) : **sie ist ihm ans Herz gewachsen** ajo i ka hyrë në zemër; **plötzlich stand wie aus dem Boden gewachsen ein Mann vor ihm** papritur para tij mbiu një burrë; **jemandem nicht gewachsen sein** s'ia dal dot dikujt; **einer Sache nicht gewachsen sein** s'ia dal dot një pune.
w'achsen II *vt* dyllos, lyej me dyllë.
w'ächsern *a* dylli, prej dylli, i dylltë; **das wächserne Gesicht des Toten** fytyra dyllë e verdhë e të vdekurit.
wächst *sh* **wachsen***.
W'achstube *f* =, **-n** vendrojë.
W'achstuch *n* **-(e)s, -tücher** mushama.
W'achstum *n* **-s** 1) rritje; 2) zhvillim; **im Wachstum begriffen sein** jam në zhvillim; 3) prodhim (*i verës*).
Wacht *f* =, **-en** *poet* rojë; **Wacht halten** bëj rojë.
W'achtel *f* =, **-n** *zool* shkurtë (*zog*).
W'ächter *m* **-s,** = rojtar, rojë; **der Hund ist ein guter Wächter des Hauses** qeni është rojë e mirë e shtëpisë.
W'achtturm *m* **-(e)s, -türme** kullë e rojës; kullë vrojtimi.

w'ack(e)lig *a* 1) i lëkundshëm; **wackeliger Stuhl** karrigë e lëkundshme; 2) *fig* i lëkundur; i pasigurt.

w'ackeln *vi* 1) lëkundet (*tryeza, dhëmbi etj.*); 2) tundet (*shtëpia etj.*); **mit dem Kopf wackeln** tund kokën; **mit den Ohren wackeln** tund veshët (*qeni etj.*); 3) *fig* është i pasigurt, i lëkundur (*pozita, njeriu etj.*).

w'acker 1. *a* 1) trim; **ein wackerer Kämpfer** një luftëtar trim; 2) *vjet* i ndershëm; 2. *adv* 1) trimërisht; **er hat wacker ausgehalten** ka qëndruar si burrat; 2) *fig* fort, shumë.

W'ade *f* =, **-n** *anat* pulpë (*e këmbës*).

W'affe *f* =, **-n** 1) armë; **blanke Waffen** armë të ftohta, të bardha; **zu den Waffen greifen** rrok armët; **die Waffen niederlegen (strecken)** dorëzoj armët, dorëzohem; **mit der Waffe in der Hand kämpfen** luftoj me armë në dorë; 2) shërbim ushtarak; **unter den Waffen stehen** jam ushtar; **zu den Waffen rufen** thërras ushtar; 3) armë (*e këmbësorisë, e artilerisë etj.*); 4) *fig* armë (*argument*).

W'affel *f* =, **-n** vafer (*biskotë*).

W'affengattung *f* =, **-en** lloj arme (*artileri, këmbësori etj.*).

W'affenerfolg *m* **-(e)s, -e** fitore (*në luftë*).

w'affenfähig *a* i aftë për shërbim ushtarak.

W'affengefährte *m* **-n, -n** shok armësh.

w'affenlos *a* i çarmatosur, pa armë.

W'affenschein *m* **-(e)s, -e** leje për mbajtje arme.

W'affenschmied *m* **-(e)s, -e** armëtar.

W'affenstillstand *m* **-s** armëpushim.

W'affenstreckung *f* = dorëzim, kapitullim.

w'affnen 1. *vt* armatos; 2. *vrefl* **sich waffnen** armatosem.

w'ägbar *a* që mund të peshohet.

W'agehals *m* **-(e)s, -hälse** kokëkrisur, kokëshkretë.

W'agemut *m* **-(e)s** guxim.

w'agemutig *a* i guximshëm.

w'agen *vt* 1) guxoj; **ich wage es nicht zu tun** nuk guxoj ta bëj; 2) rrezikoj, vë në rrezik; **ich wage mein Leben** vë jetën në rrezik; **gewagt** a) me rrezik (*punë etj.*); b) : **ein gewagter Witz** një shaka e tepruar.

w'ägen* *edhe sipas zgjedh. të dobët vt vjet* peshoj.

W'agen *m* **-s,** = 1) karrocë; qerre; *fig bis* **jemandem an den Wagen fahren** a) bëj dikë për dy pare; b) përpiqem t'i bëj dëm dikujt; 2) vagon (*treni*); 3) automobil.

W'agenabteil *n* **-(e)s, -e** e ndarë vagoni.

W'agenführer *m* **-s,** = shofer tramvaji.

W'agenschlag *m* **-s, -schläge** derë e vagonit, e automobilit etj.

W'agenzug *m* **-(e)s, -züge** karvan qerresh, karrocash, makinash etj.

W'ag(e)stück *n* **-(e)s, -e** punë e guximshme, punë me rrezik.

W'aggon *m* **-s, -s** vagon (*veçanërisht mallrash*).

w'aghalsig *a* kokëkrisur, kokëshkretë.

W'agnis *n* **-ses, -se** punë e guximshme, e rrezikshme.

Wahl *f* =, **-en** zgjedhje; **jemandem die Wahl lassen** lë dikë të zgjedhë; **eine Wahl treffen** zgjedh; **direkte, geheime, indirekte Wahl** zgjedhje të drejtpërdrejta, të fshehta, të tërthorta; **nach Wahl** me të zgjedhur; **die Wahl haben** kam mundësi të zgjedh; **keine an-**

dere Wahl haben s'kam rrugë tjetër.

W'ahlagitation *f* =, **-en** agjitacion paraelektoral.

W'ahlalter *n* **-s** moshë për të marrë pjesë në zgjedhje.

w'ählbar *a* i zgjedhshëm, që mund të zgjidhet (*deputet etj.*).

w'ahlberechtigt *a* me të drejtë vote; që mund të zgjedhë.

w'ählen *vt* 1) zgjedh (*dikë, diçka*); **jemanden ins Parlament, zum Präsidenten wählen** zgjedh dikë deputet, president; **ein gewähltes Deutsch** një gjermanishte e zgjedhur; 2) votoj për (*dikë*); **eine Partei wählen** votoj për një parti; 3) bëj (*një numër në telefon*).

W'ähler *m* **-s,** = zgjedhës.

w'ählerisch *a* 1) buzëhollë; 2) shijehollë; kërkues.

w'ahlfähig *a* 1) që gëzon, ka të drejtën e votës; 2) që mund të zgjidhet.

W'ahlliste *f* =, **-n** listë e zgjedhësve, listë elektorale.

W'ahlkampf *m* **-(e)s, -kämpfe** fushatë e zgjedhjeve.

w'ahllos *a* pa zgjedhur; si të vijë.

W'ahlrecht *n* **-(e)s e** drejtë e votës; **aktives Wahlrecht** e drejtë për të zgjedhur; **passives Wahlrecht** e drejtë për t'u zgjedhur.

W'ahlspruch *m* **-(e)s, -sprüche** moto, parullë.

W'ahltag *m* **-(e)s, -tage** ditë e zgjedhjeve.

W'ahlzettel *m* **-s,** = fletë votimi.

Wahn *m* **-s** 1) iluzion; humbje e arsyes, verbim; **fixer Wahn** mani; **jemanden in den Wahn wiegen** i krijoj iluzione dikujt; 2) marrëzi.

W'ahnbild *n* **-(e)s, -bilder** iluzion.

w'ähnen 1. *vt* kujtoj; **sie wähnte ihn zu Hause** ajo kujtonte se ai ishte në shtëpi; 2. *vrefl* **sich wähnen** e kujtoj veten (*të fituar, të shpëtuar etj.*).

W'ahnsinn *m* **-s** marrëzi; **das ist (doch) Wahnsinn!** kjo është marrëzi!; **in Wahnsinn verfallen** çmendem.

w'ahnsinnig 1. *a* i marrë, i çmendur; *fig bis* **bist du wahnsinnig?** mos u çmende?, a je në vete?; **ich könnte wahnsinnig werden** po pëlcas, po çmendem (*nga inati, padurimi etj.*); 2. *adv* bis tmerrësisht.

W'ahnwitz *m* **-es** marrëzi.

wahr *a* 1) i vërtetë; **das ist wahr** është e vërtetë; **nicht wahr?** apo jo?; **so wahr ich lebe!** për kokën time!; *bis* **eine wahre Schande** turp i madh; **eine Drohung wahr machen** çoj në vend një kërcënim; 2) i drejtë; **es ist etwas Wahres daran** këtu ka diçka të drejtë.

w'ahren *vt* mbroj; ruaj (*të drejtën, dinjitetin etj.*).

w'ähren *vi* **(h)** vazhdon, zgjat (*një punë etj.*); **es währte nicht lange** nuk zgjati shumë.

w'ährend 1. *präp* **(G)** gjatë (*luftës etj.*); **während dieser Zeit** gjatë kësaj kohe; 2. *conj* ndërsa; **der eine spart, während der andere sein Geld verschwendet** njëri i kursen, kurse tjetri i prish paret.

w'ährenddessen *conj* ndërkaq.

w'ahrhaben : *shpr* **etwas nicht wahrhaben** s'dua ta pranoj, ta pohoj diçka.

w'ahrhaft 1. *a* i vërtetë; 2. *adv* vërtet; me të vërtetë.

w'ahrhaftig 1. *a* i drejtë (*njeri*); 2. *adv* me të vërtetë, vërtet; **ich weiß es wahrhaftig nicht** nuk e di vërtet.

W'ahrheit *f* = e vërtetë; **die Wahrheit sagen** them të vërtetën; **um**

die Wahrheit zu gestehen që të them të drejtën.

w'ahrheitsgemäß, wahrheitsgetreu *a* që i përgjigjet së vërtetës.

w'ahrheitsliebend *a* i drejtë (*njeri*).

w'ahrlich *adv* me të vërtetë, vërtet.

w'ahrnehmbar *a* që shihet, që duket, që ndihet, që dëgjohet.

w'ahrnehmen* *vt ndash* 1) perceptoj (*dëgjoj; shoh; ndiej*); 2) vërej; 3) respektoj (*afatin*); 4) *fig* shfrytëzoj (*rastin*); 5) *fig* mbroj (*interesat e dikujt*).

W'ahrnehmung *f* =, **-en** perceptim.

w'ahrsagen *vt, vi* **(h)** parathem (*të ardhmen etj.*).

W'ahrsagerin *f* =, **-nen** falltare.

w'ahrscheinlich 1. *a* që ka të ngjarë, i mundshëm; 2. *adv* ka të ngjarë, ndoshta; **es ist höchst wahrscheinlich, daß ...** ka shumë të ngjarë që ...

W'ahrscheinlichkeit *f* =, **-en** gjasë, mundësi.

W'ahrung *f* = mbrojtje; ruajtje (*e një së drejte etj.*).

W'ährung *f* =, **-en** valutë; **in ausländischer Währung** në valutë të huaj.

W'ährungsreform *f* =, **-en** reformë valutore.

W'ahrzeichen *n* **-s,** = shenjë karakteristike; simbol (*i një qyteti etj.*).

W'aise *f* =, **-n** jetim(e).

W'aisenhaus *n* **-(e)s, -häuser** jetimore.

W'aisenkind *n* **-(e)s, -kinder** fëmijë jetim.

W'aisenknabe *m* **-n, -n** *vjet* jetim; *fig bis* **gegen jemanden ein Waisenknabe sein** s'matem dot me dikë.

Wal *m* **-(e)s, -e** *zool* balenë.

Wald *m* **-es, Wälder** pyll; **die Tiere des Waldes** kafshët e pyllit.

w'aldig *a* i pyllëzuar, me pyje.

W'aldlauf *m* **-(e)s, -läufe** vrapim sportiv.

W'aldmeister *m* **-s,** = *bot* njëgjire.

W'aldrand *m* **-(e)s, -ränder** anë, skaj i pyllit.

w'aldreich *a* me shumë pyje.

W'aldsaum *m sh* **Waldrand.**

W'alfang *m* **-(e)s** gjueti e balenës.

W'alfisch *m* **-(e)s, -e** *zool* balenë.

w'alken *vt* shkel për të bërë shajak (*leshin*).

W'alkmühle *f* =, **-n** dërstilë, valanicë.

Walk'üre *f* =, **-n** 1) *mit* valkire; 2) *fig bis* grua madhoshe flokëverdhë.

Wall *m* **-s, Wälle** 1) ledh; 2) *fig* kështjellë.

W'allach *m* **-s, -e** *zool* kalë i tredhur.

w'allen *vi* **(s, h)** 1) zien, shkumëzon (*deti etj.*); 2) *fig* bien valë-valë (*flokët*); 3) valavitet (*flamuri*).

W'allfahrt *f* =, **-en** shtegtim, pelegrinazh.

W'allung *f* =, **-en** 1) zierje, vlim; 2) *mjek* afsh i nxehtë (*në fytyrë etj.*); 3) *fig* shqetësim; **in Wallung kommen** shqetësohem; **in Wallung bringen** shqetësoj.

W'alnuß *f* =, **-nüsse** *bot* arrë.

w'alten *vi* **(h) (über A)** sundoj (*mbi dikë*); drejtoj (*diçka*); **der Vater waltet im Hause** babai është zot i shtëpisë; **ich walte meines Amtes** kryej detyrat e zyrës; **hier walten die Naturkräfte** këtu veprojnë forcat e natyrës; *shpr* **Gnade walten lassen** tregohem i mëshirshëm; *shpr* **Vorsicht walten lassen** tregohem i kujdesshëm; *shpr* **ich kann hier schalten und walten, wie ich will** këtu mund të bëj si të më dojë qejfi, si të dua.

W'alze *f* =, **-n** *tek* cilindër, rul.

w'alzen 1. *vt tek* petëzoj; 2. *vi* (h) kërcej një vals.

w'älzen 1. *vt* 1) rrokullis; *iron* **Probleme wälzen** merrem me probleme të mëdha; *bis* **Bücher wälzen** lexoj librat e dynjasë; 2) **(in D)** rrëkëllej (*në diçka*); *fig* **er wälzte sich (D) eine Last (einen Stein) vom Herzen (von der Seele)** hoqi një barrë të rëndë; 3) **(auf A)** ia hedh (*dikujt fajin*); 2. *vrefl* **sich wälzen** rrokullisem; *fig bis* **sich vor Lachen wälzen** bie përmbys nga të qeshurat, shkulem së qeshuri.

w'alzenförmig *a* cilindrik.

W'alzer *m* **-s, =** *muz* vals.

W'alzwerk *n* **-(e)s, -e** uzinë për petëzimin e metaleve.

W'amme *f* **=, -n** 1) lapër e qafës (*së kaut etj.*); 2) *bis* plëndës.

Wams n, *m* **-es, Wämser** *dhe* **Wämse** lloj jeleku.

wand *sh* **winden.**

Wand *f* **=, Wände** 1) mur; perde; **spanische Wand** paravan (*për të ndarë një pjesë të dhomës*); **die weiße Wand** ekrani (*i kinematografisë*); *anat* **die Wand des Magens** muri i stomakut; **jemanden an die Wand stellen** pushkatoj dikë; *fig bis* **jemanden an die Wand drücken** vë dikë me shpatulla pas murit; *fig bis* **die Wände hochspringen vor Freude** hidhem përpjetë nga gëzimi; *fig bis* **es ist um die Wände hinaufzuklettern!** është për të vënë duart në kokë!; *fig bis* **zu leeren Wänden reden** i flas murit; *prov* **die Wände haben Ohren** edhe muret kanë veshë; 2) shkëmb thikë.

Wandal'ismus *m* **=** vandalizëm.

W'andbrett *n* **-(e)s, -er** sergjen.

W'andel *m* **-s, =** ndryshim; **einen Wandel erfahren** pësoj një ndryshim.

w'andelbar *a* i ndryshueshëm, i paqëndrueshëm.

W'andelgang *m* **-(e)s, -gänge** 1) korridor; 2) *ark* galeri e mbuluar.

W'andelhalle *f* **=, -n** sallë për të shëtitur.

w'andeln I *vi* **(s, h)** endem; **auf und ab wandeln** bredh poshtë e lart; *fig bis* **er sieht aus wie eine wandelnde Leiche** ai duket sikur ka dalë nga varri.

w'andeln II 1. *vt* **(in A)** ndryshoj, shndërroj (*në diçka);* 2. *vrefl* **sich wandeln (in A)** ndryshohem, shndërrohem (*në diçka*).

W'andelstern *m* **-(e)s, -e** *astr* planet.

W'anderarbeiter *m* **-s, =** punëtor shëtitës, endacak.

W'anderer *m* **-s, =** udhëtar, shtegtar.

w'andern *vi* **(s)** endem, bredh, shëtis, shtegtoj; **die Wolken wandern** retë shtegtojnë; **die Gedanken wanderten in die Ferne** mendimet ikën larg; **die Sachen wanderten zum Trödler** plaçkat përfunduan te shitësi i vjetërsirave; **wandernder Händler** tregtar ambulant.

W'anderpreis *m* **-es, -e** çmim tranzitor (*për fitues të garave sportive*).

W'anderschaft *f* **=, -en** endje, bredhje; shtegtim.

W'anderung *f sh* **Wanderschaft.**

W'andervogel *m* **-s** 1) zog shtegtar; 2) *fig* endacak.

W'andlung *f* **=, -en** ndryshim; shndërrim; **eine Wandlung erfahren** pësoj një ndryshim.

W'andmalerei *f* **=, -en** pikturë në mur, afresk.

W'andschrank *m* **-(e)s, -schränke** dollap muri.

W'andtafel *f* **=, -n** tabelë, dërrasë e zezë.

w'andte *sh* **wenden*.**

W'anduhr *f* =, **-en** orë muri.

W'andvertiefung *f* =, **-en** *ark* kamare.

W'andzeitung *f* =, **-en** gazetë muri.

W'ange *f* =, **-n** *anat* faqe; **jemanden auf die Wange küssen** puth në faqe dikë; **das Blut stieg ihm in die Wangen** i hipi gjaku në fytyrë.

W'ankelmut *m* **-(e)s** pavendosmëri.

w'ankelmütig *a* i lëkundshëm, i pavendosur (*njeri*).

w'anken *vi* **(h, s)** tundem; lëkundem (*edhe fig*); **nicht wanken und nicht weichen** qëndroj i patundur; **wankend werden** lëkundem (*në një vendim etj.*).

wann *adv* kur; **seit wann?** që kur?; **dann und wann** nganjëherë; herë pas here; **wann kommst du?** kur do të vish?.

W'anne *f* =, **-n** govatë; vaskë banje.

Wanst *m* **-(e)s, Wänste** *bis* plëndës; *shpr* **sich (D) den Wanst vollschlagen** mbush barkun.

W'anze *f* =, **-n** *zool* tartabiqe.

W'appen *n* **-s,** = stemë.

w'appnen, sich *vrefl* përgatitem; *shpr* **gegen etwas gewappnet sein** jam i përgatitur shpirtërisht për diçka.

war *sh* **sein*** I.

warb *sh* **werben***.

ward *sh* **werden***.

W'are *f* =, **-n** mall; **halbfertige Ware** gjysmëfabrikat; **das Betasten der Ware ist verboten** ndalohet prekja e mallit; **diese Ware führen wir nicht** nuk mbajmë nga ky mall; **eine Ware auf den Markt bringen** hedh një mall në treg.

w'äre(n) *sh* **sein*** I.

W'arenbestand *m* **-(e)s** mall që ndodhet në magazinë; gjendje malli.

W'arenhaus *n* **-es, -häuser** magazinë.

W'arenkunde *f* = merceologji.

W'arenzeichen *n* **-s,** = markë (*e një malli*).

warf *sh* **werfen***.

warm 1. *a* i ngrohtë (*edhe fig*); **warme Speise** gjellë e ngrohtë; **wärmsten Dank!** falemnderit shumë!; **etwas warm halten** mbaj diçka të ngrohtë; **es ist warm** është ngrohtë; **mir ist warm** jam ngrohtë; **es wird warm** po ngrohet (moti); **warm werden** nxehem; *fig* **für etwas warm werden** interesohem për diçka; *fig* **noch nicht richtig warm sein** akoma nuk jam mësuar (*me një punë të re etj.*); *fig bis* **ihm wird der Kopf gleich warm** ai merr flakë menjëherë; *fig bis* **mit jemandem warm sein** gëzoj simpatinë, besimin e dikujt; *fig bis* **jemanden warm machen** a) ia skuq dikujt; b) ia marr shpirtin dikujt; *fig bis* **jemandem den Kopf warm machen** ia bëj kokën dhallë dikujt; 2. *adv* ngrohtë (*edhe fig*); **er wurde mir warm empfohlen** ma rekomanduan nxehtësisht; *bis* **warm sitzen** zë një qoshe të ngrohtë.

W'ärme *f* = ngrohtësi (*edhe fig*); **jemanden mit Wärme empfangen** pres dikë përzemërsisht.

W'ärmeeinheit *f* =, **-en** *fiz* kalori.

W'ärmekraftlehre *f* = termodinamikë.

W'ärmekraftmaschine *f* =, **-n** motor termik.

w'ärmen 1. *vt* ngroh; 2. *vrefl* **sich wärmen** ngrohem; **komm herein und wärme dich!** eja brenda e ngrohu!; 3. *vi* **(h)** ngroh, mban ngrohtë; **Wolle wärmt** leshi mban ngrohtë.

w'armhalten* *vt ndash bis* marr me të mirë (*dikë*); mbaj afër (*dikë*).

w'arnen *vt* paralajmëroj; **jemanden vor etwas oder jemandem warnen** paralajmëroj dikë që të ruhet nga diçka ose nga dikush.

W'arnung *f* =, **-en** paralajmërim.

W'arnzeichen *n* **-s,** = 1) shenjë rreziku (*e qarkullimit rrugor*); 2) shenjë paralajmërimi.

warst *sh* **sein*** I.

W'arte *f* =, **-n** 1) kullë e rojës; 2) observator; 3) : *shpr* **von jemandes Warte aus** nga pikëpamja e dikujt; *shpr* **auf einer höheren Warte stehen** shoh më larg se të tjerët.

W'artefrau *f* =, **-en** 1) rojtare; 2) infermiere.

w'arten 1. *vi* (h) pres; **na, warte!** pa dale!, prit pak!; **der Zug wartet nicht** treni nuk pret; **das kann warten** kjo (punë) pret; **er läßt lange auf sich warten** ai po vonohet; **die Wirkung ließ nicht auf sich warten** efekti qe i menjëhershëm; **warte auf mich!** pritmë!; *bis iron* **auf den habe ich gerade noch gewartet!** e gjeti kohën të vinte!; 2. *vt* kujdesem për (*makinën etj.*); mirëmbaj.

W'ärter *m* **-s,** = 1) rojtar; 2) infermier.

W'arteraum *m* **-(e)s, -räume** lokal pritjeje.

W'artesaal *m* **-s, -säle** sallë pritjeje.

W'artezeit *f* =, **-en** kohë e pritjes; afat; **nach langer Wartezeit** pas një pritjeje të gjatë.

W'artezimmer *n* **-s,** = dhomë pritjeje.

W'artung *f* = përkujdesje; mirëmbajtje.

war'um *adv inter* përse, pse; *bis* **warum nicht!** 1) pse jo!; 2) edhe kjo na duhej!

W'arze *f* =, **-n** 1) lez, lyth; 2) *anat* thithkë, sisë.

was (G wessen, A was) 1. *pron inter* 1) ç', çfarë; **was geht das mich an?** ç'më duhet mua kjo?; **was führt dich zu mir?** ç'të solli tek unë?; **was hast du?** ç'ke?; **was du nicht sagst!** ç'thua dhe ti!; **was ist ihr Vater von Beruf?** ç'punë i bën i ati (*asaj*)?; **was ist aus ihm geworden?** ç'u bë ai?; **was ist schon dabei, wenn ...** ç'të keqe ka sikur ...; **was für ein Buch möchten Sie?** ç'libër dëshironi?; **was für ein Lärm!** ç'zhurmë!; **was sind das für Sachen!** ç'janë këto gjëra!; **was für ein Unglück!** ç'fatkeqësi!; **was (auch) immer geschehen mag** çfarëdo që të ndodhë; 2) si; **was, das weißt du nicht?** si, nuk e ditke?; 3) sa; **was kostet das Buch?** sa kushton libri?; 4) : *bis* **was weiß ich?** ku (ta) di unë?; **ach was!** lëre!; **ach was?** jo more?; vërtet?; 2. *pron rel* 1) ç', çfarë; **ich weiß nicht, was ich sagen soll** nuk di ç'të them; **sag mir, was du willst** thuajmë ç'do; 2) që; **das Beste, was du tun kannst, ist ...** më e mira që mund të bësh është ...; 3. *pron indef* (*shkurt bis i* **etwas**) diçka; **das ist doch was anderes!** kjo është diçka tjetër; *bis* **kann ich dir was helfen?** a mund të të ndihmoj gjë?; **inzwischen kann, wer weiß was, geschehen** ndërkaq kushedi ç'mund të ndodhë.

W'aschbecken *n* **-s,** = lavaman.

W'äsche *f* = 1) larje (*e rrobave etj.*); 2) ndërresa, rroba (*për të larë*).

w'aschecht *a* 1) që nuk hyn, që nuk i del boja kur lahet; 2) *fig* i kulluar; **ein waschechter Berliner** një berlinas i kulluar.

W'äscheklammer *f* =, **-n** kapëse rrobash.

W'äscheleine *f* =, **-n** tel, litar për varjen e rrobave.

w'aschen* 1. *vt* laj; **sich (D) die**

Hände waschen laj duart; 2. *vrefl* **sich waschen** lahem.

Wäscher'ei *f* =, 1) larje (*e arit etj.*); 2) *pl* **-en** lavanderi, pastërti.

W'äscherin *f* =, **-nen** rrobalarëse.

W'äscheschleuder *f* =, **-n** centrifugë e makinës larëse.

W'aschfrau *f* =, **-en** rrobalarëse.

W'aschküche *f* =, **-n** 1) dhomë larjeje; 2) *fig* mjegull e dendur.

W'aschlappen *m* **-s,** = 1) leckë për larje; 2) *fig* leckë (*njeri pa vullnet*).

W'aschmaschine *f* =, **-n** makinë larëse, lavatriçe.

W'aschschüssel *f* =, **-n** legen.

wäschst, wäscht *sh* **waschen***.

W'aschtisch *m* **-(e)s, -e** lavaman.

W'aschung *f* =, **-en** larje (*e trupit*).

W'aschweib *n* **-(e)s, -er** *bis* llafazan(e).

W'aschzeug *n* **-s** mjete për t'u larë (*sapun, peshqir etj.*).

W'aschzuber *m* **-s,** = govatë.

W'asser *n* **-s,** = *dhe* **Wässer** (*për ujë mineral etj.*) 1) ujë; **fließendes Wasser** ujë i rrjedhshëm; **ein Glas (voll) Wasser** një gotë ujë; **Wasser schlucken** pi ujë (*duke bërë not etj.*); *fig* **ins Wasser gehen** mbytem (*në ujë*); **sich zu Wasser und zu Lande fortbewegen können** mund të lëvizë në ujë e në tokë (*kafsha, makina etj.*); *shpr* **mit einem Sieb Wasser schöpfen** marr ujë me shoshë; *shpr* **nahe ans Wasser gebaut haben** i kam lotët në sy, e kam vajin në buzë; *shpr* **das ist Wasser auf seine Mühle** kjo shpie ujë në mullirin e tij; *shpr* **munter wie ein Fisch im Wasser sein** e ndiej veten si peshku në ujë; *shpr* **das Unternehmen ist ins Wasser gefallen** punën e mori lumi; *shpr* **Wasser in die Elbe, ins Meer tragen** rrah ujë në havan, mih në ujë; *shpr* **das war ein Schlag ins Wasser** kjo qe një vërë në ujë; *shpr* **mit allen Wassern gewaschen sein** jam rrahur me vaj e me uthull; *shpr* **der Vorwurf läuft an ihm ab wie Wasser** qortimi atij këtej i hyn e këtej i del; 2) lëng; lot; djersë; pështymë; jargë; shurrë; **das Wasser nicht halten können** nuk e mbaj dot shurrën; **Wasser lassen, abschlagen** bëj ujët; **das Wasser läuft ihm in Munde zusammen** i lëshon goja lëng; **das Wasser stürzte ihm aus den Augen, das Wasser schoß ihm in die Augen** i shpëtuan lotët; **ihm floß das Wasser von der Stirn** i kullonin djersët nga balli; 4) : **ein Brillant reinsten Wassers** një brilant i kulluar; **ein Berliner reinsten Wassers** një berlinas i kulluar.

W'asserball *m* **-s, -bälle** 1) *sport* vaterpolo; 2) top plazhi.

W'asserbau *m* **-(e)s** ndërtim hidroteknik.

W'asserbecken *n* **-s,** = legen.

W'asserbehälter *m* **-s,** = enë për ujë; serbator uji.

W'asserbombe *f* =, **-n** *usht* bombë që shpërthen në thellësi.

W'ässerchen *n* : *shpr* **so aussehen, als ob man kein Wässerchen trüben könnte** dukem sikur nuk turbulloj ujë.

w'asserdicht *a* që nuk fut ujë, i papërshkueshëm nga ujët.

W'asserfall *m* **-s, -fälle** ujëvarë, kaskadë, katarakt.

W'asserfarbe *f* =, **-n** bojë uji, akuarel; **mit Wasserfarben malen** pikturoj me bojëra uji.

W'asserflugzeug *n* **-s, -e** *av* hidroplan.

W'asserflut *f* =, **-en** përmbytje.

W'asserhahn *m* **-s, -hähne** rubinet.

w'äss(e)rig *a* që ka shumë ujë (*edhe fig*); **das macht mir den Mund**

wässerig për këtë më lëshon goja lëng.
W'asserjungfer *f* =, **-n** *zool* pilivesë.
W'asserkraftwerk *n* **-(e)s, -e** hidrocentral.
W'asserlauf *m* **-(e)s, -läufe** lumë; përrua.
W'asserleitung *f* =, **-en** tub uji.
W'asserlili/e *f* =, **-n** *bot* zambak uji.
W'assermelone *f* =, **-n** *bot* shalqi.
W'assermine *f* =, **-n** *usht* minë uji.
w'assern *vi* **(h)** ulet në ujë (*aeroplani*).
w'ässern 1. *vt* 1) shkripëzoj në ujë; 2) njom, zbus në ujë; 3) *fot* laj (*filmin*); 4) lag, ujis (*bimët*); 2. *vi* 1) (*më*) njomen sytë me lot; 2) (*më*) lëshon goja lëng.
W'asserpfeife *f* =, **-n** nargjile.
W'asserschaden *m* **-s, -schäden** dëm i shkaktuar nga uji.
w'asserscheu *a mjek* hidrofob (*qen etj.*).
W'asserski *n* **-s** *sport* ski ujor.
W'asserspiegel *m* **-s** sipërfaqe e ujit.
W'assersport *m* **-s** *sport* ujor.
W'asserstand *m* **-(e)s** nivel i ujit.
W'asserstoff *m* **-(e)s** *kim* hidrogjen.
W'asserstoffbombe *f* =, **-n** bombë me hidrogjen.
W'asserstraße *f* =, **-n** rrugë ujore (*lumë, kanal etj.*).
W'assersucht *f* = *mjek* hidropizi, trupazi.
W'asserturm *m* **-(e)s, -türme** depo uji (*në një kullë*).
W'ässerung *f* = 1) ujitje, lagie; 2) *fot* larje; 3) njomje, zbutje.
W'asserwaage *f* =, **-n** nivel uji (*i muratorit*).
W'asserweg *m* **-(e)s, -e** rrugë ujore.
W'asserwerk *n* **-(e)s, -e** ndërtesë hidroteknike.
W'asserzeichen *n* **-s,** = filigranë (*në pulla poste etj.*).
w'aten *vi* **(h)** 1) hedh në va (*lumin*); 2) **(in D)** eci nëpër (*rërë, ujë etj.*).
w'atscheln *vi* **(s)** eci duke u tundur; **wie eine Ente watscheln** eci duke u tundur si rosë.
Watt *n* **-s, -en** cekëtinë (*në Detin e Veriut*).
W'atte *f* = pambuk (*për shërbime sanitare etj.*); *shpr* **jemanden in Watte packen** mbaj dikë si në kuti (*për ta ruajtur nga sëmundjet etj.*).
W'attebausch *m* **-(e)s, -e** shuk pambuku.
watt'ieren *vt* u vë jastekë (*supeve të xhaketës etj.*).
W'auwau *m* **-s, -s** qen (*në gjuhën e fëmijëve*).
w'eben* *edhe sipas zgjedhimit të dobët vt* end (*pëlhurë, qilim etj.*); **die Spinne webt ihr Netz** merimanga end cergën.
W'eber *m* **-s,** = endës.
Weber'ei *f* = 1) pëlhurë; 2) *pl* **-en** fabrikë pëlhurash.
W'ebstuhl *m* **-(e)s, -stühle** vegjë, tezgjah.
W'echsel *m* **-s,** = 1) ndryshim; **Wechsel in der Regierung** ndryshim në qeveri; 2) ndërrim; **der Wechsel der Jahreszeiten** ndërrimi i stinëve; 3) *fin* kambial; 4) shkëmbim; ndërrim; thyerje (*e pareve*).
W'echselapparat *m* **-(e)s, -e** *el* komutator.
W'echselbeziehung *f* =, **-en** lidhje e ndërsjellë.
W'echselgeld *n* **-es** pare të thyera, të holla.
w'echselhaft *a* i ndryshueshëm; **das Wetter bleibt wechselhaft** moti mbetet i paqëndrueshëm.
W'echseljahre *pl fiziol* klimakter.

W'echselkurs *m* **-es, -e** *fin* kurs i valutës.

w'echseln 1. *vt* 1) ndërroj (*vendin, punën etj.*); **das Thema wechseln** ndërroj temë; 2) këmbej (*letra, fjalë etj.*); 3) a) thyej; b) këmbej (*pare*); 2. *vi* (s) ndërroj; **das Wetter wechselt** rasch moti ndërron shpejt; **wollen wir wechseln?** a ndërrojmë vendet?

w'echselnd *a* 1) i ndryshueshëm; 2) *fig* i paqëndrueshëm (*shëndet, mot etj.*).

w'echselseitig *a* i ndërsjellë, reciprok.

W'echselstrom *m* **-(e)s** *el* rrymë e alternuar.

W'echselstube *f* **=, -n** vend për këmbimin e pareve.

w'echselweise *adv* 1) alternativisht; 2) ndërsjelltas; reciprokisht; 3) në mënyrë të ndryshueshme.

W'echselwirkung *f* **=, -en** veprim i ndërsjellë; bashkëveprim.

W'ecken *m* **-s, =** *aust* franxhollë.

w'ecken *vt* 1) zgjoj; **bitte weck mich um sieben Uhr** më zgjo, të lutem, në orën shtatë; 2) *fig* ngjall, zgjoj (*ndjenja, kujtime etj.*).

W'ecker *m* **-s, =** orë me zile; **der Wecker rasselte** ra zilja e orës.

W'edel *m* **-s, =** 1) tufë (*puplash, qimesh, kashte etj.*) për të fshirë pluhurat; 2) bisht (*i kaprollit etj.*).

w'edeln *vi* **(h)** 1) tund bishtin (*qeni*); 2) : **mit etwas (D) wedeln** tund diçka (*shaminë, degën etj.*).

w'eder *conj* **weder ... noch** as ... as; **das ist weder Fisch noch Fleisch** kjo s'është as mish as peshk.

Weekend [*u'ikend*] *n* **-s, -s** fund i javës.

weg *adv* tutje; larg; jashtë; **weg!** lëre!; **(geh) weg!** ik! shporru!; **Hände weg!** hiqi duart!; **weg damit!** hiqe!; **weg da!** hiqu! shporru!; **ich möchte die Blumen hier weg haben** dua të m'i heqësh këto lule; **er war schon weg, als ich kam** kur erdha unë, ai kishte ikur; **meine Uhr ist weg** kam humbur orën; *shpr bis* **ganz weg sein** a) habitem; b) luaj mendsh pas ...; **nach etwas, nach jemandem ganz weg sein** bëj si i marrë pas diçkaje, dikujt; *shpr bis* **ich bin darüber weg** e kam kaluar atë fazë.

Weg *m* **-es, -e** 1) rrugë; udhë; **jemanden ein Stück Weg begleiten** përcjell dikë një copë rrugë; *bis* **kannst du mir einen Weg abnehmen?** a mund të ma bësh një rrugë (*për të blerë diçka etj.*)?; **vom Wege abkommen** humbas rrugën; **ein Weg von einer halben Stunde** një gjysmë orë rrugë; **woher des Weges?** nga vjen?; **wohin des Weges?** ku shkon?; **einen anderen Weg einschlagen** marr një rrugë tjetër; **geh deiner Wege!** shko në punë tënde!; *fig* **jemanden seiner Wege schicken** shporr dikë; **auf halbem Wege** në gjysmë të rrugës; **jemanden auf den Weg bringen** nxjerr në rrugë dikë; **etwas auf den Weg bringen** nis, dërgoj diçka; **sich auf den Weg machen** nisem për rrugë; **auf dem Weg nach Berlin** rrugës për në Berlin; **jemandem aus dem Wege gehen** a) i bëj vend, i hap rrugë dikujt; b) ndërroj rrugë për të mos takuar dikë; **Hindernisse aus dem Wege räumen** pastroj rrugën nga pengesat; **jemandem in den Weg laufen** has dikë; **jemandem im Wege stehen** i zë rrugën dikujt; *fig* **dem steht nichts im Wege** për (kë)të s'ka asnjë pengesë; **sich jemandem in den Weg stellen** a) i dal përpara dikujt; b) *fig* i bëhem pengesë dikujt; **jemandem in den Weg treten** i zë rrugën dikujt (*edhe fig*); *fig bis* **da führt kein Weg dran vorbei** kësaj nuk i shmangesh dot; *fig* **er geht seine eigenen Wege** ai shikon punën e vet; *fig* **auf dem falschen Wege sein** jam në rrugë të gabuar, të shtrembër; *fig* **das hat noch gute Wege** ka kohë ajo punë; *fig* **jemanden auf seinem letzten Wege begleiten** përcjell në varr dikë; *fig* **etwas in die Wege leiten** përgatis diçka; *shpr bis* **jemandem nicht über den Weg trauen** s'ia kam besën dikujt; 2) rrugë; mënyrë; mjet; **auf direktem Wege** drejtpërsëdrejti; **auf gerichtlichem Wege** me gjyq; **auf gesetzlichem Wege** me rrugë ligjore; **auf gütlichem Wege** me të mirë; **auf künstlichem Wege** në mënyrë artificiale; *bis* **auf schnellstem Wege** sa më parë; *fig* **es bleibt (mir) kein anderer Weg (offen)** nuk (më) mbetet rrugë tjetër.

weg = *parashtesë e ndashme foljore që tregon largim prej diçkaje, dikujt.*

W'egbereiter *m* **-s,** = pararendës.

w'egblasen* *vt ndash* heq duke i fryrë (*hirin e cigares etj.*); **er war wie weggeblasen** humbi pa gjurmë.

w'egbleiben* *vi ndash* **(s)** 1) nuk vij, nuk dukem; **er kam noch einige Male und blieb dann weg** erdhi edhe disa herë pastaj nuk u duk më; 2) ngec (*motori, gjuha*); *shpr bis* **mir blieb die Spucke weg** mbeta pa mend; 3) lihet jashtë; **dieser Satz kann wegbleiben** kjo fjali mund të lihet jashtë.

w'egblicken *vi ndash* **(h)** shikoj mënjanë, tutje.

W'egelagerer *m* **-s,** = *vjet* kusar, cub.

w'eg(e)los 1. *a* pa rrugë; i pakalueshëm; 2. *adv* rrugë pa rrugë.

w'egen *präp* **(G)** 1) për shkak të ...; **wegen der Krankheit** për shkak të sëmundjes; 2) për hir të ...; **wegen des Vaters** për hir të babait, të t'et; 3) : *bis* **von wegen!** në asnjë mënyrë!

w'egfahren* *vi ndash* **(s)** nisem; **wann fährt er weg?** kur niset ai?

W'egfall *m* **-(e)s** shfuqizim, anulim (*i një vendimi, urdhërese etj.*).

w'egfallen* *vi ndash* **(s)** 1) bie poshtë (*një arsye etj.*); 2) hiqet (*një pjesë nga programi etj.*).

w'egfliegen* *vi ndash* **(s)** fluturon tutje.

w'eggeben* *vt ndash* i jap (*diçka dikujt tjetër*).

w'eggehen* *vi ndash* **(s)** largohem; shkoj (*në një vend tjetër*).

w'eghaben* *vi ndash* **(h)** *bis* 1) ha (*një qortim etj.*); 2) kuptoj; di mirë (*një punë etj.*); 3) : *shpr bis* **einen weghaben** jam tapë.

w'egjagen *vt ndash* përzë.; 4) : *shpr* **(jemanden oder etwas) weghaben wollen** s'dua të kem (*dikë ose diçka*).

w'egkommen* *vi ndash* **(s)** 1) largohem; **sie kommt nicht vom Spiegel weg** ajo nuk shqitet dot nga pasqyra; 2) humbas; **meine Uhr ist (mir) weggekommen** më ka humbur ora; 3) : *shpr* **gut, schlecht (bei etwas) wegkommen** ndahem mirë, keq (*nga diçka*); *shpr* **nicht über etwas wegkommen** nuk e fle dot mendjen nga diçka.

w'egkönnen* *vi ndash bis* mund të largohem.

w'egkriegen *vt ndash bis* 1) heq (*një njollë etj.*); 2) marr (*një plagë etj.*); 3) kuptoj.

w'eglassen* *vt ndash* 1) lëshoj; **die Kinder wollten ihn nicht weglassen** fëmijët nuk donin ta linin; 2) lë (jashtë); **die letzte Szene lassen wir weg** skenën e fundit do ta lëmë.

w'eglaufen* *vi ndash* **(s)** iki; **ihm**

ist die Frau weggelaufen i ka ikur gruaja.

w'eglegen *vt ndash* vë mënjanë.

w'egmachen *vt ndash bis* heq (*plehun etj.*).

w'egmüssen *vi ndash bis* duhet të shkoj, të nisem, të largohem.

W'egnahme *f* = heqje; konfiskim.

w'egnehmen* *vt ndash* 1) heq; **ein Kind von der Schule wegnehmen** heq një fëmijë nga shkolla; 2) marr; **jemandem etwas wegnehmen** i marr dikujt diçka.

w'egraffen *vt ndash* rrëmbej.

w'egräumen *vt ndash* heq; **bitte räum deine Sachen weg!** hiqi, të lutem, plaçkat e tua!

w'egreißen* *vt ndash* rrëmbej (*librin nga dora etj.*).

w'egschaffen *vt ndash* heq, largoj; transportoj; evakuoj.

w'egscheren*, **sich** *vrefl* shporrem; **scher dich weg!** shporru!

w'egschicken *vt ndash* 1) nis, dërgoj (*një letër etj.*); 2) nis, përcjell (*dikë*).

w'egschmeißen* *vt ndash bis* flak tutje.

w'egschnappen *vt ndash* rrëmbej; **jemandem etwas wegschnappen** i rrëmbej diçka dikujt.

w'egstoßen* *vt ndash* shtyj tutje.

w'egtreten* *vi ndash* **(s)** largohem.

w'egtun* *vt ndash* 1) heq (*një send për ta vënë në vend të vet*); 2) fsheh.

W'egweiser *m* **-s, =** 1) udhërrëfyes (*njeri*); 2) udhërrëfyes (*libër*); 3) tabelë shenjash rrugore.

w'egwerfen* *ndash* 1. *vt* flak, hedh tutje; tërheq tutje (*perden etj.*); 2. *vrefl* **sich wegwerfen** *fig* ul veten, poshtërohem.

w'egwerfend 1. *a* përbuzës; 2. *adv* me përbuzje.

w'egzählen *vt ndash aust* zbres (*një shumë*).

w'egziehen* *ndash* 1. *vt* tërheq tutje (*perden etj.*); 2. *vi* **(s)** 1) shpërngulem, ndërroj banesë; 2) shtegtojnë (*zogjtë*).

W'egzug *m* **-es** 1) shpërngulje; 2) shtegtim (*i zogjve*).

Weh *n* **-s, -e** *vjet* 1) dhembje; 2) pikëllim, hidhërim; 3) : *shpr bis* **mit Ach und Weh** me një mijë qamete.

weh 1. *int* mjerë; **weh mir!** mjerë unë!; **o weh!** ah!; 2. *a* i vrarë, i dhembur, i plagosur (*gisht etj.*); 3. *adv* : **die Hand tut mir weh** më dhemb dora; **weh tun** vras; **sich weh tun** vritem; **hast du dir weh getan?** u vrave?; **es tut mir weh** më vjen keq.

w'ehen 1. *vi* **(h)** 1) fryn (*era*); **der Wind weht vom Meer** era vjen, fryn nga deti; *fig* **hier weht ein neuer, frischer Wind** këtu fryn një erë e re; 2) valëvitet (*flamuri etj.*); **die Fahne weht im Wind** flamuri valëvitet në erë; 3) vjen (*një tingull, aromë etj.*); **ein Duft von Rosen wehte ins Zimmer** dhomën e mbushi një kundërmim trëndafilash; **die Töne wehten durch den Raum** tingujt përshkuan dhomën; 2. *vt* merr, hedh (*era*).

W'ehen *pl* dhembjet e lindjes.

w'ehklagen *vi* **(h)** rënkoj, qahem.

w'ehleidig *a* qaraman.

W'ehmut *f* = trishtim; **mich erfaßt Wehmut, wenn ich daran zurückdenke** më zë trishtimi kur e kujtoj.

w'ehmütig *a* i trishtuar.

Wehr I *f* =, **-en** 1) *vjet* armë; 2) *sing* mbrojtje; **sich zur Wehr setzen** mbrohem.

Wehr II *n* **-(e)s, -e** pendë, pritë, digë.

W'ehrdamm *m* **-(e)s, -dämme** sfrat, digë; ledh.

W'ehrdienst *m* **-(e)s** shërbim

ushtarak; **zum Wehrdienst einberufen werden** më marrin ushtar.
w'ehren 1. *vt* ndaloj; **jemandem etwas wehren** ia ndaloj dikujt diçka; 2. *vi* (h) **: einem Übel wehren** parandaloj një të keqe; 3. *vrefl* **sich wehren (gegen A)** mbrohem (*kundër dikujt, diçkaje*); *shpr* **sich mit Händen und Füßen wehren** kundërshtoj me të gjitha mënyrat.
w'ehrfähig *a* i aftë për shërbim ushtarak.
W'ehrfähigkeit *f* = aftësi për të kryer shërbimin ushtarak.
W'ehrkraft *f* = fuqi mbrojtëse.
W'ehrleitung *f* =, **-en** komandë ushtarake.
w'ehrlos *a* i pambrojtur.
W'ehrmacht *f* = forca të armatosura (*të Gjermanisë 1935-1945*).
W'ehrpflicht *f* = detyrim i shërbimit ushtarak.
w'ehrpflichtig *a* që e kap detyrimi i shërbimit ushtarak.
W'ehwehchen *n* **-s,** = *bis* dhembje e vogël.
Weib *n* **-(e)s, Weiber** 1) *përb* femër; **ein dummes Weib** një budallaqe; 2) *bis poet* grua; **Weib und Kind** grua e fëmijë; **mein Weib** ime shoqe.
W'eibchen *n* **-s,** = 1) *përb* femër; 2) femër (*e shpendit, e kafshës*).
W'eibel *m* **-s,** = nëpunës i vogël (*në Zvicër*).
W'eiberfeind *m* **-(e)s, -e** *bis* armik i grave.
w'eibisch *a përb* si femër (*burrë*).
w'eiblich *a* femëror; **das weibliche Geschlecht** gjinia femërore; *let* **weiblicher Reim** rimë femërore.
W'eiblichkeit *f* = natyrë femërore.
weich *a* 1) i butë; **weich wie Samt (Seide)** i butë si kadife (mëndafsh); *anat* **der weiche Gaumen** qiellza e butë; *usht* **eine weiche Stelle** pikë e dobët; **weich machen** zbus (*edhe fig*); **ein weich gekochtes Ei** vezë rrufkë; 2) *fig* i butë; i ëmbël; **ein weiches Herz haben** jam zemërbutë; **eine weiche Bewegung** lëvizje e lehtë, e matur; **ein weicher Ton** ton i butë; 3) : *shpr* **es wurde ihm weich ums Herz** u mallëngjye; *shpr* **die Knie wurden ihm weich** e lëshuan gjunjët; *shpr* **nur nicht weich werden!** mbahu!
W'eichbild *n* **-(e)s, -bilder** territor, rreth i qytetit.
W'eiche I *f* =, **-n** vegël për ndërrimin e binarëve të hekurudhës; *shpr bis* **für etwas die Weichen stellen** jap drejtimin (*për një politikë të re etj.*).
W'eiche II *f* = 1) butësi; 2) *pl* **-n** *anat* ijë.
w'eichen* I 1. *vi* (s) tërhiqem; **wir mußten der Übermacht weichen** u detyruam të tërhiqeshim para forcash më të mëdha; **alles Blut war aus ihrem Gesicht gewichen** i kishte ikur krejt gjaku nga fytyra; **jemandem nicht von der Seite weichen** nuk i ndahem dikujt; **nicht von der Stelle weichen** nuk tundem nga vendi.
w'eichen II 1. *vt* 1) njom; 2) zbus; 2. *vi* **(h)** 1) njomem; 2) zbutem.
w'eichherzig *a* zemërbutë, shpirtmirë.
w'eichlich *a* i dobët, i paqëndrueshëm (*njeri*).
W'eichling *m* **-s, -e** burrec; burracak.
W'eichselkirsche *f* =, **-n** *bot* qershi e egër.
W'eichtier *n* **-(e)s, -e** *zool* butak, molusk.
W'eide I *f* =, **-n** kullotë; **Vieh auf die Weide treiben** nxjerr bagëtinë në kullotë.
W'eide II *f* =, **-n** *bot* shelg.

w'eiden 1. *vt* kullos (*bagëtinë*); 2. *vi* **(h)** kullot (*bagëtia*); 3. *vrefl* **sich (an D) weiden** kënaqem (*me diçka*).

W'eidenkätzchen *n* **-s, =** *bot* lule shelgu.

w'eidlich *adv* fort, shumë; **mit jemandem weidlich schimpfen** s'i lë gjë pa thënë dikujt.

W'eidmann *m* **-(e)s, -männer** gjuetar.

w'eidmännisch *a* i gjuetarit; si gjuetar.

W'eidwerk *n* **-(e)s** gjueti.

w'eigern, sich *vrefl* 1) s'pranoj, s'dua; **ich weigere mich, dies zu unterschreiben** s'pranoj ta nënshkruaj këtë; 2) kundërshtoj; **du wirst dich vergeblich weigern** do të kundërshtosh kot.

W'eigerung *f* **=, -en** mospranim.

Weih *m* **-(e)s, -e** *dhe* **Weihe** *f* **=, -n** *zool* qift (*zog*).

W'eihe *f* **=, -n** 1) përurim; 2) *fet* shugurim; bekim; 2) solemnitet; **die Weihe dieser Stunde** solemniteti i këtij çasti.

w'eihen *vt* 1) **(D)** i kushtoj (*dikujt diçka*); **sich einer Sache weihen** i kushtohem një çështjeje; 2) përuroj; 3) shuguroj; bekoj.

W'eiher *m* **-s, =** 1) pellg; 2) liqen i vogël artificial.

W'eihnachten *n* **=** *fet* krishtlindje, kërshëndella.

w'eihnachtlich *a fet* i krishtlindjeve; si për krishtlindje.

W'eihnachtsbaum *m* **-(e)s** *fet* pemë e krishtlindjeve.

W'eihnachtsfeier *f* **=, -n** *fet* festë e krishtlindjeve.

W'eihnachtslied *n* **-(e)s, -er** *fet* këngë e krishtlindjeve.

W'eihnachtsmann *m* **-(e)s, -männer** plaku i krishtlindjeve.

W'eihrauch *m* **-(e)s** timjan; *fig* **jemandem Weihrauch streuen** ngre në qiell dikë.

W'eihung *sh* **weihen.**

W'eihwasser *n* **-s** *fet* ujë i bekuar.

weil *conj* sepse; **warum bist du nicht gekommen? Weil ich keine Zeit hatte** pse nuk erdhe? Sepse nuk kisha kohë.

W'eilchen *n* **-s** çast; **wart noch ein Weilchen!** prit edhe një çikë!

W'eile *f* **=** 1) çast; një copë herë; **eine gute Weile** një copë herë të mirë; 2) kohë; **es hat gute Weile** ka kohë; **kleine Weile** pak kohë; **eile mit Weile!** mos u nxito! merre shtruar!

w'eilen *vi* **(h)** rri; **wo hast du so lange geweilt?** ku ke qenë kaq gjatë?; **er weilt nicht mehr unter uns** ai nuk është më midis nesh.

Wein *m* **-(e)s -e** 1) verë; **ein Glas Wein** një gotë verë; *fig* **jemandem reinen Wein einschenken** ia them dikujt të vërtetën; 2) *bot* hardhi.

W'einbau *m* **-s** vreshtari.

W'einbeere *f* **=, -n** (kokërr) rrush(i).

W'einberg *m* **-(e)s, -e** vresht.

W'einbrand *m* **-(e)s, -brände** raki rrushi.

w'einen *vi* **(h)**, *vt* qaj; **bittere Tränen weinen** qaj me lot të hidhur; **um etwas, um jemanden weinen** qaj diçka, dikë; **jemanden zum Weinen bringen** bëj dikë të qajë; *fig* **mit einem lachenden und einem weinenden Auge** me një sy që qesh e me një sy që qan.

w'einerlich *a* 1) qaraman (*fëmijë*); 2) që është gati për të qarë; 3) me zë të mbytur nga lotët.

W'einessig *m* **-s** uthull rrushi.

W'eingarten *m* **-s, -gärten** vresht.

W'eingeist *m* **-es** alkool.

W'einglas *n* **-(e)s, -gläser** gotë vere.

W'einhauer *m* **-s, =** *aust* vreshtar.

W'einkeller *m* **-s, =** qilar vere.

W'einlese *f* = vjelje e rrushit.

W'einrebe *f* =, **-n** *bot* hardhi.

W'einstock *m* **-(e)s, -stöcke** *bot* rrënjë hardhie.

W'eintraube *f* =, **-n** 1) vesh, bistak, vile rrushi; 2) *pl* rrush.

w'eise *a* i urtë, i mençur, i zgjuar; **ein weises Wort** fjalë e urtë; **er dünkt sich sehr weise** ai e mban veten shumë të zgjuar.

W'eise *f* =, **-n** 1) mënyrë; *bis* **das ist keine Art und Weise** kjo nuk është mënyrë (*sjelljeje etj.*); **auf diese Weise** në këtë mënyrë; **in keiner Weise** në asnjë mënyrë, aspak; **jeder handelt nach seiner Weise** sikush vepron sipas mënyrës së vet; 2) *muz* melodi.

W'eise *m* **-n, -n** i ditur, i urtë.

w'eisen* 1. *vt* 1) drejtoj (*diku*); 2) tregoj; *fig* **jemandem die Tür weisen** i tregoj derën dikujt; 3) largoj; shporr; **jemanden aus dem Haus weisen** dëboj dikë nga shtëpia; **einen Verdacht von sich weisen** largoj një dyshim; **diese Vermutung ist nicht von der Hand zu weisen** kjo hamendje nuk duhet përjashtuar; 2. *vi* **(h)** tregoj; **der Zeiger weist auf 10** akrepi tregon 10; **die Kompaßnadel weist nach Norden** gjilpëra e busullës është kthyer nga veriu.

W'eisheit *f* = 1) urtësi, zgjuarsi, mençuri; 2) *pl* **-en** fjalë e urtë.

W'eisheitszahn *m* **-(e)s, -zähne** *anat* dhemb i pjekurisë.

w'eismachen *vt ndash* ia hedh (*dikujt*).

weiß I *sh* **wissen***.

weiß II *a* i bardhë; **weiß werden** zbehem; *fig* **ein weißer Rabe** mizë e bardhë; *shpr* **etwas schwarz auf weiß besitzen** kam diçka me shkrim.

Weiß *n* **-es** e bardhë, ngjyrë e bardhë.

w'eissagen *vt* parathem (*të ardhmen*); **ich hatte es weisgesagt** e kisha thënë unë.

W'eissagung *f* =, **-en** parathënie, profeci.

W'eißbrot *n* **-(e)s, -e** bukë e bardhë.

W'eiße *f* = 1) bardhësi; 2) e bardhë (*e vezës, e syrit*).

w'eißen *vt* 1) zbardh; 2) lyej me gëlqere (*murin etj.*).

W'eißglut *f* = skuqje (*e hekurit etj.*); *shpr* **jemanden in Weißglut bringen** tërboj dikë.

W'eißkohl *m* **-s** *bot* lakër e bardhë.

W'eißkraut *n* **-s** *sh* **Weißkohl.**

w'eißlich *a* i bardhemë.

W'eißwaren *pl* të linjta; të pambukta; ndërresa.

W'eißwein *m* **-(e)s, -e** verë e bardhë.

W'eisung *f* =, **-en** 1) urdhër: 2) udhëzim.

weit 1. *a* 1) i largët; 2) i gjerë; **eine weite Straße** një rrugë e gjerë; **weite Ärmel** mëngë të gjera; *fig* **ein weites Feld** fushë e gjerë veprimi; *fig* **ein weites Herz** zemër e gjerë; *fig* **es wird mir weit ums Herz** më bëhet zemra mal; **im weiteren Sinne** në kuptimin më të gjerë; 2. *adv* 1) larg; **wie weit?** sa larg?; **weit von hier** larg prej këtej; **von weit her** nga larg; **von weitem** së largu; *fig* **ich bin weit davon entfernt, das zu tun** as që më vete mendja ta bëj këtë; *fig* **er hat es in der Musik weit gebracht** ka shkuar shumë përpara në muzikë; *fig* **so weit hast du es also gebracht!** ja ku arrite! gjer këtu paske arritur!; *fig* **es zu weit treiben** e teproj; **es war weit und breit niemand zu sehen** s'shihej njeri i gjallë rreth e rrotull; 2) shumë; **weit größer** shumë më i madh; **bei weitem besser** a) shumë më i mirë; b) shumë më mirë; **bei weitem nicht** aspak; *fig* *bis* **nicht weit her sein** a) s'është gjë e madhe; b) nuk ia pres shumë; 3) : **die Tür stand weit offen** dera ishte hapur krejt; **die Augen weit aufreißen** zgurdulloj sytë.

w'eitaus *adv* shumë; **weitaus besser** shumë më i mirë.

W'eitblick *m* -(e)s largpamje.

w'eitblickend *a* largpamës.

W'eite *f* = 1) largësi; **in die Weite wandern** shtegtoj larg; **in die Weite schauen** shikoj larg; 2) gjerësi; 3) hapësirë; **unendliche Weite** hapësirë e paanë.

w'eiten 1. *vt* zgjeroj (*rrobat*); hap (*këpucët etj.*); 2. *vrefl* **sich weiten** zgjerohet; hapet.

w'eiter (*comp i* **weit**) 1. *a* i mëtejshëm; tjetër; **hast du noch weitere Aufträge für mich?** a ke porosi të tjera për mua?; 2. *adv* më tej; **wer weiter?** kush tjetër?; **was soll weiter damit geschehen?** ç'të bëjmë me të pastaj?; **und so weiter** (*shkurt* **usw.**) e të tjera; **niemand weiter** askush tjetër; **weiter nichts** asgjë tjetër; **ohne weiteres** patjetër; menjëherë, sakaq; **das ist ohne weiteres klar** kjo është krejt e qartë; *fig* **auf weiteres** a) hëpërhë; b) gjer në një urdhër të dytë; **des weiteren erfahren wir ...** pastaj do të mësojmë se ...

w'eiterbilden, sich *vrefl ndash* zgjeroj njohuritë.

W'eiterbildung *f* = zgjerim i njohurive.

w'eitererzählen *vt ndash* 1) tregoj më tutje (*një histori etj.*); 2) ua tregoj të tjerëve (*diçka që ma ka thënë dikush*).

w'eiterfahren* *ndash* 1. *vi* (**s**) 1) vazhdoj udhëtimin, rrugën; 2) *fig* vazhdoj të flas; 2. *vt* 1) vazhdoj të përdor (*automobilin etj.*); 2) shpie më tutje (*me automobil etj.*).

W'eiterfahrt *f* = vazhdim i udhëtimit, i rrugës.

w'eitergeben* *vt ndash* pasoj (*një gazetë, urdhër etj.*).

w'eitergehen* *vi* (**s**) *ndash* 1) vazhdoj më tutje; vazhdoj rrugën; 2) vazhdon; **so kann es nicht weitergehen** kështu nuk mund të vazhdojë.

w'eiterhin *adv* 1) dikur; në të ardhmen; 2) përveç kësaj.

w'eiterkommen* *vi* (s) *ndash* shkoj përpara; përparoj.

w'eiterleiten *vt ndash* pasoj (*një urdhër etj.*).

w'eiters *adv aust* më tej.

w'eitersagen *vt ndash* ua them të tjerëve (*diçka*).

w'eitgehend 1. *a* i gjerë; **weitgehende Unterstützung** përkrahje e gjerë; 2. *adv* gjerësisht.

w'either *adv* : **von weither** nga larg.

w'eitherzig *a* zemërgjerë.

w'eithin *adv* 1) larg; 2) *fig* gjerësisht.

w'eitläufig 1. *a* 1) i gjerë, madhështor (*ndërtesë, kopsht etj.*); 2) i largët (*kushëri etj.*); 3) i hollësishëm (*tregim etj.*); 2. *adv* hollësisht.

W'eitläufigkeit *f* = 1) madhësi, gjerësi; 2) largësi; 3) hollësi (*e tregimit etj.*).

w'eitreichend *a* i gjerë; që arrin larg.

w'eitschweifig *a* tepër i zgjatur, proliks (*tregim etj.*); **weitschweifig werden** e zgjas, i bie gjatë.

W'eitschweifigkeit *f* = hollësi, imtësi e tepruar (*e raportit etj.*).

w'eitsichtig *a* 1) *mjek* dritëgjatë; 2) *fig* largpamës.

W'eitsichtigkeit *f* = 1) *mjek* dritëgjatësi; 2) largpamësi.

W'eitsprung *m* -s *sport* kërcim së gjati.

w'eitspurig *a* me shina të gjerë (*hekurudhë*).

w'eittragend *a* 1) që arrin larg (*predhë, raketë etj.*); 2) *fig* i rëndësishëm (*porosi etj.*).

w'eitverzweigt *a* 1) degëgjerë; 2) shumë i degëzuar, degëshumë.

W'eizen *m* -s *bot* grurë; *fig bis* **sein Weizen blüht** po i shkon puna mbarë; *fig* **die Spreu vom Weizen sondern** ndaj grurin nga egjra.

welch (*m* **welcher,** *f* **welche,** *n* **welches;** *pl* **welche**) 1. *pron inter* 1) (*në fjali pyetëse të drejta i shoqëruar me emra*) cili, cila; cilët, cilat; **die Arbeit welches Schülers ist die beste?** puna e cilit nxënës është më e mira?; **an welchem Tag bist du geboren?** në cilën ditë ke lindur?; **aus welchem Grunde?** për ç'arsye?; **in welche Schule gehst du?** në cilën shkollë shkon ti?; **mit welchem Zug bist du gekommen?** me cilin tren ke ardhur?; **von welchem Haus?** nga cila shtëpi?; 2) (*në fjali pyetëse të zhdrejta i shoqëruar me emra*) ç', çfarë; **welchen Entschluß er auch fassen mag** çfarëdo vendimi që të marrë; **frag mich nicht, in welchem Zustand ich ihn angetroffen habe** mos më pyet në ç'gjendje e kam gjetur; 3) (*i përdorur vetëm*) cili, cila; cilët, cilat; **er hat eine der drei Schwestern X geheiratet. Welche?** ai ka marrë për grua njërën nga tri motrat X. Cilën?; **welcher auch der Schuldige ist ...** cilido që të jetë fajtori ...; 2. *pron rel* (*vjet*) i cili, e cila; të cilët, të cilat; **das Buch, in welches er mir die Widmung geschrieben hat** libri, në të cilin më ka shkruar kushtimin; 3. *pron indef* disa, ca; **es gibt welche, die ...** ka disa (nga ata) që ...; **ich habe welches** kam ca.

welk *a* i fishkët (*lule, fytyrë etj.*).

w'elken *vi* (**h**) fishket (*lulja, fytyra etj.*).

W'elkheit *f* = fishkje.

W'ellblech *n* -(e)s, -e llamarinë e valëzuar.

W'elle *f* =, -n 1) valë, dallgë; **die See wirft hohe Wellen** deti ka dallgë; *fig bis* **mach doch keine Wellen!** mos u nxeh!; 2) *fiz* valë; **auf Wellen senden** transmetoj me radio; 3) *pl* kaçurrela; 4) *tek* bosht.

w'ellenartig, wellenförmig *a* i valëzuar.

W'ellenbad *n* -(e)s, -bäder *mjek* banjë me valëzim artificial të ujit.

W'ellenreiten *n* -s *sport* surfing (*rrëshqitje mbi valë me një dërrasë*).

W'ellfleisch *n* -(e)s mish i zier derri të porsatherur.

w'ellig *a* valë-valë, i valëzuar (*flokë etj.*).

W' elpe *m* -n, -n këlysh (*qeni etj.*).

Wels *m* -es, -e *zool* silur (*peshk*).

Welt *f* =, -en 1) botë; **die Alte Welt** a) Evropa; b) bota e vjetër; **am Ende der Welt** në fund të botës, në fund të dynjasë; **seitdem die Welt steht** që kur s'mbahet mend; **durch die weite Welt ziehen** endem nëpër botë; **sich in der Welt umsehen** shoh botë me sy; **zur Welt kommen** lind; **jemanden aus der Welt schaffen** qëroj (vras) dikë; **aus der Welt gehen** ndahem nga kjo botë; **nicht um alles in der Welt!** kurrën e kurrës!; 2) shoqëri; **die große Welt** shoqëria e lartë; 3) njerëzit, bota; **alle Welt, die ganze Welt** gjithë bota, gjithë njerëzit; 4) : *fig bis* **eine Welt von Fragen** një mori pyetjesh.

W'eltall *n* -s gjithësi, kozmos.

W'eltanschauung *f* =, **-en** botëkuptim.

W'eltausstellung *f* =, **-en** ekspozitë botërore.

W'eltbild *n* **-es, -er** botëkuptim.

w'eltberühmt *a* i njohur në gjithë botën, me famë botërore.

w'eltfremd *a* i shkëputur nga bota, nga realiteti (*mendim etj.*).

W'eltfremdheit *f* = shkëputje nga bota, nga realiteti.

W'eltgeltung *f* = rëndësi botërore (*e një ngjarjeje etj.*).

W'eltgeschichte *f* = histori e përbotshme.

W'eltkenntnis *f* =, **-se** 1) përvojë e jetës; 2) njohje e botës.

W'eltkrieg *m* **-(e)s, -e** luftë botërore.

w'eltlich *a* laik.

W'eltmacht *f* =, **-mächte** fuqi botërore.

W'eltmann *m* **-(e)s, -männer** njeri që ka parë botë.

w'eltmännisch *a* i njeriut që ka parë botë (*sjellje etj.*).

W'eltmeister *m* **-s,** = kampion botëror (*në sport, shah etj.*).

W'eltmeisterschaft *f* =, **-en** kampionat botëror.

W'eltraum *m* **-(e)s,** = hapësirë kozmike.

W'eltraumfahrt *f* =, **-en** udhëtim kozmik.

W'eltrekord *m* **-(e)s, -e** rekord botëror.

W'eltreise *f* = udhëtim rreth botës.

W'eltruf *m* **-s** famë botërore; **ein Wissenschaftler von Weltruf** një shkencëtar me famë botërore.

W'eltschmerz *m* **-es** trishtim; *let* pesimizëm romantik.

W'eltsprache *f* =, **-n** gjuhë ndërkombëtare.

W'eltteil *m* **-(e)s, -e** *sh* **Erdteil.**

W'eltumsegelung *f* =, **-en** lundrim rreth botës.

w'eltweit *a* i përbotshëm; që shtrihet në të gjithë botën.

W'eltwirtschaft *f* = ekonomi botërore.

W'eltwirtschaftskrise *f* =, **-n** krizë (ekonomike) botërore.

W'eltwunder *n* **-s,** = çudi e botës (*piramidat etj.*).

wem *sh* **wer.**

W'emfall *m* *gram* rasë dhanore.

wen *sh* **wer.**

W'ende *f* =, **-n** 1) kthesë; **eine unerwartete Wende** një kthesë e papritur (*e fatit etj.*); 2) fund (*i vitit, i shekullit etj.*).

W'endekreis *m* **-es, -e** *gjeogr* tropik.

W'endeltreppe *f* =, **-n** rrokë, shkallë në formë spirale.

w'enden* *edhe sipas zgjedhimit të dobët* 1. *vt* 1) kthej (*faqen, mishin, rrobën etj.*); 2) drejtoj (*vëmendjen etj.*); 3) përdor; **ich habe viel Geld daran gewandt** kam shpenzuar shumë pare për këtë; 2. *vi* **(h)** kthehem (*në drejtim të kundërt*); 3. *vrefl* **sich wenden** 1) drejtohem; **sich an jemanden wenden** i drejtohem dikujt; **sich gegen jemanden wenden** drejtohem kundër dikujt; 2) kthehem; **es hat sich alles noch zum Guten gewendet** gjithçka u kthye për mirë; 3) ndryshon (*moti etj.*).

W'endepunkt *m* **-(e)s, -e** 1) pikë kthimi; 2) *fig* kthesë (*në jetë etj.*).

w'endig *a* 1) i manovrueshëm (*automobil etj.*); 2) i shkathët (*avokat etj.*).

W'endigkeit *f* = shkathtësi.

W'endung *f* =, **-en** 1) *vetëm sing* kthim; 2) kthesë; **die Sache nimmt (bekommt) eine unerwartete Wendung** puna po merr një kthesë të papritur; 3) *gram* shprehje gjuhësore.

W'enfall *m* *gram* rasë kallëzore.

w'enig 1. *pron indef* 1) pak; **ich kann nur wenig Englisch** di vetëm pak anglisht; **in wenigen Fällen** në raste të rralla; **wenig Leute, wenige Leute** pak njerëz; **in wenigen Tagen** brenda pak ditësh; *bis* **das hat wenig Zweck** kjo është e kotë; 2) (*i përdorur vetëm*) **wenige** pak veta; **das wenige, was ich sagen kann** ajo pak që mund të them; *bis* **das ist das wenigste!** kjo s'ka rëndësi fare!; **je weniger, um so besser** sa më pak, aq më mirë; **ich komme mit wenigem aus** mjaftohem me pak; **er ist um (ein) weniges älter als ich** është pak gjë më i madh se unë; 2. *adv* pak; **wenig essen, trinken** ha, pi pak; **danach frage ich wenig** për këtë pak pyes; **ich kenne ihn wenig** e njoh pak; **in dem Zimmer hingen zu viele Bilder, hier wäre weniger mehr gewesen** në dhomë kishte shumë tablo, kurse më pak (tablo) do të bënin më shumë efekt; **ein klein wenig** paksa; **sechs weniger zwei ist vier** gjashtës po t'i heqësh dy, mbeten katër; **mehr oder weniger** pak a shumë, më shumë ose më pak; **weniger als 100 Personen** më pak se 100 vetë; **er ist nichts weniger als klug** veç i zgjuar ai nuk është; **ich kann sein Verhalten um so weniger gutheißen, als ...** sjelljen e tij mund ta miratoj aq më pak se ...

w'eniger *adv* (*comp i* **wenig**) 1) më pak; 2) *mat* minus.

W'enigkeit *f* = 1) pakicë; 2) vogëlsi; *fig bis* **meine Wenigkeit** personi im i parëndësishëm.

w'enigst 1. *a* (*superl i* **wenig**) më i vogël; 2. *adv* : **am wenigsten** aq më pak.

w'enigstens *adv* të paktën; **ich habe wenigstens viermal gerufen** kam thirrur të paktën katër herë.

wenn *conj* 1) në qoftë se, nëse, në, në rast se, po; **wenn ich dich erwische!** po të kapa!; **wenn du rechtzeitig gekommen wärst, hättest du ihn noch getroffen** po të kishe ardhur në kohë, do ta kishe gjetur; **wenn dem so ist, dann ...** në qoftë kështu, atëherë ...; **wenn nicht heute, so doch morgen** në mos sot, nesër; 2) sikur; **wenn ich das wüßte!** sikur ta dija!; **er tut immer, als wenn er ...** ai gjithnjë bën sikur ....; 3) kur; **wenn ich Nachricht von ihm habe, lasse ich es dich sofort wissen** kur të marr lajm prej tij, do të të njoftoj menjëherë; 4) : **wenn auch** sido që; **sie ist schön, wenn auch nicht mehr jung** ajo është e bukur, sido që s'është më e re; **wenn nicht** ndryshe; **ich komme sicher heute, wenn nicht, rufe ich dich an** sot do të vij me siguri, ndryshe do të të marr në telefon; **selbst wenn** edhe në qoftë; **selbst wenn ich das wüßte, ich würde es dir nicht sagen** edhe po ta dija, nuk do të ta thosha; **und wenn** sado që; **und wenn du mich auch noch so bittest, ich ...** sado të më lutesh, unë ...

Wenn : *shpr* **das Wenn und Aber** dyshimet e ngurrimet.

w'enngleich *conj* sido që, megjithëse.

wer 1. *pron inter* (**A wen, D wem**) kush; **wer ist gekommen?** kush erdhi?; **wer anders als er?** kush tjetër veçse ai (veç atij)?; **wer da?** ndal! (*thirrje e rojës*); 2. *pron indef* kush; *bis* **ist schon wer gekommen?** a ka ardhur kush?; **wer auch kommt, er sei willkommen** kushdo që të vijë, mirë se të vijë; **wer es auch sei** kushdo që të jetë;

es mag kommen, wer will, du läßt niemanden herein të vijë kush të dojë, ti mos e lër të hyjë brenda; 3. *pron rel* kush; **ich weiß nicht, wer gekommen ist** nuk e di kush ka ardhur; *bis* **er kann dir wer weiß was erzählen, du glaubst alles** ai mund të të tregojë kushedi se çfarë dhe ti ia beson të gjitha.

W'erbebüro *n* **-s, -s** zyrë reklamash, publiciteti (*e një firme etj.*).

W'erbefilm *m* **-s, -e** film-reklamë.

w'erben* 1. *vt* 1) rekrutoj; 2) *treg* kërkoj (*blerës etj.*); 2. *vi* **(h)** 1) **(um A)** kërkoj (*dikë*); **um ein Mädchen werben** kërkoj një vajzë për grua; 2) **(für A)** bëj reklamë (*për diçka*).

W'erbespot *m* **-s, -e** reklamë (*në televizion*).

W'erdegang *m* **-(e)s** 1) zhvillim; 2) proces i prodhimit.

w'erden* 1. (*folje ndihmëse për formimin e trajtave të pësores, të së ardhmes, të fjalive kushtore, dëshirore dhe të fjalive të pasigurisë*) 1) (*pësore*) **er ist befördert worden** e kanë graduar; **er wurde zum Direktor ernannt** e emëruan drejtor; **der Baum wird gefällt** pemën po e presin; **ich bin am Arm verwundet worden** jam plagosur në krah; 2) (*e ardhme*) **ich werde kommen** do të vij; **es wird regnen** do të bjerë shi; 3) (*në fjali të pasigurisë, në fjali dëshirore etj.*) **kommen wird er wohl, aber ...** për të ardhur do të vijë, po ...; **er wird es wohl nicht gelesen haben** me siguri nuk do ta ketë lexuar; **es wird ihm doch nichts passiert sein?** të mos i ketë ndodhur gjë?; *bis* **es wird schon** puna do të vejë mirë; 4) (*kushtore*) **ich würde gern kommen, wenn ich Zeit hätte** do të vija me gjithë qejf, po të kisha kohë; 2. *vi* **(s)** 1) **(N)** bëhem (*dikush, diçka*); **er will Arzt werden** ai do të bëhet mjek; **es wird kalt** po ftohet (moti); **was wird daraus?** ç'do të dalë nga kjo?; **alt werden** plakem; **arm werden** varfërohem; **blind werden** verbohem; **was soll aus ihm werden?** ç'do të bëhet ai?; **was will er werden?** ç'do ai të bëhet?; **wie wird die Ernte?** si do të jenë të korrat?; **morgen wird es ein Jahr, daß ...** nesër mbushet, bëhet një vit që kur ...; **es wird Zeit!** erdhi koha!; **es wird mir schlecht** nuk jam mirë; **die werdende Mutter** nëna e ardhshme; **dein Recht soll dir werden** do ta gjesh të drejtën tënde; *bis* **aus nichts wird nichts!** nga asgjëja asgjë s'del; 2) **(zu D)** kthehem (*në diçka*); **zu Stein, zu Eis werden** bëhem, shndërrohem në gur, akull.

W'erden *n* **-s** lindje, fillim; zhvillim; **im Werden (begriffen)** në zhvillim e sipër; *fig* **die Zeit seines Werdens** koha e zhvillimit të tij.

W'erfall *m* **-(e)s, -fälle** *gram* rasë emërore.

w'erfen* 1. *vt* hedh; **etwas ins Wasser werfen** hedh diçka në ujë; *fig* **ein Auge auf etwas werfen, einen Blick auf etwas werfen** i hedh një sy diçkaje; *fig* **eine Skizze aufs Papier werfen** hedh një skicë në letër; 2. *vi* **(h)** 1) : *fig bis* **mit seinen Kenntnissen um sich werfen** mburrem me njohuritë e mia; 2) pjell (*kafsha*); 3. *vrefl* **sich werfen** hidhem; **er warf sich aufs Bett** ai u lëshua në krevat; *fig* **sich in die Kleider werfen** vishem shpejt e shpejt; *fig* **er hat sich jetzt aufs Malen geworfen** tani ai ka filluar të merret me pikturë.

Werft *f* **=, -en** kantier detar.

W'erftarbeiter *m* **-s, =** punëtor i kantierit detar.

Werg *n* **-(e)s** mbeturina fijesh liri e kërpi pas tjerrjes.

Werk *n* **-(e)s, -e** 1) punë; **es war das Werk eines Augenblicks** qe punë e një çasti; 2) vepër; **Goethes Werke** veprat e Gëtes; 3) punim; 4) uzinë; 5) mekanizëm (*i orës etj.*).

W'erkbank *f* **=, -bänke** banak (*i marangozit etj.*).

w'erkgetreu *a* besnik me origjinalin (*ekzekutim i një vepre muzikore etj.*).

W'erkleute *pl* punëtori; punëtorë uzine, ndërmarrjeje.

W'erkmeister *m* **-s, =** mjeshtër (*në një repart etj.*).

W'erkstatt *f* **=, -stätten** punishte.

W'erkstoff *m* **-(e)s, -e** lëndë e parë (*hekur, dru etj.*).

W'erkstudent *m* **-en, -en** student punëtor (*që punon gjatë pushimeve të verës*).

W'erktag *m* **-s, -e** ditë pune.

w'erktätig *a* punonjës; **die werktätigen Massen** masat punonjëse.

W'erkunterricht *m* **-s** praktikë në prodhim.

W'erkzeug *n* **-s, -zeuge** 1) vegël pune; 2) *fig* vegël (*njeri*).

W'ermut *m* **-s** vermut (*pije*).

wert *a* 1) i nderuar, i shtrenjtë; **werter Herr!** i nderuar zotëri!; **werter Freund** mik i shtrenjtë; 2) që kushton, që vlen; **das ist zwei Mark wert** kjo kushton dy marka; **was, wieviel ist das wert?** sa kushton kjo?; **das ist (nicht) der Mühe wert** kjo (nuk) ia vlen; **das ist nicht der Rede wert** kjo nuk vlen të përmendet; 3) i rëndësishëm; **das ist mehr wert als alles andere** kjo ka rëndësi mbi të gjitha; 4) që meriton; **er ist es wert, daß man ihn unterstützt** ai meriton të përkrahet; 5) i çmueshëm, i vlefshëm; **Ihre Hilfe ist mir sehr viel wert** ndihma juaj është shumë e vlefshme për mua.

Wert *m* **-es, -e** 1) vlerë; çmim; **im Werte von zehn Mark** me një vlerë dhjetë markash; **von gerigem Wert** pa vlerë; **im Wert steigen (sinken)** i ngrihet, i bie vlera; **an Wert gewinnen** i shtohet vlera; *bis* **das hat keinen Wert** kjo është e kotë; 2) rëndësi; **großen Wert auf etwas (A) legen** i jap shumë rëndësi diçkaje; **er ist sich seines Wertes bewußt** ai ia di rëndësinë, vlerën vetes; 3) vlerë (*send*); **materielle Werte** vlera materiale; **moralische Werte** vlera morale.

w'ertbeständig *a* që e ruan vlerën.

W'ertbrief *m* **-(e)s, -e** *fin* letër me vlerë.

w'erten *vt* çmoj; vlerësoj; **etwas gering werten** përçmoj diçka.

w'ertlos *a* 1) i pavlerë; 2) i kotë.

W'ertobjekt *n* **-(e)s, -e** send me vlerë.

W'ertpapier *n* **-s, -e** *fin* letër me vlerë; kambial; aksion.

W'ertsachen *pl* sende me vlerë (*xhevahire etj.*).

w'ertschätzen *vt ndash* çmoj; respektoj.

W'ertung *f* **=** vlerësim; çmim.

w'ertvoll *a* i vlefshëm; i çmuar (*ndihmë etj.*).

wes *sh* **wessen.**

W'esen *n* **-s** 1) esencë, thelb; **seinem Wesen nach ist er gutmutig** në thelb ai është shpirtmirë; 2) karakter, natyrë; **dies Verhalten entspricht nicht seinem Wesen** ky qëndrim nuk pajtohet me natyrën e tij; 3) : *bis* **hier treibt ein Dieb sein Wesen** këtu një hajdut ushtron zanatin e vet; 4) : *bis* **mach nicht so viel Wesens davon, darum!** mos e bëj kaq të madhe, de!; 5) *pl* = qenie, krijesë; **ein hilfloses Wesen** një qenie, krijesë e pambrojtur.

W'esenszug *m* **-(e)s, -züge** tipar i karakterit.

w'esentlich 1. *a* 1) thelbësor, esencial; **das Wesentliche erkennen** kap kryesoren; **im wesentlichen** në thelb, në themel; 2) i rëndësishëm; **das ist sehr wesentlich** kjo është shumë e rëndësishme; 2. *adv* thelbësisht.

W'esfall *m* **-(e)s, -fälle** *gram* rasë gjinore.

w'eshalb 1. *adv* përse; **weshalb lachst du?** përse qesh?; 2. *conj* prandaj.

W'espe *f* **=, -n** *zool* grerë, arëz.

W'espennest *n* **-es, -er** çerdhe grerëzash (*edhe fig*).

w'essen *pron inter* G i **wer** i(e) kujt; i(e) çfarë gjëje; **wessen Buch ist dies?** i kujt është ky libër? **wessen Schuld ist es?** kush e ka fajin?

W'este *f* **=, -n** jelek; *fig* **eine weiße Weste haben** e kam ndërgjegjen të pastër.

W'esten *m* **-s** (*shkurt* **W**) 1) perëndim; 2) Evropa Perëndimore; 3) *bis hist* Gjermania Perëndimore.

W'estern *m* **-(s), =** film me kauboj.

w'esteuropäisch *a* i Evropës Perëndimore.

w'estlich 1. *a* perëndimor; 2. *adv* në perëndim; **westlich von Berlin** në perëndim të Berlinit.

w'eswegen *sh* **weshalb.**

W'ettbewerb *m* **-(e)s, -e** 1) garë, konkurs; **in Wettbewerb treten** hyj në garë; **im Wettbewerb mit jemandem stehen** jam në garë me dikë; 2) emulacion.

W'ettbüro *n* **-s, -s** zyrë e lidhjes së basteve (*në vrapimet me kuaj etj.*).

W'ette *f* **=, -n** bast; **eine Wette eingehen** vë bast; **was gilt die Wette** me sa e vëmë?; **um die Wette laufen** hahemi se kush vrapon më shpejt.

w'etteifern *vi* **(h) (mit D)** jam në garë (*me dikë*).

w'etten *vi* **(h)** vë bast; **um eine Flasche Wein wetten** vë bast një shishe verë.

W'etter *n* **-s** 1) kohë, mot; 2) rrebesh; stuhi.

W'etterbericht *m* **-(e)s, -berichte** buletin meteorologjik.

W'etterdienst *m* **-(e)s, -e** shërbim meteorologjik.

W'etterfahne *f* **=, -n** zhiruetë, flamur ere.

W'etterglas *n* **-s, -gläser** *bis* barometër.

W'etterkarte *f* **=, -n** hartë meteorologjike.

W'etterkunde *f* **=** meteorologji.

W'etterleuchten *n* **-s** vetëtimë e largët.

w'ettern *vi* **(h)** 1) gjëmon (*moti*); **es wettert** bubullin e shkreptin; 2) *fig* **(auf, gegen, über A)** i shkrehem (*dikujt*); shaj (*diçka*); bëj zhurmë, bëj namin.

W'etterwarte *f* **=, -n** stacion meteorologjik.

w'etterwendisch *a* 1) *fig* i paqëndrueshëm (*njeri*); 2) *fig* me trille, me teka.

W'ettfahrt *f* **=, -en** garë vrapimi.

W'ettkampf *m* **-(e)s, -kämpfe** garë, ndeshje.

W'ettkämpfer *m* **-s, =** pjesëmarrës në garë.

W'ettlauf *m* **-(e)s, -läufe** garë vrapimi.

w'ettmachen *vt* kompensoj (*një të metë me një cilësi etj.*).

W'ettrennen *n* **-s, =** vrapim (*kuajsh etj.*).

W'ettspiel *n* **-(e)s, -e** ndeshje; garë.

W'ettstreit *m* **-(e)s, -e** garë.

w'etzen 1. *vt* mpreh (*thikën etj.*); 2. *vi* **(h)** *bis* rend, vrapoj.

Whisky [*'uiski*] *m* **-s, -s** viski (*pije*).
wich *sh* **weichen***.
W'ichse *f* **=, -n** 1) xhela këpucësh; 2) *sing fig bis* dru, të rrahura.
w'ichsen *vt* 1) lustroj (*këpucët*); 2) lyej (*parketin*); 3) : *fig* **jemandem eine wichsen** i jap një dackë dikujt.
Wicht *m* **-es, -e** 1) *mit* shkurtabiq; *fig* **kleiner Wicht** vogëlush; 2) kopuk.
W'ichtelmännchen *n* **-s, =** *mit* shkurtabiq.
w'ichtig *a* i rëndësishëm (*punë, detyrë, lajm etj.*); **sich wichtig machen, tun** mbahem më të madh; **etwas wichtig nehmen** i jap rëndësi diçkaje.
W'ichtigkeit *f* **=** rëndësi.
W'ichtigtuerei *f* **=** mbajtje më të madh; mendjemadhësi.
w'ichtigtuerisch *a* që mbahet më të madh; mendjemadh.
W'ickel *m* **-s, =** 1) lëmsh; 2) rrotëz (*peri*); 3) *mjek* kompresë; 4) : *fig bis* **jemanden beim Wickel kriegen** zë dikë për veshi.
W'ickelgamasche *f* **=, -n** dollak.
W'ickelkind *n* **-(e)s, -kinder** kopanec, foshnjë.
w'ickeln *vt* 1) mbështjell (*fillin, mallin, fëmijën etj.*); *fig bis* **da bist du schief gewickelt!** i ke hipur kalit së prapthi! 2) dredh (*flokët etj.*).
W'ickelung *f* **=, -en** mbështjellje.
W'idder *m* **-s, =** 1) *zool* dash; 2) *hist* dash (*makinë për të çarë muret e një kështjelle*).
w'ider *präp* (A) kundër; **wider Willen** pa qejf, pa dëshirë.
w'ider = *parashtesë e ndashme dhe e pandashme foljore që tregon veprim të kundërt me atë të shprehur nga folja.*
W'ider : *shpr* **das Für und Wider** pro e kontra.
w'iderborstig *a* kryeneç.
widerf'ahren* *vi* (s) ndodh, ngjet; **es widerfährt mir oft, daß ...** më ndodh shpesh që ...
W'iderhaken *m* **-s, =** grep (*peshkimi etj.*).
W'iderhall *m* **-(e)s** jehonë; *fig* **(keinen) Widerhall finden** (nuk) gjej jehonë.
w'iderhallen *vi* (h) *ndash* jehon, kumbon.
W'iderhalt *m* **-(e)s** mbështetje.
widerl'egen *vt* hedh poshtë (*një pohim etj.*).
w'iderlich *a* 1) i pështirë, i neveritshëm (*shije, pamje etj.*); 2) *fig* i ndyrë (*njeri*).
w'idernatürlich *a* i kundërnatyrshëm.
W'iderpart *m* **-(e)s, =** *vjet* kundërshtar; *shpr* **jemandem Widerpart bieten** kundërshtoj dikë.
w'iderrechtlich 1. *a* i paligjshëm, i kundërligjshëm; 2. *adv* në mënyrë të paligjshme.
W'iderrede *f* **=, -n** kundërshtim; **keine Widerrede!** pa kundërshtim!
W'iderruf *m* **-s, -e** prapësim (*i urdhrit etj.*); anulim (*i lejes etj.*); tërheqje (*e deponimit etj.*).
widerr'ufen* *vt* 1) tërheq, prapësoj, marr mbrapsht (*një urdhër etj.*); 2) anuloj (*lejen etj.*).
W'idersacher *m* **-s, =** kundërshtar; armik.
W'iderschein *m* **-s** pasqyrim i dritës; shkëlqim.
widers'etzen, sich *vrefl* **(D)** kundërshtoj; **sich einer Anordnung widersetzen** kundërshtoj një urdhëresë.
widers'etzlich *a* i pabindur (*fëmijë*).
W'idersinn *m* **-(e)s** absurditet.
w'idersinnig *a* absurd, i palogjikshëm.

w'iderspenstig *a* 1) i pabindur (*fëmijë, kafshë etj.*); 2) i ashpër (*flokë etj.*).

W'iderspenstigkeit *f* = mosbindje.

w'iderspiegeln *vt ndash* pasqyroj, reflektoj; **das Wasser spiegelt den Himmel wider** ujët pasqyron qiellin.

widerspr'echen* *vi* **(h)** 1) kundërshtoj; **widersprich mir nicht!** mos më kundërshto!; 2) jam në kundërshtim; **die Tatsachen widersprechen seiner Behauptung** faktet janë në kundërshtim me pohimin e tij.

W'iderspruch *m* **-s, -sprüche** 1) kundërshtim; **keinen Widerspruch dulden** nuk duroj asnjë kundërshtim; **erhebt sich dagegen Widerspruch?** a ka kundërshtim?; 2) kundërthënie, kontradiktë; **in Widerspruch zu etwas geraten** bie në kundërthënie me diçka; **seine Handlungsweise steht im Widerspruch zu seinen Worten** ajo që bën është në kundërshtim me atë që thotë.

w'idersprüchlich *a* kundërthënës, kontradiktor (*deponim etj.*).

w'iderspruchslos *a* pa kundërshtim.

W'iderstand *m* **-es** 1) qëndresë, rezistencë; kundërshtim; **bewaffneter Widerstand** rezistencë e armatosur; **Widerstand leisten** kundërshtoj; **auf Widerstand treffen** has në kundërshtim; 2) *pl* **-stände** *tek* rezistencë.

W'iderstandsbewegung *f* **=, -en** lëvizje e rezistencës (*kundër pushtuesit etj.*).

w'iderstandsfähig *a* **(gegen A)** i qëndrueshëm, rezistent (*ndaj një sëmundjeje etj.*).

W'iderstandsfähigkeit *f* = qëndrueshmëri, rezistencë (*ndaj një sëmundjeje etj.*).

W'iderstandskämpfer *m* **-s, =** luftëtar i rezistencës (*kundër fashizmit etj.*).

W'iderstandskraft *f* **=, -kräfte** fuqi për t'i qëndruar (*një sëmundjeje etj.*); rezistencë.

w'iderstandslos 1. *a* pa kundërshtim; 2. *adv* pa kundërshtuar.

widerst'ehen* *vi* **(h)** 1) **(D)** i qëndroj (*ngasjes etj.*); 2) kam neveri (*për një gjellë etj.*); **diese Speise widersteht mir** këtë gjellë nuk e shtie dot në gojë.

widerstr'eben *vi* **(h)** 1) kam rëndë (*diçka*); 2) (*më*) vjen rëndë; **es widerstrebt mir** më vjen zor; **es widerstrebt seinem Gefühl, so etwas zu sagen** ndjenjat nuk e lënë ta thotë këtë.

W'iderstreit *m* **-s** konflikt (*midis dy dëshirave etj.*).

w'iderwärtig *a sh* **widerlich.**

W'iderwille(n) *m* **-ns** 1) neveri; **dieser Geruch weckt Widerwillen in mir** kjo erë më ndjell neveri, më pështiros; 2) pa qejf, me zor; **etwas nur mit Widerwillen essen, tun** ha, bëj diçka pa qejf, me zor; 3) : **Widerwillen gegen jemanden haben** s'e shoh dot me sy dikë.

w'iderwillig 1. *a* i ngurruar; **widerwillige Antwort** përgjigje e ngurruar; 2. *adv* pa qejf, me zor; **etwas widerwillig essen** ha diçka me zor.

w'idmen 1. *vt* kushtoj; **jemandem ein Buch widmen** i kushtoj një libër dikujt; 2. *vrefl* **sich widmen** i kushtohem (*shkencës etj.*); **sich einer Sache widmen** i kushtohem një çështjeje.

W'idmung *f* **=, -en** kushtim; përkushtim; dedikim.

w'idrig *a* 1) i kundërt; **widrige Winde** erëra të kundërta; 2) i prapë; **widriges Geschick** fat i prapë.

W'idrigkeit *f* =, **-en** 1) të qenët i kundërt; 2) prapësi (*e fatit etj.*).

w'idrigenfalls *adv* në rast të kundërt.

wie 1. *adv inter* 1) (*me folje*) si; **wie geht's dir?** si je?; **wie kommt es, daß ...?** si ndodh që ...?; **wie macht man das?** si bëhet kjo?; **und wie!** (*si përgjigje*) mos pyet!; 2) sa; a) (*me mbiemra dhe ndajfolje*) **wie alt ist er?** sa vjeç është ai?; **wie hoch ist dieser Berg** sa i lartë është ky mal?; **wie spät ist es?** sa është ora?; **wie oft bist du dort gewesen?** sa herë ke qenë atje?; **wie dumm!** sa i marrë!; **wie oft habe ich dir das schon gesagt!** sa herë ta kam thënë!; **wie schade!** sa keq!; b) (*me folje*) **wie habe ich mich gefreut, als ...!** sa u gëzova kur ...!; 2. *conj* 1) si; a) (*me peremra dhe emra*) **ein Mann wie er** një burrë si ai; **es ist einer wie der andere** janë si njëri tjetri; **stark wie ein Bär** i fortë si ari; **so wie die Dinge jetzt liegen** siç qëndrojnë punët tani; **wie man sagt, hat er ....** siç thonë, ai ka ...; **wie dem auch sei, wir ...** sido që të jetë, ne ...; b) (*me mbiemra*) **der Schrank sieht wieder aus wie neu** dollapi duket përsëri si i ri; c) (*me ndajfolje*) **es war schön wie noch nie** ishte bukur si kurrë ndonjëherë; **wie wenn** sikur; 2) sa (*me mbiemra*); **wie reich er auch sein mochte ...** sado i pasur që të jetë.

Wie *n* = si; **es kommt nicht nur auf das Was, sondern auch auf das Wie an** s'është puna vetëm për se, po edhe për si.

w'ieder *adv* 1) përsëri, prapë; edhe një herë; **er hat wieder Fieber** atë e kanë zënë prapë ethet; **da bin ich wieder da!** ja ku u ktheva!; 2) : **hin und wieder** herë pas here; **immer und immer wieder** gjithnjë; prapë e prapë; 3) më; **das darfst du nie wieder tun** këtë s'duhet ta bësh më kurrë.

w'ieder = *parashtesë e ndashme dhe e pandashme foljore që tregon kthim në gjendjen e mëparshme :* **wiederaufbauen** rindërtoj.

Wieder'aufbau *m* -(e)s rindërtim; **der Wiederaufbau einer im Krieg zerstörten Stadt** rindërtimi i një qyteti të shkatërruar nga lufta.

wieder'aufleben *vi ndash* (s) gjallërohet (*jeta, tregtia etj.*).

Wieder'aufnahme *f* = 1) rifillim (*i punimeve, bisedimeve etj.*); 2) ripranim (*në një organizatë etj.*).

wieder'aufnehmen* *vt ndash* filloj përsëri, rifilloj (*bisedimet etj.*).

wieder'aufrichten *vt ndash* 1) ngre përsëri; 2) *fig* i jap zemër; **er richtete sie wieder auf** i dha zemër asaj.

w'iederbeleben *vt ndash* 1) kthej në jetë (*një të mbytur etj.*); 2) *fig* ringjall; **alte Bräuche wiederbeleben** ringjall zakone të vjetra.

W'iederbelebung *f* = ringjallje.

W'iederbewaffnung *f* = riarmatim; rimilitarizim.

w'iederbringen* *vt ndash* kthej (*një libër të marrë hua etj.*).

w'iedererkennen* *vt ndash* njoh.

w'iedererzählen *vt ndash* ritregoj.

w'iederfinden* *vt ndash* gjej (*diçka të humbur*); gjej përsëri.

W'iedergabe *f* =, **-n** 1) riprodhim (*i një pikture, teksti etj.*); interpretim (*i një kantate etj.*); 2) kthim (*i një sendi etj.*).

w'iedergeben* *vt ndash* 1) riprodhoj; interpretoj; **bitte geben sie den Inhalt des Textes in Ihren eigenen Worten wieder** ma thoni, ju lutem, përmbajtjen e tekstit me fjalët tuaja; 2) kthej (*një libër të marrë hua etj.*); **einem Gefangenen seine Freiheit wie-**

dergeben ia kthej lirinë një të burgosuri.
w'iedergeboren *a fig* i rilindur; i përtëritur.
W'iedergeburt *f* = *fig* rilindje; përtëritje.
wiederg'utmachen *vt ndash* zhdëmtoj, zëvendësoj, vë në vend (*një dëm, humbje etj.*).
Wiederg'utmachung *f* =, **-en** zhdëmtim.
wiederh'erstellen *vt ndash* 1) rivendos; 2) *fig* përtërij; **der Kranke ist völlig wiederhergestellt** i sëmuri e ka marrë veten plotësisht.
Wiederh'erstellung *f* =, **-en** 1) rivendosje; 2) *fig* përtëritje.
wiederh'olen 1. *vt* përsëris; **eine Lektion wiederholen** përsëris një mësim; **eine Klasse wiederholen** përsërit një klasë (*nxënësi*): 2. *vrefl* **sich wiederholen** përsëritet (*klasa, mësimi etj.*).
wiederh'olt 1. *a* i përsëritur; **wiederholte Proteste** protesta të përsëritura; 2. *adv* shpeshherë, disa herë; **ich habe Sie schon wiederholt gebeten, dies zu unterlassen** ju jam lutur disa herë që ta lini këtë.
Wiederh'olung *f* =, **-en** përsëritje (*e një provimi etj.*).
W'iederhören *n* **-s** : **auf Wiederhören!** mirudëgjofshim! (*në radio, telefon etj.*).
w'iederkäuen *vt, vi ndash* (**h**) 1) ripërtyp (*lopa etj.*); 2) *fig bis* përsëris (*mësimin etj.*).
W'iederkäuer *m* **-s**, = *zool* ripërtypës.
W'iederkehr *f* = 1) kthim; 2) përsëritje (*e një fjale në tekst etj.*).
w'iederkehren *vi ndash* (**s**) 1) kthehem; **was vergangen ist, kehrt nicht wieder** ajo që ka ikur, nuk kthehet më; 2) përsëritet; **dieser Vorgang kehrt regelmäßig wieder** ky proces përsëritet rregullisht; 3) bie (*festa*); **jährlich wiederkehrendes Fest** festë që bie çdo vit.
w'iederkommen* *vi ndash* (**s**) 1) vij prapë; kthehem; 2) shfaqet përsëri (*një sëmundje etj.*).
W'iederkunft *f* = kthim (*nga një udhëtim etj.*).
w'iedersehen* *ndash* 1. *vt* takoj, shoh përsëri; **ich habe ihn nach 15 Jahren wiedergesehen** e takova pas 15 vjetësh; 2. *vrefl* **sich wiedersehen** takohem, shihem përsëri (*me dikë*).
W'iedersehen *n* **-s** (ri)takim; **auf Wiedersehen!** mirupafshim!; **bei unserem letzten Wiedersehen** në takimin tonë të fundit.
w'iederum *adv* 1) përsëri; 2) nga ana tjetër, përkundrazi; **er wiederum ist der Meinung, daß ...** po ai është i mendimit se ...
w'iedervereinigen *vt ndash* ribashkoj.
W'iedervereinigung *f* = ribashkim.
Wiederwahl *f* =, **-en** rizgjedhje (*në një post etj.*).
wief'ern *adv* gjer ku.
W'iege *f* =, **-n** djep; **das Kind in der Wiege schaukeln** përkund fëmijën në djep; *poet* **seine Wiege stand in Berlin** ai ka lindur në Berlin; *fig* **von der Wiege an** që në djep.
w'iegen I 1. *vt* 1) përkund (*foshnjën*); 2) tund (*kokën etj.*); 2. *vrefl* **sich wiegen** 1) tundet (*barka në ujë etj.*); 2) : *fig* **sich in der Hoffnung wiegen, daß ...** më gënjen shpresa se ...
w'iegen* II 1. *vt* peshoj; **etwas in der Hand wiegen** peshoj diçka në dorë; 2. *vrefl* **sich wiegen** peshohem; 3. *vi* (**h**) peshoj; **der Schrank wiegt mindestens zwei**

Zentner dollapi peshon të paktën një kuintal; *fig* **seine Argumente wiegen schwer** argumentet e tij ngrejnë peshë.
w'iehern *vi* (h) hingëllin (*kali*).
wies *sh* **weisen***.
W'iese *f* =, **-n** livadh.
W'iesel *n* **-s,** = *zool* bukël, nusël, nuselalë; **flink wie ein Wiesel** i shkathët si mace.
wies'o *adv inter* si, qysh.
w'ieviel *adv inter* sa; **wieviel(e) Einwohner hat Tirana?** sa banorë ka Tirana?; **den wievielten haben wir heute?** më sa jemi sot?; **wieviel ist (macht) drei mal vier?** sa bëjnë tri herë katër?; **zum wievielten Mal habe ich dir gesagt ...?** sa herë të kam thënë ...?
w'ievielmal *adv inter* sa herë.
wiew'eit *conj* gjer ku; **ich weiß nicht, wieweit er damit recht hat** nuk e di gjer ku ai ka këtu të drejtë.
wiew'ohl *conj* megjithëse, sido që.
W'ikinger *m* **-s,** = *hist* viking.
wild *a* 1) i egër (*kafshë, bimë etj.*); **wilde Tiere** kafshë të egra; **wilder Apfel** mollë e egër; **wilde Blumen** lule të egra; **das Pferd wurde wild** kali u tërhuz; *fig* **wilde Blicke** vështrime të egra; 2) i egër, i pashkelur (*vend etj.*); **wilde Gegend** vend i egër; 3) i virgjër (*pyll etj.*); 4) i pakrehur (*mjekër, flokë etj.*); 5) i tërbuar; **wild werden** tërbohem; **jemanden wild machen** tërboj dikë; *fig bis* **ganz wild auf etwas (A) sein** bëj si i marrë pas diçkaje; 6) i stuhishëm (*det, kohë etj.*); 7) i paligjshëm; **wilde Ehe** bashkëjetesë e paligjshme; 8) i shthurur (*jetë etj.*).
Wild *n* **-es** gjah (*shpendë e kafshë të egra*).
W'ildbret *n* **-s** mish gjahu.
W'ilddieb *m* **-(e)s, -e** gjuetar pa leje.
W'ilde *m* **-n, -n** *vjet, përb* njeri i egër, i breshtë; **ein Wilder** një breshtak.
W'ildente *f* =, **-n** *zool* rosë e egër.
W'ilderer *m* **-s,** = gjuetar pa leje.
w'ildern *vi* (h) gjuaj pa leje.
W'ildfang *m* **-s, -fänge** *fig* fëmijë çapkën.
w'ildfremd *a bis* krejt i huaj, fare i panjohur.
W'ildgans *f* =, **-gänse** *zool* patë e egër.
W'ildheit *f* = 1) egërsi; 2) *fig* zjarr; vrull.
W'ildleder *n* **-s** kamosh (*lëkurë*).
W'ildnis *f* =, **-se** vend i egër; shkretëtirë; pyll.
W'ildschwein *n* **-s, -e** *zool* derr i egër.
W'ildwasser *n* **-s,** = përrua.
will *sh* **wollen***.
W'ille *m* **-ns, -n** 1) vullnet; **schwacher, starker Wille** vullnet i dobët, i fortë; **seinen Willen durchsetzen** bëj të dalë imja; **jemandem zu Willen sein** i nënshtrohem dikujt; **laß ihm doch seinen Willen!** mos ia prish qejfin!; **jemandes Willen brechen** mposht dikë; 2) qëllim; **etwas mit Willen tun** bëj diçka me qëllim; **es war nicht böser Wille** nuk kishte qëllim të keq; **ich tue das doch nicht aus bösem Willen** këtë nuk e bëj me qëllim të keq; 3) dëshirë; **ich konnte es beim besten Willen nicht tun** me gjithë dëshirën time, këtë nuk mund ta bëja; 4) qejf, dëshirë; **jeder nach seinem Willen** sikush sipas qejfit të vet; 5) : **wider Willen** padashur; 6) : **letzter Wille** testament.
w'illen *präp* (G) : **um jemandes willen** për hir të dikujt.
w'illenlos *a* pa vullnet, i zhvullnetur (*njeri*).
w'illens *adv* : *shpr* **willens sein** jam gati (*të bëj diçka*).

w'illensschwach *a* vullnetdobët.

w'illensstark *a* vullnetfortë.

willf'ahren* *vi* **(h)** : **jemandem willfahren** i bindem dikujt; i shtrohem vullnetit të dikujt.

willf'ährig *a* i bindur; **er war ein willfähriger Handlanger der Verbrecher** ai ishte vegël e bindur e kriminelëve.

w'illig 1. *a* i gatshëm; **er ist sehr willig** ai është shumë i gatshëm; 2. *adv* me qejf; **etwas willig tun** bëj diçka me qejf.

w'illigen *vi* **(h) (in A)** lejoj; pranoj (*diçka*).

willk'ommen *a* 1) i mirëpritur; **ein willkommener Gast** një mik i mirëpritur; 2) : **jemanden willkommen heißen** i uroj dikujt mirëseardhjen; **sei willkommen!** mirë se erdhe!

W'illkommen *n* **-s** mirëseardhje.

W'illkür *f* = veprim arbitrar; **jemandes Willkür preisgegeben sein** jam në mëshirën e dikujt.

w'illkürlich 1. *a* 1) i vullnetshëm (*veprim etj.*); 2) arbitrar (*veprim etj.*); 2. *adv* në mënyrë arbitrare, arbitrarisht.

w'immeln *vi* **(h)** gëlon; **es wimmelte von Ameisen** gëlonte nga mizat e dheut; *fig* **in dem Buche wimmelt es von Fehlern** libri është mbushur me gabime.

w'immern *vi* **(h)** shkithet, qaravitet (*foshnja*).

W'impel *m* **-s,** = *det* flamurth trekëndësh.

W'imper *f* =, **-n** *anat* qerpik; *fig* **ohne mit der Wimper zu zucken** pa lëvizur qepallë.

Wind *m* **-es, -e** 1) erë; **der Wind weht** fryn era; **der Wind hat sich aufgemacht** u ngrit era; **der Wind hat sich gelegt** ra era; **bei Wind und Wetter** në shi e në erë; **das Wild hat den Jäger im Wind** gjahu i ka rënë në erë gjahtarit; **gegen den Wind segeln** a) *det* lundroj kundër erës; b) *fig* shkoj kundër rrymës; *fig bis* **das ist Wind in seine Segel** kjo shpie ujë në mullirin e tij; *fig bis* **jemandem den Wind aus den Segeln nehmen** ia pres krahët dikujt; *fig bis* **merken, woher der Wind weht** shikoj nga fryn era; *fig bis* **von etwas (D) Wind bekommen** i bie në erë diçkaje; *fig bis* **jemandem Wind vormachen** ia hedh dikujt; *fig* **aus allen vier Winden** nga të katër anët; *fig bis* **wir sind in alle Winde zerstreut** jemi shpërndarë si zogjtë e korbit; *fig* **in den Wind reden, Worte in den Wind streuen** lëshoj, hedh fjalë në erë; *fig* **etwas in den Wind schlagen** nuk përfill diçka; *fig bis* **daher weht der Wind!** këtu ishte fjala!; *fig bis* **Wind machen** bëj naze; *fig bis* **viel Wind wegen einer Sache machen** e bëj të madhe një punë; *fig bis* **laßt euch erst mal den Wind um die Nase wehen!** provojeni vetë njëherë se ç'do të thotë!; *prov* **den Mantel nach dem Wind hängen** kthej gunën nga fryn era; 2) *vulg* pordhë.

W'indbeutel *m* **-s,** = 1) petull me kajmak; 2) *fig bis* njeri i shthurur.

W'inde *f* =, **-n** *tek* çikrik.

W'indel *f* =, **-n** shpërgë, pelenë.

w'indeln *vt* mbështjell me pelena, me shpërgënj.

w'indelweich *a* : *fig bis* **jemanden windelweich schlagen** ia bëj kurrizin më të butë se barkun dikujt.

w'inden* I 1. *vt* 1) mbledh (*telin, fillin etj.*); 2) thur (*lule në një kurorë etj.*); 3) : **jemandem die Waffe aus den Händen winden** ia

shkëpus dikujt armën nga duart (*duke ia përdredhur*); 2. *vrefl* **sich winden** 1) kacavirret (*hardhia etj.*); 2) përdridhet (*krimbi, gjarpri etj.*); 3) dredhon, gjarpëron (*lumi, rruga etj.*); 4) përpëlitem (*nga dhembjet*).
w'inden II *vi* **(h)** 1) fryn erë; 2) nuhat (*qeni*).
W'indeseile *f* : *fig* **in, mit Windeseile** si era.
W'indfahne *f* =, **-n** flamur ere.
W'indhund *m* **-(e)s, -e** 1) *zool* zagar; 2) *fig bis* njeri mendjelehtë.
w'indig *a* 1) me erë (*ditë etj.*); 2) *fig bis* i pasigurt; **eine windige Sache** punë e pasigurt; 3) *fig bis* që nuk pi ujë (*shkak etj.*).
W'indjacke *f* =, **-n** xhakavent.
W'indmühle *f* =, **-n** mulli ere.
W'indpocken *pl mjek* li e bardhë, li e dhenve.
W'indrose *f* =, **-n** trendafil i erërave.
W'indsack *m* **-(e)s, -säcke** thes ere (*për të treguar drejtimin dhe forcën e erës*).
W'indsbraut *f* = *poet* shakullinë.
W'indschatten *m* **-s,** = shtrojerë.
w'indschief *a bis* i shtrembër (*shkronjë etj.*).
W'indschutzscheibe *f* =, **-n** erëpritës (*i automobilit etj.*).
w'indstill *a* pa erë, i mbrojtur nga era, që nuk e rreh era.
W'indstille *f* = *det* bunacë.
W'indung *f* =, **-en** 1) dredhë; 2) bërryl (*i lumit etj.*).
Wink *m* **-(e)s, -e** 1) shenjë (*me dorë, me kokë etj.*); 2) *fig* sugjerim; *bis* **ein Wink von oben** një udhëzim nga lart.
W'inkel *m* **-s,** = 1) *gjeom* kënd; **rechter Winkel** kënd i drejtë; **spitzer Winkel** kënd i ngushtë; **stumpfer Winkel** kënd i gjerë; 2) skaj, qoshe; **in allen Ecken und Winkeln** në të gjitha qoshet e skutat.
W'inkelmesser *m* **-s,** = *gjeom* këndmatës.
W'inkelzug *m* **-(e)s, -züge** 1) shkak, pretekst; 2) marifet.
w'inken 1. *vi* **(h)** 1) bëj (me) shenjë (*me dorë, me shami etj.*); **dem Kellner winken** i bëj me shenjë kamerierit; 2) tund dorën (shaminë etj.) për të përshëndetur; 3) : *fig* **ihm winkt eine Belohnung** atë e pret një shpërblim; 2. *vt* thërras duke bërë me shenjë.
w'inseln *vi* **(h)** kuit, angullin.
W'inter *m* **-s,** = dimër; **im Winter** gjatë dimrit, dimrit; **gut über den Winter kommen** e kaloj mirë dimrin.
W'interfrucht *f* =, **-früchte** *bujq* të lashta.
W'intergarten *m* **-s, -gärten** kopsht dimëror (*sallë xhamash me lule etj.*).
w'interlich *a* dimëror.
W'intersport *m* **-s** *sport* dimëror.
W'inzer *m* **-s,** = vreshtar.
w'inzig *a* i vockël; **ein winziges Häuschen** një shtëpi e vockël.
W'ipfel *m* **-s,** = majë e drurit; **in den Wipfeln der Bäume rauscht der Wind** era fëshfërin në majat e drurëve.
W'ippe *f* = shilarth.
w'ippen *vi* **(h)** shilarem, kolovitem.
wir *pron pers* ne.
W'irbel *m* **-s,** = 1) vorbull (*edhe fig*); 2) rrëmujë; 3) rrapëllimë (*e daulles*); 4) *anat* rruazë (*e boshtit të kurrizit*); 5) *anat* çaçkë (*e kokës*); **vom Wirbel bis zur Zehe** nga koka te këmbët; 5) shul (*i dritares*).
w'irbellos *a zool* jokërbishtor (*kafshë*).
w'irbeln 1. *vi* **(h, s)** 1) shtillet, vorbullon; *fig bis* **mir wirbelt der Kopf** më vjen koka vërdallë; **sie**

wirbelte aus dem Zimmer ajo iku nga dhoma si era; 2) rrapëllin (*daullja*); 2. *vt* rrotulloj, vërtis.

W'irbelsäule *f* =, **-n** *anat* shtyllë kurrizore.

W'irbelsturm *m* **-s, -stürme** shakullinë.

W'irbeltier *n* **-(e)s, -tiere** *zool* kërbishtor.

wirbst, wirbt *sh* **werben***.

wird *sh* **werden***.

wirfst, wirft *sh* **werfen***.

w'irken 1. *vi* **(h)** 1) veproj; **die Arznei beginnt zu wirken** ilaçi po fillon të veprojë; **diese Tabletten wirken anregend, beruhigend** këto hape të ngacmojnë, të qetësojnë; 2) lë, krijon, bën përshtypje; **sein Auftreten hat sehr gut gewirkt** dalja e tij la përshtypje shumë të mirë; 3) dukem; **er wirkt noch immer jugendlich** ai duket akoma i ri; 4) : **ein solches Verhalten wirkt lächerlich** një qëndrim i tillë të bën të qeshësh; 5) **(auf A)** ndikoj (*mbi diçka, dikë*); **dieses Medikament wirkt auf die Nerven** ky ilaç vepron mbi nervat; 6) punoj; **für eine Sache wirken** punoj për një çështje; 2. *vt* 1) bëj; **Gutes wirken** bëj të mira; 2) thur me makinë (*çorape etj.*); 3) end me makinë (*pëlhurë etj.*); 4) mbruj.

W'irker *m* **-s,** = endës.

W'irkerin *f* =, **-nen** endëse.

w'irklich 1. *a* i vërtetë, real; **das wirkliche Leben ist ganz anders, als es in diesen Romanen geschildert wird** jeta e vërtetë është krejt ndryshe nga ç'paraqitet në këta romane; 2. *adv* vërtet, në të vërtetë; **wirklich?** vërtet?

W'irklichkeit *f* = 1) realitet; **in der Kunst die Wirklichkeit darstellen** paraqes realitetin në art; 2) e vërtetë; **in Wirklichkeit war es ganz anders** në të vërtetë puna ishte krejt ndryshe.

W'irklichkeitsform *f* = *gram* mënyrë dëftore.

w'irklichkeitsfremd *a* që është larg realitetit; që nuk përputhet me realitetin.

w'irklichkeitsnah *a* që është afër realitetit.

w'irksam *a* 1) i efektshëm (*masë, mjet etj.*); 2) : **wirksam sein** a) punon; b) ka efekt.

W'irkstoff *m* **-(e)s, -e** *biol* lëndë aktive.

W'irkung *f* =, **-en** 1) pasojë; **du verwechselst Ursache und Wirkung** ti ngatërron shkakun me pasojën; 2) efekt; **die Wirkung einer Maßnahme** efekti i një mase; 3) rezultat; **gute Wirkung haben** ka rezultat të mirë (*një ilaç etj.*); 4) ndikim; **starke Wirkung ausüben** ushtroj ndikim të fortë; 5) : **mit Wirkung vom 3. Dezember** (*ligj*) që hyn në fuqi më 3 dhjetor.

W'irkungsbereich -(e)s, -e fushë, rreze veprimi (*e dikujt ose diçkaje*).

W'irkungsgrad *m* **-(e)s** koeficient i veprimit të dobishëm (*i një makine etj.*).

W'irkungskreis *m* **-es** 1) fushë e veprimtarisë; 2) sferë e ndikimit.

w'irkungslos *a* pa efekt, pa rezultat.

w'irkungsvoll *a* me efekt, me rezultat.

W'irkwaren *pl* trikotazhe.

wirr *a* 1) i shpupurishur (*flokë*); 2) i ngatërruar, i pështjelluar; **wirres Durcheinander** rrëmujë e madhe; 3) i turbullt (*vështrim etj.*); **mir ist von all dem Lärm ganz wirr im Kopf** e kam kokën dhallë nga gjithë kjo zhurmë.

W'irren *pl* trazira; **politische Wirren** trazira politike.

W'irrkopf *m* **-(e)s, -köpfe** njeri mendjehumbur.

W'irrnis *f* **=, -se** rrëmujë.

W'irrwarr *m* **-s** rrëmujë e madhe, mishmash.

Wirt *m* **-(e)s, -e** 1) *vjet* hanxhi; bujtinar; *fig* **die Rechnung ohne den Wirt machen** bëj hesapet pa hanxhiun; 2) i zoti i lokalit, i restorantit etj.; banakier.

w'irtlich *a vjet* 1) mikpritës (*shtëpi etj.*); 2) i mirë (*mot*).

W'irtschaft *f* **=, -en** 1) ekonomi (*shkencë*); 2) ekonomi (*bujqësore, shtëpiake etj.*); 3) restorant; tavernë; 4) punë, telashe; **der Besuch machte ihr viel Arbeit und Wirtschaft** vizita i hapi shumë punë e telashe; 5) : *fig bis* **schöne Wirtschaft!** rregull i bukur, s'ke ç'i thua!

w'irtschaften *vi* **(h)** 1) mbaj shtëpinë; **sie versteht zu wirtschaften** ajo di të mbajë shtëpinë; 2) qeveris, administroj, mbarështoj; 3) *bis* punoj; **sie wirtschaftet noch in der Küche** ajo po punon ende në kuzhinë.

w'irtschaftlich 1. *a* ekonomik; **wirtschaftliche Blüte** lulëzim ekonomik; 2. *adv* nga ana ekonomike, ekonomikisht.

W'irtschaftlichkeit *f* **=** rentabilitet.

W'irtschaftsgeld *m* **-es, -gelder** pare për të mbajtur shtëpinë.

W'irtschaftsgeographie *f* **=** gjeografi ekonomike.

W'irtschaftsgeschichte *f* **=** histori ekonomike.

W'irtschaftskrise *f* **=** krizë ekonomike.

W'irtschaftslage *f* **=** gjendje ekonomike.

W'irtschaftspolitik *f* **=** politikë ekonomike.

W'irtschaftswissenschaften *pl* shkenca ekonomike.

W'irtshaus *n* **-es, -häuser** tavernë.

Wisch *m* **-(e)s, -e** 1) copë letër pa vlerë; 2) shkarravinë; 3) vandak (*kashte etj.*).

w'ischen *vt* 1) fshij me leckë (*dyshemenë etj.*); 2) fshij me pecetë (*buzët etj.*); 3) fshij (*djersën, lotët etj.*).

W'ischtuch *n* **-(e)s, -tücher** leckë për të fshirë.

w'ispern *vi* **(h)** pëshpëris.

W'ißbegier *f* **=** etje, dëshirë për të mësuar.

W'ißbegierde *sh* **Wißbegier.**

W'issen *n* **-s** 1) dije, njohuri; **er besitzt ein umfangreiches Wissen** ai ka njohuri të gjera; 2) dijeni; **es ist ohne mein Wissen geschehen** ka ndodhur pa dijeninë time; **meines Wissens** me sa di unë.

w'issen* *vt* di; **ich weiß nicht, was ich tun soll** nuk di ç'të bëj; **jemandem Dank wissen** ia di (për nder) dikujt, i jam mirënjohës dikujt; **wissen lassen** lajmëroj; **wissend** që di; **daß du es nur weißt!** (jo po) që ta dish; *bis* **nicht, daß ich wüßte** për këtë unë s'di asgjë; **ich weiß mir keinen Rat** s'di ç'të bëj.

W'issenschaft *f* **=, -en** shkencë; *fig bis* **das ist eine Wissenschaft für sich** kjo është shkencë më vete, është punë e ngatërruar.

Wissenschaftler -s, = shkencëtar.

w'issenschaftlich 1. *a* shkencor; **wissenschaftliche Arbeiten, Untersuchungen** punime, kërkime shkencore; 2. *adv* shkencërisht.

W'issensgebiet *n* **-(e)s, -e** fushë e dijes.

w'issenswert *a* që e vlen të dihet.

w'issentlich *a* me dije, me qëllim.

w'ittern *vt* 1) nuhat, i bie në erë (*qeni gjahut etj.*); 2) *fig* i bie në erë (*rrezikut, tradhtisë etj.*).

W'itterung *f* **=** 1) mot; **warme Witterung** mot i ngrohtë; 2) nuhatje; **von etwas Witterung haben** nuhas diçka (*edhe fig*).

W'itwe *f* =, **-n** e ve, vejushë.

W'itwer *m* **-s,** = i ve, vejan.

Witz *m* **-es** 1) humor; **er hat (viel) Witz** ai ka shumë humor; *fig bis* **das ist der ganze Witz** kjo është gjithë meseleja; 2) *pl* **-e** shaka; **Witze machen** bëj shaka; **mach keine Witze!** lëri shakatë!, mos u tall!; 3) *pl* **-e** gazmore, barceletë.

W'itzblatt *n* **-(e)s, -blätter** revistë humoristike.

W'itzbold *m* **-(e)s, -e** *bis* shakaxhi.

w'itzeln *vi* **(h) (über A)** tallem (*me diçka*).

w'itzig *a* me humor (*fjalë, bisedë, njeri etj.*).

w'itzlos *a* 1) pa lezet; 2) *bis* pa kuptim; **es ist witzlos** s'ka kuptim.

wo 1. *adv inter* ku; **wo bist du gewesen?** ku ke qenë?; *bis* **ach wo!, i wo!** hajde, hajde!; **ih, wo werd' ich denn!** as që bëhet fjalë! 2. *adv rel* 1) ku; **in Shkodra, wo ich geboren wurde** në Shkodër, ku kam lindur; 2) *bis* kur; **die Zeit, wo ...** koha kur ...; 3) *bis* diku.

wob *sh* **weben*.**

wob'ei 1. *adv inter* me se; **wobei bist du gerade?** me se merresh tani?; 2. *adv rel* ku; **wobei notwendig ist, daß ...** ku është e domosdoshme që ...

W'oche *f* =, **-n** javë; **im Lauf der Woche** gjatë javës; **kommende, nächste Woche** java tjetër; javën tjetër; **heute in vier Wochen** katër javë si sot, sot një muaj.

W'ochenbett *n* **-(e)s** lehoni.

W'ochenblatt *n* **-(e)s, -blätter** e përjavshme.

W'ochenende *n* **-s, -n** fundjavë, fund i javës (*e shtunë dhe e diel*).

w'ochenlang 1. *a* (që zgjat) me javë (*sëmundje etj.*); 2. *adv* me javë; **ich habe wochenlang gewartet** kam pritur me javë.

W'ochenmarkt *m* **-(e)s, -märkte** treg i përjavshëm.

W'ochenschau *f* =, **-en** pasqyrë e ngjarjeve të javës (*në televizion etj.*).

W'ochenschrift *f* =, **-en** *sh* **Wochenblatt.**

W'ochentag *m* **-(e)s, -e** ditë jave, ditë pune.

w'öchentlich *a* javor, i përjavshëm.

W'öchnerin *f* =, **-nen** lehonë.

wod'urch 1. *adv inter* nga se; 2. *adv rel* prandaj.

wof'ür 1. *adv inter* 1) përse; **wofür willst du das haben?** përse e do këtë?; 2) për kë; **wofür halten Sie mich?** për kë më mbani ju?; 2. *adv rel* 1) prandaj; 2) për të cilin, të cilën; që; **er ist nicht das, wofür er sich ausgibt** nuk është ai që shitet.

wog *sh* **wiegen*.**

W'oge *f* =, **-n** valë, dallgë.

wog'egen 1. *adv inter* kundër çfarë; 2. *adv rel* kundër së cilës (*fjalë etj.*).

w'ogen *vi* **(h)** 1) dallgëzon (*deti etj.*); 2) *fig* luhatet, lëkundet.

woh'er *adv inter* nga; **woher kommst du?** nga vjen ti?

woh'in *adv inter* ku; **wohin des Wegs?** ku po shkon?; **wohin willst du?** ku do të shkosh?; **ich weiß nicht, wohin damit** nuk di ku ta lë.

wohl 1. *adv* 1) mirë; **wohl dem, der ...** lum ai që ...; **sich wohl fühlen** ndihem mirë; **sich's wohl sein lassen** gëzoj jetën; **leben Sie wohl!** mbetshi me shëndet!; lamtumirë!; **nun wohl** epo mirë; **ich weiß wohl, daß ...** e di mirë se ...; 2) ndoshta, ka të ngjarë; pa dyshim, sigurisht; **kommen wird er wohl, aber ...** për të ardhur, do të vijë, po ...; **ich habe wohl nicht recht ge-**

hört? mos nuk dëgjova mirë?; 2. *conj* mirë; **wohl habe ich es ihm versprochen, aber ...** mirë që ia premtova, po ...
Wohl *n* -(e)s 1) e mirë; **das Wohl des Volkes** e mira e popullit; **das allgemeine Wohl** e mira e përgjithshme; 2) shëndet; **auf jemandes Wohl trinken** pi për shëndetin e dikujt; **zum Wohl!** gëzuar, për të mirë!
W'ohlbefinden *n* -s 1) shëndet; 2) mirëqenie.
W'ohlbehagen *n* -s lezet; **mit Wohlbehagen eine Pfeife rauchen** pi me lezet një llullë.
w'ohlbehalten *adv* 1) pa (pësuar) dëm; 2) shëndoshë e mirë.
w'ohlbekannt *a* i mirënjohur; **er ist mir wohlbekannt** e njoh mirë atë.
W'ohlergehen *n* -s 1) shëndet; 2) mirëqenie.
w'ohlerzogen *a* i mirërritur, i edukuar mirë.
W'ohlfahrt *f* = 1) mirëqenie (*e popullit*); 2) asistencë sociale.
w'ohlfeil *vjet* 1. *a* i lirë; **wohlfeile Ausgabe** botim i lirë; 2. *adv* lirë.
W'ohlgefallen *n* -s kënaqësi; *fig bis iron* **sich in Wohlgefallen auslösen** prishet, bëhet pluhur (*plani etj.*).
w'ohlgefällig 1. *a* i kënaqur; 2. *adv* me qejf, me kënaqësi.
w'ohlgemeint *a* mirëdashës, me qëllim të mirë (*këshillë etj.*).
w'ohlgemut *a* i gëzuar e i kënaqur.
w'ohlgenährt *a* i ushqyer mirë.
w'ohlgeraten *a poet* i mbarë; **wohlgeratene Kinder** fëmijë të mbarë.
W'ohlgeruch *m* -s, **-gerüche** erë e mirë.
w'ohlgesinnt *a* mirëdashës.
w'ohlhabend *a* 1) në gjendje të mirë; 2) i kamur, i pasur.
w'ohlig 1. *a* i këndshëm; 2. *adv* me kënaqësi, me lezet.
W'ohlklang *m* -(e)s tingull i ëmbël (*i një vegle muzikore etj.*).
w'ohlriechend *a* erëmirë.
w'ohlschmeckend *a* i shijshëm.
W'ohlsein *n* -s 1) shëndet; 2) mirëqenie.
W'ohlstand *m* -(e)s mirëqenie.
W'ohltat *f* =, **-en** 1) vepër e mirë; **jemandem Wohltaten erweisen** i bëj të mira dikujt; 2) *fig* lehtësim.
w'ohltätig *a* mirëbërës.
W'ohltäter *m* -s, = mirëbërës.
W'ohltäterin *f* =, **-nen** mirëbërëse.
W'ohltätigkeit *f* = mirëbërësi.
w'ohltuend *a* 1) i këndshëm; 2) që (*të*) bën mirë.
w'ohltun* *vi* (h) *ndash* bëj mirë.
w'ohlverdient *a* i merituar (*shpërblim etj.*).
w'ohlweislich *adv* me mend, me arsye.
W'ohlwollen *n* -s dashamirësi; mirëdashje.
w'ohlwollend *a* mirëdashës.
W'ohnblock *m* -s, -s bllok banesash.
w'ohnen *vi* (h) banoj; **auf dem Lande, in der Stadt wohnen** banoj në fshat, në qytet; *poet* **hinter seiner Stirn wohnt ein starker Wille** prapa ballit të tij fshihet një vullnet i fortë.
w'ohnhaft *a* : **wohnhaft sein** jam me vendbanim (*në një vend*).
W'ohngebäude *n* -s, = pallat, shtëpi banimi.
W'ohnhaus *n* -es, **-häuser** banesë; shtëpi banimi.
W'ohnort *m* -(e)s, -e vendbanim.
W'ohnraum *m* -(e)s, **-räume** 1) dhomë, e ndarë; 2) *vetëm sing* sipërfaqe e banueshme (*e një qyteti etj.*).
W'ohnsitz *m* -es, -e vendbanim.

W'ohnung *f* =, **-en** banesë; shtëpi; **Wohnung mit drei Zimmern** hyrje me tri dhoma.
W'ohnungsamt *m* **-(e)s, -ämter** zyrë strehimi.
W'ohnungsnot *f* = problem i strehimit.
W'ohnviertel *n* **-s,** = lagje.
W'ohnzimmer *n* **-s,** = dhomë ndenjeje.
w'ölben 1. *vt* lakoj; 2. *vrefl* **sich wölben** lakohem; **eine Brücke wölbt sich über einen Fluß** një urë ngrihet mbi një lumë.
W'ölbung *f* =, **-en** *ark* qemer.
Wolf *n* **-(e)s, Wölfe** 1) *zool* ujk; **hungrig wie ein Wolf** si ujk i uritur; 2) makinë mishi; 3) *tek* kapriatë; 4) *sing mjek* lupus.
W'olfshunger *m* **-s** *bis* uri e madhe.
W'olfshund *m* **-(e)s, -e** *zool* qen-ujk.
W'olke *f* =, **-n** re; **Wolken ballen sich, türmen sich am Himmel auf** retë po mblidhen në qiell; *fig bis* **ich war aus allen Wolken gefallen** mbeta shtang nga habia.
W'olkenbruch -s, -brüche rrebesh.
W'olkenkratzer *m* **-s,** = qiellgërvishtës (*ndërtesë shumëkatëshe*).
W'olkenkuckucksheim *n* **-(e)s** : *shpr* **er lebt in einem Wolkenkuckucksheim** ai shkon me ëndrra.
w'olkenlos *a* pa re, i kthjellët (*qiell*).
w'olkig *a* me re, i vrenjtur (*qiell*).
W'olldecke *f* =, **-n** batanije leshi.
W'olle *f* = lesh; **ein Kleid aus Wolle** fustan leshi; *fig bis* **wir sind uns in die Wolle geraten** u zumë; *fig bis* **in der Wolle gefärbt** i kulluar (*shqiptar, gjerman etj.*).
w'ollen I *a* i leshtë.
w'ollen* II *vt, vi* **(h)** 1) dua; **ich habe es tun wollen** doja ta bëja; **ich habe es gewollt** e desha; **zu wem wollen Sie?** te kush doni të shkoni?; **ob man will oder nicht** do s'do, dashje pa dashje; **ohne es zu wollen** pa dashur; **das will ich meinen (glauben)!** natyrisht!, ta pret mendja!; **hier ist nichts zu wollen** këtu, në këtë mes s'ke ç'bën; **das will etwas heißen!** kjo diçka do të thotë!; 2) duhet; **das will ich nicht gehört haben!** këtë nuk duhej ta kishe thënë!; **das will überlegt sein** kjo duhet menduar; **das will gelernt sein** kjo duhet mësuar; 3) : **es will regnen** do të bjerë shi; *bis* **meine Augen wollen nicht mehr** nuk më punojnë më sytë; **mein Freund wollte sterben** miku im ishte në buzë të varrit, qe për vdekje; **es will mir nicht einleuchten** kurrë nuk mund ta kuptoj; *bis* **das will mir nicht in den Kopf** kjo nuk më hyn në kokë; **es scheint ein schöner Tag werden zu wollen** dita premton të jetë e mirë; 4) : **dem sei, wie es wolle** sido qoftë; **komme, was da wolle** të vijë ç'të vijë; **es sei, wer er wolle** kushdo që të jetë; 5) : **wollen wir gehen!** shkojmë!; **er wolle sofort zu mir kommen!** le të vijë menjëherë tek unë!; 6) : **willst du antworten!** përgjigju, de!; 7) : **er will schon vor vier Uhr dagewesen sein** ai thotë se ka qenë këtu para orës katër; **ich will nichts gesagt haben, aber ...** nuk dua të them, po ...; 8) : **mit etwas gewollter Freundlichkeit** me një dashamirësi si të detyruar.
w'ollig *a* 1) me lesh; prej leshi; i leshtë; 2) kaçurrel e i dendur (*flokë*).
W'ollstoff *m* **-(e)s, -e** stof leshi.
W'olltuch *n* **-(e)s, -tücher** shami leshi.
W'ollust *f* = 1) epsh; 2) *fig* lezet.
w'ollüstig *a* epshor (*ndijim etj.*).
wom'it 1. *adv inter* me se; 2. *adv rel* (*gjë*) me të cilën.

wom'öglich *adv* 1) mundësisht, në qoftë e mundur; 2) *bis* ndoshta; ka të ngjarë.

won'ach 1. *adv inter* 1) për se; **wonach fragst du?** për se pyet ti?; 2) çfarë; **wonach suchst du?** çfarë kërkon ti?; 2. *adv rel* sipas të cilit, së cilës; **es ist eine neue Verordnung herausgekommen, wonach alle, die ...** ka dalë një urdhëresë e re, sipas së cilës të gjithë ata që ...

W'onne *f* =, **-n** 1) gëzim; lumturi; **das Kind ist ihre ganze Wonne** fëmija është gjithë gëzimi i saj; 2) kënaqësi; **das kalte Bad war mir eine Wonne** banja e ftohtë qe një kënaqësi për mua.

w'onnig *a* 1) i këndshëm; 2) i mrekullueshëm.

w'onniglich *sh* **wonnig.**

wor'an 1. *adv inter* 1) për se; **woran denkst du?**; përse mendon?; 2) ku; **woran liegt es?** ku qëndron puna?; 2. *adv rel (gjë)* në, për të cilën.

wor'auf 1. *adv inter* 1) në, mbi se; 2) përse; 2. *adv rel* 1) *(gjë)* për të cilën; 2) *(gjë)* pas secilës.

wor'aus 1. *adv inter* prej se, nga se; **woraus besteht das Wasser?** nga se përbëhet ujët?; 2. *adv rel (gjë)* nga e cila.

w'orden *sh* **werden*.**

w'orfeln *vt bujq* eroj, hedh *(në erë me lopatë grurin, elbin etj.)*.

wor'in 1. *adv inter* 1) në se; 2) ku; **worin besteht der Unterschied zwischen ...?** ku qëndron ndryshimi midis ...?; 2. *adv rel (gjë)* në të cilën.

Wort I *n* **-es, Wörter** fjalë *(e veçantë në fjalor etj.)*; **Wort für Wort** fjalë për fjalë; **dieses Wort ist unübersetzbar** kjo fjalë është e papërkthyeshme.

Wort II *n* **-(e)s, -e** 1) fjalë *(në ligjërim)*; **ein Wort gab das andere ...** fjala nxori fjalën ...; *bis* **hast du Worte?, hat der Mensch Worte?** ke parë ti?; **jemandem das Wort reden** i shkoj dikujt pas fjale; **ein gutes Wort für jemanden einlegen** them një fjalë të mirë për dikë; **darüber ist (noch) kein Wort gefallen** kjo nuk është përmendur (ende); **schöne Worte machen** them fjalë të bukura; **auf ein Wort!** kam një fjalë!; **jemandes Worte auf die Goldwaage legen** i vë fjalët e dikujt në fije të perit; **du nimmst mir das Wort aus dem Mund** ma more nga goja; **mit einem Wort** shkurt, me një fjalë; **jemanden mit leeren Worten hinhalten** mbaj dikë me fjalë; **andere nicht zu Worte kommen lassen** s'i lë të tjerët të flasin, s'u lë radhë të tjerëve të flasin; 2) fjalë *(fjalim)*; **ums Wort bitten, sich zu Worte melden** kërkoj fjalën; **das Wort haben** kam fjalën; **jemandem das Wort erteilen (geben), abschneiden, entziehen** ia jap, ia pres, ia heq dikujt fjalën; **das Wort führen** jam zëdhënës; 3) *sing* fjalë *(premtim)*; **sein Wort brechen** ha fjalën; **ich habe sein Wort** më ka dhënë fjalën; **sein Wort halten** mbaj fjalën; **auf mein Wort!** për fjalë të nderit!; **jemanden beim Wort nehmen** zë dikë për fjale.

W'ortbruch *m* **-(e)s, -brüche** shkelje e fjalës së dhënë.

w'ortbrüchig *a* që nuk e mban fjalën e dhënë *(njeri)*.

W'örtchen *n* : *bis* **ein Wörtchen mit jemandem zu reden haben** kam një fjalë me dikë; *bis* **ein Wörtchen mitzureden haben** kam një fjalë për të thënë *(për diçka)*.

W'örterbuch *n* **-(e)s, -bücher** fjalor.

W'ortfolge *f* = rend i fjalëve në fjali.

W'ortführer *m* **-s** = zëdhënës (*i një grupi në parlament etj.*).
W'ortgefecht *n* **-(e)s, -e** grindje me fjalë.
w'ortgetreu *a* i fjalëpërfjalshëm.
w'ortkarg *a* fjalëpakë, fjalëkursyer.
W'ortklauber *m* **-s,** = pedant.
W'ortklauberei *f* = pedantizëm.
W'ortlaut *m* **-(e)s** tekst (*i një dokumenti etj.*).
w'örtlich 1. *a* fjalë për fjalë
w'ortlos 1. *a* i pafjalë, i heshtur; 2. *adv* pa fjalë.
W'ortmeldung *f* =, **-en** kërkesë për të marrë fjalën (*në një mbledhje etj.*).
W'orträtsel *n* **-s,** = gjëzë.
w'ortreich *a* 1) me shumë fjalë (*shpjegim etj.*); 2) proliks (*stil etj.*); 3) i pasur (*gjuhë etj.*).
W'ortschatz *m* **-es** 1) pasuri leksikore (*e një gjuhe*); 2) fjalor (*i pasur, i varfër i një shkrimtari etj.*).
W'ortschwall *m* **-(e)s** rrëke, lumë fjalësh.
W'ortwechsel *m* **-s,** = shkëmbim fjalësh, grindje.
w'ortwörtlich *a* i fjalëpërfjalshëm.
wor'über 1. *adv inter* për se; **worüber habt ihr gesprochen?** për se keni folur?; 2. *adv rel* (*gjë*) për të cilën.
wor'um 1. *adv inter* për se; **worum handelt es sich?** për se është fjala?; 2. *adv rel* për të cilën; **das, worum es hier geht, ist folgendes: ...** ajo për të cilën bëhet fjalë këtu, është si vijon: ...
wor'unter 1. *adv inter* 1) në çfarë; 2) nga se; 2. *adv rel* nga i cili, e cila.
wos'elbst *adv rel vjet* ku.
wov'on 1. *adv inter* për se; **wovon ist die Rede?** për se është fjala?; 2. *adv rel* për të cilin, për të cilën; **er fragte mich nach etwas, wovon ich keine Ahnung hatte** ai më pyeti për diçka, për të cilën unë s'e kisha idenë.
wov'or 1. *adv inter* nga se; **wovor fürchtest du dich?** nga se ke frikë?; 2. *adv rel* nga i cili, e cila.
woz'u 1. *adv inter* për se; **wozu brauchst du das Geld?** për se të duhen paret?; 2. *adv rel* për të cilin, të cilën.
Wrack *n* **-s, -s** 1) mbeturinë (*e një anijeje, aeroplani etj.*); 2) *fig* gërmadhë; **er ist ein Wrack** është një gërmadhë.
wr'ingen* *vt* shtrydh (*rrobat*).
W'ucher *m* **-s** fajde, kamatë e lartë.
W'ucherer *m* **-s,** = fajdexhi.
w'uchern *vi* **(h, s)** 1) rritet shpejt (*bari etj.*); 2) **(mit D)** jap me fajde (*një shumë*); fitoj (*me diçka*).
W'ucherung *f* =, **-en** *mjek* mish i huaj.
wuchs *sh* **wachsen***.
Wuchs *m* **-es** shtat; **ein Mann von hohem Wuchs** një burrë i gjatë nga trupi, shtatgjatë.
Wucht *f* = 1) peshë; 2) fuqi; 3) vrull; **er fiel mit voller Wucht auf den Rücken** ra me tërë vrullin në kurriz.
w'uchten *vt bis* ngre me shumë mundime (*një arkë etj.*).
w'üchtig *a* 1) i rëndë; i madh (*send, ndërtesë etj.*); 2) i fuqishëm (*goditje etj.*).
w'ühlen 1. *vi* **(h)** 1) gërmoj; **in der Erde, im Sand wühlen** gërmoj në dhé, në rërë; **in einer Wunde wühlen** prek, lëndoj një plagë (*edhe fig*); 2) rrëmoj; **er wühlte in, unter seinen Papieren** ai rrëmoi në letrat e veta; 3) shpupurish (*flokët*); 4) : *fig* **der Hunger wühlte ihm im Leib** uria ia gërryente zorrët; 2. *vt* hap duke gërmuar (*një vrimë etj.*).
Wulst *f* =, **Wülste** *mjek* xhungë.
w'ulstig *a* i fryrë; i trashë; **wulstige Lippen** buzë të trasha.

wund *a* 1) i vrarë; **wunde Stelle** vend i vrarë (*në këmbë etj.*); *poet* **wundes Herz** zemër e plagosur; *fig* **wunder Punkt** pikë e dobët; 2) i kuar (*kofshë e fëmijës etj.*); 3) : *fig* **sich die Finger wund schreiben** më mpihen gishtat duke shkruar; **sich die Füße wund laufen** më këputen këmbët duke ecur.

W'undarzt *m* **-(e)s, -ärzte** *vjet* kirurg.

W'unde *f* **=, -n** plagë; **eine Wunde auswaschen, reinigen, verbinden** laj, pastroj, lidh një plagë; **die Wunde heilt, schließt sich** plaga shërohet, mbyllet; *fig* **eine alte Wunde wieder aufreißen** hap një plagë të vjetër; *fig* **den Finger auf eine Wunde legen** vë gishtin në plagë.

W'under *n* **-s, =** mrekulli, çudi; **ein Wunder der Technik** një mrekulli e teknikës; **Wunder tun, vollbringen, wirken** bëj mrekulli; **das ist kein Wunder** nuk është për t'u çuditur; **wie durch ein Wunder** si për çudi; **was Wunder, daß ...** nuk është për t'u habitur që ...; *fig bis* **du wirst noch dein blaues Wunder erleben** do të habitesh shumë, kur të të dalë puna krejt ndryshe.

w'underbar *a* 1) i mrekullueshëm (*njeri, vend, qytet etj.*); **das hast du wunderbar gemacht** e ke bërë për mrekulli; 2) i mbinatyrshëm.

W'underkind *n* **-(e)s, -kinder** fëmijë-mrekulli (*me talent të jashtëzakonshëm për moshën e vet*).

w'underlich *a* i çuditshëm (*rast, njeri etj.*).

W'undermittel *n* **-s, =** mjet çudibërës; bar çudibërës (*për një sëmundje etj.*).

w'undern 1. *vt* çudis; **das wundert mich** kjo më habit; 2. *vrefl* **sich wundern (über A)** habitem, çuditem (*me dikë, diçka*); *fig bis* **ich muß mich doch sehr wundern!** pomë habit!

w'underschön *a* shumë i bukur, i mrekullueshëm.

W'undertat *f* **=, -en** mrekulli, çudi.

w'undervoll *a* i mrekullueshëm, i mahnitshëm.

W'underwerk *n* **-(e)s, -e** mrekulli (*e teknikës etj.*).

w'undliegen, sich *vrefl* (*më*) hapen mishrat (*duke qëndruar gjatë në shtrat*).

Wunsch *m* **-es, Wünsche** 1) dëshirë; **jemandem einen Wunsch erfüllen** ia plotësoj një dëshirë dikujt; **auf allgemeinen Wunsch** me dëshirën e të gjithëve; **nach Wunsch** sipas dëshirës; 2) urim; **alle guten Wünsche zum Geburtstag** urimet më të mira për ditëlindjen.

W'ünschelrute *f* **=, -n** shkop rabdomanti (*për të kërkuar ujë, minerale etj.*).

w'ünschen *vt* 1) dëshiroj; **was wünschen Sie?** ç'dëshironi?; **ich wünschte, ich könnte bei euch sein** do të dëshiroja të isha pranë jush; **sein Betragen läßt viel zu wünschen (übrig)** sjellja e tij të lë shumë për të dëshiruar; 2) uroj; **ich wünsche Ihnen (eine) gute Reise!** ju uroj rrugë të mbarë!; *bis* **das wünsche ich meinem ärgsten Feind nicht** këtë nuk ia uroj as hasmit; **ich wünsche Ihnen gute Besserung!** të shkuara!

w'ünschenswert *a* i dëshirueshëm: **es wäre wünschenswert, zu wissen, ob ...** do të dëshiroja të dija nëse ...

w'unschgemäß *adv* sipas dëshirës.

w'unschlos *a* krejt i kënaqur; **ich bin wunschlos glücklich** jam në kulmin e lumturisë.

W'unschtraum *m* **-(e)s, -träume**

ëndërr (*fig*); **sein Wunschtraum ist eine Weltreise** ëndrra e tij është të bëjë një udhëtim nëpër botë.

w'urde, w'ürde *sh* **werden***.

W'ürde *f* = 1) dinjitet; **die Würde des Menschen** dinjiteti i njeriut; **das ist unter aller Würde** kjo është shumë e ulët; **ich halte es für unter meiner Würde, das zu tun** nuk e ul veten të bëj këtë; 2) *pl* **-n** titull, gradë, post; **jemandem die Würde eines Doktors verleihen** i jap dikujt titullin e doktorit; **akademische Würde** titull akademik.

w'ürdelos *a* pa dinjitet (*qëndrim etj.*).

W'ürdenträger *m* **-s,** = titullar, mbajtës i një titulli ose posti.

w'ürdevoll *a* plot dinjitet.

w'ürdig *a* 1) i nderuar; **ein würdiger alter Herr** një plak i nderuar; 2) i denjë; **er ist ein würdiger Nachfolger** ai është pasardhës i denjë; **er hat sich des Vertrauens, das wir in ihn gesetzt haben, nicht würdig gezeigt** ai nuk e meritoi besimin tonë.

w'ürdigen *vt* 1) çmoj; 2) **(G)** vlerësoj, çmoj, quaj të denjë (*për diçka*); **er hat mich keiner Antwort gewürdigt** s'denjoi të më jepte përgjigje.

W'ürdigung *f* = çmim; vlerësim.

Wurf *m* **-(e)s, Würfe** 1) hedhje (*e shtizës, e zarit etj.*); **ein Wurf Erde** një lopatë dhé; **der Wurf ist getan** zari u hodh; *fig* **alles auf einen Wurf setzen** i rrezikoj të gjitha; **auf einen Wurf** menjëherë; 2) pjellë (*e qenit, e maces etj.*).

W'ürfel *m* **-s,** = 1) *gjeom* kub; 2) zar; *fig* **die Würfel sind gefallen** zari u hodh.

w'ürfel(förm)ig *a* kubik.

w'ürfeln *vi* **(h)** 1) luaj me zare; 2) hedh zarin; **um den ersten Einsatz würfeln** hedh zarin, kush do të fillojë i pari (*lojën etj.*).

W'ürfelspiel *n* **-(e)s, -e** lojë me zare.

W'ürfelzucker *m* **-s** kokërr sheqeri (*në trajtë zari*).

W'urfgeschoß *n* **-sses, -sse : sie benutzten Steine als Wurfgeschosse** përdornin gurë për të gjuajtur (*armikun etj.*).

w'ürgen 1. *vt* mbys, i zë frymën; **der Kragen würgt mich (am Hals)** jaka më shtrëngon (qafën); 2. *vi* **(h)** 1) : **er würgt an einem Bissen** i ka ngecur kafshata në grykë; 2) rraskapitem; **an einer Arbeit würgen** më del shpirti në një punë.

Wurm *m* **-(e)s, Würmer** 1) krimb; bubë; **das Kind hat Würmer** fëmija ka buba; **der Apfel hat einen Wurm** mollës i ka hyrë krimbi; *fig bis* **da ist der Wurm drin!** këtu ka diçka që nuk vete!; *fig bis* **jemandem die Würmer aus der Nase ziehen** ia nxjerr dikujt me grep një të fshehtë; 2) *n* **-(e)s, Würmer** *fig bis* fëmijë i vogël; **armes Wurm!** i shkreti i vogël!

W'ürmchen *n* **-s,** = *fig bis* krimb i vogël (*fëmijë*).

w'urmen *vi* **(h)** *bis* : **es wurmt mich, daß ...** më vjen inat që ...

w'urmig *a* i krimbur (*mollë etj.*).

w'urmstichig *a* i krimbur (*dardhë etj.*).

Wurst *f* =, **Würste** sallam; suxhuk; *fig bis* **das ist mir Wurst** për mua njësoj është; *fig bis* **es geht um die Wurst** kjo është vendimtare; *fig bis* **Wurst wider Wurst** si t'ua bësh, ta bëjnë.

W'ürstchen *n* **-s,** = 1) salçiçe; 2) : *fig bis* **er ist ein Würstchen** atë s'e llogaris fare.

W'urstel *m* **-s** *bav/aust* palaço.

W'ürstel *n* **-s,** = *bav/aust sh* **Wurst.**

w'urstig *a bis* moskokëçarës.

W'urstigkeit *f* = *bis* moskokëçarje.

W'ürze *f* =, **-n** 1) erëza; 2) *fig* lezet; *prov* **in der Kürze liegt die Würze** gjella me kripë e kripa me karar.

W'urzel *f* =, **-n** 1) *bot* rrënjë (*e pemës etj.*); **Wurzeln schlagen** lëshon rrënjë (*edhe fig*); *fig* **die Wurzel allen Übels** rrënja e gjithë së keqes; 2) *anat* rrënjë (*e dhëmbit, e flokut etj.*); 3) *mat* rrënjë; **die Wurzel aus einer Zahl ziehen** gjej rrënjën e një numri.

w'urzeln *vi* **(h)** ka lëshuar rrënjë (*edhe fig.*).

W'urzelstock *m* **-(e)s, -stöcke** *bot* rizomë.

W'urzelwerk *n* **-(e)s** *bot* rrënjë (*të bimës*).

W'urzelzeichen *n* **-s,** = *mat* shenjë e rrënjës, rrënjë.

w'ürzen *vt* 1) ndreq me erëza (*gjellën*); 2) *fig* i jap lezet (*bisedës me humor etj.*).

w'ürzig *a* 1) pikant (*gjellë etj.*); 2) i erëndshëm (*ajër*).

wusch *sh* **waschen*.**

w'üßte *sh* **wissen*.**

Wust *m* **-es** rrëmujë; **ein Wust von Kleidern, Papieren und Büchern** një grumbull rrobash, letrash e librash.

wüst *a* 1) i shkretë, i pabanuar (*vend etj.*); 2) i çrregullt, i pështjelluar; **ein wüstes Durcheinander** një rrëmujë që s'e njeh qeni të zotin; 3) i vrazhdë, i pagdhendur; i shthurur (*njeri, sjellje etj.*).

W'üste *f* =, **-n** shkretëtirë; **ein Land zur Wüste machen** shkretoj një vend.

w'üsten *vi* **(h) (mit D)** 1) bëj rrush e kumbulla (*pasurinë etj.*); 2) shkrij (*forcat etj.*).

Wüsten'ei *f* =, **-en** vend i shkretë; shkretëtirë.

W'üstling *m* **-s, -e** njeri i shthurur.

Wut *f* = 1) tërbim; **ihn packte die Wut** u bë bishë; **er kochte, schäumte vor Wut** ziente, shkumëzonte nga tërbimi; 2) mani (*për të lexuar etj.*).

w'üten *vi* **(h)** 1) tërbohem; 2) *fig* bëj kërdinë.

w'ütend 1. *a* i tërbuar; *fig* **wütende Schmerzen** dhembje të padurueshme; 2. *adv* me tërbim.

w'utentbrannt *a* i tërbuar, me tërbim.

W'üterich *m* **-(e)s, -e** mizor; katil.

wutsch! *int* fësht; **und wutsch! war er draußen** dhe fësht! doli jashtë.

X

x *n mat* iks.

X-Beine *pl* këmbë në formë iksi.

x-beinig *a* këmbëdrapër, këmbështrembër.

x-beliebig *a* cilido, çfarëdo; **jeder x-beliebige** kushdo qoftë; **eine x-beliebige Zahl** një numër çfarëdo.

x-fach *adv bis* shumëfish.

x-mal *adv bis* shpesh, shumë herë.

X-Strahlen *pl* rreze rëntgen.

Y

Yankee [*j'enki*] *m* -s, -s *përb* janki (*amerikan*).

Yard [*jard*] *n* -s, -s jard (*masë gjatësie*).

Yper'it *n* -(e)s *kim* iprit (*gaz*).

Ypsilon *n* -s, -s ypsilon (*shkronjë*).

Y'uan *m* = *dhe* -s, = *dhe* -s juan (*monedhë e RP të Kinës*).

Z

Z. = 1) **Zahl** numër; 2) **Zeile** radhë.

Z'acke *f*, **-n** 1) dhëmb (*i krehrit, i pirunit etj.*); 2) thep (*i malit*); 3) cep (*i yllit*).

Z'acken *m* **-s** thep; *fig bis* **du wirst dir (D) keinen Zacken aus der Krone brechen** nuk të bie dinjiteti.

z'ackig *a* i dhëmbëzuar; i thepët.

z'aghaft *a* i druajtur; **sei nicht so zaghaft!** mos ji kaq i druajtur!

Z'aghaftigkeit *f* = druajtje.

zäh *a* 1) rripak (*mish*); i butë po i fortë (*lëkurë etj.*); 2) ngjitës; i trashë (*brumë etj.*); 3) *fig* këmbëngulës; i qëndrueshëm, i durueshëm; **er ist schlank und klein, aber sehr zäh** vjen i hollë dhe i imët, por është shumë i fortë.

Z'äheit *f* = fortësi; trashësi (*e një lëngu*).

z'ähflüssig *a* i trashë (*lëng*).

Z'ähigkeit *f* = këmbëngulje; qëndrueshmëri.

Zahl *f* =, **-en** numër; **ganze Zahl** numër i plotë; **gebrochene Zahl** thyesë; **gerade Zahl** numër çift.

z'ahlbar *a* 1) i pagueshëm; 2) që duhet paguar.

z'ählbar *a* i numërueshëm, i llogaritshëm.

z'ählebig *a* 1) i fortë, i qëndrueshëm; 2) jetëgjatë (*zakon etj.*).

z'ahlen 1. *vi* (**h**) paguaj; **Kellner, zahlen!** kamerier, të paguajmë!; 2. *vi* (**h**) paguaj; **was habe ich zu zahlen?** a) sa duhet të paguaj?; b) sa kushton?

z'ählen 1. *vt* 1) numëroj; **seine Tage sind gezählt** i ka ditët të numëruara; 2) kam, jam; **das Land zählt eine Million Einwohner** vendi ka një milion banorë; **er zählt vierzig Jahre** është dyzet vjeç; 3) (**zu D**) mbaj, konsideroj; **er wird zu den Besten gezählt** atë e mbajnë si nga më të mirët; 2. *vi* (**h**) 1) numëroj, njehsoj; *fig bis* **er kann nicht bis drei zählen** ai nuk di t'i japë as ujë gomarit; 2) quhet; **das zählt nicht** a) kjo nuk quhet; b) kjo s'ka rëndësi; **jede Sekunde zählt** çdo sekondë ka rëndësi; 3) (**nach D**) zgjat (*me sekonda, minuta etj.*); **das zählt nach Minuten** është punë minutash; 4) (**zu D, unter D**) (*më*) mbajnë; **er zählt zu den besten Schriftstellern** atë e mbajnë si një nga shkrimtarët më të mirë; 5) (**auf A**) mbështetem, i var shpresat (*te diçka, dikush*).

Z'ahlengedächtnis *n* **-ses** kujtesë për shifra.

z'ahlenmäßig *a* në numër (*i madh etj.*); **zahlenmäßige Überlegenheit** epërsi në numër.

Z'ähler *m* **-s,** = 1) *mat* numërues; 2) *tek* kontator.

Z'ahlkarte *f* =, **-n** formular pagese.

z'ahllos *a* i panumërt (*yje, zogj etj.*).

z'ahlreich *a* i shumtë; **zahlreiche Teilnehmer** pjesëmarrës të shumtë; **eine zahlreiche Familie** një familje e madhe.

Z'ahlstelle *f* =, **-n** arkë (*sportel*).

Z'ahltag *m* **-(e)s, -e** 1) ditë e rrogës; 2) ditë e pagesës.

Z'ahlung *f* =, **-en** 1) pagim; 2) pagesë.

Z'ählung *f* =, **-en** 1) numërim; 2) regjistrim (*i popullsisë*).

Z'ahlungsanweisung *f* =, **-en** *fin* urdhër pagimi.

z'ahlungsfähig *a* i paaftë për të paguar.

Z'ahlungsunfähigkeit *f* = paaftësi për të paguar.

Z'ählwerk **-(e)s, -e** kontator (*i numrit të fletëve etj.*).

Z'ahlwort *n* **-(e)s, -wörter** *gram* numëror.

zahm *a* 1) i butë (*kafshë*); 2) *fig* i butë, i urtë (*njeri etj.*); **eine zahme Kritik** një kritikë e butë.

z'ähmen 1. *vt* 1) zbus (*një kafshë*); 2) *fig* mposht, përmbaj; **seine Zunge zähmen** i vë fre gjuhës; *fig* **seine Ungeduld zähmen** përmbaj padurimin; 2. *vrefl* **sich zähmen** përmbahem, frenohem.

Zähmung *f* = 1) zbutje (*e një kafshe*); 2) *fig* mposhtje, përmbajtje.

Zahn *m* **-(e)s, Zähne** 1) *anat* dhëmb; **das Kind bekommt Zähne** fëmijës po i dalin dhëmbët; **sich (D) die Zähne putzen** laj dhëmbët; **einen Zahn füllen, plombieren** mbush një dhëmb; **jemandem einen Zahn ziehen** i heq, i shkul dikujt një dhëmb; **die Zähne fletschen** kërcëllin, skërmit dhëmbët (*qeni*); *fig* **die Zähne zeigen** tregoj dhëmbët; **die Zähne zusammenbeißen** shtrëngoj dhëmbët; **vor Wut mit den Zähnen knirschen** kërcëllij dhëmbët nga zemërimi; **mit den Zähnen klappern** më kërcasin dhëmbët (*nga të ftohtët etj.*); *fig bis* **einen (tollen) Zahn draufhaben** ia shkel si i çmendur (*makinës etj.*); *fig bis* **einen Zahn auf (gegen, wider) jemanden haben** kam një inat me dikë; *fig bis* **jemandem auf den Zahn fühlen** ia mas dikujt pulsin; *fig bis* **das ist nur für den hohlen Zahn** s'ka as sa për të lyer mjekrën; *fig bis* **die Zähne heben, lange Zähne machen** ha pa oreks; *fig bis* **sich (D) an etwas (D) die Zähne ausbeißen** thyej dhëmbët në diçka; *fig bis* **Haare auf den Zähnen haben** s'ia përtoj sherrit; *fig bis* **an die Zähne bewaffnet sein** jam i armatosur deri në dhëmbë; 2) *tek* dhëmb, dhëmbëz; 3) *bot* dhëmb.

Z'ahnarzt *m* **-(e)s, -ärzte** dentist.

Z'ahnbürste *f* =, **-n** furçë dhëmbësh.

Z'ähneklappern *n* **-s** kërcitje e dhëmbëve (*nga të ftohtët etj.*).

Z'ähneknirschen *n* **-s** kërcëllitje e dhëmbëve (*nga inati etj.*).

z'ahnen *vi* **(h)** i dalin dhëmbët (*fëmijës*).

z'ähnen *vt* dhëmbëzoj, bëj dhëmbëdhëmbë.

Z'ahnersatz *m* **-(e)s** dhëmbë të vënë.

Z'ahnfleisch *n* **-(e)s** *anat* mish i dhëmbëve, nullë; *fig bis* **ich bin nur noch auf dem Zahnfleisch gekrochen** mezi u tërhoqa zvarrë (*deri këtu*).

Z'ahnfüllung *f* = mbushje e dhëmbit.

z'ahnlos *a* pa dhëmbë; **zahnloser Mund** gojë pa dhëmbë.

Z'ahnpasta *f* =, **-ten, Zahnpaste** *f* =, **-n** pastë dhëmbësh.

Z'ahnrad *n* **-(e)s, -räder** *tek* rrotë e dhëmbëzuar.

Z'ahnschmerzen *pl* dhembje dhëmbësh.

Z'ahnstocher *m* **-s,** = dhëmbëkruese.

Z'ahnwechsel *m* **-s** ndërrim i dhëmbëve.

Z'ange *f* =, **-n** 1) pincë; 2) darë; 3) *mjek* forceps; 4) *fig bis* grua grindavece.

Zank *m* **-s** zënkë, grindje; **Zank um den besten Platz** grindje për të zënë vendin më të mirë.

Z'ankapfel *m* **-s, -äpfel** mollë sherri.

z'anken 1. *vt, vi* **(h)** 1) shaj, qortoj rëndë: 2) : **mit jemandem zanken** zihem, grindem me dikë: 2. *vrefl* **sich zanken** grindem; **die Kinder zanken sich schon wieder** fëmijët po grinden prapë; **ich habe mich mit ihm gezankt** u zura me të.

Zanker'ei *f* **=, -en** grindje e vazhdueshme.

z'änkisch *a* grindavec.

z'anksüchtig *a* grindës.

z'apfen *vt* toçis (*verën, birrën etj.*).

Z'apfen *m* **-s, =** 1) tapë, shtupë (*fuçie, shisheje etj.*); 2) *bot* boçe (*pishe etj.*); 3) hell (*akulli*).

Z'äpfchen *n* **-s, =** 1) *anat* njerith; 2) *mjek* supozitor.

Z'apfenstreich *m* **-(e)s, -e** *usht* bori e mbrëmjes; **den Zapfenstreich blasen** i bie borisë së mbrëmjes.

Z'apfstelle *f* **=, -n** pikë furnizimi me benzinë etj.

z'appelig *a bis* i shqetësuar, nervoz.

z'appeln *vi* **(h)** përpëlitem; *fig bis* **jemanden zappeln lassen** lë dikë të përpëlitet; *fig bis* **wie ein Fisch an der Angel zappeln** përpushem si zorra në prush.

Z'appelphilipp *m* **-s, -e** *bis* fëmijë zevzek.

Zar *m* **-en, -en** *hist* car.

zart 1. *a* 1) i njomë (*bimë, mish etj.*); *fig* **im zarten Alter** në moshë të njomë; 2) i brishtë, delikat (*send etj.*); 3) i lehtë (*prekje etj.*); 4) i ëmbël (*muzikë, ngjyrë, fjalë etj.*); 2. *adv* ëmbël; **mit jemandem zart umgehen** sillem ëmbël me dikë.

z'artbesaitet *a* shumë i ndjeshëm.

z'artfühlend *a* i ndjeshëm, delikat (*njeri etj.*).

Z'artheit *f* **=** butësi; embëlsi.

Z'artgefühl *n* **-(e)s** takt.

z'ärtlich *a* 1) i dashur; **das Kind ist sehr zärtlich** fëmija është shumë i dashur; 2) i ëmbël; **zärtlicher Blick** vështrim i ëmbël.

Z'ärtlichkeit *f* **=** 1) ëmbëlsi; 2) *pl* **-en** përkëdhelje.

Z'ärtling *m* **-s, -e** njeri i rritur në pupla, me pekule.

Zäs'ur *f* **=, en** *let* cezurë.

Z'auber *m* **-s, =** *mit* magji; *fig bis* **den Zauber kenne ich!** e di lojën unë!; *fig bis* **was kostet der ganze Zauber?** sa kushton gjithë kjo?; *fig bis* **mach keinen faulen Zauber!** mos u përdridh ashtu!

Zauber'ei *f* **=, -en** magji.

Z'auberer *m* **-s, =** magjistar.

z'auberhaft *a* magjepsës, i magjishëm, magjiplotë.

Z'auberkünstler *m* **-s, =** prestidigjitator.

z'aubern 1. *vt* 1) bëj, nxjerr me magji (*një lepur nga kapela etj.*); 2) *fig* bëj shpejt e shpejt, fët e fët; 2. *vi* **(h)** bëj lojra shpejtësie, marifete (*në cirk etj.*).

Z'auberspruch -(e)s, -sprüche formulë magjike.

Z'auderer *m* **-s, =** ngurrues.

z'audern *vi* (h) ngurroj; **nach langem Zaudern entschloß er sich ...** pas një ngurrimi të gjatë ai e mblodhi të ...

Zaum *m* **-(e)s, Zäume** fre i kalit; *fig* **die Zunge im Zaum halten** mbaj gjuhën.

z'äumen *vt* i vë fre (*kalit*).

Zaun *m* **-(e)s, Zäune** 1) pahisore; 2) gardh; *fig* **einen Streit vom Zaun brechen** hap një grindje.

Z'aungast *m* **-(e)s, -gäste** spektator pa biletë.

Z'aunkönig *m* **-s, -e** *zool* cinxami, çerr (*zog*).

Z'aunpfahl *m* **-(e)s, -pfähle** hu gardhi.

z'ausen *vt* 1) nduk; **jemandem das Haar zausen** ia nduk dikujt flokët; 2) shkund; **der Sturm zaust die Bäume** stuhia shkund drurët.

z. B. = zum Beispiel për shembull.

Z'ebra *n* **-s, -n** *zool* zebër.

Z'ebrastreifen *m* **-s, =** vija kalimi për këmbësorët (*në rrugë etj.*).

Z'eche *f* =, **-n** 1) llogari (*e kamerierit*); *fig bis* **die Zeche bezahlen** paguaj shpenzimet, vë në vend dëmet; *fig bis* **die Zeche prellen** iki pa paguar (*nga një lokal etj.*); 2) minierë.

z'echen *vi* (h) pi, rri duke pirë; **bis in den Morgen hinein zechen** e gdhij duke pirë.

Z'echgelage *n* **-s** pije me shokë.

Z'echgenosse *m* **-n, -n** shok i pijes.

Z'ecke *f* =, **-n** *zool* rriqër.

Z'eder *f* =, **-n** *bot* cedër.

Zeh *m* **-(e)s, -en, Zehe** *f* =, **-n** gisht i këmbës; **auf den Zehen gehen** eci në majë të gishtave; **sich auf die Zehen stellen** ngrihem në majë të gishtave; **vom Wirbel bis zur Zehe** nga koka te këmbët.

zehn *num* dhjetë; **zehn Stück** dhjetë copë; **es ist halb zehn** është ora nëntë e gjysmë.

Zehn *f* =, **-en** dhjetë (*notë etj.*).

Z'ehner *m* **-s,** = 1) dhjetëshe; 2) *bis* dhjetësh (*monedhë dhjetëpfenigëshe*).

z'ehnfach 1. *a* i dhjetëfishtë; 2. *adv* dhjetëfish.

z'ehnte *a* i dhjetë; **der zehnte** i dhjeti.

Z'ehntel *n* **-s,** = një e dhjetë (*pjesë*).

z'ehntens *adv* së dhjeti.

z'ehren *vi* (h) 1) dobësoj; **Essig zehrt** uthulla (*të*) dobëson; 2) **(an D)** *fig* bren, ha; **der Kummer zehrt an ihrem Herzen** pikëllimi ia bren zemrën; 3) **(von D)** a) shpenzoj, prish (*nga diçka*); b) jetoj, ushqehem (*me diçka*).

Z'ehrfieber *n* **-s** ethe që të këpusin.

Z'ehrgeld *n* **-(e)s, -gelder** *vjet* dietë (*shërbimi*).

Z'eichen *n* **-s,** = 1) shenjë; **als Zeichen** si shenjë; **zum Zeichen** në shenjë; **ein Zeichen machen** bëj një shenjë; **jemandem ein Zeichen geben** ia bëj dikujt me shenjë; 2) shenjë, sinjal; **verabredete Zeichen** shenja, sinjale konvencionale; 3) ogur; **er ist unter einem glücklichen Zeichen geboren** ka lindur me fat; 4) *gram* shenjë pikësimi; **Zeichen setzen** vë shenjat e pikësimit; 5) mjeshtëri, zanat; **er ist seines Zeichens Uhrmacher** ai është me zanat orëndreqës; 6) provë; **als Zeichen seines Könnens** si provë e zotësisë së tij; 7) *astr* yllësi; **im Zeichen des Krebses** në yllësinë e Gaforres.

Z'eichenbrett *n* **-(e)s, -bretter** dërrasë vizatimi.

Z'eichenheft *n* **-(e)s, -e** fletore vizatimi.

Z'eichensetzung *f* = *gram* shenja pikësimi, pikësim.

Z'eichensprache *f* =, **-n** gjuhë e shenjave.

z'eichnen *vt, vi* **(h)** 1) vizatoj; **kannst du zeichnen?** di të vizatosh?; 2) *fig* përshkruaj, paraqes (*në një roman, film etj.*); **die Figuren des Romans sind realistisch gezeichnet** figurat e romanit janë ravizuar në mënyrë realiste; 3) nënshkruaj, firmoj; **eine Anleihe zeichnen** nënshkruaj një hua; 4) shënoj, i vë shenjë (*diçkaje*); *fig* **vom Tode gezeichnet** në buzë të varrit.

Z'eichner *m* **-s,** = 1) vizatues; 2) skicograf.

Z'eichnung *f* =, **-en** 1) vizatim; 2) nënshkrim; 3) *fig* paraqitje, përshkrim, ravizim.

Z'eigefinger *m* **-s** *anat* (gisht) tregues.

z'eigen 1. *vt* 1) tregoj; **jemandem den Weg zeigen** i tregoj dikujt rrugën; **hier kann er zeigen, was er gelernt hat** këtu ai mund të tregojë se ç'ka mësuar; **dir werd' ich's zeigen!** ta tregoj unë!; das **Thermometer zeigt zehn Grad**

termometri tregon dhjetë gradë; 2) shfaq; **er zeigte kein Bedauern** ai nuk shfaqi asnjë keqardhje; 3) çel, lëshon (*sythe pema etj.*); 2. *vi* **(h)** tregoj; **mit dem Finger auf jemanden zeigen** e tregoj dikë me gisht; **die Magnetnadel zeigt nach Norden** gjilpëra e busullës tregon veriun; 3. *vrefl* **sich zeigen** 1) dal; **am Himmel zeigten sich die ersten Sterne** në qiell dolën yjet e para; **das wird sich zeigen!** kjo do të dalë!, do të duket!, këtë do ta shohim!; **es zeigte sich, daß er alles falsch gemacht hatte** doli se ai i kishte bërë të gjitha gabim; **sich am Fenster zeigen** dal në dritare; *bis* **das Kind will sich zeigen** fëmija do të duket; 2) tregohem; **er zeigte sich erfreut** ai u tregua i gëzuar.

Z'eiger *m* **-s, =** 1) tregues (*i aparatit etj.*); 2) akrep i orës.

z'eihen* *vt* **(G)** fajësoj (*dikë për diçka*); **jemanden des Betruges zeihen** akuzoj dikë për mashtrim.

Z'eile *f* **=, -n** radhë, rresht; **neue Zeile!** kryeradhë!; *fig* **etwas zwischen den Zeilen lesen** lexoj diçka midis rreshtave.

Z'eilenabstand *m* **-(e)s, -abstände** *poligr* distancë, largësi midis rreshtave.

Zeit *f* **=, -en** kohë; **auf Zeit** për një kohë; **für alle Zeiten** përgjithnjë; **und in dieser Zeit hat er ...** dhe ndërkohë ai ka ...; **in letzter Zeit** kohët e fundit; **mit der Zeit** me kohë, dalngadalë; **von Zeit zu Zeit** herë pas here, kohë më kohë, kohë pas kohe; **vor Zeiten lebte einmal ...** një herë e një kohë, një kohë e një mot na ishte ...; **während dieser Zeit** gjatë kësaj kohe; **zur Zeit** (*shkurt* **z. Z.**) hëpërhë; **zur Zeit Goethes** në kohët e Gëtes; **zu gleicher Zeit** njëkohësisht; **zu jeder Zeit** kur të duash (të doni); **zu keiner Zeit** kurrë; **zu meiner Zeit** kur isha i ri; në kohën time; **zu seiner Zeit** kur ishte (*ai*) gjallë; **alles zu seiner Zeit!** çdo gjë me kohë!; **zur rechten Zeit** në kohë; **der Geist der Zeit** fryma e kohës; **die Zeit Skanderbegs** koha e Skënderbeut; **im Laufe der Zeit** me kohë, gjatë kohës; **die Zeiten ändern sich** kohët ndryshojnë; **jemandem Zeit lassen** i lë kohë dikujt; **nehmen Sie sich Zeit!** merreni shtruar!; *prov* **Zeit ist Geld** koha është flori; **die Zeit mit Lesen verbringen** kaloj kohën duke lexuar; **die Zeit vertrödeln** humbas kohën kot; **die Zeit wird ihm lang** ai mërzitet; **welche Zeit ist es?** sa është ora?; **wieviel Zeit ist seitdem vergangen?** sa kohë ka kaluar që atëherë?

Z'eitabschnitt *m* **-(e)s, -e** periudhë kohe.

Z'eitalter *n* **-s, =** epokë, shekull; **das Zeitalter der Technik** shekulli i teknikës.

Z'eitangabe *f* **=, -n** 1) dhënie e datës; 2) dhënie e orës.

Z'eitbombe *f* **=, -n** bombë me sahat (*edhe fig*).

Z'eitdauer *f* **=** kohëzgjatje.

Z'eitfolge *f* **=** 1) *gram* renditje e kohëve (*të foljes*); 2) rend kronologjik.

Z'eitform *f* **=, -en** *gram* kohë, formë kohore.

Z'eitgeist *m* **-es** frymë e kohës.

z'eitgemäß *a* 1) i kohës, sipas frymës së kohës; 2) bashkëkohor.

Z'eitgenosse *m* **-n, -n** bashkëkohës.

z'eitgenössisch *a* bashkëkohës.

Z'eitkarte *f* **=, -n** fletëpajtim, aboné (*autobusi etj.*).

z'eitig 1. *a* i hershëm; 2. *adv* herët, me kohë.

z'eitigen *vt* 1) jep (*efekt etj.*); 2) ka (*pasoja etj.*).
Z'eitlang *f* = një copë herë.
Z'eitlauf *m* -(e)s 1) rrjedhë e kohës; 2) *pl* **-läuf(t)e** kohë; **die heutigen Zeitläuf(t)e** kohët e sotme.
z'eitlebens *adv* gjatës jetës (sime, të tij, të saj etj.); **er hat zeitlebens viele Sorgen gehabt** ai ka pasur shumë telashe gjatë jetës së vet.
z'eitlich 1. *a* i përkohshëm; *fig* **das Zeitliche segnen** shkoj me të shumtët; 2. *adv* përkohësisht.
Z'eitlohn *m* -(e)s, **-löhne** pagë sipas kohës së punës.
z'eitlos *a* 1) që nuk mban vulën e kohës, që nuk i përket një kohe të caktuar; 2) jo i kohës, anakronik.
Z'eitlupe *f* =, **-n** xhirim i ngadaltë (*i filmit*).
Z'eitmangel *m* **-s** mungesë kohe.
Z'eitmaß *n* **-es, -e** *muz* kohë.
Z'eitmesser *m* **-s,** = kronometër.
Z'eitnot : *f shpr* **in Zeitnot sein** s'kam kohë (*për diçka*).
Z'eitpunkt *m* -(e)s, **-e** çast, moment.
z'eitraubend *a* që (*të*) merr, që (*të*) ha shumë kohë.
Z'eitraum *m* **-s, -räume** periudhë, interval kohe.
Z'eitrechnung *f* =, **-en** 1) llogaritje e kohës, kronologji; 2) erë; **nach, vor unserer Zeitrechnung** para, pas erës sonë.
Z'eitschrift *f* =, **-en e** përkohshme, revistë.
Z'eitspanne *f* =, **-en** periudhë, interval kohe.
Z'eittafel *f* =, **-n** tabelë kronologjike (*e ngjarjeve kryesore të një viti etj.*).
Z'eitung *f* =, **-en** gazetë; **eine Zeitung abonnieren** pajtohem, abonohem në një gazetë; **die Zeitung hat ihr Erscheinen eingestellt** gazeta nuk del më; **die Nachricht ging durch die Zeitungen, daß ...** gazetat kishin lajmin se ...; **in der Zeitung steht, daß ...** gazeta shkruan se ...
Z'eitungsträger *m* **-s,** = gazetashpërndarës.
Z'eitungsmann *m* -(e)s, **-männer** 1) gazetar; 2) gazetashitës.
Z'eitungsspalte *f* =, **-n** shtyllë e gazetës.
Z'eitungsstand *m* -(e)s, **-stände** kiosk për shitjen e gazetave.
Z'eitverlust *m* **-es, -e** humbje kohe.
Z'eitvertrieb *m* **-s** kalim i kohës (*me një punë etj.*).
z'eitweilig 1. *a* i përkohshëm; 2. *adv* 1) përkohësisht; 2) për një kohë.
z'eitweise 1. *a* episodik; 2. *adv* kohë pas kohe, ngandonjëherë.
Z'eitwort *n* -(e)s, **-wörter** *gram* folje.
Z'eitzeichen *n* **-s,** = tingull i orës (*në radio* etj.).
Z'eitzünder *m* **-s,** = sahat (*i bombës*).
zelebr'ieren *vt* celebroj.
Z'elle *f* =, **-n** 1) *biol* qelizë, celulë; 2) qeli; kabinë; 3) *el* pilë; 4) huall (*mjalti*); 5) *pol* organizatë-bazë, celulë.
Z'ellengewebe *n* **-s,** = *anat* ind qelizor.
Z'ellstoff *m* -(e)s celulozë.
Zellul'oid *n* **-s** *kim* celuloid.
Zelt *n* -(e)s, **-e** 1) çadër; **ein Zelt aufschlagen** ngreh një çadër; *fig* **seine Zelte abbrechen** shpërngulem; 2) pavijon (*panairi etj.*).
Z'eltbahn *f* =, **-en** pëlhurë për çadër.
Z'eltbett *n* -(e)s, **-en** shtrat, krevat portativ.
z'elten *vi* (h) banoj në çadër.
Zem'ent m, *n* -(e)s, **-e** çimento.
zement'ieren *vt* çimentoj (*edhe fig*).

Zement'ierung *f* = çimentim (*edhe fig*).
Zen'it *m* -(e)s 1) *astr* zenit; 2) *fig* kulm; **im Zenit des Lebens stehen** jam në lulen e moshës.
zens'ieren *vt* 1) vlerësoj, i vë notë (*një hartimi etj.*); 2) censuroj, kaloj nëpër censurë.
Zens'ur *f* = 1) censurë; 2) *pl* **-en** vlerësim, notë; **gute, schlechte Zensuren** nota të mira, të këqija.
Z'ensus *m* =, = 1) *vjet* vlerësim i qytetarëve sipas pasurisë; 2) regjistrim i popullsisë.
Z'entimeter *n* **-s,** = centimetër.
Z'entner *m* **-s,** = kuintal (*50 kg në Gjermani; 100 kg në Austri dhe Zvicër*).
Z'entnerlast *f* =, **-en** barrë e rëndë.
zentr'al *a* qendror; **das Haus ist zentral gelegen** shtëpia ndodhet në qendër.
Zentr'ale *f* =, **-n** 1) qendër (*e një institucioni etj.*); 2) central telefonik.
Zentr'alheizung = ngrohje qendrore.
zentralis'ieren *vt* centralizoj.
Zentralis'ierung *f* = centralizim.
Zentral'ismus *m* = centralizëm.
Zentr'alkomitee *n* **-s, -s** (*shkurt* **ZK**) komitet qendror.
zentr'ieren *vt* vë në qendër.
zentrifug'al *a* qendërikës, centrifug.
Zentrifug'alkraft *f* =, **-kräfte** forcë qendërikëse.
Zentrif'uge *f* =, **-n** *tek* centrifugë.
zentripet'al *a* centripet.
Z'entrum *n* **-s, -tren** qendër (*e qytetit, e vëmendjes etj.*).
Z'eppelin *m* **-s, -e** *av* zepelin.
Z'epter *n* **-s,** = skeptër (*i mbretit etj.*).
zer = *parashtesë e pandashme foljore, që tregon* : 1) *ndarje, copëtim:* **zerbeißen**; 2) *shkatërrim, asgjësim:* **zerdrücken.**
zerb'eißen* *vt* 1) thyej me dhëmbë; 2) brej me dhëmbë.
zerbr'echen* 1. *vt* 1) thyej; *fig bis* **sich (D) den Kopf über etwas zerbrechen** vras mendjen për diçka; 2) copëtoj; 2. *vi* **(s)** thyhem; **der Widerstand zerbrach** qëndresa u thye.
zerbr'echlich *a* 1) i thyeshëm (*send*); 2) *fig* i brishtë, delikat (*njeri*).
Zerbr'echlichkeit *f* = brishtësi.
zerbr'öckeln 1. *vt* 1) thërrmoj (*bukën etj.*); 2. *vi* **(s)** thërrmohet (*buka etj.*).
zerdr'ücken *vt* 1) shtyp; 2) zhubravis (*fustanin etj.*).
Zeremon'ie *f* =, **-n** ceremoni.
zeremoni'ell *n* **-s, -e** ceremonial (*diplomatik, i dasmës etj.*).
zerf'ahren *a* 1) i dëmtuar nga qarkullimi i tepërt (*rrugë etj.*); 2) *fig* i hutuar (*njeri*).
Zerf'all *m* -(e)s 1) prishje; 2) *kim* shpërbërje; 3) rënie; **Zerfall des Römischen Reiches** rënie e Perandorisë Romake.
zerf'allen* *vi* **(s)** 1) shkatërrohet, shembet; 2) *fig* prishem; **mit jemandem zerfallen sein** jam prishur me dikë; 3) shpërbëhet; **eine Tablette in Wasser zerfallen lassen** lë një hape të shkrijë në ujë.
zerf'asern 1. *vt* bëj fije-fije; 2. *vi* **(s)** bëhet fije-fije.
zerf'etzen *vt* 1) gris; 2) shqyej; 3) copëtoj; **sein Arm wurde von einer Granate zerfetzt** krahun ia copëtoi një granatë.
zerfl'eddert *a* i grisur nga përdorimi (*libër, gazetë etj.*)
zerfl'eischen *vt* shqyen (*ujku qengjin etj.*).
zerfl'ießen* *vi* **(s)** 1) hapet, përhapet (*lëngu*); 2) shkrin (*gjalpi etj.*); *fig bis* **in Tränen zerfließen** shkrihem në lot, në vaj.

zerfr'essen* *vt* ha; **die Motten haben den Pelz, den Stoff zerfressen** mola ka ngrënë gëzofin, stofin; **von Rost zerfressenes Eisen** hekur i ngrënë nga ndryshku.
zerg'ehen* *vi* (s) shkrin, shkrihet; **Salz, Zucker zergeht in Wasser** kripa, sheqeri shkrin në ujë.
zergl'iedern *vt* zbërthej, analizoj.
zerh'acken *vt* 1) grij (*mishin etj.*); 2) çaj (*dru etj.*).
zerh'auen* *vt sh* **zerhacken.**
zerk'auen *vt* përtyp.
zerkl'einern *vt* grij, copëtoj (*mishin, sallatën etj.*).
zerkn'acken *vt* thyej (*arrën etj.*).
zerkn'irscht *a* i penduar.
Zerkn'irschtheit *f* = pendim.
zerkn'ittern *vt* zhubravis, tutloj (*letrën etj.*); shtyp (*fustanin etj.*).
zerkn'üllen *vt* bëj shuk (*letrën*).
zerk'ochen 1. *vi* (s) zien shumë; 2. *vt* ziej shumë (*orizin etj.*).
zerkr'atzen *vt* gërvisht (*lëkurën, orendinë etj.*); **die Katze hat mir die Hand zerkratzt** macja ma çori dorën.
zerl'assen* *vt* lë të shkrijë (*gjalpin etj.*).
zerl'aufen* *vi* (s) shkrin (*gjalpi etj.*).
zerl'egbar *a* 1) i zbërthyeshëm; 2) i çmontueshëm.
zerl'egen *vt* 1) zbërthej (*një makinë etj.*); 2) analizoj; *gram* **einen Satz zerlegen** analizoj një fjali; 3) pres, ndaj (*mishin etj.*).
Zerl'egung *f* = zbërthim; analizë; ndarje.
zerl'esen *a* : **das Buch ist schon ganz zerlesen** libri tani është prishur fare nga gjithë ata njerëz që e kanë lexuar.
zerl'öchern *vt* bëj vrima-vrima.
zerl'umpt *a* i rreckosur.
zerm'ahlen *vt* bluaj.
zerm'almen *vt* 1) grij, copëtoj; **die Maschine hat ihm die Hand zermalmt** makina ia copëtoi dorën; 2) shtyp, bëj petë; 3) shkatërroj; 4) *fig* asgjësoj, bëj pluhur e hi; **sein Zorn wird sie alle zermalmen** zemërimi i tij do t'i bëjë të gjithë pluhur e hi.
zerm'artern *vt* : *fig bis* **sich (D) den Kopf zermartern** vras mendjen.
zerm'ürben *vt* dërrmoj; **die Sorgen haben ihn zermürbt** hallet e kanë këputur.
Zerm'ürbung *f* = dërrmim.
zern'agen *vt* bren (*krimbi drurin etj.*).
zerpfl'ücken *vt* 1) këpus (*gjethet etj.*); **eine Blume zerpflücken** ia këpus petlat një luleje; 2) *fig* hedh poshtë; **eine Anklage Punkt für Punkt zerpflücken** rrëzoj një akuzë pikë për pikë.
zerpl'atzen *vi* (s) pëlcet.
zerqu'etschen *vt* shtyp, bëj petë.
zerr'aufen *vt* shprish (*flokët*).
Z'errbild *n* **-(e)s, -bilder** karikaturë.
zerr'eiben* 1) bëj pluhur; 2) *fig* dërrmoj, asgjësoj.
zerr'eißen* 1. *vt* 1) gris (*pantallonat, çorapet etj.*); **einen Brief zerreißen** gris një letër; 2) shqyej; **er wurde von einem Tiger zerrissen** e shqeu një tigër; *fig bis* **sich für jemanden zerreißen** bëhem copë për dikë; *fig* **jemandem das Herz zerreißen** ia thyej zemrën dikujt; **der Anblick zerriß mir das Herz** ajo pamje më këputi shpirtin; 2. *vi* **(s)** 1) griset (*libri etj.*); 2) këputet (*filli etj.*); 3) përçahet (*një vend, një popull*).
z'erren *vt* tërheq me forcë; **der Hund zerrt an der Kette** qeni nduk zinxhirin; *mjek* **sich (D) eine Sehne zerren** këpus mish; **jemanden aus dem Bett zerren** ngre dikë nga shtrati; *fig* **jemanden in**

den Schmutz zerren marr nëpër gojë dikë.

zerr'innen* *vi* (s) 1) derdhet (*qumështi etj.*); 2) shkrin (*bora etj.*); *fig* **das Geld zerrinnt ihm unter den Händen** atij i tretet parja në dorë.

zerr'issen *a* 1) i grisur; 2) i përçarë.

Zerr'issenheit *f* = përçarje.

Z'errung *f* = *mjek* këputje e mishit.

zerr'ütten *vt* rrënoj, prish, shkatërroj (*nervat, jetën, shëndetin etj.*).

zersch'ellen *vi* (s) përplaset e bëhet copë; **das Schiff ist an den Klippen zerschellt** anija ndeshi në shkëmbinj dhe u bë copë.

zerschl'agen* 1. *vt* 1) thyej (*xhamin, pjatën etj.*); *fig* **ich bin wie zerschlagen** e ndiej veten sikur më kanë rrahur; 2) shpartalloj, shkatërroj; 3) ndaj, copëzoj (*një pronë, shtet etj.*); 2. *vrefl* **sich zerschlagen** dështon (*plani etj.*).

zerschm'elzen *vi* (s) shkrij, shkrihet, lëngështohet.

zerschm'ettern *vt* 1) thyej, copëtoj; shpartalloj; **der stürzende Baum hat ihm ein Bein zerschmettert** druri ra dhe i copëtoi këmbën; 2) : *fig bis* **die Nachricht hat ihn zerschmettert** lajmi e tronditi thellë.

zerschn'eiden* *vt* 1) pres copa-copa; 2) grij (*mishin etj.*).

zers'etzen 1. *vt* 1) zbërthej, ndaj (*një lidhje kimike*); 2) *fig* minoj (*rendin etj.*); 2. *vrefl* **sich zersetzen** 1) zbërthehet, ndahet (*një lidhje kimike*); 2) *fig* shthuret (*rendi etj.*).

Zers'etzung *f* = 1) zbërthim, ndarje; 2) *fig* minim.

zersp'alten *sh* **spalten.**

zerspl'ittern 1. *vt* çaj; **der Blitz hat den Baum zersplittert** rrufeja e çau drurin; *fig* **sich zersplittern** shpërndahem, hapem shumë (*duke u marrë me punë të ndryshme*); 2. *vi* (s) copëtohet (*kocka*); bëhet copë e çikë (*xhami etj.*).

Zerspl'itterung *f* = çarje; copëtim.

zerspr'engen *vt* 1) hedh në erë; 2) shpërndaj (*turmën etj.*); 3) shpartalloj (*ushtrinë etj.*).

zerspr'ingen* *vi* (s) 1) çahet (*druri etj.*); 2) thyhet (*xhami etj.*); 3) këputet (*teli etj.*); 4) pëlcet; *fig* **der Kopf will mir zerspringen** po më pëlcet koka.

zerst'ampfen *vt* 1) shkel (*të mbjellat etj.*); 2) shtyp (*në havan etj.*).

zerst'äuben *vt* 1) pluhurzoj, pulverizoj; 2) spërkas (*me një lëng etj.*).

Zerst'äuber *m* **-s,** = pulverizator.

zerst'ören *vt* shkatërroj, prish, rrënoj (*shtëpinë, qytetin etj.*); **jemandes Leben zerstören** ia prish jetën dikujt.

Zerst'örer *m* **-s,** = 1) shkatërrues, shkatërrimtar; 2) *det* destrojer (*anije kundër nëndetëseve*).

Zerst'örung *f* =, **-en** shkatërrim, prishje, rrënim.

zerstr'eiten*, **sich** *vrefl* grindem e prishem; **die beiden haben sich zerstritten** ata të dy janë grindur e janë prishur.

zerstr'euen 1. *vt* 1) shpërndaj; 2) : *fig* **jemanden zerstreuen** a) ia largoj mendjen dikujt (*nga një hall etj.*); **jemandes Verdacht zerstreuen** ia largoj dyshimin dikujt; b) zbavis dikë; 2. *vrefl* **sich zerstreuen** a) shpërndahet; b) *fig* kaloj kohën, zbavitem, argëtohem.

zerstr'eut *a* 1) i shpërndarë; 2) *fig* i hutuar, hutaq.

Zerstr'eutheit *f* = hutim, mungesë vëmendjeje.

Zerstr'euung *f* = 1) shpërndarje; 2) *pl* **-en** argëtim.

zerst'ückeln *vt* copëtoj, grimcoj.

zert'eilen 1. *vt* ndaj; 2. *vrefl* **sich zerteilen** ndahem.

Zertifik'at *n* **-(e)s, -e** vërtetim, certifikatë; **ein Zertifikat ausstellen** lëshoj një certifikatë.

zertr'ampeln *vt* shkel me këmbë.

zertr'eten* shkel (*lulet, krimbin etj.*).

zertr'ümmern *vt* 1) shkatërroj, rrënoj; *fig* **alle meine Hoffnungen sind zertrümmert worden** gjithë shpresat e mia u shembën, u bënë hi; 2) thyej (*xhamin etj.*).

Zertr'ümmerung *f* = thyerje; shkatërrim, rrënim.

Zervel'atwurst *f* =, **-würste** sallam i tymosur.

zerw'erfen* *vt* përplas e thyej.

zerw'ühlen *vt* 1) rrëmoj; 2) përshtjelloj, bëj lesh e li.

Zerw'ürfnis *n* **-ses, -se** prishje, armiqësim.

zerz'ausen *vt* shpupuris (*flokët, puplat*).

z'etern *vi* **(h)** qaj e bërtas (*për të kërkuar ndihmë etj.*).

Z'ettel *m* **-s,** = 1) copë letër; 2) skedë, kartelë; 3) dëftesë; 4) formular.

Z'ettelkartei *f* =, **-en** skedar, kartotekë.

Zeug *n* **-(e)s** 1) rroba; ndërresa; 2) vegla; *fig* **arbeiten, was das Zeug hält** shuhem në punë; *fig* **sich (ordentlich) ins Zeug legen** i përvishem mirë punës; 3) lëndë, material; 4) sende, plaçka; rraqe, rrangulla; **du könntest endlich dein Zeug aufräumen** më në fund mund t'i heqësh plaçkat e tua; 5) maja birre; 6) *pl* **-e** stof, pëlhurë; *fig* **jemandem etwas am Zeug flicken** i gjej të meta dikujt; 7) *fig* aftësi (*për një punë*); **er hat das Zeug zu einem guten Reiter** i ka të dhënat për t'u bërë kalorës i mirë; 8) : **dummes Zeug!** gjepura!

Z'euge *m* **-n, -n** dëshmitar; **etwas in Gegenwart von Zeugen sagen** them diçka para dëshmitarëve.

z'eugen I *vi* 1) dëshmoj, dal dëshmitar; 2) *fig* tregoj; **sein Verhalten zeugt von Ehrlichkeit** qëndrimi i tij tregon ndershmëri.

z'eugen II *vt* 1) ngjiz, bëj (*një fëmijë*); 2) *fig* pjell, nxjerr në dritë.

Z'eughaus *n* **-es, -häuser** arsenal, depo armësh.

Z'eugnis *n* **-ses, -se** 1) dëftesë, vërtetim; 2) dëshmim; **Zeugnis ablegen** dëshmoj.

Z'eugung *f* = ngjizje; krijim.

Z'icke *f* =, **-n** 1) *krahin* dhi; 2) *përb* grua, vajzë e pafytyrë; 3) : *shpr* **bis Zicken machen** bëj marrëzi.

Z'ickzack *m* **-(e)s, -e** zigzag; **der Zickzack eines Blitzes** zigzagu i një rrufeje.

Z'iege *f* =, **-n** *zool* dhi.

Z'iegel *m* **-s,** = 1) tullë; 2) tjegull; **ein Dach mit Ziegeln decken** mbuloj një çati me tjegulla.

Z'iegelbrennerei *f* =, **-en** fabrikë tullash, tjegullash.

Z'iegeldach *n* **-(e)s, -dächer** çati me tjegulla.

Ziegel'ei *f* =, **-en** *sh* **Ziegelbrennerei.**

z'iegelrot *a* bojë tullë.

Z'iegenbock *m* **-(e)s, -böcke** *zool* cjap.

Z'iegenpeter *m* **-s** *mjek* shyta.

zieh *sh* **ziehen*.**

Z'iehbrunnen *m* **-s,** = pus.

z'iehen* 1. *vt* 1) tërheq; heq; **jemanden am Arm ziehen** tërheq dikë nga krahu; **einen Nagel aus der Wand ziehen** heq një gozhdë nga muri; **die Bremse ziehen** tërheq frenat; **das Pferd zieht den Wagen** kali tërheq karrocën; **die Aufmerksamkeit auf sich ziehen** tërheq vëmendjen; **den Hut ziehen** heq kapelën; **Banknoten aus dem Verkehr ziehen** tërheq kartëmonedha nga qarkullimi; **einen Ring vom Finger ziehen** heq një unazë nga gishti; 2) nxjerr; **den Revolver ziehen** nxjerr revolverin; **Nutzen aus etwas ziehen** nxjerr fitim nga diçka; **daraus kann man den Schluß ziehen, daß ...** nga kjo mund të arrihet në përfundimin se ...; 3) : **Blumen ziehen** rris lule; **Draht, Röhren, Blasen ziehen** bëj tel, gypa, flluska; **ein (schiefes) Gesicht ziehen** shtrembëroj turinjtë; **ein Los ziehen** blej një biletë lotarie; **die Töne ziehen** zvarg tingujt; **einen Vergleich ziehen** bëj një krahasim; *fig* **jemandes Haß auf sich ziehen** ngjall urrejtjen e dikujt; **den Faden durchs Nadelöhr ziehen** shkoj perin në gjilpërë; **etwas in Erwägung ziehen** mendoj, peshoj diçka; **die Stirn in Falten ziehen** rrudh ballin; **etwas in die Höhe ziehen** ngre lart diçka; **etwas ins Lächerliche ziehen** bëj qesharake diçka; **jemanden ins Vertrauen ziehen** i besoj dikujt; **jemandes Worte in Zweifel ziehen** vë në dyshim fjalët e dikujt; **mit sich ziehen** marr me vete, tërheq pas vetes; **das wird üble Folgen nach sich ziehen** kjo do të ketë pasoja të këqija; **eine Jacke übers Kleid ziehen** vesh një xhaketë mbi fustan; **jemanden zur Rechenschaft ziehen** i kërkoj llogari dikujt; 4) shtrij, tendos; **in die Länge ziehen** a) zgjas, shtrij; b) *fig* zgjas, vonoj; 2. *vrefl* **sich ziehen** 1) shtrihem, zgjatem; 2) zgjatet, vonohet; 3. *vi* 1) **(s)** shkoj, eci, lëviz; **die Menschen zogen auf die Straße** njerëzit dolën në rrugë; **durch die Welt ziehen** shëtis nëpër botë; **ins Feld (in den Krieg) ziehen** shkoj në luftë; **die Wolken ziehen** po dynden retë; 2) **(s)** shtegtojnë (*zogjtë*); 3) **(s)** shpërngulem; **auf's Land ziehen** shpërngulem në fshat; 4) **(h)** tërheq; **der Ofen zieht** soba tërheq; **es zieht hier** këtu fryn; **er zog an seiner Pfeife** ai thithte llulën; 5) **(h)** : **der Tee muß fünf Minuten ziehen** çaji duhet lërë të lëshojë pesë minuta; **das Lustspiel zieht** komedia ka sukses; *fig bis* **diese Ausrede zieht nicht** kjo përligjje s'pi ujë.

Z'iehharmonika *f* =, **-ken** *muz* fizarmonikë.

Z'iehkind *n* **-(e)s, -kinder** fëmijë i birësuar, bir në shpirt.

Z'iehmutter *f* =, **-mütter** nënë adoptive.

Z'iehung *f* = heqje (*e lotarisë*).

Z'iehvater *m* **-s, -väter** baba adoptiv.

Ziel *n* **-(e)s, -e** 1) qëllim, synim; **sich (D) ein Ziel stecken** i vë vetes një qëllim; **hohe Ziele verfolgen** ndjek qëllime të larta; 2) cak; **einer Sache ein Ziel setzen** i vë cak një gjëje; 3) *sport* mbërritje, finish; 4) *usht* shenjë, nishan, objekt; **das Ziel treffen** qëlloj në shenjë; **das Ziel verfehlen** nuk qëlloj në shenjë; 4) *treg* afat; 5) detyrë (*e planit*).

z'ielbewußt *a* i vendosur për t'ia dalë në krye qëllimit.

z'ielen *vi* **(h)** 1) **(nach D, auf A)** marr në shenjë; 2) **(auf A, nach D)** synoj (*diçka*); *fig* **die Bemerkung zielt auf dich** vërejtja të drejtohet ty.

Z'ielkorn *n* **-(e)s, -e** *usht* thep i pushkës.

z'iellos *a* pa synim, pa qëllim, pa plan.

Z'ielpunkt *m* -(e)s, -e pikësynim.
Z'ielscheibe *f* =, -n *usht* shenjë.
z'ielsicher *a* i sigurt për qëllimin që do të arrijë.
Z'ielsicherheit *f* = siguri për qëllimin (*që është për t'u arritur*).
z'ielstrebig *a* i vendosur për të arritur qëllimin.
Z'ielstrebigkeit *f* = vendosmëri në arritjen e qëllimit.
z'iemen *vi* (h) *dhe vrefl* **sich ziemen** ka hije; **das ziemt sich nicht für mich** kjo nuk më ka hije.
z'iemlich *bis* 1. *a* 1) mjaft i madh; **es war eine ziemliche Arbeit** ishte punë mjaft e madhe; **es dauerte eine ziemliche Weile** zgjati një copëherë të mirë; 2. *adv* 1) mjaft; **ziemlich groß, gut** mjaft i madh, i mirë; 2) : **so ziemlich** pothuaj, gati.
Zier *f* = *poet* stoli.
Z'ierat *m* -(e)s, -e stoli, zbukurim, hijeshim.
Z'ierde *f* =, -n stoli, zbukurim, hijeshim.
z'ieren 1. *vt* stolis, zbukuroj, hijeshoj; **eine Feder zierte seinen Hut** një pupël ia stoliste kapelën; 2. *vrefl* **sich zieren** spitullohem, bëj naze; **ich kann wirklich nichts mehr essen, ich ziere mich nicht!** vërtet nuk mundem të ha më, jo se po bëj naze; **zier dich doch nicht so!** mos u përdridh ashtu!; **geziert** tërë naze; artificial (*sjellje, stil etj.*).
Zierer'ei *f* =, -en spitullim, naze; **laß doch diese Ziereréien!** lëri, de, këto naze!
z'ierlich *a* 1) elegant; 2) i stërholluar, i kërkuar; **zierliche Worte** fjalë të stërholluara.
Z'ierlichkeit *f* = 1) elegancë; 2) stërhollim.
Z'ierpflanze *f* =, -n bimë zbukuruese, dekorative.
Z'iffer *f* =, -n shifër; **arabische, römische Ziffer** shifër arabe, romake etj.
Z'ifferblatt *n* -(e)s, -blätter fushë e orës.
Z'iffernschrift *f* =, -en shifër; shkrim i shifruar.
Zigar'ette *f* =, -n cigare; **sich (D) eine Zigarette anzünden** ndez një cigare; **sich (D) eine Zigarette drehen** dredh një cigare.
Zigar'ettenetui *n* -s, -s kuti cigaresh.
Zigar'ettenlänge *f* =, -n 1) gjatësi e cigares; 2) *fig bis* kohë sa për të pirë një cigare.
Zigar'ettenspitze *f* =, -n cigarishte.
Zigarillo [*-r'iljo*] *n* -s, -s puro e vogël.
Zig'arre *f* =, -n puro; *fig bis* **eine Zigarre bekommen** ha fjalë (*nga dikush*).
Zig'euner *m* -s, = cigan, evgjit, rom.
Zik'ade *f* =, -n *zool* gjinkallë.
Z'imbel *f* =, -n *muz* cembal.
Z'immer *n* -s, = dhomë; **ein Zimmer aufräumen, heizen, lüften, putzen** ndreq, ngroh, ajros, pastroj një dhomë; **sich (D) ein Zimmer in einem Hotel nehmen** zë një dhomë në hotel.
Z'immerantenne *f* =, -n antenë dhome.
Z'immerarrest *m* -es, -e arrest dhome.
Z'immerer *m* -s, = zdrukthëtar.
Z'immerholz *n* -es lëndë druri (*për punime zdrukthëtarie*).
Z'immermädchen *n* -s, = shërbëtore, shërbyese.
Z'immermann -(e)s, -leute zdrukthëtar; *fig bis* **jemandem zeigen, wo der Zimmermann das Loch gelassen hat** i tregoj dikujt derën.
z'immern *vt* 1) ndërtoj me dru; 2) *fig* ndërtoj (*jetën etj.*).
z'imperlich *a* 1) tepër i ndjeshëm

(*ndaj të ftohtit etj.*); 2) delikat, i brishtë; 3) nazemadh.
Zimt *m* **-(e)s, -e** *bot* kanellë.
Zink *n* **-(e)s** *kim* zink.
Z'inke *f* **=, -n** dhëmb (*piruni, krehri etj.*).
z'inken I *a* zinku, prej zinku.
z'inken II *vt* shënoj (*letrat e lojës*).
Zinn *n* **-(e)s** *kim* kallaj.
Z'inne *f* **=, -n** beden (*kalaje*).
z'innen *vt* kallajis.
z'innern *a* prej kallaji.
Zinn'ober *m* **-s** 1) *min* cinobër; 2) : *fig bis* **mach nicht solchen Zinnober!** mos bëj gjithë këto naze!
Zins I *m* **-es, -en** kamatë, interes, përqindje; **Zinsen zahlen** paguaj përqindje; **das Kapital bringt Zinsen** kapitali jep përqindje; **hohe Zinsen** kamatë e lartë; **auf Zinsen leihen** jap hua me kamatë.
Zins II *m* **-es, -e** 1) qira; 2) *hist* taksë në natyrë ose në pare, që i paguanin fshatarët feudalit.
z'insbar *a* që jep interes, përqindje.
Z'inseszinsen *pl* interes i përbërë.
z'insfrei *a* pa interes, pa përqindje.
Z'ipfel *m* **-s, =** 1) skaj, majë, cep; 2) kind, fund (*i petkut*).
Z'ipfeltuch *n* **-(e)s, -tücher** shami koke, rubë.
z'irka *adv* rreth, afërsisht; **zirka 20 Personen** nja 20 vetë.
Z'irkel *m* **-s, =** 1) kompas; 2) rreth; 3) *fig* rreth, shoqatë, klub.
Z'irkelabschnitt *m* **-(e)s, -e** *mat* segment i rrethit.
Z'irkelschluß *m* **-sses, -schlüsse** rreth vicioz.
zirkul'ieren *vi* qarkulloj.
Z'irkus *m* **=, -se** 1) cirk; 2) potere; **mach doch keinen solchen Zirkus!** mos bëj gjithë këtë potere!
Z'irpe *f* **=, -n** *zool* gjinkallë.
z'irpen *vi* **(h)** 1) cicëron (*zogu*); 2) këkllish, këndon (*gjinkalla*).
z'ischeln *vi* **(h)** pëshpëris me inat.
z'ischen *vi* **(h)** fërshëllej.
Zitad'elle *f* **=, -n** kështjellë, citadelë.
Zit'at *n* **-(e)s, -e** citat.
zit'ieren I *vt* citoj (*pjesë të një libri etj.*).
zit'ieren II *vt* thërras në gjyq.
Zitr'one *f* **=, -n** *bot* limon.
zitr'onenfarben, zitronenfarbig *a* ngjyrë limoni.
zitr'onengelb *a* limon i verdhë.
z'itterhaft, zitterig *a* që dridhet; **meine Hand ist zitterig** më dridhet dora; **zitterige Schrift** shkrim i dridhur.
z'ittern *vi* **(h)** dridhem; **seine Hand zitterte nicht, als ...** nuk iu drodh dora, kur ...; **mir zittern die Knie** më dridhen gjunjët; **vor Angst, Kälte zittern** dridhem nga frika, nga të ftohtët; **er zitterte am ganzen Körper** i dridhej gjithë trupi.
Z'itze *f* **=, -n** *bis* sisë.
zivil [*-v'il*] a 1) civil; 2) i njerëzishëm; 3) i arsyeshëm (*çmim*).
Ziv'ilbevölkerung *f* **=, -en** popullsi civile.
Ziv'ilgesetzbuch *n* **-(e)s, -bücher** *drejt* kod civil.
Ziv'ilkleidung *f* **=, -en** rroba civile.
Ziv'illuftfahrt *f* **=** aviacion civil.
Z'obel *m* **-s, =** *zool* zibelin, samur (*kunadhe*).
Z'ofe *f* **=, -n** shërbyese.
zog *sh* **ziehen***.
z'ögern *vi* **(h)** lëkundem, ngurroj; **ohne Zögern antworten** përgjigjem pa ngurruar; **etwas nur zögernd tun** bëj diçka duke ngurruar.
Z'ögling *m* **-s, -e** konviktor.
Zoll I *m* **-s, =** 1) bërçik; 2) inç (2,54 cm).
Zoll II *m* **-s, Zölle** 1) doganë; **Zoll bezahlen** paguaj doganë; 2) tribut; haraç.

Z'ollamt *n* **-(e)s, -ämter** zyrë doganore, doganë.
z'ollamtlich *a* doganor, i doganës.
z'ollen *vi* i jap atë që meriton (*dikujt*); **jemandem Achtung zollen** i shfaq respektin që meriton dikujt.
z'ollfrei *a* që nuk paguan doganë (*mall*).
Z'ollkontrolle *f* **=, -n** kontroll doganor.
Z'öllner *m* **-s, =** *bis* doganier.
z'ollpflichtig *a* që paguan doganë (*mall*).
Z'ollstock *m* **-(e)s, -stöcke** metër zdrukthëtari.
Z'one *f* **=, -n** 1) zonë; 2) *gjeogr* brez (*klimatik*).
Zoo *m* **=** *dhe* **-s, -s** kopsht zoologjik.
Zool'oge *m* **-n, -n** zoolog.
Zoolog'ie *f* **=** zoologji.
zool'ogisch *a* zoologjik.
Zopf *m* **-(e)s, Zöpfe** 1) bishtalec, gërshet; 2) *fig* pikëpamje e vjetruar.
Zorn *m* **-(e)s** inat, zemërim; **der Zorn packte ihn** i hipi inati; **sein Zorn war verraucht** i kishte ikur inati; **einen Zorn auf jemanden haben** kam një inat me dikë; **jemanden in Zorn bringen** zemëroj dikë; **rot vor Zorn** i skuqur nga inati.
z'ornig *a* i inatosur, i zemëruar.
Z'ornwut *f* **=** tërbim, inat i madh.
Z'ote *f* **=, -n** ndyrësi, fëlliqësi, lapërdhi; **Zoten reißen** tregoj histori të fëlliqura.
z'otenhaft *a* i ndyrë (*fjalë etj.*).
Z'otte, Z'ottel *f* **=, -n** tufë flokësh.
z'ott(e)lig *sh* **zottig.**
z'ottig *a* leshtor.
z.T. = zum Teil pjesërisht.
Ztr. = Zentner.
zu 1. *präp* **(D)** 1) (*për të treguar vend*) në; **zu Tirana geboren** i lindur në Tiranë; **zu ebener Erde** në katin e parë; **zu Tisch sitzen** rri në tryezë; **zu Haus bleiben** rri në shtëpi; 2) (*për të treguar kohë*) a) në; **zu Skanderbegs Zeiten** në kohë të Skënderbeut; **zu Anfang des Jahres** në fillim të vitit; **von Stunde zu Stunde** nga një orë në tjetrën; **von Tag zu Tag** nga dita në ditë; b) për; **zu Neujahr** për Vitin e Ri; **zur Zeit** tani për tani, hëpërhë; përkohësisht; c) (*nuk përkthehet*)) : **zu Mittag essen** ha drekë; **zu Abend essen** ha darkë; 3) (*për të treguar drejtim*) te, tek, në; **zur Mutter laufen** rend te nëna; **zur Stadt gehen** shkoj në qytet; **zum Markt gehen** shkoj në treg; **zu Bett gehen** bie të fle; 4) (*për të treguar mjetin e lëvizjes*) me; **zu Rad** me biçikletë; 5) (*për të treguar raport*) me, për, nga; **im Vergleich zu dir ...** në krahasim me ty ...; **zur Hälfte** për gjysmë; **zum ersten Male** për herë të parë; **das Stück zu einer Mark** nga një markë copa; 6) (*për të treguar qëllim*) për; **zu deiner Beruhigung** për të të qetësuar ty; **zum Glück** për fat; **zum Spaß** për shaka; **zum Beispiel** për shembull; 7) (*kur tregon rezultat veprimi nuk përkthehet*) : **zu Staub werden** bëhet pluhur; **jemanden zum Abgeordneten wählen** zgjedh deputet dikë; **zum Direktor ernennen** emëroj drejtor; **zum Militär gehen** shkoj ushtar; 8) (*për të treguar shoqërim*) a) me; **Brot zum Fleisch essen** ha bukë me mish; b) mbi, përmbi; **zu alledem kam noch seine Krankheit** mbi të gjitha këto, ai edhe u sëmur; 2. *conj* 1) (*para infinitivit*) a) (që) të; **anstatt zu gehorchen, er ...** në vend që të dëgjojë, ai ...; **ich wünsche ihn zu sprechen** dua të flas me të; b) (*nuk përkthehet*) : **ohne es**

zu wissen pa e ditur; 2) (*në lidhje me* **sein**) a) për të; **dieser Wein ist nicht zu trinken** kjo verë nuk është për t'u pirë; b) duhet; **es ist zu unterscheiden zwischen ...** duhet bërë dallim në mes ...; 3) (*në lidhje me* **haben**) për të; **ich habe noch zu arbeiten** kam ende për të punuar; 4) (*në lidhje me* **um**) për të; **um dir zu helfen** për të të ndihmuar; 5) : **die zu lösende Aufgabe** detyra që është për t'u zgjidhur; 3. *adv* 1) mbyllur; **Tür zu!** mbylle derën!; 2) tepër; **zu hoch, zu klein** tepër i lartë, tepër i vogël; **es ist zu schön um wahr zu sein** është tepër e bukur që të jetë e vërtetë; 3) : **mach zu!** shpejt!, luaj!; **ab und zu** herë pas here; **nur zu!** zemër!, guxim!; jepi!

zu = *parashtesë e ndashme foljore që tregon*: 1) *mbyllje, mbulim:* **zuschließen, zumachen**; 2) *drejtim:* **zugehen, zukommen**; 3) *shtim:* **zugeben, zuzahlen.**

zu'allererst *adv* para së gjithash.

zu'allerletzt *adv* në fund të fundit.

Z'ubehör m, *n* **-s** 1) pajisje (*të një aparati etj.*); 2) instalime (*të një banese etj.*).

z'ubeißen* *vi ndash* **(h)** kafshon (*gjarpri etj.*).

z'ubekommen* *vt ndash bis* mund të mbyll (*derën, arkën etj.*).

Z'uber *m* **-s,** = kade, fuçi; govatë.

z'ubereiten *vt ndash* 1) gatuaj (*gjellën etj.*); 2) përgatis (*ilaçin etj.*); 3) përpunoj (*një lëndë etj.*).

Z'ubereitung *f* =, **-en** gatim; përgatitje; përpunim.

z'ubilligen *vt ndash* 1) lejoj; **jemandem etwas zubilligen** ia lejoj dikujt diçka; 2) pranoj; **dem Angeklagten wurden mildernde Umstände zugebilligt** të pandehurit ia pranuan rrethanat lehtësuese.

Z'ubilligung *f* = lejim; pranim.

zub'inden* *vt ndash* lidh (*këpucët etj.*).

z'ubleiben* *vi ndash* **(s)** *bis* rri, mbetet mbyllur (*dera etj.*).

z'ubringen* *vt ndash* 1) sjell, bie; 2) kaloj (*kohën*); 3) mbyll (*dritaren etj.*).

Z'ubringer *m* **-s,** = rrugë anësore (*që lidhet me rrugën kryesore*).

Zucht *f* = 1) rritje (*kafshësh, shpendësh, pemësh*); 2) edukim; disiplinë; rregull; 3) *pl* **-en** racë (*kafshësh*).

z'üchten *vt* 1) rris (*kafshë, shpendë, pemë*); 2) marr e zhvilloj (*një ves etj.*).

Z'üchter *m* **-s,** = rritës (*kafshësh, bimësh*).

Z'uchthaus *n* **-es, -häuser** 1) burg me punë të detyruar; 2) burgim me punë të detyruar; **5 Jahre Zuchthaus bekommen** dënohem me 5 vjet punë të detyruar.

Z'uchthausarbeit *f* =, **-en** punë e detyruar.

Z'uchthäusler *m* **-s,** = i burgosur me punë të detyruar.

z'üchtig *a* e turpshme, e dëlirë (*vajzë*).

z'üchtigen *vt* ndëshkoj, rrah (*fëmijën*).

Z'üchtigung *f* =, **-en** ndëshkim, rrahje.

z'uchtlos *a* 1) i padisiplinuar; i shthurur; 2) pa edukatë.

Z'üchtung *f* =, **-en** *sh* **Zucht.**

z'ucken *vi* **(h)** 1) dridhem; hidhem përpjetë; **die Flammen zuckten** flakët dridheshin; **mit den Achseln zucken** ngre, mbledh supet; *fig* **es zuckte mir in den Fingern, ihm eine Ohrfeige zu geben** më hanin duart t'i jepja një dackë; 2) përpëlitet (*qepalla etj.*).

z'ücken *vt* 1) zhvesh (*shpatën*);

2) *bis* nxjerr (*lapsin, kuletën etj.*).

Z'ucker *m* **-s** 1) sheqer; **nehmen Sie Zucker zum Kaffee?** e pini kafen me sheqer?; 2) *mjek bis* sëmundje e sheqerit, diabet.

Z'uckerkrankheit *f* = *mjek* sëmundje e sheqerit, diabet.

z'uckern *vt* i hedh sheqer (*diçkaje*); sheqeros (*luleshtrydhet etj.*).

Z'uckerrohr *n* **-s** *bot* kallam sheqeri.

Z'uckerrübe *f* =, **-n** *bot* panxhar sheqeri.

z'uckersüß *a* 1) sheqer i ëmbël; 2) *fig* i sheqerosur (*fjalë etj.*).

Z'uckerware *f* =, **-n** artikuj konfeterie (*sheqerka etj.*).

Z'uckerwerk *n* **-(e)s** bonbone.

Z'uckung *f* =, **-en** përpëlitje.

z'udecken *ndash* 1. *vt* mbuloj; 2) *fig* mbys (*një skandal etj.*); 2. *vrefl* **sich zudecken** mbulohem (*me një batanije etj.*).

zud'em *adv* përveç kësaj, mbi këtë.

z'udrehen *vt ndash* 1) mbyll (*rubinetin etj.*); 2) kthej; **jemandem den Rücken zudrehen** i kthej kurrizin dikujt.

z'udringlich *a fig* i ngjitur, i bezdisshëm (*njeri*).

Z'udringlichkeit *f* = të qenët i ngjitur, i bezdisshëm.

z'udrücken *vt ndash* 1) mbyll (*derën*); 2) vë (*kapakun*); 3) : *fig bis* **ein Auge zudrücken** mbyll një sy.

z'ueignen *vt ndash* 1) i kushtoj (*dikujt diçka*); 2) : **sich (D) etwas zueignen** përvetësoj diçka.

zuein'ander *adv* njëri-tjetrit; **sie passen sehr gut zueinander** ata i përshtaten shumë mirë njëri-tjetrit.

z'uerkennen* *vt ndash* 1) i jap (*dikujt një çmim etj.*); 2) i njoh (*dikujt një të drejtë etj.*).

zu'erst *adv* 1) në fillim, së pari; 2) para së gjithash.

z'ufahren* *vi ndash* **(s) (auf A)** drejtohem (*drejt një qyteti etj.*); 2) vazhdoj të eci, të udhëtoj; 3) *bis* i hidhem (*dikujt, diçkaje*).

Z'ufahrt *f* =, **-en** hyrje; rrugë e hyrjes (*në një pallat, në autostradë etj.*).

Z'ufall *m* **-s, -fälle** rast, rastësi; **eine Kette von Zufällen** një varg rastësish.

z'ufallen* *vi ndash* **(s)** 1) (*më*) takon, (*më*) bie në hise, në pjesë; **der erste Preis ist Frau X zugefallen** çmimi i parë i ra zonjës X; 2) mbyllet, përplaset (*dera, dritarja*).

z'ufällig 1. *a* i rastit; **eine zufällige Beobachtung** një vrojtim i rastit; 2. *adv* rastësisht.

z'ufälligerweise *adv* rastësisht.

Z'ufälligkeit *f* =, **-en** rastësi.

z'ufassen *vi ndash* **(h)** 1) kap, zë; 2) *fig* ndërhyj; ndihmoj; **er konnte gerade noch rechtzeitig zufassen** ai mundi të ndërhynte ne kohë.

z'ufliegen* *vi ndash* **(h)** 1) **(auf A)** fluturoj (*drejt një pylli etj.*); 2) *fig bis* përplaset (*dera etj.*); 3) : *fig bis* **in der Schule ist ihm alles zugeflogen** ai e mori shkollën shumë lehtë; **das fliegt mir nur so zu** këtë e bëj, e mësoj lehtë; *fig bis* **alle Herzen fliegen ihm zu** ai u hyn të gjithëve menjëherë në zemër.

z'ufließen* *vi ndash* **(s)** derdhet në ...; **der Fluß fließt dem Meer zu** lumi derdhet në det.

Z'uflucht *f* = 1) ndihmë; 2) strehim; **bei jemandem Zuflucht suchen** kërkoj strehim nga dikush; **Zuflucht zu einem Mittel nehmen** përdor një mjet.

Z'ufluchtsort *m* **-(e)s, -e** strehim, vend shpëtimi.

Z'ufluchtsstätte *f* =, **-n** *sh* **Zufluchtsort.**

Z'ufluß *m* **-sses, -flüsse** 1) vërshim (*i kapitalit të huaj në një vend etj.*);

2) *gjeogr* bashkëdikues, degë (*e një lumi*).

zuflüstern *vt ndash* i pëshpëris (*një fjalë etj. dikujt*).

zuf'olge *präp* (G, D) si rrjedhim ... (i ...); në përshtatje (me ...); sipas ...; **dem Befehl zufolge** sipas urdhrit.

zufr'ieden *a* (**mit D**) i kënaqur (*me diçka, dikë*); **er ist nie zufrieden** ai nuk kënaqet kurrë.

zufr'iedengeben*, **sich** *vrefl ndash* : **sich mit etwas zufriedengeben** kënaqem me diçka; **nun gib dich endlich zufrieden!** pusho së qari, së ankuari më në fund!

Zufr'iedenheit *f* = të qenët i kënaqur; kënaqësi.

zufr'iedenlassen* *vt ndash* lë të qetë, rehat.

zufr'iedenstellen *vt ndash* kënaq; **man kann ihn mit nichts zufriedenstellen** atë s'e kënaq gjë.

z'ufrieren* *vi ndash* (s) ngrin (*lumi, liqeni etj.*).

z'ufügen *vt ndash* 1) shtoj; 2) shkaktoj (*një dëm, vuajtje, disfatë etj.*).

Z'ufuhr *f* =, **-en** 1) furnizim; **Zufuhr von Bedarfsgütern** furnizim me mjete konsumi; 2) ardhje (*e një rryme ajri të ngrohtë etj.*).

z'uführen *ndash* 1. *vt* 1) sjell, bie; 2) jap; 3) (*të*) çon, (*të*) shpie (*rruga*); **die Straße führt auf das Dorf** rruga të çon në fshat.

Zug *m* **-(e)s, Züge** 1) ekspeditë, fushatë; **der Zug Napoleons nach Rußland** fushata e Napoleonit në Rusi; 2) shpërngulje; shtegtim (*i zogjve*); dyndje (*e peshqve*); 3) varg, procesion; 4) tren; **mit dem Zuge fahren** udhëtoj me tren; 5) tërheqje (*e sobës etj.*); rrymë ajri, korrent; 6) gllënjkë; *bis* **einen guten Zug haben** pi shumë; **in einem Zug trinken** e kthej (gotën) me një frymë; 7) thithje (*e ajrit, e duhanit etj.*); frymëmarrje; **die frische Luft in vollen Zügen einatmen** thith thellë ajrin e freskët; **laß mich mal einen Zug (an deiner Zigarette) tun** ma jep ta thith një herë (cigaren); **in den letzten Zügen liegen** jam në frymën e fundit, jam në pikë të fundit, jam duke dhënë shpirt; 8) tipar (*i fytyrës, i karakterit*); **Züge der Handschrift** tiparet e shkrimit; 9) : **in kurzen Zügen** shkurtimisht; **in allgemeinen Zügen** në vija të përgjithshme; 10) *shah* lëvizje; **du bist am Zuge, der Zug ist an dir** e ke ti radhën të luash; 11) pendë (*qe*); tufë (*zogjsh, peshqish*); 12) peshk (*sasia e peshkut të zënë*); 13) *sing fig* vrull; **im Zuge der Rede** gjatë fjalimit; *fig* **Zug in etwas (A) bringen** gjallëroj diçka; **mit einer Idee nicht zum Zuge kommen** nuk mund të vë në jetë një ide; 14) *usht* togë.

Z'ugabe *f* =, **-n** 1) plotësim, shtim; 2) shtesë (*e një programi etj.*).

Z'ugang *m* **-(e)s, -gänge** 1) hyrje; **alle Zugänge waren gesperrt** të gjitha hyrjet ishin mbyllur; *fig* **zur modernen Kunst kann ich keinen Zugang finden** artin modern nuk arrij ta kuptoj; 2) dalje; **freier Zugang zum Meer** dalje e lirë në *det* (*e një vendi*); 3) ardhje, hyrje (*e një malli etj.*).

z'ugänglich *a* 1) që mund të arrihet (*vend etj.*); 2) që mund të gjendet (*libër etj.*); 3) i kuptueshëm (*vepër arti etj.*); 4) i gjindshëm, i afrueshëm (*njeri*).

Z'ugbrücke *f* =, **-n** *vjet* urë e lëvizshme.

z'ugeben* *vt ndash* 1) shtoj, jap si shtesë; **der Sänger gab mehrere Lieder zu** këngëtari këndoi edhe shumë kengë të tjera; 2) hedh (*erëza etj.*); 3) *fig* pranoj; **ich gebe zu, daß er recht hat, aber ...** e pranoj që ka të drejtë, por ...; 4) lejoj; **der Vater wird es nie zugeben** babai këtë nuk do ta lejojë kurrë.

z'ugedacht *a* : *shpr* **jemandem etwas zugedacht haben** mendoj, caktoj diçka për dikë.

zug'egen *adv* : **zugegen sein** jam i pranishëm, asistoj.

z'ugehen* *ndash* 1. *vi* (s) 1) **(auf A)** i afrohem (*dikujt, diçkaje*); 2) mbyllet (*dera etj.*); 3) (D) (*më*) vjen (*letra, lajmi*); **der Brief geht Ihnen noch heute zu** letra do t'ju vijë që sot; 2. *vimp* ndodh; **so geht es in der Welt zu!** kështu e ka kjo botë!

z'ugehören *vi ndash* (h) (D) i përkas (*dikujt, diçkaje*).

z'ugehörig *a* që i përket, përkatës.

Z'ugehörigkeit *f* = 1) përkatësi; 2) anëtarësi; pjesëmarrje (*në një organizatë etj.*).

z'ugeknöpft *a* 1) i mbërthyer, i kopsitur; 2) *fig* i mbyllur, i paafrueshëm, fjalëpakë (*njeri*).

Z'ügel *m* -s, = fre (*i kalit etj.*); **dem Pferd die Zügel anlegen** i vë frerin kalit; *fig* **seiner Leidenschaft, Begierde Zügel anlegen** i vë fre pasionit, lakmisë; *fig* **bei jemandem die Zügel halten** ia shtrëngoj frerët dikujt; *fig* **seinem Zorn die Zügel schießen lassen** nuk përmbaj dot zemërimin; *fig* **die Zügel verlieren** humbas toruan.

z'ügellos *a* 1) pa fre (*kalë etj.*); 2) i shfrenuar, i papërmbajtur, i shthurur (*njeri, pasion etj.*).

Z'ügellosigkeit *f* = shfrenim; shthurje.

z'ügeln *vt ndash* 1) i vë frerin (*kalit etj*); 2) përmbaj, mposht (*zemërimin etj.*).

z'ugesellen *ndash* 1. *vt* (D) bashkoj (*me dikë*); 2. *vrefl* **sich zugesellen** bëhem, bashkohem (*me dikë*); **wir gesellten uns einer Gruppe von Ausflüglern zu** u bashkuam, u bëmë me një grup ekskursionistësh.

Z'ugeständnis *n* **-sses, -sse** lëshim; **Zugeständnisse machen** bëj lëshime.

z'ugestehen* *vt ndash* 1) pranoj; pohoj; 2) bëj (si lëshim); **diesen Rabatt können wir nur unseren alten Kunden zugestehen** këtë zbritje mund t'ua bëjmë vetëm klientëve tanë të vjetër.

z'ugetan *a* : *shpr* **ich bin ihm sehr zugetan** e dua shumë atë, jam shumë i dhënë pas tij.

Z'ugführer *m* **-(e)s,** = 1) *usht* komandant toge; 2) konduktor treni.

z'ugießen* *vt ndash* shtoj (*ujë, verë etj.*); **darf ich dir noch Kaffee zugießen?** a të shtie edhe ca kafe?

z'ugig *a* : **es ist zugig hier** këtu fryn, bën korrent.

Z'ugkraft *f* = forcë tërheqëse (*edhe fig*).

z'ugkräftig *a* tërheqës (*shfaqje, pllakat etj.*).

zugl'eich *adv* 1) njëkohësisht; 2) përnjëherë; **alle zugleich** të gjithë përnjëherë.

Z'ugloch *n* **-(e)s, -löcher** aspirator (*vrimë për të ndërruar ajrin*).

Z'ugluft *f* = rrymë ajri, korrent.

Z'ugmaschine *f* =, **-n** rimorkiator (*automobil*).

Z'ugpferd *n* **-(e)s, -e** kalë karroce.

z'ugreifen* *vi ndash* (h) 1) kap e marr; 2) marr e ha; **bitte greifen Sie zu!** urdhëroni (e hani), ju lutem!

Z'ugriff *m* **-(e)s** 1) kapje; 2) ndërhyrje.

zugr'unde *adv* : *shpr* **zugrunde gehen** mbaroj, vdes; **zugrunde richten** shkatërroj, rrënoj; marr më qafë; **einer Sache (D) etwas zugrunde legen** vë diçka në themel të diçkaje; **einer Sache (D) zugrunde liegen** qëndron në themel të diçkaje.

Z'ugseil *n* **-(e)s, -e** litar për të tërhequr.

Z'ugtier *n* **-(e)s, -e** kafshë tërheqëse.

zug'unsten *präp* (G) në të mirë, në favor, në dobi (të ...).

zug'ute *adv* : *shpr* **jemandem etwas zugute halten** ia marr parasysh dikujt diçka; **sich (D) etwas zugute halten** mburrem për diçka; **jemandem zugute kommen** i vlej dikujt; **das ist seiner Arbeit sehr zugute gekommen** kjo i ka vlejtur shumë punës së tij; **jemandem etwas zugute tun** i bëj një të mirë dikujt.

Z'ugvieh *n* **-(e)s** kafshë pune (*për tërheqje*).

Z'ugvogel *m* **-s, -vögel** zog, shpend shtegtar.

z'ugweise *adv* 1) në varg; 2) *usht* togje-togje; 3) gllënjkë pas gllënjke.

Z'ugwind *m* **-(e)s, -e** korrent, rrymë ajri.

z'uhaben* *vt ndash* mbaj mbyllur, kam të mbyllur (*sytë, gojën etj.*).

z'uhaken *vt ndash* mbërthej me mbërtheckë (*fustanin etj.*).

z'uhalten* *vt ndash* 1) mbaj mbyllur (*derën etj.*); 2) zë (*hundën, veshët etj.*); 3) **(auf A)** drejtohem, marr (*nga një vend*).

Z'uhälter *m* **-s, =** kodosh.

zuh'änden *adv vjet* 1) në dorë; **zuhänden kommen** (*më*) bie në dorë; 2) »në dorë« (*shkurt* **z. H.**).

z'uhängen *vt ndash* mbuloj, zë (*dritaren me batanije etj.*).

Zuh'ause *n* = shtëpi (*në kuptimin e familjes, rehatisë etj.*); **er hat kein Zuhause mehr** ai ka mbetur pa shtëpi.

z'uheilen *vi ndash* (s) shërohet, mbyllet (*plaga etj.*).

Zuh'ilfenahme *f* = : **unter Zuhilfenahme von ...** me ndihmën e ...

z'uhören *vi ndash* **(h)** 1) dëgjoj; **hör mal zu!** dëgjo këtu! **bei einem Gespräch, einer Radiosendung zuhören** dëgjoj një bisedë, një emision të radios; 2) përgjoj.

Z'uhörer *m* **-s, =** dëgjues.

Z'uhörerschaft *f* = dëgjues, publik.

z'ujauchzen *vi ndash* **(h) (D)** i brohoras (*dikujt*).

z'ujubeln *vi ndash* **(h) (D)** i brohoras (*dikujt*).

z'ukehren *vt ndash* kthej; **jemandem den Rücken zukehren** i kthej kurrizin dikujt.

z'uklappen *ndash* 1. *vt* mbyll duke e përplasur (*librin etj.*); 2. *vi ndash* (s) mbyllet duke u përplasur.

z'ukleben *vt ndash* ngjis me zamkë.

z'uknallen *ndash* 1. *vt ndash* mbyll duke e përplasur (*derën etj.*); 2. *vi ndash* (s) mbyllet duke u përplasur (*dera etj.*).

z'uknöpfen *vt ndash* kopsis, mbërthej.

z'ukommen* *vi ndash* (s) 1) **(auf A)** i afrohem (*dikujt*); *fig* **wir müssen die Dinge auf uns zukommen lassen** duhet të presim se si do të marrin punët; 2) (*më*) ka hije; 3) (*më*) takon; 4) : **zukommen lassen** a) dërgoj (*letër etj.*); b) jap; dhuroj.

Z'ukost *f* = 1) meze; 2) garniturë (*barishte, sallatë etj.*).

Z'ukunft *f* = 1) e ardhme; **die Zukunft wird es lehren** këtë do ta tregojë e ardhmja; **an die Zukunft denken** mendoj për të ardhmen; **in Zukunft** në të ardhmen; 2) *gram* e ardhshme (*kohë*).

z'ukünftig 1. *a* i ardhshëm; *bis* **meine Zukünftige** e fejuara ime; *bis*

mein Zukünftiger i fejuari im; 2. *adv* në të ardhmen.
z'ulächeln *vi ndash* **(h)** **(D)** i buzëqesh (*dikujt*).
Z'ulage *f* =, **-n** shtim, shtesë (*rroge etj.*); **seine Bitte um (eine) Zulage wurde abgelehnt** lutja e tij për shtim rroge nuk u pranua.
z'ulangen *vi ndash* **(h)** 1) zgjas dorën për të marrë diçka; 2) ha; **bitte, langen Sie zu!** hani, ju lutem!; 3) *bis* mjafton; **hast du viel Arbeit? Es langt zu!** ke shumë punë? Sa të duash!
z'ulänglich *a* i mjaftueshëm.
z'ulassen* *vt ndash* 1) lejoj; **ich kann keine Ausnahme zulassen** nuk mund të lejoj asnjë përjashtim; 2) pranoj; **er ist als Mitglied zugelassen** ai u pranua (si) anëtar; 3) lë; **dies läßt keinen Zweifel zu** kjo s'lë asnjë dyshim.
z'ulässig *a* i lejueshëm.
Z'ulässigkeit *f* = lejueshmëri.
Z'ulauf *m* **-(e)s** turmë, grumbullim populli; **großen Zulauf haben** ka shumë vizita (*mjeku, avokati etj.*).
z'ulaufen* *vi ndash* **(s)** 1) vij me vrap; **der Hund ist uns zugelaufen** qenin e kemi të gjetur; 2) **(auf A)** vrapoj (*te dikush, diçka*); **die Kinder liefen auf den Vater zu** fëmijët vrapuan tek i ati; *bis* **lauf zu!** luaj!; 3) vjen (*i hollë, i trashë etj.*).
z'ulegen *ndash* 1. *vt* 1) shtoj; **sich (D) einen anderen Namen zulegen** marr një emër tjetër; 2) *bis* blej; gjej; 2. *vi* **(h)** *bis* shtoj shpejtësinë.
zul'eide *adv* : *shpr* **jemandem etwas zuleide tun** i bëj një të keqe dikujt.
z'uleiten *vt ndash* 1) sjell (*ujë në një pellg etj.*); 2) përcjell (*një letër etj.*).
zul'etzt *adv* 1) në fund, i fundit; **er kam zuletzt** ai erdhi i fundit; **nicht zuletzt** sidomos; 2) herën e fundit; **ich habe ihn zuletzt im Konzert getroffen** herën e fundit e takova në koncert; 3) më në fund, në fund të fundit; **zuletzt verlor ich die Geduld** në fund e humba durimin.
zul'iebe *adv* për hir (të ...); **jemandem etwas zuliebe tun** bëj diçka për hir të dikujt.
z'ulöten *vt ndash* mbyll duke e pikuar (*diçka prej llamarine etj.*).
zum = **zu dem.**
z'umachen *ndash* 1. *vt bis* 1) mbyll (*derën, dritaren etj.*); 2) kopsis (*xhaketën etj.*); 2. *vi* **(h)** mbyll dyqanin.
zum'al 1. *conj* 1) aq më tepër; 2) sidomos; **die Konzerte dieser Saison, zumal das letzte Kammerkonzert, waren sehr interessant** koncertet e këtij sezoni, sidomos koncerti i fundit i dhomës, ishin shumë interesantë; 2. *adv* sakaq, njëkohësisht.
zum'eist *adv* 1) kryesisht; 2) *bis* më e shumta.
z'umessen* *vt ndash* : **jemandem seinen Teil zumessen** mas (peshoj) dhe i jap dikujt pjesën që i takon.
zum'indest *adv* të paktën.
z'umutbar *a* që mund të pritet (*prej dikujt, punë etj.*).
zum'ute *adv* : *shpr* **mir ist schlecht, nicht wohl zumute** s'jam në qejf.
z'umuten *vt ndash* pretendoj; kërkoj (*nga dikush*); **jemandem etwas zumuten** pretendoj që dikush të bëjë diçka; **sich (D) zuviel zumuten** marr shumë përsipër; **wie kannst du mir so etwas zumuten?** si mund të dyshosh tek unë për një gjë të tillë?
Z'umutung *f* =, **-en** 1) kërkesë e tepruar; 2) paturpësi; **es ist eine Zumutung, so spät abends noch anzurufen** është paturpësi ta marrësh

tjetrin në telefon kaq vonë në mbrëmje.

zun'ächst 1. *adv* 1) së pari, para së gjithash; 2) hëpërhë; 2. *präp* (D) më pranë; **das Haus, das dem Wald zunächst liegt** shtëpia që është më afër pyllit.

z'unähen *vt ndash* qep (*të grisurën*).

Z'unahme *f* =, 1) rritje; 2) shtim.

Z'uname(n) *m* **-ns, -n** mbiemër.

z'ünden *ndash* 1. *vi* **(h)** 1) ndizet (*shkrepësja etj.*); 2) shkrep (*rrufeja*); 3) *fig* ngjall entuziazëm; 4) *fig bis* kuptoj; **hat es (bei dir) endlich gezündet?** arrite më në fund ta kuptosh?; 2. *vt* ndez.

Z'under *m* **-s,** = 1) eshkë; 2) *fig bis* dru, të rrahura; 3) *fig bis* bombardim artilerie.

Z'ünder *m* **-s,** = 1) çakmak; 2) *usht* detonator.

Z'ündholz *n* **-es, -hölzer** shkrepëse.

Z'ündhölzchen *n* **-s,** = (fill) shkrepëse(je).

Z'ündhütchen *n* **-s,** = *usht* kapsollë.

Z'ündkerze *f* =, **-n** kandelë (*e motorit*).

Z'ündschnur *f* =, **-schnüre** fitil.

Z'ündstoff *m* **-(e)s, -e** lëndë plasëse.

Z'ündung *f* =, **-en** ndezje (*e bombës etj.*).

z'unehmen* *vi ndash* **(h)** 1) shtoj (*në peshë*); **ich habe wieder ein Kilo zugenommen** kam shtuar prapë një kilo; 2) shtohet; **mit zunehmenden Jahren wird man vernünftiger** me kalimin e vjetëve njeriu bëhet me i arsyeshëm; **die Dunkelheit nimmt zu** po shtohet errësira; 3) zgjatet (*dita*).

z'uneigen *ndash* 1. *vt* prier nga (*diçka, dikush*); 2. *vi dhe vrefl* **sich zuneigen** prirem; **das Jahr neigt sich dem Ende zu** viti po i afrohet fundit; **das Glück neigt sich ihm zu** ka filluar t'i buzëqeshë fati; **jemandem zugeneigt sein** e kam me sy të mirë dikë.

Z'uneigung *f* =, **-en** dashamirësi, simpati; **für jemanden Zuneigung empfinden** ndiej simpati për dikë.

Zunft *f* =, **Zünfte** korporatë; esnaf.

z'ünftig *a* i korporatës; i esnafit.

Z'unge *f* =, **-n** 1) *anat* gjuhë; **mir klebt die Zunge am Gaumen** më është tharë gjuha; **mir hängt die Zunge zum Halse heraus** jam rreshkur, tharë për ujë; *bis* **mit der Zunge anstoßen** jam thuthuq; **sich (D) in die Zunge beißen** kafshoj gjuhën (*edhe fig*); *fig* **jemandem die Zunge lösen** ia zgjidh gjuhën dikujt; *fig* **seiner Zunge freien Lauf lassen** e lëshoj gjuhën; *fig* **die Zunge im Zaum halten** e mbaj gjuhën te mbledhur; *fig bis* **jemandem das Wort von der Zunge nehmen** ia marr dikujt fjalën nga goja; *fig bis* **ich habe das Wort auf der Zunge, das Wort schwebt mir auf der Zunge** e kam fjalën në majë të gjuhës; 2) : **eine böse Zunge haben** jam gjuhë e ligë; **eine falsche Zunge haben** jam gënjeshtar; **eine scharfe Zunge haben** e kam gjuhën shpatë; 3) *poet* gjuhë (*gjermane etj.*); 4) akrep (*i peshores etj.*).

Z'ünglein *n* **-s,** = 1) gjuhëz (*e flakës etj.*); 2) gjuhëz e peshores.

z'üngeln *vi ndash* 1) dredh gjuhën (*gjarpri*); 2) dridhet, lëkundet (*flaka*).

zun'ichte *adv* : *shpr* **etwas zunichte machen** prish, asgjësoj, shkatërroj diçka; **zunichte werden** prishet (*plani etj.*); shembet, zhduket (*shpresa etj.*).

z'unicken *vi ndash* **(h)** : **jemandem zunicken** a) ia bëj me kokë dikujt; b) ia miratoj fjalën dikujt.

zun'utze *adv* : *shpr* **sich etwas zu-**

nutze machen përfitoj nga diçka; shfrytëzoj diçka.
z'upacken *vi ndash* **(h)** *bis* 1) kap(em) fort; 2) ndërhyj energjikisht; marr pjesë aktive.
zup'aß, zup'asse *adv* : *shpr* **zupaß kommen** (*më*) vjen për mbarë.
z'upfen *vt ndash* nduk, shprish (*leshin etj.*).
z'upfropfen *vt ndash* i vë tapën, mbyll (*shishen etj.*).
zur = zu der.
z'uraten* *vi ndash* **(h)** këshilloj; **ich kann dir weder zuraten noch abraten** as nuk të këshilloj, as nuk të shkëshilloj.
z'urechnen *vt ndash* 1) zë në llogari; 2) : *fig* **jemandem etwas zurechnen** i vesh dikujt diçka.
z'urechnungsfähig *a* i ndërgjegjshem dhe përgjegjës për atë që bën.
Z'urechnungsfähigkeit *f* = përgjegjësi.
zur'echtbringen* *vt ndash* 1) vë në rregull; 2) arrij (*diçka*).
zur'echtfinden*, sich *vrefl ndash* 1) orientohem (*në një punë, qytet etj.*); 2) gjej rrugën.
zur'echtkommen* *vi* (s) *ndash* 1) **(mit D)** ia dal, i bëj ballë (*një pune etj.*); 2) **(mit D)** merrem vesh (*me dikë*); 3) vij në kohë.
zur'echtlegen *vt ndash* 1) bëj gati, përgatis; 2) *fig* gjej; **sich eine Ausrede zurechtlegen** gjej një shkak.
zur'echtmachen *ndash* 1. *vt bis* 1) ndreq (*dhomën etj.*); 2) përgatis; 3) rregulloj; 2. *vrefl* **sich zurechtmachen** vishem; krihem; lyhem.
zur'echtrücken *vt ndash* vë në vend; *fig bis* **jemandem den Kopf zurechtrücken** vë në fije dikë.
zur'echtsetzen *vt ndash* vë në vendin e duhur; *fig* **jemandem den Kopf zurechtsetzen** vë në fije (*dikë*).
zur'echtstellen *vt ndash* vë në vend.
zur'echtweisen* *vt ndash* qortoj.
Zur'echtweisung *f* =, **-en** qortim.
z'ureden *vi ndash* **(h) (D)** 1) i flas (*dikujt*); përpiqem të bind (*dikë*); 2) nxis; 3) i jap zemër.
z'ureichen *ndash* 1. *vi* **(h)** *bis* mjafton; 2. *vt* jap.
z'ureichend *a* i mjaftueshëm.
z'urichten *vt ndash* 1) përgatis; 2) regj; 3) përpunoj; 4) *fig bis* prish; 5) *fig bis* shemb në dru.
z'uriegeln *vt ndash* mbyll me shul (*derën etj.*).
z'ürnen *vi* **(h) (D)** i zemërohem (*dikujt*).
zur'ück *adv* 1) mbrapsht, prapa; *fig* **es gibt kein Zurück mehr** a) nuk kthehet më; b) nuk ndryshohet më; **zurück sein** a) jam kthyer; b) jam, mbetem prapa; **die Fahrt hin und zurück kostet ...** bileta e udhëtimit për vajtje e ardhje kushton ...; 2) : **zurück!** ndal!
zur'ück = *parashtesë e ndashme foljore që tregon lëvizje, qëndrim ose kthim prapa:* **zurückgehen, zurückbleiben, zurückkommen.**
zur'ückbehalten* *vt ndash* mbaj; **er behielt etwas für sich zurück** ai mbajti diçka për vete.
zur'ückberufen* *vt ndash* thërras të kthehet mbrapsht.
zur'ückbleiben* *vi ndash* (s) 1) mbetem prapa (*edhe fig*); **ein geistig zurückgebliebenes Kind** një fëmijë i prapambetur në zhvillimin mendor; 2) rri, qëndroj; **in der Heimat zurückbleiben** qëndroj në atdhe; 3) (*më*) mbetet (*një dhembje etj.*); 4) : **bleib zurück!** ndal!
zur'ückblicken *vi ndash* **(h)** shikoj prapa; *fig* **auf die Vergangenheit zurückblicken** hedh një vështrim në të kaluarën.
zur'ückbringen* *vt ndash* 1) kthej

(*një send të marrë etj.*); *fig* **jemanden ins Leben zurückbringen** kthej në jetë dikë; 2) bëj që të mbetet prapa (*në mësime etj.*).

zur'ückdenken* *vi ndash* (h) rikujtoj; **so weit ich zurückdenken kann** gjer ku mund të më arrijë kujtesa, me sa më kujtohet; **an schöne gemeinsame Stunden zurückdenken** rikujtoj orë të bukura të kaluara bashkë.

zur'ückfahren* *ndash* 1. *vi* (s) 1) kthehem (*me mjet*); **ich werde mit dem Bus zurückfahren** do të kthehem me autobus: 2) *fig* hidhem prapa; **vor Schreck zurückfahren** hidhem prapa nga tmerri; 2. *vt ndash* kthej (*me mjet*); **wir werden euch heute abend nach Hause zurückfahren** do t'ju kthejmë në shtëpi sonte.

zur'ückfallen* *vi ndash* (s) 1) bie në kurriz; 2) bie prapë; *fig* **er ist in seinen alten Fehler zurückgefallen** ai ka rënë prapë në gabimet e mëparshme; 3) *fig* bie; **im letzten Halbjahr ist dieser Schüler sehr zurückgefallen** në gjashtëmujorin e fundit ky nxënës ka rënë shumë; 4) : **seine Tat wird auf dich zurückfallen** vepra e tij do të bjerë mbi ty.

zur'ückfinden* *ndash* 1. *vi* (h) kthehem (*edhe fig*); **zu sich selbst zurückfinden** vij në vete; 2. *vt* gjej përsëri; 3. *vrefl* **sich zurückfinden** kthehem.

zur'ückführen *vt ndash* 1) kthej; *fig* **wir müssen versuchen, ihn auf den rechten Weg zurückzuführen** duhet të përpiqemi ta kthejmë në rrugë të mbarë; 2) **(etwas auf A)** shpjegoj (*diçka me diçka*); **das Vergehen ist nur auf seinen Leichtsinn zurückzuführen** shkelja mund të shpjegohet vetëm me mendjelehtësinë e tij; 3) **(auf A)** kthej (*në diçka*).

Zur'ückgabe *f* = kthim (*i një sendi*).

zur'ückgeben* *vt ndash* 1) kthej; **kannst du mir das Buch bis nächste Woche zurückgeben?** a mund të ma kthesh librin gjer javën tjetër?; 2) përgjigjem, ia kthej.

zur'ückgehen* *vi ndash* (s) 1) kthehem; 2) *fig* bie (*çmimi, temperatura etj.*); 3) tërhiqem; **bitte, einen Schritt zurückgehen** tërhiquni një hap prapa, ju lutem: 4) **(auf A)** vjen (*nga dikush, diçka*); **dieser Brauch geht noch auf die Germanen zurück** ky zakon vjen që nga gjermanët e vjetër.

zur'ückgezogen *a* i tërhequr, i vetmuar.

Zur'ückgezogenheit *f* = vetmi; **sie lebt in großer Zurückgezogenheit** ajo jeton në vetmi të madhe.

zur'ückgreifen* *vi ndash* (h) 1) **(auf A)** i kthehem (*diçkaje në rast nevoje*); **wir können immer noch auf unsere Ersparnisse zurückgreifen** gjithmonë mund t'u kthehemi kursimeve që kemi bërë; 2) **(auf A)** nisem (*nga një propozim etj.*).

zur'ückhalten* *ndash* 1. *vt* 1) mbaj; **wenn Sie in Eile sind, so will ich Sie nicht länger zurückhalten** meqë e paskeni me ngut, nuk do t'ju mbaj më gjatë; 2) *fig* mbaj, përmbaj; **er konnte seinen Zorn nicht länger zurückhalten** ai nuk mund ta mbante më gjatë zemërimin; 2. *vi* (h) **(mit D)** përmbaj (*ndjenjat etj.*); nuk shpreh (*zemërimin etj.*); nuk tregoj (*mendimin, dijen etj.*); 3. *vrefl* **sich zurückhalten** mbaj veten, përmbahem.

zur'ückhaltend *a* i përmbajtur, i matur; **du solltest ihm gegenüber**

zurückhaltender sein duhet të ishe më i përmbajtur me të.

Zur'ückhaltung *f* = 1) përmbajtje, vetëpërmbajtje; **Zurückhaltung üben** mbaj veten, tregohem i matur; **er mußte sich größere Zurückhaltung auferlegen** iu desh ta përmbante veten më shumë; 2) rezervë; **die Meldung wurde mit größter Zurückhaltung aufgenommen** lajmi u prit me shumë rezervë.

zur'ückkämmen *vt ndash* kreh prapa (*flokët*).

zur'ückkehren *vi ndash* (s) kthehem; **er kehrte nie wieder zurück** ai nuk u kthye më.

zur'ückkommen* *vi ndash* (s) 1) kthehem; **er wird bald zurückkommen** ai do të vijë së shpejti; 2) *fig* **(auf A)** i kthehem (*një plani, mendimi etj.*); **um noch einmal darauf zurückzukommen ...** që t'i kthehemi edhe një herë asaj çështjeje ...

zur'ückkönnen* *vi ndash bis* mund të kthehem.

zur'ücklassen* *vt ndash* 1) lë (pas); **er ließ drei kleine Kinder zurück** ai la tre fëmijë të vegjël; 2) lë prapa (*edhe fig*).

zur'ücklegen *vt ndash* 1) vë në vend (*një send etj.*); 2) vë mënjanë, ruaj, kursej; 3) hedh prapa (*kokën*); 4) bëj (*rrugën*); **50 Kilometer in der Stunde zurücklegen** bëj 50 kilometra në orë.

zur'ücklehnen *ndash* 1. *vt* mbështes; 2. *vrefl* **sich zurücklehnen** mbështetem.

zur'ückliegen* *vi ndash* **(h)** 1) jam prapa (*në vrapim etj.*); 2) : **es liegt jetzt fünf Jahre zurück, daß ...** po bëhen tani pesë vjet që kur ...

zur'ücknehmen* *vt ndash* 1) marr përsëri; 2) tërheq (*trupat, frontin etj.*); 3) *fig* marr mbrapsht, tërheq; **ich nehme meine Worte zurück** e marr mbrapsht atë që thashë.

zur'ückprallen *vi ndash* **(h)** përplaset (*topi, guri etj.*).

zur'ückrufen* *vt ndash* thërras që të kthehet; kthej; **jemanden wegen dringender Geschäfte aus dem Urlaub zurückrufen** kthej dikë nga pushimi për punë të ngutshme; **sich etwas ins Gedächtnis zurückrufen** rikujtoj diçka.

zur'ückschaudern *vi ndash* **(s)** **(vor D)** tërhiqem i tmerruar (*nga pamja e një krimi etj.*).

zur'ückschauen *vi ndash* **(h)** 1) shikoj prapa; 2) *fig* **(auf A)** rikujtoj (*të kaluarën etj.*).

zur'ückschlagen* *ndash* 1. *vt* 1) kthej (*topin*); 2) largoj (*perden etj.*); 3) mbledh (*mbulesën etj.*); 4) ngre, heq (*kapakun etj.*); 5) *fig* thyej (*sulmin etj.*); 2. *vi* **(h)** kundërgodas.

zur'ückschrecken *ndash* 1. *vt* tremb; 2. *vi* **(s)** **(vor D)** a) trembem (*nga diçka, dikush*); b) tërhiqem me tmerr (*nga diçka, dikush*).

zur'ücksehnen *ndash* 1. *vt* më merr malli për (*dikë ose diçka*); **jemanden oder etwas zurücksehnen** më merr malli për dikë ose diçka; 2. *vrefl* **sich nach etwas zurücksehnen** kujtoj me mall (*kohën e lumtur etj.*).

zur'ücksein* *vi ndash bis* 1) kthehem; 2) jam prapa (*me mësimet etj.*).

zur'ücksetzen *vt ndash* 1) vë në vend; 2) shtyj prapa (*karrigen etj.*); 3) ia ul çmimin (*një malli*); 4) *fig* poshtëroj; **du darfst ihn gegenüber den anderen nicht so sehr zurücksetzen** nuk duhet ta ulësh aq shumë në sytë e të tjerëve.

Zur'ücksetzung *f* = *fig* mospërfillje; poshtërim.

zur'ückspringen* *vi ndash* **(s)** 1) kërcej, hidhem prapa; 2) vjen më prapa, është më prapa (*disa metra etj.*).

zur'ückstecken *ndash* 1. *vt* fus, shtie prapë (*gazetën në xhep etj.*); 2) fus, shtie më prapa (*një kunj etj.*); 2. *vi* **(h)** *fig* ul kërkesat.

zur'ückstehen* *vi ndash* **(s)** 1) qëndroj prapa; 2) *fig* jam prapa (*me mësime etj.*).

zur'ückstellen *vt ndash* 1) vë në vend; 2) shtyj prapa (*karrigen etj.*); *fig* **man kann die Zeiger der Uhr nicht zurückstellen** e kaluara nuk kthehet më; 3) *fig* shtyj, lë për më vonë (*një plan etj.*).

zur'ückstoßen* *vt ndash* shtyj prapa; *fig* **sein Verhalten stößt mich zurück** sjellja e tij më pështiros.

zur'ückstrahlen *ndash* 1. *vt* reflekton (*rrezet*); 2. *vi* reflektohet (*rrezja*).

zur'ücktaumeln *vi ndash* **(s)** tërhiqem duke u kalamendur.

zur'ücktreten* *vi ndash* **(s)** 1) tërhiqem; 2) *fig* bie, ulet, pakësohet (*ndikimi etj.*); 3) *fig* dal në plan të dytë; 4) largohem (*nga një post etj.*); 5) jap dorëheqjen.

zur'ückversetzen *ndash* 1. *vt* 1) vë në vend; 2) ul në përgjegjësi; 3) rivendos (*dikë në postin e mëparshëm*); 2. *vrefl* : **sich zurückversetzen in die alte Zeit** rikujtoj kohën e shkuar.

zur'ückweichen* *vi ndash* **(s)** tërhiqem.

zur'ückweisen* *vt ndash* refuzoj, hedh poshtë; **jemanden in seine Grenzen zurückweisen** ia tregoj caqet dikujt.

Zur'ückweisung *f* = refuzim; hedhje poshtë (*e një kërkese etj.*).

zur'ückwerfen* *vt ndash* 1) hedh prapa (*kokën*); 2) kthej (*topin*); 3) praps (*armikun etj.*); 4) pasqyroj (*rrezet*).

zur'ückwirken *vi ndash* **(h)** kundërveproj.

zur'ückzahlen *vt ndash* paguaj (*borxhet*); *fig bis* **diese Gemeinheit werde ich ihm zurückzahlen!** këtë poshtërsi do të ma paguajë!

zur'ückziehen* 1. *vt ndash* 1) tërheq (*perden etj.*); heq (*këmbën etj.*); 2) *fig* tërheq (*një ankesë etj.*); 2. *vrefl* **sich zurückziehen** 1) tërhiqem; **die Abgeordneten zogen sich zur Beratung zurück** deputetët u mblodhën për t'u këshilluar; 2) largohem; **wir haben uns von ihm zurückgezogen** jemi larguar prej tij; 3) veçohem; **der Alte lebt sehr zurückgezogen** plaku jeton shumë i vetmuar; 3. *vi ndash* **(s)** kthehem (*në vendin nga jam nisur etj.*).

Z'uruf *m* **-(e)s, -e** 1) thirrje; **ironische Zurufe** thirrje ironike; 2) brohoritje; **durch Zuruf wählen** zgjedh me brohoritje.

z'urufen* *vt ndash* them duke thirrur; **jemandem einen Befehl zurufen** i jap dikujt një urdhër duke thirrur.

Z'usage *f* **=, -n** 1) premtim; zotim; 2) pranim (*i një ftese etj.*); 3) pëlqim.

z'usagen *ndash* 1. *vt* 1) premtoj; pranoj; **er hat seine Teilnahme zugesagt** ai ka premtuar se do të marrë pjesë; 2) *bis* them; **ich habe ihm den Betrug auf den Kopf zugesagt** ia thashë në sy se gënjente; 2. *vi* (h) 1) pranoj ftesën; 2) *fig* (*më*) pëlqen; **seine neue Tätigkeit sagt ihm gar nicht zu** veprimtaria e re nuk i pëlqen fare; 3) (*më*) përshtatet; **das ist ein mir sehr zusagender Vorschlag** ky është një propozim që më përshtatet shumë.

zus'ammen *adv* 1) bashkë, së bashku, bashkërisht, tok; **zusammen mit** bashkë me; **Eltern und Kinder zusammen** prindër e fëmijë bashkë; 2) gjithsej; **unsere Ausgaben betrugen zusammen nicht mehr als 40 Mark** shpenzimet tona nuk ishin më shumë se 40 marka gjithsej.

zus'ammen = *parashtesë e ndashme foljore që tregon:* 1) *bashkim:* **zusammensitzen;** 2) *bis prishje, shkatërrim:* **zusammenschlagen.**

Zus'ammenarbeit *f* = bashkëpunim; **wirtschaftliche Zusammenarbeit** bashkëpunim ekonomik.

zus'ammenarbeiten *vi ndash* (h) bashkëpunoj.

zus'ammenballen *ndash* 1. *vt* bëj shuk (*letrën etj.*); 2. *vrefl* **sich zusammenballen** 1) mblidhem; **Gewitterwolken ballten sich am Horizont zusammen** re stuhie u mblodhën në horizont; 2) bashkohem; **die (zusammen)geballte Macht des Gegners** fuqia e bashkuar e kundërshtarit.

Zus'ammenballung = mbledhje; bashkim.

zus'ammenbeißen* *vt ndash* shtrëngoj (*dhëmbët*).

zus'ammenbinden* *vt ndash* lidh bashkë.

zusammenbleiben* *vi ndash* (s) rri bashkë.

zus'ammenbrauen *ndash* 1. 1) *vt bis* përziej (*një pije*); 2) *fig* gatis, bëj (*një të pabërë*); 2. *vrefl* **sich zusammenbrauen** 1) vjen rrotull (*stuhia etj.*); 2) *fig* bëhet (*e keqja etj.*).

zus'ammenbrechen* *vi ndash* (s) 1) shembet, rrënohet (*ndërtesa etj.*); 2) *fig* falimenton (*firma etj.*); 3) *fig* dështon (*sulmi etj.*).

zus'ammenbringen* *vt ndash* 1) bëj të njohur, prezantoj (*dikë me dikë*); 2) mbledh, grumbulloj; 3) *fig* lidh; **ich brachte keine drei Sätze zusammen** nuk lidha as tri fjali.

Zus'ammenbruch *m* -(e)s 1) shkatërrim, rrënim; 2) falimentim; 3) dështim.

zus'ammendrängen *vt ndash* 1) rras, ngjesh; 2) *fig* përmbledh; **das sind die Ereignisse der letzten Tage, in wenige Sätze zusammengedrängt** këto janë ngjarjet e ditëve të fundit të përmbledhura në pak rreshta.

zus'ammendrücken *vt ndash* shtyp; rras.

zus'ammenfahren* *ndash* 1. *vi* (s) 1) *bis* përplasen (*trenat etj.*); 2) *fig* hidhem përpjetë (*nga frika etj.*); 2. *vt* 1) mbledh (*me mjet transporti*); 2) shtyp (*me makinë*); i bie (*murit etj. me makinë*).

Zus'ammenfall *m* -(e)s 1) përkim, përputhje, koincidencë (*e një ngjarjeje me një tjetër*); 2) shembje, rrënim.

zus'ammenfallen* *vi ndash* (s) 1) shembet, bie brenda (*ndërtesa etj.*); 2) koincidon, përkon; 3) bie në të njëjtën ditë (*festa etj.*); 4) bie, ulet (*brumi etj.*); 5) dobësohem, hiqem; 6) *fig* dështon (*plani etj.*).

zus'ammenfalten *vt ndash* palos (*fletën etj.*).

zus'ammenfassen *vt ndash* 1) përfshij; **diese kleineren Organisationen sind zusammengefaßt in ...** këto organizata më të vogla përfshihen në ...; 2) përmbledh (*me pak fjalë etj.*).

Zus'ammenfassung *f* =, **-en** përmbledhje; **eine Zusammenfassung der wichtigsten Meldungen des heutigen Tages** një përmbledhje e lajmeve më të rëndësishme të ditës së sotme.

zus'ammenfinden* *ndash* 1. *vt* gjej

e mbledh; 2. *vrefl* **sich zusammenfinden** takohemi; mblidhemi; **wir haben uns wieder zusammengefunden** u takuam përsëri.

zus'ammenflicken *v ndash* qep bashkë; *fig* **diese Arbeit wirkt zusammengeflickt** kjo punë duket si e sajuar.

zus'ammenfließen* *vi ndash* (s) bashkohet (*një lumë me një tjetër etj.*).

Zus'ammenfluß *m* **-(e)s** bashkim (*i dy lumenjve*).

zus'ammenfügen *ndash* 1. *vt* bashkoj, lidh bashkë (*edhe fig*); 2. *vrefl* **sich zusammenfügen** përshtatem.

zus'ammenführen *vt ndash* 1) bashkoj; **das Schicksal hat uns zusammengeführt** na ka bashkuar fati; 2) bëj të njohur, prezantoj.

zus'ammengeben* *vt ndash* bashkoj; **ein Paar fürs Leben zusammengeben** bashkoj një çift për jetë.

zus'ammengehen* *vi ndash* (s) 1) përputhen, bashkohen (*dy vija midis tyre etj.*); 2) hyn (*leshi pas larjes etj.*); 3) mbyllet (*plaga etj.*).

zus'ammengehören *vi ndash* **(h)** 1) shkojnë bashkë; **diese beiden Handschuhe gehören zusammen** këto dy doreza shkojne bashkë; 2) *fig* jemi shumë të lidhur me njëri-tjetrin.

zus'ammengeraten* *vi ndash* (s) 1) përplasem; 2) *fig* përleshem, kacafytem.

zus'ammengesetzt *a* i përbërë.

Zus'ammenhalt *n* **-(e)s** 1) lidhje e brendshme; 2) solidaritet.

zus'ammenhalten* *ndash* 1. *vt* 1) mbaj bashkë (*një grup njerëzish etj.*); *fig* **seine Gedanken zusammenhalten** mbledh mendjen; 2) kursej, ruaj (*paret*); 3) krahasoj (*dy ngjyra etj.*); 2. *vi* **(h)** 1) qëndrojmë, rrimë bashkë; 2) *fig* i qëndrojmë besnikë, i ndihmojmë njëri-tjetrit.

Zus'ammenhang *m* **-(e)s, -hänge** 1) lidhje; **ein Zusammenhang zwischen zwei Ereignissen** lidhje midis dy ngjarjeve; **sein Name wurde im Zusammenhang mit dem Unfall genannt** emri i tij u përkend në lidhje me aksidentin; **den Zusammenhang verlieren** humb fillin (*në bisedë*); **im, in Zusammenhang stehen mit ...** ka lidhje me ...; 2) kontekst; **ohne Zusammenhang kann man das Zitat nicht verstehen** jashtë kontekstit ky citat nuk kuptohet.

zus'ammenhängen* *vi ndash* **(s)** 1) lidhem; **die Insel hing einmal mit dem Festland zusammen** ishulli dikur lidhej me kontinentin; 2) ka lidhje; **das kann nicht damit zusammenhängen** kjo nuk mund të ketë lidhje me të; **wie hängt das zusammen?** ç'lidhje ka kjo?

zus'ammenhängend 1. *a* i lidhur (*bisedë etj.*); 2. *adv* në mënyrë të lidhur.

zus'ammenhanglos *a* pa lidhje (*arsyetim etj.*).

zus'ammenhauen *vt ndash bis* 1) prish, shkatërroj; 2) bëj, punoj shkel e shko; 3) shkruaj shpejt e shpejt; 4) zhdëp së rrahuri.

zus'ammenheften *vt ndash* lidh, qep bashkë (*fashikujt etj.*).

zus'ammenheilen *vi ndash* **(s)** bis mbyllet (*plaga*).

zus'ammenkehren *vt ndash* fshij e mbledh (*thërrimet etj.*).

zus'ammenkitten *vt ndash* ngjis bashkë.

Zus'ammenklang *m* **-(e)s, -klänge** 1) *muz* akord; 2) *fig* harmoni.

zus'ammenklappen *ndash* 1. *vt* 1) mbyll (*briskun etj.*); mbledh (*shtratin portativ*); 2) përplas; 2. *vi* (s) *bis* shembem (*nga lodhja e madhe etj.*).

zus'ammenkleben *ndash* 1. *vt* ngjis bashkë; 2. *vi* (h) ngjiten bashkë (*pullat e postës etj.*).

zus'ammenkneifen* *vt ndash* 1) mbyll (*sytë*); 2) shtrëngoj (*buzët*).

zus'ammenknüllen *vt ndash* mbledh shuk (*një copë letër etj.*).

zus'ammenkommen* *vi ndash* (s) 1) mblidhemi; takohemi; **wir werden morgen zusammenkommen** do të mblidhemi nesër; 2) *fig* ndodh njëkohësisht (*një ngjarje me një tjetër etj.*).

zus'ammenkrampfen, sich *vrefl ndash* tkurret (*muskuli*).

zus'ammenkratzen *vt ndash* mbledh duke kruar; *fig bis* **ich mußte meine letzten Pfennige zusammenkratzen** m'u desh të mblidhja qindarkat e fundit.

Zus'ammenkunft *f* =, **-künfte** 1) mbledhje; 2) takim.

zus'ammenlassen* *vt ndash* lë bashkë.

Zus'ammenlauf *m* **-(e)s** 1) bashkëdikim (*i dy lumenjve etj.*); 2) grumbullim (*njerëzish etj.*).

zus'ammenlaufen* *vi ndash* (s) 1) mblidhen, grumbullohen (*njerëzit*); 2) bashkohen (*lumenjtë*); 3) pritet (*qumështi*); 4) hyn (*leshi*); 5) përzihen (*ngjyrat*); 6) : *fig bis* **das Wasser lief mir im Munde zusammen** më lëshoi goja lëng.

zus'ammenleben *vi ndash* (h) bashkëjetoj, jetoj bashkë (*me dikë*).

Zus'ammenleben *n* **-s** bashkëjetesë.

zus'ammenlegen *vt ndash* 1) vë bashkë; 2) palos (*letrën etj.*); 3) bashkoj (*pronat etj.*); 4) mbledh (*pare për një qëllim etj.*); 5) kremtoj bashkë (*dy festa etj.*).

zus'ammennehmen* *ndash* 1. *vt* mbledh (*mendimet, forcat etj.*); **alles zusammengenommen macht ...** gjithsej bën ...; 2. *vrefl* **sich zusammennehmen** mbledh veten; **nimm dich zusammen!** mbahu!

zus'ammenpacken *vt ndash* mbështjell bashkë (*libra etj.*).

zus'ammenpassen *vi ndash* (h) 1) përshtaten, shkojnë (*ngjyrat etj.*); 2) merren vesh (*njerëzit*).

zus'ammenpressen *vt ndash* shtrëngoj (*buzët etj.*).

zus'ammenraffen *ndash* 1. *vt* 1) ngre e palos (*rrobat etj.*); 2) rrëmbej (*pasuri, pare etj.*); 2. *vrefl bis* **sich zusammenraffen** e marr veten, e mbledh veten.

zusammenraufen, sich *vrefl ndash fig bis* përshtatem; **in den ersten Ehejahren mußten wir uns erst zusammenraufen** në vitet e para të martesës duhej të mësoheshim me njëri-tjetrin.

zus'ammenrechnen *vt ndash* mbledh, llogaris bashkë.

zus'ammenreimen *bis vt ndash* 1) : **sich (D) etwas zusammenreimen** a) shpjegoj diçka; b) përfytyroj diçka të paqenë; 2) pajtohet, lidhet; **wie reimt sich das mit seinen Versprechungen zusammen?** si pajtohet kjo me premtimet e tij?

zus'ammenrollen *ndash* 1. *vt* mbledh (*qilimin etj.*); bëj gyp (*letrën etj.*); 2. *vrefl* **sich zusammenrollen** mblidhet (*gjarpri etj.*).

zus'ammenrotten, sich *vrefl ndash* mblidhemi bashkë (*për të bërë kryengritje etj.*).

zus'ammenrücken *ndash* 1. *vt* afroj (*orenditë etj.*); 2. *vi* (s) afrohemi.

zus'ammenrufen* *vt ndash* thërras në një mbledhje, takim etj.

zus'ammensacken *vi ndash* (s) *bis* shembem si thes (*nga një barrë e rëndë etj.*).

zus'ammenscharen, sich *vrefl ndash* mblidhemi, grumbullohemi.
zus'ammenscharren *vt ndash sh* **zusammenkratzen.**
zus'ammenschießen* *ndash* 1. *vt* 1) bombardoj e shkatërroj (*një fshat etj.*); 2) vras (*njerëz*); 3) *fig* mbledh (*një shumë etj.*); 2. *vi* **(s)** bashkohen (*kristalet*).
zus'ammenschlagen* *ndash* 1. *vt* 1) përplas (*duart*); 2) palos (*gazetën*); 3) mbërthej (*tokëzën*); 4) *bis* shpartalloj, dërrmoj; rrënoj; 5) zhdëp së rrahuri; 2. *vi* : **über etwas oder jemanden zusammenschlagen** bie mbi diçka ose dikë; **die Wellen schlugen über ihn zusammen** dallgët ranë mbi të.
zus'ammenschließen* *ndash* 1. *vt* 1) mbyll; 2) mbërthej bashkë; 2. *vrefl* **sich zusammenschließen** *fig* bashkohem; **ich schließe mich mit ihm zusammen, um ...** unë bashkohem me të me qëllim që ...
Zus'ammenschluß *m* **-(e)s** bashkim (*politik, sindikal etj.*).
zus'ammenschmelzen* *ndash* 1. *vt* saldoj, ngjis (*metale etj.*); 2. *vi* **(s)** 1) shkrin (*bora në diell etj.*); 2) *fig* shkrin (*një kapital etj.*).
zus'ammenschreiben* *vt ndash* 1) shkruaj bashkë (*një fjalë të përbërë etj.*); 2) kompiloj (*një kumtesë etj.*); 3) *bis* shkruaj shpejt e shpejt (*një artikull etj.*); 4) *fig bis* fitoj duke shkruar.
zus'ammenschrumpfen *vi ndash* **(s)** 1) rrëgjohet (*molla etj.*); 2) rrudhet (*fytyra etj.*); 3) *fig* mpaket, pakësohet.
zus'ammenschütten *vt ndash* 1) derdh (*rërën në një grumbull etj.*); 2) përziej, trazoj.
zus'ammensetzen *ndash* 1. *vt* 1) montoj (*pjesë të një makine etj.*); **ein zusammengesetztes Wort** një fjalë e përbërë; 2) vë bashkë; 2. *vrefl* **sich zusammensetzen** 1) ulemi pranë e pranë; 2) përbëhet; **der Vorstand setzt sich aus folgenden Mitgliedern zusammen** kryesia përbëhet nga këta anëtarë.
Zus'ammensetzung *f* **=, -en** 1) përbërje; 2) fjalë e përbërë.
zus'ammensinken* *vi ndash* **(s)** bie brenda, shembet (*shtëpia etj.*).
zus'ammensparen *vt ndash* mbledh duke kursyer (*një shumë etj.*).
Zus'ammenspiel *n* **-(e)s, -e** *sport* lojë e bashkërenditur (*në futboll etj.*).
zus'ammenstauchen *vt ndash bis* qortoj, bëj për dy pare.
zus'ammenstehen* *vi ndash* **(h)** qëndrojmë bashkë (*edhe fig*).
zus'ammenstellen *vt ndash* 1) vë bashkë; 2) hartoj, përpiloj (*një listë, program etj.*); 3) zgjedh; **die Farben sind gut zusammengestellt** ngjyrat janë zgjedhur mirë.
Zus'ammenstellung *f* **=, -en** hartim; përpilim.
zus'ammenstimmen *vi ndash* **(h)** *muz* bashkëtingëllon.
Zus'ammenstoß *m* **-es, -stöße** përplasje (*edhe fig*).
zus'ammenstoßen* *ndash* 1. *vt* thërrmoj (*në havan etj.*); 2. *vi* **(s)** 1) përplaset (*makina etj.*); 2) takohen (*dy vija etj.*); 3) kufizojnë (*dy prona etj.*); 4) *fig* grindem, bëj fjalë.
Zus'ammensturz *m* **-(e)s** rënie, shembje.
zus'ammenstürzen *vi ndash* **(s)** shembet, bie brenda (*një ndërtesë etj.*).
zus'ammensuchen *vt ndash* mbledh (*pjesë të veçanta për diçka*).
zus'ammentragen* *vt ndash* mbledh; **Zitate aus verschiedenen Büchern zusammentragen**

mbledh citate nga libra të ndryshëm.

zus'ammentreffen* *vi ndash* **(s)** 1) takohem; **ich bin lange nicht mit ihm zusammengetroffen** ka kohë që nuk jemi takuar; 2) koincidon, përkon; bie në të njëjtën kohë (*një kremtim etj.*).

zus'ammentreten* *ndash* 1. *vt* shkel; 2. *vi* **(s)** mblidhet (*kryesia etj.*).

zus'ammentrommeln *vt bis* thërras, mbledh (*në një festë etj.*).

zus'ammentun* *ndash* 1. *vt bis* vë bashkë; 2. *vrefl* **sich zusammentun** bëhemi bashkë.

zus'ammenwachsen* *vi ndash* **(s)** 1) mbyllet (*plaga*); 2) ngjitet (*kocka e thyer*); 3) *fig* lidhem (*me miqësi etj.*).

zus'ammenwerfen* *vt ndash* 1) hedh bashkë; 2) rrëzoj, përmbys.

Zus'ammenwirkung *f* **=, -en** bashkëveprim, veprim i ndërsjellë.

zus'ammenzählen *vt ndash* mbledh (*shifra*).

zus'ammenziehen* *ndash* 1. *vt* 1) mbledh; **die Augenbrauen zusammenziehen** mbledh vetullat; 2) *usht* mbledh, përqendroj (*trupat*); 3) bashkoj; 4) shkurtoj (*një artikull etj.*); 5) *mat* mbledh; 2. *vrefl* **sich zusammenziehen** 1) tkurrem; 2) rrudhet, hyn (*stofi etj.*); **ein Gewitter zieht sich zusammen** po afron stuhia.

zus'ammenzucken *vi ndash* **(s)** rrëqethem (*nga frika etj.*).

Z'usatz *m* **-(e)s, -sätze** shtesë (*në një letër, solucion etj.*).

z'usätzlich *a* plotësues.

zusch'anden *adv* : *shpr* **zuschanden machen** prish (*planet, shëndetin etj.*); **zuschanden werden** prishem, rrënohem.

zu'schanzen *vt ndash* : *bis* **jemandem etwas zuschanzen** ndihmoj dikë për të arritur, për të marrë etj. diçka.

z'uschauen *vi ndash* **(h) (D)** sodis, rri e shikoj (*diçka, dikë*).

Z'uschauer *m* **-s, =** spektator.

Z'uschauerraum *m* **-(e)s, -räume** sallë (*e teatrit*).

z'uschicken *vt ndash* i dërgoj (*dikujt diçka*).

z'uschieben* *vt ndash* 1) mbyll duke shtyrë (*një sirtar etj.*); 2) *fig* hedh (*fajin*); **er wollte mir alle Schuld zuschieben** deshi të ma hidhte gjithë fajin.

z'uschießen* *ndash* 1. *vi* **(s) (auf A)** i hidhem, i vërsulem (*dikujt*); 2. *vt* 1) i hedh (*topin etj. dikujt*); 2) *bis* shtie, vë (*pare etj.*); **er hat 5 000 Mark zugeschossen** ai ka shtënë 5000 marka.

Z'uschlag *m* **-(e)s, -schläge** 1) shtesë (*çmimi, bilete etj.*); 2) pranim i ofertës më të lartë (*në ankand*).

z'uschlagen* *ndash* 1. *vt* 1) përplas (*derën etj.*); 2) mbërthej (*arkën etj.*); 3) **(auf A)** ia shtoj (*një shume etj.*); 2. *vi* **(h)** 1) i hidhem; godas; **schlag zu!** bjeri!; 2) **(s)** përplaset, mbyllet (*dera etj.*).

z'uschließen* *vt ndash* mbyll me çelës (*derën etj.*).

z'uschnallen *vt ndash* mbërthej me tokëz.

z'uschnappen *vi ndash* 1) **(s)** përplaset (*dera etj.*); 2) **(h)** kafshon papritur (*qeni etj.*).

z'uschneiden* *vt ndash* pres (*stofin për një fustan etj.*); *fig bis* **auf etwas zugeschnitten sein** jam prerë për diçka.

Z'uschnitt *m* **-(e)s** prerje (*e një kostumi etj.*).

z'uschnüren *vt ndash* lidh (*këpucët etj.*); *fig* **die Angst schnürte ihr die**

Kehle zu ajo mbeti pa frymë nga frika.

z'uschrauben *vt ndash* vidhos (*kapakun etj.*).

z'uschreiben* *vt ndash* 1) shtoj (*me shkrim*); 2) fus në llogari, llogaris (*një borxh etj.*); 3) ia bëj përsipër (*dikujt diçka*); 4) : *fig* **das hast du dir selbst zuzuschreiben** për këtë e ke fajin vetë; 5) : *fig* **ich kann dieser Angelegenheit keine Bedeutung zuschreiben** kësaj pune nuk mund t'i jap rëndësi; 6) : *fig* **das Bild wird Leonardo zugeschrieben** piktura thuhet se është e Leonardos.

Z'uschrift *f* =, **-en** letër (*rreth një artikulli të botuar në gazetë etj.*).

zusch'ulden *adv* : *shpr* **sich (D) etwas zuschulden kommen lassen** bëj faj.

Z'uschuß *m* **-sses, -schüsse** 1) shtesë (*mbi tirazhin etj.*); 2) subvencion; ndihmë.

z'usehen* *vi ndash* **(h)** 1) shoh, shikoj, vështroj; **sieh zu!** shiko!, ki mendjen!; *fig* **soll er selbst zusehen, wie er damit fertig wird!** ta shohë vetë si do t'ia dalë në krye!; 2) *fig* orvatem, përpiqem; **wir müssen zusehen, daß wir schnell kommen** duhet të përpiqemi të vijmë shpejt.

z'usehends *adv* në mënyrë të dukshme.

z'usein* *vi ndash* **(s)** *bis* është mbyllur (*sirtari etj.*).

z'usenden *vt ndash sh* **zuschicken.**

z'usetzen *ndash* 1. *vt* 1) shtoj; 2) *bis* humbas (*pare*); 2. *vi* **(h)** 1) nuk i ndahem, i qepem, i vardisem (*dikujt me pyetje etj.*); 2) *fig* prek; **der Tod seines Vaters hat ihm sehr zugesetzt** vdekja e t'et e ka prekur thellë.

z'usichern *vt ndash* siguroj (*dikë për diçka*); premtoj.

Z'usicherung *f* =, **-en** premtim.

Z'uspeise *f* =, **-n** 1) garniturë, kontorno; 2) fruta, pasta (*pas buke*).

z'uspielen *vt ndash* pasoj (*topin etj.*); kaloj (*një lajm etj.*).

z'uspitzen *ndash* 1. *vt* mpreh; 2. *vrefl* **sich zuspitzen** acarohet (*gjendja etj.*).

z'usprechen* *ndash* 1. *vt* 1) caktoj; 2) i lë, i besoj (*dikujt diçka*); **das Kind wurde der Mutter zugesprochen** fëmijën ia lanë s'ëmës; 3) jap; **er sprach mir Mut zu** ai më dha zemër; 2. *vi* **(h)** 1) : **jemandem zusprechen** i flas dikujt; i jap zemër, ndihmë, ngushëllim etj. dikujt; 3) : *fig* **dem Essen zusprechen** ia them te ngrënit.

z'uspringen* *vi ndash* **(s)** 1) **(auf A)** i hidhem (*dikujt*); 2) përplaset (*dera etj.*).

Z'uspruch *m* **-(e)s, -sprüche** 1) këshillë; 2) fjalë ngushëllimi; 3) vizita; **viel Zuspruch haben** kam shumë vizita; 4) kërkesa; **dies fand regen Zuspruch** për këtë pati shumë kërkesa.

Z'ustand *m* **-(e)s, -stände** 1) gjendje, situatë; **die politischen Zustände** situatat politike; 2) *mjek pl* krizë (*zemre etj.*).

zust'ande *adv* : *shpr* **zustande bringen (kommen)** bëj (bëhet); arrij (arrihet); **eine Einigung ist nicht zustande gekommen** nuk u arrit ndonjë marrëveshje.

z'uständig *a* 1) përkatës; 2) kompetent; **die zuständige Behörde** organi kompetent; 3) përgjegjës; **niemand wird dafür zuständig sein** askush s'do të përgjigjet për këtë.

zust'atten *adv* : *shpr* **zustatten kommen** hyn në punë; **was du jetzt lernst, wird dir später zustat-**

ten kommen ajo që mëson tani, do të të vlejë më vonë.

z'ustecken *vt ndash* 1) qep, përshkoj me gjilpërë; 2) jap tinëz.

z'ustehen* *vi ndash* **(h)** më përket; **es steht mir nicht zu** nuk më përket.

z'ustellen *vt ndash* 1) zë (*derën me një dollap etj.*); 2) çoj, dërgoj me postë; 3) *drejt* paraqes, dorëzoj (*një ankesë etj.*).

Z'usteller *m* **-s, =** prurës (*i një letre etj.*)

z'usteuern *ndash* 1. *vt* **(zu D)** jap (*për diçka*); 2. *vi* **(s)** 1) **(D)** drejtohem (*nga deti etj.*); 2) *fig* **(auf A)** shkoj (*drejt krizës etj.*).

z'ustimmen *vi ndash* **(h)** **(D)** i jap të drejtë (*dikujt*); **einer Sache zustimmen** pranoj, miratoj diçka.

Z'ustimmung *f* **=, -en** pranim; miratim.

z'ustopfen *vt ndash* 1) zë, mbyll; 2) : **mit der Nadel zustopfen** mbush, end.

z'ustoßen* *ndash* 1. *vt* mbyll duke shtyrë (*derën etj.*); 2. *vi* **(s)** 1) i bie (*me thikë etj. dikujt*); **stoß zu!** bjeri!; 2) **(D)** më ndodh.

z'uströmen *vi ndash* **(s)** **(D)** derdhet (*lumi në det etj.*).

z'ustürzen *vi ndash* **(s)** i turrem (*dikujt*).

zut'age *adv* : *shpr* **Erze zutage fördern** nxjerr minerale; *fig* **zutage kommen, zutage treten** zbulohet, del në shesh (*një e fshehtë etj.*); *fig* **seine Absichten liegen offen zutage** qëllimet e tij duken sheshit.

Z'utat *f* **=, -en** 1) lëndë përbërëse, ingredient (*i një gjelle etj.*); 2) : **Zutaten zum Nähen** harxhet e qepjes (*kopsa, penj, astar etj.*).

zut'eil *adv* : *shpr* **es wird mir nicht zuteil** nuk e marr dot, nuk ma japin; **jemandem eine Vergünstigung zuteil werden lassen** i bëj dikujt një lehtësi; **dieses Glück ist mir nicht zuteil geworden** nuk e pata këtë fat.

z'uteilen *vt ndash* 1) ndaj (*banesat, rolet etj.*); **Lebensmittel zuteilen** ndaj ushqime; 2) caktoj (*një detyrë etj.*).

Z'uteilung *f* **=, -en** 1) ndarje (*ushqimesh etj.*); 2) caktim (*i një detyre etj.*).

zut'iefst *adv* thellë, thellësisht (*i prekur etj.*).

z'utragen* *ndash* 1. *vt* 1) çoj, shpie; 2) *fig* çoj, shpie (*fjalë*); 2. *vrefl* **sich zutragen** ndodh; **der Vorfall hat sich heute morgen zugetragen** ngjarja ndodhi sot në mëngjes.

Z'uträger *m* **-s, =** njeri që bie e shpie fjalë, thashethemexhi.

z'uträglich *a* 1) i dobishëm; 2) i këshillueshëm; 3) i shëndetshëm (*klimë etj.*).

Z'utrauen *n* **-s** besim (*te dikush*).

z'utrauen *vt ndash* : **jemandem etwas zutrauen** besoj se dikush e bën diçka, e pres diçka prej dikujt; **das hätte ich ihm nicht zugetraut** këtë nuk e prisja prej tij; **sich (D) etwas zutrauen** besoj se e bëj diçka; **er traut sich nichts zu** ai s'ka besim ne forcat e veta.

z'utraulich *a* 1) plot besim; pa druajtje; 2) i butë (*kafshë*).

z'utreffen* *vi ndash* **(h)** 1) **(auf A)** i përshtatet (*diçkaje, dikujt*); **auf wen könnte diese Beschreibung zutreffen?** kujt mund t'i përshtatej ky përshkrim?; 2) është i drejtë, me vend (*një mendim etj.*); **eine zutreffende Bemerkung** një vërejtje me vend; 3) **(für A)** vlen (*për dikë, diçka*); **das trifft für alle Studenten zu** kjo vlen për gjithë studentët.

z'utrinken* *vi ndash* **(h)** : **jeman-**

dem zutrinken pi për shëndetin e dikujt.

Z'utritt *m* -(e)s hyrje; **kein Zutritt!** ndalohet hyrja!; **Zutritt unentgeltlich** hyrja falas.

z'utun* *vt ndash* 1) shtoj; 2) mbyll; **ich konnte die ganze Nacht kein Auge zutun** nuk munda të mbyllja sy gjithë natën.

Z'utun *n* -s ndihmë, përkrahje; **ohne mein Zutun** pa bërë unë gjë fare.

zu'unterst *adv* fare poshtë; në fund; *shpr* **das Oberste zuunterst kehren** i kthej të gjitha përmbys.

z'uverlässig *a* 1) i besueshëm; **er ist nicht zuverlässig** atij s'ia ke besën; **ein zuverlässiger Freund** një shok besnik; 2) i sigurt, i saktë (*lajm, orë, ilaç etj.*).

Z'uverlässigkeit *f* = besueshmëri (*e lajmit etj.*).

Z'uversicht *f* = besim, bindje; **ich habe die feste Zuversicht, daß ...** kam bindjen e fortë se ...

z'uversichtlich *a* plot besim; **in zuversichtlicher Erwartung** duke pritur me besim.

zuv'iel *pron indef* tepër; **das ist zuviel des Guten!** kjo është e tepërt!; **es ist zuviel Zucker im Kaffee** kafeja ka shumë sheqer; *bis* **heute ist mir alles zuviel** sot s'më jepet për asgjë; *bis* **diese Besuche werden mir zuviel** këto vizita po fillojnë të më rëndojnë, të më bezdisin.

zuv'or *adv* më parë; **ich habe ihn nie zuvor gesehen** nuk e kam parë kurrë më parë.

zuv'örderst *adv vjet* së pari, para së gjithash.

zuv'orkommen* *vi ndash* (s) dal përpara; **einer Gefahr zuvorkommen** i dal përpara një rreziku.

zuv'orkommend *a* i gatshëm, i gjindshëm, i sjellshëm.

zuv'ortun* *vi ndash* (h) *bis* ia kaloj (*dikujt në diçka*).

Z'uwachs *m* -es 1) shtim; shtesë; *bis* **wir haben Zuwachs bekommen** u shtuam, u shtua familja (*na lindi një fëmijë*); 2) rritje; *bis* **einem Kind ein Kleidungsstück auf Zuwachs kaufen** ia blej fëmijës një rrobë që ta mbajë edhe kur të rritet.

z'uwachsen* *vi ndash* (s) 1) zihet (*rruga nga bari etj.*); mbyllet (*plaga etj.*); 2) : *fig* **alles wächst ihm zu** gjithçka i vjen mbarë.

zuw'ege *adv* : *shpr* **etwas zuwege bringen** kryej diçka; **mit etwas zuwege kommen** jam në gjendje të bëj diçka.

zuw'eilen *adv* ngandonjëherë, herë pas here.

z'uweisen* *vt ndash* 1) ndaj; 2) caktoj (*një punë etj.*).

z'uwenden* *dhe sipas zgjedhimit të dobët vt ndash* 1) (D) kthej (*nga dikush, diçka*); **das Gesicht der Sonne zuwenden** ia kthej fytyrën diellit; 2) *fig* kushtoj; **sie hat ihre ganze Liebe dem Kind zugewendet** gjithë dashurinë ajo ia ka kushtuar fëmijës.

Z'uwendung *f* =, **-en** ndihmë (*në të holla*).

zuw'enig *pron indef* tepër pak.

z'uwerfen* *vt ndash* 1) përplas (*derën etj.*); 2) mbuloj (*varrin etj.*); 3) (D) i hedh (*dikujt diçka*).

zuw'ider *präp* (D) 1) kundër, në kundërshtim (*me diçka, dikë*); **dem Gesetz zuwider** kundër ligjit; 2) : **diese Art Musik ist meinem Ohr zuwider** kjo lloj muzike më vret veshin; **er ist mir zuwider** nuk e shoh dot me sy atë.

zuw'iderhandeln *vi ndash* (h) (D) jam në kundërvajtje (*me ligjin etj.*).

Zuw'iderhandelnde *m, f* **-n,** =

kundërvajtës; **Zuwiderhandelnde werden bestraft** kundërvajtësit gjobiten.
z'uwinken *vi ndash* (h) i bëj me shenjë (*dikujt*); **jemandem mit der Hand zuwinken** ia bëj dikujt me dorë.
z'uzahlen *vt ndash* paguaj edhe (*dhjetë marka etj.*).
z'uzählen *vt ndash* shtoj, numëroj (*edhe dy karrige etj.*).
zuz'eiten adv ngadonjëherë.
z'uziehen* *ndash* 1. *vt* 1) mbyll duke tërhequr (*perden etj.*); 2) shtrëngoj (*nyjën etj.*); 3) *fig* tërheq (*dikë të marrë pjesë në diçka*); 4) : *fig* **sich (D) etwas zuziehen** ia ndjell vetes (*një të keqe*); 2. *vi* (s) vij, ngulem (*në një vend*); **die Familie ist vor kurzem zugezogen** familja ka ardhur këtu para pak kohësh.
Z'uzug *m* **-(e)s, -züge** 1) ardhje (*banorësh të rinj në një qytet etj.*); 2) *usht* përforcime.
Z'uzügler *m* **-s, =** ardhës, i ardhur (*në një qytet etj.*).
z'uzüglich *präp* (G) duke llogaritur edhe (*diçka*).
zw'acken *vt ndash bis* 1) pickoj; 2) *fig* i bie në qafë (*dikujt*), mërzis (*dikë*).
Zwang *m* **-(e)s** shtrëngim; detyrim; dhunë; **etwas aus Zwang tun** bëj diçka me pahir; **jemandem Zwang antun, auferlegen** shtrëngoj dikë; **sich (D) keinen Zwang antun, auferlegen** nuk ndruhem, nuk më vjen zor; **ohne Zwang** lirisht; **sie tut ihren Gefühlen keinen Zwang an** ajo nuk e mban veten fare; **auf jemanden Zwang ausüben** ushtroj dhunë mbi dikë.
zw'ängen *vt* shtyp; rras.
zw'anglos 1. *a* i lirë, i padetyruar; 2. *adv* lirisht, pa detyrim.
Zw'angsarbeit *f* = punë e detyrueshme.
Zw'angsjacke *f* =, **-n** këmishë frenuese.
Zw'angslage *f* =, **-n** hall, dilemë.
zw'angsläufig 1. *a* i pashmangshëm; i detyrueshëm; 2. *adv* detyrimisht.
Zw'angsmaßnahme *f* =, **-n** masë shtrënguese; dhunë.
Zw'angsverfahren *n* **-s** masë shtrënguese.
Zw'angsvorstellung *f* =, **-en** ide fikse.
zw'angsweise *adv* detyrimisht; me dhunë.
zw'anzig *num* njëzet.
Zw'anziger *m* **-s, =** 1) burrë midis njëzet e tridhjetë vjetëve; 2) bankënotë 20 markash; 3) *bis* **Zwanziger** *pl* vitet e moshës midis njëzet e tridhjetë vjetëve.
zwar *conj* vërtet, sido që; **diese Möbel sind zwar schön, aber sie sind auch sehr teuer** këto orendi vërtet janë të bukura, po janë edhe shumë të shtrenjta; **und zwar** dhe pikërisht.
Zweck *m* **-(e)s, -e** 1) qëllim; **zu diesem Zwecke** për këtë qëllim; **es hat keinen Zweck, länger zu warten** është e kotë të presësh më gjatë; 2) : **das hat keinen Zweck!** kjo s'ka kuptim!
zw'eckdienlich *a* që është për këtë qëllim, që i shërben qëllimit.
Zw'ecke *f* =, **-n** pineskë.
zw'eckentfremdet *a* që nuk i shërben më qëllimit (*për të cilin është bërë, ndërtuar etj.*).
zw'ecklos 1. *a* pa qëllim; pa kuptim; i kotë; 2. *adv* më kot.
zw'eckmäßig *a* që i përgjigjet qëllimit, i përshtatshëm.
zwecks *präp* (G) për të ...; me qëllim që ...;
zwei *num* dy; *fig* **er hat zwei Ge-**

sichter ai ka dy fytyra, është me dy faqe; *bis* **alle zwei** të dy; **zwei und zwei** a) dy e dy; b) dy nga dy; **zu zweien** për dy.

zw'eibeinig *a* dykëmbësh.

zw'eideutig *a* i dykuptimtë, me dy kuptime (*fjalë, shprehje etj.*).

Zw'eideutigkeit *f* =, **-en** dykuptimësi.

zweierl'ei *a* dy të ndryshëm; **zweierlei Schuhe** dy këpucë të ndryshme.

zw'eifach 1. *a* i dyfishtë; 2. *adv* dyfish; më dysh.

Zw'eifel *m* **-s,** = dyshim; **es besteht kein Zweifel, daß ...** nuk ka dyshim se ...; **das steht außer Zweifel** kjo nuk vihet në dyshim; **ich bin mir im Zweifel, ob das richtig ist** dyshoj a është e drejtë kjo.

zw'eifelhaft *a* 1) i dyshimtë; 2) i pasigurt.

zw'eifellos 1. *a* i padyshimtë; 2. *adv* pa dyshim.

zw'eifeln *vi* (h) **(an D)** dyshoj (*në, për diçka, dikë*); **ich zweifle nicht an seinem guten Willen** nuk dyshoj në vullnetin e tij të mirë.

Zw'eifelsfall *m* **-(e)s, -fälle** rast i dyshimtë; rast dyshimi.

zw'eifelsohne *adv* pa dyshim.

Zw'eifler *m* **-s,** = skeptik (*njeri*).

Zweig *m* **-(e)s, -e** 1) degë; *fig bis* **er kommt auf keinen grünen Zweig** nuk i ecën fati; 2) *fig* degë (*e shkencës, e prodhimit, e rrugës, e familjes etj.*).

Zw'eigbahn *f* =, **-en** degëzim (*hekurudhor*).

Zw'eiggeschäft *n* **-(e)s, -e** degë, filiale (*e një ndërmarrjeje*).

zw'eiglied(e)rig *a* dygjymtyrësh (*shprehje, shifër etj.*).

Zw'eigniederlassung *f* =, **-en** degë, filiale (*e një firme*).

Zw'eigstation *f* =, **-en** nënstacion.

Zw'eigstelle *f* =, **-n** degë, filiale (*e një banke etj.*).

zw'eihändig *a* me dy duar.

zw'eihufig *a zool* dythundrak.

zw'eihundert *num* dyqind.

zw'eijährlich *a* dyvjeçar.

Zw'eikampf *m* **-(e)s, -kämpfe** duel, dyluftim; **jemanden zum Zweikampf herausfordern** ftoj, thërras dikë në dyluftim.

zw'eiköpfig *a* dykrerësh, dykrenar; **zweiköpfiger Adler** shqiponjë dykrenare.

zw'eimal *adv* dy herë; **er ließ es sich nicht zweimal sagen** nuk priti t'ia thoshin dy herë.

zw'eimalig *a* dyherësh.

zw'eimonatlich *a* dymujor (*revistë etj.*).

zw'eiräd(e)rig *a* dyrrotësh.

zw'eireihig *a* dyradhësh.

zw'eischneidig *a* me dy tehe, me dy presa; *fig* **das ist ein zweischneidiges Schwert** kjo është thikë me dy presa.

zw'eiseitig 1. *a* i dyanshëm; 2. *adv* në të dy anët.

zw'eisilbig *a* dyrrokësh.

zw'eisitzig *a* dyvendësh.

zw'eispaltig 1. *a* dyshtyllësh; 2. *adv* në dy shtylla; **das Lexikon ist zweispaltig gedruckt** fjalori është shtypur në dy shtylla.

zw'eisprachig *a* dygjuhësh, në dy gjuhë.

zw'eistimmig *a* me dy zëra; për dy zëra (*këngë etj.*).

zweit *adv* : **zu zweit** të dy (bashkë), vetë i dytë.

zw'eite *num* i dytë; *fig* **er kann arbeiten wie kein zweiter** ai punon si jo kush tjetër; sa për punë, ka shok veten.

zw'eitens *adv* së dyti.

zw'eitletzt *a* i parafundit.

Zw'eitschrift *f* =, **-en** kopje (*e një dokumenti etj.*).

Zw'erchfell *n* **-(e)s, -e** *anat* diafragmë.

Zwerg *m* **-(e)s, -e** *mit* xhuxh, shkurtabiq; *fig* shkurtalaq.

Zw'etsch(g)e *f* =, **-n** *bot* kumbull.

Zw'ickel *m* **-s,** = pykë, trekëndësh (*në një rrobë etj.*).

zw'icken *vt* pickoj; **jemanden in den Arm, in die Wange zwicken** pickoj dikë në krah, në faqe; **es zwickt mich hier** seç më pickon këtu.

Zw'icker *m* **-s,** = pensne (*syze që mbahen në hundë me një sustë*).

Zw'ickmühle *f* =, **-n** *fig bis* gjendje pa rrugëdalje; **in eine Zwickmühle geraten** bie ngushtë.

Zw'ieback *m* **-s, -bäcke** galetë.

Zw'iebel *f* =, **-n** *bot* qepë.

zw'iebeln *vt bis* mundoj (*dikë*); ia marr shpirtin (*dikujt*).

zw'iefach, zw'iefältig 1. *a* i dyfishtë; 2. *adv* dyfish.

Zw'iegespräch *n* **-(e)s, -e** dialog.

Zw'ielaut *m* **-(e)s, -e** *gram* diftong, dyzanor.

Zw'ielicht *n* **-(e)s** 1) muzg; 2) gjysmerrësirë.

zw'ielichtig *a fig* i dyshimtë (*njeri, veprim etj.*).

Zw'iespalt *m* **-(e)s, -e** grindje, përçarje.

zw'iespältig *a* kontradiktor; i lëkundur; i pasigurt; **zwiespältige Gefühle** ndjenja kontradiktore.

Zw'iespältigkeit *f* = natyrë kontradiktore; pasiguri.

Zw'iesprache *f* =, **-n** bisedë sy për sy.

Zw'ietracht *f* = përçarje, grindje; **Zwietracht säen, stiften** fus grindje, mbjell përçarje.

Zw'illing *m* **-s, -e** binjak.

Zw'illingspaar *n* **-(e)s, -e** binjakë.

Zw'inge *f* =, **-n** *tek* morsë.

zw'ingen* *vt* detyroj, shtrëngoj; **jemanden auf die Knie, in die Knie zwingen** gjunjëzoj dikë; **ich kann ihn nicht dazu zwingen** nuk mund ta detyroj që ta bëjë këtë; **zwingende Gründe** arsye, forcë madhore; **zwingende Notwendigkeit** nevojë e domosdoshme; **das ist nicht zwingend** kjo nuk është e detyrueshme; **gezwungenes Lachen** gaz me pahir; **etwas nur gezwungen tun** bëj diçka me pahir.

Zw'inger *m* **-s,** = kafaz, vend i rrethuar (*për kafshë të egra*).

Zw'ingherr *m* **-n, -en** tiran, satrap.

zw'inkern *vi* **(h) : mit den Augen zwinkern** kapsallis sytë.

zw'irbeln *vt* dredh.

Zwirn *m* **-(e)s, -e** fill, pe; *fig bis* **Zwirn spinnen** rrah, bluaj me mend, persias.

Zw'irnsfaden *m* **-s, -fäden** fije peri; *fig bis* **etwas hängt an einem Zwirnsfaden** diçka varet në fije të perit.

zw'ischen *präp* (**A** *për lëvizje drejt një vendi dhe* **D** *për qëndrim në vend*); **ich saß zwischen ihm und seiner Frau** rrija (isha ulur) midis tij dhe së shoqes; **ich setzte mich zwischen die beiden Kinder** u ula në mes të dy fëmijëve.

Zw'ischenbemerkung *f* =, **-en** ndërhyrje (*në bisedë*); **darf ich mir eine Zwischenbemerkung erlauben?** a mund të them një fjalë (në këtë mes)?

zw'ischendurch *adv* 1) nganjëherë; 2) herë pas here; **zwischendurch fragte ich** herë pas here pyesja.

Zw'ischenfall *m* **-(e)s, -fälle** ngjarje e papritur; **die Reise verlief ohne**

Zwischenfall udhëtimi kaloi pa të papritura.
Zw'ischenhandel *m* -s 1) tregti me komision; 2) tregti me shumicë.
Zw'ischenraum *m* **-(e)s, -räume** 1) interval; 2) boshllëk; **etwas Zwischenraum lassen** lë pak vend.
Zw'ischenspiel *n* **-(e)s, -e** *teat, muz* interlud.
Zw'ischenzeit *f* =, **-en** ndërkohë; **in der Zwischenzeit** në këtë kohë, ndërkohë, ndërkaq.
Zwist *m* **-(e)s, -e; Zwistigkeit** *f* =, **-en** grindje; armiqësi; **mit jemandem in Zwist leben** jam në grindje me dikë.
zw'itschern 1. *vi* **(h)** cicëron (*zogu*); 2. *vt* : *fig bis* **einen zwitschern** hedh një gotë.
Zw'itter *m* **-s,** = *biol* hermafrodit.
zw'itterartig *a biol* hermafrodit.
zwölf *num* dymbëdhjetë; **zwölf Stück** dymbëdhjetë copë, një duzinë.
Zw'ölffingerdarm *m* **-(e)s** *anat* duoden, dymbëdhjetëgishtore.
zw'ölfte *num* i dymbëdhjetë.
z'yklisch *a* ciklik.
Zykl'on *m* **-s, -e** ciklon.
Z'yklus *m* =, **-klen** cikël.
Zyl'inder *m* **-s,** = cilindër.
zyl'indrisch *a* cilindrik.
Z'yniker *m* **-s,** = cinik.
z'ynisch *a* cinik.
Zyn'ismus *m* = cinizëm.
Zypr'esse *f* =, **-n** *bot* qiparis, selvi.
z.Z., z.Zt. = **zur Zeit** 1) tani, hëpërhë; 2) përkohësisht.

GEOGRAPHISCHE NAMEN – EMRA GJEOGRAFIKË

Abess'ini/en *sh* **Äthiopien.**
Addis 'Abeba Adis-Abeba.
Adria *f*, **Adriatisches Meer** *n* deti Adriatik.
Afgh'anistan Afganistan.
Afrika Afrikë.
Äg'äisches Meer *n* deti Egje.
Äg'ypten Egjipt.
Al'aska Alaskë.
Alb'ani/en Shqipëri; **Republik Albanien** Republika e Shqipërisë.
Alg'eri/en Algjeri.
Algier [*alzh'ir*] Algjer.
Alpen *pl* Alpet.
Am'erika Amerikë.
Amm'an Aman.
Amsterdam Amsterdam.
Anden *pl* Andet.
Ankara Ankara.
Ant'arktis *f* Antarktik.
Apenn'in *m*, **die Apenninen** *pl* Apeninet.
Ar'abi/en Arabi.
Argent'ini/en Argjentinë.
Ärmelkanal *m* Lamansh.
Arm'eni/en Armeni.
Aserb'aidschan Azerbajxhan.
Asi/en Azi.
Ass'yri/en *hist* Asiri.
Ath'en Athinë.
Äthi'opi/en Etiopi.
Atl'antik *m* Atlantik.
Atl'antischer Ozean *m* Oqeani Atlantik.
Austr'ali/en Australi.
B'abel, B'abylon *hist* Babilon.
Babyl'oni/en *hist* Babiloni.
B'agdad Bagdad.
B'alkan *m* Ballkan.
B'alkanhalbinsel *f* Gadishulli Ballkanik.
B'andung Bandung.
B'angkok Bangkok.
B'ayern Bavari.
B'eirut Bejrut.
B'elgi/en Belgjikë.
B'elgrad Beograd.
Ber'at Berat.
B'eringmeer *n* deti i Beringut.
Berl'in Berlin.
Bern Bernë.
B'irma Birmani.
Bogot'a Bogota.
B'öhmen Bohemi
Bol'ivi/en Bolivi.
Bonn Bon.
B'osporus *m* Bosfor.
Bras'ili/en Brazil.
Br'üssel, Bruxelles [*brys'el*] Bruksel
B'udapest Budapest.
Bu'enos 'Aires Buenos-Ajres.
B'ukarest Bukuresht.
Bulg'ari/en Bullgari.
Byz'anz *hist* Bizant.
C'anberra Kanberra.
C'aracas Karakas.
C'eylon [*caj-*] *hist* Ceilon.
Chik'ago, Chic'ago [*shi-*] Çikago.
Ch'ile [*çi-*] Kili.
Ch'ina Kinë.
Volksrepublik China Republika Popullore e Kinës.
Costa Rica Kosta-Rika.
D'ajti *m* Dajti.
Dam'askus Damask.
D'änemark Danimarkë.
Dardan'ellen *pl* Dardanelet.
D'elhi Deli.
Den Haag Hagë.
D'eutschland Gjermani; **Bundesrepublik Deutschland** Republika Federale e Gjermanisë.

Djak'arta [*xha-*] Xhakartë.
Dominik'anische Republik *f* Republika Dominikane.
Don *m* Don.
D'onau *f* Danub.
Dr'esden Drezden.
Drin *m* Drin.
D'ublin [*dab-*] Dublin.
D'urrës Durrës.
Ekuad'or Ekuador.
Elbas'an Elbasan.
Elbe *f* Elbë.
England Angli.
Er Ri'ad Er-Riad.
Estland Estoni.
Euphrat *m* Eufrat.
Eur'opa Evropë.
F'ernost Lindja e Largme.
F'innland Finlandë.
Fl'andern *hist* Flandër.
Flor'enz Firencë.
Fr'ankfurt Frankfurt.
Fr'ankreich Francë.
G'anges *m* Gang.
G'elbes Meer Deti i Verdhë.
Gemeinschaft Unabhängiger Staaten (GUS) *pl* Bashkësia e Shteteve të Pavarura.
Genf Gjenevë.
Ge'orgien, Grus'inien *vjet* Gjeorgji.
Gh'ana [*ga-*] Ganë.
Gibr'altar Gjibraltar.
Gjirok'astra Gjirokastër.
G'obi Gobi.
Gr'iechenland Greqi.
Gr'önland Groenlandë.
Gr'oßbritani/en Britani e Madhe.
Guatem'ala Guatemala.
Guin'ea [*gi-*] Guine.
Ha'iti Haiti.
H'amburg Hamburg.
Hav'ana, Hav'anna [*va-*] Havanë.
H'elsinki Helsinki.
Him'alaja *m* Himalaja.
H'indostan, H'industan Industan.
Hir'oshima [*shi-*] Hiroshima.
H'olland Holandë.
Hond'uras Honduras.
H'ongkong Hongkong.
Ib'erische Halbinsel *f* Gadishulli Iberik.
Indi/en Indi.
Indischer Ozean *m* Oqeani Indian.
Indon'esi/en Indonezi.
Indus *m* Ind.
I'onisches Meer *n* deti Jon.
Ir'ak *m* Irak.
Ir'an *m* Iran.
Irland Irlandë.
Island Islandë.
Israel Izrael.
Istanb'ul Stambol.
It'ali/en Itali.
J'apan Japoni.
J'emen *m* Jemen.
Jer'usalem Jeruzalem.
Jugosl'awi/en Jugosllavi.
J'ütland Jutlandë.
Kab'ul Kabul.
K'airo Kairo.
Kalk'utta Kalkuta.
Kamb'odscha Kamboxhia.
Kamer'un Kamerun.
K'anada Kanada.
Kar'atschi Karaçi.
Kar'ibisches Meer *n* Deti i Karaibeve.
Karp'at(h)en *pl* Karpatet.
Karth'ago *hist* Kartagjenë.
Kasachst'an Kazakistan.
K'aspisches Meer *n* Deti Kaspik.
Katm'andu Katmandu.
K'aukasus *m* Kaukaz.
K'enia Kenia.
K'i/ew Kiev.
Kl'einasi/en Azia e Vogël.
Köln Këln.
Kol'umbi/en Kolumbi.
Kopenh'agen Kopenhagen.
Kor'ea Kore.
K'osovo *n* Kosovë.

Krim *f* Krime.
Kro'ati/en Kroaci.
K'uba Kubë.
Lah'ore [*-hor*] Lahorë.
L'aos Laos.
La Paz [*-path*] La Paz.
Lat'einamerika Amerika Latine.
L'eipzig Lajpcig.
L'ena *f* Lenë.
L'eningrad *hist* Leningrad.
L'ettland Letoni.
Lev'ante [*-van-*] *f* Lindja e Afërme.
L'ibanon *m* Liban.
Lib'eria Liberi.
L'ibyen Libi.
L'ima Limë.
L'issabon Lisbonë.
L'itauen Lituani.
L'ondon Londër.
L'uxemburg Luksemburg.
Lyon [*li'on*] Lion.
Madag'askar Madagskar.
Madr'id Madrid.
M'ähren Moravi.
M'ailand Milano.
Mal'aya [*-ja*] Malaja.
Mal'aysia Malajzi.
M'alta Maltë.
Manchester [*m'ençestër*] Mançestër.
Man'ila Manila.
M'armarameer *n* Deti Marmara.
M'arne *f* Marnë.
Mar'okko Marok.
Marseille [*-s'ej*] Marsejë.
Martinique [*-n'ik*] Martinikë.
Mazed'oni/en, Maked'onien Maqedoni.
Mat *m* Mat.
Melbourne [*m'elbërn*] Melburn.
Mesopot'ami/en Mesopotami.
M'exiko 1. Meksikë (*vend*); 2. Meksikë (*qytet*).
Mississ'ippi *m* Misisipi.
M'ittelmeer *n* Deti Mesdhe.
M'ittlerer Osten *m* Lindja e Mesme.
M'oldau *f* Moldavi.
M'onaco, M'onako Monako.
Mongol'ei *f* Mongoli.
Monr'ovia [*-vi-*] Monrovi.
M'onte C'arlo Montekarlo.
Montevid'eo [*-vi-*] Montevideo.
M'oskau Moskë.
M'ünchen Mynih, Mynhen.
Myanm'ar Mianmar.
N'ahost Lindja e Afërme.
N'anjing [*-xhing*] Nanxhing.
Ne'apel Napoli.
Nep'al Nepal.
Neus'eeland Zelanda e Re.
New York [*nju jork*] Nju-Jork.
Nicar'agua Nikaragua.
N'iederlande *pl* Vendet e ulëta, Hollandë.
Nig'eria Nigeri.
Nil *m* Nil.
N'ordamerika Amerika Veriore.
N'ordsee *f* Deti i Veriut.
N'orwegen Norvegji.
N'ürnberg Nyrenberg.
Ob *m* Ob.
Oder *f* Oder.
Od'essa Odesë.
Ol'ymp *m* Olimp.
Om'an Oman.
Oslo Oslo.
Österreich Austri.
Ostsee *f* Deti Baltik.
Ottawa Otava.
Oze'ani/en Oqeani.
Pakist'an Pakistan.
Paläst'ina Palestinë.
P'anama Panama.
P'anamakanal *m* Kanali i Panamasë.
P'araguay [*-guaj*] Paraguaj.
Par'is Paris.
Paz'ifik, Paz'ifischer 'Ozean *m* Oqeani i Qetë.

P'eking, B'eijing [*-xhing*] Beixhing.
P'eru Peru.
P'etersburg *f* Petersburg.
Philipp'inen *pl* Filipine.
Phön'iki/en, Phön'izi/en *hist* Feniki.
Pir'äus *m* Pire.
Pj'öngjang Phenian.
Pnom-Penh [*-pen*] Pnom-Pen.
Po *m* Po.
P'olen Poloni.
Port S'a/id Port-Said.
P'ortugal Portogali
P'otsdam Potsdam.
Prag, Pr'aha Pragë.
Pret'oria Pretorie.
Pr'eußen *hist* Prusi.
Pu'erto Rico Portoriko.
Pyren'äen *pl* Pirenetë.
Quito [*k'ito*] Kuito.
Rab'at Rabat.
Rangoon [*rang'un*], **Rang'un** Rangun.
Reykjavik [*r'ejkjavik*] Rejkjavik.
Rhein *m* Rin.
R'iga Rigë.
Rio de Janeiro [*r'io de zhan'ejro*] Rio de Zhanejro.
Rom Romë.
Rotterd'am Roterdam.
Ruhr *f* Rur.
Rum'äni/en Rumani.
R'ußland Rusi.
S'aarland *n* Saarë.
S'achsen Saksoni.
Sah'ara *f* Saharë.
Saig'on Saigon.
S'alzburg Salcburg.
San Francisco [*sen Frans'isko*] San-Francisko.
San Jos'é [*ho-*] San-Hoze.
San Ju'an [*hu-*] San-Huan.
San Mar'ino San-Marino.
Santi'ago (de Chile) [*-de ç'ile*] Santiago.
S'audiarabi/en Arabia Saudite.
Schangh'ai, Shangh'ai Shangai.
Schl'esi/en Silezi.
Sch'ottland Skoci.
Schw'eden Suedi.
Schweiz *f* Zvicër.
S'eoul Seul.
S'erbi/en Serbi.
Shk'odra Shkodër.
Shkumb'in *m* Shkumbin.
Sib'iri/en Siberi.
S'inaihalbinsel *f* Gadishulli i Sinait.
Singap'ur Singapur.
Siz'il/ien Siqeli.
Skandin'avische H'albinsel *f* Gadishulli Skandinav.
Slowak'ei *f* Sllovaki.
Slow'eni/en Slloveni.
S'ofia Sofje.
Som'aliland *n* Somali.
Sowj'etunion (SU) *f hist* Bashkimi Sovjetik.
Sp'ani/en Spanjë.
Sri L'anka Sri Lanka.
St'ockholm Stokholm.
S'üdafrikanische Uni'on *f* Bashkimi Jugafrikan.
S'üdamerika Amerika e Jugut.
Sud'an *m* Sudan.
S'uezkanal *m* Kanali i Suezit.
S'yri/en Siri.
Tadsch'ikistan Taxhikistan.
Taiw'an Taivan.
T'eheran Teheran.
Tel-Av'iv Tel-Aviv.
Th'ailand Tailandë.
Th'emse *f* Temsë.
T'ibet Tibet.
Tir'ana Tiranë.
Tir'ol Tirol.
T'okio Tokio.
Tri'est Trieste.
Trinid'ad Trinidad.
Tr'ipolis Tripoli.
Tschad *m* Çad.
Tsch'echische Republ'ik *f* Republika Çeke.

Tun'esi/en Tunizi.
T'unis Tunis.
Türk'ei *f* Turqi.
Ukra'ine *f* Ukrainë.
Ungarn Hungari.
Uruguay [*-guaj*] Uruguaj.
Ven'edig [*ve-*] Venetik; Venecie.
Venezu'ela [*ve-*] Venezuela.
Ver'einigte St'aaten von Am'erika (USA) *pl* Shtetet e Bashkuara të Amerikës (SHBA).
Versailles [*vers'aj*] Versajë.
Vientiane [*vjenti'an*] Vientiane.
Vi'etnam [*vi-*] Vietnam.
Vj'osë *f* Vjosë.
Vl'ora [*vlo-*] Vlorë.
Walach'ei *f* Vllahi.
W'arschau Varshavë.
Washington [*'uosh-*] Uashington.
W'eichsel *f* Vistulë.
W'eimar Vajmar.
W'eser *f* Vezer.
Wien Vjenë.
W'olga *f* Volgë.
Z'agreb [*za-*] Zagreb.
Z'ürich Cyrih.
Z'ypern Qipro.

GRAMMATIKTABELLEN – TABELA GRAMATIKORE

Lakimi i emrave (Deklination der Substantive)

Shënim: u-ja pranë numrit të skemës së lakimit (p. sh. 1u. 2u. etj.) tregon se zanorja e rrënjës ka *Umlaut* në shumës:

a	bëhet	ä	o	bëhet	ö
aa	bëhet	ä	u	bëhet	ü
au	bëhet	äu			

Lakimi i fortë (Starke Deklination)

Shënim: Emrat që mbarojnë në fërshëllyese marrin përherë *-es* në rasën gjinore: Hals – Hals*es*, Baß – Bass*es*, Maß – Maß*es*, Schmaus – Schmaus*es*.

Mashkullorë

1.	Njëjës		Shumës	
N	der	Tag	die	Tage
G	des	Tag(e)s	der	Tage
D	dem	Tag(e)	den	Tagen
A	den	Tag	die	Tage

po ashtu: der Riß, des Risses, die Risse; der Greis, des Greises, die Greise.

1u.

N	der	Sohn	die	Söhne
G	des	Sohn(e)s	der	Söhne
D	dem	Sohn(e)	den	Söhnen
A	den	Sohn	die	Söhne

po ashtu: der Saal, des Saales, die Säle; der Baß, des Basses, die Bässe; der Bach, des Baches, die Bäche; der Fuchs, des Fuchses, die Füchse; der Schmaus, des Schmauses, die Schmäuse.

2.	Njëjës		Shumës	
N	der	Leib	die	Leiber
G	des	Leib(e)s	der	Leiber
D	dem	Leib(e)	den	Leibern
A	den	Leib	die	Leiber

2u.

N	der Mann	die Männer
G	des Mann(e)s	der Männer
D	dem Mann(e)	den Männern
A	den Mann	die Männer

po ashtu: der Reichtum, des Reichtums, die Reichtümer; der Wurm, des Wurmes, die Würmer; der Strauch, des Strauches, die Sträucher.

3.	Njëjës	Shumës
N	der Adler	die Adler
G	des Adlers	der Adler
D	dem Adler	den Adlern
A	den Adler	die Adler

3u.

N	der Bruder	die Brüder
G	des Bruders	der Brüder
D	dem Bruder	den Brüdern
A	den Bruder	die Brüder

po ashtu: der Vater, des Vaters, die Väter.

4.	Njëjës	Shumës
N	der Lappen	die Lappen
G	des Lappens	der Lappen
D	dem Lappen	den Lappen
A	den Lappen	die Lappen

4u.

N	der Ofen	die Öfen
G	des Ofens	der Öfen
D	dem Ofen	den Öfen
A	den Ofen	die Öfen

po ashtu: der Faden, des Fadens, die Fäden.

5.	Njëjës		Shumës	
N	der	Deckel	die	Deckel
G	des	Deckels	der	Deckel
D	dem	Deckel	den	Deckeln
A	den	Deckel	die	Deckel

5u.

N	der	Apfel	die	Äpfel
G	des	Apfels	der	Äpfel
D	dem	Apfel	den	Äpfeln
A	den	Apfel	die	Äpfel

6.	Njëjës		Shumës	
N	der	Vati	die	Vatis
G	des	Vatis	der	Vatis
D	dem	Vati	den	Vatis
A	den	Vati	die	Vatis

Femërorë

7.	Njëjës		Shumës	
N	die	Drangsal	die	Drangsale
G	der	Drangsal	der	Drangsale
D	der	Drangsal	den	Drangsalen
A	die	Drangsal	die	Drangsale

7u.

N	die	Kuh	die	Kühe
G	der	Kuh	der	Kühe
D	der	Kuh	den	Kühen
A	die	Kuh	die	Kühe

po ashtu: die Hand, der Hand, die Hände; die Nuß, der Nuß, die Nüsse; die Not, der Not, die Nöte; die Braut, der Braut, die Bräute.

8.	Njëjës		Shumës	
N	die	Mutter	die	Mütter
G	der	Mutter	der	Mütter
D	der	Mutter	den	Müttern
A	die	Mutter	die	Mütter

9.	Njëjës		Shumës	
N	die	Kenntnis	die	Kenntnisse
G	der	Kenntnis	der	Kenntnisse
D	der	Kenntnis	den	Kenntnissen
A	die	Kenntnis	die	Kenntnisse

10.	Njëjës		Shumës	
N	die	Bar	die	Bars
G	der	Bar	der	Bars
D	der	Bar	den	Bars
A	die	Bar	die	Bars

Asnjanës

11.	Njëjës		Shumës	
N	das	Brot	die	Brote
G	des	Brot(e)s	der	Brote
D	dem	Brot(e)	den	Broten
A	das	Brot	die	Brote

po ashtu: das Maß, des Maßes, die Maße; das Roß, des Rosses, die Rosse; das Erlebnis, des Erlebnisses, die Erlebnisse.

11u.				
N	das	Floß	die	Flöße
G	des	Floß(e)s	der	Flöße
D	dem	Floß(e)	den	Flößen
A	das	Floß	die	Flöße

12.	Njëjës		Shumës	
N	das	Kind	die	Kinder
G	des	Kind(e)s	der	Kinder
D	dem	Kind(e)	den	Kindern
A	das	Kind	die	Kinder

12u.				
N	das	Dorf	die	Dörfer
G	des	Dorf(e)s	der	Dörfer
D	dem	Dorf(e)	den	Dörfern
A	das	Dorf	die	Dörfer

po ashtu: das Dach, des Daches, die Dächer; das Schloß, des Schlosses, die Schlösser; das Gut, des Gutes, die Güter; das Haupt, des Hauptes, die Häupter.

13.	Njëjës		Shumës	
N	das	Wetter	die	Wetter
G	des	Wetters	der	Wetter
D	dem	Wetter	den	Wettern
A	das	Wetter	die	Wetter

po ashtu: das Gebirge, des Gebirges, die Gebirge; das Messer, des Messers, die Messer.

13u.				
N	das	Lamm	die	Lämmer
G	des	Lamm(e)s	der	Lämmer
D	dem	Lamm(e)	den	Lämmern
A	das	Lamm	die	Lämmer

14.	Njëjës		Shumës	
N	das	Mädchen	die	Mädchen
G	des	Mädchens	der	Mädchen
D	dem	Mädchen	den	Mädchen
A	das	Mädchen	die	Mädchen

15.	Njëjës		Shumës	
N	das	Echo	die	Echos
G	des	Echos	der	Echos
D	dem	Echo	den	Echos
A	das	Echo	die	Echos

Lakimi i dobët (Schwache Deklination)

Mashkullorë

16.	Njëjës		Shumës	
N	der	Bauer	die	Bauern
G	des	Bauern	der	Bauern
D	dem	Bauern	den	Bauern
A	den	Bauern	die	Bauern

po ashtu: der Bär, des Bären, die Bären.

17.	Njëjës		Shumës	
N	der	Löwe	die	Löwen
G	des	Löwen	der	Löwen
D	dem	Löwen	den	Löwen
A	den	Löwen	die	Löwen

po ashtu: der Kollege, des Kollegen, die Kollegen.

Femërorë

18.	Njëjës		Shumës	
N	die	Frau	die	Frauen
G	der	Frau	der	Frauen
D	der	Frau	den	Frauen
A	die	Frau	die	Frauen

19.	Njëjës		Shumës	
N	die	Gabe	die	Gaben
G	der	Gabe	der	Gaben
D	der	Gabe	den	Gaben
A	die	Gabe	die	Gaben

po ashtu: die Harmonie, der Harmonie, der Harmonien.

20.	Njëjës		Shumës	
N	die	Uhr	die	Uhren
G	der	Uhr	der	Uhren
D	der	Uhr	den	Uhren
A	die	Uhr	die	Uhren

po ashtu: die Leistung, der Leistung, die Leistungen; die Attraktion, der Attraktion, die Attraktionen; die Abnormität, der Abnormität, die Abnormitäten.

21.	Njëjës		Shumës	
N	die	Tafel	die	Tafeln
G	der	Tafel	der	Tafeln
D	der	Tafel	den	Tafeln
A	die	Tafel	die	Tafeln

22.	Njëjës		Shumës	
N	die	Königin	die	Königinnen
G	der	Königin	der	Königinnen
D	der	Königin	den	Königinnen
A	die	Königin	die	Königinnen

Lakimi i përzier (Gemischte Deklination)

Mashkullorë

23.	Njëjës		Shumës	
N	der	Strahl	die	Strahlen
G	des	Strahl(e)s	der	Strahlen
D	dem	Strahl(e)	den	Strahlen
A	den	Strahl	die	Strahlen

po ashtu: der Korrektor, des Korrektors, die Korrektoren.

24.	Njëjës		Shumës	
N	der	See	die	Seen
G	des	Sees	der	Seen
D	dem	See	den	Seen
A	den	See	die	Seen

25.	Njëjës		Shumës	
N	der	Stachel	die	Stacheln
G	des	Stachels	der	Stacheln
D	dem	Stachel	den	Stacheln
A	den	Stachel	die	Stacheln

Asnjanës

26.	Njëjës		Shumës	
N	das	Herz	die	Herzen
G	des	Herzens	der	Herzen
D	dem	Herz(en)	den	Herzen
A	das	Herz	die	Herzen

27.	Njëjës		Shumës	
N	das	Ohr	die	Ohren
G	des	Ohr(e)s	der	Ohren
D	dem	Ohr	den	Ohren
A	das	Ohr	die	Ohren

po ashtu: das Statut, des Statut(e)s, die Statuten.

28.	Njëjës		Shumës	
N	das	Auge	die	Augen
G	des	Auges	der	Augen
D	dem	Auge	den	Augen
A	das	Auge	die	Augen

Lakimi mbiemëror (Adjektivische Deklination)

Mashkullorë (të lakimit të fortë)

29.	Njëjës		Shumës
N	ein	Abgeordneter	Abgeordnete
G	eines	Abgeordneten	Abgeordneter
D	einem	Abgeordneten	Abgeordneten
A	einen	Abgeordneten	Abgeordneten

Mashkullorë (të lakimit të dobët)

	Njëjës		Shumës	
N	der	Abgeordnete	die	Abgeordneten
G	des	Abgeordneten	der	Abgeordneten
D	dem	Abgeordneten	den	Abgeordneten
A	den	Abgeordneten	die	Abgeordneten

Femërorë (të lakimit të fortë)

30.	Njëjës		Shumës
N	eine	Illustrierte	Illustrierte
G	einer	Illustrierten	Illustrierter
D	einer	Illustrierten	Illustrierten
A	eine	Illustrierte	Illustrierte

Femërorë (të lakimit të dobët)

	Njëjës		Shumës	
N	die	Illustrierte	die	Illustrierten
G	der	Illustrierten	der	Illustrierten
D	der	Illustrierten	den	Illustrierten
A	die	Illustrierte	die	Illustrierten

Asnjanës (të lakimit të fortë)

31.	Njëjës		Shumës
N	ein	Geräuchertes	Isomere
G	eines	Geräucherten	Isomeren
D	einem	Geräucherten	Isomeren
A	ein	Geräuchertes	Isomere

Asnjanës (të lakimit të dobët)

	Njëjës		Shumës	
N	das	Geräucherte	die	Isomeren
G	des	Geräucherten	der	Isomeren
D	dem	Geräucherten	den	Isomeren
A	das	Geräucherte	die	Isomeren

Nyja (Artikel)

	e shquar (bestimmt)				*e pashquar (unbestimmt)*		
	Njëjës			Shumës	Njëjës		
	M	F	A	(për të gjitha gjinitë)	M	F	A
N	der	die	das	die	ein	eine	ein
G	des	der	des	der	eines	einer	eines
D	dem	der	dem	den	einem	einer	einem
A	den	die	das	die	einen	eine	ein

Përemrat (Pronomen)

Përemrat vetorë (Personalpronomen)

	Njëjës			Shumës		
	v. I	v. II	v. III	v. I	v. II	v. III
N	ich	du	er, sie, es	wir	ihr	sie
G	meiner	deiner	seiner, ihrer, seiner	unser	euer	ihrer
D	mir	dir	ihm, ihr, ihm	uns	euch	ihnen
A	mich	dich	ihn, sie, es	uns	euch	sie

Përemrat pronorë (Possessivpronomen)
Lakohen si artikulli i pashquar: mein, meines, meinem etj.

Përemrat deftorë (Demonstrativpronomen)
Lakohen si artikulli i shquar: dieser, dieses, diesem etj.

	Njëjës			Shumës
	M	F	A	(për të gjitha gjinitë)
N	derselbe	dieselbe	dasselbe	dieselben
G	desselben	derselben	desselben	derselben
D	demselben	derselben	demselben	denselben
A	denselben	dieselbe	dasselbe	dieselben

Përemrat pyetës (Interrogativpronomen)

	M	F	A
N	wer	wer	was
G	wessen	wessen	wessen
D	wem	wem	—
A	wen	wen	was

Welcher lakohet si artikulli i shquar: në *was für ein* lakohet vetëm *ein*.

Përemrat lidhorë (Relativpronomen)

	Njëjës			Shumës
	M	F	A	(për të gjitha gjinitë)
N	der	die	das	die
G	dessen	deren	dessen	deren
D	dem	der	dem	denen
A	den	die	das	die

Si *der* lakohet edhe *welcher*; në rasën gjinore, në vend të *welches, welcher* përdoret *dessen, deren.*

Përemrat e pakufishëm (Indefinitpronomen)
Jeder lakohet si artikulli i shquar *der. Kein* lakohet si artikulli i pashquar *ein.*

Zgjedhimi i foljes (Konjugation des Verbs)

Foljet ndihmese (Hilfsverben)

Paskajore I (Infinitiv I): haben, sein, werden
Urdhërore (Imperativ): habe!, sei!, werde!; habt!, seid!, werdet!, haben Sie!, seien Sie!, werden Sie!
Pjesore I (Partizip I): habend, seiend, werdend

	Dëftore (Indikativ)			Lidhore (Konjunktiv)		
	E tashme (Präsens)					
ich	habe	bin	werde	habe	sei	werde
du	hast	bist	wirst	habest	seist	werdest
er / sie / es	hat	ist	wird	habe	sei	werde
wir	haben	sind	werden	haben	seien	werden
ihr	habt	seid	werdet	habet	seiet	werdet
sie	haben	sind	werden	haben	seien	werden
	E pakryer; e kryer e thjeshtë (Imperfekt)					
ich	hatte	war	wurde	hätte	wäre	würde
du	hattest	warst	wurdest	hättest	wärest	würdest
er / sie / es	hatte	war	wurde	hätte	wäre	würde
wir	hatten	waren	wurden	hätten	wären	würden
ihr	hattet	wart	wurdet	hättet	wäret	würdet
sie	hatten	waren	wurden	hätten	wären	würden
	E ardhme I (Futur I)					
ich	werde (haben)	werde (sein)	werde (werden)	werde (haben)	werde (sein)	werde (werden)
du	wirst (haben)	wirst (sein)	wirst (werden)	werdest (haben)	werdest (sein)	werdest (werden)
er / sie / es	wird (haben)	wird (sein)	wird (werden)	werde (haben)	werde (sein)	werde (werden)
wir	werden (haben)	werden (sein)	werden (werden)	werden (haben)	werden (sein)	werden (werden)
ihr	werdet (haben)	werdet (sein)	werdet (werden)	werdet (haben)	werdet (sein)	werdet (werden)
sie	werden (haben)	werden (sein)	werden (werden)	werden (haben)	werden (sein)	werden (werden)

Pjesore II (Partizip II): gehabt, gewesen, geworden
Paskajore II (Infinitiv II): gehabt haben, gewesen sein, geworden sein

	Dëftore (Indikativ)			Lidhore (Konjunktiv)		
	E kryer (Perfekt)					
ich	habe gehabt	bin gewesen	bin geworden	habe gehabt	sei gewesen	sei geworden
du	hast gehabt	bist gewesen	bist geworden	habest gehabt	seist gewesen	seist geworden
er / sie / es	hat gehabt	ist gewesen	ist geworden	habe gehabt	sei gewesen	sei geworden
	E kryer e plotë (Plusquamperfekt)					
ich	hatte gehabt	war gewesen	war geworden	hätte gehabt	wäre gewesen	wäre geworden
du	hattest gehabt	warst gewesen	warst geworden	hättest gehabt	wärest gewesen	wärest geworden
er / sie / es	hatte gehabt	war gewesen	war geworden	hätte gehabt	wäre gewesen	wäre geworden
	E ardhme II (Futur II)					
ich	werde gehabt haben	werde gewesen sein	werde geworden sein	werde gehabt haben	werde gewesen sein	werde geworden sein
du	wirst gehabt haben	wirst gewesen sein	wirst geworden sein	wirst gehabt haben	wirst gewesen sein	werdest geworden sein
er / sie / es	wird gehabt haben	wird gewesen sein	wird geworden sein	werde gehabt haben	werde gewesen sein	werde geworden sein

Foljet modale (Modalverben)

Paskajore (Infinitiv): können, dürfen, sollen, müssen, wollen, mögen

	Dëftore (Indikativ)					
	E tashme (Präsens)					
ich	kann	darf	soll	muß	will	mag
du	kannst	darfst	sollst	mußt	willst	magst
er / sie / es	kann	darf	soll	muß	will	mag

wir	können	dürfen	sollen	müssen	wollen	mögen
ihr	könnt	dürft	sollt	müßt	wollt	mögt
sie	können	dürfen	sollen	müssen	wollen	mögen

E pakryer; E kryer e thjeshtë (Imperfekt)

ich	konnte	durfte	sollte	mußte	wollte	mochte
du	konntest	durftest	solltest	mußtest	wolltest	mochtest
er / sie / es	konnte	durfte	sollte	mußte	wollte	mochte
wir	konnten	durften	sollten	mußten	wollten	mochten
ihr	konntet	durftet	solltet	mußtet	wolltet	mochtet
sie	konnten	durften	sollten	mußten	wollten	mochten

Foljat vetvetore (Reflexivverben)

Paskajore (Infinitiv): sich kämmen

	E tashme (Präsens)	E kryer (Perfekt)
ich	kämme mich	habe mich gekämmt
du	kämmst dich	hast dich gekämmt
er / sie / es	kämmt sich	hat sich gekämmt
wir	kämmen uns	haben uns gekämmt
ihr	kämmt euch	habt euch gekämmt
sie	kämmen sich	haben sich gekämmt

Folje me parashtesë të ndashme (Verben mit abtrennbarem Präfix)

Paskajore (Infinitiv): aufmachen

	E tashme (Präsens)	E kryer (Perfekt)
ich	mache auf	habe aufgemacht
du	machst auf	hast aufgemacht
er / sie / es	macht auf	hat aufgemacht
wir	machen auf	haben aufgemacht
ihr	macht auf	habt aufgemacht
sie	machen auf	haben aufgemacht

Zgjedhimi i dobët (Schwache Konjugation)

Paskajore I (Infinitiv I): machen
Urdhërore (Imperativ): mach(e)!, macht!, machen Sie!
Pjesore I (Partizip): machend

Dëftore (Indikativ)

	E tashme (Präsens)	E pakryer; e kryer e thjeshtë (Imperfekt)	E ardhme I (Futur I)
ich	mache	machte	werde machen
du	machst	machtest	wirst machen
er / sie / es	macht	machte	wird machen
wir	machen	machten	werden machen
ihr	macht	machtet	werdet machen
sie	machen	machten	werden machen

Lidhore (Konjunktiv)

	E tashme (Präsens)	E pakryer; e kryer e thjeshtë (Imperfekt)	E ardhme I (Futur I)
ich	mache	machte	werde machen
du	machest	machtest	werdest machen
er / sie / es	mache	machte	werde machen
wir	machen	machten	werden machen
ihr	machet	machtet	werdet machen
sie	machen	machten	werden machen

Pjesore II (Partizip II): gemacht
Paskajore II (Infinitiv II): gemacht haben

Dëftore (Indikativ)

	E kryer (Perfekt)	E kryer e plotë (Plusquamperfekt)	E ardhme II (Futur II)
ich	habe gemacht	hatte gemacht	werde gemacht haben
du	hast gemacht	hattest gemacht	wirst gemacht haben
er / sie / es	hat gemacht	hatte gemacht	wird gemacht haben

wir	haben gemacht	hatten gemacht	werden gemacht haben
ihr	habt gemacht	hattet gemacht	werdet gemacht haben
sie	haben gemacht	hatten gemacht	werden gemacht haben

Lidhore (Konjunktiv)

	E kryer (Perfekt)	E kryer e plotë (Plusquamperfekt)	E ardhme II (Futur II)
ich	habe gemacht	hätte gemacht	werde gemacht haben
du	habest gemacht	hättest gemacht	werdest gemacht haben
er / sie / es	habe gemacht	hätte gemacht	werde gemacht haben
wir	haben gemacht	hätten gemacht	werden gemacht haben
ihr	habet gemacht	hättet gemacht	werdet gemacht haben
sie	haben gemacht	hätten gemacht	werden gemacht haben

Zgjedhimi i fortë (Starke Konjugation)

Paskajore I (Infinitiv I): liegen
Urdhërore (Imperativ): liege!, lieget!, liegen Sie!
Pjesore I (Partizip I) : liegend

Dëftore (Indikativ)

	E tashme (Präsens)	E pakryer; e kryer e thjeshtë (Imperfekt)	E ardhme I (Futur I)
ich	liege	lag	werde liegen
du	liegst	lagst	wirst liegen
er / sie / es	liegt	lag	wird liegen
wir	liegen	lagen	werden liegen
ihr	liegt	lagt	werdet liegen
sie	liegen	lagen	werden liegen

Lidhore (Konjunktiv)

	E tashme (Präsens)	E pakryer; e kryer e thjeshtë (Imperfekt)	E ardhme I (Futur I)
ich	liege	läge	werde liegen
du	liegest	lägest	werdest liegen
er / sie / es	liege	läge	werde liegen
wir	liegen	lägen	werden liegen
ihr	lieget	läget	werdet liegen
sie	liegen	lägen	werden liegen

Pjesore II (Partizip II): gelegen
Paskajore II (Infinitiv II): gelegen haben

Dëftore (Indikativ)

	E kryer (Perfekt)	E kryer e plotë (Plusquamperfekt)	E ardhme II (Futurum II)
ich	habe gelegen	hatte gelegen	werde gelegen haben
du	hast gelegen	hattest gelegen	wirst gelegen haben
er / sie / es	hat gelegen	hatte gelegen	wird gelegen haben
wir	haben gelegen	hatten gelegen	werden gelegen haben
ihr	habt gelegen	hattet gelegen	werdet gelegen haben
sie	haben gelegen	hatten gelegen	werden gelegen haben

Lidhore (Konjunktiv)

	E kryer (Perfekt)	E kryer e plotë (Plusquamperfekt)	E ardhme II (Futur II)
ich	habe gelegen	hätte gelegen	werde gelegen haben
du	habest gelegen	hättest gelegen	werdest gelegen haben
er / sie / es	habe gelegen	hätte gelegen	werde gelegen haben

wir	haben gelegen	hätten gelegen	werden gelegen haben
ihr	habet gelegen	hättet gelegen	werdet gelegen haben
sie	haben gelegen	hätten gelegen	werden gelegen haben

Zgjedhimi i foljeve të forta : tragen, lassen, laufen, geben, lesen

E tashme (Präsens)

ich	trage	lasse	laufe	gebe	lese
du	trägst	läßt	läufst	gibst	liest
er / sie / es	trägt	läßt	läuft	gibt	liest
wir	tragen	lassen	laufen	geben	lesen
ihr	tragt	laßt	lauft	gebt	lest
sie	tragen	lassen	laufen	geben	lesen

Urdhërore (Imperativ): trage!, laß!, lauf(e)!, gib!, lies; tragt! laßt!, lauft!, gebt!, lest!; tragen Sie!, lassen Sie!, laufen Sie!, geben Sie!, lesen Sie!

Lista e foljeve të zgjedhimit të fortë

Paskajore (Infinitiv)	E tashme (Präsens) v. III	E pakryer; e kryer e thjeshtë (Imperfekt) v. III	Pjesore II Präteritum (Partizip II)
backen	bäckt	backte (buk)	gebacken
befehlen	befiehlt	befahl	befohlen
beginnen	beginnt	begann	begonnen
beißen	beißt	biß	gebissen
bergen	birgt	barg	geborgen
bersten	birst	barst	geborsten
bewegen	bewegt	bewog	bewogen
biegen	biegt	bog	gebogen
bieten	bietet	bot	geboten
binden	bindet	band	gebunden
bitten	bittet	bat	gebeten
blasen	bläst	blies	geblasen
bleiben	bleibt	blieb	geblieben

braten	brät	briet	gebraten
brechen	bricht	brach	gebrochen
brennen	brennt	brannte	gebrannt
bringen	bringt	brachte	gebracht
denken	denkt	dachte	gedacht
dingen	dingt	dang	gedungen
dreschen	drischt	drosch (drasch)	gedroschen
dringen	dringt	drang	gedrungen
dünken	dünkt (deucht)	deuchte	gedeucht
dürfen	darf	durfte	gedurft
empfangen	empfängt	empfing	empfangen
empfehlen	empfiehlt	empfahl	empfohlen
empfinden	empfindet	empfand	empfunden
erkiesen	erkiest	erkor	erkoren
erlöschen	erlischt	erlosch	erloschen
erschrecken	erschrickt	erschrak	erschrocken
essen	ißt	aß	gegessen
fahren	fährt	fuhr	gefahren
fallen	fällt	fiel	gefallen
fangen	fängt	fing	gefangen
fechten	ficht	focht	gefochten
finden	findet	fand	gefunden
flechten	flicht	flocht	geflochten
fliegen	fliegt	flog	geflogen
fliehen	flieht	floh	geflohen
fließen	fließt	floß	geflossen
fragen	fragt	fragte	gefragt
fressen	frißt	fraß	gefressen
frieren	friert	fror	gefroren
gären	gärt	gor	gegoren
gebären	gebiert	gebar	geboren
geben	gibt	gab	gegeben
gedeihen	gedeiht	gedieh	gediehen
gehen	geht	ging	gegangen
gelingen	gelingt	gelang	gelangen
gelten	gilt	galt	gegolten
genesen	genest	genas	genesen
genießen	genießt	genoß	genossen
geschehen	geschieht	geschah	geschehen
gewinnen	gewinnt	gewann	gewonnen
gießen	gießt	goß	gegossen
gleichen	gleicht	glich	geglichen
gleiten	gleitet	glitt	geglitten
glimmen	glimmt	glomm	geglommen
graben	gräbt	grub	gegraben
greifen	greift	griff	gegriffen

haben	hat	hatte	gehabt
halten	hält	hielt	gehalten
hängen	hängt	hing	gehangen
hauen	haut	hieb	gehauen
heben	hebt	hob	gehoben
heißen	heißt	hieß	geheißen
helfen	hilft	half	geholfen
kennen	kennt	kannte	gekannt
klimmen	klimmt	klomm	geklommen
klingen	klingt	klang	geklungen
kneifen	kneift	kniff	gekniffen
kommen	kommt	kam	gekommen
können	kann	konnte	gekonnt
kriechen	kriecht	kroch	gekrochen
laden	lädt	lud	geladen
lassen	läßt	ließ	gelassen
laufen	läuft	lief	gelaufen
leiden	leidet	litt	gelitten
leihen	leiht	lieh	geliehen
lesen	liest	las	gelesen
liegen	liegt	lag	gelegen
löschen	lischt	losch	geloschen
lügen	lügt	log	gelogen
meiden	meidet	mied	gemieden
melken	milkt	molk	gemolken
messen	mißt	maß	gemessen
mißlingen	mißlingt	mißlang	mißlungen
mögen	mag	mochte	gemocht
müssen	muß	mußte	gemußt
nehmen	nimmt	nahm	genommen
nennen	nennt	nannte	genannt
pfeifen	pfeift	pfiff	gepfiffen
pflegen	pflegt	pflog	gepflogen
preisen	preist	pries	gepriesen
quellen	quillt	quoll	gequollen
raten	rät	riet	geraten
reiben	reibt	rieb	gerieben
reißen	reißt	riß	gerissen
reiten	reitet	ritt	geritten
rennen	rennt	rannte	gerannt
riechen	riecht	roch	gerochen
ringen	ringt	rang	gerungen
rinnen	rinnt	rann	geronnen
rufen	ruft	rief	gerufen
saufen	säuft	soff	gesoffen
saugen	saugt	sog	gesogen

schaffen	schafft	schuf	geschaffen
schallen	schallt	scholl	geschollen
scheiden	scheidet	schied	geschieden
scheinen	scheint	schien	geschienen
schelten	schilt	schalt	gescholten
scheren	schiert	schor	geschoren
schieben	schiebt	schob	geschoben
schießen	schießt	schoß	geschossen
schinden	schindet	schund	geschunden
schlafen	schläft	schlief	geschlafen
schlagen	schlägt	schlug	geschlagen
schleichen	schleicht	schlich	geschlichen
schleifen	schleift	schliff	geschliffen
schließen	schließt	schloß	geschlossen
schlingen	schlingt	schlang	geschlungen
schmeißen	schmeißt	schmiß	geschmissen
schmelzen	schmilzt	schmolz	geschmolzen
schnauben	schnaubt	schnob	geschnoben
schneiden	schneidet	schnitt	geschnitten
schrecken	schrickt	schrak	geschrocken
schreiben	schreibt	schrieb	geschrieben
schreien	schreit	schrie	geschrien
schreiten	schreitet	schritt	geschritten
schweigen	schreitet	schritt	geschritten
schweigen	schweigt	schwieg	geschwiegen
schwellen	schwillt	schwoll	geschwollen
schwimmen	schwimmt	schwamm	geschwommen
schwinden	schwindet	schwand	geschwunden
schwingen	schwingt	schwang	geschwungen
schwören	schwört	schwor	geschworen
sehen	sieht	sah	gesehen
sein	ist	war	gewesen
senden	sendet	sandte	gesandt
sieden	siedet	sott	gesotten
singen	singt	sang	gesungen
sinken	sinkt	sank	gesunken
sinnen	sinnt	sann	gesonnen
sitzen	sitzt	saß	gesessen
sollen	soll	sollte	gesollt
spalten	spaltet	spaltete	gespalten
speien	speit	spie	gespien
spinnen	spinnt	spann	gesponnen
sprechen	spricht	sprach	gesprochen
sprießen	sprießt	sproß	gesprossen
springen	springt	sprang	gesprungen
stechen	sticht	stach	gestochen

stecken	steckt	stak	gesteckt
stehen	steht	stand	gestanden
stehlen	stiehlt	stahl	gestohlen
steigen	steigt	stieg	gestiegen
sterben	stirbt	starb	gestorben
stieben	stiebt	stob	gestoben
stinken	stinkt	stank	gestunken
stoßen	stößt	stieß	gestoßen
streichen	streicht	strich	gestrichen
streiten	streitet	stritt	gestritten
tragen	trägt	trug	getragen
treffen	trifft	traf	getroffen
treiben	treibt	trieb	getrieben
treten	tritt	trat	getreten
triefen	trieft	troff	getroffen
trinken	trinkt	trank	getrunken
trügen	trügt	trog	getrogen
tun	tut	tat	getan
verderben	verdirbt	verdarb	verdorben
verdrießen	verdrießt	verdroß	verdrossen
vergessen	vergißt	vergaß	vergessen
verlieren	verliert	verlor	verloren
wachsen	wächst	wuchs	gewachsen
wägen	wägt	wog	gewogen
waschen	wäscht	wusch	gewaschen
weben	webt	wob	gewoben
weichen	weicht	wich	gewichen
weisen	weist	wies	gewiesen
wenden	wendet	wandte	gewandt
werben	wirbt	warb	geworben
werden	wird	wurde	geworden
werfen	wirft	warf	geworfen
wiegen	wiegt	wog	gewogen
winden	windet	wand	gewunden
winken	winkt	winkte	gewinkt
wissen	weiß	wußte	gewußt
wollen	will	wollte	gewollt
zeihen	zeiht	zieh	geziehen
ziehen	zieht	zog	gezogen
zwingen	zwingt	zwang	gezwungen

Drejtimi (Rektion)

Parafjala (Präposition)

Kërkojnë gjinoren (Genitiv): *anstatt, außerhalb, diesseit(s), halber, hinsichtlich, infolge, inmitten, innerhalb, jenseit(s), kraft, laut, mittels, namens, oberhalb, um ... willen, ungeachtet, unterhalb, unweit, vermittels, vermöge, während, wegen, zeit.*

Kërkojnë dhanoren (Dativ): *aus, außer, bei, binnen, entgegen, gegenüber, gemäß, mit, nach, nächst, nebst, samt, seit, von, zu, zuwider.*

Kërkojnë kallëzoren (Akkusativ): *durch, für, gegen, ohne, sonder, um, wider, bis.*

Kërkojnë dhanoren (Dativ) dhe kallëzoren (Akkusativ): *an, auf, hinter, in, neben, über, unter, vor, zwischen.*

Kërkojnë gjinoren (Genitiv) dhe dhanoren (Dativ): *dank, längst, trotz, zufolge.*

Kërkojnë gjinoren (Genitiv) dhe kallëzoren (Akkusativ): *entlang.*

Mbiemri dhe ndajfolja (Adjektiv und Adverb)

a) pa parafjalë

Kërkojnë gjinoren (Genitiv): *ansichtig, bedürftig, begierig, bewußt, (un)fähig, froh, genug, gewahr, gewiß, gewohnt, inne, kundig, ledig, leer, los, mächtig, müde, quitt, satt, schuldig, sicher, überdrüssig, verdächtig, voll, wert, würdig.*

Kërkojnë dhanoren (Dativ): *ähnlich, angenehm, bekannt, eigen, ergeben, fremd, gehorsam, geläufig, gelegen, gemäß, geneigt, gewachsen, gleich, gnädig, günstig, kund, teuer, treu, verhaßt, wert, willkommen.*

Kërkojnë kallëzoren (Akkusativ): *breit, groß, hoch, lang, schwer, tief, weit, wert* (per të treguar kohë, masë, çmim etj.).

b) me parafjalë

Kërkojnë kallëzoren (Akkusativ): me parafjalën *auf: erbost, neidisch, stolz, zornig;* me parafjalën *über: erstaunt.*

Kërkojnë dhanoren (Dativ): me parafjalën *an: arm, schwach, reich, krank;* me parafjalën *zu: willig, geneigt.*

Folja (Verb)

Kërkojnë kallëzore (Akkusativ) të dyfishtë: *heißen, lehren, nennen, schelten, schimpfen, sehen:* nganjëherë *finden* dhe *fühlen.*

Kërkojnë kallëzore (Akkusativ) të dyfishtë të shoqëruar me *als: ansehen, erstellen, kennen* etj.

Kërkojnë kallëzorën (Akkusativ):
a) foljet kalimtare (transitive Verben) me parashtesat *an-, be-, er-, ver-: anfallen, anlächeln, anreden, ansehen, bekämpfen, beeinflussen, bewachen, bezweifeln, beherrschen, betreten, ersteigen, verfechten* etj.
b) foljet pavetore (unpersönliche Verben): *es ahnt, bangt, begegnet, fehlt, genügt, geziemt, gilt, graut, mangelt, träumt* etj.

Kërkojnë gjinoren (Genitiv):
a) *bedürfen, entbehren, ermangeln, gedenken* etj.
b) foljet vetvetore (reflexive Verben): *sich annehmen, sich bedienen, sich bemächtigen, sich erinnern, sich schämen* etj.

Kërkojnë kallëzoren (Akkusativ) foljet me parafjalët:
an: *denken, sich erinnern, glauben, sich gewöhnen, mahnen* etj.
auf: *sich besinnen, dringen, sich einbilden, sich freuen, halten, hoffen, rechnen, vertrauen, verzichten, warten* etj.
für: *ausgehen, gelten, halten, sorgen* etj.
in: *sich finden, sich teilen, verwandeln* etj.
über: *sich ärgern, erbarmen, sich freuen, frohlocken, herrschen, weinen, sich wundern, zürnen, klagen, regieren, siegen, streiten, sich täuschen* etj.
um: *sich bemühen, bitten, klagen, kommen, streiten, trauern, weinen, werben* etj.

Kërkojnë dhanoren (Dativ) foljet me parafjalët:
an: *hindern, leiden, sich rächen, sich versündigen, sich weiden, zunehmen, zweifeln* etj.
auf: *beruhen, bestehen* etj.
bei: *beharren, bleiben, verharren* etj.
mit: *begnügen, bekleiden, decken, füllen, sich rüsten, schmücken, sympathisieren* etj.
nach: *forschen, fragen, sich richten, sich sehnen, streben, trachten, verlagen* etj.
vor: *behüten, sich schämen, schützen, sich ekeln, erschrecken, fliehen, sich fürchten* etj.
zu: *dienen, ermahnen, ernennen, erwählen, machen, raten, legen, wählen, werden* etj.